LINCOLN CHRISTIAN COLLEGE AND SEMINARY

P9-DZX-970

CANNOT BE CHECKED OUT

Synoptic Concordance

A Greek Concordance to the First Three Gospels
in Synoptic Arrangement, statistically evaluated,
including occurrences in Acts

Griechische Konkordanz zu den ersten drei Evangelien
in synoptischer Darstellung, statistisch ausgewertet,
mit Berücksichtigung der Apostelgeschichte

Paul Hoffmann, Thomas Hieke, Ulrich Bauer

Volume 1
Introduction – Einführung
A – Δ

Walter de Gruyter · Berlin · New York
1999

♾ Printed on acid-free paper which falls within the
guidelines of the ANSI to ensure permanence and durability.

Library of Congress Cataloging-in-Publication Data

Hoffmann, Paul, 1933–
Synoptic concordance : a Greek concordance to the first three Gospels in synoptic arrangement, statistically evaluated, including occurrences in Acts : griechische Konkordanz zu den ersten drei Evangelien in synoptischer Darstellung, statistisch ausgewertet, mit Berücksichtigung der Apostelgeschichte / Paul Hoffmann, Thomas Hieke, Ulrich Bauer.
Introduction in German and English.
Includes index.
Contents: v. 1. Introduction = Einführung. Α – [delta]
ISBN 3-11-016296-2 (v. 1)
1. Bible. N.T. Gospels – Concordances, Greek. 2. Synoptic problem. I. Hieke, Thomas. II. Bauer, Ulrich. III. Title.
BS2555.5.H64 1999
226′.048 – dc21 99-25796
CIP

Die Deutsche Bibliothek – Cataloging-in-Publication Data

Synoptic Concordance : griechische Konkordanz zu den ersten drei Evangelien in synoptischer Darstellung, statistisch ausgewertet, mit Berücksichtigung der Apostelgeschichte / Paul Hoffmann … – Berlin ; New York : de Gruyter
Vol. 1. Introduction; Α – Δ [Delta]. – 1999
ISBN 3-11-016296-2

© Copyright 1999 by Walter de Gruyter GmbH & Co. KG, D-10785 Berlin

All rights reserved, including those of translation into foreign languages. No part of this book may be reproduced or transmitted in any form or by any means, electronic or mechanical, including photocopy, recording, or any information storage and retrieval system, without permission in writing from the publisher.

Printed in Germany

Printing: Werner Hildebrand, Berlin
Binding: Lüderitz & Bauer-GmbH, Berlin

Preface

Redaction Criticism, first initiated by E. Haenchen, G. Bornkamm, H. Conzelmann, W. Marxsen, G. Strecker and W. Trilling, – just to mention the most important names, – marks the beginning of a new era in the study of the Synoptic Gospels. The evangelists are no longer regarded as mere collectors and tradents, but also as authors and theologians, who edited consciously and intentionally the Jesus traditions of their communities. Already in 1797, J.G. Herder postulated for the interpretation of the gospels, "each evangelist should retain his own purpose, his own complexion, his own time and place", and F.Ch. Baur had the same issue in view, using the term *Tendenzkritik* (Tendency Criticism) in his "*Kritische Untersuchungen über die kanonischen Evangelien*" of 1847 (pp. 71-76). These approaches became a methodological program during the fifties of the 20th century. The vast quantity of redaction critical analyses of the Synoptic Gospels in the following years impressively shows the effectiveness of this methodological approach. This has led to newer works that focus on the complete text of the gospels in a primarily synchronic approach, e.g., R.C. Tannehill's book "*Narrative Unity of Luke-Acts: A Literary Interpretation. I. The Gospel According to Luke*" (1986). The growing attention to the language and style of the gospel writers and to the theological objectives that guided their editorial activity gave rise to the need for a special tool that enables one rather effortlessly to understand the specific usage of the three evangelists, as well as the alterations of the tradition in the history of redaction. These considerations gave birth to the idea of a *Synoptic Concordance (SynConc)* that combines the principle of a concordance with that of a synopsis, and hence allows a word-for-word comparison of the three Synoptic Gospels.

The realization of this concept has been made possible by several fortunate circumstances: the improved possibilities of data collection and data processing with the help of computer technology, the readiness of the *Deutsche Forschungsgemeinschaft* (DFG) to supply a research grant for the project, the acceptance of the *Synoptic Concordance* in the program of the publishing house Walter de Gruyter, and, last but not least, the team in New Testament Department of the University of Bamberg, Germany, which was ready to take on the burden of such an enterprise.

Paul Hoffmann, Chair of New Testament exegesis at the University of Bamberg, initiated the project and is its advocate with the DFG. Dr. Ulrich Bauer, Associate Professor for the Introduction to Biblical Exegesis, has developed the computer programs (data base and transfer to the word processor), making use of his exegetical competence. These programs enabled the collection, processing, and current presentation of the synoptic data. Dr. Thomas Hieke, research assistant funded by the DFG grant, carried out the project. Hence he bears the main burden of the manual treatment of the approximately 80,000 data records. Many details in the presentation are due to his initiative. The basic concept of the *Synoptic Concordance* was developed collectively under the lead of Paul Hoffmann. This pertains especially to the synopsis presupposed for the display, but also to the methods for the statistical evaluations and the final form of the presentation of the texts. Problematic cases were discussed in work sessions that took place regularly. In view of the complexity of some data, a "mechanical" alignment was often not possible. Hence, an exegetical decision could not be avoided, and some will possibly decide in a different way. Yet we hope that in the *Synoptic Concordance* we have created a tool that makes exegetical work on the Synoptic Gospels considerably easier.

97745

Due to the size of the project, we needed the participation of assistants. Dipl.theol. Dipl.päd. Monika Rapold collected the database of the words of the Synoptic Gospels in a preliminary stage of the project, supported by the University of Bamberg. The main tool used for that purpose was the *Vollständige Konkordanz zum Griechischen Neuen Testament* (K. Aland, 1983). This stock of data was constantly controlled and corrected during the work. The text of the Gospels and the Acts of the Apostles follows the 27th edition of the *Novum Testamentum Graece* (Nestle-Aland). We thank the *Deutsche Bibelgesellschaft* for their kind permission. Lezek Jachnik and Martin Fromm, MA, took over the task of proofreading and correcting. Especially the latter checked the statistical data as well as all cross references and indices in a separate step. Both deserve our acknowledgement for their cooperation and assistance.

We also have to thank James M. Robinson, Claremont, and John S. Kloppenborg Verbin, Toronto, for their numerous suggestions and the careful checking of the English introduction and the translations of the Greek key words. We are grateful to the University of Bamberg and the Deutsche Forschungsgemeinschaft for their financial support. Our special gratitude is due to Dr. Hasko von Bassi for the keen interest he showed for the project from the very beginning. In a situation that was very problematic for the realization of the project, he took responsibility for the inclusion of the *Synoptic Concordance* in the program of the publishing house Walter de Gruyter, thus making its publication possible.

Bamberg, February 1999 *The editors*

The English introduction begins on page vii.

Vorwort

In den fünfziger Jahren leitet die Zuwendung zur Redaktionsgeschichte durch E. Haenchen, G. Bornkamm, H. Conzelmann, W. Marxsen, G. Strecker und W. Trilling – um nur einige Namen zu nennen – eine neue Epoche der Synoptikerforschung ein: die Evangelisten gelten nun nicht mehr nur als Sammler und Tradenten, sondern auch als Autoren und Theologen, die die Jesusüberlieferung ihrer Gemeinden einer bewussten Bearbeitung unterzogen. Was bereits J.G. Herder 1797 für die Evangelieninterpretation forderte: „Jedem bleibe sein Zweck, seine Gesichtsfarbe, seine Zeit, sein Ort", und F.Ch. Baur mit dem Leitwort der „Tendenzkritik" 1847 in seinen „*Kritischen Untersuchungen über die kanonischen Evangelien*" (S.71-76) anvisierte, wurde zum methodischen Programm. Die große Zahl redaktionsgeschichtlicher Untersuchungen zu den synoptischen Evangelien in der Folgezeit belegt eindrucksvoll die Effektivität dieses methodischen Ansatzes – bis hin zu neueren Arbeiten, die den Gesamttext der Evangelienschriften in einer primär synchronen Betrachtungsweise zum Gegenstand der Analyse machen, wie sie z.B. R.C. Tannehill in seinem Werk „*Narrative Unity of Luke-Acts. A Literary Interpretation. I. The Gospel According to Luke*" (1986) durchgeführt hat. Die intensivierte Zuwendung zu Sprache und Stil der Evangelisten sowie zu den theologischen Interessen, die sie bei ihrer Redaktion leiteten, weckte den Bedarf nach einem Hilfsmittel, mit dem sich ohne großen Aufwand der spezifische Sprachgebrauch der drei Synoptiker, aber auch die Veränderungen der Tradition in der synoptischen Rezeptionsgeschichte im Detail präzise erfassen lassen. Das Desiderat einer *Synoptischen Konkordanz* (*SynConc*), die das Prinzip der Konkordanz mit dem der Synopse verbindet und so einen lexembezogenen Vergleich der drei Synoptiker ermöglicht, war damit auf dem Tisch.

Die Verwirklichung dieses Desiderats hing von mehreren glücklichen Umständen ab: von den verbesserten Möglichkeiten der Datenerfassung und Datenverarbeitung mit Hilfe der Computertechnik, von der Bereitschaft der Deutschen Forschungsgemeinschaft (DFG), ein solches Projekt zu finanzieren, vom Verlag Walter de Gruyter, der die *Synoptische Konkordanz* in sein Verlagsprogramm aufnahm, und nicht zuletzt von einem Team am Lehrstuhl für Neutestamentliche Wissenschaften der Universität Bamberg, das bereit war, die Strapazen einer solchen Realisierung auf sich zu nehmen.

Paul Hoffmann als Inhaber des Lehrstuhls für Neutestamentliche Wissenschaften an der Universität Bamberg hat das Projekt initiiert und vertritt es gegenüber der DFG. Dr. Ulrich Bauer hat – neben seinen Aufgaben als Dozent für Biblische Einleitungswissenschaften – mit der dafür notwendigen exegetischen Kompetenz die Computerprogramme (Datenbank und Textausgabe) erstellt, die die Erfassung, Bearbeitung und vorliegende Präsentation des synoptischen Materials ermöglichen. Dr. Thomas Hieke hat als wissenschaftlicher Mitarbeiter an dem DFG-Projekt dessen Durchführung übernommen. Insofern trägt er die Hauptlast der Bearbeitung der rund achtzigtausend Datensätze. Seiner Initiative sind zahlreiche Details der Darstellung zu verdanken. Das der *Synoptischen Konkordanz* zugrunde liegende Konzept wurde gemeinsam unter der Leitung von Paul Hoffmann entwickelt. Dies betrifft vor allem die bei der Präsentation vorausgesetzte Synopse, aber auch die Modalitäten der statistischen Auswertung und die endgültige Festlegung der Textdarstellung. In regelmäßig stattfindenden Arbeitssitzungen wurden problematische Fälle diskutiert. Angesichts der Komplexität einzelner Befunde war eine „mechanische" Parallelisierung oft nicht möglich und eine exegetische Entscheidung unumgänglich, die andere unter Umständen anders treffen werden.

Dennoch hoffen wir, mit der *Synoptischen Konkordanz* ein Instrument geschaffen zu haben, das die exegetische Arbeit an den Synoptikern wesentlich erleichtert.

Aufgrund des Umfangs des Projekts waren wir auf die Mitarbeit von wissenschaftlichen Hilfskräften angewiesen. Frau Dipl.theol. Dipl.päd. Monika Rapold hat in einer durch die Universität Bamberg geförderten Vorphase des Projekts den synoptischen Wortbestand auf der Grundlage der *Vollständigen Konkordanz zum Griechischen Neuen Testament* (K. Aland, 1983) erfasst. Im Laufe der Arbeit wurde dieser Datenbestand kontrolliert und korrigiert. Der Text der Evangelien und der Apostelgeschichte folgt der 27. Auflage des *Novum Testamentum Graece* (Nestle-Aland). Wir danken der Deutschen Bibelgesellschaft für die freundliche Genehmigung. Lezek Jachnik und Martin Fromm, MA, übernahmen die Korrekturarbeiten. Vor allem letzterer hat die statistischen Angaben sowie sämtliche Verweise und Indizierungen einer nochmaligen Korrektur unterzogen. Ihnen gilt unsere Anerkennung.

Zu danken haben wir auch James M. Robinson, Claremont, und John S. Kloppenborg Verbin, Toronto, für ihre zahlreichen Anregungen und die gründliche Durchsicht der englischsprachigen Einführung und der Übersetzungsvorschläge der griechischen Stichwörter. Der Universität Bamberg sowie der Deutschen Forschungsgemeinschaft danken wir für die finanzielle Föderung. Unser besonderer Dank gilt schließlich Dr. Hasko von Bassi für das Interesse, das er dem Projekt von Anfang an entgegengebracht hat. In einer für die Realisierung des Projekts nicht unkritischen Situation hat er die Aufnahme der *Synoptischen Konkordanz* in das Programm des Verlags Walter de Gruyter verantwortet und so deren Veröffentlichung ermöglicht.

Bamberg, im Februar 1999 *Die Herausgeber*

Die Einführung in deutscher Sprache beginnt auf Seite xli.

Table of Contents

Introduction

The Synoptic Concordance

Introduction

1 Idea and Purpose

A decades-long study of the Synoptic Gospels by Paul Hoffmann gave birth to the production of this *Synoptic Concordance*. The analysis of the Synoptic Gospels' dependence on one another, especially the investigation of the evangelists' style and theology, make the study of their vocabulary absolutely necessary. Existing concordances display only the individual occurrences of a key word seriatim. But in order to grasp the specific usage of a word by one evangelist and to see how it differs (or agrees) with the usage(s) of the other(s), one needs to turn to a synopsis of the gospels. Only in this way does one gain insight into the evangelist's own vocabulary and style, and even into his redactional interests and theological intentions. The process of moving back and forth from a concordance to a synopsis and to one's own notes makes it difficult to gain an overview of the many occurrences of a key word. Thus the idea naturally suggested itself to combine the principle of a concordance with that of a synopsis: a concordance that displays simultaneously all the synoptic parallels, so as to make all the results of a synoptic comparison visible.

2 Principles and Process

2.1 The Concordance

The basic text for the production of the concordance is the *Novum Testamentum Graece*, 27th edition (edited by BARBARA and KURT ALAND et al., Stuttgart: Deutsche Bibelgesellschaft 1993). We included only those readings which are printed in the main text of this edition. Readings printed in the text-critical apparatus as well as the secondary text Jn 7,53-8,11 and the two secondary endings of the Gospel of Mark were not included.

In order to facilitate the use of the *Synoptic Concordance*, the individual verse is retained as the primary unit of the text's structure. No numeration of smaller textual units is used. However, the traditional way of separating verses did cause some problems in aligning the texts.

2.2 The Synopsis

A comparison of printed editions of gospel synopses shows that some alignments of verses are disputed. Therefore a median solution was worked out in consultation with commonly used synopses.

The following synopses were primarily used:

ALAND, KURT (ed.). *Synopsis Quattuor Evangeliorum*, 15th ed., Stuttgart: Deutsche Bibelgesellschaft, 1996.—BOISMARD, M.-E./LAMOUILLE, A. *Synopsis Graeca Quattuor Evangeliorum*, Leuven/Paris: Peeters, 1986.—HUCK, ALBERT/GREEVEN, HEINRICH. *Synopse der drei ersten Evangelien mit Beigabe der johanneischen Parallelstellen/Synopsis of the First Three Gospels with the Addition of the Johannine Parallels*, 13th ed., fundamentally revised, Tübingen: J.C.B. Mohr (Paul Siebeck), 1981.—KLOPPENBORG, JOHN S., *Q Parallels*, Sonoma, CA: Polebridge, 1988.— SCHMID, JOSEF, *Synopse der drei ersten Evangelien*, 10th ed., Regensburg: Pustet, 1992.

2.3 The Combination of a Concordance with a Synopsis

The data of the concordance and the synopsis were collected separately, and then later combined with the help of a specifically designed computer program. This process has a number of advantages:

1. Fewer errors occur, since the biblical texts, the alignment of the synopsis and the basic data of the concordance were collected only once, and then verified by means of multiple controls.

2. There are stable and consistent principles for aligning all key words, since the alignments of the synopsis are fixed from the very beginning.

By this process an elementary form of the *Synoptic Concordance* was produced. Then, each entry in the data bank was formatted individually for each key word. Thus, the specific situation of the key word could be fully considered in its synoptic context. During the manual work on the entries in the data bank, a coding was entered that allows automatic statistical analysis and evaluation.

2.4 The Alignment of Verses

Some alignments are disputed in the scholarly discussion, making an unambiguous decision impossible in all cases. A system of grades indicates the level of complexity and potential ambiguity inherent in the alignment of verses.

(1) A *regular parallel* appears in standard print. A direct literary relationship is assumed.

(2) A *problematic parallel* is always quoted in fine print. In these cases the synoptic relationship and the situation of transmission are more complicated:

- double transmission (on the two-document hypothesis: overlaps of Mark and Q,),
- doublets that are most probably due to the evangelist's editorial activity,
- mere "reminiscences" or "vague parallels", where one cannot decide with certainty, whether the same tradition is involved at all.
- more than one possibility to align the verses.

(see also section 3.4, Fine Print Indicating Complex Problems of Transmission, p. xv)

(3) Cross reference to *other biblical passages*:

Cross references that concern linguistic or thematic correspondences are marked by a single arrow ("→"). These cross references are a subjective selection. They serve to inform the users that there are similar passages in other parts of the gospels, but they do not imply any claims about the history of traditions or redactional relationships.

2.5 The Alignment of Key Words

When aligning the key words, the *Synoptic Concordance* uses a similar system of grades:

(1) Identical wording and sequence

When the gospel texts are parallel verbatim, i.e., identical in wording and in the sequence of words, the identical elements are aligned directly.

The elements are regarded as identical even if there are minor syntactical differences. Such differences are, for instance:

- disagreements in number,
- disagreements in case due to a different choice of preposition,
- different tenses or moods (e.g., historical present or aorist), and
- variations of elements within the same syntactic unit (e.g., the position of the adjective).

(2) Identical wording, but different sequence or structure of the text

When the syntax or the whole structure differs, the key word is aligned next to the parallel key word, provided that it has almost the same syntactic and/or semantic function.

If, for instance, the key word βασιλεία occurs at the beginning of a parable, in the one gospel in the form of a rhetorical question ("What is the βασιλεία of God like? It is like…"), but in the other gospel in a direct statement without a question ("The βασιλεία of heaven may be compared to…"), then the key word βασιλεία is set side by side, even though the structure of the frame differs.

When, however, the same key word has entirely different syntactic and/or semantic functions in the parallel verses, the key words are not aligned directly .

An example are the pronouns: If the same pronoun (e.g., αὐτοῦ) refers to different persons, both occurrences cannot be aligned next to each other.

(3) Different wording, but equivalent function

When the parallel verses contain structurally and/or functionally equivalent elements, these elements are set side by side.

- Structurally equivalent elements occur in a comparable sentence structure at the same syntactic position, e.g., the statement of place in a composition with a preposition, the object of the same verb, the introduction of a clause by a conjunction, etc. A simple case is the occurrence of a synonym in the parallel verse.
- Functionally equivalent elements have a comparable syntactic function in different sentence structures (e.g., the statement of place—in one verse formulated prepositionally, and in the parallel verse as an adverb of place—; or the acting person—in one verse formulated as a pronoun, and in the parallel verse as a substantive—; or the verbal expression in one verse is expressed in a nominal style in the parallel, etc.).

(4) No parallel

An alignment is impossible, when the parallel verse does not contain a structurally and/or functionally equivalent element to the key word. Then we leave blank the parallel columns.

3 The Contents of the Synoptic Concordance

3.1 The Presentation of the Occurrences of Each Key Word together with Their Synoptic Parallels

Context

As in an ordinary concordance, the occurrences of each key word are displayed with the verse reference and a swath of text around the key word. The basic unit for the delimitation of the context is the verse. In the case of longer verses, the text is shortened at the beginning or end, in rare cases in the middle of the verse, indicated by an elipsis ("..."). The abbreviation of the text follows the general rule that the printed text should identify which story or which saying is at issue.

For example, in the case of the key word ἀμήν, the *Synoptic Concordance* not only presents a long list with the recurrent phrase ἀμὴν δὲ λέγω ὑμῖν, but adds at least part of the following saying. This enables the user to make a decision about the specific function of the phrase.

Synoptic Parallels

The synoptic parallels are arranged in three parallel columns in the sequence Matthew – Mark – Luke. The selection of the context seeks to present, as far as possible, the same ("parallel") section from the other gospels. In some cases one needs to add parts of the preceding or following verse. In order to make visible the limits of the verses, the numeration of the verses that are not covered by the main reference is supplied in square brackets ("[9]"). For example:

202	**Mt 6,10**	[9] Πάτερ ἡμῶν ὁ ἐν τοῖς οὐρανοῖς· ἁγιασθήτω τὸ ὄνομά σου· [10] ἐλθέτω **ἡ βασιλεία σου·** γενηθήτω τὸ θέλημά σου, ὡς ἐν οὐρανῷ καὶ ἐπὶ γῆς·			**Lk 11,2**	... Πάτερ, ἁγιασθήτω τὸ ὄνομά σου· ἐλθέτω **ἡ βασιλεία σου·**	

In this example, although the key word βασιλεία occurs only in Mt 6,10, Mt 6,9 is added in order to display a full parallel to Lk 11,2. Since the additional verse is the preceding one, the reference to the beginning of the main verse (Mt 6,10) must also be indicated ("[10]").—The ellipsis ("...") indicates that the introduction of the saying in Lk 11,2 (εἶπεν δὲ αὐτοῖς· ὅταν προσεύχησθε λέγετε·) was omitted.—At the same time one can see that the conclusion of Mt 6,10 (γενηθήτω τὸ θέλημά σου, ὡς ἐν οὐρανῷ καὶ ἐπὶ γῆς·) has no parallel in Luke. If there were a parallel in Lk 11,3, this part would have been added in order to supply the same parallel section of the context.

Enlarging the Context

In some cases it is necessary to extend the context in order to indicate adequately the problematic nature of the instance. This happens especially in cases where the usage of one and the same key word differs slightly from one gospel to the other.

h 220	**Mt 14,23**	καὶ ἀπολύσας τοὺς ὄχλους ἀνέβη εἰς τὸ ὄρος κατ' ἰδίαν προσεύξασθαι. ὀψίας δὲ **γενομένης** μόνος ἦν ἐκεῖ. [24] τὸ δὲ πλοῖον ἤδη σταδίους πολλοὺς ἀπὸ τῆς γῆς ...	**Mk 6,47**	[46] καὶ ἀποταξάμενος αὐτοῖς ἀπῆλθεν εἰς τὸ ὄρος προσεύξασθαι. [47] καὶ ὀψίας **γενομένης** ἦν τὸ πλοῖον ἐν μέσῳ τῆς θαλάσσης, καὶ αὐτὸς μόνος ἐπὶ τῆς γῆς.			→ Jn 6,17

The temporal clause —ὀψίας (δὲ) γενομένης—is used differently in the narrative structures of Matthew and Mark. The inclusion of the larger context makes this difference visible.

A double-pointed arrow "↔" indicates that the text of the gospel is continued immediately and without omissions, even if there is a horizontal line (and perhaps one or more empty fields) in the column. This arrow is repeated at the beginning of the continuation.

Arrow with Two Points:↔

120	**Mt 13,1** → Lk 5,1	ἐν τῇ ἡμέρᾳ ἐκείνῃ ἐξελθὼν ὁ Ἰησοῦς τῆς οἰκίας ἐκάθητο παρὰ τὴν θάλασσαν·	**Mk 4,1** **↑ Mk 2,13** → Mk 3,9 → Lk 5,1	καὶ πάλιν ἤρξατο **διδάσκειν** παρὰ τὴν θάλασσαν· ↔			
121	**Mt 13,3**	[2] καὶ συνήχθησαν πρὸς αὐτὸν ὄχλοι πολλοί, ... [3] καὶ **ἐλάλησεν** αὐτοῖς πολλὰ ἐν παραβολαῖς λέγων· ἰδοὺ ἐξῆλθεν ὁ σπείρων τοῦ σπείρειν.	**Mk 4,2**	↔ [1] καὶ συνάγεται πρὸς αὐτὸν ὄχλος πλεῖστος, ... [2] καὶ **ἐδίδασκεν** αὐτοὺς ἐν παραβολαῖς πολλὰ καὶ ἔλεγεν αὐτοῖς ἐν τῇ διδαχῇ αὐτοῦ· [3] ἀκούετε. ἰδοὺ ἐξῆλθεν ὁ σπείρων σπεῖραι.	**Lk 8,4** **⇧ Lk 5,3**	συνιόντος δὲ ὄχλου πολλοῦ καὶ τῶν κατὰ πόλιν ἐπιπορευομένων πρὸς αὐτὸν **εἶπεν** διὰ παραβολῆς· [5] ἐξῆλθεν ὁ σπείρων τοῦ σπεῖραι τὸν σπόρον αὐτοῦ. ...	

In Mk 4,1 the arrow ↔ indicates that this verse docs not cnd with θάλασσαν·. The immediate continuation can be found after the next arrow ↔ in Mk 4,2: Verse 1 is continued (indicated by [1]), even though the main entry of the key word is Mk 4,2 beginning with [2] καὶ.

The arrow ↔ does *not* occur, if the horizontal line separates two contiguous verses. If there is no ellipsis ("…"), the successive verse numbers (e.g., Lk 2,44; Lk 2,45) indicate that the text of the gospel is printed without interruption.

3.2 The Alignment and Emphasis of the Key Word

Key Word

The key word is placed on a line of its own and printed in expanded type. The element that corresponds to the key word in the synoptic parallels is placed on the same line and is also emphasized by expanded print. This element can be the same word, a synonym, or a comparable phrase. If the key word has no equivalent in the synoptic parallels, the spaces are left blank.

Key Word Section

In the emphasized section, the key word is printed with the whole syntactic unit or word group in which thc key word occurs. This holds true especially for substantives, adjectives, and pronouns.

Syntactic Word Groups

Examples for such syntactic word groups:

- the connection with an article: τὸ εὐαγγέλιον
- the connection with a genitive: ἡ βασιλεία τῶν οὐρανῶν
- the connection with a preposition: ἐν τῇ βασιλείᾳ τοῦ θεοῦ
- the connection with a pronoun: ἡ βασιλεία σου
- the connection with an adjective: τὸ πνεῦμα τὸ ἀκάθαρτον
- the connection with a negation: μὴ δέξηται

In the case of finite verbs and constructions with a participle or infinitive (e.g., *participium coniunctum*, *genitive absolute*, *accusative with infinitive*), the object is not included in the key word group. As a matter of principle, conjunctions and particles that introduce a sentence (e.g., ἀλλά, γάρ, καί etc.) and interjections (e.g., ἰδού) stand alone.

A key word occurring in parallel verses cannot always be aligned exactly. This is true if the evangelists use the word in a completely different way (see section 2.5 [2], p. xi).

210	**Mt 14,24**	τὸ δὲ πλοῖον ἤδη σταδίους πολλοὺς **ἀπὸ τῆς γῆς** ἀπεῖχεν βασανιζόμενον ὑπὸ τῶν κυμάτων, ...	**Mk 6,47**	καὶ ὀψίας γενομένης ἦν τὸ πλοῖον **ἐν μέσῳ τῆς θαλάσσης,**		→ Jn 6,17
120	**Mt 14,23**	... ὀψίας δὲ γενομένης μόνος ἦν **ἐκεῖ.**		καὶ αὐτὸς μόνος **ἐπὶ τῆς γῆς.**		

In the case of Mt 14,24/Mk 6,47, the word γῆ functions in Matthew as the location of the boat. This is equivalent to Mark's "in the middle of the sea". On the other hand, in Mk 6,47/Mt 14,23, γῆ states Jesus' location, equivalent to Matthew's "there". To parallel both occurrences of γῆ would be misleading, particularly since γῆ is in each case used with a slightly different meaning.

3.3 The Sequence of the Occurrences in Each Gospel (Grey Shading)

Sequence

The sequence of sayings or narrative passages in the Synoptic Gospels differs from one gospel to the other. If one wants to read each gospel in its original sequence, some repetition of verses is unavoidable.

Grey Shading

In order to read all occurrences of a key word in one gospel one after the other, the occurrence that appears in the original sequence is marked by a grey shading. Therefore it is possible, e.g., to follow all occurrences of the key word in the Gospel of Matthew one after the other by considering only the verses in the Matthean column with a grey shading and skipping those without shading.

If the sequence of sayings and stories differs between two evangelists, a verse that appears as a synoptic parallel outside of the sequence of its gospel has no shading. The verse recurs with a grey shading as soon as its turn comes in the sequence of its own gospel.

Example: Matthew includes much material in his Sermon on the Mount which does not occur in Luke's Sermon on the Plain. In the *Synoptic Concordance* the occurrence in Matthew comes first (with grey shading), while the Lukan instance is added without shading, because it is not yet its turn in the sequence of Luke.

202	**Mt 6,10**	[9] Πάτερ ἡμῶν ὁ ἐν τοῖς οὐρανοῖς· ἁγιασθήτω τὸ ὄνομά σου· [10] ἐλθέτω **ἡ βασιλεία σου·** γενηθήτω τὸ θέλημά σου, ὡς ἐν οὐρανῷ καὶ ἐπὶ γῆς·		**Lk 11,2**	... Πάτερ, ἁγιασθήτω τὸ ὄνομά σου· ἐλθέτω **ἡ βασιλεία σου·**	

In the Lukan sequence the verse Lk 11,2 appears after the occurrence of βασιλεία in Lk 10,11 with grey shading. Since Mt 6,9-10 are repeated there outside of Matthew's sequence, the verses are printed without shading:

202	**Mt 6,10**	[9] Πάτερ ἡμῶν ὁ ἐν τοῖς οὐρανοῖς· ἁγιασθήτω τὸ ὄνομά σου· [10] ἐλθέτω **ἡ βασιλεία σου·** γενηθήτω τὸ θέλημά σου, ὡς ἐν οὐρανῷ καὶ ἐπὶ γῆς·			**Lk 11,2**	... Πάτερ, ἁγιασθήτω τὸ ὄνομά σου· ἐλθέτω **ἡ βασιλεία σου·**	

3.4 Fine Print Indicating Complex Problems of Transmission

Fine Print

Fine print alerts the user to complex problems of transmission. Texts that cannot be regarded as "regular" parallels are nevertheless printed in order to make the comparison possible without looking up the verse in a synopsis (see section 2.4, p. x). The following list explains all cases in which fine print is used:

Doublets

- Doublets: When Matthew and/or Luke presents a text twice, but Mark only once, the text segments where Matthew, Mark, and Luke are closely related, are paralleled in the ordinary way. In segments where only Matthew and Luke are closely related and where Mark differs more substantially, the Markan verse is added in fine print.

a 222	**Mt 13,12** ⇩ Mt 25,29	... ὅστις δὲ οὐκ ἔχει, καὶ ὃ ἔχει **ἀρθήσεται** ἀπ' αὐτοῦ.	**Mk 4,25**	... καὶ ὃς οὐκ ἔχει, καὶ ὃ ἔχει **ἀρθήσεται** ἀπ' αὐτοῦ.	**Lk 8,18** ⇩ Lk 19,26	... καὶ ὃς ἂν μὴ ἔχῃ, καὶ ὃ δοκεῖ ἔχειν **ἀρθήσεται** ἀπ' αὐτοῦ.	→ GTh 41 Mk-Q overlap

a 202	**Mt 25,29** ⇧ Mt 13,12	... τοῦ δὲ μὴ ἔχοντος καὶ ὃ ἔχει **ἀρθήσεται** ἀπ' αὐτοῦ.	Mk 4,25	... καὶ ὃς οὐκ ἔχει, καὶ ὃ ἔχει ἀρθήσεται ἀπ' αὐτοῦ.	**Lk 19,26** ⇧ Lk 8,18	... ἀπὸ δὲ τοῦ μὴ ἔχοντος καὶ ὃ ἔχει **ἀρθήσεται.**	→ GTh 41 Mk-Q overlap

In the example above, a saying occurs twice in Matthew and twice in Luke. Owing to the sequence and wording, Mt 13,12 and Luke 8,18 are related to Mk 4,25. The doublet occurs in Mt 25,29 and Luke 19,26. In order to make comparison easier, the Markan verse is repeated in fine print. In many cases only one evangelist (Matthew or Luke) has two different verses. Then the situation of transmission is assessed individually, and the fine print is used accordingly. Section 6.2 (p. xxvi) treats in more detail the instances that occur and demonstrates how the different situations are displayed in the *Synoptic Concordance*.

Redactional Doublets

- Redactional doublets: In some cases a gospel writer presents a text twice, where it cannot be proven that this is due to double transmission (Mk-Q overlap). Therefore, one must assume that the doublet is due to his redactional interests. In such cases the relevant texts are repeated in fine print in order to facilitate the comparison (see section 2.4, p. x).

200	**Mt 9,27** ⇩ Mt 20,30	... ἠκολούθησαν [αὐτῷ] δύο τυφλοὶ κράζοντες καὶ λέγοντες· ἐλέησον ἡμᾶς, **υἱὸς Δαυίδ.**	Mk 10,47	[46] ... ὁ υἱὸς Τιμαίου Βαρτιμαῖος, τυφλὸς προσαίτης, ἐκάθητο παρὰ τὴν ὁδόν. [47] καὶ ἀκούσας ὅτι Ἰησοῦς ὁ Ναζαρηνός ἐστιν ἤρξατο κράζειν καὶ λέγειν· υἱὲ Δαυὶδ Ἰησοῦ, ἐλέησόν με.	Lk 18,38	[35] ... τυφλός τις ἐκάθητο παρὰ τὴν ὁδὸν ἐπαιτῶν. [36] ἀκούσας δὲ ὄχλου διαπορευομένου ἐπυνθάνετο τί εἴη τοῦτο. [37] ἀπήγγειλαν δὲ αὐτῷ ὅτι Ἰησοῦς ὁ Ναζωραῖος παρέρχεται. [38] καὶ ἐβόησεν λέγων· Ἰησοῦ υἱὲ Δαυίδ, ἐλέησόν με.	

	Mt 20,30	καὶ ἰδοὺ	**Mk 10,47**	[46] ... ὁ υἱὸς Τιμαίου	**Lk 18,38**		
	⇧ Mt 9,27	δύο τυφλοὶ		Βαρτιμαῖος, τυφλὸς		[35] ... τυφλός τις	
		καθήμενοι		προσαίτης, ἐκάθητο		ἐκάθητο	
		παρὰ τὴν ὁδόν		παρὰ τὴν ὁδόν.		παρὰ τὴν ὁδὸν ἐπαιτῶν.	
		ἀκούσαντες		[47] καὶ ἀκούσας		[36] ἀκούσας δὲ ὄχλου	
						διαπορευομένου	
						ἐπυνθάνετο τί εἴη τοῦτο.	
						[37] ἀπήγγειλαν δὲ αὐτῷ	
		ὅτι Ἰησοῦς		ὅτι Ἰησοῦς ὁ Ναζαρηνός		ὅτι Ἰησοῦς ὁ Ναζωραῖος	
		παράγει, ἔκραξαν		ἐστιν ἤρξατο κράζειν καὶ		παρέρχεται. [38] καὶ	
		λέγοντες· ἐλέησον ἡμᾶς,		λέγειν·		ἐβόησεν λέγων·	
222		[κύριε,] υἱὸς Δαυίδ.		υἱὲ Δαυὶδ Ἰησοῦ,		Ἰησοῦ υἱὲ Δαυίδ,	
				ἐλέησόν με.		ἐλέησόν με.	

The main parallel to Mk 10,47/Lk 18,38 is Mt 20,30. Mt 9,27, however, presents much earlier the same narrative about the healing of the (two!) blind men. In order to facilitate comparison, Mk 10,47/Lk 18,38 are added to Mt 9,27 in fine print. An ordinary, direct paralleling of Mk 10,47/ Lk 18,38 with both Mt 20,30 and Mt 9,27 would be misleading.

"Vague" Parallels

- Indicating "vague" parallels: If the relations between the texts are too weak to be an ordinary parallel, and a mere cross reference does not suffice, the "vague" parallel, i.e., the text which may be important for comparison, is added in fine print.

	Mt 20,22	... οὐκ οἴδατε τί	**Mk 10,38**	... οὐκ οἴδατε τί	**Lk 12,50**		
220		αἰτεῖσθε.		αἰτεῖσθε.			
		δύνασθε πιεῖν		δύνασθε πιεῖν			
		τὸ ποτήριον ὃ ἐγὼ		τὸ ποτήριον ὃ ἐγὼ			
		μέλλω πίνειν; ...		πίνω ἢ τὸ βάπτισμα ὃ ἐγὼ		βάπτισμα δὲ ἔχω	
				βαπτίζομαι βαπτισθῆναι;		βαπτισθῆναι, καὶ πῶς	
						συνέχομαι ἕως ὅτου τελεσθῇ.	

In Mk 10,38 Jesus answers the request of the sons of Zebedee (in Mt 20,22 of their mother), and speaks about a baptism with which he has to be baptized (i.e., his suffering and dying). In Lk 12,50, too, this kind of baptism is mentioned, but in a completely different context. For Luke does not report the request of James and John (or their mother). Therefore a normal paralleling would be misleading. The fine print indicates the peculiarity of the synoptic situation.

Multiple Possibilities

- Fine print is also used in cases when there is more than one possibility to define which texts are parallel.

d a f	**Mt 9,35**	καὶ περιῆγεν ὁ Ἰησοῦς	**Mk 6,6**	... καὶ περιῆγεν	**Lk 8,1**	καὶ ἐγένετο ἐν τῷ καθεξῆς καὶ	
	⇧ Mt 4,23	τὰς πόλεις πάσας καὶ	↑ Mk 1,39		→ Lk 4,15	αὐτὸς διώδευεν κατὰ πόλιν καὶ	
	→ Mk 1,21	τὰς κώμας		τὰς κώμας κύκλῳ	↑ Lk 4,44	κώμην	
		διδάσκων		διδάσκων.	→ Lk 13,22	κηρύσσων	
		ἐν ταῖς συναγωγαῖς					
		αὐτῶν καὶ κηρύσσων				καὶ εὐαγγελιζόμενος	
210		τὸ εὐαγγέλιον				τὴν βασιλείαν	
		τῆς βασιλείας				τοῦ θεοῦ	
		καὶ θεραπεύων πᾶσαν				καὶ οἱ δώδεκα σὺν αὐτῷ	
		νόσον καὶ πᾶσαν					
		μαλακίαν.					
			Mk 1,39	καὶ ἦλθεν κηρύσσων	**Lk 4,44**	καὶ ἦν κηρύσσων	
			→ Mk 1,14	εἰς τὰς συναγωγὰς αὐτῶν	→ Lk 4,15	εἰς τὰς συναγωγὰς	
			↑ Mk 6,6	εἰς ὅλην τὴν Γαλιλαίαν	↓ **Lk 8,1**	τῆς Ἰουδαίας.	
				καὶ τὰ δαιμόνια ἐκβάλλων.			

In this example, the summary in Mt 9,35 has two different equivalents in Mark and Luke. It seems best to accept as the main parallels Mt 4,23/Mk 1,39/Luke 4,44 as well as Mt 9,35/Mk 6,6/Lk 8,1, on the basis of the criterion of sequence. (Lk 8,1 is a "vague" parallel to Mt 9,35 here, hence the fine print.) In order to make a comparison between Mt 9,35 and Mk 1,39/Lk 4,44 possible, the latter section was added in fine print.

3.5 Cross References for the Synoptic Gospels

A system of cross references points to passages not quoted, but which are relevant for judging the situation of transmission. *Cross References*

The following rules apply for *all cross references* (outlined arrow and single arrow):

In the case that there are doublets from tradition or redactional doublets, the cross reference is marked typographically by an outlined arrow: "⇨, ⇧, ⇩". ⇨, ⇧, ⇩

Single arrows ("→, ↑, ↓") point to other related passages. These cross references are not comprehensive. They are to be understood simply as references to texts that deserve to be considered when interpreting the synoptic situation. →, ↑, ↓

If the destination of the cross reference (i.e., the verse which is referred to) occurs in the synoptic concordance of the current key word, the arrow indicates the direction in which one can find the indicated verse:

"⇧, ↑" means the indicated verse can be found in the synoptic concordance to the current key word above, ⇧, ↑ ⇩, ↓

"⇩, ↓" indicates that the verse can be found in the synoptic concordance to the current key word further down.

The horizontal arrow "⇨, →" indicates that the verse does not occur in the synoptic concordance of the current key word, because the key word occurs neither in this verse nor in its synoptic parallels. ⇨, →

If the key word is located at the cross reference, the cross reference is printed in boldface type. **⇧ Mt 4,23** **↓ Lk 8,1**

If the cross reference points to verses of the Synoptic Gospels, the boldface arrow must point up or down, since the indicated verse must occur elsewhere in the synoptic concordance of the current key word as an entry of its own.

3.6 Cross References for Other Texts

References to the Gospel of John and to other texts in the New Testament as well as the Gospel of Thomas (GTh) can be found in the last column of the synoptic concordance ("column for notes"). These references are selective rather than exhaustive. If the cross reference is printed in boldface, the current key word occurs of the cross referenced text. *John; Other NT Writings; Thomas*

122	**Mt 14,16** ↑ **Mt 14,15** → Mt 15,33	ὁ δὲ [Ἰησοῦς] εἶπεν αὐτοῖς· οὐ χρείαν ἔχουσιν ἀπελθεῖν, δότε αὐτοῖς ὑμεῖς φαγεῖν. [17] οἱ δὲ λέγουσιν αὐτῷ· οὐκ ἔχομεν ὧδε εἰ μὴ πέντε ἄρτους καὶ δύο ἰχθύας.	**Mk 6,37** ↑ **Mk 6,36** → Mk 8,4	ὁ δὲ ἀποκριθεὶς εἶπεν αὐτοῖς· δότε αὐτοῖς ὑμεῖς φαγεῖν. καὶ λέγουσιν αὐτῷ· ἀπελθόντες **ἀγοράσωμεν** δηναρίων διακοσίων ἄρτους καὶ δώσομεν αὐτοῖς φαγεῖν; [38] ὁ δὲ λέγει αὐτοῖς· πόσους ἄρτους ἔχετε; ὑπάγετε ἴδετε. καὶ γνόντες λέγουσιν· πέντε, καὶ δύο ἰχθύας.	**Lk 9,13** ↑ Lk 9,12	εἶπεν δὲ πρὸς αὐτούς· δότε αὐτοῖς ὑμεῖς φαγεῖν. οἱ δὲ εἶπαν· οὐκ εἰσὶν ἡμῖν πλεῖον ἢ ἄρτοι πέντε καὶ ἰχθύες δύο, εἰ μήτι πορευθέντες ἡμεῖς **ἀγοράσωμεν** εἰς πάντα τὸν λαὸν τοῦτον βρώματα.	→ **Jn 6,5** → Jn 6,7

The cross reference → **Jn 6,5** indicates, first, that these synoptic verses have a similar phrase in the Gospel of John. Second, the boldface print shows that the current key word, here ἀγοράζω, occurs in Jn 6,5.

Gospel of Thomas (GTh, POxy)

If the saying of GTh can be found in the Coptic version as well as in the Greek fragments in the papyri of Oxyrhynchus (POxy), one finds a reference to the Greek fragments below the reference to GTh. The reference "only POxy" means that the relevant part of the saying cannot be found in the Coptic version of Thomas, but only in the Greek fragments of the Oxyrhynchus papyri.

If the cross reference to POxy is printed in boldface type, the current key word occurs in the Greek fragment of the related saying from the Gospel of Thomas.

The edition of the Greek fragments used is: HAROLD W. ATTRIDGE, The Greek Fragments, in: BENTLEY LAYTON (ed.), Nag Hammadi Codex II,2-7 together with XIII,2*, Brit. Lib. Or. 4926(1), and P.Oxy. 1, 654, 655, Vol. One, Leiden/New York/Copenhagen/Cologne: Brill 1989, 95-128. The Greek witnesses of Logion 24 and Logion 38 (POxy 655 *d* and col. ii, 2-11) are very fragmentary. Therefore the decision about the boldface printing of "POxy 655" is based on the restorations by Attridge.

200	**Mt 10,16**	... γίνεσθε οὖν φρόνιμοι ὡς οἱ ὄφεις καὶ **ἀκέραιοι** ὡς αἱ περιστεραί.	→ GTh 39,3 **(POxy 655)**

In this example there is a parallel between the second half of Mt 10,16 and the third section of Logion 39 in the Gospel of Thomas (GTh 39,3). There is a Greek witness of this saying in the fragment POxy 655. The boldface printing of this reference indicates that the current key word ἀκέραιος occurs in the Greek fragment.

3.7 The Occurrences in Acts

Acts of the Apostles

Since the Gospel of Luke and the Acts of the Apostles stem from the same author, the occurrences of the key word in Acts will be printed after the verses from the Synoptic Gospels. Here, too, the key word is emphasized within its syntactic unit. Words that occur in Acts, but not in the Synoptic Gospels, have not been taken into account.

3.8 The Indication of Fixed Phrases, Recurrent Formulae, Combinations of Words, and Grammatical Peculiarities

Index Letters

An index is found after the statistical charts which lists fixed phrases, recurrent formulae, and combinations of words that occur with significant frequency, as well as grammatical peculiarities. These index items are connected to index letters, which indicate the appearance of the phrase, formula, or peculiarity at the individual occurrences in the synoptic concordance (column for indexes and statistical codes).

There is no indication in which gospel the current formula occurs. If different formulae occur in this row, the index letters follow the sequence of the gospels (Matthew, Mark, Luke).

a	βασιλεία τοῦ θεοῦ	*d*	τὸ εὐαγγέλιον τῆς βασιλείας
b	βασιλεία τοῦ πατρός	*e*	υἱοὶ τῆς βασιλείας
c	βασιλεία τῶν οὐρανῶν	*f*	βασιλεία and verbum dicendi

Here the fixed phrases and formulae concerning the key word βασιλεία are listed and designated with an index letter. If, for instance, one is interested in the phrase βασιλεία τῶν οὐρανῶν, one has to look for the index letter *c* in the column for indexes and statistical codes in the synoptic concordance. Among others, one will find the following entry:

c a 222	**Mt 13,11**	... ὅτι ὑμῖν δέδοται γνῶναι τὰ μυστήρια **τῆς βασιλείας** **τῶν οὐρανῶν,** ἐκείνοις δὲ οὐ δέδοται.	**Mk 4,11**	... ὑμῖν τὸ μυστήριον δέδοται **τῆς βασιλείας** **τοῦ θεοῦ·** ἐκείνοις δὲ τοῖς ἔξω ἐν παραβολαῖς τὰ πάντα γίνεται	**Lk 8,10**	... ὑμῖν δέδοται γνῶναι τὰ μυστήρια **τῆς βασιλείας** **τοῦ θεοῦ,** τοῖς δὲ λοιποῖς ἐν παραβολαῖς, ...	→ GTh 62,1

The index letters *c* and *a* indicate that both phrases, βασιλεία τῶν οὐρανῶν as well as βασιλεία τοῦ θεοῦ, occur in the relevant line. The sequence *c* before *a* shows that, in moving from left to right, one will first meet the phrase βασιλεία τῶν οὐρανῶν (here Mt 13,11), then the phrase βασιλεία τοῦ θεοῦ (here Mk 4,11 and Lk 8,10).

3.9 Italics Indicating Old Testament Quotations

Italics

Quotations from the Old Testament in the text of the Synoptic Gospels and the Acts of the Apostles are indicated by italics. The Bible verse reference follows just below the verse and is indicated by an arrow. The abbreviations for the biblical books follow English conventions.

Example: ➤ Ps 118,25-26.

When there is no direct quotation but only an allusion, the text is printed in normal font, and the biblical reference is supplied.

In general we have used the 27th edition of the *Novum Testamentum Graece* (Nestle-Aland) for identifying quotations. At the following points the *Synoptic Concordance* differs from Nestle-Aland:

Mt 4,10 ➤ Deut 6,13 LXX / 10,20: Since μόνῳ does not occur in any of the extant Old Testament versions, it is not italicized.

Mt 10,35 ➤ Micah 7,6: Since ἄνθρωπον does not occur in any of the extant Old Testament versions, it is not italicized.

Mk 4,12 ➤ Isa 6,9: The substantial differences between the text of Isaiah and that of the text of Mark suggest an allusion rather than a quotation.

Mk 13,26 ➢ Dan 7,13-14: According to the *Synopsis Quattuor Evangeliorum* (ed. K. ALAND, 15th ed., Stuttgart: Deutsche Bibelgesellschaft, 1996) the words καὶ δόξης are not printed in italics.

Lk 4,8 ➢ Deut 6,13 LXX / 10,20: Since the word μόνῳ does not occur in any of the extant Old Testament versions, it is not italicized.

Lk 10,15 ➢ Isa 14,13.15: Since ἕως τοῦ ᾅδου καταβήσῃ is identical with the Septuagint, the text is italicized.

4 Statistics about the Distribution of the Key Word in the New Testament: "New Testament Word Statistics"

Distribution of the Key Word in the NT

Statistics about the distribution of the key word in the NT can be found in the first line of the key word entry. After presenting the total number of occurrences in the Synoptic Gospels ("Syn") and the New Testament as a whole ("NT"), the number of occurrences is broken down according to several New Testament text groupings.

βασιλεία	**Syn**	Mt	Mk	Lk	Acts	Jn	1-3John	Paul	Eph	Col
	121	55	20	46	8	5		8	1	2
	NT	2Thess	1/2Tim	Tit	Heb	Jas	1Pet	2Pet	Jude	Rev
	162	1	2		3	1		1		9

Following the three Synoptic Gospels, the number of occurrences in Acts is given. Next comes the Johannine tradition. The siglum "Paul" stands for the undisputed letters of Paul (Romans, 1 and 2 Corinthians, Galatians, Philippians, 1 Thessalonians and Philemon). Since scholars disagree whether Ephesians, Colossians and 2 Thessalonians are written by Paul, these letters are displayed separately. The Pastoral letters follow, then Hebrews, James, 1 and 2 Peter, Jude, and Revelation.

In the New Testament word statistics, verses which appear only in the text critical apparatus of the *Novum Testamentum Graece* were not taken into account (e.g., Mt 17,21; 18,11; 23,14; Mk 7,16; 9,44; 9,46; 11,26; 15,28; Lk 17,36; 23,17; Jn 5,4; Acts 8,37; 15,34; 24,6b-8a; 28,29; Rom 16,24 and others). Likewise, the two secondary endings of the Gospel of Mark (Mk 16br; 16,9-20) and the pericope on the adulteress in the Gospel of John (Jn 7,53-8,11) were not counted.

Evaluation of the Values

When comparing the absolute numbers of occurrences in Matthew, Mark, and Luke, one has to consider the differences in length of the gospels in order to appreciate their relative significance. In the text basis for the *Synoptic Concordance* we count 1068 verses for Matthew, 661 for Mark, and 1149 for Luke. Hence, the length of the Gospel of Mark (counted by verses) is about 61,9 % of Matthew and 57,5 % of Luke. As a rule of thumb, both Matthew and Luke are almost twice as long as Mark. A "standard" distribution can be assumed if the figures for Matthew and Luke are approximately twice as high as those for Mark. Only if the figures differ very significantly from this "rule", can one assume a significant usage of the key word in a specific gospel.

5 Statistics about the Distribution of the Key Word in the Synoptic Gospels: "Synoptic Statistics"

5.1 The Statistical Code

Statistical Code

A three digits code accompanies the appearance of each key word in the Synoptic Gospels. This code can be found in the *Synoptic Concordance* in the column for indexes and the statistical codes at the left hand side, beside each key word. The first digit stands for the Gospel of Matthew, the second for the Gospel of Mark, and the third for the Gospel of Luke. Each of these three digits can either be "0", "1", or "2".

- The zero ("0") indicates that the evangelist in question has no parallel.
- The "1" means that a parallel occurs, but it does not contain the key word.
- The "2" means that the key word occurs in the parallel.

The statistical code "201", for example, indicates that the textual unit is missing in Mark, i.e., it is an instance of a Matthew-Luke-tradition (called "Q" according to the two-document hypothesis). The key word occurs only in Matthew ("2" in the first position), not in the Lukan verse ("1" in the third position).

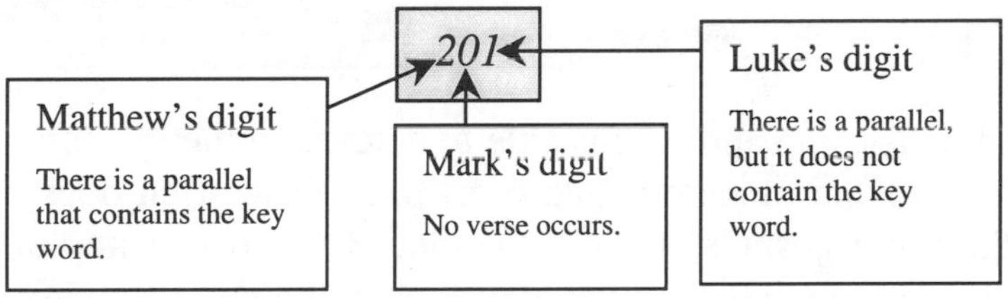

Some further cases:

"*222*": The key word occurs in all three gospels. On the two-document hypothesis Matthew and Luke have taken the key word from their Markan source.

"*200*": The key word occurs only in Matthew. There are no parallels in Mark and Luke.

"*202*": No parallel exists in Mark. On the two-document hypothesis Matthew and Luke take over the key word from their common Q source.

"*112*": All three gospels have a parallel at this point, but the key word occurs only in Luke. On the two-document hypothesis Luke has added the key word to his Markan source.

"*221*": All three gospels have a parallel at the current location, but the key word does not occur in Luke. On the two-document hypothesis, Luke has omitted the key word from his source, while Matthew follows the Gospel of Mark.

In judging the significance of these figures, one has to consider whether the absence of the key word in one gospel (code number "*1*") necessarily means that the evangelist wanted to avoid this word intentionally. The omission of the key word in a parallel verse may be due to several possibilities:

(1) The evangelist omitted a larger syntactic unit in which the key word appeared (e.g., a prepositional phrase working as a circumstantial statement, a construction with a participle).

(2) The evangelist rearranged and reformulated the syntactic unit and thereby omitted (among other changes) the key word.

(3) The evangelist wished to avoid the key word. One has to check all occurrences in the synoptic concordance what the parallel gospels do with the key word. Only then is one able to judge whether one gospel wanted to avoid the key word intentionally. With the help of the statistical code one can easily find the relevant passages.

5.2 The Chart of the Synoptic Statistics (Selected Key Words)

The Chart

If a key word appears more frequently in the Synoptic Gospels, the statistical data on all occurrences of this key word in the Synoptic Gospels are collected and displayed in a separate chart after the New Testament word statistics: the *synoptic statistics*.

Each statistical code (see section 5.1, p. xxi) from the synoptic concordance is counted in this chart.

Altogether 19 *columns* list all statistical codes, i.e., all possible synoptic constellations of transmission. Three columns with subtotals and the last column with the totals are added.

Three *lines* display the numbers of occurrences in each gospel (Matthew, Mark, Luke) classified according to the codes.

βασιλεία

	triple tradition																	double tradition			Sondergut		
		+Mt / +Lk			–Mt / –Lk			traditions not taken over by Mt / Lk							subtotals								
code	*222*	*211*	*112*	*212*	*221*	*122*	*121*	*022*	*012*	*021*	*220*	*120*	*210*	*020*	Σ^+	Σ^-	Σ	*202*	*201*	*102*	*200*	*002*	total
Mt	9	4^+				1^-	1^-				1	3^-	3^+		7^+	5^-	17	13	4		21		**55**
Mk	9					1	1			1	1	3		4			20						**20**
Lk	9		4^+			1	1^-		1^+	1^-					5^+	2^-	15	13		6		12	**46**

How to Read the Chart

One reads the chart line for line and is thus able to determine the synoptic statistics for each evangelist. It is possible to answer questions like: How often does the key word appear in each of the three gospels at the same place? (In this example: nine times.) How often does only Matthew have the key word when the other two gospels lack the word in their parallel? (Four times.) How often do Matthew *and* Luke use the key word in sections having a Markan parallel, but where Mark lacks the word? (In the example: no occurrence.) And how often does only Mark use the key word whereas both Matthew and Luke do not use it in their parallels? (One occurrence.) On the two-document hypothesis, the latter two cases are "minor agreements". Other possible questions are: How often does Luke have the key word in sections with a Markan parallel where Mark does not use the key word? (Five times.) How many instances can be counted in the double tradition where both Matthew and Luke have the key word (thirteen), or how often does only Matthew (or Luke) have the key word when no Markan parallel occurs? (Four times/six times.), etc.

It is also possible to start from the values in the synoptic statistics: If in the statistical chart a certain figure is very striking, e.g., a high amount of cases in which Matthew *and* Luke omitted the key word from Mark (code: *121*), one can find all these cases with the help of the code in the left column of the synoptic concordance.

The Graphics

By marking the single fields of the chart of the synoptic statistics with different shadings, the synoptic situation is presented graphically:

- The white boxes indicate that the key word occurs in the gospel in question.
- The fields with a light grey shading indicate that there is a parallel verse which, however, does not contain the key word.
- The dark grey boxes indicate that there is no parallel in the related gospel.

5.3 The Basic Principles of the Presentation

The display of the synoptic statistics consists of three major blocks: the triple tradition (including subtotals), the double tradition, and the *Sondergut*.

Despite the fact that the following suggestions about how to read the statistical figures are often formulated according to the two-document hypothesis, it is possible to evaluate the figures from the viewpoint of a different synoptic theory. For example, on the Griesbach hypothesis (or Two-Gospel Hypothesis), *222* words are those which Luke took from Matthew, and Mark took from either Matthew or Luke. *121* words are those Mark added to Matthew and Luke, and *221* words are those which Luke omitted from Matthew but which Mark took from Matthew, and so forth. Only the section of subtotals could not easily be converted for use with other Synoptic source theories, since the subtotals are calculated on the basis of the two-document hypothesis.

Empty Fields

The line "code" in the chart covers all theoretically possible synoptic situations. If a certain situation does not occur with the relevant key word, the related columns remain empty.

In the chart for the key word βασιλεία displayed above, this occurs in the column *212*, which remains empty: The case that all three evangelists have a parallel, while the key word only occurs in Matthew and Luke, does not happen with this key word. On the two-document hypothesis Matthew and Luke have never independently added βασιλεία to their Markan source.

The Triple Tradition

1. The *triple tradition* covers all cases in which a Markan verse is involved. The first column, below the code number *222*, gives the number of instances in which the key word occurs in each of the three gospels. The next three columns refer to the cases in which the key word does *not occur in Mark*, but *only in Matthew and/or Luke:*

Code *211*: The key word occurs only in Matthew.
Code *112*: The key word occurs only in Luke.
Code *212*: The key word occurs in both, Matthew *and* Luke, but not in Mark.

On the two-document hypothesis these cases are *additions* by Matthew and/or Luke *to the Markan tradition.* Therefore the numbers are indexed with a raised "+".

Then the other side of the coin is displayed: the cases in which the key word occurs *in Mark*, but *not in Matthew and/or Luke*. "Not in Matthew and/or Luke" or "Matthew and/or Luke do not have the key word" in this context means either the parallel gospel has no equivalent to the key word (a "lacuna"), or the key word has a parallel equivalent in the form of a synonym or a structurally similar construction.

Code *221*: Only Luke lacks the key word.
Code *122*: Only Matthew lacks the key word.
Code *121*: *Neither* Matthew *nor* Luke have the key word.

On the two-document hypothesis these cases are *omissions from the Markan tradition.* Therefore the numbers are indexed with a raised "–".

The next seven columns single out all instances where a parallel to Mark is missing either in Matthew or in Luke or in both. In cases in which Matthew has no parallel (where the Matthew boxes are dark grey), only Luke and Mark are compared:

Code *022*: Luke has the key word together with Mark.
Code *012*: Luke has the key word, Mark does not.
Code *021*: Mark has the key word, Luke does not.

Analogously, the codes *220*, *120*, and *210* describe the cases in which Luke has no parallel. Only Matthew and Mark are compared, while the boxes for Luke are dark grey. Again, on the two-document hypothesis, additions to the Markan tradition are indexed with a raised "+", while omissions from the Markan tradition are indexed with a raised "–".

Finally, code *020* stands for the (relatively rare) cases in which both Matthew *and* Luke have no parallel verse in comparison with Mark.

The Subtotals

The subtotals (symbol: Σ) summarize *on the basis of the two-document hypothesis* how Matthew and Luke have treated Mark. A raised plus sign (+) indicates that the key word has been added, a minus sign (–) indicates that the key word has been omitted. Thus Σ^+ counts all occurrences where Matthew has added the key word to Mark (codes *211*, *212*, *210*, i.e., all numbers with a raised "+"), Σ^- counts the numbers of cases in which Matthew has omitted the key word from Mark (codes *122*, *121*, *120*, i.e., all numbers with a raised "–").

For Luke the same holds true in an analogous way (Σ^+: *112*, *212*, *012*; Σ^-: *221*, *121*, *021*). If there is no parallel in Matthew or Luke to the whole verse or pericope from Mark, then these cases indicated by dark grey boxes are not counted as "non-occurrences".

The column marked "Σ" gives the subtotal of all occurrences in instances where a Markan verse is involved.

The numbers in the white and light grey boxes or with raised "+" or "–" may not be set off against each other. The numbers in the white boxes are actual occurrences that are included in the totals for the key word, while the numbers in the light grey boxes count the *omissions* by Matthew or Luke from the Markan tradition in terms of Markan priority. These numbers with a raised "–" therefore may not be added to or subtracted from the total number of occurrences.

The Double Tradition

2. The double tradition covers the cases in which no Markan verse is at issue, i.e., only Matthew and Luke have parallel verses. This is what is called the Q tradition on the two-document hypothesis. If both Matthew and Luke have the key word, the code *202* is applied; otherwise *201* or *102* is used.

The Sondergut

3. The last two columns are entitled "*Sondergut*". Only Matthew (coded *200*) or Luke (coded *002*) has a verse, for no parallel exists in the other two gospels. The Markan equivalent (coded *020*) is already given at the end of the "triple tradition" block.

Total

In order to get the total number of all occurrences of the key word in a particular gospel (e.g. Matthew), simply add all of the numbers in the white boxes (excluding the subtotal numbers). This total is displayed in bold numbers at the end of each line.

The numbers in the light grey boxes are "non-occurrences" and therefore are not to be added or subtracted when the total of occurrences is calculated.

5.4 Notes on Statistically Problematic Passages

Those instances that do not allow a precise judgment regarding the assignment of the occurrences either among the double or the triple tradition are printed as a footnote after the chart with the synoptic statistics.

A presentation of these cases is to be found in section 6.2, p. xxviii-xxxi. On the two-document hypothesis these cases are overlaps between the Markan and the Q tradition.

In the footnote, the first item is the statistical code that was calculated in the chart of the synoptic statistics. Then the three biblical references for Matthew, Mark, and Luke follow. At those passages the problematic case occurs. If one prefers a different assignment in the history of the tradition than the statistical code indicates, one can change the figures in the chart accordingly.

Mk-Q overlap: 112: Mt 12,29 / Mk 3,27 / Lk 11,22 (?)

In this example the three verses Mt 12,29, Mk 3,27, and Lk 11,22 are assigned to the triple tradition. The key word occurs only in Luke. On the two-document hypothesis, Luke has added it to his source, the Gospel of Mark. However, it is disputed whether there might be a Q tradition behind Mt 12,29 par. Lk 11,21-22. If one assumes that Lk 11,22 goes back to a Q tradition, one must change the Markan digit in the code from the "*1*" to a "0": *102*. This would mean that Luke has added the key word to the Q tradition or that Matthew has omitted it from the Q tradition. The synoptic statistics must be corrected accordingly: One must subtract one occurrence from the figure in column *112* and add this occurrence to the figure in column *102*.

The question mark at the end of the line indicates that in this case it is doubtful whether a Q tradition is at issue. If no question mark occurs, it is certain that there is a Markan tradition as well as a Q tradition. It is, however, not always clear from which tradition the key word stems or to which tradition it was added. In such cases the convention is to count the occurrence among the triple tradition .

5.5 The Limits of the Synoptic Statistics

The synoptic statistics present data which up to now have never been collected and displayed in such a comprehensive way. In judging the significance of these data, one must take into account the uncertainties which are due to the complexity of the synoptic situation.

- The text basis of the Synoptic Gospels and the Acts of the Apostles is relatively small, in spite of the total number of 4,758 verses. Far-reaching linguistic conclusions about the biblical Greek are hence not possible.
- Often the values in the synoptic statistics are relatively low. Most of the key words occur only a few times. For example: Of the total of 2,755 key words, 1,924, that is to say approximately 70%, occur only five times or less in the Synoptic Gospels. From slight differences in the values between the particular gospels, one cannot draw significant conclusions about the evangelist's preferred or avoided vocabulary. One can only speak of a significant usage if the differences are at a larger level. But the observations should always be verified with the text of the gospels. Thus misinterpretations can be avoided that might result from the use of the synoptic statistics in an absolute manner.
- The difference in the statistical code between "0" (no parallel occurs) and "1" (a parallel occurs, but the key word is not in this verse) is obscured in certain cases: Sometimes not only the key word is missing in the parallel gospel (which hence gets the code digit "1"), but a larger syntactic unit (e.g., a circumstantial phrase, a participial construction, a subordinate clause or a whole sentence). In such cases one must consider an exegetical argument in order to judge if the writer of the parallel gospel wanted to omit the particular key word or the entire syntactic unit. The code digit "1" therefore may mean that the evangelist intentionally avoided the key word. But it can mean merely that the evangelist does not have the key word here, because he omitted or changed a larger syntactic unit of his source, and in the process of this rearrangement the key word was dropped. Hence, the code digit "1" does not necessarily imply a deliberate avoidance of the key word by the particular evangelist. — The code digit "0" indicates that no parallel occurs in the gospel in question, because the whole pericope is missing or – in rarer cases – a larger part of this pericope (e.g., details of the narrative or longer dialogues) does not occur in the parallel while no traces of an editing process (summary, abstract, shortening) can be found.
- The evaluation of cases of overlaps between triple and double tradition (or, on the two-document hypothesis, a Mk-Q overlap) is a further problem of the synoptic statistics. In some cases, it is difficult to decide exactly where to count an occurrence: in the area of the triple tradition (on the two-document hypothesis: stemming from "Mark"), or in

the area of the double tradition ("Q"). In order to make the process transparent, these problematic passages are listed together with their statistical code below the chart of the synoptic statistics (see section 5.4, p. xxiv). — In doubtful cases the triple tradition was preferred as a *general* rule. On the two-document hypothesis, it may happen from time to time that the Markan and the Q tradition are so close in wording (almost identical), that occurrences in Q are not counted statistically, because they are considered as Markan material.

As a matter of principle, these uncertainties can be avoided if one always pays attention to the synoptic display when interpreting the statistics and the codes. This allows the user to verify the decisions at the text in question. The statistical code connects the presentation of the texts closely with the statistical chart. Each statistical figure can be verified with the statistical code, which is printed in the first column at the left side of the synoptic concordance.

6 Explanation of Certain Problematic Cases

6.1 The Genealogy of Jesus

Genealogy of Jesus

The genealogies of Jesus in Matthew and Luke differ strongly from each other, not only regarding the sequence of the names but also regarding particular names. The genealogies are therefore statistically counted as *Sondergut* (code: *200* or *002*). If identical or similar names occur, the related verse of the other gospel is aligned in fine print.

6.2 Overlaps between the Triple and Double Traditions (Mk-Q overlaps)

Mk-Q overlap

A "regular" paralleling of Matthew, Mark, and Luke is problematic when the textual situation indicates that Matthew and Luke probably had access to a second tradition besides the Markan tradition which has some connections with the Markan tradition but which differs significantly from it . On the two-document hypothesis one speaks of doublets or overlaps between the Markan and the Q tradition. The decision to assign a verse to the triple or double tradition is made individually according to the synoptic situation. When it is not clear whether the transmission of the key word stems from the Markan or the Q tradition, the Markan tradition is preferred as a matter of principle.

These problematic cases are indicated with the note "Mk-Q overlap" at the right margin of the synoptic concordance. After the chart of the synoptic statistics one will find a note on particular cases in which the counting of the occurrences is problematic (see section 5.4, p. xxiv). Both notes will alert the users to a problematic situation of transmission, which cannot always be interpreted unambiguously.

Cases

The following situations can be distinguished:

The text unit appears …		**description**	**evaluation in the synoptic statistics**
altogether *three times*, once in each of the Synoptic Gospels	**A**	The differences between the Markan version on the one hand and the Matthean and Lukan version on the other suggest a double transmission in Mark and Q. At the Markan verse the parallels in Matthew and Luke appear in fine print, at the Matthean and Lukan passage the Markan parallel appears in fine print.	The occurrence in Mark is coded *020*, the occurrences in Matthew and Luke appear statistically among the double tradition (code *201*, *102*, *202*).
	B	In distinction from case A, it is difficult to decide which elements stem from the Markan or the Q tradition. Sometimes it is doubtful, whether a Q tradition (and therefore a double transmission) is at issue at all. In this case, a question mark is added to the note "Mk-Q overlap". All three instances are printed in standard type next to each other.	For the statistical evaluation, the general rule of the preference for Mark applies. All three instances are counted as triple tradition. Below the synoptic statistics, one will find a note referring to these cases. With the help of this note one can interpret the statistical figures accordingly.
four times, i.e., twice in Matthew *or* Luke		Either Matthew or Luke mentions the tradition twice, according to Mark in one instance and according to a tradition independent of Mark (Q) in the other. The occurrence which stems from the Markan tradition appears in standard type next to the Markan parallel. At the Q version the Markan parallel is added in fine print in order to point to the double transmission. The other evangelist who has the tradition only once follows either Q, or he mixes the Markan and the Q tradition. Therefore the two cases can be distinguished:	At the gospel that has both traditions listed separately, the occurrence stemming from the Markan tradition is counted as triple tradition, while the version independent of Mark is assigned to the double tradition.
	C	The evangelist follows the Q tradition. At the Q version this verse appears in standard type, at the Markan version in fine print.	This occurrence is counted as Q tradition (double tradition). At the Markan version this verse is coded with a "0".
	D	In distinction from case C, the evangelist who has the tradition only once mixes the Markan and the Q tradition. This verse that mixes both traditions appears at the Markan version as well as at the Q version in standard type.	This verse is counted as triple tradition as well as double tradition.

	D	In such a mixed verse the key word may stem from the Markan as well as from the Q tradition. Since each occurrence can be counted only once, we chose to determine the tradition to which each key word should be assigned on an individual basis.	Depending on the decision to which tradition the *key word* is assigned, it receives the code digit "2" at the Markan or the Q version. At the other instance, the code digit "1" is used despite of the fact that the key word occurs. Using the digit "2" would mean that the occurrence would be counted twice. If it is not possible to decide to which tradition the key word should be assigned, the Markan tradition is preferred as a convention. Below the synoptic statistics, one will find a note referring to these cases. With the help of this note one can interpret the statistical figures accordingly.
five times, i.e., twice in Matthew as well as in Luke	**E**	Matthew *and* Luke record the tradition twice. Next to the Markan verse those parallels in Matthew and Luke that are more closely related to the Markan tradition are printed in standard type. At the other two instances in Matthew and Luke that represent the Q tradition, the Markan parallel is added in fine print.	 The occurrences stemming from the Markan tradition are counted as triple tradition. The two other verses are counted as double tradition. The Markan parallel is not counted statistically and gets the code digit "0".

Explanations to the Particular Cases

Note: The following explanations follow the order of the Markan passages. At the end of the presentation is a key chart (see p. xxxii), which assigns the numbers to the verses of Matthew and Luke in the sequence of these Gospels.

1	Mt 11,10	**Mk 1,2**	Lk 7,27	A
	Mt 11,10	Mk 1,2	**Lk 7,27**	

Owing to the context, Mt 11,10 and Lk 7,27 can be considered as Q tradition. These verses are separated from Mk 1,2. At the Markan position (Mk 1,2) they are printed in fine type (code: *020*). At the Q position (Mt 11,10/Lk 7,27) Mk 1,2 is given in fine print and is not counted statistically (code digit „0", i.e., *202, 201, 102*). – The overlap between Markan and Q tradition only refers to the quotation from Exod 23,20/Mal 3,1 (ἰδοὺ ἀποστέλλω τὸν ἄγγελόν μου πρὸ προσώπου σου, ὃς κατασκευάσει τὴν ὁδόν σου·). The introduction to the speech in Mt 3,3/Mk 1,2/Lk 3,4 is counted as triple tradition, the introduction in Mt 11,10/Lk 7,27 as double tradition.

2	Mt 3,11	**Mk 1,7–8**	Lk 3,16	A
	Mt 3,11	Mk 1,7–8	**Lk 3,16**	

The agreements between Mt 3,11 and Lk 3,16 against Mk 1,7-8 suffice to assume a Q tradition. Mt 3,11 and Lk 3,16 are separated from Mk 1,7-8 and statistically counted as double tradition.

3	**Mt 3,16-17**	**Mk 1,10-11**	**Lk 3,21-22**	B

It is disputed whether Lk 3,21-22 goes back to a Q tradition. Therefore the *Synoptic Concordance* counts this issue as triple tradition.

4	Mt 4,1-2	**Mk 1,12-13**	Lk 4,1-2	A
	Mt 4,1-2	Mk 1,12-13	**Lk 4,1-2**	

Mt 4,1-2 and Lk 4,1-2 are both modifications of the introduction to the temptation narrative in Q. Therefore, these verses are separated from the tradition in Mk 1,12-13 and statistically counted as double tradition. – However, Mt 4,11 (καὶ ἰδοὺ ἄγγελοι προσῆλθον καὶ διηκόνουν αὐτῷ) and Mk 1,13 (καὶ ἦν μετὰ τῶν θηρίων, καὶ οἱ ἄγγελοι διηκόνουν αὐτῷ) are assigned to the triple tradition because of their manifest agreements.

5	Mt 12,24-26	**Mk 3,22-26**	Lk 11,15.17-18	A
	Mt 12,24-26	Mk 3,22-26	**Lk 11,15. 17-18**	

Mt 12,24-26 and Lk 11,15.17-18 agree in many items in contrast to Mk 3,22-26. Therefore, Mt 12,24-26 and Lk 11,15.17-18 are considered as double tradition.

6	**Mt 12,29**	**Mk 3,27**	**Lk 11,21-22**	B

It is disputed whether Lk 11,21-22 (and Mt 12,29) go back to a Q tradition.

7	**Mt 12,31**	**Mk 3,28**		A
	Mt 12,31	**Mk 3,29**		
	Mt 12,32	Mk 3,29	**Lk 12,10**	
	Mt 12,32fin	**Mk 3,29fin**	Lk 12,10	

Mk 3,28 is aligned only with Mt 12,31. This is considered as a Mt-Mk tradition. If, for instance, the key word occurs in both verses, the code is *220*. – The main parallel to Mk 3,29 is the second half of Mt 12,31 (... ἡ δὲ τοῦ πνεύματος βλασφημία οὐκ ἀφεθήσεται). Mt 12,32 and Lk 12,10 are regarded as Q tradition (double tradition). Mk 3,29 is aligned to these verses in fine print.

The end of Mt 12,32 (Mt 12,32fin: οὔτε ἐν τούτῳ τῷ αἰῶνι οὔτε ἐν τῷ μέλλοντι) is parallel to Mk 3,29fin (εἰς τὸν αἰῶνα, ἀλλὰ ἔνοχός ἐστιν αἰωνίου ἁμαρτήματος) and therefore regarded as triple tradition. Lk 12,10 (counted together with Mt 12,32 as double tradition) is aligned only in fine print and statistically coded as "0".

8	Mt 5,15	**Mk 4,21**	**Lk 8,16**	C
	Mt 5,15	Mk 4,21	**Lk 11,33**	

The agreements of Mt 5,15 and Lk 11,33 point to a Q tradition (double tradition). Therefore, Mt 5,15 is given in fine print at the Markan position (Mk 4,21/Lk 8,16), while Mk 4,21 is given in fine print at the Q position (Mt 5,15/Lk 11,33). The occurrences in Mt 5,15 and Lk 11,33 are statistically counted as double tradition.

9	Mt 10,26	**Mk 4,22**	**Lk 8,17**	C
	Mt 10,26	Mk 4,22	**Lk 12,2**	

The agreements of Mt 10,26 and Lk 12,2 point to a Q tradition (double tradition). Therefore, Mt 10,26 is given in fine print at the Markan position (Mk 4,22/Lk 8,17), while Mk 4,22 is given in fine print at the Q position (Mt 10,26/Lk 12,2). The occurrences in Mt 10,26 and Lk 12,2 are statistically counted as double tradition.

10	Mt 7,2	**Mk 4,24**	Lk 6,38	A
	Mt 7,2	Mk 4,24	**Lk 6,38**	

Due to the context, Mt 7,2 and Lk 6,38 can be considered as Q tradition. These verses are separated from Mk 4,24. The overlap only refers to the clause: ἐν ᾧ μέτρῳ μετρεῖτε μετρηθήσεται ὑμῖν καὶ προστεθήσεται ὑμῖν. At the Markan position (Mk 4,24) Mt 7,2 and Lk 6,38 are given in fine print (code: *020*). At the Q position (Mt 7,2/Lk 6,38) Mk 4,24 is given in fine print and is not counted statistically (code digit "0", i.e., *202, 201, 102*).

11	Mt 13,31-32	Mk 4,30–32	Lk 13,18–19	A
	Mt 13,31-32	Mk 4,30–32	Lk 13,18–19	

12	Mt 13,12	Mk 4,25	Lk 8,18	E
	Mt 25,29	Mk 4,25	Lk 19,26	

Mt 13,12/Mk 4,25/Lk 8,18 can be identified as triple tradition. However, the note "Mk-Q overlap" is added in order to indicate that there is a strong connection with Mt 25,29/Lk 19,26 (double tradition, "Q"). Mt 25,29/Lk 19,26 is double tradition ("Q"), which has a strong connection to Mt 13,12/Mk 4,25/Lk 8,18. Therefore, Mk 4,25 is also aligned in fine print to Mt 25,29/Lk 19,26, and the note "Mk-Q overlap" is added accordingly.

13	Mt 10,9-10	Mk 6,8-9	Lk 9,3	D
	Mt 10,9-10	Mk 6,8-9	Lk 10,4	
	Mt 10,11-12	Mk 6,10	Lk 9,4	
	Mt 10,11-12	Mk 6,10	Lk 10,5.7	
	Mt 10,14	Mk 6,11	Lk 9,5	
	Mt 10,14	Mk 6,11	Lk 10,10-11	

If one can decide in Mt 10,9-10 that the key word stems from Mark (or was added to the Markan tradition), the first line (Mt 10,9-10/Mk 6,8-9/Lk 9,3) is displayed as the main parallel, and the occurrence is counted as triple tradition. If one can decide in Mt 10,9-10 that the key word stems from Q (or was added to the Q tradition), the second line (Mt 10,9-10/Mk 6,8-9/Lk 10,4) is displayed as the main parallel. The occurrence is then counted as double tradition. If, however, the key word occurs in both traditions and one is not able to decide whether the word in Mt 10,9-10 stems from Mark or Q, the occurrence is counted as triple tradition (Mt 10,9-10/Mk 6,8-9/Lk 9,3) because of the preference for Mark as a general rule. – The cases Mt 10,11-12/Mk 6,10/Lk 9,4/Lk 10,5.7 and Mt 10,14/Mk 6,11/Lk 9,5/Lk 10,10-11 are treated in an analogous way.

14	Mt 16,1	Mk 8,11	Lk 11,16	C
	Mt 12,38	Mk 8,11	Lk 11,16	

The agreements of Lk 11,16 and Mt 12,38 point to a Q tradition (double tradition). Therefore, Lk 11,16 is given in fine print at the Markan position (Mt 16,1/Mk 8,11), while Mk 8,11 is given in fine print at the Q position (Mt 12,38/Lk 11,16). The occurrences in Mt 12,38 and Lk 11,16 are statistically counted as double tradition.

15	Mt 16,4	Mk 8,12	Lk 11,29	C
	Mt 12,39	Mk 8,12	Lk 11,29	

The introduction to the speech in Mk 8,12 (καὶ ἀναστενάξας τῷ πνεύματι αὐτοῦ λέγει·) has its parallel in Mt 16,2.

16	Mt 16,24	Mk 8,34	Lk 9,23	E
	Mt 10,38	Mk 8,34	Lk 14,27	

17	Mt 16,25	Mk 8,35	Lk 9,24	E
	Mt 10,39	Mk 8,35	Lk 17,33	

18	Mt 16,27	Mk 8,38	Lk 9,26	E
	Mt 10,33	Mk 8,38	Lk 12,9	

19	Mt 18,5	Mk 9,37	Lk 9,48	
	Mt 10,40	Mk 9,37	Lk 10,16	

The agreements between Mk 9,37 and the Q tradition in Mt 10,40 and Lk 10,16 do not suffice to speak of an "Mk-Q overlap". In order to facilitate the comparison, Mk 9,37 is aligned nevertheless in fine print to Mt 10,40 and Lk 10,16.

20	Mt 18,5	Mk 9,42	Lk 17,2	B

It is disputed whether Lk 17,2 goes back to a Q tradition.

21	Mt 5,13	Mk 9,50	Lk 14,34	A
	Mt 5,13	Mk 9,50	Lk 14,34	

The second part of Mt 5,13 (εἰς οὐδὲν ἰσχύει ἔτι εἰ μὴ βληθὲν ἔξω καταπατεῖσθαι ὑπὸ τῶν ἀνθρώπων) is aligned only with Lk 14,35, and there is no parallel in Mark. Mt 5,13 and Lk 14,34-35 are statistically counted as double tradition.

22	Mt 19,9	Mk 10,11	Lk 16,18	C
	Mt 5,32	Mk 10,11	Lk 16,18	

The agreements of Lk 16,18 and Mt 5,32 point to a Q tradition (double tradition). Therefore, Lk 16,18 is given in fine print at the Markan position (Mt 19,9/Mk 10,11), while Mk 10,11 is given in fine print at the Q position (Mt 5,32/Lk 16,18). The occurrences in Mt 5,32 and Lk 16,18 are statistically counted as double tradition.

23	Mt 19,30	Mk 10,31	Lk 13,30	C
	Mt 20,16	Mk 10,31	Lk 13,30	

The agreements of Lk 13,30 and Mt 20,16 point to a Q tradition (double tradition). Therefore, Lk 13,30 is given in fine print at the Markan position (Mt 19,30/Mk 10,31), while Mk 10,31 is given in fine print at the Q position (Mt 20,16/Lk 13,30). The occurrences in Mt 20,16 and Lk 13,30 are statistically counted as double tradition.

24	Mt 21,21	Mk 11,22–23		
	Mt 17,20	Mk 11,22–23	Lk 17,6	

The agreements between Mk 11,22-23 and the Q tradition in Mt 17,20/Lk 17,6 do not suffice to speak of an "Mk-Q overlap". In order to facilitate the comparison, Mk 11,22-23 is aligned with Mt 17,20/Lk 17,6 in fine print.

25	Mt 23,6-7	Mk 12,38-39	Lk 20,46	D
	Mt 23,6-7	Mk 12,38-39	Lk 11,43	

26	Mt 10,19	Mk 13,11	Lk 21,14-15	D
	Mt 10,19	Mk 13,11	Lk 12,11-12	
	Mt 10,20	Mk 13,11		

The second half of Mk 13,11 (οὐ γάρ ἐστε ὑμεῖς οἱ λαλοῦντες ἀλλὰ τὸ πνεῦμα τὸ ἅγιον) has its parallel in Mt 10,20.

27	Mt 24,23	Mk 13,21		
	Mt 24,26	Mk 13,21	Lk 17,23	

The agreements between Mk 13,21 and the Q tradition in Mt 24,26/Lk 17,23 do not suffice to speak of an "Mk-Q overlap". In order to facilitate the comparison, Mk 13,21 is aligned with Mt 24,26/Lk 17,23 in fine print.

28	Mt 25,14-15	Mk 13,34	Lk 19,12-13	A
	Mt 25,14-15	Mk 13,34	Lk 19,12-13	

Sequence according to Matthew

Mt 3,11	**2**
Mt 3,16-17	**3**
Mt 4,1-2	**4**
Mt 5,13	**21**
Mt 5,15	**8**
Mt 5,32	**22**
Mt 7,2	**10**
Mt 10,9-10	**13**
Mt 10,11-12	**13**
Mt 10,14	**13**
Mt 10,19	**26**

Mt 10,20	**26**
Mt 10,26	**9**
Mt 10,33	**18**
Mt 10,38	**16**
Mt 10,39	**17**
Mt 10,40	**19**
Mt 11,10	**1**
Mt 12,24-26	**5**
Mt 12,29	**6**
Mt 12,31	**7**
Mt 12,32	**7**

Mt 12,38	**14**
Mt 12,39	**15**
Mt 13,12	**12**
Mt 13,31-32	**11**
Mt 16,1	**14**
Mt 16,4	**15**
Mt 16,24	**16**
Mt 16,25	**17**
Mt 16,27	**18**
Mt 17,20	**24**
Mt 18,5	**20**

Mt 19,9	**22**
Mt 19,30	**23**
Mt 20,16	**23**
Mt 21,21	**24**
Mt 23,6-7	**25**
Mt 24,23	**27**
Mt 24,26	**27**
Mt 25,14-15	**28**
Mt 25,29	**12**

Sequence according to Luke

Lk 3,16	**2**
Lk 3,21-22	**3**
Lk 4,1-2	**4**
Lk 6,38	**10**
Lk 7,27	**1**
Lk 8,16	**8**
Lk 8,17	**9**
Lk 8,18	**12**
Lk 9,3	**13**
Lk 9,4	**13**
Lk 9,5	**13**

Lk 9,23	**16**
Lk 9,24	**17**
Lk 9,26	**18**
Lk 9,48	**19**
Lk 10,4	**13**
Lk 10,5.7	**13**
Lk 10,10-11	**13**
Lk 10,16	**19**
Lk 11,15.17-18	**5**
Lk 11,16	**14**
Lk 11,21-22	**6**

Lk 11,29	**15**
Lk 11,33	**8**
Lk 11,43	**25**
Lk 12,2	**9**
Lk 12,9	**18**
Lk 12,10	**7**
Lk 12,11-12	**26**
Lk 13,18–19	**11**
Lk 13,30	**23**
Lk 14,27	**16**
Lk 14,34	**21**

Lk 16,18	**22**
Lk 17,2	**20**
Lk 17,6	**24**
Lk 17,23	**27**
Lk 17,33	**17**
Lk 19,12-13	**28**
Lk 19,26	**12**
Lk 20,46	**25**
Lk 21,14-15	**26**

7 Abbreviations

Syn	The Synoptic Gospels: The figure below this abbreviation gives the number of occurrences of the key word in the three Gospels Matthew, Mark, and Luke.
NT	The New Testament: The figure below this abbreviation gives the number of occurrences of the key word in the whole New Testament.
Mt	The Gospel of Matthew
Mk	The Gospel of Mark
Lk	The Gospel of Luke
Acts	The Acts of the Apostles
Jn	The Gospel of John
1-3John	The letters of John
Paul	The letters of the Apostle Paul (Romans, 1/2 Corinthians, Galatians, Philippians, 1 Thessalonians, Philemon)
Eph	The letter to the Ephesians
Col	The letter to the Colossians
2Thess	The second letter to the Thessalonians
1/2Tim	The letters to Timothy
Tit	The letter to Titus
Heb	The letter to the Hebrews
Jas	The letter of James
1Pet	The first letter of Peter
2Pct	The second letter of Peter
Jude	The letter of Jude
Rev	The Revelation to John
GTh	The Gospel of Thomas
POxy	The Greek fragments of the Gospel of Thomas in the papyri from Oxyrhynchus

Gen	Genesis
Exod	Exodus
Lev	Leviticus
Num	Numbers
Deut	Deuteronomy
Josh	Joshua
Judg	Judges
Ruth	Ruth
1-2 Sam	1-2 Samuel
1-2 Kings	1-2 Kings
1-2 Chron	1-2 Chronicles
Ezra	Ezra
Neh	Nehemiah
Esther	Esther
Job	Job
Ps	Psalms
Prov	Proverbs
Qoh	Qoheleth, Ecclesiastes
Cant	Canticles, Song of Solomon
Isa	Isaiah
Jer	Jeremiah
Lam	Lamentations
Ezek	Ezekiel
Dan	Daniel
Hos	Hosea
Joel	Joel
Amos	Amos
Obad	Obadiah
Jonah	Jonah
Micah	Micah
Nahum	Nahum
Hab	Habakkuk
Zeph	Zephaniah
Hag	Haggai
Zech	Zechariah
Mal	Malachi
1-2 Esdras	1-2 Esdras
Tob	Tobit
Jdt	Judith
Wis	Wisdom of Solomon
Sir	Sirach, Ecclesiasticus
Bar	Baruch
1-2 Macc	1-2 Maccabees

8 A Short Description of the Synoptic Concordance

8.1 The Synoptic Concordance At a Glance

key word

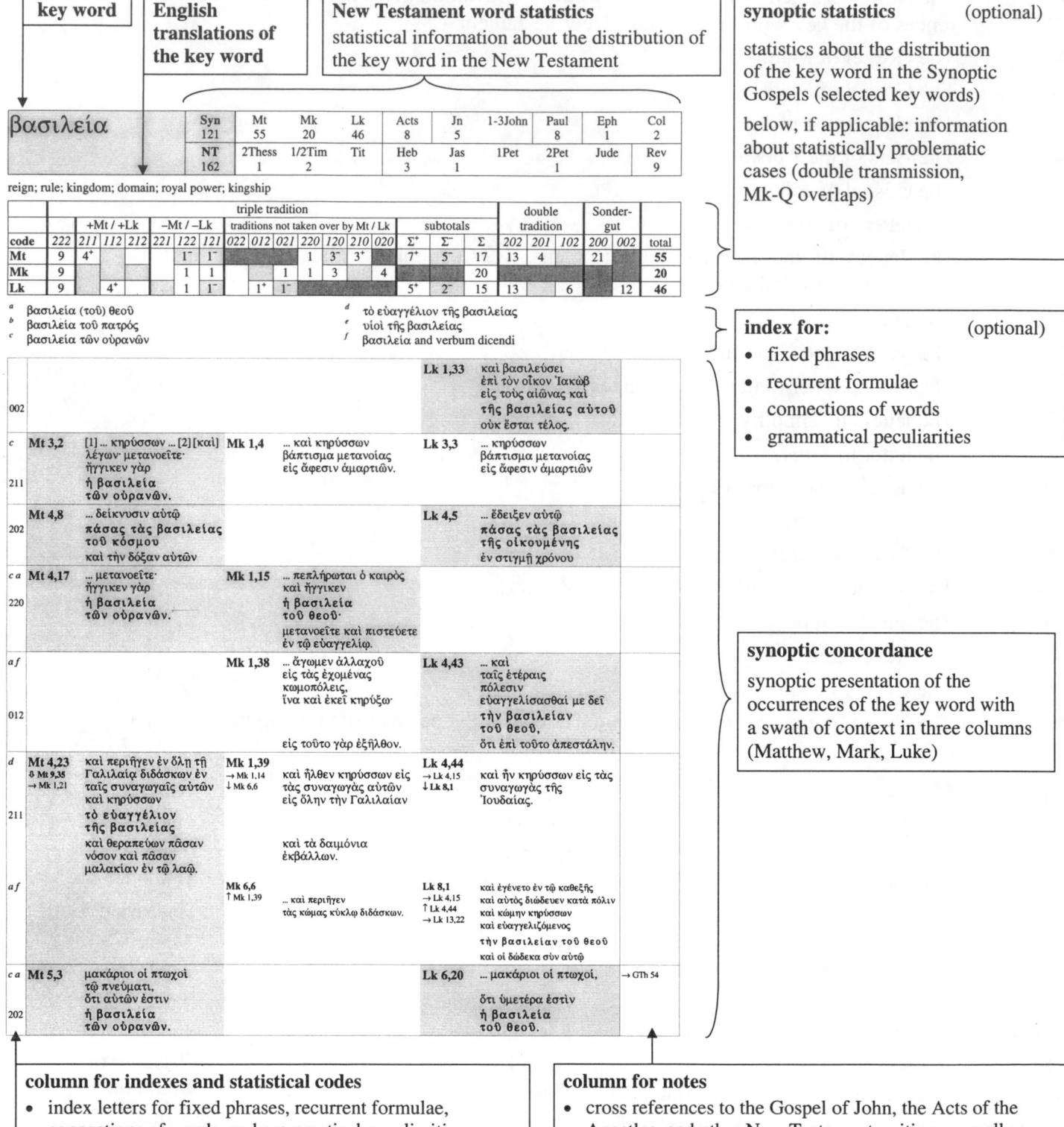

English translations of the key word

New Testament word statistics
statistical information about the distribution of the key word in the New Testament

synoptic statistics (optional)

statistics about the distribution of the key word in the Synoptic Gospels (selected key words)

below, if applicable: information about statistically problematic cases (double transmission, Mk-Q overlaps)

βασιλεία

Syn	Mt	Mk	Lk	Acts	Jn	1-3John	Paul	Eph	Col
121	55	20	46	8	5		8	1	2
NT	2Thess	1/2Tim	Tit	Heb	Jas	1Pet	2Pet	Jude	Rev
162	1	2		3	1		1		9

reign; rule; kingdom; domain; royal power; kingship

	triple tradition																	double tradition			Sondergut		
		+Mt / +Lk			−Mt / −Lk			traditions not taken over by Mt / Lk							subtotals								
code	*222*	*211*	*112*	*212*	*221*	*122*	*121*	*022*	*012*	*021*	*220*	*120*	*210*	*020*	Σ+	Σ−	Σ	*202*	*201*	*102*	*200*	*002*	total
Mt	9	4^{+}				1^{-}	1^{-}				1	3^{-}	3^{+}		7^{+}	5^{-}	17	13	4		21		**55**
Mk	9					1	1			1	1	3		4			20						**20**
Lk	9		4^{+}			1	1^{-}		1^{+}	1^{-}					5^{+}	2^{-}	15	13		6		12	**46**

a βασιλεία (τοῦ) θεοῦ
b βασιλεία τοῦ πατρός
c βασιλεία τῶν οὐρανῶν
d τὸ εὐαγγέλιον τῆς βασιλείας
e υἱοὶ τῆς βασιλείας
f βασιλεία and verbum dicendi

index for: (optional)

- fixed phrases
- recurrent formulae
- connections of words
- grammatical peculiarities

002					**Lk 1,33**	καὶ βασιλεύσει ἐπὶ τὸν οἶκον Ἰακὼβ εἰς τοὺς αἰῶνας καὶ **τῆς βασιλείας αὐτοῦ** οὐκ ἔσται τέλος.	
c 211	**Mt 3,2**	[1] ... κηρύσσων ... [2] [καὶ] λέγων· μετανοεῖτε· ἤγγικεν γὰρ **ἡ βασιλεία τῶν οὐρανῶν.**	**Mk 1,4**	... καὶ κηρύσσων βάπτισμα μετανοίας εἰς ἄφεσιν ἁμαρτιῶν.	**Lk 3,3**	... κηρύσσων βάπτισμα μετανοίας εἰς ἄφεσιν ἁμαρτιῶν	
202	**Mt 4,8**	... δείκνυσιν αὐτῷ **πάσας τὰς βασιλείας τοῦ κόσμου** καὶ τὴν δόξαν αὐτῶν			**Lk 4,5**	... ἔδειξεν αὐτῷ **πάσας τὰς βασιλείας τῆς οἰκουμένης** ἐν στιγμῇ χρόνου	
c a 220	**Mt 4,17**	... μετανοεῖτε· ἤγγικεν γὰρ **ἡ βασιλεία τῶν οὐρανῶν.**	**Mk 1,15**	... πεπλήρωται ὁ καιρὸς καὶ ἤγγικεν **ἡ βασιλεία τοῦ θεοῦ·** μετανοεῖτε καὶ πιστεύετε ἐν τῷ εὐαγγελίῳ.			
a f 012			**Mk 1,38**	... ἄγωμεν ἀλλαχοῦ εἰς τὰς ἐχομένας κωμοπόλεις, ἵνα καὶ ἐκεῖ κηρύξω· εἰς τοῦτο γὰρ ἐξῆλθον.	**Lk 4,43**	... καὶ ταῖς ἑτέραις πόλεσιν εὐαγγελίσασθαί με δεῖ **τὴν βασιλείαν τοῦ θεοῦ,** ὅτι ἐπὶ τοῦτο ἀπεστάλην.	
d 211	**Mt 4,23** ⇩ Mt 9,35 → Mk 1,21	καὶ περιῆγεν ἐν ὅλῃ τῇ Γαλιλαίᾳ διδάσκων ἐν ταῖς συναγωγαῖς αὐτῶν καὶ κηρύσσων **τὸ εὐαγγέλιον τῆς βασιλείας** καὶ θεραπεύων πᾶσαν νόσον καὶ πᾶσαν μαλακίαν ἐν τῷ λαῷ.	**Mk 1,39** → Mk 1,14 ↓ Mk 6,6	καὶ ἦλθεν κηρύσσων εἰς τὰς συναγωγὰς αὐτῶν εἰς ὅλην τὴν Γαλιλαίαν καὶ τὰ δαιμόνια ἐκβάλλων.	**Lk 4,44** → Lk 4,15 ↓ Lk 8,1	καὶ ἦν κηρύσσων εἰς τὰς συναγωγὰς τῆς Ἰουδαίας.	
a f			**Mk 6,6** ↑ Mk 1,39	... καὶ περιῆγεν τὰς κώμας κύκλῳ διδάσκων.	**Lk 8,1** → Lk 4,15 ↑ Lk 4,44 → Lk 13,22	καὶ ἐγένετο ἐν τῷ καθεξῆς καὶ αὐτὸς διώδευεν κατὰ πόλιν καὶ κώμην κηρύσσων καὶ εὐαγγελιζόμενος **τὴν βασιλείαν τοῦ θεοῦ** καὶ οἱ δώδεκα σὺν αὐτῷ	
c a 202	**Mt 5,3**	μακάριοι οἱ πτωχοὶ τῷ πνεύματι, ὅτι αὐτῶν ἐστιν **ἡ βασιλεία τῶν οὐρανῶν.**			**Lk 6,20**	... μακάριοι οἱ πτωχοί, ὅτι ὑμετέρα ἐστὶν **ἡ βασιλεία τοῦ θεοῦ.**	→ GTh 54

synoptic concordance

synoptic presentation of the occurrences of the key word with a swath of context in three columns (Matthew, Mark, Luke)

column for indexes and statistical codes

- index letters for fixed phrases, recurrent formulae, connections of words, and grammatical peculiarities (optional)
- statistical code (three digits)

column for notes

- cross references to the Gospel of John, the Acts of the Apostles, and other New Testament writings as well as references to the Gospel of Thomas
- further notes, e.g., "Mk-Q overlap"

8.2 New Testament Word Statistics

At the beginning of each entry a chart with the New Testament word statistics gives information about the distribution of the key word in the whole New Testament.

For the books of the New Testament the usual abbreviations are used (see section 7, p. xxxiii). Some writings are collected in groups:

Syn "Syn": Mt + Mk + Lk

NT "NT": The total number of occurrences of the key word in the New Testament

Paul "Paul": Romans, 1 and 2 Corinthians, Galatians, Philippians, 1 Thessalonians, and Philemon.

See section 4, p. xx.

8.3 Synoptic Statistics

Mt
Mk
Lk
code

The synoptic statistics give in three lines (Mt, Mk, Lk) a classified statistical overview of the number of occurrences of the key word in the Synoptic Gospels. A chart containing a three-digit statistical code classifies the synoptic situation in several columns. The first digit stands for Matthew, the second for Mark, the third for Luke.

222, 211, 112, 212 etc. The numbers 2, 1, 0 describe the situation for the single occurrence:

2 2: The key word occurs in the verse.

1 1: There is a parallel, but it does not contain the key word.

0 0: There is no parallel in the gospel in question, or the text unit or pericope is missing completely.

With this statistical code the synoptic statistics (if displayed) are closely connected to the presentation of the texts in the synoptic concordance.

The code appears again at the individual occurrences in the column for indexes and statistical codes in the synoptic concordance. Thus one can verify the statistical figures with the texts.

See section 5.1, p. xxi.

The statistical codes are arranged according to the following groups:

triple tradition The term "*triple tradition*" refers to all verses of the Gospel of Mark as well as to those verses of the Gospels of Matthew and Luke that have a parallel in Mark.

If the *Synoptic Concordance* speaks of the "triple tradition", there is always a Markan verse at issue. In the statistical code the second digit is either "1" or "2". On the two-document hypothesis one can speak of the Markan tradition.

double tradition The term "*double tradition*" refers to all verses of the Gospel of Matthew with a parallel in Luke, but not in Mark, and to all verses of the Gospel of Luke with a parallel in Matthew, but not in Mark.

If the *Synoptic Concordance* speaks of the "double tradition", a Markan verse is not at issue. In the statistical code the second digit is "0". On the two-document hypothesis one can speak of the Q tradition.

Sondergut The term "*Sondergut*" refers to all verses in the Gospels of Matthew and Luke that have no parallels in the other two Synoptic Gospels.

The statistical code is *200* for Matthew, and *002* for Luke. On the two-document hypothesis one can speak of special traditions or editorial creations.

The term *Sondergut* used with regard to Mark refers to text units from Mark that have neither a parallel in Matthew nor in Luke. They are subsumed among the triple tradition, since a Markan tradition is at issue. The coding is *020*.

The *white boxes* indicate that the key word occurs in the gospel in question.

The boxes with *light grey shading* indicate that there is a parallel verse which, however, does not contain the key word.

The *dark grey boxes* indicate that there is no parallel in the gospel in question.

+Mt / +Lk — The key word does *not* occur in Mark, but *only in Matthew and/or Luke*. On the two-document hypothesis, Matthew or Luke (or both) have added it to the Markan source (raised "+").

–Mt / –Lk — The key word occurs *in Mark*, but *not in Matthew and/or Luke*. On the two-document hypothesis, Matthew or Luke (or both) have omitted it from the Markan source (raised "–").

traditions not taken over by Mt / Lk — In Matthew and/or Luke a parallel to Mark is missing. The box of the evangelist that has no parallel is dark grey.

On the two-document hypothesis additions to the Markan tradition are indicated by a raised "+", omissions by a raised "–".

subtotals — The subtotals (symbol: Σ) add *on the basis of the two-document hypothesis* how Matthew and Luke have edited the Gospel of Mark.

Σ^+ — Σ^+: all occurrences in which Matthew or Luke have added the key word to Mark (i.e., all figures with a raised "+"), expressed according to the codes:

Mt: *211 + 212 + 210*　　Lk: *112 + 212 + 012.*

Σ^- — Σ^-: all occurrences in which Matthew or Luke have omitted the key word from Mark (i.e., all figures with a raised "–"), expressed according to the codes:

Mt: *122 + 121 + 120*　　Lk: *221 + 121 + 021.*

Σ — subtotal for all cases in which a Markan verse is at issue.

total — total of all occurrences of the key word in the related gospel.

The numbers in the light grey boxes are "omissions" and therefore are not to be added or subtracted when the total of occurrences is calculated.

See section 5.2, p. xxii.

Mk-Q overlap — In certain cases the synoptic situation indicates that Matthew and Luke have used a second source ("Q") besides the Markan tradition, which overlaps in some cases with the Markan tradition, but at the same time differs characteristically from it. Statistically problematic cases are noted below the chart of the synoptic statistics with the header "Mk-Q overlap".

Mk-Q overlap? — If it is doubtful whether there is an overlap between the triple and double tradition (Mark and Q), a question mark is placed after the note "Mk-Q overlap".

The same notes apply in the column for notes of the synoptic concordance at the problematic occurrences.

See section 5.4, p. xxiv.

8.4 Index

The index lists

- fixed phrases,
- recurrent formulae,
- connections of words,
- grammatical peculiarities.

a b c Small raised letters in italics are used. With these index letters one can find these phrases in the synoptic concordance by referring to the column for indexes and statistical codes.

See section 3.8, p. xix.

8.5 The Synoptic Concordance

The synoptic concordance is arranged in three sections: at the left the column for indexes and statistical codes, in the middle the columns with the texts, at the right the column for notes.

8.5.1 Column For Indexes and Statistical Codes

a b c The small raised letters in italics indicate that a fixed phrase, a recurrent formula etc. occurs in the row in question. The indexes are classified in the list at the beginning of the entry.

If more than one letter occurs, the letters are arranged according to the sequence of the occurrence of the phrase in the row.

222, 211, 112, 212 etc. The statistical code indicates how the history of the tradition of the occurrence and its parallels was evaluated. For the meaning of the code see above, section 8.3, p. xxxv.

With the help of the synoptic statistics and the synoptic codes one can focus on certain situations in the tradition. For example, if one looks for instances in the Matthew-Luke tradition (on the two-document hypothesis: "Q"), only those lines must be taken into account where the code has a "0" (zero) at the second digit (Mark). If one, however, is interested in cases where, e.g., Matthew omitted a word from Mark, one has to consider those lines in which the code starts with the digits "02x" (the section in Mark has no parallel in Matthew) or "12x" (Matthew has a parallel, but not the key word). The Lukan position, indicated here by "x", can either be "0" (Luke does not have a parallel), "1" (Luke has a parallel, but not the key word in it), or "2" (Luke has the key word). The code "121" is also worth noting: Both Matthew and Luke have omitted the word from the Markan source. The counterpart is "212": Both Matthew and Luke have inserted the key word into their Markan source. On the two-document hypothesis one would call that a *minor agreement*.

8.5.2 The Text Columns of the Synoptic Concordance

The synoptic concordance presents the occurrences of the key word in its context together with their synoptic parallels. Matthew, Mark, and Luke are arranged in three columns next to each other.

A grey shading indicates the sequence of the occurrences of the key word for each gospel. With the help of the grey shading all occurrences of the key word can be traced in the original sequence of the gospel in question.

Since the sequence of pericopes differs between the Synoptic Gospels, in some cases a parallel verse has to be repeated outside the original sequence of the gospel. If therefore an occurrence appears as a synoptic parallel in a position differing from the gospel's original sequence, the grey shading is omitted. This occurrence will appear again with a grey shading in the original sequence of the gospel. — See section 3.3, p. xiv.

καὶ ἦλθεν κηρύσσων ...

Fine print is used in cases in which one has to consider a complex problem of transmission: double transmission, Mk-Q overlap, redactional doublets etc.

See section 2.4, p. x, and section 3.4, p. xv.

...

Three dots mark the ellipsis of parts of the text.

[1]

Numbers in square brackets give references of verses that are quoted in addition to the main verse (e.g., Mt 3,2 in bold type).

↔

A double-pointed arrow "↔" indicates that the text of the gospel is continued immediately and without omissions, even if there is a horizontal line (and perhaps one or more empty fields) in the column. This arrow is repeated at the beginning of the continuation.

The arrow ↔ does *not* occur, if the horizontal line separates two verses that follow each other. If there are no ellipsis (...), the successive verse numbers (e.g., Mk 4,1; Mk 4,2) indicate that the text of the gospel is printed without interruption.

See section 3.1, p. xii.

→ Mk 6,6
⇨ Mt 4,23

Cross references to passages (here: Mk 6,6) which cannot be found in the list of the current key word, but which are of interest regarding the comparison of the texts.

↑ Mk 6,6
↓ Mk 6,6

Arrows pointing up or down: The text can be found in the synoptic concordance of the current key word – one must look in the related column (here the column for Mark) further up (↑) or down (↓).

⇧ Mt 4,23
⇨ Mt 4,23
⇩ Mt 4,23

Outlined arrows (⇧, ⇩, ⇨): The verse in question is a doublet from tradition or a redactional doublet by the evangelist.

↑ **Mk 6,6**
↓ **Mk 6,6**
⇧ **Mt 4,23**
⇩ **Mt 4,23**

Bold type: The verse indicated (here Mk 6,6 or Mt 4,23) contains the current key word.

See section 3.5, p. xvii.

εὐλογημένος ὁ ἐρχόμενος
➤ Ps 118,26

Quotations from the Old Testament in the text of the Synoptic Gospels and the Acts of the Apostles are indicated by italics. The Old Testament verse reference follows just below the verse and is indicated by an arrow (➤).

See section 3.9, p. xix.

8.5.3 Column For Notes

→ Jn 20,32

Cross references to a passage outside of the Synoptic Gospels which are relevant for the comparison of texts. The cross reference is in the last column at the right hand side.

→ **Jn 20,32**

If the cross reference is printed in bold, the verse (here: Jn 20,32) contains the key word.

→ GTh 39,3 **(POxy 655)**

Cross references to the Gospel of Thomas (GTh): POxy 655 indicates that the saying also occurs in the Greek fragments. If this note is printed bold, the Greek fragment contains the current key word.

See section 3.6, p. xvii.

Mk-Q overlap The note "Mk-Q overlap" is added to occurrences where Matthew and Luke follow a second source ("Q") other than the Markan tradition.

Mk-Q overlap? If it is doubtful whether there is an overlap between triple and double tradition (Mark and Q), a question mark is placed after the note "Mk-Q overlap".

See section 3.4, p. xv, and section 6.2, p. xxvi.

Inhalt

Einführung

Die Synoptische Konkordanz

Einführung

1 Idee und Ziel

Die Idee einer *Synoptischen Konkordanz* entstammt der langjährigen Arbeit von Paul Hoffmann an den synoptischen Evangelien. Für die Analyse ihrer Abhängigkeitsverhältnisse, vor allem aber für die Erforschung von Stil und Theologie der Evangelisten, ist eine Untersuchung ihres Sprachgebrauchs unumgänglich. Die üblichen Konkordanzen liefern nur die einzelnen Wortbelege hintereinander. Will man den Sprachgebrauch der Evangelisten in den Parallelüberlieferungen vergleichen, ist der Griff zur Synopse notwendig. Erst so lassen sich Erkenntnisse über das spezifische Vokabular eines Evangelisten, *seinen* charakteristischen Stil, *seine* redaktionellen Interessen und *seine* theologischen Intentionen gewinnen. Wer an den Synoptikern arbeitet, weiß, wie mühsam es ist, bei Lexemen mit einer größeren Anzahl von Belegen den Überblick über Konkordanz, Synopse und eigene Notizen zu behalten. So lag es nahe, das Prinzip der Konkordanz mit dem der Synopse zu kombinieren und eine Konkordanz zu entwickeln, die unmittelbar neben den Einzelbelegen die dazugehörigen synoptischen Parallelen bietet und so den synoptischen Gesamtbefund erkennen lässt.

2 Grundlagen und Verfahren

2.1 Die Konkordanz

Die *Textgrundlage* zur Erstellung der Konkordanz ist das *Novum Testamentum Graece* in der 27. Auflage (hg. von BARBARA und KURT ALAND et al., Stuttgart: Deutsche Bibelgesellschaft 1993). Dabei wurde nur die im Text gedruckte Lesart erfasst. Die im Apparat genannten Lesarten blieben ebenso unberücksichtigt wie Jn 7,53-8,11 und die beiden sekundären Abschlüsse des Markus-Evangeliums.

Um die Benutzbarkeit zu erleichtern, wurde die Versebene als primäre Textgliederung beibehalten und kein neues Nummerierungssystem entwickelt, auch wenn die traditionelle Verseinteilung sich für die Parallelisierung gelegentlich als problematisch erwies.

2.2 Die Synopse

Ein Vergleich der vorliegenden Ausgaben von Synopsen zeigt, dass manche Parallelisierungen umstritten sind. Daher wurde in Auseinandersetzung mit mehreren gebräuchlichen Synopsen zu den Evangelien eine *eigene Lösung* erarbeitet.

Berücksichtigt wurden vor allem die *Synopsis Quattuor Evangeliorum* (hg. von KURT ALAND, 15. Aufl., Stuttgart: Deutsche Bibelgesellschaft, 1996), die *Synopsis Graeca Quattuor Evangeliorum* (von M.-E. BOISMARD und A. LAMOUILLE, Leuven/Paris: Peeters, 1986), die *Synopse der drei ersten Evangelien mit Beigabe der johanneischen Parallelstellen* (ALBERT HUCK, 13. Aufl., völlig neu bearbeitet von HEINRICH GREEVEN, Tübingen: J.C.B. Mohr [Paul Siebeck], 1981), JOHN S. KLOPPENBORGS *Q Parallels* (Sonoma, CA: Polebridge, 1988) sowie die *Synopse der drei ersten Evangelien* von JOSEF SCHMID (10. Aufl., Regensburg: Pustet, 1992).

2.3 Die Verbindung von Konkordanz und Synopse

Die Daten der Konkordanz und die Struktur der Synopse wurden zunächst getrennt erfasst. Anschließend wurden diese Daten mit Hilfe eines eigens hierfür entwickelten Computerprogramms verbunden. Dieses Verfahren hat eine Reihe von Vorteilen:

1. Es treten weniger Fehler auf, da die Bibeltexte, die Parallelisierungen der Synopse und die Ausgangsdaten der Konkordanz nur einmal erfasst werden mussten und anschließend mehreren Korrekturdurchläufen unterzogen wurden.

2. Die Parallelisierungsprinzipien bleiben für sämtliche Stichworte konstant, da die Parallelisierungen der Synopse von Anfang an festgelegt waren.

Die so entstandene Rohform der *Synoptischen Konkordanz* wurde dann für jedes einzelne Stichwort individuell bearbeitet. So konnte auch die spezielle Situation des jeweiligen Stichwortes in seinem synoptischen Kontext angemessen berücksichtigt werden. Die einzelnen Datensätze wurden mit einer Codierung versehen, die eine automatische statistische Auswertung ermöglicht.

2.4 Die Parallelisierung der Verse

Manche Parallelisierungen sind in der Forschungsdiskussion umstritten. Eine eindeutige Entscheidung ist nicht immer möglich. Das wird in der *Synoptischen Konkordanz* durch ein System abgestufter Grade von Parallelität angezeigt:

(1) Eine *reguläre Parallele* erscheint in normalem Druck. Eine direkte literarische Beziehung wird angenommen.

(2) Eine *problematische Parallele* wird immer im Kleindruck zitiert. Es handelt sich um Fälle, in denen die synoptische Beziehung und damit die Überlieferungssituation komplexer ist:

- Doppelüberlieferungen (im Sinne der Zwei-Quellen-Theorie: Überlappungen von Markus und Q, sog. Mk-Q overlaps),
- Verdoppelungen, die höchstwahrscheinlich auf die Redaktion des Evangelisten zurückgehen,
- bloße „Reminiszenzen“ oder „lose Parallelen“, bei denen nicht mehr sicher auszumachen ist, ob überhaupt dieselbe Tradition vorliegt,
- mehrere Möglichkeiten der Parallelisierung.

(vgl. Abschnitt 3.4, Kleindruck als Hinweis auf komplexe Überlieferungssituationen, S. xlix)

(3) Verweise auf *sonstige Stellen*:

Verweise, die sprachliche sowie thematische Korrespondenzen betreffen, erhalten einen einfachen Pfeil („→“). Es handelt sich bei diesen Verweisen um eine subjektive Auswahl. Sie wollen auf ähnliche Aussagen aufmerksam machen, aber keine Entscheidungen über traditions- oder redaktionsgeschichtliche Zusammenhänge treffen.

2.5 Die Parallelisierung der Stichwörter

Auch bei der Parallelisierung der einzelnen Stichwörter wird eine graduelle Abstufung vorgenommen:

(1) Gleicher Wortlaut und gleiche Wortfolge

Sind die Evangelientexte wortwörtlich parallel, also identisch hinsichtlich Wortlaut und Wortfolge, werden die jeweils gleichen (und daher gleichlautenden) Elemente parallelisiert.

Auch bei geringfügigen Unterschieden in der Syntax wurden gleiche Elemente parallelisiert. Solche geringfügigen Unterschiede sind zum Beispiel:

- ein Wechsel von Singular und Plural,
- ein unterschiedlicher Kasus aufgrund anderer Präposition,
- ein Tempusunterschied (z.B. historisches Präsens/Aorist),
- eine unterschiedliche Wortstellung in der gleichen syntaktischen Wortgruppe (z.B. Position des Adjektivs).

(2) Gleicher Wortlaut, aber abweichende Wortfolge bzw. Textstruktur

Bei Abweichungen in Syntax und Gesamtstruktur wird das Lexem trotzdem parallelisiert, wenn es annähernd die gleiche syntaktische und/oder semantische Funktion hat.

Wenn beispielsweise das Lexem βασιλεία am Anfang eines Gleichnisses auftritt, jedoch beim einen Evangelisten in Form einer rhetorischen Frage („Womit soll ich die βασιλεία vergleichen? Sie gleicht ...“), beim Seitenreferenten jedoch ohne Frage in einer direkten Aussage vorkommt („Die βασιλεία gleicht ...“), dann wird das Lexem βασιλεία hier jeweils parallelisiert, auch wenn die Rahmenstruktur differiert.

Hat das Lexem in den parallelen Versen jedoch eine völlig unterschiedliche syntaktische und/oder semantische Funktion, wird es nicht parallelisiert.

Ein Beispiel sind hier die Pronomina: Wenn sich das gleiche Pronomen (z.B. αὐτοῦ) auf unterschiedliche Personen bezieht, kann es nicht parallelisiert werden.

(3) Verschiedener Wortlaut, aber äquivalente Funktion

Parallelisiert werden auch Elemente, die in ihrem Wortlaut verschieden, struktural oder funktional aber äquivalent sind:

- Struktural äquivalent sind die Elemente dann, wenn sie bei vergleichbarer Satzstruktur an vergleichbarer syntaktischer Stelle stehen, also z.B. jeweils die Ortsangabe in einer Präpositionalverbindung, das Objekt des gleichen Verbs, die Satzeinleitung (Konjunktion) usw. Der einfachste Fall ist hier ein Synonym.
- Funktional äquivalent sind die Elemente dann, wenn sie trotz unterschiedlicher Satzstruktur eine vergleichbare Funktion haben (z.B. Ortsangabe: einmal Präpositionalverbindung, einmal Ortsadverb; oder die handelnde Person: einmal pronominal, einmal lexematisch ausgedrückt; oder eine verbale Aussage, die im Parallelvers nominal formuliert ist, usw.).

(4) Keine Parallelität

Eine Parallelisierung ist dann nicht möglich, wenn sich im Parallelvers kein struktural und/oder funktional äquivalentes Element findet. In diesem Fall wird in dem Parallelvers eine Lücke gelassen, die dort gesetzt wird, wo das fragliche Stichwort am ehesten ergänzt werden könnte.

3 Die Informationen der Synoptischen Konkordanz

3.1 Die Präsentation der Wortbelege mit ihren synoptischen Parallelstellen

Kontext

Wie in einer Konkordanz werden die Belege des jeweiligen Stichwortes mit der Stellenangabe und einem Ausschnitt aus dem näheren Kontext ausgewiesen. Erster Anhaltspunkt für die Auswahl des Kontextes ist der Vers. Bei umfangreicheren Versen wird am Anfang oder am Ende, in seltenen Fällen auch innerhalb des Verses gekürzt und die Auslassung durch Auslassungszeichen („ … “) gekennzeichnet. Bei der Kürzung wird darauf geachtet, dass der gebotene Kontext erkennen lässt, um welches Logion oder welche Erzählung es sich handelt.

So wird z.B. beim Stichwort ἀμήν nicht nur die geprägte Wendung ἀμὴν δὲ λέγω ὑμῖν, sondern auch ein Teil des auf die Redeeinleitung folgenden Spruches zitiert, da nur so die Funktion der Wendung beurteilt werden kann.

Synoptische Parallelen

Die synoptischen Parallelen sind in drei Spalten nebeneinander in der Reihenfolge Matthäus – Markus – Lukas angeordnet.

Dabei wird versucht, den gleichen („parallelen“) Textausschnitt darzustellen. In manchen Fällen ist es erforderlich, Text aus den vorausgehenden oder nachfolgenden Versen zu ergänzen. Damit die Versgrenzen erkennbar bleiben, wird die Versnummerierung der ergänzten Versteile in eckigen Klammern („[9]“) hinzugesetzt:

202	**Mt 6,10**	[9] Πάτερ ἡμῶν ὁ ἐν τοῖς οὐρανοῖς· ἁγιασθήτω τὸ ὄνομά σου· [10] ἐλθέτω **ἡ βασιλεία σου·** γενηθήτω τὸ θέλημά σου, ὡς ἐν οὐρανῷ καὶ ἐπὶ γῆς·			**Lk 11,2**	... Πάτερ, ἁγιασθήτω τὸ ὄνομά σου· ἐλθέτω **ἡ βασιλεία σου·**	

In diesem Beispiel zum Stichwort βασιλεία wird im Blick auf Lk 11,2 der Vers Mt 6,9 ergänzt, obwohl das Stichwort in Mt 6,10 vorkommt. Da der ergänzte Vers hier vorausgeht, muss der Beginn des eigentlichen Parallelverses (Mt 6,10) ebenfalls gekennzeichnet werden: „[10]“. — Die Auslassungspunkte („ … “) zeigen, dass die Redeeinleitung von Lk 11,2 (εἶπεν δὲ αὐτοῖς· ὅταν προσεύχησθε λέγετε·) weggelassen wurde. — Zugleich ist hier erkennbar, dass der Schluss von Mt 6,10 (γενηθήτω τὸ θέλημά σου, ὡς ἐν οὐρανῷ καὶ ἐπὶ γῆς·) bei Lukas keine Parallele hat. Gäbe es eine solche Parallele, wäre sie ergänzt worden, um die Parallelität des Kontextausschnittes zu wahren.

Ausweitung des Kontextes

In Einzelfällen muss der weitere Kontext einbezogen werden, um die Problematik der Stelle ausreichend deutlich machen zu können, etwa wenn die Verwendungsweise oder Position eines Stichwortes bei den jeweiligen Evangelisten geringfügig abweicht.

h 220	**Mt 14,23**	καὶ ἀπολύσας τοὺς ὄχλους ἀνέβη εἰς τὸ ὄρος κατ᾽ ἰδίαν προσεύξασθαι. ὀψίας δὲ **γενομένης** μόνος ἦν ἐκεῖ. [24] τὸ δὲ πλοῖον ἤδη σταδίους πολλοὺς ἀπὸ τῆς γῆς ...	**Mk 6,47**	[46] καὶ ἀποταξάμενος αὐτοῖς ἀπῆλθεν εἰς τὸ ὄρος προσεύξασθαι. [47] καὶ ὀψίας **γενομένης** ἦν τὸ πλοῖον ἐν μέσῳ τῆς θαλάσσης, καὶ αὐτὸς μόνος ἐπὶ τῆς γῆς.			→ Jn 6,17

Die Zeitangabe (ὀψίας (δὲ) γενομένης) ist bei Matthäus und Markus anders in die Erzählstruktur eingebaut. Der angefügte Kontext lässt den redaktionellen Eingriff erkennen.

Pfeil mit zwei Spitzen: ↔

Ein Pfeil mit zwei Spitzen „↔“ zeigt an, dass der Evangelientext unmittelbar und ohne Auslassung fortgesetzt wird, auch wenn eine horizontale Trennlinie (und gegebenenfalls auch leere Felder) in der Spalte folgen. Am Anfang der Fortsetzung wird dieser Pfeil wiederholt.

120	**Mt 13,1** → Lk 5,1	ἐν τῇ ἡμέρᾳ ἐκείνῃ ἐξελθὼν ὁ Ἰησοῦς τῆς οἰκίας ἐκάθητο παρὰ τὴν θάλασσαν·	**Mk 4,1** ↑ **Mk 2,13** → Mk 3,9 → Lk 5,1	καὶ πάλιν ἤρξατο **διδάσκειν** παρὰ τὴν θάλασσαν· ↔			
121	**Mt 13,3**	[2] καὶ συνήχθησαν πρὸς αὐτὸν ὄχλοι πολλοί, ... [3] καὶ **ἐλάλησεν** αὐτοῖς πολλὰ ἐν παραβολαῖς λέγων· ἰδοὺ ἐξῆλθεν ὁ σπείρων τοῦ σπείρειν.	**Mk 4,2**	↔ [1] καὶ συνάγεται πρὸς αὐτὸν ὄχλος πλεῖστος, ... [2] καὶ **ἐδίδασκεν** αὐτοὺς ἐν παραβολαῖς πολλὰ καὶ ἔλεγεν αὐτοῖς ἐν τῇ διδαχῇ αὐτοῦ· [3] ἀκούετε. ἰδοὺ ἐξῆλθεν ὁ σπείρων σπεῖραι.	**Lk 8,4** ⇧ **Lk 5,3**	συνιόντος δὲ ὄχλου πολλοῦ καὶ τῶν κατὰ πόλιν ἐπιπορευομένων πρὸς αὐτὸν **εἶπεν** διὰ παραβολῆς· [5] ἐξῆλθεν ὁ σπείρων τοῦ σπεῖραι τὸν σπόρον αὐτοῦ. ...	

Der Pfeil ↔ in Mk 4,1 zeigt an, dass dieser Vers nicht mit θάλασσαν· endet. Die unmittelbare Fortsetzung ist nach dem nächsten Pfeil ↔ in Mk 4,2 zu finden: Vers 1 wird fortgesetzt, wie [1] anzeigt, obwohl der Haupteintrag des Stichwortes nun Mk 4,2 ist, der mit [2] καὶ beginnt.

Der Pfeil ↔ wird *nicht* gesetzt, wenn die horizontale Linie zwei aufeinander folgende Verse trennt. Fehlen zwischen den beiden Versen Auslassungspunkte („ ... “), lassen die einander folgenden Versangaben (z.B. Lk 2,44; Lk 2,45) erkennen, dass der Evangelientext ohne Unterbrechung abgedruckt ist.

3.2 Die Parallelisierung und Hervorhebung des Stichwortes

Stichwort

Das jeweilige Stichwort wird in eine eigene Zeile gesetzt und durch Sperrdruck hervorgehoben. Das dem Stichwort entsprechende Element in den synoptischen Parallelstellen wird auf die gleiche Zeile gesetzt und ebenso hervorgehoben. Dieses Element kann das gleiche Wort sein, ein Synonym oder eine entsprechende vergleichbare Wendung. Falls dem Stichwort in der Parallelstelle nichts entspricht, wird eine Lücke gelassen.

Stichwortbereich

In den hervorgehobenen Stichwortbereich wird das Stichwort in der Regel innerhalb der gesamten syntaktischen Wortgruppe, in der es sich befindet, aufgenommen. Dies trifft vor allem für Substantive, Adjektive und Pronomina zu.

Syntaktische Wortgruppen

Beispiele für solche Wortgruppen:

- Artikelverbindung: τὸ εὐαγγέλιον
- Genitivverbindung: ἡ βασιλεία τῶν οὐρανῶν
- Präpositionalverbindung: ἐν τῇ βασιλείᾳ τοῦ θεοῦ
- Verbindung mit Pronomina: ἡ βασιλεία σου
- Attributverbindung mit Adjektiv: τὸ πνεῦμα τὸ ἀκάθαρτον
- Verbindungen mit Negation: μὴ δέξηται

Bei finiten Verben, Partizipial- und Infinitivkonstruktionen (z.B. *participium coniunctum*, *genitivus absolutus*, *accusativus cum infinitivo*) wird das Objekt nicht mit in die Stichwortgruppe aufgenommen.

Grundsätzlich allein stehen satzeinleitende Funktionswörter (z.B. ἀλλά, γάρ, καί usw.) und Interjektionen (z.B. ἰδού).

Das Stichwort wird nicht parallelisiert, wenn es eine völlig unterschiedliche syntaktische und/oder semantische Funktion hat (siehe Abschnitt 2.5 [2], S. xlv).

210	**Mt 14,24**	τὸ δὲ πλοῖον ἤδη σταδίους πολλοὺς **ἀπὸ τῆς γῆς** ἀπεῖχεν βασανιζόμενον ὑπὸ τῶν κυμάτων, ...	**Mk 6,47**	καὶ ὀψίας γενομένης ἦν τὸ πλοῖον **ἐν μέσῳ τῆς θαλάσσης,**			→ Jn 6,17
120	**Mt 14,23**	... ὀψίας δὲ γενομένης μόνος ἦν **ἐκεῖ.**		καὶ αὐτὸς μόνος **ἐπὶ τῆς γῆς.**			

Im Falle von Mt 14,24/Mk 6,47 hat γῆ bei Matthäus die Funktion der Ortsangabe, wo sich das Boot befand (entspricht bei Markus „mitten im See"), während γῆ in Mk 6,47/Mt 14,23 die Ortsangabe des Aufenthaltes Jesu angibt (entspricht bei Matthäus „dort"). Eine Parallelisierung beider Belege von γῆ wäre irreführend, zumal γῆ hier in leicht unterschiedlicher Bedeutung gebraucht wird.

3.3 Die Abfolge der Belege in den Evangelien (graue Schattierung)

Abfolge (Akoluthie)

Die Abfolge (Akoluthie) der Perikopen ist bei den einzelnen synoptischen Evangelien unterschiedlich. Soll es trotzdem möglich sein, alle Belege in der Reihenfolge ihres Auftretens im jeweiligen Evangelium zu lesen, sind Wiederholungen unumgänglich.

Graue Schattierung

Um alle Belege eines Evangelisten hintereinander verfolgen zu können, erscheint jeder Beleg für ein Stichwort bei jedem Evangelisten einmal in der ursprünglichen Abfolge grau schattiert. Man kann also beispielsweise sämtliche Matthäus-Belege eines Stichwortes in der Reihenfolge, in der sie im Matthäusevangelium erscheinen, problemlos hintereinander verfolgen, wenn man sich in der Matthäus-Spalte nur an die grau schattierten Felder hält.

Wurde aufgrund der abweichenden Akoluthie der Evangelien ein Vers außerhalb der Reihenfolge des jeweiligen Evangelisten als synoptische Parallele aufgeführt, so erscheint er ohne graue Schattierung, auch wenn das Stichwort darin vorkommt. Der Beleg taucht mit grauer Schattierung nur an der Stelle auf, die seiner Position im jeweiligen Evangelium entspricht.

Beispiel: Die matthäische Bergpredigt enthält viel Material, das Lukas an anderer Stelle bringt. Zum Stichwort βασιλεία wird daher zunächst die Matthäus-Stelle Mt 6,10 angeführt. Die Lukas-Parallele (Lk 11,2) ist nicht schattiert, weil deren Position nicht der Lukas-Abfolge entspricht.

202	**Mt 6,10**	[9] Πάτερ ἡμῶν ὁ ἐν τοῖς οὐρανοῖς· ἁγιασθήτω τὸ ὄνομά σου· [10] ἐλθέτω **ἡ βασιλεία σου·** γενηθήτω τὸ θέλημά σου, ὡς ἐν οὐρανῷ καὶ ἐπὶ γῆς·			**Lk 11,2**	... Πάτερ, ἁγιασθήτω τὸ ὄνομά σου· ἐλθέτω **ἡ βασιλεία σου·**	

In der Lukas-Abfolge tritt der Vers Lk 11,2 erst hinter dem βασιλεία-Beleg Lk 10,11 mit grauer Schattierung auf. Da Mt 6,9-10 jetzt außerhalb der Matthäus-Akoluthie stehen, weisen sie keine graue Schattierung auf:

202	**Mt 6,10**	[9] Πάτερ ἡμῶν ὁ ἐν τοῖς οὐρανοῖς· ἁγιασθήτω τὸ ὄνομά σου· [10] ἐλθέτω **ἡ βασιλεία σου·** γενηθήτω τὸ θέλημά σου, ὡς ἐν οὐρανῷ καὶ ἐπὶ γῆς·	**Lk 11,2**	... Πάτερ, ἁγιασθήτω τὸ ὄνομά σου· ἐλθέτω **ἡ βασιλεία σου·**	

3.4 Kleindruck als Hinweis auf komplexe Überlieferungssituationen

Kleindruck

Der Kleindruck dient dazu, auf komplexere Überlieferungssituationen aufmerksam zu machen. Texte, die nicht als „normale" Parallelen zu werten sind, werden trotzdem angeführt, um einen Vergleich ohne Nachblättern zu ermöglichen (vgl. dazu Abschnitt 2.4, S. xliv).

Es handelt sich dabei um folgende Fälle:

Doppelüberlieferungen

- Doppelüberlieferungen: Matthäus und/oder Lukas bringen einen Text zweimal, Markus dagegen nur einmal. Die Stellen, an denen sich Matthäus, Markus und Lukas entsprechen, werden normal parallelisiert. An den Stellen, an denen Matthäus und Lukas einander näher stehen und von Markus signifikant abweichen, wird der Markustext in Kleindruck beigefügt.

a 222	**Mt 13,12** ⇩ Mt 25,29	... ὅστις δὲ οὐκ ἔχει, καὶ ὃ ἔχει **ἀρθήσεται** ἀπ' αὐτοῦ.	**Mk 4,25**	... καὶ ὃς οὐκ ἔχει, καὶ ὃ ἔχει **ἀρθήσεται** ἀπ' αὐτοῦ.	**Lk 8,18** ⇩ Lk 19,26	... καὶ ὃς ἂν μὴ ἔχῃ, καὶ ὃ δοκεῖ ἔχειν **ἀρθήσεται** ἀπ' αὐτοῦ.	→ GTh 41 Mk-Q overlap

a 202	**Mt 25,29** ⇧ Mt 13,12	... τοῦ δὲ μὴ ἔχοντος καὶ ὃ ἔχει **ἀρθήσεται** ἀπ' αὐτοῦ.	Mk 4,25	... καὶ ὃς οὐκ ἔχει, καὶ ὃ ἔχει ἀρθήσεται ἀπ' αὐτοῦ.	**Lk 19,26** ⇧ Lk 8,18	... ἀπὸ δὲ τοῦ μὴ ἔχοντος καὶ ὃ ἔχει **ἀρθήσεται.**	→ GTh 41 Mk-Q overlap

In obigem Beispiel ist ein Logion sowohl bei Matthäus als auch bei Lukas doppelt überliefert. Nach Akoluthie und Wortlaut entsprechen Mt 13,12 und Lk 8,18 der Stelle Mk 4,25. Die zweite Überlieferung liegt in Mt 25,29 und Lk 19,26 vor. Zur leichteren Vergleichbarkeit wird die Markus-Stelle in Kleindruck wiederholt. Bietet nur einer der Evangelisten Matthäus oder Lukas die Überlieferungseinheit doppelt, wird der Befund jeweils individuell nach Stichwort und Überlieferungssituation beurteilt und der Kleindruck entsprechend zugeordnet. Eine Einzeldarstellung, wie die jeweiligen Fälle behandelt werden, findet sich in Abschnitt 6.2, S. lx.

Redaktionelle Doppelungen

- Redaktionelle Doppelungen: Auch wenn ein Evangelist einen Text ein zweites Mal bringt, ohne dass sich aufgrund des synoptischen Gesamtbefundes eine Doppelüberlieferung (Mk-Q overlap) nachweisen lässt und daher die Wiederholung vermutlich auf sein redaktionelles Interesse zurückzuführen ist, werden zur besseren Vergleichsmöglichkeit die relevanten Texte in Kleindruck beigefügt (vgl. dazu Abschnitt 2.4, S. xliv).

200	**Mt 9,27** ⇩ Mt 20,30	... ἠκολούθησαν [αὐτῷ] δύο τυφλοὶ κράζοντες καὶ λέγοντες· ἐλέησον ἡμᾶς, **υἱὸς Δαυίδ.**	**Mk 10,47**	[46] ... ὁ υἱὸς Τιμαίου Βαρτιμαῖος, τυφλὸς προσαίτης, ἐκάθητο παρὰ τὴν ὁδόν. [47] καὶ ἀκούσας ὅτι Ἰησοῦς ὁ Ναζαρηνός ἐστιν ἤρξατο κράζειν καὶ λέγειν· **υἱὲ Δαυὶδ Ἰησοῦ,** ἐλέησόν με.	**Lk 18,38**	[35] ... τυφλός τις ἐκάθητο παρὰ τὴν ὁδὸν ἐπαιτῶν. [36] ἀκούσας δὲ ὄχλου διαπορευομένου ἐπυνθάνετο τί εἴη τοῦτο. [37] ἀπήγγειλαν δὲ αὐτῷ ὅτι Ἰησοῦς ὁ Ναζωραῖος παρέρχεται. [38] καὶ ἐβόησεν λέγων· **Ἰησοῦ υἱὲ Δαυίδ,** ἐλέησόν με.	

222	**Mt 20,30** ⇧ Mt 9,27	καὶ ἰδοὺ δύο τυφλοὶ καθήμενοι παρὰ τὴν ὁδόν ἀκούσαντες ὅτι Ἰησοῦς παράγει, ἔκραξαν λέγοντες· ἐλέησον ἡμᾶς, **[κύριε,] υἱὸς Δαυίδ.**	**Mk 10,47**	[46] ... ὁ υἱὸς Τιμαίου Βαρτιμαῖος, τυφλὸς προσαίτης, ἐκάθητο παρὰ τὴν ὁδόν. [47] καὶ ἀκούσας ὅτι Ἰησοῦς ὁ Ναζαρηνός ἐστιν ἤρξατο κράζειν καὶ λέγειν· **υἱὲ Δαυὶδ Ἰησοῦ,** ἐλέησόν με.	**Lk 18,38**	[35] ... τυφλός τις ἐκάθητο παρὰ τὴν ὁδὸν ἐπαιτῶν. [36] ἀκούσας δὲ ὄχλου διαπορευομένου ἐπυνθάνετο τί εἴη τοῦτο. [37] ἀπήγγειλαν δὲ αὐτῷ ὅτι Ἰησοῦς ὁ Ναζωραῖος παρέρχεται. [38] καὶ ἐβόησεν λέγων· **Ἰησοῦ υἱὲ Δαυίδ,** ἐλέησόν με.	

Die Hauptparallele zu Mk 10,47/Lk 18,38 ist Mt 20,30. Mt 9,27 bringt jedoch vorher schon einmal eine Heilung von (zwei!) Blinden. Zur Erleichterung des Vergleichs werden Mk 10,47/Lk 18,38 in Kleindruck beigefügt. Eine direkte Parallelisierung von Mk 10,47/Lk 18,38 mit Mt 20,30 *und* Mt 9,27 wäre irreführend.

„lose" Parallelen

- Kennzeichnung „loser" Parallelen: Wenn die Übereinstimmungen für eine normale Parallelisierung zu schwach sind, ein bloßer Verweis jedoch nicht genügt, werden die nicht im strengen Sinn parallelen, aber für den Vergleich wichtigen Texte in Kleindruck beigefügt.

220	**Mt 20,22**	... οὐκ οἴδατε τί **αἰτεῖσθε.** δύνασθε πιεῖν τὸ ποτήριον ὃ ἐγὼ μέλλω πίνειν; ...	**Mk 10,38**	... οὐκ οἴδατε τί **αἰτεῖσθε.** δύνασθε πιεῖν τὸ ποτήριον ὃ ἐγὼ πίνω ἢ τὸ βάπτισμα ὃ ἐγὼ βαπτίζομαι βαπτισθῆναι;	**Lk 12,50**	 βάπτισμα δὲ ἔχω βαπτισθῆναι, καὶ πῶς συνέχομαι ἕως ὅτου τελεσθῇ.	

In Mk 10,38 spricht Jesus angesichts der Bitte der Söhne des Zebedäus (bei Mt 20,22 ihrer Mutter) von einer Taufe, mit der er getauft werden muss (gemeint ist sein Leiden und Sterben). Auch in Lk 12,50 ist von dieser „Todestaufe" die Rede, jedoch in einem völlig anderen Zusammenhang, denn Lukas überliefert die Bitte von Jakobus und Johannes (bzw. deren Mutter) nicht. Daher wäre eine direkte Parallelisierung irreführend. Der Kleindruck bei Lk 12,50 signalisiert die Besonderheit des synoptischen Befundes.

Mehrere Möglichkeiten

- Kleindruck erfolgt auch in Fällen, in denen es zu einem Vers mehrere Möglichkeiten der Parallelisierung gibt.

d a *f* 210	**Mt 9,35** ⇧ **Mt 4,23** → Mk 1,21	καὶ περιῆγεν ὁ Ἰησοῦς τὰς πόλεις πάσας καὶ τὰς κώμας διδάσκων ἐν ταῖς συναγωγαῖς αὐτῶν καὶ κηρύσσων **τὸ εὐαγγέλιον** **τῆς βασιλείας** καὶ θεραπεύων πᾶσαν νόσον καὶ πᾶσαν μαλακίαν.	**Mk 6,6** ↑ Mk 1,39	... καὶ περιῆγεν τὰς κώμας κύκλῳ διδάσκων.	**Lk 8,1** → Lk 4,15 ↑ Lk 4,44 → Lk 13,22	καὶ ἐγένετο ἐν τῷ καθεξῆς καὶ αὐτὸς διώδευεν κατὰ πόλιν καὶ κώμην κηρύσσων καὶ εὐαγγελιζόμενος **τὴν βασιλείαν** **τοῦ θεοῦ** καὶ οἱ δώδεκα σὺν αὐτῷ	
			Mk 1,39 → Mk 1,14 ↑ Mk 6,6	καὶ ἦλθεν κηρύσσων εἰς τὰς συναγωγὰς αὐτῶν εἰς ὅλην τὴν Γαλιλαίαν καὶ τὰ δαιμόνια ἐκβάλλων.	**Lk 4,44** → Lk 4,15 ↓ **Lk 8,1**	καὶ ἦν κηρύσσων εἰς τὰς συναγωγὰς τῆς Ἰουδαίας.	

In diesem Beispiel stehen dem Summarium Mt 9,35 zwei verschiedene Markus- bzw. Lukas-Verse gegenüber. Aufgrund der Abfolge sind Mt 4,23/Mk 1,39/Lk 4,44 sowie Mt 9,35/Mk 6,6/Lk 8,1 zu parallelisieren (Lk 8,1 ist nur als „lose" Parallele zu Mt 9,35 anzusehen, daher der Kleindruck). Um jedoch zu Mt 9,35 den Vergleich mit Mk 1,39/Lk 4,44 zu erleichtern, wurden diese beiden Verse in Kleindruck beigefügt.

3.5 Verweissystem für die synoptischen Evangelien

Ein differenziertes Verweissystem soll auf Stellen hinweisen, die nicht zitiert werden, die aber zur Beurteilung der Überlieferungssituation relevant sein können. *Verweise*

Für *alle Verweise* (Doppelpfeil und einfacher Pfeil) gelten folgende Regeln:

Bei Hinweisen auf Dubletten oder redaktionelle Doppelungen steht ein Doppelpfeil: „⇨, ⇧, ⇩". ⇨, ⇧, ⇩

Auf weitere beachtenswerte Stellen wird mit einfachen Pfeilen verwiesen: „→, ↑, ↓". Bei diesen Verweisangaben ist keine Vollständigkeit angestrebt. Sie verstehen sich als Hinweise auf Stellen, die bei der Beurteilung des Befundes Beachtung verdienen. →, ↑, ↓

Ist das Verweisziel (der Vers, auf den verwiesen wird) innerhalb der synoptischen Konkordanz zum aktuellen Stichwort zu finden, zeigt der Pfeil in die Richtung, in der der Vers gefunden werden kann:

„⇧, ↑": der angezeigte Vers steht innerhalb der synoptischen Konkordanz zum aktuellen Stichwort weiter oben, ⇧, ↑ ⇩, ↓

„⇩, ↓": der betreffende Vers steht weiter unten.

Der waagrecht zeigende Pfeil „⇨, →" bedeutet: Der Vers kommt in der synoptischen Konkordanz zum aktuellen Stichwort nicht vor, weil das Stichwort weder in diesem Vers noch in dessen synoptischen Parallelen belegt ist. ⇨, →

Ist am Verweisziel auch das aktuelle Stichwort zu finden, wird der Verweis fett gedruckt. ⇧ **Mt 4,23** ↓ **Lk 8,1**

Bei Verweisen auf die synoptischen Evangelien zeigt dieser Pfeil nach oben oder unten, da der Vers in der synoptischen Konkordanz zum aktuellen Stichwort als eigener Beleg ausgewiesen ist.

3.6 Verweissystem für andere Texte

Johannes; übriges NT; Thomas

In die letzte Spalte am rechten Rand der synoptischen Konkordanz („Bemerkungsspalte") wurden Verweise auf das Johannes-Evangelium, auf sonstige Stellen des Neuen Testaments sowie auf das Thomasevangelium (GTh) aufgenommen. Auch bei diesen Verweisen kann es sich nur um eine Auswahl handeln. Kommt das aktuelle Stichwort am Verweisziel vor, ist der Verweis fett gedruckt.

122	**Mt 14,16** **↑ Mt 14,15** → Mt 15,33	ὁ δὲ [Ἰησοῦς] εἶπεν αὐτοῖς· οὐ χρείαν ἔχουσιν ἀπελθεῖν, δότε αὐτοῖς ὑμεῖς φαγεῖν. [17] οἱ δὲ λέγουσιν αὐτῷ· οὐκ ἔχομεν ὧδε εἰ μὴ πέντε ἄρτους καὶ δύο ἰχθύας.	**Mk 6,37** **↑ Mk 6,36** → Mk 8,4	ὁ δὲ ἀποκριθεὶς εἶπεν αὐτοῖς· δότε αὐτοῖς ὑμεῖς φαγεῖν. καὶ λέγουσιν αὐτῷ· ἀπελθόντες **ἀγοράσωμεν** δηναρίων διακοσίων ἄρτους καὶ δώσομεν αὐτοῖς φαγεῖν; [38] ὁ δὲ λέγει αὐτοῖς· πόσους ἄρτους ἔχετε; ὑπάγετε ἴδετε. καὶ γνόντες λέγουσιν· πέντε, καὶ δύο ἰχθύας.	**Lk 9,13** ↑ Lk 9,12	εἶπεν δὲ πρὸς αὐτούς· δότε αὐτοῖς ὑμεῖς φαγεῖν. οἱ δὲ εἶπαν· οὐκ εἰσὶν ἡμῖν πλεῖον ἢ ἄρτοι πέντε καὶ ἰχθύες δύο, εἰ μήτι πορευθέντες ἡμεῖς **ἀγοράσωμεν** εἰς πάντα τὸν λαὸν τοῦτον βρώματα.	**→ Jn 6,5** → Jn 6,7

Der Verweis → **Jn 6,5** macht auf eine ähnliche Formulierung im Johannesevangelium aufmerksam. Zugleich kennzeichnet der Fettdruck, dass in Jn 6,5 auch das aktuelle Stichwort, hier ἀγοράζω, vorkommt.

Thomas-evangelium (GTh, POxy)

Ist bei einem Verweis auf das Thomasevangelium (GTh) eine Angabe zu den griechischen Fragmenten in den Oxyrhynchus-Papyri (POxy) in Klammern angegeben, so ist der Spruch sowohl in der koptischen Version als auch im griechischen Fragment zu finden. Steht der betreffende Teil des Spruches nicht in der koptischen Version des Thomasevangeliums, sondern nur im griechischen Fragment, wird dies durch „only POxy" kenntlich gemacht.

Kommt das aktuelle Stichwort im griechischen Fragment des Spruches aus dem Thomasevangelium vor, wird die POxy-Angabe fett gedruckt.

Als Textausgabe wurde zugrundegelegt: Harold W. Attridge, The Greek Fragments, in: Bentley Layton (ed.), Nag Hammadi Codex II,2-7 together with XIII,2*, Brit. Lib. Or. 4926(1), and P.Oxy. 1, 654, 655, Vol. One, Leiden/New York/Copenhagen/Cologne: Brill 1989, 95-128. Die griechische Bezeugung für Logion 24 und Logion 38 (POxy 655 *d* bzw. col. ii, 2-11) ist sehr fragmentarisch. Die Entscheidung hinsichtlich des Fettdrucks basiert auch für POxy 655 auf der Rekonstruktion von Attridge.

200	**Mt 10,16**	... γίνεσθε οὖν φρόνιμοι ὡς οἱ ὄφεις καὶ **ἀκέραιοι** ὡς αἱ περιστεραί.	→ GTh 39,3 **(POxy 655)**

In diesem Beispiel besteht eine Parallele zwischen der zweiten Hälfte von Mt 10,16 und dem dritten Abschnitt von Logion 39 im Thomasevangelium (GTh 39,3). Zu diesem Logion gibt es eine griechische Bezeugung im Fragment POxy 655. Der Fettdruck dieses Hinweises deutet an, dass das aktuelle Stichwort ἀκέραιος in diesem griechischen Fragment vorkommt.

3.7 Die Belege der Apostelgeschichte

Apostelgeschichte

Da das Lukasevangelium und die Apostelgeschichte vom gleichen Verfasser stammen, werden im Anschluss an die Belegstellen in den Synoptikern die entsprechenden Verse der Apostelgeschichte ausgewiesen. Auch hier ist das Stichwort in seiner syntaktischen Wortgruppe hervorgehoben. Stichwörter, die in der Apostelgeschichte, aber nicht in den synoptischen Evangelien vorkommen, werden nicht berücksichtigt.

3.8 Kennzeichnung wiederkehrender Formeln, geprägter Wendungen, Wortverbindungen und grammatikalischer Besonderheiten

Indexbuchstaben

Im Anschluss an die Statistiktabellen werden geprägte Wendungen, Formeln und Wortverbindungen, die in signifikant häufiger Zahl wiederkehren, sowie grammatikalische Besonderheiten aufgelistet (Indexverzeichnis). Sie sind mit Indexbuchstaben versehen, die dann bei den einzelnen Belegen in der synoptischen Konkordanz jeweils in der ersten Spalte (Index- und Statistikspalte) das Auftreten dieser Wendung, Formel oder Besonderheit anzeigen.

Bei welchem Evangelisten die jeweilige Wendung vorkommt, ist nicht eigens ausgewiesen. Treten in einer Zeile verschiedene Wendungen auf, sind die Indexbuchstaben in der Reihenfolge der Evangelisten angeordnet.

a βασιλεία τοῦ θεοῦ
b βασιλεία τοῦ πατρός
c βασιλεία τῶν οὐρανῶν
d τὸ εὐαγγέλιον τῆς βασιλείας
e υἱοὶ τῆς βασιλείας
f βασιλεία and verbum dicendi

Hier sind die Formeln und Wendungen zum Stichwort βασιλεία aufgelistet und mit einem Indexbuchstaben versehen. Will man herausfinden, wo die Wendung βασιλεία τῶν οὐρανῶν vorkommt, muss man in der synoptischen Konkordanz nach dem Indexbuchstaben *c* in der Index- und Statistikspalte suchen. Unter anderem findet sich dort der folgende Eintrag:

c a 222	**Mt 13,11**	... ὅτι ὑμῖν δέδοται γνῶναι τὰ μυστήρια **τῆς βασιλείας** **τῶν οὐρανῶν,** ἐκείνοις δὲ οὐ δέδοται.	**Mk 4,11**	... ὑμῖν τὸ μυστήριον δέδοται **τῆς βασιλείας** **τοῦ θεοῦ·** ἐκείνοις δὲ τοῖς ἔξω ἐν παραβολαῖς τὰ πάντα γίνεται	**Lk 8,10**	... ὑμῖν δέδοται γνῶναι τὰ μυστήρια **τῆς βασιλείας** **τοῦ θεοῦ,** τοῖς δὲ λοιποῖς ἐν παραβολαῖς, ...	→ GTh 62,1

Die Indexbuchstaben *c* und *a* zeigen an, dass sowohl die Wendung βασιλεία τῶν οὐρανῶν als auch die Wendung βασιλεία τοῦ θεοῦ in der entsprechenden Zeile vorkommt. Die Reihenfolge *c* vor *a* zeigt an, dass man von links nach rechts zuerst auf die Wendung βασιλεία τῶν οὐρανῶν (hier Mt 13,11), dann auf die Wendung βασιλεία τοῦ θεοῦ (hier Mk 4,11 und Lk 8,10) trifft.

3.9 Kursivdruck von Zitaten aus dem Alten Testament

Kursivdruck

Zitate aus dem Alten Testament im Text der Synoptiker und der Apostelgeschichte werden durch Kursivdruck gekennzeichnet. Die Stellenangabe steht unmittelbar unter dem Zitat nach einem Pfeil. Die Abkürzungen der biblischen Bücher folgen der englischsprachigen Konvention.

Beispiel: ➤ Ps 118,25-26.

Liegt kein Zitat, sondern nur eine Anspielung vor, wird auf die Bezugstelle ohne Kursivdruck im Text verwiesen.

Als Richtlinie für Auswahl und Abgrenzung der Zitate dient die 27. Auflage des *Novum Testamentum Graece* (Nestle-Aland). An folgenden Stellen weicht die *Synoptische Konkordanz* in der Kursivsetzung davon ab:

Mt 4,10 ➢ Deut 6,13 LXX / 10,20: Da μόνῳ in keinem der angegebenen Texte vorkommt, wird es nicht kursiv gesetzt.

Mt 10,35 ➢ Micah 7,6: Da ἄνθρωπον im angegebenen Text nicht vorkommt, wird es nicht kursiv gesetzt.

Mk 4,12 ➢ Isa 6,9: Wegen der erheblichen Unterschiede zwischen dem alttestamentlichen Text und dem Evangelientext wurde hier auf den Kursivdruck verzichtet.

Mk 13,26 ➢ Dan 7,13-14: Entsprechend der *Synopsis Quattuor Evangeliorum* (hg. von K. ALAND, 15. Aufl., Stuttgart: Deutsche Bibelgesellschaft, 1996) wird καὶ δόξης nicht kursiv gesetzt.

Lk 4,8 ➢ Deut 6,13 LXX / 10,20: Da μόνῳ in keinem der angegebenen Texte vorkommt, wird es nicht kursiv gesetzt.

Lk 10,15 ➢ Isa 14,13.15: Wegen des mit dem alttestamentlichen Text identischen Wortlauts wird ἕως τοῦ ᾅδου καταβήσῃ kursiv gesetzt.

4 Statistische Informationen über die Verteilung des Stichwortes im Neuen Testament: „Neutestamentliche Wortstatistik“

Neutestamentliche Wortstatisitik

Statistische Angaben über die Verteilung des Stichwortes im NT finden sich in der ersten Zeile des Stichworteintrags (Neutestamentliche Wortstatistik). Neben der Gesamtzahl der Belege in den synoptischen Evangelien („Syn“) und im gesamten Neuen Testament („NT“) wird auch eine differenzierte Aufschlüsselung des gesamten neutestamentlichen Befundes geboten:

βασιλεία	Syn 121	Mt 55	Mk 20	Lk 46	Acts 8	Jn 5	1-3John	Paul 8	Eph 1	Col 2
	NT 162	2Thess 1	1/2Tim 2	Tit	Heb 3	Jas 1	1Pet	2Pet 1	Jude	Rev 9

Im Anschluss an die drei synoptischen Evangelien folgt neben Lukas die Belegzahl der Apostelgeschichte, dann der Block der johanneischen Überlieferung. Unter „Paul“ sind die in ihrer Verfasserschaft nicht umstrittenen Paulus-Briefe zusammengefasst (Römer-, 1. und 2. Korinther-, Galater-, Philipper-, 1. Thessalonicher- und Philemonbrief). Die umstrittenen Briefe (Epheser- und Kolosserbrief sowie 2. Thessalonicherbrief) werden einzeln ausgewiesen. Es folgen die Pastoralbriefe (1. und 2. Timotheusbrief, Titusbrief) , der Hebräerbrief, der Jakobusbrief, der 1. und 2. Petrusbrief, der Judasbrief und die Offenbarung des Johannes.

Verse, die im „*Novum Testamentum Graece*“ nur im textkritischen Apparat stehen (z.B. Mt 17,21; 18,11; 23,14; Mk 7,16; 9,44; 9,46; 11,26; 15,28; Lk 17,36; 23,17; Jn 5,4; Apg 8,37; 15,34; 24,6b-8a; 28,29; Röm 16,24 u.a.) und die beiden sekundären Schlusspassagen des Markus-Evangeliums (Mk 16br; Mk 16,9-20) sowie die Perikope von der Ehebrecherin bei Johannes (Jn 7,53-8,11) werden in der neutestamentlichen Wortstatistik nicht mitgezählt.

Bewertung der Zahlen

Bei einem Vergleich der absoluten Zahlen der Belege bei Matthäus, Markus und Lukas ist die unterschiedliche Länge der Evangelien zu beachten. In der Textgrundlage der *Synoptischen Konkordanz* sind für Matthäus 1068, für Markus 661, für Lukas 1149 Verse zu zählen. Der Umfang des Markusevangeliums entspricht daher nach der Zahl der Verse etwa 61,9 % des Matthäus- und 57,5 % des Lukasevangeliums. Als Faustregel kann gelten: Die Evangelien des Matthäus und Lukas sind etwa gleich und jeweils fast doppelt so lang wie das Markusevangelium. Für die zu erwartenden Belegzahlen gilt dies analog: Von einer „normalen“ Verteilung ist auszugehen, wenn die Zahlen bei Matthäus und Lukas jeweils in etwa doppelt so hoch sind wie bei Markus. Nur bei starker Abweichung nach oben oder unten liegt ein signifikanter Sprachgebrauch vor.

5 Statistische Informationen über die Verteilung des Stichworts bei den Synoptikern: „Synoptische Statistik“

5.1 Der Statistik-Code

Statistik-Code

Ein dreistelliger Code gibt Aufschluss über das Vorkommen des jeweiligen Stichworts in den synoptischen Evangelien. In der synoptischen Konkordanz befindet sich dieser Code in der Index- und Statistikspalte (links) auf der Höhe des Stichworts. Bei diesem Code steht die erste Stelle für das Matthäus-Evangelium, die zweite für das Markus-Evangelium und die dritte für das Lukas-Evangelium. An jeder der drei Stellen kann die Ziffer „0“, „1“ oder „2“ auftreten.

- Dabei bedeutet die Null („0“), dass im betreffenden Evangelium keine Parallele vorhanden ist.
- Die „1“ signalisiert, dass zwar eine Parallele vorhanden ist, darin aber das Stichwort nicht vorkommt.
- Die „2“ steht für den Fall, dass in dem betreffenden Parallelvers das Stichwort belegt ist.

Der Statistik-Code „201“ z. B. besagt, dass in der Matthäus-Lukas-Tradition nur Matthäus das Stichwort hat: Die Codeziffer „2“ an erster Stelle steht für Matthäus, Codeziffer „1“ an dritter Stelle für Lukas. Bei Markus („0“ an der mittleren Stelle) fehlt die entsprechende Texteinheit. Nach der Zwei-Quellen-Theorie liegt ein Text aus der Logienquelle „Q“ vor.

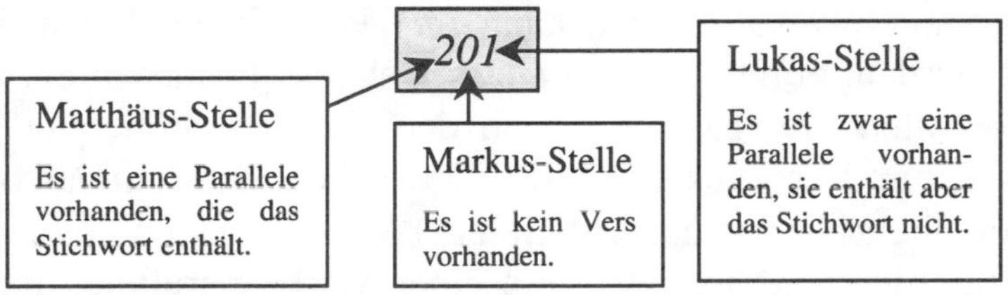

Einige weitere Fälle:

„222“: Das Stichwort kommt in allen drei Evangelien vor. Im Sinne der Zwei-Quellen-Theorie haben sowohl Matthäus als auch Lukas das Wort aus der Markus-Vorlage übernommen.

„200“: Das Stichwort kommt nur bei Matthäus vor, bei Markus und Lukas existieren keine Parallelen.

„202“: Bei Markus kommt keine Parallele vor. Im Sinne der Zwei-Quellen-Theorie übernehmen Matthäus und Lukas das Stichwort aus Q.

„112“: Alle drei Evangelien haben hier einen Text, jedoch nur bei Lukas taucht das Stichwort auf. Im Sinne der Zwei-Quellen-Theorie hat Lukas es seiner Markus-Vorlage hinzugefügt.

„221“: Alle drei Evangelien haben an dieser Stelle eine Parallele, nur Lukas bietet das Stichwort nicht. Im Sinne der Zwei-Quellen-Theorie hat Lukas das Stichwort aus der Markus-Vorlage nicht übernommen, während Matthäus dem Markus-Evangelium wörtlich folgt.

Bei der Bewertung des Befundes ist zu beachten: Wenn das Stichwort bei einem Evangelisten nicht vorkommt (Codeziffer „*1*“), bedeutet das nicht immer, dass der betreffende Evangelist dieses Stichwort bewusst vermeiden wollte. Das Fehlen des Stichworts in einem Parallelvers kann verschiedene Gründe haben:

(1) Der Evangelist hat die größere syntaktische Einheit (z.B. ein Präpositionalgefüge als Umstandsbestimmung, eine Partizipialkonstruktion usw.) nicht übernommen.

(2) Der Evangelist hat die syntaktische Wortgruppe, die Partizipialkonstruktion, den Nebensatz oder auch einen kurzen Hauptsatz bzw. den ganzen Vers neu gestaltet und dabei auch das Stichwort weggelassen.

(3) Der Evangelist wollte bewusst dieses Stichwort vermeiden. Um beurteilen zu können, ob tatsächlich ein sogenanntes „Meidewort“ vorliegt, müssen die einzelnen Stellen im Detail anhand der synoptischen Konkordanz nachgeprüft werden. Mit Hilfe des Statistik-Codes können die jeweils relevanten Stellen leicht aufgefunden werden.

5.2 Die Tabelle der synoptischen Statistik (ausgewählte Stichwörter)

Die Tabelle

Kommt ein Stichwort in den synoptischen Evangelien häufiger vor, werden die statistischen Daten zu allen Belegen dieses Stichwortes in den synoptischen Evangelien im Anschluss an die neutestamentliche Wortstatistik in einer eigenen Tabelle übersichtlich dargestellt und zusammengefasst (synoptische Statistik).

Jeder Statistik-Code (siehe Abschnitt 5.1, S. lv) aus der synoptischen Konkordanz des aktuellen Stichworts wird in dieser Tabelle gezählt.

In insgesamt 19 *Spalten* werden alle Statistik-Codes, d.h. alle möglichen synoptischen Überlieferungskonstellationen, aufgelistet. Hinzu kommen drei Spalten mit Zwischensummen und die letzte Spalte mit der Gesamtsumme.

In drei *Zeilen* werden die Belegzahlen für die einzelnen Evangelien untereinander ausgegeben, aufgeschlüsselt nach den jeweiligen Codes.

βασιλεία

	triple tradition																	double tradition			Sondergut		
		+Mt / +Lk			–Mt / –Lk			traditions not taken over by Mt / Lk							subtotals								
code	*222*	*211*	*112*	*212*	*221*	*122*	*121*	*022*	*012*	*021*	*220*	*120*	*210*	*020*	Σ^+	Σ^-	Σ	*202*	*201*	*102*	*200*	*002*	total
Mt	9	4^+				1^-	1^-				1	3^-	3^+		7^+	5^-	17	13	4		21		**55**
Mk	9					1	1			1	1	3		4			20						**20**
Lk	9		4^+			1	1^-		1^+	1^-					5^+	2^-	15	13		6		12	**46**

Das Lesen der Tabelle

Wird die Tabelle zeilenweise gelesen, kann für jeden Evangelisten die synoptische Statistik verfolgt werden. Folgende Fragen lassen sich so beantworten: Wie oft kommt das Stichwort bei allen drei Evangelien an der gleichen Stelle vor? (im Beispiel: 9 mal) Wie oft hat nur Matthäus das Stichwort, während die anderen beiden in der Parallele das Wort nicht verwenden? (4 Belege) Wie oft haben sowohl Matthäus als auch Lukas das Stichwort in Bereichen mit einer Markusparallele, die das Stichwort nicht aufweist (im Beispiel: kein Beleg), und wie oft hat nur die Markusparallele das Stichwort, während es weder bei Matthäus noch bei Lukas zu finden ist? (ein Beleg) Im Sinne der Zwei-Quellen-Theorie handelt es sich in den letzten beiden Fällen um sog. „minor agreements". Weitere Fragemöglichkeiten: Wie oft hat Lukas das Stichwort in Bereichen, in denen eine Parallele bei Markus existiert, wobei aber Markus das Stichwort nicht verwendet? (5 Belege) Wie oft kommt das Stichwort sicher in der zweifachen Tradition vor (13 mal), und wie oft hat nur Matthäus (oder Lukas) das Stichwort, wenn keine Markus-Parallele vorliegt? (4 bzw. 6 Belege) usw.

Es ist auch möglich, von den Werten in der synoptischen Statistik auszugehen: Wenn in der statistischen Darstellung eine Zahl besonders auffällig ist, etwa wenn Matthäus *und* Lukas das Stichwort aus der Markus-Vorlage besonders häufig weggelassen haben (Code: *121*), lassen sich anhand des Statistik-Codes in der Index- und Statistikspalte links in der synoptischen Konkordanz alle einzelnen Belegstellen auffinden.

Die grafische Darstellung

Durch eine Markierung der einzelnen Felder der synoptischen Statistiktabelle wird der synoptische Befund übersichtlich dargestellt:

- Die *weißen Felder* signalisieren, dass die betreffenden Evangelien das Stichwort haben.
- Die *hellgrau unterlegten Felder* signalisieren, dass zwar ein Parallelvers vorhanden ist, dieser das Stichwort aber nicht enthält.
- Die *dunkelgrauen Felder* signalisieren, dass sich im jeweiligen Evangelium keine Parallele findet.

5.3 Grundlagen der Darstellung

Die Darstellung der synoptischen Statistik besteht aus drei Hauptblöcken: der „dreifachen" Tradition (mit Zwischensummen), der „zweifachen" Tradition und dem Sondergut.

Auch wenn im Folgenden in Form einer Leseanleitung immer wieder auf die Zwei-Quellen-Theorie verwiesen wird, so ist es doch prinzipiell möglich, die angegebenen Zahlen auch im Sinne einer anderen synoptischen Theorie zu interpretieren. So ist zum Beispiel nach der (Neo-)Griesbach-Hypothese (Zwei-Evangelien-Hypothese) der Code *222* als ein Fall zu deuten, bei dem Lukas das Stichwort von Matthäus übernahm, während es Markus von Lukas oder Matthäus abschrieb. Der Code *121* steht bei dieser Theorie für den Fall, dass Markus das Stichwort seinen Vorlagen (Matthäus und Lukas) hinzufügte. Schließlich wäre etwa Code *221* so aufzufassen, dass Lukas das Stichwort nicht aus Matthäus übernommen hat, während Markus der Matthäus-Vorlage folgte. Die Beispiele wären entsprechend fortzusetzen. Nur der Abschnitt über die Zwischensummen ist nicht oder nur sehr schwer im Licht einer anderen Quellenhypothese zu interpretieren, da diese Summen auf der Basis der Zwei-Quellen-Theorie errechnet werden.

Leere Felder

Die Zeile „Code" in der Tabelle erfasst alle theoretisch denkbaren synoptischen Situationen. Wenn eine bestimmte Situation beim betreffenden Stichwort überhaupt nicht vorkommt, bleiben die entsprechenden Spalten leer.

In der oben angeführten Tabelle zum Stichwort βασιλεία betrifft dies z.B. die Spalte „212", die leer ist: Der Fall, dass alle drei Evangelisten eine Parallele bieten, aber das Stichwort nur bei Matthäus und Lukas vorkommt, tritt beim Stichwort βασιλεία nicht auf. Im Sinne der Zwei-Quellen-Theorie kommt es bei diesem Stichwort nicht vor, dass Matthäus und Lukas es unabhängig voneinander der Markus-Tradition hinzugefügt haben.

Die dreifache Tradition

1. Die *„dreifache" Tradition* betrifft alle Fälle, in denen ein Markusvers im Spiel ist. Die erste Spalte unter der Codenummer *222* zeigt die Anzahl der Belege, bei denen das Stichwort in *jedem* der drei Evangelien vorkommt. Die nächsten drei Spalten beziehen sich auf Fälle, in denen das Stichwort *nicht bei Markus* vorkommt, sondern *nur bei Matthäus und/oder Lukas*:

Code *211*: Nur Matthäus hat das Stichwort.
Code *112*: Nur Lukas hat das Stichwort.
Code *212*: Matthäus *und* Lukas haben das Stichwort, nicht jedoch Markus.

Im Sinne der Zwei-Quellen-Theorie handelt es sich hier um *Hinzufügungen zur Markus-Tradition.* Daher sind die Zahlen mit einem hochgestellten „+"- Zeichen gekennzeichnet.

Dann wird die andere Seite der Medaille gezeigt: die Fälle, in denen das Stichwort *bei Markus* vorkommt, aber *nicht bei Matthäus und/oder Lukas.* „Nicht vorkommen" heißt in diesem Zusammenhang entweder, dass das parallele Evangelium keine Entsprechung zum Stichwort hat (eine „Lücke") oder dass dem Stichwort ein Synonym oder eine strukturell bzw. funktional äquivalente Konstruktion entspricht.

Code *221*: Nur Lukas hat das Stichwort nicht.
Code *122*: Nur Matthäus hat das Stichwort nicht.
Code *121*: *Weder* Matthäus *noch* Lukas haben das Stichwort.

Im Sinne der Zwei-Quellen-Theorie handelt es sich um *Auslassungen gegenüber der Markus-Tradition.* Daher sind die Zahlen mit einem hochgestellten „–"-Zeichen gekennzeichnet.

Die nächsten sieben Spalten zeigen diejenigen Fälle, in denen bei Matthäus und/oder Lukas eine Parallele zu Markus fehlt. Dort, wo Matthäus keine Parallele hat (die Matthäus-Felder sind dunkelgrau), werden nur Markus und Lukas verglichen:

Code *022*: Lukas hat das Stichwort mit Markus gemeinsam.
Code *012*: Lukas hat das Stichwort, Markus nicht.
Code *021*: Markus hat das Stichwort, Lukas nicht.

In analoger Weise beschreiben die Codes *220*, *120* und *210* die Fälle, in denen Lukas keine Parallele hat und nur Matthäus und Markus verglichen werden. Die Felder bei Lukas sind dann dunkelgrau. Wiederum sind im Sinne der Zwei-Quellen-Theorie Hinzufügungen zur Markus-Tradition mit einem hochgestellten „+“, Auslassungen mit einem hochgestellten „–“ gekennzeichnet.

Schließlich steht der Code *020* für die (relativ wenigen) Fälle, in denen beide, Matthäus *und* Lukas, gegenüber Markus keinen Parallelvers haben.

Zwischensummen

Die Zwischensummen (Symbol: Σ) fassen *im Sinne der Zwei-Quellen-Theorie* zusammen, wie Matthäus und Lukas das Markusevangelium rezipiert haben. Ein hochgestelltes Plus-Zeichen (+) zeigt an, dass das Stichwort hinzugefügt wurde, ein Minus-Zeichen (–), dass es weggelassen wurde. So zählt die Spalte Σ^+ alle Belege, bei denen Matthäus das Stichwort zu Markus hinzugefügt hat (d.h. die Codenummern *211*, *212*, *210* bzw. alle Zahlen mit einem hochgestellten „+“), Σ^- alle Fälle, in denen Matthäus das Stichwort aus Markus weggelassen hat (die Codenummern *122*, *121*, *120* bzw. alle Zahlen mit einem hochgestellten „–“). Für Lukas gilt das Gleiche analog (Σ^+: *112*, *212*, *012*; Σ^-: *221*, *121*, *021*). Findet sich bei Matthäus oder Lukas keine Parallele zum Vers oder Abschnitt aus Markus, werden diese Fälle (dunkelgraue Felder) nicht als „Nicht-Belege“ gezählt.

Die Spalte „Σ“ gibt die Zwischensumme für alle Fälle an, in denen ein Markusvers beteiligt ist.

Die Zahlen in weißen und hellgrauen Feldern bzw. mit hochgestellten „+“- und „–“-Zeichen können *nicht* gegeneinander verrechnet werden. Die Zahlen auf weißen Feldern sind echte Belege, die in die Gesamtsumme einfließen, während die Zahlen in den hellgrauen Feldern auf der Basis der Markuspriorität die *Auslassungen* durch Matthäus bzw. Lukas gegenüber der Markus-Tradition angeben. Sie dürfen nicht in die Gesamtsumme eingerechnet werden.

Die zweifache Tradition

2. Die *„zweifache“ Tradition* betrifft die Fälle, in denen kein Markusvers betroffen ist und nur Matthäus und Lukas Parallelverse haben. Dies wird im Sinne der Zwei-Quellen-Theorie als Q-Tradition bezeichnet. Haben Matthäus und Lukas das Stichwort, steht Code *202*, sonst die Codenummern *201* oder *102*.

Das Sondergut

3. Die letzten beiden Spalten werden mit *„Sondergut“* überschrieben. Nur Matthäus (Code *200*) oder Lukas (Code *002*) hat einen Vers, bei den anderen beiden Evangelien gibt es keine Parallelen. Der entsprechende Fall bei Markus (Code *020*) steht am Ende des Abschnittes mit der „dreifachen“ Tradition.

Gesamtsumme

Addiert man in einer Zeile (z.B. der Matthäuszeile) alle Zahlen in den weißen Feldern (mit Ausnahme der Zwischensummen!), erhält man die Summe aller Belege des Stichworts im jeweiligen Evangelium. Diese Summe steht in Fettdruck am Ende jeder Zeile.

Die Zahlenwerte in den hellgrauen Feldern sind „Nicht-Belege“ und werden nicht bei der Errechnung der Gesamtsumme der Belege berücksichtigt.

5.4 Hinweise auf statistisch problematische Stellen

Im Anschluss an die Tabelle der synoptischen Statistik werden diejenigen Stellen im Einzelnen aufgeführt, bei denen eine genaue Zuordnung der Belege zur dreifachen oder zweifachen Tradition („double/triple tradition“) nicht möglich ist. Nach der Zwei-Quellen-Theorie liegen an diesen Stellen Überschneidungen zwischen der Markus- und der Q-Tradition (Doppelüberlieferungen, Dubletten oder „Mk-Q overlaps“) vor. Eine detaillierte Darstellung dieser Fälle findet sich im Abschnitt 6.2, S. lxiii-lxvi.

Es wird zuerst der Statistik-Code genannt, der bei der Zählung der synoptischen Statistik zugrundegelegt wurde. Dann folgen die Stellenangaben (Matthäus, Markus, Lukas), bei denen der Problemfall auftritt. Wenn man im Einzelfall zu einer abweichenden Bewertung der traditionsgeschichtlichen Zuordnung kommt, können die Werte in der Tabelle beim entsprechenden Code angeglichen werden.

Mk-Q overlap: 112: Mt 12,29 / Mk 3,27 / Lk 11,22 (?)

In diesem Beispiel werden die Verse Mt 12,29, Mk 3,27 und Lk 11,22 zur dreifachen Tradition gezählt. Das Stichwort kommt nur bei Lukas vor. Im Sinne der Zwei-Quellen-Theorie hat er das Stichwort der Markus-Vorlage hinzugefügt. Es ist jedoch umstritten, ob nicht hinter Mt 12,29 par. Lk 11,21-22 auch eine Q-Tradition steht. Wenn man davon ausgeht, dass Lk 11,22 auf eine Q-Tradition zurückgeht, muss man in der Markus-Stelle des Codes eine „0“ setzen: *102*. Dies würde bedeuten, dass Lukas das Stichwort der Q-Tradition hinzugefügt hat oder Matthäus es aus der Q-Tradition weggelassen hat. Die synoptische Statistik ist dann dahingehend zu korrigieren, dass man von der Zahl in der Spalte *112* einen Beleg abzieht und zur Zahl in der Spalte *102* diesen Beleg hinzuzählt.

Das Fragezeichen am Ende deutet an, dass es sich hier um einen Fall handelt, bei dem zweifelhaft ist, ob hier eine Q-Tradition vorliegt. Steht kein Fragezeichen, ist es zwar sicher, dass es sowohl eine Markus- als auch eine Q-Tradition gibt, aber es ist nicht immer eindeutig zu entscheiden, aus welcher Tradition das Stichwort stammt bzw. zu welcher Tradition es hinzugesetzt wurde. In solchen Fällen wird der Beleg unter der dreifachen Tradition („triple Tradition“) gezählt.

5.5 Die Grenzen der Synoptischen Statistik

Die synoptische Statistik liefert Daten, die bisher so umfassend noch nie gesammelt und dargestellt wurden. Bei der Auswertung der absoluten Zahlen ist es nötig, die Unschärfen der Statistik zu berücksichtigen, die aus der Komplexität des synoptischen Befunds stammen.

- Die Textbasis der synoptischen Evangelien und der Apostelgeschichte ist trotz der insgesamt 4.758 Verse relativ klein. Weitreichende sprachwissenschaftliche Schlussfolgerungen über das (Bibel-)Griechische sind daher kaum möglich.
- Oft sind auch in der synoptischen Statistik die einzelnen Werte relativ niedrig. Viele Lexeme sind nur wenige Male belegt. So kommen von den insgesamt 2.755 Lexemen in den synoptischen Evangelien 1.924 (rund 70%) höchstens fünfmal in den synoptischen Evangelien vor. Aus geringen Abweichungen der Werte zwischen den einzelnen Evangelien lässt sich kaum etwas über Vorzugs- und Meidewörter einzelner Evangelisten ablesen. Erst bei erheblichen Differenzen kann von signifikanten Beobachtungen gesprochen werden. Diese Beobachtungen bedürfen jedoch immer auch der Verifizierung an den einzelnen Belegstellen. So lassen sich Fehlinterpretationen durch eine verabsolutierende Betrachtung der statistischen Werte vermeiden.
- Die Unterscheidung im Statistik-Code zwischen „0“ (keine Parallele vorhanden) und „1“ (Parallele vorhanden, aber kein Beleg des Stichworts) ist mit einer gewissen Unschärfe belastet: Nicht selten fehlt nicht nur das einzelne Stichwort beim parallelen Evangelium, das daher als Codeziffer die „1“ bekommt, sondern eine größere syntaktische Einheit, beispielsweise eine Umstandsbestimmung, eine Partizipialkonstruktion,

ein Nebensatz oder auch ein ganzer Satz. In solchen Fällen ist es nicht ohne exegetische Argumentation möglich zu beurteilen, ob der Evangelist nur das spezielle Stichwort weglassen wollte oder die gesamte syntaktische Einheit. Die Codeziffer „1" kann daher bedeuten, dass der Evangelist das Stichwort bewusst vermeiden wollte. Aber es kann auch nur heißen, dass der Evangelist das Stichwort hier nicht hat, weil er eine syntaktische Einheit seiner Vorlage weggelassen oder verändert hat, wobei im Zuge dieser Umgestaltung auch das Stichwort weggefallen ist. Die Codeziffer „1" indiziert daher nicht zwangsläufig eine bewusste Vermeidung eines Stichwortes durch den Evangelisten. — Die Codeziffer „0" bedeutet, dass beim entsprechenden Evangelisten keine Parallele vorhanden ist, weil die ganze Perikope fehlt oder – in wenigen Fällen – ein größerer Teil dieser Perikope (z.B. Detailangaben oder längere Dialoge) in der Parallele nicht vorkommt und keine Spuren einer Bearbeitung in Form einer Zusammenfassung, Kürzung oder Straffung erkennbar sind.

- Ein weiteres Problem der synoptischen Statistik ist die Zählung der Fälle, in denen Überschneidungen zwischen der dreifachen und der zweifachen Tradition, oder (im Sinne der Zwei-Quellen-Theorie) der Doppelüberlieferung in der Markus- und der Q-Tradition zu beobachten sind (Kürzel: Mk-Q overlap). In einzelnen Fällen kann nicht sicher entschieden werden, ob ein Beleg der dreifachen Tradition (triple tradition; traditionsgeschichtlich nach der Zwei-Quellen-Theorie: aus „Markus" stammend) oder der doppelten Tradition (double tradition; aus „Q" stammend) zuzurechnen ist. Im Interesse größerer Transparenz werden diese problematischen Stellen eigens mit dem dazugehörigem Statistik-Code unter der synoptischen Statistik aufgelistet (siehe Abschnitt 5.4, S. lix).

In Zweifelsfällen wurde der dreifachen Tradition *pauschal* der Vorzug eingeräumt. So kann im Sinn der Zwei-Quellen-Theorie immer wieder die Situation eintreten, dass sich Markus und Q so eng berühren und wörtliche Übereinstimmungen aufweisen, dass Belege für Q statistisch nicht erfasst sind, da sie als Markus-Stoff gezählt werden.

Grundsätzlich können die genannten Unschärfen nach eigenem Urteil korrigiert werden, wenn zur Interpretation immer auch die Liste der Belege in der folgenden synoptischen Konkordanz herangezogen und die Codierung am Text nachvollzogen wird. Über die Statistik-Codes ist die Tabelle eng mit den Textbelegen verknüpft, so dass jede statistische Zahl aus der Tabelle mittels dieses Codes anhand der Textbelege überprüft werden kann.

6 Erläuterung einzelner Problemfälle

6.1 Der Stammbaum Jesu

Stammbaum Jesu

Die Stammbäume Jesu bei Matthäus und Lukas weichen nicht nur in der Abfolge, sondern auch in den Namen stark von einander ab. Daher werden sie statistisch durchgängig als „Sondergut" (Code: *200* bzw. *002*) gewertet. Bei gleichen oder ähnlichen Namen wird jedoch der entsprechende Vers aus dem anderen Evangelium in Kleindruck zugeordnet.

6.2 Doppelüberlieferung in dreifacher und zweifacher Tradition (Dubletten; Mk-Q overlaps)

Mk-Q overlap

Eine Parallelisierung von Matthäus, Markus und Lukas ist dann problematisch, wenn aufgrund des Textbefunds zu vermuten ist, dass Matthäus und/oder Lukas neben der Markus-Tradition noch einer anderen Überlieferung folgen, die sich zwar mit der Markus-Tradition berührt, aber zugleich auch von ihr charakteristisch unterschieden ist. Nach der Zwei-Quellen-Theorie handelt es sich hier um Doppelüberlieferungen.

Die Zuweisung zur Markus- oder Q-Tradition erfolgt individuell je nach Textbefund. Ist eine eindeutige traditionsgeschichtliche Zuordnung nicht möglich, wird pauschal der Markus-Tradition der Vorrang gegeben.

In der synoptischen Konkordanz werden diese Fälle am rechten Rand mit der Bemerkung „Mk-Q overlap“ versehen. In der synoptischen Statistik wird unterhalb der Statistiktabelle auf problematische Stellen eigens hingewiesen (siehe Abschnitt 5.4, S. lix). Beides soll die Benutzenden auf eine problematische und nicht immer zweifelsfrei zu interpretierende Überlieferungssituation aufmerksam machen.

Fälle

Folgende Situationen lassen sich unterscheiden:

Die Texteinheit erscheint …		**Beschreibung**	**Bewertung in der Statistik**
insgesamt *dreimal*, bei jedem Synoptiker einmal.	**A**	Die Unterschiede zwischen der Markusfassung auf der einen Seite und der Matthäus- bzw. Lukasfassung auf der anderen Seite lassen auf eine Doppelüberlieferung bei Markus und in Q schließen. Bei der Markus-Stelle erscheinen daher die parallelen Matthäus- und Lukasverse im Kleindruck, bei der Matthäus- und Lukas-Stelle steht der Markusvers im Kleindruck.	Der Markusbeleg wird mit „*020*“ codiert, die Belege bei Matthäus und Lukas erscheinen statistisch unter der „zweifachen Tradition“ (double tradition; Code *201*, *102*, *202*).
	B	Anders als im Fall A lässt sich nicht mehr genau entscheiden, welche Elemente aus der Markus- oder aus der Q-Tradition stammen. Gelegentlich ist überhaupt zweifelhaft, ob eine Q-Tradition und damit eine Doppelüberlieferung vorliegt. In diesem Fall wird hinter die Bemerkung „Mk-Q overlap“ ein Fragezeichen gesetzt. Alle drei Stellen erscheinen nebeneinander im Normaldruck.	Für die statistische Auswertung gilt die Regel des pauschalen Markus-Vorrangs. Alle drei Stellen werden statistisch als dreifache Tradition („triple tradition“) gewertet. Unterhalb der synoptischen Statistik wird auf diese Fälle eigens hingewiesen, damit sie bei der Interpretation der Zahlenwerte berücksichtigt werden können.
an *vier* Stellen, bei Matthäus oder bei Lukas zweimal		Entweder Matthäus oder Lukas bringt die Tradition zweimal, einmal in Anlehnung an die Markus-Tradition, einmal in einer von Markus unabhängigen Fassung (Q). Der Beleg aus der Markustradition erscheint neben der Markusstelle im Normaldruck. Bei der Q-Fassung wird der Markusvers als Hinweis auf die Doppelüberlieferung im Kleindruck hinzugefügt. Der andere Evangelist, der die Tradition nur einmal aufgreift, folgt entweder Q, oder er vermischt die Markus- und die Q-Überlieferung. Daher sind zwei Fälle zu unterscheiden:	Bei dem Evangelisten mit der Doppelüberlieferung wird der Beleg aus der Markustradition statistisch der dreifachen Tradition, die von Markus unabhängige Fassung der zweifachen Tradition zugeordnet.

	C	Der Evangelist folgt der Q-Tradition. An der Q-Stelle erscheint dieser Vers deshalb im Normaldruck, an der Markus-Stelle im Kleindruck.	Diese Stelle wird als Q-Tradition gewertet. An der Markus-Stelle wird dieser Vers mit einer „0“ codiert.
	D	Im Unterschied zu Fall C vermischt der Evangelist, der die Tradition nur einmal bringt, die Markus- und die Q-Tradition.	
		Dieser Vers, der beide Traditionen vermischt, erscheint bei der Markusstelle und an der Q-Stelle im Normaldruck.	Diese Stelle wird sowohl als dreifache Tradition („triple tradition“) als auch als zweifache Tradition („double tradition) dargestellt.
		In einem solchen Mischvers kann das Stichwort sowohl aus der Markus- als auch aus der Q-Tradition stammen. Da aber jeder Beleg nur einmal gezählt werden kann, wurde für jedes Stichwort einzeln entschieden, welchem Traditionsbereich es zuzurechnen ist.	Je nachdem, ob das *Stichwort* im Mischtext dem dreifachen (Markus) oder zweifachen Traditionsbereich (Q) zugerechnet wird, erhält es an der Markus- oder an der Q-Stelle die Codeziffer „2“. An der jeweils anderen Stelle steht, obwohl das Stichwort auftritt, die Codeziffer „1“, da bei einer „2“ dieser Beleg in der Statistik sonst zweimal gezählt würde. Ist eine Entscheidung hinsichtlich der Traditionszuordnung nicht möglich, wird pauschal der Markus-Tradition der Vorrang gegeben. Unterhalb der synoptischen Statistik wird auf diese Fälle eigens hingewiesen, damit sie bei der Interpretation der Zahlenwerte berücksichtigt werden können.
an *fünf* Stellen, bei Matthäus und bei Lukas zweimal.	**E**	Sowohl Matthäus als auch Lukas bringen den Text zweimal.	
		Neben der Markus-Stelle werden im Normaldruck die Verse aus Matthäus und Lukas angeführt, die der Markus-Tradition näherstehen.	Die Belege aus der Markustradition werden statistisch als dreifache Tradition erfasst.
		An den anderen beiden Stellen bei Matthäus und Lukas, die die Q-Tradition wiedergeben, ist der Markusvers im Kleindruck beigegeben.	Die zwei weiteren Verse werden als zweifache Tradition („double tradition“) gezählt. Der Markusvers wird statistisch nicht gezählt und erhält die Codeziffer „0“.

Erläuterungen zu den einzelnen Stellen

Hinweis: Die folgenden Erläuterungen sind nach den Markus-Stellen geordnet. Am Ende der Darstellung (siehe S. lxvi) findet sich ein Schlüssel, der nach der Reihenfolge der Matthäus- bzw. der Lukas-Stellen die laufenden Nummern zuordnet.

1	Mt 11,10	**Mk 1,2**	Lk 7,27	A
	Mt 11,10	Mk 1,2	**Lk 7,27**	

Aufgrund des Kontextes sind Mt 11,10 und Lk 7,27 als Q-Überlieferung zu werten. Sie werden daher von Mk 1,2 getrennt und stehen an der Markus-Stelle (Mk 1,2) im Kleindruck (Code: *020*). An der Q-Stelle (Mt 11,10/Lk 7,27) steht Mk 1,2 im Kleindruck und wird statistisch nicht gewertet (Codeziffer „0“, also *202, 201, 102*). – Die Doppelüberlieferung („overlap“) betrifft nur das Zitat aus Exod 23,20/Mal 3,1 (ἰδοὺ ἀποστέλλω τὸν ἄγγελόν μου πρὸ προσώπου σου, ὃς κατασκευάσει τὴν ὁδόν σου·). Die Redeeinleitung in Mt 3,3/Mk 1,2/Lk 3,4 wird als dreifache Tradition („triple tradition“) gewertet, die in Mt 11,10/Lk 7,27 als zweifache Tradition („double tradition“).

2	Mt 3,11	**Mk 1,7–8**	Lk 3,16	A
	Mt 3,11	Mk 1,7–8	**Lk 3,16**	

Die Übereinstimmungen zwischen Mt 3,11 und Lk 3,16 gegen Mk 1,7-8 reichen für die Annahme einer Q-Überlieferung aus. Mt 3,11 und Lk 3,16 werden daher von Mk 1,7-8 getrennt als zweifache Tradition („double tradition“) dargestellt und statistisch gewertet.

3	**Mt 3,16-17**	**Mk 1,10-11**	**Lk 3,21-22**	B

Es ist umstritten, ob hinter Lk 3,21-22 eine Q-Tradition steht. Daher wird diese Überlieferung als dreifache Tradition („triple tradition“) gewertet.

4	Mt 4,1-2	**Mk 1,12-13**	Lk 4,1-2	A
	Mt 4,1-2	Mk 1,12-13	**Lk 4,1-2**	

Hinter Mt 4,1-2 und Lk 4,1-2 steht die Einleitung zur Versuchungsgeschichte in Q. Daher werden diese Verse von der Überlieferung in Mk 1,12-13 getrennt und als zweifache Tradition („double tradition“) dargestellt und gewertet. – Mt 4,11 (καὶ ἰδοὺ ἄγγελοι προσῆλθον καὶ διηκόνουν αὐτῷ) und Mk 1,13 (καὶ ἦν μετὰ τῶν θηρίων, καὶ οἱ ἄγγελοι διηκόνουν αὐτῷ) werden dagegen aufgrund der deutlichen Übereinstimmungen der dreifachen Tradition („triple tradition“) zugeordnet.

5	Mt 12,24-26	**Mk 3,22-26**	Lk 11,15.17-18	A
	Mt 12,24-26	Mk 3,22-26	**Lk 11,15. 17-18**	

Mt 12,24-26 und Lk 11,15.17-18 stimmen gegen Mk 3,22-26 überein und werden daher als Q-Überlieferung (zweifache Tradition, „double tradition“) gewertet.

6	**Mt 12,29**	**Mk 3,27**	**Lk 11,21-22**	B

Es ist umstritten, ob hinter Lk 11,21-22 (und Mt 12,29) eine Q-Tradition steht.

7	**Mt 12,31**	**Mk 3,28**		A
	Mt 12,31	**Mk 3,29**		
	Mt 12,32	Mk 3,29	**Lk 12,10**	
	Mt 12,32fin	**Mk 3,29fin**	Lk 12,10	

Mk 3,28 wird nur mit Mt 12,31 parallelisiert und als Markus-Matthäus-Tradition gewertet. Wenn das Stichwort beispielsweise in beiden Versen vorkommt, lautet der Code: *220*. – Die Hauptparallele zu Mk 3,29 ist die zweite Hälfte von Mt 12,31 (...ἡ δὲ τοῦ πνεύματος βλασφημία οὐκ ἀφεθήσεται). Mt 12,32 und Lk 12,10 werden als Q-Überlieferung (zweifache Tradition, „double tradition“) aufgefasst, Mk 3,29 wird nur im Kleindruck geboten.

Der Schluss von Mt 12,32 (οὔτε ἐν τούτῳ τῷ αἰῶνι οὔτε ἐν τῷ μέλλοντι) entspricht Mk 3,29 (εἰς τὸν αἰῶνα, ἀλλὰ ἔνοχός ἐστιν αἰωνίου ἁμαρτήματος) und wird daher der dreifachen Tradition („triple tradition“) zugeordnet. Lk 12,10, das mit Mt 12,32 als „zweifache Tradition“ gezählt wird, wird nur im Kleindruck beigegeben und mit „0“ codiert.

8	Mt 5,15	**Mk 4,21**	**Lk 8,16**	C
	Mt 5,15	Mk 4,21	**Lk 11,33**	

Die Übereinstimmungen von Mt 5,15 und Lk 11,33 legen eine Q-Überlieferung („double tradition") nahe. Daher wird bei der Markus-Stelle (Mk 4,21/Lk 8,16) Mt 5,15 im Kleindruck angeführt, an der Q-Stelle (Mt 5,15/Lk 11,33) dagegen Mk 4,21. Die Belege in Mt 5,15 und Lk 11,33 werden statistisch als zweifache Tradition („double tradition") gewertet.

9	Mt 10,26	**Mk 4,22**	**Lk 8,17**	C
	Mt 10,26	Mk 4,22	**Lk 12,2**	

Die Übereinstimmungen von Mt 10,26 und Lk 12,2 legen eine Q-Überlieferung („double tradition") nahe. Daher wird bei der Markus-Stelle (Mk 4,22/Lk 8,17) Mt 10,26 im Kleindruck angeführt, an der Q-Stelle (Mt 10,26/Lk Lk 12,2) dagegen Mk 4,22. Die Belege in Mt 10,26 und Lk 12,2 werden statistisch als zweifache Tradition („double tradition") gewertet.

10	Mt 7,2	**Mk 4,24**	Lk 6,38	A
	Mt 7,2	Mk 4,24	**Lk 6,38**	

Aufgrund des Kontextes sind Mt 7,2 und Lk 6,38 als Q-Überlieferung zu werten und daher von Mk 4,24 zu trennen. Die Doppelüberlieferung („overlap") betrifft nur den Satz: ἐν ᾧ μέτρῳ μετρεῖτε μετρηθήσεται ὑμῖν καὶ προστεθήσεται ὑμῖν. An der Markus-Stelle (Mk 4,24) stehen daher Mt 7,2 und Lk 6,38 im Kleindruck (Code: *020*). An der Q-Stelle (Mt 7,2/Lk 6,38) steht Mk 4,24 im Kleindruck und wird statistisch nicht gewertet (Codeziffer „0", also *202, 201, 102*).

11	Mt 13,31-32	**Mk 4,30–32**	Lk 13,18–19	A
	Mt 13,31-32	Mk 4,30–32	**Lk 13,18–19**	

12	**Mt 13,12**	**Mk 4,25**	**Lk 8,18**	E
	Mt 25,29	Mk 4,25	**Lk 19,26**	

Mt 13,12/Mk 4,25/Lk 8,18 ist als dreifache Tradition gewertet. Dennoch wird die Bemerkung „Mk-Q overlap" angebracht, um anzuzeigen, dass es eine starke Berührung zu Mt 25,29/Lk 19,26 (doppelte Tradition, „Q") gibt. Mt 25,29/Lk 19,26 ist zweifache Tradition („Q"), die jedoch eine starke Berührung zu Mt 13,12/Mk 4,25/Lk 8,18 zeigt. Daher wird bei Mt 25,29/Lk 19,26 auch Mk 4,25 im Kleindruck angeführt und die Bemerkung „Mk-Q overlap" gesetzt.

13	**Mt 10,9-10**	**Mk 6,8-9**	**Lk 9,3**	D
	Mt 10,9-10	Mk 6,8-9	**Lk 10,4**	
	Mt 10,11-12	**Mk 6,10**	**Lk 9,4**	
	Mt 10,11-12	Mk 6,10	**Lk 10,5.7**	
	Mt 10,14	**Mk 6,11**	**Lk 9,5**	
	Mt 10,14	Mk 6,11	**Lk 10,10-11**	

Wenn bei Mt 10,9-10 entschieden werden kann, dass das Stichwort aus Markus kommt (bzw. zur Markus-Tradition hinzugefügt wurde), wird die erste Zeile (Mt 10,9-10/Mk 6,8-9/Lk 9,3) genommen und der Beleg als dreifache Tradition gewertet. Wenn bei Mt 10,9-10 entschieden werden kann, dass das Stichwort aus Q kommt (bzw. zur Q-Tradition hinzugefügt wurde), wird die zweite Zeile genommen (Mt 10,9-10/Mk 6,8-9/Lk 10,4) und der Beleg als zweifache Tradition gewertet. Wenn dagegen das Stichwort in beiden Überlieferungen belegt ist und *nicht* entscheidbar ist, ob es aus Markus oder aus Q kommt, wird der Beleg aufgrund des pauschalen Markus-Vorrangs als dreifache Tradition gewertet (Mt 10,9-10/Mk 6,8-9/Lk 9,3). – Die Fälle Mt 10,11-12/Mk 6,10/Lk 9,4/Lk 10,5.7 und Mt 10,14/Mk 6,11/Lk 9,5/Lk 10,10-11 werden analog behandelt.

14	**Mt 16,1**	**Mk 8,11**	Lk 11,16	C
	Mt 12,38	Mk 8,11	**Lk 11,16**	

Die Übereinstimmungen von Lk 11,16 und Mt 12,38 legen eine Q-Überlieferung („double tradition") nahe. Daher wird bei der Markus-Stelle (Mt 16,1/Mk 8,11) Lk 11,16 im Kleindruck angeführt, an der Q-Stelle (Mt 12,38/Lk 11,16) dagegen Mk 8,11. Die Belege in Mt 12,38 und Lk 11,16 werden statistisch als zweifache Tradition („double tradition") gewertet.

15	**Mt 16,4**	**Mk 8,12**	Lk 11,29	C
	Mt 12,39	Mk 8,12	**Lk 11,29**	

Die Redeeinleitung von Mk 8,12 (καὶ ἀναστενάξας τῷ πνεύματι αὐτοῦ λέγει·) hat ihre Entsprechung in Mt 16,2.

16	**Mt 16,24**	**Mk 8,34**	**Lk 9,23**	E
	Mt 10,38	Mk 8,34	**Lk 14,27**	

17	**Mt 16,25**	**Mk 8,35**	**Lk 9,24**	E
	Mt 10,39	Mk 8,35	**Lk 17,33**	

18	**Mt 16,27**	**Mk 8,38**	**Lk 9,26**	E
	Mt 10,33	Mk 8,38	**Lk 12,9**	

19	**Mt 18,5**	**Mk 9,37**	**Lk 9,48**	
	Mt 10,40	Mk 9,37	**Lk 10,16**	

Die Berührungen zwischen Mk 9,37 und der Q-Tradition Mt 10,40 und Lk 10,16 reichen nicht aus, um von einem „Mk-Q overlap" zu sprechen. Um den Vergleich zu erleichtern, wird dennoch Mk 9,37 im Kleindruck zu Mt 10,40 und Lk 10,16 hinzugesetzt.

20	**Mt 18,5**	**Mk 9,42**	**Lk 17,2**	B

Es ist umstritten, ob hinter Lk 17,2 eine Q-Tradition steht.

21	Mt 5,13	**Mk 9,50**	Lk 14,34	A
	Mt 5,13	Mk 9,50	**Lk 14,34**	

Der zweite Teil von Mt 5,13 (εἰς οὐδὲν ἰσχύει ἔτι εἰ μὴ βληθὲν ἔξω καταπατεῖσθαι ὑπὸ τῶν ἀνθρώπων) wird nur mit Lk 14,35 parallelisiert und hat keinen Parallelvers bei Markus. Statistisch werden Mt 5,13 und Lk 14,34-35 als zweifache Tradition („double tradition") erfasst.

22	**Mt 19,9**	**Mk 10,11**	Lk 16,18	C
	Mt 5,32	Mk 10,11	**Lk 16,18**	

Die Übereinstimmungen von Lk 16,18 und Mt 5,32 legen eine Q-Überlieferung („double tradition") nahe. Daher wird bei der Markus-Stelle (Mt 19,9/Mk 10,11) Lk 16,18 im Kleindruck angeführt, an der Q-Stelle (Mt 5,32/Lk 16,18) dagegen Mk 10,11. Die Belege in Mt 5,32 und Lk 16,18 werden statistisch als zweifache Tradition („double tradition") gewertet.

23	**Mt 19,30**	**Mk 10,31**	Lk 13,30	C
	Mt 20,16	Mk 10,31	**Lk 13,30**	

Die Übereinstimmungen von Lk 13,30 und Mt 20,16 legen eine Q-Überlieferung („double tradition") nahe. Daher wird bei der Markus-Stelle (Mt 19,30/Mk 10,31) Lk 13,30 im Kleindruck angeführt, an der Q-Stelle (Mt 20,16/Lk 13,30) dagegen Mk 10,31. Die Belege in Mt 20,16 und Lk 13,30 werden statistisch als zweifache Tradition („double tradition") gewertet.

24	**Mt 21,21**	**Mk 11,22–23**		
	Mt 17,20	Mk 11,22–23	**Lk 17,6**	

Die Berührungen zwischen Mk 11,22-23 und der Q-Tradition in Mt 17,20/Lk 17,6 reichen nicht aus, um von einem „Mk-Q overlap" zu sprechen. Um den Vergleich zu erleichtern, wird dennoch Mk 11,22-23 bei Mt 17,20/Lk 17,6 im Kleindruck angeführt.

25	**Mt 23,6-7**	**Mk 12,38-39**	**Lk 20,46**	D
	Mt 23,6-7	Mk 12,38-39	**Lk 11,43**	

26	**Mt 10,19**	**Mk 13,11**	**Lk 21,14-15**	D
	Mt 10,19	Mk 13,11	**Lk 12,11-12**	
	Mt 10,20	**Mk 13,11**		

Die zweite Hälfte von Mk 13,11 (οὐ γάρ ἐστε ὑμεῖς οἱ λαλοῦντες ἀλλὰ τὸ πνεῦμα τὸ ἅγιον) hat ihre Entsprechung in Mt 10,20.

27	Mt 24,23	Mk 13,21		
	Mt 24,26	Mk 13,21	Lk 17,23	

Die Berührungen zwischen Mk 13,21 und der Q-Tradition in Mt 24,26/Lk 17,23 reichen nicht aus, um von einem „Mk-Q overlap" zu sprechen. Um den Vergleich zu erleichtern, wird dennoch Mk 13,21 bei Mt 24,26/Lk 17,23 im Kleindruck angeführt.

28	Mt 25,14-15	Mk 13,34	Lk 19,12-13	A
	Mt 25,14-15	Mk 13,34	Lk 19,12-13	

Reihenfolge nach Matthäus

Mt 3,11	**2**	Mt 10,20	**26**	Mt 12,38	**14**	Mt 19,9	**22**
Mt 3,16-17	**3**	Mt 10,26	**9**	Mt 12,39	**15**	Mt 19,30	**23**
Mt 4,1-2	**4**	Mt 10,33	**18**	Mt 13,12	**12**	Mt 20,16	**23**
Mt 5,13	**21**	Mt 10,38	**16**	Mt 13,31-32	**11**	Mt 21,21	**24**
Mt 5,15	**8**	Mt 10,39	**17**	Mt 16,1	**14**	Mt 23,6-7	**25**
Mt 5,32	**22**	Mt 10,40	**19**	Mt 16,4	**15**	Mt 24,23	**27**
Mt 7,2	**10**	Mt 11,10	**1**	Mt 16,24	**16**	Mt 24,26	**27**
Mt 10,9-10	**13**	Mt 12,24-26	**5**	Mt 16,25	**17**	Mt 25,14-15	**28**
Mt 10,11-12	**13**	Mt 12,29	**6**	Mt 16,27	**18**	Mt 25,29	**12**
Mt 10,14	**13**	Mt 12,31	**7**	Mt 17,20	**24**		
Mt 10,19	**26**	Mt 12,32	**7**	Mt 18,5	**20**		

Reihenfolge nach Lukas

Lk 3,16	**2**	Lk 9,23	**16**	Lk 11,29	**15**	Lk 16,18	**22**
Lk 3,21-22	**3**	Lk 9,24	**17**	Lk 11,33	**8**	Lk 17,2	**20**
Lk 4,1-2	**4**	Lk 9,26	**18**	Lk 11,43	**25**	Lk 17,6	**24**
Lk 6,38	**10**	Lk 9,48	**19**	Lk 12,2	**9**	Lk 17,23	**27**
Lk 7,27	**1**	Lk 10,4	**13**	Lk 12,9	**18**	Lk 17,33	**17**
Lk 8,16	**8**	Lk 10,5.7	**13**	Lk 12,10	**7**	Lk 19,12-13	**28**
Lk 8,17	**9**	Lk 10,10-11	**13**	Lk 12,11-12	**26**	Lk 19,26	**12**
Lk 8,18	**12**	Lk 10,16	**19**	Lk 13,18–19	**11**	Lk 20,46	**25**
Lk 9,3	**13**	Lk 11,15.17-18	**5**	Lk 13,30	**23**	Lk 21,14-15	**26**
Lk 9,4	**13**	Lk 11,16	**14**	Lk 14,27	**16**		
Lk 9,5	**13**	Lk 11,21-22	**6**	Lk 14,34	**21**		

7 Abkürzungen

Syn	Die synoptischen Evangelien: Die Zahl unter dieser Abkürzung gibt die Anzahl der Belege des Stichwortes in den drei Evangelien Matthäus, Markus und Lukas an.
NT	Das Neue Testament: Die Zahl unter dieser Abkürzung gibt die Anzahl der Belege des Stichwortes im gesamten Neuen Testament an.
Mt	Matthäusevangelium
Mk	Markusevangelium
Lk	Lukasevangelium
Acts	Apostelgeschichte
Jn	Johannesevangelium
1-3John	Erster bis dritter Johannesbrief
Paul	Die Briefe des Apostels Paulus (Römer-, 1. und 2. Korinther-, Galater-, Philipper-, 1. Thessalonicher- und Philemonbrief)
Eph	Der Brief an die Epheser
Col	Der Brief an die Kolosser
2Thess	Der zweite Brief an die Thessalonicher
1/2Tim	Der erste und zweite Brief an Timotheus
Tit	Der Brief an Titus
Heb	Der Brief an die Hebräer
Jas	Der Brief des Jakobus
1Pet	Der erste Brief des Petrus
2Pet	Der zweite Brief des Petrus
Jude	Der Brief des Judas
Rev	Die Offenbarung des Johannes
GTh	Das Thomasevangelium
POxy	Die griechischen Fragmente des Thomasevangeliums auf den Oxyrhynchus-Papyri.

Gen	Genesis	Ps	Psalmen	Micah	Micha
Exod	Exodus	Prov	Sprichwörter (Proverbien)	Nahum	Nahum
Lev	Levitikus			Hab	Habakkuk
Num	Numeri	Qoh	Kohelet	Zeph	Zefania
Deut	Deuteronomium	Cant	Das Hohelied	Hag	Haggai
Josh	Josua	Isa	Jesaja	Zech	Sacharja
Judg	Richter	Jer	Jeremia	Mal	Maleachi
Ruth	Rut	Lam	Klagelieder	1-2 Esdras	1-2 Esra
1-2 Sam	1-2 Samuel	Ezek	Ezechiel	Tob	Tobit
1-2 Kings	1-2 Könige	Dan	Daniel	Jdt	Judit
1-2 Chron	1-2 Chronik	Hos	Hosea	Wis	Das Buch der Weisheit
Ezra	Esra	Joel	Joël		
Neh	Nehemia	Amos	Amos	Sir	Jesus Sirach
Esther	Ester	Obad	Obadja	Bar	Baruch
Job	Ijob	Jonah	Jona	1-2 Macc	1-2 Makkabäer

8 Kurzbeschreibung der Synoptischen Konkordanz

8.1 Die Synoptische Konkordanz auf einem Blick

Stichwort

englische Übersetzung des Stichworts

Neutestamentliche Wortstatistik
statistische Informationen über die Verteilung des Stichworts im Neuen Testament

synoptische Statistik (optional)
statistische Informationen über die Verteilung des Stichworts in den synoptischen Evangelien (ausgewählte Stichwörter)
darunter: gegebenenfalls Informationen über statistisch problematische Fälle (Doppelüberlieferungen; Mk-Q overlaps)

βασιλεία

	Syn	Mt	Mk	Lk	Acts	Jn	1-3John	Paul	Eph	Col
	121	55	20	46	8	5		8	1	2
	NT	2Thess	1/2Tim	Tit	Heb	Jas	1Pet	2Pet	Jude	Rev
	162	1	2		3	1		1		9

reign; rule; kingdom; domain; royal power; kingship

	triple tradition																	double tradition			Sondergut		
		+Mt / +Lk			−Mt / −Lk			traditions not taken over by Mt / Lk							subtotals								
code	*222*	*211*	*112*	*212*	*221*	*122*	*121*	*022*	*012*	*021*	*220*	*120*	*210*	*020*	Σ^+	Σ^-	Σ	*202*	*201*	*102*	*200*	*002*	total
Mt	9	4^+				1^-	1^-				1	3^-	3^+		7^+	5^-	17	13	4		21		**55**
Mk	9					1	1			1	1	3		4			20						**20**
Lk	9		4^+			1	1^-		1^+	1^-					5^+	2^-	15	13		6		12	**46**

a βασιλεία (τοῦ) θεοῦ
b βασιλεία τοῦ πατρός
c βασιλεία τῶν οὐρανῶν
d τὸ εὐαγγέλιον τῆς βασιλείας
e υἱοὶ τῆς βασιλείας
f βασιλεία and verbum dicendi

Indexverzeichnis (optional)
- geprägte Wendungen
- Formeln
- Wortverbindungen
- grammatikalische Besonderheiten

002					**Lk 1,33**	καὶ βασιλεύσει ἐπὶ τὸν οἶκον Ἰακὼβ εἰς τοὺς αἰῶνας καὶ **τῆς βασιλείας αὐτοῦ** οὐκ ἔσται τέλος.	
c 211	**Mt 3,2**	[1] ... κηρύσσων ... [2] [καὶ] λέγων· μετανοεῖτε· ἤγγικεν γὰρ **ἡ βασιλεία** **τῶν οὐρανῶν.**	**Mk 1,4**	... καὶ κηρύσσων βάπτισμα μετανοίας εἰς ἄφεσιν ἁμαρτιῶν.	**Lk 3,3**	... κηρύσσων βάπτισμα μετανοίας εἰς ἄφεσιν ἁμαρτιῶν	
202	**Mt 4,8**	... δείκνυσιν αὐτῷ **πάσας τὰς βασιλείας** **τοῦ κόσμου** καὶ τὴν δόξαν αὐτῶν			**Lk 4,5**	... ἔδειξεν αὐτῷ **πάσας τὰς βασιλείας** **τῆς οἰκουμένης** ἐν στιγμῇ χρόνου	
c a 220	**Mt 4,17**	... μετανοεῖτε· ἤγγικεν γὰρ **ἡ βασιλεία** **τῶν οὐρανῶν.**	**Mk 1,15**	... πεπλήρωται ὁ καιρὸς καὶ ἤγγικεν **ἡ βασιλεία** **τοῦ θεοῦ·** μετανοεῖτε καὶ πιστεύετε ἐν τῷ εὐαγγελίῳ.			
a f 012			**Mk 1,38**	... ἄγωμεν ἀλλαχοῦ εἰς τὰς ἐχομένας κωμοπόλεις, ἵνα καὶ ἐκεῖ κηρύξω· εἰς τοῦτο γὰρ ἐξῆλθον.	**Lk 4,43**	... καὶ ταῖς ἑτέραις πόλεσιν εὐαγγελίσασθαί με δεῖ **τὴν βασιλείαν** **τοῦ θεοῦ,** ὅτι ἐπὶ τοῦτο ἀπεστάλην.	
d 211	**Mt 4,23** ⇩ Mt 9,35 → Mk 1,21	καὶ περιῆγεν ἐν ὅλῃ τῇ Γαλιλαίᾳ διδάσκων ἐν ταῖς συναγωγαῖς αὐτῶν καὶ κηρύσσων **τὸ εὐαγγέλιον** **τῆς βασιλείας** καὶ θεραπεύων πᾶσαν νόσον καὶ πᾶσαν μαλακίαν ἐν τῷ λαῷ.	**Mk 1,39** → Mk 1,14 ↓ Mk 6,6	καὶ ἦλθεν κηρύσσων εἰς τὰς συναγωγὰς αὐτῶν εἰς ὅλην τὴν Γαλιλαίαν καὶ τὰ δαιμόνια ἐκβάλλων.	**Lk 4,44** → Lk 4,15 ↓ Lk 8,1	καὶ ἦν κηρύσσων εἰς τὰς συναγωγὰς τῆς Ἰουδαίας.	
a f			**Mk 6,6** ↑ Mk 1,39	... καὶ περιῆγεν τὰς κώμας κύκλῳ διδάσκων.	**Lk 8,1** → Lk 4,15 ↑ Lk 4,44 → Lk 13,22	καὶ ἐγένετο ἐν τῷ καθεξῆς καὶ αὐτὸς διώδευεν κατὰ πόλιν καὶ κώμην κηρύσσων καὶ εὐαγγελιζόμενος **τὴν βασιλείαν τοῦ θεοῦ** καὶ οἱ δώδεκα σὺν αὐτῷ	
c a 202	**Mt 5,3**	μακάριοι οἱ πτωχοὶ τῷ πνεύματι, ὅτι αὐτῶν ἐστιν **ἡ βασιλεία** **τῶν οὐρανῶν.**			**Lk 6,20**	... μακάριοι οἱ πτωχοί, ὅτι ὑμετέρα ἐστὶν **ἡ βασιλεία** **τοῦ θεοῦ.**	→ GTh 54

synoptische Konkordanz
synoptische Präsentation der Stichwortbelege mit Kontext in drei Spalten (Matthäus, Markus, Lukas)

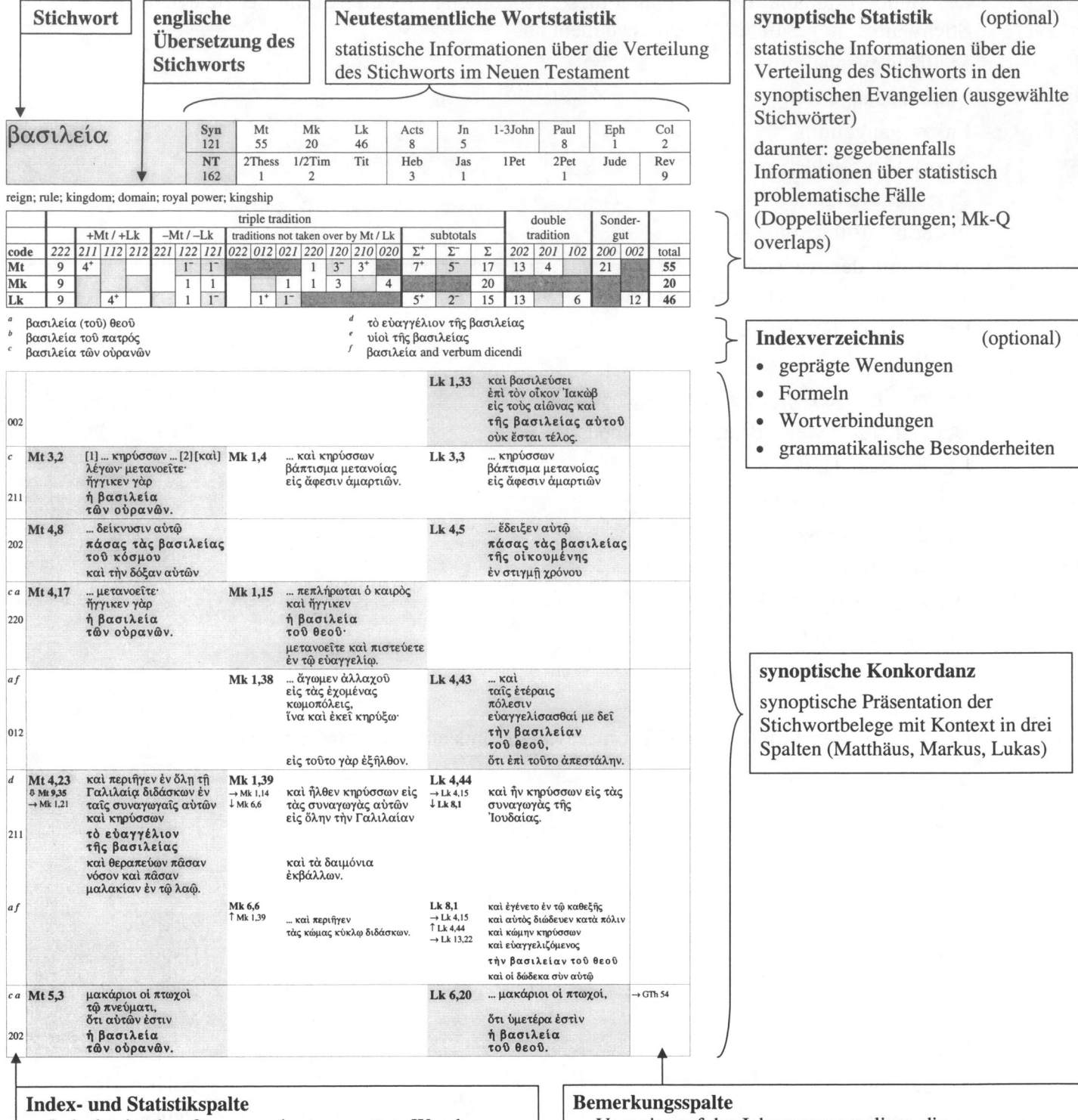

Index- und Statistikspalte
- Indexbuchstaben für ausgewiesene geprägte Wendungen, Formeln, Wortverbindungen und grammatikalische Besonderheiten (optional)
- Statistik-Code (dreistellig)

Bemerkungsspalte
- Verweise auf das Johannesevangelium, die Apostelgeschichte und andere neutestamentliche Schriften sowie auf das Thomasevangelium
- weitere Hinweise, z.B. „Mk-Q overlap“

8.2 Neutestamentliche Wortstatistik

Die neutestamentliche Wortstatistik am Anfang jedes Stichworts bietet Informationen über die Verteilung des Stichworts im gesamten Neuen Testament.

Für die Schriften des Neuen Testaments werden die gebräuchlichen Abkürzungen verwendet (siehe Abschnitt 7, S. lxvii). Einige Schriften werden zu Gruppen zusammengefasst:

Syn — „Syn“: Mt + Mk + Lk

NT — „NT:“ Gesamtzahl der Belege im Neuen Testament

Paul — „Paul“: Römer-, 1. und 2. Korinther-, Galater-, Philipper-, 1. Thessalonicher- und Philemonbrief

Siehe Abschnitt 4, S. liv.

8.3 Synoptische Statistik

Mt
Mk
Lk
code

Die synoptische Statistik gibt in drei Zeilen (Mt, Mk, Lk) einen differenzierten statistischen Überblick in Tabellenform über die Zahl der Belege des Stichworts in den synoptischen Evangelien. Mit Hilfe eines dreistelligen Codes wird in den einzelnen Spalten der synoptische Befund genauer klassifiziert. Dabei steht die erste Stelle des Codes für Matthäus, die zweite für Markus, die dritte für Lukas.

222, 211, 112, 212 etc. — Die Ziffern beschreiben den Befund für diesen Wortbeleg:

2 — 2: Das Stichwort ist vorhanden.

1 — 1: Eine Parallele ist vorhanden, aber sie enthält nicht das Stichwort.

0 — 0: Der Evangelist hat an dieser Stelle keine Parallele bzw. die Texteinheit oder Perikope fehlt ganz.

Über diesen Statistik-Code ist die synoptische Statistik (sofern vorhanden) eng mit der Darstellung der Textbelege in der synoptischen Konkordanz verknüpft.

Der Code findet sich wieder in der Index- und Statistikspalte der synoptischen Konkordanz bei den Einzelbelegen, um die statistischen Zahlen an den Texten verifizieren zu können.

Siehe Abschnitt 5.1, S. lv.

Die Statistik-Codes sind zu folgenden Gruppen zusammengefasst:

triple tradition — „*dreifache Tradition*“ („triple tradition“): Alle Markus-Verse sowie alle Matthäus- und Lukas-Verse, die bei Markus einen Parallelvers haben.

Bei der „dreifachen Tradition“ ist Markus immer beteiligt. Im Statistik-Code ist demnach die mittlere Ziffer, die für Markus steht, entweder eine „1“ oder eine „2“. Im Sinne der Zwei-Quellen-Theorie kann auch von der Markus-Tradition gesprochen werden.

double tradition — „*zweifache Tradition*“ („double tradition“): alle Matthäus-Verse mit einer Parallele bei Lukas, aber nicht bei Markus, sowie alle Lukas-Verse mit einer Parallele bei Matthäus, aber nicht bei Markus.

Bei der „zweifachen Tradition“ ist Markus nicht beteiligt. Im Statistik-Code ist dazu die mittlere Ziffer eine „0“. Im Sinne der Zwei-Quellen-Theorie kann auch von der Q-Tradition gesprochen werden.

Sondergut — „*Sondergut*“: alle Matthäus- und Lukas-Texteinheiten, die in keinem der anderen synoptischen Evangelien eine Parallele haben.

Der Statistik-Code lautet *200* für Matthäus und *002* für Lukas. Im Sinne der Zwei-Quellen-Theorie handelt es sich hier um Sondertraditionen oder redaktionelle Bildungen.

Das „Sondergut“ des Markus sind Texteinheiten aus Markus, die weder bei Matthäus noch bei Lukas eine Parallele haben. Sie werden unter die dreifache Tradition subsumiert, da hier Markusüberlieferung vorliegt. Die Codierung ist *020*.

Die *weißen Felder* in der Tabelle signalisieren, dass die betreffenden Evangelien das Stichwort haben.

Die *hellgrau unterlegten Felder* signalisieren, dass zwar ein Parallelvers vorhanden ist, dieser das Stichwort aber nicht enthält.

Die *dunkelgrauen Felder* signalisieren, dass sich im jeweiligen Evangelium keine Parallele findet.

+Mt / +Lk — Das Stichwort kommt *nicht bei Markus* vor, sondern *nur bei Matthäus und/oder Lukas*. Im Sinne der Zwei-Quellen-Theorie haben es Matthäus oder Lukas (oder beide) der Markus-Vorlage hinzugefügt (hochgestelltes „+“).

–Mt / –Lk — Das Stichwort kommt *bei Markus* vor, aber *nicht bei Matthäus und/oder Lukas*. Im Sinne der Zwei-Quellen-Theorie haben es Matthäus oder Lukas (oder beide) aus der Markus-Vorlage weggelassen (hochgestelltes „–“).

traditions not taken over by Mt / Lk — Bei Matthäus und/oder Lukas fehlt eine Parallele zu Markus. Das Feld desjenigen Evangelisten, der keine Parallele aufweist, ist dunkelgrau.

Im Sinne der Zwei-Quellen-Theorie sind Hinzufügungen zur Markus-Tradition mit einem hochgestellten „+“, Auslassungen mit einem hochgestellten „–“ gekennzeichnet.

subtotals — Die Zwischensummen (Symbol: Σ) fassen *im Sinne der Zwei-Quellen-Theorie* zusammen, wie Matthäus und Lukas das Markusevangelium rezipiert haben.

Σ^+ — Σ^+: alle Belege, bei denen Matthäus bzw. Lukas das Stichwort zu Markus hinzugefügt haben (alle Zahlen mit einem hochgestellten „+“), ausgedrückt in Codes:

Mt: *211 + 212 + 210* Lk: *112 + 212 + 012.*

Σ^- — Σ^-: alle Fälle, in denen Matthäus bzw. Lukas das Stichwort aus Markus weggelassen haben (alle Zahlen mit einem hochgestellten „–“), ausgedrückt in Codes:

Mt: *122 + 121 + 120* Lk: *221 + 121 + 021.*

Σ — Zwischensumme für alle Fälle, in denen Markus beteiligt ist.

total — Summe aller Belege des Stichworts im jeweiligen Evangelium

Die Zahlenwerte in den hellgrauen Feldern sind „Weglassungen“ und werden bei der Errechnung der Gesamtsumme der Belege nicht berücksichtigt.

Siehe Abschnitt 5.2, S. lvi.

Mk-Q overlap — An einigen Stellen ist aufgrund des Textbefundes zu vermuten, dass Matthäus und/oder Lukas neben der Markus-Tradition noch einer anderen Überlieferung („Q“) folgen, die sich zwar mit der Markus-Tradition berührt, aber doch auch zugleich von ihr charakteristisch unterschieden ist. Auf statistische Problemfälle wird gegebenenfalls unterhalb der synoptischen Statistik mit der Überschrift „Mk-Q-overlap“ hingewiesen.

Mk-Q overlap? — Wo es zweifelhaft ist, ob neben der Markusüberlieferung auch eine Q-Tradition vorliegt, wird hinter die Bemerkung „Mk-Q overlap“ ein Fragezeichen gesetzt.

Dieselben Hinweise finden sich auch in der Bemerkungsspalte der synoptischen Konkordanz an der betreffenden Belegstelle.

Siehe Abschnitt 5.4, S. lix.

8.4 Indexverzeichnis

Das Indexverzeichnis zeigt

- geprägte Wendungen,
- Formeln,
- Wortverbindungen,
- grammatikalische Besonderheiten.

a b c Sie sind mit einem hochgestellten, kursiv gesetzten Indexbuchstaben versehen. Anhand dieser Indexbuchstaben kann in der Index- und Statistikspalte der synoptischen Konkordanz das Vorkommen dieser Wendungen, Formeln etc. in den synoptischen Evangelien verfolgt werden.

Siehe Abschnitt 3.8, S. liii.

8.5 Die Synoptische Konkordanz

Die synoptische Konkordanz ist in drei Bereiche gegliedert: links die Index- und Statistikspalte, in der Mitte die Textspalten und rechts die Bemerkungsspalte.

8.5.1 Index- und Statistikspalte

a b c Die kleinen, kursiv gesetzten Buchstaben zeigen an, dass in dieser Zeile eine Formel, eine geprägte Wendung etc. vorkommt. Die Indices werden im Indexverzeichnis am Beginn des Eintrags aufgeschlüsselt.

Stehen mehrere Buchstaben nebeneinander, sind die Buchstaben in der Reihenfolge des Auftretens der Formel oder Wendung in der Zeile angeordnet.

222, 211, 112, 212 etc. Der Statistik-Code zeigt an, wie die traditionsgeschichtliche Situation bei diesem Beleg und seinen synoptischen Parallelen bewertet wurde. Zur Bedeutung der Codierung siehe oben Abschnitt 8.3, S. lxix.

Mit der synoptischen Statistik und dem Statistik-Code können bestimmte Überlieferungssituationen ins Auge gefasst werden. Beispielsweise müssen für die Matthäus-Lukas-Tradition („Q" im Sinne der Zwei-Quellen-Theorie) nur diejenigen Zeilen berücksichtigt werden, deren Code an der mittleren Stelle (Markus) eine „0" aufweist. Ist man dagegen an den Fällen interessiert, wo beispielsweise Matthäus ein Wort aus Markus weggelassen hat, so sind die Fälle zu berücksichtigen, deren Code mit den Ziffern „02x" (die Markus-Stelle hat bei Matthäus keine Parallele) oder „12x" (Matthäus hat eine Parallele, aber nicht das Stichwort) beginnt. Die Lukas-Stelle, hier durch „x" repräsentiert, kann dabei „0" sein (Lukas hat keine Parallele), „1" (Lukas hat eine Parallele, aber nicht das Stichwort) oder „2" (Lukas hat das Stichwort). Beachtenswert ist z.B. auch der Code „121": Sowohl Matthäus als auch Lukas haben das Wort aus ihrer Markus-Vorlage weggelassen. Das Gegenstück ist „212": Sowohl Matthäus als auch Lukas haben das Wort in die Markus-Vorlage eingefügt. Im Sinne der Zwei-Quellen-Theorie würde man hier von einem *minor agreement* sprechen.

8.5.2 Die Textspalten der Synoptischen Konkordanz

In der synoptischen Konkordanz werden die Belege für das Stichwort in synoptischer Darstellung zusammen mit ihrem Kontext präsentiert. Matthäus, Markus und Lukas sind in drei Spalten nebeneinander angeordnet.

Mit grauer Schattierung wird die Reihenfolge der Stichwortbelege innerhalb eines Evangeliums angezeigt. Anhand der Schattierung können die Belege jedes einzelnen Evangeliums in der Reihenfolge verfolgt werden, in der sie im Evangelium stehen. — Wegen der unterschiedlichen Perikopenabfolge bei den drei Evangelien ist es nicht zu vermeiden, dass ein Beleg außerhalb der internen Abfolge des Evangeliums als synoptische Parallele wiederholt werden muss. Erscheint ein Beleg infolgedessen nicht in der richtigen Position innerhalb seines Evangeliums, entfällt die graue Schattierung. Er findet sich aber dann ein weiteres Mal mit grauer Schattierung dort, wo es seiner Position im Evangelium entspricht.

Siehe Abschnitt 3.3, S. xlviii.

καὶ ἦλθεν κηρύσσων ... Kleindruck wird bei komplexeren Überlieferungssituationen verwendet: Doppelüberlieferungen, „Mk-Q overlap“, redaktionelle Doppelungen usw.

Siehe Abschnitt 2.4, S. xliv, und Abschnitt 3.4, S. xlix.

... Drei Punkte markieren die Auslassung von Textteilen.

[1] Zahlen in Klammern bezeichnen Verse, die zusätzlich zum Hauptvers zitiert werden (z.B. Mt 3,2 in Fettdruck).

↔ Ein Pfeil mit zwei Spitzen „↔“ zeigt an, dass der Evangelientext unmittelbar und ohne Auslassung fortgesetzt wird, auch wenn eine horizontale Trennlinie (und gegebenenfalls auch leere Felder) in der Spalte folgen. Am Anfang der Fortsetzung wird dieser Pfeil wiederholt.

Der Pfeil ↔ wird *nicht* gesetzt, wenn die horizontale Linie zwei aufeinander folgende Verse trennt. Fehlen zwischen den beiden Versen Auslassungspunkte („ ... “), lassen die einander folgenden Versangaben (z.B. Mk 4,1; Mk 4,2) erkennen, dass der Evangelientext ohne Unterbrechung abgedruckt ist.

Siehe Abschnitt 3.1, S. xlvi.

→ Mk 6,6
⇨ Mt 4,23 Verweis auf Stellen, die nicht in der synoptischen Konkordanz zum aktuellen Stichwort auftreten, aber für die Beurteilung des Belegs von Interesse sind.

↑ Mk 6,6
↓ Mk 6,6 Pfeile nach oben oder unten: Der Text befindet sich in der synoptischen Konkordanz zum aktuellen Stichwort und kann in der entsprechenden Spalte (hier in der Markus-Spalte) weiter oben (↑) bzw. weiter unten (↓) gefunden werden.

⇧ Mt 4,23
⇨ Mt 4,23
⇩ Mt 4,23 Doppelpfeile (⇧, ⇩, ⇨): Beim Verweisziel handelt es sich um eine Doppelüberlieferung oder um eine redaktionelle Doppelung durch einen Evangelisten.

↑ Mk 6,6
↓ Mk 6,6
⇧ Mt 4,23
⇩ Mt 4,23 Fettdruck: Das Verweisziel enthält (hier Mk 6,6 bzw. Mt 4,23) das aktuelle Stichwort.

Siehe Abschnitt 3.5, S. li.

εὐλογημένος ὁ ἐρχόμενος
➢ Ps 118,26 Zitate aus dem Alten Testament im Text der Synoptiker und der Apostelgeschichte werden durch Kursivdruck gekennzeichnet. Die Stellenangabe steht unmittelbar unter dem Zitat nach einem Pfeil (➢).

Siehe Abschnitt 3.9, S. liii.

8.5.3 Bemerkungsspalte

→ Jn 20,32 Verweise auf Stellen außerhalb der Synoptiker, die für den Textvergleich relevant sind, finden sich in der Bemerkungsspalte auf der rechten Seite.

→ Jn 20,32 Ist der Verweis fett gedruckt, so enthält das Verweisziel (hier Jn 20,32) das Stichwort.

→ GTh 39,3 **(POxy 655)** Verweise auf das Thomasevangelium (GTh). POxy 655 zeigt an, dass es die entsprechende Stelle auch in den griechischen Fragmenten gibt. Ist diese Angabe fett gedruckt, enthält das griechische Fragment das aktuelle Stichwort.

Siehe Abschnitt 3.6, S. lii.

Mk-Q overlap Die Bemerkung „Mk-Q overlap“ steht bei den Stellen, an denen Matthäus und/oder Lukas neben der Markus-Tradition noch einer anderen Überlieferung („Q“) folgen.

Mk-Q overlap? Wo es zweifelhaft ist, ob neben der Markusüberlieferung auch eine Q-Tradition vorliegt, wird hinter die Bemerkung „Mk-Q overlap“ ein Fragezeichen gesetzt.

Siehe Abschnitt 3.4, S. xlix, und Abschnitt 6.2, S. lx.

A

Ἀαρών

Ἀαρών	Syn 1	Mt	Mk	Lk 1	Acts 1	Jn	1-3John	Paul	Eph	Col
	NT 5	2Thess	1/2Tim	Tit	Heb 3	Jas	1Pet	2Pet	Jude	Rev

Aaron

002					Lk 1,5	ἐγένετο ἐν ταῖς ἡμέραις Ἡρῴδου βασιλέως τῆς Ἰουδαίας ἱερεύς τις ὀνόματι Ζαχαρίας ἐξ ἐφημερίας Ἀβιά, καὶ γυνὴ αὐτῷ **ἐκ τῶν θυγατέρων** **Ἀαρὼν** καὶ τὸ ὄνομα αὐτῆς Ἐλισάβετ.	

Acts 7,40 εἰπόντες τῷ
Ἀαρών·
ποίησον ἡμῖν θεοὺς οἳ
προπορεύσονται ἡμῶν· ...
≻ Exod 32,1

ἀββά

ἀββά	Syn 1	Mt	Mk 1	Lk	Acts	Jn	1-3John	Paul 2	Eph	Col
	NT 3	2Thess	1/2Tim	Tit	Heb	Jas	1Pet	2Pet	Jude	Rev

Father (Aramaic word)

121	Mt 26,39	... λέγων· **πάτερ μου,** εἰ δυνατόν ἐστιν, παρελθάτω ἀπ᾽ ἐμοῦ τὸ ποτήριον τοῦτο· πλὴν οὐχ ὡς ἐγὼ θέλω ἀλλ᾽ ὡς σύ.	Mk 14,36	καὶ ἔλεγεν· **αββα ὁ πατήρ,** πάντα δυνατά σοι· παρένεγκε τὸ ποτήριον τοῦτο ἀπ᾽ ἐμοῦ· ἀλλ᾽ οὐ τί ἐγὼ θέλω ἀλλὰ τί σύ.	Lk 22,42 → Mt 26,42	λέγων· **πάτερ,** εἰ βούλει παρένεγκε τοῦτο τὸ ποτήριον ἀπ᾽ ἐμοῦ· πλὴν μὴ τὸ θέλημά μου ἀλλὰ τὸ σὸν γινέσθω.	→ Jn 18,11

Ἅβελ

Ἅβελ	Syn 2	Mt 1	Mk	Lk 1	Acts	Jn	1-3John	Paul	Eph	Col
	NT 4	2Thess	1/2Tim	Tit	Heb 2	Jas	1Pet	2Pet	Jude	Rev

Abel

202	Mt 23,35	ὅπως ἔλθῃ ἐφ᾽ ὑμᾶς πᾶν αἷμα δίκαιον ἐκχυννόμενον ἐπὶ τῆς γῆς **ἀπὸ τοῦ αἵματος** **Ἅβελ τοῦ δικαίου** ἕως τοῦ αἵματος Ζαχαρίου υἱοῦ Βαραχίου, ὃν ἐφονεύσατε μεταξὺ τοῦ ναοῦ καὶ τοῦ θυσιαστηρίου.			Lk 11,51	[50] ἵνα ἐκζητηθῇ τὸ αἷμα πάντων τῶν προφητῶν τὸ ἐκκεχυμένον ἀπὸ καταβολῆς κόσμου ἀπὸ τῆς γενεᾶς ταύτης, **[51] ἀπὸ αἵματος** **Ἅβελ** ἕως αἵματος Ζαχαρίου τοῦ ἀπολομένου μεταξὺ τοῦ θυσιαστηρίου καὶ τοῦ οἴκου· ...	

Ἀβιά	Syn 3	Mt 2	Mk	Lk 1	Acts	Jn	1-3John	Paul	Eph	Col
	NT 3	2Thess	1/2Tim	Tit	Heb	Jas	1Pet	2Pet	Jude	Rev

Abijah

200 200	Mt 1,7 (2)	... Ῥοβοὰμ δὲ ἐγέννησεν **τὸν Ἀβιά,** **Ἀβιὰ** δὲ ἐγέννησεν τὸν Ἀσάφ					
002					Lk 1,5	ἐγένετο ἐν ταῖς ἡμέραις Ἡρῴδου βασιλέως τῆς Ἰουδαίας ἱερεύς τις ὀνόματι Ζαχαρίας **ἐξ ἐφημερίας Ἀβιά,** καὶ γυνὴ αὐτῷ ἐκ τῶν θυγατέρων Ἀαρὼν καὶ τὸ ὄνομα αὐτῆς Ἐλισάβετ.	

Ἀβιαθάρ	Syn 1	Mt	Mk 1	Lk	Acts	Jn	1-3John	Paul	Eph	Col
	NT 1	2Thess	1/2Tim	Tit	Heb	Jas	1Pet	2Pet	Jude	Rev

Abiathar

121	Mt 12,4	πῶς εἰσῆλθεν εἰς τὸν οἶκον τοῦ θεοῦ καὶ τοὺς ἄρτους τῆς προθέσεως ἔφαγον, ...	Mk 2,26	πῶς εἰσῆλθεν εἰς τὸν οἶκον τοῦ θεοῦ **ἐπὶ Ἀβιαθὰρ ἀρχιερέως** καὶ τοὺς ἄρτους τῆς προθέσεως ἔφαγεν, ...	Lk 6,4	[ὡς] εἰσῆλθεν εἰς τὸν οἶκον τοῦ θεοῦ καὶ τοὺς ἄρτους τῆς προθέσεως λαβὼν ἔφαγεν ...	

Ἀβιληνή	Syn 1	Mt	Mk	Lk 1	Acts	Jn	1-3John	Paul	Eph	Col
	NT 1	2Thess	1/2Tim	Tit	Heb	Jas	1Pet	2Pet	Jude	Rev

Abilene

002					Lk 3,1	... καὶ Λυσανίου **τῆς Ἀβιληνῆς τετρααρχοῦντος**	

Ἀβιούδ	Syn 2	Mt 2	Mk	Lk	Acts	Jn	1-3John	Paul	Eph	Col
	NT 2	2Thess	1/2Tim	Tit	Heb	Jas	1Pet	2Pet	Jude	Rev

Abiud

200 200	Mt 1,13 (2)	[12] ... Σαλαθιὴλ δὲ ἐγέννησεν τὸν Ζοροβαβέλ, [13] Ζοροβαβὲλ δὲ ἐγέννησεν **τὸν Ἀβιούδ,** **Ἀβιοὺδ** δὲ ἐγέννησεν τὸν Ἐλιακίμ, ...			Lk 3,27	τοῦ Ἰωανὰν **τοῦ Ῥησὰ** τοῦ Ζοροβαβὲλ τοῦ Σαλαθιὴλ ...	

ʼΑβραάμ	Syn 23	Mt 7	Mk 1	Lk 15	Acts 7	Jn 11	1-3John	Paul	Eph	Col
	NT 73	2Thess	1/2Tim	Tit	Heb 10	Jas 2	1Pet 1	2Pet	Jude	Rev

Abraham

	triple tradition																	double tradition			Sondergut		
		+Mt / +Lk			–Mt / –Lk			traditions not taken over by Mt / Lk							subtotals								
code	222	211	112	212	221	122	121	022	012	021	220	120	210	020	Σ⁺	Σ⁻	Σ	202	201	102	200	002	total
Mt	1																1	3			3		7
Mk	1																1						1
Lk	1																1	3				11	15

[a] πάτερ ʼΑβραάμ

[b] ὁ θεὸς ʼΑβραὰμ

200	**Mt 1,1**	βίβλος γενέσεως Ἰησοῦ Χριστοῦ υἱοῦ Δαυὶδ **υἱοῦ ʼΑβραάμ.**			
200	**Mt 1,2**	**ʼΑβραὰμ** ἐγέννησεν τὸν Ἰσαάκ, ...	**Lk 3,34**	... τοῦ Ἰσαὰκ **τοῦ ʼΑβραὰμ** τοῦ Θάρα τοῦ Ναχὼρ	
200	**Mt 1,17**	πᾶσαι οὖν αἱ γενεαὶ **ἀπὸ ʼΑβραὰμ** ἕως Δαυὶδ γενεαὶ δεκατέσσαρες, ...			
002			**Lk 1,55**	καθὼς ἐλάλησεν πρὸς τοὺς πατέρας ἡμῶν, **τῷ ʼΑβραὰμ** καὶ τῷ σπέρματι αὐτοῦ ...	
002			**Lk 1,73**	ὅρκον ὃν ὤμοσεν **πρὸς ʼΑβραὰμ τὸν πατέρα ἡμῶν, ...**	
202 202	**Mt 3,9** (2)	καὶ μὴ δόξητε λέγειν ἐν ἑαυτοῖς· πατέρα ἔχομεν **τὸν ʼΑβραάμ.** λέγω γὰρ ὑμῖν ὅτι δύναται ὁ θεὸς ἐκ τῶν λίθων τούτων ἐγεῖραι τέκνα **τῷ ʼΑβραάμ.**	**Lk 3,8** (2)	... καὶ μὴ ἄρξησθε λέγειν ἐν ἑαυτοῖς· πατέρα ἔχομεν **τὸν ʼΑβραάμ.** λέγω γὰρ ὑμῖν ὅτι δύναται ὁ θεὸς ἐκ τῶν λίθων τούτων ἐγεῖραι τέκνα **τῷ ʼΑβραάμ.**	
002	**Mt 1,2**	**ʼΑβραὰμ** ἐγέννησεν τὸν Ἰσαάκ, ...	**Lk 3,34**	... τοῦ Ἰσαὰκ **τοῦ ʼΑβραὰμ** τοῦ Θάρα τοῦ Ναχὼρ	
002			**Lk 13,16** → Lk 4,18 ↓ **Lk 19,9**	ταύτην δὲ **θυγατέρα ʼΑβραὰμ** οὖσαν, ἣν ἔδησεν ὁ σατανᾶς ἰδοὺ δέκα καὶ ὀκτὼ ἔτη, οὐκ ἔδει λυθῆναι ἀπὸ τοῦ δεσμοῦ τούτου τῇ ἡμέρᾳ τοῦ σαββάτου;	→ Acts 10,38

202	Mt 8,11	... πολλοὶ ἀπὸ ἀνατολῶν καὶ δυσμῶν ἥξουσιν καὶ ἀνακλιθήσονται **μετὰ ᾿Αβραὰμ** καὶ Ἰσαὰκ καὶ Ἰακὼβ ἐν τῇ βασιλείᾳ τῶν οὐρανῶν, [12] οἱ δὲ υἱοὶ τῆς βασιλείας ἐκβληθήσονται εἰς τὸ σκότος τὸ ἐξώτερον· ἐκεῖ ἔσται ὁ κλαυθμὸς καὶ ὁ βρυγμὸς τῶν ὀδόντων.			Lk 13,28	ἐκεῖ ἔσται ὁ κλαυθμὸς καὶ ὁ βρυγμὸς τῶν ὀδόντων, ὅταν ὄψεσθε **᾿Αβραὰμ** καὶ Ἰσαὰκ καὶ Ἰακὼβ καὶ πάντας τοὺς προφήτας ἐν τῇ βασιλείᾳ τοῦ θεοῦ, ὑμᾶς δὲ ἐκβαλλομένους ἔξω. [29] καὶ ἥξουσιν ἀπὸ ἀνατολῶν καὶ δυσμῶν καὶ ἀπὸ βορρᾶ καὶ νότου καὶ ἀνακλιθήσονται ἐν τῇ βασιλείᾳ τοῦ θεοῦ.	
002					Lk 16,22	ἐγένετο δὲ ἀποθανεῖν τὸν πτωχὸν καὶ ἀπενεχθῆναι αὐτὸν ὑπὸ τῶν ἀγγέλων **εἰς τὸν κόλπον ᾿Αβραάμ·** ἀπέθανεν δὲ καὶ ὁ πλούσιος καὶ ἐτάφη.	
002					Lk 16,23	... ὁρᾷ **᾿Αβραὰμ** ἀπὸ μακρόθεν ...	
a 002					Lk 16,24	καὶ αὐτὸς φωνήσας εἶπεν· **πάτερ ᾿Αβραάμ,** ἐλέησόν με ...	
002					Lk 16,25	εἶπεν δὲ **᾿Αβραάμ·** τέκνον, μνήσθητι ὅτι ἀπέλαβες τὰ ἀγαθά σου ἐν τῇ ζωῇ σου, ...	
002					Lk 16,29	λέγει δὲ **᾿Αβραάμ·** ἔχουσι Μωϋσέα καὶ τοὺς προφήτας· ...	
a 002					Lk 16,30	... οὐχί, **πάτερ ᾿Αβραάμ,** ἀλλ᾿ ἐάν τις ἀπὸ νεκρῶν πορευθῇ πρὸς αὐτοὺς μετανοήσουσιν.	
002					Lk 19,9 ↑ Lk 13,16	... σήμερον σωτηρία τῷ οἴκῳ τούτῳ ἐγένετο, καθότι καὶ αὐτὸς **υἱὸς ᾿Αβραάμ** ἐστιν·	
b 222	Mt 22,32	*ἐγώ εἰμι* ***ὁ θεὸς ᾿Αβραὰμ*** *καὶ ὁ θεὸς Ἰσαὰκ καὶ ὁ θεὸς Ἰακώβ;* ... ➤ Exod 3,6	Mk 12,26	... *ἐγὼ* ***ὁ θεὸς ᾿Αβραὰμ*** *καὶ [ὁ] θεὸς Ἰσαὰκ καὶ [ὁ] θεὸς Ἰακώβ;* ➤ Exod 3,6	Lk 20,37	... *κύριον* ***τὸν θεὸν ᾿Αβραὰμ*** *καὶ θεὸν Ἰσαὰκ καὶ θεὸν Ἰακώβ·* ➤ Exod 3,6	

b **Acts 3,13** ***ὁ θεὸς ᾿Αβραὰμ*** *καὶ [ὁ θεὸς] Ἰσαὰκ καὶ [ὁ θεὸς] Ἰακώβ, ὁ θεὸς τῶν πατέρων ἡμῶν,* ἐδόξασεν τὸν παῖδα αὐτοῦ Ἰησοῦν ... ➤ Exod 3,6

Acts 3,25 ὑμεῖς ἐστε οἱ υἱοὶ τῶν προφητῶν καὶ τῆς διαθήκης ἧς διέθετο ὁ θεὸς πρὸς τοὺς πατέρας ὑμῶν λέγων πρὸς **᾿Αβραάμ·** *καὶ ἐν τῷ σπέρματί σου [ἐν]ευλογηθήσονται πᾶσαι αἱ πατριαὶ τῆς γῆς.* ➤ Gen 22,18

Acts 7,2 ... ὁ θεὸς τῆς δόξης ὤφθη **τῷ πατρὶ ἡμῶν ᾿Αβραὰμ** ὄντι ἐν τῇ Μεσοποταμίᾳ ...

Acts 7,16 καὶ μετετέθησαν εἰς Συχὲμ καὶ ἐτέθησαν ἐν τῷ μνήματι ᾧ ὠνήσατο **᾿Αβραὰμ** τιμῆς ἀργυρίου παρὰ τῶν υἱῶν Ἑμμὼρ ἐν Συχέμ.

Acts 7,17	καθὼς δὲ ἤγγιζεν ὁ χρόνος τῆς ἐπαγγελίας ἧς ὡμολόγησεν ὁ θεὸς **τῷ Ἀβραάμ,** ηὔξησεν ὁ λαὸς καὶ ἐπληθύνθη ἐν Αἰγύπτῳ	*b* **Acts 7,32**	*ἐγὼ ὁ θεὸς τῶν πατέρων σου,* ***ὁ θεὸς Ἀβραὰμ*** *καὶ Ἰσαὰκ καὶ Ἰακώβ. ...* ➢ Exod 3,6	**Acts 13,26**	ἄνδρες ἀδελφοί, **υἱοὶ γένους Ἀβραὰμ** καὶ οἱ ἐν ὑμῖν φοβούμενοι τὸν θεόν, ...

ἄβυσσος	Syn 1	Mt	Mk	Lk 1	Acts	Jn	1-3John	Paul 1	Eph	Col
	NT 9	2Thess	1/2Tim	Tit	Heb	Jas	1Pet	2Pet	Jude	Rev 7

abyss

012			**Mk 5,10**	καὶ παρεκάλει αὐτὸν πολλὰ ἵνα μὴ αὐτὰ ἀποστείλῃ **ἔξω τῆς χώρας.**	**Lk 8,31**	καὶ παρεκάλουν αὐτὸν ἵνα μὴ ἐπιτάξῃ αὐτοῖς **εἰς τὴν ἄβυσσον** ἀπελθεῖν.	

ἀγαθοποιέω	Syn 4	Mt	Mk	Lk 4	Acts	Jn	1-3John 1	Paul	Eph	Col
	NT 9	2Thess	1/2Tim	Tit	Heb	Jas	1Pet 4	2Pet	Jude	Rev

do good; help; live uprightly; do what is right or good

112	**Mt 12,12**	... ὥστε ἔξεστιν τοῖς σάββασιν **καλῶς ποιεῖν.**	**Mk 3,4**	... ἔξεστιν τοῖς σάββασιν **ἀγαθὸν ποιῆσαι** ἢ κακοποιῆσαι, ψυχὴν σῶσαι ἢ ἀποκτεῖναι; ...	**Lk 6,9** → Lk 13,14 → Lk 14,3	... ἐπερωτῶ ὑμᾶς εἰ ἔξεστιν τῷ σαββάτῳ **ἀγαθοποιῆσαι** ἢ κακοποιῆσαι, ψυχὴν σῶσαι ἢ ἀπολέσαι;	
102 102	**Mt 5,46**	ἐὰν γὰρ ἀγαπήσητε τοὺς ἀγαπῶντας ὑμᾶς, τίνα μισθὸν ἔχετε; οὐχὶ καὶ οἱ τελῶναι τὸ αὐτὸ ποιοῦσιν;			**Lk 6,33** **(2)**	[32] καὶ εἰ ἀγαπᾶτε τοὺς ἀγαπῶντας ὑμᾶς, ποία ὑμῖν χάρις ἐστίν; καὶ γὰρ οἱ ἁμαρτωλοὶ τοὺς ἀγαπῶντας αὐτοὺς ἀγαπῶσιν. [33] καὶ [γὰρ] ἐὰν **ἀγαθοποιῆτε** **τοὺς** **ἀγαθοποιοῦντας** ὑμᾶς, ποία ὑμῖν χάρις ἐστίν; καὶ οἱ ἁμαρτωλοὶ τὸ αὐτὸ ποιοῦσιν.	
002	**Mt 5,44**	ἐγὼ δὲ λέγω ὑμῖν· ἀγαπᾶτε τοὺς ἐχθροὺς ὑμῶν καὶ προσεύχεσθε ὑπὲρ τῶν διωκόντων ὑμᾶς			**Lk 6,35** ⇨ Lk 6,27-28	πλὴν ἀγαπᾶτε τοὺς ἐχθροὺς ὑμῶν καὶ **ἀγαθοποιεῖτε** καὶ δανίζετε μηδὲν ἀπελπίζοντες· ...	→ GTh 95

ἀγαθός	Syn 36	Mt 16	Mk 4	Lk 16	Acts 3	Jn 3	1-3John 1	Paul 30	Eph 4	Col 1
	NT 102	2Thess 2	1/2Tim 6	Tit 4	Heb 3	Jas 2	1Pet 7	2Pet	Jude	Rev

good; useful; fitting; beneficial; upright; just; kind; generous; clear (of conscience); perfect; inherently good

	triple tradition																	double tradition			Sondergut		
		+Mt / +Lk			–Mt / –Lk			traditions not taken over by Mt / Lk							subtotals								
code	222	211	112	212	221	122	121	022	012	021	220	120	210	020	Σ^+	Σ^-	Σ	202	201	102	200	002	total
Mt	3						1^-									1^-	3	5	4		4		**16**
Mk	3						1										4						**4**
Lk	3		3^+				1^-								3^+	1^-	6	5				5	**16**

002					**Lk 1,53**	πεινῶντας ἐνέπλησεν **ἀγαθῶν** καὶ πλουτοῦντας ἐξαπέστειλεν κενούς.	
121	**Mt 12,12**	... ὥστε ἔξεστιν τοῖς σάββασιν **καλῶς ποιεῖν.**	**Mk 3,4**	... ἔξεστιν τοῖς σάββασιν **ἀγαθὸν ποιῆσαι** ἢ κακοποιῆσαι, ψυχὴν σῶσαι ἢ ἀποκτεῖναι; ...	**Lk 6,9** → Lk 13,14 → Lk 14,3	... ἐπερωτῶ ὑμᾶς εἰ ἔξεστιν τῷ σαββάτῳ **ἀγαθοποιῆσαι** ἢ κακοποιῆσαι, ψυχὴν σῶσαι ἢ ἀπολέσαι;	
201	**Mt 5,45**	... ὅτι τὸν ἥλιον αὐτοῦ ἀνατέλλει ἐπὶ πονηροὺς καὶ **ἀγαθοὺς** καὶ βρέχει ἐπὶ δικαίους καὶ ἀδίκους.			**Lk 6,35**	... ὅτι αὐτὸς χρηστός ἐστιν ἐπὶ τοὺς ἀχαρίστους καὶ πονηρούς.	
202	**Mt 7,11** **(2)**	εἰ οὖν ὑμεῖς πονηροὶ ὄντες οἴδατε **δόματα ἀγαθὰ** διδόναι τοῖς τέκνοις ὑμῶν,			**Lk 11,13**	εἰ οὖν ὑμεῖς πονηροὶ ὑπάρχοντες οἴδατε **δόματα ἀγαθὰ** διδόναι τοῖς τέκνοις ὑμῶν,	
201		πόσῳ μᾶλλον ὁ πατὴρ ὑμῶν ὁ ἐν τοῖς οὐρανοῖς δώσει **ἀγαθὰ** τοῖς αἰτοῦσιν αὐτόν.				πόσῳ μᾶλλον ὁ πατὴρ [ὁ] ἐξ οὐρανοῦ δώσει **πνεῦμα ἅγιον** τοῖς αἰτοῦσιν αὐτόν.	
200	**Mt 7,17** ⇨ Mt 12,33	οὕτως πᾶν **δένδρον ἀγαθὸν** καρποὺς καλοὺς ποιεῖ, τὸ δὲ σαπρὸν δένδρον καρποὺς πονηροὺς ποιεῖ.					
201	**Mt 7,18**	οὐ δύναται **δένδρον ἀγαθὸν** καρποὺς πονηροὺς ποιεῖν οὐδὲ δένδρον σαπρὸν καρποὺς καλοὺς ποιεῖν.			**Lk 6,43**	οὐ γάρ ἐστιν **δένδρον καλὸν** ποιοῦν καρπὸν σαπρόν, οὐδὲ πάλιν δένδρον σαπρὸν ποιοῦν καρπὸν καλόν.	
200	**Mt 12,34** → Mt 3,7 → Lk 3,7 → Mt 23,33	γεννήματα ἐχιδνῶν, πῶς δύνασθε **ἀγαθὰ** λαλεῖν πονηροὶ ὄντες; ...					

202 202 202 202	Mt 12,35 (3) → Mt 13,52	**ὁ ἀγαθὸς ἄνθρωπος** **ἐκ τοῦ ἀγαθοῦ** **θησαυροῦ** ἐκβάλλει **ἀγαθά,** καὶ ὁ πονηρὸς ἄνθρωπος ἐκ τοῦ πονηροῦ θησαυροῦ ἐκβάλλει πονηρά.			Lk 6,45 (3)	**ὁ ἀγαθὸς ἄνθρωπος** **ἐκ τοῦ ἀγαθοῦ** **θησαυροῦ** **τῆς καρδίας** προφέρει **τὸ ἀγαθόν,** καὶ ὁ πονηρὸς ἐκ τοῦ πονηροῦ προφέρει τὸ πονηρόν· ...	→ GTh 45,2-3
112	Mt 13,8	ἄλλα δὲ ἔπεσεν **ἐπὶ τὴν γῆν** **τὴν καλὴν** καὶ ἐδίδου καρπόν, ...	Mk 4,8	καὶ ἄλλα ἔπεσεν **εἰς τὴν γῆν** **τὴν καλὴν** καὶ ἐδίδου καρπὸν ...	Lk 8,8	καὶ ἕτερον ἔπεσεν **εἰς τὴν γῆν** **τὴν ἀγαθὴν** καὶ φυὲν ἐποίησεν καρπὸν ...	→ GTh 9
112	Mt 13,23	ὁ δὲ ἐπὶ τὴν καλὴν γῆν σπαρείς, οὗτός ἐστιν ὁ τὸν λόγον ἀκούων καὶ συνιείς, ὃς δὴ καρποφορεῖ καὶ ποιεῖ ὃ μὲν ἑκατόν, ὃ δὲ ἑξήκοντα, ὃ δὲ τριάκοντα.	Mk 4,20	καὶ ἐκεῖνοί εἰσιν οἱ ἐπὶ τὴν γῆν τὴν καλὴν σπαρέντες, οἵτινες ἀκούουσιν τὸν λόγον καὶ παραδέχονται καὶ καρποφοροῦσιν ἓν τριάκοντα καὶ ἓν ἑξήκοντα καὶ ἓν ἑκατόν.	Lk 8,15	τὸ δὲ ἐν τῇ καλῇ γῇ, οὗτοί εἰσιν οἵτινες **ἐν καρδίᾳ καλῇ** **καὶ ἀγαθῇ** ἀκούσαντες τὸν λόγον κατέχουσιν καὶ καρποφοροῦσιν ἐν ὑπομονῇ.	
002					Lk 10,42	ἑνὸς δέ ἐστιν χρεία· Μαριὰμ γὰρ **τὴν ἀγαθὴν μερίδα** ἐξελέξατο ἥτις οὐκ ἀφαιρεθήσεται αὐτῆς.	
202	Mt 7,11 (2)	εἰ οὖν ὑμεῖς πονηροὶ ὄντες οἴδατε **δόματα ἀγαθὰ** διδόναι τοῖς τέκνοις ὑμῶν, ...			Lk 11,13	εἰ οὖν ὑμεῖς πονηροὶ ὑπάρχοντες οἴδατε **δόματα ἀγαθὰ** διδόναι τοῖς τέκνοις ὑμῶν, ...	
002					Lk 12,18	... καὶ συνάξω ἐκεῖ πάντα τὸν σῖτον καὶ **τὰ ἀγαθά μου,**	→ GTh 63
002					Lk 12,19	καὶ ἐρῶ τῇ ψυχῇ μου· ψυχή, ἔχεις **πολλὰ ἀγαθὰ** κείμενα εἰς ἔτη πολλά· ἀναπαύου, φάγε, πίε, εὐφραίνου.	→ GTh 63
002					Lk 16,25	... τέκνον, μνήσθητι ὅτι ἀπέλαβες **τὰ ἀγαθά σου** ἐν τῇ ζωῇ σου, καὶ Λάζαρος ὁμοίως τὰ κακά· ...	
222	Mt 19,16 → Mt 22,35-36	**... διδάσκαλε,** **τί ἀγαθὸν** ποιήσω ἵνα σχῶ ζωὴν αἰώνιον;	Mk 10,17 → Mk 12,28	**... διδάσκαλε** **ἀγαθέ,** τί ποιήσω ἵνα ζωὴν αἰώνιον κληρονομήσω;	Lk 18,18 ⇨ Lk 10,25	**... διδάσκαλε** **ἀγαθέ,** τί ποιήσας ζωὴν αἰώνιον κληρονομήσω;	
222 222	Mt 19,17 (2)	ὁ δὲ εἶπεν αὐτῷ· τί με ἐρωτᾷς **περὶ τοῦ ἀγαθοῦ;** εἷς ἐστιν **ὁ ἀγαθός· ...**	Mk 10,18 (2)	ὁ δὲ Ἰησοῦς εἶπεν αὐτῷ· τί με λέγεις **ἀγαθόν;** οὐδεὶς **ἀγαθὸς** εἰ μὴ εἷς ὁ θεός.	Lk 18,19 (2)	εἶπεν δὲ αὐτῷ ὁ Ἰησοῦς· τί με λέγεις **ἀγαθόν;** οὐδεὶς **ἀγαθὸς** εἰ μὴ εἷς ὁ θεός.	

200	**Mt 20,15** ... ἢ ὁ ὀφθαλμός σου πονηρός ἐστιν ὅτι ἐγὼ **ἀγαθός** εἰμι;			
200	**Mt 22,10** → Lk 14,23 καὶ ἐξελθόντες οἱ δοῦλοι ἐκεῖνοι εἰς τὰς ὁδοὺς συνήγαγον πάντας οὓς εὗρον, πονηρούς τε καὶ **ἀγαθούς·** καὶ ἐπλήσθη ὁ γάμος ἀνακειμένων.			→ GTh 64
202	**Mt 25,21** → Mt 24,47 ἔφη αὐτῷ ὁ κύριος αὐτοῦ· εὖ, **δοῦλε ἀγαθὲ καὶ πιστέ,** ἐπὶ ὀλίγα ἦς πιστός, ἐπὶ πολλῶν σε καταστήσω· ...		**Lk 19,17** → Lk 16,10 καὶ εἶπεν αὐτῷ· εὖγε, **ἀγαθὲ δοῦλε,** ὅτι ἐν ἐλαχίστῳ πιστὸς ἐγένου, ἴσθι ἐξουσίαν ἔχων ἐπάνω δέκα πόλεων.	
201	**Mt 25,23** → Mt 24,47 ἔφη αὐτῷ ὁ κύριος αὐτοῦ· εὖ, **δοῦλε ἀγαθὲ καὶ πιστέ,** ἐπὶ ὀλίγα ἦς πιστός, ἐπὶ πολλῶν σε καταστήσω· ...		**Lk 19,19** εἶπεν δὲ καὶ τούτῳ· καὶ **σὺ** ἐπάνω γίνου πέντε πόλεων.	
112	**Mt 27,57** ... ἦλθεν ἄνθρωπος πλούσιος ἀπὸ Ἁριμαθαίας, τοὔνομα Ἰωσήφ, ὃς καὶ αὐτὸς ἐμαθητεύθη τῷ Ἰησοῦ·	**Mk 15,43** ἐλθὼν Ἰωσὴφ [ὁ] ἀπὸ Ἁριμαθαίας εὐσχήμων βουλευτής, ὃς καὶ αὐτὸς ἦν προσδεχόμενος τὴν βασιλείαν τοῦ θεοῦ, ...	**Lk 23,50** καὶ ἰδοὺ ἀνὴρ ὀνόματι Ἰωσὴφ βουλευτὴς ὑπάρχων [καὶ] **ἀνὴρ ἀγαθὸς καὶ δίκαιος** [51] ... ἀπὸ Ἁριμαθαίας πόλεως τῶν Ἰουδαίων, ὃς προσεδέχετο τὴν βασιλείαν τοῦ θεοῦ	→ Jn 19,38

Acts 9,36 ... αὕτη ἦν πλήρης **ἔργων ἀγαθῶν** καὶ ἐλεημοσυνῶν ὧν ἐποίει.

Acts 11,24 ὅτι ἦν **ἀνὴρ ἀγαθὸς** καὶ πλήρης πνεύματος ἁγίου καὶ πίστεως. ...

Acts 23,1 ... ἄνδρες ἀδελφοί, ἐγὼ **πάσῃ συνειδήσει ἀγαθῇ** πεπολίτευμαι τῷ θεῷ ἄχρι ταύτης τῆς ἡμέρας.

ἀγαλλίασις	Syn 2	Mt	Mk	Lk 2	Acts 1	Jn	1-3John	Paul	Eph	Col
	NT 5	2Thess	1/2Tim	Tit	Heb 1	Jas	1Pet	2Pet	Jude 1	Rev

extreme joy or gladness

002			**Lk 1,14** καὶ ἔσται χαρά σοι καὶ **ἀγαλλίασις** καὶ πολλοὶ ἐπὶ τῇ γενέσει αὐτοῦ χαρήσονται.
002			**Lk 1,44** ἰδοὺ γὰρ ὡς ἐγένετο ἡ φωνὴ τοῦ ἀσπασμοῦ σου εἰς τὰ ὦτά μου, ἐσκίρτησεν **ἐν ἀγαλλιάσει** τὸ βρέφος ἐν τῇ κοιλίᾳ μου.

Acts 2,46 ... κλῶντές τε κατ᾽ οἶκον ἄρτον, μετελάμβανον τροφῆς **ἐν ἀγαλλιάσει** καὶ ἀφελότητι καρδίας

ἀγαλλιάω	Syn	Mt	Mk	Lk	Acts	Jn	1-3John	Paul	Eph	Col
	3	1		2	2	2				
	NT	2Thess	1/2Tim	Tit	Heb	Jas	1Pet	2Pet	Jude	Rev
	11						3			1

rejoice

002					**Lk 1,47**	[46] ... μεγαλύνει ἡ ψυχή μου τὸν κύριον, [47] καὶ **ἠγαλλίασεν** τὸ πνεῦμά μου ἐπὶ τῷ θεῷ τῷ σωτῆρί μου	
201	**Mt 5,12**	χαίρετε καὶ **ἀγαλλιᾶσθε,** ὅτι ὁ μισθὸς ὑμῶν πολὺς ἐν τοῖς οὐρανοῖς· ...			**Lk 6,23**	χάρητε ἐν ἐκείνῃ τῇ ἡμέρᾳ καὶ **σκιρτήσατε,** ἰδοὺ γὰρ ὁ μισθὸς ὑμῶν πολὺς ἐν τῷ οὐρανῷ· ...	→ GTh 69,1 → GTh 68
102	**Mt 11,25**	ἐν ἐκείνῳ τῷ καιρῷ **ἀποκριθεὶς** ὁ Ἰησοῦς εἶπεν· ἐξομολογοῦμαί σοι, πάτερ, ...			**Lk 10,21**	ἐν αὐτῇ τῇ ὥρᾳ **ἠγαλλιάσατο** [ἐν] τῷ πνεύματι τῷ ἁγίῳ καὶ εἶπεν· ἐξομολογοῦμαί σοι, πάτερ, ...	

Acts 2,26 *διὰ τοῦτο ηὐφράνθη*
ἡ καρδία μου καὶ
ἠγαλλιάσατο
ἡ γλῶσσά μου, ἔτι δὲ καὶ
ἡ σάρξ μου
κατασκηνώσει ἐπ᾽ ἐλπίδι
➤ Ps 15,9 LXX

Acts 16,34 ... καὶ
ἠγαλλιάσατο
πανοικεὶ πεπιστευκὼς
τῷ θεῷ.

ἀγανακτέω	Syn	Mt	Mk	Lk	Acts	Jn	1-3John	Paul	Eph	Col
	7	3	3	1						
	NT	2Thess	1/2Tim	Tit	Heb	Jas	1Pet	2Pet	Jude	Rev
	7									

be indignant or angry

002					**Lk 13,14**	ἀποκριθεὶς δὲ ὁ ἀρχισυνάγωγος, **ἀγανακτῶν** ὅτι τῷ σαββάτῳ ἐθεράπευσεν ὁ Ἰησοῦς, ...	
121	**Mt 19,14**	ὁ δὲ Ἰησοῦς εἶπεν· ἄφετε τὰ παιδία καὶ μὴ κωλύετε αὐτὰ ἐλθεῖν πρός με, ...	**Mk 10,14**	ἰδὼν δὲ ὁ Ἰησοῦς **ἠγανάκτησεν** καὶ εἶπεν αὐτοῖς· ἄφετε τὰ παιδία ἔρχεσθαι πρός με, μὴ κωλύετε αὐτά, ...	**Lk 18,16**	ὁ δὲ Ἰησοῦς προσεκαλέσατο αὐτὰ λέγων· ἄφετε τὰ παιδία ἔρχεσθαι πρός με καὶ μὴ κωλύετε αὐτά, ...	→ GTh 22
220	**Mt 20,24**	καὶ ἀκούσαντες οἱ δέκα **ἠγανάκτησαν** περὶ τῶν δύο ἀδελφῶν.	**Mk 10,41**	καὶ ἀκούσαντες οἱ δέκα **ἤρξαντο ἀγανακτεῖν** περὶ Ἰακώβου καὶ Ἰωάννου.			
200	**Mt 21,15** → Lk 19,39-40	ἰδόντες δὲ οἱ ἀρχιερεῖς καὶ οἱ γραμματεῖς τὰ θαυμάσια ἃ ἐποίησεν καὶ τοὺς παῖδας τοὺς κράζοντας ἐν τῷ ἱερῷ καὶ λέγοντας· ὡσαννὰ τῷ υἱῷ Δαυίδ, **ἠγανάκτησαν**					

220	Mt 26,8	ἰδόντες δὲ οἱ μαθηταὶ **ἠγανάκτησαν** λέγοντες· εἰς τί ἡ ἀπώλεια αὕτη;	Mk 14,4	ἦσαν δέ τινες **ἀγανακτοῦντες** πρὸς ἑαυτούς· εἰς τί ἡ ἀπώλεια αὕτη τοῦ μύρου γέγονεν;			→ Jn 12,4

ἀγαπάω

Syn	Mt	Mk	Lk	Acts	Jn	1-3John	Paul	Eph	Col
26	8	5	13		37	31	18	10	2
NT	**2Thess**	**1/2Tim**	**Tit**	**Heb**	**Jas**	**1Pet**	**2Pet**	**Jude**	**Rev**
143	2	2		2	3	4	1	1	4

love

	triple tradition																	double tradition			Sondergut		
		+Mt / +Lk			–Mt / –Lk			traditions not taken over by Mt / Lk							subtotals								
code	222	211	112	212	221	122	121	022	012	021	220	120	210	020	Σ⁺	Σ⁻	Σ	202	201	102	200	002	total
Mt	1	1^+			1		1^-								1^+	1^-	3	4			1		**8**
Mk	1				1		1							2			5						**5**
Lk	1				1^-		1^-									2^-	1	4		3		5	**13**

200	Mt 5,43	ἠκούσατε ὅτι ἐρρέθη· ***ἀγαπήσεις*** *τὸν πλησίον σου* καὶ μισήσεις τὸν ἐχθρόν σου. ➤ Lev 19,18			
202	Mt 5,44	ἐγὼ δὲ λέγω ὑμῖν· **ἀγαπᾶτε** τοὺς ἐχθροὺς ὑμῶν ...	Lk 6,27 ⇩ Lk 6,35	ἀλλὰ ὑμῖν λέγω τοῖς ἀκούουσιν· **ἀγαπᾶτε** τοὺς ἐχθροὺς ὑμῶν, ...	
202 202 102 102	Mt 5,46 (2)	ἐὰν γὰρ **ἀγαπήσητε** **τοὺς ἀγαπῶντας ὑμᾶς,** τίνα μισθὸν ἔχετε; οὐχὶ καὶ οἱ τελῶναι **τὸ αὐτὸ** **ποιοῦσιν;**	Lk 6,32 (4) ⇨ Lk 6,33	καὶ εἰ **ἀγαπᾶτε** **τοὺς ἀγαπῶντας ὑμᾶς,** ποία ὑμῖν χάρις ἐστίν; καὶ γὰρ οἱ ἁμαρτωλοὶ **τοὺς ἀγαπῶντας αὐτοὺς** **ἀγαπῶσιν.**	
002	Mt 5,44	ἐγὼ δὲ λέγω ὑμῖν· **ἀγαπᾶτε** τοὺς ἐχθροὺς ὑμῶν καὶ προσεύχεσθε ὑπὲρ τῶν διωκόντων ὑμᾶς	Lk 6,35 ⇧ Lk 6,27	πλὴν **ἀγαπᾶτε** τοὺς ἐχθροὺς ὑμῶν καὶ ἀγαθοποιεῖτε καὶ δανίζετε μηδὲν ἀπελπίζοντες· ...	→ GTh 95
202	Mt 6,24	οὐδεὶς δύναται δυσὶ κυρίοις δουλεύειν· ἢ γὰρ τὸν ἕνα μισήσει καὶ τὸν ἕτερον **ἀγαπήσει,** ἢ ἑνὸς ἀνθέξεται καὶ τοῦ ἑτέρου καταφρονήσει. ...	Lk 16,13	οὐδεὶς οἰκέτης δύναται δυσὶ κυρίοις δουλεύειν· ἢ γὰρ τὸν ἕνα μισήσει καὶ τὸν ἕτερον **ἀγαπήσει,** ἢ ἑνὸς ἀνθέξεται καὶ τοῦ ἑτέρου καταφρονήσει. ...	→ GTh 47,1-2
002			Lk 7,5	**ἀγαπᾷ** γὰρ τὸ ἔθνος ἡμῶν καὶ τὴν συναγωγὴν αὐτὸς ᾠκοδόμησεν ἡμῖν.	→ Acts 10,2.22
002			Lk 7,42	μὴ ἐχόντων αὐτῶν ἀποδοῦναι ἀμφοτέροις ἐχαρίσατο. τίς οὖν αὐτῶν πλεῖον **ἀγαπήσει** αὐτόν;	

002 002					Lk 7,47 (2)	οὗ χάριν λέγω σοι, ἀφέωνται αἱ ἁμαρτίαι αὐτῆς αἱ πολλαί, ὅτι **ἠγάπησεν** πολύ· ᾧ δὲ ὀλίγον ἀφίεται, ὀλίγον **ἀγαπᾷ**.	
222	Mt 22,37	ὁ δὲ ἔφη αὐτῷ· *ἀγαπήσεις κύριον τὸν θεόν σου ἐν ὅλῃ τῇ καρδίᾳ σου καὶ ἐν ὅλῃ τῇ ψυχῇ σου καὶ ἐν ὅλῃ τῇ διανοίᾳ σου·* ➢ Deut 6,5; Josh 22,5 LXX	Mk 12,30	*καὶ ἀγαπήσεις κύριον τὸν θεόν σου ἐξ ὅλης τῆς καρδίας σου καὶ ἐξ ὅλης τῆς ψυχῆς σου καὶ ἐξ ὅλης τῆς διανοίας σου καὶ ἐξ ὅλης τῆς ἰσχύος σου.* ➢ Deut 6,5; Josh 22,5 LXX	Lk 10,27	ὁ δὲ ἀποκριθεὶς εἶπεν· *ἀγαπήσεις κύριον τὸν θεόν σου ἐξ ὅλης [τῆς] καρδίας σου καὶ ἐν ὅλῃ τῇ ψυχῇ σου καὶ ἐν ὅλῃ τῇ ἰσχύϊ σου καὶ ἐν ὅλῃ τῇ διανοίᾳ σου, ...* ➢ Deut 6,5; Josh 22,5 LXX	
102	Mt 23,6	**φιλοῦσιν** δὲ τὴν πρωτοκλισίαν ἐν τοῖς δείπνοις καὶ τὰς πρωτοκαθεδρίας ἐν ταῖς συναγωγαῖς [7] καὶ τοὺς ἀσπασμοὺς ἐν ταῖς ἀγοραῖς			Lk 11,43 ⇩ Lk 20,46	οὐαὶ ὑμῖν τοῖς Φαρισαίοις, ὅτι **ἀγαπᾶτε** τὴν πρωτοκαθεδρίαν ἐν ταῖς συναγωγαῖς καὶ τοὺς ἀσπασμοὺς ἐν ταῖς ἀγοραῖς.	Mk-Q overlap
			Mk 12,38	... βλέπετε ἀπὸ τῶν γραμματέων **τῶν θελόντων** ἐν στολαῖς περιπατεῖν καὶ ἀσπασμοὺς ἐν ταῖς ἀγοραῖς [39] καὶ πρωτοκαθεδρίας ἐν ταῖς συναγωγαῖς καὶ πρωτοκλισίας ἐν τοῖς δείπνοις	Lk 20,46 ⇧ Lk 11,43	προσέχετε ἀπὸ τῶν γραμματέων **τῶν θελόντων** περιπατεῖν ἐν στολαῖς καὶ φιλούντων ἀσπασμοὺς ἐν ταῖς ἀγοραῖς καὶ πρωτοκαθεδρίας ἐν ταῖς συναγωγαῖς καὶ πρωτοκλισίας ἐν τοῖς δείπνοις	
202	Mt 6,24	οὐδεὶς δύναται δυσὶ κυρίοις δουλεύειν· ἢ γὰρ τὸν ἕνα μισήσει καὶ τὸν ἕτερον **ἀγαπήσει**, ἢ ἑνὸς ἀνθέξεται καὶ τοῦ ἑτέρου καταφρονήσει. ...			Lk 16,13	οὐδεὶς οἰκέτης δύναται δυσὶ κυρίοις δουλεύειν· ἢ γὰρ τὸν ἕνα μισήσει καὶ τὸν ἕτερον **ἀγαπήσει**, ἢ ἑνὸς ἀνθέξεται καὶ τοῦ ἑτέρου καταφρονήσει. ...	→ GTh 47,1-2
211	Mt 19,19	*τίμα τὸν πατέρα καὶ τὴν μητέρα, καί ἀγαπήσεις τὸν πλησίον σου ὡς σεαυτόν.* ➢ Exod 20,12/Deut 5,16; Lev 19,18	Mk 10,19	... *τίμα τὸν πατέρα σου καὶ τὴν μητέρα.* ➢ Exod 20,12/Deut 5,16	Lk 18,20	... *τίμα τὸν πατέρα σου καὶ τὴν μητέρα.* ➢ Exod 20,12/Deut 5,16	→ GTh 25
121	Mt 19,21	ἔφη αὐτῷ ὁ Ἰησοῦς· εἰ θέλεις τέλειος εἶναι, ὕπαγε πώλησόν σου τὰ ὑπάρχοντα καὶ δὸς [τοῖς] πτωχοῖς, ...	Mk 10,21	ὁ δὲ Ἰησοῦς ἐμβλέψας αὐτῷ **ἠγάπησεν** αὐτὸν καὶ εἶπεν αὐτῷ· ἕν σε ὑστερεῖ· ὕπαγε, ὅσα ἔχεις πώλησον καὶ δὸς [τοῖς] πτωχοῖς, ...	Lk 18,22 → Lk 12,33	ἀκούσας δὲ ὁ Ἰησοῦς εἶπεν αὐτῷ· ἔτι ἕν σοι λείπει· πάντα ὅσα ἔχεις πώλησον καὶ διάδος πτωχοῖς, ...	→ Acts 2,45

222	**Mt 22,37**	ὁ δὲ ἔφη αὐτῷ· *ἀγαπήσεις* *κύριον τὸν θεόν σου* *ἐν ὅλῃ τῇ καρδίᾳ σου καὶ* *ἐν ὅλῃ τῇ ψυχῇ σου καὶ* *ἐν ὅλῃ τῇ διανοίᾳ σου·* ➤ Deut 6,5; Josh 22,5 LXX	**Mk 12,30**	*καὶ* *ἀγαπήσεις* *κύριον τὸν θεόν σου ἐξ* *ὅλης τῆς καρδίας σου καὶ* *ἐξ ὅλης τῆς ψυχῆς σου* *καὶ ἐξ ὅλης τῆς διανοίας* *σου καὶ ἐξ ὅλης τῆς* *ἰσχύος σου.* ➤ Deut 6,5; Josh 22,5 LXX	**Lk 10,27**	ὁ δὲ ἀποκριθεὶς εἶπεν· *ἀγαπήσεις* *κύριον τὸν θεόν σου* *ἐξ ὅλης [τῆς] καρδίας σου* *καὶ ἐν ὅλῃ τῇ ψυχῇ σου* *καὶ ἐν ὅλῃ τῇ ἰσχύϊ σου* *καὶ ἐν ὅλῃ τῇ διανοίᾳ* *σου,* ➤ Deut 6,5; Josh 22,5 LXX	
221	**Mt 22,39**	δευτέρα δὲ ὁμοία αὐτῇ· *ἀγαπήσεις* *τὸν πλησίον σου* *ὡς σεαυτόν.* ➤ Lev 19,18	**Mk 12,31**	δευτέρα αὕτη· *ἀγαπήσεις* *τὸν πλησίον σου* *ὡς σεαυτόν. ...* ➤ Lev 19,18		*καὶ* *τὸν πλησίον σου* *ὡς σεαυτόν.* ➤ Lev 19,18	→ GTh 25
020			**Mk 12,33** **(2)**	καὶ **τὸ ἀγαπᾶν** *αὐτὸν ἐξ ὅλης* *τῆς καρδίας καὶ* *ἐξ ὅλης τῆς συνέσεως* *καὶ ἐξ ὅλης τῆς ἰσχύος* ➤ Deut 6,5; Josh 22,5 LXX			
020				καὶ **τὸ ἀγαπᾶν** *τὸν πλησίον ὡς ἑαυτὸν* περισσότερόν ἐστιν πάντων τῶν ὁλοκαυτωμάτων καὶ θυσιῶν. ➤ Lev 19,18			

ἀγάπη	Syn	Mt	Mk	Lk	Acts	Jn	1-3John	Paul	Eph	Col
	2	1		1		7	21	47	10	5
	NT	2Thess	1/2Tim	Tit	Heb	Jas	1Pet	2Pet	Jude	Rev
	116	3	9	1	2		3	1	3	2

love; concern; interest

102	**Mt 23,23**	... καὶ ἀφήκατε τὰ βαρύτερα τοῦ νόμου, τὴν κρίσιν καὶ **τὸ ἔλεος καὶ τὴν** **πίστιν· ...**			**Lk 11,42**	... καὶ παρέρχεσθε τὴν κρίσιν καὶ **τὴν ἀγάπην** **τοῦ θεοῦ· ...**	
200	**Mt 24,12**	καὶ διὰ τὸ πληθυνθῆναι τὴν ἀνομίαν ψυγήσεται **ἡ ἀγάπη τῶν πολλῶν.**					

ἀγαπητός	Syn	Mt	Mk	Lk	Acts	Jn	1-3John	Paul	Eph	Col
	8	3	3	2	1		10	19	2	4
	NT	2Thess	1/2Tim	Tit	Heb	Jas	1Pet	2Pet	Jude	Rev
	61		2		1	3	2	6	3	

beloved, dear-(est); only

222	**Mt 3,17** ↓ Mt 17,5	καὶ ἰδοὺ φωνὴ ἐκ τῶν οὐρανῶν λέγουσα· οὗτός ἐστιν **ὁ υἱός μου** **ὁ ἀγαπητός,** ἐν ᾧ εὐδόκησα.	**Mk 1,11** ↓ Mk 9,7	καὶ φωνὴ ἐγένετο ἐκ τῶν οὐρανῶν· σὺ εἶ **ὁ υἱός μου** **ὁ ἀγαπητός,** ἐν σοὶ εὐδόκησα.	**Lk 3,22** ↓ Lk 9,35	... καὶ φωνὴν ἐξ οὐρανοῦ γενέσθαι· σὺ εἶ **ὁ υἱός μου** **ὁ ἀγαπητός,** ἐν σοὶ εὐδόκησα.	→ Jn 1,34 → Jn 12,28 Mk-Q overlap?

200	Mt 12,18	*ἰδοὺ ὁ παῖς μου ὃν ᾑρέτισα, ὁ ἀγαπητός μου εἰς ὃν εὐδόκησεν ἡ ψυχή μου· ...* ➤ Isa 42,1					
221	Mt 17,5 ↑ Mt 3,17	... οὗτός ἐστιν ὁ υἱός μου ὁ ἀγαπητός, ἐν ᾧ εὐδόκησα· ἀκούετε αὐτοῦ.	Mk 9,7 ↑ Mk 1,11	... οὗτός ἐστιν ὁ υἱός μου ὁ ἀγαπητός, ἀκούετε αὐτοῦ.	Lk 9,35 ↑ Lk 3,22	... οὗτός ἐστιν ὁ υἱός μου ὁ ἐκλελεγμένος, αὐτοῦ ἀκούετε.	→ Jn 12,28
122	Mt 21,37	ὕστερον δὲ ἀπέστειλεν πρὸς αὐτοὺς τὸν υἱὸν αὐτοῦ λέγων· ἐντραπήσονται τὸν υἱόν μου.	Mk 12,6	ἔτι ἕνα εἶχεν, υἱὸν ἀγαπητόν· ἀπέστειλεν αὐτὸν ἔσχατον πρὸς αὐτοὺς λέγων ὅτι ἐντραπήσονται τὸν υἱόν μου.	Lk 20,13	εἶπεν δὲ ὁ κύριος τοῦ ἀμπελῶνος· τί ποιήσω; πέμψω τὸν υἱόν μου τὸν ἀγαπητόν· ἴσως τοῦτον ἐντραπήσονται.	→ GTh 21 → GTh 65

Acts 15,25 ἔδοξεν ἡμῖν γενομένοις ὁμοθυμαδὸν ἐκλεξαμένοις ἄνδρας πέμψαι πρὸς ὑμᾶς σὺν τοῖς ἀγαπητοῖς ἡμῶν Βαρναβᾷ καὶ Παύλῳ

ἀγγαρεύω

	Syn	Mt	Mk	Lk	Acts	Jn	1-3John	Paul	Eph	Col
	3	2	1							
	NT	2Thess	1/2Tim	Tit	Heb	Jas	1Pet	2Pet	Jude	Rev
	3									

force, press into service

200	Mt 5,41	καὶ ὅστις σε ἀγγαρεύσει μίλιον ἕν, ὕπαγε μετ' αὐτοῦ δύο.					
221	Mt 27,32	ἐξερχόμενοι δὲ εὗρον ἄνθρωπον Κυρηναῖον ὀνόματι Σίμωνα, τοῦτον ἠγγάρευσαν ἵνα ἄρῃ τὸν σταυρὸν αὐτοῦ.	Mk 15,21	καὶ ἀγγαρεύουσιν παράγοντά τινα Σίμωνα Κυρηναῖον ἐρχόμενον ἀπ' ἀγροῦ, τὸν πατέρα Ἀλεξάνδρου καὶ Ῥούφου, ἵνα ἄρῃ τὸν σταυρὸν αὐτοῦ.	Lk 23,26	καὶ ὡς ἀπήγαγον αὐτόν, ἐπιλαβόμενοι Σίμωνά τινα Κυρηναῖον ἐρχόμενον ἀπ' ἀγροῦ ἐπέθηκαν αὐτῷ τὸν σταυρὸν φέρειν ὄπισθεν τοῦ Ἰησοῦ.	

ἀγγεῖον

	Syn	Mt	Mk	Lk	Acts	Jn	1-3John	Paul	Eph	Col
	1	1								
	NT	2Thess	1/2Tim	Tit	Heb	Jas	1Pet	2Pet	Jude	Rev
	1									

container, vessel

200	Mt 25,4	αἱ δὲ φρόνιμοι ἔλαβον ἔλαιον ἐν τοῖς ἀγγείοις μετὰ τῶν λαμπάδων ἑαυτῶν.					

ἄγγελος	Syn 51	Mt 20	Mk 6	Lk 25	Acts 21	Jn 3	1-3John	Paul 10	Eph	Col 1
	NT 175	2Thess 1	1/2Tim 2	Tit	Heb 13	Jas 1	1Pet 2	2Pet 2	Jude 1	Rev 67

angel; messenger; one who is sent

	triple tradition																	double tradition			Sondergut		
		+Mt / +Lk			−Mt / −Lk			traditions not taken over by Mt / Lk							subtotals								
code	*222*	*211*	*112*	*212*	*221*	*122*	*121*	*022*	*012*	*021*	*220*	*120*	*210*	*020*	Σ+	Σ−	Σ	*202*	*201*	*102*	*200*	*002*	total
Mt	1	1+			1						3				1+		6	2			12		**20**
Mk	1				1						3			1			6						**6**
Lk	1				1−											1−	1	2		3		19	**25**

a ἄγγελος κυρίου

a 002			**Lk 1,11** ὤφθη δὲ αὐτῷ **ἄγγελος κυρίου** ἑστὼς ἐκ δεξιῶν τοῦ θυσιαστηρίου τοῦ θυμιάματος.	
002			**Lk 1,13** εἶπεν δὲ πρὸς αὐτὸν **ὁ ἄγγελος·** μὴ φοβοῦ, Ζαχαρία, ...	
002			**Lk 1,18** καὶ εἶπεν Ζαχαρίας **πρὸς τὸν ἄγγελον·** κατὰ τί γνώσομαι τοῦτο; ...	
002			**Lk 1,19** καὶ ἀποκριθεὶς **ὁ ἄγγελος** εἶπεν αὐτῷ· ἐγώ εἰμι Γαβριὴλ ὁ παρεστηκὼς ἐνώπιον τοῦ θεοῦ καὶ ἀπεστάλην λαλῆσαι πρὸς σὲ καὶ εὐαγγελίσασθαί σοι ταῦτα·	
002			**Lk 1,26** ἐν δὲ τῷ μηνὶ τῷ ἕκτῳ ἀπεστάλη **ὁ ἄγγελος Γαβριὴλ** ἀπὸ τοῦ θεοῦ εἰς πόλιν τῆς Γαλιλαίας ᾗ ὄνομα Ναζαρὲθ	
002			**Lk 1,30** ↓Mt 1,20 καὶ εἶπεν **ὁ ἄγγελος** αὐτῇ· μὴ φοβοῦ, Μαριάμ, ...	
002			**Lk 1,34** εἶπεν δὲ Μαριὰμ **πρὸς τὸν ἄγγελον·** πῶς ἔσται τοῦτο, ἐπεὶ ἄνδρα οὐ γινώσκω;	
002			**Lk 1,35** →Mt 1,18 ↓Mt 1,20 καὶ ἀποκριθεὶς **ὁ ἄγγελος** εἶπεν αὐτῇ· πνεῦμα ἅγιον ἐπελεύσεται ἐπὶ σὲ ...	
002			**Lk 1,38** ... καὶ ἀπῆλθεν ἀπ' αὐτῆς **ὁ ἄγγελος.**	
a 200	**Mt 1,20** →Lk 1,27 ↑Lk 1,30 ταῦτα δὲ αὐτοῦ ἐνθυμηθέντος ἰδοὺ **ἄγγελος κυρίου** κατ' ὄναρ ἐφάνη αὐτῷ λέγων· Ἰωσὴφ υἱὸς Δαυίδ, μὴ φοβηθῇς ...			

a 200	Mt 1,24	ἐγερθεὶς δὲ ὁ Ἰωσὴφ ἀπὸ τοῦ ὕπνου ἐποίησεν ὡς προσέταξεν αὐτῷ ὁ ἄγγελος κυρίου καὶ παρέλαβεν τὴν γυναῖκα αὐτοῦ					
a 002					Lk 2,9	καὶ ἄγγελος κυρίου ἐπέστη αὐτοῖς καὶ δόξα κυρίου περιέλαμψεν αὐτούς, καὶ ἐφοβήθησαν φόβον μέγαν.	
002					Lk 2,10	καὶ εἶπεν αὐτοῖς ὁ ἄγγελος· μὴ φοβεῖσθε, ...	
002					Lk 2,13	καὶ ἐξαίφνης ἐγένετο σὺν τῷ ἀγγέλῳ πλῆθος στρατιᾶς οὐρανίου αἰνούντων τὸν θεὸν ...	
002					Lk 2,15	καὶ ἐγένετο ὡς ἀπῆλθον ἀπ᾽ αὐτῶν εἰς τὸν οὐρανὸν οἱ ἄγγελοι, οἱ ποιμένες ἐλάλουν πρὸς ἀλλήλους· ...	
002					Lk 2,21 → Lk 1,31	... καὶ ἐκλήθη τὸ ὄνομα αὐτοῦ Ἰησοῦς, τὸ κληθὲν ὑπὸ τοῦ ἀγγέλου πρὸ τοῦ συλλημφθῆναι αὐτὸν ἐν τῇ κοιλίᾳ.	
a 200	Mt 2,13	ἀναχωρησάντων δὲ αὐτῶν ἰδοὺ ἄγγελος κυρίου φαίνεται κατ᾽ ὄναρ τῷ Ἰωσὴφ λέγων· ...					
a 200	Mt 2,19	τελευτήσαντος δὲ τοῦ Ἡρῴδου ἰδοὺ ἄγγελος κυρίου φαίνεται κατ᾽ ὄναρ τῷ Ἰωσὴφ ἐν Αἰγύπτῳ					
020	Mt 11,10	οὗτός ἐστιν περὶ οὗ γέγραπται· *ἰδοὺ ἐγὼ ἀποστέλλω* *τὸν ἄγγελόν μου* *πρὸ προσώπου* σου, ... ➤ Exod 23,20/Mal 3,1	Mk 1,2 → Mt 3,3 → Lk 3,4	καθὼς γέγραπται ἐν τῷ Ἠσαΐᾳ τῷ προφήτῃ· *ἰδοὺ ἀποστέλλω* *τὸν ἄγγελόν μου* *πρὸ προσώπου* σου, ... ➤ Exod 23,20/Mal 3,1	Lk 7,27	οὗτός ἐστιν περὶ οὗ γέγραπται· *ἰδοὺ ἀποστέλλω* *τὸν ἄγγελόν μου* *πρὸ προσώπου* σου, ... ➤ Exod 23,20/Mal 3,1	Mk-Q overlap. Mt 11,10/ Lk 7,27 counted as Q tradition.
202	Mt 4,6	... γέγραπται γὰρ ὅτι *τοῖς ἀγγέλοις αὐτοῦ* *ἐντελεῖται περὶ σοῦ* *καὶ ἐπὶ χειρῶν ἀροῦσίν σε*, ... ➤ Ps 91,11-12			Lk 4,10	γέγραπται γὰρ ὅτι *τοῖς ἀγγέλοις αὐτοῦ* *ἐντελεῖται περὶ σοῦ* *τοῦ διαφυλάξαι σε* [11] καὶ ὅτι *ἐπὶ χειρῶν ἀροῦσίν σε*, ... ➤ Ps 91,11-12	
220	Mt 4,11	τότε ἀφίησιν αὐτὸν ὁ διάβολος, καὶ ἰδοὺ ἄγγελοι προσῆλθον καὶ διηκόνουν αὐτῷ.	Mk 1,13	... πειραζόμενος ὑπὸ τοῦ σατανᾶ, καὶ ἦν μετὰ τῶν θηρίων, καὶ οἱ ἄγγελοι διηκόνουν αὐτῷ.	Lk 4,13	καὶ συντελέσας πάντα πειρασμὸν ὁ διάβολος ἀπέστη ἀπ᾽ αὐτοῦ ἄχρι καιροῦ.	

102	**Mt 11,7**	τούτων δὲ πορευομένων ἤρξατο ὁ Ἰησοῦς λέγειν τοῖς ὄχλοις περὶ Ἰωάννου· ...			**Lk 7,24**	ἀπελθόντων δὲ **τῶν ἀγγέλων** **Ἰωάννου** ἤρξατο λέγειν πρὸς τοὺς ὄχλους περὶ Ἰωάννου· ...	
202	**Mt 11,10**	οὗτός ἐστιν περὶ οὗ γέγραπται· *ἰδοὺ ἐγὼ ἀποστέλλω* ***τὸν ἄγγελόν μου*** *πρὸ προσώπου* σου, ... ➤ Exod 23,20/Mal 3,1	**Mk 1,2** → Mt 3,3 → Lk 3,4	καθὼς γέγραπται ἐν τῷ Ἠσαΐᾳ τῷ προφήτῃ· *ἰδοὺ ἀποστέλλω* ***τὸν ἄγγελόν μου*** *πρὸ προσώπου* σου, ... ➤ Exod 23,20/Mal 3,1	**Lk 7,27**	οὗτός ἐστιν περὶ οὗ γέγραπται· *ἰδοὺ ἀποστέλλω* ***τὸν ἄγγελόν μου*** *πρὸ προσώπου* σου, ... ➤ Exod 23,20/Mal 3,1	Mk-Q overlap
200	**Mt 13,39**	... ὁ δὲ θερισμὸς συντέλεια αἰῶνός ἐστιν, οἱ δὲ θερισταὶ **ἄγγελοί** εἰσιν.					
200	**Mt 13,41** → Mt 7,23 → Lk 13,27 ↓ **Mt 24,31** ↓ **Mk 13,27**	ἀποστελεῖ ὁ υἱὸς τοῦ ἀνθρώπου **τοὺς ἀγγέλους** **αὐτοῦ,** καὶ συλλέξουσιν ἐκ τῆς βασιλείας αὐτοῦ πάντα τὰ σκάνδαλα καὶ τοὺς ποιοῦντας τὴν ἀνομίαν					
200	**Mt 13,49**	... ἐξελεύσονται **οἱ ἄγγελοι** καὶ ἀφοριοῦσιν τοὺς πονηροὺς ἐκ μέσου τῶν δικαίων					
222	**Mt 16,27** ↓ Mt 10,33 → Mt 24,30 ↓ **Mt 24,31** ↓ **Mt 25,31**	μέλλει γὰρ ὁ υἱὸς τοῦ ἀνθρώπου ἔρχεσθαι ἐν τῇ δόξῃ τοῦ πατρὸς αὐτοῦ **μετὰ τῶν ἀγγέλων** **αὐτοῦ,** καὶ τότε *ἀποδώσει* *ἑκάστῳ κατὰ τὴν πρᾶξιν* *αὐτοῦ.* ➤ Ps 62,13/Prov 24,12/Sir 35,22 LXX	**Mk 8,38** → Mk 13,26	... καὶ ὁ υἱὸς τοῦ ἀνθρώπου ἐπαισχυνθήσεται αὐτὸν, ὅταν ἔλθῃ ἐν τῇ δόξῃ τοῦ πατρὸς αὐτοῦ **μετὰ τῶν ἀγγέλων** **τῶν ἁγίων.**	**Lk 9,26** ⇩ **Lk 12,9** → Lk 21,27	... τοῦτον ὁ υἱὸς τοῦ ἀνθρώπου ἐπαισχυνθήσεται, ὅταν ἔλθῃ ἐν τῇ δόξῃ αὐτοῦ καὶ τοῦ πατρὸς καὶ **τῶν ἁγίων ἀγγέλων.**	Mk-Q overlap
200	**Mt 18,10** → Mt 18,6 → Mk 9,42 → Lk 17,2	ὁρᾶτε μὴ καταφρονήσητε ἑνὸς τῶν μικρῶν τούτων· λέγω γὰρ ὑμῖν ὅτι **οἱ ἄγγελοι αὐτῶν** ἐν οὐρανοῖς διὰ παντὸς βλέπουσι τὸ πρόσωπον τοῦ πατρός μου τοῦ ἐν οὐρανοῖς.					
002					**Lk 9,52**	καὶ ἀπέστειλεν **ἀγγέλους** πρὸ προσώπου αὐτοῦ. ...	
102	**Mt 10,32**	... ὁμολογήσω κἀγὼ ἐν αὐτῷ **ἔμπροσθεν τοῦ** **πατρός μου τοῦ** **ἐν [τοῖς] οὐρανοῖς·**			**Lk 12,8**	... καὶ ὁ υἱὸς τοῦ ἀνθρώπου ὁμολογήσει ἐν αὐτῷ **ἔμπροσθεν τῶν** **ἀγγέλων τοῦ θεοῦ·**	
102	**Mt 10,33** ↑ **Mt 16,27**	... ἀρνήσομαι κἀγὼ αὐτὸν **ἔμπροσθεν τοῦ** **πατρός μου τοῦ ἐν** **[τοῖς] οὐρανοῖς.**	**Mk 8,38**	... καὶ ὁ υἱὸς τοῦ ἀνθρώπου ἐπαισχυνθήσεται αὐτὸν, ὅταν ἔλθῃ ἐν τῇ δόξῃ τοῦ πατρὸς αὐτοῦ **μετὰ τῶν ἀγγέλων τῶν** **ἁγίων.**	**Lk 12,9** ⇧ **Lk 9,26**	... ἀπαρνηθήσεται **ἐνώπιον τῶν** **ἀγγέλων τοῦ θεοῦ.**	Mk-Q overlap

002					Lk 15,10 → Lk 15,7	οὕτως, λέγω ὑμῖν, γίνεται χαρὰ **ἐνώπιον τῶν** **ἀγγέλων τοῦ θεοῦ** ἐπὶ ἑνὶ ἁμαρτωλῷ μετανοοῦντι.	
002					Lk 16,22	ἐγένετο δὲ ἀποθανεῖν τὸν πτωχὸν καὶ ἀπενεχθῆναι αὐτὸν **ὑπὸ τῶν ἀγγέλων** εἰς τὸν κόλπον Ἀβραάμ· ...	
221	Mt 22,30	ἐν γὰρ τῇ ἀναστάσει οὔτε γαμοῦσιν οὔτε γαμίζονται, ἀλλ' **ὡς ἄγγελοι** ἐν τῷ οὐρανῷ εἰσιν.	Mk 12,25	ὅταν γὰρ ἐκ νεκρῶν ἀναστῶσιν οὔτε γαμοῦσιν οὔτε γαμίζονται, ἀλλ' εἰσὶν **ὡς ἄγγελοι** ἐν τοῖς οὐρανοῖς.	Lk 20,36	[35] οἱ δὲ καταξιωθέντες τοῦ αἰῶνος ἐκείνου τυχεῖν καὶ τῆς ἀναστάσεως τῆς ἐκ νεκρῶν οὔτε γαμοῦσιν οὔτε γαμίζονται· [36] οὐδὲ γὰρ ἀποθανεῖν ἔτι δύνανται, **ἰσάγγελοι** γάρ εἰσιν καὶ υἱοί εἰσιν θεοῦ τῆς ἀναστάσεως υἱοὶ ὄντες.	
220	Mt 24,31 ↑ Mt 13,41 ↑ Mt 16,27	καὶ ἀποστελεῖ **τοὺς ἀγγέλους** **αὐτοῦ** μετὰ σάλπιγγος μεγάλης, καὶ ἐπισυνάξουσιν τοὺς ἐκλεκτοὺς αὐτοῦ ...	Mk 13,27	καὶ τότε ἀποστελεῖ **τοὺς ἀγγέλους** καὶ ἐπισυνάξει τοὺς ἐκλεκτοὺς [αὐτοῦ] ...			
220	Mt 24,36	περὶ δὲ τῆς ἡμέρας ἐκείνης καὶ ὥρας οὐδεὶς οἶδεν, οὐδὲ **οἱ ἄγγελοι** **τῶν οὐρανῶν** οὐδὲ ὁ υἱός, εἰ μὴ ὁ πατὴρ μόνος.	Mk 13,32	περὶ δὲ τῆς ἡμέρας ἐκείνης ἢ τῆς ὥρας οὐδεὶς οἶδεν, οὐδὲ **οἱ ἄγγελοι** **ἐν οὐρανῷ** οὐδὲ ὁ υἱός, εἰ μὴ ὁ πατήρ.			
200	Mt 25,31 ↑ Mt 16,27 → Mt 24,30 ↑ Mk 8,38 → Mk 13,26 → Lk 9,26 → Lk 21,27	ὅταν δὲ ἔλθῃ ὁ υἱὸς τοῦ ἀνθρώπου ἐν τῇ δόξῃ αὐτοῦ καὶ **πάντες οἱ ἄγγελοι** μετ' αὐτοῦ, τότε καθίσει ἐπὶ θρόνου δόξης αὐτοῦ·					
200	Mt 25,41 → Mt 7,23 → Lk 13,27	... πορεύεσθε ἀπ' ἐμοῦ [οἱ] κατηραμένοι εἰς τὸ πῦρ τὸ αἰώνιον τὸ ἡτοιμασμένον τῷ διαβόλῳ καὶ **τοῖς ἀγγέλοις αὐτοῦ.**					
002					Lk 22,43	[[ὤφθη δὲ αὐτῷ **ἄγγελος** ἀπ' οὐρανοῦ ἐνισχύων αὐτόν.]]	Lk 22,43 is textcritically uncertain.
200	Mt 26,53	ἢ δοκεῖς ὅτι οὐ δύναμαι παρακαλέσαι τὸν πατέρα μου, καὶ παραστήσει μοι ἄρτι πλείω **δώδεκα λεγιῶνας** **ἀγγέλων;**					→ Jn 18,36

a 200	Mt 28,2	καὶ ἰδοὺ σεισμὸς ἐγένετο μέγας· **ἄγγελος γὰρ κυρίου** καταβὰς ἐξ οὐρανοῦ καὶ προσελθὼν ἀπεκύλισεν τὸν λίθον καὶ ἐκάθητο ἐπάνω αὐτοῦ.	Mk 16,4	καὶ ἀναβλέψασαι θεωροῦσιν ὅτι ἀποκεκύλισται ὁ λίθος· ἦν γὰρ μέγας σφόδρα.	Lk 24,2	εὗρον δὲ τὸν λίθον ἀποκεκυλισμένον ἀπὸ τοῦ μνημείου	→ Jn 20,1
211	Mt 28,5	ἀποκριθεὶς δὲ **ὁ ἄγγελος** εἶπεν ταῖς γυναιξίν· ...	Mk 16,6	[5] ... νεανίσκον ... καὶ ἐξεθαμβήθησαν. [6] ὁ δὲ λέγει αὐταῖς· ...	Lk 24,5 → Lk 24,23	[4] ... ἄνδρες δύο ... [5] ἐμφόβων δὲ γενομένων αὐτῶν καὶ κλινουσῶν τὰ πρόσωπα εἰς τὴν γῆν εἶπαν πρὸς αὐτάς· ...	
002					Lk 24,23 → Mt 28,2-6 → Mk 16,5-6 → Lk 24,3-6	καὶ μὴ εὑροῦσαι τὸ σῶμα αὐτοῦ ἦλθον λέγουσαι καὶ **ὀπτασίαν ἀγγέλων** ἑωρακέναι, οἳ λέγουσιν αὐτὸν ζῆν.	

a **Acts 5,19** **ἄγγελος δὲ κυρίου** διὰ νυκτὸς ἀνοίξας τὰς θύρας τῆς φυλακῆς ...

Acts 6,15 καὶ ἀτενίσαντες εἰς αὐτὸν πάντες οἱ καθεζόμενοι ἐν τῷ συνεδρίῳ εἶδον τὸ πρόσωπον αὐτοῦ **ὡσεὶ πρόσωπον ἀγγέλου.**

Acts 7,30 ... ὤφθη αὐτῷ ἐν τῇ ἐρήμῳ τοῦ ὄρους Σινᾶ **ἄγγελος** ἐν φλογὶ πυρὸς βάτου.
➤ Exod 3,2

Acts 7,35 τοῦτον τὸν Μωϋσῆν ... τοῦτον ὁ θεὸς [καὶ] ἄρχοντα καὶ λυτρωτὴν ἀπέσταλκεν **σὺν χειρὶ ἀγγέλου** τοῦ ὀφθέντος αὐτῷ ἐν τῇ βάτῳ.

Acts 7,38 οὗτός ἐστιν ὁ γενόμενος ἐν τῇ ἐκκλησίᾳ ἐν τῇ ἐρήμῳ **μετὰ τοῦ ἀγγέλου** τοῦ λαλοῦντος αὐτῷ ἐν τῷ ὄρει Σινᾶ καὶ τῶν πατέρων ἡμῶν, ...

Acts 7,53 οἵτινες ἐλάβετε τὸν νόμον **εἰς διαταγὰς ἀγγέλων** καὶ οὐκ ἐφυλάξατε.

a **Acts 8,26** **ἄγγελος δὲ κυρίου** ἐλάλησεν πρὸς Φίλιππον λέγων· ἀνάστηθι καὶ πορεύου κατὰ μεσημβρίαν ...

Acts 10,3 εἶδεν ἐν ὁράματι φανερῶς ὡσεὶ περὶ ὥραν ἐνάτην τῆς ἡμέρας **ἄγγελον τοῦ θεοῦ** εἰσελθόντα πρὸς αὐτὸν καὶ εἰπόντα αὐτῷ· Κορνήλιε.

Acts 10,7 ὡς δὲ ἀπῆλθεν **ὁ ἄγγελος** ὁ λαλῶν αὐτῷ, φωνήσας δύο τῶν οἰκετῶν ...

Acts 10,22 ... Κορνήλιος ἑκατοντάρχης, ... ἐχρηματίσθη **ὑπὸ ἀγγέλου ἁγίου** μεταπέμψασθαί σε εἰς τὸν οἶκον αὐτοῦ καὶ ἀκοῦσαι ῥήματα παρὰ σοῦ.

Acts 11,13 ἀπήγγειλεν δὲ ἡμῖν πῶς εἶδεν **[τὸν] ἄγγελον** ἐν τῷ οἴκῳ αὐτοῦ σταθέντα καὶ εἰπόντα· ...

a **Acts 12,7** καὶ ἰδοὺ **ἄγγελος κυρίου** ἐπέστη καὶ φῶς ἔλαμψεν ἐν τῷ οἰκήματι· ...

Acts 12,8 εἶπεν δὲ **ὁ ἄγγελος** πρὸς αὐτόν· ζῶσαι καὶ ὑπόδησαι τὰ σανδάλιά σου. ...

Acts 12,9 καὶ ἐξελθὼν ἠκολούθει καὶ οὐκ ᾔδει ὅτι ἀληθές ἐστιν τὸ γινόμενον **διὰ τοῦ ἀγγέλου·** ἐδόκει δὲ ὅραμα βλέπειν.

Acts 12,10 ... καὶ ἐξελθόντες προῆλθον ῥύμην μίαν, καὶ εὐθέως ἀπέστη **ὁ ἄγγελος** ἀπ᾽ αὐτοῦ.

Acts 12,11 ... νῦν οἶδα ἀληθῶς ὅτι ἐξαπέστειλεν [ὁ] κύριος **τὸν ἄγγελον αὐτοῦ** καὶ ἐξείλατό με ἐκ χειρὸς Ἡρῴδου ...

Acts 12,15 ... ἡ δὲ διϊσχυρίζετο οὕτως ἔχειν. οἱ δὲ ἔλεγον· **ὁ ἄγγελός ἐστιν αὐτοῦ.**

a **Acts 12,23** παραχρῆμα δὲ ἐπάταξεν αὐτὸν **ἄγγελος κυρίου** ἀνθ᾽ ὧν οὐκ ἔδωκεν τὴν δόξαν τῷ θεῷ, ...

Acts 23,8 Σαδδουκαῖοι μὲν γὰρ λέγουσιν μὴ εἶναι ἀνάστασιν μήτε **ἄγγελον** μήτε πνεῦμα, ...

Acts 23,9 ... οὐδὲν κακὸν εὑρίσκομεν ἐν τῷ ἀνθρώπῳ τούτῳ· εἰ δὲ πνεῦμα ἐλάλησεν αὐτῷ **ἢ ἄγγελος;**

Acts 27,23 παρέστη γάρ μοι ταύτῃ τῇ νυκτὶ τοῦ θεοῦ, οὗ εἰμι [ἐγώ] ᾧ καὶ λατρεύω, **ἄγγελος** [24] λέγων· μὴ φοβοῦ, Παῦλε, ...

ἄγγος	Syn	Mt	Mk	Lk	Acts	Jn	1-3John	Paul	Eph	Col
	1	1								
	NT	2Thess	1/2Tim	Tit	Heb	Jas	1Pet	2Pet	Jude	Rev
	1									

container (for a catch of fish)

200	Mt 13,48	... καθίσαντες συνέλεξαν τὰ καλὰ **εἰς ἄγγη,** τὰ δὲ σαπρὰ ἔξω ἔβαλον.	→ GTh 8

ἀγέλη	Syn	Mt	Mk	Lk	Acts	Jn	1-3John	Paul	Eph	Col
	7	3	2	2						
	NT	2Thess	1/2Tim	Tit	Heb	Jas	1Pet	2Pet	Jude	Rev
	7									

herd (of pigs)

222	Mt 8,30	ἦν δὲ μακρὰν ἀπ' αὐτῶν **ἀγέλη χοίρων** **πολλῶν** βοσκομένη.	Mk 5,11	ἦν δὲ ἐκεῖ πρὸς τῷ ὄρει **ἀγέλη χοίρων** **μεγάλη** βοσκομένη·	Lk 8,32	ἦν δὲ ἐκεῖ **ἀγέλη χοίρων** **ἱκανῶν** βοσκομένη ἐν τῷ ὄρει· ...	
211	Mt 8,31	οἱ δὲ δαίμονες παρεκάλουν αὐτὸν λέγοντες· εἰ ἐκβάλλεις ἡμᾶς, ἀπόστειλον ἡμᾶς **εἰς τὴν ἀγέλην** **τῶν χοίρων.**	Mk 5,12	καὶ παρεκάλεσαν αὐτὸν λέγοντες· πέμψον ἡμᾶς **εἰς τοὺς χοίρους,** ἵνα εἰς αὐτοὺς εἰσέλθωμεν.	Lk 8,32	... καὶ παρεκάλεσαν αὐτὸν ἵνα ἐπιτρέψῃ αὐτοῖς **εἰς ἐκείνους** εἰσελθεῖν· ...	
222	Mt 8,32	... καὶ ἰδοὺ ὥρμησεν **πᾶσα ἡ ἀγέλη** κατὰ τοῦ κρημνοῦ εἰς τὴν θάλασσαν ...	Mk 5,13	... καὶ ὥρμησεν **ἡ ἀγέλη** κατὰ τοῦ κρημνοῦ εἰς τὴν θάλασσαν, ὡς δισχίλιοι, ...	Lk 8,33	... καὶ ὥρμησεν **ἡ ἀγέλη** κατὰ τοῦ κρημνοῦ εἰς τὴν λίμνην ...	

ἁγιάζω	Syn	Mt	Mk	Lk	Acts	Jn	1-3John	Paul	Eph	Col
	4	3		1	2	4		6	1	
	NT	2Thess	1/2Tim	Tit	Heb	Jas	1Pet	2Pet	Jude	Rev
	28		2		7		1			1

set apart as sacred to God; make holy, consecrate; regard as sacred; purify, cleanse

202	Mt 6,9	... Πάτερ ἡμῶν ὁ ἐν τοῖς οὐρανοῖς· **ἁγιασθήτω** τὸ ὄνομά σου·			Lk 11,2	... Πάτερ, **ἁγιασθήτω** τὸ ὄνομά σου· ...	
200	Mt 23,17	μωροὶ καὶ τυφλοί, τίς γὰρ μείζων ἐστίν, ὁ χρυσὸς ἢ ὁ ναὸς **ὁ ἁγιάσας** τὸν χρυσόν;					
200	Mt 23,19	τυφλοί, τί γὰρ μεῖζον, τὸ δῶρον ἢ τὸ θυσιαστήριον **τὸ ἁγιάζον** τὸ δῶρον;					

Acts 20,32	καὶ τὰ νῦν παρατίθεμαι ὑμᾶς τῷ θεῷ καὶ τῷ λόγῳ τῆς χάριτος αὐτοῦ, τῷ δυναμένῳ οἰκοδομῆσαι καὶ δοῦναι τὴν κληρονομίαν **ἐν τοῖς ἡγιασμένοις πᾶσιν.**	**Acts 26,18**	... τοῦ λαβεῖν αὐτοὺς ἄφεσιν ἁμαρτιῶν καὶ κλῆρον **ἐν τοῖς ἡγιασμένοις** πίστει τῇ εἰς ἐμέ.

ἅγιος	Syn	Mt	Mk	Lk	Acts	Jn	1-3John	Paul	Eph	Col
	37	10	7	20	53	5	1	50	15	6
	NT	2Thess	1/2Tim	Tit	Heb	Jas	1Pet	2Pet	Jude	Rev
	233	1	3	1	19		8	5	4	25

set apart to or by God; consecrated; holy; morally pure; upright

	triple tradition																	double tradition			Sondergut		
		+Mt / +Lk			–Mt / –Lk			traditions not taken over by Mt / Lk							subtotals								
code	*222*	*211*	*112*	*212*	*221*	*122*	*121*	*022*	*012*	*021*	*220*	*120*	*210*	*020*	Σ+	Σ–	Σ	*202*	*201*	*102*	*200*	*002*	total
Mt		1^+				1^-	1^-					3^-			1^+	5^-	1	2	1		6		**10**
Mk						1	1	1				3		1			7						**7**
Lk			1^+			1	1^-	1							1^+	1^-	3	2		4		11	**20**

Mk-Q overlap: 112: Mt 3,16 / Mk 1,10 / Lk 3,22 (?)

a ἅγιον and πνεῦμα

a 002			**Lk 1,15** ἔσται γὰρ μέγας ἐνώπιον [τοῦ] κυρίου, *καὶ οἶνον καὶ σίκερα οὐ μὴ πίῃ*, καὶ **πνεύματος ἁγίου** πλησθήσεται ἔτι ἐκ κοιλίας μητρὸς αὐτοῦ ➤ Num 6,3; Lev 10,9
a 002 002			**Lk 1,35 (2)** ↓ Mt 1,18 ↓ Mt 1,20 καὶ ἀποκριθεὶς ὁ ἄγγελος εἶπεν αὐτῇ· **πνεῦμα ἅγιον** ἐπελεύσεται ἐπὶ σὲ καὶ δύναμις ὑψίστου ἐπισκιάσει σοι· διὸ καὶ τὸ γεννώμενον **ἅγιον** κληθήσεται υἱὸς θεοῦ.
a 200	**Mt 1,18** → Lk 1,27 ↑ Lk 1,35 ... μνηστευθείσης τῆς μητρὸς αὐτοῦ Μαρίας τῷ Ἰωσήφ, πρὶν ἢ συνελθεῖν αὐτοὺς εὑρέθη ἐν γαστρὶ ἔχουσα **ἐκ πνεύματος ἁγίου.**		
a 200	**Mt 1,20** → Lk 1,27 → Lk 1,30 ↑ Lk 1,35 ... Ἰωσὴφ υἱὸς Δαυίδ, μὴ φοβηθῇς παραλαβεῖν Μαριὰμ τὴν γυναῖκά σου, τὸ γὰρ ἐν αὐτῇ γεννηθὲν **ἐκ πνεύματός ἐστιν ἁγίου·**		
a 002			**Lk 1,41** ... ἐσκίρτησεν τὸ βρέφος ἐν τῇ κοιλίᾳ αὐτῆς, καὶ ἐπλήσθη **πνεύματος ἁγίου** ἡ Ἐλισάβετ
002			**Lk 1,49** ὅτι ἐποίησέν μοι μεγάλα ὁ δυνατός. καὶ **ἅγιον** τὸ ὄνομα αὐτοῦ

a 002					Lk 1,67	καὶ Ζαχαρίας ὁ πατὴρ αὐτοῦ ἐπλήσθη πνεύματος ἁγίου καὶ ἐπροφήτευσεν λέγων·	
002					Lk 1,70	καθὼς ἐλάλησεν διὰ στόματος τῶν ἁγίων ἀπ' αἰῶνος προφητῶν αὐτοῦ	→ Acts 3,21
002					Lk 1,72	ποιῆσαι ἔλεος μετὰ τῶν πατέρων ἡμῶν καὶ μνησθῆναι διαθήκης ἁγίας αὐτοῦ	
002					Lk 2,23	καθὼς γέγραπται ἐν νόμῳ κυρίου ὅτι *πᾶν* *ἄρσεν διανοῖγον μήτραν* *ἅγιον* *τῷ κυρίῳ κληθήσεται* ➤ Exod 13,2.12.15	
a 002					Lk 2,25	καὶ ἰδοὺ ἄνθρωπος ἦν ἐν Ἰερουσαλὴμ ᾧ ὄνομα Συμεὼν ... καὶ πνεῦμα ἦν ἅγιον ἐπ' αὐτόν·	
a 002					Lk 2,26	καὶ ἦν αὐτῷ κεχρηματισμένον ὑπὸ τοῦ πνεύματος τοῦ ἁγίου μὴ ἰδεῖν θάνατον πρὶν [ἢ] ἂν ἴδῃ τὸν χριστὸν κυρίου.	
a 020	Mt 3,11	ἐγὼ μὲν ὑμᾶς βαπτίζω ἐν ὕδατι εἰς μετάνοιαν, ὁ δὲ ὀπίσω μου ἐρχόμενος ἰσχυρότερός μού ἐστιν, οὗ οὐκ εἰμὶ ἱκανὸς τὰ ὑποδήματα βαστάσαι· αὐτὸς ὑμᾶς βαπτίσει· ἐν πνεύματι ἁγίῳ καὶ πυρί	Mk 1,8	[7] ἔρχεται ὁ ἰσχυρότερός μου ὀπίσω μου, οὗ οὐκ εἰμὶ ἱκανὸς κύψας λῦσαι τὸν ἱμάντα τῶν ὑποδημάτων αὐτοῦ. [8] ἐγὼ ἐβάπτισα ὑμᾶς ὕδατι, αὐτὸς δὲ βαπτίσει ὑμᾶς ἐν πνεύματι ἁγίῳ.	Lk 3,16 → Lk 12,49	... ἐγὼ μὲν ὕδατι βαπτίζω ὑμᾶς· ἔρχεται δὲ ὁ ἰσχυρότερός μου, οὗ οὐκ εἰμὶ ἱκανὸς λῦσαι τὸν ἱμάντα τῶν ὑποδημάτων αὐτοῦ· αὐτὸς ὑμᾶς βαπτίσει ἐν πνεύματι ἁγίῳ καὶ πυρί·	→ Jn 1,26-27 **→ Jn 1,33** **→ Acts 1,5** **→ Acts 11,16** → Acts 19,4 Mk-Q overlap
a 202	Mt 3,11	ἐγὼ μὲν ὑμᾶς βαπτίζω ἐν ὕδατι εἰς μετάνοιαν, ὁ δὲ ὀπίσω μου ἐρχόμενος ἰσχυρότερός μού ἐστιν, οὗ οὐκ εἰμὶ ἱκανὸς τὰ ὑποδήματα βαστάσαι· αὐτὸς ὑμᾶς βαπτίσει· ἐν πνεύματι ἁγίῳ καὶ πυρί·	Mk 1,8	[7] ἔρχεται ὁ ἰσχυρότερός μου ὀπίσω μου, οὗ οὐκ εἰμὶ ἱκανὸς κύψας λῦσαι τὸν ἱμάντα τῶν ὑποδημάτων αὐτοῦ. [8] ἐγὼ ἐβάπτισα ὑμᾶς ὕδατι, αὐτὸς δὲ βαπτίσει ὑμᾶς ἐν πνεύματι ἁγίῳ.	Lk 3,16 → Lk 12,49	... ἐγὼ μὲν ὕδατι βαπτίζω ὑμᾶς· ἔρχεται δὲ ὁ ἰσχυρότερός μου, οὗ οὐκ εἰμὶ ἱκανὸς λῦσαι τὸν ἱμάντα τῶν ὑποδημάτων αὐτοῦ· αὐτὸς ὑμᾶς βαπτίσει ἐν πνεύματι ἁγίῳ καὶ πυρί·	→ Jn 1,26-27 **→ Jn 1,33** **→ Acts 1,5** **→ Acts 11,16** → Acts 19,4 Mk-Q overlap
a 112	Mt 3,16	... εὐθὺς ἀνέβη ἀπὸ τοῦ ὕδατος· καὶ ἰδοὺ ἠνεῴχθησαν [αὐτῷ] οἱ οὐρανοί, καὶ εἶδεν [τὸ] πνεῦμα [τοῦ] θεοῦ καταβαῖνον ὡσεὶ περιστερὰν [καὶ] ἐρχόμενον ἐπ' αὐτόν·	Mk 1,10	καὶ εὐθὺς ἀναβαίνων ἐκ τοῦ ὕδατος εἶδεν σχιζομένους τοὺς οὐρανοὺς καὶ τὸ πνεῦμα ὡς περιστερὰν καταβαῖνον εἰς αὐτόν·	Lk 3,22	[21] ... καὶ προσευχομένου ἀνεῳχθῆναι τὸν οὐρανὸν [22] καὶ καταβῆναι τὸ πνεῦμα τὸ ἅγιον σωματικῷ εἴδει ὡς περιστερὰν ἐπ' αὐτόν, ...	→ Jn 1,32 Mk-Q overlap?

a 102	**Mt 4,1**	τότε ὁ Ἰησοῦς ἀνήχθη εἰς τὴν ἔρημον ὑπὸ τοῦ πνεύματος πειρασθῆναι ὑπὸ τοῦ διαβόλου.	**Mk 1,12**	καὶ εὐθὺς τὸ πνεῦμα αὐτὸν ἐκβάλλει εἰς τὴν ἔρημον.	**Lk 4,1**	Ἰησοῦς δὲ πλήρης πνεύματος ἁγίου ὑπέστρεψεν ἀπὸ τοῦ Ἰορδάνου καὶ ἤγετο ἐν τῷ πνεύματι ἐν τῇ ἐρήμῳ	Mk-Q overlap
201	**Mt 4,5**	τότε παραλαμβάνει αὐτὸν ὁ διάβολος εἰς τὴν ἁγίαν πόλιν καὶ ἔστησεν αὐτὸν ἐπὶ τὸ πτερύγιον τοῦ ἱεροῦ			**Lk 4,9**	ἤγαγεν δὲ αὐτὸν εἰς Ἰερουσαλὴμ καὶ ἔστησεν ἐπὶ τὸ πτερύγιον τοῦ ἱεροῦ ...	
022	→ Mt 8,29		**Mk 1,24** → Mk 1,34 → Mk 3,11 → Mk 5,7	... τί ἡμῖν καὶ σοί, Ἰησοῦ Ναζαρηνέ; ἦλθες ἀπολέσαι ἡμᾶς; οἶδά σε τίς εἶ, ὁ ἅγιος τοῦ θεοῦ.	**Lk 4,34** → Lk 8,28	ἔα, τί ἡμῖν καὶ σοί, Ἰησοῦ Ναζαρηνέ; ἦλθες ἀπολέσαι ἡμᾶς; οἶδά σε τίς εἶ, ὁ ἅγιος τοῦ θεοῦ.	→ **Acts 3,14**
200	**Mt 7,6**	μὴ δῶτε τὸ ἅγιον τοῖς κυσὶν μηδὲ βάλητε τοὺς μαργαρίτας ὑμῶν ἔμπροσθεν τῶν χοίρων, ...					→ GTh 93
a 120	**Mt 12,31**	... ἡ δὲ τοῦ πνεύματος βλασφημία οὐκ ἀφεθήσεται. [32] ... οὔτε ἐν τούτῳ τῷ αἰῶνι οὔτε ἐν τῷ μέλλοντι.	**Mk 3,29** ↓ Mt 12,32 ↓ Lk 12,10	ὃς δ᾽ ἂν βλασφημήσῃ εἰς τὸ πνεῦμα τὸ ἅγιον, οὐκ ἔχει ἄφεσιν εἰς τὸν αἰῶνα, ἀλλὰ ἔνοχός ἐστιν αἰωνίου ἁμαρτήματος.			→ GTh 44
a 202	**Mt 12,32**	... ὃς δ᾽ ἂν εἴπῃ κατὰ τοῦ πνεύματος τοῦ ἁγίου, οὐκ ἀφεθήσεται αὐτῷ ...	**Mk 3,29**	ὃς δ᾽ ἂν βλασφημήσῃ εἰς τὸ πνεῦμα τὸ ἅγιον, οὐκ ἔχει ἄφεσιν εἰς τὸν αἰῶνα, ἀλλὰ ἔνοχός ἐστιν αἰωνίου ἁμαρτήματος.	**Lk 12,10**	... τῷ δὲ εἰς τὸ ἅγιον πνεῦμα βλασφημήσαντι οὐκ ἀφεθήσεται.	→ GTh 44 Mk-Q overlap
120	**Mt 14,5**	[3] ὁ γὰρ Ἡρῴδης ... [5] καὶ θέλων αὐτὸν ἀποκτεῖναι ἐφοβήθη τὸν ὄχλον, ὅτι ὡς προφήτην αὐτὸν εἶχον.	**Mk 6,20**	[19] ἡ δὲ Ἡρῳδιὰς ἐνεῖχεν αὐτῷ καὶ ἤθελεν αὐτὸν ἀποκτεῖναι, καὶ οὐκ ἠδύνατο· [20] ὁ γὰρ Ἡρῴδης ἐφοβεῖτο τὸν Ἰωάννην, εἰδὼς αὐτὸν ἄνδρα δίκαιον καὶ ἅγιον, ...			
122	**Mt 16,27** ↓ Mt 10,33 → Mt 24,30 → Mt 24,31 → Mt 25,31	μέλλει γὰρ ὁ υἱὸς τοῦ ἀνθρώπου ἔρχεσθαι ἐν τῇ δόξῃ τοῦ πατρὸς αὐτοῦ μετὰ τῶν ἀγγέλων αὐτοῦ, καὶ τότε *ἀποδώσει* *ἑκάστῳ κατὰ τὴν πρᾶξιν* *αὐτοῦ.* ➤ Ps 62,13/Prov 24,12/Sir 35,22 LXX	**Mk 8,38** → Mk 13,26	ὃς γὰρ ἐὰν ἐπαισχυνθῇ με καὶ τοὺς ἐμοὺς λόγους ... καὶ ὁ υἱὸς τοῦ ἀνθρώπου ἐπαισχυνθήσεται αὐτόν, ὅταν ἔλθῃ ἐν τῇ δόξῃ τοῦ πατρὸς αὐτοῦ μετὰ τῶν ἀγγέλων τῶν ἁγίων.	**Lk 9,26** ⇩ Lk 12,9 → Lk 21,27	ὃς γὰρ ἂν ἐπαισχυνθῇ με καὶ τοὺς ἐμοὺς λόγους, τοῦτον ὁ υἱὸς τοῦ ἀνθρώπου ἐπαισχυνθήσεται, ὅταν ἔλθῃ ἐν τῇ δόξῃ αὐτοῦ καὶ τοῦ πατρὸς καὶ τῶν ἁγίων ἀγγέλων.	Mk-Q overlap
	Mt 10,33 ↑ Mt 16,27	ὅστις δ᾽ ἂν ἀρνήσηταί με ἔμπροσθεν τῶν ἀνθρώπων, ἀρνήσομαι κἀγὼ αὐτὸν ἔμπροσθεν τοῦ πατρός μου τοῦ ἐν [τοῖς] οὐρανοῖς.			**Lk 12,9** ⇧ **Lk 9,26**	ὁ δὲ ἀρνησάμενός με ἐνώπιον τῶν ἀνθρώπων ἀπαρνηθήσεται ἐνώπιον τῶν ἀγγέλων τοῦ θεοῦ.	Mk-Q overlap

a 102	**Mt 11,25**	ἐν ἐκείνῳ τῷ καιρῷ ἀποκριθεὶς ὁ Ἰησοῦς εἶπεν· ἐξομολογοῦμαί σοι, πάτερ, ...			**Lk 10,21**	ἐν αὐτῇ τῇ ὥρᾳ ἠγαλλιάσατο **[ἐν] τῷ πνεύματι** **τῷ ἁγίῳ** καὶ εἶπεν· ἐξομολογοῦμαί σοι, πάτερ, ...	
a 102	**Mt 7,11**	... πόσῳ μᾶλλον ὁ πατὴρ ὑμῶν ὁ ἐν τοῖς οὐρανοῖς δώσει **ἀγαθὰ** τοῖς αἰτοῦσιν αὐτόν.			**Lk 11,13**	... πόσῳ μᾶλλον ὁ πατὴρ [ὁ] ἐξ οὐρανοῦ δώσει **πνεῦμα ἅγιον** τοῖς αἰτοῦσιν αὐτόν.	
a 121	**Mt 22,43**	... πῶς οὖν Δαυὶδ **ἐν πνεύματι** καλεῖ αὐτὸν κύριον λέγων· [44] *εἶπεν κύριος* *τῷ κυρίῳ μου· κάθου* *ἐκ δεξιῶν μου ...* ➢ Ps 110,1	**Mk 12,36**	αὐτὸς Δαυὶδ εἶπεν **ἐν τῷ πνεύματι** **τῷ ἁγίῳ·** *εἶπεν κύριος* *τῷ κυρίῳ μου· κάθου* *ἐκ δεξιῶν μου, ...* ➢ Ps 110,1	**Lk 20,42**	αὐτὸς γὰρ Δαυὶδ λέγει **ἐν βίβλῳ ψαλμῶν·** *εἶπεν κύριος* *τῷ κυρίῳ μου· κάθου* *ἐκ δεξιῶν μου* ➢ Ps 110,1	→ Acts 4,25
a 202	**Mt 12,32**	... ὃς δ' ἂν εἴπῃ **κατὰ τοῦ πνεύματος** **τοῦ ἁγίου,** οὐκ ἀφεθήσεται αὐτῷ ...	**Mk 3,29**	ὃς δ' ἂν βλασφημήσῃ εἰς τὸ πνεῦμα τὸ ἅγιον, οὐκ ἔχει ἄφεσιν ...	**Lk 12,10**	... τῷ δὲ **εἰς τὸ ἅγιον πνεῦμα** βλασφημήσαντι οὐκ ἀφεθήσεται.	→ GTh 44 Mk-Q overlap
a 102	**Mt 10,19**	ὅταν δὲ παραδῶσιν ὑμᾶς, μὴ μεριμνήσητε πῶς ἢ τί λαλήσητε· δοθήσεται γὰρ ὑμῖν ἐν ἐκείνῃ τῇ ὥρᾳ τί λαλήσητε·	**Mk 13,11**	καὶ ὅταν ἄγωσιν ὑμᾶς παραδιδόντες, μὴ προμεριμνᾶτε τί λαλήσητε, ἀλλ' ὃ ἐὰν δοθῇ ὑμῖν ἐν ἐκείνῃ τῇ ὥρᾳ τοῦτο λαλεῖτε· ↔	**Lk 12,12** ↓ Mk 13,11d ⇩ Lk 21,15	[11] ὅταν δὲ εἰσφέρωσιν ὑμᾶς ἐπὶ τὰς συναγωγὰς καὶ τὰς ἀρχὰς καὶ τὰς ἐξουσίας, μὴ μεριμνήσητε πῶς ἢ τί ἀπολογήσησθε ἢ τί εἴπητε· **[12] τὸ γὰρ ἅγιον** **πνεῦμα** διδάξει ὑμᾶς ἐν αὐτῇ τῇ ὥρᾳ ἃ δεῖ εἰπεῖν.	→ Jn 14,26 Mk-Q overlap
					Lk 21,15 ⇧ Lk 12,12	ἐγὼ γὰρ δώσω ὑμῖν στόμα καὶ σοφίαν ᾗ οὐ δυνήσονται ἀντιστῆναι ἢ ἀντειπεῖν ἅπαντες οἱ ἀντικείμενοι ὑμῖν.	→ Acts 6,10
a 120	**Mt 10,20**	οὐ γὰρ ὑμεῖς ἐστε οἱ λαλοῦντες ἀλλὰ **τὸ πνεῦμα** **τοῦ πατρὸς ὑμῶν** τὸ λαλοῦν ἐν ὑμῖν.	**Mk 13,11** ↑ Lk 12,12	↔ οὐ γάρ ἐστε ὑμεῖς οἱ λαλοῦντες ἀλλὰ **τὸ πνεῦμα** **τὸ ἅγιον.**			
211	**Mt 24,15**	ὅταν οὖν ἴδητε *τὸ* *βδέλυγμα τῆς ἐρημώσεως* τὸ ῥηθὲν διὰ Δανιὴλ τοῦ προφήτου ἑστὸς **ἐν τόπῳ ἁγίῳ,** ὁ ἀναγινώσκων νοείτω ➢ Dan 9,27/11,31/12,11	**Mk 13,14**	ὅταν δὲ ἴδητε *τὸ* *βδέλυγμα τῆς ἐρημώσεως* ἑστηκότα **ὅπου οὐ δεῖ,** ὁ ἀναγινώσκων νοείτω, ... ➢ Dan 9,27/11,31/12,11	**Lk 21,20** → Lk 19,43	ὅταν δὲ ἴδητε κυκλουμένην ὑπὸ στρατοπέδων **Ἰερουσαλήμ,** τότε γνῶτε ὅτι ἤγγικεν ἡ ἐρήμωσις αὐτῆς.	
200	**Mt 27,52**	καὶ τὰ μνημεῖα ἀνεῴχθησαν καὶ **πολλὰ σώματα τῶν** **κεκοιμημένων ἁγίων** ἠγέρθησαν,					
200	**Mt 27,53**	καὶ ἐξελθόντες ἐκ τῶν μνημείων μετὰ τὴν ἔγερσιν αὐτοῦ εἰσῆλθον **εἰς τὴν ἁγίαν πόλιν** καὶ ἐνεφανίσθησαν πολλοῖς.					

a 200	**Mt 28,19** → Mt 24,14 → Mk 13,10 → Lk 24,47	πορευθέντες οὖν μαθητεύσατε πάντα τὰ ἔθνη, βαπτίζοντες αὐτοὺς εἰς τὸ ὄνομα τοῦ πατρὸς καὶ τοῦ υἱοῦ καὶ **τοῦ ἁγίου πνεύματος**	→ **Acts 1,5** → **Acts 1,8** → **Acts 11,16**

a **Acts 1,2**
→ Lk 9,51
→ Lk 24,51
ἄχρι ἧς ἡμέρας ἐντειλάμενος τοῖς ἀποστόλοις **διὰ πνεύματος ἁγίου** οὓς ἐξελέξατο ἀνελήμφθη.

a **Acts 1,5**
→ **Mt 3,11**
→ **Mk 1,8**
→ **Lk 3,16**
→ **Mt 28,19**
→ **Acts 11,16**
→ Acts 19,4
ὅτι Ἰωάννης μὲν ἐβάπτισεν ὕδατι, ὑμεῖς δὲ **ἐν πνεύματι βαπτισθήσεσθε ἁγίῳ** οὐ μετὰ πολλὰς ταύτας ἡμέρας.

a **Acts 1,8**
→ Lk 24,49
→ **Mt 28,19**
→ **Acts 2,33**
ἀλλὰ λήμψεσθε δύναμιν ἐπελθόντος **τοῦ ἁγίου πνεύματος** ἐφ᾽ ὑμᾶς ...

a **Acts 1,16**
ἄνδρες ἀδελφοί, ἔδει πληρωθῆναι τὴν γραφὴν ἣν προεῖπεν **τὸ πνεῦμα τὸ ἅγιον** διὰ στόματος Δαυὶδ περὶ Ἰούδα ...

a **Acts 2,4**
καὶ ἐπλήσθησαν πάντες **πνεύματος ἁγίου** καὶ ἤρξαντο λαλεῖν ἑτέραις γλώσσαις καθὼς τὸ πνεῦμα ἐδίδου ἀποφθέγγεσθαι αὐτοῖς.

a **Acts 2,33**
→ Lk 24,49
→ **Acts 1,8**
τῇ δεξιᾷ οὖν τοῦ θεοῦ ὑψωθείς, τήν τε **ἐπαγγελίαν τοῦ πνεύματος τοῦ ἁγίου** λαβὼν παρὰ τοῦ πατρός, ἐξέχεεν τοῦτο ὃ ὑμεῖς [καὶ] βλέπετε καὶ ἀκούετε.

a **Acts 2,38**
... μετανοήσατε, [φησίν,] καὶ βαπτισθήτω ἕκαστος ὑμῶν ἐπὶ τῷ ὀνόματι Ἰησοῦ Χριστοῦ εἰς ἄφεσιν τῶν ἁμαρτιῶν ὑμῶν καὶ λήμψεσθε **τὴν δωρεὰν τοῦ ἁγίου πνεύματος.**

Acts 3,14
→ **Mk 1,24**
→ **Lk 4,34**
ὑμεῖς δὲ **τὸν ἅγιον** καὶ δίκαιον ἠρνήσασθε καὶ ᾐτήσασθε ἄνδρα φονέα χαρισθῆναι ὑμῖν

Acts 3,21
→ **Lk 1,70**
→ Mt 17,11
→ Mk 9,12
[20] ... Χριστόν Ἰησοῦν, [21] ὃν δεῖ οὐρανὸν μὲν δέξασθαι ἄχρι χρόνων ἀποκαταστάσεως πάντων ὧν ἐλάλησεν ὁ θεὸς **διὰ στόματος τῶν ἁγίων ἀπ᾽ αἰῶνος αὐτοῦ προφητῶν.**

a **Acts 4,8**
τότε Πέτρος πλησθεὶς **πνεύματος ἁγίου** εἶπεν πρὸς αὐτούς· ἄρχοντες τοῦ λαοῦ καὶ πρεσβύτεροι

a **Acts 4,25**
→ Mt 22,43
→ **Mk 12,36**
→ Lk 20,42
ὁ τοῦ πατρὸς ἡμῶν **διὰ πνεύματος ἁγίου** στόματος Δαυὶδ παιδός σου εἰπών· *ἱνατί ἐφρύαξαν ἔθνη καὶ λαοὶ ἐμελέτησαν κενά;*
➤ Ps 2,1 LXX

Acts 4,27
συνήχθησαν γὰρ ἐπ᾽ ἀληθείας ἐν τῇ πόλει ταύτῃ **ἐπὶ τὸν ἅγιον παῖδά σου Ἰησοῦν** ὃν ἔχρισας, Ἡρῴδης τε καὶ Πόντιος Πιλᾶτος σὺν ἔθνεσιν καὶ λαοῖς Ἰσραήλ

Acts 4,30
ἐν τῷ τὴν χεῖρά [σου] ἐκτείνειν σε εἰς ἴασιν καὶ σημεῖα καὶ τέρατα γίνεσθαι **διὰ τοῦ ὀνόματος τοῦ ἁγίου παιδός σου Ἰησοῦ.**

a **Acts 4,31**
... καὶ ἐπλήσθησαν ἅπαντες **τοῦ ἁγίου πνεύματος** καὶ ἐλάλουν τὸν λόγον τοῦ θεοῦ μετὰ παρρησίας.

a **Acts 5,3**
... Ἁνανία, διὰ τί ἐπλήρωσεν ὁ σατανᾶς τὴν καρδίαν σου, ψεύσασθαί σε **τὸ πνεῦμα τὸ ἅγιον** καὶ νοσφίσασθαι ἀπὸ τῆς τιμῆς τοῦ χωρίου;

a **Acts 5,32**
καὶ ἡμεῖς ἐσμεν μάρτυρες τῶν ῥημάτων τούτων καὶ **τὸ πνεῦμα τὸ ἅγιον** ὃ ἔδωκεν ὁ θεὸς τοῖς πειθαρχοῦσιν αὐτῷ.

a **Acts 6,5**
... καὶ ἐξελέξαντο Στέφανον, ἄνδρα πλήρης πίστεως καὶ **πνεύματος ἁγίου,** καὶ Φίλιππον καὶ Πρόχορον καὶ Νικάνορα ...

Acts 6,13
... ὁ ἄνθρωπος οὗτος οὐ παύεται λαλῶν ῥήματα κατὰ **τοῦ τόπου τοῦ ἁγίου [τούτου]** καὶ τοῦ νόμου·

Acts 7,33
... *λῦσον τὸ ὑπόδημα τῶν ποδῶν σου, ὁ γὰρ τόπος ἐφ᾽ ᾧ ἕστηκας* ***γῆ ἁγία*** *ἐστίν.*
➤ Exod 3,5

a **Acts 7,51**
... ὑμεῖς ἀεὶ **τῷ πνεύματι τῷ ἁγίῳ** ἀντιπίπτετε ὡς οἱ πατέρες ὑμῶν καὶ ὑμεῖς.

a **Acts 7,55**
ὑπάρχων δὲ πλήρης **πνεύματος ἁγίου** ἀτενίσας εἰς τὸν οὐρανὸν εἶδεν δόξαν θεοῦ καὶ Ἰησοῦν ἑστῶτα ἐκ δεξιῶν τοῦ θεοῦ

a **Acts 8,15**
οἵτινες καταβάντες προσηύξαντο περὶ αὐτῶν ὅπως λάβωσιν **πνεῦμα ἅγιον·**

a **Acts 8,17**
τότε ἐπετίθεσαν τὰς χεῖρας ἐπ᾽ αὐτοὺς καὶ ἐλάμβανον **πνεῦμα ἅγιον.**

a **Acts 8,19**
... δότε κἀμοὶ τὴν ἐξουσίαν ταύτην ἵνα ᾧ ἐὰν ἐπιθῶ τὰς χεῖρας λαμβάνῃ **πνεῦμα ἅγιον.**

Acts 9,13
... κύριε, ἤκουσα ἀπὸ πολλῶν περὶ τοῦ ἀνδρὸς τούτου ὅσα κακὰ **τοῖς ἁγίοις σου** ἐποίησεν ἐν Ἰερουσαλήμ·

a **Acts 9,17**
... Σαοὺλ ἀδελφέ, ὁ κύριος ἀπέσταλκέν με, Ἰησοῦς ὁ ὀφθείς σοι ἐν τῇ ὁδῷ ᾗ ἤρχου, ὅπως ἀναβλέψῃς καὶ πλησθῇς **πνεύματος ἁγίου.**

a **Acts 9,31**
ἡ μὲν οὖν ἐκκλησία ... πορευομένη τῷ φόβῳ τοῦ κυρίου καὶ **τῇ παρακλήσει τοῦ ἁγίου πνεύματος** ἐπληθύνετο.

Acts 9,32
ἐγένετο δὲ Πέτρον διερχόμενον διὰ πάντων κατελθεῖν καὶ **πρὸς τοὺς ἁγίους τοὺς κατοικοῦντας** Λύδδα.

	Acts 9,41	δοὺς δὲ αὐτῇ χεῖρα ἀνέστησεν αὐτήν· φωνήσας δὲ **τοὺς ἁγίους** καὶ τὰς χήρας παρέστησεν αὐτὴν ζῶσαν.
	Acts 10,22	... Κορνήλιος ἑκατοντάρχης, ... ἐχρηματίσθη **ὑπὸ ἀγγέλου ἁγίου** μεταπέμψασθαί σε εἰς τὸν οἶκον αὐτοῦ καὶ ἀκοῦσαι ῥήματα παρὰ σοῦ.
a	Acts 10,38 → Lk 4,18 → Lk 24,19	Ἰησοῦν τὸν ἀπὸ Ναζαρέθ, ὡς ἔχρισεν αὐτὸν ὁ θεὸς **πνεύματι ἁγίῳ** καὶ δυνάμει, ...
a	Acts 10,44	ἔτι λαλοῦντος τοῦ Πέτρου τὰ ῥήματα ταῦτα ἐπέπεσεν **τὸ πνεῦμα τὸ ἅγιον** ἐπὶ πάντας τοὺς ἀκούοντας τὸν λόγον.
a	Acts 10,45	καὶ ἐξέστησαν οἱ ἐκ περιτομῆς πιστοὶ ὅσοι συνῆλθαν τῷ Πέτρῳ, ὅτι καὶ ἐπὶ τὰ ἔθνη **ἡ δωρεὰ τοῦ ἁγίου πνεύματος** ἐκκέχυται·
a	Acts 10,47	μήτι τὸ ὕδωρ δύναται κωλῦσαί τις τοῦ μὴ βαπτισθῆναι τούτους, οἵτινες **τὸ πνεῦμα τὸ ἅγιον** ἔλαβον ὡς καὶ ἡμεῖς;
a	Acts 11,15	ἐν δὲ τῷ ἄρξασθαί με λαλεῖν ἐπέπεσεν **τὸ πνεῦμα τὸ ἅγιον** ἐπ' αὐτοὺς ὥσπερ καὶ ἐφ' ἡμᾶς ἐν ἀρχῇ.
a	Acts 11,16 → Mt 3,11 → Mk 1,8 → Lk 3,16 → Mt 28,19 → Acts 1,5 → Acts 19,4	... Ἰωάννης μὲν ἐβάπτισεν ὕδατι, ὑμεῖς δὲ βαπτισθήσεσθε **ἐν πνεύματι ἁγίῳ.**
a	Acts 11,24	ὅτι ἦν ἀνὴρ ἀγαθὸς καὶ πλήρης **πνεύματος ἁγίου** καὶ πίστεως. ...
a	Acts 13,2	... καὶ νηστευόντων εἶπεν **τὸ πνεῦμα τὸ ἅγιον·** ἀφορίσατε δή μοι τὸν Βαρναβᾶν καὶ Σαῦλον ...
a	Acts 13,4	αὐτοὶ μὲν οὖν ἐκπεμφθέντες **ὑπὸ τοῦ ἁγίου πνεύματος** κατῆλθον εἰς Σελεύκειαν, ...
a	Acts 13,9	Σαῦλος δέ, ὁ καὶ Παῦλος, πλησθεὶς **πνεύματος ἁγίου** ἀτενίσας εἰς αὐτὸν
a	Acts 13,52	οἵ τε μαθηταὶ ἐπληροῦντο χαρᾶς καὶ **πνεύματος ἁγίου.**
a	Acts 15,8	καὶ ὁ καρδιογνώστης θεὸς ἐμαρτύρησεν αὐτοῖς δοὺς **τὸ πνεῦμα τὸ ἅγιον** καθὼς καὶ ἡμῖν
a	Acts 15,28	ἔδοξεν γὰρ **τῷ πνεύματι τῷ ἁγίῳ** καὶ ἡμῖν μηδὲν πλέον ἐπιτίθεσθαι ὑμῖν βάρος πλὴν τούτων τῶν ἐπάναγκες
a	Acts 16,6	διῆλθον δὲ τὴν Φρυγίαν καὶ Γαλατικὴν χώραν κωλυθέντες **ὑπὸ τοῦ ἁγίου πνεύματος** λαλῆσαι τὸν λόγον ἐν τῇ Ἀσίᾳ·
a	Acts 19,2 (2)	εἶπέν τε πρὸς αὐτούς· εἰ **πνεῦμα ἅγιον** ἐλάβετε πιστεύσαντες;
a		οἱ δὲ πρὸς αὐτόν· ἀλλ' οὐδ' εἰ **πνεῦμα ἅγιον** ἔστιν ἠκούσαμεν.
a	Acts 19,6	καὶ ἐπιθέντος αὐτοῖς τοῦ Παύλου [τὰς] χεῖρας ἦλθε **τὸ πνεῦμα τὸ ἅγιον** ἐπ' αὐτούς, ...
a	Acts 20,23	πλὴν ὅτι **τὸ πνεῦμα τὸ ἅγιον** κατὰ πόλιν διαμαρτύρεταί μοι λέγον ὅτι δεσμὰ καὶ θλίψεις με μένουσιν.
a	Acts 20,28	προσέχετε ἑαυτοῖς καὶ παντὶ τῷ ποιμνίῳ, ἐν ᾧ ὑμᾶς **τὸ πνεῦμα τὸ ἅγιον** ἔθετο ἐπισκόπους ποιμαίνειν τὴν ἐκκλησίαν τοῦ θεοῦ, ...
a	Acts 21,11	... τάδε λέγει **τὸ πνεῦμα τὸ ἅγιον·** τὸν ἄνδρα οὗ ἐστιν ἡ ζώνη αὕτη, οὕτως δήσουσιν ἐν Ἰερουσαλὴμ οἱ Ἰουδαῖοι καὶ παραδώσουσιν εἰς χεῖρας ἐθνῶν.
	Acts 21,28	... ἔτι τε καὶ Ἕλληνας εἰσήγαγεν εἰς τὸ ἱερὸν καὶ κεκοίνωκεν **τὸν ἅγιον τόπον τοῦτον.**
	Acts 26,10	ὃ καὶ ἐποίησα ἐν Ἱεροσολύμοις, καὶ **πολλούς τε τῶν ἁγίων** ἐγὼ ἐν φυλακαῖς κατέκλεισα τὴν παρὰ τῶν ἀρχιερέων ἐξουσίαν λαβὼν ἀναιρουμένων τε αὐτῶν κατήνεγκα ψῆφον
a	Acts 28,25	... καλῶς **τὸ πνεῦμα τὸ ἅγιον** ἐλάλησεν διὰ Ἠσαΐου τοῦ προφήτου πρὸς τοὺς πατέρας ὑμῶν

ἀγκάλη	Syn 1	Mt	Mk	Lk 1	Acts	Jn	1-3John	Paul	Eph	Col
	NT 1	2Thess	1/2Tim	Tit	Heb	Jas	1Pet	2Pet	Jude	Rev

arm

002		Lk 2,28	καὶ αὐτὸς ἐδέξατο αὐτὸ **εἰς τὰς ἀγκάλας** καὶ εὐλόγησεν τὸν θεὸν ...

ἄγκιστρον	Syn 1	Mt 1	Mk	Lk	Acts	Jn	1-3John	Paul	Eph	Col
	NT 1	2Thess	1/2Tim	Tit	Heb	Jas	1Pet	2Pet	Jude	Rev

fishhook

200	**Mt 17,27** ... πορευθεὶς εἰς θάλασσαν βάλε **ἄγκιστρον** καὶ τὸν ἀναβάντα πρῶτον ἰχθὺν ἆρον, ...			

ἄγναφος	Syn 2	Mt 1	Mk 1	Lk	Acts	Jn	1-3John	Paul	Eph	Col
	NT 2	2Thess	1/2Tim	Tit	Heb	Jas	1Pet	2Pet	Jude	Rev

new; unshrunken

221	**Mt 9,16** οὐδεὶς δὲ ἐπιβάλλει **ἐπίβλημα ῥάκους ἀγνάφου** ἐπὶ ἱματίῳ παλαιῷ· ...	**Mk 2,21** οὐδεὶς **ἐπίβλημα ῥάκους ἀγνάφου** ἐπιράπτει ἐπὶ ἱμάτιον παλαιόν· ...	**Lk 5,36** ... οὐδεὶς **ἐπίβλημα ἀπὸ ἱματίου καινοῦ** σχίσας ἐπιβάλλει ἐπὶ ἱμάτιον παλαιόν· ...	→ GTh 47,5

ἀγνοέω	Syn 2	Mt	Mk 1	Lk 1	Acts 2	Jn	1-3John	Paul 15	Eph	Col
	NT 22	2Thess	1/2Tim 1	Tit	Heb 1	Jas	1Pet	2Pet 1	Jude	Rev

be ignorant; fail to understand; disregard

122	**Mt 17,23** ... καὶ ἐλυπήθησαν σφόδρα.	**Mk 9,32** οἱ δὲ **ἠγνόουν** τὸ ῥῆμα, καὶ ἐφοβοῦντο αὐτὸν ἐπερωτῆσαι.	**Lk 9,45** → Lk 18,34 οἱ δὲ **ἠγνόουν** τὸ ῥῆμα τοῦτο καὶ ἦν παρακεκαλυμμένον ἀπ' αὐτῶν ἵνα μὴ αἴσθωνται αὐτό, καὶ ἐφοβοῦντο ἐρωτῆσαι αὐτὸν περὶ τοῦ ῥήματος τούτου.	

Acts 13,27 → Lk 23,34a
οἱ γὰρ κατοικοῦντες ἐν Ἰερουσαλὴμ καὶ οἱ ἄρχοντες αὐτῶν τοῦτον **ἀγνοήσαντες** καὶ τὰς φωνὰς τῶν προφητῶν τὰς κατὰ πᾶν σάββατον ἀναγινωσκομένας κρίναντες ἐπλήρωσαν

Acts 17,23 ... εὗρον καὶ βωμὸν ἐν ᾧ ἐπεγέγραπτο· Ἀγνώστῳ θεῷ. ὃ οὖν **ἀγνοοῦντες** εὐσεβεῖτε, τοῦτο ἐγὼ καταγγέλλω ὑμῖν.

ἀγορά	Syn	Mt	Mk	Lk	Acts	Jn	1-3John	Paul	Eph	Col
	9	3	3	3	2					
	NT	2Thess	1/2Tim	Tit	Heb	Jas	1Pet	2Pet	Jude	Rev
	11									

market place

	triple tradition																	double tradition			Sondergut		
		+Mt / +Lk			−Mt / −Lk			traditions not taken over by Mt / Lk							subtotals								
code	222	211	112	212	221	122	121	022	012	021	220	120	210	020	Σ⁺	Σ⁻	Σ	202	201	102	200	002	total
Mt						1						1⁻				2⁻		2			1		3
Mk						1						1		1			3						3
Lk						1											1	2					3

Mk-Q overlap: 202: Mt 23,7 / Mk 12,38 / Lk 11,43   122: Mt 23,7 / Mk 12,28 / Lk 20,46

202	**Mt 11,16**	τίνι δὲ ὁμοιώσω τὴν γενεὰν ταύτην; ὁμοία ἐστὶν παιδίοις καθημένοις **ἐν ταῖς ἀγοραῖς** ἃ προσφωνοῦντα τοῖς ἑτέροις			**Lk 7,32**	[31] τίνι οὖν ὁμοιώσω τοὺς ἀνθρώπους τῆς γενεᾶς ταύτης καὶ τίνι εἰσὶν ὅμοιοι; [32] ὅμοιοί εἰσιν παιδίοις τοῖς **ἐν ἀγορᾷ** καθημένοις καὶ προσφωνοῦσιν ἀλλήλοις ...	
120	**Mt 14,36** → Mt 9,20	καὶ παρεκάλουν αὐτὸν ἵνα μόνον ἅψωνται τοῦ κρασπέδου τοῦ ἱματίου αὐτοῦ· ...	**Mk 6,56** → Mk 5,27	καὶ ὅπου ἂν εἰσεπορεύετο εἰς κώμας ἢ εἰς πόλεις ἢ εἰς ἀγρούς, **ἐν ταῖς ἀγοραῖς** ἐτίθεσαν τοὺς ἀσθενοῦντας, καὶ παρεκάλουν αὐτὸν ἵνα κἂν τοῦ κρασπέδου τοῦ ἱματίου αὐτοῦ ἅψωνται· ...	→ Lk 8,44		
020			**Mk 7,4** → Mt 23,25 → Lk 11,39	καὶ **ἀπ' ἀγορᾶς** ἐὰν μὴ βαπτίσωνται οὐκ ἐσθίουσιν, ...			
200	**Mt 20,3**	καὶ ἐξελθὼν περὶ τρίτην ὥραν εἶδεν ἄλλους ἑστῶτας **ἐν τῇ ἀγορᾷ** ἀργούς					
202	**Mt 23,7**	[6] φιλοῦσιν δὲ τὴν πρωτοκλισίαν ἐν τοῖς δείπνοις καὶ τὰς πρωτοκαθεδρίας ἐν ταῖς συναγωγαῖς [7] καὶ τοὺς ἀσπασμοὺς **ἐν ταῖς ἀγοραῖς** καὶ καλεῖσθαι ὑπὸ τῶν ἀνθρώπων ῥαββί.	**Mk 12,38**	... βλέπετε ἀπὸ τῶν γραμματέων τῶν θελόντων ἐν στολαῖς περιπατεῖν καὶ ἀσπασμοὺς **ἐν ταῖς ἀγοραῖς** [39] καὶ πρωτοκαθεδρίας ἐν ταῖς συναγωγαῖς καὶ πρωτοκλισίας ἐν τοῖς δείπνοις	**Lk 11,43** ⇩ Lk 20,46	οὐαὶ ὑμῖν τοῖς Φαρισαίοις, ὅτι ἀγαπᾶτε τὴν πρωτοκαθεδρίαν ἐν ταῖς συναγωγαῖς καὶ τοὺς ἀσπασμοὺς **ἐν ταῖς ἀγοραῖς.**	Mk-Q overlap. Mt 23,7 counted as Q tradition.
122	**Mt 23,7**	[6] φιλοῦσιν δὲ τὴν πρωτοκλισίαν ἐν τοῖς δείπνοις καὶ τὰς πρωτοκαθεδρίας ἐν ταῖς συναγωγαῖς [7] καὶ τοὺς ἀσπασμοὺς **ἐν ταῖς ἀγοραῖς** καὶ καλεῖσθαι ὑπὸ τῶν ἀνθρώπων ῥαββί.	**Mk 12,38**	... βλέπετε ἀπὸ τῶν γραμματέων τῶν θελόντων ἐν στολαῖς περιπατεῖν καὶ ἀσπασμοὺς **ἐν ταῖς ἀγοραῖς** [39] καὶ πρωτοκαθεδρίας ἐν ταῖς συναγωγαῖς καὶ πρωτοκλισίας ἐν τοῖς δείπνοις	**Lk 20,46** ⇧ Lk 11,43	προσέχετε ἀπὸ τῶν γραμματέων τῶν θελόντων περιπατεῖν ἐν στολαῖς καὶ φιλούντων ἀσπασμοὺς **ἐν ταῖς ἀγοραῖς** καὶ πρωτοκαθεδρίας ἐν ταῖς συναγωγαῖς καὶ πρωτοκλισίας ἐν τοῖς δείπνοις	Mk-Q overlap. Mt 23,7 counted as Q tradition.

Acts 16,19 ... ἐπιλαβόμενοι τὸν Παῦλον καὶ τὸν Σιλᾶν εἵλκυσαν **εἰς τὴν ἀγορὰν** ἐπὶ τοὺς ἄρχοντας	**Acts 17,17** διελέγετο μὲν οὖν ἐν τῇ συναγωγῇ τοῖς Ἰουδαίοις καὶ τοῖς σεβομένοις καὶ **ἐν τῇ ἀγορᾷ** κατὰ πᾶσαν ἡμέραν πρὸς τοὺς παρατυγχάνοντας.

ἀγοράζω	Syn	Mt	Mk	Lk	Acts	Jn	1-3John	Paul	Eph	Col
	17	7	5	5		3		3		
	NT	2Thess	1/2Tim	Tit	Heb	Jas	1Pet	2Pet	Jude	Rev
	30							1		6

buy; redeem; ransom

	triple tradition																	double tradition			Sondergut		
		+Mt / +Lk			–Mt / –Lk			traditions not taken over by Mt / Lk							subtotals								
code	*222*	*211*	*112*	*212*	*221*	*122*	*121*	*022*	*012*	*021*	*220*	*120*	*210*	*020*	Σ⁺	Σ⁻	Σ	*202*	*201*	*102*	*200*	*002*	total
Mt					2	1⁻	2⁻									3⁻	2				5		7
Mk					2	1	2										5						5
Lk					2⁻	1	2⁻									4⁻	1			2		2	5

200	**Mt 13,44**	ὁμοία ἐστὶν ἡ βασιλεία τῶν οὐρανῶν θησαυρῷ κεκρυμμένῳ ἐν τῷ ἀγρῷ, ὃν εὑρὼν ἄνθρωπος ἔκρυψεν, καὶ ἀπὸ τῆς χαρᾶς αὐτοῦ ὑπάγει καὶ πωλεῖ πάντα ὅσα ἔχει καὶ **ἀγοράζει** τὸν ἀγρὸν ἐκεῖνον.					→ GTh 109
200	**Mt 13,46**	εὑρὼν δὲ ἕνα πολύτιμον μαργαρίτην ἀπελθὼν πέπρακεν πάντα ὅσα εἶχεν καὶ **ἠγόρασεν** αὐτόν.					→ GTh 76,1-2
221	**Mt 14,15** ↓ Mt 14,16 → Mt 15,32	... ἀπόλυσον τοὺς ὄχλους, ἵνα ἀπελθόντες εἰς τὰς κώμας **ἀγοράσωσιν** ἑαυτοῖς βρώματα.	**Mk 6,36** ↓ Mk 6,37 → Mk 8,3	ἀπόλυσον αὐτούς, ἵνα ἀπελθόντες εἰς τοὺς κύκλῳ ἀγροὺς καὶ κώμας **ἀγοράσωσιν** ἑαυτοῖς τί φάγωσιν.	**Lk 9,12** ↓ Lk 9,13	... ἀπόλυσον τὸν ὄχλον, ἵνα πορευθέντες εἰς τὰς κύκλῳ κώμας καὶ ἀγροὺς καταλύσωσιν καὶ **εὕρωσιν** ἐπισιτισμόν, ...	
122	**Mt 14,16** ↑ Mt 14,15 → Mt 15,33	ὁ δὲ [Ἰησοῦς] εἶπεν αὐτοῖς· οὐ χρείαν ἔχουσιν ἀπελθεῖν, δότε αὐτοῖς ὑμεῖς φαγεῖν. [17] οἱ δὲ λέγουσιν αὐτῷ· οὐκ ἔχομεν ὧδε εἰ μὴ πέντε ἄρτους καὶ δύο ἰχθύας.	**Mk 6,37** ↑ Mk 6,36 → Mk 8,4	ὁ δὲ ἀποκριθεὶς εἶπεν αὐτοῖς· δότε αὐτοῖς ὑμεῖς φαγεῖν. καὶ λέγουσιν αὐτῷ· ἀπελθόντες **ἀγοράσωμεν** δηναρίων διακοσίων ἄρτους καὶ δώσομεν αὐτοῖς φαγεῖν; [38] ὁ δὲ λέγει αὐτοῖς· πόσους ἄρτους ἔχετε; ὑπάγετε ἴδετε. καὶ γνόντες λέγουσιν· πέντε, καὶ δύο ἰχθύας.	**Lk 9,13** ↑ Lk 9,12	εἶπεν δὲ πρὸς αὐτούς· δότε αὐτοῖς ὑμεῖς φαγεῖν. οἱ δὲ εἶπαν· οὐκ εἰσὶν ἡμῖν πλεῖον ἢ ἄρτοι πέντε καὶ ἰχθύες δύο, εἰ μήτι πορευθέντες ἡμεῖς **ἀγοράσωμεν** εἰς πάντα τὸν λαὸν τοῦτον βρώματα.	→ Jn 6,5 → Jn 6,7

102	Mt 22,5	οἱ δὲ ἀμελήσαντες ἀπῆλθον, ὃς μὲν εἰς τὸν ἴδιον ἀγρόν,			Lk 14,18	καὶ ἤρξαντο ἀπὸ μιᾶς πάντες παραιτεῖσθαι. ὁ πρῶτος εἶπεν αὐτῷ· ἀγρὸν ἠγόρασα καὶ ἔχω ἀνάγκην ἐξελθὼν ἰδεῖν αὐτόν· ἐρωτῶ σε, ἔχε με παρῃτημένον.	→ GTh 64
102		ὃς δὲ ἐπὶ τὴν ἐμπορίαν αὐτοῦ·			Lk 14,19	καὶ ἕτερος εἶπεν· ζεύγη βοῶν ἠγόρασα πέντε καὶ πορεύομαι δοκιμάσαι αὐτά· ἐρωτῶ σε, ἔχε με παρῃτημένον.	→ GTh 64
002					Lk 17,28	ὁμοίως καθὼς ἐγένετο ἐν ταῖς ἡμέραις Λώτ· ἤσθιον, ἔπινον, ἠγόραζον, ἐπώλουν, ἐφύτευον, ᾠκοδόμουν·	
221	Mt 21,12	καὶ εἰσῆλθεν Ἰησοῦς εἰς τὸ ἱερὸν καὶ ἐξέβαλεν πάντας τοὺς πωλοῦντας καὶ ἀγοράζοντας ἐν τῷ ἱερῷ, ...	Mk 11,15 → Mk 11,11	... καὶ εἰσελθὼν εἰς τὸ ἱερὸν ἤρξατο ἐκβάλλειν τοὺς πωλοῦντας καὶ τοὺς ἀγοράζοντας ἐν τῷ ἱερῷ, ...	Lk 19,45	καὶ εἰσελθὼν εἰς τὸ ἱερὸν ἤρξατο ἐκβάλλειν τοὺς πωλοῦντας	→ Jn 2,14-16
200	Mt 25,9	... πορεύεσθε μᾶλλον πρὸς τοὺς πωλοῦντας καὶ ἀγοράσατε ἑαυταῖς.					
200	Mt 25,10	ἀπερχομένων δὲ αὐτῶν ἀγοράσαι ἦλθεν ὁ νυμφίος, καὶ αἱ ἕτοιμοι εἰσῆλθον μετ᾽ αὐτοῦ εἰς τοὺς γάμους καὶ ἐκλείσθη ἡ θύρα.			Lk 13,25	ἀφ᾽ οὗ ἂν ἐγερθῇ ὁ οἰκοδεσπότης καὶ ἀποκλείσῃ τὴν θύραν ...	
002					Lk 22,36 → Lk 9,3 → Lk 10,4	... καὶ ὁ μὴ ἔχων πωλησάτω τὸ ἱμάτιον αὐτοῦ καὶ ἀγορασάτω μάχαιραν.	
200	Mt 27,7	συμβούλιον δὲ λαβόντες ἠγόρασαν ἐξ αὐτῶν τὸν ἀγρὸν τοῦ κεραμέως ...					→ Acts 1,18
121	Mt 27,59	καὶ λαβὼν τὸ σῶμα ὁ Ἰωσὴφ ἐνετύλιξεν αὐτὸ [ἐν] σινδόνι καθαρᾷ	Mk 15,46	καὶ ἀγοράσας σινδόνα καθελὼν αὐτὸν ἐνείλησεν τῇ σινδόνι ...	Lk 23,53	καὶ καθελὼν ἐνετύλιξεν αὐτὸ σινδόνι ...	→ Jn 19,40

121	Mt 28,1 → Mt 27,56 → Mt 27,61	ὀψὲ δὲ σαββάτων,	Mk 16,1 → Mk 15,40 → Mk 15,47	καὶ διαγενομένου τοῦ σαββάτου Μαρία ἡ Μαγδαληνὴ καὶ Μαρία ἡ [τοῦ] Ἰακώβου καὶ Σαλώμη **ἠγόρασαν** ἀρώματα ἵνα ἐλθοῦσαι ἀλείψωσιν αὐτόν.	Lk 23,56 → Lk 8,2-3	ὑποστρέψασαι δὲ **ἡτοίμασαν** ἀρώματα καὶ μύρα. καὶ τὸ μὲν σάββατον ἡσύχασαν κατὰ τὴν ἐντολήν.	→ Jn 20,1 → Jn 20,18
		τῇ ἐπιφωσκούσῃ εἰς μίαν σαββάτων ἦλθεν Μαριὰμ ἡ Μαγδαληνὴ καὶ ἡ ἄλλη Μαρία θεωρῆσαι τὸν τάφον.		[2] καὶ λίαν πρωῒ τῇ μιᾷ τῶν σαββάτων ἔρχονται ἐπὶ τὸ μνημεῖον ἀνατείλαντος τοῦ ἡλίου.		[24,1] τῇ δὲ μιᾷ τῶν σαββάτων ὄρθρου βαθέως ἐπὶ τὸ μνῆμα ἦλθον φέρουσαι ἃ ἡτοίμασαν ἀρώματα. [24,10] ἦσαν δὲ ἡ Μαγδαληνὴ Μαρία καὶ Ἰωάννα καὶ Μαρία ἡ Ἰακώβου καὶ αἱ λοιπαὶ σὺν αὐταῖς ...	

ἄγρα	Syn	Mt	Mk	Lk	Acts	Jn	1-3John	Paul	Eph	Col
	2			2						
	NT	2Thess	1/2Tim	Tit	Heb	Jas	1Pet	2Pet	Jude	Rev
	2									

catch (of fish)

	Lk		
002	Lk 5,4	... ἐπανάγαγε εἰς τὸ βάθος καὶ χαλάσατε τὰ δίκτυα ὑμῶν **εἰς ἄγραν.**	→ Jn 21,6
002	Lk 5,9	θάμβος γὰρ περιέσχεν αὐτὸν καὶ πάντας τοὺς σὺν αὐτῷ **ἐπὶ τῇ ἄγρᾳ τῶν ἰχθύων** ὧν συνέλαβον	

ἀγραυλέω	Syn	Mt	Mk	Lk	Acts	Jn	1-3John	Paul	Eph	Col
	1			1						
	NT	2Thess	1/2Tim	Tit	Heb	Jas	1Pet	2Pet	Jude	Rev
	1									

to dwell in the field

	Lk		
002	Lk 2,8	καὶ ποιμένες ἦσαν ἐν τῇ χώρᾳ τῇ αὐτῇ **ἀγραυλοῦντες** καὶ φυλάσσοντες φυλακὰς τῆς νυκτὸς ἐπὶ τὴν ποίμνην αὐτῶν.	

ἀγρεύω	Syn 1	Mt	Mk 1	Lk	Acts	Jn	1-3John	Paul	Eph	Col
	NT 1	2Thess	1/2Tim	Tit	Heb	Jas	1Pet	2Pet	Jude	Rev

trap; catch off guard

121	**Mt 22,15** → Mt 26,4 τότε πορευθέντες οἱ Φαρισαῖοι συμβούλιον ἔλαβον ὅπως αὐτὸν **παγιδεύσωσιν** ἐν λόγῳ. [16] καὶ ἀποστέλλουσιν αὐτῷ τοὺς μαθητὰς αὐτῶν μετὰ τῶν Ἡρῳδιανῶν ...	**Mk 12,13** καὶ ἀποστέλλουσιν πρὸς αὐτόν τινας τῶν Φαρισαίων καὶ τῶν Ἡρῳδιανῶν ἵνα αὐτὸν **ἀγρεύσωσιν** λόγῳ.	**Lk 20,20** → Lk 16,15 → Lk 18,9 → Lk 23,2 καὶ παρατηρήσαντες ἀπέστειλαν ἐγκαθέτους ὑποκρινομένους ἑαυτοὺς δικαίους εἶναι, ἵνα **ἐπιλάβωνται** αὐτοῦ λόγου, ὥστε παραδοῦναι αὐτὸν τῇ ἀρχῇ καὶ τῇ ἐξουσίᾳ τοῦ ἡγεμόνος.	

ἄγριος	Syn 2	Mt 1	Mk 1	Lk	Acts	Jn	1-3John	Paul	Eph	Col
	NT 3	2Thess	1/2Tim	Tit	Heb	Jas	1Pet	2Pet	Jude 1	Rev

wild

220	**Mt 3,4** → Lk 7,33 ... ἡ δὲ τροφὴ ἦν αὐτοῦ ἀκρίδες καὶ **μέλι ἄγριον.**	**Mk 1,6** → Lk 7,33 ... καὶ ἐσθίων ἀκρίδας καὶ **μέλι ἄγριον.**		

ἀγρός	Syn 34	Mt 17	Mk 8	Lk 9	Acts 1	Jn	1-3John	Paul	Eph	Col
	NT 35	2Thess	1/2Tim	Tit	Heb	Jas	1Pet	2Pet	Jude	Rev

field; farm; country side

	triple tradition																	double tradition			Sondergut		
		+Mt / +Lk			–Mt / –Lk			traditions not taken over by Mt / Lk							subtotals								
code	222	211	112	212	221	122	121	022	012	021	220	120	210	020	Σ+	Σ−	Σ	202	201	102	200	002	total
Mt	1				1	3^-	2^-					1^-				6^-	2	2	3		10		**17**
Mk	1				1	3	2					1					8						**8**
Lk	1				1^-	3	2^-									3^-	4	2				3	**9**

201	**Mt 6,28** ... καταμάθετε **τὰ κρίνα τοῦ ἀγροῦ** πῶς αὐξάνουσιν· ...		**Lk 12,27** κατανοήσατε **τὰ κρίνα** πῶς αὐξάνει· ...	→ GTh 36,2-3 (only POxy 655)
202	**Mt 6,30** εἰ δὲ **τὸν χόρτον** **τοῦ ἀγροῦ** σήμερον ὄντα καὶ αὔριον εἰς κλίβανον βαλλόμενον ὁ θεὸς οὕτως ἀμφιέννυσιν, οὐ πολλῷ μᾶλλον ὑμᾶς, ὀλιγόπιστοι;		**Lk 12,28** εἰ δὲ **ἐν ἀγρῷ** **τὸν χόρτον** ὄντα σήμερον καὶ αὔριον εἰς κλίβανον βαλλόμενον ὁ θεὸς οὕτως ἀμφιέζει, πόσῳ μᾶλλον ὑμᾶς, ὀλιγόπιστοι.	→ GTh 36,2 (only POxy 655)
200	**Mt 13,24** ... ὡμοιώθη ἡ βασιλεία τῶν οὐρανῶν ἀνθρώπῳ σπείραντι καλὸν σπέρμα **ἐν τῷ ἀγρῷ αὐτοῦ.**			→ GTh 57
200	**Mt 13,27** ... εἶπον αὐτῷ· κύριε, οὐχὶ καλὸν σπέρμα ἔσπειρας **ἐν τῷ σῷ ἀγρῷ;** πόθεν οὖν ἔχει ζιζάνια;			› GTh 57

201	Mt 13,31	... ὁμοία ἐστὶν ἡ βασιλεία τῶν οὐρανῶν κόκκῳ σινάπεως, ὃν λαβὼν ἄνθρωπος ἔσπειρεν ἐν τῷ ἀγρῷ αὐτοῦ·	Mk 4,31	[30] ... πῶς ὁμοιώσωμεν τὴν βασιλείαν τοῦ θεοῦ ... [31] ὡς κόκκῳ σινάπεως, ὃς ὅταν σπαρῇ ἐπὶ τῆς γῆς, ...	Lk 13,19	[18] ... τίνι ὁμοία ἐστὶν ἡ βασιλεία τοῦ θεοῦ ... [19] ὁμοία ἐστὶν κόκκῳ σινάπεως, ὃν λαβὼν ἄνθρωπος ἔβαλεν εἰς κῆπον ἑαυτοῦ, ...	→ GTh 20 Mk-Q overlap
200	Mt 13,36 → Mt 13,34 → Mk 4,34	... καὶ προσῆλθον αὐτῷ οἱ μαθηταὶ αὐτοῦ λέγοντες· διασάφησον ἡμῖν τὴν παραβολὴν τῶν ζιζανίων τοῦ ἀγροῦ.					
200	Mt 13,38	ὁ δὲ ἀγρός ἐστιν ὁ κόσμος, ...					
200 200	Mt 13,44 (2)	ὁμοία ἐστὶν ἡ βασιλεία τῶν οὐρανῶν θησαυρῷ κεκρυμμένῳ ἐν τῷ ἀγρῷ, ὃν εὑρὼν ἄνθρωπος ἔκρυψεν, καὶ ἀπὸ τῆς χαρᾶς αὐτοῦ ὑπάγει καὶ πωλεῖ πάντα ὅσα ἔχει καὶ ἀγοράζει τὸν ἀγρὸν ἐκεῖνον.					→ GTh 109
122	Mt 8,33	οἱ δὲ βόσκοντες ἔφυγον, καὶ ἀπελθόντες εἰς τὴν πόλιν ἀπήγγειλαν πάντα ...	Mk 5,14	καὶ οἱ βόσκοντες αὐτοὺς ἔφυγον καὶ ἀπήγγειλαν εἰς τὴν πόλιν καὶ εἰς τοὺς ἀγρούς· ...	Lk 8,34	ἰδόντες δὲ οἱ βόσκοντες τὸ γεγονὸς ἔφυγον καὶ ἀπήγγειλαν εἰς τὴν πόλιν καὶ εἰς τοὺς ἀγρούς.	
122	Mt 14,15 → Mt 14,16 → Mt 15,32	... ἀπόλυσον τοὺς ὄχλους, ἵνα ἀπελθόντες εἰς τὰς κώμας ἀγοράσωσιν ἑαυτοῖς βρώματα.	Mk 6,36 → Mk 6,37 → Mk 8,3	ἀπόλυσον αὐτούς, ἵνα ἀπελθόντες εἰς τοὺς κύκλῳ ἀγροὺς καὶ κώμας ἀγοράσωσιν ἑαυτοῖς τί φάγωσιν.	Lk 9,12 → Lk 9,13	... ἀπόλυσον τὸν ὄχλον, ἵνα πορευθέντες εἰς τὰς κύκλῳ κώμας καὶ ἀγροὺς καταλύσωσιν καὶ εὕρωσιν ἐπισιτισμόν, ...	
120	Mt 14,36 → Mt 9,20	καὶ παρεκάλουν αὐτὸν ἵνα μόνον ἅψωνται τοῦ κρασπέδου τοῦ ἱματίου αὐτοῦ· ...	Mk 6,56 → Mk 5,27	καὶ ὅπου ἂν εἰσεπορεύετο εἰς κώμας ἢ εἰς πόλεις ἢ εἰς ἀγρούς, ἐν ταῖς ἀγοραῖς ἐτίθεσαν τοὺς ἀσθενοῦντας, καὶ παρεκάλουν αὐτὸν ἵνα κἂν τοῦ κρασπέδου τοῦ ἱματίου αὐτοῦ ἅψωνται· ...	→ Lk 8,44		
202	Mt 6,30	εἰ δὲ τὸν χόρτον τοῦ ἀγροῦ σήμερον ὄντα καὶ αὔριον εἰς κλίβανον βαλλόμενον ὁ θεὸς οὕτως ἀμφιέννυσιν, οὐ πολλῷ μᾶλλον ὑμᾶς, ὀλιγόπιστοι;			Lk 12,28	εἰ δὲ ἐν ἀγρῷ τὸν χόρτον ὄντα σήμερον καὶ αὔριον εἰς κλίβανον βαλλόμενον ὁ θεὸς οὕτως ἀμφιέζει, πόσῳ μᾶλλον ὑμᾶς, ὀλιγόπιστοι.	→ GTh 36,2 (only POxy 655)
202	Mt 22,5	οἱ δὲ ἀμελήσαντες ἀπῆλθον, ὃς μὲν εἰς τὸν ἴδιον ἀγρόν, ...			Lk 14,18	... ὁ πρῶτος εἶπεν αὐτῷ· ἀγρὸν ἠγόρασα καὶ ἔχω ἀνάγκην ἐξελθὼν ἰδεῖν αὐτόν· ...	→ GTh 64
002					Lk 15,15	... καὶ ἔπεμψεν αὐτὸν εἰς τοὺς ἀγροὺς αὐτοῦ βόσκειν χοίρους	

002					Lk 15,25	ἦν δὲ ὁ υἱὸς αὐτοῦ ὁ πρεσβύτερος **ἐν ἀγρῷ**· ...	
002					Lk 17,7	τίς δὲ ἐξ ὑμῶν δοῦλον ἔχων ἀροτριῶντα ἢ ποιμαίνοντα, ὃς εἰσελθόντι **ἐκ τοῦ ἀγροῦ** ἐρεῖ αὐτῷ· εὐθέως παρελθὼν ἀνάπεσε	
221	Mt 19,29 → Mt 10,37	καὶ πᾶς ὅστις ἀφῆκεν οἰκίας ἢ ἀδελφοὺς ἢ ἀδελφὰς ἢ πατέρα ἢ μητέρα ἢ τέκνα ἢ **ἀγροὺς** ἕνεκεν τοῦ ὀνόματός μου,	Mk 10,29	... οὐδείς ἐστιν ὃς ἀφῆκεν οἰκίαν ἢ ἀδελφοὺς ἢ ἀδελφὰς ἢ μητέρα ἢ πατέρα ἢ τέκνα ἢ **ἀγροὺς** ἕνεκεν ἐμοῦ καὶ ἕνεκεν τοῦ εὐαγγελίου,	Lk 18,29 → Lk 14,26	... οὐδείς ἐστιν ὃς ἀφῆκεν οἰκίαν ἢ γυναῖκα ἢ ἀδελφοὺς ἢ γονεῖς ἢ τέκνα ἕνεκεν τῆς βασιλείας τοῦ θεοῦ,	→ GTh 55 → GTh 101
121		ἑκατονταπλασίονα λήμψεται καὶ ζωὴν αἰώνιον κληρονομήσει.	Mk 10,30	ἐὰν μὴ λάβῃ ἑκατονταπλασίονα νῦν ἐν τῷ καιρῷ τούτῳ οἰκίας καὶ ἀδελφοὺς καὶ ἀδελφὰς καὶ μητέρας καὶ τέκνα καὶ **ἀγροὺς** μετὰ διωγμῶν, καὶ ἐν τῷ αἰῶνι τῷ ἐρχομένῳ ζωὴν αἰώνιον.	Lk 18,30	ὃς οὐχὶ μὴ [ἀπο]λάβῃ πολλαπλασίονα ἐν τῷ καιρῷ τούτῳ καὶ ἐν τῷ αἰῶνι τῷ ἐρχομένῳ ζωὴν αἰώνιον.	
121	Mt 21,8	ὁ δὲ πλεῖστος ὄχλος ἔστρωσαν ἑαυτῶν τὰ ἱμάτια ἐν τῇ ὁδῷ, ἄλλοι δὲ ἔκοπτον κλάδους **ἀπὸ τῶν δένδρων** καὶ ἐστρώννυον ἐν τῇ ὁδῷ.	Mk 11,8	καὶ πολλοὶ τὰ ἱμάτια αὐτῶν ἔστρωσαν εἰς τὴν ὁδόν, ἄλλοι δὲ στιβάδας κόψαντες **ἐκ τῶν ἀγρῶν.**	Lk 19,36	πορευομένου δὲ αὐτοῦ ὑπεστρώννυον τὰ ἱμάτια αὐτῶν ἐν τῇ ὁδῷ.	→ Jn 12,13
202	Mt 22,5	οἱ δὲ ἀμελήσαντες ἀπῆλθον, ὃς μὲν **εἰς τὸν ἴδιον ἀγρόν,** ...			Lk 14,18	... ὁ πρῶτος εἶπεν αὐτῷ· **ἀγρὸν** ἠγόρασα καὶ ἔχω ἀνάγκην ἐξελθὼν ἰδεῖν αὐτόν· ...	→ GTh 64
222	Mt 24,18	καὶ **ὁ ἐν τῷ ἀγρῷ** μὴ ἐπιστρεψάτω ὀπίσω ἆραι τὸ ἱμάτιον αὐτοῦ.	Mk 13,16	καὶ **ὁ εἰς τὸν ἀγρὸν** μὴ ἐπιστρεψάτω εἰς τὰ ὀπίσω ἆραι τὸ ἱμάτιον αὐτοῦ.	Lk 17,31 → Lk 21,21	... καὶ **ὁ ἐν ἀγρῷ** ὁμοίως μὴ ἐπιστρεψάτω εἰς τὰ ὀπίσω.	
201	Mt 24,40	τότε δύο ἔσονται **ἐν τῷ ἀγρῷ,** εἷς παραλαμβάνεται καὶ εἷς ἀφίεται·			Lk 17,34	... ταύτῃ τῇ νυκτὶ ἔσονται δύο **ἐπὶ κλίνης μιᾶς,** ὁ εἷς παραλημφθήσεται καὶ ὁ ἕτερος ἀφεθήσεται·	→ GTh 61,1
200	Mt 27,7	συμβούλιον δὲ λαβόντες ἠγόρασαν ἐξ αὐτῶν **τὸν ἀγρὸν** **τοῦ κεραμέως** ...					→ Acts 1,18
200 200	Mt 27,8 (2)	διὸ ἐκλήθη **ὁ ἀγρὸς ἐκεῖνος** **ἀγρὸς αἵματος** ἕως τῆς σήμερον.					→ Acts 1,19
200	Mt 27,10	καὶ ἔδωκαν αὐτὰ **εἰς τὸν ἀγρὸν** **τοῦ κεραμέως,** ...					

122	**Mt 27,32**	ἐξερχόμενοι δὲ εὗρον ἄνθρωπον Κυρηναῖον ὀνόματι Σίμωνα, τοῦτον ἠγγάρευσαν ἵνα ἄρῃ τὸν σταυρὸν αὐτοῦ.	**Mk 15,21**	καὶ ἀγγαρεύουσιν παράγοντά τινα Σίμωνα Κυρηναῖον ἐρχόμενον **ἀπ' ἀγροῦ,** τὸν πατέρα Ἀλεξάνδρου καὶ Ῥούφου, ἵνα ἄρῃ τὸν σταυρὸν αὐτοῦ.	**Lk 23,26**	... ἐπιλαβόμενοι Σίμωνά τινα Κυρηναῖον ἐρχόμενον **ἀπ' ἀγροῦ** ἐπέθηκαν αὐτῷ τὸν σταυρὸν φέρειν ὄπισθεν τοῦ Ἰησοῦ.

Acts 4,37 ὑπάρχοντος αὐτῷ
ἀγροῦ
πωλήσας ἤνεγκεν
τὸ χρῆμα καὶ ἔθηκεν
πρὸς τοὺς πόδας
τῶν ἀποστόλων.

ἀγρυπνέω	Syn	Mt	Mk	Lk	Acts	Jn	1-3John	Paul	Eph	Col
	2		1	1					1	
	NT	2Thess	1/2Tim	Tit	Heb	Jas	1Pet	2Pet	Jude	Rev
	4				1					

be alert; watch over

122	**Mt 25,13** → Mt 24,42 → Mt 24,44 → Mt 24,50	**γρηγορεῖτε** οὖν, ὅτι οὐκ οἴδατε τὴν ἡμέραν οὐδὲ τὴν ὥραν.	**Mk 13,33** → Lk 21,34	βλέπετε, **ἀγρυπνεῖτε·** οὐκ οἴδατε γὰρ πότε ὁ καιρός ἐστιν.	**Lk 21,36** → Lk 12,35-38 → Lk 18,1	**ἀγρυπνεῖτε** δὲ ἐν παντὶ καιρῷ δεόμενοι ...

ἄγω	Syn	Mt	Mk	Lk	Acts	Jn	1-3John	Paul	Eph	Col
	20	4	3	13	26	12		5		
	NT	2Thess	1/2Tim	Tit	Heb	Jas	1Pet	2Pet	Jude	Rev
	66		2		1					

to lead; bring; go

	triple tradition																double tradition			Sondergut		
		+Mt / +Lk			–Mt / –Lk			traditions not taken over by Mt / Lk							subtotals							
code	*222*	*211*	*112*	*212*	*221*	*122*	*121*	*022*	*012*	*021*	*220*	*120*	*210*	*020*	Σ⁺	Σ⁻	Σ	*202*	*201*	*102*	*200*	*002*	total
Mt		1^+		2^+			1^-				1				3^+	1^-	4						**4**
Mk							1			1	1						3						**3**
Lk			4^+	2^+			1^-			1^-					6^+	2^-	6			2		5	**13**

102	**Mt 4,1**	τότε ὁ Ἰησοῦς **ἀνήχθη** εἰς τὴν ἔρημον ὑπὸ τοῦ πνεύματος ...	**Mk 1,12**	καὶ εὐθὺς τὸ πνεῦμα αὐτὸν **ἐκβάλλει** εἰς τὴν ἔρημον.	**Lk 4,1**	Ἰησοῦς δὲ πλήρης πνεύματος ἁγίου ὑπέστρεψεν ἀπὸ τοῦ Ἰορδάνου καὶ **ἤγετο** ἐν τῷ πνεύματι ἐν τῇ ἐρήμῳ	Mk-Q overlap
102	**Mt 4,5**	τότε **παραλαμβάνει** αὐτὸν ὁ διάβολος εἰς τὴν ἁγίαν πόλιν ...			**Lk 4,9**	 **ἤγαγεν** δὲ αὐτὸν εἰς Ἰερουσαλὴμ ...	
002					**Lk 4,29**	καὶ ἀναστάντες ἐξέβαλον αὐτὸν ἔξω τῆς πόλεως καὶ **ἤγαγον** αὐτὸν ἕως ὀφρύος τοῦ ὄρους ...	

112	**Mt 8,16** ⇩ Mt 4,24 → Mt 14,35 → Mt 15,30	ὀψίας δὲ γενομένης προσήνεγκαν αὐτῷ δαιμονιζομένους πολλούς· ...	**Mk 1,32** → Mk 6,55 → Mk 7,32	ὀψίας δὲ γενομένης, ὅτε ἔδυ ὁ ἥλιος, ἔφερον πρὸς αὐτὸν πάντας τοὺς κακῶς ἔχοντας καὶ τοὺς δαιμονιζομένους·	**Lk 4,40**	δύνοντος δὲ τοῦ ἡλίου ἅπαντες ὅσοι εἶχον ἀσθενοῦντας νόσοις ποικίλαις ἤγαγον αὐτοὺς πρὸς αὐτόν· ...	
	Mt 4,24 ⇧ Mt 8,16	... καὶ προσήνεγκαν αὐτῷ πάντας τοὺς κακῶς ἔχοντας ποικίλαις νόσοις καὶ βασάνοις συνεχομένους [καὶ] δαιμονιζομένους ...					
021			**Mk 1,38**	καὶ λέγει αὐτοῖς· ἄγωμεν ἀλλαχοῦ εἰς τὰς ἐχομένας κωμοπόλεις, ἵνα καὶ ἐκεῖ κηρύξω· εἰς τοῦτο γὰρ ἐξῆλθον.	**Lk 4,43**	ὁ δὲ εἶπεν πρὸς αὐτοὺς ὅτι καὶ ταῖς ἑτέραις πόλεσιν εὐαγγελίσασθαί με δεῖ τὴν βασιλείαν τοῦ θεοῦ, ὅτι ἐπὶ τοῦτο ἀπεστάλην.	
211	**Mt 10,18**	καὶ ἐπὶ ἡγεμόνας δὲ καὶ βασιλεῖς ἀχθήσεσθε ἕνεκεν ἐμοῦ ...	**Mk 13,9**	... καὶ ἐπὶ ἡγεμόνων καὶ βασιλέων σταθήσεσθε ἕνεκεν ἐμοῦ ...	**Lk 21,12** → Lk 12,11	... ἀπαγομένους ἐπὶ βασιλεῖς καὶ ἡγεμόνας ἕνεκεν τοῦ ὀνόματός μου·	
002					**Lk 10,34**	... ἐπιβιβάσας δὲ αὐτὸν ἐπὶ τὸ ἴδιον κτῆνος ἤγαγεν αὐτὸν εἰς πανδοχεῖον καὶ ἐπεμελήθη αὐτοῦ.	
112	**Mt 20,32** ⇨ Mt 9,28	καὶ στὰς ὁ Ἰησοῦς ἐφώνησεν αὐτοὺς ...	**Mk 10,49**	καὶ στὰς ὁ Ἰησοῦς εἶπεν· Φωνήσατε αὐτόν. καὶ φωνοῦσιν τὸν τυφλὸν λέγοντες αὐτῷ· θάρσει, ἔγειρε, φωνεῖ σε.	**Lk 18,40**	σταθεὶς δὲ ὁ Ἰησοῦς ἐκέλευσεν αὐτὸν ἀχθῆναι πρὸς αὐτόν. ...	
002					**Lk 19,27**	πλὴν τοὺς ἐχθρούς μου τούτους τοὺς μὴ θελήσαντάς με βασιλεῦσαι ἐπ' αὐτοὺς ἀγάγετε ὧδε καὶ κατασφάξατε αὐτοὺς ἔμπροσθέν μου.	
212	**Mt 21,2**	... καὶ εὐθέως εὑρήσετε ὄνον δεδεμένην καὶ πῶλον μετ' αὐτῆς· λύσαντες ἀγάγετέ μοι.	**Mk 11,2**	... εὑρήσετε πῶλον δεδεμένον ἐφ' ὃν οὐδεὶς οὔπω ἀνθρώπων ἐκάθισεν· λύσατε αὐτὸν καὶ φέρετε.	**Lk 19,30**	... εὑρήσετε πῶλον δεδεμένον, ἐφ' ὃν οὐδεὶς πώποτε ἀνθρώπων ἐκάθισεν, καὶ λύσαντες αὐτὸν ἀγάγετε.	
212	**Mt 21,7**	ἤγαγον τὴν ὄνον καὶ τὸν πῶλον ...	**Mk 11,7**	καὶ φέρουσιν τὸν πῶλον πρὸς τὸν Ἰησοῦν ...	**Lk 19,35**	καὶ ἤγαγον αὐτὸν πρὸς τὸν Ἰησοῦν ...	

121	**Mt 10,19**	ὅταν δὲ **παραδῶσιν** ὑμᾶς, μὴ μεριμνήσητε πῶς ἢ τί λαλήσητε· ...	**Mk 13,11**	καὶ ὅταν **ἄγωσιν** ὑμᾶς **παραδιδόντες**, μὴ προμεριμνᾶτε τί λαλήσητε, ...	**Lk 21,14** ⇩ Lk 12,11 **Lk 12,11** ⇧ Lk 21,14 → Lk 21,12	 θέτε οὖν ἐν ταῖς καρδίαις ὑμῶν μὴ προμελετᾶν ἀπολογηθῆναι· ὅταν δὲ **εἰσφέρωσιν** ὑμᾶς ἐπὶ τὰς συναγωγὰς καὶ τὰς ἀρχὰς καὶ τὰς ἐξουσίας, μὴ μεριμνήσητε πῶς ἢ τί ἀπολογήσησθε ἢ τί εἴπητε·	Mk-Q overlap
220	**Mt 26,46**	ἐγείρεσθε **ἄγωμεν**· ἰδοὺ ἤγγικεν ὁ παραδιδούς με.	**Mk 14,42**	ἐγείρεσθε **ἄγωμεν**· ἰδοὺ ὁ παραδιδούς με ἤγγικεν.			→ Jn 14,31
112	**Mt 26,57**	οἱ δὲ κρατήσαντες τὸν Ἰησοῦν **ἀπήγαγον** πρὸς Καϊάφαν τὸν ἀρχιερέα, ...	**Mk 14,53**	καὶ **ἀπήγαγον** τὸν Ἰησοῦν πρὸς τὸν ἀρχιερέα, ...	**Lk 22,54** → Mt 26,50 → Mk 14,46	συλλαβόντες δὲ αὐτὸν **ἤγαγον καὶ** **εἰσήγαγον** εἰς τὴν οἰκίαν τοῦ ἀρχιερέως· ...	→ Jn 18,13
112	**Mt 27,2**	καὶ δήσαντες αὐτὸν **ἀπήγαγον** καὶ παρέδωκαν Πιλάτῳ τῷ ἡγεμόνι.	**Mk 15,1**	... δήσαντες τὸν Ἰησοῦν **ἀπήνεγκαν** καὶ παρέδωκαν Πιλάτῳ.	**Lk 23,1**	καὶ ἀναστὰν ἅπαν τὸ πλῆθος αὐτῶν **ἤγαγον** αὐτὸν ἐπὶ τὸν Πιλᾶτον.	→ Jn 18,28
002					**Lk 23,32** → Mt 27,38 → Mk 15,27 → Lk 23,33	**ἤγοντο** δὲ καὶ ἕτεροι κακοῦργοι δύο σὺν αὐτῷ ἀναιρεθῆναι.	→ Jn 19,18
002					**Lk 24,21**	... ἀλλά γε καὶ σὺν πᾶσιν τούτοις τρίτην ταύτην ἡμέραν **ἄγει** ἀφ᾽ οὗ ταῦτα ἐγένετο.	

Acts 5,21 ... παραγενόμενος δὲ ὁ ἀρχιερεὺς καὶ οἱ σὺν αὐτῷ ... ἀπέστειλαν εἰς τὸ δεσμωτήριον **ἀχθῆναι** αὐτούς.

Acts 5,26 τότε ἀπελθὼν ὁ στρατηγὸς σὺν τοῖς ὑπηρέταις **ἦγεν** αὐτούς ...

Acts 5,27 **ἀγαγόντες** δὲ αὐτοὺς ἔστησαν ἐν τῷ συνεδρίῳ. ...

Acts 6,12 ... καὶ ἐπιστάντες συνήρπασαν αὐτὸν καὶ **ἤγαγον** εἰς τὸ συνέδριον

Acts 8,32 ... *ὡς πρόβατον ἐπὶ σφαγὴν* ***ἤχθη*** *καὶ ὡς ἀμνὸς ἐναντίον τοῦ κείραντος αὐτὸν ἄφωνος*, ...
➢ Isa 53,7

Acts 9,2 ... ὅπως ἐάν τινας εὕρῃ τῆς ὁδοῦ ὄντας, ἄνδρας τε καὶ γυναῖκας, δεδεμένους **ἀγάγῃ** εἰς Ἰερουσαλήμ.

Acts 9,21 ... καὶ ὧδε εἰς τοῦτο ἐληλύθει ἵνα δεδεμένους αὐτοὺς **ἀγάγῃ** ἐπὶ τοὺς ἀρχιερεῖς;

Acts 9,27 Βαρναβᾶς δὲ ἐπιλαβόμενος αὐτὸν **ἤγαγεν** πρὸς τοὺς ἀποστόλους ...

Acts 11,26 καὶ εὑρὼν **ἤγαγεν** εἰς Ἀντιόχειαν. ...

Acts 13,23 τούτου ὁ θεὸς ἀπὸ τοῦ σπέρματος κατ᾽ ἐπαγγελίαν **ἤγαγεν** τῷ Ἰσραὴλ σωτῆρα Ἰησοῦν

Acts 17,15 οἱ δὲ καθιστάνοντες τὸν Παῦλον **ἤγαγον** ἕως Ἀθηνῶν, ...

Acts 17,19 ἐπιλαβόμενοί τε αὐτοῦ ἐπὶ τὸν Ἄρειον πάγον **ἤγαγον** λέγοντες· ...

Acts 18,12 ... κατεπέστησαν ὁμοθυμαδὸν οἱ Ἰουδαῖοι τῷ Παύλῳ καὶ **ἤγαγον** αὐτὸν ἐπὶ τὸ βῆμα

Acts 19,37 **ἠγάγετε** γὰρ τοὺς ἄνδρας τούτους οὔτε ἱεροσύλους οὔτε βλασφημοῦντας τὴν θεὸν ἡμῶν.

Acts 19,38 εἰ μὲν οὖν Δημήτριος καὶ οἱ σὺν αὐτῷ τεχνῖται ἔχουσι πρός τινα λόγον, ἀγοραῖοι **ἄγονται** καὶ ἀνθύπατοί εἰσιν, ἐγκαλείτωσαν ἀλλήλοις.

Acts 20,12 ἤγαγον
δὲ τὸν παῖδα ζῶντα καὶ παρεκλήθησαν οὐ μετρίως.

Acts 21,16 συνῆλθον δὲ καὶ τῶν μαθητῶν ἀπὸ Καισαρείας σὺν ἡμῖν,
ἄγοντες
παρ᾽ ᾧ ξενισθῶμεν Μνάσωνί τινι Κυπρίῳ, ἀρχαίῳ μαθητῇ.

Acts 21,34 ... μὴ δυναμένου δὲ αὐτοῦ γνῶναι τὸ ἀσφαλὲς διὰ τὸν θόρυβον ἐκέλευσεν
ἄγεσθαι
αὐτὸν εἰς τὴν παρεμβολήν.

Acts 22,5 ... παρ᾽ ὧν καὶ ἐπιστολὰς δεξάμενος πρὸς τοὺς ἀδελφοὺς εἰς Δαμασκὸν ἐπορευόμην,
ἄξων
καὶ τοὺς ἐκεῖσε ὄντας δεδεμένους εἰς Ἰερουσαλὴμ ἵνα τιμωρηθῶσιν.

Acts 23,10 ... ἐκέλευσεν τὸ στράτευμα καταβὰν ἁρπάσαι αὐτὸν ἐκ μέσου αὐτῶν
ἄγειν
τε εἰς τὴν παρεμβολήν.

Acts 23,18 (2) ὁ μὲν οὖν παραλαβὼν αὐτὸν
ἤγαγεν
πρὸς τὸν χιλίαρχον καὶ φησίν·
ὁ δέσμιος Παῦλος προσκαλεσάμενός με ἠρώτησεν τοῦτον τὸν νεανίσκον
ἀγαγεῖν
πρὸς σέ ἔχοντά τι λαλῆσαί σοι.

Acts 23,31 ... ἀναλαβόντες τὸν Παῦλον
ἤγαγον
διὰ νυκτὸς εἰς τὴν Ἀντιπατρίδα

Acts 25,6 ... τῇ ἐπαύριον καθίσας ἐπὶ τοῦ βήματος ἐκέλευσεν τὸν Παῦλον
ἀχθῆναι.

Acts 25,17 συνελθόντων οὖν [αὐτῶν] ἐνθάδε ἀναβολὴν μηδεμίαν ποιησάμενος τῇ ἑξῆς καθίσας ἐπὶ τοῦ βήματος ἐκέλευσα
ἀχθῆναι
τὸν ἄνδρα·

Acts 25,23 ... καὶ κελεύσαντος τοῦ Φήστου
ἤχθη
ὁ Παῦλος.

ἀγωνία

	Mt	Mk	Lk	Acts	Jn	1-3John	Paul	Eph	Col
Syn 1			1						
NT	**2Thess**	**1/2Tim**	**Tit**	**Heb**	**Jas**	**1Pet**	**2Pet**	**Jude**	**Rev**
1									

agony; anguish

002	**Lk 22,44** [[καὶ γενόμενος **ἐν ἀγωνίᾳ** ἐκτενέστερον προσηύχετο· ...]]	Lk 22,44 is textcritically uncertain.

ἀγωνίζομαι

	Mt	Mk	Lk	Acts	Jn	1-3John	Paul	Eph	Col
Syn 1			1		1		1		2
NT	**2Thess**	**1/2Tim**	**Tit**	**Heb**	**Jas**	**1Pet**	**2Pet**	**Jude**	**Rev**
8		3							

struggle; fight; do one's best; compete (of athletic contests)

102	**Mt 7,13** εἰσέλθατε διὰ τῆς στενῆς πύλης· ...	**Lk 13,24** **ἀγωνίζεσθε** εἰσελθεῖν διὰ τῆς στενῆς θύρας, ...	

Ἀδάμ

	Mt	Mk	Lk	Acts	Jn	1-3John	Paul	Eph	Col
Syn 1			1				5		
NT	**2Thess**	**1/2Tim**	**Tit**	**Heb**	**Jas**	**1Pet**	**2Pet**	**Jude**	**Rev**
9		2							1

Adam

002	**Lk 3,38** τοῦ Ἐνὼς τοῦ Σὴθ **τοῦ Ἀδὰμ** τοῦ θεοῦ.	

'Αδδί	Syn 1	Mt	Mk	Lk 1	Acts	Jn	1-3John	Paul	Eph	Col
	NT 1	2Thess	1/2Tim	Tit	Heb	Jas	1Pet	2Pet	Jude	Rev

Addi

002		**Lk 3,28**	τοῦ Μελχὶ **τοῦ 'Αδδὶ** τοῦ Κωσὰμ τοῦ Ἐλμαδὰμ τοῦ Ἤρ	

ἀδελφή	Syn 11	Mt 3	Mk 5	Lk 3	Acts 1	Jn 6	1-3John 1	Paul 5	Eph	Col
	NT 26	2Thess	1/2Tim 1	Tit	Heb	Jas 1	1Pet	2Pet	Jude	Rev

sister; fellow believer

	triple tradition																double tradition			Sondergut		
		+Mt / +Lk			–Mt / –Lk			traditions not taken over by Mt / Lk							subtotals							
code	*222*	*211*	*112*	*212*	*221*	*122*	*121*	*022*	*012*	*021*	*220*	*120*	*210*	*020*	Σ⁺	Σ⁻	Σ	*202*	*201*	*102*	*200*	*002*	total
Mt					2		2^-				1					2^-	3						**3**
Mk					2		2				1						5						**5**
Lk					2^-		2^-									4^-				1		2	**3**

121	**Mt 12,47**	[... ἰδοὺ ἡ μήτηρ σου καὶ οἱ ἀδελφοί σου ἔξω ἑστήκασιν ζητοῦντές σοι λαλῆσαι.]	**Mk 3,32**	... ἰδοὺ ἡ μήτηρ σου καὶ οἱ ἀδελφοί σου [καὶ **αἱ ἀδελφαί σου]** ἔξω ζητοῦσίν σε.	**Lk 8,20**	... ἡ μήτηρ σου καὶ οἱ ἀδελφοί σου ἑστήκασιν ἔξω ἰδεῖν θέλοντές σε.	→ GTh 99 Mt 12,47 is textcritically uncertain.
221	**Mt 12,50** → Mt 7,21	ὅστις γὰρ ἂν ποιήσῃ τὸ θέλημα τοῦ πατρός μου τοῦ ἐν οὐρανοῖς αὐτός μου ἀδελφὸς καὶ **ἀδελφὴ** καὶ μήτηρ ἐστίν.	**Mk 3,35**	ὃς [γὰρ] ἂν ποιήσῃ τὸ θέλημα τοῦ θεοῦ, οὗτος ἀδελφός μου καὶ **ἀδελφὴ** καὶ μήτηρ ἐστίν.	**Lk 8,21** → Lk 6,46 → Lk 11,28	... μήτηρ μου καὶ ἀδελφοί μου οὗτοί εἰσιν οἱ τὸν λόγον τοῦ θεοῦ ἀκούοντες καὶ ποιοῦντες.	→ Jn 15,14 → GTh 99
220	**Mt 13,56**	[55] οὐχ οὗτός ἐστιν ὁ τοῦ τέκτονος υἱός; οὐχ ἡ μήτηρ αὐτοῦ λέγεται Μαριὰμ καὶ οἱ ἀδελφοὶ αὐτοῦ Ἰάκωβος καὶ Ἰωσὴφ καὶ Σίμων καὶ Ἰούδας; [56] καὶ **αἱ ἀδελφαὶ αὐτοῦ** οὐχὶ πᾶσαι πρὸς ἡμᾶς εἰσιν; ...	**Mk 6,3**	οὐχ οὗτός ἐστιν ὁ τέκτων, ὁ υἱὸς τῆς Μαρίας καὶ ἀδελφὸς Ἰακώβου καὶ Ἰωσῆτος καὶ Ἰούδα καὶ Σίμωνος; καὶ οὐκ εἰσὶν **αἱ ἀδελφαὶ αὐτοῦ** ὧδε πρὸς ἡμᾶς; ...			
002					**Lk 10,39**	καὶ τῇδε ἦν **ἀδελφὴ καλουμένη Μαριάμ,** [ἣ] καὶ παρακαθεσθεῖσα πρὸς τοὺς πόδας τοῦ κυρίου ἤκουεν τὸν λόγον αὐτοῦ.	
002					**Lk 10,40**	... κύριε, οὐ μέλει σοι ὅτι **ἡ ἀδελφή μου** μόνην με κατέλιπεν διακονεῖν; ...	

102	**Mt 10,37** ↓Mt 19,29 ὁ φιλῶν πατέρα ἢ μητέρα ὑπὲρ ἐμὲ οὐκ ἔστιν μου ἄξιος, καὶ ὁ φιλῶν υἱὸν ἢ θυγατέρα ὑπὲρ ἐμὲ οὐκ ἔστιν μου ἄξιος·	↓Mk 10,29	**Lk 14,26** ↓Lk 18,29 εἴ τις ἔρχεται πρός με καὶ οὐ μισεῖ τὸν πατέρα ἑαυτοῦ καὶ τὴν μητέρα καὶ τὴν γυναῖκα καὶ τὰ τέκνα καὶ τοὺς ἀδελφοὺς καὶ **τὰς ἀδελφάς** ἔτι τε καὶ τὴν ψυχὴν ἑαυτοῦ, οὐ δύναται εἶναί μου μαθητής.	→ GTh 55 → GTh 101
221	**Mt 19,29** ↑Mt 10,37 καὶ πᾶς ὅστις ἀφῆκεν οἰκίας ἢ ἀδελφοὺς ἢ **ἀδελφὰς** ἢ πατέρα ἢ μητέρα ἢ τέκνα ἢ ἀγροὺς ἕνεκεν τοῦ ὀνόματός μου, ...	**Mk 10,29** ... οὐδείς ἐστιν ὃς ἀφῆκεν οἰκίαν ἢ ἀδελφοὺς ἢ **ἀδελφὰς** ἢ μητέρα ἢ πατέρα ἢ τέκνα ἢ ἀγροὺς ἕνεκεν ἐμοῦ καὶ ἕνεκεν τοῦ εὐαγγελίου,	**Lk 18,29** ↑Lk 14,26 ... οὐδείς ἐστιν ὃς ἀφῆκεν οἰκίαν ἢ γυναῖκα ἢ ἀδελφοὺς ἢ γονεῖς ἢ τέκνα ἕνεκεν τῆς βασιλείας τοῦ θεοῦ,	→ GTh 55 → GTh 101
121	**Mt 19,29** ↑Mt 10,37 ... ἑκατονταπλασίονα λήμψεται καὶ ζωὴν αἰώνιον κληρονομήσει.	**Mk 10,30** ἐὰν μὴ λάβῃ ἑκατονταπλασίονα νῦν ἐν τῷ καιρῷ τούτῳ οἰκίας καὶ ἀδελφοὺς καὶ **ἀδελφὰς** καὶ μητέρας καὶ τέκνα καὶ ἀγροὺς μετὰ διωγμῶν, καὶ ἐν τῷ αἰῶνι τῷ ἐρχομένῳ ζωὴν αἰώνιον.	**Lk 18,30** ↑Lk 14,26 ὃς οὐχὶ μὴ [ἀπο]λάβῃ πολλαπλασίονα ἐν τῷ καιρῷ τούτῳ καὶ ἐν τῷ αἰῶνι τῷ ἐρχομένῳ ζωὴν αἰώνιον.	

Acts 23,16 ἀκούσας δὲ
ὁ υἱὸς τῆς ἀδελφῆς
Παύλου
τὴν ἐνέδραν, ...

ἀδελφός	Syn	Mt	Mk	Lk	Acts	Jn	1-3John	Paul	Eph	Col
	83	39	20	24	57	14	18	113	2	5
	NT	2Thess	1/2Tim	Tit	Heb	Jas	1Pet	2Pet	Jude	Rev
	343	9	4		10	19	1	2	1	5

brother

	triple tradition																	double tradition			Sondergut		
		+Mt / +Lk			–Mt / –Lk			traditions not taken over by Mt / Lk							subtotals								
code	222	211	112	212	221	122	121	022	012	021	220	120	210	020	Σ⁺	Σ⁻	Σ	202	201	102	200	002	total
Mt	9	3⁺		1⁺	5	1⁻	1⁻				2	1⁻	2⁺		6⁺	3⁻	22	4	3		10		**39**
Mk	9				5	1	1			1	2	1					20						**20**
Lk	9			1⁺	5⁻	1	1⁻			1⁻					1⁺	7⁻	11	4		2		7	**24**

a ἄνδρες ἀδελφοί (Acts only)

200	**Mt 1,2** ... Ἰακὼβ δὲ ἐγέννησεν τὸν Ἰούδαν καὶ **τοὺς ἀδελφοὺς** **αὐτοῦ**		**Lk 3,34** [33] ... τοῦ Ἰούδα [34] τοῦ Ἰακὼβ ...	
200	**Mt 1,11** Ἰωσίας δὲ ἐγέννησεν τὸν Ἰεχονίαν καὶ **τοὺς ἀδελφοὺς** **αὐτοῦ** ἐπὶ τῆς μετοικεσίας Βαβυλῶνος.			

002					Lk 3,1	... καὶ τετρααρχοῦντος τῆς Γαλιλαίας Ἡρῴδου, Φιλίππου δὲ τοῦ ἀδελφοῦ αὐτοῦ τετρααρχοῦντος τῆς Ἰτουραίας καὶ Τραχωνίτιδος χώρας, ...	
222	Mt 14,3	ὁ γὰρ Ἡρῴδης κρατήσας τὸν Ἰωάννην ἔδησεν [αὐτὸν] καὶ ἐν φυλακῇ ἀπέθετο διὰ Ἡρῳδιάδα τὴν γυναῖκα Φιλίππου τοῦ ἀδελφοῦ αὐτοῦ·	Mk 6,17	αὐτὸς γὰρ ὁ Ἡρῴδης ἀποστείλας ἐκράτησεν τὸν Ἰωάννην καὶ ἔδησεν αὐτὸν ἐν φυλακῇ διὰ Ἡρῳδιάδα τὴν γυναῖκα Φιλίππου τοῦ ἀδελφοῦ αὐτοῦ, ὅτι αὐτὴν ἐγάμησεν·	Lk 3,19 ↓ Mt 14,4 ↓ Mk 6,18	ὁ δὲ Ἡρῴδης ὁ τετραάρχης, ἐλεγχόμενος ὑπ᾽ αὐτοῦ περὶ Ἡρῳδιάδος τῆς γυναικὸς τοῦ ἀδελφοῦ αὐτοῦ ... [20] ... [καὶ] κατέκλεισεν τὸν Ἰωάννην ἐν φυλακῇ.	
	Mt 4,18 (2)	περιπατῶν δὲ παρὰ τὴν θάλασσαν τῆς Γαλιλαίας εἶδεν	Mk 1,16	καὶ παράγων παρὰ τὴν θάλασσαν τῆς Γαλιλαίας εἶδεν	Lk 5,3	[1] ... αὐτὸς ἦν ἑστὼς παρὰ τὴν λίμνην Γεννησαρέτ [2] καὶ εἶδεν δύο πλοῖα ἑστῶτα παρὰ τὴν λίμνην· οἱ δὲ ἁλιεῖς ἀπ᾽ αὐτῶν ἀποβάντες ἔπλυνον τὰ δίκτυα. [3] ἐμβὰς δὲ εἰς ἓν τῶν πλοίων,	
210		δύο ἀδελφούς,					
		Σίμωνα τὸν λεγόμενον Πέτρον καὶ Ἀνδρέαν		Σίμωνα καὶ Ἀνδρέαν		ὃ ἦν Σίμωνος,	→ Jn 1,40-41
220		τὸν ἀδελφὸν αὐτοῦ, βάλλοντας ἀμφίβληστρον εἰς τὴν θάλασσαν· ἦσαν γὰρ ἁλιεῖς.		τὸν ἀδελφὸν Σίμωνος ἀμφιβάλλοντας ἐν τῇ θαλάσσῃ· ἦσαν γὰρ ἁλιεῖς.		ἠρώτησεν αὐτὸν ἀπὸ τῆς γῆς ἐπαναγαγεῖν ὀλίγον· ...	
211	Mt 4,21 (2)	καὶ προβὰς ἐκεῖθεν εἶδεν ἄλλους δύο ἀδελφούς, Ἰάκωβον τὸν τοῦ Ζεβεδαίου καὶ Ἰωάννην	Mk 1,19	καὶ προβὰς ὀλίγον εἶδεν Ἰάκωβον τὸν τοῦ Ζεβεδαίου καὶ Ἰωάννην	Lk 5,10	ὁμοίως δὲ καὶ Ἰάκωβον καὶ Ἰωάννην υἱοὺς Ζεβεδαίου,	
221		τὸν ἀδελφὸν αὐτοῦ, ἐν τῷ πλοίῳ μετὰ Ζεβεδαίου τοῦ πατρὸς αὐτῶν καταρτίζοντας τὰ δίκτυα αὐτῶν, ...		τὸν ἀδελφὸν αὐτοῦ, καὶ αὐτοὺς ἐν τῷ πλοίῳ καταρτίζοντας τὰ δίκτυα		οἳ ἦσαν κοινωνοὶ τῷ Σίμωνι. ... [2] ... οἱ δὲ ἁλιεῖς ἀπ᾽ αὐτῶν ἀποβάντες ἔπλυνον τὰ δίκτυα.	
212	Mt 10,2 (2)	... πρῶτος Σίμων ὁ λεγόμενος Πέτρος καὶ Ἀνδρέας ὁ ἀδελφὸς αὐτοῦ, ...	Mk 3,18	[16] ... καὶ ἐπέθηκεν ὄνομα τῷ Σίμωνι Πέτρον, [17] ... [18] καὶ Ἀνδρέαν ...	Lk 6,14	Σίμωνα, ὃν καὶ ὠνόμασεν Πέτρον, καὶ Ἀνδρέαν τὸν ἀδελφὸν αὐτοῦ, ...	→ Jn 1,40-41 → Jn 1,42
200	Mt 5,22 (2)	ἐγὼ δὲ λέγω ὑμῖν ὅτι πᾶς ὁ ὀργιζόμενος τῷ ἀδελφῷ αὐτοῦ ἔνοχος ἔσται τῇ κρίσει·					
200		ὃς δ᾽ ἂν εἴπῃ τῷ ἀδελφῷ αὐτοῦ· ῥακά, ἔνοχος ἔσται τῷ συνεδρίῳ· ...					
200	Mt 5,23 → Mk 11,25	ἐὰν οὖν προσφέρῃς τὸ δῶρόν σου ἐπὶ τὸ θυσιαστήριον κἀκεῖ μνησθῇς ὅτι ὁ ἀδελφός σου ἔχει τι κατὰ σοῦ,					

200	**Mt 5,24** → Mt 6,14 → Mk 11,25	ἄφες ἐκεῖ τὸ δῶρόν σου ἔμπροσθεν τοῦ θυσιαστηρίου καὶ ὕπαγε πρῶτον διαλλάγηθι **τῷ ἀδελφῷ σου,** καὶ τότε ἐλθὼν πρόσφερε τὸ δῶρόν σου.					
201	**Mt 5,47**	καὶ ἐὰν ἀσπάσησθε **τοὺς ἀδελφοὺς ὑμῶν** μόνον, τί περισσὸν ποιεῖτε; ...			**Lk 6,34** → Mt 5,42	καὶ ἐὰν δανίσητε **παρ' ὧν ἐλπίζετε** **λαβεῖν,** ποία ὑμῖν χάρις [ἐστίν]; ...	→ GTh 95
202	**Mt 7,3**	τί δὲ βλέπεις τὸ κάρφος τὸ ἐν τῷ ὀφθαλμῷ **τοῦ ἀδελφοῦ σου,** τὴν δὲ ἐν τῷ σῷ ὀφθαλμῷ δοκὸν οὐ κατανοεῖς;			**Lk 6,41**	τί δὲ βλέπεις τὸ κάρφος τὸ ἐν τῷ ὀφθαλμῷ **τοῦ ἀδελφοῦ σου,** τὴν δὲ δοκὸν τὴν ἐν τῷ ἰδίῳ ὀφθαλμῷ οὐ κατανοεῖς;	→ GTh 26
202 102	**Mt 7,4**	ἢ πῶς ἐρεῖς **τῷ ἀδελφῷ σου·** ἄφες ἐκβάλω τὸ κάρφος ἐκ τοῦ ὀφθαλμοῦ σου, καὶ ἰδοὺ ἡ δοκὸς ἐν τῷ ὀφθαλμῷ σοῦ;			**Lk 6,42** (3)	πῶς δύνασαι λέγειν **τῷ ἀδελφῷ σου·** **ἀδελφέ,** ἄφες ἐκβάλω τὸ κάρφος τὸ ἐν τῷ ὀφθαλμῷ σου, αὐτὸς τὴν ἐν τῷ ὀφθαλμῷ σοῦ δοκὸν οὐ βλέπων;	→ GTh 26
202	**Mt 7,5**	ὑποκριτά, ἔκβαλε πρῶτον ἐκ τοῦ ὀφθαλμοῦ σοῦ τὴν δοκόν, καὶ τότε διαβλέψεις ἐκβαλεῖν τὸ κάρφος ἐκ τοῦ ὀφθαλμοῦ **τοῦ ἀδελφοῦ σου.**				ὑποκριτά, ἔκβαλε πρῶτον τὴν δοκὸν ἐκ τοῦ ὀφθαλμοῦ σοῦ, καὶ τότε διαβλέψεις τὸ κάρφος τὸ ἐν τῷ ὀφθαλμῷ **τοῦ ἀδελφοῦ σου** ἐκβαλεῖν.	→ GTh 26 **(POxy 1)**
212	**Mt 10,2** (2)	... πρῶτος Σίμων ὁ λεγόμενος Πέτρος καὶ Ἀνδρέας **ὁ ἀδελφὸς αὐτοῦ**	**Mk 3,18**	[16] ... καὶ ἐπέθηκεν ὄνομα τῷ Σίμωνι Πέτρον, [17] ... [18] καὶ Ἀνδρέαν ...	**Lk 6,14**	Σίμωνα, ὃν καὶ ὠνόμασεν Πέτρον, καὶ Ἀνδρέαν **τὸν ἀδελφὸν αὐτοῦ**	**→ Jn 1,40-41** → Jn 1,42
221		καὶ Ἰάκωβος ὁ τοῦ Ζεβεδαίου καὶ Ἰωάννης **ὁ ἀδελφὸς αὐτοῦ**	**Mk 3,17**	καὶ Ἰάκωβον τὸν τοῦ Ζεβεδαίου καὶ Ἰωάννην **τὸν ἀδελφὸν τοῦ** **Ἰακώβου** καὶ ἐπέθηκεν αὐτοῖς ὀνόμα[τα] Βοανηργές, ὅ ἐστιν υἱοὶ βροντῆς·		καὶ Ἰάκωβον καὶ Ἰωάννην ...	
222 221	**Mt 10,21** (2) ⇩ Mt 24,9 → Mt 10,35 → Mt 24,10	παραδώσει δὲ **ἀδελφὸς** **ἀδελφὸν** εἰς θάνατον καὶ πατὴρ τέκνον, καὶ ἐπαναστήσονται τέκνα ἐπὶ γονεῖς καὶ θανατώσουσιν αὐτούς.	**Mk 13,12** (2)	καὶ παραδώσει **ἀδελφὸς** **ἀδελφὸν** εἰς θάνατον καὶ πατὴρ τέκνον, καὶ ἐπαναστήσονται τέκνα ἐπὶ γονεῖς καὶ θανατώσουσιν αὐτούς·	**Lk 21,16** → Lk 12,53	παραδοθήσεσθε δὲ καὶ ὑπὸ γονέων καὶ **ἀδελφῶν** καὶ συγγενῶν καὶ φίλων, καὶ θανατώσουσιν ἐξ ὑμῶν	
222	**Mt 12,46**	ἔτι αὐτοῦ λαλοῦντος τοῖς ὄχλοις ἰδοὺ ἡ μήτηρ καὶ **οἱ ἀδελφοὶ αὐτοῦ** εἱστήκεισαν ἔξω ζητοῦντες αὐτῷ λαλῆσαι.	**Mk 3,31**	καὶ ἔρχεται ἡ μήτηρ αὐτοῦ καὶ **οἱ ἀδελφοὶ αὐτοῦ** καὶ ἔξω στήκοντες ἀπέστειλαν πρὸς αὐτὸν καλοῦντες αὐτόν.	**Lk 8,19**	παρεγένετο δὲ πρὸς αὐτὸν ἡ μήτηρ καὶ **οἱ ἀδελφοὶ αὐτοῦ** καὶ οὐκ ἠδύναντο συντυχεῖν αὐτῷ διὰ τὸν ὄχλον.	**→ Acts 1,14** → GTh 99
222	**Mt 12,47**	[... ἰδοὺ ἡ μήτηρ σου καὶ **οἱ ἀδελφοί σου** ἔξω ἑστήκασιν ζητοῦντές σοι λαλῆσαι.]	**Mk 3,32**	... ἰδοὺ ἡ μήτηρ σου καὶ **οἱ ἀδελφοί σου** [καὶ αἱ ἀδελφαί σου] ἔξω ζητοῦσίν σε.	**Lk 8,20**	... ἡ μήτηρ σου καὶ **οἱ ἀδελφοί σου** ἑστήκασιν ἔξω ἰδεῖν θέλοντές σε.	→ GTh 99 Mt 12,47 is textcritically uncertain.

221	**Mt 12,48**	ὁ δὲ ἀποκριθεὶς εἶπεν τῷ λέγοντι αὐτῷ· τίς ἐστιν ἡ μήτηρ μου καὶ τίνες εἰσὶν οἱ ἀδελφοί μου;	**Mk 3,33**	καὶ ἀποκριθεὶς αὐτοῖς λέγει· τίς ἐστιν ἡ μήτηρ μου καὶ οἱ ἀδελφοί [μου];	**Lk 8,21**	ὁ δὲ ἀποκριθεὶς εἶπεν πρὸς αὐτούς· ↔	→ GTh 99
220	**Mt 12,49**	καὶ ἐκτείνας τὴν χεῖρα αὐτοῦ ἐπὶ τοὺς μαθητὰς αὐτοῦ εἶπεν· ἰδοὺ ἡ μήτηρ μου καὶ οἱ ἀδελφοί μου·	**Mk 3,34**	καὶ περιβλεψάμενος τοὺς περὶ αὐτὸν κύκλῳ καθημένους λέγει· ἴδε ἡ μήτηρ μου καὶ οἱ ἀδελφοί μου.			→ GTh 99
222	**Mt 12,50** → Mt 7,21	ὅστις γὰρ ἂν ποιήσῃ τὸ θέλημα τοῦ πατρός μου τοῦ ἐν οὐρανοῖς αὐτός μου ἀδελφὸς καὶ ἀδελφὴ καὶ μήτηρ ἐστίν.	**Mk 3,35**	ὃς [γὰρ] ἂν ποιήσῃ τὸ θέλημα τοῦ θεοῦ, οὗτος ἀδελφός μου καὶ ἀδελφὴ καὶ μήτηρ ἐστίν.	**Lk 8,21** → Lk 6,46 → Lk 11,28 → Lk 12,4	↔ μήτηρ μου καὶ ἀδελφοί μου οὗτοί εἰσιν οἱ τὸν λόγον τοῦ θεοῦ ἀκούοντες καὶ ποιοῦντες.	→ Jn 15,14 → GTh 99
021			**Mk 5,37**	καὶ οὐκ ἀφῆκεν οὐδένα μετ᾽ αὐτοῦ συνακολουθῆσαι εἰ μὴ τὸν Πέτρον καὶ Ἰάκωβον καὶ Ἰωάννην τὸν ἀδελφὸν Ἰακώβου.	**Lk 8,51** → Mk 5,40	... οὐκ ἀφῆκεν εἰσελθεῖν τινα σὺν αὐτῷ εἰ μὴ Πέτρον καὶ Ἰωάννην καὶ Ἰάκωβον ...	
221	**Mt 13,55** → Mt 1,16	οὐχ οὗτός ἐστιν ὁ τοῦ τέκτονος υἱός; οὐχ ἡ μήτηρ αὐτοῦ λέγεται Μαριὰμ καὶ οἱ ἀδελφοὶ αὐτοῦ Ἰάκωβος καὶ Ἰωσὴφ καὶ Σίμων καὶ Ἰούδας;	**Mk 6,3** → Mt 1,16	οὐχ οὗτός ἐστιν ὁ τέκτων, ὁ υἱὸς τῆς Μαρίας καὶ ἀδελφὸς Ἰακώβου καὶ Ἰωσῆτος καὶ Ἰούδα καὶ Σίμωνος; ...	**Lk 4,22** → Lk 3,23	... οὐχὶ υἱός ἐστιν Ἰωσὴφ οὗτος;	→ Jn 6,42 → **Acts 1,14**
222	**Mt 14,3**	ὁ γὰρ Ἡρῴδης κρατήσας τὸν Ἰωάννην ἔδησεν [αὐτὸν] καὶ ἐν φυλακῇ ἀπέθετο διὰ Ἡρῳδιάδα τὴν γυναῖκα Φιλίππου τοῦ ἀδελφοῦ αὐτοῦ·	**Mk 6,17**	αὐτὸς γὰρ ὁ Ἡρῴδης ἀποστείλας ἐκράτησεν τὸν Ἰωάννην καὶ ἔδησεν αὐτὸν ἐν φυλακῇ διὰ Ἡρῳδιάδα τὴν γυναῖκα Φιλίππου τοῦ ἀδελφοῦ αὐτοῦ, ὅτι αὐτὴν ἐγάμησεν·	**Lk 3,19** ↓ Mt 14,4 ↓ **Mk 6,18**	ὁ δὲ Ἡρῴδης ὁ τετραάρχης, ἐλεγχόμενος ὑπ᾽ αὐτοῦ περὶ Ἡρῳδιάδος τῆς γυναικὸς τοῦ ἀδελφοῦ αὐτοῦ καὶ περὶ πάντων ὧν ἐποίησεν πονηρῶν ὁ Ἡρῴδης, [20] ... [καὶ] κατέκλεισεν τὸν Ἰωάννην ἐν φυλακῇ.	
120	**Mt 14,4** ↑ **Lk 3,19**	ἔλεγεν γὰρ ὁ Ἰωάννης αὐτῷ· οὐκ ἔξεστίν σοι ἔχειν αὐτήν.	**Mk 6,18** ↑ **Lk 3,19**	ἔλεγεν γὰρ ὁ Ἰωάννης τῷ Ἡρῴδῃ ὅτι οὐκ ἔξεστίν σοι ἔχειν τὴν γυναῖκα τοῦ ἀδελφοῦ σου.			
211	**Mt 17,1**	καὶ μεθ᾽ ἡμέρας ἓξ παραλαμβάνει ὁ Ἰησοῦς τὸν Πέτρον καὶ Ἰάκωβον καὶ Ἰωάννην τὸν ἀδελφὸν αὐτοῦ καὶ ἀναφέρει αὐτοὺς εἰς ὄρος ὑψηλὸν κατ᾽ ἰδίαν.	**Mk 9,2**	καὶ μετὰ ἡμέρας ἓξ παραλαμβάνει ὁ Ἰησοῦς τὸν Πέτρον καὶ τὸν Ἰάκωβον καὶ τὸν Ἰωάννην καὶ ἀναφέρει αὐτοὺς εἰς ὄρος ὑψηλὸν κατ᾽ ἰδίαν μόνους. ...	**Lk 9,28**	ἐγένετο δὲ μετὰ τοὺς λόγους τούτους ὡσεὶ ἡμέραι ὀκτὼ [καὶ] παραλαβὼν Πέτρον καὶ Ἰωάννην καὶ Ἰάκωβον ἀνέβη εἰς τὸ ὄρος προσεύξασθαι.	
202	**Mt 18,15** **(2)**	ἐὰν δὲ ἁμαρτήσῃ [εἰς σὲ] ὁ ἀδελφός σου, ὕπαγε ἔλεγξον αὐτὸν μεταξὺ σοῦ καὶ αὐτοῦ μόνου.			**Lk 17,3**	... ἐὰν ἁμάρτῃ ὁ ἀδελφός σου ἐπιτίμησον αὐτῷ,	
201		ἐάν σου ἀκούσῃ, ἐκέρδησας τὸν ἀδελφόν σου·				καὶ ἐὰν μετανοήσῃ ἄφες αὐτῷ.	

201	Mt 18,21	τότε προσελθὼν ὁ Πέτρος εἶπεν αὐτῷ· κύριε, ποσάκις ἁμαρτήσει εἰς ἐμὲ **ὁ ἀδελφός μου** καὶ ἀφήσω αὐτῷ; ἕως ἑπτάκις; [22] λέγει αὐτῷ ὁ Ἰησοῦς· οὐ λέγω σοι ἕως ἑπτάκις ἀλλὰ ἕως ἑβδομηκοντάκις ἑπτά.			Lk 17,4	καὶ ἐὰν ἑπτάκις τῆς ἡμέρας ἁμαρτήσῃ εἰς σὲ καὶ ἑπτάκις ἐπιστρέψῃ πρὸς σὲ λέγων· μετανοῶ, ἀφήσεις αὐτῷ.	
200	Mt 18,35 → Mt 6,15	οὕτως καὶ ὁ πατήρ μου ὁ οὐράνιος ποιήσει ὑμῖν, ἐὰν μὴ ἀφῆτε ἕκαστος **τῷ ἀδελφῷ αὐτοῦ** ἀπὸ τῶν καρδιῶν ὑμῶν.					
002					Lk 12,13	... διδάσκαλε, εἰπὲ **τῷ ἀδελφῷ μου** μερίσασθαι μετ' ἐμοῦ τὴν κληρονομίαν.	→ GTh 72
002					Lk 14,12	... ὅταν ποιῇς ἄριστον ἢ δεῖπνον, μὴ φώνει τοὺς φίλους σου μηδὲ **τοὺς ἀδελφούς σου** μηδὲ τοὺς συγγενεῖς σου μηδὲ γείτονας πλουσίους, ...	
102	Mt 10,37 ↓ Mt 19,29	ὁ φιλῶν πατέρα ἢ μητέρα ὑπὲρ ἐμὲ οὐκ ἔστιν μου ἄξιος, καὶ ὁ φιλῶν υἱὸν ἢ θυγατέρα ὑπὲρ ἐμὲ οὐκ ἔστιν μου ἄξιος·	↓ Mk 10,29		Lk 14,26 ↓ Lk 18,29	εἴ τις ἔρχεται πρός με καὶ οὐ μισεῖ τὸν πατέρα ἑαυτοῦ καὶ τὴν μητέρα καὶ τὴν γυναῖκα καὶ τὰ τέκνα καὶ **τοὺς ἀδελφοὺς** καὶ τὰς ἀδελφάς ἔτι τε καὶ τὴν ψυχὴν ἑαυτοῦ, οὐ δύναται εἶναί μου μαθητής.	→ GTh 55 → GTh 101
002					Lk 15,27	ὁ δὲ εἶπεν αὐτῷ ὅτι **ὁ ἀδελφός σου** ἥκει, ...	
002					Lk 15,32 → Lk 15,24	εὐφρανθῆναι δὲ καὶ χαρῆναι ἔδει, ὅτι **ὁ ἀδελφός σου** οὗτος νεκρὸς ἦν καὶ ἔζησεν, καὶ ἀπολωλὼς καὶ εὑρέθη.	
002					Lk 16,28	ἔχω γὰρ πέντε **ἀδελφούς,** ὅπως διαμαρτύρηται αὐτοῖς, ...	
202	Mt 18,15 (2) ↑ Mt 18,21	ἐὰν δὲ ἁμαρτήσῃ [εἰς σὲ] **ὁ ἀδελφός σου,** ὕπαγε ἔλεγξον αὐτὸν μεταξὺ σοῦ καὶ αὐτοῦ μόνου. ἐάν σου ἀκούσῃ, ἐκέρδησας τὸν ἀδελφόν σου·			Lk 17,3 ↑ Lk 17,4	... ἐὰν ἁμάρτῃ **ὁ ἀδελφός σου** ἐπιτίμησον αὐτῷ, καὶ ἐὰν μετανοήσῃ ἄφες αὐτῷ.	

222	**Mt 19,29** ↑ Mt 10,37	καὶ πᾶς ὅστις ἀφῆκεν οἰκίας ἢ **ἀδελφοὺς** ἢ ἀδελφὰς ἢ πατέρα ἢ μητέρα ἢ τέκνα ἢ ἀγροὺς ἕνεκεν τοῦ ὀνόματός μου,	**Mk 10,29**	... οὐδείς ἐστιν ὃς ἀφῆκεν οἰκίαν ἢ **ἀδελφοὺς** ἢ ἀδελφὰς ἢ μητέρα ἢ πατέρα ἢ τέκνα ἢ ἀγροὺς ἕνεκεν ἐμοῦ καὶ ἕνεκεν τοῦ εὐαγγελίου,	**Lk 18,29** ↑ Lk 14,26	... οὐδείς ἐστιν ὃς ἀφῆκεν οἰκίαν ἢ γυναῖκα ἢ **ἀδελφοὺς** ἢ γονεῖς ἢ τέκνα ἕνεκεν τῆς βασιλείας τοῦ θεοῦ,	→ GTh 55 → GTh 101
121		ἑκατονταπλασίονα λήμψεται καὶ ζωὴν αἰώνιον κληρονομήσει.	**Mk 10,30**	ἐὰν μὴ λάβῃ ἑκατονταπλασίονα νῦν ἐν τῷ καιρῷ τούτῳ οἰκίας καὶ **ἀδελφοὺς** καὶ ἀδελφὰς καὶ μητέρας καὶ τέκνα καὶ ἀγροὺς μετὰ διωγμῶν, καὶ ἐν τῷ αἰῶνι τῷ ἐρχομένῳ ζωὴν αἰώνιον.	**Lk 18,30** ↑ Lk 14,26	ὃς οὐχὶ μὴ [ἀπο]λάβῃ πολλαπλασίονα ἐν τῷ καιρῷ τούτῳ καὶ ἐν τῷ αἰῶνι τῷ ἐρχομένῳ ζωὴν αἰώνιον.	
210	**Mt 20,24**	καὶ ἀκούσαντες οἱ δέκα ἠγανάκτησαν **περὶ τῶν δύο ἀδελφῶν.**	**Mk 10,41**	καὶ ἀκούσαντες οἱ δέκα ἤρξαντο ἀγανακτεῖν **περὶ Ἰακώβου καὶ Ἰωάννου.**			
122	**Mt 22,24** (2)	... διδάσκαλε, Μωϋσῆς εἶπεν· *ἐάν* ***τις*** *ἀποθάνῃ* *μὴ ἔχων τέκνα,*	**Mk 12,19** (3)	διδάσκαλε, Μωϋσῆς ἔγραψεν ἡμῖν ὅτι *ἐάν* ***τινος ἀδελφὸς*** *ἀποθάνῃ* καὶ καταλίπῃ γυναῖκα *καὶ μὴ ἀφῇ τέκνον,*	**Lk 20,28** (3)	... διδάσκαλε, Μωϋσῆς ἔγραψεν ἡμῖν, *ἐάν* ***τινος ἀδελφὸς*** *ἀποθάνῃ* ἔχων γυναῖκα, καὶ οὗτος *ἄτεκνος ᾖ,*	
222		*ἐπιγαμβρεύσει* ***ὁ ἀδελφὸς αὐτοῦ*** *τὴν γυναῖκα αὐτοῦ*		ἵνα *λάβῃ* ***ὁ ἀδελφὸς αὐτοῦ*** *τὴν γυναῖκα*		ἵνα *λάβῃ* ***ὁ ἀδελφὸς αὐτοῦ*** *τὴν γυναῖκα*	
222		*καὶ ἀναστήσει σπέρμα* ***τῷ ἀδελφῷ αὐτοῦ·*** ➤ Deut 25,5; Gen 38,8		*καὶ ἐξαναστήσῃ σπέρμα* ***τῷ ἀδελφῷ αὐτοῦ.*** ➤ Deut 25,5; Gen 38,8		*καὶ ἐξαναστήσῃ σπέρμα* ***τῷ ἀδελφῷ αὐτοῦ.*** ➤ Deut 25,5; Gen 38,8	
222	**Mt 22,25** (2)	ἦσαν δὲ παρ' ἡμῖν **ἑπτὰ ἀδελφοί·**	**Mk 12,20**	**ἑπτὰ ἀδελφοὶ** ἦσαν·	**Lk 20,29**	**ἑπτὰ οὖν ἀδελφοὶ** ἦσαν·	
211		καὶ ὁ πρῶτος γήμας ἐτελεύτησεν, καὶ μὴ ἔχων σπέρμα ἀφῆκεν τὴν γυναῖκα αὐτοῦ **τῷ ἀδελφῷ αὐτοῦ·**		καὶ ὁ πρῶτος ἔλαβεν γυναῖκα καὶ ἀποθνήσκων οὐκ ἀφῆκεν σπέρμα·		καὶ ὁ πρῶτος λαβὼν γυναῖκα ἀπέθανεν ἄτεκνος·	
200	**Mt 23,8**	ὑμεῖς δὲ μὴ κληθῆτε ῥαββί· εἷς γάρ ἐστιν ὑμῶν ὁ διδάσκαλος, πάντες δὲ ὑμεῖς **ἀδελφοί** ἐστε.					
222 221	**Mt 10,21** (2) ⇩ Mt 24,9 → Mt 10,35 → Mt 24,10	παραδώσει δὲ **ἀδελφὸς** **ἀδελφὸν** εἰς θάνατον καὶ πατὴρ τέκνον, καὶ ἐπαναστήσονται τέκνα ἐπὶ γονεῖς καὶ θανατώσουσιν αὐτούς.	**Mk 13,12** (2)	καὶ παραδώσει **ἀδελφὸς** **ἀδελφὸν** εἰς θάνατον καὶ πατὴρ τέκνον, καὶ ἐπαναστήσονται τέκνα ἐπὶ γονεῖς καὶ θανατώσουσιν αὐτούς·	**Lk 21,16** → Lk 12,53	παραδοθήσεσθε δὲ καὶ ὑπὸ γονέων καὶ **ἀδελφῶν** καὶ συγγενῶν καὶ φίλων, καὶ θανατώσουσιν ἐξ ὑμῶν	
	Mt 24,9 ⇧ Mt 10,21	τότε παραδώσουσιν ὑμᾶς εἰς θλῖψιν καὶ ἀποκτενοῦσιν ὑμᾶς, καὶ ἔσεσθε μισούμενοι ὑπὸ πάντων τῶν ἐθνῶν διὰ τὸ ὄνομά μου.					

200	**Mt 25,40** καὶ ἀποκριθεὶς ὁ βασιλεὺς ἐρεῖ αὐτοῖς· ἀμὴν λέγω ὑμῖν, ἐφ' ὅσον ἐποιήσατε ἑνὶ **τούτων τῶν ἀδελφῶν μου** τῶν ἐλαχίστων, ἐμοὶ ἐποιήσατε.		
002		**Lk 22,32** ... καὶ σύ ποτε ἐπιστρέψας στήρισον **τοὺς ἀδελφούς σου.**	
200	**Mt 28,10** → Mt 28,7 → Mk 16,7 → Mt 28,16 ... ὑπάγετε ἀπαγγείλατε **τοῖς ἀδελφοῖς μου** ἵνα ἀπέλθωσιν εἰς τὴν Γαλιλαίαν, κἀκεῖ με ὄψονται.		→ Jn 20,17

Acts 1,14 → Mt 13,55 → Mk 6,3 → Lk 8,2-3 → Lk 8,19 → Lk 24,53
οὗτοι πάντες ἦσαν προσκαρτεροῦντες ὁμοθυμαδὸν τῇ προσευχῇ σὺν γυναιξὶν καὶ Μαριὰμ τῇ μητρὶ τοῦ Ἰησοῦ καὶ **τοῖς ἀδελφοῖς αὐτοῦ.**

Acts 1,15 καὶ ἐν ταῖς ἡμέραις ταύταις ἀναστὰς Πέτρος **ἐν μέσῳ τῶν ἀδελφῶν** εἶπεν· ...

a **Acts 1,16** **ἄνδρες ἀδελφοί,** ἔδει πληρωθῆναι τὴν γραφὴν ἣν προεῖπεν τὸ πνεῦμα τὸ ἅγιον διὰ στόματος Δαυὶδ περὶ Ἰούδα ...

a **Acts 2,29** **ἄνδρες ἀδελφοί,** ἐξὸν εἰπεῖν μετὰ παρρησίας πρὸς ὑμᾶς περὶ τοῦ πατριάρχου Δαυίδ ...

a **Acts 2,37** ἀκούσαντες δὲ κατενύγησαν τὴν καρδίαν εἶπόν τε πρὸς τὸν Πέτρον καὶ τοὺς λοιποὺς ἀποστόλους· τί ποιήσωμεν, **ἄνδρες ἀδελφοί;**

Acts 3,17 → Lk 23,34a
καὶ νῦν, **ἀδελφοί,** οἶδα ὅτι κατὰ ἄγνοιαν ἐπράξατε ὥσπερ καὶ οἱ ἄρχοντες ὑμῶν·

Acts 3,22 Μωϋσῆς μὲν εἶπεν ὅτι *προφήτην ὑμῖν ἀναστήσει κύριος ὁ θεὸς ὑμῶν* ***ἐκ τῶν ἀδελφῶν ὑμῶν*** *ὡς ἐμέ·* ...
➤ Deut 18,15-20

Acts 6,3 ἐπισκέψασθε δέ, **ἀδελφοί,** ἄνδρας ἐξ ὑμῶν μαρτυρουμένους ἑπτά, πλήρεις πνεύματος καὶ σοφίας, ...

a **Acts 7,2** ὁ δὲ ἔφη· **ἄνδρες ἀδελφοὶ** καὶ πατέρες, ἀκούσατε. ...

Acts 7,13 καὶ ἐν τῷ δευτέρῳ ἀνεγνωρίσθη Ἰωσὴφ **τοῖς ἀδελφοῖς αὐτοῦ** καὶ φανερὸν ἐγένετο τῷ Φαραὼ τὸ γένος [τοῦ] Ἰωσήφ.

Acts 7,23 ... ἀνέβη ἐπὶ τὴν καρδίαν αὐτοῦ ἐπισκέψασθαι **τοὺς ἀδελφοὺς αὐτοῦ** τοὺς υἱοὺς Ἰσραήλ.

Acts 7,25 ἐνόμιζεν δὲ συνιέναι **τοὺς ἀδελφοὺς [αὐτοῦ]** ὅτι ὁ θεὸς διὰ χειρὸς αὐτοῦ δίδωσιν σωτηρίαν αὐτοῖς· ...

Acts 7,26 ... καὶ συνήλλασσεν αὐτοὺς εἰς εἰρήνην εἰπών· ἄνδρες, **ἀδελφοί** ἐστε· ἱνατί ἀδικεῖτε ἀλλήλους;

Acts 7,37 ... *προφήτην ὑμῖν ἀναστήσει ὁ θεὸς* ***ἐκ τῶν ἀδελφῶν ὑμῶν*** *ὡς ἐμέ.*
➤ Deut 18,15

Acts 9,17 ... Σαοὺλ **ἀδελφέ,** ὁ κύριος ἀπέσταλκέν με, Ἰησοῦς ὁ ὀφθείς σοι ἐν τῇ ὁδῷ ᾗ ἤρχου, ...

Acts 9,30 ἐπιγνόντες δὲ **οἱ ἀδελφοὶ** κατήγαγον αὐτὸν εἰς Καισάρειαν καὶ ἐξαπέστειλαν αὐτὸν εἰς Ταρσόν.

Acts 10,23 ... τῇ δὲ ἐπαύριον ἀναστὰς ἐξῆλθεν σὺν αὐτοῖς καί **τινες τῶν ἀδελφῶν** τῶν ἀπὸ Ἰόππης συνῆλθον αὐτῷ.

Acts 11,1 ἤκουσαν δὲ οἱ ἀπόστολοι καὶ **οἱ ἀδελφοὶ** οἱ ὄντες κατὰ τὴν Ἰουδαίαν ὅτι καὶ τὰ ἔθνη ἐδέξαντο τὸν λόγον τοῦ θεοῦ.

Acts 11,12 ... ἦλθον δὲ σὺν ἐμοὶ καὶ **οἱ ἓξ ἀδελφοὶ οὗτοι** καὶ εἰσήλθομεν εἰς τὸν οἶκον τοῦ ἀνδρός.

Acts 11,29 ... ὥρισαν ἕκαστος αὐτῶν εἰς διακονίαν πέμψαι **τοῖς κατοικοῦσιν ἐν τῇ Ἰουδαίᾳ ἀδελφοῖς·**

Acts 12,2 → Mk 10,38-39 → Mt 20,22-23
ἀνεῖλεν δὲ Ἰάκωβον **τὸν ἀδελφὸν Ἰωάννου** μαχαίρῃ.

Acts 12,17 ... ἀπαγγείλατε Ἰακώβῳ καὶ **τοῖς ἀδελφοῖς** ταῦτα. ...

a **Acts 13,15** ... ἀπέστειλαν οἱ ἀρχισυνάγωγοι πρὸς αὐτοὺς λέγοντες· **ἄνδρες ἀδελφοί,** εἴ τίς ἐστιν ἐν ὑμῖν λόγος παρακλήσεως πρὸς τὸν λαόν, λέγετε.

a **Acts 13,26** **ἄνδρες ἀδελφοί,** υἱοὶ γένους Ἀβραὰμ καὶ οἱ ἐν ὑμῖν φοβούμενοι τὸν θεόν, ...

a **Acts 13,38** γνωστὸν οὖν ἔστω ὑμῖν, **ἄνδρες ἀδελφοί,** ὅτι διὰ τούτου ὑμῖν ἄφεσις ἁμαρτιῶν καταγγέλλεται, ...

Acts 14,2 οἱ δὲ ἀπειθήσαντες Ἰουδαῖοι ἐπήγειραν καὶ ἐκάκωσαν τὰς ψυχὰς τῶν ἐθνῶν
κατὰ τῶν ἀδελφῶν.

Acts 15,1 καί τινες κατελθόντες ἀπὸ τῆς Ἰουδαίας ἐδίδασκον
τοὺς ἀδελφοὺς
ὅτι, ἐὰν μὴ περιτμηθῆτε τῷ ἔθει τῷ Μωϋσέως, οὐ δύνασθε σωθῆναι.

Acts 15,3 ... ἐκδιηγούμενοι τὴν ἐπιστροφὴν τῶν ἐθνῶν καὶ ἐποίουν χαρὰν μεγάλην
πᾶσιν τοῖς ἀδελφοῖς.

a Acts 15,7 ... Πέτρος εἶπεν πρὸς αὐτούς·
ἄνδρες ἀδελφοί,
ὑμεῖς ἐπίστασθε ὅτι ἀφ᾽ ἡμερῶν ἀρχαίων ἐν ὑμῖν ἐξελέξατο ὁ θεὸς διὰ τοῦ στόματός μου ἀκοῦσαι τὰ ἔθνη τὸν λόγον τοῦ εὐαγγελίου καὶ πιστεῦσαι.

a Acts 15,13 μετὰ δὲ τὸ σιγῆσαι αὐτοὺς ἀπεκρίθη Ἰάκωβος λέγων·
ἄνδρες ἀδελφοί,
ἀκούσατέ μου.

Acts 15,22 ... Ἰούδαν τὸν καλούμενον Βαρσαββᾶν καὶ Σιλᾶν, ἄνδρας ἡγουμένους
ἐν τοῖς ἀδελφοῖς,

Acts 15,23 (2) γράψαντες διὰ χειρὸς αὐτῶν· οἱ ἀπόστολοι καὶ οἱ πρεσβύτεροι
ἀδελφοὶ
τοῖς κατὰ τὴν Ἀντιόχειαν καὶ Συρίαν καὶ Κιλικίαν
ἀδελφοῖς
τοῖς ἐξ ἐθνῶν χαίρειν.

Acts 15,32 Ἰούδας τε καὶ Σιλᾶς καὶ αὐτοὶ προφῆται ὄντες διὰ λόγου πολλοῦ παρεκάλεσαν
τοὺς ἀδελφοὺς
καὶ ἐπεστήριξαν,

Acts 15,33 ποιήσαντες δὲ χρόνον ἀπελύθησαν μετ᾽ εἰρήνης
ἀπὸ τῶν ἀδελφῶν
πρὸς τοὺς ἀποστείλαντας αὐτούς.

Acts 15,36 ... ἐπιστρέψαντες δὴ ἐπισκεψώμεθα
τοὺς ἀδελφοὺς
κατὰ πόλιν πᾶσαν ...

Acts 15,40 Παῦλος δὲ ἐπιλεξάμενος Σιλᾶν ἐξῆλθεν παραδοθεὶς τῇ χάριτι τοῦ κυρίου
ὑπὸ τῶν ἀδελφῶν.

Acts 16,2 ὃς ἐμαρτυρεῖτο
ὑπὸ τῶν ἐν Λύστροις καὶ Ἰκονίῳ ἀδελφῶν.

Acts 16,40 ... εἰσῆλθον πρὸς τὴν Λυδίαν καὶ ἰδόντες παρεκάλεσαν
τοὺς ἀδελφοὺς
καὶ ἐξῆλθαν.

Acts 17,6 μὴ εὑρόντες δὲ αὐτοὺς ἔσυρον Ἰάσονα καί
τινας ἀδελφοὺς
ἐπὶ τοὺς πολιτάρχας ...

Acts 17,10 **οἱ δὲ ἀδελφοὶ**
εὐθέως διὰ νυκτὸς ἐξέπεμψαν τόν τε Παῦλον καὶ τὸν Σιλᾶν εἰς Βέροιαν, ...

Acts 17,14 εὐθέως δὲ τότε τὸν Παῦλον ἐξαπέστειλαν
οἱ ἀδελφοὶ
πορεύεσθαι ἕως ἐπὶ τὴν θάλασσαν, ...

Acts 18,18 ὁ δὲ Παῦλος ἔτι προσμείνας ἡμέρας ἱκανὰς
τοῖς ἀδελφοῖς
ἀποταξάμενος ἐξέπλει εἰς τὴν Συρίαν, ...

Acts 18,27 βουλομένου δὲ αὐτοῦ διελθεῖν εἰς τὴν Ἀχαΐαν, προτρεψάμενοι
οἱ ἀδελφοὶ
ἔγραψαν τοῖς μαθηταῖς ἀποδέξασθαι αὐτόν, ...

Acts 21,7 ... καὶ ἀσπασάμενοι
τοὺς ἀδελφοὺς
ἐμείναμεν ἡμέραν μίαν παρ᾽ αὐτοῖς.

Acts 21,17 γενομένων δὲ ἡμῶν εἰς Ἱεροσόλυμα ἀσμένως ἀπεδέξαντο ἡμᾶς
οἱ ἀδελφοί.

Acts 21,20 οἱ δὲ ἀκούσαντες ἐδόξαζον τὸν θεὸν εἶπόν τε αὐτῷ· θεωρεῖς,
ἀδελφέ,
πόσαι μυριάδες εἰσὶν ἐν τοῖς Ἰουδαίοις τῶν πεπιστευκότων ...

a Acts 22,1 **ἄνδρες ἀδελφοὶ**
καὶ πατέρες, ἀκούσατέ μου τῆς πρὸς ὑμᾶς νυνὶ ἀπολογίας.

Acts 22,5 ... παρ᾽ ὧν καὶ ἐπιστολὰς δεξάμενος
πρὸς τοὺς ἀδελφοὺς
εἰς Δαμασκὸν ἐπορευόμην, ἄξων καὶ τοὺς ἐκεῖσε ὄντας δεδεμένους εἰς Ἰερουσαλὴμ ἵνα τιμωρηθῶσιν.

Acts 22,13 ... Σαοὺλ
ἀδελφέ,
ἀνάβλεψον. κἀγὼ αὐτῇ τῇ ὥρᾳ ἀνέβλεψα εἰς αὐτόν.

Acts 23,1 ἀτενίσας δὲ ὁ Παῦλος τῷ συνεδρίῳ εἶπεν·
ἄνδρες ἀδελφοί,
ἐγὼ πάσῃ συνειδήσει ἀγαθῇ πεπολίτευμαι τῷ θεῷ ἄχρι ταύτης τῆς ἡμέρας.

Acts 23,5 ... οὐκ ᾔδειν,
ἀδελφοί,
ὅτι ἐστὶν ἀρχιερεύς· ...

a Acts 23,6 ... ἔκραζεν ἐν τῷ συνεδρίῳ·
ἄνδρες ἀδελφοί,
ἐγὼ Φαρισαῖός εἰμι, υἱὸς Φαρισαίων, ...

Acts 28,14 οὗ εὑρόντες
ἀδελφοὺς
παρεκλήθημεν παρ᾽ αὐτοῖς ἐπιμεῖναι ἡμέρας ἑπτά· ...

Acts 28,15 κἀκεῖθεν
οἱ ἀδελφοὶ
ἀκούσαντες τὰ περὶ ἡμῶν ἦλθαν εἰς ἀπάντησιν ἡμῖν ἄχρι Ἀππίου φόρου καὶ Τριῶν ταβερνῶν, ...

Acts 28,17 ... συνελθόντων δὲ αὐτῶν ἔλεγεν πρὸς αὐτούς· ἐγώ,
ἄνδρες ἀδελφοί,
οὐδὲν ἐναντίον ποιήσας τῷ λαῷ ἢ τοῖς ἔθεσι τοῖς πατρῴοις δέσμιος ἐξ Ἱεροσολύμων παρεδόθην εἰς τὰς χεῖρας τῶν Ῥωμαίων

Acts 28,21 ... ἡμεῖς οὔτε γράμματα περὶ σοῦ ἐδεξάμεθα ἀπὸ τῆς Ἰουδαίας οὔτε παραγενόμενός
τις τῶν ἀδελφῶν
ἀπήγγειλεν ἢ ἐλάλησέν τι περὶ σοῦ πονηρόν.

ἄδηλος	Syn 1	Mt	Mk	Lk 1	Acts	Jn	1-3John	Paul 1	Eph	Col
	NT 2	2Thess	1/2Tim	Tit	Heb	Jas	1Pet	2Pet	Jude	Rev

unmarked; indistinct

102	**Mt 23,27** οὐαὶ ὑμῖν, γραμματεῖς καὶ Φαρισαῖοι ὑποκριταί, ὅτι παρομοιάζετε **τάφοις κεκονιαμένοις**, οἵτινες ἔξωθεν μὲν φαίνονται ὡραῖοι, ...		**Lk 11,44** οὐαὶ ὑμῖν, ὅτι ἐστὲ **ὡς τὰ μνημεῖα τὰ ἄδηλα**, καὶ οἱ ἄνθρωποι [οἱ] περιπατοῦντες ἐπάνω οὐκ οἴδασιν.	

ἀδημονέω	Syn 2	Mt 1	Mk 1	Lk	Acts	Jn	1-3John	Paul 1	Eph	Col
	NT 3	2Thess	1/2Tim	Tit	Heb	Jas	1Pet	2Pet	Jude	Rev

be distressed or troubled

220	**Mt 26,37** καὶ παραλαβὼν τὸν Πέτρον καὶ τοὺς δύο υἱοὺς Ζεβεδαίου ἤρξατο λυπεῖσθαι καὶ **ἀδημονεῖν**.	**Mk 14,33** καὶ παραλαμβάνει τὸν Πέτρον καὶ [τὸν] Ἰάκωβον καὶ [τὸν] Ἰωάννην μετ᾽ αὐτοῦ καὶ ἤρξατο ἐκθαμβεῖσθαι καὶ **ἀδημονεῖν**		

ᾅδης	Syn 4	Mt 2	Mk	Lk 2	Acts 2	Jn	1-3John	Paul	Eph	Col
	NT 10	2Thess	1/2Tim	Tit	Heb	Jas	1Pet	2Pet	Jude	Rev 4

Hades; the world of the dead; death

202	**Mt 11,23** καὶ σύ, Καφαρναούμ, μὴ ἕως οὐρανοῦ ὑψωθήσῃ; ***ἕως ᾅδου*** *καταβήσῃ·* ... ➤ Isa 14,13.15		**Lk 10,15** καὶ σύ, Καφαρναούμ, μὴ ἕως οὐρανοῦ ὑψωθήσῃ; ***ἕως τοῦ ᾅδου*** *καταβήσῃ.* ➤ Isa 14,13.15	
200	**Mt 16,18** ... ἐπὶ ταύτῃ τῇ πέτρᾳ οἰκοδομήσω μου τὴν ἐκκλησίαν καὶ **πύλαι ᾅδου** οὐ κατισχύσουσιν αὐτῆς.			
002			**Lk 16,23** καὶ **ἐν τῷ ᾅδῃ** ἐπάρας τοὺς ὀφθαλμοὺς αὐτοῦ, ὑπάρχων ἐν βασάνοις, ...	

Acts 2,27 *ὅτι οὐκ ἐγκαταλείψεις τὴν ψυχήν μου* ***εἰς ᾅδην*** *οὐδὲ δώσεις τὸν ὅσιόν σου ἰδεῖν διαφθοράν.* ➤ Ps 15,10 LXX	**Acts 2,31** προϊδὼν ἐλάλησεν περὶ τῆς ἀναστάσεως τοῦ Χριστοῦ ὅτι οὔτε ἐγκατελείφθη **εἰς ᾅδην** οὔτε ἡ σὰρξ αὐτοῦ εἶδεν διαφθοράν. ➤ Ps 16,10

ἀδικέω

	Syn	Mt	Mk	Lk	Acts	Jn	1-3John	Paul	Eph	Col
	2	1		1	5			7		2
	NT	2Thess	1/2Tim	Tit	Heb	Jas	1Pet	2Pet	Jude	Rev
	28							1		11

wrong; treat unjustly; harm; do wrong or evil; be in the wrong; be guilty

002			**Lk 10,19** ἰδοὺ δέδωκα ὑμῖν τὴν ἐξουσίαν τοῦ πατεῖν ἐπάνω ὄφεων καὶ σκορπίων, καὶ ἐπὶ πᾶσαν τὴν δύναμιν τοῦ ἐχθροῦ, καὶ οὐδὲν ὑμᾶς οὐ μὴ **ἀδικήσῃ**.	
200	**Mt 20,13** ... ἑταῖρε, οὐκ **ἀδικῶ** σε· οὐχὶ δηναρίου συνεφώνησάς μοι;			

Acts 7,24 καὶ ἰδών τινα
ἀδικούμενον
ἠμύνατο καὶ ἐποίησεν
ἐκδίκησιν τῷ
καταπονουμένῳ πατάξας
τὸν Αἰγύπτιον.

Acts 7,26 ... ἄνδρες, ἀδελφοί ἐστε·
ἱνατί
ἀδικεῖτε
ἀλλήλους;

Acts 7,27 ὁ δὲ **ἀδικῶν**
τὸν πλησίον ἀπώσατο
αὐτὸν εἰπών· ...

Acts 25,10 ... Ἰουδαίους οὐδὲν
ἠδίκησα
ὡς καὶ σὺ κάλλιον
ἐπιγινώσκεις.

Acts 25,11 εἰ μὲν οὖν
ἀδικῶ
καὶ ἄξιον θανάτου
πέπραχά τι, οὐ
παραιτοῦμαι τὸ
ἀποθανεῖν· ...

ἀδικία

	Syn	Mt	Mk	Lk	Acts	Jn	1-3John	Paul	Eph	Col
	4			4	2	1	2	9		
	NT	2Thess	1/2Tim	Tit	Heb	Jas	1Pet	2Pet	Jude	Rev
	25	2	1		1	1		2		

wrongdoing; evil; sin; injustice

102	**Mt 7,23** → Mt 13,41 → Mt 25,12 → Mt 25,41 καὶ τότε ὁμολογήσω αὐτοῖς ὅτι οὐδέποτε ἔγνων ὑμᾶς· *ἀποχωρεῖτε* *ἀπ᾽ ἐμοῦ οἱ ἐργαζόμενοι* ***τὴν ἀνομίαν.*** ➤ Ps 6,9/1Macc 3,6		**Lk 13,27** → Lk 13,25 καὶ ἐρεῖ λέγων ὑμῖν· οὐκ οἶδα [ὑμᾶς] πόθεν ἐστέ· *ἀπόστητε* *ἀπ᾽ ἐμοῦ, πάντες ἐργάται* ***ἀδικίας.*** ➤ Ps 6,9/1Macc 3,6	
002			**Lk 16,8** καὶ ἐπῄνεσεν ὁ κύριος **τὸν οἰκονόμον** **τῆς ἀδικίας** ὅτι φρονίμως ἐποίησεν· ...	
002			**Lk 16,9** → Lk 12,33 → Lk 16,11 ... ἑαυτοῖς ποιήσατε φίλους **ἐκ τοῦ μαμωνᾶ** **τῆς ἀδικίας,** ἵνα ὅταν ἐκλίπῃ δέξωνται ὑμᾶς εἰς τὰς αἰωνίους σκηνάς.	
002			**Lk 18,6** εἶπεν δὲ ὁ κύριος· ἀκούσατε τί **ὁ κριτὴς τῆς ἀδικίας** λέγει·	

Acts 1,18 → Mt 27,4-7 οὗτος μὲν οὖν ἐκτήσατο
χωρίον
ἐκ μισθοῦ τῆς
ἀδικίας
καὶ πρηνὴς γενόμενος
ἐλάκησεν μέσος ...

Acts 8,23 εἰς γὰρ χολὴν πικρίας
καὶ σύνδεσμον
ἀδικίας
ὁρῶ σε ὄντα.

ἄδικος	Syn 5	Mt 1	Mk	Lk 4	Acts 1	Jn	1-3John	Paul 3	Eph	Col
	NT 12	2Thess	1/2Tim	Tit	Heb 1	Jas	1Pet 1	2Pet 1	Jude	Rev

evil; sinful; dishonest; unjust

201	**Mt 5,45** ὅπως γένησθε υἱοὶ τοῦ πατρὸς ὑμῶν τοῦ ἐν οὐρανοῖς, ὅτι τὸν ἥλιον αὐτοῦ ἀνατέλλει ἐπὶ πονηροὺς καὶ ἀγαθοὺς καὶ βρέχει ἐπὶ δικαίους καὶ **ἀδίκους.**		**Lk 6,35** ... καὶ ἔσεσθε υἱοὶ ὑψίστου, ὅτι αὐτὸς χρηστός ἐστιν ἐπὶ τοὺς ἀχαρίστους καὶ πονηρούς.	
002 002			**Lk 16,10 (2)** → Mt 25,21.23 → Lk 19,17 ὁ πιστὸς ἐν ἐλαχίστῳ καὶ ἐν πολλῷ πιστός ἐστιν, καὶ ὁ ἐν ἐλαχίστῳ **ἄδικος** καὶ ἐν πολλῷ **ἄδικός** ἐστιν.	
002			**Lk 16,11** → Lk 16,9 εἰ οὖν **ἐν τῷ ἀδίκῳ μαμωνᾷ** πιστοὶ οὐκ ἐγένεσθε, τὸ ἀληθινὸν τίς ὑμῖν πιστεύσει;	
002			**Lk 18,11** ... ὁ θεός, εὐχαριστῶ σοι ὅτι οὐκ εἰμὶ ὥσπερ οἱ λοιποὶ τῶν ἀνθρώπων, ἅρπαγες, **ἄδικοι,** μοιχοί, ἢ καὶ ὡς οὗτος ὁ τελώνης·	

Acts 24,15 → Lk 14,14 ἐλπίδα ἔχων εἰς τὸν θεόν ἣν καὶ αὐτοὶ οὗτοι προσδέχονται, ἀνάστασιν μέλλειν ἔσεσθαι δικαίων τε καὶ **ἀδίκων.**

Ἀδμίν	Syn 1	Mt	Mk	Lk 1	Acts	Jn	1-3John	Paul	Eph	Col
	NT 1	2Thess	1/2Tim	Tit	Heb	Jas	1Pet	2Pet	Jude	Rev

Admin

002	**Mt 1,4** [3] ... Ἑσρὼμ δὲ ἐγέννησεν τὸν Ἀράμ, [4] Ἀρὰμ δὲ ἐγέννησεν τὸν Ἀμιναδάβ, ...		**Lk 3,33** τοῦ Ἀμιναδὰβ **τοῦ Ἀδμὶν** τοῦ Ἀρνὶ τοῦ Ἑσρὼμ ...	

ἀδυνατέω	Syn 2	Mt 1	Mk	Lk 1	Acts	Jn	1-3John	Paul	Eph	Col
	NT 2	2Thess	1/2Tim	Tit	Heb	Jas	1Pet	2Pet	Jude	Rev

impersonal: it is impossible

002			**Lk 1,37** ὅτι **οὐκ ἀδυνατήσει** παρὰ τοῦ θεοῦ πᾶν ῥῆμα.	

201	**Mt 17,20** → Mt 21,21	... ἐὰν ἔχητε πίστιν ὡς κόκκον σινάπεως, ἐρεῖτε τῷ ὄρει τούτῳ, μετάβα ἔνθεν ἐκεῖ, καὶ μεταβήσεται· καὶ οὐδὲν **ἀδυνατήσει** ὑμῖν.	**Mk 11,23** → Mk 9,23	[22] ... ἔχετε πίστιν θεοῦ. [23] ἀμὴν λέγω ὑμῖν ὅτι ὃς ἂν εἴπῃ τῷ ὄρει τούτῳ· ἄρθητι καὶ βλήθητι εἰς τὴν θάλασσαν, καὶ μὴ διακριθῇ ἐν τῇ καρδίᾳ αὐτοῦ ἀλλὰ πιστεύῃ ὅτι ὃ λαλεῖ γίνεται, ἔσται αὐτῷ.	**Lk 17,6**	... εἰ ἔχετε πίστιν ὡς κόκκον σινάπεως, ἐλέγετε ἂν τῇ συκαμίνῳ [ταύτῃ]· ἐκριζώθητι καὶ φυτεύθητι ἐν τῇ θαλάσσῃ· καὶ ὑπήκουσεν ἂν ὑμῖν.	→ GTh 48 → GTh 106

ἀδύνατος	Syn 3	Mt 1	Mk 1	Lk 1	Acts 1	Jn	1-3John	Paul 2	Eph	Col
	NT 10	2Thess	1/2Tim	Tit	Heb 4	Jas	1Pet	2Pet	Jude	Rev

impossible; weak; crippled

222	**Mt 19,26**	ἐμβλέψας δὲ ὁ Ἰησοῦς εἶπεν αὐτοῖς· παρὰ ἀνθρώποις τοῦτο **ἀδύνατόν** ἐστιν, παρὰ δὲ θεῷ πάντα δυνατά.	**Mk 10,27**	ἐμβλέψας αὐτοῖς ὁ Ἰησοῦς λέγει· παρὰ ἀνθρώποις **ἀδύνατον,** ἀλλ᾽ οὐ παρὰ θεῷ· πάντα γὰρ δυνατὰ παρὰ τῷ θεῷ.	**Lk 18,27**	ὁ δὲ εἶπεν· **τὰ ἀδύνατα** παρὰ ἀνθρώποις δυνατὰ παρὰ τῷ θεῷ ἐστιν.	

Acts 14,8 καί
τις ἀνὴρ ἀδύνατος
ἐν Λύστροις τοῖς ποσὶν
ἐκάθητο, χωλὸς ἐκ
κοιλίας μητρὸς αὐτοῦ ὃς
οὐδέποτε περιεπάτησεν.

ἀετός	Syn 2	Mt 1	Mk	Lk 1	Acts	Jn	1-3John	Paul	Eph	Col
	NT 5	2Thess	1/2Tim	Tit	Heb	Jas	1Pet	2Pet	Jude	Rev 3

eagle; vulture

202	**Mt 24,28**	ὅπου ἐὰν ᾖ τὸ πτῶμα, ἐκεῖ συναχθήσονται **οἱ ἀετοί.**			**Lk 17,37**	... ὅπου τὸ σῶμα, ἐκεῖ καὶ **οἱ ἀετοὶ** ἐπισυναχθήσονται.	

ἄζυμος	Syn 5	Mt 1	Mk 2	Lk 2	Acts 2	Jn	1-3John	Paul 2	Eph	Col
	NT 9	2Thess	1/2Tim	Tit	Heb	Jas	1Pet	2Pet	Jude	Rev

without yeast; unleavened; *neuter plural:* Feast of Unleavened Bread

122	**Mt 26,2**	οἴδατε ὅτι μετὰ δύο ἡμέρας τὸ πάσχα γίνεται, ...	**Mk 14,1**	ἦν δὲ τὸ πάσχα καὶ **τὰ ἄζυμα** μετὰ δύο ἡμέρας. ...	**Lk 22,1**	ἤγγιζεν δὲ **ἡ ἑορτὴ τῶν ἀζύμων** ἡ λεγομένη πάσχα.	
222	**Mt 26,17**	**τῇ δὲ πρώτῃ** **τῶν ἀζύμων** προσῆλθον οἱ μαθηταὶ τῷ Ἰησοῦ λέγοντες· ποῦ θέλεις ἑτοιμάσωμέν σοι φαγεῖν τὸ πάσχα;	**Mk 14,12**	καὶ **τῇ πρώτῃ ἡμέρᾳ** **τῶν ἀζύμων,** ὅτε τὸ πάσχα ἔθυον, λέγουσιν αὐτῷ οἱ μαθηταὶ αὐτοῦ· ποῦ θέλεις ἀπελθόντες ἑτοιμάσωμεν ἵνα φάγῃς τὸ πάσχα;	**Lk 22,7**	ἦλθεν δὲ **ἡ ἡμέρα** **τῶν ἀζύμων,** [ἐν] ᾗ ἔδει θύεσθαι τὸ πάσχα· [8] ... [9] οἱ δὲ εἶπαν αὐτῷ· ποῦ θέλεις ἑτοιμάσωμεν;	→ Jn 13,1

Acts 12,3 ... - ἦσαν δὲ [αἱ] ἡμέραι τῶν ἀζύμων -	**Acts 20,6** ἡμεῖς δὲ ἐξεπλεύσαμεν μετὰ τὰς ἡμέρας τῶν ἀζύμων ἀπὸ Φιλίππων ...

᾿Αζώρ	Syn 2	Mt 2	Mk	Lk	Acts	Jn	1-3John	Paul	Eph	Col
	NT 2	2Thess	1/2Tim	Tit	Heb	Jas	1Pet	2Pet	Jude	Rev

Azor

	Mt		
200	**Mt 1,13** ... Ἐλιακὶμ δὲ ἐγέννησεν τὸν ᾿Αζώρ,		
200	**Mt 1,14** ᾿Αζὼρ δὲ ἐγέννησεν τὸν Σαδώκ, ...		

ἀθετέω	Syn 7	Mt	Mk 2	Lk 5	Acts	Jn 1	1-3John	Paul 5	Eph	Col
	NT 16	2Thess	1/2Tim 1	Tit	Heb 1	Jas	1Pet	2Pet	Jude 1	Rev

reject; refuse; ignore; make invalid; set aside

	Mt	Mk	Lk	
102	**Mt 21,32** ἦλθεν γὰρ Ἰωάννης πρὸς ὑμᾶς ἐν ὁδῷ δικαιοσύνης, καὶ **οὐκ ἐπιστεύσατε** αὐτῷ, ...		**Lk 7,30** οἱ δὲ Φαρισαῖοι καὶ οἱ νομικοὶ τὴν βουλὴν τοῦ θεοῦ **ἠθέτησαν** εἰς ἑαυτοὺς μὴ βαπτισθέντες ὑπ᾿ αὐτοῦ.	
120	**Mt 14,9** καὶ λυπηθεὶς ὁ βασιλεὺς διὰ τοὺς ὅρκους καὶ τοὺς συνανακειμένους ἐκέλευσεν δοθῆναι	**Mk 6,26** καὶ περίλυπος γενόμενος ὁ βασιλεὺς διὰ τοὺς ὅρκους καὶ τοὺς ἀνακειμένους **οὐκ ἠθέλησεν ἀθετῆσαι** αὐτήν·		
120	**Mt 15,3** ... διὰ τί καὶ ὑμεῖς **παραβαίνετε** τὴν ἐντολὴν τοῦ θεοῦ διὰ τὴν παράδοσιν ὑμῶν;	**Mk 7,9** ... καλῶς **ἀθετεῖτε** τὴν ἐντολὴν τοῦ θεοῦ, ἵνα τὴν παράδοσιν ὑμῶν στήσητε.		
112	**Mt 10,40** ⇨ Mt 18,5 → Mt 10,41 ὁ δεχόμενος ὑμᾶς ἐμὲ δέχεται,	**Mk 9,37** ὃς ἂν ἓν τῶν τοιούτων παιδίων δέξηται ἐπὶ τῷ ὀνόματί μου, ἐμὲ δέχεται·	**Lk 10,16 (4)** ⇨ Lk 9,48 ὁ ἀκούων ὑμῶν ἐμοῦ ἀκούει, καὶ **ὁ ἀθετῶν** ὑμᾶς	→ Jn 13,20 → Jn 5,23 → Jn 12,44-45
112			ἐμὲ **ἀθετεῖ·**	
112	**καὶ ὁ ἐμὲ δεχόμενος**	**καὶ ὃς ἂν ἐμὲ δέχηται,**	**ὁ δὲ ἐμὲ ἀθετῶν**	
112	**δέχεται** τὸν ἀποστείλαντά με.	**οὐκ ἐμὲ δέχεται** ἀλλὰ τὸν ἀποστείλαντά με.	**ἀθετεῖ** τὸν ἀποστείλαντά με.	

ἀθροίζω	Syn 1	Mt	Mk	Lk 1	Acts	Jn	1-3John	Paul	Eph	Col
	NT 1	2Thess	1/2Tim	Tit	Heb	Jas	1Pet	2Pet	Jude	Rev

gather together

002		Lk 24,33 καὶ ἀναστάντες αὐτῇ τῇ ὥρᾳ ὑπέστρεψαν εἰς Ἰερουσαλὴμ καὶ εὗρον **ἠθροισμένους** τοὺς ἕνδεκα καὶ τοὺς σὺν αὐτοῖς	

ἀθῷος	Syn 2	Mt 2	Mk	Lk	Acts	Jn	1-3John	Paul	Eph	Col
	NT 2	2Thess	1/2Tim	Tit	Heb	Jas	1Pet	2Pet	Jude	Rev

guiltless; innocent

200	Mt 27,4 λέγων· ἥμαρτον παραδοὺς **αἷμα ἀθῷον.** οἱ δὲ εἶπαν· τί πρὸς ἡμᾶς; σὺ ὄψῃ.		
200	Mt 27,24 ... λαβὼν ὕδωρ ἀπενίψατο τὰς χεῖρας ἀπέναντι τοῦ ὄχλου λέγων· **ἀθῷός** εἰμι ἀπὸ τοῦ αἵματος τούτου· ὑμεῖς ὄψεσθε.		→ Acts 18,6 → Acts 20,26

αἰγιαλός	Syn 2	Mt 2	Mk	Lk	Acts 3	Jn 1	1-3John	Paul	Eph	Col
	NT 6	2Thess	1/2Tim	Tit	Heb	Jas	1Pet	2Pet	Jude	Rev

beach; shore

211	Mt 13,2 → Lk 5,1 καὶ συνήχθησαν πρὸς αὐτὸν ὄχλοι πολλοί, ὥστε αὐτὸν εἰς πλοῖον ἐμβάντα καθῆσθαι, καὶ πᾶς ὁ ὄχλος **ἐπὶ τὸν αἰγιαλὸν** εἱστήκει.	Mk 4,1 → Mk 3,9 → Lk 5,1 ... καὶ συνάγεται πρὸς αὐτὸν ὄχλος πλεῖστος, ὥστε αὐτὸν εἰς πλοῖον ἐμβάντα καθῆσθαι ἐν τῇ θαλάσσῃ, καὶ πᾶς ὁ ὄχλος πρὸς τὴν θάλασσαν **ἐπὶ τῆς γῆς** ἦσαν.	Lk 8,4 ⇨ Lk 5,3 συνιόντος δὲ ὄχλου πολλοῦ καὶ τῶν κατὰ πόλιν ἐπιπορευομένων πρὸς αὐτὸν ...	→ GTh 9
200	Mt 13,48 ἣν ὅτε ἐπληρώθη ἀναβιβάσαντες **ἐπὶ τὸν αἰγιαλὸν** καὶ καθίσαντες συνέλεξαν τὰ καλὰ εἰς ἄγγη, τὰ δὲ σαπρὰ ἔξω ἔβαλον.			→ GTh 8

Acts 21,5	Acts 27,39	Acts 27,40
... ἐπορευόμεθα προπεμπόντων ἡμᾶς πάντων σὺν γυναιξὶ καὶ τέκνοις ἕως ἔξω τῆς πόλεως, καὶ θέντες τὰ γόνατα **ἐπὶ τὸν αἰγιαλὸν** προσευξάμενοι	... κόλπον δέ τινα κατενόουν ἔχοντα **αἰγιαλὸν** εἰς ὃν ἐβουλεύοντο εἰ δύναιντο ἐξῶσαι τὸ πλοῖον.	... ἅμα ἀνέντες τὰς ζευκτηρίας τῶν πηδαλίων καὶ ἐπάραντες τὸν ἀρτέμωνα τῇ πνεούσῃ κατεῖχον **εἰς τὸν αἰγιαλόν.**

Αἴγυπτος	Syn 4	Mt 4	Mk	Lk	Acts 15	Jn	1-3John	Paul	Eph	Col
	NT 25	2Thess	1/2Tim	Tit	Heb 4	Jas	1Pet	2Pet	Jude 1	Rev 1

Egypt

200	**Mt 2,13** ... ἐγερθεὶς παράλαβε τὸ παιδίον καὶ τὴν μητέρα αὐτοῦ καὶ φεῦγε **εἰς Αἴγυπτον** καὶ ἴσθι ἐκεῖ ἕως ἂν εἴπω σοι· μέλλει γὰρ Ἡρῴδης ζητεῖν τὸ παιδίον τοῦ ἀπολέσαι αὐτό.			
200	**Mt 2,14** ὁ δὲ ἐγερθεὶς παρέλαβεν τὸ παιδίον καὶ τὴν μητέρα αὐτοῦ νυκτὸς καὶ ἀνεχώρησεν **εἰς Αἴγυπτον,**			
200	**Mt 2,15** καὶ ἦν ἐκεῖ ἕως τῆς τελευτῆς Ἡρῴδου· ἵνα πληρωθῇ τὸ ῥηθὲν ὑπὸ κυρίου διὰ τοῦ προφήτου λέγοντος· ***ἐξ Αἰγύπτου*** *ἐκάλεσα τὸν υἱόν μου.* ➤ Hos 11,1			
200	**Mt 2,19** τελευτήσαντος δὲ τοῦ Ἡρῴδου ἰδοὺ ἄγγελος κυρίου φαίνεται κατ' ὄναρ τῷ Ἰωσὴφ **ἐν Αἰγύπτῳ**			

Acts 2,10 Φρυγίαν τε καὶ Παμφυλίαν,
Αἴγυπτον
καὶ τὰ μέρη τῆς Λιβύης τῆς κατὰ Κυρήνην, καὶ οἱ ἐπιδημοῦντες Ῥωμαῖοι

Acts 7,9 καὶ οἱ πατριάρχαι ζηλώσαντες τὸν Ἰωσὴφ ἀπέδοντο
εἰς Αἴγυπτον.
καὶ ἦν ὁ θεὸς μετ' αὐτοῦ

Acts 7,10 (2) καὶ ἐξείλατο αὐτὸν ἐκ πασῶν τῶν θλίψεων αὐτοῦ καὶ ἔδωκεν αὐτῷ χάριν καὶ σοφίαν
ἐναντίον Φαραὼ βασιλέως Αἰγύπτου
καὶ κατέστησεν αὐτὸν ἡγούμενον
ἐπ' Αἴγυπτον
καὶ [ἐφ'] ὅλον τὸν οἶκον αὐτοῦ.

Acts 7,11 ἦλθεν δὲ λιμὸς
ἐφ' ὅλην τὴν Αἴγυπτον
καὶ Χανάαν καὶ θλῖψις μεγάλη, ...

Acts 7,12 ἀκούσας δὲ Ἰακὼβ ὄντα σιτία
εἰς Αἴγυπτον
ἐξαπέστειλεν τοὺς πατέρας ἡμῶν πρῶτον.

Acts 7,15 καὶ κατέβη Ἰακὼβ
εἰς Αἴγυπτον
καὶ ἐτελεύτησεν αὐτὸς καὶ οἱ πατέρες ἡμῶν

Acts 7,17 ... ηὔξησεν ὁ λαὸς καὶ ἐπληθύνθη
ἐν Αἰγύπτῳ

Acts 7,18 ἄχρι οὗ *ἀνέστη βασιλεὺς ἕτερος*
[ἐπ' Αἴγυπτον]
ὃς οὐκ ᾔδει τὸν Ἰωσήφ.
➤ Exod 1,8 LXX

Acts 7,34 (2) *ἰδὼν εἶδον τὴν κάκωσιν τοῦ λαοῦ μου τοῦ*
ἐν Αἰγύπτῳ
καὶ τοῦ στεναγμοῦ αὐτῶν ἤκουσα,
καὶ κατέβην ἐξελέσθαι αὐτούς· καὶ νῦν δεῦρο ἀποστείλω σε
εἰς Αἴγυπτον.
➤ Exod 3,7-8.10

Acts 7,36 οὗτος ἐξήγαγεν αὐτοὺς ποιήσας τέρατα καὶ σημεῖα
ἐν γῇ Αἰγύπτῳ
καὶ ἐν ἐρυθρᾷ θαλάσσῃ ...

Acts 7,39 ... ἀλλὰ ἀπώσαντο καὶ ἐστράφησαν ἐν ταῖς καρδίαις αὐτῶν
εἰς Αἴγυπτον

Acts 7,40 ... *ποίησον ἡμῖν θεοὺς οἳ προπορεύσονται ἡμῶν· ὁ γὰρ Μωϋσῆς οὗτος, ὃς ἐξήγαγεν ἡμᾶς*
ἐκ γῆς Αἰγύπτου,
οὐκ οἴδαμεν τί ἐγένετο αὐτῷ.
➤ Exod 32,1.23

Acts 13,17 ὁ θεὸς τοῦ λαοῦ τούτου Ἰσραὴλ ἐξελέξατο τοὺς πατέρας ἡμῶν καὶ τὸν λαὸν ὕψωσεν ἐν τῇ παροικίᾳ
ἐν γῇ Αἰγύπτου ...

αἷμα	Syn 22	Mt 11	Mk 3	Lk 8	Acts 11	Jn 6	1-3John 4	Paul 8	Eph 3	Col 1
	NT 97	2Thess	1/2Tim	Tit	Heb 21	Jas	1Pet 2	2Pet	Jude	Rev 19

blood

	triple tradition																	double tradition			Sondergut		
		+Mt / +Lk			–Mt / –Lk			traditions not taken over by Mt / Lk							subtotals								
code	222	211	112	212	221	122	121	022	012	021	220	120	210	020	Σ⁺	Σ⁻	Σ	202	201	102	200	002	total
Mt	1					2⁻										2⁻	1	3	1		6		11
Mk	1					2											3						3
Lk	1					2											3	3				2	8

a αἷμα ἐκχέω

122	**Mt 9,20**	καὶ ἰδοὺ γυνὴ αἱμορροοῦσα δώδεκα ἔτη ...	**Mk 5,25**	καὶ γυνὴ οὖσα ἐν ῥύσει αἵματος δώδεκα ἔτη	**Lk 8,43**	καὶ γυνὴ οὖσα ἐν ῥύσει αἵματος ἀπὸ ἐτῶν δώδεκα, ...	
122	**Mt 9,22**	... καὶ ἐσώθη ἡ γυνὴ ἀπὸ τῆς ὥρας ἐκείνης.	**Mk 5,29** → Lk 8,47	καὶ εὐθὺς ἐξηράνθη ἡ πηγὴ τοῦ αἵματος αὐτῆς καὶ ἔγνω τῷ σώματι ὅτι ἴαται ἀπὸ τῆς μάστιγος.	**Lk 8,44**	... καὶ παραχρῆμα ἔστη ἡ ῥύσις τοῦ αἵματος αὐτῆς.	
200	**Mt 16,17**	... μακάριος εἶ, Σίμων Βαριωνᾶ, ὅτι σὰρξ καὶ αἷμα οὐκ ἀπεκάλυψέν σοι ἀλλ᾽ ὁ πατήρ μου ὁ ἐν τοῖς οὐρανοῖς.					
201	**Mt 23,30**	[29] οὐαὶ ὑμῖν, γραμματεῖς καὶ Φαρισαῖοι ὑποκριταί, ὅτι οἰκοδομεῖτε τοὺς τάφους τῶν προφητῶν καὶ κοσμεῖτε τὰ μνημεῖα τῶν δικαίων, [30] καὶ λέγετε· εἰ ἤμεθα ἐν ταῖς ἡμέραις τῶν πατέρων ἡμῶν, οὐκ ἂν ἤμεθα αὐτῶν κοινωνοὶ ἐν τῷ αἵματι τῶν προφητῶν.			**Lk 11,47**	οὐαὶ ὑμῖν, ὅτι οἰκοδομεῖτε τὰ μνημεῖα τῶν προφητῶν, οἱ δὲ πατέρες ὑμῶν ἀπέκτειναν αὐτούς.	
a 202	**Mt 23,35** **(3)**	ὅπως ἔλθῃ ἐφ᾽ ὑμᾶς πᾶν αἷμα δίκαιον ἐκχυννόμενον ἐπὶ τῆς γῆς			**Lk 11,50**	ἵνα ἐκζητηθῇ τὸ αἷμα πάντων τῶν προφητῶν τὸ ἐκκεχυμένον ἀπὸ καταβολῆς κόσμου ἀπὸ τῆς γενεᾶς ταύτης,	
202 202		ἀπὸ τοῦ αἵματος ῞Αβελ τοῦ δικαίου ἕως τοῦ αἵματος Ζαχαρίου υἱοῦ Βαραχίου, ὃν ἐφονεύσατε μεταξὺ τοῦ ναοῦ καὶ τοῦ θυσιαστηρίου.			**Lk 11,51** **(2)**	ἀπὸ αἵματος ῞Αβελ ἕως αἵματος Ζαχαρίου τοῦ ἀπολομένου μεταξὺ τοῦ θυσιαστηρίου καὶ τοῦ οἴκου· ...	
002					**Lk 13,1**	παρῆσαν δέ τινες ἐν αὐτῷ τῷ καιρῷ ἀπαγγέλλοντες αὐτῷ περὶ τῶν Γαλιλαίων ὧν τὸ αἷμα Πιλᾶτος ἔμιξεν μετὰ τῶν θυσιῶν αὐτῶν.	

		Mt		Mk		Lk	
a 222	Mt 26,28	τοῦτο γάρ ἐστιν **τὸ αἷμά μου** τῆς διαθήκης τὸ περὶ πολλῶν ἐκχυννόμενον εἰς ἄφεσιν ἁμαρτιῶν.	Mk 14,24	... τοῦτό ἐστιν **τὸ αἷμά μου** τῆς διαθήκης τὸ ἐκχυννόμενον ὑπὲρ πολλῶν.	Lk 22,20	... τοῦτο τὸ ποτήριον ἡ καινὴ διαθήκη **ἐν τῷ αἵματί μου,** τὸ ὑπὲρ ὑμῶν ἐκχυννόμενον.	→ 1Cor 11,25
002					Lk 22,44	[[καὶ γενόμενος ἐν ἀγωνίᾳ ἐκτενέστερον προσηύχετο· καὶ ἐγένετο ὁ ἱδρὼς αὐτοῦ **ὡσεὶ θρόμβοι αἵματος** καταβαίνοντος ἐπὶ τὴν γῆν.]]	Lk 22,44 is textcritically uncertain.
200	Mt 27,4	λέγων· ἥμαρτον παραδοὺς **αἷμα ἀθῷον.** οἱ δὲ εἶπαν· τί πρὸς ἡμᾶς; σὺ ὄψῃ.					
200	Mt 27,6	οἱ δὲ ἀρχιερεῖς λαβόντες τὰ ἀργύρια εἶπαν· οὐκ ἔξεστιν βαλεῖν αὐτὰ εἰς τὸν κορβανᾶν, ἐπεὶ **τιμὴ αἵματός** ἐστιν.					
200	Mt 27,8	διὸ ἐκλήθη ὁ ἀγρὸς ἐκεῖνος **ἀγρὸς αἵματος** ἕως τῆς σήμερον.					→ Acts 1,19
200	Mt 27,24	... λαβὼν ὕδωρ ἀπενίψατο τὰς χεῖρας ἀπέναντι τοῦ ὄχλου λέγων· ἀθῷός εἰμι **ἀπὸ τοῦ αἵματος τούτου·** ὑμεῖς ὄψεσθε.					→ Acts 18,6 → Acts 20,26
200	Mt 27,25	καὶ ἀποκριθεὶς πᾶς ὁ λαὸς εἶπεν· **τὸ αἷμα αὐτοῦ** ἐφ᾽ ἡμᾶς καὶ ἐπὶ τὰ τέκνα ἡμῶν.					→ Acts 5,28 → Acts 18,6

Acts 1,19 (→ Mt 27,8) ... ὥστε κληθῆναι τὸ χωρίον ἐκεῖνο τῇ ἰδίᾳ διαλέκτῳ αὐτῶν Ἀκελδαμάχ, τοῦτ᾽ ἔστιν **χωρίον αἵματος.**

Acts 2,19 (→ Lk 21,11; → Lk 21,25) *καὶ δώσω τέρατα ἐν τῷ οὐρανῷ* ἄνω *καὶ* σημεῖα *ἐπὶ τῆς γῆς* κάτω, ***αἷμα*** *καὶ πῦρ καὶ ἀτμίδα καπνοῦ.*
➤ Joel 3,3 LXX

Acts 2,20 *ὁ ἥλιος μεταστραφήσεται εἰς σκότος καὶ ἡ σελήνη* ***εἰς αἷμα*** *πρὶν ἐλθεῖν ἡμέραν κυρίου τὴν μεγάλην καὶ ἐπιφανῆ.*
➤ Joel 3,4 LXX

Acts 5,28 (→ Mt 27,25) ... καὶ βούλεσθε ἐπαγαγεῖν ἐφ᾽ ἡμᾶς **τὸ αἷμα τοῦ ἀνθρώπου τούτου.**

Acts 15,20 ἀλλὰ ἐπιστεῖλαι αὐτοῖς τοῦ ἀπέχεσθαι τῶν ἀλισγημάτων τῶν εἰδώλων καὶ τῆς πορνείας καὶ τοῦ πνικτοῦ καὶ **τοῦ αἵματος.**

Acts 15,29 ἀπέχεσθαι εἰδωλοθύτων καὶ **αἵματος** καὶ πνικτῶν καὶ πορνείας, ...

Acts 18,6 (→ Mt 10,14; → Mk 6,11; → Lk 9,5; → Lk 10,11; → Mt 27,24-25; → Acts 20,26) ... ἐκτιναξάμενος τὰ ἱμάτια εἶπεν πρὸς αὐτούς· **τὸ αἷμα ὑμῶν** ἐπὶ τὴν κεφαλὴν ὑμῶν· καθαρὸς ἐγὼ ἀπὸ τοῦ νῦν εἰς τὰ ἔθνη πορεύσομαι.

Acts 20,26 (→ Mt 27,24-25; → Acts 18,6) διότι μαρτύρομαι ὑμῖν ἐν τῇ σήμερον ἡμέρᾳ ὅτι καθαρός εἰμι **ἀπὸ τοῦ αἵματος πάντων·**

Acts 20,28 ... ποιμαίνειν τὴν ἐκκλησίαν τοῦ θεοῦ, ἣν περιεποιήσατο **διὰ τοῦ αἵματος τοῦ ἰδίου.**

Acts 21,25 περὶ δὲ τῶν πεπιστευκότων ἐθνῶν ἡμεῖς ἐπεστείλαμεν κρίναντες φυλάσσεσθαι αὐτοὺς τό τε εἰδωλόθυτον καὶ **αἷμα** καὶ πνικτὸν καὶ πορνείαν.

a **Acts 22,20** καὶ ὅτε ἐξεχύννετο **τὸ αἷμα Στεφάνου** τοῦ μάρτυρός σου, καὶ αὐτὸς ἤμην ἐφεστὼς ...

αἱμορροέω

	Syn	Mt	Mk	Lk	Acts	Jn	1-3John	Paul	Eph	Col
	1	1								
	NT	2Thess	1/2Tim	Tit	Heb	Jas	1Pet	2Pet	Jude	Rev
	1									

hemorrage

211	**Mt 9,20**	καὶ ἰδοὺ **γυνὴ** **αἱμορροοῦσα** δώδεκα ἔτη ...	**Mk 5,25**	καὶ **γυνὴ οὖσα** **ἐν ῥύσει αἵματος** δώδεκα ἔτη	**Lk 8,43**	καὶ **γυνὴ οὖσα** **ἐν ῥύσει αἵματος** ἀπὸ ἐτῶν δώδεκα, ...	

αἰνέω

	Syn	Mt	Mk	Lk	Acts	Jn	1-3John	Paul	Eph	Col
	3			3	3			1		
	NT	2Thess	1/2Tim	Tit	Heb	Jas	1Pet	2Pet	Jude	Rev
	8									1

praise

002					**Lk 2,13**	καὶ ἐξαίφνης ἐγένετο σὺν τῷ ἀγγέλῳ πλῆθος στρατιᾶς οὐρανίου **αἰνούντων** τὸν θεὸν καὶ λεγόντων·	
002					**Lk 2,20**	καὶ ὑπέστρεψαν οἱ ποιμένες δοξάζοντες καὶ **αἰνοῦντες** τὸν θεὸν ἐπὶ πᾶσιν οἷς ἤκουσαν καὶ εἶδον ...	
112	**Mt 21,9**	οἱ δὲ ὄχλοι οἱ προάγοντες αὐτὸν καὶ οἱ ἀκολουθοῦντες ἔκραζον λέγοντες· ...	**Mk 11,9**	καὶ οἱ προάγοντες καὶ οἱ ἀκολουθοῦντες ἔκραζον· ...	**Lk 19,37**	... ἤρξαντο ἅπαν τὸ πλῆθος τῶν μαθητῶν χαίροντες **αἰνεῖν** τὸν θεὸν φωνῇ μεγάλῃ περὶ πασῶν ὧν εἶδον δυνάμεων	→ Jn 12,13

Acts 2,47 **αἰνοῦντες** τὸν θεὸν καὶ ἔχοντες χάριν πρὸς ὅλον τὸν λαόν. ...

Acts 3,8 ... καὶ εἰσῆλθεν σὺν αὐτοῖς εἰς τὸ ἱερὸν περιπατῶν καὶ ἁλλόμενος καὶ **αἰνῶν** τὸν θεόν.

Acts 3,9 καὶ εἶδεν πᾶς ὁ λαὸς αὐτὸν περιπατοῦντα καὶ **αἰνοῦντα** τὸν θεόν·

αἶνος

	Syn	Mt	Mk	Lk	Acts	Jn	1-3John	Paul	Eph	Col
	2	1		1						
	NT	2Thess	1/2Tim	Tit	Heb	Jas	1Pet	2Pet	Jude	Rev
	2									

praise

112	**Mt 20,34** ⇩ Mt 9,30	... καὶ εὐθέως ἀνέβλεψαν καὶ ἠκολούθησαν αὐτῷ.	**Mk 10,52**	... καὶ εὐθὺς ἀνέβλεψεν, καὶ ἠκολούθει αὐτῷ ἐν τῇ ὁδῷ.	**Lk 18,43**	καὶ παραχρῆμα ἀνέβλεψεν καὶ ἠκολούθει αὐτῷ δοξάζων τὸν θεόν. καὶ πᾶς ὁ λαὸς ἰδὼν ἔδωκεν **αἶνον** τῷ θεῷ.	
	Mt 9,30 ⇧ Mt 20,34	καὶ ἠνεῴχθησαν αὐτῶν οἱ ὀφθαλμοί. καὶ ἐνεβριμήθη αὐτοῖς ὁ Ἰησοῦς λέγων· ὁρᾶτε μηδεὶς γινωσκέτω. [30] οἱ δὲ ἐξελθόντες διεφήμισαν αὐτὸν ἐν ὅλῃ τῇ γῇ ἐκείνῃ.					

200	**Mt 21,16** → Lk 19,39-40 ... οὐδέποτε ἀνέγνωτε ὅτι *ἐκ στόματος νηπίων καὶ θηλαζόντων κατηρτίσω* ***αἶνον;*** ➢ Ps 8,3 LXX			

αἱρετίζω

	Syn	Mt	Mk	Lk	Acts	Jn	1-3John	Paul	Eph	Col
	1	1								
	NT	2Thess	1/2Tim	Tit	Heb	Jas	1Pet	2Pet	Jude	Rev
	1									

to choose; appoint

200	**Mt 12,18** *ἰδοὺ ὁ παῖς μου ὃν* ***ᾑρέτισα,*** *ὁ ἀγαπητός μου εἰς ὃν εὐδόκησεν ἡ ψυχή μου·* ... ➢ Isa 42,1			

αἴρω

	Syn	Mt	Mk	Lk	Acts	Jn	1-3John	Paul	Eph	Col
	58	19	19	20	9	26	1	2	1	1
	NT	2Thess	1/2Tim	Tit	Heb	Jas	1Pet	2Pet	Jude	Rev
	100									2

take; take up; take away; carry; sweep away (of a flood); raise (one's voice)

	triple tradition																	double tradition			Sondergut		
		+Mt / +Lk			–Mt / –Lk			traditions not taken over by Mt / Lk							subtotals								
code	*222*	*211*	*112*	*212*	*221*	*122*	*121*	*022*	*012*	*021*	*220*	*120*	*210*	*020*	Σ⁺	Σ⁻	Σ	*202*	*201*	*102*	*200*	*002*	total
Mt	5				3	2^-	3^-				3	2^-				7^-	11	3	1		4		**19**
Mk	5				3	2	3	1			3	2					19						**19**
Lk	5		2^+		3^-	2	3^-	1							2^+	6^-	10	3		5		2	**20**

Mk-Q overlap: 112: Mt 12,29 / Mk 3,27 / Lk 11,22 (?)

[a] αἴρω ἀπό, ~ ἐκ

202	**Mt 4,6** ... *καὶ ἐπὶ χειρῶν* ***ἀροῦσίν*** *σε, μήποτε προσκόψῃς πρὸς λίθον τὸν πόδα σου.* ➢ Ps 91,12		**Lk 4,11** καὶ ὅτι *ἐπὶ χειρῶν* ***ἀροῦσίν*** *σε, μήποτε προσκόψῃς πρὸς λίθον τὸν πόδα σου.* ➢ Ps 91,12	
121	**Mt 9,2** καὶ ἰδοὺ προσέφερον αὐτῷ παραλυτικὸν ἐπὶ κλίνης βεβλημένον. ...	**Mk 2,3** καὶ ἔρχονται φέροντες πρὸς αὐτὸν παραλυτικὸν **αἰρόμενον** ὑπὸ τεσσάρων.	**Lk 5,18** καὶ ἰδοὺ ἄνδρες φέροντες ἐπὶ κλίνης ἄνθρωπον ὃς ἦν παραλελυμένος καὶ ἐζήτουν αὐτὸν εἰσενεγκεῖν ...	
121	**Mt 9,5** ... ἢ εἰπεῖν· ἔγειρε καὶ περιπάτει;	**Mk 2,9** ... ἢ εἰπεῖν· ἔγειρε καὶ **ἆρον** τὸν κράβαττόν σου καὶ περιπάτει;	**Lk 5,23** ... ἢ εἰπεῖν· ἔγειρε καὶ περιπάτει;	
222	**Mt 9,6** ... ἐγερθεὶς **ἆρόν** σου τὴν κλίνην καὶ ὕπαγε εἰς τὸν οἶκόν σου.	**Mk 2,11** σοὶ λέγω, ἔγειρε **ἆρον** τὸν κράβαττόν σου καὶ ὕπαγε εἰς τὸν οἶκόν σου.	**Lk 5,24** ... σοὶ λέγω, ἔγειρε καὶ **ἄρας** τὸ κλινίδιόν σου πορεύου εἰς τὸν οἶκόν σου.	→ Jn 5,8
122	**Mt 9,7** καὶ ἐγερθεὶς ἀπῆλθεν εἰς τὸν οἶκον αὐτοῦ.	**Mk 2,12** καὶ ἠγέρθη καὶ εὐθὺς **ἄρας** τὸν κράβαττον ἐξῆλθεν ἔμπροσθεν πάντων, ...	**Lk 5,25** καὶ παραχρῆμα ἀναστὰς ἐνώπιον αὐτῶν, **ἄρας** ἐφ' ὃ κατέκειτο, ἀπῆλθεν εἰς τὸν οἶκον αὐτοῦ ...	→ Jn 5,9

a 221	**Mt 9,16**	οὐδεὶς δὲ ἐπιβάλλει ἐπίβλημα ῥάκους ἀγνάφου ἐπὶ ἱματίῳ παλαιῷ· **αἴρει** γὰρ τὸ πλήρωμα αὐτοῦ ἀπὸ τοῦ ἱματίου καὶ χεῖρον σχίσμα γίνεται.	**Mk 2,21**	οὐδεὶς ἐπίβλημα ῥάκους ἀγνάφου ἐπιράπτει ἐπὶ ἱμάτιον παλαιόν· εἰ δὲ μή, **αἴρει** τὸ πλήρωμα ἀπ' αὐτοῦ τὸ καινὸν τοῦ παλαιοῦ, καὶ χεῖρον σχίσμα γίνεται.	**Lk 5,36**	... οὐδεὶς ἐπίβλημα ἀπὸ ἱματίου καινοῦ σχίσας ἐπιβάλλει ἐπὶ ἱμάτιον παλαιόν· εἰ δὲ μή γε, καὶ τὸ καινὸν σχίσει καὶ τῷ παλαιῷ οὐ συμφωνήσει τὸ ἐπίβλημα τὸ ἀπὸ τοῦ καινοῦ.	→ GTh 47,5
102	**Mt 5,40**	καὶ τῷ θέλοντί σοι κριθῆναι καὶ τὸν χιτῶνά σου **λαβεῖν,** ἄφες αὐτῷ καὶ τὸ ἱμάτιον·			**Lk 6,29**	... καὶ **ἀπὸ τοῦ αἴροντός** σου τὸ ἱμάτιον καὶ τὸν χιτῶνα μὴ κωλύσῃς.	
102	**Mt 5,42** → Lk 6,34	τῷ αἰτοῦντί σε δός, καὶ τὸν θέλοντα ἀπὸ σοῦ **δανίσασθαι** μὴ ἀποστραφῇς.			**Lk 6,30**	παντὶ αἰτοῦντί σε δίδου, καὶ **ἀπὸ τοῦ αἴροντος** τὰ σὰ μὴ ἀπαίτει.	→ GTh 95
200	**Mt 11,29**	**ἄρατε** τὸν ζυγόν μου ἐφ' ὑμᾶς καὶ μάθετε ἀπ' ἐμοῦ, ...					→ GTh 90
a 122	**Mt 13,19**	παντὸς ἀκούοντος τὸν λόγον τῆς βασιλείας καὶ μὴ συνιέντος, ἔρχεται ὁ πονηρὸς καὶ **ἁρπάζει** τὸ ἐσπαρμένον ἐν τῇ καρδίᾳ αὐτοῦ, οὗτός ἐστιν ὁ παρὰ τὴν ὁδὸν σπαρείς.	**Mk 4,15**	οὗτοι δέ εἰσιν οἱ παρὰ τὴν ὁδόν· ὅπου σπείρεται ὁ λόγος καὶ ὅταν ἀκούσωσιν, εὐθὺς ἔρχεται ὁ σατανᾶς καὶ **αἴρει** τὸν λόγον τὸν ἐσπαρμένον εἰς αὐτούς.	**Lk 8,12**	οἱ δὲ παρὰ τὴν ὁδόν εἰσιν οἱ ἀκούσαντες, εἶτα ἔρχεται ὁ διάβολος καὶ **αἴρει** τὸν λόγον ἀπὸ τῆς καρδίας αὐτῶν, ἵνα μὴ πιστεύσαντες σωθῶσιν.	
a 222	**Mt 13,12** ⇩ Mt 25,29	... ὅστις δὲ οὐκ ἔχει, καὶ ὃ ἔχει **ἀρθήσεται** ἀπ' αὐτοῦ.	**Mk 4,25**	... καὶ ὃς οὐκ ἔχει, καὶ ὃ ἔχει **ἀρθήσεται** ἀπ' αὐτοῦ.	**Lk 8,18** ⇩ Lk 19,26	... καὶ ὃς ἂν μὴ ἔχῃ, καὶ ὃ δοκεῖ ἔχειν **ἀρθήσεται** ἀπ' αὐτοῦ.	→ GTh 41 Mk-Q overlap
022	**Mt 10,9**	[5] ... παραγγείλας αὐτοῖς λέγων· ... [9] **μὴ κτήσησθε** χρυσὸν μηδὲ ἄργυρον μηδὲ χαλκὸν εἰς τὰς ζώνας ὑμῶν, [10] μὴ πήραν εἰς ὁδὸν μηδὲ δύο χιτῶνας μηδὲ ὑποδήματα μηδὲ ῥάβδον· ...	**Mk 6,8**	καὶ παρήγγειλεν αὐτοῖς ἵνα **μηδὲν αἴρωσιν** εἰς ὁδὸν εἰ μὴ ῥάβδον μόνον, μὴ ἄρτον, μὴ πήραν, μὴ εἰς τὴν ζώνην χαλκόν, [9] ἀλλὰ ὑποδεδεμένους σανδάλια, καὶ μὴ ἐνδύσησθε δύο χιτῶνας.	**Lk 9,3** ⇩ Lk 10,4 → Lk 22,35 ↓ Lk 22,36	καὶ εἶπεν πρὸς αὐτούς· **μηδὲν αἴρετε** εἰς τὴν ὁδόν, μήτε ῥάβδον μήτε πήραν μήτε ἄρτον μήτε ἀργύριον μήτε [ἀνὰ] δύο χιτῶνας ἔχειν.	Mk-Q overlap
					Lk 10,4 ⇧ Lk 9,3 → Lk 22,35 ↓ Lk 22,36	**μὴ βαστάζετε** βαλλάντιον, μὴ πήραν, μὴ ὑποδήματα, καὶ μηδένα κατὰ τὴν ὁδὸν ἀσπάσησθε.	Mk-Q overlap
220	**Mt 14,12**	καὶ προσελθόντες οἱ μαθηταὶ αὐτοῦ **ἦραν** τὸ πτῶμα καὶ ἔθαψαν αὐτό[ν] ...	**Mk 6,29**	καὶ ἀκούσαντες οἱ μαθηταὶ αὐτοῦ ἦλθον καὶ **ἦραν** τὸ πτῶμα αὐτοῦ καὶ ἔθηκαν αὐτὸ ἐν μνημείῳ.			
222	**Mt 14,20** ↓ Mt 15,37	... καὶ **ἦραν** τὸ περισσεῦον τῶν κλασμάτων δώδεκα κοφίνους πλήρεις.	**Mk 6,43** ↓ Mk 8,8	καὶ **ἦραν** κλάσματα δώδεκα κοφίνων πληρώματα καὶ ἀπὸ τῶν ἰχθύων.	**Lk 9,17**	... καὶ **ἤρθη** τὸ περισσεῦσαν αὐτοῖς κλασμάτων κόφινοι δώδεκα.	→ Jn 6,12-13

220	**Mt 15,37** ↑ Mt 14,20	... καὶ τὸ περισσεῦον τῶν κλασμάτων ἦραν ἑπτὰ σπυρίδας πλήρεις.	**Mk 8,8** ↑ Mk 6,43	... καὶ ἦραν περισσεύματα κλασμάτων ἑπτὰ σπυρίδας.			
120	**Mt 16,9**	οὔπω νοεῖτε, οὐδὲ μνημονεύετε τοὺς πέντε ἄρτους τῶν πεντακισχιλίων καὶ πόσους κοφίνους ἐλάβετε;	**Mk 8,19**	[17] ... οὔπω νοεῖτε ... [18] ... οὐ μνημονεύετε, [19] ὅτε τοὺς πέντε ἄρτους ἔκλασα εἰς τοὺς πεντακισχιλίους, πόσους κοφίνους κλασμάτων πλήρεις ἤρατε; λέγουσιν αὐτῷ· δώδεκα.			
120	**Mt 16,10**	οὐδὲ τοὺς ἑπτὰ ἄρτους τῶν τετρακισχιλίων καὶ πόσας σπυρίδας ἐλάβετε;	**Mk 8,20**	ὅτε τοὺς ἑπτὰ εἰς τοὺς τετρακισχιλίους, πόσων σπυρίδων πληρώματα κλασμάτων ἤρατε; καὶ λέγουσιν [αὐτῷ]· ἑπτά.			
222	**Mt 16,24** ⇩ Mt 10,38	... εἴ τις θέλει ὀπίσω μου ἐλθεῖν, ἀπαρνησάσθω ἑαυτὸν καὶ ἀράτω τὸν σταυρὸν αὐτοῦ καὶ ἀκολουθείτω μοι.	**Mk 8,34**	... εἴ τις θέλει ὀπίσω μου ἀκολουθεῖν, ἀπαρνησάσθω ἑαυτὸν καὶ ἀράτω τὸν σταυρὸν αὐτοῦ καὶ ἀκολουθείτω μοι.	**Lk 9,23** ⇩ Lk 14,27	... εἴ τις θέλει ὀπίσω μου ἔρχεσθαι, ἀρνησάσθω ἑαυτὸν καὶ ἀράτω τὸν σταυρὸν αὐτοῦ καθ' ἡμέραν, καὶ ἀκολουθείτω μοι.	→ GTh 55 Mk-Q overlap
	Mt 10,38 ⇧ Mt 16,24	καὶ ὃς οὐ λαμβάνει τὸν σταυρὸν αὐτοῦ καὶ ἀκολουθεῖ ὀπίσω μου, οὐκ ἔστιν μου ἄξιος.			**Lk 14,27** ⇧ Lk 9,23	ὅστις οὐ βαστάζει τὸν σταυρὸν ἑαυτοῦ καὶ ἔρχεται ὀπίσω μου οὐ δύναται εἶναί μου μαθητής.	Mk-Q overlap
200	**Mt 17,27**	... πορευθεὶς εἰς θάλασσαν βάλε ἄγκιστρον καὶ τὸν ἀναβάντα πρῶτον ἰχθὺν ἆρον, καὶ ἀνοίξας τὸ στόμα αὐτοῦ εὑρήσεις στατῆρα· ...					
112	**Mt 12,29**	... ἐὰν μὴ πρῶτον δήσῃ τὸν ἰσχυρόν; καὶ τότε τὴν οἰκίαν αὐτοῦ διαρπάσει.	**Mk 3,27**	... ἐὰν μὴ πρῶτον τὸν ἰσχυρὸν δήσῃ, καὶ τότε τὴν οἰκίαν αὐτοῦ διαρπάσει.	**Lk 11,22**	ἐπὰν δὲ ἰσχυρότερος αὐτοῦ ἐπελθὼν νικήσῃ αὐτόν, τὴν πανοπλίαν αὐτοῦ αἴρει ἐφ' ᾗ ἐπεποίθει, καὶ τὰ σκῦλα αὐτοῦ διαδίδωσιν.	→ GTh 21,5 → GTh 35 Mk-Q overlap?
102	**Mt 23,13** → Mt 23,13 → Lk 11,52	οὐαὶ δὲ ὑμῖν, γραμματεῖς καὶ Φαρισαῖοι ὑποκριταί, ὅτι κλείετε τὴν βασιλείαν τῶν οὐρανῶν ἔμπροσθεν τῶν ἀνθρώπων· ...			**Lk 11,52**	οὐαὶ ὑμῖν τοῖς νομικοῖς, ὅτι ἤρατε τὴν κλεῖδα τῆς γνώσεως· ...	→ GTh 39,1 (POxy 655) → GTh 102
002					**Lk 17,13** → Mt 8,2 → Mk 1,40 → Lk 5,12	καὶ αὐτοὶ ἦραν φωνὴν λέγοντες· Ἰησοῦ ἐπιστάτα, ἐλέησον ἡμᾶς.	

222	**Mt 24,17**	ὁ ἐπὶ τοῦ δώματος μὴ καταβάτω ἆραι τὰ ἐκ τῆς οἰκίας αὐτοῦ	**Mk 13,15**	ὁ [δὲ] ἐπὶ τοῦ δώματος μὴ καταβάτω μηδὲ εἰσελθάτω ἆραί τι ἐκ τῆς οἰκίας αὐτοῦ	**Lk 17,31**	... ὃς ἔσται ἐπὶ τοῦ δώματος καὶ τὰ σκεύη αὐτοῦ ἐν τῇ οἰκίᾳ, μὴ καταβάτω ἆραι αὐτά, ...	
200	**Mt 20,14**	ἆρον τὸ σὸν καὶ ὕπαγε. θέλω δὲ τούτῳ τῷ ἐσχάτῳ δοῦναι ὡς καὶ σοί·					
220	**Mt 21,21** ↓ Mt 17,20	... ἀμὴν λέγω ὑμῖν, ἐὰν ἔχητε πίστιν καὶ μὴ διακριθῆτε, οὐ μόνον τὸ τῆς συκῆς ποιήσετε, ἀλλὰ κἂν τῷ ὄρει τούτῳ εἴπητε· ἄρθητι καὶ βλήθητι εἰς τὴν θάλασσαν, γενήσεται·	**Mk 11,23** → Mk 9,23	[22] ... ἔχετε πίστιν θεοῦ. [23] ἀμὴν λέγω ὑμῖν ὅτι ὃς ἂν εἴπῃ τῷ ὄρει τούτῳ· ἄρθητι καὶ βλήθητι εἰς τὴν θάλασσαν, καὶ μὴ διακριθῇ ἐν τῇ καρδίᾳ αὐτοῦ ἀλλὰ πιστεύῃ ὅτι ὃ λαλεῖ γίνεται, ἔσται αὐτῷ.	↓ Lk 17,6		→ GTh 48 → GTh 106
	Mt 17,20 ↑ Mt 21,21	... διὰ τὴν ὀλιγοπιστίαν ὑμῶν· ἀμὴν γὰρ λέγω ὑμῖν, ἐὰν ἔχητε πίστιν ὡς κόκκον σινάπεως, ἐρεῖτε τῷ ὄρει τούτῳ, μετάβα ἔνθεν ἐκεῖ, καὶ μεταβήσεται· καὶ οὐδὲν ἀδυνατήσει ὑμῖν.			**Lk 17,6**	... εἰ ἔχετε πίστιν ὡς κόκκον σινάπεως, ἐλέγετε ἂν τῇ συκαμίνῳ [ταύτῃ]· ἐκριζώθητι καὶ φυτεύθητι ἐν τῇ θαλάσσῃ· καὶ ὑπήκουσεν ἂν ὑμῖν.	→ GTh 48 → GTh 106
a 200	**Mt 21,43** → Mt 21,41	διὰ τοῦτο λέγω ὑμῖν ὅτι ἀρθήσεται ἀφ᾽ ὑμῶν ἡ βασιλεία τοῦ θεοῦ καὶ δοθήσεται ἔθνει ποιοῦντι τοὺς καρποὺς αὐτῆς.					
222	**Mt 24,17**	ὁ ἐπὶ τοῦ δώματος μὴ καταβάτω ἆραι τὰ ἐκ τῆς οἰκίας αὐτοῦ,	**Mk 13,15**	ὁ [δὲ] ἐπὶ τοῦ δώματος μὴ καταβάτω μηδὲ εἰσελθάτω ἆραί τι ἐκ τῆς οἰκίας αὐτοῦ,	**Lk 17,31**	... ὃς ἔσται ἐπὶ τοῦ δώματος καὶ τὰ σκεύη αὐτοῦ ἐν τῇ οἰκίᾳ, μὴ καταβάτω ἆραι αὐτά,	
221	**Mt 24,18**	καὶ ὁ ἐν τῷ ἀγρῷ μὴ ἐπιστρεψάτω ὀπίσω ἆραι τὸ ἱμάτιον αὐτοῦ.	**Mk 13,16**	καὶ ὁ εἰς τὸν ἀγρὸν μὴ ἐπιστρεψάτω εἰς τὰ ὀπίσω ἆραι τὸ ἱμάτιον αὐτοῦ.	→ Lk 21,21	καὶ ὁ ἐν ἀγρῷ ὁμοίως μὴ ἐπιστρεψάτω εἰς τὰ ὀπίσω.	
201	**Mt 24,39**	καὶ οὐκ ἔγνωσαν ἕως ἦλθεν ὁ κατακλυσμὸς καὶ ἦρεν ἅπαντας, οὕτως ἔσται [καὶ] ἡ παρουσία τοῦ υἱοῦ τοῦ ἀνθρώπου.			**Lk 17,27**	... καὶ ἦλθεν ὁ κατακλυσμὸς καὶ ἀπώλεσεν πάντας.	
102	**Mt 25,24**	... κύριε, ἔγνων σε ὅτι σκληρὸς εἶ ἄνθρωπος, θερίζων ὅπου οὐκ ἔσπειρας καὶ συνάγων ὅθεν οὐ διεσκόρπισας			**Lk 19,21**	ἐφοβούμην γάρ σε, ὅτι ἄνθρωπος αὐστηρὸς εἶ, αἴρεις ὃ οὐκ ἔθηκας καὶ θερίζεις ὃ οὐκ ἔσπειρας.	

	Mt		Mk		Lk		
102	**Mt 25,26**	... πονηρὲ δοῦλε καὶ ὀκνηρέ, ᾔδεις ὅτι θερίζω ὅπου οὐκ ἔσπειρα καὶ **συνάγω** ὅθεν οὐ διεσκόρπισα;			**Lk 19,22**	... πονηρὲ δοῦλε. ᾔδεις ὅτι ἐγὼ ἄνθρωπος αὐστηρός εἰμι, **αἴρων** ὃ οὐκ ἔθηκα καὶ θερίζων ὃ οὐκ ἔσπειρα;	
a 202	**Mt 25,28**	**ἄρατε** οὖν ἀπ᾽ αὐτοῦ τὸ τάλαντον ...			**Lk 19,24**	καὶ τοῖς παρεστῶσιν εἶπεν· **ἄρατε** ἀπ᾽ αὐτοῦ τὴν μνᾶν ...	
a 202	**Mt 25,29** ⇑ Mt 13,12	... τοῦ δὲ μὴ ἔχοντος καὶ ὃ ἔχει **ἀρθήσεται** ἀπ᾽ αὐτοῦ.	**Mk 4,25**	... καὶ ὃς οὐκ ἔχει, καὶ ὃ ἔχει **ἀρθήσεται** ἀπ᾽ αὐτοῦ.	**Lk 19,26** ⇑ Lk 8,18	... ἀπὸ δὲ τοῦ μὴ ἔχοντος καὶ ὃ ἔχει **ἀρθήσεται**.	→ GTh 41 Mk-Q overlap
002					**Lk 22,36** ↑ Lk 9,3 ↑ Lk 10,4	... ἀλλὰ νῦν ὁ ἔχων βαλλάντιον **ἀράτω**, ὁμοίως καὶ πήραν, ...	
112	**Mt 27,20**	οἱ δὲ ἀρχιερεῖς καὶ οἱ πρεσβύτεροι ἔπεισαν τοὺς ὄχλους ἵνα αἰτήσωνται τὸν Βαραββᾶν, τὸν δὲ Ἰησοῦν ἀπολέσωσιν.	**Mk 15,11**	οἱ δὲ ἀρχιερεῖς ἀνέσεισαν τὸν ὄχλον ἵνα μᾶλλον τὸν Βαραββᾶν ἀπολύσῃ αὐτοῖς.	**Lk 23,18**	ἀνέκραγον δὲ παμπληθεὶ λέγοντες· **αἶρε** τοῦτον, ἀπόλυσον δὲ ἡμῖν τὸν Βαραββᾶν·	→ Jn 18,40 → Acts 21,36 → Acts 22,22
221	**Mt 27,32**	ἐξερχόμενοι δὲ εὗρον ἄνθρωπον Κυρηναῖον ὀνόματι Σίμωνα, τοῦτον ἠγγάρευσαν ἵνα **ἄρῃ** τὸν σταυρὸν αὐτοῦ.	**Mk 15,21**	καὶ ἀγγαρεύουσιν παράγοντά τινα Σίμωνα Κυρηναῖον ἐρχόμενον ἀπ᾽ ἀγροῦ, τὸν πατέρα Ἀλεξάνδρου καὶ Ῥούφου, ἵνα **ἄρῃ** τὸν σταυρὸν αὐτοῦ.	**Lk 23,26**	... ἐπιλαβόμενοι Σίμωνά τινα Κυρηναῖον ἐρχόμενον ἀπ᾽ ἀγροῦ **ἐπέθηκαν** αὐτῷ τὸν σταυρὸν φέρειν ὄπισθεν τοῦ Ἰησοῦ.	
121	**Mt 27,35**	*... διεμερίσαντο τὰ ἱμάτια αὐτοῦ βάλλοντες κλῆρον* ➤ Ps 22,19	**Mk 15,24**	*... διαμερίζονται τὰ ἱμάτια αὐτοῦ βάλλοντες κλῆρον ἐπ᾽ αὐτὰ τίς τί* **ἄρῃ**. ➤ Ps 22,19	**Lk 23,34**	*... διαμεριζόμενοι δὲ τὰ ἱμάτια αὐτοῦ ἔβαλον κλήρους.* ➤ Ps 22,19	→ Jn 19,24

Acts 4,24 οἱ δὲ ἀκούσαντες ὁμοθυμαδὸν **ἦραν** φωνὴν πρὸς τὸν θεὸν καὶ εἶπαν· ...

Acts 8,33 (2) *ἐν τῇ ταπεινώσει [αὐτοῦ] ἡ κρίσις αὐτοῦ* ***ἤρθη·*** *τὴν γενεὰν αὐτοῦ τίς διηγήσεται;*

a *ὅτι* ***αἴρεται*** *ἀπὸ τῆς γῆς ἡ ζωὴ αὐτοῦ.* ➤ Isa 53,8

Acts 20,9 ... κατενεχθεὶς ἀπὸ τοῦ ὕπνου ἔπεσεν ἀπὸ τοῦ τριστέγου κάτω καὶ **ἤρθη** νεκρός.

Acts 21,11 καὶ ἐλθὼν πρὸς ἡμᾶς καὶ **ἄρας** τὴν ζώνην τοῦ Παύλου, δήσας ἑαυτοῦ τοὺς πόδας καὶ τὰς χεῖρας ...

Acts 21,36 → Lk 23,18 ἠκολούθει γὰρ τὸ πλῆθος τοῦ λαοῦ κράζοντες· **αἶρε** αὐτόν.

a **Acts 22,22** → Lk 23,18 ... καὶ ἐπῆραν τὴν φωνὴν αὐτῶν λέγοντες· **αἶρε** ἀπὸ τῆς γῆς τὸν τοιοῦτον, οὐ γὰρ καθῆκεν αὐτὸν ζῆν.

Acts 27,13 ὑποπνεύσαντος δὲ νότου δόξαντες τῆς προθέσεως κεκρατηκέναι, **ἄραντες** ἆσσον παρελέγοντο τὴν Κρήτην.

Acts 27,17 ἣν **ἄραντες** βοηθείαις ἐχρῶντο ὑποζωννύντες τὸ πλοῖον, ...

αἰσθάνομαι	Syn	Mt	Mk	Lk	Acts	Jn	1-3John	Paul	Eph	Col
	1			1						
	NT	2Thess	1/2Tim	Tit	Heb	Jas	1Pet	2Pet	Jude	Rev
	1									

perceive; understand

112	**Mt 17,23** ... καὶ ἐλυπήθησαν σφόδρα.	**Mk 9,32** οἱ δὲ ἠγνόουν τὸ ῥῆμα, καὶ ἐφοβοῦντο αὐτὸν ἐπερωτῆσαι.	**Lk 9,45** → Lk 18,34 οἱ δὲ ἠγνόουν τὸ ῥῆμα τοῦτο καὶ ἦν παρακεκαλυμμένον ἀπ᾽ αὐτῶν ἵνα **μὴ αἴσθωνται** αὐτό, καὶ ἐφοβοῦντο ἐρωτῆσαι αὐτὸν περὶ τοῦ ῥήματος τούτου.	

αἰσχύνη	Syn	Mt	Mk	Lk	Acts	Jn	1-3John	Paul	Eph	Col
	1			1				2		
	NT	2Thess	1/2Tim	Tit	Heb	Jas	1Pet	2Pet	Jude	Rev
	6				1				1	1

shame; disgrace; shameful deed

002			**Lk 14,9** ... δὸς τούτῳ τόπον, καὶ τότε ἄρξῃ **μετὰ αἰσχύνης** τὸν ἔσχατον τόπον κατέχειν.	

αἰσχύνομαι	Syn	Mt	Mk	Lk	Acts	Jn	1-3John	Paul	Eph	Col
	1			1			1	2		
	NT	2Thess	1/2Tim	Tit	Heb	Jas	1Pet	2Pet	Jude	Rev
	5						1			

be ashamed; be made ashamed

002			**Lk 16,3** ... τί ποιήσω, ὅτι ὁ κύριός μου ἀφαιρεῖται τὴν οἰκονομίαν ἀπ᾽ ἐμοῦ; σκάπτειν οὐκ ἰσχύω, ἐπαιτεῖν **αἰσχύνομαι.**	

αἰτέω	Syn	Mt	Mk	Lk	Acts	Jn	1-3John	Paul	Eph	Col
	34	14	9	11	10	11	5	1	2	1
	NT	2Thess	1/2Tim	Tit	Heb	Jas	1Pet	2Pet	Jude	Rev
	70					5	1			

ask; request; require; demand

	triple tradition																	double tradition			Sonder-gut		
		+Mt / +Lk			–Mt / –Lk			traditions not taken over by Mt / Lk							subtotals								
code	*222*	*211*	*112*	*212*	*221*	*122*	*121*	*022*	*012*	*021*	*220*	*120*	*210*	*020*	Σ^+	Σ^-	Σ	*202*	*201*	*102*	*200*	*002*	total
Mt	1	1^+									4	3^-			1^+	3^-	6	6			2		**14**
Mk	1										4	3		1			9						**9**
Lk	1		2^+												2^+		3	6				2	**11**

002			**Lk 1,63** καὶ **αἰτήσας** πινακίδιον ἔγραψεν λέγων· Ἰωάννης ἐστὶν ὄνομα αὐτοῦ. ...	

202	Mt 5,42 → Lk 6,34	τῷ **αἰτοῦντί** σε δός, καὶ τὸν θέλοντα ἀπὸ σοῦ δανίσασθαι μὴ ἀποστραφῇς.			Lk 6,30	παντὶ **αἰτοῦντί** σε δίδου, καὶ ἀπὸ τοῦ αἴροντος τὰ σὰ μὴ ἀπαίτει.	→ GTh 95
200	Mt 6,8 → Mt 6,32 → Lk 12,30	... οἶδεν γὰρ ὁ πατὴρ ὑμῶν ὧν χρείαν ἔχετε πρὸ τοῦ ὑμᾶς **αἰτῆσαι** αὐτόν.					
202	Mt 7,7	**αἰτεῖτε** καὶ δοθήσεται ὑμῖν, ...			Lk 11,9	κἀγὼ ὑμῖν λέγω, **αἰτεῖτε** καὶ δοθήσεται ὑμῖν, ...	→ GTh 2 (POxy 654) → GTh 92
202	Mt 7,8 ↓ Mt 18,19 ↓ Mt 21,22 ↓ Mk 11,24	πᾶς γὰρ ὁ **αἰτῶν** λαμβάνει καὶ ὁ ζητῶν εὑρίσκει καὶ τῷ κρούοντι ἀνοιγήσεται.			Lk 11,10 ↓ Mt 21,22 ↓ Mk 11,24	πᾶς γὰρ ὁ **αἰτῶν** λαμβάνει καὶ ὁ ζητῶν εὑρίσκει καὶ τῷ κρούοντι ἀνοιγ[ήσ]εται.	→ GTh 2 (POxy 654) → GTh 94
202	Mt 7,9	ἢ τίς ἐστιν ἐξ ὑμῶν ἄνθρωπος, ὃν **αἰτήσει** ὁ υἱὸς αὐτοῦ ἄρτον, μὴ λίθον ἐπιδώσει αὐτῷ;			Lk 11,12	ἢ καὶ **αἰτήσει** ᾠόν, ἐπιδώσει αὐτῷ σκορπίον;	
202	Mt 7,10	ἢ καὶ ἰχθὺν **αἰτήσει,** μὴ ὄφιν ἐπιδώσει αὐτῷ;			Lk 11,11	τίνα δὲ ἐξ ὑμῶν τὸν πατέρα **αἰτήσει** ὁ υἱὸς ἰχθύν, καὶ ἀντὶ ἰχθύος ὄφιν αὐτῷ ἐπιδώσει;	
202	Mt 7,9	ἢ τίς ἐστιν ἐξ ὑμῶν ἄνθρωπος, ὃν **αἰτήσει** ὁ υἱὸς αὐτοῦ ἄρτον, μὴ λίθον ἐπιδώσει αὐτῷ;			Lk 11,12	ἢ καὶ **αἰτήσει** ᾠόν, ἐπιδώσει αὐτῷ σκορπίον;	
202	Mt 7,11	... πόσῳ μᾶλλον ὁ πατὴρ ὑμῶν ὁ ἐν τοῖς οὐρανοῖς δώσει ἀγαθὰ **τοῖς αἰτοῦσιν** αὐτόν.			Lk 11,13	... πόσῳ μᾶλλον ὁ πατὴρ [ὁ] ἐξ οὐρανοῦ δώσει πνεῦμα ἅγιον **τοῖς αἰτοῦσιν** αὐτόν.	
	Mt 14,6	.... ὠρχήσατο ἡ θυγάτηρ τῆς Ἡρῳδιάδος ἐν τῷ μέσῳ καὶ ἤρεσεν τῷ Ἡρῴδῃ	Mk 6,22	καὶ εἰσελθούσης τῆς θυγατρὸς αὐτοῦ Ἡρῳδιάδος καὶ ὀρχησαμένης ἤρεσεν τῷ Ἡρῴδῃ καὶ τοῖς συνανακειμένοις.			
020				εἶπεν ὁ βασιλεὺς τῷ κορασίῳ· **αἴτησόν** με ὃ ἐὰν θέλῃς, καὶ δώσω σοι·			
220	Mt 14,7	ὅθεν μεθ' ὅρκου ὡμολόγησεν αὐτῇ δοῦναι ὃ ἐὰν **αἰτήσηται.**	Mk 6,23	καὶ ὤμοσεν αὐτῇ [πολλά], ὅ τι ἐάν με **αἰτήσῃς** δώσω σοι ἕως ἡμίσους τῆς βασιλείας μου.			

120	Mt 14,8	ἡ δὲ προβιβασθεῖσα ὑπὸ τῆς μητρὸς αὐτῆς·	Mk 6,24	καὶ ἐξελθοῦσα εἶπεν τῇ μητρὶ αὐτῆς· τί **αἰτήσωμαι;** ἡ δὲ εἶπεν· τὴν κεφαλὴν Ἰωάννου τοῦ βαπτίζοντος.			
120		δός μοι, φησίν, ὧδε ἐπὶ πίνακι τὴν κεφαλὴν Ἰωάννου τοῦ βαπτιστοῦ.	Mk 6,25	καὶ εἰσελθοῦσα εὐθὺς μετὰ σπουδῆς πρὸς τὸν βασιλέα **ᾐτήσατο** λέγουσα· θέλω ἵνα ἐξαυτῆς δῷς μοι ἐπὶ πίνακι τὴν κεφαλὴν Ἰωάννου τοῦ βαπτιστοῦ.			
200	Mt 18,19 ↑ Mt 7,8 ↓ Mt 21,22 ↓ Mk 11,24	... ἐὰν δύο συμφωνήσωσιν ἐξ ὑμῶν ἐπὶ τῆς γῆς περὶ παντὸς πράγματος οὗ ἐὰν **αἰτήσωνται,** γενήσεται αὐτοῖς παρὰ τοῦ πατρός μου τοῦ ἐν οὐρανοῖς.					→ GTh 30 (POxy 1) → GTh 48 → GTh 106
002					Lk 12,48	... παντὶ δὲ ᾧ ἐδόθη πολύ, πολὺ ζητηθήσεται παρ' αὐτοῦ, καὶ ᾧ παρέθεντο πολύ, περισσότερον **αἰτήσουσιν** αὐτόν.	
220	Mt 20,20	τότε προσῆλθεν αὐτῷ ἡ μήτηρ τῶν υἱῶν Ζεβεδαίου μετὰ τῶν υἱῶν αὐτῆς προσκυνοῦσα καὶ **αἰτοῦσά** τι ἀπ' αὐτοῦ.	Mk 10,35	καὶ προσπορεύονται αὐτῷ Ἰάκωβος καὶ Ἰωάννης οἱ υἱοὶ Ζεβεδαίου λέγοντες αὐτῷ· διδάσκαλε, θέλομεν ἵνα ὃ ἐὰν **αἰτήσωμέν** σε ποιήσῃς ἡμῖν.			
220	Mt 20,22	... οὐκ οἴδατε τί **αἰτεῖσθε.** δύνασθε πιεῖν τὸ ποτήριον ὃ ἐγὼ μέλλω πίνειν; ...	Mk 10,38	... οὐκ οἴδατε τί **αἰτεῖσθε.** δύνασθε πιεῖν τὸ ποτήριον ὃ ἐγὼ πίνω ἢ τὸ βάπτισμα ὃ ἐγὼ βαπτίζομαι βαπτισθῆναι;	Lk 12,50	βάπτισμα δὲ ἔχω βαπτισθῆναι, καὶ πῶς συνέχομαι ἕως ὅτου τελεσθῇ.	
220	Mt 21,22 ↑ Mt 7,8 ↑ Mt 18,19	καὶ πάντα ὅσα ἂν **αἰτήσητε** ἐν τῇ προσευχῇ πιστεύοντες λήμψεσθε.	Mk 11,24	διὰ τοῦτο λέγω ὑμῖν, πάντα ὅσα προσεύχεσθε καὶ **αἰτεῖσθε,** πιστεύετε ὅτι ἐλάβετε, καὶ ἔσται ὑμῖν.	↑ Lk 11,10		
120	Mt 27,17	συνηγμένων οὖν αὐτῶν εἶπεν αὐτοῖς ὁ Πιλᾶτος· τίνα θέλετε ἀπολύσω ὑμῖν, [Ἰησοῦν τὸν] Βαραββᾶν ἢ Ἰησοῦν τὸν λεγόμενον χριστόν;	Mk 15,8 ↓ Mt 27,20 ↓ Lk 23,23	καὶ ἀναβὰς ὁ ὄχλος ἤρξατο **αἰτεῖσθαι** καθὼς ἐποίει αὐτοῖς. [9] ὁ δὲ Πιλᾶτος ἀπεκρίθη αὐτοῖς λέγων· θέλετε ἀπολύσω ὑμῖν τὸν βασιλέα τῶν Ἰουδαίων;			
211	Mt 27,20 ↑ Mk 15,8 ↓ Lk 23,23	οἱ δὲ ἀρχιερεῖς καὶ οἱ πρεσβύτεροι ἔπεισαν τοὺς ὄχλους ἵνα **αἰτήσωνται** τὸν Βαραββᾶν, τὸν δὲ Ἰησοῦν ἀπολέσωσιν.	Mk 15,11	οἱ δὲ ἀρχιερεῖς ἀνέσεισαν τὸν ὄχλον ἵνα μᾶλλον τὸν Βαραββᾶν ἀπολύσῃ αὐτοῖς.	Lk 23,18	ἀνέκραγον δὲ παμπληθεὶ λέγοντες· αἶρε τοῦτον, ἀπόλυσον δὲ ἡμῖν τὸν Βαραββᾶν·	→ Jn 18,40

	Mt		Mk		Lk		
112	Mt 27,23	... οἱ δὲ περισσῶς ἔκραζον λέγοντες· σταυρωθήτω.	Mk 15,14	... οἱ δὲ περισσῶς ἔκραξαν· σταύρωσον αὐτόν.	Lk 23,23 ↑ Mt 27,30 ↑ Mk 15,8	οἱ δὲ ἐπέκειντο φωναῖς μεγάλαις **αἰτούμενοι** αὐτὸν σταυρωθῆναι, καὶ κατίσχυον αἱ φωναὶ αὐτῶν.	→ Jn 19,15 → Acts 13,28
112	Mt 27,26 → Mt 27,16	τότε ἀπέλυσεν αὐτοῖς τὸν Βαραββᾶν, τὸν δὲ Ἰησοῦν φραγελλώσας παρέδωκεν ἵνα σταυρωθῇ.	Mk 15,15 → Mk 15,7	... ἀπέλυσεν αὐτοῖς τὸν Βαραββᾶν, καὶ παρέδωκεν τὸν Ἰησοῦν φραγελλώσας ἵνα σταυρωθῇ.	Lk 23,25 → Lk 23,19	ἀπέλυσεν δὲ τὸν διὰ στάσιν καὶ φόνον βεβλημένον εἰς φυλακὴν ὃν **ᾐτοῦντο**, τὸν δὲ Ἰησοῦν παρέδωκεν τῷ θελήματι αὐτῶν.	→ Jn 19,16 → Acts 3,14
222	Mt 27,58	οὗτος προσελθὼν τῷ Πιλάτῳ **ᾐτήσατο** τὸ σῶμα τοῦ Ἰησοῦ. ...	Mk 15,43	... εἰσῆλθεν πρὸς τὸν Πιλᾶτον καὶ **ᾐτήσατο** τὸ σῶμα τοῦ Ἰησοῦ.	Lk 23,52	οὗτος προσελθὼν τῷ Πιλάτῳ **ᾐτήσατο** τὸ σῶμα τοῦ Ἰησοῦ	→ Jn 19,38

Acts 3,2 ... ὃν ἐτίθουν καθ' ἡμέραν πρὸς τὴν θύραν τοῦ ἱεροῦ τὴν λεγομένην Ὡραίαν **τοῦ αἰτεῖν** ἐλεημοσύνην παρὰ τῶν εἰσπορευομένων εἰς τὸ ἱερόν·

Acts 3,14 (→ Lk 23,14.22 → Lk 23,19 → **Lk 23,25**) ὑμεῖς δὲ τὸν ἅγιον καὶ δίκαιον ἠρνήσασθε καὶ **ᾐτήσασθε** ἄνδρα φονέα χαρισθῆναι ὑμῖν

Acts 7,46 ὃς εὗρεν χάριν ἐνώπιον τοῦ θεοῦ καὶ **ᾐτήσατο** εὑρεῖν σκήνωμα τῷ οἴκῳ Ἰακώβ.

Acts 9,2 **ᾐτήσατο** παρ' αὐτοῦ ἐπιστολὰς εἰς Δαμασκὸν πρὸς τὰς συναγωγάς, ...

Acts 12,20 ... ὁμοθυμαδὸν δὲ παρῆσαν πρὸς αὐτὸν καὶ πείσαντες Βλάστον, τὸν ἐπὶ τοῦ κοιτῶνος τοῦ βασιλέως, **ᾐτοῦντο** εἰρήνην διὰ τὸ τρέφεσθαι αὐτῶν τὴν χώραν ἀπὸ τῆς βασιλικῆς.

Acts 13,21 κἀκεῖθεν **ᾐτήσαντο** βασιλέα καὶ ἔδωκεν αὐτοῖς ὁ θεὸς τὸν Σαοὺλ υἱὸν Κίς, ...

Acts 13,28 (→ Lk 23,4 → Lk 23,14 → Lk 23,18 → Lk 23,22 → **Lk 23,23** → Lk 23,24) καὶ μηδεμίαν αἰτίαν θανάτου εὑρόντες **ᾐτήσαντο** Πιλᾶτον ἀναιρεθῆναι αὐτόν.

Acts 16,29 **αἰτήσας** δὲ φῶτα εἰσεπήδησεν καὶ ἔντρομος γενόμενος προσέπεσεν τῷ Παύλῳ καὶ [τῷ] Σιλᾷ

Acts 25,3 **αἰτούμενοι** χάριν κατ' αὐτοῦ ὅπως μεταπέμψηται αὐτὸν εἰς Ἰερουσαλήμ, ...

Acts 25,15 περὶ οὗ γενομένου μου εἰς Ἱεροσόλυμα ἐνεφάνισαν οἱ ἀρχιερεῖς καὶ οἱ πρεσβύτεροι τῶν Ἰουδαίων **αἰτούμενοι** κατ' αὐτοῦ καταδίκην.

αἴτημα

Syn 1	Mt	Mk	Lk 1	Acts	Jn	1-3John 1	Paul 1	Eph	Col
NT 3	2Thess	1/2Tim	Tit	Heb	Jas	1Pet	2Pet	Jude	Rev

request; demand

	Mt		Mk		Lk		
112	Mt 27,24	ἰδὼν δὲ ὁ Πιλᾶτος ὅτι οὐδὲν ὠφελεῖ ἀλλὰ μᾶλλον θόρυβος γίνεται, ...	Mk 15,15	ὁ δὲ Πιλᾶτος βουλόμενος τῷ ὄχλῳ τὸ ἱκανὸν ποιῆσαι ...	Lk 23,24	καὶ Πιλᾶτος ἐπέκρινεν γενέσθαι **τὸ αἴτημα αὐτῶν**·	→ Acts 3,14 → Acts 13,28

αἰτία	Syn	Mt	Mk	Lk	Acts	Jn	1-3John	Paul	Eph	Col
	5	3	1	1	8	3				
	NT	2Thess	1/2Tim	Tit	Heb	Jas	1Pet	2Pet	Jude	Rev
	20		2	1	1					

reason; cause; accusation; charge; guilt; wrong; relationship

	Mt		Mk		Lk		
012			Mk 5,33	ἡ δὲ γυνὴ φοβηθεῖσα καὶ τρέμουσα, εἰδυῖα ὃ γέγονεν αὐτῇ, ἦλθεν καὶ προσέπεσεν αὐτῷ καὶ εἶπεν αὐτῷ **πᾶσαν τὴν ἀλήθειαν.**	Lk 8,47 → Mk 5,29	ἰδοῦσα δὲ ἡ γυνὴ ὅτι οὐκ ἔλαθεν, τρέμουσα ἦλθεν καὶ προσπεσοῦσα αὐτῷ **δι᾽ ἣν αἰτίαν** ἥψατο αὐτοῦ ἀπήγγειλεν ἐνώπιον παντὸς τοῦ λαοῦ καὶ ὡς ἰάθη παραχρῆμα.	
210	Mt 19,3	καὶ προσῆλθον αὐτῷ Φαρισαῖοι πειράζοντες αὐτὸν καὶ λέγοντες· εἰ ἔξεστιν ἀνθρώπῳ ἀπολῦσαι τὴν γυναῖκα αὐτοῦ **κατὰ πᾶσαν αἰτίαν;**	Mk 10,2	καὶ προσελθόντες Φαρισαῖοι ἐπηρώτων αὐτὸν εἰ ἔξεστιν ἀνδρὶ γυναῖκα ἀπολῦσαι, πειράζοντες αὐτόν.			
200	Mt 19,10	... εἰ οὕτως ἐστὶν **ἡ αἰτία τοῦ ἀνθρώπου** μετὰ τῆς γυναικός, οὐ συμφέρει γαμῆσαι.					
221	Mt 27,37	καὶ ἐπέθηκαν ἐπάνω τῆς κεφαλῆς αὐτοῦ **τὴν αἰτίαν αὐτοῦ** γεγραμμένην· οὗτός ἐστιν Ἰησοῦς ὁ βασιλεὺς τῶν Ἰουδαίων.	Mk 15,26	καὶ ἦν ἡ ἐπιγραφὴ **τῆς αἰτίας αὐτοῦ** ἐπιγεγραμμένη· ὁ βασιλεὺς τῶν Ἰουδαίων.	Lk 23,38	ἦν δὲ καὶ ἐπιγραφὴ ἐπ᾽ αὐτῷ· ὁ βασιλεὺς τῶν Ἰουδαίων οὗτος.	→ Jn 19,19

Acts 10,21 ... ἰδοὺ ἐγώ εἰμι ὃν ζητεῖτε· τίς **ἡ αἰτία** δι᾽ ἣν πάρεστε;

Acts 13,28 (→ Lk 23,4; → Lk 23,14; → Lk 23,22) καὶ **μηδεμίαν αἰτίαν θανάτου** εὑρόντες ᾐτήσαντο Πιλᾶτον ἀναιρεθῆναι αὐτόν.

Acts 22,24 ... εἴπας μάστιξιν ἀνετάζεσθαι αὐτὸν ἵνα ἐπιγνῷ δι᾽ ἣν **αἰτίαν** οὕτως ἐπεφώνουν αὐτῷ.

Acts 23,28 βουλόμενός τε ἐπιγνῶναι **τὴν αἰτίαν** δι᾽ ἣν ἐνεκάλουν αὐτῷ, κατήγαγον εἰς τὸ συνέδριον αὐτῶν

Acts 25,18 περὶ οὗ σταθέντες οἱ κατήγοροι **οὐδεμίαν αἰτίαν** ἔφερον ὧν ἐγὼ ὑπενόουν πονηρῶν

Acts 25,27 ἄλογον γάρ μοι δοκεῖ πέμποντα δέσμιον μὴ καὶ τὰς κατ᾽ αὐτοῦ **αἰτίας** σημᾶναι.

Acts 28,18 οἵτινες ἀνακρίναντές με ἐβούλοντο ἀπολῦσαι διὰ τὸ **μηδεμίαν αἰτίαν θανάτου** ὑπάρχειν ἐν ἐμοί.

Acts 28,20 **διὰ ταύτην οὖν τὴν αἰτίαν** παρεκάλεσα ὑμᾶς ἰδεῖν καὶ προσλαλῆσαι, ...

αἴτιος	Syn	Mt	Mk	Lk	Acts	Jn	1-3John	Paul	Eph	Col
	3			3	1					
	NT	2Thess	1/2Tim	Tit	Heb	Jas	1Pet	2Pet	Jude	Rev
	5				1					

guilt; cause; reason

	Mt		Mk		Lk		
002					Lk 23,4 ↓ Lk 23,14 ↓ Mt 27,23 ↓ Mk 15,14 ↓ Lk 23,22	ὁ δὲ Πιλᾶτος εἶπεν πρὸς τοὺς ἀρχιερεῖς καὶ τοὺς ὄχλους· οὐδὲν εὑρίσκω **αἴτιον** ἐν τῷ ἀνθρώπῳ τούτῳ.	→ Jn 18,38 → Acts 13,28

	Mt		Mk		Lk		
002					Lk 23,14 ↑ Lk 23,2 ↓ Mt 27,23 ↓ Mk 15,14 ↓ Lk 23,22	... καὶ ἰδοὺ ἐγὼ ἐνώπιον ὑμῶν ἀνακρίνας οὐθὲν εὗρον ἐν τῷ ἀνθρώπῳ τούτῳ **αἴτιον** ὧν κατηγορεῖτε κατ' αὐτοῦ.	→ Jn 18,38b → Jn 19,4 → Acts 13,28
112	Mt 27,23	ὁ δὲ ἔφη· τί γὰρ κακὸν ἐποίησεν; ...	Mk 15,14	ὁ δὲ Πιλᾶτος ἔλεγεν αὐτοῖς· τί γὰρ ἐποίησεν κακόν; ...	Lk 23,22 ↑ Lk 23,4 ↑ Lk 23,14 → Lk 23,16	ὁ δὲ τρίτον εἶπεν πρὸς αὐτούς· τί γὰρ κακὸν ἐποίησεν οὗτος; οὐδὲν **αἴτιον θανάτου** εὗρον ἐν αὐτῷ· παιδεύσας οὖν αὐτὸν ἀπολύσω.	→ Jn 19,6 → Acts 13,28

Acts 19,40 καὶ γὰρ κινδυνεύομεν ἐγκαλεῖσθαι στάσεως περὶ τῆς σήμερον, **μηδενὸς αἰτίου** ὑπάρχοντος περὶ οὗ [οὐ] δυνησόμεθα ἀποδοῦναι λόγον περὶ τῆς συστροφῆς ταύτης. ...

αἰφνίδιος	Syn 1	Mt	Mk	Lk 1	Acts	Jn	1-3John	Paul 1	Eph	Col
	NT 2	2Thess	1/2Tim	Tit	Heb	Jas	1Pet	2Pet	Jude	Rev

sudden; unexpected

002	Lk 21,34 → Mt 24,49 → Lk 12,45 → Mk 13,33	προσέχετε δὲ ἑαυτοῖς μήποτε βαρηθῶσιν ὑμῶν αἱ καρδίαι ἐν κραιπάλῃ καὶ μέθῃ καὶ μερίμναις βιωτικαῖς καὶ ἐπιστῇ ἐφ' ὑμᾶς **αἰφνίδιος** ἡ ἡμέρα ἐκείνη	

αἰχμαλωτίζω	Syn 1	Mt	Mk	Lk 1	Acts	Jn	1-3John	Paul 2	Eph	Col
	NT 4	2Thess	1/2Tim 1	Tit	Heb	Jas	1Pet	2Pet	Jude	Rev

make captive; get control of

002	Lk 21,24 → Lk 19,44	καὶ πεσοῦνται στόματι μαχαίρης καὶ **αἰχμαλωτισθήσονται** εἰς τὰ ἔθνη πάντα, ...	

αἰχμάλωτος

	Syn	Mt	Mk	Lk	Acts	Jn	1-3John	Paul	Eph	Col
	1			1						
	NT	2Thess	1/2Tim	Tit	Heb	Jas	1Pet	2Pet	Jude	Rev
	1									

captive; prisoner

002			**Lk 4,18** → Mt 11,5 → Lk 7,22 → Lk 13,16 *πνεῦμα κυρίου ἐπ' ἐμὲ οὗ εἵνεκεν ἔχρισέν με εὐαγγελίσασθαι πτωχοῖς, ἀπέσταλκέν με, κηρύξαι **αἰχμαλώτοις** ἄφεσιν καὶ τυφλοῖς ἀνάβλεψιν, ἀποστεῖλαι τεθραυσμένους ἐν ἀφέσει* ➤ Isa 61,1 LXX; 58,6	→ Acts 4,27 → Acts 10,38 → Acts 26,18

αἰών

	Syn	Mt	Mk	Lk	Acts	Jn	1-3John	Paul	Eph	Col
	19	8	4	7	2	13	2	21	7	1
	NT	2Thess	1/2Tim	Tit	Heb	Jas	1Pet	2Pet	Jude	Rev
	122		7	1	15		4	1	3	26

age; world order; eternity; Aeon; the present life

	triple tradition																	double tradition			Sondergut		
		+Mt / +Lk			–Mt / –Lk			traditions not taken over by Mt / Lk							subtotals								
code	*222*	*211*	*112*	*212*	*221*	*122*	*121*	*022*	*012*	*021*	*220*	*120*	*210*	*020*	Σ⁺	Σ⁻	Σ	*202*	*201*	*102*	*200*	*002*	total
Mt		1^+			1	1^-					2				1^+	1^-	4				4		**8**
Mk					1	1					2						4						**4**
Lk			2^+		1^-	1									2^+	1^-	3					4	**7**

a ὁ νῦν αἰών, ὁ αἰῶν οὗτος
b ἀπ' αἰῶνος
c εἰς τὸν αἰῶνα, εἰς τοὺς αἰῶνας
d ὁ αἰὼν ὁ ἐρχόμενος, ὁ αἰὼν ἐκεῖνος
e ἡ συντέλεια αἰῶνος

c 002			**Lk 1,33** → Lk 22,29 καὶ βασιλεύσει ἐπὶ τὸν οἶκον Ἰακὼβ **εἰς τοὺς αἰῶνας** καὶ τῆς βασιλείας αὐτοῦ οὐκ ἔσται τέλος.	
c 002			**Lk 1,55** καθὼς ἐλάλησεν πρὸς τοὺς πατέρας ἡμῶν, τῷ Ἀβραὰμ καὶ τῷ σπέρματι αὐτοῦ **εἰς τὸν αἰῶνα.**	
b 002			**Lk 1,70** καθὼς ἐλάλησεν διὰ στόματος τῶν ἁγίων **ἀπ' αἰῶνος** προφητῶν αὐτοῦ	**→ Acts 3,21**
a c 220	**Mt 12,32** [31] ... ἡ δὲ τοῦ πνεύματος βλασφημία οὐκ ἀφεθήσεται. [32] ... ὃς δ' ἂν εἴπῃ κατὰ τοῦ πνεύματος τοῦ ἁγίου, οὐκ ἀφεθήσεται αὐτῷ οὔτε **ἐν τούτῳ τῷ αἰῶνι** οὔτε ἐν τῷ μέλλοντι.	**Mk 3,29** ὃς δ' ἂν βλασφημήσῃ εἰς τὸ πνεῦμα τὸ ἅγιον, οὐκ ἔχει ἄφεσιν **εἰς τὸν αἰῶνα,** ἀλλὰ ἔνοχός ἐστιν αἰωνίου ἁμαρτήματος.	**Lk 12,10** ... τῷ δὲ εἰς τὸ ἅγιον πνεῦμα βλασφημήσαντι οὐκ ἀφεθήσεται.	→ GTh 44 Mk-Q overlap

221	**Mt 13,22**	... οὗτός ἐστιν ὁ τὸν λόγον ἀκούων, καὶ ἡ μέριμνα τοῦ αἰῶνος καὶ ἡ ἀπάτη τοῦ πλούτου συμπνίγει τὸν λόγον καὶ ἄκαρπος γίνεται.	**Mk 4,19**	[18] ... οὗτοί εἰσιν οἱ τὸν λόγον ἀκούσαντες, [19] καὶ αἱ μέριμναι τοῦ αἰῶνος καὶ ἡ ἀπάτη τοῦ πλούτου καὶ αἱ περὶ τὰ λοιπὰ ἐπιθυμίαι εἰσπορευόμεναι συμπνίγουσιν τὸν λόγον καὶ ἄκαρπος γίνεται.	**Lk 8,14**	... οὗτοί εἰσιν οἱ ἀκούσαντες, καὶ ὑπὸ μεριμνῶν καὶ πλούτου καὶ ἡδονῶν τοῦ βίου πορευόμενοι συμπνίγονται καὶ οὐ τελεσφοροῦσιν.	
e 200	**Mt 13,39**	ὁ δὲ ἐχθρὸς ὁ σπείρας αὐτά ἐστιν ὁ διάβολος, ὁ δὲ θερισμὸς συντέλεια αἰῶνός ἐστιν, οἱ δὲ θερισταὶ ἄγγελοί εἰσιν.					
e 200	**Mt 13,40**	ὥσπερ οὖν συλλέγεται τὰ ζιζάνια καὶ πυρὶ [κατα]καίεται, οὕτως ἔσται ἐν τῇ συντελείᾳ τοῦ αἰῶνος·					
e 200	**Mt 13,49**	οὕτως ἔσται ἐν τῇ συντελείᾳ τοῦ αἰῶνος· ἐξελεύσονται οἱ ἄγγελοι καὶ ἀφοριοῦσιν τοὺς πονηροὺς ἐκ μέσου τῶν δικαίων					
a 002					**Lk 16,8**	... οἱ υἱοὶ τοῦ αἰῶνος τούτου φρονιμώτεροι ὑπὲρ τοὺς υἱοὺς τοῦ φωτὸς εἰς τὴν γενεὰν τὴν ἑαυτῶν εἰσιν.	
d 122	**Mt 19,29**	... ἑκατονταπλασίονα λήμψεται καὶ ζωὴν αἰώνιον κληρονομήσει.	**Mk 10,30**	ἐὰν μὴ λάβῃ ἑκατονταπλασίονα νῦν ἐν τῷ καιρῷ τούτῳ οἰκίας καὶ ἀδελφοὺς καὶ ἀδελφὰς καὶ μητέρας καὶ τέκνα καὶ ἀγροὺς μετὰ διωγμῶν, καὶ ἐν τῷ αἰῶνι τῷ ἐρχομένῳ ζωὴν αἰώνιον.	**Lk 18,30**	ὃς οὐχὶ μὴ [ἀπο]λάβῃ πολλαπλασίονα ἐν τῷ καιρῷ τούτῳ καὶ ἐν τῷ αἰῶνι τῷ ἐρχομένῳ ζωὴν αἰώνιον.	
c 220	**Mt 21,19** → Mk 11,20	... μηκέτι ἐκ σοῦ καρπὸς γένηται εἰς τὸν αἰῶνα. καὶ ἐξηράνθη παραχρῆμα ἡ συκῆ.	**Mk 11,14**	... μηκέτι εἰς τὸν αἰῶνα ἐκ σοῦ μηδεὶς καρπὸν φάγοι. ...			
a 112	**Mt 22,29**	ἀποκριθεὶς δὲ ὁ Ἰησοῦς εἶπεν αὐτοῖς· πλανᾶσθε μὴ εἰδότες τὰς γραφὰς μηδὲ τὴν δύναμιν τοῦ θεοῦ·	**Mk 12,24**	ἔφη αὐτοῖς ὁ Ἰησοῦς· οὐ διὰ τοῦτο πλανᾶσθε μὴ εἰδότες τὰς γραφὰς μηδὲ τὴν δύναμιν τοῦ θεοῦ;	**Lk 20,34**	καὶ εἶπεν αὐτοῖς ὁ Ἰησοῦς· οἱ υἱοὶ τοῦ αἰῶνος τούτου γαμοῦσιν καὶ γαμίσκονται,	
d 112	**Mt 22,30**	ἐν γὰρ τῇ ἀναστάσει οὔτε γαμοῦσιν οὔτε γαμίζονται, ...	**Mk 12,25**	ὅταν γὰρ ἐκ νεκρῶν ἀναστῶσιν οὔτε γαμοῦσιν οὔτε γαμίζονται, ...	**Lk 20,35**	οἱ δὲ καταξιωθέντες τοῦ αἰῶνος ἐκείνου τυχεῖν καὶ τῆς ἀναστάσεως τῆς ἐκ νεκρῶν οὔτε γαμοῦσιν οὔτε γαμίζονται·	

e 211	**Mt 24,3**	... εἰπὲ ἡμῖν, πότε ταῦτα ἔσται καὶ τί τὸ σημεῖον τῆς σῆς παρουσίας καὶ **συντελείας τοῦ αἰῶνος;**	**Mk 13,4**	εἰπὸν ἡμῖν, πότε ταῦτα ἔσται καὶ τί τὸ σημεῖον ὅταν μέλλῃ **ταῦτα συντελεῖσθαι πάντα;**	**Lk 21,7**	... διδάσκαλε, πότε οὖν ταῦτα ἔσται καὶ τί τὸ σημεῖον ὅταν μέλλῃ **ταῦτα γίνεσθαι;**	
e 200	**Mt 28,20**	... καὶ ἰδοὺ ἐγὼ μεθ' ὑμῶν εἰμι πάσας τὰς ἡμέρας **ἕως τῆς συντελείας τοῦ αἰῶνος.**					

b **Acts 3,21** → **Lk 1,70** → Mt 17,11 → Mk 9,12

[20] ... Χριστόν Ἰησοῦν, [21] ὃν δεῖ οὐρανὸν μὲν δέξασθαι ἄχρι χρόνων ἀποκαταστάσεως πάντων ὧν ἐλάλησεν ὁ θεὸς διὰ στόματος τῶν ἁγίων **ἀπ' αἰῶνος** αὐτοῦ προφητῶν.

b **Acts 15,18**

[17] *ὅπως ἂν ἐκζητήσωσιν οἱ κατάλοιποι τῶν ἀνθρώπων τὸν κύριον καὶ πάντα τὰ ἔθνη ἐφ' οὓς ἐπικέκληται τὸ ὄνομά μου ἐπ' αὐτούς, λέγει κύριος ποιῶν ταῦτα* [18] *γνωστὰ* ***ἀπ' αἰῶνος.***

➤ Amos 9,12 LXX
➤ Isa 45,21

# αἰώνιος	Syn 13	Mt 6	Mk 3	Lk 4	Acts 2	Jn 17	1-3John 6	Paul 11	Eph	Col
	NT 70	2Thess 2	1/2Tim 5	Tit 3	Heb 6	Jas	1Pet 1	2Pet 1	Jude 2	Rev 1

eternal; unending; everlasting; for all time

	triple tradition																double tradition			Sondergut		
		+Mt / +Lk			–Mt / –Lk			traditions not taken over by Mt / Lk							subtotals							
code	*222*	*211*	*112*	*212*	*221*	*122*	*121*	*022*	*012*	*021*	*220*	*120*	*210*	*020*	Σ⁺	Σ⁻	Σ	*202*	*201*	*102*	*200*	*002*	total
Mt	2											1⁻	1⁺		1⁺	1⁻	3				3		**6**
Mk	2											1					3						**3**
Lk	2		1⁺												1⁺		3					1	**4**

a ζωὴ αἰώνιος

120	**Mt 12,32**	[31] ... ἡ δὲ τοῦ πνεύματος βλασφημία οὐκ ἀφεθήσεται. [32] ... ὃς δ' ἂν εἴπῃ κατὰ τοῦ πνεύματος τοῦ ἁγίου, οὐκ ἀφεθήσεται αὐτῷ οὔτε ἐν τούτῳ τῷ αἰῶνι οὔτε ἐν τῷ μέλλοντι.	**Mk 3,29**	ὃς δ' ἂν βλασφημήσῃ εἰς τὸ πνεῦμα τὸ ἅγιον, οὐκ ἔχει ἄφεσιν εἰς τὸν αἰῶνα, ἀλλὰ ἔνοχός ἐστιν **αἰωνίου** ἁμαρτήματος.	**Lk 12,10**	... τῷ δὲ εἰς τὸ ἅγιον πνεῦμα βλασφημήσαντι οὐκ ἀφεθήσεται.	→ GTh 44 Mk-Q overlap
210	**Mt 18,8** ⇨ Mt 5,30 → Mk 9,45	... καλόν σοί ἐστιν εἰσελθεῖν εἰς τὴν ζωὴν κυλλὸν ἢ χωλὸν ἢ δύο χεῖρας ἢ δύο πόδας ἔχοντα βληθῆναι **εἰς τὸ πῦρ τὸ αἰώνιον.**	**Mk 9,43**	... καλόν ἐστίν σε κυλλὸν εἰσελθεῖν εἰς τὴν ζωὴν ἢ τὰς δύο χεῖρας ἔχοντα ἀπελθεῖν εἰς τὴν γέενναν, **εἰς τὸ πῦρ τὸ ἄσβεστον.**			
a 112	**Mt 22,36** ↓ **Mt 19,16**	[34] οἱ δὲ Φαρισαῖοι ἀκούσαντες ὅτι ἐφίμωσεν τοὺς Σαδδουκαίους συνήχθησαν ἐπὶ τὸ αὐτό, [35] καὶ ἐπηρώτησεν εἷς ἐξ αὐτῶν [νομικὸς] πειράζων αὐτόν· [36] διδάσκαλε, ποία ἐντολὴ μεγάλη ἐν τῷ νόμῳ;	**Mk 12,28** ↓ **Mk 10,17** → Lk 20,39	καὶ προσελθὼν εἷς τῶν γραμματέων ἀκούσας αὐτῶν συζητούντων, ἰδὼν ὅτι καλῶς ἀπεκρίθη αὐτοῖς ἐπηρώτησεν αὐτόν· ποία ἐστὶν ἐντολὴ πρώτη πάντων;	**Lk 10,25** ⇩ **Lk 18,18**	καὶ ἰδοὺ νομικός τις ἀνέστη ἐκπειράζων αὐτὸν λέγων· διδάσκαλε, τί ποιήσας **ζωὴν αἰώνιον** κληρονομήσω;	

	Mt		Mk		Lk		
002					Lk 16,9 → Lk 12,33	... ἑαυτοῖς ποιήσατε φίλους ἐκ τοῦ μαμωνᾶ τῆς ἀδικίας, ἵνα ὅταν ἐκλίπῃ δέξωνται ὑμᾶς **εἰς τὰς αἰωνίους σκηνάς.**	
a 222	Mt 19,16 ↑ Mt 22,36	... διδάσκαλε, τί ἀγαθὸν ποιήσω ἵνα σχῶ **ζωὴν αἰώνιον;**	Mk 10,17 ↑ Mk 12,28	... διδάσκαλε ἀγαθέ, τί ποιήσω ἵνα **ζωὴν αἰώνιον** κληρονομήσω;	Lk 18,18 ⇧ Lk 10,25	... διδάσκαλε ἀγαθέ, τί ποιήσας **ζωὴν αἰώνιον** κληρονομήσω;	
a 222	Mt 19,29	... ἑκατονταπλασίονα λήμψεται καὶ **ζωὴν αἰώνιον** κληρονομήσει.	Mk 10,30	ἐὰν μὴ λάβῃ ἑκατονταπλασίονα νῦν ἐν τῷ καιρῷ τούτῳ οἰκίας καὶ ἀδελφοὺς καὶ ἀδελφὰς καὶ μητέρας καὶ τέκνα καὶ ἀγροὺς μετὰ διωγμῶν, καὶ ἐν τῷ αἰῶνι τῷ ἐρχομένῳ **ζωὴν αἰώνιον.**	Lk 18,30	ὃς οὐχὶ μὴ [ἀπο]λάβῃ πολλαπλασίονα ἐν τῷ καιρῷ τούτῳ καὶ ἐν τῷ αἰῶνι τῷ ἐρχομένῳ **ζωὴν αἰώνιον.**	
200	Mt 25,41 → Mt 7,23 → Lk 13,27 → Mt 13,42	... πορεύεσθε ἀπ᾽ ἐμοῦ [οἱ] κατηραμένοι **εἰς τὸ πῦρ τὸ αἰώνιον** τὸ ἡτοιμασμένον τῷ διαβόλῳ καὶ τοῖς ἀγγέλοις αὐτοῦ.					
200 *a* 200	Mt 25,46 (2) → Mt 13,42 → Mt 13,43	καὶ ἀπελεύσονται οὗτοι **εἰς κόλασιν αἰώνιον,** οἱ δὲ δίκαιοι **εἰς ζωὴν αἰώνιον.**					

a **Acts 13,46** ... ἐπειδὴ ἀπωθεῖσθε αὐτὸν καὶ οὐκ ἀξίους κρίνετε ἑαυτοὺς **τῆς αἰωνίου ζωῆς,** ἰδοὺ στρεφόμεθα εἰς τὰ ἔθνη.

a **Acts 13,48** ... καὶ ἐπίστευσαν ὅσοι ἦσαν τεταγμένοι **εἰς ζωὴν αἰώνιον·**

ἀκαθαρσία	Syn 1	Mt 1	Mk	Lk	Acts	Jn	1-3John	Paul 6	Eph 2	Col 1
	NT 10	2Thess	1/2Tim	Tit	Heb	Jas	1Pet	2Pet	Jude	Rev

impurity; immorality; impure motive; filth; rottenness

	Mt		Mk		Lk		
201	Mt 23,27	οὐαὶ ὑμῖν, γραμματεῖς καὶ Φαρισαῖοι ὑποκριταί, ὅτι παρομοιάζετε τάφοις κεκονιαμένοις, οἵτινες ἔξωθεν μὲν φαίνονται ὡραῖοι, ἔσωθεν δὲ γέμουσιν ὀστέων νεκρῶν καὶ **πάσης ἀκαθαρσίας.**			Lk 11,44	οὐαὶ ὑμῖν, ὅτι ἐστὲ ὡς τὰ μνημεῖα τὰ ἄδηλα, καὶ οἱ ἄνθρωποι [οἱ] περιπατοῦντες ἐπάνω οὐκ οἴδασιν.	

ἀκάθαρτος	Syn 19	Mt 2	Mk 11	Lk 6	Acts 5	Jn	1-3John	Paul 2	Eph 1	Col
	NT 32	2Thess	1/2Tim	Tit	Heb	Jas	1Pet	2Pet	Jude	Rev 5

unclean; defiling

	triple tradition																	double tradition			Sondergut		
		+Mt / +Lk			–Mt / –Lk			traditions not taken over by Mt / Lk							subtotals								
code	*222*	*211*	*112*	*212*	*221*	*122*	*121*	*022*	*012*	*021*	*220*	*120*	*210*	*020*	Σ^+	Σ^-	Σ	*202*	*201*	*102*	*200*	*002*	total
Mt					1	1^-	2^-					1^-				4^-	1	1					**2**
Mk					1	1	2	3		2		1		1			11						**11**
Lk			1^+		1^-	1	2^-	3		2^-					1^+	5^-	5	1					**6**

a τὸ ἀκάθαρτον πνεῦμα

a 022	→ Mt 8,29		**Mk 1,23** → Mk 5,7	καὶ εὐθὺς ἦν ἐν τῇ συναγωγῇ αὐτῶν ἄνθρωπος **ἐν πνεύματι ἀκαθάρτῳ,** καὶ ἀνέκραξεν	**Lk 4,33** → Lk 8,28	καὶ ἐν τῇ συναγωγῇ ἦν ἄνθρωπος ἔχων **πνεῦμα δαιμονίου ἀκαθάρτου** καὶ ἀνέκραξεν φωνῇ μεγάλῃ·	
a 021			**Mk 1,26**	καὶ σπαράξαν αὐτὸν **τὸ πνεῦμα τὸ ἀκάθαρτον** καὶ φωνῆσαν φωνῇ μεγάλῃ ἐξῆλθεν ἐξ αὐτοῦ.	**Lk 4,35**	... καὶ ῥίψαν αὐτὸν **τὸ δαιμόνιον** εἰς τὸ μέσον ἐξῆλθεν ἀπ' αὐτοῦ μηδὲν βλάψαν αὐτόν.	
a 022	→ Mt 7,29		**Mk 1,27** → Mk 1,22	... τί ἐστιν τοῦτο; διδαχὴ καινὴ κατ' ἐξουσίαν· καὶ **τοῖς πνεύμασι τοῖς ἀκαθάρτοις** ἐπιτάσσει, καὶ ὑπακούουσιν αὐτῷ.	**Lk 4,36** → Lk 4,32	... τίς ὁ λόγος οὗτος ὅτι ἐν ἐξουσίᾳ καὶ δυνάμει ἐπιτάσσει **τοῖς ἀκαθάρτοις πνεύμασιν** καὶ ἐξέρχονται;	
a 112	**Mt 12,15** → Mt 4,24 → Mt 8,16	... καὶ ἠκολούθησαν αὐτῷ [ὄχλοι] πολλοί, καὶ ἐθεράπευσεν αὐτοὺς πάντας	**Mk 3,10** → Mk 1,32.34	πολλοὺς γὰρ ἐθεράπευσεν, ὥστε ἐπιπίπτειν αὐτῷ ἵνα αὐτοῦ ἅψωνται ὅσοι εἶχον μάστιγας.	**Lk 6,18** ↓ Mk 3,11 → Lk 5,15 → Lk 4,40	... καὶ οἱ ἐνοχλούμενοι **ἀπὸ πνευμάτων ἀκαθάρτων** ἐθεραπεύοντο, [19] καὶ πᾶς ὁ ὄχλος ἐζήτουν ἅπτεσθαι αὐτοῦ, ὅτι δύναμις παρ' αὐτοῦ ἐξήρχετο καὶ ἰᾶτο πάντας.	
a 021			**Mk 3,11** ↑ Lk 6,18	καὶ **τὰ πνεύματα τὰ ἀκάθαρτα,** ὅταν αὐτὸν ἐθεώρουν, προσέπιπτον αὐτῷ καὶ ἔκραζον λέγοντες ὅτι σὺ εἶ ὁ υἱὸς τοῦ θεοῦ.	**Lk 4,41** → Mk 1,34	ἐξήρχετο δὲ καὶ **δαιμόνια** ἀπὸ πολλῶν κρ[αυγ]άζοντα καὶ λέγοντα ὅτι σὺ εἶ ὁ υἱὸς τοῦ θεοῦ. ...	
a 020			**Mk 3,30**	ὅτι ἔλεγον· **πνεῦμα ἀκάθαρτον** ἔχει.			

a 121	Mt 8,28	καὶ ἐλθόντος αὐτοῦ εἰς τὸ πέραν εἰς τὴν χώραν τῶν Γαδαρηνῶν ὑπήντησαν αὐτῷ δύο δαιμονιζόμενοι ἐκ τῶν μνημείων ἐξερχόμενοι, ...	Mk 5,2	[1] καὶ ἦλθον εἰς τὸ πέραν τῆς θαλάσσης εἰς τὴν χώραν τῶν Γερασηνῶν. [2] καὶ ἐξελθόντος αὐτοῦ ἐκ τοῦ πλοίου εὐθὺς ὑπήντησεν αὐτῷ ἐκ τῶν μνημείων ἄνθρωπος ἐν πνεύματι ἀκαθάρτῳ	Lk 8,27	[26] καὶ κατέπλευσαν εἰς τὴν χώραν τῶν Γερασηνῶν, ἥτις ἐστὶν ἀντιπέρα τῆς Γαλιλαίας. [27] ἐξελθόντι δὲ αὐτῷ ἐπὶ τὴν γῆν ὑπήντησεν ἀνήρ τις ἐκ τῆς πόλεως ἔχων δαιμόνια ...	
a 022			Mk 5,8	ἔλεγεν γὰρ αὐτῷ· ἔξελθε τὸ πνεῦμα τὸ ἀκάθαρτον ἐκ τοῦ ἀνθρώπου.	Lk 8,29	παρήγγειλεν γὰρ τῷ πνεύματι τῷ ἀκαθάρτῳ ἐξελθεῖν ἀπὸ τοῦ ἀνθρώπου. ...	
a 121	Mt 8,32	... οἱ δὲ ἐξελθόντες ἀπῆλθον εἰς τοὺς χοίρους· ...	Mk 5,13	... καὶ ἐξελθόντα τὰ πνεύματα τὰ ἀκάθαρτα εἰσῆλθον εἰς τοὺς χοίρους, ...	Lk 8,33	ἐξελθόντα δὲ τὰ δαιμόνια ἀπὸ τοῦ ἀνθρώπου εἰσῆλθον εἰς τοὺς χοίρους, ...	
a 221	Mt 10,1	καὶ προσκαλεσάμενος τοὺς δώδεκα μαθητὰς αὐτοῦ ἔδωκεν αὐτοῖς ἐξουσίαν πνευμάτων ἀκαθάρτων ὥστε ἐκβάλλειν αὐτὰ καὶ θεραπεύειν πᾶσαν νόσον καὶ πᾶσαν μαλακίαν.	Mk 6,7 ↓ Mk 3,15 Mk 3,15 ↑ Mk 6,7 ↑ Lk 9,1	καὶ προσκαλεῖται τοὺς δώδεκα καὶ ἤρξατο αὐτοὺς ἀποστέλλειν δύο δύο καὶ ἐδίδου αὐτοῖς ἐξουσίαν τῶν πνευμάτων τῶν ἀκαθάρτων καὶ ἔχειν ἐξουσίαν ἐκβάλλειν τὰ δαιμόνια·	Lk 9,1 → Lk 10,1	συγκαλεσάμενος δὲ τοὺς δώδεκα ἔδωκεν αὐτοῖς δύναμιν καὶ ἐξουσίαν ἐπὶ πάντα τὰ δαιμόνια καὶ νόσους θεραπεύειν	
a 120	Mt 15,22	καὶ ἰδοὺ γυνὴ Χαναναία ἀπὸ τῶν ὁρίων ἐκείνων ἐξελθοῦσα ἔκραζεν λέγουσα· ἐλέησόν με, κύριε υἱὸς Δαυίδ· ἡ θυγάτηρ μου κακῶς δαιμονίζεται. [23] ... [25] ἡ δὲ ἐλθοῦσα προσεκύνει αὐτῷ λέγουσα· κύριε, βοήθει μοι.	Mk 7,25	ἀλλ᾽ εὐθὺς ἀκούσασα γυνὴ περὶ αὐτοῦ, ἧς εἶχεν τὸ θυγάτριον αὐτῆς πνεῦμα ἀκάθαρτον, ἐλθοῦσα προσέπεσεν πρὸς τοὺς πόδας αὐτοῦ· [26] ἡ δὲ γυνὴ ἦν Ἑλληνίς, Συροφοινίκισσα τῷ γένει· καὶ ἠρώτα αὐτὸν ἵνα τὸ δαιμόνιον ἐκβάλῃ ἐκ τῆς θυγατρὸς αὐτῆς.			
a 122	Mt 17,18	 καὶ ἐπετίμησεν αὐτῷ ὁ Ἰησοῦς ...	Mk 9,25 ↓ Mt 12,43-46 ↓ Lk 11,24-26	ἰδὼν δὲ ὁ Ἰησοῦς ὅτι ἐπισυντρέχει ὄχλος, ἐπετίμησεν τῷ πνεύματι τῷ ἀκαθάρτῳ λέγων αὐτῷ· τὸ ἄλαλον καὶ κωφὸν πνεῦμα, ἐγὼ ἐπιτάσσω σοι, ἔξελθε ἐξ αὐτοῦ καὶ μηκέτι εἰσέλθῃς εἰς αὐτόν.	Lk 9,42	 ... ἐπετίμησεν δὲ ὁ Ἰησοῦς τῷ πνεύματι τῷ ἀκαθάρτῳ ...	
a 202	Mt 12,43 ↑ Mk 9,25	ὅταν δὲ τὸ ἀκάθαρτον πνεῦμα ἐξέλθῃ ἀπὸ τοῦ ἀνθρώπου, ...			Lk 11,24 ↑ Mk 9,25	ὅταν τὸ ἀκάθαρτον πνεῦμα ἐξέλθῃ ἀπὸ τοῦ ἀνθρώπου, ...	

a **Acts 5,16** συνήρχετο δὲ καὶ τὸ πλῆθος τῶν πέριξ πόλεων Ἰερουσαλήμ, φέροντες ἀσθενεῖς καὶ ὀχλουμένους **ὑπὸ πνευμάτων ἀκαθάρτων**, οἵτινες ἐθεραπεύοντο ἅπαντες.	*a* **Acts 8,7** πολλοὶ γὰρ τῶν ἐχόντων **πνεύματα ἀκάθαρτα** βοῶντα φωνῇ μεγάλῃ ἐξήρχοντο, ... **Acts 10,14** ... μηδαμῶς, κύριε, ὅτι οὐδέποτε ἔφαγον πᾶν κοινὸν καὶ **ἀκάθαρτον**.	**Acts 10,28** ... κἀμοὶ ὁ θεὸς ἔδειξεν μηδένα κοινὸν ἢ **ἀκάθαρτον** λέγειν ἄνθρωπον· **Acts 11,8** ... μηδαμῶς, κύριε, ὅτι κοινὸν ἢ **ἀκάθαρτον** οὐδέποτε εἰσῆλθεν εἰς τὸ στόμα μου.

ἄκανθα

	Syn	Mt	Mk	Lk	Acts	Jn	1-3John	Paul	Eph	Col
	12	5	3	4		1				
	NT	2Thess	1/2Tim	Tit	Heb	Jas	1Pet	2Pet	Jude	Rev
	14				1					

thorn-plant

202	**Mt 7,16** ... μήτι συλλέγουσιν **ἀπὸ ἀκανθῶν** σταφυλὰς ἢ ἀπὸ τριβόλων σῦκα;		**Lk 6,44** ... οὐ γὰρ **ἐξ ἀκανθῶν** συλλέγουσιν σῦκα οὐδὲ ἐκ βάτου σταφυλὴν τρυγῶσιν.	→ GTh 45,1
222 222	**Mt 13,7** (2) ἄλλα δὲ ἔπεσεν **ἐπὶ τὰς ἀκάνθας**, καὶ ἀνέβησαν **αἱ ἄκανθαι** καὶ ἔπνιξαν αὐτά.	**Mk 4,7** (2) καὶ ἄλλο ἔπεσεν **εἰς τὰς ἀκάνθας**, καὶ ἀνέβησαν **αἱ ἄκανθαι** καὶ συνέπνιξαν αὐτό, καὶ καρπὸν οὐκ ἔδωκεν.	**Lk 8,7** (2) καὶ ἕτερον ἔπεσεν **ἐν μέσῳ τῶν ἀκανθῶν**, καὶ συμφυεῖσαι **αἱ ἄκανθαι** ἀπέπνιξαν αὐτό.	→ GTh 9
222	**Mt 13,22** ὁ δὲ **εἰς τὰς ἀκάνθας** σπαρείς, οὗτός ἐστιν ὁ τὸν λόγον ἀκούων, ...	**Mk 4,18** καὶ ἄλλοι εἰσὶν οἱ **εἰς τὰς ἀκάνθας** σπειρόμενοι· οὗτοί εἰσιν οἱ τὸν λόγον ἀκούσαντες	**Lk 8,14** τὸ δὲ **εἰς τὰς ἀκάνθας** πεσόν, οὗτοί εἰσιν οἱ ἀκούσαντες, ...	
210	**Mt 27,29** καὶ πλέξαντες **στέφανον ἐξ ἀκανθῶν** ἐπέθηκαν ἐπὶ τῆς κεφαλῆς αὐτοῦ ...	**Mk 15,17** ... πλέξαντες **ἀκάνθινον στέφανον**·	**Lk 23,11** ἐξουθενήσας δὲ αὐτὸν [καὶ] ὁ Ἡρῴδης σὺν τοῖς στρατεύμασιν αὐτοῦ ...	**→ Jn 19,2** → Jn 19,5

ἀκάνθινος

	Syn	Mt	Mk	Lk	Acts	Jn	1-3John	Paul	Eph	Col
	1		1			1				
	NT	2Thess	1/2Tim	Tit	Heb	Jas	1Pet	2Pet	Jude	Rev
	2									

of thorns; thorny

120	**Mt 27,29** καὶ πλέξαντες **στέφανον ἐξ ἀκανθῶν** ἐπέθηκαν ἐπὶ τῆς κεφαλῆς αὐτοῦ ...	**Mk 15,17** ... πλέξαντες **ἀκάνθινον στέφανον**·	**Lk 23,11** ἐξουθενήσας δὲ αὐτὸν [καὶ] ὁ Ἡρῴδης σὺν τοῖς στρατεύμασιν αὐτοῦ ...	→ Jn 19,2 **→ Jn 19,5**

ἄκαρπος	Syn	Mt	Mk	Lk	Acts	Jn	1-3John	Paul	Eph	Col
	2	1	1					1	1	
	NT	2Thess	1/2Tim	Tit	Heb	Jas	1Pet	2Pet	Jude	Rev
	7			1				1	1	

barren; unfruitful; useless

221	**Mt 13,22** ... καὶ ἡ μέριμνα τοῦ αἰῶνος καὶ ἡ ἀπάτη τοῦ πλούτου συμπνίγει τὸν λόγον καὶ ἄκαρπος γίνεται.	**Mk 4,19** καὶ αἱ μέριμναι τοῦ αἰῶνος καὶ ἡ ἀπάτη τοῦ πλούτου καὶ αἱ περὶ τὰ λοιπὰ ἐπιθυμίαι εἰσπορευόμεναι συμπνίγουσιν τὸν λόγον καὶ ἄκαρπος γίνεται.	**Lk 8,14** ... καὶ ὑπὸ μεριμνῶν καὶ πλούτου καὶ ἡδονῶν τοῦ βίου πορευόμενοι συμπνίγονται καὶ οὐ τελεσφοροῦσιν.	

ἀκαταστασία	Syn	Mt	Mk	Lk	Acts	Jn	1-3John	Paul	Eph	Col
	1			1				3		
	NT	2Thess	1/2Tim	Tit	Heb	Jas	1Pet	2Pet	Jude	Rev
	5					1				

disorder; insurrection

112	**Mt 24,6** μελλήσετε δὲ ἀκούειν πολέμους καὶ ἀκοὰς πολέμων· ὁρᾶτε μὴ θροεῖσθε· ...	**Mk 13,7** ὅταν δὲ ἀκούσητε πολέμους καὶ ἀκοὰς πολέμων, μὴ θροεῖσθε· ...	**Lk 21,9** ὅταν δὲ ἀκούσητε πολέμους καὶ ἀκαταστασίας, μὴ πτοηθῆτε· ...	

ἀκέραιος	Syn	Mt	Mk	Lk	Acts	Jn	1-3John	Paul	Eph	Col
	1	1						2		
	NT	2Thess	1/2Tim	Tit	Heb	Jas	1Pet	2Pet	Jude	Rev
	3									

innocent; guiltless; pure

200	**Mt 10,16** ... γίνεσθε οὖν φρόνιμοι ὡς οἱ ὄφεις καὶ ἀκέραιοι ὡς αἱ περιστεραί.			→ GTh 39,3 **(POxy 655)**

ἀκμήν	Syn	Mt	Mk	Lk	Acts	Jn	1-3John	Paul	Eph	Col
	1	1								
	NT	2Thess	1/2Tim	Tit	Heb	Jas	1Pet	2Pet	Jude	Rev
	1									

still; even now

210	**Mt 15,16** ὁ δὲ εἶπεν· ἀκμὴν καὶ ὑμεῖς ἀσύνετοί ἐστε;	**Mk 7,18** καὶ λέγει αὐτοῖς· οὕτως καὶ ὑμεῖς ἀσύνετοί ἐστε; ...		

ἀκοή	Syn 8	Mt 4	Mk 3	Lk 1	Acts 2	Jn 1	1-3John	Paul 8	Eph	Col
	NT 24	2Thess	1/2Tim 2	Tit	Heb 2	Jas	1Pet	2Pet 1	Jude	Rev

report; news; rumor; hearing; listening

	triple tradition																	double tradition			Sondergut		
		+Mt / +Lk			–Mt / –Lk			traditions not taken over by Mt / Lk							subtotals								
code	222	211	112	212	221	122	121	022	012	021	220	120	210	020	Σ⁺	Σ⁻	Σ	202	201	102	200	002	total
Mt		1⁺			1										1⁺		2				2		4
Mk					1					1				1			3						3
Lk					1⁻					1⁻						2⁻				1			1

021	**Mt 4,24** → Mt 9,26 → Mk 3,8	καὶ ἀπῆλθεν ἡ ἀκοὴ αὐτοῦ εἰς ὅλην τὴν Συρίαν· ...	**Mk 1,28**	καὶ ἐξῆλθεν ἡ ἀκοὴ αὐτοῦ εὐθὺς πανταχοῦ εἰς ὅλην τὴν περίχωρον τῆς Γαλιλαίας.	**Lk 4,37** → Lk 4,14	καὶ ἐξεπορεύετο ἦχος περὶ αὐτοῦ εἰς πάντα τόπον τῆς περιχώρου.	
200	**Mt 4,24** → Mt 9,26 → Mk 3,8	καὶ ἀπῆλθεν ἡ ἀκοὴ αὐτοῦ εἰς ὅλην τὴν Συρίαν· ...	**Mk 1,28**	καὶ ἐξῆλθεν ἡ ἀκοὴ αὐτοῦ εὐθὺς πανταχοῦ εἰς ὅλην τὴν περίχωρον τῆς Γαλιλαίας.	**Lk 4,37** → Lk 4,14	καὶ ἐξεπορεύετο ἦχος περὶ αὐτοῦ εἰς πάντα τόπον τῆς περιχώρου.	
102	**Mt 7,28**	καὶ ἐγένετο ὅτε ἐτέλεσεν ὁ Ἰησοῦς τοὺς λόγους τούτους, ... [8,5] εἰσελθόντος δὲ αὐτοῦ εἰς Καφαρναοὺμ ...			**Lk 7,1**	ἐπειδὴ ἐπλήρωσεν πάντα τὰ ῥήματα αὐτοῦ εἰς τὰς ἀκοὰς τοῦ λαοῦ, εἰσῆλθεν εἰς Καφαρναούμ.	
200	**Mt 13,14** → Mt 13,13 → Mk 4,12 → Lk 8,10	καὶ ἀναπληροῦται αὐτοῖς ἡ προφητεία Ἠσαΐου ἡ λέγουσα· *ἀκοῇ* *ἀκούσετε καὶ οὐ μὴ* *συνῆτε, καὶ βλέποντες* *βλέψετε καὶ οὐ μὴ ἴδητε.* ➤ Isa 6,9 LXX					→ Jn 12,40 **→ Acts 28,26**
211	**Mt 14,1**	ἐν ἐκείνῳ τῷ καιρῷ ἤκουσεν Ἡρῴδης ὁ τετραάρχης τὴν ἀκοὴν Ἰησοῦ, ...	**Mk 6,14**	καὶ ἤκουσεν ὁ βασιλεὺς Ἡρῴδης, φανερὸν γὰρ ἐγένετο τὸ ὄνομα αὐτοῦ, ...	**Lk 9,7**	ἤκουσεν δὲ Ἡρῴδης ὁ τετραάρχης τὰ γινόμενα πάντα ...	
020			**Mk 7,35**	καὶ [εὐθέως] ἠνοίγησαν αὐτοῦ αἱ ἀκοαί, καὶ ἐλύθη ὁ δεσμὸς τῆς γλώσσης αὐτοῦ καὶ ἐλάλει ὀρθῶς.			
221	**Mt 24,6**	μελλήσετε δὲ ἀκούειν πολέμους καὶ ἀκοὰς πολέμων· ὁρᾶτε μὴ θροεῖσθε· ...	**Mk 13,7**	ὅταν δὲ ἀκούσητε πολέμους καὶ ἀκοὰς πολέμων, μὴ θροεῖσθε· ...	**Lk 21,9**	ὅταν δὲ ἀκούσητε πολέμους καὶ ἀκαταστασίας, μὴ πτοηθῆτε· ...	

Acts 17,20 ξενίζοντα γάρ τινα
εἰσφέρεις
εἰς τὰς ἀκοὰς ἡμῶν·
βουλόμεθα οὖν γνῶναι
τίνα θέλει ταῦτα εἶναι.

Acts 28,26 λέγων· *πορεύθητι πρὸς*
→ Mt 13,13-14 *τὸν λαὸν τοῦτον καὶ*
→ Mk 4,12 *εἰπόν·*
→ Lk 8,10 *ἀκοῇ*
ἀκούσετε καὶ οὐ μὴ
συνῆτε καὶ βλέποντες
βλέψετε καὶ οὐ μὴ ἴδητε·
➤ Isa 6,9 LXX

ἀκολουθέω	Syn 60	Mt 25	Mk 18	Lk 17	Acts 4	Jn 19	1-3John	Paul 1	Eph	Col
	NT 90	2Thess	1/2Tim	Tit	Heb	Jas	1Pet	2Pet	Jude	Rev 6

follow; accompany; be a disciple of

	triple tradition																	double tradition			Sondergut		
		+Mt / +Lk			–Mt / –Lk			traditions not taken over by Mt / Lk							subtotals								
code	*222*	*211*	*112*	*212*	*221*	*122*	*121*	*022*	*012*	*021*	*220*	*120*	*210*	*020*	Σ^+	Σ^-	Σ	*202*	*201*	*102*	*200*	*002*	total
Mt	8	3^+		1^+	3	1^-	5^-						2^+		6^+	6^-	17	3	2		3		**25**
Mk	8				3	1	5	1									18						**18**
Lk	8		1^+	1^+	3^-	1	5^-	1							2^+	8^-	12	3				2	**17**

222	**Mt 4,20**	οἱ δὲ εὐθέως ἀφέντες τὰ δίκτυα **ἠκολούθησαν** αὐτῷ.	**Mk 1,18**	καὶ εὐθὺς ἀφέντες τὰ δίκτυα **ἠκολούθησαν** αὐτῷ.	**Lk 5,11** ↓ **Lk 5,28** ↓ Mk 1,20	καὶ ... ἀφέντες πάντα **ἠκολούθησαν** αὐτῷ.	
210	**Mt 4,22**	οἱ δὲ εὐθέως ἀφέντες τὸ πλοῖον καὶ τὸν πατέρα αὐτῶν **ἠκολούθησαν** αὐτῷ.	**Mk 1,20**	... καὶ ἀφέντες τὸν πατέρα αὐτῶν Ζεβεδαῖον ἐν τῷ πλοίῳ μετὰ τῶν μισθωτῶν **ἀπῆλθον ὀπίσω** αὐτοῦ.	**Lk 5,11** ↑ **Mk 1,18** ↓ **Lk 5,28**	καὶ καταγαγόντες τὰ πλοῖα ἐπὶ τὴν γῆν ἀφέντες πάντα **ἠκολούθησαν** αὐτῷ.	
200	**Mt 4,25** ⇩ **Mt 12,15**	καὶ **ἠκολούθησαν** αὐτῷ ὄχλοι πολλοὶ ἀπὸ τῆς Γαλιλαίας καὶ Δεκαπόλεως καὶ Ἱεροσολύμων καὶ Ἰουδαίας καὶ πέραν τοῦ Ἰορδάνου.	**Mk 3,7**	... καὶ πολὺ πλῆθος ἀπὸ τῆς Γαλιλαίας [**ἠκολούθησεν**], καὶ ἀπὸ τῆς Ἰουδαίας [8] καὶ ἀπὸ Ἱεροσολύμων καὶ ἀπὸ τῆς Ἰδουμαίας καὶ πέραν τοῦ Ἰορδάνου καὶ περὶ Τύρον καὶ Σιδῶνα ...	**Lk 6,17**	... καὶ πλῆθος πολὺ τοῦ λαοῦ ἀπὸ πάσης τῆς Ἰουδαίας καὶ Ἰερουσαλὴμ καὶ τῆς παραλίου Τύρου καὶ Σιδῶνος	
200	**Mt 8,1**	καταβάντος δὲ αὐτοῦ ἀπὸ τοῦ ὄρους **ἠκολούθησαν** αὐτῷ ὄχλοι πολλοί.					
202	**Mt 8,10**	ἀκούσας δὲ ὁ Ἰησοῦς ἐθαύμασεν καὶ εἶπεν **τοῖς ἀκολουθοῦσιν·** ἀμὴν λέγω ὑμῖν, παρ᾽ οὐδενὶ τοσαύτην πίστιν ἐν τῷ Ἰσραὴλ εὗρον.			**Lk 7,9**	ἀκούσας δὲ ταῦτα ὁ Ἰησοῦς ἐθαύμασεν αὐτὸν καὶ στραφεὶς **τῷ ἀκολουθοῦντι** **αὐτῷ ὄχλῳ** εἶπεν· λέγω ὑμῖν, οὐδὲ ἐν τῷ Ἰσραὴλ τοσαύτην πίστιν εὗρον.	
202	**Mt 8,19**	καὶ προσελθὼν εἷς γραμματεὺς εἶπεν αὐτῷ· διδάσκαλε, **ἀκολουθήσω** σοι ὅπου ἐὰν ἀπέρχῃ.			**Lk 9,57**	καὶ πορευομένων αὐτῶν ἐν τῇ ὁδῷ εἶπέν τις πρὸς αὐτόν· **ἀκολουθήσω** σοι ὅπου ἐὰν ἀπέρχῃ.	

202	Mt 8,22	[21] ἕτερος δὲ τῶν μαθητῶν [αὐτοῦ] εἶπεν αὐτῷ· κύριε, ἐπίτρεψόν μοι πρῶτον ἀπελθεῖν καὶ θάψαι τὸν πατέρα μου. [22] ὁ δὲ Ἰησοῦς λέγει αὐτῷ· ἀκολούθει μοι, καὶ ἄφες τοὺς νεκροὺς θάψαι τοὺς ἑαυτῶν νεκρούς.			Lk 9,59	εἶπεν δὲ πρὸς ἕτερον· ἀκολούθει μοι. ὁ δὲ εἶπεν· [κύριε,] ἐπίτρεψόν μοι ἀπελθόντι πρῶτον θάψαι τὸν πατέρα μου. [60] εἶπεν δὲ αὐτῷ· ἄφες τοὺς νεκροὺς θάψαι τοὺς ἑαυτῶν νεκρούς, σὺ δὲ ἀπελθὼν διάγγελλε τὴν βασιλείαν τοῦ θεοῦ.	
211	Mt 8,23	καὶ ἐμβάντι αὐτῷ εἰς τὸ πλοῖον ἠκολούθησαν αὐτῷ οἱ μαθηταὶ αὐτοῦ.	Mk 4,36	... παραλαμβάνουσιν αὐτὸν ὡς ἦν ἐν τῷ πλοίῳ, καὶ ἄλλα πλοῖα ἦν μετ' αὐτοῦ.	Lk 8,22	... καὶ αὐτὸς ἐνέβη εἰς πλοῖον καὶ οἱ μαθηταὶ αὐτοῦ ...	
222	Mt 9,9 (2)	καὶ παράγων ὁ Ἰησοῦς ἐκεῖθεν εἶδεν ἄνθρωπον καθήμενον ἐπὶ τὸ τελώνιον, Μαθθαῖον λεγόμενον, καὶ λέγει αὐτῷ· ἀκολούθει μοι.	Mk 2,14 (2)	καὶ παράγων εἶδεν Λευὶν τὸν τοῦ Ἁλφαίου καθήμενον ἐπὶ τὸ τελώνιον, καὶ λέγει αὐτῷ· ἀκολούθει μοι.	Lk 5,27	καὶ μετὰ ταῦτα ἐξῆλθεν καὶ ἐθεάσατο τελώνην ὀνόματι Λευὶν καθήμενον ἐπὶ τὸ τελώνιον, καὶ εἶπεν αὐτῷ· ἀκολούθει μοι.	
222		καὶ ἀναστὰς ἠκολούθησεν αὐτῷ.		καὶ ἀναστὰς ἠκολούθησεν αὐτῷ.	Lk 5,28 ↑ Lk 5,11	καὶ καταλιπὼν πάντα ἀναστὰς ἠκολούθει αὐτῷ.	
121	Mt 9,10	... καὶ ἰδοὺ πολλοὶ τελῶναι καὶ ἁμαρτωλοὶ ἐλθόντες συνανέκειντο τῷ Ἰησοῦ καὶ τοῖς μαθηταῖς αὐτοῦ.	Mk 2,15	... καὶ πολλοὶ τελῶναι καὶ ἁμαρτωλοὶ συνανέκειντο τῷ Ἰησοῦ καὶ τοῖς μαθηταῖς αὐτοῦ· ἦσαν γὰρ πολλοὶ καὶ ἠκολούθουν αὐτῷ.	Lk 5,29 → Lk 15,1	... καὶ ἦν ὄχλος πολὺς τελωνῶν καὶ ἄλλων οἳ ἦσαν μετ' αὐτῶν κατακείμενοι.	
202	Mt 8,10	ἀκούσας δὲ ὁ Ἰησοῦς ἐθαύμασεν καὶ εἶπεν τοῖς ἀκολουθοῦσιν· ἀμὴν λέγω ὑμῖν, παρ' οὐδενὶ τοσαύτην πίστιν ἐν τῷ Ἰσραὴλ εὗρον.			Lk 7,9	ἀκούσας δὲ ταῦτα ὁ Ἰησοῦς ἐθαύμασεν αὐτὸν καὶ στραφεὶς τῷ ἀκολουθοῦντι αὐτῷ ὄχλῳ εἶπεν· λέγω ὑμῖν, οὐδὲ ἐν τῷ Ἰσραὴλ τοσαύτην πίστιν εὗρον.	
211	Mt 9,19	καὶ ἐγερθεὶς ὁ Ἰησοῦς ἠκολούθησεν αὐτῷ καὶ οἱ μαθηταὶ αὐτοῦ.	Mk 5,24	καὶ ἀπῆλθεν μετ' αὐτοῦ. ...	Lk 8,42	... ἐν δὲ τῷ ὑπάγειν αὐτὸν ...	
200	Mt 9,27 ⇩ Mt 20,29	καὶ παράγοντι ἐκεῖθεν τῷ Ἰησοῦ ἠκολούθησαν [αὐτῷ] δύο τυφλοὶ ...	Mk 10,46	... ὁ υἱὸς Τιμαίου Βαρτιμαῖος, τυφλὸς προσαίτης, ἐκάθητο παρὰ τὴν ὁδόν.	Lk 18,35	... τυφλός τις ἐκάθητο παρὰ τὴν ὁδὸν ἐπαιτῶν.	
201	Mt 10,38 ⇩ Mt 16,24	καὶ ὃς οὐ λαμβάνει τὸν σταυρὸν αὐτοῦ καὶ ἀκολουθεῖ ὀπίσω μου, οὐκ ἔστιν μου ἄξιος.	Mk 8,34 (2)	... εἴ τις θέλει ὀπίσω μου ἀκολουθεῖν, ἀπαρνησάσθω ἑαυτὸν καὶ ἀράτω τὸν σταυρὸν αὐτοῦ καὶ ἀκολουθείτω μοι.	Lk 14,27 ⇩ Lk 9,23	ὅστις οὐ βαστάζει τὸν σταυρὸν ἑαυτοῦ καὶ ἔρχεται ὀπίσω μου οὐ δύναται εἶναί μου μαθητής.	→ GTh 55 → GTh 101 Mk-Q overlap

221	Mt 12,15 ⇑ Mt 4,25	... καὶ **ἠκολούθησαν** αὐτῷ [ὄχλοι] πολλοί, ...	Mk 3,7	... καὶ πολὺ πλῆθος ἀπὸ τῆς Γαλιλαίας **[ἠκολούθησεν],** καὶ ἀπὸ τῆς Ἰουδαίας	Lk 6,17	... καὶ πλῆθος πολὺ τοῦ λαοῦ ἀπὸ πάσης τῆς Ἰουδαίας ...	
121	Mt 9,19	καὶ ἐγερθεὶς ὁ Ἰησοῦς ἠκολούθησεν αὐτῷ καὶ οἱ μαθηταὶ αὐτοῦ.	Mk 5,24	καὶ ἀπῆλθεν μετ᾽ αὐτοῦ. καὶ **ἠκολούθει** αὐτῷ ὄχλος πολὺς καὶ συνέθλιβον αὐτόν.	Lk 8,42	... ἐν δὲ τῷ ὑπάγειν αὐτὸν οἱ ὄχλοι συνέπνιγον αὐτόν.	
121	Mt 13,54	καὶ ἐλθὼν εἰς τὴν πατρίδα αὐτοῦ ...	Mk 6,1	... καὶ ἔρχεται εἰς τὴν πατρίδα αὐτοῦ, καὶ **ἀκολουθοῦσιν** αὐτῷ οἱ μαθηταὶ αὐτοῦ.	Lk 4,16	καὶ ἦλθεν εἰς Ναζαρά, οὗ ἦν τεθραμμένος ...	
212	Mt 14,13	... καὶ ἀκούσαντες οἱ ὄχλοι **ἠκολούθησαν** αὐτῷ πεζῇ ἀπὸ τῶν πόλεων.	Mk 6,33	καὶ εἶδον αὐτοὺς ὑπάγοντας καὶ ἐπέγνωσαν πολλοὶ καὶ πεζῇ ἀπὸ πασῶν τῶν πόλεων **συνέδραμον** ἐκεῖ καὶ προῆλθον αὐτούς.	Lk 9,11	οἱ δὲ ὄχλοι γνόντες **ἠκολούθησαν** αὐτῷ· ...	→ Jn 6,2
121 222	Mt 16,24 ⇑ Mt 10,38	... εἴ τις θέλει ὀπίσω μου **ἐλθεῖν,** ἀπαρνησάσθω ἑαυτὸν καὶ ἀράτω τὸν σταυρὸν αὐτοῦ καὶ **ἀκολουθείτω** μοι.	Mk 8,34 (2)	... εἴ τις θέλει ὀπίσω μου **ἀκολουθεῖν,** ἀπαρνησάσθω ἑαυτὸν καὶ ἀράτω τὸν σταυρὸν αὐτοῦ καὶ **ἀκολουθείτω** μοι.	Lk 9,23 ⇑ Lk 14,27	... εἴ τις θέλει ὀπίσω μου **ἔρχεσθαι,** ἀρνησάσθω ἑαυτὸν καὶ ἀράτω τὸν σταυρὸν αὐτοῦ καθ᾽ ἡμέραν, καὶ **ἀκολουθείτω** μοι.	→ GTh 55 Mk-Q overlap
022			Mk 9,38	... διδάσκαλε, εἴδομέν τινα ἐν τῷ ὀνόματί σου ἐκβάλλοντα δαιμόνια καὶ ἐκωλύομεν αὐτόν, ὅτι οὐκ **ἠκολούθει** ἡμῖν.	Lk 9,49	... ἐπιστάτα, εἴδομέν τινα ἐν τῷ ὀνόματί σου ἐκβάλλοντα δαιμόνια καὶ ἐκωλύομεν αὐτόν, ὅτι οὐκ **ἀκολουθεῖ** μεθ᾽ ἡμῶν.	→ Acts 19,13
202	Mt 8,19	καὶ προσελθὼν εἷς γραμματεὺς εἶπεν αὐτῷ· διδάσκαλε, **ἀκολουθήσω** σοι ὅπου ἐὰν ἀπέρχῃ.			Lk 9,57	καὶ πορευομένων αὐτῶν ἐν τῇ ὁδῷ εἶπέν τις πρὸς αὐτόν· **ἀκολουθήσω** σοι ὅπου ἐὰν ἀπέρχῃ.	
202	Mt 8,22	[21] ἕτερος δὲ τῶν μαθητῶν [αὐτοῦ] εἶπεν αὐτῷ· κύριε, ἐπίτρεψόν μοι πρῶτον ἀπελθεῖν καὶ θάψαι τὸν πατέρα μου. [22] ὁ δὲ Ἰησοῦς λέγει αὐτῷ· **ἀκολούθει** μοι, καὶ ἄφες τοὺς νεκροὺς θάψαι τοὺς ἑαυτῶν νεκρούς.			Lk 9,59	εἶπεν δὲ πρὸς ἕτερον· **ἀκολούθει** μοι. ὁ δὲ εἶπεν· [κύριε,] ἐπίτρεψόν μοι ἀπελθόντι πρῶτον θάψαι τὸν πατέρα μου. [60] εἶπεν δὲ αὐτῷ· ἄφες τοὺς νεκροὺς θάψαι τοὺς ἑαυτῶν νεκρούς, σὺ δὲ ἀπελθὼν διάγγελλε τὴν βασιλείαν τοῦ θεοῦ.	

002					Lk 9,61	εἶπεν δὲ καὶ ἕτερος· ἀκολουθήσω σοι, κύριε· πρῶτον δὲ ἐπίτρεψόν μοι ἀποτάξασθαι τοῖς εἰς τὸν οἶκόν μου.	
210	Mt 19,2	καὶ ἠκολούθησαν αὐτῷ ὄχλοι πολλοί, καὶ ἐθεράπευσεν αὐτοὺς ἐκεῖ.	Mk 10,1	... καὶ συμπορεύονται πάλιν ὄχλοι πρὸς αὐτόν, καὶ ὡς εἰώθει πάλιν ἐδίδασκεν αὐτούς.			
222	Mt 19,21 → Mt 6,20	... ὕπαγε πώλησόν σου τὰ ὑπάρχοντα καὶ δὸς [τοῖς] πτωχοῖς, καὶ ἕξεις θησαυρὸν ἐν οὐρανοῖς, καὶ δεῦρο ἀκολούθει μοι.	Mk 10,21	... ὕπαγε, ὅσα ἔχεις πώλησον καὶ δὸς [τοῖς] πτωχοῖς, καὶ ἕξεις θησαυρὸν ἐν οὐρανῷ, καὶ δεῦρο ἀκολούθει μοι.	Lk 18,22 → Lk 12,33	... πάντα ὅσα ἔχεις πώλησον καὶ διάδος πτωχοῖς, καὶ ἕξεις θησαυρὸν ἐν [τοῖς] οὐρανοῖς, καὶ δεῦρο ἀκολούθει μοι.	→ Acts 2,45
222	Mt 19,27	... ἰδοὺ ἡμεῖς ἀφήκαμεν πάντα καὶ ἠκολουθήσαμέν σοι· τί ἄρα ἔσται ἡμῖν;	Mk 10,28	... ἰδοὺ ἡμεῖς ἀφήκαμεν πάντα καὶ ἠκολουθήκαμέν σοι.	Lk 18,28	... ἰδοὺ ἡμεῖς ἀφέντες τὰ ἴδια ἠκολουθήσαμέν σοι.	
201	Mt 19,28	... ὑμεῖς οἱ ἀκολουθήσαντές μοι ἐν τῇ παλιγγενεσίᾳ, ...			Lk 22,28	ὑμεῖς δέ ἐστε οἱ διαμεμενηκότες μετ' ἐμοῦ ἐν τοῖς πειρασμοῖς μου·	
121	Mt 20,17	καὶ ἀναβαίνων ὁ Ἰησοῦς εἰς Ἱεροσόλυμα παρέλαβεν τοὺς δώδεκα [μαθητὰς] κατ' ἰδίαν καὶ ἐν τῇ ὁδῷ εἶπεν αὐτοῖς·	Mk 10,32	ἦσαν δὲ ἐν τῇ ὁδῷ ἀναβαίνοντες εἰς Ἱεροσόλυμα, καὶ ἦν προάγων αὐτοὺς ὁ Ἰησοῦς, καὶ ἐθαμβοῦντο, οἱ δὲ ἀκολουθοῦντες ἐφοβοῦντο. καὶ παραλαβὼν πάλιν τοὺς δώδεκα ἤρξατο αὐτοῖς λέγειν ...	Lk 18,31	 παραλαβὼν δὲ τοὺς δώδεκα εἶπεν πρὸς αὐτούς· ...	
211	Mt 20,29 ⇑ Mt 9,27	καὶ ἐκπορευομένων αὐτῶν ἀπὸ Ἰεριχὼ ἠκολούθησεν αὐτῷ ὄχλος πολύς. [30] καὶ ἰδοὺ δύο τυφλοὶ καθήμενοι παρὰ τὴν ὁδόν ...	Mk 10,46	καὶ ἔρχονται εἰς Ἰεριχώ. καὶ ἐκπορευομένου αὐτοῦ ἀπὸ Ἰεριχὼ καὶ τῶν μαθητῶν αὐτοῦ καὶ ὄχλου ἱκανοῦ ὁ υἱὸς Τιμαίου Βαρτιμαῖος, τυφλὸς προσαίτης, ἐκάθητο παρὰ τὴν ὁδόν.	Lk 18,35	ἐγένετο δὲ ἐν τῷ ἐγγίζειν αὐτὸν εἰς Ἰεριχὼ τυφλός τις ἐκάθητο παρὰ τὴν ὁδὸν ἐπαιτῶν.	
222	Mt 20,34 ⇨ Mt 9,30	... καὶ εὐθέως ἀνέβλεψαν καὶ ἠκολούθησαν αὐτῷ.	Mk 10,52	... καὶ εὐθὺς ἀνέβλεψεν, καὶ ἠκολούθει αὐτῷ ἐν τῇ ὁδῷ.	Lk 18,43	καὶ παραχρῆμα ἀνέβλεψεν καὶ ἠκολούθει αὐτῷ δοξάζων τὸν θεόν. ...	
221	Mt 21,9	οἱ δὲ ὄχλοι οἱ προάγοντες αὐτὸν καὶ οἱ ἀκολουθοῦντες ἔκραζον λέγοντες· ...	Mk 11,9	καὶ οἱ προάγοντες καὶ οἱ ἀκολουθοῦντες ἔκραζον· ...	Lk 19,37	... ἤρξαντο ἅπαν τὸ πλῆθος τῶν μαθητῶν χαίροντες αἰνεῖν τὸν θεὸν φωνῇ μεγάλῃ περὶ πασῶν ὧν εἶδον δυνάμεων	→ Jn 12,12-13
122	Mt 26,18	... ὑπάγετε εἰς τὴν πόλιν πρὸς τὸν δεῖνα ...	Mk 14,13	... ὑπάγετε εἰς τὴν πόλιν, καὶ ἀπαντήσει ὑμῖν ἄνθρωπος κεράμιον ὕδατος βαστάζων· ἀκολουθήσατε αὐτῷ	Lk 22,10	... ἰδοὺ εἰσελθόντων ὑμῶν εἰς τὴν πόλιν συναντήσει ὑμῖν ἄνθρωπος κεράμιον ὕδατος βαστάζων· ἀκολουθήσατε αὐτῷ εἰς τὴν οἰκίαν εἰς ἣν εἰσπορεύεται.	

112	**Mt 26,30**	καὶ ὑμνήσαντες ἐξῆλθον εἰς τὸ ὄρος τῶν ἐλαιῶν.	**Mk 14,26**	καὶ ὑμνήσαντες ἐξῆλθον εἰς τὸ ὄρος τῶν ἐλαιῶν.	**Lk 22,39**	καὶ ἐξελθὼν ἐπορεύθη κατὰ τὸ ἔθος εἰς τὸ ὄρος τῶν ἐλαιῶν, **ἠκολούθησαν** δὲ αὐτῷ καὶ οἱ μαθηταί.	→ Jn 14,31 → Jn 18,1
222	**Mt 26,58**	ὁ δὲ Πέτρος **ἠκολούθει** αὐτῷ ἀπὸ μακρόθεν ...	**Mk 14,54**	καὶ ὁ Πέτρος ἀπὸ μακρόθεν **ἠκολούθησεν** αὐτῷ ...	**Lk 22,54**	... ὁ δὲ Πέτρος **ἠκολούθει** μακρόθεν.	**→ Jn 18,15**
002					**Lk 23,27**	**ἠκολούθει** δὲ αὐτῷ πολὺ πλῆθος τοῦ λαοῦ ...	
221	**Mt 27,55**	ἦσαν δὲ ἐκεῖ γυναῖκες πολλαὶ ἀπὸ μακρόθεν θεωροῦσαι, αἵτινες **ἠκολούθησαν** τῷ Ἰησοῦ ἀπὸ τῆς Γαλιλαίας διακονοῦσαι αὐτῷ·	**Mk 15,41**	αἳ ὅτε ἦν ἐν τῇ Γαλιλαίᾳ **ἠκολούθουν** αὐτῷ καὶ διηκόνουν αὐτῷ, ...	**Lk 23,49** → Lk 23,55 → Lk 8,2-3	εἱστήκεισαν δὲ πάντες οἱ γνωστοὶ αὐτῷ ἀπὸ μακρόθεν καὶ γυναῖκες **αἱ συνακολουθοῦσαι** αὐτῷ ἀπὸ τῆς Γαλιλαίας ὁρῶσαι ταῦτα.	

Acts 12,8 εἶπεν δὲ ὁ ἄγγελος πρὸς αὐτόν· ζῶσαι καὶ ὑπόδησαι τὰ σανδάλιά σου. ἐποίησεν δὲ οὕτως. καὶ λέγει αὐτῷ· περιβαλοῦ τὸ ἱμάτιόν σου καὶ **ἀκολούθει** μοι.

Acts 12,9 καὶ ἐξελθὼν **ἠκολούθει** καὶ οὐκ ᾔδει ὅτι ἀληθές ἐστιν τὸ γινόμενον διὰ τοῦ ἀγγέλου· ...

Acts 13,43 λυθείσης δὲ τῆς συναγωγῆς **ἠκολούθησαν** πολλοὶ τῶν Ἰουδαίων καὶ τῶν σεβομένων προσηλύτων τῷ Παύλῳ καὶ τῷ Βαρναβᾷ, ...

Acts 21,36 **ἠκολούθει** γὰρ τὸ πλῆθος τοῦ λαοῦ κράζοντες· αἶρε αὐτόν.

ἀκούω

Syn 171	Mt 63	Mk 43	Lk 65	Acts 89	Jn 58	1-3John 16	Paul 19	Eph 5	Col 4
NT 426	2Thess 1	1/2Tim 5	Tit	Heb 8	Jas 3	1Pet	2Pet 1	Jude	Rev 46

hear; receive news of; give heed to; understand; recover one's hearing; hold a hearing

	triple tradition																	double tradition			Sondergut		
		+Mt / +Lk			–Mt / –Lk			traditions not taken over by Mt / Lk							subtotals								
code	*222*	*211*	*112*	*212*	*221*	*122*	*121*	*022*	*012*	*021*	*220*	*120*	*210*	*020*	Σ^+	Σ^-	Σ	*202*	*201*	*102*	*200*	*002*	total
Mt	11	8^+		2^+	4	3^-	6^-				3	10^-	1^+		11^+	19^-	29	9	5		20		**63**
Mk	11				4	3	6	2		1	3	10		3			43						**43**
Lk	11		4^+	2^+	4^-	3	6^-	2	2^+	1^-					8^+	11^-	24	9		7		25	**65**

[a] ἀκούω τὸν λόγον, ~ τοὺς λόγους

[b] ὃς ἔχει ὦτα (ἀκούειν) ἀκουέτω

002			**Lk 1,41**	καὶ ἐγένετο ὡς **ἤκουσεν** τὸν ἀσπασμὸν τῆς Μαρίας ἡ Ἐλισάβετ, ἐσκίρτησεν τὸ βρέφος ἐν τῇ κοιλίᾳ αὐτῆς, ...	
002			**Lk 1,58**	καὶ **ἤκουσαν** οἱ περίοικοι καὶ οἱ συγγενεῖς αὐτῆς ὅτι ἐμεγάλυνεν κύριος τὸ ἔλεος αὐτοῦ μετ' αὐτῆς καὶ συνέχαιρον αὐτῇ.	

ἀκούω

002					Lk 1,66	καὶ ἔθεντο πάντες οἱ ἀκούσαντες ἐν τῇ καρδίᾳ αὐτῶν λέγοντες· τί ἄρα τὸ παιδίον τοῦτο ἔσται; ...	
002					Lk 2,18	καὶ πάντες οἱ ἀκούσαντες ἐθαύμασαν περὶ τῶν λαληθέντων ὑπὸ τῶν ποιμένων πρὸς αὐτούς·	
002					Lk 2,20	καὶ ὑπέστρεψαν οἱ ποιμένες δοξάζοντες καὶ αἰνοῦντες τὸν θεὸν ἐπὶ πᾶσιν οἷς ἤκουσαν καὶ εἶδον καθὼς ἐλαλήθη πρὸς αὐτούς.	
200	Mt 2,3 → Mt 21,10	ἀκούσας δὲ ὁ βασιλεὺς Ἡρῴδης ἐταράχθη καὶ πᾶσα Ἱεροσόλυμα μετ' αὐτοῦ					
200	Mt 2,9	οἱ δὲ ἀκούσαντες τοῦ βασιλέως ἐπορεύθησαν καὶ ἰδοὺ ὁ ἀστὴρ, ὃν εἶδον ἐν τῇ ἀνατολῇ, προῆγεν αὐτοὺς, ...					
200	Mt 2,18	*φωνὴ ἐν Ῥαμὰ* ***ἠκούσθη,*** *κλαυθμὸς καὶ* *ὀδυρμὸς* πολύς· ... > Jer 31,15					
200	Mt 2,22 → Lk 2,39	ἀκούσας δὲ ὅτι Ἀρχέλαος βασιλεύει τῆς Ἰουδαίας ἀντὶ τοῦ πατρὸς αὐτοῦ Ἡρῴδου ἐφοβήθη ἐκεῖ ἀπελθεῖν· ...					
002					Lk 2,46	... εὗρον αὐτὸν ἐν τῷ ἱερῷ καθεζόμενον ἐν μέσῳ τῶν διδασκάλων καὶ ἀκούοντα αὐτῶν καὶ ἐπερωτῶντα αὐτούς·	
002					Lk 2,47	ἐξίσταντο δὲ πάντες οἱ ἀκούοντες αὐτοῦ ἐπὶ τῇ συνέσει καὶ ταῖς ἀποκρίσεσιν αὐτοῦ.	
211	Mt 4,12 → Lk 3,20	ἀκούσας δὲ ὅτι Ἰωάννης παρεδόθη ἀνεχώρησεν εἰς τὴν Γαλιλαίαν.	Mk 1,14 → Lk 3,20	μετὰ δὲ τὸ παραδοθῆναι τὸν Ἰωάννην ἦλθεν ὁ Ἰησοῦς εἰς τὴν Γαλιλαίαν ...	Lk 4,14	καὶ ὑπέστρεψεν ὁ Ἰησοῦς ἐν τῇ δυνάμει τοῦ πνεύματος εἰς τὴν Γαλιλαίαν. ...	→ Jn 4,3
002					Lk 4,23	... ὅσα ἠκούσαμεν γενόμενα εἰς τὴν Καφαρναοὺμ ποίησον καὶ ὧδε ἐν τῇ πατρίδι σου.	

002	Mt 13,58	καὶ οὐκ ἐποίησεν ἐκεῖ δυνάμεις πολλὰς διὰ τὴν ἀπιστίαν αὐτῶν.	Mk 6,6	[5] καὶ οὐκ ἐδύνατο ἐκεῖ ποιῆσαι οὐδεμίαν δύναμιν, εἰ μὴ ὀλίγοις ἀρρώστοις ἐπιθεὶς τὰς χεῖρας ἐθεράπευσεν· [6] καὶ ἐθαύμαζεν διὰ τὴν ἀπιστίαν αὐτῶν. ...	Lk 4,28 → Lk 6,11	καὶ ἐπλήσθησαν πάντες θυμοῦ ἐν τῇ συναγωγῇ **ἀκούοντες** ταῦτα	
a 002	Mt 4,18	περιπατῶν δὲ παρὰ τὴν θάλασσαν τῆς Γαλιλαίας ...	Mk 1,16	καὶ παράγων παρὰ τὴν θάλασσαν τῆς Γαλιλαίας ...	Lk 5,1 → Mt 13,1-2 → Mk 4,1	ἐγένετο δὲ ἐν τῷ τὸν ὄχλον πικεῖσθαι αὐτῷ καὶ **ἀκούειν** τὸν λόγον τοῦ θεοῦ καὶ αὐτὸς ἦν ἑστὼς παρὰ τὴν λίμνην Γεννησαρὲτ	
012			Mk 1,45	... καὶ ἤρχοντο πρὸς αὐτὸν πάντοθεν.	Lk 5,15 ↓ Lk 6,18	... καὶ συνήρχοντο ὄχλοι πολλοὶ **ἀκούειν** καὶ θεραπεύεσθαι ἀπὸ τῶν ἀσθενειῶν αὐτῶν·	
121	Mt 9,1	καὶ ἐμβὰς εἰς πλοῖον διεπέρασεν καὶ ἦλθεν εἰς τὴν ἰδίαν πόλιν.	Mk 2,1	καὶ εἰσελθὼν πάλιν εἰς Καφαρναοὺμ δι᾽ ἡμερῶν **ἠκούσθη** ὅτι ἐν οἴκῳ ἐστίν.	Lk 5,17	καὶ ἐγένετο ἐν μιᾷ τῶν ἡμερῶν καὶ αὐτὸς ἦν διδάσκων, ...	
221	Mt 9,12	ὁ δὲ **ἀκούσας** εἶπεν· οὐ χρείαν ἔχουσιν οἱ ἰσχύοντες ἰατροῦ ἀλλ᾽ οἱ κακῶς ἔχοντες.	Mk 2,17	καὶ **ἀκούσας** ὁ Ἰησοῦς λέγει αὐτοῖς [ὅτι] οὐ χρείαν ἔχουσιν οἱ ἰσχύοντες ἰατροῦ ἀλλ᾽ οἱ κακῶς ἔχοντες· ...	Lk 5,31	καὶ **ἀποκριθεὶς** ὁ Ἰησοῦς εἶπεν πρὸς αὐτούς· οὐ χρείαν ἔχουσιν οἱ ὑγιαίνοντες ἰατροῦ ἀλλὰ οἱ κακῶς ἔχοντες·	
022			Mk 3,8	... πλῆθος πολὺ **ἀκούοντες** ὅσα ἐποίει ἦλθον πρὸς αὐτόν.	Lk 6,18 ↑ Lk 5,15	οἳ ἦλθον **ἀκοῦσαι** αὐτοῦ καὶ ἰαθῆναι ἀπὸ τῶν νόσων αὐτῶν· ...	
200	Mt 5,21	**ἠκούσατε** ὅτι ἐρρέθη τοῖς ἀρχαίοις· *οὐ φονεύσεις·* ὃς δ᾽ ἂν φονεύσῃ, ἔνοχος ἔσται τῇ κρίσει. ➤ Exod 20,13/Deut 5,17					
200	Mt 5,27	**ἠκούσατε** ὅτι ἐρρέθη· *οὐ μοιχεύσεις.* ➤ Exod 20,14/Deut 5,18					
200	Mt 5,33	πάλιν **ἠκούσατε** ὅτι ἐρρέθη τοῖς ἀρχαίοις· οὐκ ἐπιορκήσεις, ἀποδώσεις δὲ τῷ κυρίῳ τοὺς ὅρκους σου. ➤ Lev 19,12; Num 30,3; Deut 23,22 LXX					
200	Mt 5,38	**ἠκούσατε** ὅτι ἐρρέθη· *ὀφθαλμὸν ἀντὶ ὀφθαλμοῦ* καὶ *ὀδόντα ἀντὶ ὀδόντος.* ➤ Exod 21,24/Lev 24,20/Deut 19,21					
200	Mt 5,43	**ἠκούσατε** ὅτι ἐρρέθη· *ἀγαπήσεις τὸν πλησίον σου* καὶ μισήσεις τὸν ἐχθρόν σου. ➤ Lev 19,18					

102	**Mt 5,44**	ἐγὼ δὲ λέγω ὑμῖν· ἀγαπᾶτε τοὺς ἐχθροὺς ὑμῶν ...			**Lk 6,27** ⇨ Lk 6,35	ἀλλὰ ὑμῖν λέγω **τοῖς ἀκούουσιν·** ἀγαπᾶτε τοὺς ἐχθροὺς ὑμῶν, ...	
a 202	**Mt 7,24**	πᾶς οὖν ὅστις **ἀκούει** μου τοὺς λόγους τούτους καὶ ποιεῖ αὐτούς, ὁμοιωθήσεται ἀνδρὶ φρονίμῳ, ...			**Lk 6,47**	πᾶς ὁ ἐρχόμενος πρός με καὶ **ἀκούων** μου τῶν λόγων καὶ ποιῶν αὐτούς, ὑποδείξω ὑμῖν τίνι ἐστὶν ὅμοιος·	
a 202	**Mt 7,26**	καὶ **πᾶς ὁ ἀκούων** μου τοὺς λόγους τούτους καὶ μὴ ποιῶν αὐτοὺς ὁμοιωθήσεται ἀνδρὶ μωρῷ, ὅστις ᾠκοδόμησεν αὐτοῦ τὴν οἰκίαν ἐπὶ τὴν ἄμμον.			**Lk 6,49**	 **ὁ δὲ ἀκούσας** καὶ μὴ ποιήσας ὅμοιός ἐστιν ἀνθρώπῳ οἰκοδομήσαντι οἰκίαν ἐπὶ τὴν γῆν χωρὶς θεμελίου, ...	
002					**Lk 7,3**	**ἀκούσας** δὲ περὶ τοῦ Ἰησοῦ ἀπέστειλεν πρὸς αὐτὸν πρεσβυτέρους τῶν Ἰουδαίων ...	→ Jn 4,47
202	**Mt 8,10**	**ἀκούσας** δὲ ὁ Ἰησοῦς ἐθαύμασεν καὶ εἶπεν τοῖς ἀκολουθοῦσιν· ἀμὴν λέγω ὑμῖν, παρ' οὐδενὶ τοσαύτην πίστιν ἐν τῷ Ἰσραὴλ εὗρον.			**Lk 7,9**	**ἀκούσας** δὲ ταῦτα ὁ Ἰησοῦς ἐθαύμασεν αὐτὸν καὶ στραφεὶς τῷ ἀκολουθοῦντι αὐτῷ ὄχλῳ εἶπεν· λέγω ὑμῖν, οὐδὲ ἐν τῷ Ἰσραὴλ τοσαύτην πίστιν εὗρον.	
221	**Mt 9,12**	 **ὁ δὲ ἀκούσας** εἶπεν· οὐ χρείαν ἔχουσιν οἱ ἰσχύοντες ἰατροῦ ἀλλ' οἱ κακῶς ἔχοντες.	**Mk 2,17**	καὶ **ἀκούσας ὁ Ἰησοῦς** λέγει αὐτοῖς [ὅτι] οὐ χρείαν ἔχουσιν οἱ ἰσχύοντες ἰατροῦ ἀλλ' οἱ κακῶς ἔχοντες· ...	**Lk 5,31**	καὶ **ἀποκριθεὶς ὁ Ἰησοῦς** εἶπεν πρὸς αὐτούς· οὐ χρείαν ἔχουσιν οἱ ὑγιαίνοντες ἰατροῦ ἀλλὰ οἱ κακῶς ἔχοντες·	
a 221	**Mt 10,14**	καὶ ὃς ἂν μὴ δέξηται ὑμᾶς **μηδὲ ἀκούσῃ** τοὺς λόγους ὑμῶν, ἐξερχόμενοι ἔξω τῆς οἰκίας ἢ τῆς πόλεως ἐκείνης ἐκτινάξατε τὸν κονιορτὸν τῶν ποδῶν ὑμῶν.	**Mk 6,11**	καὶ ὃς ἂν τόπος μὴ δέξηται ὑμᾶς **μηδὲ ἀκούσωσιν** ὑμῶν, ἐκπορευόμενοι ἐκεῖθεν ἐκτινάξατε τὸν χοῦν τὸν ὑποκάτω τῶν ποδῶν ὑμῶν εἰς μαρτύριον αὐτοῖς.	**Lk 9,5** ⇩ Lk 10,10	καὶ ὅσοι ἂν μὴ δέχωνται ὑμᾶς, ἐξερχόμενοι ἀπὸ τῆς πόλεως ἐκείνης τὸν κονιορτὸν ἀπὸ τῶν ποδῶν ὑμῶν ἀποτινάσσετε εἰς μαρτύριον ἐπ' αὐτούς.	→ Acts 13,51 → Acts 18,6
					Lk 10,10 ⇧ Lk 9,5 → Lk 10,8	εἰς ἣν δ' ἂν πόλιν εἰσέλθητε καὶ μὴ δέχωνται ὑμᾶς, ἐξελθόντες εἰς τὰς πλατείας αὐτῆς εἴπατε· [11] καὶ τὸν κονιορτὸν τὸν κολληθέντα ἡμῖν ἐκ τῆς πόλεως ὑμῶν εἰς τοὺς πόδας ἀπομασσόμεθα ὑμῖν· ...	Mk-Q overlap
201	**Mt 10,27**	ὃ λέγω ὑμῖν ἐν τῇ σκοτίᾳ εἴπατε ἐν τῷ φωτί, καὶ ὃ εἰς τὸ οὖς **ἀκούετε** κηρύξατε ἐπὶ τῶν δωμάτων.			**Lk 12,3**	ἀνθ' ὧν ὅσα ἐν τῇ σκοτίᾳ εἴπατε ἐν τῷ φωτὶ ἀκουσθήσεται, καὶ ὃ πρὸς τὸ οὖς **ἐλαλήσατε** ἐν τοῖς ταμείοις κηρυχθήσεται ἐπὶ τῶν δωμάτων.	→ GTh 33,1 **(POxy 1)**

201	**Mt 11,2**	ὁ δὲ Ἰωάννης ἀκούσας ἐν τῷ δεσμωτηρίῳ τὰ ἔργα τοῦ Χριστοῦ ...			**Lk 7,18**	καὶ ἀπήγγειλαν Ἰωάννῃ οἱ μαθηταὶ αὐτοῦ περὶ πάντων τούτων. ...	
202	**Mt 11,4**	... πορευθέντες ἀπαγγείλατε Ἰωάννῃ ἃ ἀκούετε καὶ βλέπετε·			**Lk 7,22** **(2)**	... πορευθέντες ἀπαγγείλατε Ἰωάννῃ ἃ εἴδετε καὶ ἠκούσατε·	
202	**Mt 11,5** ↓ Mt 15,31	*τυφλοὶ ἀναβλέπουσιν* καὶ χωλοὶ περιπατοῦσιν, λεπροὶ καθαρίζονται καὶ *κωφοὶ* *ἀκούουσιν,* καὶ *νεκροὶ ἐγείρονται* καὶ πτωχοὶ εὐαγγελίζονται· ➤ Isa 29,18; 35,5-6; 42,18; 26,19			→ Lk 4,18	*τυφλοὶ ἀναβλέπουσιν,* χωλοὶ περιπατοῦσιν, λεπροὶ καθαρίζονται καὶ *κωφοὶ* *ἀκούουσιν,* *νεκροὶ ἐγείρονται,* πτωχοὶ εὐαγγελίζονται· ➤ Isa 29,18; 35,5-6; 42,18; 26,19	
b 200	**Mt 11,15**	ὁ ἔχων ὦτα ἀκουέτω.					
102	**Mt 21,32**	... οἱ δὲ τελῶναι καὶ αἱ πόρναι ἐπίστευσαν αὐτῷ· ...			**Lk 7,29**	καὶ πᾶς ὁ λαὸς ἀκούσας καὶ οἱ τελῶναι ἐδικαίωσαν τὸν θεόν βαπτισθέντες τὸ βάπτισμα Ἰωάννου·	
200	**Mt 12,19**	*οὐκ ἐρίσει οὐδὲ* *κραυγάσει, οὐδὲ* *ἀκούσει* *τις ἐν ταῖς πλατείαις* *τὴν φωνὴν αὐτοῦ.* ➤ Isa 42,2					
020			**Mk 3,21**	καὶ ἀκούσαντες οἱ παρ' αὐτοῦ ἐξῆλθον κρατῆσαι αὐτόν· ἔλεγον γὰρ ὅτι ἐξέστη.			
201	**Mt 12,24** ⇨ Mt 9,34	οἱ δὲ Φαρισαῖοι ἀκούσαντες εἶπον· οὗτος οὐκ ἐκβάλλει τὰ δαιμόνια εἰ μὴ ἐν τῷ Βεελζεβοὺλ ἄρχοντι τῶν δαιμονίων.	**Mk 3,22**	καὶ οἱ γραμματεῖς οἱ ἀπὸ Ἱεροσολύμων καταβάντες ἔλεγον ὅτι Βεελζεβοὺλ ἔχει, καὶ ὅτι ἐν τῷ ἄρχοντι τῶν δαιμονίων ἐκβάλλει τὰ δαιμόνια.	**Lk 11,15** → Lk 11,18	τινὲς δὲ ἐξ αὐτῶν εἶπον· ἐν Βεελζεβοὺλ τῷ ἄρχοντι τῶν δαιμονίων ἐκβάλλει τὰ δαιμόνια·	Mk-Q overlap
202	**Mt 12,42** → Mt 12,6	βασίλισσα νότου ἐγερθήσεται ἐν τῇ κρίσει μετὰ τῆς γενεᾶς ταύτης καὶ κατακρινεῖ αὐτήν, ὅτι ἦλθεν ἐκ τῶν περάτων τῆς γῆς ἀκοῦσαι τὴν σοφίαν Σολομῶνος, καὶ ἰδοὺ πλεῖον Σολομῶνος ὧδε.			**Lk 11,31**	βασίλισσα νότου ἐγερθήσεται ἐν τῇ κρίσει μετὰ τῶν ἀνδρῶν τῆς γενεᾶς ταύτης καὶ κατακρινεῖ αὐτούς, ὅτι ἦλθεν ἐκ τῶν περάτων τῆς γῆς ἀκοῦσαι τὴν σοφίαν Σολομῶνος, καὶ ἰδοὺ πλεῖον Σολομῶνος ὧδε.	
121	**Mt 13,3**	καὶ ἐλάλησεν αὐτοῖς πολλὰ ἐν παραβολαῖς λέγων· ἰδοὺ ἐξῆλθεν ὁ σπείρων τοῦ σπείρειν.	**Mk 4,3**	[2] καὶ ἐδίδασκεν αὐτοὺς ἐν παραβολαῖς πολλὰ καὶ ἔλεγεν αὐτοῖς ἐν τῇ διδαχῇ αὐτοῦ· [3] ἀκούετε. ἰδοὺ ἐξῆλθεν ὁ σπείρων σπεῖραι.	**Lk 8,5**	[4] ... εἶπεν διὰ παραβολῆς· [5] ἐξῆλθεν ὁ σπείρων τοῦ σπεῖραι τὸν σπόρον αὐτοῦ. ...	→ GTh 9

b 122 *b* 222	**Mt 13,9**	ὁ ἔχων ὦτα ἀκουέτω.	**Mk 4,9** (2)	καὶ ἔλεγεν· ὃς ἔχει ὦτα ἀκούειν ἀκουέτω.	**Lk 8,8** (2)	... ὁ ἔχων ὦτα ἀκούειν ἀκουέτω.	→ GTh 9 → GTh 21,11
  222 221	**Mt 13,13** (2) ↓ Mt 13,14-15	... ὅτι βλέποντες οὐ βλέπουσιν καὶ ἀκούοντες οὐκ ἀκούουσιν οὐδὲ συνίουσιν· ➢ Isa 6,9	**Mk 4,12** (2) ↓ Mk 8,18	ἵνα βλέποντες βλέπωσιν καὶ μὴ ἴδωσιν, καὶ ἀκούοντες ἀκούωσιν καὶ μὴ συνιῶσιν, ... ➢ Isa 6,9	**Lk 8,10**	... ἵνα βλέποντες μὴ βλέπωσιν καὶ ἀκούοντες μὴ συνιῶσιν. ➢ Isa 6,9	→ Jn 12,40 → **Acts 28,26**
   200	**Mt 13,14** ↑ Mt 13,13 ↑ Mk 4,12 ↑ Lk 8,10	καὶ ἀναπληροῦται αὐτοῖς ἡ προφητεία Ἠσαΐου ἡ έγουσα· *ἀκοῇ* *ἀκούσετε* *καὶ οὐ μὴ συνῆτε, καὶ* *βλέποντες βλέψετε καὶ* *οὐ μὴ ἴδητε.* ➢ Isa 6,9 LXX					→ Jn 12,40 → **Acts 28,26**
   200 200	**Mt 13,15** (2) ↑ Mk 4,12	*ἐπαχύνθη γὰρ ἡ καρδία* *τοῦ λαοῦ τούτου, καὶ* *τοῖς ὠσὶν βαρέως* *ἤκουσαν* *καὶ τοὺς ὀφθαλμοὺς* *αὐτῶν ἐκάμμυσαν,* *μήποτε ἴδωσιν τοῖς* *ὀφθαλμοῖς καὶ τοῖς ὠσὶν* *ἀκούσωσιν* *καὶ τῇ καρδίᾳ συνῶσιν* *καὶ ἐπιστρέψωσιν καὶ* *ἰάσομαι αὐτούς.* ➢ Isa 6,10 LXX					→ Jn 12,40 → **Acts 28,27**
   201	**Mt 13,16**	ὑμῶν δὲ μακάριοι οἱ ὀφθαλμοὶ ὅτι βλέπουσιν καὶ τὰ ὦτα ὑμῶν ὅτι ἀκούουσιν.			**Lk 10,23**	... μακάριοι οἱ ὀφθαλμοὶ οἱ βλέποντες ἃ βλέπετε.	→ GTh 38 **(POxy 655 - restoration)**
     202 202 202	**Mt 13,17** (3)	ἀμὴν γὰρ λέγω ὑμῖν ὅτι πολλοὶ προφῆται καὶ δίκαιοι ἐπεθύμησαν ἰδεῖν ἃ βλέπετε καὶ οὐκ εἶδαν, καὶ ἀκοῦσαι ἃ ἀκούετε καὶ οὐκ ἤκουσαν.			**Lk 10,24** (3)	λέγω γὰρ ὑμῖν ὅτι πολλοὶ προφῆται καὶ βασιλεῖς ἠθέλησαν ἰδεῖν ἃ ὑμεῖς βλέπετε καὶ οὐκ εἶδαν, καὶ ἀκοῦσαι ἃ ἀκούετε καὶ οὐκ ἤκουσαν.	→ GTh 38 **(POxy 655 - restoration)**
 211	**Mt 13,18**	ὑμεῖς οὖν ἀκούσατε τὴν παραβολὴν τοῦ σπείραντος.	**Mk 4,13**	καὶ λέγει αὐτοῖς· οὐκ οἴδατε τὴν παραβολὴν ταύτην ...;	**Lk 8,11**	 ἔστιν δὲ αὕτη ἡ παραβολή· ...	
a 222	**Mt 13,19**	 παντὸς ἀκούοντος τὸν λόγον τῆς βασιλείας καὶ μὴ συνιέντος, ἔρχεται ὁ πονηρὸς καὶ ἁρπάζει τὸ ἐσπαρμένον ἐν τῇ καρδίᾳ αὐτοῦ, οὗτός ἐστιν ὁ παρὰ τὴν ὁδὸν σπαρείς.	**Mk 4,15**	οὗτοι δέ εἰσιν οἱ παρὰ τὴν ὁδόν· ὅπου σπείρεται ὁ λόγος καὶ ὅταν ἀκούσωσιν, εὐθὺς ἔρχεται ὁ σατανᾶς καὶ αἴρει τὸν λόγον τὸν ἐσπαρμένον εἰς αὐτούς.	**Lk 8,12**	 οἱ δὲ παρὰ τὴν ὁδόν εἰσιν οἱ ἀκούσαντες, εἶτα ἔρχεται ὁ διάβολος καὶ αἴρει τὸν λόγον ἀπὸ τῆς καρδίας αὐτῶν, ἵνα μὴ πιστεύσαντες σωθῶσιν.	

a 222	**Mt 13,20**	ὁ δὲ ἐπὶ τὰ πετρώδη σπαρείς, οὗτός ἐστιν ὁ τὸν λόγον **ἀκούων** καὶ εὐθὺς μετὰ χαρᾶς λαμβάνων αὐτόν	**Mk 4,16**	καὶ οὗτοί εἰσιν οἱ ἐπὶ τὰ πετρώδη σπειρόμενοι, οἳ ὅταν **ἀκούσωσιν** τὸν λόγον εὐθὺς μετὰ χαρᾶς λαμβάνουσιν αὐτόν	**Lk 8,13**	οἱ δὲ ἐπὶ τῆς πέτρας οἳ ὅταν **ἀκούσωσιν** μετὰ χαρᾶς δέχονται τὸν λόγον, ...	
a 222	**Mt 13,22**	ὁ δὲ εἰς τὰς ἀκάνθας σπαρείς, οὗτός ἐστιν ὁ τὸν λόγον **ἀκούων,** καὶ ἡ μέριμνα τοῦ αἰῶνος καὶ ἡ ἀπάτη τοῦ πλούτου συμπνίγει τὸν λόγον καὶ ἄκαρπος γίνεται.	**Mk 4,18**	καὶ ἄλλοι εἰσὶν οἱ εἰς τὰς ἀκάνθας σπειρόμενοι· οὗτοί εἰσιν οἱ τὸν λόγον **ἀκούσαντες,** [19] καὶ αἱ μέριμναι τοῦ αἰῶνος καὶ ἡ ἀπάτη τοῦ πλούτου καὶ αἱ περὶ τὰ λοιπὰ ἐπιθυμίαι εἰσπορευόμεναι συμπνίγουσιν τὸν λόγον καὶ ἄκαρπος γίνεται.	**Lk 8,14**	τὸ δὲ εἰς τὰς ἀκάνθας πεσόν, οὗτοί εἰσιν **οἱ ἀκούσαντες,** καὶ ὑπὸ μεριμνῶν καὶ πλούτου καὶ ἡδονῶν τοῦ βίου πορευόμενοι συμπνίγονται καὶ οὐ τελεσφοροῦσιν.	
a 222	**Mt 13,23**	ὁ δὲ ἐπὶ τὴν καλὴν γῆν σπαρείς, οὗτός ἐστιν ὁ τὸν λόγον **ἀκούων** καὶ συνιείς, ὃς δὴ καρποφορεῖ καὶ ποιεῖ ὃ μὲν ἑκατόν, ὃ δὲ ἑξήκοντα, ὃ δὲ τριάκοντα.	**Mk 4,20**	καὶ ἐκεῖνοί εἰσιν οἱ ἐπὶ τὴν γῆν τὴν καλὴν σπαρέντες, οἵτινες **ἀκούουσιν** τὸν λόγον καὶ παραδέχονται καὶ καρποφοροῦσιν ἓν τριάκοντα καὶ ἓν ἑξήκοντα καὶ ἓν ἑκατόν.	**Lk 8,15**	τὸ δὲ ἐν τῇ καλῇ γῇ, οὗτοί εἰσιν οἵτινες ἐν καρδίᾳ καλῇ καὶ ἀγαθῇ **ἀκούσαντες** τὸν λόγον κατέχουσιν καὶ καρποφοροῦσιν ἐν ὑπομονῇ.	
b 020 *b* 020			**Mk 4,23** **(2)**	εἴ τις ἔχει ὦτα **ἀκούειν** **ἀκουέτω.**			
022			**Mk 4,24**	καὶ ἔλεγεν αὐτοῖς· βλέπετε τί **ἀκούετε.** ...	**Lk 8,18**	 βλέπετε οὖν πῶς **ἀκούετε·** ...	
120	**Mt 13,34**	ταῦτα πάντα ἐλάλησεν ὁ Ἰησοῦς ἐν παραβολαῖς τοῖς ὄχλοις, ...	**Mk 4,33**	καὶ τοιαύταις παραβολαῖς πολλαῖς ἐλάλει αὐτοῖς τὸν λόγον, καθὼς ἠδύναντο **ἀκούειν·**			
b 200	**Mt 13,43** → Mt 25,46	τότε οἱ δίκαιοι ἐκλάμψουσιν ὡς ὁ ἥλιος ἐν τῇ βασιλείᾳ τοῦ πατρὸς αὐτῶν. ὁ ἔχων ὦτα **ἀκουέτω.**					
a 112	**Mt 12,50** → Mt 7,21	 ὅστις γὰρ ἂν ποιήσῃ τὸ θέλημα τοῦ πατρός μου τοῦ ἐν οὐρανοῖς αὐτός μου ἀδελφὸς καὶ ἀδελφὴ καὶ μήτηρ ἐστίν.	**Mk 3,35**	 ὃς [γὰρ] ἂν ποιήσῃ τὸ θέλημα τοῦ θεοῦ, οὗτος ἀδελφός μου καὶ ἀδελφὴ καὶ μήτηρ ἐστίν.	**Lk 8,21** → Lk 6,46 ↓ **Lk 11,28**	... μήτηρ μου καὶ ἀδελφοί μου οὗτοί εἰσιν οἱ τὸν λόγον τοῦ θεοῦ **ἀκούοντες** καὶ ποιοῦντες.	→ Jn 15,14 → GTh 99
121	**Mt 9,20** → Mt 14,36	καὶ ἰδοὺ γυνὴ αἱμορροοῦσα δώδεκα ἔτη προσελθοῦσα ὄπισθεν ἥψατο τοῦ κρασπέδου τοῦ ἱματίου αὐτοῦ·	**Mk 5,27** → Mk 6,56	[25] καὶ γυνὴ οὖσα ἐν ῥύσει αἵματος δώδεκα ἔτη ... **[27] ἀκούσασα** περὶ τοῦ Ἰησοῦ, ἐλθοῦσα ἐν τῷ ὄχλῳ ὄπισθεν ἥψατο τοῦ ἱματίου αὐτοῦ·	**Lk 8,44**	[43] καὶ γυνὴ οὖσα ἐν ῥύσει αἵματος ἀπὸ ἐτῶν δώδεκα, ... [44] προσελθοῦσα ὄπισθεν ἥψατο τοῦ κρασπέδου τοῦ ἱματίου αὐτοῦ ...	

012			Mk 5,36	ὁ δὲ Ἰησοῦς **παρακούσας** τὸν λόγον λαλούμενον λέγει τῷ ἀρχισυναγώγῳ· μὴ φοβοῦ, μόνον πίστευε.	Lk 8,50	ὁ δὲ Ἰησοῦς **ἀκούσας** ἀπεκρίθη αὐτῷ· μὴ φοβοῦ, μόνον πίστευσον, καὶ σωθήσεται.	
121	Mt 13,54	... ἐδίδασκεν αὐτοὺς ἐν τῇ συναγωγῇ αὐτῶν, ὥστε ἐκπλήσσεσθαι αὐτοὺς ...	Mk 6,2	καὶ γενομένου σαββάτου ἤρξατο διδάσκειν ἐν τῇ συναγωγῇ, καὶ πολλοὶ **ἀκούοντες** ἐξεπλήσσοντο ...	Lk 4,16	... καὶ εἰσῆλθεν κατὰ τὸ εἰωθὸς αὐτῷ ἐν τῇ ἡμέρᾳ τῶν σαββάτων εἰς τὴν συναγωγὴν καὶ ἀνέστη ἀναγνῶναι. ... [22] καὶ πάντες ἐμαρτύρουν αὐτῷ καὶ ἐθαύμαζον ἐπὶ τοῖς λόγοις τῆς χάριτος τοῖς ἐκπορευομένοις ἐκ τοῦ στόματος αὐτοῦ ...	
a 221	Mt 10,14	καὶ ὃς ἂν μὴ δέξηται ὑμᾶς **μηδὲ ἀκούσῃ** τοὺς λόγους ὑμῶν, ἐξερχόμενοι ἔξω τῆς οἰκίας ἢ τῆς πόλεως ἐκείνης ἐκτινάξατε τὸν κονιορτὸν τῶν ποδῶν ὑμῶν.	Mk 6,11	καὶ ὃς ἂν τόπος μὴ δέξηται ὑμᾶς **μηδὲ ἀκούσωσιν** ὑμῶν, ἐκπορευόμενοι ἐκεῖθεν ἐκτινάξατε τὸν χοῦν τὸν ὑποκάτω τῶν ποδῶν ὑμῶν εἰς μαρτύριον αὐτοῖς.	Lk 9,5 ⇩ Lk 10,10	καὶ ὅσοι ἂν μὴ δέχωνται ὑμᾶς, ἐξερχόμενοι ἀπὸ τῆς πόλεως ἐκείνης τὸν κονιορτὸν ἀπὸ τῶν ποδῶν ὑμῶν ἀποτινάσσετε εἰς μαρτύριον ἐπ᾽ αὐτούς.	→ Acts 13,51 → Acts 18,6
					Lk 10,10 ⇧ Lk 9,5 → Lk 10,8	εἰς ἣν δ᾽ ἂν πόλιν εἰσέλθητε καὶ μὴ δέχωνται ὑμᾶς, ἐξελθόντες εἰς τὰς πλατείας αὐτῆς εἴπατε· [11] καὶ τὸν κονιορτὸν τὸν κολληθέντα ἡμῖν ἐκ τῆς πόλεως ὑμῶν εἰς τοὺς πόδας ἀπομασσόμεθα ὑμῖν· ...	Mk-Q overlap
222	Mt 14,1	ἐν ἐκείνῳ τῷ καιρῷ **ἤκουσεν** Ἡρῴδης ὁ τετραάρχης τὴν ἀκοὴν Ἰησοῦ,	Mk 6,14	καὶ **ἤκουσεν** ὁ βασιλεὺς Ἡρῴδης, φανερὸν γὰρ ἐγένετο τὸ ὄνομα αὐτοῦ, καὶ ἔλεγον ὅτι Ἰωάννης ὁ βαπτίζων ἐγήγερται ἐκ νεκρῶν καὶ διὰ τοῦτο ἐνεργοῦσιν αἱ δυνάμεις ἐν αὐτῷ.	Lk 9,7	**ἤκουσεν** δὲ Ἡρῴδης ὁ τετραάρχης τὰ γινόμενα πάντα καὶ διηπόρει διὰ τὸ λέγεσθαι ὑπό τινων ὅτι Ἰωάννης ἠγέρθη ἐκ νεκρῶν	
122	Mt 14,2	καὶ εἶπεν τοῖς παισὶν αὐτοῦ· οὗτός ἐστιν Ἰωάννης ὁ βαπτιστής· αὐτὸς ἠγέρθη ἀπὸ τῶν νεκρῶν καὶ διὰ τοῦτο αἱ δυνάμεις ἐνεργοῦσιν ἐν αὐτῷ.	Mk 6,16 → Mk 6,27	**ἀκούσας** δὲ ὁ Ἡρῴδης ἔλεγεν· ὃν ἐγὼ ἀπεκεφάλισα Ἰωάννην, οὗτος ἠγέρθη.	Lk 9,9 ↓ Lk 23,8	εἶπεν δὲ Ἡρῴδης· Ἰωάννην ἐγὼ πεκεφάλισα· τίς δέ ἐστιν οὗτος περὶ οὗ **ἀκούω** τοιαῦτα; καὶ ἐζήτει ἰδεῖν αὐτόν.	
120 120	Mt 14,5	... ἐφοβήθη τὸν ὄχλον, ὅτι ὡς προφήτην αὐτὸν εἶχον.	Mk 6,20 (2)	ὁ γὰρ Ἡρῴδης ἐφοβεῖτο τὸν Ἰωάννην, εἰδὼς αὐτὸν ἄνδρα δίκαιον καὶ ἅγιον, καὶ συνετήρει αὐτόν, καὶ **ἀκούσας** αὐτοῦ πολλὰ ἠπόρει, καὶ ἡδέως αὐτοῦ **ἤκουεν.**			

120	Mt 14,12	καὶ προσελθόντες οἱ μαθηταὶ αὐτοῦ ἦραν τὸ πτῶμα καὶ ἔθαψαν αὐτό[ν] ...	Mk 6,29 ↓Mt 14,13	καὶ **ἀκούσαντες** οἱ μαθηταὶ αὐτοῦ ἦλθον καὶ ἦραν τὸ πτῶμα αὐτοῦ καὶ ἔθηκαν αὐτὸ ἐν μνημείῳ.			
211	Mt 14,13 (2) ↑Mk 6,29	**ἀκούσας** δὲ ὁ Ἰησοῦς ἀνεχώρησεν ἐκεῖθεν ἐν πλοίῳ εἰς ἔρημον τόπον κατ' ἰδίαν·	Mk 6,32	καὶ ἀπῆλθον ἐν τῷ πλοίῳ εἰς ἔρημον τόπον κατ' ἰδίαν.	Lk 9,10	... καὶ παραλαβὼν αὐτοὺς ὑπεχώρησεν κατ' ἰδίαν εἰς πόλιν καλουμένην Βηθσαϊδά.	
211		καὶ **ἀκούσαντες** οἱ ὄχλοι ἠκολούθησαν αὐτῷ πεζῇ ἀπὸ τῶν πόλεων.	Mk 6,33	καὶ εἶδον αὐτοὺς ὑπάγοντας καὶ **ἐπέγνωσαν** πολλοὶ καὶ πεζῇ ἀπὸ πασῶν τῶν πόλεων συνέδραμον ἐκεῖ καὶ προῆλθον αὐτούς.	Lk 9,11	οἱ δὲ ὄχλοι **γνόντες** ἠκολούθησαν αὐτῷ· ...	→ Jn 6,2
120	Mt 14,35	... οἱ ἄνδρες τοῦ τόπου ἐκείνου ἀπέστειλαν εἰς ὅλην τὴν περίχωρον ἐκείνην καὶ προσήνεγκαν αὐτῷ πάντας τοὺς κακῶς ἔχοντας	Mk 6,55	περιέδραμον ὅλην τὴν χώραν ἐκείνην καὶ ἤρξαντο ἐπὶ τοῖς κραβάττοις τοὺς κακῶς ἔχοντας περιφέρειν ὅπου **ἤκουον** ὅτι ἐστίν.			
220	Mt 15,10	καὶ προσκαλεσάμενος τὸν ὄχλον εἶπεν αὐτοῖς· **ἀκούετε** καὶ συνίετε·	Mk 7,14	καὶ προσκαλεσάμενος πάλιν τὸν ὄχλον ἔλεγεν αὐτοῖς· **ἀκούσατέ** μου πάντες καὶ σύνετε.			
a 200	Mt 15,12 →Mk 7,17	τότε προσελθόντες οἱ μαθηταὶ λέγουσιν αὐτῷ· οἶδας ὅτι οἱ Φαρισαῖοι **ἀκούσαντες** τὸν λόγον ἐσκανδαλίσθησαν;					
120	Mt 15,22 →Mk 7,26	καὶ ἰδοὺ γυνὴ Χαναναία ἀπὸ τῶν ὁρίων ἐκείνων ἐξελθοῦσα ἔκραζεν λέγουσα· ἐλέησόν με, κύριε υἱὸς Δαυίδ· ἡ θυγάτηρ μου κακῶς δαιμονίζεται.	Mk 7,25	ἀλλ' εὐθὺς **ἀκούσασα** γυνὴ περὶ αὐτοῦ, ἧς εἶχεν τὸ θυγάτριον αὐτῆς πνεῦμα ἀκάθαρτον, ...			
120	Mt 15,31 ↑Mt 11,5	ὥστε τὸν ὄχλον θαυμάσαι βλέποντας κωφοὺς λαλοῦντας, κυλλοὺς ὑγιεῖς, καὶ χωλοὺς περιπατοῦντας καὶ τυφλοὺς βλέποντας· καὶ ἐδόξασαν τὸν θεὸν Ἰσραήλ.	Mk 7,37	καὶ ὑπερπερισσῶς ἐξεπλήσσοντο λέγοντες· καλῶς πάντα πεποίηκεν, καὶ τοὺς κωφοὺς ποιεῖ **ἀκούειν** καὶ [τοὺς] ἀλάλους λαλεῖν.			
120	Mt 16,9	οὔπω νοεῖτε, οὐδὲ μνημονεύετε ...	Mk 8,18 ↑Mk 4,12	[17] ... οὔπω νοεῖτε οὐδὲ συνίετε; ... [18] *ὀφθαλμοὺς ἔχοντες οὐ βλέπετε καὶ ὦτα ἔχοντες* ***οὐκ ἀκούετε;*** καὶ οὐ μνημονεύετε ➤ Jer 5,21			

222	**Mt 17,5** → Mt 3,17	... οὗτός ἐστιν ὁ υἱός μου ὁ ἀγαπητός, ἐν ᾧ εὐδόκησα· **ἀκούετε** αὐτοῦ.	**Mk 9,7** → Mk 1,11	... οὗτός ἐστιν ὁ υἱός μου ὁ ἀγαπητός, **ἀκούετε** αὐτοῦ.	**Lk 9,35** → Lk 3,22	... οὗτός ἐστιν ὁ υἱός μου ὁ ἐκλελεγμένος, αὐτοῦ **ἀκούετε.**	→ Jn 12,28
200	**Mt 17,6** → Mk 9,6	καὶ **ἀκούσαντες** οἱ μαθηταὶ ἔπεσαν ἐπὶ πρόσωπον αὐτῶν καὶ ἐφοβήθησαν σφόδρα.					
201	**Mt 18,15** → Mt 18,21-22	ἐὰν δὲ ἁμαρτήσῃ [εἰς σὲ] ὁ ἀδελφός σου, ὕπαγε ἔλεγξον αὐτὸν μεταξὺ σοῦ καὶ αὐτοῦ μόνου. ἐάν σου **ἀκούσῃ,** ἐκέρδησας τὸν ἀδελφόν σου·			**Lk 17,3** → Lk 17,4	προσέχετε ἑαυτοῖς. ἐὰν ἁμάρτῃ ὁ ἀδελφός σου ἐπιτίμησον αὐτῷ, καὶ ἐὰν **μετανοήσῃ** ἄφες αὐτῷ.	
200	**Mt 18,16**	ἐὰν δὲ **μὴ ἀκούσῃ,** παράλαβε μετὰ σοῦ ἔτι ἕνα ἢ δύο, ...					
102 102	**Mt 10,40** ⇨ Mt 18,5 → Mt 10,41	ὁ **δεχόμενος** ὑμᾶς ἐμὲ **δέχεται,** ...	**Mk 9,37**	ὃς ἂν ἓν τῶν τοιούτων παιδίων **δέξηται** ἐπὶ τῷ ὀνόματί μου, ἐμὲ **δέχεται·** ...	**Lk 10,16** (2) ⇨ Lk 9,48	ὁ **ἀκούων** ὑμῶν ἐμοῦ **ἀκούει,** καὶ ὁ ἀθετῶν ὑμᾶς ἐμὲ ἀθετεῖ· ...	→ Jn 13,20 → Jn 5,23 → Jn 12,44-45
202 202 202	**Mt 13,17** (3)	ἀμὴν γὰρ λέγω ὑμῖν ὅτι πολλοὶ προφῆται καὶ δίκαιοι ἐπεθύμησαν ἰδεῖν ἃ βλέπετε καὶ οὐκ εἶδαν, καὶ **ἀκοῦσαι** ἃ **ἀκούετε** καὶ **οὐκ ἤκουσαν.**			**Lk 10,24** (3)	λέγω γὰρ ὑμῖν ὅτι πολλοὶ προφῆται καὶ βασιλεῖς ἠθέλησαν ἰδεῖν ἃ ὑμεῖς βλέπετε καὶ οὐκ εἶδαν, καὶ **ἀκοῦσαι** ἃ **ἀκούετε** καὶ **οὐκ ἤκουσαν.**	→ GTh 38 **(POxy 655 - restoration)**
a 002					**Lk 10,39**	καὶ τῇδε ἦν ἀδελφὴ καλουμένη Μαριάμ, [ἣ] καὶ παρακαθεσθεῖσα πρὸς τοὺς πόδας τοῦ κυρίου **ἤκουεν** τὸν λόγον αὐτοῦ.	
a 002					**Lk 11,28** → Mt 12,50 → Mk 3,35 ↑ **Lk 8,21** → Lk 1,45	αὐτὸς δὲ εἶπεν· μενοῦν μακάριοι οἱ **ἀκούοντες** τὸν λόγον τοῦ θεοῦ καὶ φυλάσσοντες.	→ GTh 79
202	**Mt 12,42** → Mt 12,6	βασίλισσα νότου ἐγερθήσεται ἐν τῇ κρίσει μετὰ τῆς γενεᾶς ταύτης καὶ κατακρινεῖ αὐτήν, ὅτι ἦλθεν ἐκ τῶν περάτων τῆς γῆς **ἀκοῦσαι** τὴν σοφίαν Σολομῶνος, καὶ ἰδοὺ πλεῖον Σολομῶνος ὧδε.			**Lk 11,31**	βασίλισσα νότου ἐγερθήσεται ἐν τῇ κρίσει μετὰ τῶν ἀνδρῶν τῆς γενεᾶς ταύτης καὶ κατακρινεῖ αὐτούς, ὅτι ἦλθεν ἐκ τῶν περάτων τῆς γῆς **ἀκοῦσαι** τὴν σοφίαν Σολομῶνος, καὶ ἰδοὺ πλεῖον Σολομῶνος ὧδε.	

102	**Mt 10,27**	ὃ λέγω ὑμῖν ἐν τῇ σκοτίᾳ εἴπατε ἐν τῷ φωτί, καὶ ὃ εἰς τὸ οὖς ἀκούετε κηρύξατε ἐπὶ τῶν δωμάτων.			**Lk 12,3**	ἀνθ' ὧν ὅσα ἐν τῇ σκοτίᾳ εἴπατε ἐν τῷ φωτὶ **ἀκουσθήσεται,** καὶ ὃ πρὸς τὸ οὖς ἐλαλήσατε ἐν τοῖς ταμείοις κηρυχθήσεται ἐπὶ τῶν δωμάτων.	→ GTh 33,1 **(POxy 1)**
002					**Lk 14,15** → Lk 22,30	**ἀκούσας** δέ τις τῶν συνανακειμένων ταῦτα εἶπεν αὐτῷ· μακάριος ὅστις φάγεται ἄρτον ἐν τῇ βασιλείᾳ τοῦ θεοῦ.	
b 102 *b* 102	**Mt 5,13**	ὑμεῖς ἐστε τὸ ἅλας τῆς γῆς· ἐὰν δὲ τὸ ἅλας μωρανθῇ, ἐν τίνι ἁλισθήσεται; εἰς οὐδὲν ἰσχύει ἔτι εἰ μὴ βληθὲν ἔξω καταπατεῖσθαι ὑπὸ τῶν ἀνθρώπων.	**Mk 9,50**	καλὸν τὸ ἅλας· ἐὰν δὲ τὸ ἅλας ἄναλον γένηται, ἐν τίνι αὐτὸ ἀρτύσετε; ...	**Lk 14,35** **(2)**	[34] καλὸν οὖν τὸ ἅλας· ἐὰν δὲ καὶ τὸ ἅλας μωρανθῇ, ἐν τίνι ἀρτυθήσεται; [35] οὔτε εἰς γῆν οὔτε εἰς κοπρίαν εὔθετόν ἐστιν, ἔξω βάλλουσιν αὐτό. ὁ ἔχων ὦτα **ἀκούειν** **ἀκουέτω.**	Mk-Q overlap
002					**Lk 15,1** → Lk 5,29	ἦσαν δὲ αὐτῷ ἐγγίζοντες πάντες οἱ τελῶναι καὶ οἱ ἁμαρτωλοὶ **ἀκούειν** αὐτοῦ.	
002					**Lk 15,25**	ἦν δὲ ὁ υἱὸς αὐτοῦ ὁ πρεσβύτερος ἐν ἀγρῷ· καὶ ὡς ἐρχόμενος ἤγγισεν τῇ οἰκίᾳ, **ἤκουσεν** συμφωνίας καὶ χορῶν	
002					**Lk 16,2**	... τί τοῦτο **ἀκούω** περὶ σοῦ; ἀπόδος τὸν λόγον τῆς οἰκονομίας σου, ...	
002					**Lk 16,14**	**ἤκουον** δὲ ταῦτα πάντα οἱ Φαρισαῖοι φιλάργυροι ὑπάρχοντες καὶ ἐξεμυκτήριζον αὐτόν.	
002					**Lk 16,29**	... ἔχουσι Μωϋσέα καὶ τοὺς προφήτας· **ἀκουσάτωσαν** αὐτῶν.	
002					**Lk 16,31**	... εἰ Μωϋσέως καὶ τῶν προφητῶν **οὐκ ἀκούουσιν,** οὐδ' ἐάν τις ἐκ νεκρῶν ἀναστῇ πεισθήσονται.	
002					**Lk 18,6**	εἶπεν δὲ ὁ κύριος· **ἀκούσατε** τί ὁ κριτὴς τῆς ἀδικίας λέγει·	
112	**Mt 19,21**	 ἔφη αὐτῷ ὁ Ἰησοῦς· εἰ θέλεις τέλειος εἶναι, ...	**Mk 10,21**	 ὁ δὲ Ἰησοῦς ἐμβλέψας αὐτῷ ἠγάπησεν αὐτὸν καὶ εἶπεν αὐτῷ· ἕν σε ὑστερεῖ· ...	**Lk 18,22**	**ἀκούσας** δὲ ὁ Ἰησοῦς εἶπεν αὐτῷ· ἔτι ἕν σοι λείπει· ...	

a 212	Mt 19,22	**ἀκούσας** δὲ ὁ νεανίσκος τὸν λόγον ἀπῆλθεν λυπούμενος· ἦν γὰρ ἔχων κτήματα πολλά.	Mk 10,22	ὁ δὲ **στυγνάσας** ἐπὶ τῷ λόγῳ ἀπῆλθεν λυπούμενος· ἦν γὰρ ἔχων κτήματα πολλά.	Lk 18,23	ὁ δὲ **ἀκούσας** ταῦτα περίλυπος ἐγενήθη· ἦν γὰρ πλούσιος σφόδρα.	
212	Mt 19,25	**ἀκούσαντες** δὲ οἱ μαθηταὶ ἐξεπλήσσοντο σφόδρα λέγοντες· τίς ἄρα δύναται σωθῆναι;	Mk 10,26	οἱ δὲ περισσῶς ἐξεπλήσσοντο λέγοντες πρὸς ἑαυτούς· καὶ τίς δύναται σωθῆναι;	Lk 18,26	εἶπαν δὲ οἱ **ἀκούσαντες**· καὶ τίς δύναται σωθῆναι;	
220	Mt 20,24	καὶ **ἀκούσαντες** οἱ δέκα ἠγανάκτησαν περὶ τῶν δύο ἀδελφῶν.	Mk 10,41	καὶ **ἀκούσαντες** οἱ δέκα ἤρξαντο ἀγανακτεῖν περὶ Ἰακώβου καὶ Ἰωάννου.			
222	Mt 20,30 ⇨ Mt 9,27	καὶ ἰδοὺ δύο τυφλοὶ καθήμενοι παρὰ τὴν ὁδόν **ἀκούσαντες** ὅτι Ἰησοῦς παράγει, ἔκραξαν λέγοντες· ἐλέησον ἡμᾶς, [κύριε,] υἱὸς Δαυίδ.	Mk 10,47	καὶ **ἀκούσας** ὅτι Ἰησοῦς ὁ Ναζαρηνός ἐστιν ἤρξατο κράζειν καὶ λέγειν· υἱὲ Δαυὶδ Ἰησοῦ, ἐλέησόν με.	Lk 18,36	**ἀκούσας** δὲ ὄχλου διαπορευομένου ἐπυνθάνετο τί εἴη τοῦτο. [37] ἀπήγγειλαν δὲ αὐτῷ ὅτι Ἰησοῦς ὁ Ναζωραῖος παρέρχεται. [38] καὶ ἐβόησεν λέγων· Ἰησοῦ υἱὲ Δαυίδ, ἐλέησόν με.	
002					Lk 19,11	**ἀκουόντων** δὲ αὐτῶν ταῦτα προσθεὶς εἶπεν παραβολὴν διὰ τὸ ἐγγὺς εἶναι Ἰερουσαλὴμ αὐτὸν ...	
120	Mt 21,19 → Mk 11,20	... μηκέτι ἐκ σοῦ καρπὸς γένηται εἰς τὸν αἰῶνα. καὶ ἐξηράνθη παραχρῆμα ἡ συκῆ.	Mk 11,14	... μηκέτι εἰς τὸν αἰῶνα ἐκ σοῦ μηδεὶς καρπὸν φάγοι. καὶ **ἤκουον** οἱ μαθηταὶ αὐτοῦ.			
200	Mt 21,16 → Lk 19,39	καὶ εἶπαν αὐτῷ· **ἀκούεις** τί οὗτοι λέγουσιν; ...					
021			Mk 11,18 ↓ Mt 21,45	καὶ **ἤκουσαν** οἱ ἀρχιερεῖς καὶ οἱ γραμματεῖς καὶ ἐζήτουν πῶς αὐτὸν ἀπολέσωσιν·	Lk 19,47	... οἱ δὲ ἀρχιερεῖς καὶ οἱ γραμματεῖς ἐζήτουν αὐτὸν ἀπολέσαι καὶ οἱ πρῶτοι τοῦ λαοῦ,	
112	Mt 22,33 → Mt 7,28 → Lk 4,32	καὶ ἀκούσαντες οἱ ὄχλοι ἐξεπλήσσοντο **ἐπὶ τῇ διδαχῇ αὐτοῦ.**	→ Mk 1,22 → Lk 4,32	ἐφοβοῦντο γὰρ αὐτόν, πᾶς γὰρ ὁ ὄχλος ἐξεπλήσσετο **ἐπὶ τῇ διδαχῇ αὐτοῦ.**	Lk 19,48 ↓ Lk 21,38	καὶ οὐχ εὕρισκον τὸ τί ποιήσωσιν, ὁ λαὸς γὰρ ἅπας ἐξεκρέματο **αὐτοῦ ἀκούων.**	
211	Mt 21,33	ἄλλην παραβολὴν **ἀκούσατε.** ἄνθρωπος ἦν οἰκοδεσπότης ὅστις ἐφύτευσεν ἀμπελῶνα ...	Mk 12,1	καὶ ἤρξατο αὐτοῖς ἐν παραβολαῖς λαλεῖν· ἀμπελῶνα ἄνθρωπος ἐφύτευσεν ...	Lk 20,9	ἤρξατο δὲ πρὸς τὸν λαὸν λέγειν τὴν παραβολὴν ταύτην· ἄνθρωπός [τις] ἐφύτευσεν ἀμπελῶνα ...	→ GTh 21 → GTh 65

112	**Mt 21,41** → Mt 21,43	... κακοὺς κακῶς ἀπολέσει αὐτοὺς καὶ τὸν ἀμπελῶνα ἐκδώσεται ἄλλοις γεωργοῖς, οἵτινες ἀποδώσουσιν αὐτῷ τοὺς καρποὺς ἐν τοῖς καιροῖς αὐτῶν.	**Mk 12,9**	... ἐλεύσεται καὶ ἀπολέσει τοὺς γεωργοὺς καὶ δώσει τὸν ἀμπελῶνα ἄλλοις.	**Lk 20,16**	ἐλεύσεται καὶ ἀπολέσει τοὺς γεωργοὺς τούτους καὶ δώσει τὸν ἀμπελῶνα ἄλλοις. **ἀκούσαντες** δὲ εἶπαν· μὴ γένοιτο.	→ GTh 21 → GTh 65
211	**Mt 21,45** ↑ Mk 11,18	καὶ **ἀκούσαντες** οἱ ἀρχιερεῖς καὶ οἱ Φαρισαῖοι τὰς παραβολὰς αὐτοῦ ἔγνωσαν ὅτι περὶ αὐτῶν λέγει· [46] καὶ ζητοῦντες αὐτὸν κρατῆσαι ἐφοβήθησαν τοὺς ὄχλους, ἐπεὶ εἰς προφήτην αὐτὸν εἶχον.	**Mk 12,12** ↓ Mt 22,22	καὶ ἐζήτουν αὐτὸν κρατῆσαι, καὶ ἐφοβήθησαν τὸν ὄχλον, ἔγνωσαν γὰρ ὅτι πρὸς αὐτοὺς τὴν παραβολὴν εἶπεν. καὶ ἀφέντες αὐτὸν ἀπῆλθον.	**Lk 20,19**	καὶ ἐζήτησαν οἱ γραμματεῖς καὶ οἱ ἀρχιερεῖς ἐπιβαλεῖν ἐπ᾽ αὐτὸν τὰς χεῖρας ἐν αὐτῇ τῇ ὥρᾳ, καὶ ἐφοβήθησαν τὸν λαόν, ἔγνωσαν γὰρ ὅτι πρὸς αὐτοὺς εἶπεν τὴν παραβολὴν ταύτην.	
211	**Mt 22,22** ↑ Mk 12,12	καὶ **ἀκούσαντες** ἐθαύμασαν, καὶ ἀφέντες αὐτὸν ἀπῆλθαν.	**Mk 12,17**	... καὶ ἐξεθαύμαζον ἐπ᾽ αὐτῷ.	**Lk 20,26**	... καὶ θαυμάσαντες ἐπὶ τῇ ἀποκρίσει αὐτοῦ ἐσίγησαν.	
211	**Mt 22,33** → Mt 7,28 → Lk 4,32	καὶ **ἀκούσαντες** οἱ ὄχλοι ἐξεπλήσσοντο ἐπὶ τῇ διδαχῇ αὐτοῦ.	**Mk 11,18** → Mk 1,22 → Lk 4,32	... ἐφοβοῦντο γὰρ αὐτόν, πᾶς γὰρ ὁ ὄχλος ἐξεπλήσσετο ἐπὶ τῇ διδαχῇ αὐτοῦ.	**Lk 19,48**	καὶ οὐχ εὕρισκον τὸ τί ποιήσωσιν, ὁ λαὸς γὰρ ἅπας ἐξεκρέματο αὐτοῦ ἀκούων.	
221	**Mt 22,34**	οἱ δὲ Φαρισαῖοι **ἀκούσαντες** ὅτι ἐφίμωσεν τοὺς Σαδδουκαίους συνήχθησαν ἐπὶ τὸ αὐτό, [35] καὶ ἐπηρώτησεν εἷς ἐξ αὐτῶν [νομικὸς] πειράζων αὐτόν·	**Mk 12,28** → Lk 20,39	καὶ προσελθὼν εἷς τῶν γραμματέων **ἀκούσας** αὐτῶν συζητούντων, ἰδὼν ὅτι καλῶς ἀπεκρίθη αὐτοῖς ἐπηρώτησεν αὐτόν· ...	**Lk 10,25**	 καὶ ἰδοὺ νομικός τις ἀνέστη ἐκπειράζων αὐτὸν λέγων· ...	
121	**Mt 22,37**	ὁ δὲ ἔφη αὐτῷ· *ἀγαπήσεις* *κύριον τὸν θεόν σου* ... ➢ Deut 6,5	**Mk 12,29**	ἀπεκρίθη ὁ Ἰησοῦς ὅτι πρώτη ἐστίν· ***ἄκουε,*** *Ἰσραήλ, κύριος ὁ θεὸς* *ἡμῶν κύριος εἷς ἐστιν,* [30] *καὶ ἀγαπήσεις* *κύριον τὸν θεόν σου* ... ➢ Deut 6,4-5	**Lk 10,26**	ὁ δὲ εἶπεν πρὸς αὐτόν· ἐν τῷ νόμῳ τί γέγραπται; πῶς ἀναγινώσκεις; [27] ὁ δὲ ἀποκριθεὶς εἶπεν· *ἀγαπήσεις* *κύριον τὸν θεόν σου* ... ➢ Deut 6,5	
122	**Mt 23,1**	τότε ὁ Ἰησοῦς ἐλάλησεν τοῖς ὄχλοις καὶ τοῖς μαθηταῖς αὐτοῦ [2] λέγων· ...	**Mk 12,37**	... καὶ [ὁ] πολὺς ὄχλος **ἤκουεν** αὐτοῦ ἡδέως. [38] καὶ ἐν τῇ διδαχῇ αὐτοῦ ἔλεγεν· ...	**Lk 20,45**	 **ἀκούοντος** δὲ παντὸς τοῦ λαοῦ εἶπεν τοῖς μαθηταῖς [αὐτοῦ]	
222	**Mt 24,6**	μελλήσετε δὲ **ἀκούειν** πολέμους καὶ ἀκοὰς πολέμων· ὁρᾶτε μὴ θροεῖσθε· ...	**Mk 13,7**	ὅταν δὲ **ἀκούσητε** πολέμους καὶ ἀκοὰς πολέμων, μὴ θροεῖσθε· ...	**Lk 21,9**	ὅταν δὲ **ἀκούσητε** πολέμους καὶ ἀκαταστασίας, μὴ πτοηθῆτε· ...	
002					**Lk 21,38** ↑ Lk 19,47 ↑ Lk 19,48	καὶ πᾶς ὁ λαὸς ὤρθριζεν πρὸς αὐτὸν ἐν τῷ ἱερῷ **ἀκούειν** αὐτοῦ.	→ [[Jn 8,2]]

121	**Mt 26,15**	... οἱ δὲ ἔστησαν αὐτῷ τριάκοντα ἀργύρια.	**Mk 14,11**	οἱ δὲ **ἀκούσαντες** ἐχάρησαν καὶ ἐπηγγείλαντο αὐτῷ ἀργύριον δοῦναι. ...	**Lk 22,5**	καὶ ἐχάρησαν καὶ συνέθεντο αὐτῷ ἀργύριον δοῦναι.	
120	**Mt 26,61** → Mt 27,40	εἶπαν· οὗτος ἔφη· δύναμαι καταλῦσαι τὸν ναὸν τοῦ θεοῦ καὶ διὰ τριῶν ἡμερῶν οἰκοδομῆσαι.	**Mk 14,58** → Mk 15,29	ὅτι ἡμεῖς **ἠκούσαμεν** αὐτοῦ λέγοντος ὅτι ἐγὼ καταλύσω τὸν ναὸν τοῦτον τὸν χειροποίητον καὶ διὰ τριῶν ἡμερῶν ἄλλον ἀχειροποίητον οἰκοδομήσω.			→ Jn 2,19 → **Acts 6,14** → GTh 71
222	**Mt 26,65**	... ἴδε νῦν **ἠκούσατε** τὴν βλασφημίαν·	**Mk 14,64**	**ἠκούσατε** τῆς βλασφημίας· ...	**Lk 22,71**	... αὐτοὶ γὰρ **ἠκούσαμεν** ἀπὸ τοῦ στόματος αὐτοῦ.	
210	**Mt 27,13**	[12] καὶ ἐν τῷ κατηγορεῖσθαι αὐτὸν ὑπὸ τῶν ἀρχιερέων καὶ πρεσβυτέρων οὐδὲν ἀπεκρίνατο. [13] τότε λέγει αὐτῷ ὁ Πιλᾶτος· οὐκ **ἀκούεις** πόσα σου καταμαρτυροῦσιν;	**Mk 15,4**	[3] καὶ κατηγόρουν αὐτοῦ οἱ ἀρχιερεῖς πολλά. [4] ὁ δὲ Πιλᾶτος πάλιν ἐπηρώτα αὐτὸν λέγων· οὐκ ἀποκρίνῃ οὐδέν; ἴδε πόσα σου κατηγοροῦσιν.	**Lk 23,9**	[2] ἤρξαντο δὲ κατηγορεῖν αὐτοῦ ... [8] ὁ δὲ Ἡρῴδης ... [9] ἐπηρώτα δὲ αὐτὸν ἐν λόγοις ἱκανοῖς, αὐτὸς δὲ οὐδὲν ἀπεκρίνατο αὐτῷ. [10] εἱστήκεισαν δὲ οἱ ἀρχιερεῖς καὶ οἱ γραμματεῖς εὐτόνως κατηγοροῦντες αὐτοῦ.	→ Jn 19,9-10
002					**Lk 23,6**	Πιλᾶτος δὲ **ἀκούσας** ἐπηρώτησεν εἰ ὁ ἄνθρωπος Γαλιλαῖός ἐστιν	
002					**Lk 23,8** ↑ Lk 9,9	ὁ δὲ Ἡρῴδης ἰδὼν τὸν Ἰησοῦν ἐχάρη λίαν, ἦν γὰρ ἐξ ἱκανῶν χρόνων θέλων ἰδεῖν αὐτὸν διὰ τὸ **ἀκούειν** περὶ αὐτοῦ, ...	
220	**Mt 27,47**	τινὲς δὲ τῶν ἐκεῖ ἑστηκότων **ἀκούσαντες** ἔλεγον ὅτι Ἠλίαν φωνεῖ οὗτος.	**Mk 15,35**	καί τινες τῶν παρεστηκότων **ἀκούσαντες** ἔλεγον· ἴδε Ἠλίαν φωνεῖ.			
200	**Mt 28,14**	καὶ ἐὰν **ἀκουσθῇ** τοῦτο ἐπὶ τοῦ ἡγεμόνος, ἡμεῖς πείσομεν [αὐτὸν] καὶ ὑμᾶς ἀμερίμνους ποιήσομεν.					

Acts 1,4 ... ἀπὸ Ἱεροσολύμων μὴ χωρίζεσθαι ἀλλὰ περιμένειν τὴν ἐπαγγελίαν τοῦ πατρὸς ἣν **ἠκούσατέ** μου

Acts 2,6 γενομένης δὲ τῆς φωνῆς ταύτης συνῆλθεν τὸ πλῆθος καὶ συνεχύθη, ὅτι **ἤκουον** εἷς ἕκαστος τῇ ἰδίᾳ διαλέκτῳ λαλούντων αὐτῶν.

Acts 2,8 καὶ πῶς ἡμεῖς **ἀκούομεν** ἕκαστος τῇ ἰδίᾳ διαλέκτῳ ἡμῶν ἐν ᾗ ἐγεννήθημεν;

Acts 2,11 Ἰουδαῖοί τε καὶ προσήλυτοι, Κρῆτες καὶ Ἄραβες, **ἀκούομεν** λαλούντων αὐτῶν ταῖς ἡμετέραις γλώσσαις τὰ μεγαλεῖα τοῦ θεοῦ.

a **Acts 2,22** ἄνδρες Ἰσραηλῖται, **ἀκούσατε** τοὺς λόγους τούτους· ...

Acts 2,33 (→ Lk 24,49; → Acts 1,8) τῇ δεξιᾷ οὖν τοῦ θεοῦ ὑψωθείς, τήν τε ἐπαγγελίαν τοῦ πνεύματος τοῦ ἁγίου λαβὼν παρὰ τοῦ πατρός, ἐξέχεεν τοῦτο ὃ ὑμεῖς [καὶ] βλέπετε καὶ **ἀκούετε.**

Acts 2,37 **ἀκούσαντες** δὲ κατενύγησαν τὴν καρδίαν εἶπόν τε πρὸς τὸν Πέτρον καὶ τοὺς λοιποὺς ἀποστόλους· τί ποιήσωμεν, ἄνδρες ἀδελφοί;

Acts 3,22 Μωϋσῆς μὲν εἶπεν ὅτι
προφήτην ὑμῖν
ἀναστήσει κύριος ὁ θεὸς
ὑμῶν ἐκ τῶν ἀδελφῶν
ὑμῶν ὡς ἐμέ· αὐτοῦ
ἀκούσεσθε
κατὰ πάντα ὅσα ἂν
λαλήσῃ πρὸς ὑμᾶς.
➤ Deut 18,15-20

Acts 3,23 *ἔσται δὲ πᾶσα ψυχὴ ἥτις*
ἐὰν
μὴ ἀκούσῃ
τοῦ προφήτου ἐκείνου
ἐξολεθρευθήσεται
ἐκ τοῦ λαοῦ.
➤ Lev 23,29

a **Acts 4,4** πολλοὶ δὲ
τῶν ἀκουσάντων
τὸν λόγον ἐπίστευσαν ...

Acts 4,19 ὁ δὲ Πέτρος καὶ Ἰωάννης
ἀποκριθέντες εἶπον πρὸς
αὐτούς· εἰ δίκαιόν ἐστιν
ἐνώπιον τοῦ θεοῦ ὑμῶν
ἀκούειν
μᾶλλον ἢ τοῦ θεοῦ,
κρίνατε·

Acts 4,20 οὐ δυνάμεθα γὰρ ἡμεῖς
ἃ εἴδαμεν καὶ
ἠκούσαμεν
μὴ λαλεῖν.

Acts 4,24 **οἱ δὲ ἀκούσαντες**
ὁμοθυμαδὸν ἦραν φωνὴν
πρὸς τὸν θεὸν καὶ εἶπαν·
...

a **Acts 5,5** **ἀκούων**
(2) δὲ ὁ Ἁνανίας τοὺς
λόγους τούτους πεσὼν
ἐξέψυξεν,

καὶ ἐγένετο φόβος μέγας
ἐπὶ πάντας τοὺς
ἀκούοντας.

Acts 5,11 καὶ ἐγένετο φόβος μέγας
ἐφ᾽ ὅλην τὴν ἐκκλησίαν
καὶ
ἐπὶ πάντας τοὺς
ἀκούοντας
ταῦτα.

Acts 5,21 **ἀκούσαντες**
δὲ εἰσῆλθον ὑπὸ τὸν
ὄρθρον εἰς τὸ ἱερὸν καὶ
ἐδίδασκον. ...

a **Acts 5,24** ὡς δὲ
ἤκουσαν
τοὺς λόγους τούτους ὅ τε
στρατηγὸς τοῦ ἱεροῦ καὶ
οἱ ἀρχιερεῖς, διηπόρουν
περὶ αὐτῶν τί ἂν γένοιτο
τοῦτο.

Acts 5,33 **οἱ δὲ ἀκούσαντες**
διεπρίοντο καὶ ἐβούλοντο
ἀνελεῖν αὐτούς.

Acts 6,11 τότε ὑπέβαλον ἄνδρας
λέγοντας ὅτι
ἀκηκόαμεν
αὐτοῦ λαλοῦντος ῥήματα
βλάσφημα εἰς Μωϋσῆν
καὶ τὸν θεόν.

Acts 6,14 **ἀκηκόαμεν**
→ Mt 26,61 γὰρ αὐτοῦ λέγοντος ὅτι
→ **Mk 14,58** Ἰησοῦς ὁ Ναζωραῖος
οὗτος καταλύσει τὸν
τόπον τοῦτον ...

Acts 7,2 ὁ δὲ ἔφη· ἄνδρες ἀδελφοὶ
καὶ πατέρες,
ἀκούσατε.
ὁ θεὸς τῆς δόξης ὤφθη τῷ
πατρὶ ἡμῶν Ἀβραὰμ ...

Acts 7,12 **ἀκούσας**
δὲ Ἰακὼβ ὄντα σιτία εἰς
Αἴγυπτον ἐξαπέστειλεν
τοὺς πατέρας ἡμῶν
πρῶτον.

Acts 7,34 *ἰδὼν εἶδον τὴν κάκωσιν*
τοῦ λαοῦ μου τοῦ ἐν
Αἰγύπτῳ καὶ τοῦ
στεναγμοῦ αὐτῶν
ἤκουσα,
καὶ κατέβην ἐξελέσθαι
αὐτούς· ...
➤ Exod 3,7-8

Acts 7,54 **ἀκούοντες**
δὲ ταῦτα διεπρίοντο ταῖς
καρδίαις αὐτῶν ...

Acts 8,6 προσεῖχον δὲ οἱ ὄχλοι
τοῖς λεγομένοις ὑπὸ τοῦ
Φιλίππου ὁμοθυμαδὸν
ἐν τῷ ἀκούειν
αὐτοὺς καὶ βλέπειν
τὰ σημεῖα ἃ ἐποίει.

a **Acts 8,14** **ἀκούσαντες**
δὲ οἱ ἐν Ἱεροσολύμοις
ἀπόστολοι ὅτι δέδεκται
ἡ Σαμάρεια τὸν λόγον
τοῦ θεοῦ, ...

Acts 8,30 προσδραμὼν δὲ
ὁ Φίλιππος
ἤκουσεν
αὐτοῦ ἀναγινώσκοντος
Ἠσαΐαν τὸν προφήτην ...

Acts 9,4 καὶ πεσὼν ἐπὶ τὴν γῆν
ἤκουσεν
φωνὴν λέγουσαν αὐτῷ· ...

Acts 9,7 οἱ δὲ ἄνδρες οἱ
συνοδεύοντες αὐτῷ
εἱστήκεισαν ἐνεοί,
ἀκούοντες
μὲν τῆς φωνῆς μηδένα δὲ
θεωροῦντες.

Acts 9,13 ... κύριε,
ἤκουσα
ἀπὸ πολλῶν περὶ τοῦ
ἀνδρὸς τούτου ὅσα κακὰ
τοῖς ἁγίοις σου ἐποίησεν
ἐν Ἰερουσαλήμ·

Acts 9,21 ἐξίσταντο δὲ πάντες
οἱ ἀκούοντες
καὶ ἔλεγον· οὐχ οὗτός
ἐστιν ὁ πορθήσας εἰς
Ἰερουσαλὴμ τοὺς
ἐπικαλουμένους
τὸ ὄνομα τοῦτο, ...

Acts 9,38 ... οἱ μαθηταὶ
ἀκούσαντες
ὅτι Πέτρος ἐστὶν ἐν αὐτῇ
ἀπέστειλαν δύο ἄνδρας
πρὸς αὐτὸν
παρακαλοῦντες· ...

Acts 10,22 ... Κορνήλιος
ἑκατοντάρχης, ...
ἐχρηματίσθη ὑπὸ
ἀγγέλου ἁγίου
μεταπέμψασθαί σε εἰς
τὸν οἶκον αὐτοῦ καὶ
ἀκοῦσαι
ῥήματα παρὰ σοῦ.

Acts 10,33 ... νῦν οὖν πάντες ἡμεῖς
ἐνώπιον τοῦ θεοῦ
πάρεσμεν
ἀκοῦσαι
πάντα τὰ προστεταγμένα
σοι ὑπὸ τοῦ κυρίου.

a **Acts 10,44** ἔτι λαλοῦντος τοῦ
Πέτρου τὰ ῥήματα ταῦτα
ἐπέπεσεν τὸ πνεῦμα
τὸ ἅγιον
ἐπὶ πάντας τοὺς
ἀκούοντας
τὸν λόγον.

Acts 10,46 **ἤκουον**
γὰρ αὐτῶν λαλούντων
γλώσσαις καὶ
μεγαλυνόντων τὸν θεόν.
...

a **Acts 11,1** **ἤκουσαν**
δὲ οἱ ἀπόστολοι καὶ οἱ
ἀδελφοὶ οἱ ὄντες κατὰ
τὴν Ἰουδαίαν ὅτι καὶ τὰ
ἔθνη ἐδέξαντο τὸν λόγον
τοῦ θεοῦ.

Acts 11,7 **ἤκουσα**
δὲ καὶ φωνῆς λεγούσης
μοι· ἀναστάς, Πέτρε,
θῦσον καὶ φάγε.

Acts 11,18 **ἀκούσαντες**
δὲ ταῦτα ἡσύχασαν καὶ
ἐδόξασαν τὸν θεὸν
λέγοντες· ...

Acts 11,22 **ἠκούσθη**
δὲ ὁ λόγος εἰς τὰ ὦτα τῆς
ἐκκλησίας τῆς οὔσης ἐν
Ἰερουσαλὴμ περὶ αὐτῶν
...

a **Acts 13,7** ... οὗτος
προσκαλεσάμενος
Βαρναβᾶν καὶ Σαῦλον
ἐπεζήτησεν
ἀκοῦσαι
τὸν λόγον τοῦ θεοῦ.

Acts 13,16 ἀναστὰς δὲ Παῦλος καὶ κατασείσας τῇ χειρὶ εἶπεν· ἄνδρες Ἰσραηλῖται καὶ οἱ φοβούμενοι τὸν θεόν,
ἀκούσατε.

a **Acts 13,44** τῷ δὲ ἐρχομένῳ σαββάτῳ σχεδὸν πᾶσα ἡ πόλις συνήχθη
ἀκοῦσαι
τὸν λόγον τοῦ κυρίου.

Acts 13,48 ἀκούοντα
δὲ τὰ ἔθνη ἔχαιρον καὶ ἐδόξαζον τὸν λόγον τοῦ κυρίου ...

Acts 14,9 οὗτος
ἤκουσεν
τοῦ Παύλου λαλοῦντος· ὃς ἀτενίσας αὐτῷ καὶ ἰδὼν ὅτι ἔχει πίστιν τοῦ σωθῆναι

Acts 14,14 ἀκούσαντες
δὲ οἱ ἀπόστολοι Βαρναβᾶς καὶ Παῦλος διαρρήξαντες τὰ ἱμάτια αὐτῶν ἐξεπήδησαν εἰς τὸν ὄχλον κράζοντες

a **Acts 15,7** ... ἄνδρες ἀδελφοί, ὑμεῖς ἐπίστασθε ὅτι ἀφ' ἡμερῶν ἀρχαίων ἐν ὑμῖν ἐξελέξατο ὁ θεὸς διὰ τοῦ στόματός μου
ἀκοῦσαι
τὰ ἔθνη τὸν λόγον τοῦ εὐαγγελίου καὶ πιστεῦσαι.

Acts 15,12 ἐσίγησεν δὲ πᾶν τὸ πλῆθος καὶ
ἤκουον
Βαρναβᾶ καὶ Παύλου ἐξηγουμένων ὅσα ἐποίησεν ὁ θεὸς σημεῖα καὶ τέρατα ἐν τοῖς ἔθνεσιν δι' αὐτῶν.

Acts 15,13 μετὰ δὲ τὸ σιγῆσαι αὐτοὺς ἀπεκρίθη Ἰάκωβος λέγων· ἄνδρες ἀδελφοί,
ἀκούσατέ
μου.

Acts 15,24 ἐπειδὴ
ἠκούσαμεν
ὅτι τινὲς ἐξ ἡμῶν [ἐξελθόντες] ἐτάραξαν ὑμᾶς λόγοις ἀνασκευάζοντες τὰς ψυχὰς ὑμῶν οἷς οὐ διεστειλάμεθα

Acts 16,14 καί τις γυνὴ ὀνόματι Λυδία, πορφυρόπωλις πόλεως Θυατείρων σεβομένη τὸν θεόν,
ἤκουεν,
ἧς ὁ κύριος διήνοιξεν τὴν καρδίαν ...

Acts 16,38 ... ἐφοβήθησαν δὲ
ἀκούσαντες
ὅτι Ῥωμαῖοί εἰσιν

Acts 17,8 ἐτάραξαν δὲ τὸν ὄχλον καὶ τοὺς πολιτάρχας
ἀκούοντας
ταῦτα

Acts 17,21 Ἀθηναῖοι δὲ πάντες καὶ οἱ ἐπιδημοῦντες ξένοι εἰς οὐδὲν ἕτερον ηὐκαίρουν ἢ λέγειν τι ἢ
ἀκούειν
τι καινότερον.

Acts 17,32 (2) ἀκούσαντες
δὲ ἀνάστασιν νεκρῶν οἱ μὲν ἐχλεύαζον,
οἱ δὲ εἶπαν·
ἀκουσόμεθά
σου περὶ τούτου καὶ πάλιν.

Acts 18,8 ... καὶ πολλοὶ τῶν Κορινθίων
ἀκούοντες
ἐπίστευον καὶ ἐβαπτίζοντο.

Acts 18,26 ... ἀκούσαντες
δὲ αὐτοῦ Πρίσκιλλα καὶ Ἀκύλας προσελάβοντο αὐτὸν καὶ ἀκριβέστερον αὐτῷ ἐξέθεντο τὴν ὁδὸν [τοῦ θεοῦ].

Acts 19,2 ... οἱ δὲ πρὸς αὐτόν· ἀλλ' οὐδ' εἰ πνεῦμα ἅγιον ἔστιν
ἠκούσαμεν.

Acts 19,5 ἀκούσαντες
δὲ ἐβαπτίσθησαν εἰς τὸ ὄνομα τοῦ κυρίου Ἰησοῦ

a **Acts 19,10** τοῦτο δὲ ἐγένετο ἐπὶ ἔτη δύο, ὥστε πάντας τοὺς κατοικοῦντας τὴν Ἀσίαν
ἀκοῦσαι
τὸν λόγον τοῦ κυρίου, ...

Acts 19,26 καὶ θεωρεῖτε καὶ
ἀκούετε
ὅτι οὐ μόνον Ἐφέσου ἀλλὰ σχεδὸν πάσης τῆς Ἀσίας ὁ Παῦλος οὗτος πείσας μετέστησεν ἱκανὸν ὄχλον ...

Acts 19,28 ἀκούσαντες
δὲ καὶ γενόμενοι πλήρεις θυμοῦ ἔκραζον λέγοντες· μεγάλη ἡ Ἄρτεμις Ἐφεσίων.

Acts 21,12 ὡς δὲ
ἠκούσαμεν
ταῦτα, παρεκαλοῦμεν ἡμεῖς τε καὶ οἱ ἐντόπιοι τοῦ μὴ ἀναβαίνειν αὐτὸν εἰς Ἰερουσαλήμ.

Acts 21,20 οἱ δὲ ἀκούσαντες
ἐδόξαζον τὸν θεόν εἶπόν τε αὐτῷ· θεωρεῖς, ἀδελφέ, πόσαι μυριάδες εἰσὶν ἐν τοῖς Ἰουδαίοις τῶν πεπιστευκότων ...

Acts 21,22 τί οὖν ἐστιν; πάντως
ἀκούσονται
ὅτι ἐλήλυθας.

Acts 22,1 ἄνδρες ἀδελφοὶ καὶ πατέρες,
ἀκούσατέ
μου τῆς πρὸς ὑμᾶς νυνὶ ἀπολογίας.

Acts 22,2 ἀκούσαντες
δὲ ὅτι τῇ Ἑβραΐδι διαλέκτῳ προσεφώνει αὐτοῖς, μᾶλλον παρέσχον ἡσυχίαν. ...

Acts 22,7 ἔπεσά τε εἰς τὸ ἔδαφος καὶ
ἤκουσα
φωνῆς λεγούσης μοι· Σαοὺλ Σαούλ, τί με διώκεις;

Acts 22,9 οἱ δὲ σὺν ἐμοὶ ὄντες τὸ μὲν φῶς ἐθεάσαντο τὴν δὲ φωνὴν
οὐκ ἤκουσαν
τοῦ λαλοῦντός μοι.

Acts 22,14 ... ὁ θεὸς τῶν πατέρων ἡμῶν προεχειρίσατό σε γνῶναι τὸ θέλημα αὐτοῦ καὶ ἰδεῖν τὸν δίκαιον καὶ
ἀκοῦσαι
φωνὴν ἐκ τοῦ στόματος αὐτοῦ,

Acts 22,15 ὅτι ἔσῃ μάρτυς αὐτῷ πρὸς πάντας ἀνθρώπους ὧν ἑώρακας καὶ
ἤκουσας.

Acts 22,22 ἤκουον
δὲ αὐτοῦ ἄχρι τούτου τοῦ λόγου καὶ ἐπῆραν τὴν φωνὴν αὐτῶν λέγοντες· ...

Acts 22,26 ἀκούσας
δὲ ὁ ἑκατοντάρχης προσελθὼν τῷ χιλιάρχῳ ἀπήγγειλεν λέγων· ...

Acts 23,16 ἀκούσας
δὲ ὁ υἱὸς τῆς ἀδελφῆς Παύλου τὴν ἐνέδραν, ...

Acts 24,4 ἵνα δὲ μὴ ἐπὶ πλεῖόν σε ἐγκόπτω, παρακαλῶ
ἀκοῦσαί
σε ἡμῶν συντόμως τῇ σῇ ἐπιεικείᾳ.

Acts 24,24 ... μετεπέμψατο τὸν Παῦλον καὶ
ἤκουσεν
αὐτοῦ περὶ τῆς εἰς Χριστὸν Ἰησοῦν πίστεως.

Acts 25,22 (2) Ἀγρίππας δὲ πρὸς τὸν Φῆστον· ἐβουλόμην καὶ αὐτὸς τοῦ ἀνθρώπου **ἀκοῦσαι**. αὔριον, φησίν, **ἀκούσῃ** αὐτοῦ.

Acts 26,3 ... διὸ δέομαι μακροθύμως **ἀκοῦσαί** μου.

Acts 26,14 πάντων τε καταπεσόντων ἡμῶν εἰς τὴν γῆν **ἤκουσα** φωνὴν λέγουσαν πρός με τῇ Ἑβραΐδι διαλέκτῳ· Σαοὺλ Σαούλ, τί με διώκεις; ...

Acts 26,29 ... εὐξαίμην ἂν τῷ θεῷ καὶ ἐν ὀλίγῳ καὶ ἐν μεγάλῳ οὐ μόνον σὲ ἀλλὰ καὶ **πάντας τοὺς ἀκούοντάς** μου σήμερον γενέσθαι τοιούτους ὁποῖος καὶ ἐγώ εἰμι ...

Acts 28,15 κἀκεῖθεν οἱ ἀδελφοὶ **ἀκούσαντες** τὰ περὶ ἡμῶν ἦλθαν εἰς ἀπάντησιν ἡμῖν ἄχρι Ἀππίου φόρου καὶ Τριῶν ταβερνῶν, ...

Acts 28,22 ἀξιοῦμεν δὲ παρὰ σοῦ **ἀκοῦσαι** ἃ φρονεῖς, ...

Acts 28,26 → Mt 13,13-14 → Mk 4,12 → Lk 8,10 λέγων· *πορεύθητι πρὸς τὸν λαὸν τοῦτον καὶ εἰπόν· ἀκοῇ* ***ἀκούσετε*** *καὶ οὐ μὴ συνῆτε καὶ βλέποντες βλέψετε καὶ οὐ μὴ ἴδητε·* ➢ Isa 6,9 LXX

Acts 28,27 (2) → Mt 13,15 *ἐπαχύνθη γὰρ ἡ καρδία τοῦ λαοῦ τούτου καὶ τοῖς ὠσὶν βαρέως* ***ἤκουσαν*** *καὶ τοὺς ὀφθαλμοὺς αὐτῶν ἐκάμμυσαν· μήποτε ἴδωσιν τοῖς ὀφθαλμοῖς καὶ τοῖς ὠσὶν* ***ἀκούσωσιν*** *καὶ τῇ καρδίᾳ συνῶσιν καὶ ἐπιστρέψωσιν, καὶ ἰάσομαι αὐτούς.* ➢ Isa 6,10 LXX

Acts 28,28 ... τοῖς ἔθνεσιν ἀπεστάλη τοῦτο τὸ σωτήριον τοῦ θεοῦ· αὐτοὶ καὶ **ἀκούσονται**.

ἀκρασία

	Syn	Mt	Mk	Lk	Acts	Jn	1-3John	Paul	Eph	Col
	1	1						1		
	NT	2Thess	1/2Tim	Tit	Heb	Jas	1Pet	2Pet	Jude	Rev
	2									

self-indulgence; lack of self-control

201	**Mt 23,25** → Mk 7,4 ... καθαρίζετε τὸ ἔξωθεν τοῦ ποτηρίου καὶ τῆς παροψίδος, ἔσωθεν δὲ γέμουσιν ἐξ ἁρπαγῆς καὶ **ἀκρασίας**.	**Lk 11,39** → Mk 7,4 ... τὸ ἔξωθεν τοῦ ποτηρίου καὶ τοῦ πίνακος καθαρίζετε, τὸ δὲ ἔσωθεν ὑμῶν γέμει ἁρπαγῆς καὶ **πονηρίας**.	→ GTh 89

ἀκριβόω

	Syn	Mt	Mk	Lk	Acts	Jn	1-3John	Paul	Eph	Col
	2	2								
	NT	2Thess	1/2Tim	Tit	Heb	Jas	1Pet	2Pet	Jude	Rev
	2									

ascertain; find out

	Mt	
200	**Mt 2,7** τότε Ἡρῴδης λάθρᾳ καλέσας τοὺς μάγους **ἠκρίβωσεν** παρ' αὐτῶν τὸν χρόνον τοῦ φαινομένου ἀστέρος	
200	**Mt 2,16** ... κατὰ τὸν χρόνον ὃν **ἠκρίβωσεν** παρὰ τῶν μάγων.	

ἀκριβῶς	Syn 2	Mt 1	Mk	Lk 1	Acts 5	Jn	1-3John	Paul 1	Eph 1	Col
	NT 9	2Thess	1/2Tim	Tit	Heb	Jas	1Pet	2Pet	Jude	Rev

accurately; with care

002			Lk 1,3 ἔδοξε κἀμοὶ παρηκολουθηκότι ἄνωθεν πᾶσιν **ἀκριβῶς** καθεξῆς σοι γράψαι, ...	
200	Mt 2,8 ... πορευθέντες ἐξετάσατε **ἀκριβῶς** περὶ τοῦ παιδίου· ...			

Acts 18,25 ... καὶ ζέων τῷ πνεύματι ἐλάλει καὶ ἐδίδασκεν **ἀκριβῶς** τὰ περὶ τοῦ Ἰησοῦ, ...

Acts 18,26 ... ἀκούσαντες δὲ αὐτοῦ Πρίσκιλλα καὶ Ἀκύλας προσελάβοντο αὐτὸν καὶ **ἀκριβέστερον** αὐτῷ ἐξέθεντο τὴν ὁδὸν [τοῦ θεοῦ].

Acts 23,15 νῦν οὖν ὑμεῖς ἐμφανίσατε τῷ χιλιάρχῳ σὺν τῷ συνεδρίῳ ὅπως καταγάγῃ αὐτὸν εἰς ὑμᾶς ὡς μέλλοντας διαγινώσκειν **ἀκριβέστερον** τὰ περὶ αὐτοῦ· ...

Acts 23,20 ... οἱ Ἰουδαῖοι συνέθεντο τοῦ ἐρωτῆσαί σε ὅπως αὔριον τὸν Παῦλον καταγάγῃς εἰς τὸ συνέδριον ὡς μέλλον τι **ἀκριβέστερον** πυνθάνεσθαι περὶ αὐτοῦ.

Acts 24,22 ἀνεβάλετο δὲ αὐτοὺς ὁ Φῆλιξ, **ἀκριβέστερον** εἰδὼς τὰ περὶ τῆς ὁδοῦ εἴπας· ...

ἀκρίς	Syn 2	Mt 1	Mk 1	Lk	Acts	Jn	1-3John	Paul	Eph	Col
	NT 4	2Thess	1/2Tim	Tit	Heb	Jas	1Pet	2Pet	Jude	Rev 2

locust; grass-hopper

220	Mt 3,4 →Lk 7,33 ... ἡ δὲ τροφὴ ἦν αὐτοῦ **ἀκρίδες** καὶ μέλι ἄγριον.	Mk 1,6 →Lk 7,33 ... καὶ ἐσθίων **ἀκρίδας** καὶ μέλι ἄγριον.		

ἄκρον	Syn 5	Mt 2	Mk 2	Lk 1	Acts	Jn	1-3John	Paul	Eph	Col
	NT 6	2Thess	1/2Tim	Tit	Heb 1	Jas	1Pet	2Pet	Jude	Rev

boundary; extreme limits; tip; top

002			Lk 16,24 ... πέμψον Λάζαρον ἵνα βάψῃ **τὸ ἄκρον τοῦ δακτύλου αὐτοῦ** ὕδατος καὶ καταψύξῃ τὴν γλῶσσάν μου ...	

220 220	Mt 24,31 (2) → Mt 13,41	καὶ ἀποστελεῖ τοὺς ἀγγέλους αὐτοῦ μετὰ σάλπιγγος μεγάλης, καὶ ἐπισυνάξουσιν τοὺς ἐκλεκτοὺς αὐτοῦ ἐκ τῶν τεσσάρων ἀνέμων **ἀπ' ἄκρων οὐρανῶν** **ἕως [τῶν] ἄκρων αὐτῶν.**	Mk 13,27 (2)	καὶ τότε ἀποστελεῖ τοὺς ἀγγέλους καὶ ἐπισυνάξει τοὺς ἐκλεκτοὺς [αὐτοῦ] ἐκ τῶν τεσσάρων ἀνέμων **ἀπ' ἄκρου γῆς** **ἕως ἄκρου οὐρανοῦ.**			

ἀκυρόω

	Syn	Mt	Mk	Lk	Acts	Jn	1-3John	Paul	Eph	Col
ἀκυρόω	2	1	1					1		
	NT	2Thess	1/2Tim	Tit	Heb	Jas	1Pet	2Pet	Jude	Rev
	3									

cancel, disregard

220	Mt 15,6	... καὶ **ἠκυρώσατε** τὸν λόγον τοῦ θεοῦ διὰ τὴν παράδοσιν ὑμῶν.	Mk 7,13	**ἀκυροῦντες** τὸν λόγον τοῦ θεοῦ τῇ παραδόσει ὑμῶν ...			

ἀλάβαστρος (ὁ, ἡ), ἀλάβαστρον (τό)

	Syn	Mt	Mk	Lk	Acts	Jn	1-3John	Paul	Eph	Col
ἀλάβαστρος (ὁ, ἡ), ἀλάβαστρον (τό)	4	1	2	1						
	NT	2Thess	1/2Tim	Tit	Heb	Jas	1Pet	2Pet	Jude	Rev
	4									

alabaster jar

002	Mt 26,7	προσῆλθεν αὐτῷ γυνὴ ἔχουσα ἀλάβαστρον μύρου βαρυτίμου ...	Mk 14,3 (2)	... ἦλθεν γυνὴ ἔχουσα ἀλάβαστρον μύρου νάρδου πιστικῆς πολυτελοῦς, ...	Lk 7,37	καὶ ἰδοὺ γυνὴ ἥτις ἦν ἐν τῇ πόλει ἁμαρτωλός, ... κομίσασα **ἀλάβαστρον μύρου**	→ Jn 12,3
220	Mt 26,7	προσῆλθεν αὐτῷ γυνὴ ἔχουσα **ἀλάβαστρον μύρου βαρυτίμου**	Mk 14,3 (2)	... ἦλθεν γυνὴ ἔχουσα **ἀλάβαστρον μύρου νάρδου πιστικῆς πολυτελοῦς,**	Lk 7,37	καὶ ἰδοὺ γυνὴ ἥτις ἦν ἐν τῇ πόλει ἁμαρτωλός, ... κομίσασα ἀλάβαστρον μύρου	→ Jn 12,3
120		καὶ κατέχεεν ἐπὶ τῆς κεφαλῆς αὐτοῦ ἀνακειμένου.		συντρίψασα **τὴν ἀλάβαστρον** κατέχεεν αὐτοῦ τῆς κεφαλῆς.	Lk 7,38	... καὶ κατεφίλει τοὺς πόδας αὐτοῦ καὶ ἤλειφεν τῷ μύρῳ.	→ Jn 12,3

ἀλαλάζω

	Syn	Mt	Mk	Lk	Acts	Jn	1-3John	Paul	Eph	Col
ἀλαλάζω	1		1					1		
	NT	2Thess	1/2Tim	Tit	Heb	Jas	1Pet	2Pet	Jude	Rev
	2									

wail loudly, clang

121	Mt 9,23	... καὶ ἰδὼν τοὺς αὐλητὰς καὶ τὸν ὄχλον θορυβούμενον	Mk 5,38	... καὶ θεωρεῖ θόρυβον καὶ κλαίοντας καὶ **ἀλαλάζοντας** πολλά	Lk 8,52	ἔκλαιον δὲ πάντες καὶ **ἐκόπτοντο** αὐτήν. ...	

ἄλαλος	Syn 3	Mt	Mk 3	Lk	Acts	Jn	1-3John	Paul	Eph	Col
	NT 3	2Thess	1/2Tim	Tit	Heb	Jas	1Pet	2Pet	Jude	Rev

unable to speak; dumb

120	Mt 15,31 →Mt 11,5	ὥστε τὸν ὄχλον θαυμάσαι βλέποντας κωφοὺς λαλοῦντας, κυλλοὺς ὑγιεῖς, καὶ χωλοὺς περιπατοῦντας καὶ τυφλοὺς βλέποντας· ...	Mk 7,37	καὶ ὑπερπερισσῶς ἐξεπλήσσοντο λέγοντες· καλῶς πάντα πεποίηκεν, καὶ τοὺς κωφοὺς ποιεῖ ἀκούειν καὶ [τοὺς] ἀλάλους λαλεῖν.			
121	Mt 17,15	... κύριε, ἐλέησόν μου τὸν υἱόν, ὅτι σεληνιάζεται καὶ κακῶς πάσχει· ...	Mk 9,17	... διδάσκαλε, ἤνεγκα τὸν υἱόν μου πρὸς σέ, ἔχοντα πνεῦμα ἄλαλον·	Lk 9,39	[38] ... διδάσκαλε, δέομαί σου ἐπιβλέψαι ἐπὶ τὸν υἱόν μου, ὅτι μονογενής μοί ἐστιν, [39] καὶ ἰδοὺ πνεῦμα λαμβάνει αὐτὸν ...	
121	Mt 17,18	καὶ ἐπετίμησεν αὐτῷ ὁ Ἰησοῦς ...	Mk 9,25 →Mt 12,43-46 →Lk 11,24-26	ἰδὼν δὲ ὁ Ἰησοῦς ὅτι ἐπισυντρέχει ὄχλος, ἐπετίμησεν τῷ πνεύματι τῷ ἀκαθάρτῳ λέγων αὐτῷ· τὸ ἄλαλον καὶ κωφὸν πνεῦμα, ἐγὼ ἐπιτάσσω σοι, ...	Lk 9,42	... ἐπετίμησεν δὲ ὁ Ἰησοῦς τῷ πνεύματι τῷ ἀκαθάρτῳ ...	

ἅλας	Syn 7	Mt 2	Mk 3	Lk 2	Acts	Jn	1-3John	Paul	Eph	Col 1
	NT 8	2Thess	1/2Tim	Tit	Heb	Jas	1Pet	2Pet	Jude	Rev

salt

020 020 020	Mt 5,13 (2)	ὑμεῖς ἐστε τὸ ἅλας τῆς γῆς· ἐὰν δὲ τὸ ἅλας μωρανθῇ, ἐν τίνι ἁλισθήσεται; ...	Mk 9,50 (3)	καλὸν τὸ ἅλας· ἐὰν δὲ τὸ ἅλας ἄναλον γένηται, ἐν τίνι αὐτὸ ἀρτύσετε; ἔχετε ἐν ἑαυτοῖς ἅλα καὶ εἰρηνεύετε ἐν ἀλλήλοις.	Lk 14,34 (2)	καλὸν οὖν τὸ ἅλας· ἐὰν δὲ καὶ τὸ ἅλας μωρανθῇ, ἐν τίνι ἀρτυθήσεται;	Mk-Q overlap
202 202	Mt 5,13 (2)	ὑμεῖς ἐστε τὸ ἅλας τῆς γῆς· ἐὰν δὲ τὸ ἅλας μωρανθῇ, ἐν τίνι ἁλισθήσεται; εἰς οὐδὲν ἰσχύει ἔτι εἰ μὴ βληθὲν ἔξω καταπατεῖσθαι ὑπὸ τῶν ἀνθρώπων.	Mk 9,50 (3)	καλὸν τὸ ἅλας· ἐὰν δὲ τὸ ἅλας ἄναλον γένηται, ἐν τίνι αὐτὸ ἀρτύσετε; ἔχετε ἐν ἑαυτοῖς ἅλα καὶ εἰρηνεύετε ἐν ἀλλήλοις.	Lk 14,34 (2)	καλὸν οὖν τὸ ἅλας· ἐὰν δὲ καὶ τὸ ἅλας μωρανθῇ, ἐν τίνι ἀρτυθήσεται; [35] οὔτε εἰς γῆν οὔτε εἰς κοπρίαν εὔθετόν ἐστιν, ἔξω βάλλουσιν αὐτό. ...	Mk-Q overlap

# ἀλείφω	Syn	Mt	Mk	Lk	Acts	Jn	1-3John	Paul	Eph	Col
	6	1	2	3		2				
	NT	2Thess	1/2Tim	Tit	Heb	Jas	1Pet	2Pet	Jude	Rev
	9					1				

anoint

200	**Mt 6,17**	σὺ δὲ νηστεύων **ἄλειψαί** σου τὴν κεφαλὴν καὶ τὸ πρόσωπόν σου νίψαι					→ GTh 6 (POxy 654) → GTh 27 (POxy 1)
002	**Mt 26,7** ↓ Lk 7,46	προσῆλθεν αὐτῷ γυνὴ ἔχουσα ἀλάβαστρον μύρου βαρυτίμου καὶ **κατέχεεν** ἐπὶ τῆς κεφαλῆς αὐτοῦ ἀνακειμένου.	**Mk 14,3** ↓ Lk 7,46	... ἦλθεν γυνὴ ἔχουσα ἀλάβαστρον μύρου νάρδου πιστικῆς πολυτελοῦς, συντρίψασα τὴν ἀλάβαστρον **κατέχεεν** αὐτοῦ τῆς κεφαλῆς.	**Lk 7,38**	[37] καὶ ἰδοὺ γυνὴ ... κομίσασα ἀλάβαστρον μύρου [38] ... καὶ κατεφίλει τοὺς πόδας αὐτοῦ καὶ **ἤλειφεν** τῷ μύρῳ.	→ Jn 12,3
002 002					**Lk 7,46 (2)** ↑ Mt 26,7 ↑ Mk 14,3	ἐλαίῳ τὴν κεφαλήν μου **οὐκ ἤλειψας·** αὕτη δὲ μύρῳ **ἤλειψεν** τοὺς πόδας μου.	
021			**Mk 6,13**	[12] καὶ ἐξελθόντες ἐκήρυξαν ἵνα μετανοῶσιν, [13] καὶ δαιμόνια πολλὰ ἐξέβαλλον, καὶ **ἤλειφον** ἐλαίῳ πολλοὺς ἀρρώστους καὶ ἐθεράπευον.	**Lk 9,6**	ἐξερχόμενοι δὲ διήρχοντο κατὰ τὰς κώμας εὐαγγελιζόμενοι καὶ θεραπεύοντες πανταχοῦ.	
121	**Mt 28,1** → Mt 27,56 → Mt 27,61	ὀψὲ δὲ σαββάτων, τῇ ἐπιφωσκούσῃ εἰς μίαν σαββάτων ἦλθεν Μαριὰμ ἡ Μαγδαληνὴ καὶ ἡ ἄλλη Μαρία θεωρῆσαι τὸν τάφον.	**Mk 16,1** → Mk 15,40 → Mk 15,47	καὶ διαγενομένου τοῦ σαββάτου Μαρία ἡ Μαγδαληνὴ καὶ Μαρία ἡ [τοῦ] Ἰακώβου καὶ Σαλώμη ἠγόρασαν ἀρώματα ἵνα ἐλθοῦσαι **ἀλείψωσιν** αὐτόν. [2] καὶ λίαν πρωῒ τῇ μιᾷ τῶν σαββάτων ἔρχονται ἐπὶ τὸ μνημεῖον ἀνατείλαντος τοῦ ἡλίου.	**Lk 23,56** → Lk 8,2-3	ὑποστρέψασαι δὲ ἡτοίμασαν ἀρώματα καὶ μύρα. καὶ τὸ μὲν σάββατον ἡσύχασαν κατὰ τὴν ἐντολήν. [24,1] τῇ δὲ μιᾷ τῶν σαββάτων ὄρθρου βαθέως ἐπὶ τὸ μνῆμα ἦλθον φέρουσαι ἃ ἡτοίμασαν ἀρώματα. [24,10] ἦσαν δὲ ἡ Μαγδαληνὴ Μαρία καὶ Ἰωάννα καὶ Μαρία ἡ Ἰακώβου καὶ αἱ λοιπαὶ σὺν αὐταῖς ...	→ Jn 20,1 → Jn 20,18

ἀλεκτοροφωνία	Syn 1	Mt	Mk 1	Lk	Acts	Jn	1-3John	Paul	Eph	Col
	NT 1	2Thess	1/2Tim	Tit	Heb	Jas	1Pet	2Pet	Jude	Rev

cockcrow (the watch from midnight to 3 a.m.)

120	**Mt 24,42** → Mt 24,44 → Mt 24,50 → Mt 25,13	γρηγορεῖτε οὖν, ὅτι οὐκ οἴδατε ποίᾳ ἡμέρᾳ ὁ κύριος ὑμῶν ἔρχεται.	**Mk 13,35** → Lk 12,38	γρηγορεῖτε οὖν· οὐκ οἴδατε γὰρ πότε ὁ κύριος τῆς οἰκίας ἔρχεται, ἢ ὀψὲ ἢ μεσονύκτιον ἢ **ἀλεκτοροφωνίας** ἢ πρωΐ			

ἀλέκτωρ	Syn 10	Mt 3	Mk 4	Lk 3	Acts	Jn 2	1-3John	Paul	Eph	Col
	NT 12	2Thess	1/2Tim	Tit	Heb	Jas	1Pet	2Pet	Jude	Rev

rooster; cock

222	**Mt 26,34**	... ἀμὴν λέγω σοι ὅτι ἐν ταύτῃ τῇ νυκτὶ πρὶν **ἀλέκτορα** φωνῆσαι τρὶς ἀπαρνήσῃ με.	**Mk 14,30**	... ἀμὴν λέγω σοι ὅτι σὺ σήμερον ταύτῃ τῇ νυκτὶ πρὶν ἢ δὶς **ἀλέκτορα** φωνῆσαι τρίς με ἀπαρνήσῃ.	**Lk 22,34**	... λέγω σοι, Πέτρε, οὐ φωνήσει σήμερον **ἀλέκτωρ** ἕως τρίς με ἀπαρνήσῃ εἰδέναι.	**→ Jn 13,38**
121	**Mt 26,71**	[70] ὁ δὲ ἠρνήσατο ἔμπροσθεν πάντων λέγων· οὐκ οἶδα τί λέγεις. [71] ἐξελθόντα δὲ εἰς τὸν πυλῶνα ...	**Mk 14,68**	ὁ δὲ ἠρνήσατο λέγων· οὔτε οἶδα οὔτε ἐπίσταμαι σὺ τί λέγεις. καὶ ἐξῆλθεν ἔξω εἰς τὸ προαύλιον [καὶ **ἀλέκτωρ** ἐφώνησεν].	**Lk 22,57**	ὁ δὲ ἠρνήσατο λέγων· οὐκ οἶδα αὐτόν, γύναι.	→ Jn 18,17
222	**Mt 26,74**	τότε ἤρξατο καταθεματίζειν καὶ ὀμνύειν ὅτι οὐκ οἶδα τὸν ἄνθρωπον. καὶ εὐθέως **ἀλέκτωρ** ἐφώνησεν.	**Mk 14,72** **(2)**	[71] ὁ δὲ ἤρξατο ἀναθεματίζειν καὶ ὀμνύναι ὅτι οὐκ οἶδα τὸν ἄνθρωπον τοῦτον ὃν λέγετε. [72] καὶ εὐθὺς ἐκ δευτέρου **ἀλέκτωρ** ἐφώνησεν.	**Lk 22,60**	εἶπεν δὲ ὁ Πέτρος· ἄνθρωπε, οὐκ οἶδα ὃ λέγεις. καὶ παραχρῆμα ἔτι λαλοῦντος αὐτοῦ ἐφώνησεν **ἀλέκτωρ.**	**→ Jn 18,27**
222	**Mt 26,75**	καὶ ἐμνήσθη ὁ Πέτρος τοῦ ῥήματος Ἰησοῦ εἰρηκότος ὅτι πρὶν **ἀλέκτορα** φωνῆσαι τρὶς ἀπαρνήσῃ με· ...		καὶ ἀνεμνήσθη ὁ Πέτρος τὸ ῥῆμα ὡς εἶπεν αὐτῷ ὁ Ἰησοῦς ὅτι πρὶν **ἀλέκτορα** φωνῆσαι δὶς τρίς με ἀπαρνήσῃ· ...	**Lk 22,61**	καὶ στραφεὶς ὁ κύριος ἐνέβλεψεν τῷ Πέτρῳ, καὶ ὑπεμνήσθη ὁ Πέτρος τοῦ ῥήματος τοῦ κυρίου ὡς εἶπεν αὐτῷ ὅτι πρὶν **ἀλέκτορα** φωνῆσαι σήμερον ἀπαρνήσῃ με τρίς.	

Ἀλέξανδρος

	Syn	Mt	Mk	Lk	Acts	Jn	1-3John	Paul	Eph	Col
Ἀλέξανδρος	1		1		3					
	NT	2Thess	1/2Tim	Tit	Heb	Jas	1Pet	2Pet	Jude	Rev
	6		2							

Alexander

121	**Mt 27,32** ἐξερχόμενοι δὲ εὗρον ἄνθρωπον Κυρηναῖον ὀνόματι Σίμωνα, τοῦτον ἠγγάρευσαν ἵνα ἄρῃ τὸν σταυρὸν αὐτοῦ.	**Mk 15,21** καὶ ἀγγαρεύουσιν παράγοντά τινα Σίμωνα Κυρηναῖον ἐρχόμενον ἀπ' ἀγροῦ, **τὸν πατέρα Ἀλεξάνδρου** καὶ Ῥούφου, ἵνα ἄρῃ τὸν σταυρὸν αὐτοῦ.	**Lk 23,26** ... ἐπιλαβόμενοι Σίμωνά τινα Κυρηναῖον ἐρχόμενον ἀπ' ἀγροῦ ἐπέθηκαν αὐτῷ τὸν σταυρὸν φέρειν ὄπισθεν τοῦ Ἰησοῦ.	

Acts 4,6 καὶ Ἅννας ὁ ἀρχιερεὺς καὶ Καϊάφας καὶ Ἰωάννης καὶ **Ἀλέξανδρος** καὶ ὅσοι ἦσαν ἐκ γένους ἀρχιερατικοῦ

Acts 19,33 (2) ἐκ δὲ τοῦ ὄχλου συνεβίβασαν **Ἀλέξανδρον**, προβαλόντων αὐτὸν τῶν Ἰουδαίων· **ὁ δὲ Ἀλέξανδρος** κατασείσας τὴν χεῖρα ἤθελεν ἀπολογεῖσθαι τῷ δήμῳ.

ἄλευρον

	Syn	Mt	Mk	Lk	Acts	Jn	1-3John	Paul	Eph	Col
ἄλευρον	2	1		1						
	NT	2Thess	1/2Tim	Tit	Heb	Jas	1Pet	2Pet	Jude	Rev
	2									

flour

202	**Mt 13,33** ... ὁμοία ἐστὶν ἡ βασιλεία τῶν οὐρανῶν ζύμῃ, ἣν λαβοῦσα γυνὴ ἐνέκρυψεν **εἰς ἀλεύρου σάτα τρία** ἕως οὗ ἐζυμώθη ὅλον.		**Lk 13,21** [20] ... τίνι ὁμοιώσω τὴν βασιλείαν τοῦ θεοῦ; [21] ὁμοία ἐστὶν ζύμῃ, ἣν λαβοῦσα γυνὴ [ἐν]έκρυψεν **εἰς ἀλεύρου σάτα τρία** ἕως οὗ ἐζυμώθη ὅλον.	→ GTh 96

ἀλήθεια

	Syn	Mt	Mk	Lk	Acts	Jn	1-3John	Paul	Eph	Col
ἀλήθεια	7	1	3	3	3	25	20	22	6	2
	NT	2Thess	1/2Tim	Tit	Heb	Jas	1Pet	2Pet	Jude	Rev
	109	3	12	2	1	3	1	2		

truth; truthfulness; reality

	triple tradition																	double tradition			Sondergut		
		+Mt / +Lk			–Mt / –Lk			traditions not taken over by Mt / Lk							subtotals								
code	*222*	*211*	*112*	*212*	*221*	*122*	*121*	*022*	*012*	*021*	*220*	*120*	*210*	*020*	Σ^+	Σ^-	Σ	*202*	*201*	*102*	*200*	*002*	total
Mt	1																1						**1**
Mk	1									2							3						**3**
Lk	1		1^+							2^-					1^+	2^-	2					1	**3**

a ἐπ' ἀληθείας

a 002		**Lk 4,25** **ἐπ' ἀληθείας** δὲ λέγω ὑμῖν, πολλαὶ χῆραι ἦσαν ἐν ταῖς ἡμέραις Ἠλίου ἐν τῷ Ἰσραήλ, ...	

021			Mk 5,33	ἡ δὲ γυνὴ φοβηθεῖσα καὶ τρέμουσα, εἰδυῖα ὃ γέγονεν αὐτῇ, ἦλθεν καὶ προσέπεσεν αὐτῷ καὶ εἶπεν αὐτῷ **πᾶσαν τὴν ἀλήθειαν.**	Lk 8,47 → Mk 5,29	ἰδοῦσα δὲ ἡ γυνὴ ὅτι οὐκ ἔλαθεν, τρέμουσα ἦλθεν καὶ προσπεσοῦσα αὐτῷ **δι' ἣν αἰτίαν** ἥψατο αὐτοῦ ἀπήγγειλεν ἐνώπιον παντὸς τοῦ λαοῦ καὶ ὡς ἰάθη παραχρῆμα.	
a 222	Mt 22,16	... διδάσκαλε, οἴδαμεν ὅτι ἀληθὴς εἶ καὶ τὴν ὁδὸν τοῦ θεοῦ **ἐν ἀληθείᾳ** διδάσκεις καὶ οὐ μέλει σοι περὶ οὐδενός. οὐ γὰρ βλέπεις εἰς πρόσωπον ἀνθρώπων	Mk 12,14	... διδάσκαλε, οἴδαμεν ὅτι ἀληθὴς εἶ καὶ οὐ μέλει σοι περὶ οὐδενός· οὐ γὰρ βλέπεις εἰς πρόσωπον ἀνθρώπων, ἀλλ' **ἐπ' ἀληθείας** τὴν ὁδὸν τοῦ θεοῦ διδάσκεις· ...	Lk 20,21	... διδάσκαλε, οἴδαμεν ὅτι ὀρθῶς λέγεις καὶ διδάσκεις καὶ οὐ λαμβάνεις πρόσωπον, ἀλλ' **ἐπ' ἀληθείας** τὴν ὁδὸν τοῦ θεοῦ διδάσκεις·	→ Jn 3,2
a 021			Mk 12,32	... καλῶς, διδάσκαλε, **ἐπ' ἀληθείας** εἶπες ὅτι *εἷς ἐστιν καὶ* *οὐκ ἔστιν ἄλλος πλὴν* *αὐτοῦ·* ➤ Deut 6,4	Lk 20,39 → Mk 12,28	... διδάσκαλε, καλῶς εἶπας.	
a 112	Mt 26,73	μετὰ μικρὸν δὲ προσελθόντες οἱ ἑστῶτες εἶπον τῷ Πέτρῳ· **ἀληθῶς** καὶ σὺ ἐξ αὐτῶν εἶ, καὶ γὰρ ἡ λαλιά σου δῆλόν σε ποιεῖ.	Mk 14,70	... καὶ μετὰ μικρὸν πάλιν οἱ παρεστῶτες ἔλεγον τῷ Πέτρῳ· **ἀληθῶς** ἐξ αὐτῶν εἶ, καὶ γὰρ Γαλιλαῖος εἶ.	Lk 22,59	καὶ διαστάσης ὡσεὶ ὥρας μιᾶς ἄλλος τις διϊσχυρίζετο λέγων· **ἐπ' ἀληθείας** καὶ οὗτος μετ' αὐτοῦ ἦν, καὶ γὰρ Γαλιλαῖός ἐστιν.	→ Jn 18,26

a **Acts 4,27** συνήχθησαν γὰρ
ἐπ' ἀληθείας
ἐν τῇ πόλει ταύτῃ ἐπὶ τὸν ἅγιον παῖδά σου Ἰησοῦν ὃν ἔχρισας, Ἡρῴδης τε καὶ Πόντιος Πιλᾶτος σὺν ἔθνεσιν καὶ λαοῖς Ἰσραήλ

a **Acts 10,34** ἀνοίξας δὲ Πέτρος τὸ στόμα εἶπεν·
ἐπ' ἀληθείας
καταλαμβάνομαι ὅτι οὐκ ἔστιν προσωπολήμπτης ὁ θεός

Acts 26,25 ... κράτιστε Φῆστε, ἀλλὰ
ἀληθείας
καὶ σωφροσύνης ῥήματα ἀποφθέγγομαι.

ἀληθής

Syn 2	Mt 1	Mk 1	Lk	Acts 1	Jn 14	1-3John 3	Paul 3	Eph	Col
NT 26	2Thess	1/2Tim	Tit 1	Heb	Jas	1Pet 1	2Pet 1	Jude	Rev

true; truthful; honest; real; genuine

221	Mt 22,16	... διδάσκαλε, οἴδαμεν ὅτι **ἀληθὴς** εἶ καὶ τὴν ὁδὸν τοῦ θεοῦ ἐν ἀληθείᾳ διδάσκεις καὶ οὐ μέλει σοι περὶ οὐδενός. οὐ γὰρ βλέπεις εἰς πρόσωπον ἀνθρώπων	Mk 12,14	... διδάσκαλε, οἴδαμεν ὅτι **ἀληθὴς** εἶ καὶ οὐ μέλει σοι περὶ οὐδενός· οὐ γὰρ βλέπεις εἰς πρόσωπον ἀνθρώπων, ἀλλ' ἐπ' ἀληθείας τὴν ὁδὸν τοῦ θεοῦ διδάσκεις· ...	Lk 20,21	... διδάσκαλε, οἴδαμεν ὅτι **ὀρθῶς** λέγεις καὶ διδάσκεις καὶ οὐ λαμβάνεις πρόσωπον, ἀλλ' ἐπ' ἀληθείας τὴν ὁδὸν τοῦ θεοῦ διδάσκεις·	→ Jn 3,2

Acts 12,9 καὶ ἐξελθὼν ἠκολούθει καὶ οὐκ ᾔδει ὅτι
ἀληθές
ἐστιν τὸ γινόμενον διὰ τοῦ ἀγγέλου· ...

ἀληθινός	Syn 1	Mt	Mk	Lk 1	Acts	Jn 9	1-3John 4	Paul 1	Eph	Col
	NT 28	2Thess	1/2Tim	Tit	Heb 3	Jas	1Pet	2Pet	Jude	Rev 10

real; genuine; true; dependable

002			**Lk 16,11** εἰ οὖν ἐν τῷ ἀδίκῳ μαμωνᾷ πιστοὶ οὐκ ἐγένεσθε, τὸ ἀληθινὸν τίς ὑμῖν πιστεύσει;	

ἀλήθω	Syn 2	Mt 1	Mk	Lk 1	Acts	Jn	1-3John	Paul	Eph	Col
	NT 2	2Thess	1/2Tim	Tit	Heb	Jas	1Pet	2Pet	Jude	Rev

grind (of grain)

202	**Mt 24,41** δύο ἀλήθουσαι ἐν τῷ μύλῳ, μία παραλαμβάνεται καὶ μία ἀφίεται.		**Lk 17,35** ἔσονται δύο ἀλήθουσαι ἐπὶ τὸ αὐτό, ἡ μία παραλημφθήσεται, ἡ δὲ ἑτέρα ἀφεθήσεται.	→ GTh 61,1

ἀληθῶς	Syn 8	Mt 3	Mk 2	Lk 3	Acts 1	Jn 7	1-3John 1	Paul 1	Eph	Col
	NT 18	2Thess	1/2Tim	Tit	Heb	Jas	1Pet	2Pet	Jude	Rev

truly; in truth; actually; surely

	triple tradition																	double tradition			Sondergut		
		+Mt / +Lk			−Mt / −Lk			traditions not taken over by Mt / Lk							subtotals								
code	222	211	112	212	221	122	121	022	012	021	220	120	210	020	Σ+	Σ−	Σ	202	201	102	200	002	total
Mt					2								1+		1+		3						3
Mk					2												2						2
Lk			1+		2−				1+						2+	2−	2			1			3

210	**Mt 14,33** → Mt 16,16 οἱ δὲ ἐν τῷ πλοίῳ προσεκύνησαν αὐτῷ λέγοντες· ἀληθῶς θεοῦ υἱὸς εἶ.	**Mk 6,51** ... καὶ λίαν [ἐκ περισσοῦ] ἐν ἑαυτοῖς ἐξίσταντο·		
112	**Mt 16,28** → Mt 24,34 ἀμὴν λέγω ὑμῖν ὅτι εἰσίν τινες τῶν ὧδε ἑστώτων οἵτινες οὐ μὴ γεύσωνται θανάτου ἕως ἂν ἴδωσιν τὸν υἱὸν τοῦ ἀνθρώπου ἐρχόμενον ἐν τῇ βασιλείᾳ αὐτοῦ.	**Mk 9,1** → Mk 13,30 καὶ ἔλεγεν αὐτοῖς· ἀμὴν λέγω ὑμῖν ὅτι εἰσίν τινες ὧδε τῶν ἑστηκότων οἵτινες οὐ μὴ γεύσωνται θανάτου ἕως ἂν ἴδωσιν τὴν βασιλείαν τοῦ θεοῦ ἐληλυθυῖαν ἐν δυνάμει.	**Lk 9,27** → Lk 21,32 λέγω δὲ ὑμῖν ἀληθῶς, εἰσίν τινες τῶν αὐτοῦ ἑστηκότων οἳ οὐ μὴ γεύσωνται θανάτου ἕως ἂν ἴδωσιν τὴν βασιλείαν τοῦ θεοῦ.	→ Jn 21,22-23
102	**Mt 24,47** → Mt 25,21 → Mt 25,23 ἀμὴν λέγω ὑμῖν ὅτι ἐπὶ πᾶσιν τοῖς ὑπάρχουσιν αὐτοῦ καταστήσει αὐτόν.		**Lk 12,44** ἀληθῶς λέγω ὑμῖν ὅτι ἐπὶ πᾶσιν τοῖς ὑπάρχουσιν αὐτοῦ καταστήσει αὐτόν.	

012			Mk 12,43	... εἶπεν αὐτοῖς· ἀμὴν λέγω ὑμῖν ὅτι ἡ χήρα αὕτη ἡ πτωχὴ πλεῖον πάντων ἔβαλεν τῶν βαλλόντων εἰς τὸ γαζοφυλάκιον·	Lk 21,3	καὶ εἶπεν· ἀληθῶς λέγω ὑμῖν ὅτι ἡ χήρα αὕτη ἡ πτωχὴ πλεῖον πάντων ἔβαλεν·	
221	Mt 26,73	μετὰ μικρὸν δὲ προσελθόντες οἱ ἑστῶτες εἶπον τῷ Πέτρῳ· ἀληθῶς καὶ σὺ ἐξ αὐτῶν εἶ, καὶ γὰρ ἡ λαλιά σου δῆλόν σε ποιεῖ.	Mk 14,70	... καὶ μετὰ μικρὸν πάλιν οἱ παρεστῶτες ἔλεγον τῷ Πέτρῳ· ἀληθῶς ἐξ αὐτῶν εἶ, καὶ γὰρ Γαλιλαῖος εἶ.	Lk 22,59	καὶ διαστάσης ὡσεὶ ὥρας μιᾶς ἄλλος τις διϊσχυρίζετο λέγων· ἐπ' ἀληθείας καὶ οὗτος μετ' αὐτοῦ ἦν, καὶ γὰρ Γαλιλαῖός ἐστιν.	→ Jn 18,26
221	Mt 27,54	ὁ δὲ ἑκατόνταρχος καὶ οἱ μετ' αὐτοῦ τηροῦντες τὸν Ἰησοῦν ἰδόντες τὸν σεισμὸν καὶ τὰ γενόμενα ἐφοβήθησαν σφόδρα, λέγοντες· ἀληθῶς θεοῦ υἱὸς ἦν οὗτος.	Mk 15,39	ἰδὼν δὲ ὁ κεντυρίων ὁ παρεστηκὼς ἐξ ἐναντίας αὐτοῦ ὅτι οὕτως ἐξέπνευσεν εἶπεν· ἀληθῶς οὗτος ὁ ἄνθρωπος υἱὸς θεοῦ ἦν.	Lk 23,47	ἰδὼν δὲ ὁ ἑκατοντάρχης τὸ γενόμενον ἐδόξαζεν τὸν θεὸν λέγων· ὄντως ὁ ἄνθρωπος οὗτος δίκαιος ἦν.	

Acts 12,11 ... νῦν οἶδα
ἀληθῶς
ὅτι ἐξαπέστειλεν [ὁ]
κύριος τὸν ἄγγελον
αὐτοῦ καὶ ἐξείλατό με
ἐκ χειρὸς Ἡρῴδου ...

ἁλιεύς	Syn 5	Mt 2	Mk 2	Lk 1	Acts	Jn	1-3John	Paul	Eph	Col
	NT 5	2Thess	1/2Tim	Tit	Heb	Jas	1Pet	2Pet	Jude	Rev

fisherman

220	Mt 4,18	... εἶδεν δύο ἀδελφούς, Σίμωνα τὸν λεγόμενον Πέτρον καὶ Ἀνδρέαν τὸν ἀδελφὸν αὐτοῦ, βάλλοντας ἀμφίβληστρον εἰς τὴν θάλασσαν· ἦσαν γὰρ ἁλιεῖς.	Mk 1,16	... εἶδεν Σίμωνα καὶ Ἀνδρέαν τὸν ἀδελφὸν Σίμωνος ἀμφιβάλλοντας ἐν τῇ θαλάσσῃ· ἦσαν γὰρ ἁλιεῖς.	Lk 5,2 → Mt 4,21 → Mk 1,19	καὶ εἶδεν δύο πλοῖα ἑστῶτα παρὰ τὴν λίμνην· οἱ δὲ ἁλιεῖς ἀπ' αὐτῶν ἀποβάντες ἔπλυνον τὰ δίκτυα.	→ Jn 1,40-42
221	Mt 4,19	... δεῦτε ὀπίσω μου, καὶ ποιήσω ὑμᾶς ἁλιεῖς ἀνθρώπων.	Mk 1,17	... δεῦτε ὀπίσω μου, καὶ ποιήσω ὑμᾶς γενέσθαι ἁλιεῖς ἀνθρώπων.	Lk 5,10	... μὴ φοβοῦ· ἀπὸ τοῦ νῦν ἀνθρώπους ἔσῃ ζωγρῶν.	
002	Mt 4,18	... εἶδεν δύο ἀδελφούς, Σίμωνα τὸν λεγόμενον Πέτρον καὶ Ἀνδρέαν τὸν ἀδελφὸν αὐτοῦ, βάλλοντας ἀμφίβληστρον εἰς τὴν θάλασσαν· ἦσαν γὰρ ἁλιεῖς.	Mk 1,16	... εἶδεν Σίμωνα καὶ Ἀνδρέαν τὸν ἀδελφὸν Σίμωνος ἀμφιβάλλοντας ἐν τῇ θαλάσσῃ· ἦσαν γὰρ ἁλιεῖς.	Lk 5,2 → Mt 4,21 → Mk 1,19	καὶ εἶδεν δύο πλοῖα ἑστῶτα παρὰ τὴν λίμνην· οἱ δὲ ἁλιεῖς ἀπ' αὐτῶν ἀποβάντες ἔπλυνον τὰ δίκτυα.	→ Jn 1,40-42

ἁλίζω	Syn 2	Mt 1	Mk 1	Lk	Acts	Jn	1-3John	Paul	Eph	Col
	NT 2	2Thess	1/2Tim	Tit	Heb	Jas	1Pet	2Pet	Jude	Rev

to salt; restore flavor

201	**Mt 5,13**	... ἐὰν δὲ τὸ ἅλας μωρανθῇ, ἐν τίνι **ἁλισθήσεται**; ...	**Mk 9,50**	... ἐὰν δὲ τὸ ἅλας ἄναλον γένηται, ἐν τίνι αὐτὸ ἀρτύσετε; ...	**Lk 14,34**	... ἐὰν δὲ καὶ τὸ ἅλας μωρανθῇ, ἐν τίνι ἀρτυθήσεται;	Mk-Q overlap
020			**Mk 9,49**	πᾶς γὰρ πυρὶ **ἁλισθήσεται**.			

ἀλλά	Syn 117	Mt 37	Mk 45	Lk 35	Acts 30	Jn 102	1-3John 20	Paul 262	Eph 13	Col 3
	NT 638	2Thess 5	1/2Tim 24	Tit 4	Heb 16	Jas 5	1Pet 16	2Pet 6	Jude 2	Rev 13

but; rather; on the contrary

	triple tradition																	double tradition			Sondergut		
		+Mt / +Lk			–Mt / –Lk			traditions not taken over by Mt / Lk							subtotals								
code	222	211	112	212	221	122	121	022	012	021	220	120	210	020	Σ+	Σ–	Σ	202	201	102	200	002	total
Mt	9	2^+			3	1^-	9^-				5	10^-	2^+		4^+	20^-	21	5	5		6		**37**
Mk	9				3	1	9			5	5	10		3			45						**45**
Lk	9		3^+		3^-	1	9^-		1^+	5^-					4^+	17^-	14	5		3		13	**35**

Mk-Q overlap: 121: Mt 12,29 / Mk 3,27 / Lk 11,21

a ἀλλ᾽ ἐὰν

b ἀλλ᾽ οὐ, ~ οὐχὶ, ~ οὐκ

002					**Lk 1,60**	καὶ ἀποκριθεῖσα ἡ μήτηρ αὐτοῦ εἶπεν· οὐχί, **ἀλλὰ** κληθήσεται Ἰωάννης.	
201	**Mt 4,4**	... γέγραπται· *οὐκ ἐπ᾽ ἄρτῳ μόνῳ ζήσεται ὁ ἄνθρωπος,* ***ἀλλ᾽*** *ἐπὶ παντὶ ῥήματι ἐκπορευομένῳ διὰ στόματος θεοῦ.* ➢ Deut 8,3			**Lk 4,4**	... γέγραπται ὅτι *οὐκ ἐπ᾽ ἄρτῳ μόνῳ ζήσεται ὁ ἄνθρωπος.* ➢ Deut 8,3	
222	**Mt 8,4**	καὶ λέγει αὐτῷ ὁ Ἰησοῦς· ὅρα μηδενὶ εἴπῃς, **ἀλλὰ** ὕπαγε σεαυτὸν δεῖξον τῷ ἱερεῖ, ... ➢ Lev 13,49; 14,2-4	**Mk 1,44**	καὶ λέγει αὐτῷ· ὅρα μηδενὶ μηδὲν εἴπῃς, **ἀλλὰ** ὕπαγε σεαυτὸν δεῖξον τῷ ἱερεῖ ... ➢ Lev 13,49; 14,2-4	**Lk 5,14** → Lk 17,14	καὶ αὐτὸς παρήγγειλεν αὐτῷ μηδενὶ εἰπεῖν, **ἀλλὰ** ἀπελθὼν δεῖξον σεαυτὸν τῷ ἱερεῖ ... ➢ Lev 13,49; 14,2-4	
021			**Mk 1,45** → Mk 1,35 → Mk 1,37	ὁ δὲ ἐξελθὼν ἤρξατο κηρύσσειν πολλὰ καὶ διαφημίζειν τὸν λόγον, ὥστε μηκέτι αὐτὸν δύνασθαι φανερῶς εἰς πόλιν εἰσελθεῖν, **ἀλλ᾽** ἔξω ἐπ᾽ ἐρήμοις τόποις ἦν· καὶ ἤρχοντο πρὸς αὐτὸν πάντοθεν.	**Lk 5,16** → Lk 4,42	[15] διήρχετο δὲ μᾶλλον ὁ λόγος περὶ αὐτοῦ, καὶ συνήρχοντο ὄχλοι πολλοὶ ἀκούειν καὶ θεραπεύεσθαι ἀπὸ τῶν ἀσθενειῶν αὐτῶν· [16] αὐτὸς **δὲ** ἦν ὑποχωρῶν ἐν ταῖς ἐρήμοις καὶ προσευχόμενος.	

222	**Mt 9,12**	... οὐ χρείαν ἔχουσιν οἱ ἰσχύοντες ἰατροῦ ἀλλ' οἱ κακῶς ἔχοντες.	**Mk 2,17** (2)	... οὐ χρείαν ἔχουσιν οἱ ἰσχύοντες ἰατροῦ ἀλλ' οἱ κακῶς ἔχοντες·	**Lk 5,31**	... οὐ χρείαν ἔχουσιν οἱ ὑγιαίνοντες ἰατροῦ ἀλλὰ οἱ κακῶς ἔχοντες·	
222	**Mt 9,13**	... οὐ γὰρ ἦλθον καλέσαι δικαίους ἀλλὰ ἁμαρτωλούς.		οὐκ ἦλθον καλέσαι δικαίους ἀλλὰ ἁμαρτωλούς.	**Lk 5,32**	οὐκ ἐλήλυθα καλέσαι δικαίους ἀλλὰ ἁμαρτωλοὺς εἰς μετάνοιαν.	
222	**Mt 9,17**	... εἰ δὲ μή γε, ῥήγνυνται οἱ ἀσκοὶ καὶ ὁ οἶνος ἐκχεῖται καὶ οἱ ἀσκοὶ ἀπόλλυνται· ἀλλὰ βάλλουσιν οἶνον νέον εἰς ἀσκοὺς καινούς, καὶ ἀμφότεροι συντηροῦνται.	**Mk 2,22**	... εἰ δὲ μή, ῥήξει ὁ οἶνος τοὺς ἀσκοὺς καὶ ὁ οἶνος ἀπόλλυται καὶ οἱ ἀσκοί· ἀλλὰ οἶνον νέον εἰς ἀσκοὺς καινούς.	**Lk 5,38**	[37] ... εἰ δὲ μή γε, ῥήξει ὁ οἶνος ὁ νέος τοὺς ἀσκοὺς καὶ αὐτὸς ἐκχυθήσεται καὶ οἱ ἀσκοὶ ἀπολοῦνται· [38] ἀλλὰ οἶνον νέον εἰς ἀσκοὺς καινοὺς βλητέον.	→ GTh 47,4
202	**Mt 5,15**	οὐδὲ καίουσιν λύχνον καὶ τιθέασιν αὐτὸν ὑπὸ τὸν μόδιον ἀλλ' ἐπὶ τὴν λυχνίαν, καὶ λάμπει πᾶσιν τοῖς ἐν τῇ οἰκίᾳ.			**Lk 11,33** ⇩ Lk 8,16	οὐδεὶς λύχνον ἅψας εἰς κρύπτην τίθησιν [οὐδὲ ὑπὸ τὸν μόδιον] ἀλλ' ἐπὶ τὴν λυχνίαν, ἵνα οἱ εἰσπορευόμενοι τὸ φῶς βλέπωσιν.	→ GTh 33,2-3 Mk-Q overlap
			Mk 4,21	... μήτι ἔρχεται ὁ λύχνος ἵνα ὑπὸ τὸν μόδιον τεθῇ ἢ ὑπὸ τὴν κλίνην; οὐχ ἵνα ἐπὶ τὴν λυχνίαν τεθῇ;	**Lk 8,16** ⇩ Lk 11,33	οὐδεὶς δὲ λύχνον ἅψας καλύπτει αὐτὸν σκεύει ἢ ὑποκάτω κλίνης τίθησιν, ἀλλ' ἐπὶ λυχνίας τίθησιν, ἵνα οἱ εἰσπορευόμενοι βλέπωσιν τὸ φῶς.	→ GTh 33,2-3
200	**Mt 5,17**	... οὐκ ἦλθον καταλῦσαι ἀλλὰ πληρῶσαι.					
102	**Mt 5,44**	ἐγὼ δὲ λέγω ὑμῖν· ἀγαπᾶτε τοὺς ἐχθροὺς ὑμῶν ...			**Lk 6,27** ⇨ Lk 6,35	ἀλλὰ ὑμῖν λέγω τοῖς ἀκούουσιν· ἀγαπᾶτε τοὺς ἐχθροὺς ὑμῶν, ...	
201	**Mt 5,39**	ἐγὼ δὲ λέγω ὑμῖν μὴ ἀντιστῆναι τῷ πονηρῷ· ἀλλ' ὅστις σε ῥαπίζει εἰς τὴν δεξιὰν σιαγόνα [σου], στρέψον αὐτῷ καὶ τὴν ἄλλην·			**Lk 6,29**	τῷ τύπτοντί σε ἐπὶ τὴν σιαγόνα πάρεχε καὶ τὴν ἄλλην, ...	
201	**Mt 6,13**	καὶ μὴ εἰσενέγκῃς ἡμᾶς εἰς πειρασμόν, ἀλλὰ ῥῦσαι ἡμᾶς ἀπὸ τοῦ πονηροῦ.			**Lk 11,4**	... καὶ μὴ εἰσενέγκῃς ἡμᾶς εἰς πειρασμόν.	
200	**Mt 6,18**	ὅπως μὴ φανῇς τοῖς ἀνθρώποις νηστεύων ἀλλὰ τῷ πατρί σου τῷ ἐν τῷ κρυφαίῳ· ...					→ GTh 6 (POxy 654) → GTh 27 (POxy 1)

201	Mt 7,21 → Mt 12,50	οὐ πᾶς ὁ λέγων μοι· κύριε κύριε, εἰσελεύσεται εἰς τὴν βασιλείαν τῶν οὐρανῶν, ἀλλ' ὁ ποιῶν τὸ θέλημα τοῦ πατρός μου τοῦ ἐν τοῖς οὐρανοῖς.	→ Mk 3,35		Lk 6,46 → Lk 8,21	τί δέ με καλεῖτε· κύριε κύριε, καὶ οὐ ποιεῖτε ἃ λέγω;	
222	Mt 8,4	καὶ λέγει αὐτῷ ὁ Ἰησοῦς· ὅρα μηδενὶ εἴπῃς, ἀλλὰ ὕπαγε σεαυτὸν δεῖξον τῷ ἱερεῖ, ... ➤ Lev 13,49; 14,2-4	Mk 1,44	καὶ λέγει αὐτῷ· ὅρα μηδενὶ μηδὲν εἴπῃς, ἀλλὰ ὕπαγε σεαυτὸν δεῖξον τῷ ἱερεῖ ... ➤ Lev 13,49; 14,2-4	Lk 5,14 → Lk 17,14	καὶ αὐτὸς παρήγγειλεν αὐτῷ μηδενὶ εἰπεῖν, ἀλλὰ ἀπελθὼν δεῖξον σεαυτὸν τῷ ἱερεῖ ... ➤ Lev 13,49; 14,2-4	
202	Mt 8,8	... κύριε, οὐκ εἰμὶ ἱκανὸς ἵνα μου ὑπὸ τὴν στέγην εἰσέλθῃς, ἀλλὰ μόνον εἰπὲ λόγῳ, καὶ ἰαθήσεται ὁ παῖς μου.			Lk 7,7	[6] ... κύριε, μὴ σκύλλου, οὐ γὰρ ἱκανός εἰμι ἵνα ὑπὸ τὴν στέγην μου εἰσέλθῃς· [7] διὸ οὐδὲ ἐμαυτὸν ἠξίωσα πρὸς σὲ ἐλθεῖν· ἀλλὰ εἰπὲ λόγῳ, καὶ ἰαθήτω ὁ παῖς μου.	→ Jn 4,49
222	Mt 9,12	... οὐ χρείαν ἔχουσιν οἱ ἰσχύοντες ἰατροῦ ἀλλ' οἱ κακῶς ἔχοντες.	Mk 2,17 (2)	... οὐ χρείαν ἔχουσιν οἱ ἰσχύοντες ἰατροῦ ἀλλ' οἱ κακῶς ἔχοντες·	Lk 5,31	... οὐ χρείαν ἔχουσιν οἱ ὑγιαίνοντες ἰατροῦ ἀλλὰ οἱ κακῶς ἔχοντες·	
222	Mt 9,13 ⇨ Mt 12,7	πορευθέντες δὲ μάθετε τί ἐστιν· *ἔλεος θέλω καὶ οὐ θυσίαν*· οὐ γὰρ ἦλθον καλέσαι δικαίους ἀλλὰ ἁμαρτωλούς. ➤ Hos 6,6		 οὐκ ἦλθον καλέσαι δικαίους ἀλλὰ ἁμαρτωλούς.	Lk 5,32	 οὐκ ἐλήλυθα καλέσαι δικαίους ἀλλὰ ἁμαρτωλοὺς εἰς μετάνοιαν.	
222	Mt 9,17	... εἰ δὲ μή γε, ῥήγνυνται οἱ ἀσκοὶ καὶ ὁ οἶνος ἐκχεῖται καὶ οἱ ἀσκοὶ ἀπόλλυνται· ἀλλὰ βάλλουσιν οἶνον νέον εἰς ἀσκοὺς καινούς, καὶ ἀμφότεροι συντηροῦνται.	Mk 2,22	... εἰ δὲ μή, ῥήξει ὁ οἶνος τοὺς ἀσκοὺς καὶ ὁ οἶνος ἀπόλλυται καὶ οἱ ἀσκοί· ἀλλὰ οἶνον νέον εἰς ἀσκοὺς καινούς.	Lk 5,38	[37] ... εἰ δὲ μή γε, ῥήξει ὁ οἶνος ὁ νέος τοὺς ἀσκοὺς καὶ αὐτὸς ἐκχυθήσεται καὶ οἱ ἀσκοὶ ἀπολοῦνται· [38] ἀλλὰ οἶνον νέον εἰς ἀσκοὺς καινοὺς βλητέον.	→ GTh 47,4
211	Mt 9,18	 ... λέγων ὅτι ἡ θυγάτηρ μου ἄρτι ἐτελεύτησεν· ἀλλὰ ἐλθὼν ἐπίθες τὴν χεῖρά σου ἐπ' αὐτήν, καὶ ζήσεται.	Mk 5,23	καὶ παρακαλεῖ αὐτὸν πολλὰ λέγων ὅτι τὸ θυγάτριόν μου ἐσχάτως ἔχει, ἵνα ἐλθὼν ἐπιθῇς τὰς χεῖρας αὐτῇ ἵνα σωθῇ καὶ ζήσῃ.	Lk 8,42 → Mk 5,42	[41] ... παρεκάλει αὐτὸν εἰσελθεῖν εἰς τὸν οἶκον αὐτοῦ, [42] ὅτι θυγάτηρ μονογενὴς ἦν αὐτῷ ὡς ἐτῶν δώδεκα καὶ αὐτὴ ἀπέθνῃσκεν. ...	
222	Mt 9,24	... ἀναχωρεῖτε, οὐ γὰρ ἀπέθανεν τὸ κοράσιον ἀλλὰ καθεύδει. ...	Mk 5,39	... τί θορυβεῖσθε καὶ κλαίετε; τὸ παιδίον οὐκ ἀπέθανεν ἀλλὰ καθεύδει.	Lk 8,52	... μὴ κλαίετε, οὐ γὰρ ἀπέθανεν ἀλλὰ καθεύδει.	
220	Mt 10,20	οὐ γὰρ ὑμεῖς ἐστε οἱ λαλοῦντες ἀλλὰ τὸ πνεῦμα τοῦ πατρὸς ὑμῶν τὸ λαλοῦν ἐν ὑμῖν.	Mk 13,11 (2)	... οὐ γάρ ἐστε ὑμεῖς οἱ λαλοῦντες ἀλλὰ τὸ πνεῦμα τὸ ἅγιον.			

202	Mt 10,34	μὴ νομίσητε ὅτι ἦλθον βαλεῖν εἰρήνην ἐπὶ τὴν γῆν· οὐκ ἦλθον βαλεῖν εἰρήνην ἀλλὰ μάχαιραν.			Lk 12,51	δοκεῖτε ὅτι εἰρήνην παρεγενόμην δοῦναι ἐν τῇ γῇ; οὐχί, λέγω ὑμῖν, ἀλλ' ἢ διαμερισμόν.	→ GTh 16
202	Mt 11,8	ἀλλὰ τί ἐξήλθατε ἰδεῖν; ἄνθρωπον ἐν μαλακοῖς ἠμφιεσμένον; ...			Lk 7,25	ἀλλὰ τί ἐξήλθατε ἰδεῖν; ἄνθρωπον ἐν μαλακοῖς ἱματίοις ἠμφιεσμένον; ...	→ GTh 78
202	Mt 11,9	ἀλλὰ τί ἐξήλθατε ἰδεῖν; προφήτην; ...			Lk 7,26	ἀλλὰ τί ἐξήλθατε ἰδεῖν; προφήτην; ...	
020	Mt 12,26	καὶ εἰ ὁ σατανᾶς τὸν σατανᾶν ἐκβάλλει, ἐφ' ἑαυτὸν ἐμερίσθη· πῶς οὖν σταθήσεται ἡ βασιλεία αὐτοῦ;	Mk 3,26	καὶ εἰ ὁ σατανᾶς ἀνέστη ἐφ' ἑαυτὸν καὶ ἐμερίσθη, οὐ δύναται στῆναι ἀλλὰ τέλος ἔχει.	Lk 11,18 → Mt 9,34 → Mt 12,24 → Mk 3,22 → Lk 11,15	εἰ δὲ καὶ ὁ σατανᾶς ἐφ' ἑαυτὸν διεμερίσθη, πῶς σταθήσεται ἡ βασιλεία αὐτοῦ; ὅτι λέγετε ἐν Βεελζεβοὺλ ἐκβάλλειν με τὰ δαιμόνια.	Mk-Q overlap
b 121	Mt 12,29	ἢ πῶς δύναταί τις εἰσελθεῖν εἰς τὴν οἰκίαν τοῦ ἰσχυροῦ καὶ τὰ σκεύη αὐτοῦ ἁρπάσαι, ...	Mk 3,27	ἀλλ' οὐ δύναται οὐδεὶς εἰς τὴν οἰκίαν τοῦ ἰσχυροῦ εἰσελθὼν τὰ σκεύη αὐτοῦ διαρπάσαι, ...	Lk 11,21	ὅταν ὁ ἰσχυρὸς καθωπλισμένος φυλάσσῃ τὴν ἑαυτοῦ αὐλήν, ἐν εἰρήνῃ ἐστὶν τὰ ὑπάρχοντα αὐτοῦ·	→ GTh 21,5 → GTh 35 Mk-Q overlap?
120	Mt 12,32	[31] ... ἡ δὲ τοῦ πνεύματος βλασφημία οὐκ ἀφεθήσεται. [32] ... ὃς δ' ἂν εἴπῃ κατὰ τοῦ πνεύματος τοῦ ἁγίου, οὐκ ἀφεθήσεται αὐτῷ οὔτε ἐν τούτῳ τῷ αἰῶνι οὔτε ἐν τῷ μέλλοντι.	Mk 3,29	ὃς δ' ἂν βλασφημήσῃ εἰς τὸ πνεῦμα τὸ ἅγιον, οὐκ ἔχει ἄφεσιν εἰς τὸν αἰῶνα, ἀλλὰ ἔνοχός ἐστιν αἰωνίου ἁμαρτήματος.	Lk 12,10	... τῷ δὲ εἰς τὸ ἅγιον πνεῦμα βλασφημήσαντι οὐκ ἀφεθήσεται.	→ GTh 44 Mk-Q overlap
221	Mt 13,21	οὐκ ἔχει δὲ ῥίζαν ἐν ἑαυτῷ ἀλλὰ πρόσκαιρός ἐστιν, γενομένης δὲ θλίψεως ἢ διωγμοῦ διὰ τὸν λόγον εὐθὺς σκανδαλίζεται.	Mk 4,17	καὶ οὐκ ἔχουσιν ῥίζαν ἐν ἑαυτοῖς ἀλλὰ πρόσκαιροί εἰσιν, εἶτα γενομένης θλίψεως ἢ διωγμοῦ διὰ τὸν λόγον εὐθὺς σκανδαλίζονται.	Lk 8,13	... καὶ οὗτοι ῥίζαν οὐκ ἔχουσιν, οἳ πρὸς καιρὸν πιστεύουσιν καὶ ἐν καιρῷ πειρασμοῦ ἀφίστανται.	
012	Mt 5,15	οὐδὲ καίουσιν λύχνον καὶ τιθέασιν αὐτὸν ὑπὸ τὸν μόδιον ἀλλ' ἐπὶ τὴν λυχνίαν, καὶ λάμπει πᾶσιν τοῖς ἐν τῇ οἰκίᾳ.	Mk 4,21	... μήτι ἔρχεται ὁ λύχνος ἵνα ὑπὸ τὸν μόδιον τεθῇ ἢ ὑπὸ τὴν κλίνην; οὐχ ἵνα ἐπὶ τὴν λυχνίαν τεθῇ;	Lk 8,16 ⇩ Lk 11,33	οὐδεὶς δὲ λύχνον ἅψας καλύπτει αὐτὸν σκεύει ἢ ὑποκάτω κλίνης τίθησιν, ἀλλ' ἐπὶ λυχνίας τίθησιν, ἵνα οἱ εἰσπορευόμενοι βλέπωσιν τὸ φῶς.	→ GTh 33,2-3 Mk-Q overlap
021			Mk 4,22	οὐ γάρ ἐστιν κρυπτὸν ἐὰν μὴ ἵνα φανερωθῇ, οὐδὲ ἐγένετο ἀπόκρυφον ἀλλ' ἵνα ἔλθῃ εἰς φανερόν.	Lk 8,17 ⇩ Lk 12,2	οὐ γάρ ἐστιν κρυπτὸν ὃ οὐ φανερὸν γενήσεται οὐδὲ ἀπόκρυφον ὃ οὐ μὴ γνωσθῇ καὶ εἰς φανερὸν ἔλθῃ.	→ GTh 5 → GTh 6,5-6 (POxy 654) Mk-Q overlap
	Mt 10,26	... οὐδὲν γάρ ἐστιν κεκαλυμμένον ὃ οὐκ ἀποκαλυφθήσεται καὶ κρυπτὸν ὃ οὐ γνωσθήσεται.			Lk 12,2 ⇧ Lk 8,17	οὐδὲν δὲ συγκεκαλυμμένον ἐστὶν ὃ οὐκ ἀποκαλυφθήσεται καὶ κρυπτὸν ὃ οὐ γνωσθήσεται.	→ GTh 5 → GTh 6,5-6 (POxy 654)

112	**Mt 8,28**	... ὑπήντησαν αὐτῷ δύο δαιμονιζόμενοι ἐκ τῶν μνημείων ἐξερχόμενοι, ...	**Mk 5,3**	[2] ... εὐθὺς ὑπήντησεν αὐτῷ ἐκ τῶν μνημείων ἄνθρωπος ἐν πνεύματι ἀκαθάρτῳ, [3] ὃς τὴν κατοίκησιν εἶχεν ἐν τοῖς μνήμασιν, καὶ οὐδὲ ἁλύσει οὐκέτι οὐδεὶς ἐδύνατο αὐτὸν δῆσαι	**Lk 8,27**	... ὑπήντησεν ἀνήρ τις ἐκ τῆς πόλεως ἔχων δαιμόνια καὶ χρόνῳ ἱκανῷ οὐκ ἐνεδύσατο ἱμάτιον καὶ ἐν οἰκίᾳ οὐκ ἔμενεν **ἀλλ'** ἐν τοῖς μνήμασιν.	
021			**Mk 5,19**	[18] ... παρεκάλει αὐτὸν ὁ δαιμονισθεὶς ἵνα μετ' αὐτοῦ ᾖ. [19] καὶ οὐκ ἀφῆκεν αὐτόν, **ἀλλὰ** λέγει αὐτῷ· ὕπαγε εἰς τὸν οἶκόν σου ...	**Lk 8,38**	ἐδεῖτο δὲ αὐτοῦ ὁ ἀνὴρ ἀφ' οὗ ἐξεληλύθει τὰ δαιμόνια εἶναι σὺν αὐτῷ· ἀπέλυσεν **δὲ** αὐτὸν λέγων· [39] ὑπόστρεφε εἰς τὸν οἶκόν σου	
021			**Mk 5,26**	καὶ πολλὰ παθοῦσα ὑπὸ πολλῶν ἰατρῶν καὶ δαπανήσασα τὰ παρ' αὐτῆς πάντα καὶ μηδὲν ὠφεληθεῖσα **ἀλλὰ** μᾶλλον εἰς τὸ χεῖρον ἐλθοῦσα	**Lk 8,43**	καὶ γυνὴ οὖσα ἐν ῥύσει αἵματος ἀπὸ ἐτῶν δώδεκα, ἥτις [ἰατροῖς προσαναλώσασα ὅλον τὸν βίον] οὐκ ἴσχυσεν ἀπ' οὐδενὸς θεραπευθῆναι	
222	**Mt 9,24**	... ἀναχωρεῖτε, οὐ γὰρ ἀπέθανεν τὸ κοράσιον **ἀλλὰ** καθεύδει. ...	**Mk 5,39**	... τί θορυβεῖσθε καὶ κλαίετε; τὸ παιδίον οὐκ ἀπέθανεν **ἀλλὰ** καθεύδει.	**Lk 8,52**	... μὴ κλαίετε, οὐ γὰρ ἀπέθανεν **ἀλλὰ** καθεύδει.	
021			**Mk 6,9**	[8] ... ἵνα μηδὲν αἴρωσιν εἰς ὁδὸν εἰ μὴ ῥάβδον μόνον, μὴ ἄρτον, μὴ πήραν, μὴ εἰς τὴν ζώνην χαλκόν, [9] **ἀλλὰ** ὑποδεδεμένους σανδάλια, καὶ μὴ ἐνδύσησθε δύο χιτῶνας.	**Lk 9,3** ⇩ Lk 10,4 → Lk 22,35 ↓ **Lk 22,36**	... μηδὲν αἴρετε εἰς τὴν ὁδόν, μήτε ῥάβδον μήτε πήραν μήτε ἄρτον μήτε ἀργύριον μήτε [ἀνὰ] δύο χιτῶνας ἔχειν.	Mk-Q overlap
	Mt 10,10	[9] μὴ κτήσησθε χρυσὸν μηδὲ ἄργυρον μηδὲ χαλκὸν εἰς τὰς ζώνας ὑμῶν, [10] μὴ πήραν εἰς ὁδὸν μηδὲ δύο χιτῶνας **μηδὲ** ὑποδήματα μηδὲ ῥάβδον· ...			**Lk 10,4** ⇧ Lk 9,3 → Lk 22,35	μὴ βαστάζετε βαλλάντιον, μὴ πήραν, **μὴ** ὑποδήματα, καὶ μηδένα κατὰ τὴν ὁδὸν ἀσπάσησθε.	Mk-Q overlap
020			**Mk 6,52** → Mt 16,9 → Mk 8,17	οὐ γὰρ συνῆκαν ἐπὶ τοῖς ἄρτοις, **ἀλλ'** ἦν αὐτῶν ἡ καρδία πεπωρωμένη.			
120	**Mt 15,2** → Mt 15,20	διὰ τί οἱ μαθηταί σου παραβαίνουσιν τὴν παράδοσιν τῶν πρεσβυτέρων; **οὐ γὰρ** νίπτονται τὰς χεῖρας [αὐτῶν] ὅταν ἄρτον ἐσθίωσιν.	**Mk 7,5**	... διὰ τί οὐ περιπατοῦσιν οἱ μαθηταί σου κατὰ τὴν παράδοσιν τῶν πρεσβυτέρων, **ἀλλὰ** κοιναῖς χερσὶν ἐσθίουσιν τὸν ἄρτον;			

220	Mt 15,11	οὐ τὸ εἰσερχόμενον εἰς τὸ στόμα κοινοῖ τὸν ἄνθρωπον, **ἀλλὰ** τὸ ἐκπορευόμενον ἐκ τοῦ στόματος τοῦτο κοινοῖ τὸν ἄνθρωπον.	Mk 7,15	οὐδέν ἐστιν ἔξωθεν τοῦ ἀνθρώπου εἰσπορευόμενον εἰς αὐτὸν ὃ δύναται κοινῶσαι αὐτόν, **ἀλλὰ** τὰ ἐκ τοῦ ἀνθρώπου ἐκπορευόμενά ἐστιν τὰ κοινοῦντα τὸν ἄνθρωπον.			→ GTh 14,5
120	Mt 15,17	οὐ νοεῖτε ὅτι πᾶν τὸ εἰσπορευόμενον εἰς τὸ στόμα εἰς τὴν κοιλίαν χωρεῖ καὶ εἰς ἀφεδρῶνα ἐκβάλλεται;	Mk 7,19	[18] ... οὐ νοεῖτε ὅτι πᾶν τὸ ἔξωθεν εἰσπορευόμενον εἰς τὸν ἄνθρωπον οὐ δύναται αὐτὸν κοινῶσαι, [19] ὅτι οὐκ εἰσπορεύεται αὐτοῦ εἰς τὴν καρδίαν **ἀλλ'** εἰς τὴν κοιλίαν, καὶ εἰς τὸν ἀφεδρῶνα ἐκπορεύεται, ...			→ GTh 14,5
120	Mt 15,22	**καὶ ἰδοὺ** γυνὴ Χαναναία ἀπὸ τῶν ὁρίων ἐκείνων ἐξελθοῦσα ἔκραζεν λέγουσα· ἐλέησόν με, κύριε υἱὸς Δαυίδ· ἡ θυγάτηρ μου κακῶς δαιμονίζεται.	Mk 7,25	**ἀλλ' εὐθὺς** ἀκούσασα γυνὴ περὶ αὐτοῦ, ἧς εἶχεν τὸ θυγάτριον αὐτῆς πνεῦμα ἀκάθαρτον, ...			
200	Mt 16,12 → Lk 12,1	τότε συνῆκαν ὅτι οὐκ εἶπεν προσέχειν ἀπὸ τῆς ζύμης τῶν ἄρτων **ἀλλὰ** ἀπὸ τῆς διδαχῆς τῶν Φαρισαίων καὶ Σαδδουκαίων.					
200	Mt 16,17	... σὰρξ καὶ αἷμα οὐκ ἀπεκάλυψέν σοι **ἀλλ'** ὁ πατήρ μου ὁ ἐν τοῖς οὐρανοῖς.					
220	Mt 16,23	... οὐ φρονεῖς τὰ τοῦ θεοῦ **ἀλλὰ** τὰ τῶν ἀνθρώπων.	Mk 8,33	... ὅτι οὐ φρονεῖς τὰ τοῦ θεοῦ **ἀλλὰ** τὰ τῶν ἀνθρώπων.			
121	Mt 17,8	ἐπάραντες δὲ τοὺς ὀφθαλμοὺς αὐτῶν οὐδένα εἶδον **εἰ μὴ** αὐτὸν Ἰησοῦν μόνον.	Mk 9,8	καὶ ἐξάπινα περιβλεψάμενοι οὐκέτι οὐδένα εἶδον **ἀλλὰ** τὸν Ἰησοῦν μόνον μεθ' ἑαυτῶν.	Lk 9,36	καὶ ἐν τῷ γενέσθαι τὴν φωνὴν εὑρέθη Ἰησοῦς μόνος. ...	
120 210	Mt 17,12 → Mt 11,14 → Lk 1,17	λέγω **δὲ** ὑμῖν ὅτι Ἠλίας ἤδη ἦλθεν, καὶ οὐκ ἐπέγνωσαν αὐτὸν **ἀλλὰ** ἐποίησαν ἐν αὐτῷ ὅσα ἠθέλησαν· οὕτως καὶ ὁ υἱὸς τοῦ ἀνθρώπου μέλλει πάσχειν ὑπ' αὐτῶν.	Mk 9,13 → Lk 1,17	 **ἀλλὰ** λέγω ὑμῖν ὅτι καὶ Ἠλίας ἐλήλυθεν, **καὶ** ἐποίησαν αὐτῷ ὅσα ἤθελον, καθὼς γέγραπται ἐπ' αὐτόν.			
020			Mk 9,22	... **ἀλλ'** εἴ τι δύνῃ, βοήθησον ἡμῖν σπλαγχνισθεὶς ἐφ' ἡμᾶς.			

121	**Mt 18,5** ⇩ Mt 10,40 → Mt 10,41	καὶ ὃς ἐὰν δέξηται ἓν παιδίον τοιοῦτο ἐπὶ τῷ ὀνόματί μου, ἐμὲ δέχεται.	**Mk 9,37**	ὃς ἂν ἓν τῶν τοιούτων παιδίων δέξηται ἐπὶ τῷ ὀνόματί μου, ἐμὲ δέχεται· καὶ ὃς ἂν ἐμὲ δέχηται, οὐκ ἐμὲ δέχεται **ἀλλὰ** τὸν ἀποστείλαντά με.	**Lk 9,48** ⇩ Lk 10,16	... ὃς ἐὰν δέξηται τοῦτο τὸ παιδίον ἐπὶ τῷ ὀνόματί μου, ἐμὲ δέχεται· καὶ ὃς ἂν ἐμὲ δέξηται, δέχεται τὸν ἀποστείλαντά με· ...	→ Jn 5,23 → **Jn 12,44**-45 → Jn 13,20
	Mt 10,40 ⇧ Mt 18,5	ὁ δεχόμενος ὑμᾶς ἐμὲ δέχεται, καὶ ὁ ἐμὲ δεχόμενος δέχεται τὸν ἀποστείλαντά με.			**Lk 10,16** ⇧ Lk 9,48	ὁ ἀκούων ὑμῶν ἐμοῦ ἀκούει, καὶ ὁ ἀθετῶν ὑμᾶς ἐμὲ ἀθετεῖ· ὁ δὲ ἐμὲ ἀθετῶν ἀθετεῖ τὸν ἀποστείλαντά με.	→ Jn 13,20
201	**Mt 18,22** → Mt 18,15	[21] ... κύριε, ποσάκις ἁμαρτήσει εἰς ἐμὲ ὁ ἀδελφός μου καὶ ἀφήσω αὐτῷ; ἕως ἑπτάκις; [22] λέγει αὐτῷ ὁ Ἰησοῦς· οὐ λέγω σοι ἕως ἑπτάκις **ἀλλὰ** ἕως ἑβδομηκοντάκις ἑπτά.			**Lk 17,4** → Lk 17,3	καὶ ἐὰν ἑπτάκις τῆς ἡμέρας ἁμαρτήσῃ εἰς σὲ καὶ ἑπτάκις ἐπιστρέψῃ πρὸς σὲ λέγων· μετανοῶ, ἀφήσεις αὐτῷ.	
200	**Mt 18,30**	ὁ δὲ οὐκ ἤθελεν **ἀλλὰ** ἀπελθὼν ἔβαλεν αὐτὸν εἰς φυλακὴν ἕως ἀποδῷ τὸ ὀφειλόμενον.					
202	**Mt 5,15**	οὐδὲ καίουσιν λύχνον καὶ τιθέασιν αὐτὸν ὑπὸ τὸν μόδιον **ἀλλ᾽** ἐπὶ τὴν λυχνίαν, καὶ λάμπει πᾶσιν τοῖς ἐν τῇ οἰκίᾳ.	**Mk 4,21**	... μήτι ἔρχεται ὁ λύχνος ἵνα ὑπὸ τὸν μόδιον τεθῇ ἢ ὑπὸ τὴν κλίνην; **οὐχ ἵνα** ἐπὶ τὴν λυχνίαν τεθῇ;	**Lk 11,33** ⇧ **Lk 8,16**	οὐδεὶς λύχνον ἅψας εἰς κρύπτην τίθησιν [οὐδὲ ὑπὸ τὸν μόδιον] **ἀλλ᾽** ἐπὶ τὴν λυχνίαν, ἵνα οἱ εἰσπορευόμενοι τὸ φῶς βλέπωσιν.	→ GTh 33,2-3 Mk-Q overlap
102	**Mt 23,23**	οὐαὶ ὑμῖν, γραμματεῖς καὶ Φαρισαῖοι ὑποκριταί, ὅτι ἀποδεκατοῦτε ...			**Lk 11,42**	**ἀλλὰ** οὐαὶ ὑμῖν τοῖς Φαρισαίοις, ὅτι ἀποδεκατοῦτε ...	
102	**Mt 10,30**	ὑμῶν **δὲ** καὶ αἱ τρίχες τῆς κεφαλῆς πᾶσαι ἠριθμημέναι εἰσίν.			**Lk 12,7** → Lk 21,18	**ἀλλὰ** καὶ αἱ τρίχες τῆς κεφαλῆς ὑμῶν πᾶσαι ἠρίθμηνται. ...	→ Acts 27,34
202	**Mt 10,34**	μὴ νομίσητε ὅτι ἦλθον βαλεῖν εἰρήνην ἐπὶ τὴν γῆν· οὐκ ἦλθον βαλεῖν εἰρήνην **ἀλλὰ** μάχαιραν.			**Lk 12,51**	δοκεῖτε ὅτι εἰρήνην παρεγενόμην δοῦναι ἐν τῇ γῇ; οὐχί, λέγω ὑμῖν, **ἀλλ᾽** ἢ διαμερισμόν.	→ GTh 16
a 002					**Lk 13,3**	οὐχί, λέγω ὑμῖν, **ἀλλ᾽ ἐὰν** μὴ μετανοῆτε πάντες ὁμοίως ἀπολεῖσθε.	
a 002					**Lk 13,5**	οὐχί, λέγω ὑμῖν, **ἀλλ᾽ ἐὰν** μὴ μετανοῆτε πάντες ὡσαύτως ἀπολεῖσθε.	
002					**Lk 14,10**	**ἀλλ᾽** ὅταν κληθῇς, πορευθεὶς ἀνάπεσε εἰς τὸν ἔσχατον τόπον, ...	

002					Lk 14,13 → Lk 14,21	ἀλλ᾽ ὅταν δοχὴν ποιῇς, κάλει πτωχούς, ἀναπείρους, χωλούς, τυφλούς·	
002					Lk 16,21	καὶ ἐπιθυμῶν χορτασθῆναι ἀπὸ τῶν πιπτόντων ἀπὸ τῆς τραπέζης τοῦ πλουσίου· ἀλλὰ καὶ οἱ κύνες ἐρχόμενοι ἐπέλειχον τὰ ἕλκη αὐτοῦ.	
a 002					Lk 16,30	... οὐχί, πάτερ Ἀβραάμ, ἀλλ᾽ ἐάν τις ἀπὸ νεκρῶν πορευθῇ πρὸς αὐτοὺς μετανοήσουσιν.	
b 002					Lk 17,8	ἀλλ᾽ οὐχὶ ἐρεῖ αὐτῷ· ἑτοίμασον τί δειπνήσω καὶ περιζωσάμενος διακόνει μοι ἕως φάγω καὶ πίω, ...	
002					Lk 18,13	ὁ δὲ τελώνης μακρόθεν ἑστὼς οὐκ ἤθελεν οὐδὲ τοὺς ὀφθαλμοὺς ἐπᾶραι εἰς τὸν οὐρανόν, ἀλλ᾽ ἔτυπτεν τὸ στῆθος αὐτοῦ λέγων· ὁ θεός, ἱλάσθητί μοι τῷ ἁμαρτωλῷ.	
220	Mt 19,6	[5] ... *καὶ ἔσονται οἱ δύο εἰς σάρκα μίαν.* [6] ὥστε οὐκέτι εἰσὶν δύο ἀλλὰ σὰρξ μία. ... ➤ Gen 2,24 LXX	Mk 10,8	*καὶ ἔσονται οἱ δύο εἰς σάρκα μίαν·* ὥστε οὐκέτι εἰσὶν δύο ἀλλὰ μία σάρξ. ➤ Gen 2,24 LXX			
200	Mt 19,11	... οὐ πάντες χωροῦσιν τὸν λόγον [τοῦτον] ἀλλ᾽ οἷς δέδοται.					
b 121	Mt 19,26	... παρὰ ἀνθρώποις τοῦτο ἀδύνατόν ἐστιν, παρὰ δὲ θεῷ πάντα δυνατά.	Mk 10,27	... παρὰ ἀνθρώποις ἀδύνατον, ἀλλ᾽ οὐ παρὰ θεῷ· πάντα γὰρ δυνατὰ παρὰ τῷ θεῷ.	Lk 18,27	... τὰ ἀδύνατα παρὰ ἀνθρώποις δυνατὰ παρὰ τῷ θεῷ ἐστιν.	
220	Mt 20,23	... τὸ δὲ καθίσαι ἐκ δεξιῶν μου καὶ ἐξ εὐωνύμων οὐκ ἔστιν ἐμὸν [τοῦτο] δοῦναι, ἀλλ᾽ οἷς ἡτοίμασται ὑπὸ τοῦ πατρός μου.	Mk 10,40	τὸ δὲ καθίσαι ἐκ δεξιῶν μου ἢ ἐξ εὐωνύμων οὐκ ἔστιν ἐμὸν δοῦναι, ἀλλ᾽ οἷς ἡτοίμασται.			
222	Mt 20,26 ⇩ Mt 23,11	οὐχ οὕτως ἔσται ἐν ὑμῖν, ἀλλ᾽ ὃς ἐὰν θέλῃ ἐν ὑμῖν μέγας γενέσθαι ἔσται ὑμῶν διάκονος	Mk 10,43 ⇨ Mk 9,35	οὐχ οὕτως δέ ἐστιν ἐν ὑμῖν, ἀλλ᾽ ὃς ἂν θέλῃ μέγας γενέσθαι ἐν ὑμῖν ἔσται ὑμῶν διάκονος	Lk 22,26	ὑμεῖς δὲ οὐχ οὕτως, ἀλλ᾽ ὁ μείζων ἐν ὑμῖν γινέσθω ὡς ὁ νεώτερος ...	
	Mt 23,11 ⇧ Mt 20,26	ὁ δὲ μείζων ὑμῶν ἔσται ὑμῶν διάκονος.					

221	**Mt 20,28**	ὥσπερ ὁ υἱὸς τοῦ ἀνθρώπου οὐκ ἦλθεν διακονηθῆναι ἀλλὰ διακονῆσαι καὶ δοῦναι τὴν ψυχὴν αὐτοῦ λύτρον ἀντὶ πολλῶν.	**Mk 10,45**	καὶ γὰρ ὁ υἱὸς τοῦ ἀνθρώπου οὐκ ἦλθεν διακονηθῆναι ἀλλὰ διακονῆσαι καὶ δοῦναι τὴν ψυχὴν αὐτοῦ λύτρον ἀντὶ πολλῶν.	**Lk 22,27** → Lk 12,37	τίς γὰρ μείζων, ὁ ἀνακείμενος ἢ ὁ διακονῶν; οὐχὶ ὁ ἀνακείμενος; ἐγὼ δὲ ἐν μέσῳ ὑμῶν εἰμι ὡς ὁ διακονῶν.	→ Jn 13,13-14
a 210 120	**Mt 21,21** ↓ Mt 17,20	... ἀμὴν λέγω ὑμῖν, ἐὰν ἔχητε πίστιν καὶ μὴ διακριθῆτε, οὐ μόνον τὸ τῆς συκῆς ποιήσετε, ἀλλὰ κἂν τῷ ὄρει τούτῳ εἴπητε· ἄρθητι καὶ βλήθητι εἰς τὴν θάλασσαν, γενήσεται·	**Mk 11,23** → Mk 9,23 → Mk 9,23	[22] ... ἔχετε πίστιν θεοῦ. [23] ἀμὴν λέγω ὑμῖν ὅτι ὃς ἂν εἴπῃ τῷ ὄρει τούτῳ· ἄρθητι καὶ βλήθητι εἰς τὴν θάλασσαν, καὶ μὴ διακριθῇ ἐν τῇ καρδίᾳ αὐτοῦ ἀλλὰ πιστεύῃ ὅτι ὃ λαλεῖ γίνεται, ἔσται αὐτῷ.	↓ Lk 17,6		→ GTh 48 → GTh 106
	Mt 17,20 ↑ Mt 21,21	... ἀμὴν γὰρ λέγω ὑμῖν, ἐὰν ἔχητε πίστιν ὡς κόκκον σινάπεως, ἐρεῖτε τῷ ὄρει τούτῳ, μετάβα ἔνθεν ἐκεῖ, καὶ μεταβήσεται· καὶ οὐδὲν ἀδυνατήσει ὑμῖν.			**Lk 17,6**	... εἰ ἔχετε πίστιν ὡς κόκκον σινάπεως, ἐλέγετε ἂν τῇ συκαμίνῳ [ταύτῃ]· ἐκριζώθητι καὶ φυτεύθητι ἐν τῇ θαλάσσῃ· καὶ ὑπήκουσεν ἂν ὑμῖν.	→ GTh 48 → GTh 106
121	**Mt 21,26**	ἐὰν δὲ εἴπωμεν· ἐξ ἀνθρώπων, φοβούμεθα τὸν ὄχλον, πάντες γὰρ ὡς προφήτην ἔχουσιν τὸν Ἰωάννην.	**Mk 11,32**	ἀλλὰ εἴπωμεν· ἐξ ἀνθρώπων; - ἐφοβοῦντο τὸν ὄχλον· ἅπαντες γὰρ εἶχον τὸν Ἰωάννην ὄντως ὅτι προφήτης ἦν.	**Lk 20,6**	ἐὰν δὲ εἴπωμεν· ἐξ ἀνθρώπων, ὁ λαὸς ἅπας καταλιθάσει ἡμᾶς, πεπεισμένος γάρ ἐστιν Ἰωάννην προφήτην εἶναι.	
122	**Mt 22,16**	... διδάσκαλε, οἴδαμεν ὅτι ἀληθὴς εἶ καὶ τὴν ὁδὸν τοῦ θεοῦ ἐν ἀληθείᾳ διδάσκεις καὶ οὐ μέλει σοι περὶ οὐδενός. οὐ γὰρ βλέπεις εἰς πρόσωπον ἀνθρώπων	**Mk 12,14**	... διδάσκαλε, οἴδαμεν ὅτι ἀληθὴς εἶ καὶ οὐ μέλει σοι περὶ οὐδενός· οὐ γὰρ βλέπεις εἰς πρόσωπον ἀνθρώπων, ἀλλ' ἐπ' ἀληθείας τὴν ὁδὸν τοῦ θεοῦ διδάσκεις· ...	**Lk 20,21**	... διδάσκαλε, οἴδαμεν ὅτι ὀρθῶς λέγεις καὶ διδάσκεις καὶ οὐ λαμβάνεις πρόσωπον, ἀλλ' ἐπ' ἀληθείας τὴν ὁδὸν τοῦ θεοῦ διδάσκεις·	→ Jn 3,2
221	**Mt 22,30**	ἐν γὰρ τῇ ἀναστάσει οὔτε γαμοῦσιν οὔτε γαμίζονται, ἀλλ' ὡς ἄγγελοι ἐν τῷ οὐρανῷ εἰσιν.	**Mk 12,25**	ὅταν γὰρ ἐκ νεκρῶν ἀναστῶσιν οὔτε γαμοῦσιν οὔτε γαμίζονται, ἀλλ' εἰσὶν ὡς ἄγγελοι ἐν τοῖς οὐρανοῖς.	**Lk 20,36**	[35] οἱ δὲ καταξιωθέντες τοῦ αἰῶνος ἐκείνου τυχεῖν καὶ τῆς ἀναστάσεως τῆς ἐκ νεκρῶν οὔτε γαμοῦσιν οὔτε γαμίζονται· [36] οὐδὲ γὰρ ἀποθανεῖν ἔτι δύνανται, ἰσάγγελοι γάρ εἰσιν καὶ υἱοί εἰσιν θεοῦ τῆς ἀναστάσεως υἱοὶ ὄντες.	
222	**Mt 22,32**	... οὐκ ἔστιν [ὁ] θεὸς νεκρῶν ἀλλὰ ζώντων.	**Mk 12,27**	οὐκ ἔστιν θεὸς νεκρῶν ἀλλὰ ζώντων· ...	**Lk 20,38**	θεὸς δὲ οὐκ ἔστιν νεκρῶν ἀλλὰ ζώντων, πάντες γὰρ αὐτῷ ζῶσιν.	

b 222	Mt 24,6	μελλήσετε δὲ ἀκούειν πολέμους καὶ ἀκοὰς πολέμων· ὁρᾶτε μὴ θροεῖσθε· δεῖ γὰρ γενέσθαι, **ἀλλ' οὔπω** ἐστὶν τὸ τέλος.	Mk 13,7	ὅταν δὲ ἀκούσητε πολέμους καὶ ἀκοὰς πολέμων, μὴ θροεῖσθε· δεῖ γενέσθαι, **ἀλλ' οὔπω** τὸ τέλος.	Lk 21,9	ὅταν δὲ ἀκούσητε πολέμους καὶ ἀκαταστασίας, μὴ πτοηθῆτε· δεῖ γὰρ ταῦτα γενέσθαι πρῶτον, **ἀλλ' οὐκ** εὐθέως τὸ τέλος.	
121	Mt 10,19	... μὴ μεριμνήσητε πῶς ἢ τί λαλήσητε· δοθήσεται **γὰρ** ὑμῖν ἐν ἐκείνῃ τῇ ὥρᾳ τί λαλήσητε·	Mk 13,11 (2)	... μὴ προμεριμνᾶτε τί λαλήσητε, **ἀλλ'** ὃ ἐὰν δοθῇ ὑμῖν ἐν ἐκείνῃ τῇ ὥρᾳ τοῦτο λαλεῖτε·	Lk 21,15 ⇩ Lk 12,11-12	[14] θέτε οὖν ἐν ταῖς καρδίαις ὑμῶν μὴ προμελετᾶν ἀπολογηθῆναι· [15] ἐγὼ **γὰρ** δώσω ὑμῖν στόμα καὶ σοφίαν ...	→ Acts 6,10 Mk-Q overlap
	Mt 10,19	... μὴ μεριμνήσητε πῶς ἢ τί λαλήσητε· δοθήσεται **γὰρ** ὑμῖν ἐν ἐκείνῃ τῇ ὥρᾳ τί λαλήσητε· ...			Lk 12,12 ⇧ Lk 21,14-15 → Lk 21,12	[11] ... μὴ μεριμνήσητε πῶς ἢ τί ἀπολογήσησθε ἢ τί εἴπητε· [12] τὸ **γὰρ** ἅγιον πνεῦμα διδάξει ὑμᾶς ἐν αὐτῇ τῇ ὥρᾳ ἃ δεῖ εἰπεῖν.	→ Jn 14,26
220	Mt 10,20	οὐ γὰρ ὑμεῖς ἐστε οἱ λαλοῦντες **ἀλλὰ** τὸ πνεῦμα τοῦ πατρὸς ὑμῶν τὸ λαλοῦν ἐν ὑμῖν.	↑ Lk 12,12	οὐ γάρ ἐστε ὑμεῖς οἱ λαλοῦντες **ἀλλὰ** τὸ πνεῦμα τὸ ἅγιον.			
120	Mt 24,22	καὶ εἰ μὴ ἐκολοβώθησαν αἱ ἡμέραι ἐκεῖναι, οὐκ ἂν ἐσώθη πᾶσα σάρξ· διὰ **δὲ** τοὺς ἐκλεκτοὺς κολοβωθήσονται αἱ ἡμέραι ἐκεῖναι.	Mk 13,20	καὶ εἰ μὴ ἐκολόβωσεν κύριος τὰς ἡμέρας, οὐκ ἂν ἐσώθη πᾶσα σάρξ· **ἀλλὰ** διὰ τοὺς ἐκλεκτοὺς οὓς ἐξελέξατο ἐκολόβωσεν τὰς ἡμέρας.			
121	Mt 24,29	εὐθέως **δὲ** μετὰ τὴν θλῖψιν τῶν ἡμερῶν ἐκείνων *ὁ ἥλιος σκοτισθήσεται, καὶ ἡ σελήνη οὐ δώσει τὸ φέγγος αὐτῆς*, ... ➤ Isa 13,10	Mk 13,24	**ἀλλὰ** ἐν ἐκείναις ταῖς ἡμέραις μετὰ τὴν θλῖψιν ἐκείνην *ὁ ἥλιος σκοτισθήσεται, καὶ ἡ σελήνη οὐ δώσει τὸ φέγγος αὐτῆς* ➤ Isa 13,10	Lk 21,25 → Lk 21,11	**καὶ** ἔσονται σημεῖα ἐν ἡλίῳ καὶ σελήνῃ καὶ ἄστροις, ...	→ Acts 2,19
222	Mt 20,26 ⇩ Mt 23,11	οὐχ οὕτως ἔσται ἐν ὑμῖν, **ἀλλ'** ὃς ἐὰν θέλῃ ἐν ὑμῖν μέγας γενέσθαι ἔσται ὑμῶν διάκονος	Mk 10,43 ⇨ Mk 9,35	οὐχ οὕτως δέ ἐστιν ἐν ὑμῖν, **ἀλλ'** ὃς ἂν θέλῃ μέγας γενέσθαι ἐν ὑμῖν ἔσται ὑμῶν διάκονος	Lk 22,26	ὑμεῖς δὲ οὐχ οὕτως, **ἀλλ'** ὁ μείζων ἐν ὑμῖν γινέσθω ὡς ὁ νεώτερος ...	
	Mt 23,11 ⇧ Mt 20,26	ὁ **δὲ** μείζων ὑμῶν ἔσται ὑμῶν διάκονος.					
002					Lk 22,36 ↑ Lk 9,3 ↑ Lk 10,4	εἶπεν δὲ αὐτοῖς· **ἀλλὰ** νῦν ὁ ἔχων βαλλάντιον ἀράτω, ὁμοίως καὶ πήραν, ...	
120	Mt 26,32 ↓ Mt 28,7	μετὰ **δὲ** τὸ ἐγερθῆναί με προάξω ὑμᾶς εἰς τὴν Γαλιλαίαν.	Mk 14,28 ↓ Mk 16,7	**ἀλλὰ** μετὰ τὸ ἐγερθῆναί με προάξω ὑμᾶς εἰς τὴν Γαλιλαίαν.			

b 121	Mt 26,33	... εἰ πάντες σκανδαλισθήσονται ἐν σοί, ἐγὼ **οὐδέποτε** σκανδαλισθήσομαι.	Mk 14,29	... εἰ καὶ πάντες σκανδαλισθήσονται, **ἀλλ' οὐκ** ἐγώ.	Lk 22,33 → Mt 26,35 → Mk 14,31	... κύριε, μετὰ σοῦ ἕτοιμός εἰμι καὶ εἰς φυλακὴν καὶ εἰς θάνατον πορεύεσθαι.	→ Jn 13,37
b 121 222	Mt 26,39	... παρελθάτω ἀπ' ἐμοῦ τὸ ποτήριον τοῦτο· **πλὴν οὐχ** ὡς ἐγὼ θέλω **ἀλλ'** ὡς σύ.	Mk 14,36 (2)	... παρένεγκε τὸ ποτήριον τοῦτο ἀπ' ἐμοῦ· **ἀλλ' οὐ** τί ἐγὼ θέλω **ἀλλὰ** τί σύ.	Lk 22,42 → Mt 26,42	... παρένεγκε τοῦτο τὸ ποτήριον ἀπ' ἐμοῦ· **πλὴν μὴ** τὸ θέλημά μου **ἀλλὰ** τὸ σὸν γινέσθω.	→ Jn 18,11
112	Mt 26,55	... καθ' ἡμέραν ἐν τῷ ἱερῷ ἐκαθεζόμην διδάσκων καὶ οὐκ ἐκρατήσατέ με.	Mk 14,49	καθ' ἡμέραν ἤμην πρὸς ὑμᾶς ἐν τῷ ἱερῷ διδάσκων καὶ οὐκ ἐκρατήσατέ με·	Lk 22,53 → Mt 26,45 → Mk 14,41	καθ' ἡμέραν ὄντος μου μεθ' ὑμῶν ἐν τῷ ἱερῷ οὐκ ἐξετείνατε τὰς χεῖρας ἐπ' ἐμέ, **ἀλλ'** αὕτη ἐστὶν ὑμῶν ἡ ὥρα καὶ ἡ ἐξουσία τοῦ σκότους.	→ Jn 14,30 → Jn 18,20
120	Mt 26,56	τοῦτο δὲ ὅλον γέγονεν **ἵνα** πληρωθῶσιν αἱ γραφαὶ τῶν προφητῶν. ...		**ἀλλ' ἵνα** πληρωθῶσιν αἱ γραφαί.			
002					Lk 23,15	**ἀλλ' οὐδὲ** Ἡρῴδης, ἀνέπεμψεν γὰρ αὐτὸν πρὸς ἡμᾶς, καὶ ἰδοὺ οὐδὲν ἄξιον θανάτου ἐστὶν πεπραγμένον αὐτῷ·	→ Jn 18,38
211	Mt 27,24	ἰδὼν δὲ ὁ Πιλᾶτος ὅτι οὐδὲν ὠφελεῖ **ἀλλὰ** μᾶλλον θόρυβος γίνεται, ...	Mk 15,15	ὁ δὲ Πιλᾶτος βουλόμενος τῷ ὄχλῳ τὸ ἱκανὸν ποιῆσαι ...	Lk 23,24	καὶ Πιλᾶτος ἐπέκρινεν γενέσθαι τὸ αἴτημα αὐτῶν·	
112	Mt 28,6	οὐκ ἔστιν ὧδε, ἠγέρθη γὰρ καθὼς εἶπεν· δεῦτε ἴδετε τὸν τόπον ὅπου ἔκειτο.	Mk 16,6	... οὐκ ἔστιν ὧδε· ἴδε ὁ τόπος ὅπου ἔθηκαν αὐτόν.	Lk 24,6 → Lk 24,23	οὐκ ἔστιν ὧδε, **ἀλλὰ** ἠγέρθη. μνήσθητε ὡς ἐλάλησεν ὑμῖν ἔτι ὢν ἐν τῇ Γαλιλαίᾳ	
120	Mt 28,7 ↑ Mt 26,32 → Mt 28,10.16	**καὶ** ταχὺ πορευθεῖσαι εἴπατε τοῖς μαθηταῖς αὐτοῦ ὅτι ἠγέρθη ἀπὸ τῶν νεκρῶν, καὶ ἰδοὺ προάγει ὑμᾶς εἰς τὴν Γαλιλαίαν, ...	Mk 16,7 ↑ Mk 14,28	**ἀλλὰ** ὑπάγετε εἴπατε τοῖς μαθηταῖς αὐτοῦ καὶ τῷ Πέτρῳ ὅτι προάγει ὑμᾶς εἰς τὴν Γαλιλαίαν· ...			→ Jn 20,17 → Jn 21,1
002					Lk 24,21	ἡμεῖς δὲ ἠλπίζομεν ὅτι αὐτός ἐστιν ὁ μέλλων λυτροῦσθαι τὸν Ἰσραήλ· **ἀλλά γε** καὶ σὺν πᾶσιν τούτοις τρίτην ταύτην ἡμέραν ἄγει ἀφ' οὗ ταῦτα ἐγένετο.	
002					Lk 24,22 → Mt 28,1 → Mk 16,1-2 → Lk 24,1	**ἀλλὰ** καὶ γυναῖκές τινες ἐξ ἡμῶν ἐξέστησαν ἡμᾶς, γενόμεναι ὀρθριναὶ ἐπὶ τὸ μνημεῖον	→ Jn 20,1

Acts 1,4 ... ἀπὸ Ἱεροσολύμων μὴ χωρίζεσθαι
ἀλλὰ
περιμένειν τὴν ἐπαγγελίαν τοῦ πατρὸς ...

Acts 1,8 → Lk 24,49 → Acts 2,33 [7] ... οὐχ ὑμῶν ἐστιν γνῶναι χρόνους ἢ καιροὺς οὓς ὁ πατὴρ ἔθετο ἐν τῇ ἰδίᾳ ἐξουσίᾳ,
[8] ἀλλὰ
λήμψεσθε δύναμιν ἐπελθόντος τοῦ ἁγίου πνεύματος ἐφ' ὑμᾶς ...

Acts 2,16 [15] οὐ γὰρ ὡς ὑμεῖς ὑπολαμβάνετε οὗτοι μεθύουσιν, ...
[16] ἀλλὰ
τοῦτό ἐστιν τὸ εἰρημένον διὰ τοῦ προφήτου Ἰωήλ·

Acts 4,17 [16] ... καὶ οὐ δυνάμεθα ἀρνεῖσθαι·
[17] ἀλλ'
ἵνα μὴ ἐπὶ πλεῖον διανεμηθῇ εἰς τὸν λαόν ἀπειλησώμεθα αὐτοῖς μηκέτι λαλεῖν ἐπὶ τῷ ὀνόματι τούτῳ μηδενὶ ἀνθρώπων.

Acts 4,32 ... καὶ οὐδὲ εἷς τι τῶν ὑπαρχόντων αὐτῷ ἔλεγεν ἴδιον εἶναι
ἀλλ'
ἦν αὐτοῖς ἅπαντα κοινά.

Acts 5,4 ... οὐκ ἐψεύσω ἀνθρώποις
ἀλλὰ
τῷ θεῷ.

Acts 5,13 τῶν δὲ λοιπῶν οὐδεὶς ἐτόλμα κολλᾶσθαι αὐτοῖς,
ἀλλ'
ἐμεγάλυνεν αὐτοὺς ὁ λαός.

Acts 7,39 ᾧ οὐκ ἠθέλησαν ὑπήκοοι γενέσθαι οἱ πατέρες ἡμῶν,
ἀλλὰ
ἀπώσαντο καὶ ἐστράφησαν ἐν ταῖς καρδίαις αὐτῶν εἰς Αἴγυπτον

b **Acts 7,48** [47] Σολομῶν δὲ οἰκοδόμησεν αὐτῷ οἶκον.
[48] ἀλλ'
οὐχ ὁ ὕψιστος ἐν χειροποιήτοις κατοικεῖ, ...

Acts 9,6 [5] ... ἐγώ εἰμι Ἰησοῦς ὃν σὺ διώκεις·
[6] ἀλλὰ
ἀνάστηθι καὶ εἴσελθε εἰς τὴν πόλιν ...

Acts 10,20 [19] ... ἰδοὺ ἄνδρες τρεῖς ζητοῦντές σε,
[20] ἀλλὰ
ἀναστὰς κατάβηθι καὶ πορεύου σὺν αὐτοῖς ...

Acts 10,35 [34] ... οὐκ ἔστιν προσωπολήμπτης ὁ θεός,
[35] ἀλλ'
ἐν παντὶ ἔθνει ὁ φοβούμενος αὐτὸν καὶ ἐργαζόμενος δικαιοσύνην δεκτὸς αὐτῷ ἐστιν.

Acts 10,41 οὐ παντὶ τῷ λαῷ,
ἀλλὰ
μάρτυσιν τοῖς προκεχειροτονημένοις ὑπὸ τοῦ θεοῦ, ...

Acts 13,25 → Mt 3,11 → Mk 1,7 → Lk 3,16 → Jn 1,27 ... οὐκ εἰμὶ ἐγώ·
ἀλλ'
ἰδοὺ ἔρχεται μετ' ἐμὲ οὗ οὐκ εἰμὶ ἄξιος τὸ ὑπόδημα τῶν ποδῶν λῦσαι.

Acts 15,11 [10] νῦν οὖν τί πειράζετε τὸν θεόν ἐπιθεῖναι ζυγὸν ἐπὶ τὸν τράχηλον τῶν μαθητῶν ὃν οὔτε οἱ πατέρες ἡμῶν οὔτε ἡμεῖς ἰσχύσαμεν βαστάσαι;
[11] ἀλλὰ
διὰ τῆς χάριτος τοῦ κυρίου Ἰησοῦ πιστεύομεν σωθῆναι ...

Acts 15,20 [19] διὸ ἐγὼ κρίνω μὴ παρενοχλεῖν τοῖς ἀπὸ τῶν ἐθνῶν ἐπιστρέφουσιν ἐπὶ τὸν θεόν,
[20] ἀλλὰ
ἐπιστεῖλαι αὐτοῖς τοῦ ἀπέχεσθαι τῶν ἀλισγημάτων τῶν εἰδώλων καὶ τῆς πορνείας καὶ τοῦ πνικτοῦ καὶ τοῦ αἵματος.

Acts 16,37 ... καὶ νῦν λάθρᾳ ἡμᾶς ἐκβάλλουσιν; οὐ γάρ,
ἀλλὰ
ἐλθόντες αὐτοὶ ἡμᾶς ἐξαγαγέτωσαν.

Acts 18,9 ... μὴ φοβοῦ,
ἀλλὰ
λάλει καὶ μὴ σιωπήσῃς

Acts 18,21 ἀλλὰ
ἀποταξάμενος καὶ εἰπών· πάλιν ἀνακάμψω πρὸς ὑμᾶς ...

Acts 19,2 ... οἱ δὲ πρὸς αὐτόν·
ἀλλ'
οὐδ' εἰ πνεῦμα ἅγιον ἔστιν ἠκούσαμεν.

Acts 19,26 ... οὐ μόνον Ἐφέσου
ἀλλὰ
σχεδὸν πάσης τῆς Ἀσίας ὁ Παῦλος οὗτος πείσας μετέστησεν ἱκανὸν ὄχλον ...

Acts 19,27 οὐ μόνον δὲ τοῦτο κινδυνεύει ἡμῖν τὸ μέρος εἰς ἀπελεγμὸν ἐλθεῖν
ἀλλὰ
καὶ τὸ τῆς μεγάλης θεᾶς Ἀρτέμιδος ἱερὸν εἰς οὐθὲν λογισθῆναι, ...

Acts 20,24 [23] πλὴν ὅτι τὸ πνεῦμα τὸ ἅγιον κατὰ πόλιν διαμαρτύρεταί μοι λέγον ὅτι δεσμὰ καὶ θλίψεις με μένουσιν.
[24] ἀλλ'
οὐδενὸς λόγου ποιοῦμαι τὴν ψυχὴν τιμίαν ἐμαυτῷ ὡς τελειῶσαι τὸν δρόμον μου καὶ τὴν διακονίαν ...

Acts 21,13 ... ἐγὼ γὰρ οὐ μόνον δεθῆναι
ἀλλὰ
καὶ ἀποθανεῖν εἰς Ἰερουσαλὴμ ἑτοίμως ἔχω ...

Acts 21,24 ... καὶ γνώσονται πάντες ὅτι ὧν κατήχηνται περὶ σοῦ οὐδέν ἐστιν
ἀλλὰ
στοιχεῖς καὶ αὐτὸς φυλάσσων τὸν νόμον.

Acts 26,16 [15] ... ἐγώ εἰμι Ἰησοῦς ὃν σὺ διώκεις.
[16] ἀλλὰ
ἀνάστηθι καὶ στῆθι ἐπὶ τοὺς πόδας σου· ...

Acts 26,20 [19] ὅθεν, βασιλεῦ Ἀγρίππα, οὐκ ἐγενόμην ἀπειθὴς τῇ οὐρανίῳ ὀπτασίᾳ
[20] ἀλλὰ
τοῖς ἐν Δαμασκῷ πρῶτόν τε καὶ Ἱεροσολύμοις, πᾶσάν τε τὴν χώραν τῆς Ἰουδαίας καὶ τοῖς ἔθνεσιν ἀπήγγελλον μετανοεῖν ...

Acts 26,25 ὁ δὲ Παῦλος· οὐ μαίνομαι, φησίν, κράτιστε Φῆστε,
ἀλλὰ
ἀληθείας καὶ σωφροσύνης ῥήματα ἀποφθέγγομαι.

Acts 26,29 ... εὐξαίμην ἂν τῷ θεῷ καὶ ἐν ὀλίγῳ καὶ ἐν μεγάλῳ οὐ μόνον σὲ **ἀλλὰ** καὶ πάντας τοὺς ἀκούοντάς μου σήμερον γενέσθαι τοιούτους ὁποῖος καὶ ἐγώ εἰμι ...	**Acts 27,10** ... ἄνδρες, θεωρῶ ὅτι μετὰ ὕβρεως καὶ πολλῆς ζημίας οὐ μόνον τοῦ φορτίου καὶ τοῦ πλοίου **ἀλλὰ** καὶ τῶν ψυχῶν ἡμῶν μέλλειν ἔσεσθαι τὸν πλοῦν.

ἀλλαχοῦ

Syn 1	Mt	Mk 1	Lk	Acts	Jn	1-3John	Paul	Eph	Col
NT 1	2Thess	1/2Tim	Tit	Heb	Jas	1Pet	2Pet	Jude	Rev

elsewhere

021		**Mk 1,38** καὶ λέγει αὐτοῖς· ἄγωμεν **ἀλλαχοῦ** εἰς τὰς ἐχομένας κωμοπόλεις, ἵνα καὶ ἐκεῖ κηρύξω· ...	**Lk 4,43** ὁ δὲ εἶπεν πρὸς αὐτοὺς ὅτι καὶ ταῖς ἑτέραις πόλεσιν εὐαγγελίσασθαί με δεῖ τὴν βασιλείαν τοῦ θεοῦ, ...	

ἀλλήλων

Syn 19	Mt 3	Mk 5	Lk 11	Acts 8	Jn 15	1-3John 7	Paul 32	Eph 4	Col 2
NT 100	2Thess 1	1/2Tim	Tit 1	Heb 1	Jas 4	1Pet 4	2Pet	Jude	Rev 2

reciprocal pronoun: one another; each other

	triple tradition																	double tradition			Sondergut		
		+Mt / +Lk			−Mt / −Lk			traditions not taken over by Mt / Lk							subtotals								
code	*222*	*211*	*112*	*212*	*221*	*122*	*121*	*022*	*012*	*021*	*220*	*120*	*210*	*020*	Σ^+	Σ^-	Σ	*202*	*201*	*102*	*200*	*002*	total
Mt						1^-	2^-					1^-				4^-					3		**3**
Mk						1	2					1		1			5						**5**
Lk			3^+			1	2^-		1^+						4^+	2^-	5			1		5	**11**

a πρὸς ἀλλήλους

a 002			**Lk 2,15** ... οἱ ποιμένες ἐλάλουν **πρὸς ἀλλήλους·** διέλθωμεν δὴ ἕως Βηθλέεμ ...	
a 012	→ Mt 7,29	**Mk 1,27** → Mk 1,22 καὶ ἐθαμβήθησαν ἅπαντες, ὥστε συζητεῖν **πρὸς ἑαυτοὺς** λέγοντας· τί ἐστιν τοῦτο; ...	**Lk 4,36** → Lk 4,32 καὶ ἐγένετο θάμβος ἐπὶ πάντας καὶ συνελάλουν **πρὸς ἀλλήλους** λέγοντες· τίς ὁ λόγος οὗτος ...	
a 112	**Mt 12,14** → Mt 26,4 ἐξελθόντες δὲ οἱ Φαρισαῖοι συμβούλιον ἔλαβον κατ' αὐτοῦ ὅπως αὐτὸν ἀπολέσωσιν.	**Mk 3,6** → Mk 14,1 καὶ ἐξελθόντες οἱ Φαρισαῖοι εὐθὺς μετὰ τῶν Ἡρῳδιανῶν συμβούλιον ἐδίδουν κατ' αὐτοῦ ὅπως αὐτὸν ἀπολέσωσιν.	**Lk 6,11** → Lk 4,28 → Lk 13,17 → Lk 14,6 → Lk 22,2 αὐτοὶ δὲ ἐπλήσθησαν ἀνοίας καὶ διελάλουν **πρὸς ἀλλήλους** τί ἂν ποιήσαιεν τῷ Ἰησοῦ.	
102	**Mt 11,16** ... ὁμοία ἐστὶν παιδίοις καθημένοις ἐν ταῖς ἀγοραῖς ἃ προσφωνοῦντα **τοῖς ἑτέροις** [17] λέγουσιν· ηὐλήσαμεν ὑμῖν ...		**Lk 7,32** ὅμοιοί εἰσιν παιδίοις τοῖς ἐν ἀγορᾷ καθημένοις καὶ προσφωνοῦσιν **ἀλλήλοις** ἃ λέγει· ηὐλήσαμεν ὑμῖν ...	

a 122	**Mt 8,27**	οἱ δὲ ἄνθρωποι ἐθαύμασαν λέγοντες· ποταπός ἐστιν οὗτος ὅτι καὶ οἱ ἄνεμοι καὶ ἡ θάλασσα αὐτῷ ὑπακούουσιν;	**Mk 4,41**	καὶ ἐφοβήθησαν φόβον μέγαν καὶ ἔλεγον **πρὸς ἀλλήλους·** τίς ἄρα οὗτός ἐστιν ὅτι καὶ ὁ ἄνεμος καὶ ἡ θάλασσα ὑπακούει αὐτῷ;	**Lk 8,25**	... φοβηθέντες δὲ ἐθαύμασαν, λέγοντες **πρὸς ἀλλήλους·** τίς ἄρα οὗτός ἐστιν ὅτι καὶ τοῖς ἀνέμοις ἐπιτάσσει καὶ τῷ ὕδατι, καὶ ὑπακούουσιν αὐτῷ;	
a 120	**Mt 16,7**	οἱ δὲ διελογίζοντο **ἐν ἑαυτοῖς** λέγοντες ὅτι ἄρτους οὐκ ἐλάβομεν.	**Mk 8,16**	καὶ διελογίζοντο **πρὸς ἀλλήλους** ὅτι ἄρτους οὐκ ἔχουσιν.			
a 121	**Mt 18,1**	ἐν ἐκείνῃ τῇ ὥρᾳ προσῆλθον **οἱ μαθηταὶ** τῷ Ἰησοῦ λέγοντες· τίς ἄρα μείζων ἐστὶν ἐν τῇ βασιλείᾳ τῶν οὐρανῶν;	**Mk 9,34**	[33] ... τί ἐν τῇ ὁδῷ διελογίζεσθε; [34] οἱ δὲ ἐσιώπων· **πρὸς ἀλλήλους** γὰρ διελέχθησαν ἐν τῇ ὁδῷ τίς μείζων.	**Lk 9,46** → Lk 22,24	εἰσῆλθεν δὲ διαλογισμὸς **ἐν αὐτοῖς,** τὸ τίς ἂν εἴη μείζων αὐτῶν.	→ GTh 12
020	Mt 5,13	... ἐὰν δὲ τὸ ἅλας μωρανθῇ, ἐν τίνι ἁλισθήσεται; εἰς οὐδὲν ἰσχύει ἔτι εἰ μὴ βληθὲν ἔξω καταπατεῖσθαι ὑπὸ τῶν ἀνθρώπων.	**Mk 9,50**	... ἐὰν δὲ τὸ ἅλας ἄναλον γένηται, ἐν τίνι αὐτὸ ἀρτύσετε; ἔχετε ἐν ἑαυτοῖς ἅλα καὶ εἰρηνεύετε **ἐν ἀλλήλοις.**	Lk 14,34	... ἐὰν δὲ καὶ τὸ ἅλας μωρανθῇ, ἐν τίνι ἀρτυθήσεται; [35] οὔτε εἰς γῆν οὔτε εἰς κοπρίαν εὔθετόν ἐστιν, ἔξω βάλλουσιν αὐτό. ...	Mk-Q overlap
112	**Mt 16,6** ⇨ Mt 16,11	ὁ δὲ Ἰησοῦς εἶπεν αὐτοῖς· ...	**Mk 8,15**	καὶ διεστέλλετο αὐτοῖς λέγων· ...	**Lk 12,1** → Mt 16,12	ἐν οἷς ἐπισυναχθεισῶν τῶν μυριάδων τοῦ ὄχλου, ὥστε καταπατεῖν **ἀλλήλους,** ἤρξατο λέγειν πρὸς τοὺς μαθητὰς αὐτοῦ πρῶτον· ...	
a 112	**Mt 21,38**	οἱ δὲ γεωργοὶ ἰδόντες τὸν υἱὸν εἶπον **ἐν ἑαυτοῖς·** οὗτός ἐστιν ὁ κληρονόμος· ...	**Mk 12,7**	ἐκεῖνοι δὲ οἱ γεωργοὶ **πρὸς ἑαυτοὺς** εἶπαν ὅτι οὗτός ἐστιν ὁ κληρονόμος· ...	**Lk 20,14**	ἰδόντες δὲ αὐτὸν οἱ γεωργοὶ διελογίζοντο **πρὸς ἀλλήλους** λέγοντες· οὗτός ἐστιν ὁ κληρονόμος· ...	→ GTh 21 → GTh 65
200 200	**Mt 24,10** **(2)** → Mt 10,21 → Mk 13,12 → Lk 21,16 → Mt 10,22 → Mk 13,13 → Lk 21,17 → Mt 24,9	καὶ τότε σκανδαλισθήσονται πολλοὶ καὶ **ἀλλήλους** παραδώσουσιν καὶ μισήσουσιν **ἀλλήλους·**					
200	**Mt 25,32**	καὶ συναχθήσονται ἔμπροσθεν αὐτοῦ πάντα τὰ ἔθνη, καὶ ἀφορίσει αὐτοὺς **ἀπ᾽ ἀλλήλων,** ὥσπερ ὁ ποιμὴν ἀφορίζει τὰ πρόβατα ἀπὸ τῶν ἐρίφων					
002					**Lk 23,12**	ἐγένοντο δὲ φίλοι ὅ τε Ἡρῴδης καὶ ὁ Πιλᾶτος ἐν αὐτῇ τῇ ἡμέρᾳ **μετ᾽ ἀλλήλων·** προϋπῆρχον γὰρ ἐν ἔχθρᾳ ὄντες πρὸς αὐτούς.	

a 121	**Mt 27,41** → Lk 23,37	ὁμοίως καὶ οἱ ἀρχιερεῖς ἐμπαίζοντες μετὰ τῶν γραμματέων καὶ πρεσβυτέρων ἔλεγον· [42] ἄλλους ἔσωσεν, ἑαυτὸν οὐ δύναται σῶσαι· βασιλεὺς Ἰσραήλ ἐστιν, καταβάτω νῦν ἀπὸ τοῦ σταυροῦ	**Mk 15,31** → Lk 23,37	ὁμοίως καὶ οἱ ἀρχιερεῖς ἐμπαίζοντες **πρὸς ἀλλήλους** μετὰ τῶν γραμματέων ἔλεγον· ἄλλους ἔσωσεν, ἑαυτὸν οὐ δύναται σῶσαι· [32] ὁ χριστὸς ὁ βασιλεὺς Ἰσραὴλ καταβάτω νῦν ἀπὸ τοῦ σταυροῦ, ...	**Lk 23,35**	... ἐξεμυκτήριζον δὲ καὶ οἱ ἄρχοντες λέγοντες· ἄλλους ἔσωσεν, σωσάτω ἑαυτόν, εἰ οὗτός ἐστιν ὁ χριστὸς τοῦ θεοῦ ὁ ἐκλεκτός.	
a 002					**Lk 24,14**	καὶ αὐτοὶ ὡμίλουν **πρὸς ἀλλήλους** περὶ πάντων τῶν συμβεβηκότων τούτων.	
a 002					**Lk 24,17**	... τίνες οἱ λόγοι οὗτοι οὓς ἀντιβάλλετε **πρὸς ἀλλήλους** περιπατοῦντες; ...	
a 002					**Lk 24,32**	καὶ εἶπαν **πρὸς ἀλλήλους·** οὐχὶ ἡ καρδία ἡμῶν καιομένη ἦν [ἐν ἡμῖν] ...	

a **Acts 4,15** κελεύσαντες δὲ αὐτοὺς ἔξω τοῦ συνεδρίου ἀπελθεῖν συνέβαλλον **πρὸς ἀλλήλους**

Acts 7,26 ... ἄνδρες, ἀδελφοί ἐστε· ἱνατί ἀδικεῖτε **ἀλλήλους;**

Acts 15,39 ἐγένετο δὲ παροξυσμὸς ὥστε ἀποχωρισθῆναι αὐτοὺς **ἀπ' ἀλλήλων,** τόν τε Βαρναβᾶν παραλαβόντα τὸν Μᾶρκον ἐκπλεῦσαι εἰς Κύπρον

Acts 19,38 ... ἀγοραῖοι ἄγονται καὶ ἀνθύπατοί εἰσιν, ἐγκαλείτωσαν **ἀλλήλοις.**

Acts 21,6 ἀπησπασάμεθα **ἀλλήλους** καὶ ἀνέβημεν εἰς τὸ πλοῖον, ἐκεῖνοι δὲ ὑπέστρεψαν εἰς τὰ ἴδια.

a **Acts 26,31** καὶ ἀναχωρήσαντες ἐλάλουν **πρὸς ἀλλήλους** λέγοντες ...

a **Acts 28,4** ὡς δὲ εἶδον οἱ βάρβαροι κρεμάμενον τὸ θηρίον ἐκ τῆς χειρὸς αὐτοῦ, **πρὸς ἀλλήλους** ἔλεγον· ...

a **Acts 28,25** ἀσύμφωνοι δὲ ὄντες **πρὸς ἀλλήλους** ἀπελύοντο εἰπόντος τοῦ Παύλου ῥῆμα ἕν, ...

ἀλλογενής	Syn 1	Mt	Mk	Lk 1	Acts	Jn	1-3John	Paul	Eph	Col
	NT 1	2Thess	1/2Tim	Tit	Heb	Jas	1Pet	2Pet	Jude	Rev

foreigner

002			**Lk 17,18**	οὐχ εὑρέθησαν ὑποστρέψαντες δοῦναι δόξαν τῷ θεῷ εἰ μὴ **ὁ ἀλλογενὴς οὗτος;**	

ἄλλος	Syn 62	Mt 29	Mk 22	Lk 11	Acts 8	Jn 33	1-3John	Paul 31	Eph	Col
	NT 155	2Thess	1/2Tim	Tit	Heb 2	Jas 1	1Pet	2Pet	Jude	Rev 18

another; other; more; additional

	triple tradition																	double tradition			Sondergut		
		+Mt / +Lk			–Mt / –Lk			traditions not taken over by Mt / Lk							subtotals								
code	*222*	*211*	*112*	*212*	*221*	*122*	*121*	*022*	*012*	*021*	*220*	*120*	*210*	*020*	Σ^+	Σ^-	Σ	*202*	*201*	*102*	*200*	*002*	total
Mt	3	6^+			5	1^-	5^-				1	2^-			6^+	8^-	15	2	5		7		**29**
Mk	3				5	1	5	1		2	1	2		2			22						**22**
Lk	3		2^+		5^-	1	5^-	1		2^-					2^+	12^-	7	2		1		1	**11**

[a] ἄλλος δέ, ἄλλοι δέ [b] ὁ ἄλλος, οἱ ἄλλοι

200	**Mt 2,12**	καὶ χρηματισθέντες κατ' ὄναρ μὴ ἀνακάμψαι πρὸς Ἡρῴδην, **δι' ἄλλης ὁδοῦ** ἀνεχώρησαν εἰς τὴν χώραν αὐτῶν.					
211	**Mt 4,21**	καὶ προβὰς ἐκεῖθεν εἶδεν **ἄλλους δύο ἀδελφούς,** Ἰάκωβον τὸν τοῦ Ζεβεδαίου καὶ Ἰωάννην τὸν ἀδελφὸν αὐτοῦ, ...	**Mk 1,19**	καὶ προβὰς ὀλίγον εἶδεν Ἰάκωβον τὸν τοῦ Ζεβεδαίου καὶ Ἰωάννην τὸν ἀδελφὸν αὐτοῦ, ...	**Lk 5,10**	ὁμοίως δὲ καὶ Ἰάκωβον καὶ Ἰωάννην υἱοὺς Ζεβεδαίου, ...	
112	**Mt 9,10**	καὶ ἐγένετο αὐτοῦ ἀνακειμένου ἐν τῇ οἰκίᾳ, καὶ ἰδοὺ πολλοὶ τελῶναι καὶ **ἁμαρτωλοὶ** ἐλθόντες συνανέκειντο τῷ Ἰησοῦ καὶ τοῖς μαθηταῖς αὐτοῦ.	**Mk 2,15**	καὶ γίνεται κατακεῖσθαι αὐτὸν ἐν τῇ οἰκίᾳ αὐτοῦ, καὶ πολλοὶ τελῶναι καὶ **ἁμαρτωλοὶ** συνανέκειντο τῷ Ἰησοῦ καὶ τοῖς μαθηταῖς αὐτοῦ· ...	**Lk 5,29** → Lk 15,1	καὶ ἐποίησεν δοχὴν μεγάλην Λευὶς αὐτῷ ἐν τῇ οἰκίᾳ αὐτοῦ, καὶ ἦν ὄχλος πολὺς τελωνῶν καὶ **ἄλλων** οἳ ἦσαν μετ' αὐτῶν κατακείμενοι.	
b 202	**Mt 5,39**	... ἀλλ' ὅστις σε ῥαπίζει εἰς τὴν δεξιὰν σιαγόνα [σου], στρέψον αὐτῷ καὶ **τὴν ἄλλην·**			**Lk 6,29**	τῷ τύπτοντί σε ἐπὶ τὴν σιαγόνα πάρεχε καὶ **τὴν ἄλλην, ...**	
202	**Mt 8,9**	καὶ γὰρ ἐγὼ ἄνθρωπός εἰμι ὑπὸ ἐξουσίαν, ἔχων ὑπ' ἐμαυτὸν στρατιώτας, καὶ λέγω τούτῳ· πορεύθητι, καὶ πορεύεται, καὶ **ἄλλῳ·** ἔρχου, καὶ ἔρχεται, καὶ τῷ δούλῳ μου· ποίησον τοῦτο, καὶ ποιεῖ.			**Lk 7,8**	καὶ γὰρ ἐγὼ ἄνθρωπός εἰμι ὑπὸ ἐξουσίαν τασσόμενος ἔχων ὑπ' ἐμαυτὸν στρατιώτας, καὶ λέγω τούτῳ· πορεύθητι, καὶ πορεύεται, καὶ **ἄλλῳ·** ἔρχου, καὶ ἔρχεται, καὶ τῷ δούλῳ μου· ποίησον τοῦτο, καὶ ποιεῖ.	
102	**Mt 11,3**	[2] ὁ δὲ Ἰωάννης ... πέμψας διὰ τῶν μαθητῶν αὐτοῦ [3] εἶπεν αὐτῷ· σὺ εἶ ὁ ἐρχόμενος ἢ **ἕτερον** προσδοκῶμεν;			**Lk 7,19**	[18] ... καὶ προσκαλεσάμενος δύο τινὰς τῶν μαθητῶν αὐτοῦ ὁ Ἰωάννης [19] ἔπεμψεν πρὸς τὸν κύριον λέγων· σὺ εἶ ὁ ἐρχόμενος ἢ **ἄλλον** προσδοκῶμεν;	
002					**Lk 7,20**	παραγενόμενοι δὲ πρὸς αὐτὸν οἱ ἄνδρες εἶπαν· Ἰωάννης ὁ βαπτιστὴς ἀπέστειλεν ἡμᾶς πρὸς σὲ λέγων· σὺ εἶ ὁ ἐρχόμενος ἢ **ἄλλον** προσδοκῶμεν;	

b 211	Mt 12,13	τότε λέγει τῷ ἀνθρώπῳ· ἔκτεινόν σου τὴν χεῖρα. καὶ ἐξέτεινεν καὶ ἀπεκατεστάθη ὑγιὴς ὡς ἡ ἄλλη.	Mk 3,5	... λέγει τῷ ἀνθρώπῳ· ἔκτεινον τὴν χεῖρα. καὶ ἐξέτεινεν καὶ ἀπεκατεστάθη ἡ χεὶρ αὐτοῦ.	Lk 6,10	... εἶπεν αὐτῷ· ἔκτεινον τὴν χεῖρά σου. ὁ δὲ ἐποίησεν καὶ ἀπεκατεστάθη ἡ χεὶρ αὐτοῦ.	
a 221	Mt 13,5	ἄλλα δὲ ἔπεσεν ἐπὶ τὰ πετρώδη ὅπου οὐκ εἶχεν γῆν πολλήν, ...	Mk 4,5	καὶ ἄλλο ἔπεσεν ἐπὶ τὸ πετρῶδες ὅπου οὐκ εἶχεν γῆν πολλήν, ...	Lk 8,6	καὶ ἕτερον κατέπεσεν ἐπὶ τὴν πέτραν, ...	→ GTh 9
a 221	Mt 13,7	ἄλλα δὲ ἔπεσεν ἐπὶ τὰς ἀκάνθας, ...	Mk 4,7	καὶ ἄλλο ἔπεσεν εἰς τὰς ἀκάνθας, ...	Lk 8,7	καὶ ἕτερον ἔπεσεν ἐν μέσῳ τῶν ἀκανθῶν, ...	→ GTh 9
a 221	Mt 13,8	ἄλλα δὲ ἔπεσεν ἐπὶ τὴν γῆν τὴν καλὴν καὶ ἐδίδου καρπόν, ...	Mk 4,8	καὶ ἄλλα ἔπεσεν εἰς τὴν γῆν τὴν καλὴν καὶ ἐδίδου καρπὸν ...	Lk 8,8	καὶ ἕτερον ἔπεσεν εἰς τὴν γῆν τὴν ἀγαθὴν καὶ φυὲν ἐποίησεν καρπὸν ...	→ GTh 9
121	Mt 13,22	ὁ δὲ εἰς τὰς ἀκάνθας σπαρείς, οὗτός ἐστιν ὁ τὸν λόγον ἀκούων, ...	Mk 4,18	καὶ ἄλλοι εἰσὶν οἱ εἰς τὰς ἀκάνθας σπειρόμενοι· οὗτοί εἰσιν οἱ τὸν λόγον ἀκούσαντες	Lk 8,14	τὸ δὲ εἰς τὰς ἀκάνθας πεσόν, οὗτοί εἰσιν οἱ ἀκούσαντες, ...	
200	Mt 13,24	ἄλλην παραβολὴν παρέθηκεν αὐτοῖς λέγων· ὡμοιώθη ἡ βασιλεία τῶν οὐρανῶν ἀνθρώπῳ σπείραντι καλὸν σπέρμα ἐν τῷ ἀγρῷ αὐτοῦ.					→ GTh 57
201	Mt 13,31	ἄλλην παραβολὴν παρέθηκεν αὐτοῖς λέγων· ὁμοία ἐστὶν ἡ βασιλεία τῶν οὐρανῶν κόκκῳ σινάπεως, ...	Mk 4,30	καὶ ἔλεγεν· πῶς ὁμοιώσωμεν τὴν βασιλείαν τοῦ θεοῦ ἢ ἐν τίνι αὐτὴν παραβολῇ θῶμεν; [31] ὡς κόκκῳ σινάπεως	Lk 13,18	ἔλεγεν οὖν· τίνι ὁμοία ἐστὶν ἡ βασιλεία τοῦ θεοῦ καὶ τίνι ὁμοιώσω αὐτήν; [19] ὁμοία ἐστὶν κόκκῳ σινάπεως, ...	→ GTh 20 Mk-Q overlap
201	Mt 13,33	ἄλλην παραβολὴν ἐλάλησεν αὐτοῖς· ὁμοία ἐστὶν ἡ βασιλεία τῶν οὐρανῶν ζύμῃ, ...			Lk 13,20	καὶ πάλιν εἶπεν· τίνι ὁμοιώσω τὴν βασιλείαν τοῦ θεοῦ; [21] ὁμοία ἐστὶν ζύμῃ	→ GTh 96
121	Mt 8,23	καὶ ἐμβάντι αὐτῷ εἰς τὸ πλοῖον ἠκολούθησαν αὐτῷ οἱ μαθηταὶ αὐτοῦ.	Mk 4,36	καὶ ἀφέντες τὸν ὄχλον παραλαμβάνουσιν αὐτὸν ὡς ἦν ἐν τῷ πλοίῳ, καὶ ἄλλα πλοῖα ἦν μετ' αὐτοῦ.	Lk 8,22	ἐγένετο δὲ ἐν μιᾷ τῶν ἡμερῶν καὶ αὐτὸς ἐνέβη εἰς πλοῖον καὶ οἱ μαθηταὶ αὐτοῦ ...	
a 021 *a* 022	↓ Mt 16,14		Mk 6,15 (2) ↓ Mk 8,28	ἄλλοι δὲ ἔλεγον ὅτι Ἠλίας ἐστίν· ἄλλοι δὲ ἔλεγον ὅτι προφήτης ὡς εἷς τῶν προφητῶν.	Lk 9,8 ↓ Lk 9,19	ὑπό τινων δὲ ὅτι Ἠλίας ἐφάνη, ἄλλων δὲ ὅτι προφήτης τις τῶν ἀρχαίων ἀνέστη.	
020			Mk 7,4 → Mt 23,25 → Lk 11,39	καὶ ἀπ' ἀγορᾶς ἐὰν μὴ βαπτίσωνται οὐκ ἐσθίουσιν, καὶ ἄλλα πολλά ἐστιν ἃ παρέλαβον κρατεῖν, ...			
a 222 *a* 122	Mt 16,14 → Mt 14,2	οἱ δὲ εἶπαν· οἱ μὲν Ἰωάννην τὸν βαπτιστήν, ἄλλοι δὲ Ἠλίαν, ἕτεροι δὲ Ἰερεμίαν ἢ ἕνα τῶν προφητῶν.	Mk 8,28 (2) ↑ Mk 6,15	οἱ δὲ εἶπαν αὐτῷ λέγοντες [ὅτι] Ἰωάννην τὸν βαπτιστήν, καὶ ἄλλοι Ἠλίαν, ἄλλοι δὲ ὅτι εἷς τῶν προφητῶν.	Lk 9,19 (2) ↑ Lk 9,8	οἱ δὲ ἀποκριθέντες εἶπαν· Ἰωάννην τὸν βαπτιστήν, ἄλλοι δὲ Ἠλίαν, ἄλλοι δὲ ὅτι προφήτης τις τῶν ἀρχαίων ἀνέστη.	

220	**Mt 19,9** ⇩ Mt 5,32	... ὃς ἂν ἀπολύσῃ τὴν γυναῖκα αὐτοῦ μὴ ἐπὶ πορνείᾳ καὶ γαμήσῃ **ἄλλην** μοιχᾶται.	**Mk 10,11** ↓ Mk 10,12	... ὃς ἂν ἀπολύσῃ τὴν γυναῖκα αὐτοῦ καὶ γαμήσῃ **ἄλλην** μοιχᾶται ἐπ' αὐτήν·			→ 1Cor 7,10-11 Mk-Q overlap
	Mt 5,32 ⇧ Mt 19,9	... πᾶς ὁ ἀπολύων τὴν γυναῖκα αὐτοῦ παρεκτὸς λόγου πορνείας ποιεῖ αὐτὴν μοιχευθῆναι, ...			**Lk 16,18**	πᾶς ὁ ἀπολύων τὴν γυναῖκα αὐτοῦ καὶ γαμῶν **ἑτέραν** μοιχεύει, ...	→ 1Cor 7,10-11
020			**Mk 10,12** ↑ Mt 19,9 ↑ Mk 10,11 ↑ Mt 5,32 ↑ Lk 16,18	καὶ ἐὰν αὐτὴ ἀπολύσασα τὸν ἄνδρα αὐτῆς γαμήσῃ **ἄλλον** μοιχᾶται.			
200	**Mt 20,3**	καὶ ἐξελθὼν περὶ τρίτην ὥραν εἶδεν **ἄλλους** ἑστῶτας ἐν τῇ ἀγορᾷ ἀργούς					
200	**Mt 20,6**	περὶ δὲ τὴν ἑνδεκάτην ἐξελθὼν εὗρεν **ἄλλους** ἑστῶτας καὶ λέγει αὐτοῖς· τί ὧδε ἑστήκατε ὅλην τὴν ἡμέραν ἀργοί;					
a 221	**Mt 21,8**	ὁ δὲ πλεῖστος ὄχλος ἔστρωσαν ἑαυτῶν τὰ ἱμάτια ἐν τῇ ὁδῷ, **ἄλλοι δὲ** ἔκοπτον κλάδους ἀπὸ τῶν δένδρων καὶ ἐστρώννυον ἐν τῇ ὁδῷ.	**Mk 11,8**	καὶ πολλοὶ τὰ ἱμάτια αὐτῶν ἔστρωσαν εἰς τὴν ὁδόν, **ἄλλοι δὲ** στιβάδας κόψαντες ἐκ τῶν ἀγρῶν.	**Lk 19,36**	πορευομένου δὲ αὐτοῦ ὑπεστρώννυον τὰ ἱμάτια αὐτῶν ἐν τῇ ὁδῷ.	→ Jn 12,13
211	**Mt 21,33**	 **ἄλλην παραβολὴν** ἀκούσατε. ἄνθρωπος ἦν οἰκοδεσπότης ὅστις ἐφύτευσεν ἀμπελῶνα ...	**Mk 12,1**	καὶ ἤρξατο αὐτοῖς **ἐν παραβολαῖς** λαλεῖν· ἀμπελῶνα ἄνθρωπος ἐφύτευσεν ...	**Lk 20,9**	ἤρξατο δὲ πρὸς τὸν λαὸν λέγειν **τὴν παραβολὴν ταύτην·** ἄνθρωπός [τις] ἐφύτευσεν ἀμπελῶνα ...	→ GTh 65
221	**Mt 21,36** ↓ Mt 22,4	πάλιν ἀπέστειλεν **ἄλλους δούλους** πλείονας τῶν πρώτων, καὶ ἐποίησαν αὐτοῖς ὡσαύτως.	**Mk 12,4**	καὶ πάλιν ἀπέστειλεν πρὸς αὐτοὺς **ἄλλον δοῦλον·** κἀκεῖνον ἐκεφαλίωσαν καὶ ἠτίμασαν.	**Lk 20,11**	καὶ προσέθετο **ἕτερον πέμψαι δοῦλον·** οἱ δὲ κἀκεῖνον δείραντες καὶ ἀτιμάσαντες ἐξαπέστειλαν κενόν.	→ GTh 65
121 121	**Mt 21,35** → Mt 22,6	καὶ λαβόντες οἱ γεωργοὶ τοὺς δούλους αὐτοῦ ὃν μὲν ἔδειραν, ὃν δὲ ἀπέκτειναν, ὃν δὲ ἐλιθοβόλησαν.	**Mk 12,5** **(2)** → Mt 21,34	[3] καὶ λαβόντες αὐτὸν ἔδειραν καὶ ἀπέστειλαν κενόν. [4] ... [5] καὶ **ἄλλον** ἀπέστειλεν· κἀκεῖνον ἀπέκτειναν, καὶ **πολλοὺς ἄλλους,** οὓς μὲν δέροντες, οὓς δὲ ἀποκτέννοντες.	**Lk 20,12**	[10] ... οἱ δὲ γεωργοὶ ἐξαπέστειλαν αὐτὸν δείραντες κενόν. [11] ... [12] καὶ προσέθετο **τρίτον** πέμψαι· οἱ δὲ καὶ τοῦτον τραυματίσαντες ἐξέβαλον.	
222	**Mt 21,41** → Mt 21,43	λέγουσιν αὐτῷ· κακοὺς κακῶς ἀπολέσει αὐτοὺς καὶ τὸν ἀμπελῶνα ἐκδώσεται **ἄλλοις γεωργοῖς, ...**	**Mk 12,9**	... ἐλεύσεται καὶ ἀπολέσει τοὺς γεωργοὺς καὶ δώσει τὸν ἀμπελῶνα **ἄλλοις.**	**Lk 20,16**	ἐλεύσεται καὶ ἀπολέσει τοὺς γεωργοὺς τούτους καὶ δώσει τὸν ἀμπελῶνα **ἄλλοις. ...**	

200	Mt 22,4 ↑ Mt 21,36	πάλιν ἀπέστειλεν **ἄλλους δούλους** λέγων· εἴπατε τοῖς κεκλημένοις· ...			Lk 14,17	καὶ ἀπέστειλεν **τὸν δοῦλον αὐτοῦ** τῇ ὥρᾳ τοῦ δείπνου εἰπεῖν τοῖς κεκλημένοις· ...	→ GTh 64
120	Mt 22,38	αὕτη ἐστὶν ἡ μεγάλη καὶ πρώτη ἐντολή.	Mk 12,31 → Mt 22,40	... μείζων τούτων **ἄλλη ἐντολὴ** οὐκ ἔστιν.			
021			Mk 12,32	καὶ εἶπεν αὐτῷ ὁ γραμματεύς· καλῶς, διδάσκαλε, ἐπ' ἀληθείας εἶπες ὅτι *εἷς ἐστιν καὶ οὐκ ἔστιν* ***ἄλλος*** *πλὴν αὐτοῦ·* ➤ Deut 6,4	Lk 20,39 → Mk 12,28	ἀποκριθέντες δέ τινες τῶν γραμματέων εἶπαν· διδάσκαλε, καλῶς εἶπας.	
200	Mt 25,16	πορευθεὶς ὁ τὰ πέντε τάλαντα λαβὼν ἠργάσατο ἐν αὐτοῖς καὶ ἐκέρδησεν **ἄλλα πέντε·**					
200	Mt 25,17	ὡσαύτως ὁ τὰ δύο ἐκέρδησεν **ἄλλα δύο.**					
201 201	Mt 25,20 (2)	καὶ προσελθὼν ὁ τὰ πέντε τάλαντα λαβὼν προσήνεγκεν **ἄλλα πέντε τάλαντα** λέγων· κύριε, πέντε τάλαντά μοι παρέδωκας· ἴδε **ἄλλα πέντε τάλαντα** ἐκέρδησα.			Lk 19,16	παρεγένετο δὲ ὁ πρῶτος λέγων· κύριε, ἡ μνᾶ σου **δέκα προσηργάσατο μνᾶς.**	
201	Mt 25,22	προσελθὼν [δὲ] καὶ ὁ τὰ δύο τάλαντα εἶπεν· κύριε, δύο τάλαντά μοι παρέδωκας· ἴδε **ἄλλα δύο τάλαντα** ἐκέρδησα.			Lk 19,18	καὶ ἦλθεν ὁ δεύτερος λέγων· ἡ μνᾶ σου, κύριε, ἐποίησεν **πέντε μνᾶς.**	
112	Mt 26,73	μετὰ μικρὸν δὲ προσελθόντες **οἱ ἑστῶτες** εἶπον τῷ Πέτρῳ· ἀληθῶς καὶ σὺ ἐξ αὐτῶν εἶ, καὶ γὰρ ἡ λαλιά σου δῆλόν σε ποιεῖ.	Mk 14,70	... καὶ μετὰ μικρὸν πάλιν **οἱ παρεστῶτες** ἔλεγον τῷ Πέτρῳ· ἀληθῶς ἐξ αὐτῶν εἶ, καὶ γὰρ Γαλιλαῖος εἶ.	Lk 22,59	καὶ διαστάσης ὡσεὶ ὥρας μιᾶς **ἄλλος τις** διϊσχυρίζετο λέγων· ἐπ' ἀληθείας καὶ οὗτος μετ' αὐτοῦ ἦν, καὶ γὰρ Γαλιλαῖός ἐστιν.	→ Jn 18,26
120	Mt 26,61 → Mt 27,40	... οὗτος ἔφη· δύναμαι καταλῦσαι τὸν ναὸν τοῦ θεοῦ καὶ διὰ τριῶν ἡμερῶν οἰκοδομῆσαι.	Mk 14,58 → Mk 15,29	ὅτι ἡμεῖς ἠκούσαμεν αὐτοῦ λέγοντος ὅτι ἐγὼ καταλύσω τὸν ναὸν τοῦτον τὸν χειροποίητον καὶ διὰ τριῶν ἡμερῶν **ἄλλον ἀχειροποίητον** οἰκοδομήσω.			→ Jn 2,19 → Acts 6,14 → GTh 71
211	Mt 26,71	... εἶδεν αὐτὸν **ἄλλη** καὶ λέγει τοῖς ἐκεῖ· οὗτος ἦν μετὰ Ἰησοῦ τοῦ Ναζωραίου.	Mk 14,69	καὶ **ἡ παιδίσκη** ἰδοῦσα αὐτὸν ἤρξατο πάλιν λέγειν τοῖς παρεστῶσιν ὅτι οὗτος ἐξ αὐτῶν ἐστιν.	Lk 22,58	καὶ μετὰ βραχὺ **ἕτερος** ἰδὼν αὐτὸν ἔφη· καὶ σὺ ἐξ αὐτῶν εἶ. ...	→ Jn 18,25

222	**Mt 27,42**	[41] ὁμοίως καὶ οἱ ἀρχιερεῖς ἐμπαίζοντες μετὰ τῶν γραμματέων καὶ πρεσβυτέρων ἔλεγον· [42] ἄλλους ἔσωσεν, ἑαυτὸν οὐ δύναται σῶσαι· ...	**Mk 15,31**	ὁμοίως καὶ οἱ ἀρχιερεῖς ἐμπαίζοντες πρὸς ἀλλήλους μετὰ τῶν γραμματέων ἔλεγον· ἄλλους ἔσωσεν, ἑαυτὸν οὐ δύναται σῶσαι·	**Lk 23,35** → Lk 23,39	... ἐξεμυκτήριζον δὲ καὶ οἱ ἄρχοντες λέγοντες· ἄλλους ἔσωσεν, σωσάτω ἑαυτόν, ...	
121	**Mt 27,55** ↓ Mt 27,61	ἦσαν δὲ ἐκεῖ γυναῖκες πολλαὶ ἀπὸ μακρόθεν θεωροῦσαι, αἵτινες ἠκολούθησαν τῷ Ἰησοῦ ἀπὸ τῆς Γαλιλαίας διακονοῦσαι αὐτῷ·	**Mk 15,41** ↓ Mk 15,47	[40] ἦσαν δὲ καὶ γυναῖκες ἀπὸ μακρόθεν θεωροῦσαι, ... [41] αἳ ὅτε ἦν ἐν τῇ Γαλιλαίᾳ ἠκολούθουν αὐτῷ καὶ διηκόνουν αὐτῷ, καὶ ἄλλαι πολλαὶ αἱ συναναβᾶσαι αὐτῷ εἰς Ἱεροσόλυμα.	**Lk 23,49** ↓ Lk 23,55 → Lk 8,2-3	εἱστήκεισαν δὲ πάντες οἱ γνωστοὶ αὐτῷ ἀπὸ μακρόθεν καὶ γυναῖκες αἱ συνακολουθοῦσαι αὐτῷ ἀπὸ τῆς Γαλιλαίας ὁρῶσαι ταῦτα.	
b 211	**Mt 27,61** ↑ Mt 27,55 ↓ **Mt 28,1**	ἦν δὲ ἐκεῖ Μαριὰμ ἡ Μαγδαληνὴ καὶ ἡ ἄλλη Μαρία καθήμεναι ἀπέναντι τοῦ τάφου.	**Mk 15,47** ↑ **Mk 15,41** ↓ Mk 16,1	ἡ δὲ Μαρία ἡ Μαγδαληνὴ καὶ Μαρία ἡ Ἰωσῆτος ἐθεώρουν ποῦ τέθειται.	**Lk 23,55** ↑ Lk 23,49 → Lk 8,2-3	κατακολουθήσασαι δὲ αἱ γυναῖκες, αἵτινες ἦσαν συνεληλυθυῖαι ἐκ τῆς Γαλιλαίας αὐτῷ, ἐθεάσαντο τὸ μνημεῖον καὶ ὡς ἐτέθη τὸ σῶμα αὐτοῦ	
b 211	**Mt 28,1** → Mt 27,56 ↑ **Mt 27,61**	ὀψὲ δὲ σαββάτων, τῇ ἐπιφωσκούσῃ εἰς μίαν σαββάτων ἦλθεν Μαριὰμ ἡ Μαγδαληνὴ καὶ ἡ ἄλλη Μαρία θεωρῆσαι τὸν τάφον.	**Mk 16,1** → Mk 15,40 ↑ Mk 15,47	καὶ διαγενομένου τοῦ σαββάτου Μαρία ἡ Μαγδαληνὴ καὶ Μαρία ἡ [τοῦ] Ἰακώβου καὶ Σαλώμη ἠγόρασαν ἀρώματα ἵνα ἐλθοῦσαι ἀλείψωσιν αὐτόν. [2] καὶ λίαν πρωῒ τῇ μιᾷ τῶν σαββάτων ἔρχονται ἐπὶ τὸ μνημεῖον ἀνατείλαντος τοῦ ἡλίου.	**Lk 24,10** → Lk 8,2-3	[23,56] ὑποστρέψασαι δὲ ἡτοίμασαν ἀρώματα καὶ μύρα. καὶ τὸ μὲν σάββατον ἡσύχασαν κατὰ τὴν ἐντολήν. [24,1] τῇ δὲ μιᾷ τῶν σαββάτων ὄρθρου βαθέως ἐπὶ τὸ μνῆμα ἦλθον φέρουσαι ἃ ἡτοίμασαν ἀρώματα. [2] ... [10] ἦσαν δὲ ἡ Μαγδαληνὴ Μαρία καὶ Ἰωάννα καὶ Μαρία ἡ Ἰακώβου καὶ αἱ λοιπαὶ σὺν αὐταῖς. ...	→ Jn 20,1 → Jn 20,18

Acts 2,12 (2) ἐξίσταντο δὲ πάντες καὶ διηπόρουν, ἄλλος πρὸς ἄλλον λέγοντες· τί θέλει τοῦτο εἶναι;

Acts 4,12 καὶ οὐκ ἔστιν ἐν ἄλλῳ οὐδενὶ ἡ σωτηρία, οὐδὲ γὰρ ὄνομά ἐστιν ἕτερον ὑπὸ τὸν οὐρανὸν τὸ δεδομένον ἐν ἀνθρώποις ἐν ᾧ δεῖ σωθῆναι ἡμᾶς.

Acts 15,2 ... ἔταξαν ἀναβαίνειν Παῦλον καὶ Βαρναβᾶν καὶ τινας ἄλλους ἐξ αὐτῶν πρὸς τοὺς ἀποστόλους καὶ πρεσβυτέρους ...

Acts 19,32 (2) ἄλλοι μὲν οὖν ἄλλο τι ἔκραζον· ἦν γὰρ ἡ ἐκκλησία συγκεχυμένη ...

Acts 21,34 (2) ἄλλοι δὲ ἄλλο τι ἐπεφώνουν ἐν τῷ ὄχλῳ. ...

ἀλλότριος

	Syn	Mt	Mk	Lk	Acts	Jn	1-3John	Paul	Eph	Col
	3	2		1	1	2		4		
	NT	2Thess	1/2Tim	Tit	Heb	Jas	1Pet	2Pet	Jude	Rev
	14		1		3					

belonging to another; another; the other; foreigner; enemy; stranger

200	**Mt 17,25** ... οἱ βασιλεῖς τῆς γῆς ἀπὸ τίνων λαμβάνουσιν τέλη ἢ κῆνσον; ἀπὸ τῶν υἱῶν αὐτῶν ἢ **ἀπὸ τῶν ἀλλοτρίων;**			
200	**Mt 17,26** εἰπόντος δέ· **ἀπὸ τῶν ἀλλοτρίων,** ἔφη αὐτῷ ὁ Ἰησοῦς· ἄρα γε ἐλεύθεροί εἰσιν οἱ υἱοί.			
002			**Lk 16,12** καὶ εἰ **ἐν τῷ ἀλλοτρίῳ** πιστοὶ οὐκ ἐγένεσθε, τὸ ὑμέτερον τίς ὑμῖν δώσει;	

Acts 7,6 ... *ἔσται τὸ σπέρμα αὐτοῦ*
πάροικον ἐν γῇ
ἀλλοτρίᾳ
καὶ δουλώσουσιν αὐτὸ
καὶ κακώσουσιν ἔτη
τετρακόσια·
➤ Gen 15,13; Exod 2,22

ἅλυσις

	Syn	Mt	Mk	Lk	Acts	Jn	1-3John	Paul	Eph	Col
	4		3	1	4				1	
	NT	2Thess	1/2Tim	Tit	Heb	Jas	1Pet	2Pet	Jude	Rev
	11		1							1

chain; imprisonment

121	**Mt 8,28** ... ὑπήντησαν αὐτῷ δύο δαιμονιζόμενοι ἐκ τῶν μνημείων ἐξερχόμενοι, χαλεποὶ λίαν,	**Mk 5,3** [2] ... εὐθὺς ὑπήντησεν αὐτῷ ἐκ τῶν μνημείων ἄνθρωπος ἐν πνεύματι ἀκαθάρτῳ, [3] ὃς τὴν κατοίκησιν εἶχεν ἐν τοῖς μνήμασιν, καὶ **οὐδὲ ἁλύσει** οὐκέτι οὐδεὶς ἐδύνατο αὐτὸν δῆσαι	**Lk 8,27** ... ὑπήντησεν ἀνήρ τις ἐκ τῆς πόλεως ἔχων δαιμόνια καὶ χρόνῳ ἱκανῷ οὐκ ἐνεδύσατο ἱμάτιον καὶ ἐν οἰκίᾳ οὐκ ἔμενεν ἀλλ᾽ ἐν τοῖς μνήμασιν.	
122		**Mk 5,4 (2)** διὰ τὸ αὐτὸν πολλάκις πέδαις καὶ **ἁλύσεσιν** δεδέσθαι	**Lk 8,29** ... πολλοῖς γὰρ χρόνοις συνηρπάκει αὐτὸν καὶ ἐδεσμεύετο **ἁλύσεσιν**	
121	ὥστε μὴ ἰσχύειν τινὰ παρελθεῖν διὰ τῆς ὁδοῦ ἐκείνης.	καὶ διεσπάσθαι ὑπ᾽ αὐτοῦ **τὰς ἁλύσεις** καὶ τὰς πέδας συντετρῖφθαι, καὶ οὐδεὶς ἴσχυεν αὐτὸν δαμάσαι·	καὶ πέδαις φυλασσόμενος καὶ διαρρήσσων τὰ δεσμὰ ...	

Acts 12,6 ... τῇ νυκτὶ ἐκείνῃ ἦν
ὁ Πέτρος κοιμώμενος
μεταξὺ δύο στρατιωτῶν
δεδεμένος
ἁλύσεσιν δυσίν
φύλακές τε
πρὸ τῆς θύρας ἐτήρουν
τὴν φυλακήν.

Acts 12,7 ... καὶ ἐξέπεσαν αὐτοῦ
αἱ ἁλύσεις
ἐκ τῶν χειρῶν.

Acts 21,33 τότε ἐγγίσας ὁ χιλίαρχος
ἐπελάβετο αὐτοῦ καὶ
ἐκέλευσεν δεθῆναι
ἁλύσεσι δυσί,
καὶ ἐπυνθάνετο τίς εἴη
καὶ τί ἐστιν πεποιηκώς.

Acts 28,20 διὰ ταύτην οὖν τὴν
αἰτίαν παρεκάλεσα ὑμᾶς
ἰδεῖν καὶ προσλαλῆσαι,
ἕνεκεν γὰρ τῆς ἐλπίδος
τοῦ Ἰσραὴλ
τὴν ἅλυσιν ταύτην
περίκειμαι.

ʿΑλφαῖος	Syn 4	Mt 1	Mk 2	Lk 1	Acts 1	Jn	1-3John	Paul	Eph	Col
	NT 5	2Thess	1/2Tim	Tit	Heb	Jas	1Pet	2Pet	Jude	Rev

Alphaeus

121	**Mt 9,9**	καὶ παράγων ὁ Ἰησοῦς ἐκεῖθεν εἶδεν ἄνθρωπον καθήμενον ἐπὶ τὸ τελώνιον, Μαθθαῖον λεγόμενον, καὶ λέγει αὐτῷ· ἀκολούθει μοι. ...	**Mk 2,14**	καὶ παράγων εἶδεν Λευὶν **τὸν τοῦ ʿΑλφαίου** καθήμενον ἐπὶ τὸ τελώνιον, καὶ λέγει αὐτῷ· ἀκολούθει μοι. ...	**Lk 5,27**	καὶ μετὰ ταῦτα ἐξῆλθεν καὶ ἐθεάσατο τελώνην ὀνόματι Λευὶν καθήμενον ἐπὶ τὸ τελώνιον, καὶ εἶπεν αὐτῷ· ἀκολούθει μοι.	
222	**Mt 10,3**	... Θωμᾶς καὶ Μαθθαῖος ὁ τελώνης, Ἰάκωβος **ὁ τοῦ ʿΑλφαίου** καὶ Θαδδαῖος, [4] Σίμων ὁ Καναναῖος ...	**Mk 3,18**	... καὶ Μαθθαῖον καὶ Θωμᾶν καὶ Ἰάκωβον **τὸν τοῦ ʿΑλφαίου** καὶ Θαδδαῖον καὶ Σίμωνα τὸν Καναναῖον	**Lk 6,15**	καὶ Μαθθαῖον καὶ Θωμᾶν καὶ Ἰάκωβον **ʿΑλφαίου** καὶ Σίμωνα τὸν καλούμενον Ζηλωτὴν	

Acts 1,13 ... Φίλιππος καὶ Θωμᾶς,
Βαρθολομαῖος καὶ
Μαθθαῖος,
Ἰάκωβος ʿΑλφαίου
καὶ Σίμων ὁ ζηλωτὴς καὶ
Ἰούδας Ἰακώβου.

ἅλων	Syn 2	Mt 1	Mk	Lk 1	Acts	Jn	1-3John	Paul	Eph	Col
	NT 2	2Thess	1/2Tim	Tit	Heb	Jas	1Pet	2Pet	Jude	Rev

threshing floor; threshed grain

202	**Mt 3,12** → Mt 13,30	οὗ τὸ πτύον ἐν τῇ χειρὶ αὐτοῦ καὶ διακαθαριεῖ **τὴν ἅλωνα αὐτοῦ,** καὶ συνάξει τὸν σῖτον αὐτοῦ εἰς τὴν ἀποθήκην, ...			**Lk 3,17**	οὗ τὸ πτύον ἐν τῇ χειρὶ αὐτοῦ διακαθᾶραι **τὴν ἅλωνα αὐτοῦ** καὶ συναγαγεῖν τὸν σῖτον εἰς τὴν ἀποθήκην αὐτοῦ, ...	

ἀλώπηξ	Syn	Mt	Mk	Lk	Acts	Jn	1-3John	Paul	Eph	Col
	3	1		2						
	NT	2Thess	1/2Tim	Tit	Heb	Jas	1Pet	2Pet	Jude	Rev
	3									

fox

202	**Mt 8,20** ... **αἱ ἀλώπεκες** φωλεοὺς ἔχουσιν καὶ τὰ πετεινὰ τοῦ οὐρανοῦ κατασκηνώσεις, ὁ δὲ υἱὸς τοῦ ἀνθρώπου οὐκ ἔχει ποῦ τὴν κεφαλὴν κλίνῃ.	**Lk 9,58** ... **αἱ ἀλώπεκες** φωλεοὺς ἔχουσιν καὶ τὰ πετεινὰ τοῦ οὐρανοῦ κατασκηνώσεις, ὁ δὲ υἱὸς τοῦ ἀνθρώπου οὐκ ἔχει ποῦ τὴν κεφαλὴν κλίνῃ.	→ GTh 86
002		**Lk 13,32** ... πορευθέντες εἴπατε **τῇ ἀλώπεκι ταύτῃ·** ἰδοὺ ἐκβάλλω δαιμόνια ...	

ἅμα	Syn	Mt	Mk	Lk	Acts	Jn	1-3John	Paul	Eph	Col
	2	2			2			4		1
	NT	2Thess	1/2Tim	Tit	Heb	Jas	1Pet	2Pet	Jude	Rev
	10		1							

adverb: at the same time; together; *preposition with dative:* together with

200	**Mt 13,29** ... οὔ, μήποτε συλλέγοντες τὰ ζιζάνια ἐκριζώσητε **ἅμα αὐτοῖς** τὸν σῖτον.	→ GTh 57
200	**Mt 20,1** ὁμοία γάρ ἐστιν ἡ βασιλεία τῶν οὐρανῶν ἀνθρώπῳ οἰκοδεσπότῃ, ὅστις ἐξῆλθεν **ἅμα πρωῒ** μισθώσασθαι ἐργάτας εἰς τὸν ἀμπελῶνα αὐτοῦ.	

Acts 24,26 **ἅμα** καὶ ἐλπίζων ὅτι χρήματα δοθήσεται αὐτῷ ὑπὸ τοῦ Παύλου· ...

Acts 27,40 καὶ τὰς ἀγκύρας περιελόντες εἴων εἰς τὴν θάλασσαν, **ἅμα** ἀνέντες τὰς ζευκτηρίας τῶν πηδαλίων ...

ἁμαρτάνω	Syn	Mt	Mk	Lk	Acts	Jn	1-3John	Paul	Eph	Col
	7	3		4	1	3	10	14	1	
	NT	2Thess	1/2Tim	Tit	Heb	Jas	1Pet	2Pet	Jude	Rev
	42		1	1	2		1	1		

sin; commit a sin; do wrong

	triple tradition																	double tradition			Sondergut		
		+Mt / +Lk			−Mt / −Lk			traditions not taken over by Mt / Lk							subtotals								
code	222	211	112	212	221	122	121	022	012	021	220	120	210	020	Σ+	Σ−	Σ	202	201	102	200	002	total
Mt																		2			1		3
Mk																							
Lk																		2				2	4

a ἁμαρτάνω εἰς

a 002	**Lk 15,18** ... πάτερ, **ἥμαρτον** εἰς τὸν οὐρανὸν καὶ ἐνώπιόν σου	

a 002					Lk 15,21	εἶπεν δὲ ὁ υἱὸς αὐτῷ· πάτερ, **ἥμαρτον** εἰς τὸν οὐρανὸν καὶ ἐνώπιόν σου, ...	
a 202	Mt 18,15	ἐὰν δὲ **ἁμαρτήσῃ** [εἰς σὲ] ὁ ἀδελφός σου, ὕπαγε ἔλεγξον αὐτὸν μεταξὺ σοῦ καὶ αὐτοῦ μόνου. ἐάν σου ἀκούσῃ, ἐκέρδησας τὸν ἀδελφόν σου·			Lk 17,3	... ἐὰν **ἁμάρτῃ** ὁ ἀδελφός σου ἐπιτίμησον αὐτῷ, καὶ ἐὰν μετανοήσῃ ἄφες αὐτῷ.	
a 202	Mt 18,21	τότε προσελθὼν ὁ Πέτρος εἶπεν αὐτῷ· κύριε, ποσάκις **ἁμαρτήσει** εἰς ἐμὲ ὁ ἀδελφός μου καὶ ἀφήσω αὐτῷ; ἕως ἑπτάκις; [22] λέγει αὐτῷ ὁ Ἰησοῦς· οὐ λέγω σοι ἕως ἑπτάκις ἀλλὰ ἕως ἑβδομηκοντάκις ἑπτά.			Lk 17,4	καὶ ἐὰν ἑπτάκις τῆς ἡμέρας **ἁμαρτήσῃ** εἰς σὲ καὶ ἑπτάκις ἐπιστρέψῃ πρὸς σὲ λέγων· μετανοῶ, ἀφήσεις αὐτῷ.	
200	Mt 27,4	λέγων· **ἥμαρτον** παραδοὺς αἷμα ἀθῷον. οἱ δὲ εἶπαν· τί πρὸς ἡμᾶς; σὺ ὄψῃ.					

Acts 25,8 τοῦ Παύλου
ἀπολογουμένου ὅτι
οὔτε εἰς τὸν νόμον
τῶν Ἰουδαίων
οὔτε εἰς τὸ ἱερὸν
οὔτε εἰς Καίσαρά τι
ἥμαρτον.

ἁμάρτημα	Syn 2	Mt	Mk 2	Lk	Acts	Jn	1-3John	Paul 2	Eph	Col
	NT 4	2Thess	1/2Tim	Tit	Heb	Jas	1Pet	2Pet	Jude	Rev

sin; sinful deed

120	Mt 12,31	διὰ τοῦτο λέγω ὑμῖν, **πᾶσα ἁμαρτία** καὶ βλασφημία ἀφεθήσεται τοῖς ἀνθρώποις, ↔	Mk 3,28 ↓ Mt 12,32 ↓ Lk 12,10	ἀμὴν λέγω ὑμῖν ὅτι πάντα ἀφεθήσεται τοῖς υἱοῖς τῶν ἀνθρώπων **τὰ ἁμαρτήματα** καὶ αἱ βλασφημίαι ὅσα ἐὰν βλασφημήσωσιν·			→ GTh 44
120	Mt 12,32 ↑ Mk 3,28	↔ [31] ἡ δὲ τοῦ πνεύματος βλασφημία οὐκ ἀφεθήσεται. [32] καὶ ὃς ἐὰν εἴπῃ λόγον κατὰ τοῦ υἱοῦ τοῦ ἀνθρώπου, ἀφεθήσεται αὐτῷ· ὃς δ' ἂν εἴπῃ κατὰ τοῦ πνεύματος τοῦ ἁγίου, οὐκ ἀφεθήσεται αὐτῷ οὔτε ἐν τούτῳ τῷ αἰῶνι οὔτε ἐν τῷ μέλλοντι.	Mk 3,29	ὃς δ' ἂν βλασφημήσῃ εἰς τὸ πνεῦμα τὸ ἅγιον, οὐκ ἔχει ἄφεσιν εἰς τὸν αἰῶνα, ἀλλὰ ἔνοχός ἐστιν αἰωνίου **ἁμαρτήματος.**	Lk 12,10 ↑ Mk 3,28	καὶ πᾶς ὃς ἐρεῖ λόγον εἰς τὸν υἱὸν τοῦ ἀνθρώπου, ἀφεθήσεται αὐτῷ· τῷ δὲ εἰς τὸ ἅγιον πνεῦμα βλασφημήσαντι οὐκ ἀφεθήσεται.	Mk-Q overlap

ἁμαρτία

	Syn	Mt	Mk	Lk	Acts	Jn	1-3John	Paul	Eph	Col
	24	7	6	11	8	17	19	59	1	1
	NT	2Thess	1/2Tim	Tit	Heb	Jas	1Pet	2Pet	Jude	Rev
	173		3			25	7	6		3

sin; often: sin offering

	triple tradition																	double tradition			Sondergut		
		+Mt / +Lk			–Mt / –Lk			traditions not taken over by Mt / Lk							subtotals								
code	*222*	*211*	*112*	*212*	*221*	*122*	*121*	*022*	*012*	*021*	*220*	*120*	*210*	*020*	Σ⁺	Σ⁻	Σ	*202*	*201*	*102*	*200*	*002*	total
Mt	3	1⁺				2⁻					1		1⁺		2⁺	2⁻	6				1		**7**
Mk	3					2					1						6						**6**
Lk	3					2											5			1		5	**11**

a ἀφιημι and ἁμαρτία

b ἄφεσις ἁμαρτιῶν

200	**Mt 1,21** → Lk 1,31	τέξεται δὲ υἱόν, καὶ καλέσεις τὸ ὄνομα αὐτοῦ Ἰησοῦν· αὐτὸς γὰρ σώσει τὸν λαὸν αὐτοῦ **ἀπὸ τῶν ἁμαρτιῶν** **αὐτῶν.**					
b 002					**Lk 1,77** ↓ Lk 3,3	τοῦ δοῦναι γνῶσιν σωτηρίας τῷ λαῷ αὐτοῦ **ἐν ἀφέσει ἁμαρτιῶν** **αὐτῶν**	
b 122	**Mt 3,2** ↓ Mt 26,28	[1] ... παραγίνεται Ἰωάννης ὁ βαπτιστὴς κηρύσσων ἐν τῇ ἐρήμῳ τῆς Ἰουδαίας [2] [καὶ] λέγων· μετανοεῖτε· ἤγγικεν γὰρ ἡ βασιλεία τῶν οὐρανῶν.	**Mk 1,4**	ἐγένετο Ἰωάννης [ὁ] βαπτίζων ἐν τῇ ἐρήμῳ καὶ κηρύσσων βάπτισμα μετανοίας **εἰς ἄφεσιν** **ἁμαρτιῶν.**	**Lk 3,3** ↑ Lk 1,77	καὶ ἦλθεν εἰς πᾶσαν [τὴν] περίχωρον τοῦ Ἰορδάνου κηρύσσων βάπτισμα μετανοίας **εἰς ἄφεσιν** **ἁμαρτιῶν**	
220	**Mt 3,6**	καὶ ἐβαπτίζοντο ἐν τῷ Ἰορδάνῃ ποταμῷ ὑπ' αὐτοῦ ἐξομολογούμενοι **τὰς ἁμαρτίας αὐτῶν.**	**Mk 1,5** → Lk 3,7	... καὶ ἐβαπτίζοντο ὑπ' αὐτοῦ ἐν τῷ Ἰορδάνῃ ποταμῷ ἐξομολογούμενοι **τὰς ἁμαρτίας αὐτῶν.**			
a 222	**Mt 9,2**	... καὶ ἰδὼν ὁ Ἰησοῦς τὴν πίστιν αὐτῶν εἶπεν τῷ παραλυτικῷ· θάρσει, τέκνον, ἀφίενταί **σου αἱ ἁμαρτίαι.**	**Mk 2,5**	καὶ ἰδὼν ὁ Ἰησοῦς τὴν πίστιν αὐτῶν λέγει τῷ παραλυτικῷ· τέκνον, ἀφίενταί **σου αἱ ἁμαρτίαι.**	**Lk 5,20** ↓ Lk 7,48	καὶ ἰδὼν τὴν πίστιν αὐτῶν εἶπεν· ἄνθρωπε, ἀφέωνταί σοι **αἱ ἁμαρτίαι σου.**	
a 122	**Mt 9,3**	... οὗτος βλασφημεῖ.	**Mk 2,7**	τί οὗτος οὕτως λαλεῖ; βλασφημεῖ· τίς δύναται ἀφιέναι **ἁμαρτίας** εἰ μὴ εἷς ὁ θεός;	**Lk 5,21** ↓ Lk 7,49	... τίς ἐστιν οὗτος ὃς λαλεῖ βλασφημίας; τίς δύναται **ἁμαρτίας** ἀφεῖναι εἰ μὴ μόνος ὁ θεός;	
a 222	**Mt 9,5**	τί γάρ ἐστιν εὐκοπώτερον, εἰπεῖν· ἀφίενταί **σου αἱ ἁμαρτίαι,** ἢ εἰπεῖν· ἔγειρε καὶ περιπάτει;	**Mk 2,9**	τί ἐστιν εὐκοπώτερον, εἰπεῖν τῷ παραλυτικῷ· ἀφίενταί **σου αἱ ἁμαρτίαι,** ἢ εἰπεῖν· ἔγειρε καὶ ἆρον τὸν κράβαττόν σου καὶ περιπάτει;	**Lk 5,23**	τί ἐστιν εὐκοπώτερον, εἰπεῖν· ἀφέωνταί σοι **αἱ ἁμαρτίαι σου,** ἢ εἰπεῖν· ἔγειρε καὶ περιπάτει;	
a 222	**Mt 9,6**	ἵνα δὲ εἰδῆτε ὅτι ἐξουσίαν ἔχει ὁ υἱὸς τοῦ ἀνθρώπου ἐπὶ τῆς γῆς ἀφιέναι **ἁμαρτίας** - τότε λέγει τῷ παραλυτικῷ· ...	**Mk 2,10**	ἵνα δὲ εἰδῆτε ὅτι ἐξουσίαν ἔχει ὁ υἱὸς τοῦ ἀνθρώπου ἀφιέναι **ἁμαρτίας** ἐπὶ τῆς γῆς - λέγει τῷ παραλυτικῷ·	**Lk 5,24**	ἵνα δὲ εἰδῆτε ὅτι ὁ υἱὸς τοῦ ἀνθρώπου ἐξουσίαν ἔχει ἐπὶ τῆς γῆς ἀφιέναι **ἁμαρτίας** - εἶπεν τῷ παραλελυμένῳ· ...	

a 002					Lk 7,47	οὗ χάριν λέγω σοι, ἀφέωνται **αἱ ἁμαρτίαι αὐτῆς αἱ πολλαί,** ὅτι ἠγάπησεν πολύ· ᾧ δὲ ὀλίγον ἀφίεται, ὀλίγον ἀγαπᾷ.	
a 002					Lk 7,48 ↑ Mt 9,2 ↑ Mk 2,5 ↑ Lk 5,20	εἶπεν δὲ αὐτῇ· ἀφέωνταί σου **αἱ ἁμαρτίαι.**	
a 002					Lk 7,49 ↑ Mt 9,3 ↑ Mk 2,7 ↑ Lk 5,21	καὶ ἤρξαντο οἱ συνανακείμενοι λέγειν ἐν ἑαυτοῖς· τίς οὗτός ἐστιν ὃς καὶ **ἁμαρτίας** ἀφίησιν;	
210	Mt 12,31	διὰ τοῦτο λέγω ὑμῖν, **πᾶσα ἁμαρτία** καὶ βλασφημία ἀφεθήσεται τοῖς ἀνθρώποις, ...	Mk 3,28 → Mt 12,32 → Lk 12,10	ἀμὴν λέγω ὑμῖν ὅτι πάντα ἀφεθήσεται τοῖς υἱοῖς τῶν ἀνθρώπων **τὰ ἁμαρτήματα** καὶ αἱ βλασφημίαι ὅσα ἐὰν βλασφημήσωσιν·			→ GTh 44
102	Mt 6,12 → Mt 6,14 → Mk 11,25 → Mt 18,33	καὶ ἄφες ἡμῖν **τὰ ὀφειλήματα ἡμῶν,** ὡς καὶ ἡμεῖς ἀφήκαμεν τοῖς ὀφειλέταις ἡμῶν·			Lk 11,4	καὶ ἄφες ἡμῖν **τὰς ἁμαρτίας ἡμῶν,** καὶ γὰρ αὐτοὶ ἀφίομεν παντὶ ὀφείλοντι ἡμῖν· ...	
b 211	Mt 26,28 ↑ Mt 3,2	τοῦτο γάρ ἐστιν τὸ αἷμά μου τῆς διαθήκης τὸ περὶ πολλῶν ἐκχυννόμενον **εἰς ἄφεσιν ἁμαρτιῶν.**	Mk 14,24	... τοῦτό ἐστιν τὸ αἷμά μου τῆς διαθήκης τὸ ἐκχυννόμενον ὑπὲρ πολλῶν.	Lk 22,20	... τοῦτο τὸ ποτήριον ἡ καινὴ διαθήκη ἐν τῷ αἵματί μου, τὸ ὑπὲρ ὑμῶν ἐκχυννόμενον.	→ 1Cor 11,25
b 002					Lk 24,47 → Mt 28,19-20	καὶ κηρυχθῆναι ἐπὶ τῷ ὀνόματι αὐτοῦ μετάνοιαν **εἰς ἄφεσιν ἁμαρτιῶν** εἰς πάντα τὰ ἔθνη. ἀρξάμενοι ἀπὸ Ἰερουσαλήμ·	→ Jn 20,23

b **Acts 2,38** ... μετανοήσατε, [φησίν,] καὶ βαπτισθήτω ἕκαστος ὑμῶν ἐπὶ τῷ ὀνόματι Ἰησοῦ Χριστοῦ **εἰς ἄφεσιν τῶν ἁμαρτιῶν** ὑμῶν καὶ λήμψεσθε τὴν δωρεὰν τοῦ ἁγίου πνεύματος.

Acts 3,19 μετανοήσατε οὖν καὶ ἐπιστρέψατε εἰς τὸ ἐξαλειφθῆναι ὑμῶν **τὰς ἁμαρτίας**

b **Acts 5,31** τοῦτον ὁ θεὸς ἀρχηγὸν καὶ σωτῆρα ὕψωσεν τῇ δεξιᾷ αὐτοῦ [τοῦ] δοῦναι μετάνοιαν τῷ Ἰσραὴλ καὶ **ἄφεσιν ἁμαρτιῶν.**

Acts 7,60 [[→ Lk 23,34]] ... κύριε, μὴ στήσῃς αὐτοῖς **ταύτην τὴν ἁμαρτίαν.** καὶ τοῦτο εἰπὼν ἐκοιμήθη.

b **Acts 10,43** τούτῳ πάντες οἱ προφῆται μαρτυροῦσιν **ἄφεσιν ἁμαρτιῶν** λαβεῖν διὰ τοῦ ὀνόματος αὐτοῦ πάντα τὸν πιστεύοντα εἰς αὐτόν.

b **Acts 13,38** γνωστὸν οὖν ἔστω ὑμῖν, ἄνδρες ἀδελφοί, ὅτι διὰ τούτου ὑμῖν **ἄφεσις ἁμαρτιῶν** καταγγέλλεται, ...

Acts 22,16 ... ἀναστὰς βάπτισαι καὶ ἀπόλουσαι **τὰς ἁμαρτίας σου** ἐπικαλεσάμενος τὸ ὄνομα αὐτοῦ.

b **Acts 26,18** ... τοῦ λαβεῖν αὐτοὺς **ἄφεσιν ἁμαρτιῶν** καὶ κλῆρον ἐν τοῖς ἡγιασμένοις πίστει τῇ εἰς ἐμέ.

ἁμαρτωλός	Syn 29	Mt 5	Mk 6	Lk 18	Acts	Jn 4	1-3John	Paul 6	Eph	Col
	NT 47	2Thess	1/2Tim 2	Tit	Heb 2	Jas 2	1Pet 1	2Pet	Jude 1	Rev

sinful; sinner

	triple tradition																	double tradition			Sondergut		
		+Mt / +Lk			–Mt / –Lk			traditions not taken over by Mt / Lk							subtotals								
code	*222*	*211*	*112*	*212*	*221*	*122*	*121*	*022*	*012*	*021*	*220*	*120*	*210*	*020*	Σ^+	Σ^-	Σ	*202*	*201*	*102*	*200*	*002*	total
Mt	2				1		2^-				1					2^-	4	1					**5**
Mk	2				1		2				1						6						**6**
Lk	2				1^-		2^-									3^-	2	1		5		10	**18**

002					**Lk 5,8**	... ἔξελθε ἀπ᾽ ἐμοῦ, ὅτι **ἀνὴρ ἁμαρτωλός** εἰμι, κύριε.	
221	**Mt 9,10**	καὶ ἐγένετο αὐτοῦ ἀνακειμένου ἐν τῇ οἰκίᾳ, καὶ ἰδοὺ πολλοὶ τελῶναι καὶ **ἁμαρτωλοὶ** ἐλθόντες συνανέκειντο τῷ Ἰησοῦ καὶ τοῖς μαθηταῖς αὐτοῦ.	**Mk 2,15**	καὶ γίνεται κατακεῖσθαι αὐτὸν ἐν τῇ οἰκίᾳ αὐτοῦ, καὶ πολλοὶ τελῶναι καὶ **ἁμαρτωλοὶ** συνανέκειντο τῷ Ἰησοῦ καὶ τοῖς μαθηταῖς αὐτοῦ· ...	**Lk 5,29** ↓ Lk 15,1	καὶ ἐποίησεν δοχὴν μεγάλην Λευὶς αὐτῷ ἐν τῇ οἰκίᾳ αὐτοῦ, καὶ ἦν ὄχλος πολὺς τελωνῶν καὶ **ἄλλων** οἳ ἦσαν μετ᾽ αὐτῶν κατακείμενοι.	
121 222	**Mt 9,11**	καὶ ἰδόντες οἱ Φαρισαῖοι ἔλεγον τοῖς μαθηταῖς αὐτοῦ· διὰ τί μετὰ τῶν τελωνῶν καὶ **ἁμαρτωλῶν** ἐσθίει ὁ διδάσκαλος ὑμῶν;	**Mk 2,16** (2)	καὶ οἱ γραμματεῖς τῶν Φαρισαίων ἰδόντες ὅτι ἐσθίει **μετὰ τῶν ἁμαρτωλῶν** καὶ τελωνῶν ἔλεγον τοῖς μαθηταῖς αὐτοῦ· ὅτι μετὰ τῶν τελωνῶν καὶ **ἁμαρτωλῶν** ἐσθίει;	**Lk 5,30** ↓ Lk 15,2 ↓ Lk 19,7	καὶ ἐγόγγυζον οἱ Φαρισαῖοι καὶ οἱ γραμματεῖς αὐτῶν πρὸς τοὺς μαθητὰς αὐτοῦ λέγοντες· διὰ τί μετὰ τῶν τελωνῶν καὶ **ἁμαρτωλῶν** ἐσθίετε καὶ πίνετε;	
222	**Mt 9,13**	... οὐ γὰρ ἦλθον καλέσαι δικαίους ἀλλὰ **ἁμαρτωλούς.**	**Mk 2,17**	... οὐκ ἦλθον καλέσαι δικαίους ἀλλὰ **ἁμαρτωλούς.**	**Lk 5,32**	οὐκ ἐλήλυθα καλέσαι δικαίους ἀλλὰ **ἁμαρτωλοὺς** εἰς μετάνοιαν.	
102	**Mt 5,46**	ἐὰν γὰρ ἀγαπήσητε τοὺς ἀγαπῶντας ὑμᾶς, τίνα μισθὸν ἔχετε;			**Lk 6,32**	καὶ εἰ ἀγαπᾶτε τοὺς ἀγαπῶντας ὑμᾶς, ποία ὑμῖν χάρις ἐστίν; καὶ γὰρ **οἱ ἁμαρτωλοὶ** τοὺς ἀγαπῶντας αὐτοὺς ἀγαπῶσιν.	
102		οὐχὶ καὶ **οἱ τελῶναι** τὸ αὐτὸ ποιοῦσιν;			**Lk 6,33**	καὶ [γὰρ] ἐὰν ἀγαθοποιῆτε τοὺς ἀγαθοποιοῦντας ὑμᾶς, ποία ὑμῖν χάρις ἐστίν; καὶ **οἱ ἁμαρτωλοὶ** τὸ αὐτὸ ποιοῦσιν.	
102 102	**Mt 5,47**	καὶ ἐὰν ἀσπάσησθε τοὺς ἀδελφοὺς ὑμῶν μόνον, τί περισσὸν ποιεῖτε; οὐχὶ καὶ **οἱ ἐθνικοὶ** τὸ αὐτὸ ποιοῦσιν;			**Lk 6,34** (2) → Mt 5,42	καὶ ἐὰν δανίσητε παρ᾽ ὧν ἐλπίζετε λαβεῖν, ποία ὑμῖν χάρις [ἐστίν]; καὶ **ἁμαρτωλοὶ** **ἁμαρτωλοῖς** δανίζουσιν ἵνα ἀπολάβωσιν τὰ ἴσα.	→ GTh 95

202	Mt 11,19	... ἰδοὺ ἄνθρωπος φάγος καὶ οἰνοπότης, τελωνῶν φίλος καὶ ἁμαρτωλῶν. ...			Lk 7,34	... ἰδοὺ ἄνθρωπος φάγος καὶ οἰνοπότης, φίλος τελωνῶν καὶ ἁμαρτωλῶν.	
002	Mt 26,7	προσῆλθεν αὐτῷ γυνὴ ἔχουσα ἀλάβαστρον μύρου βαρυτίμου ...	Mk 14,3	... ἦλθεν γυνὴ ἔχουσα ἀλάβαστρον μύρου νάρδου πιστικῆς πολυτελοῦς, ...	Lk 7,37	καὶ ἰδοὺ γυνὴ ἥτις ἦν ἐν τῇ πόλει ἁμαρτωλός, ... κομίσασα ἀλάβαστρον μύρου	→ Jn 12,3
002					Lk 7,39	... οὗτος εἰ ἦν προφήτης, ἐγίνωσκεν ἂν τίς καὶ ποταπὴ ἡ γυνὴ ἥτις ἅπτεται αὐτοῦ, ὅτι ἁμαρτωλός ἐστιν.	
121	Mt 16,27	 μέλλει γὰρ ὁ υἱὸς τοῦ ἀνθρώπου ἔρχεσθαι ... καὶ τότε *ἀποδώσει ἑκάστῳ κατὰ* *τὴν πρᾶξιν αὐτοῦ.* ➤ Ps 62,13/Prov 24,12/Sir 35,22 LXX	Mk 8,38 → Mt 10,33 ⇨ Lk 12,9	ὃς γὰρ ἐὰν ἐπαισχυνθῇ με καὶ τοὺς ἐμοὺς λόγους ἐν τῇ γενεᾷ ταύτῃ τῇ μοιχαλίδι καὶ ἁμαρτωλῷ, καὶ ὁ υἱὸς τοῦ ἀνθρώπου ἐπαισχυνθήσεται αὐτὸν, ὅταν ἔλθῃ ...	Lk 9,26	ὃς γὰρ ἂν ἐπαισχυνθῇ με καὶ τοὺς ἐμοὺς λόγους, τοῦτον ὁ υἱὸς τοῦ ἀνθρώπου ἐπαισχυνθήσεται, ὅταν ἔλθῃ ...	Mk-Q overlap
002					Lk 13,2	... δοκεῖτε ὅτι οἱ Γαλιλαῖοι οὗτοι ἁμαρτωλοὶ παρὰ πάντας τοὺς Γαλιλαίους ἐγένοντο, ὅτι ταῦτα πεπόνθασιν;	
002					Lk 15,1 ↑ Lk 5,29	ἦσαν δὲ αὐτῷ ἐγγίζοντες πάντες οἱ τελῶναι καὶ οἱ ἁμαρτωλοὶ ἀκούειν αὐτοῦ.	
002					Lk 15,2 ↑ Mt 9,11 ↑ Mk 2,16 ↑ Lk 5,30 ↓ Lk 19,7	... οὗτος ἁμαρτωλοὺς προσδέχεται καὶ συνεσθίει αὐτοῖς.	
102	Mt 18,13	... ἀμὴν λέγω ὑμῖν ὅτι χαίρει ἐπ' αὐτῷ μᾶλλον ἢ ἐπὶ τοῖς ἐνενήκοντα ἐννέα τοῖς μὴ πεπλανημένοις.			Lk 15,7 ↓ Lk 15,10	λέγω ὑμῖν ὅτι οὕτως χαρὰ ἐν τῷ οὐρανῷ ἔσται ἐπὶ ἑνὶ ἁμαρτωλῷ μετανοοῦντι ἢ ἐπὶ ἐνενήκοντα ἐννέα δικαίοις οἵτινες οὐ χρείαν ἔχουσιν μετανοίας.	→ GTh 107
002					Lk 15,10 ↑ Lk 15,7	οὕτως, λέγω ὑμῖν, γίνεται χαρὰ ἐνώπιον τῶν ἀγγέλων τοῦ θεοῦ ἐπὶ ἑνὶ ἁμαρτωλῷ μετανοοῦντι.	
002					Lk 18,13	... ἀλλ' ἔτυπτεν τὸ στῆθος αὐτοῦ λέγων· ὁ θεός, ἱλάσθητί μοι τῷ ἁμαρτωλῷ.	
002					Lk 19,7 ↑ Mt 9,11 ↑ Mk 2,16 ↑ Lk 5,30 ↑ Lk 15,2	καὶ ἰδόντες πάντες διεγόγγυζον λέγοντες ὅτι παρὰ ἁμαρτωλῷ ἀνδρὶ εἰσῆλθεν καταλῦσαι.	

220	**Mt 26,45** → Lk 22,53 ... ἰδοὺ ἤγγικεν ἡ ὥρα καὶ ὁ υἱὸς τοῦ ἀνθρώπου παραδίδοται **εἰς χεῖρας ἁμαρτωλῶν.**	**Mk 14,41** → Lk 22,53 ... ἦλθεν ἡ ὥρα, ἰδοὺ παραδίδοται ὁ υἱὸς τοῦ ἀνθρώπου **εἰς τὰς χεῖρας τῶν ἁμαρτωλῶν.**		→ Jn 12,23 → Jn 12,27
002	→ Mt 16,21 → Mt 17,22-23 → Mt 20,18-19	→ Mk 8,31 → Mk 9,31 → Mk 10,33-34	**Lk 24,7** → Lk 9,22.44 → Lk 17,25 → Lk 18,31-33 → Lk 24,26.46 λέγων τὸν υἱὸν τοῦ ἀνθρώπου ὅτι δεῖ παραδοθῆναι **εἰς χεῖρας ἀνθρώπων ἁμαρτωλῶν** καὶ σταυρωθῆναι καὶ τῇ τρίτῃ ἡμέρᾳ ἀναστῆναι.	

ἀμελέω

Syn 1	Mt 1	Mk	Lk	Acts	Jn	1-3John	Paul	Eph	Col
NT 4	2Thess	1/2Tim 1	Tit	Heb 2	Jas	1Pet	2Pet	Jude	Rev

disregard; neglect; reject

201	**Mt 22,5** **οἱ δὲ ἀμελήσαντες** ἀπῆλθον, ὃς μὲν εἰς τὸν ἴδιον ἀγρόν, ...		**Lk 14,18** ... ὁ πρῶτος εἶπεν αὐτῷ· ἀγρὸν ἠγόρασα καὶ ἔχω ἀνάγκην ἐξελθὼν ἰδεῖν αὐτόν· ...	→ GTh 64

ἄμεμπτος

Syn 1	Mt	Mk	Lk 1	Acts	Jn	1-3John	Paul 3	Eph	Col
NT 5	2Thess	1/2Tim	Tit	Heb 1	Jas	1Pet	2Pet	Jude	Rev

blameless; faultless

002			**Lk 1,6** ... πορευόμενοι ἐν πάσαις ταῖς ἐντολαῖς καὶ δικαιώμασιν τοῦ κυρίου **ἄμεμπτοι.**	

ἀμέριμνος

Syn 1	Mt 1	Mk	Lk	Acts	Jn	1-3John	Paul 1	Eph	Col
NT 2	2Thess	1/2Tim	Tit	Heb	Jas	1Pet	2Pet	Jude	Rev

free from worry or anxiety

200	**Mt 28,14** καὶ ἐὰν ἀκουσθῇ τοῦτο ἐπὶ τοῦ ἡγεμόνος, ἡμεῖς πείσομεν [αὐτὸν] καὶ ὑμᾶς **ἀμερίμνους** ποιήσομεν.			

ἀμήν	Syn 50	Mt 31	Mk 13	Lk 6	Acts	Jn 50	1-3John	Paul 11	Eph 1	Col
	NT 128	2Thess	1/2Tim 3	Tit	Heb 1	Jas	1Pet 2	2Pet 1	Jude 1	Rev 8

amen; truly; indeed

	triple tradition																	double tradition			Sondergut		
		+Mt / +Lk			–Mt / –Lk			traditions not taken over by Mt / Lk							subtotals								
code	222	211	112	212	221	122	121	022	012	021	220	120	210	020	Σ⁺	Σ⁻	Σ	202	201	102	200	002	total
Mt	3	2⁺			3		1⁻				3	2⁻			2⁺	3⁻	11		10		10		**31**
Mk	3				3		1			1	3	2					13						**13**
Lk	3		1⁺		3⁻		1⁻			1⁻					1⁺	5⁻	4					2	**6**

a ἀμὴν λέγω ὑμῖν
b ἀμὴν γὰρ λέγω ὑμῖν
c ἀμὴν δὲ λέγω ὑμῖν
d ἀμὴν λέγω σοι
e ἀμὴν σοι λέγω
f λέγω ὑμῖν
g λέγω σοι

a 112	**Mt 13,57**	... ὁ δὲ Ἰησοῦς εἶπεν αὐτοῖς· οὐκ ἔστιν προφήτης ἄτιμος εἰ μὴ ἐν τῇ πατρίδι καὶ ἐν τῇ οἰκίᾳ αὐτοῦ.	**Mk 6,4**	καὶ ἔλεγεν αὐτοῖς ὁ Ἰησοῦς ὅτι οὐκ ἔστιν προφήτης ἄτιμος εἰ μὴ ἐν τῇ πατρίδι αὐτοῦ καὶ ἐν τοῖς συγγενεῦσιν αὐτοῦ καὶ ἐν τῇ οἰκίᾳ αὐτοῦ.	**Lk 4,24**	εἶπεν δέ· **ἀμὴν λέγω ὑμῖν** ὅτι οὐδεὶς προφήτης δεκτός ἐστιν ἐν τῇ πατρίδι αὐτοῦ.	→ Jn 4,44 → GTh 31 (POxy 1)
b 201	**Mt 5,18** → Mt 24,35	**ἀμὴν γὰρ λέγω ὑμῖν·** ἕως ἂν παρέλθῃ ὁ οὐρανὸς καὶ ἡ γῆ, ἰῶτα ἓν ἢ μία κεραία οὐ μὴ παρέλθῃ ἀπὸ τοῦ νόμου ἕως ἂν πάντα γένηται.	→ Mk 13,31		**Lk 16,17** → Lk 21,33	εὐκοπώτερον δέ ἐστιν τὸν οὐρανὸν καὶ τὴν γῆν παρελθεῖν ἢ τοῦ νόμου μίαν κεραίαν πεσεῖν.	
d g 201	**Mt 5,26** → Mt 18,34	**ἀμὴν λέγω σοι,** οὐ μὴ ἐξέλθῃς ἐκεῖθεν, ἕως ἂν ἀποδῷς τὸν ἔσχατον κοδράντην.			**Lk 12,59**	**λέγω σοι,** οὐ μὴ ἐξέλθῃς ἐκεῖθεν, ἕως καὶ τὸ ἔσχατον λεπτὸν ἀποδῷς.	
a 200	**Mt 6,2**	ὅταν οὖν ποιῇς ἐλεημοσύνην, μὴ σαλπίσῃς ἔμπροσθέν σου, ὥσπερ οἱ ὑποκριταὶ ποιοῦσιν ἐν ταῖς συναγωγαῖς καὶ ἐν ταῖς ῥύμαις, ὅπως δοξασθῶσιν ὑπὸ τῶν ἀνθρώπων· **ἀμὴν λέγω ὑμῖν,** ἀπέχουσιν τὸν μισθὸν αὐτῶν.					→ GTh 6,1 (POxy 654)
a 200	**Mt 6,5**	καὶ ὅταν προσεύχησθε, οὐκ ἔσεσθε ὡς οἱ ὑποκριταί, ὅτι φιλοῦσιν ἐν ταῖς συναγωγαῖς καὶ ἐν ταῖς γωνίαις τῶν πλατειῶν ἑστῶτες προσεύχεσθαι, ὅπως φανῶσιν τοῖς ἀνθρώποις· **ἀμὴν λέγω ὑμῖν,** ἀπέχουσιν τὸν μισθὸν αὐτῶν.					→ GTh 6,1 (POxy 654)

a 200	**Mt 6,16**	ὅταν δὲ νηστεύητε, μὴ γίνεσθε ὡς οἱ ὑποκριταὶ σκυθρωποί, ἀφανίζουσιν γὰρ τὰ πρόσωπα αὐτῶν ὅπως φανῶσιν τοῖς ἀνθρώποις νηστεύοντες· **ἀμὴν λέγω ὑμῖν,** ἀπέχουσιν τὸν μισθὸν αὐτῶν.					→ GTh 6,1 (POxy 654) → GTh 27 (POxy 1)
af 201	**Mt 8,10**	ἀκούσας δὲ ὁ Ἰησοῦς ἐθαύμασεν καὶ εἶπεν τοῖς ἀκολουθοῦσιν· **ἀμὴν λέγω ὑμῖν,** παρ' οὐδενὶ τοσαύτην πίστιν ἐν τῷ Ἰσραὴλ εὗρον.			**Lk 7,9**	ἀκούσας δὲ ταῦτα ὁ Ἰησοῦς ἐθαύμασεν αὐτὸν καὶ στραφεὶς τῷ ἀκολουθοῦντι αὐτῷ ὄχλῳ εἶπεν· **λέγω ὑμῖν,** οὐδὲ ἐν τῷ Ἰσραὴλ τοσαύτην πίστιν εὗρον.	
af 201	**Mt 10,15** ⇨ Mt 11,24	**ἀμὴν λέγω ὑμῖν,** ἀνεκτότερον ἔσται γῇ Σοδόμων καὶ Γομόρρων ἐν ἡμέρᾳ κρίσεως ἢ τῇ πόλει ἐκείνῃ.			**Lk 10,12**	**λέγω ὑμῖν** ὅτι Σοδόμοις ἐν τῇ ἡμέρᾳ ἐκείνῃ ἀνεκτότερον ἔσται ἢ τῇ πόλει ἐκείνῃ.	
b 200	**Mt 10,23** → Mt 23,34 → Lk 11,49	ὅταν δὲ διώκωσιν ὑμᾶς ἐν τῇ πόλει ταύτῃ, φεύγετε εἰς τὴν ἑτέραν· **ἀμὴν γὰρ λέγω ὑμῖν,** οὐ μὴ τελέσητε τὰς πόλεις τοῦ Ἰσραὴλ ἕως ἂν ἔλθῃ ὁ υἱὸς τοῦ ἀνθρώπου.					
a 220	**Mt 10,42**	καὶ ὃς ἂν ποτίσῃ ἕνα τῶν μικρῶν τούτων ποτήριον ψυχροῦ μόνον εἰς ὄνομα μαθητοῦ, **ἀμὴν λέγω ὑμῖν,** οὐ μὴ ἀπολέσῃ τὸν μισθὸν αὐτοῦ.	**Mk 9,41**	ὃς γὰρ ἂν ποτίσῃ ὑμᾶς ποτήριον ὕδατος ἐν ὀνόματι ὅτι Χριστοῦ ἐστε, **ἀμὴν λέγω ὑμῖν** ὅτι οὐ μὴ ἀπολέσῃ τὸν μισθὸν αὐτοῦ.			
af 201	**Mt 11,11**	**ἀμὴν λέγω ὑμῖν·** οὐκ ἐγήγερται ἐν γεννητοῖς γυναικῶν μείζων Ἰωάννου τοῦ βαπτιστοῦ· ...			**Lk 7,28**	**λέγω ὑμῖν,** μείζων ἐν γεννητοῖς γυναικῶν Ἰωάννου οὐδείς ἐστιν· ...	→ GTh 46
fa 120	**Mt 12,31**	διὰ τοῦτο **λέγω ὑμῖν,** πᾶσα ἁμαρτία καὶ βλασφημία ἀφεθήσεται τοῖς ἀνθρώποις, ἡ δὲ τοῦ πνεύματος βλασφημία οὐκ ἀφεθήσεται.	**Mk 3,28** → Mt 12,32 → Lk 12,10	**ἀμὴν λέγω ὑμῖν** ὅτι πάντα ἀφεθήσεται τοῖς υἱοῖς τῶν ἀνθρώπων τὰ ἁμαρτήματα καὶ αἱ βλασφημίαι ὅσα ἐὰν βλασφημήσωσιν·			→ GTh 44
bf 201	**Mt 13,17**	**ἀμὴν γὰρ λέγω ὑμῖν** ὅτι πολλοὶ προφῆται καὶ δίκαιοι ἐπεθύμησαν ἰδεῖν ἃ βλέπετε καὶ οὐκ εἶδαν, καὶ ἀκοῦσαι ἃ ἀκούετε καὶ οὐκ ἤκουσαν.			**Lk 10,24**	**λέγω γὰρ ὑμῖν** ὅτι πολλοὶ προφῆται καὶ βασιλεῖς ἠθέλησαν ἰδεῖν ἃ ὑμεῖς βλέπετε καὶ οὐκ εἶδαν, καὶ ἀκοῦσαι ἃ ἀκούετε καὶ οὐκ ἤκουσαν.	→ GTh 38 (POxy 655 - restoration)

a 120	**Mt 16,4** ⇩ Mt 12,39	γενεὰ πονηρὰ καὶ μοιχαλὶς σημεῖον ἐπιζητεῖ, καὶ σημεῖον οὐ δοθήσεται αὐτῇ εἰ μὴ τὸ σημεῖον Ἰωνᾶ. ...	**Mk 8,12**	... τί ἡ γενεὰ αὕτη ζητεῖ σημεῖον; ἀμὴν λέγω ὑμῖν, εἰ δοθήσεται τῇ γενεᾷ ταύτῃ σημεῖον.			Mk-Q overlap
	Mt 12,39 ⇧ Mt 16,4	... γενεὰ πονηρὰ καὶ μοιχαλὶς σημεῖον ἐπιζητεῖ, καὶ σημεῖον οὐ δοθήσεται αὐτῇ εἰ μὴ τὸ σημεῖον Ἰωνᾶ τοῦ προφήτου.			**Lk 11,29**	... ἡ γενεὰ αὕτη γενεὰ πονηρά ἐστιν· σημεῖον ζητεῖ, καὶ σημεῖον οὐ δοθήσεται αὐτῇ εἰ μὴ τὸ σημεῖον Ἰωνᾶ.	
a f 221	**Mt 16,28** ↓ Mt 24,34	ἀμὴν λέγω ὑμῖν ὅτι εἰσίν τινες τῶν ὧδε ἑστώτων οἵτινες οὐ μὴ γεύσωνται θανάτου ἕως ἂν ἴδωσιν τὸν υἱὸν τοῦ ἀνθρώπου ἐρχόμενον ἐν τῇ βασιλείᾳ αὐτοῦ.	**Mk 9,1** ↓ Mk 13,30	καὶ ἔλεγεν αὐτοῖς· ἀμὴν λέγω ὑμῖν ὅτι εἰσίν τινες ὧδε τῶν ἑστηκότων οἵτινες οὐ μὴ γεύσωνται θανάτου ἕως ἂν ἴδωσιν τὴν βασιλείαν τοῦ θεοῦ ἐληλυθυῖαν ἐν δυνάμει.	**Lk 9,27** ↓ Lk 21,32	λέγω δὲ ὑμῖν ἀληθῶς, εἰσίν τινες τῶν αὐτοῦ ἑστηκότων οἳ οὐ μὴ γεύσωνται θανάτου ἕως ἂν ἴδωσιν τὴν βασιλείαν τοῦ θεοῦ.	→ Jn 21,22-23
b a 201	**Mt 17,20** ↓ Mt 21,21	... διὰ τὴν ὀλιγοπιστίαν ὑμῶν· ἀμὴν γὰρ λέγω ὑμῖν, ἐὰν ἔχητε πίστιν ὡς κόκκον σινάπεως, ἐρεῖτε τῷ ὄρει τούτῳ, μετάβα ἔνθεν ἐκεῖ, καὶ μεταβήσεται· καὶ οὐδὲν ἀδυνατήσει ὑμῖν.	**Mk 11,23** → Mk 9,23	[22] ... ἔχετε πίστιν θεοῦ. [23] ἀμὴν λέγω ὑμῖν ὅτι ὃς ἂν εἴπῃ τῷ ὄρει τούτῳ· ἄρθητι καὶ βλήθητι εἰς τὴν θάλασσαν, καὶ μὴ διακριθῇ ἐν τῇ καρδίᾳ αὐτοῦ ἀλλὰ πιστεύῃ ὅτι ὃ λαλεῖ γίνεται, ἔσται αὐτῷ.	**Lk 17,6**	... εἰ ἔχετε πίστιν ὡς κόκκον σινάπεως, ἐλέγετε ἂν τῇ συκαμίνῳ [ταύτῃ]· ἐκριζώθητι καὶ φυτεύθητι ἐν τῇ θαλάσσῃ· καὶ ὑπήκουσεν ἂν ὑμῖν.	→ GTh 48 → GTh 106
a 222	**Mt 18,3**	καὶ εἶπεν· ἀμὴν λέγω ὑμῖν, ἐὰν μὴ στραφῆτε καὶ γένησθε ὡς τὰ παιδία, οὐ μὴ εἰσέλθητε εἰς τὴν βασιλείαν τῶν οὐρανῶν.	**Mk 10,15**	ἀμὴν λέγω ὑμῖν, ὃς ἂν μὴ δέξηται τὴν βασιλείαν τοῦ θεοῦ ὡς παιδίον, οὐ μὴ εἰσέλθῃ εἰς αὐτήν.	**Lk 18,17**	ἀμὴν λέγω ὑμῖν, ὃς ἂν μὴ δέξηται τὴν βασιλείαν τοῦ θεοῦ ὡς παιδίον, οὐ μὴ εἰσέλθῃ εἰς αὐτήν.	→ **Jn 3,3** → GTh 22 → GTh 46
a 220	**Mt 10,42**	καὶ ὃς ἂν ποτίσῃ ἕνα τῶν μικρῶν τούτων ποτήριον ψυχροῦ μόνον εἰς ὄνομα μαθητοῦ, ἀμὴν λέγω ὑμῖν, οὐ μὴ ἀπολέσῃ τὸν μισθὸν αὐτοῦ.	**Mk 9,41**	ὃς γὰρ ἂν ποτίσῃ ὑμᾶς ποτήριον ὕδατος ἐν ὀνόματι ὅτι Χριστοῦ ἐστε, ἀμὴν λέγω ὑμῖν ὅτι οὐ μὴ ἀπολέσῃ τὸν μισθὸν αὐτοῦ.			
a f 201	**Mt 18,13**	... ἀμὴν λέγω ὑμῖν ὅτι χαίρει ἐπ' αὐτῷ μᾶλλον ἢ ἐπὶ τοῖς ἐνενήκοντα ἐννέα τοῖς μὴ πεπλανημένοις.			**Lk 15,7** → Lk 15,10	λέγω ὑμῖν ὅτι οὕτως χαρὰ ἐν τῷ οὐρανῷ ἔσται ἐπὶ ἑνὶ ἁμαρτωλῷ μετανοοῦντι ἢ ἐπὶ ἐνενήκοντα ἐννέα δικαίοις οἵτινες οὐ χρείαν ἔχουσιν μετανοίας.	→ GTh 107
a 200	**Mt 18,18** → Mt 16,19	ἀμὴν λέγω ὑμῖν· ὅσα ἐὰν δήσητε ἐπὶ τῆς γῆς ἔσται δεδεμένα ἐν οὐρανῷ, καὶ ὅσα ἐὰν λύσητε ἐπὶ τῆς γῆς ἔσται λελυμένα ἐν οὐρανῷ.					→ Jn 20,23

a 200	**Mt 18,19** → Mt 21,22 → Mk 11,24	πάλιν [ἀμὴν] λέγω ὑμῖν ὅτι ἐὰν δύο συμφωνήσωσιν ἐξ ὑμῶν ἐπὶ τῆς γῆς περὶ παντὸς πράγματος οὗ ἐὰν αἰτήσωνται, γενήσεται αὐτοῖς παρὰ τοῦ πατρός μου τοῦ ἐν οὐρανοῖς.					→ GTh 30 (POxy 1) → GTh 48 → GTh 106
a 002					**Lk 12,37** → Lk 22,27 → Lk 22,30	μακάριοι οἱ δοῦλοι ἐκεῖνοι, οὓς ἐλθὼν ὁ κύριος εὑρήσει γρηγοροῦντας· ἀμὴν λέγω ὑμῖν ὅτι περιζώσεται καὶ ἀνακλινεῖ αὐτοὺς καὶ παρελθὼν διακονήσει αὐτοῖς.	
a 222	**Mt 18,3**	καὶ εἶπεν· ἀμὴν λέγω ὑμῖν, ἐὰν μὴ στραφῆτε καὶ γένησθε ὡς τὰ παιδία, οὐ μὴ εἰσέλθητε εἰς τὴν βασιλείαν τῶν οὐρανῶν.	**Mk 10,15**	ἀμὴν λέγω ὑμῖν, ὃς ἂν μὴ δέξηται τὴν βασιλείαν τοῦ θεοῦ ὡς παιδίον, οὐ μὴ εἰσέλθῃ εἰς αὐτήν.	**Lk 18,17**	ἀμὴν λέγω ὑμῖν, ὃς ἂν μὴ δέξηται τὴν βασιλείαν τοῦ θεοῦ ὡς παιδίον, οὐ μὴ εἰσέλθῃ εἰς αὐτήν.	→ Jn 3,3 → GTh 22 → GTh 46
a 211	**Mt 19,23**	ὁ δὲ Ἰησοῦς εἶπεν τοῖς μαθηταῖς αὐτοῦ· ἀμὴν λέγω ὑμῖν ὅτι πλούσιος δυσκόλως εἰσελεύσεται εἰς τὴν βασιλείαν τῶν οὐρανῶν.	**Mk 10,23**	καὶ περιβλεψάμενος ὁ Ἰησοῦς λέγει τοῖς μαθηταῖς αὐτοῦ· πῶς δυσκόλως οἱ τὰ χρήματα ἔχοντες εἰς τὴν βασιλείαν τοῦ θεοῦ εἰσελεύσονται.	**Lk 18,24**	ἰδὼν δὲ αὐτὸν ὁ Ἰησοῦς [περίλυπον γενόμενον] εἶπεν· πῶς δυσκόλως οἱ τὰ χρήματα ἔχοντες εἰς τὴν βασιλείαν τοῦ θεοῦ εἰσπορεύονται·	
a 222	**Mt 19,28**	ὁ δὲ Ἰησοῦς εἶπεν αὐτοῖς· ἀμὴν λέγω ὑμῖν ὅτι ὑμεῖς οἱ ἀκολουθήσαντές μοι ... [29] καὶ πᾶς ὅστις ἀφῆκεν οἰκίας ...	**Mk 10,29**	ἔφη ὁ Ἰησοῦς· ἀμὴν λέγω ὑμῖν, οὐδείς ἐστιν ὃς ἀφῆκεν οἰκίαν ...	**Lk 18,29**	ὁ δὲ εἶπεν αὐτοῖς· ἀμὴν λέγω ὑμῖν ... [22,28] ὑμεῖς δέ ἐστε οἱ διαμεμενηκότες μετ᾽ ἐμοῦ ἐν τοῖς πειρασμοῖς μου· [18,29] ... ὅτι οὐδείς ἐστιν ὃς ἀφῆκεν οἰκίαν ...	
a 220	**Mt 21,21** ↑ Mt 17,20	... ἀμὴν λέγω ὑμῖν, ἐὰν ἔχητε πίστιν καὶ μὴ διακριθῆτε, οὐ μόνον τὸ τῆς συκῆς ποιήσετε, ἀλλὰ κἂν τῷ ὄρει τούτῳ εἴπητε· ἄρθητι καὶ βλήθητι εἰς τὴν θάλασσαν, γενήσεται·	**Mk 11,23** → Mk 9,23	[22] ... ἔχετε πίστιν θεοῦ. [23] ἀμὴν λέγω ὑμῖν ὅτι ὃς ἂν εἴπῃ τῷ ὄρει τούτῳ· ἄρθητι καὶ βλήθητι εἰς τὴν θάλασσαν, καὶ μὴ διακριθῇ ἐν τῇ καρδίᾳ αὐτοῦ ἀλλὰ πιστεύῃ ὅτι ὃ λαλεῖ γίνεται, ἔσται αὐτῷ.	↑ Lk 17,6		→ GTh 48 → GTh 106
a 200	**Mt 21,31**	... λέγει αὐτοῖς ὁ Ἰησοῦς· ἀμὴν λέγω ὑμῖν ὅτι οἱ τελῶναι καὶ αἱ πόρναι προάγουσιν ὑμᾶς εἰς τὴν βασιλείαν τοῦ θεοῦ.					
af 201	**Mt 23,36**	ἀμὴν λέγω ὑμῖν, ἥξει ταῦτα πάντα ἐπὶ τὴν γενεὰν ταύτην.			**Lk 11,51**	... ναὶ λέγω ὑμῖν, ἐκζητηθήσεται ἀπὸ τῆς γενεᾶς ταύτης.	
af 021			**Mk 12,43**	καὶ προσκαλεσάμενος τοὺς μαθητὰς αὐτοῦ εἶπεν αὐτοῖς· ἀμὴν λέγω ὑμῖν ὅτι ἡ χήρα αὕτη ἡ πτωχὴ πλεῖον πάντων ἔβαλεν τῶν βαλλόντων εἰς τὸ γαζοφυλάκιον·	**Lk 21,3**	καὶ εἶπεν· ἀληθῶς λέγω ὑμῖν ὅτι ἡ χήρα αὕτη ἡ πτωχὴ πλεῖον πάντων ἔβαλεν·	

a 211	Mt 24,2	... οὐ βλέπετε ταῦτα πάντα; ἀμὴν λέγω ὑμῖν, οὐ μὴ ἀφεθῇ ὧδε λίθος ἐπὶ λίθον ὃς οὐ καταλυθήσεται.	Mk 13,2	... βλέπεις ταύτας τὰς μεγάλας οἰκοδομάς; οὐ μὴ ἀφεθῇ ὧδε λίθος ἐπὶ λίθον ὃς οὐ μὴ καταλυθῇ.	Lk 21,6 → Lk 19,44	ταῦτα ἃ θεωρεῖτε ἐλεύσονται ἡμέραι ἐν αἷς οὐκ ἀφεθήσεται λίθος ἐπὶ λίθῳ ὃς οὐ καταλυθήσεται.	
a 222	Mt 24,34 ↑ Mt 16,28	ἀμὴν λέγω ὑμῖν ὅτι οὐ μὴ παρέλθῃ ἡ γενεὰ αὕτη ἕως ἂν πάντα ταῦτα γένηται.	Mk 13,30 ↑ Mk 9,1	ἀμὴν λέγω ὑμῖν ὅτι οὐ μὴ παρέλθῃ ἡ γενεὰ αὕτη μέχρις οὗ ταῦτα πάντα γένηται.	Lk 21,32 ↑ Lk 9,27	ἀμὴν λέγω ὑμῖν ὅτι οὐ μὴ παρέλθῃ ἡ γενεὰ αὕτη ἕως ἂν πάντα γένηται.	
a f 201	Mt 24,47 → Mt 25,21 → Mt 25,23	ἀμὴν λέγω ὑμῖν ὅτι ἐπὶ πᾶσιν τοῖς ὑπάρχουσιν αὐτοῦ καταστήσει αὐτόν.			Lk 12,44	ἀληθῶς λέγω ὑμῖν ὅτι ἐπὶ πᾶσιν τοῖς ὑπάρχουσιν αὐτοῦ καταστήσει αὐτόν.	
a 200	Mt 25,12 → Mt 7,23	ὁ δὲ ἀποκριθεὶς εἶπεν· ἀμὴν λέγω ὑμῖν, οὐκ οἶδα ὑμᾶς.			Lk 13,25 → Lk 13,27	... καὶ ἀποκριθεὶς ἐρεῖ ὑμῖν· οὐκ οἶδα ὑμᾶς πόθεν ἐστέ.	
a 200	Mt 25,40	καὶ ἀποκριθεὶς ὁ βασιλεὺς ἐρεῖ αὐτοῖς· ἀμὴν λέγω ὑμῖν, ἐφ᾽ ὅσον ἐποιήσατε ἑνὶ τούτων τῶν ἀδελφῶν μου τῶν ἐλαχίστων, ἐμοὶ ἐποιήσατε.					
a 200	Mt 25,45	τότε ἀποκριθήσεται αὐτοῖς λέγων· ἀμὴν λέγω ὑμῖν, ἐφ᾽ ὅσον οὐκ ἐποιήσατε ἑνὶ τούτων τῶν ἐλαχίστων, οὐδὲ ἐμοὶ ἐποιήσατε.					
a c 220	Mt 26,13	ἀμὴν λέγω ὑμῖν, ὅπου ἐὰν κηρυχθῇ τὸ εὐαγγέλιον τοῦτο ἐν ὅλῳ τῷ κόσμῳ, λαληθήσεται καὶ ὃ ἐποίησεν αὕτη εἰς μνημόσυνον αὐτῆς.	Mk 14,9	ἀμὴν δὲ λέγω ὑμῖν, ὅπου ἐὰν κηρυχθῇ τὸ εὐαγγέλιον εἰς ὅλον τὸν κόσμον, καὶ ὃ ἐποίησεν αὕτη λαληθήσεται εἰς μνημόσυνον αὐτῆς.			
a 221	Mt 26,21	καὶ ἐσθιόντων αὐτῶν εἶπεν· ἀμὴν λέγω ὑμῖν ὅτι εἷς ἐξ ὑμῶν παραδώσει με.	Mk 14,18	καὶ ἀνακειμένων αὐτῶν καὶ ἐσθιόντων ὁ Ἰησοῦς εἶπεν· ἀμὴν λέγω ὑμῖν ὅτι εἷς ἐξ ὑμῶν παραδώσει με ὁ ἐσθίων μετ᾽ ἐμοῦ.	Lk 22,21 → Mt 26,23 → Mk 14,20	πλὴν ἰδοὺ ἡ χεὶρ τοῦ παραδιδόντος με μετ᾽ ἐμοῦ ἐπὶ τῆς τραπέζης·	→ Jn 13,21
f a 121	Mt 26,29	λέγω δὲ ὑμῖν, οὐ μὴ πίω ἀπ᾽ ἄρτι ἐκ τούτου τοῦ γενήματος τῆς ἀμπέλου ἕως τῆς ἡμέρας ἐκείνης ὅταν αὐτὸ πίνω μεθ᾽ ὑμῶν καινὸν ἐν τῇ βασιλείᾳ τοῦ πατρός μου.	Mk 14,25	ἀμὴν λέγω ὑμῖν ὅτι οὐκέτι οὐ μὴ πίω ἐκ τοῦ γενήματος τῆς ἀμπέλου ἕως τῆς ἡμέρας ἐκείνης ὅταν αὐτὸ πίνω καινὸν ἐν τῇ βασιλείᾳ τοῦ θεοῦ.	Lk 22,18 → Lk 22,16	λέγω γὰρ ὑμῖν, [ὅτι] οὐ μὴ πίω ἀπὸ τοῦ νῦν ἀπὸ τοῦ γενήματος τῆς ἀμπέλου ἕως οὗ ἡ βασιλεία τοῦ θεοῦ ἔλθῃ.	
d g 221	Mt 26,34	ἔφη αὐτῷ ὁ Ἰησοῦς· ἀμὴν λέγω σοι ὅτι ἐν ταύτῃ τῇ νυκτὶ πρὶν ἀλέκτορα φωνῆσαι τρὶς ἀπαρνήσῃ με.	Mk 14,30	καὶ λέγει αὐτῷ ὁ Ἰησοῦς· ἀμὴν λέγω σοι ὅτι σὺ σήμερον ταύτῃ τῇ νυκτὶ πρὶν ἢ δὶς ἀλέκτορα φωνῆσαι τρίς με ἀπαρνήσῃ.	Lk 22,34	ὁ δὲ εἶπεν· λέγω σοι, Πέτρε, οὐ φωνήσει σήμερον ἀλέκτωρ ἕως τρίς με ἀπαρνήσῃ εἰδέναι.	→ Jn 13,38
e 002					Lk 23,43	καὶ εἶπεν αὐτῷ· ἀμήν σοι λέγω, σήμερον μετ᾽ ἐμοῦ ἔσῃ ἐν τῷ παραδείσῳ.	

Ἀμιναδάβ	Syn 3	Mt 2	Mk	Lk 1	Acts	Jn	1-3John	Paul	Eph	Col
	NT 3	2Thess	1/2Tim	Tit	Heb	Jas	1Pet	2Pet	Jude	Rev

Aminadab

200	Mt 1,4 (2)	[3] ... Ἑσρὼμ δὲ ἐγέννησεν τὸν Ἀράμ, [4] Ἀρὰμ δὲ ἐγέννησεν τὸν Ἀμιναδάβ,			Lk 3,32	... τοῦ Σαλὰ τοῦ Ναασσὼν	
200		Ἀμιναδὰβ δὲ ἐγέννησεν τὸν Ναασσών, Ναασσὼν δὲ ἐγέννησεν τὸν Σαλμών			Lk 3,33	τοῦ Ἀμιναδὰβ τοῦ Ἀδμὶν τοῦ Ἀρνὶ τοῦ Ἑσρὼμ ...	
002	Mt 1,4 (2)	[3] ... Ἑσρὼμ δὲ ἐγέννησεν τὸν Ἀράμ, [4] Ἀρὰμ δὲ ἐγέννησεν τὸν Ἀμιναδάβ, Ἀμιναδὰβ δὲ ἐγέννησεν τὸν Ναασσών, Ναασσὼν δὲ ἐγέννησεν τὸν Σαλμών			Lk 3,33	[32] ... τοῦ Σαλὰ τοῦ Ναασσὼν [33] τοῦ Ἀμιναδὰβ τοῦ Ἀδμὶν τοῦ Ἀρνὶ τοῦ Ἑσρὼμ ...	

ἄμμος	Syn 1	Mt 1	Mk	Lk	Acts	Jn	1-3John	Paul 1	Eph	Col
	NT 5	2Thess	1/2Tim	Tit	Heb 1	Jas	1Pet	2Pet	Jude	Rev 2

sand; seashore; beach

201	Mt 7,26	... ὁμοιωθήσεται ἀνδρὶ μωρῷ, ὅστις ᾠκοδόμησεν αὐτοῦ τὴν οἰκίαν ἐπὶ τὴν ἄμμον.			Lk 6,49	... ὅμοιός ἐστιν ἀνθρώπῳ οἰκοδομήσαντι οἰκίαν ἐπὶ τὴν γῆν χωρὶς θεμελίου, ...	

ἄμπελος	Syn 3	Mt 1	Mk 1	Lk 1	Acts	Jn 3	1-3John	Paul	Eph	Col
	NT 9	2Thess	1/2Tim	Tit	Heb	Jas 1	1Pet	2Pet	Jude	Rev 2

grapevine

222	Mt 26,29	λέγω δὲ ὑμῖν, οὐ μὴ πίω ἀπ' ἄρτι ἐκ τούτου τοῦ γενήματος τῆς ἀμπέλου ἕως τῆς ἡμέρας ἐκείνης ὅταν αὐτὸ πίνω μεθ' ὑμῶν καινὸν ἐν τῇ βασιλείᾳ τοῦ πατρός μου.	Mk 14,25	ἀμὴν λέγω ὑμῖν ὅτι οὐκέτι οὐ μὴ πίω ἐκ τοῦ γενήματος τῆς ἀμπέλου ἕως τῆς ἡμέρας ἐκείνης ὅταν αὐτὸ πίνω καινὸν ἐν τῇ βασιλείᾳ τοῦ θεοῦ.	Lk 22,18 → Lk 22,16	λέγω γὰρ ὑμῖν, [ὅτι] οὐ μὴ πίω ἀπὸ τοῦ νῦν ἀπὸ τοῦ γενήματος τῆς ἀμπέλου ἕως οὗ ἡ βασιλεία τοῦ θεοῦ ἔλθῃ.	

ἀμπελουργός	Syn 1	Mt	Mk	Lk 1	Acts	Jn	1-3John	Paul	Eph	Col
	NT 1	2Thess	1/2Tim	Tit	Heb	Jas	1Pet	2Pet	Jude	Rev

vine-dresser; gardener

002			**Lk 13,7** εἶπεν δὲ πρὸς τὸν **ἀμπελουργόν**· ἰδοὺ τρία ἔτη ἀφ' οὗ ἔρχομαι ζητῶν καρπὸν ἐν τῇ συκῇ ταύτῃ ...	

ἀμπελών	Syn 22	Mt 10	Mk 5	Lk 7	Acts	Jn	1-3John	Paul 1	Eph	Col
	NT 23	2Thess	1/2Tim	Tit	Heb	Jas	1Pet	2Pet	Jude	Rev

vineyard

	triple tradition																	double tradition			Sondergut		
		+Mt / +Lk			–Mt / –Lk			traditions not taken over by Mt / Lk							subtotals								
code	222	211	112	212	221	122	121	022	012	021	220	120	210	020	Σ⁺	Σ⁻	Σ	202	201	102	200	002	total
Mt	4					1⁻										1⁻	4				6		**10**
Mk	4					1											5						**5**
Lk	4		1⁺			1									1⁺		6					1	**7**

002			**Lk 13,6** → Mt 21,19 → Mk 11,13 ... συκῆν εἶχέν τις πεφυτευμένην **ἐν τῷ ἀμπελῶνι αὐτοῦ**, καὶ ἦλθεν ζητῶν καρπὸν ἐν αὐτῇ καὶ οὐχ εὗρεν.	
200	**Mt 20,1** ὁμοία γάρ ἐστιν ἡ βασιλεία τῶν οὐρανῶν ἀνθρώπῳ οἰκοδεσπότῃ, ὅστις ἐξῆλθεν ἅμα πρωῒ μισθώσασθαι ἐργάτας **εἰς τὸν ἀμπελῶνα αὐτοῦ.**			
200	**Mt 20,2** συμφωνήσας δὲ μετὰ τῶν ἐργατῶν ἐκ δηναρίου τὴν ἡμέραν ἀπέστειλεν αὐτοὺς **εἰς τὸν ἀμπελῶνα αὐτοῦ.**			
200	**Mt 20,4** ... ὑπάγετε καὶ ὑμεῖς **εἰς τὸν ἀμπελῶνα**, καὶ ὃ ἐὰν ᾖ δίκαιον δώσω ὑμῖν.			
200	**Mt 20,7** λέγουσιν αὐτῷ· ὅτι οὐδεὶς ἡμᾶς ἐμισθώσατο. λέγει αὐτοῖς· ὑπάγετε καὶ ὑμεῖς **εἰς τὸν ἀμπελῶνα.**			
200	**Mt 20,8** ὀψίας δὲ γενομένης λέγει **ὁ κύριος τοῦ ἀμπελῶνος** τῷ ἐπιτρόπῳ αὐτοῦ· ...			
200	**Mt 21,28** ... τέκνον, ὕπαγε σήμερον ἐργάζου **ἐν τῷ ἀμπελῶνι.**			

222	Mt 21,33	ἄλλην παραβολὴν ἀκούσατε. ἄνθρωπος ἦν οἰκοδεσπότης ὅστις ἐφύτευσεν **ἀμπελῶνα** καὶ φραγμὸν αὐτῷ περιέθηκεν καὶ ὤρυξεν ἐν αὐτῷ ληνὸν καὶ ᾠκοδόμησεν πύργον καὶ ἐξέδετο αὐτὸν γεωργοῖς καὶ ἀπεδήμησεν.	Mk 12,1	καὶ ἤρξατο αὐτοῖς ἐν παραβολαῖς λαλεῖν· **ἀμπελῶνα** ἄνθρωπος ἐφύτευσεν καὶ περιέθηκεν φραγμὸν καὶ ὤρυξεν ὑπολήνιον καὶ ᾠκοδόμησεν πύργον καὶ ἐξέδετο αὐτὸν γεωργοῖς καὶ ἀπεδήμησεν.	Lk 20,9	ἤρξατο δὲ πρὸς τὸν λαὸν λέγειν τὴν παραβολὴν ταύτην· ἄνθρωπός [τις] ἐφύτευσεν **ἀμπελῶνα** καὶ ἐξέδετο αὐτὸν γεωργοῖς καὶ ἀπεδήμησεν χρόνους ἱκανούς.	→ GTh 21 → GTh 65
122	Mt 21,34 → Mk 12,5	ὅτε δὲ ἤγγισεν ὁ καιρὸς τῶν καρπῶν, ἀπέστειλεν τοὺς δούλους αὐτοῦ πρὸς τοὺς γεωργοὺς λαβεῖν **τοὺς καρποὺς αὐτοῦ.**	Mk 12,2	καὶ ἀπέστειλεν πρὸς τοὺς γεωργοὺς τῷ καιρῷ δοῦλον ἵνα παρὰ τῶν γεωργῶν λάβῃ **ἀπὸ τῶν καρπῶν τοῦ ἀμπελῶνος·**	Lk 20,10	καὶ καιρῷ ἀπέστειλεν πρὸς τοὺς γεωργοὺς δοῦλον ἵνα **ἀπὸ τοῦ καρποῦ τοῦ ἀμπελῶνος** δώσουσιν αὐτῷ· ...	→ GTh 21 → GTh 65
112	Mt 21,37	ὕστερον δὲ ἀπέστειλεν πρὸς αὐτοὺς τὸν υἱὸν αὐτοῦ λέγων· ἐντραπήσονται τὸν υἱόν μου.	Mk 12,6	ἔτι ἕνα εἶχεν, υἱὸν ἀγαπητόν· ἀπέστειλεν αὐτὸν ἔσχατον πρὸς αὐτοὺς λέγων ὅτι ἐντραπήσονται τὸν υἱόν μου.	Lk 20,13	εἶπεν δὲ **ὁ κύριος τοῦ ἀμπελῶνος·** τί ποιήσω; πέμψω τὸν υἱόν μου τὸν ἀγαπητόν· ἴσως τοῦτον ἐντραπήσονται.	→ GTh 21 → GTh 65
222	Mt 21,39	καὶ λαβόντες αὐτὸν ἐξέβαλον **ἔξω τοῦ ἀμπελῶνος** καὶ ἀπέκτειναν.	Mk 12,8	καὶ λαβόντες ἀπέκτειναν αὐτὸν καὶ ἐξέβαλον αὐτὸν **ἔξω τοῦ ἀμπελῶνος.**	Lk 20,15 (2)	καὶ ἐκβαλόντες αὐτὸν **ἔξω τοῦ ἀμπελῶνος** ἀπέκτειναν.	→ GTh 21 → GTh 65
222	Mt 21,40	ὅταν οὖν ἔλθῃ **ὁ κύριος τοῦ ἀμπελῶνος,** τί ποιήσει τοῖς γεωργοῖς ἐκείνοις;	Mk 12,9 (2)	τί [οὖν] ποιήσει **ὁ κύριος τοῦ ἀμπελῶνος;**		τί οὖν ποιήσει αὐτοῖς **ὁ κύριος τοῦ ἀμπελῶνος;**	
222	Mt 21,41 → Mt 21,43	λέγουσιν αὐτῷ· κακοὺς κακῶς ἀπολέσει αὐτοὺς καὶ **τὸν ἀμπελῶνα** ἐκδώσεται ἄλλοις γεωργοῖς, οἵτινες ἀποδώσουσιν αὐτῷ τοὺς καρποὺς ἐν τοῖς καιροῖς αὐτῶν.		ἐλεύσεται καὶ ἀπολέσει τοὺς γεωργοὺς καὶ δώσει **τὸν ἀμπελῶνα** ἄλλοις.	Lk 20,16	ἐλεύσεται καὶ ἀπολέσει τοὺς γεωργοὺς τούτους καὶ δώσει **τὸν ἀμπελῶνα** ἄλλοις. ἀκούσαντες δὲ εἶπαν· μὴ γένοιτο.	→ GTh 21 → GTh 65

ἀμφιβάλλω

	Syn 1	Mt	Mk 1	Lk	Acts	Jn	1-3John	Paul	Eph	Col
	NT 1	2Thess	1/2Tim	Tit	Heb	Jas	1Pet	2Pet	Jude	Rev

cast a net

120	Mt 4,18	... εἶδεν δύο ἀδελφούς, Σίμωνα τὸν λεγόμενον Πέτρον καὶ Ἀνδρέαν τὸν ἀδελφὸν αὐτοῦ, **βάλλοντας** ἀμφίβληστρον εἰς τὴν θάλασσαν· ἦσαν γὰρ ἁλιεῖς.	Mk 1,16	... εἶδεν Σίμωνα καὶ Ἀνδρέαν τὸν ἀδελφὸν Σίμωνος **ἀμφιβάλλοντας** ἐν τῇ θαλάσσῃ· ἦσαν γὰρ ἁλιεῖς.	Lk 5,2 → Mt 4,21 → Mk 1,19	καὶ εἶδεν δύο πλοῖα ἑστῶτα παρὰ τὴν λίμνην· οἱ δὲ ἁλιεῖς ἀπ᾽ αὐτῶν ἀποβάντες ἔπλυνον τὰ δίκτυα.	→ Jn 1,40-41

ἀμφίβληστρον	Syn 1	Mt 1	Mk	Lk	Acts	Jn	1-3John	Paul	Eph	Col
	NT 1	2Thess	1/2Tim	Tit	Heb	Jas	1Pet	2Pet	Jude	Rev

fishing net

210	Mt 4,18	... εἶδεν δύο ἀδελφούς, Σίμωνα τὸν λεγόμενον Πέτρον καὶ Ἀνδρέαν τὸν ἀδελφὸν αὐτοῦ, βάλλοντας **ἀμφίβληστρον** εἰς τὴν θάλασσαν· ἦσαν γὰρ ἁλιεῖς.	Mk 1,16	... εἶδεν Σίμωνα καὶ Ἀνδρέαν τὸν ἀδελφὸν Σίμωνος ἀμφιβάλλοντας ἐν τῇ θαλάσσῃ· ἦσαν γὰρ ἁλιεῖς.	Lk 5,2 → Mt 4,21 → Mk 1,19	καὶ εἶδεν δύο πλοῖα ἑστῶτα παρὰ τὴν λίμνην· οἱ δὲ ἁλιεῖς ἀπ' αὐτῶν ἀποβάντες ἔπλυνον τὰ δίκτυα.	→ Jn 1,40-41

ἀμφιέζω	Syn 1	Mt	Mk	Lk 1	Acts	Jn	1-3John	Paul	Eph	Col
	NT 1	2Thess	1/2Tim	Tit	Heb	Jas	1Pet	2Pet	Jude	Rev

clothe; array

102	Mt 6,30	εἰ δὲ τὸν χόρτον τοῦ ἀγροῦ σήμερον ὄντα καὶ αὔριον εἰς κλίβανον βαλλόμενον ὁ θεὸς οὕτως **ἀμφιέννυσιν,** οὐ πολλῷ μᾶλλον ὑμᾶς, ὀλιγόπιστοι;			Lk 12,28	εἰ δὲ ἐν ἀγρῷ τὸν χόρτον ὄντα σήμερον καὶ αὔριον εἰς κλίβανον βαλλόμενον ὁ θεὸς οὕτως **ἀμφιέζει,** πόσῳ μᾶλλον ὑμᾶς, ὀλιγόπιστοι.	→ GTh 36,2 (only POxy 655)

ἀμφιέννυμι	Syn 3	Mt 2	Mk	Lk 1	Acts	Jn	1-3John	Paul	Eph	Col
	NT 3	2Thess	1/2Tim	Tit	Heb	Jas	1Pet	2Pet	Jude	Rev

clothe; dress

201	Mt 6,30	εἰ δὲ τὸν χόρτον τοῦ ἀγροῦ σήμερον ὄντα καὶ αὔριον εἰς κλίβανον βαλλόμενον ὁ θεὸς οὕτως **ἀμφιέννυσιν,** οὐ πολλῷ μᾶλλον ὑμᾶς, ὀλιγόπιστοι;			Lk 12,28	εἰ δὲ ἐν ἀγρῷ τὸν χόρτον ὄντα σήμερον καὶ αὔριον εἰς κλίβανον βαλλόμενον ὁ θεὸς οὕτως **ἀμφιέζει,** πόσῳ μᾶλλον ὑμᾶς, ὀλιγόπιστοι.	→ GTh 36,2 (only POxy 655)
202	Mt 11,8	ἀλλὰ τί ἐξήλθατε ἰδεῖν; ἄνθρωπον ἐν μαλακοῖς **ἠμφιεσμένον;** ...			Lk 7,25	ἀλλὰ τί ἐξήλθατε ἰδεῖν; ἄνθρωπον ἐν μαλακοῖς ἱματίοις **ἠμφιεσμένον;** ...	→ GTh 78

ἄμφοδον	Syn 1	Mt	Mk 1	Lk	Acts	Jn	1-3John	Paul	Eph	Col
	NT 1	2Thess	1/2Tim	Tit	Heb	Jas	1Pet	2Pet	Jude	Rev

street

121	Mt 21,6 → Mk 11,6	πορευθέντες δὲ οἱ μαθηταὶ καὶ ποιήσαντες καθὼς συνέταξεν αὐτοῖς ὁ Ἰησοῦς	Mk 11,4	καὶ ἀπῆλθον καὶ εὗρον πῶλον δεδεμένον πρὸς θύραν ἔξω **ἐπὶ τοῦ ἀμφόδου** καὶ λύουσιν αὐτόν.	Lk 19,32	ἀπελθόντες δὲ οἱ ἀπεσταλμένοι εὗρον καθὼς εἶπεν αὐτοῖς. [33] λυόντων δὲ αὐτῶν τὸν πῶλον ...	

ἀμφότεροι	Syn 8	Mt 3	Mk	Lk 5	Acts 3	Jn	1-3John	Paul	Eph 3	Col
	NT 14	2Thess	1/2Tim	Tit	Heb	Jas	1Pet	2Pet	Jude	Rev

both; all

002					Lk 1,6	ἦσαν δὲ δίκαιοι **ἀμφότεροι** ἐναντίον τοῦ θεοῦ, ...	
002					Lk 1,7	καὶ οὐκ ἦν αὐτοῖς τέκνον, καθότι ἦν ἡ Ἐλισάβετ στεῖρα, καὶ **ἀμφότεροι** προβεβηκότες ἐν ταῖς ἡμέραις αὐτῶν ἦσαν.	
002					Lk 5,7	... ἔπλησαν **ἀμφότερα τὰ πλοῖα** ὥστε βυθίζεσθαι αὐτά.	
211	Mt 9,17	... ἀλλὰ βάλλουσιν οἶνον νέον εἰς ἀσκοὺς καινούς, καὶ **ἀμφότεροι** συντηροῦνται.	Mk 2,22	... ἀλλὰ οἶνον νέον εἰς ἀσκοὺς καινούς.	Lk 5,38	ἀλλὰ οἶνον νέον εἰς ἀσκοὺς καινοὺς βλητέον.	→ GTh 47,4
200	Mt 13,30	ἄφετε συναυξάνεσθαι **ἀμφότερα** ἕως τοῦ θερισμοῦ, καὶ ἐν καιρῷ τοῦ θερισμοῦ ἐρῶ τοῖς θερισταῖς· ...					→ GTh 57
202	Mt 15,14	ἄφετε αὐτούς· τυφλοί εἰσιν ὁδηγοί [τυφλῶν]· τυφλὸς δὲ τυφλὸν ἐὰν ὁδηγῇ, **ἀμφότεροι** εἰς βόθυνον πεσοῦνται.			Lk 6,39	... μήτι δύναται τυφλὸς τυφλὸν ὁδηγεῖν; οὐχὶ **ἀμφότεροι** εἰς βόθυνον ἐμπεσοῦνται;	→ GTh 34
002					Lk 7,42	μὴ ἐχόντων αὐτῶν ἀποδοῦναι **ἀμφοτέροις** ἐχαρίσατο. τίς οὖν αὐτῶν πλεῖον ἀγαπήσει αὐτόν;	

Acts 8,38 καὶ ἐκέλευσεν στῆναι τὸ ἅρμα καὶ κατέβησαν **ἀμφότεροι** εἰς τὸ ὕδωρ, ὅ τε Φίλιππος καὶ ὁ εὐνοῦχος, καὶ ἐβάπτισεν αὐτόν.

Acts 19,16 καὶ ἐφαλόμενος ὁ ἄνθρωπος ἐπ᾽ αὐτοὺς ἐν ᾧ ἦν τὸ πνεῦμα τὸ πονηρὸν κατακυριεύσας **ἀμφοτέρων** ἴσχυσεν κατ᾽ αὐτῶν ...

Acts 23,8 Σαδδουκαῖοι μὲν γὰρ λέγουσιν μὴ εἶναι ἀνάστασιν μήτε ἄγγελον μήτε πνεῦμα, Φαρισαῖοι δὲ ὁμολογοῦσιν **τὰ ἀμφότερα.**

Ἀμώς	Syn 3	Mt 2	Mk	Lk 1	Acts	Jn	1-3John	Paul	Eph	Col
	NT 3	2Thess	1/2Tim	Tit	Heb	Jas	1Pet	2Pet	Jude	Rev

Amos

200 200	Mt 1,10 (2)	... Μανασσῆς δὲ ἐγέννησεν **τὸν Ἀμώς, Ἀμὼς** δὲ ἐγέννησεν τὸν Ἰωσίαν					
002					Lk 3,25	τοῦ Ματταθίου **τοῦ Ἀμὼς** τοῦ Ναοὺμ ...	

ἄν	Syn 94	Mt 42	Mk 20	Lk 32	Acts 15	Jn 25	1-3John 3	Paul 21	Eph	Col
	NT 166	2Thess	1/2Tim	Tit	Heb 6	Jas	1Pet	2Pet	Jude	Rev 2

particle indicating contingency in certain constructions

	triple tradition																double tradition			Sondergut		
		+Mt / +Lk			–Mt / –Lk			traditions not taken over by Mt / Lk							subtotals							
code	222	211	112	212	221	122	121	022	012	021	220	120	210	020	Σ⁺	Σ⁻	Σ	202	201	102	200	002	total
Mt	4			1⁺	4	2⁻	2⁻				4	4⁻	2⁺		3⁺	8⁻	15	4	9		14		**42**
Mk	4				4	2	2				4	4					20						**20**
Lk	4		6⁺	1⁺	4⁻	2	2⁻		1⁺						8⁺	6⁻	14	4		6		8	**32**

Mk-Q overlap: 222: Mt 10,14 / Mk 6,11 / Lk 9,5 102: Mt 10,14 / Mk 6,11 / Lk 10,10 221: Mt 18,6 / Mk 9,42 / Lk 17,2 (?)

a ἄν with aorist or imperfect indicative (iterative force)
b ἄν in the apodosis of a contrary to fact (unreal) condition
c ὃς ἄν, ὅστις ἄν, ὅσος ἄν (with subjunctive after relatives)
d ἕως ἄν, πρὶν ἄν, ὅπως ἄν, ἀφ᾽ οὗ ἄν
e ἄν with optative

d 200	**Mt 2,13**	... φεῦγε εἰς Αἴγυπτον καὶ ἴσθι ἐκεῖ **ἕως ἂν** εἴπω σοι· μέλλει γὰρ Ἡρῴδης ζητεῖν τὸ παιδίον τοῦ ἀπολέσαι αὐτό.					
e 002					**Lk 1,62**	ἐνένευον δὲ τῷ πατρὶ αὐτοῦ τὸ **τί ἂν** θέλοι καλεῖσθαι αὐτό.	
d 002					**Lk 2,26**	καὶ ἦν αὐτῷ κεχρηματισμένον ὑπὸ τοῦ πνεύματος τοῦ ἁγίου μὴ ἰδεῖν θάνατον **πρὶν [ἢ] ἂν** ἴδῃ τὸν χριστὸν κυρίου.	
d 002					**Lk 2,35**	καὶ σοῦ [δὲ] αὐτῆς τὴν ψυχὴν διελεύσεται ῥομφαία - **ὅπως ἂν** ἀποκαλυφθῶσιν ἐκ πολλῶν καρδιῶν διαλογισμοί.	
e 112	**Mt 12,14** → Mt 26,4	ἐξελθόντες δὲ οἱ Φαρισαῖοι συμβούλιον ἔλαβον κατ᾽ αὐτοῦ **ὅπως** αὐτὸν ἀπολέσωσιν.	**Mk 3,6** → Mk 14,1	καὶ ἐξελθόντες οἱ Φαρισαῖοι εὐθὺς μετὰ τῶν Ἡρῳδιανῶν συμβούλιον ἐδίδουν κατ᾽ αὐτοῦ **ὅπως** αὐτὸν ἀπολέσωσιν.	**Lk 6,11** → Lk 4,28 → Lk 13,17 → Lk 14,6 → Lk 22,2	αὐτοὶ δὲ ἐπλήσθησαν ἀνοίας καὶ διελάλουν πρὸς ἀλλήλους **τί ἂν** ποιήσαιεν τῷ Ἰησοῦ.	
d 201 *d* 201	**Mt 5,18** **(2)** → Mt 24,35	ἀμὴν γὰρ λέγω ὑμῖν· **ἕως ἂν** παρέλθῃ ὁ οὐρανὸς καὶ ἡ γῆ, ἰῶτα ἓν ἢ μία κεραία οὐ μὴ παρέλθῃ ἀπὸ τοῦ νόμου **ἕως ἂν** πάντα γένηται.	→ Mk 13,31		**Lk 16,17** → Lk 21,33	 εὐκοπώτερον δέ ἐστιν τὸν οὐρανὸν καὶ τὴν γῆν παρελθεῖν ἢ τοῦ νόμου μίαν κεραίαν πεσεῖν.	

c 200	**Mt 5,19**	ὃς ἐὰν οὖν λύσῃ μίαν τῶν ἐντολῶν τούτων τῶν ἐλαχίστων καὶ διδάξῃ οὕτως τοὺς ἀνθρώπους, ἐλάχιστος κληθήσεται ἐν τῇ βασιλείᾳ τῶν οὐρανῶν· ὃς δ' ἂν ποιήσῃ καὶ διδάξῃ, οὗτος μέγας κληθήσεται ἐν τῇ βασιλείᾳ τῶν οὐρανῶν.					
c 200	**Mt 5,21**	ἠκούσατε ὅτι ἐρρέθη τοῖς ἀρχαίοις· *οὐ φονεύσεις·* ὃς δ' ἂν φονεύσῃ, ἔνοχος ἔσται τῇ κρίσει. ➢ Exod 20,13/Deut 5,17					
c 200	**Mt 5,22** (2)	ἐγὼ δὲ λέγω ὑμῖν ὅτι πᾶς ὁ ὀργιζόμενος τῷ ἀδελφῷ αὐτοῦ ἔνοχος ἔσται τῇ κρίσει· ὃς δ' ἂν εἴπῃ τῷ ἀδελφῷ αὐτοῦ· ῥακά, ἔνοχος ἔσται τῷ συνεδρίῳ·					
c 200		ὃς δ' ἂν εἴπῃ· μωρέ, ἔνοχος ἔσται εἰς τὴν γέενναν τοῦ πυρός.					
d 201	**Mt 5,26** → Mt 18,34	ἀμὴν λέγω σοι, οὐ μὴ ἐξέλθῃς ἐκεῖθεν, ἕως ἂν ἀποδῷς τὸν ἔσχατον κοδράντην.			**Lk 12,59**	λέγω σοι, οὐ μὴ ἐξέλθῃς ἐκεῖθεν, ἕως καὶ τὸ ἔσχατον λεπτὸν ἀποδῷς.	
c 200	**Mt 5,31** → Mt 19,7 → Mk 10,4	ἐρρέθη δέ· ὃς ἂν ἀπολύσῃ τὴν γυναῖκα αὐτοῦ, δότω αὐτῇ ἀποστάσιον. ➢ Deut 24,1ff.					
c 202	**Mt 10,11** (2)	εἰς ἣν δ' ἂν πόλιν ἢ κώμην εἰσέλθητε, ἐξετάσατε τίς ἐν αὐτῇ ἄξιός ἐστιν·			**Lk 10,8** ↓ Lk 10,10	καὶ εἰς ἣν ἂν πόλιν εἰσέρχησθε καὶ δέχωνται ὑμᾶς, ἐσθίετε τὰ παρατιθέμενα ὑμῖν	→ GTh 14,4 Mk-Q overlap
c			**Mk 6,10**	καὶ ἔλεγεν αὐτοῖς· ὅπου ἐὰν εἰσέλθητε εἰς οἰκίαν, ↔	**Lk 9,4** ⇩ Lk 10,5.8	καὶ εἰς ἣν ἂν οἰκίαν εἰσέλθητε, ↔	→ GTh 14,4 Mk-Q overlap
d 221		κἀκεῖ μείνατε ἕως ἂν ἐξέλθητε.	**Mk 6,10**	↔ ἐκεῖ μένετε ἕως ἂν ἐξέλθητε ἐκεῖθεν.	**Lk 9,4**	↔ ἐκεῖ μένετε καὶ ἐκεῖθεν ἐξέρχεσθε.	
c 222	**Mt 10,14**	καὶ ὃς ἂν μὴ δέξηται ὑμᾶς μηδὲ ἀκούσῃ τοὺς λόγους ὑμῶν, ...	**Mk 6,11**	καὶ ὃς ἂν τόπος μὴ δέξηται ὑμᾶς μηδὲ ἀκούσωσιν ὑμῶν, ...	**Lk 9,5** ⇩ Lk 10,10	καὶ ὅσοι ἂν μὴ δέχωνται ὑμᾶς, ...	→ Acts 13,51 → Acts 18,6 Mk-Q overlap
c					**Lk 10,10** ⇩ Lk 9,5 ↓ Lk 10,8	εἰς ἣν δ' ἂν πόλιν εἰσέλθητε καὶ μὴ δέχωνται ὑμᾶς, ...	Mk-Q overlap

d 200	**Mt 10,23**	... ἀμὴν γὰρ λέγω ὑμῖν, οὐ μὴ τελέσητε τὰς πόλεις τοῦ Ἰσραὴλ **ἕως ἂν** ἔλθῃ ὁ υἱὸς τοῦ ἀνθρώπου.					
c 201	**Mt 10,33** ↓ Mt 16,27	**ὅστις δ' ἂν** ἀρνήσηταί με ἔμπροσθεν τῶν ἀνθρώπων, ἀρνήσομαι κἀγὼ αὐτὸν ἔμπροσθεν τοῦ πατρός μου τοῦ ἐν [τοῖς] οὐρανοῖς.	**Mk 8,38**	ὃς γὰρ ἐὰν ἐπαισχυνθῇ με καὶ τοὺς ἐμοὺς λόγους ἐν τῇ γενεᾷ ταύτῃ τῇ μοιχαλίδι καὶ ἁμαρτωλῷ, καὶ ὁ υἱὸς τοῦ ἀνθρώπου ἐπαισχυνθήσεται αὐτόν, ...	**Lk 12,9** ⇩ Lk 9,26	ὁ δὲ ἀρνησάμενός με ἐνώπιον τῶν ἀνθρώπων ἀπαρνηθήσεται ἐνώπιον τῶν ἀγγέλων τοῦ θεοῦ.	Mk-Q overlap
c 220	**Mt 10,42**	**καὶ ὃς ἂν** ποτίσῃ ἕνα τῶν μικρῶν τούτων ποτήριον ψυχροῦ μόνον εἰς ὄνομα μαθητοῦ, ἀμὴν λέγω ὑμῖν, οὐ μὴ ἀπολέσῃ τὸν μισθὸν αὐτοῦ.	**Mk 9,41**	**ὃς γὰρ ἂν** ποτίσῃ ὑμᾶς ποτήριον ὕδατος ἐν ὀνόματι ὅτι Χριστοῦ ἐστε, ἀμὴν λέγω ὑμῖν ὅτι οὐ μὴ ἀπολέσῃ τὸν μισθὸν αὐτοῦ.			
b 002					**Lk 7,39**	... οὗτος εἰ ἦν προφήτης, ἐγίνωσκεν **ἂν** τίς καὶ ποταπὴ ἡ γυνὴ ἥτις ἅπτεται αὐτοῦ, ὅτι ἁμαρτωλός ἐστιν.	
b 202	**Mt 11,21**	οὐαί σοι, Χοραζίν, οὐαί σοι, Βηθσαϊδά· ὅτι εἰ ἐν Τύρῳ καὶ Σιδῶνι ἐγένοντο αἱ δυνάμεις αἱ γενόμεναι ἐν ὑμῖν, **πάλαι ἂν** ἐν σάκκῳ καὶ σποδῷ μετενόησαν.			**Lk 10,13**	οὐαί σοι, Χοραζίν, οὐαί σοι, Βηθσαϊδά· ὅτι εἰ ἐν Τύρῳ καὶ Σιδῶνι ἐγενήθησαν αἱ δυνάμεις αἱ γενόμεναι ἐν ὑμῖν, **πάλαι ἂν** ἐν σάκκῳ καὶ σποδῷ καθήμενοι μετενόησαν.	
b 201	**Mt 11,23**	καὶ σύ, Καφαρναούμ, μὴ ἕως οὐρανοῦ ὑψωθήσῃ; *ἕως ᾅδου καταβήσῃ·* ὅτι εἰ ἐν Σοδόμοις ἐγενήθησαν αἱ δυνάμεις αἱ γενόμεναι ἐν σοί, ἔμεινεν **ἂν** μέχρι τῆς σήμερον. ➤ Isa 14,13.15			**Lk 10,15**	καὶ σύ, Καφαρναούμ, μὴ ἕως οὐρανοῦ ὑψωθήσῃ; *ἕως τοῦ ᾅδου καταβήσῃ.* ➤ Isa 14,13.15	
b 200	**Mt 12,7** ⇨ Mt 9,13	εἰ δὲ ἐγνώκειτε τί ἐστιν· *ἔλεος θέλω καὶ* *οὐ θυσίαν,* οὐκ **ἂν** κατεδικάσατε τοὺς ἀναιτίους. ➤ Hos 6,6					
d 200	**Mt 12,20**	*κάλαμον συντετριμμένον* *οὐ κατεάξει καὶ λίνον* *τυφόμενον οὐ σβέσει,* ***ἕως ἂν*** *ἐκβάλῃ* εἰς νῖκος τὴν *κρίσιν.* ➤ Isa 42,3-4					
c 120	**Mt 12,31**	... ἡ δὲ τοῦ πνεύματος βλασφημία οὐκ ἀφεθήσεται.	**Mk 3,29** ↓ Mt 12,32 ↓ Lk 12,10	**ὃς δ' ἂν** βλασφημήσῃ εἰς τὸ πνεῦμα τὸ ἅγιον, οὐκ ἔχει ἄφεσιν ...			→ GTh 44

c	Mt 12,32 → Mk 3,28	καὶ ὃς ἐὰν εἴπῃ λόγον κατὰ τοῦ υἱοῦ τοῦ ἀνθρώπου, ἀφεθήσεται αὐτῷ·	Mk 3,29		Lk 12,10 → Mk 3,28	καὶ πᾶς ὃς ἐρεῖ λόγον εἰς τὸν υἱὸν τοῦ ἀνθρώπου, ἀφεθήσεται αὐτῷ·	→ GTh 44 Mk-Q overlap
201		ὃς δ' ἂν εἴπῃ κατὰ τοῦ πνεύματος τοῦ ἁγίου, οὐκ ἀφεθήσεται αὐτῷ οὔτε ἐν τούτῳ τῷ αἰῶνι οὔτε ἐν τῷ μέλλοντι.		[29] ὃς δ' ἂν βλασφημήσῃ εἰς τὸ πνεῦμα τὸ ἅγιον, οὐκ ἔχει ἄφεσιν εἰς τὸν αἰῶνα, ἀλλὰ ἔνοχός ἐστιν αἰωνίου ἁμαρτήματος.		τῷ δὲ εἰς τὸ ἅγιον πνεῦμα βλασφημήσαντι οὐκ ἀφεθήσεται.	
c 221	Mt 12,50 → Mt 7,21	ὅστις γὰρ ἂν ποιήσῃ τὸ θέλημα τοῦ πατρός μου τοῦ ἐν οὐρανοῖς αὐτός μου ἀδελφὸς καὶ ἀδελφὴ καὶ μήτηρ ἐστίν.	Mk 3,35	ὃς [γὰρ] ἂν ποιήσῃ τὸ θέλημα τοῦ θεοῦ, οὗτος ἀδελφός μου καὶ ἀδελφὴ καὶ μήτηρ ἐστίν.	Lk 8,21 → Lk 6,46 → Lk 11,28	... μήτηρ μου καὶ ἀδελφοί μου οὗτοί εἰσιν οἱ τὸν λόγον τοῦ θεοῦ ἀκούοντες καὶ ποιοῦντες.	→ Jn 15,14 → GTh 99
c 112	Mt 13,12 ⇩ Mt 25,29	ὅστις γὰρ ἔχει, δοθήσεται αὐτῷ καὶ περισσευθήσεται·	Mk 4,25	ὃς γὰρ ἔχει, δοθήσεται αὐτῷ·	Lk 8,18 (2) ⇩ Lk 19,26	... ὃς ἂν γὰρ ἔχῃ, δοθήσεται αὐτῷ·	→ GTh 41 Mk-Q overlap
c 112		ὅστις δὲ οὐκ ἔχει, καὶ ὃ ἔχει ἀρθήσεται ἀπ' αὐτοῦ.		καὶ ὃς οὐκ ἔχει, καὶ ὃ ἔχει ἀρθήσεται ἀπ' αὐτοῦ.		καὶ ὃς ἂν μὴ ἔχῃ, καὶ ὃ δοκεῖ ἔχειν ἀρθήσεται ἀπ' αὐτοῦ.	
	Mt 25,29 ⇧ Mt 13,12	τῷ γὰρ ἔχοντι παντὶ δοθήσεται καὶ περισσευθήσεται, τοῦ δὲ μὴ ἔχοντος καὶ ὃ ἔχει ἀρθήσεται ἀπ' αὐτοῦ.			Lk 19,26 ⇧ Lk 8,18	λέγω ὑμῖν ὅτι παντὶ τῷ ἔχοντι δοθήσεται, ἀπὸ δὲ τοῦ μὴ ἔχοντος καὶ ὃ ἔχει ἀρθήσεται.	→ GTh 41 Mk-Q overlap
c 012	Mt 10,11 (2)	εἰς ἣν δ' ἂν πόλιν ἢ κώμην εἰσέλθητε, ἐξετάσατε τίς ἐν αὐτῇ ἄξιός ἐστιν· ↔	Mk 6,10	καὶ ἔλεγεν αὐτοῖς· ὅπου ἐὰν εἰσέλθητε εἰς οἰκίαν,	Lk 9,4 ⇩ Lk 10,5.8	καὶ εἰς ἣν ἂν οἰκίαν εἰσέλθητε,	→ GTh 14,4 Mk-Q overlap
d 221	Mt 10,11 (2)	↔ κἀκεῖ μείνατε ἕως ἂν ἐξέλθητε.		ἐκεῖ μένετε ἕως ἂν ἐξέλθητε ἐκεῖθεν.		ἐκεῖ μένετε καὶ ἐκεῖθεν ἐξέρχεσθε.	
c 222	Mt 10,14	καὶ ὃς ἂν μὴ δέξηται ὑμᾶς μηδὲ ἀκούσῃ τοὺς λόγους ὑμῶν, ...	Mk 6,11	καὶ ὃς ἂν τόπος μὴ δέξηται ὑμᾶς μηδὲ ἀκούσωσιν ὑμῶν, ...	Lk 9,5 ⇩ Lk 10,10	καὶ ὅσοι ἂν μὴ δέχωνται ὑμᾶς, ...	→ Acts 13,51 → Acts 18,6 Mk-Q overlap
c					Lk 10,10 ⇧ Lk 9,5 ↓ Lk 10,8	εἰς ἣν δ' ἂν πόλιν εἰσέλθητε καὶ μὴ δέχωνται ὑμᾶς, ...	
a 120	Mt 14,36	καὶ παρεκάλουν αὐτὸν	Mk 6,56 (2)	καὶ ὅπου ἂν εἰσεπορεύετο εἰς κώμας ἢ εἰς πόλεις ἢ εἰς ἀγρούς, ἐν ταῖς ἀγοραῖς ἐτίθεσαν τοὺς ἀσθενοῦντας, καὶ παρεκάλουν αὐτὸν			
a 120	→ Mt 9,20	ἵνα μόνον ἅψωνται τοῦ κρασπέδου τοῦ ἱματίου αὐτοῦ· καὶ ὅσοι ἥψαντο διεσώθησαν.	→ Mk 5,27	ἵνα κἂν τοῦ κρασπέδου τοῦ ἱματίου αὐτοῦ ἅψωνται· καὶ ὅσοι ἂν ἥψαντο αὐτοῦ ἐσῴζοντο.	→ Lk 8,44		
c 210	Mt 15,5	ὑμεῖς δὲ λέγετε· ὃς ἂν εἴπῃ τῷ πατρὶ ἢ τῇ μητρί· δῶρον ὃ ἐὰν ἐξ ἐμοῦ ὠφεληθῇς	Mk 7,11	ὑμεῖς δὲ λέγετε· ἐὰν εἴπῃ ἄνθρωπος τῷ πατρὶ ἢ τῇ μητρί· κορβᾶν, ὅ ἐστιν δῶρον, ὃ ἐὰν ἐξ ἐμοῦ ὠφεληθῇς			

c 112	**Mt 16,25** ⇩ Mt 10,39	ὃς γὰρ ἐὰν θέλῃ τὴν ψυχὴν αὐτοῦ σῶσαι ἀπολέσει αὐτήν·	**Mk 8,35**	ὃς γὰρ ἐὰν θέλῃ τὴν ψυχὴν αὐτοῦ σῶσαι ἀπολέσει αὐτήν·	**Lk 9,24** (2) ⇩ Lk 17,33	ὃς γὰρ ἂν θέλῃ τὴν ψυχὴν αὐτοῦ σῶσαι ἀπολέσει αὐτήν·	→ Jn 12,25 → GTh 55 Mk-Q overlap
c 222		ὃς δ' ἂν ἀπολέσῃ τὴν ψυχὴν αὐτοῦ ἕνεκεν ἐμοῦ εὑρήσει αὐτήν.		ὃς δ' ἂν ἀπολέσει τὴν ψυχὴν αὐτοῦ ἕνεκεν ἐμοῦ καὶ τοῦ εὐαγγελίου σώσει αὐτήν.		ὃς δ' ἂν ἀπολέσῃ τὴν ψυχὴν αὐτοῦ ἕνεκεν ἐμοῦ, οὗτος σώσει αὐτήν.	→ Jn 12,25
c	**Mt 10,39** ⇧ Mt 16,25	ὁ εὑρὼν τὴν ψυχὴν αὐτοῦ ἀπολέσει αὐτήν, καὶ ὁ ἀπολέσας τὴν ψυχὴν αὐτοῦ ἕνεκεν ἐμοῦ εὑρήσει αὐτήν.			**Lk 17,33** ⇧ Lk 9,24	ὃς ἐὰν ζητήσῃ τὴν ψυχὴν αὐτοῦ περιποιήσασθαι ἀπολέσει αὐτήν, ὃς δ' ἂν ἀπολέσῃ ζῳογονήσει αὐτήν.	→ Jn 12,25 Mk-Q overlap
c 112	**Mt 16,27** ↑ Mt 10,33	μέλλει γὰρ ὁ υἱὸς τοῦ ἀνθρώπου ἔρχεσθαι ἐν τῇ δόξῃ τοῦ πατρὸς αὐτοῦ μετὰ τῶν ἀγγέλων αὐτοῦ, καὶ τότε *ἀποδώσει ἑκάστῳ κατὰ* *τὴν πρᾶξιν αὐτοῦ.* ➤ Ps 62,13/Prov 24,12/Sir 35,22 LXX	**Mk 8,38**	ὃς γὰρ ἐὰν ἐπαισχυνθῇ με καὶ τοὺς ἐμοὺς λόγους ἐν τῇ γενεᾷ ταύτῃ τῇ μοιχαλίδι καὶ ἁμαρτωλῷ, καὶ ὁ υἱὸς τοῦ ἀνθρώπου ἐπαισχυνθήσεται αὐτόν, ὅταν ἔλθῃ ἐν τῇ δόξῃ τοῦ πατρὸς αὐτοῦ μετὰ τῶν ἀγγέλων τῶν ἁγίων.	**Lk 9,26** ⇧ Lk 12,9	ὃς γὰρ ἂν ἐπαισχυνθῇ με καὶ τοὺς ἐμοὺς λόγους, τοῦτον ὁ υἱὸς τοῦ ἀνθρώπου ἐπαισχυνθήσεται, ὅταν ἔλθῃ ἐν τῇ δόξῃ αὐτοῦ καὶ τοῦ πατρὸς καὶ τῶν ἁγίων ἀγγέλων.	Mk-Q overlap
d 222	**Mt 16,28** ↓ Mt 24,34	... εἰσίν τινες τῶν ὧδε ἑστώτων οἵτινες οὐ μὴ γεύσωνται θανάτου ἕως ἂν ἴδωσιν τὸν υἱὸν τοῦ ἀνθρώπου ἐρχόμενον ἐν τῇ βασιλείᾳ αὐτοῦ.	**Mk 9,1** ↓ Mk 13,30	... εἰσίν τινες ὧδε τῶν ἑστηκότων οἵτινες οὐ μὴ γεύσωνται θανάτου ἕως ἂν ἴδωσιν τὴν βασιλείαν τοῦ θεοῦ ἐληλυθυῖαν ἐν δυνάμει.	**Lk 9,27** ↓ Lk 21,32	... εἰσίν τινες τῶν αὐτοῦ ἑστηκότων οἳ οὐ μὴ γεύσωνται θανάτου ἕως ἂν ἴδωσιν τὴν βασιλείαν τοῦ θεοῦ.	→ Jn 21,22-23
e 112	**Mt 18,1**	ἐν ἐκείνῃ τῇ ὥρᾳ προσῆλθον οἱ μαθηταὶ τῷ Ἰησοῦ λέγοντες· τίς ἄρα μείζων ἐστὶν ἐν τῇ βασιλείᾳ τῶν οὐρανῶν;	**Mk 9,34**	[33] ... ἐπηρώτα αὐτούς· τί ἐν τῇ ὁδῷ διελογίζεσθε; [34] οἱ δὲ ἐσιώπων· πρὸς ἀλλήλους γὰρ διελέχθησαν ἐν τῇ ὁδῷ τίς μείζων.	**Lk 9,46** → Lk 22,24	εἰσῆλθεν δὲ διαλογισμὸς ἐν αὐτοῖς, τὸ τίς ἂν εἴη μείζων αὐτῶν.	→ GTh 12
c 121	**Mt 18,5** ⇩ Mt 10,40 → Mt 10,41	καὶ ὃς ἐὰν δέξηται ἓν παιδίον τοιοῦτο ἐπὶ τῷ ὀνόματί μου,	**Mk 9,37** (2)	ὃς ἂν ἓν τῶν τοιούτων παιδίων δέξηται ἐπὶ τῷ ὀνόματί μου,	**Lk 9,48** ⇩ Lk 10,16	... ὃς ἐὰν δέξηται τοῦτο τὸ παιδίον ἐπὶ τῷ ὀνόματί μου,	
c 122		ἐμὲ δέχεται.		ἐμὲ δέχεται· καὶ ὃς ἂν ἐμὲ δέχηται, οὐκ ἐμὲ δέχεται ἀλλὰ τὸν ἀποστείλαντά με.		ἐμὲ δέχεται· καὶ ὃς ἂν ἐμὲ δέξηται, δέχεται τὸν ἀποστείλαντά με· ...	→ Jn 5,23 → Jn 12,44-45 **→ Jn 13,20**
	Mt 10,40 ⇧ Mt 18,5	ὁ δεχόμενος ὑμᾶς ἐμὲ δέχεται, καὶ ὁ ἐμὲ δεχόμενος δέχεται τὸν ἀποστείλαντά με.			**Lk 10,16** ⇧ Lk 9,48	ὁ ἀκούων ὑμῶν ἐμοῦ ἀκούει, καὶ ὁ ἀθετῶν ὑμᾶς ἐμὲ ἀθετεῖ· ὁ δὲ ἐμὲ ἀθετῶν ἀθετεῖ τὸν ἀποστείλαντά με.	**→ Jn 13,20** → Jn 5,23 → Jn 12,44-45

c 220	**Mt 10,42**	**καὶ ὃς ἂν** ποτίσῃ ἕνα τῶν μικρῶν τούτων ποτήριον ψυχροῦ μόνον εἰς ὄνομα μαθητοῦ, ἀμὴν λέγω ὑμῖν, οὐ μὴ ἀπολέσῃ τὸν μισθὸν αὐτοῦ.	**Mk 9,41**	**ὃς γὰρ ἂν** ποτίσῃ ὑμᾶς ποτήριον ὕδατος ἐν ὀνόματι ὅτι Χριστοῦ ἐστε, ἀμὴν λέγω ὑμῖν ὅτι οὐ μὴ ἀπολέσῃ τὸν μισθὸν αὐτοῦ.			
c 221	**Mt 18,6** → Mt 18,10	**ὃς δ' ἂν** σκανδαλίσῃ ἕνα τῶν μικρῶν τούτων τῶν πιστευόντων εἰς ἐμέ, συμφέρει αὐτῷ ἵνα κρεμασθῇ μύλος ὀνικὸς περὶ τὸν τράχηλον αὐτοῦ καὶ καταποντισθῇ ἐν τῷ πελάγει τῆς θαλάσσης.	**Mk 9,42**	**καὶ ὃς ἂν** σκανδαλίσῃ ἕνα τῶν μικρῶν τούτων τῶν πιστευόντων [εἰς ἐμέ], καλόν ἐστιν αὐτῷ μᾶλλον εἰ περίκειται μύλος ὀνικὸς περὶ τὸν τράχηλον αὐτοῦ καὶ βέβληται εἰς τὴν θάλασσαν.	**Lk 17,2**	λυσιτελεῖ αὐτῷ εἰ λίθος μυλικὸς περίκειται περὶ τὸν τράχηλον αὐτοῦ καὶ ἔρριπται εἰς τὴν θάλασσαν **ἢ ἵνα** σκανδαλίσῃ τῶν μικρῶν τούτων ἕνα.	Mk-Q overlap?
c 102	**Mt 10,12**	**εἰσερχόμενοι δὲ εἰς τὴν οἰκίαν** ἀσπάσασθε αὐτήν·	**Mk 6,10**	... ὅπου ἐὰν εἰσέλθητε εἰς οἰκίαν, ἐκεῖ μένετε ἕως ἂν ἐξέλθητε ἐκεῖθεν.	**Lk 10,5** ⇧ Lk 9,4	**εἰς ἣν δ' ἂν εἰσέλθητε οἰκίαν,** πρῶτον λέγετε· εἰρήνη τῷ οἴκῳ τούτῳ.	Mk-Q overlap
c 202	**Mt 10,11** (2)	**εἰς ἣν δ' ἂν πόλιν ἢ κώμην** εἰσέλθητε, ἐξετάσατε τίς ἐν αὐτῇ ἄξιός ἐστιν· κἀκεῖ μείνατε ἕως ἂν ἐξέλθητε.			**Lk 10,8** ⇧ Lk 9,4 ⇧ Mk 6,10	**καὶ εἰς ἣν ἂν πόλιν** εἰσέρχησθε καὶ δέχωνται ὑμᾶς, ἐσθίετε τὰ παρατιθέμενα ὑμῖν	→ GTh 14,4 Mk-Q overlap
c 102	**Mt 10,14**	**καὶ ὃς ἂν** μὴ δέξηται ὑμᾶς μηδὲ ἀκούσῃ τοὺς λόγους ὑμῶν, ...	**Mk 6,11**	καὶ ὃς ἂν τόπος μὴ δέξηται ὑμᾶς μηδὲ ἀκούσωσιν ὑμῶν, ...	**Lk 10,10** ⇧ Lk 9,5	**εἰς ἣν δ' ἂν πόλιν** εἰσέλθητε καὶ μὴ δέχωνται ὑμᾶς, ...	Mk-Q overlap. Mt 10,14 counted as Markan tradition.
b 202	**Mt 11,21**	οὐαί σοι, Χοραζίν, οὐαί σοι, Βηθσαϊδά· ὅτι εἰ ἐν Τύρῳ καὶ Σιδῶνι ἐγένοντο αἱ δυνάμεις αἱ γενόμεναι ἐν ὑμῖν, **πάλαι ἂν** ἐν σάκκῳ καὶ σποδῷ μετενόησαν.			**Lk 10,13**	οὐαί σοι, Χοραζίν, οὐαί σοι, Βηθσαϊδά· ὅτι εἰ ἐν Τύρῳ καὶ Σιδῶνι ἐγενήθησαν αἱ δυνάμεις αἱ γενόμεναι ἐν ὑμῖν, **πάλαι ἂν** ἐν σάκκῳ καὶ σποδῷ καθήμενοι μετενόησαν.	
c 002					**Lk 10,35**	... ἐπιμελήθητι αὐτοῦ, καὶ **ὅ τι ἂν** προσδαπανήσῃς ἐγὼ ἐν τῷ ἐπανέρχεσθαί με ἀποδώσω σοι.	
c 102	**Mt 10,32**	**πᾶς οὖν ὅστις** ὁμολογήσει ἐν ἐμοὶ ἔμπροσθεν τῶν ἀνθρώπων, ὁμολογήσω κἀγὼ ἐν αὐτῷ ἔμπροσθεν τοῦ πατρός μου τοῦ ἐν [τοῖς] οὐρανοῖς·			**Lk 12,8**	**... πᾶς ὃς ἂν** ὁμολογήσῃ ἐν ἐμοὶ ἔμπροσθεν τῶν ἀνθρώπων, καὶ ὁ υἱὸς τοῦ ἀνθρώπου ὁμολογήσει ἐν αὐτῷ ἔμπροσθεν τῶν ἀγγέλων τοῦ θεοῦ·	
b 202	**Mt 24,43** (2)	ἐκεῖνο δὲ γινώσκετε ὅτι εἰ ᾔδει ὁ οἰκοδεσπότης ποίᾳ φυλακῇ ὁ κλέπτης ἔρχεται, ἐγρηγόρησεν **ἂν** καὶ οὐκ **ἂν** εἴασεν διορυχθῆναι τὴν οἰκίαν αὐτοῦ.			**Lk 12,39**	τοῦτο δὲ γινώσκετε ὅτι εἰ ᾔδει ὁ οἰκοδεσπότης ποίᾳ ὥρᾳ ὁ κλέπτης ἔρχεται, οὐκ **ἂν** ἀφῆκεν διορυχθῆναι τὸν οἶκον αὐτοῦ.	→ GTh 21,5 → GTh 103

d 002	Mt 25,10	... ἦλθεν ὁ νυμφίος, καὶ αἱ ἕτοιμοι εἰσῆλθον μετ᾽ αὐτοῦ εἰς τοὺς γάμους καὶ ἐκλείσθη ἡ θύρα.			**Lk 13,25**	ἀφ᾽ οὗ **ἂν** ἐγερθῇ ὁ οἰκοδεσπότης καὶ ἀποκλείσῃ τὴν θύραν ...	
e 002					**Lk 15,26**	καὶ προσκαλεσάμενος ἕνα τῶν παίδων ἐπυνθάνετο τί **ἂν** εἴη ταῦτα.	
c b 102 *b* 102	**Mt 17,20** ↓ Mt 21,21	... ἀμὴν γὰρ λέγω ὑμῖν, ἐὰν ἔχητε πίστιν ὡς κόκκον σινάπεως, ἐρεῖτε τῷ ὄρει τούτῳ, μετάβα ἔνθεν ἐκεῖ, καὶ μεταβήσεται· καὶ οὐδὲν ἀδυνατήσει ὑμῖν.	Mk 11,23 → Mk 9,23	[22] ... ἔχετε πίστιν θεοῦ. [23] ἀμὴν λέγω ὑμῖν ὅτι ὃς **ἂν** εἴπῃ τῷ ὄρει τούτῳ· ἄρθητι καὶ βλήθητι εἰς τὴν θάλασσαν, καὶ μὴ διακριθῇ ἐν τῇ καρδίᾳ αὐτοῦ ἀλλὰ πιστεύῃ ὅτι ὃ λαλεῖ γίνεται, ἔσται αὐτῷ.	**Lk 17,6** **(2)**	... εἰ ἔχετε πίστιν ὡς κόκκον σινάπεως, ἐλέγετε **ἂν** τῇ συκαμίνῳ [ταύτῃ]· ἐκριζώθητι καὶ φυτεύθητι ἐν τῇ θαλάσσῃ· καὶ ὑπήκουσεν **ἂν** ὑμῖν.	→ GTh 48 → GTh 106
c 102	**Mt 10,39** ⇑ Mt 16,25	ὁ εὑρὼν τὴν ψυχὴν αὐτοῦ ἀπολέσει αὐτήν, **καὶ** ὁ ἀπολέσας τὴν ψυχὴν αὐτοῦ ἕνεκεν ἐμοῦ εὑρήσει αὐτήν.	Mk 8,35	ὃς γὰρ ἐὰν θέλῃ τὴν ψυχὴν αὐτοῦ σῶσαι ἀπολέσει αὐτήν· ὃς δ᾽ **ἂν** ἀπολέσει τὴν ψυχὴν αὐτοῦ ἕνεκεν ἐμοῦ καὶ τοῦ εὐαγγελίου σώσει αὐτήν.	**Lk 17,33** ⇑ Lk 9,24	ὃς ἐὰν ζητήσῃ τὴν ψυχὴν αὐτοῦ περιποιήσασθαι ἀπολέσει αὐτήν, ὃς δ᾽ **ἂν** ἀπολέσῃ ζῳογονήσει αὐτήν.	→ Jn 12,25 Mk-Q overlap
c 220	**Mt 19,9** ⇓ Mt 5,32	λέγω δὲ ὑμῖν ὅτι ὃς **ἂν** ἀπολύσῃ τὴν γυναῖκα αὐτοῦ μὴ ἐπὶ πορνείᾳ καὶ γαμήσῃ ἄλλην μοιχᾶται.	**Mk 10,11**	... ὃς **ἂν** ἀπολύσῃ τὴν γυναῖκα αὐτοῦ καὶ γαμήσῃ ἄλλην μοιχᾶται ἐπ᾽ αὐτήν· [12] καὶ ἐὰν αὐτὴ ἀπολύσασα τὸν ἄνδρα αὐτῆς γαμήσῃ ἄλλον μοιχᾶται.			→ 1Cor 7,10-11 Mk-Q overlap
	Mt 5,32 ⇑ Mt 19,9	ἐγὼ δὲ λέγω ὑμῖν ὅτι **πᾶς** ὁ ἀπολύων τὴν γυναῖκα αὐτοῦ παρεκτὸς λόγου πορνείας ποιεῖ αὐτὴν μοιχευθῆναι, ...			Lk 16,18	**πᾶς** ὁ ἀπολύων τὴν γυναῖκα αὐτοῦ καὶ γαμῶν ἑτέραν μοιχεύει, ...	→ 1Cor 7,10-11
c 122	**Mt 18,3**	... ἀμὴν λέγω ὑμῖν, **ἐὰν μὴ** στραφῆτε καὶ γένησθε ὡς τὰ παιδία, οὐ μὴ εἰσέλθητε εἰς τὴν βασιλείαν τῶν οὐρανῶν.	**Mk 10,15**	ἀμὴν λέγω ὑμῖν, ὃς **ἂν μὴ** δέξηται τὴν βασιλείαν τοῦ θεοῦ ὡς παιδίον, οὐ μὴ εἰσέλθῃ εἰς αὐτήν.	**Lk 18,17**	ἀμὴν λέγω ὑμῖν, ὃς **ἂν μὴ** δέξηται τὴν βασιλείαν τοῦ θεοῦ ὡς παιδίον, οὐ μὴ εἰσέλθῃ εἰς αὐτήν.	→ Jn 3,3 → GTh 22 → GTh 46
c 121	**Mt 20,26** ⇓ Mt 23,11	οὐχ οὕτως ἔσται ἐν ὑμῖν, ἀλλ᾽ ὃς **ἐὰν** θέλῃ ἐν ὑμῖν μέγας γενέσθαι ἔσται ὑμῶν διάκονος	**Mk 10,43** ⇨ Mk 9,35	οὐχ οὕτως δέ ἐστιν ἐν ὑμῖν, ἀλλ᾽ ὃς **ἂν** θέλῃ μέγας γενέσθαι ἐν ὑμῖν ἔσται ὑμῶν διάκονος	**Lk 22,26**	ὑμεῖς δὲ οὐχ οὕτως, ἀλλ᾽ ὁ μείζων ἐν ὑμῖν γινέσθω ὡς ὁ νεώτερος ...	
	Mt 23,11 ⇑ Mt 20,26	ὁ δὲ μείζων ὑμῶν ἔσται ὑμῶν διάκονος.					
c 221	**Mt 20,27**	καὶ ὃς **ἂν** θέλῃ ἐν ὑμῖν εἶναι πρῶτος ἔσται ὑμῶν δοῦλος·	**Mk 10,44** ⇨ Mk 9,35	καὶ ὃς **ἂν** θέλῃ ἐν ὑμῖν εἶναι πρῶτος ἔσται πάντων δοῦλος·	**Lk 22,26** ↑ Mt 23,11	... καὶ ὁ ἡγούμενος ὡς ὁ διακονῶν.	

b 202	**Mt 25,27**	ἔδει σε οὖν βαλεῖν τὰ ἀργύριά μου τοῖς τραπεζίταις, καὶ ἐλθὼν ἐγὼ ἐκομισάμην **ἂν** τὸ ἐμὸν σὺν τόκῳ.			**Lk 19,23**	καὶ διὰ τί οὐκ ἔδωκάς μου τὸ ἀργύριον ἐπὶ τράπεζαν; κἀγὼ ἐλθὼν σὺν τόκῳ **ἂν** αὐτὸ ἔπραξα.	
c 120	**Mt 21,21** ↑ Mt 17,20	... ἀμὴν λέγω ὑμῖν, ἐὰν ἔχητε πίστιν καὶ μὴ διακριθῆτε, οὐ μόνον τὸ τῆς συκῆς ποιήσετε, **ἀλλὰ κἂν** τῷ ὄρει τούτῳ εἴπητε· ἄρθητι καὶ βλήθητι εἰς τὴν θάλασσαν, γενήσεται·	**Mk 11,23** → Mk 9,23	[22] ... ἔχετε πίστιν θεοῦ. [23] ἀμὴν λέγω ὑμῖν ὅτι **ὃς ἂν** εἴπῃ τῷ ὄρει τούτῳ· ἄρθητι καὶ βλήθητι εἰς τὴν θάλασσαν, καὶ μὴ διακριθῇ ἐν τῇ καρδίᾳ αὐτοῦ ἀλλὰ πιστεύῃ ὅτι ὃ λαλεῖ γίνεται, ἔσται αὐτῷ.	↑ **Lk 17,6**		→ GTh 48 → GTh 106
c 210	**Mt 21,22** → Mt 7,8 → Mt 18,19	καὶ **πάντα ὅσα ἂν** αἰτήσητε ἐν τῇ προσευχῇ πιστεύοντες λήμψεσθε.	**Mk 11,24**	διὰ τοῦτο λέγω ὑμῖν, **πάντα ὅσα** προσεύχεσθε καὶ αἰτεῖσθε, πιστεύετε ὅτι ἐλάβετε, καὶ ἔσται ὑμῖν.	→ Lk 11,10		
c 200	**Mt 21,44** ↓ **Lk 20,18**	[καὶ ὁ πεσὼν ἐπὶ τὸν λίθον τοῦτον συνθλασθήσεται· **ἐφ' ὃν δ' ἂν** πέσῃ λικμήσει αὐτόν.]					Mt 21,44 is textcritically uncertain.
c 002					**Lk 20,18** ↑ **[Mt 21,44]**	πᾶς ὁ πεσὼν ἐπ' ἐκεῖνον τὸν λίθον συνθλασθήσεται· **ἐφ' ὃν δ' ἂν** πέσῃ, λικμήσει αὐτόν.	
d 222	**Mt 22,44**	... *ἕως ἂν* *θῶ τοὺς ἐχθρούς σου* *ὑποκάτω* *τῶν ποδῶν σου,* ➤ Ps 110,1	**Mk 12,36**	... *ἕως ἂν* *θῶ τοὺς ἐχθρούς σου* *ὑποκάτω* *τῶν ποδῶν σου.* ➤ Ps 110,1	**Lk 20,43**	*ἕως ἂν* *θῶ τοὺς ἐχθρούς σου* *ὑποπόδιον* *τῶν ποδῶν σου.* ➤ Ps 110,1	
c 200 *c* 200	**Mt 23,16** **(2)**	οὐαὶ ὑμῖν, ὁδηγοὶ τυφλοὶ οἱ λέγοντες· **ὃς ἂν** ὀμόσῃ ἐν τῷ ναῷ, οὐδέν ἐστιν· **ὃς δ' ἂν** ὀμόσῃ ἐν τῷ χρυσῷ τοῦ ναοῦ ὀφείλει.					
c 200 *c* 200	**Mt 23,18** **(2)**	καί· **ὃς ἂν** ὀμόσῃ ἐν τῷ θυσιαστηρίῳ, οὐδέν ἐστιν· **ὃς δ' ἂν** ὀμόσῃ ἐν τῷ δώρῳ τῷ ἐπάνω αὐτοῦ, ὀφείλει.					

b 201	**Mt 23,30**	[29] οὐαὶ ὑμῖν, γραμματεῖς καὶ Φαρισαῖοι ὑποκριταί, ὅτι οἰκοδομεῖτε τοὺς τάφους τῶν προφητῶν καὶ κοσμεῖτε τὰ μνημεῖα τῶν δικαίων, [30] καὶ λέγετε· εἰ ἤμεθα ἐν ταῖς ἡμέραις τῶν πατέρων ἡμῶν, οὐκ ἂν ἤμεθα αὐτῶν κοινωνοὶ ἐν τῷ αἵματι τῶν προφητῶν.			**Lk 11,47**	οὐαὶ ὑμῖν, ὅτι οἰκοδομεῖτε τὰ μνημεῖα τῶν προφητῶν, οἱ δὲ πατέρες ὑμῶν ἀπέκτειναν αὐτούς.	
d 201	**Mt 23,39**	λέγω γὰρ ὑμῖν, οὐ μή με ἴδητε ἀπ' ἄρτι ἕως ἂν εἴπητε· *εὐλογημένος* *ὁ ἐρχόμενος ἐν ὀνόματι* *κυρίου.* ➢ Ps 118,26			**Lk 13,35**	... λέγω [δὲ] ὑμῖν, οὐ μὴ ἴδητέ με ἕως [ἥξει ὅτε] εἴπητε· *εὐλογημένος* *ὁ ἐρχόμενος ἐν ὀνόματι* *κυρίου.* ➢ Ps 118,26	
b 220	**Mt 24,22**	καὶ εἰ μὴ ἐκολοβώθησαν αἱ ἡμέραι ἐκεῖναι, οὐκ ἂν ἐσώθη πᾶσα σάρξ· διὰ δὲ τοὺς ἐκλεκτοὺς κολοβωθήσονται αἱ ἡμέραι ἐκεῖναι.	**Mk 13,20**	καὶ εἰ μὴ ἐκολόβωσεν κύριος τὰς ἡμέρας, οὐκ ἂν ἐσώθη πᾶσα σάρξ· ἀλλὰ διὰ τοὺς ἐκλεκτοὺς οὓς ἐξελέξατο ἐκολόβωσεν τὰς ἡμέρας.			
d 212	**Mt 24,34** ↑ Mt 16,28	ἀμὴν λέγω ὑμῖν ὅτι οὐ μὴ παρέλθῃ ἡ γενεὰ αὕτη ἕως ἂν πάντα ταῦτα γένηται.	**Mk 13,30** ↑ Mk 9,1	ἀμὴν λέγω ὑμῖν ὅτι οὐ μὴ παρέλθῃ ἡ γενεὰ αὕτη μέχρις οὗ ταῦτα πάντα γένηται.	**Lk 21,32** ↑ Lk 9,27	ἀμὴν λέγω ὑμῖν ὅτι οὐ μὴ παρέλθῃ ἡ γενεὰ αὕτη ἕως ἂν πάντα γένηται.	
b 201 b 202	**Mt 24,43** (2)	ἐκεῖνο δὲ γινώσκετε ὅτι εἰ ᾔδει ὁ οἰκοδεσπότης ποίᾳ φυλακῇ ὁ κλέπτης ἔρχεται, ἐγρηγόρησεν ἂν καὶ οὐκ ἂν εἴασεν διορυχθῆναι τὴν οἰκίαν αὐτοῦ.			**Lk 12,39**	τοῦτο δὲ γινώσκετε ὅτι εἰ ᾔδει ὁ οἰκοδεσπότης ποίᾳ ὥρᾳ ὁ κλέπτης ἔρχεται, οὐκ ἂν ἀφῆκεν διορυχθῆναι τὸν οἶκον αὐτοῦ.	→ GTh 21,5 → GTh 103
b 202	**Mt 25,27**	ἔδει σε οὖν βαλεῖν τὰ ἀργύριά μου τοῖς τραπεζίταις, καὶ ἐλθὼν ἐγὼ ἐκομισάμην ἂν τὸ ἐμὸν σὺν τόκῳ.			**Lk 19,23**	καὶ διὰ τί οὐκ ἔδωκάς μου τὸ ἀργύριον ἐπὶ τράπεζαν; κἀγὼ ἐλθὼν σὺν τόκῳ ἂν αὐτὸ ἔπραξα.	
c 220	**Mt 26,48**	ὁ δὲ παραδιδοὺς αὐτὸν ἔδωκεν αὐτοῖς σημεῖον λέγων· ὃν ἂν φιλήσω αὐτός ἐστιν, κρατήσατε αὐτόν.	**Mk 14,44**	δεδώκει δὲ ὁ παραδιδοὺς αὐτὸν σύσσημον αὐτοῖς λέγων· ὃν ἂν φιλήσω αὐτός ἐστιν, κρατήσατε αὐτὸν καὶ ἀπάγετε ἀσφαλῶς.			

c **Acts 2,21** *καὶ ἔσται*
πᾶς ὃς ἂν
ἐπικαλέσηται τὸ ὄνομα
κυρίου σωθήσεται.
➢ Joel 3,5 LXX

d **Acts 2,35** *ἕως ἂν*
θῶ τοὺς ἐχθρούς σου
ὑποπόδιον τῶν ποδῶν
σου.
➢ Ps 109,1 LXX

c **Acts 2,39** ὑμῖν γάρ ἐστιν
ἡ ἐπαγγελία καὶ τοῖς
τέκνοις ὑμῶν καὶ πᾶσιν
τοῖς εἰς μακρὰν,
ὅσους ἂν
προσκαλέσηται κύριος
ὁ θεὸς ἡμῶν.

a **Acts 2,45** καὶ τὰ κτήματα καὶ τὰς
→ Lk 12,33 ὑπάρξεις ἐπίπρασκον καὶ
→ Lk 14,33 διεμέριζον αὐτὰ πᾶσιν
→ Mt 19,21 καθότι ἂν
→ Mk 10,21
→ Lk 18,22 τις χρείαν εἶχεν·

d **Acts 3,20** ὅπως ἂν
ἔλθωσιν καιροὶ
ἀναψύξεως ἀπὸ
προσώπου τοῦ κυρίου ...

c	**Acts 3,22**	Μωϋσῆς μὲν εἶπεν ὅτι *προφήτην ὑμῖν ἀναστήσει κύριος ὁ θεὸς ὑμῶν ἐκ τῶν ἀδελφῶν ὑμῶν ὡς ἐμέ· αὐτοῦ ἀκούσεσθε κατὰ* ***πάντα ὅσα ἂν*** *λαλήσῃ* πρὸς ὑμᾶς. ➢ Deut 18,15-20
a	**Acts 4,35**	καὶ ἐτίθουν παρὰ τοὺς πόδας τῶν ἀποστόλων, διεδίδετο δὲ ἑκάστῳ **καθότι ἄν** τις χρείαν εἶχεν.
e	**Acts 5,24**	ὡς δὲ ἤκουσαν τοὺς λόγους τούτους ὅ τε στρατηγὸς τοῦ ἱεροῦ καὶ οἱ ἀρχιερεῖς, διηπόρουν περὶ αὐτῶν **τί ἂν** γένοιτο τοῦτο.
c	**Acts 7,3**	... *ἔξελθε ἐκ τῆς γῆς σου καὶ [ἐκ] τῆς συγγενείας σου καὶ δεῦρο εἰς τὴν γῆν* ***ἣν ἄν*** *σοι δείξω.* ➢ Gen 12,1
e	**Acts 8,31**	... **πῶς γὰρ ἂν** δυναίμην ἐὰν μή τις ὁδηγήσει με; ...
e	**Acts 10,17**	ὡς δὲ ἐν ἑαυτῷ διηπόρει ὁ Πέτρος **τί ἂν** εἴη τὸ ὅραμα ὃ εἶδεν, ...
d	**Acts 15,17**	***ὅπως ἂν*** *ἐκζητήσωσιν οἱ κατάλοιποι τῶν ἀνθρώπων τὸν κύριον ...* ➢ Amos 9,12 LXX
e	**Acts 17,18**	τινὲς δὲ καὶ τῶν Ἐπικουρείων καὶ Στοϊκῶν φιλοσόφων συνέβαλλον αὐτῷ, καί τινες ἔλεγον· **τί ἂν** θέλοι ὁ σπερμολόγος οὗτος λέγειν; ...
b	**Acts 18,14**	... εἰ μὲν ἦν ἀδίκημά τι ἢ ῥᾳδιούργημα πονηρόν, ὦ Ἰουδαῖοι, κατὰ λόγον **ἂν** ἀνεσχόμην ὑμῶν
e	**Acts 26,29**	ὁ δὲ Παῦλος· εὐξαίμην **ἂν** τῷ θεῷ καὶ ἐν ὀλίγῳ καὶ ἐν μεγάλῳ οὐ μόνον σὲ ἀλλὰ καὶ πάντας τοὺς ἀκούοντάς μου σήμερον γενέσθαι τοιούτους ὁποῖος καὶ ἐγώ εἰμι ...

ἀνά

ἀνά	Syn	Mt	Mk	Lk	Acts	Jn	1-3John	Paul	Eph	Col
	7	3	1	3		1		2		
	NT	2Thess	1/2Tim	Tit	Heb	Jas	1Pet	2Pet	Jude	Rev
	13									3

each; each one; apiece

200	**Mt 13,25**	ἐν δὲ τῷ καθεύδειν τοὺς ἀνθρώπους ἦλθεν αὐτοῦ ὁ ἐχθρὸς καὶ ἐπέσπειρεν ζιζάνια **ἀνὰ μέσον τοῦ σίτου** καὶ ἀπῆλθεν.					→ GTh 57
112	**Mt 10,10**	[9] μὴ κτήσησθε χρυσὸν μηδὲ ἄργυρον μηδὲ χαλκὸν εἰς τὰς ζώνας ὑμῶν, [10] μὴ πήραν εἰς ὁδὸν **μηδὲ δύο χιτῶνας** μηδὲ ὑποδήματα μηδὲ ῥάβδον· ...	**Mk 6,9**	[8] ... ἵνα μηδὲν αἴρωσιν εἰς ὁδὸν εἰ μὴ ῥάβδον μόνον, μὴ ἄρτον, μὴ πήραν, μὴ εἰς τὴν ζώνην χαλκόν, [9] ἀλλὰ ὑποδεδεμένους σανδάλια, καὶ **μὴ ἐνδύσησθε δύο χιτῶνας.**	**Lk 9,3** ⇩ Lk 10,4 → Lk 22,35-36	... μηδὲν αἴρετε εἰς τὴν ὁδόν, μήτε ῥάβδον μήτε πήραν μήτε ἄρτον μήτε ἀργύριον **μήτε [ἀνὰ] δύο χιτῶνας** ἔχειν.	Mk-Q overlap
					Lk 10,4 ⇧ **Lk 9,3** → Lk 22,35-36	μὴ βαστάζετε βαλλάντιον, μὴ πήραν, μὴ ὑποδήματα, καὶ μηδένα κατὰ τὴν ὁδὸν ἀσπάσησθε.	
112	**Mt 14,19** → Mt 15,35	καὶ κελεύσας τοὺς ὄχλους ἀνακλιθῆναι ἐπὶ τοῦ χόρτου, ...	**Mk 6,40** → Mk 8,6	[39] καὶ ἐπέταξεν αὐτοῖς ἀνακλῖναι πάντας συμπόσια συμπόσια ἐπὶ τῷ χλωρῷ χόρτῳ. [40] καὶ ἀνέπεσαν πρασιαὶ πρασιαὶ κατὰ ἑκατὸν καὶ **κατὰ πεντήκοντα.**	**Lk 9,14**	... εἶπεν δὲ πρὸς τοὺς μαθητὰς αὐτοῦ· κατακλίνατε αὐτοὺς κλισίας [ὡσεὶ] **ἀνὰ πεντήκοντα.** [15] καὶ ἐποίησαν οὕτως καὶ κατέκλιναν ἅπαντας.	→ Jn 6,10

120	**Mt 15,29**	καὶ μεταβὰς ἐκεῖθεν ὁ Ἰησοῦς ἦλθεν παρὰ τὴν θάλασσαν τῆς Γαλιλαίας, καὶ ἀναβὰς εἰς τὸ ὄρος ἐκάθητο ἐκεῖ.	**Mk 7,31**	καὶ πάλιν ἐξελθὼν ἐκ τῶν ὁρίων Τύρου ἦλθεν διὰ Σιδῶνος εἰς τὴν θάλασσαν τῆς Γαλιλαίας ἀνὰ μέσον τῶν ὁρίων Δεκαπόλεως.			
002					**Lk 10,1** → Mt 10,1 → Mk 6,7 → Lk 9,1	μετὰ δὲ ταῦτα ἀνέδειξεν ὁ κύριος ἑτέρους ἑβδομήκοντα [δύο] καὶ ἀπέστειλεν αὐτοὺς ἀνὰ δύο [δύο] πρὸ προσώπου αὐτοῦ εἰς πᾶσαν πόλιν καὶ τόπον οὗ ἤμελλεν αὐτὸς ἔρχεσθαι.	
200	**Mt 20,9**	καὶ ἐλθόντες οἱ περὶ τὴν ἑνδεκάτην ὥραν ἔλαβον ἀνὰ δηνάριον.					
200	**Mt 20,10**	καὶ ἐλθόντες οἱ πρῶτοι ἐνόμισαν ὅτι πλεῖον λήμψονται· καὶ ἔλαβον [τὸ] ἀνὰ δηνάριον καὶ αὐτοί.					

ἀναβαίνω	Syn 27	Mt 9	Mk 9	Lk 9	Acts 19	Jn 16	1-3John	Paul 4	Eph 3	Col
	NT 82	2Thess	1/2Tim	Tit	Heb	Jas	1Pet	2Pet	Jude	Rev 13

to go up; come up; ascend; grow; go aboard (ships); arise; enter; occur to

	triple tradition																	double tradition			Sondergut		
		+Mt / +Lk			–Mt / –Lk			traditions not taken over by Mt / Lk							subtotals								
code	*222*	*211*	*112*	*212*	*221*	*122*	*121*	*022*	*012*	*021*	*220*	*120*	*210*	*020*	Σ⁺	Σ⁻	Σ	*202*	*201*	*102*	*200*	*002*	total
Mt	1				4		1^-				1	1^-	2^+		2^+	2^-	8				1		**9**
Mk	1				4		1				1	1		1			9						**9**
Lk	1		2^+		4^-		1^-		1^+						3^+	5^-	4					5	**9**

Mk-Q overlap: 221: Mt 3,16 / Mk 1,10 / Lk 3,21 (?)

a ἀναβαίνω εἰς

b ἀναβαίνω ἐπί

a 002					**Lk 2,4**	ἀνέβη δὲ καὶ Ἰωσὴφ ἀπὸ τῆς Γαλιλαίας ἐκ πόλεως Ναζαρὲθ εἰς τὴν Ἰουδαίαν εἰς πόλιν Δαυὶδ ἥτις καλεῖται Βηθλέεμ, ...	
002					**Lk 2,42**	καὶ ὅτε ἐγένετο ἐτῶν δώδεκα, ἀναβαινόντων αὐτῶν κατὰ τὸ ἔθος τῆς ἑορτῆς	
221	**Mt 3,16**	βαπτισθεὶς δὲ ὁ Ἰησοῦς εὐθὺς ἀνέβη ἀπὸ τοῦ ὕδατος· καὶ ἰδοὺ ἠνεῴχθησαν [αὐτῷ] οἱ οὐρανοί, ...	**Mk 1,10**	καὶ εὐθὺς ἀναβαίνων ἐκ τοῦ ὕδατος εἶδεν σχιζομένους τοὺς οὐρανοὺς ...	**Lk 3,21**	... Ἰησοῦ βαπτισθέντος καὶ προσευχομένου ἀνεῳχθῆναι τὸν οὐρανὸν	Mk-Q overlap?

b 012			Mk 2,4	καὶ μὴ δυνάμενοι προσενέγκαι αὐτῷ διὰ τὸν ὄχλον **ἀπεστέγασαν** τὴν στέγην ὅπου ἦν, καὶ ἐξορύξαντες χαλῶσι τὸν κράβαττον ὅπου ὁ παραλυτικὸς κατέκειτο.	Lk 5,19	καὶ μὴ εὑρόντες ποίας εἰσενέγκωσιν αὐτὸν διὰ τὸν ὄχλον, **ἀναβάντες** ἐπὶ τὸ δῶμα διὰ τῶν κεράμων καθῆκαν αὐτὸν σὺν τῷ κλινιδίῳ εἰς τὸ μέσον ἔμπροσθεν τοῦ Ἰησοῦ.	
a 221	Mt 5,1	ἰδὼν δὲ τοὺς ὄχλους **ἀνέβη** εἰς τὸ ὄρος, ...	Mk 3,13	καὶ **ἀναβαίνει** εἰς τὸ ὄρος ...	Lk 6,12	ἐγένετο δὲ ἐν ταῖς ἡμέραις ταύταις **ἐξελθεῖν** αὐτὸν εἰς τὸ ὄρος προσεύξασθαι, ...	
  221	Mt 13,7	ἄλλα δὲ ἔπεσεν ἐπὶ τὰς ἀκάνθας, καὶ **ἀνέβησαν** αἱ ἄκανθαι καὶ ἔπνιξαν αὐτά.	Mk 4,7	καὶ ἄλλο ἔπεσεν εἰς τὰς ἀκάνθας, καὶ **ἀνέβησαν** αἱ ἄκανθαι καὶ συνέπνιξαν αὐτό, ...	Lk 8,7	καὶ ἕτερον ἔπεσεν ἐν μέσῳ τῶν ἀκανθῶν, καὶ **συμφυεῖσαι** αἱ ἄκανθαι ἀπέπνιξαν αὐτό.	→ GTh 9
   121	Mt 13,8	ἄλλα δὲ ἔπεσεν ἐπὶ τὴν γῆν τὴν καλὴν καὶ ἐδίδου καρπόν, ὃ μὲν ἑκατόν, ὃ δὲ ἑξήκοντα, ὃ δὲ τριάκοντα.	Mk 4,8	καὶ ἄλλα ἔπεσεν εἰς τὴν γῆν τὴν καλὴν καὶ ἐδίδου καρπὸν **ἀναβαίνοντα καὶ αὐξανόμενα** καὶ ἔφερεν ἓν τριάκοντα καὶ ἓν ἑξήκοντα καὶ ἓν ἑκατόν.	Lk 8,8	καὶ ἕτερον ἔπεσεν εἰς τὴν γῆν τὴν ἀγαθὴν καὶ **φυὲν** ἐποίησεν καρπὸν ἑκατονταπλασίονα. ...	→ GTh 9
       020	Mt 13,32	[31] ... ὁμοία ἐστὶν ἡ βασιλεία τῶν οὐρανῶν κόκκῳ σινάπεως, ὃν λαβὼν ἄνθρωπος ἔσπειρεν ἐν τῷ ἀγρῷ αὐτοῦ· [32] ὃ μικρότερον μέν ἐστιν πάντων τῶν σπερμάτων, ὅταν δὲ **αὐξηθῇ** μεῖζον τῶν λαχάνων ἐστὶν καὶ γίνεται δένδρον, ...	Mk 4,32	[31] ὡς κόκκῳ σινάπεως, ὃς ὅταν σπαρῇ ἐπὶ τῆς γῆς, μικρότερον ὂν πάντων τῶν σπερμάτων τῶν ἐπὶ τῆς γῆς, [32] καὶ ὅταν σπαρῇ, **ἀναβαίνει** καὶ γίνεται μεῖζον πάντων τῶν λαχάνων καὶ ποιεῖ κλάδους μεγάλους, ...	Lk 13,19	ὁμοία ἐστὶν κόκκῳ σινάπεως, ὃν λαβὼν ἄνθρωπος ἔβαλεν εἰς κῆπον ἑαυτοῦ, καὶ **ηὔξησεν** καὶ ἐγένετο εἰς δένδρον, ...	→ GTh 20 Mk-Q overlap
a 210	Mt 14,23 → Mt 15,39 → Lk 9,18	καὶ ἀπολύσας τοὺς ὄχλους **ἀνέβη** εἰς τὸ ὄρος κατ᾽ ἰδίαν προσεύξασθαι. ...	Mk 6,46 → Mk 8,9 → Lk 9,18	καὶ ἀποταξάμενος αὐτοῖς **ἀπῆλθεν** εἰς τὸ ὄρος προσεύξασθαι.			→ Jn 6,15
a 220	Mt 14,32	καὶ **ἀναβάντων** αὐτῶν εἰς τὸ πλοῖον ἐκόπασεν ὁ ἄνεμος.	Mk 6,51	καὶ **ἀνέβη** πρὸς αὐτοὺς εἰς τὸ πλοῖον καὶ ἐκόπασεν ὁ ἄνεμος, ...			→ Jn 6,21
a 210	Mt 15,29	καὶ μεταβὰς ἐκεῖθεν ὁ Ἰησοῦς ἦλθεν παρὰ τὴν θάλασσαν τῆς Γαλιλαίας, καὶ **ἀναβὰς** εἰς τὸ ὄρος ἐκάθητο ἐκεῖ.	Mk 7,31	καὶ πάλιν ἐξελθὼν ἐκ τῶν ὁρίων Τύρου ἦλθεν διὰ Σιδῶνος εἰς τὴν θάλασσαν τῆς Γαλιλαίας ἀνὰ μέσον τῶν ὁρίων Δεκαπόλεως.			

112	Mt 17,1	καὶ μεθ' ἡμέρας ἓξ παραλαμβάνει ὁ Ἰησοῦς τὸν Πέτρον καὶ Ἰάκωβον καὶ Ἰωάννην τὸν ἀδελφὸν αὐτοῦ καὶ **ἀναφέρει** αὐτοὺς εἰς ὄρος ὑψηλὸν κατ' ἰδίαν.	Mk 9,2	καὶ μετὰ ἡμέρας ἓξ παραλαμβάνει ὁ Ἰησοῦς τὸν Πέτρον καὶ τὸν Ἰάκωβον καὶ τὸν Ἰωάννην καὶ **ἀναφέρει** αὐτοὺς εἰς ὄρος ὑψηλὸν κατ' ἰδίαν μόνους. ...	Lk 9,28	ἐγένετο δὲ μετὰ τοὺς λόγους τούτους ὡσεὶ ἡμέραι ὀκτὼ [καὶ] παραλαβὼν Πέτρον καὶ Ἰωάννην καὶ Ἰάκωβον **ἀνέβη** εἰς τὸ ὄρος προσεύξασθαι.	
200	Mt 17,27	... πορευθεὶς εἰς θάλασσαν βάλε ἄγκιστρον καὶ **τὸν ἀναβάντα πρῶτον ἰχθὺν** ἆρον, καὶ ἀνοίξας τὸ στόμα αὐτοῦ εὑρήσεις στατῆρα· ...					
002					Lk 18,10	ἄνθρωποι δύο **ἀνέβησαν** εἰς τὸ ἱερὸν προσεύξασθαι, ὁ εἷς Φαρισαῖος καὶ ὁ ἕτερος τελώνης.	
a 221	Mt 20,17	καὶ **ἀναβαίνων** ὁ Ἰησοῦς εἰς Ἱεροσόλυμα παρέλαβεν τοὺς δώδεκα [μαθητὰς] κατ' ἰδίαν καὶ ἐν τῇ ὁδῷ εἶπεν αὐτοῖς·	Mk 10,32	ἦσαν δὲ ἐν τῇ ὁδῷ **ἀναβαίνοντες** εἰς Ἱεροσόλυμα, καὶ ἦν προάγων αὐτοὺς ὁ Ἰησοῦς, καὶ ἐθαμβοῦντο, οἱ δὲ ἀκολουθοῦντες ἐφοβοῦντο. καὶ παραλαβὼν πάλιν τοὺς δώδεκα ἤρξατο αὐτοῖς λέγειν τὰ μέλλοντα αὐτῷ συμβαίνειν,	Lk 18,31	παραλαβὼν δὲ τοὺς δώδεκα εἶπεν πρὸς αὐτούς·	
a 222	Mt 20,18	ἰδοὺ **ἀναβαίνομεν** εἰς Ἱεροσόλυμα, καὶ ὁ υἱὸς τοῦ ἀνθρώπου παραδοθήσεται ...	Mk 10,33	ὅτι ἰδοὺ **ἀναβαίνομεν** εἰς Ἱεροσόλυμα, καὶ ὁ υἱὸς τοῦ ἀνθρώπου παραδοθήσεται ...		ἰδοὺ **ἀναβαίνομεν** εἰς Ἰερουσαλήμ, καὶ τελεσθήσεται πάντα τὰ γεγραμμένα διὰ τῶν προφητῶν τῷ υἱῷ τοῦ ἀνθρώπου· [32] παραδοθήσεται γὰρ ...	
b 002					Lk 19,4	καὶ προδραμὼν εἰς τὸ ἔμπροσθεν **ἀνέβη** ἐπὶ συκομορέαν ἵνα ἴδῃ αὐτὸν ὅτι ἐκείνης ἤμελλεν διέρχεσθαι.	
a 112	Mt 21,1	καὶ ὅτε ἤγγισαν εἰς Ἱεροσόλυμα καὶ ἦλθον εἰς Βηθφαγὴ εἰς τὸ ὄρος τῶν ἐλαιῶν, ...	Mk 11,1	καὶ ὅτε ἐγγίζουσιν εἰς Ἱεροσόλυμα εἰς Βηθφαγὴ καὶ Βηθανίαν πρὸς τὸ ὄρος τῶν ἐλαιῶν, ...	Lk 19,28	καὶ εἰπὼν ταῦτα ἐπορεύετο ἔμπροσθεν **ἀναβαίνων** εἰς Ἱεροσόλυμα. [29] καὶ ἐγένετο ὡς ἤγγισεν εἰς Βηθφαγὴ καὶ Βηθανία[ν] πρὸς τὸ ὄρος τὸ καλούμενον Ἐλαιῶν, ...	→ Jn 12,12
120	Mt 27,17	**συνηγμένων οὖν αὐτῶν** εἶπεν αὐτοῖς ὁ Πιλᾶτος· τίνα θέλετε ἀπολύσω ὑμῖν, [Ἰησοῦν τὸν] Βαραββᾶν ἢ Ἰησοῦν τὸν λεγόμενον χριστόν;	Mk 15,8	**καὶ ἀναβὰς ὁ ὄχλος** ἤρξατο αἰτεῖσθαι καθὼς ἐποίει αὐτοῖς. [9] ὁ δὲ Πιλᾶτος ἀπεκρίθη αὐτοῖς λέγων· θέλετε ἀπολύσω ὑμῖν τὸν βασιλέα τῶν Ἰουδαίων;			

002		Lk 24,38	... τί τεταραγμένοι ἐστὲ καὶ διὰ τί διαλογισμοὶ **ἀναβαίνουσιν** ἐν τῇ καρδίᾳ ὑμῶν;

a **Acts 1,13** καὶ ὅτε εἰσῆλθον, εἰς τὸ ὑπερῷον **ἀνέβησαν** οὗ ἦσαν καταμένοντες, ὅ τε Πέτρος καὶ Ἰωάννης ...

a **Acts 2,34** οὐ γὰρ Δαυὶδ **ἀνέβη** εἰς τοὺς οὐρανούς, λέγει δὲ αὐτός· *εἶπεν [ὁ] κύριος τῷ κυρίῳ μου· κάθου ἐκ δεξιῶν μου*
➤ Ps 109,1 LXX

a **Acts 3,1** Πέτρος δὲ καὶ Ἰωάννης **ἀνέβαινον** εἰς τὸ ἱερὸν ἐπὶ τὴν ὥραν τῆς προσευχῆς τὴν ἐνάτην.

b **Acts 7,23** ὡς δὲ ἐπληροῦτο αὐτῷ τεσσερακονταετὴς χρόνος, **ἀνέβη** ἐπὶ τὴν καρδίαν αὐτοῦ ἐπισκέψασθαι τοὺς ἀδελφοὺς αὐτοῦ τοὺς υἱοὺς Ἰσραήλ.

Acts 8,31 ... παρεκάλεσέν τε τὸν Φίλιππον **ἀναβάντα** καθίσαι σὺν αὐτῷ.

Acts 8,39 ὅτε δὲ **ἀνέβησαν** ἐκ τοῦ ὕδατος, πνεῦμα κυρίου ἥρπασεν τὸν Φίλιππον, ...

a **Acts 10,4** → Lk 1,13 ... εἶπεν δὲ αὐτῷ· αἱ προσευχαί σου καὶ αἱ ἐλεημοσύναι σου **ἀνέβησαν** εἰς μνημόσυνον ἔμπροσθεν τοῦ θεοῦ.

b **Acts 10,9** τῇ δὲ ἐπαύριον, ... **ἀνέβη** Πέτρος ἐπὶ τὸ δῶμα προσεύξασθαι περὶ ὥραν ἕκτην.

a **Acts 11,2** ὅτε δὲ **ἀνέβη** Πέτρος εἰς Ἰερουσαλήμ, διεκρίνοντο πρὸς αὐτὸν οἱ ἐκ περιτομῆς

a **Acts 15,2** ... ἔταξαν **ἀναβαίνειν** Παῦλον καὶ Βαρναβᾶν καί τινας ἄλλους ἐξ αὐτῶν πρὸς τοὺς ἀποστόλους καὶ πρεσβυτέρους ...

Acts 18,22 καὶ κατελθὼν εἰς Καισάρειαν, **ἀναβὰς** καὶ ἀσπασάμενος τὴν ἐκκλησίαν κατέβη εἰς Ἀντιόχειαν.

Acts 20,11 **ἀναβὰς** δὲ καὶ κλάσας τὸν ἄρτον καὶ γευσάμενος ἐφ᾽ ἱκανόν τε ὁμιλήσας ἄχρι αὐγῆς, ...

a **Acts 21,6** ἀπησπασάμεθα ἀλλήλους καὶ **ἀνέβημεν** εἰς τὸ πλοῖον, ἐκεῖνοι δὲ ὑπέστρεψαν εἰς τὰ ἴδια.

a **Acts 21,12** ὡς δὲ ἠκούσαμεν ταῦτα, παρεκαλοῦμεν ἡμεῖς τε καὶ οἱ ἐντόπιοι τοῦ **μὴ ἀναβαίνειν** αὐτὸν εἰς Ἰερουσαλήμ.

a **Acts 21,15** μετὰ δὲ τὰς ἡμέρας ταύτας ἐπισκευασάμενοι **ἀνεβαίνομεν** εἰς Ἱεροσόλυμα·

Acts 21,31 ζητούντων τε αὐτὸν ἀποκτεῖναι **ἀνέβη** φάσις τῷ χιλιάρχῳ τῆς σπείρης ὅτι ὅλη συγχύννεται Ἰερουσαλήμ.

a **Acts 24,11** δυναμένου σου ἐπιγνῶναι ὅτι οὐ πλείους εἰσίν μοι ἡμέραι δώδεκα ἀφ᾽ ἧς **ἀνέβην** προσκυνήσων εἰς Ἰερουσαλήμ.

a **Acts 25,1** Φῆστος οὖν ἐπιβὰς τῇ ἐπαρχείᾳ μετὰ τρεῖς ἡμέρας **ἀνέβη** εἰς Ἱεροσόλυμα ἀπὸ Καισαρείας

a **Acts 25,9** ... θέλεις εἰς Ἱεροσόλυμα **ἀναβὰς** ἐκεῖ περὶ τούτων κριθῆναι ἐπ᾽ ἐμοῦ;

ἀναβιβάζω	Syn	Mt	Mk	Lk	Acts	Jn	1-3John	Paul	Eph	Col
	1	1								
	NT	2Thess	1/2Tim	Tit	Heb	Jas	1Pet	2Pet	Jude	Rev
	1									

draw or drag (nets ashore)

200	Mt 13,48	ἣν ὅτε ἐπληρώθη **ἀναβιβάσαντες** ἐπὶ τὸν αἰγιαλὸν καὶ καθίσαντες συνέλεξαν τὰ καλὰ εἰς ἄγγη, τὰ δὲ σαπρὰ ἔξω ἔβαλον.		→ GTh 8

ἀναβλέπω	Syn 16	Mt 3	Mk 6	Lk 7	Acts 5	Jn 4	1-3John	Paul	Eph	Col
	NT 25	2Thess	1/2Tim	Tit	Heb	Jas	1Pet	2Pet	Jude	Rev

look up; regain one's sight; be or become able to see

	triple tradition																	double tradition			Sondergut		
		+Mt / +Lk			–Mt / –Lk			traditions not taken over by Mt / Lk							subtotals								
code	222	211	112	212	221	122	121	022	012	021	220	120	210	020	Σ+	Σ–	Σ	202	201	102	200	002	total
Mt	2					1^-										1^-	2	1					3
Mk	2					1				1				2			6						6
Lk	2		1^+			1			1^+	1^-					2^+	1^-	5	1				1	7

[a] ἀναβλέπω εἰς τὸν οὐρανὸν

202	**Mt 11,5** → Mt 15,31	*τυφλοὶ* ***ἀναβλέπουσιν*** καὶ χωλοὶ περιπατοῦσιν, ... ➤ Isa 29,18; 35,5-6; 42,18			**Lk 7,22** → Lk 4,18	... *τυφλοὶ* ***ἀναβλέπουσιν,*** χωλοὶ περιπατοῦσιν, ... ➤ Isa 29,18; 35,5-6; 42,18	
a 222	**Mt 14,19** → Mt 15,36 → Mt 26,26	... λαβὼν τοὺς πέντε ἄρτους καὶ τοὺς δύο ἰχθύας, **ἀναβλέψας** εἰς τὸν οὐρανὸν εὐλόγησεν ...	**Mk 6,41** → Mk 8,6-7 → Mk 14,22	καὶ λαβὼν τοὺς πέντε ἄρτους καὶ τοὺς δύο ἰχθύας **ἀναβλέψας** εἰς τὸν οὐρανὸν εὐλόγησεν ...	**Lk 9,16** → Lk 22,19	λαβὼν δὲ τοὺς πέντε ἄρτους καὶ τοὺς δύο ἰχθύας **ἀναβλέψας** εἰς τὸν οὐρανὸν εὐλόγησεν αὐτοὺς ...	→ Jn 6,11
a 020			**Mk 7,34**	καὶ **ἀναβλέψας** εἰς τὸν οὐρανὸν ἐστέναξεν, καὶ λέγει αὐτῷ· εφφαθα, ὅ ἐστιν διανοίχθητι.			
020			**Mk 8,24** → Mk 8,25	καὶ **ἀναβλέψας** ἔλεγεν· βλέπω τοὺς ἀνθρώπους ὅτι ὡς δένδρα ὁρῶ περιπατοῦντας.			
122	**Mt 20,33** ⇩ Mt 9,28	λέγουσιν αὐτῷ· κύριε, ἵνα **ἀνοιγῶσιν οἱ ὀφθαλμοὶ ἡμῶν.**	**Mk 10,51**	... ὁ δὲ τυφλὸς εἶπεν αὐτῷ· ραββουνι, ἵνα **ἀναβλέψω.**	**Lk 18,41**	... ὁ δὲ εἶπεν· κύριε, ἵνα **ἀναβλέψω.**	
112	**Mt 20,34** ⇩ Mt 9,29 → Mk 8,23 → Mk 8,25	σπλαγχνισθεὶς δὲ ὁ Ἰησοῦς ἥψατο τῶν ὀμμάτων αὐτῶν,	**Mk 10,52**	καὶ ὁ Ἰησοῦς εἶπεν αὐτῷ· ὕπαγε, ἡ πίστις σου σέσωκέν σε.	**Lk 18,42**	καὶ ὁ Ἰησοῦς εἶπεν αὐτῷ· **ἀνάβλεψον·** ἡ πίστις σου σέσωκέν σε.	
222	⇩ Mt 9,30	καὶ εὐθέως **ἀνέβλεψαν** καὶ ἠκολούθησαν αὐτῷ.	→ Mk 8,25	καὶ εὐθὺς **ἀνέβλεψεν,** καὶ ἠκολούθει αὐτῷ ἐν τῇ ὁδῷ.	**Lk 18,43**	καὶ παραχρῆμα **ἀνέβλεψεν** καὶ ἠκολούθει αὐτῷ ...	
	Mt 9,28 ⇧ Mt 20,33	... προσῆλθον αὐτῷ οἱ τυφλοί, καὶ λέγει αὐτοῖς ὁ Ἰησοῦς· πιστεύετε ὅτι δύναμαι τοῦτο ποιῆσαι; λέγουσιν αὐτῷ· ναὶ κύριε.	**Mk 10,51**	καὶ ἀποκριθεὶς αὐτῷ ὁ Ἰησοῦς εἶπεν· τί σοι θέλεις ποιήσω; ὁ δὲ τυφλὸς εἶπεν αὐτῷ· ραββουνι, ἵνα **ἀναβλέψω.**	**Lk 18,41**	τί σοι θέλεις ποιήσω; ὁ δὲ εἶπεν· κύριε, ἵνα **ἀναβλέψω.**	

	Mt 9,29 ⇧ Mt 20,34	τότε ἥψατο τῶν ὀφθαλμῶν αὐτῶν λέγων· κατὰ τὴν πίστιν ὑμῶν γενηθήτω ὑμῖν.	Mk 10,52	καὶ ὁ Ἰησοῦς εἶπεν αὐτῷ· ὕπαγε, ἡ πίστις σου σέσωκέν σε.	Lk 18,42	καὶ ὁ Ἰησοῦς εἶπεν αὐτῷ· **ἀνάβλεψον·** ἡ πίστις σου σέσωκέν σε.	
	Mt 9,30 ⇧ Mt 20,34	καὶ **ἠνεῴχθησαν αὐτῶν οἱ ὀφθαλμοί.** ...		καὶ εὐθὺς **ἀνέβλεψεν,** καὶ ἠκολούθει αὐτῷ ἐν τῇ ὁδῷ.	Lk 18,43	καὶ παραχρῆμα **ἀνέβλεψεν** καὶ ἠκολούθει αὐτῷ ...	
002					Lk 19,5	καὶ ὡς ἦλθεν ἐπὶ τὸν τόπον, **ἀναβλέψας** ὁ Ἰησοῦς εἶπεν πρὸς αὐτόν· Ζακχαῖε, σπεύσας κατάβηθι, ...	
012			Mk 12,41	καὶ καθίσας κατέναντι τοῦ γαζοφυλακίου ἐθεώρει πῶς ὁ ὄχλος βάλλει χαλκὸν εἰς τὸ γαζοφυλάκιον. καὶ πολλοὶ πλούσιοι ἔβαλλον πολλά·	Lk 21,1	**ἀναβλέψας** δὲ εἶδεν τοὺς βάλλοντας εἰς τὸ γαζοφυλάκιον τὰ δῶρα αὐτῶν πλουσίους.	
021	Mt 28,2	... ἄγγελος γὰρ κυρίου καταβὰς ἐξ οὐρανοῦ καὶ προσελθὼν ἀπεκύλισεν τὸν λίθον καὶ ἐκάθητο ἐπάνω αὐτοῦ.	Mk 16,4	καὶ **ἀναβλέψασαι** θεωροῦσιν ὅτι ἀποκεκύλισται ὁ λίθος· ἦν γὰρ μέγας σφόδρα.	Lk 24,2	εὗρον δὲ τὸν λίθον ἀποκεκυλισμένον ἀπὸ τοῦ μνημείου	→ Jn 20,1

Acts 9,12	καὶ εἶδεν ἄνδρα [ἐν ὁράματι] Ἁνανίαν ὀνόματι εἰσελθόντα καὶ ἐπιθέντα αὐτῷ [τὰς] χεῖρας ὅπως **ἀναβλέψῃ.**	Acts 9,17	... Σαοὺλ ἀδελφέ, ὁ κύριος ἀπέσταλκέν με, Ἰησοῦς ὁ ὀφθείς σοι ἐν τῇ ὁδῷ ᾗ ἤρχου, ὅπως **ἀναβλέψῃς** καὶ πλησθῇς πνεύματος ἁγίου.	Acts 22,13 (2)	ἐλθὼν πρός με καὶ ἐπιστὰς εἶπέν μοι· Σαοὺλ ἀδελφέ, **ἀνάβλεψον.** κἀγὼ αὐτῇ τῇ ὥρᾳ **ἀνέβλεψα** εἰς αὐτόν.
		Acts 9,18	καὶ εὐθέως ἀπέπεσαν αὐτοῦ ἀπὸ τῶν ὀφθαλμῶν ὡς λεπίδες, **ἀνέβλεψέν** τε, καὶ ἀναστὰς ἐβαπτίσθη		

ἀνάβλεψις	Syn	Mt	Mk	Lk	Acts	Jn	1-3John	Paul	Eph	Col
	1			1						
	NT	2Thess	1/2Tim	Tit	Heb	Jas	1Pet	2Pet	Jude	Rev
	1									

restoration of sight

002		Lk 4,18 → Mt 11,5 → Lk 7,22	*... κηρύξαι αἰχμαλώτοις ἄφεσιν καὶ τυφλοῖς* ***ἀνάβλεψιν,*** *ἀποστεῖλαι τεθραυσμένους ἐν ἀφέσει* ➤ Isa 61,1 LXX; 58,6

ἀναβοάω

	Syn	Mt	Mk	Lk	Acts	Jn	1-3John	Paul	Eph	Col
	1	1								
	NT	2Thess	1/2Tim	Tit	Heb	Jas	1Pet	2Pet	Jude	Rev
	1									

cry out

210	**Mt 27,46**	περὶ δὲ τὴν ἐνάτην ὥραν **ἀνεβόησεν** ὁ Ἰησοῦς φωνῇ μεγάλῃ λέγων· *ηλι ηλι λεμα* *σαβαχθανι;* ... ➢ Ps 22,2	**Mk 15,34**	καὶ τῇ ἐνάτῃ ὥρᾳ **ἐβόησεν** ὁ Ἰησοῦς φωνῇ μεγάλῃ· *ελωι ελωι λεμα* *σαβαχθανι;* ... ➢ Ps 22,2		

ἀνάγαιον

	Syn	Mt	Mk	Lk	Acts	Jn	1-3John	Paul	Eph	Col
	2		1	1						
	NT	2Thess	1/2Tim	Tit	Heb	Jas	1Pet	2Pet	Jude	Rev
	2									

upstairs room

022			**Mk 14,15**	καὶ αὐτὸς ὑμῖν δείξει **ἀνάγαιον μέγα** ἐστρωμένον ἕτοιμον· καὶ ἐκεῖ ἑτοιμάσατε ἡμῖν.	**Lk 22,12**	κἀκεῖνος ὑμῖν δείξει **ἀνάγαιον μέγα** ἐστρωμένον· ἐκεῖ ἑτοιμάσατε.

ἀναγινώσκω

	Syn	Mt	Mk	Lk	Acts	Jn	1-3John	Paul	Eph	Col
	14	7	4	3	8	1		4	1	3
	NT	2Thess	1/2Tim	Tit	Heb	Jas	1Pet	2Pet	Jude	Rev
	32									1

read; read in public worship

	triple tradition																double tradition			Sondergut		
		+Mt / +Lk			–Mt / –Lk			traditions not taken over by Mt / Lk							subtotals							
code	*222*	*211*	*112*	*212*	*221*	*122*	*121*	*022*	*012*	*021*	*220*	*120*	*210*	*020*	Σ⁺	Σ⁻	Σ	*202*	*201*	*102*	*200*	*002*	total
Mt	1				3								1⁺		1⁺		5				2		**7**
Mk	1				3												4						**4**
Lk	1		2⁺		3⁻										2⁺	3⁻	3						**3**

112	**Mt 13,54**	... ἐδίδασκεν αὐτοὺς ἐν τῇ συναγωγῇ αὐτῶν, ...	**Mk 6,2**	καὶ γενομένου σαββάτου ἤρξατο διδάσκειν ἐν τῇ συναγωγῇ, ...	**Lk 4,16**	... εἰσῆλθεν κατὰ τὸ εἰωθὸς αὐτῷ ἐν τῇ ἡμέρᾳ τῶν σαββάτων εἰς τὴν συναγωγὴν καὶ ἀνέστη **ἀναγνῶναι.**
222	**Mt 12,3**	ὁ δὲ εἶπεν αὐτοῖς· **οὐκ ἀνέγνωτε** τί ἐποίησεν Δαυὶδ ὅτε ἐπείνασεν καὶ οἱ μετ᾽ αὐτοῦ	**Mk 2,25**	καὶ λέγει αὐτοῖς· **οὐδέποτε ἀνέγνωτε** τί ἐποίησεν Δαυίδ, ὅτε χρείαν ἔσχεν καὶ ἐπείνασεν αὐτὸς καὶ οἱ μετ᾽ αὐτοῦ	**Lk 6,3**	καὶ ἀποκριθεὶς πρὸς αὐτοὺς εἶπεν ὁ Ἰησοῦς· **οὐδὲ τοῦτο ἀνέγνωτε** ὃ ἐποίησεν Δαυὶδ ὅτε ἐπείνασεν αὐτὸς καὶ οἱ μετ᾽ αὐτοῦ [ὄντες]
200	**Mt 12,5**	ἢ **οὐκ ἀνέγνωτε** ἐν τῷ νόμῳ ὅτι τοῖς σάββασιν οἱ ἱερεῖς ἐν τῷ ἱερῷ τὸ σάββατον βεβηλοῦσιν καὶ ἀναίτιοί εἰσιν;				

112	**Mt 22,37**	ὁ δὲ ἔφη αὐτῷ· *ἀγαπήσεις* *κύριον τὸν θεόν σου* ... ➤ Deut 6,5	**Mk 12,29**	ἀπεκρίθη ὁ Ἰησοῦς ὅτι πρώτη ἐστίν· *ἄκουε,* *Ἰσραήλ, κύριος ὁ θεὸς* *ἡμῶν κύριος εἷς ἐστιν,* [30] *καὶ ἀγαπήσεις* *κύριον τὸν θεόν σου* ... ➤ Deut 6,4-5	**Lk 10,26**	ὁ δὲ εἶπεν πρὸς αὐτόν· ἐν τῷ νόμῳ τί γέγραπται; πῶς **ἀναγινώσκεις;** [27] ὁ δὲ ἀποκριθεὶς εἶπεν· *ἀγαπήσεις* *κύριον τὸν θεόν σου* ... ➤ Deut 6,5	
210	**Mt 19,4**	... **οὐκ ἀνέγνωτε** ὅτι ὁ κτίσας ἀπ᾽ ἀρχῆς *ἄρσεν καὶ θῆλυ* *ἐποίησεν αὐτούς;* ➤ Gen 1,27	**Mk 10,6** → Mt 19,8	ἀπὸ δὲ ἀρχῆς κτίσεως *ἄρσεν καὶ θῆλυ* *ἐποίησεν αὐτούς·* ➤ Gen 1,27			
200	**Mt 21,16** → Lk 19,40	... ὁ δὲ Ἰησοῦς λέγει αὐτοῖς· ναί· **οὐδέποτε ἀνέγνωτε** ὅτι *ἐκ στόματος νηπίων* *καὶ θηλαζόντων* *κατηρτίσω αἶνον;* ➤ Ps 8,3 LXX					
221	**Mt 21,42**	λέγει αὐτοῖς ὁ Ἰησοῦς· **οὐδέποτε ἀνέγνωτε** **ἐν ταῖς γραφαῖς·** *λίθον ὃν ἀπεδοκίμασαν* *οἱ οἰκοδομοῦντες,* *οὗτος ἐγενήθη* *εἰς κεφαλὴν γωνίας·* ... ➤ Ps 118,22	**Mk 12,10**	 **οὐδὲ τὴν γραφὴν** **ταύτην ἀνέγνωτε·** *λίθον ὃν ἀπεδοκίμασαν* *οἱ οἰκοδομοῦντες,* *οὗτος ἐγενήθη* *εἰς κεφαλὴν γωνίας·* ➤ Ps 118,22	**Lk 20,17**	ὁ δὲ ἐμβλέψας αὐτοῖς εἶπεν· **τί οὖν ἐστιν τὸ** **γεγραμμένον τοῦτο·** *λίθον ὃν ἀπεδοκίμασαν* *οἱ οἰκοδομοῦντες,* *οὗτος ἐγενήθη* *εἰς κεφαλὴν γωνίας;* ➤ Ps 118,22	→ Acts 4,11 → GTh 66
221	**Mt 22,31**	περὶ δὲ τῆς ἀναστάσεως τῶν νεκρῶν **οὐκ ἀνέγνωτε** τὸ ῥηθὲν ὑμῖν ὑπὸ τοῦ θεοῦ λέγοντος·	**Mk 12,26**	περὶ δὲ τῶν νεκρῶν ὅτι ἐγείρονται **οὐκ ἀνέγνωτε** ἐν τῇ βίβλῳ Μωϋσέως ἐπὶ τοῦ βάτου πῶς εἶπεν αὐτῷ ὁ θεὸς λέγων· ...	**Lk 20,37**	ὅτι δὲ ἐγείρονται οἱ νεκροί, καὶ Μωϋσῆς ἐμήνυσεν ἐπὶ τῆς βάτου, ὡς λέγει ...	
221	**Mt 24,15**	ὅταν οὖν ἴδητε *τὸ* *βδέλυγμα τῆς ἐρημώσεως* τὸ ῥηθὲν διὰ Δανιὴλ τοῦ προφήτου ἑστὸς ἐν τόπῳ ἁγίῳ, **ὁ ἀναγινώσκων** νοείτω ➤ Dan 9,27/11,31/12,11	**Mk 13,14**	ὅταν δὲ ἴδητε *τὸ* *βδέλυγμα τῆς ἐρημώσεως* ἑστηκότα ὅπου οὐ δεῖ, **ὁ ἀναγινώσκων** νοείτω, ... ➤ Dan 9,27/11,31/12,11	**Lk 21,20** → Lk 19,43	ὅταν δὲ ἴδητε κυκλουμένην ὑπὸ στρατοπέδων Ἰερουσαλήμ, τότε γνῶτε ὅτι ἤγγικεν ἡ ἐρήμωσις αὐτῆς.	

Acts 8,28 ἦν τε ὑποστρέφων καὶ καθήμενος ἐπὶ τοῦ ἅρματος αὐτοῦ καὶ **ἀνεγίνωσκεν** τὸν προφήτην Ἠσαΐαν.

Acts 8,30 (2) προσδραμὼν δὲ ὁ Φίλιππος ἤκουσεν αὐτοῦ **ἀναγινώσκοντος** Ἠσαΐαν τὸν προφήτην

καὶ εἶπεν· ἆρά γε γινώσκεις ἃ **ἀναγινώσκεις;**

Acts 8,32 ἡ δὲ περιοχὴ τῆς γραφῆς ἣν **ἀνεγίνωσκεν** ἦν αὕτη· *ὡς πρόβατον ἐπὶ σφαγὴν ἤχθη* ...
➤ Isa 53,7

Acts 13,27 → Lk 23,34a οἱ γὰρ κατοικοῦντες ἐν Ἰερουσαλὴμ καὶ οἱ ἄρχοντες αὐτῶν τοῦτον ἀγνοήσαντες καὶ τὰς φωνὰς τῶν προφητῶν τὰς κατὰ πᾶν σάββατον **ἀναγινωσκομένας** κρίναντες ἐπλήρωσαν

Acts 15,21 Μωϋσῆς γὰρ ἐκ γενεῶν ἀρχαίων κατὰ πόλιν τοὺς κηρύσσοντας αὐτὸν ἔχει ἐν ταῖς συναγωγαῖς κατὰ πᾶν σάββατον **ἀναγινωσκόμενος.**

Acts 15,31 **ἀναγνόντες** δὲ ἐχάρησαν ἐπὶ τῇ παρακλήσει.

Acts 23,34 **ἀναγνοὺς** δὲ καὶ ἐπερωτήσας ἐκ ποίας ἐπαρχείας ἐστίν, καὶ πυθόμενος ὅτι ἀπὸ Κιλικίας

ἀναγκάζω	Syn 3	Mt 1	Mk 1	Lk 1	Acts 2	Jn	1-3John	Paul 4	Eph	Col
	NT 9	2Thess	1/2Tim	Tit	Heb	Jas	1Pet	2Pet	Jude	Rev

force, compel; urge; insist

220	**Mt 14,22** → Mt 15,39 καὶ εὐθέως **ἠνάγκασεν** τοὺς μαθητὰς ἐμβῆναι εἰς τὸ πλοῖον ...	**Mk 6,45** → Mk 8,9 καὶ εὐθὺς **ἠνάγκασεν** τοὺς μαθητὰς αὐτοῦ ἐμβῆναι εἰς τὸ πλοῖον ...		→ Jn 6,16-17
102	**Mt 22,9** πορεύεσθε οὖν ἐπὶ τὰς διεξόδους τῶν ὁδῶν καὶ ὅσους ἐὰν εὕρητε **καλέσατε** εἰς τοὺς γάμους.		**Lk 14,23** → Mt 22,10 ⇨ Lk 14,21 → Lk 16,16 ... ἔξελθε εἰς τὰς ὁδοὺς καὶ φραγμοὺς καὶ **ἀνάγκασον** **εἰσελθεῖν,** ἵνα γεμισθῇ μου ὁ οἶκος·	→ GTh 64

Acts 26,11 καὶ κατὰ πάσας τὰς συναγωγὰς πολλάκις τιμωρῶν αὐτοὺς **ἠνάγκαζον** βλασφημεῖν ...

Acts 28,19 ἀντιλεγόντων δὲ τῶν Ἰουδαίων **ἠναγκάσθην** ἐπικαλέσασθαι Καίσαρα ...

ἀνάγκη	Syn 3	Mt 1	Mk	Lk 2	Acts	Jn	1-3John	Paul 9	Eph	Col
	NT 17	2Thess	1/2Tim	Tit	Heb 4	Jas	1Pet	2Pet	Jude 1	Rev

distress; trouble; necessity; constraint; compulsion

201	**Mt 18,7** οὐαὶ τῷ κόσμῳ ἀπὸ τῶν σκανδάλων· **ἀνάγκη** γὰρ ἐλθεῖν τὰ σκάνδαλα, πλὴν οὐαὶ τῷ ἀνθρώπῳ δι' οὗ τὸ σκάνδαλον ἔρχεται.		**Lk 17,1** εἶπεν δὲ πρὸς τοὺς μαθητὰς αὐτοῦ· **ἀνένδεκτόν ἐστιν** τοῦ τὰ σκάνδαλα μὴ ἐλθεῖν, πλὴν οὐαὶ δι' οὗ ἔρχεται·	
102	**Mt 22,5** οἱ δὲ ἀμελήσαντες ἀπῆλθον, ὃς μὲν εἰς τὸν ἴδιον ἀγρόν, ...		**Lk 14,18** ... ὁ πρῶτος εἶπεν αὐτῷ· ἀγρὸν ἠγόρασα καὶ ἔχω **ἀνάγκην** ἐξελθὼν ἰδεῖν αὐτόν· ...	→ GTh 64
112	**Mt 24,21** ἔσται γὰρ τότε **θλῖψις μεγάλη** οἵα οὐ γέγονεν ἀπ' ἀρχῆς κόσμου ἕως τοῦ νῦν οὐδ' οὐ μὴ γένηται.	**Mk 13,19** ἔσονται γὰρ αἱ ἡμέραι ἐκεῖναι **θλῖψις** οἵα οὐ γέγονεν τοιαύτη ἀπ' ἀρχῆς κτίσεως ἣν ἔκτισεν ὁ θεὸς ἕως τοῦ νῦν καὶ οὐ μὴ γένηται.	**Lk 21,23** ... ἔσται γὰρ **ἀνάγκη μεγάλη** ἐπὶ τῆς γῆς καὶ ὀργὴ τῷ λαῷ τούτῳ	

ἀνάγω	Syn 4	Mt 1	Mk	Lk 3	Acts 17	Jn	1-3John	Paul 1	Eph	Col
	NT 23	2Thess	1/2Tim	Tit	Heb 1	Jas	1Pet	2Pet	Jude	Rev

lead or bring up; offer sacrifices; bring before; *middle or passive:* set sail

002					**Lk 2,22**	καὶ ὅτε ἐπλήσθησαν αἱ ἡμέραι τοῦ καθαρισμοῦ αὐτῶν κατὰ τὸν νόμον Μωϋσέως, **ἀνήγαγον** αὐτὸν εἰς Ἱεροσόλυμα παραστῆσαι τῷ κυρίῳ	
201	**Mt 4,1**	τότε ὁ Ἰησοῦς **ἀνήχθη** εἰς τὴν ἔρημον ὑπὸ τοῦ πνεύματος πειρασθῆναι ὑπὸ τοῦ διαβόλου.	**Mk 1,12**	καὶ εὐθὺς τὸ πνεῦμα αὐτὸν **ἐκβάλλει** εἰς τὴν ἔρημον.	**Lk 4,1**	Ἰησοῦς δὲ πλήρης πνεύματος ἁγίου ὑπέστρεψεν ἀπὸ τοῦ Ἰορδάνου καὶ **ἤγετο** ἐν τῷ πνεύματι ἐν τῇ ἐρήμῳ	Mk-Q overlap
102	**Mt 4,8**	πάλιν **παραλαμβάνει** αὐτὸν ὁ διάβολος εἰς ὄρος ὑψηλὸν λίαν καὶ δείκνυσιν αὐτῷ πάσας τὰς βασιλείας τοῦ κόσμου ...			**Lk 4,5**	καὶ **ἀναγαγὼν** αὐτὸν ἔδειξεν αὐτῷ πάσας τὰς βασιλείας τῆς οἰκουμένης ἐν στιγμῇ χρόνου	
112	**Mt 8,18**	ἰδὼν δὲ ὁ Ἰησοῦς ὄχλον περὶ αὐτὸν ἐκέλευσεν ἀπελθεῖν εἰς τὸ πέραν.	**Mk 4,35**	καὶ λέγει αὐτοῖς ἐν ἐκείνῃ τῇ ἡμέρᾳ ὀψίας γενομένης· διέλθωμεν εἰς τὸ πέραν.	**Lk 8,22**	... καὶ εἶπεν πρὸς αὐτούς· διέλθωμεν εἰς τὸ πέραν τῆς λίμνης, καὶ **ἀνήχθησαν.**	

Acts 7,41 ... καὶ **ἀνήγαγον** θυσίαν τῷ εἰδώλῳ καὶ εὐφραίνοντο ἐν τοῖς ἔργοις τῶν χειρῶν αὐτῶν.

Acts 9,39 ... ὃν παραγενόμενον **ἀνήγαγον** εἰς τὸ ὑπερῷον ...

Acts 12,4 ... βουλόμενος μετὰ τὸ πάσχα **ἀναγαγεῖν** αὐτὸν τῷ λαῷ.

Acts 13,13 **ἀναχθέντες** δὲ ἀπὸ τῆς Πάφου οἱ περὶ Παῦλον ἦλθον εἰς Πέργην τῆς Παμφυλίας, ...

Acts 16,11 **ἀναχθέντες** δὲ ἀπὸ Τρῳάδος εὐθυδρομήσαμεν εἰς Σαμοθρᾴκην, τῇ δὲ ἐπιούσῃ εἰς Νέαν πόλιν

Acts 16,34 **ἀναγαγών** τε αὐτοὺς εἰς τὸν οἶκον παρέθηκεν τράπεζαν ...

Acts 18,21 ... πάλιν ἀνακάμψω πρὸς ὑμᾶς τοῦ θεοῦ θέλοντος, **ἀνήχθη** ἀπὸ τῆς Ἐφέσου

Acts 20,3 ... γενομένης ἐπιβουλῆς αὐτῷ ὑπὸ τῶν Ἰουδαίων μέλλοντι **ἀνάγεσθαι** εἰς τὴν Συρίαν, ἐγένετο γνώμης τοῦ ὑποστρέφειν διὰ Μακεδονίας.

Acts 20,13 ἡμεῖς δὲ προελθόντες ἐπὶ τὸ πλοῖον **ἀνήχθημεν** ἐπὶ τὴν Ἆσσον ...

Acts 21,1 ὡς δὲ ἐγένετο **ἀναχθῆναι** ἡμᾶς ἀποσπασθέντας ἀπ' αὐτῶν, εὐθυδρομήσαντες ἤλθομεν εἰς τὴν Κῶ, ...

Acts 21,2 καὶ εὑρόντες πλοῖον διαπερῶν εἰς Φοινίκην ἐπιβάντες **ἀνήχθημεν.**

Acts 27,2 ἐπιβάντες δὲ πλοίῳ Ἀδραμυττηνῷ μέλλοντι πλεῖν εἰς τοὺς κατὰ τὴν Ἀσίαν τόπους **ἀνήχθημεν** ὄντος σὺν ἡμῖν Ἀριστάρχου Μακεδόνος Θεσσαλονικέως.

Acts 27,4 κἀκεῖθεν **ἀναχθέντες** ὑπεπλεύσαμεν τὴν Κύπρον διὰ τὸ τοὺς ἀνέμους εἶναι ἐναντίους

Acts 27,12 ... οἱ πλείονες ἔθεντο βουλὴν **ἀναχθῆναι** ἐκεῖθεν, εἴ πως δύναιντο καταντήσαντες εἰς Φοίνικα παραχειμάσαι λιμένα τῆς Κρήτης ...

Acts 27,21 ... ἔδει μέν, ὦ ἄνδρες, πειθαρχήσαντάς μοι **μὴ ἀνάγεσθαι** ἀπὸ τῆς Κρήτης κερδῆσαί τε τὴν ὕβριν ταύτην καὶ τὴν ζημίαν.

Acts 28,10 οἳ καὶ πολλαῖς τιμαῖς ἐτίμησαν ἡμᾶς καὶ **ἀναγομένοις** ἐπέθεντο τὰ πρὸς τὰς χρείας.

Acts 28,11 μετὰ δὲ τρεῖς μῆνας **ἀνήχθημεν** ἐν πλοίῳ παρακεχειμακότι ἐν τῇ νήσῳ, Ἀλεξανδρίνῳ, παρασήμῳ Διοσκούροις.

ἀναδείκνυμι

Syn 1	Mt	Mk	Lk 1	Acts 1	Jn	1-3John	Paul	Eph	Col
NT 2	2Thess	1/2Tim	Tit	Heb	Jas	1Pet	2Pet	Jude	Rev

appoint; show clearly

002		**Lk 10,1** → Mt 10,1 → Mk 6,7 → Lk 9,1 → Mk 3,14	μετὰ δὲ ταῦτα **ἀνέδειξεν** ὁ κύριος ἑτέρους ἑβδομήκοντα [δύο] καὶ ἀπέστειλεν αὐτοὺς ...

Acts 1,24 ... σὺ κύριε
καρδιογνῶστα πάντων,
ἀνάδειξον
ὃν ἐξελέξω ἐκ τούτων
τῶν δύο ἕνα

ἀνάδειξις

Syn 1	Mt	Mk	Lk 1	Acts	Jn	1-3John	Paul	Eph	Col
NT 1	2Thess	1/2Tim	Tit	Heb	Jas	1Pet	2Pet	Jude	Rev

public appearance

002		**Lk 1,80**	... καὶ ἦν ἐν ταῖς ἐρήμοις **ἕως ἡμέρας ἀναδείξεως αὐτοῦ** πρὸς τὸν Ἰσραήλ.

ἀναζάω

Syn 1	Mt	Mk	Lk 1	Acts	Jn	1-3John	Paul 1	Eph	Col
NT 2	2Thess	1/2Tim	Tit	Heb	Jas	1Pet	2Pet	Jude	Rev

come back to life

002		**Lk 15,24** → Lk 15,32	ὅτι οὗτος ὁ υἱός μου νεκρὸς ἦν καὶ **ἀνέζησεν,** ἦν ἀπολωλὼς καὶ εὑρέθη. ...

ἀναζητέω

Syn 2	Mt	Mk	Lk 2	Acts 1	Jn	1-3John	Paul	Eph	Col
NT 3	2Thess	1/2Tim	Tit	Heb	Jas	1Pet	2Pet	Jude	Rev

search after; look for

002		**Lk 2,44**	νομίσαντες δὲ αὐτὸν εἶναι ἐν τῇ συνοδίᾳ ἦλθον ἡμέρας ὁδὸν καὶ **ἀνεζήτουν** αὐτὸν ἐν τοῖς συγγενεῦσιν καὶ τοῖς γνωστοῖς,
002		**Lk 2,45**	καὶ μὴ εὑρόντες ὑπέστρεψαν εἰς Ἰερουσαλὴμ **ἀναζητοῦντες** αὐτόν.

Acts 11,25 ἐξῆλθεν δὲ εἰς Ταρσὸν
ἀναζητῆσαι
Σαῦλον

ἀναθεματίζω	Syn 1	Mt	Mk 1	Lk	Acts 3	Jn	1-3John	Paul	Eph	Col
	NT 4	2Thess	1/2Tim	Tit	Heb	Jas	1Pet	2Pet	Jude	Rev

curse; invoke a curse on oneself; bind by a solemn vow

121	**Mt 26,74** τότε ἤρξατο **καταθεματίζειν** καὶ ὀμνύειν ὅτι οὐκ οἶδα τὸν ἄνθρωπον. ...	**Mk 14,71** ὁ δὲ ἤρξατο **ἀναθεματίζειν** καὶ ὀμνύναι ὅτι οὐκ οἶδα τὸν ἄνθρωπον τοῦτον ὃν λέγετε.	**Lk 22,60** εἶπεν δὲ ὁ Πέτρος· ἄνθρωπε, οὐκ οἶδα ὃ λέγεις. ...	→ Jn 18,27

Acts 23,12 γενομένης δὲ ἡμέρας ποιήσαντες συστροφὴν οἱ Ἰουδαῖοι **ἀνεθεμάτισαν** ἑαυτοὺς λέγοντες μήτε φαγεῖν μήτε πίειν ἕως οὗ ἀποκτείνωσιν τὸν Παῦλον.

Acts 23,14 ... ἀναθέματι **ἀνεθεματίσαμεν** ἑαυτοὺς μηδενὸς γεύσασθαι ἕως οὗ ἀποκτείνωμεν τὸν Παῦλον.

Acts 23,21 ... ἄνδρες πλείους τεσσεράκοντα, οἵτινες **ἀνεθεμάτισαν** ἑαυτοὺς μήτε φαγεῖν μήτε πιεῖν ἕως οὗ ἀνέλωσιν αὐτόν, ...

ἀνάθημα	Syn 1	Mt	Mk	Lk 1	Acts	Jn	1-3John	Paul	Eph	Col
	NT 1	2Thess	1/2Tim	Tit	Heb	Jas	1Pet	2Pet	Jude	Rev

votive gift; offering

112	**Mt 24,1** καὶ ἐξελθὼν ὁ Ἰησοῦς ἀπὸ τοῦ ἱεροῦ ἐπορεύετο, καὶ προσῆλθον οἱ μαθηταὶ αὐτοῦ ἐπιδεῖξαι αὐτῷ τὰς οἰκοδομὰς τοῦ ἱεροῦ.	**Mk 13,1** καὶ ἐκπορευομένου αὐτοῦ ἐκ τοῦ ἱεροῦ λέγει αὐτῷ εἷς τῶν μαθητῶν αὐτοῦ· διδάσκαλε, ἴδε ποταποὶ λίθοι καὶ ποταπαὶ οἰκοδομαί.	**Lk 21,5** καί τινων λεγόντων περὶ τοῦ ἱεροῦ ὅτι λίθοις καλοῖς καὶ **ἀναθήμασιν** κεκόσμηται ...	

ἀναίδεια	Syn 1	Mt	Mk	Lk 1	Acts	Jn	1-3John	Paul	Eph	Col
	NT 1	2Thess	1/2Tim	Tit	Heb	Jas	1Pet	2Pet	Jude	Rev

shameless persistence

002			**Lk 11,8** λέγω ὑμῖν, εἰ καὶ οὐ δώσει αὐτῷ ἀναστὰς διὰ τὸ εἶναι φίλον αὐτοῦ, διά γε **τὴν ἀναίδειαν αὐτοῦ** ἐγερθεὶς δώσει αὐτῷ ὅσων χρῄζει.	

ἀναιρέω

	Syn	Mt	Mk	Lk	Acts	Jn	1-3John	Paul	Eph	Col
	3	1		2	19					
	NT	2Thess	1/2Tim	Tit	Heb	Jas	1Pet	2Pet	Jude	Rev
	24	1			1					

do away with; kill; destroy; condemn to death; annul; abolish; *middle:* adopt

200	**Mt 2,16**	τότε Ἡρῴδης ἰδὼν ὅτι ἐνεπαίχθη ὑπὸ τῶν μάγων ἐθυμώθη λίαν, καὶ ἀποστείλας **ἀνεῖλεν** πάντας τοὺς παῖδας τοὺς ἐν Βηθλέεμ ...					
112	**Mt 26,4** → Mt 12,14 → Mt 22,15	[3] τότε συνήχθησαν οἱ ἀρχιερεῖς καὶ οἱ πρεσβύτεροι τοῦ λαοῦ ... [4] καὶ συνεβουλεύσαντο ἵνα τὸν Ἰησοῦν δόλῳ κρατήσωσιν καὶ **ἀποκτείνωσιν·**	**Mk 14,1** → Mk 3,6	... καὶ ἐζήτουν οἱ ἀρχιερεῖς καὶ οἱ γραμματεῖς πῶς αὐτὸν ἐν δόλῳ κρατήσαντες **ἀποκτείνωσιν·**	**Lk 22,2** → Lk 6,11	καὶ ἐζήτουν οἱ ἀρχιερεῖς καὶ οἱ γραμματεῖς τὸ πῶς **ἀνέλωσιν** αὐτόν, ...	
002					**Lk 23,32** → Mt 27,38 → Mk 15,27 → Lk 23,33	ἤγοντο δὲ καὶ ἕτεροι κακοῦργοι δύο σὺν αὐτῷ **ἀναιρεθῆναι.**	→ Jn 19,18

Acts 2,23 τοῦτον τῇ ὡρισμένῃ βουλῇ καὶ προγνώσει τοῦ θεοῦ ἔκδοτον διὰ χειρὸς ἀνόμων προσπήξαντες **ἀνείλατε**

Acts 5,33 οἱ δὲ ἀκούσαντες διεπρίοντο καὶ ἐβούλοντο **ἀνελεῖν** αὐτούς.

Acts 5,36 ... Θευδᾶς ... ὃς **ἀνῃρέθη,** καὶ πάντες ὅσοι ἐπείθοντο αὐτῷ διελύθησαν καὶ ἐγένοντο εἰς οὐδέν.

Acts 7,21 ἐκτεθέντος δὲ αὐτοῦ **ἀνείλατο** αὐτὸν ἡ θυγάτηρ Φαραὼ καὶ ἀνεθρέψατο αὐτὸν ἑαυτῇ εἰς υἱόν.

Acts 7,28 (2) *μὴ* ***ἀνελεῖν*** *με σὺ θέλεις ὃν τρόπον* ***ἀνεῖλες*** *ἐχθὲς τὸν Αἰγύπτιον;*
➢ Exod 2,14

Acts 9,23 ὡς δὲ ἐπληροῦντο ἡμέραι ἱκαναί, συνεβουλεύσαντο οἱ Ἰουδαῖοι **ἀνελεῖν** αὐτόν·

Acts 9,24 ... παρετηροῦντο δὲ καὶ τὰς πύλας ἡμέρας τε καὶ νυκτὸς ὅπως αὐτὸν **ἀνέλωσιν·**

Acts 9,29 ἐλάλει τε καὶ συνεζήτει πρὸς τοὺς Ἑλληνιστάς, οἱ δὲ ἐπεχείρουν **ἀνελεῖν** αὐτόν.

Acts 10,39 ... ὃν καὶ **ἀνεῖλαν** κρεμάσαντες ἐπὶ ξύλου

Acts 12,2 **ἀνεῖλεν** δὲ Ἰάκωβον τὸν ἀδελφὸν Ἰωάννου μαχαίρῃ.

Acts 13,28 (→ Lk 23,4; → Lk 23,14; → Lk 23,18; → Lk 23,22-24) καὶ μηδεμίαν αἰτίαν θανάτου εὑρόντες ᾐτήσαντο Πιλᾶτον **ἀναιρεθῆναι** αὐτόν.

Acts 16,27 ... σπασάμενος [τὴν] μάχαιραν ἤμελλεν ἑαυτὸν **ἀναιρεῖν** νομίζων ἐκπεφευγέναι τοὺς δεσμίους.

Acts 22,20 ... καὶ αὐτὸς ἤμην ἐφεστὼς καὶ συνευδοκῶν καὶ φυλάσσων **τὰ ἱμάτια τῶν ἀναιρούντων αὐτόν.**

Acts 23,15 ... ἡμεῖς δὲ πρὸ τοῦ ἐγγίσαι αὐτὸν ἕτοιμοί ἐσμεν **τοῦ ἀνελεῖν** αὐτόν.

Acts 23,21 ... οἵτινες ἀνεθεμάτισαν ἑαυτοὺς μήτε φαγεῖν μήτε πιεῖν ἕως οὗ **ἀνέλωσιν** αὐτόν, καὶ νῦν εἰσιν ἕτοιμοι προσδεχόμενοι τὴν ἀπὸ σοῦ ἐπαγγελίαν.

Acts 23,27 τὸν ἄνδρα τοῦτον συλλημφθέντα ὑπὸ τῶν Ἰουδαίων καὶ μέλλοντα **ἀναιρεῖσθαι** ὑπ᾽ αὐτῶν ἐπιστὰς σὺν τῷ στρατεύματι ἐξειλάμην, μαθὼν ὅτι Ῥωμαῖός ἐστιν·

Acts 25,3 ... ἐνέδραν ποιοῦντες **ἀνελεῖν** αὐτὸν κατὰ τὴν ὁδόν.

Acts 26,10 ὃ καὶ ἐποίησα ἐν Ἱεροσολύμοις, καὶ πολλούς τε τῶν ἁγίων ἐγὼ ἐν φυλακαῖς κατέκλεισα τὴν παρὰ τῶν ἀρχιερέων ἐξουσίαν λαβὼν **ἀναιρουμένων** τε αὐτῶν κατήνεγκα ψῆφον

ἀναίτιος

Syn	Mt	Mk	Lk	Acts	Jn	1-3John	Paul	Eph	Col
2	2								
NT	2Thess	1/2Tim	Tit	Heb	Jas	1Pet	2Pet	Jude	Rev
2									

not guilty; innocent

	Mt	Mk	Lk	
200	**Mt 12,5** ἢ οὐκ ἀνέγνωτε ἐν τῷ νόμῳ ὅτι τοῖς σάββασιν οἱ ἱερεῖς ἐν τῷ ἱερῷ τὸ σάββατον βεβηλοῦσιν καὶ **ἀναίτιοί** εἰσιν;			
200	**Mt 12,7** ⇨ Mt 9,13 εἰ δὲ ἐγνώκειτε τί ἐστιν· *ἔλεος θέλω καὶ οὐ θυσίαν,* οὐκ ἂν κατεδικάσατε **τοὺς ἀναιτίους.** ➢ Hos 6,6			

ἀνακαθίζω

Syn	Mt	Mk	Lk	Acts	Jn	1-3John	Paul	Eph	Col
1			1	1					
NT	2Thess	1/2Tim	Tit	Heb	Jas	1Pet	2Pet	Jude	Rev
2									

sit up

	Mt	Mk	Lk	
002			**Lk 7,15** → Lk 9,42 καὶ **ἀνεκάθισεν** ὁ νεκρὸς καὶ ἤρξατο λαλεῖν, καὶ ἔδωκεν αὐτὸν τῇ μητρὶ αὐτοῦ. ➢ 1Kings 17,23	

Acts 9,40 ... ἡ δὲ ἤνοιξεν τοὺς ὀφθαλμοὺς αὐτῆς, καὶ ἰδοῦσα τὸν Πέτρον **ἀνεκάθισεν.**

ἀνακάμπτω

Syn	Mt	Mk	Lk	Acts	Jn	1-3John	Paul	Eph	Col
2	1		1	1					
NT	2Thess	1/2Tim	Tit	Heb	Jas	1Pet	2Pet	Jude	Rev
4				1					

return; turn back

	Mt	Mk	Lk	
200	**Mt 2,12** καὶ χρηματισθέντες κατ᾽ ὄναρ **μὴ ἀνακάμψαι** πρὸς Ἡρῴδην, ...			
102	**Mt 10,13** καὶ ἐὰν μὲν ᾖ ἡ οἰκία ἀξία, ἐλθάτω ἡ εἰρήνη ὑμῶν ἐπ᾽ αὐτήν, ἐὰν δὲ μὴ ᾖ ἀξία, ἡ εἰρήνη ὑμῶν πρὸς ὑμᾶς **ἐπιστραφήτω.**		**Lk 10,6** καὶ ἐὰν ἐκεῖ ᾖ υἱὸς εἰρήνης, ἐπαναπαήσεται ἐπ᾽ αὐτὸν ἡ εἰρήνη ὑμῶν· εἰ δὲ μή γε, ἐφ᾽ ὑμᾶς **ἀνακάμψει.**	

Acts 18,21 ... πάλιν **ἀνακάμψω** πρὸς ὑμᾶς τοῦ θεοῦ θέλοντος, ἀνήχθη ἀπὸ τῆς Ἐφέσου

ἀνάκειμαι	Syn 9	Mt 5	Mk 2	Lk 2	Acts	Jn 4	1-3John	Paul	Eph	Col
	NT 13	2Thess	1/2Tim	Tit	Heb	Jas	1Pet	2Pet	Jude	Rev

be seated at table; be a dinner guest

	triple tradition																	double tradition			Sondergut		
		+Mt / +Lk			–Mt / –Lk			traditions not taken over by Mt / Lk							subtotals								
code	222	211	112	212	221	122	121	022	012	021	220	120	210	020	Σ^+	Σ^-	Σ	202	201	102	200	002	total
Mt		1^+			1							1^-	1^+		2^+	1^-	3				2		5
Mk					1							1					2						2
Lk			2^+		1^-										2^+	1^-	2						2

211	**Mt 9,10**	καὶ ἐγένετο αὐτοῦ **ἀνακειμένου** ἐν τῇ οἰκίᾳ, καὶ ἰδοὺ πολλοὶ τελῶναι καὶ ἁμαρτωλοὶ ἐλθόντες συνανέκειντο τῷ Ἰησοῦ καὶ τοῖς μαθηταῖς αὐτοῦ.	**Mk 2,15**	καὶ γίνεται **κατακεῖσθαι** αὐτὸν ἐν τῇ οἰκίᾳ αὐτοῦ, καὶ πολλοὶ τελῶναι καὶ ἁμαρτωλοὶ συνανέκειντο τῷ Ἰησοῦ καὶ τοῖς μαθηταῖς αὐτοῦ· ...	**Lk 5,29** → Lk 15,1	καὶ ἐποίησεν δοχὴν μεγάλην Λευὶς αὐτῷ ἐν τῇ οἰκίᾳ αὐτοῦ, καὶ ἦν ὄχλος πολὺς τελωνῶν καὶ ἄλλων οἳ ἦσαν μετ' αὐτῶν κατακείμενοι.	
120	**Mt 14,9**	καὶ λυπηθεὶς ὁ βασιλεὺς διὰ τοὺς ὅρκους καὶ **τοὺς συνανακειμένους** ἐκέλευσεν δοθῆναι	**Mk 6,26**	καὶ περίλυπος γενόμενος ὁ βασιλεὺς διὰ τοὺς ὅρκους καὶ **τοὺς ἀνακειμένους** οὐκ ἠθέλησεν ἀθετῆσαι αὐτήν·			
200	**Mt 22,10** → Lk 14,23	καὶ ἐξελθόντες οἱ δοῦλοι ἐκεῖνοι εἰς τὰς ὁδοὺς συνήγαγον πάντας οὓς εὗρον, πονηρούς τε καὶ ἀγαθούς· καὶ ἐπλήσθη ὁ γάμος **ἀνακειμένων.**					→ GTh 64
200	**Mt 22,11**	εἰσελθὼν δὲ ὁ βασιλεὺς θεάσασθαι **τοὺς ἀνακειμένους** εἶδεν ἐκεῖ ἄνθρωπον οὐκ ἐνδεδυμένον ἔνδυμα γάμου					
210	**Mt 26,7**	[6] τοῦ δὲ Ἰησοῦ γενομένου ἐν Βηθανίᾳ ἐν οἰκίᾳ Σίμωνος τοῦ λεπροῦ, [7] προσῆλθεν αὐτῷ γυνὴ ἔχουσα ἀλάβαστρον μύρου βαρυτίμου καὶ κατέχεεν ἐπὶ τῆς κεφαλῆς **αὐτοῦ ἀνακειμένου.**	**Mk 14,3**	καὶ ὄντος αὐτοῦ ἐν Βηθανίᾳ ἐν τῇ οἰκίᾳ Σίμωνος τοῦ λεπροῦ, **κατακειμένου αὐτοῦ** ἦλθεν γυνὴ ἔχουσα ἀλάβαστρον μύρου νάρδου πιστικῆς πολυτελοῦς, συντρίψασα τὴν ἀλάβαστρον κατέχεεν αὐτοῦ τῆς κεφαλῆς.	**Lk 7,36**	... καὶ εἰσελθὼν εἰς τὸν οἶκον τοῦ Φαρισαίου **κατεκλίθη.** [37] καὶ ἰδοὺ γυνὴ ... ἐπιγνοῦσα ὅτι κατάκειται ἐν τῇ οἰκίᾳ τοῦ Φαρισαίου, κομίσασα ἀλάβαστρον μύρου [38] ... καὶ ἤλειφεν τῷ μύρῳ.	**→ Jn 12,2** → Jn 12,3
221	**Mt 26,20**	ὀψίας δὲ γενομένης **ἀνέκειτο** μετὰ τῶν δώδεκα.	**Mk 14,18**	[17] καὶ ὀψίας γενομένης ἔρχεται μετὰ τῶν δώδεκα. [18] καὶ **ἀνακειμένων** αὐτῶν ...	**Lk 22,14**	καὶ ὅτε ἐγένετο ἡ ὥρα, **ἀνέπεσεν** καὶ οἱ ἀπόστολοι σὺν αὐτῷ.	

112 112	Mt 20,28	ὥσπερ ὁ υἱὸς τοῦ ἀνθρώπου οὐκ ἦλθεν διακονηθῆναι ἀλλὰ διακονῆσαι ...	Mk 10,45	καὶ γὰρ ὁ υἱὸς τοῦ ἀνθρώπου οὐκ ἦλθεν διακονηθῆναι ἀλλὰ διακονῆσαι ...	Lk 22,27 (2) → Lk 12,37	τίς γὰρ μείζων, ὁ **ἀνακείμενος** ἢ ὁ διακονῶν; οὐχὶ ὁ **ἀνακείμενος**; ἐγὼ δὲ ἐν μέσῳ ὑμῶν εἰμι ὡς ὁ διακονῶν.	→ Jn 13,13-14

ἀνακλίνω

	Syn	Mt	Mk	Lk	Acts	Jn	1-3John	Paul	Eph	Col
	6	2	1	3						
	NT	2Thess	1/2Tim	Tit	Heb	Jas	1Pet	2Pet	Jude	Rev
	6									

seat at table; put to bed; *passive:* sit at table; sit down

002					Lk 2,7	... καὶ ἐσπαργάνωσεν αὐτὸν καὶ **ἀνέκλινεν** αὐτὸν ἐν φάτνῃ, ...	
002					Lk 12,37 → Lk 22,27 → Lk 22,30	... ἀμὴν λέγω ὑμῖν ὅτι περιζώσεται καὶ **ἀνακλινεῖ** αὐτοὺς καὶ παρελθὼν διακονήσει αὐτοῖς.	
202	Mt 8,11	... πολλοὶ ἀπὸ ἀνατολῶν καὶ δυσμῶν ἥξουσιν καὶ **ἀνακλιθήσονται** μετὰ Ἀβραὰμ καὶ Ἰσαὰκ καὶ Ἰακὼβ ἐν τῇ βασιλείᾳ τῶν οὐρανῶν, [12] οἱ δὲ υἱοὶ τῆς βασιλείας ἐκβληθήσονται εἰς τὸ σκότος τὸ ἐξώτερον· ἐκεῖ ἔσται ὁ κλαυθμὸς καὶ ὁ βρυγμὸς τῶν ὀδόντων.			Lk 13,29	[28] ἐκεῖ ἔσται ὁ κλαυθμὸς καὶ ὁ βρυγμὸς τῶν ὀδόντων, ὅταν ὄψεσθε Ἀβραὰμ καὶ Ἰσαὰκ καὶ Ἰακὼβ καὶ πάντας τοὺς προφήτας ἐν τῇ βασιλείᾳ τοῦ θεοῦ, ὑμᾶς δὲ ἐκβαλλομένους ἔξω. [29] καὶ ἥξουσιν ἀπὸ ἀνατολῶν καὶ δυσμῶν καὶ ἀπὸ βορρᾶ καὶ νότου καὶ **ἀνακλιθήσονται** ἐν τῇ βασιλείᾳ τοῦ θεοῦ.	
221	Mt 14,19 → Mt 15,35	καὶ κελεύσας τοὺς ὄχλους **ἀνακλιθῆναι** ἐπὶ τοῦ χόρτου, ...	Mk 6,39 → Mk 8,6	καὶ ἐπέταξεν αὐτοῖς **ἀνακλῖναι** πάντας συμπόσια συμπόσια ἐπὶ τῷ χλωρῷ χόρτῳ.	Lk 9,14	... εἶπεν δὲ πρὸς τοὺς μαθητὰς αὐτοῦ· **κατακλίνατε** αὐτοὺς κλισίας [ὡσεὶ] ἀνὰ πεντήκοντα.	→ Jn 6,10

ἀνακράζω	Syn 5	Mt	Mk 2	Lk 3	Acts	Jn	1-3John	Paul	Eph	Col
	NT 5	2Thess	1/2Tim	Tit	Heb	Jas	1Pet	2Pet	Jude	Rev

cry out; shout

022	↓ Mt 8,29		**Mk 1,23** ↓ Mk 5,7	καὶ εὐθὺς ἦν ἐν τῇ συναγωγῇ αὐτῶν ἄνθρωπος ἐν πνεύματι ἀκαθάρτῳ, καὶ **ἀνέκραξεν** [24] λέγων· τί ἡμῖν καὶ σοί, Ἰησοῦ Ναζαρηνέ; ἦλθες ἀπολέσαι ἡμᾶς; οἶδά σε τίς εἶ, ὁ ἅγιος τοῦ θεοῦ.	**Lk 4,33** ↓ Lk 8,28	καὶ ἐν τῇ συναγωγῇ ἦν ἄνθρωπος ἔχων πνεῦμα δαιμονίου ἀκαθάρτου καὶ **ἀνέκραξεν** φωνῇ μεγάλῃ· [34] ἔα, τί ἡμῖν καὶ σοί, Ἰησοῦ Ναζαρηνέ; ἦλθες ἀπολέσαι ἡμᾶς; οἶδά σε τίς εἶ, ὁ ἅγιος τοῦ θεοῦ.	
112	**Mt 8,29**	καὶ ἰδοὺ **ἔκραξαν** λέγοντες· τί ἡμῖν καὶ σοί, υἱὲ τοῦ θεοῦ; ἦλθες ὧδε πρὸ καιροῦ βασανίσαι ἡμᾶς;	**Mk 5,7** ↑ Mk 1,23 ↑ Mk 1,24	[6] καὶ ἰδὼν τὸν Ἰησοῦν ἀπὸ μακρόθεν ἔδραμεν καὶ προσεκύνησεν αὐτῷ [7] καὶ **κράξας** φωνῇ μεγάλῃ λέγει· τί ἐμοὶ καὶ σοί, Ἰησοῦ υἱὲ τοῦ θεοῦ τοῦ ὑψίστου; ὁρκίζω σε τὸν θεόν, μή με βασανίσῃς.	**Lk 8,28** ↑ Lk 4,33 ↑ Lk 4,34	ἰδὼν δὲ τὸν Ἰησοῦν **ἀνακράξας** προσέπεσεν αὐτῷ καὶ φωνῇ μεγάλῃ εἶπεν· τί ἐμοὶ καὶ σοί, Ἰησοῦ υἱὲ τοῦ θεοῦ τοῦ ὑψίστου; δέομαί σου, μή με βασανίσῃς.	
120	**Mt 14,26**	οἱ δὲ μαθηταὶ ἰδόντες αὐτὸν ἐπὶ τῆς θαλάσσης περιπατοῦντα ἐταράχθησαν λέγοντες ὅτι φάντασμά ἐστιν, καὶ ἀπὸ τοῦ φόβου **ἔκραξαν.**	**Mk 6,49**	οἱ δὲ ἰδόντες αὐτὸν ἐπὶ τῆς θαλάσσης περιπατοῦντα ἔδοξαν ὅτι φάντασμά ἐστιν, καὶ **ἀνέκραξαν·** [50] πάντες γὰρ αὐτὸν εἶδον καὶ ἐταράχθησαν. ...			→ Jn 6,19
112	**Mt 27,20**	οἱ δὲ ἀρχιερεῖς καὶ οἱ πρεσβύτεροι ἔπεισαν τοὺς ὄχλους ἵνα αἰτήσωνται τὸν Βαραββᾶν, τὸν δὲ Ἰησοῦν ἀπολέσωσιν.	**Mk 15,11**	οἱ δὲ ἀρχιερεῖς ἀνέσεισαν τὸν ὄχλον ἵνα μᾶλλον τὸν Βαραββᾶν ἀπολύσῃ αὐτοῖς.	**Lk 23,18**	**ἀνέκραγον** δὲ παμπληθεὶ λέγοντες· αἶρε τοῦτον, ἀπόλυσον δὲ ἡμῖν τὸν Βαραββᾶν·	→ Jn 18,40

ἀνακρίνω	Syn 1	Mt	Mk	Lk 1	Acts 5	Jn	1-3John	Paul 10	Eph	Col
	NT 16	2Thess	1/2Tim	Tit	Heb	Jas	1Pet	2Pet	Jude	Rev

question; examine; judge; evaluate; sit in judgment on; call to account

002					**Lk 23,14** → Lk 23,2 → Lk 23,4 → Mt 27,23 → Mk 15,14 → Lk 23,22	... καὶ ἰδοὺ ἐγὼ ἐνώπιον ὑμῶν **ἀνακρίνας** οὐθὲν εὗρον ἐν τῷ ἀνθρώπῳ τούτῳ αἴτιον ὧν κατηγορεῖτε κατ' αὐτοῦ.	→ Jn 18,38b → Jn 19,4 → Acts 13,28

Acts 4,9 εἰ ἡμεῖς σήμερον **ἀνακρινόμεθα** ἐπὶ εὐεργεσίᾳ ἀνθρώπου ἀσθενοῦς ἐν τίνι οὗτος σέσωται

Acts 12,19 Ἡρῴδης δὲ ἐπιζητήσας αὐτὸν καὶ μὴ εὑρών, **ἀνακρίνας** τοὺς φύλακας ἐκέλευσεν ἀπαχθῆναι, ...

Acts 17,11 ... οἵτινες ἐδέξαντο τὸν λόγον μετὰ πάσης προθυμίας καθ' ἡμέραν **ἀνακρίνοντες** τὰς γραφὰς εἰ ἔχοι ταῦτα οὕτως.

Acts 24,8 παρ᾽ οὗ δυνήσῃ αὐτὸς
ἀνακρίνας
περὶ πάντων τούτων
ἐπιγνῶναι ὧν ἡμεῖς
κατηγοροῦμεν αὐτοῦ.

Acts 28,18 οἵτινες
ἀνακρίναντές
με ἐβούλοντο ἀπολῦσαι
διὰ τὸ μηδεμίαν αἰτίαν
θανάτου ὑπάρχειν
ἐν ἐμοί.

ἀνακύπτω	Syn	Mt	Mk	Lk	Acts	Jn	1-3John	Paul	Eph	Col
	2			2						
	NT	2Thess	1/2Tim	Tit	Heb	Jas	1Pet	2Pet	Jude	Rev
	2									

straighten up; stand up; look up

002		**Lk 13,11** → Mt 12,10 → Mk 3,1 → Lk 6,6 → Lk 14,2	καὶ ἰδοὺ γυνὴ πνεῦμα ἔχουσα ἀσθενείας ἔτη δεκαοκτὼ καὶ ἦν συγκύπτουσα καὶ μὴ δυναμένη **ἀνακύψαι** εἰς τὸ παντελές.
002		**Lk 21,28**	ἀρχομένων δὲ τούτων γίνεσθαι **ἀνακύψατε** καὶ ἐπάρατε τὰς κεφαλὰς ὑμῶν, διότι ἐγγίζει ἡ ἀπολύτρωσις ὑμῶν.

ἀνάλημψις	Syn	Mt	Mk	Lk	Acts	Jn	1-3John	Paul	Eph	Col
	1			1						
	NT	2Thess	1/2Tim	Tit	Heb	Jas	1Pet	2Pet	Jude	Rev
	1									

taking up; ascension; death

002		**Lk 9,51** → Mt 19,1 → Mk 10,1 → Lk 24,51	ἐγένετο δὲ ἐν τῷ συμπληροῦσθαι **τὰς ἡμέρας τῆς ἀναλήμψεως αὐτοῦ** καὶ αὐτὸς τὸ πρόσωπον ἐστήρισεν τοῦ πορεύεσθαι εἰς Ἰερουσαλήμ.	→ Acts 1,2.9 → Acts 1,11.22

ἀναλίσκω, ἀναλόω	Syn	Mt	Mk	Lk	Acts	Jn	1-3John	Paul	Eph	Col
	1			1				1		
	NT	2Thess	1/2Tim	Tit	Heb	Jas	1Pet	2Pet	Jude	Rev
	2									

consume; destroy

002		**Lk 9,54**	... κύριε, θέλεις εἴπωμεν *πῦρ καταβῆναι ἀπὸ τοῦ οὐρανοῦ καί* ***ἀναλῶσαι*** *αὐτούς;* ➢ 2Kings 1,10.12

ἄναλος

	Syn	Mt	Mk	Lk	Acts	Jn	1-3John	Paul	Eph	Col
	1		1							
	NT	2Thess	1/2Tim	Tit	Heb	Jas	1Pet	2Pet	Jude	Rev
	1									

without salt; insipid

020	Mt 5,13	... ἐὰν δὲ τὸ ἅλας μωρανθῇ, ἐν τίνι ἁλισθήσεται; ...	Mk 9,50	... ἐὰν δὲ τὸ ἅλας ἄναλον γένηται, ἐν τίνι αὐτὸ ἀρτύσετε; ...	Lk 14,34	... ἐὰν δὲ καὶ τὸ ἅλας μωρανθῇ, ἐν τίνι ἀρτυθήσεται;	Mk-Q overlap

ἀναλύω

	Syn	Mt	Mk	Lk	Acts	Jn	1-3John	Paul	Eph	Col
	1			1				1		
	NT	2Thess	1/2Tim	Tit	Heb	Jas	1Pet	2Pet	Jude	Rev
	2									

come back; return home; depart

002					Lk 12,36	καὶ ὑμεῖς ὅμοιοι ἀνθρώποις προσδεχομένοις τὸν κύριον ἑαυτῶν πότε ἀναλύσῃ ἐκ τῶν γάμων, ...	

ἀναμιμνῄσκω

	Syn	Mt	Mk	Lk	Acts	Jn	1-3John	Paul	Eph	Col
	2		2					2		
	NT	2Thess	1/2Tim	Tit	Heb	Jas	1Pet	2Pet	Jude	Rev
	6		1		1					

remind; *passive:* remember

120	Mt 21,20	[19] ... καὶ ἐξηράνθη παραχρῆμα ἡ συκῆ. [20] καὶ ἰδόντες οἱ μαθηταὶ ἐθαύμασαν λέγοντες· πῶς παραχρῆμα ἐξηράνθη ἡ συκῆ;	Mk 11,21	[20] καὶ παραπορευόμενοι πρωῒ εἶδον τὴν συκῆν ἐξηραμμένην ἐκ ῥιζῶν. [21] καὶ ἀναμνησθεὶς ὁ Πέτρος λέγει αὐτῷ· ῥαββί, ἴδε ἡ συκῆ ἣν κατηράσω ἐξήρανται.			
121	Mt 26,75	καὶ ἐμνήσθη ὁ Πέτρος τοῦ ῥήματος Ἰησοῦ εἰρηκότος ὅτι πρὶν ἀλέκτορα φωνῆσαι τρὶς ἀπαρνήσῃ με· ...	Mk 14,72	... καὶ ἀνεμνήσθη ὁ Πέτρος τὸ ῥῆμα ὡς εἶπεν αὐτῷ ὁ Ἰησοῦς ὅτι πρὶν ἀλέκτορα φωνῆσαι δὶς τρίς με ἀπαρνήσῃ· ...	Lk 22,61	καὶ στραφεὶς ὁ κύριος ἐνέβλεψεν τῷ Πέτρῳ, καὶ ὑπεμνήσθη ὁ Πέτρος τοῦ ῥήματος τοῦ κυρίου ὡς εἶπεν αὐτῷ ὅτι πρὶν ἀλέκτορα φωνῆσαι σήμερον ἀπαρνήσῃ με τρίς.	

ἀνάμνησις

	Syn	Mt	Mk	Lk	Acts	Jn	1-3John	Paul	Eph	Col
	1			1				2		
	NT	2Thess	1/2Tim	Tit	Heb	Jas	1Pet	2Pet	Jude	Rev
	4				1					

reminder; remembrance

112	Mt 26,26	... λάβετε φάγετε, τοῦτό ἐστιν τὸ σῶμά μου.	Mk 14,22	... λάβετε, τοῦτό ἐστιν τὸ σῶμά μου.	Lk 22,19	... τοῦτό ἐστιν τὸ σῶμά μου τὸ ὑπὲρ ὑμῶν διδόμενον· τοῦτο ποιεῖτε εἰς τὴν ἐμὴν ἀνάμνησιν.	→ 1Cor 11,24

ἀνάπαυσις	Syn 3	Mt 2	Mk	Lk 1	Acts	Jn	1-3John	Paul	Eph	Col
	NT 5	2Thess	1/2Tim	Tit	Heb	Jas	1Pet	2Pet	Jude	Rev 2

relief; rest; resting-place; ceasing; stopping

	Mt	Mk	Lk	
200	**Mt 11,29** ... πραΰς εἰμι καὶ ταπεινὸς τῇ καρδίᾳ, καὶ *εὑρήσετε* ***ἀνάπαυσιν*** *ταῖς ψυχαῖς ὑμῶν·* ➤ Jer 6,16			→ GTh 90
202	**Mt 12,43** → Mk 9,25 ὅταν δὲ τὸ ἀκάθαρτον πνεῦμα ἐξέλθῃ ἀπὸ τοῦ ἀνθρώπου, διέρχεται δι' ἀνύδρων τόπων ζητοῦν **ἀνάπαυσιν** καὶ οὐχ εὑρίσκει.		**Lk 11,24** → Mk 9,25 ὅταν τὸ ἀκάθαρτον πνεῦμα ἐξέλθῃ ἀπὸ τοῦ ἀνθρώπου, διέρχεται δι' ἀνύδρων τόπων ζητοῦν **ἀνάπαυσιν** καὶ μὴ εὑρίσκον· ...	

ἀναπαύω	Syn 5	Mt 2	Mk 2	Lk 1	Acts	Jn	1-3John	Paul 4	Eph	Col
	NT 12	2Thess	1/2Tim	Tit	Heb	Jas	1Pet 1	2Pet	Jude	Rev 2

give relief; refresh; *middle:* rest; relax; rest upon (of the Spirit)

	Mt	Mk	Lk	
200	**Mt 11,28** δεῦτε πρός με πάντες οἱ κοπιῶντες καὶ πεφορτισμένοι, κἀγὼ **ἀναπαύσω** ὑμᾶς.			→ GTh 90
020		**Mk 6,31** ... δεῦτε ὑμεῖς αὐτοὶ κατ' ἰδίαν εἰς ἔρημον τόπον καὶ **ἀναπαύσασθε** ὀλίγον. ...		
002			**Lk 12,19** ... ψυχή, ἔχεις πολλὰ ἀγαθὰ κείμενα εἰς ἔτη πολλά· **ἀναπαύου**, φάγε, πίε, εὐφραίνου.	→ GTh 63
220	**Mt 26,45** → Lk 22,53 ... καθεύδετε [τὸ] λοιπὸν καὶ **ἀναπαύεσθε**· ἰδοὺ ἤγγικεν ἡ ὥρα καὶ ὁ υἱὸς τοῦ ἀνθρώπου παραδίδοται ...	**Mk 14,41** → Lk 22,53 ... καθεύδετε τὸ λοιπὸν καὶ **ἀναπαύεσθε**· ἀπέχει· ἦλθεν ἡ ὥρα, ἰδοὺ παραδίδοται ὁ υἱὸς τοῦ ἀνθρώπου ...		→ Jn 12,23 → Jn 12,27

ἀνάπειρος	Syn 2	Mt	Mk	Lk 2	Acts	Jn	1-3John	Paul	Eph	Col
	NT 2	2Thess	1/2Tim	Tit	Heb	Jas	1Pet	2Pet	Jude	Rev

cripple

	Mt	Mk	Lk	
002			**Lk 14,13** ↓ Lk 14,21 ἀλλ' ὅταν δοχὴν ποιῇς, κάλει πτωχούς, **ἀναπείρους**, χωλούς, τυφλούς·	

	Mt	Mk	Lk	
002			**Lk 14,21** → Mt 22,9 ⇨ Lk 14,23 ↑ Lk 14,13 ... ἔξελθε ταχέως εἰς τὰς πλατείας καὶ ῥύμας τῆς πόλεως, καὶ τοὺς πτωχοὺς καὶ **ἀναπείρους** καὶ τυφλοὺς καὶ χωλοὺς εἰσάγαγε ὧδε.	→ GTh 64

ἀναπέμπω	Syn 3	Mt	Mk	Lk 3	Acts 1	Jn	1-3John	Paul 1	Eph	Col
	NT 5	2Thess	1/2Tim	Tit	Heb	Jas	1Pet	2Pet	Jude	Rev

send; send back; send up

	Mt	Mk	Lk	
002			**Lk 23,7** καὶ ἐπιγνοὺς ὅτι ἐκ τῆς ἐξουσίας Ἡρῴδου ἐστὶν **ἀνέπεμψεν** αὐτὸν πρὸς Ἡρῴδην, ...	
002	**Mt 27,28** καὶ ἐκδύσαντες αὐτὸν χλαμύδα κοκκίνην περιέθηκαν αὐτῷ	**Mk 15,17** καὶ ἐνδιδύσκουσιν αὐτὸν πορφύραν καὶ περιτιθέασιν αὐτῷ ...	**Lk 23,11** ἐξουθενήσας δὲ αὐτὸν [καὶ] ὁ Ἡρῴδης σὺν τοῖς στρατεύμασιν αὐτοῦ καὶ ἐμπαίξας περιβαλὼν ἐσθῆτα λαμπρὰν **ἀνέπεμψεν** αὐτὸν τῷ Πιλάτῳ.	→ Jn 19,2
002			**Lk 23,15** ἀλλ' οὐδὲ Ἡρῴδης, **ἀνέπεμψεν** γὰρ αὐτὸν πρὸς ἡμᾶς, ...	

Acts 25,21 ... ἐκέλευσα τηρεῖσθαι αὐτὸν ἕως οὗ **ἀναπέμψω** αὐτὸν πρὸς Καίσαρα.

ἀναπηδάω	Syn 1	Mt	Mk 1	Lk	Acts	Jn	1-3John	Paul	Eph	Col
	NT 1	2Thess	1/2Tim	Tit	Heb	Jas	1Pet	2Pet	Jude	Rev

jump up

	Mt	Mk	Lk	
121	**Mt 20,32** καὶ στὰς ὁ Ἰησοῦς ἐφώνησεν αὐτοὺς καὶ εἶπεν· ... **Mt 9,28** ἐλθόντι δὲ εἰς τὴν οἰκίαν προσῆλθον αὐτῷ οἱ τυφλοί, καὶ λέγει αὐτοῖς ὁ Ἰησοῦς· ...	**Mk 10,50** [49] καὶ στὰς ὁ Ἰησοῦς εἶπεν· Φωνήσατε αὐτόν. καὶ φωνοῦσιν τὸν τυφλὸν λέγοντες αὐτῷ· θάρσει, ἔγειρε, φωνεῖ σε. [50] ὁ δὲ ἀποβαλὼν τὸ ἱμάτιον αὐτοῦ **ἀναπηδήσας** ἦλθεν πρὸς τὸν Ἰησοῦν. [51] καὶ ἀποκριθεὶς αὐτῷ ὁ Ἰησοῦς εἶπεν·	**Lk 18,40** σταθεὶς δὲ ὁ Ἰησοῦς ἐκέλευσεν αὐτὸν ἀχθῆναι πρὸς αὐτόν. ἐγγίσαντος δὲ αὐτοῦ ἐπηρώτησεν αὐτόν·	

ἀναπίπτω	Syn 7	Mt 1	Mk 2	Lk 4	Acts	Jn 5	1-3John	Paul	Eph	Col
	NT 12	2Thess	1/2Tim	Tit	Heb	Jas	1Pet	2Pet	Jude	Rev

sit; sit at table; lean

121	**Mt 14,19** ↓ Mt 15,35	καὶ κελεύσας τοὺς ὄχλους ἀνακλιθῆναι ἐπὶ τοῦ χόρτου, ...	**Mk 6,40** ↓ Mk 8,6	[39] καὶ ἐπέταξεν αὐτοῖς ἀνακλῖναι πάντας συμπόσια συμπόσια ἐπὶ τῷ χλωρῷ χόρτῳ. [40] καὶ **ἀνέπεσαν** πρασιαὶ πρασιαὶ κατὰ ἑκατὸν καὶ κατὰ πεντήκοντα.	**Lk 9,15**	[14] ... εἶπεν δὲ πρὸς τοὺς μαθητὰς αὐτοῦ· κατακλίνατε αὐτοὺς κλισίας [ὡσεὶ] ἀνὰ πεντήκοντα. [15] καὶ ἐποίησαν οὕτως καὶ **κατέκλιναν** ἅπαντας.	→ Jn 6,10
220	**Mt 15,35** ↑ Mt 14,19	καὶ παραγγείλας τῷ ὄχλῳ **ἀναπεσεῖν** ἐπὶ τὴν γῆν	**Mk 8,6** ↑ Mk 6,39 ↑ Mk 6,40	καὶ παραγγέλλει τῷ ὄχλῳ **ἀναπεσεῖν** ἐπὶ τῆς γῆς· ...	↑ Lk 9,14-15		
002					**Lk 11,37** → Lk 14,1	ἐν δὲ τῷ λαλῆσαι ἐρωτᾷ αὐτὸν Φαρισαῖος ὅπως ἀριστήσῃ παρ' αὐτῷ· εἰσελθὼν δὲ **ἀνέπεσεν.**	
002					**Lk 14,10**	ἀλλ' ὅταν κληθῇς, πορευθεὶς **ἀνάπεσε** εἰς τὸν ἔσχατον τόπον, ...	
002					**Lk 17,7**	τίς δὲ ἐξ ὑμῶν δοῦλον ἔχων ἀροτριῶντα ἢ ποιμαίνοντα, ὃς εἰσελθόντι ἐκ τοῦ ἀγροῦ ἐρεῖ αὐτῷ· εὐθέως παρελθὼν **ἀνάπεσε**	
112	**Mt 26,20**	ὀψίας δὲ γενομένης **ἀνέκειτο** μετὰ τῶν δώδεκα.	**Mk 14,18**	[17] καὶ ὀψίας γενομένης ἔρχεται μετὰ τῶν δώδεκα. [18] καὶ **ἀνακειμένων** αὐτῶν ...	**Lk 22,14**	καὶ ὅτε ἐγένετο ἡ ὥρα, **ἀνέπεσεν** καὶ οἱ ἀπόστολοι σὺν αὐτῷ.	

ἀναπληρόω	Syn 1	Mt 1	Mk	Lk	Acts	Jn	1-3John	Paul 5	Eph	Col
	NT 6	2Thess	1/2Tim	Tit	Heb	Jas	1Pet	2Pet	Jude	Rev

meet (requirements); make up for; complete the full measure of; occupy; fill; *passive:* come true

200	**Mt 13,14** → Mt 13,13 → Mk 4,12 → Lk 8,10	καὶ **ἀναπληροῦται** αὐτοῖς ἡ προφητεία Ἠσαΐου ἡ λέγουσα· *ἀκοῇ ἀκούσετε καὶ οὐ μὴ συνῆτε, ...* ➢ Isa 6,9 LXX					→ Jn 12,40 → Acts 28,26

ἀναπτύσσω	Syn	Mt	Mk	Lk	Acts	Jn	1-3John	Paul	Eph	Col
	1			1						
	NT	2Thess	1/2Tim	Tit	Heb	Jas	1Pet	2Pet	Jude	Rev
	1									

open; unroll

002					**Lk 4,17**	καὶ ἐπεδόθη αὐτῷ βιβλίον τοῦ προφήτου Ἠσαΐου καὶ **ἀναπτύξας** τὸ βιβλίον εὗρεν τὸν τόπον οὗ ἦν γεγραμμένον·	

ἀνάπτω	Syn	Mt	Mk	Lk	Acts	Jn	1-3John	Paul	Eph	Col
	1			1						
	NT	2Thess	1/2Tim	Tit	Heb	Jas	1Pet	2Pet	Jude	Rev
	2					1				

kindle; set ablaze

002					**Lk 12,49** → Mt 3,11 → Lk 3,16	πῦρ ἦλθον βαλεῖν ἐπὶ τὴν γῆν, καὶ τί θέλω εἰ ἤδη **ἀνήφθη.**	→ GTh 10

ἀνασείω	Syn	Mt	Mk	Lk	Acts	Jn	1-3John	Paul	Eph	Col
	2		1	1						
	NT	2Thess	1/2Tim	Tit	Heb	Jas	1Pet	2Pet	Jude	Rev
	2									

incite; stir up

002					**Lk 23,5** → Lk 23,2	οἱ δὲ ἐπίσχυον λέγοντες ὅτι **ἀνασείει** τὸν λαὸν διδάσκων ...	
121	**Mt 27,20**	οἱ δὲ ἀρχιερεῖς καὶ οἱ πρεσβύτεροι **ἔπεισαν** τοὺς ὄχλους ἵνα αἰτήσωνται τὸν Βαραββᾶν, τὸν δὲ Ἰησοῦν ἀπολέσωσιν.	**Mk 15,11**	οἱ δὲ ἀρχιερεῖς **ἀνέσεισαν** τὸν ὄχλον ἵνα μᾶλλον τὸν Βαραββᾶν ἀπολύσῃ αὐτοῖς.	**Lk 23,18**	ἀνέκραγον δὲ παμπληθεὶ λέγοντες· αἶρε τοῦτον, ἀπόλυσον δὲ ἡμῖν τὸν Βαραββᾶν·	→ Jn 18,40

ἀνασπάω	Syn	Mt	Mk	Lk	Acts	Jn	1-3John	Paul	Eph	Col
	1			1	1					
	NT	2Thess	1/2Tim	Tit	Heb	Jas	1Pet	2Pet	Jude	Rev
	2									

pull out; draw up

102	**Mt 12,11**	... τίς ἔσται ἐξ ὑμῶν ἄνθρωπος ὃς ἕξει πρόβατον ἓν καὶ ἐὰν ἐμπέσῃ τοῦτο τοῖς σάββασιν εἰς βόθυνον, **οὐχὶ κρατήσει** αὐτὸ καὶ ἐγερεῖ;			**Lk 14,5** → Lk 13,15	... τίνος ὑμῶν υἱὸς ἢ βοῦς εἰς φρέαρ πεσεῖται, καὶ **οὐκ εὐθέως** **ἀνασπάσει** αὐτὸν ἐν ἡμέρᾳ τοῦ σαββάτου;	

Acts 11,10 τοῦτο δὲ ἐγένετο ἐπὶ τρίς,
καὶ
ἀνεσπάσθη
πάλιν ἅπαντα
εἰς τὸν οὐρανόν.

ἀνάστασις	Syn 12	Mt 4	Mk 2	Lk 6	Acts 11	Jn 4	1-3John	Paul 7	Eph	Col
	NT 42	2Thess	1/2Tim 1	Tit	Heb 3	Jas	1Pet 2	2Pet	Jude	Rev 2

resurrection; rise

	triple tradition																	double tradition			Sondergut		
		+Mt / +Lk			–Mt / –Lk			traditions not taken over by Mt / Lk							subtotals								
code	222	211	112	212	221	122	121	022	012	021	220	120	210	020	Σ+	Σ−	Σ	202	201	102	200	002	total
Mt	2	1^+		1^+											2^+		4						**4**
Mk	2																2						**2**
Lk	2		1^+	1^+											2^+		4					2	**6**

[a] ἀνάστασις (ἐκ) νεκρῶν

[b] ἀνάστασιν μὴ εἶναι

002					**Lk 2,34**	... ἰδοὺ οὗτος κεῖται εἰς πτῶσιν καὶ **ἀνάστασιν πολλῶν** ἐν τῷ Ἰσραὴλ ...	
002					**Lk 14,14**	καὶ μακάριος ἔσῃ, ὅτι οὐκ ἔχουσιν ἀνταποδοῦναί σοι, ἀνταποδοθήσεται γάρ σοι **ἐν τῇ ἀναστάσει** **τῶν δικαίων.**	→ Acts 24,15
b 222	**Mt 22,23**	ἐν ἐκείνῃ τῇ ἡμέρᾳ προσῆλθον αὐτῷ Σαδδουκαῖοι, λέγοντες μὴ εἶναι **ἀνάστασιν,** καὶ ἐπηρώτησαν αὐτὸν	**Mk 12,18**	καὶ ἔρχονται Σαδδουκαῖοι πρὸς αὐτόν, οἵτινες λέγουσιν **ἀνάστασιν** μὴ εἶναι, καὶ ἐπηρώτων αὐτὸν ...	**Lk 20,27**	προσελθόντες δέ τινες τῶν Σαδδουκαίων, οἱ [ἀντι]λέγοντες **ἀνάστασιν** μὴ εἶναι, ἐπηρώτησαν αὐτὸν	→ Acts 23,8
222	**Mt 22,28**	**ἐν τῇ ἀναστάσει** οὖν τίνος τῶν ἑπτὰ ἔσται γυνή; ...	**Mk 12,23**	**ἐν τῇ ἀναστάσει** [ὅταν ἀναστῶσιν] τίνος αὐτῶν ἔσται γυνή; ...	**Lk 20,33**	ἡ γυνὴ οὖν **ἐν τῇ ἀναστάσει** τίνος αὐτῶν γίνεται γυνή; ...	
a 212	**Mt 22,30**	**ἐν γὰρ τῇ ἀναστάσει** οὔτε γαμοῦσιν οὔτε γαμίζονται,	**Mk 12,25**	ὅταν γὰρ **ἐκ νεκρῶν** **ἀναστῶσιν** οὔτε γαμοῦσιν οὔτε γαμίζονται,	**Lk 20,35**	οἱ δὲ καταξιωθέντες τοῦ αἰῶνος ἐκείνου τυχεῖν καὶ **τῆς ἀναστάσεως** **τῆς ἐκ νεκρῶν** οὔτε γαμοῦσιν οὔτε γαμίζονται·	
112		ἀλλ' ὡς ἄγγελοι ἐν τῷ οὐρανῷ εἰσιν.		ἀλλ' εἰσὶν ὡς ἄγγελοι ἐν τοῖς οὐρανοῖς.	**Lk 20,36**	οὐδὲ γὰρ ἀποθανεῖν ἔτι δύνανται, ἰσάγγελοι γάρ εἰσιν καὶ υἱοί εἰσιν θεοῦ **τῆς ἀναστάσεως υἱοὶ** ὄντες.	→ Acts 13,33-34
a 211	**Mt 22,31**	**περὶ δὲ τῆς** **ἀναστάσεως** **τῶν νεκρῶν** οὐκ ἀνέγνωτε τὸ ῥηθὲν ὑμῖν ὑπὸ τοῦ θεοῦ λέγοντος·	**Mk 12,26**	**περὶ δὲ τῶν νεκρῶν** **ὅτι ἐγείρονται** οὐκ ἀνέγνωτε ἐν τῇ βίβλῳ Μωϋσέως ἐπὶ τοῦ βάτου πῶς εἶπεν αὐτῷ ὁ θεὸς λέγων· ...	**Lk 20,37**	**ὅτι δὲ ἐγείρονται** **οἱ νεκροί,** καὶ Μωϋσῆς ἐμήνυσεν ἐπὶ τῆς βάτου, ὡς λέγει ...	

Acts 1,22 → Lk 9,51 → Lk 24,51 ἀρξάμενος ἀπὸ τοῦ βαπτίσματος Ἰωάννου ἕως τῆς ἡμέρας ἧς ἀνελήμφθη ἀφ᾽ ἡμῶν, **μάρτυρα τῆς ἀναστάσεως αὐτοῦ** σὺν ἡμῖν γενέσθαι ἕνα τούτων.

Acts 2,31 προϊδὼν ἐλάλησεν **περὶ τῆς ἀναστάσεως τοῦ Χριστοῦ** ὅτι οὔτε ἐγκατελείφθη εἰς ᾅδην οὔτε ἡ σὰρξ αὐτοῦ εἶδεν διαφθοράν. ➢ Ps 16,10

a **Acts 4,2** διαπονούμενοι διὰ τὸ διδάσκειν αὐτοὺς τὸν λαὸν καὶ καταγγέλλειν ἐν τῷ Ἰησοῦ **τὴν ἀνάστασιν τὴν ἐκ νεκρῶν**

Acts 4,33 καὶ δυνάμει μεγάλῃ ἀπεδίδουν τὸ μαρτύριον οἱ ἀπόστολοι **τῆς ἀναστάσεως τοῦ κυρίου Ἰησοῦ**, χάρις τε μεγάλη ἦν ἐπὶ πάντας αὐτούς.

Acts 17,18 ... οἱ δέ· ξένων δαιμονίων δοκεῖ καταγγελεὺς εἶναι, ὅτι τὸν Ἰησοῦν καὶ **τὴν ἀνάστασιν** εὐηγγελίζετο.

a **Acts 17,32** ἀκούσαντες δὲ **ἀνάστασιν νεκρῶν** οἱ μὲν ἐχλεύαζον, ...

a **Acts 23,6** ... ἄνδρες ἀδελφοί, ἐγὼ Φαρισαῖός εἰμι, υἱὸς Φαρισαίων, περὶ ἐλπίδος καὶ **ἀναστάσεως νεκρῶν** [ἐγὼ] κρίνομαι.

b **Acts 23,8** → Lk 20,27 Σαδδουκαῖοι μὲν γὰρ λέγουσιν μὴ εἶναι **ἀνάστασιν** μήτε ἄγγελον μήτε πνεῦμα, ...

Acts 24,15 → Lk 14,14 ἐλπίδα ἔχων εἰς τὸν θεόν ἣν καὶ αὐτοὶ οὗτοι προσδέχονται, **ἀνάστασιν** μέλλειν ἔσεσθαι δικαίων τε καὶ ἀδίκων.

a **Acts 24,21** ἢ περὶ μιᾶς ταύτης φωνῆς ἧς ἐκέκραξα ἐν αὐτοῖς ἑστὼς ὅτι **περὶ ἀναστάσεως νεκρῶν** ἐγὼ κρίνομαι σήμερον ἐφ᾽ ὑμῶν.

a **Acts 26,23** εἰ παθητὸς ὁ χριστός, εἰ πρῶτος **ἐξ ἀναστάσεως νεκρῶν** φῶς μέλλει καταγγέλλειν τῷ τε λαῷ καὶ τοῖς ἔθνεσιν.

ἀναστέναζω

	Syn	Mt	Mk	Lk	Acts	Jn	1-3John	Paul	Eph	Col
	1		1							
	NT	2Thess	1/2Tim	Tit	Heb	Jas	1Pet	2Pet	Jude	Rev
	1									

give a deep groan

120	**Mt 16,2** ⇩ Mt 12,39	ὁ δὲ **ἀποκριθεὶς** εἶπεν αὐτοῖς· ... [4] γενεὰ πονηρὰ καὶ μοιχαλὶς σημεῖον ἐπιζητεῖ, ...	**Mk 8,12**	καὶ **ἀναστενάξας** τῷ πνεύματι αὐτοῦ λέγει· τί ἡ γενεὰ αὕτη ζητεῖ σημεῖον; ...		
	Mt 12,39 ⇧ Mt 16,2.4	ὁ δὲ **ἀποκριθεὶς** εἶπεν αὐτοῖς· γενεὰ πονηρὰ καὶ μοιχαλὶς σημεῖον ἐπιζητεῖ, ...			**Lk 11,29**	τῶν δὲ ὄχλων ἐπαθροιζομένων **ἤρξατο** λέγειν· ἡ γενεὰ αὕτη γενεὰ πονηρά ἐστιν· σημεῖον ζητεῖ, ...	Mk-Q overlap

ἀνατάσσομαι

	Syn	Mt	Mk	Lk	Acts	Jn	1-3John	Paul	Eph	Col
	1			1						
	NT	2Thess	1/2Tim	Tit	Heb	Jas	1Pet	2Pet	Jude	Rev
	1									

compile; draw up; write

002		**Lk 1,1**	ἐπειδήπερ πολλοὶ ἐπεχείρησαν **ἀνατάξασθαι** διήγησιν περὶ τῶν πεπληροφορημένων ἐν ἡμῖν πραγμάτων

ἀνατέλλω

ἀνατέλλω										
	Syn 6	Mt 3	Mk 2	Lk 1	Acts	Jn	1-3John	Paul	Eph	Col
	NT 9	2Thess	1/2Tim	Tit	Heb 1	Jas 1	1Pet	2Pet 1	Jude	Rev

intransitive: rise; dawn; be a descendant; *transitive:* cause to rise

	Mt		Mk		Lk		
200	**Mt 4,16**	*ὁ λαὸς ὁ καθήμενος ἐν σκότει φῶς εἶδεν μέγα, καὶ τοῖς καθημένοις ἐν χώρᾳ καὶ σκιᾷ θανάτου φῶς* **ἀνέτειλεν** αὐτοῖς. ➤ Isa 9,1					
201	**Mt 5,45**	ὅπως γένησθε υἱοὶ τοῦ πατρὸς ὑμῶν τοῦ ἐν οὐρανοῖς, ὅτι τὸν ἥλιον αὐτοῦ **ἀνατέλλει** ἐπὶ πονηροὺς καὶ ἀγαθοὺς καὶ βρέχει ἐπὶ δικαίους καὶ ἀδίκους.			**Lk 6,35**	... καὶ ἔσεσθε υἱοὶ ὑψίστου, ὅτι αὐτὸς χρηστός ἐστιν ἐπὶ τοὺς ἀχαρίστους καὶ πονηρούς.	→ GTh 3 (POxy 654)
221	**Mt 13,6**	ἡλίου δὲ **ἀνατείλαντος** ἐκαυματίσθη καὶ διὰ τὸ μὴ ἔχειν ῥίζαν ἐξηράνθη.	**Mk 4,6**	καὶ ὅτε **ἀνέτειλεν** ὁ ἥλιος ἐκαυματίσθη καὶ διὰ τὸ μὴ ἔχειν ῥίζαν ἐξηράνθη.	**Lk 8,6**	... καὶ φυὲν ἐξηράνθη διὰ τὸ μὴ ἔχειν ἰκμάδα.	→ GTh 9
102	**Mt 16,2**	ὁ δὲ ἀποκριθεὶς εἶπεν αὐτοῖς· [ὀψίας γενομένης λέγετε· εὐδία, πυρράζει γὰρ ὁ οὐρανός·]			**Lk 12,54**	ἔλεγεν δὲ καὶ τοῖς ὄχλοις· ὅταν ἴδητε [τὴν] νεφέλην **ἀνατέλλουσαν** ἐπὶ δυσμῶν, εὐθέως λέγετε ὅτι ὄμβρος ἔρχεται, καὶ γίνεται οὕτως·	→ GTh 91 Mt 16,2b is textcritically uncertain.
121	**Mt 28,1** → Mk 16,1 → Lk 24,10	... τῇ ἐπιφωσκούσῃ εἰς μίαν σαββάτων ἦλθεν Μαριὰμ ἡ Μαγδαληνὴ καὶ ἡ ἄλλη Μαρία θεωρῆσαι τὸν τάφον.	**Mk 16,2**	καὶ λίαν πρωῒ τῇ μιᾷ τῶν σαββάτων ἔρχονται ἐπὶ τὸ μνημεῖον **ἀνατείλαντος** τοῦ ἡλίου.	**Lk 24,1** → Lk 24,22	τῇ δὲ μιᾷ τῶν σαββάτων ὄρθρου βαθέως ἐπὶ τὸ μνῆμα ἦλθον φέρουσαι ἃ ἡτοίμασαν ἀρώματα.	→ Jn 20,1

ἀνατολή

ἀνατολή										
	Syn 7	Mt 5	Mk	Lk 2	Acts	Jn	1-3John	Paul	Eph	Col
	NT 10	2Thess	1/2Tim	Tit	Heb	Jas	1Pet	2Pet	Jude	Rev 3

rising; *plural:* east

a ἀπὸ ἀνατολῶν

	Mt		Mk		Lk		
a 200	**Mt 2,1**	... ἰδοὺ μάγοι **ἀπὸ ἀνατολῶν** παρεγένοντο εἰς Ἱεροσόλυμα					
200	**Mt 2,2**	... ποῦ ἐστιν ὁ τεχθεὶς βασιλεὺς τῶν Ἰουδαίων; εἴδομεν γὰρ αὐτοῦ τὸν ἀστέρα **ἐν τῇ ἀνατολῇ** καὶ ἤλθομεν προσκυνῆσαι αὐτῷ.					

	Mt		Mk		Lk		
200	Mt 2,9	... ἰδοὺ ὁ ἀστὴρ, ὃν εἶδον **ἐν τῇ ἀνατολῇ,** προῆγεν αὐτούς, ἕως ἐλθὼν ἐστάθη ἐπάνω οὗ ἦν τὸ παιδίον.					
002					Lk 1,78	διὰ σπλάγχνα ἐλέους θεοῦ ἡμῶν, ἐν οἷς ἐπισκέψεται ἡμᾶς **ἀνατολὴ** ἐξ ὕψους	
a 202	Mt 8,11 →Lk 13,28	... πολλοὶ **ἀπὸ ἀνατολῶν** καὶ δυσμῶν ἥξουσιν καὶ ἀνακλιθήσονται μετὰ Ἀβραὰμ καὶ Ἰσαὰκ καὶ Ἰακὼβ ἐν τῇ βασιλείᾳ τῶν οὐρανῶν			Lk 13,29	καὶ ἥξουσιν **ἀπὸ ἀνατολῶν** καὶ δυσμῶν καὶ ἀπὸ βορρᾶ καὶ νότου καὶ ἀνακλιθήσονται ἐν τῇ βασιλείᾳ τοῦ θεοῦ.	
a 201	Mt 24,27	ὥσπερ γὰρ ἡ ἀστραπὴ ἐξέρχεται **ἀπὸ ἀνατολῶν** καὶ φαίνεται ἕως δυσμῶν, οὕτως ἔσται ἡ παρουσία τοῦ υἱοῦ τοῦ ἀνθρώπου·			Lk 17,24	ὥσπερ γὰρ ἡ ἀστραπὴ ἀστράπτουσα **ἐκ τῆς ὑπὸ τὸν οὐρανὸν** εἰς τὴν ὑπ᾽ οὐρανὸν λάμπει, οὕτως ἔσται ὁ υἱὸς τοῦ ἀνθρώπου [ἐν τῇ ἡμέρᾳ αὐτοῦ].	

ἀναφαίνω

	Syn	Mt	Mk	Lk	Acts	Jn	1-3John	Paul	Eph	Col
	1			1	1					
	NT	2Thess	1/2Tim	Tit	Heb	Jas	1Pet	2Pet	Jude	Rev
	2									

come in sight of; sight; *passive:* appear

	Mt		Mk		Lk		
002					Lk 19,11	ἀκουόντων δὲ αὐτῶν ταῦτα προσθεὶς εἶπεν παραβολὴν διὰ τὸ ἐγγὺς εἶναι Ἰερουσαλὴμ αὐτὸν καὶ δοκεῖν αὐτοὺς ὅτι παραχρῆμα μέλλει ἡ βασιλεία τοῦ θεοῦ **ἀναφαίνεσθαι.**	

Acts 21,3 **ἀναφάναντες**
δὲ τὴν Κύπρον καὶ
καταλιπόντες αὐτὴν
εὐώνυμον ἐπλέομεν εἰς
Συρίαν καὶ κατήλθομεν
εἰς Τύρον· ...

ἀναφέρω

	Syn	Mt	Mk	Lk	Acts	Jn	1-3John	Paul	Eph	Col
	3	1	1	1						
	NT	2Thess	1/2Tim	Tit	Heb	Jas	1Pet	2Pet	Jude	Rev
	10				4	1	2			

lead or take up; offer (of sacrifice); bear the burden of; take away

	Mt		Mk		Lk		
221	Mt 17,1	καὶ μεθ᾽ ἡμέρας ἓξ παραλαμβάνει ὁ Ἰησοῦς τὸν Πέτρον καὶ Ἰάκωβον καὶ Ἰωάννην τὸν ἀδελφὸν αὐτοῦ καὶ **ἀναφέρει** αὐτοὺς εἰς ὄρος ὑψηλὸν κατ᾽ ἰδίαν.	Mk 9,2	καὶ μετὰ ἡμέρας ἓξ παραλαμβάνει ὁ Ἰησοῦς τὸν Πέτρον καὶ τὸν Ἰάκωβον καὶ τὸν Ἰωάννην καὶ **ἀναφέρει** αὐτοὺς εἰς ὄρος ὑψηλὸν κατ᾽ ἰδίαν μόνους. ...	Lk 9,28	ἐγένετο δὲ μετὰ τοὺς λόγους τούτους ὡσεὶ ἡμέραι ὀκτὼ [καὶ] παραλαβὼν Πέτρον καὶ Ἰωάννην καὶ Ἰάκωβον **ἀνέβη** εἰς τὸ ὄρος προσεύξασθαι.	

002			**Lk 24,51** → Lk 9,51 καὶ ἐγένετο ἐν τῷ εὐλογεῖν αὐτὸν αὐτοὺς διέστη ἀπ' αὐτῶν καὶ **ἀνεφέρετο** εἰς τὸν οὐρανόν.	→ Acts 1,2.9 → Acts 1,11.22

ἀναφωνέω

	Syn	Mt	Mk	Lk	Acts	Jn	1-3John	Paul	Eph	Col
	1			1						
	NT	2Thess	1/2Tim	Tit	Heb	Jas	1Pet	2Pet	Jude	Rev
	1									

call out; exclaim

002			**Lk 1,42** καὶ **ἀνεφώνησεν** κραυγῇ μεγάλῃ καὶ εἶπεν· εὐλογημένη σὺ ἐν γυναιξὶν ...	

ἀναχωρέω

	Syn	Mt	Mk	Lk	Acts	Jn	1-3John	Paul	Eph	Col
	11	10	1		2	1				
	NT	2Thess	1/2Tim	Tit	Heb	Jas	1Pet	2Pet	Jude	Rev
	14									

withdraw; go away; return

	triple tradition																	double tradition			Sondergut		
		+Mt / +Lk			–Mt / –Lk			traditions not taken over by Mt / Lk							subtotals								
code	*222*	*211*	*112*	*212*	*221*	*122*	*121*	*022*	*012*	*021*	*220*	*120*	*210*	*020*	Σ+	Σ−	Σ	*202*	*201*	*102*	*200*	*002*	total
Mt		3+			1								1+		4+		5				5		**10**
Mk					1												1						**1**
Lk					1−											1−							

200	**Mt 2,12** καὶ χρηματισθέντες κατ' ὄναρ μὴ ἀνακάμψαι πρὸς Ἡρῴδην, δι' ἄλλης ὁδοῦ **ἀνεχώρησαν** εἰς τὴν χώραν αὐτῶν.			
200	**Mt 2,13** **ἀναχωρησάντων** δὲ αὐτῶν ἰδοὺ ἄγγελος κυρίου φαίνεται κατ' ὄναρ τῷ Ἰωσὴφ ...			
200	**Mt 2,14** ὁ δὲ ἐγερθεὶς παρέλαβεν τὸ παιδίον καὶ τὴν μητέρα αὐτοῦ νυκτὸς καὶ **ἀνεχώρησεν** εἰς Αἴγυπτον			
200	**Mt 2,22** → Lk 2,39 ... χρηματισθεὶς δὲ κατ' ὄναρ **ἀνεχώρησεν** εἰς τὰ μέρη τῆς Γαλιλαίας			
211	**Mt 4,12** → Lk 3,20 ἀκούσας δὲ ὅτι Ἰωάννης παρεδόθη **ἀνεχώρησεν** εἰς τὴν Γαλιλαίαν.	**Mk 1,14** → Lk 3,20 μετὰ δὲ τὸ παραδοθῆναι τὸν Ἰωάννην **ἦλθεν** ὁ Ἰησοῦς εἰς τὴν Γαλιλαίαν ...	**Lk 4,14** καὶ **ὑπέστρεψεν** ὁ Ἰησοῦς ἐν τῇ δυνάμει τοῦ πνεύματος εἰς τὴν Γαλιλαίαν. ...	→ Jn 4,3

211	Mt 9,24	ἔλεγεν· ἀναχωρεῖτε, οὐ γὰρ ἀπέθανεν τὸ κοράσιον ἀλλὰ καθεύδει. ...	Mk 5,39	καὶ εἰσελθὼν λέγει αὐτοῖς· τί θορυβεῖσθε καὶ κλαίετε; τὸ παιδίον οὐκ ἀπέθανεν ἀλλὰ καθεύδει.	Lk 8,52	... ὁ δὲ εἶπεν· μὴ κλαίετε, οὐ γὰρ ἀπέθανεν ἀλλὰ καθεύδει.	
221	Mt 12,15 → Mt 4,25	ὁ δὲ Ἰησοῦς γνοὺς ἀνεχώρησεν ἐκεῖθεν. καὶ ἠκολούθησαν αὐτῷ [ὄχλοι] πολλοί, ...	Mk 3,7	καὶ ὁ Ἰησοῦς μετὰ τῶν μαθητῶν αὐτοῦ ἀνεχώρησεν πρὸς τὴν θάλασσαν, καὶ πολὺ πλῆθος ἀπὸ τῆς Γαλιλαίας [ἠκολούθησεν], ...	Lk 6,17	καὶ καταβὰς μετ' αὐτῶν ἔστη ἐπὶ τόπου πεδινοῦ, καὶ ὄχλος πολὺς μαθητῶν αὐτοῦ, καὶ πλῆθος πολὺ τοῦ λαοῦ ...	
211	Mt 14,13	ἀκούσας δὲ ὁ Ἰησοῦς ἀνεχώρησεν ἐκεῖθεν ἐν πλοίῳ εἰς ἔρημον τόπον κατ' ἰδίαν· ...	Mk 6,32	καὶ ἀπῆλθον ἐν τῷ πλοίῳ εἰς ἔρημον τόπον κατ' ἰδίαν.	Lk 9,10	... καὶ παραλαβὼν αὐτοὺς ὑπεχώρησεν κατ' ἰδίαν εἰς πόλιν καλουμένην Βηθσαϊδά.	
210	Mt 15,21	καὶ ἐξελθὼν ἐκεῖθεν ὁ Ἰησοῦς ἀνεχώρησεν εἰς τὰ μέρη Τύρου καὶ Σιδῶνος.	Mk 7,24	ἐκεῖθεν δὲ ἀναστὰς ἀπῆλθεν εἰς τὰ ὅρια Τύρου. ...			
200	Mt 27,5	καὶ ῥίψας τὰ ἀργύρια εἰς τὸν ναὸν ἀνεχώρησεν, καὶ ἀπελθὼν ἀπήγξατο.					→ Acts 1,18

Acts 23,19	ἐπιλαβόμενος δὲ τῆς χειρὸς αὐτοῦ ὁ χιλίαρχος καὶ ἀναχωρήσας κατ' ἰδίαν ἐπυνθάνετο, τί ἐστιν ὃ ἔχεις ἀπαγγεῖλαί μοι;	Acts 26,31	καὶ ἀναχωρήσαντες ἐλάλουν πρὸς ἀλλήλους λέγοντες ...

Ἀνδρέας	Syn 7	Mt 2	Mk 4	Lk 1	Acts 1	Jn 5	1-3John	Paul	Eph	Col
	NT 13	2Thess	1/2Tim	Tit	Heb	Jas	1Pet	2Pet	Jude	Rev

Andrew

220	Mt 4,18	περιπατῶν δὲ παρὰ τὴν θάλασσαν τῆς Γαλιλαίας εἶδεν δύο ἀδελφούς, Σίμωνα τὸν λεγόμενον Πέτρον καὶ Ἀνδρέαν τὸν ἀδελφὸν αὐτοῦ, βάλλοντας ἀμφίβληστρον εἰς τὴν θάλασσαν· ἦσαν γὰρ ἁλιεῖς.	Mk 1,16	καὶ παράγων παρὰ τὴν θάλασσαν τῆς Γαλιλαίας εἶδεν Σίμωνα καὶ Ἀνδρέαν τὸν ἀδελφὸν Σίμωνος ἀμφιβάλλοντας ἐν τῇ θαλάσσῃ· ἦσαν γὰρ ἁλιεῖς.	Lk 5,2	[1] ... αὐτὸς ἦν ἑστὼς παρὰ τὴν λίμνην Γεννησαρέτ [2] καὶ εἶδεν δύο πλοῖα ἑστῶτα παρὰ τὴν λίμνην· οἱ δὲ ἁλιεῖς ἀπ' αὐτῶν ἀποβάντες ἔπλυνον τὰ δίκτυα.	→ Jn 1,40-42

121	**Mt 8,14**	καὶ ἐλθὼν ὁ Ἰησοῦς εἰς τὴν οἰκίαν Πέτρου εἶδεν τὴν πενθερὰν αὐτοῦ βεβλημένην καὶ πυρέσσουσαν·	**Mk 1,29**	καὶ εὐθὺς ἐκ τῆς συναγωγῆς ἐξελθόντες ἦλθον εἰς τὴν οἰκίαν Σίμωνος καὶ Ἀνδρέου μετὰ Ἰακώβου καὶ Ἰωάννου. [30] ἡ δὲ πενθερὰ Σίμωνος κατέκειτο πυρέσσουσα, ...	**Lk 4,38**	ἀναστὰς δὲ ἀπὸ τῆς συναγωγῆς εἰσῆλθεν εἰς τὴν οἰκίαν Σίμωνος. πενθερὰ δὲ τοῦ Σίμωνος ἦν συνεχομένη πυρετῷ μεγάλῳ ...	
222	**Mt 10,2**	... πρῶτος Σίμων ὁ λεγόμενος Πέτρος καὶ Ἀνδρέας ὁ ἀδελφὸς αὐτοῦ, καὶ Ἰάκωβος ὁ τοῦ Ζεβεδαίου καὶ Ἰωάννης ὁ ἀδελφὸς αὐτοῦ	**Mk 3,18** → Acts 1,13	[16] ... καὶ ἐπέθηκεν ὄνομα τῷ Σίμωνι Πέτρον, [17] καὶ Ἰάκωβον τὸν τοῦ Ζεβεδαίου καὶ Ἰωάννην τὸν ἀδελφὸν τοῦ Ἰακώβου ... [18] καὶ Ἀνδρέαν ...	**Lk 6,14**	Σίμωνα, ὃν καὶ ὠνόμασεν Πέτρον, καὶ Ἀνδρέαν τὸν ἀδελφὸν αὐτοῦ, καὶ Ἰάκωβον καὶ Ἰωάννην ...	→ Jn 1,40 → Jn 1,41-42
121	**Mt 24,3**	καθημένου δὲ αὐτοῦ ἐπὶ τοῦ ὄρους τῶν ἐλαιῶν προσῆλθον αὐτῷ οἱ μαθηταὶ κατ' ἰδίαν λέγοντες· ...	**Mk 13,3**	καὶ καθημένου αὐτοῦ εἰς τὸ ὄρος τῶν ἐλαιῶν κατέναντι τοῦ ἱεροῦ ἐπηρώτα αὐτὸν κατ' ἰδίαν Πέτρος καὶ Ἰάκωβος καὶ Ἰωάννης καὶ Ἀνδρέας·	**Lk 21,7**	[5] καί τινων λεγόντων περὶ τοῦ ἱεροῦ ... [7] ἐπηρώτησαν δὲ αὐτὸν λέγοντες· ...	

Acts 1,13 → Mk 3,18 ... ὅ τε Πέτρος καὶ
Ἰωάννης καὶ Ἰάκωβος
καὶ
Ἀνδρέας, ...

ἀνέκλειπτος	Syn	Mt	Mk	Lk	Acts	Jn	1-3John	Paul	Eph	Col
	1			1						
	NT	2Thess	1/2Tim	Tit	Heb	Jas	1Pet	2Pet	Jude	Rev
	1									

never decreasing; inexhaustible

102	**Mt 6,20** → Mt 19,21	θησαυρίζετε δὲ ὑμῖν θησαυροὺς ἐν οὐρανῷ, ...	→ Mk 10,21		**Lk 12,33** → Lk 16,9 → Lk 18,22	... ποιήσατε ἑαυτοῖς βαλλάντια μὴ παλαιούμενα, θησαυρὸν ἀνέκλειπτον ἐν τοῖς οὐρανοῖς, ...	→ GTh 76,3

ἀνεκτός (ἀνεκτότερος)	Syn	Mt	Mk	Lk	Acts	Jn	1-3John	Paul	Eph	Col
	5	3		2						
	NT	2Thess	1/2Tim	Tit	Heb	Jas	1Pet	2Pet	Jude	Rev
	5									

tolerable

202	**Mt 10,15** ⇩ Mt 11,24	ἀμὴν λέγω ὑμῖν, ἀνεκτότερον ἔσται γῇ Σοδόμων καὶ Γομόρρων ἐν ἡμέρᾳ κρίσεως ἢ τῇ πόλει ἐκείνῃ.			**Lk 10,12**	λέγω ὑμῖν ὅτι Σοδόμοις ἐν τῇ ἡμέρᾳ ἐκείνῃ ἀνεκτότερον ἔσται ἢ τῇ πόλει ἐκείνῃ.	

202	Mt 11,22	πλὴν λέγω ὑμῖν, Τύρῳ καὶ Σιδῶνι **ἀνεκτότερον** ἔσται ἐν ἡμέρᾳ κρίσεως ἢ ὑμῖν.			Lk 10,14	πλὴν Τύρῳ καὶ Σιδῶνι **ἀνεκτότερον** ἔσται ἐν τῇ κρίσει ἢ ὑμῖν.	
200	Mt 11,24 ⇧ Mt 10,15	πλὴν λέγω ὑμῖν ὅτι γῇ Σοδόμων **ἀνεκτότερον** ἔσται ἐν ἡμέρᾳ κρίσεως ἢ σοί.			Lk 10,12	λέγω ὑμῖν ὅτι Σοδόμοις ἐν τῇ ἡμέρᾳ ἐκείνῃ **ἀνεκτότερον** ἔσται ἢ τῇ πόλει ἐκείνῃ.	

ἄνεμος	Syn 20	Mt 9	Mk 7	Lk 4	Acts 4	Jn 1	1-3John	Paul	Eph 1	Col
	NT 31	2Thess	1/2Tim	Tit	Heb	Jas 1	1Pet	2Pet	Jude 1	Rev 3

wind

	triple tradition																double tradition			Sondergut		
		+Mt / +Lk			–Mt / –Lk			traditions not taken over by Mt / Lk							subtotals							
code	222	211	112	212	221	122	121	022	012	021	220	120	210	020	Σ⁺	Σ⁻	Σ	202	201	102	200	002	total
Mt	2					1⁻	1⁻				3					2⁻	5	1	2		1		**9**
Mk	2					1	1				3						7						**7**
Lk	2					1	1⁻									1⁻	3	1					**4**

201	Mt 7,25	καὶ κατέβη ἡ βροχὴ καὶ ἦλθον οἱ ποταμοὶ καὶ ἔπνευσαν **οἱ ἄνεμοι** καὶ προσέπεσαν τῇ οἰκίᾳ ἐκείνῃ, καὶ οὐκ ἔπεσεν, τεθεμελίωτο γὰρ ἐπὶ τὴν πέτραν.			Lk 6,48	... πλημμύρης δὲ γενομένης προσέρηξεν ὁ ποταμὸς τῇ οἰκίᾳ ἐκείνῃ, καὶ οὐκ ἴσχυσεν σαλεῦσαι αὐτὴν διὰ τὸ καλῶς οἰκοδομῆσθαι αὐτήν.	
201	Mt 7,27	καὶ κατέβη ἡ βροχὴ καὶ ἦλθον οἱ ποταμοὶ καὶ ἔπνευσαν **οἱ ἄνεμοι** καὶ προσέκοψαν τῇ οἰκίᾳ ἐκείνῃ, καὶ ἔπεσεν, καὶ ἦν ἡ πτῶσις αὐτῆς μεγάλη.			Lk 6,49	... ᾗ προσέρηξεν ὁ ποταμός, καὶ εὐθὺς συνέπεσεν καὶ ἐγένετο τὸ ῥῆγμα τῆς οἰκίας ἐκείνης μέγα.	
202	Mt 11,7	... τί ἐξήλθατε εἰς τὴν ἔρημον θεάσασθαι; κάλαμον **ὑπὸ ἀνέμου** σαλευόμενον;			Lk 7,24	... τί ἐξήλθατε εἰς τὴν ἔρημον θεάσασθαι; κάλαμον **ὑπὸ ἀνέμου** σαλευόμενον;	→ GTh 78
122	Mt 8,24	καὶ ἰδοὺ **σεισμὸς μέγας** ἐγένετο ἐν τῇ θαλάσσῃ, ὥστε τὸ πλοῖον καλύπτεσθαι ὑπὸ τῶν κυμάτων, ...	Mk 4,37	καὶ γίνεται **λαῖλαψ μεγάλη** **ἀνέμου,** καὶ τὰ κύματα ἐπέβαλλεν εἰς τὸ πλοῖον, ὥστε ἤδη γεμίζεσθαι τὸ πλοῖον.	Lk 8,23	... καὶ κατέβη **λαῖλαψ** **ἀνέμου** εἰς τὴν λίμνην, καὶ συνεπληροῦντο καὶ ἐκινδύνευον.	
222	Mt 8,26	... τότε ἐγερθεὶς ἐπετίμησεν **τοῖς ἀνέμοις** καὶ τῇ θαλάσσῃ,	Mk 4,39 (2)	καὶ διεγερθεὶς ἐπετίμησεν **τῷ ἀνέμῳ** καὶ εἶπεν τῇ θαλάσσῃ· σιώπα, πεφίμωσο.	Lk 8,24	... ὁ δὲ διεγερθεὶς ἐπετίμησεν **τῷ ἀνέμῳ** καὶ τῷ κλύδωνι τοῦ ὕδατος·	
121		 καὶ ἐγένετο γαλήνη μεγάλη.		καὶ ἐκόπασεν **ὁ ἄνεμος** καὶ ἐγένετο γαλήνη μεγάλη.		καὶ ἐπαύσαντο καὶ ἐγένετο γαλήνη.	

	Mt		Mk		Lk		
222	**Mt 8,27**	οἱ δὲ ἄνθρωποι ἐθαύμασαν λέγοντες· ποταπός ἐστιν οὗτος ὅτι καὶ **οἱ ἄνεμοι** καὶ ἡ θάλασσα αὐτῷ ὑπακούουσιν;	**Mk 4,41**	καὶ ἐφοβήθησαν φόβον μέγαν καὶ ἔλεγον πρὸς ἀλλήλους· τίς ἄρα οὗτός ἐστιν ὅτι καὶ **ὁ ἄνεμος** καὶ ἡ θάλασσα ὑπακούει αὐτῷ;	**Lk 8,25**	... φοβηθέντες δὲ ἐθαύμασαν, λέγοντες πρὸς ἀλλήλους· τίς ἄρα οὗτός ἐστιν ὅτι καὶ **τοῖς ἀνέμοις** ἐπιτάσσει καὶ τῷ ὕδατι, καὶ ὑπακούουσιν αὐτῷ;	
202	**Mt 11,7**	... τί ἐξήλθατε εἰς τὴν ἔρημον θεάσασθαι; κάλαμον **ὑπὸ ἀνέμου** σαλευόμενον;			**Lk 7,24**	... τί ἐξήλθατε εἰς τὴν ἔρημον θεάσασθαι; κάλαμον **ὑπὸ ἀνέμου** σαλευόμενον;	→ GTh 78
220	**Mt 14,24**	... βασανιζόμενον ὑπὸ τῶν κυμάτων, ἦν γὰρ ἐναντίος **ὁ ἄνεμος.**	**Mk 6,48**	καὶ ἰδὼν αὐτοὺς βασανιζομένους ἐν τῷ ἐλαύνειν, ἦν γὰρ **ὁ ἄνεμος** ἐναντίος αὐτοῖς, ...			→ Jn 6,18
200	**Mt 14,30**	βλέπων δὲ **τὸν ἄνεμον [ἰσχυρὸν]** ἐφοβήθη, ...					
220	**Mt 14,32**	καὶ ἀναβάντων αὐτῶν εἰς τὸ πλοῖον ἐκόπασεν **ὁ ἄνεμος.**	**Mk 6,51**	καὶ ἀνέβη πρὸς αὐτοὺς εἰς τὸ πλοῖον καὶ ἐκόπασεν **ὁ ἄνεμος,** ...			→ Jn 6,21
220	**Mt 24,31** → Mt 13,41	καὶ ἀποστελεῖ τοὺς ἀγγέλους αὐτοῦ μετὰ σάλπιγγος μεγάλης, καὶ ἐπισυνάξουσιν τοὺς ἐκλεκτοὺς αὐτοῦ **ἐκ τῶν τεσσάρων ἀνέμων** ἀπ᾽ ἄκρων οὐρανῶν ἕως [τῶν] ἄκρων αὐτῶν.	**Mk 13,27**	καὶ τότε ἀποστελεῖ τοὺς ἀγγέλους καὶ ἐπισυνάξει τοὺς ἐκλεκτοὺς [αὐτοῦ] **ἐκ τῶν τεσσάρων ἀνέμων** ἀπ᾽ ἄκρου γῆς ἕως ἄκρου οὐρανοῦ.			

Acts 27,4 κἀκεῖθεν ἀναχθέντες ὑπεπλεύσαμεν τὴν Κύπρον διὰ τὸ **τοὺς ἀνέμους** εἶναι ἐναντίους

Acts 27,7 ... μὴ προσεῶντος ἡμᾶς **τοῦ ἀνέμου** ὑπεπλεύσαμεν τὴν Κρήτην κατὰ Σαλμώνην

Acts 27,14 μετ᾽ οὐ πολὺ δὲ ἔβαλεν κατ᾽ αὐτῆς **ἄνεμος τυφωνικὸς** ὁ καλούμενος εὐρακύλων·

Acts 27,15 συναρπασθέντος δὲ τοῦ πλοίου καὶ μὴ δυναμένου ἀντοφθαλμεῖν **τῷ ἀνέμῳ** ἐπιδόντες ἐφερόμεθα.

ἀνένδεκτος	Syn 1	Mt	Mk	Lk 1	Acts	Jn	1-3John	Paul	Eph	Col
	NT 1	2Thess	1/2Tim	Tit	Heb	Jas	1Pet	2Pet	Jude	Rev

impossible

102	**Mt 18,7**	οὐαὶ τῷ κόσμῳ ἀπὸ τῶν σκανδάλων· **ἀνάγκη** γὰρ ἐλθεῖν τὰ σκάνδαλα, πλὴν οὐαὶ τῷ ἀνθρώπῳ δι᾽ οὗ τὸ σκάνδαλον ἔρχεται.			**Lk 17,1**	εἶπεν δὲ πρὸς τοὺς μαθητὰς αὐτοῦ· **ἀνένδεκτόν ἐστιν** τοῦ τὰ σκάνδαλα μὴ ἐλθεῖν, πλὴν οὐαὶ δι᾽ οὗ ἔρχεται·	

ἄνευ	Syn 1	Mt 1	Mk	Lk	Acts	Jn	1-3John	Paul	Eph	Col
	NT 3	2Thess	1/2Tim	Tit	Heb	Jas	1Pet 2	2Pet	Jude	Rev

preposition with genitive: without; apart from the knowledge and will of

	Mt	Mk	Lk
201	**Mt 10,29** οὐχὶ δύο στρουθία ἀσσαρίου πωλεῖται; καὶ ἓν ἐξ αὐτῶν οὐ πεσεῖται ἐπὶ τὴν γῆν **ἄνευ τοῦ πατρὸς ὑμῶν.**		**Lk 12,6** οὐχὶ πέντε στρουθία πωλοῦνται ἀσσαρίων δύο; καὶ ἓν ἐξ αὐτῶν οὐκ ἔστιν ἐπιλελησμένον **ἐνώπιον τοῦ θεοῦ.**

ἀνευρίσκω	Syn 1	Mt	Mk	Lk 1	Acts 1	Jn	1-3John	Paul	Eph	Col
	NT 2	2Thess	1/2Tim	Tit	Heb	Jas	1Pet	2Pet	Jude	Rev

find (by searching)

	Mt	Mk	Lk
002			**Lk 2,16** καὶ ἦλθαν σπεύσαντες καὶ **ἀνεῦραν** τήν τε Μαριὰμ καὶ τὸν Ἰωσὴφ καὶ τὸ βρέφος κείμενον ἐν τῇ φάτνῃ·

Acts 21,4 **ἀνευρόντες** δὲ τοὺς μαθητὰς ἐπεμείναμεν αὐτοῦ ἡμέρας ἑπτά, ...

ἀνέχομαι	Syn 3	Mt 1	Mk 1	Lk 1	Acts 1	Jn	1-3John	Paul 6	Eph 1	Col 1
	NT 15	2Thess 1	1/2Tim 1	Tit	Heb 1	Jas	1Pet	2Pet	Jude	Rev

endure; be patient with; give patient attention to

	Mt	Mk	Lk
222	**Mt 17,17** ... ὦ γενεὰ ἄπιστος καὶ διεστραμμένη, ἕως πότε μεθ' ὑμῶν ἔσομαι; ἕως πότε **ἀνέξομαι** ὑμῶν; ...	**Mk 9,19** ... ὦ γενεὰ ἄπιστος, ἕως πότε πρὸς ὑμᾶς ἔσομαι; ἕως πότε **ἀνέξομαι** ὑμῶν; ...	**Lk 9,41** ... ὦ γενεὰ ἄπιστος καὶ διεστραμμένη, ἕως πότε ἔσομαι πρὸς ὑμᾶς καὶ **ἀνέξομαι** ὑμῶν; ...

Acts 18,14 ... εἶπεν ὁ Γαλλίων πρὸς τοὺς Ἰουδαίους· εἰ μὲν ἦν ἀδίκημά τι ἢ ῥᾳδιούργημα πονηρόν, ὦ Ἰουδαῖοι, κατὰ λόγον ἂν **ἀνεσχόμην** ὑμῶν, [15] εἰ δὲ ζητήματά ἐστιν περὶ λόγου καὶ ὀνομάτων καὶ νόμου τοῦ καθ' ὑμᾶς, ὄψεσθε αὐτοί· ...

ἄνηθον	Syn 1	Mt 1	Mk	Lk	Acts	Jn	1-3John	Paul	Eph	Col
	NT 1	2Thess	1/2Tim	Tit	Heb	Jas	1Pet	2Pet	Jude	Rev

dill

201	**Mt 23,23** οὐαὶ ὑμῖν, γραμματεῖς καὶ Φαρισαῖοι ὑποκριταί, ὅτι ἀποδεκατοῦτε τὸ ἡδύοσμον καὶ **τὸ ἄνηθον** καὶ τὸ κύμινον καὶ ἀφήκατε τὰ βαρύτερα τοῦ νόμου, τὴν κρίσιν καὶ τὸ ἔλεος καὶ τὴν πίστιν· ...		**Lk 11,42** ἀλλὰ οὐαὶ ὑμῖν τοῖς Φαρισαίοις, ὅτι ἀποδεκατοῦτε τὸ ἡδύοσμον καὶ **τὸ πήγανον** καὶ πᾶν λάχανον καὶ παρέρχεσθε τὴν κρίσιν καὶ τὴν ἀγάπην τοῦ θεοῦ· ...	

ἀνήρ	Syn 39	Mt 8	Mk 4	Lk 27	Acts 100	Jn 8	1-3John	Paul 43	Eph 7	Col 2
	NT 216	2Thess	1/2Tim 5	Tit 2	Heb	Jas 6	1Pet 3	2Pet	Jude	Rev 1

man; husband; person

	triple tradition																	double tradition			Sondergut		
		+Mt / +Lk			−Mt / −Lk			traditions not taken over by Mt / Lk							subtotals								
code	*222*	*211*	*112*	*212*	*221*	*122*	*121*	*022*	*012*	*021*	*220*	*120*	*210*	*020*	Σ^+	Σ^-	Σ	*202*	*201*	*102*	*200*	*002*	total
Mt	1											2^-	2^+		2^+	2^-	3	1	2		2		**8**
Mk	1											2		1			4						**4**
Lk	1		9^+						3^+						12^+		13	1		3		10	**27**

[a] ἄνδρες ἀδελφοί (Acts only)
[b] ἄνδρες Ἰσραηλῖται (Acts only)
[c] ἄνδρες (τε) καὶ γυναῖκες (Acts only)

200	**Mt 1,16** →Mt 13,55 →Mk 6,3 Ἰακὼβ δὲ ἐγέννησεν τὸν Ἰωσὴφ **τὸν ἄνδρα Μαρίας,** ἐξ ἧς ἐγεννήθη Ἰησοῦς ὁ λεγόμενος χριστός.		**Lk 3,23** →Lk 4,22 καὶ αὐτὸς ἦν Ἰησοῦς ἀρχόμενος ὡσεὶ ἐτῶν τριάκοντα, ὢν υἱός, ὡς ἐνομίζετο, Ἰωσὴφ τοῦ Ἠλὶ	
200	**Mt 1,19** Ἰωσὴφ δὲ **ὁ ἀνὴρ αὐτῆς,** δίκαιος ὢν καὶ μὴ θέλων αὐτὴν δειγματίσαι, ἐβουλήθη λάθρᾳ ἀπολῦσαι αὐτήν.			
002			**Lk 1,27** →Mt 1,18 →Mt 1,20 πρὸς παρθένον ἐμνηστευμένην **ἀνδρὶ** ᾧ ὄνομα Ἰωσὴφ ἐξ οἴκου Δαυὶδ καὶ τὸ ὄνομα τῆς παρθένου Μαριάμ.	
002			**Lk 1,34** ... πῶς ἔσται τοῦτο, ἐπεὶ **ἄνδρα** οὐ γινώσκω;	
002			**Lk 2,36** καὶ ἦν Ἅννα προφῆτις ... ζήσασα **μετὰ ἀνδρὸς** ἔτη ἑπτὰ ἀπὸ τῆς παρθενίας αὐτῆς	

002					Lk 5,8	... ἔξελθε ἀπ᾿ ἐμοῦ, ὅτι ἀνὴρ ἁμαρτωλός εἰμι, κύριε.
112	Mt 8,2	καὶ ἰδοὺ λεπρὸς προσελθὼν προσεκύνει αὐτῷ ...	Mk 1,40	καὶ ἔρχεται πρὸς αὐτὸν λεπρὸς παρακαλῶν αὐτὸν [καὶ γονυπετῶν] ...	Lk 5,12 ↓ Lk 17,12	... καὶ ἰδοὺ ἀνὴρ πλήρης λέπρας· ἰδὼν δὲ τὸν Ἰησοῦν, πεσὼν ἐπὶ πρόσωπον ἐδεήθη αὐτοῦ ...
112	Mt 9,2	καὶ ἰδοὺ προσέφερον αὐτῷ παραλυτικὸν ἐπὶ κλίνης βεβλημένον. ...	Mk 2,3	καὶ ἔρχονται φέροντες πρὸς αὐτὸν παραλυτικὸν αἰρόμενον ὑπὸ τεσσάρων.	Lk 5,18	καὶ ἰδοὺ ἄνδρες φέροντες ἐπὶ κλίνης ἄνθρωπον ὃς ἦν παραλελυμένος ...
012			Mk 3,3	καὶ λέγει τῷ ἀνθρώπῳ τῷ τὴν ξηρὰν χεῖρα ἔχοντι· ἔγειρε εἰς τὸ μέσον.	Lk 6,8 → Lk 5,22 → Mt 12,25 → Lk 11,17	αὐτὸς δὲ ᾔδει τοὺς διαλογισμοὺς αὐτῶν, εἶπεν δὲ τῷ ἀνδρὶ τῷ ξηρὰν ἔχοντι τὴν χεῖρα· ἔγειρε καὶ στῆθι εἰς τὸ μέσον· ...
201	Mt 7,24	... ὁμοιωθήσεται ἀνδρὶ φρονίμῳ, ὅστις ᾠκοδόμησεν αὐτοῦ τὴν οἰκίαν ἐπὶ τὴν πέτραν·			Lk 6,48	ὅμοιός ἐστιν ἀνθρώπῳ οἰκοδομοῦντι οἰκίαν ὃς ἔσκαψεν καὶ ἐβάθυνεν καὶ ἔθηκεν θεμέλιον ἐπὶ τὴν πέτραν· ...
201	Mt 7,26	... ὁμοιωθήσεται ἀνδρὶ μωρῷ, ὅστις ᾠκοδόμησεν αὐτοῦ τὴν οἰκίαν ἐπὶ τὴν ἄμμον.			Lk 6,49	... ὅμοιός ἐστιν ἀνθρώπῳ οἰκοδομήσαντι οἰκίαν ἐπὶ τὴν γῆν χωρὶς θεμελίου, ...
002					Lk 7,20	παραγενόμενοι δὲ πρὸς αὐτὸν οἱ ἄνδρες εἶπαν· Ἰωάννης ὁ βαπτιστὴς ἀπέστειλεν ἡμᾶς πρὸς σὲ λέγων· σὺ εἶ ὁ ἐρχόμενος ἢ ἄλλον προσδοκῶμεν;
202	Mt 12,41	ἄνδρες Νινευῖται ἀναστήσονται ἐν τῇ κρίσει μετὰ τῆς γενεᾶς ταύτης καὶ κατακρινοῦσιν αὐτήν, ...			Lk 11,32	ἄνδρες Νινευῖται ἀναστήσονται ἐν τῇ κρίσει μετὰ τῆς γενεᾶς ταύτης καὶ κατακρινοῦσιν αὐτήν· ...
112	Mt 8,28	καὶ ἐλθόντος αὐτοῦ εἰς τὸ πέραν εἰς τὴν χώραν τῶν Γαδαρηνῶν ὑπήντησαν αὐτῷ δύο δαιμονιζόμενοι ἐκ τῶν μνημείων ἐξερχόμενοι, ...	Mk 5,2	[1] καὶ ἦλθον εἰς τὸ πέραν τῆς θαλάσσης εἰς τὴν χώραν τῶν Γερασηνῶν. [2] καὶ ἐξελθόντος αὐτοῦ ἐκ τοῦ πλοίου εὐθὺς ὑπήντησεν αὐτῷ ἐκ τῶν μνημείων ἄνθρωπος ἐν πνεύματι ἀκαθάρτῳ	Lk 8,27	[26] καὶ κατέπλευσαν εἰς τὴν χώραν τῶν Γερασηνῶν, ἥτις ἐστὶν ἀντιπέρα τῆς Γαλιλαίας. [27] ἐξελθόντι δὲ αὐτῷ ἐπὶ τὴν γῆν ὑπήντησεν ἀνήρ τις ἐκ τῆς πόλεως ἔχων δαιμόνια ...
012			Mk 5,18	... παρεκάλει αὐτὸν ὁ δαιμονισθεὶς ἵνα μετ᾿ αὐτοῦ ᾖ.	Lk 8,38	ἐδεῖτο δὲ αὐτοῦ ὁ ἀνὴρ ἀφ᾿ οὗ ἐξεληλύθει τὰ δαιμόνια εἶναι σὺν αὐτῷ· ...

112	Mt 9,18	... ἰδοὺ ἄρχων εἷς ἐλθὼν προσεκύνει αὐτῷ ...	Mk 5,22	καὶ ἔρχεται εἷς τῶν ἀρχισυναγώγων, ὀνόματι Ἰάϊρος, καὶ ἰδὼν αὐτὸν πίπτει πρὸς τοὺς πόδας αὐτοῦ	Lk 8,41	καὶ ἰδοὺ ἦλθεν **ἀνὴρ** ᾧ ὄνομα Ἰάϊρος καὶ οὗτος ἄρχων τῆς συναγωγῆς ὑπῆρχεν, καὶ πεσὼν παρὰ τοὺς πόδας [τοῦ] Ἰησοῦ ...	
120	Mt 14,5	[3] ὁ γὰρ Ἡρῴδης ... [5] καὶ θέλων αὐτὸν ἀποκτεῖναι ἐφοβήθη τὸν ὄχλον, ὅτι **ὡς προφήτην** αὐτὸν εἶχον.	Mk 6,20	[19] ἡ δὲ Ἡρῳδιὰς ἐνεῖχεν αὐτῷ καὶ ἤθελεν αὐτὸν ἀποκτεῖναι, καὶ οὐκ ἠδύνατο· [20] ὁ γὰρ Ἡρῴδης ἐφοβεῖτο τὸν Ἰωάννην, εἰδὼς αὐτὸν **ἄνδρα δίκαιον καὶ ἅγιον**, ...			
222	Mt 14,21 ↓ Mt 15,38	οἱ δὲ ἐσθίοντες ἦσαν **ἄνδρες ὡσεὶ πεντακισχίλιοι** χωρὶς γυναικῶν καὶ παιδίων.	Mk 6,44 ↓ Mk 8,9	καὶ ἦσαν οἱ φαγόντες [τοὺς ἄρτους] **πεντακισχίλιοι ἄνδρες.**	Lk 9,14	ἦσαν γὰρ **ὡσεὶ ἄνδρες πεντακισχίλιοι.** ...	→ Jn 6,10
210	Mt 14,35	καὶ ἐπιγνόντες αὐτὸν **οἱ ἄνδρες τοῦ τόπου ἐκείνου** ἀπέστειλαν εἰς ὅλην τὴν περίχωρον ἐκείνην ...	Mk 6,54	καὶ ἐξελθόντων αὐτῶν ἐκ τοῦ πλοίου εὐθὺς ἐπιγνόντες αὐτὸν [55] περιέδραμον ὅλην τὴν χώραν ἐκείνην ...			
210	Mt 15,38 ↑ Mt 14,21	οἱ δὲ ἐσθίοντες ἦσαν **τετρακισχίλιοι ἄνδρες** χωρὶς γυναικῶν καὶ παιδίων.	Mk 8,9 ↑ Mk 6,44	ἦσαν δὲ **ὡς τετρακισχίλιοι.** ...	↑ Lk 9,14a		
112	Mt 17,3	καὶ ἰδοὺ ὤφθη αὐτοῖς Μωϋσῆς καὶ Ἠλίας συλλαλοῦντες μετ᾽ αὐτοῦ.	Mk 9,4	καὶ ὤφθη αὐτοῖς Ἠλίας σὺν Μωϋσεῖ καὶ ἦσαν συλλαλοῦντες τῷ Ἰησοῦ.	Lk 9,30	καὶ ἰδοὺ **ἄνδρες δύο** συνελάλουν αὐτῷ, οἵτινες ἦσαν Μωϋσῆς καὶ Ἠλίας	
002					Lk 9,32	... διαγρηγορήσαντες δὲ εἶδον τὴν δόξαν αὐτοῦ καὶ **τοὺς δύο ἄνδρας** τοὺς συνεστῶτας αὐτῷ.	
112	Mt 17,14	καὶ ἐλθόντων πρὸς τὸν ὄχλον προσῆλθεν αὐτῷ **ἄνθρωπος** γονυπετῶν αὐτὸν	Mk 9,17	καὶ ἀπεκρίθη αὐτῷ **εἷς** ἐκ τοῦ ὄχλου· ...	Lk 9,38	καὶ ἰδοὺ **ἀνὴρ** ἀπὸ τοῦ ὄχλου ἐβόησεν ...	
102	Mt 12,42	βασίλισσα νότου ἐγερθήσεται ἐν τῇ κρίσει **μετὰ τῆς γενεᾶς ταύτης** καὶ κατακρινεῖ αὐτήν, ...			Lk 11,31	βασίλισσα νότου ἐγερθήσεται ἐν τῇ κρίσει **μετὰ τῶν ἀνδρῶν τῆς γενεᾶς ταύτης** καὶ κατακρινεῖ αὐτούς, ...	
202	Mt 12,41	**ἄνδρες Νινευῖται** ἀναστήσονται ἐν τῇ κρίσει μετὰ τῆς γενεᾶς ταύτης καὶ κατακρινοῦσιν αὐτήν, ...			Lk 11,32	**ἄνδρες Νινευῖται** ἀναστήσονται ἐν τῇ κρίσει μετὰ τῆς γενεᾶς ταύτης καὶ κατακρινοῦσιν αὐτήν· ...	

102	Mt 22,8	τότε λέγει τοῖς δούλοις αὐτοῦ· ὁ μὲν γάμος ἕτοιμός ἐστιν, οἱ δὲ κεκλημένοι οὐκ ἦσαν ἄξιοι·			Lk 14,24	λέγω γὰρ ὑμῖν ὅτι οὐδεὶς τῶν ἀνδρῶν ἐκείνων τῶν κεκλημένων γεύσεταί μου τοῦ δείπνου.	→ GTh 64
102	Mt 5,32 ⇩ Mt 19,9	... πᾶς ὁ ἀπολύων τὴν γυναῖκα αὐτοῦ παρεκτὸς λόγου πορνείας ποιεῖ αὐτὴν μοιχευθῆναι, καὶ ὃς ἐὰν ἀπολελυμένην γαμήσῃ, μοιχᾶται.			Lk 16,18	πᾶς ὁ ἀπολύων τὴν γυναῖκα αὐτοῦ καὶ γαμῶν ἑτέραν μοιχεύει, καὶ ὁ ἀπολελυμένην ἀπὸ ἀνδρὸς γαμῶν μοιχεύει.	→ 1Cor 7,10-11 Mk-Q overlap
	Mt 19,9 ⇧ Mt 5,32	... ὃς ἂν ἀπολύσῃ τὴν γυναῖκα αὐτοῦ μὴ ἐπὶ πορνείᾳ καὶ γαμήσῃ ἄλλην μοιχᾶται.	Mk 10,11 ↓ Mk 10,12	... ὃς ἂν ἀπολύσῃ τὴν γυναῖκα αὐτοῦ καὶ γαμήσῃ ἄλλην μοιχᾶται ἐπ᾽ αὐτήν·			→ 1Cor 7,10-11
002					Lk 17,12 ↑ Mt 8,2 ↑ Mk 1,40 ↑ Lk 5,12	καὶ εἰσερχομένου αὐτοῦ εἴς τινα κώμην ἀπήντησαν [αὐτῷ] δέκα λεπροὶ ἄνδρες, οἳ ἔστησαν πόρρωθεν	
120	Mt 19,3	καὶ προσῆλθον αὐτῷ Φαρισαῖοι πειράζοντες αὐτὸν καὶ λέγοντες· εἰ ἔξεστιν ἀνθρώπῳ ἀπολῦσαι τὴν γυναῖκα αὐτοῦ κατὰ πᾶσαν αἰτίαν;	Mk 10,2	καὶ προσελθόντες Φαρισαῖοι ἐπηρώτων αὐτὸν εἰ ἔξεστιν ἀνδρὶ γυναῖκα ἀπολῦσαι, πειράζοντες αὐτόν.			
020			Mk 10,12 ↑ Mt 5,32 ↑ Mt 19,9 ↑ Lk 16,18 ↑ Mk 10,11	καὶ ἐὰν αὐτὴ ἀπολύσασα τὸν ἄνδρα αὐτῆς γαμήσῃ ἄλλον μοιχᾶται.			
002					Lk 19,2	καὶ ἰδοὺ ἀνὴρ ὀνόματι καλούμενος Ζακχαῖος, καὶ αὐτὸς ἦν ἀρχιτελώνης καὶ αὐτὸς πλούσιος·	
002					Lk 19,7 → Mt 9,11 → Mk 2,16 → Lk 5,30 → Lk 15,2	καὶ ἰδόντες πάντες διεγόγγυζον λέγοντες ὅτι παρὰ ἁμαρτωλῷ ἀνδρὶ εἰσῆλθεν καταλῦσαι.	
112	Mt 26,67	τότε ἐνέπτυσαν εἰς τὸ πρόσωπον αὐτοῦ καὶ ἐκολάφισαν αὐτόν, οἱ δὲ ἐράπισαν	Mk 14,65	καὶ ἤρξαντό τινες ἐμπτύειν αὐτῷ καὶ περικαλύπτειν αὐτοῦ τὸ πρόσωπον καὶ κολαφίζειν αὐτὸν ...	Lk 22,63	καὶ οἱ ἄνδρες οἱ συνέχοντες αὐτὸν ἐνέπαιζον αὐτῷ δέροντες, [64] καὶ περικαλύψαντες αὐτὸν ...	
112	Mt 27,57	... ἦλθεν ἄνθρωπος πλούσιος ἀπὸ Ἁριμαθαίας, τοὔνομα Ἰωσήφ,	Mk 15,43	ἐλθὼν Ἰωσὴφ	Lk 23,50 (2)	καὶ ἰδοὺ ἀνὴρ ὀνόματι Ἰωσὴφ βουλευτὴς ὑπάρχων [καὶ]	→ Jn 19,38
112		ὃς καὶ αὐτὸς ἐμαθητεύθη τῷ Ἰησοῦ·		[ὁ] ἀπὸ Ἁριμαθαίας εὐσχήμων βουλευτής, ὃς καὶ αὐτὸς ἦν προσδεχόμενος τὴν βασιλείαν τοῦ θεοῦ, ...		ἀνὴρ ἀγαθὸς καὶ δίκαιος [51] ... ἀπὸ Ἁριμαθαίας πόλεως τῶν Ἰουδαίων, ὃς προσεδέχετο τὴν βασιλείαν τοῦ θεοῦ	→ Jn 19,38

012	Mt 28,3	[2] ... ἄγγελος γὰρ κυρίου καταβὰς ἐξ οὐρανοῦ καὶ προσελθὼν ἀπεκύλισεν τὸν λίθον καὶ ἐκάθητο ἐπάνω αὐτοῦ. [3] ἦν δὲ ἡ εἰδέα αὐτοῦ ὡς ἀστραπὴ καὶ τὸ ἔνδυμα αὐτοῦ λευκὸν ὡς χιών.	Mk 16,5	καὶ εἰσελθοῦσαι εἰς τὸ μνημεῖον εἶδον **νεανίσκον** καθήμενον ἐν τοῖς δεξιοῖς περιβεβλημένον στολὴν λευκήν, ...	Lk 24,4 → Lk 24,23	καὶ ἐγένετο ἐν τῷ ἀπορεῖσθαι αὐτὰς περὶ τούτου καὶ ἰδοὺ **ἄνδρες δύο** ἐπέστησαν αὐταῖς ἐν ἐσθῆτι ἀστραπτούσῃ.	→ Jn 20,12
002					Lk 24,19	... τὰ περὶ Ἰησοῦ τοῦ Ναζαρηνοῦ, ὃς ἐγένετο **ἀνὴρ προφήτης** δυνατὸς ἐν ἔργῳ καὶ λόγῳ ἐναντίον τοῦ θεοῦ καὶ παντὸς τοῦ λαοῦ	→ Acts 2,22 → Acts 10,38

a ἄνδρες ἀδελφοί (Acts only)
b ἄνδρες Ἰσραηλῖται (Acts only)
c ἄνδρες (τε) καὶ γυναῖκες (Acts only)

Acts 1,10 καὶ ὡς ἀτενίζοντες ἦσαν εἰς τὸν οὐρανὸν πορευομένου αὐτοῦ, καὶ ἰδοὺ
ἄνδρες δύο
παρειστήκεισαν αὐτοῖς ἐν ἐσθήσεσι λευκαῖς,

Acts 1,11 οἳ καὶ εἶπαν·
ἄνδρες Γαλιλαῖοι,
τί ἑστήκατε [ἐμ]βλέποντες εἰς τὸν οὐρανόν; ...

a **Acts 1,16** **ἄνδρες ἀδελφοί,**
ἔδει πληρωθῆναι τὴν γραφὴν ἣν προεῖπεν τὸ πνεῦμα τὸ ἅγιον διὰ στόματος Δαυὶδ περὶ Ἰούδα ...

Acts 1,21 δεῖ οὖν τῶν συνελθόντων ἡμῖν
ἀνδρῶν
ἐν παντὶ χρόνῳ ᾧ εἰσῆλθεν καὶ ἐξῆλθεν ἐφ᾽ ἡμᾶς ὁ κύριος Ἰησοῦς

Acts 2,5 ἦσαν δὲ εἰς Ἰερουσαλὴμ κατοικοῦντες Ἰουδαῖοι,
ἄνδρες εὐλαβεῖς
ἀπὸ παντὸς ἔθνους τῶν ὑπὸ τὸν οὐρανόν.

Acts 2,14 σταθεὶς δὲ ὁ Πέτρος σὺν τοῖς ἕνδεκα ἐπῆρεν τὴν φωνὴν αὐτοῦ καὶ ἀπεφθέγξατο αὐτοῖς·
ἄνδρες Ἰουδαῖοι
καὶ οἱ κατοικοῦντες Ἰερουσαλὴμ πάντες, ...

b **Acts 2,22 (2)** **ἄνδρες Ἰσραηλῖται,**
ἀκούσατε τοὺς λόγους τούτους·
→ Lk 24,19 Ἰησοῦν τὸν Ναζωραῖον,
ἄνδρα ἀποδεδειγμένον
ἀπὸ τοῦ θεοῦ εἰς ὑμᾶς δυνάμεσι καὶ τέρασι καὶ σημείοις οἷς ἐποίησεν δι᾽ αὐτοῦ ὁ θεὸς ἐν μέσῳ ὑμῶν καθὼς αὐτοὶ οἴδατε

a **Acts 2,29** **ἄνδρες ἀδελφοί,**
ἐξὸν εἰπεῖν μετὰ παρρησίας πρὸς ὑμᾶς περὶ τοῦ πατριάρχου Δαυίδ ...

a **Acts 2,37** ἀκούσαντες δὲ κατενύγησαν τὴν καρδίαν εἶπόν τε πρὸς τὸν Πέτρον καὶ τοὺς λοιποὺς ἀποστόλους· τί ποιήσωμεν,
ἄνδρες ἀδελφοί;

Acts 3,2 καί
τις ἀνὴρ
χωλὸς ἐκ κοιλίας μητρὸς αὐτοῦ ὑπάρχων ἐβαστάζετο, ...

b **Acts 3,12** ἰδὼν δὲ ὁ Πέτρος ἀπεκρίνατο πρὸς τὸν λαόν·
ἄνδρες Ἰσραηλῖται,
τί θαυμάζετε ἐπὶ τούτῳ ...

Acts 3,14 → Lk 23,19 ὑμεῖς δὲ τὸν ἅγιον καὶ δίκαιον ἠρνήσασθε καὶ ᾐτήσασθε
ἄνδρα φονέα
χαρισθῆναι ὑμῖν

Acts 4,4 ... καὶ ἐγενήθη
[ὁ] ἀριθμὸς τῶν ἀνδρῶν
[ὡς] χιλιάδες πέντε.

Acts 5,1 **ἀνὴρ δέ τις**
Ἁνανίας ὀνόματι σὺν Σαπφίρῃ τῇ γυναικὶ αὐτοῦ ἐπώλησεν κτῆμα

Acts 5,9 ... ἰδοὺ οἱ πόδες τῶν θαψάντων
τὸν ἄνδρα σου
ἐπὶ τῇ θύρᾳ καὶ ἐξοίσουσίν σε.

Acts 5,10 ... εἰσελθόντες δὲ οἱ νεανίσκοι εὗρον αὐτὴν νεκρὰν καὶ ἐξενέγκαντες ἔθαψαν
πρὸς τὸν ἄνδρα αὐτῆς

c **Acts 5,14** μᾶλλον δὲ προσετίθεντο πιστεύοντες τῷ κυρίῳ,
πλήθη ἀνδρῶν τε καὶ γυναικῶν

Acts 5,25 ... ἰδοὺ
οἱ ἄνδρες
οὓς ἔθεσθε ἐν τῇ φυλακῇ εἰσὶν ἐν τῷ ἱερῷ ἑστῶτες καὶ διδάσκοντες τὸν λαόν.

b **Acts 5,35** εἶπέν τε πρὸς αὐτούς·
ἄνδρες Ἰσραηλῖται,
προσέχετε ἑαυτοῖς ἐπὶ τοῖς ἀνθρώποις τούτοις τί μέλλετε πράσσειν.

Acts 5,36 πρὸ γὰρ τούτων τῶν ἡμερῶν ἀνέστη Θευδᾶς λέγων εἶναί τινα ἑαυτόν, ᾧ προσεκλίθη
ἀνδρῶν ἀριθμὸς ὡς τετρακοσίων· ...

Acts 6,3 ἐπισκέψασθε δέ, ἀδελφοί,
ἄνδρας ἐξ ὑμῶν μαρτυρουμένους ἑπτά,
πλήρεις πνεύματος καὶ σοφίας, ...

Acts 6,5 ... καὶ ἐξελέξαντο Στέφανον,
ἄνδρα πλήρης πίστεως καὶ πνεύματος ἁγίου,
καὶ Φίλιππον καὶ Πρόχορον καὶ Νικάνορα ...

Acts 6,11 τότε ὑπέβαλον
ἄνδρας
λέγοντας ὅτι ἀκηκόαμεν αὐτοῦ λαλοῦντος ῥήματα βλάσφημα εἰς Μωϋσῆν καὶ τὸν θεόν.

a Acts 7,2 ὁ δὲ ἔφη·
ἄνδρες ἀδελφοὶ
καὶ πατέρες, ἀκούσατε. ...

Acts 7,26 ... καὶ συνήλλασσεν αὐτοὺς εἰς εἰρήνην εἰπών·
ἄνδρες,
ἀδελφοί ἐστε· ἱνατί ἀδικεῖτε ἀλλήλους;

Acts 8,2 συνεκόμισαν δὲ τὸν Στέφανον
ἄνδρες εὐλαβεῖς
καὶ ἐποίησαν κοπετὸν μέγαν ἐπ' αὐτῷ.

c Acts 8,3 Σαῦλος δὲ ἐλυμαίνετο τὴν ἐκκλησίαν κατὰ τοὺς οἴκους εἰσπορευόμενος, σύρων τε
ἄνδρας καὶ γυναῖκας
παρεδίδου εἰς φυλακήν.

Acts 8,9 **ἀνὴρ δέ τις**
ὀνόματι Σίμων προϋπῆρχεν ἐν τῇ πόλει μαγεύων καὶ ἐξιστάνων τὸ ἔθνος τῆς Σαμαρείας, ...

c Acts 8,12 ὅτε δὲ ἐπίστευσαν τῷ Φιλίππῳ εὐαγγελιζομένῳ περὶ τῆς βασιλείας τοῦ θεοῦ καὶ τοῦ ὀνόματος Ἰησοῦ Χριστοῦ, ἐβαπτίζοντο
ἄνδρες τε καὶ γυναῖκες.

Acts 8,27 ... καὶ ἰδοὺ
ἀνὴρ Αἰθίοψ
εὐνοῦχος δυνάστης Κανδάκης βασιλίσσης Αἰθιόπων, ...

c Acts 9,2 ... ὅπως ἐάν τινας εὕρῃ τῆς ὁδοῦ ὄντας,
ἄνδρας τε καὶ γυναῖκας,
δεδεμένους ἀγάγῃ εἰς Ἰερουσαλήμ.

Acts 9,7 **οἱ δὲ ἄνδρες**
οἱ συνοδεύοντες αὐτῷ εἱστήκεισαν ἐνεοί, ἀκούοντες μὲν τῆς φωνῆς μηδένα δὲ θεωροῦντες.

Acts 9,12 καὶ εἶδεν
ἄνδρα
[ἐν ὁράματι] Ἁνανίαν ὀνόματι εἰσελθόντα ...

Acts 9,13 ... κύριε, ἤκουσα ἀπὸ πολλῶν
περὶ τοῦ ἀνδρὸς τούτου
ὅσα κακὰ τοῖς ἁγίοις σου ἐποίησεν ἐν Ἰερουσαλήμ·

Acts 9,38 ... οἱ μαθηταὶ ἀκούσαντες ὅτι Πέτρος ἐστὶν ἐν αὐτῇ ἀπέστειλαν
δύο ἄνδρας
πρὸς αὐτὸν παρακαλοῦντες· μὴ ὀκνήσῃς διελθεῖν ἕως ἡμῶν.

Acts 10,1 **ἀνὴρ δέ τις**
ἐν Καισαρείᾳ ὀνόματι Κορνήλιος, ...

Acts 10,5 καὶ νῦν πέμψον
ἄνδρας
εἰς Ἰόππην καὶ μετάπεμψαι Σίμωνά τινα ὃς ἐπικαλεῖται Πέτρος·

Acts 10,17 ... ἰδοὺ
οἱ ἄνδρες οἱ ἀπεσταλμένοι
ὑπὸ τοῦ Κορνηλίου διερωτήσαντες τὴν οἰκίαν τοῦ Σίμωνος ἐπέστησαν ἐπὶ τὸν πυλῶνα

Acts 10,19 τοῦ δὲ Πέτρου διενθυμουμένου περὶ τοῦ ὁράματος εἶπεν [αὐτῷ] τὸ πνεῦμα· ἰδοὺ
ἄνδρες τρεῖς
ζητοῦντές σε

Acts 10,21 καταβὰς δὲ Πέτρος
πρὸς τοὺς ἄνδρας
εἶπεν· ἰδοὺ ἐγώ εἰμι ὃν ζητεῖτε· ...

Acts 10,22 ... Κορνήλιος ἑκατοντάρχης,
→ Lk 7,5
ἀνὴρ δίκαιος
καὶ φοβούμενος τὸν θεόν, μαρτυρούμενός τε ὑπὸ ὅλου τοῦ ἔθνους τῶν Ἰουδαίων, ...

Acts 10,28 ... ὑμεῖς ἐπίστασθε ὡς ἀθέμιτόν ἐστιν
ἀνδρὶ Ἰουδαίῳ
κολλᾶσθαι ἢ προσέρχεσθαι ἀλλοφύλῳ· ...

Acts 10,30 ... καὶ ἰδοὺ
ἀνὴρ
ἔστη ἐνώπιόν μου ἐν ἐσθῆτι λαμπρᾷ

Acts 11,3 λέγοντες ὅτι εἰσῆλθες
πρὸς ἄνδρας
ἀκροβυστίαν ἔχοντας καὶ συνέφαγες αὐτοῖς.

Acts 11,11 καὶ ἰδοὺ ἐξαυτῆς
τρεῖς ἄνδρες
ἐπέστησαν ἐπὶ τὴν οἰκίαν ἐν ᾗ ἦμεν, ...

Acts 11,12 ... ἦλθον δὲ σὺν ἐμοὶ καὶ οἱ ἓξ ἀδελφοὶ οὗτοι καὶ εἰσήλθομεν
εἰς τὸν οἶκον τοῦ ἀνδρός.

Acts 11,20 ἦσαν δέ τινες ἐξ αὐτῶν
ἄνδρες Κύπριοι καὶ Κυρηναῖοι,
οἵτινες ἐλθόντες εἰς Ἀντιόχειαν ...

Acts 11,24 ὅτι ἦν
ἀνὴρ ἀγαθὸς
καὶ πλήρης πνεύματος ἁγίου καὶ πίστεως. ...

Acts 13,6 διελθόντες δὲ ὅλην τὴν νῆσον ἄχρι Πάφου εὗρον
ἄνδρα τινὰ
μάγον ψευδοπροφήτην Ἰουδαῖον ᾧ ὄνομα Βαριησοῦ

Acts 13,7 ὃς ἦν σὺν τῷ ἀνθυπάτῳ Σεργίῳ Παύλῳ,
ἀνδρὶ συνετῷ. ...

a Acts 13,15 ... ἀπέστειλαν οἱ ἀρχισυνάγωγοι πρὸς αὐτοὺς λέγοντες·
ἄνδρες ἀδελφοί,
εἴ τίς ἐστιν ἐν ὑμῖν λόγος παρακλήσεως πρὸς τὸν λαόν, λέγετε.

b Acts 13,16 ἀναστὰς δὲ Παῦλος καὶ κατασείσας τῇ χειρὶ εἶπεν·
ἄνδρες Ἰσραηλῖται
καὶ οἱ φοβούμενοι τὸν θεόν, ἀκούσατε.

Acts 13,21 κἀκεῖθεν ᾐτήσαντο βασιλέα καὶ ἔδωκεν αὐτοῖς ὁ θεὸς τὸν Σαοὺλ υἱὸν Κίς,
ἄνδρα ἐκ φυλῆς Βενιαμίν,
ἔτη τεσσεράκοντα.

Acts 13,22 ... εὗρον Δαυὶδ τὸν τοῦ Ἰεσσαί,
ἄνδρα κατὰ τὴν καρδίαν μου,
ὃς ποιήσει πάντα τὰ θελήματά μου.
➢ Ps 89,21/1Sam 13,14/Isa 44,28

a Acts 13,26 **ἄνδρες ἀδελφοί,**
υἱοὶ γένους Ἀβραὰμ καὶ οἱ ἐν ὑμῖν φοβούμενοι τὸν θεόν, ...

a **Acts 13,38** γνωστὸν οὖν ἔστω ὑμῖν,
ἄνδρες ἀδελφοί,
ὅτι διὰ τούτου ὑμῖν
ἄφεσις ἁμαρτιῶν
καταγγέλλεται, ...

Acts 14,8 καί
τις ἀνὴρ
ἀδύνατος ἐν Λύστροις
τοῖς ποσὶν ἐκάθητο, ...

Acts 14,15 καὶ λέγοντες·
ἄνδρες,
τί ταῦτα ποιεῖτε; καὶ
ἡμεῖς ὁμοιοπαθεῖς ἐσμεν
ὑμῖν ἄνθρωποι ...

a **Acts 15,7** ... Πέτρος εἶπεν
πρὸς αὐτούς·
ἄνδρες ἀδελφοί,
ὑμεῖς ἐπίστασθε ὅτι ἀφ᾽
ἡμερῶν ἀρχαίων ἐν ὑμῖν
ἐξελέξατο ὁ θεὸς διὰ τοῦ
στόματός μου ἀκοῦσαι
τὰ ἔθνη τὸν λόγον τοῦ
εὐαγγελίου καὶ
πιστεῦσαι.

a **Acts 15,13** μετὰ δὲ τὸ σιγῆσαι
αὐτοὺς ἀπεκρίθη
Ἰάκωβος λέγων·
ἄνδρες ἀδελφοί,
ἀκούσατέ μου.

Acts 15,22 (2) τότε ἔδοξε τοῖς
ἀποστόλοις καὶ τοῖς
πρεσβυτέροις σὺν ὅλῃ τῇ
ἐκκλησίᾳ ἐκλεξαμένους
ἄνδρας
ἐξ αὐτῶν πέμψαι εἰς
Ἀντιόχειαν σὺν τῷ
Παύλῳ καὶ Βαρναβᾷ,
Ἰούδαν τὸν καλούμενον
Βαρσαββᾶν καὶ Σιλᾶν,
ἄνδρας ἡγουμένους
ἐν τοῖς ἀδελφοῖς

Acts 15,25 ἔδοξεν ἡμῖν γενομένοις
ὁμοθυμαδὸν
ἐκλεξαμένοις
ἄνδρας
πέμψαι πρὸς ὑμᾶς σὺν
τοῖς ἀγαπητοῖς ἡμῶν
Βαρναβᾷ καὶ Παύλῳ

Acts 16,9 καὶ ὅραμα διὰ [τῆς]
νυκτὸς τῷ Παύλῳ ὤφθη,
ἀνὴρ Μακεδών τις
ἦν ἑστὼς καὶ παρακαλῶν
αὐτὸν ...

Acts 17,5 ζηλώσαντες δὲ
οἱ Ἰουδαῖοι καὶ
προσλαβόμενοι
τῶν ἀγοραίων
**ἄνδρας τινὰς
πονηροὺς**
καὶ ὀχλοποιήσαντες
ἐθορύβουν τὴν πόλιν ...

c **Acts 17,12** πολλοὶ μὲν οὖν ἐξ αὐτῶν
ἐπίστευσαν καὶ
**τῶν Ἑλληνίδων
γυναικῶν τῶν
εὐσχημόνων καὶ
ἀνδρῶν οὐκ ὀλίγοι.**

Acts 17,22 σταθεὶς δὲ [ὁ] Παῦλος ἐν
μέσῳ τοῦ Ἀρείου πάγου
ἔφη·
ἄνδρες Ἀθηναῖοι,
κατὰ πάντα ὡς
δεισιδαιμονεστέρους
ὑμᾶς θεωρῶ.

Acts 17,31 καθότι ἔστησεν ἡμέραν
ἐν ᾗ μέλλει κρίνειν
τὴν οἰκουμένην
ἐν δικαιοσύνῃ,
ἐν ἀνδρὶ ᾧ ὥρισεν,
πίστιν παρασχὼν πᾶσιν
ἀναστήσας αὐτὸν
ἐκ νεκρῶν.

Acts 17,34 **τινὲς δὲ ἄνδρες**
κολληθέντες αὐτῷ
ἐπίστευσαν, ...

Acts 18,24 Ἰουδαῖος δέ τις Ἀπολλῶς
ὀνόματι, Ἀλεξανδρεὺς
τῷ γένει,
ἀνὴρ λόγιος,
κατήντησεν εἰς Ἔφεσον,
...

Acts 19,7 ἦσαν δὲ
οἱ πάντες ἄνδρες
ὡσεὶ δώδεκα.

Acts 19,25 οὓς συναθροίσας καὶ
τοὺς περὶ τὰ τοιαῦτα
ἐργάτας εἶπεν·
ἄνδρες,
ἐπίστασθε ὅτι ἐκ ταύτης
τῆς ἐργασίας ἡ εὐπορία
ἡμῖν ἐστιν

Acts 19,35 καταστείλας δὲ
ὁ γραμματεὺς
τὸν ὄχλον φησίν·
ἄνδρες Ἐφέσιοι,
τίς γάρ ἐστιν ἀνθρώπων
ὃς οὐ γινώσκει τὴν
Ἐφεσίων πόλιν νεωκόρον
οὖσαν τῆς μεγάλης
Ἀρτέμιδος καὶ τοῦ
διοπετοῦς;

Acts 19,37 ἠγάγετε γὰρ
τοὺς ἄνδρας τούτους
οὔτε ἱεροσύλους οὔτε
βλασφημοῦντας τὴν θεὸν
ἡμῶν.

Acts 20,30 καὶ ἐξ ὑμῶν αὐτῶν
ἀναστήσονται
ἄνδρες λαλοῦντες
διεστραμμένα τοῦ
ἀποσπᾶν τοὺς μαθητὰς
ὀπίσω αὐτῶν.

Acts 21,11 ... τάδε λέγει τὸ πνεῦμα
τὸ ἅγιον·
τὸν ἄνδρα
οὗ ἐστιν ἡ ζώνη αὕτη,
οὕτως δήσουσιν ἐν
Ἰερουσαλὴμ οἱ Ἰουδαῖοι
καὶ παραδώσουσιν εἰς
χεῖρας ἐθνῶν.

Acts 21,23 ... εἰσὶν ἡμῖν
**ἄνδρες τέσσαρες
εὐχὴν ἔχοντες**
ἐφ᾽ ἑαυτῶν.

Acts 21,26 τότε ὁ Παῦλος
παραλαβὼν
τοὺς ἄνδρας
τῇ ἐχομένῃ ἡμέρᾳ σὺν
αὐτοῖς ἁγνισθείς, ...

b **Acts 21,28** κράζοντες·
ἄνδρες Ἰσραηλῖται,
βοηθεῖτε· οὗτός ἐστιν
ὁ ἄνθρωπος ὁ κατὰ τοῦ
λαοῦ καὶ τοῦ νόμου καὶ
τοῦ τόπου τούτου πάντας
πανταχῇ διδάσκων, ...

Acts 21,38 οὐκ ἄρα σὺ εἶ
ὁ Αἰγύπτιος ὁ πρὸ
τούτων τῶν ἡμερῶν
ἀναστατώσας καὶ
ἐξαγαγὼν εἰς τὴν ἔρημον
**τοὺς
τετρακισχιλίους
ἄνδρας τῶν
σικαρίων;**

a **Acts 22,1** **ἄνδρες ἀδελφοὶ**
καὶ πατέρες, ἀκούσατέ
μου τῆς πρὸς ὑμᾶς νυνὶ
ἀπολογίας.

Acts 22,3 ἐγώ εἰμι
ἀνὴρ Ἰουδαῖος,
γεγεννημένος ἐν Ταρσῷ
τῆς Κιλικίας, ...

c **Acts 22,4** ὃς ταύτην τὴν ὁδὸν
ἐδίωξα ἄχρι θανάτου
δεσμεύων καὶ
παραδιδοὺς εἰς φυλακὰς
**ἄνδρας τε καὶ
γυναῖκας**

Acts 22,12 Ἁνανίας δέ τις,
**ἀνὴρ εὐλαβὴς κατὰ
τὸν νόμον,**
μαρτυρούμενος
ὑπὸ πάντων τῶν
κατοικούντων Ἰουδαίων

a **Acts 23,1** ἀτενίσας δὲ ὁ Παῦλος
τῷ συνεδρίῳ εἶπεν·
ἄνδρες ἀδελφοί,
ἐγὼ πάσῃ συνειδήσει
ἀγαθῇ πεπολίτευμαι
τῷ θεῷ ἄχρι ταύτης
τῆς ἡμέρας.

a **Acts 23,6** ... ἔκραζεν
ἐν τῷ συνεδρίῳ·
ἄνδρες ἀδελφοί,
ἐγὼ Φαρισαῖός εἰμι,
υἱὸς Φαρισαίων, ...

Acts 23,21 ... ἐνεδρεύουσιν γὰρ αὐτὸν ἐξ αὐτῶν
ἄνδρες πλείους τεσσεράκοντα,
οἵτινες ἀνεθεμάτισαν ἑαυτοὺς μήτε φαγεῖν μήτε πιεῖν ...

Acts 23,27 **τὸν ἄνδρα τοῦτον**
συλλημφθέντα ὑπὸ τῶν Ἰουδαίων καὶ μέλλοντα ἀναιρεῖσθαι ὑπ' αὐτῶν ...

Acts 23,30 μηνυθείσης δέ μοι ἐπιβουλῆς
εἰς τὸν ἄνδρα
ἔσεσθαι ἐξαυτῆς ἔπεμψα πρὸς σέ ...

Acts 24,5 εὑρόντες γὰρ
τὸν ἄνδρα τοῦτον
λοιμὸν καὶ κινοῦντα στάσεις πᾶσιν τοῖς Ἰουδαίοις τοῖς κατὰ τὴν οἰκουμένην ...

Acts 25,5 οἱ οὖν ἐν ὑμῖν, φησίν, δυνατοὶ συγκαταβάντες εἴ τί ἐστιν
ἐν τῷ ἀνδρὶ
ἄτοπον κατηγορείτωσαν αὐτοῦ.

Acts 25,14 ... ὁ Φῆστος τῷ βασιλεῖ ἀνέθετο τὰ κατὰ τὸν Παῦλον λέγων·
ἀνήρ τίς
ἐστιν καταλελειμμένος ὑπὸ Φήλικος δέσμιος

Acts 25,17 συνελθόντων οὖν [αὐτῶν] ἐνθάδε ἀναβολὴν μηδεμίαν ποιησάμενος τῇ ἑξῆς καθίσας ἐπὶ τοῦ βήματος ἐκέλευσα ἀχθῆναι
τὸν ἄνδρα·

Acts 25,23 ... καὶ εἰσελθόντων εἰς τὸ ἀκροατήριον σύν τε χιλιάρχοις καὶ
ἀνδράσιν τοῖς κατ' ἐξοχὴν τῆς πόλεως
καὶ κελεύσαντος τοῦ Φήστου ἤχθη ὁ Παῦλος.

Acts 25,24 ... Ἀγρίππα βασιλεῦ καὶ
πάντες οἱ συμπαρόντες ἡμῖν ἄνδρες,
θεωρεῖτε τοῦτον περὶ οὗ ἅπαν τὸ πλῆθος τῶν Ἰουδαίων ἐνέτυχόν μοι ἔν τε Ἱεροσολύμοις ...

Acts 27,10 λέγων αὐτοῖς·
ἄνδρες,
θεωρῶ ὅτι μετὰ ὕβρεως καὶ πολλῆς ζημίας οὐ μόνον τοῦ φορτίου καὶ τοῦ πλοίου ἀλλὰ καὶ τῶν ψυχῶν ἡμῶν μέλλειν ἔσεσθαι τὸν πλοῦν.

Acts 27,21 ... ἔδει μέν,
ὦ ἄνδρες,
πειθαρχήσαντάς μοι μὴ ἀνάγεσθαι ἀπὸ τῆς Κρήτης κερδῆσαί τε τὴν ὕβριν ταύτην καὶ τὴν ζημίαν.

Acts 27,25 διὸ εὐθυμεῖτε,
ἄνδρες·
πιστεύω γὰρ τῷ θεῷ ὅτι οὕτως ἔσται καθ' ὃν τρόπον λελάληταί μοι.

a **Acts 28,17** ... συνελθόντων δὲ αὐτῶν ἔλεγεν πρὸς αὐτούς· ἐγώ,
ἄνδρες ἀδελφοί,
οὐδὲν ἐναντίον ποιήσας τῷ λαῷ ἢ τοῖς ἔθεσι τοῖς πατρῴοις δέσμιος ἐξ Ἱεροσολύμων παρεδόθην εἰς τὰς χεῖρας τῶν Ῥωμαίων

ἀνθίστημι	Syn	Mt	Mk	Lk	Acts	Jn	1-3John	Paul	Eph	Col
	2	1		1	2			4	1	
	NT	2Thess	1/2Tim	Tit	Heb	Jas	1Pet	2Pet	Jude	Rev
	14		3			1	1			

resist; oppose; withstand; hold one's ground

201	**Mt 5,39** ἐγὼ δὲ λέγω ὑμῖν **μὴ ἀντιστῆναι** τῷ πονηρῷ· ἀλλ' ὅστις σε ῥαπίζει εἰς τὴν δεξιὰν σιαγόνα [σου], στρέψον αὐτῷ καὶ τὴν ἄλλην·		**Lk 6,29** τῷ τύπτοντί σε ἐπὶ τὴν σιαγόνα πάρεχε καὶ τὴν ἄλλην, ...	
112	**Mt 10,19** ... δοθήσεται γὰρ ὑμῖν ἐν ἐκείνῃ τῇ ὥρᾳ τί λαλήσητε·	**Mk 13,11** ... ἀλλ' ὃ ἐὰν δοθῇ ὑμῖν ἐν ἐκείνῃ τῇ ὥρᾳ τοῦτο λαλεῖτε· ...	**Lk 21,15** ⇩ Lk 12,12 ἐγὼ γὰρ δώσω ὑμῖν στόμα καὶ σοφίαν ᾗ οὐ δυνήσονται **ἀντιστῆναι** ἢ ἀντειπεῖν ἅπαντες οἱ ἀντικείμενοι ὑμῖν.	→ Acts 6,10 Mk-Q overlap
			Lk 12,12 ⇧ **Lk 21,15** τὸ γὰρ ἅγιον πνεῦμα διδάξει ὑμᾶς ἐν αὐτῇ τῇ ὥρᾳ ἃ δεῖ εἰπεῖν.	→ Jn 14,26 Mk-Q overlap

Acts 6,10 → Lk 21,15 καὶ οὐκ ἴσχυον
ἀντιστῆναι
τῇ σοφίᾳ καὶ τῷ πνεύματι ᾧ ἐλάλει.

Acts 13,8 **ἀνθίστατο**
δὲ αὐτοῖς Ἐλύμας ὁ μάγος, οὕτως γὰρ μεθερμηνεύεται τὸ ὄνομα αὐτοῦ, ...

ἀνθομολογέομαι	Syn 1	Mt	Mk	Lk 1	Acts	Jn	1-3John	Paul	Eph	Col
	NT 1	2Thess	1/2Tim	Tit	Heb	Jas	1Pet	2Pet	Jude	Rev

give thanks

002	Lk 2,38	καὶ αὐτῇ τῇ ὥρᾳ ἐπιστᾶσα **ἀνθωμολογεῖτο** τῷ θεῷ καὶ ἐλάλει περὶ αὐτοῦ πᾶσιν τοῖς προσδεχομένοις λύτρωσιν Ἰερουσαλήμ.

ἄνθρωπος	Syn 266	Mt 115	Mk 56	Lk 95	Acts 46	Jn 59	1-3John 1	Paul 88	Eph 9	Col 7
	NT 550	2Thess 2	1/2Tim 15	Tit 5	Heb 10	Jas 7	1Pet 5	2Pet 4	Jude 1	Rev 25

man; human being; person; one (friend, sir, man in address); *plural:* people; mankind; humanity; husband; son; servant

	triple tradition																	double tradition			Sondergut		
		+Mt / +Lk			–Mt / –Lk			traditions not taken over by Mt / Lk							subtotals								
code	*222*	*211*	*112*	*212*	*221*	*122*	*121*	*022*	*012*	*021*	*220*	*120*	*210*	*020*	Σ⁺	Σ⁻	Σ	*202*	*201*	*102*	*200*	*002*	total
Mt	17	13^+			8	4^-	1^-				11	6^-	3^+		16^+	11^-	52	24	9		30		**115**
Mk	17				8	4	1	2		1	11	6		6			56						**56**
Lk	17		9^+		8^-	4	1^-	2		1^-					9^+	10^-	32	24		8		31	**95**

a ὁ υἱὸς τοῦ ἀνθρώπου (statistics see below)

b οὗτος / ἐκεῖνος ὁ ἄνθρωπος

c ἔμπροσθεν / ἐνώπιον τῶν ἀνθρώπων

a ὁ υἱὸς τοῦ ἀνθρώπου	Syn 69	Mt 30	Mk 14	Lk 25	Acts 1	Jn 12	1-3John	Paul	Eph	Col
	NT 82	2Thess	1/2Tim	Tit	Heb	Jas	1Pet	2Pet	Jude	Rev

Son of Man

	triple tradition																	double tradition			Sondergut		
		+Mt / +Lk			–Mt / –Lk			traditions not taken over by Mt / Lk							subtotals								
code	*222*	*211*	*112*	*212*	*221*	*122*	*121*	*022*	*012*	*021*	*220*	*120*	*210*	*020*	Σ⁺	Σ⁻	Σ	*202*	*201*	*102*	*200*	*002*	total
Mt	8	4^+			3	1^-					2				4^+	1^-	17	8	1		4		**30**
Mk	8				3	1					2						14						**14**
Lk	8		2^+		3^-	1									2^+	3^-	11	8		2		4	**25**

002	Lk 1,25	ὅτι οὕτως μοι πεποίηκεν κύριος ἐν ἡμέραις αἷς ἐπεῖδεν ἀφελεῖν ὄνειδός μου **ἐν ἀνθρώποις.**
002	Lk 2,14 → Mt 21,9 → Mk 11,10 → Lk 19,38	δόξα ἐν ὑψίστοις θεῷ καὶ ἐπὶ γῆς εἰρήνη **ἐν ἀνθρώποις εὐδοκίας.**
002	Lk 2,25 (2)	καὶ ἰδοὺ **ἄνθρωπος** ἦν ἐν Ἰερουσαλὴμ ᾧ ὄνομα Συμεὼν
b 002		καὶ **ὁ ἄνθρωπος οὗτος** δίκαιος καὶ εὐλαβής ...

002					Lk 2,52	καὶ Ἰησοῦς προέκοπτεν [ἐν τῇ] σοφίᾳ καὶ ἡλικίᾳ καὶ χάριτι παρὰ θεῷ καὶ ἀνθρώποις.	
202	Mt 4,4	... γέγραπται· *οὐκ ἐπ' ἄρτῳ μόνῳ ζήσεται ὁ ἄνθρωπος, ἀλλ' ἐπὶ παντὶ ῥήματι ἐκπορευομένῳ διὰ στόματος θεοῦ.* ➤ Deut 8,3			Lk 4,4	... γέγραπται ὅτι *οὐκ ἐπ' ἄρτῳ μόνῳ ζήσεται ὁ ἄνθρωπος.* ➤ Deut 8,3	
222	Mt 4,19	... δεῦτε ὀπίσω μου, καὶ ποιήσω ὑμᾶς ἁλιεῖς ἀνθρώπων.	Mk 1,17	... δεῦτε ὀπίσω μου, καὶ ποιήσω ὑμᾶς γενέσθαι ἁλιεῖς ἀνθρώπων.	Lk 5,10	... μὴ φοβοῦ· ἀπὸ τοῦ νῦν ἀνθρώπους ἔσῃ ζωγρῶν.	
022	→ Mt 8,29		Mk 1,23 → Mk 5,7	καὶ εὐθὺς ἦν ἐν τῇ συναγωγῇ αὐτῶν ἄνθρωπος ἐν πνεύματι ἀκαθάρτῳ, καὶ ἀνέκραξεν	Lk 4,33 → Lk 8,28	καὶ ἐν τῇ συναγωγῇ ἦν ἄνθρωπος ἔχων πνεῦμα δαιμονίου ἀκαθάρτου καὶ ἀνέκραξεν φωνῇ μεγάλῃ·	
222	Mt 4,19	... δεῦτε ὀπίσω μου, καὶ ποιήσω ὑμᾶς ἁλιεῖς ἀνθρώπων.	Mk 1,17	... δεῦτε ὀπίσω μου, καὶ ποιήσω ὑμᾶς γενέσθαι ἁλιεῖς ἀνθρώπων.	Lk 5,10	... μὴ φοβοῦ· ἀπὸ τοῦ νῦν ἀνθρώπους ἔσῃ ζωγρῶν.	
112	Mt 9,2	καὶ ἰδοὺ προσέφερον αὐτῷ παραλυτικὸν ἐπὶ κλίνης βεβλημένον.	Mk 2,3	καὶ ἔρχονται φέροντες πρὸς αὐτὸν παραλυτικὸν αἰρόμενον ὑπὸ τεσσάρων.	Lk 5,18	καὶ ἰδοὺ ἄνδρες φέροντες ἐπὶ κλίνης ἄνθρωπον ὃς ἦν παραλελυμένος καὶ ἐζήτουν αὐτὸν εἰσενεγκεῖν καὶ θεῖναι [αὐτὸν] ἐνώπιον αὐτοῦ.	
112		καὶ ἰδὼν ὁ Ἰησοῦς τὴν πίστιν αὐτῶν εἶπεν τῷ παραλυτικῷ· θάρσει, τέκνον, ἀφίενταί σου αἱ ἁμαρτίαι.	Mk 2,5	καὶ ἰδὼν ὁ Ἰησοῦς τὴν πίστιν αὐτῶν λέγει τῷ παραλυτικῷ· τέκνον, ἀφίενταί σου αἱ ἁμαρτίαι.	Lk 5,20 → Lk 7,48	καὶ ἰδὼν τὴν πίστιν αὐτῶν εἶπεν· ἄνθρωπε, ἀφέωνταί σοι αἱ ἁμαρτίαι σου.	
a 222	Mt 9,6	ἵνα δὲ εἰδῆτε ὅτι ἐξουσίαν ἔχει ὁ υἱὸς τοῦ ἀνθρώπου ἐπὶ τῆς γῆς ἀφιέναι ἁμαρτίας - τότε λέγει τῷ παραλυτικῷ· ...	Mk 2,10	ἵνα δὲ εἰδῆτε ὅτι ἐξουσίαν ἔχει ὁ υἱὸς τοῦ ἀνθρώπου ἀφιέναι ἁμαρτίας ἐπὶ τῆς γῆς - λέγει τῷ παραλυτικῷ·	Lk 5,24	ἵνα δὲ εἰδῆτε ὅτι ὁ υἱὸς τοῦ ἀνθρώπου ἐξουσίαν ἔχει ἐπὶ τῆς γῆς ἀφιέναι ἁμαρτίας - εἶπεν τῷ παραλελυμένῳ· ...	
020 020			Mk 2,27 (2)	καὶ ἔλεγεν αὐτοῖς· τὸ σάββατον διὰ τὸν ἄνθρωπον ἐγένετο καὶ οὐχ ὁ ἄνθρωπος διὰ τὸ σάββατον·			
a 222	Mt 12,8	κύριος γάρ ἐστιν τοῦ σαββάτου ὁ υἱὸς τοῦ ἀνθρώπου.	Mk 2,28	ὥστε κύριός ἐστιν ὁ υἱὸς τοῦ ἀνθρώπου καὶ τοῦ σαββάτου.	Lk 6,5	... κύριός ἐστιν τοῦ σαββάτου ὁ υἱὸς τοῦ ἀνθρώπου.	

222	**Mt 12,10**	[9] καὶ μεταβὰς ἐκεῖθεν ἦλθεν εἰς τὴν συναγωγὴν αὐτῶν· [10] καὶ ἰδοὺ **ἄνθρωπος** χεῖρα ἔχων ξηράν. ...	**Mk 3,1**	καὶ εἰσῆλθεν πάλιν εἰς τὴν συναγωγήν. καὶ ἦν ἐκεῖ **ἄνθρωπος** ἐξηραμμένην ἔχων τὴν χεῖρα.	**Lk 6,6** → Lk 13,10-11 ↓ Lk 14,2	ἐγένετο δὲ ἐν ἑτέρῳ σαββάτῳ εἰσελθεῖν αὐτὸν εἰς τὴν συναγωγὴν καὶ διδάσκειν. καὶ ἦν **ἄνθρωπος** ἐκεῖ καὶ ἡ χεὶρ αὐτοῦ ἡ δεξιὰ ἦν ξηρά.	
021			**Mk 3,3**	καὶ λέγει **τῷ ἀνθρώπῳ** τῷ τὴν ξηρὰν χεῖρα ἔχοντι· ἔγειρε εἰς τὸ μέσον.	**Lk 6,8** → Lk 5,22 → Mt 12,25 → Lk 11,17	αὐτὸς δὲ ᾔδει τοὺς διαλογισμοὺς αὐτῶν, εἶπεν δὲ **τῷ ἀνδρὶ** τῷ ξηρὰν ἔχοντι τὴν χεῖρα· ἔγειρε καὶ στῆθι εἰς τὸ μέσον· ...	
221	**Mt 12,13**	τότε λέγει **τῷ ἀνθρώπῳ·** ἔκτεινόν σου τὴν χεῖρα. ...	**Mk 3,5**	... λέγει **τῷ ἀνθρώπῳ·** ἔκτεινον τὴν χεῖρα. ...	**Lk 6,10** → Lk 13,12-13	... εἶπεν **αὐτῷ·** ἔκτεινον τὴν χεῖρά σου. ...	
102 *a* 102	**Mt 5,11**	μακάριοί ἐστε ὅταν ὀνειδίσωσιν ὑμᾶς καὶ διώξωσιν καὶ εἴπωσιν πᾶν πονηρὸν καθ' ὑμῶν [ψευδόμενοι] **ἕνεκεν ἐμοῦ.**			**Lk 6,22** (2)	μακάριοί ἐστε ὅταν μισήσωσιν ὑμᾶς **οἱ ἄνθρωποι** καὶ ὅταν ἀφορίσωσιν ὑμᾶς καὶ ὀνειδίσωσιν καὶ ἐκβάλωσιν τὸ ὄνομα ὑμῶν ὡς πονηρὸν **ἕνεκα τοῦ υἱοῦ** **τοῦ ἀνθρώπου·**	→ GTh 68 → GTh 69,1
002					**Lk 6,26**	οὐαὶ ὅταν ὑμᾶς καλῶς εἴπωσιν πάντες **οἱ ἄνθρωποι·** κατὰ τὰ αὐτὰ γὰρ ἐποίουν τοῖς ψευδοπροφήταις οἱ πατέρες αὐτῶν.	
201	**Mt 5,13**	... ἐὰν δὲ τὸ ἅλας μωρανθῇ, ἐν τίνι ἁλισθήσεται; εἰς οὐδὲν ἰσχύει ἔτι εἰ μὴ βληθὲν ἔξω καταπατεῖσθαι **ὑπὸ τῶν ἀνθρώπων.**	**Mk 9,50**	... ἐὰν δὲ τὸ ἅλας ἄναλον γένηται, ἐν τίνι αὐτὸ ἀρτύσετε; ...	**Lk 14,35**	[34] ... ἐὰν δὲ καὶ τὸ ἅλας μωρανθῇ, ἐν τίνι ἀρτυθήσεται; [35] οὔτε εἰς γῆν οὔτε εἰς κοπρίαν εὔθετόν ἐστιν, ἔξω βάλλουσιν αὐτό. ...	Mk-Q overlap
c 200	**Mt 5,16**	οὕτως λαμψάτω τὸ φῶς ὑμῶν **ἔμπροσθεν** **τῶν ἀνθρώπων,** ὅπως ἴδωσιν ὑμῶν τὰ καλὰ ἔργα καὶ δοξάσωσιν τὸν πατέρα ὑμῶν τὸν ἐν τοῖς οὐρανοῖς.					
200	**Mt 5,19**	ὃς ἐὰν οὖν λύσῃ μίαν τῶν ἐντολῶν τούτων τῶν ἐλαχίστων καὶ διδάξῃ οὕτως **τοὺς ἀνθρώπους,** ἐλάχιστος κληθήσεται ἐν τῇ βασιλείᾳ τῶν οὐρανῶν· ...					
c 200	**Mt 6,1** ↓ Mt 23,5	προσέχετε [δὲ] τὴν δικαιοσύνην ὑμῶν μὴ ποιεῖν **ἔμπροσθεν** **τῶν ἀνθρώπων** πρὸς τὸ θεαθῆναι αὐτοῖς· ...					

200	Mt 6,2	ὅταν οὖν ποιῇς ἐλεημοσύνην, μὴ σαλπίσῃς ἔμπροσθέν σου, ὥσπερ οἱ ὑποκριταὶ ποιοῦσιν ἐν ταῖς συναγωγαῖς καὶ ἐν ταῖς ῥύμαις, ὅπως δοξασθῶσιν **ὑπὸ τῶν ἀνθρώπων·** ...					→ GTh 6,1 (POxy 654)
200	Mt 6,5	καὶ ὅταν προσεύχησθε, οὐκ ἔσεσθε ὡς οἱ ὑποκριταί, φιλοῦσιν ἐν ταῖς συναγωγαῖς καὶ ἐν ταῖς γωνίαις τῶν πλατειῶν ἑστῶτες προσεύχεσθαι, ὅπως φανῶσιν **τοῖς ἀνθρώποις·** ...					→ GTh 6,1 (POxy 654)
210	Mt 6,14 → Mt 6,12 → Lk 11,4	ἐὰν γὰρ ἀφῆτε **τοῖς ἀνθρώποις** τὰ παραπτώματα αὐτῶν, ἀφήσει καὶ ὑμῖν ὁ πατὴρ ὑμῶν ὁ οὐράνιος·	Mk 11,25 → Mt 5,23-24	καὶ ὅταν στήκετε προσευχόμενοι, ἀφίετε εἴ τι ἔχετε κατά τινος, ἵνα καὶ ὁ πατὴρ ὑμῶν ὁ ἐν τοῖς οὐρανοῖς ἀφῇ ὑμῖν τὰ παραπτώματα ὑμῶν.			
200	Mt 6,15 → Mt 18,35	ἐὰν δὲ μὴ ἀφῆτε **τοῖς ἀνθρώποις,** οὐδὲ ὁ πατὴρ ὑμῶν ἀφήσει τὰ παραπτώματα ὑμῶν.					Mk 11,26 is textcritically uncertain.
200	Mt 6,16	ὅταν δὲ νηστεύητε, μὴ γίνεσθε ὡς οἱ ὑποκριταὶ σκυθρωποί, ἀφανίζουσιν γὰρ τὰ πρόσωπα αὐτῶν ὅπως φανῶσιν **τοῖς ἀνθρώποις** νηστεύοντες· ...					→ GTh 6,1 (POxy 654) → GTh 27 (POxy 1)
200	Mt 6,18	ὅπως μὴ φανῇς **τοῖς ἀνθρώποις** νηστεύων ἀλλὰ τῷ πατρί σου τῷ ἐν τῷ κρυφαίῳ· ...					→ GTh 6 (POxy 654) → GTh 27 (POxy 1)
201	Mt 7,9	ἢ τίς ἐστιν ἐξ ὑμῶν **ἄνθρωπος,** ὃν αἰτήσει ὁ υἱὸς αὐτοῦ ἄρτον, μὴ λίθον ἐπιδώσει αὐτῷ;			Lk 11,11	τίνα δὲ ἐξ ὑμῶν τὸν πατέρα αἰτήσει ὁ υἱὸς ἰχθύν, καὶ ἀντὶ ἰχθύος ὄφιν αὐτῷ ἐπιδώσει;	
202	Mt 7,12 → Mt 22,40	πάντα οὖν ὅσα ἐὰν θέλητε ἵνα ποιῶσιν ὑμῖν **οἱ ἄνθρωποι,** οὕτως καὶ ὑμεῖς ποιεῖτε αὐτοῖς· οὗτος γάρ ἐστιν ὁ νόμος καὶ οἱ προφῆται.			Lk 6,31	καὶ καθὼς θέλετε ἵνα ποιῶσιν ὑμῖν **οἱ ἄνθρωποι** ποιεῖτε αὐτοῖς ὁμοίως.	
202	Mt 12,35 (2) ↓ Mt 13,52	**ὁ ἀγαθὸς ἄνθρωπος** ἐκ τοῦ ἀγαθοῦ θησαυροῦ ἐκβάλλει ἀγαθά, καὶ ὁ πονηρὸς ἄνθρωπος ἐκ τοῦ πονηροῦ θησαυροῦ ἐκβάλλει πονηρά.			Lk 6,45	**ὁ ἀγαθὸς ἄνθρωπος** ἐκ τοῦ ἀγαθοῦ θησαυροῦ τῆς καρδίας προφέρει τὸ ἀγαθόν, καὶ ὁ πονηρὸς ἐκ τοῦ πονηροῦ προφέρει τὸ πονηρόν· ...	→ GTh 45,2

102	Mt 7,24	... ὁμοιωθήσεται ἀνδρὶ φρονίμῳ, ὅστις ᾠκοδόμησεν αὐτοῦ τὴν οἰκίαν ἐπὶ τὴν πέτραν·			Lk 6,48	ὅμοιός ἐστιν ἀνθρώπῳ οἰκοδομοῦντι οἰκίαν ὃς ἔσκαψεν καὶ ἐβάθυνεν καὶ ἔθηκεν θεμέλιον ἐπὶ τὴν πέτραν· ...	
102	Mt 7,26	... ὁμοιωθήσεται ἀνδρὶ μωρῷ, ὅστις ᾠκοδόμησεν αὐτοῦ τὴν οἰκίαν ἐπὶ τὴν ἄμμον.			Lk 6,49	... ὅμοιός ἐστιν ἀνθρώπῳ οἰκοδομήσαντι οἰκίαν ἐπὶ τὴν γῆν χωρὶς θεμελίου, ...	
202	Mt 8,9	καὶ γὰρ ἐγὼ ἄνθρωπός εἰμι ὑπὸ ἐξουσίαν, ἔχων ὑπ' ἐμαυτὸν στρατιώτας, ...			Lk 7,8	καὶ γὰρ ἐγὼ ἄνθρωπός εἰμι ὑπὸ ἐξουσίαν τασσόμενος ἔχων ὑπ' ἐμαυτὸν στρατιώτας, ...	
a 202	Mt 8,20	... αἱ ἀλώπεκες φωλεοὺς ἔχουσιν καὶ τὰ πετεινὰ τοῦ οὐρανοῦ κατασκηνώσεις, ὁ δὲ υἱὸς τοῦ ἀνθρώπου οὐκ ἔχει ποῦ τὴν κεφαλὴν κλίνῃ.			Lk 9,58	... αἱ ἀλώπεκες φωλεοὺς ἔχουσιν καὶ τὰ πετεινὰ τοῦ οὐρανοῦ κατασκηνώσεις, ὁ δὲ υἱὸς τοῦ ἀνθρώπου οὐκ ἔχει ποῦ τὴν κεφαλὴν κλίνῃ.	→ GTh 86
211	Mt 8,27	οἱ δὲ ἄνθρωποι ἐθαύμασαν λέγοντες· ποταπός ἐστιν οὗτος ὅτι καὶ οἱ ἄνεμοι καὶ ἡ θάλασσα αὐτῷ ὑπακούουσιν;	Mk 4,41	 καὶ ἐφοβήθησαν φόβον μέγαν καὶ ἔλεγον πρὸς ἀλλήλους· τίς ἄρα οὗτός ἐστιν ὅτι καὶ ὁ ἄνεμος καὶ ἡ θάλασσα ὑπακούει αὐτῷ;	Lk 8,25	 ... φοβηθέντες δὲ ἐθαύμασαν, λέγοντες πρὸς ἀλλήλους· τίς ἄρα οὗτός ἐστιν ὅτι καὶ τοῖς ἀνέμοις ἐπιτάσσει καὶ τῷ ὕδατι, καὶ ὑπακούουσιν αὐτῷ;	
a 222	Mt 9,6	ἵνα δὲ εἰδῆτε ὅτι ἐξουσίαν ἔχει ὁ υἱὸς τοῦ ἀνθρώπου ἐπὶ τῆς γῆς ἀφιέναι ἁμαρτίας - τότε λέγει τῷ παραλυτικῷ· ...	Mk 2,10	ἵνα δὲ εἰδῆτε ὅτι ἐξουσίαν ἔχει ὁ υἱὸς τοῦ ἀνθρώπου ἀφιέναι ἁμαρτίας ἐπὶ τῆς γῆς - λέγει τῷ παραλυτικῷ·	Lk 5,24	ἵνα δὲ εἰδῆτε ὅτι ὁ υἱὸς τοῦ ἀνθρώπου ἐξουσίαν ἔχει ἐπὶ τῆς γῆς ἀφιέναι ἁμαρτίας - εἶπεν τῷ παραλελυμένῳ· ...	
211	Mt 9,8	ἰδόντες δὲ οἱ ὄχλοι ἐφοβήθησαν καὶ ἐδόξασαν τὸν θεὸν τὸν δόντα ἐξουσίαν τοιαύτην τοῖς ἀνθρώποις.	Mk 2,12	... ὥστε ἐξίστασθαι πάντας καὶ δοξάζειν τὸν θεὸν λέγοντας ὅτι οὕτως οὐδέποτε εἴδομεν.	Lk 5,26	καὶ ἔκστασις ἔλαβεν ἅπαντας καὶ ἐδόξαζον τὸν θεὸν καὶ ἐπλήσθησαν φόβου λέγοντες ὅτι εἴδομεν παράδοξα σήμερον.	
211	Mt 9,9	καὶ παράγων ὁ Ἰησοῦς ἐκεῖθεν εἶδεν ἄνθρωπον καθήμενον ἐπὶ τὸ τελώνιον, Μαθθαῖον λεγόμενον, καὶ λέγει αὐτῷ· ἀκολούθει μοι. ...	Mk 2,14	καὶ παράγων εἶδεν Λευὶν τὸν τοῦ Ἁλφαίου καθήμενον ἐπὶ τὸ τελώνιον, καὶ λέγει αὐτῷ· ἀκολούθει μοι. ...	Lk 5,27	καὶ μετὰ ταῦτα ἐξῆλθεν καὶ ἐθεάσατο τελώνην ὀνόματι Λευὶν καθήμενον ἐπὶ τὸ τελώνιον, καὶ εἶπεν αὐτῷ· ἀκολούθει μοι.	
201	Mt 9,32 ⇨ Mt 12,22	αὐτῶν δὲ ἐξερχομένων ἰδοὺ προσήνεγκαν αὐτῷ ἄνθρωπον κωφὸν δαιμονιζόμενον.			Lk 11,14	καὶ ἦν ἐκβάλλων δαιμόνιον [καὶ αὐτὸ ἦν] κωφόν· ...	

211	**Mt 10,17** ⇨ Mt 24,9 → Mt 23,34	προσέχετε δὲ **ἀπὸ τῶν ἀνθρώπων·** παραδώσουσιν γὰρ ὑμᾶς εἰς συνέδρια καὶ ἐν ταῖς συναγωγαῖς αὐτῶν μαστιγώσουσιν ὑμᾶς·	**Mk 13,9**	βλέπετε δὲ ὑμεῖς ἑαυτούς· παραδώσουσιν ὑμᾶς εἰς συνέδρια καὶ εἰς συναγωγὰς δαρήσεσθε ...	**Lk 21,12** → Lk 11,49 → Lk 12,11	πρὸ δὲ τούτων πάντων ἐπιβαλοῦσιν ἐφ' ὑμᾶς τὰς χεῖρας αὐτῶν καὶ διώξουσιν, παραδιδόντες εἰς τὰς συναγωγὰς καὶ φυλακάς, ...	
a 200	**Mt 10,23**	... ἀμὴν γὰρ λέγω ὑμῖν, οὐ μὴ τελέσητε τὰς πόλεις τοῦ Ἰσραὴλ ἕως ἂν ἔλθῃ **ὁ υἱὸς τοῦ ἀνθρώπου.**					
c 202	**Mt 10,32**	πᾶς οὖν ὅστις ὁμολογήσει ἐν ἐμοὶ **ἔμπροσθεν τῶν ἀνθρώπων,** ὁμολογήσω κἀγὼ ἐν αὐτῷ ἔμπροσθεν τοῦ πατρός μου τοῦ ἐν [τοῖς] οὐρανοῖς·			**Lk 12,8** (2)	... πᾶς ὃς ἂν ὁμολογήσῃ ἐν ἐμοὶ **ἔμπροσθεν τῶν ἀνθρώπων,** καὶ ὁ υἱὸς τοῦ ἀνθρώπου ὁμολογήσει ἐν αὐτῷ ἔμπροσθεν τῶν ἀγγέλων τοῦ θεοῦ·	
c 202	**Mt 10,33** ↓ Mt 16,27	ὅστις δ' ἂν ἀρνήσηταί με **ἔμπροσθεν τῶν ἀνθρώπων,** ἀρνήσομαι κἀγὼ αὐτὸν ἔμπροσθεν τοῦ πατρός μου τοῦ ἐν [τοῖς] οὐρανοῖς.	**Mk 8,38**	ὃς γὰρ ἐὰν ἐπαισχυνθῇ με καὶ τοὺς ἐμοὺς λόγους **ἐν τῇ γενεᾷ ταύτῃ τῇ μοιχαλίδι καὶ ἁμαρτωλῷ,** καὶ ὁ υἱὸς τοῦ ἀνθρώπου ἐπαισχυνθήσεται αὐτόν, ὅταν ἔλθῃ ἐν τῇ δόξῃ τοῦ πατρὸς αὐτοῦ μετὰ τῶν ἀγγέλων τῶν ἁγίων.	**Lk 12,9** ⇩ Lk 9,26	ὁ δὲ ἀρνησάμενός με **ἐνώπιον τῶν ἀνθρώπων** ἀπαρνηθήσεται ἐνώπιον τῶν ἀγγέλων τοῦ θεοῦ.	Mk-Q overlap
201	**Mt 10,35** → Lk 12,52 → Mt 10,21 → Mk 13,12 → Lk 21,16	ἦλθον γὰρ διχάσαι **ἄνθρωπον** *κατὰ τοῦ πατρὸς αὐτοῦ* καὶ *θυγατέρα κατὰ τῆς μητρὸς αὐτῆς* ... ➤ Micah 7,6			**Lk 12,53** → Lk 12,52	διαμερισθήσονται πατὴρ ἐπὶ υἱῷ καὶ ***υἱὸς*** ἐπὶ *πατρί*, μήτηρ ἐπὶ τὴν θυγατέρα καὶ *θυγάτηρ ἐπὶ τὴν μητέρα*, ... ➤ Micah 7,6	→ GTh 16
200	**Mt 10,36**	καὶ ***ἐχθροὶ τοῦ ἀνθρώπου*** *οἱ οἰκιακοὶ αὐτοῦ.* ➤ Micah 7,6					→ GTh 16
202	**Mt 11,8**	ἀλλὰ τί ἐξήλθατε ἰδεῖν; **ἄνθρωπον** ἐν μαλακοῖς ἠμφιεσμένον; ...			**Lk 7,25**	ἀλλὰ τί ἐξήλθατε ἰδεῖν; **ἄνθρωπον** ἐν μαλακοῖς ἱματίοις ἠμφιεσμένον; ...	→ GTh 78
102	**Mt 11,16**	τίνι δὲ ὁμοιώσω **τὴν γενεὰν ταύτην;** ὁμοία ἐστὶν παιδίοις καθημένοις ἐν ταῖς ἀγοραῖς ...			**Lk 7,31**	τίνι οὖν ὁμοιώσω **τοὺς ἀνθρώπους τῆς γενεᾶς ταύτης** καὶ τίνι εἰσὶν ὅμοιοι; [32] ὅμοιοί εἰσιν παιδίοις τοῖς ἐν ἀγορᾷ καθημένοις ...	
a 202 202	**Mt 11,19** (2)	ἦλθεν **ὁ υἱὸς τοῦ ἀνθρώπου** ἐσθίων καὶ πίνων, καὶ λέγουσιν· ἰδοὺ **ἄνθρωπος** φάγος καὶ οἰνοπότης, τελωνῶν φίλος καὶ ἁμαρτωλῶν. ...			**Lk 7,34** (2)	ἐλήλυθεν **ὁ υἱὸς τοῦ ἀνθρώπου** ἐσθίων καὶ πίνων, καὶ λέγετε· ἰδοὺ **ἄνθρωπος** φάγος καὶ οἰνοπότης, φίλος τελωνῶν καὶ ἁμαρτωλῶν.	

a 222	Mt 12,8	κύριος γάρ ἐστιν τοῦ σαββάτου ὁ υἱὸς τοῦ ἀνθρώπου.	Mk 2,28	ὥστε κύριός ἐστιν ὁ υἱὸς τοῦ ἀνθρώπου καὶ τοῦ σαββάτου.	Lk 6,5	... κύριός ἐστιν τοῦ σαββάτου ὁ υἱὸς τοῦ ἀνθρώπου.	
222	Mt 12,10	[9] καὶ μεταβὰς ἐκεῖθεν ἦλθεν εἰς τὴν συναγωγὴν αὐτῶν· [10] καὶ ἰδοὺ ἄνθρωπος χεῖρα ἔχων ξηράν. ...	Mk 3,1	καὶ εἰσῆλθεν πάλιν εἰς τὴν συναγωγήν. καὶ ἦν ἐκεῖ ἄνθρωπος ἐξηραμμένην ἔχων τὴν χεῖρα.	Lk 6,6 → Lk 13,11 ↓ Lk 14,2	ἐγένετο δὲ ἐν ἑτέρῳ σαββάτῳ εἰσελθεῖν αὐτὸν εἰς τὴν συναγωγὴν καὶ διδάσκειν. καὶ ἦν ἄνθρωπος ἐκεῖ καὶ ἡ χεὶρ αὐτοῦ ἡ δεξιὰ ἦν ξηρά.	
201	Mt 12,11	... τίς ἔσται ἐξ ὑμῶν ἄνθρωπος ὃς ἕξει πρόβατον ἓν καὶ ἐὰν ἐμπέσῃ τοῦτο τοῖς σάββασιν εἰς βόθυνον, οὐχὶ κρατήσει αὐτὸ καὶ ἐγερεῖ;			Lk 14,5 → Lk 13,15	... τίνος ὑμῶν υἱὸς ἢ βοῦς εἰς φρέαρ πεσεῖται, καὶ οὐκ εὐθέως ἀνασπάσει αὐτὸν ἐν ἡμέρᾳ τοῦ σαββάτου;	
200	Mt 12,12	πόσῳ οὖν διαφέρει ἄνθρωπος προβάτου. ...					
221	Mt 12,13	τότε λέγει τῷ ἀνθρώπῳ· ἔκτεινόν σου τὴν χεῖρα. ...	Mk 3,5	... λέγει τῷ ἀνθρώπῳ· ἔκτεινον τὴν χεῖρα. ...	Lk 6,10 → Lk 13,12-13	... εἶπεν αὐτῷ· ἔκτεινον τὴν χεῖρά σου. ...	
220	Mt 12,31	διὰ τοῦτο λέγω ὑμῖν, πᾶσα ἁμαρτία καὶ βλασφημία ἀφεθήσεται τοῖς ἀνθρώποις, ...	Mk 3,28 ↓ Mt 12,32 ↓ Lk 12,10	ἀμὴν λέγω ὑμῖν ὅτι πάντα ἀφεθήσεται τοῖς υἱοῖς τῶν ἀνθρώπων τὰ ἁμαρτήματα καὶ αἱ βλασφημίαι ὅσα ἐὰν βλασφημήσωσιν·			→ GTh 44
a 202	Mt 12,32 ↑ Mk 3,28	καὶ ὃς ἐὰν εἴπῃ λόγον κατὰ τοῦ υἱοῦ τοῦ ἀνθρώπου, ἀφεθήσεται αὐτῷ· ὃς δ' ἂν εἴπῃ κατὰ τοῦ πνεύματος τοῦ ἁγίου, οὐκ ἀφεθήσεται αὐτῷ οὔτε ἐν τούτῳ τῷ αἰῶνι οὔτε ἐν τῷ μέλλοντι.	Mk 3,29	ὃς δ' ἂν βλασφημήσῃ εἰς τὸ πνεῦμα τὸ ἅγιον, οὐκ ἔχει ἄφεσιν εἰς τὸν αἰῶνα, ἀλλὰ ἔνοχός ἐστιν αἰωνίου ἁμαρτήματος.	Lk 12,10 ↑ Mk 3,28	καὶ πᾶς ὃς ἐρεῖ λόγον εἰς τὸν υἱὸν τοῦ ἀνθρώπου, ἀφεθήσεται αὐτῷ· τῷ δὲ εἰς τὸ ἅγιον πνεῦμα βλασφημήσαντι οὐκ ἀφεθήσεται.	→ GTh 44 Mk-Q overlap
202 201	Mt 12,35 (2) ↓ Mt 13,52	ὁ ἀγαθὸς ἄνθρωπος ἐκ τοῦ ἀγαθοῦ θησαυροῦ ἐκβάλλει ἀγαθά, καὶ ὁ πονηρὸς ἄνθρωπος ἐκ τοῦ πονηροῦ θησαυροῦ ἐκβάλλει πονηρά.			Lk 6,45	ὁ ἀγαθὸς ἄνθρωπος ἐκ τοῦ ἀγαθοῦ θησαυροῦ τῆς καρδίας προφέρει τὸ ἀγαθόν, καὶ ὁ πονηρὸς ἐκ τοῦ πονηροῦ προφέρει τὸ πονηρόν· ...	→ GTh 45,2-3
200	Mt 12,36	λέγω δὲ ὑμῖν ὅτι πᾶν ῥῆμα ἀργὸν ὃ λαλήσουσιν οἱ ἄνθρωποι ἀποδώσουσιν περὶ αὐτοῦ λόγον ἐν ἡμέρᾳ κρίσεως·					

a 202	**Mt 12,40** → Mt 27,63	*ὥσπερ γὰρ ἦν Ἰωνᾶς ἐν τῇ κοιλίᾳ τοῦ κήτους τρεῖς ἡμέρας καὶ τρεῖς νύκτας,* οὕτως ἔσται **ὁ υἱὸς τοῦ ἀνθρώπου** ἐν τῇ καρδίᾳ τῆς γῆς τρεῖς ἡμέρας καὶ τρεῖς νύκτας. ➤ Jonah 2,1			**Lk 11,30**	καθὼς γὰρ ἐγένετο Ἰωνᾶς τοῖς Νινευίταις σημεῖον, οὕτως ἔσται καὶ **ὁ υἱὸς τοῦ ἀνθρώπου** τῇ γενεᾷ ταύτῃ.	
202	**Mt 12,43** → Mk 9,25	ὅταν δὲ τὸ ἀκάθαρτον πνεῦμα ἐξέλθῃ **ἀπὸ τοῦ ἀνθρώπου,** διέρχεται δι' ἀνύδρων τόπων ζητοῦν ἀνάπαυσιν καὶ οὐχ εὑρίσκει.			**Lk 11,24** → Mk 9,25	ὅταν τὸ ἀκάθαρτον πνεῦμα ἐξέλθῃ **ἀπὸ τοῦ ἀνθρώπου,** διέρχεται δι' ἀνύδρων τόπων ζητοῦν ἀνάπαυσιν καὶ μὴ εὑρίσκον· ...	
b 202	**Mt 12,45**	... καὶ γίνεται **τὰ ἔσχατα τοῦ ἀνθρώπου ἐκείνου** χείρονα τῶν πρώτων. ...			**Lk 11,26**	... καὶ γίνεται **τὰ ἔσχατα τοῦ ἀνθρώπου ἐκείνου** χείρονα τῶν πρώτων.	
020			**Mk 4,26**	... οὕτως ἐστὶν ἡ βασιλεία τοῦ θεοῦ **ὡς ἄνθρωπος** βάλῃ τὸν σπόρον ἐπὶ τῆς γῆς			
200	**Mt 13,24**	... ὡμοιώθη ἡ βασιλεία τῶν οὐρανῶν **ἀνθρώπῳ** σπείραντι καλὸν σπέρμα ἐν τῷ ἀγρῷ αὐτοῦ.					→ GTh 57
200	**Mt 13,25**	ἐν δὲ τῷ καθεύδειν **τοὺς ἀνθρώπους** ἦλθεν αὐτοῦ ὁ ἐχθρὸς καὶ ἐπέσπειρεν ζιζάνια ἀνὰ μέσον τοῦ σίτου καὶ ἀπῆλθεν.					→ GTh 57
200	**Mt 13,28**	ὁ δὲ ἔφη αὐτοῖς· **ἐχθρὸς ἄνθρωπος** τοῦτο ἐποίησεν. ...					
202	**Mt 13,31**	... ὁμοία ἐστὶν ἡ βασιλεία τῶν οὐρανῶν κόκκῳ σινάπεως, ὃν λαβὼν **ἄνθρωπος** ἔσπειρεν ἐν τῷ ἀγρῷ αὐτοῦ·	**Mk 4,31**	[30] ... πῶς ὁμοιώσωμεν τὴν βασιλείαν τοῦ θεοῦ ... [31] ὡς κόκκῳ σινάπεως, ὃς ὅταν σπαρῇ ἐπὶ τῆς γῆς, ...	**Lk 13,19**	[18] ... τίνι ὁμοία ἐστὶν ἡ βασιλεία τοῦ θεοῦ ... [19] ὁμοία ἐστὶν κόκκῳ σινάπεως, ὃν λαβὼν **ἄνθρωπος** ἔβαλεν εἰς κῆπον ἑαυτοῦ, ...	→ GTh 20 Mk-Q overlap
a 200	**Mt 13,37**	... ὁ σπείρων τὸ καλὸν σπέρμα ἐστὶν **ὁ υἱὸς τοῦ ἀνθρώπου**					
a 200	**Mt 13,41** → Mt 24,31 → Mk 13,27	ἀποστελεῖ **ὁ υἱὸς τοῦ ἀνθρώπου** τοὺς ἀγγέλους αὐτοῦ, ...					
200	**Mt 13,44**	ὁμοία ἐστὶν ἡ βασιλεία τῶν οὐρανῶν θησαυρῷ κεκρυμμένῳ ἐν τῷ ἀγρῷ, ὃν εὑρὼν **ἄνθρωπος** ἔκρυψεν, καὶ ἀπὸ τῆς χαρᾶς αὐτοῦ ὑπάγει καὶ πωλεῖ πάντα ὅσα ἔχει καὶ ἀγοράζει τὸν ἀγρὸν ἐκεῖνον.					→ GTh 109

200	Mt 13,45	πάλιν ὁμοία ἐστὶν ἡ βασιλεία τῶν οὐρανῶν **ἀνθρώπῳ ἐμπόρῳ** ζητοῦντι καλοὺς μαργαρίτας·					→ GTh 76,1
200	Mt 13,52 ↑ Mt 12,35 ↑ Lk 6,45	... διὰ τοῦτο πᾶς γραμματεὺς μαθητευθεὶς τῇ βασιλείᾳ τῶν οὐρανῶν ὅμοιός ἐστιν **ἀνθρώπῳ** **οἰκοδεσπότῃ**, ὅστις ἐκβάλλει ἐκ τοῦ θησαυροῦ αὐτοῦ καινὰ καὶ παλαιά.					
121	Mt 8,28	καὶ ἐλθόντος αὐτοῦ εἰς τὸ πέραν εἰς τὴν χώραν τῶν Γαδαρηνῶν ὑπήντησαν αὐτῷ **δύο** **δαιμονιζόμενοι** ἐκ τῶν μνημείων ἐξερχόμενοι, ...	Mk 5,2	[1] καὶ ἦλθον εἰς τὸ πέραν τῆς θαλάσσης εἰς τὴν χώραν τῶν Γερασηνῶν. [2] καὶ ἐξελθόντος αὐτοῦ ἐκ τοῦ πλοίου εὐθὺς ὑπήντησεν αὐτῷ ἐκ τῶν μνημείων **ἄνθρωπος** **ἐν πνεύματι** **ἀκαθάρτῳ**	Lk 8,27	[26] καὶ κατέπλευσαν εἰς τὴν χώραν τῶν Γερασηνῶν, ἥτις ἐστὶν ἀντιπέρα τῆς Γαλιλαίας. [27] ἐξελθόντι δὲ αὐτῷ ἐπὶ τὴν γῆν ὑπήντησεν **ἀνήρ τις ἐκ τῆς** **πόλεως ἔχων** **δαιμόνια** ...	
022			Mk 5,8	ἔλεγεν γὰρ αὐτῷ· ἔξελθε τὸ πνεῦμα τὸ ἀκάθαρτον **ἐκ τοῦ ἀνθρώπου.**	Lk 8,29	παρήγγειλεν γὰρ τῷ πνεύματι τῷ ἀκαθάρτῳ ἐξελθεῖν **ἀπὸ τοῦ ἀνθρώπου.** ...	
112	Mt 8,32	... οἱ δὲ ἐξελθόντες ἀπῆλθον εἰς τοὺς χοίρους· ...	Mk 5,13	... καὶ ἐξελθόντα τὰ πνεύματα τὰ ἀκάθαρτα εἰσῆλθον εἰς τοὺς χοίρους, ...	Lk 8,33	ἐξελθόντα δὲ τὰ δαιμόνια **ἀπὸ τοῦ ἀνθρώπου** εἰσῆλθον εἰς τοὺς χοίρους, ...	
112	Mt 8,34	καὶ ἰδοὺ πᾶσα ἡ πόλις ἐξῆλθεν εἰς ὑπάντησιν τῷ Ἰησοῦ ...	Mk 5,15	καὶ ἔρχονται πρὸς τὸν Ἰησοῦν, καὶ θεωροῦσιν **τὸν δαιμονιζόμενον** καθήμενον ἱματισμένον καὶ σωφρονοῦντα, τὸν ἐσχηκότα τὸν λεγιῶνα, καὶ ἐφοβήθησαν.	Lk 8,35	ἐξῆλθον δὲ ἰδεῖν τὸ γεγονὸς καὶ ἦλθον πρὸς τὸν Ἰησοῦν καὶ εὗρον καθήμενον **τὸν ἄνθρωπον** ἀφ᾽ οὗ τὰ δαιμόνια ἐξῆλθεν ἱματισμένον καὶ σωφρονοῦντα παρὰ τοὺς πόδας τοῦ Ἰησοῦ, καὶ ἐφοβήθησαν.	
220	Mt 15,9	*μάτην δὲ σέβονταί* *με διδάσκοντες* *διδασκαλίας* ***ἐντάλματα*** ***ἀνθρώπων.*** ➤ Isa 29,13 LXX	Mk 7,7	*μάτην δὲ σέβονταί* *με διδάσκοντες* *διδασκαλίας* ***ἐντάλματα*** ***ἀνθρώπων.*** ➤ Isa 29,13 LXX			
020	Mt 15,3 → Mk 7,9	... διὰ τί καὶ ὑμεῖς παραβαίνετε τὴν ἐντολὴν τοῦ θεοῦ **διὰ τὴν παράδοσιν** **ὑμῶν;**	Mk 7,8	ἀφέντες τὴν ἐντολὴν τοῦ θεοῦ κρατεῖτε **τὴν παράδοσιν** **τῶν ἀνθρώπων.**			
120	Mt 15,5	ὑμεῖς δὲ λέγετε· **ὃς** ἂν εἴπῃ τῷ πατρὶ ἢ τῇ μητρί· δῶρον ὃ ἐὰν ἐξ ἐμοῦ ὠφεληθῇς	Mk 7,11	ὑμεῖς δὲ λέγετε· ἐὰν εἴπῃ **ἄνθρωπος** τῷ πατρὶ ἢ τῇ μητρί· κορβᾶν, ὅ ἐστιν δῶρον, ὃ ἐὰν ἐξ ἐμοῦ ὠφεληθῇς			

120	Mt 15,11 (2)	οὐ	Mk 7,15 (3)	οὐδέν ἐστιν ἔξωθεν τοῦ ἀνθρώπου			→ GTh 14,5
		τὸ εἰσερχόμενον εἰς τὸ στόμα		εἰσπορευόμενον εἰς αὐτὸν ὃ δύναται			
210		κοινοῖ τὸν ἄνθρωπον,		κοινῶσαι αὐτόν,			→ GTh 14,5
120		ἀλλὰ τὸ ἐκπορευόμενον ἐκ τοῦ στόματος		ἀλλὰ τὰ ἐκ τοῦ ἀνθρώπου ἐκπορευόμενά			
220		τοῦτο κοινοῖ τὸν ἄνθρωπον.		ἐστιν τὰ κοινοῦντα τὸν ἄνθρωπον.			
120	Mt 15,17	οὐ νοεῖτε ὅτι πᾶν τὸ εἰσπορευόμενον εἰς τὸ στόμα εἰς τὴν κοιλίαν χωρεῖ καὶ εἰς ἀφεδρῶνα ἐκβάλλεται;	Mk 7,18	... οὐ νοεῖτε ὅτι πᾶν τὸ ἔξωθεν εἰσπορευόμενον εἰς τὸν ἄνθρωπον οὐ δύναται αὐτὸν κοινῶσαι, [19] ὅτι οὐκ εἰσπορεύεται αὐτοῦ εἰς τὴν καρδίαν ἀλλ' εἰς τὴν κοιλίαν, καὶ εἰς τὸν ἀφεδρῶνα ἐκπορεύεται			→ GTh 14,5
120	Mt 15,18	τὰ δὲ ἐκπορευόμενα ἐκ τοῦ στόματος ἐκ τῆς καρδίας ἐξέρχεται,	Mk 7,20 (2)	ἔλεγεν δὲ ὅτι τὸ ἐκ τοῦ ἀνθρώπου ἐκπορευόμενον,			→ GTh 14,5
220		κἀκεῖνα κοινοῖ τὸν ἄνθρωπον.		ἐκεῖνο κοινοῖ τὸν ἄνθρωπον.			
120	Mt 15,19	ἐκ γὰρ τῆς καρδίας ἐξέρχονται διαλογισμοὶ πονηροί, φόνοι, μοιχεῖαι, πορνεῖαι, κλοπαί, ...	Mk 7,21	ἔσωθεν γὰρ ἐκ τῆς καρδίας τῶν ἀνθρώπων οἱ διαλογισμοὶ οἱ κακοὶ ἐκπορεύονται, πορνεῖαι, κλοπαί, φόνοι, [22] μοιχεῖαι, ...			→ GTh 14,5
220	Mt 15,20 (2)	ταῦτά ἐστιν τὰ κοινοῦντα τὸν ἄνθρωπον,	Mk 7,23	πάντα ταῦτα τὰ πονηρὰ ἔσωθεν ἐκπορεύεται καὶ κοινοῖ τὸν ἄνθρωπον.			→ GTh 14,5
200	→ Mt 15,2	τὸ δὲ ἀνίπτοις χερσὶν φαγεῖν οὐ κοινοῖ τὸν ἄνθρωπον.					
020			Mk 8,24	καὶ ἀναβλέψας ἔλεγεν· βλέπω τοὺς ἀνθρώπους ὅτι ὡς δένδρα ὁρῶ περιπατοῦντας.			
221	Mt 16,13 (2)	... τίνα λέγουσιν οἱ ἄνθρωποι εἶναι	Mk 8,27	... τίνα με λέγουσιν οἱ ἄνθρωποι εἶναι;	Lk 9,18	... τίνα με λέγουσιν οἱ ὄχλοι εἶναι;	→ GTh 13
a 211		τὸν υἱὸν τοῦ ἀνθρώπου;	Mk 8,27	... τίνα με λέγουσιν οἱ ἄνθρωποι εἶναι;	Lk 9,18	... τίνα με λέγουσιν οἱ ὄχλοι εἶναι;	

a 122	Mt 16,21 ↓Mt 17,22 ↓Mt 20,18	ἀπὸ τότε ἤρξατο ὁ Ἰησοῦς δεικνύειν τοῖς μαθηταῖς αὐτοῦ ὅτι δεῖ **αὐτὸν** εἰς Ἱεροσόλυμα ἀπελθεῖν καὶ πολλὰ παθεῖν ἀπὸ τῶν πρεσβυτέρων καὶ ἀρχιερέων καὶ γραμματέων καὶ ἀποκτανθῆναι καὶ τῇ τρίτῃ ἡμέρᾳ ἐγερθῆναι.	Mk 8,31 ↓Mk 9,31 ↓Mk 10,33	καὶ ἤρξατο διδάσκειν αὐτοὺς ὅτι δεῖ **τὸν υἱὸν τοῦ ἀνθρώπου** πολλὰ παθεῖν καὶ ἀποδοκιμασθῆναι ὑπὸ τῶν πρεσβυτέρων καὶ τῶν ἀρχιερέων καὶ τῶν γραμματέων καὶ ἀποκτανθῆναι καὶ μετὰ τρεῖς ἡμέρας ἀναστῆναι·	Lk 9,22 ↓Lk 9,44 →Lk 17,25 ↓Lk 18,31 ↓Lk 24,7 →Lk 24,26 →Lk 24,46	εἰπὼν ὅτι δεῖ **τὸν υἱὸν τοῦ ἀνθρώπου** πολλὰ παθεῖν καὶ ἀποδοκιμασθῆναι ἀπὸ τῶν πρεσβυτέρων καὶ ἀρχιερέων καὶ γραμματέων καὶ ἀποκτανθῆναι καὶ τῇ τρίτῃ ἡμέρᾳ ἐγερθῆναι.	
220	Mt 16,23 →Mt 4,10	... ὕπαγε ὀπίσω μου, σατανᾶ· σκάνδαλον εἶ ἐμοῦ, ὅτι οὐ φρονεῖς τὰ τοῦ θεοῦ ἀλλὰ **τὰ τῶν ἀνθρώπων.**	Mk 8,33 →Mt 4,10	... ὕπαγε ὀπίσω μου, σατανᾶ, ὅτι οὐ φρονεῖς τὰ τοῦ θεοῦ ἀλλὰ **τὰ τῶν ἀνθρώπων.**			
222	Mt 16,26 (2)	τί γὰρ ὠφεληθήσεται **ἄνθρωπος** ἐὰν τὸν κόσμον ὅλον κερδήσῃ τὴν δὲ ψυχὴν αὐτοῦ ζημιωθῇ;	Mk 8,36	τί γὰρ ὠφελεῖ **ἄνθρωπον** κερδῆσαι τὸν κόσμον ὅλον καὶ ζημιωθῆναι τὴν ψυχὴν αὐτοῦ;	Lk 9,25	τί γὰρ ὠφελεῖται **ἄνθρωπος** κερδήσας τὸν κόσμον ὅλον ἑαυτὸν δὲ ἀπολέσας ἢ ζημιωθείς;	
220		ἢ τί δώσει **ἄνθρωπος** ἀντάλλαγμα τῆς ψυχῆς αὐτοῦ;	Mk 8,37	τί γὰρ δοῖ **ἄνθρωπος** ἀντάλλαγμα τῆς ψυχῆς αὐτοῦ;			
a 222	Mt 16,27 ↑Mt 10,33 ↓Mt 24,30 ↓Mt 25,31	μέλλει γὰρ **ὁ υἱὸς τοῦ ἀνθρώπου** ἔρχεσθαι ἐν τῇ δόξῃ τοῦ πατρὸς αὐτοῦ μετὰ τῶν ἀγγέλων αὐτοῦ, καὶ τότε *ἀποδώσει ἑκάστῳ κατὰ τὴν πρᾶξιν αὐτοῦ.* ➤ Ps 62,13/Prov 24,12/Sir 35,22 LXX	Mk 8,38 ↓Mk 13,26	ὃς γὰρ ἐὰν ἐπαισχυνθῇ με καὶ τοὺς ἐμοὺς λόγους ἐν τῇ γενεᾷ ταύτῃ τῇ μοιχαλίδι καὶ ἁμαρτωλῷ, καὶ **ὁ υἱὸς τοῦ ἀνθρώπου** ἐπαισχυνθήσεται αὐτόν, ὅταν ἔλθῃ ἐν τῇ δόξῃ τοῦ πατρὸς αὐτοῦ μετὰ τῶν ἀγγέλων τῶν ἁγίων.	Lk 9,26 ⇩Lk 12,9 ↓Lk 21,27	ὃς γὰρ ἂν ἐπαισχυνθῇ με καὶ τοὺς ἐμοὺς λόγους, τοῦτον **ὁ υἱὸς τοῦ ἀνθρώπου** ἐπαισχυνθήσεται, ὅταν ἔλθῃ ἐν τῇ δόξῃ αὐτοῦ καὶ τοῦ πατρὸς καὶ τῶν ἁγίων ἀγγέλων.	Mk-Q overlap
a 211	Mt 16,28 →Mt 24,34	ἀμὴν λέγω ὑμῖν ὅτι εἰσίν τινες τῶν ὧδε ἑστώτων οἵτινες οὐ μὴ γεύσωνται θανάτου ἕως ἂν ἴδωσιν **τὸν υἱὸν τοῦ ἀνθρώπου** ἐρχόμενον ἐν τῇ βασιλείᾳ αὐτοῦ.	Mk 9,1 →Mk 13,30	... ἀμὴν λέγω ὑμῖν ὅτι εἰσίν τινες ὧδε τῶν ἑστηκότων οἵτινες οὐ μὴ γεύσωνται θανάτου ἕως ἂν ἴδωσιν τὴν βασιλείαν τοῦ θεοῦ ἐληλυθυῖαν ἐν δυνάμει.	Lk 9,27 →Lk 21,32	λέγω δὲ ὑμῖν ἀληθῶς, εἰσίν τινες τῶν αὐτοῦ ἑστηκότων οἳ οὐ μὴ γεύσωνται θανάτου ἕως ἂν ἴδωσιν τὴν βασιλείαν τοῦ θεοῦ.	→ Jn 21,22-23
a 221	Mt 17,9	... ἐνετείλατο αὐτοῖς ὁ Ἰησοῦς λέγων· μηδενὶ εἴπητε τὸ ὅραμα ἕως οὗ **ὁ υἱὸς τοῦ ἀνθρώπου** ἐκ νεκρῶν ἐγερθῇ.	Mk 9,9	... διεστείλατο αὐτοῖς ἵνα μηδενὶ ἃ εἶδον διηγήσωνται, εἰ μὴ ὅταν **ὁ υἱὸς τοῦ ἀνθρώπου** ἐκ νεκρῶν ἀναστῇ.	Lk 9,36	... καὶ αὐτοὶ ἐσίγησαν καὶ οὐδενὶ ἀπήγγειλαν ἐν ἐκείναις ταῖς ἡμέραις οὐδὲν ὧν ἑώρακαν.	
a 220	Mt 17,12	... οὕτως καὶ **ὁ υἱὸς τοῦ ἀνθρώπου** μέλλει πάσχειν ὑπ᾽ αὐτῶν.	Mk 9,12	... καὶ πῶς γέγραπται **ἐπὶ τὸν υἱὸν τοῦ ἀνθρώπου** ἵνα πολλὰ πάθῃ καὶ ἐξουδενηθῇ;			
211	Mt 17,14	καὶ ἐλθόντων πρὸς τὸν ὄχλον προσῆλθεν αὐτῷ **ἄνθρωπος** γονυπετῶν αὐτὸν	Mk 9,17	καὶ ἀπεκρίθη αὐτῷ **εἷς** ἐκ τοῦ ὄχλου· ...	Lk 9,38	καὶ ἰδοὺ **ἀνὴρ** ἀπὸ τοῦ ὄχλου ἐβόησεν ...	

a 222 222	Mt 17,22 (2) ↑ Mt 16,21 ↓ Mt 20,18	συστρεφομένων δὲ αὐτῶν ἐν τῇ Γαλιλαίᾳ εἶπεν αὐτοῖς ὁ Ἰησοῦς· μέλλει **ὁ υἱὸς τοῦ ἀνθρώπου** παραδίδοσθαι **εἰς χεῖρας ἀνθρώπων,** [23] καὶ ἀποκτενοῦσιν αὐτόν, καὶ τῇ τρίτῃ ἡμέρᾳ ἐγερθήσεται.	Mk 9,31 (2) ↑ Mk 8,31 ↓ Mk 10,33	ἐδίδασκεν γὰρ τοὺς μαθητὰς αὐτοῦ καὶ ἔλεγεν αὐτοῖς ὅτι **ὁ υἱὸς τοῦ ἀνθρώπου** παραδίδοται **εἰς χεῖρας ἀνθρώπων,** καὶ ἀποκτενοῦσιν αὐτόν, καὶ ἀποκτανθεὶς μετὰ τρεῖς ἡμέρας ἀναστήσεται.	Lk 9,44 (2) ↑ Lk 9,22 → Lk 17,25 ↓ Lk 18,31 ↓ Lk 24,7 → Lk 24,26	θέσθε ὑμεῖς εἰς τὰ ὦτα ὑμῶν τοὺς λόγους τούτους· **ὁ γὰρ υἱὸς τοῦ ἀνθρώπου** μέλλει παραδίδοσθαι **εἰς χεῖρας ἀνθρώπων.**	→ Acts 21,11
201	Mt 18,7	... ἀνάγκη γὰρ ἐλθεῖν τὰ σκάνδαλα, πλὴν οὐαὶ **τῷ ἀνθρώπῳ** δι᾽ οὗ τὸ σκάνδαλον ἔρχεται.			Lk 17,1	... ἀνένδεκτόν ἐστιν τοῦ τὰ σκάνδαλα μὴ ἐλθεῖν, πλὴν οὐαὶ δι᾽ οὗ ἔρχεται·	
202	Mt 18,12	τί ὑμῖν δοκεῖ; ἐὰν γένηταί **τινι ἀνθρώπῳ** ἑκατὸν πρόβατα καὶ πλανηθῇ ἓν ἐξ αὐτῶν, ...			Lk 15,4	**τίς ἄνθρωπος** ἐξ ὑμῶν ἔχων ἑκατὸν πρόβατα καὶ ἀπολέσας ἐξ αὐτῶν ἓν ...	→ GTh 107
200	Mt 18,23	διὰ τοῦτο ὡμοιώθη ἡ βασιλεία τῶν οὐρανῶν **ἀνθρώπῳ βασιλεῖ,** ὃς ἠθέλησεν συνᾶραι λόγον μετὰ τῶν δούλων αὐτοῦ.					
a 202	Mt 8,20	... αἱ ἀλώπεκες φωλεοὺς ἔχουσιν καὶ τὰ πετεινὰ τοῦ οὐρανοῦ κατασκηνώσεις, **ὁ δὲ υἱὸς τοῦ ἀνθρώπου** οὐκ ἔχει ποῦ τὴν κεφαλὴν κλίνῃ.			Lk 9,58	... αἱ ἀλώπεκες φωλεοὺς ἔχουσιν καὶ τὰ πετεινὰ τοῦ οὐρανοῦ κατασκηνώσεις, **ὁ δὲ υἱὸς τοῦ ἀνθρώπου** οὐκ ἔχει ποῦ τὴν κεφαλὴν κλίνῃ.	→ GTh 86
002					Lk 10,30	ὑπολαβὼν ὁ Ἰησοῦς εἶπεν· **ἄνθρωπός τις** κατέβαινεν ἀπὸ Ἰερουσαλὴμ εἰς Ἰεριχὼ ...	
202	Mt 12,43 → Mk 9,25	ὅταν δὲ τὸ ἀκάθαρτον πνεῦμα ἐξέλθῃ **ἀπὸ τοῦ ἀνθρώπου,** διέρχεται δι᾽ ἀνύδρων τόπων ζητοῦν ἀνάπαυσιν καὶ οὐχ εὑρίσκει.			Lk 11,24 → Mk 9,25	ὅταν τὸ ἀκάθαρτον πνεῦμα ἐξέλθῃ **ἀπὸ τοῦ ἀνθρώπου,** διέρχεται δι᾽ ἀνύδρων τόπων ζητοῦν ἀνάπαυσιν καὶ μὴ εὑρίσκον· ...	
b 202	Mt 12,45	... καὶ γίνεται **τὰ ἔσχατα τοῦ ἀνθρώπου ἐκείνου** χείρονα τῶν πρώτων. ...			Lk 11,26	... καὶ γίνεται **τὰ ἔσχατα τοῦ ἀνθρώπου ἐκείνου** χείρονα τῶν πρώτων.	
a 202	Mt 12,40 → Mt 27,63	ὥσπερ γὰρ *ἦν Ἰωνᾶς ἐν τῇ κοιλίᾳ τοῦ κήτους τρεῖς ἡμέρας καὶ τρεῖς νύκτας,* οὕτως ἔσται **ὁ υἱὸς τοῦ ἀνθρώπου** ἐν τῇ καρδίᾳ τῆς γῆς τρεῖς ἡμέρας καὶ τρεῖς νύκτας. ➤ Jonah 2,1			Lk 11,30	καθὼς γὰρ ἐγένετο Ἰωνᾶς τοῖς Νινευίταις σημεῖον, οὕτως ἔσται καὶ **ὁ υἱὸς τοῦ ἀνθρώπου** τῇ γενεᾷ ταύτῃ.	

102	**Mt 23,27**	οὐαὶ ὑμῖν, γραμματεῖς καὶ Φαρισαῖοι ὑποκριταί, ὅτι παρομοιάζετε τάφοις κεκονιαμένοις, οἵτινες ἔξωθεν μὲν φαίνονται ὡραῖοι, ...			**Lk 11,44**	οὐαὶ ὑμῖν, ὅτι ἐστὲ ὡς τὰ μνημεῖα τὰ ἄδηλα, καὶ **οἱ ἄνθρωποι** [οἱ] περιπατοῦντες ἐπάνω οὐκ οἴδασιν.	
202	**Mt 23,4**	δεσμεύουσιν δὲ φορτία βαρέα [καὶ δυσβάστακτα] καὶ ἐπιτιθέασιν **ἐπὶ τοὺς ὤμους** **τῶν ἀνθρώπων,** αὐτοὶ δὲ τῷ δακτύλῳ αὐτῶν οὐ θέλουσιν κινῆσαι αὐτά.			**Lk 11,46**	... ὅτι φορτίζετε **τοὺς ἀνθρώπους** φορτία δυσβάστακτα, καὶ αὐτοὶ ἑνὶ τῶν δακτύλων ὑμῶν οὐ προσψαύετε τοῖς φορτίοις.	
c 202 *a* 102	**Mt 10,32**	πᾶς οὖν ὅστις ὁμολογήσει ἐν ἐμοὶ **ἔμπροσθεν τῶν** **ἀνθρώπων,** ὁμολογήσω **κἀγὼ** ἐν αὐτῷ ἔμπροσθεν τοῦ πατρός μου τοῦ ἐν [τοῖς] οὐρανοῖς·			**Lk 12,8** (2)	... πᾶς ὃς ἂν ὁμολογήσῃ ἐν ἐμοὶ **ἔμπροσθεν τῶν** **ἀνθρώπων,** καὶ **ὁ υἱὸς τοῦ ἀνθρώπου** ὁμολογήσει ἐν αὐτῷ ἔμπροσθεν τῶν ἀγγέλων τοῦ θεοῦ·	
c 202	**Mt 10,33** ↑ Mt 16,27	ὅστις δ᾽ ἂν ἀρνήσηταί με **ἔμπροσθεν** **τῶν ἀνθρώπων,** ἀρνήσομαι κἀγὼ αὐτὸν ἔμπροσθεν τοῦ πατρός μου τοῦ ἐν [τοῖς] οὐρανοῖς.	**Mk 8,38**	ὃς γὰρ ἐὰν ἐπαισχυνθῇ με καὶ τοὺς ἐμοὺς λόγους **ἐν τῇ γενεᾷ ταύτῃ** **τῇ μοιχαλίδι καὶ** **ἁμαρτωλῷ,** καὶ ὁ υἱὸς τοῦ ἀνθρώπου ἐπαισχυνθήσεται αὐτὸν, ὅταν ἔλθῃ ἐν τῇ δόξῃ τοῦ πατρὸς αὐτοῦ μετὰ τῶν ἀγγέλων τῶν ἁγίων.	**Lk 12,9** ⇧ Lk 9,26	ὁ δὲ ἀρνησάμενός με **ἐνώπιον** **τῶν ἀνθρώπων** ἀπαρνηθήσεται ἐνώπιον τῶν ἀγγέλων τοῦ θεοῦ.	Mk-Q overlap
a 202	**Mt 12,32** ↑ Mk 3,28	καὶ ὃς ἐὰν εἴπῃ λόγον **κατὰ τοῦ υἱοῦ** **τοῦ ἀνθρώπου,** ἀφεθήσεται αὐτῷ· ὃς δ᾽ ἂν εἴπῃ κατὰ τοῦ πνεύματος τοῦ ἁγίου, οὐκ ἀφεθήσεται αὐτῷ οὔτε ἐν τούτῳ τῷ αἰῶνι οὔτε ἐν τῷ μέλλοντι.	**Mk 3,29**	 ὃς δ᾽ ἂν βλασφημήσῃ εἰς τὸ πνεῦμα τὸ ἅγιον, οὐκ ἔχει ἄφεσιν εἰς τὸν αἰῶνα, ἀλλὰ ἔνοχός ἐστιν αἰωνίου ἁμαρτήματος.	**Lk 12,10** ↑ Mk 3,28	καὶ πᾶς ὃς ἐρεῖ λόγον **εἰς τὸν υἱὸν** **τοῦ ἀνθρώπου,** ἀφεθήσεται αὐτῷ· τῷ δὲ εἰς τὸ ἅγιον πνεῦμα βλασφημήσαντι οὐκ ἀφεθήσεται.	→ GTh 44 Mk-Q overlap
002					**Lk 12,14**	ὁ δὲ εἶπεν αὐτῷ· **ἄνθρωπε,** τίς με κατέστησεν κριτὴν ἢ μεριστὴν ἐφ᾽ ὑμᾶς;	→ GTh 72
002					**Lk 12,16**	εἶπεν δὲ παραβολὴν πρὸς αὐτοὺς λέγων· **ἀνθρώπου τινὸς** **πλουσίου** εὐφόρησεν ἡ χώρα.	→ GTh 63
002					**Lk 12,36**	καὶ ὑμεῖς ὅμοιοι **ἀνθρώποις** προσδεχομένοις τὸν κύριον ἑαυτῶν πότε ἀναλύσῃ ἐκ τῶν γάμων, ...	
a 202	**Mt 24,44** → Mt 24,42 → Mt 24,50 ↓ Mt 25,13	διὰ τοῦτο καὶ ὑμεῖς γίνεσθε ἕτοιμοι, ὅτι ᾗ οὐ δοκεῖτε ὥρᾳ **ὁ υἱὸς τοῦ ἀνθρώπου** ἔρχεται.	→ Mk 13,35		**Lk 12,40** → Lk 12,38	καὶ ὑμεῖς γίνεσθε ἕτοιμοι, ὅτι ᾗ ὥρᾳ οὐ δοκεῖτε **ὁ υἱὸς τοῦ ἀνθρώπου** ἔρχεται.	→ GTh 21,6

002					Lk 13,4	... δοκεῖτε ὅτι αὐτοὶ ὀφειλέται ἐγένοντο **παρὰ πάντας τοὺς ἀνθρώπους** τοὺς κατοικοῦντας Ἰερουσαλήμ;	
202	Mt 13,31	... ὁμοία ἐστὶν ἡ βασιλεία τῶν οὐρανῶν κόκκῳ σινάπεως, ὃν λαβὼν **ἄνθρωπος** ἔσπειρεν ἐν τῷ ἀγρῷ αὐτοῦ·	Mk 4,31	[30] ... πῶς ὁμοιώσωμεν τὴν βασιλείαν τοῦ θεοῦ ... [31] ὡς κόκκῳ σινάπεως, ὃς ὅταν σπαρῇ ἐπὶ τῆς γῆς, ...	Lk 13,19	[18] ... τίνι ὁμοία ἐστὶν ἡ βασιλεία τοῦ θεοῦ ... [19] ὁμοία ἐστὶν κόκκῳ σινάπεως, ὃν λαβὼν **ἄνθρωπος** ἔβαλεν εἰς κῆπον ἑαυτοῦ, ...	→ GTh 20 Mk-Q overlap
002					Lk 14,2 ↑ Mt 12,10 ↑ Mk 3,1 ↑ Lk 6,6 → Lk 13,10-11	καὶ ἰδοὺ **ἄνθρωπός τις** ἦν ὑδρωπικὸς ἔμπροσθεν αὐτοῦ.	
202	Mt 22,2 → Lk 14,15	ὡμοιώθη ἡ βασιλεία τῶν οὐρανῶν **ἀνθρώπῳ βασιλεῖ**, ὅστις ἐποίησεν γάμους τῷ υἱῷ αὐτοῦ.			Lk 14,16	ὁ δὲ εἶπεν αὐτῷ· **ἄνθρωπός τις** ἐποίει δεῖπνον μέγα, ...	→ GTh 64
b 002					Lk 14,30	λέγοντες ὅτι **οὗτος ὁ ἄνθρωπος** ἤρξατο οἰκοδομεῖν καὶ οὐκ ἴσχυσεν ἐκτελέσαι.	
202	Mt 18,12	τί ὑμῖν δοκεῖ; ἐὰν γένηταί **τινι ἀνθρώπῳ** ἑκατὸν πρόβατα καὶ πλανηθῇ ἓν ἐξ αὐτῶν, ...			Lk 15,4	**τίς ἄνθρωπος** ἐξ ὑμῶν ἔχων ἑκατὸν πρόβατα καὶ ἀπολέσας ἐξ αὐτῶν ἓν ...	→ GTh 107
002					Lk 15,11 ↓ Mt 21,28	εἶπεν δέ· **ἄνθρωπός τις** εἶχεν δύο υἱούς.	
002					Lk 16,1	ἔλεγεν δὲ καὶ πρὸς τοὺς μαθητάς· **ἄνθρωπός τις** ἦν πλούσιος ὃς εἶχεν οἰκονόμον, ...	
c 002 002					Lk 16,15 (2) → Lk 18,9.14 → Lk 20,20	... ὑμεῖς ἐστε οἱ δικαιοῦντες ἑαυτοὺς **ἐνώπιον τῶν ἀνθρώπων**, ὁ δὲ θεὸς γινώσκει τὰς καρδίας ὑμῶν· ὅτι **τὸ ἐν ἀνθρώποις** ὑψηλὸν βδέλυγμα ἐνώπιον τοῦ θεοῦ.	
002					Lk 16,19	**ἄνθρωπος δέ τις** ἦν πλούσιος, καὶ ἐνεδιδύσκετο πορφύραν καὶ βύσσον εὐφραινόμενος καθ' ἡμέραν λαμπρῶς.	
a 002					Lk 17,22	... ἐλεύσονται ἡμέραι ὅτε ἐπιθυμήσετε μίαν τῶν ἡμερῶν **τοῦ υἱοῦ τοῦ ἀνθρώπου** ἰδεῖν καὶ οὐκ ὄψεσθε.	

a 202	**Mt 24,27**	ὥσπερ γὰρ ἡ ἀστραπὴ ἐξέρχεται ἀπὸ ἀνατολῶν καὶ φαίνεται ἕως δυσμῶν, οὕτως ἔσται ἡ παρουσία **τοῦ υἱοῦ** **τοῦ ἀνθρώπου·**			**Lk 17,24**	ὥσπερ γὰρ ἡ ἀστραπὴ ἀστράπτουσα ἐκ τῆς ὑπὸ τὸν οὐρανὸν εἰς τὴν ὑπ' οὐρανὸν λάμπει, οὕτως ἔσται **ὁ υἱὸς** **τοῦ ἀνθρώπου** [ἐν τῇ ἡμέρᾳ αὐτοῦ].	
a 202	**Mt 24,37**	ὥσπερ γὰρ αἱ ἡμέραι τοῦ Νῶε, οὕτως ἔσται ἡ παρουσία **τοῦ υἱοῦ** **τοῦ ἀνθρώπου.**			**Lk 17,26**	καὶ καθὼς ἐγένετο ἐν ταῖς ἡμέραις Νῶε, οὕτως ἔσται καὶ ἐν ταῖς ἡμέραις **τοῦ υἱοῦ** **τοῦ ἀνθρώπου·**	
a 202	**Mt 24,39**	... οὕτως ἔσται [καὶ] ἡ παρουσία **τοῦ υἱοῦ τοῦ** **ἀνθρώπου.**			**Lk 17,30**	κατὰ τὰ αὐτὰ ἔσται ᾗ ἡμέρᾳ **ὁ υἱὸς** **τοῦ ἀνθρώπου** ἀποκαλύπτεται.	
002					**Lk 18,2**	... κριτής τις ἦν ἔν τινι πόλει τὸν θεὸν μὴ φοβούμενος καὶ **ἄνθρωπον** μὴ ἐντρεπόμενος.	
002					**Lk 18,4**	... μετὰ δὲ ταῦτα εἶπεν ἐν ἑαυτῷ· εἰ καὶ τὸν θεὸν οὐ φοβοῦμαι οὐδὲ **ἄνθρωπον** ἐντρέπομαι	
a 002					**Lk 18,8**	... πλὴν **ὁ υἱὸς τοῦ ἀνθρώπου** ἐλθὼν ἆρα εὑρήσει τὴν πίστιν ἐπὶ τῆς γῆς;	
002					**Lk 18,10**	**ἄνθρωποι δύο** ἀνέβησαν εἰς τὸ ἱερὸν προσεύξασθαι, ὁ εἷς Φαρισαῖος καὶ ὁ ἕτερος τελώνης.	
002					**Lk 18,11**	... ὁ θεός, εὐχαριστῶ σοι ὅτι οὐκ εἰμὶ **ὥσπερ οἱ λοιποὶ** **τῶν ἀνθρώπων,** ἅρπαγες, ἄδικοι, μοιχοί, ἢ καὶ ὡς οὗτος ὁ τελώνης·	
210	**Mt 19,3**	καὶ προσῆλθον αὐτῷ Φαρισαῖοι πειράζοντες αὐτὸν καὶ λέγοντες· εἰ ἔξεστιν **ἀνθρώπῳ** ἀπολῦσαι τὴν γυναῖκα αὐτοῦ κατὰ πᾶσαν αἰτίαν;	**Mk 10,2**	καὶ προσελθόντες Φαρισαῖοι ἐπηρώτων αὐτὸν εἰ ἔξεστιν **ἀνδρὶ** γυναῖκα ἀπολῦσαι, πειράζοντες αὐτόν.			
220	**Mt 19,5**	... *ἕνεκα τούτου* *καταλείψει* ***ἄνθρωπος*** *τὸν πατέρα καὶ* *τὴν μητέρα καὶ* *κολληθήσεται* *τῇ γυναικὶ αὐτοῦ*, ... ➤ Gen 2,24 LXX	**Mk 10,7**	*ἕνεκεν τούτου* *καταλείψει* ***ἄνθρωπος*** *τὸν πατέρα αὐτοῦ καὶ* *τὴν μητέρα [καὶ* *προσκολληθήσεται πρὸς* *τὴν γυναῖκα αὐτοῦ]* ➤ Gen 2,24 LXX			
220	**Mt 19,6**	... ὃ οὖν ὁ θεὸς συνέζευξεν **ἄνθρωπος** μὴ χωριζέτω.	**Mk 10,9**	ὃ οὖν ὁ θεὸς συνέζευξεν **ἄνθρωπος** μὴ χωριζέτω.			

200	Mt 19,10	... εἰ οὕτως ἐστὶν ἡ αἰτία τοῦ ἀνθρώπου μετὰ τῆς γυναικός, οὐ συμφέρει γαμῆσαι.					
200	Mt 19,12	... καὶ εἰσὶν εὐνοῦχοι οἵτινες εὐνουχίσθησαν ὑπὸ τῶν ἀνθρώπων, καὶ εἰσὶν εὐνοῦχοι οἵτινες εὐνούχισαν ἑαυτοὺς διὰ τὴν βασιλείαν τῶν οὐρανῶν. ...					
222	Mt 19,26	ἐμβλέψας δὲ ὁ Ἰησοῦς εἶπεν αὐτοῖς· παρὰ ἀνθρώποις τοῦτο ἀδύνατόν ἐστιν, παρὰ δὲ θεῷ πάντα δυνατά.	Mk 10,27	ἐμβλέψας αὐτοῖς ὁ Ἰησοῦς λέγει· παρὰ ἀνθρώποις ἀδύνατον, ἀλλ᾽ οὐ παρὰ θεῷ· πάντα γὰρ δυνατὰ παρὰ τῷ θεῷ.	Lk 18,27	ὁ δὲ εἶπεν· τὰ ἀδύνατα παρὰ ἀνθρώποις δυνατὰ παρὰ τῷ θεῷ ἐστιν.	
a 201	Mt 19,28 ↓Mt 25,31	... ὑμεῖς οἱ ἀκολουθήσαντές μοι ἐν τῇ παλιγγενεσίᾳ, ὅταν καθίσῃ ὁ υἱὸς τοῦ ἀνθρώπου ἐπὶ θρόνου δόξης αὐτοῦ, καθήσεσθε καὶ ὑμεῖς ἐπὶ δώδεκα θρόνους ...			Lk 22,30 →Lk 12,37	[28] ὑμεῖς δέ ἐστε οἱ διαμεμενηκότες μετ᾽ ἐμοῦ ἐν τοῖς πειρασμοῖς μου· [29] ... [30] ἵνα ἔσθητε καὶ πίνητε ἐπὶ τῆς τραπέζης μου ἐν τῇ βασιλείᾳ μου, καὶ καθήσεσθε ἐπὶ θρόνων ...	
200	Mt 20,1	ὁμοία γάρ ἐστιν ἡ βασιλεία τῶν οὐρανῶν ἀνθρώπῳ οἰκοδεσπότῃ, ὅστις ἐξῆλθεν ἅμα πρωῒ μισθώσασθαι ἐργάτας εἰς τὸν ἀμπελῶνα αὐτοῦ.					
a 222	Mt 20,18 ↑Mt 16,21 ↑Mt 17,22	ἰδοὺ ἀναβαίνομεν εἰς Ἱεροσόλυμα, καὶ ὁ υἱὸς τοῦ ἀνθρώπου παραδοθήσεται τοῖς ἀρχιερεῦσιν καὶ γραμματεῦσιν, καὶ κατακρινοῦσιν αὐτὸν θανάτῳ [19] καὶ παραδώσουσιν αὐτὸν τοῖς ἔθνεσιν εἰς τὸ ἐμπαῖξαι καὶ μαστιγῶσαι καὶ σταυρῶσαι, καὶ τῇ τρίτῃ ἡμέρᾳ ἐγερθήσεται.	Mk 10,33 ↑Mk 8,31 ↑Mk 9,31	ὅτι ἰδοὺ ἀναβαίνομεν εἰς Ἱεροσόλυμα, καὶ ὁ υἱὸς τοῦ ἀνθρώπου παραδοθήσεται τοῖς ἀρχιερεῦσιν καὶ τοῖς γραμματεῦσιν, καὶ κατακρινοῦσιν αὐτὸν θανάτῳ καὶ παραδώσουσιν αὐτὸν τοῖς ἔθνεσιν [34] καὶ ἐμπαίξουσιν αὐτῷ καὶ ἐμπτύσουσιν αὐτῷ καὶ μαστιγώσουσιν αὐτὸν καὶ ἀποκτενοῦσιν, καὶ μετὰ τρεῖς ἡμέρας ἀναστήσεται.	Lk 18,31 ↑Lk 9,22.44 →Lk 17,25 ↓Lk 24,7 →Lk 24,26.46	... ἰδοὺ ἀναβαίνομεν εἰς Ἰερουσαλήμ, καὶ τελεσθήσεται πάντα τὰ γεγραμμένα διὰ τῶν προφητῶν τῷ υἱῷ τοῦ ἀνθρώπου· [32] παραδοθήσεται γὰρ τοῖς ἔθνεσιν καὶ ἐμπαιχθήσεται καὶ ὑβρισθήσεται καὶ ἐμπτυσθήσεται [33] καὶ μαστιγώσαντες ἀποκτενοῦσιν αὐτόν, καὶ τῇ ἡμέρᾳ τῇ τρίτῃ ἀναστήσεται.	
a 221	Mt 20,28	ὥσπερ ὁ υἱὸς τοῦ ἀνθρώπου οὐκ ἦλθεν διακονηθῆναι ἀλλὰ διακονῆσαι ...	Mk 10,45	καὶ γὰρ ὁ υἱὸς τοῦ ἀνθρώπου οὐκ ἦλθεν διακονηθῆναι ἀλλὰ διακονῆσαι ...	Lk 22,27	... ἐγὼ δὲ ἐν μέσῳ ὑμῶν εἰμι ὡς ὁ διακονῶν.	→Jn 13,13-14
a 002					Lk 19,10	ἦλθεν γὰρ ὁ υἱὸς τοῦ ἀνθρώπου ζητῆσαι καὶ σῶσαι τὸ ἀπολωλός.	

202	Mt 25,14	ὥσπερ γὰρ **ἄνθρωπος** ἀποδημῶν ἐκάλεσεν τοὺς ἰδίους δούλους καὶ παρέδωκεν αὐτοῖς τὰ ὑπάρχοντα αὐτοῦ, [15] καὶ ᾧ μὲν ἔδωκεν πέντε τάλαντα, ...	Mk 13,34	ὡς **ἄνθρωπος** ἀπόδημος ἀφεὶς τὴν οἰκίαν αὐτοῦ καὶ δοὺς τοῖς δούλοις αὐτοῦ τὴν ἐξουσίαν ἑκάστῳ τὸ ἔργον αὐτοῦ, ...	Lk 19,12	εἶπεν οὖν· **ἄνθρωπός τις** εὐγενὴς ἐπορεύθη εἰς χώραν μακρὰν ... [13] καλέσας δὲ δέκα δούλους ἑαυτοῦ ἔδωκεν αὐτοῖς δέκα μνᾶς ...	Mk-Q overlap
202	Mt 25,24	... κύριε, ἔγνων σε ὅτι **σκληρὸς εἶ ἄνθρωπος,** θερίζων ὅπου οὐκ ἔσπειρας καὶ συνάγων ὅθεν οὐ διεσκόρπισας			Lk 19,21	ἐφοβούμην γάρ σε, ὅτι **ἄνθρωπος αὐστηρὸς εἶ,** αἴρεις ὃ οὐκ ἔθηκας καὶ θερίζεις ὃ οὐκ ἔσπειρας.	
102	Mt 25,26	... πονηρὲ δοῦλε καὶ ὀκνηρέ, ᾔδεις ὅτι θερίζω ὅπου οὐκ ἔσπειρα καὶ συνάγω ὅθεν οὐ διεσκόρπισα;			Lk 19,22	... πονηρὲ δοῦλε. ᾔδεις ὅτι ἐγὼ **ἄνθρωπος αὐστηρός** εἰμι, αἴρων ὃ οὐκ ἔθηκα καὶ θερίζων ὃ οὐκ ἔσπειρα;	
122	Mt 21,2	... καὶ εὐθέως εὑρήσετε ὄνον δεδεμένην καὶ πῶλον μετ' αὐτῆς· λύσαντες ἀγάγετέ μοι.	Mk 11,2	... καὶ εὐθὺς εἰσπορευόμενοι εἰς αὐτὴν εὑρήσετε πῶλον δεδεμένον ἐφ' ὃν **οὐδεὶς οὔπω ἀνθρώπων** ἐκάθισεν· λύσατε αὐτὸν καὶ φέρετε.	Lk 19,30	... εὑρήσετε πῶλον δεδεμένον, ἐφ' ὃν **οὐδεὶς πώποτε ἀνθρώπων** ἐκάθισεν, καὶ λύσαντες αὐτὸν ἀγάγετε.	
222	Mt 21,25	τὸ βάπτισμα τὸ Ἰωάννου πόθεν ἦν; ἐξ οὐρανοῦ ἢ **ἐξ ἀνθρώπων; ...**	Mk 11,30	τὸ βάπτισμα τὸ Ἰωάννου ἐξ οὐρανοῦ ἦν ἢ **ἐξ ἀνθρώπων; ...**	Lk 20,4	τὸ βάπτισμα Ἰωάννου ἐξ οὐρανοῦ ἦν ἢ **ἐξ ἀνθρώπων;**	
222	Mt 21,26	ἐὰν δὲ εἴπωμεν· **ἐξ ἀνθρώπων,** φοβούμεθα τὸν ὄχλον, πάντες γὰρ ὡς προφήτην ἔχουσιν τὸν Ἰωάννην.	Mk 11,32	ἀλλὰ εἴπωμεν· **ἐξ ἀνθρώπων;** - ἐφοβοῦντο τὸν ὄχλον· ἅπαντες γὰρ εἶχον τὸν Ἰωάννην ὄντως ὅτι προφήτης ἦν.	Lk 20,6	ἐὰν δὲ εἴπωμεν· **ἐξ ἀνθρώπων,** ὁ λαὸς ἅπας καταλιθάσει ἡμᾶς, πεπεισμένος γάρ ἐστιν Ἰωάννην προφήτην εἶναι.	
200	Mt 21,28 ↑ Lk 15,11	τί δὲ ὑμῖν δοκεῖ; **ἄνθρωπος** εἶχεν τέκνα δύο. ...					
222	Mt 21,33	ἄλλην παραβολὴν ἀκούσατε. **ἄνθρωπος** ἦν οἰκοδεσπότης ὅστις ἐφύτευσεν ἀμπελῶνα ...	Mk 12,1	καὶ ἤρξατο αὐτοῖς ἐν παραβολαῖς λαλεῖν· ἀμπελῶνα **ἄνθρωπος** ἐφύτευσεν ...	Lk 20,9	ἤρξατο δὲ πρὸς τὸν λαὸν λέγειν τὴν παραβολὴν ταύτην· **ἄνθρωπός [τις]** ἐφύτευσεν ἀμπελῶνα ...	→ GTh 21 → GTh 65
202	Mt 22,2 → Lk 14,15	ὡμοιώθη ἡ βασιλεία τῶν οὐρανῶν **ἀνθρώπῳ βασιλεῖ,** ὅστις ἐποίησεν γάμους τῷ υἱῷ αὐτοῦ.			Lk 14,16	ὁ δὲ εἶπεν αὐτῷ· **ἄνθρωπός τις** ἐποίει δεῖπνον μέγα, ...	→ GTh 64
200	Mt 22,11	εἰσελθὼν δὲ ὁ βασιλεὺς θεάσασθαι τοὺς ἀνακειμένους εἶδεν ἐκεῖ **ἄνθρωπον** οὐκ ἐνδεδυμένον ἔνδυμα γάμου					

221	Mt 22,16	... διδάσκαλε, οἴδαμεν ὅτι ἀληθὴς εἶ καὶ τὴν ὁδὸν τοῦ θεοῦ ἐν ἀληθείᾳ διδάσκεις καὶ οὐ μέλει σοι περὶ οὐδενός. οὐ γὰρ βλέπεις **εἰς πρόσωπον ἀνθρώπων**	Mk 12,14	... διδάσκαλε, οἴδαμεν ὅτι ἀληθὴς εἶ καὶ οὐ μέλει σοι περὶ οὐδενός· οὐ γὰρ βλέπεις **εἰς πρόσωπον ἀνθρώπων,** ἀλλ᾽ ἐπ᾽ ἀληθείας τὴν ὁδὸν τοῦ θεοῦ διδάσκεις· ...	Lk 20,21	... διδάσκαλε, οἴδαμεν ὅτι ὀρθῶς λέγεις καὶ διδάσκεις καὶ οὐ λαμβάνεις **πρόσωπον,** ἀλλ᾽ ἐπ᾽ ἀληθείας τὴν ὁδὸν τοῦ θεοῦ διδάσκεις·	→ Jn 3,2
202	Mt 23,4	δεσμεύουσιν δὲ φορτία βαρέα [καὶ δυσβάστακτα] καὶ ἐπιτιθέασιν **ἐπὶ τοὺς ὤμους τῶν ἀνθρώπων,** αὐτοὶ δὲ τῷ δακτύλῳ αὐτῶν οὐ θέλουσιν κινῆσαι αὐτά.			Lk 11,46	... ὅτι φορτίζετε **τοὺς ἀνθρώπους** φορτία δυσβάστακτα, καὶ αὐτοὶ ἑνὶ τῶν δακτύλων ὑμῶν οὐ προσψαύετε τοῖς φορτίοις.	
200	Mt 23,5 ↑ Mt 6,1	πάντα δὲ τὰ ἔργα αὐτῶν ποιοῦσιν πρὸς τὸ θεαθῆναι **τοῖς ἀνθρώποις·** ...					
211	Mt 23,7	καὶ τοὺς ἀσπασμοὺς ἐν ταῖς ἀγοραῖς καὶ καλεῖσθαι **ὑπὸ τῶν ἀνθρώπων** ῥαββί.	Mk 12,38	... καὶ ἀσπασμοὺς ἐν ταῖς ἀγοραῖς	Lk 20,46 ⇩ Lk 11,43 Lk 11,43 ⇧ Lk 20,46	... καὶ φιλούντων ἀσπασμοὺς ἐν ταῖς ἀγοραῖς ... ... καὶ τοὺς ἀσπασμοὺς ἐν ταῖς ἀγοραῖς.	Mk-Q overlap
c 201	Mt 23,13 → Mt 16,19	οὐαὶ δὲ ὑμῖν, γραμματεῖς καὶ Φαρισαῖοι ὑποκριταί, ὅτι κλείετε τὴν βασιλείαν τῶν οὐρανῶν **ἔμπροσθεν τῶν ἀνθρώπων·** ὑμεῖς γὰρ οὐκ εἰσέρχεσθε οὐδὲ τοὺς εἰσερχομένους ἀφίετε εἰσελθεῖν.			Lk 11,52	οὐαὶ ὑμῖν τοῖς νομικοῖς, ὅτι ἤρατε τὴν κλεῖδα τῆς γνώσεως· αὐτοὶ οὐκ εἰσήλθατε καὶ τοὺς εἰσερχομένους ἐκωλύσατε.	→ GTh 39,1-2 (POxy 655) → GTh 102
200	Mt 23,28	οὕτως καὶ ὑμεῖς ἔξωθεν μὲν φαίνεσθε **τοῖς ἀνθρώποις** δίκαιοι, ἔσωθεν δέ ἐστε μεστοὶ ὑποκρίσεως καὶ ἀνομίας.					
a 202	Mt 24,27	ὥσπερ γὰρ ἡ ἀστραπὴ ἐξέρχεται ἀπὸ ἀνατολῶν καὶ φαίνεται ἕως δυσμῶν, οὕτως ἔσται ἡ παρουσία **τοῦ υἱοῦ τοῦ ἀνθρώπου·**			Lk 17,24	ὥσπερ γὰρ ἡ ἀστραπὴ ἀστράπτουσα ἐκ τῆς ὑπὸ τὸν οὐρανὸν εἰς τὴν ὑπ᾽ οὐρανὸν λάμπει, οὕτως ἔσται **ὁ υἱὸς τοῦ ἀνθρώπου** [ἐν τῇ ἡμέρᾳ αὐτοῦ].	

112	Mt 24,29	... *καὶ αἱ δυνάμεις τῶν οὐρανῶν* σαλευθήσονται. ➤ Isa 34,4	Mk 13,25	... *καὶ αἱ δυνάμεις αἱ ἐν τοῖς οὐρανοῖς* σαλευθήσονται. ➤ Isa 34,4	Lk 21,26	ἀποψυχόντων ἀνθρώπων ἀπὸ φόβου καὶ προσδοκίας τῶν ἐπερχομένων τῇ οἰκουμένῃ, *αἱ* γὰρ *δυνάμεις τῶν οὐρανῶν* σαλευθήσονται. ➤ Isa 34,4	
a 211 a 222	Mt 24,30 (2) ↑ Mt 16,27 ↓ Mt 25,31	καὶ τότε φανήσεται τὸ σημεῖον τοῦ υἱοῦ τοῦ ἀνθρώπου ἐν οὐρανῷ, καὶ τότε κόψονται πᾶσαι αἱ φυλαὶ τῆς γῆς καὶ ὄψονται *τὸν υἱὸν τοῦ ἀνθρώπου ἐρχόμενον ἐπὶ τῶν νεφελῶν τοῦ οὐρανοῦ* μετὰ δυνάμεως καὶ δόξης πολλῆς· ➤ Dan 7,13-14	Mk 13,26 ↑ Mk 8,38	καὶ τότε ὄψονται *τὸν υἱὸν τοῦ ἀνθρώπου ἐρχόμενον ἐν νεφέλαις* μετὰ δυνάμεως πολλῆς καὶ δόξης. ➤ Dan 7,13-14	Lk 21,27 ↑ Lk 9,26	καὶ τότε ὄψονται *τὸν υἱὸν τοῦ ἀνθρώπου ἐρχόμενον ἐν νεφέλῃ* μετὰ δυνάμεως καὶ δόξης πολλῆς. ➤ Dan 7,13-14	
a 112	Mt 25,13 ↓ Mt 24,44 → Mt 24,42 → Mt 24,50	γρηγορεῖτε οὖν, ὅτι οὐκ οἴδατε τὴν ἡμέραν οὐδὲ τὴν ὥραν.	Mk 13,33 → Lk 21,34	βλέπετε, ἀγρυπνεῖτε· οὐκ οἴδατε γὰρ πότε ὁ καιρός ἐστιν.	Lk 21,36 → Lk 18,1	ἀγρυπνεῖτε δὲ ἐν παντὶ καιρῷ δεόμενοι ἵνα κατισχύσητε ἐκφυγεῖν ταῦτα πάντα τὰ μέλλοντα γίνεσθαι καὶ σταθῆναι ἔμπροσθεν τοῦ υἱοῦ τοῦ ἀνθρώπου.	
a 202	Mt 24,37	ὥσπερ γὰρ αἱ ἡμέραι τοῦ Νῶε, οὕτως ἔσται ἡ παρουσία τοῦ υἱοῦ τοῦ ἀνθρώπου.			Lk 17,26	καὶ καθὼς ἐγένετο ἐν ταῖς ἡμέραις Νῶε, οὕτως ἔσται καὶ ἐν ταῖς ἡμέραις τοῦ υἱοῦ τοῦ ἀνθρώπου·	
a 202	Mt 24,39	... οὕτως ἔσται [καὶ] ἡ παρουσία τοῦ υἱοῦ τοῦ ἀνθρώπου.			Lk 17,30	κατὰ τὰ αὐτὰ ἔσται ᾗ ἡμέρᾳ ὁ υἱὸς τοῦ ἀνθρώπου ἀποκαλύπτεται.	
a 202	Mt 24,44 → Mt 24,42 → Mt 24,50 ↑ Mt 25,13	διὰ τοῦτο καὶ ὑμεῖς γίνεσθε ἕτοιμοι, ὅτι ᾗ οὐ δοκεῖτε ὥρᾳ ὁ υἱὸς τοῦ ἀνθρώπου ἔρχεται.	→ Mk 13,35		Lk 12,40 → Lk 12,38	καὶ ὑμεῖς γίνεσθε ἕτοιμοι, ὅτι ᾗ ὥρᾳ οὐ δοκεῖτε ὁ υἱὸς τοῦ ἀνθρώπου ἔρχεται.	→ GTh 21,6
202	Mt 25,14	ὥσπερ γὰρ ἄνθρωπος ἀποδημῶν ἐκάλεσεν τοὺς ἰδίους δούλους καὶ παρέδωκεν αὐτοῖς τὰ ὑπάρχοντα αὐτοῦ, [15] καὶ ᾧ μὲν ἔδωκεν πέντε τάλαντα, ...	Mk 13,34	ὡς ἄνθρωπος ἀπόδημος ἀφεὶς τὴν οἰκίαν αὐτοῦ καὶ δοὺς τοῖς δούλοις αὐτοῦ τὴν ἐξουσίαν ἑκάστῳ τὸ ἔργον αὐτοῦ, ...	Lk 19,12	εἶπεν οὖν· ἄνθρωπός τις εὐγενὴς ἐπορεύθη εἰς χώραν μακρὰν ... [13] καλέσας δὲ δέκα δούλους ἑαυτοῦ ἔδωκεν αὐτοῖς δέκα μνᾶς ...	Mk-Q overlap
020	Mt 25,14	ὥσπερ γὰρ ἄνθρωπος ἀποδημῶν ἐκάλεσεν τοὺς ἰδίους δούλους καὶ παρέδωκεν αὐτοῖς τὰ ὑπάρχοντα αὐτοῦ, [15] καὶ ᾧ μὲν ἔδωκεν πέντε τάλαντα, ...	Mk 13,34	ὡς ἄνθρωπος ἀπόδημος ἀφεὶς τὴν οἰκίαν αὐτοῦ καὶ δοὺς τοῖς δούλοις αὐτοῦ τὴν ἐξουσίαν ἑκάστῳ τὸ ἔργον αὐτοῦ ...	Lk 19,12	εἶπεν οὖν· ἄνθρωπός τις εὐγενὴς ἐπορεύθη εἰς χώραν μακρὰν ... [13] καλέσας δὲ δέκα δούλους ἑαυτοῦ ἔδωκεν αὐτοῖς δέκα μνᾶς ...	Mk-Q overlap

202	Mt 25,24	... κύριε, ἔγνων σε ὅτι σκληρὸς εἶ ἄνθρωπος, θερίζων ὅπου οὐκ ἔσπειρας καὶ συνάγων ὅθεν οὐ διεσκόρπισας			Lk 19,21	ἐφοβούμην γάρ σε, ὅτι ἄνθρωπος αὐστηρὸς εἶ, αἴρεις ὃ οὐκ ἔθηκας καὶ θερίζεις ὃ οὐκ ἔσπειρας.	
a 200	Mt 25,31 ↑ Mt 16,27 ↑ Mt 19,28 ↑ Mt 24,30	ὅταν δὲ ἔλθῃ ὁ υἱὸς τοῦ ἀνθρώπου ἐν τῇ δόξῃ αὐτοῦ καὶ πάντες οἱ ἄγγελοι μετ' αὐτοῦ, τότε καθίσει ἐπὶ θρόνου δόξης αὐτοῦ·	↑ Mk 8,38 ↑ Mk 13,26		↑ Lk 9,26 ↑ Lk 21,27		
a 211	Mt 26,2	οἴδατε ὅτι μετὰ δύο ἡμέρας τὸ πάσχα γίνεται, καὶ ὁ υἱὸς τοῦ ἀνθρώπου παραδίδοται εἰς τὸ σταυρωθῆναι.	Mk 14,1	ἦν δὲ τὸ πάσχα καὶ τὰ ἄζυμα μετὰ δύο ἡμέρας. ...	Lk 22,1	ἤγγιζεν δὲ ἡ ἑορτὴ τῶν ἀζύμων ἡ λεγομένη πάσχα.	
122	Mt 26,18	... ὑπάγετε εἰς τὴν πόλιν πρὸς τὸν δεῖνα καὶ εἴπατε αὐτῷ· ...	Mk 14,13	... ὑπάγετε εἰς τὴν πόλιν, καὶ ἀπαντήσει ὑμῖν ἄνθρωπος κεράμιον ὕδατος βαστάζων· ἀκολουθήσατε αὐτῷ [14] καὶ ὅπου ἐὰν εἰσέλθῃ εἴπατε τῷ οἰκοδεσπότῃ ...	Lk 22,10	... ἰδοὺ εἰσελθόντων ὑμῶν εἰς τὴν πόλιν συναντήσει ὑμῖν ἄνθρωπος κεράμιον ὕδατος βαστάζων· ἀκολουθήσατε αὐτῷ εἰς τὴν οἰκίαν εἰς ἣν εἰσπορεύεται. [11] καὶ ἐρεῖτε τῷ οἰκοδεσπότῃ τῆς οἰκίας· ...	
a 222	Mt 26,24 (4)	ὁ μὲν υἱὸς τοῦ ἀνθρώπου ὑπάγει καθὼς γέγραπται περὶ αὐτοῦ,	Mk 14,21 (4)	ὅτι ὁ μὲν υἱὸς τοῦ ἀνθρώπου ὑπάγει καθὼς γέγραπται περὶ αὐτοῦ,	Lk 22,22 (2)	ὅτι ὁ υἱὸς μὲν τοῦ ἀνθρώπου κατὰ τὸ ὡρισμένον πορεύεται,	
b 222		οὐαὶ δὲ τῷ ἀνθρώπῳ ἐκείνῳ		οὐαὶ δὲ τῷ ἀνθρώπῳ ἐκείνῳ		πλὴν οὐαὶ τῷ ἀνθρώπῳ ἐκείνῳ	
a 221		δι' οὗ ὁ υἱὸς τοῦ ἀνθρώπου		δι' οὗ ὁ υἱὸς τοῦ ἀνθρώπου		δι' οὗ	
b 221		παραδίδοται· καλὸν ἦν αὐτῷ εἰ οὐκ ἐγεννήθη ὁ ἄνθρωπος ἐκεῖνος.		παραδίδοται· καλὸν αὐτῷ εἰ οὐκ ἐγεννήθη ὁ ἄνθρωπος ἐκεῖνος.		παραδίδοται.	
a 220	Mt 26,45 → Lk 22,53	... ἰδοὺ ἤγγικεν ἡ ὥρα καὶ ὁ υἱὸς τοῦ ἀνθρώπου παραδίδοται εἰς χεῖρας ἁμαρτωλῶν.	Mk 14,41 → Lk 22,53	... ἦλθεν ἡ ὥρα, ἰδοὺ παραδίδοται ὁ υἱὸς τοῦ ἀνθρώπου εἰς τὰς χεῖρας τῶν ἁμαρτωλῶν.			→ Jn 12,23 → Jn 12,27
a 112	Mt 26,50	[49] ... εἶπεν· χαῖρε, ῥαββί, καὶ κατεφίλησεν αὐτόν. [50] ὁ δὲ Ἰησοῦς εἶπεν αὐτῷ· ἑταῖρε, ἐφ' ὃ πάρει. τότε προσελθόντες ἐπέβαλον τὰς χεῖρας ἐπὶ τὸν Ἰησοῦν καὶ ἐκράτησαν αὐτόν.	Mk 14,46	[45] ... λέγει· ῥαββί, καὶ κατεφίλησεν αὐτόν. [46] οἱ δὲ ἐπέβαλον τὰς χεῖρας αὐτῷ καὶ ἐκράτησαν αὐτόν.	Lk 22,48	[47] ... καὶ ἤγγισεν τῷ Ἰησοῦ φιλῆσαι αὐτόν. [48] Ἰησοῦς δὲ εἶπεν αὐτῷ· Ἰούδα, φιλήματι τὸν υἱὸν τοῦ ἀνθρώπου παραδίδως; [49] ... [54] συλλαβόντες δὲ αὐτὸν ...	→ Jn 18,12
112	Mt 26,72	καὶ πάλιν ἠρνήσατο μετὰ ὅρκου ὅτι οὐκ οἶδα τὸν ἄνθρωπον.	Mk 14,70	ὁ δὲ πάλιν ἠρνεῖτο. ...	Lk 22,58	... ὁ δὲ Πέτρος ἔφη· ἄνθρωπε, οὐκ εἰμί.	→ Jn 18,25

112	Mt 26,74	τότε ἤρξατο καταθεματίζειν καὶ ὀμνύειν ὅτι οὐκ οἶδα τὸν ἄνθρωπον. ...	Mk 14,71	ὁ δὲ ἤρξατο ἀναθεματίζειν καὶ ὀμνύναι ὅτι οὐκ οἶδα τὸν ἄνθρωπον τοῦτον ὃν λέγετε.	Lk 22,60	εἶπεν δὲ ὁ Πέτρος· **ἄνθρωπε,** οὐκ οἶδα ὃ λέγεις. ...	→ Jn 18,27
a 222	Mt 26,64 → Mt 22,44 → Mt 27,42-43	... ἀπ᾽ ἄρτι ὄψεσθε ***τὸν υἱὸν τοῦ ἀνθρώπου*** καθήμενον ἐκ δεξιῶν τῆς δυνάμεως καὶ *ἐρχόμενον ἐπὶ τῶν νεφελῶν τοῦ οὐρανοῦ.* ➤ Dan 7,13	Mk 14,62 → Mk 12,36 → Mk 15,32	... καὶ ὄψεσθε ***τὸν υἱὸν τοῦ ἀνθρώπου*** ἐκ δεξιῶν καθήμενον τῆς δυνάμεως καὶ *ἐρχόμενον μετὰ τῶν νεφελῶν τοῦ οὐρανοῦ.* ➤ Dan 7,13	Lk 22,69 → Lk 20,42 → Lk 23,35	ἀπὸ τοῦ νῦν δὲ ἔσται **ὁ υἱὸς τοῦ ἀνθρώπου** καθήμενος ἐκ δεξιῶν τῆς δυνάμεως τοῦ θεοῦ.	→ Acts 7,56
211	Mt 26,72	καὶ πάλιν ἠρνήσατο μετὰ ὅρκου ὅτι οὐκ οἶδα **τὸν ἄνθρωπον.**	Mk 14,70	ὁ δὲ πάλιν ἠρνεῖτο. ...	Lk 22,58	... ὁ δὲ Πέτρος ἔφη· ἄνθρωπε, οὐκ εἰμί.	→ Jn 18,25
b 221	Mt 26,74	τότε ἤρξατο καταθεματίζειν καὶ ὀμνύειν ὅτι οὐκ οἶδα **τὸν ἄνθρωπον.** ...	Mk 14,71	ὁ δὲ ἤρξατο ἀναθεματίζειν καὶ ὀμνύναι ὅτι οὐκ οἶδα **τὸν ἄνθρωπον τοῦτον** ὃν λέγετε.	Lk 22,60	εἶπεν δὲ ὁ Πέτρος· ἄνθρωπε, οὐκ οἶδα ὃ λέγεις. ...	→ Jn 18,27
b 002					Lk 23,4 ↓ Lk 23,14 → Mt 27,23 → Mk 15,14 → Lk 23,22	ὁ δὲ Πιλᾶτος εἶπεν πρὸς τοὺς ἀρχιερεῖς καὶ τοὺς ὄχλους· οὐδὲν εὑρίσκω αἴτιον **ἐν τῷ ἀνθρώπῳ τούτῳ.**	→ Jn 18,38 → Acts 13,28
002					Lk 23,6	Πιλᾶτος δὲ ἀκούσας ἐπηρώτησεν εἰ **ὁ ἄνθρωπος** Γαλιλαῖός ἐστιν	
b 002					Lk 23,14 (2)	... προσηνέγκατέ μοι **τὸν ἄνθρωπον τοῦτον** ὡς ἀποστρέφοντα τὸν λαόν,	
b 002					→ Lk 23,2 ↑ Lk 23,4 → Mt 27,23 → Mk 15,14 → Lk 23,22	καὶ ἰδοὺ ἐγὼ ἐνώπιον ὑμῶν ἀνακρίνας οὐθὲν εὗρον **ἐν τῷ ἀνθρώπῳ τούτῳ** αἴτιον ὧν κατηγορεῖτε κατ᾽ αὐτοῦ.	→ Jn 18,38b → Jn 19,4 → Acts 13,28
211	Mt 27,32	ἐξερχόμενοι δὲ εὗρον **ἄνθρωπον Κυρηναῖον ὀνόματι Σίμωνα,** τοῦτον ἠγγάρευσαν ἵνα ἄρῃ τὸν σταυρὸν αὐτοῦ.	Mk 15,21	καὶ ἀγγαρεύουσιν παράγοντά **τινα Σίμωνα Κυρηναῖον** ἐρχόμενον ἀπ᾽ ἀγροῦ, τὸν πατέρα Ἀλεξάνδρου καὶ Ῥούφου, ἵνα ἄρῃ τὸν σταυρὸν αὐτοῦ.	Lk 23,26	... ἐπιλαβόμενοι **Σίμωνά τινα Κυρηναῖον** ἐρχόμενον ἀπ᾽ ἀγροῦ ἐπέθηκαν αὐτῷ τὸν σταυρὸν φέρειν ὄπισθεν τοῦ Ἰησοῦ.	
b 122	Mt 27,54	ὁ δὲ ἑκατόνταρχος καὶ οἱ μετ᾽ αὐτοῦ τηροῦντες τὸν Ἰησοῦν ἰδόντες τὸν σεισμὸν καὶ τὰ γενόμενα ἐφοβήθησαν σφόδρα, λέγοντες· ἀληθῶς θεοῦ υἱὸς ἦν **οὗτος.**	Mk 15,39	ἰδὼν δὲ ὁ κεντυρίων ὁ παρεστηκὼς ἐξ ἐναντίας αὐτοῦ ὅτι οὕτως ἐξέπνευσεν εἶπεν· ἀληθῶς **οὗτος ὁ ἄνθρωπος** υἱὸς θεοῦ ἦν.	Lk 23,47	ἰδὼν δὲ ὁ ἑκατοντάρχης τὸ γενόμενον ἐδόξαζεν τὸν θεὸν λέγων· ὄντως **ὁ ἄνθρωπος οὗτος** δίκαιος ἦν.	

211	**Mt 27,57** ... ἦλθεν **ἄνθρωπος πλούσιος** ἀπὸ Ἁριμαθαίας, τοὔνομα Ἰωσήφ, ὃς καὶ αὐτὸς ἐμαθητεύθη τῷ Ἰησοῦ·	**Mk 15,43** ἐλθὼν Ἰωσὴφ [ὁ] ἀπὸ Ἁριμαθαίας εὐσχήμων βουλευτής, ὃς καὶ αὐτὸς ἦν προσδεχόμενος τὴν βασιλείαν τοῦ θεοῦ, ...	**Lk 23,50** καὶ ἰδοὺ **ἀνὴρ** ὀνόματι Ἰωσὴφ βουλευτὴς ὑπάρχων [καὶ] ἀνὴρ ἀγαθὸς καὶ δίκαιος [51] ... ἀπὸ Ἁριμαθαίας πόλεως τῶν Ἰουδαίων, ὃς προσεδέχετο τὴν βασιλείαν τοῦ θεοῦ	→ Jn 19,38
a 002 002	↑ Mt 16,21 ↑ **Mt 17,22** ↑ **Mt 20,18**	↑ **Mk 8,31** ↑ **Mk 9,31** ↑ **Mk 10,33**	**Lk 24,7** **(2)** λέγων **τὸν υἱὸν τοῦ ἀνθρώπου** ὅτι δεῖ παραδοθῆναι **εἰς χεῖρας ἀνθρώπων ἁμαρτωλῶν** καὶ σταυρωθῆναι καὶ τῇ τρίτῃ ἡμέρᾳ ἀναστῆναι. ↑ **Lk 9,22.44** → Lk 17,25 ↑ **Lk 18,31** → Lk 24,26.46	→ Acts 21,11

Acts 4,9 εἰ ἡμεῖς σήμερον ἀνακρινόμεθα **ἐπὶ εὐεργεσίᾳ ἀνθρώπου ἀσθενοῦς** ἐν τίνι οὗτος σέσωται

Acts 4,12 ... οὐδὲ γὰρ ὄνομά ἐστιν ἕτερον ὑπὸ τὸν οὐρανὸν τὸ δεδομένον **ἐν ἀνθρώποις** ἐν ᾧ δεῖ σωθῆναι ἡμᾶς.

Acts 4,13 θεωροῦντες δὲ τὴν τοῦ Πέτρου παρρησίαν καὶ Ἰωάννου καὶ καταλαβόμενοι ὅτι **ἄνθρωποι ἀγράμματοί** εἰσιν καὶ ἰδιῶται, ἐθαύμαζον ...

Acts 4,14 **τόν τε ἄνθρωπον** βλέποντες σὺν αὐτοῖς ἑστῶτα τὸν τεθεραπευμένον οὐδὲν εἶχον ἀντειπεῖν.

b **Acts 4,16** ... τί ποιήσωμεν **τοῖς ἀνθρώποις τούτοις;** ὅτι μὲν γὰρ γνωστὸν σημεῖον γέγονεν δι' αὐτῶν ...

Acts 4,17 ... ἀπειλησώμεθα αὐτοῖς μηκέτι λαλεῖν ἐπὶ τῷ ὀνόματι τούτῳ **μηδενὶ ἀνθρώπων.**

Acts 4,22 ἐτῶν γὰρ ἦν πλειόνων τεσσεράκοντα **ὁ ἄνθρωπος** ἐφ' ὃν γεγόνει τὸ σημεῖον τοῦτο τῆς ἰάσεως.

Acts 5,4 ... οὐκ ἐψεύσω **ἀνθρώποις** ἀλλὰ τῷ θεῷ.

b **Acts 5,28** → Mt 27,25 ... καὶ ἰδοὺ πεπληρώκατε τὴν Ἰερουσαλὴμ τῆς διδαχῆς ὑμῶν καὶ βούλεσθε ἐπαγαγεῖν ἐφ' ἡμᾶς **τὸ αἷμα τοῦ ἀνθρώπου τούτου.**

Acts 5,29 ... πειθαρχεῖν δεῖ θεῷ μᾶλλον ἢ **ἀνθρώποις.**

Acts 5,34 ... ἐκέλευσεν ἔξω βραχὺ **τοὺς ἀνθρώπους** ποιῆσαι

b **Acts 5,35** ... ἄνδρες Ἰσραηλῖται, προσέχετε ἑαυτοῖς **ἐπὶ τοῖς ἀνθρώποις τούτοις** τί μέλλετε πράσσειν.

b **Acts 5,38** **(2)** καὶ τὰ νῦν λέγω ὑμῖν, ἀπόστητε **ἀπὸ τῶν ἀνθρώπων τούτων** καὶ ἄφετε αὐτούς· ὅτι ἐὰν ᾖ **ἐξ ἀνθρώπων** ἡ βουλὴ αὕτη ἢ τὸ ἔργον τοῦτο, καταλυθήσεται

b **Acts 6,13** ἔστησάν τε μάρτυρας ψευδεῖς λέγοντας· **ὁ ἄνθρωπος οὗτος** οὐ παύεται λαλῶν ῥήματα κατὰ τοῦ τόπου τοῦ ἁγίου [τούτου] καὶ τοῦ νόμου·

a **Acts 7,56** → **Lk 22,69** ... ἰδοὺ θεωρῶ τοὺς οὐρανοὺς διηνοιγμένους καὶ **τὸν υἱὸν τοῦ ἀνθρώπου** ἐκ δεξιῶν ἑστῶτα τοῦ θεοῦ.

Acts 9,33 εὗρεν δὲ ἐκεῖ **ἄνθρωπόν τινα** ὀνόματι Αἰνέαν ἐξ ἐτῶν ὀκτὼ κατακείμενον ἐπὶ κραβάττου, ...

Acts 10,26 ... ἀνάστηθι· καὶ ἐγὼ αὐτὸς **ἄνθρωπός** εἰμι.

Acts 10,28 ... κἀμοὶ ὁ θεὸς ἔδειξεν μηδένα κοινὸν ἢ ἀκάθαρτον λέγειν **ἄνθρωπον·**

Acts 12,22 ὁ δὲ δῆμος ἐπεφώνει· θεοῦ φωνὴ καὶ **οὐκ ἀνθρώπου.**

Acts 14,11 ... οἱ θεοὶ ὁμοιωθέντες **ἀνθρώποις** κατέβησαν πρὸς ἡμᾶς

Acts 14,15 ... καὶ ἡμεῖς ὁμοιοπαθεῖς ἐσμεν ὑμῖν **ἄνθρωποι** εὐαγγελιζόμενοι ὑμᾶς ...

Acts 15,17 *ὅπως ἂν ἐκζητήσωσιν* ***οἱ κατάλοιποι τῶν ἀνθρώπων*** *τὸν κύριον καὶ πάντα τὰ ἔθνη ἐφ' οὓς ἐπικέκληται τὸ ὄνομά μου ἐπ' αὐτούς,* ...
➢ Amos 9,12 LXX

Acts 15,26 **ἀνθρώποις** παραδεδωκόσι τὰς ψυχὰς αὐτῶν ὑπὲρ τοῦ ὀνόματος τοῦ κυρίου ἡμῶν Ἰησοῦ Χριστοῦ.

b **Acts 16,17** αὕτη κατακολουθοῦσα τῷ Παύλῳ καὶ ἡμῖν ἔκραζεν λέγουσα· **οὗτοι οἱ ἄνθρωποι** δοῦλοι τοῦ θεοῦ τοῦ ὑψίστου εἰσίν, ...

b **Acts 16,20** καὶ προσαγαγόντες αὐτοὺς τοῖς στρατηγοῖς εἶπαν· **οὗτοι οἱ ἄνθρωποι** ἐκταράσσουσιν ἡμῶν τὴν πόλιν, Ἰουδαῖοι ὑπάρχοντες *b* **Acts 16,35** ἡμέρας δὲ γενομένης ἀπέστειλαν οἱ στρατηγοὶ τοὺς ῥαβδούχους λέγοντες· ἀπόλυσον **τοὺς ἀνθρώπους ἐκείνους.**

Acts 16,37 ὁ δὲ Παῦλος ἔφη πρὸς αὐτούς· δείραντες ἡμᾶς δημοσίᾳ ἀκατακρίτους, **ἀνθρώπους Ῥωμαίους** ὑπάρχοντας, ἔβαλαν εἰς φυλακήν, ...

Acts 17,26 ἐποίησέν τε ἐξ ἑνὸς **πᾶν ἔθνος ἀνθρώπων** κατοικεῖν ἐπὶ παντὸς προσώπου τῆς γῆς, ...

Acts 17,29 γένος οὖν ὑπάρχοντες τοῦ θεοῦ οὐκ ὀφείλομεν νομίζειν χρυσῷ ἢ ἀργύρῳ ἢ λίθῳ, χαράγματι τέχνης καὶ **ἐνθυμήσεως ἀνθρώπου,** τὸ θεῖον εἶναι ὅμοιον.

Acts 17,30 τοὺς μὲν οὖν χρόνους τῆς ἀγνοίας ὑπεριδὼν ὁ θεός, τὰ νῦν παραγγέλλει **τοῖς ἀνθρώποις** πάντας πανταχοῦ μετανοεῖν

Acts 18,13 λέγοντες ὅτι παρὰ τὸν νόμον ἀναπείθει οὗτος **τοὺς ἀνθρώπους** σέβεσθαι τὸν θεόν.

Acts 19,16 καὶ ἐφαλόμενος **ὁ ἄνθρωπος** ἐπ᾽ αὐτοὺς ἐν ᾧ ἦν τὸ πνεῦμα τὸ πονηρὸν ...

Acts 19,35 ... ἄνδρες Ἐφέσιοι, **τίς γάρ ἐστιν ἀνθρώπων** ὃς οὐ γινώσκει τὴν Ἐφεσίων πόλιν νεωκόρον οὖσαν τῆς μεγάλης Ἀρτέμιδος καὶ τοῦ διοπετοῦς;

Acts 21,28 κράζοντες· ἄνδρες Ἰσραηλῖται, βοηθεῖτε· οὗτός ἐστιν **ὁ ἄνθρωπος** ὁ κατὰ τοῦ λαοῦ καὶ τοῦ νόμου καὶ τοῦ τόπου τούτου πάντας πανταχῇ διδάσκων, ...

Acts 21,39 ... ἐγὼ **ἄνθρωπος μέν εἰμι Ἰουδαῖος,** Ταρσεὺς τῆς Κιλικίας, ...

Acts 22,15 ὅτι ἔσῃ μάρτυς αὐτῷ **πρὸς πάντας ἀνθρώπους** ὧν ἑώρακας καὶ ἤκουσας.

Acts 22,25 ... εἰ **ἄνθρωπον Ῥωμαῖον** καὶ ἀκατάκριτον ἔξεστιν ὑμῖν μαστίζειν;

b **Acts 22,26** ... τί μέλλεις ποιεῖν; **ὁ γὰρ ἄνθρωπος οὗτος** Ῥωμαῖός ἐστιν.

b **Acts 23,9** ... οὐδὲν κακὸν εὑρίσκομεν **ἐν τῷ ἀνθρώπῳ τούτῳ·** ...

Acts 24,16 ἐν τούτῳ καὶ αὐτὸς ἀσκῶ ἀπρόσκοπον συνείδησιν ἔχειν πρὸς τὸν θεὸν καὶ **τοὺς ἀνθρώπους** διὰ παντός.

Acts 25,16 ... οὐκ ἔστιν ἔθος Ῥωμαίοις χαρίζεσθαί **τινα ἄνθρωπον** πρὶν ἢ ὁ κατηγορούμενος κατὰ πρόσωπον ἔχοι τοὺς κατηγόρους τόπον τε ἀπολογίας λάβοι περὶ τοῦ ἐγκλήματος.

Acts 25,22 ... ἐβουλόμην καὶ αὐτὸς **τοῦ ἀνθρώπου** ἀκοῦσαι. ...

b **Acts 26,31** ... οὐδὲν θανάτου ἢ δεσμῶν ἄξιον [τι] πράσσει **ὁ ἄνθρωπος οὗτος.**

b **Acts 26,32** Ἀγρίππας δὲ τῷ Φήστῳ ἔφη· ἀπολελύσθαι ἐδύνατο **ὁ ἄνθρωπος οὗτος** εἰ μὴ ἐπεκέκλητο Καίσαρα.

b **Acts 28,4** ... πάντως φονεύς ἐστιν **ὁ ἄνθρωπος οὗτος** ὃν διασωθέντα ἐκ τῆς θαλάσσης ἡ δίκη ζῆν οὐκ εἴασεν.

ἄνιπτος

Syn 2	Mt 1	Mk 1	Lk	Acts	Jn	1-3John	Paul	Eph	Col
NT 2	2Thess	1/2Tim	Tit	Heb	Jas	1Pet	2Pet	Jude	Rev

not washed according to ritual law

020		**Mk 7,2** →Lk 11,38 καὶ ἰδόντες τινὰς τῶν μαθητῶν αὐτοῦ ὅτι κοιναῖς χερσίν, τοῦτ᾽ ἔστιν **ἀνίπτοις,** ἐσθίουσιν τοὺς ἄρτους	
200	**Mt 15,20** →Mt 15,2 ... τὸ δὲ **ἀνίπτοις χερσὶν** φαγεῖν οὐ κοινοῖ τὸν ἄνθρωπον.		

ἀνίστημι	Syn 47	Mt 4	Mk 16	Lk 27	Acts 45	Jn 8	1-3John	Paul 4	Eph 1	Col
	NT 107	2Thess	1/2Tim	Tit	Heb 2	Jas	1Pet	2Pet	Jude	Rev

transitive: raise (of the dead); appoint; help get up;
intransitive: rise; stand up; appear; come; depart; get ready (to go); rebel; come back to life

	triple tradition																	double tradition			Sondergut		
		+Mt / +Lk			–Mt / –Lk			traditions not taken over by Mt / Lk							subtotals								
code	*222*	*211*	*112*	*212*	*221*	*122*	*121*	*022*	*012*	*021*	*220*	*120*	*210*	*020*	Σ+	Σ−	Σ	*202*	*201*	*102*	*200*	*002*	total
Mt	1	1^+				2^-	6^-				1	3^-			1^+	11^-	3	1					**4**
Mk	1					2	6			1	1	3		2			16						**16**
Lk	1		9^+			2	6^-		2^+	1^-					11^+	7^-	14	1				12	**27**

[a] ἀνίστημι referring to the resurrection of Jesus

002					**Lk 1,39**	**ἀναστᾶσα** δὲ Μαριὰμ ἐν ταῖς ἡμέραις ταύταις ἐπορεύθη εἰς τὴν ὀρεινὴν μετὰ σπουδῆς εἰς πόλιν Ἰούδα	
112	**Mt 13,54**	... ἐδίδασκεν αὐτοὺς ἐν τῇ συναγωγῇ αὐτῶν, ...	**Mk 6,2**	καὶ γενομένου σαββάτου ἤρξατο διδάσκειν ἐν τῇ συναγωγῇ, ...	**Lk 4,16**	... εἰσῆλθεν κατὰ τὸ εἰωθὸς αὐτῷ ἐν τῇ ἡμέρᾳ τῶν σαββάτων εἰς τὴν συναγωγὴν καὶ **ἀνέστη** ἀναγνῶναι.	
002					**Lk 4,29**	καὶ **ἀναστάντες** ἐξέβαλον αὐτὸν ἔξω τῆς πόλεως ...	
112	**Mt 8,14**	καὶ ἐλθὼν ὁ Ἰησοῦς εἰς τὴν οἰκίαν Πέτρου εἶδεν τὴν πενθερὰν αὐτοῦ ...	**Mk 1,29**	καὶ εὐθὺς ἐκ τῆς συναγωγῆς ἐξελθόντες ἦλθον εἰς τὴν οἰκίαν Σίμωνος καὶ Ἀνδρέου μετὰ Ἰακώβου καὶ Ἰωάννου. [30] ἡ δὲ πενθερὰ Σίμωνος ...	**Lk 4,38**	**ἀναστὰς** δὲ ἀπὸ τῆς συναγωγῆς εἰσῆλθεν εἰς τὴν οἰκίαν Σίμωνος. πενθερὰ δὲ τοῦ Σίμωνος ...	
112	**Mt 8,15**	καὶ ἥψατο τῆς χειρὸς αὐτῆς, καὶ ἀφῆκεν αὐτὴν ὁ πυρετός, καὶ **ἠγέρθη** καὶ διηκόνει αὐτῷ.	**Mk 1,31**	καὶ προσελθὼν ἤγειρεν αὐτὴν κρατήσας τῆς χειρός· καὶ ἀφῆκεν αὐτὴν ὁ πυρετός, καὶ διηκόνει αὐτοῖς.	**Lk 4,39**	καὶ ἐπιστὰς ἐπάνω αὐτῆς ἐπετίμησεν τῷ πυρετῷ· καὶ ἀφῆκεν αὐτήν· παραχρῆμα δὲ **ἀναστᾶσα** διηκόνει αὐτοῖς.	
021			**Mk 1,35** → Mk 1,45	καὶ πρωῒ ἔννυχα λίαν **ἀναστὰς** ἐξῆλθεν καὶ ἀπῆλθεν εἰς ἔρημον τόπον κἀκεῖ προσηύχετο.	**Lk 4,42** → Lk 5,16	γενομένης δὲ ἡμέρας ἐξελθὼν ἐπορεύθη εἰς ἔρημον τόπον· ...	
112	**Mt 9,7**	καὶ **ἐγερθεὶς** ἀπῆλθεν εἰς τὸν οἶκον αὐτοῦ.	**Mk 2,12**	καὶ **ἠγέρθη** καὶ εὐθὺς ἄρας τὸν κράβαττον ἐξῆλθεν ἔμπροσθεν πάντων, ...	**Lk 5,25**	καὶ παραχρῆμα **ἀναστὰς** ἐνώπιον αὐτῶν, ἄρας ἐφ' ὃ κατέκειτο, ἀπῆλθεν εἰς τὸν οἶκον αὐτοῦ ...	→ Jn 5,9

222	Mt 9,9	καὶ παράγων ὁ Ἰησοῦς ἐκεῖθεν εἶδεν ἄνθρωπον καθήμενον ἐπὶ τὸ τελώνιον, Μαθθαῖον λεγόμενον, καὶ λέγει αὐτῷ· ἀκολούθει μοι. καὶ **ἀναστὰς** ἠκολούθησεν αὐτῷ.	Mk 2,14	καὶ παράγων εἶδεν Λευὶν τὸν τοῦ Ἁλφαίου καθήμενον ἐπὶ τὸ τελώνιον, καὶ λέγει αὐτῷ· ἀκολούθει μοι. καὶ **ἀναστὰς** ἠκολούθησεν αὐτῷ.	Lk 5,28 → Lk 5,11	[27] καὶ μετὰ ταῦτα ἐξῆλθεν καὶ ἐθεάσατο τελώνην ὀνόματι Λευὶν καθήμενον ἐπὶ τὸ τελώνιον, καὶ εἶπεν αὐτῷ· ἀκολούθει μοι. [28] καὶ καταλιπὼν πάντα **ἀναστὰς** ἠκολούθει αὐτῷ.	
012			Mk 3,3	καὶ λέγει τῷ ἀνθρώπῳ τῷ τὴν ξηρὰν χεῖρα ἔχοντι· ἔγειρε εἰς τὸ μέσον.	Lk 6,8	... εἶπεν δὲ τῷ ἀνδρὶ τῷ ξηρὰν ἔχοντι τὴν χεῖρα· ἔγειρε καὶ στῆθι εἰς τὸ μέσον· καὶ **ἀναστὰς** ἔστη.	
020	Mt 12,26	καὶ εἰ ὁ σατανᾶς τὸν σατανᾶν **ἐκβάλλει,** ἐφ' ἑαυτὸν ἐμερίσθη· πῶς οὖν σταθήσεται ἡ βασιλεία αὐτοῦ;	Mk 3,26	καὶ εἰ ὁ σατανᾶς **ἀνέστη** ἐφ' ἑαυτὸν καὶ ἐμερίσθη, οὐ δύναται στῆναι ἀλλὰ τέλος ἔχει.	Lk 11,18	εἰ δὲ καὶ ὁ σατανᾶς ἐφ' ἑαυτὸν διεμερίσθη, πῶς σταθήσεται ἡ βασιλεία αὐτοῦ; ...	Mk-Q overlap
202	Mt 12,41	ἄνδρες Νινευῖται **ἀναστήσονται** ἐν τῇ κρίσει μετὰ τῆς γενεᾶς ταύτης καὶ κατακρινοῦσιν αὐτήν, ...			Lk 11,32	ἄνδρες Νινευῖται **ἀναστήσονται** ἐν τῇ κρίσει μετὰ τῆς γενεᾶς ταύτης καὶ κατακρινοῦσιν αὐτήν· ...	
122	Mt 9,25	... ἐκράτησεν τῆς χειρὸς αὐτῆς, καὶ **ἠγέρθη** τὸ κοράσιον.	Mk 5,42	[41] καὶ κρατήσας τῆς χειρὸς τοῦ παιδίου λέγει αὐτῇ· ταλιθα κουμ, ὅ ἐστιν μεθερμηνευόμενον· τὸ κοράσιον, σοὶ λέγω, ἔγειρε. [42] καὶ εὐθὺς **ἀνέστη** τὸ κοράσιον καὶ περιεπάτει· ...	Lk 8,55	[54] αὐτὸς δὲ κρατήσας τῆς χειρὸς αὐτῆς ἐφώνησεν λέγων· ἡ παῖς, ἔγειρε. [55] καὶ ἐπέστρεψεν τὸ πνεῦμα αὐτῆς καὶ **ἀνέστη** παραχρῆμα ...	
012	↓ Mt 16,14		Mk 6,15 ↓ Mk 8,28	ἄλλοι δὲ ἔλεγον ὅτι Ἠλίας ἐστίν· ἄλλοι δὲ ἔλεγον ὅτι προφήτης ὡς εἷς τῶν προφητῶν.	Lk 9,8 ↓ Lk 9,19	ὑπό τινων δὲ ὅτι Ἠλίας ἐφάνη, ἄλλων δὲ ὅτι προφήτης τις τῶν ἀρχαίων **ἀνέστη.**	
120	Mt 15,21	καὶ **ἐξελθὼν** ἐκεῖθεν ὁ Ἰησοῦς ἀνεχώρησεν εἰς τὰ μέρη Τύρου καὶ Σιδῶνος.	Mk 7,24	ἐκεῖθεν δὲ **ἀναστὰς** ἀπῆλθεν εἰς τὰ ὅρια Τύρου. ...			
112	Mt 16,14 → Mt 14,2	οἱ δὲ εἶπαν· οἱ μὲν Ἰωάννην τὸν βαπτιστήν, ἄλλοι δὲ Ἠλίαν, ἕτεροι δὲ Ἰερεμίαν ἢ ἕνα τῶν προφητῶν.	Mk 8,28 ↑ Mk 6,15	οἱ δὲ εἶπαν αὐτῷ λέγοντες [ὅτι] Ἰωάννην τὸν βαπτιστήν, καὶ ἄλλοι Ἠλίαν, ἄλλοι δὲ ὅτι εἷς τῶν προφητῶν.	Lk 9,19 ↑ Lk 9,8	οἱ δὲ ἀποκριθέντες εἶπαν· Ἰωάννην τὸν βαπτιστήν, ἄλλοι δὲ Ἠλίαν, ἄλλοι δὲ ὅτι προφήτης τις τῶν ἀρχαίων **ἀνέστη.**	

a 121	**Mt 16,21** ↓ Mt 17,23 ↓ Mt 20,19	ἀπὸ τότε ἤρξατο ὁ Ἰησοῦς δεικνύειν τοῖς μαθηταῖς αὐτοῦ ὅτι δεῖ αὐτὸν εἰς Ἱεροσόλυμα ἀπελθεῖν καὶ πολλὰ παθεῖν ἀπὸ τῶν πρεσβυτέρων καὶ ἀρχιερέων καὶ γραμματέων καὶ ἀποκτανθῆναι καὶ τῇ τρίτῃ ἡμέρᾳ **ἐγερθῆναι.**	**Mk 8,31** ↓ **Mk 9,31** ↓ **Mk 10,34**	καὶ ἤρξατο διδάσκειν αὐτοὺς ὅτι δεῖ τὸν υἱὸν τοῦ ἀνθρώπου πολλὰ παθεῖν καὶ ἀποδοκιμασθῆναι ὑπὸ τῶν πρεσβυτέρων καὶ τῶν ἀρχιερέων καὶ τῶν γραμματέων καὶ ἀποκτανθῆναι καὶ μετὰ τρεῖς ἡμέρας **ἀναστῆναι·**	**Lk 9,22** ↓ Lk 9,44 → Lk 17,25 ↓ **Lk 18,33** ↓ **Lk 24,7** → Lk 24,26 ↓ **Lk 24,46**	εἰπὼν ὅτι δεῖ τὸν υἱὸν τοῦ ἀνθρώπου πολλὰ παθεῖν καὶ ἀποδοκιμασθῆναι ἀπὸ τῶν πρεσβυτέρων καὶ ἀρχιερέων καὶ γραμματέων καὶ ἀποκτανθῆναι καὶ τῇ τρίτῃ ἡμέρᾳ **ἐγερθῆναι.**	
a 121	**Mt 17,9**	... ἐνετείλατο αὐτοῖς ὁ Ἰησοῦς λέγων· μηδενὶ εἴπητε τὸ ὅραμα ἕως οὗ ὁ υἱὸς τοῦ ἀνθρώπου ἐκ νεκρῶν **ἐγερθῇ.**	**Mk 9,9**	... διεστείλατο αὐτοῖς ἵνα μηδενὶ ἃ εἶδον διηγήσωνται, εἰ μὴ ὅταν ὁ υἱὸς τοῦ ἀνθρώπου ἐκ νεκρῶν **ἀναστῇ.**	**Lk 9,36**	... καὶ αὐτοὶ ἐσίγησαν καὶ οὐδενὶ ἀπήγγειλαν ἐν ἐκείναις ταῖς ἡμέραις οὐδὲν ὧν ἑώρακαν.	
a 020			**Mk 9,10**	καὶ τὸν λόγον ἐκράτησαν πρὸς ἑαυτοὺς συζητοῦντες τί ἐστιν τὸ ἐκ νεκρῶν **ἀναστῆναι.**			
121	**Mt 17,18**	... καὶ ἐθεραπεύθη ὁ παῖς ἀπὸ τῆς ὥρας ἐκείνης.	**Mk 9,27**	ὁ δὲ Ἰησοῦς κρατήσας τῆς χειρὸς αὐτοῦ ἤγειρεν αὐτόν, καὶ **ἀνέστη.**	**Lk 9,42** → Lk 7,15	... καὶ ἰάσατο τὸν παῖδα καὶ ἀπέδωκεν αὐτὸν τῷ πατρὶ αὐτοῦ.	
a 121	**Mt 17,23** ↑ Mt 16,21 ↓ Mt 20,19	[22] ... μέλλει ὁ υἱὸς τοῦ ἀνθρώπου παραδίδοσθαι εἰς χεῖρας ἀνθρώπων, [23] καὶ ἀποκτενοῦσιν αὐτόν, καὶ τῇ τρίτῃ ἡμέρᾳ **ἐγερθήσεται.** καὶ ἐλυπήθησαν σφόδρα.	**Mk 9,31** ↑ **Mk 8,31** ↓ **Mk 10,34**	... ὁ υἱὸς τοῦ ἀνθρώπου παραδίδοται εἰς χεῖρας ἀνθρώπων, καὶ ἀποκτενοῦσιν αὐτόν, καὶ ἀποκτανθεὶς μετὰ τρεῖς ἡμέρας **ἀναστήσεται.**	**Lk 9,44** ↑ Lk 9,22 → Lk 17,25 ↓ **Lk 18,33** ↓ **Lk 24,7** → Lk 24,26 ↓ **Lk 24,46**	... ὁ γὰρ υἱὸς τοῦ ἀνθρώπου μέλλει παραδίδοσθαι εἰς χεῖρας ἀνθρώπων.	
112	**Mt 22,35** → Mt 19,16	[34] οἱ δὲ Φαρισαῖοι ἀκούσαντες ὅτι ἐφίμωσεν τοὺς Σαδδουκαίους συνήχθησαν ἐπὶ τὸ αὐτό, [35] καὶ ἐπηρώτησεν εἷς ἐξ αὐτῶν [νομικὸς] πειράζων αὐτόν· [36] διδάσκαλε, ποία ἐντολὴ μεγάλη ἐν τῷ νόμῳ;	**Mk 12,28** → Mk 10,17 → Lk 20,39	καὶ προσελθὼν εἷς τῶν γραμματέων ἀκούσας αὐτῶν συζητούντων, ἰδὼν ὅτι καλῶς ἀπεκρίθη αὐτοῖς ἐπηρώτησεν αὐτόν· ποία ἐστὶν ἐντολὴ πρώτη πάντων;	**Lk 10,25** ⇨ Lk 18,18	καὶ ἰδοὺ νομικός τις **ἀνέστη** ἐκπειράζων αὐτὸν λέγων· διδάσκαλε, τί ποιήσας ζωὴν αἰώνιον κληρονομήσω;	
002					**Lk 11,7**	... ἤδη ἡ θύρα κέκλεισται καὶ τὰ παιδία μου μετ᾽ ἐμοῦ εἰς τὴν κοίτην εἰσίν· οὐ δύναμαι **ἀναστὰς** δοῦναί σοι.	
002					**Lk 11,8**	λέγω ὑμῖν, εἰ καὶ οὐ δώσει αὐτῷ **ἀναστὰς** διὰ τὸ εἶναι φίλον αὐτοῦ, διά γε τὴν ἀναίδειαν αὐτοῦ ἐγερθεὶς δώσει αὐτῷ ὅσων χρῄζει.	

202	**Mt 12,41**	ἄνδρες Νινευῖται **ἀναστήσονται** ἐν τῇ κρίσει μετὰ τῆς γενεᾶς ταύτης καὶ κατακρινοῦσιν αὐτήν, ...			**Lk 11,32**	ἄνδρες Νινευῖται **ἀναστήσονται** ἐν τῇ κρίσει μετὰ τῆς γενεᾶς ταύτης καὶ κατακρινοῦσιν αὐτήν· ...	
002					**Lk 15,18**	**ἀναστὰς** πορεύσομαι πρὸς τὸν πατέρα μου ...	
002					**Lk 15,20**	καὶ **ἀναστὰς** ἦλθεν πρὸς τὸν πατέρα ἑαυτοῦ. ...	
002					**Lk 16,31**	... εἰ Μωϋσέως καὶ τῶν προφητῶν οὐκ ἀκούουσιν, οὐδ᾽ ἐάν τις ἐκ νεκρῶν **ἀναστῇ** πεισθήσονται.	
002					**Lk 17,19**	καὶ εἶπεν αὐτῷ· **ἀναστὰς** πορεύου· ἡ πίστις σου σέσωκέν σε.	
120	**Mt 19,1** → Lk 9,51	καὶ ἐγένετο ὅτε ἐτέλεσεν ὁ Ἰησοῦς τοὺς λόγους τούτους, μετῆρεν ἀπὸ τῆς Γαλιλαίας καὶ ἦλθεν εἰς τὰ ὅρια τῆς Ἰουδαίας πέραν τοῦ Ἰορδάνου.	**Mk 10,1** → Lk 9,51	καὶ ἐκεῖθεν **ἀναστὰς** ἔρχεται εἰς τὰ ὅρια τῆς Ἰουδαίας [καὶ] πέραν τοῦ Ἰορδάνου, ...			
a 122	**Mt 20,19** ↑ Mt 16,21 ↑ Mt 17,23	[18] ... ὁ υἱὸς τοῦ ἀνθρώπου παραδοθήσεται τοῖς ἀρχιερεῦσιν καὶ γραμματεῦσιν, καὶ κατακρινοῦσιν αὐτὸν θανάτῳ [19] καὶ παραδώσουσιν αὐτὸν τοῖς ἔθνεσιν εἰς τὸ ἐμπαῖξαι καὶ μαστιγῶσαι καὶ σταυρῶσαι, καὶ τῇ τρίτῃ ἡμέρᾳ **ἐγερθήσεται.**	**Mk 10,34** ↑ **Mk 8,31** ↑ **Mk 9,31**	[33] ... ὁ υἱὸς τοῦ ἀνθρώπου παραδοθήσεται τοῖς ἀρχιερεῦσιν καὶ τοῖς γραμματεῦσιν, καὶ κατακρινοῦσιν αὐτὸν θανάτῳ καὶ παραδώσουσιν αὐτὸν τοῖς ἔθνεσιν [34] καὶ ἐμπαίξουσιν αὐτῷ καὶ ἐμπτύσουσιν αὐτῷ καὶ μαστιγώσουσιν αὐτὸν καὶ ἀποκτενοῦσιν, καὶ μετὰ τρεῖς ἡμέρας **ἀναστήσεται.**	**Lk 18,33** ↑ Lk 9,22 ↑ Lk 9,44 → Lk 17,25 ↓ **Lk 24,7** → Lk 24,26 ↓ **Lk 24,46**	[31] ... τελεσθήσεται πάντα τὰ γεγραμμένα διὰ τῶν προφητῶν τῷ υἱῷ τοῦ ἀνθρώπου· [32] παραδοθήσεται γὰρ τοῖς ἔθνεσιν καὶ ἐμπαιχθήσεται καὶ ὑβρισθήσεται καὶ ἐμπτυσθήσεται [33] καὶ μαστιγώσαντες ἀποκτενοῦσιν αὐτόν, καὶ τῇ ἡμέρᾳ τῇ τρίτῃ **ἀναστήσεται.**	
211	**Mt 22,24**	... *ἐάν τις* *ἀποθάνῃ* *μὴ ἔχων τέκνα,* *ἐπιγαμβρεύσει* *ὁ ἀδελφὸς αὐτοῦ* *τὴν γυναῖκα αὐτοῦ καὶ* ***ἀναστήσει*** *σπέρμα τῷ ἀδελφῷ* *αὐτοῦ·* ➤ Deut 25,5; Gen 38,8	**Mk 12,19**	... *ἐάν τινος ἀδελφὸς* *ἀποθάνῃ* καὶ καταλίπῃ γυναῖκα *καὶ μὴ ἀφῇ* *τέκνον, ἵνα λάβῃ* *ὁ ἀδελφὸς αὐτοῦ* *τὴν γυναῖκα καὶ* ***ἐξαναστήσῃ*** *σπέρμα τῷ ἀδελφῷ* *αὐτοῦ.* ➤ Deut 25,5; Gen 38,8	**Lk 20,28**	... *ἐάν τινος ἀδελφὸς* *ἀποθάνῃ* ἔχων γυναῖκα, καὶ οὗτος *ἄτεκνος ᾖ, ἵνα λάβῃ* *ὁ ἀδελφὸς αὐτοῦ* *τὴν γυναῖκα καὶ* ***ἐξαναστήσῃ*** *σπέρμα τῷ ἀδελφῷ* *αὐτοῦ.* ➤ Deut 25,5; Gen 38,8	
121	**Mt 22,28**	ἐν τῇ ἀναστάσει οὖν τίνος τῶν ἑπτὰ ἔσται γυνή; πάντες γὰρ ἔσχον αὐτήν·	**Mk 12,23**	ἐν τῇ ἀναστάσει [ὅταν **ἀναστῶσιν]** τίνος αὐτῶν ἔσται γυνή; οἱ γὰρ ἑπτὰ ἔσχον αὐτὴν γυναῖκα.	**Lk 20,33**	ἡ γυνὴ οὖν ἐν τῇ ἀναστάσει τίνος αὐτῶν γίνεται γυνή; οἱ γὰρ ἑπτὰ ἔσχον αὐτὴν γυναῖκα.	

121	Mt 22,30	ἐν γὰρ τῇ ἀναστάσει οὔτε γαμοῦσιν οὔτε γαμίζονται, ἀλλ' ὡς ἄγγελοι ἐν τῷ οὐρανῷ εἰσιν.	Mk 12,25	ὅταν γὰρ ἐκ νεκρῶν **ἀναστῶσιν** οὔτε γαμοῦσιν οὔτε γαμίζονται, ἀλλ' εἰσὶν ὡς ἄγγελοι ἐν τοῖς οὐρανοῖς.	Lk 20,35	οἱ δὲ καταξιωθέντες τοῦ αἰῶνος ἐκείνου τυχεῖν καὶ τῆς ἀναστάσεως τῆς ἐκ νεκρῶν οὔτε γαμοῦσιν οὔτε γαμίζονται· [36] οὐδὲ γὰρ ἀποθανεῖν ἔτι δύνανται, ἰσάγγελοι γάρ εἰσιν ...	
112	Mt 26,40	καὶ ἔρχεται πρὸς τοὺς μαθητὰς καὶ εὑρίσκει αὐτοὺς καθεύδοντας,	Mk 14,37	καὶ ἔρχεται καὶ εὑρίσκει αὐτοὺς καθεύδοντας,	Lk 22,45	καὶ **ἀναστὰς** ἀπὸ τῆς προσευχῆς ἐλθὼν πρὸς τοὺς μαθητὰς εὗρεν κοιμωμένους αὐτοὺς ἀπὸ τῆς λύπης,	
112		καὶ λέγει τῷ Πέτρῳ· οὕτως οὐκ ἰσχύσατε μίαν ὥραν γρηγορῆσαι μετ' ἐμοῦ; [41] γρηγορεῖτε καὶ προσεύχεσθε, ἵνα μὴ εἰσέλθητε εἰς πειρασμόν·		καὶ λέγει τῷ Πέτρῳ· Σίμων, καθεύδεις; οὐκ ἴσχυσας μίαν ὥραν γρηγορῆσαι; [38] γρηγορεῖτε καὶ προσεύχεσθε, ἵνα μὴ ἔλθητε εἰς πειρασμόν· ...	Lk 22,46 → Lk 22,40	καὶ εἶπεν αὐτοῖς· τί καθεύδετε; **ἀναστάντες** προσεύχεσθε, ἵνα μὴ εἰσέλθητε εἰς πειρασμόν.	
120	Mt 26,60	καὶ οὐχ εὗρον πολλῶν προσελθόντων ψευδομαρτύρων. ὕστερον δὲ **προσελθόντες** δύο [61] εἶπαν· ...	Mk 14,57	[55] ... καὶ οὐχ ηὕρισκον· [56] καί τινες **ἀναστάντες** ἐψευδομαρτύρουν κατ' αὐτοῦ λέγοντες			
220	Mt 26,62	καὶ **ἀναστὰς** ὁ ἀρχιερεὺς εἶπεν αὐτῷ· οὐδὲν ἀποκρίνῃ τί οὗτοί σου καταμαρτυροῦσιν;	Mk 14,60	καὶ **ἀναστὰς** ὁ ἀρχιερεὺς εἰς μέσον ἐπηρώτησεν τὸν Ἰησοῦν λέγων· οὐκ ἀποκρίνῃ οὐδέν τί οὗτοί σου καταμαρτυροῦσιν;			
112	Mt 27,2	καὶ δήσαντες αὐτὸν ἀπήγαγον καὶ παρέδωκαν Πιλάτῳ τῷ ἡγεμόνι.	Mk 15,1	... δήσαντες τὸν Ἰησοῦν ἀπήνεγκαν καὶ παρέδωκαν Πιλάτῳ.	Lk 23,1	καὶ **ἀναστὰν** ἅπαν τὸ πλῆθος αὐτῶν ἤγαγον αὐτὸν ἐπὶ τὸν Πιλᾶτον.	→ Jn 18,28
a 002	↑ Mt 16,21 ↑ Mt 17,23 ↑ Mt 20,19		↑ **Mk 8,31** ↑ **Mk 9,31** ↑ **Mk 10,34**		Lk 24,7 ↑ Lk 9,22 ↑ Lk 9,44 → Lk 17,25 ↑ **Lk 18,33** → Lk 24,26 ↓ **Lk 24,46**	λέγων τὸν υἱὸν τοῦ ἀνθρώπου ὅτι δεῖ παραδοθῆναι εἰς χεῖρας ἀνθρώπων ἁμαρτωλῶν καὶ σταυρωθῆναι καὶ τῇ τρίτῃ ἡμέρᾳ **ἀναστῆναι**.	
002					Lk 24,12 → Lk 24,24	ὁ δὲ Πέτρος **ἀναστὰς** ἔδραμεν ἐπὶ τὸ μνημεῖον καὶ παρακύψας βλέπει τὰ ὀθόνια μόνα, ...	→ **Jn 20,9**
002					Lk 24,33	καὶ **ἀναστάντες** αὐτῇ τῇ ὥρᾳ ὑπέστρεψαν εἰς Ἰερουσαλὴμ ...	
a 002	↑ Mt 16,21 ↑ Mt 17,23 ↑ Mt 20,19		↑ **Mk 8,31** ↑ **Mk 9,31** ↑ **Mk 10,34**		Lk 24,46 ↑ Lk 9,22 ↑ Lk 9,44 → Lk 17,25 ↑ **Lk 18,33** ↑ **Lk 24,7** → Lk 24,26	καὶ εἶπεν αὐτοῖς ὅτι οὕτως γέγραπται παθεῖν τὸν χριστὸν καὶ **ἀναστῆναι** ἐκ νεκρῶν τῇ τρίτῃ ἡμέρᾳ	

Acts 1,15 καὶ ἐν ταῖς ἡμέραις ταύταις
ἀναστὰς
Πέτρος ἐν μέσῳ τῶν ἀδελφῶν εἶπεν· ...

a **Acts 2,24** ὃν ὁ θεὸς
ἀνέστησεν
λύσας τὰς ὠδῖνας τοῦ θανάτου, ...

a **Acts 2,32** τοῦτον τὸν Ἰησοῦν
ἀνέστησεν
ὁ θεός, οὗ πάντες ἡμεῖς ἐσμεν μάρτυρες·

Acts 3,22 Μωϋσῆς μὲν εἶπεν ὅτι *προφήτην ὑμῖν*
ἀναστήσει
κύριος ὁ θεὸς ὑμῶν ἐκ τῶν ἀδελφῶν ὑμῶν ὡς ἐμέ· ...
➢ Deut 18,15

a **Acts 3,26** ὑμῖν πρῶτον
ἀναστήσας
ὁ θεὸς τὸν παῖδα αὐτοῦ ἀπέστειλεν αὐτὸν εὐλογοῦντα ὑμᾶς ἐν τῷ ἀποστρέφειν ἕκαστον ἀπὸ τῶν πονηριῶν ὑμῶν.

Acts 5,6
ἀναστάντες
δὲ οἱ νεώτεροι συνέστειλαν αὐτὸν καὶ ἐξενέγκαντες ἔθαψαν.

Acts 5,17
ἀναστὰς
δὲ ὁ ἀρχιερεὺς καὶ πάντες οἱ σὺν αὐτῷ, ἡ οὖσα αἵρεσις τῶν Σαδδουκαίων, ἐπλήσθησαν ζήλου

Acts 5,34
ἀναστὰς
δέ τις ἐν τῷ συνεδρίῳ Φαρισαῖος ὀνόματι Γαμαλιήλ, ...

Acts 5,36 πρὸ γὰρ τούτων τῶν ἡμερῶν
ἀνέστη
Θευδᾶς λέγων εἶναί τινα ἑαυτόν, ...

Acts 5,37 μετὰ τοῦτον
ἀνέστη
Ἰούδας ὁ Γαλιλαῖος ἐν ταῖς ἡμέραις τῆς ἀπογραφῆς ...

Acts 6,9
ἀνέστησαν
δέ τινες τῶν ἐκ τῆς συναγωγῆς τῆς λεγομένης Λιβερτίνων ...

Acts 7,18 ἄχρι οὗ
ἀνέστη
βασιλεὺς ἕτερος [ἐπ' Αἴγυπτον] ὃς οὐκ ᾔδει τὸν Ἰωσήφ.
➢ Exod 1,8 LXX

Acts 7,37 ... *προφήτην ὑμῖν*
ἀναστήσει
ὁ θεὸς ἐκ τῶν ἀδελφῶν ὑμῶν ὡς ἐμέ.
➢ Deut 18,15

Acts 8,26 ἄγγελος δὲ κυρίου ἐλάλησεν πρὸς Φίλιππον λέγων·
ἀνάστηθι
καὶ πορεύου ...

Acts 8,27 καὶ
ἀναστὰς
ἐπορεύθη. καὶ ἰδοὺ ἀνὴρ Αἰθίοψ ...

Acts 9,6 ἀλλὰ
ἀνάστηθι
καὶ εἴσελθε εἰς τὴν πόλιν ...

Acts 9,11 ὁ δὲ κύριος πρὸς αὐτόν·
ἀναστὰς
πορεύθητι ἐπὶ τὴν ῥύμην τὴν καλουμένην Εὐθεῖαν ...

Acts 9,18 καὶ εὐθέως ἀπέπεσαν αὐτοῦ ἀπὸ τῶν ὀφθαλμῶν ὡς λεπίδες, ἀνέβλεψέν τε, καὶ
ἀναστὰς
ἐβαπτίσθη

Acts 9,34 (2) καὶ εἶπεν αὐτῷ ὁ Πέτρος· Αἰνέα, ἰᾶταί σε Ἰησοῦς Χριστός·
ἀνάστηθι
καὶ στρῶσον σεαυτῷ.
καὶ εὐθέως
ἀνέστη.

Acts 9,39
ἀναστὰς
δὲ Πέτρος συνῆλθεν αὐτοῖς· ...

Acts 9,40 ... καὶ ἐπιστρέψας πρὸς τὸ σῶμα εἶπεν· Ταβιθά,
ἀνάστηθι.
ἡ δὲ ἤνοιξεν τοὺς ὀφθαλμοὺς αὐτῆς, ...

Acts 9,41 δοὺς δὲ αὐτῇ χεῖρα
ἀνέστησεν
αὐτήν· ...

Acts 10,13 καὶ ἐγένετο φωνὴ πρὸς αὐτόν·
ἀναστάς,
Πέτρε, θῦσον καὶ φάγε.

Acts 10,20 ἀλλὰ
ἀναστὰς
κατάβηθι καὶ πορεύου σὺν αὐτοῖς μηδὲν διακρινόμενος ...

Acts 10,23 ... τῇ δὲ ἐπαύριον
ἀναστὰς
ἐξῆλθεν σὺν αὐτοῖς καί τινες τῶν ἀδελφῶν τῶν ἀπὸ Ἰόππης συνῆλθον αὐτῷ.

Acts 10,26 ὁ δὲ Πέτρος ἤγειρεν αὐτὸν λέγων·
ἀνάστηθι·
καὶ ἐγὼ αὐτὸς ἄνθρωπός εἰμι.

a **Acts 10,41** ... ἡμῖν, οἵτινες συνεφάγομεν καὶ συνεπίομεν αὐτῷ
μετὰ τὸ ἀναστῆναι
αὐτὸν ἐκ νεκρῶν·

Acts 11,7 ἤκουσα δὲ καὶ φωνῆς λεγούσης μοι·
ἀναστάς,
Πέτρε, θῦσον καὶ φάγε.

Acts 11,28
ἀναστὰς
δὲ εἷς ἐξ αὐτῶν ὀνόματι Ἅγαβος ἐσήμανεν διὰ τοῦ πνεύματος ...

Acts 12,7 ... πατάξας δὲ τὴν πλευρὰν τοῦ Πέτρου ἤγειρεν αὐτὸν λέγων·
ἀνάστα
ἐν τάχει. ...

Acts 13,16
ἀναστὰς
δὲ Παῦλος καὶ κατασείσας τῇ χειρὶ εἶπεν· ἄνδρες Ἰσραηλῖται καὶ οἱ φοβούμενοι τὸν θεόν, ἀκούσατε.

a **Acts 13,33** ὅτι ταύτην ὁ θεὸς ἐκπεπλήρωκεν τοῖς τέκνοις [αὐτῶν] ἡμῖν
ἀναστήσας
Ἰησοῦν ὡς καὶ ἐν τῷ ψαλμῷ γέγραπται τῷ δευτέρῳ, ...

a **Acts 13,34** ὅτι δὲ
ἀνέστησεν
αὐτὸν ἐκ νεκρῶν μηκέτι μέλλοντα ὑποστρέφειν εἰς διαφθοράν, ...

Acts 14,10 εἶπεν μεγάλῃ φωνῇ·
ἀνάστηθι
ἐπὶ τοὺς πόδας σου ὀρθός. ...

Acts 14,20 κυκλωσάντων δὲ τῶν μαθητῶν αὐτὸν
ἀναστὰς
εἰσῆλθεν εἰς τὴν πόλιν. ...

Acts 15,7 πολλῆς δὲ ζητήσεως γενομένης
ἀναστὰς
Πέτρος εἶπεν πρὸς αὐτούς· ἄνδρες ἀδελφοί, ...

a **Acts 17,3** διανοίγων καὶ παρατιθέμενος ὅτι τὸν χριστὸν ἔδει παθεῖν καὶ
ἀναστῆναι
ἐκ νεκρῶν ...

a **Acts 17,31** καθότι ἔστησεν ἡμέραν ἐν ᾗ μέλλει κρίνειν τὴν οἰκουμένην ἐν δικαιοσύνῃ, ἐν ἀνδρὶ ᾧ ὥρισεν, πίστιν παρασχὼν πᾶσιν **ἀναστήσας** αὐτὸν ἐκ νεκρῶν.

Acts 20,30 καὶ ἐξ ὑμῶν αὐτῶν **ἀναστήσονται** ἄνδρες λαλοῦντες διεστραμμένα τοῦ ἀποσπᾶν τοὺς μαθητὰς ὀπίσω αὐτῶν.

Acts 22,10 ... ὁ δὲ κύριος εἶπεν πρός με· **ἀναστὰς** πορεύου εἰς Δαμασκόν ...

Acts 22,16 καὶ νῦν τί μέλλεις; **ἀναστὰς** βάπτισαι καὶ ἀπόλουσαι τὰς ἁμαρτίας σου ...

Acts 23,9 ἐγένετο δὲ κραυγὴ μεγάλη, καὶ **ἀναστάντες** τινὲς τῶν γραμματέων τοῦ μέρους τῶν Φαρισαίων διεμάχοντο λέγοντες· ...

Acts 26,16 ἀλλὰ **ἀνάστηθι** καὶ στῆθι ἐπὶ τοὺς πόδας σου· ...

Acts 26,30 **ἀνέστη** τε ὁ βασιλεὺς καὶ ὁ ἡγεμὼν ἥ τε Βερνίκη καὶ οἱ συγκαθήμενοι αὐτοῖς

Ἅννα	Syn 1	Mt	Mk	Lk 1	Acts	Jn	1-3John	Paul	Eph	Col
	NT 1	2Thess	1/2Tim	Tit	Heb	Jas	1Pet	2Pet	Jude	Rev

Anna

002			**Lk 2,36** καὶ ἦν **Ἅννα** προφῆτις, θυγάτηρ Φανουήλ, ἐκ φυλῆς Ἀσήρ· ...	

Ἅννας	Syn 1	Mt	Mk	Lk 1	Acts 1	Jn 2	1-3John	Paul	Eph	Col
	NT 4	2Thess	1/2Tim	Tit	Heb	Jas	1Pet	2Pet	Jude	Rev

Annas

002	**Mt 3,1** ἐν δὲ ταῖς ἡμέραις ἐκείναις παραγίνεται Ἰωάννης ὁ βαπτιστὴς κηρύσσων ἐν τῇ ἐρήμῳ τῆς Ἰουδαίας	**Mk 1,4** ἐγένετο Ἰωάννης [ὁ] βαπτίζων ἐν τῇ ἐρήμῳ καὶ κηρύσσων ...	**Lk 3,2** → Lk 3,3 ἐπὶ ἀρχιερέως **Ἅννα** καὶ Καϊάφα, ἐγένετο ῥῆμα θεοῦ ἐπὶ Ἰωάννην τὸν Ζαχαρίου υἱὸν ἐν τῇ ἐρήμῳ.	→ Jn 3,23

Acts 4,6 καὶ **Ἅννας ὁ ἀρχιερεὺς** καὶ Καϊάφας καὶ Ἰωάννης καὶ Ἀλέξανδρος καὶ ὅσοι ἦσαν ἐκ γένους ἀρχιερατικοῦ

ἀνόητος	Syn 1	Mt	Mk	Lk 1	Acts	Jn	1-3John	Paul 3	Eph	Col
	NT 6	2Thess	1/2Tim 1	Tit 1	Heb	Jas	1Pet	2Pet	Jude	Rev

foolish; ignorant

002			**Lk 24,25** καὶ αὐτὸς εἶπεν πρὸς αὐτούς· **ὦ ἀνόητοι** καὶ βραδεῖς τῇ καρδίᾳ τοῦ πιστεύειν ἐπὶ πᾶσιν οἷς ἐλάλησαν οἱ προφῆται·	

ἄνοια

ἄνοια	Syn 1	Mt	Mk	Lk 1	Acts	Jn	1-3John	Paul	Eph	Col
	NT 2	2Thess	1/2Tim 1	Tit	Heb	Jas	1Pet	2Pet	Jude	Rev

stupidity; foolishness; rage; fury

112	**Mt 12,14** → Mt 26,4	ἐξελθόντες δὲ οἱ Φαρισαῖοι συμβούλιον ἔλαβον κατ᾽ αὐτοῦ ὅπως αὐτὸν ἀπολέσωσιν.	**Mk 3,6** → Mk 14,1	καὶ ἐξελθόντες οἱ Φαρισαῖοι εὐθὺς μετὰ τῶν Ἡρῳδιανῶν συμβούλιον ἐδίδουν κατ᾽ αὐτοῦ ὅπως αὐτὸν ἀπολέσωσιν.	**Lk 6,11** → Lk 4,28 → Lk 13,17 → Lk 14,6 → Lk 22,2	αὐτοὶ δὲ ἐπλήσθησαν **ἀνοίας** καὶ διελάλουν πρὸς ἀλλήλους τί ἂν ποιήσαιεν τῷ Ἰησοῦ.

ἀνοίγω

ἀνοίγω	Syn 18	Mt 11	Mk 1	Lk 6	Acts 16	Jn 11	1-3John	Paul 4	Eph	Col 1
	NT 77	2Thess	1/2Tim	Tit	Heb	Jas	1Pet	2Pet	Jude	Rev 27

open

	triple tradition																	double tradition			Sondergut		
		+Mt / +Lk			–Mt / –Lk			traditions not taken over by Mt / Lk							subtotals								
code	*222*	*211*	*112*	*212*	*221*	*122*	*121*	*022*	*012*	*021*	*220*	*120*	*210*	*020*	Σ⁺	Σ⁻	Σ	*202*	*201*	*102*	*200*	*002*	total
Mt		1⁺		1⁺											2⁺		2	2	1		6		**11**
Mk														1			1						**1**
Lk				1⁺											1⁺		1	2				3	**6**

Mk-Q overlap: 212: Mt 3,16 / Mk 1,10 / Lk 3,21 (?)

a ἀνοίγω τὸ στόμα

b ἀνοίγω τοὺς ὀφθαλμούς, ~ τὰς ἀκοάς

a 002					**Lk 1,64**	**ἀνεῴχθη** δὲ τὸ στόμα αὐτοῦ παραχρῆμα καὶ ἡ γλῶσσα αὐτοῦ, ...	
200	**Mt 2,11**	... καὶ πεσόντες προσεκύνησαν αὐτῷ καὶ **ἀνοίξαντες** τοὺς θησαυροὺς αὐτῶν ...					
212	**Mt 3,16**	βαπτισθεὶς δὲ ὁ Ἰησοῦς εὐθὺς ἀνέβη ἀπὸ τοῦ ὕδατος· καὶ ἰδοὺ **ἠνεῴχθησαν** [αὐτῷ] οἱ οὐρανοί, ...	**Mk 1,10**	καὶ εὐθὺς ἀναβαίνων ἐκ τοῦ ὕδατος εἶδεν **σχιζομένους** τοὺς οὐρανοὺς ...	**Lk 3,21**	ἐγένετο δὲ ἐν τῷ βαπτισθῆναι ἅπαντα τὸν λαὸν καὶ Ἰησοῦ βαπτισθέντος καὶ προσευχομένου **ἀνεῳχθῆναι** τὸν οὐρανὸν	Mk-Q overlap?
a 201	**Mt 5,2**	καὶ **ἀνοίξας** τὸ στόμα αὐτοῦ ἐδίδασκεν αὐτοὺς λέγων·			**Lk 6,20**	καὶ αὐτὸς **ἐπάρας** τοὺς ὀφθαλμοὺς αὐτοῦ εἰς τοὺς μαθητὰς αὐτοῦ ἔλεγεν· ...	
202	**Mt 7,7**	αἰτεῖτε καὶ δοθήσεται ὑμῖν, ζητεῖτε καὶ εὑρήσετε, κρούετε καὶ **ἀνοιγήσεται** ὑμῖν·			**Lk 11,9**	... αἰτεῖτε καὶ δοθήσεται ὑμῖν, ζητεῖτε καὶ εὑρήσετε, κρούετε καὶ **ἀνοιγήσεται** ὑμῖν·	→ GTh 2 (POxy 654) → GTh 92
202	**Mt 7,8** → Mt 21,22 → Mk 11,24	πᾶς γὰρ ὁ αἰτῶν λαμβάνει καὶ ὁ ζητῶν εὑρίσκει καὶ τῷ κρούοντι **ἀνοιγήσεται.**			**Lk 11,10** → Mt 21,22 → Mk 11,24	πᾶς γὰρ ὁ αἰτῶν λαμβάνει καὶ ὁ ζητῶν εὑρίσκει καὶ τῷ κρούοντι **ἀνοιγ[ήσ]εται.**	→ GTh 2 (POxy 654) → GTh 94

b 200	**Mt 9,30** ⇨ Mt 20,34	καὶ **ἠνεῴχθησαν** αὐτῶν οἱ ὀφθαλμοί. ...	**Mk 10,52**	... καὶ εὐθὺς **ἀνέβλεψεν,** καὶ ἠκολούθει αὐτῷ ἐν τῇ ὁδῷ.	**Lk 18,43**	καὶ παραχρῆμα **ἀνέβλεψεν** καὶ ἠκολούθει αὐτῷ δοξάζων τὸν θεόν. ...	
a 200	**Mt 13,35**	ὅπως πληρωθῇ τὸ ῥηθὲν διὰ τοῦ προφήτου λέγοντος· ***ἀνοίξω*** *ἐν παραβολαῖς τὸ στόμα μου, ἐρεύξομαι κεκρυμμένα ἀπὸ καταβολῆς* [κόσμου]. ➤ Ps 78,2					
b 020			**Mk 7,35**	καὶ [εὐθέως] **ἠνοίγησαν** αὐτοῦ αἱ ἀκοαί, καὶ ἐλύθη ὁ δεσμὸς τῆς γλώσσης αὐτοῦ καὶ ἐλάλει ὀρθῶς.			
a 200	**Mt 17,27**	... πορευθεὶς εἰς θάλασσαν βάλε ἄγκιστρον καὶ τὸν ἀναβάντα πρῶτον ἰχθὺν ἆρον, καὶ **ἀνοίξας** τὸ στόμα αὐτοῦ εὑρήσεις στατῆρα· ...					
002					**Lk 12,36**	καὶ ὑμεῖς ὅμοιοι ἀνθρώποις προσδεχομένοις τὸν κύριον ἑαυτῶν πότε ἀναλύσῃ ἐκ τῶν γάμων, ἵνα ἐλθόντος καὶ κρούσαντος εὐθέως **ἀνοίξωσιν** αὐτῷ.	
b 211	**Mt 20,33** ⇨ Mt 9,28 → Mt 9,30	λέγουσιν αὐτῷ· κύριε, ἵνα **ἀνοιγῶσιν οἱ ὀφθαλμοὶ ἡμῶν.**	**Mk 10,51**	... ὁ δὲ τυφλὸς εἶπεν αὐτῷ· ῥαββουνι, ἵνα **ἀναβλέψω.**	**Lk 18,41**	... ὁ δὲ εἶπεν· κύριε, ἵνα **ἀναβλέψω.**	
002	**Mt 25,11** → Mt 7,22	[10] ... ἦλθεν ὁ νυμφίος, ... καὶ ἐκλείσθη ἡ θύρα. [11] ὕστερον δὲ ἔρχονται καὶ αἱ λοιπαὶ παρθένοι λέγουσαι· κύριε κύριε, **ἄνοιξον** ἡμῖν.			**Lk 13,25**	ἀφ᾽ οὗ ἂν ἐγερθῇ ὁ οἰκοδεσπότης καὶ ἀποκλείσῃ τὴν θύραν καὶ ἄρξησθε ἔξω ἑστάναι καὶ κρούειν τὴν θύραν λέγοντες· κύριε, **ἄνοιξον** ἡμῖν, ...	
200	**Mt 25,11** → Mt 7,22	[10] ... ἦλθεν ὁ νυμφίος, ... καὶ ἐκλείσθη ἡ θύρα. [11] ὕστερον δὲ ἔρχονται καὶ αἱ λοιπαὶ παρθένοι λέγουσαι· κύριε κύριε, **ἄνοιξον** ἡμῖν.			**Lk 13,25**	ἀφ᾽ οὗ ἂν ἐγερθῇ ὁ οἰκοδεσπότης καὶ ἀποκλείσῃ τὴν θύραν καὶ ἄρξησθε ἔξω ἑστάναι καὶ κρούειν τὴν θύραν λέγοντες· κύριε, **ἄνοιξον** ἡμῖν, ...	
200	**Mt 27,52**	καὶ τὰ μνημεῖα **ἀνεῴχθησαν** καὶ πολλὰ σώματα τῶν κεκοιμημένων ἁγίων ἠγέρθησαν					

Acts 5,19 ἄγγελος δὲ κυρίου διὰ νυκτὸς **ἀνοίξας** τὰς θύρας τῆς φυλακῆς ...

Acts 5,23 ... τὸ δεσμωτήριον εὕρομεν κεκλεισμένον ἐν πάσῃ ἀσφαλείᾳ καὶ τοὺς φύλακας ἑστῶτας ἐπὶ τῶν θυρῶν, **ἀνοίξαντες** δὲ ἔσω, οὐδένα εὕρομεν.

a **Acts 8,32** ... *ὡς πρόβατον ἐπὶ σφαγὴν ἤχθη καὶ ὡς ἀμνὸς ἐναντίον τοῦ κείραντος αὐτὸν ἄφωνος, οὕτως οὐκ* ***ἀνοίγει*** *τὸ στόμα αὐτοῦ.*
➤ Isa 53,7

a **Acts 8,35** **ἀνοίξας** δὲ ὁ Φίλιππος τὸ στόμα αὐτοῦ καὶ ἀρξάμενος ἀπὸ τῆς γραφῆς ταύτης εὐηγγελίσατο αὐτῷ τὸν Ἰησοῦν.

b **Acts 9,8** ἠγέρθη δὲ Σαῦλος ἀπὸ τῆς γῆς, **ἀνεῳγμένων** δὲ τῶν ὀφθαλμῶν αὐτοῦ οὐδὲν ἔβλεπεν· ...

b **Acts 9,40** ... καὶ ἐπιστρέψας πρὸς τὸ σῶμα εἶπεν· Ταβιθά, ἀνάστηθι. ἡ δὲ **ἤνοιξεν** τοὺς ὀφθαλμοὺς αὐτῆς, ...

Acts 10,11 καὶ θεωρεῖ τὸν οὐρανὸν **ἀνεῳγμένον** καὶ καταβαῖνον σκεῦός τι ὡς ὀθόνην μεγάλην τέσσαρσιν ἀρχαῖς καθιέμενον ἐπὶ τῆς γῆς

a **Acts 10,34** **ἀνοίξας** δὲ Πέτρος τὸ στόμα εἶπεν· ἐπ᾿ ἀληθείας καταλαμβάνομαι ὅτι οὐκ ἔστιν προσωπολήμπτης ὁ θεός

Acts 12,10 ... ἦλθαν ἐπὶ τὴν πύλην τὴν σιδηρᾶν τὴν φέρουσαν εἰς τὴν πόλιν, ἥτις αὐτομάτη **ἠνοίγη** αὐτοῖς, ...

Acts 12,14 καὶ ἐπιγνοῦσα τὴν φωνὴν τοῦ Πέτρου ἀπὸ τῆς χαρᾶς οὐκ **ἤνοιξεν** τὸν πυλῶνα, ...

Acts 12,16 ὁ δὲ Πέτρος ἐπέμενεν κρούων· **ἀνοίξαντες** δὲ εἶδαν αὐτὸν καὶ ἐξέστησαν.

Acts 14,27 ... ἀνήγγελλον ὅσα ἐποίησεν ὁ θεὸς μετ᾿ αὐτῶν καὶ ὅτι **ἤνοιξεν** τοῖς ἔθνεσιν θύραν πίστεως.

Acts 16,26 ... **ἠνεῴχθησαν** δὲ παραχρῆμα αἱ θύραι πᾶσαι καὶ πάντων τὰ δεσμὰ ἀνέθη.

Acts 16,27 ἔξυπνος δὲ γενόμενος ὁ δεσμοφύλαξ καὶ ἰδὼν **ἀνεῳγμένας** τὰς θύρας τῆς φυλακῆς, ...

a **Acts 18,14** μέλλοντος δὲ τοῦ Παύλου **ἀνοίγειν** τὸ στόμα εἶπεν ὁ Γαλλίων πρὸς τοὺς Ἰουδαίους· ...

b **Acts 26,18** **ἀνοῖξαι** ὀφθαλμοὺς αὐτῶν, τοῦ ἐπιστρέψαι ἀπὸ σκότους εἰς φῶς καὶ τῆς ἐξουσίας τοῦ σατανᾶ ἐπὶ τὸν θεόν, ...

ἀνομία

	Syn 4	Mt 4	Mk	Lk	Acts	Jn	1-3John 2	Paul 4	Eph	Col
	NT 15	2Thess 2	1/2Tim	Tit 1	Heb 2	Jas	1Pet	2Pet	Jude	Rev

wickedness; lawlessness; sin

201	**Mt 7,23** ↓Mt 13,41 →Mt 25,12 →Mt 25,41 καὶ τότε ὁμολογήσω αὐτοῖς ὅτι οὐδέποτε ἔγνων ὑμᾶς· *ἀποχωρεῖτε ἀπ᾿ ἐμοῦ οἱ ἐργαζόμενοι* ***τὴν ἀνομίαν.*** ➤ Ps 6,9/1Macc 3,6		**Lk 13,27** →Lk 13,25 καὶ ἐρεῖ λέγων ὑμῖν· οὐκ οἶδα [ὑμᾶς] πόθεν ἐστέ· *ἀπόστητε ἀπ᾿ ἐμοῦ, πάντες ἐργάται* ***ἀδικίας.*** ➤ Ps 6,9/1Macc 3,6	
200	**Mt 13,41** ↑Mt 7,23 ↑Lk 13,27 →Mt 24,31 →Mk 13,27 ἀποστελεῖ ὁ υἱὸς τοῦ ἀνθρώπου τοὺς ἀγγέλους αὐτοῦ, καὶ συλλέξουσιν ἐκ τῆς βασιλείας αὐτοῦ πάντα τὰ σκάνδαλα καὶ τοὺς ποιοῦντας **τὴν ἀνομίαν**			
200	**Mt 23,28** οὕτως καὶ ὑμεῖς ἔξωθεν μὲν φαίνεσθε τοῖς ἀνθρώποις δίκαιοι, ἔσωθεν δέ ἐστε μεστοὶ ὑποκρίσεως καὶ **ἀνομίας.**			
200	**Mt 24,12** καὶ διὰ τὸ πληθυνθῆναι **τὴν ἀνομίαν** ψυγήσεται ἡ ἀγάπη τῶν πολλῶν.			

ἄνομος	Syn 1	Mt	Mk	Lk 1	Acts 1	Jn	1-3John	Paul 4	Eph	Col
	NT 9	2Thess 1	1/2Tim 1	Tit	Heb	Jas	1Pet	2Pet 1	Jude	Rev

lawless; outside the law; criminal; Gentile

002			**Lk 22,37** →Mt 27,38 →Mk 15,27 →Lk 23,33	... τοῦτο τὸ γεγραμμένον δεῖ τελεσθῆναι ἐν ἐμοί, τό· *καὶ μετὰ* ***ἀνόμων*** *ἐλογίσθη*· καὶ γὰρ τὸ περὶ ἐμοῦ τέλος ἔχει. ➤ Isa 53,12

Acts 2,23 τοῦτον τῇ ὡρισμένῃ βουλῇ καὶ προγνώσει τοῦ θεοῦ ἔκδοτον **διὰ χειρὸς ἀνόμων** προσπήξαντες ἀνείλατε

ἀνορθόω	Syn 1	Mt	Mk	Lk 1	Acts 1	Jn	1-3John	Paul	Eph	Col
	NT 3	2Thess	1/2Tim	Tit	Heb 1	Jas	1Pet	2Pet	Jude	Rev

restore; rebuild; strengthen; *passive:* straighten up

002			**Lk 13,13** →Mt 12,13 →Mk 3,5 →Lk 6,10 →Lk 14,4	καὶ ἐπέθηκεν αὐτῇ τὰς χεῖρας· καὶ παραχρῆμα **ἀνωρθώθη** καὶ ἐδόξαζεν τὸν θεόν.

Acts 15,16 ... *ἀνοικοδομήσω τὴν σκηνὴν Δαυὶδ τὴν πεπτωκυῖαν καὶ τὰ κατεσκαμμένα αὐτῆς ἀνοικοδομήσω καὶ* ***ἀνορθώσω*** *αὐτήν*
➤ Jer 12,15; Amos 9,11 LXX

ἀντάλλαγμα	Syn 2	Mt 1	Mk 1	Lk	Acts	Jn	1-3John	Paul	Eph	Col
	NT 2	2Thess	1/2Tim	Tit	Heb	Jas	1Pet	2Pet	Jude	Rev

something offered in exchange

220	**Mt 16,26** ... ἢ τί δώσει ἄνθρωπος **ἀντάλλαγμα** τῆς ψυχῆς αὐτοῦ;	**Mk 8,37** τί γὰρ δοῖ ἄνθρωπος **ἀντάλλαγμα** τῆς ψυχῆς αὐτοῦ;	

ἀνταποδίδωμι	Syn 2	Mt	Mk	Lk 2	Acts	Jn	1-3John	Paul 3	Eph	Col
	NT 7	2Thess 1	1/2Tim	Tit	Heb 1	Jas	1Pet	2Pet	Jude	Rev

repay; return

002 002			**Lk 14,14 (2)** →Lk 6,35 →Lk 6,38	καὶ μακάριος ἔσῃ, ὅτι οὐκ ἔχουσιν **ἀνταποδοῦναί** σοι, **ἀνταποδοθήσεται** γάρ σοι ἐν τῇ ἀναστάσει τῶν δικαίων.

ἀνταπόδομα

	Syn	Mt	Mk	Lk	Acts	Jn	1-3John	Paul	Eph	Col
	1			1				1		
	NT	2Thess	1/2Tim	Tit	Heb	Jas	1Pet	2Pet	Jude	Rev
	2									

repayment; retribution

002			**Lk 14,12** → Lk 6,32-35 ... μήποτε καὶ αὐτοὶ ἀντικαλέσωσίν σε καὶ γένηται **ἀνταπόδομά** σοι.	

ἀνταποκρίνομαι

	Syn	Mt	Mk	Lk	Acts	Jn	1-3John	Paul	Eph	Col
	1			1				1		
	NT	2Thess	1/2Tim	Tit	Heb	Jas	1Pet	2Pet	Jude	Rev
	2									

reply; answer back

002			**Lk 14,6** → Lk 13,17 καὶ οὐκ ἴσχυσαν **ἀνταποκριθῆναι** πρὸς ταῦτα.	

ἀντέχομαι

	Syn	Mt	Mk	Lk	Acts	Jn	1-3John	Paul	Eph	Col
	2	1		1				1		
	NT	2Thess	1/2Tim	Tit	Heb	Jas	1Pet	2Pet	Jude	Rev
	4			1						

be loyal to; hold firmly to; help

202	**Mt 6,24** οὐδεὶς δύναται δυσὶ κυρίοις δουλεύειν· ἢ γὰρ τὸν ἕνα μισήσει καὶ τὸν ἕτερον ἀγαπήσει, ἢ ἑνὸς **ἀνθέξεται** καὶ τοῦ ἑτέρου καταφρονήσει. ...		**Lk 16,13** οὐδεὶς οἰκέτης δύναται δυσὶ κυρίοις δουλεύειν· ἢ γὰρ τὸν ἕνα μισήσει καὶ τὸν ἕτερον ἀγαπήσει, ἢ ἑνὸς **ἀνθέξεται** καὶ τοῦ ἑτέρου καταφρονήσει. ...	→ GTh 47,1-2

ἀντί

	Syn	Mt	Mk	Lk	Acts	Jn	1-3John	Paul	Eph	Col
	10	5	1	4	1	1		3	1	
	NT	2Thess	1/2Tim	Tit	Heb	Jas	1Pet	2Pet	Jude	Rev
	22	1			2	1	2			

for; in place of; instead of; in behalf of; because of; for; as

	triple tradition																	double tradition			Sondergut		
		+Mt / +Lk			–Mt / –Lk			traditions not taken over by Mt / Lk							subtotals								
code	*222*	*211*	*112*	*212*	*221*	*122*	*121*	*022*	*012*	*021*	*220*	*120*	*210*	*020*	Σ⁺	Σ⁻	Σ	*202*	*201*	*102*	*200*	*002*	total
Mt					1												1				4		**5**
Mk					1												1						**1**
Lk					1^-											1^-				2		2	**4**

002			**Lk 1,20** καὶ ἰδοὺ ἔσῃ σιωπῶν καὶ μὴ δυνάμενος λαλῆσαι ἄχρι ἧς ἡμέρας γένηται ταῦτα, **ἀνθ᾽ ὧν** οὐκ ἐπίστευσας τοῖς λόγοις μου, ...	

200	Mt 2,22	ἀκούσας δὲ ὅτι Ἀρχέλαος βασιλεύει τῆς Ἰουδαίας **ἀντὶ τοῦ πατρὸς αὐτοῦ Ἡρῴδου** ἐφοβήθη ἐκεῖ ἀπελθεῖν· ...					
200 200	Mt 5,38 (2)	ἠκούσατε ὅτι ἐρρέθη· *ὀφθαλμὸν* ***ἀντὶ ὀφθαλμοῦ*** καὶ *ὀδόντα* ***ἀντὶ ὀδόντος.*** ➤ Exod 21,24/Lev 24,20/Deut 19,21					
200	Mt 17,27	... καὶ ἀνοίξας τὸ στόμα αὐτοῦ εὑρήσεις στατῆρα· ἐκεῖνον λαβὼν δὸς αὐτοῖς **ἀντὶ ἐμοῦ καὶ σοῦ.**					
102	Mt 7,10	[9] ἢ τίς ἐστιν ἐξ ὑμῶν ἄνθρωπος, ὃν αἰτήσει ὁ υἱὸς αὐτοῦ ἄρτον, μὴ λίθον ἐπιδώσει αὐτῷ; [10] ἢ καὶ **ἰχθὺν** αἰτήσει, μὴ ὄφιν ἐπιδώσει αὐτῷ;			Lk 11,11	τίνα δὲ ἐξ ὑμῶν τὸν πατέρα αἰτήσει ὁ υἱὸς ἰχθύν, καὶ **ἀντὶ ἰχθύος** ὄφιν αὐτῷ ἐπιδώσει; [24] ἢ καὶ αἰτήσει ᾠόν, ἐπιδώσει αὐτῷ σκορπίον;	
102	Mt 10,27	ὃ λέγω ὑμῖν ἐν τῇ σκοτίᾳ εἴπατε ἐν τῷ φωτί, ...			Lk 12,3	**ἀνθ᾽ ὧν** ὅσα ἐν τῇ σκοτίᾳ εἴπατε ἐν τῷ φωτὶ ἀκουσθήσεται, ...	→ GTh 33,1 (POxy 1)
002					Lk 19,44 → Mt 24,2 → Mk 13,2 → Lk 21,6 → Lk 21,24	καὶ ἐδαφιοῦσίν σε καὶ τὰ τέκνα σου ἐν σοί, καὶ οὐκ ἀφήσουσιν λίθον ἐπὶ λίθον ἐν σοί, **ἀνθ᾽ ὧν** οὐκ ἔγνως τὸν καιρὸν τῆς ἐπισκοπῆς σου.	
221	Mt 20,28 → Mt 26,28	ὥσπερ ὁ υἱὸς τοῦ ἀνθρώπου οὐκ ἦλθεν διακονηθῆναι ἀλλὰ διακονῆσαι καὶ δοῦναι τὴν ψυχὴν αὐτοῦ λύτρον **ἀντὶ πολλῶν.**	Mk 10,45 → Mk 14,24	καὶ γὰρ ὁ υἱὸς τοῦ ἀνθρώπου οὐκ ἦλθεν διακονηθῆναι ἀλλὰ διακονῆσαι καὶ δοῦναι τὴν ψυχὴν αὐτοῦ λύτρον **ἀντὶ πολλῶν.**	Lk 22,27 → Lk 12,37	τίς γὰρ μείζων, ὁ ἀνακείμενος ἢ ὁ διακονῶν; οὐχὶ ὁ ἀνακείμενος; ἐγὼ δὲ ἐν μέσῳ ὑμῶν εἰμι ὡς ὁ διακονῶν.	→ Jn 13,13-14

Acts 12,23 παραχρῆμα δὲ ἐπάταξεν αὐτὸν ἄγγελος κυρίου **ἀνθ᾽ ὧν** οὐκ ἔδωκεν τὴν δόξαν τῷ θεῷ, ...

ἀντιβάλλω	Syn	Mt	Mk	Lk	Acts	Jn	1-3John	Paul	Eph	Col
	1			1						
	NT	2Thess	1/2Tim	Tit	Heb	Jas	1Pet	2Pet	Jude	Rev
	1									

exchange; discuss; converse

002					Lk 24,17	... τίνες οἱ λόγοι οὗτοι οὓς **ἀντιβάλλετε** πρὸς ἀλλήλους περιπατοῦντες; ...	

ἀντίδικος

	Syn	Mt	Mk	Lk	Acts	Jn	1-3John	Paul	Eph	Col
	4	2		2						
	NT	2Thess	1/2Tim	Tit	Heb	Jas	1Pet	2Pet	Jude	Rev
	5						1			

opponent at law; enemy

202 201	**Mt 5,25 (2)** ἴσθι εὐνοῶν **τῷ ἀντιδίκῳ σου** ταχὺ, ἕως ὅτου εἶ μετ᾽ αὐτοῦ ἐν τῇ ὁδῷ, → Mt 18,34 μήποτέ σε παραδῷ **ὁ ἀντίδικος** τῷ κριτῇ καὶ ὁ κριτὴς τῷ ὑπηρέτῃ, καὶ εἰς φυλακὴν βληθήσῃ·		**Lk 12,58** ὡς γὰρ ὑπάγεις **μετὰ τοῦ ἀντιδίκου σου** ἐπ᾽ ἄρχοντα, ἐν τῇ ὁδῷ δὸς ἐργασίαν ἀπηλλάχθαι ἀπ᾽ αὐτοῦ, μήποτε κατασύρῃ σε πρὸς τὸν κριτήν, καὶ ὁ κριτής σε παραδώσει τῷ πράκτορι, καὶ ὁ πράκτωρ σε βαλεῖ εἰς φυλακήν.	
002			**Lk 18,3** ... ἐκδίκησόν με **ἀπὸ τοῦ ἀντιδίκου μου.**	

ἀντικαλέω

	Syn	Mt	Mk	Lk	Acts	Jn	1-3John	Paul	Eph	Col
	1			1						
	NT	2Thess	1/2Tim	Tit	Heb	Jas	1Pet	2Pet	Jude	Rev
	1									

invite in return

002			**Lk 14,12** → Lk 6,32-35 ... μὴ φώνει τοὺς φίλους σου μηδὲ τοὺς ἀδελφούς σου μηδὲ τοὺς συγγενεῖς σου μηδὲ γείτονας πλουσίους, μήποτε καὶ αὐτοὶ **ἀντικαλέσωσίν** σε καὶ γένηται ἀνταπόδομά σοι.	

ἀντίκειμαι

	Syn	Mt	Mk	Lk	Acts	Jn	1-3John	Paul	Eph	Col
	2			2				3		
	NT	2Thess	1/2Tim	Tit	Heb	Jas	1Pet	2Pet	Jude	Rev
	8	1	2							

oppose; be against

002			**Lk 13,17** → Lk 14,6 καὶ ταῦτα λέγοντος αὐτοῦ κατῃσχύνοντο πάντες **οἱ ἀντικείμενοι** αὐτῷ, καὶ πᾶς ὁ ὄχλος ἔχαιρεν ἐπὶ πᾶσιν τοῖς ἐνδόξοις τοῖς γινομένοις ὑπ᾽ αὐτοῦ.	
112	**Mt 10,19** ... δοθήσεται γὰρ ὑμῖν ἐν ἐκείνῃ τῇ ὥρᾳ τί λαλήσητε·	**Mk 13,11** ... ἀλλ᾽ ὃ ἐὰν δοθῇ ὑμῖν ἐν ἐκείνῃ τῇ ὥρᾳ τοῦτο λαλεῖτε· ...	**Lk 21,15** ⇩ Lk 12,12 ἐγὼ γὰρ δώσω ὑμῖν στόμα καὶ σοφίαν ᾗ οὐ δυνήσονται ἀντιστῆναι ἢ ἀντειπεῖν ἅπαντες **οἱ ἀντικείμενοι** ὑμῖν. **Lk 12,12 ⇧ Lk 21,15** τὸ γὰρ ἅγιον πνεῦμα διδάξει ὑμᾶς ἐν αὐτῇ τῇ ὥρᾳ ἃ δεῖ εἰπεῖν.	→ Acts 6,10 Mk-Q overlap → Jn 14,26

ἀντιλαμβάνομαι	Syn 1	Mt	Mk	Lk 1	Acts 1	Jn	1-3John	Paul	Eph	Col
	NT 3	2Thess	1/2Tim 1	Tit	Heb	Jas	1Pet	2Pet	Jude	Rev

help; come to the help of; devote oneself to

002					Lk 1,54	ἀντελάβετο Ἰσραὴλ παιδὸς αὐτοῦ, μνησθῆναι ἐλέους	

Acts 20,35 πάντα ὑπέδειξα ὑμῖν ὅτι
οὕτως κοπιῶντας δεῖ
ἀντιλαμβάνεσθαι
τῶν ἀσθενούντων, ...

ἀντιλέγω	Syn 3	Mt	Mk	Lk 3	Acts 4	Jn 1	1-3John	Paul 1	Eph	Col
	NT 11	2Thess	1/2Tim	Tit 2	Heb	Jas	1Pet	2Pet	Jude	Rev

object to; oppose; contradict; refute; be rebellious

002					Lk 2,34	... ἰδοὺ οὗτος κεῖται εἰς πτῶσιν καὶ ἀνάστασιν πολλῶν ἐν τῷ Ἰσραὴλ καὶ εἰς σημεῖον **ἀντιλεγόμενον**	
112	Mt 22,23	ἐν ἐκείνῃ τῇ ἡμέρᾳ προσῆλθον αὐτῷ Σαδδουκαῖοι, **λέγοντες** μὴ εἶναι ἀνάστασιν, ...	Mk 12,18	καὶ ἔρχονται Σαδδουκαῖοι πρὸς αὐτόν, οἵτινες **λέγουσιν** ἀνάστασιν μὴ εἶναι, ...	Lk 20,27	προσελθόντες δέ τινες τῶν Σαδδουκαίων, οἱ **[ἀντι]λέγοντες** ἀνάστασιν μὴ εἶναι, ...	
112	Mt 10,19	... δοθήσεται γὰρ ὑμῖν ἐν ἐκείνῃ τῇ ὥρᾳ τί λαλήσητε·	Mk 13,11	... ἀλλ' ὃ ἐὰν δοθῇ ὑμῖν ἐν ἐκείνῃ τῇ ὥρᾳ τοῦτο λαλεῖτε·	Lk 21,15 ⇩ Lk 12,12	ἐγὼ γὰρ δώσω ὑμῖν στόμα καὶ σοφίαν ᾗ οὐ δυνήσονται ἀντιστῆναι ἢ **ἀντειπεῖν** ἅπαντες οἱ ἀντικείμενοι ὑμῖν.	→ Acts 6,10 Mk-Q overlap
					Lk 12,12 ⇧ Lk 21,15	τὸ γὰρ ἅγιον πνεῦμα διδάξει ὑμᾶς ἐν αὐτῇ τῇ ὥρᾳ ἃ δεῖ εἰπεῖν.	→ Jn 14,26

Acts 4,14 τόν τε ἄνθρωπον
βλέποντες σὺν αὐτοῖς
ἑστῶτα τὸν
τεθεραπευμένον οὐδὲν
εἶχον
ἀντειπεῖν.

Acts 13,45 ... καὶ
ἀντέλεγον
τοῖς ὑπὸ Παύλου
λαλουμένοις
βλασφημοῦντες.

Acts 28,19 **ἀντιλεγόντων**
δὲ τῶν Ἰουδαίων
ἠναγκάσθην
ἐπικαλέσασθαι Καίσαρα
...

Acts 28,22 ... περὶ μὲν γὰρ τῆς
αἱρέσεως ταύτης
γνωστὸν ἡμῖν ἐστιν ὅτι
πανταχοῦ
ἀντιλέγεται.

ἀντιμετρέω	Syn 1	Mt	Mk	Lk 1	Acts	Jn	1-3John	Paul	Eph	Col
	NT 1	2Thess	1/2Tim	Tit	Heb	Jas	1Pet	2Pet	Jude	Rev

measure out in return

102	Mt 7,2	... καὶ ἐν ᾧ μέτρῳ μετρεῖτε **μετρηθήσεται** ὑμῖν.	Mk 4,24	... ἐν ᾧ μέτρῳ μετρεῖτε **μετρηθήσεται** ὑμῖν καὶ προστεθήσεται ὑμῖν.	Lk 6,38 → Lk 6,35 → Lk 14,14	... ᾧ γὰρ μέτρῳ μετρεῖτε **ἀντιμετρηθήσεται** ὑμῖν.	Mk-Q overlap

ἀντιπαρέρχομαι	Syn 2	Mt	Mk	Lk 2	Acts	Jn	1-3John	Paul	Eph	Col
	NT 2	2Thess	1/2Tim	Tit	Heb	Jas	1Pet	2Pet	Jude	Rev

pass by on the other side of the road

002					Lk 10,31	κατὰ συγκυρίαν δὲ ἱερεύς τις κατέβαινεν ἐν τῇ ὁδῷ ἐκείνῃ καὶ ἰδὼν αὐτὸν **ἀντιπαρῆλθεν·**	
002					Lk 10,32	ὁμοίως δὲ καὶ Λευίτης [γενόμενος] κατὰ τὸν τόπον ἐλθὼν καὶ ἰδὼν **ἀντιπαρῆλθεν.**	

ἀντιπέρα	Syn 1	Mt	Mk	Lk 1	Acts	Jn	1-3John	Paul	Eph	Col
	NT 1	2Thess	1/2Tim	Tit	Heb	Jas	1Pet	2Pet	Jude	Rev

opposite

112	Mt 8,28	... εἰς τὴν χώραν τῶν Γαδαρηνῶν ...	Mk 5,1	... εἰς τὴν χώραν τῶν Γερασηνῶν.	Lk 8,26	... εἰς τὴν χώραν τῶν Γερασηνῶν, ἥτις ἐστὶν **ἀντιπέρα τῆς Γαλιλαίας.**	

ἄνυδρος	Syn 2	Mt 1	Mk	Lk 1	Acts	Jn	1-3John	Paul	Eph	Col
	NT 4	2Thess	1/2Tim	Tit	Heb	Jas	1Pet	2Pet 1	Jude 1	Rev

waterless; desert

202	Mt 12,43 → Mk 9,25	ὅταν δὲ τὸ ἀκάθαρτον πνεῦμα ἐξέλθῃ ἀπὸ τοῦ ἀνθρώπου, διέρχεται **δι᾽ ἀνύδρων τόπων** ζητοῦν ἀνάπαυσιν καὶ οὐχ εὑρίσκει.			Lk 11,24 → Mk 9,25	ὅταν τὸ ἀκάθαρτον πνεῦμα ἐξέλθῃ ἀπὸ τοῦ ἀνθρώπου, διέρχεται **δι᾽ ἀνύδρων τόπων** ζητοῦν ἀνάπαυσιν καὶ μὴ εὑρίσκον· ...	

ἄνωθεν	Syn 3	Mt 1	Mk 1	Lk 1	Acts 1	Jn 5	1-3John	Paul 1	Eph	Col
	NT 13	2Thess	1/2Tim	Tit	Heb	Jas 3	1Pet	2Pet	Jude	Rev

from above; from the beginning; for a long time; from the very first

002			Lk 1,3 ἔδοξε κἀμοὶ παρηκολουθηκότι ἄνωθεν πᾶσιν ἀκριβῶς καθεξῆς σοι γράψαι, κράτιστε Θεόφιλε	
221	Mt 27,51 καὶ ἰδοὺ τὸ καταπέτασμα τοῦ ναοῦ ἐσχίσθη ἀπ' ἄνωθεν ἕως κάτω εἰς δύο ...	Mk 15,38 καὶ τὸ καταπέτασμα τοῦ ναοῦ ἐσχίσθη εἰς δύο ἀπ' ἄνωθεν ἕως κάτω.	Lk 23,45 ... ἐσχίσθη δὲ τὸ καταπέτασμα τοῦ ναοῦ μέσον.	

Acts 26,5 [4] ... ἴσασι πάντες
[οἱ] Ἰουδαῖοι
[5] προγινώσκοντές με
ἄνωθεν,
ἐὰν θέλωσι μαρτυρεῖν,
ὅτι κατὰ τὴν
ἀκριβεστάτην αἵρεσιν
τῆς ἡμετέρας θρησκείας
ἔζησα Φαρισαῖος.

ἀνώτερον	Syn 1	Mt	Mk	Lk 1	Acts	Jn	1-3John	Paul	Eph	Col
	NT 2	2Thess	1/2Tim	Tit	Heb 1	Jas	1Pet	2Pet	Jude	Rev

first; above; better

002			Lk 14,10 ... φίλε, προσανάβηθι ἀνώτερον· τότε ἔσται σοι δόξα ἐνώπιον πάντων τῶν συνανακειμένων σοι.	

ἀξίνη	Syn 2	Mt 1	Mk	Lk 1	Acts	Jn	1-3John	Paul	Eph	Col
	NT 2	2Thess	1/2Tim	Tit	Heb	Jas	1Pet	2Pet	Jude	Rev

axe

202	Mt 3,10 ἤδη δὲ ἡ ἀξίνη πρὸς τὴν ῥίζαν τῶν δένδρων κεῖται· ...		Lk 3,9 ἤδη δὲ καὶ ἡ ἀξίνη πρὸς τὴν ῥίζαν τῶν δένδρων κεῖται· ...	

ἄξιος	Syn 17	Mt 9	Mk	Lk 8	Acts 7	Jn 1	1-3John	Paul 3	Eph	Col
	NT 41	2Thess 1	1/2Tim 4	Tit	Heb 1	Jas	1Pet	2Pet	Jude	Rev 7

worthy; deserving; in keeping with; as evidence of; proper; fitting

	triple tradition																	double tradition			Sondergut		
		+Mt / +Lk			−Mt / −Lk			traditions not taken over by Mt / Lk							subtotals								
code	222	211	112	212	221	122	121	022	012	021	220	120	210	020	Σ⁺	Σ⁻	Σ	202	201	102	200	002	total
Mt																		2	7				**9**
Mk																							
Lk																		2				6	**8**

202	**Mt 3,8**	ποιήσατε οὖν **καρπὸν ἄξιον** τῆς μετανοίας			**Lk 3,8**	ποιήσατε οὖν **καρποὺς ἀξίους** τῆς μετανοίας ...	→ Acts 26,20
002					**Lk 7,4** → Lk 7,7	οἱ δὲ παραγενόμενοι πρὸς τὸν Ἰησοῦν παρεκάλουν αὐτὸν σπουδαίως λέγοντες ὅτι **ἄξιός** ἐστιν ᾧ παρέξῃ τοῦτο·	
202	**Mt 10,10**	... **ἄξιος** γὰρ ὁ ἐργάτης τῆς τροφῆς αὐτοῦ.			**Lk 10,7**	... **ἄξιος** γὰρ ὁ ἐργάτης τοῦ μισθοῦ αὐτοῦ. ...	
201	**Mt 10,11**	εἰς ἣν δ᾽ ἂν πόλιν ἢ κώμην εἰσέλθητε, ἐξετάσατε τίς ἐν αὐτῇ **ἄξιός** ἐστιν· ...			**Lk 10,8** → Lk 10,10	καὶ εἰς ἣν ἂν πόλιν εἰσέρχησθε καὶ δέχωνται ὑμᾶς, ἐσθίετε τὰ παρατιθέμενα ὑμῖν	→ GTh 14,4
201	**Mt 10,13 (2)**	καὶ ἐὰν μὲν ᾖ ἡ οἰκία **ἀξία,** ἐλθάτω ἡ εἰρήνη ὑμῶν ἐπ᾽ αὐτήν,			**Lk 10,6**	καὶ ἐὰν ἐκεῖ ᾖ **υἱὸς εἰρήνης,** ἐπαναπαήσεται ἐπ᾽ αὐτὸν ἡ εἰρήνη ὑμῶν·	
201		ἐὰν δὲ μὴ ᾖ **ἀξία,** ἡ εἰρήνη ὑμῶν πρὸς ὑμᾶς ἐπιστραφήτω.				εἰ δὲ μή γε, ἐφ᾽ ὑμᾶς ἀνακάμψει.	
201	**Mt 10,37 (2)** → Mt 19,29	ὁ φιλῶν πατέρα ἢ μητέρα ὑπὲρ ἐμὲ οὐκ ἔστιν μου **ἄξιος,** καὶ ὁ φιλῶν υἱὸν ἢ θυγατέρα ὑπὲρ ἐμὲ	→ Mk 10,29		**Lk 14,26** → Lk 18,29	εἴ τις ἔρχεται πρός με καὶ οὐ μισεῖ τὸν πατέρα ἑαυτοῦ καὶ τὴν μητέρα καὶ τὴν γυναῖκα καὶ τὰ τέκνα καὶ τοὺς ἀδελφοὺς καὶ τὰς ἀδελφὰς ἔτι τε καὶ τὴν ψυχὴν ἑαυτοῦ,	→ GTh 55 → GTh 101
201		οὐκ ἔστιν μου **ἄξιος·**				οὐ δύναται **εἶναί μου μαθητής.**	
201	**Mt 10,38** ⇩ Mt 16,24	καὶ ὃς οὐ λαμβάνει τὸν σταυρὸν αὐτοῦ καὶ ἀκολουθεῖ ὀπίσω μου, οὐκ ἔστιν μου **ἄξιος.**			**Lk 14,27** ⇩ Lk 9,23	ὅστις οὐ βαστάζει τὸν σταυρὸν ἑαυτοῦ καὶ ἔρχεται ὀπίσω μου οὐ δύναται **εἶναί μου μαθητής.**	→ GTh 55 → GTh 101 Mk-Q overlap
	Mt 16,24 ⇧ Mt 10,38	... εἴ τις θέλει ὀπίσω μου ἐλθεῖν, ἀπαρνησάσθω ἑαυτὸν καὶ ἀράτω τὸν σταυρὸν αὐτοῦ καὶ ἀκολουθείτω μοι.	**Mk 8,34**	... εἴ τις θέλει ὀπίσω μου ἀκολουθεῖν, ἀπαρνησάσθω ἑαυτὸν καὶ ἀράτω τὸν σταυρὸν αὐτοῦ καὶ ἀκολουθείτω μοι.	**Lk 9,23** ⇧ Lk 14,27	... εἴ τις θέλει ὀπίσω μου ἔρχεσθαι, ἀρνησάσθω ἑαυτὸν καὶ ἀράτω τὸν σταυρὸν αὐτοῦ καθ᾽ ἡμέραν, καὶ ἀκολουθείτω μοι.	→ GTh 55
002					**Lk 12,48**	ὁ δὲ μὴ γνούς, ποιήσας δὲ **ἄξια** πληγῶν δαρήσεται ὀλίγας. ...	

	Mt	Mk	Lk	
002			**Lk 15,19** οὐκέτι εἰμὶ ἄξιος κληθῆναι υἱός σου· ...	
002			**Lk 15,21** ... οὐκέτι εἰμὶ ἄξιος κληθῆναι υἱός σου.	
201	**Mt 22,8** ... ὁ μὲν γάμος ἕτοιμός ἐστιν, οἱ δὲ κεκλημένοι οὐκ ἦσαν ἄξιοι·		**Lk 14,24** ... οὐδεὶς τῶν ἀνδρῶν ἐκείνων τῶν κεκλημένων γεύσεταί μου τοῦ δείπνου.	→ GTh 64
002			**Lk 23,15** → Lk 23,4 → Lk 23,22 ... καὶ ἰδοὺ οὐδὲν ἄξιον θανάτου ἐστὶν πεπραγμένον αὐτῷ·	→ Jn 18,38
002			**Lk 23,41** καὶ ἡμεῖς μὲν δικαίως, ἄξια γὰρ ὧν ἐπράξαμεν ἀπολαμβάνομεν· ...	

Acts 13,25 → Mt 3,11 → Mk 1,7 → Lk 3,16 **→ Jn 1,27** ... ἰδοὺ ἔρχεται μετ' ἐμὲ οὗ οὐκ εἰμὶ ἄξιος τὸ ὑπόδημα τῶν ποδῶν λῦσαι.

Acts 13,46 ... ἐπειδὴ ἀπωθεῖσθε αὐτὸν καὶ οὐκ ἀξίους κρίνετε ἑαυτοὺς τῆς αἰωνίου ζωῆς, ...

Acts 23,29 ὃν εὗρον ἐγκαλούμενον περὶ ζητημάτων τοῦ νόμου αὐτῶν, μηδὲν δὲ ἄξιον θανάτου ἢ δεσμῶν ἔχοντα ἔγκλημα.

Acts 25,11 εἰ μὲν οὖν ἀδικῶ καὶ ἄξιον θανάτου πέπραχά τι, οὐ παραιτοῦμαι τὸ ἀποθανεῖν· ...

Acts 25,25 ἐγὼ δὲ κατελαβόμην μηδὲν ἄξιον αὐτὸν θανάτου πεπραχέναι, ...

Acts 26,20 **→ Lk 3,8** ... καὶ τοῖς ἔθνεσιν ἀπήγγελλον μετανοεῖν καὶ ἐπιστρέφειν ἐπὶ τὸν θεόν, ἄξια τῆς μετανοίας ἔργα πράσσοντας.

Acts 26,31 ... οὐδὲν θανάτου ἢ δεσμῶν ἄξιον [τι] πράσσει ὁ ἄνθρωπος οὗτος.

ἀξιόω

Syn 1	Mt	Mk	Lk 1	Acts 2	Jn	1-3John	Paul	Eph	Col
NT 7	2Thess 1	1/2Tim 1	Tit	Heb 2	Jas	1Pet	2Pet	Jude	Rev

consider worthy; make worthy; think best; desire

	Mt	Mk	Lk	
102	**Mt 8,8** ... κύριε, οὐκ εἰμὶ ἱκανὸς ἵνα μου ὑπὸ τὴν στέγην εἰσέλθῃς, ἀλλὰ μόνον εἰπὲ λόγῳ, καὶ ἰαθήσεται ὁ παῖς μου.		**Lk 7,7** → Lk 7,4 [6] ... κύριε, μὴ σκύλλου, οὐ γὰρ ἱκανός εἰμι ἵνα ὑπὸ τὴν στέγην μου εἰσέλθῃς· [7] διὸ οὐδὲ ἐμαυτὸν ἠξίωσα πρὸς σὲ ἐλθεῖν· ἀλλὰ εἰπὲ λόγῳ, καὶ ἰαθήτω ὁ παῖς μου.	→ Jn 4,49

Acts 15,38 Παῦλος δὲ ἠξίου, τὸν ἀποστάντα ἀπ' αὐτῶν ἀπὸ Παμφυλίας καὶ μὴ συνελθόντα αὐτοῖς εἰς τὸ ἔργον μὴ συμπαραλαμβάνειν τοῦτον.

Acts 28,22 ἀξιοῦμεν δὲ παρὰ σοῦ ἀκοῦσαι ἃ φρονεῖς, ...

ἀπαγγέλλω	Syn 22	Mt 8	Mk 3	Lk 11	Acts 15	Jn 1	1-3John 2	Paul 2	Eph	Col
	NT 43	2Thess	1/2Tim	Tit	Heb 1	Jas	1Pet	2Pet	Jude	Rev

tell; inform; proclaim; call upon; command; acknowledge; confess

	triple tradition																	double tradition			Sondergut		
		+Mt / +Lk			–Mt / –Lk			traditions not taken over by Mt / Lk							subtotals								
code	222	211	112	212	221	122	121	022	012	021	220	120	210	020	Σ^{+}	Σ^{-}	Σ	202	201	102	200	002	total
Mt	1			1^{+}									1^{+}		2^{+}		3	1			4		**8**
Mk	1									2							3						**3**
Lk	1		4^{+}	1^{+}					1^{+}	2^{-}					6^{+}	2^{-}	7	1		2		1	**11**

200	**Mt 2,8**	... πορευθέντες ἐξετάσατε ἀκριβῶς περὶ τοῦ παιδίου· ἐὰν δὲ εὕρητε, **ἀπαγγείλατέ** μοι, ὅπως κἀγὼ ἐλθὼν προσκυνήσω αὐτῷ.					
222	**Mt 8,33**	οἱ δὲ βόσκοντες ἔφυγον, καὶ ἀπελθόντες εἰς τὴν πόλιν **ἀπήγγειλαν** πάντα ...	**Mk 5,14**	καὶ οἱ βόσκοντες αὐτοὺς ἔφυγον καὶ **ἀπήγγειλαν** εἰς τὴν πόλιν καὶ εἰς τοὺς ἀγρούς· ...	**Lk 8,34**	ἰδόντες δὲ οἱ βόσκοντες τὸ γεγονὸς ἔφυγον καὶ **ἀπήγγειλαν** εἰς τὴν πόλιν καὶ εἰς τοὺς ἀγρούς.	
102	**Mt 11,2**	ὁ δὲ Ἰωάννης **ἀκούσας** ἐν τῷ δεσμωτηρίῳ τὰ ἔργα τοῦ Χριστοῦ ...			**Lk 7,18**	καὶ **ἀπήγγειλαν** Ἰωάννῃ οἱ μαθηταὶ αὐτοῦ περὶ πάντων τούτων. ...	
202	**Mt 11,4**	... πορευθέντες **ἀπαγγείλατε** Ἰωάννῃ ἃ ἀκούετε καὶ βλέπετε·			**Lk 7,22**	... πορευθέντες **ἀπαγγείλατε** Ἰωάννῃ ἃ εἴδετε καὶ ἠκούσατε· ...	
200	**Mt 12,18**	*ἰδοὺ ὁ παῖς μου ὃν ᾑρέτισα, ὁ ἀγαπητός μου εἰς ὃν εὐδόκησεν ἡ ψυχή μου· θήσω τὸ πνεῦμά μου ἐπ' αὐτόν, καὶ κρίσιν τοῖς ἔθνεσιν* ***ἀπαγγελεῖ.*** ➤ Isa 42,1					
112	**Mt 12,47**	[**εἶπεν** δέ τις αὐτῷ· ἰδοὺ ἡ μήτηρ σου καὶ οἱ ἀδελφοί σου ἔξω ἑστήκασιν ζητοῦντές σοι λαλῆσαι.]	**Mk 3,32**	... καὶ **λέγουσιν** αὐτῷ· ἰδοὺ ἡ μήτηρ σου καὶ οἱ ἀδελφοί σου [καὶ αἱ ἀδελφαί σου] ἔξω ζητοῦσίν σε.	**Lk 8,20**	**ἀπηγγέλη** δὲ αὐτῷ· ἡ μήτηρ σου καὶ οἱ ἀδελφοί σου ἑστήκασιν ἔξω ἰδεῖν θέλοντές σε.	→ GTh 99 Mt 12,47 is textcritically uncertain.
222	**Mt 8,33**	οἱ δὲ βόσκοντες ἔφυγον, καὶ ἀπελθόντες εἰς τὴν πόλιν **ἀπήγγειλαν** πάντα	**Mk 5,14**	καὶ οἱ βόσκοντες αὐτοὺς ἔφυγον καὶ **ἀπήγγειλαν** εἰς τὴν πόλιν καὶ εἰς τοὺς ἀγρούς· ...	**Lk 8,34**	ἰδόντες δὲ οἱ βόσκοντες τὸ γεγονὸς ἔφυγον καὶ **ἀπήγγειλαν** εἰς τὴν πόλιν καὶ εἰς τοὺς ἀγρούς.	
112		καὶ τὰ τῶν δαιμονιζομένων.	**Mk 5,16**	καὶ **διηγήσαντο** αὐτοῖς οἱ ἰδόντες πῶς ἐγένετο τῷ δαιμονιζομένῳ καὶ περὶ τῶν χοίρων.	**Lk 8,36**	**ἀπήγγειλαν** δὲ αὐτοῖς οἱ ἰδόντες πῶς ἐσώθη ὁ δαιμονισθείς.	

021			Mk 5,19	... ὕπαγε εἰς τὸν οἶκόν σου πρὸς τοὺς σοὺς καὶ **ἀπάγγειλον** αὐτοῖς ὅσα ὁ κύριός σοι πεποίηκεν καὶ ἠλέησέν σε.	Lk 8,39	ὑπόστρεφε εἰς τὸν οἶκόν σου, καὶ **διηγοῦ** ὅσα σοι ἐποίησεν ὁ θεός. ...	
012			Mk 5,33	ἡ δὲ γυνὴ φοβηθεῖσα καὶ τρέμουσα, εἰδυῖα ὃ γέγονεν αὐτῇ, ἦλθεν καὶ προσέπεσεν αὐτῷ καὶ **εἶπεν** αὐτῷ πᾶσαν τὴν ἀλήθειαν.	Lk 8,47 → Mk 5,29	ἰδοῦσα δὲ ἡ γυνὴ ὅτι οὐκ ἔλαθεν, τρέμουσα ἦλθεν καὶ προσπεσοῦσα αὐτῷ δι' ἣν αἰτίαν ἥψατο αὐτοῦ **ἀπήγγειλεν** ἐνώπιον παντὸς τοῦ λαοῦ καὶ ὡς ἰάθη παραχρῆμα.	
210	Mt 14,12 ↓Mk 6,30	καὶ προσελθόντες οἱ μαθηταὶ αὐτοῦ ἦραν τὸ πτῶμα καὶ ἔθαψαν αὐτό[ν] καὶ ἐλθόντες **ἀπήγγειλαν** τῷ Ἰησοῦ.	Mk 6,29	καὶ ἀκούσαντες οἱ μαθηταὶ αὐτοῦ ἦλθον καὶ ἦραν τὸ πτῶμα αὐτοῦ καὶ ἔθηκαν αὐτὸ ἐν μνημείῳ.			
021			Mk 6,30 ↑Mt 14,12	καὶ συνάγονται οἱ ἀπόστολοι πρὸς τὸν Ἰησοῦν καὶ **ἀπήγγειλαν** αὐτῷ πάντα ὅσα ἐποίησαν καὶ ὅσα ἐδίδαξαν.	Lk 9,10 → Lk 10,17	καὶ ὑποστρέψαντες οἱ ἀπόστολοι **διηγήσαντο** αὐτῷ ὅσα ἐποίησαν. ...	
112	Mt 17,9	... ἐνετείλατο αὐτοῖς ὁ Ἰησοῦς λέγων· μηδενὶ **εἴπητε** τὸ ὅραμα ἕως οὗ ὁ υἱὸς τοῦ ἀνθρώπου ἐκ νεκρῶν ἐγερθῇ.	Mk 9,9	... διεστείλατο αὐτοῖς ἵνα μηδενὶ ἃ εἶδον **διηγήσωνται,** εἰ μὴ ὅταν ὁ υἱὸς τοῦ ἀνθρώπου ἐκ νεκρῶν ἀναστῇ.	Lk 9,36	... καὶ αὐτοὶ ἐσίγησαν καὶ οὐδενὶ **ἀπήγγειλαν** ἐν ἐκείναις ταῖς ἡμέραις οὐδὲν ὧν ἑώρακαν.	
002					Lk 13,1	παρῆσαν δέ τινες ἐν αὐτῷ τῷ καιρῷ **ἀπαγγέλλοντες** αὐτῷ περὶ τῶν Γαλιλαίων ὧν τὸ αἷμα Πιλᾶτος ἔμιξεν μετὰ τῶν θυσιῶν αὐτῶν.	
102	Mt 22,7	ὁ δὲ βασιλεὺς ὠργίσθη ...			Lk 14,21	καὶ παραγενόμενος ὁ δοῦλος **ἀπήγγειλεν** τῷ κυρίῳ αὐτοῦ ταῦτα. τότε ὀργισθεὶς ὁ οἰκοδεσπότης ...	
112	Mt 20,30 → Mt 9,27	καὶ ἰδοὺ δύο τυφλοὶ καθήμενοι παρὰ τὴν ὁδὸν ἀκούσαντες ὅτι Ἰησοῦς παράγει, ἔκραξαν λέγοντες· ...	Mk 10,47	[46] ... ὁ υἱὸς Τιμαίου Βαρτιμαῖος, τυφλὸς προσαίτης, ἐκάθητο παρὰ τὴν ὁδόν. [47] καὶ ἀκούσας ὅτι Ἰησοῦς ὁ Ναζαρηνός ἐστιν ἤρξατο κράζειν ...	Lk 18,37	[35] ... τυφλός τις ἐκάθητο παρὰ τὴν ὁδὸν ἐπαιτῶν. [36] ἀκούσας δὲ ὄχλου διαπορευομένου ἐπυνθάνετο τί εἴη τοῦτο. [37] **ἀπήγγειλαν** δὲ αὐτῷ ὅτι Ἰησοῦς ὁ Ναζωραῖος παρέρχεται. [38] καὶ ἐβόησεν λέγων·	
212	Mt 28,8	καὶ ἀπελθοῦσαι ταχὺ ἀπὸ τοῦ μνημείου μετὰ φόβου καὶ χαρᾶς μεγάλης ἔδραμον **ἀπαγγεῖλαι** τοῖς μαθηταῖς αὐτοῦ.	Mk 16,8	καὶ ἐξελθοῦσαι ἔφυγον ἀπὸ τοῦ μνημείου, εἶχεν γὰρ αὐτὰς τρόμος καὶ ἔκστασις· καὶ **οὐδενὶ οὐδὲν εἶπαν·** ἐφοβοῦντο γάρ.	Lk 24,9	καὶ ὑποστρέψασαι ἀπὸ τοῦ μνημείου **ἀπήγγειλαν** ταῦτα πάντα τοῖς ἕνδεκα καὶ πᾶσιν τοῖς λοιποῖς.	→ Jn 20,2.18

200	**Mt 28,10** → Mt 28,7 → Mk 16,7 → Mt 28,16	... μὴ φοβεῖσθε· ὑπάγετε **ἀπαγγείλατε** τοῖς ἀδελφοῖς μου ἵνα ἀπέλθωσιν εἰς τὴν Γαλιλαίαν, κἀκεῖ με ὄψονται.	→ Jn 20,17
200	**Mt 28,11**	πορευομένων δὲ αὐτῶν ἰδού τινες τῆς κουστωδίας ἐλθόντες εἰς τὴν πόλιν **ἀπήγγειλαν** τοῖς ἀρχιερεῦσιν ἅπαντα τὰ γενόμενα.	

Acts 4,23 ἀπολυθέντες δὲ ἦλθον πρὸς τοὺς ἰδίους καὶ **ἀπήγγειλαν** ὅσα πρὸς αὐτοὺς οἱ ἀρχιερεῖς καὶ οἱ πρεσβύτεροι εἶπαν.

Acts 5,22 οἱ δὲ παραγενόμενοι ὑπηρέται οὐχ εὗρον αὐτοὺς ἐν τῇ φυλακῇ· ἀναστρέψαντες δὲ **ἀπήγγειλαν**

Acts 5,25 παραγενόμενος δέ τις **ἀπήγγειλεν** αὐτοῖς ὅτι ἰδοὺ οἱ ἄνδρες οὓς ἔθεσθε ἐν τῇ φυλακῇ εἰσὶν ἐν τῷ ἱερῷ ...

Acts 11,13 **ἀπήγγειλεν** δὲ ἡμῖν πῶς εἶδεν [τὸν] ἄγγελον ἐν τῷ οἴκῳ αὐτοῦ σταθέντα καὶ εἰπόντα· ...

Acts 12,14 ... ἀπὸ τῆς χαρᾶς οὐκ ἤνοιξεν τὸν πυλῶνα, εἰσδραμοῦσα δὲ **ἀπήγγειλεν** ἑστάναι τὸν Πέτρον πρὸ τοῦ πυλῶνος.

Acts 12,17 ... διηγήσατο [αὐτοῖς] πῶς ὁ κύριος αὐτὸν ἐξήγαγεν ἐκ τῆς φυλακῆς εἶπέν τε· **ἀπαγγείλατε** Ἰακώβῳ καὶ τοῖς ἀδελφοῖς ταῦτα. ...

Acts 15,27 ἀπεστάλκαμεν οὖν Ἰούδαν καὶ Σιλᾶν καὶ αὐτοὺς διὰ λόγου **ἀπαγγέλλοντας** τὰ αὐτά.

Acts 16,36 **ἀπήγγειλεν** δὲ ὁ δεσμοφύλαξ τοὺς λόγους [τούτους] πρὸς τὸν Παῦλον ὅτι ἀπέσταλκαν οἱ στρατηγοὶ ἵνα ἀπολυθῆτε· ...

Acts 16,38 **ἀπήγγειλαν** δὲ τοῖς στρατηγοῖς οἱ ῥαβδοῦχοι τὰ ῥήματα ταῦτα. ...

Acts 22,26 ἀκούσας δὲ ὁ ἑκατοντάρχης προσελθὼν τῷ χιλιάρχῳ **ἀπήγγειλεν** λέγων· τί μέλλεις ποιεῖν; ...

Acts 23,16 ... παραγενόμενος καὶ εἰσελθὼν εἰς τὴν παρεμβολὴν **ἀπήγγειλεν** τῷ Παύλῳ.

Acts 23,17 ... τὸν νεανίαν τοῦτον ἄπαγαγε πρὸς τὸν χιλίαρχον, ἔχει γὰρ **ἀπαγγεῖλαί** τι αὐτῷ.

Acts 23,19 ... ἀναχωρήσας κατ' ἰδίαν ἐπυνθάνετο, τί ἐστιν ὃ ἔχεις **ἀπαγγεῖλαί** μοι;

Acts 26,20 ... καὶ τοῖς ἔθνεσιν **ἀπήγγελλον** μετανοεῖν καὶ ἐπιστρέφειν ἐπὶ τὸν θεόν, ἄξια τῆς μετανοίας ἔργα πράσσοντας.

Acts 28,21 ... οὔτε παραγενόμενός τις τῶν ἀδελφῶν **ἀπήγγειλεν** ἢ ἐλάλησέν τι περὶ σοῦ πονηρόν.

ἀπάγχομαι

Syn 1	Mt 1	Mk	Lk	Acts	Jn	1-3John	Paul	Eph	Col
NT 1	2Thess	1/2Tim	Tit	Heb	Jas	1Pet	2Pet	Jude	Rev

hang oneself

200	**Mt 27,5**	καὶ ῥίψας τὰ ἀργύρια εἰς τὸν ναὸν ἀνεχώρησεν, καὶ ἀπελθὼν **ἀπήγξατο**.	→ Acts 1,18

ἀπάγω	Syn 12	Mt 5	Mk 3	Lk 4	Acts 2	Jn	1-3John	Paul 1	Eph	Col
	NT 15	2Thess	1/2Tim	Tit	Heb	Jas	1Pet	2Pet	Jude	Rev

lead away by force; lead; bring before; lead astray; put to death; *intransitive:* lead (of a road)

	triple tradition																	double tradition			Sondergut		
		+Mt / +Lk			–Mt / –Lk			traditions not taken over by Mt / Lk							subtotals								
code	*222*	*211*	*112*	*212*	*221*	*122*	*121*	*022*	*012*	*021*	*220*	*120*	*210*	*020*	Σ⁺	Σ⁻	Σ	*202*	*201*	*102*	*200*	*002*	total
Mt		1^+		1^+	1							2^-			2^+	2^-	3		2				**5**
Mk					1							2					3						**3**
Lk			1^+	1^+	1^-										2^+	1^-	2					2	**4**

201	**Mt 7,13**	εἰσέλθατε διὰ τῆς στενῆς πύλης· ὅτι πλατεῖα ἡ πύλη καὶ εὐρύχωρος ἡ ὁδὸς ἡ **ἀπάγουσα** εἰς τὴν ἀπώλειαν, καὶ πολλοί εἰσιν οἱ εἰσερχόμενοι δι᾽ αὐτῆς·			**Lk 13,24**	ἀγωνίζεσθε εἰσελθεῖν διὰ τῆς στενῆς θύρας,	
201	**Mt 7,14** → Lk 13,23	τί στενὴ ἡ πύλη καὶ τεθλιμμένη ἡ ὁδὸς ἡ **ἀπάγουσα** εἰς τὴν ζωὴν καὶ ὀλίγοι εἰσὶν οἱ εὑρίσκοντες αὐτήν.				ὅτι πολλοί, λέγω ὑμῖν, ζητήσουσιν εἰσελθεῖν καὶ οὐκ ἰσχύσουσιν.	
002					**Lk 13,15** → Mt 12,11 → Lk 14,5	... ὑποκριταί, ἕκαστος ὑμῶν τῷ σαββάτῳ οὐ λύει τὸν βοῦν αὐτοῦ ἢ τὸν ὄνον ἀπὸ τῆς φάτνης καὶ **ἀπαγαγὼν** ποτίζει;	
112	**Mt 10,18**	καὶ ἐπὶ ἡγεμόνας δὲ καὶ βασιλεῖς **ἀχθήσεσθε** ἕνεκεν ἐμοῦ ...	**Mk 13,9**	... καὶ ἐπὶ ἡγεμόνων καὶ βασιλέων **σταθήσεσθε** ἕνεκεν ἐμοῦ ...	**Lk 21,12** → Lk 12,11	... **ἀπαγομένους** ἐπὶ βασιλεῖς καὶ ἡγεμόνας ἕνεκεν τοῦ ὀνόματός μου·	
120	**Mt 26,48**	... ὃν ἂν φιλήσω αὐτός ἐστιν, κρατήσατε αὐτόν.	**Mk 14,44**	... ὃν ἂν φιλήσω αὐτός ἐστιν, κρατήσατε αὐτὸν καὶ **ἀπάγετε** ἀσφαλῶς.			
221	**Mt 26,57**	οἱ δὲ κρατήσαντες τὸν Ἰησοῦν **ἀπήγαγον** πρὸς Καϊάφαν τὸν ἀρχιερέα, ...	**Mk 14,53**	καὶ **ἀπήγαγον** τὸν Ἰησοῦν πρὸς τὸν ἀρχιερέα, ...	**Lk 22,54** → Mt 26,50 → Mk 14,46	συλλαβόντες δὲ αὐτὸν **ἤγαγον καὶ** **εἰσήγαγον** εἰς τὴν οἰκίαν τοῦ ἀρχιερέως· ...	→ Jn 18,12-13
002	**Mt 26,57**	οἱ δὲ κρατήσαντες τὸν Ἰησοῦν **ἀπήγαγον** πρὸς Καϊάφαν τὸν ἀρχιερέα, ὅπου οἱ γραμματεῖς καὶ οἱ πρεσβύτεροι συνήχθησαν.	**Mk 14,53**	καὶ **ἀπήγαγον** τὸν Ἰησοῦν πρὸς τὸν ἀρχιερέα, καὶ συνέρχονται πάντες οἱ ἀρχιερεῖς καὶ οἱ πρεσβύτεροι καὶ οἱ γραμματεῖς.	**Lk 22,66**	καὶ ὡς ἐγένετο ἡμέρα, συνήχθη τὸ πρεσβυτέριον τοῦ λαοῦ, ἀρχιερεῖς τε καὶ γραμματεῖς, καὶ **ἀπήγαγον** αὐτὸν εἰς τὸ συνέδριον αὐτῶν	

211	Mt 27,2	καὶ δήσαντες αὐτὸν ἀπήγαγον καὶ παρέδωκαν Πιλάτῳ τῷ ἡγεμόνι.	Mk 15,1	... δήσαντες τὸν Ἰησοῦν ἀπήνεγκαν καὶ παρέδωκαν Πιλάτῳ.	Lk 23,1	καὶ ἀναστὰν ἅπαν τὸ πλῆθος αὐτῶν ἤγαγον αὐτὸν ἐπὶ τὸν Πιλᾶτον.	→ Jn 18,28
120	Mt 27,27	τότε οἱ στρατιῶται τοῦ ἡγεμόνος παραλαβόντες τὸν Ἰησοῦν εἰς τὸ πραιτώριον ...	Mk 15,16	οἱ δὲ στρατιῶται ἀπήγαγον αὐτὸν ἔσω τῆς αὐλῆς, ὅ ἐστιν πραιτώριον, ...			
212	Mt 27,31	... καὶ ἀπήγαγον αὐτὸν εἰς τὸ σταυρῶσαι.	Mk 15,20	... καὶ ἐξάγουσιν αὐτὸν ἵνα σταυρώσωσιν αὐτόν.	Lk 23,26	καὶ ὡς ἀπήγαγον αὐτόν, ...	

Acts 12,19	Ἡρῴδης δὲ ἐπιζητήσας αὐτὸν καὶ μὴ εὑρὼν, ἀνακρίνας τοὺς φύλακας ἐκέλευσεν ἀπαχθῆναι, ...	Acts 23,17	... τὸν νεανίαν τοῦτον ἀπάγαγε πρὸς τὸν χιλίαρχον, ...

ἀπαίρομαι

	Syn 3	Mt 1	Mk 1	Lk 1	Acts	Jn	1-3John	Paul	Eph	Col
	NT 3	2Thess	1/2Tim	Tit	Heb	Jas	1Pet	2Pet	Jude	Rev

be taken away

222	Mt 9,15	... ἐλεύσονται δὲ ἡμέραι ὅταν ἀπαρθῇ ἀπ' αὐτῶν ὁ νυμφίος, καὶ τότε νηστεύσουσιν.	Mk 2,20	ἐλεύσονται δὲ ἡμέραι ὅταν ἀπαρθῇ ἀπ' αὐτῶν ὁ νυμφίος, καὶ τότε νηστεύσουσιν ἐν ἐκείνῃ τῇ ἡμέρᾳ.	Lk 5,35	ἐλεύσονται δὲ ἡμέραι, καὶ ὅταν ἀπαρθῇ ἀπ' αὐτῶν ὁ νυμφίος, τότε νηστεύσουσιν ἐν ἐκείναις ταῖς ἡμέραις.	→ GTh 104

ἀπαιτέω

	Syn 2	Mt	Mk	Lk 2	Acts	Jn	1-3John	Paul	Eph	Col
	NT 2	2Thess	1/2Tim	Tit	Heb	Jas	1Pet	2Pet	Jude	Rev

demand in return; demand

102	Mt 5,42 → Lk 6,34	τῷ αἰτοῦντί σε δός, καὶ τὸν θέλοντα ἀπὸ σοῦ δανίσασθαι μὴ ἀποστραφῇς.	Lk 6,30	παντὶ αἰτοῦντί σε δίδου, καὶ ἀπὸ τοῦ αἴροντος τὰ σὰ μὴ ἀπαίτει.	→ GTh 95
002			Lk 12,20	... ἄφρων, ταύτῃ τῇ νυκτὶ τὴν ψυχήν σου ἀπαιτοῦσιν ἀπὸ σοῦ· ...	→ GTh 63

ἀπαλλάσσω	Syn 1	Mt	Mk	Lk 1	Acts 1	Jn	1-3John	Paul	Eph	Col
	NT 3	2Thess	1/2Tim	Tit	Heb 1	Jas	1Pet	2Pet	Jude	Rev

transitive: set free; *intransitive:* leave; depart

	Mt	Mk	Lk	
102	**Mt 5,25** → Mt 18,34 ἴσθι εὐνοῶν τῷ ἀντιδίκῳ σου ταχὺ, ἕως ὅτου εἶ μετ᾽ αὐτοῦ ἐν τῇ ὁδῷ, μήποτέ σε παραδῷ ὁ ἀντίδικος τῷ κριτῇ ...		**Lk 12,58** ὡς γὰρ ὑπάγεις μετὰ τοῦ ἀντιδίκου σου ἐπ᾽ ἄρχοντα, ἐν τῇ ὁδῷ δὸς ἐργασίαν **ἀπηλλάχθαι** ἀπ᾽ αὐτοῦ, μήποτε κατασύρῃ σε πρὸς τὸν κριτήν, ...	

Acts 19,12 ὥστε καὶ ἐπὶ τοὺς
ἀσθενοῦντας
ἀποφέρεσθαι ἀπὸ τοῦ
χρωτὸς αὐτοῦ σουδάρια
ἢ σιμικίνθια καὶ
ἀπαλλάσσεσθαι
ἀπ᾽ αὐτῶν τὰς νόσους, ...

ἁπαλός	Syn 2	Mt 1	Mk 1	Lk	Acts	Jn	1-3John	Paul	Eph	Col
	NT 2	2Thess	1/2Tim	Tit	Heb	Jas	1Pet	2Pet	Jude	Rev

putting out leaves

	Mt	Mk	Lk	
221	**Mt 24,32** ἀπὸ δὲ τῆς συκῆς μάθετε τὴν παραβολήν· ὅταν ἤδη ὁ κλάδος αὐτῆς γένηται **ἁπαλὸς** καὶ τὰ φύλλα ἐκφύῃ, γινώσκετε ὅτι ἐγγὺς τὸ θέρος·	**Mk 13,28** ἀπὸ δὲ τῆς συκῆς μάθετε τὴν παραβολήν· ὅταν ἤδη ὁ κλάδος αὐτῆς **ἁπαλὸς** γένηται καὶ ἐκφύῃ τὰ φύλλα, γινώσκετε ὅτι ἐγγὺς τὸ θέρος ἐστίν·	**Lk 21,30** [29] καὶ εἶπεν παραβολὴν αὐτοῖς· ἴδετε τὴν συκῆν καὶ πάντα τὰ δένδρα· [30] ὅταν προβάλωσιν ἤδη, βλέποντες ἀφ᾽ ἑαυτῶν γινώσκετε ὅτι ἤδη ἐγγὺς τὸ θέρος ἐστίν·	

ἀπαντάω	Syn 2	Mt	Mk 1	Lk 1	Acts	Jn	1-3John	Paul	Eph	Col
	NT 2	2Thess	1/2Tim	Tit	Heb	Jas	1Pet	2Pet	Jude	Rev

meet

	Mt	Mk	Lk	
002			**Lk 17,12** → Mt 8,2 → Mk 1,40 → Lk 5,12 καὶ εἰσερχομένου αὐτοῦ εἴς τινα κώμην **ἀπήντησαν** [αὐτῷ] δέκα λεπροὶ ἄνδρες, οἳ ἔστησαν πόρρωθεν	
121	**Mt 26,18** ... ὑπάγετε εἰς τὴν πόλιν πρὸς τὸν δεῖνα ...	**Mk 14,13** ... ὑπάγετε εἰς τὴν πόλιν, καὶ **ἀπαντήσει** ὑμῖν ἄνθρωπος κεράμιον ὕδατος βαστάζων· ἀκολουθήσατε αὐτῷ	**Lk 22,10** ... ἰδοὺ εἰσελθόντων ὑμῶν εἰς τὴν πόλιν **συναντήσει** ὑμῖν ἄνθρωπος κεράμιον ὕδατος βαστάζων· ἀκολουθήσατε αὐτῷ ...	

ἀπάντησις

	Syn	Mt	Mk	Lk	Acts	Jn	1-3John	Paul	Eph	Col
	1	1			1			1		
	NT	2Thess	1/2Tim	Tit	Heb	Jas	1Pet	2Pet	Jude	Rev
	3									

meeting

200	**Mt 25,6**	μέσης δὲ νυκτὸς κραυγὴ γέγονεν· ἰδοὺ ὁ νυμφίος, ἐξέρχεσθε **εἰς ἀπάντησιν** [αὐτοῦ].	

Acts 28,15 κἀκεῖθεν οἱ ἀδελφοὶ ἀκούσαντες τὰ περὶ ἡμῶν ἦλθαν **εἰς ἀπάντησιν ἡμῖν** ἄχρι Ἀππίου φόρου καὶ Τριῶν ταβερνῶν, ...

ἀπαρνέομαι

	Syn	Mt	Mk	Lk	Acts	Jn	1-3John	Paul	Eph	Col
	11	4	4	3						
	NT	2Thess	1/2Tim	Tit	Heb	Jas	1Pet	2Pet	Jude	Rev
	11									

disown; renounce claim to

	triple tradition																double tradition			Sondergut		
		+Mt / +Lk			–Mt / –Lk			traditions not taken over by Mt / Lk							subtotals							
code	222	211	112	212	221	122	121	022	012	021	220	120	210	020	Σ⁺	Σ⁻	Σ	202	201	102	200	002	total
Mt	2				1						1						4						**4**
Mk	2				1						1						4						**4**
Lk	2				1⁻											1⁻	2			1			**3**

221	**Mt 16,24** ⇩ Mt 10,38	... εἴ τις θέλει ὀπίσω μου ἐλθεῖν, **ἀπαρνησάσθω** ἑαυτὸν καὶ ἀράτω τὸν σταυρὸν αὐτοῦ καὶ ἀκολουθείτω μοι.	**Mk 8,34**	... εἴ τις θέλει ὀπίσω μου ἀκολουθεῖν, **ἀπαρνησάσθω** ἑαυτὸν καὶ ἀράτω τὸν σταυρὸν αὐτοῦ καὶ ἀκολουθείτω μοι.	**Lk 9,23** ⇩ Lk 14,27	... εἴ τις θέλει ὀπίσω μου ἔρχεσθαι, **ἀρνησάσθω** ἑαυτὸν καὶ ἀράτω τὸν σταυρὸν αὐτοῦ καθ' ἡμέραν, καὶ ἀκολουθείτω μοι.	→ GTh 55 Mk-Q overlap
	Mt 10,38 ⇧ Mt 16,24	καὶ ὃς οὐ λαμβάνει τὸν σταυρὸν αὐτοῦ καὶ ἀκολουθεῖ ὀπίσω μου, οὐκ ἔστιν μου ἄξιος.			**Lk 14,27** ⇧ Lk 9,23	ὅστις οὐ βαστάζει τὸν σταυρὸν ἑαυτοῦ καὶ ἔρχεται ὀπίσω μου οὐ δύναται εἶναί μου μαθητής.	→ GTh 55 Mk-Q overlap
102	**Mt 10,33** ↓ Mt 16,27	ὅστις δ' ἂν ἀρνήσηταί με ἔμπροσθεν τῶν ἀνθρώπων, **ἀρνήσομαι** κἀγὼ αὐτὸν ἔμπροσθεν τοῦ πατρός μου τοῦ ἐν [τοῖς] οὐρανοῖς.			**Lk 12,9** ⇩ Lk 9,26	ὁ δὲ ἀρνησάμενός με ἐνώπιον τῶν ἀνθρώπων **ἀπαρνηθήσεται** ἐνώπιον τῶν ἀγγέλων τοῦ θεοῦ.	Mk Q overlap
	Mt 16,27 ↑ Mt 10,33 → Mt 24,30 → Mt 25,31	μέλλει γὰρ ὁ υἱὸς τοῦ ἀνθρώπου ἔρχεσθαι ἐν τῇ δόξῃ τοῦ πατρὸς αὐτοῦ μετὰ τῶν ἀγγέλων αὐτοῦ, καὶ τότε *ἀποδώσει ἑκάστῳ κατὰ τὴν* *πρᾶξιν αὐτοῦ.* ➤ Ps 62,13/Prov 24,12/Sir 35,22 LXX	**Mk 8,38** → Mk 13,26	ὃς γὰρ ἐὰν ἐπαισχυνθῇ με καὶ τοὺς ἐμοὺς λόγους ἐν τῇ γενεᾷ ταύτῃ τῇ μοιχαλίδι καὶ ἁμαρτωλῷ, καὶ ὁ υἱὸς τοῦ ἀνθρώπου **ἐπαισχυνθήσεται** αὐτόν, ὅταν ἔλθῃ ἐν τῇ δόξῃ τοῦ πατρὸς αὐτοῦ μετὰ τῶν ἀγγέλων τῶν ἁγίων.	**Lk 9,26** ⇧ **Lk 12,9** → Lk 21,27	ὃς γὰρ ἂν ἐπαισχυνθῇ με καὶ τοὺς ἐμοὺς λόγους, τοῦτον ὁ υἱὸς τοῦ ἀνθρώπου **ἐπαισχυνθήσεται,** ὅταν ἔλθῃ ἐν τῇ δόξῃ αὐτοῦ καὶ τοῦ πατρὸς καὶ τῶν ἁγίων ἀγγέλων.	

222	**Mt 26,34**	... ἀμὴν λέγω σοι ὅτι ἐν ταύτῃ τῇ νυκτὶ πρὶν ἀλέκτορα φωνῆσαι τρὶς **ἀπαρνήσῃ** με.	**Mk 14,30**	... ἀμὴν λέγω σοι ὅτι σὺ σήμερον ταύτῃ τῇ νυκτὶ πρὶν ἢ δὶς ἀλέκτορα φωνῆσαι τρίς με **ἀπαρνήσῃ.**	**Lk 22,34**	... λέγω σοι, Πέτρε, οὐ φωνήσει σήμερον ἀλέκτωρ ἕως τρίς με **ἀπαρνήσῃ** εἰδέναι.	→ Jn 13,38
220	**Mt 26,35** → Lk 22,33	... κἂν δέῃ με σὺν σοὶ ἀποθανεῖν, οὐ μή σε **ἀπαρνήσομαι.** ὁμοίως καὶ πάντες οἱ μαθηταὶ εἶπαν.	**Mk 14,31** → Lk 22,33	... ἐὰν δέῃ με συναποθανεῖν σοι, οὐ μή σε **ἀπαρνήσομαι.** ὡσαύτως δὲ καὶ πάντες ἔλεγον.			→ Jn 13,37
222	**Mt 26,75**	καὶ ἐμνήσθη ὁ Πέτρος τοῦ ῥήματος Ἰησοῦ εἰρηκότος ὅτι πρὶν ἀλέκτορα φωνῆσαι τρὶς **ἀπαρνήσῃ** με· καὶ ἐξελθὼν ἔξω ἔκλαυσεν πικρῶς.	**Mk 14,72**	... καὶ ἀνεμνήσθη ὁ Πέτρος τὸ ῥῆμα ὡς εἶπεν αὐτῷ ὁ Ἰησοῦς ὅτι πρὶν ἀλέκτορα φωνῆσαι δὶς τρίς με **ἀπαρνήσῃ·** καὶ ἐπιβαλὼν ἔκλαιεν.	**Lk 22,61**	... καὶ ὑπεμνήσθη ὁ Πέτρος τοῦ ῥήματος τοῦ κυρίου ὡς εἶπεν αὐτῷ ὅτι πρὶν ἀλέκτορα φωνῆσαι σήμερον **ἀπαρνήσῃ** με τρίς. [62] καὶ ἐξελθὼν ἔξω ἔκλαυσεν πικρῶς.	

# ἀπαρτισμός	Syn	Mt	Mk	Lk	Acts	Jn	1-3John	Paul	Eph	Col
	1			1						
	NT	2Thess	1/2Tim	Tit	Heb	Jas	1Pet	2Pet	Jude	Rev
	1									

completion

002					**Lk 14,28**	τίς γὰρ ἐξ ὑμῶν θέλων πύργον οἰκοδομῆσαι οὐχὶ πρῶτον καθίσας ψηφίζει τὴν δαπάνην, εἰ ἔχει εἰς **ἀπαρτισμόν;**	

# ἅπας	Syn	Mt	Mk	Lk	Acts	Jn	1-3John	Paul	Eph	Col
	17	3	3	11	11	1			1	
	NT	2Thess	1/2Tim	Tit	Heb	Jas	1Pet	2Pet	Jude	Rev
	32		1			1				

all; whole; everyone; everything

	triple tradition																	double tradition			Sondergut		
		+Mt / +Lk			–Mt / –Lk			traditions not taken over by Mt / Lk							subtotals								
code	*222*	*211*	*112*	*212*	*221*	*122*	*121*	*022*	*012*	*021*	*220*	*120*	*210*	*020*	Σ^+	Σ^-	Σ	*202*	*201*	*102*	*200*	*002*	total
Mt						1^-										1^-			2		1		**3**
Mk						1				1				1			3						**3**
Lk			9^+			1				1^-					9^+	1^-	10			1			**11**

112	**Mt 3,13**	τότε παραγίνεται ὁ Ἰησοῦς ἀπὸ τῆς Γαλιλαίας ἐπὶ τὸν Ἰορδάνην πρὸς τὸν Ἰωάννην τοῦ βαπτισθῆναι ὑπ' αὐτοῦ.	**Mk 1,9**	καὶ ἐγένετο ἐν ἐκείναις ταῖς ἡμέραις ἦλθεν Ἰησοῦς ἀπὸ Ναζαρὲτ τῆς Γαλιλαίας καὶ ἐβαπτίσθη εἰς τὸν Ἰορδάνην ὑπὸ Ἰωάννου.	**Lk 3,21**	ἐγένετο δὲ ἐν τῷ βαπτισθῆναι **ἅπαντα τὸν λαὸν** καὶ Ἰησοῦ βαπτισθέντος ...	

		Mt		Mk		Lk	
102	Mt 4,9	καὶ εἶπεν αὐτῷ· ταῦτά σοι πάντα δώσω, ἐὰν πεσὼν προσκυνήσῃς μοι.			Lk 4,6	καὶ εἶπεν αὐτῷ ὁ διάβολος· σοὶ δώσω τὴν ἐξουσίαν ταύτην ἅπασαν καὶ τὴν δόξαν αὐτῶν, ὅτι ἐμοὶ παραδέδοται καὶ ᾧ ἐὰν θέλω δίδωμι αὐτήν· [7] σὺ οὖν ἐὰν προσκυνήσῃς ἐνώπιον ἐμοῦ, ἔσται σοῦ πᾶσα.	
021	→ Mt 7,29		Mk 1,27 → Mk 1,22	καὶ ἐθαμβήθησαν ἅπαντες, ὥστε συζητεῖν πρὸς ἑαυτοὺς λέγοντας· ...	Lk 4,36 → Lk 4,32	καὶ ἐγένετο θάμβος ἐπὶ πάντας καὶ συνελάλουν πρὸς ἀλλήλους λέγοντες· ...	
112	Mt 8,16 ⇩ Mt 4,24 → Mt 12,15 → Mt 15,30	ὀψίας δὲ γενομένης προσήνεγκαν αὐτῷ δαιμονιζομένους πολλούς· ...	Mk 1,32 → Mk 3,10 → Mk 7,32	ὀψίας δὲ γενομένης, ὅτε ἔδυ ὁ ἥλιος, ἔφερον πρὸς αὐτὸν πάντας τοὺς κακῶς ἔχοντας καὶ τοὺς δαιμονιζομένους·	Lk 4,40	δύνοντος δὲ τοῦ ἡλίου ἅπαντες ὅσοι εἶχον ἀσθενοῦντας νόσοις ποικίλαις ἤγαγον αὐτοὺς πρὸς αὐτόν· ...	
	Mt 4,24 ⇧ Mt 8,16	... καὶ προσήνεγκαν αὐτῷ πάντας τοὺς κακῶς ἔχοντας ποικίλαις νόσοις καὶ ... δαιμονιζομένους ...					
112	Mt 9,8	ἰδόντες δὲ οἱ ὄχλοι ἐφοβήθησαν καὶ ἐδόξασαν τὸν θεὸν τὸν δόντα ἐξουσίαν τοιαύτην τοῖς ἀνθρώποις.	Mk 2,12	... ὥστε ἐξίστασθαι πάντας καὶ δοξάζειν τὸν θεὸν λέγοντας ὅτι οὕτως οὐδέποτε εἴδομεν.	Lk 5,26	καὶ ἔκστασις ἔλαβεν ἅπαντας καὶ ἐδόξαζον τὸν θεὸν καὶ ἐπλήσθησαν φόβου λέγοντες ὅτι εἴδομεν παράδοξα σήμερον.	
201	Mt 6,32 → Mt 6,8	πάντα γὰρ ταῦτα τὰ ἔθνη ἐπιζητοῦσιν· οἶδεν γὰρ ὁ πατὴρ ὑμῶν ὁ οὐράνιος ὅτι χρῄζετε τούτων ἁπάντων.			Lk 12,30	ταῦτα γὰρ πάντα τὰ ἔθνη τοῦ κόσμου ἐπιζητοῦσιν, ὑμῶν δὲ ὁ πατὴρ οἶδεν ὅτι χρῄζετε τούτων.	
112	Mt 8,34	... καὶ ἰδόντες αὐτὸν παρεκάλεσαν ὅπως μεταβῇ ἀπὸ τῶν ὁρίων αὐτῶν.	Mk 5,17	καὶ ἤρξαντο παρακαλεῖν αὐτὸν ἀπελθεῖν ἀπὸ τῶν ὁρίων αὐτῶν.	Lk 8,37	καὶ ἠρώτησεν αὐτὸν ἅπαν τὸ πλῆθος τῆς περιχώρου τῶν Γερασηνῶν ἀπελθεῖν ἀπ' αὐτῶν, ...	
112	Mt 14,19 → Mt 15,35	καὶ κελεύσας τοὺς ὄχλους ἀνακλιθῆναι ἐπὶ τοῦ χόρτου, ...	Mk 6,40 → Mk 8,6	[39] καὶ ἐπέταξεν αὐτοῖς ἀνακλῖναι πάντας συμπόσια συμπόσια ἐπὶ τῷ χλωρῷ χόρτῳ. [40] καὶ ἀνέπεσαν πρασιαὶ πρασιαὶ κατὰ ἑκατὸν καὶ κατὰ πεντήκοντα.	Lk 9,15	[14] ... εἶπεν δὲ πρὸς τοὺς μαθητὰς αὐτοῦ· κατακλίνατε αὐτοὺς κλισίας [ὡσεὶ] ἀνὰ πεντήκοντα. [15] καὶ ἐποίησαν οὕτως καὶ κατέκλιναν ἅπαντας.	→ Jn 6,10
020			Mk 8,25 → Mt 9,29 → Mt 20,34	εἶτα πάλιν ἐπέθηκεν τὰς χεῖρας ἐπὶ τοὺς ὀφθαλμοὺς αὐτοῦ, καὶ διέβλεψεν καὶ ἀπεκατέστη καὶ ἐνέβλεπεν τηλαυγῶς ἅπαντα.			

112	Mt 21,9	οἱ δὲ ὄχλοι οἱ προάγοντες αὐτὸν καὶ οἱ ἀκολουθοῦντες ἔκραζον λέγοντες· ...	Mk 11,9	καὶ οἱ προάγοντες καὶ οἱ ἀκολουθοῦντες ἔκραζον· ...	Lk 19,37	... ἤρξαντο ἅπαν τὸ πλῆθος τῶν μαθητῶν χαίροντες αἰνεῖν τὸν θεὸν φωνῇ μεγάλῃ περὶ πασῶν ὧν εἶδον δυνάμεων, [38] λέγοντες· ...	→ Jn 12,13
112	Mt 22,33 → Mt 7,28 → Lk 4,32	καὶ ἀκούσαντες οἱ ὄχλοι ἐξεπλήσσοντο ἐπὶ τῇ διδαχῇ αὐτοῦ.	Mk 11,18 → Mk 1,22 → Lk 4,32	καὶ ἤκουσαν οἱ ἀρχιερεῖς καὶ οἱ γραμματεῖς καὶ ἐζήτουν πῶς αὐτὸν ἀπολέσωσιν· ἐφοβοῦντο γὰρ αὐτόν, πᾶς γὰρ ὁ ὄχλος ἐξεπλήσσετο ἐπὶ τῇ διδαχῇ αὐτοῦ.	Lk 19,48 → Lk 21,38	[47] ... οἱ δὲ ἀρχιερεῖς καὶ οἱ γραμματεῖς ἐζήτουν αὐτὸν ἀπολέσαι καὶ οἱ πρῶτοι τοῦ λαοῦ, [48] καὶ οὐχ εὕρισκον τὸ τί ποιήσωσιν, ὁ λαὸς γὰρ ἅπας ἐξεκρέματο αὐτοῦ ἀκούων.	
122	Mt 21,26	ἐὰν δὲ εἴπωμεν· ἐξ ἀνθρώπων, φοβούμεθα τὸν ὄχλον, πάντες γὰρ ὡς προφήτην ἔχουσιν τὸν Ἰωάννην.	Mk 11,32	ἀλλὰ εἴπωμεν· ἐξ ἀνθρώπων; - ἐφοβοῦντο τὸν ὄχλον· ἅπαντες γὰρ εἶχον τὸν Ἰωάννην ὄντως ὅτι προφήτης ἦν.	Lk 20,6	ἐὰν δὲ εἴπωμεν· ἐξ ἀνθρώπων, ὁ λαὸς ἅπας καταλιθάσει ἡμᾶς, πεπεισμένος γάρ ἐστιν Ἰωάννην προφήτην εἶναι.	
112	Mt 10,19	... δοθήσεται γὰρ ὑμῖν ἐν ἐκείνῃ τῇ ὥρᾳ τί λαλήσητε·	Mk 13,11	... ἀλλ᾽ ὃ ἐὰν δοθῇ ὑμῖν ἐν ἐκείνῃ τῇ ὥρᾳ τοῦτο λαλεῖτε· ...	Lk 21,15 ⇩ Lk 12,12	ἐγὼ γὰρ δώσω ὑμῖν στόμα καὶ σοφίαν ᾗ οὐ δυνήσονται ἀντιστῆναι ἢ ἀντειπεῖν ἅπαντες οἱ ἀντικείμενοι ὑμῖν.	→ Acts 6,10 Mk-Q overlap
					Lk 12,12 ⇧ Lk 21,15	τὸ γὰρ ἅγιον πνεῦμα διδάξει ὑμᾶς ἐν αὐτῇ τῇ ὥρᾳ ἃ δεῖ εἰπεῖν.	→ Jn 14,26
201	Mt 24,39	καὶ οὐκ ἔγνωσαν ἕως ἦλθεν ὁ κατακλυσμὸς καὶ ἦρεν ἅπαντας, ...			Lk 17,27	... καὶ ἦλθεν ὁ κατακλυσμὸς καὶ ἀπώλεσεν πάντας.	
112	Mt 27,2	καὶ δήσαντες αὐτὸν ἀπήγαγον καὶ παρέδωκαν Πιλάτῳ τῷ ἡγεμόνι.	Mk 15,1	... δήσαντες τὸν Ἰησοῦν ἀπήνεγκαν καὶ παρέδωκαν Πιλάτῳ.	Lk 23,1	καὶ ἀναστὰν ἅπαν τὸ πλῆθος αὐτῶν ἤγαγον αὐτὸν ἐπὶ τὸν Πιλᾶτον.	→ Jn 18,28
200	Mt 28,11	... ἰδού τινες τῆς κουστωδίας ἐλθόντες εἰς τὴν πόλιν ἀπήγγειλαν τοῖς ἀρχιερεῦσιν ἅπαντα τὰ γενόμενα.					

Acts 2,7 ... οὐχ ἰδοὺ
ἅπαντες
οὗτοί εἰσιν οἱ λαλοῦντες
Γαλιλαῖοι;

Acts 2,44 πάντες δὲ οἱ πιστεύοντες
ἦσαν ἐπὶ τὸ αὐτὸ καὶ
εἶχον
ἅπαντα
κοινά

Acts 4,31 ... καὶ ἐπλήσθησαν
ἅπαντες
τοῦ ἁγίου πνεύματος ...

Acts 4,32 ... καὶ οὐδὲ εἷς τι τῶν
ὑπαρχόντων αὐτῷ ἔλεγεν
ἴδιον εἶναι ἀλλ᾽ ἦν
αὐτοῖς
ἅπαντα
κοινά.

Acts 5,12 ... καὶ ἦσαν ὁμοθυμαδὸν
ἅπαντες
ἐν τῇ Στοᾷ Σολομῶντος

Acts 5,16 ... οἵτινες ἐθεραπεύοντο
ἅπαντες.

Acts 10,8 καὶ ἐξηγησάμενος
ἅπαντα
αὐτοῖς ἀπέστειλεν
αὐτοὺς εἰς τὴν Ἰόππην.

Acts 11,10 τοῦτο δὲ ἐγένετο ἐπὶ τρίς,
καὶ ἀνεσπάσθη πάλιν
ἅπαντα
εἰς τὸν οὐρανόν.

Acts 16,3 ... ᾔδεισαν γὰρ
ἅπαντες
ὅτι Ἕλλην ὁ πατὴρ
αὐτοῦ ὑπῆρχεν.

Acts 16,28 ... μηδὲν πράξῃς σεαυτῷ κακόν,
ἅπαντες
γάρ ἐσμεν ἐνθάδε.

Acts 25,24 ... θεωρεῖτε τοῦτον περὶ οὗ
ἅπαν τὸ πλῆθος τῶν Ἰουδαίων
ἐνέτυχόν μοι ἔν τε Ἱεροσολύμοις ...

Acts 27,33 ἄχρι δὲ οὗ ἡμέρα ἤμελλεν γίνεσθαι παρεκάλει ὁ Παῦλος
ἅπαντας
μεταλαβεῖν τροφῆς λέγων· ...

ἀπάτη	Syn 2	Mt 1	Mk 1	Lk	Acts	Jn	1-3John	Paul	Eph 1	Col 1
	NT 7	2Thess 1	1/2Tim	Tit	Heb 1	Jas	1Pet	2Pet 1	Jude	Rev

deception

	Mt	Mk	Lk	
221	**Mt 13,22** ... καὶ ἡ μέριμνα τοῦ αἰῶνος καὶ **ἡ ἀπάτη τοῦ πλούτου** συμπνίγει τὸν λόγον καὶ ἄκαρπος γίνεται.	**Mk 4,19** καὶ αἱ μέριμναι τοῦ αἰῶνος καὶ **ἡ ἀπάτη τοῦ πλούτου** καὶ αἱ περὶ τὰ λοιπὰ ἐπιθυμίαι εἰσπορευόμεναι συμπνίγουσιν τὸν λόγον καὶ ἄκαρπος γίνεται.	**Lk 8,14** ... καὶ ὑπὸ μεριμνῶν καὶ **πλούτου** καὶ ἡδονῶν τοῦ βίου πορευόμενοι συμπνίγονται καὶ οὐ τελεσφοροῦσιν.	

ἀπειθής	Syn 1	Mt	Mk	Lk 1	Acts 1	Jn	1-3John	Paul 1	Eph	Col
	NT 6	2Thess	1/2Tim 1	Tit 2	Heb	Jas	1Pet	2Pet	Jude	Rev

disobedient; rebellious

	Mt	Mk	Lk	
002			**Lk 1,17** → Lk 3,4 ... ἐπιστρέψαι καρδίας πατέρων ἐπὶ τέκνα καὶ **ἀπειθεῖς** ἐν φρονήσει δικαίων, ἑτοιμάσαι κυρίῳ λαὸν κατεσκευασμένον.	

Acts 26,19 ὅθεν, βασιλεῦ Ἀγρίππα, οὐκ ἐγενόμην
ἀπειθὴς
τῇ οὐρανίῳ ὀπτασίᾳ

ἀπελπίζω	Syn 1	Mt	Mk	Lk 1	Acts	Jn	1-3John	Paul	Eph	Col
	NT 1	2Thess	1/2Tim	Tit	Heb	Jas	1Pet	2Pet	Jude	Rev

expect in return

	Mt	Mk	Lk	
002	**Mt 5,44** ἐγὼ δὲ λέγω ὑμῖν· ἀγαπᾶτε τοὺς ἐχθροὺς ὑμῶν καὶ προσεύχεσθε ὑπὲρ τῶν διωκόντων ὑμᾶς		**Lk 6,35** ⇨ Lk 6,27-28 → Mt 5,42 πλὴν ἀγαπᾶτε τοὺς ἐχθροὺς ὑμῶν καὶ ἀγαθοποιεῖτε καὶ δανίζετε **μηδὲν ἀπελπίζοντες·** ...	→ GTh 95

ἀπέναντι	Syn 2	Mt 2	Mk	Lk	Acts 2	Jn	1-3John	Paul 1	Eph	Col
	NT 5	2Thess	1/2Tim	Tit	Heb	Jas	1Pet	2Pet	Jude	Rev

opposite; before; in full view of; contrary to; against

200	**Mt 27,24** ... λαβὼν ὕδωρ ἀπενίψατο τὰς χεῖρας **ἀπέναντι τοῦ ὄχλου** λέγων· ἀθῷός εἰμι ἀπὸ τοῦ αἵματος τούτου· ὑμεῖς ὄψεσθε.			→ Acts 18,6 → Acts 18,6 → Acts 20,26
211	**Mt 27,61** → Mt 27,56 → Mt 28,1 ἦν δὲ ἐκεῖ Μαριὰμ ἡ Μαγδαληνὴ καὶ ἡ ἄλλη Μαρία καθήμεναι **ἀπέναντι τοῦ τάφου.**	**Mk 15,47** → Mk 15,40 → Mk 16,1 ἡ δὲ Μαρία ἡ Μαγδαληνὴ καὶ Μαρία ἡ Ἰωσῆτος ἐθεώρουν ποῦ τέθειται.	**Lk 23,55** → Lk 23,49 → Lk 24,10 → Lk 8,2-3 κατακολουθήσασαι δὲ αἱ γυναῖκες, ... ἐθεάσαντο τὸ μνημεῖον καὶ ὡς ἐτέθη τὸ σῶμα αὐτοῦ	

Acts 3,16 ... καὶ ἡ πίστις ἡ δι' αὐτοῦ ἔδωκεν αὐτῷ τὴν ὁλοκληρίαν ταύτην **ἀπέναντι πάντων ὑμῶν.**

Acts 17,7 → Lk 23,2 ... καὶ οὗτοι πάντες **ἀπέναντι τῶν δογμάτων Καίσαρος** πράσσουσι βασιλέα ἕτερον λέγοντες εἶναι Ἰησοῦν.

ἀπέρχομαι	Syn 77	Mt 35	Mk 22	Lk 20	Acts 6	Jn 21	1-3John	Paul 2	Eph	Col
	NT 116	2Thess	1/2Tim	Tit	Heb	Jas 1	1Pet	2Pet	Jude 1	Rev 8

go; go away; be over or past; spread

	triple tradition																	double tradition			Sondergut		
		+Mt / +Lk			−Mt / −Lk			traditions not taken over by Mt / Lk							subtotals								
code	222	211	112	212	221	122	121	022	012	021	220	120	210	020	Σ⁺	Σ⁻	Σ	202	201	102	200	002	total
Mt		9^+		1^+	2	4^-	7^-				2	5^-	1^+		11^+	16^-	15	2	2		16		**35**
Mk					2	4	7	1		1	2	5					22						**22**
Lk			2^+	1^+	2^-	4	7^-	1	1^+	1^-					4^+	10^-	9	2		3		6	**20**

a ἀπέρχομαι ἀπό, ~ ἔξω
b ἀπέρχομαι εἰς, ~ πρός, ~ ἐπί, ~ κατά
c ἀπέρχομαι ὀπίσω

b 002			**Lk 1,23** καὶ ἐγένετο ὡς ἐπλήσθησαν αἱ ἡμέραι τῆς λειτουργίας αὐτοῦ, **ἀπῆλθεν** εἰς τὸν οἶκον αὐτοῦ.	
a 002			**Lk 1,38** ... γένοιτό μοι κατὰ τὸ ῥῆμά σου. καὶ **ἀπῆλθεν** ἀπ' αὐτῆς ὁ ἄγγελος.	
a 002			**Lk 2,15** καὶ ἐγένετο ὡς **ἀπῆλθον** ἀπ' αὐτῶν εἰς τὸν οὐρανὸν οἱ ἄγγελοι, οἱ ποιμένες ἐλάλουν πρὸς ἀλλήλους· ...	

200	**Mt 2,22** → Lk 2,39	ἀκούσας δὲ ὅτι Ἀρχέλαος βασιλεύει τῆς Ἰουδαίας ἀντὶ τοῦ πατρὸς αὐτοῦ Ἡρῴδου ἐφοβήθη ἐκεῖ **ἀπελθεῖν·** χρηματισθεὶς δὲ κατ' ὄναρ ἀνεχώρησεν εἰς τὰ μέρη τῆς Γαλιλαίας					
c 121	**Mt 4,22**	οἱ δὲ εὐθέως ἀφέντες τὸ πλοῖον καὶ τὸν πατέρα αὐτῶν **ἠκολούθησαν** αὐτῷ.	**Mk 1,20**	... καὶ ἀφέντες τὸν πατέρα αὐτῶν Ζεβεδαῖον ἐν τῷ πλοίῳ μετὰ τῶν μισθωτῶν **ἀπῆλθον** ὀπίσω αὐτοῦ.	**Lk 5,11** → Mk 1,18 → Lk 5,28	καὶ καταγαγόντες τὰ πλοῖα ἐπὶ τὴν γῆν ἀφέντες πάντα **ἠκολούθησαν** αὐτῷ.	
b 021			**Mk 1,35** → Mk 1,45	καὶ πρωῒ ἔννυχα λίαν ἀναστὰς ἐξῆλθεν καὶ **ἀπῆλθεν** εἰς ἔρημον τόπον κἀκεῖ προσηύχετο.	**Lk 4,42** → Lk 5,16	γενομένης δὲ ἡμέρας **ἐξελθὼν** ἐπορεύθη εἰς ἔρημον τόπον· ...	
a 122	**Mt 8,3**	... καὶ εὐθέως ἐκαθαρίσθη αὐτοῦ ἡ λέπρα.	**Mk 1,42**	καὶ εὐθὺς **ἀπῆλθεν** ἀπ' αὐτοῦ ἡ λέπρα, καὶ ἐκαθαρίσθη.	**Lk 5,13** → Lk 17,14	... καὶ εὐθέως ἡ λέπρα **ἀπῆλθεν** ἀπ' αὐτοῦ.	
112	**Mt 8,4**	καὶ λέγει αὐτῷ ὁ Ἰησοῦς· ὅρα μηδενὶ εἴπῃς, ἀλλὰ **ὕπαγε** σεαυτὸν δεῖξον τῷ ἱερεῖ, καὶ προσένεγκον τὸ δῶρον ὃ προσέταξεν Μωϋσῆς, εἰς μαρτύριον αὐτοῖς. ➤ Lev 13,49; 14,2-4	**Mk 1,44**	καὶ λέγει αὐτῷ· ὅρα μηδενὶ μηδὲν εἴπῃς, ἀλλὰ **ὕπαγε** σεαυτὸν δεῖξον τῷ ἱερεῖ καὶ προσένεγκε περὶ τοῦ καθαρισμοῦ σου ἃ προσέταξεν Μωϋσῆς, εἰς μαρτύριον αὐτοῖς. ➤ Lev 13,49; 14,2-4	**Lk 5,14** → Lk 17,14	καὶ αὐτὸς παρήγγειλεν αὐτῷ μηδενὶ εἰπεῖν, ἀλλὰ **ἀπελθὼν** δεῖξον σεαυτὸν τῷ ἱερεῖ καὶ προσένεγκε περὶ τοῦ καθαρισμοῦ σου καθὼς προσέταξεν Μωϋσῆς, εἰς μαρτύριον αὐτοῖς. ➤ Lev 13,49; 14,2-4	
b 212	**Mt 9,7**	καὶ ἐγερθεὶς **ἀπῆλθεν** εἰς τὸν οἶκον αὐτοῦ.	**Mk 2,12**	καὶ ἠγέρθη καὶ εὐθὺς ἄρας τὸν κράβαττον **ἐξῆλθεν** ἔμπροσθεν πάντων, ...	**Lk 5,25**	καὶ παραχρῆμα ἀναστὰς ἐνώπιον αὐτῶν, ἄρας ἐφ' ὃ κατέκειτο, **ἀπῆλθεν** εἰς τὸν οἶκον αὐτοῦ δοξάζων τὸν θεόν.	→ Jn 5,9
b 200	**Mt 4,24** → Mt 9,26 → Mk 3,8	καὶ **ἀπῆλθεν** ἡ ἀκοὴ αὐτοῦ εἰς ὅλην τὴν Συρίαν· ...	**Mk 1,28**	καὶ **ἐξῆλθεν** ἡ ἀκοὴ αὐτοῦ εὐθὺς πανταχοῦ εἰς ὅλην τὴν περίχωρον τῆς Γαλιλαίας.	**Lk 4,37** → Lk 4,14	καὶ **ἐξεπορεύετο** ἦχος περὶ αὐτοῦ εἰς πάντα τόπον τῆς περιχώρου.	
b 200	**Mt 5,30** ⇩ Mt 18,8	... συμφέρει γάρ σοι ἵνα ἀπόληται ἓν τῶν μελῶν σου καὶ μὴ ὅλον τὸ σῶμά σου εἰς γέενναν **ἀπέλθῃ.**	**Mk 9,43**	... καλόν ἐστίν σε κυλλὸν εἰσελθεῖν εἰς τὴν ζωὴν ἢ τὰς δύο χεῖρας ἔχοντα **ἀπελθεῖν** εἰς τὴν γέενναν, εἰς τὸ πῦρ τὸ ἄσβεστον.			
b 211	**Mt 8,18**	ἰδὼν δὲ ὁ Ἰησοῦς ὄχλον περὶ αὐτὸν ἐκέλευσεν **ἀπελθεῖν** εἰς τὸ πέραν.	**Mk 4,35**	καὶ λέγει αὐτοῖς ἐν ἐκείνῃ τῇ ἡμέρᾳ ὀψίας γενομένης· **διέλθωμεν** εἰς τὸ πέραν.	**Lk 8,22**	... καὶ εἶπεν πρὸς αὐτούς· **διέλθωμεν** εἰς τὸ πέραν τῆς λίμνης, καὶ ἀνήχθησαν.	
202	**Mt 8,19**	καὶ προσελθὼν εἷς γραμματεὺς εἶπεν αὐτῷ· διδάσκαλε, ἀκολουθήσω σοι ὅπου ἐὰν **ἀπέρχῃ.**			**Lk 9,57**	καὶ πορευομένων αὐτῶν ἐν τῇ ὁδῷ εἶπέν τις πρὸς αὐτόν· ἀκολουθήσω σοι ὅπου ἐὰν **ἀπέρχῃ.**	

202	Mt 8,21	ἕτερος δὲ τῶν μαθητῶν [αὐτοῦ] εἶπεν αὐτῷ· κύριε, ἐπίτρεψόν μοι πρῶτον **ἀπελθεῖν** καὶ θάψαι τὸν πατέρα μου.			Lk 9,59 ↓ Mt 8,22	εἶπεν δὲ πρὸς ἕτερον· ἀκολούθει μοι. ὁ δὲ εἶπεν· [κύριε,] ἐπίτρεψόν μοι **ἀπελθόντι** πρῶτον θάψαι τὸν πατέρα μου.	
b 211	Mt 8,32	... οἱ δὲ ἐξελθόντες **ἀπῆλθον** εἰς τοὺς χοίρους· ...	Mk 5,13	... καὶ ἐξελθόντα τὰ πνεύματα τὰ ἀκάθαρτα **εἰσῆλθον** εἰς τοὺς χοίρους, ...	Lk 8,33	ἐξελθόντα δὲ τὰ δαιμόνια ἀπὸ τοῦ ἀνθρώπου **εἰσῆλθον** εἰς τοὺς χοίρους, ...	
b 211	Mt 8,33	οἱ δὲ βόσκοντες ἔφυγον, καὶ **ἀπελθόντες** εἰς τὴν πόλιν ἀπήγγειλαν πάντα ...	Mk 5,14	καὶ οἱ βόσκοντες αὐτοὺς ἔφυγον καὶ ἀπήγγειλαν εἰς τὴν πόλιν καὶ εἰς τοὺς ἀγρούς· ...	Lk 8,34	ἰδόντες δὲ οἱ βόσκοντες τὸ γεγονὸς ἔφυγον καὶ ἀπήγγειλαν εἰς τὴν πόλιν καὶ εἰς τοὺς ἀγρούς.	
b 212	Mt 9,7	καὶ ἐγερθεὶς **ἀπῆλθεν** εἰς τὸν οἶκον αὐτοῦ.	Mk 2,12	καὶ ἠγέρθη καὶ εὐθὺς ἄρας τὸν κράβαττον **ἐξῆλθεν** ἔμπροσθεν πάντων, ...	Lk 5,25	καὶ παραχρῆμα ἀναστὰς ἐνώπιον αὐτῶν, ἄρας ἐφ᾽ ὃ κατέκειτο, **ἀπῆλθεν** εἰς τὸν οἶκον αὐτοῦ δοξάζων τὸν θεόν.	→ Jn 5,9
b 121	Mt 10,1	καὶ προσκαλεσάμενος τοὺς δώδεκα μαθητὰς αὐτοῦ ...	Mk 3,13	... καὶ προσκαλεῖται οὓς ἤθελεν αὐτός, καὶ **ἀπῆλθον** πρὸς αὐτόν.	Lk 6,13	καὶ ὅτε ἐγένετο ἡμέρα, προσεφώνησεν τοὺς μαθητὰς αὐτοῦ, καὶ ἐκλεξάμενος ἀπ᾽ αὐτῶν δώδεκα, ...	
b 200	Mt 10,5	... εἰς ὁδὸν ἐθνῶν **μὴ ἀπέλθητε** καὶ εἰς πόλιν Σαμαριτῶν μὴ εἰσέλθητε·					
102	Mt 11,7	τούτων δὲ **πορευομένων** ἤρξατο ὁ Ἰησοῦς λέγειν τοῖς ὄχλοις περὶ Ἰωάννου· ...			Lk 7,24	**ἀπελθόντων** δὲ τῶν ἀγγέλων Ἰωάννου ἤρξατο λέγειν πρὸς τοὺς ὄχλους περὶ Ἰωάννου· ...	
200	Mt 13,25	ἐν δὲ τῷ καθεύδειν τοὺς ἀνθρώπους ἦλθεν αὐτοῦ ὁ ἐχθρὸς καὶ ἐπέσπειρεν ζιζάνια ἀνὰ μέσον τοῦ σίτου καὶ **ἀπῆλθεν.**					→ GTh 57
200	Mt 13,28	... οἱ δὲ δοῦλοι λέγουσιν αὐτῷ· θέλεις οὖν **ἀπελθόντες** συλλέξωμεν αὐτά;					→ GTh 57
200	Mt 13,46	εὑρὼν δὲ ἕνα πολύτιμον μαργαρίτην **ἀπελθὼν** πέπρακεν πάντα ὅσα εἶχεν καὶ ἠγόρασεν αὐτόν.					→ GTh 76,1-2
b 012			Mk 5,10	καὶ παρεκάλει αὐτὸν πολλὰ ἵνα μὴ αὐτὰ ἀποστείλῃ ἔξω τῆς χώρας.	Lk 8,31	καὶ παρεκάλουν αὐτὸν ἵνα μὴ ἐπιτάξῃ αὐτοῖς εἰς τὴν ἄβυσσον **ἀπελθεῖν.**	

a 122	**Mt 8,34**	... καὶ ἰδόντες αὐτὸν παρεκάλεσαν ὅπως **μεταβῇ** ἀπὸ τῶν ὁρίων αὐτῶν.	**Mk 5,17**	καὶ ἤρξαντο παρακαλεῖν αὐτὸν **ἀπελθεῖν** ἀπὸ τῶν ὁρίων αὐτῶν.	**Lk 8,37**	καὶ ἠρώτησεν αὐτὸν ἅπαν τὸ πλῆθος τῆς περιχώρου τῶν Γερασηνῶν **ἀπελθεῖν** ἀπ' αὐτῶν, ...	
b 022			**Mk 5,20**	καὶ **ἀπῆλθεν** καὶ ἤρξατο κηρύσσειν ἐν τῇ Δεκαπόλει ὅσα ἐποίησεν αὐτῷ ὁ Ἰησοῦς, καὶ πάντες ἐθαύμαζον.	**Lk 8,39**	... καὶ **ἀπῆλθεν** καθ' ὅλην τὴν πόλιν κηρύσσων ὅσα ἐποίησεν αὐτῷ ὁ Ἰησοῦς.	
121	**Mt 9,19**	καὶ ἐγερθεὶς ὁ Ἰησοῦς **ἠκολούθησεν** αὐτῷ καὶ οἱ μαθηταὶ αὐτοῦ.	**Mk 5,24**	καὶ **ἀπῆλθεν** μετ' αὐτοῦ. καὶ ἠκολούθει αὐτῷ ὄχλος πολὺς καὶ συνέθλιβον αὐτόν.	**Lk 8,42**	**... ἐν δὲ τῷ ὑπάγειν** αὐτὸν οἱ ὄχλοι συνέπνιγον αὐτόν.	
120	**Mt 14,10**	καὶ πέμψας ἀπεκεφάλισεν [τὸν] Ἰωάννην ἐν τῇ φυλακῇ.	**Mk 6,27** → Mk 6,16 → Lk 9,9	καὶ εὐθὺς ἀποστείλας ὁ βασιλεὺς σπεκουλάτορα ἐπέταξεν ἐνέγκαι τὴν κεφαλὴν αὐτοῦ. καὶ **ἀπελθὼν** ἀπεκεφάλισεν αὐτὸν ἐν τῇ φυλακῇ			
b 121	**Mt 14,13**	ἀκούσας δὲ ὁ Ἰησοῦς **ἀνεχώρησεν** ἐκεῖθεν ἐν πλοίῳ εἰς ἔρημον τόπον κατ' ἰδίαν· ...	**Mk 6,32**	καὶ **ἀπῆλθον** ἐν τῷ πλοίῳ εἰς ἔρημον τόπον κατ' ἰδίαν.	**Lk 9,10**	... καὶ παραλαβὼν αὐτοὺς **ὑπεχώρησεν** κατ' ἰδίαν εἰς πόλιν καλουμένην Βηθσαϊδά.	
b 221	**Mt 14,15** ↓ Mt 14,16 → Mt 15,32	... ἀπόλυσον τοὺς ὄχλους, ἵνα **ἀπελθόντες** εἰς τὰς κώμας ἀγοράσωσιν ἑαυτοῖς βρώματα.	**Mk 6,36** ↓ Mk 6,37 → Mk 8,3	ἀπόλυσον αὐτούς, ἵνα **ἀπελθόντες** εἰς τοὺς κύκλῳ ἀγροὺς καὶ κώμας ἀγοράσωσιν ἑαυτοῖς τί φάγωσιν.	**Lk 9,12** ↓ Lk 9,13	... ἀπόλυσον τὸν ὄχλον, ἵνα **πορευθέντες** εἰς τὰς κύκλῳ κώμας καὶ ἀγροὺς καταλύσωσιν καὶ εὕρωσιν ἐπισιτισμόν, ...	
211 121	**Mt 14,16** ↑ Mt 14,15 → Mt 15,33	ὁ δὲ [Ἰησοῦς] εἶπεν αὐτοῖς· οὐ χρείαν ἔχουσιν **ἀπελθεῖν,** δότε αὐτοῖς ὑμεῖς φαγεῖν. [17] οἱ δὲ λέγουσιν αὐτῷ· οὐκ ἔχομεν ὧδε εἰ μὴ πέντε ἄρτους καὶ δύο ἰχθύας.	**Mk 6,37** ↑ Mk 6,36 → Mk 8,4	ὁ δὲ ἀποκριθεὶς εἶπεν αὐτοῖς· δότε αὐτοῖς ὑμεῖς φαγεῖν. καὶ λέγουσιν αὐτῷ· **ἀπελθόντες** ἀγοράσωμεν δηναρίων διακοσίων ἄρτους καὶ δώσομεν αὐτοῖς φαγεῖν; [38] ὁ δὲ λέγει αὐτοῖς· πόσους ἄρτους ἔχετε; ὑπάγετε ἴδετε. καὶ γνόντες λέγουσιν· πέντε, καὶ δύο ἰχθύας.	**Lk 9,13** ↑ Lk 9,12	εἶπεν δὲ πρὸς αὐτούς· δότε αὐτοῖς ὑμεῖς φαγεῖν. οἱ δὲ εἶπαν· οὐκ εἰσὶν ἡμῖν πλεῖον ἢ ἄρτοι πέντε καὶ ἰχθύες δύο, εἰ μήτι **πορευθέντες** ἡμεῖς ἀγοράσωμεν εἰς πάντα τὸν λαὸν τοῦτον βρώματα.	→ Jn 6,5 → Jn 6,7 → Jn 6,9
b 120	**Mt 14,23** → Mt 15,39 → Lk 9,18	καὶ ἀπολύσας τοὺς ὄχλους **ἀνέβη** εἰς τὸ ὄρος κατ' ἰδίαν προσεύξασθαι. ...	**Mk 6,46** → Mk 8,9 → Lk 9,18	καὶ ἀποταξάμενος αὐτοῖς **ἀπῆλθεν** εἰς τὸ ὄρος προσεύξασθαι.			→ Jn 6,15
b 120	**Mt 15,21**	καὶ ἐξελθὼν ἐκεῖθεν ὁ Ἰησοῦς **ἀνεχώρησεν** εἰς τὰ μέρη Τύρου καὶ Σιδῶνος.	**Mk 7,24**	ἐκεῖθεν δὲ ἀναστὰς **ἀπῆλθεν** εἰς τὰ ὅρια Τύρου. ...			

	Mt		Mk		Lk		
b 120	**Mt 15,28**	... καὶ ἰάθη ἡ θυγάτηρ αὐτῆς ἀπὸ τῆς ὥρας ἐκείνης.	**Mk 7,30** → Lk 7,10	καὶ **ἀπελθοῦσα** εἰς τὸν οἶκον αὐτῆς εὗρεν τὸ παιδίον βεβλημένον ἐπὶ τὴν κλίνην καὶ τὸ δαιμόνιον ἐξεληλυθός.			
b 220	**Mt 16,4**	... καὶ καταλιπὼν αὐτοὺς **ἀπῆλθεν.** [5] καὶ ἐλθόντες οἱ μαθηταὶ εἰς τὸ πέραν ...	**Mk 8,13**	καὶ ἀφεὶς αὐτοὺς πάλιν ἐμβὰς **ἀπῆλθεν** εἰς τὸ πέραν.			
b 211	**Mt 16,21** → Mt 20,18	ἀπὸ τότε ἤρξατο ὁ Ἰησοῦς δεικνύειν τοῖς μαθηταῖς αὐτοῦ ὅτι δεῖ αὐτὸν εἰς Ἱεροσόλυμα **ἀπελθεῖν** καὶ πολλὰ παθεῖν ...	**Mk 8,31** → Mk 10,33	καὶ ἤρξατο διδάσκειν αὐτοὺς ὅτι δεῖ τὸν υἱὸν τοῦ ἀνθρώπου πολλὰ παθεῖν ...	**Lk 9,22** → Lk 18,31	εἰπὼν ὅτι δεῖ τὸν υἱὸν τοῦ ἀνθρώπου πολλὰ παθεῖν ...	
b 120	**Mt 18,8** ⇧ Mt 5,30 → Mk 9,45	... καλόν σοί ἐστιν εἰσελθεῖν εἰς τὴν ζωὴν κυλλὸν ἢ χωλόν ἢ δύο χεῖρας ἢ δύο πόδας ἔχοντα **βληθῆναι** εἰς τὸ πῦρ τὸ αἰώνιον.	**Mk 9,43**	... καλόν ἐστίν σε κυλλὸν εἰσελθεῖν εἰς τὴν ζωὴν ἢ τὰς δύο χεῖρας ἔχοντα **ἀπελθεῖν** εἰς τὴν γέενναν, εἰς τὸ πῦρ τὸ ἄσβεστον.			
200	**Mt 18,30**	ὁ δὲ οὐκ ἤθελεν ἀλλὰ **ἀπελθὼν** ἔβαλεν αὐτὸν εἰς φυλακὴν ἕως ἀποδῷ τὸ ὀφειλόμενον.					
202	**Mt 8,19**	καὶ προσελθὼν εἷς γραμματεὺς εἶπεν αὐτῷ· διδάσκαλε, ἀκολουθήσω σοι ὅπου ἐὰν **ἀπέρχῃ.**			**Lk 9,57**	καὶ πορευομένων αὐτῶν ἐν τῇ ὁδῷ εἶπέν τις πρὸς αὐτόν· ἀκολουθήσω σοι ὅπου ἐὰν **ἀπέρχῃ.**	
202	**Mt 8,21**	ἕτερος δὲ τῶν μαθητῶν [αὐτοῦ] εἶπεν αὐτῷ· κύριε, ἐπίτρεψόν μοι πρῶτον **ἀπελθεῖν** καὶ θάψαι τὸν πατέρα μου.			**Lk 9,59** ↓ Mt 8,22	εἶπεν δὲ πρὸς ἕτερον· ἀκολούθει μοι. ὁ δὲ εἶπεν· [κύριε,] ἐπίτρεψόν μοι **ἀπελθόντι** πρῶτον θάψαι τὸν πατέρα μου.	
102	**Mt 8,22** ↑ Lk 9,59	... ἀκολούθει μοι, καὶ ἄφες τοὺς νεκροὺς θάψαι τοὺς ἑαυτῶν νεκρούς.			**Lk 9,60**	... ἄφες τοὺς νεκροὺς θάψαι τοὺς ἑαυτῶν νεκρούς, σὺ δὲ **ἀπελθὼν** διάγγελλε τὴν βασιλείαν τοῦ θεοῦ.	
002					**Lk 10,30**	... ἄνθρωπός τις κατέβαινεν ἀπὸ Ἰερουσαλὴμ εἰς Ἰεριχὼ καὶ λῃσταῖς περιέπεσεν, οἳ καὶ ἐκδύσαντες αὐτὸν καὶ πληγὰς ἐπιθέντες **ἀπῆλθον** ἀφέντες ἡμιθανῆ.	
102	**Mt 24,26** ⇨ Mt 24,23	ἐὰν οὖν εἴπωσιν ὑμῖν· ἰδοὺ ἐν τῇ ἐρήμῳ ἐστίν, **μὴ ἐξέλθητε·** ἰδοὺ ἐν τοῖς ταμείοις, μὴ πιστεύσητε·	**Mk 13,21** → Mt 24,5 → Mk 13,6 → Lk 21,8	καὶ τότε ἐάν τις ὑμῖν εἴπῃ· ἴδε ὧδε ὁ χριστός, ἴδε ἐκεῖ, μὴ πιστεύετε·	**Lk 17,23** → Lk 17,21	καὶ ἐροῦσιν ὑμῖν· ἰδοὺ ἐκεῖ, [ἤ·] ἰδοὺ ὧδε· **μὴ ἀπέλθητε** μηδὲ διώξητε.	→ GTh 113

221	Mt 19,22	ἀκούσας δὲ ὁ νεανίσκος τὸν λόγον **ἀπῆλθεν** λυπούμενος· ἦν γὰρ ἔχων κτήματα πολλά.	Mk 10,22	ὁ δὲ στυγνάσας ἐπὶ τῷ λόγῳ **ἀπῆλθεν** λυπούμενος· ἦν γὰρ ἔχων κτήματα πολλά.	Lk 18,23	ὁ δὲ ἀκούσας ταῦτα περίλυπος ἐγενήθη· ἦν γὰρ πλούσιος σφόδρα.	
200	Mt 20,5	[4] ... ὑπάγετε καὶ ὑμεῖς εἰς τὸν ἀμπελῶνα ... [5] οἱ δὲ **ἀπῆλθον.** πάλιν [δὲ] ἐξελθὼν περὶ ἕκτην καὶ ἐνάτην ὥραν ἐποίησεν ὡσαύτως.					
122	Mt 21,6 → Mk 11,6	**πορευθέντες** δὲ οἱ μαθηταὶ καὶ ποιήσαντες καθὼς συνέταξεν αὐτοῖς ὁ Ἰησοῦς	Mk 11,4	καὶ **ἀπῆλθον** καὶ εὗρον πῶλον δεδεμένον πρὸς θύραν ἔξω ἐπὶ τοῦ ἀμφόδου ...	Lk 19,32	**ἀπελθόντες** δὲ οἱ ἀπεσταλμένοι εὗρον καθὼς εἶπεν αὐτοῖς.	
200	Mt 21,29	ὁ δὲ ἀποκριθεὶς εἶπεν· οὐ θέλω, ὕστερον δὲ μεταμεληθεὶς **ἀπῆλθεν.**					
200	Mt 21,30	προσελθὼν δὲ τῷ ἑτέρῳ εἶπεν ὡσαύτως. ὁ δὲ ἀποκριθεὶς εἶπεν· ἐγώ, κύριε· καὶ **οὐκ ἀπῆλθεν.**					
121	Mt 21,46	[45] καὶ ἀκούσαντες οἱ ἀρχιερεῖς καὶ οἱ Φαρισαῖοι τὰς παραβολὰς αὐτοῦ ἔγνωσαν ὅτι περὶ αὐτῶν λέγει· [46] καὶ ζητοῦντες αὐτὸν κρατῆσαι ἐφοβήθησαν τοὺς ὄχλους, ἐπεὶ εἰς προφήτην αὐτὸν εἶχον.	Mk 12,12 ↓ Mt 22,22	καὶ ἐζήτουν αὐτὸν κρατῆσαι, καὶ ἐφοβήθησαν τὸν ὄχλον, ἔγνωσαν γὰρ ὅτι πρὸς αὐτοὺς τὴν παραβολὴν εἶπεν. καὶ ἀφέντες αὐτὸν **ἀπῆλθον.**	Lk 20,19	καὶ ἐζήτησαν οἱ γραμματεῖς καὶ οἱ ἀρχιερεῖς ἐπιβαλεῖν ἐπ᾿ αὐτὸν τὰς χεῖρας ἐν αὐτῇ τῇ ὥρᾳ, καὶ ἐφοβήθησαν τὸν λαόν, ἔγνωσαν γὰρ ὅτι πρὸς αὐτοὺς εἶπεν τὴν παραβολὴν ταύτην.	
b 201	Mt 22,5	οἱ δὲ ἀμελήσαντες **ἀπῆλθον,** ὃς μὲν εἰς τὸν ἴδιον ἀγρόν, ...			Lk 14,18	καὶ ἤρξαντο ἀπὸ μιᾶς πάντες παραιτεῖσθαι. ὁ πρῶτος εἶπεν αὐτῷ· ἀγρὸν ἠγόρασα καὶ ἔχω ἀνάγκην ἐξελθὼν ἰδεῖν αὐτόν· ἐρωτῶ σε, ἔχε με παρῃτημένον.	→ GTh 64
211	Mt 22,22 ↑ Mk 12,12	καὶ ἀκούσαντες ἐθαύμασαν, καὶ ἀφέντες αὐτὸν **ἀπῆλθαν.**	Mk 12,17	... καὶ ἐξεθαύμαζον ἐπ᾿ αὐτῷ.	Lk 20,26	... καὶ θαυμάσαντες ἐπὶ τῇ ἀποκρίσει αὐτοῦ ἐσίγησαν.	
200	Mt 25,10	**ἀπερχομένων** δὲ αὐτῶν ἀγοράσαι ἦλθεν ὁ νυμφίος, καὶ αἱ ἕτοιμοι εἰσῆλθον μετ᾿ αὐτοῦ εἰς τοὺς γάμους καὶ ἐκλείσθη ἡ θύρα.			Lk 13,25	ἀφ᾿ οὗ ἂν ἐγερθῇ ὁ οἰκοδεσπότης καὶ ἀποκλείσῃ τὴν θύραν ...	
200	Mt 25,18 ↓ Lk 19,20	ὁ δὲ τὸ ἓν λαβὼν **ἀπελθὼν** ὤρυξεν γῆν καὶ ἔκρυψεν τὸ ἀργύριον τοῦ κυρίου αὐτοῦ.					

201	Mt 25,25	καὶ φοβηθεὶς **ἀπελθὼν** ἔκρυψα τὸ τάλαντόν σου ἐν τῇ γῇ· ἴδε ἔχεις τὸ σόν.			Lk 19,20 ↑ Mt 25,18	... κύριε, ἰδοὺ ἡ μνᾶ σου ἣν εἶχον ἀποκειμένην ἐν σουδαρίῳ·	
b 200	Mt 25,46 → Mt 13,42-43 → Mt 13,50	καὶ **ἀπελεύσονται** οὗτοι εἰς κόλασιν αἰώνιον, οἱ δὲ δίκαιοι εἰς ζωὴν αἰώνιον.					
b 122	Mt 26,14	τότε **πορευθεὶς** εἷς τῶν δώδεκα, ὁ λεγόμενος Ἰούδας Ἰσκαριώτης, πρὸς τοὺς ἀρχιερεῖς	Mk 14,10	καὶ Ἰούδας Ἰσκαριὼθ ὁ εἷς τῶν δώδεκα **ἀπῆλθεν** πρὸς τοὺς ἀρχιερεῖς ...	Lk 22,4	[3] εἰσῆλθεν δὲ σατανᾶς εἰς Ἰούδαν τὸν καλούμενον Ἰσκαριώτην, ὄντα ἐκ τοῦ ἀριθμοῦ τῶν δώδεκα· [4] καὶ **ἀπελθὼν** συνελάλησεν τοῖς ἀρχιερεῦσιν καὶ στρατηγοῖς ...	
121	Mt 26,17	τῇ δὲ πρώτῃ τῶν ἀζύμων προσῆλθον οἱ μαθηταὶ τῷ Ἰησοῦ λέγοντες· ποῦ θέλεις ἑτοιμάσωμέν σοι φαγεῖν τὸ πάσχα;	Mk 14,12	καὶ τῇ πρώτῃ ἡμέρᾳ τῶν ἀζύμων, ὅτε τὸ πάσχα ἔθυον, λέγουσιν αὐτῷ οἱ μαθηταὶ αὐτοῦ· ποῦ θέλεις **ἀπελθόντες** ἑτοιμάσωμεν ἵνα φάγῃς τὸ πάσχα;	Lk 22,9	[7] ἦλθεν δὲ ἡ ἡμέρα τῶν ἀζύμων, [ἐν] ᾗ ἔδει θύεσθαι τὸ πάσχα· [8] ... [9] οἱ δὲ εἶπαν αὐτῷ· ποῦ θέλεις ἑτοιμάσωμεν;	
112	Mt 26,19	καὶ **ἐποίησαν** οἱ μαθηταὶ ὡς συνέταξεν αὐτοῖς ὁ Ἰησοῦς καὶ ἡτοίμασαν τὸ πάσχα.	Mk 14,16	καὶ **ἐξῆλθον** οἱ μαθηταὶ καὶ ἦλθον εἰς τὴν πόλιν καὶ εὗρον καθὼς εἶπεν αὐτοῖς καὶ ἡτοίμασαν τὸ πάσχα.	Lk 22,13	**ἀπελθόντες** δὲ εὗρον καθὼς εἰρήκει αὐτοῖς καὶ ἡτοίμασαν τὸ πάσχα.	
211	Mt 26,36	τότε ἔρχεται μετ᾽ αὐτῶν ὁ Ἰησοῦς εἰς χωρίον λεγόμενον Γεθσημανὶ καὶ λέγει τοῖς μαθηταῖς· καθίσατε αὐτοῦ ἕως [οὗ] **ἀπελθὼν** ἐκεῖ προσεύξωμαι.	Mk 14,32	καὶ ἔρχονται εἰς χωρίον οὗ τὸ ὄνομα Γεθσημανὶ καὶ λέγει τοῖς μαθηταῖς αὐτοῦ· καθίσατε ὧδε ἕως προσεύξωμαι.	Lk 22,40 → Mt 26,41 → Mk 14,38 → Lk 22,46	[39] καὶ ἐξελθὼν ἐπορεύθη κατὰ τὸ ἔθος εἰς τὸ ὄρος τῶν ἐλαιῶν, ἠκολούθησαν δὲ αὐτῷ καὶ οἱ μαθηταί. [40] γενόμενος δὲ ἐπὶ τοῦ τόπου εἶπεν αὐτοῖς· προσεύχεσθε μὴ εἰσελθεῖν εἰς πειρασμόν.	
220	Mt 26,42	πάλιν ἐκ δευτέρου **ἀπελθὼν** προσηύξατο λέγων· ...	Mk 14,39	καὶ πάλιν **ἀπελθὼν** προσηύξατο τὸν αὐτὸν λόγον εἰπών.			
210	Mt 26,44	καὶ ἀφεὶς αὐτοὺς πάλιν **ἀπελθὼν** προσηύξατο ἐκ τρίτου τὸν αὐτὸν λόγον εἰπὼν πάλιν. [45] τότε ἔρχεται πρὸς τοὺς μαθητὰς καὶ λέγει αὐτοῖς· ...	Mk 14,41	καὶ ἔρχεται τὸ τρίτον καὶ λέγει αὐτοῖς· ...			
200	Mt 27,5	καὶ ῥίψας τὰ ἀργύρια εἰς τὸν ναὸν ἀνεχώρησεν, καὶ **ἀπελθὼν** ἀπήγξατο.					→ Acts 1,18

code	Mt	Mk	Lk	Jn
211	**Mt 27,60** καὶ ἔθηκεν αὐτὸ ἐν τῷ καινῷ αὐτοῦ μνημείῳ ὃ ἐλατόμησεν ἐν τῇ πέτρᾳ καὶ προσκυλίσας λίθον μέγαν τῇ θύρᾳ τοῦ μνημείου **ἀπῆλθεν.**	**Mk 15,46** ... καὶ ἔθηκεν αὐτὸν ἐν μνημείῳ ὃ ἦν λελατομημένον ἐκ πέτρας καὶ προσεκύλισεν λίθον ἐπὶ τὴν θύραν τοῦ μνημείου.	**Lk 23,53** ... καὶ ἔθηκεν αὐτὸν ἐν μνήματι λαξευτῷ οὗ οὐκ ἦν οὐδεὶς οὔπω κείμενος.	→ Jn 19,41
a 211	**Mt 28,8** καὶ **ἀπελθοῦσαι** ταχὺ ἀπὸ τοῦ μνημείου μετὰ φόβου καὶ χαρᾶς μεγάλης ...	**Mk 16,8** καὶ **ἐξελθοῦσαι** ἔφυγον ἀπὸ τοῦ μνημείου, εἶχεν γὰρ αὐτὰς τρόμος καὶ ἔκστασις· καὶ οὐδενὶ οὐδὲν εἶπαν· ἐφοβοῦντο γάρ.	**Lk 24,9** καὶ **ὑποστρέψασαι** ἀπὸ τοῦ μνημείου ...	→ Jn 20,2.18
b 200	**Mt 28,10** → Mt 28,7 → Mk 16,7 → Mt 28,16 ... ὑπάγετε ἀπαγγείλατε τοῖς ἀδελφοῖς μου ἵνα **ἀπέλθωσιν** εἰς τὴν Γαλιλαίαν, κἀκεῖ με ὄψονται.			→ Jn 20,17
b 002			**Lk 24,12** ↓ Lk 24,24 ... καὶ παρακύψας βλέπει τὰ ὀθόνια μόνα, καὶ **ἀπῆλθεν** πρὸς ἑαυτὸν θαυμάζων τὸ γεγονός.	→ **Jn 20,10**
b 002			**Lk 24,24** ↑ Lk 24,12 καὶ **ἀπῆλθόν** τινες τῶν σὺν ἡμῖν ἐπὶ τὸ μνημεῖον, ...	

a **Acts 4,15** κελεύσαντες δὲ αὐτοὺς ἔξω τοῦ συνεδρίου **ἀπελθεῖν** συνέβαλλον πρὸς ἀλλήλους

Acts 5,26 τότε **ἀπελθὼν** ὁ στρατηγὸς σὺν τοῖς ὑπηρέταις ἦγεν αὐτούς ...

Acts 9,17 **ἀπῆλθεν** δὲ Ἁνανίας καὶ εἰσῆλθεν εἰς τὴν οἰκίαν καὶ ἐπιθεὶς ἐπ' αὐτὸν τὰς χεῖρας εἶπεν· ...

Acts 10,7 ὡς δὲ **ἀπῆλθεν** ὁ ἄγγελος ὁ λαλῶν αὐτῷ, φωνήσας δύο τῶν οἰκετῶν ...

a **Acts 16,39** καὶ ἐλθόντες παρεκάλεσαν αὐτοὺς καὶ ἐξαγαγόντες ἠρώτων **ἀπελθεῖν** ἀπὸ τῆς πόλεως.

Acts 23,32 τῇ δὲ ἐπαύριον ἐάσαντες τοὺς ἱππεῖς **ἀπέρχεσθαι** σὺν αὐτῷ ὑπέστρεψαν εἰς τὴν παρεμβολήν·

ἀπέχω

Syn 11	Mt 5	Mk 2	Lk 4	Acts 2	Jn	1-3John	Paul 4	Eph	Col
NT 19	2Thess	1/2Tim 1	Tit	Heb	Jas	1Pet 1	2Pet	Jude	Rev

transitive: receive in full; have back; *intransitive:* be distant; *middle:* abstain from; avoid; keep free (from something); *impersonal:* enough (Mk 14,41 NRSV)

	triple tradition																	double tradition			Sondergut		
		+Mt / +Lk			–Mt / –Lk			traditions not taken over by Mt / Lk							subtotals								
code	222	211	112	212	221	122	121	022	012	021	220	120	210	020	Σ^+	Σ^-	Σ	202	201	102	200	002	total
Mt											1	1^-	1^+		1^+	1^-	2				3		**5**
Mk											1	1					2						**2**
Lk																						4	**4**

002			**Lk 6,24** πλὴν οὐαὶ ὑμῖν τοῖς πλουσίοις, ὅτι **ἀπέχετε** τὴν παράκλησιν ὑμῶν.	

	Mt		Mk		Lk		
200	**Mt 6,2**	ὅταν οὖν ποιῇς ἐλεημοσύνην, μὴ σαλπίσῃς ἔμπροσθέν σου, ὥσπερ οἱ ὑποκριταὶ ποιοῦσιν ἐν ταῖς συναγωγαῖς καὶ ἐν ταῖς ῥύμαις, ὅπως δοξασθῶσιν ὑπὸ τῶν ἀνθρώπων· ἀμὴν λέγω ὑμῖν, **ἀπέχουσιν** τὸν μισθὸν αὐτῶν.					→ GTh 6,1 (POxy 654)
200	**Mt 6,5**	καὶ ὅταν προσεύχησθε, οὐκ ἔσεσθε ὡς οἱ ὑποκριταί, ὅτι φιλοῦσιν ἐν ταῖς συναγωγαῖς καὶ ἐν ταῖς γωνίαις τῶν πλατειῶν ἑστῶτες προσεύχεσθαι, ὅπως φανῶσιν τοῖς ἀνθρώποις· ἀμὴν λέγω ὑμῖν, **ἀπέχουσιν** τὸν μισθὸν αὐτῶν.					→ GTh 6,1 (POxy 654)
200	**Mt 6,16**	ὅταν δὲ νηστεύητε, μὴ γίνεσθε ὡς οἱ ὑποκριταὶ σκυθρωποί, ἀφανίζουσιν γὰρ τὰ πρόσωπα αὐτῶν ὅπως φανῶσιν τοῖς ἀνθρώποις νηστεύοντες· ἀμὴν λέγω ὑμῖν, **ἀπέχουσιν** τὸν μισθὸν αὐτῶν.					→ GTh 6,1 (POxy 654) → GTh 27 (POxy 1)
002					**Lk 7,6** → Mt 8,7 → Mk 5,35 → Lk 8,49	... ἤδη δὲ αὐτοῦ οὐ μακρὰν **ἀπέχοντος** ἀπὸ τῆς οἰκίας ἔπεμψεν φίλους ...	
210	**Mt 14,24**	τὸ δὲ πλοῖον ἤδη σταδίους πολλοὺς ἀπὸ τῆς γῆς **ἀπεῖχεν** βασανιζόμενον ὑπὸ τῶν κυμάτων, ἦν γὰρ ἐναντίος ὁ ἄνεμος.	**Mk 6,48**	[47] καὶ ὀψίας γενομένης ἦν τὸ πλοῖον ἐν μέσῳ τῆς θαλάσσης, ... [48] καὶ ἰδὼν αὐτοὺς βασανιζομένους ἐν τῷ ἐλαύνειν, ἦν γὰρ ὁ ἄνεμος ἐναντίος αὐτοῖς, ...			→ Jn 6,18
220	**Mt 15,8**	*ὁ λαὸς οὗτος τοῖς χείλεσίν με τιμᾷ, ἡ δὲ καρδία αὐτῶν πόρρω* ***ἀπέχει*** *ἀπ᾽ ἐμοῦ·* ➤ Isa 29,13 LXX	**Mk 7,6**	... *οὗτος ὁ λαὸς τοῖς χείλεσίν με τιμᾷ, ἡ δὲ καρδία αὐτῶν πόρρω* ***ἀπέχει*** *ἀπ᾽ ἐμοῦ·* ➤ Isa 29,13 LXX			
002					**Lk 15,20**	... ἔτι δὲ αὐτοῦ μακρὰν **ἀπέχοντος** εἶδεν αὐτὸν ὁ πατὴρ αὐτοῦ καὶ ἐσπλαγχνίσθη ...	
120	**Mt 26,45** → Lk 22,53	... καθεύδετε [τὸ] λοιπὸν καὶ ἀναπαύεσθε· ἰδοὺ ἤγγικεν ἡ ὥρα καὶ ὁ υἱὸς τοῦ ἀνθρώπου παραδίδοται εἰς χεῖρας ἁμαρτωλῶν.	**Mk 14,41** → Lk 22,53	... καθεύδετε τὸ λοιπὸν καὶ ἀναπαύεσθε· **ἀπέχει·** ἦλθεν ἡ ὥρα, ἰδοὺ παραδίδοται ὁ υἱὸς τοῦ ἀνθρώπου εἰς τὰς χεῖρας τῶν ἁμαρτωλῶν.			→ Jn 12,23 → Jn 12,27

	Mt	Mk	Lk	
002			**Lk 24,13** καὶ ἰδοὺ δύο ἐξ αὐτῶν ἐν αὐτῇ τῇ ἡμέρᾳ ἦσαν πορευόμενοι εἰς κώμην **ἀπέχουσαν** σταδίους ἑξήκοντα ἀπὸ Ἰερουσαλήμ, ᾗ ὄνομα Ἐμμαοῦς	

Acts 15,20	Acts 15,29
ἀλλὰ ἐπιστεῖλαι αὐτοῖς **τοῦ ἀπέχεσθαι** τῶν ἀλισγημάτων τῶν εἰδώλων καὶ τῆς πορνείας καὶ τοῦ πνικτοῦ καὶ τοῦ αἵματος.	**ἀπέχεσθαι** εἰδωλοθύτων καὶ αἵματος καὶ πνικτῶν καὶ πορνείας, ...

ἀπιστέω

Syn	Mt	Mk	Lk	Acts	Jn	1-3John	Paul	Eph	Col
2			2	1			1		
NT	**2Thess**	**1/2Tim**	**Tit**	**Heb**	**Jas**	**1Pet**	**2Pet**	**Jude**	**Rev**
6		1				1			

fail or refuse to believe; prove or be unfaithful

	Mt	Mk	Lk	
002			**Lk 24,11** καὶ ἐφάνησαν ἐνώπιον αὐτῶν ὡσεὶ λῆρος τὰ ῥήματα ταῦτα, καὶ **ἠπίστουν** αὐταῖς.	
002			**Lk 24,41** ἔτι δὲ **ἀπιστούντων αὐτῶν** ἀπὸ τῆς χαρᾶς καὶ θαυμαζόντων εἶπεν αὐτοῖς· ἔχετέ τι βρώσιμον ἐνθάδε;	→ Jn 20,20.27 → Jn 21,5

Acts 28,24 καὶ οἱ μὲν ἐπείθοντο τοῖς λεγομένοις, οἱ δὲ **ἠπίστουν**·

ἀπιστία

Syn	Mt	Mk	Lk	Acts	Jn	1-3John	Paul	Eph	Col
3	1	2					4		
NT	**2Thess**	**1/2Tim**	**Tit**	**Heb**	**Jas**	**1Pet**	**2Pet**	**Jude**	**Rev**
10		1		2					

unbelief; unfaithfulness

	Mt	Mk	Lk	
220	**Mt 13,58** καὶ οὐκ ἐποίησεν ἐκεῖ δυνάμεις πολλὰς **διὰ τὴν ἀπιστίαν αὐτῶν.**	**Mk 6,6** [5] καὶ οὐκ ἐδύνατο ἐκεῖ ποιῆσαι οὐδεμίαν δύναμιν, εἰ μὴ ὀλίγοις ἀρρώστοις ἐπιθεὶς τὰς χεῖρας ἐθεράπευσεν· [6] καὶ ἐθαύμαζεν **διὰ τὴν ἀπιστίαν αὐτῶν.** ...	**Lk 4,28** → Lk 6,11 καὶ ἐπλήσθησαν πάντες **θυμοῦ** ἐν τῇ συναγωγῇ ἀκούοντες ταῦτα	
020		**Mk 9,24** εὐθὺς κράξας ὁ πατὴρ τοῦ παιδίου ἔλεγεν· πιστεύω· βοήθει **μου τῇ ἀπιστίᾳ.**		

ἄπιστος	Syn 4	Mt 1	Mk 1	Lk 2	Acts 1	Jn 1	1-3John	Paul 14	Eph	Col
	NT 23	2Thess	1/2Tim 1	Tit 1	Heb	Jas	1Pet	2Pet	Jude	Rev 1

unfaithful; unbelieving

222	Mt 17,17	ἀποκριθεὶς δὲ ὁ Ἰησοῦς εἶπεν· **ὦ γενεὰ ἄπιστος καὶ διεστραμμένη,** ἕως πότε μεθ' ὑμῶν ἔσομαι; ἕως πότε ἀνέξομαι ὑμῶν; ...	Mk 9,19	ὁ δὲ ἀποκριθεὶς αὐτοῖς λέγει· **ὦ γενεὰ ἄπιστος,** ἕως πότε πρὸς ὑμᾶς ἔσομαι; ἕως πότε ἀνέξομαι ὑμῶν; ...	Lk 9,41	ἀποκριθεὶς δὲ ὁ Ἰησοῦς εἶπεν· **ὦ γενεὰ ἄπιστος καὶ διεστραμμένη,** ἕως πότε ἔσομαι πρὸς ὑμᾶς καὶ ἀνέξομαι ὑμῶν; ...	
102	Mt 24,51	καὶ διχοτομήσει αὐτὸν καὶ τὸ μέρος αὐτοῦ **μετὰ τῶν ὑποκριτῶν** θήσει· ἐκεῖ ἔσται ὁ κλαυθμὸς καὶ ὁ βρυγμὸς τῶν ὀδόντων.			Lk 12,46	... καὶ διχοτομήσει αὐτὸν καὶ τὸ μέρος αὐτοῦ **μετὰ τῶν ἀπίστων** θήσει.	

Acts 26,8 τί **ἄπιστον** κρίνεται παρ' ὑμῖν εἰ ὁ θεὸς νεκροὺς ἐγείρει;

ἁπλοῦς	Syn 2	Mt 1	Mk	Lk 1	Acts	Jn	1-3John	Paul	Eph	Col
	NT 2	2Thess	1/2Tim	Tit	Heb	Jas	1Pet	2Pet	Jude	Rev

sound; healthy; generous

202	Mt 6,22	ὁ λύχνος τοῦ σώματός ἐστιν ὁ ὀφθαλμός. ἐὰν οὖν ᾖ ὁ ὀφθαλμός σου **ἁπλοῦς,** ὅλον τὸ σῶμά σου φωτεινὸν ἔσται·			Lk 11,34	ὁ λύχνος τοῦ σώματός ἐστιν ὁ ὀφθαλμός σου. ὅταν ὁ ὀφθαλμός σου **ἁπλοῦς** ᾖ, καὶ ὅλον τὸ σῶμά σου φωτεινόν ἐστιν· ...	→ GTh 24 (POxy 655)

ἀπό	Syn 287	Mt 115	Mk 47	Lk 125	Acts 114	Jn 40	1-3John 22	Paul 72	Eph 4	Col 9
	NT 643	2Thess 8	1/2Tim 10	Tit 2	Heb 23	Jas 6	1Pet 5	2Pet 3	Jude 2	Rev 36

preposition with genitive: from; away from; by means of; of; because of; as a result of; since; ever since; about; for; with

	triple tradition																	double tradition			Sondergut		
		+Mt / +Lk			–Mt / –Lk			traditions not taken over by Mt / Lk							subtotals								
code	*222*	*211*	*112*	*212*	*221*	*122*	*121*	*022*	*012*	*021*	*220*	*120*	*210*	*020*	Σ⁺	Σ⁻	Σ	*202*	*201*	*102*	*200*	*002*	total
Mt	8	16^+		4^+	10	5^-	7^-				6	6^-	13^+		33^+	18^-	57	12	10		36		**115**
Mk	8				10	5	7			2	6	6		3			47						**47**
Lk	8		26^+	4^+	10^-	5	7^-		10^+	2^-					40^+	19^-	53	12		10		50	**125**

Mk-Q overlap: 211: Mt 3,16 / Mk 1,10 / Lk 3,21 (?)

[a] ἀπ' ἄρτι
[b] ἀπὸ μακρόθεν
[c] ἀπὸ τότε
[d] ἀπὸ τοῦ νῦν

002					Lk 1,2	καθὼς παρέδοσαν ἡμῖν οἱ **ἀπ' ἀρχῆς** αὐτόπται καὶ ὑπηρέται γενόμενοι τοῦ λόγου	

	Mt		Mk	Lk		
200 200 200	**Mt 1,17** (3)	πᾶσαι οὖν αἱ γενεαὶ **ἀπὸ Ἀβραὰμ** ἕως Δαυὶδ γενεαὶ δεκατέσσαρες, καὶ **ἀπὸ Δαυὶδ** ἕως τῆς μετοικεσίας Βαβυλῶνος γενεαὶ δεκατέσσαρες, καὶ **ἀπὸ τῆς μετοικεσίας Βαβυλῶνος** ἕως τοῦ Χριστοῦ γενεαὶ δεκατέσσαρες.				
002				**Lk 1,26**	ἐν δὲ τῷ μηνὶ τῷ ἕκτῳ ἀπεστάλη ὁ ἄγγελος Γαβριὴλ **ἀπὸ τοῦ θεοῦ** εἰς πόλιν τῆς Γαλιλαίας ᾗ ὄνομα Ναζαρὲθ	
002				**Lk 1,38**	εἶπεν δὲ Μαριάμ· ἰδοὺ ἡ δούλη κυρίου· γένοιτό μοι κατὰ τὸ ῥῆμά σου. καὶ ἀπῆλθεν **ἀπ' αὐτῆς** ὁ ἄγγελος.	
200	**Mt 1,21** → Lk 1,31	τέξεται δὲ υἱόν, καὶ καλέσεις τὸ ὄνομα αὐτοῦ Ἰησοῦν· αὐτὸς γὰρ σώσει τὸν λαὸν αὐτοῦ **ἀπὸ τῶν ἁμαρτιῶν αὐτῶν.**				
200	**Mt 1,24**	ἐγερθεὶς δὲ ὁ Ἰωσὴφ **ἀπὸ τοῦ ὕπνου** ἐποίησεν ὡς προσέταξεν αὐτῷ ὁ ἄγγελος κυρίου ...				
d 002				**Lk 1,48** → Lk 1,45 → Lk 11,27	... ἰδοὺ γὰρ **ἀπὸ τοῦ νῦν** μακαριοῦσίν με πᾶσαι αἱ γενεαί	
002				**Lk 1,52**	καθεῖλεν δυνάστας **ἀπὸ θρόνων** καὶ ὕψωσεν ταπεινούς	
002				**Lk 1,70**	καθὼς ἐλάλησεν διὰ στόματος τῶν ἁγίων **ἀπ' αἰῶνος** προφητῶν αὐτοῦ	→ Acts 3,21
002				**Lk 2,4**	ἀνέβη δὲ καὶ Ἰωσὴφ **ἀπὸ τῆς Γαλιλαίας** ἐκ πόλεως Ναζαρὲθ εἰς τὴν Ἰουδαίαν εἰς πόλιν Δαυὶδ ἥτις καλεῖται Βηθλέεμ, ...	
002				**Lk 2,15**	καὶ ἐγένετο ὡς ἀπῆλθον **ἀπ' αὐτῶν** εἰς τὸν οὐρανὸν οἱ ἄγγελοι, οἱ ποιμένες ἐλάλουν πρὸς ἀλλήλους· ...	

200	Mt 2,1	... ἰδοὺ μάγοι **ἀπὸ ἀνατολῶν** παρεγένοντο εἰς Ἱεροσόλυμα					
200	Mt 2,16	... ἀποστείλας ἀνεῖλεν πάντας τοὺς παῖδας τοὺς ἐν Βηθλέεμ καὶ ἐν πᾶσι τοῖς ὁρίοις αὐτῆς **ἀπὸ διετοῦς** καὶ κατωτέρω, κατὰ τὸν χρόνον ὃν ἠκρίβωσεν παρὰ τῶν μάγων.					
002					Lk 2,36	καὶ ἦν Ἅννα προφῆτις ... ζήσασα μετὰ ἀνδρὸς ἔτη ἑπτὰ **ἀπὸ τῆς παρθενίας αὐτῆς**	
210	Mt 3,4	αὐτὸς δὲ ὁ Ἰωάννης εἶχεν τὸ ἔνδυμα αὐτοῦ **ἀπὸ τριχῶν καμήλου** καὶ ζώνην δερματίνην περὶ τὴν ὀσφὺν αὐτοῦ, ...	Mk 1,6	καὶ ἦν ὁ Ἰωάννης ἐνδεδυμένος **τρίχας καμήλου** καὶ ζώνην δερματίνην περὶ τὴν ὀσφὺν αὐτοῦ, ...			
202	Mt 3,7 → Mt 12,34 ↓ Mt 23,33	... γεννήματα ἐχιδνῶν, τίς ὑπέδειξεν ὑμῖν φυγεῖν **ἀπὸ τῆς μελλούσης ὀργῆς;**			Lk 3,7	... γεννήματα ἐχιδνῶν, τίς ὑπέδειξεν ὑμῖν φυγεῖν **ἀπὸ τῆς μελλούσης ὀργῆς;**	
221	Mt 3,13	τότε παραγίνεται ὁ Ἰησοῦς **ἀπὸ** **τῆς Γαλιλαίας** ἐπὶ τὸν Ἰορδάνην πρὸς τὸν Ἰωάννην τοῦ βαπτισθῆναι ὑπ᾽ αὐτοῦ.	Mk 1,9	καὶ ἐγένετο ἐν ἐκείναις ταῖς ἡμέραις ἦλθεν Ἰησοῦς **ἀπὸ Ναζαρὲτ** **τῆς Γαλιλαίας** καὶ ἐβαπτίσθη εἰς τὸν Ἰορδάνην ὑπὸ Ἰωάννου.	Lk 3,21	ἐγένετο δὲ ἐν τῷ βαπτισθῆναι ἅπαντα τὸν λαὸν καὶ Ἰησοῦ βαπτισθέντος	
211	Mt 3,16	βαπτισθεὶς δὲ ὁ Ἰησοῦς εὐθὺς ἀνέβη **ἀπὸ τοῦ ὕδατος·** καὶ ἰδοὺ ἠνεῴχθησαν [αὐτῷ] οἱ οὐρανοί, ...	Mk 1,10	καὶ εὐθὺς ἀναβαίνων **ἐκ τοῦ ὕδατος** εἶδεν σχιζομένους τοὺς οὐρανοὺς ...		καὶ προσευχομένου ἀνεῳχθῆναι τὸν οὐρανὸν	Mk-Q overlap?
102	Mt 4,1	τότε ὁ Ἰησοῦς ἀνήχθη εἰς τὴν ἔρημον ὑπὸ τοῦ πνεύματος ...	Mk 1,12	καὶ εὐθὺς τὸ πνεῦμα αὐτὸν ἐκβάλλει εἰς τὴν ἔρημον.	Lk 4,1	Ἰησοῦς δὲ πλήρης πνεύματος ἁγίου ὑπέστρεψεν **ἀπὸ τοῦ Ἰορδάνου** καὶ ἤγετο ἐν τῷ πνεύματι ἐν τῇ ἐρήμῳ	Mk-Q overlap
102	Mt 4,11	τότε ἀφίησιν **αὐτὸν** ὁ διάβολος, καὶ ἰδοὺ ἄγγελοι προσῆλθον καὶ διηκόνουν αὐτῷ.	Mk 1,13	... πειραζόμενος ὑπὸ τοῦ σατανᾶ, καὶ ἦν μετὰ τῶν θηρίων, καὶ οἱ ἄγγελοι διηκόνουν αὐτῷ.	Lk 4,13	καὶ συντελέσας πάντα πειρασμὸν ὁ διάβολος ἀπέστη **ἀπ᾽ αὐτοῦ** ἄχρι καιροῦ.	Mk-Q overlap
c 211	Mt 4,17 → Mt 4,23 → Mt 9,35	[12] ἀκούσας δὲ ὅτι Ἰωάννης παρεδόθη ἀνεχώρησεν εἰς τὴν Γαλιλαίαν. [13] ... [17] **ἀπὸ τότε** ἤρξατο ὁ Ἰησοῦς κηρύσσειν ...	Mk 1,14 → Mk 1,39 → Mk 6,6	μετὰ δὲ τὸ παραδοθῆναι τὸν Ἰωάννην ἦλθεν ὁ Ἰησοῦς εἰς τὴν Γαλιλαίαν κηρύσσων τὸ εὐαγγέλιον τοῦ θεοῦ	Lk 4,15 → Lk 4,44 → Lk 8,1	[14] καὶ ὑπέστρεψεν ὁ Ἰησοῦς ἐν τῇ δυνάμει τοῦ πνεύματος εἰς τὴν Γαλιλαίαν. ... [15] καὶ αὐτὸς ἐδίδασκεν ἐν ταῖς συναγωγαῖς αὐτῶν ...	

012			Mk 1,25	καὶ ἐπετίμησεν αὐτῷ ὁ Ἰησοῦς λέγων· φιμώθητι καὶ ἔξελθε **ἐξ αὐτοῦ.**	Lk 4,35 (2)	καὶ ἐπετίμησεν αὐτῷ ὁ Ἰησοῦς λέγων· φιμώθητι καὶ ἔξελθε **ἀπ᾽ αὐτοῦ.**	
012			Mk 1,26	καὶ σπαράξαν αὐτὸν τὸ πνεῦμα τὸ ἀκάθαρτον καὶ φωνῆσαν φωνῇ μεγάλῃ ἐξῆλθεν **ἐξ αὐτοῦ.**		καὶ ῥίψαν αὐτὸν τὸ δαιμόνιον εἰς τὸ μέσον ἐξῆλθεν **ἀπ᾽ αὐτοῦ** μηδὲν βλάψαν αὐτόν.	
112	Mt 8,14	καὶ ἐλθὼν ὁ Ἰησοῦς εἰς τὴν οἰκίαν Πέτρου ...	Mk 1,29	καὶ εὐθὺς **ἐκ τῆς συναγωγῆς** ἐξελθόντες ἦλθον εἰς τὴν οἰκίαν Σίμωνος καὶ Ἀνδρέου μετὰ Ἰακώβου καὶ Ἰωάννου.	Lk 4,38	ἀναστὰς δὲ **ἀπὸ τῆς συναγωγῆς** εἰσῆλθεν εἰς τὴν οἰκίαν Σίμωνος. ...	
112	Mt 8,16 ⇨ Mt 4,24	... καὶ ἐξέβαλεν τὰ πνεύματα λόγῳ καὶ πάντας τοὺς κακῶς ἔχοντας ἐθεράπευσεν	Mk 1,34	καὶ ἐθεράπευσεν πολλοὺς κακῶς ἔχοντας ποικίλαις νόσοις καὶ δαιμόνια πολλὰ ἐξέβαλεν, ...	Lk 4,41 ↓ Lk 6,18	[40] ... ἐθεράπευεν αὐτούς. [41] ἐξήρχετο δὲ καὶ δαιμόνια **ἀπὸ πολλῶν** κρ[αυγ]άζοντα καὶ λέγοντα ὅτι σὺ εἶ ὁ υἱὸς τοῦ θεοῦ. καὶ ἐπιτιμῶν οὐκ εἴα αὐτὰ λαλεῖν, ὅτι ᾔδεισαν τὸν χριστὸν αὐτὸν εἶναι.	
012			Mk 1,37	καὶ εὗρον αὐτὸν καὶ λέγουσιν αὐτῷ ὅτι πάντες ζητοῦσίν σε.	Lk 4,42	... καὶ κατεῖχον αὐτὸν τοῦ μὴ πορεύεσθαι **ἀπ᾽ αὐτῶν.**	
002	Mt 4,18	... εἶδεν δύο ἀδελφούς, Σίμωνα τὸν λεγόμενον Πέτρον καὶ Ἀνδρέαν τὸν ἀδελφὸν αὐτοῦ, βάλλοντας ἀμφίβληστρον εἰς τὴν θάλασσαν· ἦσαν γὰρ ἁλιεῖς.	Mk 1,16	... εἶδεν Σίμωνα καὶ Ἀνδρέαν τὸν ἀδελφὸν Σίμωνος ἀμφιβάλλοντας ἐν τῇ θαλάσσῃ· ἦσαν γὰρ ἁλιεῖς.	Lk 5,2 → Mt 4,21 → Mk 1,19	καὶ εἶδεν δύο πλοῖα ἑστῶτα παρὰ τὴν λίμνην· οἱ δὲ ἁλιεῖς **ἀπ᾽ αὐτῶν** ἀποβάντες ἔπλυνον τὰ δίκτυα.	→ Jn 1,40-42
002	Mt 13,2	 καὶ συνήχθησαν πρὸς αὐτὸν ὄχλοι πολλοί, ὥστε αὐτὸν εἰς πλοῖον ἐμβάντα καθῆσθαι, καὶ πᾶς ὁ ὄχλος ἐπὶ τὸν αἰγιαλὸν εἱστήκει.	Mk 4,1 → Mk 3,9	 καὶ πάλιν ἤρξατο διδάσκειν παρὰ τὴν θάλασσαν· καὶ συνάγεται πρὸς αὐτὸν ὄχλος πλεῖστος, ὥστε αὐτὸν εἰς πλοῖον ἐμβάντα καθῆσθαι ἐν τῇ θαλάσσῃ, καὶ πᾶς ὁ ὄχλος πρὸς τὴν θάλασσαν ἐπὶ τῆς γῆς ἦσαν.	Lk 5,3	ἐμβὰς δὲ εἰς ἓν τῶν πλοίων, ὃ ἦν Σίμωνος, ἠρώτησεν αὐτὸν **ἀπὸ τῆς γῆς** ἐπαναγαγεῖν ὀλίγον· καθίσας δὲ ἐκ τοῦ πλοίου ἐδίδασκεν τοὺς ὄχλους.	
002					Lk 5,8	... ἔξελθε **ἀπ᾽ ἐμοῦ,** ὅτι ἀνὴρ ἁμαρτωλός εἰμι, κύριε.	
d 112	Mt 4,19	... δεῦτε ὀπίσω μου, καὶ ποιήσω ὑμᾶς ἁλιεῖς ἀνθρώπων.	Mk 1,17	... δεῦτε ὀπίσω μου, καὶ ποιήσω ὑμᾶς γενέσθαι ἁλιεῖς ἀνθρώπων.	Lk 5,10	... μὴ φοβοῦ· **ἀπὸ τοῦ νῦν** ἀνθρώπους ἔσῃ ζωγρῶν.	
122	Mt 8,3	... καὶ εὐθέως ἐκαθαρίσθη αὐτοῦ ἡ λέπρα.	Mk 1,42	καὶ εὐθὺς ἀπῆλθεν **ἀπ᾽ αὐτοῦ** ἡ λέπρα, καὶ ἐκαθαρίσθη.	Lk 5,13 → Lk 17,14	... καὶ εὐθέως ἡ λέπρα ἀπῆλθεν **ἀπ᾽ αὐτοῦ.**	

	Mt		Mk		Lk		
012			Mk 1,45	... καὶ ἤρχοντο πρὸς αὐτὸν πάντοθεν.	Lk 5,15 ↓ Lk 6,18	... καὶ συνήρχοντο ὄχλοι πολλοὶ ἀκούειν καὶ θεραπεύεσθαι **ἀπὸ τῶν ἀσθενειῶν αὐτῶν·**	
222	Mt 9,15	... ἐλεύσονται δὲ ἡμέραι ὅταν ἀπαρθῇ **ἀπ᾽ αὐτῶν** ὁ νυμφίος, καὶ τότε νηστεύσουσιν.	Mk 2,20	ἐλεύσονται δὲ ἡμέραι ὅταν ἀπαρθῇ **ἀπ᾽ αὐτῶν** ὁ νυμφίος, καὶ τότε νηστεύσουσιν ἐν ἐκείνῃ τῇ ἡμέρᾳ.	Lk 5,35	ἐλεύσονται δὲ ἡμέραι, καὶ ὅταν ἀπαρθῇ **ἀπ᾽ αὐτῶν** ὁ νυμφίος, τότε νηστεύσουσιν ἐν ἐκείναις ταῖς ἡμέραις.	→ GTh 104
112	Mt 9,16	οὐδεὶς δὲ ἐπιβάλλει **ἐπίβλημα ῥάκους ἀγνάφου** ἐπὶ ἱματίῳ παλαιῷ· αἴρει γὰρ τὸ πλήρωμα αὐτοῦ	Mk 2,21	οὐδεὶς **ἐπίβλημα ῥάκους ἀγνάφου** ἐπιράπτει ἐπὶ ἱμάτιον παλαιόν· εἰ δὲ μή, αἴρει τὸ πλήρωμα	Lk 5,36 (2)	... οὐδεὶς **ἐπίβλημα ἀπὸ ἱματίου καινοῦ** σχίσας ἐπιβάλλει ἐπὶ ἱμάτιον παλαιόν· εἰ δὲ μή γε,	→ GTh 47,5
221		**ἀπὸ τοῦ ἱματίου** καὶ χεῖρον σχίσμα γίνεται.		**ἀπ᾽ αὐτοῦ** τὸ καινὸν τοῦ παλαιοῦ, καὶ χεῖρον σχίσμα γίνεται.		 καὶ τὸ καινὸν σχίσει καὶ τῷ παλαιῷ οὐ συμφωνήσει	
112						**τὸ ἐπίβλημα τὸ ἀπὸ τοῦ καινοῦ.**	
112	Mt 10,1	καὶ προσκαλεσάμενος τοὺς δώδεκα μαθητὰς αὐτοῦ ...	Mk 3,14 → Mk 6,7	καὶ ἐποίησεν δώδεκα, [οὓς καὶ ἀποστόλους ὠνόμασεν] ...	Lk 6,13	... καὶ ἐκλεξάμενος **ἀπ᾽ αὐτῶν** δώδεκα, οὓς καὶ ἀποστόλους ὠνόμασεν·	
221	Mt 4,25 ↓ Mt 12,15	καὶ ἠκολούθησαν αὐτῷ ὄχλοι πολλοὶ **ἀπὸ τῆς Γαλιλαίας** καὶ Δεκαπόλεως	Mk 3,7 (2)	... καὶ πολὺ πλῆθος **ἀπὸ τῆς Γαλιλαίας** [ἠκολούθησεν],	Lk 6,17	... καὶ ὄχλος πολὺς μαθητῶν αὐτοῦ, καὶ πλῆθος πολὺ τοῦ λαοῦ	
122		καὶ Ἱεροσολύμων **καὶ Ἰουδαίας** καὶ πέραν τοῦ Ἰορδάνου.		καὶ **ἀπὸ τῆς Ἰουδαίας**		 **ἀπὸ πάσης τῆς Ἰουδαίας**	
121	Mt 4,25	**... καὶ Ἱεροσολύμων**	Mk 3,8 (2)	**καὶ ἀπὸ Ἱεροσολύμων**		**καὶ Ἰερουσαλὴμ**	
121		 καὶ Ἰουδαίας καὶ πέραν τοῦ Ἰορδάνου.	→ Mt 4,24a	**καὶ ἀπὸ τῆς Ἰδουμαίας** καὶ πέραν τοῦ Ἰορδάνου καὶ περὶ Τύρον καὶ Σιδῶνα		 καὶ τῆς παραλίου Τύρου καὶ Σιδῶνος,	
012				πλῆθος πολὺ ἀκούοντες ὅσα ἐποίει ἦλθον πρὸς αὐτόν.	Lk 6,18 (2) ↑ Lk 5,15	οἳ ἦλθον ἀκοῦσαι αὐτοῦ καὶ ἰαθῆναι **ἀπὸ τῶν νόσων αὐτῶν·**	
112	Mt 12,15 → Mt 4,24 ↑ **Mt 4,25** ↑ Mt 8,16	... καὶ ἠκολούθησαν αὐτῷ [ὄχλοι] πολλοί, καὶ ἐθεράπευσεν αὐτοὺς πάντας	Mk 3,10 ↑ Mk 1,34	 πολλοὺς γὰρ ἐθεράπευσεν, ὥστε ἐπιπίπτειν αὐτῷ ἵνα αὐτοῦ ἅψωνται ὅσοι εἶχον μάστιγας.	↑ Lk 4,40 ↓ **Lk 7,21**	καὶ οἱ ἐνοχλούμενοι **ἀπὸ πνευμάτων ἀκαθάρτων** ἐθεραπεύοντο	

201	**Mt 5,18** → Mt 24,35	ἀμὴν γὰρ λέγω ὑμῖν· ἕως ἂν παρέλθῃ ὁ οὐρανὸς καὶ ἡ γῆ, ἰῶτα ἓν ἢ μία κεραία οὐ μὴ παρέλθῃ **ἀπὸ τοῦ νόμου** ἕως ἂν πάντα γένηται.	→ Mk 13,31		**Lk 16,17** → Lk 21,33	εὐκοπώτερον δέ ἐστιν τὸν οὐρανὸν καὶ τὴν γῆν παρελθεῖν ἢ **τοῦ νόμου** μίαν κεραίαν πεσεῖν.	
200	**Mt 5,29** ⇩ Mt 18,9	εἰ δὲ ὁ ὀφθαλμός σου ὁ δεξιὸς σκανδαλίζει σε, ἔξελε αὐτὸν καὶ βάλε **ἀπὸ σοῦ**· ...	**Mk 9,47**	καὶ ἐὰν ὁ ὀφθαλμός σου σκανδαλίζῃ σε, ἔκβαλε αὐτόν· ...			
200	**Mt 5,30** ⇩ Mt 18,8	καὶ εἰ ἡ δεξιά σου χεὶρ σκανδαλίζει σε, ἔκκοψον αὐτὴν καὶ βάλε **ἀπὸ σοῦ**· ...	**Mk 9,43**	καὶ ἐὰν σκανδαλίζῃ σε ἡ χείρ σου, ἀπόκοψον αὐτήν· ...			
102	**Mt 5,40**	καὶ τῷ θέλοντί σοι κριθῆναι καὶ τὸν χιτῶνά σου **λαβεῖν**, ἄφες αὐτῷ καὶ τὸ ἱμάτιον·			**Lk 6,29**	... καὶ **ἀπὸ τοῦ αἴροντός** σου τὸ ἱμάτιον καὶ τὸν χιτῶνα μὴ κωλύσῃς.	
202	**Mt 5,42** → Lk 6,34	τῷ αἰτοῦντί σε δός, καὶ τὸν θέλοντα ἀπὸ σοῦ **δανίσασθαι** μὴ ἀποστραφῇς.			**Lk 6,30**	παντὶ αἰτοῦντί σε δίδου, καὶ **ἀπὸ τοῦ αἴροντος** τὰ σὰ μὴ ἀπαίτει.	→ GTh 95
201	**Mt 6,13**	καὶ μὴ εἰσενέγκῃς ἡμᾶς εἰς πειρασμόν, ἀλλὰ ῥῦσαι ἡμᾶς **ἀπὸ τοῦ πονηροῦ**.			**Lk 11,4**	... καὶ μὴ εἰσενέγκῃς ἡμᾶς εἰς πειρασμόν.	
200	**Mt 7,15**	προσέχετε **ἀπὸ τῶν ψευδοπροφητῶν**, οἵτινες ἔρχονται πρὸς ὑμᾶς ἐν ἐνδύμασιν προβάτων, ἔσωθεν δέ εἰσιν λύκοι ἅρπαγες.					
201	**Mt 7,16** (3) ⇩ Mt 7,20	**ἀπὸ τῶν καρπῶν αὐτῶν** ἐπιγνώσεσθε αὐτούς.			**Lk 6,44**	ἕκαστον γὰρ δένδρον **ἐκ τοῦ ἰδίου καρποῦ** γινώσκεται·	
201	⇨ Mt 12,33	μήτι συλλέγουσιν **ἀπὸ ἀκανθῶν** σταφυλὰς				οὐ γὰρ **ἐξ ἀκανθῶν** συλλέγουσιν σῦκα	→ GTh 45,1
201		ἢ **ἀπὸ τριβόλων** σῦκα;				οὐδὲ **ἐκ βάτου** σταφυλὴν τρυγῶσιν.	
200	**Mt 7,20** ⇧ Mt 7,16	ἄρα γε **ἀπὸ τῶν καρπῶν αὐτῶν** ἐπιγνώσεσθε αὐτούς.					
202	**Mt 7,23** → Mt 13,41 → Mt 25,12 ↓ Mt 25,41	καὶ τότε ὁμολογήσω αὐτοῖς ὅτι οὐδέποτε ἔγνων ὑμᾶς· *ἀποχωρεῖτε* ***ἀπ᾽ ἐμοῦ*** *οἱ ἐργαζόμενοι τὴν ἀνομίαν.* ➢ Ps 6,9/1Macc 3,6			**Lk 13,27**	καὶ ἐρεῖ λέγων ὑμῖν· οὐκ οἶδα [ὑμᾶς] πόθεν ἐστέ· *ἀπόστητε* ***ἀπ᾽ ἐμοῦ,*** *πάντες ἐργάται ἀδικίας.* ➢ Ps 6,9/1Macc 3,6	
200	**Mt 8,1**	καταβάντος δὲ αὐτοῦ **ἀπὸ τοῦ ὄρους** ἠκολούθησαν αὐτῷ ὄχλοι πολλοί.					

002					Lk 7,6 ↓Mk 5,35 ↓Lk 8,49	... ἤδη δὲ αὐτοῦ οὐ μακρὰν ἀπέχοντος ἀπὸ τῆς οἰκίας ἔπεμψεν φίλους ...	
202	Mt 8,11 →Lk 13,28	... πολλοὶ ἀπὸ ἀνατολῶν καὶ δυσμῶν ἥξουσιν καὶ ἀνακλιθήσονται μετὰ Ἀβραὰμ καὶ Ἰσαὰκ καὶ Ἰακὼβ ἐν τῇ βασιλείᾳ τῶν οὐρανῶν			Lk 13,29 (2)	καὶ ἥξουσιν ἀπὸ ἀνατολῶν καὶ δυσμῶν καὶ ἀπὸ βορρᾶ καὶ νότου καὶ ἀνακλιθήσονται ἐν τῇ βασιλείᾳ τοῦ θεοῦ.	
211	Mt 8,30	ἦν δὲ μακρὰν ἀπ᾽ αὐτῶν ἀγέλη χοίρων πολλῶν βοσκομένη.	Mk 5,11	ἦν δὲ ἐκεῖ πρὸς τῷ ὄρει ἀγέλη χοίρων μεγάλη βοσκομένη·	Lk 8,32	ἦν δὲ ἐκεῖ ἀγέλη χοίρων ἱκανῶν βοσκομένη ἐν τῷ ὄρει· ...	
222	Mt 8,34	... καὶ ἰδόντες αὐτὸν παρεκάλεσαν ὅπως μεταβῇ ἀπὸ τῶν ὁρίων αὐτῶν.	Mk 5,17	καὶ ἤρξαντο παρακαλεῖν αὐτὸν ἀπελθεῖν ἀπὸ τῶν ὁρίων αὐτῶν.	Lk 8,37	καὶ ἠρώτησεν αὐτὸν ἅπαν τὸ πλῆθος τῆς περιχώρου τῶν Γερασηνῶν ἀπελθεῖν ἀπ᾽ αὐτῶν, ...	
222	Mt 9,15	... ἐλεύσονται δὲ ἡμέραι ὅταν ἀπαρθῇ ἀπ᾽ αὐτῶν ὁ νυμφίος, καὶ τότε νηστεύσουσιν.	Mk 2,20	ἐλεύσονται δὲ ἡμέραι ὅταν ἀπαρθῇ ἀπ᾽ αὐτῶν ὁ νυμφίος, καὶ τότε νηστεύσουσιν ἐν ἐκείνῃ τῇ ἡμέρᾳ.	Lk 5,35	ἐλεύσονται δὲ ἡμέραι, καὶ ὅταν ἀπαρθῇ ἀπ᾽ αὐτῶν ὁ νυμφίος, τότε νηστεύσουσιν ἐν ἐκείναις ταῖς ἡμέραις.	→ GTh 104
221	Mt 9,16	οὐδεὶς δὲ ἐπιβάλλει ἐπίβλημα ῥάκους ἀγνάφου ἐπὶ ἱματίῳ παλαιῷ· αἴρει γὰρ τὸ πλήρωμα αὐτοῦ ἀπὸ τοῦ ἱματίου καὶ χεῖρον σχίσμα γίνεται.	Mk 2,21	οὐδεὶς ἐπίβλημα ῥάκους ἀγνάφου ἐπιράπτει ἐπὶ ἱμάτιον παλαιόν· εἰ δὲ μή, αἴρει τὸ πλήρωμα ἀπ᾽ αὐτοῦ τὸ καινὸν τοῦ παλαιοῦ, καὶ χεῖρον σχίσμα γίνεται.	Lk 5,36 (2)	... οὐδεὶς ἐπίβλημα ἀπὸ ἱματίου καινοῦ σχίσας ἐπιβάλλει ἐπὶ ἱμάτιον παλαιόν· εἰ δὲ μή γε, καὶ τὸ καινὸν σχίσει καὶ τῷ παλαιῷ οὐ συμφωνήσει τὸ ἐπίβλημα τὸ ἀπὸ τοῦ καινοῦ.	→ GTh 47,5
211	Mt 9,22	... καὶ ἐσώθη ἡ γυνὴ ἀπὸ τῆς ὥρας ἐκείνης.	Mk 5,29	καὶ εὐθὺς ἐξηράνθη ἡ πηγὴ τοῦ αἵματος αὐτῆς ...	Lk 8,44	... καὶ παραχρῆμα ἔστη ἡ ῥύσις τοῦ αἵματος αὐτῆς.	
211	Mt 10,17 ⇨ Mt 24,9 ↓Mt 23,34	προσέχετε δὲ ἀπὸ τῶν ἀνθρώπων· παραδώσουσιν γὰρ ὑμᾶς εἰς συνέδρια καὶ ἐν ταῖς συναγωγαῖς αὐτῶν μαστιγώσουσιν ὑμᾶς·	Mk 13,9	βλέπετε δὲ ὑμεῖς ἑαυτούς· παραδώσουσιν ὑμᾶς εἰς συνέδρια καὶ εἰς συναγωγὰς δαρήσεσθε ...	Lk 21,12 ↓Lk 11,49 →Lk 12,11	πρὸ δὲ τούτων πάντων ἐπιβαλοῦσιν ἐφ᾽ ὑμᾶς τὰς χεῖρας αὐτῶν καὶ διώξουσιν, παραδιδόντες εἰς τὰς συναγωγὰς καὶ φυλακάς, ...	
202	Mt 10,28	καὶ μὴ φοβεῖσθε ἀπὸ τῶν ἀποκτεννόντων τὸ σῶμα, τὴν δὲ ψυχὴν μὴ δυναμένων ἀποκτεῖναι· ...			Lk 12,4	... μὴ φοβηθῆτε ἀπὸ τῶν ἀποκτεινόντων τὸ σῶμα καὶ μετὰ ταῦτα μὴ ἐχόντων περισσότερόν τι ποιῆσαι.	

002					**Lk 7,21** ↑ **Lk 6,18**	ἐν ἐκείνῃ τῇ ὥρᾳ ἐθεράπευσεν πολλοὺς **ἀπὸ νόσων** καὶ μαστίγων καὶ πνευμάτων πονηρῶν καὶ τυφλοῖς πολλοῖς ἐχαρίσατο βλέπειν.	
c 202	**Mt 11,12**	**ἀπὸ δὲ τῶν ἡμερῶν** **Ἰωάννου τοῦ** **βαπτιστοῦ** ἕως ἄρτι ἡ βασιλεία τῶν οὐρανῶν βιάζεται καὶ βιασταὶ ἁρπάζουσιν αὐτήν. [13] πάντες γὰρ οἱ προφῆται καὶ ὁ νόμος ἕως Ἰωάννου ἐπροφήτευσαν·			**Lk 16,16** → Mt 22,9 → Lk 14,23	ὁ νόμος καὶ οἱ προφῆται μέχρι Ἰωάννου· **ἀπὸ τότε** ἡ βασιλεία τοῦ θεοῦ εὐαγγελίζεται καὶ πᾶς εἰς αὐτὴν βιάζεται.	
202	**Mt 11,19**	... καὶ ἐδικαιώθη ἡ σοφία **ἀπὸ** **τῶν ἔργων αὐτῆς.**			**Lk 7,35**	καὶ ἐδικαιώθη ἡ σοφία **ἀπὸ πάντων** **τῶν τέκνων αὐτῆς.**	
002					**Lk 7,45**	φίλημά μοι οὐκ ἔδωκας· αὕτη δὲ **ἀφ᾽ ἧς εἰσῆλθον** οὐ διέλιπεν καταφιλοῦσά μου τοὺς πόδας.	
202	**Mt 11,25**	... ἐξομολογοῦμαί σοι, πάτερ, κύριε τοῦ οὐρανοῦ καὶ τῆς γῆς, ὅτι ἔκρυψας ταῦτα **ἀπὸ σοφῶν καὶ** **συνετῶν** καὶ ἀπεκάλυψας αὐτὰ νηπίοις·			**Lk 10,21**	... ἐξομολογοῦμαί σοι, πάτερ, κύριε τοῦ οὐρανοῦ καὶ τῆς γῆς, ὅτι ἀπέκρυψας ταῦτα **ἀπὸ σοφῶν καὶ** **συνετῶν** καὶ ἀπεκάλυψας αὐτὰ νηπίοις· ...	
200	**Mt 11,29**	ἄρατε τὸν ζυγόν μου ἐφ᾽ ὑμᾶς καὶ μάθετε **ἀπ᾽ ἐμοῦ,** ὅτι πραΰς εἰμι καὶ ταπεινὸς τῇ καρδίᾳ, ...					→ GTh 90
002					**Lk 8,2** **(2)** ↓ **Mt 27,55** ↓ **Mk 15,41** ↓ **Lk 23,49**	καὶ γυναῖκές τινες αἳ ἦσαν τεθεραπευμέναι **ἀπὸ πνευμάτων** **πονηρῶν καὶ** **ἀσθενειῶν,**	
002					→ Mt 27,56 ↓ **Mk 15,40** → Lk 24,10	Μαρία ἡ καλουμένη Μαγδαληνή, **ἀφ᾽ ἧς** δαιμόνια ἑπτὰ ἐξεληλύθει	
020	**Mt 12,24** ⇩ Mt 9,34 **Mt 9,34** ⇧ Mt 12,24	οἱ δὲ Φαρισαῖοι ἀκούσαντες εἶπον· οὗτος οὐκ ἐκβάλλει τὰ δαιμόνια εἰ μὴ ἐν τῷ Βεελζεβοὺλ ἄρχοντι τῶν δαιμονίων. οἱ δὲ Φαρισαῖοι ἔλεγον· ἐν τῷ ἄρχοντι τῶν δαιμονίων ἐκβάλλει τὰ δαιμόνια.	**Mk 3,22**	καὶ οἱ γραμματεῖς **οἱ ἀπὸ Ἱεροσολύμων** **καταβάντες** ἔλεγον ὅτι Βεελζεβοὺλ ἔχει, καὶ ὅτι ἐν τῷ ἄρχοντι τῶν δαιμονίων ἐκβάλλει τὰ δαιμόνια.	**Lk 11,15** → Lk 11,18	τινὲς δὲ ἐξ αὐτῶν εἶπον· ἐν Βεελζεβοὺλ τῷ ἄρχοντι τῶν δαιμονίων ἐκβάλλει τὰ δαιμόνια·	Mk-Q overlap

	Mt		Mk		Lk		
201	Mt 12,38 ⇩ Mt 16,1	τότε ἀπεκρίθησαν αὐτῷ τινες τῶν γραμματέων καὶ Φαρισαίων λέγοντες· διδάσκαλε, θέλομεν ἀπὸ σοῦ σημεῖον ἰδεῖν.	Mk 8,11	καὶ ἐξῆλθον οἱ Φαρισαῖοι καὶ ἤρξαντο συζητεῖν αὐτῷ, ζητοῦντες παρ' αὐτοῦ σημεῖον ἀπὸ τοῦ οὐρανοῦ, πειράζοντες αὐτόν.	Lk 11,16	ἕτεροι δὲ πειράζοντες σημεῖον ἐξ οὐρανοῦ ἐζήτουν παρ' αὐτοῦ.	Mk-Q overlap
202	Mt 12,43 → Mk 9,25	ὅταν δὲ τὸ ἀκάθαρτον πνεῦμα ἐξέλθῃ ἀπὸ τοῦ ἀνθρώπου, διέρχεται δι' ἀνύδρων τόπων ζητοῦν ἀνάπαυσιν καὶ οὐχ εὑρίσκει.			Lk 11,24 → Mk 9,25	ὅταν τὸ ἀκάθαρτον πνεῦμα ἐξέλθῃ ἀπὸ τοῦ ἀνθρώπου, διέρχεται δι' ἀνύδρων τόπων ζητοῦν ἀνάπαυσιν καὶ μὴ εὑρίσκον· ...	
112	Mt 13,19	παντὸς ἀκούοντος τὸν λόγον τῆς βασιλείας καὶ μὴ συνιέντος, ἔρχεται ὁ πονηρὸς καὶ ἁρπάζει τὸ ἐσπαρμένον ἐν τῇ καρδίᾳ αὐτοῦ, οὗτός ἐστιν ὁ παρὰ τὴν ὁδὸν σπαρείς.	Mk 4,15	οὗτοι δέ εἰσιν οἱ παρὰ τὴν ὁδόν· ὅπου σπείρεται ὁ λόγος καὶ ὅταν ἀκούσωσιν, εὐθὺς ἔρχεται ὁ σατανᾶς καὶ αἴρει τὸν λόγον τὸν ἐσπαρμένον εἰς αὐτούς.	Lk 8,12	οἱ δὲ παρὰ τὴν ὁδόν εἰσιν οἱ ἀκούσαντες, εἶτα ἔρχεται ὁ διάβολος καὶ αἴρει τὸν λόγον ἀπὸ τῆς καρδίας αὐτῶν, ἵνα μὴ πιστεύσαντες σωθῶσιν.	
222	Mt 13,12 ⇩ Mt 25,29	... ὅστις δὲ οὐκ ἔχει, καὶ ὃ ἔχει ἀρθήσεται ἀπ' αὐτοῦ.	Mk 4,25	... καὶ ὃς οὐκ ἔχει, καὶ ὃ ἔχει ἀρθήσεται ἀπ' αὐτοῦ.	Lk 8,18 ⇩ Lk 19,26	... καὶ ὃς ἂν μὴ ἔχῃ, καὶ ὃ δοκεῖ ἔχειν ἀρθήσεται ἀπ' αὐτοῦ.	→ GTh 41 Mk-Q overlap
200	Mt 13,35	ὅπως πληρωθῇ τὸ ῥηθὲν διὰ τοῦ προφήτου λέγοντος· *ἀνοίξω* *ἐν παραβολαῖς τὸ στόμα* *μου, ἐρεύξομαι* *κεκρυμμένα* *ἀπὸ καταβολῆς* [κόσμου]. ➤ Ps 78,2					
200	Mt 13,44	ὁμοία ἐστὶν ἡ βασιλεία τῶν οὐρανῶν θησαυρῷ κεκρυμμένῳ ἐν τῷ ἀγρῷ, ὃν εὑρὼν ἄνθρωπος ἔκρυψεν, καὶ ἀπὸ τῆς χαρᾶς αὐτοῦ ὑπάγει καὶ πωλεῖ πάντα ὅσα ἔχει καὶ ἀγοράζει τὸν ἀγρὸν ἐκεῖνον.					→ GTh 109
b 121	Mt 8,29	καὶ ἰδοὺ ἔκραξαν λέγοντες· ...	Mk 5,6	καὶ ἰδὼν τὸν Ἰησοῦν ἀπὸ μακρόθεν ἔδραμεν καὶ προσεκύνησεν αὐτῷ [7] καὶ κράξας φωνῇ μεγάλῃ λέγει· ...	Lk 8,28	ἰδὼν δὲ τὸν Ἰησοῦν ἀνακράξας προσέπεσεν αὐτῷ καὶ φωνῇ μεγάλῃ εἶπεν· ...	
012			Mk 5,8	ἔλεγεν γὰρ αὐτῷ· ἔξελθε τὸ πνεῦμα τὸ ἀκάθαρτον ἐκ τοῦ ἀνθρώπου.	Lk 8,29	παρήγγειλεν γὰρ τῷ πνεύματι τῷ ἀκαθάρτῳ ἐξελθεῖν ἀπὸ τοῦ ἀνθρώπου. ...	
112	Mt 8,32	... οἱ δὲ ἐξελθόντες ἀπῆλθον εἰς τοὺς χοίρους· ...	Mk 5,13	... καὶ ἐξελθόντα τὰ πνεύματα τὰ ἀκάθαρτα εἰσῆλθον εἰς τοὺς χοίρους, ...	Lk 8,33	ἐξελθόντα δὲ τὰ δαιμόνια ἀπὸ τοῦ ἀνθρώπου εἰσῆλθον εἰς τοὺς χοίρους, ...	

112	Mt 8,34	καὶ ἰδοὺ πᾶσα ἡ πόλις ἐξῆλθεν εἰς ὑπάντησιν τῷ Ἰησοῦ	Mk 5,15	καὶ ἔρχονται πρὸς τὸν Ἰησοῦν, καὶ θεωροῦσιν τὸν δαιμονιζόμενον καθήμενον ἱματισμένον καὶ σωφρονοῦντα, τὸν ἐσχηκότα τὸν λεγιῶνα, καὶ ἐφοβήθησαν.	Lk 8,35	ἐξῆλθον δὲ ἰδεῖν τὸ γεγονὸς καὶ ἦλθον πρὸς τὸν Ἰησοῦν καὶ εὗρον καθήμενον τὸν ἄνθρωπον **ἀφ' οὗ** τὰ δαιμόνια ἐξῆλθεν ἱματισμένον καὶ σωφρονοῦντα παρὰ τοὺς πόδας τοῦ Ἰησοῦ, καὶ ἐφοβήθησαν.	
222		καὶ ἰδόντες αὐτὸν παρεκάλεσαν ὅπως μεταβῇ **ἀπὸ τῶν ὁρίων αὐτῶν.**	Mk 5,17	καὶ ἤρξαντο παρακαλεῖν αὐτὸν ἀπελθεῖν **ἀπὸ τῶν ὁρίων αὐτῶν.**	Lk 8,37	καὶ ἠρώτησεν αὐτὸν ἅπαν τὸ πλῆθος τῆς περιχώρου τῶν Γερασηνῶν ἀπελθεῖν **ἀπ' αὐτῶν**, ...	
012			Mk 5,18	... παρεκάλει αὐτὸν ὁ δαιμονισθεὶς ἵνα μετ' αὐτοῦ ᾖ.	Lk 8,38	ἐδεῖτο δὲ αὐτοῦ ὁ ἀνὴρ **ἀφ' οὗ** ἐξεληλύθει τὰ δαιμόνια εἶναι σὺν αὐτῷ· ...	
112	Mt 9,20	καὶ ἰδοὺ γυνὴ αἱμορροοῦσα **δώδεκα ἔτη** ...	Mk 5,25	καὶ γυνὴ οὖσα ἐν ῥύσει αἵματος **δώδεκα ἔτη**	Lk 8,43 (2)	καὶ γυνὴ οὖσα ἐν ῥύσει αἵματος **ἀπὸ ἐτῶν δώδεκα,**	
012			Mk 5,26	καὶ πολλὰ παθοῦσα ὑπὸ πολλῶν ἰατρῶν καὶ δαπανήσασα τὰ παρ' αὐτῆς πάντα καὶ **μηδὲν** ὠφεληθεῖσα ἀλλὰ μᾶλλον εἰς τὸ χεῖρον ἐλθοῦσα		ἥτις [ἰατροῖς προσαναλώσασα ὅλον τὸν βίον] οὐκ ἴσχυσεν **ἀπ' οὐδενὸς** θεραπευθῆναι	
121	Mt 9,22	... καὶ ἐσώθη ἡ γυνὴ ἀπὸ τῆς ὥρας ἐκείνης.	Mk 5,29 → Lk 8,47	καὶ εὐθὺς ἐξηράνθη ἡ πηγὴ τοῦ αἵματος αὐτῆς καὶ ἔγνω τῷ σώματι ὅτι ἴαται **ἀπὸ τῆς μάστιγος.**	Lk 8,44	... καὶ παραχρῆμα ἔστη ἡ ῥύσις τοῦ αἵματος αὐτῆς.	
012			Mk 5,30 → Lk 6,19	καὶ εὐθὺς ὁ Ἰησοῦς ἐπιγνοὺς ἐν ἑαυτῷ τὴν **ἐξ αὐτοῦ** δύναμιν ἐξελθοῦσαν ἐπιστραφεὶς ἐν τῷ ὄχλῳ ἔλεγεν· τίς μου ἥψατο τῶν ἱματίων;	Lk 8,46 → Lk 6,19	ὁ δὲ Ἰησοῦς εἶπεν· ἥψατό μού τις, ἐγὼ γὰρ ἔγνων δύναμιν ἐξεληλυθυῖαν **ἀπ' ἐμοῦ.**	
121	Mt 9,22	... θάρσει, θύγατερ· ἡ πίστις σου σέσωκέν σε. ...	Mk 5,34	... θυγάτηρ, ἡ πίστις σου σέσωκέν σε· ὕπαγε εἰς εἰρήνην καὶ ἴσθι ὑγιὴς **ἀπὸ τῆς μάστιγός σου.**	Lk 8,48	... θυγάτηρ, ἡ πίστις σου σέσωκέν σε· πορεύου εἰς εἰρήνην.	
021			Mk 5,35 ↑ Lk 7,6	ἔτι αὐτοῦ λαλοῦντος ἔρχονται **ἀπὸ τοῦ ἀρχισυναγώγου** λέγοντες ὅτι ἡ θυγάτηρ σου ἀπέθανεν· ...	Lk 8,49 ↑ Lk 7,6	ἔτι αὐτοῦ λαλοῦντος ἔρχεταί **τις παρὰ τοῦ ἀρχισυναγώγου** λέγων ὅτι τέθνηκεν ἡ θυγάτηρ σου· ...	

112 112	Mt 10,14	καὶ ὃς ἂν μὴ δέξηται ὑμᾶς μηδὲ ἀκούσῃ τοὺς λόγους ὑμῶν, ἐξερχόμενοι **ἔξω τῆς οἰκίας ἢ** **τῆς πόλεως ἐκείνης** ἐκτινάξατε τὸν κονιορτὸν **τῶν ποδῶν** **ὑμῶν.**	Mk 6,11	καὶ ὃς ἂν τόπος μὴ δέξηται ὑμᾶς μηδὲ ἀκούσωσιν ὑμῶν, ἐκπορευόμενοι **ἐκεῖθεν** ἐκτινάξατε τὸν χοῦν τὸν **ὑποκάτω τῶν ποδῶν** **ὑμῶν** εἰς μαρτύριον αὐτοῖς.	Lk 9,5 (2) ⇩ Lk 10,10 ⇩ Lk 10,11	καὶ ὅσοι ἂν μὴ δέχωνται ὑμᾶς, ἐξερχόμενοι **ἀπὸ** **τῆς πόλεως ἐκείνης** τὸν κονιορτὸν **ἀπὸ τῶν ποδῶν** **ὑμῶν** ἀποτινάσσετε εἰς μαρτύριον ἐπ᾽ αὐτούς.	→ Acts 13,51 → Acts 18,6 Mk-Q overlap
					Lk 10,10 ⇧ Lk 9,5 → Lk 10,8	εἰς ἣν δ᾽ ἂν πόλιν εἰσέλθητε καὶ μὴ δέχωνται ὑμᾶς, ἐξελθόντες **εἰς τὰς πλατείας αὐτῆς** εἴπατε·	
					Lk 10,11 → Lk 10,9	καὶ τὸν κονιορτὸν τὸν κολληθέντα ἡμῖν ἐκ τῆς πόλεως ὑμῶν **εἰς τοὺς πόδας** ἀπομασσόμεθα ὑμῖν· πλὴν τοῦτο γινώσκετε ὅτι ἤγγικεν ἡ βασιλεία τοῦ θεοῦ.	
211	Mt 14,2	καὶ εἶπεν τοῖς παισὶν αὐτοῦ· οὗτός ἐστιν Ἰωάννης ὁ βαπτιστής· αὐτὸς ἠγέρθη **ἀπὸ τῶν νεκρῶν** καὶ διὰ τοῦτο αἱ δυνάμεις ἐνεργοῦσιν ἐν αὐτῷ.	Mk 6,16 → Mk 6,27	ἀκούσας δὲ ὁ Ἡρῴδης ἔλεγεν· ὃν ἐγὼ ἀπεκεφάλισα Ἰωάννην, οὗτος ἠγέρθη.	Lk 9,9 → Lk 23,8	εἶπεν δὲ Ἡρῴδης· Ἰωάννην ἐγὼ ἀπεκεφάλισα· τίς δέ ἐστιν οὗτος περὶ οὗ ἀκούω τοιαῦτα; καὶ ἐζήτει ἰδεῖν αὐτόν.	
			Mk 6,14 → Mk 8,28	... καὶ ἔλεγον ὅτι Ἰωάννης ὁ βαπτίζων ἐγήγερται **ἐκ νεκρῶν** καὶ διὰ τοῦτο ἐνεργοῦσιν αἱ δυνάμεις ἐν αὐτῷ.	Lk 9,7 → Lk 9,19	... καὶ διηπόρει διὰ τὸ λέγεσθαι ὑπό τινων ὅτι Ἰωάννης ἠγέρθη **ἐκ νεκρῶν**	
221	Mt 14,13	... καὶ ἀκούσαντες οἱ ὄχλοι ἠκολούθησαν αὐτῷ πεζῇ **ἀπὸ** **τῶν πόλεων.**	Mk 6,33	καὶ εἶδον αὐτοὺς ὑπάγοντας καὶ ἐπέγνωσαν πολλοὶ καὶ πεζῇ **ἀπὸ πασῶν** **τῶν πόλεων** συνέδραμον ἐκεῖ καὶ προῆλθον αὐτούς.	Lk 9,11	οἱ δὲ ὄχλοι γνόντες ἠκολούθησαν αὐτῷ· ...	→ Jn 6,2
121	Mt 14,20 → Mt 15,37	... καὶ ἦραν τὸ περισσεῦον τῶν κλασμάτων δώδεκα κοφίνους πλήρεις.	Mk 6,43 → Mk 8,8	καὶ ἦραν κλάσματα δώδεκα κοφίνων πληρώματα καὶ **ἀπὸ τῶν ἰχθύων.**	Lk 9,17	... καὶ ἤρθη τὸ περισσεῦσαν αὐτοῖς κλασμάτων κόφινοι δώδεκα.	→ Jn 6,12-13
210	Mt 14,24	[23] ... ὀψίας δὲ γενομένης μόνος ἦν ἐκεῖ. [24] τὸ δὲ πλοῖον ἤδη σταδίους πολλοὺς **ἀπὸ τῆς γῆς** ἀπεῖχεν βασανιζόμενον ὑπὸ τῶν κυμάτων, ...	Mk 6,47	καὶ ὀψίας γενομένης ἦν τὸ πλοῖον **ἐν μέσῳ τῆς** **θαλάσσης,** καὶ αὐτὸς μόνος ἐπὶ τῆς γῆς. [48] καὶ ἰδὼν αὐτοὺς βασανιζομένους ἐν τῷ ἐλαύνειν, ...			
210	Mt 14,26	οἱ δὲ μαθηταὶ ἰδόντες αὐτὸν ἐπὶ τῆς θαλάσσης περιπατοῦντα ἐταράχθησαν λέγοντες ὅτι φάντασμά ἐστιν, καὶ **ἀπὸ τοῦ φόβου** ἔκραξαν.	Mk 6,49	οἱ δὲ ἰδόντες αὐτὸν ἐπὶ τῆς θαλάσσης περιπατοῦντα ἔδοξαν ὅτι φάντασμά ἐστιν, καὶ ἀνέκραξαν·			→ Jn 6,19

	Mt		Mk		Lk	
200	Mt 14,29	... καὶ καταβὰς ἀπὸ τοῦ πλοίου [ὁ] Πέτρος περιεπάτησεν ἐπὶ τὰ ὕδατα ...				
220	Mt 15,1 → Lk 11,37	τότε προσέρχονται τῷ Ἰησοῦ ἀπὸ Ἱεροσολύμων Φαρισαῖοι καὶ γραμματεῖς ...	Mk 7,1 → Lk 11,37	καὶ συνάγονται πρὸς αὐτὸν οἱ Φαρισαῖοι καί τινες τῶν γραμματέων ἐλθόντες ἀπὸ Ἱεροσολύμων.		
020			Mk 7,4	καὶ ἀπ' ἀγορᾶς ἐὰν μὴ βαπτίσωνται οὐκ ἐσθίουσιν, ...		
220	Mt 15,8	*ὁ λαὸς οὗτος τοῖς χείλεσίν με τιμᾷ, ἡ δὲ καρδία αὐτῶν πόρρω ἀπέχει ἀπ' ἐμοῦ·* ➤ Isa 29,13 LXX	Mk 7,6	*... οὗτος ὁ λαὸς τοῖς χείλεσίν με τιμᾷ, ἡ δὲ καρδία αὐτῶν πόρρω ἀπέχει ἀπ' ἐμοῦ·* ➤ Isa 29,13 LXX		
120	Mt 15,15	 ἀποκριθεὶς δὲ ὁ Πέτρος εἶπεν αὐτῷ· φράσον ἡμῖν τὴν παραβολήν [ταύτην].	Mk 7,17 → Mk 4,10 → Lk 8,9 → Mt 15,12	καὶ ὅτε εἰσῆλθεν εἰς οἶκον ἀπὸ τοῦ ὄχλου, ἐπηρώτων αὐτὸν οἱ μαθηταὶ αὐτοῦ τὴν παραβολήν.		
210	Mt 15,22	καὶ ἰδοὺ γυνὴ Χαναναία ἀπὸ τῶν ὁρίων ἐκείνων ἐξελθοῦσα ἔκραζεν λέγουσα· ἐλέησόν με, κύριε υἱὸς Δαυίδ· ἡ θυγάτηρ μου κακῶς δαιμονίζεται.	Mk 7,25	ἀλλ' εὐθὺς ἀκούσασα γυνὴ περὶ αὐτοῦ, ἧς εἶχεν τὸ θυγάτριον αὐτῆς πνεῦμα ἀκάθαρτον, ...		
220 210	Mt 15,27 (2)	... ναὶ κύριε, καὶ γὰρ τὰ κυνάρια ἐσθίει ἀπὸ τῶν ψιχίων τῶν πιπτόντων ἀπὸ τῆς τραπέζης τῶν κυρίων αὐτῶν.	Mk 7,28	... κύριε· καὶ τὰ κυνάρια ὑποκάτω τῆς τραπέζης ἐσθίουσιν ἀπὸ τῶν ψιχίων τῶν παιδίων.		
210	Mt 15,28	... ὦ γύναι, μεγάλη σου ἡ πίστις· γενηθήτω σοι ὡς θέλεις. καὶ ἰάθη ἡ θυγάτηρ αὐτῆς ἀπὸ τῆς ὥρας ἐκείνης.	Mk 7,29	... διὰ τοῦτον τὸν λόγον ὕπαγε, ἐξελήλυθεν ἐκ τῆς θυγατρός σου τὸ δαιμόνιον.		
020			Mk 7,33 → Mk 8,23	καὶ ἀπολαβόμενος αὐτὸν ἀπὸ τοῦ ὄχλου κατ' ἰδίαν ἔβαλεν τοὺς δακτύλους αὐτοῦ εἰς τὰ ὦτα αὐτοῦ ...		
b 120	Mt 15,32 → Mt 14,15	... καὶ ἀπολῦσαι αὐτοὺς νήστεις οὐ θέλω, μήποτε ἐκλυθῶσιν ἐν τῇ ὁδῷ.	Mk 8,3 → Mk 6,36	καὶ ἐὰν ἀπολύσω αὐτοὺς νήστεις εἰς οἶκον αὐτῶν, ἐκλυθήσονται ἐν τῇ ὁδῷ· καί τινες αὐτῶν ἀπὸ μακρόθεν ἥκασιν.	→ Lk 9,12	

120	Mt 16,1 ⇧ Mt 12,38	καὶ προσελθόντες οἱ Φαρισαῖοι καὶ Σαδδουκαῖοι πειράζοντες ἐπηρώτησαν αὐτὸν σημεῖον **ἐκ τοῦ οὐρανοῦ** ἐπιδεῖξαι αὐτοῖς.	Mk 8,11	καὶ ἐξῆλθον οἱ Φαρισαῖοι καὶ ἤρξαντο συζητεῖν αὐτῷ, ζητοῦντες παρ' αὐτοῦ σημεῖον **ἀπὸ τοῦ οὐρανοῦ,** πειράζοντες αὐτόν.	Lk 11,16	ἕτεροι δὲ πειράζοντες σημεῖον **ἐξ οὐρανοῦ** ἐζήτουν παρ' αὐτοῦ.	Mk-Q overlap
222	Mt 16,6 ⇩ Mt 16,11	... ὁρᾶτε καὶ προσέχετε **ἀπὸ τῆς ζύμης** τῶν Φαρισαίων καὶ Σαδδουκαίων.	Mk 8,15	... ὁρᾶτε, βλέπετε **ἀπὸ τῆς ζύμης** τῶν Φαρισαίων καὶ τῆς ζύμης Ἡρῴδου.	Lk 12,1 ↓ Mt 16,12	... προσέχετε ἑαυτοῖς **ἀπὸ τῆς ζύμης,** ἥτις ἐστὶν ὑπόκρισις, τῶν Φαρισαίων.	
210	Mt 16,11 ⇧ Mt 16,6 ⇧ Mk 8,15 ⇩ Lk 12,1	πῶς οὐ νοεῖτε ὅτι οὐ περὶ ἄρτων εἶπον ὑμῖν; προσέχετε δὲ **ἀπὸ τῆς ζύμης** τῶν Φαρισαίων καὶ Σαδδουκαίων.	Mk 8,21	καὶ ἔλεγεν αὐτοῖς· οὔπω συνίετε;			
200 200	Mt 16,12 (2) ↓ Lk 12,1	τότε συνῆκαν ὅτι οὐκ εἶπεν προσέχειν **ἀπὸ τῆς ζύμης** τῶν ἄρτων ἀλλὰ **ἀπὸ τῆς διδαχῆς** τῶν Φαρισαίων καὶ Σαδδουκαίων.					
c 211 212	Mt 16,21 (2) → Mt 17,22-23 → Mt 20,18-19	**ἀπὸ τότε** ἤρξατο ὁ Ἰησοῦς δεικνύειν τοῖς μαθηταῖς αὐτοῦ ὅτι δεῖ αὐτὸν εἰς Ἱεροσόλυμα ἀπελθεῖν καὶ πολλὰ παθεῖν **ἀπὸ τῶν** **πρεσβυτέρων** ...	Mk 8,31 → Mk 9,31 → Mk 10,33-34	**καὶ** ἤρξατο διδάσκειν αὐτοὺς ὅτι δεῖ τὸν υἱὸν τοῦ ἀνθρώπου πολλὰ παθεῖν καὶ ἀποδοκιμασθῆναι **ὑπὸ τῶν** **πρεσβυτέρων** ...	Lk 9,22 → Lk 9,44 ↓ Lk 17,25 → Lk 18,31-33 → Lk 24,7 → Lk 24,26 → Lk 24,46	εἰπὼν ὅτι δεῖ τὸν υἱὸν τοῦ ἀνθρώπου πολλὰ παθεῖν καὶ ἀποδοκιμασθῆναι **ἀπὸ τῶν** **πρεσβυτέρων** ...	
112	Mt 17,4	ἀποκριθεὶς δὲ ὁ Πέτρος εἶπεν τῷ Ἰησοῦ· κύριε, καλόν ἐστιν ἡμᾶς ὧδε εἶναι· ...	Mk 9,5	καὶ ἀποκριθεὶς ὁ Πέτρος λέγει τῷ Ἰησοῦ· ῥαββί, καλόν ἐστιν ἡμᾶς ὧδε εἶναι, ...	Lk 9,33	καὶ ἐγένετο ἐν τῷ διαχωρίζεσθαι αὐτοὺς **ἀπ' αὐτοῦ** εἶπεν ὁ Πέτρος πρὸς τὸν Ἰησοῦν· ἐπιστάτα, καλόν ἐστιν ἡμᾶς ὧδε εἶναι, ...	
112	Mt 17,9	καὶ καταβαινόντων αὐτῶν **ἐκ τοῦ ὄρους** ...	Mk 9,9	καὶ καταβαινόντων αὐτῶν **ἐκ τοῦ ὄρους** ...	Lk 9,37	ἐγένετο δὲ τῇ ἑξῆς ἡμέρᾳ κατελθόντων αὐτῶν **ἀπὸ τοῦ ὄρους** ...	
112	Mt 17,14	καὶ ἐλθόντων πρὸς τὸν ὄχλον προσῆλθεν αὐτῷ ἄνθρωπος γονυπετῶν αὐτὸν [15] καὶ λέγων· κύριε, ἐλέησόν μου τὸν υἱόν ↔	Mk 9,17	καὶ ἀπεκρίθη αὐτῷ εἷς **ἐκ τοῦ ὄχλου·** διδάσκαλε, ἤνεγκα τὸν υἱόν μου πρὸς σέ, ↔	Lk 9,38	καὶ ἰδοὺ ἀνὴρ **ἀπὸ τοῦ ὄχλου** ἐβόησεν λέγων· διδάσκαλε, δέομαί σου ἐπιβλέψαι ἐπὶ τὸν υἱόν μου, ...	
112	Mt 17,15	↔ ὅτι σεληνιάζεται καὶ κακῶς πάσχει· ...	Mk 9,18	↔ [17] ἔχοντα πνεῦμα ἄλαλον· [18] καὶ ὅπου ἐὰν αὐτὸν καταλάβῃ ῥήσσει αὐτόν, καὶ ἀφρίζει καὶ τρίζει τοὺς ὀδόντας καὶ ξηραίνεται· ...	Lk 9,39	καὶ ἰδοὺ πνεῦμα λαμβάνει αὐτὸν καὶ ἐξαίφνης κράζει καὶ σπαράσσει αὐτὸν μετὰ ἀφροῦ καὶ μόγις ἀποχωρεῖ **ἀπ' αὐτοῦ** συντρῖβον αὐτόν·	

211	Mt 17,18 (2)	καὶ ἐπετίμησεν αὐτῷ ὁ Ἰησοῦς καὶ ἐξῆλθεν **ἀπ' αὐτοῦ** τὸ δαιμόνιον	Mk 9,26	[25] ἰδὼν δὲ ὁ Ἰησοῦς ὅτι ἐπισυντρέχει ὄχλος, ἐπετίμησεν τῷ πνεύματι τῷ ἀκαθάρτῳ ... [26] καὶ κράξας καὶ πολλὰ σπαράξας ἐξῆλθεν· καὶ ἐγένετο ὡσεὶ νεκρός, ὥστε τοὺς πολλοὺς λέγειν ὅτι ἀπέθανεν.	Lk 9,42	... ἐπετίμησεν δὲ ὁ Ἰησοῦς τῷ πνεύματι τῷ ἀκαθάρτῳ	
211		καὶ ἐθεραπεύθη ὁ παῖς **ἀπὸ τῆς ὥρας ἐκείνης.**	Mk 9,27	ὁ δὲ Ἰησοῦς κρατήσας τῆς χειρὸς αὐτοῦ ἤγειρεν αὐτόν, καὶ ἀνέστη.	→ Lk 7,15	καὶ ἰάσατο τὸν παῖδα καὶ ἀπέδωκεν αὐτὸν τῷ πατρὶ αὐτοῦ.	
112	Mt 17,23	... καὶ ἐλυπήθησαν σφόδρα.	Mk 9,32	οἱ δὲ ἠγνόουν τὸ ῥῆμα, καὶ ἐφοβοῦντο αὐτὸν ἐπερωτῆσαι.	Lk 9,45 ↓ Lk 18,34	οἱ δὲ ἠγνόουν τὸ ῥῆμα τοῦτο καὶ ἦν παρακεκαλυμμένον **ἀπ' αὐτῶν** ἵνα μὴ αἴσθωνται αὐτό, καὶ ἐφοβοῦντο ἐρωτῆσαι αὐτὸν περὶ τοῦ ῥήματος τούτου.	
200 200 200	Mt 17,25 (3)	... οἱ βασιλεῖς τῆς γῆς **ἀπὸ τίνων** λαμβάνουσιν τέλη ἢ κῆνσον; **ἀπὸ τῶν υἱῶν αὐτῶν** ἢ **ἀπὸ τῶν ἀλλοτρίων;**					
200	Mt 17,26	εἰπόντος δέ· **ἀπὸ τῶν ἀλλοτρίων,** ἔφη αὐτῷ ὁ Ἰησοῦς· ἄρα γε ἐλεύθεροί εἰσιν οἱ υἱοί.					
201	Mt 18,7	οὐαὶ τῷ κόσμῳ **ἀπὸ τῶν σκανδάλων·** ἀνάγκη γὰρ ἐλθεῖν τὰ σκάνδαλα, πλὴν οὐαὶ τῷ ἀνθρώπῳ δι' οὗ τὸ σκάνδαλον ἔρχεται.			Lk 17,1	... ἀνένδεκτόν ἐστιν τοῦ τὰ σκάνδαλα μὴ ἐλθεῖν, πλὴν οὐαὶ δι' οὗ ἔρχεται·	
210	Mt 18,8 ⇧ Mt 5,30 → Mk 9,45	εἰ δὲ ἡ χείρ σου ἢ ὁ πούς σου σκανδαλίζει σε, ἔκκοψον αὐτὸν καὶ βάλε **ἀπὸ σοῦ·** ...	Mk 9,43	καὶ ἐὰν σκανδαλίζῃ σε ἡ χείρ σου, ἀπόκοψον αὐτήν· ...			
210	Mt 18,9 ⇧ Mt 5,29	καὶ εἰ ὁ ὀφθαλμός σου σκανδαλίζει σε, ἔξελε αὐτὸν καὶ βάλε **ἀπὸ σοῦ·** ...	Mk 9,47	καὶ ἐὰν ὁ ὀφθαλμός σου σκανδαλίζῃ σε, ἔκβαλε αὐτόν· ...			
200	Mt 18,35 → Mt 6,15	οὕτως καὶ ὁ πατήρ μου ὁ οὐράνιος ποιήσει ὑμῖν, ἐὰν μὴ ἀφῆτε ἕκαστος τῷ ἀδελφῷ αὐτοῦ **ἀπὸ τῶν καρδιῶν ὑμῶν.**					
002					Lk 9,54	... κύριε, θέλεις εἴπωμεν *πῦρ καταβῆναι* ***ἀπὸ τοῦ οὐρανοῦ*** *καὶ ἀναλῶσαι αὐτούς;* ➢ 2Kings 1,10.12	

202	Mt 11,25	... ἐξομολογοῦμαί σοι, πάτερ, κύριε τοῦ οὐρανοῦ καὶ τῆς γῆς, ὅτι ἔκρυψας ταῦτα **ἀπὸ σοφῶν καὶ συνετῶν** καὶ ἀπεκάλυψας αὐτὰ νηπίοις·			Lk 10,21	... ἐξομολογοῦμαί σοι, πάτερ, κύριε τοῦ οὐρανοῦ καὶ τῆς γῆς, ὅτι ἀπέκρυψας ταῦτα **ἀπὸ σοφῶν καὶ συνετῶν** καὶ ἀπεκάλυψας αὐτὰ νηπίοις· ...	→ GTh 4 (POxy 654)
002					Lk 10,30	... ἄνθρωπός τις κατέβαινεν **ἀπὸ Ἰερουσαλὴμ** εἰς Ἰεριχὼ καὶ λῃσταῖς περιέπεσεν, ...	
202	Mt 12,43 → Mk 9,25	ὅταν δὲ τὸ ἀκάθαρτον πνεῦμα ἐξέλθῃ **ἀπὸ τοῦ ἀνθρώπου,** διέρχεται δι᾽ ἀνύδρων τόπων ζητοῦν ἀνάπαυσιν καὶ οὐχ εὑρίσκει.			Lk 11,24 → Mk 9,25	ὅταν τὸ ἀκάθαρτον πνεῦμα ἐξέλθῃ **ἀπὸ τοῦ ἀνθρώπου,** διέρχεται δι᾽ ἀνύδρων τόπων ζητοῦν ἀνάπαυσιν καὶ μὴ εὑρίσκον· ...	
102	Mt 23,35	ὅπως ἔλθῃ ἐφ᾽ ὑμᾶς πᾶν αἷμα δίκαιον ἐκχυννόμενον **ἐπὶ τῆς γῆς**			Lk 11,50 (2)	ἵνα ἐκζητηθῇ τὸ αἷμα πάντων τῶν προφητῶν τὸ ἐκκεχυμένον **ἀπὸ καταβολῆς κόσμου**	
102						**ἀπὸ τῆς γενεᾶς ταύτης,**	
202		**ἀπὸ τοῦ αἵματος Ἅβελ τοῦ δικαίου** ἕως τοῦ αἵματος Ζαχαρίου υἱοῦ Βαραχίου, ὃν ἐφονεύσατε μεταξὺ τοῦ ναοῦ καὶ τοῦ θυσιαστηρίου.			Lk 11,51 (2)	**ἀπὸ αἵματος Ἅβελ** ἕως αἵματος Ζαχαρίου τοῦ ἀπολομένου μεταξὺ τοῦ θυσιαστηρίου καὶ τοῦ οἴκου·	
102	Mt 23,36	ἀμὴν λέγω ὑμῖν, ἥξει ταῦτα πάντα **ἐπὶ τὴν γενεὰν ταύτην.**				ναὶ λέγω ὑμῖν, ἐκζητηθήσεται **ἀπὸ τῆς γενεᾶς ταύτης.**	
222	Mt 16,6 ⇧ Mt 16,11	... ὁρᾶτε καὶ προσέχετε **ἀπὸ τῆς ζύμης** τῶν Φαρισαίων καὶ Σαδδουκαίων.	Mk 8,15	... ὁρᾶτε, βλέπετε **ἀπὸ τῆς ζύμης** τῶν Φαρισαίων καὶ τῆς ζύμης Ἡρῴδου.	Lk 12,1 ↑ Mt 16,12	... προσέχετε ἑαυτοῖς **ἀπὸ τῆς ζύμης,** ἥτις ἐστὶν ὑπόκρισις, τῶν Φαρισαίων.	
202	Mt 10,28	καὶ μὴ φοβεῖσθε **ἀπὸ τῶν ἀποκτεννόντων** τὸ σῶμα, ...			Lk 12,4	... μὴ φοβηθῆτε **ἀπὸ τῶν ἀποκτεινόντων** τὸ σῶμα ...	
002					Lk 12,15	... ὁρᾶτε καὶ φυλάσσεσθε **ἀπὸ πάσης πλεονεξίας,** ὅτι οὐκ ἐν τῷ περισσεύειν τινὶ ἡ ζωὴ αὐτοῦ ἐστιν ἐκ τῶν ὑπαρχόντων αὐτῷ.	
002					Lk 12,20	... ἄφρων, ταύτῃ τῇ νυκτὶ τὴν ψυχήν σου ἀπαιτοῦσιν **ἀπὸ σοῦ·** ἃ δὲ ἡτοίμασας, τίνι ἔσται;	→ GTh 63
d 002					Lk 12,52 → Mt 10,35 → Lk 12,53	ἔσονται γὰρ **ἀπὸ τοῦ νῦν** πέντε ἐν ἑνὶ οἴκῳ διαμεμερισμένοι, ...	→ GTh 16

002			**Lk 12,57**	τί δὲ καὶ **ἀφ' ἑαυτῶν** οὐ κρίνετε τὸ δίκαιον;	
102	**Mt 5,25** → Mt 18,34	ἴσθι εὐνοῶν **τῷ ἀντιδίκῳ σου** ταχὺ, ἕως ὅτου εἶ μετ' αὐτοῦ ἐν τῇ ὁδῷ, μήποτέ σε παραδῷ ὁ ἀντίδικος τῷ κριτῇ ...	**Lk 12,58**	ὡς γὰρ ὑπάγεις μετὰ τοῦ ἀντιδίκου σου ἐπ' ἄρχοντα, ἐν τῇ ὁδῷ δὸς ἐργασίαν ἀπηλλάχθαι **ἀπ' αὐτοῦ,** μήποτε κατασύρῃ σε πρὸς τὸν κριτήν, ...	
002			**Lk 13,7**	... ἰδοὺ τρία ἔτη **ἀφ' οὗ** ἔρχομαι ζητῶν καρπὸν ἐν τῇ συκῇ ταύτῃ καὶ οὐχ εὑρίσκω· ...	
002			**Lk 13,15** → Mt 12,11 → Lk 14,5	... ὑποκριταί, ἕκαστος ὑμῶν τῷ σαββάτῳ οὐ λύει τὸν βοῦν αὐτοῦ ἢ τὸν ὄνον **ἀπὸ τῆς φάτνης** καὶ ἀπαγαγὼν ποτίζει;	
002			**Lk 13,16** → Lk 4,18 → Lk 19,9	ταύτην δὲ θυγατέρα Ἀβραὰμ οὖσαν, ἣν ἔδησεν ὁ σατανᾶς ἰδοὺ δέκα καὶ ὀκτὼ ἔτη, οὐκ ἔδει λυθῆναι **ἀπὸ τοῦ δεσμοῦ** **τούτου** τῇ ἡμέρᾳ τοῦ σαββάτου;	→ **Acts 10,38**
002	**Mt 25,10**	... ἦλθεν ὁ νυμφίος, καὶ αἱ ἕτοιμοι εἰσῆλθον μετ' αὐτοῦ εἰς τοὺς γάμους καὶ ἐκλείσθη ἡ θύρα.	**Lk 13,25**	**ἀφ' οὗ** ἂν ἐγερθῇ ὁ οἰκοδεσπότης καὶ ἀποκλείσῃ τὴν θύραν ...	
202	**Mt 7,23** → Mt 13,41 → Mt 25,12 ↓ **Mt 25,41**	καὶ τότε ὁμολογήσω αὐτοῖς ὅτι οὐδέποτε ἔγνων ὑμᾶς· *ἀποχωρεῖτε* ***ἀπ' ἐμοῦ*** *οἱ ἐργαζόμενοι* *τὴν ἀνομίαν.* ➤ Ps 6,9/1Macc 3,6	**Lk 13,27**	καὶ ἐρεῖ λέγων ὑμῖν· οὐκ οἶδα [ὑμᾶς] πόθεν ἐστέ· *ἀπόστητε* ***ἀπ' ἐμοῦ,*** *πάντες ἐργάται* *ἀδικίας.* ➤ Ps 6,9/1Macc 3,6	
202 102	**Mt 8,11** → Lk 13,28	... πολλοὶ **ἀπὸ ἀνατολῶν** καὶ δυσμῶν ἥξουσιν καὶ ἀνακλιθήσονται μετὰ Ἀβραὰμ καὶ Ἰσαὰκ καὶ Ἰακὼβ ἐν τῇ βασιλείᾳ τῶν οὐρανῶν	**Lk 13,29** **(2)**	καὶ ἥξουσιν **ἀπὸ ἀνατολῶν** καὶ δυσμῶν καὶ **ἀπὸ βορρᾶ** καὶ νότου καὶ ἀνακλιθήσονται ἐν τῇ βασιλείᾳ τοῦ θεοῦ.	
102	**Mt 22,5**	οἱ δὲ ἀμελήσαντες ἀπῆλθον, ὃς μὲν εἰς τὸν ἴδιον ἀγρόν, ...	**Lk 14,18**	καὶ ἤρξαντο **ἀπὸ μιᾶς** πάντες παραιτεῖσθαι. ὁ πρῶτος εἶπεν αὐτῷ· ἀγρὸν ἠγόρασα καὶ ἔχω ἀνάγκην ἐξελθὼν ἰδεῖν αὐτόν· ...	→ GTh 64

002					**Lk 16,3**	... τί ποιήσω, ὅτι ὁ κύριός μου ἀφαιρεῖται τὴν οἰκονομίαν **ἀπ᾽ ἐμοῦ**; σκάπτειν οὐκ ἰσχύω, ἐπαιτεῖν αἰσχύνομαι.	
c 202	**Mt 11,12**	**ἀπὸ δὲ τῶν ἡμερῶν Ἰωάννου τοῦ βαπτιστοῦ** ἕως ἄρτι ἡ βασιλεία τῶν οὐρανῶν βιάζεται καὶ βιασταὶ ἁρπάζουσιν αὐτήν. [13] πάντες γὰρ οἱ προφῆται καὶ ὁ νόμος ἕως Ἰωάννου ἐπροφήτευσαν·			**Lk 16,16** → Mt 22,9 → Lk 14,23	ὁ νόμος καὶ οἱ προφῆται μέχρι Ἰωάννου· **ἀπὸ τότε** ἡ βασιλεία τοῦ θεοῦ εὐαγγελίζεται καὶ πᾶς εἰς αὐτὴν βιάζεται.	
102	**Mt 5,32** ⇩ Mt 19,9	... πᾶς ὁ ἀπολύων τὴν γυναῖκα αὐτοῦ παρεκτὸς λόγου πορνείας ποιεῖ αὐτὴν μοιχευθῆναι, καὶ ὃς ἐὰν ἀπολελυμένην γαμήσῃ, μοιχᾶται.			**Lk 16,18**	πᾶς ὁ ἀπολύων τὴν γυναῖκα αὐτοῦ καὶ γαμῶν ἑτέραν μοιχεύει, καὶ ὁ ἀπολελυμένην **ἀπὸ ἀνδρὸς** γαμῶν μοιχεύει.	→ 1Cor 7,10 → 1Cor 7,11 Mk-Q overlap
	Mt 19,9 ⇧ Mt 5,32	... ὃς ἂν ἀπολύσῃ τὴν γυναῖκα αὐτοῦ μὴ ἐπὶ πορνείᾳ καὶ γαμήσῃ ἄλλην μοιχᾶται.	**Mk 10,11**	... ὃς ἂν ἀπολύσῃ τὴν γυναῖκα αὐτοῦ καὶ γαμήσῃ ἄλλην μοιχᾶται ἐπ᾽ αὐτήν· [12] καὶ ἐὰν αὐτὴ ἀπολύσασα τὸν ἄνδρα αὐτῆς γαμήσῃ ἄλλον μοιχᾶται.			**→ 1Cor 7,10** → 1Cor 7,11
002 002					**Lk 16,21** **(2)**	καὶ ἐπιθυμῶν χορτασθῆναι **ἀπὸ τῶν πιπτόντων** **ἀπὸ τῆς τραπέζης** τοῦ πλουσίου· ...	
b 002					**Lk 16,23**	... ὁρᾷ Ἀβραὰμ **ἀπὸ μακρόθεν** καὶ Λάζαρον ἐν τοῖς κόλποις αὐτοῦ.	
002					**Lk 16,30**	... οὐχί, πάτερ Ἀβραάμ, ἀλλ᾽ ἐάν τις **ἀπὸ νεκρῶν** πορευθῇ πρὸς αὐτοὺς μετανοήσουσιν.	
002	**↑ Mt 16,21** → Mt 17,22-23 → Mt 20,18-19		↑ Mk 8,31 → Mk 9,31 → Mk 10,33-34		**Lk 17,25** **↑ Lk 9,22** → Lk 9,44 → Lk 18,31-33 → Lk 24,7 → Lk 24,26 → Lk 24,46	πρῶτον δὲ δεῖ αὐτὸν πολλὰ παθεῖν καὶ ἀποδοκιμασθῆναι **ἀπὸ τῆς γενεᾶς ταύτης**.	
002 002					**Lk 17,29** **(2)**	ᾗ δὲ ἡμέρᾳ ἐξῆλθεν Λὼτ **ἀπὸ Σοδόμων**, ἔβρεξεν πῦρ καὶ θεῖον **ἀπ᾽ οὐρανοῦ** καὶ ἀπώλεσεν πάντας.	
002					**Lk 18,3**	... ἐκδίκησόν με **ἀπὸ τοῦ ἀντιδίκου μου**.	

210	**Mt 19,1** → Lk 9,51	... μετῆρεν **ἀπὸ τῆς Γαλιλαίας** καὶ ἦλθεν εἰς τὰ ὅρια τῆς Ἰουδαίας πέραν τοῦ Ἰορδάνου.	**Mk 10,1** → Lk 9,51	καὶ **ἐκεῖθεν** ἀναστὰς ἔρχεται εἰς τὰ ὅρια τῆς Ἰουδαίας [καὶ] πέραν τοῦ Ἰορδάνου, ...			
220	**Mt 19,4**	... οὐκ ἀνέγνωτε ὅτι ὁ κτίσας **ἀπ' ἀρχῆς** *ἄρσεν καὶ θῆλυ* *ἐποίησεν αὐτούς;* ➤ Gen 1,27	**Mk 10,6** ↓ Mt 19,8	**ἀπὸ δὲ ἀρχῆς** κτίσεως *ἄρσεν καὶ θῆλυ* *ἐποίησεν αὐτούς·* ➤ Gen 1,27			
210	**Mt 19,8** ↑ Mk 10,6	... Μωϋσῆς πρὸς τὴν σκληροκαρδίαν ὑμῶν ἐπέτρεψεν ὑμῖν ἀπολῦσαι τὰς γυναῖκας ὑμῶν, **ἀπ' ἀρχῆς** δὲ οὐ γέγονεν οὕτως.	**Mk 10,5**	... πρὸς τὴν σκληροκαρδίαν ὑμῶν ἔγραψεν ὑμῖν τὴν ἐντολὴν ταύτην.			
200	**Mt 20,8**	... κάλεσον τοὺς ἐργάτας καὶ ἀπόδος αὐτοῖς τὸν μισθὸν ἀρξάμενος **ἀπὸ τῶν ἐσχάτων** ἕως τῶν πρώτων.					
002					**Lk 18,34** ↑ Lk 9,45	καὶ αὐτοὶ οὐδὲν τούτων συνῆκαν καὶ ἦν τὸ ῥῆμα τοῦτο κεκρυμμένον **ἀπ' αὐτῶν** καὶ οὐκ ἐγίνωσκον τὰ λεγόμενα.	
210	**Mt 20,20**	τότε προσῆλθεν αὐτῷ ἡ μήτηρ τῶν υἱῶν Ζεβεδαίου μετὰ τῶν υἱῶν αὐτῆς προσκυνοῦσα καὶ αἰτοῦσά τι **ἀπ' αὐτοῦ.**	**Mk 10,35**	καὶ προσπορεύονται αὐτῷ Ἰάκωβος καὶ Ἰωάννης οἱ υἱοὶ Ζεβεδαίου λέγοντες αὐτῷ· διδάσκαλε, θέλομεν ἵνα ὃ ἐὰν αἰτήσωμέν **σε** ποιήσῃς ἡμῖν.			
221	**Mt 20,29**	καὶ ἐκπορευομένων αὐτῶν **ἀπὸ Ἰεριχὼ ...**	**Mk 10,46**	καὶ ἔρχονται εἰς Ἰεριχώ. καὶ ἐκπορευομένου αὐτοῦ **ἀπὸ Ἰεριχὼ ...**	**Lk 18,35**	ἐγένετο δὲ ἐν τῷ ἐγγίζειν αὐτὸν εἰς Ἰεριχὼ ...	
002					**Lk 19,3**	καὶ ἐζήτει ἰδεῖν τὸν Ἰησοῦν τίς ἐστιν καὶ οὐκ ἠδύνατο **ἀπὸ τοῦ ὄχλου,** ὅτι τῇ ἡλικίᾳ μικρὸς ἦν.	
202	**Mt 25,28**	ἄρατε οὖν **ἀπ' αὐτοῦ** τὸ τάλαντον ...			**Lk 19,24**	... ἄρατε **ἀπ' αὐτοῦ** τὴν μνᾶν ...	
202	**Mt 25,29** ⇧ Mt 13,12	... τοῦ δὲ μὴ ἔχοντος καὶ ὃ ἔχει ἀρθήσεται **ἀπ' αὐτοῦ.**	Mk 4,25	... καὶ ὃς οὐκ ἔχει, καὶ ὃ ἔχει ἀρθήσεται ἀπ' αὐτοῦ.	**Lk 19,26** ⇧ Lk 8,18	**... ἀπὸ δὲ τοῦ** **μὴ ἔχοντος** καὶ ὃ ἔχει ἀρθήσεται.	→ GTh 41 Mk-Q overlap
211	**Mt 21,8**	ὁ δὲ πλεῖστος ὄχλος ἔστρωσαν ἑαυτῶν τὰ ἱμάτια ἐν τῇ ὁδῷ, ἄλλοι δὲ ἔκοπτον κλάδους **ἀπὸ τῶν δένδρων** καὶ ἐστρώννυον ἐν τῇ ὁδῷ.	**Mk 11,8**	καὶ πολλοὶ τὰ ἱμάτια αὐτῶν ἔστρωσαν εἰς τὴν ὁδόν, ἄλλοι δὲ στιβάδας κόψαντες **ἐκ τῶν ἀγρῶν.**	**Lk 19,36**	πορευομένου δὲ αὐτοῦ ὑπεστρώννυον τὰ ἱμάτια αὐτῶν ἐν τῇ ὁδῷ.	→ Jn 12,13

002					Lk 19,39 → Mt 21,15-16	καὶ τινες τῶν Φαρισαίων ἀπὸ τοῦ ὄχλου εἶπαν πρὸς αὐτόν· ...	→ Jn 12,19
002					Lk 19,42	λέγων ὅτι εἰ ἔγνως ἐν τῇ ἡμέρᾳ ταύτῃ καὶ σὺ τὰ πρὸς εἰρήνην· νῦν δὲ ἐκρύβη ἀπὸ ὀφθαλμῶν σου.	
200	Mt 21,11	οἱ δὲ ὄχλοι ἔλεγον· οὗτός ἐστιν ὁ προφήτης Ἰησοῦς ὁ ἀπὸ Ναζαρὲθ τῆς Γαλιλαίας.					
120	Mt 21,18	πρωῒ δὲ ἐπανάγων εἰς τὴν πόλιν ἐπείνασεν.	Mk 11,12	καὶ τῇ ἐπαύριον ἐξελθόντων αὐτῶν ἀπὸ Βηθανίας ἐπείνασεν.			
b 120	Mt 21,19 → Lk 13,6	καὶ ἰδὼν συκῆν μίαν ἐπὶ τῆς ὁδοῦ ἦλθεν ἐπ᾽ αὐτὴν ...	Mk 11,13 → Lk 13,6	καὶ ἰδὼν συκῆν ἀπὸ μακρόθεν ἔχουσαν φύλλα ἦλθεν, ...			
122	Mt 21,34 → Mk 12,5	ὅτε δὲ ἤγγισεν ὁ καιρὸς τῶν καρπῶν, ἀπέστειλεν τοὺς δούλους αὐτοῦ πρὸς τοὺς γεωργοὺς λαβεῖν τοὺς καρποὺς αὐτοῦ.	Mk 12,2	καὶ ἀπέστειλεν πρὸς τοὺς γεωργοὺς τῷ καιρῷ δοῦλον ἵνα παρὰ τῶν γεωργῶν λάβῃ ἀπὸ τῶν καρπῶν τοῦ ἀμπελῶνος·	Lk 20,10	καὶ καιρῷ ἀπέστειλεν πρὸς τοὺς γεωργοὺς δοῦλον ἵνα ἀπὸ τοῦ καρποῦ τοῦ ἀμπελῶνος δώσουσιν αὐτῷ· ...	→ GTh 21 → GTh 65
200	Mt 21,43 → Mt 21,41	διὰ τοῦτο λέγω ὑμῖν ὅτι ἀρθήσεται ἀφ᾽ ὑμῶν ἡ βασιλεία τοῦ θεοῦ ...					
021			Mk 12,34	... οὐ μακρὰν εἶ ἀπὸ τῆς βασιλείας τοῦ θεοῦ. ...	Lk 10,28	... ὀρθῶς ἀπεκρίθης· τοῦτο ποίει καὶ ζήσῃ.	
211	Mt 22,46	... οὐδὲ ἐτόλμησέν τις ἀπ᾽ ἐκείνης τῆς ἡμέρας ἐπερωτῆσαι αὐτὸν οὐκέτι.	Mk 12,34	... καὶ οὐδεὶς οὐκέτι ἐτόλμα αὐτὸν ἐπερωτῆσαι.	Lk 20,40	οὐκέτι γὰρ ἐτόλμων ἐπερωτᾶν αὐτὸν οὐδέν.	
122	Mt 23,6	[2] λέγων· ἐπὶ τῆς Μωϋσέως καθέδρας ἐκάθισαν οἱ γραμματεῖς καὶ οἱ Φαρισαῖοι. ... [6] φιλοῦσιν δὲ τὴν πρωτοκλισίαν ἐν τοῖς δείπνοις ↔	Mk 12,38	καὶ ἐν τῇ διδαχῇ αὐτοῦ ἔλεγεν· βλέπετε ἀπὸ τῶν γραμματέων τῶν θελόντων ἐν στολαῖς περιπατεῖν καὶ ἀσπασμοὺς ἐν ταῖς ἀγοραῖς [39] καὶ πρωτοκαθεδρίας ἐν ταῖς συναγωγαῖς καὶ πρωτοκλισίας ἐν τοῖς δείπνοις	Lk 20,46 ⇩ Lk 11,43	προσέχετε ἀπὸ τῶν γραμματέων τῶν θελόντων περιπατεῖν ἐν στολαῖς καὶ φιλούντων ἀσπασμοὺς ἐν ταῖς ἀγοραῖς καὶ πρωτοκαθεδρίας ἐν ταῖς συναγωγαῖς καὶ πρωτοκλισίας ἐν τοῖς δείπνοις	Mk-Q overlap
	Mt 23,6	↔ καὶ τὰς πρωτοκαθεδρίας ἐν ταῖς συναγωγαῖς [7] καὶ τοὺς ἀσπασμοὺς ἐν ταῖς ἀγοραῖς ...			Lk 11,43 ⇧ Lk 20,46	οὐαὶ ὑμῖν τοῖς Φαρισαίοις, ὅτι ἀγαπᾶτε τὴν πρωτοκαθεδρίαν ἐν ταῖς συναγωγαῖς καὶ τοὺς ἀσπασμοὺς ἐν ταῖς ἀγοραῖς.	
200	Mt 23,33 ↑ Mt 3,7 ↑ Lk 3,7 → Mt 12,34	ὄφεις, γεννήματα ἐχιδνῶν, πῶς φύγητε ἀπὸ τῆς κρίσεως τῆς γεέννης;					

201	**Mt 23,34** ↑ Mt 10,17 → Mt 10,23	διὰ τοῦτο ἰδοὺ ἐγὼ ἀποστέλλω πρὸς ὑμᾶς προφήτας καὶ σοφοὺς καὶ γραμματεῖς· ἐξ αὐτῶν ἀποκτενεῖτε καὶ σταυρώσετε καὶ ἐξ αὐτῶν μαστιγώσετε ἐν ταῖς συναγωγαῖς ὑμῶν καὶ διώξετε **ἀπὸ πόλεως** εἰς πόλιν·			**Lk 11,49**	διὰ τοῦτο καὶ ἡ σοφία τοῦ θεοῦ εἶπεν· ἀποστελῶ εἰς αὐτοὺς προφήτας καὶ ἀποστόλους, καὶ ἐξ αὐτῶν ἀποκτενοῦσιν καὶ διώξουσιν	
202	**Mt 23,35**	ὅπως ἔλθη ἐφ᾽ ὑμᾶς πᾶν αἷμα δίκαιον ἐκχυννόμενον ἐπὶ τῆς γῆς **ἀπὸ τοῦ αἵματος** **Ἅβελ τοῦ δικαίου** ἕως τοῦ αἵματος Ζαχαρίου ...			**Lk 11,51** **(2)**	[50] ἵνα ἐκζητηθῇ τὸ αἷμα πάντων τῶν προφητῶν τὸ ἐκκεχυμένον ἀπὸ καταβολῆς κόσμου ἀπὸ τῆς γενεᾶς ταύτης, [51] **ἀπὸ αἵματος** **Ἅβελ** ἕως αἵματος Ζαχαρίου ...	
a 201	**Mt 23,39**	λέγω γὰρ ὑμῖν, οὐ μή με ἴδητε **ἀπ᾽ ἄρτι** ἕως ἂν εἴπητε· *εὐλογημένος ὁ ἐρχόμενος* *ἐν ὀνόματι κυρίου.* ➤ Ps 118,26			**Lk 13,35**	... λέγω [δὲ] ὑμῖν, οὐ μὴ ἴδητέ με ἕως [ἥξει ὅτε] εἴπητε· *εὐλογημένος ὁ ἐρχόμενος* *ἐν ὀνόματι κυρίου.* ➤ Ps 118,26	
211	**Mt 24,1**	καὶ ἐξελθὼν ὁ Ἰησοῦς **ἀπὸ τοῦ ἱεροῦ** ἐπορεύετο, καὶ προσῆλθον οἱ μαθηταὶ αὐτοῦ ἐπιδεῖξαι αὐτῷ τὰς οἰκοδομὰς τοῦ ἱεροῦ.	**Mk 13,1**	καὶ ἐκπορευομένου αὐτοῦ **ἐκ τοῦ ἱεροῦ** λέγει αὐτῷ εἷς τῶν μαθητῶν αὐτοῦ· διδάσκαλε, ἴδε ποταποὶ λίθοι καὶ ποταπαὶ οἰκοδομαί.	**Lk 21,5**	καί τινων λεγόντων **περὶ τοῦ ἱεροῦ** ὅτι λίθοις καλοῖς καὶ ἀναθήμασιν κεκόσμηται ...	
112	**Mt 24,7**	... καὶ ἔσονται λιμοὶ καὶ σεισμοὶ κατὰ τόπους·	**Mk 13,8**	... ἔσονται σεισμοὶ κατὰ τόπους, ἔσονται λιμοί· ...	**Lk 21,11** ↓ Lk 21,25	σεισμοί τε μεγάλοι καὶ κατὰ τόπους λιμοὶ καὶ λοιμοὶ ἔσονται, φόβητρά τε καὶ **ἀπ᾽ οὐρανοῦ** σημεῖα μεγάλα ἔσται.	→ Acts 2,19
221	**Mt 24,21**	ἔσται γὰρ τότε θλῖψις μεγάλη οἵα οὐ γέγονεν **ἀπ᾽ ἀρχῆς κόσμου** ἕως τοῦ νῦν οὐδ᾽ οὐ μὴ γένηται.	**Mk 13,19**	ἔσονται γὰρ αἱ ἡμέραι ἐκεῖναι θλῖψις οἵα οὐ γέγονεν τοιαύτη **ἀπ᾽ ἀρχῆς κτίσεως** ἣν ἔκτισεν ὁ θεὸς ἕως τοῦ νῦν καὶ οὐ μὴ γένηται.	**Lk 21,23**	... ἔσται γὰρ ἀνάγκη μεγάλη ἐπὶ τῆς γῆς καὶ ὀργὴ τῷ λαῷ τούτῳ	
201	**Mt 24,27**	ὥσπερ γὰρ ἡ ἀστραπὴ ἐξέρχεται **ἀπὸ ἀνατολῶν** καὶ φαίνεται ἕως δυσμῶν, ...			**Lk 17,24**	ὥσπερ γὰρ ἡ ἀστραπὴ ἀστράπτουσα **ἐκ τῆς ὑπὸ τὸν** **οὐρανὸν** εἰς τὴν ὑπ᾽ οὐρανὸν λάμπει, ...	

211	**Mt 24,29**	... *ὁ ἥλιος σκοτισθήσεται, καὶ ἡ σελήνη οὐ δώσει τὸ φέγγος αὐτῆς, καὶ οἱ ἀστέρες πεσοῦνται* **ἀπὸ τοῦ οὐρανοῦ,**	**Mk 13,25**	[24] ... *ὁ ἥλιος σκοτισθήσεται, καὶ ἡ σελήνη οὐ δώσει τὸ φέγγος αὐτῆς,* [25] *καὶ οἱ ἀστέρες ἔσονται* **ἐκ τοῦ οὐρανοῦ** *πίπτοντες,*	**Lk 21,25** ↑ Lk 21,11	καὶ ἔσονται σημεῖα ἐν ἡλίῳ καὶ σελήνῃ καὶ ἄστροις, καὶ ἐπὶ τῆς γῆς συνοχὴ ἐθνῶν ἐν ἀπορίᾳ ἤχους θαλάσσης καὶ σάλου,	→ Acts 2,19
112		*καὶ αἱ δυνάμεις τῶν οὐρανῶν* σαλευθήσονται. ➤ Isa 13,10; 34,4		*καὶ αἱ δυνάμεις αἱ ἐν τοῖς οὐρανοῖς* σαλευθήσονται. ➤ Isa 13,10; 34,4	**Lk 21,26**	ἀποψυχόντων ἀνθρώπων **ἀπὸ φόβου** καὶ προσδοκίας τῶν ἐπερχομένων τῇ οἰκουμένῃ, *αἱ* γὰρ *δυνάμεις τῶν οὐρανῶν* σαλευθήσονται. ➤ Isa 34,4	
220	**Mt 24,31** → Mt 13,41	καὶ ἀποστελεῖ τοὺς ἀγγέλους αὐτοῦ μετὰ σάλπιγγος μεγάλης, καὶ ἐπισυνάξουσιν τοὺς ἐκλεκτοὺς αὐτοῦ ἐκ τῶν τεσσάρων ἀνέμων **ἀπ' ἄκρων οὐρανῶν** ἕως [τῶν] ἄκρων αὐτῶν.	**Mk 13,27**	καὶ τότε ἀποστελεῖ τοὺς ἀγγέλους καὶ ἐπισυνάξει τοὺς ἐκλεκτοὺς [αὐτοῦ] ἐκ τῶν τεσσάρων ἀνέμων **ἀπ' ἄκρου γῆς** ἕως ἄκρου οὐρανοῦ.			
221	**Mt 24,32**	**ἀπὸ δὲ τῆς συκῆς** μάθετε τὴν παραβολήν·	**Mk 13,28**	**ἀπὸ δὲ τῆς συκῆς** μάθετε τὴν παραβολήν·	**Lk 21,29**	καὶ εἶπεν παραβολὴν αὐτοῖς· ἴδετε **τὴν συκῆν** καὶ πάντα τὰ δένδρα·	
112		ὅταν ἤδη ὁ κλάδος αὐτῆς γένηται ἁπαλὸς καὶ τὰ φύλλα ἐκφύῃ, γινώσκετε ὅτι ἐγγὺς τὸ θέρος·		ὅταν ἤδη ὁ κλάδος αὐτῆς ἁπαλὸς γένηται καὶ ἐκφύῃ τὰ φύλλα, γινώσκετε ὅτι ἐγγὺς τὸ θέρος ἐστίν·	**Lk 21,30**	ὅταν προβάλωσιν ἤδη, βλέποντες **ἀφ' ἑαυτῶν** γινώσκετε ὅτι ἤδη ἐγγὺς τὸ θέρος ἐστίν·	
202	**Mt 25,28**	ἄρατε οὖν **ἀπ' αὐτοῦ** τὸ τάλαντον ...			**Lk 19,24**	... ἄρατε **ἀπ' αὐτοῦ** τὴν μνᾶν ...	
202	**Mt 25,29** ⇧ Mt 13,12	... τοῦ δὲ μὴ ἔχοντος καὶ ὃ ἔχει ἀρθήσεται **ἀπ' αὐτοῦ.**	**Mk 4,25**	... καὶ ὃς οὐκ ἔχει, καὶ ὃ ἔχει ἀρθήσεται **ἀπ' αὐτοῦ.**	**Lk 19,26** ⇧ Lk 8,18	**... ἀπὸ δὲ τοῦ μὴ ἔχοντος** καὶ ὃ ἔχει ἀρθήσεται.	→ GTh 41 Mk-Q overlap
200 200	**Mt 25,32** **(2)**	καὶ συναχθήσονται ἔμπροσθεν αὐτοῦ πάντα τὰ ἔθνη, καὶ ἀφορίσει αὐτοὺς **ἀπ' ἀλλήλων,** ὥσπερ ὁ ποιμὴν ἀφορίζει τὰ πρόβατα **ἀπὸ τῶν ἐρίφων**					
200	**Mt 25,34**	... κληρονομήσατε τὴν ἡτοιμασμένην ὑμῖν βασιλείαν **ἀπὸ καταβολῆς κόσμου·**					
200	**Mt 25,41** ↑ Mt 7,23 ↑ Lk 13,27	... πορεύεσθε **ἀπ' ἐμοῦ** [οἱ] κατηραμένοι εἰς τὸ πῦρ τὸ αἰώνιον ...					

c 211	Mt 26,16	καὶ **ἀπὸ τότε** ἐζήτει εὐκαιρίαν ἵνα αὐτὸν παραδῷ.	Mk 14,11	... καὶ ἐζήτει πῶς αὐτὸν εὐκαίρως παραδοῖ.	Lk 22,6	... καὶ ἐζήτει εὐκαιρίαν τοῦ παραδοῦναι αὐτὸν ἄτερ ὄχλου αὐτοῖς.	
a d 212 112	Mt 26,29	λέγω δὲ ὑμῖν, οὐ μὴ πίω **ἀπ' ἄρτι** **ἐκ τούτου τοῦ γενήματος τῆς ἀμπέλου** ἕως τῆς ἡμέρας ἐκείνης ὅταν αὐτὸ πίνω μεθ' ὑμῶν καινὸν ἐν τῇ βασιλείᾳ τοῦ πατρός μου.	Mk 14,25	ἀμὴν λέγω ὑμῖν ὅτι οὐκέτι οὐ μὴ πίω **ἐκ τοῦ γενήματος τῆς ἀμπέλου** ἕως τῆς ἡμέρας ἐκείνης ὅταν αὐτὸ πίνω καινὸν ἐν τῇ βασιλείᾳ τοῦ θεοῦ.	Lk 22,18 (2) → Lk 22,16	λέγω γὰρ ὑμῖν, [ὅτι] οὐ μὴ πίω **ἀπὸ τοῦ νῦν** **ἀπὸ τοῦ γενήματος τῆς ἀμπέλου** ἕως οὗ ἡ βασιλεία τοῦ θεοῦ ἔλθῃ.	
112 121	Mt 26,39	καὶ προελθὼν μικρὸν ἔπεσεν ἐπὶ πρόσωπον αὐτοῦ προσευχόμενος	Mk 14,35	καὶ προελθὼν μικρὸν ἔπιπτεν ἐπὶ τῆς γῆς καὶ προσηύχετο ἵνα εἰ δυνατόν ἐστιν παρέλθῃ **ἀπ' αὐτοῦ** ἡ ὥρα,	Lk 22,41	καὶ αὐτὸς ἀπεσπάσθη **ἀπ' αὐτῶν** ὡσεὶ λίθου βολὴν καὶ θεὶς τὰ γόνατα προσηύχετο	
222		καὶ λέγων· πάτερ μου, εἰ δυνατόν ἐστιν, παρελθάτω **ἀπ' ἐμοῦ** τὸ ποτήριον τοῦτο· πλὴν οὐχ ὡς ἐγὼ θέλω ἀλλ' ὡς σύ.	Mk 14,36	καὶ ἔλεγεν· αββα ὁ πατήρ, πάντα δυνατά σοι· παρένεγκε τὸ ποτήριον τοῦτο **ἀπ' ἐμοῦ·** ἀλλ' οὐ τί ἐγὼ θέλω ἀλλὰ τί σύ.	Lk 22,42 → Mt 26,42	λέγων· πάτερ, εἰ βούλει παρένεγκε τοῦτο τὸ ποτήριον **ἀπ' ἐμοῦ·** πλὴν μὴ τὸ θέλημά μου ἀλλὰ τὸ σὸν γινέσθω.	→ Jn 18,11
002					Lk 22,43	[[ὤφθη δὲ αὐτῷ ἄγγελος **ἀπ' οὐρανοῦ** ἐνισχύων αὐτόν.]]	Lk 22,43 is textcritically uncertain.
112 112	Mt 26,40	καὶ ἔρχεται πρὸς τοὺς μαθητὰς καὶ εὑρίσκει αὐτοὺς καθεύδοντας, ...	Mk 14,37	καὶ ἔρχεται καὶ εὑρίσκει αὐτοὺς καθεύδοντας, ...	Lk 22,45 (2)	καὶ ἀναστὰς **ἀπὸ τῆς προσευχῆς** ἐλθὼν πρὸς τοὺς μαθητὰς εὗρεν κοιμωμένους αὐτοὺς **ἀπὸ τῆς λύπης**	
211	Mt 26,47	... ἰδοὺ Ἰούδας εἷς τῶν δώδεκα ἦλθεν καὶ μετ' αὐτοῦ ὄχλος πολὺς μετὰ μαχαιρῶν καὶ ξύλων **ἀπὸ τῶν ἀρχιερέων** **καὶ πρεσβυτέρων** **τοῦ λαοῦ.**	Mk 14,43	... παραγίνεται Ἰούδας εἷς τῶν δώδεκα καὶ μετ' αὐτοῦ ὄχλος μετὰ μαχαιρῶν καὶ ξύλων **παρὰ τῶν ἀρχιερέων** **καὶ τῶν γραμματέων** **καὶ τῶν πρεσβυτέρων.**	Lk 22,47	... ἰδοὺ ὄχλος, καὶ ὁ λεγόμενος Ἰούδας εἷς τῶν δώδεκα προήρχετο αὐτοὺς ...	→ Jn 18,3
					Lk 22,52	εἶπεν δὲ Ἰησοῦς πρὸς τοὺς παραγενομένους ἐπ' αὐτὸν **ἀρχιερεῖς καὶ** **στρατηγοὺς τοῦ ἱεροῦ** **καὶ πρεσβυτέρους· ...**	→ Jn 18,3
b 221	Mt 26,58	ὁ δὲ Πέτρος ἠκολούθει αὐτῷ **ἀπὸ μακρόθεν ...**	Mk 14,54	καὶ ὁ Πέτρος **ἀπὸ μακρόθεν** ἠκολούθησεν αὐτῷ ...	Lk 22,54	... ὁ δὲ Πέτρος ἠκολούθει **μακρόθεν.**	→ Jn 18,15

a 212	**Mt 26,64** → Mt 22,44	... πλὴν λέγω ὑμῖν· **ἀπ᾽ ἄρτι** ὄψεσθε *τὸν υἱὸν τοῦ ἀνθρώπου* καθήμενον ἐκ δεξιῶν τῆς δυνάμεως ... ➤ Dan 7,13	**Mk 14,62** → Mk 12,36	... καὶ ὄψεσθε *τὸν υἱὸν τοῦ ἀνθρώπου* ἐκ δεξιῶν καθήμενον τῆς δυνάμεως ... ➤ Dan 7,13	**Lk 22,69** → Lk 20,42	**ἀπὸ τοῦ νῦν** δὲ ἔσται ὁ υἱὸς τοῦ ἀνθρώπου καθήμενος ἐκ δεξιῶν τῆς δυνάμεως τοῦ θεοῦ.	→ Acts 7,56
112	**Mt 26,65**	... ἐβλασφήμησεν· τί ἔτι χρείαν ἔχομεν μαρτύρων; ἴδε νῦν ἠκούσατε τὴν βλασφημίαν·	**Mk 14,64**	[63] ... τί ἔτι χρείαν ἔχομεν μαρτύρων; [64] ἠκούσατε τῆς βλασφημίας· ...	**Lk 22,71**	... τί ἔτι ἔχομεν μαρτυρίας χρείαν; αὐτοὶ γὰρ ἠκούσαμεν **ἀπὸ τοῦ στόματος αὐτοῦ.**	
200	**Mt 27,9**	τότε ἐπληρώθη τὸ ῥηθὲν διὰ Ἰερεμίου τοῦ προφήτου λέγοντος· *καὶ ἔλαβον τὰ τριάκοντα ἀργύρια, τὴν τιμὴν τοῦ τετιμημένου ὃν ἐτιμήσαντο* **ἀπὸ υἱῶν Ἰσραήλ** ➤ Zech 11,13					
002					**Lk 23,5**	οἱ δὲ ἐπίσχυον λέγοντες ὅτι ἀνασείει τὸν λαὸν διδάσκων καθ᾽ ὅλης τῆς Ἰουδαίας, καὶ ἀρξάμενος **ἀπὸ τῆς Γαλιλαίας** ἕως ὧδε.	→ Acts 1,22 → Acts 10,37
200	**Mt 27,21**	ἀποκριθεὶς δὲ ὁ ἡγεμὼν εἶπεν αὐτοῖς· τίνα θέλετε **ἀπὸ τῶν δύο** ἀπολύσω ὑμῖν; οἱ δὲ εἶπαν· τὸν Βαραββᾶν.	**Mk 15,12**	ὁ δὲ Πιλᾶτος πάλιν ἀποκριθεὶς ἔλεγεν αὐτοῖς· τί οὖν [θέλετε] ποιήσω [ὃν λέγετε] τὸν βασιλέα τῶν Ἰουδαίων;			
200	**Mt 27,24**	... λαβὼν ὕδωρ ἀπενίψατο τὰς χεῖρας ἀπέναντι τοῦ ὄχλου λέγων· ἀθῷός εἰμι **ἀπὸ τοῦ αἵματος τούτου·** ὑμεῖς ὄψεσθε.					→ Acts 18,6 → Acts 20,26
122	**Mt 27,32**	ἐξερχόμενοι δὲ εὗρον ἄνθρωπον Κυρηναῖον ὀνόματι Σίμωνα, τοῦτον ἠγγάρευσαν ἵνα ἄρῃ τὸν σταυρὸν αὐτοῦ.	**Mk 15,21**	καὶ ἀγγαρεύουσιν παράγοντά τινα Σίμωνα Κυρηναῖον ἐρχόμενον **ἀπ᾽ ἀγροῦ,** τὸν πατέρα Ἀλεξάνδρου καὶ Ῥούφου, ἵνα ἄρῃ τὸν σταυρὸν αὐτοῦ.	**Lk 23,26**	... ἐπιλαβόμενοι Σίμωνά τινα Κυρηναῖον ἐρχόμενον **ἀπ᾽ ἀγροῦ** ἐπέθηκαν αὐτῷ τὸν σταυρὸν φέρειν ὄπισθεν τοῦ Ἰησοῦ.	
220	**Mt 27,40** → Mt 4,3.6	[39] οἱ δὲ παραπορευόμενοι ... [40] καὶ λέγοντες· ... σῶσον σεαυτόν, εἰ υἱὸς εἶ τοῦ θεοῦ, [καὶ] κατάβηθι **ἀπὸ τοῦ σταυροῦ.**	**Mk 15,30**	[29] καὶ οἱ παραπορευόμενοι ... καὶ λέγοντες· ... [30] σῶσον σεαυτὸν καταβὰς **ἀπὸ τοῦ σταυροῦ.**	**Lk 23,37**	[36] ... οἱ στρατιῶται προσερχόμενοι, ... [37] καὶ λέγοντες· εἰ σὺ εἶ ὁ βασιλεὺς τῶν Ἰουδαίων, σῶσον σεαυτόν.	
221	**Mt 27,42** → Lk 23,37	[41] ὁμοίως καὶ οἱ ἀρχιερεῖς ἐμπαίζοντες μετὰ τῶν γραμματέων καὶ πρεσβυτέρων ἔλεγον· [42] ἄλλους ἔσωσεν, ἑαυτὸν οὐ δύναται σῶσαι· βασιλεὺς Ἰσραήλ ἐστιν, καταβάτω νῦν **ἀπὸ τοῦ σταυροῦ** καὶ πιστεύσομεν ἐπ᾽ αὐτόν.	**Mk 15,32** → Lk 23,37	[31] ὁμοίως καὶ οἱ ἀρχιερεῖς ἐμπαίζοντες πρὸς ἀλλήλους μετὰ τῶν γραμματέων ἔλεγον· ἄλλους ἔσωσεν, ἑαυτὸν οὐ δύναται σῶσαι· [32] ὁ χριστὸς ὁ βασιλεὺς Ἰσραὴλ καταβάτω νῦν **ἀπὸ τοῦ σταυροῦ,** ἵνα ἴδωμεν καὶ πιστεύσωμεν. ...	**Lk 23,35** → Lk 22,67 → Lk 23,39	... ἐξεμυκτήριζον δὲ καὶ οἱ ἄρχοντες λέγοντες· ἄλλους ἔσωσεν, σωσάτω ἑαυτόν, εἰ οὗτός ἐστιν ὁ χριστὸς τοῦ θεοῦ ὁ ἐκλεκτός.	

211	Mt 27,45	ἀπὸ δὲ ἕκτης ὥρας σκότος ἐγένετο ἐπὶ πᾶσαν τὴν γῆν ἕως ὥρας ἐνάτης.	Mk 15,33	καὶ γενομένης ὥρας ἕκτης σκότος ἐγένετο ἐφ' ὅλην τὴν γῆν ἕως ὥρας ἐνάτης.	Lk 23,44 ↓ Lk 23,45	καὶ ἦν ἤδη ὡσεὶ ὥρα ἕκτη καὶ σκότος ἐγένετο ἐφ' ὅλην τὴν γῆν ἕως ὥρας ἐνάτης	
221	Mt 27,51	καὶ ἰδοὺ τὸ καταπέτασμα τοῦ ναοῦ ἐσχίσθη ἀπ' ἄνωθεν ἕως κάτω εἰς δύο ...	Mk 15,38	καὶ τὸ καταπέτασμα τοῦ ναοῦ ἐσχίσθη εἰς δύο ἀπ' ἄνωθεν ἕως κάτω.	Lk 23,45	... ἐσχίσθη δὲ τὸ καταπέτασμα τοῦ ναοῦ μέσον.	
b 222	Mt 27,55 (2)	ἦσαν δὲ ἐκεῖ γυναῖκες πολλαὶ ἀπὸ μακρόθεν θεωροῦσαι,	Mk 15,40	ἦσαν δὲ καὶ γυναῖκες ἀπὸ μακρόθεν θεωροῦσαι, ...	Lk 23,49 (2)	εἱστήκεισαν δὲ πάντες οἱ γνωστοὶ αὐτῷ ἀπὸ μακρόθεν	
212		αἵτινες ἠκολούθησαν τῷ Ἰησοῦ ἀπὸ τῆς Γαλιλαίας διακονοῦσαι αὐτῷ·	Mk 15,41	αἳ ὅτε ἦν ἐν τῇ Γαλιλαίᾳ ἠκολούθουν αὐτῷ καὶ διηκόνουν αὐτῷ, ...	↑ Lk 8,2	καὶ γυναῖκες αἱ συνακολουθοῦσαι αὐτῷ ἀπὸ τῆς Γαλιλαίας ὁρῶσαι ταῦτα.	
222	Mt 27,57	ὀψίας δὲ γενομένης ἦλθεν ἄνθρωπος πλούσιος ἀπὸ Ἁριμαθαίας, τοὔνομα Ἰωσήφ, ...	Mk 15,43	ἐλθὼν Ἰωσὴφ [ὁ] ἀπὸ Ἁριμαθαίας εὐσχήμων βουλευτής, ...	Lk 23,51	[50] καὶ ἰδοὺ ἀνὴρ ὀνόματι Ἰωσὴφ βουλευτὴς ὑπάρχων ... [51] ... ἀπὸ Ἁριμαθαίας πόλεως τῶν Ἰουδαίων, ...	→ Jn 19,38
120	Mt 27,58	... τότε ὁ Πιλᾶτος ἐκέλευσεν ἀποδοθῆναι.	Mk 15,45	καὶ γνοὺς ἀπὸ τοῦ κεντυρίωνος ἐδωρήσατο τὸ πτῶμα τῷ Ἰωσήφ.			
200	Mt 27,64 ↓ Mt 28,7	... μήποτε ἐλθόντες οἱ μαθηταὶ αὐτοῦ κλέψωσιν αὐτὸν καὶ εἴπωσιν τῷ λαῷ· ἠγέρθη ἀπὸ τῶν νεκρῶν, καὶ ἔσται ἡ ἐσχάτη πλάνη χείρων τῆς πρώτης.					
012	Mt 28,2	... ἄγγελος γὰρ κυρίου καταβὰς ἐξ οὐρανοῦ καὶ προσελθὼν ἀπεκύλισεν τὸν λίθον καὶ ἐκάθητο ἐπάνω αὐτοῦ.	Mk 16,4	καὶ ἀναβλέψασαι θεωροῦσιν ὅτι ἀποκεκύλισται ὁ λίθος· ἦν γὰρ μέγας σφόδρα.	Lk 24,2	εὗρον δὲ τὸν λίθον ἀποκεκυλισμένον ἀπὸ τοῦ μνημείου	→ Jn 20,1
200	Mt 28,4	ἀπὸ δὲ τοῦ φόβου αὐτοῦ ἐσείσθησαν οἱ τηροῦντες καὶ ἐγενήθησαν ὡς νεκροί.	Mk 16,5	... καὶ ἐξεθαμβήθησαν.	Lk 24,5	ἐμφόβων δὲ γενομένων αὐτῶν ...	
210	Mt 28,7 → Mt 26,32 ↑ Mt 27,64 → Mt 28,10.16	καὶ ταχὺ πορευθεῖσαι εἴπατε τοῖς μαθηταῖς αὐτοῦ ὅτι ἠγέρθη ἀπὸ τῶν νεκρῶν, καὶ ἰδοὺ προάγει ὑμᾶς εἰς τὴν Γαλιλαίαν, ...	Mk 16,7 → Mk 14,28	ἀλλὰ ὑπάγετε εἴπατε τοῖς μαθηταῖς αὐτοῦ καὶ τῷ Πέτρῳ ὅτι προάγει ὑμᾶς εἰς τὴν Γαλιλαίαν· ...			→ Jn 20,17 → Jn 21,1
222	Mt 28,8	καὶ ἀπελθοῦσαι ταχὺ ἀπὸ τοῦ μνημείου μετὰ φόβου καὶ χαρᾶς μεγάλης ἔδραμον ἀπαγγεῖλαι τοῖς μαθηταῖς αὐτοῦ.	Mk 16,8	καὶ ἐξελθοῦσαι ἔφυγον ἀπὸ τοῦ μνημείου, εἶχεν γὰρ αὐτὰς τρόμος καὶ ἔκστασις· καὶ οὐδενὶ οὐδὲν εἶπαν· ἐφοβοῦντο γάρ.	Lk 24,9	καὶ ὑποστρέψασαι ἀπὸ τοῦ μνημείου ἀπήγγειλαν ταῦτα πάντα τοῖς ἕνδεκα καὶ πᾶσιν τοῖς λοιποῖς.	→ Jn 20,2.18

002		**Lk 24,13**	καὶ ἰδοὺ δύο ἐξ αὐτῶν ἐν αὐτῇ τῇ ἡμέρᾳ ἦσαν πορευόμενοι εἰς κώμην ἀπέχουσαν σταδίους ἑξήκοντα **ἀπὸ Ἰερουσαλήμ,** ᾗ ὄνομα Ἐμμαοῦς	
002		**Lk 24,21**	... ἀλλά γε καὶ σὺν πᾶσιν τούτοις τρίτην ταύτην ἡμέραν ἄγει **ἀφ' οὗ** ταῦτα ἐγένετο.	
002 002		**Lk 24,27** (2)	καὶ ἀρξάμενος **ἀπὸ Μωϋσέως** καὶ **ἀπὸ πάντων** **τῶν προφητῶν** διερμήνευσεν αὐτοῖς ἐν πάσαις ταῖς γραφαῖς τὰ περὶ ἑαυτοῦ.	
002		**Lk 24,31**	αὐτῶν δὲ διηνοίχθησαν οἱ ὀφθαλμοὶ καὶ ἐπέγνωσαν αὐτόν· καὶ αὐτὸς ἄφαντος ἐγένετο **ἀπ' αὐτῶν.**	
002		**Lk 24,41**	ἔτι δὲ ἀπιστούντων αὐτῶν **ἀπὸ τῆς χαρᾶς** καὶ θαυμαζόντων εἶπεν αὐτοῖς· ἔχετέ τι βρώσιμον ἐνθάδε;	→ Jn 20,20.27 → Jn 21,5
002		**Lk 24,47** → Mt 28,19-20	... ἀρξάμενοι **ἀπὸ Ἰερουσαλήμ·**	
002		**Lk 24,51** → Lk 9,51	καὶ ἐγένετο ἐν τῷ εὐλογεῖν αὐτὸν αὐτοὺς διέστη **ἀπ' αὐτῶν** καὶ ἀνεφέρετο εἰς τὸν οὐρανόν.	→ Acts 1,2 → **Acts 1,9** → **Acts 1,11.22**

Acts 1,4 καὶ συναλιζόμενος παρήγγειλεν αὐτοῖς **ἀπὸ Ἱεροσολύμων** μὴ χωρίζεσθαι ...

Acts 1,9 (→ Lk 9,51; → **Lk 24,51**) καὶ ταῦτα εἰπὼν βλεπόντων αὐτῶν ἐπήρθη καὶ νεφέλη ὑπέλαβεν αὐτὸν **ἀπὸ τῶν ὀφθαλμῶν αὐτῶν.**

Acts 1,11 (→ Lk 9,51; → **Lk 24,51**) ... οὗτος ὁ Ἰησοῦς ὁ ἀναλημφθεὶς **ἀφ' ὑμῶν** εἰς τὸν οὐρανὸν ...

Acts 1,12 (→ Lk 24,52) τότε ὑπέστρεψαν εἰς Ἰερουσαλὴμ **ἀπὸ ὄρους τοῦ καλουμένου Ἐλαιῶνος, ...**

Acts 1,22 (2) (→ **Lk 23,5**) ἀρξάμενος **ἀπὸ τοῦ βαπτίσματος Ἰωάννου**
(→ Lk 9,51; → **Lk 24,51**) ἕως τῆς ἡμέρας ἧς ἀνελήμφθη **ἀφ' ἡμῶν,** μάρτυρα τῆς ἀναστάσεως αὐτοῦ σὺν ἡμῖν γενέσθαι ἕνα τούτων.

Acts 1,25 λαβεῖν τὸν τόπον τῆς διακονίας ταύτης καὶ ἀποστολῆς **ἀφ' ἧς** παρέβη Ἰούδας πορευθῆναι εἰς τὸν τόπον τὸν ἴδιον.

Acts 2,5 ἦσαν δὲ εἰς Ἰερουσαλὴμ κατοικοῦντες Ἰουδαῖοι, ἄνδρες εὐλαβεῖς **ἀπὸ παντὸς ἔθνους τῶν ὑπὸ τὸν οὐρανόν.**

Acts 2,17 ... *ἐκχεῶ* ***ἀπὸ τοῦ πνεύματός μου*** *ἐπὶ πᾶσαν σάρκα, ...*
➤ Joel 3,1 LXX

Acts 2,18 ... *ἐκχεῶ* ***ἀπὸ τοῦ πνεύματός μου,*** καὶ προφητεύσουσιν.
➤ Joel 3,2 LXX

Acts 2,22 (→ Lk 24,19) ... Ἰησοῦν τὸν Ναζωραῖον, ἄνδρα ἀποδεδειγμένον **ἀπὸ τοῦ θεοῦ** εἰς ὑμᾶς δυνάμεσι καὶ τέρασι καὶ σημείοις ...

Acts 2,40 ... παρεκάλει αὐτοὺς λέγων· σώθητε **ἀπὸ τῆς γενεᾶς τῆς σκολιᾶς ταύτης.**

Acts 3,20 ὅπως ἂν ἔλθωσιν καιροὶ ἀναψύξεως
ἀπὸ προσώπου τοῦ κυρίου
καὶ ἀποστείλῃ τὸν προκεχειρισμένον ὑμῖν χριστὸν Ἰησοῦν,

Acts 3,21 → Lk 1,70 → Mt 17,11 → Mk 9,12 [20] ... Χριστόν Ἰησοῦν, [21] ὃν δεῖ οὐρανὸν μὲν δέξασθαι ἄχρι χρόνων ἀποκαταστάσεως πάντων ὧν ἐλάλησεν ὁ θεὸς διὰ στόματος τῶν ἁγίων
ἀπ' αἰῶνος
αὐτοῦ προφητῶν.

Acts 3,24 καὶ πάντες δὲ οἱ προφῆται
ἀπὸ Σαμουὴλ
καὶ τῶν καθεξῆς ὅσοι ἐλάλησαν καὶ κατήγγειλαν τὰς ἡμέρας ταύτας.

Acts 3,26 ὑμῖν πρῶτον ἀναστήσας ὁ θεὸς τὸν παῖδα αὐτοῦ ἀπέστειλεν αὐτὸν εὐλογοῦντα ὑμᾶς ἐν τῷ ἀποστρέφειν ἕκαστον
ἀπὸ τῶν πονηριῶν ὑμῶν.

Acts 4,36 Ἰωσὴφ δὲ ὁ ἐπικληθεὶς Βαρναβᾶς
ἀπὸ τῶν ἀποστόλων, ...

Acts 5,2 καὶ ἐνοσφίσατο
ἀπὸ τῆς τιμῆς,
συνειδυίης καὶ τῆς γυναικός, ...

Acts 5,3 ... Ἁνανία, διὰ τί ἐπλήρωσεν ὁ σατανᾶς τὴν καρδίαν σου, ψεύσασθαί σε τὸ πνεῦμα τὸ ἅγιον καὶ νοσφίσασθαι
ἀπὸ τῆς τιμῆς τοῦ χωρίου;

Acts 5,38 καὶ τὰ νῦν λέγω ὑμῖν, ἀπόστητε
ἀπὸ τῶν ἀνθρώπων τούτων
καὶ ἄφετε αὐτούς· ...

Acts 5,41 οἱ μὲν οὖν ἐπορεύοντο χαίροντες
ἀπὸ προσώπου τοῦ συνεδρίου, ...

Acts 6,9 ἀνέστησαν δέ τινες τῶν ἐκ τῆς συναγωγῆς τῆς λεγομένης Λιβερτίνων καὶ Κυρηναίων καὶ Ἀλεξανδρέων καὶ τῶν
ἀπὸ Κιλικίας
καὶ Ἀσίας συζητοῦντες τῷ Στεφάνῳ

Acts 7,45 ... ἐν τῇ κατασχέσει τῶν ἐθνῶν, ὧν ἐξῶσεν ὁ θεὸς
ἀπὸ προσώπου τῶν πατέρων ἡμῶν
ἕως τῶν ἡμερῶν Δαυίδ

Acts 8,10 ᾧ προσεῖχον πάντες
ἀπὸ μικροῦ
ἕως μεγάλου ...

Acts 8,22 μετανόησον οὖν
ἀπὸ τῆς κακίας σου ταύτης
καὶ δεήθητι τοῦ κυρίου, εἰ ἄρα ἀφεθήσεταί σοι ἡ ἐπίνοια τῆς καρδίας σου

Acts 8,26 ... ἀνάστηθι καὶ πορεύου κατὰ μεσημβρίαν ἐπὶ τὴν ὁδὸν τὴν καταβαίνουσαν
ἀπὸ Ἰερουσαλὴμ
εἰς Γάζαν, ...

Acts 8,33 *... ὅτι αἴρεται*
ἀπὸ τῆς γῆς
ἡ ζωὴ αὐτοῦ.
➤ Isa 53,8

Acts 8,35 ἀνοίξας δὲ ὁ Φίλιππος τὸ στόμα αὐτοῦ καὶ ἀρξάμενος
ἀπὸ τῆς γραφῆς ταύτης
εὐηγγελίσατο αὐτῷ τὸν Ἰησοῦν.

Acts 9,8 ἠγέρθη δὲ Σαῦλος
ἀπὸ τῆς γῆς,
ἀνεῳγμένων δὲ τῶν ὀφθαλμῶν αὐτοῦ οὐδὲν ἔβλεπεν· ...

Acts 9,13 ... κύριε, ἤκουσα
ἀπὸ πολλῶν
περὶ τοῦ ἀνδρὸς τούτου ...

Acts 9,18 καὶ εὐθέως ἀπέπεσαν αὐτοῦ
ἀπὸ τῶν ὀφθαλμῶν
ὡς λεπίδες, ἀνέβλεψέν τε, καὶ ἀναστὰς ἐβαπτίσθη

Acts 10,23 ... καί τινες τῶν ἀδελφῶν τῶν
ἀπὸ Ἰόππης
συνῆλθον αὐτῷ.

Acts 10,30 καὶ ὁ Κορνήλιος ἔφη·
ἀπὸ τετάρτης ἡμέρας
μέχρι ταύτης τῆς ὥρας ἤμην τὴν ἐνάτην προσευχόμενος ἐν τῷ οἴκῳ μου, ...

Acts 10,37 → Lk 23,5 ... ἀρξάμενος
ἀπὸ τῆς Γαλιλαίας
μετὰ τὸ βάπτισμα ὃ ἐκήρυξεν Ἰωάννης,

Acts 10,38 → Lk 4,18 → Lk 24,19 Ἰησοῦν τὸν
ἀπὸ Ναζαρέθ, ...

Acts 11,11 καὶ ἰδοὺ ἐξαυτῆς τρεῖς ἄνδρες ἐπέστησαν ἐπὶ τὴν οἰκίαν ἐν ᾗ ἦμεν, ἀπεσταλμένοι
ἀπὸ Καισαρείας
πρός με.

Acts 11,19 οἱ μὲν οὖν διασπαρέντες
ἀπὸ τῆς θλίψεως
τῆς γενομένης ἐπὶ Στεφάνῳ διῆλθον ...

Acts 11,27 ἐν ταύταις δὲ ταῖς ἡμέραις κατῆλθον
ἀπὸ Ἱεροσολύμων
προφῆται εἰς Ἀντιόχειαν.

Acts 12,1 ... ἐπέβαλεν Ἡρῴδης ὁ βασιλεὺς τὰς χεῖρας κακῶσαί τινας τῶν
ἀπὸ τῆς ἐκκλησίας.

Acts 12,10 ... καὶ ἐξελθόντες προῆλθον ῥύμην μίαν, καὶ εὐθέως ἀπέστη ὁ ἄγγελος
ἀπ' αὐτοῦ.

Acts 12,14 καὶ ἐπιγνοῦσα τὴν φωνὴν τοῦ Πέτρου
ἀπὸ τῆς χαρᾶς
οὐκ ἤνοιξεν τὸν πυλῶνα, ...

Acts 12,19 Ἡρῴδης ... κατελθὼν
ἀπὸ τῆς Ἰουδαίας
εἰς Καισάρειαν διέτριβεν.

Acts 12,20 ... ᾐτοῦντο εἰρήνην διὰ τὸ τρέφεσθαι αὐτῶν τὴν χώραν
ἀπὸ τῆς βασιλικῆς.

Acts 13,8 ἀνθίστατο δὲ αὐτοῖς Ἐλύμας ὁ μάγος ... ζητῶν διαστρέψαι τὸν ἀνθύπατον
ἀπὸ τῆς πίστεως.

Acts 13,13 (2) ἀναχθέντες δὲ
ἀπὸ τῆς Πάφου
οἱ περὶ Παῦλον ἦλθον εἰς Πέργην τῆς Παμφυλίας,
Ἰωάννης δὲ ἀποχωρήσας
ἀπ' αὐτῶν
ὑπέστρεψεν εἰς Ἱεροσόλυμα.

Acts 13,14 αὐτοὶ δὲ διελθόντες
ἀπὸ τῆς Πέργης
παρεγένοντο εἰς Ἀντιόχειαν τὴν Πισιδίαν, ...

Acts 13,23 τούτου ὁ θεὸς
ἀπὸ τοῦ σπέρματος
κατ' ἐπαγγελίαν ἤγαγεν τῷ Ἰσραὴλ σωτῆρα Ἰησοῦν

Acts 13,29 ... καθελόντες
ἀπὸ τοῦ ξύλου
ἔθηκαν εἰς μνημεῖον.

Acts 13,31 ὃς ὤφθη ἐπὶ ἡμέρας πλείους τοῖς συναναβᾶσιν αὐτῷ
ἀπὸ τῆς Γαλιλαίας
εἰς Ἰερουσαλήμ, ...

Acts 13,38 ... διὰ τούτου ὑμῖν ἄφεσις ἁμαρτιῶν καταγγέλλεται, [καὶ]
ἀπὸ πάντων
ὧν οὐκ ἠδυνήθητε ἐν νόμῳ Μωϋσέως δικαιωθῆναι

Acts 13,50 ... ἐξέβαλον αὐτοὺς
ἀπὸ τῶν ὁρίων αὐτῶν.

Acts 14,15 ... εὐαγγελιζόμενοι ὑμᾶς
ἀπὸ τούτων τῶν ματαίων
ἐπιστρέφειν ἐπὶ θεὸν ζῶντα, ...

Acts 14,19 ἐπῆλθαν δὲ
ἀπὸ Ἀντιοχείας καὶ Ἰκονίου
Ἰουδαῖοι ...

Acts 15,1 καί τινες κατελθόντες
ἀπὸ τῆς Ἰουδαίας
ἐδίδασκον τοὺς ἀδελφοὺς ...

Acts 15,4 παραγενόμενοι δὲ εἰς Ἰερουσαλὴμ παρεδέχθησαν
ἀπὸ τῆς ἐκκλησίας
καὶ τῶν ἀποστόλων καὶ τῶν πρεσβυτέρων, ...

Acts 15,5 ἐξανέστησαν δέ τινες τῶν
ἀπὸ τῆς αἱρέσεως τῶν Φαρισαίων
πεπιστευκότες λέγοντες ...

Acts 15,7 ... ἄνδρες ἀδελφοί, ὑμεῖς ἐπίστασθε ὅτι
ἀφ᾽ ἡμερῶν ἀρχαίων
ἐν ὑμῖν ἐξελέξατο ὁ θεὸς διὰ τοῦ στόματός μου ἀκοῦσαι τὰ ἔθνη τὸν λόγον τοῦ εὐαγγελίου καὶ πιστεῦσαι.

Acts 15,18 [17] *ὅπως ἂν ἐκζητήσωσιν οἱ κατάλοιποι τῶν ἀνθρώπων τὸν κύριον καὶ πάντα τὰ ἔθνη ἐφ᾽ οὓς ἐπικέκληται τὸ ὄνομά μου ἐπ᾽ αὐτούς, λέγει κύριος ποιῶν ταῦτα* [18] *γνωστὰ*
ἀπ᾽ αἰῶνος.
➢ Amos 9,12 LXX
➢ Isa 45,21

Acts 15,19 διὸ ἐγὼ κρίνω μὴ παρενοχλεῖν τοῖς
ἀπὸ τῶν ἐθνῶν
ἐπιστρέφουσιν ἐπὶ τὸν θεόν

Acts 15,33 ποιήσαντες δὲ χρόνον ἀπελύθησαν μετ᾽ εἰρήνης
ἀπὸ τῶν ἀδελφῶν
πρὸς τοὺς ἀποστείλαντας αὐτούς.

Acts 15,38 (2) Παῦλος δὲ ἠξίου, τὸν ἀποστάντα
ἀπ᾽ αὐτῶν
ἀπὸ Παμφυλίας
καὶ μὴ συνελθόντα αὐτοῖς εἰς τὸ ἔργον μὴ συμπαραλαμβάνειν τοῦτον.

Acts 15,39 ἐγένετο δὲ παροξυσμὸς ὥστε ἀποχωρισθῆναι αὐτοὺς
ἀπ᾽ ἀλλήλων,
τόν τε Βαρναβᾶν παραλαβόντα τὸν Μᾶρκον ἐκπλεῦσαι εἰς Κύπρον

Acts 16,11 ἀναχθέντες δὲ
ἀπὸ Τρῳάδος
εὐθυδρομήσαμεν εἰς Σαμοθρᾴκην, ...

Acts 16,18 ... παραγγέλλω σοι ἐν ὀνόματι Ἰησοῦ Χριστοῦ ἐξελθεῖν
ἀπ᾽ αὐτῆς·
καὶ ἐξῆλθεν αὐτῇ τῇ ὥρᾳ.

Acts 16,33 καὶ παραλαβὼν αὐτοὺς ἐν ἐκείνῃ τῇ ὥρᾳ τῆς νυκτὸς ἔλουσεν
ἀπὸ τῶν πληγῶν, ...

Acts 16,39 ... ἐξαγαγόντες ἠρώτων ἀπελθεῖν
ἀπὸ τῆς πόλεως.

Acts 16,40 ἐξελθόντες δὲ
ἀπὸ τῆς φυλακῆς
εἰσῆλθον πρὸς τὴν Λυδίαν ...

Acts 17,2 ... ἐπὶ σάββατα τρία διελέξατο αὐτοῖς
ἀπὸ τῶν γραφῶν

Acts 17,13 ὡς δὲ ἔγνωσαν οἱ
ἀπὸ τῆς Θεσσαλονίκης
Ἰουδαῖοι ...

Acts 17,27 ... καί γε οὐ μακρὰν
ἀπὸ ἑνὸς ἑκάστου ἡμῶν
ὑπάρχοντα.

Acts 18,2 (2) καὶ εὑρών τινα Ἰουδαῖον ὀνόματι Ἀκύλαν, Ποντικὸν τῷ γένει προσφάτως ἐληλυθότα
ἀπὸ τῆς Ἰταλίας
καὶ Πρίσκιλλαν γυναῖκα αὐτοῦ, ↔

Acts 18,2 (2) (continued) ↔ διὰ τὸ διατεταχέναι Κλαύδιον χωρίζεσθαι πάντας τοὺς Ἰουδαίους
ἀπὸ τῆς Ῥώμης,
προσῆλθεν αὐτοῖς

Acts 18,5 ὡς δὲ κατῆλθον
ἀπὸ τῆς Μακεδονίας
ὅ τε Σιλᾶς καὶ ὁ Τιμόθεος, συνείχετο τῷ λόγῳ ὁ Παῦλος ...

d **Acts 18,6** ... ἐκτιναξάμενος τὰ ἱμάτια εἶπεν πρὸς αὐτούς· τὸ αἷμα ὑμῶν ἐπὶ τὴν κεφαλὴν ὑμῶν· καθαρὸς ἐγὼ
ἀπὸ τοῦ νῦν
εἰς τὰ ἔθνη πορεύσομαι.
→ Mt 10,14
→ Mk 6,11
→ **Lk 9,5**
→ Lk 10,11
→ Mt 27,**24-25**
→ **Apg 20,26**

Acts 18,16 καὶ ἀπήλασεν αὐτοὺς
ἀπὸ τοῦ βήματος.

Acts 18,21 ... πάλιν ἀνακάμψω πρὸς ὑμᾶς τοῦ θεοῦ θέλοντος, ἀνήχθη
ἀπὸ τῆς Ἐφέσου

Acts 19,9 ... ἀποστὰς
ἀπ᾽ αὐτῶν
ἀφώρισεν τοὺς μαθητάς ...

Acts 19,12 (2) ὥστε καὶ ἐπὶ τοὺς ἀσθενοῦντας ἀποφέρεσθαι
ἀπὸ τοῦ χρωτὸς αὐτοῦ
σουδάρια ἢ σιμικίνθια
καὶ ἀπαλλάσσεσθαι
ἀπ᾽ αὐτῶν
τὰς νόσους, τά τε πνεύματα τὰ πονηρὰ ἐκπορεύεσθαι.

Acts 20,6 ἡμεῖς δὲ ἐξεπλεύσαμεν μετὰ τὰς ἡμέρας τῶν ἀζύμων
ἀπὸ Φιλίππων
καὶ ἤλθομεν πρὸς αὐτοὺς εἰς τὴν Τρῳάδα ...

Acts 20,9 (2) ... κατενεχθεὶς
ἀπὸ τοῦ ὕπνου
ἔπεσεν
ἀπὸ τοῦ τριστέγου
κάτω καὶ ἤρθη νεκρός.

Acts 20,17 **ἀπὸ δὲ τῆς Μιλήτου**
πέμψας εἰς Ἔφεσον μετεκαλέσατο τοὺς πρεσβυτέρους τῆς ἐκκλησίας.

Acts 20,18 (2) ... ὑμεῖς ἐπίστασθε,
ἀπὸ πρώτης ἡμέρας
ἀφ᾽ ἧς
ἐπέβην εἰς τὴν Ἀσίαν, πῶς μεθ᾽ ὑμῶν τὸν πάντα χρόνον ἐγενόμην

Acts 20,26 ... καθαρός εἰμι
→ Mt 27,24-25
→ Acts 18,6
ἀπὸ τοῦ αἵματος πάντων·

Acts 21,1 ὡς δὲ ἐγένετο ἀναχθῆναι ἡμᾶς ἀποσπασθέντας
ἀπ᾽ αὐτῶν,
εὐθυδρομήσαντες ἤλθομεν εἰς τὴν Κῶ, ...

Acts 21,7 ἡμεῖς δὲ τὸν πλοῦν διανύσαντες
ἀπὸ Τύρου
κατηντήσαμεν εἰς Πτολεμαΐδα ...

Acts 21,10 ... κατῆλθέν τις
ἀπὸ τῆς Ἰουδαίας
προφήτης ὀνόματι Ἅγαβος

Acts 21,16 συνῆλθον δὲ καὶ τῶν μαθητῶν
ἀπὸ Καισαρείας
σὺν ἡμῖν, ...

Acts 21,21 ... ὅτι ἀποστασίαν διδάσκεις
ἀπὸ Μωϋσέως
τοὺς κατὰ τὰ ἔθνη πάντας Ἰουδαίους ...

Acts 21,27 ... οἱ
ἀπὸ τῆς Ἀσίας
Ἰουδαῖοι θεασάμενοι αὐτὸν ἐν τῷ ἱερῷ ...

Acts 22,11 ὡς δὲ οὐκ ἐνέβλεπον
ἀπὸ τῆς δόξης τοῦ φωτὸς ἐκείνου,
χειραγωγούμενος ὑπὸ τῶν συνόντων μοι ἦλθον εἰς Δαμασκόν.

Acts 22,22 ... αἶρε
ἀπὸ τῆς γῆς
τὸν τοιοῦτον, οὐ γὰρ καθῆκεν αὐτὸν ζῆν.

Acts 22,29 εὐθέως οὖν ἀπέστησαν
ἀπ᾽ αὐτοῦ
οἱ μέλλοντες αὐτὸν ἀνετάζειν, ...

Acts 23,21 ... καὶ νῦν εἰσιν ἕτοιμοι προσδεχόμενοι τὴν
ἀπὸ σοῦ
ἐπαγγελίαν.

Acts 23,23 ... ἑτοιμάσατε στρατιώτας διακοσίους, ὅπως πορευθῶσιν ἕως Καισαρείας, καὶ ἱππεῖς ἑβδομήκοντα καὶ δεξιολάβους διακοσίους,
ἀπὸ τρίτης ὥρας τῆς νυκτός

Acts 23,34 ἀναγνοὺς δὲ καὶ ἐπερωτήσας ἐκ ποίας ἐπαρχείας ἐστίν, καὶ πυθόμενος ὅτι
ἀπὸ Κιλικίας

Acts 24,11 ... οὐ πλείους εἰσίν μοι ἡμέραι δώδεκα
ἀφ᾽ ἧς
ἀνέβην προσκυνήσων εἰς Ἰερουσαλήμ.

Acts 24,19 τινὲς δὲ
ἀπὸ τῆς Ἀσίας
Ἰουδαῖοι, οὓς ἔδει ἐπὶ σοῦ παρεῖναι καὶ κατηγορεῖν ...

Acts 25,1 Φῆστος οὖν ἐπιβὰς τῇ ἐπαρχείᾳ μετὰ τρεῖς ἡμέρας ἀνέβη εἰς Ἱεροσόλυμα
ἀπὸ Καισαρείας

Acts 25,7 παραγενομένου δὲ αὐτοῦ περιέστησαν αὐτὸν οἱ
ἀπὸ Ἱεροσολύμων
καταβεβηκότες Ἰουδαῖοι ...

Acts 26,4 τὴν μὲν οὖν βίωσίν μου [τὴν] ἐκ νεότητος τὴν
ἀπ᾽ ἀρχῆς
γενομένην ἐν τῷ ἔθνει μου ἔν τε Ἱεροσολύμοις ἴσασι πάντες [οἱ] Ἰουδαῖοι

Acts 26,18 ἀνοῖξαι ὀφθαλμοὺς αὐτῶν, τοῦ ἐπιστρέψαι
ἀπὸ σκότους
εἰς φῶς καὶ τῆς ἐξουσίας τοῦ σατανᾶ ἐπὶ τὸν θεόν, ...

Acts 26,22 ἐπικουρίας οὖν τυχὼν τῆς
ἀπὸ τοῦ θεοῦ
ἄχρι τῆς ἡμέρας ταύτης ...

Acts 27,21 ... ἔδει μέν, ὦ ἄνδρες, πειθαρχήσαντάς μοι μὴ ἀνάγεσθαι
ἀπὸ τῆς Κρήτης
κερδῆσαί τε τὴν ὕβριν ταύτην καὶ τὴν ζημίαν.

Acts 27,34 ... οὐδενὸς γὰρ ὑμῶν θρὶξ
→ Lk 12,7
→ Lk 21,18
ἀπὸ τῆς κεφαλῆς
ἀπολεῖται.

Acts 27,44 καὶ τοὺς λοιποὺς οὓς μὲν ἐπὶ σανίσιν, οὓς δὲ ἐπί τινων τῶν
ἀπὸ τοῦ πλοίου.
καὶ οὕτως ἐγένετο πάντας διασωθῆναι ἐπὶ τὴν γῆν.

Acts 28,3 ... ἔχιδνα
ἀπὸ τῆς θέρμης
ἐξελθοῦσα καθῆψεν τῆς χειρὸς αὐτοῦ.

Acts 28,21 ... ἡμεῖς οὔτε γράμματα περὶ σοῦ ἐδεξάμεθα
ἀπὸ τῆς Ἰουδαίας ...

Acts 28,23 (2) ... πείθων τε αὐτοὺς περὶ τοῦ Ἰησοῦ
ἀπό τε τοῦ νόμου Μωϋσέως
καὶ τῶν προφητῶν,
ἀπὸ πρωῒ
ἕως ἑσπέρας.

ἀποβαίνω	Syn 2	Mt	Mk	Lk 2	Acts	Jn 1	1-3John	Paul 1	Eph	Col
	NT 4	2Thess	1/2Tim	Tit	Heb	Jas	1Pet	2Pet	Jude	Rev

get out (of boats); result in; lead to

002	**Mt 4,18** ... εἶδεν δύο ἀδελφούς, Σίμωνα τὸν λεγόμενον Πέτρον καὶ Ἀνδρέαν τὸν ἀδελφὸν αὐτοῦ, βάλλοντας ἀμφίβληστρον εἰς τὴν θάλασσαν· ἦσαν γὰρ ἁλιεῖς.	**Mk 1,16** ... εἶδεν Σίμωνα καὶ Ἀνδρέαν τὸν ἀδελφὸν Σίμωνος ἀμφιβάλλοντας ἐν τῇ θαλάσσῃ· ἦσαν γὰρ ἁλιεῖς.	**Lk 5,2** → Mt 4,21 → Mk 1,19	καὶ εἶδεν δύο πλοῖα ἑστῶτα παρὰ τὴν λίμνην· οἱ δὲ ἁλιεῖς ἀπ᾽ αὐτῶν **ἀποβάντες** ἔπλυνον τὰ δίκτυα.	

112	**Mt 10,18**	καὶ ἐπὶ ἡγεμόνας δὲ καὶ βασιλεῖς ἀχθήσεσθε ἕνεκεν ἐμοῦ εἰς μαρτύριον αὐτοῖς καὶ τοῖς ἔθνεσιν.	**Mk 13,9** → Mt 24,14	... καὶ ἐπὶ ἡγεμόνων καὶ βασιλέων σταθήσεσθε ἕνεκεν ἐμοῦ εἰς μαρτύριον αὐτοῖς.	**Lk 21,13**	[12] ... ἀπαγομένους ἐπὶ βασιλεῖς καὶ ἡγεμόνας ἕνεκεν τοῦ ὀνόματός μου· [13] **ἀποβήσεται** ὑμῖν εἰς μαρτύριον.

ἀποβάλλω	Syn	Mt	Mk	Lk	Acts	Jn	1-3John	Paul	Eph	Col
	1		1							
	NT	2Thess	1/2Tim	Tit	Heb	Jas	1Pet	2Pet	Jude	Rev
	2				1					

throw off (clothes); lose (courage)

121	**Mt 20,32**	καὶ στὰς ὁ Ἰησοῦς ἐφώνησεν αὐτοὺς καὶ εἶπεν· ...	**Mk 10,50**	[49] καὶ στὰς ὁ Ἰησοῦς εἶπεν· Φωνήσατε αὐτόν. καὶ φωνοῦσιν τὸν τυφλὸν λέγοντες αὐτῷ· θάρσει, ἔγειρε, φωνεῖ σε. [50] ὁ δὲ **ἀποβαλὼν** τὸ ἱμάτιον αὐτοῦ ἀναπηδήσας ἦλθεν πρὸς τὸν Ἰησοῦν. [51] καὶ ἀποκριθεὶς αὐτῷ ὁ Ἰησοῦς εἶπεν·	**Lk 18,40**	σταθεὶς δὲ ὁ Ἰησοῦς ἐκέλευσεν αὐτὸν ἀχθῆναι πρὸς αὐτόν. ἐγγίσαντος δὲ αὐτοῦ ἐπηρώτησεν αὐτόν·
	Mt 9,28	ἐλθόντι δὲ εἰς τὴν οἰκίαν προσῆλθον αὐτῷ οἱ τυφλοί, καὶ λέγει αὐτοῖς ὁ Ἰησοῦς· ...				

ἀπογραφή	Syn	Mt	Mk	Lk	Acts	Jn	1-3John	Paul	Eph	Col
	1			1	1					
	NT	2Thess	1/2Tim	Tit	Heb	Jas	1Pet	2Pet	Jude	Rev
	2									

registration; census

002	**Lk 2,2**	**αὕτη ἀπογραφὴ** πρώτη ἐγένετο ἡγεμονεύοντος τῆς Συρίας Κυρηνίου.

Acts 5,37 μετὰ τοῦτον ἀνέστη Ἰούδας ὁ Γαλιλαῖος **ἐν ταῖς ἡμέραις τῆς ἀπογραφῆς** καὶ ἀπέστησεν λαὸν ὀπίσω αὐτοῦ· ...

ἀπογράφω	Syn	Mt	Mk	Lk	Acts	Jn	1-3John	Paul	Eph	Col
	3			3						
	NT	2Thess	1/2Tim	Tit	Heb	Jas	1Pet	2Pet	Jude	Rev
	4				1					

register; enroll

002	**Lk 2,1**	... ἐξῆλθεν δόγμα παρὰ Καίσαρος Αὐγούστου **ἀπογράφεσθαι** πᾶσαν τὴν οἰκουμένην.
002	**Lk 2,3**	καὶ ἐπορεύοντο πάντες **ἀπογράφεσθαι,** ἕκαστος εἰς τὴν ἑαυτοῦ πόλιν.

002					Lk 2,5	ἀπογράψασθαι σὺν Μαριὰμ τῇ ἐμνηστευμένῃ αὐτῷ, οὔσῃ ἐγκύῳ.	

ἀποδεκατόω

Syn 3	Mt 1	Mk	Lk 2	Acts	Jn	1-3John	Paul	Eph	Col
NT 4	2Thess	1/2Tim	Tit	Heb 1	Jas	1Pet	2Pet	Jude	Rev

give a tenth; tithe; exact tithes from

202	Mt 23,23	οὐαὶ ὑμῖν, γραμματεῖς καὶ Φαρισαῖοι ὑποκριταί, ὅτι **ἀποδεκατοῦτε** τὸ ἡδύοσμον καὶ τὸ ἄνηθον καὶ τὸ κύμινον ...			Lk 11,42	ἀλλὰ οὐαὶ ὑμῖν τοῖς Φαρισαίοις, ὅτι **ἀποδεκατοῦτε** τὸ ἡδύοσμον καὶ τὸ πήγανον καὶ πᾶν λάχανον ...	
002					Lk 18,12	νηστεύω δὶς τοῦ σαββάτου, **ἀποδεκατῶ** πάντα ὅσα κτῶμαι.	

ἀποδέχομαι

Syn 2	Mt	Mk	Lk 2	Acts 5	Jn	1-3John	Paul	Eph	Col
NT 7	2Thess	1/2Tim	Tit	Heb	Jas	1Pet	2Pet	Jude	Rev

welcome; receive; accept

112	Mt 9,1	καὶ ἐμβὰς εἰς πλοῖον διεπέρασεν ...	Mk 5,21	[18] καὶ ἐμβαίνοντος αὐτοῦ εἰς τὸ πλοῖον ... [21] καὶ διαπεράσαντος τοῦ Ἰησοῦ [ἐν τῷ πλοίῳ] πάλιν εἰς τὸ πέραν **συνήχθη** ὄχλος πολὺς ἐπ' αὐτόν, ...	Lk 8,40	[37] ... αὐτὸς δὲ ἐμβὰς εἰς πλοῖον ὑπέστρεψεν. [38] ... [40] ἐν δὲ τῷ ὑποστρέφειν τὸν Ἰησοῦν **ἀπεδέξατο** αὐτὸν ὁ ὄχλος· ...	
112	Mt 14,14 → Mt 9,36 → Mt 15,32	[13] ... καὶ ἀκούσαντες οἱ ὄχλοι ἠκολούθησαν αὐτῷ πεζῇ ἀπὸ τῶν πόλεων. [14] καὶ ἐξελθὼν εἶδεν πολὺν ὄχλον, καὶ **ἐσπλαγχνίσθη** ἐπ' αὐτοῖς καὶ ἐθεράπευσεν τοὺς ἀρρώστους αὐτῶν.	Mk 6,34 → Mk 8,2	[33] ... καὶ ἐπέγνωσαν πολλοὶ καὶ πεζῇ ἀπὸ πασῶν τῶν πόλεων συνέδραμον ἐκεῖ καὶ προῆλθον αὐτούς. [34] καὶ ἐξελθὼν εἶδεν πολὺν ὄχλον, καὶ **ἐσπλαγχνίσθη** ἐπ' αὐτούς, ... καὶ ἤρξατο διδάσκειν αὐτοὺς πολλά.	Lk 9,11	οἱ δὲ ὄχλοι γνόντες ἠκολούθησαν αὐτῷ· καὶ **ἀποδεξάμενος** αὐτοὺς ἐλάλει αὐτοῖς περὶ τῆς βασιλείας τοῦ θεοῦ, καὶ τοὺς χρείαν ἔχοντας θεραπείας ἰᾶτο.	

Acts 2,41 οἱ μὲν οὖν **ἀποδεξάμενοι** τὸν λόγον αὐτοῦ ἐβαπτίσθησαν ...

Acts 18,27 βουλομένου δὲ αὐτοῦ διελθεῖν εἰς τὴν Ἀχαΐαν, προτρεψάμενοι οἱ ἀδελφοὶ ἔγραψαν τοῖς μαθηταῖς **ἀποδέξασθαι** αὐτόν, ...

Acts 21,17 γενομένων δὲ ἡμῶν εἰς Ἱεροσόλυμα ἀσμένως **ἀπεδέξαντο** ἡμᾶς οἱ ἀδελφοί.

Acts 24,3 πάντῃ τε καὶ πανταχοῦ **ἀποδεχόμεθα,** κράτιστε Φῆλιξ, μετὰ πάσης εὐχαριστίας.

Acts 28,30 ἐνέμεινεν δὲ διετίαν ὅλην ἐν ἰδίῳ μισθώματι καὶ **ἀπεδέχετο** πάντας τοὺς εἰσπορευομένους πρὸς αὐτόν

ἀποδημέω

	Syn	Mt	Mk	Lk	Acts	Jn	1-3John	Paul	Eph	Col
	6	3	1	2						
	NT	2Thess	1/2Tim	Tit	Heb	Jas	1Pet	2Pet	Jude	Rev
	6									

leave (home) on a journey; go away

002					Lk 15,13	καὶ μετ' οὐ πολλὰς ἡμέρας συναγαγὼν πάντα ὁ νεώτερος υἱὸς **ἀπεδήμησεν** εἰς χώραν μακρὰν ...	
222	Mt 21,33	... ἄνθρωπος ἦν οἰκοδεσπότης ὅστις ἐφύτευσεν ἀμπελῶνα ... καὶ ἐξέδετο αὐτὸν γεωργοῖς καὶ **ἀπεδήμησεν.**	Mk 12,1	... ἀμπελῶνα ἄνθρωπος ἐφύτευσεν ... καὶ ἐξέδετο αὐτὸν γεωργοῖς καὶ **ἀπεδήμησεν.**	Lk 20,9	... ἄνθρωπός [τις] ἐφύτευσεν ἀμπελῶνα ... καὶ ἐξέδετο αὐτὸν γεωργοῖς καὶ **ἀπεδήμησεν** χρόνους ἱκανούς.	→ GTh 21 → GTh 65
201	Mt 25,14	ὥσπερ γὰρ ἄνθρωπος **ἀποδημῶν** ἐκάλεσεν τοὺς ἰδίους δούλους καὶ παρέδωκεν αὐτοῖς τὰ ὑπάρχοντα αὐτοῦ,	Mk 13,34	ὡς ἄνθρωπος **ἀπόδημος** ἀφεὶς τὴν οἰκίαν αὐτοῦ καὶ δοὺς τοῖς δούλοις αὐτοῦ τὴν ἐξουσίαν	Lk 19,12	... ἄνθρωπός τις εὐγενὴς **ἐπορεύθη** εἰς χώραν μακρὰν ... [13] καλέσας δὲ δέκα δούλους ἑαυτοῦ	Mk-Q overlap
201	Mt 25,15	καὶ ᾧ μὲν ἔδωκεν πέντε τάλαντα, ᾧ δὲ δύο, ᾧ δὲ ἕν, ἑκάστῳ κατὰ τὴν ἰδίαν δύναμιν, καὶ **ἀπεδήμησεν.** ...		ἑκάστῳ τὸ ἔργον αὐτοῦ, καὶ τῷ θυρωρῷ ἐνετείλατο ἵνα γρηγορῇ.		ἔδωκεν αὐτοῖς δέκα μνᾶς καὶ εἶπεν πρὸς αὐτούς· πραγματεύσασθε ἐν ᾧ ἔρχομαι.	

ἀπόδημος

	Syn	Mt	Mk	Lk	Acts	Jn	1-3John	Paul	Eph	Col
	1		1							
	NT	2Thess	1/2Tim	Tit	Heb	Jas	1Pet	2Pet	Jude	Rev
	1									

away from home on a journey

020	Mt 25,14	ὥσπερ γὰρ ἄνθρωπος **ἀποδημῶν** ἐκάλεσεν τοὺς ἰδίους δούλους καὶ παρέδωκεν αὐτοῖς τὰ ὑπάρχοντα αὐτοῦ, [15] καὶ ᾧ μὲν ἔδωκεν πέντε τάλαντα, ᾧ δὲ δύο, ᾧ δὲ ἕν, ἑκάστῳ κατὰ τὴν ἰδίαν δύναμιν, ...	Mk 13,34	ὡς ἄνθρωπος **ἀπόδημος** ἀφεὶς τὴν οἰκίαν αὐτοῦ καὶ δοὺς τοῖς δούλοις αὐτοῦ τὴν ἐξουσίαν ἑκάστῳ τὸ ἔργον αὐτοῦ, ...	Lk 19,12	... ἄνθρωπός τις εὐγενὴς **ἐπορεύθη** εἰς χώραν μακρὰν ... [13] καλέσας δὲ δέκα δούλους ἑαυτοῦ ἔδωκεν αὐτοῖς δέκα μνᾶς καὶ εἶπεν πρὸς αὐτούς· ...	Mk-Q overlap

ἀποδίδωμι

	Syn	Mt	Mk	Lk	Acts	Jn	1-3John	Paul	Eph	Col
	27	18	1	8	4			5		
	NT	2Thess	1/2Tim	Tit	Heb	Jas	1Pet	2Pet	Jude	Rev
	48		3		3		2			4

give; pay; render; give back; repay; return; reward (with good or evil); keep, fulfill (vows); yield; ἀποδίδωμι λόγον give account

	triple tradition																	double tradition			Sondergut		
		+Mt / +Lk			–Mt / –Lk			traditions not taken over by Mt / Lk							subtotals								
code	*222*	*211*	*112*	*212*	*221*	*122*	*121*	*022*	*012*	*021*	*220*	*120*	*210*	*020*	Σ⁺	Σ⁻	Σ	*202*	*201*	*102*	*200*	*002*	total
Mt	1	2⁺											1⁺		3⁺		4	1			13		**18**
Mk	1																1						**1**
Lk	1		1⁺												1⁺		2	1				5	**8**

[a] ἀποδίδωμι λόγον

002					**Lk 4,20**	καὶ πτύξας τὸ βιβλίον **ἀποδοὺς** τῷ ὑπηρέτῃ ἐκάθισεν· ...	
202	**Mt 5,26** ↓ Mt 18,34	ἀμὴν λέγω σοι, οὐ μὴ ἐξέλθῃς ἐκεῖθεν, ἕως ἂν **ἀποδῷς** τὸν ἔσχατον κοδράντην.			**Lk 12,59**	λέγω σοι, οὐ μὴ ἐξέλθῃς ἐκεῖθεν, ἕως καὶ τὸ ἔσχατον λεπτὸν **ἀποδῷς**.	
200	**Mt 5,33**	πάλιν ἠκούσατε ὅτι ἐρρέθη τοῖς ἀρχαίοις· οὐκ ἐπιορκήσεις, **ἀποδώσεις** δὲ τῷ κυρίῳ τοὺς ὅρκους σου. ➤ Lev 19,12; Num 30,3; Deut 23,22 LXX					
200	**Mt 6,4**	... καὶ ὁ πατήρ σου ὁ βλέπων ἐν τῷ κρυπτῷ **ἀποδώσει** σοι.					
200	**Mt 6,6**	... καὶ ὁ πατήρ σου ὁ βλέπων ἐν τῷ κρυπτῷ **ἀποδώσει** σοι.					
200	**Mt 6,18**	... καὶ ὁ πατήρ σου ὁ βλέπων ἐν τῷ κρυφαίῳ **ἀποδώσει** σοι.					
002					**Lk 7,42**	μὴ ἐχόντων αὐτῶν **ἀποδοῦναι** ἀμφοτέροις ἐχαρίσατο. τίς οὖν αὐτῶν πλεῖον ἀγαπήσει αὐτόν;	
a 200	**Mt 12,36**	λέγω δὲ ὑμῖν ὅτι πᾶν ῥῆμα ἀργὸν ὃ λαλήσουσιν οἱ ἄνθρωποι **ἀποδώσουσιν** περὶ αὐτοῦ λόγον ἐν ἡμέρᾳ κρίσεως·					
211	**Mt 16,27** ↓ Mt 10,33	μέλλει γὰρ ὁ υἱὸς τοῦ ἀνθρώπου ἔρχεσθαι ἐν τῇ δόξῃ τοῦ πατρὸς αὐτοῦ μετὰ τῶν ἀγγέλων αὐτοῦ, καὶ τότε ***ἀποδώσει*** *ἑκάστῳ κατὰ τὴν πρᾶξιν αὐτοῦ.* ➤ Ps 62,13/Prov 24,12/Sir 35,22 LXX	**Mk 8,38**	... καὶ ὁ υἱὸς τοῦ ἀνθρώπου ἐπαισχυνθήσεται αὐτὸν, ὅταν ἔλθῃ ἐν τῇ δόξῃ τοῦ πατρὸς αὐτοῦ μετὰ τῶν ἀγγέλων τῶν ἁγίων.	**Lk 9,26** ⇩ Lk 12,9	... τοῦτον ὁ υἱὸς τοῦ ἀνθρώπου ἐπαισχυνθήσεται, ὅταν ἔλθῃ ἐν τῇ δόξῃ αὐτοῦ καὶ τοῦ πατρὸς καὶ τῶν ἁγίων ἀγγέλων.	Mk-Q overlap
	Mt 10,33 ↑ Mt 16,27	ὅστις δ' ἂν ἀρνήσηταί με ἔμπροσθεν τῶν ἀνθρώπων, ἀρνήσομαι κἀγὼ αὐτὸν ἔμπροσθεν τοῦ πατρός μου τοῦ ἐν [τοῖς] οὐρανοῖς.			**Lk 12,9** ⇧ Lk 9,26	ὁ δὲ ἀρνησάμενός με ἐνώπιον τῶν ἀνθρώπων ἀπαρνηθήσεται ἐνώπιον τῶν ἀγγέλων τοῦ θεοῦ.	
112	**Mt 17,18**	... καὶ ἐθεραπεύθη ὁ παῖς ἀπὸ τῆς ὥρας ἐκείνης.	**Mk 9,27**	ὁ δὲ Ἰησοῦς κρατήσας τῆς χειρὸς αὐτοῦ ἤγειρεν αὐτόν, καὶ ἀνέστη.	**Lk 9,42** → Lk 7,15	... καὶ ἰάσατο τὸν παῖδα καὶ **ἀπέδωκεν** αὐτὸν τῷ πατρὶ αὐτοῦ.	

200 200	**Mt 18,25** (2)	μὴ ἔχοντος δὲ αὐτοῦ **ἀποδοῦναι** ἐκέλευσεν αὐτὸν ὁ κύριος πραθῆναι καὶ τὴν γυναῖκα καὶ τὰ τέκνα καὶ πάντα ὅσα ἔχει, καὶ **ἀποδοθῆναι.**				
200	**Mt 18,26**	πεσὼν οὖν ὁ δοῦλος προσεκύνει αὐτῷ λέγων· μακροθύμησον ἐπ᾽ ἐμοί, καὶ πάντα **ἀποδώσω** σοι.				
200	**Mt 18,28**	... καὶ κρατήσας αὐτὸν ἔπνιγεν λέγων· **ἀπόδος** εἴ τι ὀφείλεις.				
200	**Mt 18,29**	πεσὼν οὖν ὁ σύνδουλος αὐτοῦ παρεκάλει αὐτὸν λέγων· μακροθύμησον ἐπ᾽ ἐμοί, καὶ **ἀποδώσω** σοι.				
200	**Mt 18,30**	ὁ δὲ οὐκ ἤθελεν ἀλλὰ ἀπελθὼν ἔβαλεν αὐτὸν εἰς φυλακὴν ἕως **ἀποδῷ** τὸ ὀφειλόμενον.				
200	**Mt 18,34** ↑ Mt 5,26 ↓ Lk 12,59	καὶ ὀργισθεὶς ὁ κύριος αὐτοῦ παρέδωκεν αὐτὸν τοῖς βασανισταῖς ἕως οὗ **ἀποδῷ** πᾶν τὸ ὀφειλόμενον.				
002				**Lk 10,35**	... ἐπιμελήθητι αὐτοῦ, καὶ ὅ τι ἂν προσδαπανήσῃς ἐγὼ ἐν τῷ ἐπανέρχεσθαί με **ἀποδώσω** σοι.	
202	**Mt 5,26** ↑ Mt 18,34	ἀμὴν λέγω σοι, οὐ μὴ ἐξέλθῃς ἐκεῖθεν, ἕως ἂν **ἀποδῷς** τὸν ἔσχατον κοδράντην.		**Lk 12,59**	λέγω σοι, οὐ μὴ ἐξέλθῃς ἐκεῖθεν, ἕως καὶ τὸ ἔσχατον λεπτὸν **ἀποδῷς.**	
a 002				**Lk 16,2**	... τί τοῦτο ἀκούω περὶ σοῦ; **ἀπόδος** τὸν λόγον τῆς οἰκονομίας σου, ...	
200	**Mt 20,8**	... κάλεσον τοὺς ἐργάτας καὶ **ἀπόδος** αὐτοῖς τὸν μισθὸν ἀρξάμενος ἀπὸ τῶν ἐσχάτων ἕως τῶν πρώτων.				

002					Lk 19,8 → Lk 3,13	... ἰδοὺ τὰ ἡμίσιά μου τῶν ὑπαρχόντων, κύριε, τοῖς πτωχοῖς δίδωμι, καὶ εἴ τινός τι ἐσυκοφάντησα **ἀποδίδωμι** τετραπλοῦν.	
211	Mt 21,41 → Mt 21,43 → Lk 20,10	... κακοὺς κακῶς ἀπολέσει αὐτοὺς καὶ τὸν ἀμπελῶνα ἐκδώσεται ἄλλοις γεωργοῖς, οἵτινες **ἀποδώσουσιν** αὐτῷ τοὺς καρποὺς ἐν τοῖς καιροῖς αὐτῶν.	Mk 12,9	... ἐλεύσεται καὶ ἀπολέσει τοὺς γεωργοὺς καὶ δώσει τὸν ἀμπελῶνα ἄλλοις.	Lk 20,16	ἐλεύσεται καὶ ἀπολέσει τοὺς γεωργοὺς τούτους καὶ δώσει τὸν ἀμπελῶνα ἄλλοις. ἀκούσαντες δὲ εἶπαν· μὴ γένοιτο.	→ GTh 21 → GTh 65
222	Mt 22,21	... τότε λέγει αὐτοῖς· **ἀπόδοτε** οὖν τὰ Καίσαρος Καίσαρι καὶ τὰ τοῦ θεοῦ τῷ θεῷ.	Mk 12,17	ὁ δὲ Ἰησοῦς εἶπεν αὐτοῖς· τὰ Καίσαρος **ἀπόδοτε** Καίσαρι καὶ τὰ τοῦ θεοῦ τῷ θεῷ. ...	Lk 20,25 → Lk 23,2	ὁ δὲ εἶπεν πρὸς αὐτούς· τοίνυν **ἀπόδοτε** τὰ Καίσαρος Καίσαρι καὶ τὰ τοῦ θεοῦ τῷ θεῷ.	→ GTh 100
210	Mt 27,58	... τότε ὁ Πιλᾶτος ἐκέλευσεν **ἀποδοθῆναι**.	Mk 15,45	καὶ γνοὺς ἀπὸ τοῦ κεντυρίωνος **ἐδωρήσατο** τὸ πτῶμα τῷ Ἰωσήφ.			→ Jn 19,38

Acts 4,33 καὶ δυνάμει μεγάλῃ **ἀπεδίδουν** τὸ μαρτύριον οἱ ἀπόστολοι τῆς ἀναστάσεως τοῦ κυρίου Ἰησοῦ, ...

Acts 5,8 ... εἰπέ μοι, εἰ τοσούτου τὸ χωρίον **ἀπέδοσθε;** ἡ δὲ εἶπεν· ναί, τοσούτου.

Acts 7,9 καὶ οἱ πατριάρχαι ζηλώσαντες τὸν Ἰωσὴφ **ἀπέδοντο** εἰς Αἴγυπτον. ...

a **Acts 19,40** ... μηδενὸς αἰτίου ὑπάρχοντος περὶ οὗ [οὐ] δυνησόμεθα **ἀποδοῦναι** λόγον περὶ τῆς συστροφῆς ταύτης. ...

ἀποδοκιμάζω

	Syn	Mt	Mk	Lk	Acts	Jn	1-3John	Paul	Eph	Col
	6	1	2	3						
	NT	2Thess	1/2Tim	Tit	Heb	Jas	1Pet	2Pet	Jude	Rev
	9				1		2			

reject (after testing)

122	Mt 16,21 → Mt 17,22-23 → Mt 20,18-19	ἀπὸ τότε ἤρξατο ὁ Ἰησοῦς δεικνύειν τοῖς μαθηταῖς αὐτοῦ ὅτι δεῖ αὐτὸν εἰς Ἱεροσόλυμα ἀπελθεῖν καὶ πολλὰ παθεῖν ἀπὸ τῶν πρεσβυτέρων καὶ ἀρχιερέων καὶ γραμματέων καὶ ἀποκτανθῆναι καὶ τῇ τρίτῃ ἡμέρᾳ ἐγερθῆναι.	Mk 8,31 → Mk 9,31 → Mk 10,33-34	καὶ ἤρξατο διδάσκειν αὐτοὺς ὅτι δεῖ τὸν υἱὸν τοῦ ἀνθρώπου πολλὰ παθεῖν καὶ **ἀποδοκιμασθῆναι** ὑπὸ τῶν πρεσβυτέρων καὶ τῶν ἀρχιερέων καὶ τῶν γραμματέων καὶ ἀποκτανθῆναι καὶ μετὰ τρεῖς ἡμέρας ἀναστῆναι·	Lk 9,22 → Lk 9,44 ↓ Lk 17,25 → Lk 18,31-33 → Lk 24,7 → Lk 24,26 → Lk 24,46	εἰπὼν ὅτι δεῖ τὸν υἱὸν τοῦ ἀνθρώπου πολλὰ παθεῖν καὶ **ἀποδοκιμασθῆναι** ἀπὸ τῶν πρεσβυτέρων καὶ ἀρχιερέων καὶ γραμματέων καὶ ἀποκτανθῆναι καὶ τῇ τρίτῃ ἡμέρᾳ ἐγερθῆναι.	
002	↑ Mt 16,21 → Mt 17,22-23 → Mt 20,18-19		↑ Mk 8,31 → Mk 9,31 → Mk 10,33-34		Lk 17,25 ↑ Lk 9,22 → Lk 9,44 → Lk 18,31-33 → Lk 24,7 → Lk 24,26 → Lk 24,46	[24] ... οὕτως ἔσται ὁ υἱὸς τοῦ ἀνθρώπου [ἐν τῇ ἡμέρᾳ αὐτοῦ]. [25] πρῶτον δὲ δεῖ αὐτὸν πολλὰ παθεῖν καὶ **ἀποδοκιμασθῆναι** ἀπὸ τῆς γενεᾶς ταύτης.	

222	**Mt 21,42**	... οὐδέποτε ἀνέγνωτε ἐν ταῖς γραφαῖς· *λίθον ὃν* ***ἀπεδοκίμασαν*** *οἱ οἰκοδομοῦντες,* *οὗτος ἐγενήθη* *εἰς κεφαλὴν γωνίας·* ... ➤ Ps 118,22	**Mk 12,10**	οὐδὲ τὴν γραφὴν ταύτην ἀνέγνωτε· *λίθον ὃν* ***ἀπεδοκίμασαν*** *οἱ οἰκοδομοῦντες,* *οὗτος ἐγενήθη* *εἰς κεφαλὴν γωνίας·* ➤ Ps 118,22	**Lk 20,17**	... τί οὖν ἐστιν τὸ γεγραμμένον τοῦτο· *λίθον ὃν* ***ἀπεδοκίμασαν*** *οἱ οἰκοδομοῦντες,* *οὗτος ἐγενήθη* *εἰς κεφαλὴν γωνίας;* ➤ Ps 118,22	→ Acts 4,11 → GTh 66

ἀποθήκη	Syn	Mt	Mk	Lk	Acts	Jn	1-3John	Paul	Eph	Col
	6	3		3						
	NT	2Thess	1/2Tim	Tit	Heb	Jas	1Pet	2Pet	Jude	Rev
	6									

barn; granary

202	**Mt 3,12** ↓ Mt 13,30	... καὶ συνάξει τὸν σῖτον αὐτοῦ **εἰς τὴν ἀποθήκην,** τὸ δὲ ἄχυρον κατακαύσει πυρὶ ἀσβέστῳ.			**Lk 3,17**	... καὶ συναγαγεῖν τὸν σῖτον **εἰς τὴν ἀποθήκην αὐτοῦ,** τὸ δὲ ἄχυρον κατακαύσει πυρὶ ἀσβέστῳ.	
002					**Lk 12,18**	καὶ εἶπεν· τοῦτο ποιήσω, καθελῶ **μου τὰς ἀποθήκας** καὶ μείζονας οἰκοδομήσω, ...	→ GTh 63
202	**Mt 6,26**	ἐμβλέψατε εἰς τὰ πετεινὰ τοῦ οὐρανοῦ ὅτι οὐ σπείρουσιν οὐδὲ θερίζουσιν οὐδὲ συνάγουσιν **εἰς ἀποθήκας,** καὶ ὁ πατὴρ ὑμῶν ὁ οὐράνιος τρέφει αὐτά· οὐχ ὑμεῖς μᾶλλον διαφέρετε αὐτῶν;			**Lk 12,24**	κατανοήσατε τοὺς κόρακας ὅτι οὐ σπείρουσιν οὐδὲ θερίζουσιν, οἷς οὐκ ἔστιν ταμεῖον οὐδὲ **ἀποθήκη,** καὶ ὁ θεὸς τρέφει αὐτούς· πόσῳ μᾶλλον ὑμεῖς διαφέρετε τῶν πετεινῶν.	
200	**Mt 13,30** ↑ Mt 3,12 ↑ Lk 3,17	... τὸν δὲ σῖτον συναγάγετε **εἰς τὴν ἀποθήκην μου.**					

ἀποθλίβω	Syn	Mt	Mk	Lk	Acts	Jn	1-3John	Paul	Eph	Col
	1			1						
	NT	2Thess	1/2Tim	Tit	Heb	Jas	1Pet	2Pet	Jude	Rev
	1									

crowd in upon

012			**Mk 5,31**	καὶ ἔλεγον αὐτῷ οἱ μαθηταὶ αὐτοῦ· βλέπεις τὸν ὄχλον **συνθλίβοντά** σε καὶ λέγεις· τίς μου ἥψατο;	**Lk 8,45**	... ἀρνουμένων δὲ πάντων εἶπεν ὁ Πέτρος· ἐπιστάτα, οἱ ὄχλοι συνέχουσίν σε καὶ **ἀποθλίβουσιν.**	

ἀποθνῄσκω	Syn 23	Mt 5	Mk 8	Lk 10	Acts 4	Jn 28	1-3John	Paul 40	Eph	Col 2
	NT 111	2Thess	1/2Tim	Tit	Heb 7	Jas	1Pet	2Pet	Jude 1	Rev 6

die; face death; be at death's door; be mortal

	triple tradition																	double tradition			Sondergut		
		+Mt / +Lk			–Mt / –Lk			traditions not taken over by Mt / Lk							subtotals								
code	222	211	112	212	221	122	121	022	012	021	220	120	210	020	Σ⁺	Σ⁻	Σ	202	201	102	200	002	total
Mt	3	1^+				2^-	1^-						1^+		2^+	3^-	5						5
Mk	3					2	1			1				1			8						8
Lk	3		3^+			2	1^-			1^-					3^+	2^-	8					2	10

211	Mt 8,32	... καὶ ἰδοὺ ὥρμησεν πᾶσα ἡ ἀγέλη κατὰ τοῦ κρημνοῦ εἰς τὴν θάλασσαν καὶ **ἀπέθανον** ἐν τοῖς ὕδασιν.	Mk 5,13	... καὶ ὥρμησεν ἡ ἀγέλη κατὰ τοῦ κρημνοῦ εἰς τὴν θάλασσαν, ὡς δισχίλιοι, καὶ **ἐπνίγοντο** ἐν τῇ θαλάσσῃ.	Lk 8,33	... καὶ ὥρμησεν ἡ ἀγέλη κατὰ τοῦ κρημνοῦ εἰς τὴν λίμνην καὶ **ἀπεπνίγη.**	
112	Mt 9,18	... λέγων ὅτι ἡ θυγάτηρ μου ἄρτι **ἐτελεύτησεν·** ἀλλὰ ἐλθὼν ἐπίθες τὴν χεῖρά σου ἐπ' αὐτήν, καὶ ζήσεται.	Mk 5,23	καὶ παρακαλεῖ αὐτὸν πολλὰ λέγων ὅτι τὸ θυγάτριόν μου **ἐσχάτως ἔχει,** ἵνα ἐλθὼν ἐπιθῇς τὰς χεῖρας αὐτῇ ἵνα σωθῇ καὶ ζήσῃ.	Lk 8,42 → Mk 5,42	[41] ... παρεκάλει αὐτὸν εἰσελθεῖν εἰς τὸν οἶκον αὐτοῦ, [42] ὅτι θυγάτηρ μονογενὴς ἦν αὐτῷ ὡς ἐτῶν δώδεκα καὶ αὐτὴ **ἀπέθνῃσκεν.** ...	
021			Mk 5,35 → Lk 7,6	... ἔρχονται ἀπὸ τοῦ ἀρχισυναγώγου λέγοντες ὅτι ἡ θυγάτηρ σου **ἀπέθανεν·** τί ἔτι σκύλλεις τὸν διδάσκαλον;	Lk 8,49 → Lk 7,6	... ἔρχεταί τις παρὰ τοῦ ἀρχισυναγώγου λέγων ὅτι **τέθνηκεν** ἡ θυγάτηρ σου· μηκέτι σκύλλε τὸν διδάσκαλον.	
222	Mt 9,24	... ἀναχωρεῖτε, **οὐ γὰρ ἀπέθανεν** τὸ κοράσιον ἀλλὰ καθεύδει.	Mk 5,39	... τί θορυβεῖσθε καὶ κλαίετε; τὸ παιδίον **οὐκ ἀπέθανεν** ἀλλὰ καθεύδει.	Lk 8,52	... μὴ κλαίετε, **οὐ γὰρ ἀπέθανεν** ἀλλὰ καθεύδει.	
112		καὶ κατεγέλων αὐτοῦ.	Mk 5,40	καὶ κατεγέλων αὐτοῦ. ...	Lk 8,53	καὶ κατεγέλων αὐτοῦ, εἰδότες ὅτι **ἀπέθανεν.**	
121	Mt 17,18	καὶ ἐπετίμησεν αὐτῷ ὁ Ἰησοῦς καὶ ἐξῆλθεν ἀπ' αὐτοῦ τὸ δαιμόνιον καὶ ἐθεραπεύθη ὁ παῖς ἀπὸ τῆς ὥρας ἐκείνης.	Mk 9,26	καὶ κράξας καὶ πολλὰ σπαράξας ἐξῆλθεν· καὶ ἐγένετο ὡσεὶ νεκρός, ὥστε τοὺς πολλοὺς λέγειν ὅτι **ἀπέθανεν.** [27] ὁ δὲ Ἰησοῦς κρατήσας τῆς χειρὸς αὐτοῦ ἤγειρεν αὐτόν, καὶ ἀνέστη.	Lk 9,42	... ἐπετίμησεν δὲ ὁ Ἰησοῦς τῷ πνεύματι τῷ ἀκαθάρτῳ καὶ ἰάσατο τὸν παῖδα καὶ ἀπέδωκεν αὐτὸν τῷ πατρὶ αὐτοῦ.	
002 002					Lk 16,22 (2)	ἐγένετο δὲ **ἀποθανεῖν** τὸν πτωχὸν καὶ ἀπενεχθῆναι αὐτὸν ὑπὸ τῶν ἀγγέλων εἰς τὸν κόλπον Ἀβραάμ· **ἀπέθανεν** δὲ καὶ ὁ πλούσιος καὶ ἐτάφη.	

222	**Mt 22,24**	... *ἐάν τις* ***ἀποθάνῃ*** *μὴ ἔχων τέκνα, ἐπιγαμβρεύσει ὁ ἀδελφὸς αὐτοῦ τὴν γυναῖκα αὐτοῦ καὶ ἀναστήσει σπέρμα τῷ ἀδελφῷ αὐτοῦ·* ➤ Deut 25,5; Gen 38,8	**Mk 12,19**	... *ἐάν τινος ἀδελφὸς* ***ἀποθάνῃ*** *καὶ καταλίπῃ γυναῖκα καὶ μὴ ἀφῇ τέκνον, ἵνα λάβῃ ὁ ἀδελφὸς αὐτοῦ τὴν γυναῖκα καὶ ἐξαναστήσῃ σπέρμα τῷ ἀδελφῷ αὐτοῦ.* ➤ Deut 25,5; Gen 38,8	**Lk 20,28**	... *ἐάν τινος ἀδελφὸς* ***ἀποθάνῃ*** *ἔχων γυναῖκα, καὶ οὗτος ἄτεκνος ᾖ, ἵνα λάβῃ ὁ ἀδελφὸς αὐτοῦ τὴν γυναῖκα καὶ ἐξαναστήσῃ σπέρμα τῷ ἀδελφῷ αὐτοῦ.* ➤ Deut 25,5; Gen 38,8	
122	**Mt 22,25**	ἦσαν δὲ παρ' ἡμῖν ἑπτὰ ἀδελφοί· καὶ ὁ πρῶτος γήμας **ἐτελεύτησεν,** καὶ μὴ ἔχων σπέρμα ἀφῆκεν τὴν γυναῖκα αὐτοῦ τῷ ἀδελφῷ αὐτοῦ·	**Mk 12,20**	ἑπτὰ ἀδελφοὶ ἦσαν· καὶ ὁ πρῶτος ἔλαβεν γυναῖκα καὶ **ἀποθνῄσκων** οὐκ ἀφῆκεν σπέρμα·	**Lk 20,29**	ἑπτὰ οὖν ἀδελφοὶ ἦσαν· καὶ ὁ πρῶτος λαβὼν γυναῖκα **ἀπέθανεν** ἄτεκνος·	
122	**Mt 22,26**	ὁμοίως καὶ ὁ δεύτερος καὶ ὁ τρίτος ἕως τῶν ἑπτά.	**Mk 12,21**	καὶ ὁ δεύτερος ἔλαβεν αὐτὴν καὶ **ἀπέθανεν** μὴ καταλιπὼν σπέρμα· καὶ ὁ τρίτος ὡσαύτως· [22] καὶ οἱ ἑπτὰ οὐκ ἀφῆκαν σπέρμα. ↔	**Lk 20,31**	[30] καὶ ὁ δεύτερος [31] καὶ ὁ τρίτος ἔλαβεν αὐτήν, ὡσαύτως δὲ καὶ οἱ ἑπτὰ οὐ κατέλιπον τέκνα καὶ **ἀπέθανον.**	
222	**Mt 22,27**	ὕστερον δὲ πάντων **ἀπέθανεν** ἡ γυνή.	**Mk 12,22**	↔ ἔσχατον πάντων καὶ ἡ γυνὴ **ἀπέθανεν.**	**Lk 20,32**	ὕστερον καὶ ἡ γυνὴ **ἀπέθανεν.**	
112	**Mt 22,30**	... ἀλλ' ὡς ἄγγελοι ἐν τῷ οὐρανῷ εἰσιν.	**Mk 12,25**	... ἀλλ' εἰσὶν ὡς ἄγγελοι ἐν τοῖς οὐρανοῖς.	**Lk 20,36**	οὐδὲ γὰρ **ἀποθανεῖν** ἔτι δύνανται, ἰσάγγελοι γάρ εἰσιν καὶ υἱοί εἰσιν θεοῦ τῆς ἀναστάσεως υἱοὶ ὄντες.	
210	**Mt 26,35** → Lk 22,33	... κἂν δέῃ με σὺν σοὶ **ἀποθανεῖν,** οὐ μή σε ἀπαρνήσομαι. ὁμοίως καὶ πάντες οἱ μαθηταὶ εἶπαν.	**Mk 14,31** → Lk 22,33	... ἐὰν δέῃ με **συναποθανεῖν** σοι, οὐ μή σε ἀπαρνήσομαι. ὡσαύτως δὲ καὶ πάντες ἔλεγον.			→ Jn 13,37
020			**Mk 15,44**	ὁ δὲ Πιλᾶτος ἐθαύμασεν εἰ ἤδη τέθνηκεν καὶ προσκαλεσάμενος τὸν κεντυρίωνα ἐπηρώτησεν αὐτὸν εἰ πάλαι **ἀπέθανεν·**			

Acts 7,4 ... κἀκεῖθεν
μετὰ τὸ ἀποθανεῖν
τὸν πατέρα αὐτοῦ μετῴκισεν αὐτὸν εἰς τὴν γῆν ταύτην εἰς ἣν ὑμεῖς νῦν κατοικεῖτε

Acts 9,37 ἐγένετο δὲ ἐν ταῖς ἡμέραις ἐκείναις ἀσθενήσασαν αὐτὴν
ἀποθανεῖν· ...

Acts 21,13 ... ἐγὼ γὰρ οὐ μόνον δεθῆναι ἀλλὰ καὶ
ἀποθανεῖν
εἰς Ἰερουσαλὴμ ἑτοίμως ἔχω ὑπὲρ τοῦ ὀνόματος τοῦ κυρίου Ἰησοῦ.

Acts 25,11 εἰ μὲν οὖν ἀδικῶ καὶ ἄξιον θανάτου πέπραχά τι, οὐ παραιτοῦμαι
τὸ ἀποθανεῖν· ...

ἀποκαθίστημι, ἀποκαθιστάνω	Syn 6	Mt 2	Mk 3	Lk 1	Acts 1	Jn	1-3John	Paul	Eph	Col
	NT 8	2Thess	1/2Tim	Tit	Heb 1	Jas	1Pet	2Pet	Jude	Rev

reestablish; restore; cure; make well; send or bring back

222	**Mt 12,13**	τότε λέγει τῷ ἀνθρώπῳ· ἔκτεινόν σου τὴν χεῖρα. καὶ ἐξέτεινεν καὶ **ἀπεκατεστάθη** ὑγιὴς ὡς ἡ ἄλλη.	**Mk 3,5**	... λέγει τῷ ἀνθρώπῳ· ἔκτεινον τὴν χεῖρα. καὶ ἐξέτεινεν καὶ **ἀπεκατεστάθη** ἡ χεὶρ αὐτοῦ.	**Lk 6,10** → Lk 13,12-13	... εἶπεν αὐτῷ· ἔκτεινον τὴν χεῖρά σου. ὁ δὲ ἐποίησεν καὶ **ἀπεκατεστάθη** ἡ χεὶρ αὐτοῦ.	
020			**Mk 8,25** → Mt 9,29 → Mt 20,34	εἶτα πάλιν ἐπέθηκεν τὰς χεῖρας ἐπὶ τοὺς ὀφθαλμοὺς αὐτοῦ, καὶ διέβλεψεν καὶ **ἀπεκατέστη** καὶ ἐνέβλεπεν τηλαυγῶς ἅπαντα.			
220	**Mt 17,11**	ὁ δὲ ἀποκριθεὶς εἶπεν· *Ἠλίας* μὲν *ἔρχεται καὶ* ***ἀποκαταστήσει*** *πάντα*· ➤ Mal 3,23-24	**Mk 9,12**	ὁ δὲ ἔφη αὐτοῖς· Ἠλίας μὲν ἐλθὼν πρῶτον **ἀποκαθιστάνει** πάντα· ...			→ Acts 3,21

Acts 1,6 ... κύριε, εἰ ἐν τῷ χρόνῳ τούτῳ **ἀποκαθιστάνεις** τὴν βασιλείαν τῷ Ἰσραήλ;

ἀποκαλύπτω	Syn 9	Mt 4	Mk	Lk 5	Acts	Jn 1	1-3John	Paul 9	Eph 1	Col
	NT 26	2Thess 3	1/2Tim	Tit	Heb	Jas	1Pet 3	2Pet	Jude	Rev

reveal; disclose

	triple tradition																	double tradition			Sonder-gut		
		+Mt / +Lk			–Mt / –Lk			traditions not taken over by Mt / Lk							subtotals								
code	222	211	112	212	221	122	121	022	012	021	220	120	210	020	Σ⁺	Σ⁻	Σ	202	201	102	200	002	total
Mt																		3			1		4
Mk																							
Lk																		3		1		1	5

002					**Lk 2,35**	... ὅπως ἂν **ἀποκαλυφθῶσιν** ἐκ πολλῶν καρδιῶν διαλογισμοί.	
202	**Mt 10,26**	... οὐδὲν γάρ ἐστιν κεκαλυμμένον ὃ **οὐκ** **ἀποκαλυφθήσεται** καὶ κρυπτὸν ὃ οὐ γνωσθήσεται.			**Lk 12,2** ⇩ Lk 8,17	οὐδὲν δὲ συγκεκαλυμμένον ἐστὶν ὃ **οὐκ** **ἀποκαλυφθήσεται** καὶ κρυπτὸν ὃ οὐ γνωσθήσεται.	→ GTh 5 → GTh 6,5-6 (POxy 654) Mk-Q overlap
			Mk 4,22	οὐ γάρ ἐστιν κρυπτὸν **ἐὰν μὴ ἵνα φανερωθῇ,** οὐδὲ ἐγένετο ἀπόκρυφον ἀλλ᾽ ἵνα ἔλθῃ εἰς φανερόν.	**Lk 8,17** ⇧ **Lk 12,2**	οὐ γάρ ἐστιν κρυπτὸν ὃ **οὐ φανερὸν γενήσεται** οὐδὲ ἀπόκρυφον ὃ οὐ μὴ γνωσθῇ καὶ εἰς φανερὸν ἔλθῃ.	→ GTh 5 → GTh 6,5-6 (POxy 654)

202	**Mt 11,25**	... ἐξομολογοῦμαί σοι, πάτερ, κύριε τοῦ οὐρανοῦ καὶ τῆς γῆς, ὅτι ἔκρυψας ταῦτα ἀπὸ σοφῶν καὶ συνετῶν καὶ **ἀπεκάλυψας** αὐτὰ νηπίοις·			**Lk 10,21**	... ἐξομολογοῦμαί σοι, πάτερ, κύριε τοῦ οὐρανοῦ καὶ τῆς γῆς, ὅτι ἀπέκρυψας ταῦτα ἀπὸ σοφῶν καὶ συνετῶν καὶ **ἀπεκάλυψας** αὐτὰ νηπίοις· ...	
202	**Mt 11,27** → Mt 28,18	πάντα μοι παρεδόθη ὑπὸ τοῦ πατρός μου, καὶ οὐδεὶς ἐπιγινώσκει τὸν υἱὸν εἰ μὴ ὁ πατήρ, οὐδὲ τὸν πατέρα τις ἐπιγινώσκει εἰ μὴ ὁ υἱὸς καὶ ᾧ ἐὰν βούληται ὁ υἱὸς **ἀποκαλύψαι**.			**Lk 10,22** → Mt 28,18	πάντα μοι παρεδόθη ὑπὸ τοῦ πατρός μου, καὶ οὐδεὶς γινώσκει τίς ἐστιν ὁ υἱὸς εἰ μὴ ὁ πατήρ, καὶ τίς ἐστιν ὁ πατὴρ εἰ μὴ ὁ υἱὸς καὶ ᾧ ἐὰν βούληται ὁ υἱὸς **ἀποκαλύψαι**.	→ GTh 61,3
200	**Mt 16,17**	... μακάριος εἶ, Σίμων Βαριωνᾶ, ὅτι σὰρξ καὶ αἷμα **οὐκ ἀπεκάλυψέν** σοι ἀλλ' ὁ πατήρ μου ὁ ἐν τοῖς οὐρανοῖς.					
202	**Mt 10,26**	... οὐδὲν γάρ ἐστιν κεκαλυμμένον ὃ **οὐκ** **ἀποκαλυφθήσεται** καὶ κρυπτὸν ὃ οὐ γνωσθήσεται.	**Mk 4,22**	οὐ γάρ ἐστιν κρυπτὸν **ἐὰν μὴ ἵνα φανερωθῇ**, οὐδὲ ἐγένετο ἀπόκρυφον ἀλλ' ἵνα ἔλθῃ εἰς φανερόν.	**Lk 12,2** ⇧ Lk 8,17	οὐδὲν δὲ συγκεκαλυμμένον ἐστὶν ὃ **οὐκ** **ἀποκαλυφθήσεται** καὶ κρυπτὸν ὃ οὐ γνωσθήσεται.	→ GTh 5 → GTh 6,5-6 (POxy 654) Mk-Q overlap
102	**Mt 24,39**	... οὕτως ἔσται [καὶ] ἡ παρουσία τοῦ υἱοῦ τοῦ ἀνθρώπου.			**Lk 17,30**	κατὰ τὰ αὐτὰ ἔσται ᾗ ἡμέρᾳ ὁ υἱὸς τοῦ ἀνθρώπου **ἀποκαλύπτεται**.	

ἀποκάλυψις	Syn	Mt	Mk	Lk	Acts	Jn	1-3John	Paul	Eph	Col
	1			1				10	2	
	NT	2Thess	1/2Tim	Tit	Heb	Jas	1Pet	2Pet	Jude	Rev
	18	1					3			1

revelation

002					**Lk 2,32**	φῶς **εἰς ἀποκάλυψιν** **ἐθνῶν** καὶ δόξαν λαοῦ σου Ἰσραήλ.	

ἀπόκειμαι	Syn	Mt	Mk	Lk	Acts	Jn	1-3John	Paul	Eph	Col
	1			1						1
	NT	2Thess	1/2Tim	Tit	Heb	Jas	1Pet	2Pet	Jude	Rev
	4		1		1					

be stored away; *impersonal:* be one's lot

102	**Mt 25,25**	καὶ φοβηθεὶς ἀπελθὼν **ἔκρυψα** τὸ τάλαντόν σου ἐν τῇ γῇ· ἴδε ἔχεις τὸ σόν.			**Lk 19,20** → Mt 25,18	... κύριε, ἰδοὺ ἡ μνᾶ σου ἣν εἶχον **ἀποκειμένην** ἐν σουδαρίῳ·	

ἀποκεφαλίζω	Syn 4	Mt 1	Mk 2	Lk 1	Acts	Jn	1-3John	Paul	Eph	Col
	NT 4	2Thess	1/2Tim	Tit	Heb	Jas	1Pet	2Pet	Jude	Rev

behead

122	**Mt 14,2**	καὶ εἶπεν τοῖς παισὶν αὐτοῦ· οὗτός ἐστιν Ἰωάννης ὁ βαπτιστής· αὐτὸς ἠγέρθη ἀπὸ τῶν νεκρῶν ...	**Mk 6,16** ↓ Mk 6,27	ἀκούσας δὲ ὁ Ἡρῴδης ἔλεγεν· ὃν ἐγὼ **ἀπεκεφάλισα** Ἰωάννην, οὗτος ἠγέρθη.	**Lk 9,9** → Lk 23,8	εἶπεν δὲ Ἡρῴδης· Ἰωάννην ἐγὼ **ἀπεκεφάλισα·** τίς δέ ἐστιν οὗτος περὶ οὗ ἀκούω τοιαῦτα; ...	
220	**Mt 14,10**	καὶ πέμψας **ἀπεκεφάλισεν** [τὸν] Ἰωάννην ἐν τῇ φυλακῇ.	**Mk 6,27** ↑ Mk 6,16 ↑ Lk 9,9	καὶ εὐθὺς ἀποστείλας ὁ βασιλεὺς σπεκουλάτορα ἐπέταξεν ἐνέγκαι τὴν κεφαλὴν αὐτοῦ. καὶ ἀπελθὼν **ἀπεκεφάλισεν** αὐτὸν ἐν τῇ φυλακῇ			

ἀποκλείω	Syn 1	Mt	Mk	Lk 1	Acts	Jn	1-3John	Paul	Eph	Col
	NT 1	2Thess	1/2Tim	Tit	Heb	Jas	1Pet	2Pet	Jude	Rev

close; lock

002	**Mt 25,10**	... ἦλθεν ὁ νυμφίος, καὶ αἱ ἕτοιμοι εἰσῆλθον μετ᾽ αὐτοῦ εἰς τοὺς γάμους καὶ **ἐκλείσθη** ἡ θύρα.			**Lk 13,25**	ἀφ᾽ οὗ ἂν ἐγερθῇ ὁ οἰκοδεσπότης καὶ **ἀποκλείσῃ** τὴν θύραν ...	

ἀποκόπτω	Syn 2	Mt	Mk 2	Lk	Acts 1	Jn 2	1-3John	Paul 1	Eph	Col
	NT 6	2Thess	1/2Tim	Tit	Heb	Jas	1Pet	2Pet	Jude	Rev

cut off or away; *middle:* castrate oneself

120	**Mt 18,8** ⇩ Mt 5,30 ↓ Mk 9,45	εἰ δὲ ἡ χείρ σου ἢ ὁ πούς σου σκανδαλίζει σε, **ἔκκοψον** αὐτὸν καὶ βάλε ἀπὸ σοῦ· ...	**Mk 9,43**	καὶ ἐὰν σκανδαλίζῃ σε ἡ χείρ σου, **ἀπόκοψον** αὐτήν· ...			
	Mt 5,30 ⇧ Mt 18,8	καὶ εἰ ἡ δεξιά σου χεὶρ σκανδαλίζει σε, **ἔκκοψον** αὐτὴν καὶ βάλε ἀπὸ σοῦ· ...					
020	**Mt 18,8**	εἰ δὲ ἡ χείρ σου ἢ ὁ πούς σου σκανδαλίζει σε, **ἔκκοψον** αὐτὸν καὶ βάλε ἀπὸ σοῦ· ...	**Mk 9,45**	καὶ ἐὰν ὁ πούς σου σκανδαλίζῃ σε, **ἀπόκοψον** αὐτόν· ...			

Acts 27,32 τότε **ἀπέκοψαν** οἱ στρατιῶται τὰ σχοινία τῆς σκάφης καὶ εἴασαν αὐτὴν ἐκπεσεῖν.

ἀποκρίνομαι	Syn 131	Mt 55	Mk 30	Lk 46	Acts 20	Jn 78	1-3John	Paul	Eph	Col 1
	NT 231	2Thess	1/2Tim	Tit	Heb	Jas	1Pet	2Pet	Jude	Rev 1

answer; reply; respond

	triple tradition																	double tradition			Sondergut		
		+Mt / +Lk			−Mt / −Lk			traditions not taken over by Mt / Lk							subtotals								
code	222	211	112	212	221	122	121	022	012	021	220	120	210	020	Σ⁺	Σ⁻	Σ	202	201	102	200	002	total
Mt	4	9^+		1^+	1	1^-	9^-				5	8^-	9^+		19^+	18^-	29	2	6		18		**55**
Mk	4				1	1	9	1		1	5	8					30						**30**
Lk	4		6^+	1^+	1^-	1	9^-	1	3^+	1^-					10^+	11^-	16	2		3		25	**46**

[a] ἀποκριθεὶς
[b] ἀποκριθεὶς δὲ
[c] ὁ δὲ ἀποκριθεὶς εἶπεν
[d] ὁ δὲ ἀποκριθεὶς λέγει
[e] ὁ δὲ ἀποκριθεὶς ἔφη
[f] καὶ ἀποκριθεὶς εἶπεν
[g] καὶ ἀποκριθεὶς λέγει
[h] καὶ ἀποκριθεὶς ἐρεῖ
[j] καὶ ἀποκριθεὶς ἔλεγεν
[k] καὶ ἀποκριθεὶς ἔφη

f 002					**Lk 1,19**	**καὶ ἀποκριθεὶς** ὁ ἄγγελος εἶπεν αὐτῷ· ἐγώ εἰμι Γαβριὴλ ...	
f 002					**Lk 1,35** → Mt 1,18 → Mt 1,20	**καὶ ἀποκριθεὶς** ὁ ἄγγελος εἶπεν αὐτῇ· πνεῦμα ἅγιον ἐπελεύσεται ἐπὶ σὲ ...	
f 002					**Lk 1,60**	**καὶ** **ἀποκριθεῖσα** ἡ μήτηρ αὐτοῦ εἶπεν· οὐχί, ἀλλὰ κληθήσεται Ἰωάννης.	
b 002					**Lk 3,11**	**ἀποκριθεὶς δὲ** ἔλεγεν αὐτοῖς· ὁ ἔχων δύο χιτῶνας μεταδότω τῷ μὴ ἔχοντι, ...	
112	**Mt 3,11**	ἐγὼ μὲν ὑμᾶς βαπτίζω ἐν ὕδατι εἰς μετάνοιαν, ...	**Mk 1,7**	καὶ **ἐκήρυσσεν** λέγων· ἔρχεται ὁ ἰσχυρότερός μου ὀπίσω μου, ...	**Lk 3,16**	**ἀπεκρίνατο** λέγων πᾶσιν ὁ Ἰωάννης· ἐγὼ μὲν ὕδατι βαπτίζω ὑμᾶς· ...	**→ Jn 1,26** → Jn 1,27 → Acts 13,25 Mk-Q overlap
b 200	**Mt 3,15**	**ἀποκριθεὶς δὲ** ὁ Ἰησοῦς εἶπεν πρὸς αὐτόν· ἄφες ἄρτι, ...					
c 202	**Mt 4,4**	**ὁ δὲ ἀποκριθεὶς** **εἶπεν·** γέγραπται· *οὐκ* *ἐπ' ἄρτῳ μόνῳ ζήσεται* *ὁ ἄνθρωπος*, ... ➤ Deut 8,3			**Lk 4,4**	**καὶ ἀπεκρίθη** πρὸς αὐτὸν ὁ Ἰησοῦς· γέγραπται ὅτι *οὐκ* *ἐπ' ἄρτῳ μόνῳ ζήσεται* *ὁ ἄνθρωπος.* ➤ Deut 8,3	
f 102	**Mt 4,10** → Mt 16,23 → Mk 8,33	**τότε** λέγει αὐτῷ ὁ Ἰησοῦς· ὕπαγε, σατανᾶ· γέγραπται γάρ· *κύριον* *τὸν θεόν σου* *προσκυνήσεις* ... ➤ Deut 6,13 LXX/10,20			**Lk 4,8**	**καὶ ἀποκριθεὶς** ὁ Ἰησοῦς εἶπεν αὐτῷ· γέγραπται· *κύριον* *τὸν θεόν σου* *προσκυνήσεις* ... ➤ Deut 6,13 LXX/10,20	
f 102	**Mt 4,7**	ἔφη αὐτῷ ὁ Ἰησοῦς· πάλιν γέγραπται· *οὐκ* *ἐκπειράσεις κύριον* *τὸν θεόν σου.* ➤ Deut 6,16 LXX			**Lk 4,12**	**καὶ ἀποκριθεὶς** εἶπεν αὐτῷ ὁ Ἰησοῦς ὅτι εἴρηται· *οὐκ* *ἐκπειράσεις κύριον* *τὸν θεόν σου.* ➤ Deut 6,16 LXX	

f 002					Lk 5,5	**καὶ ἀποκριθεὶς** Σίμων εἶπεν· ἐπιστάτα, δι' ὅλης νυκτὸς κοπιάσαντες οὐδὲν ἐλάβομεν· ...	→ Jn 21,3
a 112	Mt 9,4 → Mt 12,25	καὶ ἰδὼν ὁ Ἰησοῦς τὰς ἐνθυμήσεις αὐτῶν εἶπεν· ἱνατί ἐνθυμεῖσθε πονηρὰ ἐν ταῖς καρδίαις ὑμῶν;	Mk 2,8	καὶ εὐθὺς ἐπιγνοὺς ὁ Ἰησοῦς τῷ πνεύματι αὐτοῦ ὅτι οὕτως διαλογίζονται ἐν ἑαυτοῖς λέγει αὐτοῖς· τί ταῦτα διαλογίζεσθε ἐν ταῖς καρδίαις ὑμῶν;	Lk 5,22 → Lk 11,17 → Lk 6,8	ἐπιγνοὺς δὲ ὁ Ἰησοῦς τοὺς διαλογισμοὺς αὐτῶν **ἀποκριθεὶς** εἶπεν πρὸς αὐτούς· τί διαλογίζεσθε ἐν ταῖς καρδίαις ὑμῶν;	
f 112	Mt 9,12	**ὁ δὲ ἀκούσας** εἶπεν· οὐ χρείαν ἔχουσιν οἱ ἰσχύοντες ἰατροῦ ἀλλ' οἱ κακῶς ἔχοντες.	Mk 2,17	**καὶ ἀκούσας** ὁ Ἰησοῦς λέγει αὐτοῖς [ὅτι] οὐ χρείαν ἔχουσιν οἱ ἰσχύοντες ἰατροῦ ἀλλ' οἱ κακῶς ἔχοντες· ...	Lk 5,31	**καὶ ἀποκριθεὶς** ὁ Ἰησοῦς εἶπεν πρὸς αὐτούς· οὐ χρείαν ἔχουσιν οἱ ὑγιαίνοντες ἰατροῦ ἀλλὰ οἱ κακῶς ἔχοντες·	
f 112	Mt 12,3	ὁ δὲ εἶπεν αὐτοῖς· οὐκ ἀνέγνωτε τί ἐποίησεν Δαυὶδ ...	Mk 2,25	καὶ λέγει αὐτοῖς· οὐδέποτε ἀνέγνωτε τί ἐποίησεν Δαυίδ, ...	Lk 6,3	καὶ **ἀποκριθεὶς** πρὸς αὐτοὺς εἶπεν ὁ Ἰησοῦς· οὐδὲ τοῦτο ἀνέγνωτε ὃ ἐποίησεν Δαυὶδ ...	
k 201	Mt 8,8	 **καὶ ἀποκριθεὶς** ὁ ἑκατόνταρχος ἔφη· κύριε, οὐκ εἰμὶ ἱκανὸς ...			Lk 7,6	... ἔπεμψεν φίλους ὁ ἑκατοντάρχης λέγων αὐτῷ· κύριε, μὴ σκύλλου, οὐ γὰρ ἱκανός εἰμι ...	→ Jn 4,49
f 202	Mt 11,4	**καὶ ἀποκριθεὶς** ὁ Ἰησοῦς εἶπεν αὐτοῖς· πορευθέντες ἀπαγγείλατε Ἰωάννῃ ...			Lk 7,22	**καὶ ἀποκριθεὶς** εἶπεν αὐτοῖς· πορευθέντες ἀπαγγείλατε Ἰωάννῃ ...	
f 002					Lk 7,40 → Mt 26,6 → Mk 14,3	**καὶ ἀποκριθεὶς** ὁ Ἰησοῦς εἶπεν πρὸς αὐτόν· Σίμων, ἔχω σοί τι εἰπεῖν. ...	
a 002					Lk 7,43	**ἀποκριθεὶς** Σίμων εἶπεν· ὑπολαμβάνω ὅτι ᾧ τὸ πλεῖον ἐχαρίσατο. ...	
a 201	Mt 11,25	ἐν ἐκείνῳ τῷ καιρῷ **ἀποκριθεὶς** ὁ Ἰησοῦς εἶπεν· ἐξομολογοῦμαί σοι, πάτερ, ...			Lk 10,21	ἐν αὐτῇ τῇ ὥρᾳ **ἠγαλλιάσατο** [ἐν] τῷ πνεύματι τῷ ἁγίῳ καὶ εἶπεν· ἐξομολογοῦμαί σοι, πάτερ, ...	
201	Mt 12,38 ⇨ Mt 16,1	τότε **ἀπεκρίθησαν** αὐτῷ τινες τῶν γραμματέων καὶ Φαρισαίων λέγοντες· διδάσκαλε, θέλομεν ἀπὸ σοῦ σημεῖον ἰδεῖν.	Mk 8,11	 καὶ ἐξῆλθον οἱ Φαρισαῖοι καὶ ἤρξαντο συζητεῖν αὐτῷ, ζητοῦντες παρ' αὐτοῦ σημεῖον ἀπὸ τοῦ οὐρανοῦ, πειράζοντες αὐτόν.	Lk 11,16	 ἕτεροι δὲ πειράζοντες σημεῖον ἐξ οὐρανοῦ ἐζήτουν παρ' αὐτοῦ.	Mk-Q overlap
c 201	Mt 12,39 ⇩ Mt 16,2 ⇩ Mt 16,4	 **ὁ δὲ ἀποκριθεὶς** εἶπεν αὐτοῖς· γενεὰ πονηρὰ καὶ μοιχαλὶς σημεῖον ἐπιζητεῖ, ...	Mk 8,12	καὶ ἀναστενάξας τῷ πνεύματι αὐτοῦ λέγει· τί ἡ γενεὰ αὕτη ζητεῖ σημεῖον; ...	Lk 11,29	τῶν δὲ ὄχλων ἐπαθροιζομένων **ἤρξατο** λέγειν· ἡ γενεὰ αὕτη γενεὰ πονηρά ἐστιν· σημεῖον ζητεῖ, ...	Mk-Q overlap

c g 222	Mt 12,48	ὁ δὲ ἀποκριθεὶς εἶπεν τῷ λέγοντι αὐτῷ· τίς ἐστιν ἡ μήτηρ μου καὶ τίνες εἰσὶν οἱ ἀδελφοί μου; [49] ... [50] ὅστις γὰρ ἂν ποιήσῃ τὸ θέλημα τοῦ πατρός μου τοῦ ἐν οὐρανοῖς αὐτός μου ἀδελφὸς καὶ ἀδελφὴ καὶ μήτηρ ἐστίν.	Mk 3,33	καὶ ἀποκριθεὶς αὐτοῖς λέγει· τίς ἐστιν ἡ μήτηρ μου καὶ οἱ ἀδελφοί [μου]; [34] ... [35] ὃς [γὰρ] ἂν ποιήσῃ τὸ θέλημα τοῦ θεοῦ, οὗτος ἀδελφός μου καὶ ἀδελφὴ καὶ μήτηρ ἐστίν.	Lk 8,21	ὁ δὲ ἀποκριθεὶς εἶπεν πρὸς αὐτούς· μήτηρ μου καὶ ἀδελφοί μου οὗτοί εἰσιν οἱ τὸν λόγον τοῦ θεοῦ ἀκούοντες καὶ ποιοῦντες.	→ GTh 99
c 211	Mt 13,11	ὁ δὲ ἀποκριθεὶς εἶπεν αὐτοῖς· ὅτι ὑμῖν δέδοται γνῶναι τὰ μυστήρια τῆς βασιλείας τῶν οὐρανῶν, ...	Mk 4,11	καὶ ἔλεγεν αὐτοῖς· ὑμῖν τὸ μυστήριον δέδοται τῆς βασιλείας τοῦ θεοῦ· ...	Lk 8,10	ὁ δὲ εἶπεν· ὑμῖν δέδοται γνῶναι τὰ μυστήρια τῆς βασιλείας τοῦ θεοῦ, ...	→ GTh 62,1
c 200	Mt 13,37	ὁ δὲ ἀποκριθεὶς εἶπεν· ὁ σπείρων τὸ καλὸν σπέρμα ἐστὶν ὁ υἱὸς τοῦ ἀνθρώπου					
012			Mk 5,36	ὁ δὲ Ἰησοῦς παρακούσας τὸν λόγον λαλούμενον λέγει τῷ ἀρχισυναγώγῳ· μὴ φοβοῦ, μόνον πίστευε.	Lk 8,50	ὁ δὲ Ἰησοῦς ἀκούσας ἀπεκρίθη αὐτῷ· μὴ φοβοῦ, μόνον πίστευσον, καὶ σωθήσεται.	
c 121	Mt 14,16 ↓ Mt 15,33	ὁ δὲ [Ἰησοῦς] εἶπεν αὐτοῖς· οὐ χρείαν ἔχουσιν ἀπελθεῖν, δότε αὐτοῖς ὑμεῖς φαγεῖν.	Mk 6,37 ↓ Mk 8,4	ὁ δὲ ἀποκριθεὶς εἶπεν αὐτοῖς· δότε αὐτοῖς ὑμεῖς φαγεῖν. ...	Lk 9,13	εἶπεν δὲ πρὸς αὐτούς· δότε αὐτοῖς ὑμεῖς φαγεῖν. ...	
b 200	Mt 14,28	ἀποκριθεὶς δὲ αὐτῷ ὁ Πέτρος εἶπεν· κύριε, εἰ σὺ εἶ, κέλευσόν με ἐλθεῖν πρὸς σὲ πὶ τὰ ὕδατα.					
c 210	Mt 15,3	ὁ δὲ ἀποκριθεὶς εἶπεν αὐτοῖς· διὰ τί καὶ ὑμεῖς παραβαίνετε τὴν ἐντολὴν τοῦ θεοῦ διὰ τὴν παράδοσιν ὑμῶν;	Mk 7,6	ὁ δὲ εἶπεν αὐτοῖς· [9] ... καλῶς ἀθετεῖτε τὴν ἐντολὴν τοῦ θεοῦ, ἵνα τὴν παράδοσιν ὑμῶν στήσητε.			
c 200	Mt 15,13	ὁ δὲ ἀποκριθεὶς εἶπεν· πᾶσα φυτεία ἣν οὐκ ἐφύτευσεν ὁ πατήρ μου ὁ οὐράνιος ἐκριζωθήσεται.					
b 210	Mt 15,15	ἀποκριθεὶς δὲ ὁ Πέτρος εἶπεν αὐτῷ· φράσον ἡμῖν τὴν παραβολήν [ταύτην].	Mk 7,17 → Mk 4,10 → Lk 8,9 → Mt 15,12	... ἐπηρώτων αὐτὸν οἱ μαθηταὶ αὐτοῦ τὴν παραβολήν.			
200	Mt 15,23	ὁ δὲ οὐκ ἀπεκρίθη αὐτῇ λόγον. ...					
c 200	Mt 15,24 → Mt 10,6	ὁ δὲ ἀποκριθεὶς εἶπεν· οὐκ ἀπεστάλην εἰ μὴ εἰς τὰ πρόβατα τὰ ἀπολωλότα οἴκου Ἰσραήλ.					

c 210	**Mt 15,26**	ὁ δὲ **ἀποκριθεὶς** εἶπεν· οὐκ ἔστιν καλὸν λαβεῖν τὸν ἄρτον τῶν τέκνων καὶ βαλεῖν τοῖς κυναρίοις.	**Mk 7,27**	καὶ ἔλεγεν αὐτῇ· ἄφες πρῶτον χορτασθῆναι τὰ τέκνα, οὐ γάρ ἐστιν καλὸν λαβεῖν τὸν ἄρτον τῶν τέκνων καὶ τοῖς κυναρίοις βαλεῖν.			
120	**Mt 15,27**	ἡ δὲ εἶπεν· ναὶ κύριε, καὶ γὰρ τὰ κυνάρια ἐσθίει ἀπὸ τῶν ψιχίων τῶν πιπτόντων ἀπὸ τῆς τραπέζης τῶν κυρίων αὐτῶν.	**Mk 7,28**	ἡ δὲ **ἀπεκρίθη** καὶ λέγει αὐτῷ· κύριε· καὶ τὰ κυνάρια ὑποκάτω τῆς τραπέζης ἐσθίουσιν ἀπὸ τῶν ψιχίων τῶν παιδίων.			
a 210	**Mt 15,28**	τότε **ἀποκριθεὶς** ὁ Ἰησοῦς εἶπεν αὐτῇ· ὦ γύναι, μεγάλη σου ἡ πίστις· γενηθήτω σοι ὡς θέλεις. ...	**Mk 7,29**	καὶ εἶπεν αὐτῇ· διὰ τοῦτον τὸν λόγον ὕπαγε, ἐξελήλυθεν ἐκ τῆς θυγατρός σου τὸ δαιμόνιον.			
120	**Mt 15,33** ↑ Mt 14,16	καὶ **λέγουσιν** αὐτῷ οἱ μαθηταί· πόθεν ἡμῖν ἐν ἐρημίᾳ ἄρτοι τοσοῦτοι ὥστε χορτάσαι ὄχλον τοσοῦτον;	**Mk 8,4** ↑ **Mk 6,37**	καὶ **ἀπεκρίθησαν** αὐτῷ οἱ μαθηταὶ αὐτοῦ ὅτι πόθεν τούτους δυνήσεταί τις ὧδε χορτάσαι ἄρτων ἐπ' ἐρημίας;	↑ Lk 9,13		
c 210	**Mt 16,2** ⇑ **Mt 12,39**	ὁ δὲ **ἀποκριθεὶς** εἶπεν αὐτοῖς· [ὀψίας γενομένης λέγετε· εὐδία, πυρράζει γὰρ ὁ οὐρανός·] [3] ... [4] γενεὰ πονηρὰ καὶ μοιχαλὶς σημεῖον ἐπιζητεῖ, ...	**Mk 8,12**	καὶ **ἀναστενάξας** τῷ πνεύματι αὐτοῦ λέγει· τί ἡ γενεὰ αὕτη ζητεῖ σημεῖον; ...	**Lk 12,54**	ἔλεγεν δὲ καὶ τοῖς ὄχλοις· ὅταν ἴδητε [τὴν] νεφέλην ἀνατέλλουσαν ἐπὶ δυσμῶν, εὐθέως λέγετε ὅτι ὄμβρος ἔρχεται, καὶ γίνεται οὕτως· [11,29] ... ἡ γενεὰ αὕτη γενεὰ πονηρά ἐστιν· σημεῖον ζητεῖ, ...	Mt 16,2b is textcritically uncertain. Mt 16,4: Mk-Q overlap → GTh 91
c 112	**Mt 16,14** → Mt 14,2	οἱ δὲ **εἶπαν**· οἱ μὲν Ἰωάννην τὸν βαπτιστήν, ...	**Mk 8,28** → Mk 6,14-15	οἱ δὲ **εἶπαν αὐτῷ** **λέγοντες** [ὅτι] Ἰωάννην τὸν βαπτιστήν, ...	**Lk 9,19** → Lk 9,7-8	οἱ δὲ **ἀποκριθέντες** **εἶπαν**· Ἰωάννην τὸν βαπτιστήν, ...	
b a 222	**Mt 16,16** → Mt 14,33	**ἀποκριθεὶς** δὲ Σίμων Πέτρος εἶπεν· σὺ εἶ ὁ χριστὸς ὁ υἱὸς τοῦ θεοῦ τοῦ ζῶντος.	**Mk 8,29**	... **ἀποκριθεὶς** ὁ Πέτρος λέγει αὐτῷ· σὺ εἶ ὁ χριστός.	**Lk 9,20**	... Πέτρος δὲ **ἀποκριθεὶς** εἶπεν· τὸν χριστὸν τοῦ θεοῦ.	→ **Jn 6,68** → Jn 6,69 → GTh 13
b 200	**Mt 16,17**	**ἀποκριθεὶς** δὲ ὁ Ἰησοῦς εἶπεν αὐτῷ· μακάριος εἶ, Σίμων Βαριωνᾶ, ...					
b g 221	**Mt 17,4**	**ἀποκριθεὶς** δὲ ὁ Πέτρος εἶπεν τῷ Ἰησοῦ· κύριε, καλόν ἐστιν ἡμᾶς ὧδε εἶναι· ...	**Mk 9,5**	καὶ **ἀποκριθεὶς** ὁ Πέτρος λέγει τῷ Ἰησοῦ· ῥαββί, καλόν ἐστιν ἡμᾶς ὧδε εἶναι, ...	**Lk 9,33**	... εἶπεν ὁ Πέτρος πρὸς τὸν Ἰησοῦν· ἐπιστάτα, καλόν ἐστιν ἡμᾶς ὧδε εἶναι, ...	
021			**Mk 9,6** → Mt 17,6	οὐ γὰρ ᾔδει τί **ἀποκριθῇ**, ἔκφοβοι γὰρ ἐγένοντο.	**Lk 9,33**	... μὴ εἰδὼς ὃ **λέγει**.	

c 210	Mt 17,11	ὁ δὲ ἀποκριθεὶς εἶπεν· *Ἠλίας μὲν ἔρχεται καὶ ἀποκαταστήσει* πάντα· ➤ Mal 3,23-24	Mk 9,12	ὁ δὲ ἔφη αὐτοῖς· Ἠλίας μὲν ἐλθὼν πρῶτον ἀποκαθιστάνει πάντα· ...			→ Acts 3,21
121	Mt 17,14	καὶ ἐλθόντων πρὸς τὸν ὄχλον προσῆλθεν αὐτῷ ἄνθρωπος γονυπετῶν αὐτὸν [15] καὶ λέγων· κύριε, ἐλέησόν μου τὸν υἱόν, ...	Mk 9,17	καὶ ἀπεκρίθη αὐτῷ εἷς ἐκ τοῦ ὄχλου· διδάσκαλε, ἤνεγκα τὸν υἱόν μου πρὸς σέ, ...	Lk 9,38	καὶ ἰδοὺ ἀνὴρ ἀπὸ τοῦ ὄχλου ἐβόησεν λέγων· διδάσκαλε, δέομαί σου ἐπιβλέψαι ἐπὶ τὸν υἱόν μου, ...	
b d 222	Mt 17,17	ἀποκριθεὶς δὲ ὁ Ἰησοῦς εἶπεν· ὦ γενεὰ ἄπιστος καὶ διεστραμμένη, ἕως πότε μεθ' ὑμῶν ἔσομαι; ἕως πότε ἀνέξομαι ὑμῶν; ...	Mk 9,19	ὁ δὲ ἀποκριθεὶς αὐτοῖς λέγει· ὦ γενεὰ ἄπιστος, ἕως πότε πρὸς ὑμᾶς ἔσομαι; ἕως πότε ἀνέξομαι ὑμῶν; ...	Lk 9,41	ἀποκριθεὶς δὲ ὁ Ἰησοῦς εἶπεν· ὦ γενεὰ ἄπιστος καὶ διεστραμμένη, ἕως πότε ἔσομαι πρὸς ὑμᾶς καὶ ἀνέξομαι ὑμῶν; ...	
b 012			Mk 9,38	ἔφη αὐτῷ ὁ Ἰωάννης· διδάσκαλε, εἴδομέν τινα ἐν τῷ ὀνόματί σου ἐκβάλλοντα δαιμόνια ...	Lk 9,49	ἀποκριθεὶς δὲ Ἰωάννης εἶπεν· ἐπιστάτα, εἴδομέν τινα ἐν τῷ ὀνόματί σου ἐκβάλλοντα δαιμόνια ...	→ Acts 19,13
c 112	Mt 22,37	ὁ δὲ ἔφη αὐτῷ· *ἀγαπήσεις κύριον τὸν θεόν σου* ... ➤ Deut 6,5	Mk 12,30	[29] ἀπεκρίθη ὁ Ἰησοῦς ὅτι πρώτη ἐστίν· *ἄκουε, Ἰσραήλ, κύριος ὁ θεὸς ἡμῶν κύριος εἷς ἐστιν,* [30] *καὶ ἀγαπήσεις κύριον τὸν θεόν σου* ... ➤ Deut 6,4-5	Lk 10,27	[26] ὁ δὲ εἶπεν πρὸς αὐτόν· ἐν τῷ νόμῳ τί γέγραπται; πῶς ἀναγινώσκεις; [27] ὁ δὲ ἀποκριθεὶς εἶπεν· *ἀγαπήσεις κύριον τὸν θεόν σου* ... ➤ Deut 6,5	
022			Mk 12,34	καὶ ὁ Ἰησοῦς ἰδὼν [αὐτὸν] ὅτι νουνεχῶς ἀπεκρίθη εἶπεν αὐτῷ· οὐ μακρὰν εἶ ἀπὸ τῆς βασιλείας τοῦ θεοῦ. ...	Lk 10,28	εἶπεν δὲ αὐτῷ· ὀρθῶς ἀπεκρίθης· τοῦτο ποίει καὶ ζήσῃ.	
b 002					Lk 10,41	ἀποκριθεὶς δὲ εἶπεν αὐτῇ ὁ κύριος· Μάρθα Μάρθα, μεριμνᾷς καὶ θορυβάζῃ περὶ πολλά	
a 002					Lk 11,7	κἀκεῖνος ἔσωθεν ἀποκριθεὶς εἴπῃ· μή μοι κόπους πάρεχε· ...	
b 002					Lk 11,45	ἀποκριθεὶς δέ τις τῶν νομικῶν λέγει αὐτῷ· διδάσκαλε, ταῦτα λέγων καὶ ἡμᾶς ὑβρίζεις.	
f 002					Lk 13,2	καὶ ἀποκριθεὶς εἶπεν αὐτοῖς· δοκεῖτε ὅτι οἱ Γαλιλαῖοι οὗτοι ἁμαρτωλοὶ παρὰ πάντας τοὺς Γαλιλαίους ἐγένοντο, ὅτι ταῦτα πεπόνθασιν;	
d 002					Lk 13,8	ὁ δὲ ἀποκριθεὶς λέγει αὐτῷ· κύριε, ἄφες αὐτὴν καὶ τοῦτο τὸ ἔτος, ...	

b 002					**Lk 13,14** ↓ **Lk 14,3**	ἀποκριθεὶς δὲ ὁ ἀρχισυνάγωγος, ἀγανακτῶν ὅτι τῷ σαββάτῳ ἐθεράπευσεν ὁ Ἰησοῦς, ...	
002					**Lk 13,15** → Mt 12,11 → Lk 14,5	ἀπεκρίθη δὲ αὐτῷ ὁ κύριος καὶ εἶπεν· ὑποκριταί, ἕκαστος ὑμῶν τῷ σαββάτῳ οὐ λύει τὸν βοῦν αὐτοῦ ἢ τὸν ὄνον ἀπὸ τῆς φάτνης καὶ ἀπαγαγὼν ποτίζει;	
c h 002	**Mt 25,12** → Mt 7,23	ὁ δὲ ἀποκριθεὶς εἶπεν· ἀμὴν λέγω ὑμῖν, οὐκ οἶδα ὑμᾶς.			**Lk 13,25** → Lk 13,27	... καὶ ἀποκριθεὶς ἐρεῖ ὑμῖν· οὐκ οἶδα ὑμᾶς πόθεν ἐστέ.	
f 002					**Lk 14,3** → Mt 12,12 → Mk 3,4 → Lk 6,7.9 ↑ **Lk 13,14**	καὶ ἀποκριθεὶς ὁ Ἰησοῦς εἶπεν πρὸς τοὺς νομικοὺς καὶ Φαρισαίους λέγων· ἔξεστιν τῷ σαββάτῳ θεραπεῦσαι ἢ οὔ;	
c 002					**Lk 15,29**	ὁ δὲ ἀποκριθεὶς εἶπεν τῷ πατρὶ αὐτοῦ· ἰδοὺ τοσαῦτα ἔτη δουλεύω σοι ...	
b 002					**Lk 17,17**	ἀποκριθεὶς δὲ ὁ Ἰησοῦς εἶπεν· οὐχὶ οἱ δέκα ἐκαθαρίσθησαν; οἱ δὲ ἐννέα ποῦ;	
002					**Lk 17,20**	ἐπερωτηθεὶς δὲ ὑπὸ τῶν Φαρισαίων πότε ἔρχεται ἡ βασιλεία τοῦ θεοῦ ἀπεκρίθη αὐτοῖς καὶ εἶπεν· οὐκ ἔρχεται ἡ βασιλεία τοῦ θεοῦ μετὰ παρατηρήσεως	→ GTh 3,3 (POxy 654) → GTh 113
g 102	**Mt 24,28**	ὅπου ἐὰν ᾖ τὸ πτῶμα, ἐκεῖ συναχθήσονται οἱ ἀετοί.			**Lk 17,37**	καὶ ἀποκριθέντες λέγουσιν αὐτῷ· ποῦ, κύριε; ὁ δὲ εἶπεν αὐτοῖς· ὅπου τὸ σῶμα, ἐκεῖ καὶ οἱ ἀετοὶ ἐπισυναχθήσονται.	
c 220	**Mt 19,4**	ὁ δὲ ἀποκριθεὶς εἶπεν· οὐκ ἀνέγνωτε ὅτι ὁ κτίσας ἀπ' ἀρχῆς *ἄρσεν καὶ θῆλυ ἐποίησεν* *αὐτούς;* [5] ... [7] λέγουσιν αὐτῷ· τί οὖν Μωϋσῆς ἐνετείλατο ... ➤ Gen 1,27	**Mk 10,3**	ὁ δὲ ἀποκριθεὶς εἶπεν αὐτοῖς· τί ὑμῖν ἐνετείλατο Μωϋσῆς; [4] ... [6] ἀπὸ δὲ ἀρχῆς κτίσεως *ἄρσεν καὶ θῆλυ ἐποίησεν* *αὐτούς·* ➤ Gen 1,27			
a 120	**Mt 19,24**	πάλιν δὲ λέγω ὑμῖν, ...	**Mk 10,24**	... ὁ δὲ Ἰησοῦς πάλιν ἀποκριθεὶς λέγει αὐτοῖς· ...			
a 211	**Mt 19,27**	τότε ἀποκριθεὶς ὁ Πέτρος εἶπεν αὐτῷ· ἰδοὺ ἡμεῖς ἀφήκαμεν πάντα καὶ ἠκολουθήσαμέν σοι· τί ἄρα ἔσται ἡμῖν;	**Mk 10,28**	ἤρξατο λέγειν ὁ Πέτρος αὐτῷ· ἰδοὺ ἡμεῖς ἀφήκαμεν πάντα καὶ ἠκολουθήκαμέν σοι.	**Lk 18,28**	εἶπεν δὲ ὁ Πέτρος· ἰδοὺ ἡμεῖς ἀφέντες τὰ ἴδια ἠκολουθήσαμέν σοι.	

c 200	Mt 20,13	ὁ δὲ ἀποκριθεὶς ἑνὶ αὐτῶν εἶπεν· ἑταῖρε, οὐκ ἀδικῶ σε· οὐχὶ δηναρίου συνεφώνησάς μοι;					
b 210	Mt 20,22	ἀποκριθεὶς δὲ ὁ Ἰησοῦς εἶπεν· οὐκ οἴδατε τί αἰτεῖσθε. δύνασθε πιεῖν τὸ ποτήριον ὃ ἐγὼ μέλλω πίνειν; ...	Mk 10,38	ὁ δὲ Ἰησοῦς εἶπεν αὐτοῖς· οὐκ οἴδατε τί αἰτεῖσθε. δύνασθε πιεῖν τὸ ποτήριον ὃ ἐγὼ πίνω ἢ τὸ βάπτισμα ὃ ἐγὼ βαπτίζομαι βαπτισθῆναι;	Lk 12,50	βάπτισμα δὲ ἔχω βαπτισθῆναι, καὶ πῶς συνέχομαι ἕως ὅτου τελεσθῇ.	
f 121	Mt 20,32 ⇩ Mt 9,28 Mt 9,28 ⇧ Mt 20,32	... καὶ εἶπεν· τί θέλετε ποιήσω ὑμῖν; ... καὶ λέγει αὐτοῖς ὁ Ἰησοῦς· πιστεύετε ὅτι δύναμαι τοῦτο ποιῆσαι; ...	Mk 10,51	καὶ ἀποκριθεὶς αὐτῷ ὁ Ἰησοῦς εἶπεν· τί σοι θέλεις ποιήσω; ...	Lk 18,40	... ἐπηρώτησεν αὐτόν· [41] τί σοι θέλεις ποιήσω; ...	
f 002					Lk 19,40 → Mt 21,15-16	καὶ ἀποκριθεὶς εἶπεν· λέγω ὑμῖν, ἐὰν οὗτοι σιωπήσουσιν, οἱ λίθοι κράξουσιν.	
f 120	Mt 21,19	... καὶ λέγει αὐτῇ· μηκέτι ἐκ σοῦ καρπὸς γένηται εἰς τὸν αἰῶνα. ...	Mk 11,14	καὶ ἀποκριθεὶς εἶπεν αὐτῇ· μηκέτι εἰς τὸν αἰῶνα ἐκ σοῦ μηδεὶς καρπὸν φάγοι. ...			
b g 220	Mt 21,21 Mt 17,20	ἀποκριθεὶς δὲ ὁ Ἰησοῦς εἶπεν αὐτοῖς· ἀμὴν λέγω ὑμῖν, ἐὰν ἔχητε πίστιν ... ... ἀμὴν γὰρ λέγω ὑμῖν, ἐὰν ἔχητε πίστιν ὡς κόκκον σινάπεως, ...	Mk 11,22	καὶ ἀποκριθεὶς ὁ Ἰησοῦς λέγει αὐτοῖς· ἔχετε πίστιν θεοῦ.	Lk 17,6 ⇑ Mt 21,21	εἶπεν δὲ ὁ κύριος· εἰ ἔχετε πίστιν ὡς κόκκον σινάπεως, ...	
b 212 121	Mt 21,24	ἀποκριθεὶς δὲ ὁ Ἰησοῦς εἶπεν αὐτοῖς· ἐρωτήσω ὑμᾶς κἀγὼ λόγον ἕνα, ὃν ἐὰν εἴπητέ μοι κἀγὼ ὑμῖν ἐρῶ ἐν ποίᾳ ἐξουσίᾳ ταῦτα ποιῶ·	Mk 11,29	ὁ δὲ Ἰησοῦς εἶπεν αὐτοῖς· ἐπερωτήσω ὑμᾶς ἕνα λόγον, καὶ ἀποκρίθητέ μοι καὶ ἐρῶ ὑμῖν ἐν ποίᾳ ἐξουσίᾳ ταῦτα ποιῶ·	Lk 20,3	ἀποκριθεὶς δὲ εἶπεν πρὸς αὐτούς· ἐρωτήσω ὑμᾶς κἀγὼ λόγον, καὶ εἴπατέ μοι·	
121	Mt 21,25	τὸ βάπτισμα τὸ Ἰωάννου πόθεν ἦν; ἐξ οὐρανοῦ ἢ ἐξ ἀνθρώπων; ...	Mk 11,30	τὸ βάπτισμα τὸ Ἰωάννου ἐξ οὐρανοῦ ἦν ἢ ἐξ ἀνθρώπων; ἀποκρίθητέ μοι.	Lk 20,4	τὸ βάπτισμα Ἰωάννου ἐξ οὐρανοῦ ἦν ἢ ἐξ ἀνθρώπων;	
f g 222	Mt 21,27	καὶ ἀποκριθέντες τῷ Ἰησοῦ εἶπαν· οὐκ οἴδαμεν. ...	Mk 11,33	καὶ ἀποκριθέντες τῷ Ἰησοῦ λέγουσιν· οὐκ οἴδαμεν. ...	Lk 20,7	καὶ ἀπεκρίθησαν μὴ εἰδέναι πόθεν.	
c 200	Mt 21,29	ὁ δὲ ἀποκριθεὶς εἶπεν· οὐ θέλω, ὕστερον δὲ μεταμεληθεὶς ἀπῆλθεν.					
c 200	Mt 21,30	προσελθὼν δὲ τῷ ἑτέρῳ εἶπεν ὡσαύτως. ὁ δὲ ἀποκριθεὶς εἶπεν· ἐγώ, κύριε· καὶ οὐκ ἀπῆλθεν.					

f 201	Mt 22,1	**καὶ ἀποκριθεὶς** ὁ Ἰησοῦς πάλιν εἶπεν ἐν παραβολαῖς αὐτοῖς λέγων· [2] ὡμοιώθη ἡ βασιλεία τῶν οὐρανῶν ἀνθρώπῳ βασιλεῖ, ...			Lk 14,16	ὁ δὲ εἶπεν αὐτῷ· ἄνθρωπός τις ...	
b 211	Mt 22,29	**ἀποκριθεὶς δὲ** ὁ Ἰησοῦς εἶπεν αὐτοῖς· πλανᾶσθε μὴ εἰδότες τὰς γραφὰς μηδὲ τὴν δύναμιν τοῦ θεοῦ·	Mk 12,24	ἔφη αὐτοῖς ὁ Ἰησοῦς· οὐ διὰ τοῦτο πλανᾶσθε μὴ εἰδότες τὰς γραφὰς μηδὲ τὴν δύναμιν τοῦ θεοῦ;	Lk 20,34	**καὶ** εἶπεν αὐτοῖς ὁ Ἰησοῦς· οἱ υἱοὶ τοῦ αἰῶνος τούτου γαμοῦσιν καὶ γαμίσκονται	
121	Mt 22,34 → Mt 19,16	οἱ δὲ Φαρισαῖοι ἀκούσαντες ὅτι **ἐφίμωσεν** τοὺς Σαδδουκαίους συνήχθησαν ἐπὶ τὸ αὐτό, [35] καὶ ἐπηρώτησεν εἷς ἐξ αὐτῶν [νομικὸς] πειράζων αὐτόν· [36] διδάσκαλε, ποία ἐντολὴ μεγάλη ἐν τῷ νόμῳ;	Mk 12,28 → Mk 10,17 ↓ Lk 20,39	καὶ προσελθὼν εἷς τῶν γραμματέων ἀκούσας αὐτῶν συζητούντων, ἰδὼν ὅτι καλῶς **ἀπεκρίθη** αὐτοῖς ἐπηρώτησεν αὐτόν· ποία ἐστὶν ἐντολὴ πρώτη πάντων;	Lk 10,25 ⇨ Lk 18,18	καὶ ἰδοὺ νομικός τις ἀνέστη ἐκπειράζων αὐτὸν λέγων· διδάσκαλε, τί ποιήσας ζωὴν αἰώνιον κληρονομήσω;	
121	Mt 22,37	ὁ δὲ **ἔφη** αὐτῷ· *ἀγαπήσεις* *κύριον τὸν θεόν σου ...* ➤ Deut 6,5	Mk 12,29	**ἀπεκρίθη** ὁ Ἰησοῦς ὅτι πρώτη ἐστίν· *ἄκουε, Ἰσραήλ, κύριος* *ὁ θεὸς ἡμῶν κύριος εἷς* *ἐστιν,* [30] *καὶ ἀγαπήσεις* *κύριον τὸν θεόν σου ...* ➤ Deut 6,4-5	Lk 10,26	ὁ δὲ **εἶπεν** πρὸς αὐτόν· ἐν τῷ νόμῳ τί γέγραπται; πῶς ἀναγινώσκεις; [27] ὁ δὲ ἀποκριθεὶς εἶπεν· *ἀγαπήσεις* *κύριον τὸν θεόν σου ...* ➤ Deut 6,5	
b 012			Mk 12,32	**καὶ** εἶπεν αὐτῷ ὁ γραμματεύς· καλῶς, διδάσκαλε, ἐπ' ἀληθείας εἶπες ὅτι *εἷς ἐστιν καὶ οὐκ ἔστιν* *ἄλλος πλὴν αὐτοῦ·* ➤ Deut 6,4	Lk 20,39 ↑ Mk 12,28	**ἀποκριθέντες δέ** τινες τῶν γραμματέων εἶπαν· διδάσκαλε, καλῶς εἶπας.	
022			Mk 12,34	καὶ ὁ Ἰησοῦς ἰδὼν [αὐτὸν] ὅτι νουνεχῶς **ἀπεκρίθη** εἶπεν αὐτῷ· οὐ μακρὰν εἶ ἀπὸ τῆς βασιλείας τοῦ θεοῦ. ...	Lk 10,28	εἶπεν δὲ αὐτῷ· ὀρθῶς **ἀπεκρίθης·** τοῦτο ποίει καὶ ζήσῃ.	
j 121	Mt 22,41	συνηγμένων δὲ τῶν Φαρισαίων **ἐπηρώτησεν** αὐτοὺς ὁ Ἰησοῦς [42] λέγων· τί ὑμῖν δοκεῖ περὶ τοῦ χριστοῦ; τίνος υἱός ἐστιν; λέγουσιν αὐτῷ· τοῦ Δαυίδ.	Mk 12,35	**καὶ ἀποκριθεὶς** ὁ Ἰησοῦς ἔλεγεν διδάσκων ἐν τῷ ἱερῷ· πῶς λέγουσιν οἱ γραμματεῖς ὅτι ὁ χριστὸς υἱὸς Δαυίδ ἐστιν;	Lk 20,41	εἶπεν δὲ πρὸς αὐτούς· πῶς λέγουσιν τὸν χριστὸν εἶναι Δαυὶδ υἱόν;	
211	Mt 22,46	καὶ οὐδεὶς ἐδύνατο **ἀποκριθῆναι** αὐτῷ λόγον οὐδὲ ἐτόλμησέν τις ἀπ' ἐκείνης τῆς ἡμέρας ἐπερωτῆσαι αὐτὸν οὐκέτι.	Mk 12,34	... καὶ οὐδεὶς οὐκέτι ἐτόλμα αὐτὸν ἐπερωτῆσαι.	Lk 20,40	οὐκέτι γὰρ ἐτόλμων ἐπερωτᾶν αὐτὸν οὐδέν.	

c 211	Mt 24,2	[1] καὶ ἐξελθὼν ὁ Ἰησοῦς ἀπὸ τοῦ ἱεροῦ ἐπορεύετο, καὶ προσῆλθον οἱ μαθηταὶ αὐτοῦ ἐπιδεῖξαι αὐτῷ τὰς οἰκοδομὰς τοῦ ἱεροῦ. [2] ὁ δὲ **ἀποκριθεὶς** εἶπεν αὐτοῖς· οὐ βλέπετε ταῦτα πάντα; ἀμὴν λέγω ὑμῖν, οὐ μὴ ἀφεθῇ ὧδε λίθος ἐπὶ λίθον ὃς οὐ καταλυθήσεται.	Mk 13,2	[1] καὶ ἐκπορευομένου αὐτοῦ ἐκ τοῦ ἱεροῦ λέγει αὐτῷ εἷς τῶν μαθητῶν αὐτοῦ· διδάσκαλε, ἴδε ποταποὶ λίθοι καὶ ποταπαὶ οἰκοδομαί. [2] καὶ ὁ Ἰησοῦς εἶπεν αὐτῷ· βλέπεις ταύτας τὰς μεγάλας οἰκοδομάς; οὐ μὴ ἀφεθῇ ὧδε λίθος ἐπὶ λίθον ὃς οὐ μὴ καταλυθῇ.	Lk 21,5	καί τινων λεγόντων περὶ τοῦ ἱεροῦ ὅτι λίθοις καλοῖς καὶ ἀναθήμασιν κεκόσμηται εἶπεν· [6] ταῦτα ἃ θεωρεῖτε ἐλεύσονται ἡμέραι ἐν αἷς οὐκ ἀφεθήσεται λίθος ἐπὶ λίθῳ ὃς οὐ καταλυθήσεται.	
f 211	Mt 24,4	καὶ **ἀποκριθεὶς** ὁ Ἰησοῦς εἶπεν αὐτοῖς· βλέπετε μή τις ὑμᾶς πλανήσῃ·	Mk 13,5	ὁ δὲ Ἰησοῦς ἤρξατο λέγειν αὐτοῖς· βλέπετε μή τις ὑμᾶς πλανήσῃ·	Lk 21,8	ὁ δὲ εἶπεν· βλέπετε μὴ πλανηθῆτε· ...	
200	Mt 25,9	**ἀπεκρίθησαν** δὲ αἱ φρόνιμοι λέγουσαι· μήποτε οὐ μὴ ἀρκέσῃ ἡμῖν καὶ ὑμῖν· ...					
c h 200	Mt 25,12 → Mt 7,23	ὁ δὲ **ἀποκριθεὶς** εἶπεν· ἀμὴν λέγω ὑμῖν, οὐκ οἶδα ὑμᾶς.			Lk 13,25 → Lk 13,27	... καὶ **ἀποκριθεὶς** ἐρεῖ ὑμῖν· οὐκ οἶδα ὑμᾶς πόθεν ἐστέ.	
b 201	Mt 25,26	**ἀποκριθεὶς** δὲ ὁ κύριος αὐτοῦ εἶπεν αὐτῷ· πονηρὲ δοῦλε καὶ ὀκνηρέ, ...			Lk 19,22	λέγει αὐτῷ· ἐκ τοῦ στόματός σου κρίνω σε, πονηρὲ δοῦλε. ...	
200	Mt 25,37	τότε **ἀποκριθήσονται** αὐτῷ οἱ δίκαιοι λέγοντες· κύριε, πότε σε εἴδομεν πεινῶντα καὶ ἐθρέψαμεν, ...					
h 200	Mt 25,40	καὶ **ἀποκριθεὶς** ὁ βασιλεὺς ἐρεῖ αὐτοῖς· ἀμὴν λέγω ὑμῖν, ἐφ᾽ ὅσον ἐποιήσατε ἑνὶ τούτων τῶν ἀδελφῶν μου τῶν ἐλαχίστων, ἐμοὶ ἐποιήσατε.					
200	Mt 25,44	τότε **ἀποκριθήσονται** καὶ αὐτοὶ λέγοντες· κύριε, πότε σε εἴδομεν πεινῶντα ἢ διψῶντα ...					
200	Mt 25,45	τότε **ἀποκριθήσεται** αὐτοῖς λέγων· ἀμὴν λέγω ὑμῖν, ἐφ᾽ ὅσον οὐκ ἐποιήσατε ἑνὶ τούτων τῶν ἐλαχίστων, οὐδὲ ἐμοὶ ἐποιήσατε.					
c 210	Mt 26,23 → Lk 22,21	ὁ δὲ **ἀποκριθεὶς** εἶπεν· ὁ ἐμβάψας μετ᾽ ἐμοῦ τὴν χεῖρα ἐν τῷ τρυβλίῳ οὗτός με παραδώσει.	Mk 14,20 → Lk 22,21	ὁ δὲ εἶπεν αὐτοῖς· εἷς τῶν δώδεκα, ὁ ἐμβαπτόμενος μετ᾽ ἐμοῦ εἰς τὸ τρύβλιον.			→ Jn 13,26
b 200	Mt 26,25 → Mt 26,22	**ἀποκριθεὶς** δὲ Ἰούδας ὁ παραδιδοὺς αὐτὸν εἶπεν· μήτι ἐγώ εἰμι, ῥαββί; λέγει αὐτῷ· σὺ εἶπας.					→ Jn 13,26-27

b 211	Mt 26,33	ἀποκριθεὶς δὲ ὁ Πέτρος εἶπεν αὐτῷ· εἰ πάντες σκανδαλισθήσονται ἐν σοί, ἐγὼ οὐδέποτε σκανδαλισθήσομαι.	Mk 14,29	ὁ δὲ Πέτρος ἔφη αὐτῷ· εἰ καὶ πάντες σκανδαλισθήσονται, ἀλλ' οὐκ ἐγώ.	Lk 22,33 → Mt 26,35 → Mk 14,31	ὁ δὲ εἶπεν αὐτῷ· κύριε, μετὰ σοῦ ἕτοιμός εἰμι καὶ εἰς φυλακὴν καὶ εἰς θάνατον πορεύεσθαι.	→ Jn 13,37
120	Mt 26,43	καὶ ἐλθὼν πάλιν εὗρεν αὐτοὺς καθεύδοντας, ἦσαν γὰρ αὐτῶν οἱ ὀφθαλμοὶ βεβαρημένοι.	Mk 14,40	καὶ πάλιν ἐλθὼν εὗρεν αὐτοὺς καθεύδοντας, ἦσαν γὰρ αὐτῶν οἱ ὀφθαλμοὶ καταβαρυνόμενοι, καὶ οὐκ ᾔδεισαν τί ἀποκριθῶσιν αὐτῷ.			
b 002	Mt 26,52	τότε λέγει αὐτῷ ὁ Ἰησοῦς· ἀπόστρεψον τὴν μάχαιράν σου εἰς τὸν τόπον αὐτῆς· ...			Lk 22,51	ἀποκριθεὶς δὲ ὁ Ἰησοῦς εἶπεν· ἐᾶτε ἕως τούτου· καὶ ἁψάμενος τοῦ ὠτίου ἰάσατο αὐτόν.	→ Jn 18,11
f 121	Mt 26,55	ἐν ἐκείνῃ τῇ ὥρᾳ εἶπεν ὁ Ἰησοῦς τοῖς ὄχλοις· ὡς ἐπὶ λῃστὴν ἐξήλθατε μετὰ μαχαιρῶν καὶ ξύλων συλλαβεῖν με; ...	Mk 14,48	καὶ ἀποκριθεὶς ὁ Ἰησοῦς εἶπεν αὐτοῖς· ὡς ἐπὶ λῃστὴν ἐξήλθατε μετὰ μαχαιρῶν καὶ ξύλων συλλαβεῖν με;	Lk 22,52 → Mt 26,47 → Mk 14,43	εἶπεν δὲ Ἰησοῦς πρὸς τοὺς παραγενομένους ἐπ' αὐτὸν ἀρχιερεῖς καὶ στρατηγοὺς τοῦ ἱεροῦ καὶ πρεσβυτέρους· ὡς ἐπὶ λῃστὴν ἐξήλθατε μετὰ μαχαιρῶν καὶ ξύλων;	
220	Mt 26,62	καὶ ἀναστὰς ὁ ἀρχιερεὺς εἶπεν αὐτῷ· οὐδὲν ἀποκρίνῃ τί οὗτοί σου καταμαρτυροῦσιν;	Mk 14,60	καὶ ἀναστὰς ὁ ἀρχιερεὺς εἰς μέσον ἐπηρώτησεν τὸν Ἰησοῦν λέγων· οὐκ ἀποκρίνῃ οὐδέν τί οὗτοί σου καταμαρτυροῦσιν;			
120	Mt 26,63	ὁ δὲ Ἰησοῦς ἐσιώπα. ...	Mk 14,61	ὁ δὲ ἐσιώπα καὶ οὐκ ἀπεκρίνατο οὐδέν. ...			
002					Lk 22,68	ἐὰν δὲ ἐρωτήσω, οὐ μὴ ἀποκριθῆτε.	
c 210	Mt 26,66 → Lk 24,20	τί ὑμῖν δοκεῖ; οἱ δὲ ἀποκριθέντες εἶπαν· ἔνοχος θανάτου ἐστίν.	Mk 14,64 → Lk 24,20	... τί ὑμῖν φαίνεται; οἱ δὲ πάντες κατέκριναν αὐτὸν ἔνοχον εἶναι θανάτου.			
d e 122	Mt 27,11	... καὶ ἐπηρώτησεν αὐτὸν ὁ ἡγεμὼν λέγων· σὺ εἶ ὁ βασιλεὺς τῶν Ἰουδαίων; ὁ δὲ Ἰησοῦς ἔφη· σὺ λέγεις.	Mk 15,2	καὶ ἐπηρώτησεν αὐτὸν ὁ Πιλᾶτος· σὺ εἶ ὁ βασιλεὺς τῶν Ἰουδαίων; ὁ δὲ ἀποκριθεὶς αὐτῷ λέγει· σὺ λέγεις.	Lk 23,3	ὁ δὲ Πιλᾶτος ἠρώτησεν αὐτὸν λέγων· σὺ εἶ ὁ βασιλεὺς τῶν Ἰουδαίων; ὁ δὲ ἀποκριθεὶς αὐτῷ ἔφη· σὺ λέγεις.	→ Jn 18,33 **→ Jn 18,37**
211	Mt 27,12 ↓ Mk 15,4	καὶ ἐν τῷ κατηγορεῖσθαι αὐτὸν ὑπὸ τῶν ἀρχιερέων καὶ πρεσβυτέρων οὐδὲν ἀπεκρίνατο.	Mk 15,3	καὶ κατηγόρουν αὐτοῦ οἱ ἀρχιερεῖς πολλά.	Lk 23,2 ⇨ Lk 23,10	ἤρξαντο δὲ κατηγορεῖν αὐτοῦ λέγοντες· ...	
120	Mt 27,13	τότε λέγει αὐτῷ ὁ Πιλᾶτος· οὐκ ἀκούεις πόσα σου καταμαρτυροῦσιν;	Mk 15,4 ↑ Mt 27,12	ὁ δὲ Πιλᾶτος πάλιν ἐπηρώτα αὐτὸν λέγων· οὐκ ἀποκρίνῃ οὐδέν; ἴδε πόσα σου κατηγοροῦσιν.	Lk 23,9	[8] ὁ δὲ Ἡρῴδης ... [9] ἐπηρώτα δὲ αὐτὸν ἐν λόγοις ἱκανοῖς,	→ Jn 19,9-10 Mt/Mk: before Pilate; Lk: before Herod
220	Mt 27,14	καὶ οὐκ ἀπεκρίθη αὐτῷ πρὸς οὐδὲ ἓν ῥῆμα, ὥστε θαυμάζειν τὸν ἡγεμόνα λίαν.	Mk 15,5	ὁ δὲ Ἰησοῦς οὐκέτι οὐδὲν ἀπεκρίθη, ὥστε θαυμάζειν τὸν Πιλᾶτον.		αὐτὸς δὲ οὐδὲν ἀπεκρίνατο αὐτῷ.	

002	Mt 27,14	[13] τότε λέγει αὐτῷ ὁ Πιλᾶτος· οὐκ ἀκούεις πόσα σου καταμαρτυροῦσιν; [14] καὶ **οὐκ ἀπεκρίθη** αὐτῷ πρὸς οὐδὲ ἓν ῥῆμα, ὥστε θαυμάζειν τὸν ἡγεμόνα λίαν.	Mk 15,5	[4] ὁ δὲ Πιλᾶτος πάλιν ἐπηρώτα αὐτὸν λέγων· οὐκ ἀποκρίνῃ οὐδέν; ἴδε πόσα σου κατηγοροῦσιν. [5] ὁ δὲ Ἰησοῦς **οὐκέτι οὐδὲν ἀπεκρίθη,** ὥστε θαυμάζειν τὸν Πιλᾶτον.	Lk 23,9	[8] ὁ δὲ Ἡρῴδης ... [9] ἐπηρώτα δὲ αὐτὸν ἐν λόγοις ἱκανοῖς, αὐτὸς δὲ **οὐδὲν ἀπεκρίνατο** αὐτῷ.	Mt/Mk: before Pilate; Lk: before Herod
120	Mt 27,17	... εἶπεν αὐτοῖς ὁ Πιλᾶτος· τίνα θέλετε ἀπολύσω ὑμῖν, [Ἰησοῦν τὸν] Βαραββᾶν ἢ Ἰησοῦν τὸν λεγόμενον χριστόν;	Mk 15,9	ὁ δὲ Πιλᾶτος **ἀπεκρίθη** αὐτοῖς λέγων· θέλετε ἀπολύσω ὑμῖν τὸν βασιλέα τῶν Ἰουδαίων;			→ Jn 18,39
b a 220	Mt 27,21	**ἀποκριθεὶς δὲ** ὁ ἡγεμὼν εἶπεν αὐτοῖς· τίνα θέλετε ἀπὸ τῶν δύο ἀπολύσω ὑμῖν; ... [22] λέγει αὐτοῖς ὁ Πιλᾶτος· τί οὖν ποιήσω Ἰησοῦν τὸν λεγόμενον χριστόν;	Mk 15,12	ὁ δὲ Πιλᾶτος πάλιν **ἀποκριθεὶς** ἔλεγεν αὐτοῖς· τί οὖν [θέλετε] ποιήσω [ὃν λέγετε] τὸν βασιλέα τῶν Ἰουδαίων;			
f 200	Mt 27,25	**καὶ ἀποκριθεὶς** πᾶς ὁ λαὸς εἶπεν· τὸ αἷμα αὐτοῦ ἐφ' ἡμᾶς καὶ ἐπὶ τὰ τέκνα ἡμῶν.					→ Acts 5,28 → Acts 18,6
b 002					Lk 23,40	**ἀποκριθεὶς δὲ** ὁ ἕτερος ἐπιτιμῶν αὐτῷ ἔφη· οὐδὲ φοβῇ σὺ τὸν θεόν, ...;	
b 211	Mt 28,5	**ἀποκριθεὶς δὲ** ὁ ἄγγελος εἶπεν ταῖς γυναιξίν· μὴ φοβεῖσθε ὑμεῖς, οἶδα γὰρ ὅτι Ἰησοῦν τὸν ἐσταυρωμένον ζητεῖτε·	Mk 16,6	**ὁ δὲ** λέγει αὐταῖς· μὴ ἐκθαμβεῖσθε· Ἰησοῦν ζητεῖτε τὸν Ναζαρηνὸν τὸν ἐσταυρωμένον· ...	Lk 24,5 → Lk 24,23	ἐμφόβων δὲ γενομένων αὐτῶν καὶ κλινουσῶν τὰ πρόσωπα εἰς τὴν γῆν εἶπαν πρὸς αὐτάς· τί ζητεῖτε τὸν ζῶντα μετὰ τῶν νεκρῶν·	
b 002					Lk 24,18	**ἀποκριθεὶς δὲ** εἷς ὀνόματι Κλεοπᾶς εἶπεν πρὸς αὐτόν· ...	

	Acts 3,12	ἰδὼν δὲ ὁ Πέτρος **ἀπεκρίνατο** πρὸς τὸν λαόν· ἄνδρες Ἰσραηλῖται, ...
a	Acts 4,19	ὁ δὲ Πέτρος καὶ Ἰωάννης **ἀποκριθέντες** εἶπον πρὸς αὐτούς· εἰ δίκαιόν ἐστιν ἐνώπιον τοῦ θεοῦ ὑμῶν ἀκούειν μᾶλλον ἢ τοῦ θεοῦ, κρίνατε·
	Acts 5,8	**ἀπεκρίθη** δὲ πρὸς αὐτὴν Πέτρος· εἰπέ μοι, εἰ τοσούτου τὸ χωρίον ἀπέδοσθε; ...
b	Acts 5,29	**ἀποκριθεὶς** δὲ Πέτρος καὶ οἱ ἀπόστολοι εἶπαν· πειθαρχεῖν δεῖ θεῷ μᾶλλον ἢ ἀνθρώποις.
b	Acts 8,24	**ἀποκριθεὶς** δὲ ὁ Σίμων εἶπεν· δεήθητε ὑμεῖς ὑπὲρ ἐμοῦ πρὸς τὸν κύριον ...
b	Acts 8,34	**ἀποκριθεὶς** δὲ ὁ εὐνοῦχος τῷ Φιλίππῳ εἶπεν· δέομαί σου, περὶ τίνος ὁ προφήτης λέγει τοῦτο; ...
	Acts 9,13	**ἀπεκρίθη** δὲ Ἁνανίας· κύριε, ἤκουσα ἀπὸ πολλῶν περὶ τοῦ ἀνδρὸς τούτου ...
	Acts 10,46	... τότε **ἀπεκρίθη** Πέτρος· [47] μήτι τὸ ὕδωρ δύναται κωλῦσαί τις τοῦ μὴ βαπτισθῆναι τούτους, ...
	Acts 11,9	**ἀπεκρίθη** δὲ φωνὴ ἐκ δευτέρου ἐκ τοῦ οὐρανοῦ· ἃ ὁ θεὸς ἐκαθάρισεν, σὺ μὴ κοίνου.
	Acts 15,13	μετὰ δὲ τὸ σιγῆσαι αὐτοὺς **ἀπεκρίθη** Ἰάκωβος λέγων· ἄνδρες ἀδελφοί, ἀκούσατέ μου.
b	Acts 19,15	**ἀποκριθὲν** δὲ τὸ πνεῦμα τὸ πονηρὸν εἶπεν αὐτοῖς· ...
	Acts 21,13	τότε **ἀπεκρίθη** ὁ Παῦλος· τί ποιεῖτε κλαίοντες ...
	Acts 22,8	ἐγὼ δὲ **ἀπεκρίθην·** τίς εἶ, κύριε; ...

Acts 22,28 **ἀπεκρίθη** δὲ ὁ χιλίαρχος· ἐγὼ πολλοῦ κεφαλαίου τὴν πολιτείαν ταύτην ἐκτησάμην. ...

Acts 24,10 **ἀπεκρίθη** τε ὁ Παῦλος νεύσαντος αὐτῷ τοῦ ἡγεμόνος λέγειν· ...

Acts 24,25 ... ἔμφοβος γενόμενος ὁ Φῆλιξ **ἀπεκρίθη**· τὸ νῦν ἔχον πορεύου, ...

Acts 25,4 ὁ μὲν οὖν Φῆστος **ἀπεκρίθη** τηρεῖσθαι τὸν Παῦλον εἰς Καισάρειαν, ...

a **Acts 25,9** ὁ Φῆστος δὲ θέλων τοῖς Ἰουδαίοις χάριν καταθέσθαι **ἀποκριθεὶς** τῷ Παύλῳ εἶπεν· ...

Acts 25,12 τότε ὁ Φῆστος συλλαλήσας μετὰ τοῦ συμβουλίου **ἀπεκρίθη**· Καίσαρα ἐπικέκλησαι, ...

Acts 25,16 πρὸς οὓς **ἀπεκρίθην** ὅτι οὐκ ἔστιν ἔθος Ῥωμαίοις χαρίζεσθαί τινα ἄνθρωπον ...

ἀπόκρισις

Syn 2	Mt	Mk	Lk 2	Acts	Jn 2	1-3John	Paul	Eph	Col
NT 4	2Thess	1/2Tim	Tit	Heb	Jas	1Pet	2Pet	Jude	Rev

answer; reply

002			**Lk 2,47** ἐξίσταντο δὲ πάντες οἱ ἀκούοντες αὐτοῦ ἐπὶ τῇ συνέσει καὶ **ταῖς ἀποκρίσεσιν αὐτοῦ**.	
112	**Mt 22,22** (→ Mk 12,12) καὶ ἀκούσαντες ἐθαύμασαν, καὶ ἀφέντες αὐτὸν ἀπῆλθαν.	**Mk 12,17** ... καὶ ἐξεθαύμαζον ἐπ' αὐτῷ.	**Lk 20,26** καὶ οὐκ ἴσχυσαν ἐπιλαβέσθαι αὐτοῦ ῥήματος ἐναντίον τοῦ λαοῦ καὶ θαυμάσαντες **ἐπὶ τῇ ἀποκρίσει αὐτοῦ** ἐσίγησαν.	

ἀποκρύπτω

Syn 1	Mt	Mk	Lk 1	Acts	Jn	1-3John	Paul 1	Eph 1	Col 1
NT 4	2Thess	1/2Tim	Tit	Heb	Jas	1Pet	2Pet	Jude	Rev

hide; keep secret

102	**Mt 11,25** ... ἐξομολογοῦμαί σοι, πάτερ, κύριε τοῦ οὐρανοῦ καὶ τῆς γῆς, ὅτι **ἔκρυψας** ταῦτα ἀπὸ σοφῶν καὶ συνετῶν καὶ ἀπεκάλυψας αὐτὰ νηπίοις·		**Lk 10,21** ... ἐξομολογοῦμαί σοι, πάτερ, κύριε τοῦ οὐρανοῦ καὶ τῆς γῆς, ὅτι **ἀπέκρυψας** ταῦτα ἀπὸ σοφῶν καὶ συνετῶν καὶ ἀπεκάλυψας αὐτὰ νηπίοις· ...	→ GTh 4 (POxy 654)

ἀπόκρυφος

	Syn	Mt	Mk	Lk	Acts	Jn	1-3John	Paul	Eph	Col
	2		1	1						1
	NT	2Thess	1/2Tim	Tit	Heb	Jas	1Pet	2Pet	Jude	Rev
	3									

secret; stored away

022			**Mk 4,22**	οὐ γάρ ἐστιν κρυπτὸν ἐὰν μὴ ἵνα φανερωθῇ, οὐδὲ ἐγένετο **ἀπόκρυφον** ἀλλ' ἵνα ἔλθῃ εἰς φανερόν.	**Lk 8,17** ⇩ Lk 12,2	οὐ γάρ ἐστιν κρυπτὸν ὃ οὐ φανερὸν γενήσεται οὐδὲ **ἀπόκρυφον** ὃ οὐ μὴ γνωσθῇ καὶ εἰς φανερὸν ἔλθῃ.	→ GTh 5 → GTh 6,5-6 (POxy 654) Mk-Q overlap
	Mt 10,26	... οὐδὲν γάρ ἐστιν κεκαλυμμένον ὃ οὐκ ἀποκαλυφθήσεται καὶ **κρυπτὸν** ὃ οὐ γνωσθήσεται.			**Lk 12,2** ⇧ Lk 8,17	οὐδὲν δὲ συγκεκαλυμμένον ἐστὶν ὃ οὐκ ἀποκαλυφθήσεται καὶ **κρυπτὸν** ὃ οὐ γνωσθήσεται.	→ GTh 5 → GTh 6,5-6 (POxy 654)

ἀποκτείνω, ἀποκτέννω

	Syn	Mt	Mk	Lk	Acts	Jn	1-3John	Paul	Eph	Col
	36	13	11	12	6	12		4	1	
	NT	2Thess	1/2Tim	Tit	Heb	Jas	1Pet	2Pet	Jude	Rev
	74									15

kill; put to death; murder

	triple tradition																	double tradition			Sondergut		
		+Mt / +Lk			–Mt / –Lk			traditions not taken over by Mt / Lk								subtotals							
code	*222*	*211*	*112*	*212*	*221*	*122*	*121*	*022*	*012*	*021*	*220*	*120*	*210*	*020*	Σ⁺	Σ⁻	Σ	*202*	*201*	*102*	*200*	*002*	total
Mt	3				3	1⁻	3⁻				1					4⁻	7	3	1		2		**13**
Mk	3				3	1	3				1						11						**11**
Lk	3				3⁻	1	3⁻									6⁻	4	3		3		2	**12**

121	**Mt 12,12**	... ὥστε ἔξεστιν τοῖς σάββασιν καλῶς ποιεῖν.	**Mk 3,4**	... ἔξεστιν τοῖς σάββασιν ἀγαθὸν ποιῆσαι ἢ κακοποιῆσαι, ψυχὴν σῶσαι ἢ **ἀποκτεῖναι**; ...	**Lk 6,9** → Lk 13,14 → Lk 14,3	... ἐπερωτῶ ὑμᾶς εἰ ἔξεστιν τῷ σαββάτῳ ἀγαθοποιῆσαι ἢ κακοποιῆσαι, ψυχὴν σῶσαι ἢ **ἀπολέσαι**;	
202 201	**Mt 10,28** **(2)**	καὶ μὴ φοβεῖσθε **ἀπὸ τῶν** **ἀποκτεννόντων** τὸ σῶμα, τὴν δὲ ψυχὴν μὴ δυναμένων **ἀποκτεῖναι**· ...			**Lk 12,4**	... μὴ φοβηθῆτε **ἀπὸ τῶν** **ἀποκτεινόντων** τὸ σῶμα καὶ μετὰ ταῦτα μὴ ἐχόντων περισσότερόν τι **ποιῆσαι**.	
220	**Mt 14,5**	[3] ὁ γὰρ Ἡρῴδης ... [5] καὶ θέλων αὐτὸν **ἀποκτεῖναι** ἐφοβήθη τὸν ὄχλον, ὅτι ὡς προφήτην αὐτὸν εἶχον.	**Mk 6,19**	ἡ δὲ Ἡρῳδιὰς ἐνεῖχεν αὐτῷ καὶ ἤθελεν αὐτὸν **ἀποκτεῖναι**, καὶ οὐκ ἠδύνατο· [20] ὁ γὰρ Ἡρῴδης ἐφοβεῖτο τὸν Ἰωάννην, εἰδὼς αὐτὸν ἄνδρα δίκαιον καὶ ἅγιον, ...			
222	**Mt 16,21** ↓ Mt 17,23 ↓ Mt 20,19	... δεῖ αὐτὸν εἰς Ἱεροσόλυμα ἀπελθεῖν καὶ πολλὰ παθεῖν ἀπὸ τῶν πρεσβυτέρων καὶ ἀρχιερέων καὶ γραμματέων καὶ **ἀποκτανθῆναι** καὶ τῇ τρίτῃ ἡμέρᾳ ἐγερθῆναι.	**Mk 8,31** ↓ Mk 9,31 ↓ Mk 10,34	... δεῖ τὸν υἱὸν τοῦ ἀνθρώπου πολλὰ παθεῖν καὶ ἀποδοκιμασθῆναι ὑπὸ τῶν πρεσβυτέρων καὶ τῶν ἀρχιερέων καὶ τῶν γραμματέων καὶ **ἀποκτανθῆναι** καὶ μετὰ τρεῖς ἡμέρας ἀναστῆναι·	**Lk 9,22** ↓ Lk 9,44 → Lk 17,25 ↓ Lk 18,33 → Lk 24,7 → Lk 24,26 → Lk 24,46	... δεῖ τὸν υἱὸν τοῦ ἀνθρώπου πολλὰ παθεῖν καὶ ἀποδοκιμασθῆναι ἀπὸ τῶν πρεσβυτέρων καὶ ἀρχιερέων καὶ γραμματέων καὶ **ἀποκτανθῆναι** καὶ τῇ τρίτῃ ἡμέρᾳ ἐγερθῆναι.	

221 121	Mt 17,23 ↑ Mt 16,21 ↓ Mt 20,19	[22] ... μέλλει ὁ υἱὸς τοῦ ἀνθρώπου παραδίδοσθαι εἰς χεῖρας ἀνθρώπων, [23] καὶ **ἀποκτενοῦσιν** αὐτόν, καὶ τῇ τρίτῃ ἡμέρᾳ ἐγερθήσεται. ...	Mk 9,31 (2) ↑ Mk 8,31 ↓ Mk 10,34	... ὁ υἱὸς τοῦ ἀνθρώπου παραδίδοται εἰς χεῖρας ἀνθρώπων, καὶ **ἀποκτενοῦσιν** αὐτόν, καὶ **ἀποκτανθεὶς** μετὰ τρεῖς ἡμέρας ἀναστήσεται.	Lk 9,44 ↑ Lk 9,22 → Lk 17,25 ↓ Lk 18,33 → Lk 24,7 → Lk 24,26 → Lk 24,46	... ὁ γὰρ υἱὸς τοῦ ἀνθρώπου μέλλει παραδίδοσθαι εἰς χεῖρας ἀνθρώπων.	
102	Mt 23,30	[29] ... οἰκοδομεῖτε τοὺς τάφους τῶν προφητῶν καὶ κοσμεῖτε τὰ μνημεῖα τῶν δικαίων, [30] καὶ λέγετε· εἰ ἤμεθα ἐν ταῖς ἡμέραις τῶν πατέρων ἡμῶν, οὐκ ἂν ἤμεθα αὐτῶν κοινωνοὶ ἐν τῷ αἵματι τῶν προφητῶν.			Lk 11,47	... οἰκοδομεῖτε τὰ μνημεῖα τῶν προφητῶν, οἱ δὲ πατέρες ὑμῶν **ἀπέκτειναν** αὐτούς.	
102	Mt 23,31	ὥστε μαρτυρεῖτε ἑαυτοῖς ὅτι υἱοί ἐστε **τῶν φονευσάντων** τοὺς προφήτας. [32] καὶ ὑμεῖς πληρώσατε τὸ μέτρον τῶν πατέρων ὑμῶν.			Lk 11,48	ἄρα μάρτυρές ἐστε καὶ συνευδοκεῖτε τοῖς ἔργοις τῶν πατέρων ὑμῶν, ὅτι αὐτοὶ μὲν **ἀπέκτειναν** αὐτούς, ὑμεῖς δὲ οἰκοδομεῖτε.	
202	Mt 23,34 → Mt 10,17 → Mt 10,23	διὰ τοῦτο ἰδοὺ ἐγὼ ἀποστέλλω πρὸς ὑμᾶς προφήτας καὶ σοφοὺς καὶ γραμματεῖς· ἐξ αὐτῶν **ἀποκτενεῖτε** καὶ σταυρώσετε καὶ ἐξ αὐτῶν μαστιγώσετε ἐν ταῖς συναγωγαῖς ὑμῶν καὶ διώξετε ἀπὸ πόλεως εἰς πόλιν·			Lk 11,49	διὰ τοῦτο καὶ ἡ σοφία τοῦ θεοῦ εἶπεν· ἀποστελῶ εἰς αὐτοὺς προφήτας καὶ ἀποστόλους, καὶ ἐξ αὐτῶν **ἀποκτενοῦσιν** καὶ διώξουσιν	
202	Mt 10,28 (2)	καὶ μὴ φοβεῖσθε **ἀπὸ τῶν** **ἀποκτεννόντων** τὸ σῶμα, τὴν δὲ ψυχὴν μὴ δυναμένων ἀποκτεῖναι·			Lk 12,4	... μὴ φοβηθῆτε **ἀπὸ τῶν** **ἀποκτεινόντων** τὸ σῶμα καὶ μετὰ ταῦτα μὴ ἐχόντων περισσότερόν τι ποιῆσαι.	
102		φοβεῖσθε δὲ μᾶλλον τὸν δυνάμενον καὶ ψυχὴν καὶ σῶμα ἀπολέσαι ἐν γεέννῃ.			Lk 12,5	ὑποδείξω δὲ ὑμῖν τίνα φοβηθῆτε· φοβήθητε τὸν **μετὰ τὸ ἀποκτεῖναι** ἔχοντα ἐξουσίαν ἐμβαλεῖν εἰς τὴν γέενναν· ...	
002					Lk 13,4	ἢ ἐκεῖνοι οἱ δεκαοκτὼ ἐφ' οὓς ἔπεσεν ὁ πύργος ἐν τῷ Σιλωὰμ καὶ **ἀπέκτεινεν** αὐτούς, ...	
002					Lk 13,31	... ἔξελθε καὶ πορεύου ἐντεῦθεν, ὅτι Ἡρῴδης θέλει σε **ἀποκτεῖναι.**	

202	Mt 23,37	Ἰερουσαλὴμ Ἰερουσαλήμ, **ἡ ἀποκτείνουσα** τοὺς προφήτας καὶ λιθοβολοῦσα τοὺς ἀπεσταλμένους πρὸς αὐτήν, ...			Lk 13,34	Ἰερουσαλὴμ Ἰερουσαλήμ, **ἡ ἀποκτείνουσα** τοὺς προφήτας καὶ λιθοβολοῦσα τοὺς ἀπεσταλμένους πρὸς αὐτήν, ...	
122	Mt 20,19 ↑ Mt 16,21 ↑ Mt 17,23	[18] ... ὁ υἱὸς τοῦ ἀνθρώπου παραδοθήσεται τοῖς ἀρχιερεῦσιν καὶ γραμματεῦσιν, καὶ κατακρινοῦσιν αὐτὸν θανάτῳ [19] καὶ παραδώσουσιν αὐτὸν τοῖς ἔθνεσιν εἰς τὸ ἐμπαῖξαι καὶ μαστιγῶσαι καὶ **σταυρῶσαι,** καὶ τῇ τρίτῃ ἡμέρᾳ ἐγερθήσεται.	Mk 10,34 ↑ Mk 8,31 ↑ Mk 9,31	[33] ... ὁ υἱὸς τοῦ ἀνθρώπου παραδοθήσεται τοῖς ἀρχιερεῦσιν καὶ τοῖς γραμματεῦσιν, καὶ κατακρινοῦσιν αὐτὸν θανάτῳ καὶ παραδώσουσιν αὐτὸν τοῖς ἔθνεσιν [34] καὶ ἐμπαίξουσιν αὐτῷ καὶ ἐμπτύσουσιν αὐτῷ καὶ μαστιγώσουσιν αὐτὸν καὶ **ἀποκτενοῦσιν,** καὶ μετὰ τρεῖς ἡμέρας ἀναστήσεται.	Lk 18,33 ↑ Lk 9,22 ↑ Lk 9,44 → Lk 17,25 → Lk 24,7 → Lk 24,26 → Lk 24,46	[31] ... τελεσθήσεται πάντα τὰ γεγραμμένα διὰ τῶν προφητῶν τῷ υἱῷ τοῦ ἀνθρώπου· [32] παραδοθήσεται γὰρ τοῖς ἔθνεσιν καὶ ἐμπαιχθήσεται καὶ ὑβρισθήσεται καὶ ἐμπτυσθήσεται [33] καὶ μαστιγώσαντες **ἀποκτενοῦσιν** αὐτόν, καὶ τῇ ἡμέρᾳ τῇ τρίτῃ ἀναστήσεται.	
221 121	Mt 21,35 ↓ Mt 22,6	καὶ λαβόντες οἱ γεωργοὶ τοὺς δούλους αὐτοῦ ὃν μὲν ἔδειραν, ὃν δὲ **ἀπέκτειναν,** ὃν δὲ **ἐλιθοβόλησαν.**	Mk 12,5 (2) → Mt 21,34	[3] καὶ λαβόντες αὐτὸν ἔδειραν καὶ ἀπέστειλαν κενόν. [4] ... [5] καὶ ἄλλον ἀπέστειλεν· κἀκεῖνον **ἀπέκτειναν,** καὶ πολλοὺς ἄλλους, οὓς μὲν δέροντες, οὓς δὲ **ἀποκτέννοντες.**	Lk 20,12	[10] ... οἱ δὲ γεωργοὶ ἐξαπέστειλαν αὐτὸν δείραντες κενόν. [11] ... [12] καὶ προσέθετο τρίτον πέμψαι· οἱ δὲ καὶ τοῦτον τραυματίσαντες ἐξέβαλον.	→ GTh 65
222	Mt 21,38	... οὗτός ἐστιν ὁ κληρονόμος· δεῦτε **ἀποκτείνωμεν** αὐτὸν καὶ σχῶμεν τὴν κληρονομίαν αὐτοῦ,	Mk 12,7	... οὗτός ἐστιν ὁ κληρονόμος· δεῦτε **ἀποκτείνωμεν** αὐτόν, καὶ ἡμῶν ἔσται ἡ κληρονομία.	Lk 20,14	... οὗτός ἐστιν ὁ κληρονόμος· **ἀποκτείνωμεν** αὐτόν, ἵνα ἡμῶν γένηται ἡ κληρονομία.	→ GTh 65
222	Mt 21,39	καὶ λαβόντες αὐτὸν ἐξέβαλον ἔξω τοῦ ἀμπελῶνος καὶ **ἀπέκτειναν.**	Mk 12,8	καὶ λαβόντες **ἀπέκτειναν** αὐτὸν καὶ ἐξέβαλον αὐτὸν ἔξω τοῦ ἀμπελῶνος.	Lk 20,15	καὶ ἐκβαλόντες αὐτὸν ἔξω τοῦ ἀμπελῶνος **ἀπέκτειναν.** ...	→ GTh 65
200	Mt 22,6 ↑ Mt 21,35 ↑ Mk 12,5 ↑ Lk 20,12	οἱ δὲ λοιποὶ κρατήσαντες τοὺς δούλους αὐτοῦ ὕβρισαν καὶ **ἀπέκτειναν.**					→ GTh 64
202	Mt 23,34 → Mt 10,17 → Mt 10,23	διὰ τοῦτο ἰδοὺ ἐγὼ ἀποστέλλω πρὸς ὑμᾶς προφήτας καὶ σοφοὺς καὶ γραμματεῖς· ἐξ αὐτῶν **ἀποκτενεῖτε** καὶ σταυρώσετε καὶ ἐξ αὐτῶν μαστιγώσετε ἐν ταῖς συναγωγαῖς ὑμῶν καὶ διώξετε ἀπὸ πόλεως εἰς πόλιν·			Lk 11,49	διὰ τοῦτο καὶ ἡ σοφία τοῦ θεοῦ εἶπεν· ἀποστελῶ εἰς αὐτοὺς προφήτας καὶ ἀποστόλους, καὶ ἐξ αὐτῶν **ἀποκτενοῦσιν** καὶ διώξουσιν	

202	**Mt 23,37**	Ἰερουσαλὴμ Ἰερουσαλήμ, ἡ **ἀποκτείνουσα** τοὺς προφήτας καὶ λιθοβολοῦσα τοὺς ἀπεσταλμένους πρὸς αὐτήν, ...			**Lk 13,34**	Ἰερουσαλὴμ Ἰερουσαλήμ, ἡ **ἀποκτείνουσα** τοὺς προφήτας καὶ λιθοβολοῦσα τοὺς ἀπεσταλμένους πρὸς αὐτήν, ...	
200	**Mt 24,9** ⇨ Mt 10,21	τότε παραδώσουσιν ὑμᾶς εἰς θλῖψιν καὶ **ἀποκτενοῦσιν** ὑμᾶς, ...	**Mk 13,12**	καὶ παραδώσει ἀδελφὸς ἀδελφὸν εἰς θάνατον καὶ πατὴρ τέκνον, καὶ ἐπαναστήσονται τέκνα ἐπὶ γονεῖς καὶ **θανατώσουσιν** αὐτούς·	**Lk 21,16**	παραδοθήσεσθε δὲ καὶ ὑπὸ γονέων καὶ ἀδελφῶν καὶ συγγενῶν καὶ φίλων, καὶ **θανατώσουσιν** ἐξ ὑμῶν	
221	**Mt 26,4** → Mt 12,14 → Mt 22,15	[3] τότε συνήχθησαν οἱ ἀρχιερεῖς καὶ οἱ πρεσβύτεροι τοῦ λαοῦ ... [4] καὶ συνεβουλεύσαντο ἵνα τὸν Ἰησοῦν δόλῳ κρατήσωσιν καὶ **ἀποκτείνωσιν**·	**Mk 14,1** → Mk 3,6	... καὶ ἐζήτουν οἱ ἀρχιερεῖς καὶ οἱ γραμματεῖς πῶς αὐτὸν ἐν δόλῳ κρατήσαντες **ἀποκτείνωσιν**·	**Lk 22,2** → Lk 6,11	καὶ ἐζήτουν οἱ ἀρχιερεῖς καὶ οἱ γραμματεῖς τὸ πῶς **ἀνέλωσιν** αὐτόν, ...	

Acts 3,15 τὸν δὲ ἀρχηγὸν τῆς ζωῆς **ἀπεκτείνατε** ὃν ὁ θεὸς ἤγειρεν ἐκ νεκρῶν, οὗ ἡμεῖς μάρτυρές ἐσμεν.

Acts 7,52 ... καὶ **ἀπέκτειναν** τοὺς προκαταγγείλαντας περὶ τῆς ἐλεύσεως τοῦ δικαίου, οὗ νῦν ὑμεῖς προδόται καὶ φονεῖς ἐγένεσθε

Acts 21,31 ζητούντων τε αὐτὸν **ἀποκτεῖναι** ἀνέβη φάσις τῷ χιλιάρχῳ τῆς σπείρης ὅτι ὅλη συγχύννεται Ἰερουσαλήμ.

Acts 23,12 ... μήτε φαγεῖν μήτε πίειν ἕως οὗ **ἀποκτείνωσιν** τὸν Παῦλον.

Acts 23,14 ... ἀναθέματι ἀνεθεματίσαμεν ἑαυτοὺς μηδενὸς γεύσασθαι ἕως οὗ **ἀποκτείνωμεν** τὸν Παῦλον.

Acts 27,42 τῶν δὲ στρατιωτῶν βουλὴ ἐγένετο ἵνα τοὺς δεσμώτας **ἀποκτείνωσιν**, μή τις ἐκκολυμβήσας διαφύγῃ.

ἀποκυλίω	Syn 4	Mt 1	Mk 2	Lk 1	Acts	Jn	1-3John	Paul	Eph	Col
	NT 4	2Thess	1/2Tim	Tit	Heb	Jas	1Pet	2Pet	Jude	Rev

roll away

020			**Mk 16,3**	καὶ ἔλεγον πρὸς ἑαυτάς· τίς **ἀποκυλίσει** ἡμῖν τὸν λίθον ἐκ τῆς θύρας τοῦ μνημείου;			
200	**Mt 28,2**	... ἄγγελος γὰρ κυρίου καταβὰς ἐξ οὐρανοῦ καὶ προσελθὼν **ἀπεκύλισεν** τὸν λίθον καὶ ἐκάθητο ἐπάνω αὐτοῦ.	**Mk 16,4**	καὶ ἀναβλέψασαι θεωροῦσιν ὅτι **ἀποκεκύλισται** ὁ λίθος· ἦν γὰρ μέγας σφόδρα.	**Lk 24,2**	εὗρον δὲ τὸν λίθον **ἀποκεκυλισμένον** ἀπὸ τοῦ μνημείου	→ Jn 20,1
022	**Mt 28,2**	... ἄγγελος γὰρ κυρίου καταβὰς ἐξ οὐρανοῦ καὶ προσελθὼν **ἀπεκύλισεν** τὸν λίθον καὶ ἐκάθητο ἐπάνω αὐτοῦ.	**Mk 16,4**	καὶ ἀναβλέψασαι θεωροῦσιν ὅτι **ἀποκεκύλισται** ὁ λίθος· ἦν γὰρ μέγας σφόδρα.	**Lk 24,2**	εὗρον δὲ τὸν λίθον **ἀποκεκυλισμένον** ἀπὸ τοῦ μνημείου	→ Jn 20,1

ἀπολαμβάνω	Syn 6	Mt	Mk 1	Lk 5	Acts	Jn	1-3John 1	Paul 2	Eph	Col 1
	NT 10	2Thess	1/2Tim	Tit	Heb	Jas	1Pet	2Pet	Jude	Rev

receive; get back; recover; *middle:* take aside

102	**Mt 5,47**	καὶ ἐὰν ἀσπάσησθε τοὺς ἀδελφοὺς ὑμῶν μόνον, τί περισσὸν ποιεῖτε; οὐχὶ καὶ οἱ ἐθνικοὶ τὸ αὐτὸ ποιοῦσιν;			**Lk 6,34** → Mt 5,42	καὶ ἐὰν δανίσητε παρ' ὧν ἐλπίζετε λαβεῖν, ποία ὑμῖν χάρις [ἐστίν]; καὶ ἁμαρτωλοὶ ἁμαρτωλοῖς δανίζουσιν ἵνα **ἀπολάβωσιν** τὰ ἴσα.	→ GTh 95
020			**Mk 7,33** → Mk 8,23	καὶ **ἀπολαβόμενος** αὐτὸν ἀπὸ τοῦ ὄχλου κατ' ἰδίαν ...			
002					**Lk 15,27**	... καὶ ἔθυσεν ὁ πατήρ σου τὸν μόσχον τὸν σιτευτόν, ὅτι ὑγιαίνοντα αὐτὸν **ἀπέλαβεν**.	
002					**Lk 16,25**	... τέκνον, μνήσθητι ὅτι **ἀπέλαβες** τὰ ἀγαθά σου ἐν τῇ ζωῇ σου, καὶ Λάζαρος ὁμοίως τὰ κακά· ...	
112	**Mt 19,29**	... ἑκατονταπλασίονα **λήμψεται** καὶ ζωὴν αἰώνιον κληρονομήσει.	**Mk 10,30**	**ἐὰν μὴ λάβῃ** ἑκατονταπλασίονα νῦν ἐν τῷ καιρῷ τούτῳ ... καὶ ἐν τῷ αἰῶνι τῷ ἐρχομένῳ ζωὴν αἰώνιον.	**Lk 18,30**	**ὃς οὐχὶ μὴ [ἀπο]λάβῃ** πολλαπλασίονα ἐν τῷ καιρῷ τούτῳ καὶ ἐν τῷ αἰῶνι τῷ ἐρχομένῳ ζωὴν αἰώνιον.	
002					**Lk 23,41**	καὶ ἡμεῖς μὲν δικαίως, ἄξια γὰρ ὧν ἐπράξαμεν **ἀπολαμβάνομεν**· οὗτος δὲ οὐδὲν ἄτοπον ἔπραξεν.	

ἀπόλλυμι	Syn 56	Mt 19	Mk 10	Lk 27	Acts 2	Jn 10	1-3John 1	Paul 11	Eph	Col
	NT 90	2Thess 1	1/2Tim	Tit	Heb 1	Jas 2	1Pet 1	2Pet 2	Jude 2	Rev 1

destroy; kill; lose; *middle:* be lost; perish; be ruined; die; pass away

	triple tradition																	double tradition			Sondergut		
		+Mt / +Lk			–Mt / –Lk			traditions not taken over by Mt / Lk							subtotals								
code	*222*	*211*	*112*	*212*	*221*	*122*	*121*	*022*	*012*	*021*	*220*	*120*	*210*	*020*	Σ^{+}	Σ^{-}	Σ	*202*	*201*	*102*	*200*	*002*	total
Mt	5	1^{+}			1						1	1^{-}			1^{+}	1^{-}	8	2	2		7		**19**
Mk	5				1			2			1	1					10						**10**
Lk	5		2^{+}		1^{-}			2							2^{+}	1^{-}	9	2		4		12	**27**

200	**Mt 2,13**	... μέλλει γὰρ Ἡρῴδης ζητεῖν τὸ παιδίον **τοῦ ἀπολέσαι** αὐτό.					
022	→ Mt 8,29		**Mk 1,24** → Mk 5,7	λέγων· τί ἡμῖν καὶ σοί, Ἰησοῦ Ναζαρηνέ; ἦλθες **ἀπολέσαι** ἡμᾶς; οἶδά σε τίς εἶ, ὁ ἅγιος τοῦ θεοῦ.	**Lk 4,34** → Lk 8,28	ἔα, τί ἡμῖν καὶ σοί, Ἰησοῦ Ναζαρηνέ; ἦλθες **ἀπολέσαι** ἡμᾶς; οἶδά σε τίς εἶ, ὁ ἅγιος τοῦ θεοῦ.	

222	Mt 9,17	οὐδὲ βάλλουσιν οἶνον νέον εἰς ἀσκοὺς παλαιούς· εἰ δὲ μή γε, ῥήγνυνται οἱ ἀσκοὶ καὶ ὁ οἶνος ἐκχεῖται καὶ οἱ ἀσκοὶ **ἀπόλλυνται**· ...	Mk 2,22	καὶ οὐδεὶς βάλλει οἶνον νέον εἰς ἀσκοὺς παλαιούς· εἰ δὲ μή, ῥήξει ὁ οἶνος τοὺς ἀσκοὺς καὶ ὁ οἶνος **ἀπόλλυται** καὶ οἱ ἀσκοί· ...	Lk 5,37	καὶ οὐδεὶς βάλλει οἶνον νέον εἰς ἀσκοὺς παλαιούς· εἰ δὲ μή γε, ῥήξει ὁ οἶνος ὁ νέος τοὺς ἀσκοὺς καὶ αὐτὸς ἐκχυθήσεται καὶ οἱ ἀσκοὶ **ἀπολοῦνται**·	→ GTh 47,4
112	Mt 12,12	... ὥστε ἔξεστιν τοῖς σάββασιν καλῶς ποιεῖν.	Mk 3,4	... ἔξεστιν τοῖς σάββασιν ἀγαθὸν ποιῆσαι ἢ κακοποιῆσαι, ψυχὴν σῶσαι ἢ **ἀποκτεῖναι**; ...	Lk 6,9 → Lk 13,14 → Lk 14,3	... ἐπερωτῶ ὑμᾶς εἰ ἔξεστιν τῷ σαββάτῳ ἀγαθοποιῆσαι ἢ κακοποιῆσαι, ψυχὴν σῶσαι ἢ **ἀπολέσαι**;	
221	Mt 12,14 → Mt 26,4	ἐξελθόντες δὲ οἱ Φαρισαῖοι συμβούλιον ἔλαβον κατ' αὐτοῦ ὅπως αὐτὸν **ἀπολέσωσιν**.	Mk 3,6 ↓ Mk 11,18 → Mk 14,1	καὶ ἐξελθόντες οἱ Φαρισαῖοι εὐθὺς μετὰ τῶν Ἡρῳδιανῶν συμβούλιον ἐδίδουν κατ' αὐτοῦ ὅπως αὐτὸν **ἀπολέσωσιν**.	Lk 6,11 → Lk 4,28 → Lk 13,17 → Lk 14,6 → Lk 22,2	αὐτοὶ δὲ ἐπλήσθησαν ἀνοίας καὶ διελάλουν πρὸς ἀλλήλους τί ἂν **ποιήσαιεν** τῷ Ἰησοῦ.	
200	Mt 5,29 ⇨ Mt 18,9	... συμφέρει γάρ σοι ἵνα **ἀπόληται** ἓν τῶν μελῶν σου καὶ μὴ ὅλον τὸ σῶμά σου βληθῇ εἰς γέενναν.	Mk 9,47	... καλόν σέ ἐστιν μονόφθαλμον εἰσελθεῖν εἰς τὴν βασιλείαν τοῦ θεοῦ ἢ δύο ὀφθαλμοὺς ἔχοντα βληθῆναι εἰς τὴν γέενναν			
200	Mt 5,30 ⇨ Mt 18,8	... συμφέρει γάρ σοι ἵνα **ἀπόληται** ἓν τῶν μελῶν σου καὶ μὴ ὅλον τὸ σῶμά σου εἰς γέενναν ἀπέλθῃ.	Mk 9,43	... καλόν ἐστίν σε κυλλὸν εἰσελθεῖν εἰς τὴν ζωὴν ἢ τὰς δύο χεῖρας ἔχοντα ἀπελθεῖν εἰς τὴν γέενναν, εἰς τὸ πῦρ τὸ ἄσβεστον.			
222	Mt 8,25	καὶ προσελθόντες ἤγειραν αὐτὸν λέγοντες· κύριε, σῶσον, **ἀπολλύμεθα**.	Mk 4,38	... καὶ ἐγείρουσιν αὐτὸν καὶ λέγουσιν αὐτῷ· διδάσκαλε, οὐ μέλει σοι ὅτι **ἀπολλύμεθα**;	Lk 8,24	προσελθόντες δὲ διήγειραν αὐτὸν λέγοντες· ἐπιστάτα ἐπιστάτα, **ἀπολλύμεθα**. ...	
222	Mt 9,17	οὐδὲ βάλλουσιν οἶνον νέον εἰς ἀσκοὺς παλαιούς· εἰ δὲ μή γε, ῥήγνυνται οἱ ἀσκοὶ καὶ ὁ οἶνος ἐκχεῖται καὶ οἱ ἀσκοὶ **ἀπόλλυνται**· ...	Mk 2,22	καὶ οὐδεὶς βάλλει οἶνον νέον εἰς ἀσκοὺς παλαιούς· εἰ δὲ μή, ῥήξει ὁ οἶνος τοὺς ἀσκοὺς καὶ ὁ οἶνος **ἀπόλλυται** καὶ οἱ ἀσκοί· ...	Lk 5,37	καὶ οὐδεὶς βάλλει οἶνον νέον εἰς ἀσκοὺς παλαιούς· εἰ δὲ μή γε, ῥήξει ὁ οἶνος ὁ νέος τοὺς ἀσκοὺς καὶ αὐτὸς ἐκχυθήσεται καὶ οἱ ἀσκοὶ **ἀπολοῦνται**·	→ GTh 47,4
200	Mt 10,6 ↓ Mt 15,24	πορεύεσθε δὲ μᾶλλον **πρὸς τὰ πρόβατα τὰ ἀπολωλότα οἴκου Ἰσραήλ.**					
201	Mt 10,28	... φοβεῖσθε δὲ μᾶλλον τὸν δυνάμενον καὶ ψυχὴν καὶ σῶμα **ἀπολέσαι** ἐν γεέννῃ.			Lk 12,5	... φοβήθητε τὸν μετὰ τὸ ἀποκτεῖναι ἔχοντα ἐξουσίαν **ἐμβαλεῖν** εἰς τὴν γέενναν· ναὶ λέγω ὑμῖν, τοῦτον φοβήθητε.	

202 202	**Mt 10,39** (2) ⇩ Mt 16,25	ὁ εὑρὼν τὴν ψυχὴν αὐτοῦ **ἀπολέσει** αὐτήν, καὶ **ὁ ἀπολέσας** τὴν ψυχὴν αὐτοῦ ἕνεκεν ἐμοῦ εὑρήσει αὐτήν.	Mk 8,35 (2)	ὃς γὰρ ἐὰν θέλῃ τὴν ψυχὴν αὐτοῦ σῶσαι **ἀπολέσει** αὐτήν· ὃς δ᾽ ἂν **ἀπολέσει** τὴν ψυχὴν αὐτοῦ ἕνεκεν ἐμοῦ καὶ τοῦ εὐαγγελίου σώσει αὐτήν.	**Lk 17,33** (2) ⇩ Lk 9,24	ὃς ἐὰν ζητήσῃ τὴν ψυχὴν αὐτοῦ περιποιήσασθαι **ἀπολέσει** αὐτήν, ὃς δ᾽ ἂν **ἀπολέσῃ** ζῳογονήσει αὐτήν.	→ Jn 12,25 Mk-Q overlap
220	**Mt 10,42**	καὶ ὃς ἂν ποτίσῃ ἕνα τῶν μικρῶν τούτων ποτήριον ψυχροῦ μόνον εἰς ὄνομα μαθητοῦ, ἀμὴν λέγω ὑμῖν, **οὐ μὴ ἀπολέσῃ** τὸν μισθὸν αὐτοῦ.	**Mk 9,41**	ὃς γὰρ ἂν ποτίσῃ ὑμᾶς ποτήριον ὕδατος ἐν ὀνόματι ὅτι Χριστοῦ ἐστε, ἀμὴν λέγω ὑμῖν ὅτι **οὐ μὴ ἀπολέσῃ** τὸν μισθὸν αὐτοῦ.			
221	**Mt 12,14** → Mt 26,4	ἐξελθόντες δὲ οἱ Φαρισαῖοι συμβούλιον ἔλαβον κατ᾽ αὐτοῦ ὅπως αὐτὸν **ἀπολέσωσιν.**	**Mk 3,6** → Mk 14,1	καὶ ἐξελθόντες οἱ Φαρισαῖοι εὐθὺς μετὰ τῶν Ἡρῳδιανῶν συμβούλιον ἐδίδουν κατ᾽ αὐτοῦ ὅπως αὐτὸν **ἀπολέσωσιν.**	**Lk 6,11** → Lk 4,28 → Lk 13,17 → Lk 14,6 → Lk 22,2	αὐτοὶ δὲ ἐπλήσθησαν ἀνοίας καὶ διελάλουν πρὸς ἀλλήλους τί ἂν **ποιήσαιεν** τῷ Ἰησοῦ.	
200	**Mt 15,24** ⇑ Mt 10,6	... οὐκ ἀπεστάλην εἰ μὴ **εἰς τὰ πρόβατα τὰ ἀπολωλότα οἴκου Ἰσραήλ.**					
222 222	**Mt 16,25** (2) ⇧ Mt 10,39	ὃς γὰρ ἐὰν θέλῃ τὴν ψυχὴν αὐτοῦ σῶσαι **ἀπολέσει** αὐτήν· ὃς δ᾽ ἂν **ἀπολέσῃ** τὴν ψυχὴν αὐτοῦ ἕνεκεν ἐμοῦ εὑρήσει αὐτήν.	**Mk 8,35** (2)	ὃς γὰρ ἐὰν θέλῃ τὴν ψυχὴν αὐτοῦ σῶσαι **ἀπολέσει** αὐτήν· ὃς δ᾽ ἂν **ἀπολέσει** τὴν ψυχὴν αὐτοῦ ἕνεκεν ἐμοῦ καὶ τοῦ εὐαγγελίου σώσει αὐτήν.	**Lk 9,24** (2) ⇩ Lk 17,33	ὃς γὰρ ἂν θέλῃ τὴν ψυχὴν αὐτοῦ σῶσαι **ἀπολέσει** αὐτήν· ὃς δ᾽ ἂν **ἀπολέσῃ** τὴν ψυχὴν αὐτοῦ ἕνεκεν ἐμοῦ, οὗτος σώσει αὐτήν.	→ Jn 12,25 → GTh 55 Mk-Q overlap
112	**Mt 16,26**	τί γὰρ ὠφεληθήσεται ἄνθρωπος ἐὰν τὸν κόσμον ὅλον κερδήσῃ τὴν δὲ ψυχὴν αὐτοῦ ζημιωθῇ; ...	**Mk 8,36**	τί γὰρ ὠφελεῖ ἄνθρωπον κερδῆσαι τὸν κόσμον ὅλον καὶ ζημιωθῆναι τὴν ψυχὴν αὐτοῦ;	**Lk 9,25**	τί γὰρ ὠφελεῖται ἄνθρωπος κερδήσας τὸν κόσμον ὅλον ἑαυτὸν δὲ **ἀπολέσας** ἢ ζημιωθείς;	
120	**Mt 17,15**	... πολλάκις γὰρ πίπτει εἰς τὸ πῦρ καὶ πολλάκις εἰς τὸ ὕδωρ.	**Mk 9,22**	καὶ πολλάκις καὶ εἰς πῦρ αὐτὸν ἔβαλεν καὶ εἰς ὕδατα ἵνα **ἀπολέσῃ** αὐτόν· ...			
220	**Mt 10,42**	καὶ ὃς ἂν ποτίσῃ ἕνα τῶν μικρῶν τούτων ποτήριον ψυχροῦ μόνον εἰς ὄνομα μαθητοῦ, ἀμὴν λέγω ὑμῖν, **οὐ μὴ ἀπολέσῃ** τὸν μισθὸν αὐτοῦ.	**Mk 9,41**	ὃς γὰρ ἂν ποτίσῃ ὑμᾶς ποτήριον ὕδατος ἐν ὀνόματι ὅτι Χριστοῦ ἐστε, ἀμὴν λέγω ὑμῖν ὅτι **οὐ μὴ ἀπολέσῃ** τὸν μισθὸν αὐτοῦ.			
200	**Mt 18,14** → Lk 15,7	οὕτως οὐκ ἔστιν θέλημα ἔμπροσθεν τοῦ πατρὸς ὑμῶν τοῦ ἐν οὐρανοῖς ἵνα **ἀπόληται** ἓν τῶν μικρῶν τούτων.					

102	Mt 23,35	... ἀπὸ τοῦ αἵματος Ἅβελ τοῦ δικαίου ἕως τοῦ αἵματος Ζαχαρίου υἱοῦ Βαραχίου, **ὃν ἐφονεύσατε** μεταξὺ τοῦ ναοῦ καὶ τοῦ θυσιαστηρίου.	Lk 11,51	ἀπὸ αἵματος Ἅβελ ἕως αἵματος Ζαχαρίου **τοῦ ἀπολομένου** μεταξὺ τοῦ θυσιαστηρίου καὶ τοῦ οἴκου· ...	
002			Lk 13,3	οὐχί, λέγω ὑμῖν, ἀλλ᾽ ἐὰν μὴ μετανοῆτε πάντες ὁμοίως **ἀπολεῖσθε.**	
002			Lk 13,5	οὐχί, λέγω ὑμῖν, ἀλλ᾽ ἐὰν μὴ μετανοῆτε πάντες ὡσαύτως **ἀπολεῖσθε.**	
002			Lk 13,33	... οὐκ ἐνδέχεται προφήτην **ἀπολέσθαι** ἔξω Ἰερουσαλήμ.	
102 102	Mt 18,12	... ἐὰν γένηταί τινι ἀνθρώπῳ ἑκατὸν πρόβατα καὶ **πλανηθῇ** ἓν ἐξ αὐτῶν, οὐχὶ ἀφήσει τὰ ἐνενήκοντα ἐννέα ἐπὶ τὰ ὄρη καὶ πορευθεὶς ζητεῖ **τὸ πλανώμενον;** [13] καὶ ἐὰν γένηται εὑρεῖν αὐτό, ...	Lk 15,4 (2)	τίς ἄνθρωπος ἐξ ὑμῶν ἔχων ἑκατὸν πρόβατα καὶ **ἀπολέσας** ἐξ αὐτῶν ἓν οὐ καταλείπει τὰ ἐνενήκοντα ἐννέα ἐν τῇ ἐρήμῳ καὶ πορεύεται **ἐπὶ τὸ ἀπολωλὸς** ἕως εὕρῃ αὐτό; [5] καὶ εὑρὼν ...	→ GTh 107
002			Lk 15,6	... συγχάρητέ μοι, ὅτι εὗρον τὸ πρόβατόν μου **τὸ ἀπολωλός.**	
002			Lk 15,8	ἢ τίς γυνὴ δραχμὰς ἔχουσα δέκα ἐὰν **ἀπολέσῃ** δραχμὴν μίαν, οὐχὶ ἅπτει λύχνον καὶ σαροῖ τὴν οἰκίαν ...	
002			Lk 15,9	... συγχάρητέ μοι, ὅτι εὗρον τὴν δραχμὴν ἣν **ἀπώλεσα.**	
002			Lk 15,17	... ἐγὼ δὲ λιμῷ ὧδε **ἀπόλλυμαι.**	
002			Lk 15,24 ↓ Lk 15,32	ὅτι οὗτος ὁ υἱός μου νεκρὸς ἦν καὶ ἀνέζησεν, ἦν **ἀπολωλὼς** καὶ εὑρέθη. ...	
002			Lk 15,32 ↑ Lk 15,24	... ὁ ἀδελφός σου οὗτος νεκρὸς ἦν καὶ ἔζησεν, καὶ **ἀπολωλὼς** καὶ εὑρέθη.	
102	Mt 24,39	καὶ οὐκ ἔγνωσαν ἕως ἦλθεν ὁ κατακλυσμὸς καὶ **ἦρεν** ἅπαντας, ...	Lk 17,27	... καὶ ἦλθεν ὁ κατακλυσμὸς καὶ **ἀπώλεσεν** πάντας.	

002					**Lk 17,29**	ᾗ δὲ ἡμέρᾳ ἐξῆλθεν Λὼτ ἀπὸ Σοδόμων, ἔβρεξεν πῦρ καὶ θεῖον ἀπ᾽ οὐρανοῦ καὶ **ἀπώλεσεν** πάντας.	
202 202	**Mt 10,39 (2)** ⇑ Mt 16,25	ὁ εὑρὼν τὴν ψυχὴν αὐτοῦ **ἀπολέσει** αὐτήν, καὶ ὁ **ἀπολέσας** τὴν ψυχὴν αὐτοῦ ἕνεκεν ἐμοῦ εὑρήσει αὐτήν.	**Mk 8,35 (2)**	ὃς γὰρ ἐὰν θέλῃ τὴν ψυχὴν αὐτοῦ σῶσαι **ἀπολέσει** αὐτήν· ὃς δ᾽ ἂν **ἀπολέσει** τὴν ψυχὴν αὐτοῦ ἕνεκεν ἐμοῦ καὶ τοῦ εὐαγγελίου σώσει αὐτήν.	**Lk 17,33 (2)** ⇑ Lk 9,24	ὃς ἐὰν ζητήσῃ τὴν ψυχὴν αὐτοῦ περιποιήσασθαι **ἀπολέσει** αὐτήν, ὃς δ᾽ ἂν **ἀπολέσῃ** ζῳογονήσει αὐτήν.	→ **Jn 12,25** Mk-Q overlap
002					**Lk 19,10**	ἦλθεν γὰρ ὁ υἱὸς τοῦ ἀνθρώπου ζητῆσαι καὶ σῶσαι **τὸ ἀπολωλός.**	
022			**Mk 11,18** ↑ Mk 3,6 → Mt 21,45	καὶ ἤκουσαν οἱ ἀρχιερεῖς καὶ οἱ γραμματεῖς καὶ ἐζήτουν πῶς αὐτὸν **ἀπολέσωσιν**· ...	**Lk 19,47** → Lk 21,38	καὶ ἦν διδάσκων τὸ καθ᾽ ἡμέραν ἐν τῷ ἱερῷ. οἱ δὲ ἀρχιερεῖς καὶ οἱ γραμματεῖς ἐζήτουν αὐτὸν **ἀπολέσαι** καὶ οἱ πρῶτοι τοῦ λαοῦ	
222	**Mt 21,41** → Mt 21,43	λέγουσιν αὐτῷ· κακοὺς κακῶς **ἀπολέσει** αὐτοὺς καὶ τὸν ἀμπελῶνα ἐκδώσεται ἄλλοις γεωργοῖς, ...	**Mk 12,9**	... ἐλεύσεται καὶ **ἀπολέσει** τοὺς γεωργοὺς καὶ δώσει τὸν ἀμπελῶνα ἄλλοις.	**Lk 20,16**	ἐλεύσεται καὶ **ἀπολέσει** τοὺς γεωργοὺς τούτους καὶ δώσει τὸν ἀμπελῶνα ἄλλοις. ...	→ GTh 65
201	**Mt 22,7**	ὁ δὲ βασιλεὺς ὠργίσθη καὶ πέμψας τὰ στρατεύματα αὐτοῦ **ἀπώλεσεν** τοὺς φονεῖς ἐκείνους καὶ τὴν πόλιν αὐτῶν ἐνέπρησεν. [8] τότε λέγει τοῖς δούλοις αὐτοῦ·			**Lk 14,21**	... τότε ὀργισθεὶς ὁ οἰκοδεσπότης εἶπεν τῷ δούλῳ αὐτοῦ· ...	→ GTh 64
002					**Lk 21,18** → Mt 10,30 → Lk 12,7	καὶ θρὶξ ἐκ τῆς κεφαλῆς ὑμῶν **οὐ μὴ ἀπόληται.**	→ **Acts 27,34**
200	**Mt 26,52**	τότε λέγει αὐτῷ ὁ Ἰησοῦς· ἀπόστρεψον τὴν μάχαιράν σου εἰς τὸν τόπον αὐτῆς· πάντες γὰρ οἱ λαβόντες μάχαιραν ἐν μαχαίρῃ **ἀπολοῦνται.**			**Lk 22,51**	ἀποκριθεὶς δὲ ὁ Ἰησοῦς εἶπεν· ἐᾶτε ἕως τούτου· καὶ ἁψάμενος τοῦ ὠτίου ἰάσατο αὐτόν.	→ Jn 18,11
211	**Mt 27,20**	οἱ δὲ ἀρχιερεῖς καὶ οἱ πρεσβύτεροι ἔπεισαν τοὺς ὄχλους ἵνα αἰτήσωνται τὸν Βαραββᾶν, τὸν δὲ Ἰησοῦν **ἀπολέσωσιν.**	**Mk 15,11**	οἱ δὲ ἀρχιερεῖς ἀνέσεισαν τὸν ὄχλον ἵνα μᾶλλον τὸν Βαραββᾶν ἀπολύσῃ αὐτοῖς.	**Lk 23,18**	ἀνέκραγον δὲ παμπληθεὶ λέγοντες· αἶρε τοῦτον, ἀπόλυσον δὲ ἡμῖν τὸν Βαραββᾶν·	→ Jn 18,40

Acts 5,37 ... Ἰούδας ὁ Γαλιλαῖος ... κἀκεῖνος **ἀπώλετο** καὶ πάντες ὅσοι ἐπείθοντο αὐτῷ διεσκορπίσθησαν.

Acts 27,34 (→ Lk 12,7; → **Lk 21,18**) ... τοῦτο γὰρ πρὸς τῆς ὑμετέρας σωτηρίας ὑπάρχει, οὐδενὸς γὰρ ὑμῶν θρὶξ ἀπὸ τῆς κεφαλῆς **ἀπολεῖται.**

ἀπολογέομαι

Syn 2	Mt	Mk	Lk 2	Acts 6	Jn	1-3John	Paul 2	Eph	Col
NT 10	2Thess	1/2Tim	Tit	Heb	Jas	1Pet	2Pet	Jude	Rev

speak in one's own behalf; defend oneself

102	**Mt 10,19** ὅταν δὲ παραδῶσιν ὑμᾶς, μὴ μεριμνήσητε πῶς ἢ τί λαλήσητε· ...	**Mk 13,11** καὶ ὅταν ἄγωσιν ὑμᾶς παραδιδόντες, μὴ προμεριμνᾶτε τί λαλήσητε, ...	**Lk 12,11** ⇩ Lk 21,14 → Lk 21,12 ὅταν δὲ εἰσφέρωσιν ὑμᾶς ἐπὶ τὰς συναγωγὰς καὶ τὰς ἀρχὰς καὶ τὰς ἐξουσίας, μὴ μεριμνήσητε πῶς ἢ τί **ἀπολογήσησθε** ἢ τί εἴπητε·	Mk-Q overlap
112	**Mt 10,19** ὅταν δὲ παραδῶσιν ὑμᾶς, μὴ μεριμνήσητε πῶς ἢ τί λαλήσητε· ...	**Mk 13,11** καὶ ὅταν ἄγωσιν ὑμᾶς παραδιδόντες, μὴ προμεριμνᾶτε τί λαλήσητε, ...	**Lk 21,14** ⇧ Lk 12,11 θέτε οὖν ἐν ταῖς καρδίαις ὑμῶν μὴ προμελετᾶν **ἀπολογηθῆναι**·	Mk-Q overlap

Acts 19,33 ... ὁ δὲ Ἀλέξανδρος κατασείσας τὴν χεῖρα ἤθελεν **ἀπολογεῖσθαι** τῷ δήμῳ.

Acts 24,10 ... ἐκ πολλῶν ἐτῶν ὄντα σε κριτὴν τῷ ἔθνει τούτῳ ἐπιστάμενος εὐθύμως τὰ περὶ ἐμαυτοῦ **ἀπολογοῦμαι**

Acts 25,8 τοῦ Παύλου **ἀπολογουμένου** ὅτι οὔτε εἰς τὸν νόμον τῶν Ἰουδαίων οὔτε εἰς τὸ ἱερὸν οὔτε εἰς Καίσαρά τι ἥμαρτον.

Acts 26,1 ... τότε ὁ Παῦλος ἐκτείνας τὴν χεῖρα **ἀπελογεῖτο**·

Acts 26,2 ... ἥγημαι ἐμαυτὸν μακάριον ἐπὶ σοῦ μέλλων σήμερον **ἀπολογεῖσθαι**

Acts 26,24 ταῦτα δὲ αὐτοῦ **ἀπολογουμένου** ὁ Φῆστος μεγάλῃ τῇ φωνῇ φησιν· μαίνῃ, Παῦλε· ...

ἀπολύτρωσις

Syn 1	Mt	Mk	Lk 1	Acts	Jn	1-3John	Paul 3	Eph 3	Col 1
NT 10	2Thess	1/2Tim	Tit	Heb 2	Jas	1Pet	2Pet	Jude	Rev

setting free; deliverance; relief

002			**Lk 21,28** ἀρχομένων δὲ τούτων γίνεσθαι ἀνακύψατε καὶ ἐπάρατε τὰς κεφαλὰς ὑμῶν, διότι ἐγγίζει **ἡ ἀπολύτρωσις ὑμῶν.**	

ἀπολύω

Syn 45	Mt 19	Mk 12	Lk 14	Acts 15	Jn 5	1-3John	Paul	Eph	Col
NT 66	2Thess	1/2Tim	Tit	Heb 1	Jas	1Pet	2Pet	Jude	Rev

release; set free; send away; send off; divorce; forgive; *middle:* leave

	triple tradition																	double tradition			Sondergut		
		+Mt / +Lk			–Mt / –Lk			traditions not taken over by Mt / Lk							subtotals								
code	*222*	*211*	*112*	*212*	*221*	*122*	*121*	*022*	*012*	*021*	*220*	*120*	*210*	*020*	Σ^+	Σ^-	Σ	*202*	*201*	*102*	*200*	*002*	total
Mt	2					1^-					8		3^+		3^+	1^-	13	2			4		**19**
Mk	2					1					8			1			12						**12**
Lk	2		2^+			1			1^+						3^+		6	2		2		4	**14**

200	**Mt 1,19** Ἰωσὴφ δὲ ὁ ἀνὴρ αὐτῆς, δίκαιος ὢν καὶ μὴ θέλων αὐτὴν δειγματίσαι, ἐβουλήθη λάθρᾳ **ἀπολῦσαι** αὐτήν.			

002					Lk 2,29	νῦν **ἀπολύεις** τὸν δοῦλόν σου, δέσποτα, κατὰ τὸ ῥῆμά σου ἐν εἰρήνῃ·	
200	Mt 5,31 ↓Mt 19,7 ↓Mk 10,4	ἐρρέθη δέ· ὃς ἂν **ἀπολύσῃ** τὴν γυναῖκα αὐτοῦ, δότω αὐτῇ ἀποστάσιον. ➤ Deut 24,1ff.					
202	Mt 5,32 (2) ⇩Mt 19,9	ἐγὼ δὲ λέγω ὑμῖν ὅτι πᾶς ὁ **ἀπολύων** τὴν γυναῖκα αὐτοῦ παρεκτὸς λόγου πορνείας ποιεῖ αὐτὴν μοιχευθῆναι,	Mk 10,11 ↓Mk 10,12	καὶ λέγει αὐτοῖς· ὃς ἂν **ἀπολύσῃ** τὴν γυναῖκα αὐτοῦ καὶ γαμήσῃ ἄλλην μοιχᾶται ἐπ' αὐτήν·	Lk 16,18 (2)	πᾶς ὁ **ἀπολύων** τὴν γυναῖκα αὐτοῦ καὶ γαμῶν ἑτέραν μοιχεύει,	→ 1Cor 7,10-11 Mk-Q overlap
202		καὶ ὃς ἐὰν **ἀπολελυμένην** γαμήσῃ, μοιχᾶται.				καὶ ὁ **ἀπολελυμένην** ἀπὸ ἀνδρὸς γαμῶν μοιχεύει.	
102 102	Mt 7,1	μὴ κρίνετε, ἵνα μὴ κριθῆτε·			Lk 6,37 (2)	καὶ μὴ κρίνετε, καὶ οὐ μὴ κριθῆτε· καὶ μὴ καταδικάζετε, καὶ οὐ μὴ καταδικασθῆτε. **ἀπολύετε,** καὶ **ἀπολυθήσεσθε·**	
012			Mk 5,19	[18] ... παρεκάλει αὐτὸν ὁ δαιμονισθεὶς ἵνα μετ' αὐτοῦ ᾖ. [19] καὶ **οὐκ ἀφῆκεν** αὐτόν, ἀλλὰ λέγει αὐτῷ· ὕπαγε εἰς τὸν οἶκόν σου ...	Lk 8,38	ἐδεῖτο δὲ αὐτοῦ ὁ ἀνὴρ ἀφ' οὗ ἐξεληλύθει τὰ δαιμόνια εἶναι σὺν αὐτῷ· **ἀπέλυσεν** αὐτὸν λέγων· [39] ὑπόστρεφε εἰς τὸν οἶκόν σου, ...	
222	Mt 14,15 →Mt 14,16 ↓Mt 15,32	... ἔρημός ἐστιν ὁ τόπος καὶ ἡ ὥρα ἤδη παρῆλθεν· **ἀπόλυσον** τοὺς ὄχλους, ἵνα ἀπελθόντες εἰς τὰς κώμας ἀγοράσωσιν ἑαυτοῖς βρώματα.	Mk 6,36 →Mk 6,37 ↓Mk 8,3	[35] ἔρημός ἐστιν ὁ τόπος καὶ ἤδη ὥρα πολλή· [36] **ἀπόλυσον** αὐτούς, ἵνα ἀπελθόντες εἰς τοὺς κύκλῳ ἀγροὺς καὶ κώμας ἀγοράσωσιν ἑαυτοῖς τί φάγωσιν.	Lk 9,12 →Lk 9,13	... **ἀπόλυσον** τὸν ὄχλον, ἵνα πορευθέντες εἰς τὰς κύκλῳ κώμας καὶ ἀγροὺς καταλύσωσιν καὶ εὕρωσιν ἐπισιτισμόν, ὅτι ὧδε ἐν ἐρήμῳ τόπῳ ἐσμέν.	
220	Mt 14,22 ↓Mt 15,39	... καὶ προάγειν αὐτὸν εἰς τὸ πέραν, ἕως οὗ **ἀπολύσῃ** τοὺς ὄχλους.	Mk 6,45 ↓Mk 8,9	... καὶ προάγειν εἰς τὸ πέραν πρὸς Βηθσαϊδάν, ἕως αὐτὸς **ἀπολύει** τὸν ὄχλον.			→ Jn 6,16-17
210	Mt 14,23 ↓Mt 15,39 →Lk 9,18	καὶ **ἀπολύσας** τοὺς ὄχλους ἀνέβη εἰς τὸ ὄρος κατ' ἰδίαν προσεύξασθαι. ...	Mk 6,46 ↓Mk 8,9 →Lk 9,18	καὶ **ἀποταξάμενος** αὐτοῖς ἀπῆλθεν εἰς τὸ ὄρος προσεύξασθαι.			→ Jn 6,15
200	Mt 15,23	... καὶ προσελθόντες οἱ μαθηταὶ αὐτοῦ ἠρώτουν αὐτὸν λέγοντες· **ἀπόλυσον** αὐτήν, ὅτι κράζει ὄπισθεν ἡμῶν.					
220	Mt 15,32 ↑Mt 14,15	... καὶ **ἀπολῦσαι** αὐτοὺς νήστεις οὐ θέλω, μήποτε ἐκλυθῶσιν ἐν τῇ ὁδῷ.	Mk 8,3 ↑Mk 6,36	καὶ ἐὰν **ἀπολύσω** αὐτοὺς νήστεις εἰς οἶκον αὐτῶν, ἐκλυθήσονται ἐν τῇ ὁδῷ· ...	↑Lk 9,12		

220	**Mt 15,39** ↑ Mt 14,22-23	καὶ **ἀπολύσας** τοὺς ὄχλους ἐνέβη εἰς τὸ πλοῖον, ...	**Mk 8,9** ↑ Mk 6,45 ↑ Mk 6,46	... καὶ **ἀπέλυσεν** αὐτούς. [10] καὶ εὐθὺς ἐμβὰς εἰς τὸ πλοῖον ...			
200	**Mt 18,27**	σπλαγχνισθεὶς δὲ ὁ κύριος τοῦ δούλου ἐκείνου **ἀπέλυσεν** αὐτὸν καὶ τὸ δάνειον ἀφῆκεν αὐτῷ.					
002					**Lk 13,12** → Mt 12,13 → Mk 3,5 → Lk 6,10	ἰδὼν δὲ αὐτὴν ὁ Ἰησοῦς προσεφώνησεν καὶ εἶπεν αὐτῇ· γύναι, **ἀπολέλυσαι** τῆς ἀσθενείας σου	
002					**Lk 14,4** → Mt 12,13 → Mk 3,5 → Lk 6,10 → Lk 13,13	... καὶ ἐπιλαβόμενος ἰάσατο αὐτὸν καὶ **ἀπέλυσεν.**	
202 202	**Mt 5,32** **(2)** ⇩ Mt 19,9	ἐγὼ δὲ λέγω ὑμῖν ὅτι πᾶς ὁ **ἀπολύων** τὴν γυναῖκα αὐτοῦ παρεκτὸς λόγου πορνείας ποιεῖ αὐτὴν μοιχευθῆναι, καὶ ὃς ἐὰν **ἀπολελυμένην** γαμήσῃ, μοιχᾶται.	**Mk 10,11** ↓ Mk 10,12	καὶ λέγει αὐτοῖς· ὃς ἂν ἀπολύσῃ τὴν γυναῖκα αὐτοῦ καὶ γαμήσῃ ἄλλην μοιχᾶται ἐπ' αὐτήν·	**Lk 16,18** **(2)**	πᾶς ὁ **ἀπολύων** τὴν γυναῖκα αὐτοῦ καὶ γαμῶν ἑτέραν μοιχεύει, καὶ ὁ **ἀπολελυμένην** ἀπὸ ἀνδρὸς γαμῶν μοιχεύει.	→ 1Cor 7,10-11 Mk-Q overlap
220	**Mt 19,3**	καὶ προσῆλθον αὐτῷ Φαρισαῖοι πειράζοντες αὐτὸν καὶ λέγοντες· εἰ ἔξεστιν ἀνθρώπῳ **ἀπολῦσαι** τὴν γυναῖκα αὐτοῦ κατὰ πᾶσαν αἰτίαν;	**Mk 10,2**	καὶ προσελθόντες Φαρισαῖοι ἐπηρώτων αὐτὸν εἰ ἔξεστιν ἀνδρὶ γυναῖκα **ἀπολῦσαι,** πειράζοντες αὐτόν.			
220	**Mt 19,7** ↑ Mt 5,31	... τί οὖν Μωϋσῆς ἐνετείλατο δοῦναι βιβλίον ἀποστασίου καὶ **ἀπολῦσαι** [αὐτήν]; ➤ Deut 24,1.2	**Mk 10,4**	... ἐπέτρεψεν Μωϋσῆς βιβλίον ἀποστασίου γράψαι καὶ **ἀπολῦσαι.** ➤ Deut 24,1.2			
210	**Mt 19,8** → Mt 19,4 → Mk 10,6	... Μωϋσῆς πρὸς τὴν σκληροκαρδίαν ὑμῶν ἐπέτρεψεν ὑμῖν **ἀπολῦσαι** τὰς γυναῖκας ὑμῶν, ἀπ' ἀρχῆς δὲ οὐ γέγονεν οὕτως.	**Mk 10,5**	... πρὸς τὴν σκληροκαρδίαν ὑμῶν ἔγραψεν ὑμῖν τὴν ἐντολὴν ταύτην.			
220	**Mt 19,9** ⇧ Mt 5,32	... ὃς ἂν **ἀπολύσῃ** τὴν γυναῖκα αὐτοῦ μὴ ἐπὶ πορνείᾳ καὶ γαμήσῃ ἄλλην μοιχᾶται.	**Mk 10,11** ↓ Mk 10,12	... ὃς ἂν **ἀπολύσῃ** τὴν γυναῖκα αὐτοῦ καὶ γαμήσῃ ἄλλην μοιχᾶται ἐπ' αὐτήν·	**Lk 16,18** (2)	πᾶς ὁ ἀπολύων τὴν γυναῖκα αὐτοῦ καὶ γαμῶν ἑτέραν μοιχεύει, καὶ ὁ ἀπολελυμένην ἀπὸ ἀνδρὸς γαμῶν μοιχεύει.	→ 1Cor 7,10-11 Mk-Q overlap
020			**Mk 10,12** ↑ Mt 5,32 ↑ Mt 19,9 ↑ Lk 16,18 ↑ Mk 10,11	καὶ ἐὰν αὐτὴ **ἀπολύσασα** τὸν ἄνδρα αὐτῆς γαμήσῃ ἄλλον μοιχᾶται.			
002					**Lk 23,16** ↓ Lk 23,22	παιδεύσας οὖν αὐτὸν **ἀπολύσω.**	

220	**Mt 27,15**	κατὰ δὲ ἑορτὴν εἰώθει ὁ ἡγεμὼν ἀπολύειν ἕνα τῷ ὄχλῳ δέσμιον ὃν ἤθελον.	**Mk 15,6**	κατὰ δὲ ἑορτὴν ἀπέλυεν αὐτοῖς ἕνα δέσμιον ὃν παρῃτοῦντο.			→ **Jn 18,39** Lk 23,17 is textcritically uncertain.
220	**Mt 27,17**	... εἶπεν αὐτοῖς ὁ Πιλᾶτος· τίνα θέλετε ἀπολύσω ὑμῖν, [Ἰησοῦν τὸν] Βαραββᾶν ἢ Ἰησοῦν τὸν λεγόμενον χριστόν;	**Mk 15,9**	ὁ δὲ Πιλᾶτος ἀπεκρίθη αὐτοῖς λέγων· θέλετε ἀπολύσω ὑμῖν τὸν βασιλέα τῶν Ἰουδαίων;			→ **Jn 18,39**
122	**Mt 27,20**	οἱ δὲ ἀρχιερεῖς καὶ οἱ πρεσβύτεροι ἔπεισαν τοὺς ὄχλους ἵνα αἰτήσωνται τὸν Βαραββᾶν, τὸν δὲ Ἰησοῦν ἀπολέσωσιν.	**Mk 15,11**	οἱ δὲ ἀρχιερεῖς ἀνέσεισαν τὸν ὄχλον ἵνα μᾶλλον τὸν Βαραββᾶν ἀπολύσῃ αὐτοῖς.	**Lk 23,18**	ἀνέκραγον δὲ παμπληθεὶ λέγοντες· αἶρε τοῦτον, ἀπόλυσον δὲ ἡμῖν τὸν Βαραββᾶν·	→ Jn 18,40
210	**Mt 27,21**	ἀποκριθεὶς δὲ ὁ ἡγεμὼν εἶπεν αὐτοῖς· τίνα θέλετε ἀπὸ τῶν δύο ἀπολύσω ὑμῖν; οἱ δὲ εἶπαν· τὸν Βαραββᾶν.	**Mk 15,12**	ὁ δὲ Πιλᾶτος πάλιν ἀποκριθεὶς			
112	**Mt 27,22**	λέγει αὐτοῖς ὁ Πιλᾶτος· τί οὖν ποιήσω Ἰησοῦν τὸν λεγόμενον χριστόν; ...		ἔλεγεν αὐτοῖς· τί οὖν [θέλετε] ποιήσω [ὃν λέγετε] τὸν βασιλέα τῶν Ἰουδαίων;	**Lk 23,20**	πάλιν δὲ ὁ Πιλᾶτος προσεφώνησεν αὐτοῖς θέλων ἀπολῦσαι τὸν Ἰησοῦν·	→ **Jn 19,12**
112	**Mt 27,23**	ὁ δὲ ἔφη· τί γὰρ κακὸν ἐποίησεν; ...	**Mk 15,14**	ὁ δὲ Πιλᾶτος ἔλεγεν αὐτοῖς· τί γὰρ ἐποίησεν κακόν; ...	**Lk 23,22** → Lk 23,4 → Lk 23,14 ↑ **Lk 23,16**	ὁ δὲ τρίτον εἶπεν πρὸς αὐτούς· τί γὰρ κακὸν ἐποίησεν οὗτος; οὐδὲν αἴτιον θανάτου εὗρον ἐν αὐτῷ· παιδεύσας οὖν αὐτὸν ἀπολύσω.	→ Jn 19,6 → Acts 13,28
222	**Mt 27,26** → Mt 27,16 → Mt 27,24-25	[24] ἰδὼν δὲ ὁ Πιλᾶτος ὅτι οὐδὲν ὠφελεῖ ἀλλὰ μᾶλλον θόρυβος γίνεται, ... [26] τότε ἀπέλυσεν αὐτοῖς τὸν Βαραββᾶν, ...	**Mk 15,15** → Mk 15,7	ὁ δὲ Πιλᾶτος βουλόμενος τῷ ὄχλῳ τὸ ἱκανὸν ποιῆσαι ἀπέλυσεν αὐτοῖς τὸν Βαραββᾶν, ...	**Lk 23,25** → Lk 23,19	[24] καὶ Πιλᾶτος ἐπέκρινεν γενέσθαι τὸ αἴτημα αὐτῶν· [25] ἀπέλυσεν δὲ τὸν διὰ στάσιν καὶ φόνον βεβλημένον εἰς φυλακὴν ὃν ᾐτοῦντο, ...	

Acts 3,13 ... *ὁ θεὸς τῶν πατέρων ἡμῶν*, ἐδόξασεν τὸν παῖδα αὐτοῦ Ἰησοῦν ὃν ὑμεῖς μὲν παρεδώκατε καὶ ἠρνήσασθε κατὰ πρόσωπον Πιλάτου, κρίναντος ἐκείνου ἀπολύειν·
➤ Exod 3,6

Acts 4,21 οἱ δὲ προσαπειλησάμενοι ἀπέλυσαν αὐτούς, ...

Acts 4,23 ἀπολυθέντες δὲ ἦλθον πρὸς τοὺς ἰδίους καὶ ἀπήγγειλαν ὅσα πρὸς αὐτοὺς οἱ ἀρχιερεῖς καὶ οἱ πρεσβύτεροι εἶπαν.

Acts 5,40 καὶ προσκαλεσάμενοι τοὺς ἀποστόλους δείραντες παρήγγειλαν μὴ λαλεῖν ἐπὶ τῷ ὀνόματι τοῦ Ἰησοῦ καὶ ἀπέλυσαν.

Acts 13,3 τότε νηστεύσαντες καὶ προσευξάμενοι καὶ ἐπιθέντες τὰς χεῖρας αὐτοῖς ἀπέλυσαν.

Acts 15,30 οἱ μὲν οὖν ἀπολυθέντες κατῆλθον εἰς Ἀντιόχειαν, καὶ συναγαγόντες τὸ πλῆθος ἐπέδωκαν τὴν ἐπιστολήν.

Acts 15,33 ποιήσαντες δὲ χρόνον ἀπελύθησαν μετ᾽ εἰρήνης ἀπὸ τῶν ἀδελφῶν πρὸς τοὺς ἀποστείλαντας αὐτούς.

Acts 16,35 ἡμέρας δὲ γενομένης ἀπέστειλαν οἱ στρατηγοὶ τοὺς ῥαβδούχους λέγοντες· ἀπόλυσον τοὺς ἀνθρώπους ἐκείνους.

Acts 16,36 ἀπήγγειλεν δὲ ὁ δεσμοφύλαξ τοὺς λόγους [τούτους] πρὸς τὸν Παῦλον ὅτι ἀπέσταλκαν οἱ στρατηγοὶ ἵνα ἀπολυθῆτε· ...

Acts 17,9 καὶ λαβόντες τὸ ἱκανὸν παρὰ τοῦ Ἰάσονος καὶ τῶν λοιπῶν **ἀπέλυσαν** αὐτούς.

Acts 19,40 ... καὶ ταῦτα εἰπὼν **ἀπέλυσεν** τὴν ἐκκλησίαν.

Acts 23,22 ὁ μὲν οὖν χιλίαρχος **ἀπέλυσε** τὸν νεανίσκον ...

Acts 26,32 Ἀγρίππας δὲ τῷ Φήστῳ ἔφη· **ἀπολελύσθαι** ἐδύνατο ὁ ἄνθρωπος οὗτος εἰ μὴ ἐπεκέκλητο Καίσαρα.

Acts 28,18 οἵτινες ἀνακρίναντές με ἐβούλοντο **ἀπολῦσαι** διὰ τὸ μηδεμίαν αἰτίαν θανάτου ὑπάρχειν ἐν ἐμοί.

Acts 28,25 ἀσύμφωνοι δὲ ὄντες πρὸς ἀλλήλους **ἀπελύοντο** εἰπόντος τοῦ Παύλου ῥῆμα ἕν, ὅτι καλῶς τὸ πνεῦμα τὸ ἅγιον ἐλάλησεν διὰ Ἠσαΐου τοῦ προφήτου πρὸς τοὺς πατέρας ὑμῶν

ἀπομάσσομαι

Syn 1	Mt	Mk	Lk 1	Acts	Jn	1-3John	Paul	Eph	Col
NT 1	2Thess	1/2Tim	Tit	Heb	Jas	1Pet	2Pet	Jude	Rev

wipe off (as a protest)

102	**Mt 10,14** ... ἐξερχόμενοι ἔξω τῆς οἰκίας ἢ τῆς πόλεως ἐκείνης **ἐκτινάξατε** τὸν κονιορτὸν τῶν ποδῶν ὑμῶν.		**Lk 10,11** ⇩ Lk 9,5 → Lk 10,9 [10] ... ἐξελθόντες εἰς τὰς πλατείας αὐτῆς εἴπατε· [11] καὶ τὸν κονιορτὸν τὸν κολληθέντα ἡμῖν ἐκ τῆς πόλεως ὑμῶν εἰς τοὺς πόδας **ἀπομασσόμεθα** ὑμῖν· πλὴν τοῦτο γινώσκετε ὅτι ἤγγικεν ἡ βασιλεία τοῦ θεοῦ.	→ Acts 13,51 → Acts 18,6 Mk-Q overlap
		Mk 6,11 ... ἐκπορευόμενοι ἐκεῖθεν **ἐκτινάξατε** τὸν χοῦν τὸν ὑποκάτω τῶν ποδῶν ὑμῶν εἰς μαρτύριον αὐτοῖς.	**Lk 9,5** ⇧ Lk 10,10-11 ... ἐξερχόμενοι ἀπὸ τῆς πόλεως ἐκείνης τὸν κονιορτὸν ἀπὸ τῶν ποδῶν ὑμῶν **ἀποτινάσσετε** εἰς μαρτύριον ἐπ' αὐτούς.	

ἀπονίπτω

Syn 1	Mt 1	Mk	Lk	Acts	Jn	1-3John	Paul	Eph	Col
NT 1	2Thess	1/2Tim	Tit	Heb	Jas	1Pet	2Pet	Jude	Rev

wash

200	**Mt 27,24** ... λαβὼν ὕδωρ **ἀπενίψατο** τὰς χεῖρας ἀπέναντι τοῦ ὄχλου λέγων· ἀθῷός εἰμι ἀπὸ τοῦ αἵματος τούτου· ὑμεῖς ὄψεσθε.			→ Acts 18,6 → Acts 18,6 → Acts 20,26

ἀποπλανάω	Syn 1	Mt	Mk 1	Lk	Acts	Jn	1-3John	Paul	Eph	Col
	NT 2	2Thess	1/2Tim 1	Tit	Heb	Jas	1Pet	2Pet	Jude	Rev

mislead; deceive; *passive:* wander away

120	**Mt 24,24** → Mt 24,11	ἐγερθήσονται γὰρ ψευδόχριστοι καὶ ψευδοπροφῆται καὶ δώσουσιν σημεῖα μεγάλα καὶ τέρατα ὥστε **πλανῆσαι,** εἰ δυνατόν, καὶ τοὺς ἐκλεκτούς·	**Mk 13,22**	ἐγερθήσονται γὰρ ψευδόχριστοι καὶ ψευδοπροφῆται καὶ δώσουσιν σημεῖα καὶ τέρατα **πρὸς τὸ ἀποπλανᾶν,** εἰ δυνατόν, τοὺς ἐκλεκτούς.			

ἀποπνίγω	Syn 2	Mt	Mk	Lk 2	Acts	Jn	1-3John	Paul	Eph	Col
	NT 2	2Thess	1/2Tim	Tit	Heb	Jas	1Pet	2Pet	Jude	Rev

choke; drown

112	**Mt 13,7**	ἄλλα δὲ ἔπεσεν ἐπὶ τὰς ἀκάνθας, καὶ ἀνέβησαν αἱ ἄκανθαι καὶ **ἔπνιξαν** αὐτά.	**Mk 4,7**	καὶ ἄλλο ἔπεσεν εἰς τὰς ἀκάνθας, καὶ ἀνέβησαν αἱ ἄκανθαι καὶ **συνέπνιξαν** αὐτό, καὶ καρπὸν οὐκ ἔδωκεν.	**Lk 8,7**	καὶ ἕτερον ἔπεσεν ἐν μέσῳ τῶν ἀκανθῶν, καὶ συμφυεῖσαι αἱ ἄκανθαι **ἀπέπνιξαν** αὐτό.	→ GTh 9
112	**Mt 8,32**	... καὶ ἰδοὺ ὥρμησεν πᾶσα ἡ ἀγέλη κατὰ τοῦ κρημνοῦ εἰς τὴν θάλασσαν καὶ **ἀπέθανον** ἐν τοῖς ὕδασιν.	**Mk 5,13**	... καὶ ὥρμησεν ἡ ἀγέλη κατὰ τοῦ κρημνοῦ εἰς τὴν θάλασσαν, ὡς δισχίλιοι, καὶ **ἐπνίγοντο** ἐν τῇ θαλάσσῃ.	**Lk 8,33**	... καὶ ὥρμησεν ἡ ἀγέλη κατὰ τοῦ κρημνοῦ εἰς τὴν λίμνην καὶ **ἀπεπνίγη.**	

ἀπορέω	Syn 2	Mt	Mk 1	Lk 1	Acts 1	Jn 1	1-3John	Paul 2	Eph	Col
	NT 6	2Thess	1/2Tim	Tit	Heb	Jas	1Pet	2Pet	Jude	Rev

be at a loss; be uncertain; be disturbed

120	**Mt 14,5**	[3] ὁ γὰρ Ἡρῴδης ... [5] καὶ θέλων αὐτὸν ἀποκτεῖναι ἐφοβήθη τὸν ὄχλον, ὅτι ὡς προφήτην αὐτὸν εἶχον.	**Mk 6,20**	[19] ἡ δὲ Ἡρῳδιὰς ἐνεῖχεν αὐτῷ καὶ ἤθελεν αὐτὸν ἀποκτεῖναι, καὶ οὐκ ἠδύνατο· [20] ὁ γὰρ Ἡρῴδης ἐφοβεῖτο τὸν Ἰωάννην, εἰδὼς αὐτὸν ἄνδρα δίκαιον καὶ ἅγιον, καὶ συνετήρει αὐτόν, καὶ ἀκούσας αὐτοῦ πολλὰ **ἠπόρει,** καὶ ἡδέως αὐτοῦ ἤκουεν.			
012	**Mt 28,3**	ἦν δὲ ἡ εἰδέα αὐτοῦ ὡς ἀστραπὴ καὶ τὸ ἔνδυμα αὐτοῦ λευκὸν ὡς χιών.	**Mk 16,5**	καὶ εἰσελθοῦσαι εἰς τὸ μνημεῖον εἶδον νεανίσκον καθήμενον ἐν τοῖς δεξιοῖς περιβεβλημένον στολὴν λευκήν, ...	**Lk 24,4** → Lk 24,23	καὶ ἐγένετο **ἐν τῷ ἀπορεῖσθαι** αὐτὰς περὶ τούτου καὶ ἰδοὺ ἄνδρες δύο ἐπέστησαν αὐταῖς ἐν ἐσθῆτι ἀστραπτούσῃ.	→ Jn 20,12

Acts 25,20 **ἀπορούμενος**
δὲ ἐγὼ τὴν περὶ τούτων
ζήτησιν ἔλεγον εἰ
βούλοιτο πορεύεσθαι
εἰς Ἱεροσόλυμα ...

ἀπορία

ἀπορία										
Syn 1	Mt	Mk	Lk 1	Acts	Jn	1-3John	Paul	Eph	Col	
NT 1	2Thess	1/2Tim	Tit	Heb	Jas	1Pet	2Pet	Jude	Rev	

dispair; perplexity

112	**Mt 24,29**	... *ὁ ἥλιος σκοτισθήσεται, καὶ ἡ σελήνη οὐ δώσει τὸ φέγγος αὐτῆς, καὶ οἱ ἀστέρες πεσοῦνται* ἀπὸ τοῦ οὐρανοῦ, ... ➤ Isa 13,10; 34,4	**Mk 13,25**	[24] ... *ὁ ἥλιος σκοτισθήσεται, καὶ ἡ σελήνη οὐ δώσει τὸ φέγγος αὐτῆς,* [25] *καὶ οἱ ἀστέρες ἔσονται* ἐκ τοῦ οὐρανοῦ *πίπτοντες*, ... ➤ Isa 13,10; 34,4	**Lk 21,25** → Lk 21,11	καὶ ἔσονται σημεῖα ἐν ἡλίῳ καὶ σελήνῃ καὶ ἄστροις, καὶ ἐπὶ τῆς γῆς συνοχὴ ἐθνῶν **ἐν ἀπορίᾳ** ἤχους θαλάσσης καὶ σάλου	→ Acts 2,19

ἀποσπάω

ἀποσπάω										
Syn 2	Mt 1	Mk	Lk 1	Acts 2	Jn	1-3John	Paul	Eph	Col	
NT 4	2Thess	1/2Tim	Tit	Heb	Jas	1Pet	2Pet	Jude	Rev	

draw or lead away; draw (swords); *passive:* leave; go off (from someone)

112	**Mt 26,39**	καὶ **προελθὼν** μικρὸν ἔπεσεν ἐπὶ πρόσωπον αὐτοῦ προσευχόμενος ...	**Mk 14,35**	καὶ **προελθὼν** μικρὸν ἔπιπτεν ἐπὶ τῆς γῆς καὶ προσηύχετο ...	**Lk 22,41**	καὶ αὐτὸς **ἀπεσπάσθη** ἀπ' αὐτῶν ὡσεὶ λίθου βολὴν καὶ θεὶς τὰ γόνατα προσηύχετο	
211	**Mt 26,51**	καὶ ἰδοὺ εἷς τῶν μετὰ Ἰησοῦ ἐκτείνας τὴν χεῖρα **ἀπέσπασεν** τὴν μάχαιραν αὐτοῦ καὶ πατάξας τὸν δοῦλον τοῦ ἀρχιερέως ἀφεῖλεν αὐτοῦ τὸ ὠτίον.	**Mk 14,47**	εἷς δέ [τις] τῶν παρεστηκότων **σπασάμενος** τὴν μάχαιραν ἔπαισεν τὸν δοῦλον τοῦ ἀρχιερέως καὶ ἀφεῖλεν αὐτοῦ τὸ ὠτάριον.	**Lk 22,50**	[49] ... κύριε, εἰ πατάξομεν ἐν μαχαίρῃ; [50] καὶ ἐπάταξεν εἷς τις ἐξ αὐτῶν τοῦ ἀρχιερέως τὸν δοῦλον καὶ ἀφεῖλεν τὸ οὖς αὐτοῦ τὸ δεξιόν.	→ Jn 18,10

Acts 20,30 καὶ ἐξ ὑμῶν αὐτῶν
ἀναστήσονται ἄνδρες
λαλοῦντες διεστραμμένα
τοῦ ἀποσπᾶν
τοὺς μαθητὰς ὀπίσω
αὐτῶν.

Acts 21,1 ὡς δὲ ἐγένετο ἀναχθῆναι
ἡμᾶς
ἀποσπασθέντας
ἀπ' αὐτῶν,
εὐθυδρομήσαντες
ἤλθομεν εἰς τὴν Κῶ, ...

ἀποστάσιον	Syn 3	Mt 2	Mk 1	Lk	Acts	Jn	1-3John	Paul	Eph	Col
	NT 3	2Thess	1/2Tim	Tit	Heb	Jas	1Pet	2Pet	Jude	Rev

written notice of divorce

200	**Mt 5,31** ↓ Mt 19,7 ↓ Mk 10,4 ἐρρέθη δέ· ὃς ἂν ἀπολύσῃ τὴν γυναῖκα αὐτοῦ, δότω αὐτῇ **ἀποστάσιον.** ➢ Deut 24,1ff.			
220	**Mt 19,7** ↑ Mt 5,31 ... τί οὖν Μωϋσῆς ἐνετείλατο δοῦναι **βιβλίον ἀποστασίου** καὶ ἀπολῦσαι [αὐτήν]; ➢ Deut 24,1.2	**Mk 10,4** ... ἐπέτρεψεν Μωϋσῆς **βιβλίον ἀποστασίου** γράψαι καὶ ἀπολῦσαι. ➢ Deut 24,1.2		

ἀποστεγάζω	Syn 1	Mt	Mk 1	Lk	Acts	Jn	1-3John	Paul	Eph	Col
	NT 1	2Thess	1/2Tim	Tit	Heb	Jas	1Pet	2Pet	Jude	Rev

unroof

021		**Mk 2,4** καὶ μὴ δυνάμενοι προσενέγκαι αὐτῷ διὰ τὸν ὄχλον **ἀπεστέγασαν** τὴν στέγην ὅπου ἦν, καὶ ἐξορύξαντες χαλῶσι τὸν κράβαττον ὅπου ὁ παραλυτικὸς κατέκειτο.	**Lk 5,19** καὶ μὴ εὑρόντες ποίας εἰσενέγκωσιν αὐτὸν διὰ τὸν ὄχλον, **ἀναβάντες** ἐπὶ τὸ δῶμα διὰ τῶν κεράμων καθῆκαν αὐτὸν σὺν τῷ κλινιδίῳ εἰς τὸ μέσον ἔμπροσθεν τοῦ Ἰησοῦ.	

ἀποστέλλω	Syn 68	Mt 22	Mk 20	Lk 26	Acts 24	Jn 28	1-3John 3	Paul 3	Eph	Col
	NT 132	2Thess	1/2Tim 1	Tit	Heb 1	Jas	1Pet 1	2Pet	Jude	Rev 3

send; send out or away

	triple tradition																	double tradition			Sondergut		
		+Mt / +Lk			–Mt / –Lk			traditions not taken over by Mt / Lk							subtotals								
code	*222*	*211*	*112*	*212*	*221*	*122*	*121*	*022*	*012*	*021*	*220*	*120*	*210*	*020*	Σ^+	Σ^-	Σ	*202*	*201*	*102*	*200*	*002*	total
Mt	4	1^+			3	2^-	5^-				1	1^-	1^+		2^+	8^-	10	6	1		5		**22**
Mk	4				3	2	5			1	1	1		3			20						**20**
Lk	4		1^+		3^-	2	5^-		1^+	1^-					2^+	9^-	8	6				12	**26**

a ἀποστέλλω εἰς

b ἀποστέλλω πρός

c ἀποστέλλω πρὸ προσώπου

002			**Lk 1,19** ... ἐγώ εἰμι Γαβριὴλ ὁ παρεστηκὼς ἐνώπιον τοῦ θεοῦ καὶ **ἀπεστάλην** λαλῆσαι πρὸς σὲ καὶ εὐαγγελίσασθαί σοι ταῦτα·	

a b 002					**Lk 1,26**	ἐν δὲ τῷ μηνὶ τῷ ἕκτῳ **ἀπεστάλη** ὁ ἄγγελος Γαβριὴλ ἀπὸ τοῦ θεοῦ εἰς πόλιν τῆς Γαλιλαίας ᾗ ὄνομα Ναζαρὲθ [27] πρὸς παρθένον ...	
200	**Mt 2,16**	τότε Ἡρῴδης ἰδὼν ὅτι ἐνεπαίχθη ὑπὸ τῶν μάγων ἐθυμώθη λίαν, καὶ **ἀποστείλας** ἀνεῖλεν πάντας τοὺς παῖδας τοὺς ἐν Βηθλέεμ καὶ ἐν πᾶσι τοῖς ὁρίοις αὐτῆς ἀπὸ διετοῦς καὶ κατωτέρω, ...					
c 020	**Mt 11,10**	... *ἰδοὺ ἐγὼ* ***ἀποστέλλω*** *τὸν ἄγγελόν μου* *πρὸ προσώπου* σου, ... ➤ Exod 23,20/Mal 3,1	**Mk 1,2**	... *ἰδοὺ* ***ἀποστέλλω*** *τὸν ἄγγελόν μου* *πρὸ προσώπου* σου, ... ➤ Exod 23,20/Mal 3,1	**Lk 7,27**	... *ἰδοὺ* ***ἀποστέλλω*** *τὸν ἄγγελόν μου* *πρὸ προσώπου* σου, ... ➤ Exod 23,20/Mal 3,1	Mk-Q overlap. Mt 11,10/ Lk 7,27 counted as Q tradition.
002 002					**Lk 4,18** **(2)** → Mt 11,5 → Lk 7,22 → Lk 13,16	*πνεῦμα κυρίου ἐπ' ἐμὲ* *οὗ εἵνεκεν ἔχρισέν με* *εὐαγγελίσασθαι* *πτωχοῖς,* ***ἀπέσταλκέν*** *με, κηρύξαι αἰχμαλώτοις* *ἄφεσιν καὶ τυφλοῖς* *ἀνάβλεψιν,* ***ἀποστεῖλαι*** *τεθραυσμένους ἐν ἀφέσει* ➤ Isa 61,1 LXX; 58,6	→ Acts 4,27 → Acts 10,38
012			**Mk 1,38**	... ἄγωμεν ἀλλαχοῦ εἰς τὰς ἐχομένας κωμοπόλεις, ἵνα καὶ ἐκεῖ κηρύξω· εἰς τοῦτο γὰρ **ἐξῆλθον.**	**Lk 4,43**	... καὶ ταῖς ἑτέραις πόλεσιν εὐαγγελίσασθαί με δεῖ τὴν βασιλείαν τοῦ θεοῦ, ὅτι ἐπὶ τοῦτο **ἀπεστάλην.**	
b 002					**Lk 7,3**	ἀκούσας δὲ περὶ τοῦ Ἰησοῦ **ἀπέστειλεν** πρὸς αὐτὸν πρεσβυτέρους τῶν Ἰουδαίων ...	→ Jn 4,47
a 211	**Mt 8,31**	οἱ δὲ δαίμονες παρεκάλουν αὐτὸν λέγοντες· εἰ ἐκβάλλεις ἡμᾶς, **ἀπόστειλον** ἡμᾶς εἰς τὴν ἀγέλην τῶν χοίρων.	**Mk 5,12**	καὶ παρεκάλεσαν αὐτὸν λέγοντες· **πέμψον** ἡμᾶς εἰς τοὺς χοίρους, ἵνα εἰς αὐτοὺς εἰσέλθωμεν.	**Lk 8,32**	... καὶ παρεκάλεσαν αὐτὸν ἵνα **ἐπιτρέψῃ** αὐτοῖς εἰς ἐκείνους εἰσελθεῖν· ...	
121	**Mt 10,1**	καὶ προσκαλεσάμενος τοὺς δώδεκα μαθητὰς αὐτοῦ ἔδωκεν αὐτοῖς ἐξουσίαν πνευμάτων ἀκαθάρτων ...	**Mk 3,14** ↓ Mk 6,7 ↓ Mt 10,5	καὶ ἐποίησεν δώδεκα, [οὓς καὶ ἀποστόλους ὠνόμασεν] ἵνα ὦσιν μετ' αὐτοῦ καὶ ἵνα **ἀποστέλλῃ** αὐτοὺς κηρύσσειν	**Lk 6,13**	... καὶ ἐκλεξάμενος ἀπ' αὐτῶν δώδεκα, οὓς καὶ ἀποστόλους ὠνόμασεν·	
222	**Mt 10,5**	τούτους τοὺς δώδεκα **ἀπέστειλεν** ὁ Ἰησοῦς παραγγείλας αὐτοῖς λέγων· ...	**Mk 6,7** ↑ Mk 3,14 ↓ Lk 10,1	καὶ προσκαλεῖται τοὺς δώδεκα καὶ ἤρξατο αὐτοὺς **ἀποστέλλειν** δύο δύο καὶ ἐδίδου αὐτοῖς ἐξουσίαν τῶν πνευμάτων τῶν ἀκαθάρτων	**Lk 9,2** → Lk 10,9	καὶ **ἀπέστειλεν** αὐτοὺς κηρύσσειν τὴν βασιλείαν τοῦ θεοῦ καὶ ἰᾶσθαι [τοὺς ἀσθενεῖς]	

202	**Mt 10,16**	ἰδοὺ ἐγὼ **ἀποστέλλω** ὑμᾶς ὡς πρόβατα ἐν μέσῳ λύκων· ...			**Lk 10,3**	ὑπάγετε· ἰδοὺ **ἀποστέλλω** ὑμᾶς ὡς ἄρνας ἐν μέσῳ λύκων.	
202	**Mt 10,40** ⇩ Mt 18,5 → Mt 10,41	ὁ δεχόμενος ὑμᾶς ἐμὲ δέχεται, καὶ ὁ ἐμὲ δεχόμενος δέχεται **τὸν ἀποστείλαντά** με.	**Mk 9,37**	ὃς ἂν ἓν τῶν τοιούτων παιδίων δέξηται ἐπὶ τῷ ὀνόματί μου, ἐμὲ δέχεται· καὶ ὃς ἂν ἐμὲ δέχηται, οὐκ ἐμὲ δέχεται ἀλλὰ **τὸν ἀποστείλαντά** με.	**Lk 10,16** ⇩ Lk 9,48	ὁ ἀκούων ὑμῶν ἐμοῦ ἀκούει, καὶ ὁ ἀθετῶν ὑμᾶς ἐμὲ ἀθετεῖ· ὁ δὲ ἐμὲ ἀθετῶν ἀθετεῖ **τὸν ἀποστείλαντά** με.	→ Jn 13,20 → Jn 5,23 → Jn 12,44-45
b 002					**Lk 7,20**	παραγενόμενοι δὲ πρὸς αὐτὸν οἱ ἄνδρες εἶπαν· Ἰωάννης ὁ βαπτιστὴς **ἀπέστειλεν** ἡμᾶς πρὸς σὲ λέγων· σὺ εἶ ὁ ἐρχόμενος ἢ ἄλλον προσδοκῶμεν;	
c 202	**Mt 11,10**	... *ἰδοὺ ἐγὼ* ***ἀποστέλλω*** *τὸν ἄγγελόν μου* *πρὸ προσώπου* σου, ... ➤ Exod 23,20/Mal 3,1	**Mk 1,2**	... *ἰδοὺ* ***ἀποστέλλω*** *τὸν ἄγγελόν μου* *πρὸ προσώπου* σου, ... ➤ Exod 23,20/Mal 3,1	**Lk 7,27**	... *ἰδοὺ* ***ἀποστέλλω*** *τὸν ἄγγελόν μου* *πρὸ προσώπου* σου, ... ➤ Exod 23,20/Mal 3,1	Mk-Q overlap
b 121	**Mt 12,46**	ἔτι αὐτοῦ λαλοῦντος τοῖς ὄχλοις ἰδοὺ ἡ μήτηρ καὶ οἱ ἀδελφοὶ αὐτοῦ εἱστήκεισαν ἔξω **ζητοῦντες** αὐτῷ λαλῆσαι.	**Mk 3,31**	καὶ ἔρχεται ἡ μήτηρ αὐτοῦ καὶ οἱ ἀδελφοὶ αὐτοῦ καὶ ἔξω στήκοντες **ἀπέστειλαν πρὸς αὐτὸν** καλοῦντες αὐτόν.	**Lk 8,19**	παρεγένετο δὲ **πρὸς αὐτὸν** ἡ μήτηρ καὶ οἱ ἀδελφοὶ αὐτοῦ ...	→ GTh 99
020			**Mk 4,29**	ὅταν δὲ παραδοῖ ὁ καρπός, εὐθὺς **ἀποστέλλει** τὸ δρέπανον, ὅτι παρέστηκεν ὁ θερισμός.			→ GTh 21,10
200	**Mt 13,41** ↓ Mt 24,31 ↓ Mk 13,27	**ἀποστελεῖ** ὁ υἱὸς τοῦ ἀνθρώπου τοὺς ἀγγέλους αὐτοῦ, ...					
021			**Mk 5,10**	καὶ παρεκάλει αὐτὸν πολλὰ ἵνα **μὴ αὐτὰ ἀποστείλῃ** ἔξω τῆς χώρας.	**Lk 8,31**	καὶ παρεκάλουν αὐτὸν ἵνα **μὴ ἐπιτάξῃ αὐτοῖς** εἰς τὴν ἄβυσσον ἀπελθεῖν.	
222	**Mt 10,5**	τούτους τοὺς δώδεκα **ἀπέστειλεν** ὁ Ἰησοῦς παραγγείλας αὐτοῖς λέγων· ...	**Mk 6,7** ↑ Mk 3,14 ↓ Lk 10,1	καὶ προσκαλεῖται τοὺς δώδεκα καὶ ἤρξατο αὐτοὺς **ἀποστέλλειν** δύο δύο καὶ ἐδίδου αὐτοῖς ἐξουσίαν τῶν πνευμάτων τῶν ἀκαθάρτων	**Lk 9,2** → Lk 10,9	καὶ **ἀπέστειλεν** αὐτοὺς κηρύσσειν τὴν βασιλείαν τοῦ θεοῦ καὶ ἰᾶσθαι [τοὺς ἀσθενεῖς]	
121	**Mt 14,3**	ὁ γὰρ Ἡρῴδης κρατήσας τὸν Ἰωάννην ἔδησεν [αὐτὸν] καὶ ἐν φυλακῇ ἀπέθετο διὰ Ἡρῳδιάδα τὴν γυναῖκα Φιλίππου τοῦ ἀδελφοῦ αὐτοῦ·	**Mk 6,17**	αὐτὸς γὰρ ὁ Ἡρῴδης **ἀποστείλας** ἐκράτησεν τὸν Ἰωάννην καὶ ἔδησεν αὐτὸν ἐν φυλακῇ διὰ Ἡρῳδιάδα τὴν γυναῖκα Φιλίππου τοῦ ἀδελφοῦ αὐτοῦ, ὅτι αὐτὴν ἐγάμησεν·	**Lk 3,19** → Mt 14,4 → Mk 6,18	ὁ δὲ Ἡρῴδης ὁ τετραάρχης, ἐλεγχόμενος ὑπ᾽ αὐτοῦ περὶ Ἡρῳδιάδος τῆς γυναικὸς τοῦ ἀδελφοῦ αὐτοῦ καὶ περὶ πάντων ὧν ἐποίησεν πονηρῶν ὁ Ἡρῴδης, [20] ... [καὶ] κατέκλεισεν τὸν Ἰωάννην ἐν φυλακῇ.	

120	**Mt 14,10**	καὶ **πέμψας** ἀπεκεφάλισεν [τὸν] Ἰωάννην ἐν τῇ φυλακῇ.	**Mk 6,27** → Mk 6,16 → Lk 9,9	καὶ εὐθὺς **ἀποστείλας** ὁ βασιλεὺς σπεκουλάτορα ἐπέταξεν ἐνέγκαι τὴν κεφαλὴν αὐτοῦ. καὶ ἀπελθὼν ἀπεκεφάλισεν αὐτὸν ἐν τῇ φυλακῇ			
a 210	**Mt 14,35**	καὶ ἐπιγνόντες αὐτὸν οἱ ἄνδρες τοῦ τόπου ἐκείνου **ἀπέστειλαν** εἰς ὅλην τὴν περίχωρον ἐκείνην καὶ προσήνεγκαν αὐτῷ πάντας τοὺς κακῶς ἔχοντας	**Mk 6,55**	[54] καὶ ἐξελθόντων αὐτῶν ἐκ τοῦ πλοίου εὐθὺς ἐπιγνόντες αὐτὸν [55] **περιέδραμον** ὅλην τὴν χώραν ἐκείνην καὶ ἤρξαντο ἐπὶ τοῖς κραβάττοις τοὺς κακῶς ἔχοντας περιφέρειν ὅπου ἤκουον ὅτι ἐστίν.			
a 200	**Mt 15,24** → Mt 10,6	ὁ δὲ ἀποκριθεὶς εἶπεν· **οὐκ ἀπεστάλην** εἰ μὴ εἰς τὰ πρόβατα τὰ ἀπολωλότα οἴκου Ἰσραήλ.					
a 020			**Mk 8,26**	καὶ **ἀπέστειλεν** αὐτὸν εἰς οἶκον αὐτοῦ λέγων· μηδὲ εἰς τὴν κώμην εἰσέλθῃς.			
122	**Mt 18,5** ⇑ Mt 10,40 → Mt 10,41	καὶ ὃς ἐὰν δέξηται ἓν παιδίον τοιοῦτο ἐπὶ τῷ ὀνόματί μου, ἐμὲ δέχεται.	**Mk 9,37**	ὃς ἂν ἓν τῶν τοιούτων παιδίων δέξηται ἐπὶ τῷ ὀνόματί μου, ἐμὲ δέχεται· καὶ ὃς ἂν ἐμὲ δέχηται, οὐκ ἐμὲ δέχεται ἀλλὰ **τὸν ἀποστείλαντά** με.	**Lk 9,48** ⇓ Lk 10,16	... ὃς ἐὰν δέξηται τοῦτο τὸ παιδίον ἐπὶ τῷ ὀνόματί μου, ἐμὲ δέχεται· καὶ ὃς ἂν ἐμὲ δέξηται, δέχεται **τὸν ἀποστείλαντά** με· ...	→ Jn 5,23 → Jn 12,44-45 → Jn 13,20
c 002					**Lk 9,52**	καὶ **ἀπέστειλεν** ἀγγέλους πρὸ προσώπου αὐτοῦ. ...	
c a 002					**Lk 10,1** ↑ Mt 10,1 ↑ Mk 6,7 → Lk 9,1	μετὰ δὲ ταῦτα ἀνέδειξεν ὁ κύριος ἑτέρους ἑβδομήκοντα [δύο] καὶ **ἀπέστειλεν** αὐτοὺς ἀνὰ δύο [δύο] πρὸ προσώπου αὐτοῦ εἰς πᾶσαν πόλιν καὶ τόπον οὗ ἤμελλεν αὐτὸς ἔρχεσθαι.	
202	**Mt 10,16**	ἰδοὺ ἐγὼ **ἀποστέλλω** ὑμᾶς ὡς πρόβατα ἐν μέσῳ λύκων· ...			**Lk 10,3**	ὑπάγετε· ἰδοὺ **ἀποστέλλω** ὑμᾶς ὡς ἄρνας ἐν μέσῳ λύκων.	
202	**Mt 10,40** ⇑ Mt 18,5 → Mt 10,41	ὁ δεχόμενος ὑμᾶς ἐμὲ δέχεται, καὶ ὁ ἐμὲ δεχόμενος δέχεται **τὸν ἀποστείλαντά** με.	**Mk 9,37**	ὃς ἂν ἓν τῶν τοιούτων παιδίων δέξηται ἐπὶ τῷ ὀνόματί μου, ἐμὲ δέχεται· καὶ ὃς ἂν ἐμὲ δέχηται, οὐκ ἐμὲ δέχεται ἀλλὰ **τὸν ἀποστείλαντά** με.	**Lk 10,16** ⇑ Lk 9,48	ὁ ἀκούων ὑμῶν ἐμοῦ ἀκούει, καὶ ὁ ἀθετῶν ὑμᾶς ἐμὲ ἀθετεῖ· ὁ δὲ ἐμὲ ἀθετῶν ἀθετεῖ **τὸν ἀποστείλαντά** με.	→ Jn 13,20 → Jn 5,23 → Jn 12,44-45
b a 202	**Mt 23,34**	διὰ τοῦτο ἰδοὺ ἐγὼ **ἀποστέλλω** πρὸς ὑμᾶς προφήτας καὶ σοφοὺς καὶ γραμματεῖς· ...			**Lk 11,49**	διὰ τοῦτο καὶ ἡ σοφία τοῦ θεοῦ εἶπεν· **ἀποστελῶ** εἰς αὐτοὺς προφήτας καὶ ἀποστόλους, ...	

b 202	Mt 23,37	Ἰερουσαλὴμ Ἰερουσαλήμ, ἡ ἀποκτείνουσα τοὺς προφήτας καὶ λιθοβολοῦσα **τοὺς ἀπεσταλμένους** πρὸς αὐτήν, ...			Lk 13,34	Ἰερουσαλὴμ Ἰερουσαλήμ, ἡ ἀποκτείνουσα τοὺς προφήτας καὶ λιθοβολοῦσα **τοὺς ἀπεσταλμένους** πρὸς αὐτήν, ...	
202	Mt 22,3	καὶ **ἀπέστειλεν** τοὺς δούλους αὐτοῦ καλέσαι τοὺς κεκλημένους εἰς τοὺς γάμους, ...			Lk 14,17	καὶ **ἀπέστειλεν** τὸν δοῦλον αὐτοῦ τῇ ὥρᾳ τοῦ δείπνου εἰπεῖν τοῖς κεκλημένοις· ...	→ GTh 64
002					Lk 14,32	εἰ δὲ μή γε, ἔτι αὐτοῦ πόρρω ὄντος πρεσβείαν **ἀποστείλας** ἐρωτᾷ τὰ πρὸς εἰρήνην.	
a 200	Mt 20,2	συμφωνήσας δὲ μετὰ τῶν ἐργατῶν ἐκ δηναρίου τὴν ἡμέραν **ἀπέστειλεν** αὐτοὺς εἰς τὸν ἀμπελῶνα αὐτοῦ.					
002					Lk 19,14	οἱ δὲ πολῖται αὐτοῦ ἐμίσουν αὐτὸν καὶ **ἀπέστειλαν** πρεσβείαν ὀπίσω αὐτοῦ λέγοντες· οὐ θέλομεν τοῦτον βασιλεῦσαι ἐφ' ἡμᾶς.	
222	Mt 21,1	καὶ ὅτε ἤγγισαν εἰς Ἱεροσόλυμα καὶ ἦλθον εἰς Βηθφαγὴ εἰς τὸ ὄρος τῶν ἐλαιῶν, τότε Ἰησοῦς **ἀπέστειλεν** δύο μαθητὰς	Mk 11,1	καὶ ὅτε ἐγγίζουσιν εἰς Ἱεροσόλυμα εἰς Βηθφαγὴ καὶ Βηθανίαν πρὸς τὸ ὄρος τῶν ἐλαιῶν, **ἀποστέλλει** δύο τῶν μαθητῶν αὐτοῦ	Lk 19,29	καὶ ἐγένετο ὡς ἤγγισεν εἰς Βηθφαγὴ καὶ Βηθανία[ν] πρὸς τὸ ὄρος τὸ καλούμενον Ἐλαιῶν, **ἀπέστειλεν** δύο τῶν μαθητῶν	
221	Mt 21,3	καὶ ἐάν τις ὑμῖν εἴπῃ τι, ἐρεῖτε ὅτι ὁ κύριος αὐτῶν χρείαν ἔχει· εὐθὺς δὲ **ἀποστελεῖ** αὐτούς.	Mk 11,3	καὶ ἐάν τις ὑμῖν εἴπῃ· τί ποιεῖτε τοῦτο; εἴπατε· ὁ κύριος αὐτοῦ χρείαν ἔχει, καὶ εὐθὺς αὐτὸν **ἀποστέλλει** πάλιν ὧδε.	Lk 19,31	καὶ ἐάν τις ὑμᾶς ἐρωτᾷ· διὰ τί λύετε; οὕτως ἐρεῖτε· ὅτι ὁ κύριος αὐτοῦ χρείαν ἔχει.	
112	Mt 21,6 → Mk 11,6	πορευθέντες δὲ **οἱ μαθηταὶ** καὶ ποιήσαντες καθὼς συνέταξεν αὐτοῖς ὁ Ἰησοῦς	Mk 11,4	καὶ ἀπῆλθον καὶ εὗρον πῶλον δεδεμένον πρὸς θύραν ἔξω ἐπὶ τοῦ ἀμφόδου ...	Lk 19,32	ἀπελθόντες δὲ **οἱ ἀπεσταλμένοι** εὗρον καθὼς εἶπεν αὐτοῖς.	
b 222	Mt 21,34 ↓ Mk 12,5	ὅτε δὲ ἤγγισεν ὁ καιρὸς τῶν καρπῶν, **ἀπέστειλεν** τοὺς δούλους αὐτοῦ πρὸς τοὺς γεωργοὺς λαβεῖν τοὺς καρποὺς αὐτοῦ.	Mk 12,2	καὶ **ἀπέστειλεν** πρὸς τοὺς γεωργοὺς τῷ καιρῷ δοῦλον ἵνα παρὰ τῶν γεωργῶν λάβῃ ἀπὸ τῶν καρπῶν τοῦ ἀμπελῶνος·	Lk 20,10	καὶ καιρῷ **ἀπέστειλεν** πρὸς τοὺς γεωργοὺς δοῦλον ἵνα ἀπὸ τοῦ καρποῦ τοῦ ἀμπελῶνος δώσουσιν αὐτῷ·	→ GTh 65
121	Mt 21,35	καὶ λαβόντες οἱ γεωργοὶ τοὺς δούλους αὐτοῦ ὃν μὲν ἔδειραν, ...	Mk 12,3	καὶ λαβόντες αὐτὸν ἔδειραν καὶ **ἀπέστειλαν** κενόν.		οἱ δὲ γεωργοὶ **ἐξαπέστειλαν** αὐτὸν δείραντες κενόν.	

b 221	**Mt 21,36**	πάλιν **ἀπέστειλεν** ἄλλους δούλους πλείονας τῶν πρώτων, καὶ ἐποίησαν αὐτοῖς ὡσαύτως.	**Mk 12,4**	καὶ πάλιν **ἀπέστειλεν** πρὸς αὐτοὺς ἄλλον δοῦλον· κἀκεῖνον ἐκεφαλίωσαν καὶ ἠτίμασαν.	**Lk 20,11**	καὶ προσέθετο ἕτερον **πέμψαι** δοῦλον· οἱ δὲ κἀκεῖνον δείραντες καὶ ἀτιμάσαντες ἐξαπέστειλαν κενόν.	→ GTh 65
121	**Mt 21,35** → Mt 22,6	... ὃν δὲ ἀπέκτειναν, ὃν δὲ ἐλιθοβόλησαν.	**Mk 12,5** ↑ Mt 21,34	καὶ ἄλλον **ἀπέστειλεν·** κἀκεῖνον ἀπέκτειναν, καὶ πολλοὺς ἄλλους, οὓς μὲν δέροντες, οὓς δὲ ἀποκτέννοντες.	**Lk 20,12**	καὶ προσέθετο τρίτον **πέμψαι·** οἱ δὲ καὶ τοῦτον τραυματίσαντες ἐξέβαλον.	→ GTh 65
b 221	**Mt 21,37**	ὕστερον δὲ **ἀπέστειλεν** πρὸς αὐτοὺς τὸν υἱὸν αὐτοῦ λέγων· ἐντραπήσονται τὸν υἱόν μου.	**Mk 12,6**	ἔτι ἕνα εἶχεν, υἱὸν ἀγαπητόν· **ἀπέστειλεν** αὐτὸν ἔσχατον πρὸς αὐτοὺς λέγων ὅτι ἐντραπήσονται τὸν υἱόν μου.	**Lk 20,13**	εἶπεν δὲ ὁ κύριος τοῦ ἀμπελῶνος· τί ποιήσω; **πέμψω** τὸν υἱόν μου τὸν ἀγαπητόν· ἴσως τοῦτον ἐντραπήσονται.	→ GTh 65
202	**Mt 22,3**	καὶ **ἀπέστειλεν** τοὺς δούλους αὐτοῦ καλέσαι τοὺς κεκλημένους εἰς τοὺς γάμους, ...			**Lk 14,17**	καὶ **ἀπέστειλεν** τὸν δοῦλον αὐτοῦ τῇ ὥρᾳ τοῦ δείπνου	→ GTh 64
201	**Mt 22,4**	πάλιν **ἀπέστειλεν** ἄλλους δούλους λέγων· εἴπατε τοῖς κεκλημένοις· ἰδοὺ τὸ ἄριστόν μου ἡτοίμακα, ...				εἰπεῖν τοῖς κεκλημένοις· ἔρχεσθε, ὅτι ἤδη ἕτοιμά ἐστιν.	→ GTh 64
b 222	**Mt 22,16**	[15] τότε πορευθέντες οἱ Φαρισαῖοι συμβούλιον ἔλαβον ὅπως αὐτὸν παγιδεύσωσιν ἐν λόγῳ. [16] καὶ **ἀποστέλλουσιν** αὐτῷ τοὺς μαθητὰς αὐτῶν μετὰ τῶν Ἡρῳδιανῶν λέγοντες· ...	**Mk 12,13**	καὶ **ἀποστέλλουσιν** πρὸς αὐτόν τινας τῶν Φαρισαίων καὶ τῶν Ἡρῳδιανῶν ἵνα αὐτὸν ἀγρεύσωσιν λόγῳ.	**Lk 20,20** → Lk 16,15 → Lk 18,9 → Lk 23,2	καὶ παρατηρήσαντες **ἀπέστειλαν** ἐγκαθέτους ὑποκρινομένους ἑαυτοὺς δικαίους εἶναι, ἵνα ἐπιλάβωνται αὐτοῦ λόγου, ...	
b a 202	**Mt 23,34**	διὰ τοῦτο ἰδοὺ ἐγὼ **ἀποστέλλω** πρὸς ὑμᾶς προφήτας καὶ σοφοὺς καὶ γραμματεῖς· ...			**Lk 11,49**	διὰ τοῦτο καὶ ἡ σοφία τοῦ θεοῦ εἶπεν· **ἀποστελῶ** εἰς αὐτοὺς προφήτας καὶ ἀποστόλους, ...	
b 202	**Mt 23,37**	Ἰερουσαλὴμ Ἰερουσαλήμ, ἡ ἀποκτείνουσα τοὺς προφήτας καὶ λιθοβολοῦσα **τοὺς ἀπεσταλμένους** πρὸς αὐτήν, ...			**Lk 13,34**	Ἰερουσαλὴμ Ἰερουσαλήμ, ἡ ἀποκτείνουσα τοὺς προφήτας καὶ λιθοβολοῦσα **τοὺς ἀπεσταλμένους** πρὸς αὐτήν, ...	
220	**Mt 24,31** ↑ Mt 13,41	καὶ **ἀποστελεῖ** τοὺς ἀγγέλους αὐτοῦ μετὰ σάλπιγγος μεγάλης, καὶ ἐπισυνάξουσιν τοὺς ἐκλεκτοὺς αὐτοῦ ...	**Mk 13,27**	καὶ τότε **ἀποστελεῖ** τοὺς ἀγγέλους καὶ ἐπισυνάξει τοὺς ἐκλεκτοὺς [αὐτοῦ] ...			

122	**Mt 26,18**	ὁ δὲ εἶπεν· ὑπάγετε εἰς τὴν πόλιν ...	**Mk 14,13**	καὶ **ἀποστέλλει** δύο τῶν μαθητῶν αὐτοῦ καὶ λέγει αὐτοῖς· ὑπάγετε εἰς τὴν πόλιν, ...	**Lk 22,8**	καὶ **ἀπέστειλεν** Πέτρον καὶ Ἰωάννην εἰπών· πορευθέντες ἑτοιμάσατε ἡμῖν τὸ πάσχα ἵνα φάγωμεν.	
002					**Lk 22,35** → Mt 10,9-10 → Mk 6,8-9 → Lk 9,3 → Lk 10,4	... ὅτε **ἀπέστειλα** ὑμᾶς ἄτερ βαλλαντίου καὶ πήρας καὶ ὑποδημάτων, μή τινος ὑστερήσατε; ...	
b 200	**Mt 27,19**	καθημένου δὲ αὐτοῦ ἐπὶ τοῦ βήματος **ἀπέστειλεν** πρὸς αὐτὸν ἡ γυνὴ αὐτοῦ ...					
002					**Lk 24,49**	καὶ [ἰδοὺ] ἐγὼ **ἀποστέλλω** τὴν ἐπαγγελίαν τοῦ πατρός μου ἐφ᾽ ὑμᾶς· ...	→ Acts 1,8 → Acts 2,33

Acts 3,20 ὅπως ἂν ἔλθωσιν καιροὶ ἀναψύξεως ἀπὸ προσώπου τοῦ κυρίου καὶ **ἀποστείλῃ** τὸν προκεχειρισμένον ὑμῖν χριστὸν Ἰησοῦν

Acts 3,26 ὑμῖν πρῶτον ἀναστήσας ὁ θεὸς τὸν παῖδα αὐτοῦ **ἀπέστειλεν** αὐτὸν εὐλογοῦντα ὑμᾶς ἐν τῷ ἀποστρέφειν ἕκαστον ἀπὸ τῶν πονηριῶν ὑμῶν.

a **Acts 5,21** ... καὶ **ἀπέστειλαν** εἰς τὸ δεσμωτήριον ἀχθῆναι αὐτούς.

Acts 7,14 **ἀποστείλας** δὲ Ἰωσὴφ μετεκαλέσατο Ἰακὼβ τὸν πατέρα αὐτοῦ ...

a **Acts 7,34** ... *καὶ κατέβην ἐξελέσθαι αὐτούς· καὶ νῦν δεῦρο* ***ἀποστείλω*** *σε εἰς Αἴγυπτον.*
➤ Exod 3,8.10

Acts 7,35 τοῦτον τὸν Μωϋσῆν ... τοῦτον ὁ θεὸς [καὶ] ἄρχοντα καὶ λυτρωτὴν **ἀπέσταλκεν** σὺν χειρὶ ἀγγέλου τοῦ ὀφθέντος αὐτῷ ἐν τῇ βάτῳ.

b **Acts 8,14** ἀκούσαντες δὲ οἱ ἐν Ἱεροσολύμοις ἀπόστολοι ὅτι δέδεκται ἡ Σαμάρεια τὸν λόγον τοῦ θεοῦ, **ἀπέστειλαν** πρὸς αὐτοὺς Πέτρον καὶ Ἰωάννην

Acts 9,17 ... Σαοὺλ ἀδελφέ, ὁ κύριος **ἀπέσταλκέν** με, Ἰησοῦς ὁ ὀφθείς σοι ἐν τῇ ὁδῷ ᾗ ἤρχου, ὅπως ἀναβλέψῃς καὶ πλησθῇς πνεύματος ἁγίου.

b **Acts 9,38** ... οἱ μαθηταὶ ἀκούσαντες ὅτι Πέτρος ἐστὶν ἐν αὐτῇ **ἀπέστειλαν** δύο ἄνδρας πρὸς αὐτὸν ...

a **Acts 10,8** καὶ ἐξηγησάμενος ἅπαντα αὐτοῖς **ἀπέστειλεν** αὐτοὺς εἰς τὴν Ἰόππην.

Acts 10,17 ... ἰδοὺ οἱ ἄνδρες **οἱ ἀπεσταλμένοι** ὑπὸ τοῦ Κορνηλίου διερωτήσαντες τὴν οἰκίαν τοῦ Σίμωνος ἐπέστησαν ἐπὶ τὸν πυλῶνα

Acts 10,20 ... πορεύου σὺν αὐτοῖς μηδὲν διακρινόμενος ὅτι ἐγὼ **ἀπέσταλκα** αὐτούς.

Acts 10,36 τὸν λόγον [ὃν] **ἀπέστειλεν** τοῖς υἱοῖς Ἰσραὴλ εὐαγγελιζόμενος εἰρήνην διὰ Ἰησοῦ Χριστοῦ, ...

b **Acts 11,11** καὶ ἰδοὺ ἐξαυτῆς τρεῖς ἄνδρες ἐπέστησαν ἐπὶ τὴν οἰκίαν ἐν ᾗ ἦμεν, **ἀπεσταλμένοι** ἀπὸ Καισαρείας πρός με.

a **Acts 11,13** ἀπήγγειλεν δὲ ἡμῖν πῶς εἶδεν [τὸν] ἄγγελον ἐν τῷ οἴκῳ αὐτοῦ σταθέντα καὶ εἰπόντα· **ἀπόστειλον** εἰς Ἰόππην καὶ μετάπεμψαι Σίμωνα τὸν ἐπικαλούμενον Πέτρον

b **Acts 11,30** ὃ καὶ ἐποίησαν **ἀποστείλαντες** πρὸς τοὺς πρεσβυτέρους διὰ χειρὸς Βαρναβᾶ καὶ Σαύλου.

b **Acts 13,15** μετὰ δὲ τὴν ἀνάγνωσιν τοῦ νόμου καὶ τῶν προφητῶν **ἀπέστειλαν** οἱ ἀρχισυνάγωγοι πρὸς αὐτοὺς λέγοντες· ...

Acts 15,27 **ἀπεστάλκαμεν** οὖν Ἰούδαν καὶ Σιλᾶν καὶ αὐτοὺς διὰ λόγου ἀπαγγέλλοντας τὰ αὐτά.

Acts 15,33 ποιήσαντες δὲ χρόνον ἀπελύθησαν μετ᾽ εἰρήνης ἀπὸ τῶν ἀδελφῶν **πρὸς τοὺς ἀποστείλαντας αὐτούς.**

Acts 16,35 ἡμέρας δὲ γενομένης **ἀπέστειλαν** οἱ στρατηγοὶ τοὺς ῥαβδούχους ...

Acts 16,36 ἀπήγγειλεν δὲ ὁ δεσμοφύλαξ τοὺς λόγους [τούτους] πρὸς τὸν Παῦλον ὅτι **ἀπέσταλκαν** οἱ στρατηγοὶ ἵνα ἀπολυθῆτε· ...

a **Acts 19,22** **ἀποστείλας** δὲ εἰς τὴν Μακεδονίαν δύο τῶν διακονούντων αὐτῷ, Τιμόθεον καὶ Ἔραστον, ...	*a* **Acts 26,17** ἐξαιρούμενός σε ἐκ τοῦ λαοῦ καὶ ἐκ τῶν ἐθνῶν εἰς οὓς ἐγὼ **ἀποστέλλω** σε	**Acts 28,28** ... τοῖς ἔθνεσιν **ἀπεστάλη** τοῦτο τὸ σωτήριον τοῦ θεοῦ· ...

ἀποστερέω

	Syn	Mt	Mk	Lk	Acts	Jn	1-3John	Paul	Eph	Col
	1		1					3		
	NT	2Thess	1/2Tim	Tit	Heb	Jas	1Pet	2Pet	Jude	Rev
	6		1			1				

defraud; rob; steal; deny; refuse

121	**Mt 19,18**	... τὸ *οὐ φονεύσεις,* *οὐ μοιχεύσεις,* *οὐ κλέψεις,* *οὐ ψευδομαρτυρήσεις,* *τίμα τὸν πατέρα* *καὶ τὴν μητέρα, καί* *ἀγαπήσεις τὸν πλησίον* *σου ὡς σεαυτόν.* ➤ Exod 20,12-16/Deut 5,16-20; Lev 19,18	**Mk 10,19**	τὰς ἐντολὰς οἶδας· *μὴ φονεύσῃς,* *μὴ μοιχεύσῃς,* *μὴ κλέψῃς, μὴ* *ψευδομαρτυρήσῃς,* ***μὴ ἀποστερήσῃς,*** *τίμα τὸν πατέρα σου* *καὶ τὴν μητέρα.* ➤ Exod 20,12-16/Deut 5,16-20; Sir 4,1 LXX	**Lk 18,20**	τὰς ἐντολὰς οἶδας· *μὴ μοιχεύσῃς,* *μὴ φονεύσῃς,* *μὴ κλέψῃς,* *μὴ ψευδομαρτυρήσῃς,* *τίμα τὸν πατέρα σου καὶ* *τὴν μητέρα.* ➤ Exod 20,12-16/Deut 5,16-20 LXX	

ἀπόστολος

	Syn	Mt	Mk	Lk	Acts	Jn	1-3John	Paul	Eph	Col
	9	1	2	6	28	1		24	4	1
	NT	2Thess	1/2Tim	Tit	Heb	Jas	1Pet	2Pet	Jude	Rev
	80		4	1	1		1	2	1	3

apostle; messenger

	triple tradition																	double tradition			Sondergut		
		+Mt / +Lk			–Mt / –Lk			traditions not taken over by Mt / Lk							subtotals								
code	*222*	*211*	*112*	*212*	*221*	*122*	*121*	*022*	*012*	*021*	*220*	*120*	*210*	*020*	Σ⁺	Σ⁻	Σ	*202*	*201*	*102*	*200*	*002*	total
Mt		1^+				1^-									1^+	1^-	1						**1**
Mk						1		1									2						**2**
Lk			1^+			1		1							1^+		3			1		2	**6**

a ἀπόστολοι καὶ πρεσβύτεροι (Acts only)

122	**Mt 10,1**	καὶ προσκαλεσάμενος τοὺς δώδεκα μαθητὰς αὐτοῦ ἔδωκεν αὐτοῖς ἐξουσίαν πνευμάτων ἀκαθάρτων ...	**Mk 3,14** → Mk 6,7 → Mt 10,5	καὶ ἐποίησεν δώδεκα, [οὓς καὶ **ἀποστόλους** ὠνόμασεν] ἵνα ὦσιν μετ' αὐτοῦ καὶ ἵνα ἀποστέλλῃ αὐτοὺς κηρύσσειν	**Lk 6,13**	... καὶ ἐκλεξάμενος ἀπ' αὐτῶν δώδεκα, οὓς καὶ **ἀποστόλους** ὠνόμασεν·	
211	**Mt 10,2**	**τῶν δὲ δώδεκα** **ἀποστόλων** τὰ ὀνόματά ἐστιν ταῦτα· πρῶτος Σίμων ὁ λεγόμενος Πέτρος ...	**Mk 3,16**	[καὶ ἐποίησεν **τοὺς δώδεκα,**] καὶ ἐπέθηκεν ὄνομα τῷ Σίμωνι Πέτρον	**Lk 6,14**	 Σίμωνα, ὃν καὶ ὠνόμασεν Πέτρον, ...	→ Jn 1,40-42
022			**Mk 6,30**	καὶ συνάγονται **οἱ ἀπόστολοι** πρὸς τὸν Ἰησοῦν καὶ ἀπήγγειλαν αὐτῷ πάντα ὅσα ἐποίησαν καὶ ὅσα ἐδίδαξαν.	**Lk 9,10** → Lk 10,17	καὶ ὑποστρέψαντες **οἱ ἀπόστολοι** διηγήσαντο αὐτῷ ὅσα ἐποίησαν. ...	

102	**Mt 23,34**	διὰ τοῦτο ἰδοὺ ἐγὼ ἀποστέλλω πρὸς ὑμᾶς προφήτας καὶ σοφοὺς καὶ γραμματεῖς· ἐξ αὐτῶν ἀποκτενεῖτε ...			**Lk 11,49**	διὰ τοῦτο καὶ ἡ σοφία τοῦ θεοῦ εἶπεν· ἀποστελῶ εἰς αὐτοὺς προφήτας καὶ ἀποστόλους, καὶ ἐξ αὐτῶν ἀποκτενοῦσιν ...	
002					**Lk 17,5**	καὶ εἶπαν οἱ ἀπόστολοι τῷ κυρίῳ· πρόσθες ἡμῖν πίστιν.	
112	**Mt 26,20**	ὀψίας δὲ γενομένης ἀνέκειτο μετὰ τῶν δώδεκα.	**Mk 14,17**	καὶ ὀψίας γενομένης ἔρχεται μετὰ τῶν δώδεκα.	**Lk 22,14**	καὶ ὅτε ἐγένετο ἡ ὥρα, ἀνέπεσεν καὶ οἱ ἀπόστολοι σὺν αὐτῷ.	
002	**Mt 28,1** → Mt 27,56 → Mt 27,61	... ἦλθεν Μαριὰμ ἡ Μαγδαληνὴ καὶ ἡ ἄλλη Μαρία θεωρῆσαι τὸν τάφον.	**Mk 16,1** → Mk 15,40 → Mk 15,47	... Μαρία ἡ Μαγδαληνὴ καὶ Μαρία ἡ [τοῦ] Ἰακώβου καὶ Σαλώμη ἠγόρασαν ἀρώματα ...	**Lk 24,10** → Lk 24,1 → Lk 8,2-3	ἦσαν δὲ ἡ Μαγδαληνὴ Μαρία καὶ Ἰωάννα καὶ Μαρία ἡ Ἰακώβου καὶ αἱ λοιπαὶ σὺν αὐταῖς. ἔλεγον πρὸς τοὺς ἀποστόλους ταῦτα, [11] καὶ ἐφάνησαν ἐνώπιον αὐτῶν ὡσεὶ λῆρος τὰ ῥήματα ταῦτα, καὶ ἠπίστουν αὐταῖς.	→ Jn 20,18

a ἀπόστολοι καὶ πρεσβύτεροι (Acts only)

Acts 1,2 (→ Lk 9,51; → Lk 24,51) ἄχρι ἧς ἡμέρας ἐντειλάμενος τοῖς ἀποστόλοις διὰ πνεύματος ἁγίου οὓς ἐξελέξατο ἀνελήμφθη.

Acts 1,26 καὶ ἔδωκαν κλήρους αὐτοῖς καὶ ἔπεσεν ὁ κλῆρος ἐπὶ Μαθθίαν καὶ συγκατεψηφίσθη μετὰ τῶν ἕνδεκα ἀποστόλων.

Acts 2,37 ... εἶπόν τε πρὸς τὸν Πέτρον καὶ τοὺς λοιποὺς ἀποστόλους· τί ποιήσωμεν, ἄνδρες ἀδελφοί;

Acts 2,42 ἦσαν δὲ προσκαρτεροῦντες τῇ διδαχῇ τῶν ἀποστόλων καὶ τῇ κοινωνίᾳ, τῇ κλάσει τοῦ ἄρτου καὶ ταῖς προσευχαῖς.

Acts 2,43 ... πολλά τε τέρατα καὶ σημεῖα διὰ τῶν ἀποστόλων ἐγίνετο.

Acts 4,33 καὶ δυνάμει μεγάλῃ ἀπεδίδουν τὸ μαρτύριον οἱ ἀπόστολοι τῆς ἀναστάσεως τοῦ κυρίου Ἰησοῦ, ...

Acts 4,35 καὶ ἐτίθουν παρὰ τοὺς πόδας τῶν ἀποστόλων, ...

Acts 4,36 Ἰωσὴφ δὲ ὁ ἐπικληθεὶς Βαρναβᾶς ἀπὸ τῶν ἀποστόλων, ὅ ἐστιν μεθερμηνευόμενον υἱὸς παρακλήσεως, Λευίτης, Κύπριος τῷ γένει,

Acts 4,37 ὑπάρχοντος αὐτῷ ἀγροῦ πωλήσας ἤνεγκεν τὸ χρῆμα καὶ ἔθηκεν πρὸς τοὺς πόδας τῶν ἀποστόλων.

Acts 5,2 ... καὶ ἐνέγκας μέρος τι παρὰ τοὺς πόδας τῶν ἀποστόλων ἔθηκεν.

Acts 5,12 διὰ δὲ τῶν χειρῶν τῶν ἀποστόλων ἐγίνετο σημεῖα καὶ τέρατα πολλὰ ἐν τῷ λαῷ. ...

Acts 5,18 καὶ ἐπέβαλον τὰς χεῖρας ἐπὶ τοὺς ἀποστόλους καὶ ἔθεντο αὐτοὺς ἐν τηρήσει δημοσίᾳ.

Acts 5,29 ἀποκριθεὶς δὲ Πέτρος καὶ οἱ ἀπόστολοι εἶπαν· πειθαρχεῖν δεῖ θεῷ μᾶλλον ἢ ἀνθρώποις.

Acts 5,40 καὶ προσκαλεσάμενοι τοὺς ἀποστόλους δείραντες παρήγγειλαν μὴ λαλεῖν ἐπὶ τῷ ὀνόματι τοῦ Ἰησοῦ καὶ ἀπέλυσαν.

Acts 6,6 οὓς ἔστησαν ἐνώπιον τῶν ἀποστόλων, καὶ προσευξάμενοι ἐπέθηκαν αὐτοῖς τὰς χεῖρας.

Acts 8,1 ... πάντες δὲ διεσπάρησαν κατὰ τὰς χώρας τῆς Ἰουδαίας καὶ Σαμαρείας πλὴν τῶν ἀποστόλων.

Acts 8,14 ἀκούσαντες δὲ οἱ ἐν Ἱεροσολύμοις ἀπόστολοι ὅτι δέδεκται ἡ Σαμάρεια τὸν λόγον τοῦ θεοῦ, ...

Acts 8,18 ἰδὼν δὲ ὁ Σίμων ὅτι διὰ τῆς ἐπιθέσεως τῶν χειρῶν τῶν ἀποστόλων δίδοται τὸ πνεῦμα, προσήνεγκεν αὐτοῖς χρήματα

Acts 9,27 Βαρναβᾶς δὲ ἐπιλαβόμενος αὐτὸν ἤγαγεν πρὸς τοὺς ἀποστόλους ...

Acts 11,1 ἤκουσαν δὲ **οἱ ἀπόστολοι** καὶ οἱ ἀδελφοὶ οἱ ὄντες κατὰ τὴν Ἰουδαίαν ὅτι καὶ τὰ ἔθνη ἐδέξαντο τὸν λόγον τοῦ θεοῦ.

Acts 14,4 ἐσχίσθη δὲ τὸ πλῆθος τῆς πόλεως, καὶ οἱ μὲν ἦσαν σὺν τοῖς Ἰουδαίοις, οἱ δὲ **σὺν τοῖς ἀποστόλοις.**

Acts 14,14 ἀκούσαντες δὲ **οἱ ἀπόστολοι** Βαρναβᾶς καὶ Παῦλος διαρρήξαντες τὰ ἱμάτια αὐτῶν ἐξεπήδησαν εἰς τὸν ὄχλον κράζοντες

a **Acts 15,2** ... ἔταξαν ἀναβαίνειν Παῦλον καὶ Βαρναβᾶν καί τινας ἄλλους ἐξ αὐτῶν **πρὸς τοὺς ἀποστόλους** καὶ πρεσβυτέρους ...

a **Acts 15,4** παραγενόμενοι δὲ εἰς Ἰερουσαλὴμ παρεδέχθησαν ἀπὸ τῆς ἐκκλησίας καὶ **τῶν ἀποστόλων** καὶ τῶν πρεσβυτέρων, ...

a **Acts 15,6** συνήχθησάν τε **οἱ ἀπόστολοι** καὶ οἱ πρεσβύτεροι ἰδεῖν περὶ τοῦ λόγου τούτου.

a **Acts 15,22** τότε ἔδοξε **τοῖς ἀποστόλοις** καὶ τοῖς πρεσβυτέροις σὺν ὅλῃ τῇ ἐκκλησίᾳ ἐκλεξαμένους ἄνδρας ἐξ αὐτῶν πέμψαι εἰς Ἀντιόχειαν σὺν τῷ Παύλῳ καὶ Βαρναβᾷ, ...

a **Acts 15,23** γράψαντες διὰ χειρὸς αὐτῶν· **οἱ ἀπόστολοι** καὶ οἱ πρεσβύτεροι ἀδελφοὶ ...

a **Acts 16,4** ... παρεδίδοσαν αὐτοῖς φυλάσσειν τὰ δόγματα τὰ κεκριμένα **ὑπὸ τῶν ἀποστόλων** καὶ πρεσβυτέρων τῶν ἐν Ἱεροσολύμοις.

ἀποστοματίζω

	Syn	Mt	Mk	Lk	Acts	Jn	1-3John	Paul	Eph	Col
	1			1						
	NT	2Thess	1/2Tim	Tit	Heb	Jas	1Pet	2Pet	Jude	Rev
	1									

attack with questions

002			**Lk 11,53** κἀκεῖθεν ἐξελθόντος αὐτοῦ ἤρξαντο οἱ γραμματεῖς καὶ οἱ Φαρισαῖοι δεινῶς ἐνέχειν καὶ **ἀποστοματίζειν** αὐτὸν περὶ πλειόνων	

ἀποστρέφω

	Syn	Mt	Mk	Lk	Acts	Jn	1-3John	Paul	Eph	Col
	3	2		1	1			1		
	NT	2Thess	1/2Tim	Tit	Heb	Jas	1Pet	2Pet	Jude	Rev
	9		2	1	1					

turn away; remove; put back; mislead; cause to revolt; *middle and aorist passive:* turn away from; refuse; reject; desert

201	**Mt 5,42** → Lk 6,34 τῷ αἰτοῦντί σε δός, καὶ τὸν θέλοντα ἀπὸ σοῦ δανίσασθαι **μὴ ἀποστραφῇς.**		**Lk 6,30** παντὶ αἰτοῦντί σε δίδου, καὶ ἀπὸ τοῦ αἴροντος τὰ σὰ **μὴ ἀπαίτει.**	→ GTh 95
200	**Mt 26,52** τότε λέγει αὐτῷ ὁ Ἰησοῦς· **ἀπόστρεψον** τὴν μάχαιράν σου εἰς τὸν τόπον αὐτῆς· ...		**Lk 22,51** ἀποκριθεὶς δὲ ὁ Ἰησοῦς εἶπεν· ἐᾶτε ἕως τούτου· ...	→ Jn 18,11
002			**Lk 23,14** → Lk 23,2 → Lk 23,4 → Mt 27,23 → Mk 15,14 → Lk 23,22 ... προσηνέγκατέ μοι τὸν ἄνθρωπον τοῦτον ὡς **ἀποστρέφοντα** τὸν λαόν, ...	

Acts 3,26 ὑμῖν πρῶτον ἀναστήσας ὁ θεὸς τὸν παῖδα αὐτοῦ ἀπέστειλεν αὐτὸν εὐλογοῦντα ὑμᾶς **ἐν τῷ ἀποστρέφειν** ἕκαστον ἀπὸ τῶν πονηριῶν ὑμῶν.

ἀποτάσσομαι

Syn 3	Mt	Mk 1	Lk 2	Acts 2	Jn	1-3John	Paul 1	Eph	Col
NT 6	2Thess	1/2Tim	Tit	Heb	Jas	1Pet	2Pet	Jude	Rev

say good-bye; leave; give up; part with

120	**Mt 14,23** → Mt 15,39 → Lk 9,18 καὶ **ἀπολύσας** τοὺς ὄχλους ἀνέβη εἰς τὸ ὄρος κατ' ἰδίαν προσεύξασθαι. ...	**Mk 6,46** → Mk 8,9 → Lk 9,18 καὶ **ἀποταξάμενος** αὐτοῖς ἀπῆλθεν εἰς τὸ ὄρος προσεύξασθαι.		→ Jn 6,15
002			**Lk 9,61** ... ἀκολουθήσω σοι, κύριε· πρῶτον δὲ ἐπίτρεψόν μοι **ἀποτάξασθαι** τοῖς εἰς τὸν οἶκόν μου.	
002			**Lk 14,33** → Lk 12,33 οὕτως οὖν πᾶς ἐξ ὑμῶν ὃς **οὐκ ἀποτάσσεται** πᾶσιν τοῖς ἑαυτοῦ ὑπάρχουσιν οὐ δύναται εἶναί μου μαθητής.	→ Acts 2,45

Acts 18,18 ὁ δὲ Παῦλος ἔτι προσμείνας ἡμέρας ἱκανὰς τοῖς ἀδελφοῖς **ἀποταξάμενος** ἐξέπλει εἰς τὴν Συρίαν, ...

Acts 18,21 ἀλλὰ **ἀποταξάμενος** καὶ εἰπών· πάλιν ἀνακάμψω πρὸς ὑμᾶς ...

ἀποτελέω

Syn 1	Mt	Mk	Lk 1	Acts	Jn	1-3John	Paul	Eph	Col
NT 2	2Thess	1/2Tim	Tit	Heb	Jas 1	1Pet	2Pet	Jude	Rev

accomplish; perform; *passive:* be full grown

002			**Lk 13,32** ... ἰδοὺ ἐκβάλλω δαιμόνια καὶ ἰάσεις **ἀποτελῶ** σήμερον καὶ αὔριον καὶ τῇ τρίτῃ τελειοῦμαι.	

ἀποτίθεμαι

Syn 1	Mt 1	Mk	Lk	Acts 1	Jn	1-3John	Paul 1	Eph 2	Col 1
NT 9	2Thess	1/2Tim	Tit	Heb 1	Jas 1	1Pet 1	2Pet	Jude	Rev

throw off; be done with; take off (clothes); put (in prison)

211	**Mt 14,3** ὁ γὰρ Ἡρῴδης κρατήσας τὸν Ἰωάννην ἔδησεν [αὐτὸν] καὶ ἐν φυλακῇ **ἀπέθετο** ...	**Mk 6,17** αὐτὸς γὰρ ὁ Ἡρῴδης ἀποστείλας ἐκράτησεν τὸν Ἰωάννην καὶ ἔδησεν αὐτὸν ἐν φυλακῇ ...	**Lk 3,20** → Mt 4,12 → Mk 1,14 [19] ὁ δὲ Ἡρῴδης ... [20] προσέθηκεν καὶ τοῦτο ἐπὶ πᾶσιν [καὶ] κατέκλεισεν τὸν Ἰωάννην ἐν φυλακῇ.	

Acts 7,58 ... καὶ οἱ μάρτυρες **ἀπέθεντο** τὰ ἱμάτια αὐτῶν παρὰ τοὺς πόδας νεανίου καλουμένου Σαύλου

ἀποτινάσσω	Syn 1	Mt	Mk	Lk 1	Acts 1	Jn	1-3John	Paul	Eph	Col
	NT 2	2Thess	1/2Tim	Tit	Heb	Jas	1Pet	2Pet	Jude	Rev

shake off

	Mt		Mk		Lk		
112	Mt 10,14	... ἐξερχόμενοι ἔξω τῆς οἰκίας ἢ τῆς πόλεως ἐκείνης **ἐκτινάξατε** τὸν κονιορτὸν τῶν ποδῶν ὑμῶν.	Mk 6,11	... ἐκπορευόμενοι ἐκεῖθεν **ἐκτινάξατε** τὸν χοῦν τὸν ὑποκάτω τῶν ποδῶν ὑμῶν εἰς μαρτύριον αὐτοῖς.	Lk 9,5 ⇩ Lk 10,11	... ἐξερχόμενοι ἀπὸ τῆς πόλεως ἐκείνης τὸν κονιορτὸν ἀπὸ τῶν ποδῶν ὑμῶν **ἀποτινάσσετε** εἰς μαρτύριον ἐπ᾽ αὐτούς.	→ Acts 13,51 → Acts 18,6 Mk-Q overlap
					Lk 10,11 ⇧ Lk 9,5 → Lk 10,9	καὶ τὸν κονιορτὸν τὸν κολληθέντα ἡμῖν ἐκ τῆς πόλεως ὑμῶν εἰς τοὺς πόδας **ἀπομασσόμεθα** ὑμῖν· πλὴν τοῦτο γινώσκετε ὅτι ἤγγικεν ἡ βασιλεία τοῦ θεοῦ.	

Acts 28,5 ὁ μὲν οὖν
ἀποτινάξας
τὸ θηρίον εἰς τὸ πῦρ
ἔπαθεν οὐδὲν κακόν

ἀποφέρω	Syn 2	Mt	Mk 1	Lk 1	Acts 1	Jn	1-3John	Paul 1	Eph	Col
	NT 6	2Thess	1/2Tim	Tit	Heb	Jas	1Pet	2Pet	Jude	Rev 2

take; carry; carry away; lead away by force

	Mt		Mk		Lk		
002					Lk 16,22	ἐγένετο δὲ ἀποθανεῖν τὸν πτωχὸν καὶ **ἀπενεχθῆναι** αὐτὸν ὑπὸ τῶν ἀγγέλων εἰς τὸν κόλπον Ἀβραάμ· ...	
121	Mt 27,2	καὶ δήσαντες αὐτὸν **ἀπήγαγον** καὶ παρέδωκαν Πιλάτῳ τῷ ἡγεμόνι.	Mk 15,1	... δήσαντες τὸν Ἰησοῦν **ἀπήνεγκαν** καὶ παρέδωκαν Πιλάτῳ.	Lk 23,1	καὶ ἀναστὰν ἅπαν τὸ πλῆθος αὐτῶν **ἤγαγον** αὐτὸν ἐπὶ τὸν Πιλᾶτον.	→ Jn 18,28

Acts 19,12 ὥστε καὶ ἐπὶ τοὺς
ἀσθενοῦντας
ἀποφέρεσθαι
ἀπὸ τοῦ χρωτὸς αὐτοῦ
σουδάρια ἢ σιμικίνθια
καὶ ἀπαλλάσσεσθαι
ἀπ᾽ αὐτῶν τὰς νόσους, ...

ἀποχωρέω	Syn 2	Mt 1	Mk	Lk 1	Acts 1	Jn	1-3John	Paul	Eph	Col
	NT 3	2Thess	1/2Tim	Tit	Heb	Jas	1Pet	2Pet	Jude	Rev

go away; leave

201	**Mt 7,23** → Mt 13,41 → Mt 25,12 → Mt 25,41	καὶ τότε ὁμολογήσω αὐτοῖς ὅτι οὐδέποτε ἔγνων ὑμᾶς· ***ἀποχωρεῖτε*** *ἀπ' ἐμοῦ οἱ ἐργαζόμενοι* *τὴν ἀνομίαν.* ➢ Ps 6,9/1Macc 3,6			**Lk 13,27** → Lk 13,25	καὶ ἐρεῖ λέγων ὑμῖν· οὐκ οἶδα [ὑμᾶς] πόθεν ἐστέ· ***ἀπόστητε*** *ἀπ' ἐμοῦ, πάντες ἐργάται* *ἀδικίας.* ➢ Ps 6,9/1Macc 3,6	
112	**Mt 17,15**	... σεληνιάζεται καὶ κακῶς πάσχει· ...	**Mk 9,18**	[17] ... ἔχοντα πνεῦμα ἄλαλον· [18] καὶ ὅπου ἐὰν αὐτὸν καταλάβῃ ῥήσσει αὐτόν, καὶ ἀφρίζει καὶ τρίζει τοὺς ὀδόντας καὶ ξηραίνεται· ...	**Lk 9,39**	καὶ ἰδοὺ πνεῦμα λαμβάνει αὐτὸν καὶ ἐξαίφνης κράζει καὶ σπαράσσει αὐτὸν μετὰ ἀφροῦ καὶ μόγις **ἀποχωρεῖ** ἀπ' αὐτοῦ συντρῖβον αὐτόν·	

Acts 13,13 ... Ἰωάννης δὲ
ἀποχωρήσας
ἀπ' αὐτῶν ὑπέστρεψεν
εἰς Ἱεροσόλυμα.

ἀποψύχω	Syn 1	Mt	Mk	Lk 1	Acts	Jn	1-3John	Paul	Eph	Col
	NT 1	2Thess	1/2Tim	Tit	Heb	Jas	1Pet	2Pet	Jude	Rev

faint; lose heart

112	**Mt 24,29**	... *ὁ ἥλιος* *σκοτισθήσεται, καὶ* *ἡ σελήνη οὐ δώσει* *τὸ φέγγος αὐτῆς,* *καὶ οἱ ἀστέρες* *πεσοῦνται* ἀπὸ τοῦ οὐρανοῦ, *καὶ αἱ δυνάμεις* *τῶν οὐρανῶν* σαλευθήσονται. ➢ Isa 13,10; 34,4	**Mk 13,25**	[24] *ὁ ἥλιος* *σκοτισθήσεται, καὶ* *ἡ σελήνη οὐ δώσει* *τὸ φέγγος αὐτῆς,* [25] *καὶ οἱ ἀστέρες* *ἔσονται* ἐκ τοῦ οὐρανοῦ *πίπτοντες,* *καὶ αἱ δυνάμεις* *αἱ ἐν τοῖς οὐρανοῖς* σαλευθήσονται. ➢ Isa 13,10; 34,4	**Lk 21,26**	[25] καὶ ἔσονται σημεῖα ἐν ἡλίῳ καὶ σελήνῃ καὶ ἄστροις, καὶ ἐπὶ τῆς γῆς συνοχὴ ἐθνῶν ἐν ἀπορίᾳ ἤχους θαλάσσης καὶ σάλου, **[26] ἀποψυχόντων** ἀνθρώπων ἀπὸ φόβου καὶ προσδοκίας τῶν ἐπερχομένων τῇ οἰκουμένῃ, *αἱ* γὰρ *δυνάμεις τῶν οὐρανῶν* σαλευθήσονται. ➢ Isa 34,4	

ἅπτω	Syn 33	Mt 9	Mk 11	Lk 13	Acts 1	Jn 1	1-3John 1	Paul 2	Eph	Col 1
	NT 39	2Thess	1/2Tim	Tit	Heb	Jas	1Pet	2Pet	Jude	Rev

ignite; *middle:* take hold of; touch; harm; injure

	triple tradition																	double tradition			Sondergut		
		+Mt / +Lk			–Mt / –Lk			traditions not taken over by Mt / Lk							subtotals								
code	222	211	112	212	221	122	121	022	012	021	220	120	210	020	Σ⁺	Σ⁻	Σ	202	201	102	200	002	total
Mt	2	2^+				2^-					3				2^+	2^-	7				2		**9**
Mk	2					2		2			3			2			11						**11**
Lk	2					2		2	2^+						2^+		8			1		4	**13**

222	**Mt 8,3**	καὶ ἐκτείνας τὴν χεῖρα **ἥψατο** αὐτοῦ λέγων· θέλω, καθαρίσθητι· ...	**Mk 1,41**	καὶ σπλαγχνισθεὶς ἐκτείνας τὴν χεῖρα αὐτοῦ **ἥψατο** καὶ λέγει αὐτῷ· θέλω, καθαρίσθητι·	**Lk 5,13**	καὶ ἐκτείνας τὴν χεῖρα **ἥψατο** αὐτοῦ λέγων· θέλω, καθαρίσθητι· ...	
022			**Mk 3,10**	... ὥστε ἐπιπίπτειν αὐτῷ ἵνα αὐτοῦ **ἅψωνται** ὅσοι εἶχον μάστιγας.	**Lk 6,19** → Mk 5,30 → Lk 8,46	καὶ πᾶς ὁ ὄχλος ἐζήτουν **ἅπτεσθαι** αὐτοῦ, ὅτι δύναμις παρ' αὐτοῦ ἐξήρχετο καὶ ἰᾶτο πάντας.	
002					**Lk 7,14**	καὶ προσελθὼν **ἥψατο** τῆς σοροῦ, οἱ δὲ βαστάζοντες ἔστησαν, ...	
002					**Lk 7,39**	... οὗτος εἰ ἦν προφήτης, ἐγίνωσκεν ἂν τίς καὶ ποταπὴ ἡ γυνὴ ἥτις **ἅπτεται** αὐτοῦ, ὅτι ἁμαρτωλός ἐστιν.	
012	**Mt 5,15**	οὐδὲ **καίουσιν** λύχνον καὶ τιθέασιν αὐτὸν ὑπὸ τὸν μόδιον ἀλλ' ἐπὶ τὴν λυχνίαν, καὶ λάμπει πᾶσιν τοῖς ἐν τῇ οἰκίᾳ.	**Mk 4,21**	... μήτι ἔρχεται ὁ λύχνος ἵνα ὑπὸ τὸν μόδιον τεθῇ ἢ ὑπὸ τὴν κλίνην; οὐχ ἵνα ἐπὶ τὴν λυχνίαν τεθῇ;	**Lk 8,16** ⇩ Lk 11,33	οὐδεὶς δὲ λύχνον **ἅψας** καλύπτει αὐτὸν σκεύει ἢ ὑποκάτω κλίνης τίθησιν, ἀλλ' ἐπὶ λυχνίας τίθησιν, ἵνα οἱ εἰσπορευόμενοι βλέπωσιν τὸ φῶς.	→ GTh 33,2-3 Mk-Q overlap
211	**Mt 8,15**	καὶ **ἥψατο** τῆς χειρὸς αὐτῆς, καὶ ἀφῆκεν αὐτὴν ὁ πυρετός, ...	**Mk 1,31**	καὶ προσελθὼν ἤγειρεν αὐτὴν **κρατήσας** τῆς χειρός· καὶ ἀφῆκεν αὐτὴν ὁ πυρετός, ...	**Lk 4,39**	καὶ ἐπιστὰς ἐπάνω αὐτῆς ἐπετίμησεν τῷ πυρετῷ· καὶ ἀφῆκεν αὐτήν· ...	
222	**Mt 9,20** ↓ Mt 14,36	καὶ ἰδοὺ γυνὴ αἱμορροοῦσα δώδεκα ἔτη προσελθοῦσα ὄπισθεν **ἥψατο** τοῦ κρασπέδου τοῦ ἱματίου αὐτοῦ·	**Mk 5,27** ↓ Mk 6,56	[25] καὶ γυνὴ οὖσα ἐν ῥύσει αἵματος δώδεκα ἔτη ... [27] ἀκούσασα περὶ τοῦ Ἰησοῦ, ἐλθοῦσα ἐν τῷ ὄχλῳ ὄπισθεν **ἥψατο** τοῦ ἱματίου αὐτοῦ·	**Lk 8,44**	[43] καὶ γυνὴ οὖσα ἐν ῥύσει αἵματος ἀπὸ ἐτῶν δώδεκα, ... [44] προσελθοῦσα ὄπισθεν **ἥψατο** τοῦ κρασπέδου τοῦ ἱματίου αὐτοῦ ...	
220	**Mt 9,21**	ἔλεγεν γὰρ ἐν ἑαυτῇ· ἐὰν μόνον **ἅψωμαι** τοῦ ἱματίου αὐτοῦ σωθήσομαι.	**Mk 5,28**	ἔλεγεν γὰρ ὅτι ἐὰν **ἅψωμαι** κἂν τῶν ἱματίων αὐτοῦ σωθήσομαι.			

122	Mt 9,22	ὁ δὲ Ἰησοῦς στραφεὶς ...	Mk 5,30 ↓ Lk 8,46	καὶ εὐθὺς ὁ Ἰησοῦς ἐπιγνοὺς ἐν ἑαυτῷ τὴν ἐξ αὐτοῦ δύναμιν ἐξελθοῦσαν ἐπιστραφεὶς ἐν τῷ ὄχλῳ ἔλεγεν· τίς **μου ἥψατο** **τῶν ἱματίων;**	Lk 8,45	καὶ εἶπεν ὁ Ἰησοῦς· τίς **ὁ ἁψάμενός μου;** ↔	
022			Mk 5,31	καὶ ἔλεγον αὐτῷ οἱ μαθηταὶ αὐτοῦ· βλέπεις τὸν ὄχλον συνθλίβοντά σε καὶ λέγεις· τίς **μου ἥψατο;**	Lk 8,46 ↑ Mk 5,30	↔ [45] ἀρνουμένων δὲ πάντων εἶπεν ὁ Πέτρος· ἐπιστάτα, οἱ ὄχλοι συνέχουσίν σε καὶ ἀποθλίβουσιν. [46] ὁ δὲ Ἰησοῦς εἶπεν· **ἥψατό μού** τις, ἐγὼ γὰρ ἔγνων δύναμιν ἐξεληλυθυῖαν ἀπ' ἐμοῦ.	
012			Mk 5,33	ἡ δὲ γυνὴ φοβηθεῖσα καὶ τρέμουσα, εἰδυῖα ὃ γέγονεν αὐτῇ, ἦλθεν καὶ προσέπεσεν αὐτῷ καὶ εἶπεν αὐτῷ πᾶσαν τὴν ἀλήθειαν.	Lk 8,47 → Mk 5,29	ἰδοῦσα δὲ ἡ γυνὴ ὅτι οὐκ ἔλαθεν, τρέμουσα ἦλθεν καὶ προσπεσοῦσα αὐτῷ δι' ἣν αἰτίαν **ἥψατο** αὐτοῦ ἀπήγγειλεν ἐνώπιον παντὸς τοῦ λαοῦ καὶ ὡς ἰάθη παραχρῆμα.	
200	Mt 9,29 ⇩ Mt 20,34 → Mk 8,23.25	τότε **ἥψατο** τῶν ὀφθαλμῶν αὐτῶν λέγων· κατὰ τὴν πίστιν ὑμῶν γενηθήτω ὑμῖν.	Mk 10,52	καὶ ὁ Ἰησοῦς εἶπεν αὐτῷ· ὕπαγε, ἡ πίστις σου σέσωκέν σε. ...	Lk 18,42	καὶ ὁ Ἰησοῦς εἶπεν αὐτῷ· ἀνάβλεψον· ἡ πίστις σου σέσωκέν σε.	
220 220	Mt 14,36 (2) ↑ Mt 9,20	καὶ παρεκάλουν αὐτὸν ἵνα μόνον **ἅψωνται** τοῦ κρασπέδου τοῦ ἱματίου αὐτοῦ· καὶ ὅσοι **ἥψαντο** διεσώθησαν.	Mk 6,56 (2) ↑ Mk 5,27	... καὶ παρεκάλουν αὐτὸν ἵνα κἂν τοῦ κρασπέδου τοῦ ἱματίου αὐτοῦ **ἅψωνται·** καὶ ὅσοι ἂν **ἥψαντο** αὐτοῦ ἐσῴζοντο.	↑ Lk 8,44		
020			Mk 7,33 → Mk 8,23	καὶ ἀπολαβόμενος αὐτὸν ἀπὸ τοῦ ὄχλου κατ' ἰδίαν ἔβαλεν τοὺς δακτύλους αὐτοῦ εἰς τὰ ὦτα αὐτοῦ καὶ πτύσας **ἥψατο** τῆς γλώσσης αὐτοῦ			
020			Mk 8,22	... καὶ φέρουσιν αὐτῷ τυφλὸν καὶ παρακαλοῦσιν αὐτὸν ἵνα αὐτοῦ **ἅψηται.**			
200	Mt 17,7	καὶ προσῆλθεν ὁ Ἰησοῦς καὶ **ἁψάμενος** αὐτῶν εἶπεν· ἐγέρθητε καὶ μὴ φοβεῖσθε.					
102	Mt 5,15	οὐδὲ **καίουσιν** λύχνον καὶ τιθέασιν αὐτὸν ὑπὸ τὸν μόδιον ἀλλ' ἐπὶ τὴν λυχνίαν, καὶ λάμπει πᾶσιν τοῖς ἐν τῇ οἰκίᾳ.	Mk 4,21	... μήτι ἔρχεται ὁ λύχνος ἵνα ὑπὸ τὸν μόδιον τεθῇ ἢ ὑπὸ τὴν κλίνην; οὐχ ἵνα ἐπὶ τὴν λυχνίαν τεθῇ;	Lk 11,33 ⇧ Lk 8,16	οὐδεὶς λύχνον **ἅψας** εἰς κρύπτην τίθησιν [οὐδὲ ὑπὸ τὸν μόδιον] ἀλλ' ἐπὶ τὴν λυχνίαν, ἵνα οἱ εἰσπορευόμενοι τὸ φῶς βλέπωσιν.	→ GTh 33,2-3 Mk-Q overlap

002					Lk 15,8	ἢ τίς γυνὴ δραχμὰς ἔχουσα δέκα ἐὰν ἀπολέσῃ δραχμὴν μίαν, οὐχὶ **ἅπτει** λύχνον καὶ σαροῖ τὴν οἰκίαν ...	
122	Mt 19,13	τότε προσηνέχθησαν αὐτῷ παιδία ἵνα **τὰς χεῖρας ἐπιθῇ** αὐτοῖς καὶ προσεύξηται· οἱ δὲ μαθηταὶ ἐπετίμησαν αὐτοῖς.	Mk 10,13	καὶ προσέφερον αὐτῷ παιδία ἵνα αὐτῶν **ἅψηται·** οἱ δὲ μαθηταὶ ἐπετίμησαν αὐτοῖς.	Lk 18,15	προσέφερον δὲ αὐτῷ καὶ τὰ βρέφη ἵνα αὐτῶν **ἅπτηται·** ἰδόντες δὲ οἱ μαθηταὶ ἐπετίμων αὐτοῖς.	
211	Mt 20,34 ⇧ Mt 9,29 → Mk 8,23 → Mk 8,25	σπλαγχνισθεὶς δὲ ὁ Ἰησοῦς **ἥψατο** τῶν ὀμμάτων αὐτῶν, καὶ εὐθέως ἀνέβλεψαν καὶ ἠκολούθησαν αὐτῷ.	Mk 10,52	καὶ ὁ Ἰησοῦς εἶπεν αὐτῷ· ὕπαγε, ἡ πίστις σου σέσωκέν σε. καὶ εὐθὺς ἀνέβλεψεν, καὶ ἠκολούθει αὐτῷ ἐν τῇ ὁδῷ.	Lk 18,42	καὶ ὁ Ἰησοῦς εἶπεν αὐτῷ· ἀνάβλεψον· ἡ πίστις σου σέσωκέν σε. [43] καὶ παραχρῆμα ἀνέβλεψεν καὶ ἠκολούθει αὐτῷ δοξάζων τὸν θεόν. ...	
002	Mt 26,52	τότε λέγει αὐτῷ ὁ Ἰησοῦς· ἀπόστρεψον τὴν μάχαιράν σου εἰς τὸν τόπον αὐτῆς· πάντες γὰρ οἱ λαβόντες μάχαιραν ἐν μαχαίρῃ ἀπολοῦνται.			Lk 22,51	ἀποκριθεὶς δὲ ὁ Ἰησοῦς εἶπεν· ἐᾶτε ἕως τούτου· καὶ **ἁψάμενος** τοῦ ὠτίου ἰάσατο αὐτόν.	→ Jn 18,11

Acts 28,2 οἵ τε βάρβαροι παρεῖχον
οὐ τὴν τυχοῦσαν
φιλανθρωπίαν ἡμῖν,
ἅψαντες
γὰρ πυρὰν προσελάβοντο
πάντας ἡμᾶς ...

ἀπώλεια

Syn	Mt	Mk	Lk	Acts	Jn	1-3John	Paul	Eph	Col
3	2	1		1	1		3		
NT	2Thess	1/2Tim	Tit	Heb	Jas	1Pet	2Pet	Jude	Rev
18	1	1		1			5		2

destruction; utter ruin

201	Mt 7,13	εἰσέλθατε διὰ τῆς στενῆς πύλης· ὅτι πλατεῖα ἡ πύλη καὶ εὐρύχωρος ἡ ὁδὸς ἡ ἀπάγουσα **εἰς τὴν ἀπώλειαν,** καὶ πολλοί εἰσιν οἱ εἰσερχόμενοι δι' αὐτῆς·			Lk 13,24	ἀγωνίζεσθε εἰσελθεῖν διὰ τῆς στενῆς θύρας, ...	
220	Mt 26,8	ἰδόντες δὲ οἱ μαθηταὶ ἠγανάκτησαν λέγοντες· εἰς τί **ἡ ἀπώλεια αὕτη;**	Mk 14,4	ἦσαν δέ τινες ἀγανακτοῦντες πρὸς ἑαυτούς· εἰς τί **ἡ ἀπώλεια αὕτη** τοῦ μύρου γέγονεν;			→ Jn 12,4-5

Acts 8,20 ... τὸ ἀργύριόν σου
σὺν σοὶ εἴη
εἰς ἀπώλειαν
ὅτι τὴν δωρεὰν τοῦ θεοῦ
ἐνόμισας διὰ χρημάτων
κτᾶσθαι·

ἄρα	Syn 15	Mt 7	Mk 2	Lk 6	Acts 5	Jn	1-3John	Paul 25	Eph 1	Col
	NT 49	2Thess 1	1/2Tim	Tit	Heb 2	Jas	1Pet	2Pet	Jude	Rev

inferential participle: consequently; therefore; then; thus; so

	triple tradition																	double tradition			Sondergut		
		+Mt / +Lk			–Mt / –Lk			traditions not taken over by Mt / Lk							subtotals								
code	*222*	*211*	*112*	*212*	*221*	*122*	*121*	*022*	*012*	*021*	*220*	*120*	*210*	*020*	Σ^+	Σ^-	Σ	*202*	*201*	*102*	*200*	*002*	total
Mt		3^+				1^-						1^-			3^+	2^-	3	2			2		7
Mk						1						1					2						2
Lk			1^+			1									1^+		2	2		1		1	6

a ἄρα γε *b* τίς ἄρα, τί ἄρα

b 002					**Lk 1,66**	καὶ ἔθεντο πάντες οἱ ἀκούσαντες ἐν τῇ καρδίᾳ αὐτῶν λέγοντες· **τί ἄρα** τὸ παιδίον τοῦτο ἔσται; καὶ γὰρ χεὶρ κυρίου ἦν μετ᾽ αὐτοῦ.	
a 200	**Mt 7,20** ⇨ Mt 7,16 → Mt 12,33 → Lk 6,44	**ἄρα γε** ἀπὸ τῶν καρπῶν αὐτῶν ἐπιγνώσεσθε αὐτούς.					
202	**Mt 12,28**	εἰ δὲ ἐν πνεύματι θεοῦ ἐγὼ ἐκβάλλω τὰ δαιμόνια, **ἄρα** ἔφθασεν ἐφ᾽ ὑμᾶς ἡ βασιλεία τοῦ θεοῦ.			**Lk 11,20**	εἰ δὲ ἐν δακτύλῳ θεοῦ [ἐγὼ] ἐκβάλλω τὰ δαιμόνια, **ἄρα** ἔφθασεν ἐφ᾽ ὑμᾶς ἡ βασιλεία τοῦ θεοῦ.	
b 122	**Mt 8,27**	οἱ δὲ ἄνθρωποι ἐθαύμασαν λέγοντες· **ποταπός** ἐστιν οὗτος ὅτι καὶ οἱ ἄνεμοι καὶ ἡ θάλασσα αὐτῷ ὑπακούουσιν;	**Mk 4,41**	καὶ ἐφοβήθησαν φόβον μέγαν καὶ ἔλεγον πρὸς ἀλλήλους· **τίς ἄρα** οὗτός ἐστιν ὅτι καὶ ὁ ἄνεμος καὶ ἡ θάλασσα ὑπακούει αὐτῷ;	**Lk 8,25**	... φοβηθέντες δὲ ἐθαύμασαν, λέγοντες πρὸς ἀλλήλους· **τίς ἄρα** οὗτός ἐστιν ὅτι καὶ τοῖς ἀνέμοις ἐπιτάσσει καὶ τῷ ὕδατι, καὶ ὑπακούουσιν αὐτῷ;	
a 200	**Mt 17,26**	εἰπόντος δέ· ἀπὸ τῶν ἀλλοτρίων, ἔφη αὐτῷ ὁ Ἰησοῦς· **ἄρα γε** ἐλεύθεροί εἰσιν οἱ υἱοί.					
b 211	**Mt 18,1**	ἐν ἐκείνῃ τῇ ὥρᾳ προσῆλθον οἱ μαθηταὶ τῷ Ἰησοῦ λέγοντες· **τίς ἄρα** μείζων ἐστὶν ἐν τῇ βασιλείᾳ τῶν οὐρανῶν;	**Mk 9,34**	[33] ... ἐπηρώτα αὐτούς· τί ἐν τῇ ὁδῷ διελογίζεσθε; [34] οἱ δὲ ἐσιώπων· πρὸς ἀλλήλους γὰρ διελέχθησαν ἐν τῇ ὁδῷ **τίς** μείζων.	**Lk 9,46** → Lk 22,24	εἰσῆλθεν δὲ διαλογισμὸς ἐν αὐτοῖς, τὸ **τίς ἂν** εἴη μείζων αὐτῶν.	→ GTh 12
202	**Mt 12,28**	εἰ δὲ ἐν πνεύματι θεοῦ ἐγὼ ἐκβάλλω τὰ δαιμόνια, **ἄρα** ἔφθασεν ἐφ᾽ ὑμᾶς ἡ βασιλεία τοῦ θεοῦ.			**Lk 11,20**	εἰ δὲ ἐν δακτύλῳ θεοῦ [ἐγὼ] ἐκβάλλω τὰ δαιμόνια, **ἄρα** ἔφθασεν ἐφ᾽ ὑμᾶς ἡ βασιλεία τοῦ θεοῦ.	

102	**Mt 23,31**	**ὥστε** μαρτυρεῖτε ἑαυτοῖς ὅτι υἱοί ἐστε τῶν φονευσάντων τοὺς προφήτας. [32] καὶ ὑμεῖς πληρώσατε τὸ μέτρον τῶν πατέρων ὑμῶν.			**Lk 11,48**	**ἄρα** μάρτυρές ἐστε καὶ συνευδοκεῖτε τοῖς ἔργοις τῶν πατέρων ὑμῶν, ὅτι αὐτοὶ μὲν ἀπέκτειναν αὐτούς, ὑμεῖς δὲ οἰκοδομεῖτε.	
b 202	**Mt 24,45**	 **τίς ἄρα** ἐστὶν ὁ πιστὸς δοῦλος καὶ φρόνιμος ...			**Lk 12,42**	καὶ εἶπεν ὁ κύριος· **τίς ἄρα** ἐστὶν ὁ πιστὸς οἰκονόμος ὁ φρόνιμος, ...	
b 211	**Mt 19,25**	ἀκούσαντες δὲ οἱ μαθηταὶ ἐξεπλήσσοντο σφόδρα λέγοντες· **τίς ἄρα** δύναται σωθῆναι;	**Mk 10,26**	οἱ δὲ περισσῶς ἐξεπλήσσοντο λέγοντες πρὸς ἑαυτούς· **καὶ τίς** δύναται σωθῆναι;	**Lk 18,26**	 εἶπαν δὲ οἱ ἀκούσαντες· **καὶ τίς** δύναται σωθῆναι;	
b 211	**Mt 19,27**	... ἰδοὺ ἡμεῖς ἀφήκαμεν πάντα καὶ ἠκολουθήσαμέν σοι· **τί ἄρα** ἔσται ἡμῖν;	**Mk 10,28**	... ἰδοὺ ἡμεῖς ἀφήκαμεν πάντα καὶ ἠκολουθήκαμέν σοι.	**Lk 18,28**	... ἰδοὺ ἡμεῖς ἀφέντες τὰ ἴδια ἠκολουθήσαμέν σοι.	
   120	**Mt 21,19** → Lk 13,6	καὶ ἰδὼν συκῆν μίαν ἐπὶ τῆς ὁδοῦ ἦλθεν ἐπ᾽ αὐτὴν καὶ οὐδὲν εὗρεν ἐν αὐτῇ εἰ μὴ φύλλα μόνον, ...	**Mk 11,13** → Lk 13,6	καὶ ἰδὼν συκῆν ἀπὸ μακρόθεν ἔχουσαν φύλλα ἦλθεν, εἰ **ἄρα** τι εὑρήσει ἐν αὐτῇ, καὶ ἐλθὼν ἐπ᾽ αὐτὴν οὐδὲν εὗρεν εἰ μὴ φύλλα· ...			
b 202	**Mt 24,45**	 **τίς ἄρα** ἐστὶν ὁ πιστὸς δοῦλος καὶ φρόνιμος ...			**Lk 12,42**	καὶ εἶπεν ὁ κύριος· **τίς ἄρα** ἐστὶν ὁ πιστὸς οἰκονόμος ὁ φρόνιμος, ...	
b 112	**Mt 26,22** → Mt 26,25	καὶ λυπούμενοι σφόδρα ἤρξαντο λέγειν αὐτῷ εἷς ἕκαστος· μήτι ἐγώ εἰμι, κύριε;	**Mk 14,19**	ἤρξαντο λυπεῖσθαι καὶ λέγειν αὐτῷ εἷς κατὰ εἷς· μήτι ἐγώ;	**Lk 22,23**	καὶ αὐτοὶ ἤρξαντο συζητεῖν πρὸς ἑαυτοὺς τὸ **τίς ἄρα** εἴη ἐξ αὐτῶν ὁ τοῦτο μέλλων πράσσειν.	→ Jn 13,22.25

Acts 8,22 μετανόησον οὖν ἀπὸ τῆς κακίας σου ταύτης καὶ δεήθητι τοῦ κυρίου, εἰ
ἄρα
ἀφεθήσεταί σοι ἡ ἐπίνοια τῆς καρδίας σου

Acts 11,18 ἀκούσαντες δὲ ταῦτα ἡσύχασαν καὶ ἐδόξασαν τὸν θεὸν λέγοντες·
ἄρα
καὶ τοῖς ἔθνεσιν ὁ θεὸς τὴν μετάνοιαν εἰς ζωὴν ἔδωκεν.

b **Acts 12,18** γενομένης δὲ ἡμέρας ἦν τάραχος οὐκ ὀλίγος ἐν τοῖς στρατιώταις
τί ἄρα
ὁ Πέτρος ἐγένετο.

a **Acts 17,27** [26] ἐποίησέν τε ἐξ ἑνὸς πᾶν ἔθνος ἀνθρώπων ... [27] ζητεῖν τὸν θεόν, εἰ
ἄρα γε
ψηλαφήσειαν αὐτὸν καὶ εὕροιεν, καί γε οὐ μακρὰν ἀπὸ ἑνὸς ἑκάστου ἡμῶν ὑπάρχοντα.

Acts 21,38 οὐκ
ἄρα
σὺ εἶ ὁ Αἰγύπτιος ὁ πρὸ τούτων τῶν ἡμερῶν ἀναστατώσας καὶ ἐξαγαγὼν εἰς τὴν ἔρημον τοὺς τετρακισχιλίους ἄνδρας τῶν σικαρίων;

ἆρα	Syn 1	Mt	Mk	Lk 1	Acts 1	Jn	1-3John	Paul 1	Eph	Col
	NT 3	2Thess	1/2Tim	Tit	Heb	Jas	1Pet	2Pet	Jude	Rev

interrogative participle expecting a negative response

002		Lk 18,8	... πλὴν ὁ υἱὸς τοῦ ἀνθρώπου ἐλθὼν **ἆρα** εὑρήσει τὴν πίστιν ἐπὶ τῆς γῆς;	

Acts 8,30 προσδραμὼν δὲ ὁ Φίλιππος ἤκουσεν αὐτοῦ ἀναγινώσκοντος Ἠσαΐαν τὸν προφήτην καὶ εἶπεν· **ἆρά γε** γινώσκεις ἃ ἀναγινώσκεις;

Ἀράμ	Syn 2	Mt 2	Mk	Lk	Acts	Jn	1-3John	Paul	Eph	Col
	NT 2	2Thess	1/2Tim	Tit	Heb	Jas	1Pet	2Pet	Jude	Rev

Aram

200	Mt 1,3	... Ἑσρὼμ δὲ ἐγέννησεν **τὸν Ἀράμ,**	Lk 3,33	τοῦ Ἀμιναδὰβ τοῦ Ἀδμὶν	
200	Mt 1,4	**Ἀρὰμ** δὲ ἐγέννησεν τὸν Ἀμιναδάβ, ...		**τοῦ Ἀρνὶ** τοῦ Ἑσρὼμ ...	

ἀργός	Syn 3	Mt 3	Mk	Lk	Acts	Jn	1-3John	Paul	Eph	Col
	NT 8	2Thess	1/2Tim 2	Tit 1	Heb	Jas 1	1Pet	2Pet 1	Jude	Rev

idle; unemployed; lazy; careless; ineffective; useless

200	Mt 12,36	λέγω δὲ ὑμῖν ὅτι **πᾶν ῥῆμα ἀργὸν** ὃ λαλήσουσιν οἱ ἄνθρωποι ἀποδώσουσιν περὶ αὐτοῦ λόγον ἐν ἡμέρᾳ κρίσεως·	
200	Mt 20,3	καὶ ἐξελθὼν περὶ τρίτην ὥραν εἶδεν ἄλλους ἑστῶτας ἐν τῇ ἀγορᾷ **ἀργοὺς**	
200	Mt 20,6	... εὗρεν ἄλλους ἑστῶτας καὶ λέγει αὐτοῖς· τί ὧδε ἑστήκατε ὅλην τὴν ἡμέραν **ἀργοί;**	

ἀργύριον	Syn 14	Mt 9	Mk 1	Lk 4	Acts 5	Jn	1-3John	Paul	Eph	Col
	NT 20	2Thess	1/2Tim	Tit	Heb	Jas	1Pet 1	2Pet	Jude	Rev

silver coin; money; silver

	triple tradition																	double tradition			Sonder-gut		
		+Mt / +Lk			–Mt / –Lk			traditions not taken over by Mt / Lk							subtotals								
code	222	211	112	212	221	122	121	022	012	021	220	120	210	020	Σ⁺	Σ⁻	Σ	202	201	102	200	002	total
Mt	1																1	1			7		9
Mk	1																1						1
Lk	1		1⁺												1⁺		2	1		1			4

112	**Mt 10,9**	μὴ κτήσησθε χρυσὸν **μηδὲ ἄργυρον** μηδὲ χαλκὸν εἰς τὰς ζώνας ὑμῶν, [10] μὴ πήραν εἰς ὁδὸν μηδὲ δύο χιτῶνας μηδὲ ὑποδήματα μηδὲ ῥάβδον· ...	**Mk 6,8**	... ἵνα μηδὲν αἴρωσιν εἰς ὁδὸν εἰ μὴ ῥάβδον μόνον, μὴ ἄρτον, μὴ πήραν, μὴ εἰς τὴν ζώνην χαλκόν, [9] ἀλλὰ ὑποδεδεμένους σανδάλια, καὶ μὴ ἐνδύσησθε δύο χιτῶνας.	**Lk 9,3** ⇩ Lk 10,4 → Lk 22,35-36	... μηδὲν αἴρετε εἰς τὴν ὁδόν, μήτε ῥάβδον μήτε πήραν μήτε ἄρτον **μήτε ἀργύριον** μήτε [ἀνὰ] δύο χιτῶνας ἔχειν.	Mk-Q overlap
					Lk 10,4 ⇧ **Lk 9,3** → Lk 22,35-36	μὴ βαστάζετε **βαλλάντιον,** μὴ πήραν, μὴ ὑποδήματα, καὶ μηδένα κατὰ τὴν ὁδὸν ἀσπάσησθε.	
200	**Mt 25,18** → Lk 19,20	ὁ δὲ τὸ ἓν λαβὼν ἀπελθὼν ὤρυξεν γῆν καὶ ἔκρυψεν **τὸ ἀργύριον τοῦ κυρίου αὐτοῦ.**					
102	**Mt 25,19**	μετὰ δὲ πολὺν χρόνον ἔρχεται ὁ κύριος τῶν δούλων ἐκείνων καὶ συναίρει λόγον μετ᾽ αὐτῶν.			**Lk 19,15**	καὶ ἐγένετο ἐν τῷ ἐπανελθεῖν αὐτὸν λαβόντα τὴν βασιλείαν καὶ εἶπεν φωνηθῆναι αὐτῷ τοὺς δούλους τούτους οἷς δεδώκει **τὸ ἀργύριον,** ἵνα γνοῖ τί διεπραγματεύσαντο.	
202	**Mt 25,27**	ἔδει σε οὖν βαλεῖν **τὰ ἀργύριά μου** τοῖς τραπεζίταις, καὶ ἐλθὼν ἐγὼ ἐκομισάμην ἂν τὸ ἐμὸν σὺν τόκῳ.			**Lk 19,23**	καὶ διὰ τί οὐκ ἔδωκάς **μου τὸ ἀργύριον** ἐπὶ τράπεζαν; κἀγὼ ἐλθὼν σὺν τόκῳ ἂν αὐτὸ ἔπραξα.	
222	**Mt 26,15**	... οἱ δὲ ἔστησαν αὐτῷ **τριάκοντα ἀργύρια.**	**Mk 14,11**	οἱ δὲ ἀκούσαντες ἐχάρησαν καὶ ἐπηγγείλαντο αὐτῷ **ἀργύριον** δοῦναι. ...	**Lk 22,5**	καὶ ἐχάρησαν καὶ συνέθεντο αὐτῷ **ἀργύριον** δοῦναι.	
200	**Mt 27,3**	τότε ἰδὼν Ἰούδας ὁ παραδιδοὺς αὐτὸν ὅτι κατεκρίθη, μεταμεληθεὶς ἔστρεψεν **τὰ τριάκοντα ἀργύρια** τοῖς ἀρχιερεῦσιν καὶ πρεσβυτέροις					
200	**Mt 27,5**	καὶ ῥίψας **τὰ ἀργύρια** εἰς τὸν ναὸν ἀνεχώρησεν, καὶ ἀπελθὼν ἀπήγξατο.					→ Acts 1,18

200	Mt 27,6	οἱ δὲ ἀρχιερεῖς λαβόντες **τὰ ἀργύρια** εἶπαν· οὐκ ἔξεστιν βαλεῖν αὐτὰ εἰς τὸν κορβανᾶν, ἐπεὶ τιμὴ αἵματός ἐστιν.		
200	Mt 27,9	τότε ἐπληρώθη τὸ ῥηθὲν διὰ Ἰερεμίου τοῦ προφήτου λέγοντος· *καὶ ἔλαβον* ***τὰ τριάκοντα*** ***ἀργύρια,*** *τὴν τιμὴν τοῦ* *τετιμημένου ὃν* *ἐτιμήσαντο* ἀπὸ υἱῶν Ἰσραήλ ➢ Zech 11,13		
200	Mt 28,12	καὶ συναχθέντες μετὰ τῶν πρεσβυτέρων συμβούλιόν τε λαβόντες **ἀργύρια ἱκανὰ** ἔδωκαν τοῖς στρατιώταις		
200	Mt 28,15	οἱ δὲ λαβόντες **τὰ ἀργύρια** ἐποίησαν ὡς ἐδιδάχθησαν. ...		

Acts 3,6 εἶπεν δὲ Πέτρος· **ἀργύριον** καὶ χρυσίον οὐχ ὑπάρχει μοι, ὃ δὲ ἔχω τοῦτό σοι δίδωμι· ...

Acts 7,16 ... ἐτέθησαν ἐν τῷ μνήματι ᾧ ὠνήσατο Ἀβραὰμ **τιμῆς ἀργυρίου** παρὰ τῶν υἱῶν Ἑμμὼρ ἐν Συχέμ.

Acts 8,20 Πέτρος δὲ εἶπεν πρὸς αὐτόν· **τὸ ἀργύριόν σου** σὺν σοὶ εἴη εἰς ἀπώλειαν ...

Acts 19,19 ἱκανοὶ δὲ τῶν τὰ περίεργα πραξάντων συνενέγκαντες τὰς βίβλους κατέκαιον ἐνώπιον πάντων, καὶ συνεψήφισαν τὰς τιμὰς αὐτῶν καὶ εὗρον **ἀργυρίου μυριάδας πέντε.**

Acts 20,33 **ἀργυρίου** ἢ χρυσίου ἢ ἱματισμοῦ οὐδενὸς ἐπεθύμησα·

ἄργυρος	Syn	Mt	Mk	Lk	Acts	Jn	1-3John	Paul	Eph	Col
	1	1			1			1		
	NT	2Thess	1/2Tim	Tit	Heb	Jas	1Pet	2Pet	Jude	Rev
	5					1				1

silver; silver coin; money; silver image

211	Mt 10,9	μὴ κτήσησθε χρυσὸν **μηδὲ ἄργυρον** μηδὲ χαλκὸν εἰς τὰς ζώνας ὑμῶν, [10] μὴ πήραν εἰς ὁδὸν μηδὲ δύο χιτῶνας μηδὲ ὑποδήματα μηδὲ ῥάβδον· ...	Mk 6,8	... ἵνα μηδὲν αἴρωσιν εἰς ὁδὸν εἰ μὴ ῥάβδον μόνον, μὴ ἄρτον, μὴ πήραν, μὴ εἰς τὴν ζώνην χαλκόν, [9] ἀλλὰ ὑποδεδεμένους σανδάλια, καὶ μὴ ἐνδύσησθε δύο χιτῶνας.	Lk 9,3 ⇩ Lk 10,4 → Lk 22,35-36	... μηδὲν αἴρετε εἰς τὴν ὁδόν, μήτε ῥάβδον μήτε πήραν μήτε ἄρτον **μήτε ἀργύριον** μήτε [ἀνὰ] δύο χιτῶνας ἔχειν.	Mk-Q overlap
					Lk 10,4 ⇧ Lk 9,3 → Lk 22,35-36	μὴ βαστάζετε **βαλλάντιον,** μὴ πήραν, μὴ ὑποδήματα, καὶ μηδένα κατὰ τὴν ὁδὸν ἀσπάσησθε.	

Acts 17,29 γένος οὖν ὑπάρχοντες
τοῦ θεοῦ οὐκ ὀφείλομεν
νομίζειν χρυσῷ ἢ
ἀργύρῳ
ἢ λίθῳ, χαράγματι
τέχνης καὶ ἐνθυμήσεως
ἀνθρώπου, τὸ θεῖον εἶναι
ὅμοιον.

ἀρέσκω	Syn 2	Mt 1	Mk 1	Lk	Acts 1	Jn	1-3John	Paul 13	Eph	Col
	NT 17	2Thess	1/2Tim 1	Tit	Heb	Jas	1Pet	2Pet	Jude	Rev

try to please; please; be acceptable to

220	**Mt 14,6** ... ὠρχήσατο ἡ θυγάτηρ τῆς Ἡρῳδιάδος ἐν τῷ μέσῳ καὶ **ἤρεσεν** τῷ Ἡρῴδῃ	**Mk 6,22** καὶ εἰσελθούσης τῆς θυγατρὸς αὐτοῦ Ἡρῳδιάδος καὶ ὀρχησαμένης **ἤρεσεν** τῷ Ἡρῴδῃ ...	

Acts 6,5 καὶ
ἤρεσεν
ὁ λόγος ἐνώπιον παντὸς
τοῦ πλήθους καὶ
ἐξελέξαντο Στέφανον, ...

ἀρήν	Syn 1	Mt	Mk	Lk 1	Acts	Jn	1-3John	Paul	Eph	Col
	NT 1	2Thess	1/2Tim	Tit	Heb	Jas	1Pet	2Pet	Jude	Rev

lamb

102	**Mt 10,16** ἰδοὺ ἐγὼ ἀποστέλλω ὑμᾶς **ὡς πρόβατα** ἐν μέσῳ λύκων· ...	**Lk 10,3** ... ἰδοὺ ἀποστέλλω ὑμᾶς **ὡς ἄρνας** ἐν μέσῳ λύκων.	

ἀριθμέω	Syn 2	Mt 1	Mk	Lk 1	Acts	Jn	1-3John	Paul	Eph	Col
	NT 3	2Thess	1/2Tim	Tit	Heb	Jas	1Pet	2Pet	Jude	Rev 1

count; number

202	**Mt 10,30** ὑμῶν δὲ καὶ αἱ τρίχες τῆς κεφαλῆς πᾶσαι **ἠριθμημέναι** εἰσίν.	**Lk 12,7** → Lk 21,18 ἀλλὰ καὶ αἱ τρίχες τῆς κεφαλῆς ὑμῶν πᾶσαι **ἠρίθμηνται.** ...	→ Acts 27,34

ἀριθμός

	Syn	Mt	Mk	Lk	Acts	Jn	1-3John	Paul	Eph	Col
	1			1	5	1		1		
	NT	2Thess	1/2Tim	Tit	Heb	Jas	1Pet	2Pet	Jude	Rev
	18									10

number; total

112	**Mt 26,14**	τότε πορευθεὶς **εἷς τῶν δώδεκα,** ὁ λεγόμενος Ἰούδας Ἰσκαριώτης, πρὸς τοὺς ἀρχιερεῖς	**Mk 14,10**	καὶ Ἰούδας Ἰσκαριὼθ **ὁ εἷς τῶν δώδεκα** ἀπῆλθεν πρὸς τοὺς ἀρχιερεῖς ...	**Lk 22,3**	εἰσῆλθεν δὲ σατανᾶς εἰς Ἰούδαν τὸν καλούμενον Ἰσκαριώτην, **ὄντα ἐκ τοῦ ἀριθμοῦ τῶν δώδεκα·** [4] καὶ ἀπελθὼν συνελάλησεν τοῖς ἀρχιερεῦσιν καὶ στρατηγοῖς ...	

Acts 4,4 ... καὶ ἐγενήθη **[ὁ] ἀριθμὸς τῶν ἀνδρῶν** [ὡς] χιλιάδες πέντε.

Acts 5,36 πρὸ γὰρ τούτων τῶν ἡμερῶν ἀνέστη Θευδᾶς λέγων εἶναί τινα ἑαυτόν, ᾧ προσεκλίθη **ἀνδρῶν ἀριθμὸς ὡς τετρακοσίων·** ...

Acts 6,7 καὶ ὁ λόγος τοῦ θεοῦ ηὔξανεν καὶ ἐπληθύνετο **ὁ ἀριθμὸς τῶν μαθητῶν** ἐν Ἰερουσαλὴμ σφόδρα, ...

Acts 11,21 καὶ ἦν χεὶρ κυρίου μετ' αὐτῶν, **πολύς τε ἀριθμὸς ὁ πιστεύσας** ἐπέστρεψεν ἐπὶ τὸν κύριον.

Acts 16,5 αἱ μὲν οὖν ἐκκλησίαι ἐστερεοῦντο τῇ πίστει καὶ ἐπερίσσευον **τῷ ἀριθμῷ** καθ' ἡμέραν.

Ἁριμαθαία

	Syn	Mt	Mk	Lk	Acts	Jn	1-3John	Paul	Eph	Col
	3	1	1	1		1				
	NT	2Thess	1/2Tim	Tit	Heb	Jas	1Pet	2Pet	Jude	Rev
	4									

Arimathea

222	**Mt 27,57**	ὀψίας δὲ γενομένης ἦλθεν ἄνθρωπος πλούσιος **ἀπὸ Ἁριμαθαίας,** τοὔνομα Ἰωσήφ, ὃς καὶ αὐτὸς ἐμαθητεύθη τῷ Ἰησοῦ·	**Mk 15,43**	ἐλθὼν Ἰωσὴφ **[ὁ] ἀπὸ Ἁριμαθαίας** εὐσχήμων βουλευτής, ὃς καὶ αὐτὸς ἦν προσδεχόμενος τὴν βασιλείαν τοῦ θεοῦ, ...	**Lk 23,51**	[50] καὶ ἰδοὺ ἀνὴρ ὀνόματι Ἰωσὴφ ... [51] ... **ἀπὸ Ἁριμαθαίας** πόλεως τῶν Ἰουδαίων, ὃς προσεδέχετο τὴν βασιλείαν τοῦ θεοῦ	→ **Jn 19,38**

ἀριστάω

	Syn	Mt	Mk	Lk	Acts	Jn	1-3John	Paul	Eph	Col
	1			1		2				
	NT	2Thess	1/2Tim	Tit	Heb	Jas	1Pet	2Pet	Jude	Rev
	3									

eat breakfast; eat a meal

002					**Lk 11,37** → Mt 15,1 → Mk 7,1	ἐν δὲ τῷ λαλῆσαι ἐρωτᾷ αὐτὸν Φαρισαῖος ὅπως **ἀριστήσῃ** παρ' αὐτῷ· εἰσελθὼν δὲ ἀνέπεσεν.	

# ἀριστερός	Syn 3	Mt 1	Mk 1	Lk 1	Acts	Jn	1-3John	Paul 1	Eph	Col
	NT 4	2Thess	1/2Tim	Tit	Heb	Jas	1Pet	2Pet	Jude	Rev

left; left hand

200	**Mt 6,3**	σοῦ δὲ ποιοῦντος ἐλεημοσύνην μὴ γνώτω **ἡ ἀριστερά σου** τί ποιεῖ ἡ δεξιά σου					→ GTh 62,2
120	**Mt 20,21**	... εἰπὲ ἵνα καθίσωσιν οὗτοι οἱ δύο υἱοί μου εἷς ἐκ δεξιῶν σου καὶ εἷς **ἐξ εὐωνύμων σου** ἐν τῇ βασιλείᾳ σου.	**Mk 10,37**	... δὸς ἡμῖν ἵνα εἷς σου ἐκ δεξιῶν καὶ εἷς **ἐξ ἀριστερῶν** καθίσωμεν ἐν τῇ δόξῃ σου.			
112	**Mt 27,38** → Lk 23,32	τότε σταυροῦνται σὺν αὐτῷ δύο λῃσταί, εἷς ἐκ δεξιῶν καὶ εἷς **ἐξ εὐωνύμων.**	**Mk 15,27** → Lk 23,32	καὶ σὺν αὐτῷ σταυροῦσιν δύο λῃστάς, ἕνα ἐκ δεξιῶν καὶ ἕνα **ἐξ εὐωνύμων αὐτοῦ.**	**Lk 23,33** → Lk 22,37	... ἐκεῖ ἐσταύρωσαν αὐτὸν καὶ τοὺς κακούργους, ὃν μὲν ἐκ δεξιῶν ὃν δὲ **ἐξ ἀριστερῶν.**	→ Jn 19,18

# ἄριστον	Syn 3	Mt 1	Mk	Lk 2	Acts	Jn	1-3John	Paul	Eph	Col
	NT 3	2Thess	1/2Tim	Tit	Heb	Jas	1Pet	2Pet	Jude	Rev

meal; noon meal; feast

002					**Lk 11,38** → Mk 7,2	ὁ δὲ Φαρισαῖος ἰδὼν ἐθαύμασεν ὅτι οὐ πρῶτον ἐβαπτίσθη **πρὸ τοῦ ἀρίστου.**	
002					**Lk 14,12**	... ὅταν ποιῇς **ἄριστον** ἢ δεῖπνον, μὴ φώνει τοὺς φίλους σου ...	
201	**Mt 22,4**	πάλιν ἀπέστειλεν ἄλλους δούλους λέγων· εἴπατε τοῖς κεκλημένοις· ἰδοὺ **τὸ ἄριστόν μου** ἡτοίμακα, οἱ ταῦροί μου καὶ τὰ σιτιστὰ τεθυμένα καὶ πάντα ἕτοιμα· δεῦτε εἰς τοὺς γάμους.			**Lk 14,17**	καὶ ἀπέστειλεν τὸν δοῦλον αὐτοῦ τῇ ὥρᾳ τοῦ δείπνου εἰπεῖν τοῖς κεκλημένοις· ἔρχεσθε, ὅτι ἤδη ἕτοιμά ἐστιν.	→ GTh 64

# ἀρκετός	Syn 2	Mt 2	Mk	Lk	Acts	Jn	1-3John	Paul	Eph	Col
	NT 3	2Thess	1/2Tim	Tit	Heb	Jas	1Pet 1	2Pet	Jude	Rev

enough; it is enough

200	**Mt 6,34**	μὴ οὖν μεριμνήσητε εἰς τὴν αὔριον, ἡ γὰρ αὔριον μεριμνήσει ἑαυτῆς· **ἀρκετὸν** τῇ ἡμέρᾳ ἡ κακία αὐτῆς.					

code	Mt		Mk		Lk		
201	**Mt 10,25**	[24] οὐκ ἔστιν μαθητὴς ὑπὲρ τὸν διδάσκαλον οὐδὲ δοῦλος ὑπὲρ τὸν κύριον αὐτοῦ. [25] **ἀρκετὸν** τῷ μαθητῇ ἵνα γένηται ὡς ὁ διδάσκαλος αὐτοῦ καὶ ὁ δοῦλος ὡς ὁ κύριος αὐτοῦ. ...			**Lk 6,40**	οὐκ ἔστιν μαθητὴς ὑπὲρ τὸν διδάσκαλον· **κατηρτισμένος** δὲ πᾶς ἔσται ὡς ὁ διδάσκαλος αὐτοῦ.	

ἀρκέω

	Syn	Mt	Mk	Lk	Acts	Jn	1-3John	Paul	Eph	Col
	2	1		1		2	1	1		
	NT	2Thess	1/2Tim	Tit	Heb	Jas	1Pet	2Pet	Jude	Rev
	8		1		1					

be enough or sufficient; *passive:* be content or satisfied

code	Mt		Mk		Lk		
002					**Lk 3,14**	... μηδένα διασείσητε μηδὲ συκοφαντήσητε καὶ **ἀρκεῖσθε** τοῖς ὀψωνίοις ὑμῶν.	
200	**Mt 25,9**	ἀπεκρίθησαν δὲ αἱ φρόνιμοι λέγουσαι· μήποτε **οὐ μὴ ἀρκέσῃ** ἡμῖν καὶ ὑμῖν· ...					

ἀρνέομαι

	Syn	Mt	Mk	Lk	Acts	Jn	1-3John	Paul	Eph	Col
	10	4	2	4	4	4	3			
	NT	2Thess	1/2Tim	Tit	Heb	Jas	1Pet	2Pet	Jude	Rev
	33		5	2	1			1	1	2

deny; disown; renounce; refuse

	triple tradition																double tradition			Sondergut		
		+Mt / +Lk			–Mt / –Lk			traditions not taken over by Mt / Lk							subtotals							
code	*222*	*211*	*112*	*212*	*221*	*122*	*121*	*022*	*012*	*021*	*220*	*120*	*210*	*020*	Σ^+	Σ^-	Σ	*202*	*201*	*102*	*200*	*002*	total
Mt	1				1												2	1	1				**4**
Mk	1				1												2						**2**
Lk	1		1^+		1^-				1^+						2^+	1^-	3	1					**4**

code	Mt		Mk		Lk		
012			**Mk 5,31**	[30] ... ἐπιστραφεὶς ἐν τῷ ὄχλῳ ἔλεγεν· τίς μου ἥψατο τῶν ἱματίων; [31] καὶ ἔλεγον αὐτῷ οἱ μαθηταὶ αὐτοῦ· βλέπεις τὸν ὄχλον συνθλίβοντά σε καὶ λέγεις· τίς μου ἥψατο;	**Lk 8,45**	καὶ εἶπεν ὁ Ἰησοῦς· τίς ὁ ἁψάμενός μου; **ἀρνουμένων** δὲ πάντων εἶπεν ὁ Πέτρος· ἐπιστάτα, οἱ ὄχλοι συνέχουσίν σε καὶ ἀποθλίβουσιν.	
112	**Mt 16,24** ⇩ Mt 10,38	... εἴ τις θέλει ὀπίσω μου ἐλθεῖν, **ἀπαρνησάσθω** ἑαυτὸν καὶ ἀράτω τὸν σταυρὸν αὐτοῦ καὶ ἀκολουθείτω μοι.	**Mk 8,34**	... εἴ τις θέλει ὀπίσω μου ἀκολουθεῖν, **ἀπαρνησάσθω** ἑαυτὸν καὶ ἀράτω τὸν σταυρὸν αὐτοῦ καὶ ἀκολουθείτω μοι.	**Lk 9,23** ⇩ Lk 14,27	... εἴ τις θέλει ὀπίσω μου ἔρχεσθαι, **ἀρνησάσθω** ἑαυτὸν καὶ ἀράτω τὸν σταυρὸν αὐτοῦ καθ᾽ ἡμέραν, καὶ ἀκολουθείτω μοι.	→ GTh 55 Mk-Q overlap
	Mt 10,38 ⇩ **Mt 16,24**	καὶ ὃς οὐ λαμβάνει τὸν σταυρὸν αὐτοῦ καὶ ἀκολουθεῖ ὀπίσω μου, οὐκ ἔστιν μου ἄξιος.			**Lk 14,27** ⇧ **Lk 9,23**	ὅστις οὐ βαστάζει τὸν σταυρὸν ἑαυτοῦ καὶ ἔρχεται ὀπίσω μου οὐ δύναται εἶναί μου μαθητής.	→ GTh 55 → GTh 101

202 201	Mt 10,33 (2) ↓ Mt 16,27	ὅστις δ' ἂν **ἀρνήσηταί** με ἔμπροσθεν τῶν ἀνθρώπων, **ἀρνήσομαι** κἀγὼ αὐτὸν ἔμπροσθεν τοῦ πατρός μου τοῦ ἐν [τοῖς] οὐρανοῖς.			Lk 12,9 ⇩ Lk 9,26	ὁ δὲ **ἀρνησάμενός** με ἐνώπιον τῶν ἀνθρώπων **ἀπαρνηθήσεται** ἐνώπιον τῶν ἀγγέλων τοῦ θεοῦ.	Mk-Q overlap
	Mt 16,27 ↑ Mt 10,33 → Mt 24,30 → Mt 25,31	 μέλλει γὰρ ὁ υἱὸς τοῦ ἀνθρώπου ἔρχεσθαι ἐν τῇ δόξῃ τοῦ πατρὸς αὐτοῦ μετὰ τῶν ἀγγέλων αὐτοῦ, καὶ τότε *ἀποδώσει ἑκάστῳ κατὰ τὴν* *πρᾶξιν αὐτοῦ.* ➤ Ps 62,13/Prov 24,12/Sir 35,22 LXX	Mk 8,38 → Mk 13,26	ὃς γὰρ ἐὰν **ἐπαισχυνθῇ** με καὶ τοὺς ἐμοὺς λόγους ἐν τῇ γενεᾷ ταύτῃ τῇ μοιχαλίδι καὶ ἁμαρτωλῷ, καὶ ὁ υἱὸς τοῦ ἀνθρώπου **ἐπαισχυνθήσεται** αὐτόν, ὅταν ἔλθῃ ἐν τῇ δόξῃ τοῦ πατρὸς αὐτοῦ μετὰ τῶν ἀγγέλων τῶν ἁγίων.	Lk 9,26 ⇧ Lk 12,9 → Lk 21,27	ὃς γὰρ ἂν **ἐπαισχυνθῇ** με καὶ τοὺς ἐμοὺς λόγους, τοῦτον ὁ υἱὸς τοῦ ἀνθρώπου **ἐπαισχυνθήσεται,** ὅταν ἔλθῃ ἐν τῇ δόξῃ αὐτοῦ καὶ τοῦ πατρὸς καὶ τῶν ἁγίων ἀγγέλων.	
222	Mt 26,70	ὁ δὲ **ἠρνήσατο** ἔμπροσθεν πάντων λέγων· οὐκ οἶδα τί λέγεις.	Mk 14,68	ὁ δὲ **ἠρνήσατο** λέγων· οὔτε οἶδα οὔτε ἐπίσταμαι σὺ τί λέγεις. ...	Lk 22,57	ὁ δὲ **ἠρνήσατο** λέγων· οὐκ οἶδα αὐτόν, γύναι.	→ Jn 18,17 → Jn 18,25
221	Mt 26,72	καὶ πάλιν **ἠρνήσατο** μετὰ ὅρκου ὅτι οὐκ οἶδα τὸν ἄνθρωπον.	Mk 14,70	ὁ δὲ πάλιν **ἠρνεῖτο.** ...	Lk 22,58	... ὁ δὲ Πέτρος **ἔφη·** ἄνθρωπε, οὐκ εἰμί.	→ Jn 18,25.27

Acts 3,13 ... *ὁ θεὸς τῶν πατέρων ἡμῶν,* ἐδόξασεν τὸν παῖδα αὐτοῦ Ἰησοῦν ὃν ὑμεῖς μὲν παρεδώκατε καὶ **ἠρνήσασθε** κατὰ πρόσωπον Πιλάτου, κρίναντος ἐκείνου ἀπολύειν·
➤ Exod 3,6

Acts 3,14 ὑμεῖς δὲ τὸν ἅγιον καὶ δίκαιον **ἠρνήσασθε** καὶ ᾐτήσασθε ἄνδρα φονέα χαρισθῆναι ὑμῖν

Acts 4,16 ... ὅτι μὲν γὰρ γνωστὸν σημεῖον γέγονεν δι' αὐτῶν πᾶσιν τοῖς κατοικοῦσιν Ἰερουσαλὴμ φανερὸν καὶ οὐ δυνάμεθα **ἀρνεῖσθαι·**

Acts 7,35 τοῦτον τὸν Μωϋσῆν ὃν **ἠρνήσαντο** εἰπόντες· *τίς σε κατέστησεν ἄρχοντα καὶ δικαστήν;* ...
➤ Exod 2,14

Ἀρνί	Syn 1	Mt	Mk	Lk 1	Acts	Jn	1-3John	Paul	Eph	Col
	NT 1	2Thess	1/2Tim	Tit	Heb	Jas	1Pet	2Pet	Jude	Rev

Arni

002	Mt 1,4	[3] ... Ἑσρὼμ δὲ ἐγέννησεν τὸν Ἀράμ, [4] **Ἀρὰμ** δὲ ἐγέννησεν τὸν Ἀμιναδάβ, ...			Lk 3,33	τοῦ Ἀμιναδὰβ τοῦ Ἀδμὶν **τοῦ Ἀρνὶ** τοῦ Ἑσρὼμ ...	

ἀροτριάω	Syn 1	Mt	Mk	Lk 1	Acts	Jn	1-3John	Paul 2	Eph	Col
	NT 3	2Thess	1/2Tim	Tit	Heb	Jas	1Pet	2Pet	Jude	Rev

plow

	Mt	Mk	Lk	
002			Lk 17,7 τίς δὲ ἐξ ὑμῶν δοῦλον ἔχων **ἀροτριῶντα** ἢ ποιμαίνοντα, ...	

ἄροτρον	Syn 1	Mt	Mk	Lk 1	Acts	Jn	1-3John	Paul	Eph	Col
	NT 1	2Thess	1/2Tim	Tit	Heb	Jas	1Pet	2Pet	Jude	Rev

plow

	Mt	Mk	Lk	
002			Lk 9,62 ... οὐδεὶς ἐπιβαλὼν τὴν χεῖρα **ἐπ᾽ ἄροτρον** καὶ βλέπων εἰς τὰ ὀπίσω εὔθετός ἐστιν τῇ βασιλείᾳ τοῦ θεοῦ.	

ἁρπαγή	Syn 2	Mt 1	Mk	Lk 1	Acts	Jn	1-3John	Paul	Eph	Col
	NT 3	2Thess	1/2Tim	Tit	Heb 1	Jas	1Pet	2Pet	Jude	Rev

taking (something) by violence or greed; violence; greed; seizure

	Mt	Mk	Lk	
202	Mt 23,25 → Mk 7,4 ... καθαρίζετε τὸ ἔξωθεν τοῦ ποτηρίου καὶ τῆς παροψίδος, ἔσωθεν δὲ γέμουσιν **ἐξ ἁρπαγῆς** καὶ ἀκρασίας.		Lk 11,39 → Mk 7,4 ... τὸ ἔξωθεν τοῦ ποτηρίου καὶ τοῦ πίνακος καθαρίζετε, τὸ δὲ ἔσωθεν ὑμῶν γέμει **ἁρπαγῆς** καὶ πονηρίας.	→ GTh 89

ἁρπάζω	Syn 3	Mt 3	Mk	Lk	Acts 2	Jn 4	1-3John	Paul 3	Eph	Col
	NT 14	2Thess	1/2Tim	Tit	Heb	Jas	1Pet	2Pet	Jude 1	Rev 1

take by force; take away; carry off; catch up (into heaven)

	Mt	Mk	Lk	
201	Mt 11,12 ἀπὸ δὲ τῶν ἡμερῶν Ἰωάννου τοῦ βαπτιστοῦ ἕως ἄρτι ἡ βασιλεία τῶν οὐρανῶν βιάζεται καὶ βιασταὶ **ἁρπάζουσιν** αὐτήν.		Lk 16,16 → Mt 22,9 → Lk 14,23 ... ἀπὸ τότε ἡ βασιλεία τοῦ θεοῦ εὐαγγελίζεται καὶ πᾶς εἰς αὐτὴν **βιάζεται.**	
211	Mt 12,29 ἢ πῶς δύναταί τις εἰσελθεῖν εἰς τὴν οἰκίαν τοῦ ἰσχυροῦ καὶ τὰ σκεύη αὐτοῦ **ἁρπάσαι,** ἐὰν μὴ πρῶτον δήσῃ τὸν ἰσχυρόν; ...	Mk 3,27 ἀλλ᾽ οὐ δύναται οὐδεὶς εἰς τὴν οἰκίαν τοῦ ἰσχυροῦ εἰσελθὼν τὰ σκεύη αὐτοῦ **διαρπάσαι,** ἐὰν μὴ πρῶτον τὸν ἰσχυρὸν δήσῃ, ...	Lk 11,21 ὅταν ὁ ἰσχυρὸς καθωπλισμένος φυλάσσῃ τὴν ἑαυτοῦ αὐλήν, ἐν εἰρήνῃ ἐστὶν τὰ ὑπάρχοντα αὐτοῦ· [22] ἐπὰν δὲ ἰσχυρότερος αὐτοῦ ἐπελθὼν νικήσῃ αὐτόν, ...	→ GTh 21,5 → GTh 35 Mk-Q overlap?

211	Mt 13,19	παντὸς ἀκούοντος τὸν λόγον τῆς βασιλείας καὶ μὴ συνιέντος, ἔρχεται ὁ πονηρὸς καὶ **ἁρπάζει** τὸ ἐσπαρμένον ἐν τῇ καρδίᾳ αὐτοῦ, οὗτός ἐστιν ὁ παρὰ τὴν ὁδὸν σπαρείς.	Mk 4,15	οὗτοι δέ εἰσιν οἱ παρὰ τὴν ὁδὸν· ὅπου σπείρεται ὁ λόγος καὶ ὅταν ἀκούσωσιν, εὐθὺς ἔρχεται ὁ σατανᾶς καὶ **αἴρει** τὸν λόγον τὸν ἐσπαρμένον εἰς αὐτούς.	Lk 8,12	οἱ δὲ παρὰ τὴν ὁδόν εἰσιν οἱ ἀκούσαντες, εἶτα ἔρχεται ὁ διάβολος καὶ **αἴρει** τὸν λόγον ἀπὸ τῆς καρδίας αὐτῶν, ἵνα μὴ πιστεύσαντες σωθῶσιν.	

Acts 8,39 ὅτε δὲ ἀνέβησαν ἐκ τοῦ ὕδατος, πνεῦμα κυρίου **ἥρπασεν** τὸν Φίλιππον, καὶ οὐκ εἶδεν αὐτὸν οὐκέτι ὁ εὐνοῦχος, ...

Acts 23,10 ... ἐκέλευσεν τὸ στράτευμα καταβὰν **ἁρπάσαι** αὐτὸν ἐκ μέσου αὐτῶν ἄγειν τε εἰς τὴν παρεμβολήν.

ἅρπαξ

Syn 2	Mt 1	Mk	Lk 1	Acts	Jn	1-3John	Paul 3	Eph	Col
NT 5	2Thess	1/2Tim	Tit	Heb	Jas	1Pet	2Pet	Jude	Rev

grasping; greedy; savage

200	Mt 7,15	προσέχετε ἀπὸ τῶν ψευδοπροφητῶν, οἵτινες ἔρχονται πρὸς ὑμᾶς ἐν ἐνδύμασιν προβάτων, ἔσωθεν δέ εἰσιν **λύκοι ἅρπαγες.**					
002					Lk 18,11	... ὁ θεός, εὐχαριστῶ σοι ὅτι οὐκ εἰμὶ ὥσπερ οἱ λοιποὶ τῶν ἀνθρώπων, **ἅρπαγες,** ἄδικοι, μοιχοί, ἢ καὶ ὡς οὗτος ὁ τελώνης·	

ἄρρωστος

Syn 3	Mt 1	Mk 2	Lk	Acts	Jn	1-3John	Paul 1	Eph	Col
NT 4	2Thess	1/2Tim	Tit	Heb	Jas	1Pet	2Pet	Jude	Rev

sick; ill

120	Mt 13,58	καὶ οὐκ ἐποίησεν ἐκεῖ δυνάμεις πολλὰς ...	Mk 6,5	καὶ οὐκ ἐδύνατο ἐκεῖ ποιῆσαι οὐδεμίαν δύναμιν, εἰ μὴ **ὀλίγοις ἀρρώστοις** ἐπιθεὶς τὰς χεῖρας ἐθεράπευσεν·			
021			Mk 6,13	[12] καὶ ἐξελθόντες ἐκήρυξαν ἵνα μετανοῶσιν, [13] καὶ δαιμόνια πολλὰ ἐξέβαλλον, καὶ ἤλειφον ἐλαίῳ **πολλοὺς ἀρρώστους** καὶ ἐθεράπευον.	Lk 9,6	ἐξερχόμενοι δὲ διήρχοντο κατὰ τὰς κώμας εὐαγγελιζόμενοι καὶ θεραπεύοντες πανταχοῦ.	

code	Mt		Mk		Lk		
211	**Mt 14,14** → Mt 9,36 → Mt 15,32	καὶ ἐξελθὼν εἶδεν πολὺν ὄχλον, καὶ ἐσπλαγχνίσθη ἐπ' αὐτοῖς καὶ ἐθεράπευσεν **τοὺς ἀρρώστους αὐτῶν.**	**Mk 6,34** → Mk 8,2	καὶ ἐξελθὼν εἶδεν πολὺν ὄχλον, καὶ ἐσπλαγχνίσθη ἐπ' αὐτοὺς, ... καὶ ἤρξατο διδάσκειν αὐτοὺς πολλά.	**Lk 9,11**	... καὶ ἀποδεξάμενος αὐτοὺς ἐλάλει αὐτοῖς περὶ τῆς βασιλείας τοῦ θεοῦ, καὶ **τοὺς χρείαν ἔχοντας θεραπείας** ἰᾶτο.	

ἄρσην

	Syn	Mt	Mk	Lk	Acts	Jn	1-3John	Paul	Eph	Col
	3	1	1	1				4		
	NT	2Thess	1/2Tim	Tit	Heb	Jas	1Pet	2Pet	Jude	Rev
	9									2

male; man

code	Mt		Mk		Lk		
002					**Lk 2,23**	καθὼς γέγραπται ἐν νόμῳ κυρίου ὅτι ***πᾶν ἄρσεν*** *διανοῖγον μήτραν ἅγιον τῷ κυρίῳ κληθήσεται* ➤ Exod 13,2.12.15	
220	**Mt 19,4**	... οὐκ ἀνέγνωτε ὅτι ὁ κτίσας ἀπ' ἀρχῆς ***ἄρσεν*** *καὶ θῆλυ ἐποίησεν αὐτούς;* ➤ Gen 1,27	**Mk 10,6**	ἀπὸ δὲ ἀρχῆς κτίσεως ***ἄρσεν*** *καὶ θῆλυ ἐποίησεν αὐτούς·* ➤ Gen 1,27			

ἄρτι

	Syn	Mt	Mk	Lk	Acts	Jn	1-3John	Paul	Eph	Col
	7	7				12	1	11		
	NT	2Thess	1/2Tim	Tit	Heb	Jas	1Pet	2Pet	Jude	Rev
	36	1					2			2

now; at the present time; just now; at once

	triple tradition																	double tradition			Sondergut		
		+Mt / +Lk			–Mt / –Lk			traditions not taken over by Mt / Lk							subtotals								
code	*222*	*211*	*112*	*212*	*221*	*122*	*121*	*022*	*012*	*021*	*220*	*120*	*210*	*020*	Σ^+	Σ^-	Σ	*202*	*201*	*102*	*200*	*002*	total
Mt		3^+													3^+		3		2		2		**7**
Mk																							
Lk																							

code	Mt		Mk		Lk		
200	**Mt 3,15**	ἀποκριθεὶς δὲ ὁ Ἰησοῦς εἶπεν πρὸς αὐτόν· ἄφες **ἄρτι,** οὕτως γὰρ πρέπον ἐστὶν ἡμῖν πληρῶσαι πᾶσαν δικαιοσύνην. ...					
211	**Mt 9,18**	... ἡ θυγάτηρ μου **ἄρτι** ἐτελεύτησεν· ...	**Mk 5,23**	... τὸ θυγάτριόν μου ἐσχάτως ἔχει, ...	**Lk 8,42** → Mk 5,42	ὅτι θυγάτηρ μονογενὴς ἦν αὐτῷ ὡς ἐτῶν δώδεκα καὶ αὐτὴ ἀπέθνῃσκεν. ...	
201	**Mt 11,12**	ἀπὸ δὲ τῶν ἡμερῶν Ἰωάννου τοῦ βαπτιστοῦ **ἕως ἄρτι** ἡ βασιλεία τῶν οὐρανῶν βιάζεται καὶ βιασταὶ ἁρπάζουσιν αὐτήν.			**Lk 16,16** → Mt 22,9 → Lk 14,23	... ἀπὸ τότε ἡ βασιλεία τοῦ θεοῦ εὐαγγελίζεται καὶ πᾶς εἰς αὐτὴν βιάζεται.	

	Mt	Mk	Lk	
201	**Mt 23,39** λέγω γὰρ ὑμῖν, οὐ μή με ἴδητε **ἀπ' ἄρτι** ἕως ἂν εἴπητε· *εὐλογημένος ὁ ἐρχόμενος* *ἐν ὀνόματι κυρίου.* ➤ Ps 118,26		**Lk 13,35** ... λέγω [δὲ] ὑμῖν, οὐ μὴ ἴδητέ με ἕως [ἥξει ὅτε] εἴπητε· *εὐλογημένος ὁ ἐρχόμενος* *ἐν ὀνόματι κυρίου.* ➤ Ps 118,26	
211	**Mt 26,29** λέγω δὲ ὑμῖν, οὐ μὴ πίω **ἀπ' ἄρτι** ἐκ τούτου τοῦ γενήματος τῆς ἀμπέλου ...	**Mk 14,25** ἀμὴν λέγω ὑμῖν ὅτι οὐκέτι οὐ μὴ πίω ἐκ τοῦ γενήματος τῆς ἀμπέλου ...	**Lk 22,18** λέγω γὰρ ὑμῖν, [ὅτι] → Lk 22,16 οὐ μὴ πίω **ἀπὸ τοῦ νῦν** ἀπὸ τοῦ γενήματος τῆς ἀμπέλου ...	
200	**Mt 26,53** ... καὶ παραστήσει μοι **ἄρτι** πλείω δώδεκα λεγιῶνας ἀγγέλων;			→ Jn 18,36
211	**Mt 26,64** ... πλὴν λέγω ὑμῖν· → Mt 22,44 **ἀπ' ἄρτι** → Mt 27,42-43 ὄψεσθε *τὸν υἱὸν τοῦ* *ἀνθρώπου* καθήμενον ἐκ δεξιῶν τῆς δυνάμεως καὶ *ἐρχόμενον ἐπὶ τῶν* *νεφελῶν τοῦ οὐρανοῦ.* ➤ Dan 7,13	**Mk 14,62** ... καὶ → Mk 12,36 → Mk 15,32 ὄψεσθε *τὸν υἱὸν τοῦ* *ἀνθρώπου* ἐκ δεξιῶν καθήμενον τῆς δυνάμεως καὶ *ἐρχόμενον μετὰ τῶν* *νεφελῶν τοῦ οὐρανοῦ.* ➤ Dan 7,13	**Lk 22,69** → Lk 20,42 **ἀπὸ τοῦ νῦν** → Lk 23,35 δὲ ἔσται ὁ υἱὸς τοῦ ἀνθρώπου καθήμενος ἐκ δεξιῶν τῆς δυνάμεως τοῦ θεοῦ.	→ Acts 7,56

ἄρτος

	Syn	Mt	Mk	Lk	Acts	Jn	1-3John	Paul	Eph	Col
	57	21	21	15	5	24		8		
	NT	2Thess	1/2Tim	Tit	Heb	Jas	1Pet	2Pet	Jude	Rev
	97	2			1					

bread; a loaf; food

	triple tradition																	double tradition			Sondergut		
		+Mt / +Lk			–Mt / –Lk			traditions not taken over by Mt / Lk							subtotals								
code	*222*	*211*	*112*	*212*	*221*	*122*	*121*	*022*	*012*	*021*	*220*	*120*	*210*	*020*	Σ+	Σ−	Σ	*202*	*201*	*102*	*200*	*002*	total
Mt	3			1^+	1	1^-	3^-				9	1^-	2^+		3^+	5^-	16	3	1		1		**21**
Mk	3				1	1	3				9	1		3			21						**21**
Lk	3			1^+	1^-	1	3^-								1^+	4^-	5	3		1		6	**15**

[a] οἱ ἄρτοι τῆς προθέσεως

[b] κλάω ἄρτον / κλάσις τοῦ ἄρτου

	Mt	Mk	Lk
202	**Mt 4,3** ... εἰ υἱὸς εἶ τοῦ θεοῦ, εἰπὲ → Mt 27,40 ἵνα οἱ λίθοι οὗτοι **ἄρτοι** γένωνται.		**Lk 4,3** ... εἰ υἱὸς εἶ τοῦ θεοῦ, εἰπὲ τῷ λίθῳ τούτῳ ἵνα γένηται **ἄρτος.**
202	**Mt 4,4** ... γέγραπται· *οὐκ* ***ἐπ' ἄρτῳ μόνῳ*** *ζήσεται ὁ ἄνθρωπος,* *ἀλλ' ἐπὶ παντὶ ῥήματι* *ἐκπορευομένῳ* *διὰ στόματος θεοῦ.* ➤ Deut 8,3		**Lk 4,4** ... γέγραπται ὅτι *οὐκ* ***ἐπ' ἄρτῳ μόνῳ*** *ζήσεται ὁ ἄνθρωπος.* ➤ Deut 8,3
a 222	**Mt 12,4** πῶς εἰσῆλθεν εἰς τὸν οἶκον τοῦ θεοῦ καὶ **τοὺς ἄρτους** **τῆς προθέσεως** ἔφαγον, ...	**Mk 2,26** πῶς εἰσῆλθεν εἰς τὸν οἶκον τοῦ θεοῦ ἐπὶ Ἀβιαθὰρ ἀρχιερέως καὶ **τοὺς ἄρτους** **τῆς προθέσεως** ἔφαγεν, ...	**Lk 6,4** [ὡς] εἰσῆλθεν εἰς τὸν οἶκον τοῦ θεοῦ καὶ **τοὺς ἄρτους** **τῆς προθέσεως** λαβὼν ἔφαγεν ...
202	**Mt 6,11** **τὸν ἄρτον ἡμῶν** **τὸν ἐπιούσιον** δὸς ἡμῖν σήμερον·		**Lk 11,3** **τὸν ἄρτον ἡμῶν** **τὸν ἐπιούσιον** δίδου ἡμῖν τὸ καθ' ἡμέραν·

201	Mt 7,9	ἢ τίς ἐστιν ἐξ ὑμῶν ἄνθρωπος, ὃν αἰτήσει ὁ υἱὸς αὐτοῦ **ἄρτον,** μὴ λίθον ἐπιδώσει αὐτῷ; [10] ἢ καὶ ἰχθὺν αἰτήσει, μὴ ὄφιν ἐπιδώσει αὐτῷ;			Lk 11,12	[11] τίνα δὲ ἐξ ὑμῶν τὸν πατέρα αἰτήσει ὁ υἱὸς ἰχθύν, καὶ ἀντὶ ἰχθύος ὄφιν αὐτῷ ἐπιδώσει; [12] ἢ καὶ αἰτήσει **ᾠόν,** ἐπιδώσει αὐτῷ σκορπίον;	
102	Mt 11,18	ἦλθεν γὰρ Ἰωάννης μήτε ἐσθίων μήτε πίνων, καὶ λέγουσιν· δαιμόνιον ἔχει·			Lk 7,33 → Mt 3,4 → Mk 1,6	ἐλήλυθεν γὰρ Ἰωάννης ὁ βαπτιστὴς μὴ ἐσθίων **ἄρτον** μήτε πίνων οἶνον, καὶ λέγετε· δαιμόνιον ἔχει.	
a 222	Mt 12,4	πῶς εἰσῆλθεν εἰς τὸν οἶκον τοῦ θεοῦ καὶ **τοὺς ἄρτους τῆς προθέσεως** ἔφαγον, ...	Mk 2,26	πῶς εἰσῆλθεν εἰς τὸν οἶκον τοῦ θεοῦ ἐπὶ Ἀβιαθὰρ ἀρχιερέως καὶ **τοὺς ἄρτους τῆς προθέσεως** ἔφαγεν, ...	Lk 6,4	[ὡς] εἰσῆλθεν εἰς τὸν οἶκον τοῦ θεοῦ καὶ **τοὺς ἄρτους τῆς προθέσεως** λαβὼν ἔφαγεν ...	
020			Mk 3,20 → Mk 2,2	... καὶ συνέρχεται πάλιν [ὁ] ὄχλος, ὥστε μὴ δύνασθαι αὐτοὺς μηδὲ **ἄρτον** φαγεῖν.			
122	Mt 10,9	μὴ κτήσησθε χρυσὸν μηδὲ ἄργυρον μηδὲ χαλκὸν εἰς τὰς ζώνας ὑμῶν, [10] μὴ πήραν εἰς ὁδὸν μηδὲ δύο χιτῶνας μηδὲ ὑποδήματα μηδὲ ῥάβδον· ...	Mk 6,8	... ἵνα μηδὲν αἴρωσιν εἰς ὁδὸν εἰ μὴ ῥάβδον μόνον, **μὴ ἄρτον,** μὴ πήραν, μὴ εἰς τὴν ζώνην χαλκόν, [9] ἀλλὰ ὑποδεδεμένους σανδάλια, καὶ μὴ ἐνδύσησθε δύο χιτῶνας.	Lk 9,3 ⇩ Lk 10,4 → Lk 22,35-36	... μηδὲν αἴρετε εἰς τὴν ὁδόν, μήτε ῥάβδον μήτε πήραν **μήτε ἄρτον** μήτε ἀργύριον μήτε [ἀνὰ] δύο χιτῶνας ἔχειν.	
					Lk 10,4 ⇧ Lk 9,3 → Lk 22,35-36	μὴ βαστάζετε βαλλάντιον, μὴ πήραν, μὴ ὑποδήματα, καὶ μηδένα κατὰ τὴν ὁδὸν ἀσπάσησθε.	
121	Mt 14,16 → Mt 14,15 ↓ Mt 15,33	... δότε αὐτοῖς ὑμεῖς φαγεῖν.	Mk 6,37 → Mk 6,36 ↓ Mk 8,4	... δότε αὐτοῖς ὑμεῖς φαγεῖν. καὶ λέγουσιν αὐτῷ· ἀπελθόντες ἀγοράσωμεν δηναρίων διακοσίων **ἄρτους** καὶ δώσομεν αὐτοῖς φαγεῖν;	Lk 9,13 → Lk 9,12	... δότε αὐτοῖς ὑμεῖς φαγεῖν. οἱ δὲ εἶπαν· οὐκ εἰσὶν ἡμῖν πλεῖον ἢ ἄρτοι πέντε καὶ ἰχθύες δύο, εἰ μήτι πορευθέντες ἡμεῖς ἀγοράσωμεν εἰς πάντα τὸν λαὸν τοῦτον **βρώματα.**	→ Jn 6,5 → Jn 6,7
121 212	Mt 14,17 ↓ Mt 15,34	οἱ δὲ λέγουσιν αὐτῷ· οὐκ ἔχομεν ὧδε εἰ μὴ **πέντε ἄρτους** καὶ δύο ἰχθύας.	Mk 6,38 ↓ Mk 8,5	ὁ δὲ λέγει αὐτοῖς· **πόσους ἄρτους** ἔχετε; ὑπάγετε ἴδετε. καὶ γνόντες λέγουσιν· **πέντε,** καὶ δύο ἰχθύας.	Lk 9,13	... οὐκ εἰσὶν ἡμῖν πλεῖον ἢ **ἄρτοι πέντε** καὶ ἰχθύες δύο, ...	→ Jn 6,9

222	**Mt 14,19** (2) ↓ Mt 15,36	... λαβὼν **τοὺς πέντε ἄρτους** καὶ τοὺς δύο ἰχθύας, ἀναβλέψας εἰς τὸν οὐρανὸν εὐλόγησεν	**Mk 6,41** (2) ↓ Mk 8,6	καὶ λαβὼν **τοὺς πέντε ἄρτους** καὶ τοὺς δύο ἰχθύας ἀναβλέψας εἰς τὸν οὐρανὸν εὐλόγησεν	**Lk 9,16**	λαβὼν δὲ **τοὺς πέντε ἄρτους** καὶ τοὺς δύο ἰχθύας ἀναβλέψας εἰς τὸν οὐρανὸν εὐλόγησεν αὐτοὺς	→ Jn 6,11
b 221	↓ Mt 26,26	καὶ κλάσας ἔδωκεν τοῖς μαθηταῖς **τοὺς ἄρτους** οἱ δὲ μαθηταὶ τοῖς ὄχλοις.	↓ Mk 14,22	καὶ κατέκλασεν **τοὺς ἄρτους** καὶ ἐδίδου τοῖς μαθηταῖς [αὐτοῦ] ἵνα παρατιθῶσιν αὐτοῖς, καὶ τοὺς δύο ἰχθύας ἐμέρισεν πᾶσιν.	↓ Lk 22,19	καὶ κατέκλασεν καὶ ἐδίδου τοῖς μαθηταῖς παραθεῖναι τῷ ὄχλῳ.	→ Jn 6,11
121	**Mt 14,21** → Mt 15,38	οἱ δὲ ἐσθίοντες ἦσαν ἄνδρες ὡσεὶ πεντακισχίλιοι χωρὶς γυναικῶν καὶ παιδίων.	**Mk 6,44** → Mk 8,9	καὶ ἦσαν οἱ φαγόντες **[τοὺς ἄρτους]** πεντακισχίλιοι ἄνδρες.	**Lk 9,14**	ἦσαν γὰρ ὡσεὶ ἄνδρες πεντακισχίλιοι. ...	→ Jn 6,10
020			**Mk 6,52** ↓ Mt 16,9 ↓ Mk 8,17	οὐ γὰρ συνῆκαν **ἐπὶ τοῖς ἄρτοις,** ἀλλ' ἦν αὐτῶν ἡ καρδία πεπωρωμένη.			
020			**Mk 7,2** → Lk 11,38	καὶ ἰδόντες τινὰς τῶν μαθητῶν αὐτοῦ ὅτι κοιναῖς χερσίν, τοῦτ' ἔστιν ἀνίπτοις, ἐσθίουσιν **τοὺς ἄρτους**			
220	**Mt 15,2** → Mt 15,20	... οὐ γὰρ νίπτονται τὰς χεῖρας [αὐτῶν] ὅταν **ἄρτον** ἐσθίωσιν.	**Mk 7,5**	... ἀλλὰ κοιναῖς χερσὶν ἐσθίουσιν **τὸν ἄρτον;**			
220	**Mt 15,26**	... οὐκ ἔστιν καλὸν λαβεῖν **τὸν ἄρτον** **τῶν τέκνων** καὶ βαλεῖν τοῖς κυναρίοις.	**Mk 7,27**	... ἄφες πρῶτον χορτασθῆναι τὰ τέκνα, οὐ γάρ ἐστιν καλὸν λαβεῖν **τὸν ἄρτον** **τῶν τέκνων** καὶ τοῖς κυναρίοις βαλεῖν.			
220	**Mt 15,33** ↑ Mt 14,16	καὶ λέγουσιν αὐτῷ οἱ μαθηταί· πόθεν ἡμῖν ἐν ἐρημίᾳ **ἄρτοι τοσοῦτοι** ὥστε χορτάσαι ὄχλον τοσοῦτον;	**Mk 8,4** ↑ Mk 6,37	καὶ ἀπεκρίθησαν αὐτῷ οἱ μαθηταὶ αὐτοῦ ὅτι πόθεν τούτους δυνήσεταί τις ὧδε χορτάσαι **ἄρτων** ἐπ' ἐρημίας;	↑ Lk 9,13		
220	**Mt 15,34** ↑ Mt 14,17 → Mk 8,7	καὶ λέγει αὐτοῖς ὁ Ἰησοῦς· **πόσους** **ἄρτους** ἔχετε; οἱ δὲ εἶπαν· ἑπτὰ καὶ ὀλίγα ἰχθύδια.	**Mk 8,5** ↑ Mk 6,38	καὶ ἠρώτα αὐτούς· **πόσους ἔχετε** **ἄρτους;** οἱ δὲ εἶπαν· ἑπτά.	↑ Lk 9,13		
b 220	**Mt 15,36** ↑ Mt 14,19 → Mk 8,7	ἔλαβεν **τοὺς ἑπτὰ ἄρτους** καὶ τοὺς ἰχθύας καὶ εὐχαριστήσας ἔκλασεν καὶ ἐδίδου τοῖς μαθηταῖς, οἱ δὲ μαθηταὶ τοῖς ὄχλοις.	**Mk 8,6** ↑ Mk 6,41	... καὶ λαβὼν **τοὺς ἑπτὰ ἄρτους** εὐχαριστήσας ἔκλασεν καὶ ἐδίδου τοῖς μαθηταῖς αὐτοῦ ἵνα παρατιθῶσιν, καὶ παρέθηκαν τῷ ὄχλῳ.	↑ Lk 9,16		

   220 120	Mt 16,5	καὶ ἐλθόντες οἱ μαθηταὶ εἰς τὸ πέραν ἐπελάθοντο **ἄρτους** λαβεῖν.	Mk 8,14 (2)	[13] ... ἀπῆλθεν εἰς τὸ πέραν. [14] καὶ ἐπελάθοντο λαβεῖν **ἄρτους** καὶ εἰ μὴ **ἕνα ἄρτον** οὐκ εἶχον μεθ' ἑαυτῶν ἐν τῷ πλοίῳ.		
  220	Mt 16,7	οἱ δὲ διελογίζοντο ἐν ἑαυτοῖς λέγοντες ὅτι **ἄρτους** οὐκ ἐλάβομεν.	Mk 8,16	καὶ διελογίζοντο πρὸς ἀλλήλους ὅτι **ἄρτους** οὐκ ἔχουσιν.		
   220	Mt 16,8	γνοὺς δὲ ὁ Ἰησοῦς εἶπεν· τί διαλογίζεσθε ἐν ἑαυτοῖς, ὀλιγόπιστοι, ὅτι **ἄρτους** οὐκ ἔχετε;	Mk 8,17	καὶ γνοὺς λέγει αὐτοῖς· τί διαλογίζεσθε ὅτι **ἄρτους** οὐκ ἔχετε; ...		
b 220	Mt 16,9	... οὐδὲ μνημονεύετε **τοὺς πέντε ἄρτους** τῶν πεντακισχιλίων καὶ πόσους κοφίνους ἐλάβετε;	Mk 8,19	[18] ... οὐ μνημονεύετε, [19] ὅτε **τοὺς πέντε ἄρτους** ἔκλασα εἰς τοὺς πεντακισχιλίους, πόσους κοφίνους κλασμάτων πλήρεις ἤρατε; ...		
 210	Mt 16,10	οὐδὲ **τοὺς ἑπτὰ ἄρτους** τῶν τετρακισχιλίων καὶ πόσας σπυρίδας ἐλάβετε;	Mk 8,20	ὅτε **τοὺς ἑπτὰ** εἰς τοὺς τετρακισχιλίους, πόσων σπυρίδων πληρώματα κλασμάτων ἤρατε; ...		
 210	Mt 16,11 ⇨ Mt 16,6 ⇨ Mk 8,15 ⇨ Lk 12,1	πῶς οὐ νοεῖτε ὅτι οὐ **περὶ ἄρτων** εἶπον ὑμῖν; προσέχετε δὲ ἀπὸ τῆς ζύμης τῶν Φαρισαίων καὶ Σαδδουκαίων.	Mk 8,21	... οὔπω συνίετε;		
  200	Mt 16,12 → Lk 12,1	τότε συνῆκαν ὅτι οὐκ εἶπεν προσέχειν **ἀπὸ τῆς ζύμης** **τῶν ἄρτων** ἀλλὰ ἀπὸ τῆς διδαχῆς τῶν Φαρισαίων καὶ Σαδδουκαίων.				
202	Mt 6,11	**τὸν ἄρτον ἡμῶν** **τὸν ἐπιούσιον** δὸς ἡμῖν σήμερον·			Lk 11,3	**τὸν ἄρτον ἡμῶν** **τὸν ἐπιούσιον** δίδου ἡμῖν τὸ καθ' ἡμέραν·
  002					Lk 11,5	... καὶ εἴπῃ αὐτῷ· φίλε, χρῆσόν μοι **τρεῖς ἄρτους**
     002					Lk 14,1 → Mt 12,9-10 → Mk 3,1-2 → Lk 6,6-7 → Lk 13,10	καὶ ἐγένετο ἐν τῷ ἐλθεῖν αὐτὸν εἰς οἶκόν τινος τῶν ἀρχόντων [τῶν] Φαρισαίων σαββάτῳ φαγεῖν **ἄρτον** καὶ αὐτοὶ ἦσαν παρατηρούμενοι αὐτόν.
  002					Lk 14,15 → Lk 22,30	... μακάριος ὅστις φάγεται **ἄρτον** ἐν τῇ βασιλείᾳ τοῦ θεοῦ.

002					Lk 15,17	... πόσοι μίσθιοι τοῦ πατρός μου περισσεύονται ἄρτων, ἐγὼ δὲ λιμῷ ὧδε ἀπόλλυμαι.	
b 222	Mt 26,26 ↑ Mt 14,19	ἐσθιόντων δὲ αὐτῶν λαβὼν ὁ Ἰησοῦς ἄρτον καὶ εὐλογήσας ἔκλασεν καὶ δοὺς τοῖς μαθηταῖς εἶπεν· λάβετε φάγετε, τοῦτό ἐστιν τὸ σῶμά μου.	Mk 14,22 ↑ Mk 6,41	καὶ ἐσθιόντων αὐτῶν λαβὼν ἄρτον εὐλογήσας ἔκλασεν καὶ ἔδωκεν αὐτοῖς καὶ εἶπεν· λάβετε, τοῦτό ἐστιν τὸ σῶμά μου.	Lk 22,19 ↑ Lk 9,16	καὶ λαβὼν ἄρτον εὐχαριστήσας ἔκλασεν καὶ ἔδωκεν αὐτοῖς λέγων· τοῦτό ἐστιν τὸ σῶμά μου τὸ ὑπὲρ ὑμῶν διδόμενον· τοῦτο ποιεῖτε εἰς τὴν ἐμὴν ἀνάμνησιν.	→ 1Cor 11,23-24
b 002					Lk 24,30	καὶ ἐγένετο ἐν τῷ κατακλιθῆναι αὐτὸν μετ' αὐτῶν λαβὼν τὸν ἄρτον εὐλόγησεν καὶ κλάσας ἐπεδίδου αὐτοῖς	
b 002					Lk 24,35	καὶ αὐτοὶ ἐξηγοῦντο τὰ ἐν τῇ ὁδῷ καὶ ὡς ἐγνώσθη αὐτοῖς ἐν τῇ κλάσει τοῦ ἄρτου.	

b **Acts 2,42** ἦσαν δὲ προσκαρτεροῦντες τῇ διδαχῇ τῶν ἀποστόλων καὶ τῇ κοινωνίᾳ, τῇ κλάσει τοῦ ἄρτου καὶ ταῖς προσευχαῖς.

b **Acts 2,46** ... κλῶντές τε κατ' οἶκον ἄρτον, μετελάμβανον τροφῆς ἐν ἀγαλλιάσει καὶ ἀφελότητι καρδίας

b **Acts 20,7** ἐν δὲ τῇ μιᾷ τῶν σαββάτων συνηγμένων ἡμῶν κλάσαι ἄρτον, ὁ Παῦλος διελέγετο αὐτοῖς μέλλων ἐξιέναι τῇ ἐπαύριον, ...

b **Acts 20,11** ἀναβὰς δὲ καὶ κλάσας τὸν ἄρτον καὶ γευσάμενος ἐφ' ἱκανόν τε ὁμιλήσας ἄχρι αὐγῆς, ...

b **Acts 27,35** εἴπας δὲ ταῦτα καὶ λαβὼν ἄρτον εὐχαρίστησεν τῷ θεῷ ἐνώπιον πάντων καὶ κλάσας ἤρξατο ἐσθίειν.

ἀρτύω	Syn 2	Mt	Mk 1	Lk 1	Acts	Jn	1-3John	Paul	Eph	Col 1
	NT 3	2Thess	1/2Tim	Tit	Heb	Jas	1Pet	2Pet	Jude	Rev

season; restore flavor (to salt)

020	Mt 5,13	... ἐὰν δὲ τὸ ἅλας μωρανθῇ, ἐν τίνι ἁλισθήσεται; ...	Mk 9,50	... ἐὰν δὲ τὸ ἅλας ἄναλον γένηται, ἐν τίνι αὐτὸ ἀρτύσετε; ...	Lk 14,34	... ἐὰν δὲ καὶ τὸ ἅλας μωρανθῇ, ἐν τίνι ἀρτυθήσεται;	Mk-Q overlap
102	Mt 5,13	... ἐὰν δὲ τὸ ἅλας μωρανθῇ, ἐν τίνι ἁλισθήσεται; ...	Mk 9,50	... ἐὰν δὲ τὸ ἅλας ἄναλον γένηται, ἐν τίνι αὐτὸ ἀρτύσετε; ...	Lk 14,34	... ἐὰν δὲ καὶ τὸ ἅλας μωρανθῇ, ἐν τίνι ἀρτυθήσεται;	Mk-Q overlap

Ἀρφαξάδ	Syn 1	Mt	Mk	Lk 1	Acts	Jn	1-3John	Paul	Eph	Col
	NT 1	2Thess	1/2Tim	Tit	Heb	Jas	1Pet	2Pet	Jude	Rev

Arphaxad

002					**Lk 3,36**	τοῦ Καϊνὰμ **τοῦ Ἀρφαξὰδ** τοῦ Σὴμ τοῦ Νῶε τοῦ Λάμεχ	

ἀρχαῖος	Syn 4	Mt 2	Mk	Lk 2	Acts 3	Jn	1-3John	Paul 1	Eph	Col
	NT 11	2Thess	1/2Tim	Tit	Heb	Jas	1Pet	2Pet 1	Jude	Rev 2

old; ancient; former; early; original

200	**Mt 5,21**	ἠκούσατε ὅτι ἐρρέθη **τοῖς ἀρχαίοις·** *οὐ φονεύσεις·* ὃς δ᾽ ἂν φονεύσῃ, ἔνοχος ἔσται τῇ κρίσει. ➤ Exod 20,13/Deut 5,17					
200	**Mt 5,33**	πάλιν ἠκούσατε ὅτι ἐρρέθη **τοῖς ἀρχαίοις·** οὐκ ἐπιορκήσεις, ἀποδώσεις δὲ τῷ κυρίῳ τοὺς ὅρκους σου. ➤ Lev 19,12; Num 30,3; Deut 23,22 LXX					
012	↓ Mt 16,14		**Mk 6,15** ↓ Mk 8,28	ἄλλοι δὲ ἔλεγον ὅτι Ἠλίας ἐστίν· ἄλλοι δὲ ἔλεγον ὅτι **προφήτης ὡς εἷς τῶν προφητῶν.**	**Lk 9,8** ↓ Lk 9,19	ὑπό τινων δὲ ὅτι Ἠλίας ἐφάνη, ἄλλων δὲ ὅτι **προφήτης τις τῶν ἀρχαίων** ἀνέστη.	
112	**Mt 16,14** → Mt 14,2	οἱ δὲ εἶπαν· οἱ μὲν Ἰωάννην τὸν βαπτιστήν, ἄλλοι δὲ Ἠλίαν, ἕτεροι δὲ Ἰερεμίαν ἢ **ἕνα τῶν προφητῶν.**	**Mk 8,28** ↑ Mk 6,15	οἱ δὲ εἶπαν αὐτῷ λέγοντες [ὅτι] Ἰωάννην τὸν βαπτιστήν, καὶ ἄλλοι Ἠλίαν, ἄλλοι δὲ ὅτι **εἷς τῶν προφητῶν.**	**Lk 9,19** ↑ Lk 9,8	οἱ δὲ ἀποκριθέντες εἶπαν· Ἰωάννην τὸν βαπτιστήν, ἄλλοι δὲ Ἠλίαν, ἄλλοι δὲ ὅτι **προφήτης τις τῶν ἀρχαίων** ἀνέστη.	→ GTh 13

Acts 15,7 ... ἄνδρες ἀδελφοί, ὑμεῖς ἐπίστασθε ὅτι **ἀφ᾽ ἡμερῶν ἀρχαίων** ἐν ὑμῖν ἐξελέξατο ὁ θεὸς διὰ τοῦ στόματός μου ἀκοῦσαι τὰ ἔθνη τὸν λόγον τοῦ εὐαγγελίου καὶ πιστεῦσαι.

Acts 15,21 Μωϋσῆς γὰρ **ἐκ γενεῶν ἀρχαίων** κατὰ πόλιν τοὺς κηρύσσοντας αὐτὸν ἔχει ἐν ταῖς συναγωγαῖς κατὰ πᾶν σάββατον ἀναγινωσκόμενος.

Acts 21,16 συνῆλθον δὲ καὶ τῶν μαθητῶν ἀπὸ Καισαρείας σὺν ἡμῖν, ἄγοντες παρ᾽ ᾧ ξενισθῶμεν Μνάσωνί τινι Κυπρίῳ, **ἀρχαίῳ μαθητῇ.**

Ἀρχέλαος	Syn 1	Mt 1	Mk	Lk	Acts	Jn	1-3John	Paul	Eph	Col
	NT 1	2Thess	1/2Tim	Tit	Heb	Jas	1Pet	2Pet	Jude	Rev

Archelaus

	Mt	Mk	Lk	
200	**Mt 2,22** ἀκούσας δὲ ὅτι **Ἀρχέλαος** βασιλεύει τῆς Ἰουδαίας ἀντὶ τοῦ πατρὸς αὐτοῦ Ἡρῴδου ἐφοβήθη ἐκεῖ ἀπελθεῖν· ...			

ἀρχή	Syn 11	Mt 4	Mk 4	Lk 3	Acts 4	Jn 8	1-3John 10	Paul 3	Eph 3	Col 4
	NT 55	2Thess	1/2Tim	Tit 1	Heb 6	Jas	1Pet	2Pet 1	Jude 1	Rev 3

beginning; first; origin; first cause; ruling power; authority; ruler; corner (of a cloth)

	triple tradition																	double tradition			Sondergut		
		+Mt / +Lk			−Mt / −Lk			traditions not taken over by Mt / Lk							subtotals								
code	222	211	112	212	221	122	121	022	012	021	220	120	210	020	Σ⁺	Σ⁻	Σ	202	201	102	200	002	total
Mt					1						2		1⁺		1⁺		4						**4**
Mk					1						2			1			4						**4**
Lk			1⁺		1⁻										1⁺	1⁻	1			1		1	**3**

a ἀπ᾿ ἀρχῆς

	Mt	Mk	Lk	
020		**Mk 1,1** **ἀρχὴ τοῦ εὐαγγελίου** Ἰησοῦ Χριστοῦ [υἱοῦ θεοῦ].		
a 002			**Lk 1,2** καθὼς παρέδοσαν ἡμῖν οἱ **ἀπ᾿ ἀρχῆς** αὐτόπται καὶ ὑπηρέται γενόμενοι τοῦ λόγου	
102	**Mt 10,19** ὅταν δὲ παραδῶσιν ὑμᾶς, → Mt 10,17-18 μὴ μεριμνήσητε πῶς ἢ τί λαλήσητε· ...		**Lk 12,11** ὅταν δὲ εἰσφέρωσιν ὑμᾶς ⇩ Lk 21,14 → Lk 21,12 ἐπὶ τὰς συναγωγὰς καὶ **τὰς ἀρχὰς** καὶ τὰς ἐξουσίας, μὴ μεριμνήσητε πῶς ἢ τί ἀπολογήσησθε ἢ τί εἴπητε·	Mk-Q overlap
		Mk 13,11 καὶ ὅταν ἄγωσιν ὑμᾶς παραδιδόντες, μὴ προμεριμνᾶτε τί λαλήσητε, ...	**Lk 21,14** ⇧ **Lk 12,11** θέτε οὖν ἐν ταῖς καρδίαις ὑμῶν μὴ προμελετᾶν ἀπολογηθῆναι·	
a 220	**Mt 19,4** ... οὐκ ἀνέγνωτε ὅτι ὁ κτίσας **ἀπ᾿ ἀρχῆς** *ἄρσεν καὶ θῆλυ* *ἐποίησεν αὐτούς;* ➤ Gen 1,27	**Mk 10,6** ↓ **Mt 19,8** **ἀπὸ δὲ ἀρχῆς** **κτίσεως** *ἄρσεν καὶ θῆλυ* *ἐποίησεν αὐτούς·* ➤ Gen 1,27		
a 210	**Mt 19,8** ... Μωϋσῆς πρὸς τὴν ↑ **Mk 10,6** σκληροκαρδίαν ὑμῶν ἐπέτρεψεν ὑμῖν ἀπολῦσαι τὰς γυναῖκας ὑμῶν, **ἀπ᾿ ἀρχῆς** δὲ οὐ γέγονεν οὕτως.	**Mk 10,5** ... πρὸς τὴν σκληροκαρδίαν ὑμῶν ἔγραψεν ὑμῖν τὴν ἐντολὴν ταύτην.		

112	**Mt 22,15** → Mt 26,4	τότε πορευθέντες οἱ Φαρισαῖοι συμβούλιον ἔλαβον ὅπως αὐτὸν παγιδεύσωσιν ἐν λόγῳ. [16] καὶ ἀποστέλλουσιν αὐτῷ τοὺς μαθητὰς αὐτῶν μετὰ τῶν Ἡρῳδιανῶν ...	**Mk 12,13**	καὶ ἀποστέλλουσιν πρὸς αὐτόν τινας τῶν Φαρισαίων καὶ τῶν Ἡρῳδιανῶν ἵνα αὐτὸν ἀγρεύσωσιν λόγῳ.	**Lk 20,20** → Lk 16,15 → Lk 18,9 → Lk 23,2	καὶ παρατηρήσαντες ἀπέστειλαν ἐγκαθέτους ὑποκρινομένους ἑαυτοὺς δικαίους εἶναι, ἵνα ἐπιλάβωνται αὐτοῦ λόγου, ὥστε παραδοῦναι αὐτὸν **τῇ ἀρχῇ** καὶ τῇ ἐξουσίᾳ τοῦ ἡγεμόνος.	
220	**Mt 24,8**	πάντα δὲ ταῦτα **ἀρχὴ** ὠδίνων.	**Mk 13,8**	... **ἀρχὴ** ὠδίνων ταῦτα.			
a 221	**Mt 24,21**	ἔσται γὰρ τότε θλῖψις μεγάλη οἵα οὐ γέγονεν **ἀπ' ἀρχῆς κόσμου** ἕως τοῦ νῦν οὐδ' οὐ μὴ γένηται.	**Mk 13,19**	ἔσονται γὰρ αἱ ἡμέραι ἐκεῖναι θλῖψις οἵα οὐ γέγονεν τοιαύτη **ἀπ' ἀρχῆς κτίσεως** ἣν ἔκτισεν ὁ θεὸς ἕως τοῦ νῦν καὶ οὐ μὴ γένηται.	**Lk 21,23**	... ἔσται γὰρ ἀνάγκη μεγάλη ἐπὶ τῆς γῆς καὶ ὀργὴ τῷ λαῷ τούτῳ	

Acts 10,11 ... καταβαῖνον σκεῦός τι ὡς ὀθόνην μεγάλην **τέσσαρσιν ἀρχαῖς** καθιέμενον ἐπὶ τῆς γῆς

Acts 11,5 ... καταβαῖνον σκεῦός τι ὡς ὀθόνην μεγάλην **τέσσαρσιν ἀρχαῖς** καθιεμένην ἐκ τοῦ οὐρανοῦ, ...

Acts 11,15 ἐν δὲ τῷ ἄρξασθαί με λαλεῖν ἐπέπεσεν τὸ πνεῦμα τὸ ἅγιον ἐπ' αὐτοὺς ὥσπερ καὶ ἐφ' ἡμᾶς **ἐν ἀρχῇ**.

a **Acts 26,4** τὴν μὲν οὖν βίωσίν μου [τὴν] ἐκ νεότητος τὴν **ἀπ' ἀρχῆς** γενομένην ἐν τῷ ἔθνει μου ἔν τε Ἱεροσολύμοις ἴσασι πάντες [οἱ] Ἰουδαῖοι

# ἀρχιερεύς	Syn 62	Mt 25	Mk 22	Lk 15	Acts 22	Jn 21	1-3John	Paul	Eph	Col
	NT 122	2Thess	1/2Tim	Tit	Heb 17	Jas	1Pet	2Pet	Jude	Rev

high priest; member of highpriestly family

	triple tradition																	double tradition			Sonder-gut		
		+Mt / +Lk			–Mt / –Lk			traditions not taken over by Mt / Lk							subtotals								
code	*222*	*211*	*112*	*212*	*221*	*122*	*121*	*022*	*012*	*021*	*220*	*120*	*210*	*020*	Σ^+	Σ^-	Σ	*202*	*201*	*102*	*200*	*002*	total
Mt	6	2^+			8	1^-	1^-				3	2^-			2^+	4^-	19				6		**25**
Mk	6				8	1	1	1			3	2					22						**22**
Lk	6		2^+		8^-	1	1^-	1							2^+	9^-	10					5	**15**

200	**Mt 2,4**	καὶ συναγαγὼν πάντας **τοὺς ἀρχιερεῖς** καὶ γραμματεῖς τοῦ λαοῦ ἐπυνθάνετο παρ' αὐτῶν ποῦ ὁ χριστὸς γεννᾶται.					
002	**Mt 3,1**	ἐν δὲ ταῖς ἡμέραις ἐκείναις παραγίνεται Ἰωάννης ὁ βαπτιστὴς κηρύσσων ἐν τῇ ἐρήμῳ τῆς Ἰουδαίας	**Mk 1,4**	ἐγένετο Ἰωάννης [ὁ] βαπτίζων ἐν τῇ ἐρήμῳ καὶ κηρύσσων ...	**Lk 3,2** → Lk 3,3	ἐπὶ **ἀρχιερέως** Ἅννα καὶ Καϊάφα, ἐγένετο ῥῆμα θεοῦ ἐπὶ Ἰωάννην τὸν Ζαχαρίου υἱὸν ἐν τῇ ἐρήμῳ.	→ Jn 3,23
121	**Mt 12,4**	πῶς εἰσῆλθεν εἰς τὸν οἶκον τοῦ θεοῦ καὶ τοὺς ἄρτους τῆς προθέσεως ἔφαγον, ...	**Mk 2,26**	πῶς εἰσῆλθεν εἰς τὸν οἶκον τοῦ θεοῦ ἐπὶ Ἀβιαθὰρ **ἀρχιερέως** καὶ τοὺς ἄρτους τῆς προθέσεως ἔφαγεν, ...	**Lk 6,4**	[ὡς] εἰσῆλθεν εἰς τὸν οἶκον τοῦ θεοῦ καὶ τοὺς ἄρτους τῆς προθέσεως λαβὼν ἔφαγεν ...	

	Mt		Mk		Lk		
222	**Mt 16,21** → Mt 17,22-23 ↓ Mt 20,18	... δεῖ αὐτὸν εἰς Ἱεροσόλυμα ἀπελθεῖν καὶ πολλὰ παθεῖν ἀπὸ τῶν πρεσβυτέρων καὶ **ἀρχιερέων** καὶ γραμματέων ...	**Mk 8,31** → Mk 9,31 ↓ Mk 10,33	... δεῖ τὸν υἱὸν τοῦ ἀνθρώπου πολλὰ παθεῖν καὶ ἀποδοκιμασθῆναι ὑπὸ τῶν πρεσβυτέρων καὶ **τῶν ἀρχιερέων** καὶ τῶν γραμματέων ...	**Lk 9,22** → Lk 9,44 → Lk 17,25 ↓ Lk 18,31 → Lk 24,7 → Lk 24,26 → Lk 24,46	... δεῖ τὸν υἱὸν τοῦ ἀνθρώπου πολλὰ παθεῖν καὶ ἀποδοκιμασθῆναι ἀπὸ τῶν πρεσβυτέρων καὶ **ἀρχιερέων** καὶ γραμματέων ...	
221	**Mt 20,18** ↑ Mt 16,21 → Mt 17,22-23	ἰδοὺ ἀναβαίνομεν εἰς Ἱεροσόλυμα, καὶ ὁ υἱὸς τοῦ ἀνθρώπου παραδοθήσεται **τοῖς ἀρχιερεῦσιν** καὶ γραμματεῦσιν, ...	**Mk 10,33** ↑ Mk 8,31 → Mk 9,31	ὅτι ἰδοὺ ἀναβαίνομεν εἰς Ἱεροσόλυμα, καὶ ὁ υἱὸς τοῦ ἀνθρώπου παραδοθήσεται **τοῖς ἀρχιερεῦσιν** καὶ τοῖς γραμματεῦσιν, ...	**Lk 18,31** ↑ Lk 9,22 → Lk 9,44 → Lk 17,25 → Lk 24,7 → Lk 24,26 → Lk 24,46	... ἰδοὺ ἀναβαίνομεν εἰς Ἰερουσαλήμ, καὶ τελεσθήσεται πάντα τὰ γεγραμμένα διὰ τῶν προφητῶν τῷ υἱῷ τοῦ ἀνθρώπου·	
200	**Mt 21,15**	ἰδόντες δὲ **οἱ ἀρχιερεῖς** καὶ οἱ γραμματεῖς τὰ θαυμάσια ἃ ἐποίησεν ...					
022			**Mk 11,18** ↓ Mt 21,45	καὶ ἤκουσαν **οἱ ἀρχιερεῖς** καὶ οἱ γραμματεῖς καὶ ἐζήτουν πῶς αὐτὸν ἀπολέσωσιν· ...	**Lk 19,47**	... **οἱ δὲ ἀρχιερεῖς** καὶ οἱ γραμματεῖς ἐζήτουν αὐτὸν ἀπολέσαι καὶ οἱ πρῶτοι τοῦ λαοῦ	
222	**Mt 21,23**	καὶ ἐλθόντος αὐτοῦ εἰς τὸ ἱερὸν προσῆλθον αὐτῷ διδάσκοντι **οἱ ἀρχιερεῖς** καὶ οἱ πρεσβύτεροι τοῦ λαοῦ ...	**Mk 11,27** ↓ Mt 21,45 ↓ Lk 20,19	... καὶ ἐν τῷ ἱερῷ περιπατοῦντος αὐτοῦ ἔρχονται πρὸς αὐτὸν **οἱ ἀρχιερεῖς** καὶ οἱ γραμματεῖς καὶ οἱ πρεσβύτεροι	**Lk 20,1**	... διδάσκοντος αὐτοῦ τὸν λαὸν ἐν τῷ ἱερῷ καὶ εὐαγγελιζομένου ἐπέστησαν **οἱ ἀρχιερεῖς** καὶ οἱ γραμματεῖς σὺν τοῖς πρεσβυτέροις	→ Jn 2,18
211	**Mt 21,45**	καὶ ἀκούσαντες **οἱ ἀρχιερεῖς** καὶ οἱ Φαρισαῖοι τὰς παραβολὰς αὐτοῦ ἔγνωσαν ὅτι περὶ αὐτῶν λέγει·	**Mk 12,12**		**Lk 20,19**		
112	**Mt 21,46** ↑ Mk 11,18 ↑ Mk 11,27	καὶ ζητοῦντες αὐτὸν κρατῆσαι ἐφοβήθησαν τοὺς ὄχλους, ἐπεὶ εἰς προφήτην αὐτὸν εἶχον.	↑ Mt 21,45 → Mt 22,22	καὶ ἐζήτουν αὐτὸν κρατῆσαι, καὶ ἐφοβήθησαν τὸν ὄχλον, ἔγνωσαν γὰρ ὅτι πρὸς αὐτοὺς τὴν παραβολὴν εἶπεν. ...	↑ Mk 11,27 ↑ Mt 21,45	καὶ ἐζήτησαν οἱ γραμματεῖς καὶ **οἱ ἀρχιερεῖς** ἐπιβαλεῖν ἐπ᾽ αὐτὸν τὰς χεῖρας ἐν αὐτῇ τῇ ὥρᾳ, καὶ ἐφοβήθησαν τὸν λαόν, ἔγνωσαν γὰρ ὅτι πρὸς αὐτοὺς εἶπεν τὴν παραβολὴν ταύτην.	
222 211	**Mt 26,3** (2)	τότε συνήχθησαν **οἱ ἀρχιερεῖς** καὶ οἱ πρεσβύτεροι τοῦ λαοῦ **εἰς τὴν αὐλὴν** **τοῦ ἀρχιερέως** τοῦ λεγομένου Καϊάφα [4] καὶ συνεβουλεύσαντο ἵνα τὸν Ἰησοῦν δόλῳ κρατήσωσιν καὶ ἀποκτείνωσιν·	**Mk 14,1**	... καὶ ἐζήτουν **οἱ ἀρχιερεῖς** καὶ οἱ γραμματεῖς πῶς αὐτὸν ἐν δόλῳ κρατήσαντες ἀποκτείνωσιν·	**Lk 22,2**	καὶ ἐζήτουν **οἱ ἀρχιερεῖς** καὶ οἱ γραμματεῖς τὸ πῶς ἀνέλωσιν αὐτόν, ...	

222	**Mt 26,14**	τότε πορευθεὶς εἷς τῶν δώδεκα, ὁ λεγόμενος Ἰούδας Ἰσκαριώτης, **πρὸς τοὺς ἀρχιερεῖς**	**Mk 14,10**	καὶ Ἰούδας Ἰσκαριὼθ ὁ εἷς τῶν δώδεκα ἀπῆλθεν **πρὸς τοὺς ἀρχιερεῖς** ...	**Lk 22,4**	[3] εἰσῆλθεν δὲ σατανᾶς εἰς Ἰούδαν τὸν καλούμενον Ἰσκαριώτην, ὄντα ἐκ τοῦ ἀριθμοῦ τῶν δώδεκα· [4] καὶ ἀπελθὼν συνελάλησεν **τοῖς ἀρχιερεῦσιν** καὶ στρατηγοῖς ...	
221	**Mt 26,47**	καὶ ἔτι αὐτοῦ λαλοῦντος ἰδοὺ Ἰούδας εἷς τῶν δώδεκα ἦλθεν καὶ μετ᾽ αὐτοῦ ὄχλος πολὺς μετὰ μαχαιρῶν καὶ ξύλων **ἀπὸ τῶν ἀρχιερέων** καὶ πρεσβυτέρων τοῦ λαοῦ.	**Mk 14,43**	καὶ εὐθὺς ἔτι αὐτοῦ λαλοῦντος παραγίνεται Ἰούδας εἷς τῶν δώδεκα καὶ μετ᾽ αὐτοῦ ὄχλος μετὰ μαχαιρῶν καὶ ξύλων **παρὰ τῶν ἀρχιερέων** καὶ τῶν γραμματέων καὶ τῶν πρεσβυτέρων.	**Lk 22,47** ↓ Lk 22,52	ἔτι αὐτοῦ λαλοῦντος ἰδοὺ ὄχλος, καὶ ὁ λεγόμενος Ἰούδας εἷς τῶν δώδεκα προήρχετο αὐτοὺς ...	→ Jn 18,3
222	**Mt 26,51**	καὶ ἰδοὺ εἷς τῶν μετὰ Ἰησοῦ ἐκτείνας τὴν χεῖρα ἀπέσπασεν τὴν μάχαιραν αὐτοῦ καὶ πατάξας **τὸν δοῦλον τοῦ ἀρχιερέως** ἀφεῖλεν αὐτοῦ τὸ ὠτίον.	**Mk 14,47**	εἷς δέ [τις] τῶν παρεστηκότων σπασάμενος τὴν μάχαιραν ἔπαισεν **τὸν δοῦλον τοῦ ἀρχιερέως** καὶ ἀφεῖλεν αὐτοῦ τὸ ὠτάριον.	**Lk 22,50**	[49] ... κύριε, εἰ πατάξομεν ἐν μαχαίρῃ; [50] καὶ ἐπάταξεν εἷς τις ἐξ αὐτῶν **τοῦ ἀρχιερέως τὸν δοῦλον** καὶ ἀφεῖλεν τὸ οὖς αὐτοῦ τὸ δεξιόν.	→ Jn 18,10
112	**Mt 26,55**	ἐν ἐκείνῃ τῇ ὥρᾳ εἶπεν ὁ Ἰησοῦς τοῖς ὄχλοις· ὡς ἐπὶ λῃστὴν ἐξήλθατε μετὰ μαχαιρῶν καὶ ξύλων συλλαβεῖν με; ...	**Mk 14,48**	καὶ ἀποκριθεὶς ὁ Ἰησοῦς εἶπεν αὐτοῖς· ὡς ἐπὶ λῃστὴν ἐξήλθατε μετὰ μαχαιρῶν καὶ ξύλων συλλαβεῖν με;	**Lk 22,52** ↑ Mt 26,47 ↑ Mk 14,43 ↓ Lk 22,54	εἶπεν δὲ Ἰησοῦς πρὸς τοὺς παραγενομένους ἐπ᾽ αὐτὸν **ἀρχιερεῖς** καὶ στρατηγοὺς τοῦ ἱεροῦ καὶ πρεσβυτέρους· ὡς ἐπὶ λῃστὴν ἐξήλθατε μετὰ μαχαιρῶν καὶ ξύλων;	
222	**Mt 26,57**	οἱ δὲ κρατήσαντες τὸν Ἰησοῦν ἀπήγαγον **πρὸς Καϊάφαν τὸν ἀρχιερέα,**	**Mk 14,53 (2)**	καὶ ἀπήγαγον τὸν Ἰησοῦν **πρὸς τὸν ἀρχιερέα,**	**Lk 22,54** → Mt 26,50 → Mk 14,46 ↑ Lk 22,52	συλλαβόντες δὲ αὐτὸν ἤγαγον καὶ εἰσήγαγον **εἰς τὴν οἰκίαν τοῦ ἀρχιερέως·** ...	→ Jn 18,13
122		ὅπου οἱ γραμματεῖς καὶ οἱ πρεσβύτεροι συνήχθησαν.		καὶ συνέρχονται πάντες **οἱ ἀρχιερεῖς** καὶ οἱ πρεσβύτεροι καὶ οἱ γραμματεῖς.	**Lk 22,66**	καὶ ὡς ἐγένετο ἡμέρα, συνήχθη τὸ πρεσβυτέριον τοῦ λαοῦ, **ἀρχιερεῖς** τε καὶ γραμματεῖς, καὶ ἀπήγαγον αὐτὸν εἰς τὸ συνέδριον αὐτῶν	
	Mt 27,1	πρωΐας δὲ γενομένης συμβούλιον ἔλαβον πάντες **οἱ ἀρχιερεῖς** καὶ οἱ πρεσβύτεροι τοῦ λαοῦ κατὰ τοῦ Ἰησοῦ ὥστε θανατῶσαι αὐτόν·	**Mk 15,1**	καὶ εὐθὺς πρωῒ συμβούλιον ποιήσαντες **οἱ ἀρχιερεῖς** μετὰ τῶν πρεσβυτέρων καὶ γραμματέων καὶ ὅλον τὸ συνέδριον, ...			
221	**Mt 26,58**	ὁ δὲ Πέτρος ἠκολούθει αὐτῷ ἀπὸ μακρόθεν **ἕως τῆς αὐλῆς τοῦ ἀρχιερέως** καὶ εἰσελθὼν ἔσω ἐκάθητο μετὰ τῶν ὑπηρετῶν ἰδεῖν τὸ τέλος.	**Mk 14,54**	καὶ ὁ Πέτρος ἀπὸ μακρόθεν ἠκολούθησεν αὐτῷ **ἕως ἔσω εἰς τὴν αὐλὴν τοῦ ἀρχιερέως** καὶ ἦν συγκαθήμενος μετὰ τῶν ὑπηρετῶν καὶ θερμαινόμενος πρὸς τὸ φῶς.	**Lk 22,55**	[54] ... ὁ δὲ Πέτρος ἠκολούθει μακρόθεν. [55] περιαψάντων δὲ πῦρ **ἐν μέσῳ τῆς αὐλῆς** καὶ συγκαθισάντων ἐκάθητο ὁ Πέτρος μέσος αὐτῶν.	→ Jn 18,15-18

220	Mt 26,59	οἱ δὲ ἀρχιερεῖς καὶ τὸ συνέδριον ὅλον ἐζήτουν ψευδομαρτυρίαν κατὰ τοῦ Ἰησοῦ ὅπως αὐτὸν θανατώσωσιν	Mk 14,55	οἱ δὲ ἀρχιερεῖς καὶ ὅλον τὸ συνέδριον ἐζήτουν κατὰ τοῦ Ἰησοῦ μαρτυρίαν εἰς τὸ θανατῶσαι αὐτόν, ...			
220	Mt 26,62	καὶ ἀναστὰς ὁ ἀρχιερεὺς εἶπεν αὐτῷ· οὐδὲν ἀποκρίνῃ τί οὗτοί σου καταμαρτυροῦσιν;	Mk 14,60	καὶ ἀναστὰς ὁ ἀρχιερεὺς εἰς μέσον ἐπηρώτησεν τὸν Ἰησοῦν λέγων· οὐκ ἀποκρίνῃ οὐδέν τί οὗτοί σου καταμαρτυροῦσιν;			
221	Mt 26,63 → Mt 27,42-43	ὁ δὲ Ἰησοῦς ἐσιώπα. καὶ ὁ ἀρχιερεὺς εἶπεν αὐτῷ· ἐξορκίζω σε κατὰ τοῦ θεοῦ τοῦ ζῶντος ἵνα ἡμῖν εἴπῃς εἰ σὺ εἶ ὁ χριστὸς ὁ υἱὸς τοῦ θεοῦ.	Mk 14,61 → Mk 15,32	ὁ δὲ ἐσιώπα καὶ οὐκ ἀπεκρίνατο οὐδέν. πάλιν ὁ ἀρχιερεὺς ἐπηρώτα αὐτὸν καὶ λέγει αὐτῷ· σὺ εἶ ὁ χριστὸς ὁ υἱὸς τοῦ εὐλογητοῦ;	Lk 22,67 ⇨ Lk 22,70	λέγοντες· εἰ σὺ εἶ ὁ χριστός, εἰπὸν ἡμῖν. ...	→ Jn 10,24
221	Mt 26,65	τότε ὁ ἀρχιερεὺς διέρρηξεν τὰ ἱμάτια αὐτοῦ λέγων· ἐβλασφήμησεν· τί ἔτι χρείαν ἔχομεν μαρτύρων; ...	Mk 14,63	ὁ δὲ ἀρχιερεὺς διαρρήξας τοὺς χιτῶνας αὐτοῦ λέγει· τί ἔτι χρείαν ἔχομεν μαρτύρων;	Lk 22,71	οἱ δὲ εἶπαν· τί ἔτι ἔχομεν μαρτυρίας χρείαν; ...	
120	Mt 26,69 → Lk 22,56	ὁ δὲ Πέτρος ἐκάθητο ἔξω ἐν τῇ αὐλῇ· καὶ προσῆλθεν αὐτῷ μία παιδίσκη ...	Mk 14,66 → Lk 22,56	καὶ ὄντος τοῦ Πέτρου κάτω ἐν τῇ αὐλῇ ἔρχεται μία τῶν παιδισκῶν τοῦ ἀρχιερέως			→ Jn 18,17
220	Mt 27,1	πρωΐας δὲ γενομένης συμβούλιον ἔλαβον πάντες οἱ ἀρχιερεῖς καὶ οἱ πρεσβύτεροι τοῦ λαοῦ κατὰ τοῦ Ἰησοῦ ὥστε θανατῶσαι αὐτόν·	Mk 15,1	καὶ εὐθὺς πρωῒ συμβούλιον ποιήσαντες οἱ ἀρχιερεῖς μετὰ τῶν πρεσβυτέρων καὶ γραμματέων καὶ ὅλον τὸ συνέδριον,	Lk 22,66 ↑ Mt 26,57 ↑ Mk 14,53	καὶ ὡς ἐγένετο ἡμέρα, συνήχθη τὸ πρεσβυτέριον τοῦ λαοῦ, ἀρχιερεῖς τε καὶ γραμματεῖς, καὶ ἀπήγαγον αὐτὸν εἰς τὸ συνέδριον αὐτῶν	
	Mt 27,2	καὶ δήσαντες αὐτὸν ἀπήγαγον καὶ παρέδωκαν Πιλάτῳ τῷ ἡγεμόνι.		δήσαντες τὸν Ἰησοῦν ἀπήνεγκαν καὶ παρέδωκαν Πιλάτῳ.	Lk 23,1	καὶ ἀναστὰν ἅπαν τὸ πλῆθος αὐτῶν ἤγαγον αὐτὸν ἐπὶ τὸν Πιλᾶτον.	→ Jn 18,28
200	Mt 27,3	τότε ἰδὼν Ἰούδας ὁ παραδιδοὺς αὐτὸν ὅτι κατεκρίθη, μεταμεληθεὶς ἔστρεψεν τὰ τριάκοντα ἀργύρια τοῖς ἀρχιερεῦσιν καὶ πρεσβυτέροις					
200	Mt 27,6	οἱ δὲ ἀρχιερεῖς λαβόντες τὰ ἀργύρια ...					
221	Mt 27,12 → Lk 23,9	καὶ ἐν τῷ κατηγορεῖσθαι αὐτὸν ὑπὸ τῶν ἀρχιερέων καὶ πρεσβυτέρων οὐδὲν ἀπεκρίνατο. [13] τότε λέγει αὐτῷ ὁ Πιλᾶτος· οὐκ ἀκούεις πόσα σου καταμαρτυροῦσιν;	Mk 15,3 → Lk 23,9	καὶ κατηγόρουν αὐτοῦ οἱ ἀρχιερεῖς πολλά. [4] ὁ δὲ Πιλᾶτος πάλιν ἐπηρώτα αὐτὸν λέγων· οὐκ ἀποκρίνῃ οὐδέν; ἴδε πόσα σου κατηγοροῦσιν.	Lk 23,2 ⇩ Lk 23,10 → Lk 20,20	ἤρξαντο δὲ κατηγορεῖν αὐτοῦ λέγοντες· ...	

002					Lk 23,4 → Lk 23,14 → Mt 27,23 → Mk 15,14 → Lk 23,22	ὁ δὲ Πιλᾶτος εἶπεν πρὸς τοὺς ἀρχιερεῖς καὶ τοὺς ὄχλους· οὐδὲν εὑρίσκω αἴτιον ἐν τῷ ἀνθρώπῳ τούτῳ.	→ Jn 18,38 → Acts 13,28
002	Mt 27,12	καὶ ἐν τῷ κατηγορεῖσθαι αὐτὸν ὑπὸ τῶν ἀρχιερέων καὶ πρεσβυτέρων οὐδὲν ἀπεκρίνατο.	Mk 15,3	καὶ κατηγόρουν αὐτοῦ οἱ ἀρχιερεῖς πολλά.	Lk 23,10 ⇑ Lk 23,2	εἱστήκεισαν δὲ οἱ ἀρχιερεῖς καὶ οἱ γραμματεῖς εὐτόνως κατηγοροῦντες αὐτοῦ.	Mt/Mk: before Pilate; Lk: before Herod
002					Lk 23,13	Πιλᾶτος δὲ συγκαλεσάμενος τοὺς ἀρχιερεῖς καὶ τοὺς ἄρχοντας καὶ τὸν λαὸν	→ Jn 19,4
120	Mt 27,18	ᾔδει γὰρ ὅτι διὰ φθόνον παρέδωκαν αὐτόν.	Mk 15,10	ἐγίνωσκεν γὰρ ὅτι διὰ φθόνον παραδεδώκεισαν αὐτὸν οἱ ἀρχιερεῖς.			
221	Mt 27,20	οἱ δὲ ἀρχιερεῖς καὶ οἱ πρεσβύτεροι ἔπεισαν τοὺς ὄχλους ἵνα αἰτήσωνται τὸν Βαραββᾶν, τὸν δὲ Ἰησοῦν ἀπολέσωσιν.	Mk 15,11	οἱ δὲ ἀρχιερεῖς ἀνέσεισαν τὸν ὄχλον ἵνα μᾶλλον τὸν Βαραββᾶν ἀπολύσῃ αὐτοῖς.	Lk 23,18	ἀνέκραγον δὲ παμπληθεὶ λέγοντες· αἶρε τοῦτον, ἀπόλυσον δὲ ἡμῖν τὸν Βαραββᾶν·	→ Jn 18,40
221	Mt 27,41 → Lk 23,37	ὁμοίως καὶ οἱ ἀρχιερεῖς ἐμπαίζοντες μετὰ τῶν γραμματέων καὶ πρεσβυτέρων ἔλεγον· [42] ἄλλους ἔσωσεν, ἑαυτὸν οὐ δύναται σῶσαι· βασιλεὺς Ἰσραήλ ἐστιν, καταβάτω νῦν ἀπὸ τοῦ σταυροῦ	Mk 15,31 → Lk 23,37	ὁμοίως καὶ οἱ ἀρχιερεῖς ἐμπαίζοντες πρὸς ἀλλήλους μετὰ τῶν γραμματέων ἔλεγον· ἄλλους ἔσωσεν, ἑαυτὸν οὐ δύναται σῶσαι· [32] ὁ χριστὸς ὁ βασιλεὺς Ἰσραὴλ καταβάτω νῦν ἀπὸ τοῦ σταυροῦ, ...	Lk 23,35 → Lk 23,39	... ἐξεμυκτήριζον δὲ καὶ οἱ ἄρχοντες λέγοντες· ἄλλους ἔσωσεν, σωσάτω ἑαυτόν, εἰ οὗτός ἐστιν ὁ χριστὸς τοῦ θεοῦ ὁ ἐκλεκτός.	
200	Mt 27,62	τῇ δὲ ἐπαύριον, ἥτις ἐστὶν μετὰ τὴν παρασκευήν, συνήχθησαν οἱ ἀρχιερεῖς καὶ οἱ Φαρισαῖοι πρὸς Πιλᾶτον					
200	Mt 28,11	πορευομένων δὲ αὐτῶν ἰδού τινες τῆς κουστωδίας ἐλθόντες εἰς τὴν πόλιν ἀπήγγειλαν τοῖς ἀρχιερεῦσιν ἅπαντα τὰ γενόμενα.					
002					Lk 24,20 → Mt 26,66 → Mk 14,64	ὅπως τε παρέδωκαν αὐτὸν οἱ ἀρχιερεῖς καὶ οἱ ἄρχοντες ἡμῶν εἰς κρίμα θανάτου καὶ ἐσταύρωσαν αὐτόν.	

Acts 4,6	[5] ἐγένετο δὲ ἐπὶ τὴν αὔριον συναχθῆναι αὐτῶν τοὺς ἄρχοντας καὶ τοὺς πρεσβυτέρους καὶ τοὺς γραμματεῖς ἐν Ἰερουσαλήμ, [6] καὶ **Ἅννας ὁ ἀρχιερεὺς** καὶ Καϊάφας καὶ Ἰωάννης καὶ Ἀλέξανδρος καὶ ὅσοι ἦσαν ἐκ γένους ἀρχιερατικοῦ
Acts 4,23	... ἀπήγγειλαν ὅσα πρὸς αὐτοὺς **οἱ ἀρχιερεῖς** καὶ οἱ πρεσβύτεροι εἶπαν.
Acts 5,17	ἀναστὰς δὲ **ὁ ἀρχιερεὺς** καὶ πάντες οἱ σὺν αὐτῷ, ἡ οὖσα αἵρεσις τῶν Σαδδουκαίων, ἐπλήσθησαν ζήλου
Acts 5,21	... παραγενόμενος δὲ **ὁ ἀρχιερεὺς** καὶ οἱ σὺν αὐτῷ συνεκάλεσαν τὸ συνέδριον καὶ πᾶσαν τὴν γερουσίαν τῶν υἱῶν Ἰσραὴλ ...
Acts 5,24	ὡς δὲ ἤκουσαν τοὺς λόγους τούτους ὅ τε στρατηγὸς τοῦ ἱεροῦ καὶ **οἱ ἀρχιερεῖς,** διηπόρουν περὶ αὐτῶν τί ἂν γένοιτο τοῦτο.
Acts 5,27	... καὶ ἐπηρώτησεν αὐτοὺς **ὁ ἀρχιερεὺς**
Acts 7,1	εἶπεν δὲ **ὁ ἀρχιερεύς·** εἰ ταῦτα οὕτως ἔχει;
Acts 9,1	ὁ δὲ Σαῦλος ... προσελθὼν **τῷ ἀρχιερεῖ** [2] ᾐτήσατο παρ᾽ αὐτοῦ ἐπιστολὰς εἰς Δαμασκὸν πρὸς τὰς συναγωγάς, ...
Acts 9,14	καὶ ὧδε ἔχει ἐξουσίαν **παρὰ τῶν ἀρχιερέων** δῆσαι πάντας τοὺς ἐπικαλουμένους τὸ ὄνομά σου.
Acts 9,21	... καὶ ὧδε εἰς τοῦτο ἐληλύθει ἵνα δεδεμένους αὐτοὺς ἀγάγῃ **ἐπὶ τοὺς ἀρχιερεῖς;**
Acts 19,14	ἦσαν δέ τινος Σκευᾶ **Ἰουδαίου ἀρχιερέως** ἑπτὰ υἱοὶ τοῦτο ποιοῦντες.
Acts 22,5	ὡς καὶ **ὁ ἀρχιερεὺς** μαρτυρεῖ μοι καὶ πᾶν τὸ πρεσβυτέριον, παρ᾽ ὧν καὶ ἐπιστολὰς δεξάμενος πρὸς τοὺς ἀδελφοὺς εἰς Δαμασκὸν ἐπορευόμην, ...
Acts 22,30	... ἐκέλευσεν συνελθεῖν **τοὺς ἀρχιερεῖς** καὶ πᾶν τὸ συνέδριον, ...
Acts 23,2	**ὁ δὲ ἀρχιερεὺς Ἁνανίας** ἐπέταξεν τοῖς παρεστῶσιν αὐτῷ τύπτειν αὐτοῦ τὸ στόμα.
Acts 23,4	οἱ δὲ παρεστῶτες εἶπαν· **τὸν ἀρχιερέα τοῦ θεοῦ** λοιδορεῖς;
Acts 23,5	... οὐκ ᾔδειν, ἀδελφοί, ὅτι ἐστὶν **ἀρχιερεύς·** ...
Acts 23,14	οἵτινες προσελθόντες **τοῖς ἀρχιερεῦσιν** καὶ τοῖς πρεσβυτέροις εἶπαν· ἀναθέματι ἀνεθεματίσαμεν ἑαυτοὺς ...
Acts 24,1	Μετὰ δὲ πέντε ἡμέρας κατέβη **ὁ ἀρχιερεὺς Ἁνανίας** μετὰ πρεσβυτέρων τινῶν καὶ ῥήτορος Τερτύλλου τινός, ...
Acts 25,2	ἐνεφάνισάν τε αὐτῷ **οἱ ἀρχιερεῖς** καὶ οἱ πρῶτοι τῶν Ἰουδαίων κατὰ τοῦ Παύλου καὶ παρεκάλουν αὐτὸν
Acts 25,15	περὶ οὗ γενομένου μου εἰς Ἱεροσόλυμα ἐνεφάνισαν **οἱ ἀρχιερεῖς** καὶ οἱ πρεσβύτεροι τῶν Ἰουδαίων αἰτούμενοι κατ᾽ αὐτοῦ καταδίκην.
Acts 26,10	... πολλούς τε τῶν ἁγίων ἐγὼ ἐν φυλακαῖς κατέκλεισα **τὴν παρὰ τῶν ἀρχιερέων ἐξουσίαν** λαβὼν ἀναιρουμένων τε αὐτῶν κατήνεγκα ψῆφον
Acts 26,12	ἐν οἷς πορευόμενος εἰς τὴν Δαμασκὸν μετ᾽ ἐξουσίας καὶ ἐπιτροπῆς τῆς **τῶν ἀρχιερέων**

# ἀρχισυνάγωγος	Syn 6	Mt	Mk 4	Lk 2	Acts 3	Jn	1-3John	Paul	Eph	Col
	NT 9	2Thess	1/2Tim	Tit	Heb	Jas	1Pet	2Pet	Jude	Rev

president of a synagogue

121	**Mt 9,18**	ταῦτα αὐτοῦ λαλοῦντος αὐτοῖς, ἰδοὺ **ἄρχων εἷς** ἐλθὼν προσεκύνει αὐτῷ ...	**Mk 5,22**	καὶ ἔρχεται **εἷς τῶν ἀρχισυναγώγων,** ὀνόματι Ἰάϊρος, καὶ ἰδὼν αὐτὸν πίπτει πρὸς τοὺς πόδας αὐτοῦ	**Lk 8,41**	καὶ ἰδοὺ ἦλθεν ἀνὴρ ᾧ ὄνομα Ἰάϊρος καὶ οὗτος **ἄρχων τῆς συναγωγῆς** ὑπῆρχεν, καὶ πεσὼν παρὰ τοὺς πόδας [τοῦ] Ἰησοῦ ...	
022			**Mk 5,35** →Lk 7,6	ἔτι αὐτοῦ λαλοῦντος ἔρχονται **ἀπὸ τοῦ ἀρχισυναγώγου** λέγοντες ὅτι ἡ θυγάτηρ σου ἀπέθανεν· τί ἔτι σκύλλεις τὸν διδάσκαλον;	**Lk 8,49** →Lk 7,6	ἔτι αὐτοῦ λαλοῦντος ἔρχεταί **τις παρὰ τοῦ ἀρχισυναγώγου** λέγων ὅτι τέθνηκεν ἡ θυγάτηρ σου· μηκέτι σκύλλε τὸν διδάσκαλον.	

021			Mk 5,36	ὁ δὲ Ἰησοῦς παρακούσας τὸν λόγον λαλούμενον λέγει **τῷ ἀρχισυναγώγῳ·** μὴ φοβοῦ, μόνον πίστευε.	Lk 8,50	ὁ δὲ Ἰησοῦς ἀκούσας ἀπεκρίθη **αὐτῷ·** μὴ φοβοῦ, μόνον πίστευσον, καὶ σωθήσεται.
121	Mt 9,23	καὶ ἐλθὼν ὁ Ἰησοῦς **εἰς τὴν οἰκίαν τοῦ ἄρχοντος** ...	Mk 5,38	[37] καὶ οὐκ ἀφῆκεν οὐδένα μετ' αὐτοῦ συνακολουθῆσαι εἰ μὴ τὸν Πέτρον καὶ Ἰάκωβον καὶ Ἰωάννην τὸν ἀδελφὸν Ἰακώβου. [38] καὶ ἔρχονται **εἰς τὸν οἶκον τοῦ ἀρχισυναγώγου,** ...	Lk 8,51 → Mk 5,40	ἐλθὼν δὲ **εἰς τὴν οἰκίαν** οὐκ ἀφῆκεν εἰσελθεῖν τινα σὺν αὐτῷ εἰ μὴ Πέτρον καὶ Ἰωάννην καὶ Ἰάκωβον καὶ τὸν πατέρα τῆς παιδὸς καὶ τὴν μητέρα.
002					Lk 13,14 → Lk 14,3	ἀποκριθεὶς δὲ **ὁ ἀρχισυνάγωγος,** ἀγανακτῶν ὅτι τῷ σαββάτῳ ἐθεράπευσεν ὁ Ἰησοῦς, ...

Acts 13,15 ... ἀπέστειλαν **οἱ ἀρχισυνάγωγοι** πρὸς αὐτοὺς λέγοντες· ἄνδρες ἀδελφοί, εἴ τίς ἐστιν ἐν ὑμῖν λόγος παρακλήσεως πρὸς τὸν λαόν, λέγετε.

Acts 18,8 Κρίσπος δὲ **ὁ ἀρχισυνάγωγος** ἐπίστευσεν τῷ κυρίῳ σὺν ὅλῳ τῷ οἴκῳ αὐτοῦ, ...

Acts 18,17 ἐπιλαβόμενοι δὲ πάντες Σωσθένην **τὸν ἀρχισυνάγωγον** ἔτυπτον ἔμπροσθεν τοῦ βήματος· ...

ἀρχιτελώνης	Syn 1	Mt	Mk	Lk 1	Acts	Jn	1-3John	Paul	Eph	Col
	NT 1	2Thess	1/2Tim	Tit	Heb	Jas	1Pet	2Pet	Jude	Rev

tax superintendent

002			Lk 19,2	καὶ ἰδοὺ ἀνὴρ ὀνόματι καλούμενος Ζακχαῖος, καὶ αὐτὸς ἦν **ἀρχιτελώνης** καὶ αὐτὸς πλούσιος·

ἄρχω	Syn 71	Mt 13	Mk 27	Lk 31	Acts 10	Jn 1	1-3John	Paul 2	Eph	Col
	NT 85	2Thess	1/2Tim	Tit	Heb	Jas	1Pet 1	2Pet	Jude	Rev

rule; govern; *middle:* begin

	triple tradition																double tradition			Sondergut		
		+Mt / +Lk			–Mt / –Lk			traditions not taken over by Mt / Lk							subtotals							
code	*222*	*211*	*112*	*212*	*221*	*122*	*121*	*022*	*012*	*021*	*220*	*120*	*210*	*020*	Σ^+	Σ^-	Σ	*202*	*201*	*102*	*200*	*002*	total
Mt	1	1^+			3	2^-	11^-				2	6^-			1^+	19^-	7	2			4		**13**
Mk	1				3	2	11			2	2	6					27						**27**
Lk	1		5^+		3^-	2	11^-			2^-					5^+	16^-	8	2		4		17	**31**

[a] ἄρχω with infinitive

a 102	Mt 3,9	καὶ μὴ δόξητε λέγειν ἐν ἑαυτοῖς· πατέρα ἔχομεν τὸν Ἀβραάμ. ...			Lk 3,8	... καὶ μὴ ἄρξησθε λέγειν ἐν ἑαυτοῖς· πατέρα ἔχομεν τὸν Ἀβραάμ. ...	
002	Mt 1,16 → Mt 13,55 → Mk 6,3	Ἰακὼβ δὲ ἐγέννησεν τὸν Ἰωσὴφ τὸν ἄνδρα Μαρίας, ἐξ ἧς ἐγεννήθη Ἰησοῦς ὁ λεγόμενος χριστός.			Lk 3,23 → Lk 4,22	καὶ αὐτὸς ἦν Ἰησοῦς ἀρχόμενος ὡσεὶ ἐτῶν τριάκοντα, ὢν υἱός, ὡς ἐνομίζετο, Ἰωσὴφ τοῦ Ἠλὶ	
a 211	Mt 4,17 → Mt 4,23 → Mt 9,35	[12] ἀκούσας δὲ ὅτι Ἰωάννης παρεδόθη ἀνεχώρησεν εἰς τὴν Γαλιλαίαν. [13] ... [17] ἀπὸ τότε ἤρξατο ὁ Ἰησοῦς κηρύσσειν καὶ λέγειν· μετανοεῖτε· ἤγγικεν γὰρ ἡ βασιλεία τῶν οὐρανῶν.	Mk 1,14 → Mk 1,39 → Mk 6,6	μετὰ δὲ τὸ παραδοθῆναι τὸν Ἰωάννην ἦλθεν ὁ Ἰησοῦς εἰς τὴν Γαλιλαίαν κηρύσσων τὸ εὐαγγέλιον τοῦ θεοῦ [15] καὶ λέγων ὅτι πεπλήρωται ὁ καιρὸς καὶ ἤγγικεν ἡ βασιλεία τοῦ θεοῦ· μετανοεῖτε καὶ πιστεύετε ἐν τῷ εὐαγγελίῳ.	Lk 4,15 → Lk 4,44 → Lk 8,1	[14] καὶ ὑπέστρεψεν ὁ Ἰησοῦς ἐν τῇ δυνάμει τοῦ πνεύματος εἰς τὴν Γαλιλαίαν. ... [15] καὶ αὐτὸς ἐδίδασκεν ἐν ταῖς συναγωγαῖς αὐτῶν δοξαζόμενος ὑπὸ πάντων.	
a 002					Lk 4,21	ἤρξατο δὲ λέγειν πρὸς αὐτοὺς ὅτι σήμερον πεπλήρωται ἡ γραφὴ αὕτη ἐν τοῖς ὠσὶν ὑμῶν.	
a 021			Mk 1,45 → Mt 9,31	ὁ δὲ ἐξελθὼν ἤρξατο κηρύσσειν πολλὰ καὶ διαφημίζειν τὸν λόγον, ...	Lk 5,15 → Lk 7,17	διήρχετο δὲ μᾶλλον ὁ λόγος περὶ αὐτοῦ, ...	
a 112	Mt 9,3	καὶ ἰδού τινες τῶν γραμματέων εἶπαν ἐν ἑαυτοῖς· οὗτος βλασφημεῖ.	Mk 2,6	ἦσαν δέ τινες τῶν γραμματέων ἐκεῖ καθήμενοι καὶ διαλογιζόμενοι ἐν ταῖς καρδίαις αὐτῶν· [7] τί οὗτος οὕτως λαλεῖ; βλασφημεῖ· τίς δύναται ἀφιέναι ἁμαρτίας εἰ μὴ εἷς ὁ θεός;	Lk 5,21 ↓ Lk 7,49	καὶ ἤρξαντο διαλογίζεσθαι οἱ γραμματεῖς καὶ οἱ Φαρισαῖοι λέγοντες· τίς ἐστιν οὗτος ὃς λαλεῖ βλασφημίας; τίς δύναται ἁμαρτίας ἀφεῖναι εἰ μὴ μόνος ὁ θεός;	
a 221	Mt 12,1	... οἱ δὲ μαθηταὶ αὐτοῦ ἐπείνασαν καὶ ἤρξαντο τίλλειν στάχυας καὶ ἐσθίειν.	Mk 2,23	... καὶ οἱ μαθηταὶ αὐτοῦ ἤρξαντο ὁδὸν ποιεῖν τίλλοντες τοὺς στάχυας.	Lk 6,1	... καὶ ἔτιλλον οἱ μαθηταὶ αὐτοῦ καὶ ἤσθιον τοὺς στάχυας ψώχοντες ταῖς χερσίν.	
a 002					Lk 7,15 → Lk 9,42	καὶ ἀνεκάθισεν ὁ νεκρὸς καὶ ἤρξατο λαλεῖν, καὶ ἔδωκεν αὐτὸν τῇ μητρὶ αὐτοῦ. ➤ 1Kings 17,23	
a 202	Mt 11,7	τούτων δὲ πορευομένων ἤρξατο ὁ Ἰησοῦς λέγειν τοῖς ὄχλοις περὶ Ἰωάννου· ...			Lk 7,24	ἀπελθόντων δὲ τῶν ἀγγέλων Ἰωάννου ἤρξατο λέγειν πρὸς τοὺς ὄχλους περὶ Ἰωάννου· ...	

a 002	Mt 26,7	προσῆλθεν αὐτῷ γυνὴ ἔχουσα ἀλάβαστρον μύρου βαρυτίμου καὶ κατέχεεν ἐπὶ τῆς κεφαλῆς αὐτοῦ ἀνακειμένου.	Mk 14,3	... ἦλθεν γυνὴ ἔχουσα ἀλάβαστρον μύρου νάρδου πιστικῆς πολυτελοῦς, συντρίψασα τὴν ἀλάβαστρον κατέχεεν αὐτοῦ τῆς κεφαλῆς.	Lk 7,38	[37] καὶ ἰδοὺ γυνὴ ... κομίσασα ἀλάβαστρον μύρου [38] καὶ στᾶσα ὀπίσω παρὰ τοὺς πόδας αὐτοῦ κλαίουσα τοῖς δάκρυσιν ἤρξατο βρέχειν τοὺς πόδας αὐτοῦ καὶ ταῖς θριξὶν τῆς κεφαλῆς αὐτῆς ἐξέμασσεν καὶ κατεφίλει τοὺς πόδας αὐτοῦ καὶ ἤλειφεν τῷ μύρῳ.	→ Jn 12,3
a 002					Lk 7,49 ↑ Mt 9,3 ↑ Mk 2,6-7 ↑ Lk 5,21	καὶ ἤρξαντο οἱ συνανακείμενοι λέγειν ἐν ἑαυτοῖς· τίς οὗτός ἐστιν ὃς καὶ ἁμαρτίας ἀφίησιν;	
a 200	Mt 11,20	τότε ἤρξατο ὀνειδίζειν τὰς πόλεις ἐν αἷς ἐγένοντο αἱ πλεῖσται δυνάμεις αὐτοῦ, ὅτι οὐ μετενόησαν·					
a 221	Mt 12,1	... οἱ δὲ μαθηταὶ αὐτοῦ ἐπείνασαν καὶ ἤρξαντο τίλλειν στάχυας καὶ ἐσθίειν.	Mk 2,23	... καὶ οἱ μαθηταὶ αὐτοῦ ἤρξαντο ὁδὸν ποιεῖν τίλλοντες τοὺς στάχυας.	Lk 6,1	... καὶ ἔτιλλον οἱ μαθηταὶ αὐτοῦ καὶ ἤσθιον τοὺς στάχυας ψώχοντες ταῖς χερσίν.	
a 120	Mt 13,1 → Lk 5,1	ἐν τῇ ἡμέρᾳ ἐκείνῃ ἐξελθὼν ὁ Ἰησοῦς τῆς οἰκίας ἐκάθητο παρὰ τὴν θάλασσαν·	Mk 4,1 → Mk 2,13 → Mk 3,9 → Lk 5,1	καὶ πάλιν ἤρξατο διδάσκειν παρὰ τὴν θάλασσαν· ...			
a 121	Mt 8,34	... καὶ ἰδόντες αὐτὸν παρεκάλεσαν ὅπως μεταβῇ ἀπὸ τῶν ὁρίων αὐτῶν.	Mk 5,17	καὶ ἤρξαντο παρακαλεῖν αὐτὸν ἀπελθεῖν ἀπὸ τῶν ὁρίων αὐτῶν.	Lk 8,37	καὶ ἠρώτησεν αὐτὸν ἅπαν τὸ πλῆθος τῆς περιχώρου τῶν Γερασηνῶν ἀπελθεῖν ἀπ᾽ αὐτῶν, ...	
a 021			Mk 5,20	καὶ ἀπῆλθεν καὶ ἤρξατο κηρύσσειν ἐν τῇ Δεκαπόλει ὅσα ἐποίησεν αὐτῷ ὁ Ἰησοῦς, καὶ πάντες ἐθαύμαζον.	Lk 8,39	... καὶ ἀπῆλθεν καθ᾽ ὅλην τὴν πόλιν κηρύσσων ὅσα ἐποίησεν αὐτῷ ὁ Ἰησοῦς.	
a 121	Mt 13,54	καὶ ἐλθὼν εἰς τὴν πατρίδα αὐτοῦ ἐδίδασκεν αὐτοὺς ἐν τῇ συναγωγῇ αὐτῶν, ...	Mk 6,2	[1] ... καὶ ἔρχεται εἰς τὴν πατρίδα αὐτοῦ, ... [2] καὶ γενομένου σαββάτου ἤρξατο διδάσκειν ἐν τῇ συναγωγῇ, ...	Lk 4,16	καὶ ἦλθεν εἰς Ναζαρά, οὗ ἦν τεθραμμένος καὶ εἰσῆλθεν κατὰ τὸ εἰωθὸς αὐτῷ ἐν τῇ ἡμέρᾳ τῶν σαββάτων εἰς τὴν συναγωγὴν καὶ ἀνέστη ἀναγνῶναι.	

a	**Mt 10,1**	καὶ προσκαλεσάμενος τοὺς δώδεκα μαθητὰς αὐτοῦ ἔδωκεν αὐτοῖς ἐξουσίαν πνευμάτων ἀκαθάρτων ὥστε ἐκβάλλειν αὐτὰ καὶ θεραπεύειν πᾶσαν νόσον καὶ πᾶσαν μαλακίαν.	**Mk 6,7** → Mk 3,14-15	καὶ προσκαλεῖται τοὺς δώδεκα καὶ	**Lk 9,1** → Lk 10,1	συγκαλεσάμενος δὲ τοὺς δώδεκα ἔδωκεν αὐτοῖς δύναμιν καὶ ἐξουσίαν ἐπὶ πάντα τὰ δαιμόνια καὶ νόσους θεραπεύειν	
121		[5] τούτους τοὺς δώδεκα ἀπέστειλεν ὁ Ἰησοῦς ...		**ἤρξατο** αὐτοὺς ἀποστέλλειν δύο δύο καὶ ἐδίδου αὐτοῖς ἐξουσίαν τῶν πνευμάτων τῶν ἀκαθάρτων		[2] καὶ ἀπέστειλεν αὐτοὺς κηρύσσειν τὴν βασιλείαν τοῦ θεοῦ καὶ ἰᾶσθαι [τοὺς ἀσθενεῖς]	
a	**Mt 14,14** ↓ Mt 9,36 → Mt 15,32	καὶ ἐξελθὼν εἶδεν πολὺν ὄχλον, καὶ ἐσπλαγχνίσθη ἐπ' αὐτοῖς	**Mk 6,34** → Mk 8,2	καὶ ἐξελθὼν εἶδεν πολὺν ὄχλον, καὶ ἐσπλαγχνίσθη ἐπ' αὐτούς, ὅτι ἦσαν *ὡς πρόβατα μὴ ἔχοντα ποιμένα,* καὶ	**Lk 9,11**	οἱ δὲ ὄχλοι γνόντες ἠκολούθησαν αὐτῷ· καὶ ἀποδεξάμενος αὐτοὺς	
121		καὶ ἐθεράπευσεν τοὺς ἀρρώστους αὐτῶν.		**ἤρξατο** διδάσκειν αὐτοὺς πολλά. ➤ Num 27,17/Jdt 11,19/2Chron 18,16		ἐλάλει αὐτοῖς περὶ τῆς βασιλείας τοῦ θεοῦ, καὶ τοὺς χρείαν ἔχοντας θεραπείας ἰᾶτο.	
	Mt 9,36 ↑ Mt 14,14	ἰδὼν δὲ τοὺς ὄχλους ἐσπλαγχνίσθη περὶ αὐτῶν, ὅτι ἦσαν ἐσκυλμένοι καὶ ἐρριμμένοι *ὡσεὶ πρόβατα μὴ ἔχοντα ποιμένα.* ➤ Num 27,17/Jdt 11,19/2Chron 18,16					
a	**Mt 14,15**	ὀψίας δὲ γενομένης	**Mk 6,35**	καὶ ἤδη ὥρας πολλῆς γενομένης	**Lk 9,12** → Lk 24,29	ἡ δὲ ἡμέρα	
112		προσῆλθον αὐτῷ οἱ μαθηταὶ λέγοντες· ...		προσελθόντες αὐτῷ οἱ μαθηταὶ αὐτοῦ ἔλεγον ...		**ἤρξατο** κλίνειν· προσελθόντες δὲ οἱ δώδεκα εἶπαν αὐτῷ· ...	
a	**Mt 14,30**	βλέπων δὲ τὸν ἄνεμον [ἰσχυρὸν] ἐφοβήθη, καὶ					
200		**ἀρξάμενος** καταποντίζεσθαι ἔκραξεν λέγων· κύριε, σῶσόν με.					
a	**Mt 14,35**	... οἱ ἄνδρες τοῦ τόπου ἐκείνου ἀπέστειλαν εἰς ὅλην τὴν περίχωρον ἐκείνην καὶ	**Mk 6,55**	[54] ... εὐθὺς ἐπιγνόντες αὐτὸν [55] περιέδραμον ὅλην τὴν χώραν ἐκείνην καὶ			
120		προσήνεγκαν αὐτῷ πάντας τοὺς κακῶς ἔχοντας		**ἤρξαντο** ἐπὶ τοῖς κραβάττοις τοὺς κακῶς ἔχοντας περιφέρειν ὅπου ἤκουον ὅτι ἐστίν.			
a	**Mt 16,1** ⇩ Mt 12,38	καὶ προσελθόντες οἱ Φαρισαῖοι καὶ Σαδδουκαῖοι	**Mk 8,11**	καὶ ἐξῆλθον οἱ Φαρισαῖοι καὶ			Mk-Q overlap
120		πειράζοντες ἐπηρώτησαν αὐτὸν σημεῖον ἐκ τοῦ οὐρανοῦ ἐπιδεῖξαι αὐτοῖς.		**ἤρξαντο** συζητεῖν αὐτῷ, ζητοῦντες παρ' αὐτοῦ σημεῖον ἀπὸ τοῦ οὐρανοῦ, πειράζοντες αὐτόν.			
	Mt 12,38 ⇧ Mt 16,1	τότε ἀπεκρίθησαν αὐτῷ τινες τῶν γραμματέων καὶ Φαρισαίων λέγοντες· διδάσκαλε, θέλομεν ἀπὸ σοῦ σημεῖον ἰδεῖν.			**Lk 11,16**	ἕτεροι δὲ πειράζοντες σημεῖον ἐξ οὐρανοῦ ἐζήτουν παρ' αὐτοῦ.	

a 221	**Mt 16,21** → Mt 17,22-23 → Mt 20,18-19	ἀπὸ τότε ἤρξατο ὁ Ἰησοῦς δεικνύειν τοῖς μαθηταῖς αὐτοῦ ὅτι δεῖ αὐτὸν εἰς Ἱεροσόλυμα ἀπελθεῖν καὶ πολλὰ παθεῖν ...	**Mk 8,31** → Mk 9,31 → Mk 10,33-34	καὶ ἤρξατο διδάσκειν αὐτοὺς ὅτι δεῖ τὸν υἱὸν τοῦ ἀνθρώπου πολλὰ παθεῖν ...	**Lk 9,22** → Lk 9,44 → Lk 17,25 ↓ Lk 18,31 → Lk 24,7 → Lk 24,26 → Lk 24,46	εἰπὼν ὅτι δεῖ τὸν υἱὸν τοῦ ἀνθρώπου πολλὰ παθεῖν ...	
a 220	**Mt 16,22**	καὶ προσλαβόμενος αὐτὸν ὁ Πέτρος ἤρξατο ἐπιτιμᾶν αὐτῷ ...	**Mk 8,32**	... καὶ προσλαβόμενος ὁ Πέτρος αὐτὸν ἤρξατο ἐπιτιμᾶν αὐτῷ.			
a 200	**Mt 18,24**	ἀρξαμένου δὲ αὐτοῦ συναίρειν προσηνέχθη αὐτῷ εἷς ὀφειλέτης μυρίων ταλάντων.					
a 102	**Mt 12,39** ⇨ Mt 16,2.4	ὁ δὲ ἀποκριθεὶς εἶπεν αὐτοῖς· γενεὰ πονηρὰ καὶ μοιχαλὶς σημεῖον ἐπιζητεῖ, ...	Mk 8,12	καὶ ἀναστενάξας τῷ πνεύματι αὐτοῦ λέγει· τί ἡ γενεὰ αὕτη ζητεῖ σημεῖον; ...	**Lk 11,29**	τῶν δὲ ὄχλων ἐπαθροιζομένων ἤρξατο λέγειν· ἡ γενεὰ αὕτη γενεὰ πονηρά ἐστιν· σημεῖον ζητεῖ, ...	Mk-Q overlap
a 002					**Lk 11,53**	κἀκεῖθεν ἐξελθόντος αὐτοῦ ἤρξαντο οἱ γραμματεῖς καὶ οἱ Φαρισαῖοι δεινῶς ἐνέχειν καὶ ἀποστοματίζειν αὐτὸν περὶ πλειόνων	
a 112	**Mt 16,6** ⇨ Mt 16,11	ὁ δὲ Ἰησοῦς εἶπεν αὐτοῖς· ὁρᾶτε καὶ προσέχετε ἀπὸ τῆς ζύμης τῶν Φαρισαίων καὶ Σαδδουκαίων.	**Mk 8,15**	καὶ διεστέλλετο αὐτοῖς λέγων· ὁρᾶτε, βλέπετε ἀπὸ τῆς ζύμης τῶν Φαρισαίων καὶ τῆς ζύμης Ἡρῴδου.	**Lk 12,1** → Mt 16,12	ἐν οἷς ἐπισυναχθεισῶν τῶν μυριάδων τοῦ ὄχλου, ὥστε καταπατεῖν ἀλλήλους, ἤρξατο λέγειν πρὸς τοὺς μαθητὰς αὐτοῦ πρῶτον· προσέχετε ἑαυτοῖς ἀπὸ τῆς ζύμης, ἥτις ἐστὶν ὑπόκρισις, τῶν Φαρισαίων.	
a 202	**Mt 24,49**	[48] ἐὰν δὲ εἴπῃ ὁ κακὸς δοῦλος ἐκεῖνος ἐν τῇ καρδίᾳ αὐτοῦ· χρονίζει μου ὁ κύριος, [49] καὶ ἄρξηται τύπτειν τοὺς συνδούλους αὐτοῦ, ἐσθίῃ δὲ καὶ πίνῃ μετὰ τῶν μεθυόντων			**Lk 12,45** → Lk 21,34	ἐὰν δὲ εἴπῃ ὁ δοῦλος ἐκεῖνος ἐν τῇ καρδίᾳ αὐτοῦ· χρονίζει ὁ κύριός μου ἔρχεσθαι, καὶ ἄρξηται τύπτειν τοὺς παῖδας καὶ τὰς παιδίσκας, ἐσθίειν τε καὶ πίνειν καὶ μεθύσκεσθαι	
a 002	Mt 25,11 ↓ Mt 7,22	[10] ... ἦλθεν ὁ νυμφίος, καὶ αἱ ἕτοιμοι εἰσῆλθον μετ' αὐτοῦ εἰς τοὺς γάμους καὶ ἐκλείσθη ἡ θύρα. [11] ὕστερον δὲ ἔρχονται καὶ αἱ λοιπαὶ παρθένοι λέγουσαι· κύριε κύριε, ἄνοιξον ἡμῖν.			**Lk 13,25**	ἀφ' οὗ ἂν ἐγερθῇ ὁ οἰκοδεσπότης καὶ ἀποκλείσῃ τὴν θύραν καὶ ἄρξησθε ἔξω ἑστάναι καὶ κρούειν τὴν θύραν λέγοντες· κύριε, ἄνοιξον ἡμῖν, ...	

a 102	Mt 7,22 ↑ Mt 25,11	πολλοὶ ἐροῦσίν μοι ἐν ἐκείνῃ τῇ ἡμέρᾳ· κύριε κύριε, οὐ τῷ σῷ ὀνόματι ἐπροφητεύσαμεν, καὶ τῷ σῷ ὀνόματι δαιμόνια ἐξεβάλομεν, καὶ τῷ σῷ ὀνόματι δυνάμεις πολλὰς ἐποιήσαμεν;			Lk 13,26	τότε **ἄρξεσθε** λέγειν· ἐφάγομεν ἐνώπιόν σου καὶ ἐπίομεν καὶ ἐν ταῖς πλατείαις ἡμῶν ἐδίδαξας·	
002					Lk 14,9	... δὸς τούτῳ τόπον, καὶ τότε **ἄρξῃ** μετὰ αἰσχύνης τὸν ἔσχατον τόπον κατέχειν.	
a 102	Mt 22,5	οἱ δὲ ἀμελήσαντες ἀπῆλθον, ὃς μὲν εἰς τὸν ἴδιον ἀγρόν, ...			Lk 14,18	καὶ **ἤρξαντο** ἀπὸ μιᾶς πάντες παραιτεῖσθαι. ὁ πρῶτος εἶπεν αὐτῷ· ἀγρὸν ἠγόρασα καὶ ἔχω ἀνάγκην ἐξελθὼν ἰδεῖν αὐτόν· ...	→ GTh 64
a 002					Lk 14,29	ἵνα μήποτε θέντος αὐτοῦ θεμέλιον καὶ μὴ ἰσχύοντος ἐκτελέσαι πάντες οἱ θεωροῦντες **ἄρξωνται** αὐτῷ ἐμπαίζειν	
a 002					Lk 14,30	λέγοντες ὅτι οὗτος ὁ ἄνθρωπος **ἤρξατο** οἰκοδομεῖν καὶ οὐκ ἴσχυσεν ἐκτελέσαι.	
a 002					Lk 15,14	δαπανήσαντος δὲ αὐτοῦ πάντα ἐγένετο λιμὸς ἰσχυρὰ κατὰ τὴν χώραν ἐκείνην, καὶ αὐτὸς **ἤρξατο** ὑστερεῖσθαι.	
a 002					Lk 15,24 → Lk 15,32	ὅτι οὗτος ὁ υἱός μου νεκρὸς ἦν καὶ ἀνέζησεν, ἦν ἀπολωλὼς καὶ εὑρέθη. καὶ **ἤρξαντο** εὐφραίνεσθαι.	
a 121	Mt 19,27	τότε **ἀποκριθεὶς** ὁ Πέτρος εἶπεν αὐτῷ· ἰδοὺ ἡμεῖς ἀφήκαμεν πάντα καὶ ἠκολουθήσαμέν σοι· τί ἄρα ἔσται ἡμῖν;	Mk 10,28	**ἤρξατο** λέγειν ὁ Πέτρος αὐτῷ· ἰδοὺ ἡμεῖς ἀφήκαμεν πάντα καὶ ἠκολουθήκαμέν σοι.	Lk 18,28	εἶπεν δὲ ὁ Πέτρος· ἰδοὺ ἡμεῖς ἀφέντες τὰ ἴδια ἠκολουθήσαμέν σοι.	
200	Mt 20,8	... κάλεσον τοὺς ἐργάτας καὶ ἀπόδος αὐτοῖς τὸν μισθὸν **ἀρξάμενος** ἀπὸ τῶν ἐσχάτων ἕως τῶν πρώτων.					

a 121	**Mt 20,17**	... παρέλαβεν τοὺς δώδεκα [μαθητὰς] κατ᾽ ἰδίαν καὶ ἐν τῇ ὁδῷ εἶπεν αὐτοῖς· [18] ἰδοὺ ἀναβαίνομεν εἰς Ἱεροσόλυμα, ...	**Mk 10,32**	... καὶ παραλαβὼν πάλιν τοὺς δώδεκα **ἤρξατο** αὐτοῖς λέγειν τὰ μέλλοντα αὐτῷ συμβαίνειν, [33] ὅτι ἰδοὺ ἀναβαίνομεν εἰς Ἱεροσόλυμα, ...	**Lk 18,31**	παραλαβὼν δὲ τοὺς δώδεκα εἶπεν πρὸς αὐτούς· ἰδοὺ ἀναβαίνομεν εἰς Ἰερουσαλήμ, ...	
a 120	**Mt 20,24**	καὶ ἀκούσαντες οἱ δέκα ἠγανάκτησαν περὶ τῶν δύο ἀδελφῶν.	**Mk 10,41**	καὶ ἀκούσαντες οἱ δέκα **ἤρξαντο** ἀγανακτεῖν περὶ Ἰακώβου καὶ Ἰωάννου.			
121	**Mt 20,25**	... οἴδατε ὅτι **οἱ ἄρχοντες** **τῶν ἐθνῶν** κατακυριεύουσιν αὐτῶν καὶ οἱ μεγάλοι κατεξουσιάζουσιν αὐτῶν.	**Mk 10,42**	... οἴδατε ὅτι **οἱ δοκοῦντες ἄρχειν** **τῶν ἐθνῶν** κατακυριεύουσιν αὐτῶν καὶ οἱ μεγάλοι αὐτῶν κατεξουσιάζουσιν αὐτῶν.	**Lk 22,25**	**... οἱ βασιλεῖς** **τῶν ἐθνῶν** κυριεύουσιν αὐτῶν καὶ οἱ ἐξουσιάζοντες αὐτῶν εὐεργέται καλοῦνται.	
a 121	**Mt 20,30** ⇩ Mt 9,27	καὶ ἰδοὺ δύο τυφλοὶ καθήμενοι παρὰ τὴν ὁδόν ἀκούσαντες ὅτι Ἰησοῦς παράγει, ἔκραξαν λέγοντες· ἐλέησον ἡμᾶς, [κύριε,] υἱὸς Δαυίδ.	**Mk 10,47**	[46] ... ὁ υἱὸς Τιμαίου Βαρτιμαῖος, τυφλὸς προσαίτης, ἐκάθητο παρὰ τὴν ὁδόν. [47] καὶ ἀκούσας ὅτι Ἰησοῦς ὁ Ναζαρηνός ἐστιν **ἤρξατο** κράζειν καὶ λέγειν· υἱὲ Δαυὶδ Ἰησοῦ, ἐλέησόν με.	**Lk 18,38**	[35] ... τυφλός τις ἐκάθητο παρὰ τὴν ὁδὸν ἐπαιτῶν. [36] ἀκούσας δὲ ὄχλου διαπορευομένου ἐπυνθάνετο τί εἴη τοῦτο. [37] ἀπήγγειλαν δὲ αὐτῷ ὅτι Ἰησοῦς ὁ Ναζωραῖος παρέρχεται. [38] καὶ ἐβόησεν λέγων· Ἰησοῦ υἱὲ Δαυίδ, ἐλέησόν με.	
	Mt 9,27 ⇧ Mt 20,30	καὶ παράγοντι ἐκεῖθεν τῷ Ἰησοῦ ἠκολούθησαν [αὐτῷ] δύο τυφλοὶ κράζοντες καὶ λέγοντες· ἐλέησον ἡμᾶς, υἱὸς Δαυίδ.					
a 112	**Mt 21,9**	 οἱ δὲ ὄχλοι οἱ προάγοντες αὐτὸν καὶ οἱ ἀκολουθοῦντες ἔκραζον λέγοντες· ...	**Mk 11,9**	 καὶ οἱ προάγοντες καὶ οἱ ἀκολουθοῦντες ἔκραζον· ...	**Lk 19,37**	ἐγγίζοντος δὲ αὐτοῦ ἤδη πρὸς τῇ καταβάσει τοῦ ὄρους τῶν ἐλαιῶν **ἤρξαντο** ἅπαν τὸ πλῆθος τῶν μαθητῶν χαίροντες αἰνεῖν τὸν θεὸν φωνῇ μεγάλῃ περὶ πασῶν ὧν εἶδον δυνάμεων	→ Jn 12,13
a 122	**Mt 21,12**	καὶ εἰσῆλθεν Ἰησοῦς εἰς τὸ ἱερὸν καὶ ἐξέβαλεν πάντας τοὺς πωλοῦντας ...	**Mk 11,15** → Mt 21,10 → Mk 11,11	... καὶ εἰσελθὼν εἰς τὸ ἱερὸν **ἤρξατο** ἐκβάλλειν τοὺς πωλοῦντας ...	**Lk 19,45**	καὶ εἰσελθὼν εἰς τὸ ἱερὸν **ἤρξατο** ἐκβάλλειν τοὺς πωλοῦντας	→ Jn 2,14-16
a 122	**Mt 21,33**	 ἄλλην παραβολὴν ἀκούσατε. ἄνθρωπος ἦν οἰκοδεσπότης ὅστις ἐφύτευσεν ἀμπελῶνα ...	**Mk 12,1**	καὶ **ἤρξατο** αὐτοῖς ἐν παραβολαῖς λαλεῖν· ἀμπελῶνα ἄνθρωπος ἐφύτευσεν ...	**Lk 20,9**	 **ἤρξατο** δὲ πρὸς τὸν λαὸν λέγειν τὴν παραβολὴν ταύτην· ἄνθρωπός [τις] ἐφύτευσεν ἀμπελῶνα ...	→ GTh 65

a 121	**Mt 24,4**	καὶ ἀποκριθεὶς ὁ Ἰησοῦς εἶπεν αὐτοῖς· βλέπετε μή τις ὑμᾶς πλανήσῃ·	**Mk 13,5**	ὁ δὲ Ἰησοῦς ἤρξατο λέγειν αὐτοῖς· βλέπετε μή τις ὑμᾶς πλανήσῃ·	**Lk 21,8**	ὁ δὲ εἶπεν· βλέπετε μὴ πλανηθῆτε· ...	
a 002					**Lk 21,28**	ἀρχομένων δὲ τούτων γίνεσθαι ἀνακύψατε καὶ ἐπάρατε τὰς κεφαλὰς ὑμῶν, διότι ἐγγίζει ἡ ἀπολύτρωσις ὑμῶν.	
a 202	**Mt 24,49**	[48] ἐὰν δὲ εἴπῃ ὁ κακὸς δοῦλος ἐκεῖνος ἐν τῇ καρδίᾳ αὐτοῦ· χρονίζει μου ὁ κύριος, [49] καὶ ἄρξηται τύπτειν τοὺς συνδούλους αὐτοῦ, ἐσθίῃ δὲ καὶ πίνῃ μετὰ τῶν μεθυόντων			**Lk 12,45** → Lk 21,34	ἐὰν δὲ εἴπῃ ὁ δοῦλος ἐκεῖνος ἐν τῇ καρδίᾳ αὐτοῦ· χρονίζει ὁ κύριός μου ἔρχεσθαι, καὶ ἄρξηται τύπτειν τοὺς παῖδας καὶ τὰς παιδίσκας, ἐσθίειν τε καὶ πίνειν καὶ μεθύσκεσθαι	
a 222	**Mt 26,22** → Mt 26,25	καὶ λυπούμενοι σφόδρα ἤρξαντο λέγειν αὐτῷ εἷς ἕκαστος· μήτι ἐγώ εἰμι, κύριε;	**Mk 14,19**	ἤρξαντο λυπεῖσθαι καὶ λέγειν αὐτῷ εἷς κατὰ εἷς· μήτι ἐγώ;	**Lk 22,23**	καὶ αὐτοὶ ἤρξαντο συζητεῖν πρὸς ἑαυτοὺς τὸ τίς ἄρα εἴη ἐξ αὐτῶν ὁ τοῦτο μέλλων πράσσειν.	→ Jn 13,22.25
a 220	**Mt 26,37**	καὶ παραλαβὼν τὸν Πέτρον καὶ τοὺς δύο υἱοὺς Ζεβεδαίου ἤρξατο λυπεῖσθαι καὶ ἀδημονεῖν.	**Mk 14,33**	καὶ παραλαμβάνει τὸν Πέτρον καὶ [τὸν] Ἰάκωβον καὶ [τὸν] Ἰωάννην μετ᾽ αὐτοῦ καὶ ἤρξατο ἐκθαμβεῖσθαι καὶ ἀδημονεῖν			
a 121	**Mt 26,67**	τότε ἐνέπτυσαν εἰς τὸ πρόσωπον αὐτοῦ καὶ ἐκολάφισαν αὐτόν, ...	**Mk 14,65**	καὶ ἤρξαντό τινες ἐμπτύειν αὐτῷ καὶ περικαλύπτειν αὐτοῦ τὸ πρόσωπον καὶ κολαφίζειν αὐτὸν ...	**Lk 22,63**	καὶ οἱ ἄνδρες οἱ συνέχοντες αὐτὸν ἐνέπαιζον αὐτῷ δέροντες, [64] καὶ περικαλύψαντες αὐτὸν ...	
a 121	**Mt 26,71**	... εἶδεν αὐτὸν ἄλλη καὶ λέγει τοῖς ἐκεῖ· οὗτος ἦν μετὰ Ἰησοῦ τοῦ Ναζωραίου.	**Mk 14,69**	καὶ ἡ παιδίσκη ἰδοῦσα αὐτὸν ἤρξατο πάλιν λέγειν τοῖς παρεστῶσιν ὅτι οὗτος ἐξ αὐτῶν ἐστιν.	**Lk 22,58**	καὶ μετὰ βραχὺ ἕτερος ἰδὼν αὐτὸν ἔφη· καὶ σὺ ἐξ αὐτῶν εἶ. ...	→ Jn 18,25
a 221	**Mt 26,74**	τότε ἤρξατο καταθεματίζειν καὶ ὀμνύειν ὅτι οὐκ οἶδα τὸν ἄνθρωπον. ...	**Mk 14,71**	ὁ δὲ ἤρξατο ἀναθεματίζειν καὶ ὀμνύναι ὅτι οὐκ οἶδα τὸν ἄνθρωπον τοῦτον ὃν λέγετε.	**Lk 22,60**	εἶπεν δὲ ὁ Πέτρος· ἄνθρωπε, οὐκ οἶδα ὃ λέγεις. ...	→ Jn 18,27
a 112	**Mt 27,12**	καὶ ἐν τῷ κατηγορεῖσθαι αὐτὸν ὑπὸ τῶν ἀρχιερέων καὶ πρεσβυτέρων οὐδὲν ἀπεκρίνατο. [13] τότε λέγει αὐτῷ ὁ Πιλᾶτος· οὐκ ἀκούεις πόσα σου καταμαρτυροῦσιν;	**Mk 15,3**	καὶ κατηγόρουν αὐτοῦ οἱ ἀρχιερεῖς πολλά. [4] ὁ δὲ Πιλᾶτος πάλιν ἐπηρώτα αὐτὸν λέγων· οὐκ ἀποκρίνῃ οὐδέν; ἴδε πόσα σου κατηγοροῦσιν.	**Lk 23,2** → Lk 20,20 ⇨ Lk 23,10	ἤρξαντο δὲ κατηγορεῖν αὐτοῦ λέγοντες· ...	

002					Lk 23,5	οἱ δὲ ἐπίσχυον λέγοντες ὅτι ἀνασείει τὸν λαὸν διδάσκων καθ᾽ ὅλης τῆς Ἰουδαίας, καὶ **ἀρξάμενος** ἀπὸ τῆς Γαλιλαίας ἕως ὧδε.	→ Acts 1,22 → Acts 10,37
a 120	Mt 27,17	συνηγμένων οὖν αὐτῶν εἶπεν αὐτοῖς ὁ Πιλᾶτος· τίνα θέλετε ἀπολύσω ὑμῖν, [Ἰησοῦν τὸν] Βαραββᾶν ἢ Ἰησοῦν τὸν λεγόμενον χριστόν;	Mk 15,8	καὶ ἀναβὰς ὁ ὄχλος **ἤρξατο** αἰτεῖσθαι καθὼς ἐποίει αὐτοῖς. [9] ὁ δὲ Πιλᾶτος ἀπεκρίθη αὐτοῖς λέγων· θέλετε ἀπολύσω ὑμῖν τὸν βασιλέα τῶν Ἰουδαίων;			
a 120	Mt 27,29	... καὶ γονυπετήσαντες ἔμπροσθεν αὐτοῦ ἐνέπαιξαν αὐτῷ λέγοντες· χαῖρε, βασιλεῦ τῶν Ἰουδαίων	Mk 15,18	καὶ **ἤρξαντο** ἀσπάζεσθαι αὐτόν· χαῖρε, βασιλεῦ τῶν Ἰουδαίων·			→ Jn 19,3
a 002					Lk 23,30	τότε **ἄρξονται** *λέγειν τοῖς ὄρεσιν·* *πέσετε ἐφ᾽ ἡμᾶς, καὶ τοῖς* *βουνοῖς· καλύψατε ἡμᾶς·* ➤ Hos 10,8	
002					Lk 24,27	καὶ **ἀρξάμενος** ἀπὸ Μωϋσέως καὶ ἀπὸ πάντων τῶν προφητῶν διερμήνευσεν αὐτοῖς ἐν πάσαις ταῖς γραφαῖς τὰ περὶ ἑαυτοῦ.	
002					Lk 24,47 → Mt 28,19-20	καὶ κηρυχθῆναι ἐπὶ τῷ ὀνόματι αὐτοῦ μετάνοιαν εἰς ἄφεσιν ἁμαρτιῶν εἰς πάντα τὰ ἔθνη. **ἀρξάμενοι** ἀπὸ Ἰερουσαλήμ·	

a **Acts 1,1** τὸν μὲν πρῶτον λόγον ἐποιησάμην περὶ πάντων, ὦ Θεόφιλε, ὧν **ἤρξατο** ὁ Ἰησοῦς ποιεῖν τε καὶ διδάσκειν, [2] ἄχρι ἧς ἡμέρας ἐντειλάμενος τοῖς ἀποστόλοις διὰ πνεύματος ἁγίου οὓς ἐξελέξατο ἀνελήμφθη.

Acts 1,22 (→ Lk 9,51; → Lk 23,5; → Lk 24,51) **ἀρξάμενος** ἀπὸ τοῦ βαπτίσματος Ἰωάννου ἕως τῆς ἡμέρας ἧς ἀνελήμφθη ἀφ᾽ ἡμῶν, ...

a **Acts 2,4** καὶ ἐπλήσθησαν πάντες πνεύματος ἁγίου καὶ **ἤρξαντο** λαλεῖν ἑτέραις γλώσσαις καθὼς τὸ πνεῦμα ἐδίδου ἀποφθέγγεσθαι αὐτοῖς.

Acts 8,35 ἀνοίξας δὲ ὁ Φίλιππος τὸ στόμα αὐτοῦ καὶ **ἀρξάμενος** ἀπὸ τῆς γραφῆς ταύτης εὐηγγελίσατο αὐτῷ τὸν Ἰησοῦν.

Acts 10,37 (→ Lk 23,5) ὑμεῖς οἴδατε τὸ γενόμενον ῥῆμα καθ᾽ ὅλης τῆς Ἰουδαίας, **ἀρξάμενος** ἀπὸ τῆς Γαλιλαίας μετὰ τὸ βάπτισμα ὃ ἐκήρυξεν Ἰωάννης

Acts 11,4 **ἀρξάμενος** δὲ Πέτρος ἐξετίθετο αὐτοῖς καθεξῆς λέγων·

a **Acts 11,15** **ἐν δὲ τῷ ἄρξασθαί** με λαλεῖν ἐπέπεσεν τὸ πνεῦμα τὸ ἅγιον ἐπ᾽ αὐτοὺς ὥσπερ καὶ ἐφ᾽ ἡμᾶς ἐν ἀρχῇ.

a **Acts 18,26** οὗτός τε **ἤρξατο** παρρησιάζεσθαι ἐν τῇ συναγωγῇ. ...

a **Acts 24,2** κληθέντος δὲ αὐτοῦ **ἤρξατο** κατηγορεῖν ὁ Τέρτυλλος λέγων· ...

a **Acts 27,35** εἴπας δὲ ταῦτα καὶ λαβὼν ἄρτον εὐχαρίστησεν τῷ θεῷ ἐνώπιον πάντων καὶ κλάσας **ἤρξατο** ἐσθίειν.

ἄρχων	Syn 14	Mt 5	Mk 1	Lk 8	Acts 11	Jn 7	1-3John	Paul 3	Eph 1	Col
	NT 37	2Thess	1/2Tim	Tit	Heb	Jas	1Pet	2Pet	Jude	Rev 1

ruler; official; authority; judge; member of the Sanhedrin

	triple tradition																double tradition			Sondergut		
		+Mt / +Lk			–Mt / –Lk			traditions not taken over by Mt / Lk							subtotals							
code	222	211	112	212	221	122	121	022	012	021	220	120	210	020	Σ⁺	Σ⁻	Σ	202	201	102	200	002	total
Mt		2^{+}		1^{+}											3^{+}		3	1			1		**5**
Mk														1			1						**1**
Lk			2^{+}	1^{+}											3^{+}		3	1		1		3	**8**

212	**Mt 9,18**	ταῦτα αὐτοῦ λαλοῦντος αὐτοῖς, ἰδοὺ **ἄρχων εἷς** ἐλθὼν προσεκύνει αὐτῷ ...	**Mk 5,22**	καὶ ἔρχεται **εἷς τῶν ἀρχισυναγώγων,** ὀνόματι Ἰάϊρος, καὶ ἰδὼν αὐτὸν πίπτει πρὸς τοὺς πόδας αὐτοῦ	**Lk 8,41**	καὶ ἰδοὺ ἦλθεν ἀνὴρ ᾧ ὄνομα Ἰάϊρος καὶ οὗτος **ἄρχων τῆς συναγωγῆς** ὑπῆρχεν, καὶ πεσὼν παρὰ τοὺς πόδας [τοῦ] Ἰησοῦ ...	
211	**Mt 9,23**	καὶ ἐλθὼν ὁ Ἰησοῦς **εἰς τὴν οἰκίαν τοῦ ἄρχοντος ...**	**Mk 5,38**	[37] καὶ οὐκ ἀφῆκεν οὐδένα μετ' αὐτοῦ συνακολουθῆσαι εἰ μὴ τὸν Πέτρον καὶ Ἰάκωβον καὶ Ἰωάννην τὸν ἀδελφὸν Ἰακώβου. [38] καὶ ἔρχονται **εἰς τὸν οἶκον τοῦ ἀρχισυναγώγου, ...**	**Lk 8,51** → Mk 5,40	ἐλθὼν δὲ **εἰς τὴν οἰκίαν** οὐκ ἀφῆκεν εἰσελθεῖν τινα σὺν αὐτῷ εἰ μὴ Πέτρον καὶ Ἰωάννην καὶ Ἰάκωβον καὶ τὸν πατέρα τῆς παιδὸς καὶ τὴν μητέρα.	
200	**Mt 9,34** ⇩ Mt 12,24 → Lk 11,18	οἱ δὲ Φαρισαῖοι ἔλεγον· **ἐν τῷ ἄρχοντι τῶν δαιμονίων** ἐκβάλλει τὰ δαιμόνια.	**Mk 3,22**	καὶ οἱ γραμματεῖς οἱ ἀπὸ Ἱεροσολύμων καταβάντες ἔλεγον ὅτι Βεελζεβοὺλ ἔχει, καὶ ὅτι ἐν τῷ ἄρχοντι τῶν δαιμονίων ἐκβάλλει τὰ δαιμόνια.	**Lk 11,15**	τινὲς δὲ ἐξ αὐτῶν εἶπον· ἐν Βεελζεβοὺλ τῷ ἄρχοντι τῶν δαιμονίων ἐκβάλλει τὰ δαιμόνια·	
020	**Mt 12,24** ⇧ Mt 9,34	οἱ δὲ Φαρισαῖοι ἀκούσαντες εἶπον· οὗτος οὐκ ἐκβάλλει τὰ δαιμόνια εἰ μὴ ἐν τῷ Βεελζεβοὺλ ἄρχοντι τῶν δαιμονίων.	**Mk 3,22**	καὶ οἱ γραμματεῖς οἱ ἀπὸ Ἱεροσολύμων καταβάντες ἔλεγον ὅτι Βεελζεβοὺλ ἔχει, καὶ ὅτι **ἐν τῷ ἄρχοντι τῶν δαιμονίων** ἐκβάλλει τὰ δαιμόνια.	**Lk 11,15** → Lk 11,18	τινὲς δὲ ἐξ αὐτῶν εἶπον· ἐν Βεελζεβοὺλ τῷ ἄρχοντι τῶν δαιμονίων ἐκβάλλει τὰ δαιμόνια·	Mk-Q overlap
202	**Mt 12,24** ⇧ Mt 9,34	οἱ δὲ Φαρισαῖοι ἀκούσαντες εἶπον· οὗτος οὐκ ἐκβάλλει τὰ δαιμόνια εἰ μὴ **ἐν τῷ Βεελζεβοὺλ ἄρχοντι τῶν δαιμονίων.**	**Mk 3,22**	καὶ οἱ γραμματεῖς οἱ ἀπὸ Ἱεροσολύμων καταβάντες ἔλεγον ὅτι Βεελζεβοὺλ ἔχει, καὶ ὅτι ἐν τῷ ἄρχοντι τῶν δαιμονίων ἐκβάλλει τὰ δαιμόνια.	**Lk 11,15** → Lk 11,18	τινὲς δὲ ἐξ αὐτῶν εἶπον· **ἐν Βεελζεβοὺλ τῷ ἄρχοντι τῶν δαιμονίων** ἐκβάλλει τὰ δαιμόνια·	Mk-Q overlap
102	**Mt 5,25** → Mt 18,34	ἴσθι εὐνοῶν τῷ ἀντιδίκῳ σου ταχὺ, ἕως ὅτου εἶ μετ' αὐτοῦ ἐν τῇ ὁδῷ, ...			**Lk 12,58**	ὡς γὰρ ὑπάγεις μετὰ τοῦ ἀντιδίκου σου **ἐπ' ἄρχοντα,** ἐν τῇ ὁδῷ δὸς ἐργασίαν ἀπηλλάχθαι ἀπ' αὐτοῦ, ...	

002					**Lk 14,1** → Mt 12,9-10 → Mk 3,1-2 → Lk 6,6-7 → Lk 13,10	καὶ ἐγένετο ἐν τῷ ἐλθεῖν αὐτὸν εἰς οἶκόν **τινος τῶν ἀρχόντων** **[τῶν] Φαρισαίων** σαββάτῳ φαγεῖν ἄρτον καὶ αὐτοὶ ἦσαν παρατηρούμενοι αὐτόν.	
112	**Mt 19,16** → Mt 22,35-36	καὶ ἰδοὺ **εἷς** προσελθὼν αὐτῷ εἶπεν· διδάσκαλε, τί ἀγαθὸν ποιήσω ἵνα σχῶ ζωὴν αἰώνιον;	**Mk 10,17** → Mk 12,28	καὶ ἐκπορευομένου αὐτοῦ εἰς ὁδὸν προσδραμὼν **εἷς** καὶ γονυπετήσας αὐτὸν ἐπηρώτα αὐτόν· διδάσκαλε ἀγαθέ, τί ποιήσω ἵνα ζωὴν αἰώνιον κληρονομήσω;	**Lk 18,18** ⇨ Lk 10,25	καὶ ἐπηρώτησέν **τις αὐτὸν ἄρχων** λέγων· διδάσκαλε ἀγαθέ, τί ποιήσας ζωὴν αἰώνιον κληρονομήσω;	
211	**Mt 20,25**	... οἴδατε ὅτι **οἱ ἄρχοντες** **τῶν ἐθνῶν** κατακυριεύουσιν αὐτῶν καὶ οἱ μεγάλοι κατεξουσιάζουσιν αὐτῶν.	**Mk 10,42**	... οἴδατε ὅτι **οἱ δοκοῦντες ἄρχειν** **τῶν ἐθνῶν** κατακυριεύουσιν αὐτῶν καὶ οἱ μεγάλοι αὐτῶν κατεξουσιάζουσιν αὐτῶν.	**Lk 22,25**	 ... **οἱ βασιλεῖς** **τῶν ἐθνῶν** κυριεύουσιν αὐτῶν καὶ οἱ ἐξουσιάζοντες αὐτῶν εὐεργέται καλοῦνται.	
002					**Lk 23,13**	Πιλᾶτος δὲ συγκαλεσάμενος τοὺς ἀρχιερεῖς καὶ **τοὺς ἄρχοντας** καὶ τὸν λαὸν	→ Jn 19,4
112	**Mt 27,41** → Lk 23,37	ὁμοίως καὶ **οἱ ἀρχιερεῖς** ἐμπαίζοντες μετὰ τῶν γραμματέων καὶ πρεσβυτέρων ἔλεγον· [42] ἄλλους ἔσωσεν, ἑαυτὸν οὐ δύναται σῶσαι· βασιλεὺς Ἰσραήλ ἐστιν, καταβάτω νῦν ἀπὸ τοῦ σταυροῦ	**Mk 15,31** → Lk 23,37	ὁμοίως καὶ **οἱ ἀρχιερεῖς** ἐμπαίζοντες πρὸς ἀλλήλους μετὰ τῶν γραμματέων ἔλεγον· ἄλλους ἔσωσεν, ἑαυτὸν οὐ δύναται σῶσαι· [32] ὁ χριστὸς ὁ βασιλεὺς Ἰσραὴλ καταβάτω νῦν ἀπὸ τοῦ σταυροῦ, ...	**Lk 23,35** → Lk 23,39	... ἐξεμυκτήριζον δὲ καὶ **οἱ ἄρχοντες** λέγοντες· ἄλλους ἔσωσεν, σωσάτω ἑαυτόν, εἰ οὗτός ἐστιν ὁ χριστὸς τοῦ θεοῦ ὁ ἐκλεκτός.	
002					**Lk 24,20** → Mt 26,66 → Mk 14,64	ὅπως τε παρέδωκαν αὐτὸν οἱ ἀρχιερεῖς καὶ **οἱ ἄρχοντες ἡμῶν** εἰς κρίμα θανάτου καὶ ἐσταύρωσαν αὐτόν.	

Acts 3,17 → Lk 23,34a
καὶ νῦν, ἀδελφοί, οἶδα ὅτι κατὰ ἄγνοιαν ἐπράξατε ὥσπερ καὶ **οἱ ἄρχοντες ὑμῶν·**

Acts 4,5
ἐγένετο δὲ ἐπὶ τὴν αὔριον συναχθῆναι **αὐτῶν τοὺς ἄρχοντας** καὶ τοὺς πρεσβυτέρους καὶ τοὺς γραμματεῖς ἐν Ἰερουσαλήμ

Acts 4,8
τότε Πέτρος πλησθεὶς πνεύματος ἁγίου εἶπεν πρὸς αὐτούς· **ἄρχοντες τοῦ λαοῦ** καὶ πρεσβύτεροι

Acts 4,26
παρέστησαν οἱ βασιλεῖς τῆς γῆς καὶ ***οἱ ἄρχοντες*** *συνήχθησαν ἐπὶ τὸ αὐτὸ κατὰ τοῦ κυρίου καὶ κατὰ τοῦ χριστοῦ αὐτοῦ.*
➢ Ps 2,2 LXX

Acts 7,27
... *τίς σε κατέστησεν* ***ἄρχοντα*** *καὶ δικαστὴν ἐφ᾽ ἡμῶν;*
➢ Exod 2,14

Acts 7,35 (2)
τοῦτον τὸν Μωϋσῆν ὃν ἠρνήσαντο εἰπόντες· *τίς σε κατέστησεν* ***ἄρχοντα*** *καὶ δικαστήν;*
➢ Exod 2,14
τοῦτον ὁ θεὸς [καὶ] **ἄρχοντα** καὶ λυτρωτὴν ἀπέσταλκεν σὺν χειρὶ ἀγγέλου τοῦ ὀφθέντος αὐτῷ ἐν τῇ βάτῳ.

Acts 13,27 → Lk 23,34a
οἱ γὰρ κατοικοῦντες ἐν Ἰερουσαλὴμ καὶ **οἱ ἄρχοντες αὐτῶν** τοῦτον ἀγνοήσαντες καὶ τὰς φωνὰς τῶν προφητῶν ...

Acts 14,5 ὡς δὲ ἐγένετο ὁρμὴ τῶν ἐθνῶν τε καὶ Ἰουδαίων **σὺν τοῖς ἄρχουσιν αὐτῶν** ὑβρίσαι καὶ λιθοβολῆσαι αὐτούς	**Acts 16,19** ... ἐπιλαβόμενοι τὸν Παῦλον καὶ τὸν Σιλᾶν εἵλκυσαν εἰς τὴν ἀγορὰν **ἐπὶ τοὺς ἄρχοντας** [20] καὶ προσαγαγόντες αὐτοὺς τοῖς στρατηγοῖς εἶπαν· οὗτοι οἱ ἄνθρωποι ἐκταράσσουσιν ἡμῶν τὴν πόλιν, ...	**Acts 23,5** ... οὐκ ᾔδειν, ἀδελφοί, ὅτι ἐστὶν ἀρχιερεύς· γέγραπται γὰρ ὅτι ***ἄρχοντα τοῦ λαοῦ σου*** *οὐκ ἐρεῖς κακῶς.* ➤ Exod 22,27

ἄρωμα

	Syn	Mt	Mk	Lk	Acts	Jn	1-3John	Paul	Eph	Col
	3		1	2		1				
	NT	2Thess	1/2Tim	Tit	Heb	Jas	1Pet	2Pet	Jude	Rev
	4									

aromatic spice or oil

122	**Mt 28,1** ὀψὲ δὲ σαββάτων,	**Mk 16,1** καὶ διαγενομένου τοῦ σαββάτου (→ Mk 15,40; → Mk 15,47) Μαρία ἡ Μαγδαληνὴ καὶ Μαρία ἡ [τοῦ] Ἰακώβου καὶ Σαλώμη ἠγόρασαν **ἀρώματα** ἵνα ἐλθοῦσαι ἀλείψωσιν αὐτόν.	**Lk 23,56** ὑποστρέψασαι δὲ ἡτοίμασαν **ἀρώματα** καὶ μύρα. καὶ τὸ μὲν σάββατον ἡσύχασαν κατὰ τὴν ἐντολήν.	
112	→ Mt 27,56 → Mt 27,61 τῇ ἐπιφωσκούσῃ εἰς μίαν σαββάτων ἦλθεν Μαριὰμ ἡ Μαγδαληνὴ καὶ ἡ ἄλλη Μαρία θεωρῆσαι τὸν τάφον.	**Mk 16,2** καὶ λίαν πρωῒ τῇ μιᾷ τῶν σαββάτων ἔρχονται ἐπὶ τὸ μνημεῖον ἀνατείλαντος τοῦ ἡλίου.	**Lk 24,1** (→ Lk 24,22; → Lk 8,2-3) τῇ δὲ μιᾷ τῶν σαββάτων ὄρθρου βαθέως ἐπὶ τὸ μνῆμα ἦλθον φέρουσαι ἃ ἡτοίμασαν **ἀρώματα.** [2] ... [10] ἦσαν δὲ ἡ Μαγδαληνὴ Μαρία καὶ Ἰωάννα καὶ Μαρία ἡ Ἰακώβου καὶ αἱ λοιπαὶ σὺν αὐταῖς ...	→ Jn 20,1 → Jn 20,18

Ἀσάφ

	Syn	Mt	Mk	Lk	Acts	Jn	1-3John	Paul	Eph	Col
	2	2								
	NT	2Thess	1/2Tim	Tit	Heb	Jas	1Pet	2Pet	Jude	Rev
	2									

Asaph

200	**Mt 1,7** ... Ἀβιὰ δὲ ἐγέννησεν **τὸν Ἀσάφ,**			
200	**Mt 1,8** **Ἀσὰφ** δὲ ἐγέννησεν τὸν Ἰωσαφάτ, ...			

ἄσβεστος

	Syn	Mt	Mk	Lk	Acts	Jn	1-3John	Paul	Eph	Col
	3	1	1	1						
	NT	2Thess	1/2Tim	Tit	Heb	Jas	1Pet	2Pet	Jude	Rev
	3									

unquenchable

202	**Mt 3,12** (→ Mt 13,30) ... καὶ συνάξει τὸν σῖτον αὐτοῦ εἰς τὴν ἀποθήκην, τὸ δὲ ἄχυρον κατακαύσει **πυρὶ ἀσβέστῳ.**		**Lk 3,17** ... καὶ συναγαγεῖν τὸν σῖτον εἰς τὴν ἀποθήκην αὐτοῦ, τὸ δὲ ἄχυρον κατακαύσει **πυρὶ ἀσβέστῳ.**	

120	**Mt 18,8** ⇩ Mt 5,30 → Mk 9,45	... καλόν σοί ἐστιν εἰσελθεῖν εἰς τὴν ζωὴν κυλλὸν ἢ χωλόν ἢ δύο χεῖρας ἢ δύο πόδας ἔχοντα βληθῆναι **εἰς τὸ πῦρ** **τὸ αἰώνιον.**	**Mk 9,43**	... καλόν ἐστίν σε κυλλὸν εἰσελθεῖν εἰς τὴν ζωὴν ἢ τὰς δύο χεῖρας ἔχοντα ἀπελθεῖν εἰς τὴν γέενναν, **εἰς τὸ πῦρ** **τὸ ἄσβεστον.**			
	Mt 5,30 ⇧ Mt 18,8	... συμφέρει γάρ σοι ἵνα ἀπόληται ἓν τῶν μελῶν σου καὶ μὴ ὅλον τὸ σῶμά σου εἰς γέενναν ἀπέλθη.					

ἀσέλγεια

	Syn 1	Mt	Mk 1	Lk	Acts	Jn	1-3John	Paul 3	Eph 1	Col
	NT 10	2Thess	1/2Tim	Tit	Heb	Jas	1Pet 1	2Pet 3	Jude 1	Rev

sensuality; indecency; vice

120	**Mt 15,19**	ἐκ γὰρ τῆς καρδίας ἐξέρχονται διαλογισμοὶ πονηροί, φόνοι, μοιχεῖαι, πορνεῖαι, κλοπαί, ψευδομαρτυρίαι, βλασφημίαι.	**Mk 7,22**	[21] ἔσωθεν γὰρ ἐκ τῆς καρδίας τῶν ἀνθρώπων οἱ διαλογισμοὶ οἱ κακοὶ ἐκπορεύονται, πορνεῖαι, κλοπαί, φόνοι, [22] μοιχεῖαι, πλεονεξίαι, πονηρίαι, δόλος, **ἀσέλγεια,** ὀφθαλμὸς πονηρός, βλασφημία, ὑπερηφανία, ἀφροσύνη·			→ GTh 14,5

᾿Ασήρ

	Syn 1	Mt	Mk	Lk 1	Acts	Jn	1-3John	Paul	Eph	Col
	NT 2	2Thess	1/2Tim	Tit	Heb	Jas	1Pet	2Pet	Jude	Rev 1

Asher

002					**Lk 2,36**	καὶ ἦν Ἅννα προφῆτις, θυγάτηρ Φανουήλ, **ἐκ φυλῆς ᾿Ασήρ·** αὕτη προβεβηκυῖα ἐν ἡμέραις πολλαῖς, ...	

ἀσθένεια

	Syn 5	Mt 1	Mk	Lk 4	Acts 1	Jn 2	1-3John	Paul 11	Eph	Col
	NT 24	2Thess	1/2Tim 1	Tit	Heb 4	Jas	1Pet	2Pet	Jude	Rev

weakness (of any sort); illness

	triple tradition																	double tradition			Sondergut		
		+Mt / +Lk			–Mt / –Lk			traditions not taken over by Mt / Lk							subtotals								
code	*222*	*211*	*112*	*212*	*221*	*122*	*121*	*022*	*012*	*021*	*220*	*120*	*210*	*020*	Σ⁺	Σ⁻	Σ	*202*	*201*	*102*	*200*	*002*	total
Mt																					1		**1**
Mk																							
Lk									1^+						1^+		1					3	**4**

012			Mk 1,45 → Mt 9,31	... καὶ διαφημίζειν τὸν λόγον, ὥστε μηκέτι αὐτὸν δύνασθαι φανερῶς εἰς πόλιν εἰσελθεῖν, ἀλλ᾽ ἔξω ἐπ᾽ ἐρήμοις τόποις ἦν· καὶ ἤρχοντο πρὸς αὐτὸν πάντοθεν.	Lk 5,15 → Lk 6,18 → Lk 7,17	διήρχετο δὲ μᾶλλον ὁ λόγος περὶ αὐτοῦ, καὶ συνήρχοντο ὄχλοι πολλοὶ ἀκούειν καὶ θεραπεύεσθαι **ἀπὸ τῶν ἀσθενειῶν αὐτῶν·** [16] αὐτὸς δὲ ἦν ὑποχωρῶν ἐν ταῖς ἐρήμοις καὶ προσευχόμενος.	
200	Mt 8,17	ὅπως πληρωθῇ τὸ ῥηθὲν διὰ Ἠσαΐου τοῦ προφήτου λέγοντος· *αὐτὸς* ***τὰς ἀσθενείας ἡμῶν*** *ἔλαβεν καὶ τὰς νόσους ἐβάστασεν.* ➤ Isa 53,4					
002					Lk 8,2 → Mt 27,55-56 → Mk 15,40-41 → Lk 23,49.55 → Lk 24,10	καὶ γυναῖκές τινες αἳ ἦσαν τεθεραπευμέναι **ἀπὸ πνευμάτων πονηρῶν καὶ ἀσθενειῶν,** Μαρία ἡ καλουμένη Μαγδαληνή, ἀφ᾽ ἧς δαιμόνια ἑπτὰ ἐξεληλύθει, [3] καὶ Ἰωάννα γυνὴ Χουζᾶ ἐπιτρόπου Ἡρῴδου καὶ Σουσάννα καὶ ἕτεραι πολλαί, αἵτινες διηκόνουν αὐτοῖς ἐκ τῶν ὑπαρχόντων αὐταῖς.	
002					Lk 13,11 → Mt 12,10 → Mk 3,1 → Lk 6,6 → Lk 14,2	καὶ ἰδοὺ γυνὴ πνεῦμα ἔχουσα **ἀσθενείας** ἔτη δεκαοκτὼ καὶ ἦν συγκύπτουσα καὶ μὴ δυναμένη ἀνακύψαι εἰς τὸ παντελές.	
002					Lk 13,12 → Mt 12,13 → Mk 3,5 → Lk 6,10	ἰδὼν δὲ αὐτὴν ὁ Ἰησοῦς προσεφώνησεν καὶ εἶπεν αὐτῇ· γύναι, ἀπολέλυσαι **τῆς ἀσθενείας σου**	

Acts 28,9 τούτου δὲ γενομένου καὶ
οἱ λοιποὶ οἱ ἐν τῇ νήσῳ
ἔχοντες
ἀσθενείας
προσήρχοντο καὶ
ἐθεραπεύοντο

ἀσθενέω	Syn 5	Mt 3	Mk 1	Lk 1	Acts 3	Jn 8	1-3John	Paul 15	Eph	Col
	NT 33	2Thess	1/2Tim 1	Tit	Heb	Jas 1	1Pet	2Pet	Jude	Rev

be sick or ill; be weak

	triple tradition																double tradition			Sondergut		
		+Mt / +Lk			–Mt / –Lk			traditions not taken over by Mt / Lk							subtotals							
code	*222*	*211*	*112*	*212*	*221*	*122*	*121*	*022*	*012*	*021*	*220*	*120*	*210*	*020*	Σ^+	Σ^-	Σ	*202*	*201*	*102*	*200*	*002*	total
Mt												1^-				1^-			1		2		3
Mk												1					1						1
Lk			1^+												1^+		1						1

112	**Mt 8,16** ⇩ Mt 4,24 → Mt 12,15 → Mt 15,30	ὀψίας δὲ γενομένης προσήνεγκαν αὐτῷ δαιμονιζομένους πολλούς· ...	**Mk 1,32** → Mk 3,10 → Mk 7,32	ὀψίας δὲ γενομένης, ὅτε ἔδυ ὁ ἥλιος, ἔφερον πρὸς αὐτὸν πάντας **τοὺς κακῶς ἔχοντας** καὶ τοὺς δαιμονιζομένους·	**Lk 4,40** → Lk 6,18	δύνοντος δὲ τοῦ ἡλίου ἅπαντες ὅσοι εἶχον **ἀσθενοῦντας** νόσοις ποικίλαις ἤγαγον αὐτοὺς πρὸς αὐτόν· ...	
	Mt 4,24 ⇧ Mt 8,16	... καὶ προσήνεγκαν αὐτῷ πάντας **τοὺς κακῶς ἔχοντας** ποικίλαις νόσοις καὶ βασάνοις συνεχομένους [καὶ] δαιμονιζομένους ...					
201	**Mt 10,8**	[7] πορευόμενοι δὲ κηρύσσετε λέγοντες ὅτι ἤγγικεν ἡ βασιλεία τῶν οὐρανῶν. [8] **ἀσθενοῦντας** θεραπεύετε, νεκροὺς ἐγείρετε, λεπροὺς καθαρίζετε, δαιμόνια ἐκβάλλετε· ...			**Lk 10,9** → Lk 9,2	καὶ θεραπεύετε **τοὺς ἐν αὐτῇ** **ἀσθενεῖς** καὶ λέγετε αὐτοῖς· ἤγγικεν ἐφ' ὑμᾶς ἡ βασιλεία τοῦ θεοῦ.	→ GTh 14,4
120	**Mt 14,36** → Mt 9,20	καὶ παρεκάλουν αὐτὸν ἵνα μόνον ἅψωνται τοῦ κρασπέδου τοῦ ἱματίου αὐτοῦ· ...	**Mk 6,56** → Mk 5,27	... ἐν ταῖς ἀγοραῖς ἐτίθεσαν **τοὺς ἀσθενοῦντας,** καὶ παρεκάλουν αὐτὸν ἵνα κἂν τοῦ κρασπέδου τοῦ ἱματίου αὐτοῦ ἅψωνται· ...	→ Lk 8,44		
200	**Mt 25,36**	γυμνὸς καὶ περιεβάλετέ με, **ἠσθένησα** καὶ ἐπεσκέψασθέ με, ἐν φυλακῇ ἤμην καὶ ἤλθατε πρός με.					
200	**Mt 25,39**	πότε δέ σε εἴδομεν **ἀσθενοῦντα** ἢ ἐν φυλακῇ καὶ ἤλθομεν πρός σε;					

Acts 9,37 ἐγένετο δὲ ἐν ταῖς ἡμέραις ἐκείναις **ἀσθενήσασαν** αὐτὴν ἀποθανεῖν· ...

Acts 19,12 ὥστε καὶ **ἐπὶ τοὺς ἀσθενοῦντας** ἀποφέρεσθαι ἀπὸ τοῦ χρωτὸς αὐτοῦ σουδάρια ἢ σιμικίνθια καὶ ἀπαλλάσσεσθαι ἀπ' αὐτῶν τὰς νόσους, ...

Acts 20,35 πάντα ὑπέδειξα ὑμῖν ὅτι οὕτως κοπιῶντας δεῖ ἀντιλαμβάνεσθαι **τῶν ἀσθενούντων,** μνημονεύειν τε τῶν λόγων τοῦ κυρίου Ἰησοῦ ...

ἀσθενής	Syn 6	Mt 3	Mk 1	Lk 2	Acts 3	Jn	1-3John	Paul 15	Eph	Col
	NT 26	2Thess	1/2Tim	Tit	Heb 1	Jas	1Pet 1	2Pet	Jude	Rev

sick; weak; delicate (of parts of the body); helpless

	triple tradition																	double tradition			Sondergut		
		+Mt / +Lk			–Mt / –Lk			traditions not taken over by Mt / Lk							subtotals								
code	222	211	112	212	221	122	121	022	012	021	220	120	210	020	Σ⁺	Σ⁻	Σ	202	201	102	200	002	total
Mt					1												1				2		**3**
Mk					1												1						**1**
Lk			1^+		1^-										1^+	1^-	1			1			**2**

112	**Mt 10,5**	τούτους τοὺς δώδεκα ἀπέστειλεν ὁ Ἰησοῦς ...	**Mk 6,7**	... καὶ ἤρξατο αὐτοὺς ἀποστέλλειν δύο δύο ...	**Lk 9,2** ↓ Lk 10,9	καὶ ἀπέστειλεν αὐτοὺς κηρύσσειν τὴν βασιλείαν τοῦ θεοῦ καὶ ἰᾶσθαι [**τοὺς ἀσθενεῖς**]	→ GTh 14,4
102	**Mt 10,8**	[7] πορευόμενοι δὲ κηρύσσετε λέγοντες ὅτι ἤγγικεν ἡ βασιλεία τῶν οὐρανῶν. [8] **ἀσθενοῦντας** θεραπεύετε, νεκροὺς ἐγείρετε, λεπροὺς καθαρίζετε, δαιμόνια ἐκβάλλετε· ...			**Lk 10,9** ↑ Lk 9,2	καὶ θεραπεύετε **τοὺς ἐν αὐτῇ** **ἀσθενεῖς** καὶ λέγετε αὐτοῖς· ἤγγικεν ἐφ᾽ ὑμᾶς ἡ βασιλεία τοῦ θεοῦ.	→ GTh 14,4
200	**Mt 25,43**	ξένος ἤμην καὶ οὐ συνηγάγετέ με, γυμνὸς καὶ οὐ περιεβάλετέ με, **ἀσθενὴς** καὶ ἐν φυλακῇ καὶ οὐκ ἐπεσκέψασθέ με.					
200	**Mt 25,44**	... κύριε, πότε σε εἴδομεν πεινῶντα ἢ διψῶντα ἢ ξένον ἢ γυμνὸν ἢ **ἀσθενῆ** ἢ ἐν φυλακῇ καὶ οὐ διηκονήσαμέν σοι;					
221	**Mt 26,41**	γρηγορεῖτε καὶ προσεύχεσθε, ἵνα μὴ εἰσέλθητε εἰς πειρασμόν· τὸ μὲν πνεῦμα πρόθυμον ἡ δὲ σὰρξ **ἀσθενής**.	**Mk 14,38**	γρηγορεῖτε καὶ προσεύχεσθε, ἵνα μὴ ἔλθητε εἰς πειρασμόν· τὸ μὲν πνεῦμα πρόθυμον ἡ δὲ σὰρξ **ἀσθενής**.	**Lk 22,46** → Lk 22,40	... ἀναστάντες προσεύχεσθε, ἵνα μὴ εἰσέλθητε εἰς πειρασμόν.	

Acts 4,9 εἰ ἡμεῖς σήμερον ἀνακρινόμεθα **ἐπὶ εὐεργεσίᾳ ἀνθρώπου ἀσθενοῦς** ἐν τίνι οὗτος σέσωται

Acts 5,15 ὥστε καὶ εἰς τὰς πλατείας ἐκφέρειν **τοὺς ἀσθενεῖς** καὶ τιθέναι ἐπὶ κλιναρίων καὶ κραβάττων, ...

Acts 5,16 συνήρχετο δὲ καὶ τὸ πλῆθος τῶν πέριξ πόλεων Ἰερουσαλήμ, φέροντες **ἀσθενεῖς** καὶ ὀχλουμένους ὑπὸ πνευμάτων ἀκαθάρτων, ...

ἀσκός

ἀσκός	Syn 12	Mt 4	Mk 4	Lk 4	Acts	Jn	1-3John	Paul	Eph	Col
	NT 12	2Thess	1/2Tim	Tit	Heb	Jas	1Pet	2Pet	Jude	Rev

wine-skin

222	Mt 9,17 (4)	οὐδὲ βάλλουσιν οἶνον νέον **εἰς ἀσκοὺς παλαιούς·**	Mk 2,22 (4)	καὶ οὐδεὶς βάλλει οἶνον νέον **εἰς ἀσκοὺς παλαιούς·**	Lk 5,37 (3)	καὶ οὐδεὶς βάλλει οἶνον νέον **εἰς ἀσκοὺς παλαιούς·**	→ GTh 47,4
		εἰ δὲ μή γε, ῥήγνυνται		εἰ δὲ μή, ῥήξει ὁ οἶνος		εἰ δὲ μή γε, ῥήξει ὁ οἶνος ὁ νέος	
222		**οἱ ἀσκοὶ**		**τοὺς ἀσκοὺς**		**τοὺς ἀσκοὺς**	
		καὶ ὁ οἶνος ἐκχεῖται καὶ		καὶ ὁ οἶνος ἀπόλλυται καὶ		καὶ αὐτὸς ἐκχυθήσεται καὶ	
222		**οἱ ἀσκοὶ** ἀπόλλυνται·		**οἱ ἀσκοί·**		**οἱ ἀσκοὶ** ἀπολοῦνται·	
222		ἀλλὰ βάλλουσιν οἶνον νέον **εἰς ἀσκοὺς καινούς,** καὶ ἀμφότεροι συντηροῦνται.		ἀλλὰ οἶνον νέον **εἰς ἀσκοὺς καινούς.**	Lk 5,38	ἀλλὰ οἶνον νέον **εἰς ἀσκοὺς καινοὺς** βλητέον.	

ἀσπάζομαι

ἀσπάζομαι	Syn 6	Mt 2	Mk 2	Lk 2	Acts 5	Jn	1-3John 3	Paul 32	Eph	Col 4
	NT 59	2Thess	1/2Tim 2	Tit 2	Heb 3	Jas	1Pet 2	2Pet	Jude	Rev

greet; welcome; visit briefly; pay one's respects; take leave of; say good-bye

	triple tradition																	double tradition			Sondergut		
		+Mt / +Lk			−Mt / −Lk			traditions not taken over by Mt / Lk							subtotals								
code	222	211	112	212	221	122	121	022	012	021	220	120	210	020	Σ+	Σ−	Σ	202	201	102	200	002	total
Mt												1⁻				1⁻			2				2
Mk										1		1					2						2
Lk										1⁻						1⁻				1		1	2

002					Lk 1,40	καὶ εἰσῆλθεν εἰς τὸν οἶκον Ζαχαρίου καὶ **ἠσπάσατο** τὴν Ἐλισάβετ.	
201	Mt 5,47	καὶ ἐὰν **ἀσπάσησθε** τοὺς ἀδελφοὺς ὑμῶν μόνον, τί περισσὸν ποιεῖτε; οὐχὶ καὶ οἱ ἐθνικοὶ τὸ αὐτὸ ποιοῦσιν;			Lk 6,34 → Mt 5,42	καὶ ἐὰν **δανίσητε** παρ' ὧν ἐλπίζετε λαβεῖν, ποία ὑμῖν χάρις [ἐστίν]; καὶ ἁμαρτωλοὶ ἁμαρτωλοῖς δανίζουσιν ἵνα ἀπολάβωσιν τὰ ἴσα.	→ GTh 95
201	Mt 10,12	εἰσερχόμενοι δὲ εἰς τὴν οἰκίαν **ἀσπάσασθε** αὐτήν·			Lk 10,5 ⇩ Lk 9,4	εἰς ἣν δ' ἂν εἰσέλθητε οἰκίαν, πρῶτον **λέγετε·** εἰρήνη τῷ οἴκῳ τούτῳ. [6] ... [7] ἐν αὐτῇ δὲ τῇ οἰκίᾳ μένετε, ἐσθίοντες καὶ πίνοντες τὰ παρ' αὐτῶν· ...	Mk-Q overlap
	Mt 10,11 ⇨ Lk 10,8	εἰς ἣν δ' ἂν πόλιν ἢ κώμην εἰσέλθητε, ἐξετάσατε τίς ἐν αὐτῇ ἄξιός ἐστιν·	Mk 6,10	... ὅπου ἐὰν εἰσέλθητε εἰς οἰκίαν,	Lk 9,4 ⇧ Lk 10,5	καὶ εἰς ἣν ἂν οἰκίαν εἰσέλθητε,	→ GTh 14,4
		κἀκεῖ μείνατε ἕως ἂν ἐξέλθητε.		ἐκεῖ μένετε ἕως ἂν ἐξέλθητε ἐκεῖθεν.		ἐκεῖ μένετε καὶ ἐκεῖθεν ἐξέρχεσθε.	

021			Mk 9,15	καὶ εὐθὺς πᾶς ὁ ὄχλος ἰδόντες αὐτὸν ἐξεθαμβήθησαν καὶ **προστρέχοντες ἠσπάζοντο** αὐτόν.	Lk 9,37	... **συνήντησεν** αὐτῷ ὄχλος πολύς.	
102	Mt 10,10	[9] μὴ κτήσησθε χρυσὸν μηδὲ ἄργυρον μηδὲ χαλκὸν εἰς τὰς ζώνας ὑμῶν, [10] μὴ πήραν εἰς ὁδὸν μηδὲ δύο χιτῶνας μηδὲ ὑποδήματα μηδὲ ῥάβδον· ...			Lk 10,4 ⇩ Lk 9,3 → Lk 22,35-36	μὴ βαστάζετε βαλλάντιον, μὴ πήραν, μὴ ὑποδήματα, καὶ μηδένα κατὰ τὴν ὁδὸν **ἀσπάσησθε.**	Mk-Q overlap
			Mk 6,9	[8] ... ἵνα μηδὲν αἴρωσιν εἰς ὁδὸν εἰ μὴ ῥάβδον μόνον, μὴ ἄρτον, μὴ πήραν, μὴ εἰς τὴν ζώνην χαλκόν, [9] ἀλλὰ ὑποδεδεμένους σανδάλια, καὶ μὴ ἐνδύσησθε δύο χιτῶνας.	Lk 9,3 ⇧ Lk 10,4 → Lk 22,35-36	... μηδὲν αἴρετε εἰς τὴν ὁδόν, μήτε ῥάβδον μήτε πήραν μήτε ἄρτον μήτε ἀργύριον μήτε [ἀνὰ] δύο χιτῶνας ἔχειν.	
120	Mt 27,29	... καὶ γονυπετήσαντες ἔμπροσθεν αὐτοῦ **ἐνέπαιξαν** αὐτῷ λέγοντες· χαῖρε, βασιλεῦ τῶν Ἰουδαίων	Mk 15,18	καὶ ἤρξαντο **ἀσπάζεσθαι** αὐτόν· χαῖρε, βασιλεῦ τῶν Ἰουδαίων·			→ Jn 19,3

Acts 18,22 ... ἀναβὰς καὶ **ἀσπασάμενος** τὴν ἐκκλησίαν κατέβη εἰς Ἀντιόχειαν.

Acts 20,1 ... μεταπεμψάμενος ὁ Παῦλος τοὺς μαθητὰς καὶ παρακαλέσας, **ἀσπασάμενος** ἐξῆλθεν πορεύεσθαι εἰς Μακεδονίαν.

Acts 21,7 ... καὶ **ἀσπασάμενοι** τοὺς ἀδελφοὺς ἐμείναμεν ἡμέραν μίαν παρ᾽ αὐτοῖς.

Acts 21,19 καὶ **ἀσπασάμενος** αὐτοὺς ἐξηγεῖτο καθ᾽ ἓν ἕκαστον, ὧν ἐποίησεν ὁ θεὸς ἐν τοῖς ἔθνεσιν διὰ τῆς διακονίας αὐτοῦ.

Acts 25,13 ἡμερῶν δὲ διαγενομένων τινῶν Ἀγρίππας ὁ βασιλεὺς καὶ Βερνίκη κατήντησαν εἰς Καισάρειαν **ἀσπασάμενοι** τὸν Φῆστον.

ἀσπασμός

ἀσπασμός	Syn 7	Mt 1	Mk 1	Lk 5	Acts	Jn	1-3John	Paul 1	Eph	Col 1
	NT 10	2Thess 1	1/2Tim	Tit	Heb	Jas	1Pet	2Pet	Jude	Rev

greeting

	triple tradition																	double tradition			Sondergut		
		+Mt / +Lk			–Mt / –Lk			traditions not taken over by Mt / Lk							subtotals								
code	222	211	112	212	221	122	121	022	012	021	220	120	210	020	Σ⁺	Σ⁻	Σ	202	201	102	200	002	total
Mt						1⁻										1⁻		1					**1**
Mk						1											1						**1**
Lk						1											1	1				3	**5**

Mk-Q overlap: 202: Mt 23,7 / Mk 12,38 / Lk 11,43 122: Mt 23,7 / Mk 12,38 / Lk 20,46

002					Lk 1,29	ἡ δὲ ἐπὶ τῷ λόγῳ διεταράχθη καὶ διελογίζετο ποταπὸς εἴη **ὁ ἀσπασμὸς οὗτος.**	
002					Lk 1,41	καὶ ἐγένετο ὡς ἤκουσεν **τὸν ἀσπασμὸν τῆς Μαρίας** ἡ Ἐλισάβετ, ἐσκίρτησεν τὸ βρέφος ἐν τῇ κοιλίᾳ αὐτῆς, ...	

002					Lk 1,44	ἰδοὺ γὰρ ὡς ἐγένετο **ἡ φωνὴ τοῦ ἀσπασμοῦ σου** εἰς τὰ ὦτά μου, ἐσκίρτησεν ἐν ἀγαλλιάσει τὸ βρέφος ἐν τῇ κοιλίᾳ μου.	
202	Mt 23,7	[6] φιλοῦσιν δὲ τὴν πρωτοκλισίαν ἐν τοῖς δείπνοις καὶ τὰς πρωτοκαθεδρίας ἐν ταῖς συναγωγαῖς [7] καὶ **τοὺς ἀσπασμοὺς** ἐν ταῖς ἀγοραῖς καὶ καλεῖσθαι ὑπὸ τῶν ἀνθρώπων ῥαββί.	Mk 12,38	... βλέπετε ἀπὸ τῶν γραμματέων τῶν θελόντων ἐν στολαῖς περιπατεῖν καὶ **ἀσπασμοὺς** ἐν ταῖς ἀγοραῖς [39] καὶ πρωτοκαθεδρίας ἐν ταῖς συναγωγαῖς καὶ πρωτοκλισίας ἐν τοῖς δείπνοις	Lk 11,43 ⇩ Lk 20,46	οὐαὶ ὑμῖν τοῖς Φαρισαίοις, ὅτι ἀγαπᾶτε τὴν πρωτοκαθεδρίαν ἐν ταῖς συναγωγαῖς καὶ **τοὺς ἀσπασμοὺς** ἐν ταῖς ἀγοραῖς.	Mk-Q overlap. Mt 23,7 counted as Q tradition.
122	Mt 23,7	[6] φιλοῦσιν δὲ τὴν πρωτοκλισίαν ἐν τοῖς δείπνοις καὶ τὰς πρωτοκαθεδρίας ἐν ταῖς συναγωγαῖς [7] καὶ **τοὺς ἀσπασμοὺς** ἐν ταῖς ἀγοραῖς καὶ καλεῖσθαι ὑπὸ τῶν ἀνθρώπων ῥαββί.	Mk 12,38	... βλέπετε ἀπὸ τῶν γραμματέων τῶν θελόντων ἐν στολαῖς περιπατεῖν καὶ **ἀσπασμοὺς** ἐν ταῖς ἀγοραῖς [39] καὶ πρωτοκαθεδρίας ἐν ταῖς συναγωγαῖς καὶ πρωτοκλισίας ἐν τοῖς δείπνοις	Lk 20,46 ⇧ Lk 11,43	προσέχετε ἀπὸ τῶν γραμματέων τῶν θελόντων περιπατεῖν ἐν στολαῖς καὶ φιλούντων **ἀσπασμοὺς** ἐν ταῖς ἀγοραῖς καὶ πρωτοκαθεδρίας ἐν ταῖς συναγωγαῖς καὶ πρωτοκλισίας ἐν τοῖς δείπνοις	Mk-Q overlap. Mt 23,7 counted as Q tradition.

ἀσσάριον

	Syn 2	Mt 1	Mk	Lk 1	Acts	Jn	1-3John	Paul	Eph	Col
	NT 2	2Thess	1/2Tim	Tit	Heb	Jas	1Pet	2Pet	Jude	Rev

penny

202	Mt 10,29	οὐχὶ δύο στρουθία **ἀσσαρίου** πωλεῖται; καὶ ἓν ἐξ αὐτῶν οὐ πεσεῖται ἐπὶ τὴν γῆν ἄνευ τοῦ πατρὸς ὑμῶν.			Lk 12,6	οὐχὶ πέντε στρουθία πωλοῦνται **ἀσσαρίων δύο;** καὶ ἓν ἐξ αὐτῶν οὐκ ἔστιν ἐπιλελησμένον ἐνώπιον τοῦ θεοῦ.	

ἀστήρ

	Syn 6	Mt 5	Mk 1	Lk	Acts	Jn	1-3John	Paul 3	Eph	Col
	NT 24	2Thess	1/2Tim	Tit	Heb	Jas	1Pet	2Pet	Jude 1	Rev 14

star

200	Mt 2,2	... ποῦ ἐστιν ὁ τεχθεὶς βασιλεὺς τῶν Ἰουδαίων; εἴδομεν γὰρ **αὐτοῦ τὸν ἀστέρα** ἐν τῇ ἀνατολῇ καὶ ἤλθομεν προσκυνῆσαι αὐτῷ.					
200	Mt 2,7	τότε Ἡρῴδης λάθρᾳ καλέσας τοὺς μάγους ἠκρίβωσεν παρ᾽ αὐτῶν **τὸν χρόνον τοῦ φαινομένου ἀστέρος**					

200	**Mt 2,9**	οἱ δὲ ἀκούσαντες τοῦ βασιλέως ἐπορεύθησαν καὶ ἰδοὺ **ὁ ἀστήρ,** ὃν εἶδον ἐν τῇ ἀνατολῇ, προῆγεν αὐτούς, ἕως ἐλθὼν ἐστάθη ἐπάνω οὗ ἦν τὸ παιδίον.					
200	**Mt 2,10**	ἰδόντες δὲ **τὸν ἀστέρα** ἐχάρησαν χαρὰν μεγάλην σφόδρα.					
221	**Mt 24,29**	... *ὁ ἥλιος* *σκοτισθήσεται, καὶ* *ἡ σελήνη οὐ δώσει* *τὸ φέγγος αὐτῆς, καὶ* ***οἱ ἀστέρες*** *πεσοῦνται* ἀπὸ τοῦ οὐρανοῦ, ... ➤ Isa 13,10; 34,4	**Mk 13,25**	[24] ... *ὁ ἥλιος* *σκοτισθήσεται, καὶ* *ἡ σελήνη οὐ δώσει* *τὸ φέγγος αὐτῆς,* [25] *καὶ* ***οἱ ἀστέρες*** *ἔσονται* ἐκ τοῦ οὐρανοῦ *πίπτοντες,* ... ➤ Isa 13,10; 34,4	**Lk 21,25** → Lk 21,11	καὶ ἔσονται σημεῖα ἐν ἡλίῳ καὶ σελήνῃ καὶ **ἄστροις,** καὶ ἐπὶ τῆς γῆς συνοχὴ ἐθνῶν ἐν ἀπορίᾳ ἤχους θαλάσσης καὶ σάλου ➤ Isa 34,4	→ Acts 2,19

# ἀστραπή	Syn 5	Mt 2	Mk	Lk 3	Acts	Jn	1-3John	Paul	Eph	Col
	NT 9	2Thess	1/2Tim	Tit	Heb	Jas	1Pet	2Pet	Jude	Rev 4

lightning; ray

002					**Lk 10,18**	... ἐθεώρουν τὸν σατανᾶν **ὡς ἀστραπὴν** ἐκ τοῦ οὐρανοῦ πεσόντα.	
002					**Lk 11,36** → Lk 11,35	εἰ οὖν τὸ σῶμά σου ὅλον φωτεινόν, μὴ ἔχον μέρος τι σκοτεινόν, ἔσται φωτεινὸν ὅλον ὡς ὅταν ὁ λύχνος **τῇ ἀστραπῇ** φωτίζῃ σε.	→ GTh 24 (POxy 655)
202	**Mt 24,27**	ὥσπερ γὰρ **ἡ ἀστραπὴ** ἐξέρχεται ἀπὸ ἀνατολῶν καὶ φαίνεται ἕως δυσμῶν, οὕτως ἔσται ἡ παρουσία τοῦ υἱοῦ τοῦ ἀνθρώπου·			**Lk 17,24**	ὥσπερ γὰρ **ἡ ἀστραπὴ** ἀστράπτουσα ἐκ τῆς ὑπὸ τὸν οὐρανὸν εἰς τὴν ὑπ' οὐρανὸν λάμπει, οὕτως ἔσται ὁ υἱὸς τοῦ ἀνθρώπου [ἐν τῇ ἡμέρᾳ αὐτοῦ].	
200	**Mt 28,3**	ἦν δὲ ἡ εἰδέα αὐτοῦ **ὡς ἀστραπὴ** καὶ τὸ ἔνδυμα αὐτοῦ λευκὸν ὡς χιών.	**Mk 16,5**	... εἶδον νεανίσκον καθήμενον ἐν τοῖς δεξιοῖς περιβεβλημένον στολὴν λευκήν, καὶ ἐξεθαμβήθησαν.	**Lk 24,4** → Lk 24,23	... ἰδοὺ ἄνδρες δύο ἐπέστησαν αὐταῖς ἐν ἐσθῆτι ἀστραπτούσῃ.	→ Jn 20,12

ἀστράπτω	Syn 2	Mt	Mk	Lk 2	Acts	Jn	1-3John	Paul	Eph	Col
	NT 2	2Thess	1/2Tim	Tit	Heb	Jas	1Pet	2Pet	Jude	Rev

flash; dazzle

102	**Mt 24,27**	ὥσπερ γὰρ ἡ ἀστραπὴ **ἐξέρχεται** ἀπὸ ἀνατολῶν καὶ φαίνεται ἕως δυσμῶν, οὕτως ἔσται ἡ παρουσία τοῦ υἱοῦ τοῦ ἀνθρώπου·			**Lk 17,24**	ὥσπερ γὰρ ἡ ἀστραπὴ **ἀστράπτουσα** ἐκ τῆς ὑπὸ τὸν οὐρανὸν εἰς τὴν ὑπ' οὐρανὸν λάμπει, οὕτως ἔσται ὁ υἱὸς τοῦ ἀνθρώπου [ἐν τῇ ἡμέρᾳ αὐτοῦ].	
012	**Mt 28,3**	ἦν δὲ ἡ εἰδέα αὐτοῦ ὡς ἀστραπὴ καὶ τὸ ἔνδυμα αὐτοῦ λευκὸν ὡς χιών.	**Mk 16,5**	... εἶδον νεανίσκον καθήμενον ἐν τοῖς δεξιοῖς περιβεβλημένον **στολὴν** **λευκήν**, ...	**Lk 24,4** → Lk 24,23	... ἰδοὺ ἄνδρες δύο ἐπέστησαν αὐταῖς **ἐν ἐσθῆτι** **ἀστραπτούσῃ.**	→ Jn 20,12

ἄστρον	Syn 1	Mt	Mk	Lk 1	Acts 2	Jn	1-3John	Paul	Eph	Col
	NT 4	2Thess	1/2Tim	Tit	Heb 1	Jas	1Pet	2Pet	Jude	Rev

star; constellation

112	**Mt 24,29**	... *ὁ ἥλιος* *σκοτισθήσεται, καὶ* *ἡ σελήνη οὐ δώσει* *τὸ φέγγος αὐτῆς, καὶ* ***οἱ ἀστέρες*** *πεσοῦνται* ἀπὸ τοῦ οὐρανοῦ, ... ➤ Isa 13,10; 34,4	**Mk 13,25**	[24] ... *ὁ ἥλιος* *σκοτισθήσεται, καὶ* *ἡ σελήνη οὐ δώσει* *τὸ φέγγος αὐτῆς,* [25] *καὶ* ***οἱ ἀστέρες*** *ἔσονται* ἐκ τοῦ οὐρανοῦ *πίπτοντες*, ... ➤ Isa 13,10; 34,4	**Lk 21,25** → Lk 21,11	καὶ ἔσονται σημεῖα ἐν ἡλίῳ καὶ σελήνῃ καὶ **ἄστροις,** καὶ ἐπὶ τῆς γῆς συνοχὴ ἐθνῶν ἐν ἀπορίᾳ ἤχους θαλάσσης καὶ σάλου	→ Acts 2,19

Acts 7,43 *καὶ ἀνελάβετε τὴν σκηνὴν τοῦ Μολὸχ καὶ* ***τὸ ἄστρον τοῦ θεοῦ [ὑμῶν] Ῥαιφάν,*** *τοὺς τύπους οὓς ἐποιήσατε* προσκυνεῖν αὐτοῖς, ...
➤ Amos 5,26 LXX

Acts 27,20 μήτε δὲ ἡλίου **μήτε ἄστρων** ἐπιφαινόντων ἐπὶ πλείονας ἡμέρας, χειμῶνός τε οὐκ ὀλίγου ἐπικειμένου, ...

ἀσύνετος	Syn 2	Mt 1	Mk 1	Lk	Acts	Jn	1-3John	Paul 3	Eph	Col
	NT 5	2Thess	1/2Tim	Tit	Heb	Jas	1Pet	2Pet	Jude	Rev

without understanding; dull; senseless; foolish

220	**Mt 15,16**	... ἀκμὴν καὶ ὑμεῖς **ἀσύνετοί** ἐστε; [17] οὐ νοεῖτε ὅτι πᾶν τὸ εἰσπορευόμενον εἰς τὸ στόμα εἰς τὴν κοιλίαν χωρεῖ καὶ εἰς ἀφεδρῶνα ἐκβάλλεται;	**Mk 7,18**	... οὕτως καὶ ὑμεῖς **ἀσύνετοί** ἐστε; οὐ νοεῖτε ὅτι πᾶν τὸ ἔξωθεν εἰσπορευόμενον εἰς τὸν ἄνθρωπον οὐ δύναται αὐτὸν κοινῶσαι, [19] ὅτι οὐκ εἰσπορεύεται αὐτοῦ εἰς τὴν καρδίαν ἀλλ' εἰς τὴν κοιλίαν, καὶ εἰς τὸν ἀφεδρῶνα ἐκπορεύεται, ...			

ἀσφάλεια	Syn 1	Mt	Mk	Lk 1	Acts 1	Jn	1-3John	Paul 1	Eph	Col
	NT 3	2Thess	1/2Tim	Tit	Heb	Jas	1Pet	2Pet	Jude	Rev

security; safety; accurate information; full truth

	Mt	Mk	Lk	
002			**Lk 1,4** ἵνα ἐπιγνῷς περὶ ὧν κατηχήθης λόγων **τὴν ἀσφάλειαν.**	

Acts 5,23 ... τὸ δεσμωτήριον
εὕρομεν κεκλεισμένον
ἐν πάσῃ ἀσφαλείᾳ
καὶ τοὺς φύλακας
ἑστῶτας ἐπὶ τῶν θυρῶν, ...

ἀσφαλίζομαι	Syn 3	Mt 3	Mk	Lk	Acts 1	Jn	1-3John	Paul	Eph	Col
	NT 4	2Thess	1/2Tim	Tit	Heb	Jas	1Pet	2Pet	Jude	Rev

secure; fasten

	Mt	Mk	Lk	
200	**Mt 27,64** κέλευσον οὖν **ἀσφαλισθῆναι** τὸν τάφον ἕως τῆς τρίτης ἡμέρας, μήποτε ἐλθόντες οἱ μαθηταὶ αὐτοῦ κλέψωσιν αὐτὸν ...			
200	**Mt 27,65** ἔφη αὐτοῖς ὁ Πιλᾶτος· ἔχετε κουστωδίαν· ὑπάγετε **ἀσφαλίσασθε** ὡς οἴδατε.			
200	**Mt 27,66** οἱ δὲ πορευθέντες **ἠσφαλίσαντο** τὸν τάφον σφραγίσαντες τὸν λίθον μετὰ τῆς κουστωδίας.			

Acts 16,24 ... καὶ τοὺς πόδας
ἠσφαλίσατο
αὐτῶν εἰς τὸ ξύλον.

ἀσφαλῶς	Syn 1	Mt	Mk 1	Lk	Acts 2	Jn	1-3John	Paul	Eph	Col
	NT 3	2Thess	1/2Tim	Tit	Heb	Jas	1Pet	2Pet	Jude	Rev

safely; under close guard; for certain; beyond a doubt

	Mt	Mk	Lk	
120	**Mt 26,48** ... ὃν ἂν φιλήσω αὐτός ἐστιν, κρατήσατε αὐτόν.	**Mk 14,44** ... ὃν ἂν φιλήσω αὐτός ἐστιν, κρατήσατε αὐτὸν καὶ ἀπάγετε **ἀσφαλῶς.**		

Acts 2,36 **ἀσφαλῶς**
οὖν γινωσκέτω πᾶς οἶκος
Ἰσραὴλ ὅτι καὶ κύριον
αὐτὸν καὶ χριστὸν
ἐποίησεν ὁ θεός, ...

Acts 16,23 πολλάς τε ἐπιθέντες
αὐτοῖς πληγὰς
ἔβαλον εἰς φυλακὴν
παραγγείλαντες
τῷ δεσμοφύλακι
ἀσφαλῶς
τηρεῖν αὐτούς.

ἀσώτως	Syn	Mt	Mk	Lk	Acts	Jn	1-3John	Paul	Eph	Col
	1			1						
	NT	2Thess	1/2Tim	Tit	Heb	Jas	1Pet	2Pet	Jude	Rev
	1									

recklessly; immorally

					Lk		
002					Lk 15,13	... ὁ νεώτερος υἱὸς ἀπεδήμησεν εἰς χώραν μακρὰν καὶ ἐκεῖ διεσκόρπισεν τὴν οὐσίαν αὐτοῦ **ζῶν ἀσώτως**.	

ἄτεκνος	Syn	Mt	Mk	Lk	Acts	Jn	1-3John	Paul	Eph	Col
	2			2						
	NT	2Thess	1/2Tim	Tit	Heb	Jas	1Pet	2Pet	Jude	Rev
	2									

childless

	Mt		Mk		Lk		
112	Mt 22,24	... *ἐάν τις ἀποθάνῃ* **μὴ ἔχων τέκνα,** *ἐπιγαμβρεύσει ὁ ἀδελφὸς αὐτοῦ τὴν γυναῖκα αὐτοῦ καὶ ἀναστήσει σπέρμα τῷ ἀδελφῷ αὐτοῦ·* ➤ Deut 25,5; Gen 38,8	Mk 12,19	... *ἐάν τινος ἀδελφὸς ἀποθάνῃ* καὶ καταλίπῃ γυναῖκα *καὶ* **μὴ ἀφῇ τέκνον,** ἵνα *λάβῃ ὁ ἀδελφὸς αὐτοῦ τὴν γυναῖκα καὶ ἐξαναστήσῃ σπέρμα τῷ ἀδελφῷ αὐτοῦ.* ➤ Deut 25,5; Gen 38,8	Lk 20,28	... *ἐάν τινος ἀδελφὸς ἀποθάνῃ* ἔχων γυναῖκα, καὶ οὗτος **ἄτεκνος ᾖ,** ἵνα *λάβῃ ὁ ἀδελφὸς αὐτοῦ τὴν γυναῖκα καὶ ἐξαναστήσῃ σπέρμα τῷ ἀδελφῷ αὐτοῦ.* ➤ Deut 25,5; Gen 38,8	
112	Mt 22,25	ἦσαν δὲ παρ' ἡμῖν ἑπτὰ ἀδελφοί· καὶ ὁ πρῶτος γήμας ἐτελεύτησεν, καὶ **μὴ ἔχων σπέρμα** ἀφῆκεν τὴν γυναῖκα αὐτοῦ τῷ ἀδελφῷ αὐτοῦ·	Mk 12,20	ἑπτὰ ἀδελφοὶ ἦσαν· καὶ ὁ πρῶτος ἔλαβεν γυναῖκα καὶ ἀποθνῄσκων **οὐκ ἀφῆκεν σπέρμα·**	Lk 20,29	ἑπτὰ οὖν ἀδελφοὶ ἦσαν· καὶ ὁ πρῶτος λαβὼν γυναῖκα ἀπέθανεν **ἄτεκνος·**	

ἀτενίζω	Syn	Mt	Mk	Lk	Acts	Jn	1-3John	Paul	Eph	Col
	2			2	10			2		
	NT	2Thess	1/2Tim	Tit	Heb	Jas	1Pet	2Pet	Jude	Rev
	14									

fix one's eyes on; look straight at; stare

	Mt		Mk		Lk		
002					Lk 4,20	... καὶ πάντων οἱ ὀφθαλμοὶ ἐν τῇ συναγωγῇ ἦσαν **ἀτενίζοντες** αὐτῷ.	
112	Mt 26,69	... καὶ προσῆλθεν αὐτῷ μία παιδίσκη λέγουσα· καὶ σὺ ἦσθα μετὰ Ἰησοῦ τοῦ Γαλιλαίου.	Mk 14,67	[66] ... ἔρχεται μία τῶν παιδισκῶν τοῦ ἀρχιερέως [67] καὶ ἰδοῦσα τὸν Πέτρον θερμαινόμενον **ἐμβλέψασα** αὐτῷ λέγει· καὶ σὺ μετὰ τοῦ Ναζαρηνοῦ ἦσθα τοῦ Ἰησοῦ.	Lk 22,56	ἰδοῦσα δὲ αὐτὸν παιδίσκη τις καθήμενον πρὸς τὸ φῶς καὶ **ἀτενίσασα** αὐτῷ εἶπεν· καὶ οὗτος σὺν αὐτῷ ἦν.	→ Jn 18,17

Acts 1,10 καὶ
ὡς ἀτενίζοντες
ἦσαν εἰς τὸν οὐρανὸν
πορευομένου αὐτοῦ, ...

Acts 3,4 **ἀτενίσας**
δὲ Πέτρος εἰς αὐτὸν σὺν
τῷ Ἰωάννῃ εἶπεν· βλέψον
εἰς ἡμᾶς.

Acts 3,12 ... ἄνδρες Ἰσραηλῖται,
τί θαυμάζετε ἐπὶ τούτῳ
ἢ ἡμῖν τί
ἀτενίζετε
ὡς ἰδίᾳ δυνάμει ἢ
εὐσεβείᾳ πεποιηκόσιν
τοῦ περιπατεῖν αὐτόν;

Acts 6,15 καὶ
ἀτενίσαντες
εἰς αὐτὸν πάντες
οἱ καθεζόμενοι
ἐν τῷ συνεδρίῳ εἶδον
τὸ πρόσωπον αὐτοῦ
ὡσεὶ πρόσωπον ἀγγέλου.

Acts 7,55 ὑπάρχων δὲ πλήρης
πνεύματος ἁγίου
ἀτενίσας
εἰς τὸν οὐρανὸν εἶδεν
δόξαν θεοῦ καὶ Ἰησοῦν
ἑστῶτα ἐκ δεξιῶν
τοῦ θεοῦ

Acts 10,4 **ὁ δὲ ἀτενίσας**
αὐτῷ καὶ ἔμφοβος
γενόμενος εἶπεν· τί ἐστιν,
κύριε; ...

Acts 11,6 εἰς ἣν
ἀτενίσας
κατενόουν καὶ εἶδον
τὰ τετράποδα τῆς γῆς καὶ
τὰ θηρία καὶ τὰ ἑρπετὰ
καὶ τὰ πετεινὰ
τοῦ οὐρανοῦ.

Acts 13,9 Σαῦλος δέ, ὁ καὶ Παῦλος,
πλησθεὶς
πνεύματος ἁγίου
ἀτενίσας
εἰς αὐτὸν [10] εἶπεν·
ὦ πλήρης παντὸς δόλου
καὶ πάσης ῥᾳδιουργίας,
υἱὲ διαβόλου, ...

Acts 14,9 οὗτος ἤκουσεν τοῦ
Παύλου λαλοῦντος· ὃς
ἀτενίσας
αὐτῷ καὶ ἰδὼν ὅτι ἔχει
πίστιν τοῦ σωθῆναι,
[10] εἶπεν μεγάλῃ φωνῇ·

Acts 23,1 **ἀτενίσας**
δὲ ὁ Παῦλος τῷ συνεδρίῳ
εἶπεν·
ἄνδρες ἀδελφοί, ...

ἄτερ	Syn	Mt	Mk	Lk	Acts	Jn	1-3John	Paul	Eph	Col
	2			2						
	NT	2Thess	1/2Tim	Tit	Heb	Jas	1Pet	2Pet	Jude	Rev
	2									

without; apart from

112	**Mt 26,16** καὶ ἀπὸ τότε ἐζήτει εὐκαιρίαν ἵνα αὐτὸν παραδῷ.	**Mk 14,11** ... καὶ ἐζήτει πῶς αὐτὸν εὐκαίρως παραδοῖ.	**Lk 22,6** καὶ ἐξωμολόγησεν, καὶ ἐζήτει εὐκαιρίαν τοῦ παραδοῦναι αὐτὸν **ἄτερ ὄχλου** αὐτοῖς.	
002			**Lk 22,35** → Mt 10,9-10 → Mk 6,8-9 → Lk 9,3 → Lk 10,4 ... ὅτε ἀπέστειλα ὑμᾶς **ἄτερ βαλλαντίου** καὶ πήρας καὶ ὑποδημάτων, μή τινος ὑστερήσατε; ...	

ἀτιμάζω	Syn	Mt	Mk	Lk	Acts	Jn	1-3John	Paul	Eph	Col
	2		1	1	1	1		2		
	NT	2Thess	1/2Tim	Tit	Heb	Jas	1Pet	2Pet	Jude	Rev
	7					1				

treat shamefully; dishonor; *passive:* suffer disgrace; degrade

122	**Mt 21,36** πάλιν ἀπέστειλεν ἄλλους δούλους πλείονας τῶν πρώτων, καὶ ἐποίησαν αὐτοῖς ὡσαύτως.	**Mk 12,4** καὶ πάλιν ἀπέστειλεν πρὸς αὐτοὺς ἄλλον δοῦλον· κἀκεῖνον ἐκεφαλίωσαν καὶ **ἠτίμασαν.**	**Lk 20,11** καὶ προσέθετο ἕτερον πέμψαι δοῦλον· οἱ δὲ κἀκεῖνον δείραντες καὶ **ἀτιμάσαντες** ἐξαπέστειλαν κενόν.	→ GTh 65

Acts 5,41 οἱ μὲν οὖν ἐπορεύοντο
χαίροντες ἀπὸ προσώπου
τοῦ συνεδρίου,
ὅτι κατηξιώθησαν
ὑπὲρ τοῦ ὀνόματος
ἀτιμασθῆναι

ἄτιμος	Syn 2	Mt 1	Mk 1	Lk	Acts	Jn	1-3John	Paul 2	Eph	Col
	NT 4	2Thess	1/2Tim	Tit	Heb	Jas	1Pet	2Pet	Jude	Rev

unhonored; dishonored; despised; insignificant or unattractive in appearance (of bodily parts)

221	**Mt 13,57**	... οὐκ ἔστιν προφήτης **ἄτιμος** εἰ μὴ ἐν τῇ πατρίδι καὶ ἐν τῇ οἰκίᾳ αὐτοῦ.	**Mk 6,4**	... οὐκ ἔστιν προφήτης **ἄτιμος** εἰ μὴ ἐν τῇ πατρίδι αὐτοῦ καὶ ἐν τοῖς συγγενεῦσιν αὐτοῦ καὶ ἐν τῇ οἰκίᾳ αὐτοῦ.	**Lk 4,24**	... οὐδεὶς προφήτης **δεκτός** ἐστιν ἐν τῇ πατρίδι αὐτοῦ.	→ Jn 4,44 → GTh 31 (POxy 1)

ἄτοπος	Syn 1	Mt	Mk	Lk 1	Acts 2	Jn	1-3John	Paul	Eph	Col
	NT 4	2Thess 1	1/2Tim	Tit	Heb	Jas	1Pet	2Pet	Jude	Rev

improper; wrong; evil; harmful; unusual

002					**Lk 23,41**	... οὗτος δὲ οὐδὲν **ἄτοπον** ἔπραξεν.	

Acts 25,5 οἱ οὖν ἐν ὑμῖν, φησίν, δυνατοὶ συγκαταβάντες εἴ τί ἐστιν ἐν τῷ ἀνδρὶ **ἄτοπον** κατηγορείτωσαν αὐτοῦ.

Acts 28,6 ... ἐπὶ πολὺ δὲ αὐτῶν προσδοκώντων καὶ θεωρούντων **μηδὲν ἄτοπον** εἰς αὐτὸν γινόμενον μεταβαλόμενοι ἔλεγον αὐτὸν εἶναι θεόν.

Αὐγοῦστος	Syn 1	Mt	Mk	Lk 1	Acts	Jn	1-3John	Paul	Eph	Col
	NT 1	2Thess	1/2Tim	Tit	Heb	Jas	1Pet	2Pet	Jude	Rev

Augustus

002					**Lk 2,1**	ἐγένετο δὲ ἐν ταῖς ἡμέραις ἐκείναις ἐξῆλθεν δόγμα **παρὰ Καίσαρος Αὐγούστου** ἀπογράφεσθαι πᾶσαν τὴν οἰκουμένην.	

αὐλέω	Syn 2	Mt 1	Mk	Lk 1	Acts	Jn	1-3John	Paul 1	Eph	Col
	NT 3	2Thess	1/2Tim	Tit	Heb	Jas	1Pet	2Pet	Jude	Rev

play a flute

202	**Mt 11,17**	[16] ... ὁμοία ἐστὶν παιδίοις καθημένοις ἐν ταῖς ἀγοραῖς ἃ προσφωνοῦντα τοῖς ἑτέροις [17] λέγουσιν· **ηὐλήσαμεν** ὑμῖν καὶ οὐκ ὠρχήσασθε, ἐθρηνήσαμεν καὶ οὐκ ἐκόψασθε.			**Lk 7,32**	ὅμοιοί εἰσιν παιδίοις τοῖς ἐν ἀγορᾷ καθημένοις καὶ προσφωνοῦσιν ἀλλήλοις ἃ λέγει· **ηὐλήσαμεν** ὑμῖν καὶ οὐκ ὠρχήσασθε· ἐθρηνήσαμεν καὶ οὐκ ἐκλαύσατε.	

αὐλή	Syn 8	Mt 3	Mk 3	Lk 2	Acts	Jn 3	1-3John	Paul	Eph	Col
	NT 12	2Thess	1/2Tim	Tit	Heb	Jas	1Pet	2Pet	Jude	Rev 1

courtyard; court; palace; house; fold (for sheep)

	triple tradition																	double tradition			Sondergut		
		+Mt / +Lk			–Mt / –Lk			traditions not taken over by Mt / Lk							subtotals								
code	222	211	112	212	221	122	121	022	012	021	220	120	210	020	Σ⁺	Σ⁻	Σ	202	201	102	200	002	total
Mt	1	1⁺									1	1⁻			1⁺	1⁻	3						**3**
Mk	1										1	1					3						**3**
Lk	1		1⁺												1⁺		2						**2**

Mk-Q overlap: 112: Mt 12,29 / Mk 3,27 / Lk 11,21 (?)

112	**Mt 12,29**	ἢ πῶς δύναταί τις εἰσελθεῖν **εἰς τὴν οἰκίαν τοῦ ἰσχυροῦ** καὶ τὰ σκεύη αὐτοῦ ἁρπάσαι, ...	**Mk 3,27**	ἀλλ' οὐ δύναται οὐδεὶς **εἰς τὴν οἰκίαν τοῦ ἰσχυροῦ** εἰσελθὼν τὰ σκεύη αὐτοῦ διαρπάσαι, ...	**Lk 11,21**	ὅταν ὁ ἰσχυρὸς καθωπλισμένος φυλάσσῃ **τὴν ἑαυτοῦ αὐλήν,** ἐν εἰρήνῃ ἐστὶν τὰ ὑπάρχοντα αὐτοῦ·	→ GTh 21,5 → GTh 35 Mk-Q overlap?
211	**Mt 26,3**	τότε συνήχθησαν οἱ ἀρχιερεῖς καὶ οἱ πρεσβύτεροι τοῦ λαοῦ **εἰς τὴν αὐλὴν** τοῦ ἀρχιερέως τοῦ λεγομένου Καϊάφα [4] καὶ συνεβουλεύσαντο ἵνα τὸν Ἰησοῦν δόλῳ κρατήσωσιν καὶ ἀποκτείνωσιν·	**Mk 14,1**	... καὶ ἐζήτουν οἱ ἀρχιερεῖς καὶ οἱ γραμματεῖς πῶς αὐτὸν ἐν δόλῳ κρατήσαντες ἀποκτείνωσιν·	**Lk 22,2**	καὶ ἐζήτουν οἱ ἀρχιερεῖς καὶ οἱ γραμματεῖς τὸ πῶς ἀνέλωσιν αὐτόν, ...	
222	**Mt 26,58**	ὁ δὲ Πέτρος ἠκολούθει αὐτῷ ἀπὸ μακρόθεν **ἕως τῆς αὐλῆς τοῦ ἀρχιερέως** καὶ εἰσελθὼν ἔσω ἐκάθητο μετὰ τῶν ὑπηρετῶν ἰδεῖν τὸ τέλος.	**Mk 14,54**	καὶ ὁ Πέτρος ἀπὸ μακρόθεν ἠκολούθησεν αὐτῷ **ἕως ἔσω εἰς τὴν αὐλὴν τοῦ ἀρχιερέως** καὶ ἦν συγκαθήμενος μετὰ τῶν ὑπηρετῶν καὶ θερμαινόμενος πρὸς τὸ φῶς.	**Lk 22,55**	[54] ... ὁ δὲ Πέτρος ἠκολούθει μακρόθεν. [55] περιαψάντων δὲ πῦρ **ἐν μέσῳ τῆς αὐλῆς** καὶ συγκαθισάντων ἐκάθητο ὁ Πέτρος μέσος αὐτῶν.	→ Jn 18,18
220	**Mt 26,69**	ὁ δὲ Πέτρος ἐκάθητο ἔξω **ἐν τῇ αὐλῇ·** καὶ προσῆλθεν αὐτῷ μία παιδίσκη ...	**Mk 14,66**	καὶ ὄντος τοῦ Πέτρου κάτω **ἐν τῇ αὐλῇ** ἔρχεται μία τῶν παιδισκῶν τοῦ ἀρχιερέως			→ Jn 18,17
120	**Mt 27,27**	τότε οἱ στρατιῶται τοῦ ἡγεμόνος παραλαβόντες τὸν Ἰησοῦν **εἰς τὸ πραιτώριον** συνήγαγον ἐπ' αὐτὸν ὅλην τὴν σπεῖραν.	**Mk 15,16**	οἱ δὲ στρατιῶται ἀπήγαγον αὐτὸν **ἔσω τῆς αὐλῆς, ὅ ἐστιν πραιτώριον,** καὶ συγκαλοῦσιν ὅλην τὴν σπεῖραν.			

αὐλητής	Syn 1	Mt 1	Mk	Lk	Acts	Jn	1-3John	Paul	Eph	Col
	NT 2	2Thess	1/2Tim	Tit	Heb	Jas	1Pet	2Pet	Jude	Rev 1

flute player

211	**Mt 9,23**	καὶ ἐλθὼν ὁ Ἰησοῦς εἰς τὴν οἰκίαν τοῦ ἄρχοντος καὶ ἰδὼν **τοὺς αὐλητὰς** καὶ τὸν ὄχλον θορυβούμενον	**Mk 5,38**	καὶ ἔρχονται εἰς τὸν οἶκον τοῦ ἀρχισυναγώγου, καὶ θεωρεῖ θόρυβον καὶ κλαίοντας καὶ ἀλαλάζοντας πολλά	**Lk 8,52**	[51] ἐλθὼν δὲ εἰς τὴν οἰκίαν ... [52] ἔκλαιον δὲ πάντες καὶ ἐκόπτοντο αὐτήν. ...	

αὐλίζομαι	Syn 2	Mt 1	Mk	Lk 1	Acts	Jn	1-3John	Paul	Eph	Col
	NT 2	2Thess	1/2Tim	Tit	Heb	Jas	1Pet	2Pet	Jude	Rev

spend the night

210	**Mt 21,17**	καὶ καταλιπὼν αὐτοὺς ἐξῆλθεν ἔξω τῆς πόλεως εἰς Βηθανίαν, καὶ **ηὐλίσθη** ἐκεῖ.	**Mk 11,11**	... ὀψίας ἤδη οὔσης τῆς ὥρας, ἐξῆλθεν εἰς Βηθανίαν μετὰ τῶν δώδεκα.	**Lk 21,37** → Mk 11,19	... τὰς δὲ νύκτας ἐξερχόμενος **ηὐλίζετο** εἰς τὸ ὄρος τὸ καλούμενον Ἐλαιῶν·	→ [[Jn 8,1]]
002	**Mt 21,17**	καὶ καταλιπὼν αὐτοὺς ἐξῆλθεν ἔξω τῆς πόλεως εἰς Βηθανίαν, καὶ **ηὐλίσθη** ἐκεῖ.	**Mk 11,11**	... ὀψίας ἤδη οὔσης τῆς ὥρας, ἐξῆλθεν εἰς Βηθανίαν μετὰ τῶν δώδεκα.	**Lk 21,37** → Mk 11,19	... τὰς δὲ νύκτας ἐξερχόμενος **ηὐλίζετο** εἰς τὸ ὄρος τὸ καλούμενον Ἐλαιῶν·	→ [[Jn 8,1]]

αὐξάνω, αὔξω	Syn 7	Mt 2	Mk 1	Lk 4	Acts 4	Jn 1	1-3John	Paul 4	Eph 2	Col 3
	NT 23	2Thess	1/2Tim	Tit	Heb	Jas	1Pet 1	2Pet 1	Jude	Rev

intransitive: grow; spread; increase; become more important; reach full growth; *transitive:* make grow; increase

	triple tradition																	double tradition			Sondergut		
		+Mt / +Lk			–Mt / –Lk			traditions not taken over by Mt / Lk							subtotals								
code	*222*	*211*	*112*	*212*	*221*	*122*	*121*	*022*	*012*	*021*	*220*	*120*	*210*	*020*	Σ⁺	Σ⁻	Σ	*202*	*201*	*102*	*200*	*002*	total
Mt							1^-									1^-		2					**2**
Mk							1										1						**1**
Lk							1^-									1^-		2				2	**4**

002	**Lk 1,80**	τὸ δὲ παιδίον **ηὔξανεν** καὶ ἐκραταιοῦτο πνεύματι, ...	
002	**Lk 2,40**	τὸ δὲ παιδίον **ηὔξανεν** καὶ ἐκραταιοῦτο πληρούμενον σοφίᾳ, καὶ χάρις θεοῦ ἦν ἐπ' αὐτό.	

202	**Mt 6,28**	... καταμάθετε τὰ κρίνα τοῦ ἀγροῦ πῶς **αὐξάνουσιν·** οὐ κοπιῶσιν οὐδὲ νήθουσιν·			**Lk 12,27**	κατανοήσατε τὰ κρίνα πῶς **αὐξάνει·** οὐ κοπιᾷ οὐδὲ νήθει· ...	→ GTh 36,2-3 (only POxy 655)
121	**Mt 13,8**	ἄλλα δὲ ἔπεσεν ἐπὶ τὴν γῆν τὴν καλὴν καὶ ἐδίδου καρπόν, ὃ μὲν ἑκατόν, ὃ δὲ ἑξήκοντα, ὃ δὲ τριάκοντα.	**Mk 4,8**	καὶ ἄλλα ἔπεσεν εἰς τὴν γῆν τὴν καλὴν καὶ ἐδίδου καρπὸν **ἀναβαίνοντα καὶ** **αὐξανόμενα** καὶ ἔφερεν ἓν τριάκοντα καὶ ἓν ἑξήκοντα καὶ ἓν ἑκατόν.	**Lk 8,8**	καὶ ἕτερον ἔπεσεν εἰς τὴν γῆν τὴν ἀγαθὴν καὶ **φυὲν** ἐποίησεν καρπὸν ἑκατονταπλασίονα. ...	→ GTh 9
202	**Mt 13,32**	[31] ... ὁμοία ἐστὶν ἡ βασιλεία τῶν οὐρανῶν κόκκῳ σινάπεως, ὃν λαβὼν ἄνθρωπος ἔσπειρεν ἐν τῷ ἀγρῷ αὐτοῦ· [32] ὃ μικρότερον μέν ἐστιν πάντων τῶν σπερμάτων, ὅταν δὲ **αὐξηθῇ** μεῖζον τῶν λαχάνων ἐστὶν καὶ γίνεται δένδρον, ...	**Mk 4,32**	[31] ὡς κόκκῳ σινάπεως, ὃς ὅταν σπαρῇ ἐπὶ τῆς γῆς, μικρότερον ὂν πάντων τῶν σπερμάτων τῶν ἐπὶ τῆς γῆς, [32] καὶ ὅταν σπαρῇ, **ἀναβαίνει** καὶ γίνεται μεῖζον πάντων τῶν λαχάνων καὶ ποιεῖ κλάδους μεγάλους, ...	**Lk 13,19**	ὁμοία ἐστὶν κόκκῳ σινάπεως, ὃν λαβὼν ἄνθρωπος ἔβαλεν εἰς κῆπον ἑαυτοῦ, καὶ **ηὔξησεν** καὶ ἐγένετο εἰς δένδρον, ...	→ GTh 20 Mk-Q overlap

Acts 6,7	καὶ ὁ λόγος τοῦ θεοῦ **ηὔξανεν** καὶ ἐπληθύνετο ὁ ἀριθμὸς τῶν μαθητῶν ἐν Ἰερουσαλὴμ σφόδρα, ...	**Acts 7,17**	καθὼς δὲ ἤγγιζεν ὁ χρόνος τῆς ἐπαγγελίας ἧς ὡμολόγησεν ὁ θεὸς τῷ Ἀβραάμ, **ηὔξησεν** ὁ λαὸς καὶ ἐπληθύνθη ἐν Αἰγύπτῳ	**Acts 12,24** **Acts 19,20**	ὁ δὲ λόγος τοῦ θεοῦ **ηὔξανεν** καὶ ἐπληθύνετο. οὕτως κατὰ κράτος τοῦ κυρίου ὁ λόγος **ηὔξανεν** καὶ ἴσχυεν.

αὔριον

αὔριον	Syn	Mt	Mk	Lk	Acts	Jn	1-3John	Paul	Eph	Col
	7	3		4	4			1		
	NT	2Thess	1/2Tim	Tit	Heb	Jas	1Pet	2Pet	Jude	Rev
	14					2				

tomorrow; the next day; in a short while; soon

002					**Lk 10,35**	καὶ **ἐπὶ τὴν αὔριον** ἐκβαλὼν ἔδωκεν δύο δηνάρια τῷ πανδοχεῖ καὶ εἶπεν· ...	
202	**Mt 6,30**	εἰ δὲ τὸν χόρτον τοῦ ἀγροῦ σήμερον ὄντα καὶ **αὔριον** εἰς κλίβανον βαλλόμενον ὁ θεὸς οὕτως ἀμφιέννυσιν, οὐ πολλῷ μᾶλλον ὑμᾶς, ὀλιγόπιστοι;			**Lk 12,28**	εἰ δὲ ἐν ἀγρῷ τὸν χόρτον ὄντα σήμερον καὶ **αὔριον** εἰς κλίβανον βαλλόμενον ὁ θεὸς οὕτως ἀμφιέζει, πόσῳ μᾶλλον ὑμᾶς, ὀλιγόπιστοι.	→ GTh 36,2 (only POxy 655)
200 200	**Mt 6,34** (2)	μὴ οὖν μεριμνήσητε **εἰς τὴν αὔριον,** ἡ γὰρ **αὔριον** μεριμνήσει ἑαυτῆς· ἀρκετὸν τῇ ἡμέρᾳ ἡ κακία αὐτῆς.					

002			Lk 13,32	... ἰδοὺ ἐκβάλλω δαιμόνια καὶ ἰάσεις ἀποτελῶ σήμερον καὶ **αὔριον** καὶ τῇ τρίτῃ τελειοῦμαι.
002			Lk 13,33	πλὴν δεῖ με σήμερον καὶ **αὔριον** καὶ τῇ ἐχομένῃ πορεύεσθαι, ὅτι οὐκ ἐνδέχεται προφήτην ἀπολέσθαι ἔξω Ἰερουσαλήμ.

Acts 4,3 καὶ ἐπέβαλον αὐτοῖς τὰς χεῖρας καὶ ἔθεντο εἰς τήρησιν **εἰς τὴν αὔριον**· ἦν γὰρ ἑσπέρα ἤδη.

Acts 4,5 ἐγένετο δὲ **ἐπὶ τὴν αὔριον** συναχθῆναι αὐτῶν τοὺς ἄρχοντας καὶ τοὺς πρεσβυτέρους καὶ τοὺς γραμματεῖς ἐν Ἰερουσαλήμ

Acts 23,20 ... οἱ Ἰουδαῖοι συνέθεντο τοῦ ἐρωτῆσαί σε **ὅπως αὔριον** τὸν Παῦλον καταγάγῃς εἰς τὸ συνέδριον ...

Acts 25,22 ... ἐβουλόμην καὶ αὐτὸς τοῦ ἀνθρώπου ἀκοῦσαι. **αὔριον,** φησίν, ἀκούσῃ αὐτοῦ.

αὐστηρός	Syn 2	Mt	Mk	Lk 2	Acts	Jn	1-3John	Paul	Eph	Col
	NT 2	2Thess	1/2Tim	Tit	Heb	Jas	1Pet	2Pet	Jude	Rev

hard; severe; strict

102	Mt 25,24	... κύριε, ἔγνων σε ὅτι **σκληρὸς εἶ ἄνθρωπος,** θερίζων ὅπου οὐκ ἔσπειρας καὶ συνάγων ὅθεν οὐ διεσκόρπισας	Lk 19,21	ἐφοβούμην γάρ σε, ὅτι **ἄνθρωπος αὐστηρὸς εἶ,** αἴρεις ὃ οὐκ ἔθηκας καὶ θερίζεις ὃ οὐκ ἔσπειρας.
102	Mt 25,26	... πονηρὲ δοῦλε καὶ ὀκνηρέ, ᾔδεις ὅτι θερίζω ὅπου οὐκ ἔσπειρα καὶ συνάγω ὅθεν οὐ διεσκόρπισα;	Lk 19,22	... πονηρὲ δοῦλε. ᾔδεις ὅτι ἐγὼ **ἄνθρωπος αὐστηρός εἰμι,** αἴρων ὃ οὐκ ἔθηκα καὶ θερίζων ὃ οὐκ ἔσπειρα;

αὐτόματος	Syn 1	Mt	Mk 1	Lk	Acts 1	Jn	1-3John	Paul	Eph	Col
	NT 2	2Thess	1/2Tim	Tit	Heb	Jas	1Pet	2Pet	Jude	Rev

by itself; on its own

020	Mk 4,28	**αὐτομάτη** ἡ γῆ καρποφορεῖ, ...	

Acts 12,10 ... ἦλθαν ἐπὶ τὴν πύλην τὴν σιδηρᾶν τὴν φέρουσαν εἰς τὴν πόλιν, ἥτις **αὐτομάτη** ἠνοίγη αὐτοῖς, ...

αὐτόπτης	Syn 1	Mt	Mk	Lk 1	Acts	Jn	1-3John	Paul	Eph	Col
	NT 1	2Thess	1/2Tim	Tit	Heb	Jas	1Pet	2Pet	Jude	Rev

eyewitness

002			**Lk 1,2** καθὼς παρέδοσαν ἡμῖν οἱ ἀπ᾽ ἀρχῆς **αὐτόπται** καὶ ὑπηρέται γενόμενοι τοῦ λόγου	

αὐτός (all cases)	Syn 2757	Mt 922	Mk 749	Lk 1086	Acts 703	Jn 758	1-3John 115	Paul 385	Eph 67	Col 45
	NT 5574	2Thess 17	1/2Tim 23	Tit 8	Heb 141	Jas 42	1Pet 34	2Pet 29	Jude 7	Rev 443

self; of oneself; even; very; *preceded by the article:* the same; *third person pronoun*

αὐτός	Syn 73	Mt 12	Mk 15	Lk 46	Acts 17	Jn 18	1-3John 10	Paul 19	Eph 5	Col 3
	NT 167	2Thess 2	1/2Tim	Tit	Heb 8	Jas 1	1Pet 2	2Pet	Jude	Rev 9

masculine singular nominative

	triple tradition																	double tradition			Sondergut		
		+Mt / +Lk			–Mt / –Lk			traditions not taken over by Mt / Lk							subtotals								
code	222	211	112	212	221	122	121	022	012	021	220	120	210	020	Σ⁺	Σ⁻	Σ	202	201	102	200	002	total
Mt		4⁺			2	3⁻	4⁻				1	2⁻	1⁺		5⁺	9⁻	8	1			3		**12**
Mk					2	3	4			1	1	2		2			15						**15**
Lk			7⁺		2⁻	3	4⁻		3⁺	1⁻					10⁺	7⁻	13	1		4		28	**46**

[a] αὐτὸς δέ [b] καὶ αὐτός

b 002			**Lk 1,17** ↓ Mt 11,14 → Mt 17,12 → Mk 9,13 καὶ **αὐτὸς** προελεύσεται ἐνώπιον αὐτοῦ ἐν πνεύματι καὶ δυνάμει Ἠλίου, ...	
b 002			**Lk 1,22** ... καὶ ἐπέγνωσαν ὅτι ὀπτασίαν ἑώρακεν ἐν τῷ ναῷ· καὶ **αὐτὸς** ἦν διανεύων αὐτοῖς, καὶ διέμενεν κωφός.	
200	**Mt 1,21** → Lk 1,31 τέξεται δὲ υἱόν, καὶ καλέσεις τὸ ὄνομα αὐτοῦ Ἰησοῦν· **αὐτὸς** γὰρ σώσει τὸν λαὸν αὐτοῦ ἀπὸ τῶν ἁμαρτιῶν αὐτῶν.			

b 002					Lk 2,28	καὶ αὐτὸς ἐδέξατο αὐτὸ εἰς τὰς ἀγκάλας καὶ εὐλόγησεν τὸν θεὸν ...	
a 210	Mt 3,4	αὐτὸς δὲ ὁ Ἰωάννης εἶχεν τὸ ἔνδυμα αὐτοῦ ἀπὸ τριχῶν καμήλου ...	Mk 1,6	καὶ ἦν ὁ Ἰωάννης ἐνδεδυμένος τρίχας καμήλου ...			
002					Lk 3,15	προσδοκῶντος δὲ τοῦ λαοῦ καὶ διαλογιζομένων πάντων ἐν ταῖς καρδίαις αὐτῶν περὶ τοῦ Ἰωάννου, μήποτε αὐτὸς εἴη ὁ χριστός,	
a 020	Mt 3,11	ἐγὼ μὲν ὑμᾶς βαπτίζω ἐν ὕδατι εἰς μετάνοιαν, ὁ δὲ ὀπίσω μου ἐρχόμενος ἰσχυρότερός μού ἐστιν, οὗ οὐκ εἰμὶ ἱκανὸς τὰ ὑποδήματα βαστάσαι· αὐτὸς ὑμᾶς βαπτίσει ἐν πνεύματι ἁγίῳ καὶ πυρί·	Mk 1,8	[7] ἔρχεται ὁ ἰσχυρότερός μου ὀπίσω μου, οὗ οὐκ εἰμὶ ἱκανὸς κύψας λῦσαι τὸν ἱμάντα τῶν ὑποδημάτων αὐτοῦ. [8] ἐγὼ ἐβάπτισα ὑμᾶς ὕδατι, αὐτὸς δὲ βαπτίσει ὑμᾶς ἐν πνεύματι ἁγίῳ.	Lk 3,16 → Lk 12,49	... ἐγὼ μὲν ὕδατι βαπτίζω ὑμᾶς· ἔρχεται δὲ ὁ ἰσχυρότερός μου, οὗ οὐκ εἰμὶ ἱκανὸς λῦσαι τὸν ἱμάντα τῶν ὑποδημάτων αὐτοῦ· αὐτὸς ὑμᾶς βαπτίσει ἐν πνεύματι ἁγίῳ καὶ πυρί·	→ Jn 1,26-27 → Acts 1,5 → Acts 11,16 → Acts 19,4 Mk-Q overlap
a 202	Mt 3,11	ἐγὼ μὲν ὑμᾶς βαπτίζω ἐν ὕδατι εἰς μετάνοιαν, ὁ δὲ ὀπίσω μου ἐρχόμενος ἰσχυρότερός μού ἐστιν, οὗ οὐκ εἰμὶ ἱκανὸς τὰ ὑποδήματα βαστάσαι· αὐτὸς ὑμᾶς βαπτίσει ἐν πνεύματι ἁγίῳ καὶ πυρί·	Mk 1,8	[7] ἔρχεται ὁ ἰσχυρότερός μου ὀπίσω μου, οὗ οὐκ εἰμὶ ἱκανὸς κύψας λῦσαι τὸν ἱμάντα τῶν ὑποδημάτων αὐτοῦ. [8] ἐγὼ ἐβάπτισα ὑμᾶς ὕδατι, αὐτὸς δὲ βαπτίσει ὑμᾶς ἐν πνεύματι ἁγίῳ.	Lk 3,16 → Lk 12,49	... ἐγὼ μὲν ὕδατι βαπτίζω ὑμᾶς· ἔρχεται δὲ ὁ ἰσχυρότερός μου, οὗ οὐκ εἰμὶ ἱκανὸς λῦσαι τὸν ἱμάντα τῶν ὑποδημάτων αὐτοῦ· αὐτὸς ὑμᾶς βαπτίσει ἐν πνεύματι ἁγίῳ καὶ πυρί·	→ Jn 1,26-27 → Acts 1,5 → Acts 11,16 → Acts 19,4 Mk-Q overlap
b 002	Mt 1,16 → Mt 13,55 → Mk 6,3	Ἰακὼβ δὲ ἐγέννησεν τὸν Ἰωσὴφ τὸν ἄνδρα Μαρίας, ἐξ ἧς ἐγεννήθη Ἰησοῦς ὁ λεγόμενος χριστός.			Lk 3,23 → Lk 4,22	καὶ αὐτὸς ἦν Ἰησοῦς ἀρχόμενος ὡσεὶ ἐτῶν τριάκοντα, ὢν υἱός, ὡς ἐνομίζετο, Ἰωσὴφ τοῦ Ἠλὶ	
b 112	Mt 4,17 ↓ Mt 4,23 ↓ Mt 9,35	[12] ἀκούσας δὲ ὅτι Ἰωάννης παρεδόθη ἀνεχώρησεν εἰς τὴν Γαλιλαίαν. [13] ... [17] ἀπὸ τότε ἤρξατο ὁ Ἰησοῦς κηρύσσειν καὶ λέγειν· μετανοεῖτε· ἤγγικεν γὰρ ἡ βασιλεία τῶν οὐρανῶν.	Mk 1,14 ↓ Mk 1,39 ↓ Mk 6,6	μετὰ δὲ τὸ παραδοθῆναι τὸν Ἰωάννην ἦλθεν ὁ Ἰησοῦς εἰς τὴν Γαλιλαίαν κηρύσσων τὸ εὐαγγέλιον τοῦ θεοῦ [15] καὶ λέγων ὅτι πεπλήρωται ὁ καιρὸς καὶ ἤγγικεν ἡ βασιλεία τοῦ θεοῦ· μετανοεῖτε καὶ πιστεύετε ἐν τῷ εὐαγγελίῳ.	Lk 4,15 → Lk 4,44 ↓ Lk 8,1	[14] καὶ ὑπέστρεψεν ὁ Ἰησοῦς ἐν τῇ δυνάμει τοῦ πνεύματος εἰς τὴν Γαλιλαίαν. ... [15] καὶ αὐτὸς ἐδίδασκεν ἐν ταῖς συναγωγαῖς αὐτῶν ...	
a 002					Lk 4,30	αὐτὸς δὲ διελθὼν διὰ μέσου αὐτῶν ἐπορεύετο.	
b 002	Mt 4,18	περιπατῶν δὲ παρὰ τὴν θάλασσαν τῆς Γαλιλαίας ...	Mk 1,16	καὶ παράγων παρὰ τὴν θάλασσαν τῆς Γαλιλαίας ...	Lk 5,1	... καὶ αὐτὸς ἦν ἑστὼς παρὰ τὴν λίμνην Γεννησαρέτ	

b 112	**Mt 8,4**	καὶ λέγει αὐτῷ **ὁ Ἰησοῦς·** ὅρα μηδενὶ εἴπῃς, ...	**Mk 1,44**	καὶ λέγει αὐτῷ· ὅρα μηδενὶ μηδὲν εἴπῃς, ...	**Lk 5,14** → Lk 17,14	καὶ **αὐτὸς** παρήγγειλεν αὐτῷ μηδενὶ εἰπεῖν, ...	
a 012			**Mk 1,45** → Mk 1,35	... ὥστε μηκέτι αὐτὸν δύνασθαι φανερῶς εἰς πόλιν εἰσελθεῖν, ἀλλ' ἔξω ἐπ' ἐρήμοις τόποις ἦν· ...	**Lk 5,16** → Lk 4,42	 **αὐτὸς** δὲ ἦν ὑποχωρῶν ἐν ταῖς ἐρήμοις καὶ προσευχόμενος.	
b 012			**Mk 2,2** → Mk 3,20	καὶ συνήχθησαν πολλοὶ ὥστε μηκέτι χωρεῖν μηδὲ τὰ πρὸς τὴν θύραν, καὶ ἐλάλει αὐτοῖς τὸν λόγον.	**Lk 5,17**	καὶ ἐγένετο ἐν μιᾷ τῶν ἡμερῶν καὶ **αὐτὸς** ἦν διδάσκων, ...	
b 112	**Mt 9,17**	οὐδὲ βάλλουσιν οἶνον νέον εἰς ἀσκοὺς παλαιούς· εἰ δὲ μή γε, ῥήγνυνται οἱ ἀσκοὶ καὶ **ὁ οἶνος** ἐκχεῖται καὶ οἱ ἀσκοὶ ἀπόλλυνται· ...	**Mk 2,22**	καὶ οὐδεὶς βάλλει οἶνον νέον εἰς ἀσκοὺς παλαιούς· εἰ δὲ μή, ῥήξει ὁ οἶνος τοὺς ἀσκοὺς καὶ **ὁ οἶνος** ἀπόλλυται καὶ οἱ ἀσκοί· ...	**Lk 5,37**	καὶ οὐδεὶς βάλλει οἶνον νέον εἰς ἀσκοὺς παλαιούς· εἰ δὲ μή γε, ῥήξει ὁ οἶνος ὁ νέος τοὺς ἀσκοὺς καὶ **αὐτὸς** ἐκχυθήσεται καὶ οἱ ἀσκοὶ ἀπολοῦνται·	→ GTh 47,4
    122	**Mt 12,3**	... οὐκ ἀνέγνωτε τί ἐποίησεν Δαυὶδ ὅτε ἐπείνασεν καὶ οἱ μετ' αὐτοῦ	**Mk 2,25**	... οὐδέποτε ἀνέγνωτε τί ἐποίησεν Δαυίδ, ὅτε χρείαν ἔσχεν καὶ ἐπείνασεν **αὐτὸς** καὶ οἱ μετ' αὐτοῦ	**Lk 6,3**	... οὐδὲ τοῦτο ἀνέγνωτε ὃ ἐποίησεν Δαυὶδ ὅτε ἐπείνασεν **αὐτὸς** καὶ οἱ μετ' αὐτοῦ [ὄντες]	
a 012			**Mk 3,3**	 καὶ λέγει τῷ ἀνθρώπῳ τῷ τὴν ξηρὰν χεῖρα ἔχοντι· ἔγειρε εἰς τὸ μέσον.	**Lk 6,8** → Lk 5,22 ↓ Mt 12,25 ↓ Lk 11,17	**αὐτὸς** δὲ ᾔδει τοὺς διαλογισμοὺς αὐτῶν, εἶπεν δὲ τῷ ἀνδρὶ τῷ ξηρὰν ἔχοντι τὴν χεῖρα· ἔγειρε καὶ στῆθι εἰς τὸ μέσον· ...	
  121	**Mt 10,1**	καὶ προσκαλεσάμενος τοὺς δώδεκα μαθητὰς αὐτοῦ ...	**Mk 3,13**	... καὶ προσκαλεῖται οὓς ἤθελεν **αὐτός,** καὶ ἀπῆλθον πρὸς αὐτόν. [14] καὶ ἐποίησεν δώδεκα, [οὓς καὶ ἀποστόλους ὠνόμασεν]	**Lk 6,13**	... προσεφώνησεν τοὺς μαθητὰς αὐτοῦ, καὶ ἐκλεξάμενος ἀπ' αὐτῶν δώδεκα, οὓς καὶ ἀποστόλους ὠνόμασεν·	
b 102	**Mt 5,2**	[1] ... προσῆλθαν αὐτῷ οἱ μαθηταὶ αὐτοῦ· [2] καὶ ἀνοίξας τὸ στόμα αὐτοῦ ἐδίδασκεν αὐτοὺς λέγων·			**Lk 6,20**	 καὶ **αὐτὸς** ἐπάρας τοὺς ὀφθαλμοὺς αὐτοῦ εἰς τοὺς μαθητὰς αὐτοῦ ἔλεγεν· ...	
   102	**Mt 5,45**	ὅπως γένησθε υἱοὶ τοῦ πατρὸς ὑμῶν τοῦ ἐν οὐρανοῖς, ὅτι τὸν ἥλιον αὐτοῦ ἀνατέλλει ἐπὶ πονηροὺς καὶ ἀγαθοὺς καὶ βρέχει ἐπὶ δικαίους καὶ ἀδίκους.			**Lk 6,35**	... καὶ ἔσεσθε υἱοὶ ὑψίστου, ὅτι **αὐτὸς** χρηστός ἐστιν ἐπὶ τοὺς ἀχαρίστους καὶ πονηρούς.	→ GTh 3 (POxy 654)

102	**Mt 7,4**	ἢ πῶς ἐρεῖς τῷ ἀδελφῷ σου· ἄφες ἐκβάλω τὸ κάρφος ἐκ τοῦ ὀφθαλμοῦ σου, καὶ ἰδοὺ ἡ δοκὸς ἐν τῷ ὀφθαλμῷ σοῦ;			**Lk 6,42**	πῶς δύνασαι λέγειν τῷ ἀδελφῷ σου· ἀδελφέ, ἄφες ἐκβάλω τὸ κάρφος τὸ ἐν τῷ ὀφθαλμῷ σου, **αὐτὸς** τὴν ἐν τῷ ὀφθαλμῷ σοῦ δοκὸν οὐ βλέπων; ...	→ GTh 26
020			**Mk 4,27**	καὶ καθεύδῃ καὶ ἐγείρηται νύκτα καὶ ἡμέραν, καὶ ὁ σπόρος βλαστᾷ καὶ μηκύνηται ὡς οὐκ οἶδεν **αὐτός.**			
002					**Lk 7,5**	ἀγαπᾷ γὰρ τὸ ἔθνος ἡμῶν καὶ τὴν συναγωγὴν **αὐτὸς** ᾠκοδόμησεν ἡμῖν.	→ Acts 10,2.22
200	**Mt 8,17**	ὅπως πληρωθῇ τὸ ῥηθὲν διὰ Ἠσαΐου τοῦ προφήτου λέγοντος· ***αὐτὸς*** *τὰς ἀσθενείας ἡμῶν* *ἔλαβεν καὶ τὰς νόσους* *ἐβάστασεν.* ➤ Isa 53,4					
b 002	**Mt 9,35** ⇩ Mt 4,23 → Mk 1,21	καὶ περιῆγεν ὁ **Ἰησοῦς** τὰς πόλεις πάσας καὶ τὰς κώμας διδάσκων ἐν ταῖς συναγωγαῖς αὐτῶν καὶ κηρύσσων τὸ εὐαγγέλιον τῆς βασιλείας ...	**Mk 6,6** ↓ Mk 1,39	... καὶ περιῆγεν τὰς κώμας κύκλῳ διδάσκων.	**Lk 8,1** ↑ Lk 4,15 ↓ Lk 4,44 → Lk 13,22	καὶ ἐγένετο ἐν τῷ καθεξῆς καὶ **αὐτὸς** διώδευεν κατὰ πόλιν καὶ κώμην κηρύσσων καὶ εὐαγγελιζόμενος τὴν βασιλείαν τοῦ θεοῦ καὶ οἱ δώδεκα σὺν αὐτῷ	
	Mt 4,23 ⇧ Mt 9,35	καὶ περιῆγεν ἐν ὅλῃ τῇ Γαλιλαίᾳ διδάσκων ἐν ταῖς συναγωγαῖς αὐτῶν καὶ κηρύσσων τὸ εὐαγγέλιον τῆς βασιλείας ...	**Mk 1,39** ↑ Mk 1,14 ↑ Mk 6,6	καὶ ἦλθεν κηρύσσων εἰς τὰς συναγωγὰς αὐτῶν εἰς ὅλην τὴν Γαλιλαίαν καὶ τὰ δαιμόνια ἐκβάλλων.	**Lk 4,44** ↑ **Lk 8,1**	καὶ ἦν κηρύσσων εἰς τὰς συναγωγὰς τῆς Ἰουδαίας.	
112	**Mt 8,23**	καὶ ἐμβάντι **αὐτῷ** εἰς τὸ πλοῖον ἠκολούθησαν αὐτῷ οἱ μαθηταὶ αὐτοῦ.	**Mk 4,36**	καὶ ἀφέντες τὸν ὄχλον παραλαμβάνουσιν **αὐτὸν** ὡς ἦν ἐν τῷ πλοίῳ, καὶ ἄλλα πλοῖα ἦν μετ' αὐτοῦ.	**Lk 8,22**	... καὶ **αὐτὸς** ἐνέβη εἰς πλοῖον καὶ οἱ μαθηταὶ αὐτοῦ ...	
a b 221	**Mt 8,24**	καὶ ἰδοὺ σεισμὸς μέγας ἐγένετο ἐν τῇ θαλάσσῃ, ὥστε τὸ πλοῖον καλύπτεσθαι ὑπὸ τῶν κυμάτων, **αὐτὸς** δὲ ἐκάθευδεν.	**Mk 4,38**	[37] καὶ γίνεται λαῖλαψ μεγάλη ἀνέμου, καὶ τὰ κύματα ἐπέβαλλεν εἰς τὸ πλοῖον, ὥστε ἤδη γεμίζεσθαι τὸ πλοῖον. [38] καὶ **αὐτὸς** ἦν ἐν τῇ πρύμνῃ ἐπὶ τὸ προσκεφάλαιον καθεύδων. ...	**Lk 8,23**	πλεόντων δὲ αὐτῶν ἀφύπνωσεν. καὶ κατέβη λαῖλαψ ἀνέμου εἰς τὴν λίμνην, καὶ συνεπληροῦντο καὶ ἐκινδύνευον.	
200	**Mt 11,14** ↑ **Lk 1,17** → Mt 17,12 → Mk 9,13	καὶ εἰ θέλετε δέξασθαι, **αὐτός** ἐστιν Ἠλίας ὁ μέλλων ἔρχεσθαι.					

211	**Mt 12,50** → Mt 7,21	ὅστις γὰρ ἂν ποιήσῃ τὸ θέλημα τοῦ πατρός μου τοῦ ἐν οὐρανοῖς **αὐτός** μου ἀδελφὸς καὶ ἀδελφὴ καὶ μήτηρ ἐστίν.	**Mk 3,35**	ὃς [γὰρ] ἂν ποιήσῃ τὸ θέλημα τοῦ θεοῦ, **οὗτος** ἀδελφός μου καὶ ἀδελφὴ καὶ μήτηρ ἐστίν.	**Lk 8,21** → Lk 6,46 ↓ **Lk 11,28**	... μήτηρ μου καὶ ἀδελφοί μου **οὗτοί** εἰσιν οἱ τὸν λόγον τοῦ θεοῦ ἀκούοντες καὶ ποιοῦντες.	→ Jn 15,14 → GTh 99
a 112	**Mt 9,1**	καὶ ἐμβὰς εἰς πλοῖον διεπέρασεν ...	**Mk 5,18**	καὶ ἐμβαίνοντος **αὐτοῦ** εἰς τὸ πλοῖον ...	**Lk 8,37**	... **αὐτὸς** δὲ ἐμβὰς εἰς πλοῖον ὑπέστρεψεν.	
a 122	**Mt 9,25**	ὅτε δὲ ἐξεβλήθη ὁ ὄχλος εἰσελθὼν ἐκράτησεν τῆς χειρὸς αὐτῆς, ...	**Mk 5,40**	... **αὐτὸς** δὲ ἐκβαλὼν πάντας ... [41] καὶ κρατήσας τῆς χειρὸς τοῦ παιδίου ...	**Lk 8,54**	**αὐτὸς** δὲ κρατήσας τῆς χειρὸς αὐτῆς ...	
211	**Mt 14,2**	καὶ εἶπεν τοῖς παισὶν αὐτοῦ· οὗτός ἐστιν Ἰωάννης ὁ βαπτιστής· **αὐτὸς** ἠγέρθη ...	**Mk 6,16** → Mk 6,27	ἀκούσας δὲ ὁ Ἡρῴδης ἔλεγεν· ὃν ἐγὼ ἀπεκεφάλισα Ἰωάννην, **οὗτος** ἠγέρθη.	**Lk 9,9**	εἶπεν δὲ Ἡρῴδης· Ἰωάννην ἐγὼ ἀπεκεφάλισα· τίς δέ ἐστιν οὗτος περὶ οὗ ἀκούω τοιαῦτα; ...	
			Mk 6,14 → Mk 8,28	... καὶ ἔλεγον ὅτι Ἰωάννης ὁ βαπτίζων ἐγήγερται ἐκ νεκρῶν ...	**Lk 9,7** → Lk 9,19	... καὶ διηπόρει διὰ τὸ λέγεσθαι ὑπό τινων ὅτι Ἰωάννης ἠγέρθη ἐκ νεκρῶν	
121	**Mt 14,3**	ὁ γὰρ Ἡρῴδης κρατήσας τὸν Ἰωάννην ἔδησεν [αὐτὸν] καὶ ἐν φυλακῇ ἀπέθετο ...	**Mk 6,17**	**αὐτὸς** γὰρ ὁ Ἡρῴδης ἀποστείλας ἐκράτησεν τὸν Ἰωάννην καὶ ἔδησεν αὐτὸν ἐν φυλακῇ ...	**Lk 3,19** → Mt 14,4 → Mk 6,18	ὁ δὲ Ἡρῴδης ὁ τετραάρχης, ... [20] ... κατέκλεισεν τὸν Ἰωάννην ἐν φυλακῇ.	
120	**Mt 14,22** → Mt 15,39	... καὶ προάγειν αὐτὸν εἰς τὸ πέραν, ἕως οὗ ἀπολύσῃ τοὺς ὄχλους.	**Mk 6,45** → Mk 8,9	... καὶ προάγειν εἰς τὸ πέραν πρὸς Βηθσαϊδάν, ἕως **αὐτὸς** ἀπολύει τὸν ὄχλον.			→ Jn 6,16-17
b 120	**Mt 14,23**	... ὀψίας δὲ γενομένης μόνος ἦν ἐκεῖ. [24] τὸ δὲ πλοῖον ἤδη σταδίους πολλοὺς ἀπὸ τῆς γῆς ...	**Mk 6,47**	καὶ ὀψίας γενομένης ἦν τὸ πλοῖον ἐν μέσῳ τῆς θαλάσσης, καὶ **αὐτὸς** μόνος ἐπὶ τῆς γῆς.			→ Jn 6,17
b 121	**Mt 16,15**	λέγει αὐτοῖς· ὑμεῖς δὲ τίνα με λέγετε εἶναι;	**Mk 8,29**	καὶ **αὐτὸς** ἐπηρώτα αὐτούς· ὑμεῖς δὲ τίνα με λέγετε εἶναι; ...	**Lk 9,20**	εἶπεν δὲ αὐτοῖς· ὑμεῖς δὲ τίνα με λέγετε εἶναι; ...	→ GTh 13
211	**Mt 16,20**	τότε διεστείλατο τοῖς μαθηταῖς ἵνα μηδενὶ εἴπωσιν ὅτι **αὐτός** ἐστιν ὁ χριστός.	**Mk 8,30**	καὶ ἐπετίμησεν αὐτοῖς ἵνα μηδενὶ λέγωσιν περὶ αὐτοῦ.	**Lk 9,21**	ὁ δὲ ἐπιτιμήσας αὐτοῖς παρήγγειλεν μηδενὶ λέγειν τοῦτο	→ GTh 13
b 002					**Lk 9,51** → Mt 19,1 → Mk 10,1 → Lk 24,51	ἐγένετο δὲ ἐν τῷ συμπληροῦσθαι τὰς ἡμέρας τῆς ἀναλήμψεως αὐτοῦ καὶ **αὐτὸς** τὸ πρόσωπον ἐστήρισεν τοῦ πορεύεσθαι εἰς Ἰερουσαλήμ.	→ Acts 1,2.9 → Acts 1,11.22

002					**Lk 10,1** → Mt 10,1 → Mk 6,7 → Lk 9,1	... καὶ ἀπέστειλεν αὐτοὺς ἀνὰ δύο [δύο] πρὸ προσώπου αὐτοῦ εἰς πᾶσαν πόλιν καὶ τόπον οὗ ἤμελλεν **αὐτὸς** ἔρχεσθαι.	
002					**Lk 10,38**	ἐν δὲ τῷ πορεύεσθαι αὐτοὺς **αὐτὸς** εἰσῆλθεν εἰς κώμην τινά· ...	
a 102	**Mt 12,25** → Mt 9,4	εἰδὼς δὲ τὰς ἐνθυμήσεις αὐτῶν εἶπεν αὐτοῖς· ...	**Mk 3,23**	καὶ προσκαλεσάμενος αὐτοὺς ἐν παραβολαῖς ἔλεγεν αὐτοῖς· ...	**Lk 11,17** → Lk 5,22 ↑ **Lk 6,8**	**αὐτὸς** δὲ εἰδὼς αὐτῶν τὰ διανοήματα εἶπεν αὐτοῖς· ...	Mk-Q overlap
a 002					**Lk 11,28** ↑ Mt 12,50 ↑ Mk 3,35 ↑ Lk 8,21 → Lk 1,45	**αὐτὸς** δὲ εἶπεν· μενοῦν μακάριοι οἱ ἀκούοντες τὸν λόγον τοῦ θεοῦ καὶ φυλάσσοντες.	→ GTh 79
b 002					**Lk 15,14**	δαπανήσαντος δὲ αὐτοῦ πάντα ἐγένετο λιμὸς ἰσχυρὰ κατὰ τὴν χώραν ἐκείνην, καὶ **αὐτὸς** ἤρξατο ὑστερεῖσθαι.	
b 002					**Lk 16,24**	καὶ **αὐτὸς** φωνήσας εἶπεν· πάτερ Ἀβραάμ, ἐλέησόν με ...	
b 002					**Lk 17,11**	καὶ ἐγένετο ἐν τῷ πορεύεσθαι εἰς Ἰερουσαλὴμ καὶ **αὐτὸς** διήρχετο διὰ μέσον Σαμαρείας καὶ Γαλιλαίας.	
b 002					**Lk 17,16**	... καὶ **αὐτὸς** ἦν Σαμαρίτης.	
a 112	**Mt 20,31**	ὁ δὲ ὄχλος ἐπετίμησεν αὐτοῖς ἵνα σιωπήσωσιν· **οἱ** δὲ μεῖζον ἔκραξαν λέγοντες· ἐλέησον ἡμᾶς, κύριε, υἱὸς Δαυίδ.	**Mk 10,48**	καὶ ἐπετίμων αὐτῷ πολλοὶ ἵνα σιωπήσῃ· **ὁ** δὲ πολλῷ μᾶλλον ἔκραζεν· υἱὲ Δαυίδ, ἐλέησόν με.	**Lk 18,39**	καὶ οἱ προάγοντες ἐπετίμων αὐτῷ ἵνα σιγήσῃ, **αὐτὸς** δὲ πολλῷ μᾶλλον ἔκραζεν· υἱὲ Δαυίδ, ἐλέησόν με.	
b 002 *b* 002					**Lk 19,2** **(2)**	καὶ ἰδοὺ ἀνὴρ ὀνόματι καλούμενος Ζακχαῖος, καὶ **αὐτὸς** ἦν ἀρχιτελώνης καὶ **αὐτὸς** πλούσιος·	
b 002					**Lk 19,9** → Lk 13,16	... σήμερον σωτηρία τῷ οἴκῳ τούτῳ ἐγένετο, καθότι καὶ **αὐτὸς** υἱὸς Ἀβραάμ ἐστιν·	

b 211	Mt 21,27	καὶ ἀποκριθέντες τῷ Ἰησοῦ εἶπαν· οὐκ οἴδαμεν. ἔφη αὐτοῖς καὶ **αὐτός·** οὐδὲ ἐγὼ λέγω ὑμῖν ἐν ποίᾳ ἐξουσίᾳ ταῦτα ποιῶ.	Mk 11,33	καὶ ἀποκριθέντες τῷ Ἰησοῦ λέγουσιν· οὐκ οἴδαμεν. καὶ **ὁ Ἰησοῦς** λέγει αὐτοῖς· οὐδὲ ἐγὼ λέγω ὑμῖν ἐν ποίᾳ ἐξουσίᾳ ταῦτα ποιῶ.	Lk 20,8	[7] καὶ ἀπεκρίθησαν μὴ εἰδέναι πόθεν. [8] καὶ **ὁ Ἰησοῦς** εἶπεν αὐτοῖς· οὐδὲ ἐγὼ λέγω ὑμῖν ἐν ποίᾳ ἐξουσίᾳ ταῦτα ποιῶ.	
122	Mt 22,43	... πῶς οὖν Δαυὶδ ἐν πνεύματι καλεῖ αὐτὸν κύριον λέγων·	Mk 12,36	**αὐτὸς** Δαυὶδ εἶπεν ἐν τῷ πνεύματι τῷ ἁγίῳ· ...	Lk 20,42	**αὐτὸς** γὰρ Δαυὶδ λέγει ἐν βίβλῳ ψαλμῶν· ...	→ Acts 4,25
121	Mt 22,45	εἰ οὖν Δαυὶδ καλεῖ αὐτὸν κύριον, πῶς υἱὸς αὐτοῦ ἐστιν;	Mk 12,37	**αὐτὸς** Δαυὶδ λέγει αὐτὸν κύριον, καὶ πόθεν αὐτοῦ ἐστιν υἱός; ...	Lk 20,44	Δαυὶδ οὖν κύριον αὐτὸν καλεῖ, καὶ πῶς αὐτοῦ υἱός ἐστιν;	
b 021			Mk 14,15	[14] ... εἴπατε τῷ οἰκοδεσπότῃ ... **[15] καὶ αὐτὸς** ὑμῖν δείξει ἀνάγαιον μέγα ἐστρωμένον ἕτοιμον· ...	Lk 22,12	[11] ... ἐρεῖτε τῷ οἰκοδεσπότῃ τῆς οἰκίας· ... **[12] κἀκεῖνος** ὑμῖν δείξει ἀνάγαιον μέγα ἐστρωμένον· ...	
b 112	Mt 26,39	καὶ προελθὼν μικρὸν ἔπεσεν ἐπὶ πρόσωπον αὐτοῦ προσευχόμενος ...	Mk 14,35	καὶ προελθὼν μικρὸν ἔπιπτεν ἐπὶ τῆς γῆς καὶ προσηύχετο ...	Lk 22,41	καὶ **αὐτὸς** ἀπεσπάσθη ἀπ' αὐτῶν ὡσεὶ λίθου βολὴν καὶ θεὶς τὰ γόνατα προσηύχετο	
220	Mt 26,48	... ὃν ἂν φιλήσω **αὐτός** ἐστιν, κρατήσατε αὐτόν.	Mk 14,44	... ὃν ἂν φιλήσω **αὐτός** ἐστιν, κρατήσατε αὐτὸν καὶ ἀπάγετε ἀσφαλῶς.			
002	Mt 27,14	[13] τότε λέγει αὐτῷ ὁ Πιλᾶτος· οὐκ ἀκούεις πόσα σου καταμαρτυροῦσιν; [14] καὶ οὐκ ἀπεκρίθη αὐτῷ ...	Mk 15,5	[4] ὁ δὲ Πιλᾶτος πάλιν ἐπηρώτα αὐτὸν λέγων· οὐκ ἀποκρίνῃ οὐδέν; ἴδε πόσα σου κατηγοροῦσιν. [5] ὁ δὲ Ἰησοῦς οὐκέτι οὐδὲν ἀπεκρίθη, ...	Lk 23,9	[8] ὁ δὲ Ἡρῴδης ... [9] ἐπηρώτα δὲ αὐτὸν ἐν λόγοις ἱκανοῖς, **αὐτὸς δὲ** οὐδὲν ἀπεκρίνατο αὐτῷ.	
b 221	Mt 27,57	... ἦλθεν ἄνθρωπος πλούσιος ἀπὸ Ἁριμαθαίας, τοὔνομα Ἰωσήφ, ὃς καὶ **αὐτὸς** ἐμαθητεύθη τῷ Ἰησοῦ·	Mk 15,43	ἐλθὼν Ἰωσὴφ [ὁ] ἀπὸ Ἁριμαθαίας εὐσχήμων βουλευτής, ὃς καὶ **αὐτὸς** ἦν προσδεχόμενος τὴν βασιλείαν τοῦ θεοῦ, ...	Lk 23,51	[50] καὶ ἰδοὺ ἀνὴρ ὀνόματι Ἰωσὴφ βουλευτὴς ὑπάρχων [καὶ] ἀνὴρ ἀγαθὸς καὶ δίκαιος ... [51] ... ὃς προσεδέχετο τὴν βασιλείαν τοῦ θεοῦ	→ Jn 19,38
b 002					Lk 24,15	καὶ ἐγένετο ἐν τῷ ὁμιλεῖν αὐτοὺς καὶ συζητεῖν καὶ **αὐτὸς** Ἰησοῦς ἐγγίσας συνεπορεύετο αὐτοῖς	
002					Lk 24,21	ἡμεῖς δὲ ἠλπίζομεν ὅτι **αὐτός** ἐστιν ὁ μέλλων λυτροῦσθαι τὸν Ἰσραήλ· ...	
b 002					Lk 24,25	καὶ **αὐτὸς** εἶπεν πρὸς αὐτούς· ὦ ἀνόητοι καὶ βραδεῖς τῇ καρδίᾳ τοῦ πιστεύειν ἐπὶ πᾶσιν οἷς ἐλάλησαν οἱ προφῆται·	

b 002		Lk 24,28	καὶ ἤγγισαν εἰς τὴν κώμην οὗ ἐπορεύοντο, καὶ **αὐτὸς** προσεποιήσατο πορρώτερον πορεύεσθαι.	
b 002		Lk 24,31	... καὶ ἐπέγνωσαν αὐτόν· καὶ **αὐτὸς** ἄφαντος ἐγένετο ἀπ' αὐτῶν.	
002		Lk 24,36	ταῦτα δὲ αὐτῶν λαλούντων **αὐτὸς** ἔστη ἐν μέσῳ αὐτῶν καὶ λέγει αὐτοῖς· εἰρήνη ὑμῖν.	→ Jn 20,19
002		Lk 24,39	ἴδετε τὰς χεῖράς μου καὶ τοὺς πόδας μου ὅτι ἐγώ εἰμι **αὐτός**· ψηλαφήσατέ με καὶ ἴδετε, ...	→ Jn 20,20.27

Acts 2,34 οὐ γὰρ Δαυὶδ ἀνέβη εἰς τοὺς οὐρανούς, λέγει δὲ **αὐτός**· *εἶπεν [ὁ] κύριος τῷ κυρίῳ μου· κάθου ἐκ δεξιῶν μου* ➢ Ps 109,1 LXX

Acts 3,10 ἐπεγίνωσκον δὲ αὐτὸν ὅτι **αὐτὸς** ἦν ὁ πρὸς τὴν ἐλεημοσύνην καθήμενος ἐπὶ τῇ ὡραίᾳ πύλῃ τοῦ ἱεροῦ ...

Acts 7,15 καὶ κατέβη Ἰακὼβ εἰς Αἴγυπτον καὶ ἐτελεύτησεν **αὐτὸς** καὶ οἱ πατέρες ἡμῶν

b **Acts 8,13** ὁ δὲ Σίμων καὶ **αὐτὸς** ἐπίστευσεν καὶ βαπτισθεὶς ἦν προσκαρτερῶν τῷ Φιλίππῳ, ...

Acts 10,26 ὁ δὲ Πέτρος ἤγειρεν αὐτὸν λέγων· ἀνάστηθι· καὶ ἐγὼ **αὐτὸς** ἄνθρωπός εἰμι.

Acts 14,12 ἐκάλουν τε τὸν Βαρναβᾶν Δία, τὸν δὲ Παῦλον Ἑρμῆν, ἐπειδὴ **αὐτὸς** ἦν ὁ ἡγούμενος τοῦ λόγου.

Acts 16,33 ... καὶ ἐβαπτίσθη **αὐτὸς** καὶ οἱ αὐτοῦ πάντες παραχρῆμα

Acts 17,25 οὐδὲ ὑπὸ χειρῶν ἀνθρωπίνων θεραπεύεται προσδεόμενός τινος, **αὐτὸς** διδοὺς πᾶσι ζωὴν καὶ πνοὴν καὶ τὰ πάντα·

Acts 18,19 κατήντησαν δὲ εἰς Ἔφεσον κἀκείνους κατέλιπεν αὐτοῦ, **αὐτὸς** δὲ εἰσελθὼν εἰς τὴν συναγωγὴν διελέξατο τοῖς Ἰουδαίοις.

Acts 19,22 ἀποστείλας δὲ εἰς τὴν Μακεδονίαν δύο τῶν διακονούντων αὐτῷ, Τιμόθεον καὶ Ἔραστον, **αὐτὸς** ἐπέσχεν χρόνον εἰς τὴν Ἀσίαν.

Acts 20,13 ... οὕτως γὰρ διατεταγμένος ἦν μέλλων **αὐτὸς** πεζεύειν.

Acts 20,35 ... μνημονεύειν τε τῶν λόγων τοῦ κυρίου Ἰησοῦ ὅτι **αὐτὸς** εἶπεν· μακάριόν ἐστιν μᾶλλον διδόναι ἢ λαμβάνειν.

b **Acts 21,24** ... καὶ γνώσονται πάντες ὅτι ὧν κατήχηνται περὶ σοῦ οὐδέν ἐστιν ἀλλὰ στοιχεῖς καὶ **αὐτὸς** φυλάσσων τὸν νόμον.

b **Acts 22,20** καὶ ὅτε ἐξεχύννετο τὸ αἷμα Στεφάνου τοῦ μάρτυρός σου, καὶ **αὐτὸς** ἤμην ἐφεστὼς ...

Acts 24,8 παρ' οὗ δυνήσῃ **αὐτὸς** ἀνακρίνας περὶ πάντων τούτων ἐπιγνῶναι ὧν ἡμεῖς κατηγοροῦμεν αὐτοῦ.

b **Acts 24,16** ἐν τούτῳ καὶ **αὐτὸς** ἀσκῶ ἀπρόσκοπον συνείδησιν ἔχειν πρὸς τὸν θεὸν καὶ τοὺς ἀνθρώπους διὰ παντός.

b **Acts 25,22** Ἀγρίππας δὲ πρὸς τὸν Φῆστον· ἐβουλόμην καὶ **αὐτὸς** τοῦ ἀνθρώπου ἀκοῦσαι. ...

αὐτή	Syn 5	Mt	Mk 1	Lk 4	Acts	Jn	1-3John	Paul 4	Eph	Col
	NT 11	2Thess	1/2Tim	Tit	Heb 1	Jas	1Pet	2Pet	Jude	Rev 1

feminine singular nominative of αὐτός

[a] καὶ αὐτή

a 002					**Lk 1,36**	καὶ ἰδοὺ Ἐλισάβετ ἡ συγγενίς σου καὶ **αὐτὴ** συνείληφεν υἱὸν ἐν γήρει αὐτῆς ...	
a 002					**Lk 2,37**	καὶ **αὐτὴ** χήρα ἕως ἐτῶν ὀγδοήκοντα τεσσάρων, ...	
a 002					**Lk 7,12**	... καὶ ἰδοὺ ἐξεκομίζετο τεθνηκὼς μονογενὴς υἱὸς τῇ μητρὶ αὐτοῦ καὶ **αὐτὴ** ἦν χήρα, καὶ ὄχλος τῆς πόλεως ἱκανὸς ἦν σὺν αὐτῇ.	
a 112	**Mt 9,18**	... ἡ θυγάτηρ μου ἄρτι ἐτελεύτησεν· ...	**Mk 5,23**	... τὸ θυγάτριόν μου ἐσχάτως ἔχει, ...	**Lk 8,42** → Mk 5,42	ὅτι θυγάτηρ μονογενὴς ἦν αὐτῷ ὡς ἐτῶν δώδεκα καὶ **αὐτὴ** ἀπέθνῃσκεν. ...	
020			**Mk 10,12** → Mt 5,32 → Mt 19,9 → Lk 16,18 → Mk 10,11	καὶ ἐὰν **αὐτὴ** ἀπολύσασα τὸν ἄνδρα αὐτῆς γαμήσῃ ἄλλον μοιχᾶται.			

αὐτό	Syn 39	Mt 13	Mk 9	Lk 17	Acts 8	Jn 11	1-3John	Paul 34	Eph 2	Col 4
	NT 106	2Thess	1/2Tim	Tit	Heb 1	Jas	1Pet 1	2Pet 1	Jude	Rev 5

neuter singular nominative or accusative of αὐτός

	triple tradition																	double tradition			Sondergut		
		+Mt / +Lk			–Mt / –Lk			traditions not taken over by Mt / Lk							subtotals								
code	*222*	*211*	*112*	*212*	*221*	*122*	*121*	*022*	*012*	*021*	*220*	*120*	*210*	*020*	Σ+	Σ–	Σ	*202*	*201*	*102*	*200*	*002*	total
Mt	1	3+		1+	1	3–	1–				1	1–	1+		5+	5–	8	2	2		1		**13**
Mk	1				1	3	1				1	1		1			9						**9**
Lk	1		1+	1+	1–	3	1–								2+	2–	6	2		4		5	**17**

[a] τὸ αὐτό

[b] ἐπὶ τὸ αὐτό

002					**Lk 1,59**	καὶ ἐγένετο ἐν τῇ ἡμέρᾳ τῇ ὀγδόῃ ἦλθον περιτεμεῖν τὸ παιδίον καὶ ἐκάλουν **αὐτὸ** ἐπὶ τῷ ὀνόματι τοῦ πατρὸς αὐτοῦ Ζαχαρίαν.	
002					**Lk 1,62**	ἐνένευον δὲ τῷ πατρὶ αὐτοῦ τὸ τί ἂν θέλοι καλεῖσθαι **αὐτό.**	

002					Lk 2,28	καὶ αὐτὸς ἐδέξατο αὐτὸ εἰς τὰς ἀγκάλας καὶ εὐλόγησεν τὸν θεὸν ...	
002					Lk 2,40	τὸ δὲ παιδίον ηὔξανεν καὶ ἐκραταιοῦτο πληρούμενον σοφίᾳ, καὶ χάρις θεοῦ ἦν ἐπ' αὐτό.	
200	Mt 2,13	... μέλλει γὰρ Ἡρῴδης ζητεῖν τὸ παιδίον τοῦ ἀπολέσαι αὐτό.					
a 202	Mt 5,46	ἐὰν γὰρ ἀγαπήσητε τοὺς ἀγαπῶντας ὑμᾶς, τίνα μισθὸν ἔχετε; οὐχὶ καὶ οἱ τελῶναι τὸ αὐτὸ ποιοῦσιν;			Lk 6,33	[32] καὶ εἰ ἀγαπᾶτε τοὺς ἀγαπῶντας ὑμᾶς, ποία ὑμῖν χάρις ἐστίν; καὶ γὰρ οἱ ἁμαρτωλοὶ τοὺς ἀγαπῶντας αὐτοὺς ἀγαπῶσιν. [33] καὶ [γὰρ] ἐὰν ἀγαθοποιῆτε τοὺς ἀγαθοποιοῦντας ὑμᾶς, ποία ὑμῖν χάρις ἐστίν; καὶ οἱ ἁμαρτωλοὶ τὸ αὐτὸ ποιοῦσιν.	
a 201	Mt 5,47	καὶ ἐὰν ἀσπάσησθε τοὺς ἀδελφοὺς ὑμῶν μόνον, τί περισσὸν ποιεῖτε; οὐχὶ καὶ οἱ ἐθνικοὶ τὸ αὐτὸ ποιοῦσιν;			Lk 6,34 → Mt 5,42	καὶ ἐὰν δανίσητε παρ' ὧν ἐλπίζετε λαβεῖν, ποία ὑμῖν χάρις [ἐστίν]; καὶ ἁμαρτωλοὶ ἁμαρτωλοῖς δανίζουσιν ἵνα ἀπολάβωσιν τὰ ἴσα.	→ GTh 95
201	Mt 12,11	... τίς ἔσται ἐξ ὑμῶν ἄνθρωπος ὃς ἕξει πρόβατον ἓν καὶ ἐὰν ἐμπέσῃ τοῦτο τοῖς σάββασιν εἰς βόθυνον, οὐχὶ κρατήσει αὐτὸ καὶ ἐγερεῖ;			Lk 14,5 → Lk 13,15	... τίνος ὑμῶν υἱὸς ἢ βοῦς εἰς φρέαρ πεσεῖται, καὶ οὐκ εὐθέως ἀνασπάσει αὐτὸν ἐν ἡμέρᾳ τοῦ σαββάτου;	
122	Mt 13,4	... καὶ ἐλθόντα τὰ πετεινὰ κατέφαγεν αὐτά.	Mk 4,4	... καὶ ἦλθεν τὰ πετεινὰ καὶ κατέφαγεν αὐτό.	Lk 8,5	... καὶ τὰ πετεινὰ τοῦ οὐρανοῦ κατέφαγεν αὐτό.	→ GTh 9
122	Mt 13,7	... καὶ ἀνέβησαν αἱ ἄκανθαι καὶ ἔπνιξαν αὐτά.	Mk 4,7	... καὶ ἀνέβησαν αἱ ἄκανθαι καὶ συνέπνιξαν αὐτό, καὶ καρπὸν οὐκ ἔδωκεν.	Lk 8,7	... καὶ συμφυεῖσαι αἱ ἄκανθαι ἀπέπνιξαν αὐτό.	→ GTh 9
120	Mt 14,12	καὶ προσελθόντες οἱ μαθηταὶ αὐτοῦ ἦραν τὸ πτῶμα καὶ ἔθαψαν αὐτό[ν] ...	Mk 6,29	καὶ ἀκούσαντες οἱ μαθηταὶ αὐτοῦ ἦλθον καὶ ἦραν τὸ πτῶμα αὐτοῦ καὶ ἔθηκαν αὐτὸ ἐν μνημείῳ.			
122	Mt 17,16	καὶ προσήνεγκα αὐτὸν τοῖς μαθηταῖς σου, καὶ οὐκ ἠδυνήθησαν αὐτὸν θεραπεῦσαι.	Mk 9,18	... καὶ εἶπα τοῖς μαθηταῖς σου ἵνα αὐτὸ ἐκβάλωσιν, καὶ οὐκ ἴσχυσαν.	Lk 9,40	καὶ ἐδεήθην τῶν μαθητῶν σου ἵνα ἐκβάλωσιν αὐτό, καὶ οὐκ ἠδυνήθησαν.	
220	Mt 17,19	... διὰ τί ἡμεῖς οὐκ ἠδυνήθημεν ἐκβαλεῖν αὐτό;	Mk 9,28	... ὅτι ἡμεῖς οὐκ ἠδυνήθημεν ἐκβαλεῖν αὐτό;			

112	Mt 17,23	 ... καὶ ἐλυπήθησαν σφόδρα.	Mk 9,32	οἱ δὲ ἠγνόουν τὸ ῥῆμα, καὶ ἐφοβοῦντο αὐτὸν ἐπερωτῆσαι.	Lk 9,45 → Lk 18,34	οἱ δὲ ἠγνόουν τὸ ῥῆμα τοῦτο καὶ ἦν παρακεκαλυμμένον ἀπ' αὐτῶν ἵνα μὴ αἴσθωνται **αὐτό**, καὶ ἐφοβοῦντο ἐρωτῆσαι αὐτὸν περὶ τοῦ ῥήματος τούτου.	
222	Mt 18,2	καὶ προσκαλεσάμενος παιδίον ἔστησεν **αὐτὸ** ἐν μέσῳ αὐτῶν	Mk 9,36 (2)	καὶ λαβὼν παιδίον ἔστησεν **αὐτὸ** ἐν μέσῳ αὐτῶν	Lk 9,47	... ἐπιλαβόμενος παιδίον ἔστησεν **αὐτὸ** παρ' ἑαυτῷ	→ GTh 22
121	Mt 18,3	καὶ εἶπεν· ...		καὶ ἐναγκαλισάμενος **αὐτὸ** εἶπεν αὐτοῖς·	Lk 9,48	καὶ εἶπεν αὐτοῖς· ...	
102	Mt 9,32 ⇩ Mt 12,22 Mt 12,22 ⇧ Mt 9,32	... ἰδοὺ προσήνεγκαν αὐτῷ ἄνθρωπον κωφὸν δαιμονιζόμενον. [33] καὶ ἐκβληθέντος τοῦ δαιμονίου ἐλάλησεν ὁ κωφός. ... τότε προσηνέχθη αὐτῷ δαιμονιζόμενος τυφλὸς καὶ κωφός, καὶ ἐθεράπευσεν αὐτόν, ὥστε τὸν κωφὸν λαλεῖν καὶ βλέπειν.			Lk 11,14	καὶ ἦν ἐκβάλλων δαιμόνιον [καὶ **αὐτὸ** ἦν] κωφόν· ἐγένετο δὲ τοῦ δαιμονίου ἐξελθόντος ἐλάλησεν ὁ κωφὸς ...	
020	Mt 5,13	... ἐὰν δὲ τὸ ἅλας μωρανθῇ, ἐν τίνι ἁλισθήσεται; ↔	Mk 9,50	... ἐὰν δὲ τὸ ἅλας ἄναλον γένηται, ἐν τίνι **αὐτὸ** ἀρτύσετε; ...	Lk 14,34	... ἐὰν δὲ καὶ τὸ ἅλας μωρανθῇ, ἐν τίνι ἀρτυθήσεται;	Mk-Q overlap
102	Mt 5,13	↔ εἰς οὐδὲν ἰσχύει ἔτι εἰ μὴ βληθὲν ἔξω καταπατεῖσθαι ὑπὸ τῶν ἀνθρώπων.			Lk 14,35	οὔτε εἰς γῆν οὔτε εἰς κοπρίαν εὔθετόν ἐστιν, ἔξω βάλλουσιν **αὐτό**. ...	Mk-Q overlap
202	Mt 18,13	[12] ... καὶ πορευθεὶς ζητεῖ τὸ πλανώμενον; [13] καὶ ἐὰν γένηται εὑρεῖν **αὐτό**, ...			Lk 15,4	... καὶ πορεύεται ἐπὶ τὸ ἀπολωλὸς ἕως εὕρῃ **αὐτό**; [5] καὶ εὑρὼν ...	→ GTh 107
b 102	Mt 24,41	δύο ἀλήθουσαι **ἐν τῷ μύλῳ**, μία παραλαμβάνεται καὶ μία ἀφίεται.			Lk 17,35	ἔσονται δύο ἀλήθουσαι **ἐπὶ τὸ αὐτό**, ἡ μία παραλημφθήσεται, ἡ δὲ ἑτέρα ἀφεθήσεται.	→ GTh 61,1
102	Mt 25,27	ἔδει σε οὖν βαλεῖν τὰ ἀργύριά μου τοῖς τραπεζίταις, καὶ ἐλθὼν ἐγὼ ἐκομισάμην ἂν **τὸ ἐμὸν** σὺν τόκῳ.			Lk 19,23	καὶ διὰ τί οὐκ ἔδωκάς μου τὸ ἀργύριον ἐπὶ τράπεζαν; κἀγὼ ἐλθὼν σὺν τόκῳ ἂν **αὐτὸ** ἔπραξα.	

b 211	**Mt 22,34**	οἱ δὲ Φαρισαῖοι ἀκούσαντες ὅτι ἐφίμωσεν τοὺς Σαδδουκαίους συνήχθησαν **ἐπὶ τὸ αὐτό,** [35] καὶ ἐπηρώτησεν εἷς ἐξ αὐτῶν [νομικὸς] πειράζων αὐτόν·	**Mk 12,28** → Lk 20,39	καὶ προσελθὼν εἷς τῶν γραμματέων ἀκούσας αὐτῶν συζητούντων, ἰδὼν ὅτι καλῶς ἀπεκρίθη αὐτοῖς ἐπηρώτησεν αὐτόν· ...	**Lk 10,25**	καὶ ἰδοὺ νομικός τις ἀνέστη ἐκπειράζων αὐτὸν λέγων· ...	
002					**Lk 22,16** ↓ Mt 26,29 ↓ Mk 14,25 ↓ Lk 22,18	... οὐ μὴ φάγω **αὐτὸ** ἕως ὅτου πληρωθῇ ἐν τῇ βασιλείᾳ τοῦ θεοῦ.	
    221	**Mt 26,29**	... οὐ μὴ πίω ἀπ᾿ ἄρτι ἐκ τούτου τοῦ γενήματος τῆς ἀμπέλου ἕως τῆς ἡμέρας ἐκείνης ὅταν **αὐτὸ** πίνω μεθ᾿ ὑμῶν καινὸν ἐν τῇ βασιλείᾳ τοῦ πατρός μου.	**Mk 14,25**	... οὐκέτι οὐ μὴ πίω ἐκ τοῦ γενήματος τῆς ἀμπέλου ἕως τῆς ἡμέρας ἐκείνης ὅταν **αὐτὸ** πίνω καινὸν ἐν τῇ βασιλείᾳ τοῦ θεοῦ.	**Lk 22,18** ↑ Lk 22,16	... οὐ μὴ πίω ἀπὸ τοῦ νῦν ἀπὸ τοῦ γενήματος τῆς ἀμπέλου ἕως οὗ ἡ βασιλεία τοῦ θεοῦ ἔλθῃ.	
     210	**Mt 26,42** → Mt 6,10 → Lk 22,42	πάλιν ἐκ δευτέρου ἀπελθὼν προσηύξατο λέγων· πάτερ μου, εἰ οὐ δύναται τοῦτο παρελθεῖν ἐὰν μὴ **αὐτὸ** πίω, γενηθήτω τὸ θέλημά σου.	**Mk 14,39**	καὶ πάλιν ἀπελθὼν προσηύξατο τὸν αὐτὸν λόγον εἰπών.			
a 211	**Mt 27,44**	**τὸ δ᾿ αὐτὸ** καὶ οἱ λῃσταὶ οἱ συσταυρωθέντες σὺν αὐτῷ ὠνείδιζον αὐτόν.	**Mk 15,32**	 ... καὶ οἱ συνεσταυρωμένοι σὺν αὐτῷ ὠνείδιζον αὐτόν.	**Lk 23,39** → Lk 23,35 → Lk 23,36	 εἷς δὲ τῶν κρεμασθέντων κακούργων ἐβλασφήμει αὐτὸν ...	
  212	**Mt 27,59**	καὶ λαβὼν τὸ σῶμα ὁ Ἰωσὴφ ἐνετύλιξεν **αὐτὸ** [ἐν] σινδόνι καθαρᾷ	**Mk 15,46**	καὶ ἀγοράσας σινδόνα καθελὼν **αὐτὸν** ἐνείλησεν τῇ σινδόνι	**Lk 23,53**	καὶ καθελὼν ἐνετύλιξεν **αὐτὸ** σινδόνι	→ Jn 19,40
 211	**Mt 27,60**	καὶ ἔθηκεν **αὐτὸ** ἐν τῷ καινῷ αὐτοῦ μνημείῳ ...		καὶ ἔθηκεν **αὐτὸν** ἐν μνημείῳ ...		καὶ ἔθηκεν **αὐτὸν** ἐν μνήματι ...	→ Jn 19,41

b **Acts 1,15** ... ἦν τε ὄχλος ὀνομάτων
ἐπὶ τὸ αὐτὸ
ὡσεὶ ἑκατὸν εἴκοσι·

b **Acts 2,1** καὶ ἐν τῷ
συμπληροῦσθαι τὴν
ἡμέραν τῆς πεντηκοστῆς
ἦσαν πάντες ὁμοῦ
ἐπὶ τὸ αὐτό.

b **Acts 2,44** πάντες δὲ οἱ πιστεύοντες
ἦσαν
ἐπὶ τὸ αὐτὸ
καὶ εἶχον ἅπαντα κοινά

b **Acts 2,47** ... ὁ δὲ κύριος προσετίθει
τοὺς σῳζομένους
καθ᾿ ἡμέραν
ἐπὶ τὸ αὐτό.

b **Acts 4,26** *παρέστησαν οἱ βασιλεῖς*
τῆς γῆς καὶ οἱ ἄρχοντες
συνήχθησαν
ἐπὶ τὸ αὐτὸ
κατὰ τοῦ κυρίου καὶ
κατὰ τοῦ χριστοῦ αὐτοῦ.
➢ Ps 2,2 LXX

Acts 7,6 ... *ἔσται τὸ σπέρμα αὐτοῦ*
πάροικον ἐν γῇ ἀλλοτρίᾳ
καὶ δουλώσουσιν
αὐτὸ
καὶ κακώσουσιν
ἔτη τετρακόσια·
➢ Gen 15,13; Exod 2,22

a **Acts 14,1** ἐγένετο δὲ ἐν Ἰκονίῳ
κατὰ τὸ αὐτὸ
εἰσελθεῖν αὐτοὺς
εἰς τὴν συναγωγὴν
τῶν Ἰουδαίων ...

Acts 27,6 κἀκεῖ εὑρὼν
ὁ ἑκατοντάρχης πλοῖον
Ἀλεξανδρῖνον πλέον
εἰς τὴν Ἰταλίαν
ἐνεβίβασεν ἡμᾶς
εἰς αὐτό.

αὐτοῦ	Syn 691	Mt 265	Mk 172	Lk 254	Acts 127	Jn 171	1-3John 60	Paul 95	Eph 33	Col 15
	NT 1417	2Thess 5	1/2Tim 9	Tit 2	Heb 44	Jas 17	1Pet 10	2Pet 4	Jude 3	Rev 131

masculine or neuter singular genitive of αὐτός

	triple tradition																	double tradition			Sondergut		
		+Mt / +Lk			–Mt / –Lk			traditions not taken over by Mt / Lk							subtotals								
code	*222*	*211*	*112*	*212*	*221*	*122*	*121*	*022*	*012*	*021*	*220*	*120*	*210*	*020*	Σ^+	Σ^-	Σ	*202*	*201*	*102*	*200*	*002*	total
Mt	30	36+		7+	21	7–	35–				16	31–	15+		58+	73–	125	27	29		84		**265**
Mk	30				21	7	35	5		9	16	31		18			172						**172**
Lk	30		29+	7+	21–	7	35–	5	10+	9–					46+	65–	88	27		14		125	**254**

Mk-Q overlap: 222: Mt 12,29 / Mk 3,27 / Lk 11,21 (?)
222: Mt 12,29 / Mk 3,27 / Lk 11,22 (?)
112: Mt 12,29 / Mk 3,27 / Lk 11,22 (?)
112: Mt 12,29 / Mk 3,27 / Lk 11,22 (?)
222: Mt 18,6 / Mk 9,42 / Lk 17,2 (?)

[a] αὐτοῦ in the prepositive position
[b] αὐτοῦ in the genitive absolute
[c] αὐτοῦ as object of verbs construed with the genitive
[d] αὐτοῦ neuter

code	Mt		Mk	Lk		
200	**Mt 1,2**	... Ἰακὼβ δὲ ἐγέννησεν τὸν Ἰούδαν καὶ **τοὺς ἀδελφοὺς αὐτοῦ**		**Lk 3,34**	[33] ... τοῦ Ἰούδα [34] τοῦ Ἰακὼβ ...	
200	**Mt 1,11**	Ἰωσίας δὲ ἐγέννησεν τὸν Ἰεχονίαν καὶ **τοὺς ἀδελφοὺς αὐτοῦ** ἐπὶ τῆς μετοικεσίας Βαβυλῶνος.				
002				**Lk 1,8**	ἐγένετο δὲ ἐν τῷ ἱερατεύειν αὐτὸν **ἐν τῇ τάξει τῆς ἐφημερίας αὐτοῦ** ἔναντι τοῦ θεοῦ	
002				**Lk 1,13**	... καὶ ἡ γυνή σου Ἐλισάβετ γεννήσει υἱόν σοι καὶ καλέσεις **τὸ ὄνομα αὐτοῦ** Ἰωάννην.	
002				**Lk 1,14**	καὶ ἔσται χαρά σοι καὶ ἀγαλλίασις καὶ πολλοὶ **ἐπὶ τῇ γενέσει αὐτοῦ** χαρήσονται.	
002				**Lk 1,15**	... καὶ πνεύματος ἁγίου πλησθήσεται ἔτι **ἐκ κοιλίας μητρὸς αὐτοῦ**	
002				**Lk 1,17** → Mt 11,14 → Mt 17,12 → Mk 9,13	καὶ αὐτὸς προελεύσεται **ἐνώπιον αὐτοῦ** ἐν πνεύματι καὶ δυνάμει Ἠλίου, ...	
002 002				**Lk 1,23 (2)**	καὶ ἐγένετο ὡς ἐπλήσθησαν αἱ ἡμέραι **τῆς λειτουργίας αὐτοῦ,** ἀπῆλθεν **εἰς τὸν οἶκον αὐτοῦ.**	
002				**Lk 1,24**	μετὰ δὲ ταύτας τὰς ἡμέρας συνέλαβεν Ἐλισάβετ **ἡ γυνὴ αὐτοῦ** καὶ περιέκρυβεν ἑαυτὴν μῆνας πέντε ...	

002	**Lk 1,31** ↓Mt 1,21 ↓Mt 1,25 ↓Lk 2,21	... καὶ τέξῃ υἱὸν καὶ καλέσεις **τὸ ὄνομα αὐτοῦ** Ἰησοῦν.	
002	**Lk 1,32**	... καὶ δώσει αὐτῷ κύριος ὁ θεὸς **τὸν θρόνον Δαυὶδ τοῦ πατρὸς αὐτοῦ,**	→ Acts 2,30
002	**Lk 1,33** → Lk 22,29	καὶ βασιλεύσει ἐπὶ τὸν οἶκον Ἰακὼβ εἰς τοὺς αἰῶνας καὶ **τῆς βασιλείας αὐτοῦ** οὐκ ἔσται τέλος.	
002	**Lk 1,48** → Lk 1,45 → Lk 11,27	ὅτι ἐπέβλεψεν ἐπὶ τὴν ταπείνωσιν **τῆς δούλης αὐτοῦ.** ἰδοὺ γὰρ ἀπὸ τοῦ νῦν μακαριοῦσίν με πᾶσαι αἱ γενεαί,	
002	**Lk 1,49**	ὅτι ἐποίησέν μοι μεγάλα ὁ δυνατός. καὶ ἅγιον **τὸ ὄνομα αὐτοῦ,**	
002	**Lk 1,50**	καὶ **τὸ ἔλεος αὐτοῦ** εἰς γενεὰς καὶ γενεὰς τοῖς φοβουμένοις αὐτόν.	
002	**Lk 1,51**	ἐποίησεν κράτος **ἐν βραχίονι αὐτοῦ,** διεσκόρπισεν ὑπερηφάνους διανοίᾳ καρδίας αὐτῶν·	
002	**Lk 1,54**	ἀντελάβετο **Ἰσραὴλ παιδὸς αὐτοῦ,** μνησθῆναι ἐλέους,	
002	**Lk 1,55**	καθὼς ἐλάλησεν πρὸς τοὺς πατέρας ἡμῶν, τῷ Ἀβραὰμ καὶ **τῷ σπέρματι αὐτοῦ** εἰς τὸν αἰῶνα.	
002	**Lk 1,58**	καὶ ἤκουσαν οἱ περίοικοι καὶ οἱ συγγενεῖς αὐτῆς ὅτι ἐμεγάλυνεν κύριος **τὸ ἔλεος αὐτοῦ** μετ' αὐτῆς καὶ συνέχαιρον αὐτῇ.	
d 002	**Lk 1,59**	... ἦλθον περιτεμεῖν τὸ παιδίον καὶ ἐκάλουν αὐτὸ **ἐπὶ τῷ ὀνόματι τοῦ πατρὸς αὐτοῦ** Ζαχαρίαν.	
d 002	**Lk 1,60**	καὶ ἀποκριθεῖσα **ἡ μήτηρ αὐτοῦ** εἶπεν· οὐχί, ἀλλὰ κληθήσεται Ἰωάννης.	
002	**Lk 1,62**	ἐνένευον δὲ **τῷ πατρὶ αὐτοῦ** τὸ τί ἂν θέλοι καλεῖσθαι αὐτό.	

002	**Lk 1,63**	καὶ αἰτήσας πινακίδιον ἔγραψεν λέγων· Ἰωάννης ἐστὶν **ὄνομα αὐτοῦ.** καὶ ἐθαύμασαν πάντες.	
002 002	**Lk 1,64** (2)	ἀνεῴχθη δὲ **τὸ στόμα αὐτοῦ** παραχρῆμα καὶ **ἡ γλῶσσα αὐτοῦ,** καὶ ἐλάλει εὐλογῶν τὸν θεόν.	
d 002	**Lk 1,66**	... τί ἄρα τὸ παιδίον τοῦτο ἔσται; καὶ γὰρ χεὶρ κυρίου ἦν **μετ' αὐτοῦ.**	
d 002	**Lk 1,67**	καὶ **Ζαχαρίας ὁ πατὴρ αὐτοῦ** ἐπλήσθη πνεύματος ἁγίου καὶ ἐπροφήτευσεν λέγων·	
002	**Lk 1,68**	εὐλογητὸς κύριος ὁ θεὸς τοῦ Ἰσραήλ, ὅτι ἐπεσκέψατο καὶ ἐποίησεν λύτρωσιν **τῷ λαῷ αὐτοῦ,**	
002	**Lk 1,69**	καὶ ἤγειρεν κέρας σωτηρίας ἡμῖν **ἐν οἴκῳ Δαυὶδ παιδὸς αὐτοῦ,**	
002	**Lk 1,70**	καθὼς ἐλάλησεν διὰ στόματος **τῶν ἁγίων ἀπ' αἰῶνος προφητῶν αὐτοῦ**	→ Acts 3,21
002	**Lk 1,72**	ποιῆσαι ἔλεος μετὰ τῶν πατέρων ἡμῶν καὶ μνησθῆναι **διαθήκης ἁγίας αὐτοῦ**	
002	**Lk 1,75**	ἐν ὁσιότητι καὶ δικαιοσύνῃ **ἐνώπιον αὐτοῦ** πάσαις ταῖς ἡμέραις ἡμῶν.	
002	**Lk 1,76**	καὶ σὺ δέ, παιδίον, προφήτης ὑψίστου κληθήσῃ· προπορεύσῃ γὰρ ἐνώπιον κυρίου ἑτοιμάσαι **ὁδοὺς αὐτοῦ,**	
002	**Lk 1,77**	τοῦ δοῦναι γνῶσιν σωτηρίας **τῷ λαῷ αὐτοῦ** ἐν ἀφέσει ἁμαρτιῶν αὐτῶν	
002	**Lk 1,80**	... καὶ ἦν ἐν ταῖς ἐρήμοις **ἕως ἡμέρας ἀναδείξεως αὐτοῦ** πρὸς τὸν Ἰσραήλ.	

200	**Mt 1,18** → Lk 1,27	... μνηστευθείσης **τῆς μητρὸς αὐτοῦ Μαρίας** τῷ Ἰωσήφ, ...				
b 200	**Mt 1,20**	ταῦτα δὲ **αὐτοῦ ἐνθυμηθέντος** ἰδοὺ ἄγγελος κυρίου κατ' ὄναρ ἐφάνη αὐτῷ λέγων· Ἰωσὴφ υἱὸς Δαυίδ, ...				
200 200	**Mt 1,21** **(2)** ↓ Lk 1,31	τέξεται δὲ υἱόν, καὶ καλέσεις **τὸ ὄνομα αὐτοῦ** Ἰησοῦν· αὐτὸς γὰρ σώσει **τὸν λαὸν αὐτοῦ** ἀπὸ τῶν ἁμαρτιῶν αὐτῶν.				
200	**Mt 1,23**	*ἰδοὺ ἡ παρθένος ἐν γαστρὶ ἕξει καὶ τέξεται υἱόν, καὶ καλέσουσιν* ***τὸ ὄνομα αὐτοῦ*** *Ἐμμανουήλ*, ὅ ἐστιν μεθερμηνευόμενον *μεθ' ἡμῶν ὁ θεός.* ➤ Isa 7,14 LXX; 8,8.10 LXX				
200	**Mt 1,24**	ἐγερθεὶς δὲ ὁ Ἰωσὴφ ἀπὸ τοῦ ὕπνου ἐποίησεν ὡς προσέταξεν αὐτῷ ὁ ἄγγελος κυρίου καὶ παρέλαβεν **τὴν γυναῖκα αὐτοῦ,**				
200	**Mt 1,25** ↑ Lk 1,31 ↓ Lk 2,21	καὶ οὐκ ἐγίνωσκεν αὐτὴν ἕως οὗ ἔτεκεν υἱόν· καὶ ἐκάλεσεν **τὸ ὄνομα αὐτοῦ** Ἰησοῦν.				
d 002				**Lk 2,21** ↑ Mt 1,25 ↑ Lk 1,31	καὶ ὅτε ἐπλήσθησαν ἡμέραι ὀκτὼ τοῦ περιτεμεῖν αὐτὸν καὶ ἐκλήθη **τὸ ὄνομα αὐτοῦ** Ἰησοῦς, ...	
d 002				**Lk 2,27**	... καὶ ἐν τῷ εἰσαγαγεῖν τοὺς γονεῖς τὸ παιδίον Ἰησοῦν τοῦ ποιῆσαι αὐτοὺς κατὰ τὸ εἰθισμένον τοῦ νόμου **περὶ αὐτοῦ**	
d 002 *d* 002				**Lk 2,33** **(2)**	καὶ ἦν **ὁ πατὴρ αὐτοῦ** καὶ ἡ μήτηρ θαυμάζοντες ἐπὶ τοῖς λαλουμένοις **περὶ αὐτοῦ.**	
d 002				**Lk 2,34**	καὶ εὐλόγησεν αὐτοὺς Συμεὼν καὶ εἶπεν **πρὸς Μαριὰμ τὴν μητέρα αὐτοῦ·** ἰδοὺ οὗτος κεῖται εἰς πτῶσιν καὶ ἀνάστασιν πολλῶν ἐν τῷ Ἰσραὴλ ...	

d 002				Lk 2,38	καὶ αὐτῇ τῇ ὥρᾳ ἐπιστᾶσα ἀνθωμολογεῖτο τῷ θεῷ καὶ ἐλάλει περὶ αὐτοῦ πᾶσιν τοῖς προσδεχομένοις λύτρωσιν Ἰερουσαλήμ.	
a 200	Mt 2,2	... ποῦ ἐστιν ὁ τεχθεὶς βασιλεὺς τῶν Ἰουδαίων; εἴδομεν γὰρ αὐτοῦ τὸν ἀστέρα ἐν τῇ ἀνατολῇ ...				
200	Mt 2,3 ↓ Mt 21,10	ἀκούσας δὲ ὁ βασιλεὺς Ἡρῴδης ἐταράχθη καὶ πᾶσα Ἱεροσόλυμα μετ' αὐτοῦ				
d 200	Mt 2,11	... εἶδον τὸ παιδίον μετὰ Μαρίας τῆς μητρὸς αὐτοῦ, καὶ πεσόντες προσεκύνησαν αὐτῷ ...				
d 200	Mt 2,13	... ἐγερθεὶς παράλαβε τὸ παιδίον καὶ τὴν μητέρα αὐτοῦ καὶ φεῦγε εἰς Αἴγυπτον ...				
d 200	Mt 2,14	ὁ δὲ ἐγερθεὶς παρέλαβεν τὸ παιδίον καὶ τὴν μητέρα αὐτοῦ νυκτὸς καὶ ἀνεχώρησεν εἰς Αἴγυπτον				
d 200	Mt 2,20	... ἐγερθεὶς παράλαβε τὸ παιδίον καὶ τὴν μητέρα αὐτοῦ καὶ πορεύου εἰς γῆν Ἰσραήλ· ...				
d 200	Mt 2,21	ὁ δὲ ἐγερθεὶς παρέλαβεν τὸ παιδίον καὶ τὴν μητέρα αὐτοῦ καὶ εἰσῆλθεν εἰς γῆν Ἰσραήλ.				
200	Mt 2,22	ἀκούσας δὲ ὅτι Ἀρχέλαος βασιλεύει τῆς Ἰουδαίας ἀντὶ τοῦ πατρὸς αὐτοῦ Ἡρῴδου ἐφοβήθη ἐκεῖ ἀπελθεῖν· ...				
d 002				Lk 2,41	καὶ ἐπορεύοντο οἱ γονεῖς αὐτοῦ κατ' ἔτος εἰς Ἰερουσαλὴμ τῇ ἑορτῇ τοῦ πάσχα.	
002				Lk 2,43	... ὑπέμεινεν Ἰησοῦς ὁ παῖς ἐν Ἰερουσαλήμ, καὶ οὐκ ἔγνωσαν οἱ γονεῖς αὐτοῦ.	
c 002 002				Lk 2,47 (2)	ἐξίσταντο δὲ πάντες οἱ ἀκούοντες αὐτοῦ ἐπὶ τῇ συνέσει καὶ ταῖς ἀποκρίσεσιν αὐτοῦ.	

002					Lk 2,48	καὶ ἰδόντες αὐτὸν ἐξεπλάγησαν, καὶ εἶπεν πρὸς αὐτὸν ἡ μήτηρ αὐτοῦ· τέκνον, τί ἐποίησας ἡμῖν οὕτως; ...	
002					Lk 2,51 → Lk 2,19	... καὶ ἡ μήτηρ αὐτοῦ διετήρει πάντα τὰ ῥήματα ἐν τῇ καρδίᾳ αὐτῆς.	
002					Lk 3,1	... καὶ τετρααρχοῦντος τῆς Γαλιλαίας Ἡρῴδου, Φιλίππου δὲ τοῦ ἀδελφοῦ αὐτοῦ τετρααρχοῦντος τῆς Ἰτουραίας καὶ Τραχωνίτιδος χώρας, ...	
222	Mt 3,3	... *φωνὴ βοῶντος ἐν τῇ ἐρήμῳ· ἑτοιμάσατε τὴν ὁδὸν κυρίου, εὐθείας ποιεῖτε τὰς τρίβους αὐτοῦ.* ➤ Isa 40,3 LXX	Mk 1,3	*φωνὴ βοῶντος ἐν τῇ ἐρήμῳ· ἑτοιμάσατε τὴν ὁδὸν κυρίου, εὐθείας ποιεῖτε τὰς τρίβους αὐτοῦ* ➤ Isa 40,3 LXX	Lk 3,4 → Lk 1,17	... *φωνὴ βοῶντος ἐν τῇ ἐρήμῳ· ἑτοιμάσατε τὴν ὁδὸν κυρίου, εὐθείας ποιεῖτε τὰς τρίβους αὐτοῦ·* ➤ Isa 40,3 LXX	→ Jn 1,23
220	Mt 3,6	καὶ ἐβαπτίζοντο ἐν τῷ Ἰορδάνῃ ποταμῷ ὑπ᾽ αὐτοῦ ἐξομολογούμενοι τὰς ἁμαρτίας αὐτῶν.	Mk 1,5 ↓ Lk 3,7	... καὶ ἐβαπτίζοντο ὑπ᾽ αὐτοῦ ἐν τῷ Ἰορδάνῃ ποταμῷ ἐξομολογούμενοι τὰς ἁμαρτίας αὐτῶν.			
210	Mt 3,4 (3)	αὐτὸς δὲ ὁ Ἰωάννης εἶχεν τὸ ἔνδυμα αὐτοῦ ἀπὸ τριχῶν καμήλου	Mk 1,6	καὶ ἦν ὁ Ἰωάννης ἐνδεδυμένος τρίχας καμήλου			
220		καὶ ζώνην δερματίνην περὶ τὴν ὀσφὺν αὐτοῦ,		καὶ ζώνην δερματίνην περὶ τὴν ὀσφὺν αὐτοῦ,			
210	→ Lk 7,33	ἡ δὲ τροφὴ ἦν αὐτοῦ ἀκρίδες καὶ μέλι ἄγριον.	→ Lk 7,33	καὶ ἐσθίων ἀκρίδας καὶ μέλι ἄγριον.			
220	Mt 3,6	καὶ ἐβαπτίζοντο ἐν τῷ Ἰορδάνῃ ποταμῷ ὑπ᾽ αὐτοῦ ἐξομολογούμενοι τὰς ἁμαρτίας αὐτῶν.	Mk 1,5 ↓ Lk 3,7	... καὶ ἐβαπτίζοντο ὑπ᾽ αὐτοῦ ἐν τῷ Ἰορδάνῃ ποταμῷ ἐξομολογούμενοι τὰς ἁμαρτίας αὐτῶν.			
202	Mt 3,7 → Mt 12,34 → Mt 23,33	ἰδὼν δὲ πολλοὺς τῶν Φαρισαίων καὶ Σαδδουκαίων ἐρχομένους ἐπὶ τὸ βάπτισμα αὐτοῦ εἶπεν αὐτοῖς· γεννήματα ἐχιδνῶν, ...			Lk 3,7 ↑ Mk 1,5	ἔλεγεν οὖν τοῖς ἐκπορευομένοις ὄχλοις βαπτισθῆναι ὑπ᾽ αὐτοῦ· γεννήματα ἐχιδνῶν, ...	
020	Mt 3,11	... ὁ δὲ ὀπίσω μου ἐρχόμενος ἰσχυρότερός μού ἐστιν, οὗ οὐκ εἰμὶ ἱκανὸς τὰ ὑποδήματα βαστάσαι· ...	Mk 1,7	... ἔρχεται ὁ ἰσχυρότερός μου ὀπίσω μου, οὗ οὐκ εἰμὶ ἱκανὸς κύψας λῦσαι τὸν ἱμάντα τῶν ὑποδημάτων αὐτοῦ.	Lk 3,16	... ἔρχεται δὲ ὁ ἰσχυρότερός μου, οὗ οὐκ εἰμὶ ἱκανὸς λῦσαι τὸν ἱμάντα τῶν ὑποδημάτων αὐτοῦ· ...	→ Jn 1,27 → Acts 13,25 Mk-Q overlap
102	Mt 3,11	... ὁ δὲ ὀπίσω μου ἐρχόμενος ἰσχυρότερός μού ἐστιν, οὗ οὐκ εἰμὶ ἱκανὸς τὰ ὑποδήματα βαστάσαι· ...	Mk 1,7	... ἔρχεται ὁ ἰσχυρότερός μου ὀπίσω μου, οὗ οὐκ εἰμὶ ἱκανὸς κύψας λῦσαι τὸν ἱμάντα τῶν ὑποδημάτων αὐτοῦ.	Lk 3,16	... ἔρχεται δὲ ὁ ἰσχυρότερός μου, οὗ οὐκ εἰμὶ ἱκανὸς λῦσαι τὸν ἱμάντα τῶν ὑποδημάτων αὐτοῦ· ...	→ Jn 1,27 → Acts 13,25 Mk-Q overlap

202 202 201 102	Mt 3,12 (3) → Mt 13,30	οὗ τὸ πτύον **ἐν τῇ χειρὶ αὐτοῦ** καὶ διακαθαριεῖ **τὴν ἅλωνα αὐτοῦ,** καὶ συνάξει **τὸν σῖτον αὐτοῦ** **εἰς τὴν ἀποθήκην,** τὸ δὲ ἄχυρον κατακαύσει πυρὶ ἀσβέστῳ.			Lk 3,17 (3)	οὗ τὸ πτύον **ἐν τῇ χειρὶ αὐτοῦ** διακαθᾶραι **τὴν ἅλωνα αὐτοῦ** καὶ συναγαγεῖν **τὸν σῖτον** **εἰς τὴν ἀποθήκην** **αὐτοῦ,** τὸ δὲ ἄχυρον κατακαύσει πυρὶ ἀσβέστῳ.	
112 222	Mt 14,3	ὁ γὰρ Ἡρῴδης κρατήσας τὸν Ἰωάννην ἔδησεν [αὐτὸν] καὶ ἐν φυλακῇ ἀπέθετο διὰ Ἡρῳδιάδα **τὴν γυναῖκα** **Φιλίππου** **τοῦ ἀδελφοῦ αὐτοῦ·**	Mk 6,17	αὐτὸς γὰρ ὁ Ἡρῴδης ἀποστείλας ἐκράτησεν τὸν Ἰωάννην καὶ ἔδησεν αὐτὸν ἐν φυλακῇ διὰ Ἡρῳδιάδα **τὴν γυναῖκα** **Φιλίππου** **τοῦ ἀδελφοῦ αὐτοῦ,** ὅτι αὐτὴν ἐγάμησεν·	Lk 3,19 (2) → Mt 14,4 → Mk 6,18	ὁ δὲ Ἡρῴδης ὁ τετραάρχης, ἐλεγχόμενος **ὑπ' αὐτοῦ** περὶ Ἡρῳδιάδος **τῆς γυναικὸς** **τοῦ ἀδελφοῦ αὐτοῦ** ... [20] ... κατέκλεισεν τὸν Ἰωάννην ἐν φυλακῇ.	
211	Mt 3,13	τότε παραγίνεται ὁ Ἰησοῦς ἀπὸ τῆς Γαλιλαίας ἐπὶ τὸν Ἰορδάνην πρὸς τὸν Ἰωάννην τοῦ βαπτισθῆναι **ὑπ' αὐτοῦ.**	Mk 1,9	καὶ ἐγένετο ἐν ἐκείναις ταῖς ἡμέραις ἦλθεν Ἰησοῦς ἀπὸ Ναζαρὲτ τῆς Γαλιλαίας καὶ ἐβαπτίσθη εἰς τὸν Ἰορδάνην **ὑπὸ Ἰωάννου.**	Lk 3,21	ἐγένετο δὲ ἐν τῷ βαπτισθῆναι ἅπαντα τὸν λαὸν καὶ Ἰησοῦ βαπτισθέντος ...	
202	Mt 4,6	... γέγραπται γὰρ ὅτι ***τοῖς ἀγγέλοις αὐτοῦ*** *ἐντελεῖται περὶ σοῦ* *καὶ ἐπὶ χειρῶν* *ἀροῦσίν σε, ...* ➤ Ps 91,11-12			Lk 4,10	γέγραπται γὰρ ὅτι ***τοῖς ἀγγέλοις αὐτοῦ*** *ἐντελεῖται περὶ σοῦ* *τοῦ διαφυλάξαι σε* [11] καὶ ὅτι *ἐπὶ χειρῶν* *ἀροῦσίν σε, ...* ➤ Ps 91,11-12	
102	Mt 4,11	τότε ἀφίησιν **αὐτὸν** ὁ διάβολος, καὶ ἰδοὺ ἄγγελοι προσῆλθον καὶ διηκόνουν αὐτῷ.	Mk 1,13	... πειραζόμενος ὑπὸ τοῦ σατανᾶ, καὶ ἦν μετὰ τῶν θηρίων, καὶ οἱ ἄγγελοι διηκόνουν αὐτῷ.	Lk 4,13	καὶ συντελέσας πάντα πειρασμὸν ὁ διάβολος ἀπέστη **ἀπ' αὐτοῦ** ἄχρι καιροῦ.	Mk-Q overlap
112	Mt 4,12 → Lk 3,20	ἀκούσας δὲ ὅτι Ἰωάννης παρεδόθη ἀνεχώρησεν εἰς τὴν Γαλιλαίαν.	Mk 1,14 → Mk 1,39 → Lk 3,20	μετὰ δὲ τὸ παραδοθῆναι τὸν Ἰωάννην ἦλθεν ὁ Ἰησοῦς εἰς τὴν Γαλιλαίαν ...	Lk 4,14 ↓ Mt 4,24 → Mt 9,26 ↓ Mk 1,28 ↓ Lk 4,37	καὶ ὑπέστρεψεν ὁ Ἰησοῦς ἐν τῇ δυνάμει τοῦ πνεύματος εἰς τὴν Γαλιλαίαν. καὶ φήμη ἐξῆλθεν καθ' ὅλης τῆς περιχώρου **περὶ αὐτοῦ.**	→ Jn 4,3
112	Mt 13,54	καὶ ἐλθὼν εἰς τὴν πατρίδα αὐτοῦ ἐδίδασκεν αὐτοὺς ἐν τῇ συναγωγῇ αὐτῶν, ὥστε ἐκπλήσσεσθαι αὐτοὺς ...	Mk 6,2	καὶ γενομένου σαββάτου ἤρξατο διδάσκειν ἐν τῇ συναγωγῇ, καὶ πολλοὶ ἀκούοντες ἐξεπλήσσοντο ...	Lk 4,22	καὶ πάντες ἐμαρτύρουν αὐτῷ καὶ ἐθαύμαζον ἐπὶ τοῖς λόγοις τῆς χάριτος τοῖς ἐκπορευομένοις **ἐκ τοῦ στόματος** **αὐτοῦ ...**	
122	Mt 13,57	... οὐκ ἔστιν προφήτης ἄτιμος εἰ μὴ **ἐν τῇ πατρίδι** καὶ ἐν τῇ οἰκίᾳ αὐτοῦ.	Mk 6,4 (3)	... οὐκ ἔστιν προφήτης ἄτιμος εἰ μὴ **ἐν τῇ πατρίδι αὐτοῦ** καὶ ἐν τοῖς συγγενεῦσιν αὐτοῦ καὶ ἐν τῇ οἰκίᾳ αὐτοῦ.	Lk 4,24	... οὐδεὶς προφήτης δεκτός ἐστιν **ἐν τῇ πατρίδι αὐτοῦ.**	→ Jn 4,44 → GTh 31 (POxy 1)

210	Mt 4,18	... εἶδεν δύο ἀδελφούς, Σίμωνα τὸν λεγόμενον Πέτρον καὶ Ἀνδρέαν τὸν ἀδελφὸν αὐτοῦ, βάλλοντας ἀμφίβληστρον εἰς τὴν θάλασσαν· ἦσαν γὰρ ἁλιεῖς.	Mk 1,16	... εἶδεν Σίμωνα καὶ Ἀνδρέαν τὸν ἀδελφὸν Σίμωνος ἀμφιβάλλοντας ἐν τῇ θαλάσσῃ· ἦσαν γὰρ ἁλιεῖς.	Lk 5,2 ↓ Mt 4,21 ↓ Mk 1,19	καὶ εἶδεν δύο πλοῖα ἑστῶτα παρὰ τὴν λίμνην· οἱ δὲ ἁλιεῖς ἀπ' αὐτῶν ἀποβάντες ἔπλυνον τὰ δίκτυα.	→ Jn 1,40-41
221	Mt 4,21 ↑ Lk 5,2	καὶ προβὰς ἐκεῖθεν εἶδεν ἄλλους δύο ἀδελφούς, Ἰάκωβον τὸν τοῦ Ζεβεδαίου καὶ Ἰωάννην τὸν ἀδελφὸν αὐτοῦ, ἐν τῷ πλοίῳ μετὰ Ζεβεδαίου τοῦ πατρὸς αὐτῶν ...	Mk 1,19 ↑ Lk 5,2	καὶ προβὰς ὀλίγον εἶδεν Ἰάκωβον τὸν τοῦ Ζεβεδαίου καὶ Ἰωάννην τὸν ἀδελφὸν αὐτοῦ, καὶ αὐτοὺς ἐν τῷ πλοίῳ ...	Lk 5,10	ὁμοίως δὲ καὶ Ἰάκωβον καὶ Ἰωάννην υἱοὺς Ζεβεδαίου, οἳ ἦσαν κοινωνοὶ τῷ Σίμωνι. ...	
121	Mt 4,22	οἱ δὲ εὐθέως ἀφέντες τὸ πλοῖον καὶ τὸν πατέρα αὐτῶν ἠκολούθησαν αὐτῷ.	Mk 1,20	... καὶ ἀφέντες τὸν πατέρα αὐτῶν Ζεβεδαῖον ἐν τῷ πλοίῳ μετὰ τῶν μισθωτῶν ἀπῆλθον ὀπίσω αὐτοῦ.	Lk 5,11 → Lk 5,28 → Mk 1,18	καὶ καταγαγόντες τὰ πλοῖα ἐπὶ τὴν γῆν ἀφέντες πάντα ἠκολούθησαν αὐτῷ.	
222	Mt 7,28 ↓ Mt 22,33 ↓ Lk 7,1	... ἐξεπλήσσοντο οἱ ὄχλοι ἐπὶ τῇ διδαχῇ αὐτοῦ·	Mk 1,22 ↓ Mk 11,18	καὶ ἐξεπλήσσοντο ἐπὶ τῇ διδαχῇ αὐτοῦ·	Lk 4,32 (2)	καὶ ἐξεπλήσσοντο ἐπὶ τῇ διδαχῇ αὐτοῦ,	
112	Mt 7,29	ἦν γὰρ διδάσκων αὐτοὺς ὡς ἐξουσίαν ἔχων καὶ οὐχ ὡς οἱ γραμματεῖς αὐτῶν.	→ Mk 1,27	ἦν γὰρ διδάσκων αὐτοὺς ὡς ἐξουσίαν ἔχων καὶ οὐχ ὡς οἱ γραμματεῖς.	→ Lk 4,36	ὅτι ἐν ἐξουσίᾳ ἦν ὁ λόγος αὐτοῦ.	
022			Mk 1,25	καὶ ἐπετίμησεν αὐτῷ ὁ Ἰησοῦς λέγων· φιμώθητι καὶ ἔξελθε ἐξ αὐτοῦ.	Lk 4,35 (2)	καὶ ἐπετίμησεν αὐτῷ ὁ Ἰησοῦς λέγων· φιμώθητι καὶ ἔξελθε ἀπ' αὐτοῦ.	
022			Mk 1,26	καὶ σπαράξαν αὐτὸν τὸ πνεῦμα τὸ ἀκάθαρτον καὶ φωνῆσαν φωνῇ μεγάλῃ ἐξῆλθεν ἐξ αὐτοῦ.		καὶ ῥίψαν αὐτὸν τὸ δαιμόνιον εἰς τὸ μέσον ἐξῆλθεν ἀπ' αὐτοῦ μηδὲν βλάψαν αὐτόν.	
022	Mt 4,24 → Mt 9,26 ↓ Mk 3,8	καὶ ἀπῆλθεν ἡ ἀκοὴ αὐτοῦ εἰς ὅλην τὴν Συρίαν· ...	Mk 1,28	καὶ ἐξῆλθεν ἡ ἀκοὴ αὐτοῦ εὐθὺς πανταχοῦ εἰς ὅλην τὴν περίχωρον τῆς Γαλιλαίας.	Lk 4,37 ↑ Lk 4,14	καὶ ἐξεπορεύετο ἦχος περὶ αὐτοῦ εἰς πάντα τόπον τῆς περιχώρου.	
021			Mk 1,36	καὶ κατεδίωξεν αὐτὸν Σίμων καὶ οἱ μετ' αὐτοῦ,	Lk 4,42	... καὶ οἱ ὄχλοι ἐπεζήτουν αὐτὸν	
012			Mk 1,37	καὶ εὗρον αὐτὸν καὶ λέγουσιν αὐτῷ ὅτι πάντες ζητοῦσίν σε.	↓ Mk 1,45	καὶ ἦλθον ἕως αὐτοῦ καὶ κατεῖχον αὐτὸν τοῦ μὴ πορεύεσθαι ἀπ' αὐτῶν.	
c 112	Mt 8,2	καὶ ἰδοὺ λεπρὸς προσελθὼν προσεκύνει αὐτῷ λέγων· κύριε, ἐὰν θέλῃς δύνασαί με καθαρίσαι.	Mk 1,40	καὶ ἔρχεται πρὸς αὐτὸν λεπρὸς παρακαλῶν αὐτὸν [καὶ γονυπετῶν] καὶ λέγων αὐτῷ ὅτι ἐὰν θέλῃς δύνασαί με καθαρίσαι.	Lk 5,12 ↓ Lk 17,12.16	... καὶ ἰδοὺ ἀνὴρ πλήρης λέπρας· ἰδὼν δὲ τὸν Ἰησοῦν, πεσὼν ἐπὶ πρόσωπον ἐδεήθη αὐτοῦ λέγων· κύριε, ἐὰν θέλῃς δύνασαί με καθαρίσαι.	

c 222	Mt 8,3 (2)	καὶ ἐκτείνας τὴν χεῖρα ἥψατο **αὐτοῦ** λέγων· θέλω, καθαρίσθητι·	Mk 1,41	καὶ σπλαγχνισθεὶς ἐκτείνας τὴν χεῖρα **αὐτοῦ** ἥψατο καὶ λέγει αὐτῷ· θέλω, καθαρίσθητι·	Lk 5,13 (2)	καὶ ἐκτείνας τὴν χεῖρα ἥψατο **αὐτοῦ** λέγων· θέλω, καθαρίσθητι·	
a 222		καὶ εὐθέως ἐκαθαρίσθη **αὐτοῦ ἡ λέπρα.**	Mk 1,42	καὶ εὐθὺς ἀπῆλθεν **ἀπ' αὐτοῦ** ἡ λέπρα, καὶ ἐκαθαρίσθη.	→ Lk 17,14	καὶ εὐθέως ἡ λέπρα ἀπῆλθεν **ἀπ' αὐτοῦ.**	
012			Mk 1,45 → Mt 9,31	ὁ δὲ ἐξελθὼν ἤρξατο κηρύσσειν πολλὰ καὶ διαφημίζειν τὸν λόγον, ...	Lk 5,15 ↓ Lk 7,17	διήρχετο δὲ μᾶλλον ὁ λόγος **περὶ αὐτοῦ, ...**	
112	Mt 9,2	καὶ ἰδοὺ προσέφερον **αὐτῷ** παραλυτικὸν ἐπὶ κλίνης βεβλημένον. ...	Mk 2,3	καὶ ἔρχονται φέροντες **πρὸς αὐτὸν** παραλυτικὸν αἰρόμενον ὑπὸ τεσσάρων.	Lk 5,18	καὶ ἰδοὺ ἄνδρες φέροντες ἐπὶ κλίνης ἄνθρωπον ὃς ἦν παραλελυμένος καὶ ἐζήτουν αὐτὸν εἰσενεγκεῖν καὶ θεῖναι [αὐτὸν] **ἐνώπιον αὐτοῦ.**	
121	Mt 9,4 → Mt 12,25	καὶ ἰδὼν ὁ Ἰησοῦς τὰς ἐνθυμήσεις αὐτῶν ...	Mk 2,8	καὶ εὐθὺς ἐπιγνοὺς ὁ Ἰησοῦς **τῷ πνεύματι αὐτοῦ** ὅτι οὕτως διαλογίζονται ἐν ἑαυτοῖς ...	Lk 5,22 → Lk 11,17 → Lk 6,8	ἐπιγνοὺς δὲ ὁ Ἰησοῦς τοὺς διαλογισμοὺς αὐτῶν ...	
212	Mt 9,7	καὶ ἐγερθεὶς ἀπῆλθεν **εἰς τὸν οἶκον αὐτοῦ.**	Mk 2,12	καὶ ἠγέρθη καὶ εὐθὺς ἄρας τὸν κράβαττον ἐξῆλθεν ἔμπροσθεν πάντων, ...	Lk 5,25	καὶ παραχρῆμα ἀναστὰς ἐνώπιον αὐτῶν, ἄρας ἐφ' ὃ κατέκειτο, ἀπῆλθεν **εἰς τὸν οἶκον αὐτοῦ** δοξάζων τὸν θεόν.	→ Jn 5,9
122	Mt 9,10 (2)	καὶ ἐγένετο αὐτοῦ ἀνακειμένου **ἐν τῇ οἰκίᾳ,**	Mk 2,15 (2)	καὶ γίνεται κατακεῖσθαι αὐτὸν **ἐν τῇ οἰκίᾳ αὐτοῦ,**	Lk 5,29	καὶ ἐποίησεν δοχὴν μεγάλην Λευὶς αὐτῷ **ἐν τῇ οἰκίᾳ αὐτοῦ,**	
221		καὶ ἰδοὺ πολλοὶ τελῶναι καὶ ἁμαρτωλοὶ ἐλθόντες συνανέκειντο **τῷ Ἰησοῦ καὶ τοῖς μαθηταῖς αὐτοῦ.**		καὶ πολλοὶ τελῶναι καὶ ἁμαρτωλοὶ συνανέκειντο **τῷ Ἰησοῦ καὶ τοῖς μαθηταῖς αὐτοῦ· ...**	↓ Lk 15,1	καὶ ἦν ὄχλος πολὺς τελωνῶν καὶ ἄλλων οἳ ἦσαν **μετ' αὐτῶν** κατακείμενοι.	
222	Mt 9,11	καὶ ἰδόντες οἱ Φαρισαῖοι ἔλεγον **τοῖς μαθηταῖς αὐτοῦ·** διὰ τί μετὰ τῶν τελωνῶν καὶ ἁμαρτωλῶν ἐσθίει ὁ διδάσκαλος ὑμῶν;	Mk 2,16	καὶ οἱ γραμματεῖς τῶν Φαρισαίων ἰδόντες ὅτι ἐσθίει μετὰ τῶν ἁμαρτωλῶν καὶ τελωνῶν ἔλεγον **τοῖς μαθηταῖς αὐτοῦ·** ὅτι μετὰ τῶν τελωνῶν καὶ ἁμαρτωλῶν ἐσθίει;	Lk 5,30 → Lk 15,2 → Lk 19,7	καὶ ἐγόγγυζον οἱ Φαρισαῖοι καὶ οἱ γραμματεῖς αὐτῶν **πρὸς τοὺς μαθητὰς αὐτοῦ** λέγοντες· διὰ τί μετὰ τῶν τελωνῶν καὶ ἁμαρτωλῶν ἐσθίετε καὶ πίνετε;	
d 221	Mt 9,16	οὐδεὶς δὲ ἐπιβάλλει ἐπίβλημα ῥάκους ἀγνάφου ἐπὶ ἱματίῳ παλαιῷ· αἴρει γὰρ **τὸ πλήρωμα αὐτοῦ ἀπὸ τοῦ ἱματίου** καὶ χεῖρον σχίσμα γίνεται.	Mk 2,21	οὐδεὶς ἐπίβλημα ῥάκους ἀγνάφου ἐπιράπτει ἐπὶ ἱμάτιον παλαιόν· εἰ δὲ μή, αἴρει **τὸ πλήρωμα ἀπ' αὐτοῦ τὸ καινὸν τοῦ παλαιοῦ,** καὶ χεῖρον σχίσμα γίνεται.	Lk 5,36	... οὐδεὶς ἐπίβλημα ἀπὸ ἱματίου καινοῦ σχίσας ἐπιβάλλει ἐπὶ ἱμάτιον παλαιόν· εἰ δὲ μή γε, καὶ τὸ καινὸν σχίσει καὶ τῷ παλαιῷ οὐ συμφωνήσει **τὸ ἐπίβλημα τὸ ἀπὸ τοῦ καινοῦ.**	→ GTh 47,5

222	Mt 12,1	... οἱ δὲ μαθηταὶ αὐτοῦ ἐπείνασαν καὶ ἤρξαντο τίλλειν στάχυας καὶ ἐσθίειν.	Mk 2,23	... καὶ οἱ μαθηταὶ αὐτοῦ ἤρξαντο ὁδὸν ποιεῖν τίλλοντες τοὺς στάχυας.	Lk 6,1	... καὶ ἔτιλλον οἱ μαθηταὶ αὐτοῦ καὶ ἤσθιον τοὺς στάχυας ψώχοντες ταῖς χερσίν.	
222	Mt 12,3	... οὐκ ἀνέγνωτε τί ἐποίησεν Δαυὶδ ὅτε ἐπείνασεν καὶ οἱ μετ' αὐτοῦ,	Mk 2,25	... οὐδέποτε ἀνέγνωτε τί ἐποίησεν Δαυίδ, ὅτε χρείαν ἔσχεν καὶ ἐπείνασεν αὐτὸς καὶ οἱ μετ' αὐτοῦ,	Lk 6,3	... οὐδὲ τοῦτο ἀνέγνωτε ὃ ἐποίησεν Δαυὶδ ὅτε ἐπείνασεν αὐτὸς καὶ οἱ μετ' αὐτοῦ [ὄντες],	
212	Mt 12,4	... καὶ τοὺς ἄρτους τῆς προθέσεως ἔφαγον, ὃ οὐκ ἐξὸν ἦν αὐτῷ φαγεῖν οὐδὲ τοῖς μετ' αὐτοῦ εἰ μὴ τοῖς ἱερεῦσιν μόνοις;	Mk 2,26	... καὶ τοὺς ἄρτους τῆς προθέσεως ἔφαγεν, οὓς οὐκ ἔξεστιν φαγεῖν εἰ μὴ τοὺς ἱερεῖς, καὶ ἔδωκεν καὶ τοῖς σὺν αὐτῷ οὖσιν;	Lk 6,4	... καὶ τοὺς ἄρτους τῆς προθέσεως λαβὼν ἔφαγεν καὶ ἔδωκεν τοῖς μετ' αὐτοῦ, οὓς οὐκ ἔξεστιν φαγεῖν εἰ μὴ μόνους τοὺς ἱερεῖς;	
112	Mt 12,10	καὶ ἰδοὺ ἄνθρωπος χεῖρα ἔχων ξηράν.	Mk 3,1	... καὶ ἦν ἐκεῖ ἄνθρωπος ἐξηραμμένην ἔχων τὴν χεῖρα.	Lk 6,6 → Lk 13,11 ↓ Lk 14,2	... καὶ ἦν ἄνθρωπος ἐκεῖ καὶ ἡ χεὶρ αὐτοῦ ἡ δεξιὰ ἦν ξηρά.	
c 222		καὶ ἐπηρώτησαν αὐτὸν λέγοντες· εἰ ἔξεστιν τοῖς σάββασιν θεραπεῦσαι; ἵνα κατηγορήσωσιν αὐτοῦ.	Mk 3,2	καὶ παρετήρουν αὐτὸν εἰ τοῖς σάββασιν θεραπεύσει αὐτόν, ἵνα κατηγορήσωσιν αὐτοῦ.	Lk 6,7 → Lk 14,3	παρετηροῦντο δὲ αὐτὸν οἱ γραμματεῖς καὶ οἱ Φαρισαῖοι εἰ ἐν τῷ σαββάτῳ θεραπεύει, ἵνα εὕρωσιν κατηγορεῖν αὐτοῦ.	
122	Mt 12,13	τότε λέγει τῷ ἀνθρώπῳ· ἔκτεινόν σου τὴν χεῖρα. καὶ ἐξέτεινεν καὶ ἀπεκατεστάθη ὑγιὴς ὡς ἡ ἄλλη.	Mk 3,5	... λέγει τῷ ἀνθρώπῳ· ἔκτεινον τὴν χεῖρα. καὶ ἐξέτεινεν καὶ ἀπεκατεστάθη ἡ χεὶρ αὐτοῦ.	Lk 6,10 → Lk 13,12-13	... εἶπεν αὐτῷ· ἔκτεινον τὴν χεῖρά σου. ὁ δὲ ἐποίησεν καὶ ἀπεκατεστάθη ἡ χεὶρ αὐτοῦ.	
221	Mt 12,14 → Mt 26,4	ἐξελθόντες δὲ οἱ Φαρισαῖοι συμβούλιον ἔλαβον κατ' αὐτοῦ ὅπως αὐτὸν ἀπολέσωσιν.	Mk 3,6 → Mk 14,1	καὶ ἐξελθόντες οἱ Φαρισαῖοι εὐθὺς μετὰ τῶν Ἡρῳδιανῶν συμβούλιον ἐδίδουν κατ' αὐτοῦ ὅπως αὐτὸν ἀπολέσωσιν.	Lk 6,11 → Lk 4,28 ↓ Lk 13,17 → Lk 14,6 → Lk 22,2	αὐτοὶ δὲ ἐπλήσθησαν ἀνοίας καὶ διελάλουν πρὸς ἀλλήλους τί ἂν ποιήσαιεν τῷ Ἰησοῦ.	
012	Mt 10,1	καὶ προσκαλεσάμενος τοὺς δώδεκα μαθητὰς αὐτοῦ ἔδωκεν αὐτοῖς ἐξουσίαν ...	Mk 3,13	καὶ ἀναβαίνει εἰς τὸ ὄρος καὶ προσκαλεῖται οὓς ἤθελεν αὐτός, καὶ ἀπῆλθον πρὸς αὐτόν. [14] καὶ ἐποίησεν δώδεκα, [οὓς καὶ ἀποστόλους ὠνόμασεν] ...	Lk 6,13	καὶ ὅτε ἐγένετο ἡμέρα, προσεφώνησεν τοὺς μαθητὰς αὐτοῦ, καὶ ἐκλεξάμενος ἀπ' αὐτῶν δώδεκα, οὓς καὶ ἀποστόλους ὠνόμασεν·	
212	Mt 10,2 (2)	... πρῶτος Σίμων ὁ λεγόμενος Πέτρος καὶ Ἀνδρέας ὁ ἀδελφὸς αὐτοῦ, ...	Mk 3,18	[16] ... καὶ ἐπέθηκεν ὄνομα τῷ Σίμωνι Πέτρον, [17] ... [18] καὶ Ἀνδρέαν ...	Lk 6,14	Σίμωνα, ὃν καὶ ὠνόμασεν Πέτρον, καὶ Ἀνδρέαν τὸν ἀδελφὸν αὐτοῦ, ...	→ Jn 1,40-42
200	Mt 4,24 → Mt 9,26 → Mk 3,8	καὶ ἀπῆλθεν ἡ ἀκοὴ αὐτοῦ εἰς ὅλην τὴν Συρίαν· ...	Mk 1,28	καὶ ἐξῆλθεν ἡ ἀκοὴ αὐτοῦ εὐθὺς πανταχοῦ εἰς ὅλην τὴν περίχωρον τῆς Γαλιλαίας.	Lk 4,37 ↑ Lk 4,14	καὶ ἐξεπορεύετο ἦχος περὶ αὐτοῦ εἰς πάντα τόπον τῆς περιχώρου.	

122	**Mt 12,15**	ὁ δὲ Ἰησοῦς γνοὺς ἀνεχώρησεν ἐκεῖθεν. ...	**Mk 3,7**	καὶ ὁ Ἰησοῦς **μετὰ τῶν μαθητῶν αὐτοῦ** ἀνεχώρησεν πρὸς τὴν θάλασσαν, ...	**Lk 6,17**	καὶ καταβὰς μετ' αὐτῶν ἔστη ἐπὶ τόπου πεδινοῦ, **καὶ ὄχλος πολὺς μαθητῶν αὐτοῦ**, ...	
c 012			**Mk 3,8**	... πλῆθος πολὺ ἀκούοντες ὅσα ἐποίει ἦλθον **πρὸς αὐτόν.**	**Lk 6,18**	οἳ ἦλθον ἀκοῦσαι **αὐτοῦ** καὶ ἰαθῆναι ἀπὸ τῶν νόσων αὐτῶν· ...	
020			**Mk 3,9** → Mt 13,2 → Mk 4,1 → Lk 5,1.3	καὶ εἶπεν **τοῖς μαθηταῖς αὐτοῦ** ἵνα πλοιάριον προσκαρτερῇ αὐτῷ διὰ τὸν ὄχλον ἵνα μὴ θλίβωσιν αὐτόν·			
022 012			**Mk 3,10**	πολλοὺς γὰρ ἐθεράπευσεν, ὥστε ἐπιπίπτειν αὐτῷ ἵνα **αὐτοῦ** ἅψωνται ὅσοι εἶχον μάστιγας.	**Lk 6,19** **(2)** ↓ Mk 5,30 ↓ Lk 8,46	[18] ... ἐθεραπεύοντο, [19] καὶ πᾶς ὁ ὄχλος ἐζήτουν ἅπτεσθαι **αὐτοῦ,** ὅτι δύναμις **παρ' αὐτοῦ** ἐξήρχετο καὶ ἰᾶτο πάντας.	
021	**Mt 10,1**	καὶ προσκαλεσάμενος τοὺς δώδεκα μαθητὰς αὐτοῦ ... [5] τούτους τοὺς δώδεκα ἀπέστειλεν ὁ Ἰησοῦς ...	**Mk 3,14** ↓ Mk 5,18 ↓ Mk 6,7	καὶ ἐποίησεν δώδεκα, [οὓς καὶ ἀποστόλους ὠνόμασεν] ἵνα ὦσιν **μετ' αὐτοῦ** καὶ ἵνα ἀποστέλλῃ αὐτοὺς κηρύσσειν	**Lk 6,13**	... καὶ ἐκλεξάμενος ἀπ' αὐτῶν δώδεκα, οὓς καὶ ἀποστόλους ὠνόμασεν·	
b	**Mt 5,1** **(2)**	ἰδὼν δὲ τοὺς ὄχλους ἀνέβη εἰς τὸ ὄρος,	**Mk 3,13**	καὶ ἀναβαίνει εἰς τὸ ὄρος ...	**Lk 6,12**	... ἐξελθεῖν αὐτὸν εἰς τὸ ὄρος ...	
201 202		καὶ **καθίσαντος αὐτοῦ** προσῆλθαν αὐτῷ **οἱ μαθηταὶ αὐτοῦ·**			**Lk 6,20** **(2)**	καὶ αὐτὸς ἐπάρας τοὺς ὀφθαλμοὺς αὐτοῦ **εἰς τοὺς μαθητὰς αὐτοῦ** ἔλεγεν· ...	
202	**Mt 5,2**	καὶ ἀνοίξας **τὸ στόμα αὐτοῦ** ἐδίδασκεν αὐτοὺς λέγων·			**Lk 6,20** **(2)**	καὶ αὐτὸς ἐπάρας **τοὺς ὀφθαλμοὺς αὐτοῦ**	
202	**Mt 5,1** **(2)**	... προσῆλθαν αὐτῷ **οἱ μαθηταὶ αὐτοῦ·**				**εἰς τοὺς μαθητὰς αὐτοῦ** ἔλεγεν· ...	
200 200	**Mt 5,22** **(2)**	ἐγὼ δὲ λέγω ὑμῖν ὅτι πᾶς ὁ ὀργιζόμενος **τῷ ἀδελφῷ αὐτοῦ** ἔνοχος ἔσται τῇ κρίσει· ὃς δ' ἂν εἴπῃ **τῷ ἀδελφῷ αὐτοῦ·** ῥακά, ἔνοχος ἔσται τῷ συνεδρίῳ· ...					

201	**Mt 5,25** ↓ Mt 18,34	ἴσθι εὐνοῶν τῷ ἀντιδίκῳ σου ταχὺ, ἕως ὅτου εἶ **μετ᾽ αὐτοῦ** ἐν τῇ ὁδῷ, μήποτέ σε παραδῷ ὁ ἀντίδικος τῷ κριτῇ ...			**Lk 12,58**	ὡς γὰρ ὑπάγεις **μετὰ τοῦ ἀντιδίκου σου** ἐπ᾽ ἄρχοντα, ἐν τῇ ὁδῷ δὸς ἐργασίαν ἀπηλλάχθαι ἀπ᾽ αὐτοῦ, μήποτε κατασύρῃ σε πρὸς τὸν κριτήν, ...	
200	**Mt 5,28**	ἐγὼ δὲ λέγω ὑμῖν ὅτι πᾶς ὁ βλέπων γυναῖκα πρὸς τὸ ἐπιθυμῆσαι αὐτὴν ἤδη ἐμοίχευσεν αὐτὴν **ἐν τῇ καρδίᾳ αὐτοῦ.**					
200	**Mt 5,31** → Mt 19,7 → Mk 10,4	ἐρρέθη δέ· ὃς ἂν ἀπολύσῃ **τὴν γυναῖκα αὐτοῦ,** δότω αὐτῇ ἀποστάσιον. ➤ Deut 24,1ff.					
202	**Mt 5,32** ⇩ Mt 19,9	... πᾶς ὁ ἀπολύων **τὴν γυναῖκα αὐτοῦ** παρεκτὸς λόγου πορνείας ποιεῖ αὐτὴν μοιχευθῆναι, ...	**Mk 10,11**	... ὃς ἂν ἀπολύσῃ **τὴν γυναῖκα αὐτοῦ** καὶ γαμήσῃ ἄλλην μοιχᾶται ἐπ᾽ αὐτήν· [12] καὶ ἐὰν αὐτὴ ἀπολύσασα τὸν ἄνδρα αὐτῆς γαμήσῃ ἄλλον μοιχᾶται.	**Lk 16,18**	πᾶς ὁ ἀπολύων **τὴν γυναῖκα αὐτοῦ** καὶ γαμῶν ἑτέραν μοιχεύει, ...	→ 1Cor 7,10-11 Mk-Q overlap
200	**Mt 5,35**	[34] ... μὴ ὀμόσαι ὅλως· ... [35] μήτε ἐν τῇ γῇ, ὅτι **ὑποπόδιόν ἐστιν τῶν ποδῶν αὐτοῦ, ...**					→ Acts 7,49
200	**Mt 5,41**	καὶ ὅστις σε ἀγγαρεύσει μίλιον ἕν, ὕπαγε **μετ᾽ αὐτοῦ** δύο.					
201	**Mt 5,45**	ὅπως γένησθε υἱοὶ τοῦ πατρὸς ὑμῶν τοῦ ἐν οὐρανοῖς, ὅτι **τὸν ἥλιον αὐτοῦ** ἀνατέλλει ἐπὶ πονηροὺς καὶ ἀγαθοὺς καὶ βρέχει ἐπὶ δικαίους καὶ ἀδίκους.			**Lk 6,35**	... καὶ ἔσεσθε υἱοὶ ὑψίστου, ὅτι αὐτὸς χρηστός ἐστιν ἐπὶ τοὺς ἀχαρίστους καὶ πονηρούς.	→ GTh 3 (POxy 654)
202	**Mt 6,27**	τίς δὲ ἐξ ὑμῶν μεριμνῶν δύναται προσθεῖναι **ἐπὶ τὴν ἡλικίαν αὐτοῦ** πῆχυν ἕνα;			**Lk 12,25**	τίς δὲ ἐξ ὑμῶν μεριμνῶν δύναται **ἐπὶ τὴν ἡλικίαν αὐτοῦ** προσθεῖναι πῆχυν;	→ GTh 36,4 (only POxy 655)
202	**Mt 6,29**	λέγω δὲ ὑμῖν ὅτι οὐδὲ Σολομὼν **ἐν πάσῃ τῇ δόξῃ αὐτοῦ** περιεβάλετο ὡς ἓν τούτων.			**Lk 12,27**	... λέγω δὲ ὑμῖν, οὐδὲ Σολομὼν **ἐν πάσῃ τῇ δόξῃ αὐτοῦ** περιεβάλετο ὡς ἓν τούτων.	
202	**Mt 6,33**	ζητεῖτε δὲ πρῶτον **τὴν βασιλείαν [τοῦ θεοῦ] καὶ τὴν δικαιοσύνην αὐτοῦ,** καὶ ταῦτα πάντα προστεθήσεται ὑμῖν.			**Lk 12,31**	πλὴν ζητεῖτε **τὴν βασιλείαν αὐτοῦ,** καὶ ταῦτα προστεθήσεται ὑμῖν.	

202	Mt 10,25 (3)	[24] οὐκ ἔστιν μαθητὴς ὑπὲρ τὸν διδάσκαλον οὐδὲ δοῦλος ὑπὲρ τὸν κύριον αὐτοῦ. [25] ἀρκετὸν τῷ μαθητῇ ἵνα γένηται **ὡς ὁ διδάσκαλος αὐτοῦ** καὶ ὁ δοῦλος ὡς ὁ κύριος αὐτοῦ. ...			Lk 6,40	οὐκ ἔστιν μαθητὴς ὑπὲρ τὸν διδάσκαλον· κατηρτισμένος δὲ πᾶς ἔσται **ὡς ὁ διδάσκαλος αὐτοῦ.**	
201	Mt 7,9	ἢ τίς ἐστιν ἐξ ὑμῶν ἄνθρωπος, ὃν αἰτήσει **ὁ υἱὸς αὐτοῦ** ἄρτον, μὴ λίθον ἐπιδώσει αὐτῷ; [10] ἢ καὶ ἰχθὺν αἰτήσει, μὴ ὄφιν ἐπιδώσει αὐτῷ;			Lk 11,11	τίνα δὲ ἐξ ὑμῶν τὸν πατέρα αἰτήσει **ὁ υἱὸς** ἰχθύν, καὶ ἀντὶ ἰχθύος ὄφιν αὐτῷ ἐπιδώσει; [12] ἢ καὶ αἰτήσει ᾠόν, ἐπιδώσει αὐτῷ σκορπίον;	
102	Mt 12,34	... ἐκ γὰρ τοῦ περισσεύματος τῆς καρδίας **τὸ στόμα** λαλεῖ.			Lk 6,45	... ἐκ γὰρ περισσεύματος καρδίας λαλεῖ **τὸ στόμα αὐτοῦ.**	→ GTh 45,4
a 201	Mt 7,24	... ὁμοιωθήσεται ἀνδρὶ φρονίμῳ, ὅστις ᾠκοδόμησεν **αὐτοῦ τὴν οἰκίαν** ἐπὶ τὴν πέτραν·			Lk 6,48	ὅμοιός ἐστιν ἀνθρώπῳ οἰκοδομοῦντι **οἰκίαν** ὃς ἔσκαψεν καὶ ἐβάθυνεν καὶ ἔθηκεν θεμέλιον ἐπὶ τὴν πέτραν· ...	
a 201	Mt 7,26	... ὁμοιωθήσεται ἀνδρὶ μωρῷ, ὅστις ᾠκοδόμησεν **αὐτοῦ τὴν οἰκίαν** ἐπὶ τὴν ἄμμον.			Lk 6,49	... ὅμοιός ἐστιν ἀνθρώπῳ οἰκοδομήσαντι **οἰκίαν** ἐπὶ τὴν γῆν χωρὶς θεμελίου, ...	
102	Mt 7,28	καὶ ἐγένετο ὅτε ἐτέλεσεν ὁ Ἰησοῦς **τοὺς λόγους τούτους,**			Lk 7,1	ἐπειδὴ ἐπλήρωσεν **πάντα τὰ ῥήματα αὐτοῦ** εἰς τὰς ἀκοὰς τοῦ λαοῦ, ...	
222	↓ Mt 22,33	ἐξεπλήσσοντο οἱ ὄχλοι **ἐπὶ τῇ διδαχῇ αὐτοῦ·**	Mk 1,22 ↓ Mk 11,18	καὶ ἐξεπλήσσοντο **ἐπὶ τῇ διδαχῇ αὐτοῦ·** ...	Lk 4,32 (2)	καὶ ἐξεπλήσσοντο **ἐπὶ τῇ διδαχῇ αὐτοῦ,** ...	
b 200	Mt 8,1	**καταβάντος δὲ αὐτοῦ** ἀπὸ τοῦ ὄρους ἠκολούθησαν αὐτῷ ὄχλοι πολλοί.					
c 222	Mt 8,3 (2)	καὶ ἐκτείνας τὴν χεῖρα ἥψατο **αὐτοῦ** λέγων· θέλω, καθαρίσθητι·	Mk 1,41	καὶ σπλαγχνισθεὶς ἐκτείνας τὴν χεῖρα **αὐτοῦ** ἥψατο καὶ λέγει αὐτῷ· θέλω, καθαρίσθητι·	Lk 5,13 (2)	καὶ ἐκτείνας τὴν χεῖρα ἥψατο **αὐτοῦ** λέγων· θέλω, καθαρίσθητι·	
a 222		καὶ εὐθέως ἐκαθαρίσθη **αὐτοῦ ἡ λέπρα.**	Mk 1,42	καὶ εὐθὺς ἀπῆλθεν **ἀπ' αὐτοῦ** ἡ λέπρα, καὶ ἐκαθαρίσθη.	→ Lk 17,14	καὶ εὐθέως ἡ λέπρα ἀπῆλθεν **ἀπ' αὐτοῦ.**	
b 201	Mt 8,5	**εἰσελθόντος δὲ αὐτοῦ** εἰς Καφαρναοὺμ ...			Lk 7,1 → Mt 7,28	... **εἰσῆλθεν** εἰς Καφαρναούμ.	

102	Mt 8,7	καὶ λέγει αὐτῷ· ἐγὼ ἐλθὼν θεραπεύσω **αὐτόν.**			Lk 7,3	ἀκούσας δὲ περὶ τοῦ Ἰησοῦ ἀπέστειλεν πρὸς αὐτὸν πρεσβυτέρους τῶν Ἰουδαίων ἐρωτῶν αὐτὸν ὅπως ἐλθὼν διασώσῃ **τὸν δοῦλον αὐτοῦ.**	→ Jn 4,47
002					Lk 7,6 ↓ Mk 5,35 ↓ Lk 8,49	ὁ δὲ Ἰησοῦς ἐπορεύετο σὺν αὐτοῖς. ἤδη δὲ **αὐτοῦ οὐ μακρὰν ἀπέχοντος** ἀπὸ τῆς οἰκίας ἔπεμψεν φίλους ὁ ἑκατοντάρχης λέγων αὐτῷ· ...	
201	Mt 8,13	καὶ εἶπεν ὁ Ἰησοῦς τῷ ἑκατοντάρχῃ· ὕπαγε, ὡς ἐπίστευσας γενηθήτω σοι. καὶ ἰάθη **ὁ παῖς [αὐτοῦ]** ἐν τῇ ὥρᾳ ἐκείνῃ.			Lk 7,10 → Mk 7,30	καὶ ὑποστρέψαντες εἰς τὸν οἶκον οἱ πεμφθέντες εὗρον **τὸν δοῦλον** ὑγιαίνοντα.	→ Jn 4,51
002					Lk 7,11	καὶ ἐγένετο ἐν τῷ ἑξῆς ἐπορεύθη εἰς πόλιν καλουμένην Ναΐν καὶ συνεπορεύοντο αὐτῷ **οἱ μαθηταὶ αὐτοῦ** καὶ ὄχλος πολύς.	
002					Lk 7,12	... καὶ ἰδοὺ ἐξεκομίζετο τεθνηκὼς μονογενὴς υἱὸς **τῇ μητρὶ αὐτοῦ** καὶ αὐτὴ ἦν χήρα, ...	
002					Lk 7,15 ↓ Lk 9,42	καὶ ἀνεκάθισεν ὁ νεκρὸς καὶ ἤρξατο λαλεῖν, καὶ ἔδωκεν αὐτὸν **τῇ μητρὶ αὐτοῦ.** ➤ 1Kings 17,23	
002					Lk 7,16	... ἐδόξαζον τὸν θεὸν λέγοντες ὅτι προφήτης μέγας ἠγέρθη ἐν ἡμῖν καὶ ὅτι ἐπεσκέψατο ὁ θεὸς **τὸν λαὸν αὐτοῦ.**	
002					Lk 7,17 ↑ Lk 5,15	καὶ ἐξῆλθεν ὁ λόγος οὗτος ἐν ὅλῃ τῇ Ἰουδαίᾳ **περὶ αὐτοῦ** καὶ πάσῃ τῇ περιχώρῳ.	
211	Mt 8,14	καὶ ἐλθὼν ὁ Ἰησοῦς εἰς τὴν οἰκίαν Πέτρου εἶδεν **τὴν πενθερὰν αὐτοῦ** βεβλημένην καὶ πυρέσσουσαν·	Mk 1,30	[29] ... ἦλθον εἰς τὴν οἰκίαν Σίμωνος καὶ Ἀνδρέου μετὰ Ἰακώβου καὶ Ἰωάννου. [30] **ἡ δὲ πενθερὰ Σίμωνος** κατέκειτο πυρέσσουσα, ...	Lk 4,38	ἀναστὰς δὲ ἀπὸ τῆς συναγωγῆς εἰσῆλθεν εἰς τὴν οἰκίαν Σίμωνος. **πενθερὰ δὲ τοῦ Σίμωνος** ἦν συνεχομένη πυρετῷ μεγάλῳ ...	
201	Mt 8,21	ἕτερος δὲ **τῶν μαθητῶν [αὐτοῦ]** εἶπεν αὐτῷ· κύριε, ἐπίτρεψόν μοι πρῶτον ἀπελθεῖν καὶ θάψαι τὸν πατέρα μου.			Lk 9,59 → Mt 8,22	εἶπεν δὲ πρὸς ἕτερον· ἀκολούθει μοι. ὁ δὲ εἶπεν· [κύριε,] ἐπίτρεψόν μοι ἀπελθόντι πρῶτον θάψαι τὸν πατέρα μου.	
212	Mt 8,23	καὶ ἐμβάντι αὐτῷ εἰς τὸ πλοῖον ἠκολούθησαν αὐτῷ **οἱ μαθηταὶ αὐτοῦ.**	Mk 4,36	... παραλαμβάνουσιν αὐτὸν ὡς ἦν ἐν τῷ πλοίῳ, καὶ ἄλλα πλοῖα ἦν μετ' αὐτοῦ.	Lk 8,22	... καὶ αὐτὸς ἐνέβη εἰς πλοῖον καὶ **οἱ μαθηταὶ αὐτοῦ ...**	

b 211	Mt 8,28	καὶ **ἐλθόντος αὐτοῦ** εἰς τὸ πέραν εἰς τὴν χώραν τῶν Γαδαρηνῶν ...	Mk 5,1	καὶ **ἦλθον** εἰς τὸ πέραν τῆς θαλάσσης εἰς τὴν χώραν τῶν Γερασηνῶν.	Lk 8,26	καὶ **κατέπλευσαν** εἰς τὴν χώραν τῶν Γερασηνῶν, ἥτις ἐστὶν ἀντιπέρα τῆς Γαλιλαίας.	
    212	Mt 9,7	καὶ ἐγερθεὶς ἀπῆλθεν **εἰς τὸν οἶκον αὐτοῦ.**	Mk 2,12	καὶ ἠγέρθη καὶ εὐθὺς ἄρας τὸν κράβαττον ἐξῆλθεν ἔμπροσθεν πάντων, ...	Lk 5,25	καὶ παραχρῆμα ἀναστὰς ἐνώπιον αὐτῶν, ἄρας ἐφ᾽ ὃ κατέκειτο, ἀπῆλθεν **εἰς τὸν οἶκον αὐτοῦ** δοξάζων τὸν θεόν.	→ Jn 5,9
  211 221	Mt 9,10 (2)	καὶ ἐγένετο **αὐτοῦ ἀνακειμένου** ἐν τῇ οἰκίᾳ, καὶ ἰδοὺ πολλοὶ τελῶναι καὶ ἁμαρτωλοὶ ἐλθόντες συνανέκειντο **τῷ Ἰησοῦ καὶ τοῖς** **μαθηταῖς αὐτοῦ.**	Mk 2,15 (2)	καὶ γίνεται **κατακεῖσθαι αὐτὸν** ἐν τῇ οἰκίᾳ αὐτοῦ, καὶ πολλοὶ τελῶναι καὶ ἁμαρτωλοὶ συνανέκειντο **τῷ Ἰησοῦ καὶ τοῖς** **μαθηταῖς αὐτοῦ· ...**	Lk 5,29 ↓ Lk 15,1	καὶ ἐποίησεν δοχὴν μεγάλην Λευὶς **αὐτῷ** ἐν τῇ οἰκίᾳ αὐτοῦ, καὶ ἦν ὄχλος πολὺς τελωνῶν καὶ ἄλλων οἳ ἦσαν **μετ᾽ αὐτῶν** κατακείμενοι.	
     222	Mt 9,11	καὶ ἰδόντες οἱ Φαρισαῖοι ἔλεγον **τοῖς μαθηταῖς** **αὐτοῦ·** διὰ τί μετὰ τῶν τελωνῶν καὶ ἁμαρτωλῶν ἐσθίει ὁ διδάσκαλος ὑμῶν;	Mk 2,16	καὶ οἱ γραμματεῖς τῶν Φαρισαίων ἰδόντες ὅτι ἐσθίει μετὰ τῶν ἁμαρτωλῶν καὶ τελωνῶν ἔλεγον **τοῖς μαθηταῖς** **αὐτοῦ·** ὅτι μετὰ τῶν τελωνῶν καὶ ἁμαρτωλῶν ἐσθίει;	Lk 5,30 → Lk 15,2 → Lk 19,7	καὶ ἐγόγγυζον οἱ Φαρισαῖοι καὶ οἱ γραμματεῖς αὐτῶν **πρὸς τοὺς μαθητὰς** **αὐτοῦ** λέγοντες· διὰ τί μετὰ τῶν τελωνῶν καὶ ἁμαρτωλῶν ἐσθίετε καὶ πίνετε;	
d 221	Mt 9,16	οὐδεὶς δὲ ἐπιβάλλει ἐπίβλημα ῥάκους ἀγνάφου ἐπὶ ἱματίῳ παλαιῷ· αἴρει γὰρ **τὸ πλήρωμα αὐτοῦ** **ἀπὸ τοῦ ἱματίου** καὶ χεῖρον σχίσμα γίνεται.	Mk 2,21	οὐδεὶς ἐπίβλημα ῥάκους ἀγνάφου ἐπιράπτει ἐπὶ ἱμάτιον παλαιόν· εἰ δὲ μή, αἴρει **τὸ πλήρωμα ἀπ᾽** **αὐτοῦ τὸ καινὸν** **τοῦ παλαιοῦ,** καὶ χεῖρον σχίσμα γίνεται.	Lk 5,36	... οὐδεὶς ἐπίβλημα ἀπὸ ἱματίου καινοῦ σχίσας ἐπιβάλλει ἐπὶ ἱμάτιον παλαιόν· εἰ δὲ μή γε, καὶ τὸ καινὸν σχίσει καὶ τῷ παλαιῷ οὐ συμφωνήσει **τὸ ἐπίβλημα τὸ ἀπὸ** **τοῦ καινοῦ.**	→ GTh 47,5
b 211	Mt 9,18	ταῦτα **αὐτοῦ λαλοῦντος** αὐτοῖς, ἰδοὺ ἄρχων εἷς ἐλθὼν προσεκύνει αὐτῷ ...	Mk 5,22	 καὶ ἔρχεται εἷς τῶν ἀρχισυναγώγων, ὀνόματι Ἰάϊρος, καὶ ἰδὼν αὐτὸν πίπτει πρὸς τοὺς πόδας αὐτοῦ	Lk 8,41	 καὶ ἰδοὺ ἦλθεν ἀνὴρ ᾧ ὄνομα Ἰάϊρος καὶ οὗτος ἄρχων τῆς συναγωγῆς ὑπῆρχεν, καὶ πεσὼν παρὰ τοὺς πόδας [τοῦ] Ἰησοῦ ...	
  211	Mt 9,19	καὶ ἐγερθεὶς ὁ Ἰησοῦς ἠκολούθησεν αὐτῷ καὶ **οἱ μαθηταὶ αὐτοῦ.**	Mk 5,24	καὶ ἀπῆλθεν μετ᾽ αὐτοῦ. καὶ ἠκολούθει αὐτῷ ὄχλος πολὺς καὶ συνέθλιβον αὐτόν.	Lk 8,42	... ἐν δὲ τῷ ὑπάγειν αὐτὸν οἱ ὄχλοι συνέπνιγον αὐτόν.	
     222	Mt 9,20 ↓ Mt 14,36	καὶ ἰδοὺ γυνὴ αἱμορροοῦσα δώδεκα ἔτη προσελθοῦσα ὄπισθεν ἥψατο **τοῦ κρασπέδου** **τοῦ ἱματίου αὐτοῦ·**	Mk 5,27 ↓ Mk 6,56	[25] καὶ γυνὴ οὖσα ἐν ῥύσει αἵματος δώδεκα ἔτη ... [27] ἀκούσασα περὶ τοῦ Ἰησοῦ, ἐλθοῦσα ἐν τῷ ὄχλῳ ὄπισθεν ἥψατο **τοῦ ἱματίου αὐτοῦ·**	Lk 8,44	[43] καὶ γυνὴ οὖσα ἐν ῥύσει αἵματος ἀπὸ ἐτῶν δώδεκα, ... [44] προσελθοῦσα ὄπισθεν ἥψατο **τοῦ κρασπέδου** **τοῦ ἱματίου αὐτοῦ ...**	

220	Mt 9,21	ἔλεγεν γὰρ ἐν ἑαυτῇ· ἐὰν μόνον ἅψωμαι **τοῦ ἱματίου αὐτοῦ** σωθήσομαι.	Mk 5,28	ἔλεγεν γὰρ ὅτι ἐὰν ἅψωμαι κἂν **τῶν ἱματίων αὐτοῦ** σωθήσομαι.			
c 222	Mt 9,24	... ἀναχωρεῖτε, οὐ γὰρ ἀπέθανεν τὸ κοράσιον ἀλλὰ καθεύδει. καὶ κατεγέλων **αὐτοῦ.**	Mk 5,40 (2)	[39] ... τί θορυβεῖσθε καὶ κλαίετε; τὸ παιδίον οὐκ ἀπέθανεν ἀλλὰ καθεύδει. [40] καὶ κατεγέλων **αὐτοῦ.** ...	Lk 8,53	[52] ... μὴ κλαίετε, οὐ γὰρ ἀπέθανεν ἀλλὰ καθεύδει. [53] καὶ κατεγέλων **αὐτοῦ,** εἰδότες ὅτι ἀπέθανεν.	
201	Mt 9,37	τότε λέγει **τοῖς μαθηταῖς αὐτοῦ·** ὁ μὲν θερισμὸς πολύς, οἱ δὲ ἐργάται ὀλίγοι·			Lk 10,2	ἔλεγεν δὲ **πρὸς αὐτούς·** ὁ μὲν θερισμὸς πολύς, οἱ δὲ ἐργάται ὀλίγοι·	→ GTh 73
202	Mt 9,38	δεήθητε οὖν τοῦ κυρίου τοῦ θερισμοῦ ὅπως ἐκβάλῃ ἐργάτας **εἰς τὸν θερισμὸν αὐτοῦ.**				δεήθητε οὖν τοῦ κυρίου τοῦ θερισμοῦ ὅπως ἐργάτας ἐκβάλῃ **εἰς τὸν θερισμὸν αὐτοῦ.**	→ GTh 73
211	Mt 10,1	καὶ προσκαλεσάμενος **τοὺς δώδεκα μαθητὰς αὐτοῦ** ἔδωκεν αὐτοῖς ἐξουσίαν πνευμάτων ἀκαθάρτων ...	Mk 6,7 ↑ Mk 3,14	καὶ προσκαλεῖται **τοὺς δώδεκα** καὶ ἤρξατο αὐτοὺς ἀποστέλλειν δύο δύο καὶ ἐδίδου αὐτοῖς ἐξουσίαν τῶν πνευμάτων τῶν ἀκαθάρτων	Lk 9,1 ↓ Lk 10,1	συγκαλεσάμενος δὲ **τοὺς δώδεκα** ἔδωκεν αὐτοῖς δύναμιν καὶ ἐξουσίαν ἐπὶ πάντα τὰ δαιμόνια ...	
212	Mt 10,2 (2)	... πρῶτος Σίμων ὁ λεγόμενος Πέτρος καὶ Ἀνδρέας **ὁ ἀδελφὸς αὐτοῦ,**	Mk 3,18	[16] ... καὶ ἐπέθηκεν ὄνομα τῷ Σίμωνι Πέτρον, [17] ... [18] καὶ Ἀνδρέαν ...	Lk 6,14	Σίμωνα, ὃν καὶ ὠνόμασεν Πέτρον, καὶ Ἀνδρέαν **τὸν ἀδελφὸν αὐτοῦ,**	→ Jn 1,40-42
211		καὶ Ἰάκωβος ὁ τοῦ Ζεβεδαίου καὶ Ἰωάννης **ὁ ἀδελφὸς αὐτοῦ**	Mk 3,17	καὶ Ἰάκωβον τὸν τοῦ Ζεβεδαίου καὶ Ἰωάννην **τὸν ἀδελφὸν τοῦ Ἰακώβου** ...		καὶ Ἰάκωβον καὶ Ἰωάννην ...	
202	Mt 10,10	... ἄξιος γὰρ ὁ ἐργάτης **τῆς τροφῆς αὐτοῦ.**			Lk 10,7	... ἄξιος γὰρ ὁ ἐργάτης **τοῦ μισθοῦ αὐτοῦ.** ...	
201	Mt 10,24	οὐκ ἔστιν μαθητὴς ὑπὲρ τὸν διδάσκαλον οὐδὲ δοῦλος **ὑπὲρ τὸν κύριον αὐτοῦ.**			Lk 6,40	οὐκ ἔστιν μαθητὴς ὑπὲρ τὸν διδάσκαλον·	
202	Mt 10,25 (3)	ἀρκετὸν τῷ μαθητῇ ἵνα γένηται **ὡς ὁ διδάσκαλος αὐτοῦ**				κατηρτισμένος δὲ πᾶς ἔσται **ὡς ὁ διδάσκαλος αὐτοῦ.**	
201		καὶ ὁ δοῦλος **ὡς ὁ κύριος αὐτοῦ.**					
200		εἰ τὸν οἰκοδεσπότην Βεελζεβοὺλ ἐπεκάλεσαν, πόσῳ μᾶλλον **τοὺς οἰκιακοὺς αὐτοῦ.**					
201	Mt 10,35 → Lk 12,52 → Mt 10,21 → Mk 13,12 → Lk 21,16	ἦλθον γὰρ διχάσαι ἄνθρωπον ***κατὰ τοῦ πατρὸς αὐτοῦ*** καὶ *θυγατέρα κατὰ τῆς μητρὸς αὐτῆς* ... ➤ Micah 7,6			Lk 12,53 → Lk 12,52	διαμερισθήσονται πατὴρ ἐπὶ υἱῷ καὶ *υἱὸς* ***ἐπὶ πατρί,*** μήτηρ ἐπὶ τὴν θυγατέρα καὶ *θυγάτηρ ἐπὶ τὴν μητέρα,* ... ➤ Micah 7,6	→ GTh 16

200	Mt 10,36	καὶ ἐχθροὶ τοῦ ἀνθρώπου **οἱ οἰκιακοὶ αὐτοῦ.** ➤ Micah 7,6					
201	Mt 10,38 ⇩ Mt 16,24	καὶ ὃς οὐ λαμβάνει **τὸν σταυρὸν αὐτοῦ** καὶ ἀκολουθεῖ ὀπίσω μου, οὐκ ἔστιν μου ἄξιος.	Mk 8,34 (2)	... εἴ τις θέλει ὀπίσω μου ἀκολουθεῖν, ἀπαρνησάσθω ἑαυτὸν καὶ ἀράτω **τὸν σταυρὸν αὐτοῦ** καὶ ἀκολουθείτω μοι.	Lk 14,27 ⇩ Lk 9,23	ὅστις οὐ βαστάζει **τὸν σταυρὸν ἑαυτοῦ** καὶ ἔρχεται ὀπίσω μου οὐ δύναται εἶναί μου μαθητής.	→ GTh 55 Mk-Q overlap
202	Mt 10,39 (2) ⇩ Mt 16,25	ὁ εὑρὼν **τὴν ψυχὴν αὐτοῦ** ἀπολέσει αὐτήν,	Mk 8,35 (2)	ὃς γὰρ ἐὰν θέλῃ **τὴν ψυχὴν αὐτοῦ** σῶσαι ἀπολέσει αὐτήν·	Lk 17,33 ⇩ Lk 9,24	ὃς ἐὰν ζητήσῃ **τὴν ψυχὴν αὐτοῦ** περιποιήσασθαι ἀπολέσει αὐτήν,	→ Jn 12,25 Mk-Q overlap
201		καὶ ὁ ἀπολέσας **τὴν ψυχὴν αὐτοῦ** ἕνεκεν ἐμοῦ εὑρήσει αὐτήν.		ὃς δ' ἂν ἀπολέσει **τὴν ψυχὴν αὐτοῦ** ἕνεκεν ἐμοῦ καὶ τοῦ εὐαγγελίου σώσει αὐτήν.		ὃς δ' ἂν ἀπολέσῃ ζῳογονήσει αὐτήν.	→ Jn 12,25
220	Mt 10,42	καὶ ὃς ἂν ποτίσῃ ἕνα τῶν μικρῶν τούτων ποτήριον ψυχροῦ μόνον εἰς ὄνομα μαθητοῦ, ἀμὴν λέγω ὑμῖν, οὐ μὴ ἀπολέσῃ **τὸν μισθὸν αὐτοῦ.**	Mk 9,41	ὃς γὰρ ἂν ποτίσῃ ὑμᾶς ποτήριον ὕδατος ἐν ὀνόματι ὅτι Χριστοῦ ἐστε, ἀμὴν λέγω ὑμῖν ὅτι οὐ μὴ ἀπολέσῃ **τὸν μισθὸν αὐτοῦ.**			
200	Mt 11,1	καὶ ἐγένετο ὅτε ἐτέλεσεν ὁ Ἰησοῦς διατάσσων **τοῖς δώδεκα** **μαθηταῖς αὐτοῦ,** μετέβη ἐκεῖθεν τοῦ διδάσκειν καὶ κηρύσσειν ἐν ταῖς πόλεσιν αὐτῶν.					
102	Mt 11,2	ὁ δὲ Ἰωάννης ἀκούσας ἐν τῷ δεσμωτηρίῳ τὰ ἔργα τοῦ Χριστοῦ			Lk 7,18 (2)	καὶ ἀπήγγειλαν Ἰωάννῃ **οἱ μαθηταὶ αὐτοῦ** περὶ πάντων τούτων.	
202		πέμψας **διὰ τῶν** **μαθητῶν αὐτοῦ** [3] εἶπεν αὐτῷ· ...				καὶ προσκαλεσάμενος **δύο τινὰς τῶν** **μαθητῶν αὐτοῦ** ὁ Ἰωάννης [19] ἔπεμψεν πρὸς τὸν κύριον λέγων· ...	
202	Mt 11,11	ἀμὴν λέγω ὑμῖν· οὐκ ἐγήγερται ἐν γεννητοῖς γυναικῶν μείζων Ἰωάννου τοῦ βαπτιστοῦ· ὁ δὲ μικρότερος ἐν τῇ βασιλείᾳ τῶν οὐρανῶν **μείζων αὐτοῦ** ἐστιν.			Lk 7,28	λέγω ὑμῖν, μείζων ἐν γεννητοῖς γυναικῶν Ἰωάννου οὐδείς ἐστιν· ὁ δὲ μικρότερος ἐν τῇ βασιλείᾳ τοῦ θεοῦ **μείζων αὐτοῦ** ἐστιν.	→ GTh 46
102	Mt 21,32	ἦλθεν γὰρ Ἰωάννης πρὸς ὑμᾶς ἐν ὁδῷ δικαιοσύνης, καὶ οὐκ ἐπιστεύσατε **αὐτῷ,** οἱ δὲ τελῶναι καὶ αἱ πόρναι ἐπίστευσαν αὐτῷ· ὑμεῖς δὲ ἰδόντες οὐδὲ μετεμελήθητε ὕστερον τοῦ πιστεῦσαι αὐτῷ.			Lk 7,30	[29] ... καὶ οἱ τελῶναι ἐδικαίωσαν τὸν θεόν βαπτισθέντες τὸ βάπτισμα Ἰωάννου· [30] οἱ δὲ Φαρισαῖοι καὶ οἱ νομικοὶ τὴν βουλὴν τοῦ θεοῦ ἠθέτησαν εἰς ἑαυτούς μὴ βαπτισθέντες **ὑπ' αὐτοῦ.**	

b	Mt 26,6 → Lk 7,40		Mk 14,3 (3) → Lk 7,40	καὶ	Lk 7,36	ἠρώτα δέ τις αὐτὸν τῶν Φαρισαίων ἵνα φάγῃ	→ Jn 12,1-2
002		**τοῦ δὲ Ἰησοῦ γενομένου** ἐν Βηθανίᾳ ἐν οἰκίᾳ Σίμωνος τοῦ λεπροῦ,		**ὄντος αὐτοῦ** ἐν Βηθανίᾳ ἐν τῇ οἰκίᾳ Σίμωνος τοῦ λεπροῦ, κατακειμένου αὐτοῦ		**μετ᾽ αὐτοῦ,** καὶ εἰσελθὼν εἰς τὸν οἶκον τοῦ Φαρισαίου κατεκλίθη.	
	Mt 26,7	προσῆλθεν αὐτῷ γυνὴ ἔχουσα ἀλάβαστρον μύρου βαρυτίμου		ἦλθεν γυνὴ ἔχουσα ἀλάβαστρον μύρου νάρδου πιστικῆς πολυτελοῦς,	Lk 7,38 (3)	[37] καὶ ἰδοὺ γυνὴ ... κομίσασα ἀλάβαστρον μύρου [38] καὶ στᾶσα ὀπίσω	
002						**παρὰ τοὺς πόδας αὐτοῦ** κλαίουσα τοῖς δάκρυσιν	
002						ἤρξατο βρέχειν **τοὺς πόδας αὐτοῦ** καὶ ταῖς θριξὶν τῆς κεφαλῆς αὐτῆς ἐξέμασσεν	→ Jn 12,3
a		καὶ κατέχεεν		συντρίψασα τὴν ἀλάβαστρον κατέχεεν		καὶ κατεφίλει	
002		**ἐπὶ τῆς κεφαλῆς** αὐτοῦ ἀνακειμένου.		**αὐτοῦ τῆς κεφαλῆς.**		**τοὺς πόδας αὐτοῦ** καὶ ἤλειφεν τῷ μύρῳ.	
c					Lk 7,39	... οὗτος εἰ ἦν προφήτης, ἐγίνωσκεν ἂν τίς καὶ ποταπὴ ἡ γυνὴ ἥτις ἅπτεται	
002						**αὐτοῦ,** ὅτι ἁμαρτωλός ἐστιν.	
	Mt 11,20	τότε ἤρξατο ὀνειδίζειν τὰς πόλεις ἐν αἷς ἐγένοντο					
200		**αἱ πλεῖσται δυνάμεις αὐτοῦ,** ὅτι οὐ μετενόησαν·					
222	Mt 12,1	... **οἱ δὲ μαθηταὶ αὐτοῦ** ἐπείνασαν καὶ ἤρξαντο τίλλειν στάχυας καὶ ἐσθίειν.	Mk 2,23	... καὶ **οἱ μαθηταὶ αὐτοῦ** ἤρξαντο ὁδὸν ποιεῖν τίλλοντες τοὺς στάχυας.	Lk 6,1	... καὶ ἔτιλλον **οἱ μαθηταὶ αὐτοῦ** καὶ ἤσθιον τοὺς στάχυας ψώχοντες ταῖς χερσίν.	
222	Mt 12,3	... οὐκ ἀνέγνωτε τί ἐποίησεν Δαυὶδ ὅτε ἐπείνασεν καὶ οἱ **μετ᾽ αὐτοῦ,**	Mk 2,25	... οὐδέποτε ἀνέγνωτε τί ἐποίησεν Δαυίδ, ὅτε χρείαν ἔσχεν καὶ ἐπείνασεν αὐτὸς καὶ οἱ **μετ᾽ αὐτοῦ,**	Lk 6,3	... οὐδὲ τοῦτο ἀνέγνωτε ὃ ἐποίησεν Δαυὶδ ὅτε ἐπείνασεν αὐτὸς καὶ οἱ **μετ᾽ αὐτοῦ** [ὄντες],	
212	Mt 12,4	... καὶ τοὺς ἄρτους τῆς προθέσεως ἔφαγον, ὃ οὐκ ἐξὸν ἦν αὐτῷ φαγεῖν οὐδὲ τοῖς **μετ᾽ αὐτοῦ** εἰ μὴ τοῖς ἱερεῦσιν μόνοις;	Mk 2,26	... καὶ τοὺς ἄρτους τῆς προθέσεως ἔφαγεν, οὓς οὐκ ἔξεστιν φαγεῖν εἰ μὴ τοὺς ἱερεῖς, καὶ ἔδωκεν καὶ τοῖς **σὺν αὐτῷ** οὖσιν;	Lk 6,4	... καὶ τοὺς ἄρτους τῆς προθέσεως λαβὼν ἔφαγεν καὶ ἔδωκεν τοῖς **μετ᾽ αὐτοῦ,** οὓς οὐκ ἔξεστιν φαγεῖν εἰ μὴ μόνους τοὺς ἱερεῖς;	
c	Mt 12,10	... καὶ ἐπηρώτησαν αὐτὸν λέγοντες· εἰ ἔξεστιν τοῖς σάββασιν θεραπεῦσαι; ἵνα κατηγορήσωσιν	Mk 3,2	καὶ παρετήρουν αὐτὸν εἰ τοῖς σάββασιν θεραπεύσει αὐτόν, ἵνα κατηγορήσωσιν	Lk 6,7 → Lk 14,3	παρετηροῦντο δὲ αὐτὸν οἱ γραμματεῖς καὶ οἱ Φαρισαῖοι εἰ ἐν τῷ σαββάτῳ θεραπεύει, ἵνα εὕρωσιν κατηγορεῖν	
222		**αὐτοῦ.**		**αὐτοῦ.**		**αὐτοῦ.**	

221	Mt 12,14 → Mt 26,4	ἐξελθόντες δὲ οἱ Φαρισαῖοι συμβούλιον ἔλαβον **κατ' αὐτοῦ** ὅπως αὐτὸν ἀπολέσωσιν.	Mk 3,6 → Mk 14,1	καὶ ἐξελθόντες οἱ Φαρισαῖοι εὐθὺς μετὰ τῶν Ἡρῳδιανῶν συμβούλιον ἐδίδουν **κατ' αὐτοῦ** ὅπως αὐτὸν ἀπολέσωσιν.	Lk 6,11 → Lk 4,28 ↓ Lk 13,17 → Lk 14,6 → Lk 22,2	αὐτοὶ δὲ ἐπλήσθησαν ἀνοίας καὶ διελάλουν πρὸς ἀλλήλους τί ἂν ποιήσαιεν τῷ Ἰησοῦ.	
200	Mt 12,19	*οὐκ ἐρίσει οὐδὲ κραυγάσει, οὐδὲ ἀκούσει τις ἐν ταῖς πλατείαις **τὴν φωνὴν αὐτοῦ.*** ➤ Isa 42,2					
200	Mt 12,21	*καὶ **τῷ ὀνόματι αὐτοῦ** ἔθνη ἐλπιοῦσιν.* ➤ Isa 42,4					
020			Mk 3,21	καὶ ἀκούσαντες οἱ **παρ' αὐτοῦ** ἐξῆλθον κρατῆσαι αὐτόν· ἔλεγον γὰρ ὅτι ἐξέστη.			
202	Mt 12,26	καὶ εἰ ὁ σατανᾶς τὸν σατανᾶν ἐκβάλλει, ἐφ' ἑαυτὸν ἐμερίσθη· πῶς οὖν σταθήσεται **ἡ βασιλεία αὐτοῦ;**	Mk 3,26	καὶ εἰ ὁ σατανᾶς ἀνέστη ἐφ' ἑαυτὸν καὶ ἐμερίσθη, οὐ δύναται στῆναι ἀλλὰ τέλος ἔχει.	Lk 11,18	εἰ δὲ καὶ ὁ σατανᾶς ἐφ' ἑαυτὸν διεμερίσθη, πῶς σταθήσεται **ἡ βασιλεία αὐτοῦ;** ...	Mk-Q overlap
222	Mt 12,29 (2)	ἢ πῶς δύναταί τις εἰσελθεῖν εἰς τὴν οἰκίαν τοῦ ἰσχυροῦ καὶ **τὰ σκεύη αὐτοῦ** ἁρπάσαι,	Mk 3,27 (2)	ἀλλ' οὐ δύναται οὐδεὶς εἰς τὴν οἰκίαν τοῦ ἰσχυροῦ εἰσελθὼν **τὰ σκεύη αὐτοῦ** διαρπάσαι,	Lk 11,21	ὅταν ὁ ἰσχυρὸς καθωπλισμένος φυλάσσῃ τὴν ἑαυτοῦ αὐλήν, ἐν εἰρήνῃ ἐστὶν **τὰ ὑπάρχοντα αὐτοῦ·**	→ GTh 21,5 → GTh 35 Mk-Q overlap?
222		ἐὰν μὴ πρῶτον δήσῃ τὸν ἰσχυρόν; καὶ τότε **τὴν οἰκίαν αὐτοῦ** διαρπάσει.		ἐὰν μὴ πρῶτον τὸν ἰσχυρὸν δήσῃ, καὶ τότε **τὴν οἰκίαν αὐτοῦ** διαρπάσει.	Lk 11,22 (3)	ἐπὰν δὲ ἰσχυρότερος αὐτοῦ ἐπελθὼν νικήσῃ αὐτόν, τὴν πανοπλίαν αὐτοῦ αἴρει ἐφ' ᾗ ἐπεποίθει, καὶ **τὰ σκῦλα αὐτοῦ** διαδίδωσιν.	Mk-Q overlap?
d 200 *d* 200	Mt 12,33 (2) ⇨ Mt 7,17	ἢ ποιήσατε τὸ δένδρον καλὸν καὶ **τὸν καρπὸν αὐτοῦ** καλόν, ἢ ποιήσατε τὸ δένδρον σαπρὸν καὶ **τὸν καρπὸν αὐτοῦ** σαπρόν· ...					
d 200	Mt 12,36	λέγω δὲ ὑμῖν ὅτι πᾶν ῥῆμα ἀργὸν ὃ λαλήσουσιν οἱ ἄνθρωποι ἀποδώσουσιν **περὶ αὐτοῦ** λόγον ἐν ἡμέρᾳ κρίσεως·					
b 211 121 222	Mt 12,46 (2)	ἔτι **αὐτοῦ λαλοῦντος** τοῖς ὄχλοις ἰδοὺ **ἡ μήτηρ** καὶ **οἱ ἀδελφοὶ αὐτοῦ** εἱστήκεισαν ἔξω ζητοῦντες αὐτῷ λαλῆσαι.	Mk 3,31 (2)	καὶ ἔρχεται **ἡ μήτηρ αὐτοῦ** καὶ **οἱ ἀδελφοὶ αὐτοῦ** καὶ ἔξω στήκοντες ἀπέστειλαν πρὸς αὐτὸν καλοῦντες αὐτόν.	Lk 8,19	παρεγένετο δὲ πρὸς αὐτὸν **ἡ μήτηρ** καὶ **οἱ ἀδελφοὶ αὐτοῦ** καὶ οὐκ ἠδύναντο συντυχεῖν αὐτῷ διὰ τὸν ὄχλον.	→ GTh 99

210 210	Mt 12,49 (2)	καὶ ἐκτείνας **τὴν χεῖρα αὐτοῦ** **ἐπὶ τοὺς μαθητὰς αὐτοῦ** εἶπεν· ἰδοὺ ἡ μήτηρ μου καὶ οἱ ἀδελφοί μου·	Mk 3,34	καὶ περιβλεψάμενος **τοὺς περὶ αὐτὸν κύκλῳ καθημένους** λέγει· ἴδε ἡ μήτηρ μου καὶ οἱ ἀδελφοί μου.			→ GTh 99
121	Mt 13,3	[2] καὶ συνήχθησαν πρὸς αὐτὸν ὄχλοι πολλοί, ... [3] καὶ ἐλάλησεν αὐτοῖς πολλὰ ἐν παραβολαῖς λέγων·	Mk 4,2	[1] ... καὶ συνάγεται πρὸς αὐτὸν ὄχλος πλεῖστος, ... [2] καὶ ἐδίδασκεν αὐτοὺς ἐν παραβολαῖς πολλὰ καὶ ἔλεγεν αὐτοῖς **ἐν τῇ διδαχῇ αὐτοῦ·**	Lk 8,4 → Lk 5,3	συνιόντος δὲ ὄχλου πολλοῦ καὶ τῶν κατὰ πόλιν ἐπιπορευομένων πρὸς αὐτὸν εἶπεν διὰ παραβολῆς·	
112		ἰδοὺ ἐξῆλθεν ὁ σπείρων τοῦ σπείρειν.	Mk 4,3	ἀκούετε. ἰδοὺ ἐξῆλθεν ὁ σπείρων σπεῖραι.	Lk 8,5	ἐξῆλθεν ὁ σπείρων τοῦ σπεῖραι **τὸν σπόρον αὐτοῦ.** ...	→ GTh 9
112	Mt 13,10	καὶ προσελθόντες **οἱ μαθηταὶ** εἶπαν αὐτῷ· διὰ τί ἐν παραβολαῖς λαλεῖς αὐτοῖς;	Mk 4,10 ↓ Mk 7,17	... ἠρώτων αὐτὸν **οἱ περὶ αὐτὸν σὺν τοῖς δώδεκα** τὰς παραβολάς.	Lk 8,9 ↓ Mk 7,17	ἐπηρώτων δὲ αὐτὸν **οἱ μαθηταὶ αὐτοῦ** τίς αὕτη εἴη ἡ παραβολή.	
222	Mt 13,12 ⇩ Mt 25,29	... ὅστις δὲ οὐκ ἔχει, καὶ ὃ ἔχει ἀρθήσεται **ἀπ' αὐτοῦ.**	Mk 4,25	... καὶ ὃς οὐκ ἔχει, καὶ ὃ ἔχει ἀρθήσεται **ἀπ' αὐτοῦ.**	Lk 8,18 ⇩ Lk 19,26	... καὶ ὃς ἂν μὴ ἔχῃ, καὶ ὃ δοκεῖ ἔχειν ἀρθήσεται **ἀπ' αὐτοῦ.**	→ GTh 41 Mk-Q overlap
211	Mt 13,19	παντὸς ἀκούοντος τὸν λόγον τῆς βασιλείας καὶ μὴ συνιέντος, ἔρχεται ὁ πονηρὸς καὶ ἁρπάζει τὸ ἐσπαρμένον **ἐν τῇ καρδίᾳ αὐτοῦ,** οὗτός ἐστιν ὁ παρὰ τὴν ὁδὸν σπαρείς.	Mk 4,15	οὗτοι δέ εἰσιν οἱ παρὰ τὴν ὁδόν· ὅπου σπείρεται ὁ λόγος καὶ ὅταν ἀκούσωσιν, εὐθὺς ἔρχεται ὁ σατανᾶς καὶ αἴρει τὸν λόγον τὸν ἐσπαρμένον **εἰς αὐτούς.**	Lk 8,12	οἱ δὲ παρὰ τὴν ὁδόν εἰσιν οἱ ἀκούσαντες, εἶτα ἔρχεται ὁ διάβολος καὶ αἴρει τὸν λόγον **ἀπὸ τῆς καρδίας αὐτῶν,** ἵνα μὴ πιστεύσαντες σωθῶσιν.	
200	Mt 13,24	... ὡμοιώθη ἡ βασιλεία τῶν οὐρανῶν ἀνθρώπῳ σπείραντι καλὸν σπέρμα **ἐν τῷ ἀγρῷ αὐτοῦ.**					→ GTh 57
a 200	Mt 13,25	ἐν δὲ τῷ καθεύδειν τοὺς ἀνθρώπους ἦλθεν **αὐτοῦ ὁ ἐχθρὸς** καὶ ἐπέσπειρεν ζιζάνια ἀνὰ μέσον τοῦ σίτου καὶ ἀπῆλθεν.					→ GTh 57
201	Mt 13,31	... ὁμοία ἐστὶν ἡ βασιλεία τῶν οὐρανῶν κόκκῳ σινάπεως, ὃν λαβὼν ἄνθρωπος ἔσπειρεν **ἐν τῷ ἀγρῷ αὐτοῦ·**	Mk 4,31	[30] ... πῶς ὁμοιώσωμεν τὴν βασιλείαν τοῦ θεοῦ ... [31] ὡς κόκκῳ σινάπεως, ὃς ὅταν σπαρῇ **ἐπὶ τῆς γῆς,** ...	Lk 13,19	[18] ... τίνι ὁμοία ἐστὶν ἡ βασιλεία τοῦ θεοῦ ... [19] ὁμοία ἐστὶν κόκκῳ σινάπεως, ὃν λαβὼν ἄνθρωπος ἔβαλεν **εἰς κῆπον ἑαυτοῦ,** ...	→ GTh 20 Mk-Q overlap
d 202	Mt 13,32	... καὶ γίνεται δένδρον, ὥστε ἐλθεῖν *τὰ πετεινὰ τοῦ οὐρανοῦ καὶ κατασκηνοῦν* ***ἐν τοῖς κλάδοις αὐτοῦ.*** ➤ Ps 103,12 LXX	Mk 4,32	... καὶ ποιεῖ κλάδους μεγάλους, ὥστε δύνασθαι **ὑπὸ τὴν σκιὰν αὐτοῦ** *τὰ πετεινὰ τοῦ οὐρανοῦ κατασκηνοῦν.* ➤ Ps 103,12 LXX	Lk 13,19	... καὶ ἐγένετο εἰς δένδρον, καὶ *τὰ πετεινὰ τοῦ οὐρανοῦ κατεσκήνωσεν* ***ἐν τοῖς κλάδοις αὐτοῦ.*** ➤ Ps 103,12 LXX	→ GTh 20 Mk-Q overlap

d	Mt		Mk		Lk		
020	Mt 13,32	... καὶ γίνεται δένδρον, ὥστε ἐλθεῖν *τὰ πετεινὰ τοῦ οὐρανοῦ καὶ κατασκηνοῦν* *ἐν τοῖς κλάδοις αὐτοῦ.* ➤ Ps 103,12 LXX	Mk 4,32	... καὶ ποιεῖ κλάδους μεγάλους, ὥστε δύνασθαι ὑπὸ τὴν σκιὰν αὐτοῦ *τὰ πετεινὰ τοῦ οὐρανοῦ κατασκηνοῦν.* ➤ Ps 103,12 LXX	Lk 13,19	... καὶ ἐγένετο εἰς δένδρον, καὶ *τὰ πετεινὰ τοῦ οὐρανοῦ κατεσκήνωσεν* *ἐν τοῖς κλάδοις αὐτοῦ.* ➤ Ps 103,12 LXX	→ GTh 20 Mk-Q overlap
200	Mt 13,36 → Mt 13,34 → Mk 4,34	... καὶ προσῆλθον αὐτῷ οἱ μαθηταὶ αὐτοῦ λέγοντες· διασάφησον ἡμῖν τὴν παραβολὴν τῶν ζιζανίων τοῦ ἀγροῦ.					
200 200	Mt 13,41 (2) ↓ Mt 24,31 ↓ Mk 13,27 → Mt 7,23 → Lk 13,27	ἀποστελεῖ ὁ υἱὸς τοῦ ἀνθρώπου τοὺς ἀγγέλους αὐτοῦ, καὶ συλλέξουσιν ἐκ τῆς βασιλείας αὐτοῦ πάντα τὰ σκάνδαλα καὶ τοὺς ποιοῦντας τὴν ἀνομίαν					
200	Mt 13,44	ὁμοία ἐστὶν ἡ βασιλεία τῶν οὐρανῶν θησαυρῷ κεκρυμμένῳ ἐν τῷ ἀγρῷ, ὃν εὑρὼν ἄνθρωπος ἔκρυψεν, καὶ ἀπὸ τῆς χαρᾶς αὐτοῦ ὑπάγει καὶ πωλεῖ πάντα ὅσα ἔχει καὶ ἀγοράζει τὸν ἀγρὸν ἐκεῖνον.					→ GTh 109
200	Mt 13,52 → Mt 12,35 → Lk 6,45ab	... διὰ τοῦτο πᾶς γραμματεὺς μαθητευθεὶς τῇ βασιλείᾳ τῶν οὐρανῶν ὅμοιός ἐστιν ἀνθρώπῳ οἰκοδεσπότῃ, ὅστις ἐκβάλλει ἐκ τοῦ θησαυροῦ αὐτοῦ καινὰ καὶ παλαιά.					
222	Mt 12,46 (2)	ἔτι αὐτοῦ λαλοῦντος τοῖς ὄχλοις ἰδοὺ ἡ μήτηρ καὶ οἱ ἀδελφοὶ αὐτοῦ εἱστήκεισαν ἔξω ζητοῦντες αὐτῷ λαλῆσαι.	Mk 3,31 (2)	καὶ ἔρχεται ἡ μήτηρ αὐτοῦ καὶ οἱ ἀδελφοὶ αὐτοῦ καὶ ἔξω στήκοντες ἀπέστειλαν πρὸς αὐτὸν καλοῦντες αὐτόν.	Lk 8,19	παρεγένετο δὲ πρὸς αὐτὸν ἡ μήτηρ καὶ οἱ ἀδελφοὶ αὐτοῦ καὶ οὐκ ἠδύναντο συντυχεῖν αὐτῷ διὰ τὸν ὄχλον.	→ GTh 99
121 212	Mt 8,23	καὶ ἐμβάντι αὐτῷ εἰς τὸ πλοῖον ἠκολούθησαν αὐτῷ οἱ μαθηταὶ αὐτοῦ.	Mk 4,36	... παραλαμβάνουσιν αὐτὸν ὡς ἦν ἐν τῷ πλοίῳ, καὶ ἄλλα πλοῖα ἦν μετ' αὐτοῦ.	Lk 8,22	... καὶ αὐτὸς ἐνέβη εἰς πλοῖον καὶ οἱ μαθηταὶ αὐτοῦ ...	

b 121	**Mt 8,28**	καὶ ἐλθόντος αὐτοῦ εἰς τὸ πέραν εἰς τὴν χώραν τῶν Γαδαρηνῶν ὑπήντησαν αὐτῷ δύο δαιμονιζόμενοι ἐκ τῶν μνημείων ἐξερχόμενοι,	**Mk 5,2**	[1] καὶ ἦλθον εἰς τὸ πέραν τῆς θαλάσσης εἰς τὴν χώραν τῶν Γερασηνῶν. [2] **καὶ ἐξελθόντος αὐτοῦ** ἐκ τοῦ πλοίου εὐθὺς ὑπήντησεν αὐτῷ ἐκ τῶν μνημείων ἄνθρωπος ἐν πνεύματι ἀκαθάρτῳ	**Lk 8,27**	[26] καὶ κατέπλευσαν εἰς τὴν χώραν τῶν Γερασηνῶν, ἥτις ἐστὶν ἀντιπέρα τῆς Γαλιλαίας. [27] **ἐξελθόντι δὲ** αὐτῷ ἐπὶ τὴν γῆν ὑπήντησεν ἀνήρ τις ἐκ τῆς πόλεως ἔχων δαιμόνια ...	
121		χαλεποὶ λίαν, ὥστε μὴ ἰσχύειν τινὰ παρελθεῖν διὰ τῆς ὁδοῦ ἐκείνης.	**Mk 5,4**	διὰ τὸ αὐτὸν πολλάκις πέδαις καὶ ἁλύσεσιν δεδέσθαι καὶ διεσπάσθαι **ὑπ' αὐτοῦ** τὰς ἁλύσεις καὶ τὰς πέδας συντετρῖφθαι, καὶ οὐδεὶς ἴσχυεν αὐτὸν δαμάσαι·	**Lk 8,29**	... πολλοῖς γὰρ χρόνοις συνηρπάκει αὐτὸν καὶ ἐδεσμεύετο ἁλύσεσιν καὶ πέδαις φυλασσόμενος ...	
b 121	**Mt 9,1**	καὶ **ἐμβὰς** εἰς πλοῖον διεπέρασεν ...	**Mk 5,18** (2)	καὶ **ἐμβαίνοντος αὐτοῦ** εἰς τὸ πλοῖον	**Lk 8,37**	... αὐτὸς δὲ **ἐμβὰς** εἰς πλοῖον ὑπέστρεψεν.	
c 012 021			↑ Mk 3,14	παρεκάλει **αὐτὸν** ὁ δαιμονισθεὶς ἵνα **μετ' αὐτοῦ** ᾖ.	**Lk 8,38**	ἐδεῖτο δὲ **αὐτοῦ** ὁ ἀνὴρ ἀφ' οὗ ἐξεληλύθει τὰ δαιμόνια εἶναι **σὺν αὐτῷ· ...**	
121	**Mt 9,18**	... ἰδοὺ ἄρχων εἷς ἐλθὼν προσεκύνει αὐτῷ	**Mk 5,22**	καὶ ἔρχεται εἷς τῶν ἀρχισυναγώγων, ὀνόματι Ἰάϊρος, καὶ ἰδὼν αὐτὸν πίπτει **πρὸς τοὺς πόδας αὐτοῦ**	**Lk 8,41**	καὶ ἰδοὺ ἦλθεν ἀνὴρ ᾧ ὄνομα Ἰάϊρος καὶ οὗτος ἄρχων τῆς συναγωγῆς ὑπῆρχεν, καὶ πεσὼν **παρὰ τοὺς πόδας [τοῦ] Ἰησοῦ**	
112		λέγων ὅτι ἡ θυγάτηρ μου ἄρτι ἐτελεύτησεν· ἀλλὰ ἐλθὼν ἐπίθες τὴν χεῖρά σου ἐπ' αὐτήν, καὶ ζήσεται.	**Mk 5,23**	καὶ παρακαλεῖ αὐτὸν πολλὰ λέγων ὅτι τὸ θυγάτριόν μου ἐσχάτως ἔχει, ἵνα ἐλθὼν ἐπιθῇς τὰς χεῖρας αὐτῇ ἵνα σωθῇ καὶ ζήσῃ.	→ Mk 5,42	παρεκάλει αὐτὸν εἰσελθεῖν **εἰς τὸν οἶκον αὐτοῦ,** [42] ὅτι θυγάτηρ μονογενὴς ἦν αὐτῷ ὡς ἐτῶν δώδεκα καὶ αὐτὴ ἀπέθνῃσκεν. ...	
121	**Mt 9,19**	καὶ ἐγερθεὶς ὁ Ἰησοῦς ἠκολούθησεν **αὐτῷ** καὶ οἱ μαθηταὶ αὐτοῦ.	**Mk 5,24**	καὶ ἀπῆλθεν **μετ' αὐτοῦ.** καὶ ἠκολούθει αὐτῷ ὄχλος πολὺς καὶ συνέθλιβον αὐτόν.	**Lk 8,42**	... ἐν δὲ τῷ ὑπάγειν αὐτὸν οἱ ὄχλοι συνέπνιγον αὐτόν.	
222	**Mt 9,20** ↓ Mt 14,36	καὶ ἰδοὺ γυνὴ αἱμορροοῦσα δώδεκα ἔτη προσελθοῦσα ὄπισθεν ἥψατο **τοῦ κρασπέδου** **τοῦ ἱματίου αὐτοῦ·**	**Mk 5,27** ↓ Mk 6,56	[25] καὶ γυνὴ οὖσα ἐν ῥύσει αἵματος δώδεκα ἔτη ... [27] ἀκούσασα περὶ τοῦ Ἰησοῦ, ἐλθοῦσα ἐν τῷ ὄχλῳ ὄπισθεν ἥψατο **τοῦ ἱματίου αὐτοῦ·**	**Lk 8,44**	[43] καὶ γυνὴ οὖσα ἐν ῥύσει αἵματος ἀπὸ ἐτῶν δώδεκα, ... [44] προσελθοῦσα ὄπισθεν ἥψατο **τοῦ κρασπέδου** **τοῦ ἱματίου αὐτοῦ ...**	
220	**Mt 9,21**	ἔλεγεν γὰρ ἐν ἑαυτῇ· ἐὰν μόνον ἅψωμαι **τοῦ ἱματίου αὐτοῦ** σωθήσομαι.	**Mk 5,28**	ἔλεγεν γὰρ ὅτι ἐὰν ἅψωμαι κἂν **τῶν ἱματίων αὐτοῦ** σωθήσομαι.			

021			Mk 5,30 ↑ Lk 6,19	καὶ εὐθὺς ὁ Ἰησοῦς ἐπιγνοὺς ἐν ἑαυτῷ τὴν **ἐξ αὐτοῦ** δύναμιν ἐξελθοῦσαν ἐπιστραφεὶς ἐν τῷ ὄχλῳ ἔλεγεν· τίς μου ἥψατο τῶν ἱματίων;	Lk 8,46 ↑ Lk 6,19	ὁ δὲ Ἰησοῦς εἶπεν· ἥψατό μού τις, ἐγὼ γὰρ ἔγνων δύναμιν ἐξεληλυθυῖαν **ἀπ' ἐμοῦ.**	
021			Mk 5,31	καὶ ἔλεγον αὐτῷ **οἱ μαθηταὶ αὐτοῦ·** βλέπεις τὸν ὄχλον συνθλίβοντά σε καὶ λέγεις· τίς μου ἥψατο;	Lk 8,45	... ἀρνουμένων δὲ πάντων εἶπεν **ὁ Πέτρος·** ἐπιστάτα, οἱ ὄχλοι συνέχουσίν σε καὶ ἀποθλίβουσιν.	
c 012			Mk 5,33	ἡ δὲ γυνὴ φοβηθεῖσα καὶ τρέμουσα, εἰδυῖα ὃ γέγονεν αὐτῇ, ἦλθεν καὶ προσέπεσεν αὐτῷ καὶ εἶπεν αὐτῷ πᾶσαν τὴν ἀλήθειαν.	Lk 8,47	ἰδοῦσα δὲ ἡ γυνὴ ὅτι οὐκ ἔλαθεν, τρέμουσα ἦλθεν καὶ προσπεσοῦσα αὐτῷ δι' ἣν αἰτίαν ἥψατο **αὐτοῦ** ἀπήγγειλεν ἐνώπιον παντὸς τοῦ λαοῦ ...	
b 022			Mk 5,35 ↑ Lk 7,6	ἔτι **αὐτοῦ λαλοῦντος** ἔρχονται ἀπὸ τοῦ ἀρχισυναγώγου λέγοντες ὅτι ἡ θυγάτηρ σου ἀπέθανεν· ...	Lk 8,49 ↑ Lk 7,6	ἔτι **αὐτοῦ λαλοῦντος** ἔρχεταί τις παρὰ τοῦ ἀρχισυναγώγου λέγων ὅτι τέθνηκεν ἡ θυγάτηρ σου· ...	
021			Mk 5,37	καὶ οὐκ ἀφῆκεν οὐδένα **μετ' αὐτοῦ** συνακολουθῆσαι εἰ μὴ τὸν Πέτρον καὶ Ἰάκωβον καὶ Ἰωάννην τὸν ἀδελφὸν Ἰακώβου.	Lk 8,51	... οὐκ ἀφῆκεν εἰσελθεῖν τινα **σὺν αὐτῷ** εἰ μὴ Πέτρον καὶ Ἰωάννην καὶ Ἰάκωβον ...	
222	Mt 9,24	... ἀναχωρεῖτε, οὐ γὰρ ἀπέθανεν τὸ κοράσιον ἀλλὰ καθεύδει. καὶ κατεγέλων **αὐτοῦ.**	Mk 5,40 (2)	[39] ... τί θορυβεῖσθε καὶ κλαίετε; τὸ παιδίον οὐκ ἀπέθανεν ἀλλὰ καθεύδει. [40] καὶ κατεγέλων **αὐτοῦ.**	Lk 8,53	[52] ... μὴ κλαίετε, οὐ γὰρ ἀπέθανεν ἀλλὰ καθεύδει. [53] καὶ κατεγέλων **αὐτοῦ,** εἰδότες ὅτι ἀπέθανεν.	
021				αὐτὸς δὲ ἐκβαλὼν πάντας παραλαμβάνει τὸν πατέρα τοῦ παιδίου καὶ τὴν μητέρα καὶ **τοὺς μετ' αὐτοῦ** καὶ εἰσπορεύεται ὅπου ἦν τὸ παιδίον.	Lk 8,51 ↑ Mk 5,37	... οὐκ ἀφῆκεν εἰσελθεῖν τινα σὺν αὐτῷ εἰ μὴ Πέτρον καὶ Ἰωάννην καὶ Ἰάκωβον καὶ τὸν πατέρα τῆς παιδὸς καὶ τὴν μητέρα.	

[a] αὐτοῦ in the prepositive position
[b] αὐτοῦ in the genitive absolute
[c] αὐτοῦ as object of verbs construed with the genitive
[d] αὐτοῦ neuter

221	Mt 13,54	καὶ ἐλθὼν **εἰς τὴν πατρίδα αὐτοῦ**	Mk 6,1 (2)	... καὶ ἔρχεται **εἰς τὴν πατρίδα αὐτοῦ,**	Lk 4,16	καὶ ἦλθεν **εἰς Ναζαρά, οὗ ἦν τεθραμμένος**	
121				καὶ ἀκολουθοῦσιν αὐτῷ **οἱ μαθηταὶ αὐτοῦ.**			
		ἐδίδασκεν αὐτοὺς ἐν τῇ συναγωγῇ αὐτῶν,		[2] καὶ γενομένου σαββάτου ἤρξατο διδάσκειν ἐν τῇ συναγωγῇ, ↔		καὶ εἰσῆλθεν κατὰ τὸ εἰωθὸς αὐτῷ ἐν τῇ ἡμέρᾳ τῶν σαββάτων εἰς τὴν συναγωγὴν καὶ ἀνέστη ἀναγνῶναι.	
121		ὥστε ἐκπλήσσεσθαι αὐτοὺς καὶ λέγειν· πόθεν τούτῳ ἡ σοφία αὕτη καὶ αἱ δυνάμεις;	Mk 6,2	↔ καὶ πολλοὶ ἀκούοντες ἐξεπλήσσοντο λέγοντες· πόθεν τούτῳ ταῦτα, καὶ τίς ἡ σοφία ἡ δοθεῖσα τούτῳ, καὶ αἱ δυνάμεις τοιαῦται **διὰ τῶν χειρῶν αὐτοῦ** γινόμεναι;	Lk 4,22	καὶ πάντες ἐμαρτύρουν αὐτῷ καὶ ἐθαύμαζον ἐπὶ τοῖς λόγοις τῆς χάριτος τοῖς ἐκπορευομένοις ἐκ τοῦ στόματος αὐτοῦ καὶ ἔλεγον·	
211	Mt 13,55 (2) → Mt 1,16	οὐχ οὗτός ἐστιν ὁ τοῦ τέκτονος υἱός; οὐχ **ἡ μήτηρ αὐτοῦ** λέγεται Μαριὰμ	Mk 6,3 → Mt 1,16	οὐχ οὗτός ἐστιν ὁ τέκτων, ὁ υἱὸς τῆς Μαρίας	→ Lk 3,23	οὐχὶ υἱός ἐστιν Ἰωσὴφ οὗτος;	→ Jn 6,42
211		καὶ **οἱ ἀδελφοὶ αὐτοῦ** Ἰάκωβος καὶ Ἰωσὴφ καὶ Σίμων καὶ Ἰούδας;		καὶ **ἀδελφὸς** Ἰακώβου καὶ Ἰωσῆτος καὶ Ἰούδα καὶ Σίμωνος;			
220	Mt 13,56	καὶ **αἱ ἀδελφαὶ αὐτοῦ** οὐχὶ πᾶσαι πρὸς ἡμᾶς εἰσιν; ...		καὶ οὐκ εἰσὶν **αἱ ἀδελφαὶ αὐτοῦ** ὧδε πρὸς ἡμᾶς; ...			
122	Mt 13,57	... οὐκ ἔστιν προφήτης ἄτιμος εἰ μὴ **ἐν τῇ πατρίδι**	Mk 6,4 (3)	... οὐκ ἔστιν προφήτης ἄτιμος εἰ μὴ **ἐν τῇ πατρίδι αὐτοῦ**	Lk 4,24	... ἀμὴν λέγω ὑμῖν ὅτι οὐδεὶς προφήτης δεκτός ἐστιν **ἐν τῇ πατρίδι αὐτοῦ.**	→ Jn 4,44 → GTh 31 **(POxy 1)**
121				καὶ **ἐν τοῖς συγγενεῦσιν αὐτοῦ**			
221		καὶ **ἐν τῇ οἰκίᾳ αὐτοῦ.**		καὶ **ἐν τῇ οἰκίᾳ αὐτοῦ.**			
121	Mt 14,1	ἐν ἐκείνῳ τῷ καιρῷ ἤκουσεν Ἡρῴδης ὁ τετραάρχης **τὴν ἀκοὴν Ἰησοῦ, ...**	Mk 6,14	καὶ ἤκουσεν ὁ βασιλεὺς Ἡρῴδης, **φανερὸν γὰρ ἐγένετο τὸ ὄνομα αὐτοῦ, ...**	Lk 9,7	ἤκουσεν δὲ Ἡρῴδης ὁ τετραάρχης **τὰ γινόμενα πάντα ...**	
211	Mt 14,2	καὶ εἶπεν **τοῖς παισὶν αὐτοῦ·** οὗτός ἐστιν Ἰωάννης ὁ βαπτιστής· αὐτὸς ἠγέρθη ἀπὸ τῶν νεκρῶν ...	Mk 6,16 ↓ Mk 6,27	ἀκούσας δὲ ὁ Ἡρῴδης ἔλεγεν· ὃν ἐγὼ ἀπεκεφάλισα Ἰωάννην, οὗτος ἠγέρθη.	Lk 9,9	εἶπεν δὲ Ἡρῴδης· Ἰωάννην ἐγὼ ἀπεκεφάλισα· τίς δέ ἐστιν οὗτος ...	
222	Mt 14,3	ὁ γὰρ Ἡρῴδης κρατήσας τὸν Ἰωάννην ἔδησεν [αὐτὸν] καὶ ἐν φυλακῇ ἀπέθετο διὰ Ἡρῳδιάδα τὴν γυναῖκα Φιλίππου **τοῦ ἀδελφοῦ αὐτοῦ·**	Mk 6,17	αὐτὸς γὰρ ὁ Ἡρῴδης ἀποστείλας ἐκράτησεν τὸν Ἰωάννην καὶ ἔδησεν αὐτὸν ἐν φυλακῇ διὰ Ἡρῳδιάδα τὴν γυναῖκα Φιλίππου **τοῦ ἀδελφοῦ αὐτοῦ,** ὅτι αὐτὴν ἐγάμησεν·	Lk 3,19 (2) → Mt 14,4 → Mk 6,18	ὁ δὲ Ἡρῴδης ὁ τετραάρχης, ἐλεγχόμενος ὑπ᾽ αὐτοῦ περὶ Ἡρῳδιάδος τῆς γυναικὸς **τοῦ ἀδελφοῦ αὐτοῦ** ... [20] ... [καὶ] κατέκλεισεν τὸν Ἰωάννην ἐν φυλακῇ.	

c	Mt 14,5	[3] ὁ γὰρ Ἡρῴδης ... [5] καὶ θέλων αὐτὸν ἀποκτεῖναι ἐφοβήθη τὸν ὄχλον, ὅτι ὡς προφήτην αὐτὸν εἶχον.	Mk 6,20 (2)	[19] ἡ δὲ Ἡρῳδιὰς ἐνεῖχεν αὐτῷ καὶ ἤθελεν αὐτὸν ἀποκτεῖναι, καὶ οὐκ ἠδύνατο· [20] ὁ γὰρ Ἡρῴδης ἐφοβεῖτο τὸν Ἰωάννην, εἰδὼς αὐτὸν ἄνδρα δίκαιον καὶ ἅγιον, καὶ συνετήρει αὐτόν, καὶ ἀκούσας			
120				**αὐτοῦ** πολλὰ ἠπόρει,			
c 120				καὶ ἡδέως **αὐτοῦ** ἤκουεν.			
	Mt 14,6		Mk 6,21 (2)	καὶ γενομένης ἡμέρας εὐκαίρου ὅτε Ἡρῴδης			
120		**γενεσίοις δὲ γενομένοις τοῦ Ἡρῴδου**		**τοῖς γενεσίοις** **αὐτοῦ** δεῖπνον ἐποίησεν			
120				**τοῖς μεγιστᾶσιν αὐτοῦ** καὶ τοῖς χιλιάρχοις καὶ τοῖς πρώτοις τῆς Γαλιλαίας,			
		ὠρχήσατο	Mk 6,22	καὶ εἰσελθούσης			
120		**ἡ θυγάτηρ** **τῆς Ἡρῳδιάδος** ἐν τῷ μέσῳ καὶ ἤρεσεν τῷ Ἡρῴδῃ		**τῆς θυγατρὸς αὐτοῦ Ἡρῳδιάδος** καὶ ὀρχησαμένης ἤρεσεν τῷ Ἡρῴδῃ καὶ τοῖς συνανακειμένοις. ...			
	Mt 14,10	καὶ πέμψας	Mk 6,27 ↑ Mk 6,16 ↑ Lk 9,9	καὶ εὐθὺς ἀποστείλας ὁ βασιλεὺς σπεκουλάτορα ἐπέταξεν ἐνέγκαι			
120		 ἀπεκεφάλισεν [τὸν] Ἰωάννην ἐν τῇ φυλακῇ.		**τὴν κεφαλὴν αὐτοῦ.** καὶ ἀπελθὼν ἀπεκεφάλισεν αὐτὸν ἐν τῇ φυλακῇ			
	Mt 14,11	καὶ ἠνέχθη	Mk 6,28	καὶ ἤνεγκεν			
220		**ἡ κεφαλὴ αὐτοῦ** ἐπὶ πίνακι καὶ ἐδόθη τῷ κορασίῳ, ...		**τὴν κεφαλὴν αὐτοῦ** ἐπὶ πίνακι καὶ ἔδωκεν αὐτὴν τῷ κορασίῳ, ...			
	Mt 14,12	καὶ προσελθόντες	Mk 6,29 (2)	καὶ ἀκούσαντες			
220		**οἱ μαθηταὶ αὐτοῦ** ἦραν		**οἱ μαθηταὶ αὐτοῦ** ἦλθον καὶ ἦραν			
120		**τὸ πτῶμα** καὶ ἔθαψαν αὐτό[ν] ...		**τὸ πτῶμα αὐτοῦ** καὶ ἔθηκαν αὐτὸ ἐν μνημείῳ.			
	Mt 14,15	... προσῆλθον αὐτῷ	Mk 6,35	... προσελθόντες αὐτῷ	Lk 9,12	... προσελθόντες δὲ	
121		**οἱ μαθηταὶ** λέγοντες· ἔρημός ἐστιν ὁ τόπος καὶ ἡ ὥρα ἤδη παρῆλθεν· ...		**οἱ μαθηταὶ αὐτοῦ** ἔλεγον ὅτι ἔρημός ἐστιν ὁ τόπος καὶ ἤδη ὥρα πολλή·		**οἱ δώδεκα** εἶπαν αὐτῷ· ... ὅτι ὧδε ἐν ἐρήμῳ τόπῳ ἐσμέν.	
112	Mt 14,19 → Mt 15,35	καὶ κελεύσας τοὺς ὄχλους ἀνακλιθῆναι ἐπὶ τοῦ χόρτου, ...	Mk 6,39	καὶ ἐπέταξεν αὐτοῖς ἀνακλῖναι πάντας συμπόσια συμπόσια ἐπὶ τῷ χλωρῷ χόρτῳ.	Lk 9,14	... εἶπεν δὲ **πρὸς τοὺς μαθητὰς αὐτοῦ·** κατακλίνατε αὐτοὺς κλισίας ...	→ Jn 6,10

121	**Mt 14,19** ↓ Mt 15,36 → Mt 26,26	... εὐλόγησεν καὶ κλάσας ἔδωκεν **τοῖς μαθηταῖς** τοὺς ἄρτους οἱ δὲ μαθηταὶ τοῖς ὄχλοις.	**Mk 6,41** ↓ **Mk 8,6** → Mk 14,22	... εὐλόγησεν καὶ κατέκλασεν τοὺς ἄρτους καὶ ἐδίδου **τοῖς μαθηταῖς** **[αὐτοῦ]** ἵνα παρατιθῶσιν αὐτοῖς, καὶ τοὺς δύο ἰχθύας ἐμέρισεν πᾶσιν.	**Lk 9,16** → Lk 22,19	... εὐλόγησεν αὐτοὺς καὶ κατέκλασεν καὶ ἐδίδου **τοῖς μαθηταῖς** παραθεῖναι τῷ ὄχλῳ.	→ Jn 6,11
120	**Mt 14,22** ↓ Mt 15,39	καὶ εὐθέως ἠνάγκασεν **τοὺς μαθητὰς** ἐμβῆναι εἰς τὸ πλοῖον ...	**Mk 6,45** → Mk 8,9	καὶ εὐθὺς ἠνάγκασεν **τοὺς μαθητὰς αὐτοῦ** ἐμβῆναι εἰς τὸ πλοῖον ...			→ **Jn 6,16**
c 200	**Mt 14,31**	εὐθέως δὲ ὁ Ἰησοῦς ἐκτείνας τὴν χεῖρα ἐπελάβετο **αὐτοῦ** καὶ λέγει αὐτῷ· ὀλιγόπιστε, εἰς τί ἐδίστασας;					
220 c 120	**Mt 14,36** ↑ **Mt 9,20**	καὶ παρεκάλουν αὐτὸν ἵνα μόνον ἅψωνται **τοῦ κρασπέδου** **τοῦ ἱματίου αὐτοῦ·** καὶ ὅσοι ἥψαντο διεσώθησαν.	**Mk 6,56** (2) ↑ Mk 5,27	... καὶ παρεκάλουν αὐτὸν ἵνα κἂν **τοῦ κρασπέδου** **τοῦ ἱματίου αὐτοῦ** ἅψωνται· καὶ ὅσοι ἂν ἥψαντο **αὐτοῦ** ἐσῴζοντο.	↑ **Lk 8,44**		
020			**Mk 7,2** → Lk 11,38	καὶ ἰδόντες τινὰς **τῶν μαθητῶν αὐτοῦ** ὅτι κοιναῖς χερσίν, τοῦτ᾽ ἔστιν ἀνίπτοις, ἐσθίουσιν τοὺς ἄρτους			
210	**Mt 15,6**	οὐ μὴ τιμήσει **τὸν πατέρα αὐτοῦ·** καὶ ἠκυρώσατε τὸν λόγον τοῦ θεοῦ διὰ τὴν παράδοσιν ὑμῶν.	**Mk 7,12**	οὐκέτι ἀφίετε αὐτὸν οὐδὲν ποιῆσαι **τῷ πατρὶ ἢ τῇ μητρί,** [13] ἀκυροῦντες τὸν λόγον τοῦ θεοῦ τῇ παραδόσει ὑμῶν ᾗ παρεδώκατε· ...			
120	**Mt 15,15**	ἀποκριθεὶς δὲ **ὁ Πέτρος** εἶπεν αὐτῷ· φράσον ἡμῖν τὴν παραβολήν [ταύτην].	**Mk 7,17** ↑ Mk 4,10 ↑ **Lk 8,9** → Mt 15,12	... ἐπηρώτων αὐτὸν **οἱ μαθηταὶ αὐτοῦ** τὴν παραβολήν.			
a 120	**Mt 15,17**	οὐ νοεῖτε ὅτι πᾶν τὸ εἰσπορευόμενον εἰς τὸ στόμα εἰς τὴν κοιλίαν χωρεῖ καὶ εἰς ἀφεδρῶνα ἐκβάλλεται;	**Mk 7,19**	[18] ... οὐ νοεῖτε ὅτι πᾶν τὸ ἔξωθεν εἰσπορευόμενον εἰς τὸν ἄνθρωπον οὐ δύναται αὐτὸν κοινῶσαι, [19] ὅτι οὐκ εἰσπορεύεται **αὐτοῦ** **εἰς τὴν καρδίαν** ἀλλ᾽ εἰς τὴν κοιλίαν, καὶ εἰς τὸν ἀφεδρῶνα ἐκπορεύεται, ...			→ GTh 14,5
120	**Mt 15,22**	καὶ ἰδοὺ γυνὴ Χαναναία ἀπὸ τῶν ὁρίων ἐκείνων ἐξελθοῦσα ἔκραζεν λέγουσα· ἐλέησόν με, κύριε υἱὸς Δαυίδ· ἡ θυγάτηρ μου κακῶς δαιμονίζεται.	**Mk 7,25** (2)	ἀλλ᾽ εὐθὺς ἀκούσασα γυνὴ **περὶ αὐτοῦ,** ἧς εἶχεν τὸ θυγάτριον αὐτῆς πνεῦμα ἀκάθαρτον, ↔			

200	Mt 15,23	... καὶ προσελθόντες **οἱ μαθηταὶ αὐτοῦ** ἠρώτουν αὐτὸν λέγοντες· ἀπόλυσον αὐτήν, ὅτι κράζει ὄπισθεν ἡμῶν.					
120	Mt 15,25	ἡ δὲ ἐλθοῦσα προσεκύνει **αὐτῷ** λέγουσα· κύριε, βοήθει μοι.	Mk 7,25 (2)	↔ ἐλθοῦσα προσέπεσεν **πρὸς τοὺς πόδας** **αὐτοῦ·**			
210	Mt 15,30 → Mt 4,24b	καὶ προσῆλθον αὐτῷ ὄχλοι πολλοὶ ἔχοντες μεθ' ἑαυτῶν χωλούς, τυφλούς, κυλλούς, κωφούς, καὶ ἑτέρους πολλοὺς καὶ ἔρριψαν αὐτοὺς **παρὰ τοὺς πόδας** **αὐτοῦ,** καὶ ἐθεράπευσεν αὐτούς·	Mk 7,32 → Mk 1,32	καὶ φέρουσιν **αὐτῷ** κωφὸν καὶ μογιλάλον καὶ παρακαλοῦσιν αὐτὸν ἵνα ἐπιθῇ αὐτῷ τὴν χεῖρα.			
020 020 020			Mk 7,33 (3) ↓ Mk 8,23	καὶ ἀπολαβόμενος αὐτὸν ἀπὸ τοῦ ὄχλου κατ' ἰδίαν ἔβαλεν **τοὺς δακτύλους** **αὐτοῦ** **εἰς τὰ ὦτα αὐτοῦ** καὶ πτύσας ἥψατο **τῆς γλώσσης αὐτοῦ**			
020 020			Mk 7,35 (2)	καὶ [εὐθέως] ἠνοίγησαν **αὐτοῦ αἱ ἀκοαί,** καὶ ἐλύθη ὁ δεσμὸς **τῆς γλώσσης αὐτοῦ** καὶ ἐλάλει ὀρθῶς.			
210	Mt 15,32	ὁ δὲ Ἰησοῦς προσκαλεσάμενος **τοὺς μαθητὰς αὐτοῦ** εἶπεν· σπλαγχνίζομαι ἐπὶ τὸν ὄχλον, ...	Mk 8,1	... προσκαλεσάμενος **τοὺς μαθητὰς** λέγει αὐτοῖς· [2] σπλαγχνίζομαι ἐπὶ τὸν ὄχλον, ...			
120	Mt 15,33 → Mt 14,16	καὶ λέγουσιν αὐτῷ **οἱ μαθηταί·** πόθεν ἡμῖν ἐν ἐρημίᾳ ἄρτοι τοσοῦτοι ὥστε χορτάσαι ὄχλον τοσοῦτον;	Mk 8,4 → Mk 6,37	καὶ ἀπεκρίθησαν αὐτῷ **οἱ μαθηταὶ αὐτοῦ** ὅτι πόθεν τούτους δυνήσεταί τις ὧδε χορτάσαι ἄρτων ἐπ' ἐρημίας;	→ Lk 9,13		
120	Mt 15,36 ↑ Mt 14,19 → Mk 8,7	ἔλαβεν τοὺς ἑπτὰ ἄρτους καὶ τοὺς ἰχθύας καὶ εὐχαριστήσας ἔκλασεν καὶ ἐδίδου **τοῖς μαθηταῖς,** οἱ δὲ μαθηταὶ τοῖς ὄχλοις.	Mk 8,6 ↑ Mk 6,41	... καὶ λαβὼν τοὺς ἑπτὰ ἄρτους εὐχαριστήσας ἔκλασεν καὶ ἐδίδου **τοῖς μαθηταῖς αὐτοῦ** ἵνα παρατιθῶσιν, καὶ παρέθηκαν τῷ ὄχλῳ.	↑ Lk 9,16		
120	Mt 15,39	καὶ ἀπολύσας τοὺς ὄχλους ἐνέβη εἰς τὸ πλοῖον, καὶ ἦλθεν εἰς τὰ ὅρια Μαγαδάν.	Mk 8,10	καὶ εὐθὺς ἐμβὰς εἰς τὸ πλοῖον **μετὰ τῶν μαθητῶν** **αὐτοῦ** ἦλθεν εἰς τὰ μέρη Δαλμανουθά.			

120	**Mt 16,1** ⇩ Mt 12,38	καὶ προσελθόντες οἱ Φαρισαῖοι καὶ Σαδδουκαῖοι πειράζοντες ἐπηρώτησαν **αὐτὸν** σημεῖον ἐκ τοῦ οὐρανοῦ ἐπιδεῖξαι αὐτοῖς.	**Mk 8,11**	καὶ ἐξῆλθον οἱ Φαρισαῖοι καὶ ἤρξαντο συζητεῖν αὐτῷ, ζητοῦντες **παρ᾽ αὐτοῦ** σημεῖον ἀπὸ τοῦ οὐρανοῦ, πειράζοντες αὐτόν.			Mk-Q overlap
	Mt 12,38 ⇧ Mt 16,1	τότε ἀπεκρίθησαν αὐτῷ τινες τῶν γραμματέων καὶ Φαρισαίων λέγοντες· διδάσκαλε, θέλομεν **ἀπὸ σοῦ** σημεῖον ἰδεῖν.			**Lk 11,16**	ἕτεροι δὲ πειράζοντες σημεῖον ἐξ οὐρανοῦ ἐζήτουν **παρ᾽ αὐτοῦ.**	
120	**Mt 16,2** ⇩ Mt 12,39	ὁ δὲ ἀποκριθεὶς εἶπεν αὐτοῖς· ... [4] γενεὰ πονηρὰ καὶ μοιχαλὶς σημεῖον ἐπιζητεῖ, ...	**Mk 8,12**	καὶ ἀναστενάξας **τῷ πνεύματι αὐτοῦ** λέγει· τί ἡ γενεὰ αὕτη ζητεῖ σημεῖον; ...			Mk-Q overlap
	Mt 12,39 ⇧ Mt 16,2.4	ὁ δὲ ἀποκριθεὶς εἶπεν αὐτοῖς· γενεὰ πονηρὰ καὶ μοιχαλὶς σημεῖον ἐπιζητεῖ, ...			**Lk 11,29**	τῶν δὲ ὄχλων ἐπαθροιζομένων ἤρξατο λέγειν· ἡ γενεὰ αὕτη γενεὰ πονηρά ἐστιν· σημεῖον ζητεῖ, ...	
c 020			**Mk 8,22**	... καὶ φέρουσιν αὐτῷ τυφλὸν καὶ παρακαλοῦσιν αὐτὸν ἵνα **αὐτοῦ** ἅψηται.			
020			**Mk 8,23** → Mt 9,29 → Mt 20,34 ↑ Mk 7,33	καὶ ἐπιλαβόμενος τῆς χειρὸς τοῦ τυφλοῦ ἐξήνεγκεν αὐτὸν ἔξω τῆς κώμης καὶ πτύσας **εἰς τὰ ὄμματα αὐτοῦ,** ἐπιθεὶς τὰς χεῖρας αὐτῷ ἐπηρώτα αὐτόν· εἴ τι βλέπεις;			→ Jn 9,6
020			**Mk 8,25** → Mt 9,30 → Mt 20,34	εἶτα πάλιν ἐπέθηκεν τὰς χεῖρας **ἐπὶ τοὺς ὀφθαλμοὺς αὐτοῦ,** καὶ διέβλεψεν καὶ ἀπεκατέστη καὶ ἐνέβλεπεν τηλαυγῶς ἅπαντα.			
020			**Mk 8,26**	καὶ ἀπέστειλεν αὐτὸν **εἰς οἶκον αὐτοῦ** λέγων· μηδὲ εἰς τὴν κώμην εἰσέλθῃς.			
121	**Mt 16,13**	ἐλθὼν δὲ ὁ Ἰησοῦς εἰς τὰ μέρη Καισαρείας τῆς Φιλίππου	**Mk 8,27** (2)	καὶ ἐξῆλθεν ὁ Ἰησοῦς καὶ **οἱ μαθηταὶ αὐτοῦ** εἰς τὰς κώμας Καισαρείας τῆς Φιλίππου·	**Lk 9,18** → Mt 14,23 → Mk 6,46	καὶ ἐγένετο ἐν τῷ εἶναι αὐτὸν προσευχόμενον κατὰ μόνας συνῆσαν αὐτῷ **οἱ μαθηταί,**	
221		ἠρώτα **τοὺς μαθητὰς αὐτοῦ** λέγων· τίνα λέγουσιν οἱ ἄνθρωποι εἶναι τὸν υἱὸν τοῦ ἀνθρώπου;		καὶ ἐν τῇ ὁδῷ ἐπηρώτα **τοὺς μαθητὰς αὐτοῦ** λέγων αὐτοῖς· τίνα με λέγουσιν οἱ ἄνθρωποι εἶναι;		καὶ ἐπηρώτησεν **αὐτοὺς** λέγων· τίνα με λέγουσιν οἱ ὄχλοι εἶναι;	→ GTh 13

121	Mt 16,20	τότε διεστείλατο τοῖς μαθηταῖς ἵνα μηδενὶ εἴπωσιν ὅτι αὐτός ἐστιν ὁ χριστός.	Mk 8,30	καὶ ἐπετίμησεν αὐτοῖς ἵνα μηδενὶ λέγωσιν περὶ αὐτοῦ.	Lk 9,21	ὁ δὲ ἐπιτιμήσας αὐτοῖς παρήγγειλεν μηδενὶ λέγειν τοῦτο	
211	Mt 16,21 ↓ Mt 17,22 → Mt 20,18-19	ἀπὸ τότε ἤρξατο ὁ Ἰησοῦς δεικνύειν τοῖς μαθηταῖς αὐτοῦ ὅτι δεῖ αὐτὸν εἰς Ἱεροσόλυμα ἀπελθεῖν καὶ πολλὰ παθεῖν ...	Mk 8,31 ↓ Mk 9,31 → Mk 10,33-34	καὶ ἤρξατο διδάσκειν αὐτοὺς ὅτι δεῖ τὸν υἱὸν τοῦ ἀνθρώπου πολλὰ παθεῖν ...	Lk 9,22 ↓ Lk 9,44 → Lk 17,25 → Lk 18,31-33 → Lk 24,7 ↓ Lk 24,26 → Lk 24,46	εἰπὼν ὅτι δεῖ τὸν υἱὸν τοῦ ἀνθρώπου πολλὰ παθεῖν ...	
120	Mt 16,23 → Mt 4,10	ὁ δὲ στραφεὶς εἶπεν τῷ Πέτρῳ· ὕπαγε ὀπίσω μου, σατανᾶ· ...	Mk 8,33 → Mt 4,10	ὁ δὲ ἐπιστραφεὶς καὶ ἰδὼν τοὺς μαθητὰς αὐτοῦ ἐπετίμησεν Πέτρῳ καὶ λέγει· ὕπαγε ὀπίσω μου, σατανᾶ, ...			
221	Mt 16,24 (2)	τότε ὁ Ἰησοῦς εἶπεν τοῖς μαθηταῖς αὐτοῦ·	Mk 8,34 (2)	καὶ προσκαλεσάμενος τὸν ὄχλον σὺν τοῖς μαθηταῖς αὐτοῦ εἶπεν αὐτοῖς·	Lk 9,23	ἔλεγεν δὲ πρὸς πάντας·	Mk-Q overlap
	⇧ Mt 10,38	εἴ τις θέλει ὀπίσω μου ἐλθεῖν, ἀπαρνησάσθω ἑαυτὸν καὶ ἀράτω		εἴ τις θέλει ὀπίσω μου ἀκολουθεῖν, ἀπαρνησάσθω ἑαυτὸν καὶ ἀράτω	⇧ Lk 14,27	εἴ τις θέλει ὀπίσω μου ἔρχεσθαι, ἀρνησάσθω ἑαυτὸν καὶ ἀράτω	→ GTh 55
222		τὸν σταυρὸν αὐτοῦ καὶ ἀκολουθείτω μοι.		τὸν σταυρὸν αὐτοῦ καὶ ἀκολουθείτω μοι.		τὸν σταυρὸν αὐτοῦ καθ' ἡμέραν, καὶ ἀκολουθείτω μοι.	
222	Mt 16,25 (2) ⇧ Mt 10,39	ὃς γὰρ ἐὰν θέλῃ τὴν ψυχὴν αὐτοῦ σῶσαι ἀπολέσει αὐτήν·	Mk 8,35 (2)	ὃς γὰρ ἐὰν θέλῃ τὴν ψυχὴν αὐτοῦ σῶσαι ἀπολέσει αὐτήν·	Lk 9,24 (2) ⇩ Lk 17,33	ὃς γὰρ ἂν θέλῃ τὴν ψυχὴν αὐτοῦ σῶσαι ἀπολέσει αὐτήν·	→ Jn 12,25 Mk-Q overlap
222		ὃς δ' ἂν ἀπολέσῃ τὴν ψυχὴν αὐτοῦ ἕνεκεν ἐμοῦ εὑρήσει αὐτήν.		ὃς δ' ἂν ἀπολέσει τὴν ψυχὴν αὐτοῦ ἕνεκεν ἐμοῦ καὶ τοῦ εὐαγγελίου σώσει αὐτήν.		ὃς δ' ἂν ἀπολέσῃ τὴν ψυχὴν αὐτοῦ ἕνεκεν ἐμοῦ, οὗτος σώσει αὐτήν.	
221	Mt 16,26 (2)	τί γὰρ ὠφεληθήσεται ἄνθρωπος ἐὰν τὸν κόσμον ὅλον κερδήσῃ τὴν δὲ ψυχὴν αὐτοῦ ζημιωθῇ;	Mk 8,36	τί γὰρ ὠφελεῖ ἄνθρωπον κερδῆσαι τὸν κόσμον ὅλον καὶ ζημιωθῆναι τὴν ψυχὴν αὐτοῦ;	Lk 9,25	τί γὰρ ὠφελεῖται ἄνθρωπος κερδήσας τὸν κόσμον ὅλον ἑαυτὸν δὲ ἀπολέσας ἢ ζημιωθείς;	
220		ἢ τί δώσει ἄνθρωπος ἀντάλλαγμα τῆς ψυχῆς αὐτοῦ;	Mk 8,37	τί γὰρ δοῖ ἄνθρωπος ἀντάλλαγμα τῆς ψυχῆς αὐτοῦ;			

[a] αὐτοῦ in the prepositive position
[b] αὐτοῦ in the genitive absolute
[c] αὐτοῦ as object of verbs construed with the genitive
[d] αὐτοῦ neuter

	Mt 16,27 (3) ↓ Mt 10,33	μέλλει γὰρ ὁ υἱὸς τοῦ ἀνθρώπου ἔρχεσθαι	Mk 8,38	... καὶ ὁ υἱὸς τοῦ ἀνθρώπου ἐπαισχυνθήσεται αὐτὸν, ὅταν ἔλθῃ	Lk 9,26 ⇩ Lk 12,9	... τοῦτον ὁ υἱὸς τοῦ ἀνθρώπου ἐπαισχυνθήσεται, ὅταν ἔλθῃ	Mk-Q overlap
222		**ἐν τῇ δόξῃ τοῦ πατρὸς αὐτοῦ**		**ἐν τῇ δόξῃ τοῦ πατρὸς αὐτοῦ**		**ἐν τῇ δόξῃ αὐτοῦ καὶ τοῦ πατρὸς**	
211		**μετὰ τῶν ἀγγέλων αὐτοῦ,**		**μετὰ τῶν ἀγγέλων τῶν ἁγίων.**		**καὶ τῶν ἁγίων ἀγγέλων.**	
		καὶ τότε *ἀποδώσει ἑκάστῳ*					
211		***κατὰ τὴν πρᾶξιν αὐτοῦ.*** ➤ Ps 62,13/Prov 24,12/Sir 35,22 LXX					
	Mt 10,33 ↑ Mt 16,27	ὅστις δ᾽ ἂν ἀρνήσηταί με ἔμπροσθεν τῶν ἀνθρώπων, ἀρνήσομαι κἀγὼ αὐτὸν **ἔμπροσθεν τοῦ πατρός μου τοῦ ἐν [τοῖς] οὐρανοῖς.**			Lk 12,9 ⇧ Lk 9,26	ὁ δὲ ἀρνησάμενός με ἐνώπιον τῶν ἀνθρώπων ἀπαρνηθήσεται **ἐνώπιον τῶν ἀγγέλων τοῦ θεοῦ.**	Mk-Q overlap
	Mt 16,28 → Mt 24,34	... εἰσίν τινες τῶν ὧδε ἑστώτων οἵτινες οὐ μὴ γεύσωνται θανάτου ἕως ἂν ἴδωσιν	Mk 9,1 → Mk 13,30	... εἰσίν τινες ὧδε τῶν ἑστηκότων οἵτινες οὐ μὴ γεύσωνται θανάτου ἕως ἂν ἴδωσιν	Lk 9,27 → Lk 21,32	... εἰσίν τινες τῶν αὐτοῦ ἑστηκότων οἳ οὐ μὴ γεύσωνται θανάτου ἕως ἂν ἴδωσιν	→ Jn 21,22-23
211		**τὸν υἱὸν τοῦ ἀνθρώπου ἐρχόμενον ἐν τῇ βασιλείᾳ αὐτοῦ.**		**τὴν βασιλείαν τοῦ θεοῦ ἐληλυθυῖαν ἐν δυνάμει.**		**τὴν βασιλείαν τοῦ θεοῦ.**	
	Mt 17,1	καὶ μεθ᾽ ἡμέρας ἓξ παραλαμβάνει ὁ Ἰησοῦς τὸν Πέτρον καὶ Ἰάκωβον καὶ Ἰωάννην	Mk 9,2	καὶ μετὰ ἡμέρας ἓξ παραλαμβάνει ὁ Ἰησοῦς τὸν Πέτρον καὶ τὸν Ἰάκωβον καὶ τὸν Ἰωάννην	Lk 9,28	ἐγένετο δὲ μετὰ τοὺς λόγους τούτους ὡσεὶ ἡμέραι ὀκτὼ [καὶ] παραλαβὼν Πέτρον καὶ Ἰωάννην καὶ Ἰάκωβον	
211		**τὸν ἀδελφὸν αὐτοῦ** καὶ ἀναφέρει αὐτοὺς εἰς ὄρος ὑψηλὸν κατ᾽ ἰδίαν.		καὶ ἀναφέρει αὐτοὺς εἰς ὄρος ὑψηλὸν κατ᾽ ἰδίαν μόνους.		ἀνέβη εἰς τὸ ὄρος προσεύξασθαι.	
	Mt 17,2 (2)	καὶ μετεμορφώθη ἔμπροσθεν αὐτῶν, καὶ ἔλαμψεν		καὶ μετεμορφώθη ἔμπροσθεν αὐτῶν,	Lk 9,29 (2)	καὶ ἐγένετο ἐν τῷ προσεύχεσθαι αὐτὸν τὸ εἶδος	
212		**τὸ πρόσωπον αὐτοῦ** ὡς ὁ ἥλιος,				**τοῦ προσώπου αὐτοῦ** ἕτερον	
222		**τὰ δὲ ἱμάτια αὐτοῦ** ἐγένετο λευκὰ ὡς τὸ φῶς.	Mk 9,3	**καὶ τὰ ἱμάτια αὐτοῦ** ἐγένετο στίλβοντα λευκὰ λίαν, οἷα γναφεὺς ἐπὶ τῆς γῆς οὐ δύναται οὕτως λευκᾶναι.		**καὶ ὁ ἱματισμὸς αὐτοῦ** λευκὸς ἐξαστράπτων.	
	Mt 17,3	καὶ ἰδοὺ ὤφθη αὐτοῖς Μωϋσῆς καὶ Ἠλίας συλλαλοῦντες	Mk 9,4	καὶ ὤφθη αὐτοῖς Ἠλίας σὺν Μωϋσεῖ καὶ ἦσαν συλλαλοῦντες	Lk 9,30	καὶ ἰδοὺ ἄνδρες δύο συνελάλουν	
211		**μετ᾽ αὐτοῦ.**		**τῷ Ἰησοῦ.**		**αὐτῷ,** οἵτινες ἦσαν Μωϋσῆς καὶ Ἠλίας,	
112					Lk 9,31	οἳ ὀφθέντες ἐν δόξῃ ἔλεγον **τὴν ἔξοδον αὐτοῦ,** ἣν ἤμελλεν πληροῦν ἐν Ἰερουσαλήμ.	
002					Lk 9,32	... διαγρηγορήσαντες δὲ εἶδον **τὴν δόξαν αὐτοῦ** καὶ τοὺς δύο ἄνδρας τοὺς συνεστῶτας αὐτῷ.	

112	Mt 17,4	ἀποκριθεὶς δὲ ὁ Πέτρος εἶπεν τῷ Ἰησοῦ· κύριε, καλόν ἐστιν ἡμᾶς ὧδε εἶναι· ...	Mk 9,5	καὶ ἀποκριθεὶς ὁ Πέτρος λέγει τῷ Ἰησοῦ· ῥαββί, καλόν ἐστιν ἡμᾶς ὧδε εἶναι, ...	Lk 9,33	καὶ ἐγένετο ἐν τῷ διαχωρίζεσθαι αὐτοὺς **ἀπ᾽ αὐτοῦ** εἶπεν ὁ Πέτρος πρὸς τὸν Ἰησοῦν· ἐπιστάτα, καλόν ἐστιν ἡμᾶς ὧδε εἶναι, ...	
b 212	Mt 17,5 (2)	ἔτι **αὐτοῦ λαλοῦντος** ἰδοὺ νεφέλη φωτεινὴ ἐπεσκίασεν αὐτούς,	Mk 9,7	καὶ ἐγένετο νεφέλη ἐπισκιάζουσα αὐτοῖς,	Lk 9,34	ταῦτα δὲ **αὐτοῦ λέγοντος** ἐγένετο νεφέλη καὶ ἐπεσκίαζεν αὐτούς·	
c 222	→ Mt 3,17	καὶ ἰδοὺ φωνὴ ἐκ τῆς νεφέλης λέγουσα· οὗτός ἐστιν ὁ υἱός μου ὁ ἀγαπητός, ἐν ᾧ εὐδόκησα· ἀκούετε **αὐτοῦ.**	→ Mk 1,11	καὶ ἐγένετο φωνὴ ἐκ τῆς νεφέλης· οὗτός ἐστιν ὁ υἱός μου ὁ ἀγαπητός, ἀκούετε **αὐτοῦ.**	Lk 9,35 → Lk 3,22	καὶ φωνὴ ἐγένετο ἐκ τῆς νεφέλης λέγουσα· οὗτός ἐστιν ὁ υἱός μου ὁ ἐκλελεγμένος, **αὐτοῦ** ἀκούετε.	→ Jn 12,28
112	Mt 17,15	... ὅτι σεληνιάζεται καὶ κακῶς πάσχει· ...	Mk 9,18	[17] ... ἔχοντα πνεῦμα ἄλαλον· [18] καὶ ὅπου ἐὰν αὐτὸν καταλάβῃ ῥήσσει αὐτόν, καὶ ἀφρίζει καὶ τρίζει τοὺς ὀδόντας καὶ ξηραίνεται· ...	Lk 9,39	καὶ ἰδοὺ πνεῦμα λαμβάνει αὐτὸν καὶ ἐξαίφνης κράζει καὶ σπαράσσει αὐτὸν μετὰ ἀφροῦ καὶ μόγις ἀποχωρεῖ **ἀπ᾽ αὐτοῦ** συντρῖβον αὐτόν·	
012			Mk 9,20	καὶ **ἤνεγκαν** **αὐτὸν** πρὸς αὐτόν. καὶ ἰδὼν αὐτὸν τὸ πνεῦμα εὐθὺς συνεσπάραξεν αὐτόν, καὶ πεσὼν ἐπὶ τῆς γῆς ἐκυλίετο ἀφρίζων.	Lk 9,42 (2)	ἔτι δὲ **προσερχομένου** **αὐτοῦ** ἔρρηξεν αὐτὸν τὸ δαιμόνιον καὶ συνεσπάραξεν· ↔	
020			Mk 9,21	καὶ ἐπηρώτησεν **τὸν πατέρα αὐτοῦ·** πόσος χρόνος ἐστὶν ὡς τοῦτο γέγονεν αὐτῷ; ...			
121	Mt 17,18	καὶ ἐπετίμησεν αὐτῷ ὁ Ἰησοῦς	Mk 9,25 → Mt 12,43-46 → Lk 11,24-26	ἰδὼν δὲ ὁ Ἰησοῦς ὅτι ἐπισυντρέχει ὄχλος, ἐπετίμησεν τῷ πνεύματι τῷ ἀκαθάρτῳ λέγων αὐτῷ· τὸ ἄλαλον καὶ κωφὸν πνεῦμα, ἐγὼ ἐπιτάσσω σοι, ἔξελθε **ἐξ αὐτοῦ** καὶ μηκέτι εἰσέλθῃς εἰς αὐτόν.	Lk 9,42 (2)	↔ ἐπετίμησεν δὲ ὁ Ἰησοῦς τῷ πνεύματι τῷ ἀκαθάρτῳ	
211		καὶ ἐξῆλθεν **ἀπ᾽ αὐτοῦ** τὸ δαιμόνιον	Mk 9,26	καὶ κράξας καὶ πολλὰ σπαράξας ἐξῆλθεν· καὶ ἐγένετο ὡσεὶ νεκρός, ὥστε τοὺς πολλοὺς λέγειν ὅτι ἀπέθανεν			
121 112		καὶ ἐθεραπεύθη ὁ παῖς ἀπὸ τῆς ὥρας ἐκείνης.	Mk 9,27	ὁ δὲ Ἰησοῦς κρατήσας **τῆς χειρὸς αὐτοῦ** ἤγειρεν αὐτόν, καὶ ἀνέστη.	↑ Lk 7,15	καὶ ἰάσατο τὸν παῖδα καὶ ἀπέδωκεν αὐτὸν **τῷ πατρὶ αὐτοῦ.**	

b 120 120	Mt 17,19	τότε προσελθόντες **οἱ μαθηταὶ** τῷ Ἰησοῦ κατ' ἰδίαν εἶπον· διὰ τί ἡμεῖς οὐκ ἠδυνήθημεν ἐκβαλεῖν αὐτό;	Mk 9,28 (2)	καὶ **εἰσελθόντος αὐτοῦ** εἰς οἶκον **οἱ μαθηταὶ αὐτοῦ** κατ' ἰδίαν ἐπηρώτων αὐτόν· ὅτι ἡμεῖς οὐκ ἠδυνήθημεν ἐκβαλεῖν αὐτό;			
122	Mt 17,22 ↑ Mt 16,21	... εἶπεν **αὐτοῖς** ὁ Ἰησοῦς· μέλλει ὁ υἱὸς τοῦ ἀνθρώπου παραδίδοσθαι εἰς χεῖρας ἀνθρώπων	Mk 9,31 ↑ Mk 8,31	ἐδίδασκεν γὰρ **τοὺς μαθητὰς αὐτοῦ** καὶ ἔλεγεν αὐτοῖς ὅτι ὁ υἱὸς τοῦ ἀνθρώπου παραδίδοται εἰς χεῖρας ἀνθρώπων, ...	Lk 9,43 ↑ Lk 9,22	... εἶπεν **πρὸς τοὺς μαθητὰς αὐτοῦ·** [44] θέσθε ὑμεῖς εἰς τὰ ὦτα ὑμῶν τοὺς λόγους τούτους· ὁ γὰρ υἱὸς τοῦ ἀνθρώπου μέλλει παραδίδοσθαι εἰς χεῖρας ἀνθρώπων.	
200	Mt 17,27	... βάλε ἄγκιστρον καὶ τὸν ἀναβάντα πρῶτον ἰχθὺν ἆρον, καὶ ἀνοίξας **τὸ στόμα αὐτοῦ** εὑρήσεις στατῆρα· ...					
220	Mt 10,42	καὶ ὃς ἂν ποτίσῃ ἕνα τῶν μικρῶν τούτων ποτήριον ψυχροῦ μόνον εἰς ὄνομα μαθητοῦ, ἀμὴν λέγω ὑμῖν, οὐ μὴ ἀπολέσῃ **τὸν μισθὸν αὐτοῦ.**	Mk 9,41	ὃς γὰρ ἂν ποτίσῃ ὑμᾶς ποτήριον ὕδατος ἐν ὀνόματι ὅτι Χριστοῦ ἐστε, ἀμὴν λέγω ὑμῖν ὅτι οὐ μὴ ἀπολέσῃ **τὸν μισθὸν αὐτοῦ.**			
222	Mt 18,6 → Mt 18,10	ὃς δ' ἂν σκανδαλίσῃ ἕνα τῶν μικρῶν τούτων τῶν πιστευόντων εἰς ἐμέ, συμφέρει αὐτῷ ἵνα κρεμασθῇ μύλος ὀνικὸς **περὶ τὸν τράχηλον αὐτοῦ** καὶ καταποντισθῇ ἐν τῷ πελάγει τῆς θαλάσσης.	Mk 9,42	καὶ ὃς ἂν σκανδαλίσῃ ἕνα τῶν μικρῶν τούτων τῶν πιστευόντων [εἰς ἐμέ], καλόν ἐστιν αὐτῷ μᾶλλον εἰ περίκειται μύλος ὀνικὸς **περὶ τὸν τράχηλον αὐτοῦ** καὶ βέβληται εἰς τὴν θάλασσαν.	Lk 17,2	λυσιτελεῖ αὐτῷ εἰ λίθος μυλικὸς περίκειται **περὶ τὸν τράχηλον αὐτοῦ** καὶ ἔρριπται εἰς τὴν θάλασσαν ἢ ἵνα σκανδαλίσῃ τῶν μικρῶν τούτων ἕνα.	Mk-Q overlap?
201	Mt 18,15 → Mt 18,21-22	ἐὰν δὲ ἁμαρτήσῃ [εἰς σὲ] ὁ ἀδελφός σου, ὕπαγε ἔλεγξον αὐτὸν **μεταξὺ σοῦ καὶ αὐτοῦ μόνου.** ἐάν σου ἀκούσῃ, ἐκέρδησας τὸν ἀδελφόν σου·			Lk 17,3 → Lk 17,4	... ἐὰν ἁμάρτῃ ὁ ἀδελφός σου ἐπιτίμησον αὐτῷ, καὶ ἐὰν μετανοήσῃ ἄφες αὐτῷ.	
200	Mt 18,23	διὰ τοῦτο ὡμοιώθη ἡ βασιλεία τῶν οὐρανῶν ἀνθρώπῳ βασιλεῖ, ὃς ἠθέλησεν συνᾶραι λόγον **μετὰ τῶν δούλων αὐτοῦ.**					
b 200	Mt 18,24	**ἀρξαμένου δὲ αὐτοῦ** συναίρειν προσηνέχθη αὐτῷ εἷς ὀφειλέτης μυρίων ταλάντων.					
b 200	Mt 18,25	**μὴ ἔχοντος δὲ αὐτοῦ** ἀποδοῦναι ἐκέλευσεν αὐτὸν ὁ κύριος πραθῆναι ...					

200	**Mt 18,28**	ἐξελθὼν δὲ ὁ δοῦλος ἐκεῖνος εὗρεν **ἕνα τῶν συνδούλων αὐτοῦ,** ὃς ὤφειλεν αὐτῷ ἑκατὸν δηνάρια, ...					
200	**Mt 18,29**	πεσὼν οὖν **ὁ σύνδουλος αὐτοῦ** παρεκάλει αὐτὸν λέγων· μακροθύμησον ἐπ' ἐμοί, καὶ ἀποδώσω σοι.					
200	**Mt 18,31**	ἰδόντες οὖν **οἱ σύνδουλοι αὐτοῦ** τὰ γενόμενα ἐλυπήθησαν σφόδρα ...					
200	**Mt 18,32**	τότε προσκαλεσάμενος αὐτὸν **ὁ κύριος αὐτοῦ** λέγει αὐτῷ· δοῦλε πονηρέ, ...					
200	**Mt 18,34** ↑ Mt 5,25 ↓ Lk 12,58	καὶ ὀργισθεὶς **ὁ κύριος αὐτοῦ** παρέδωκεν αὐτὸν τοῖς βασανισταῖς ἕως οὗ ἀποδῷ πᾶν τὸ φειλόμενον.					
200	**Mt 18,35** → Mt 6,15	οὕτως καὶ ὁ πατήρ μου ὁ οὐράνιος ποιήσει ὑμῖν, ἐὰν μὴ ἀφῆτε ἕκαστος **τῷ ἀδελφῷ αὐτοῦ** ἀπὸ τῶν καρδιῶν ὑμῶν.					
002					**Lk 9,51** → Mt 19,1 → Mk 10,1 → Lk 24,51	ἐγένετο δὲ ἐν τῷ συμπληροῦσθαι τὰς ἡμέρας **τῆς ἀναλήμψεως αὐτοῦ** καὶ αὐτὸς τὸ πρόσωπον ἐστήρισεν τοῦ πορεύεσθαι εἰς Ἰερουσαλήμ.	→ Acts 1,2.9 → Acts 1,11. 22
002					**Lk 9,52**	καὶ ἀπέστειλεν ἀγγέλους **πρὸ προσώπου αὐτοῦ.** καὶ πορευθέντες εἰσῆλθον εἰς κώμην Σαμαριτῶν, ὡς ἑτοιμάσαι αὐτῷ·	
002					**Lk 9,53**	καὶ οὐκ ἐδέξαντο αὐτόν, ὅτι **τὸ πρόσωπον αὐτοῦ** ἦν πορευόμενον εἰς Ἰερουσαλήμ.	
002					**Lk 10,1** ↑ Mt 10,1 ↑ Mk 6,7 ↑ Lk 9,1	μετὰ δὲ ταῦτα ἀνέδειξεν ὁ κύριος ἑτέρους ἑβδομήκοντα [δύο] καὶ ἀπέστειλεν αὐτοὺς ἀνὰ δύο [δύο] **πρὸ προσώπου αὐτοῦ** εἰς πᾶσαν πόλιν καὶ τόπον οὗ ἤμελλεν αὐτὸς ἔρχεσθαι.	

202	Mt 9,38	δεήθητε οὖν τοῦ κυρίου τοῦ θερισμοῦ ὅπως ἐκβάλῃ ἐργάτας **εἰς τὸν θερισμὸν αὐτοῦ.**			Lk 10,2	... δεήθητε οὖν τοῦ κυρίου τοῦ θερισμοῦ ὅπως ἐργάτας ἐκβάλῃ **εἰς τὸν θερισμὸν αὐτοῦ.**	→ GTh 73
202	Mt 10,10	... ἄξιος γὰρ ὁ ἐργάτης **τῆς τροφῆς αὐτοῦ.**			Lk 10,7	... ἄξιος γὰρ ὁ ἐργάτης **τοῦ μισθοῦ αὐτοῦ.** ...	
002 c 002					Lk 10,34 (2)	καὶ προσελθὼν κατέδησεν **τὰ τραύματα αὐτοῦ** ἐπιχέων ἔλαιον καὶ οἶνον, ἐπιβιβάσας δὲ αὐτὸν ἐπὶ τὸ ἴδιον κτῆνος ἤγαγεν αὐτὸν εἰς πανδοχεῖον καὶ ἐπεμελήθη **αὐτοῦ.**	
c 002					Lk 10,35	... ἐπιμελήθητι **αὐτοῦ,** καὶ ὅ τι ἂν προσδαπανήσῃς ἐγὼ ἐν τῷ ἐπανέρχεσθαί με ἀποδώσω σοι.	
002					Lk 10,37	ὁ δὲ εἶπεν· ὁ ποιήσας τὸ ἔλεος **μετ' αὐτοῦ.** ...	
002					Lk 10,39	καὶ τῇδε ἦν ἀδελφὴ καλουμένη Μαριάμ, [ἣ] καὶ παρακαθεσθεῖσα πρὸς τοὺς πόδας τοῦ κυρίου ἤκουεν **τὸν λόγον αὐτοῦ.**	
002 002					Lk 11,1 (2)	... εἶπέν **τις τῶν μαθητῶν αὐτοῦ** πρὸς αὐτόν· κύριε, δίδαξον ἡμᾶς προσεύχεσθαι, καθὼς καὶ Ἰωάννης ἐδίδαξεν **τοὺς μαθητὰς αὐτοῦ.**	
002 002					Lk 11,8 (2)	λέγω ὑμῖν, εἰ καὶ οὐ δώσει αὐτῷ ἀναστὰς διὰ τὸ εἶναι **φίλον αὐτοῦ,** διά γε **τὴν ἀναίδειαν αὐτοῦ** ἐγερθεὶς δώσει αὐτῷ ὅσων χρῄζει.	
102	Mt 12,38 ⇩ Mt 16,1	τότε ἀπεκρίθησαν αὐτῷ τινες τῶν γραμματέων καὶ Φαρισαίων λέγοντες· διδάσκαλε, θέλομεν **ἀπὸ σοῦ** σημεῖον ἰδεῖν.			Lk 11,16	ἕτεροι δὲ πειράζοντες σημεῖον ἐξ οὐρανοῦ ἐζήτουν **παρ' αὐτοῦ.**	Mk-Q overlap
	Mt 16,1 ⇧ Mt 12,38	καὶ προσελθόντες οἱ Φαρισαῖοι καὶ Σαδδουκαῖοι πειράζοντες ἐπηρώτησαν **αὐτὸν** σημεῖον ἐκ τοῦ οὐρανοῦ ἐπιδεῖξαι αὐτοῖς.	Mk 8,11	καὶ ἐξῆλθον οἱ Φαρισαῖοι καὶ ἤρξαντο συζητεῖν αὐτῷ, ζητοῦντες **παρ' αὐτοῦ** σημεῖον ἀπὸ τοῦ οὐρανοῦ, πειράζοντες αὐτόν.			

202	Mt 12,26	καὶ εἰ ὁ σατανᾶς τὸν σατανᾶν ἐκβάλλει, ἐφ' ἑαυτὸν ἐμερίσθη· πῶς οὖν σταθήσεται **ἡ βασιλεία αὐτοῦ;**	Mk 3,26	καὶ εἰ ὁ σατανᾶς ἀνέστη ἐφ' ἑαυτὸν καὶ ἐμερίσθη, οὐ δύναται στῆναι ἀλλὰ τέλος ἔχει.	Lk 11,18	εἰ δὲ καὶ ὁ σατανᾶς ἐφ' ἑαυτὸν διεμερίσθη, πῶς σταθήσεται **ἡ βασιλεία αὐτοῦ;** ...	Mk-Q overlap
222	Mt 12,29 (2)	ἢ πῶς δύναταί τις εἰσελθεῖν εἰς τὴν οἰκίαν τοῦ ἰσχυροῦ καὶ **τὰ σκεύη αὐτοῦ** ἁρπάσαι,	Mk 3,27 (2)	ἀλλ' οὐ δύναται οὐδεὶς εἰς τὴν οἰκίαν τοῦ ἰσχυροῦ εἰσελθὼν **τὰ σκεύη αὐτοῦ** διαρπάσαι,	Lk 11,21	ὅταν ὁ ἰσχυρὸς καθωπλισμένος φυλάσσῃ τὴν ἑαυτοῦ αὐλήν, ἐν εἰρήνῃ ἐστὶν **τὰ ὑπάρχοντα αὐτοῦ·**	→ GTh 21,5 → GTh 35 Mk-Q overlap?
112		ἐὰν μὴ πρῶτον δήσῃ τὸν ἰσχυρόν;		ἐὰν μὴ πρῶτον τὸν ἰσχυρὸν	Lk 11,22 (3)	ἐπὰν δὲ ἰσχυρότερος **αὐτοῦ**	→ GTh 21,5 → GTh 35 Mk-Q overlap?
112				δήσῃ,		ἐπελθὼν νικήσῃ αὐτόν, **τὴν πανοπλίαν αὐτοῦ** αἴρει ἐφ' ᾗ ἐπεποίθει,	
222		καὶ τότε **τὴν οἰκίαν αὐτοῦ** διαρπάσει.		καὶ τότε **τὴν οἰκίαν αὐτοῦ** διαρπάσει.		καὶ **τὰ σκῦλα αὐτοῦ** διαδίδωσιν.	
b 002					Lk 11,53	κἀκεῖθεν **ἐξελθόντος αὐτοῦ** ἤρξαντο οἱ γραμματεῖς καὶ οἱ Φαρισαῖοι δεινῶς ἐνέχειν καὶ ἀποστοματίζειν αὐτὸν περὶ πλειόνων,	
002					Lk 11,54	ἐνεδρεύοντες αὐτὸν θηρεῦσαί τι **ἐκ τοῦ στόματος αὐτοῦ.**	
112	Mt 16,6 ⇨ Mt 16,11	ὁ δὲ Ἰησοῦς εἶπεν **αὐτοῖς·** ὁρᾶτε καὶ προσέχετε ἀπὸ τῆς ζύμης τῶν Φαρισαίων καὶ Σαδδουκαίων.	Mk 8,15	καὶ διεστέλλετο **αὐτοῖς** λέγων· ὁρᾶτε, βλέπετε ἀπὸ τῆς ζύμης τῶν Φαρισαίων καὶ τῆς ζύμης Ἡρῴδου.	Lk 12,1 → Mt 16,12	... ἤρξατο λέγειν **πρὸς τοὺς μαθητὰς αὐτοῦ** πρῶτον· προσέχετε ἑαυτοῖς ἀπὸ τῆς ζύμης, ἥτις ἐστὶν ὑπόκρισις, τῶν Φαρισαίων.	
002					Lk 12,15	... ὁρᾶτε καὶ φυλάσσεσθε ἀπὸ πάσης πλεονεξίας, ὅτι οὐκ ἐν τῷ περισσεύειν τινὶ **ἡ ζωὴ αὐτοῦ** ἐστιν ἐκ τῶν ὑπαρχόντων αὐτῷ.	
102	Mt 6,25	διὰ τοῦτο λέγω ὑμῖν· μὴ μεριμνᾶτε τῇ ψυχῇ ὑμῶν τί φάγητε [ἢ τί πίητε], ...			Lk 12,22	εἶπεν δὲ **πρὸς τοὺς μαθητάς [αὐτοῦ]·** διὰ τοῦτο λέγω ὑμῖν· μὴ μεριμνᾶτε τῇ ψυχῇ τί φάγητε, ...	→ GTh 36 (only POxy 655)
202	Mt 6,27	τίς δὲ ἐξ ὑμῶν μεριμνῶν δύναται προσθεῖναι **ἐπὶ τὴν ἡλικίαν αὐτοῦ** πῆχυν ἕνα;			Lk 12,25	τίς δὲ ἐξ ὑμῶν μεριμνῶν δύναται **ἐπὶ τὴν ἡλικίαν αὐτοῦ** προσθεῖναι πῆχυν;	→ GTh 36,4 (only POxy 655)

202	Mt 6,29	λέγω δὲ ὑμῖν ὅτι οὐδὲ Σολομὼν **ἐν πάσῃ τῇ δόξῃ αὐτοῦ** περιεβάλετο ὡς ἓν τούτων.	Lk 12,27	... λέγω δὲ ὑμῖν, οὐδὲ Σολομὼν **ἐν πάσῃ τῇ δόξῃ αὐτοῦ** περιεβάλετο ὡς ἓν τούτων.	
202	Mt 6,33	ζητεῖτε δὲ πρῶτον **τὴν βασιλείαν [τοῦ θεοῦ] καὶ τὴν δικαιοσύνην αὐτοῦ,** καὶ ταῦτα πάντα προστεθήσεται ὑμῖν.	Lk 12,31	πλὴν ζητεῖτε **τὴν βασιλείαν αὐτοῦ,** καὶ ταῦτα προστεθήσεται ὑμῖν.	
202	Mt 24,43	... εἰ ᾔδει ὁ οἰκοδεσπότης ποίᾳ φυλακῇ ὁ κλέπτης ἔρχεται, ἐγρηγόρησεν ἂν καὶ οὐκ ἂν εἴασεν διορυχθῆναι **τὴν οἰκίαν αὐτοῦ.**	Lk 12,39	... εἰ ᾔδει ὁ οἰκοδεσπότης ποίᾳ ὥρᾳ ὁ κλέπτης ἔρχεται, οὐκ ἂν ἀφῆκεν διορυχθῆναι **τὸν οἶκον αὐτοῦ.**	→ GTh 21,5 → GTh 103
202	Mt 24,45	τίς ἄρα ἐστὶν ὁ πιστὸς δοῦλος καὶ φρόνιμος ὃν κατέστησεν ὁ κύριος **ἐπὶ τῆς οἰκετείας αὐτοῦ** τοῦ δοῦναι αὐτοῖς τὴν τροφὴν ἐν καιρῷ;	Lk 12,42	... τίς ἄρα ἐστὶν ὁ πιστὸς οἰκονόμος ὁ φρόνιμος, ὃν καταστήσει ὁ κύριος **ἐπὶ τῆς θεραπείας αὐτοῦ** τοῦ διδόναι ἐν καιρῷ [τὸ] σιτομέτριον;	
202	Mt 24,46	μακάριος ὁ δοῦλος ἐκεῖνος ὃν ἐλθὼν **ὁ κύριος αὐτοῦ** εὑρήσει οὕτως ποιοῦντα·	Lk 12,43	μακάριος ὁ δοῦλος ἐκεῖνος, ὃν ἐλθὼν **ὁ κύριος αὐτοῦ** εὑρήσει ποιοῦντα οὕτως·	
202	Mt 24,47 ↓ Mt 25,21 ↓ Mt 25,23	ἀμὴν λέγω ὑμῖν ὅτι **ἐπὶ πᾶσιν τοῖς ὑπάρχουσιν αὐτοῦ** καταστήσει αὐτόν.	Lk 12,44	ἀληθῶς λέγω ὑμῖν ὅτι **ἐπὶ πᾶσιν τοῖς ὑπάρχουσιν αὐτοῦ** καταστήσει αὐτόν.	
202	Mt 24,48	ἐὰν δὲ εἴπῃ ὁ κακὸς δοῦλος ἐκεῖνος **ἐν τῇ καρδίᾳ αὐτοῦ·** χρονίζει μου ὁ κύριος	Lk 12,45	ἐὰν δὲ εἴπῃ ὁ δοῦλος ἐκεῖνος **ἐν τῇ καρδίᾳ αὐτοῦ·** χρονίζει ὁ κύριός μου ἔρχεσθαι, ...	
202	Mt 24,51	καὶ διχοτομήσει αὐτὸν καὶ **τὸ μέρος αὐτοῦ** μετὰ τῶν ὑποκριτῶν θήσει· ...	Lk 12,46	... καὶ διχοτομήσει αὐτὸν καὶ **τὸ μέρος αὐτοῦ** μετὰ τῶν ἀπίστων θήσει.	
002 002			Lk 12,47 (2)	ἐκεῖνος δὲ ὁ δοῦλος ὁ γνοὺς **τὸ θέλημα τοῦ κυρίου αὐτοῦ** καὶ μὴ ἑτοιμάσας ἢ ποιήσας **πρὸς τὸ θέλημα αὐτοῦ** δαρήσεται πολλάς·	
002			Lk 12,48	... παντὶ δὲ ᾧ ἐδόθη πολύ, πολὺ ζητηθήσεται **παρ' αὐτοῦ, ...**	
102	Mt 5,25 ↑ Mt 18,34	ἴσθι εὐνοῶν **τῷ ἀντιδίκῳ σου** ταχὺ, ἕως ὅτου εἶ μετ' αὐτοῦ ἐν τῇ ὁδῷ, μήποτέ σε παραδῷ ὁ ἀντίδικος τῷ κριτῇ ...	Lk 12,58	ὡς γὰρ ὑπάγεις μετὰ τοῦ ἀντιδίκου σου ἐπ' ἄρχοντα, ἐν τῇ ὁδῷ δὸς ἐργασίαν ἀπηλλάχθαι **ἀπ' αὐτοῦ,** μήποτε κατασύρῃ σε πρὸς τὸν κριτήν, ...	

002					**Lk 13,6** → Mt 21,19 → Mk 11,13	... συκῆν εἶχέν τις πεφυτευμένην **ἐν τῷ ἀμπελῶνι αὐτοῦ,** καὶ ἦλθεν ζητῶν καρπὸν ἐν αὐτῇ καὶ οὐχ εὗρεν.	
002					**Lk 13,15** → Mt 12,11 → Lk 14,5	... ὑποκριταί, ἕκαστος ὑμῶν τῷ σαββάτῳ οὐ λύει **τὸν βοῦν αὐτοῦ** ἢ τὸν ὄνον ἀπὸ τῆς φάτνης καὶ ἀπαγαγὼν ποτίζει;	
b 002 002					**Lk 13,17** **(2)** ↑ **Mt 12,14** ↑ **Mk 3,6** ↑ Lk 6,11 → Lk 14,6	καὶ ταῦτα **λέγοντος αὐτοῦ** κατῃσχύνοντο πάντες οἱ ἀντικείμενοι αὐτῷ, καὶ πᾶς ὁ ὄχλος ἔχαιρεν ἐπὶ πᾶσιν τοῖς ἐνδόξοις τοῖς γινομένοις **ὑπ' αὐτοῦ.**	
d 202	**Mt 13,32**	... καὶ γίνεται δένδρον, ὥστε ἐλθεῖν *τὰ πετεινὰ τοῦ οὐρανοῦ καὶ κατασκηνοῦν* ***ἐν τοῖς κλάδοις αὐτοῦ.*** ➤ Ps 103,12 LXX	**Mk 4,32**	... καὶ ποιεῖ κλάδους μεγάλους, ὥστε δύνασθαι **ὑπὸ τὴν σκιὰν αὐτοῦ** *τὰ πετεινὰ τοῦ οὐρανοῦ κατασκηνοῦν.* ➤ Ps 103,12 LXX	**Lk 13,19**	... καὶ ἐγένετο εἰς δένδρον, καὶ *τὰ πετεινὰ τοῦ οὐρανοῦ κατεσκήνωσεν* ***ἐν τοῖς κλάδοις αὐτοῦ.*** ➤ Ps 103,12 LXX	→ GTh 20 Mk-Q overlap
002					**Lk 14,2** ↑ **Mt 12,10** ↑ Mk 3,1 ↑ **Lk 6,6** → Lk 13,11	καὶ ἰδοὺ ἄνθρωπός τις ἦν ὑδρωπικὸς **ἔμπροσθεν αὐτοῦ.**	
002					**Lk 14,8**	... μὴ κατακλιθῇς εἰς τὴν πρωτοκλισίαν, μήποτε ἐντιμότερός σου ᾖ κεκλημένος **ὑπ' αὐτοῦ**	
202	**Mt 22,3**	καὶ ἀπέστειλεν **τοὺς δούλους αὐτοῦ** καλέσαι τοὺς κεκλημένους εἰς τοὺς γάμους, ...			**Lk 14,17**	καὶ ἀπέστειλεν **τὸν δοῦλον αὐτοῦ** τῇ ὥρᾳ τοῦ δείπνου εἰπεῖν τοῖς κεκλημένοις· ...	→ GTh 64
002					**Lk 14,21** **(2)**	καὶ παραγενόμενος ὁ δοῦλος ἀπήγγειλεν **τῷ κυρίῳ αὐτοῦ** ταῦτα.	→ GTh 64
202	**Mt 22,8**	[7] ὁ δὲ βασιλεὺς ὠργίσθη ... [8] τότε λέγει **τοῖς δούλοις αὐτοῦ·** ὁ μὲν γάμος ἕτοιμός ἐστιν, οἱ δὲ κεκλημένοι οὐκ ἦσαν ἄξιοι·				τότε ὀργισθεὶς ὁ οἰκοδεσπότης εἶπεν **τῷ δούλῳ αὐτοῦ·** ἔξελθε ταχέως εἰς τὰς πλατείας καὶ ῥύμας τῆς πόλεως, ... [24] λέγω γὰρ ὑμῖν ὅτι οὐδεὶς τῶν ἀνδρῶν ἐκείνων τῶν κεκλημένων γεύσεταί μου τοῦ δείπνου.	→ GTh 64
b 002					**Lk 14,29**	ἵνα μήποτε **θέντος αὐτοῦ θεμέλιον καὶ μὴ ἰσχύοντος ἐκτελέσαι** πάντες οἱ θεωροῦντες ἄρξωνται αὐτῷ ἐμπαίζειν	

b 002				Lk 14,32	εἰ δὲ μή γε, ἔτι **αὐτοῦ πόρρω ὄντος** πρεσβείαν ἀποστείλας ἐρωτᾷ τὰ πρὸς εἰρήνην.	
c 002				Lk 15,1 ↑ Lk 5,29	ἦσαν δὲ αὐτῷ ἐγγίζοντες πάντες οἱ τελῶναι καὶ οἱ ἁμαρτωλοὶ ἀκούειν **αὐτοῦ.**	
102	Mt 18,13	καὶ ἐὰν γένηται εὑρεῖν αὐτό, ... ἀμὴν λέγω ὑμῖν ὅτι χαίρει ἐπ' αὐτῷ μᾶλλον ...		Lk 15,5	καὶ εὑρὼν ἐπιτίθησιν **ἐπὶ τοὺς ὤμους αὐτοῦ** χαίρων [6] ... [7] λέγω ὑμῖν ὅτι οὕτως χαρὰ ἐν τῷ οὐρανῷ ἔσται ἐπὶ ἑνὶ ἁμαρτωλῷ μετανοοῦντι ...	→ GTh 107
002				Lk 15,13	... καὶ ἐκεῖ διεσκόρπισεν **τὴν οὐσίαν αὐτοῦ** ζῶν ἀσώτως.	
b 002				Lk 15,14	**δαπανήσαντος δὲ αὐτοῦ** πάντα ἐγένετο λιμὸς ἰσχυρὰ κατὰ τὴν χώραν ἐκείνην, ...	
002				Lk 15,15	... καὶ ἔπεμψεν αὐτὸν **εἰς τοὺς ἀγροὺς αὐτοῦ** βόσκειν χοίρους	
b 002 002 002				Lk 15,20 (3)	... ἔτι δὲ **αὐτοῦ μακρὰν ἀπέχοντος** εἶδεν αὐτὸν **ὁ πατὴρ αὐτοῦ** καὶ ἐσπλαγχνίσθη καὶ δραμὼν ἐπέπεσεν **ἐπὶ τὸν τράχηλον αὐτοῦ** καὶ κατεφίλησεν αὐτόν.	
002 002				Lk 15,22 (2)	εἶπεν δὲ ὁ πατὴρ **πρὸς τοὺς δούλους αὐτοῦ·** ταχὺ ἐξενέγκατε στολὴν τὴν πρώτην καὶ ἐνδύσατε αὐτόν, καὶ δότε δακτύλιον **εἰς τὴν χεῖρα αὐτοῦ** καὶ ὑποδήματα εἰς τοὺς πόδας	
002				Lk 15,25	ἦν δὲ **ὁ υἱὸς αὐτοῦ** ὁ πρεσβύτερος ἐν ἀγρῷ· ...	
002				Lk 15,28	ὠργίσθη δὲ καὶ οὐκ ἤθελεν εἰσελθεῖν, **ὁ δὲ πατὴρ αὐτοῦ** ἐξελθὼν παρεκάλει αὐτόν.	
002				Lk 15,29	ὁ δὲ ἀποκριθεὶς εἶπεν **τῷ πατρὶ αὐτοῦ·** ἰδοὺ τοσαῦτα ἔτη δουλεύω σοι ...	

002					Lk 16,1	... ἄνθρωπός τις ἦν πλούσιος ὃς εἶχεν οἰκονόμον, καὶ οὗτος διεβλήθη αὐτῷ ὡς διασκορπίζων **τὰ ὑπάρχοντα αὐτοῦ.**	
202	Mt 5,32 ⇩ Mt 19,9	... πᾶς ὁ ἀπολύων **τὴν γυναῖκα αὐτοῦ** παρεκτὸς λόγου πορνείας ποιεῖ αὐτὴν μοιχευθῆναι, ...	Mk 10,11	... ὃς ἂν ἀπολύσῃ **τὴν γυναῖκα αὐτοῦ** καὶ γαμήσῃ ἄλλην μοιχᾶται ἐπ᾽ αὐτήν· [12] καὶ ἐὰν αὐτὴ ἀπολύσασα τὸν ἄνδρα αὐτῆς γαμήσῃ ἄλλον μοιχᾶται.	Lk 16,18	πᾶς ὁ ἀπολύων **τὴν γυναῖκα αὐτοῦ** καὶ γαμῶν ἑτέραν μοιχεύει, ...	→ 1Cor 7,10-11 Mk-Q overlap
002					Lk 16,20	πτωχὸς δέ τις ὀνόματι Λάζαρος ἐβέβλητο **πρὸς τὸν πυλῶνα αὐτοῦ** εἱλκωμένος	
002					Lk 16,21	... ἀλλὰ καὶ οἱ κύνες ἐρχόμενοι ἐπέλειχον **τὰ ἕλκη αὐτοῦ.**	
002 002					Lk 16,23 (2)	καὶ ἐν τῷ ᾅδῃ ἐπάρας **τοὺς ὀφθαλμοὺς αὐτοῦ,** ὑπάρχων ἐν βασάνοις, ὁρᾷ Ἀβραὰμ ἀπὸ μακρόθεν καὶ Λάζαρον **ἐν τοῖς κόλποις αὐτοῦ.**	
002					Lk 16,24	... πέμψον Λάζαρον ἵνα βάψῃ **τὸ ἄκρον τοῦ δακτύλου αὐτοῦ** ὕδατος καὶ καταψύξῃ τὴν γλῶσσάν μου, ...	
102	Mt 18,7	οὐαὶ τῷ κόσμῳ ἀπὸ τῶν σκανδάλων· ἀνάγκη γὰρ ἐλθεῖν τὰ σκάνδαλα, πλὴν οὐαὶ τῷ ἀνθρώπῳ δι᾽ οὗ τὸ σκάνδαλον ἔρχεται.			Lk 17,1	εἶπεν δὲ **πρὸς τοὺς μαθητὰς αὐτοῦ·** ἀνένδεκτόν ἐστιν τοῦ τὰ σκάνδαλα μὴ ἐλθεῖν, πλὴν οὐαὶ δι᾽ οὗ ἔρχεται·	
222	Mt 18,6 → Mt 18,10	ὃς δ᾽ ἂν σκανδαλίσῃ ἕνα τῶν μικρῶν τούτων τῶν πιστευόντων εἰς ἐμέ, συμφέρει αὐτῷ ἵνα κρεμασθῇ μύλος ὀνικὸς **περὶ τὸν τράχηλον αὐτοῦ** καὶ καταποντισθῇ ἐν τῷ πελάγει τῆς θαλάσσης.	Mk 9,42	καὶ ὃς ἂν σκανδαλίσῃ ἕνα τῶν μικρῶν τούτων τῶν πιστευόντων [εἰς ἐμέ], καλόν ἐστιν αὐτῷ μᾶλλον εἰ περίκειται μύλος ὀνικὸς **περὶ τὸν τράχηλον αὐτοῦ** καὶ βέβληται εἰς τὴν θάλασσαν.	Lk 17,2	λυσιτελεῖ αὐτῷ εἰ λίθος μυλικὸς περίκειται **περὶ τὸν τράχηλον αὐτοῦ** καὶ ἔρριπται εἰς τὴν θάλασσαν ἢ ἵνα σκανδαλίσῃ τῶν μικρῶν τούτων ἕνα.	Mk-Q overlap?
b 002					Lk 17,12 ↑ Mt 8,2 ↑ Mk 1,40 ↑ Lk 5,12	καὶ **εἰσερχομένου αὐτοῦ** εἴς τινα κώμην ἀπήντησαν [αὐτῷ] δέκα λεπροὶ ἄνδρες, ...	

002					**Lk 17,16** ↑ Mt 8,2 ↑ Mk 1,40 ↑ Lk 5,12	καὶ ἔπεσεν ἐπὶ πρόσωπον **παρὰ τοὺς πόδας αὐτοῦ** εὐχαριστῶν αὐτῷ· καὶ αὐτὸς ἦν Σαμαρίτης.	
102	**Mt 24,27**	... οὕτως ἔσται ἡ παρουσία τοῦ υἱοῦ τοῦ ἀνθρώπου·			**Lk 17,24**	... οὕτως ἔσται ὁ υἱὸς τοῦ ἀνθρώπου **[ἐν τῇ ἡμέρᾳ αὐτοῦ].**	
112	**Mt 24,17**	ὁ ἐπὶ τοῦ δώματος μὴ καταβάτω ἆραι τὰ ἐκ τῆς οἰκίας αὐτοῦ	**Mk 13,15**	ὁ [δὲ] ἐπὶ τοῦ δώματος μὴ καταβάτω μηδὲ εἰσελθάτω ἆραί τι ἐκ τῆς οἰκίας αὐτοῦ	**Lk 17,31**	... ὃς ἔσται ἐπὶ τοῦ δώματος καὶ **τὰ σκεύη αὐτοῦ** ἐν τῇ οἰκίᾳ, μὴ καταβάτω ἆραι αὐτά, ...	
202	**Mt 10,39** **(2)** ⇧ Mt 16,25	ὁ εὑρὼν **τὴν ψυχὴν αὐτοῦ** ἀπολέσει αὐτήν, καὶ ὁ ἀπολέσας τὴν ψυχὴν αὐτοῦ ἕνεκεν ἐμοῦ εὑρήσει αὐτήν.	**Mk 8,35** (2)	ὃς γὰρ ἐὰν θέλῃ **τὴν ψυχὴν αὐτοῦ** σῶσαι ἀπολέσει αὐτήν· ὃς δ' ἂν ἀπολέσει τὴν ψυχὴν αὐτοῦ ἕνεκεν ἐμοῦ καὶ τοῦ εὐαγγελίου σώσει αὐτήν.	**Lk 17,33** ⇧ Lk 9,24	ὃς ἐὰν ζητήσῃ **τὴν ψυχὴν αὐτοῦ** περιποιήσασθαι ἀπολέσει αὐτήν, ὃς δ' ἂν ἀπολέσῃ ζῳογονήσει αὐτήν.	→ Jn 12,25 Mk-Q overlap
002					**Lk 18,7**	ὁ δὲ θεὸς οὐ μὴ ποιήσῃ **τὴν ἐκδίκησιν τῶν ἐκλεκτῶν αὐτοῦ** τῶν βοώντων αὐτῷ ἡμέρας καὶ νυκτός, ...	
002					**Lk 18,13**	... ἀλλ' ἔτυπτεν **τὸ στῆθος αὐτοῦ** λέγων· ὁ θεός, ἱλάσθητί μοι τῷ ἁμαρτωλῷ.	
002					**Lk 18,14** → Lk 16,15	λέγω ὑμῖν, κατέβη οὗτος δεδικαιωμένος **εἰς τὸν οἶκον αὐτοῦ** παρ' ἐκεῖνον· ...	
210	**Mt 19,3**	καὶ προσῆλθον αὐτῷ Φαρισαῖοι πειράζοντες αὐτὸν καὶ λέγοντες· εἰ ἔξεστιν ἀνθρώπῳ ἀπολῦσαι **τὴν γυναῖκα αὐτοῦ** κατὰ πᾶσαν αἰτίαν;	**Mk 10,2**	καὶ προσελθόντες Φαρισαῖοι ἐπηρώτων αὐτὸν εἰ ἔξεστιν ἀνδρὶ **γυναῖκα** ἀπολῦσαι, πειράζοντες αὐτόν.			
120 220	**Mt 19,5**	... *ἕνεκα τούτου* *καταλείψει ἄνθρωπος* ***τὸν πατέρα*** *καὶ τὴν μητέρα* *καὶ κολληθήσεται* ***τῇ γυναικὶ αὐτοῦ,*** *καὶ ἔσονται οἱ δύο* *εἰς σάρκα μίαν.* ➤ Gen 2,24 LXX	**Mk 10,7** **(2)**	*ἕνεκεν τούτου* *καταλείψει ἄνθρωπος* ***τὸν πατέρα αὐτοῦ*** *καὶ τὴν μητέρα* *[καὶ προσκολληθήσεται* ***πρὸς τὴν γυναῖκα αὐτοῦ],*** [8] *καὶ ἔσονται οἱ δύο* *εἰς σάρκα μίαν·* ... ➤ Gen 2,24 LXX			
220	**Mt 19,9** ⇧ Mt 5,32	... ὃς ἂν ἀπολύσῃ **τὴν γυναῖκα αὐτοῦ** μὴ ἐπὶ πορνείᾳ καὶ γαμήσῃ ἄλλην μοιχᾶται.	**Mk 10,11**	... ὃς ἂν ἀπολύσῃ **τὴν γυναῖκα αὐτοῦ** καὶ γαμήσῃ ἄλλην μοιχᾶται ἐπ' αὐτήν· [12] καὶ ἐὰν αὐτὴ ἀπολύσασα τὸν ἄνδρα αὐτῆς γαμήσῃ ἄλλον μοιχᾶται.	**Lk 16,18**	πᾶς ὁ ἀπολύων **τὴν γυναῖκα αὐτοῦ** καὶ γαμῶν ἑτέραν μοιχεύει, καὶ ὁ ἀπολελυμένην ἀπὸ ἀνδρὸς γαμῶν μοιχεύει.	→ 1Cor 7,10-11 Mk-Q overlap

200	Mt 19,10	λέγουσιν αὐτῷ **οἱ μαθηταὶ [αὐτοῦ]·** εἰ οὕτως ἐστὶν ἡ αἰτία τοῦ ἀνθρώπου μετὰ τῆς γυναικός, οὐ συμφέρει γαμῆσαι.					
b 121	Mt 19,16 → Mt 22,35-36	καὶ ἰδοὺ εἷς προσελθὼν αὐτῷ εἶπεν· διδάσκαλε, τί ἀγαθὸν ποιήσω ἵνα σχῶ ζωὴν αἰώνιον;	Mk 10,17 → Mk 12,28	καὶ **ἐκπορευομένου** **αὐτοῦ** εἰς ὁδὸν προσδραμὼν εἷς καὶ γονυπετήσας αὐτὸν ἐπηρώτα αὐτόν· διδάσκαλε ἀγαθέ, τί ποιήσω ἵνα ζωὴν αἰώνιον κληρονομήσω;	Lk 18,18 ⇨ Lk 10,25	καὶ ἐπηρώτησέν τις αὐτὸν ἄρχων λέγων· διδάσκαλε ἀγαθέ, τί ποιήσας ζωὴν αἰώνιον κληρονομήσω;	
221	Mt 19,23	ὁ δὲ Ἰησοῦς εἶπεν **τοῖς μαθηταῖς αὐτοῦ·** ἀμὴν λέγω ὑμῖν ὅτι πλούσιος δυσκόλως εἰσελεύσεται εἰς τὴν βασιλείαν τῶν οὐρανῶν.	Mk 10,23	καὶ περιβλεψάμενος ὁ Ἰησοῦς λέγει **τοῖς μαθηταῖς αὐτοῦ·** πῶς δυσκόλως οἱ τὰ χρήματα ἔχοντες εἰς τὴν βασιλείαν τοῦ θεοῦ εἰσελεύσονται.	Lk 18,24	ἰδὼν δὲ αὐτὸν ὁ Ἰησοῦς [περίλυπον γενόμενον] εἶπεν· πῶς δυσκόλως οἱ τὰ χρήματα ἔχοντες εἰς τὴν βασιλείαν τοῦ θεοῦ εἰσπορεύονται·	
120	Mt 19,24	 πάλιν δὲ λέγω ὑμῖν, ...	Mk 10,24	οἱ δὲ μαθηταὶ ἐθαμβοῦντο **ἐπὶ τοῖς λόγοις** **αὐτοῦ.** ὁ δὲ Ἰησοῦς πάλιν ἀποκριθεὶς λέγει αὐτοῖς· ...			
201	Mt 19,28 ↓ Mt 25,31	... ἀμὴν λέγω ὑμῖν ὅτι ὑμεῖς οἱ ἀκολουθήσαντές μοι ἐν τῇ παλιγγενεσίᾳ, ὅταν καθίσῃ ὁ υἱὸς τοῦ ἀνθρώπου **ἐπὶ θρόνου δόξης** **αὐτοῦ,** καθήσεσθε καὶ ὑμεῖς ἐπὶ δώδεκα θρόνους κρίνοντες τὰς δώδεκα φυλὰς τοῦ Ἰσραήλ.			Lk 22,30 → Lk 12,37	[28] ὑμεῖς δέ ἐστε οἱ διαμεμενηκότες μετ' ἐμοῦ ἐν τοῖς πειρασμοῖς μου· ... [30] ἵνα ἔσθητε καὶ πίνητε ἐπὶ τῆς τραπέζης μου ἐν τῇ βασιλείᾳ μου, καὶ καθήσεσθε ἐπὶ θρόνων τὰς δώδεκα φυλὰς κρίνοντες τοῦ Ἰσραήλ.	
200	Mt 20,1	ὁμοία γάρ ἐστιν ἡ βασιλεία τῶν οὐρανῶν ἀνθρώπῳ οἰκοδεσπότῃ, ὅστις ἐξῆλθεν ἅμα πρωῒ μισθώσασθαι ἐργάτας **εἰς τὸν ἀμπελῶνα** **αὐτοῦ.**					
200	Mt 20,2	συμφωνήσας δὲ μετὰ τῶν ἐργατῶν ἐκ δηναρίου τὴν ἡμέραν ἀπέστειλεν αὐτοὺς **εἰς τὸν ἀμπελῶνα** **αὐτοῦ.**					
200	Mt 20,8	ὀψίας δὲ γενομένης λέγει ὁ κύριος τοῦ ἀμπελῶνος **τῷ ἐπιτρόπῳ αὐτοῦ·** κάλεσον τοὺς ἐργάτας καὶ ἀπόδος αὐτοῖς τὸν μισθὸν ...					

210	Mt 20,20	τότε προσῆλθεν αὐτῷ ἡ μήτηρ τῶν υἱῶν Ζεβεδαίου μετὰ τῶν υἱῶν αὐτῆς προσκυνοῦσα καὶ αἰτοῦσά τι ἀπ᾽ αὐτοῦ.	Mk 10,35	καὶ προσπορεύονται αὐτῷ Ἰάκωβος καὶ Ἰωάννης οἱ υἱοὶ Ζεβεδαίου λέγοντες αὐτῷ· διδάσκαλε, θέλομεν ἵνα ὃ ἐὰν αἰτήσωμέν σε ποιήσῃς ἡμῖν.			
221	Mt 20,28	ὥσπερ ὁ υἱὸς τοῦ ἀνθρώπου οὐκ ἦλθεν διακονηθῆναι ἀλλὰ διακονῆσαι καὶ δοῦναι τὴν ψυχὴν αὐτοῦ λύτρον ἀντὶ πολλῶν.	Mk 10,45	καὶ γὰρ ὁ υἱὸς τοῦ ἀνθρώπου οὐκ ἦλθεν διακονηθῆναι ἀλλὰ διακονῆσαι καὶ δοῦναι τὴν ψυχὴν αὐτοῦ λύτρον ἀντὶ πολλῶν.	Lk 22,27 → Lk 12,37	... ἐγὼ δὲ ἐν μέσῳ ὑμῶν εἰμι ὡς ὁ διακονῶν.	→ Jn 13,13-14
b 121 *b* 121	Mt 20,29 ⇩ Mt 9,27 Mt 9,27 ⇧ Mt 20,29-30	καὶ ἐκπορευομένων αὐτῶν ἀπὸ Ἰεριχὼ ἠκολούθησεν αὐτῷ ὄχλος πολύς. [30] καὶ ἰδοὺ δύο τυφλοὶ καθήμενοι παρὰ τὴν ὁδόν ... καὶ παράγοντι ἐκεῖθεν τῷ Ἰησοῦ ἠκολούθησαν [αὐτῷ] δύο τυφλοὶ ...	Mk 10,46 (2)	καὶ ἔρχονται εἰς Ἰεριχώ. καὶ ἐκπορευομένου αὐτοῦ ἀπὸ Ἰεριχὼ καὶ τῶν μαθητῶν αὐτοῦ καὶ ὄχλου ἱκανοῦ ὁ υἱὸς Τιμαίου Βαρτιμαῖος, τυφλὸς προσαίτης, ἐκάθητο παρὰ τὴν ὁδόν.	Lk 18,35	ἐγένετο δὲ ἐν τῷ ἐγγίζειν αὐτὸν εἰς Ἰεριχὼ τυφλός τις ἐκάθητο παρὰ τὴν ὁδὸν ἐπαιτῶν.	
      121 *b* 112	Mt 20,32 ⇩ Mt 9,28 Mt 9,28 ⇧ Mt 20,32	καὶ στὰς ὁ Ἰησοῦς ἐφώνησεν αὐτοὺς καὶ εἶπεν· ... ... προσῆλθον αὐτῷ οἱ τυφλοί, καὶ λέγει αὐτοῖς ὁ Ἰησοῦς· ...	Mk 10,50	[49] καὶ στὰς ὁ Ἰησοῦς εἶπεν· Φωνήσατε αὐτόν. καὶ φωνοῦσιν τὸν τυφλὸν λέγοντες αὐτῷ· θάρσει, ἔγειρε, φωνεῖ σε. [50] ὁ δὲ ἀποβαλὼν τὸ ἱμάτιον αὐτοῦ ἀναπηδήσας ἦλθεν πρὸς τὸν Ἰησοῦν. [51] καὶ ἀποκριθεὶς αὐτῷ ὁ Ἰησοῦς εἶπεν·	Lk 18,40	σταθεὶς δὲ ὁ Ἰησοῦς ἐκέλευσεν αὐτὸν ἀχθῆναι πρὸς αὐτόν. ἐγγίσαντος δὲ αὐτοῦ ἐπηρώτησεν αὐτόν·	
002 002					Lk 19,14 (2)	οἱ δὲ πολῖται αὐτοῦ ἐμίσουν αὐτὸν καὶ ἀπέστειλαν πρεσβείαν ὀπίσω αὐτοῦ λέγοντες· οὐ θέλομεν τοῦτον βασιλεῦσαι ἐφ᾽ ἡμᾶς.	
202	Mt 25,28	ἄρατε οὖν ἀπ᾽ αὐτοῦ τὸ τάλαντον ...			Lk 19,24	... ἄρατε ἀπ᾽ αὐτοῦ τὴν μνᾶν ...	
121	Mt 21,1	... τότε Ἰησοῦς ἀπέστειλεν δύο μαθητὰς	Mk 11,1	... ἀποστέλλει δύο τῶν μαθητῶν αὐτοῦ	Lk 19,29	... ἀπέστειλεν δύο τῶν μαθητῶν	

c 122	Mt 21,3	καὶ ἐάν τις ὑμῖν εἴπῃ τι, ἐρεῖτε ὅτι ὁ κύριος **αὐτῶν** χρείαν ἔχει· ...	Mk 11,3	καὶ ἐάν τις ὑμῖν εἴπῃ· τί ποιεῖτε τοῦτο; εἴπατε· ὁ κύριος **αὐτοῦ** χρείαν ἔχει, ...	Lk 19,31	καὶ ἐάν τις ὑμᾶς ἐρωτᾷ· διὰ τί λύετε; οὕτως ἐρεῖτε· ὅτι ὁ κύριος **αὐτοῦ** χρείαν ἔχει.	
012			Mk 11,5	[4] ... καὶ λύουσιν αὐτόν. [5] καί **τινες τῶν ἐκεῖ ἑστηκότων** ἔλεγον αὐτοῖς· τί ποιεῖτε λύοντες τὸν πῶλον;	Lk 19,33	λυόντων δὲ αὐτῶν τὸν πῶλον εἶπαν **οἱ κύριοι αὐτοῦ** πρὸς αὐτούς· τί λύετε τὸν πῶλον;	
c 012			Mk 11,6 → Mt 21,6	οἱ δὲ εἶπαν αὐτοῖς καθὼς εἶπεν ὁ Ἰησοῦς, καὶ ἀφῆκαν αὐτούς.	Lk 19,34	οἱ δὲ εἶπαν· ὅτι ὁ κύριος **αὐτοῦ** χρείαν ἔχει.	
b 112	Mt 21,8	ὁ δὲ πλεῖστος ὄχλος ἔστρωσαν ἑαυτῶν τὰ ἱμάτια ἐν τῇ ὁδῷ, ...	Mk 11,8	καὶ πολλοὶ τὰ ἱμάτια αὐτῶν ἔστρωσαν εἰς τὴν ὁδόν, ...	Lk 19,36	**πορευομένου δὲ αὐτοῦ** ὑπεστρώννυον τὰ ἱμάτια αὐτῶν ἐν τῇ ὁδῷ.	→ Jn 12,13
b 112	Mt 21,9	οἱ δὲ ὄχλοι οἱ προάγοντες αὐτὸν καὶ οἱ ἀκολουθοῦντες ἔκραζον λέγοντες· ...	Mk 11,9	καὶ οἱ προάγοντες καὶ οἱ ἀκολουθοῦντες ἔκραζον· ...	Lk 19,37	**ἐγγίζοντος δὲ αὐτοῦ** ἤδη πρὸς τῇ καταβάσει τοῦ ὄρους τῶν ἐλαιῶν ἤρξαντο ἅπαν τὸ πλῆθος τῶν μαθητῶν χαίροντες αἰνεῖν τὸν θεὸν φωνῇ μεγάλῃ ...	
b 210	Mt 21,10 ↑ Mt 2,3	καὶ **εἰσελθόντος αὐτοῦ** εἰς Ἱεροσόλυμα ἐσείσθη πᾶσα ἡ πόλις λέγουσα· ...	Mk 11,11	καὶ **εἰσῆλθεν** εἰς Ἱεροσόλυμα εἰς τὸ ἱερὸν καὶ περιβλεψάμενος πάντα, ...			→ Jn 2,13
120	Mt 21,19 → Mk 11,20	... μηκέτι ἐκ σοῦ καρπὸς γένηται εἰς τὸν αἰῶνα. καὶ ἐξηράνθη παραχρῆμα ἡ συκῆ.	Mk 11,14	... μηκέτι εἰς τὸν αἰῶνα ἐκ σοῦ μηδεὶς καρπὸν φάγοι. καὶ ἤκουον **οἱ μαθηταὶ αὐτοῦ.**			
c 222	Mt 22,33 ↑ Mt 7,28 ↑ Lk 4,32	... οἱ ὄχλοι ἐξεπλήσσοντο **ἐπὶ τῇ διδαχῇ αὐτοῦ.**	Mk 11,18 ↑ Mk 1,22 ↑ Lk 4,32	... πᾶς γὰρ ὁ ὄχλος ἐξεπλήσσετο **ἐπὶ τῇ διδαχῇ αὐτοῦ.**	Lk 19,48 ↓ Lk 21,38	... ὁ λαὸς γὰρ ἅπας ἐξεκρέματο **αὐτοῦ ἀκούων.**	
120	Mt 21,21 ↓ Mt 17,20	... ἀμὴν λέγω ὑμῖν, ἐὰν ἔχητε πίστιν καὶ μὴ διακριθῆτε, οὐ μόνον τὸ τῆς συκῆς ποιήσετε, ἀλλὰ κἂν τῷ ὄρει τούτῳ εἴπητε· ἄρθητι καὶ βλήθητι εἰς τὴν θάλασσαν, γενήσεται·	Mk 11,23 → Mk 9,23	[22] ... ἔχετε πίστιν θεοῦ. [23] ἀμὴν λέγω ὑμῖν ὅτι ὃς ἂν εἴπῃ τῷ ὄρει τούτῳ· ἄρθητι καὶ βλήθητι εἰς τὴν θάλασσαν, καὶ μὴ διακριθῇ **ἐν τῇ καρδίᾳ αὐτοῦ** ἀλλὰ πιστεύῃ ὅτι ὃ λαλεῖ γίνεται, ἔσται αὐτῷ.	↓ Lk 17,6		→ GTh 48 → GTh 106
	Mt 17,20 ↑ Mt 21,21	... ἀμὴν γὰρ λέγω ὑμῖν, ἐὰν ἔχητε πίστιν ὡς κόκκον σινάπεως, ἐρεῖτε τῷ ὄρει τούτῳ, μετάβα ἔνθεν ἐκεῖ, καὶ μεταβήσεται· καὶ οὐδὲν ἀδυνατήσει ὑμῖν.			Lk 17,6	... εἰ ἔχετε πίστιν ὡς κόκκον σινάπεως, ἐλέγετε ἂν τῇ συκαμίνῳ [ταύτῃ]· ἐκριζώθητι καὶ φυτεύθητι ἐν τῇ θαλάσσῃ· καὶ ὑπήκουσεν ἂν ὑμῖν.	→ GTh 48 → GTh 106

b 222	Mt 21,23	καὶ **ἐλθόντος** **αὐτοῦ** εἰς τὸ ἱερὸν προσῆλθον αὐτῷ διδάσκοντι οἱ ἀρχιερεῖς καὶ οἱ πρεσβύτεροι τοῦ λαοῦ ...	Mk 11,27	... καὶ ἐν τῷ ἱερῷ **περιπατοῦντος** **αὐτοῦ** ἔρχονται πρὸς αὐτὸν οἱ ἀρχιερεῖς καὶ οἱ γραμματεῖς καὶ οἱ πρεσβύτεροι	Lk 20,1	καὶ ἐγένετο ἐν μιᾷ τῶν ἡμερῶν **διδάσκοντος** **αὐτοῦ** τὸν λαὸν ἐν τῷ ἱερῷ καὶ εὐαγγελιζομένου ἐπέστησαν οἱ ἀρχιερεῖς καὶ οἱ γραμματεῖς σὺν τοῖς πρεσβυτέροις	→ Jn 2,18
211 211	Mt 21,34 (2)	ὅτε δὲ ἤγγισεν ὁ καιρὸς τῶν καρπῶν, ἀπέστειλεν **τοὺς δούλους αὐτοῦ** πρὸς τοὺς γεωργοὺς λαβεῖν **τοὺς καρποὺς αὐτοῦ.**	Mk 12,2	καὶ ἀπέστειλεν πρὸς τοὺς γεωργοὺς τῷ καιρῷ **δοῦλον** ἵνα παρὰ τῶν γεωργῶν λάβῃ **ἀπὸ τῶν καρπῶν** **τοῦ ἀμπελῶνος·**	Lk 20,10	καὶ καιρῷ ἀπέστειλεν πρὸς τοὺς γεωργοὺς **δοῦλον** ἵνα **ἀπὸ τοῦ καρποῦ** **τοῦ ἀμπελῶνος** δώσουσιν αὐτῷ·	→ GTh 65
211	Mt 21,35	καὶ λαβόντες οἱ γεωργοὶ **τοὺς δούλους αὐτοῦ** ὃν μὲν ἔδειραν,	Mk 12,3	καὶ λαβόντες **αὐτὸν** ἔδειραν καὶ ἀπέστειλαν κενόν.		οἱ δὲ γεωργοὶ ἐξαπέστειλαν **αὐτὸν** δείραντες κενόν.	→ GTh 65
	↓ Mt 22,6	ὃν δὲ ἀπέκτειναν, ὃν δὲ ἐλιθοβόλησαν.	Mk 12,5	καὶ ἄλλον ἀπέστειλεν· κἀκεῖνον ἀπέκτειναν, καὶ πολλοὺς ἄλλους, οὓς μὲν δέροντες, οὓς δὲ ἀποκτέννοντες.	Lk 20,12	καὶ προσέθετο τρίτον πέμψαι· οἱ δὲ καὶ τοῦτον τραυματίσαντες ἐξέβαλον.	→ GTh 65
211	Mt 21,37	ὕστερον δὲ ἀπέστειλεν πρὸς αὐτοὺς **τὸν υἱὸν αὐτοῦ** λέγων· ἐντραπήσονται τὸν υἱόν μου.	Mk 12,6	ἔτι ἕνα εἶχεν, **υἱὸν** **ἀγαπητόν·** ἀπέστειλεν αὐτὸν ἔσχατον πρὸς αὐτοὺς λέγων ὅτι ἐντραπήσονται τὸν υἱόν μου.	Lk 20,13	... πέμψω **τὸν υἱόν μου** **τὸν ἀγαπητόν·** ἴσως τοῦτον ἐντραπήσονται.	→ GTh 65
211	Mt 21,38	... οὗτός ἐστιν ὁ κληρονόμος· δεῦτε ἀποκτείνωμεν αὐτὸν καὶ σχῶμεν **τὴν κληρονομίαν** **αὐτοῦ**	Mk 12,7	... οὗτός ἐστιν ὁ κληρονόμος· δεῦτε ἀποκτείνωμεν αὐτόν, καὶ ἡμῶν ἔσται **ἡ κληρονομία.**	Lk 20,14	... οὗτός ἐστιν ὁ κληρονόμος· ἀποκτείνωμεν αὐτόν, ἵνα ἡμῶν γένηται **ἡ κληρονομία.**	→ GTh 65
211	Mt 21,45	καὶ ἀκούσαντες οἱ ἀρχιερεῖς καὶ οἱ Φαρισαῖοι **τὰς παραβολὰς** **αὐτοῦ** ἔγνωσαν ὅτι περὶ αὐτῶν λέγει·	Mk 12,12 ↓ Mt 22,22	... ἔγνωσαν γὰρ ὅτι πρὸς αὐτοὺς **τὴν παραβολὴν** εἶπεν. καὶ ἀφέντες αὐτὸν ἀπῆλθον.	Lk 20,19	... ἔγνωσαν γὰρ ὅτι πρὸς αὐτοὺς εἶπεν **τὴν παραβολὴν** **ταύτην.**	
201	Mt 22,2 → Lk 14,15	ὡμοιώθη ἡ βασιλεία τῶν οὐρανῶν ἀνθρώπῳ βασιλεῖ, ὅστις ἐποίησεν γάμους **τῷ υἱῷ αὐτοῦ.**			Lk 14,16	... ἄνθρωπός τις ἐποίει δεῖπνον μέγα, καὶ ἐκάλεσεν πολλούς	→ GTh 64
202	Mt 22,3	καὶ ἀπέστειλεν **τοὺς δούλους αὐτοῦ** καλέσαι τοὺς κεκλημένους εἰς τοὺς γάμους, ...			Lk 14,17	καὶ ἀπέστειλεν **τὸν δοῦλον αὐτοῦ** τῇ ὥρᾳ τοῦ δείπνου εἰπεῖν τοῖς κεκλημένοις· ...	→ GTh 64

201	Mt 22,5	οἱ δὲ ἀμελήσαντες ἀπῆλθον, ὃς μὲν εἰς τὸν ἴδιον ἀγρόν, ὃς δὲ **ἐπὶ τὴν ἐμπορίαν** **αὐτοῦ·**			Lk 14,19	[18] καὶ ἤρξαντο ἀπὸ μιᾶς πάντες παραιτεῖσθαι. ὁ πρῶτος εἶπεν αὐτῷ· ἀγρὸν ἠγόρασα ... [19] καὶ ἕτερος εἶπεν· **ζεύγη βοῶν** ἠγόρασα πέντε καὶ πορεύομαι δοκιμάσαι αὐτά· ...	→ GTh 64
200	Mt 22,6 ↑ Mt 21,35 ↑ Mk 12,5 ↑ Lk 20,12	οἱ δὲ λοιποὶ κρατήσαντες **τοὺς δούλους αὐτοῦ** ὕβρισαν καὶ ἀπέκτειναν.					
201	Mt 22,7	ὁ δὲ βασιλεὺς ὠργίσθη καὶ πέμψας **τὰ στρατεύματα** **αὐτοῦ** ἀπώλεσεν τοὺς φονεῖς ἐκείνους καὶ τὴν πόλιν αὐτῶν ἐνέπρησεν.			Lk 14,21 (2)	... τότε ὀργισθεὶς ὁ οἰκοδεσπότης	
202	Mt 22,8	τότε λέγει **τοῖς δούλοις αὐτοῦ·** ὁ μὲν γάμος ἕτοιμός ἐστιν, οἱ δὲ κεκλημένοι οὐκ ἦσαν ἄξιοι·				εἶπεν **τῷ δούλῳ αὐτοῦ·** ἔξελθε ταχέως εἰς τὰς πλατείας καὶ ῥύμας τῆς πόλεως, ... [24] λέγω γὰρ ὑμῖν ὅτι οὐδεὶς τῶν ἀνδρῶν ἐκείνων τῶν κεκλημένων γεύσεταί μου τοῦ δείπνου.	
a 200	Mt 22,13	... δήσαντες **αὐτοῦ πόδας καὶ** **χεῖρας** ἐκβάλετε αὐτὸν εἰς τὸ σκότος τὸ ἐξώτερον· ...					
c 112	Mt 22,15 → Mt 26,4	τότε πορευθέντες οἱ Φαρισαῖοι συμβούλιον ἔλαβον ὅπως **αὐτὸν** παγιδεύσωσιν ἐν λόγῳ. [16] καὶ ἀποστέλλουσιν αὐτῷ τοὺς μαθητὰς αὐτῶν μετὰ τῶν Ἡρῳδιανῶν ...	Mk 12,13	καὶ ἀποστέλλουσιν πρός αὐτόν τινας τῶν Φαρισαίων καὶ τῶν Ἡρῳδιανῶν ἵνα **αὐτὸν** ἀγρεύσωσιν λόγῳ.	Lk 20,20 → Lk 16,15 → Lk 18,9 ↓ Lk 23,2	καὶ παρατηρήσαντες ἀπέστειλαν ἐγκαθέτους ὑποκρινομένους ἑαυτοὺς δικαίους εἶναι, ἵνα ἐπιλάβωνται **αὐτοῦ** λόγου, ὥστε παραδοῦναι αὐτὸν τῇ ἀρχῇ καὶ τῇ ἐξουσίᾳ τοῦ ἡγεμόνος.	
c 112 112	Mt 22,22 ↑ Mk 12,12	[21] ... ἀπόδοτε οὖν τὰ Καίσαρος Καίσαρι καὶ τὰ τοῦ θεοῦ τῷ θεῷ. [22] καὶ ἀκούσαντες ἐθαύμασαν, καὶ ἀφέντες αὐτὸν ἀπῆλθαν.	Mk 12,17	... τὰ Καίσαρος ἀπόδοτε Καίσαρι καὶ τὰ τοῦ θεοῦ τῷ θεῷ. καὶ ἐξεθαύμαζον **ἐπ' αὐτῷ.**	Lk 20,26 (2)	[25] ... τοίνυν ἀπόδοτε τὰ Καίσαρος Καίσαρι καὶ τὰ τοῦ θεοῦ τῷ θεῷ. [26] καὶ οὐκ ἴσχυσαν ἐπιλαβέσθαι **αὐτοῦ** ῥήματος ἐναντίον τοῦ λαοῦ καὶ θαυμάσαντες **ἐπὶ τῇ ἀποκρίσει** **αὐτοῦ** ἐσίγησαν.	→ GTh 100

    222 211 222	**Mt 22,24** (3)	... *ἐάν τις* *ἀποθάνῃ* *μὴ ἔχων τέκνα,* *ἐπιγαμβρεύσει* ***ὁ ἀδελφὸς αὐτοῦ*** ***τὴν γυναῖκα αὐτοῦ*** *καὶ ἀναστήσει σπέρμα* ***τῷ ἀδελφῷ αὐτοῦ·*** ➤ Deut 25,5; Gen 38,8	**Mk 12,19** (2)	... *ἐάν τινος ἀδελφὸς* *ἀποθάνῃ* καὶ καταλίπῃ γυναῖκα *καὶ μὴ ἀφῇ* *τέκνον, ἵνα λάβῃ* ***ὁ ἀδελφὸς αὐτοῦ*** ***τὴν γυναῖκα*** *καὶ ἐξαναστήσῃ σπέρμα* ***τῷ ἀδελφῷ αὐτοῦ.*** ➤ Deut 25,5; Gen 38,8	**Lk 20,28** (2)	... *ἐάν τινος ἀδελφὸς* *ἀποθάνῃ* ἔχων γυναῖκα, καὶ οὗτος *ἄτεκνος ᾖ,* *ἵνα λάβῃ* ***ὁ ἀδελφὸς αὐτοῦ*** ***τὴν γυναῖκα*** *καὶ ἐξαναστήσῃ σπέρμα* ***τῷ ἀδελφῷ αὐτοῦ.*** ➤ Deut 25,5; Gen 38,8	
    211 211	**Mt 22,25** (2)	ἦσαν δὲ παρ' ἡμῖν ἑπτὰ ἀδελφοί· καὶ ὁ πρῶτος γήμας ἐτελεύτησεν, καὶ μὴ ἔχων σπέρμα ἀφῆκεν **τὴν γυναῖκα αὐτοῦ** **τῷ ἀδελφῷ αὐτοῦ·**	**Mk 12,20**	ἑπτὰ ἀδελφοὶ ἦσαν· καὶ ὁ πρῶτος ἔλαβεν γυναῖκα καὶ ἀποθνῄσκων οὐκ ἀφῆκεν σπέρμα·	**Lk 20,29**	ἑπτὰ οὖν ἀδελφοὶ ἦσαν· καὶ ὁ πρῶτος λαβὼν γυναῖκα ἀπέθανεν ἄτεκνος·	
c 222	**Mt 22,33** ↑ Mt 7,28 ↑ Lk 4,32	... οἱ ὄχλοι ἐξεπλήσσοντο **ἐπὶ τῇ διδαχῇ αὐτοῦ.**	**Mk 11,18** ↑ Mk 1,22 ↑ Lk 4,32	... πᾶς γὰρ ὁ ὄχλος ἐξεπλήσσετο **ἐπὶ τῇ διδαχῇ αὐτοῦ.**	**Lk 19,48**	... ὁ λαὸς γὰρ ἅπας ἐξεκρέματο **αὐτοῦ ἀκούων.**	
    021			**Mk 12,32**	... καλῶς, διδάσκαλε, ἐπ' ἀληθείας εἶπες ὅτι *εἷς ἐστιν καὶ οὐκ ἔστιν* *ἄλλος* ***πλὴν αὐτοῦ·*** ➤ Deut 6,4	**Lk 20,39** → Mk 12,28	... διδάσκαλε, καλῶς εἶπας.	
a 222	**Mt 22,45**	εἰ οὖν Δαυὶδ καλεῖ αὐτὸν κύριον, πῶς **υἱὸς αὐτοῦ ἐστιν;**	**Mk 12,37** (2)	αὐτὸς Δαυὶδ λέγει αὐτὸν κύριον, καὶ πόθεν **αὐτοῦ ἐστιν υἱός;**	**Lk 20,44**	Δαυὶδ οὖν κύριον αὐτὸν καλεῖ, καὶ πῶς **αὐτοῦ υἱός ἐστιν;**	
c 121 212	**Mt 23,1**	τότε **ὁ Ἰησοῦς** ἐλάλησεν τοῖς ὄχλοις καὶ **τοῖς μαθηταῖς** **αὐτοῦ**		καὶ [ὁ] πολὺς ὄχλος ἤκουεν **αὐτοῦ** ἡδέως.	**Lk 20,45**	ἀκούοντος δὲ παντὸς τοῦ λαοῦ εἶπεν **τοῖς μαθηταῖς** **[αὐτοῦ]**	
 121	**Mt 23,2**	 λέγων· ... [6] φιλοῦσιν δὲ ...	**Mk 12,38**	καὶ **ἐν τῇ διδαχῇ αὐτοῦ** ἔλεγεν· βλέπετε ἀπὸ τῶν γραμματέων τῶν θελόντων ...		 [46] προσέχετε ἀπὸ τῶν γραμματέων τῶν θελόντων ...	
d 200	**Mt 23,18**	... ὃς ἂν ὀμόσῃ ἐν τῷ θυσιαστηρίῳ, οὐδέν ἐστιν· ὃς δ' ἂν ὀμόσῃ **ἐν τῷ δώρῳ τῷ** **ἐπάνω αὐτοῦ,** ὀφείλει.					
d 200	**Mt 23,20**	ὁ οὖν ὀμόσας ἐν τῷ θυσιαστηρίῳ ὀμνύει ἐν αὐτῷ καὶ **ἐν πᾶσι τοῖς ἐπάνω** **αὐτοῦ·**					
    200	**Mt 23,22** → Mt 5,34	καὶ ὁ ὀμόσας ἐν τῷ οὐρανῷ ὀμνύει ἐν τῷ θρόνῳ τοῦ θεοῦ καὶ ἐν τῷ καθημένῳ **ἐπάνω αὐτοῦ.**					
   201	**Mt 23,26**	... καθάρισον πρῶτον τὸ ἐντὸς τοῦ ποτηρίου, ἵνα γένηται καὶ **τὸ ἐκτὸς αὐτοῦ** καθαρόν.			**Lk 11,41**	πλὴν τὰ ἐνόντα δότε ἐλεημοσύνην, καὶ ἰδοὺ **πάντα** καθαρὰ ὑμῖν ἐστιν.	

021			Mk 12,43	καὶ προσκαλεσάμενος τοὺς μαθητὰς αὐτοῦ εἶπεν αὐτοῖς· ἀμὴν λέγω ὑμῖν ὅτι ἡ χήρα αὕτη ἡ πτωχὴ πλεῖον πάντων ἔβαλεν τῶν βαλλόντων εἰς τὸ γαζοφυλάκιον·	Lk 21,3	καὶ εἶπεν· ἀληθῶς λέγω ὑμῖν ὅτι ἡ χήρα αὕτη ἡ πτωχὴ πλεῖον πάντων ἔβαλεν·	
b 121	Mt 24,1	καὶ ἐξελθὼν ὁ Ἰησοῦς ἀπὸ τοῦ ἱεροῦ ἐπορεύετο,	Mk 13,1 (2)	καὶ ἐκπορευομένου αὐτοῦ ἐκ τοῦ ἱεροῦ	Lk 21,5	καί	
221		καὶ προσῆλθον οἱ μαθηταὶ αὐτοῦ ἐπιδεῖξαι αὐτῷ τὰς οἰκοδομὰς τοῦ ἱεροῦ.		λέγει αὐτῷ εἷς τῶν μαθητῶν αὐτοῦ· διδάσκαλε, ἴδε ποταποὶ λίθοι καὶ ποταπαὶ οἰκοδομαί.		τινων λεγόντων περὶ τοῦ ἱεροῦ ὅτι λίθοις καλοῖς καὶ ἀναθήμασιν κεκόσμηται εἶπεν·	
b 221	Mt 24,3	καθημένου δὲ αὐτοῦ ἐπὶ τοῦ ὄρους τῶν ἐλαιῶν προσῆλθον αὐτῷ οἱ μαθηταὶ κατ᾽ ἰδίαν λέγοντες· ...	Mk 13,3	καὶ καθημένου αὐτοῦ εἰς τὸ ὄρος τῶν ἐλαιῶν κατέναντι τοῦ ἱεροῦ ἐπηρώτα αὐτὸν κατ᾽ ἰδίαν Πέτρος καὶ Ἰάκωβος καὶ Ἰωάννης καὶ Ἀνδρέας·	Lk 21,7	ἐπηρώτησαν δὲ αὐτὸν λέγοντες· ...	
221	Mt 24,17	ὁ ἐπὶ τοῦ δώματος μὴ καταβάτω ἆραι τὰ ἐκ τῆς οἰκίας αὐτοῦ,	Mk 13,15	ὁ [δὲ] ἐπὶ τοῦ δώματος μὴ καταβάτω μηδὲ εἰσελθάτω ἆραί τι ἐκ τῆς οἰκίας αὐτοῦ,	Lk 17,31	ἐν ἐκείνῃ τῇ ἡμέρᾳ ὃς ἔσται ἐπὶ τοῦ δώματος καὶ τὰ σκεύη αὐτοῦ ἐν τῇ οἰκίᾳ, μὴ καταβάτω ἆραι αὐτά,	
221	Mt 24,18	καὶ ὁ ἐν τῷ ἀγρῷ μὴ ἐπιστρεψάτω ὀπίσω ἆραι τὸ ἱμάτιον αὐτοῦ.	Mk 13,16	καὶ ὁ εἰς τὸν ἀγρὸν μὴ ἐπιστρεψάτω εἰς τὰ ὀπίσω ἆραι τὸ ἱμάτιον αὐτοῦ.	→ Lk 21,21	καὶ ὁ ἐν ἀγρῷ ὁμοίως μὴ ἐπιστρεψάτω εἰς τὰ ὀπίσω.	
210	Mt 24,31 (2) ↑ Mt 13,41	καὶ ἀποστελεῖ τοὺς ἀγγέλους αὐτοῦ μετὰ σάλπιγγος μεγάλης,	Mk 13,27	καὶ τότε ἀποστελεῖ τοὺς ἀγγέλους			
220		καὶ ἐπισυνάξουσιν τοὺς ἐκλεκτοὺς αὐτοῦ ἐκ τῶν τεσσάρων ἀνέμων ...		καὶ ἐπισυνάξει τοὺς ἐκλεκτοὺς [αὐτοῦ] ἐκ τῶν τεσσάρων ἀνέμων ...			
202	Mt 24,43	... εἰ ᾔδει ὁ οἰκοδεσπότης ποίᾳ φυλακῇ ὁ κλέπτης ἔρχεται, ἐγρηγόρησεν ἂν καὶ οὐκ ἂν εἴασεν διορυχθῆναι τὴν οἰκίαν αὐτοῦ.			Lk 12,39	... εἰ ᾔδει ὁ οἰκοδεσπότης ποίᾳ ὥρᾳ ὁ κλέπτης ἔρχεται, οὐκ ἂν ἀφῆκεν διορυχθῆναι τὸν οἶκον αὐτοῦ.	→ GTh 21,5 → GTh 103
202	Mt 24,45	τίς ἄρα ἐστὶν ὁ πιστὸς δοῦλος καὶ φρόνιμος ὃν κατέστησεν ὁ κύριος ἐπὶ τῆς οἰκετείας αὐτοῦ τοῦ δοῦναι αὐτοῖς τὴν τροφὴν ἐν καιρῷ;			Lk 12,42	... τίς ἄρα ἐστὶν ὁ πιστὸς οἰκονόμος ὁ φρόνιμος, ὃν καταστήσει ὁ κύριος ἐπὶ τῆς θεραπείας αὐτοῦ τοῦ διδόναι ἐν καιρῷ [τὸ] σιτομέτριον;	
202	Mt 24,46	μακάριος ὁ δοῦλος ἐκεῖνος ὃν ἐλθὼν ὁ κύριος αὐτοῦ εὑρήσει οὕτως ποιοῦντα·			Lk 12,43	μακάριος ὁ δοῦλος ἐκεῖνος, ὃν ἐλθὼν ὁ κύριος αὐτοῦ εὑρήσει ποιοῦντα οὕτως·	
202	Mt 24,47 ↓ Mt 25,21 ↓ Mt 25,23	ἀμὴν λέγω ὑμῖν ὅτι ἐπὶ πᾶσιν τοῖς ὑπάρχουσιν αὐτοῦ καταστήσει αὐτόν.			Lk 12,44	ἀληθῶς λέγω ὑμῖν ὅτι ἐπὶ πᾶσιν τοῖς ὑπάρχουσιν αὐτοῦ καταστήσει αὐτόν.	

202	Mt 24,48	ἐὰν δὲ εἴπῃ ὁ κακὸς δοῦλος ἐκεῖνος ἐν τῇ καρδίᾳ αὐτοῦ· χρονίζει μου ὁ κύριος,			Lk 12,45	ἐὰν δὲ εἴπῃ ὁ δοῦλος ἐκεῖνος ἐν τῇ καρδίᾳ αὐτοῦ· χρονίζει ὁ κύριός μου ἔρχεσθαι,	
201	Mt 24,49	καὶ ἄρξηται τύπτειν τοὺς συνδούλους αὐτοῦ, ἐσθίῃ δὲ καὶ πίνῃ μετὰ τῶν μεθυόντων			→ Lk 21,34	καὶ ἄρξηται τύπτειν τοὺς παῖδας καὶ τὰς παιδίσκας, ἐσθίειν τε καὶ πίνειν καὶ μεθύσκεσθαι,	
202	Mt 24,51	καὶ διχοτομήσει αὐτὸν καὶ τὸ μέρος αὐτοῦ μετὰ τῶν ὑποκριτῶν θήσει· ...			Lk 12,46	... καὶ διχοτομήσει αὐτὸν καὶ τὸ μέρος αὐτοῦ μετὰ τῶν ἀπίστων θήσει.	
200	Mt 25,6	μέσης δὲ νυκτὸς κραυγὴ γέγονεν· ἰδοὺ ὁ νυμφίος, ἐξέρχεσθε εἰς ἀπάντησιν [αὐτοῦ].					
200	Mt 25,10	... ἦλθεν ὁ νυμφίος, καὶ αἱ ἕτοιμοι εἰσῆλθον μετ᾽ αὐτοῦ εἰς τοὺς γάμους καὶ ἐκλείσθη ἡ θύρα.			Lk 13,25	ἀφ᾽ οὗ ἂν ἐγερθῇ ὁ οἰκοδεσπότης καὶ ἀποκλείσῃ τὴν θύραν ...	
020	Mt 25,14	ὥσπερ γὰρ ἄνθρωπος ἀποδημῶν	Mk 13,34 (3)	ὡς ἄνθρωπος ἀπόδημος ἀφεὶς τὴν οἰκίαν αὐτοῦ	Lk 19,12	... ἄνθρωπός τις εὐγενὴς ἐπορεύθη εἰς χώραν μακρὰν ...	Mk-Q overlap
020		ἐκάλεσεν τοὺς ἰδίους δούλους καὶ παρέδωκεν αὐτοῖς τὰ ὑπάρχοντα αὐτοῦ,		καὶ δοὺς τοῖς δούλοις αὐτοῦ τὴν ἐξουσίαν	Lk 19,13	καλέσας δὲ δέκα δούλους ἑαυτοῦ	
020	Mt 25,15	καὶ ᾧ μὲν ἔδωκεν πέντε τάλαντα, ᾧ δὲ δύο, ᾧ δὲ ἕν, ἑκάστῳ κατὰ τὴν ἰδίαν δύναμιν, καὶ ἀπεδήμησεν. ...		ἑκάστῳ τὸ ἔργον αὐτοῦ, καὶ τῷ θυρωρῷ ἐνετείλατο ἵνα γρηγορῇ.		ἔδωκεν αὐτοῖς δέκα μνᾶς καὶ εἶπεν πρὸς αὐτούς· πραγματεύσασθε ἐν ᾧ ἔρχομαι.	
201	Mt 25,14	ὥσπερ γὰρ ἄνθρωπος ἀποδημῶν ἐκάλεσεν τοὺς ἰδίους δούλους καὶ παρέδωκεν αὐτοῖς τὰ ὑπάρχοντα αὐτοῦ, [15] καὶ ᾧ μὲν ἔδωκεν πέντε τάλαντα, ᾧ δὲ δύο, ᾧ δὲ ἕν, ...	Mk 13,34 (3)	ὡς ἄνθρωπος ἀπόδημος ἀφεὶς τὴν οἰκίαν αὐτοῦ καὶ δοὺς τοῖς δούλοις αὐτοῦ τὴν ἐξουσίαν ἑκάστῳ τὸ ἔργον αὐτοῦ, ...	Lk 19,13	[12] ... ἄνθρωπός τις εὐγενὴς ... [13] καλέσας δὲ δέκα δούλους ἑαυτοῦ ἔδωκεν αὐτοῖς δέκα μνᾶς ...	Mk-Q overlap
200	Mt 25,18 → Lk 19,20	ὁ δὲ τὸ ἓν λαβὼν ἀπελθὼν ὤρυξεν γῆν καὶ ἔκρυψεν τὸ ἀργύριον τοῦ κυρίου αὐτοῦ.					
201	Mt 25,21 ↑ Mt 24,47	ἔφη αὐτῷ ὁ κύριος αὐτοῦ· εὖ, δοῦλε ἀγαθὲ καὶ πιστέ, ἐπὶ ὀλίγα ἦς πιστός, ἐπὶ πολλῶν σε καταστήσω· ...			Lk 19,17 → Lk 16,10	καὶ εἶπεν αὐτῷ· εὖγε, ἀγαθὲ δοῦλε, ὅτι ἐν ἐλαχίστῳ πιστὸς ἐγένου, ἴσθι ἐξουσίαν ἔχων ἐπάνω δέκα πόλεων.	

201	Mt 25,23 ↑ Mt 24,47	ἔφη αὐτῷ ὁ κύριος αὐτοῦ· εὖ, δοῦλε ἀγαθὲ καὶ πιστέ, ἐπὶ ὀλίγα ἧς πιστός, ἐπὶ πολλῶν σε καταστήσω· ...			Lk 19,19	εἶπεν δὲ καὶ τούτῳ· καὶ σὺ ἐπάνω γίνου πέντε πόλεων.	
201	Mt 25,26	ἀποκριθεὶς δὲ ὁ κύριος αὐτοῦ εἶπεν αὐτῷ· πονηρὲ δοῦλε καὶ ὀκνηρέ, ...			Lk 19,22	λέγει αὐτῷ· ἐκ τοῦ στόματός σου κρίνω σε, πονηρὲ δοῦλε. ...	
202	Mt 25,28	ἄρατε οὖν ἀπ' αὐτοῦ τὸ τάλαντον ...			Lk 19,24	... ἄρατε ἀπ' αὐτοῦ τὴν μνᾶν ...	
201	Mt 25,29 ⇧ Mt 13,12	... τοῦ δὲ μὴ ἔχοντος καὶ ὃ ἔχει ἀρθήσεται ἀπ' αὐτοῦ.	Mk 4,25	... καὶ ὃς οὐκ ἔχει, καὶ ὃ ἔχει ἀρθήσεται ἀπ' αὐτοῦ.	Lk 19,26 ⇧ Lk 8,18	... ἀπὸ δὲ τοῦ μὴ ἔχοντος καὶ ὃ ἔχει ἀρθήσεται.	→ GTh 41 Mk-Q overlap
200 200 200	Mt 25,31 (3) ↑ Mt 19,28	ὅταν δὲ ἔλθῃ ὁ υἱὸς τοῦ ἀνθρώπου ἐν τῇ δόξῃ αὐτοῦ καὶ πάντες οἱ ἄγγελοι μετ' αὐτοῦ, τότε καθίσει ἐπὶ θρόνου δόξης αὐτοῦ·					
200	Mt 25,32	καὶ συναχθήσονται ἔμπροσθεν αὐτοῦ πάντα τὰ ἔθνη, καὶ ἀφορίσει αὐτοὺς ἀπ' ἀλλήλων, ...					
200	Mt 25,33	καὶ στήσει τὰ μὲν πρόβατα ἐκ δεξιῶν αὐτοῦ, τὰ δὲ ἐρίφια ἐξ εὐωνύμων.					
200	Mt 25,34	τότε ἐρεῖ ὁ βασιλεὺς τοῖς ἐκ δεξιῶν αὐτοῦ· δεῦτε, οἱ εὐλογημένοι τοῦ πατρός μου, ...					
200	Mt 25,41 → Mt 7,23 → Lk 13,27	... πορεύεσθε ἀπ' ἐμοῦ [οἱ] κατηραμένοι εἰς τὸ πῦρ τὸ αἰώνιον τὸ ἡτοιμασμένον τῷ διαβόλῳ καὶ τοῖς ἀγγέλοις αὐτοῦ.					
002					Lk 21,38 ↑ Lk 19,48	καὶ πᾶς ὁ λαὸς ὤρθριζεν πρὸς αὐτὸν ἐν τῷ ἱερῷ ἀκούειν αὐτοῦ.	→ [[Jn 8,2]]
200	Mt 26,1	καὶ ἐγένετο ὅτε ἐτέλεσεν ὁ Ἰησοῦς πάντας τοὺς λόγους τούτους, εἶπεν τοῖς μαθηταῖς αὐτοῦ·					

b 120	**Mt 26,6** → Lk 7,40	**τοῦ δὲ Ἰησοῦ γενομένου** ἐν Βηθανίᾳ ἐν οἰκίᾳ Σίμωνος τοῦ λεπροῦ,	**Mk 14,3** **(3)** → Lk 7,40	**καὶ ὄντος αὐτοῦ** ἐν Βηθανίᾳ ἐν τῇ οἰκίᾳ Σίμωνος τοῦ λεπροῦ,	Lk 7,36	ἠρώτα δέ τις αὐτὸν τῶν Φαρισαίων ἵνα φάγῃ μετ᾽ αὐτοῦ, καὶ εἰσελθὼν εἰς τὸν οἶκον τοῦ Φαρισαίου	→ Jn 12,1
b 220	**Mt 26,7**	προσῆλθεν αὐτῷ γυνὴ ἔχουσα ἀλάβαστρον μύρου βαρυτίμου καὶ κατέχεεν ἐπὶ τῆς κεφαλῆς **αὐτοῦ ἀνακειμένου.**		**κατακειμένου αὐτοῦ** ἦλθεν γυνὴ ἔχουσα ἀλάβαστρον μύρου νάρδου πιστικῆς πολυτελοῦς,		**κατεκλίθη.** [37] καὶ ἰδοὺ γυνὴ ... ἐπιγνοῦσα ὅτι κατάκειται ἐν τῇ οἰκίᾳ τοῦ Φαρισαίου, κομίσασα ἀλάβαστρον μύρου	→ Jn 12,2
a 120				συντρίψασα τὴν ἀλάβαστρον κατέχεεν **αὐτοῦ τῆς κεφαλῆς.**	Lk 7,38 (3)	... καὶ κατεφίλει τοὺς πόδας αὐτοῦ καὶ ἤλειφεν τῷ μύρῳ.	**→ Jn 12,3**
121	**Mt 26,17** → Lk 22,8	τῇ δὲ πρώτῃ τῶν ἀζύμων προσῆλθον **οἱ μαθηταὶ** τῷ Ἰησοῦ λέγοντες· ποῦ θέλεις ἑτοιμάσωμέν σοι φαγεῖν τὸ πάσχα;	**Mk 14,12** → Lk 22,8	καὶ τῇ πρώτῃ ἡμέρᾳ τῶν ἀζύμων, ὅτε τὸ πάσχα ἔθυον, λέγουσιν αὐτῷ **οἱ μαθηταὶ αὐτοῦ·** ποῦ θέλεις ἀπελθόντες ἑτοιμάσωμεν ἵνα φάγῃς τὸ πάσχα;	**Lk 22,9**	[7] ἦλθεν δὲ ἡ ἡμέρα τῶν ἀζύμων, [ἐν] ᾗ ἔδει θύεσθαι τὸ πάσχα· [8] ... **[9] οἱ δὲ** εἶπαν αὐτῷ· ποῦ θέλεις ἑτοιμάσωμεν;	**→ Jn 13,1**
121	**Mt 26,18**	ὁ δὲ εἶπεν· ὑπάγετε εἰς τὴν πόλιν ...	**Mk 14,13**	καὶ ἀποστέλλει **δύο τῶν μαθητῶν αὐτοῦ** καὶ λέγει αὐτοῖς· ὑπάγετε εἰς τὴν πόλιν, ...	**Lk 22,8**	καὶ ἀπέστειλεν **Πέτρον καὶ Ἰωάννην** ... [9] ... [10] ὁ δὲ εἶπεν αὐτοῖς· ἰδοὺ εἰσελθόντων ὑμῶν εἰς τὴν πόλιν ...	
221	**Mt 26,24**	ὁ μὲν υἱὸς τοῦ ἀνθρώπου ὑπάγει καθὼς γέγραπται **περὶ αὐτοῦ,** οὐαὶ δὲ τῷ ἀνθρώπῳ ἐκείνῳ δι᾽ οὗ ὁ υἱὸς τοῦ ἀνθρώπου παραδίδοται· ...	**Mk 14,21**	ὅτι ὁ μὲν υἱὸς τοῦ ἀνθρώπου ὑπάγει καθὼς γέγραπται **περὶ αὐτοῦ,** οὐαὶ δὲ τῷ ἀνθρώπῳ ἐκείνῳ δι᾽ οὗ ὁ υἱὸς τοῦ ἀνθρώπου παραδίδοται· ...	**Lk 22,22**	ὅτι ὁ υἱὸς μὲν τοῦ ἀνθρώπου κατὰ τὸ ὡρισμένον πορεύεται, πλὴν οὐαὶ τῷ ἀνθρώπῳ ἐκείνῳ δι᾽ οὗ παραδίδοται.	
d 221	**Mt 26,27** → Lk 22,17	καὶ λαβὼν ποτήριον καὶ εὐχαριστήσας ἔδωκεν αὐτοῖς λέγων· πίετε **ἐξ αὐτοῦ** πάντες	**Mk 14,23** → Lk 22,17	καὶ λαβὼν ποτήριον εὐχαριστήσας ἔδωκεν αὐτοῖς, καὶ ἔπιον **ἐξ αὐτοῦ** πάντες.	**Lk 22,20**	καὶ τὸ ποτήριον ὡσαύτως μετὰ τὸ δειπνῆσαι, ...	→ 1Cor 11,25
002					**Lk 22,36**	... καὶ ὁ μὴ ἔχων πωλησάτω **τὸ ἱμάτιον αὐτοῦ** καὶ ἀγορασάτω μάχαιραν.	
121	**Mt 26,36**	τότε ἔρχεται μετ᾽ αὐτῶν ὁ Ἰησοῦς εἰς χωρίον λεγόμενον Γεθσημανὶ καὶ λέγει **τοῖς μαθηταῖς·** καθίσατε αὐτοῦ ἕως [οὗ] ἀπελθὼν ἐκεῖ προσεύξωμαι.	**Mk 14,32**	καὶ ἔρχονται εἰς χωρίον οὗ τὸ ὄνομα Γεθσημανὶ καὶ λέγει **τοῖς μαθηταῖς αὐτοῦ·** καθίσατε ὧδε ἕως προσεύξωμαι.	**Lk 22,40**	[39] καὶ ἐξελθὼν ἐπορεύθη κατὰ τὸ ἔθος εἰς τὸ ὄρος τῶν ἐλαιῶν, ἠκολούθησαν δὲ αὐτῷ καὶ οἱ μαθηταί. [40] γενόμενος δὲ ἐπὶ τοῦ τόπου εἶπεν **αὐτοῖς·** προσεύχεσθε μὴ εἰσελθεῖν εἰς πειρασμόν.	

120	**Mt 26,37**	καὶ παραλαβὼν τὸν Πέτρον καὶ τοὺς δύο υἱοὺς Ζεβεδαίου ἤρξατο λυπεῖσθαι καὶ ἀδημονεῖν.	**Mk 14,33**	καὶ παραλαμβάνει τὸν Πέτρον καὶ [τὸν] Ἰάκωβον καὶ [τὸν] Ἰωάννην **μετ' αὐτοῦ** καὶ ἤρξατο ἐκθαμβεῖσθαι καὶ ἀδημονεῖν			
211 121	**Mt 26,39**	καὶ προελθὼν μικρὸν ἔπεσεν **ἐπὶ πρόσωπον αὐτοῦ** προσευχόμενος καὶ λέγων· πάτερ μου, ...	**Mk 14,35**	καὶ προελθὼν μικρὸν ἔπιπτεν **ἐπὶ τῆς γῆς** καὶ προσηύχετο ἵνα εἰ δυνατόν ἐστιν παρέλθῃ **ἀπ' αὐτοῦ** ἡ ὥρα, [36] καὶ ἔλεγεν· αββα ὁ πατήρ, ...	**Lk 22,41**	καὶ αὐτὸς ἀπεσπάσθη ἀπ' αὐτῶν ὡσεὶ λίθου βολὴν καὶ θεὶς τὰ γόνατα προσηύχετο [42] λέγων· πάτερ, ...	
002					**Lk 22,44**	[[... καὶ ἐγένετο **ὁ ἱδρὼς αὐτοῦ** ὡσεὶ θρόμβοι αἵματος καταβαίνοντος ἐπὶ τὴν γῆν.]]	Lk 22,44 is textcritically uncertain.
b 222 221	**Mt 26,47 (2)**	καὶ ἔτι **αὐτοῦ λαλοῦντος** ἰδοὺ Ἰούδας εἷς τῶν δώδεκα ἦλθεν καὶ **μετ' αὐτοῦ** ὄχλος πολὺς ...	**Mk 14,43 (2)**	καὶ εὐθὺς ἔτι **αὐτοῦ λαλοῦντος** παραγίνεται Ἰούδας εἷς τῶν δώδεκα καὶ **μετ' αὐτοῦ** ὄχλος ...	**Lk 22,47**	ἔτι **αὐτοῦ λαλοῦντος** ἰδοὺ ὄχλος, καὶ ὁ λεγόμενος Ἰούδας εἷς τῶν δώδεκα προήρχετο αὐτοὺς ...	→ Jn 18,3 → Jn 18,3
211 *a* 222	**Mt 26,51 (2)**	καὶ ἰδοὺ εἷς τῶν μετὰ Ἰησοῦ ἐκτείνας τὴν χεῖρα ἀπέσπασεν **τὴν μάχαιραν αὐτοῦ** καὶ πατάξας τὸν δοῦλον τοῦ ἀρχιερέως ἀφεῖλεν **αὐτοῦ τὸ ὠτίον.**	**Mk 14,47**	εἷς δέ [τις] τῶν παρεστηκότων σπασάμενος **τὴν μάχαιραν** ἔπαισεν τὸν δοῦλον τοῦ ἀρχιερέως καὶ ἀφεῖλεν **αὐτοῦ τὸ ὠτάριον.**	**Lk 22,50**	[49] ... κύριε, εἰ πατάξομεν ἐν μαχαίρῃ; [50] καὶ ἐπάταξεν εἷς τις ἐξ αὐτῶν τοῦ ἀρχιερέως τὸν δοῦλον καὶ ἀφεῖλεν **τὸ οὖς αὐτοῦ** **τὸ δεξιόν.**	**→ Jn 18,10**
112	**Mt 26,73**	... ἀληθῶς καὶ σὺ **ἐξ αὐτῶν** εἶ, καὶ γὰρ ἡ λαλιά σου δῆλόν σε ποιεῖ.	**Mk 14,70**	... ἀληθῶς **ἐξ αὐτῶν** εἶ, καὶ γὰρ Γαλιλαῖος εἶ.	**Lk 22,59**	... ἐπ' ἀληθείας καὶ οὗτος **μετ' αὐτοῦ** ἦν, καὶ γὰρ Γαλιλαῖός ἐστιν.	**→ Jn 18,26**
b 112	**Mt 26,74**	τότε ἤρξατο καταθεματίζειν καὶ ὀμνύειν ὅτι οὐκ οἶδα τὸν ἄνθρωπον. καὶ εὐθέως ἀλέκτωρ ἐφώνησεν.	**Mk 14,72**	[71] ὁ δὲ ἤρξατο ἀναθεματίζειν καὶ ὀμνύναι ὅτι οὐκ οἶδα τὸν ἄνθρωπον τοῦτον ὃν λέγετε. [72] καὶ εὐθὺς ἐκ δευτέρου ἀλέκτωρ ἐφώνησεν. ...	**Lk 22,60**	εἶπεν δὲ ὁ Πέτρος· ἄνθρωπε, οὐκ οἶδα ὃ λέγεις. καὶ παραχρῆμα ἔτι **λαλοῦντος αὐτοῦ** ἐφώνησεν ἀλέκτωρ.	→ Jn 18,27
120	**Mt 26,60**	καὶ οὐχ εὗρον πολλῶν προσελθόντων ψευδομαρτύρων.	**Mk 14,56**	[55] ... καὶ οὐχ ηὕρισκον· [56] πολλοὶ γὰρ ἐψευδομαρτύρουν **κατ' αὐτοῦ,** καὶ ἴσαι αἱ μαρτυρίαι οὐκ ἦσαν.			
120		ὕστερον δὲ προσελθόντες δύο [61] εἶπαν· ↔	**Mk 14,57**	καὶ τινες ἀναστάντες ἐψευδομαρτύρουν **κατ' αὐτοῦ** λέγοντες			

c 120	**Mt 26,61** → Mt 27,40	↔ οὗτος ἔφη· δύναμαι καταλῦσαι τὸν ναὸν τοῦ θεοῦ καὶ διὰ τριῶν ἡμερῶν οἰκοδομῆσαι.	**Mk 14,58** → Mk 15,29	ὅτι ἡμεῖς ἠκούσαμεν **αὐτοῦ** λέγοντος ὅτι ἐγὼ καταλύσω τὸν ναὸν τοῦτον τὸν χειροποίητον καὶ διὰ τριῶν ἡμερῶν ἄλλον ἀχειροποίητον οἰκοδομήσω.			→ Jn 2,19 → **Acts 6,14** → GTh 71
221	**Mt 26,65**	τότε ὁ ἀρχιερεὺς διέρρηξεν **τὰ ἱμάτια αὐτοῦ** λέγων· ἐβλασφήμησεν· τί ἔτι χρείαν ἔχομεν μαρτύρων;	**Mk 14,63**	ὁ δὲ ἀρχιερεὺς διαρρήξας **τοὺς χιτῶνας αὐτοῦ** λέγει· τί ἔτι χρείαν ἔχομεν μαρτύρων;	**Lk 22,71**	οἱ δὲ εἶπαν· τί ἔτι ἔχομεν μαρτυρίας χρείαν;	
112		ἴδε νῦν ἠκούσατε τὴν βλασφημίαν·	**Mk 14,64**	ἠκούσατε τῆς βλασφημίας· ...		αὐτοὶ γὰρ ἠκούσαμεν **ἀπὸ τοῦ στόματος αὐτοῦ.**	
211	**Mt 26,67**	τότε ἐνέπτυσαν **εἰς τὸ πρόσωπον αὐτοῦ**	**Mk 14,65**	καὶ ἤρξαντό τινες ἐμπτύειν **αὐτῷ**	**Lk 22,63**	καὶ οἱ ἄνδρες οἱ συνέχοντες αὐτὸν ἐνέπαιζον **αὐτῷ** δέροντες,	
a 121		καὶ ἐκολάφισαν αὐτόν, οἱ δὲ ἐράπισαν [68] λέγοντες· προφήτευσον ἡμῖν, χριστέ, τίς ἐστιν ὁ παίσας σε;		καὶ περικαλύπτειν **αὐτοῦ τὸ πρόσωπον** καὶ κολαφίζειν αὐτὸν καὶ λέγειν αὐτῷ· προφήτευσον, ...	**Lk 22,64**	καὶ περικαλύψαντες **αὐτὸν** ἐπηρώτων λέγοντες· προφήτευσον, τίς ἐστιν ὁ παίσας σε;	
c 122	**Mt 27,12**	καὶ ἐν τῷ κατηγορεῖσθαι **αὐτὸν** ὑπὸ τῶν ἀρχιερέων καὶ πρεσβυτέρων οὐδὲν ἀπεκρίνατο. [13] τότε λέγει αὐτῷ ὁ Πιλᾶτος· οὐκ ἀκούεις πόσα σου καταμαρτυροῦσιν;	**Mk 15,3**	καὶ κατηγόρουν **αὐτοῦ** οἱ ἀρχιερεῖς πολλά. [4] ὁ δὲ Πιλᾶτος πάλιν ἐπηρώτα αὐτὸν λέγων· οὐκ ἀποκρίνῃ οὐδέν; ἴδε πόσα σου κατηγοροῦσιν.	**Lk 23,2** ↑ Lk 20,20 ⇩ Lk 23,10 ↓ Lk 23,14	ἤρξαντο δὲ κατηγορεῖν **αὐτοῦ** λέγοντες· ...	
002 002					**Lk 23,8** (2) → Lk 9,9	ὁ δὲ Ἡρῴδης ἰδὼν τὸν Ἰησοῦν ἐχάρη λίαν, ἦν γὰρ ἐξ ἱκανῶν χρόνων θέλων ἰδεῖν αὐτὸν διὰ τὸ ἀκούειν **περὶ αὐτοῦ,** καὶ ἤλπιζέν τι σημεῖον ἰδεῖν **ὑπ' αὐτοῦ** γινόμενον.	
c 002	Mt 27,12	καὶ ἐν τῷ κατηγορεῖσθαι **αὐτὸν** ὑπὸ τῶν ἀρχιερέων καὶ πρεσβυτέρων οὐδὲν ἀπεκρίνατο.	Mk 15,3	καὶ κατηγόρουν **αὐτοῦ** οἱ ἀρχιερεῖς πολλά.	**Lk 23,10** ⇧ Lk 23,2	εἱστήκεισαν δὲ οἱ ἀρχιερεῖς καὶ οἱ γραμματεῖς εὐτόνως κατηγοροῦντες **αὐτοῦ.**	Mt/Mk: before Pilate; Lk: before Herod
002	Mt 27,28	καὶ ἐκδύσαντες αὐτὸν χλαμύδα κοκκίνην περιέθηκαν αὐτῷ	Mk 15,17	καὶ ἐνδιδύσκουσιν αὐτὸν πορφύραν καὶ περιτιθέασιν αὐτῷ ...	**Lk 23,11**	ἐξουθενήσας δὲ αὐτὸν [καὶ] ὁ Ἡρῴδης **σὺν τοῖς στρατεύμασιν αὐτοῦ** καὶ ἐμπαίξας περιβαλὼν ἐσθῆτα λαμπρὰν ἀνέπεμψεν αὐτὸν τῷ Πιλάτῳ.	→ **Jn 19,2**

002					Lk 23,14 ↑ Lk 23,2 → Lk 23,4 → Mt 27,23 → Mk 15,14 → Lk 23,22	... καὶ ἰδοὺ ἐγὼ ἐνώπιον ὑμῶν ἀνακρίνας οὐθὲν εὗρον ἐν τῷ ἀνθρώπῳ τούτῳ αἴτιον ὧν κατηγορεῖτε **κατ᾽ αὐτοῦ.**	→ Jn 18,38b → Jn 19,4 → Acts 13,28
b 200 200	Mt 27,19 (2)	**καθημένου δὲ αὐτοῦ** ἐπὶ τοῦ βήματος ἀπέστειλεν πρὸς αὐτὸν **ἡ γυνὴ αὐτοῦ** λέγουσα· μηδὲν σοὶ καὶ τῷ δικαίῳ ἐκείνῳ· ...					
200	Mt 27,25	καὶ ἀποκριθεὶς πᾶς ὁ λαὸς εἶπεν· **τὸ αἷμα αὐτοῦ** ἐφ᾽ ἡμᾶς καὶ ἐπὶ τὰ τέκνα ἡμῶν.					→ Acts 5,28 → Acts 18,6
210 210	Mt 27,29 (3)	[27] τότε οἱ στρατιῶται τοῦ ἡγεμόνος ... [28] καὶ ἐκδύσαντες αὐτὸν χλαμύδα κοκκίνην περιέθηκαν αὐτῷ, [29] καὶ πλέξαντες στέφανον ἐξ ἀκανθῶν ἐπέθηκαν **ἐπὶ τῆς κεφαλῆς αὐτοῦ** καὶ κάλαμον **ἐν τῇ δεξιᾷ αὐτοῦ,**	Mk 15,17	[16] οἱ δὲ στρατιῶται ... [17] καὶ ἐνδιδύσκουσιν αὐτὸν πορφύραν καὶ περιτιθέασιν αὐτῷ πλέξαντες ἀκάνθινον στέφανον·	Lk 23,11	ἐξουθενήσας δὲ αὐτὸν [καὶ] ὁ Ἡρῴδης σὺν τοῖς στρατεύμασιν αὐτοῦ καὶ ἐμπαίξας περιβαλὼν ἐσθῆτα λαμπρὰν ...	**→ Jn 19,2**
210		καὶ γονυπετήσαντες **ἔμπροσθεν αὐτοῦ** ἐνέπαιξαν αὐτῷ λέγοντες· χαῖρε, βασιλεῦ τῶν Ἰουδαίων,	Mk 15,18	καὶ ἤρξαντο ἀσπάζεσθαι αὐτόν· χαῖρε, βασιλεῦ τῶν Ἰουδαίων·			→ Jn 19,3
a 220	Mt 27,30	καὶ ἐμπτύσαντες εἰς αὐτὸν ἔλαβον τὸν κάλαμον καὶ ἔτυπτον **εἰς τὴν κεφαλὴν αὐτοῦ.**	Mk 15,19	καὶ ἔτυπτον **αὐτοῦ τὴν κεφαλὴν** καλάμῳ καὶ ἐνέπτυον αὐτῷ ...			
220	Mt 27,31	καὶ ὅτε ἐνέπαιξαν αὐτῷ, ἐξέδυσαν αὐτὸν τὴν χλαμύδα καὶ ἐνέδυσαν αὐτὸν **τὰ ἱμάτια αὐτοῦ** ...	Mk 15,20	καὶ ὅτε ἐνέπαιξαν αὐτῷ, ἐξέδυσαν αὐτὸν τὴν πορφύραν καὶ ἐνέδυσαν αὐτὸν **τὰ ἱμάτια αὐτοῦ.** ...			
221	Mt 27,32	ἐξερχόμενοι δὲ εὗρον ἄνθρωπον Κυρηναῖον ὀνόματι Σίμωνα, τοῦτον ἠγγάρευσαν ἵνα ἄρῃ **τὸν σταυρὸν αὐτοῦ.**	Mk 15,21	καὶ ἀγγαρεύουσιν παράγοντά τινα Σίμωνα Κυρηναῖον ἐρχόμενον ἀπ᾽ ἀγροῦ, ... ἵνα ἄρῃ **τὸν σταυρὸν αὐτοῦ.**	Lk 23,26	... ἐπιλαβόμενοι Σίμωνά τινα Κυρηναῖον ἐρχόμενον ἀπ᾽ ἀγροῦ ἐπέθηκαν αὐτῷ **τὸν σταυρὸν** φέρειν ὄπισθεν τοῦ Ἰησοῦ.	
222	Mt 27,35	... *διεμερίσαντο* ***τὰ ἱμάτια αὐτοῦ*** *βάλλοντες κλῆρον* ➤ Ps 22,19	Mk 15,24	... καὶ *διαμερίζονται* ***τὰ ἱμάτια αὐτοῦ*** *βάλλοντες κλῆρον ἐπ᾽ αὐτὰ* τίς τί ἄρῃ. ➤ Ps 22,19	Lk 23,34	... *διαμεριζόμενοι δὲ* ***τὰ ἱμάτια αὐτοῦ*** *ἔβαλον κλήρους.* ➤ Ps 22,19	**→ Jn 19,24**

 211 221	**Mt 27,37** (2)	καὶ ἐπέθηκαν ἐπάνω τῆς κεφαλῆς αὐτοῦ τὴν αἰτίαν αὐτοῦ γεγραμμένην· οὗτός ἐστιν Ἰησοῦς ὁ βασιλεὺς τῶν Ἰουδαίων.	**Mk 15,26**	καὶ ἦν ἡ ἐπιγραφὴ τῆς αἰτίας αὐτοῦ ἐπιγεγραμμένη· ὁ βασιλεὺς τῶν Ἰουδαίων.	**Lk 23,38**	ἦν δὲ καὶ ἐπιγραφὴ ἐπ' αὐτῷ· ὁ βασιλεὺς τῶν Ἰουδαίων οὗτος.	→ Jn 19,19
121	**Mt 27,38** → Lk 23,32	τότε σταυροῦνται σὺν αὐτῷ δύο λησταί, εἷς ἐκ δεξιῶν καὶ εἷς ἐξ εὐωνύμων.	**Mk 15,27** → Lk 23,32	καὶ σὺν αὐτῷ σταυροῦσιν δύο λῃστάς, ἕνα ἐκ δεξιῶν καὶ ἕνα ἐξ εὐωνύμων αὐτοῦ.	**Lk 23,33** → Lk 22,37	... ἐκεῖ ἐσταύρωσαν αὐτὸν καὶ τοὺς κακούργους, ὃν μὲν ἐκ δεξιῶν ὃν δὲ ἐξ ἀριστερῶν.	**→ Jn 19,18**
200	**Mt 27,53**	καὶ ἐξελθόντες ἐκ τῶν μνημείων μετὰ τὴν ἔγερσιν αὐτοῦ εἰσῆλθον εἰς τὴν ἁγίαν πόλιν ...					
 211 121	**Mt 27,54**	ὁ δὲ ἑκατόνταρχος καὶ οἱ μετ' αὐτοῦ τηροῦντες τὸν Ἰησοῦν ἰδόντες τὸν σεισμὸν καὶ τὰ γενόμενα ἐφοβήθησαν σφόδρα, λέγοντες· ἀληθῶς θεοῦ υἱὸς ἦν οὗτος.	**Mk 15,39**	ἰδὼν δὲ ὁ κεντυρίων ὁ παρεστηκὼς ἐξ ἐναντίας αὐτοῦ ὅτι οὕτως ἐξέπνευσεν εἶπεν· ἀληθῶς οὗτος ὁ ἄνθρωπος υἱὸς θεοῦ ἦν.	**Lk 23,47**	ἰδὼν δὲ ὁ ἑκατοντάρχης τὸ γενόμενον ἐδόξαζεν τὸν θεὸν λέγων· ὄντως ὁ ἄνθρωπος οὗτος δίκαιος ἦν.	
a 211	**Mt 27,60**	καὶ ἔθηκεν αὐτὸ ἐν τῷ καινῷ αὐτοῦ μνημείῳ ὃ ἐλατόμησεν ἐν τῇ πέτρᾳ ...	**Mk 15,46**	... καὶ ἔθηκεν αὐτὸν ἐν μνημείῳ ὃ ἦν λελατομημένον ἐκ πέτρας ...	**Lk 23,53**	... καὶ ἔθηκεν αὐτὸν ἐν μνήματι λαξευτῷ οὗ οὐκ ἦν οὐδεὶς οὔπω κείμενος.	→ Jn 19,41
112	**Mt 27,61** → Mt 27,55-56 → Mt 28,1	ἦν δὲ ἐκεῖ Μαριὰμ ἡ Μαγδαληνὴ καὶ ἡ ἄλλη Μαρία καθήμεναι ἀπέναντι τοῦ τάφου.	**Mk 15,47** → Mk 15,40-41 → Mk 16,1	ἡ δὲ Μαρία ἡ Μαγδαληνὴ καὶ Μαρία ἡ Ἰωσῆτος ἐθεώρουν ποῦ τέθειται.	**Lk 23,55** → Lk 23,49 → Lk 8,2-3	κατακολουθήσασαι δὲ αἱ γυναῖκες, αἵτινες ἦσαν συνεληλυθυῖαι ἐκ τῆς Γαλιλαίας αὐτῷ, ἐθεάσαντο τὸ μνημεῖον καὶ ὡς ἐτέθη τὸ σῶμα αὐτοῦ	
200	**Mt 27,64**	κέλευσον οὖν ἀσφαλισθῆναι τὸν τάφον ἕως τῆς τρίτης ἡμέρας, μήποτε ἐλθόντες οἱ μαθηταὶ αὐτοῦ κλέψωσιν αὐτὸν καὶ εἴπωσιν τῷ λαῷ· ...					
200	**Mt 28,2**	... ἄγγελος γὰρ κυρίου καταβὰς ἐξ οὐρανοῦ καὶ προσελθὼν ἀπεκύλισεν τὸν λίθον καὶ ἐκάθητο ἐπάνω αὐτοῦ.	**Mk 16,4**	καὶ ἀναβλέψασαι θεωροῦσιν ὅτι ἀποκεκύλισται ὁ λίθος· ἦν γὰρ μέγας σφόδρα.	**Lk 24,2**	εὗρον δὲ τὸν λίθον ἀποκεκυλισμένον ἀπὸ τοῦ μνημείου	→ Jn 20,1
 200 200	**Mt 28,3** (2)	ἦν δὲ ἡ εἰδέα αὐτοῦ ὡς ἀστραπὴ καὶ τὸ ἔνδυμα αὐτοῦ λευκὸν ὡς χιών.	**Mk 16,5**	... εἶδον νεανίσκον καθήμενον ἐν τοῖς δεξιοῖς περιβεβλημένον στολὴν λευκήν,	**Lk 24,4**	... καὶ ἰδοὺ ἄνδρες δύο ἐπέστησαν αὐταῖς ἐν ἐσθῆτι ἀστραπτούσῃ.	→ Jn 20,12 → Jn 20,12
200	**Mt 28,4**	ἀπὸ δὲ τοῦ φόβου αὐτοῦ ἐσείσθησαν οἱ τηροῦντες καὶ ἐγενήθησαν ὡς νεκροί.		καὶ ἐξεθαμβήθησαν.	**Lk 24,5**	ἐμφόβων δὲ γενομένων αὐτῶν καὶ κλινουσῶν τὰ πρόσωπα εἰς τὴν γῆν ...	

220	**Mt 28,7** → Mt 26,32 → Mt 28,10.16	καὶ ταχὺ πορευθεῖσαι εἴπατε **τοῖς μαθηταῖς αὐτοῦ** ὅτι ἠγέρθη ἀπὸ τῶν νεκρῶν, καὶ ἰδοὺ προάγει ὑμᾶς εἰς τὴν Γαλιλαίαν, ...	**Mk 16,7** → Mk 14,28	ἀλλὰ ὑπάγετε εἴπατε **τοῖς μαθηταῖς αὐτοῦ** καὶ τῷ Πέτρῳ ὅτι προάγει ὑμᾶς εἰς τὴν Γαλιλαίαν· ...			→ Jn 20,17 → Jn 21,1
002					**Lk 24,8**	καὶ ἐμνήσθησαν **τῶν ῥημάτων αὐτοῦ.**	
211	**Mt 28,8**	καὶ ἀπελθοῦσαι ταχὺ ἀπὸ τοῦ μνημείου μετὰ φόβου καὶ χαρᾶς μεγάλης ἔδραμον ἀπαγγεῖλαι **τοῖς μαθηταῖς αὐτοῦ.**	**Mk 16,8**	καὶ ἐξελθοῦσαι ἔφυγον ἀπὸ τοῦ μνημείου, εἶχεν γὰρ αὐτὰς τρόμος καὶ ἔκστασις· καὶ οὐδενὶ οὐδὲν εἶπαν· ἐφοβοῦντο γάρ.	**Lk 24,9**	καὶ ὑποστρέψασαι ἀπὸ τοῦ μνημείου ἀπήγγειλαν ταῦτα πάντα **τοῖς ἕνδεκα καὶ πᾶσιν τοῖς λοιποῖς.**	→ Jn 20,2.18
a 200	**Mt 28,9**	... αἱ δὲ προσελθοῦσαι ἐκράτησαν **αὐτοῦ τοὺς πόδας** καὶ προσεκύνησαν αὐτῷ.					→ Jn 20,14-17
200	**Mt 28,13**	... εἴπατε ὅτι **οἱ μαθηταὶ αὐτοῦ** νυκτὸς ἐλθόντες ἔκλεψαν αὐτὸν ἡμῶν κοιμωμένων.					
002					**Lk 24,23**	καὶ μὴ εὑροῦσαι **τὸ σῶμα αὐτοῦ** ἦλθον λέγουσαι καὶ ὀπτασίαν ἀγγέλων ἑωρακέναι, οἳ λέγουσιν αὐτὸν ζῆν.	
002	↑ **Mt 16,21** ↑ Mt 17,22 → Mt 17,23 → Mt 20,18-19		↑ Mk 8,31 ↑ **Mk 9,31** → Mk 10,33-34		**Lk 24,26** ↑ Lk 9,22 ↑ Lk 9,44 → Lk 17,25 → Lk 18,31-33 → Lk 24,7 → Lk 24,46	οὐχὶ ταῦτα ἔδει παθεῖν τὸν χριστὸν καὶ εἰσελθεῖν **εἰς τὴν δόξαν αὐτοῦ;**	→ Acts 14,22
002					**Lk 24,47** → Mt 28,19-20	καὶ κηρυχθῆναι **ἐπὶ τῷ ὀνόματι αὐτοῦ** μετάνοιαν εἰς ἄφεσιν ἁμαρτιῶν εἰς πάντα τὰ ἔθνη. ...	
002					**Lk 24,50**	ἐξήγαγεν δὲ αὐτοὺς [ἔξω] ἕως πρὸς Βηθανίαν, καὶ ἐπάρας **τὰς χεῖρας αὐτοῦ** εὐλόγησεν αὐτούς.	

b **Acts 1,10** καὶ ὡς ἀτενίζοντες ἦσαν εἰς τὸν οὐρανὸν **πορευομένου αὐτοῦ,** καὶ ἰδοὺ ἄνδρες δύο παρειστήκεισαν αὐτοῖς ἐν ἐσθήσεσι λευκαῖς

Acts 1,14 (→ Lk 8,2-3; → Lk 24,53) οὗτοι πάντες ἦσαν προσκαρτεροῦντες ὁμοθυμαδὸν τῇ προσευχῇ σὺν γυναιξὶν καὶ Μαριὰμ τῇ μητρὶ τοῦ Ἰησοῦ καὶ **τοῖς ἀδελφοῖς αὐτοῦ.**

Acts 1,18 (→ Mt 27,5.7) οὗτος μὲν οὖν ἐκτήσατο χωρίον ἐκ μισθοῦ τῆς ἀδικίας καὶ πρηνὴς γενόμενος ἐλάκησεν μέσος καὶ ἐξεχύθη **πάντα τὰ σπλάγχνα αὐτοῦ·**

Acts 1,20 (2) γέγραπται γὰρ ἐν βίβλῳ ψαλμῶν· *γενηθήτω* ***ἡ ἔπαυλις αὐτοῦ*** *ἔρημος καὶ μὴ ἔστω ὁ κατοικῶν ἐν αὐτῇ,* ↔
➢ Ps 69,26

Acts 1,20 (2) (continued) ↔ καί· ***τὴν ἐπισκοπὴν αὐτοῦ*** *λαβέτω ἕτερος.*
➢ Ps 109,8

Acts 1,22 (→ **Lk 9,51**; → Lk 24,51) [21] δεῖ οὖν ... [22] ... **μάρτυρα τῆς ἀναστάσεως αὐτοῦ** σὺν ἡμῖν γενέσθαι ἕνα τούτων.

Acts 2,14 σταθεὶς δὲ ὁ Πέτρος σὺν τοῖς ἕνδεκα ἐπῆρεν
τὴν φωνὴν αὐτοῦ
καὶ ἀπεφθέγξατο αὐτοῖς· ...

Acts 2,22 → Lk 24,19 ... Ἰησοῦν τὸν Ναζωραῖον, ἄνδρα ἀποδεδειγμένον ἀπὸ τοῦ θεοῦ εἰς ὑμᾶς δυνάμεσι καὶ τέρασι καὶ σημείοις οἷς ἐποίησεν
δι' αὐτοῦ
ὁ θεὸς ἐν μέσῳ ὑμῶν καθὼς αὐτοὶ οἴδατε

Acts 2,24 ὃν ὁ θεὸς ἀνέστησεν λύσας τὰς ὠδῖνας τοῦ θανάτου, καθότι οὐκ ἦν δυνατὸν κρατεῖσθαι αὐτὸν
ὑπ' αὐτοῦ.

Acts 2,29 ... περὶ τοῦ πατριάρχου Δαυὶδ ὅτι καὶ ἐτελεύτησεν καὶ ἐτάφη, καὶ
τὸ μνῆμα αὐτοῦ
ἔστιν ἐν ἡμῖν ἄχρι τῆς ἡμέρας ταύτης.

Acts 2,30 (2) προφήτης οὖν ὑπάρχων καὶ εἰδὼς ὅτι ὅρκῳ ὤμοσεν αὐτῷ ὁ θεὸς
ἐκ καρποῦ τῆς ὀσφύος αὐτοῦ
→ Lk 1,32 καθίσαι
ἐπὶ τὸν θρόνον αὐτοῦ,
➤ Ps 132,11

Acts 2,31 προϊδὼν ἐλάλησεν περὶ τῆς ἀναστάσεως τοῦ Χριστοῦ ὅτι οὔτε ἐγκατελείφθη εἰς ᾅδην οὔτε
ἡ σὰρξ αὐτοῦ
εἶδεν διαφθοράν.
➤ Ps 16,10

Acts 2,41 οἱ μὲν οὖν ἀποδεξάμενοι
τὸν λόγον αὐτοῦ
ἐβαπτίσθησαν ...

Acts 3,2 καί τις ἀνὴρ χωλὸς
ἐκ κοιλίας μητρὸς αὐτοῦ
ὑπάρχων ἐβαστάζετο, ...

Acts 3,7 ... παραχρῆμα δὲ ἐστερεώθησαν
αἱ βάσεις αὐτοῦ
καὶ τὰ σφυδρά

b Acts 3,11 **κρατοῦντος δὲ αὐτοῦ**
τὸν Πέτρον καὶ τὸν Ἰωάννην συνέδραμεν πᾶς ὁ λαὸς πρὸς αὐτοὺς ...

Acts 3,13 ... *ὁ θεὸς τῶν πατέρων ἡμῶν,* ἐδόξασεν
τὸν παῖδα αὐτοῦ
Ἰησοῦν ὃν ὑμεῖς μὲν παρεδώκατε ...
➤ Exod 3,6

Acts 3,16 (3) καὶ
ἐπὶ τῇ πίστει τοῦ ὀνόματος αὐτοῦ
τοῦτον ὃν θεωρεῖτε καὶ οἴδατε, ἐστερέωσεν
τὸ ὄνομα αὐτοῦ,
καὶ
ἡ πίστις ἡ δι' αὐτοῦ
ἔδωκεν αὐτῷ τὴν ὁλοκληρίαν ταύτην ...

Acts 3,18 ὁ δὲ θεός, ἃ προκατήγγειλεν διὰ στόματος πάντων τῶν προφητῶν παθεῖν
τὸν χριστὸν αὐτοῦ
ἐπλήρωσεν οὕτως.

a Acts 3,21 → Lk 1,70 → Mt 17,11 → Mk 9,12 [20] ... Χριστόν Ἰησοῦν, [21] ὃν δεῖ οὐρανὸν μὲν δέξασθαι ἄχρι χρόνων ἀποκαταστάσεως πάντων ὧν ἐλάλησεν ὁ θεὸς
διὰ στόματος τῶν ἁγίων ἀπ' αἰῶνος αὐτοῦ προφητῶν.

c Acts 3,22 Μωϋσῆς μὲν εἶπεν ὅτι *προφήτην ὑμῖν ἀναστήσει κύριος ὁ θεὸς ὑμῶν ἐκ τῶν ἀδελφῶν ὑμῶν ὡς ἐμέ·*
αὐτοῦ
ἀκούσεσθε κατὰ πάντα ὅσα ἂν λαλήσῃ πρὸς ὑμᾶς.
➤ Deut 18,15-20

Acts 3,26 ὑμῖν πρῶτον ἀναστήσας ὁ θεὸς
τὸν παῖδα αὐτοῦ
ἀπέστειλεν αὐτὸν ...

Acts 4,26 *παρέστησαν οἱ βασιλεῖς τῆς γῆς καὶ οἱ ἄρχοντες συνήχθησαν ἐπὶ τὸ αὐτὸ κατὰ τοῦ κυρίου καὶ*
κατὰ τοῦ χριστοῦ αὐτοῦ.
➤ Ps 2,2 LXX

Acts 5,1 ἀνὴρ δέ τις Ἁνανίας ὀνόματι σὺν Σαπφίρῃ
τῇ γυναικὶ αὐτοῦ
ἐπώλησεν κτῆμα

Acts 5,7 ἐγένετο δὲ ὡς ὡρῶν τριῶν διάστημα καὶ
ἡ γυνὴ αὐτοῦ
μὴ εἰδυῖα τὸ γεγονὸς εἰσῆλθεν.

Acts 5,10 ἔπεσεν δὲ παραχρῆμα
πρὸς τοὺς πόδας αὐτοῦ
καὶ ἐξέψυξεν· ...

Acts 5,31 τοῦτον ὁ θεὸς ἀρχηγὸν καὶ σωτῆρα ὕψωσεν
τῇ δεξιᾷ αὐτοῦ ...

Acts 5,37 μετὰ τοῦτον ἀνέστη Ἰούδας ὁ Γαλιλαῖος ἐν ταῖς ἡμέραις τῆς ἀπογραφῆς καὶ ἀπέστησεν λαὸν
ὀπίσω αὐτοῦ· ...

c Acts 6,11 τότε ὑπέβαλον ἄνδρας λέγοντας ὅτι ἀκηκόαμεν
αὐτοῦ
λαλοῦντος ῥήματα βλάσφημα εἰς Μωϋσῆν καὶ τὸν θεόν.

c Acts 6,14 → Mt 26,61 → Mk 14,58 ἀκηκόαμεν γὰρ
αὐτοῦ
λέγοντος ὅτι Ἰησοῦς ὁ Ναζωραῖος οὗτος καταλύσει τὸν τόπον τοῦτον ...

Acts 6,15 καὶ ἀτενίσαντες εἰς αὐτὸν πάντες οἱ καθεζόμενοι ἐν τῷ συνεδρίῳ εἶδον
τὸ πρόσωπον αὐτοῦ
ὡσεὶ πρόσωπον ἀγγέλου.

Acts 7,4 ... κἀκεῖθεν μετὰ τὸ ἀποθανεῖν
τὸν πατέρα αὐτοῦ
μετῴκισεν αὐτὸν εἰς τὴν γῆν ταύτην εἰς ἣν ὑμεῖς νῦν κατοικεῖτε,

Acts 7,5 ... καὶ ἐπηγγείλατο *δοῦναι αὐτῷ εἰς κατάσχεσιν αὐτὴν καὶ*
τῷ σπέρματι αὐτοῦ
μετ' αὐτόν, οὐκ ὄντος αὐτῷ τέκνου.
➤ Gen 48,4

Acts 7,6 ... *ἔσται*
τὸ σπέρμα αὐτοῦ
πάροικον ἐν γῇ ἀλλοτρίᾳ καὶ δουλώσουσιν αὐτὸ καὶ κακώσουσιν ἔτη τετρακόσια·
➤ Gen 15,13; Exod 2,22

Acts 7,9 καὶ οἱ πατριάρχαι ζηλώσαντες τὸν Ἰωσὴφ ἀπέδοντο εἰς Αἴγυπτον. καὶ ἦν ὁ θεὸς
μετ' αὐτοῦ

Acts 7,10 (2) καὶ ἐξείλατο αὐτὸν
ἐκ πασῶν τῶν θλίψεων αὐτοῦ
καὶ ἔδωκεν αὐτῷ χάριν καὶ σοφίαν ἐναντίον Φαραὼ βασιλέως Αἰγύπτου

καὶ κατέστησεν αὐτὸν ἡγούμενον ἐπ' Αἴγυπτον καὶ
[ἐφ'] ὅλον τὸν οἶκον αὐτοῦ.

Acts 7,13 καὶ ἐν τῷ δευτέρῳ ἀνεγνωρίσθη Ἰωσὴφ
τοῖς ἀδελφοῖς αὐτοῦ
...

Acts 7,14 ἀποστείλας δὲ Ἰωσὴφ μετεκαλέσατο Ἰακὼβ **τὸν πατέρα αὐτοῦ** καὶ πᾶσαν τὴν συγγένειαν ἐν ψυχαῖς ἑβδομήκοντα πέντε.

b Acts 7,21 **ἐκτεθέντος δὲ αὐτοῦ** ἀνείλατο αὐτὸν ἡ θυγάτηρ Φαραὼ ...

Acts 7,22 καὶ ἐπαιδεύθη Μωϋσῆς [ἐν] πάσῃ σοφίᾳ Αἰγυπτίων, ἦν δὲ δυνατὸς **ἐν λόγοις καὶ ἔργοις αὐτοῦ.**

Acts 7,23 (2) ὡς δὲ ἐπληροῦτο αὐτῷ τεσσερακονταετὴς χρόνος, ἀνέβη **ἐπὶ τὴν καρδίαν αὐτοῦ** ἐπισκέψασθαι **τοὺς ἀδελφοὺς αὐτοῦ** τοὺς υἱοὺς Ἰσραήλ.

Acts 7,25 (2) ἐνόμιζεν δὲ συνιέναι **τοὺς ἀδελφοὺς [αὐτοῦ]** ὅτι ὁ θεὸς **διὰ χειρὸς αὐτοῦ** δίδωσιν σωτηρίαν αὐτοῖς· ...

b Acts 7,31 ὁ δὲ Μωϋσῆς ἰδὼν ἐθαύμαζεν τὸ ὅραμα, **προσερχομένου δὲ αὐτοῦ κατανοῆσαι** ἐγένετο φωνὴ κυρίου·

Acts 8,1 Σαῦλος δὲ ἦν συνευδοκῶν **τῇ ἀναιρέσει αὐτοῦ.** ...

Acts 8,28 ἦν τε ὑποστρέφων καὶ καθήμενος **ἐπὶ τοῦ ἅρματος αὐτοῦ** καὶ ἀνεγίνωσκεν τὸν προφήτην Ἠσαΐαν.

c Acts 8,30 προσδραμὼν δὲ ὁ Φίλιππος ἤκουσεν **αὐτοῦ** ἀναγινώσκοντος Ἠσαΐαν τὸν προφήτην ...

Acts 8,32 ... *ὡς ἀμνὸς ἐναντίον τοῦ κείραντος αὐτὸν ἄφωνος, οὕτως οὐκ ἀνοίγει* ***τὸ στόμα αὐτοῦ.*** ➤ Isa 53,7

Acts 8,33 (4) ***ἐν τῇ ταπεινώσει [αὐτοῦ]*** ***ἡ κρίσις αὐτοῦ*** *ἤρθη·* ***τὴν γενεὰν αὐτοῦ*** *τίς διηγήσεται;* *ὅτι αἴρεται ἀπὸ τῆς γῆς* ***ἡ ζωὴ αὐτοῦ.*** ➤ Isa 53,8

Acts 8,35 ἀνοίξας δὲ ὁ Φίλιππος **τὸ στόμα αὐτοῦ** καὶ ἀρξάμενος ἀπὸ τῆς γραφῆς ταύτης εὐηγγελίσατο αὐτῷ τὸν Ἰησοῦν.

Acts 8,39 ... πνεῦμα κυρίου ἥρπασεν τὸν Φίλιππον, καὶ οὐκ εἶδεν αὐτὸν οὐκέτι ὁ εὐνοῦχος, ἐπορεύετο γὰρ **τὴν ὁδὸν αὐτοῦ** χαίρων.

Acts 9,2 ᾐτήσατο **παρ' αὐτοῦ** ἐπιστολὰς εἰς Δαμασκὸν πρὸς τὰς συναγωγάς, ...

Acts 9,8 ἠγέρθη δὲ Σαῦλος ἀπὸ τῆς γῆς, ἀνεῳγμένων δὲ **τῶν ὀφθαλμῶν αὐτοῦ** οὐδὲν ἔβλεπεν· ...

a Acts 9,18 καὶ εὐθέως ἀπέπεσαν **αὐτοῦ ἀπὸ τῶν ὀφθαλμῶν** ὡς λεπίδες, ἀνέβλεψέν τε, καὶ ἀναστὰς ἐβαπτίσθη

Acts 9,25 λαβόντες δὲ **οἱ μαθηταὶ αὐτοῦ** νυκτὸς διὰ τοῦ τείχους καθῆκαν αὐτὸν χαλάσαντες ἐν σπυρίδι.

Acts 10,2 εὐσεβὴς καὶ φοβούμενος τὸν θεὸν **σὺν παντὶ τῷ οἴκῳ αὐτοῦ, ...**

Acts 10,22 ... Κορνήλιος ἑκατοντάρχης, ... ἐχρηματίσθη ὑπὸ ἀγγέλου ἁγίου μεταπέμψασθαί σε **εἰς τὸν οἶκον αὐτοῦ** καὶ ἀκοῦσαι ῥήματα παρὰ σοῦ.

Acts 10,24 ... ὁ δὲ Κορνήλιος ἦν προσδοκῶν αὐτούς συγκαλεσάμενος **τοὺς συγγενεῖς αὐτοῦ** καὶ τοὺς ἀναγκαίους φίλους.

Acts 10,38 → Lk 4,18 → Lk 13,16 → Lk 24,19 Ἰησοῦν τὸν ἀπὸ Ναζαρέθ, ὡς ἔχρισεν αὐτὸν ὁ θεὸς πνεύματι ἁγίῳ καὶ δυνάμει, ὃς διῆλθεν εὐεργετῶν καὶ ἰώμενος πάντας τοὺς καταδυναστευομένους ὑπὸ τοῦ διαβόλου, ὅτι ὁ θεὸς ἦν **μετ' αὐτοῦ.**

Acts 10,43 τούτῳ πάντες οἱ προφῆται μαρτυροῦσιν ἄφεσιν ἁμαρτιῶν λαβεῖν **διὰ τοῦ ὀνόματος αὐτοῦ** πάντα τὸν πιστεύοντα εἰς αὐτόν.

Acts 11,13 ἀπήγγειλεν δὲ ἡμῖν πῶς εἶδεν [τὸν] ἄγγελον **ἐν τῷ οἴκῳ αὐτοῦ** σταθέντα καὶ εἰπόντα· ...

Acts 12,5 ... προσευχὴ δὲ ἦν ἐκτενῶς γινομένη ὑπὸ τῆς ἐκκλησίας πρὸς τὸν θεὸν **περὶ αὐτοῦ.**

a Acts 12,7 ... καὶ ἐξέπεσαν **αὐτοῦ αἱ ἁλύσεις** ἐκ τῶν χειρῶν.

Acts 12,10 ... καὶ ἐξελθόντες προῆλθον ῥύμην μίαν, καὶ εὐθέως ἀπέστη ὁ ἄγγελος **ἀπ' αὐτοῦ.**

Acts 12,11 ... νῦν οἶδα ἀληθῶς ὅτι ἐξαπέστειλεν [ὁ] κύριος **τὸν ἄγγελον αὐτοῦ** καὶ ἐξείλατό με ἐκ χειρὸς Ἡρῴδου ...

b Acts 12,13 **κρούσαντος δὲ αὐτοῦ** τὴν θύραν τοῦ πυλῶνος προσῆλθεν παιδίσκη ὑπακοῦσαι ὀνόματι Ῥόδη

Acts 12,15 ... οἱ δὲ ἔλεγον· **ὁ ἄγγελός ἐστιν αὐτοῦ.**

Acts 13,8 ἀνθίστατο δὲ αὐτοῖς Ἐλύμας ὁ μάγος, οὕτως γὰρ μεθερμηνεύεται **τὸ ὄνομα αὐτοῦ,** ζητῶν διαστρέψαι τὸν ἀνθύπατον ἀπὸ τῆς πίστεως.

Acts 13,24 προκηρύξαντος Ἰωάννου **πρὸ προσώπου τῆς εἰσόδου αὐτοῦ** βάπτισμα μετανοίας παντὶ τῷ λαῷ Ἰσραήλ.

Acts 13,29 ὡς δὲ ἐτέλεσαν **πάντα τὰ περὶ αὐτοῦ γεγραμμένα,** καθελόντες ἀπὸ τοῦ ξύλου ἔθηκαν εἰς μνημεῖον.

Acts 13,31 ... οἵτινες [νῦν] εἰσιν **μάρτυρες αὐτοῦ** πρὸς τὸν λαόν.

Acts 13,36 Δαυὶδ μὲν γὰρ ἰδίᾳ γενεᾷ ὑπηρετήσας τῇ τοῦ θεοῦ βουλῇ ἐκοιμήθη καὶ προσετέθη
πρὸς τοὺς πατέρας αὐτοῦ
καὶ εἶδεν διαφθοράν·

Acts 14,3 ἱκανὸν μὲν οὖν χρόνον διέτριψαν παρρησιαζόμενοι ἐπὶ τῷ κυρίῳ τῷ μαρτυροῦντι
[ἐπὶ] τῷ λόγῳ τῆς χάριτος αὐτοῦ, ...

Acts 14,8 καί τις ἀνὴρ ἀδύνατος ἐν Λύστροις τοῖς ποσὶν ἐκάθητο, χωλὸς
ἐκ κοιλίας μητρὸς αὐτοῦ ...

Acts 15,14 Συμεὼν ἐξηγήσατο καθὼς πρῶτον ὁ θεὸς ἐπεσκέψατο λαβεῖν ἐξ ἐθνῶν λαὸν
τῷ ὀνόματι αὐτοῦ.

Acts 16,3 ... ᾔδεισαν γὰρ ἅπαντες ὅτι Ἕλλην
ὁ πατὴρ αὐτοῦ
ὑπῆρχεν.

Acts 16,32 καὶ ἐλάλησαν αὐτῷ τὸν λόγον τοῦ κυρίου σὺν πᾶσιν τοῖς
ἐν τῇ οἰκίᾳ αὐτοῦ.

a Acts 16,33 ... καὶ ἐβαπτίσθη αὐτὸς καὶ
οἱ αὐτοῦ πάντες
παραχρῆμα

Acts 17,16 ἐν δὲ ταῖς Ἀθήναις ἐκδεχομένου αὐτοὺς τοῦ Παύλου παρωξύνετο
τὸ πνεῦμα αὐτοῦ
ἐν αὐτῷ θεωροῦντος κατείδωλον οὖσαν τὴν πόλιν.

c Acts 17,19 ἐπιλαβόμενοί τε
αὐτοῦ
ἐπὶ τὸν Ἄρειον πάγον ἤγαγον ...

Acts 18,2 καὶ εὑρών τινα Ἰουδαῖον ὀνόματι Ἀκύλαν, ... καὶ Πρίσκιλλαν
γυναῖκα αὐτοῦ, ...

Acts 18,8 Κρίσπος δὲ ὁ ἀρχισυνάγωγος ἐπίστευσεν τῷ κυρίῳ
σὺν ὅλῳ τῷ οἴκῳ αὐτοῦ, ...

c Acts 18,26 ... ἀκούσαντες δὲ
αὐτοῦ
Πρίσκιλλα καὶ Ἀκύλας προσελάβοντο αὐτὸν καὶ ἀκριβέστερον αὐτῷ ἐξέθεντο τὴν ὁδὸν [τοῦ θεοῦ].

b Acts 18,27 **βουλομένου δὲ αὐτοῦ διελθεῖν εἰς τὴν Ἀχαΐαν,**
προτρεψάμενοι οἱ ἀδελφοὶ ἔγραψαν τοῖς μαθηταῖς ἀποδέξασθαι αὐτόν, ...

Acts 19,12 ὥστε καὶ ἐπὶ τοὺς ἀσθενοῦντας ἀποφέρεσθαι
ἀπὸ τοῦ χρωτὸς αὐτοῦ
σουδάρια ἢ σιμικίνθια καὶ ἀπαλλάσσεσθαι ἀπ᾽ αὐτῶν τὰς νόσους, ...

Acts 20,10 ... μὴ θορυβεῖσθε,
ἡ γὰρ ψυχὴ αὐτοῦ
ἐν αὐτῷ ἐστιν.

Acts 20,32 καὶ τὰ νῦν παρατίθεμαι ὑμᾶς τῷ θεῷ καὶ
τῷ λόγῳ τῆς χάριτος αὐτοῦ, ...

Acts 20,36 καὶ ταῦτα εἰπὼν θεὶς
τὰ γόνατα αὐτοῦ
σὺν πᾶσιν αὐτοῖς προσηύξατο.

Acts 20,38 ὀδυνώμενοι μάλιστα ἐπὶ τῷ λόγῳ ᾧ εἰρήκει, ὅτι οὐκέτι μέλλουσιν
τὸ πρόσωπον αὐτοῦ
θεωρεῖν. ...

b Acts 21,14 **μὴ πειθομένου δὲ αὐτοῦ**
ἡσυχάσαμεν εἰπόντες· τοῦ κυρίου τὸ θέλημα γινέσθω.

Acts 21,19 καὶ ἀσπασάμενος αὐτοὺς ἐξηγεῖτο καθ᾽ ἓν ἕκαστον, ὧν ἐποίησεν ὁ θεὸς ἐν τοῖς ἔθνεσιν
διὰ τῆς διακονίας αὐτοῦ.

c Acts 21,33 τότε ἐγγίσας ὁ χιλίαρχος ἐπελάβετο
αὐτοῦ
καὶ ἐκέλευσεν δεθῆναι ἁλύσεσι δυσί, ...

b Acts 21,34 ... **μὴ δυναμένου δὲ αὐτοῦ γνῶναι τὸ ἀσφαλὲς διὰ τὸν θόρυβον**
ἐκέλευσεν ἄγεσθαι αὐτὸν εἰς τὴν παρεμβολήν.

b Acts 21,40 **ἐπιτρέψαντος δὲ αὐτοῦ**
ὁ Παῦλος ἑστὼς ἐπὶ τῶν ἀναβαθμῶν κατέσεισεν τῇ χειρὶ τῷ λαῷ. ...

Acts 22,14 (2) ... ὁ θεὸς τῶν πατέρων ἡμῶν προεχειρίσατό σε γνῶναι
τὸ θέλημα αὐτοῦ
καὶ ἰδεῖν τὸν δίκαιον
καὶ ἀκοῦσαι φωνὴν
ἐκ τοῦ στόματος αὐτοῦ

Acts 22,16 ... ἀναστὰς βάπτισαι καὶ ἀπόλουσαι τὰς ἁμαρτίας σου ἐπικαλεσάμενος
τὸ ὄνομα αὐτοῦ.

c Acts 22,22 ἤκουον δὲ
αὐτοῦ
ἄχρι τούτου τοῦ λόγου καὶ ἐπῆραν τὴν φωνὴν αὐτῶν λέγοντες· ...

Acts 22,29 εὐθέως οὖν ἀπέστησαν
ἀπ᾽ αὐτοῦ
οἱ μέλλοντες αὐτὸν ἀνετάζειν, ...

a Acts 23,2 ὁ δὲ ἀρχιερεὺς Ἁνανίας ἐπέταξεν τοῖς παρεστῶσιν αὐτῷ τύπτειν
αὐτοῦ τὸ στόμα.

b Acts 23,7 **τοῦτο δὲ αὐτοῦ εἰπόντος**
ἐγένετο στάσις τῶν Φαρισαίων καὶ Σαδδουκαίων ...

Acts 23,15 νῦν οὖν ὑμεῖς ἐμφανίσατε τῷ χιλιάρχῳ σὺν τῷ συνεδρίῳ ὅπως καταγάγῃ αὐτὸν εἰς ὑμᾶς ὡς μέλλοντας διαγινώσκειν ἀκριβέστερον
τὰ περὶ αὐτοῦ· ...

Acts 23,19 ἐπιλαβόμενος δὲ
τῆς χειρὸς αὐτοῦ
ὁ χιλίαρχος καὶ ἀναχωρήσας κατ᾽ ἰδίαν ἐπυνθάνετο, ...

Acts 23,20 ... οἱ Ἰουδαῖοι συνέθεντο τοῦ ἐρωτῆσαί σε ὅπως αὔριον τὸν Παῦλον καταγάγῃς εἰς τὸ συνέδριον ὡς μέλλον τι ἀκριβέστερον πυνθάνεσθαι
περὶ αὐτοῦ.

b Acts 24,2 **κληθέντος δὲ αὐτοῦ**
ἤρξατο κατηγορεῖν ὁ Τέρτυλλος λέγων· ...

c Acts 24,8 παρ᾽ οὗ δυνήσῃ αὐτὸς ἀνακρίνας περὶ πάντων τούτων ἐπιγνῶναι ὧν ἡμεῖς κατηγοροῦμεν
αὐτοῦ.

Acts 24,23 διαταξάμενος τῷ ἑκατοντάρχῃ τηρεῖσθαι αὐτὸν ἔχειν τε ἄνεσιν καὶ **μηδένα κωλύειν τῶν ἰδίων αὐτοῦ** ὑπηρετεῖν αὐτῷ.

c Acts 24,24 ... μετεπέμψατο τὸν Παῦλον καὶ ἤκουσεν **αὐτοῦ** περὶ τῆς εἰς Χριστὸν Ἰησοῦν πίστεως.

b Acts 24,25 **διαλεγομένου δὲ αὐτοῦ** περὶ δικαιοσύνης καὶ ἐγκρατείας καὶ τοῦ κρίματος τοῦ μέλλοντος, ἔμφοβος γενόμενος ὁ Φῆλιξ ἀπεκρίθη· ...

Acts 25,3 αἰτούμενοι χάριν **κατ᾽ αὐτοῦ** ὅπως μεταπέμψηται αὐτὸν εἰς Ἰερουσαλήμ, ...

c Acts 25,5 οἱ οὖν ἐν ὑμῖν, φησίν, δυνατοὶ συγκαταβάντες εἴ τί ἐστιν ἐν τῷ ἀνδρὶ ἄτοπον κατηγορείτωσαν **αὐτοῦ.**

b Acts 25,7 **παραγενομένου δὲ αὐτοῦ** περιέστησαν αὐτὸν οἱ ἀπὸ Ἱεροσολύμων καταβεβηκότες Ἰουδαῖοι ...

Acts 25,15 περὶ οὗ γενομένου μου εἰς Ἱεροσόλυμα ἐνεφάνισαν οἱ ἀρχιερεῖς καὶ οἱ πρεσβύτεροι τῶν Ἰουδαίων αἰτούμενοι **κατ᾽ αὐτοῦ** καταδίκην.

c Acts 25,22 ... ἐβουλόμην καὶ αὐτὸς τοῦ ἀνθρώπου ἀκοῦσαι. αὔριον, φησίν, ἀκούσῃ **αὐτοῦ.**

b Acts 25,25 ἐγὼ δὲ κατελαβόμην μηδὲν ἄξιον αὐτὸν θανάτου πεπραχέναι, **αὐτοῦ δὲ τούτου ἐπικαλεσαμένου τὸν Σεβαστὸν** ἔκρινα πέμπειν.

Acts 25,27 ἄλογον γάρ μοι δοκεῖ πέμποντα δέσμιον μὴ καὶ τὰς **κατ᾽ αὐτοῦ** αἰτίας σημᾶναι.

b Acts 26,24 **ταῦτα δὲ αὐτοῦ ἀπολογουμένου** ὁ Φῆστος μεγάλῃ τῇ φωνῇ φησιν· μαίνῃ, Παῦλε· ...

Acts 28,3 ... ἔχιδνα ἀπὸ τῆς θέρμης ἐξελθοῦσα καθῆψεν **τῆς χειρὸς αὐτοῦ.**

Acts 28,4 ὡς δὲ εἶδον οἱ βάρβαροι κρεμάμενον τὸ θηρίον **ἐκ τῆς χειρὸς αὐτοῦ,** πρὸς ἀλλήλους ἔλεγον· ...

αὐτῆς	Syn	Mt	Mk	Lk	Acts	Jn	1-3John	Paul	Eph	Col
	66	23	14	29	11	10	2	8	1	1
	NT	2Thess	1/2Tim	Tit	Heb	Jas	1Pet	2Pet	Jude	Rev
	167		1		7	2	1			57

feminine singular genitive of αὐτός

	triple tradition																	double tradition			Sondergut		
		+Mt / +Lk			–Mt / –Lk			traditions not taken over by Mt / Lk							subtotals								
code	222	211	112	212	221	122	121	022	012	021	220	120	210	020	Σ^+	Σ^-	Σ	202	201	102	200	002	total
Mt		1^+		2^+	2	2^-					3	3^-	2^+		5^+	5^-	10	1	5		7		**23**
Mk					2	2		1		2	3	3		1			14						**14**
Lk			3^+	2^+	2^-	2		1	1^+	2^-					6^+	4^-	9	1		2		17	**29**

a αὐτῆς in the prepositive position

002			Lk 1,5 ... ἱερεύς τις ὀνόματι Ζαχαρίας ἐξ ἐφημερίας Ἀβιά, καὶ γυνὴ αὐτῷ ἐκ τῶν θυγατέρων Ἀαρὼν καὶ **τὸ ὄνομα αὐτῆς** Ἐλισάβετ.	
002			Lk 1,18 ... ἐγὼ γάρ εἰμι πρεσβύτης καὶ ἡ γυνή μου προβεβηκυῖα **ἐν ταῖς ἡμέραις αὐτῆς.**	
002			Lk 1,36 καὶ ἰδοὺ Ἐλισάβετ ἡ συγγενίς σου καὶ αὐτὴ συνείληφεν υἱὸν **ἐν γήρει αὐτῆς** καὶ οὗτος μὴν ἕκτος ἐστὶν αὐτῇ τῇ καλουμένῃ στείρᾳ·	
002			Lk 1,38 ... καὶ ἀπῆλθεν **ἀπ᾽ αὐτῆς** ὁ ἄγγελος.	

200	Mt 1,19	Ἰωσὴφ δὲ **ὁ ἀνὴρ αὐτῆς,** δίκαιος ὢν καὶ μὴ θέλων αὐτὴν δειγματίσαι, ἐβουλήθη λάθρᾳ ἀπολῦσαι αὐτήν.				
002				Lk 1,41	... ἐσκίρτησεν τὸ βρέφος **ἐν τῇ κοιλίᾳ αὐτῆς,** καὶ ἐπλήσθη πνεύματος ἁγίου ἡ Ἐλισάβετ	
002				Lk 1,56	ἔμεινεν δὲ Μαριὰμ σὺν αὐτῇ ὡς μῆνας τρεῖς, καὶ ὑπέστρεψεν **εἰς τὸν οἶκον αὐτῆς.**	
002 002				Lk 1,58 (2)	καὶ ἤκουσαν οἱ περίοικοι καὶ **οἱ συγγενεῖς αὐτῆς** ὅτι ἐμεγάλυνεν κύριος τὸ ἔλεος αὐτοῦ **μετ' αὐτῆς** καὶ συνέχαιρον αὐτῇ.	
002				Lk 2,7	καὶ ἔτεκεν **τὸν υἱὸν αὐτῆς τὸν πρωτότοκον, ...**	
200	Mt 2,16	... καὶ ἀποστείλας ἀνεῖλεν πάντας τοὺς παῖδας τοὺς ἐν Βηθλέεμ καὶ **ἐν πᾶσι τοῖς ὁρίοις αὐτῆς** ἀπὸ διετοῦς καὶ κατωτέρω, ...				
200	Mt 2,18	... *Ῥαχὴλ κλαίουσα* ***τὰ τέκνα αὐτῆς,*** *καὶ οὐκ ἤθελεν παρακληθῆναι, ὅτι οὐκ εἰσίν.* ➤ Jer 31,15				
002				Lk 2,19 ↓ Lk 2,51	ἡ δὲ Μαριὰμ πάντα συνετήρει τὰ ῥήματα ταῦτα συμβάλλουσα **ἐν τῇ καρδίᾳ αὐτῆς.**	
a 002				Lk 2,35	καὶ σοῦ [δὲ] **αὐτῆς τὴν ψυχὴν** διελεύσεται ῥομφαία ...	
002				Lk 2,36	καὶ ἦν Ἅννα προφῆτις, ... αὕτη προβεβηκυῖα ἐν ἡμέραις πολλαῖς, ζήσασα μετὰ ἀνδρὸς ἔτη ἑπτὰ **ἀπὸ τῆς παρθενίας αὐτῆς**	
002				Lk 2,51 ↑ Lk 2,19	... καὶ ἡ μήτηρ αὐτοῦ διετήρει πάντα τὰ ῥήματα **ἐν τῇ καρδίᾳ αὐτῆς.**	
200	Mt 6,34	μὴ οὖν μεριμνήσητε εἰς τὴν αὔριον, ἡ γὰρ αὔριον μεριμνήσει ἑαυτῆς· ἀρκετὸν τῇ ἡμέρᾳ **ἡ κακία αὐτῆς.**				

201	Mt 7,13	εἰσέλθατε διὰ τῆς στενῆς πύλης· ὅτι πλατεῖα ἡ πύλη καὶ εὐρύχωρος ἡ ὁδὸς ἡ ἀπάγουσα εἰς τὴν ἀπώλειαν, καὶ πολλοί εἰσιν οἱ εἰσερχόμενοι **δι' αὐτῆς·**			Lk 13,24	ἀγωνίζεσθε εἰσελθεῖν διὰ τῆς στενῆς θύρας, ...	
201	Mt 7,27	καὶ κατέβη ἡ βροχὴ καὶ ἦλθον οἱ ποταμοὶ καὶ ἔπνευσαν οἱ ἄνεμοι καὶ προσέκοψαν τῇ οἰκίᾳ ἐκείνῃ, καὶ ἔπεσεν, καὶ ἦν **ἡ πτῶσις αὐτῆς** μεγάλη.			Lk 6,49	... ᾗ προσέρηξεν ὁ ποταμός, καὶ εὐθὺς συνέπεσεν καὶ ἐγένετο **τὸ ῥῆγμα τῆς οἰκίας ἐκείνης** μέγα.	
122	Mt 8,14	... εἶδεν τὴν πενθερὰν αὐτοῦ βεβλημένην καὶ πυρέσσουσαν·	Mk 1,30	ἡ δὲ πενθερὰ Σίμωνος κατέκειτο πυρέσσουσα, καὶ εὐθὺς λέγουσιν αὐτῷ **περὶ αὐτῆς.**	Lk 4,38	... πενθερὰ δὲ τοῦ Σίμωνος ἦν συνεχομένη πυρετῷ μεγάλῳ καὶ ἠρώτησαν αὐτὸν **περὶ αὐτῆς.**	
212	Mt 8,15	καὶ ἥψατο **τῆς χειρὸς αὐτῆς,** καὶ ἀφῆκεν αὐτὴν ὁ πυρετός, ...	Mk 1,31	καὶ προσελθὼν ἤγειρεν αὐτὴν κρατήσας **τῆς χειρός·** καὶ ἀφῆκεν αὐτὴν ὁ πυρετός, ...	Lk 4,39	καὶ ἐπιστὰς **ἐπάνω αὐτῆς** ἐπετίμησεν τῷ πυρετῷ· καὶ ἀφῆκεν αὐτήν· ...	
212	Mt 9,25	... ἐκράτησεν **τῆς χειρὸς αὐτῆς,** καὶ ἠγέρθη τὸ κοράσιον.	Mk 5,41	καὶ κρατήσας **τῆς χειρὸς τοῦ παιδίου ...** [42] καὶ εὐθὺς ἀνέστη τὸ κοράσιον ...	Lk 8,54	αὐτὸς δὲ κρατήσας **τῆς χειρὸς αὐτῆς ...** [55] ... καὶ ἀνέστη παραχρῆμα ...	
201 201	Mt 10,35 (2) → Lk 12,52 → Mt 10,21 → Mk 13,12 → Lk 21,16	ἦλθον γὰρ διχάσαι ἄνθρωπον *κατὰ τοῦ* *πατρὸς αὐτοῦ* καὶ *θυγατέρα* ***κατὰ τῆς μητρὸς αὐτῆς*** καὶ *νύμφην* ***κατὰ τῆς πενθερᾶς αὐτῆς*** ➤ Micah 7,6			Lk 12,53 → Lk 12,52	διαμερισθήσονται πατὴρ ἐπὶ υἱῷ καὶ *υἱὸς* ἐπὶ *πατρί,* μήτηρ ἐπὶ τὴν θυγατέρα καὶ *θυγάτηρ* ***ἐπὶ τὴν μητέρα,*** πενθερὰ ἐπὶ τὴν νύμφην αὐτῆς καὶ *νύμφη* ***ἐπὶ τὴν πενθεράν.*** ➤ Micah 7,6	→ GTh 16
202	Mt 11,19	... καὶ ἐδικαιώθη ἡ σοφία **ἀπὸ τῶν ἔργων αὐτῆς.**			Lk 7,35	καὶ ἐδικαιώθη ἡ σοφία **ἀπὸ πάντων τῶν τέκνων αὐτῆς.**	
002	Mt 26,7	... κατέχεεν ἐπὶ τῆς κεφαλῆς αὐτοῦ ἀνακειμένου.	Mk 14,3	... κατέχεεν αὐτοῦ τῆς κεφαλῆς.	Lk 7,38	... ἤρξατο βρέχειν τοὺς πόδας αὐτοῦ καὶ **ταῖς θριξὶν τῆς κεφαλῆς αὐτῆς** ἐξέμασσεν καὶ κατεφίλει τοὺς πόδας αὐτοῦ καὶ ἤλειφεν τῷ μύρῳ.	→ Jn 12,3
002					Lk 7,44	... αὕτη δὲ τοῖς δάκρυσιν ἔβρεξέν μου τοὺς πόδας καὶ **ταῖς θριξὶν αὐτῆς** ἐξέμαξεν.	
002					Lk 7,47	οὗ χάριν λέγω σοι, ἀφέωνται **αἱ ἁμαρτίαι αὐτῆς αἱ πολλαί,** ὅτι ἠγάπησεν πολύ· ...	

021			Mk 5,26	καὶ πολλὰ παθοῦσα ὑπὸ πολλῶν ἰατρῶν καὶ δαπανήσασα **τὰ παρ' αὐτῆς πάντα** καὶ μηδὲν ὠφεληθεῖσα ἀλλὰ μᾶλλον εἰς τὸ χεῖρον ἐλθοῦσα	Lk 8,43	... ἥτις [ἰατροῖς προσαναλώσασα **ὅλον τὸν βίον]** οὐκ ἴσχυσεν ἀπ' οὐδενὸς θεραπευθῆναι,	
122	Mt 9,22	... καὶ ἐσώθη ἡ γυνὴ ἀπὸ τῆς ὥρας ἐκείνης.	Mk 5,29	καὶ εὐθὺς ἐξηράνθη **ἡ πηγὴ τοῦ αἵματος αὐτῆς ...**	Lk 8,44	... καὶ παραχρῆμα ἔστη **ἡ ῥύσις τοῦ αἵματος αὐτῆς.**	
212	Mt 9,25	... ἐκράτησεν **τῆς χειρὸς αὐτῆς,** ↔	Mk 5,41	καὶ κρατήσας **τῆς χειρὸς τοῦ παιδίου** λέγει αὐτῇ· ταλιθα κουμ, ὅ ἐστιν μεθερμηνευόμενον· τὸ κοράσιον, σοὶ λέγω, ἔγειρε.	Lk 8,54	αὐτὸς δὲ κρατήσας **τῆς χειρὸς αὐτῆς** ἐφώνησεν λέγων· ἡ παῖς, ἔγειρε.	
112	Mt 9,25	↔ καὶ ἠγέρθη τὸ κοράσιον.	Mk 5,42	καὶ εὐθὺς ἀνέστη τὸ κοράσιον καὶ περιεπάτει· ...	Lk 8,55	καὶ ἐπέστρεψεν **τὸ πνεῦμα αὐτῆς** καὶ ἀνέστη παραχρῆμα ...	
012			Mk 5,42	... καὶ ἐξέστησαν [εὐθὺς] ἐκστάσει μεγάλῃ.	Lk 8,56	καὶ ἐξέστησαν **οἱ γονεῖς αὐτῆς·** ...	
220	Mt 14,8 → Mk 6,25	ἡ δὲ προβιβασθεῖσα **ὑπὸ τῆς μητρὸς αὐτῆς·** δός μοι, φησίν, ὧδε ἐπὶ πίνακι τὴν κεφαλὴν Ἰωάννου τοῦ βαπτιστοῦ.	Mk 6,24	καὶ ἐξελθοῦσα εἶπεν **τῇ μητρὶ αὐτῆς·** τί αἰτήσωμαι; ἡ δὲ εἶπεν· τὴν κεφαλὴν Ἰωάννου τοῦ βαπτίζοντος. [25] καὶ εἰσελθοῦσα εὐθὺς μετὰ σπουδῆς πρὸς τὸν βασιλέα ᾐτήσατο λέγουσα· θέλω ἵνα ἐξαυτῆς δῷς μοι ἐπὶ πίνακι τὴν κεφαλὴν Ἰωάννου τοῦ βαπτιστοῦ.			
220	Mt 14,11	καὶ ἠνέχθη ἡ κεφαλὴ αὐτοῦ ἐπὶ πίνακι καὶ ἐδόθη τῷ κορασίῳ, καὶ ἤνεγκεν **τῇ μητρὶ αὐτῆς.**	Mk 6,28	καὶ ἤνεγκεν τὴν κεφαλὴν αὐτοῦ ἐπὶ πίνακι καὶ ἔδωκεν αὐτὴν τῷ κορασίῳ, καὶ τὸ κοράσιον ἔδωκεν αὐτὴν **τῇ μητρὶ αὐτῆς.**			
120	Mt 15,22	καὶ ἰδοὺ γυνὴ Χαναναία ἀπὸ τῶν ὁρίων ἐκείνων ἐξελθοῦσα ἔκραζεν λέγουσα· ἐλέησόν με, κύριε υἱὸς Δαυίδ· **ἡ θυγάτηρ μου** κακῶς δαιμονίζεται.	Mk 7,25	ἀλλ' εὐθὺς ἀκούσασα γυνὴ περὶ αὐτοῦ, ἧς εἶχεν **τὸ θυγάτριον αὐτῆς** πνεῦμα ἀκάθαρτον, ↔			
120	Mt 15,25	ἡ δὲ ἐλθοῦσα προσεκύνει αὐτῷ λέγουσα· κύριε, βοήθει μοι.	Mk 7,26	↔ [25] ἐλθοῦσα προσέπεσεν πρὸς τοὺς πόδας αὐτοῦ· [26] ... καὶ ἠρώτα αὐτὸν ἵνα τὸ δαιμόνιον ἐκβάλῃ **ἐκ τῆς θυγατρὸς αὐτῆς.**			

120 210	**Mt 15,28**	... ὦ γύναι, μεγάλη σου ἡ πίστις· γενηθήτω σοι ὡς θέλεις. καὶ ἰάθη **ἡ θυγάτηρ αὐτῆς** ἀπὸ τῆς ὥρας ἐκείνης.	**Mk 7,30** → Lk 7,10	[29] ... διὰ τοῦτον τὸν λόγον ὕπαγε, ἐξελήλυθεν ἐκ τῆς θυγατρός σου τὸ δαιμόνιον. [30] καὶ ἀπελθοῦσα **εἰς τὸν οἶκον αὐτῆς** εὗρεν **τὸ παιδίον** βεβλημένον ἐπὶ τὴν κλίνην καὶ τὸ δαιμόνιον ἐξεληλυθός.			
200	**Mt 16,18**	... καὶ ἐπὶ ταύτῃ τῇ πέτρᾳ οἰκοδομήσω μου τὴν ἐκκλησίαν καὶ πύλαι ᾅδου οὐ κατισχύσουσιν **αὐτῆς**.					
102	**Mt 10,14**	καὶ ὃς ἂν μὴ δέξηται ὑμᾶς μηδὲ ἀκούσῃ τοὺς λόγους ὑμῶν, ἐξερχόμενοι **ἔξω τῆς οἰκίας ἢ τῆς πόλεως ἐκείνης** ἐκτινάξατε τὸν κονιορτὸν τῶν ποδῶν ὑμῶν.			**Lk 10,10** ⇩ Lk 9,5 → Lk 10,8	εἰς ἣν δ' ἂν πόλιν εἰσέλθητε καὶ μὴ δέχωνται ὑμᾶς, ἐξελθόντες **εἰς τὰς πλατείας αὐτῆς** εἴπατε· [11] καὶ τὸν κονιορτὸν τὸν κολληθέντα ἡμῖν ἐκ τῆς πόλεως ὑμῶν εἰς τοὺς πόδας ἀπομασσόμεθα ὑμῖν· ...	Mk-Q overlap
			Mk 6,11	καὶ ὃς ἂν τόπος μὴ δέξηται ὑμᾶς μηδὲ ἀκούσωσιν ὑμῶν, ἐκπορευόμενοι **ἐκεῖθεν** ἐκτινάξατε τὸν χοῦν τὸν ὑποκάτω τῶν ποδῶν ὑμῶν εἰς μαρτύριον αὐτοῖς.	**Lk 9,5** ⇧ **Lk 10,10-11**	καὶ ὅσοι ἂν μὴ δέχωνται ὑμᾶς, ἐξερχόμενοι **ἀπὸ τῆς πόλεως ἐκείνης** τὸν κονιορτὸν ἀπὸ τῶν ποδῶν ὑμῶν ἀποτινάσσετε εἰς μαρτύριον ἐπ' αὐτούς.	→ Acts 13,51 → Acts 18,6
002					**Lk 10,42**	... Μαριὰμ γὰρ τὴν ἀγαθὴν μερίδα ἐξελέξατο ἥτις οὐκ ἀφαιρεθήσεται **αὐτῆς**.	
102	**Mt 10,35** **(2)** → Lk 12,52	ἦλθον γὰρ διχάσαι ἄνθρωπον *κατὰ τοῦ* *πατρὸς αὐτοῦ* καὶ *θυγατέρα* *κατὰ τῆς μητρὸς αὐτῆς* καὶ *νύμφην* *κατὰ τῆς πενθερᾶς αὐτῆς* ➤ Micah 7,6			**Lk 12,53** → Lk 12,52 → Mt 10,21 → Mk 13,12 → Lk 21,16	διαμερισθήσονται πατὴρ ἐπὶ υἱῷ καὶ *υἱὸς* ἐπὶ *πατρί*, μήτηρ ἐπὶ τὴν θυγατέρα καὶ *θυγάτηρ* *ἐπὶ τὴν μητέρα*, πενθερὰ **ἐπὶ τὴν νύμφην αὐτῆς** καὶ *νύμφη* *ἐπὶ τὴν πενθεράν*. ➤ Micah 7,6	→ GTh 16
020			**Mk 10,12** → Mt 5,32 → Mt 19,9 → Lk 16,18 → Mk 10,11	καὶ ἐὰν αὐτὴ ἀπολύσασα **τὸν ἄνδρα αὐτῆς** γαμήσῃ ἄλλον μοιχᾶται.			
210	**Mt 20,20**	τότε προσῆλθεν αὐτῷ ἡ μήτηρ τῶν υἱῶν Ζεβεδαίου **μετὰ τῶν υἱῶν αὐτῆς** ...	**Mk 10,35**	καὶ προσπορεύονται αὐτῷ Ἰάκωβος καὶ Ἰωάννης οἱ υἱοὶ Ζεβεδαίου ...			

211	Mt 21,2	... καὶ εὐθέως εὑρήσετε ὄνον δεδεμένην καὶ πῶλον **μετ' αὐτῆς·** λύσαντες ἀγάγετέ μοι.	Mk 11,2	... εὑρήσετε πῶλον δεδεμένον ἐφ' ὃν οὐδεὶς οὔπω ἀνθρώπων ἐκάθισεν· λύσατε αὐτὸν καὶ φέρετε.	Lk 19,30	... εὑρήσετε πῶλον δεδεμένον, ἐφ' ὃν οὐδεὶς πώποτε ἀνθρώπων ἐκάθισεν, καὶ λύσαντες αὐτὸν ἀγάγετε.	
200	Mt 21,43 → Mt 21,41	... ἀρθήσεται ἀφ' ὑμῶν ἡ βασιλεία τοῦ θεοῦ καὶ δοθήσεται ἔθνει ποιοῦντι **τοὺς καρποὺς αὐτῆς.**					
201	Mt 23,37	... ποσάκις ἠθέλησα ἐπισυναγαγεῖν τὰ τέκνα σου, ὃν τρόπον ὄρνις ἐπισυνάγει **τὰ νοσσία αὐτῆς** ὑπὸ τὰς πτέρυγας, καὶ οὐκ ἠθελήσατε.			Lk 13,34	... ποσάκις ἠθέλησα ἐπισυνάξαι τὰ τέκνα σου ὃν τρόπον ὄρνις **τὴν ἑαυτῆς νοσσιὰν** ὑπὸ τὰς πτέρυγας, καὶ οὐκ ἠθελήσατε.	
022 021			Mk 12,44 (2)	πάντες γὰρ ἐκ τοῦ περισσεύοντος αὐτοῖς ἔβαλον, αὕτη δὲ **ἐκ τῆς ὑστερήσεως αὐτῆς** πάντα ὅσα εἶχεν ἔβαλεν **ὅλον τὸν βίον αὐτῆς.**	Lk 21,4	πάντες γὰρ οὗτοι ἐκ τοῦ περισσεύοντος αὐτοῖς ἔβαλον εἰς τὰ δῶρα, αὕτη δὲ **ἐκ τοῦ ὑστερήματος αὐτῆς** **πάντα τὸν βίον** ὃν εἶχεν ἔβαλεν.	
112	Mt 24,15	ὅταν οὖν ἴδητε ***τὸ βδέλυγμα τῆς ἐρημώσεως*** τὸ ῥηθὲν διὰ Δανιὴλ τοῦ προφήτου ἑστὸς ἐν τόπῳ ἁγίῳ, ὁ ἀναγινώσκων νοείτω, ➤ Dan 9,27/11,31/12,11	Mk 13,14	ὅταν δὲ ἴδητε ***τὸ βδέλυγμα τῆς ἐρημώσεως*** ἑστηκότα ὅπου οὐ δεῖ, ὁ ἀναγινώσκων νοείτω, ➤ Dan 9,27/11,31/12,11	Lk 21,20 → Lk 19,43	ὅταν δὲ ἴδητε κυκλουμένην ὑπὸ στρατοπέδων Ἰερουσαλήμ, τότε γνῶτε ὅτι ἤγγικεν **ἡ ἐρήμωσις αὐτῆς.**	
112	Mt 24,16	τότε οἱ ἐν τῇ Ἰουδαίᾳ φευγέτωσαν εἰς τὰ ὄρη		τότε οἱ ἐν τῇ Ἰουδαίᾳ φευγέτωσαν εἰς τὰ ὄρη	Lk 21,21 → Lk 17,31	τότε οἱ ἐν τῇ Ἰουδαίᾳ φευγέτωσαν εἰς τὰ ὄρη καὶ οἱ **ἐν μέσῳ αὐτῆς** ἐκχωρείτωσαν ...	
221	Mt 24,29	εὐθέως δὲ μετὰ τὴν θλῖψιν τῶν ἡμερῶν ἐκείνων *ὁ ἥλιος σκοτισθήσεται, καὶ ἡ σελήνη οὐ δώσει* ***τὸ φέγγος αὐτῆς***, ... ➤ Isa 13,10	Mk 13,24	ἀλλὰ ἐν ἐκείναις ταῖς ἡμέραις μετὰ τὴν θλῖψιν ἐκείνην *ὁ ἥλιος σκοτισθήσεται, καὶ ἡ σελήνη οὐ δώσει* ***τὸ φέγγος αὐτῆς*** ➤ Isa 13,10	Lk 21,25 → Lk 21,11	καὶ ἔσονται σημεῖα ἐν ἡλίῳ καὶ σελήνῃ ...	→ Acts 2,19
221	Mt 24,32	ἀπὸ δὲ τῆς συκῆς μάθετε τὴν παραβολήν· ὅταν ἤδη **ὁ κλάδος αὐτῆς** γένηται ἁπαλὸς καὶ τὰ φύλλα ἐκφύῃ, γινώσκετε ὅτι ἐγγὺς τὸ θέρος·	Mk 13,28	ἀπὸ δὲ τῆς συκῆς μάθετε τὴν παραβολήν· ὅταν ἤδη **ὁ κλάδος αὐτῆς** ἁπαλὸς γένηται καὶ ἐκφύῃ τὰ φύλλα, γινώσκετε ὅτι ἐγγὺς τὸ θέρος ἐστίν·	Lk 21,30	[29] ... ἴδετε τὴν συκῆν καὶ πάντα τὰ δένδρα· [30] ὅταν προβάλωσιν ἤδη, βλέποντες ἀφ' ἑαυτῶν γινώσκετε ὅτι ἤδη ἐγγὺς τὸ θέρος ἐστίν·	

220	Mt 26,13	... ὅπου ἐὰν κηρυχθῇ τὸ εὐαγγέλιον τοῦτο ἐν ὅλῳ τῷ κόσμῳ, λαληθήσεται καὶ ὃ ἐποίησεν αὕτη **εἰς μνημόσυνον αὐτῆς.**	Mk 14,9	... ὅπου ἐὰν κηρυχθῇ τὸ εὐαγγέλιον εἰς ὅλον τὸν κόσμον, καὶ ὃ ἐποίησεν αὕτη λαληθήσεται **εἰς μνημόσυνον αὐτῆς.**			
200	Mt 26,52	τότε λέγει αὐτῷ ὁ Ἰησοῦς· ἀπόστρεψον τὴν μάχαιράν σου **εἰς τὸν τόπον αὐτῆς·** ...			Lk 22,51	ἀποκριθεὶς δὲ ὁ Ἰησοῦς εἶπεν· ἐᾶτε ἕως τούτου· ...	→ Jn 18,11

Acts 5,10 ... εἰσελθόντες δὲ οἱ νεανίσκοι εὗρον αὐτὴν νεκρὰν καὶ ἐξενέγκαντες ἔθαψαν **πρὸς τὸν ἄνδρα αὐτῆς**

Acts 8,27 ... καὶ ἰδοὺ ἀνὴρ Αἰθίοψ εὐνοῦχος δυνάστης Κανδάκης βασιλίσσης Αἰθιόπων, ὃς ἦν **ἐπὶ πάσης τῆς γάζης αὐτῆς,** ὃς ἐληλύθει προσκυνήσων εἰς Ἰερουσαλήμ

Acts 9,40 ... καὶ ἐπιστρέψας πρὸς τὸ σῶμα εἶπεν· Ταβιθά, ἀνάστηθι. ἡ δὲ ἤνοιξεν **τοὺς ὀφθαλμοὺς αὐτῆς,** καὶ ἰδοῦσα τὸν Πέτρον ἀνεκάθισεν.

Acts 13,17 ... καὶ μετὰ βραχίονος ὑψηλοῦ ἐξήγαγεν αὐτοὺς **ἐξ αὐτῆς**

Acts 15,16 *μετὰ ταῦτα ἀναστρέψω καὶ ἀνοικοδομήσω τὴν σκηνὴν Δαυὶδ τὴν πεπτωκυῖαν καὶ* ***τὰ κατεσκαμμένα αὐτῆς*** *ἀνοικοδομήσω καὶ ἀνορθώσω αὐτήν*
➤ Jer 12,15; Amos 9,11 LXX

Acts 16,15 ὡς δὲ ἐβαπτίσθη καὶ **ὁ οἶκος αὐτῆς,** παρεκάλεσεν λέγουσα· εἰ κεκρίκατέ με πιστὴν τῷ κυρίῳ εἶναι, εἰσελθόντες εἰς τὸν οἶκόν μου μένετε· ...

Acts 16,16 ἐγένετο δὲ ... παιδίσκην τινὰ ἔχουσαν πνεῦμα πύθωνα ὑπαντῆσαι ἡμῖν, ἥτις ἐργασίαν πολλὴν παρεῖχεν **τοῖς κυρίοις αὐτῆς** μαντευομένη.

Acts 16,18 ... παραγγέλλω σοι ἐν ὀνόματι Ἰησοῦ Χριστοῦ ἐξελθεῖν **ἀπ' αὐτῆς·** καὶ ἐξῆλθεν αὐτῇ τῇ ὥρᾳ.

Acts 16,19 ἰδόντες δὲ **οἱ κύριοι αὐτῆς** ὅτι ἐξῆλθεν ἡ ἐλπὶς τῆς ἐργασίας αὐτῶν, ἐπιλαβόμενοι τὸν Παῦλον καὶ τὸν Σιλᾶν ...

Acts 19,27 ... κινδυνεύει ἡμῖν τὸ μέρος εἰς ἀπελεγμὸν ἐλθεῖν ἀλλὰ καὶ τὸ τῆς μεγάλης θεᾶς Ἀρτέμιδος ἱερὸν εἰς οὐθὲν λογισθῆναι, μέλλειν τε καὶ καθαιρεῖσθαι **τῆς μεγαλειότητος αὐτῆς ...**

Acts 27,14 μετ' οὐ πολὺ δὲ ἔβαλεν **κατ' αὐτῆς** ἄνεμος τυφωνικὸς ὁ καλούμενος εὐρακύλων·

αὐτῷ	Syn 444	Mt 170	Mk 121	Lk 153	Acts 86	Jn 172	1-3John 25	Paul 38	Eph 9	Col 12
	NT 856	2Thess 2	1/2Tim 4	Tit	Heb 12	Jas 5	1Pet 6	2Pet 6	Jude	Rev 35

masculine or neuter singular dative of αὐτός

	triple tradition																	double tradition			Sondergut		
		+Mt / +Lk			–Mt / –Lk			traditions not taken over by Mt / Lk							subtotals								
code	*222*	*211*	*112*	*212*	*221*	*122*	*121*	*022*	*012*	*021*	*220*	*120*	*210*	*020*	Σ^+	Σ^-	Σ	*202*	*201*	*102*	*200*	*002*	total
Mt	18	33^+		2^+	18	9^-	27^-				11	13^-	16^+		51^+	49^-	98	16	18		38		**170**
Mk	18				18	9	27	5		12	11	13		8			121						**121**
Lk	18		19^+	2^+	18^-	9	27^-	5	4^+	12^-					25^+	57^-	57	16		8		72	**153**

Mk-Q overlap: 211: Mt 3,16 / Mk 1,10 / Lk 3,21 (?) 222: Mt 18,6 / Mk 9,42 / Lk 17,2 (?)

a αὐτῷ and verbum dicendi

b αὐτῷ neuter

a statistics for αὐτῷ and verbum dicendi:

	triple tradition																	double tradition			Sondergut		
		+Mt / +Lk			–Mt / –Lk			traditions not taken over by Mt / Lk							subtotals								
code	*222*	*211*	*112*	*212*	*221*	*122*	*121*	*022*	*012*	*021*	*220*	*120*	*210*	*020*	Σ^+	Σ^-	Σ	*202*	*201*	*102*	*200*	*002*	total
Mt	6	11^+		1^+	8	5^-	18^-				4	6^-	7^+		19^+	29^-	37	9	8		19		**73**
Mk	6				8	5	18	3		8	4	6		2			60						**60**
Lk	6		4^+	1^+	8^-	5	18^-	3	1	8^-					5^+	34^-	20	9		4		33	**66**

αὐτῷ and verbum dicendi: Mt: 73, Mk: 60, Lk: 66, Acts: 16					
αὐτῷ	πρὸς αὐτόν	**Mt**	**Mk**	**Lk**	**cases**
222		αὐτῷ	αὐτῷ	αὐτῷ	6
022/122		—	αὐτῷ	αὐτῷ	8
220/221		αὐτῷ	αὐτῷ	—	12
221	112	αὐτῷ	αὐτῷ	πρὸς αὐτόν	0
121/021	112/012	—	αὐτῷ	πρὸς αὐτόν	2
201/211	112/102	αὐτῷ	—	πρὸς αὐτόν	2
	102	—		πρὸς αὐτόν	2
	012		—	πρὸς αὐτόν	1
	200	πρὸς αὐτόν			1
	002			πρὸς αὐτόν	10
πρὸς αὐτόν and verbum dicendi: Mt: 1, Mk: 0; Lk: 17; Acts: 12 (see page 520)					

002			**Lk 1,5** ... ἱερεύς τις ὀνόματι Ζαχαρίας ἐξ ἐφημερίας Ἀβιά, καὶ γυνὴ **αὐτῷ** ἐκ τῶν θυγατέρων Ἀαρὼν καὶ τὸ ὄνομα αὐτῆς Ἐλισάβετ.	
002			**Lk 1,11** ὤφθη δὲ **αὐτῷ** ἄγγελος κυρίου ἑστὼς ἐκ δεξιῶν τοῦ θυσιαστηρίου τοῦ θυμιάματος.	
a 002			**Lk 1,19** καὶ ἀποκριθεὶς ὁ ἄγγελος εἶπεν **αὐτῷ**· ἐγώ εἰμι Γαβριὴλ ὁ παρεστηκὼς ἐνώπιον τοῦ θεοῦ ...	
002			**Lk 1,32** οὗτος ἔσται μέγας καὶ υἱὸς ὑψίστου κληθήσεται καὶ δώσει **αὐτῷ** κύριος ὁ θεὸς τὸν θρόνον Δαυὶδ τοῦ πατρὸς αὐτοῦ	
002			**Lk 1,74** [73] ... τοῦ δοῦναι ἡμῖν [74] ἀφόβως ἐκ χειρὸς ἐχθρῶν ῥυσθέντας λατρεύειν **αὐτῷ**	
200	**Mt 1,20** →Lk 1,27 →Lk 1,30 ... ἰδοὺ ἄγγελος κυρίου κατ᾽ ὄναρ ἐφάνη **αὐτῷ** λέγων· Ἰωσὴφ υἱὸς Δαυίδ, μὴ φοβηθῇς παραλαβεῖν Μαριὰμ τὴν γυναῖκά σου, ...			
a 200	**Mt 1,24** ἐγερθεὶς δὲ ὁ Ἰωσὴφ ἀπὸ τοῦ ὕπνου ἐποίησεν ὡς προσέταξεν **αὐτῷ** ὁ ἄγγελος κυρίου ...			
002			**Lk 2,5** ἀπογράψασθαι σὺν Μαριὰμ τῇ ἐμνηστευμένῃ **αὐτῷ**, οὔσῃ ἐγκύῳ.	

002					Lk 2,26	καὶ ἦν **αὐτῷ** κεχρηματισμένον ὑπὸ τοῦ πνεύματος τοῦ ἁγίου μὴ ἰδεῖν θάνατον πρὶν [ἢ] ἂν ἴδῃ τὸν χριστὸν κυρίου.	
200	Mt 2,2	... ποῦ ἐστιν ὁ τεχθεὶς βασιλεὺς τῶν Ἰουδαίων; εἴδομεν γὰρ αὐτοῦ τὸν ἀστέρα ἐν τῇ ἀνατολῇ καὶ ἤλθομεν προσκυνῆσαι **αὐτῷ**.					
a 200	Mt 2,5	οἱ δὲ εἶπαν **αὐτῷ**· ἐν Βηθλέεμ τῆς Ἰουδαίας· ...					
200	Mt 2,8	... ἐπὰν δὲ εὕρητε, ἀπαγγείλατέ μοι, ὅπως κἀγὼ ἐλθὼν προσκυνήσω **αὐτῷ**.					
200 200	Mt 2,11 (2)	... εἶδον τὸ παιδίον μετὰ Μαρίας τῆς μητρὸς αὐτοῦ, καὶ πεσόντες προσεκύνησαν **αὐτῷ** καὶ ἀνοίξαντες τοὺς θησαυροὺς αὐτῶν προσήνεγκαν **αὐτῷ** δῶρα, χρυσὸν καὶ λίβανον καὶ σμύρναν.					
211	Mt 3,16	βαπτισθεὶς δὲ ὁ Ἰησοῦς εὐθὺς ἀνέβη ἀπὸ τοῦ ὕδατος· καὶ ἰδοὺ ἠνεῴχθησαν [**αὐτῷ**] οἱ οὐρανοί, ...	Mk 1,10	καὶ εὐθὺς ἀναβαίνων ἐκ τοῦ ὕδατος εἶδεν σχιζομένους τοὺς οὐρανοὺς ...	Lk 3,21	... καὶ Ἰησοῦ βαπτισθέντος καὶ προσευχομένου ἀνεῳχθῆναι τὸν οὐρανὸν	Mk-Q overlap?
a 202	Mt 4,3 → Mt 27,40	καὶ προσελθὼν ὁ πειράζων εἶπεν **αὐτῷ**· εἰ υἱὸς εἶ τοῦ θεοῦ, εἰπὲ ἵνα οἱ λίθοι οὗτοι ἄρτοι γένωνται.			Lk 4,3	εἶπεν δὲ **αὐτῷ** ὁ διάβολος· εἰ υἱὸς εἶ τοῦ θεοῦ, εἰπὲ τῷ λίθῳ τούτῳ ἵνα γένηται ἄρτος.	
a 202	Mt 4,6 → Mt 27,40	καὶ λέγει **αὐτῷ**· εἰ υἱὸς εἶ τοῦ θεοῦ, βάλε σεαυτὸν κάτω· ...			Lk 4,9	... καὶ εἶπεν **αὐτῷ**· εἰ υἱὸς εἶ τοῦ θεοῦ, βάλε σεαυτὸν ἐντεῦθεν κάτω·	
a 202	Mt 4,7	ἔφη **αὐτῷ** ὁ Ἰησοῦς· πάλιν γέγραπται· *οὐκ ἐκπειράσεις κύριον τὸν θεόν σου.* ➤ Deut 6,16 LXX			Lk 4,12	καὶ ἀποκριθεὶς εἶπεν **αὐτῷ** ὁ Ἰησοῦς ὅτι εἴρηται· *οὐκ ἐκπειράσεις κύριον τὸν θεόν σου.* ➤ Deut 6,16 LXX	
202	Mt 4,8	πάλιν παραλαμβάνει αὐτὸν ὁ διάβολος εἰς ὄρος ὑψηλὸν λίαν καὶ δείκνυσιν **αὐτῷ** πάσας τὰς βασιλείας τοῦ κόσμου ...			Lk 4,5	καὶ ἀναγαγὼν αὐτὸν ἔδειξεν **αὐτῷ** πάσας τὰς βασιλείας τῆς οἰκουμένης ἐν στιγμῇ χρόνου	

a 202	**Mt 4,9**	καὶ εἶπεν **αὐτῷ**· ταῦτά σοι πάντα δώσω, ἐὰν πεσὼν προσκυνήσῃς μοι.			**Lk 4,6**	καὶ εἶπεν **αὐτῷ** ὁ διάβολος· σοὶ δώσω τὴν ἐξουσίαν ταύτην ἅπασαν ... [7] σὺ οὖν ἐὰν προσκυνήσῃς ἐνώπιον ἐμοῦ, ἔσται σοῦ πᾶσα.	
a 202 202	**Mt 4,10** **(2)** → Mt 16,23 → Mk 8,33	τότε λέγει **αὐτῷ** ὁ Ἰησοῦς· ὕπαγε, σατανᾶ· γέγραπται γάρ· *κύριον τὸν θεόν σου προσκυνήσεις* *καὶ* ***αὐτῷ*** μόνῳ *λατρεύσεις.* ➤ Deut 6,13 LXX/10,20			**Lk 4,8** **(2)**	καὶ ἀποκριθεὶς ὁ Ἰησοῦς εἶπεν **αὐτῷ**· γέγραπται· *κύριον τὸν θεόν σου προσκυνήσεις* *καὶ* ***αὐτῷ*** μόνῳ *λατρεύσεις.* ➤ Deut 6,13 LXX/10,20	
a 202	**Mt 4,6** → Mt 27,40	καὶ λέγει **αὐτῷ**· εἰ υἱὸς εἶ τοῦ θεοῦ, βάλε σεαυτὸν κάτω· ...			**Lk 4,9**	... καὶ εἶπεν **αὐτῷ**· εἰ υἱὸς εἶ τοῦ θεοῦ, βάλε σεαυτὸν ἐντεῦθεν κάτω·	
a 202	**Mt 4,7**	ἔφη **αὐτῷ** ὁ Ἰησοῦς· πάλιν γέγραπται· *οὐκ ἐκπειράσεις κύριον τὸν θεόν σου.* ➤ Deut 6,16 LXX			**Lk 4,12**	καὶ ἀποκριθεὶς εἶπεν **αὐτῷ** ὁ Ἰησοῦς ὅτι εἴρηται· *οὐκ ἐκπειράσεις κύριον τὸν θεόν σου.* ➤ Deut 6,16 LXX	
220	**Mt 4,11**	τότε ἀφίησιν αὐτὸν ὁ διάβολος, καὶ ἰδοὺ ἄγγελοι προσῆλθον καὶ διηκόνουν **αὐτῷ**.	**Mk 1,13**	... καὶ ἦν μετὰ τῶν θηρίων, καὶ οἱ ἄγγελοι διηκόνουν **αὐτῷ**.	Lk 4,13	καὶ συντελέσας πάντα πειρασμὸν ὁ διάβολος ἀπέστη ἀπ᾽ αὐτοῦ ἄχρι καιροῦ.	
112	**Mt 13,54**	καὶ ἐλθὼν εἰς τὴν πατρίδα αὐτοῦ ἐδίδασκεν αὐτοὺς ἐν τῇ συναγωγῇ αὐτῶν, ...	**Mk 6,2**	[1] καὶ ἐξῆλθεν ἐκεῖθεν καὶ ἔρχεται εἰς τὴν πατρίδα αὐτοῦ, ... [2] καὶ γενομένου σαββάτου ἤρξατο διδάσκειν ἐν τῇ συναγωγῇ, ...	**Lk 4,16**	καὶ ἦλθεν εἰς Ναζαρά, οὗ ἦν τεθραμμένος καὶ εἰσῆλθεν **κατὰ τὸ εἰωθὸς αὐτῷ** ἐν τῇ ἡμέρᾳ τῶν σαββάτων εἰς τὴν συναγωγὴν καὶ ἀνέστη ἀναγνῶναι.	
002					**Lk 4,17**	καὶ ἐπεδόθη **αὐτῷ** βιβλίον τοῦ προφήτου Ἠσαΐου καὶ ἀναπτύξας τὸ βιβλίον εὗρεν τὸν τόπον οὗ ἦν γεγραμμένον·	
002					**Lk 4,20**	... καὶ πάντων οἱ ὀφθαλμοὶ ἐν τῇ συναγωγῇ ἦσαν ἀτενίζοντες **αὐτῷ**.	
112	**Mt 13,54**	... ὥστε ἐκπλήσσεσθαι αὐτοὺς ...	**Mk 6,2**	... καὶ πολλοὶ ἀκούοντες ἐξεπλήσσοντο ...	**Lk 4,22**	καὶ πάντες ἐμαρτύρουν **αὐτῷ** καὶ ἐθαύμαζον ἐπὶ τοῖς λόγοις τῆς χάριτος ...	
222	**Mt 4,20**	οἱ δὲ εὐθέως ἀφέντες τὰ δίκτυα ἠκολούθησαν **αὐτῷ**.	**Mk 1,18**	καὶ εὐθὺς ἀφέντες τὰ δίκτυα ἠκολούθησαν **αὐτῷ**.	**Lk 5,11** ↓ Lk 5,28 ↓ Mk 1,20	καὶ καταγαγόντες τὰ πλοῖα ἐπὶ τὴν γῆν ἀφέντες πάντα ἠκολούθησαν **αὐτῷ**.	

210	Mt 4,22	οἱ δὲ εὐθέως ἀφέντες τὸ πλοῖον καὶ τὸν πατέρα αὐτῶν ἠκολούθησαν αὐτῷ.	Mk 1,20	... καὶ ἀφέντες τὸν πατέρα αὐτῶν Ζεβεδαῖον ἐν τῷ πλοίῳ μετὰ τῶν μισθωτῶν ἀπῆλθον ὀπίσω αὐτοῦ.	Lk 5,11 ↑ Mk 1,18 ↓ Lk 5,28	καὶ καταγαγόντες τὰ πλοῖα ἐπὶ τὴν γῆν ἀφέντες πάντα ἠκολούθησαν αὐτῷ.
a 022			Mk 1,25	καὶ ἐπετίμησεν αὐτῷ ὁ Ἰησοῦς λέγων· φιμώθητι καὶ ἔξελθε ἐξ αὐτοῦ.	Lk 4,35	καὶ ἐπετίμησεν αὐτῷ ὁ Ἰησοῦς λέγων· φιμώθητι καὶ ἔξελθε ἀπ᾽ αὐτοῦ. ...
021	→ Mt 7,29		Mk 1,27 → Mk 1,22	... τί ἐστιν τοῦτο; διδαχὴ καινὴ κατ᾽ ἐξουσίαν· καὶ τοῖς πνεύμασι τοῖς ἀκαθάρτοις ἐπιτάσσει, καὶ ὑπακούουσιν αὐτῷ.	Lk 4,36 → Lk 4,32	... τίς ὁ λόγος οὗτος ὅτι ἐν ἐξουσίᾳ καὶ δυνάμει ἐπιτάσσει τοῖς ἀκαθάρτοις πνεύμασιν καὶ ἐξέρχονται;
a 121	Mt 8,14	... εἶδεν τὴν πενθερὰν αὐτοῦ βεβλημένην καὶ πυρέσσουσαν·	Mk 1,30	ἡ δὲ πενθερὰ Σίμωνος κατέκειτο πυρέσσουσα, καὶ εὐθὺς λέγουσιν αὐτῷ περὶ αὐτῆς.	Lk 4,38	... πενθερὰ δὲ τοῦ Σίμωνος ἦν συνεχομένη πυρετῷ μεγάλῳ καὶ ἠρώτησαν αὐτὸν περὶ αὐτῆς.
a 021			Mk 1,37	καὶ εὗρον αὐτὸν καὶ λέγουσιν αὐτῷ ὅτι πάντες ζητοῦσίν σε.	Lk 4,42 → Mk 1,45	... καὶ ἦλθον ἕως αὐτοῦ καὶ κατεῖχον αὐτὸν τοῦ μὴ πορεύεσθαι ἀπ᾽ αὐτῶν.
002	Mt 4,18	περιπατῶν δὲ παρὰ τὴν θάλασσαν τῆς Γαλιλαίας ...	Mk 1,16	καὶ παράγων παρὰ τὴν θάλασσαν τῆς Γαλιλαίας ...	Lk 5,1 → Mt 13,1-2 → Mk 4,1	ἐγένετο δὲ ἐν τῷ τὸν ὄχλον ἐπικεῖσθαι αὐτῷ καὶ ἀκούειν τὸν λόγον τοῦ θεοῦ καὶ αὐτὸς ἦν ἑστὼς παρὰ τὴν λίμνην Γεννησαρέτ
002					Lk 5,9	θάμβος γὰρ περιέσχεν αὐτὸν καὶ πάντας τοὺς σὺν αὐτῷ ἐπὶ τῇ ἄγρᾳ τῶν ἰχθύων ὧν συνέλαβον
222	Mt 4,20	οἱ δὲ εὐθέως ἀφέντες τὰ δίκτυα ἠκολούθησαν αὐτῷ.	Mk 1,18	καὶ εὐθὺς ἀφέντες τὰ δίκτυα ἠκολούθησαν αὐτῷ.	Lk 5,11 ↓ Lk 5,28	καὶ καταγαγόντες τὰ πλοῖα ἐπὶ τὴν γῆν ἀφέντες πάντα ἠκολούθησαν αὐτῷ.
	Mt 4,22	οἱ δὲ εὐθέως ἀφέντες τὸ πλοῖον καὶ τὸν πατέρα αὐτῶν ἠκολούθησαν αὐτῷ.	Mk 1,20	... καὶ ἀφέντες τὸν πατέρα αὐτῶν Ζεβεδαῖον ἐν τῷ πλοίῳ μετὰ τῶν μισθωτῶν ἀπῆλθον ὀπίσω αὐτοῦ.		
a 221	Mt 8,2	καὶ ἰδοὺ λεπρὸς προσελθὼν προσεκύνει αὐτῷ λέγων· κύριε, ἐὰν θέλῃς δύνασαί με καθαρίσαι.	Mk 1,40	καὶ ἔρχεται πρὸς αὐτὸν λεπρὸς παρακαλῶν αὐτὸν [καὶ γονυπετῶν] καὶ λέγων αὐτῷ ὅτι ἐὰν θέλῃς δύνασαί με καθαρίσαι.	Lk 5,12 ↓ Lk 17,12.16	... καὶ ἰδοὺ ἀνὴρ πλήρης λέπρας· ἰδὼν δὲ τὸν Ἰησοῦν, πεσὼν ἐπὶ πρόσωπον ἐδεήθη αὐτοῦ λέγων· κύριε, ἐὰν θέλῃς δύνασαί με καθαρίσαι.
a 121	Mt 8,3	καὶ ἐκτείνας τὴν χεῖρα ἥψατο αὐτοῦ λέγων· θέλω, καθαρίσθητι· ...	Mk 1,41	καὶ σπλαγχνισθεὶς ἐκτείνας τὴν χεῖρα αὐτοῦ ἥψατο καὶ λέγει αὐτῷ· θέλω, καθαρίσθητι·	Lk 5,13	καὶ ἐκτείνας τὴν χεῖρα ἥψατο αὐτοῦ λέγων· θέλω, καθαρίσθητι· ...
020			Mk 1,43	καὶ ἐμβριμησάμενος αὐτῷ εὐθὺς ἐξέβαλεν αὐτόν		

a 222	Mt 8,4	καὶ λέγει **αὐτῷ** ὁ Ἰησοῦς· ὅρα μηδενὶ εἴπῃς, ...	Mk 1,44	καὶ λέγει **αὐτῷ·** ὅρα μηδενὶ μηδὲν εἴπῃς, ...	Lk 5,14	καὶ αὐτὸς παρήγγειλεν **αὐτῷ** μηδενὶ εἰπεῖν, ...	
021			Mk 2,4	καὶ μὴ δυνάμενοι προσενέγκαι **αὐτῷ** διὰ τὸν ὄχλον ἀπεστέγασαν τὴν στέγην ὅπου ἦν, καὶ ἐξορύξαντες χαλῶσι τὸν κράβαττον ὅπου ὁ παραλυτικὸς κατέκειτο.	Lk 5,19	καὶ μὴ εὑρόντες ποίας εἰσενέγκωσιν αὐτὸν διὰ τὸν ὄχλον, ἀναβάντες ἐπὶ τὸ δῶμα διὰ τῶν κεράμων καθῆκαν αὐτὸν σὺν τῷ κλινιδίῳ εἰς τὸ μέσον ἔμπροσθεν τοῦ Ἰησοῦ.	Mk 2,4: αὐτῷ = Jesus Lk 5,19: αὐτὸν = the paralytic
a 222	Mt 9,9 (2)	καὶ παράγων ὁ Ἰησοῦς ἐκεῖθεν εἶδεν ἄνθρωπον καθήμενον ἐπὶ τὸ τελώνιον, Μαθθαῖον λεγόμενον, καὶ λέγει **αὐτῷ·** ἀκολούθει μοι.	Mk 2,14 (2)	καὶ παράγων εἶδεν Λευὶν τὸν τοῦ Ἁλφαίου καθήμενον ἐπὶ τὸ τελώνιον, καὶ λέγει **αὐτῷ·** ἀκολούθει μοι.	Lk 5,27	καὶ μετὰ ταῦτα ἐξῆλθεν καὶ ἐθεάσατο τελώνην ὀνόματι Λευὶν καθήμενον ἐπὶ τὸ τελώνιον, καὶ εἶπεν **αὐτῷ·** ἀκολούθει μοι.	
222		καὶ ἀναστὰς ἠκολούθησεν **αὐτῷ.**		καὶ ἀναστὰς ἠκολούθησεν **αὐτῷ.**	Lk 5,28 ↑Lk 5,11	καὶ καταλιπὼν πάντα ἀναστὰς ἠκολούθει **αὐτῷ.**	
112 121	Mt 9,10	καὶ ἐγένετο **αὐτοῦ ἀνακειμένου** ἐν τῇ οἰκίᾳ, καὶ ἰδοὺ πολλοὶ τελῶναι καὶ ἁμαρτωλοὶ ἐλθόντες συνανέκειντο τῷ Ἰησοῦ καὶ τοῖς μαθηταῖς αὐτοῦ.	Mk 2,15	καὶ γίνεται κατακεῖσθαι **αὐτὸν** ἐν τῇ οἰκίᾳ αὐτοῦ, καὶ πολλοὶ τελῶναι καὶ ἁμαρτωλοὶ συνανέκειντο τῷ Ἰησοῦ καὶ τοῖς μαθηταῖς αὐτοῦ· ἦσαν γὰρ πολλοὶ καὶ ἠκολούθουν **αὐτῷ.**	Lk 5,29 ↓Lk 15,1	καὶ ἐποίησεν δοχὴν μεγάλην Λευὶς **αὐτῷ** ἐν τῇ οἰκίᾳ αὐτοῦ, καὶ ἦν ὄχλος πολὺς τελωνῶν καὶ ἄλλων οἳ ἦσαν μετ᾽ αὐτῶν κατακείμενοι.	
a 221	Mt 9,14	τότε προσέρχονται **αὐτῷ** οἱ μαθηταὶ Ἰωάννου λέγοντες· διὰ τί ἡμεῖς καὶ οἱ Φαρισαῖοι νηστεύομεν [πολλά], οἱ δὲ μαθηταί σου οὐ νηστεύουσιν;	Mk 2,18	καὶ ἦσαν οἱ μαθηταὶ Ἰωάννου καὶ οἱ Φαρισαῖοι νηστεύοντες. καὶ ἔρχονται καὶ λέγουσιν **αὐτῷ·** διὰ τί οἱ μαθηταὶ Ἰωάννου καὶ οἱ μαθηταὶ τῶν Φαρισαίων νηστεύουσιν, οἱ δὲ σοὶ μαθηταὶ οὐ νηστεύουσιν;	Lk 5,33	οἱ δὲ εἶπαν **πρὸς αὐτόν·** οἱ μαθηταὶ Ἰωάννου νηστεύουσιν πυκνὰ καὶ δεήσεις ποιοῦνται ὁμοίως καὶ οἱ τῶν Φαρισαίων, οἱ δὲ σοὶ ἐσθίουσιν καὶ πίνουσιν.	→ GTh 104
a 221	Mt 12,2	οἱ δὲ Φαρισαῖοι ἰδόντες εἶπαν **αὐτῷ·** ἰδοὺ οἱ μαθηταί σου ποιοῦσιν ὃ οὐκ ἔξεστιν ποιεῖν ἐν σαββάτῳ.	Mk 2,24	καὶ οἱ Φαρισαῖοι ἔλεγον **αὐτῷ·** ἴδε τί ποιοῦσιν τοῖς σάββασιν ὃ οὐκ ἔξεστιν;	Lk 6,2	τινὲς δὲ τῶν Φαρισαίων εἶπαν· τί ποιεῖτε ὃ οὐκ ἔξεστιν τοῖς σάββασιν;	
121	Mt 12,4	... καὶ τοὺς ἄρτους τῆς προθέσεως ἔφαγον, ὃ οὐκ ἐξὸν ἦν αὐτῷ φαγεῖν οὐδὲ τοῖς **μετ᾽ αὐτοῦ** εἰ μὴ τοῖς ἱερεῦσιν μόνοις;	Mk 2,26	... καὶ τοὺς ἄρτους τῆς προθέσεως ἔφαγεν, οὓς οὐκ ἔξεστιν φαγεῖν εἰ μὴ τοὺς ἱερεῖς, καὶ ἔδωκεν καὶ τοῖς **σὺν αὐτῷ** οὖσιν;	Lk 6,4	... καὶ τοὺς ἄρτους τῆς προθέσεως λαβὼν ἔφαγεν καὶ ἔδωκεν τοῖς **μετ᾽ αὐτοῦ,** οὓς οὐκ ἔξεστιν φαγεῖν εἰ μὴ μόνους τοὺς ἱερεῖς;	
a 112	Mt 12,13	τότε λέγει **τῷ ἀνθρώπῳ·** ἔκτεινόν σου τὴν χεῖρα. ...	Mk 3,5	... λέγει **τῷ ἀνθρώπῳ·** ἔκτεινον τὴν χεῖρα. ...	Lk 6,10 →Lk 13,12-13	... εἶπεν **αὐτῷ·** ἔκτεινον τὴν χεῖρά σου. ...	

200	**Mt 4,24** ⇩ Mt 8,16 ↓ Mt 15,30	... καὶ προσήνεγκαν **αὐτῷ** πάντας τοὺς κακῶς ἔχοντας ...	Mk 1,32 ↓ Mk 3,10 ↓ Mk 7,32	ὀψίας δὲ γενομένης, ὅτε ἔδυ ὁ ἥλιος, ἔφερον **πρὸς αὐτὸν** πάντας τοὺς κακῶς ἔχοντας ...	Lk 4,40 → Lk 6,18	δύνοντος δὲ τοῦ ἡλίου ἅπαντες ὅσοι εἶχον ἀσθενοῦντας νόσοις ποικίλαις ἤγαγον αὐτοὺς **πρὸς αὐτόν·** ...	
211	**Mt 4,25** ↓ Mt 12,15	καὶ ἠκολούθησαν **αὐτῷ** ὄχλοι πολλοὶ ἀπὸ τῆς Γαλιλαίας ... καὶ Ἰουδαίας ...	**Mk 3,7**	... καὶ πολὺ πλῆθος ἀπὸ τῆς Γαλιλαίας [ἠκολούθησεν], καὶ ἀπὸ τῆς Ἰουδαίας	**Lk 6,17**	... καὶ πλῆθος πολὺ τοῦ λαοῦ ἀπὸ πάσης τῆς Ἰουδαίας ...	
020			**Mk 3,9** → Mt 13,2 → Mk 4,1 → Lk 5,1.3	καὶ εἶπεν τοῖς μαθηταῖς αὐτοῦ ἵνα πλοιάριον προσκαρτερῇ **αὐτῷ** διὰ τὸν ὄχλον ἵνα μὴ θλίβωσιν αὐτόν·			
021			**Mk 3,10** ↓ Mk 1,32	πολλοὺς γὰρ ἐθεράπευσεν, ὥστε ἐπιπίπτειν **αὐτῷ** ἵνα αὐτοῦ ἅψωνται ὅσοι εἶχον μάστιγας.	**Lk 6,19** → Mk 5,30 → Lk 8,46	[18] ... οἱ ἐνοχλούμενοι ἀπὸ πνευμάτων ἀκαθάρτων ἐθεραπεύοντο, [19] καὶ πᾶς ὁ ὄχλος ἐζήτουν ἅπτεσθαι αὐτοῦ, ὅτι δύναμις παρ' αὐτοῦ ἐξήρχετο καὶ ἰᾶτο πάντας.	
021			**Mk 3,11** → Mk 1,34	καὶ τὰ πνεύματα τὰ ἀκάθαρτα, ὅταν αὐτὸν ἐθεώρουν, προσέπιπτον **αὐτῷ** καὶ ἔκραζον λέγοντες ὅτι σὺ εἶ ὁ υἱὸς τοῦ θεοῦ.	**Lk 4,41**	ἐξήρχετο δὲ καὶ δαιμόνια ἀπὸ πολλῶν κρ[αυγ]άζοντα καὶ λέγοντα ὅτι σὺ εἶ ὁ υἱὸς τοῦ θεοῦ. ...	
201	**Mt 5,1**	... καὶ καθίσαντος αὐτοῦ προσῆλθαν **αὐτῷ** οἱ μαθηταὶ αὐτοῦ· [2] καὶ ἀνοίξας τὸ στόμα αὐτοῦ ἐδίδασκεν αὐτοὺς λέγων·			**Lk 6,20**	καὶ αὐτὸς ἐπάρας τοὺς ὀφθαλμοὺς αὐτοῦ εἰς τοὺς μαθητὰς αὐτοῦ ἔλεγεν· ...	
201	**Mt 5,39**	... μὴ ἀντιστῆναι τῷ πονηρῷ· ἀλλ' ὅστις σε ῥαπίζει εἰς τὴν δεξιὰν σιαγόνα [σου], στρέψον **αὐτῷ** καὶ τὴν ἄλλην·			**Lk 6,29**	τῷ τύπτοντί σε ἐπὶ τὴν σιαγόνα πάρεχε καὶ τὴν ἄλλην,	
201	**Mt 5,40**	καὶ τῷ θέλοντί σοι κριθῆναι καὶ τὸν χιτῶνά σου λαβεῖν, ἄφες **αὐτῷ** καὶ τὸ ἱμάτιον·				καὶ ἀπὸ τοῦ αἴροντός σου τὸ ἱμάτιον καὶ τὸν χιτῶνα μὴ κωλύσῃς.	
202	**Mt 7,9**	ἢ τίς ἐστιν ἐξ ὑμῶν ἄνθρωπος, ὃν αἰτήσει ὁ υἱὸς αὐτοῦ ἄρτον, μὴ λίθον ἐπιδώσει **αὐτῷ**;			**Lk 11,12**	ἢ καὶ αἰτήσει ᾠόν, ἐπιδώσει **αὐτῷ** σκορπίον;	
202	**Mt 7,10**	ἢ καὶ ἰχθὺν αἰτήσει, μὴ ὄφιν ἐπιδώσει **αὐτῷ**;			**Lk 11,11**	τίνα δὲ ἐξ ὑμῶν τὸν πατέρα αἰτήσει ὁ υἱὸς ἰχθύν, καὶ ἀντὶ ἰχθύος ὄφιν **αὐτῷ** ἐπιδώσει;	

200	Mt 8,1	καταβάντος δὲ αὐτοῦ ἀπὸ τοῦ ὄρους ἠκολούθησαν **αὐτῷ** ὄχλοι πολλοί.					
a 221	Mt 8,2	καὶ ἰδοὺ λεπρὸς προσελθὼν προσεκύνει **αὐτῷ** λέγων· κύριε, ἐὰν θέλῃς δύνασαί με καθαρίσαι.	Mk 1,40	καὶ ἔρχεται πρὸς αὐτὸν λεπρὸς παρακαλῶν αὐτὸν [καὶ γονυπετῶν] καὶ λέγων **αὐτῷ** ὅτι ἐὰν θέλῃς δύνασαί με καθαρίσαι.	Lk 5,12 ↓Lk 17,12.16	... καὶ ἰδοὺ ἀνὴρ πλήρης λέπρας· ἰδὼν δὲ τὸν Ἰησοῦν, πεσὼν ἐπὶ πρόσωπον ἐδεήθη αὐτοῦ λέγων· κύριε, ἐὰν θέλῃς δύνασαί με καθαρίσαι.	
a 222	Mt 8,4	καὶ λέγει **αὐτῷ** ὁ Ἰησοῦς· ὅρα μηδενὶ εἴπῃς, ...	Mk 1,44	καὶ λέγει **αὐτῷ**· ὅρα μηδενὶ μηδὲν εἴπῃς, ...	Lk 5,14	καὶ αὐτὸς παρήγγειλεν **αὐτῷ** μηδενὶ εἰπεῖν, ...	
201	Mt 8,5	εἰσελθόντος δὲ αὐτοῦ εἰς Καφαρναοὺμ προσῆλθεν **αὐτῷ** ἑκατόνταρχος παρακαλῶν αὐτὸν			Lk 7,2	[1] ... εἰσῆλθεν εἰς Καφαρναούμ. [2] ἑκατοντάρχου δέ τινος	→ Jn 4,46
102	Mt 8,6	καὶ λέγων· κύριε, ὁ παῖς μου βέβληται ἐν τῇ οἰκίᾳ παραλυτικός, δεινῶς βασανιζόμενος.				δοῦλος κακῶς ἔχων ἤμελλεν τελευτᾶν, ὃς ἦν **αὐτῷ** ἔντιμος.	→ Jn 4,46-47
a 201	Mt 8,7 ↓Lk 7,6	καὶ λέγει **αὐτῷ**· ἐγὼ ἐλθὼν θεραπεύσω αὐτόν.			Lk 7,3	ἀκούσας δὲ περὶ τοῦ Ἰησοῦ ἀπέστειλεν πρὸς αὐτὸν πρεσβυτέρους τῶν Ἰουδαίων ἐρωτῶν αὐτὸν ὅπως ἐλθὼν διασώσῃ τὸν δοῦλον αὐτοῦ.	→ Jn 4,47
a 102	Mt 8,8	καὶ ἀποκριθεὶς ὁ ἑκατόνταρχος ἔφη· κύριε, οὐκ εἰμὶ ἱκανὸς ἵνα μου ὑπὸ τὴν στέγην εἰσέλθῃς, ...			Lk 7,6 ↑Mt 8,7	... ἔπεμψεν φίλους ὁ ἑκατοντάρχης λέγων **αὐτῷ**· κύριε, μὴ σκύλλου, οὐ γὰρ ἱκανός εἰμι ἵνα ὑπὸ τὴν στέγην μου εἰσέλθῃς·	→ Jn 4,49
102	Mt 8,10	ἀκούσας δὲ ὁ Ἰησοῦς ἐθαύμασεν καὶ εἶπεν τοῖς ἀκολουθοῦσιν· ἀμὴν λέγω ὑμῖν, παρ᾽ οὐδενὶ τοσαύτην πίστιν ἐν τῷ Ἰσραὴλ εὗρον.			Lk 7,9	ἀκούσας δὲ ταῦτα ὁ Ἰησοῦς ἐθαύμασεν αὐτὸν καὶ στραφεὶς τῷ ἀκολουθοῦντι **αὐτῷ** ὄχλῳ εἶπεν· λέγω ὑμῖν, οὐδὲ ἐν τῷ Ἰσραὴλ τοσαύτην πίστιν εὗρον.	
211	Mt 8,15	... καὶ ἀφῆκεν αὐτὴν ὁ πυρετός, καὶ ἠγέρθη καὶ διηκόνει **αὐτῷ**.	Mk 1,31	... καὶ ἀφῆκεν αὐτὴν ὁ πυρετός, καὶ διηκόνει **αὐτοῖς**.	Lk 4,39	... καὶ ἀφῆκεν αὐτήν· παραχρῆμα δὲ ἀναστᾶσα διηκόνει **αὐτοῖς**.	
211	Mt 8,16 ⇑Mt 4,24 ↓Mt 15,30	ὀψίας δὲ γενομένης προσήνεγκαν **αὐτῷ** δαιμονιζομένους πολλούς· ...	Mk 1,32 ↑Mk 3,10 ↓Mk 7,32	ὀψίας δὲ γενομένης, ὅτε ἔδυ ὁ ἥλιος, ἔφερον **πρὸς αὐτὸν** πάντας τοὺς κακῶς ἔχοντας καὶ τοὺς δαιμονιζομένους·	Lk 4,40 → Lk 6,18	δύνοντος δὲ τοῦ ἡλίου ἅπαντες ὅσοι εἶχον ἀσθενοῦντας νόσοις ποικίλαις ἤγαγον αὐτοὺς **πρὸς αὐτόν**· ...	

a 201	Mt 8,19	καὶ προσελθὼν εἷς γραμματεὺς εἶπεν αὐτῷ· διδάσκαλε, ἀκολουθήσω σοι ὅπου ἐὰν ἀπέρχῃ.			Lk 9,57	καὶ πορευομένων αὐτῶν ἐν τῇ ὁδῷ εἶπέν τις πρὸς αὐτόν· ἀκολουθήσω σοι ὅπου ἐὰν ἀπέρχῃ.	
a 202	Mt 8,20	καὶ λέγει αὐτῷ ὁ Ἰησοῦς· αἱ ἀλώπεκες φωλεοὺς ἔχουσιν ...			Lk 9,58	καὶ εἶπεν αὐτῷ ὁ Ἰησοῦς· αἱ ἀλώπεκες φωλεοὺς ἔχουσιν ...	→ GTh 86
a 201	Mt 8,21	ἕτερος δὲ τῶν μαθητῶν [αὐτοῦ] εἶπεν αὐτῷ· κύριε, ἐπίτρεψόν μοι πρῶτον ἀπελθεῖν καὶ θάψαι τὸν πατέρα μου.			Lk 9,59 ↓ Mt 8,22	εἶπεν δὲ πρὸς ἕτερον· ἀκολούθει μοι. ὁ δὲ εἶπεν· [κύριε,] ἐπίτρεψόν μοι ἀπελθόντι πρῶτον θάψαι τὸν πατέρα μου.	
a 202	Mt 8,22 ↑ Lk 9,59	ὁ δὲ Ἰησοῦς λέγει αὐτῷ· ἀκολούθει μοι, καὶ ἄφες τοὺς νεκροὺς θάψαι τοὺς ἑαυτῶν νεκρούς.			Lk 9,60	εἶπεν δὲ αὐτῷ· ἄφες τοὺς νεκροὺς θάψαι τοὺς ἑαυτῶν νεκρούς, ...	
211 211	Mt 8,23 (2)	καὶ ἐμβάντι αὐτῷ εἰς τὸ πλοῖον ἠκολούθησαν αὐτῷ οἱ μαθηταὶ αὐτοῦ.	Mk 4,36	καὶ ἀφέντες τὸν ὄχλον παραλαμβάνουσιν αὐτὸν ὡς ἦν ἐν τῷ πλοίῳ, ...	Lk 8,22	... αὐτὸς ἐνέβη εἰς πλοῖον καὶ οἱ μαθηταὶ αὐτοῦ ...	
222	Mt 8,27	... ποταπός ἐστιν οὗτος ὅτι καὶ οἱ ἄνεμοι καὶ ἡ θάλασσα αὐτῷ ὑπακούουσιν;	Mk 4,41	... τίς ἄρα οὗτός ἐστιν ὅτι καὶ ὁ ἄνεμος καὶ ἡ θάλασσα ὑπακούει αὐτῷ;	Lk 8,25	... τίς ἄρα οὗτός ἐστιν ὅτι καὶ τοῖς ἀνέμοις ἐπιτάσσει καὶ τῷ ὕδατι, καὶ ὑπακούουσιν αὐτῷ;	
222	Mt 8,28	... ὑπήντησαν αὐτῷ δύο δαιμονιζόμενοι ἐκ τῶν μνημείων ἐξερχόμενοι, ...	Mk 5,2	καὶ ἐξελθόντος αὐτοῦ ἐκ τοῦ πλοίου εὐθὺς ὑπήντησεν αὐτῷ ἐκ τῶν μνημείων ἄνθρωπος ἐν πνεύματι ἀκαθάρτῳ	Lk 8,27	ἐξελθόντι δὲ αὐτῷ ἐπὶ τὴν γῆν ὑπήντησεν ἀνήρ τις ἐκ τῆς πόλεως ἔχων δαιμόνια ...	
211	Mt 9,2	καὶ ἰδοὺ προσέφερον αὐτῷ παραλυτικὸν ἐπὶ κλίνης βεβλημένον. ...	Mk 2,3	καὶ ἔρχονται φέροντες πρὸς αὐτὸν παραλυτικὸν αἰρόμενον ὑπὸ τεσσάρων.	Lk 5,18	καὶ ἰδοὺ ἄνδρες φέροντες ἐπὶ κλίνης ἄνθρωπον ὃς ἦν παραλελυμένος καὶ ἐζήτουν αὐτὸν εἰσενεγκεῖν καὶ θεῖναι [αὐτὸν] ἐνώπιον αὐτοῦ.	
a 222	Mt 9,9 (2)	καὶ παράγων ὁ Ἰησοῦς ἐκεῖθεν εἶδεν ἄνθρωπον καθήμενον ἐπὶ τὸ τελώνιον, Μαθθαῖον λεγόμενον, καὶ λέγει αὐτῷ· ἀκολούθει μοι.	Mk 2,14 (2)	καὶ παράγων εἶδεν Λευὶν τὸν τοῦ Ἁλφαίου καθήμενον ἐπὶ τὸ τελώνιον, καὶ λέγει αὐτῷ· ἀκολούθει μοι.	Lk 5,27	καὶ μετὰ ταῦτα ἐξῆλθεν καὶ ἐθεάσατο τελώνην ὀνόματι Λευὶν καθήμενον ἐπὶ τὸ τελώνιον, καὶ εἶπεν αὐτῷ· ἀκολούθει μοι.	
222		καὶ ἀναστὰς ἠκολούθησεν αὐτῷ.		καὶ ἀναστὰς ἠκολούθησεν αὐτῷ.	Lk 5,28 ↑ Lk 5,11	καὶ καταλιπὼν πάντα ἀναστὰς ἠκολούθει αὐτῷ.	

a 221	Mt 9,14	τότε προσέρχονται **αὐτῷ** οἱ μαθηταὶ Ἰωάννου λέγοντες· διὰ τί ἡμεῖς καὶ οἱ Φαρισαῖοι νηστεύομεν [πολλά], οἱ δὲ μαθηταί σου οὐ νηστεύουσιν;	Mk 2,18	καὶ ἦσαν οἱ μαθηταὶ Ἰωάννου καὶ οἱ Φαρισαῖοι νηστεύοντες. καὶ ἔρχονται καὶ λέγουσιν **αὐτῷ·** διὰ τί οἱ μαθηταὶ Ἰωάννου καὶ οἱ μαθηταὶ τῶν Φαρισαίων νηστεύουσιν, οἱ δὲ σοὶ μαθηταὶ οὐ νηστεύουσιν;	Lk 5,33	οἱ δὲ εἶπαν **πρὸς αὐτόν·** οἱ μαθηταὶ Ἰωάννου νηστεύουσιν πυκνὰ καὶ δεήσεις ποιοῦνται ὁμοίως καὶ οἱ τῶν Φαρισαίων, οἱ δὲ σοὶ ἐσθίουσιν καὶ πίνουσιν.	→ GTh 104
211	Mt 9,18	ταῦτα αὐτοῦ λαλοῦντος αὐτοῖς, ἰδοὺ ἄρχων εἷς ἐλθὼν προσεκύνει **αὐτῷ** ...	Mk 5,22	καὶ ἔρχεται εἷς τῶν ἀρχισυναγώγων, ὀνόματι Ἰάϊρος, καὶ ἰδὼν αὐτὸν πίπτει **πρὸς τοὺς πόδας αὐτοῦ**	Lk 8,41	καὶ ἰδοὺ ἦλθεν ἀνὴρ ᾧ ὄνομα Ἰάϊρος καὶ οὗτος ἄρχων τῆς συναγωγῆς ὑπῆρχεν, καὶ πεσὼν **παρὰ τοὺς πόδας [τοῦ] Ἰησοῦ** ...	
211	Mt 9,19	καὶ ἐγερθεὶς ὁ Ἰησοῦς ἠκολούθησεν **αὐτῷ** καὶ οἱ μαθηταὶ αὐτοῦ.	Mk 5,24	καὶ ἀπῆλθεν **μετ' αὐτοῦ.** καὶ ἠκολούθει αὐτῷ ὄχλος πολὺς καὶ συνέθλιβον αὐτόν.	Lk 8,42	... ἐν δὲ τῷ ὑπάγειν αὐτὸν οἱ ὄχλοι συνέπνιγον αὐτόν.	
200	Mt 9,27 ⇩ Mt 20,30	καὶ παράγοντι ἐκεῖθεν τῷ Ἰησοῦ ἠκολούθησαν **[αὐτῷ]** δύο τυφλοὶ κράζοντες ...	Mk 10,46	... καὶ ἐκπορευομένου αὐτοῦ ἀπὸ Ἰεριχὼ καὶ τῶν μαθητῶν αὐτοῦ καὶ ὄχλου ἱκανοῦ ὁ υἱὸς Τιμαίου Βαρτιμαῖος, τυφλὸς προσαίτης, ἐκάθητο παρὰ τὴν ὁδόν.	Lk 18,35	ἐγένετο δὲ ἐν τῷ ἐγγίζειν αὐτὸν εἰς Ἰεριχὼ τυφλός τις ἐκάθητο παρὰ τὴν ὁδὸν ἐπαιτῶν.	
200	Mt 9,28 (2)	ἐλθόντι δὲ εἰς τὴν οἰκίαν προσῆλθον **αὐτῷ** οἱ τυφλοί,	Mk 10,50	ὁ δὲ ἀποβαλὼν τὸ ἱμάτιον αὐτοῦ ἀναπηδήσας ἦλθεν **πρὸς τὸν Ἰησοῦν.**	Lk 18,40	σταθεὶς δὲ ὁ Ἰησοῦς ἐκέλευσεν αὐτὸν ἀχθῆναι πρὸς αὐτόν. **ἐγγίσαντος δὲ αὐτοῦ** ↔	
a 200	⇩ Mt 20,33	καὶ λέγει αὐτοῖς ὁ Ἰησοῦς· πιστεύετε ὅτι δύναμαι τοῦτο ποιῆσαι; λέγουσιν **αὐτῷ·** ναὶ κύριε.	Mk 10,51 (2)	καὶ ἀποκριθεὶς αὐτῷ ὁ Ἰησοῦς εἶπεν· τί σοι θέλεις ποιήσω; ὁ δὲ τυφλὸς εἶπεν **αὐτῷ·** ῥαββουνι, ἵνα ἀναβλέψω.	Lk 18,41	↔ [40] ἐπηρώτησεν αὐτόν· [41] τί σοι θέλεις ποιήσω; ὁ δὲ εἶπεν· κύριε, ἵνα ἀναβλέψω.	
201	Mt 9,32 ⇩ Mt 12,22	αὐτῶν δὲ ἐξερχομένων ἰδοὺ προσήνεγκαν **αὐτῷ** ἄνθρωπον κωφὸν δαιμονιζόμενον.			Lk 11,14	καὶ ἦν ἐκβάλλων δαιμόνιον [καὶ αὐτὸ ἦν] κωφόν· ...	
202	Mt 10,32	πᾶς οὖν ὅστις ὁμολογήσει ἐν ἐμοὶ ἔμπροσθεν τῶν ἀνθρώπων, ὁμολογήσω κἀγὼ **ἐν αὐτῷ** ἔμπροσθεν τοῦ πατρός μου τοῦ ἐν [τοῖς] οὐρανοῖς·			Lk 12,8	... πᾶς ὃς ἂν ὁμολογήσῃ ἐν ἐμοὶ ἔμπροσθεν τῶν ἀνθρώπων, καὶ ὁ υἱὸς τοῦ ἀνθρώπου ὁμολογήσει **ἐν αὐτῷ** ἔμπροσθεν τῶν ἀγγέλων τοῦ θεοῦ·	
002					Lk 7,11	καὶ ἐγένετο ἐν τῷ ἑξῆς ἐπορεύθη εἰς πόλιν καλουμένην Ναΐν καὶ συνεπορεύοντο **αὐτῷ** οἱ μαθηταὶ αὐτοῦ καὶ ὄχλος πολύς.	

a 201	**Mt 11,3**	[2] ὁ δὲ Ἰωάννης ... πέμψας διὰ τῶν μαθητῶν αὐτοῦ [3] εἶπεν **αὐτῷ·** σὺ εἶ ὁ ἐρχόμενος ἢ ἕτερον προσδοκῶμεν;			**Lk 7,19**	[18] ... καὶ προσκαλεσάμενος δύο τινὰς τῶν μαθητῶν αὐτοῦ ὁ Ἰωάννης [19] ἔπεμψεν **πρὸς τὸν κύριον** λέγων· σὺ εἶ ὁ ἐρχόμενος ἢ ἄλλον προσδοκῶμεν;	
a 002					**Lk 7,43**	ἀποκριθεὶς Σίμων εἶπεν· ὑπολαμβάνω ὅτι ᾧ τὸ πλεῖον ἐχαρίσατο. ὁ δὲ εἶπεν **αὐτῷ·** ὀρθῶς ἔκρινας.	
002	**Mt 9,35** ⇩ Mt 4,23 → Mk 1,21	καὶ περιῆγεν ὁ Ἰησοῦς τὰς πόλεις πάσας καὶ τὰς κώμας διδάσκων ἐν ταῖς συναγωγαῖς αὐτῶν καὶ κηρύσσων τὸ εὐαγγέλιον τῆς βασιλείας ...	**Mk 6,6** ↓ Mk 1,39	... καὶ περιῆγεν τὰς κώμας κύκλῳ διδάσκων.	**Lk 8,1** → Lk 4,15 ↓ Lk 4,44 → Lk 13,22	καὶ ἐγένετο ἐν τῷ καθεξῆς καὶ αὐτὸς διώδευεν κατὰ πόλιν καὶ κώμην κηρύσσων καὶ εὐαγγελιζόμενος τὴν βασιλείαν τοῦ θεοῦ καὶ οἱ δώδεκα **σὺν αὐτῷ**	
	Mt 4,23 ⇧ Mt 9,35	καὶ περιῆγεν ἐν ὅλῃ τῇ Γαλιλαίᾳ διδάσκων ἐν ταῖς συναγωγαῖς αὐτῶν καὶ κηρύσσων τὸ εὐαγγέλιον τῆς βασιλείας ...	**Mk 1,39** → Mk 1,14 ↑ Mk 6,6	καὶ ἦλθεν κηρύσσων εἰς τὰς συναγωγὰς αὐτῶν εἰς ὅλην τὴν Γαλιλαίαν καὶ τὰ δαιμόνια ἐκβάλλων.	**Lk 4,44** → Lk 4,15 ↑ **Lk 8,1**	καὶ ἦν κηρύσσων εἰς τὰς συναγωγὰς τῆς Ἰουδαίας.	
a 221	**Mt 12,2**	οἱ δὲ Φαρισαῖοι ἰδόντες εἶπαν **αὐτῷ·** ἰδοὺ οἱ μαθηταί σου ποιοῦσιν ὃ οὐκ ἔξεστιν ποιεῖν ἐν σαββάτῳ.	**Mk 2,24**	καὶ οἱ Φαρισαῖοι ἔλεγον **αὐτῷ·** ἴδε τί ποιοῦσιν τοῖς σάββασιν ὃ οὐκ ἔξεστιν;	**Lk 6,2**	τινὲς δὲ τῶν Φαρισαίων εἶπαν· τί ποιεῖτε ὃ οὐκ ἔξεστιν τοῖς σάββασιν;	
211	**Mt 12,4**	... καὶ τοὺς ἄρτους τῆς προθέσεως ἔφαγον, ὃ οὐκ ἐξὸν ἦν **αὐτῷ** φαγεῖν οὐδὲ τοῖς μετ᾽ αὐτοῦ εἰ μὴ τοῖς ἱερεῦσιν μόνοις;	**Mk 2,26**	... καὶ τοὺς ἄρτους τῆς προθέσεως ἔφαγεν, οὓς οὐκ ἔξεστιν φαγεῖν εἰ μὴ τοὺς ἱερεῖς, καὶ ἔδωκεν καὶ τοῖς σὺν αὐτῷ οὖσιν;	**Lk 6,4**	... καὶ τοὺς ἄρτους τῆς προθέσεως λαβὼν ἔφαγεν καὶ ἔδωκεν τοῖς μετ᾽ αὐτοῦ, οὓς οὐκ ἔξεστιν φαγεῖν εἰ μὴ μόνους τοὺς ἱερεῖς;	
211	**Mt 12,15** ↑ Mt 4,25	... καὶ ἠκολούθησαν **αὐτῷ** [ὄχλοι] πολλοί, ...	**Mk 3,7**	... καὶ πολὺ πλῆθος ἀπὸ τῆς Γαλιλαίας [ἠκολούθησεν], καὶ ἀπὸ τῆς Ἰουδαίας	**Lk 6,17**	... καὶ πλῆθος πολὺ τοῦ λαοῦ ἀπὸ πάσης τῆς Ἰουδαίας ...	
200	**Mt 12,22** ⇧ Mt 9,32	τότε προσηνέχθη **αὐτῷ** δαιμονιζόμενος τυφλὸς καὶ κωφός, καὶ ἐθεράπευσεν αὐτόν, ὥστε τὸν κωφὸν λαλεῖν καὶ βλέπειν.			**Lk 11,14**	καὶ ἦν ἐκβάλλων δαιμόνιον [καὶ αὐτὸ ἦν] κωφόν· ἐγένετο δὲ τοῦ δαιμονίου ἐξελθόντος ἐλάλησεν ὁ κωφὸς ...	
202	**Mt 12,32 (2)** → Mk 3,28	καὶ ὃς ἐὰν εἴπῃ λόγον κατὰ τοῦ υἱοῦ τοῦ ἀνθρώπου, ἀφεθήσεται **αὐτῷ·**	**Mk 3,29**		**Lk 12,10** → Mk 3,28	καὶ πᾶς ὃς ἐρεῖ λόγον εἰς τὸν υἱὸν τοῦ ἀνθρώπου, ἀφεθήσεται **αὐτῷ·**	→ GTh 44 Mk-Q overlap
201		ὃς δ᾽ ἂν εἴπῃ κατὰ τοῦ πνεύματος τοῦ ἁγίου, οὐκ ἀφεθήσεται **αὐτῷ** οὔτε ἐν τούτῳ τῷ αἰῶνι οὔτε ἐν τῷ μέλλοντι.		ὃς δ᾽ ἂν βλασφημήσῃ εἰς τὸ πνεῦμα τὸ ἅγιον, οὐκ ἔχει ἄφεσιν εἰς τὸν αἰῶνα, ἀλλὰ ἔνοχός ἐστιν αἰωνίου ἁμαρτήματος.		τῷ δὲ εἰς τὸ ἅγιον πνεῦμα βλασφημήσαντι οὐκ ἀφεθήσεται.	

a 201	**Mt 12,38** ⇩ Mt 16,1	τότε ἀπεκρίθησαν **αὐτῷ** τινες τῶν γραμματέων καὶ Φαρισαίων λέγοντες· διδάσκαλε, θέλομεν ἀπὸ σοῦ σημεῖον ἰδεῖν.	**Mk 8,11**	καὶ ἐξῆλθον οἱ Φαρισαῖοι καὶ ἤρξαντο συζητεῖν **αὐτῷ,** ζητοῦντες παρ' αὐτοῦ σημεῖον ἀπὸ τοῦ οὐρανοῦ, πειράζοντες αὐτόν.	**Lk 11,16**	ἕτεροι δὲ πειράζοντες σημεῖον ἐξ οὐρανοῦ ἐζήτουν παρ' αὐτοῦ.	Mk-Q overlap
a 211	**Mt 12,46**	... ἰδοὺ ἡ μήτηρ καὶ οἱ ἀδελφοὶ αὐτοῦ εἱστήκεισαν ἔξω ζητοῦντες **αὐτῷ** λαλῆσαι.	**Mk 3,31**	καὶ ἔρχεται ἡ μήτηρ αὐτοῦ καὶ οἱ ἀδελφοὶ αὐτοῦ καὶ ἔξω στήκοντες ἀπέστειλαν πρὸς αὐτὸν καλοῦντες **αὐτόν.**	**Lk 8,19**	παρεγένετο δὲ πρὸς αὐτὸν ἡ μήτηρ καὶ οἱ ἀδελφοὶ αὐτοῦ ...	→ GTh 99
a 222	**Mt 12,47**	[εἶπεν δέ τις **αὐτῷ·** ἰδοὺ ἡ μήτηρ σου καὶ οἱ ἀδελφοί σου ἔξω ἑστήκασιν ζητοῦντές σοι λαλῆσαι.]	**Mk 3,32**	... καὶ λέγουσιν **αὐτῷ·** ἰδοὺ ἡ μήτηρ σου καὶ οἱ ἀδελφοί σου [καὶ αἱ ἀδελφαί σου] ἔξω ζητοῦσίν σε.	**Lk 8,20**	ἀπηγγέλη δὲ **αὐτῷ·** ἡ μήτηρ σου καὶ οἱ ἀδελφοί σου ἑστήκασιν ἔξω ἰδεῖν θέλοντές σε.	→ GTh 99 Mt 12,47 is textcritically uncertain.
a 211	**Mt 12,48**	ὁ δὲ ἀποκριθεὶς εἶπεν **τῷ λέγοντι αὐτῷ·** τίς ἐστιν ἡ μήτηρ μου καὶ τίνες εἰσὶν οἱ ἀδελφοί μου;	**Mk 3,33**	καὶ ἀποκριθεὶς **αὐτοῖς** λέγει· τίς ἐστιν ἡ μήτηρ μου καὶ οἱ ἀδελφοί [μου];	**Lk 8,21**	ὁ δὲ ἀποκριθεὶς εἶπεν **πρὸς αὐτούς·** ...	→ GTh 99
a 211	**Mt 13,10**	καὶ προσελθόντες οἱ μαθηταὶ εἶπαν **αὐτῷ·** διὰ τί ἐν παραβολαῖς λαλεῖς αὐτοῖς;	**Mk 4,10** ↓ Mk 7,17	καὶ ὅτε ἐγένετο κατὰ μόνας, ἠρώτων **αὐτὸν** οἱ περὶ αὐτὸν σὺν τοῖς δώδεκα τὰς παραβολάς.	**Lk 8,9** ↓ Mk 7,17	ἐπηρώτων δὲ **αὐτὸν** οἱ μαθηταὶ αὐτοῦ τίς αὕτη εἴη ἡ παραβολή.	
222	**Mt 13,12** ⇩ Mt 25,29	ὅστις γὰρ ἔχει, δοθήσεται **αὐτῷ** καὶ περισσευθήσεται· ...	**Mk 4,25**	ὃς γὰρ ἔχει, δοθήσεται **αὐτῷ·** ...	**Lk 8,18** ⇩ Lk 19,26	... ὃς ἂν γὰρ ἔχῃ, δοθήσεται **αὐτῷ·** ...	→ GTh 41 Mk-Q overlap
	Mt 25,29 ⇧ **Mt 13,12**	τῷ γὰρ ἔχοντι παντὶ δοθήσεται καὶ περισσευθήσεται, ...			**Lk 19,26** ⇧ **Lk 8,18**	λέγω ὑμῖν ὅτι παντὶ τῷ ἔχοντι δοθήσεται, ...	→ GTh 41 Mk-Q overlap
a 200	**Mt 13,27**	προσελθόντες δὲ οἱ δοῦλοι τοῦ οἰκοδεσπότου εἶπον **αὐτῷ·** κύριε, οὐχὶ καλὸν σπέρμα ἔσπειρας ἐν τῷ σῷ ἀγρῷ; ...					→ GTh 57
a 200	**Mt 13,28**	... οἱ δὲ δοῦλοι λέγουσιν **αὐτῷ·** θέλεις οὖν ἀπελθόντες συλλέξωμεν αὐτά;					→ GTh 57
200	**Mt 13,36** → Mt 13,34 → Mk 4,34	... καὶ προσῆλθον **αὐτῷ** οἱ μαθηταὶ αὐτοῦ λέγοντες· διασάφησον ἡμῖν τὴν παραβολὴν τῶν ζιζανίων τοῦ ἀγροῦ.					
a 200	**Mt 13,51**	συνήκατε ταῦτα πάντα; λέγουσιν **αὐτῷ·** ναί.					

112	Mt 12,46	ἔτι αὐτοῦ λαλοῦντος τοῖς ὄχλοις ἰδοὺ ἡ μήτηρ καὶ οἱ ἀδελφοὶ αὐτοῦ εἱστήκεισαν ἔξω ζητοῦντες αὐτῷ λαλῆσαι.	Mk 3,32	[31] καὶ ἔρχεται ἡ μήτηρ αὐτοῦ καὶ οἱ ἀδελφοὶ αὐτοῦ καὶ ἔξω στήκοντες ἀπέστειλαν πρὸς αὐτὸν καλοῦντες αὐτόν. [32] καὶ ἐκάθητο περὶ αὐτὸν ὄχλος,	Lk 8,19	παρεγένετο δὲ πρὸς αὐτὸν ἡ μήτηρ καὶ οἱ ἀδελφοὶ αὐτοῦ καὶ οὐκ ἠδύναντο συντυχεῖν **αὐτῷ** διὰ τὸν ὄχλον.	→ GTh 99
a 222	Mt 12,47	[εἶπεν δέ τις **αὐτῷ**· ἰδοὺ ἡ μήτηρ σου καὶ οἱ ἀδελφοί σου ἔξω ἑστήκασιν ζητοῦντές σοι λαλῆσαι.]		καὶ λέγουσιν **αὐτῷ**· ἰδοὺ ἡ μήτηρ σου καὶ οἱ ἀδελφοί σου [καὶ αἱ ἀδελφαί σου] ἔξω ζητοῦσίν σε.	Lk 8,20	ἀπηγγέλη δὲ **αὐτῷ**· ἡ μήτηρ σου καὶ οἱ ἀδελφοί σου ἑστήκασιν ἔξω ἰδεῖν θέλοντές σε.	→ GTh 99 Mt 12,47 is textcritically uncertain.
a 121	Mt 8,25	καὶ προσελθόντες ἤγειραν αὐτὸν λέγοντες· κύριε, σῶσον, ἀπολλύμεθα.	Mk 4,38	... καὶ ἐγείρουσιν αὐτὸν καὶ λέγουσιν **αὐτῷ**· διδάσκαλε, οὐ μέλει σοι ὅτι ἀπολλύμεθα;	Lk 8,24	προσελθόντες δὲ διήγειραν αὐτὸν λέγοντες· ἐπιστάτα ἐπιστάτα, ἀπολλύμεθα. ...	
222	Mt 8,27	... ποταπός ἐστιν οὗτος ὅτι καὶ οἱ ἄνεμοι καὶ ἡ θάλασσα **αὐτῷ** ὑπακούουσιν;	Mk 4,41	... τίς ἄρα οὗτός ἐστιν ὅτι καὶ ὁ ἄνεμος καὶ ἡ θάλασσα ὑπακούει **αὐτῷ**;	Lk 8,25	... τίς ἄρα οὗτός ἐστιν ὅτι καὶ τοῖς ἀνέμοις ἐπιτάσσει καὶ τῷ ὕδατι, καὶ ὑπακούουσιν **αὐτῷ**;	
222	Mt 8,28	 ... ὑπήντησαν **αὐτῷ** δύο δαιμονιζόμενοι ἐκ τῶν μνημείων ἐξερχόμενοι, ...	Mk 5,2	καὶ ἐξελθόντος αὐτοῦ ἐκ τοῦ πλοίου εὐθὺς ὑπήντησεν **αὐτῷ** ἐκ τῶν μνημείων ἄνθρωπος ἐν πνεύματι ἀκαθάρτῳ	Lk 8,27	ἐξελθόντι δὲ **αὐτῷ** ἐπὶ τὴν γῆν ὑπήντησεν ἀνήρ τις ἐκ τῆς πόλεως ἔχων δαιμόνια ...	
122	Mt 8,29	καὶ ἰδοὺ ἔκραξαν λέγοντες· ...	Mk 5,6	καὶ ἰδὼν τὸν Ἰησοῦν ἀπὸ μακρόθεν ἔδραμεν καὶ προσεκύνησεν **αὐτῷ** [7] καὶ κράξας φωνῇ μεγάλῃ λέγει· ...	Lk 8,28	ἰδὼν δὲ τὸν Ἰησοῦν ἀνακράξας προσέπεσεν **αὐτῷ** καὶ φωνῇ μεγάλῃ εἶπεν· ...	
a b 021			Mk 5,8	ἔλεγεν γὰρ **αὐτῷ**· ἔξελθε τὸ πνεῦμα τὸ ἀκάθαρτον ἐκ τοῦ ἀνθρώπου.	Lk 8,29	παρήγγειλεν γὰρ **τῷ πνεύματι** **τῷ ἀκαθάρτῳ** ἐξελθεῖν ἀπὸ τοῦ ἀνθρώπου. ...	
a 021			Mk 5,9	καὶ ἐπηρώτα αὐτόν· τί ὄνομά σοι; καὶ λέγει **αὐτῷ**· λεγιὼν ὄνομά μοι, ὅτι πολλοί ἐσμεν.	Lk 8,30	ἐπηρώτησεν δὲ αὐτὸν ὁ Ἰησοῦς· τί σοι ὄνομά ἐστιν; ὁ δὲ εἶπεν· λεγιών, ὅτι εἰσῆλθεν δαιμόνια πολλὰ εἰς αὐτόν.	
012			Mk 5,18	καὶ ἐμβαίνοντος αὐτοῦ εἰς τὸ πλοῖον παρεκάλει αὐτὸν ὁ δαιμονισθεὶς ἵνα **μετ᾽ αὐτοῦ** ᾖ.	Lk 8,38	ἐδεῖτο δὲ αὐτοῦ ὁ ἀνὴρ ἀφ᾽ οὗ ἐξεληλύθει τὰ δαιμόνια εἶναι **σὺν αὐτῷ**·	
a 021			Mk 5,19	καὶ οὐκ ἀφῆκεν αὐτόν, ἀλλὰ λέγει **αὐτῷ**· ὕπαγε εἰς τὸν οἶκόν σου πρὸς τοὺς σοὺς ...		ἀπέλυσεν δὲ αὐτὸν λέγων· [39] ὑπόστρεφε εἰς τὸν οἶκόν σου, ...	

022			**Mk 5,20**	καὶ ἀπῆλθεν καὶ ἤρξατο κηρύσσειν ἐν τῇ Δεκαπόλει ὅσα ἐποίησεν **αὐτῷ** ὁ Ἰησοῦς, καὶ πάντες ἐθαύμαζον.	**Lk 8,39**	... καὶ ἀπῆλθεν καθ᾽ ὅλην τὴν πόλιν κηρύσσων ὅσα ἐποίησεν **αὐτῷ** ὁ Ἰησοῦς.	
112	**Mt 9,18**	... ἡ θυγάτηρ μου ἄρτι ἐτελεύτησεν· ...	**Mk 5,23**	... τὸ θυγάτριόν μου ἐσχάτως ἔχει, ...	**Lk 8,42** → Mk 5,42	ὅτι θυγάτηρ μονογενὴς ἦν **αὐτῷ** ὡς ἐτῶν δώδεκα καὶ αὐτὴ ἀπέθνῃσκεν.	
121	**Mt 9,19**	καὶ ἐγερθεὶς ὁ Ἰησοῦς ἠκολούθησεν αὐτῷ καὶ οἱ μαθηταὶ αὐτοῦ.	**Mk 5,24**	καὶ ἀπῆλθεν μετ᾽ αὐτοῦ. καὶ ἠκολούθει **αὐτῷ** ὄχλος πολὺς καὶ συνέθλιβον αὐτόν.		ἐν δὲ τῷ ὑπάγειν αὐτὸν οἱ ὄχλοι συνέπνιγον αὐτόν.	
a 021			**Mk 5,31**	καὶ ἔλεγον **αὐτῷ** οἱ μαθηταὶ αὐτοῦ· βλέπεις τὸν ὄχλον συνθλίβοντά σε ...	**Lk 8,45**	... ἀρνουμένων δὲ πάντων εἶπεν ὁ Πέτρος· ἐπιστάτα, οἱ ὄχλοι συνέχουσίν σε καὶ ἀποθλίβουσιν.	
022 *a* 021			**Mk 5,33** (2)	ἡ δὲ γυνὴ φοβηθεῖσα καὶ τρέμουσα, εἰδυῖα ὃ γέγονεν αὐτῇ, ἦλθεν καὶ προσέπεσεν **αὐτῷ** καὶ εἶπεν **αὐτῷ** πᾶσαν τὴν ἀλήθειαν.	**Lk 8,47**	ἰδοῦσα δὲ ἡ γυνὴ ὅτι οὐκ ἔλαθεν, τρέμουσα ἦλθεν καὶ προσπεσοῦσα **αὐτῷ** δι᾽ ἣν αἰτίαν ἥψατο αὐτοῦ ἀπήγγειλεν ...	
a 012			**Mk 5,36**	ὁ δὲ Ἰησοῦς παρακούσας τὸν λόγον λαλούμενον λέγει **τῷ ἀρχισυναγώγῳ·** μὴ φοβοῦ, μόνον πίστευε.	**Lk 8,50**	ὁ δὲ Ἰησοῦς ἀκούσας ἀπεκρίθη **αὐτῷ·** μὴ φοβοῦ, μόνον πίστευσον, καὶ σωθήσεται.	
012			**Mk 5,37**	καὶ οὐκ ἀφῆκεν οὐδένα **μετ᾽ αὐτοῦ** συνακολουθῆσαι εἰ μὴ τὸν Πέτρον καὶ Ἰάκωβον καὶ Ἰωάννην τὸν ἀδελφὸν Ἰακώβου.	**Lk 8,51**	... οὐκ ἀφῆκεν εἰσελθεῖν τινα **σὺν αὐτῷ** εἰ μὴ Πέτρον καὶ Ἰωάννην καὶ Ἰάκωβον ...	
121	**Mt 13,54**	καὶ ἐλθὼν εἰς τὴν πατρίδα αὐτοῦ ...	**Mk 6,1**	... καὶ ἔρχεται εἰς τὴν πατρίδα αὐτοῦ, καὶ ἀκολουθοῦσιν **αὐτῷ** οἱ μαθηταὶ αὐτοῦ.	**Lk 4,16**	καὶ ἦλθεν εἰς Ναζαρά, οὗ ἦν τεθραμμένος ...	
220	**Mt 13,57**	καὶ ἐσκανδαλίζοντο **ἐν αὐτῷ.** ...	**Mk 6,3**	... καὶ ἐσκανδαλίζοντο **ἐν αὐτῷ.**			
221	**Mt 14,2** ↓ Mt 16,14	... Ἰωάννης ὁ βαπτιστής· αὐτὸς ἠγέρθη ἀπὸ τῶν νεκρῶν καὶ διὰ τοῦτο αἱ δυνάμεις ἐνεργοῦσιν **ἐν αὐτῷ.**	**Mk 6,14** ↓ Mk 8,28	... Ἰωάννης ὁ βαπτίζων ἐγήγερται ἐκ νεκρῶν καὶ διὰ τοῦτο ἐνεργοῦσιν αἱ δυνάμεις **ἐν αὐτῷ.**	**Lk 9,7** ↓ Lk 9,19	... Ἰωάννης ἠγέρθη ἐκ νεκρῶν	
a 210	**Mt 14,4** → Lk 3,19	ἔλεγεν γὰρ ὁ Ἰωάννης **αὐτῷ·** οὐκ ἔξεστίν σοι ἔχειν αὐτήν.	**Mk 6,18** → Lk 3,19	ἔλεγεν γὰρ ὁ Ἰωάννης **τῷ Ἡρῴδῃ** ὅτι οὐκ ἔξεστίν σοι ἔχειν τὴν γυναῖκα τοῦ ἀδελφοῦ σου.			

120	Mt 14,5	[3] ὁ γὰρ Ἡρῴδης ... [5] καὶ θέλων αὐτὸν ἀποκτεῖναι ἐφοβήθη τὸν ὄχλον, ὅτι ὡς προφήτην αὐτὸν εἶχον.	Mk 6,19	ἡ δὲ Ἡρῳδιὰς ἐνεῖχεν αὐτῷ καὶ ἤθελεν αὐτὸν ἀποκτεῖναι, καὶ οὐκ ἠδύνατο·			
a 022			Mk 6,30	καὶ συνάγονται οἱ ἀπόστολοι πρὸς τὸν Ἰησοῦν καὶ ἀπήγγειλαν αὐτῷ πάντα ὅσα ἐποίησαν καὶ ὅσα ἐδίδαξαν.	Lk 9,10 → Lk 10,17	καὶ ὑποστρέψαντες οἱ ἀπόστολοι διηγήσαντο αὐτῷ ὅσα ἐποίησαν. ...	
212	Mt 14,13	... καὶ ἀκούσαντες οἱ ὄχλοι ἠκολούθησαν αὐτῷ πεζῇ ἀπὸ τῶν πόλεων.	Mk 6,33	καὶ εἶδον αὐτοὺς ὑπάγοντας καὶ ἐπέγνωσαν πολλοὶ καὶ πεζῇ ἀπὸ πασῶν τῶν πόλεων συνέδραμον ἐκεῖ ...	Lk 9,11	οἱ δὲ ὄχλοι γνόντες ἠκολούθησαν αὐτῷ· ...	→ Jn 6,2
a 222	Mt 14,15	ὀψίας δὲ γενομένης προσῆλθον αὐτῷ οἱ μαθηταὶ λέγοντες· ἔρημός ἐστιν ὁ τόπος καὶ ἡ ὥρα ἤδη παρῆλθεν· ...	Mk 6,35	καὶ ἤδη ὥρας πολλῆς γενομένης προσελθόντες αὐτῷ οἱ μαθηταὶ αὐτοῦ ἔλεγον ὅτι ἔρημός ἐστιν ὁ τόπος καὶ ἤδη ὥρα πολλή·	Lk 9,12 → Lk 24,29	ἡ δὲ ἡμέρα ἤρξατο κλίνειν· προσελθόντες δὲ οἱ δώδεκα εἶπαν αὐτῷ· ... ὅτι ὧδε ἐν ἐρήμῳ τόπῳ ἐσμέν.	
a 121	Mt 14,16 ↓ Mt 15,33	ὁ δὲ [Ἰησοῦς] εἶπεν αὐτοῖς· οὐ χρείαν ἔχουσιν ἀπελθεῖν, δότε αὐτοῖς ὑμεῖς φαγεῖν.	Mk 6,37 ↓ Mk 8,4	ὁ δὲ ἀποκριθεὶς εἶπεν αὐτοῖς· δότε αὐτοῖς ὑμεῖς φαγεῖν. καὶ λέγουσιν αὐτῷ· ↔	Lk 9,13	εἶπεν δὲ πρὸς αὐτούς· δότε αὐτοῖς ὑμεῖς φαγεῖν. οἱ δὲ εἶπαν·	→ Jn 6,5
a 211	Mt 14,17 → Mt 15,34	οἱ δὲ λέγουσιν αὐτῷ· οὐκ ἔχομεν ὧδε εἰ μὴ πέντε ἄρτους καὶ δύο ἰχθύας.	Mk 6,38 → Mk 8,5	↔ [37] ἀπελθόντες ἀγοράσωμεν δηναρίων διακοσίων ἄρτους καὶ δώσομεν αὐτοῖς φαγεῖν; [38] ὁ δὲ λέγει αὐτοῖς· πόσους ἄρτους ἔχετε; ὑπάγετε ἴδετε. καὶ γνόντες λέγουσιν· πέντε, καὶ δύο ἰχθύας.		οὐκ εἰσὶν ἡμῖν πλεῖον ἢ ἄρτοι πέντε καὶ ἰχθύες δύο, εἰ μήτι πορευθέντες ἡμεῖς ἀγοράσωμεν εἰς πάντα τὸν λαὸν τοῦτον βρώματα.	→ Jn 6,7
a 200	Mt 14,28	ἀποκριθεὶς δὲ αὐτῷ ὁ Πέτρος εἶπεν· κύριε, εἰ σὺ εἶ, κέλευσόν με ἐλθεῖν πρὸς σὲ ἐπὶ τὰ ὕδατα.					
a 200	Mt 14,31	εὐθέως δὲ ὁ Ἰησοῦς ἐκτείνας τὴν χεῖρα ἐπελάβετο αὐτοῦ καὶ λέγει αὐτῷ· ὀλιγόπιστε, εἰς τί ἐδίστασας;					
210	Mt 14,33 ↓ Mt 16,16	[32] ... ἐκόπασεν ὁ ἄνεμος. [33] οἱ δὲ ἐν τῷ πλοίῳ προσεκύνησαν αὐτῷ λέγοντες· ἀληθῶς θεοῦ υἱὸς εἶ.	Mk 6,51	... καὶ ἐκόπασεν ὁ ἄνεμος, καὶ λίαν [ἐκ περισσοῦ] ἐν ἑαυτοῖς ἐξίσταντο·			

	Mt		Mk		Lk	
210	Mt 14,35	... καὶ προσήνεγκαν **αὐτῷ** πάντας τοὺς κακῶς ἔχοντας	Mk 6,55	... καὶ ἤρξαντο ἐπὶ τοῖς κραβάττοις τοὺς κακῶς ἔχοντας περιφέρειν ὅπου ἤκουον ὅτι ἐστίν.		
a 200	Mt 15,12 ↓ Mk 7,17	τότε προσελθόντες οἱ μαθηταὶ λέγουσιν **αὐτῷ**· οἶδας ὅτι οἱ Φαρισαῖοι ἀκούσαντες τὸν λόγον ἐσκανδαλίσθησαν;				
a 210	Mt 15,15	ἀποκριθεὶς δὲ ὁ Πέτρος εἶπεν **αὐτῷ**· φράσον ἡμῖν τὴν παραβολήν [ταύτην].	Mk 7,17 ↑ Mk 4,10 ↑ Lk 8,9 ↑ Mt 15,12	... ἐπηρώτων **αὐτὸν** οἱ μαθηταὶ αὐτοῦ τὴν παραβολήν.		
210	Mt 15,25	ἡ δὲ ἐλθοῦσα προσεκύνει **αὐτῷ** λέγουσα· κύριε, βοήθει μοι.	Mk 7,25	... ἐλθοῦσα προσέπεσεν **πρὸς τοὺς πόδας αὐτοῦ**· [26] ... καὶ ἠρώτα αὐτὸν ἵνα τὸ δαιμόνιον ἐκβάλῃ ἐκ τῆς θυγατρὸς αὐτῆς.		
a 120	Mt 15,27	ἡ δὲ εἶπεν· ναὶ κύριε, καὶ γὰρ τὰ κυνάρια ἐσθίει ἀπὸ τῶν ψιχίων τῶν πιπτόντων ἀπὸ τῆς τραπέζης τῶν κυρίων αὐτῶν.	Mk 7,28	ἡ δὲ ἀπεκρίθη καὶ λέγει **αὐτῷ**· κύριε· καὶ τὰ κυνάρια ὑποκάτω τῆς τραπέζης ἐσθίουσιν ἀπὸ τῶν ψιχίων τῶν παιδίων.		
210 120 120	Mt 15,30 ↑ Mt 4,24b ↑ Mt 8,16	καὶ προσῆλθον **αὐτῷ** ὄχλοι πολλοὶ ἔχοντες μεθ' ἑαυτῶν χωλούς, τυφλούς, κυλλούς, κωφούς, καὶ ἑτέρους πολλοὺς καὶ ἔρριψαν αὐτοὺς **παρὰ τοὺς πόδας αὐτοῦ**, καὶ ἐθεράπευσεν αὐτούς·	Mk 7,32 (2) ↑ Mk 1,32	καὶ φέρουσιν **αὐτῷ** κωφὸν καὶ μογιλάλον καὶ παρακαλοῦσιν αὐτὸν ἵνα ἐπιθῇ **αὐτῷ** τὴν χεῖρα.		
a 020			Mk 7,34	καὶ ἀναβλέψας εἰς τὸν οὐρανὸν ἐστέναξεν, καὶ λέγει **αὐτῷ**· εφφαθα, ὅ ἐστιν διανοίχθητι.		
a 220	Mt 15,33 ↑ Mt 14,16	καὶ λέγουσιν **αὐτῷ** οἱ μαθηταί· πόθεν ἡμῖν ἐν ἐρημίᾳ ἄρτοι τοσοῦτοι ὥστε χορτάσαι ὄχλον τοσοῦτον;	Mk 8,4 ↑ Mk 6,37	καὶ ἀπεκρίθησαν **αὐτῷ** οἱ μαθηταὶ αὐτοῦ ὅτι πόθεν τούτους δυνήσεταί τις ὧδε χορτάσαι ἄρτων ἐπ' ἐρημίας;	↑ Lk 9,13	

120	**Mt 16,1** ⇧ Mt 12,38	καὶ προσελθόντες οἱ Φαρισαῖοι καὶ Σαδδουκαῖοι πειράζοντες ἐπηρώτησαν αὐτὸν σημεῖον ἐκ τοῦ οὐρανοῦ ἐπιδεῖξαι αὐτοῖς.	**Mk 8,11**	καὶ ἐξῆλθον οἱ Φαρισαῖοι καὶ ἤρξαντο συζητεῖν **αὐτῷ**, ζητοῦντες παρ᾽ αὐτοῦ σημεῖον ἀπὸ τοῦ οὐρανοῦ, πειράζοντες αὐτόν.	Lk 11,16	ἕτεροι δὲ πειράζοντες σημεῖον ἐξ οὐρανοῦ ἐζήτουν παρ᾽ αὐτοῦ.	Mk-Q overlap
a 120	**Mt 16,9**	οὔπω νοεῖτε, οὐδὲ μνημονεύετε τοὺς πέντε ἄρτους τῶν πεντακισχιλίων καὶ πόσους κοφίνους ἐλάβετε;	**Mk 8,19**	[17] ... οὔπω νοεῖτε ... [18] ... οὐ μνημονεύετε, [19] ὅτε τοὺς πέντε ἄρτους ἔκλασα εἰς τοὺς πεντακισχιλίους, πόσους κοφίνους κλασμάτων πλήρεις ἤρατε; λέγουσιν **αὐτῷ**· δώδεκα.			
a 120	**Mt 16,10**	οὐδὲ τοὺς ἑπτὰ ἄρτους τῶν τετρακισχιλίων καὶ πόσας σπυρίδας ἐλάβετε;	**Mk 8,20**	ὅτε τοὺς ἑπτὰ εἰς τοὺς τετρακισχιλίους, πόσων σπυρίδων πληρώματα κλασμάτων ἤρατε; καὶ λέγουσιν [**αὐτῷ**]· ἑπτά.			
020			**Mk 8,22**	... καὶ φέρουσιν **αὐτῷ** τυφλὸν καὶ παρακαλοῦσιν αὐτὸν ἵνα αὐτοῦ ἅψηται.			
020			**Mk 8,23** ↓ Mt 9,29 ↓ **Mt 20,34** → Mk 7,33	... καὶ πτύσας εἰς τὰ ὄμματα αὐτοῦ, ἐπιθεὶς τὰς χεῖρας **αὐτῷ** ἐπηρώτα αὐτόν· εἴ τι βλέπεις;			→ Jn 9,6
112	**Mt 16,13**	ἐλθὼν δὲ ὁ Ἰησοῦς εἰς τὰ μέρη Καισαρείας τῆς Φιλίππου ἠρώτα τοὺς μαθητὰς αὐτοῦ λέγων· τίνα λέγουσιν οἱ ἄνθρωποι εἶναι τὸν υἱὸν τοῦ ἀνθρώπου;	**Mk 8,27**	καὶ ἐξῆλθεν ὁ Ἰησοῦς καὶ οἱ μαθηταὶ αὐτοῦ εἰς τὰς κώμας Καισαρείας τῆς Φιλίππου· καὶ ἐν τῇ ὁδῷ ἐπηρώτα τοὺς μαθητὰς αὐτοῦ λέγων αὐτοῖς· τίνα με λέγουσιν οἱ ἄνθρωποι εἶναι;	**Lk 9,18** → Mt 14,23 → Mk 6,46	καὶ ἐγένετο ἐν τῷ εἶναι αὐτὸν προσευχόμενον κατὰ μόνας συνῆσαν **αὐτῷ** οἱ μαθηταί, καὶ ἐπηρώτησεν αὐτοὺς λέγων· τίνα με λέγουσιν οἱ ὄχλοι εἶναι;	→ GTh 13
a 121	**Mt 16,14** ↑ **Mt 14,2**	οἱ δὲ εἶπαν· οἱ μὲν Ἰωάννην τὸν βαπτιστήν, ἄλλοι δὲ Ἠλίαν, ἕτεροι δὲ Ἰερεμίαν ἢ ἕνα τῶν προφητῶν.	**Mk 8,28** ↑ **Mk 6,14**	οἱ δὲ εἶπαν **αὐτῷ** λέγοντες [ὅτι] Ἰωάννην τὸν βαπτιστήν, καὶ ἄλλοι Ἠλίαν, ἄλλοι δὲ ὅτι εἷς τῶν προφητῶν.	**Lk 9,19** ↑ Lk 9,7	οἱ δὲ ἀποκριθέντες εἶπαν· Ἰωάννην τὸν βαπτιστήν, ἄλλοι δὲ Ἠλίαν, ἄλλοι δὲ ὅτι προφήτης τις τῶν ἀρχαίων ἀνέστη.	→ GTh 13
a 121	**Mt 16,16** ↑ Mt 14,33	ἀποκριθεὶς δὲ Σίμων Πέτρος εἶπεν· σὺ εἶ ὁ χριστὸς ὁ υἱὸς τοῦ θεοῦ τοῦ ζῶντος.	**Mk 8,29**	... ἀποκριθεὶς ὁ Πέτρος λέγει **αὐτῷ**· σὺ εἶ ὁ χριστός.	**Lk 9,20**	... Πέτρος δὲ ἀποκριθεὶς εἶπεν· τὸν χριστὸν τοῦ θεοῦ.	→ **Jn 6,68** → GTh 13
a 200	**Mt 16,17**	ἀποκριθεὶς δὲ ὁ Ἰησοῦς εἶπεν **αὐτῷ**· μακάριος εἶ, Σίμων Βαριωνᾶ, ...					

a 220	**Mt 16,22**	καὶ προσλαβόμενος αὐτὸν ὁ Πέτρος ἤρξατο ἐπιτιμᾶν **αὐτῷ** λέγων· ἵλεώς σοι, κύριε· οὐ μὴ ἔσται σοι τοῦτο.	**Mk 8,32**	... καὶ προσλαβόμενος ὁ Πέτρος αὐτὸν ἤρξατο ἐπιτιμᾶν **αὐτῷ**.		
a 112	**Mt 17,3**	καὶ ἰδοὺ ὤφθη αὐτοῖς Μωϋσῆς καὶ Ἠλίας συλλαλοῦντες **μετ' αὐτοῦ**.	**Mk 9,4**	καὶ ὤφθη αὐτοῖς Ἠλίας σὺν Μωϋσεῖ καὶ ἦσαν συλλαλοῦντες **τῷ Ἰησοῦ**.	**Lk 9,30**	καὶ ἰδοὺ ἄνδρες δύο συνελάλουν **αὐτῷ**, οἵτινες ἦσαν Μωϋσῆς καὶ Ἠλίας
002 002					**Lk 9,32** (2)	ὁ δὲ Πέτρος καὶ οἱ **σὺν αὐτῷ** ἦσαν βεβαρημένοι ὕπνῳ· διαγρηγορήσαντες δὲ εἶδον τὴν δόξαν αὐτοῦ καὶ τοὺς δύο ἄνδρας τοὺς συνεστῶτας **αὐτῷ**.
220	**Mt 17,12** → Mt 11,14 → Lk 1,17	λέγω δὲ ὑμῖν ὅτι Ἠλίας ἤδη ἦλθεν, καὶ οὐκ ἐπέγνωσαν αὐτὸν ἀλλὰ ἐποίησαν **ἐν αὐτῷ** ὅσα ἠθέλησαν· ...	**Mk 9,13** → Lk 1,17	ἀλλὰ λέγω ὑμῖν ὅτι καὶ Ἠλίας ἐλήλυθεν, καὶ ἐποίησαν **αὐτῷ** ὅσα ἤθελον, ...		
	Mt 17,9	καὶ καταβαινόντων αὐτῶν ἐκ τοῦ ὄρους ...	**Mk 9,9**	καὶ καταβαινόντων αὐτῶν ἐκ τοῦ ὄρους ...	**Lk 9,37**	ἐγένετο δὲ τῇ ἑξῆς ἡμέρᾳ κατελθόντων αὐτῶν ἀπὸ τοῦ ὄρους
012			**Mk 9,15**	καὶ εὐθὺς πᾶς ὁ ὄχλος ἰδόντες αὐτὸν ἐξεθαμβήθησαν καὶ προστρέχοντες ἠσπάζοντο **αὐτόν**.		συνήντησεν **αὐτῷ** ὄχλος πολύς.
211	**Mt 17,14**	καὶ ἐλθόντων πρὸς τὸν ὄχλον προσῆλθεν **αὐτῷ** ἄνθρωπος γονυπετῶν αὐτὸν	**Mk 9,17**	[14] καὶ ἐλθόντες πρὸς τοὺς μαθητὰς ... [16] καὶ ἐπηρώτησεν αὐτούς· τί συζητεῖτε πρὸς αὐτούς;	**Lk 9,38**	καὶ ἰδοὺ ἀνὴρ ἀπὸ τοῦ ὄχλου
a 121	**Mt 17,15**	καὶ λέγων· κύριε, ἐλέησόν μου τὸν υἱόν, ...		[17] καὶ ἀπεκρίθη **αὐτῷ** εἷς ἐκ τοῦ ὄχλου· διδάσκαλε, ἤνεγκα τὸν υἱόν μου πρὸς σέ, ...		ἐβόησεν λέγων· διδάσκαλε, δέομαί σου ἐπιβλέψαι ἐπὶ τὸν υἱόν μου, ...
020			**Mk 9,21**	καὶ ἐπηρώτησεν τὸν πατέρα αὐτοῦ· πόσος χρόνος ἐστὶν ὡς τοῦτο γέγονεν **αὐτῷ**; ὁ δὲ εἶπεν· ἐκ παιδιόθεν·		
a 020			**Mk 9,23** ↓ Mt 17,20 ↓ Lk 17,6 ↓ Mt 21,21 ↓ Mk 11,23	ὁ δὲ Ἰησοῦς εἶπεν **αὐτῷ**· τὸ εἰ δύνῃ, πάντα δυνατὰ τῷ πιστεύοντι.		

b a 221	**Mt 17,18**	καὶ ἐπετίμησεν **αὐτῷ** ὁ Ἰησοῦς ...	**Mk 9,25** → Mt 12,43-46 → Lk 11,24-26	... ἐπετίμησεν τῷ πνεύματι τῷ ἀκαθάρτῳ λέγων **αὐτῷ**· τὸ ἄλαλον καὶ κωφὸν πνεῦμα, ἐγὼ ἐπιτάσσω σοι, ἔξελθε ἐξ αὐτοῦ καὶ μηκέτι εἰσέλθῃς εἰς αὐτόν.	**Lk 9,42**	... ἐπετίμησεν δὲ ὁ Ἰησοῦς τῷ πνεύματι τῷ ἀκαθάρτῳ ...	
a 200	**Mt 17,26**	εἰπόντος δέ· ἀπὸ τῶν ἀλλοτρίων, ἔφη **αὐτῷ** ὁ Ἰησοῦς· ἄρα γε ἐλεύθεροί εἰσιν οἱ υἱοί.					
a 021			**Mk 9,38**	ἔφη **αὐτῷ** ὁ Ἰωάννης· διδάσκαλε, εἴδομέν τινα ἐν τῷ ὀνόματί σου ἐκβάλλοντα δαιμόνια ...	**Lk 9,49**	ἀποκριθεὶς δὲ Ἰωάννης εἶπεν· ἐπιστάτα, εἴδομέν τινα ἐν τῷ ὀνόματί σου ἐκβάλλοντα δαιμόνια ...	→ Acts 19,13
222	**Mt 18,6** → Mt 18,10	ὃς δ' ἂν σκανδαλίσῃ ἕνα τῶν μικρῶν τούτων τῶν πιστευόντων εἰς ἐμέ, συμφέρει **αὐτῷ** ἵνα κρεμασθῇ μύλος ὀνικὸς περὶ τὸν τράχηλον αὐτοῦ καὶ καταποντισθῇ ἐν τῷ πελάγει τῆς θαλάσσης.	**Mk 9,42**	καὶ ὃς ἂν σκανδαλίσῃ ἕνα τῶν μικρῶν τούτων τῶν πιστευόντων [εἰς ἐμέ], καλόν ἐστιν **αὐτῷ** μᾶλλον εἰ περίκειται μύλος ὀνικὸς περὶ τὸν τράχηλον αὐτοῦ καὶ βέβληται εἰς τὴν θάλασσαν.	**Lk 17,2**	λυσιτελεῖ **αὐτῷ** εἰ λίθος μυλικὸς περίκειται περὶ τὸν τράχηλον αὐτοῦ καὶ ἔρριπται εἰς τὴν θάλασσαν ἢ ἵνα σκανδαλίσῃ τῶν μικρῶν τούτων ἕνα.	Mk-Q overlap?
b 201	**Mt 18,13**	... ἀμὴν λέγω ὑμῖν ὅτι χαίρει **ἐπ' αὐτῷ** μᾶλλον ἢ ἐπὶ τοῖς ἐνενήκοντα ἐννέα τοῖς μὴ πεπλανημένοις.			**Lk 15,7** → Lk 15,10	λέγω ὑμῖν ὅτι οὕτως χαρὰ ἐν τῷ οὐρανῷ ἔσται **ἐπὶ ἑνὶ ἁμαρτωλῷ μετανοοῦντι** ἢ ἐπὶ ἐνενήκοντα ἐννέα δικαίοις οἵτινες οὐ χρείαν ἔχουσιν μετανοίας.	→ GTh 107
a 201 202	**Mt 18,21** (2) ↓ Mt 18,15	τότε προσελθὼν ὁ Πέτρος εἶπεν **αὐτῷ**· κύριε, ποσάκις ἁμαρτήσει εἰς ἐμὲ ὁ ἀδελφός μου καὶ ἀφήσω **αὐτῷ**; ἕως ἑπτάκις;			**Lk 17,4** ↓ Lk 17,3	καὶ ἐὰν ἑπτάκις τῆς ἡμέρας ἁμαρτήσῃ εἰς σὲ καὶ ἑπτάκις ἐπιστρέψῃ πρὸς σὲ λέγων· μετανοῶ, ἀφήσεις **αὐτῷ**.	
a 201	**Mt 18,22**	λέγει **αὐτῷ** ὁ Ἰησοῦς· οὐ λέγω σοι ἕως ἑπτάκις ἀλλὰ ἕως ἑβδομηκοντάκις ἑπτά.					
200	**Mt 18,24**	ἀρξαμένου δὲ αὐτοῦ συναίρειν προσηνέχθη **αὐτῷ** εἷς ὀφειλέτης μυρίων ταλάντων.					

200	**Mt 18,26**	πεσὼν οὖν ὁ δοῦλος προσεκύνει **αὐτῷ** λέγων· μακροθύμησον ἐπ᾽ ἐμοί, καὶ πάντα ἀποδώσω σοι.					
200	**Mt 18,27**	σπλαγχνισθεὶς δὲ ὁ κύριος τοῦ δούλου ἐκείνου ἀπέλυσεν αὐτὸν καὶ τὸ δάνειον ἀφῆκεν **αὐτῷ**.					
200	**Mt 18,28**	ἐξελθὼν δὲ ὁ δοῦλος ἐκεῖνος εὗρεν ἕνα τῶν συνδούλων αὐτοῦ, ὃς ὤφειλεν **αὐτῷ** ἑκατὸν δηνάρια, ...					
a 200	**Mt 18,32**	τότε προσκαλεσάμενος αὐτὸν ὁ κύριος αὐτοῦ λέγει **αὐτῷ**· δοῦλε πονηρέ, πᾶσαν τὴν ὀφειλὴν ἐκείνην ἀφῆκά σοι, ἐπεὶ παρεκάλεσάς με·					
002					**Lk 9,52**	... καὶ πορευθέντες εἰσῆλθον εἰς κώμην Σαμαριτῶν, ὡς ἑτοιμάσαι **αὐτῷ**·	
a 202	**Mt 8,20**	καὶ λέγει **αὐτῷ** ὁ Ἰησοῦς· αἱ ἀλώπεκες φωλεοὺς ἔχουσιν ...			**Lk 9,58**	καὶ εἶπεν **αὐτῷ** ὁ Ἰησοῦς· αἱ ἀλώπεκες φωλεοὺς ἔχουσιν ...	→ GTh 86
a 202	**Mt 8,22** ↑ Lk 9,59	ὁ δὲ Ἰησοῦς λέγει **αὐτῷ**· ἀκολούθει μοι, καὶ ἄφες τοὺς νεκροὺς θάψαι τοὺς ἑαυτῶν νεκρούς.			**Lk 9,60**	εἶπεν δὲ **αὐτῷ**· ἄφες τοὺς νεκροὺς θάψαι τοὺς ἑαυτῶν νεκρούς, ...	
a 022			**Mk 12,34**	καὶ ὁ Ἰησοῦς ἰδὼν [αὐτὸν] ὅτι νουνεχῶς ἀπεκρίθη εἶπεν **αὐτῷ**· οὐ μακρὰν εἶ ἀπὸ τῆς βασιλείας τοῦ θεοῦ. ...	**Lk 10,28**	εἶπεν δὲ **αὐτῷ**· ὀρθῶς ἀπεκρίθης· τοῦτο ποίει καὶ ζήσῃ.	
a 002					**Lk 10,37**	ὁ δὲ εἶπεν· ὁ ποιήσας τὸ ἔλεος μετ᾽ αὐτοῦ. εἶπεν δὲ **αὐτῷ** ὁ Ἰησοῦς· πορεύου καὶ σὺ ποίει ὁμοίως.	
a 002					**Lk 11,5**	... τίς ἐξ ὑμῶν ἕξει φίλον καὶ πορεύσεται πρὸς αὐτὸν μεσονυκτίου καὶ εἴπῃ **αὐτῷ**· φίλε, χρῆσόν μοι τρεῖς ἄρτους,	
002					**Lk 11,6**	ἐπειδὴ φίλος μου παρεγένετο ἐξ ὁδοῦ πρός με καὶ οὐκ ἔχω ὃ παραθήσω **αὐτῷ**·	

002 002					Lk 11,8 (2)	λέγω ὑμῖν, εἰ καὶ οὐ δώσει **αὐτῷ** ἀναστὰς διὰ τὸ εἶναι φίλον αὐτοῦ, διά γε τὴν ἀναίδειαν αὐτοῦ ἐγερθεὶς δώσει **αὐτῷ** ὅσων χρῄζει.	
202	Mt 7,10	ἢ καὶ ἰχθὺν αἰτήσει, μὴ ὄφιν ἐπιδώσει **αὐτῷ**;			Lk 11,11	τίνα δὲ ἐξ ὑμῶν τὸν πατέρα αἰτήσει ὁ υἱὸς ἰχθύν, καὶ ἀντὶ ἰχθύος ὄφιν **αὐτῷ** ἐπιδώσει;	
202	Mt 7,9	ἢ τίς ἐστιν ἐξ ὑμῶν ἄνθρωπος, ὃν αἰτήσει ὁ υἱὸς αὐτοῦ ἄρτον, μὴ λίθον ἐπιδώσει **αὐτῷ**;			Lk 11,12	ἢ καὶ αἰτήσει ᾠόν, ἐπιδώσει **αὐτῷ** σκορπίον;	
a 002					Lk 11,27 → Lk 1,48	ἐγένετο δὲ ἐν τῷ λέγειν αὐτὸν ταῦτα ἐπάρασά τις φωνὴν γυνὴ ἐκ τοῦ ὄχλου εἶπεν **αὐτῷ·** μακαρία ἡ κοιλία ἡ βαστάσασά σε καὶ μαστοὶ οὓς ἐθήλασας.	→ GTh 79
002					Lk 11,37 → Mt 15,1 → Mk 7,1	ἐν δὲ τῷ λαλῆσαι ἐρωτᾷ αὐτὸν Φαρισαῖος ὅπως ἀριστήσῃ **παρ' αὐτῷ·** εἰσελθὼν δὲ ἀνέπεσεν.	
a 002					Lk 11,45	ἀποκριθείς δέ τις τῶν νομικῶν λέγει **αὐτῷ·** διδάσκαλε, ταῦτα λέγων καὶ ἡμᾶς ὑβρίζεις.	
202	Mt 10,32	πᾶς οὖν ὅστις ὁμολογήσει ἐν ἐμοὶ ἔμπροσθεν τῶν ἀνθρώπων, ὁμολογήσω κἀγὼ **ἐν αὐτῷ** ἔμπροσθεν τοῦ πατρός μου τοῦ ἐν [τοῖς] οὐρανοῖς·			Lk 12,8	... πᾶς ὃς ἂν ὁμολογήσῃ ἐν ἐμοὶ ἔμπροσθεν τῶν ἀνθρώπων, καὶ ὁ υἱὸς τοῦ ἀνθρώπου ὁμολογήσει **ἐν αὐτῷ** ἔμπροσθεν τῶν ἀγγέλων τοῦ θεοῦ·	
202	Mt 12,32 (2) → Mk 3,28	καὶ ὃς ἐὰν εἴπῃ λόγον κατὰ τοῦ υἱοῦ τοῦ ἀνθρώπου, ἀφεθήσεται **αὐτῷ·** ὃς δ' ἂν εἴπῃ κατὰ τοῦ πνεύματος τοῦ ἁγίου, οὐκ ἀφεθήσεται αὐτῷ οὔτε ἐν τούτῳ τῷ αἰῶνι οὔτε ἐν τῷ μέλλοντι.	Mk 3,29	ὃς δ' ἂν βλασφημήσῃ εἰς τὸ πνεῦμα τὸ ἅγιον, οὐκ ἔχει ἄφεσιν εἰς τὸν αἰῶνα, ἀλλὰ ἔνοχός ἐστιν αἰωνίου ἁμαρτήματος.	Lk 12,10 → Mk 3,28	καὶ πᾶς ὃς ἐρεῖ λόγον εἰς τὸν υἱὸν τοῦ ἀνθρώπου, ἀφεθήσεται **αὐτῷ·** τῷ δὲ εἰς τὸ ἅγιον πνεῦμα βλασφημήσαντι οὐκ ἀφεθήσεται.	→ GTh 44 Mk-Q overlap
a 002					Lk 12,13	εἶπεν δέ τις ἐκ τοῦ ὄχλου **αὐτῷ·** διδάσκαλε, εἰπὲ τῷ ἀδελφῷ μου μερίσασθαι μετ' ἐμοῦ τὴν κληρονομίαν.	→ GTh 72

a 002		Lk 12,14	ὁ δὲ εἶπεν **αὐτῷ·** ἄνθρωπε, τίς με κατέστησεν κριτὴν ἢ μεριστὴν ἐφ' ὑμᾶς;	→ GTh 72
002		Lk 12,15	... ὁρᾶτε καὶ φυλάσσεσθε ἀπὸ πάσης πλεονεξίας, ὅτι οὐκ ἐν τῷ περισσεύειν τινὶ ἡ ζωὴ αὐτοῦ ἐστιν ἐκ τῶν ὑπαρχόντων **αὐτῷ.**	
a 002		Lk 12,20	εἶπεν δὲ **αὐτῷ** ὁ θεός· ἄφρων, ταύτῃ τῇ νυκτὶ τὴν ψυχήν σου ἀπαιτοῦσιν ἀπὸ σοῦ· ...	→ GTh 63
002		Lk 12,36	καὶ ὑμεῖς ὅμοιοι ἀνθρώποις προσδεχομένοις τὸν κύριον ἑαυτῶν πότε ἀναλύσῃ ἐκ τῶν γάμων, ἵνα ἐλθόντος καὶ κρούσαντος εὐθέως ἀνοίξωσιν **αὐτῷ.**	
002 *a* 002		Lk 13,1 (2)	παρῆσαν δέ τινες **ἐν αὐτῷ τῷ καιρῷ** ἀπαγγέλλοντες **αὐτῷ** περὶ τῶν Γαλιλαίων ὧν τὸ αἷμα Πιλᾶτος ἔμιξεν μετὰ τῶν θυσιῶν αὐτῶν.	
a 002		Lk 13,8	ὁ δὲ ἀποκριθεὶς λέγει **αὐτῷ·** κύριε, ἄφες αὐτὴν καὶ τοῦτο τὸ ἔτος, ...	
a 002		Lk 13,15 → Mt 12,11 → Lk 14,5	ἀπεκρίθη δὲ **αὐτῷ** ὁ κύριος καὶ εἶπεν· ὑποκριταί, ἕκαστος ὑμῶν τῷ σαββάτῳ οὐ λύει τὸν βοῦν αὐτοῦ ἢ τὸν ὄνον ἀπὸ τῆς φάτνης καὶ ἀπαγαγὼν ποτίζει;	
002		Lk 13,17 → Mt 12,14 → Mk 3,6 → Lk 6,11 → Lk 14,6	καὶ ταῦτα λέγοντος αὐτοῦ κατῃσχύνοντο πάντες οἱ ἀντικείμενοι **αὐτῷ,** καὶ πᾶς ὁ ὄχλος ἔχαιρεν ἐπὶ πᾶσιν τοῖς ἐνδόξοις τοῖς γινομένοις ὑπ' αὐτοῦ.	
a 002		Lk 13,23 → Mt 7,14	εἶπεν δέ τις **αὐτῷ·** κύριε, εἰ ὀλίγοι οἱ σῳζόμενοι; ...	
a 002		Lk 13,31	ἐν αὐτῇ τῇ ὥρᾳ προσῆλθάν τινες Φαρισαῖοι λέγοντες **αὐτῷ·** ἔξελθε καὶ πορεύου ἐντεῦθεν, ὅτι Ἡρῴδης θέλει σε ἀποκτεῖναι.	

a 002			Lk 14,15 → Mt 22,2 → Lk 22,30	ἀκούσας δέ τις τῶν συνανακειμένων ταῦτα εἶπεν **αὐτῷ·** μακάριος ὅστις φάγεται ἄρτον ἐν τῇ βασιλείᾳ τοῦ θεοῦ.	
a 102	Mt 22,1	καὶ ἀποκριθεὶς ὁ Ἰησοῦς πάλιν εἶπεν ἐν παραβολαῖς **αὐτοῖς** λέγων· [2] ὡμοιώθη ἡ βασιλεία τῶν οὐρανῶν ἀνθρώπῳ βασιλεῖ, ὅστις ἐποίησεν γάμους τῷ υἱῷ αὐτοῦ.	Lk 14,16	ὁ δὲ εἶπεν **αὐτῷ·** ἄνθρωπός τις ἐποίει δεῖπνον μέγα, καὶ ἐκάλεσεν πολλούς	
a 102	Mt 22,5	οἱ δὲ ἀμελήσαντες ἀπῆλθον, ὃς μὲν εἰς τὸν ἴδιον ἀγρόν, ...	Lk 14,18	καὶ ἤρξαντο ἀπὸ μιᾶς πάντες παραιτεῖσθαι. ὁ πρῶτος εἶπεν **αὐτῷ·** ἀγρὸν ἠγόρασα καὶ ἔχω ἀνάγκην ἐξελθὼν ἰδεῖν αὐτόν· ...	→ GTh 64
002			Lk 14,25	συνεπορεύοντο δὲ **αὐτῷ** ὄχλοι πολλοί, ...	
002			Lk 14,29	ἵνα μήποτε θέντος αὐτοῦ θεμέλιον καὶ μὴ ἰσχύοντος ἐκτελέσαι πάντες οἱ θεωροῦντες ἄρξωνται **αὐτῷ** ἐμπαίζειν	
002			Lk 15,1 ↑ Lk 5,29	ἦσαν δὲ **αὐτῷ** ἐγγίζοντες πάντες οἱ τελῶναι καὶ οἱ ἁμαρτωλοὶ ἀκούειν αὐτοῦ.	
002			Lk 15,16	καὶ ἐπεθύμει χορτασθῆναι ἐκ τῶν κερατίων ὧν ἤσθιον οἱ χοῖροι, καὶ οὐδεὶς ἐδίδου **αὐτῷ.**	
a 002			Lk 15,18	ἀναστὰς πορεύσομαι πρὸς τὸν πατέρα μου καὶ ἐρῶ **αὐτῷ·** πάτερ, ἥμαρτον εἰς τὸν οὐρανὸν καὶ ἐνώπιόν σου	
a 002			Lk 15,21	εἶπεν δὲ ὁ υἱὸς **αὐτῷ·** πάτερ, ἥμαρτον εἰς τὸν οὐρανὸν καὶ ἐνώπιόν σου, ...	
a 002			Lk 15,27	ὁ δὲ εἶπεν **αὐτῷ** ὅτι ὁ ἀδελφός σου ἥκει, ...	
002			Lk 15,30	ὅτε δὲ ὁ υἱός σου οὗτος ὁ καταφαγών σου τὸν βίον μετὰ πορνῶν ἦλθεν, ἔθυσας **αὐτῷ** τὸν σιτευτὸν μόσχον.	

a 002					Lk 15,31	ὁ δὲ εἶπεν **αὐτῷ·** τέκνον, σὺ πάντοτε μετ' ἐμοῦ εἶ, ...	
002					Lk 16,1	... ἄνθρωπός τις ἦν πλούσιος ὃς εἶχεν οἰκονόμον, καὶ οὗτος διεβλήθη **αὐτῷ** ὡς διασκορπίζων τὰ ὑπάρχοντα αὐτοῦ.	
a 002					Lk 16,2	καὶ φωνήσας αὐτὸν εἶπεν **αὐτῷ·** τί τοῦτο ἀκούω περὶ σοῦ; ...	
a 002					Lk 16,6	ὁ δὲ εἶπεν· ἑκατὸν βάτους ἐλαίου. ὁ δὲ εἶπεν **αὐτῷ·** δέξαι σου τὰ γράμματα καὶ καθίσας ταχέως γράψον πεντήκοντα.	
a 002					Lk 16,7	... ὁ δὲ εἶπεν· ἑκατὸν κόρους σίτου. λέγει **αὐτῷ·** δέξαι σου τὰ γράμματα καὶ γράψον ὀγδοήκοντα.	
a 002					Lk 16,31	εἶπεν δὲ **αὐτῷ·** εἰ Μωϋσέως καὶ τῶν προφητῶν οὐκ ἀκούουσιν, οὐδ' ἐάν τις ἐκ νεκρῶν ἀναστῇ πεισθήσονται.	
222	Mt 18,6 → Mt 18,10	ὃς δ' ἂν σκανδαλίσῃ ἕνα τῶν μικρῶν τούτων τῶν πιστευόντων εἰς ἐμέ, συμφέρει **αὐτῷ** ἵνα κρεμασθῇ μύλος ὀνικὸς περὶ τὸν τράχηλον αὐτοῦ καὶ καταποντισθῇ ἐν τῷ πελάγει τῆς θαλάσσης.	Mk 9,42	καὶ ὃς ἂν σκανδαλίσῃ ἕνα τῶν μικρῶν τούτων τῶν πιστευόντων [εἰς ἐμέ], καλόν ἐστιν **αὐτῷ** μᾶλλον εἰ περίκειται μύλος ὀνικὸς περὶ τὸν τράχηλον αὐτοῦ καὶ βέβληται εἰς τὴν θάλασσαν.	Lk 17,2	λυσιτελεῖ **αὐτῷ** εἰ λίθος μυλικὸς περίκειται περὶ τὸν τράχηλον αὐτοῦ καὶ ἔρριπται εἰς τὴν θάλασσαν ἢ ἵνα σκανδαλίσῃ τῶν μικρῶν τούτων ἕνα.	Mk-Q overlap?
a 102 102	Mt 18,15	ἐὰν δὲ ἁμαρτήσῃ [εἰς σὲ] ὁ ἀδελφός σου, ὕπαγε ἔλεγξον **αὐτὸν** μεταξὺ σοῦ καὶ αὐτοῦ μόνου. ἐάν σου ἀκούσῃ, ἐκέρδησας **τὸν ἀδελφόν σου·**			Lk 17,3 (2)	... ἐὰν ἁμάρτῃ ὁ ἀδελφός σου ἐπιτίμησον **αὐτῷ,** καὶ ἐὰν μετανοήσῃ ἄφες **αὐτῷ.**	
202	Mt 18,21 (2)	τότε προσελθὼν ὁ Πέτρος εἶπεν αὐτῷ· κύριε, ποσάκις ἁμαρτήσει εἰς ἐμὲ ὁ ἀδελφός μου καὶ ἀφήσω **αὐτῷ;** ἕως ἑπτάκις; [22] λέγει αὐτῷ ὁ Ἰησοῦς· οὐ λέγω σοι ἕως ἑπτάκις ἀλλὰ ἕως ἑβδομηκοντάκις ἑπτά.			Lk 17,4	καὶ ἐὰν ἑπτάκις τῆς ἡμέρας ἁμαρτήσῃ εἰς σὲ καὶ ἑπτάκις ἐπιστρέψῃ πρὸς σὲ λέγων· μετανοῶ, ἀφήσεις **αὐτῷ.**	

	Mt		Mk		Lk	
a 002					Lk 17,7	τίς δὲ ἐξ ὑμῶν δοῦλον ἔχων ἀροτριῶντα ἢ ποιμαίνοντα, ὃς εἰσελθόντι ἐκ τοῦ ἀγροῦ ἐρεῖ **αὐτῷ·** εὐθέως παρελθὼν ἀνάπεσε,
a 002					Lk 17,8	ἀλλʼ οὐχὶ ἐρεῖ **αὐτῷ·** ἑτοίμασον τί δειπνήσω καὶ περιζωσάμενος διακόνει μοι ἕως φάγω καὶ πίω, ...
002					Lk 17,12 ↑ Mt 8,2 ↑ Mk 1,40 ↑ Lk 5,12	καὶ εἰσερχομένου αὐτοῦ εἴς τινα κώμην ἀπήντησαν **[αὐτῷ]** δέκα λεπροὶ ἄνδρες, οἳ ἔστησαν πόρρωθεν
002					Lk 17,16 ↑ Mt 8,2 ↑ Mk 1,40 ↑ Lk 5,12	καὶ ἔπεσεν ἐπὶ πρόσωπον παρὰ τοὺς πόδας αὐτοῦ εὐχαριστῶν **αὐτῷ·** καὶ αὐτὸς ἦν Σαμαρίτης.
a 002					Lk 17,19	καὶ εἶπεν **αὐτῷ·** ἀναστὰς πορεύου· ἡ πίστις σου σέσωκέν σε.
a 002	Mt 24,28	ὅπου ἐὰν ᾖ τὸ πτῶμα, ἐκεῖ συναχθήσονται οἱ ἀετοί.			Lk 17,37	καὶ ἀποκριθέντες λέγουσιν **αὐτῷ·** ποῦ, κύριε; ὁ δὲ εἶπεν αὐτοῖς· ὅπου τὸ σῶμα, ἐκεῖ καὶ οἱ ἀετοὶ ἐπισυναχθήσονται.
a 002					Lk 18,7	ὁ δὲ θεὸς οὐ μὴ ποιήσῃ τὴν ἐκδίκησιν τῶν ἐκλεκτῶν αὐτοῦ τῶν βοώντων **αὐτῷ** ἡμέρας καὶ νυκτός, καὶ μακροθυμεῖ ἐπʼ αὐτοῖς;
210	Mt 19,2	καὶ ἠκολούθησαν **αὐτῷ** ὄχλοι πολλοί, καὶ ἐθεράπευσεν αὐτοὺς ἐκεῖ.	Mk 10,1	... καὶ συμπορεύονται πάλιν ὄχλοι **πρὸς αὐτόν,** καὶ ὡς εἰώθει πάλιν ἐδίδασκεν αὐτούς.		
210	Mt 19,3	καὶ προσῆλθον **αὐτῷ** Φαρισαῖοι πειράζοντες αὐτὸν καὶ λέγοντες· εἰ ἔξεστιν ἀνθρώπῳ ἀπολῦσαι τὴν γυναῖκα αὐτοῦ κατὰ πᾶσαν αἰτίαν;	Mk 10,2	καὶ προσελθόντες Φαρισαῖοι ἐπηρώτων αὐτὸν εἰ ἔξεστιν ἀνδρὶ γυναῖκα ἀπολῦσαι, πειράζοντες αὐτόν.		
a 210	Mt 19,7 → Mt 5,31	λέγουσιν **αὐτῷ·** τί οὖν Μωϋσῆς ἐνετείλατο δοῦναι βιβλίον ἀποστασίου καὶ ἀπολῦσαι [αὐτήν]; ➤ Deut 24,1.2	Mk 10,4	οἱ δὲ εἶπαν· ἐπέτρεψεν Μωϋσῆς βιβλίον ἀποστασίου γράψαι καὶ ἀπολῦσαι. ➤ Deut 24,1.2		

	Mt		Mk		Lk		
a 200	**Mt 19,10**	λέγουσιν **αὐτῷ** οἱ μαθηταὶ [αὐτοῦ]· εἰ οὕτως ἐστὶν ἡ αἰτία τοῦ ἀνθρώπου μετὰ τῆς γυναικός, οὐ συμφέρει γαμῆσαι.					
222	**Mt 19,13**	τότε προσηνέχθησαν **αὐτῷ** παιδία ἵνα τὰς χεῖρας ἐπιθῇ αὐτοῖς καὶ προσεύξηται· ...	**Mk 10,13**	καὶ προσέφερον **αὐτῷ** παιδία ἵνα αὐτῶν ἅψηται· ...	**Lk 18,15**	προσέφερον δὲ **αὐτῷ** καὶ τὰ βρέφη ἵνα αὐτῶν ἅπτηται· ...	
211	**Mt 19,16** → Mt 22,35-36	καὶ ἰδοὺ εἷς προσελθὼν **αὐτῷ** εἶπεν· διδάσκαλε, τί ἀγαθὸν ποιήσω ἵνα σχῶ ζωὴν αἰώνιον;	**Mk 10,17** → Mk 12,28	... προσδραμὼν εἷς καὶ γονυπετήσας **αὐτὸν** ἐπηρώτα αὐτόν· διδάσκαλε ἀγαθέ, τί ποιήσω ἵνα ζωὴν αἰώνιον κληρονομήσω;	**Lk 18,18** ⇨ Lk 10,25	καὶ ἐπηρώτησέν τις αὐτὸν ἄρχων λέγων· διδάσκαλε ἀγαθέ, τί ποιήσας ζωὴν αἰώνιον κληρονομήσω;	
a 222	**Mt 19,17**	ὁ δὲ εἶπεν **αὐτῷ**· τί με ἐρωτᾷς περὶ τοῦ ἀγαθοῦ; εἷς ἐστιν ὁ ἀγαθός· ...	**Mk 10,18**	ὁ δὲ Ἰησοῦς εἶπεν **αὐτῷ**· τί με λέγεις ἀγαθόν; οὐδεὶς ἀγαθὸς εἰ μὴ εἷς ὁ θεός.	**Lk 18,19**	εἶπεν δὲ **αὐτῷ** ὁ Ἰησοῦς· τί με λέγεις ἀγαθόν; οὐδεὶς ἀγαθὸς εἰ μὴ εἷς ὁ θεός.	
a 211	**Mt 19,18**	λέγει **αὐτῷ**· ποίας; ὁ δὲ Ἰησοῦς εἶπεν· τὸ *οὐ φονεύσεις,* *οὐ μοιχεύσεις,* *οὐ κλέψεις,* *οὐ ψευδομαρτυρήσεις* ➤ Exod 20,13-16/Deut 5,17-20	**Mk 10,19**	τὰς ἐντολὰς οἶδας· *μὴ φονεύσῃς,* *μὴ μοιχεύσῃς,* *μὴ κλέψῃς,* *μὴ ψευδομαρτυρήσῃς,* ... ➤ Exod 20,13-16/Deut 5,17-20	**Lk 18,20**	τὰς ἐντολὰς οἶδας· *μὴ μοιχεύσῃς,* *μὴ φονεύσῃς,* *μὴ κλέψῃς,* *μὴ ψευδομαρτυρήσῃς,* ... ➤ Exod 20,13-16/Deut 5,17-20 LXX	
a 221	**Mt 19,20**	λέγει **αὐτῷ** ὁ νεανίσκος· πάντα ταῦτα ἐφύλαξα· τί ἔτι ὑστερῶ;	**Mk 10,20**	ὁ δὲ ἔφη **αὐτῷ**· διδάσκαλε, ταῦτα πάντα ἐφυλαξάμην ἐκ νεότητός μου.	**Lk 18,21**	ὁ δὲ εἶπεν· ταῦτα πάντα ἐφύλαξα ἐκ νεότητος.	
121	**Mt 19,21**		**Mk 10,21** (2)	ὁ δὲ Ἰησοῦς ἐμβλέψας **αὐτῷ** ἠγάπησεν αὐτὸν	**Lk 18,22**	ἀκούσας δὲ ὁ Ἰησοῦς	
a 222		ἔφη **αὐτῷ** ὁ Ἰησοῦς· εἰ θέλεις τέλειος εἶναι, ὕπαγε πώλησόν σου τὰ ὑπάρχοντα καὶ δὸς [τοῖς] πτωχοῖς, ...		καὶ εἶπεν **αὐτῷ**· ἕν σε ὑστερεῖ· ὕπαγε, ὅσα ἔχεις πώλησον καὶ δὸς [τοῖς] πτωχοῖς, ...	→ Lk 12,33	εἶπεν **αὐτῷ**· ἔτι ἕν σοι λείπει· πάντα ὅσα ἔχεις πώλησον καὶ διάδος πτωχοῖς, ...	→ Acts 2,45
a 221	**Mt 19,27**	τότε ἀποκριθεὶς ὁ Πέτρος εἶπεν **αὐτῷ**· ἰδοὺ ἡμεῖς ἀφήκαμεν πάντα καὶ ἠκολουθήσαμέν σοι· ...	**Mk 10,28**	ἤρξατο λέγειν ὁ Πέτρος **αὐτῷ**· ἰδοὺ ἡμεῖς ἀφήκαμεν πάντα καὶ ἠκολουθήκαμέν σοι.	**Lk 18,28**	εἶπεν δὲ ὁ Πέτρος· ἰδοὺ ἡμεῖς ἀφέντες τὰ ἴδια ἠκολουθήσαμέν σοι.	
a 200	**Mt 20,7**	λέγουσιν **αὐτῷ**· ὅτι οὐδεὶς ἡμᾶς ἐμισθώσατο. ...					
121	**Mt 20,17**	... παρέλαβεν τοὺς δώδεκα [μαθητὰς] κατ᾽ ἰδίαν καὶ ἐν τῇ ὁδῷ εἶπεν αὐτοῖς·	**Mk 10,32**	... καὶ παραλαβὼν πάλιν τοὺς δώδεκα ἤρξατο αὐτοῖς λέγειν τὰ μέλλοντα **αὐτῷ** συμβαίνειν	**Lk 18,31**	παραλαβὼν δὲ τοὺς δώδεκα εἶπεν πρὸς αὐτούς· ...	

	Mt 20,19 → Mt 17,22	καὶ παραδώσουσιν αὐτὸν τοῖς ἔθνεσιν εἰς τὸ ἐμπαῖξαι	Mk 10,34 (2)	[33] ... καὶ παραδώσουσιν αὐτὸν τοῖς ἔθνεσιν [34] καὶ ἐμπαίξουσιν	Lk 18,32 → Lk 9,44 → Lk 17,25 → Lk 24,7	παραδοθήσεται γὰρ τοῖς ἔθνεσιν καὶ ἐμπαιχθήσεται καὶ ὑβρισθήσεται	
121				**αὐτῷ**			
	→ Mt 17,23		→ Mk 8,31	καὶ ἐμπτύσουσιν	→ Lk 9,22	καὶ ἐμπτυσθήσεται	
121			→ Mk 9,31	**αὐτῷ**	→ Lk 24,7		
		καὶ μαστιγῶσαι καὶ σταυρῶσαι, καὶ τῇ τρίτῃ ἡμέρᾳ ἐγερθήσεται.		καὶ μαστιγώσουσιν αὐτὸν καὶ ἀποκτενοῦσιν, καὶ μετὰ τρεῖς ἡμέρας ἀναστήσεται.	→ Lk 24,26 → Lk 24,46	[33] καὶ μαστιγώσαντες ἀποκτενοῦσιν αὐτόν, καὶ τῇ ἡμέρᾳ τῇ τρίτῃ ἀναστήσεται.	
	Mt 20,20	τότε προσῆλθεν	Mk 10,35	καὶ προσπορεύονται			
220		**αὐτῷ**	(2)	**αὐτῷ**			
		ἡ μήτηρ τῶν υἱῶν Ζεβεδαίου μετὰ τῶν υἱῶν αὐτῆς		Ἰάκωβος καὶ Ἰωάννης οἱ υἱοὶ Ζεβεδαίου			
a		προσκυνοῦσα καὶ		λέγοντες			
120				**αὐτῷ**·			
		αἰτοῦσά τι ἀπ' αὐτοῦ.		διδάσκαλε, θέλομεν ἵνα ὃ ἐὰν αἰτήσωμέν σε ποιήσῃς ἡμῖν.			
a	Mt 20,21	ὁ δὲ εἶπεν αὐτῇ· τί θέλεις; λέγει	Mk 10,37	[36] ὁ δὲ εἶπεν αὐτοῖς· τί θέλετέ [με] ποιήσω ὑμῖν; [37] οἱ δὲ εἶπαν			
220		**αὐτῷ**·		**αὐτῷ**·			
		εἰπὲ ἵνα καθίσωσιν οὗτοι οἱ δύο υἱοί μου εἷς ἐκ δεξιῶν σου καὶ εἷς ἐξ εὐωνύμων σου ἐν τῇ βασιλείᾳ σου.		δὸς ἡμῖν ἵνα εἷς σου ἐκ δεξιῶν καὶ εἷς ἐξ ἀριστερῶν καθίσωμεν ἐν τῇ δόξῃ σου.			
a	Mt 20,22	... δύνασθε πιεῖν τὸ ποτήριον ὃ ἐγὼ μέλλω πίνειν; λέγουσιν	Mk 10,39 → Lk 12,50	[38] ... δύνασθε πιεῖν τὸ ποτήριον ὃ ἐγὼ πίνω ἢ τὸ βάπτισμα ὃ ἐγὼ βαπτίζομαι βαπτισθῆναι; [39] οἱ δὲ εἶπαν			
220		**αὐτῷ**·		**αὐτῷ**·			
		δυνάμεθα.		δυνάμεθα. ...			
	Mt 20,29 ⇧ Mt 9,27	καὶ ἐκπορευομένων αὐτῶν ἀπὸ Ἰεριχὼ ἠκολούθησεν	Mk 10,46	καὶ ἔρχονται εἰς Ἰεριχώ. καὶ ἐκπορευομένου αὐτοῦ ἀπὸ Ἰεριχὼ καὶ τῶν μαθητῶν αὐτοῦ	Lk 18,35	ἐγένετο δὲ ἐν τῷ ἐγγίζειν αὐτὸν εἰς Ἰεριχὼ ...	
211		**αὐτῷ**					
		ὄχλος πολύς.		καὶ ὄχλου ἱκανοῦ ...			
a	Mt 20,30 ↑ Mt 9,27	... ἀκούσαντες	Mk 10,47	καὶ ἀκούσας	Lk 18,37	[36] ἀκούσας δὲ ὄχλου διαπορευομένου ἐπυνθάνετο τί εἴη τοῦτο. [37] ἀπήγγειλαν δὲ	
112						**αὐτῷ**	
		ὅτι Ἰησοῦς παράγει, ...		ὅτι Ἰησοῦς ὁ Ναζαρηνός ἐστιν ...		ὅτι Ἰησοῦς ὁ Ναζωραῖος παρέρχεται.	
a	Mt 20,31	ὁ δὲ ὄχλος ἐπετίμησεν	Mk 10,48	καὶ ἐπετίμων	Lk 18,39	καὶ οἱ προάγοντες ἐπετίμων	
122		**αὐτοῖς**		**αὐτῷ**		**αὐτῷ**	
		ἵνα σιωπήσωσιν· ...		πολλοὶ ἵνα σιωπήσῃ· ...		ἵνα σιγήσῃ, ...	

[a] αὐτῷ and verbum dicendi

[b] αὐτῷ neuter

a 121	Mt 20,32	καὶ στὰς ὁ Ἰησοῦς ἐφώνησεν αὐτοὺς	Mk 10,49	καὶ στὰς ὁ Ἰησοῦς εἶπεν· Φωνήσατε αὐτόν. καὶ φωνοῦσιν τὸν τυφλὸν λέγοντες **αὐτῷ**· θάρσει, ἔγειρε, φωνεῖ σε.	Lk 18,40	σταθεὶς δὲ ὁ Ἰησοῦς ἐκέλευσεν αὐτὸν ἀχθῆναι πρὸς αὐτόν.	
a 121		καὶ εἶπεν· τί θέλετε ποιήσω ὑμῖν;	Mk 10,51 (2)	[50] ... ἦλθεν πρὸς τὸν Ἰησοῦν. [51] καὶ ἀποκριθεὶς **αὐτῷ** ὁ Ἰησοῦς εἶπεν· τί σοι θέλεις ποιήσω;		ἐγγίσαντος δὲ αὐτοῦ ἐπηρώτησεν **αὐτόν**· [41] τί σοι θέλεις ποιήσω; ↔	
a 221	Mt 20,33 ⇧ Mt 9,28	λέγουσιν **αὐτῷ**· κύριε, ἵνα ἀνοιγῶσιν οἱ ὀφθαλμοὶ ἡμῶν.		ὁ δὲ τυφλὸς εἶπεν **αὐτῷ**· ραββουνι, ἵνα ἀναβλέψω.	Lk 18,41	↔ ὁ δὲ εἶπεν· κύριε, ἵνα ἀναβλέψω.	
a 122	Mt 20,34 ⇩ Mt 9,29 ↑ Mk 8,23 → Mk 8,25	σπλαγχνισθεὶς δὲ ὁ Ἰησοῦς ἥψατο τῶν ὀμμάτων αὐτῶν,	Mk 10,52 (2)	καὶ ὁ Ἰησοῦς εἶπεν **αὐτῷ**· ὕπαγε, ἡ πίστις σου σέσωκέν σε.	Lk 18,42	καὶ ὁ Ἰησοῦς εἶπεν **αὐτῷ**· ἀνάβλεψον· ἡ πίστις σου σέσωκέν σε.	
222	⇩ Mt 9,30	καὶ εὐθέως ἀνέβλεψαν καὶ ἠκολούθησαν **αὐτῷ**.		καὶ εὐθὺς ἀνέβλεψεν, καὶ ἠκολούθει **αὐτῷ** ἐν τῇ ὁδῷ.	Lk 18,43	καὶ παραχρῆμα ἀνέβλεψεν καὶ ἠκολούθει **αὐτῷ** δοξάζων τὸν θεόν. ...	
	Mt 9,29 ⇧ Mt 20,34	τότε ἥψατο τῶν ὀφθαλμῶν αὐτῶν λέγων· κατὰ τὴν πίστιν ὑμῶν γενηθήτω ὑμῖν.					
	Mt 9,30 ⇧ Mt 20,34	καὶ ἠνεῴχθησαν αὐτῶν οἱ ὀφθαλμοί. ...					
102	Mt 25,19	μετὰ δὲ πολὺν χρόνον ἔρχεται ὁ κύριος τῶν δούλων ἐκείνων καὶ συναίρει λόγον μετ᾽ αὐτῶν.			Lk 19,15	καὶ ἐγένετο ἐν τῷ ἐπανελθεῖν αὐτὸν λαβόντα τὴν βασιλείαν καὶ εἶπεν φωνηθῆναι **αὐτῷ** τοὺς δούλους τούτους οἷς δεδώκει τὸ ἀργύριον, ἵνα γνοῖ τί διεπραγματεύσαντο.	
a 202	Mt 25,21	ἔφη **αὐτῷ** ὁ κύριος αὐτοῦ· εὖ, δοῦλε ἀγαθὲ καὶ πιστέ, ...			Lk 19,17	καὶ εἶπεν **αὐτῷ**· εὖγε, ἀγαθὲ δοῦλε, ...	
a 202	Mt 25,26	ἀποκριθεὶς δὲ ὁ κύριος αὐτοῦ εἶπεν **αὐτῷ**· πονηρὲ δοῦλε καὶ ὀκνηρέ, ...			Lk 19,22	λέγει **αὐτῷ**· ἐκ τοῦ στόματός σου κρίνω σε, πονηρὲ δοῦλε. ...	
a 002					Lk 19,25	καὶ εἶπαν **αὐτῷ**· κύριε, ἔχει δέκα μνᾶς -	
121	Mt 21,7	ἤγαγον τὴν ὄνον καὶ τὸν πῶλον καὶ ἐπέθηκαν **ἐπ᾽ αὐτῶν** τὰ ἱμάτια, καὶ ἐπεκάθισεν ἐπάνω αὐτῶν.	Mk 11,7	καὶ φέρουσιν τὸν πῶλον πρὸς τὸν Ἰησοῦν καὶ ἐπιβάλλουσιν **αὐτῷ** τὰ ἱμάτια αὐτῶν, καὶ ἐκάθισεν ἐπ᾽ αὐτόν.	Lk 19,35	καὶ ἤγαγον αὐτὸν πρὸς τὸν Ἰησοῦν καὶ ἐπιρίψαντες αὐτῶν τὰ ἱμάτια **ἐπὶ τὸν πῶλον** ἐπεβίβασαν τὸν Ἰησοῦν.	

200	Mt 21,14	καὶ προσῆλθον **αὐτῷ** τυφλοὶ καὶ χωλοὶ ἐν τῷ ἱερῷ, καὶ ἐθεράπευσεν αὐτούς.					
a 200	Mt 21,16 → Lk 19,39	καὶ εἶπαν **αὐτῷ·** ἀκούεις τί οὗτοι λέγουσιν; ...					
a 120	Mt 21,20	[19] ... καὶ ἐξηράνθη παραχρῆμα ἡ συκῆ. [20] καὶ ἰδόντες οἱ μαθηταὶ ἐθαύμασαν λέγοντες· πῶς παραχρῆμα ἐξηράνθη ἡ συκῆ;	Mk 11,21	[20] καὶ παραπορευόμενοι πρωῒ εἶδον τὴν συκῆν ἐξηραμμένην ἐκ ῥιζῶν. [21] καὶ ἀναμνησθεὶς ὁ Πέτρος λέγει **αὐτῷ·** ῥαββί, ἴδε ἡ συκῆ ἣν κατηράσω ἐξήρανται.			
120	Mt 21,21 ↓ Mt 17,20	... ἀμὴν λέγω ὑμῖν, ἐὰν ἔχητε πίστιν καὶ μὴ διακριθῆτε, οὐ μόνον τὸ τῆς συκῆς ποιήσετε, ἀλλὰ κἂν τῷ ὄρει τούτῳ εἴπητε· ἄρθητι καὶ βλήθητι εἰς τὴν θάλασσαν, γενήσεται·	Mk 11,23 ↑ Mk 9,23	[22] ... ἔχετε πίστιν θεοῦ. [23] ἀμὴν λέγω ὑμῖν ὅτι ὃς ἂν εἴπῃ τῷ ὄρει τούτῳ· ἄρθητι καὶ βλήθητι εἰς τὴν θάλασσαν, καὶ μὴ διακριθῇ ἐν τῇ καρδίᾳ αὐτοῦ ἀλλὰ πιστεύῃ ὅτι ὃ λαλεῖ γίνεται, ἔσται **αὐτῷ.**	↓ Lk 17,6		→ GTh 48 → GTh 106
	Mt 17,20 ↑ Mt 21,21	... ἀμὴν γὰρ λέγω ὑμῖν, ἐὰν ἔχητε πίστιν ὡς κόκκον σινάπεως, ἐρεῖτε τῷ ὄρει τούτῳ, μετάβα ἔνθεν ἐκεῖ, καὶ μεταβήσεται· καὶ οὐδὲν ἀδυνατήσει ὑμῖν.			Lk 17,6	... εἰ ἔχετε πίστιν ὡς κόκκον σινάπεως, ἐλέγετε ἂν τῇ συκαμίνῳ [ταύτῃ]· ἐκριζώθητι καὶ φυτεύθητι ἐν τῇ θαλάσσῃ· καὶ ὑπήκουσεν ἂν **ὑμῖν.**	→ GTh 48 → GTh 106
211	Mt 21,23	καὶ ἐλθόντος αὐτοῦ εἰς τὸ ἱερὸν προσῆλθον **αὐτῷ** διδάσκοντι οἱ ἀρχιερεῖς καὶ οἱ πρεσβύτεροι τοῦ λαοῦ	Mk 11,27	... καὶ ἐν τῷ ἱερῷ περιπατοῦντος αὐτοῦ ἔρχονται **πρὸς αὐτὸν** οἱ ἀρχιερεῖς καὶ οἱ γραμματεῖς καὶ οἱ πρεσβύτεροι	Lk 20,1	καὶ ἐγένετο ἐν μιᾷ τῶν ἡμερῶν διδάσκοντος αὐτοῦ τὸν λαὸν ἐν τῷ ἱερῷ καὶ εὐαγγελιζομένου ἐπέστησαν οἱ ἀρχιερεῖς καὶ οἱ γραμματεῖς σὺν τοῖς πρεσβυτέροις	
a 121		λέγοντες· ἐν ποίᾳ ἐξουσίᾳ ταῦτα ποιεῖς; ...	Mk 11,28	καὶ ἔλεγον **αὐτῷ·** ἐν ποίᾳ ἐξουσίᾳ ταῦτα ποιεῖς; ...	Lk 20,2	καὶ εἶπαν λέγοντες **πρὸς αὐτόν·** εἰπὸν ἡμῖν ἐν ποίᾳ ἐξουσίᾳ ταῦτα ποιεῖς, ...	→ Jn 2,18
222	Mt 21,25	... οἱ δὲ διελογίζοντο ἐν ἑαυτοῖς λέγοντες· ἐὰν εἴπωμεν· ἐξ οὐρανοῦ, ἐρεῖ ἡμῖν· διὰ τί οὖν οὐκ ἐπιστεύσατε **αὐτῷ;**	Mk 11,31	καὶ διελογίζοντο πρὸς ἑαυτοὺς λέγοντες· ἐὰν εἴπωμεν· ἐξ οὐρανοῦ, ἐρεῖ· διὰ τί [οὖν] οὐκ ἐπιστεύσατε **αὐτῷ;**	Lk 20,5	οἱ δὲ συνελογίσαντο πρὸς ἑαυτοὺς λέγοντες ὅτι ἐὰν εἴπωμεν· ἐξ οὐρανοῦ, ἐρεῖ· διὰ τί οὐκ ἐπιστεύσατε **αὐτῷ;**	

a αὐτῷ and verbum dicendi

b αὐτῷ neuter

		Mt		Mk		Lk	
201	Mt 21,32 (3)	ἦλθεν γὰρ Ἰωάννης πρὸς ὑμᾶς ἐν ὁδῷ δικαιοσύνης, καὶ οὐκ ἐπιστεύσατε **αὐτῷ**,			Lk 7,30	οἱ δὲ Φαρισαῖοι καὶ οἱ νομικοὶ τὴν βουλὴν τοῦ θεοῦ ἠθέτησαν εἰς ἑαυτούς μὴ βαπτισθέντες **ὑπ' αὐτοῦ**.	
201		οἱ δὲ τελῶναι καὶ αἱ πόρναι ἐπίστευσαν **αὐτῷ**·			Lk 7,29	καὶ πᾶς ὁ λαὸς ἀκούσας καὶ οἱ τελῶναι ἐδικαίωσαν τὸν θεόν βαπτισθέντες τὸ βάπτισμα Ἰωάννου·	
201		ὑμεῖς δὲ ἰδόντες οὐδὲ μετεμελήθητε ὕστερον τοῦ πιστεῦσαι **αὐτῷ**.					
211	Mt 21,33 (2)	... ἄνθρωπος ἦν οἰκοδεσπότης ὅστις ἐφύτευσεν ἀμπελῶνα καὶ φραγμὸν **αὐτῷ** περιέθηκεν	Mk 12,1	... ἀμπελῶνα ἄνθρωπος ἐφύτευσεν καὶ περιέθηκεν φραγμὸν	Lk 20,9	... ἄνθρωπός [τις] ἐφύτευσεν ἀμπελῶνα	→ GTh 65
211		καὶ ὤρυξεν **ἐν αὐτῷ** ληνὸν καὶ ᾠκοδόμησεν πύργον καὶ ἐξέδετο αὐτὸν γεωργοῖς καὶ ἀπεδήμησεν.		καὶ ὤρυξεν ὑπολήνιον καὶ ᾠκοδόμησεν πύργον καὶ ἐξέδετο αὐτὸν γεωργοῖς καὶ ἀπεδήμησεν.		καὶ ἐξέδετο αὐτὸν γεωργοῖς καὶ ἀπεδήμησεν χρόνους ἱκανούς.	
112	Mt 21,34	ὅτε δὲ ἤγγισεν ὁ καιρὸς τῶν καρπῶν, ἀπέστειλεν τοὺς δούλους αὐτοῦ πρὸς τοὺς γεωργοὺς λαβεῖν τοὺς καρποὺς αὐτοῦ.	Mk 12,2	καὶ ἀπέστειλεν πρὸς τοὺς γεωργοὺς τῷ καιρῷ δοῦλον ἵνα παρὰ τῶν γεωργῶν λάβῃ ἀπὸ τῶν καρπῶν τοῦ ἀμπελῶνος·	Lk 20,10 ↓ Mt 21,41	καὶ καιρῷ ἀπέστειλεν πρὸς τοὺς γεωργοὺς δοῦλον ἵνα ἀπὸ τοῦ καρποῦ τοῦ ἀμπελῶνος δώσουσιν **αὐτῷ**· ...	→ GTh 65
a 211	Mt 21,41 (2)	λέγουσιν **αὐτῷ**· κακοὺς κακῶς ἀπολέσει αὐτούς	Mk 12,9	... ἐλεύσεται καὶ ἀπολέσει τοὺς γεωργοὺς	Lk 20,16	ἐλεύσεται καὶ ἀπολέσει τοὺς γεωργοὺς τούτους	→ GTh 65
211	→ Mt 21,43 ↑ Lk 20,10	καὶ τὸν ἀμπελῶνα ἐκδώσεται ἄλλοις γεωργοῖς, οἵτινες ἀποδώσουσιν **αὐτῷ** τοὺς καρποὺς ἐν τοῖς καιροῖς αὐτῶν.		καὶ δώσει τὸν ἀμπελῶνα ἄλλοις.		καὶ δώσει τὸν ἀμπελῶνα ἄλλοις. ...	
a 200	Mt 22,12	καὶ λέγει **αὐτῷ**· ἑταῖρε, πῶς εἰσῆλθες ὧδε μὴ ἔχων ἔνδυμα γάμου; ...					
211	Mt 22,16	[15] τότε πορευθέντες οἱ Φαρισαῖοι συμβούλιον ἔλαβον ὅπως αὐτὸν παγιδεύσωσιν ἐν λόγῳ. [16] καὶ ἀποστέλλουσιν **αὐτῷ** τοὺς μαθητὰς αὐτῶν μετὰ τῶν Ἡρῳδιανῶν	Mk 12,13	καὶ ἀποστέλλουσιν **πρὸς αὐτόν** τινας τῶν Φαρισαίων καὶ τῶν Ἡρῳδιανῶν ἵνα αὐτὸν ἀγρεύσωσιν λόγῳ.	Lk 20,20 → Lk 16,15 → Lk 18,9 → Lk 23,2	καὶ παρατηρήσαντες ἀπέστειλαν ἐγκαθέτους ὑποκρινομένους ἑαυτοὺς δικαίους εἶναι, ἵνα ἐπιλάβωνται αὐτοῦ λόγου, ...	
a 121		λέγοντες· διδάσκαλε, οἴδαμεν ὅτι ἀληθὴς εἶ ...	Mk 12,14	καὶ ἐλθόντες λέγουσιν **αὐτῷ**· διδάσκαλε, οἴδαμεν ὅτι ἀληθὴς εἶ ...	Lk 20,21	καὶ ἐπηρώτησαν **αὐτὸν** λέγοντες· διδάσκαλε, οἴδαμεν ὅτι ὀρθῶς λέγεις ...	→ Jn 3,2

211	Mt 22,19	ἐπιδείξατέ μοι τὸ νόμισμα τοῦ κήνσου. οἱ δὲ προσήνεγκαν **αὐτῷ** δηνάριον.	Mk 12,16	[15] φέρετέ μοι δηνάριον ἵνα ἴδω. [16] οἱ δὲ ἤνεγκαν.	Lk 20,24	δείξατέ μοι δηνάριον·	→ GTh 100
a 221	Mt 22,21	[20] καὶ λέγει αὐτοῖς· τίνος ἡ εἰκὼν αὕτη καὶ ἡ ἐπιγραφή; [21] λέγουσιν **αὐτῷ·** Καίσαρος. ...		καὶ λέγει αὐτοῖς· τίνος ἡ εἰκὼν αὕτη καὶ ἡ ἐπιγραφή; οἱ δὲ εἶπαν **αὐτῷ·** Καίσαρος.		τίνος ἔχει εἰκόνα καὶ ἐπιγραφήν; οἱ δὲ εἶπαν· Καίσαρος.	
121	Mt 22,22 → Mk 12,12	καὶ ἀκούσαντες ἐθαύμασαν, καὶ ἀφέντες αὐτὸν ἀπῆλθαν.	Mk 12,17	καὶ ἐξεθαύμαζον **ἐπ᾽ αὐτῷ.**	Lk 20,26	καὶ οὐκ ἴσχυσαν ἐπιλαβέσθαι αὐτοῦ ῥήματος ἐναντίον τοῦ λαοῦ καὶ θαυμάσαντες **ἐπὶ τῇ ἀποκρίσει** **αὐτοῦ** ἐσίγησαν.	→ GTh 100
211	Mt 22,23	ἐν ἐκείνῃ τῇ ἡμέρᾳ προσῆλθον **αὐτῷ** Σαδδουκαῖοι, λέγοντες μὴ εἶναι ἀνάστασιν, καὶ ἐπηρώτησαν αὐτὸν	Mk 12,18	καὶ ἔρχονται Σαδδουκαῖοι **πρὸς αὐτόν,** οἵτινες λέγουσιν ἀνάστασιν μὴ εἶναι, καὶ ἐπηρώτων αὐτὸν ...	Lk 20,27	προσελθόντες δέ τινες τῶν Σαδδουκαίων, οἱ [ἀντι]λέγοντες ἀνάστασιν μὴ εἶναι, ἐπηρώτησαν αὐτὸν	
a 121	Mt 22,31	περὶ δὲ τῆς ἀναστάσεως τῶν νεκρῶν οὐκ ἀνέγνωτε τὸ ῥηθὲν ὑμῖν ὑπὸ τοῦ θεοῦ λέγοντος· [32] *ἐγώ εἰμι* *ὁ θεὸς Ἀβραὰμ καὶ* *ὁ θεὸς Ἰσαὰκ καὶ* *ὁ θεὸς Ἰακώβ;* ↔ ➤ Exod 3,6	Mk 12,26	περὶ δὲ τῶν νεκρῶν ὅτι ἐγείρονται οὐκ ἀνέγνωτε ἐν τῇ βίβλῳ Μωϋσέως ἐπὶ τοῦ βάτου πῶς εἶπεν **αὐτῷ** ὁ θεὸς λέγων· *ἐγὼ* *ὁ θεὸς Ἀβραὰμ καὶ* *[ὁ] θεὸς Ἰσαὰκ καὶ* *[ὁ] θεὸς Ἰακώβ;* ➤ Exod 3,6	Lk 20,37	ὅτι δὲ ἐγείρονται οἱ νεκροί, καὶ Μωϋσῆς ἐμήνυσεν ἐπὶ τῆς βάτου, ὡς λέγει *κύριον* *τὸν θεὸν Ἀβραὰμ καὶ* *θεὸν Ἰσαὰκ καὶ* *θεὸν Ἰακώβ·* ➤ Exod 3,6	
112	Mt 22,32	↔ οὐκ ἔστιν [ὁ] θεὸς νεκρῶν ἀλλὰ ζώντων.	Mk 12,27	οὐκ ἔστιν θεὸς νεκρῶν ἀλλὰ ζώντων· πολὺ πλανᾶσθε.	Lk 20,38	θεὸς δὲ οὐκ ἔστιν νεκρῶν ἀλλὰ ζώντων, πάντες γὰρ **αὐτῷ** ζῶσιν.	
a 211	Mt 22,37	ὁ δὲ ἔφη **αὐτῷ·** *ἀγαπήσεις* *κύριον τὸν θεόν σου ...* ➤ Deut 6,5	Mk 12,29	ἀπεκρίθη ὁ Ἰησοῦς ὅτι πρώτη ἐστίν· *ἄκουε,* *Ἰσραήλ, κύριος ὁ θεὸς* *ἡμῶν κύριος εἷς ἐστιν,* [30] *καὶ ἀγαπήσεις* *κύριον τὸν θεόν σου ...* ➤ Deut 6,4-5	Lk 10,26	ὁ δὲ εἶπεν **πρὸς αὐτόν·** ἐν τῷ νόμῳ τί γέγραπται; πῶς ἀναγινώσκεις; [27] ὁ δὲ ἀποκριθεὶς εἶπεν· *ἀγαπήσεις* *κύριον τὸν θεόν σου ...* ➤ Deut 6,5	
a 021			Mk 12,32	καὶ εἶπεν **αὐτῷ** ὁ γραμματεύς· καλῶς, διδάσκαλε, ἐπ᾽ ἀληθείας εἶπες ...	Lk 20,39 → Mk 12,28	ἀποκριθέντες δέ τινες τῶν γραμματέων εἶπαν· διδάσκαλε, καλῶς εἶπας.	
a 022			Mk 12,34	καὶ ὁ Ἰησοῦς ἰδὼν [αὐτὸν] ὅτι νουνεχῶς ἀπεκρίθη εἶπεν **αὐτῷ·** οὐ μακρὰν εἶ ἀπὸ τῆς βασιλείας τοῦ θεοῦ. ...	Lk 10,28	εἶπεν δὲ **αὐτῷ·** ὀρθῶς ἀπεκρίθης· τοῦτο ποίει καὶ ζήσῃ.	
a 211	Mt 22,42	... τί ὑμῖν δοκεῖ περὶ τοῦ χριστοῦ; τίνος υἱός ἐστιν; λέγουσιν **αὐτῷ·** τοῦ Δαυίδ.	Mk 12,35	... πῶς λέγουσιν οἱ γραμματεῖς ὅτι ὁ χριστὸς υἱός Δαυίδ ἐστιν;	Lk 20,41	... πῶς λέγουσιν τὸν χριστὸν εἶναι Δαυὶδ υἱόν;	

a 211	**Mt 22,46**	καὶ οὐδεὶς ἐδύνατο ἀποκριθῆναι **αὐτῷ** λόγον οὐδὲ ἐτόλμησέν τις ἀπ' ἐκείνης τῆς ἡμέρας ἐπερωτῆσαι αὐτὸν οὐκέτι.	**Mk 12,34**	... καὶ οὐδεὶς οὐκέτι ἐτόλμα αὐτὸν ἐπερωτῆσαι.	**Lk 20,40**	οὐκέτι γὰρ ἐτόλμων ἐπερωτᾶν αὐτὸν οὐδέν.		
b 200	**Mt 23,20**	ὁ οὖν ὀμόσας ἐν τῷ θυσιαστηρίῳ ὀμνύει **ἐν αὐτῷ** καὶ ἐν πᾶσι τοῖς ἐπάνω αὐτοῦ·						
200	**Mt 23,21**	καὶ ὁ ὀμόσας ἐν τῷ ναῷ ὀμνύει **ἐν αὐτῷ** καὶ ἐν τῷ κατοικοῦντι αὐτόν·						
a 221	**Mt 24,1**	καὶ ἐξελθὼν ὁ Ἰησοῦς ἀπὸ τοῦ ἱεροῦ ἐπορεύετο, καὶ προσῆλθον οἱ μαθηταὶ αὐτοῦ ἐπιδεῖξαι **αὐτῷ** τὰς οἰκοδομὰς τοῦ ἱεροῦ.	**Mk 13,1**	καὶ ἐκπορευομένου αὐτοῦ ἐκ τοῦ ἱεροῦ λέγει **αὐτῷ** εἷς τῶν μαθητῶν αὐτοῦ· διδάσκαλε, ἴδε ποταποὶ λίθοι καὶ ποταπαὶ οἰκοδομαί.	**Lk 21,5**	καί τινων λεγόντων περὶ τοῦ ἱεροῦ ὅτι λίθοις καλοῖς καὶ ἀναθήμασιν κεκόσμηται		
a 121	**Mt 24,2**	ὁ δὲ ἀποκριθεὶς εἶπεν **αὐτοῖς·** οὐ βλέπετε ταῦτα πάντα; ἀμὴν λέγω ὑμῖν, οὐ μὴ ἀφεθῇ ὧδε λίθος ἐπὶ λίθον ὃς οὐ καταλυθήσεται.	**Mk 13,2**	καὶ ὁ Ἰησοῦς εἶπεν **αὐτῷ·** βλέπεις ταύτας τὰς μεγάλας οἰκοδομάς; οὐ μὴ ἀφεθῇ ὧδε λίθος ἐπὶ λίθον ὃς οὐ μὴ καταλυθῇ.	→ Lk 19,44	εἶπεν· [6] ταῦτα ἃ θεωρεῖτε ἐλεύσονται ἡμέραι ἐν αἷς οὐκ ἀφεθήσεται λίθος ἐπὶ λίθῳ ὃς οὐ καταλυθήσεται.		
211	**Mt 24,3**	καθημένου δὲ αὐτοῦ ἐπὶ τοῦ ὄρους τῶν ἐλαιῶν προσῆλθον **αὐτῷ** οἱ μαθηταὶ κατ' ἰδίαν λέγοντες· ...	**Mk 13,3**	καὶ καθημένου αὐτοῦ εἰς τὸ ὄρος τῶν ἐλαιῶν κατέναντι τοῦ ἱεροῦ ἐπηρώτα **αὐτὸν** κατ' ἰδίαν Πέτρος καὶ Ἰάκωβος καὶ Ἰωάννης καὶ Ἀνδρέας·	**Lk 21,7**	ἐπηρώτησαν δὲ **αὐτὸν** λέγοντες· ...		
a 202	**Mt 25,21**	ἔφη **αὐτῷ** ὁ κύριος αὐτοῦ· εὖ, δοῦλε ἀγαθὲ καὶ πιστέ, ...			**Lk 19,17**	καὶ εἶπεν **αὐτῷ·** εὖγε, ἀγαθὲ δοῦλε, ...		
a 201	**Mt 25,23**	ἔφη **αὐτῷ** ὁ κύριος αὐτοῦ· εὖ, δοῦλε ἀγαθὲ καὶ πιστέ, ...			**Lk 19,19**	εἶπεν δὲ καὶ **τούτῳ· ...**		
a 202	**Mt 25,26**	ἀποκριθεὶς δὲ ὁ κύριος αὐτοῦ εἶπεν **αὐτῷ·** πονηρὲ δοῦλε καὶ ὀκνηρέ, ...			**Lk 19,22**	λέγει **αὐτῷ·** ἐκ τοῦ στόματός σου κρίνω σε, πονηρὲ δοῦλε. ...		
a 200	**Mt 25,37**	τότε ἀποκριθήσονται **αὐτῷ** οἱ δίκαιοι λέγοντες· κύριε, πότε σε εἴδομεν πεινῶντα καὶ ἐθρέψαμεν, ...						

210	Mt 26,7	προσῆλθεν αὐτῷ γυνὴ ἔχουσα ἀλάβαστρον μύρου βαρυτίμου ...	Mk 14,3	... ἦλθεν γυνὴ ἔχουσα ἀλάβαστρον μύρου νάρδου πιστικῆς πολυτελοῦς, ...	Lk 7,37	καὶ ἰδοὺ γυνὴ ... κομίσασα ἀλάβαστρον μύρου	→ Jn 12,3
222	Mt 26,15	... οἱ δὲ ἔστησαν αὐτῷ τριάκοντα ἀργύρια.	Mk 14,11	οἱ δὲ ἀκούσαντες ἐχάρησαν καὶ ἐπηγγείλαντο αὐτῷ ἀργύριον δοῦναι. ...	Lk 22,5	καὶ ἐχάρησαν καὶ συνέθεντο αὐτῷ ἀργύριον δοῦναι.	
a 122	Mt 26,17	τῇ δὲ πρώτῃ τῶν ἀζύμων προσῆλθον οἱ μαθηταὶ τῷ Ἰησοῦ λέγοντες· ποῦ θέλεις ἑτοιμάσωμέν σοι φαγεῖν τὸ πάσχα;	Mk 14,12	καὶ τῇ πρώτῃ ἡμέρᾳ τῶν ἀζύμων, ὅτε τὸ πάσχα ἔθυον, λέγουσιν αὐτῷ οἱ μαθηταὶ αὐτοῦ· ποῦ θέλεις ἀπελθόντες ἑτοιμάσωμεν ἵνα φάγῃς τὸ πάσχα;	Lk 22,9	[7] ἦλθεν δὲ ἡ ἡμέρα τῶν ἀζύμων, [ἐν] ᾗ ἔδει θύεσθαι τὸ πάσχα· [8] ... [9] οἱ δὲ εἶπαν αὐτῷ· ποῦ θέλεις ἑτοιμάσωμεν;	
122	Mt 26,18	... ὑπάγετε εἰς τὴν πόλιν πρὸς τὸν δεῖνα	Mk 14,13	... ὑπάγετε εἰς τὴν πόλιν, καὶ ἀπαντήσει ὑμῖν ἄνθρωπος κεράμιον ὕδατος βαστάζων· ἀκολουθήσατε αὐτῷ	Lk 22,10	... ἰδοὺ εἰσελθόντων ὑμῶν εἰς τὴν πόλιν συναντήσει ὑμῖν ἄνθρωπος κεράμιον ὕδατος βαστάζων· ἀκολουθήσατε αὐτῷ εἰς τὴν οἰκίαν εἰς ἣν εἰσπορεύεται.	
a 211		καὶ εἴπατε αὐτῷ· ὁ διδάσκαλος λέγει· ὁ καιρός μου ἐγγύς ἐστιν, πρὸς σὲ ποιῶ τὸ πάσχα μετὰ τῶν μαθητῶν μου.	Mk 14,14	καὶ ὅπου ἐὰν εἰσέλθῃ εἴπατε τῷ οἰκοδεσπότῃ ὅτι ὁ διδάσκαλος λέγει· ποῦ ἐστιν τὸ κατάλυμά μου ὅπου τὸ πάσχα μετὰ τῶν μαθητῶν μου φάγω;	Lk 22,11	καὶ ἐρεῖτε τῷ οἰκοδεσπότῃ τῆς οἰκίας· λέγει σοι ὁ διδάσκαλος· ποῦ ἐστιν τὸ κατάλυμα ὅπου τὸ πάσχα μετὰ τῶν μαθητῶν μου φάγω;	
112	Mt 26,20	ὀψίας δὲ γενομένης ἀνέκειτο μετὰ τῶν δώδεκα.	Mk 14,17	καὶ ὀψίας γενομένης ἔρχεται μετὰ τῶν δώδεκα.	Lk 22,14	καὶ ὅτε ἐγένετο ἡ ὥρα, ἀνέπεσεν καὶ οἱ ἀπόστολοι σὺν αὐτῷ.	
a 221	Mt 26,22 ↓ Mt 26,25	καὶ λυπούμενοι σφόδρα ἤρξαντο λέγειν αὐτῷ εἷς ἕκαστος· μήτι ἐγώ εἰμι, κύριε;	Mk 14,19	ἤρξαντο λυπεῖσθαι καὶ λέγειν αὐτῷ εἷς κατὰ εἷς· μήτι ἐγώ;	Lk 22,23	καὶ αὐτοὶ ἤρξαντο συζητεῖν πρὸς ἑαυτοὺς τὸ τίς ἄρα εἴη ἐξ αὐτῶν ὁ τοῦτο μέλλων πράσσειν.	→ Jn 13,25
221	Mt 26,24	... οὐαὶ δὲ τῷ ἀνθρώπῳ ἐκείνῳ δι᾽ οὗ ὁ υἱὸς τοῦ ἀνθρώπου παραδίδοται· καλὸν ἦν αὐτῷ εἰ οὐκ ἐγεννήθη ὁ ἄνθρωπος ἐκεῖνος.	Mk 14,21	... οὐαὶ δὲ τῷ ἀνθρώπῳ ἐκείνῳ δι᾽ οὗ ὁ υἱὸς τοῦ ἀνθρώπου παραδίδοται· καλὸν αὐτῷ εἰ οὐκ ἐγεννήθη ὁ ἄνθρωπος ἐκεῖνος.	Lk 22,22	... πλὴν οὐαὶ τῷ ἀνθρώπῳ ἐκείνῳ δι᾽ οὗ παραδίδοται.	
a 200	Mt 26,25 ↑ Mt 26,22	ἀποκριθεὶς δὲ Ἰούδας ὁ παραδιδοὺς αὐτὸν εἶπεν· μήτι ἐγώ εἰμι, ῥαββί; λέγει αὐτῷ· σὺ εἶπας.					→ Jn 13,26-27
a 222	Mt 26,33	ἀποκριθεὶς δὲ ὁ Πέτρος εἶπεν αὐτῷ· εἰ πάντες σκανδαλισθήσονται ἐν σοί, ἐγὼ οὐδέποτε σκανδαλισθήσομαι.	Mk 14,29	ὁ δὲ Πέτρος ἔφη αὐτῷ· εἰ καὶ πάντες σκανδαλισθήσονται, ἀλλ᾽ οὐκ ἐγώ.	Lk 22,33 ↓ Mt 26,35 ↓ Mk 14,31	ὁ δὲ εἶπεν αὐτῷ· κύριε, μετὰ σοῦ ἕτοιμός εἰμι καὶ εἰς φυλακὴν καὶ εἰς θάνατον πορεύεσθαι.	→ Jn 13,37

a 221	Mt 26,34	ἔφη **αὐτῷ** ὁ Ἰησοῦς· ἀμὴν λέγω σοι ὅτι ἐν ταύτῃ τῇ νυκτὶ πρὶν ἀλέκτορα φωνῆσαι τρὶς ἀπαρνήσῃ με.	Mk 14,30	καὶ λέγει **αὐτῷ** ὁ Ἰησοῦς· ἀμὴν λέγω σοι ὅτι σὺ σήμερον ταύτῃ τῇ νυκτὶ πρὶν ἢ δὶς ἀλέκτορα φωνῆσαι τρίς με ἀπαρνήσῃ.	Lk 22,34	ὁ δὲ εἶπεν· λέγω σοι, Πέτρε, οὐ φωνήσει σήμερον ἀλέκτωρ ἕως τρίς με ἀπαρνήσῃ εἰδέναι.	→ Jn 13,38
a 210	Mt 26,35 ↑ Lk 22,33	λέγει **αὐτῷ** ὁ Πέτρος· κἂν δέῃ με σὺν σοὶ ἀποθανεῖν, οὐ μή σε ἀπαρνήσομαι. ...	Mk 14,31 ↑ Lk 22,33	ὁ δὲ ἐκπερισσῶς ἐλάλει· ἐὰν δέῃ με συναποθανεῖν σοι, οὐ μή σε ἀπαρνήσομαι. ...			→ Jn 13,37
112	Mt 26,30	καὶ ὑμνήσαντες ἐξῆλθον εἰς τὸ ὄρος τῶν ἐλαιῶν.	Mk 14,26	καὶ ὑμνήσαντες ἐξῆλθον εἰς τὸ ὄρος τῶν ἐλαιῶν.	Lk 22,39	καὶ ἐξελθὼν ἐπορεύθη κατὰ τὸ ἔθος εἰς τὸ ὄρος τῶν ἐλαιῶν, ἠκολούθησαν δὲ **αὐτῷ** καὶ οἱ μαθηταί.	→ Jn 14,31 → Jn 18,1
002					Lk 22,43	[[ὤφθη δὲ **αὐτῷ** ἄγγελος ἀπ' οὐρανοῦ ἐνισχύων αὐτόν.]]	Lk 22,43 is textcritically uncertain.
a 120	Mt 26,43	καὶ ἐλθὼν πάλιν εὗρεν αὐτοὺς καθεύδοντας, ἦσαν γὰρ αὐτῶν οἱ ὀφθαλμοὶ βεβαρημένοι.	Mk 14,40	καὶ πάλιν ἐλθὼν εὗρεν αὐτοὺς καθεύδοντας, ἦσαν γὰρ αὐτῶν οἱ ὀφθαλμοὶ καταβαρυνόμενοι, καὶ οὐκ ᾔδεισαν τί ἀποκριθῶσιν **αὐτῷ**.			
121	Mt 26,49	καὶ εὐθέως προσελθὼν **τῷ Ἰησοῦ** εἶπεν· χαῖρε, ῥαββί, καὶ κατεφίλησεν αὐτόν.	Mk 14,45	καὶ ἐλθὼν εὐθὺς προσελθὼν **αὐτῷ** λέγει· ῥαββί, καὶ κατεφίλησεν αὐτόν.	Lk 22,47	... προήρχετο αὐτοὺς καὶ ἤγγισεν **τῷ Ἰησοῦ** φιλῆσαι αὐτόν.	→ Jn 18,5
a 212	Mt 26,50	ὁ δὲ Ἰησοῦς εἶπεν **αὐτῷ**· ἑταῖρε, ἐφ' ὃ πάρει.	Mk 14,46		Lk 22,48	Ἰησοῦς δὲ εἶπεν **αὐτῷ**· Ἰούδα, φιλήματι τὸν υἱὸν τοῦ ἀνθρώπου παραδίδως;	
121	→ Lk 22,54a	τότε προσελθόντες ἐπέβαλον τὰς χεῖρας **ἐπὶ τὸν Ἰησοῦν** καὶ ἐκράτησαν αὐτόν.	→ Lk 22,54a	οἱ δὲ ἐπέβαλον τὰς χεῖρας **αὐτῷ** καὶ ἐκράτησαν αὐτόν.			→ Jn 18,12
a 200	Mt 26,52	τότε λέγει **αὐτῷ** ὁ Ἰησοῦς· ἀπόστρεψον τὴν μάχαιράν σου εἰς τὸν τόπον αὐτῆς· ...			Lk 22,51	ἀποκριθεὶς δὲ ὁ Ἰησοῦς εἶπεν· ἐᾶτε ἕως τούτου· καὶ ἁψάμενος τοῦ ὠτίου ἰάσατο αὐτόν.	→ Jn 18,11
020			Mk 14,51	καὶ νεανίσκος τις συνηκολούθει **αὐτῷ** περιβεβλημένος σινδόνα ἐπὶ γυμνοῦ, καὶ κρατοῦσιν αὐτόν·			
221	Mt 26,58	ὁ δὲ Πέτρος ἠκολούθει **αὐτῷ** ἀπὸ μακρόθεν ἕως τῆς αὐλῆς τοῦ ἀρχιερέως ...	Mk 14,54	καὶ ὁ Πέτρος ἀπὸ μακρόθεν ἠκολούθησεν **αὐτῷ** ἕως ἔσω εἰς τὴν αὐλὴν τοῦ ἀρχιερέως ...	Lk 22,54	... ὁ δὲ Πέτρος ἠκολούθει μακρόθεν.	→ Jn 18,15

222 112	Mt 26,69	… καὶ προσῆλθεν **αὐτῷ** μία παιδίσκη λέγουσα· καὶ σὺ ἦσθα **μετὰ Ἰησοῦ τοῦ Γαλιλαίου.**	Mk 14,67	[66] … ἔρχεται μία τῶν παιδισκῶν τοῦ ἀρχιερέως [67] καὶ ἰδοῦσα τὸν Πέτρον θερμαινόμενον ἐμβλέψασα **αὐτῷ** λέγει· καὶ σὺ **μετὰ τοῦ Ναζαρηνοῦ ἦσθα τοῦ Ἰησοῦ.**	Lk 22,56 (2)	ἰδοῦσα δὲ αὐτὸν παιδίσκη τις καθήμενον πρὸς τὸ φῶς καὶ ἀτενίσασα **αὐτῷ** εἶπεν· καὶ οὗτος **σὺν αὐτῷ** ἦν.	→ Jn 18,17 → Jn 18,17
a 122	Mt 26,75	καὶ ἐμνήσθη ὁ Πέτρος τοῦ ῥήματος Ἰησοῦ εἰρηκότος ὅτι πρὶν ἀλέκτορα φωνῆσαι τρὶς ἀπαρνήσῃ με· …	Mk 14,72	… καὶ ἀνεμνήσθη ὁ Πέτρος τὸ ῥῆμα ὡς εἶπεν **αὐτῷ** ὁ Ἰησοῦς ὅτι πρὶν ἀλέκτορα φωνῆσαι δὶς τρίς με ἀπαρνήσῃ· …	Lk 22,61	… καὶ ὑπεμνήσθη ὁ Πέτρος τοῦ ῥήματος τοῦ κυρίου ὡς εἶπεν **αὐτῷ** ὅτι πρὶν ἀλέκτορα φωνῆσαι σήμερον ἀπαρνήσῃ με τρίς.	
122	Mt 26,67	τότε ἐνέπτυσαν **εἰς τὸ πρόσωπον αὐτοῦ** καὶ ἐκολάφισαν αὐτόν, οἱ δὲ ἐράπισαν [68] λέγοντες· προφήτευσον ἡμῖν, …	Mk 14,65 (2)	καὶ ἤρξαντό τινες ἐμπτύειν **αὐτῷ** … καὶ λέγειν αὐτῷ· προφήτευσον, …	Lk 22,63	καὶ οἱ ἄνδρες οἱ συνέχοντες αὐτὸν ἐνέπαιζον **αὐτῷ** δέροντες, [64] … αὐτὸν ἐπηρώτων λέγοντες· προφήτευσον, …	
a 210	Mt 26,62	καὶ ἀναστὰς ὁ ἀρχιερεὺς εἶπεν **αὐτῷ·** οὐδὲν ἀποκρίνῃ τί οὗτοί σου καταμαρτυροῦσιν;	Mk 14,60	καὶ ἀναστὰς ὁ ἀρχιερεὺς εἰς μέσον ἐπηρώτησεν **τὸν Ἰησοῦν** λέγων· οὐκ ἀποκρίνῃ οὐδέν τί οὗτοί σου καταμαρτυροῦσιν;			
a 221	Mt 26,63 → Mt 27,42-43	ὁ δὲ Ἰησοῦς ἐσιώπα. καὶ ὁ ἀρχιερεὺς εἶπεν **αὐτῷ·** ἐξορκίζω σε κατὰ τοῦ θεοῦ τοῦ ζῶντος ἵνα ἡμῖν εἴπῃς εἰ σὺ εἶ ὁ χριστὸς ὁ υἱὸς τοῦ θεοῦ.	Mk 14,61 → Mk 15,32a	ὁ δὲ ἐσιώπα καὶ οὐκ ἀπεκρίνατο οὐδέν. πάλιν ὁ ἀρχιερεὺς ἐπηρώτα αὐτὸν καὶ λέγει **αὐτῷ·** σὺ εἶ ὁ χριστὸς ὁ υἱὸς τοῦ εὐλογητοῦ;	Lk 22,67 → Lk 23,35	λέγοντες· εἰ σὺ εἶ ὁ χριστός, εἰπὸν ἡμῖν.	→ Jn 10,24
a 211	Mt 26,64	λέγει **αὐτῷ** ὁ Ἰησοῦς· σὺ εἶπας· …	Mk 14,62	ὁ δὲ Ἰησοῦς εἶπεν· ἐγώ εἰμι, …	⇩ Lk 22,70	εἶπεν δὲ **αὐτοῖς·** ἐὰν ὑμῖν εἴπω οὐ μὴ πιστεύσητε·	→ Jn 10,25
					Lk 22,70 ⇧ Lk 22,67	εἶπαν δὲ πάντες· σὺ οὖν εἶ ὁ υἱὸς τοῦ θεοῦ; ὁ δὲ **πρὸς αὐτοὺς** ἔφη· ὑμεῖς λέγετε ὅτι ἐγώ εἰμι.	→ Jn 10,36

[a] αὐτῷ and verbum dicendi

[b] αὐτῷ neuter

122	Mt 26,67	τότε ἐνέπτυσαν εἰς τὸ πρόσωπον αὐτοῦ ↔	Mk 14,65 (2)	καὶ ἤρξαντό τινες ἐμπτύειν αὐτῷ	Lk 22,63	καὶ οἱ ἄνδρες οἱ συνέχοντες αὐτὸν ἐνέπαιζον αὐτῷ δέροντες,	
a 121	Mt 26,68	↔ [67] καὶ ἐκολάφισαν αὐτόν, οἱ δὲ ἐράπισαν [68] λέγοντες· προφήτευσον ἡμῖν, χριστέ, τίς ἐστιν ὁ παίσας σε;		καὶ περικαλύπτειν αὐτοῦ τὸ πρόσωπον καὶ κολαφίζειν αὐτὸν καὶ λέγειν αὐτῷ· προφήτευσον, καὶ οἱ ὑπηρέται ῥαπίσμασιν αὐτὸν ἔλαβον.	Lk 22,64	καὶ περικαλύψαντες αὐτὸν ἐπηρώτων λέγοντες· προφήτευσον, τίς ἐστιν ὁ παίσας σε;	
222	Mt 26,69	... καὶ προσῆλθεν αὐτῷ μία παιδίσκη λέγουσα· καὶ σὺ ἦσθα μετὰ Ἰησοῦ τοῦ Γαλιλαίου.	Mk 14,67	[66] ... ἔρχεται μία τῶν παιδισκῶν τοῦ ἀρχιερέως [67] καὶ ἰδοῦσα τὸν Πέτρον θερμαινόμενον ἐμβλέψασα αὐτῷ λέγει· καὶ σὺ μετὰ τοῦ Ναζαρηνοῦ ἦσθα τοῦ Ἰησοῦ.	Lk 22,56 (2)	ἰδοῦσα δὲ αὐτὸν παιδίσκη τις καθήμενον πρὸς τὸ φῶς καὶ ἀτενίσασα αὐτῷ εἶπεν· καὶ οὗτος σὺν αὐτῷ ἦν.	→ Jn 18,17
a 122	Mt 26,75	καὶ ἐμνήσθη ὁ Πέτρος τοῦ ῥήματος Ἰησοῦ εἰρηκότος ὅτι πρὶν ἀλέκτορα φωνῆσαι τρὶς ἀπαρνήσῃ με· ...	Mk 14,72	... καὶ ἀνεμνήσθη ὁ Πέτρος τὸ ῥῆμα ὡς εἶπεν αὐτῷ ὁ Ἰησοῦς ὅτι πρὶν ἀλέκτορα φωνῆσαι δὶς τρίς με ἀπαρνήσῃ· ...	Lk 22,61	... καὶ ὑπεμνήσθη ὁ Πέτρος τοῦ ῥήματος τοῦ κυρίου ὡς εἶπεν αὐτῷ ὅτι πρὶν ἀλέκτορα φωνῆσαι σήμερον ἀπαρνήσῃ με τρίς.	
a 122	Mt 27,11	... καὶ ἐπηρώτησεν αὐτὸν ὁ ἡγεμὼν λέγων· σὺ εἶ ὁ βασιλεὺς τῶν Ἰουδαίων; ὁ δὲ Ἰησοῦς ἔφη· σὺ λέγεις.	Mk 15,2	καὶ ἐπηρώτησεν αὐτὸν ὁ Πιλᾶτος· σὺ εἶ ὁ βασιλεὺς τῶν Ἰουδαίων; ὁ δὲ ἀποκριθεὶς αὐτῷ λέγει· σὺ λέγεις.	Lk 23,3	ὁ δὲ Πιλᾶτος ἠρώτησεν αὐτὸν λέγων· σὺ εἶ ὁ βασιλεὺς τῶν Ἰουδαίων; ὁ δὲ ἀποκριθεὶς αὐτῷ ἔφη· σὺ λέγεις.	→ Jn 18,33 → Jn 18,37
a 210	Mt 27,13	τότε λέγει αὐτῷ ὁ Πιλᾶτος· οὐκ ἀκούεις πόσα σου καταμαρτυροῦσιν;	Mk 15,4 → Mt 27,12	ὁ δὲ Πιλᾶτος πάλιν ἐπηρώτα αὐτὸν λέγων· οὐκ ἀποκρίνῃ οὐδέν; ἴδε πόσα σου κατηγοροῦσιν.	Lk 23,9	[8] ὁ δὲ Ἡρῴδης ... [9] ἐπηρώτα δὲ αὐτὸν ἐν λόγοις ἱκανοῖς,	→ Jn 19,9-10
a 210	Mt 27,14	καὶ οὐκ ἀπεκρίθη αὐτῷ πρὸς οὐδὲ ἓν ῥῆμα, ὥστε θαυμάζειν τὸν ἡγεμόνα λίαν.	Mk 15,5	ὁ δὲ Ἰησοῦς οὐκέτι οὐδὲν ἀπεκρίθη, ὥστε θαυμάζειν τὸν Πιλᾶτον.		αὐτὸς δὲ οὐδὲν ἀπεκρίνατο αὐτῷ.	
a 002	Mt 27,14	[13] τότε λέγει αὐτῷ ὁ Πιλᾶτος· οὐκ ἀκούεις πόσα σου καταμαρτυροῦσιν; [14] καὶ οὐκ ἀπεκρίθη αὐτῷ πρὸς οὐδὲ ἓν ῥῆμα, ὥστε θαυμάζειν τὸν ἡγεμόνα λίαν.	Mk 15,5	[4] ὁ δὲ Πιλᾶτος πάλιν ἐπηρώτα αὐτὸν λέγων· οὐκ ἀποκρίνῃ οὐδέν; ἴδε πόσα σου κατηγοροῦσιν. [5] ὁ δὲ Ἰησοῦς οὐκέτι οὐδὲν ἀπεκρίθη, ὥστε θαυμάζειν τὸν Πιλᾶτον.	Lk 23,9	[8] ὁ δὲ Ἡρῴδης ... [9] ἐπηρώτα δὲ αὐτὸν ἐν λόγοις ἱκανοῖς, αὐτὸς δὲ οὐδὲν ἀπεκρίνατο αὐτῷ.	
002					Lk 23,15	... καὶ ἰδοὺ οὐδὲν ἄξιον θανάτου ἐστὶν πεπραγμένον αὐτῷ·	→ Jn 18,38

112	Mt 27,23	ὁ δὲ ἔφη· τί γὰρ κακὸν ἐποίησεν; ...	Mk 15,14	ὁ δὲ Πιλᾶτος ἔλεγεν αὐτοῖς· τί γὰρ ἐποίησεν κακόν; ...	Lk 23,22 → Lk 23,4 → Lk 23,14 → Lk 23,16	ὁ δὲ τρίτον εἶπεν πρὸς αὐτούς· τί γὰρ κακὸν ἐποίησεν οὗτος; οὐδὲν αἴτιον θανάτου εὗρον ἐν αὐτῷ· παιδεύσας οὖν αὐτὸν ἀπολύσω.	→ Jn 19,6 → Acts 13,28
220	Mt 27,28	καὶ ἐκδύσαντες αὐτὸν χλαμύδα κοκκίνην περιέθηκαν αὐτῷ, [29] καὶ πλέξαντες στέφανον ἐξ ἀκανθῶν ...	Mk 15,17	καὶ ἐνδιδύσκουσιν αὐτὸν πορφύραν καὶ περιτιθέασιν αὐτῷ πλέξαντες ἀκάνθινον στέφανον·	Lk 23,11	ἐξουθενήσας δὲ αὐτὸν [καὶ] ὁ Ἡρῴδης σὺν τοῖς στρατεύμασιν αὐτοῦ καὶ ἐμπαίξας περιβαλὼν ἐσθῆτα λαμπρὰν ἀνέπεμψεν αὐτὸν τῷ Πιλάτῳ.	→ Jn 19,2
210	Mt 27,29	... καὶ γονυπετήσαντες ἔμπροσθεν αὐτοῦ ἐνέπαιξαν αὐτῷ λέγοντες· χαῖρε, βασιλεῦ τῶν Ἰουδαίων,	Mk 15,18	καὶ ἤρξαντο ἀσπάζεσθαι αὐτόν· χαῖρε, βασιλεῦ τῶν Ἰουδαίων·			→ Jn 19,3
120	Mt 27,30	καὶ ἐμπτύσαντες εἰς αὐτὸν ἔλαβον τὸν κάλαμον καὶ ἔτυπτον εἰς τὴν κεφαλὴν αὐτοῦ.	Mk 15,19 (2)	καὶ ἔτυπτον αὐτοῦ τὴν κεφαλὴν καλάμῳ καὶ ἐνέπτυον αὐτῷ			
120				καὶ τιθέντες τὰ γόνατα προσεκύνουν αὐτῷ.			
220	Mt 27,31	καὶ ὅτε ἐνέπαιξαν αὐτῷ, ἐξέδυσαν αὐτὸν τὴν χλαμύδα καὶ ἐνέδυσαν αὐτὸν τὰ ἱμάτια αὐτοῦ ...	Mk 15,20	καὶ ὅτε ἐνέπαιξαν αὐτῷ, ἐξέδυσαν αὐτὸν τὴν πορφύραν καὶ ἐνέδυσαν αὐτὸν τὰ ἱμάτια αὐτοῦ. ...			
112	Mt 27,32	ἐξερχόμενοι δὲ εὗρον ἄνθρωπον Κυρηναῖον ὀνόματι Σίμωνα, τοῦτον ἠγγάρευσαν ἵνα ἄρῃ τὸν σταυρὸν αὐτοῦ.	Mk 15,21	καὶ ἀγγαρεύουσιν παράγοντά τινα Σίμωνα Κυρηναῖον ἐρχόμενον ἀπ' ἀγροῦ, τὸν πατέρα Ἀλεξάνδρου καὶ Ῥούφου, ἵνα ἄρῃ τὸν σταυρὸν αὐτοῦ.	Lk 23,26	... ἐπιλαβόμενοι Σίμωνά τινα Κυρηναῖον ἐρχόμενον ἀπ' ἀγροῦ ἐπέθηκαν αὐτῷ τὸν σταυρὸν φέρειν ὄπισθεν τοῦ Ἰησοῦ.	
002					Lk 23,27	ἠκολούθει δὲ αὐτῷ πολὺ πλῆθος τοῦ λαοῦ καὶ γυναικῶν αἳ ἐκόπτοντο καὶ ἐθρήνουν αὐτόν.	
002					Lk 23,32 ↓ Mt 27,38 ↓ Mk 15,27 ↓ Lk 23,33	ἤγοντο δὲ καὶ ἕτεροι κακοῦργοι δύο σὺν αὐτῷ ἀναιρεθῆναι.	→ Jn 19,18
220	Mt 27,34	ἔδωκαν αὐτῷ πιεῖν οἶνον μετὰ χολῆς μεμιγμένον· καὶ γευσάμενος οὐκ ἠθέλησεν πιεῖν.	Mk 15,23	καὶ ἐδίδουν αὐτῷ ἐσμυρνισμένον οἶνον· ὃς δὲ οὐκ ἔλαβεν.			

221	Mt 27,38 ↑ Lk 23,32	τότε σταυροῦνται σὺν αὐτῷ δύο λῃσταί, εἷς ἐκ δεξιῶν καὶ εἷς ἐξ εὐωνύμων.	Mk 15,27 ↑ Lk 23,32	καὶ σὺν αὐτῷ σταυροῦσιν δύο λῃστάς, ἕνα ἐκ δεξιῶν καὶ ἕνα ἐξ εὐωνύμων αὐτοῦ.	Lk 23,33 → Lk 22,37	... ἐκεῖ ἐσταύρωσαν αὐτὸν καὶ τοὺς κακούργους, ὃν μὲν ἐκ δεξιῶν ὃν δὲ ἐξ ἀριστερῶν.	→ Jn 19,18
002	Mt 27,48		Mk 15,36		Lk 23,36 (2) ↓ Lk 23,39	ἐνέπαιξαν δὲ αὐτῷ καὶ οἱ στρατιῶται προσερχόμενοι,	→ Jn 19,29
002		καὶ εὐθέως δραμὼν εἷς ἐξ αὐτῶν καὶ λαβὼν σπόγγον πλήσας τε ὄξους καὶ περιθεὶς καλάμῳ ἐπότιζεν αὐτόν.		δραμὼν δέ τις [καὶ] γεμίσας σπόγγον ὄξους περιθεὶς καλάμῳ ἐπότιζεν αὐτὸν λέγων· ...		ὄξος προσφέροντες αὐτῷ	→ Jn 19,29
112	Mt 27,37	καὶ ἐπέθηκαν ἐπάνω τῆς κεφαλῆς αὐτοῦ τὴν αἰτίαν αὐτοῦ γεγραμμένην· οὗτός ἐστιν Ἰησοῦς ὁ βασιλεῦς τῶν Ἰουδαίων.	Mk 15,26	καὶ ἦν ἡ ἐπιγραφὴ τῆς αἰτίας αὐτοῦ ἐπιγεγραμμένη· ὁ βασιλεὺς τῶν Ἰουδαίων.	Lk 23,38	ἦν δὲ καὶ ἐπιγραφὴ ἐπ᾽ αὐτῷ· ὁ βασιλεὺς τῶν Ἰουδαίων οὗτος.	→ Jn 19,19
221	Mt 27,44	τὸ δ᾽ αὐτὸ καὶ οἱ λῃσταὶ οἱ συσταυρωθέντες σὺν αὐτῷ ὠνείδιζον αὐτόν.	Mk 15,32	... καὶ οἱ συνεσταυρωμένοι σὺν αὐτῷ ὠνείδιζον αὐτόν.	Lk 23,39 ↑ Lk 23,36	εἷς δὲ τῶν κρεμασθέντων κακούργων ἐβλασφήμει αὐτὸν λέγων· οὐχὶ σὺ εἶ ὁ χριστός; σῶσον σεαυτὸν καὶ ἡμᾶς.	
a 002					Lk 23,40 (2)	ἀποκριθεὶς δὲ ὁ ἕτερος ἐπιτιμῶν αὐτῷ ἔφη·	
b 002						οὐδὲ φοβῇ σὺ τὸν θεόν, ὅτι ἐν τῷ αὐτῷ κρίματι εἶ;	
a 002					Lk 23,43	καὶ εἶπεν αὐτῷ· ἀμήν σοι λέγω, σήμερον μετ᾽ ἐμοῦ ἔσῃ ἐν τῷ παραδείσῳ.	
112	Mt 27,55 ↓ Mt 27,61	ἦσαν δὲ ἐκεῖ γυναῖκες πολλαὶ ἀπὸ μακρόθεν θεωροῦσαι,	Mk 15,40 ↓ Mk 15,47	ἦσαν δὲ καὶ γυναῖκες ἀπὸ μακρόθεν θεωροῦσαι, ...	Lk 23,49 (2) ↓ Lk 23,55	εἱστήκεισαν δὲ πάντες οἱ γνωστοὶ αὐτῷ ἀπὸ μακρόθεν καὶ γυναῖκες	→ Jn 19,25
122		αἵτινες ἠκολούθησαν τῷ Ἰησοῦ ἀπὸ τῆς Γαλιλαίας	Mk 15,41 (3)	αἳ ὅτε ἦν ἐν τῇ Γαλιλαίᾳ ἠκολούθουν αὐτῷ	→ Lk 8,2-3	αἱ συνακολουθοῦσαι αὐτῷ ἀπὸ τῆς Γαλιλαίας ὁρῶσαι ταῦτα.	
221		διακονοῦσαι αὐτῷ·		καὶ διηκόνουν αὐτῷ,			
121				καὶ ἄλλαι πολλαὶ αἱ συναναβᾶσαι αὐτῷ εἰς Ἱεροσόλυμα.			

112	**Mt 27,61** ↑ Mt 27,55 → Mt 28,1	ἦν δὲ ἐκεῖ Μαριὰμ ἡ Μαγδαληνὴ καὶ ἡ ἄλλη Μαρία καθήμεναι ἀπέναντι τοῦ τάφου.	**Mk 15,47** ↑ Mk 15,41 → Mk 16,1	ἡ δὲ Μαρία ἡ Μαγδαληνὴ καὶ Μαρία ἡ Ἰωσῆτος ἐθεώρουν ποῦ τέθειται.	**Lk 23,55** ↑ Lk 23,49 → Lk 8,2-3	κατακολουθήσασαι δὲ αἱ γυναῖκες, αἵτινες ἦσαν συνεληλυθυῖαι ἐκ τῆς Γαλιλαίας **αὐτῷ**, ἐθεάσαντο τὸ μνημεῖον καὶ ὡς ἐτέθη τὸ σῶμα αὐτοῦ	
a 002					**Lk 24,19**	καὶ εἶπεν αὐτοῖς· ποῖα; οἱ δὲ εἶπαν **αὐτῷ**· τὰ περὶ Ἰησοῦ τοῦ Ναζαρηνοῦ, ...	→ Acts 2,22 → Acts 10,38
002					**Lk 24,42**	οἱ δὲ ἐπέδωκαν **αὐτῷ** ἰχθύος ὀπτοῦ μέρος·	
200	**Mt 28,9**	... αἱ δὲ προσελθοῦσαι ἐκράτησαν αὐτοῦ τοὺς πόδας καὶ προσεκύνησαν **αὐτῷ**.					→ Jn 20,14-17 → **Jn 20,16**

a αὐτῷ and verbum dicendi

b αὐτῷ neuter

Acts 2,30 προφήτης οὖν ὑπάρχων καὶ εἰδὼς ὅτι ὅρκῳ ὤμοσεν **αὐτῷ** ὁ θεὸς ἐκ καρποῦ τῆς ὀσφύος αὐτοῦ καθίσαι ἐπὶ τὸν θρόνον αὐτοῦ
➤ Ps 132,11

Acts 3,10 ... καὶ ἐπλήσθησαν θάμβους καὶ ἐκστάσεως ἐπὶ τῷ συμβεβηκότι **αὐτῷ**.

Acts 3,16 ... καὶ ἡ πίστις ἡ δι᾽ αὐτοῦ ἔδωκεν **αὐτῷ** τὴν ὁλοκληρίαν ταύτην ἀπέναντι πάντων ὑμῶν.

Acts 4,32 ... καὶ οὐδὲ εἷς τι τῶν ὑπαρχόντων **αὐτῷ** ἔλεγεν ἴδιον εἶναι ἀλλ᾽ ἦν αὐτοῖς ἅπαντα κοινά.

Acts 4,37 ὑπάρχοντος **αὐτῷ** ἀγροῦ πωλήσας ἤνεγκεν τὸ χρῆμα καὶ ἔθηκεν πρὸς τοὺς πόδας τῶν ἀποστόλων.

Acts 5,17 ἀναστὰς δὲ ὁ ἀρχιερεὺς καὶ πάντες οἱ **σὺν αὐτῷ**, ἡ οὖσα αἵρεσις τῶν Σαδδουκαίων, ἐπλήσθησαν ζήλου

Acts 5,21 ... παραγενόμενος δὲ ὁ ἀρχιερεὺς καὶ οἱ **σὺν αὐτῷ** συνεκάλεσαν τὸ συνέδριον καὶ πᾶσαν τὴν γερουσίαν τῶν υἱῶν Ἰσραὴλ ...

Acts 5,32 καὶ ἡμεῖς ἐσμεν μάρτυρες τῶν ῥημάτων τούτων καὶ τὸ πνεῦμα τὸ ἅγιον ὃ ἔδωκεν ὁ θεὸς τοῖς πειθαρχοῦσιν **αὐτῷ**.

Acts 5,36 ... ὃς ἀνῃρέθη, καὶ πάντες ὅσοι ἐπείθοντο **αὐτῷ** διελύθησαν καὶ ἐγένοντο εἰς οὐδέν.

Acts 5,37 ... Ἰούδας ὁ Γαλιλαῖος ... κἀκεῖνος ἀπώλετο καὶ πάντες ὅσοι ἐπείθοντο **αὐτῷ** διεσκορπίσθησαν.

Acts 5,39 ... ἐπείσθησαν δὲ **αὐτῷ**

Acts 7,5 (3) καὶ οὐκ ἔδωκεν **αὐτῷ** κληρονομίαν ἐν αὐτῇ οὐδὲ βῆμα ποδὸς
καὶ ἐπηγγείλατο *δοῦναι* ***αὐτῷ*** *εἰς κατάσχεσιν αὐτὴν καὶ τῷ σπέρματι αὐτοῦ μετ᾽ αὐτόν,*
οὐκ ὄντος **αὐτῷ** τέκνου.
➤ Gen 48,4

Acts 7,8 καὶ ἔδωκεν **αὐτῷ** διαθήκην περιτομῆς· ...

Acts 7,10 καὶ ἐξείλατο αὐτὸν ἐκ πασῶν τῶν θλίψεων αὐτοῦ καὶ ἔδωκεν **αὐτῷ** χάριν καὶ σοφίαν ἐναντίον Φαραὼ βασιλέως Αἰγύπτου ...

Acts 7,23 ὡς δὲ ἐπληροῦτο **αὐτῷ** τεσσερακονταετὴς χρόνος, ...

Acts 7,30 καὶ πληρωθέντων ἐτῶν τεσσεράκοντα ὤφθη **αὐτῷ** ἐν τῇ ἐρήμῳ τοῦ ὄρους Σινᾶ ἄγγελος ἐν φλογὶ πυρὸς βάτου.
➤ Exod 3,2

a **Acts 7,33** εἶπεν δὲ **αὐτῷ** ὁ κύριος· *λῦσον τὸ ὑπόδημα τῶν ποδῶν σου,* ...
➤ Exod 3,5

Acts 7,35 τοῦτον τὸν Μωϋσῆν ... τοῦτον ὁ θεὸς [καὶ] ἄρχοντα καὶ λυτρωτὴν ἀπέσταλκεν σὺν χειρὶ ἀγγέλου τοῦ ὀφθέντος **αὐτῷ** ἐν τῇ βάτῳ.

a **Acts 7,38** οὗτός ἐστιν ὁ γενόμενος ἐν τῇ ἐκκλησίᾳ ἐν τῇ ἐρήμῳ μετὰ τοῦ ἀγγέλου τοῦ λαλοῦντος **αὐτῷ** ἐν τῷ ὄρει Σινᾶ καὶ τῶν πατέρων ἡμῶν, ...

Acts 7,40 ... *ὁ γὰρ Μωϋσῆς οὗτος, ὃς ἐξήγαγεν ἡμᾶς ἐκ γῆς Αἰγύπτου, οὐκ οἴδαμεν τί ἐγένετο*
αὐτῷ.
➤ Exod 32,1.23

Acts 7,47 Σολομῶν δὲ οἰκοδόμησεν
αὐτῷ
οἶκον.

Acts 8,2 συνεκόμισαν δὲ τὸν Στέφανον ἄνδρες εὐλαβεῖς καὶ ἐποίησαν κοπετὸν μέγαν
ἐπ᾽ αὐτῷ.

Acts 8,11 προσεῖχον δὲ
αὐτῷ
διὰ τὸ ἱκανῷ χρόνῳ ταῖς μαγείαις ἐξεστακέναι αὐτούς.

Acts 8,31 ... παρεκάλεσέν τε τὸν Φίλιππον ἀναβάντα καθίσαι
σὺν αὐτῷ.

a Acts 8,35 ἀνοίξας δὲ ὁ Φίλιππος τὸ στόμα αὐτοῦ καὶ ἀρξάμενος ἀπὸ τῆς γραφῆς ταύτης εὐηγγελίσατο
αὐτῷ
τὸν Ἰησοῦν.

a Acts 9,4 καὶ πεσὼν ἐπὶ τὴν γῆν ἤκουσεν φωνὴν λέγουσαν
αὐτῷ·
Σαοὺλ Σαούλ, τί με διώκεις;

Acts 9,7 οἱ δὲ ἄνδρες οἱ συνοδεύοντες
αὐτῷ
εἱστήκεισαν ἐνεοί, ἀκούοντες μὲν τῆς φωνῆς μηδένα δὲ θεωροῦντες.

Acts 9,12 καὶ εἶδεν ἄνδρα [ἐν ὁράματι] Ἁνανίαν ὀνόματι εἰσελθόντα καὶ ἐπιθέντα
αὐτῷ
[τὰς] χεῖρας ὅπως ἀναβλέψῃ.

Acts 9,16 ἐγὼ γὰρ ὑποδείξω
αὐτῷ
ὅσα δεῖ αὐτὸν ὑπὲρ τοῦ ὀνόματός μου παθεῖν.

a Acts 9,27 ... καὶ διηγήσατο αὐτοῖς πῶς ἐν τῇ ὁδῷ εἶδεν τὸν κύριον καὶ ὅτι ἐλάλησεν
αὐτῷ
καὶ πῶς ἐν Δαμασκῷ ἐπαρρησιάσατο ἐν τῷ ὀνόματι τοῦ Ἰησοῦ.

a Acts 9,34 καὶ εἶπεν
αὐτῷ
ὁ Πέτρος· Αἰνέα, ἰᾶταί σε Ἰησοῦς Χριστός· ...

Acts 9,39 ... καὶ παρέστησαν
αὐτῷ
πᾶσαι αἱ χῆραι κλαίουσαι καὶ ἐπιδεικνύμεναι χιτῶνας καὶ ἱμάτια ὅσα ἐποίει μετ᾽ αὐτῶν οὖσα ἡ Δορκάς.

a Acts 10,3 εἶδεν ἐν ὁράματι φανερῶς ὡσεὶ περὶ ὥραν ἐνάτην τῆς ἡμέρας ἄγγελον τοῦ θεοῦ εἰσελθόντα πρὸς αὐτὸν καὶ εἰπόντα
αὐτῷ·
Κορνήλιε.

Acts 10,4 (2) ὁ δὲ ἀτενίσας
αὐτῷ
καὶ ἔμφοβος γενόμενος εἶπεν· τί ἐστιν, κύριε;

a → Lk 1,13 εἶπεν δὲ
αὐτῷ·
αἱ προσευχαί σου καὶ αἱ ἐλεημοσύναι σου ἀνέβησαν εἰς μνημόσυνον ἔμπροσθεν τοῦ θεοῦ.

a Acts 10,7 (2) ὡς δὲ ἀπῆλθεν ὁ ἄγγελος ὁ λαλῶν
αὐτῷ,
φωνήσας δύο τῶν οἰκετῶν
καὶ στρατιώτην εὐσεβῆ τῶν προσκαρτερούντων
αὐτῷ

a Acts 10,19 τοῦ δὲ Πέτρου διενθυμουμένου περὶ τοῦ ὁράματος εἶπεν
[αὐτῷ]
τὸ πνεῦμα· ἰδοὺ ἄνδρες τρεῖς ζητοῦντές σε

Acts 10,23 ... τῇ δὲ ἐπαύριον ἀναστὰς ἐξῆλθεν σὺν αὐτοῖς καί τινες τῶν ἀδελφῶν τῶν ἀπὸ Ἰόππης συνῆλθον
αὐτῷ.

Acts 10,25 ὡς δὲ ἐγένετο τοῦ εἰσελθεῖν τὸν Πέτρον, συναντήσας
αὐτῷ
ὁ Κορνήλιος πεσὼν ἐπὶ τοὺς πόδας προσεκύνησεν.

Acts 10,27 καὶ συνομιλῶν
αὐτῷ
εἰσῆλθεν καὶ εὑρίσκει συνεληλυθότας πολλούς

Acts 10,35 ἀλλ᾽ ἐν παντὶ ἔθνει ὁ φοβούμενος αὐτὸν καὶ ἐργαζόμενος δικαιοσύνην δεκτὸς
αὐτῷ
ἐστιν.

Acts 10,41 ... ἡμῖν, οἵτινες συνεφάγομεν καὶ συνεπίομεν
αὐτῷ
μετὰ τὸ ἀναστῆναι αὐτὸν ἐκ νεκρῶν·

a Acts 12,8 ... καὶ λέγει
αὐτῷ·
περιβαλοῦ τὸ ἱμάτιόν σου καὶ ἀκολούθει μοι.

Acts 13,31 ὃς ὤφθη ἐπὶ ἡμέρας πλείους τοῖς συναναβᾶσιν
αὐτῷ
ἀπὸ τῆς Γαλιλαίας εἰς Ἰερουσαλήμ, ...

Acts 14,9 οὗτος ἤκουσεν τοῦ Παύλου λαλοῦντος· ὃς ἀτενίσας
αὐτῷ
καὶ ἰδὼν ὅτι ἔχει πίστιν τοῦ σωθῆναι

Acts 16,3 τοῦτον ἠθέλησεν ὁ Παῦλος
σὺν αὐτῷ
ἐξελθεῖν, καὶ λαβὼν περιέτεμεν αὐτὸν διὰ τοὺς Ἰουδαίους τοὺς ὄντας ἐν τοῖς τόποις ἐκείνοις· ...

a Acts 16,32 καὶ ἐλάλησαν
αὐτῷ
τὸν λόγον τοῦ κυρίου σὺν πᾶσιν τοῖς ἐν τῇ οἰκίᾳ αὐτοῦ.

Acts 17,16 ἐν δὲ ταῖς Ἀθήναις ἐκδεχομένου αὐτοὺς τοῦ Παύλου παρωξύνετο τὸ πνεῦμα αὐτοῦ
ἐν αὐτῷ
θεωροῦντος κατείδωλον οὖσαν τὴν πόλιν.

Acts 17,18 τινὲς δὲ καὶ τῶν Ἐπικουρείων καὶ Στοϊκῶν φιλοσόφων συνέβαλλον
αὐτῷ,
καί τινες ἔλεγον· τί ἂν θέλοι ὁ σπερμολόγος οὗτος λέγειν; ...

Acts 17,24 ὁ θεὸς ὁ ποιήσας τὸν κόσμον καὶ πάντα τὰ
ἐν αὐτῷ,
οὗτος οὐρανοῦ καὶ γῆς ὑπάρχων κύριος οὐκ ἐν χειροποιήτοις ναοῖς κατοικεῖ

Acts 17,28 **ἐν αὐτῷ**
γὰρ ζῶμεν καὶ κινούμεθα καὶ ἐσμέν, ...

Acts 17,34 τινὲς δὲ ἄνδρες κολληθέντες
αὐτῷ
ἐπίστευσαν, ...

Acts 18,18 ... ἐξέπλει εἰς τὴν Συρίαν, καὶ
σὺν αὐτῷ
Πρίσκιλλα καὶ Ἀκύλας, ...

Acts 18,26 ... ἀκούσαντες δὲ αὐτοῦ Πρίσκιλλα καὶ Ἀκύλας προσελάβοντο αὐτὸν καὶ ἀκριβέστερον
αὐτῷ
ἐξέθεντο τὴν ὁδὸν [τοῦ θεοῦ].

Acts 19,22 ἀποστείλας δὲ εἰς τὴν Μακεδονίαν δύο τῶν διακονούντων
αὐτῷ,
Τιμόθεον καὶ Ἔραστον, ...

Acts 19,31 τινὲς δὲ καὶ τῶν Ἀσιαρχῶν, ὄντες
αὐτῷ
φίλοι, πέμψαντες πρὸς αὐτὸν παρεκάλουν μὴ δοῦναι ἑαυτὸν εἰς τὸ θέατρον.

Acts 19,38 εἰ μὲν οὖν Δημήτριος καὶ οἱ
σὺν αὐτῷ
τεχνῖται ἔχουσι πρός τινα λόγον, ... ἐγκαλείτωσαν ἀλλήλοις.

Acts 20,3 ... γενομένης ἐπιβουλῆς
αὐτῷ
ὑπὸ τῶν Ἰουδαίων μέλλοντι ἀνάγεσθαι εἰς τὴν Συρίαν, ἐγένετο γνώμης τοῦ ὑποστρέφειν διὰ Μακεδονίας.

Acts 20,4 συνείπετο δὲ
αὐτῷ
Σώπατρος Πύρρου Βεροιαῖος, Θεσσαλονικέων δὲ Ἀρίσταρχος καὶ Σεκοῦνδος, ...

Acts 20,10 (2) καταβὰς δὲ ὁ Παῦλος ἐπέπεσεν
αὐτῷ
καὶ συμπεριλαβὼν εἶπεν·
μὴ θορυβεῖσθε, ἡ γὰρ ψυχὴ αὐτοῦ
ἐν αὐτῷ
ἐστιν.

Acts 20,16 (2) κεκρίκει γὰρ ὁ Παῦλος παραπλεῦσαι τὴν Ἔφεσον, ὅπως μὴ γένηται
αὐτῷ
χρονοτριβῆσαι ἐν τῇ Ἀσίᾳ·
ἔσπευδεν γὰρ εἰ δυνατὸν εἴη
αὐτῷ
τὴν ἡμέραν τῆς πεντηκοστῆς γενέσθαι εἰς Ἱεροσόλυμα.

Acts 21,8 ... καὶ εἰσελθόντες εἰς τὸν οἶκον Φιλίππου τοῦ εὐαγγελιστοῦ, ὄντος ἐκ τῶν ἑπτά, ἐμείναμεν
παρ᾽ αὐτῷ.

a Acts 21,20 οἱ δὲ ἀκούσαντες ἐδόξαζον τὸν θεόν εἶπόν τε
αὐτῷ·
θεωρεῖς, ἀδελφέ, πόσαι μυριάδες εἰσὶν ἐν τοῖς Ἰουδαίοις τῶν πεπιστευκότων ...

Acts 21,29 ἦσαν γὰρ προεωρακότες Τρόφιμον τὸν Ἐφέσιον ἐν τῇ πόλει
σὺν αὐτῷ,
ὃν ἐνόμιζον ὅτι εἰς τὸ ἱερὸν εἰσήγαγεν ὁ Παῦλος.

Acts 22,15 ὅτι ἔσῃ μάρτυς
αὐτῷ
πρὸς πάντας ἀνθρώπους ὧν ἑώρακας καὶ ἤκουσας.

Acts 22,24 ... εἴπας μάστιξιν ἀνετάζεσθαι αὐτὸν ἵνα ἐπιγνῷ δι᾽ ἣν αἰτίαν οὕτως ἐπεφώνουν
αὐτῷ.

a Acts 22,27 προσελθὼν δὲ ὁ χιλίαρχος εἶπεν
αὐτῷ·
λέγε μοι, σὺ Ῥωμαῖος εἶ; ὁ δὲ ἔφη· ναί.

Acts 23,2 ὁ δὲ ἀρχιερεὺς Ἁνανίας ἐπέταξεν τοῖς παρεστῶσιν
αὐτῷ
τύπτειν αὐτοῦ τὸ στόμα.

a Acts 23,9 ... οὐδὲν κακὸν εὑρίσκομεν ἐν τῷ ἀνθρώπῳ τούτῳ· εἰ δὲ πνεῦμα ἐλάλησεν
αὐτῷ
ἢ ἄγγελος;

Acts 23,11 τῇ δὲ ἐπιούσῃ νυκτὶ ἐπιστὰς
αὐτῷ
ὁ κύριος εἶπεν· θάρσει· ...

a Acts 23,17 ... τὸν νεανίαν τοῦτον ἀπάγαγε πρὸς τὸν χιλίαρχον, ἔχει γὰρ ἀπαγγεῖλαί τι
αὐτῷ.

Acts 23,28 βουλόμενός τε ἐπιγνῶναι τὴν αἰτίαν δι᾽ ἣν ἐνεκάλουν
αὐτῷ,
κατήγαγον εἰς τὸ συνέδριον αὐτῶν

Acts 23,32 τῇ δὲ ἐπαύριον ἐάσαντες τοὺς ἱππεῖς ἀπέρχεσθαι
σὺν αὐτῷ
ὑπέστρεψαν εἰς τὴν παρεμβολήν·

Acts 23,33 οἵτινες εἰσελθόντες εἰς τὴν Καισάρειαν καὶ ἀναδόντες τὴν ἐπιστολὴν τῷ ἡγεμόνι παρέστησαν καὶ τὸν Παῦλον
αὐτῷ.

Acts 24,10 ἀπεκρίθη τε ὁ Παῦλος νεύσαντος
αὐτῷ
τοῦ ἡγεμόνος λέγειν· ...

Acts 24,23 ... καὶ μηδένα κωλύειν τῶν ἰδίων αὐτοῦ ὑπηρετεῖν
αὐτῷ.

Acts 24,26 (2) ἅμα καὶ ἐλπίζων ὅτι χρήματα δοθήσεται
αὐτῷ
ὑπὸ τοῦ Παύλου·
διὸ καὶ πυκνότερον αὐτὸν μεταπεμπόμενος ὡμίλει
αὐτῷ.

Acts 25,2 ἐνεφάνισάν τε
αὐτῷ
οἱ ἀρχιερεῖς καὶ οἱ πρῶτοι τῶν Ἰουδαίων κατὰ τοῦ Παύλου καὶ παρεκάλουν αὐτὸν

Acts 28,8 ... καὶ προσευξάμενος ἐπιθεὶς τὰς χεῖρας
αὐτῷ
ἰάσατο αὐτόν.

Acts 28,23 ταξάμενοι δὲ
αὐτῷ
ἡμέραν ἦλθον πρὸς αὐτὸν εἰς τὴν ξενίαν πλείονες οἷς ἐξετίθετο διαμαρτυρόμενος τὴν βασιλείαν τοῦ θεοῦ, ...

# αὐτῇ	Syn 54	Mt 12	Mk 12	Lk 30	Acts 7	Jn 16	1-3John 1	Paul 6	Eph	Col 1
	NT 105	2Thess	1/2Tim	Tit	Heb	Jas 2	1Pet	2Pet 1	Jude	Rev 17

feminine singular dative of αὐτός

	triple tradition																double tradition			Sondergut		
		+Mt / +Lk			–Mt / –Lk			traditions not taken over by Mt / Lk							subtotals							
code	*222*	*211*	*112*	*212*	*221*	*122*	*121*	*022*	*012*	*021*	*220*	*120*	*210*	*020*	Σ⁺	Σ⁻	Σ	*202*	*201*	*102*	*200*	*002*	total
Mt		1⁺				1⁻	2⁻				4	3⁻	2⁺		3⁺	6⁻	7	1	1		3		**12**
Mk						1	2	1		1	4	3					12						**12**
Lk			1⁺			1	2⁻	1		1⁻					1⁺	3⁻	3	1		4		22	**30**

[a] αὐτῇ and verbum dicendi

[b] (ἐν) αὐτῇ τῇ ὥρᾳ / ἡμέρᾳ

a 002			**Lk 1,30** ↓ Mt 1,20 καὶ εἶπεν ὁ ἄγγελος **αὐτῇ·** μὴ φοβοῦ, Μαριάμ, εὗρες γὰρ χάριν παρὰ τῷ θεῷ.	
a 002			**Lk 1,35** ↓ Mt 1,20 καὶ ἀποκριθεὶς ὁ ἄγγελος εἶπεν **αὐτῇ·** πνεῦμα ἅγιον ἐπελεύσεται ἐπὶ σὲ καὶ δύναμις ὑψίστου ἐπισκιάσει σοι· ...	
002			**Lk 1,36** καὶ ἰδοὺ Ἐλισάβετ ἡ συγγενίς σου καὶ αὐτὴ συνείληφεν υἱὸν ἐν γήρει αὐτῆς καὶ οὗτος μὴν ἕκτος ἐστὶν **αὐτῇ** τῇ καλουμένῃ στείρᾳ·	
200	**Mt 1,20** → Lk 1,27 ↑ Lk 1,30 ↑ Lk 1,35 ... Ἰωσὴφ υἱὸς Δαυίδ, μὴ φοβηθῇς παραλαβεῖν Μαριὰμ τὴν γυναῖκά σου, τὸ γὰρ **ἐν αὐτῇ** γεννηθὲν ἐκ πνεύματός ἐστιν ἁγίου·			
a 002			**Lk 1,45** → Lk 1,48 → Lk 11,28 καὶ μακαρία ἡ πιστεύσασα ὅτι ἔσται τελείωσις τοῖς λελαλημένοις **αὐτῇ** παρὰ κυρίου.	
002			**Lk 1,56** ἔμεινεν δὲ Μαριὰμ **σὺν αὐτῇ** ὡς μῆνας τρεῖς, ...	
002			**Lk 1,58** καὶ ἤκουσαν οἱ περίοικοι καὶ οἱ συγγενεῖς αὐτῆς ὅτι ἐμεγάλυνεν κύριος τὸ ἔλεος αὐτοῦ μετ᾽ αὐτῆς καὶ συνέχαιρον **αὐτῇ.**	
002			**Lk 2,8** καὶ ποιμένες ἦσαν **ἐν τῇ χώρᾳ τῇ αὐτῇ** ἀγραυλοῦντες καὶ φυλάσσοντες φυλακὰς τῆς νυκτὸς ἐπὶ τὴν ποίμνην αὐτῶν.	

b 002					Lk 2,38	καὶ αὐτῇ τῇ ὥρᾳ ἐπιστᾶσα ἀνθωμολογεῖτο τῷ θεῷ καὶ ἐλάλει περὶ αὐτοῦ πᾶσιν τοῖς προσδεχομένοις λύτρωσιν Ἰερουσαλήμ.	
200	Mt 5,31 → Mt 19,7 → Mk 10,4	ἐρρέθη δέ· ὃς ἂν ἀπολύσῃ τὴν γυναῖκα αὐτοῦ, δότω αὐτῇ ἀποστάσιον. ➤ Deut 24,1ff.					
201	Mt 10,11	εἰς ἣν δ' ἂν πόλιν ἢ κώμην εἰσέλθητε, ἐξετάσατε τίς ἐν αὐτῇ ἄξιός ἐστιν· ↔			Lk 10,8 → Lk 10,10	[7] ἐν αὐτῇ δὲ τῇ οἰκίᾳ μένετε, ... [8] καὶ εἰς ἣν ἂν πόλιν εἰσέρχησθε καὶ δέχωνται ὑμᾶς, ἐσθίετε τὰ παρατιθέμενα ὑμῖν	→ GTh 14,4
	Mt 10,11	↔ κἀκεῖ μείνατε ἕως ἂν ἐξέλθητε.	Mk 6,10	... ὅπου ἐὰν εἰσέλθητε εἰς οἰκίαν, ἐκεῖ μένετε ἕως ἂν ἐξέλθητε ἐκεῖθεν.	Lk 9,4 ⇩ Lk 10,7	καὶ εἰς ἣν ἂν οἰκίαν εἰσέλθητε, ἐκεῖ μένετε καὶ ἐκεῖθεν ἐξέρχεσθε.	→ GTh 14,4 Mk-Q overlap
002					Lk 7,12	... ἐξεκομίζετο τεθνηκὼς μονογενὴς υἱὸς τῇ μητρὶ αὐτοῦ καὶ αὐτὴ ἦν χήρα, καὶ ὄχλος τῆς πόλεως ἱκανὸς ἦν σὺν αὐτῇ.	
002 *a* 002					Lk 7,13 (2)	καὶ ἰδὼν αὐτὴν ὁ κύριος ἐσπλαγχνίσθη ἐπ' αὐτῇ καὶ εἶπεν αὐτῇ· μὴ κλαῖε.	
a 002					Lk 7,48 → Mt 9,2 → Mk 2,5 → Lk 5,20	εἶπεν δὲ αὐτῇ· ἀφέωνταί σου αἱ ἁμαρτίαι.	
202	Mt 12,39 ⇩ Mt 16,4	... γενεὰ πονηρὰ καὶ μοιχαλὶς σημεῖον ἐπιζητεῖ, καὶ σημεῖον οὐ δοθήσεται αὐτῇ εἰ μὴ τὸ σημεῖον Ἰωνᾶ τοῦ προφήτου.	Mk 8,12	... τί ἡ γενεὰ αὕτη ζητεῖ σημεῖον; ἀμὴν λέγω ὑμῖν, εἰ δοθήσεται τῇ γενεᾷ ταύτῃ σημεῖον.	Lk 11,29	... ἡ γενεὰ αὕτη γενεὰ πονηρά ἐστιν· σημεῖον ζητεῖ, καὶ σημεῖον οὐ δοθήσεται αὐτῇ εἰ μὴ τὸ σημεῖον Ἰωνᾶ.	Mk-Q overlap
121	Mt 9,18	... λέγων ὅτι ἡ θυγάτηρ μου ἄρτι ἐτελεύτησεν· ἀλλὰ ἐλθὼν ἐπίθες τὴν χεῖρά σου ἐπ' αὐτήν, καὶ ζήσεται.	Mk 5,23	καὶ παρακαλεῖ αὐτὸν πολλὰ λέγων ὅτι τὸ θυγάτριόν μου ἐσχάτως ἔχει, ἵνα ἐλθὼν ἐπιθῇς τὰς χεῖρας αὐτῇ ἵνα σωθῇ καὶ ζήσῃ.	Lk 8,42 → Mk 5,42	[41] ... παρεκάλει αὐτὸν εἰσελθεῖν εἰς τὸν οἶκον αὐτοῦ, [42] ὅτι θυγάτηρ μονογενὴς ἦν αὐτῷ ὡς ἐτῶν δώδεκα καὶ αὐτὴ ἀπέθνῃσκεν. ...	

021			Mk 5,33	ἡ δὲ γυνὴ φοβηθεῖσα καὶ τρέμουσα, εἰδυῖα ὃ γέγονεν αὐτῇ, ἦλθεν καὶ προσέπεσεν αὐτῷ καὶ εἶπεν αὐτῷ πᾶσαν τὴν ἀλήθειαν.	Lk 8,47	ἰδοῦσα δὲ ἡ γυνὴ ὅτι οὐκ ἔλαθεν, τρέμουσα ἦλθεν καὶ προσπεσοῦσα αὐτῷ δι᾽ ἣν αἰτίαν ἥψατο αὐτοῦ ἀπήγγειλεν ἐνώπιον παντὸς τοῦ λαοῦ ...	
a 122	Mt 9,22	ὁ δὲ Ἰησοῦς στραφεὶς καὶ ἰδὼν αὐτὴν εἶπεν· θάρσει, θύγατερ· ἡ πίστις σου σέσωκέν σε. ...	Mk 5,34	ὁ δὲ εἶπεν αὐτῇ· θυγάτηρ, ἡ πίστις σου σέσωκέν σε· ...	Lk 8,48	ὁ δὲ εἶπεν αὐτῇ· θυγάτηρ, ἡ πίστις σου σέσωκέν σε· ...	
a 121	Mt 9,25	ὅτε δὲ ἐξεβλήθη ὁ ὄχλος εἰσελθὼν ἐκράτησεν τῆς χειρὸς αὐτῆς, καὶ ἠγέρθη τὸ κοράσιον.	Mk 5,41	καὶ κρατήσας τῆς χειρὸς τοῦ παιδίου λέγει αὐτῇ· ταλιθα κουμ, ὅ ἐστιν μεθερμηνευόμενον· τὸ κοράσιον, σοὶ λέγω, ἔγειρε. [42] καὶ εὐθὺς ἀνέστη τὸ κοράσιον ...	Lk 8,54	αὐτὸς δὲ κρατήσας τῆς χειρὸς αὐτῆς ἐφώνησεν λέγων· ἡ παῖς, ἔγειρε. [55] ... καὶ ἀνέστη παραχρῆμα ↔	
022			Mk 5,43	... καὶ εἶπεν δοθῆναι αὐτῇ φαγεῖν.	Lk 8,55	↔ καὶ διέταξεν αὐτῇ δοθῆναι φαγεῖν.	
220	Mt 14,7	ὅθεν μεθ᾽ ὅρκου ὡμολόγησεν αὐτῇ δοῦναι ὃ ἐὰν αἰτήσηται.	Mk 6,23	καὶ ὤμοσεν αὐτῇ [πολλά], ὅ τι ἐάν με αἰτήσῃς δώσω σοι ἕως ἡμίσους τῆς βασιλείας μου.			
a 200	Mt 15,23	ὁ δὲ οὐκ ἀπεκρίθη αὐτῇ λόγον. ...					
a 120	Mt 15,26	ὁ δὲ ἀποκριθεὶς εἶπεν· οὐκ ἔστιν καλὸν λαβεῖν τὸν ἄρτον τῶν τέκνων καὶ βαλεῖν τοῖς κυναρίοις.	Mk 7,27	καὶ ἔλεγεν αὐτῇ· ἄφες πρῶτον χορτασθῆναι τὰ τέκνα, οὐ γάρ ἐστιν καλὸν λαβεῖν τὸν ἄρτον τῶν τέκνων καὶ τοῖς κυναρίοις βαλεῖν.			
a 220	Mt 15,28	τότε ἀποκριθεὶς ὁ Ἰησοῦς εἶπεν αὐτῇ· ὦ γύναι, μεγάλη σου ἡ πίστις· γενηθήτω σοι ὡς θέλεις. ...	Mk 7,29	καὶ εἶπεν αὐτῇ· διὰ τοῦτον τὸν λόγον ὕπαγε, ἐξελήλυθεν ἐκ τῆς θυγατρός σου τὸ δαιμόνιον.			
210	Mt 16,4 ⇕ Mt 12,39	γενεὰ πονηρὰ καὶ μοιχαλὶς σημεῖον ἐπιζητεῖ, καὶ σημεῖον οὐ δοθήσεται αὐτῇ εἰ μὴ τὸ σημεῖον Ἰωνᾶ. ...	Mk 8,12	... τί ἡ γενεὰ αὕτη ζητεῖ σημεῖον; ἀμὴν λέγω ὑμῖν, εἰ δοθήσεται τῇ γενεᾷ ταύτῃ σημεῖον.	Lk 11,29	... ἡ γενεὰ αὕτη γενεὰ πονηρά ἐστιν· σημεῖον ζητεῖ, καὶ σημεῖον οὐ δοθήσεται αὐτῇ εἰ μὴ τὸ σημεῖον Ἰωνᾶ.	Mk-Q overlap

102	**Mt 10,12**	εἰσερχόμενοι δὲ εἰς τὴν οἰκίαν ...			**Lk 10,7** ⇩ Lk 9,4	[5] εἰς ἣν δ' ἂν εἰσέλθητε οἰκίαν, ... [7] **ἐν αὐτῇ δὲ** **τῇ οἰκίᾳ** μένετε, ἐσθίοντες καὶ πίνοντες τὰ παρ' αὐτῶν· ... μὴ μεταβαίνετε ἐξ οἰκίας εἰς οἰκίαν.	Mk-Q overlap
	Mt 10,11 ⇧ Lk 10,8	εἰς ἣν δ' ἂν πόλιν ἢ κώμην εἰσέλθητε, ... κἀκεῖ μείνατε ἕως ἂν ἐξέλθητε.	Mk 6,10	... ὅπου ἐὰν εἰσέλθητε εἰς οἰκίαν, ἐκεῖ μένετε ἕως ἂν ἐξέλθητε ἐκεῖθεν.	Lk 9,4 ↑ Lk 10,7	καὶ εἰς ἣν ἂν οἰκίαν εἰσέλθητε, ἐκεῖ μένετε καὶ ἐκεῖθεν ἐξέρχεσθε.	→ GTh 14,4 Mk-Q overlap
102	**Mt 10,8**	ἀσθενοῦντας θεραπεύετε, νεκροὺς ἐγείρετε, λεπροὺς καθαρίζετε, δαιμόνια ἐκβάλλετε· ...			**Lk 10,9**	καὶ θεραπεύετε τοὺς **ἐν αὐτῇ** ἀσθενεῖς ...	→ GTh 14,4
b 102	**Mt 11,25**	**ἐν ἐκείνῳ τῷ καιρῷ** ἀποκριθεὶς ὁ Ἰησοῦς εἶπεν· ἐξομολογοῦμαί σοι, πάτερ, ...			**Lk 10,21**	**ἐν αὐτῇ τῇ ὥρᾳ** ἠγαλλιάσατο [ἐν] τῷ πνεύματι τῷ ἁγίῳ καὶ εἶπεν· ἐξομολογοῦμαί σοι, πάτερ, ...	
a 002					**Lk 10,40**	... κύριε, οὐ μέλει σοι ὅτι ἡ ἀδελφή μου μόνην με κατέλιπεν διακονεῖν; εἰπὲ οὖν **αὐτῇ** ἵνα μοι συναντιλάβηται.	
a 002					**Lk 10,41**	ἀποκριθεὶς δὲ εἶπεν **αὐτῇ** ὁ κύριος· Μάρθα Μάρθα, μεριμνᾷς καὶ θορυβάζῃ περὶ πολλά	
202	**Mt 12,39** ⇧ Mt 16,4	... γενεὰ πονηρὰ καὶ μοιχαλὶς σημεῖον ἐπιζητεῖ, καὶ σημεῖον οὐ δοθήσεται **αὐτῇ** εἰ μὴ τὸ σημεῖον Ἰωνᾶ τοῦ προφήτου.	Mk 8,12	... τί ἡ γενεὰ αὕτη ζητεῖ σημεῖον; ἀμὴν λέγω ὑμῖν, εἰ δοθήσεται **τῇ γενεᾷ ταύτῃ** σημεῖον.	**Lk 11,29**	... ἡ γενεὰ αὕτη γενεὰ πονηρά ἐστιν· σημεῖον ζητεῖ, καὶ σημεῖον οὐ δοθήσεται **αὐτῇ** εἰ μὴ τὸ σημεῖον Ἰωνᾶ.	Mk-Q overlap
b 102	**Mt 10,19**	... δοθήσεται γὰρ ὑμῖν **ἐν ἐκείνῃ τῇ ὥρᾳ** τί λαλήσητε·	Mk 13,11	... ἀλλ' ὃ ἐὰν δοθῇ ὑμῖν **ἐν ἐκείνῃ τῇ ὥρᾳ** τοῦτο λαλεῖτε· ...	**Lk 12,12** ⇩ Lk 21,15	τὸ γὰρ ἅγιον πνεῦμα διδάξει ὑμᾶς **ἐν αὐτῇ τῇ ὥρᾳ** ἃ δεῖ εἰπεῖν.	→ Jn 14,26 Mk-Q overlap
					Lk 21,15 ⇧ Lk 12,12	ἐγὼ γὰρ δώσω ὑμῖν στόμα καὶ σοφίαν ᾗ οὐ δυνήσονται ἀντιστῆναι ἢ ἀντειπεῖν ἅπαντες οἱ ἀντικείμενοι ὑμῖν.	→ Acts 6,10
002					**Lk 13,6** ↓ Mt 21,19 ↓ Mk 11,13	... συκῆν εἶχέν τις πεφυτευμένην ἐν τῷ ἀμπελῶνι αὐτοῦ, καὶ ἦλθεν ζητῶν καρπὸν **ἐν αὐτῇ** καὶ οὐχ εὗρεν.	
a 002					**Lk 13,12** → Mt 12,13 → Mk 3,5 → Lk 6,10	ἰδὼν δὲ αὐτὴν ὁ Ἰησοῦς προσεφώνησεν καὶ εἶπεν **αὐτῇ·** γύναι, ἀπολέλυσαι τῆς ἀσθενείας σου,	
002					**Lk 13,13** → Mt 12,13 → Mk 3,5 → Lk 6,10 → Lk 14,4	καὶ ἐπέθηκεν **αὐτῇ** τὰς χεῖρας· καὶ παραχρῆμα ἀνωρθώθη καὶ ἐδόξαζεν τὸν θεόν.	

b 002					**Lk 13,31**	**ἐν αὐτῇ τῇ ὥρᾳ** προσῆλθάν τινες Φαρισαῖοι λέγοντες αὐτῷ· ἔξελθε καὶ πορεύου ἐντεῦθεν, ὅτι Ἡρῴδης θέλει σε ἀποκτεῖναι.	
a 210	**Mt 20,21**	[20] ... ἡ μήτηρ τῶν υἱῶν Ζεβεδαίου ... [21] ὁ δὲ εἶπεν **αὐτῇ**· τί θέλεις; ...	**Mk 10,36**	[35] ... Ἰάκωβος καὶ Ἰωάννης οἱ υἱοὶ Ζεβεδαίου ... [36] ὁ δὲ εἶπεν **αὐτοῖς**· τί θέλετέ [με] ποιήσω ὑμῖν;			
220	**Mt 21,19** **(2)** ↑ Lk 13,6	καὶ ἰδὼν συκῆν μίαν ἐπὶ τῆς ὁδοῦ ἦλθεν ἐπ' αὐτὴν καὶ οὐδὲν εὗρεν **ἐν αὐτῇ** εἰ μὴ φύλλα μόνον,	**Mk 11,13** ↑ Lk 13,6	καὶ ἰδὼν συκῆν ἀπὸ μακρόθεν ἔχουσαν φύλλα ἦλθεν, εἰ ἄρα τι εὑρήσει **ἐν αὐτῇ**, καὶ ἐλθὼν ἐπ' αὐτὴν οὐδὲν εὗρεν εἰ μὴ φύλλα· ὁ γὰρ καιρὸς οὐκ ἦν σύκων.			
a 220		καὶ λέγει **αὐτῇ**· μηκέτι ἐκ σοῦ καρπὸς γένηται εἰς τὸν αἰῶνα. ...	**Mk 11,14**	καὶ ἀποκριθεὶς εἶπεν **αὐτῇ**· μηκέτι εἰς τὸν αἰῶνα ἐκ σοῦ μηδεὶς καρπὸν φάγοι. ...			
b 112	**Mt 21,46**	[45] καὶ ἀκούσαντες οἱ ἀρχιερεῖς καὶ οἱ Φαρισαῖοι τὰς παραβολὰς αὐτοῦ ἔγνωσαν ὅτι περὶ αὐτῶν λέγει· [46] καὶ ζητοῦντες αὐτὸν κρατῆσαι ἐφοβήθησαν τοὺς ὄχλους, ἐπεὶ εἰς προφήτην αὐτὸν εἶχον.	**Mk 12,12**	καὶ ἐζήτουν αὐτὸν κρατῆσαι, καὶ ἐφοβήθησαν τὸν ὄχλον, ἔγνωσαν γὰρ ὅτι πρὸς αὐτοὺς τὴν παραβολὴν εἶπεν. ...	**Lk 20,19**	καὶ ἐζήτησαν οἱ γραμματεῖς καὶ οἱ ἀρχιερεῖς ἐπιβαλεῖν ἐπ' αὐτὸν τὰς χεῖρας **ἐν αὐτῇ τῇ ὥρᾳ**, καὶ ἐφοβήθησαν τὸν λαόν, ἔγνωσαν γὰρ ὅτι πρὸς αὐτοὺς εἶπεν τὴν παραβολὴν ταύτην.	
211	**Mt 22,39**	δευτέρα δὲ ὁμοία **αὐτῇ**· *ἀγαπήσεις τὸν πλησίον* *σου ὡς σεαυτόν.* ➢ Lev 19,18	**Mk 12,31**	δευτέρα αὕτη· *ἀγαπήσεις τὸν πλησίον* *σου ὡς σεαυτόν.* ... ➢ Lev 19,18	**Lk 10,27**	ὁ δὲ ἀποκριθεὶς εἶπεν· ... *καὶ τὸν πλησίον* *σου ὡς σεαυτόν.* ➢ Lev 19,18	→ GTh 25
120	**Mt 26,9**	ἐδύνατο γὰρ τοῦτο πραθῆναι πολλοῦ καὶ δοθῆναι πτωχοῖς.	**Mk 14,5**	ἠδύνατο γὰρ τοῦτο τὸ μύρον πραθῆναι ἐπάνω δηναρίων τριακοσίων καὶ δοθῆναι τοῖς πτωχοῖς· καὶ ἐνεβριμῶντο **αὐτῇ**.			→ Jn 12,5
120	**Mt 26,10**	γνοὺς δὲ ὁ Ἰησοῦς εἶπεν αὐτοῖς· τί κόπους παρέχετε **τῇ γυναικί**; ἔργον γὰρ καλὸν ἠργάσατο εἰς ἐμέ·	**Mk 14,6**	ὁ δὲ Ἰησοῦς εἶπεν· ἄφετε αὐτήν· τί **αὐτῇ** κόπους παρέχετε; καλὸν ἔργον ἠργάσατο ἐν ἐμοί.			→ Jn 12,7
b 002					**Lk 23,12**	ἐγένοντο δὲ φίλοι ὅ τε Ἡρῴδης καὶ ὁ Πιλᾶτος **ἐν αὐτῇ τῇ ἡμέρᾳ** μετ' ἀλλήλων· ...	

b 002			**Lk 24,13** καὶ ἰδοὺ δύο ἐξ αὐτῶν **ἐν αὐτῇ τῇ ἡμέρᾳ** ἦσαν πορευόμενοι εἰς κώμην ...	
002			**Lk 24,18** ... σὺ μόνος παροικεῖς Ἰερουσαλὴμ καὶ οὐκ ἔγνως τὰ γενόμενα **ἐν αὐτῇ** ἐν ταῖς ἡμέραις ταύταις;	
b 002			**Lk 24,33** καὶ ἀναστάντες **αὐτῇ τῇ ὥρᾳ** ὑπέστρεψαν εἰς Ἰερουσαλὴμ ...	

Acts 1,20 γέγραπται γὰρ ἐν βίβλῳ ψαλμῶν· *γενηθήτω ἡ ἔπαυλις αὐτοῦ ἔρημος καὶ μὴ ἔστω ὁ κατοικῶν* ***ἐν αὐτῇ***, ...
➢ Ps 69,26

Acts 7,5 καὶ οὐκ ἔδωκεν αὐτῷ κληρονομίαν **ἐν αὐτῇ** οὐδὲ βῆμα ποδὸς ...

Acts 9,38 ... οἱ μαθηταὶ ἀκούσαντες ὅτι Πέτρος ἐστὶν **ἐν αὐτῇ** ἀπέστειλαν δύο ἄνδρας πρὸς αὐτὸν παρακαλοῦντες· μὴ ὀκνήσῃς διελθεῖν ἕως ἡμῶν.

Acts 9,41 δοὺς δὲ **αὐτῇ** χεῖρα ἀνέστησεν αὐτήν· φωνήσας δὲ τοὺς ἁγίους καὶ τὰς χήρας παρέστησεν αὐτὴν ζῶσαν.

b **Acts 16,18** ... παραγγέλλω σοι ἐν ὀνόματι Ἰησοῦ Χριστοῦ ἐξελθεῖν ἀπ' αὐτῆς· καὶ ἐξῆλθεν **αὐτῇ τῇ ὥρᾳ**.

Acts 20,22 καὶ νῦν ἰδοὺ δεδεμένος ἐγὼ τῷ πνεύματι πορεύομαι εἰς Ἰερουσαλὴμ τὰ **ἐν αὐτῇ** συναντήσοντά μοι μὴ εἰδώς

b **Acts 22,13** ... Σαοὺλ ἀδελφέ, ἀνάβλεψον. κἀγὼ **αὐτῇ τῇ ὥρᾳ** ἀνέβλεψα εἰς αὐτόν.

αὐτόν

Syn 513	Mt 125	Mk 177	Lk 211	Acts 153	Jn 172	1-3John 12	Paul 41	Eph 5	Col 5
NT 957	2Thess 3	1/2Tim 1	Tit	Heb 17	Jas 7	1Pet 3	2Pet	Jude	Rev 25

masculine singular accusative of αὐτός

	triple tradition																	double tradition			Sondergut		
		+Mt / +Lk			–Mt / –Lk			traditions not taken over by Mt / Lk							subtotals								
code	*222*	*211*	*112*	*212*	*221*	*122*	*121*	*022*	*012*	*021*	*220*	*120*	*210*	*020*	Σ^+	Σ^-	Σ	*202*	*201*	*102*	*200*	*002*	total
Mt	21	12⁺		2⁺	15	21⁻	34⁻				23	25⁻	8⁺		22⁺	80⁻	81	6	6		32		**125**
Mk	21				15	21	34	10		13	23	25		15			177						**177**
Lk	21		35⁺	2⁺	15⁻	21	34⁻	10	7⁺	13⁻					44⁺	62⁻	96	6		8		101	**211**

Mk-Q overlap: 222: Mt 3,16 / Mk 1,10 / Lk 3,22 (?) 112: Mt 12,29 / Mk 3,27 / Lk 11,22 (?)

a πρὸς αὐτόν and verbum dicendi

a statistics for πρὸς αὐτόν and verbum dicendi: (statistics for πρὸς αὐτόν vs. αὐτῷ and verbum dicendi see page 475)

	triple tradition																	double tradition			Sondergut		
		+Mt / +Lk			–Mt / –Lk			traditions not taken over by Mt / Lk							subtotals								
code	*222*	*211*	*112*	*212*	*221*	*122*	*121*	*022*	*012*	*021*	*220*	*120*	*210*	*020*	Σ^+	Σ^-	Σ	*202*	*201*	*102*	*200*	*002*	total
Mt																					1		**1**
Mk																							
Lk			3⁺						1⁺						4⁺		4			3		10	**17**

002		**Lk 1,8**	ἐγένετο δὲ ἐν τῷ ἱερατεύειν **αὐτὸν** ἐν τῇ τάξει τῆς ἐφημερίας αὐτοῦ ἔναντι τοῦ θεοῦ	
002		**Lk 1,12**	καὶ ἐταράχθη Ζαχαρίας ἰδὼν καὶ φόβος ἐπέπεσεν **ἐπ' αὐτόν.**	
a 002		**Lk 1,13**	εἶπεν δὲ **πρὸς αὐτὸν** ὁ ἄγγελος· μὴ φοβοῦ, Ζαχαρία, ...	
002		**Lk 1,21**	καὶ ἦν ὁ λαὸς προσδοκῶν τὸν Ζαχαρίαν καὶ ἐθαύμαζον ἐν τῷ χρονίζειν ἐν τῷ ναῷ **αὐτόν.**	
002		**Lk 1,50**	καὶ τὸ ἔλεος αὐτοῦ εἰς γενεὰς καὶ γενεὰς τοῖς φοβουμένοις **αὐτόν.**	
002		**Lk 2,4**	ἀνέβη δὲ καὶ Ἰωσὴφ ... εἰς πόλιν Δαυὶδ ἥτις καλεῖται Βηθλέεμ, διὰ τὸ εἶναι **αὐτὸν** ἐξ οἴκου καὶ πατριᾶς Δαυίδ	
002 002		**Lk 2,7** **(2)**	καὶ ἔτεκεν τὸν υἱὸν αὐτῆς τὸν πρωτότοκον, καὶ ἐσπαργάνωσεν **αὐτὸν** καὶ ἀνέκλινεν **αὐτὸν** ἐν φάτνῃ, διότι οὐκ ἦν αὐτοῖς τόπος ἐν τῷ καταλύματι.	
002 002		**Lk 2,21** **(2)** → Lk 1,31	καὶ ὅτε ἐπλήσθησαν ἡμέραι ὀκτὼ τοῦ περιτεμεῖν **αὐτὸν** καὶ ἐκλήθη τὸ ὄνομα αὐτοῦ Ἰησοῦς, τὸ κληθὲν ὑπὸ τοῦ ἀγγέλου πρὸ τοῦ συλλημφθῆναι **αὐτὸν** ἐν τῇ κοιλίᾳ.	
002		**Lk 2,22**	καὶ ὅτε ἐπλήσθησαν αἱ ἡμέραι τοῦ καθαρισμοῦ αὐτῶν κατὰ τὸν νόμον Μωϋσέως, ἀνήγαγον **αὐτὸν** εἰς Ἱεροσόλυμα παραστῆσαι τῷ κυρίῳ	
002		**Lk 2,25**	καὶ ἰδοὺ ἄνθρωπος ἦν ἐν Ἰερουσαλὴμ ᾧ ὄνομα Συμεὼν ... καὶ πνεῦμα ἦν ἅγιον **ἐπ' αὐτόν·**	

002 002					Lk 2,44 (2)	νομίσαντες δὲ **αὐτὸν** εἶναι ἐν τῇ συνοδίᾳ ἦλθον ἡμέρας ὁδὸν καὶ ἀνεζήτουν **αὐτὸν** ἐν τοῖς συγγενεῦσιν καὶ τοῖς γνωστοῖς,	
002					Lk 2,45	καὶ μὴ εὑρόντες ὑπέστρεψαν εἰς Ἰερουσαλὴμ ἀναζητοῦντες **αὐτόν**.	
002					Lk 2,46	καὶ ἐγένετο μετὰ ἡμέρας τρεῖς εὗρον **αὐτὸν** ἐν τῷ ἱερῷ καθεζόμενον ἐν μέσῳ τῶν διδασκάλων ...	
002 *a* 002					Lk 2,48 (2)	καὶ ἰδόντες **αὐτὸν** ἐξεπλάγησαν, καὶ εἶπεν **πρὸς αὐτὸν** ἡ μήτηρ αὐτοῦ· τέκνον, τί ἐποίησας ἡμῖν οὕτως; ...	
220	Mt 3,5	τότε ἐξεπορεύετο **πρὸς αὐτὸν** Ἱεροσόλυμα καὶ πᾶσα ἡ Ἰουδαία καὶ πᾶσα ἡ περίχωρος τοῦ Ἰορδάνου	Mk 1,5 → Lk 3,7	καὶ ἐξεπορεύετο **πρὸς αὐτὸν** πᾶσα ἡ Ἰουδαία χώρα καὶ οἱ Ἱεροσολυμῖται πάντες, ...	Lk 3,3 ⇨ Mt 3,1 ⇨ Mk 1,4	καὶ ἦλθεν εἰς πᾶσαν [τὴν] περίχωρον τοῦ Ἰορδάνου κηρύσσων βάπτισμα μετανοίας εἰς ἄφεσιν ἁμαρτιῶν	
002					Lk 3,10	καὶ ἐπηρώτων **αὐτὸν** οἱ ὄχλοι λέγοντες· τί οὖν ποιήσωμεν;	
a 002					Lk 3,12	ἦλθον δὲ καὶ τελῶναι βαπτισθῆναι καὶ εἶπαν **πρὸς αὐτόν**· διδάσκαλε, τί ποιήσωμεν;	
002					Lk 3,14	ἐπηρώτων δὲ **αὐτὸν** καὶ στρατευόμενοι λέγοντες· τί ποιήσωμεν καὶ ἡμεῖς; ...	
200	Mt 3,14	ὁ δὲ Ἰωάννης διεκώλυεν **αὐτὸν** λέγων· ἐγὼ χρείαν ἔχω ὑπὸ σοῦ βαπτισθῆναι, καὶ σὺ ἔρχῃ πρός με;					
a 200 200	Mt 3,15 (2)	ἀποκριθεὶς δὲ ὁ Ἰησοῦς εἶπεν **πρὸς αὐτόν**· ἄφες ἄρτι, οὕτως γὰρ πρέπον ἐστὶν ἡμῖν πληρῶσαι πᾶσαν δικαιοσύνην. τότε ἀφίησιν **αὐτόν**.					

222	Mt 3,16	... καὶ εἶδεν [τὸ] πνεῦμα [τοῦ] θεοῦ καταβαῖνον ὡσεὶ περιστερὰν [καὶ] ἐρχόμενον ἐπ' αὐτόν·	Mk 1,10	... καὶ τὸ πνεῦμα ὡς περιστερὰν καταβαῖνον εἰς αὐτόν·	Lk 3,22	καὶ καταβῆναι τὸ πνεῦμα τὸ ἅγιον σωματικῷ εἴδει ὡς περιστερὰν ἐπ' αὐτόν, ...	→ Jn 1,32 Mk-Q overlap?
020	Mt 4,1	τότε ὁ Ἰησοῦς ἀνήχθη εἰς τὴν ἔρημον ὑπὸ τοῦ πνεύματος ...	Mk 1,12	καὶ εὐθὺς τὸ πνεῦμα αὐτὸν ἐκβάλλει εἰς τὴν ἔρημον.	Lk 4,1	Ἰησοῦς δὲ πλήρης πνεύματος ἁγίου ὑπέστρεψεν ἀπὸ τοῦ Ἰορδάνου καὶ ἤγετο ἐν τῷ πνεύματι ἐν τῇ ἐρήμῳ	Mk-Q overlap
a 102	Mt 4,4	ὁ δὲ ἀποκριθεὶς εἶπεν· γέγραπται· *οὐκ ἐπ' ἄρτῳ μόνῳ* *ζήσεται ὁ ἄνθρωπος,* *ἀλλ' ἐπὶ παντὶ ῥήματι* *ἐκπορευομένῳ διὰ* *στόματος θεοῦ.* ➢ Deut 8,3			Lk 4,4	καὶ ἀπεκρίθη πρὸς αὐτὸν ὁ Ἰησοῦς· γέγραπται ὅτι *οὐκ ἐπ' ἄρτῳ μόνῳ* *ζήσεται ὁ ἄνθρωπος.* ➢ Deut 8,3	
202 201	Mt 4,5 (2)	τότε παραλαμβάνει αὐτὸν ὁ διάβολος εἰς τὴν ἁγίαν πόλιν καὶ ἔστησεν αὐτὸν ἐπὶ τὸ πτερύγιον τοῦ ἱεροῦ			Lk 4,9	ἤγαγεν δὲ αὐτὸν εἰς Ἰερουσαλὴμ καὶ ἔστησεν ἐπὶ τὸ πτερύγιον τοῦ ἱεροῦ ...	
202	Mt 4,8	πάλιν παραλαμβάνει αὐτὸν ὁ διάβολος εἰς ὄρος ὑψηλὸν λίαν καὶ δείκνυσιν αὐτῷ πάσας τὰς βασιλείας τοῦ κόσμου ...			Lk 4,5	καὶ ἀναγαγὼν αὐτὸν ἔδειξεν αὐτῷ πάσας τὰς βασιλείας τῆς οἰκουμένης ἐν στιγμῇ χρόνου	
202	Mt 4,5 (2)	τότε παραλαμβάνει αὐτὸν ὁ διάβολος εἰς τὴν ἁγίαν πόλιν ...			Lk 4,9	ἤγαγεν δὲ αὐτὸν εἰς Ἰερουσαλὴμ ...	
201	Mt 4,11	τότε ἀφίησιν αὐτὸν ὁ διάβολος, καὶ ἰδοὺ ἄγγελοι προσῆλθον καὶ διηκόνουν αὐτῷ.	Mk 1,13	... πειραζόμενος ὑπὸ τοῦ σατανᾶ, καὶ ἦν μετὰ τῶν θηρίων, καὶ οἱ ἄγγελοι διηκόνουν αὐτῷ.	Lk 4,13	καὶ συντελέσας πάντα πειρασμὸν ὁ διάβολος ἀπέστη ἀπ' αὐτοῦ ἄχρι καιροῦ.	Mk-Q overlap
002 002 002					Lk 4,29 (3)	καὶ ἀναστάντες ἐξέβαλον αὐτὸν ἔξω τῆς πόλεως καὶ ἤγαγον αὐτὸν ἕως ὀφρύος τοῦ ὄρους ἐφ' οὗ ἡ πόλις ᾠκοδόμητο αὐτῶν, ὥστε κατακρημνίσαι αὐτόν·	

022 012			Mk 1,26	καὶ σπαράξαν αὐτὸν τὸ πνεῦμα τὸ ἀκάθαρτον καὶ φωνῆσαν φωνῇ μεγάλῃ ἐξῆλθεν ἐξ αὐτοῦ.	Lk 4,35 (2)	... καὶ ῥίψαν αὐτὸν τὸ δαιμόνιον εἰς τὸ μέσον ἐξῆλθεν ἀπ' αὐτοῦ μηδὲν βλάψαν αὐτόν.
112	Mt 8,14	... εἶδεν τὴν πενθερὰν αὐτοῦ βεβλημένην καὶ πυρέσσουσαν·	Mk 1,30	ἡ δὲ πενθερὰ Σίμωνος κατέκειτο πυρέσσουσα, καὶ εὐθὺς λέγουσιν αὐτῷ περὶ αὐτῆς.	Lk 4,38	... πενθερὰ δὲ τοῦ Σίμωνος ἦν συνεχομένη πυρετῷ μεγάλῳ καὶ ἠρώτησαν αὐτὸν περὶ αὐτῆς.
122	Mt 8,16 ⇩ Mt 4,24 → Mt 12,15 ↓ Mt 15,30 Mt 4,24 ⇧ Mt 8,16	ὀψίας δὲ γενομένης προσήνεγκαν αὐτῷ δαιμονιζομένους πολλούς· ... ... καὶ προσήνεγκαν αὐτῷ πάντας τοὺς κακῶς ἔχοντας ποικίλαις νόσοις καὶ βασάνοις συνεχομένους ...	Mk 1,32 → Mk 3,10 ↓ Mk 7,32	ὀψίας δὲ γενομένης, ὅτε ἔδυ ὁ ἥλιος, ἔφερον πρὸς αὐτὸν πάντας τοὺς κακῶς ἔχοντας καὶ τοὺς δαιμονιζομένους·	Lk 4,40 → Lk 6,18	δύνοντος δὲ τοῦ ἡλίου ἅπαντες ὅσοι εἶχον ἀσθενοῦντας νόσοις ποικίλαις ἤγαγον αὐτοὺς πρὸς αὐτόν· ...
022			Mk 1,34 ↓ Mt 12,16 ⇩ Mk 3,11 ⇩ Mk 3,12	... καὶ οὐκ ἤφιεν λαλεῖν τὰ δαιμόνια, ὅτι ᾔδεισαν αὐτόν.	Lk 4,41	... καὶ ἐπιτιμῶν οὐκ εἴα αὐτὰ λαλεῖν, ὅτι ᾔδεισαν τὸν χριστὸν αὐτὸν εἶναι.
022			Mk 1,36	καὶ κατεδίωξεν αὐτὸν Σίμων καὶ οἱ μετ' αὐτοῦ,	Lk 4,42 (2)	... καὶ οἱ ὄχλοι ἐπεζήτουν αὐτὸν καὶ ἦλθον ἕως αὐτοῦ
022			Mk 1,37	καὶ εὗρον αὐτὸν καὶ λέγουσιν αὐτῷ ὅτι πάντες ζητοῦσίν σε.	↓ Mk 1,45	καὶ κατεῖχον αὐτὸν τοῦ μὴ πορεύεσθαι ἀπ' αὐτῶν.
002	Mt 13,2 (2) → Mt 4,18	 καὶ συνήχθησαν πρὸς αὐτὸν ὄχλοι πολλοί, ὥστε αὐτὸν εἰς πλοῖον ἐμβάντα καθῆσθαι, καὶ πᾶς ὁ ὄχλος ἐπὶ τὸν αἰγιαλὸν εἱστήκει. [3] καὶ ἐλάλησεν αὐτοῖς πολλὰ ἐν παραβολαῖς ...	Mk 4,1 (2) → Mk 1,16 → Mk 3,9	 καὶ πάλιν ἤρξατο διδάσκειν παρὰ τὴν θάλασσαν· καὶ συνάγεται πρὸς αὐτὸν ὄχλος πλεῖστος, ὥστε αὐτὸν εἰς πλοῖον ἐμβάντα καθῆσθαι ἐν τῇ θαλάσσῃ, καὶ πᾶς ὁ ὄχλος πρὸς τὴν θάλασσαν ἐπὶ τῆς γῆς ἦσαν. [2] καὶ ἐδίδασκεν αὐτοὺς ἐν παραβολαῖς πολλὰ ...	Lk 5,3 ⇩ Lk 8,4	ἐμβὰς δὲ εἰς ἓν τῶν πλοίων, ὃ ἦν Σίμωνος, ἠρώτησεν αὐτὸν ἀπὸ τῆς γῆς ἐπαναγαγεῖν ὀλίγον· καθίσας δὲ ἐκ τοῦ πλοίου ἐδίδασκεν τοὺς ὄχλους.
002					Lk 5,9	θάμβος γὰρ περιέσχεν αὐτὸν καὶ πάντας τοὺς σὺν αὐτῷ ἐπὶ τῇ ἄγρᾳ τῶν ἰχθύων ὧν συνέλαβον

112	Mt 8,2		Mk 1,40 (2)		Lk 5,12	καὶ ἐγένετο ἐν τῷ εἶναι **αὐτὸν** ἐν μιᾷ τῶν πόλεων
		καὶ ἰδοὺ		καὶ		καὶ ἰδοὺ
		προσεκύνει αὐτῷ		παρακαλῶν	→ Lk 17,13.16	πεσὼν ἐπὶ πρόσωπον ἐδεήθη
121				**αὐτὸν**		**αὐτοῦ**
		λέγων· κύριε, ἐὰν θέλῃς δύνασαί με καθαρίσαι.		[καὶ γονυπετῶν] καὶ λέγων αὐτῷ ὅτι ἐὰν θέλῃς δύνασαί με καθαρίσαι.		λέγων· κύριε, ἐὰν θέλῃς δύνασαί με καθαρίσαι.
		λεπρὸς προσελθὼν		ἔρχεται	→ Lk 17,12	ἀνὴρ πλήρης λέπρας· ἰδὼν δὲ
121				**πρὸς αὐτὸν** λεπρὸς		**τὸν Ἰησοῦν,**
020			Mk 1,43	καὶ ἐμβριμησάμενος αὐτῷ εὐθὺς ἐξέβαλεν **αὐτόν**		
021			Mk 1,45 (2) ↓ Mt 9,31	ὁ δὲ ἐξελθὼν ἤρξατο κηρύσσειν πολλὰ καὶ διαφημίζειν τὸν λόγον, ὥστε μηκέτι **αὐτὸν** δύνασθαι φανερῶς εἰς πόλιν εἰσελθεῖν, ἀλλ' ἔξω ἐπ' ἐρήμοις τόποις ἦν·	Lk 5,15 → Lk 7,17	διήρχετο δὲ μᾶλλον ὁ λόγος περὶ αὐτοῦ,
021				καὶ ἤρχοντο **πρὸς αὐτὸν** πάντοθεν.	↓ Lk 6,18	καὶ συνήρχοντο ὄχλοι πολλοὶ ἀκούειν καὶ θεραπεύεσθαι ἀπὸ τῶν ἀσθενειῶν αὐτῶν· [16] αὐτὸς δὲ ἦν ὑποχωρῶν ἐν ταῖς ἐρήμοις καὶ προσευχόμενος.
012			Mk 2,2 → Mk 3,20	καὶ συνήχθησαν πολλοὶ ὥστε μηκέτι χωρεῖν μηδὲ τὰ πρὸς τὴν θύραν, καὶ ἐλάλει αὐτοῖς τὸν λόγον.	Lk 5,17	καὶ ἐγένετο ἐν μιᾷ τῶν ἡμερῶν καὶ αὐτὸς ἦν διδάσκων, καὶ ἦσαν καθήμενοι Φαρισαῖοι καὶ νομοδιδάσκαλοι οἳ ἦσαν ἐληλυθότες ἐκ πάσης κώμης τῆς Γαλιλαίας καὶ Ἰουδαίας καὶ Ἰερουσαλήμ· καὶ δύναμις κυρίου ἦν εἰς τὸ ἰᾶσθαι **αὐτόν.**
	Mt 9,2	καὶ ἰδοὺ προσέφερον	Mk 2,3	καὶ ἔρχονται φέροντες	Lk 5,18 (2)	καὶ ἰδοὺ ἄνδρες φέροντες ἐπὶ κλίνης ἄνθρωπον ὃς ἦν παραλελυμένος καὶ ἐζήτουν
112						**αὐτὸν** εἰσενεγκεῖν
112						καὶ θεῖναι **[αὐτὸν]**
121		**αὐτῷ** παραλυτικὸν ἐπὶ κλίνης βεβλημένον. ...		**πρὸς αὐτὸν** παραλυτικὸν αἰρόμενον ὑπὸ τεσσάρων.		**ἐνώπιον αὐτοῦ.**

012 012			Mk 2,4	καὶ μὴ δυνάμενοι προσενέγκαι αὐτῷ διὰ τὸν ὄχλον ἀπεστέγασαν τὴν στέγην ὅπου ἦν, καὶ ἐξορύξαντες χαλῶσι τὸν κράβαττον ὅπου ὁ παραλυτικὸς κατέκειτο.	Lk 5,19 (2)	καὶ μὴ εὑρόντες ποίας εἰσενέγκωσιν **αὐτὸν** διὰ τὸν ὄχλον, ἀναβάντες ἐπὶ τὸ δῶμα διὰ τῶν κεράμων καθῆκαν **αὐτὸν** σὺν τῷ κλινιδίῳ εἰς τὸ μέσον ἔμπροσθεν τοῦ Ἰησοῦ.	Mk 2,4: αὐτῷ = Jesus Lk 5,19: αὐτὸν = the paralytic
020			Mk 2,13 ↓Mt 13,2 ↓Mk 4,1	... καὶ πᾶς ὁ ὄχλος ἤρχετο **πρὸς αὐτόν,** καὶ ἐδίδασκεν αὐτούς.			
121	Mt 9,10	καὶ ἐγένετο **αὐτοῦ** ἀνακειμένου ἐν τῇ οἰκίᾳ, ...	Mk 2,15	καὶ γίνεται κατακεῖσθαι **αὐτὸν** ἐν τῇ οἰκίᾳ αὐτοῦ, ...	Lk 5,29	καὶ ἐποίησεν δοχὴν μεγάλην Λευὶς **αὐτῷ** ἐν τῇ οἰκίᾳ αὐτοῦ, ...	
a 112	Mt 9,14	τότε προσέρχονται **αὐτῷ** οἱ μαθηταὶ Ἰωάννου λέγοντες· διὰ τί ἡμεῖς καὶ οἱ Φαρισαῖοι νηστεύομεν [πολλά], οἱ δὲ μαθηταί σου οὐ νηστεύουσιν;	Mk 2,18	καὶ ἦσαν οἱ μαθηταὶ Ἰωάννου καὶ οἱ Φαρισαῖοι νηστεύοντες. καὶ ἔρχονται καὶ λέγουσιν **αὐτῷ·** διὰ τί οἱ μαθηταὶ Ἰωάννου καὶ οἱ μαθηταὶ τῶν Φαρισαίων νηστεύουσιν, οἱ δὲ σοὶ μαθηταὶ οὐ νηστεύουσιν;	Lk 5,33	οἱ δὲ εἶπαν **πρὸς αὐτόν·** οἱ μαθηταὶ Ἰωάννου νηστεύουσιν πυκνὰ καὶ δεήσεις ποιοῦνται ὁμοίως καὶ οἱ τῶν Φαρισαίων, οἱ δὲ σοὶ ἐσθίουσιν καὶ πίνουσιν.	→ GTh 104
122	Mt 12,1	ἐν ἐκείνῳ τῷ καιρῷ ἐπορεύθη **ὁ Ἰησοῦς** τοῖς σάββασιν διὰ τῶν σπορίμων· ...	Mk 2,23	καὶ ἐγένετο **αὐτὸν** ἐν τοῖς σάββασιν παραπορεύεσθαι διὰ τῶν σπορίμων, ...	Lk 6,1	ἐγένετο δὲ ἐν σαββάτῳ διαπορεύεσθαι **αὐτὸν** διὰ σπορίμων, ...	
112	Mt 12,9	καὶ μεταβὰς ἐκεῖθεν ἦλθεν εἰς τὴν συναγωγὴν αὐτῶν·	Mk 3,1	καὶ εἰσῆλθεν πάλιν εἰς τὴν συναγωγήν. ...	Lk 6,6 → Lk 13,10 ↓ Lk 14,1	ἐγένετο δὲ ἐν ἑτέρῳ σαββάτῳ εἰσελθεῖν **αὐτὸν** εἰς τὴν συναγωγὴν καὶ διδάσκειν. ...	
222 121	Mt 12,10	... καὶ ἐπηρώτησαν **αὐτὸν** λέγοντες· εἰ ἔξεστιν τοῖς σάββασιν θεραπεῦσαι; ἵνα κατηγορήσωσιν αὐτοῦ.	Mk 3,2 (2)	καὶ παρετήρουν **αὐτὸν** εἰ τοῖς σάββασιν θεραπεύσει **αὐτόν,** ἵνα κατηγορήσωσιν αὐτοῦ.	Lk 6,7 → Lk 14,3 → Lk 14,3	παρετηροῦντο δὲ **αὐτὸν** οἱ γραμματεῖς καὶ οἱ Φαρισαῖοι εἰ ἐν τῷ σαββάτῳ θεραπεύει, ἵνα εὕρωσιν κατηγορεῖν αὐτοῦ.	
221	Mt 12,14 ↓ Mt 26,4	ἐξελθόντες δὲ οἱ Φαρισαῖοι συμβούλιον ἔλαβον κατ᾽ αὐτοῦ ὅπως **αὐτὸν** ἀπολέσωσιν.	Mk 3,6 ↓ Mk 14,1	καὶ ἐξελθόντες οἱ Φαρισαῖοι εὐθὺς μετὰ τῶν Ἡρῳδιανῶν συμβούλιον ἐδίδουν κατ᾽ αὐτοῦ ὅπως **αὐτὸν** ἀπολέσωσιν.	Lk 6,11 → Lk 4,28 → Lk 13,17 → Lk 14,6 ↓ Lk 22,2	αὐτοὶ δὲ ἐπλήσθησαν ἀνοίας καὶ διελάλουν πρὸς ἀλλήλους τί ἂν ποιήσαιεν **τῷ Ἰησοῦ.**	
112	Mt 5,1	ἰδὼν δὲ τοὺς ὄχλους ἀνέβη εἰς τὸ ὄρος, ...	Mk 3,13	καὶ ἀναβαίνει εἰς τὸ ὄρος ...	Lk 6,12	ἐγένετο δὲ ἐν ταῖς ἡμέραις ταύταις ἐξελθεῖν **αὐτὸν** εἰς τὸ ὄρος προσεύξασθαι, ...	

021			Mk 3,8	... πλῆθος πολὺ ἀκούοντες ὅσα ἐποίει ἦλθον πρὸς αὐτόν.	Lk 6,18 ↑ Lk 5,15	οἳ ἦλθον ἀκοῦσαι αὐτοῦ καὶ ἰαθῆναι ἀπὸ τῶν νόσων αὐτῶν· ...	
020			Mk 3,9 ↓ Mt 13,2 ↓ Mk 4,1 → Lk 5,1 ↑ Lk 5,3	καὶ εἶπεν τοῖς μαθηταῖς αὐτοῦ ἵνα πλοιάριον προσκαρτερῇ αὐτῷ διὰ τὸν ὄχλον ἵνα μὴ θλίβωσιν αὐτόν·			
021			Mk 3,11 ↑ Mk 1,34	καὶ τὰ πνεύματα τὰ ἀκάθαρτα, ὅταν αὐτὸν ἐθεώρουν, προσέπιπτον αὐτῷ καὶ ἔκραζον λέγοντες ὅτι σὺ εἶ ὁ υἱὸς τοῦ θεοῦ.	Lk 4,41	ἐξήρχετο δὲ καὶ δαιμόνια ἀπὸ πολλῶν κρ[αυγ]άζοντα καὶ λέγοντα ὅτι σὺ εἶ ὁ υἱὸς τοῦ θεοῦ. ...	
220	Mt 12,16	καὶ ἐπετίμησεν αὐτοῖς ἵνα μὴ φανερὸν αὐτὸν ποιήσωσιν	Mk 3,12 ⇑ Mk 1,34	καὶ πολλὰ ἐπετίμα αὐτοῖς ἵνα μὴ αὐτὸν φανερὸν ποιήσωσιν.	Lk 4,41	... καὶ ἐπιτιμῶν οὐκ εἴα αὐτὰ λαλεῖν, ὅτι ᾔδεισαν τὸν χριστὸν αὐτὸν εἶναι.	
201	Mt 5,15	οὐδὲ καίουσιν λύχνον καὶ τιθέασιν αὐτὸν ὑπὸ τὸν μόδιον ἀλλ' ἐπὶ τὴν λυχνίαν, καὶ λάμπει πᾶσιν τοῖς ἐν τῇ οἰκίᾳ.	Mk 4,21	... μήτι ἔρχεται ὁ λύχνος ἵνα ὑπὸ τὸν μόδιον τεθῇ ἢ ὑπὸ τὴν κλίνην; οὐχ ἵνα ἐπὶ τὴν λυχνίαν τεθῇ;	Lk 11,33 ⇓ Lk 8,16	οὐδεὶς λύχνον ἅψας εἰς κρύπτην τίθησιν [οὐδὲ ὑπὸ τὸν μόδιον] ἀλλ' ἐπὶ τὴν λυχνίαν, ἵνα οἱ εἰσπορευόμενοι τὸ φῶς βλέπωσιν.	→ GTh 33,2-3 Mk-Q overlap
200	Mt 5,29 ⇓ Mt 18,9	εἰ δὲ ὁ ὀφθαλμός σου ὁ δεξιὸς σκανδαλίζει σε, ἔξελε αὐτὸν καὶ βάλε ἀπὸ σοῦ· ...	Mk 9,47	καὶ ἐὰν ὁ ὀφθαλμός σου σκανδαλίζῃ σε, ἔκβαλε αὐτόν· ...			
200	Mt 6,8 → Mt 6,32 → Lk 12,30	... οἶδεν γὰρ ὁ πατὴρ ὑμῶν ὧν χρείαν ἔχετε πρὸ τοῦ ὑμᾶς αἰτῆσαι αὐτόν.					
202	Mt 7,11	... πόσῳ μᾶλλον ὁ πατὴρ ὑμῶν ὁ ἐν τοῖς οὐρανοῖς δώσει ἀγαθὰ τοῖς αἰτοῦσιν αὐτόν.			Lk 11,13	... πόσῳ μᾶλλον ὁ πατὴρ [ὁ] ἐξ οὐρανοῦ δώσει πνεῦμα ἅγιον τοῖς αἰτοῦσιν αὐτόν.	
002	Mt 8,5	... προσῆλθεν αὐτῷ ἑκατόνταρχος ↔			Lk 7,3 (2)	[2] ἑκατοντάρχου δέ τινος δοῦλος κακῶς ἔχων ἤμελλεν τελευτᾶν, ὃς ἦν αὐτῷ ἔντιμος. [3] ἀκούσας δὲ περὶ τοῦ Ἰησοῦ ἀπέστειλεν πρὸς αὐτὸν πρεσβυτέρους τῶν Ἰουδαίων	→ Jn 4,46
202	Mt 8,5	↔ παρακαλῶν αὐτὸν [6] καὶ λέγων· κύριε, ὁ παῖς μου βέβληται ἐν τῇ οἰκίᾳ παραλυτικός, δεινῶς βασανιζόμενος.				ἐρωτῶν αὐτὸν	→ Jn 4,47
201	Mt 8,7 → Lk 7,6	... ἐγὼ ἐλθὼν θεραπεύσω αὐτόν.				ὅπως ἐλθὼν διασώσῃ τὸν δοῦλον αὐτοῦ.	

002					Lk 7,4	οἱ δὲ παραγενόμενοι πρὸς τὸν Ἰησοῦν παρεκάλουν **αὐτὸν** σπουδαίως λέγοντες ὅτι ἄξιός ἐστιν ᾧ παρέξῃ τοῦτο·	
102	Mt 8,10	ἀκούσας δὲ ὁ Ἰησοῦς ἐθαύμασεν καὶ εἶπεν τοῖς ἀκολουθοῦσιν· ἀμὴν λέγω ὑμῖν, παρ᾽ οὐδενὶ τοσαύτην πίστιν ἐν τῷ Ἰσραὴλ εὗρον.			Lk 7,9	ἀκούσας δὲ ταῦτα ὁ Ἰησοῦς ἐθαύμασεν **αὐτὸν** καὶ στραφεὶς τῷ ἀκολουθοῦντι αὐτῷ ὄχλῳ εἶπεν· λέγω ὑμῖν, οὐδὲ ἐν τῷ Ἰσραὴλ τοσαύτην πίστιν εὗρον.	
211	Mt 8,18	ἰδὼν δὲ ὁ Ἰησοῦς ὄχλον **περὶ αὐτὸν** ἐκέλευσεν ἀπελθεῖν εἰς τὸ πέραν.	Mk 4,35	καὶ λέγει αὐτοῖς ... διέλθωμεν εἰς τὸ πέραν.	Lk 8,22	... καὶ εἶπεν πρὸς αὐτούς· διέλθωμεν εἰς τὸ πέραν τῆς λίμνης, καὶ ἀνήχθησαν.	
222	Mt 8,25	καὶ προσελθόντες ἤγειραν **αὐτὸν** λέγοντες· κύριε, σῶσον, ἀπολλύμεθα.	Mk 4,38	... καὶ ἐγείρουσιν **αὐτὸν** καὶ λέγουσιν αὐτῷ· διδάσκαλε, οὐ μέλει σοι ὅτι ἀπολλύμεθα;	Lk 8,24	προσελθόντες δὲ διήγειραν **αὐτὸν** λέγοντες· ἐπιστάτα ἐπιστάτα, ἀπολλύμεθα. ...	
222	Mt 8,31	οἱ δὲ δαίμονες παρεκάλουν **αὐτὸν** λέγοντες· εἰ ἐκβάλλεις ἡμᾶς, ἀπόστειλον ἡμᾶς εἰς τὴν ἀγέλην τῶν χοίρων.	Mk 5,12	καὶ παρεκάλεσαν **αὐτὸν** λέγοντες· πέμψον ἡμᾶς εἰς τοὺς χοίρους, ἵνα εἰς αὐτοὺς εἰσέλθωμεν.	Lk 8,32	... καὶ παρεκάλεσαν **αὐτὸν** ἵνα ἐπιτρέψῃ αὐτοῖς εἰς ἐκείνους εἰσελθεῖν· ...	
222	Mt 8,34	... καὶ ἰδόντες **αὐτὸν** παρεκάλεσαν ὅπως μεταβῇ ἀπὸ τῶν ὁρίων αὐτῶν.	Mk 5,17	καὶ ἤρξαντο παρακαλεῖν **αὐτὸν** ἀπελθεῖν ἀπὸ τῶν ὁρίων αὐτῶν.	Lk 8,37	καὶ ἠρώτησεν **αὐτὸν** ἅπαν τὸ πλῆθος τῆς περιχώρου τῶν Γερασηνῶν ἀπελθεῖν ἀπ᾽ αὐτῶν, ...	
200	Mt 9,31 → Mt 9,26 ↑ Mk 1,45	οἱ δὲ ἐξελθόντες διεφήμισαν **αὐτὸν** ἐν ὅλῃ τῇ γῇ ἐκείνῃ.					
121	Mt 10,1	καὶ προσκαλεσάμενος τοὺς δώδεκα μαθητὰς αὐτοῦ ...	Mk 3,13	... καὶ προσκαλεῖται οὓς ἤθελεν αὐτός, καὶ ἀπῆλθον **πρὸς αὐτόν.**	Lk 6,13	καὶ ὅτε ἐγένετο ἡμέρα, προσεφώνησεν τοὺς μαθητὰς αὐτοῦ, ...	
221	Mt 10,4	... καὶ Ἰούδας ὁ Ἰσκαριώτης ὁ καὶ παραδοὺς **αὐτόν.**	Mk 3,19	καὶ Ἰούδαν Ἰσκαριώθ, ὃς καὶ παρέδωκεν **αὐτόν.**	Lk 6,16	... καὶ Ἰούδαν Ἰσκαριώθ, ὃς ἐγένετο προδότης.	
201	Mt 10,33 ↓ Mt 16,27	ὅστις δ᾽ ἂν ἀρνήσηταί με ἔμπροσθεν τῶν ἀνθρώπων, ἀρνήσομαι κἀγὼ **αὐτὸν** ἔμπροσθεν τοῦ πατρός μου τοῦ ἐν [τοῖς] οὐρανοῖς.	Mk 8,38	ὃς γὰρ ἐὰν ἐπαισχυνθῇ με καὶ τοὺς ἐμοὺς λόγους ἐν τῇ γενεᾷ ταύτῃ τῇ μοιχαλίδι καὶ ἁμαρτωλῷ, καὶ ὁ υἱὸς τοῦ ἀνθρώπου ἐπαισχυνθήσεται **αὐτόν,** ὅταν ἔλθῃ ἐν τῇ δόξῃ τοῦ πατρὸς αὐτοῦ μετὰ τῶν ἀγγέλων τῶν ἁγίων.	Lk 12,9 ⇩ Lk 9,26	ὁ δὲ ἀρνησάμενός με ἐνώπιον τῶν ἀνθρώπων ἀπαρνηθήσεται ἐνώπιον τῶν ἀγγέλων τοῦ θεοῦ.	Mk-Q overlap

002					Lk 7,15 ↓ Lk 9,42	καὶ ἀνεκάθισεν ὁ νεκρὸς καὶ ἤρξατο λαλεῖν, καὶ ἔδωκεν **αὐτὸν** τῇ μητρὶ αὐτοῦ. ➤ 1Kings 17,23	
002					Lk 7,20	παραγενόμενοι δὲ **πρὸς αὐτὸν** οἱ ἄνδρες εἶπαν· Ἰωάννης ὁ βαπτιστὴς ἀπέστειλεν ἡμᾶς πρὸς σὲ ...	
002	Mt 26,6 ↓ Lk 7,40	τοῦ δὲ Ἰησοῦ γενομένου ἐν Βηθανίᾳ ἐν οἰκίᾳ Σίμωνος τοῦ λεπροῦ	Mk 14,3 ↓ Lk 7,40	καὶ ὄντος αὐτοῦ ἐν Βηθανίᾳ ἐν τῇ οἰκίᾳ Σίμωνος τοῦ λεπροῦ, ...	Lk 7,36	ἠρώτα δέ τις **αὐτὸν** τῶν Φαρισαίων ἵνα φάγῃ μετ' αὐτοῦ, καὶ εἰσελθὼν εἰς τὸν οἶκον τοῦ Φαρισαίου κατεκλίθη.	→ Jn 12,1
002					Lk 7,39	ἰδὼν δὲ ὁ Φαρισαῖος ὁ καλέσας **αὐτὸν** εἶπεν ἐν ἑαυτῷ ...	
a 002					Lk 7,40 ↑ Mt 26,6 ↑ Mk 14,3	καὶ ἀποκριθεὶς ὁ Ἰησοῦς εἶπεν **πρὸς αὐτόν·** Σίμων, ἔχω σοί τι εἰπεῖν. ...	
002					Lk 7,42	μὴ ἐχόντων αὐτῶν ἀποδοῦναι ἀμφοτέροις ἐχαρίσατο. τίς οὖν αὐτῶν πλεῖον ἀγαπήσει **αὐτόν;**	
222	Mt 12,10	... καὶ ἐπηρώτησαν **αὐτὸν** λέγοντες· εἰ ἔξεστιν τοῖς σάββασιν θεραπεῦσαι; ἵνα κατηγορήσωσιν αὐτοῦ.	Mk 3,2 (2)	καὶ παρετήρουν **αὐτὸν** εἰ τοῖς σάββασιν θεραπεύσει αὐτόν, ἵνα κατηγορήσωσιν αὐτοῦ.	Lk 6,7 → Lk 14,3	παρετηροῦντο δὲ **αὐτὸν** οἱ γραμματεῖς καὶ οἱ Φαρισαῖοι εἰ ἐν τῷ σαββάτῳ θεραπεύει, ἵνα εὕρωσιν κατηγορεῖν αὐτοῦ.	
221	Mt 12,14 ↓ Mt 26,4	ἐξελθόντες δὲ οἱ Φαρισαῖοι συμβούλιον ἔλαβον κατ' αὐτοῦ ὅπως **αὐτὸν** ἀπολέσωσιν.	Mk 3,6 ↓ Mk 14,1	καὶ ἐξελθόντες οἱ Φαρισαῖοι εὐθὺς μετὰ τῶν Ἡρῳδιανῶν συμβούλιον ἐδίδουν κατ' αὐτοῦ ὅπως **αὐτὸν** ἀπολέσωσιν.	Lk 6,11 → Lk 4,28 → Lk 13,17 → Lk 14,6 ↓ Lk 22,2	αὐτοὶ δὲ ἐπλήσθησαν ἀνοίας καὶ διελάλουν πρὸς ἀλλήλους τί ἂν ποιήσαιεν **τῷ Ἰησοῦ.**	
220	Mt 12,16	καὶ ἐπετίμησεν αὐτοῖς ἵνα μὴ φανερὸν **αὐτὸν** ποιήσωσιν	Mk 3,12 ⇑ Mk 1,34	καὶ πολλὰ ἐπετίμα αὐτοῖς ἵνα μὴ **αὐτὸν** φανερὸν ποιήσωσιν.	Lk 4,41	... καὶ ἐπιτιμῶν οὐκ εἴα αὐτὰ λαλεῖν, ὅτι ᾔδεισαν τὸν χριστὸν **αὐτὸν** εἶναι.	
200	Mt 12,18	*ἰδοὺ ὁ παῖς μου ὃν ᾑρέτισα, ὁ ἀγαπητός μου εἰς ὃν εὐδόκησεν ἡ ψυχή μου· θήσω τὸ πνεῦμά μου* ***ἐπ' αὐτόν,*** *καὶ κρίσιν τοῖς ἔθνεσιν ἀπαγγελεῖ.* ➤ Isa 42,1					
020			Mk 3,21	καὶ ἀκούσαντες οἱ παρ' αὐτοῦ ἐξῆλθον κρατῆσαι **αὐτόν·** ἔλεγον γὰρ ὅτι ἐξέστη.			

	Mt 12,22 ⇨ Mt 9,32-33	τότε προσηνέχθη αὐτῷ δαιμονιζόμενος τυφλὸς καὶ κωφός, καὶ ἐθεράπευσεν			Lk 11,14	καὶ ἦν ἐκβάλλων δαιμόνιον [καὶ αὐτὸ ἦν] κωφόν· ἐγένετο δὲ τοῦ δαιμονίου ἐξελθόντος	
200		**αὐτόν,**					
		ὥστε τὸν κωφὸν λαλεῖν καὶ βλέπειν.				ἐλάλησεν ὁ κωφὸς ...	
	Mt 12,46	ἔτι αὐτοῦ λαλοῦντος τοῖς ὄχλοις ἰδοὺ ἡ μήτηρ καὶ οἱ ἀδελφοὶ αὐτοῦ εἱστήκεισαν ἔξω ζητοῦντες	Mk 3,31 (2)	καὶ ἔρχεται ἡ μήτηρ αὐτοῦ καὶ οἱ ἀδελφοὶ αὐτοῦ καὶ ἔξω στήκοντες ἀπέστειλαν	Lk 8,19	παρεγένετο δὲ	→ GTh 99
122				**πρὸς αὐτὸν**		**πρὸς αὐτὸν**	
				καλοῦντες		ἡ μήτηρ καὶ οἱ ἀδελφοὶ αὐτοῦ	
121		**αὐτῷ**		**αὐτόν.**			
		λαλῆσαι.				καὶ οὐκ ἠδύναντο συντυχεῖν αὐτῷ διὰ τὸν ὄχλον.	
	Mt 12,47		Mk 3,32	καὶ ἐκάθητο	Lk 8,20		→ GTh 99 Mt 12,47 is textcritically uncertain.
121				**περὶ αὐτὸν**			
		[εἶπεν δέ τις αὐτῷ· ἰδοὺ ἡ μήτηρ σου καὶ οἱ ἀδελφοί σου ἔξω ἑστήκασιν ζητοῦντές σοι λαλῆσαι.]		ὄχλος, καὶ λέγουσιν αὐτῷ· ἰδοὺ ἡ μήτηρ σου καὶ οἱ ἀδελφοί σου [καὶ αἱ ἀδελφαί σου] ἔξω ζητοῦσίν σε.		ἀπηγγέλη δὲ αὐτῷ· ἡ μήτηρ σου καὶ οἱ ἀδελφοί σου ἑστήκασιν ἔξω ἰδεῖν θέλοντές σε.	
	Mt 12,49	καὶ ἐκτείνας τὴν χεῖρα αὐτοῦ	Mk 3,34	καὶ περιβλεψάμενος			→ GTh 99
120		**ἐπὶ τοὺς μαθητὰς αὐτοῦ**		**τοὺς περὶ αὐτὸν κύκλῳ καθημένους**			
		εἶπεν· ἰδοὺ ἡ μήτηρ μου καὶ οἱ ἀδελφοί μου·		λέγει· ἴδε ἡ μήτηρ μου καὶ οἱ ἀδελφοί μου.			
	Mt 13,2	καὶ συνήχθησαν	Mk 4,1	... καὶ συνάγεται	Lk 8,4	συνιόντος	
221	(2) → Lk 5,1	**πρὸς αὐτὸν**	(2) → Lk 5,1	**πρὸς αὐτὸν**			
		ὄχλοι πολλοί,		ὄχλος πλεῖστος,		δὲ ὄχλου πολλοῦ	
		ὥστε	↑ Mk 3,9	ὥστε			
221		**αὐτὸν**		**αὐτὸν**			
		εἰς πλοῖον ἐμβάντα καθῆσθαι,		εἰς πλοῖον ἐμβάντα καθῆσθαι ἐν τῇ θαλάσσῃ,			
		καὶ πᾶς ὁ ὄχλος	↑ Mk 2,13	καὶ πᾶς ὁ ὄχλος πρὸς τὴν θάλασσαν	⇑ Lk 5,3	καὶ τῶν κατὰ πόλιν ἐπιπορευομένων	
112						**πρὸς αὐτὸν ...**	
		ἐπὶ τὸν αἰγιαλὸν εἱστήκει.		ἐπὶ τῆς γῆς ἦσαν.			
	Mt 13,4	[3] ... ἰδοὺ ἐξῆλθεν ὁ σπείρων τοῦ σπείρειν. [4] καὶ ἐν τῷ σπείρειν	Mk 4,4	[3] ... ἰδοὺ ἐξῆλθεν ὁ σπείρων σπεῖραι. [4] καὶ ἐγένετο ἐν τῷ σπείρειν	Lk 8,5	ἐξῆλθεν ὁ σπείρων τοῦ σπεῖραι τὸν σπόρον αὐτοῦ. καὶ ἐν τῷ σπείρειν	→ GTh 9
212		**αὐτὸν**				**αὐτὸν**	
		ἃ μὲν ἔπεσεν παρὰ τὴν ὁδόν, ...		ὃ μὲν ἔπεσεν παρὰ τὴν ὁδόν, ...		ὃ μὲν ἔπεσεν παρὰ τὴν ὁδὸν καὶ κατεπατήθη, ...	
	Mt 13,10	καὶ προσελθόντες οἱ μαθηταὶ εἶπαν	Mk 4,10 (2) ↓ Mk 7,17	καὶ ὅτε ἐγένετο κατὰ μόνας, ἠρώτων	Lk 8,9 ↓ Mk 7,17	ἐπηρώτων δὲ	
122		**αὐτῷ·**		**αὐτὸν**		**αὐτὸν**	
				οἱ		οἱ μαθηταὶ αὐτοῦ	
121				**περὶ αὐτὸν**			
		διὰ τί ἐν παραβολαῖς λαλεῖς αὐτοῖς;		σὺν τοῖς δώδεκα τὰς παραβολάς.		τίς αὕτη εἴη ἡ παραβολή.	
	Mt 13,20	ὁ δὲ ἐπὶ τὰ πετρώδη σπαρείς, οὗτός ἐστιν ὁ τὸν λόγον ἀκούων καὶ εὐθὺς μετὰ χαρᾶς λαμβάνων	Mk 4,16	καὶ οὗτοί εἰσιν οἱ ἐπὶ τὰ πετρώδη σπειρόμενοι, οἳ ὅταν ἀκούσωσιν τὸν λόγον εὐθὺς μετὰ χαρᾶς λαμβάνουσιν	Lk 8,13	οἱ δὲ ἐπὶ τῆς πέτρας οἳ ὅταν ἀκούσωσιν μετὰ χαρᾶς δέχονται	
221		**αὐτόν**		**αὐτόν**		**τὸν λόγον, ...**	

012	Mt 5,15	οὐδὲ καίουσιν λύχνον καὶ τιθέασιν **αὐτὸν** ὑπὸ τὸν μόδιον ἀλλ' ἐπὶ τὴν λυχνίαν, καὶ λάμπει πᾶσιν τοῖς ἐν τῇ οἰκίᾳ.	Mk 4,21	... μήτι ἔρχεται ὁ λύχνος ἵνα ὑπὸ τὸν μόδιον τεθῇ ἢ ὑπὸ τὴν κλίνην; οὐχ ἵνα ἐπὶ τὴν λυχνίαν τεθῇ;	Lk 8,16 ⇧ Lk 11,33	οὐδεὶς δὲ λύχνον ἅψας καλύπτει **αὐτὸν** σκεύει ἢ ὑποκάτω κλίνης τίθησιν, ἀλλ' ἐπὶ λυχνίας τίθησιν, ἵνα οἱ εἰσπορευόμενοι βλέπωσιν τὸ φῶς.	→ GTh 33,2-3 Mk-Q overlap
200	Mt 13,46	εὑρὼν δὲ ἕνα πολύτιμον μαργαρίτην ἀπελθὼν πέπρακεν πάντα ὅσα εἶχεν καὶ ἠγόρασεν **αὐτόν.**					→ GTh 76,1-2
122	Mt 12,46	ἔτι αὐτοῦ λαλοῦντος τοῖς ὄχλοις ἰδοὺ ἡ μήτηρ καὶ οἱ ἀδελφοὶ αὐτοῦ εἱστήκεισαν ἔξω ζητοῦντες αὐτῷ λαλῆσαι.	Mk 3,31 (2)	καὶ ἔρχεται ἡ μήτηρ αὐτοῦ καὶ οἱ ἀδελφοὶ αὐτοῦ καὶ ἔξω στήκοντες ἀπέστειλαν **πρὸς αὐτὸν** καλοῦντες αὐτόν.	Lk 8,19	παρεγένετο δὲ **πρὸς αὐτὸν** ἡ μήτηρ καὶ οἱ ἀδελφοὶ αὐτοῦ ...	→ GTh 99
121	Mt 8,23	καὶ ἐμβάντι **αὐτῷ** εἰς τὸ πλοῖον ἠκολούθησαν αὐτῷ οἱ μαθηταὶ αὐτοῦ.	Mk 4,36	καὶ ἀφέντες τὸν ὄχλον παραλαμβάνουσιν **αὐτὸν** ὡς ἦν ἐν τῷ πλοίῳ, καὶ ἄλλα πλοῖα ἦν μετ' αὐτοῦ.	Lk 8,22	... καὶ **αὐτὸς** ἐνέβη εἰς πλοῖον καὶ οἱ μαθηταὶ αὐτοῦ ...	
222	Mt 8,25	καὶ προσελθόντες ἤγειραν **αὐτὸν** λέγοντες· κύριε, σῶσον, ἀπολλύμεθα.	Mk 4,38	... καὶ ἐγείρουσιν **αὐτὸν** καὶ λέγουσιν αὐτῷ· διδάσκαλε, οὐ μέλει σοι ὅτι ἀπολλύμεθα;	Lk 8,24	προσελθόντες δὲ διήγειραν **αὐτὸν** λέγοντες· ἐπιστάτα ἐπιστάτα, ἀπολλύμεθα. ...	
121	Mt 8,28	... ὑπήντησαν αὐτῷ δύο δαιμονιζόμενοι ἐκ τῶν μνημείων ἐξερχόμενοι,	Mk 5,3	[2] ... εὐθὺς ὑπήντησεν αὐτῷ ἐκ τῶν μνημείων ἄνθρωπος ἐν πνεύματι ἀκαθάρτῳ, [3] ὃς τὴν κατοίκησιν εἶχεν ἐν τοῖς μνήμασιν, καὶ οὐδὲ ἁλύσει οὐκέτι οὐδεὶς ἐδύνατο **αὐτὸν** δῆσαι	Lk 8,27	... ὑπήντησεν ἀνήρ τις ἐκ τῆς πόλεως ἔχων δαιμόνια καὶ χρόνῳ ἱκανῷ οὐκ ἐνεδύσατο ἱμάτιον καὶ ἐν οἰκίᾳ οὐκ ἔμενεν ἀλλ' ἐν τοῖς μνήμασιν.	
112 121 121		χαλεποὶ λίαν, ὥστε μὴ ἰσχύειν τινὰ παρελθεῖν διὰ τῆς ὁδοῦ ἐκείνης.	Mk 5,4 (2)	διὰ τὸ **αὐτὸν** πολλάκις πέδαις καὶ ἁλύσεσιν δεδέσθαι καὶ διεσπάσθαι ὑπ' αὐτοῦ τὰς ἁλύσεις καὶ τὰς πέδας συντετρῖφθαι, καὶ οὐδεὶς ἴσχυεν **αὐτὸν** δαμάσαι·	Lk 8,29	... πολλοῖς γὰρ χρόνοις συνηρπάκει **αὐτὸν** καὶ ἐδεσμεύετο ἁλύσεσιν καὶ πέδαις φυλασσόμενος καὶ διαρρήσσων τὰ δεσμὰ ...	

022 012			Mk 5,9	καὶ ἐπηρώτα αὐτόν· τί ὄνομά σοι; καὶ λέγει αὐτῷ· λεγιὼν ὄνομά μοι, ὅτι πολλοί ἐσμεν.	Lk 8,30 (2)	ἐπηρώτησεν δὲ αὐτὸν ὁ Ἰησοῦς· τί σοι ὄνομά ἐστιν; ὁ δὲ εἶπεν· λεγιών, ὅτι εἰσῆλθεν δαιμόνια πολλὰ εἰς αὐτόν.	
022			Mk 5,10	καὶ παρεκάλει αὐτὸν πολλὰ ἵνα μὴ αὐτὰ ἀποστείλῃ ἔξω τῆς χώρας.	Lk 8,31	καὶ παρεκάλουν αὐτὸν ἵνα μὴ ἐπιτάξῃ αὐτοῖς εἰς τὴν ἄβυσσον ἀπελθεῖν.	
222	Mt 8,31	οἱ δὲ δαίμονες παρεκάλουν αὐτὸν λέγοντες· εἰ ἐκβάλλεις ἡμᾶς, ἀπόστειλον ἡμᾶς εἰς τὴν ἀγέλην τῶν χοίρων.	Mk 5,12	καὶ παρεκάλεσαν αὐτὸν λέγοντες· πέμψον ἡμᾶς εἰς τοὺς χοίρους, ἵνα εἰς αὐτοὺς εἰσέλθωμεν.	Lk 8,32	... καὶ παρεκάλεσαν αὐτὸν ἵνα ἐπιτρέψῃ αὐτοῖς εἰς ἐκείνους εἰσελθεῖν· ...	
222	Mt 8,34	... καὶ ἰδόντες αὐτὸν παρεκάλεσαν ὅπως μεταβῇ ἀπὸ τῶν ὁρίων αὐτῶν.	Mk 5,17	καὶ ἤρξαντο παρακαλεῖν αὐτὸν ἀπελθεῖν ἀπὸ τῶν ὁρίων αὐτῶν.	Lk 8,37	καὶ ἠρώτησεν αὐτὸν ἅπαν τὸ πλῆθος τῆς περιχώρου τῶν Γερασηνῶν ἀπελθεῖν ἀπ᾽ αὐτῶν, ...	
021			Mk 5,18	... παρεκάλει αὐτὸν ὁ δαιμονισθεὶς ἵνα μετ᾽ αὐτοῦ ᾖ.	Lk 8,38	ἐδεῖτο δὲ αὐτοῦ ὁ ἀνὴρ ἀφ᾽ οὗ ἐξεληλύθει τὰ δαιμόνια εἶναι σὺν αὐτῷ· ...	
022			Mk 5,19	καὶ οὐκ ἀφῆκεν αὐτόν, ἀλλὰ λέγει αὐτῷ· ὕπαγε εἰς τὸν οἶκόν σου ...	Lk 8,38	... ἀπέλυσεν δὲ αὐτὸν λέγων· [39] ὑπόστρεφε εἰς τὸν οἶκόν σου	
122 112	Mt 9,1	καὶ ἐμβὰς εἰς πλοῖον διεπέρασεν ...	Mk 5,21	[18] καὶ ἐμβαίνοντος αὐτοῦ εἰς τὸ πλοῖον ... [21] καὶ διαπεράσαντος τοῦ Ἰησοῦ [ἐν τῷ πλοίῳ] πάλιν εἰς τὸ πέραν συνήχθη ὄχλος πολὺς ἐπ᾽ αὐτόν, καὶ ἦν παρὰ τὴν θάλασσαν.	Lk 8,40 (2)	[37] ... αὐτὸς δὲ ἐμβὰς εἰς πλοῖον ὑπέστρεψεν. [38] ... [40] ἐν δὲ τῷ ὑποστρέφειν τὸν Ἰησοῦν ἀπεδέξατο αὐτὸν ὁ ὄχλος· ἦσαν γὰρ πάντες προσδοκῶντες αὐτόν.	
121	Mt 9,18	ταῦτα αὐτοῦ λαλοῦντος αὐτοῖς, ἰδοὺ ἄρχων εἷς ἐλθὼν προσεκύνει αὐτῷ	Mk 5,22	καὶ ἔρχεται εἷς τῶν ἀρχισυναγώγων, ὀνόματι Ἰάϊρος, καὶ ἰδὼν αὐτὸν πίπτει πρὸς τοὺς πόδας αὐτοῦ	Lk 8,41	καὶ ἰδοὺ ἦλθεν ἀνὴρ ᾧ ὄνομα Ἰάϊρος καὶ οὗτος ἄρχων τῆς συναγωγῆς ὑπῆρχεν, καὶ πεσὼν παρὰ τοὺς πόδας [τοῦ] Ἰησοῦ	
122		λέγων ὅτι ἡ θυγάτηρ μου ἄρτι ἐτελεύτησεν· ἀλλὰ ἐλθὼν ἐπίθες τὴν χεῖρά σου ἐπ᾽ αὐτήν, καὶ ζήσεται.	Mk 5,23	καὶ παρακαλεῖ αὐτὸν πολλὰ λέγων ὅτι τὸ θυγάτριόν μου ἐσχάτως ἔχει, ἵνα ἐλθὼν ἐπιθῇς τὰς χεῖρας αὐτῇ ἵνα σωθῇ καὶ ζήσῃ.	→ Mk 5,42	παρεκάλει αὐτὸν εἰσελθεῖν εἰς τὸν οἶκον αὐτοῦ, [42] ὅτι θυγάτηρ μονογενὴς ἦν αὐτῷ ὡς ἐτῶν δώδεκα καὶ αὐτὴ ἀπέθνῃσκεν. ↔	

112 122	Mt 9,19	καὶ ἐγερθεὶς ὁ Ἰησοῦς ἠκολούθησεν αὐτῷ καὶ οἱ μαθηταὶ αὐτοῦ.	Mk 5,24	καὶ ἀπῆλθεν μετ᾽ αὐτοῦ. ἠκολούθει αὐτῷ ὄχλος πολὺς καὶ συνέθλιβον **αὐτόν.**	Lk 8,42 (2)	↔ ἐν δὲ τῷ ὑπάγειν **αὐτὸν** οἱ ὄχλοι συνέπνιγον **αὐτόν.**	
112	Mt 14,2	καὶ εἶπεν τοῖς παισὶν αὐτοῦ· οὗτός ἐστιν Ἰωάννης ὁ βαπτιστής· αὐτὸς ἠγέρθη ἀπὸ τῶν νεκρῶν ...	Mk 6,16 ↓Mk 6,27	ἀκούσας δὲ ὁ Ἡρῴδης ἔλεγεν· ὃν ἐγὼ ἀπεκεφάλισα Ἰωάννην, οὗτος ἠγέρθη.	Lk 9,9 ↓Lk 23,8	εἶπεν δὲ Ἡρῴδης· Ἰωάννην ἐγὼ ἀπεκεφάλισα· τίς δέ ἐστιν οὗτος περὶ οὗ ἀκούω τοιαῦτα; καὶ ἐζήτει ἰδεῖν **αὐτόν.**	
221	Mt 14,3	ὁ γὰρ Ἡρῴδης κρατήσας τὸν Ἰωάννην ἔδησεν **[αὐτὸν]** καὶ ἐν φυλακῇ ἀπέθετο ...	Mk 6,17	αὐτὸς γὰρ ὁ Ἡρῴδης ἀποστείλας ἐκράτησεν τὸν Ἰωάννην καὶ ἔδησεν **αὐτὸν** ἐν φυλακῇ ...	Lk 3,20 →Mt 4,12 →Mk 1,14	[19] ὁ δὲ Ἡρῴδης ... [20] προσέθηκεν καὶ τοῦτο ἐπὶ πᾶσιν [καὶ] κατέκλεισεν τὸν Ἰωάννην ἐν φυλακῇ.	
220	Mt 14,5 (2)	[3] ὁ γὰρ Ἡρῴδης ... [5] καὶ θέλων **αὐτὸν** ἀποκτεῖναι	Mk 6,19	ἡ δὲ Ἡρῳδιὰς ἐνεῖχεν αὐτῷ καὶ ἤθελεν **αὐτὸν** ἀποκτεῖναι, καὶ οὐκ ἠδύνατο·			
220 120		ἐφοβήθη τὸν ὄχλον, ὅτι ὡς προφήτην **αὐτὸν** εἶχον.	Mk 6,20 (2)	ὁ γὰρ Ἡρῴδης ἐφοβεῖτο τὸν Ἰωάννην, εἰδὼς **αὐτὸν** ἄνδρα δίκαιον καὶ ἅγιον, καὶ συνετήρει **αὐτόν,** καὶ ἀκούσας αὐτοῦ πολλὰ ἠπόρει, καὶ ἡδέως αὐτοῦ ἤκουεν.			
120	Mt 14,10	καὶ πέμψας ἀπεκεφάλισεν **[τὸν] Ἰωάννην** ἐν τῇ φυλακῇ.	Mk 6,27 ↑Mk 6,16 ↑Lk 9,9	καὶ εὐθὺς ἀποστείλας ὁ βασιλεὺς σπεκουλάτορα ἐπέταξεν ἐνέγκαι τὴν κεφαλὴν αὐτοῦ. καὶ ἀπελθὼν ἀπεκεφάλισεν **αὐτὸν** ἐν τῇ φυλακῇ			
210	Mt 14,12	καὶ προσελθόντες οἱ μαθηταὶ αὐτοῦ ἦραν τὸ πτῶμα καὶ ἔθαψαν **αὐτό[ν]** ...	Mk 6,29	καὶ ἀκούσαντες οἱ μαθηταὶ αὐτοῦ ἦλθον καὶ ἦραν τὸ πτῶμα αὐτοῦ καὶ ἔθηκαν **αὐτὸ** ἐν μνημείῳ.			
210	Mt 14,22 →Mt 15,39	καὶ εὐθέως ἠνάγκασεν τοὺς μαθητὰς ἐμβῆναι εἰς τὸ πλοῖον καὶ προάγειν **αὐτὸν** εἰς τὸ πέραν, ἕως οὗ ἀπολύσῃ τοὺς ὄχλους.	Mk 6,45 →Mk 8,9	καὶ εὐθὺς ἠνάγκασεν τοὺς μαθητὰς αὐτοῦ ἐμβῆναι εἰς τὸ πλοῖον καὶ προάγειν εἰς τὸ πέραν πρὸς Βηθσαϊδάν, ἕως αὐτὸς ἀπολύει τὸν ὄχλον.			→Jn 6,16-17

220	Mt 14,26	οἱ δὲ μαθηταὶ ἰδόντες **αὐτὸν** ἐπὶ τῆς θαλάσσης περιπατοῦντα ἐταράχθησαν λέγοντες ὅτι φάντασμά ἐστιν, καὶ ἀπὸ τοῦ φόβου ἔκραξαν.	Mk 6,49	οἱ δὲ ἰδόντες **αὐτὸν** ἐπὶ τῆς θαλάσσης περιπατοῦντα ἔδοξαν ὅτι φάντασμά ἐστιν, καὶ ἀνέκραξαν·		→ Jn 6,19
120			Mk 6,50	πάντες γὰρ **αὐτὸν** εἶδον καὶ ἐταράχθησαν. ...		
220	Mt 14,35	καὶ ἐπιγνόντες **αὐτὸν** οἱ ἄνδρες τοῦ τόπου ἐκείνου ἀπέστειλαν εἰς ὅλην τὴν περίχωρον ἐκείνην ...	Mk 6,54	καὶ ἐξελθόντων αὐτῶν ἐκ τοῦ πλοίου εὐθὺς ἐπιγνόντες **αὐτὸν** [55] περιέδραμον ὅλην τὴν χώραν ἐκείνην ...		
220	Mt 14,36 → Mt 9,20	καὶ παρεκάλουν **αὐτὸν** ἵνα μόνον ἅψωνται τοῦ κρασπέδου τοῦ ἱματίου αὐτοῦ· ...	Mk 6,56 → Mk 5,27	... καὶ παρεκάλουν **αὐτὸν** ἵνα κἂν τοῦ κρασπέδου τοῦ ἱματίου αὐτοῦ ἅψωνται· ...	→ Lk 8,44	
120	Mt 15,1 ↓ Lk 11,37	τότε προσέρχονται **τῷ Ἰησοῦ** ἀπὸ Ἱεροσολύμων Φαρισαῖοι καὶ γραμματεῖς ↔	Mk 7,1 ↓ Lk 11,37	καὶ συνάγονται **πρὸς αὐτὸν** οἱ Φαρισαῖοι καί τινες τῶν γραμματέων ἐλθόντες ἀπὸ Ἱεροσολύμων.		
120	Mt 15,2 → Mt 15,20	↔ [1] λέγοντες· [2] διὰ τί οἱ μαθηταί σου παραβαίνουσιν τὴν παράδοσιν τῶν πρεσβυτέρων; οὐ γὰρ νίπτονται τὰς χεῖρας [αὐτῶν] ὅταν ἄρτον ἐσθίωσιν.	Mk 7,5	καὶ ἐπερωτῶσιν **αὐτὸν** οἱ Φαρισαῖοι καὶ οἱ γραμματεῖς· διὰ τί οὐ περιπατοῦσιν οἱ μαθηταί σου κατὰ τὴν παράδοσιν τῶν πρεσβυτέρων, ἀλλὰ κοιναῖς χερσὶν ἐσθίουσιν τὸν ἄρτον;		
120	Mt 15,6	 οὐ μὴ τιμήσει τὸν πατέρα αὐτοῦ· ...	Mk 7,12	οὐκέτι ἀφίετε **αὐτὸν** οὐδὲν ποιῆσαι τῷ πατρὶ ἢ τῇ μητρί		
120 120	Mt 15,11	 οὐ τὸ εἰσερχόμενον **εἰς τὸ στόμα** κοινοῖ **τὸν ἄνθρωπον,** ἀλλὰ τὸ ἐκπορευόμενον ἐκ τοῦ στόματος τοῦτο κοινοῖ τὸν ἄνθρωπον.	Mk 7,15 (2)	οὐδέν ἐστιν ἔξωθεν τοῦ ἀνθρώπου εἰσπορευόμενον **εἰς αὐτὸν** ὃ δύναται κοινῶσαι **αὐτόν,** ἀλλὰ τὰ ἐκ τοῦ ἀνθρώπου ἐκπορευόμενά ἐστιν τὰ κοινοῦντα τὸν ἄνθρωπον.		→ GTh 14,5
120	Mt 15,15	ἀποκριθεὶς δὲ ὁ Πέτρος εἶπεν **αὐτῷ·** φράσον ἡμῖν τὴν παραβολήν [ταύτην].	Mk 7,17 ↑ Mk 4,10 ↑ Lk 8,9 → Mt 15,12	... ἐπηρώτων **αὐτὸν** οἱ μαθηταὶ αὐτοῦ τὴν παραβολήν.		

120	Mt 15,17	οὐ νοεῖτε ὅτι πᾶν τὸ εἰσπορευόμενον εἰς τὸ στόμα εἰς τὴν κοιλίαν χωρεῖ καὶ εἰς ἀφεδρῶνα ἐκβάλλεται;	Mk 7,18	... οὐ νοεῖτε ὅτι πᾶν τὸ ἔξωθεν εἰσπορευόμενον εἰς τὸν ἄνθρωπον οὐ δύναται **αὐτὸν** κοινῶσαι, [19] ὅτι οὐκ εἰσπορεύεται αὐτοῦ εἰς τὴν καρδίαν ἀλλ᾽ εἰς τὴν κοιλίαν, καὶ εἰς τὸν ἀφεδρῶνα ἐκπορεύεται, ...			→ GTh 14,5
200	Mt 15,23	... καὶ προσελθόντες οἱ μαθηταὶ αὐτοῦ ἠρώτουν **αὐτὸν** λέγοντες· ἀπόλυσον αὐτήν, ὅτι κράζει ὄπισθεν ἡμῶν.					
120	Mt 15,25 → Mk 7,25	ἡ δὲ ἐλθοῦσα προσεκύνει αὐτῷ λέγουσα· κύριε, βοήθει μοι.	Mk 7,26	[25] ... ἐλθοῦσα προσέπεσεν πρὸς τοὺς πόδας αὐτοῦ· [26] ... καὶ ἠρώτα **αὐτὸν** ἵνα τὸ δαιμόνιον ἐκβάλῃ ἐκ τῆς θυγατρὸς αὐτῆς.			
120	Mt 15,30 ↑ Mt 4,24b ↑ Mt 8,16	καὶ προσῆλθον αὐτῷ ὄχλοι πολλοὶ ἔχοντες μεθ᾽ ἑαυτῶν χωλούς, τυφλούς, κυλλούς, κωφούς, καὶ ἑτέρους πολλοὺς καὶ ἔρριψαν αὐτοὺς παρὰ τοὺς πόδας αὐτοῦ, καὶ ἐθεράπευσεν αὐτούς·	Mk 7,32 ↑ Mk 1,32	καὶ φέρουσιν αὐτῷ κωφὸν καὶ μογιλάλον καὶ παρακαλοῦσιν **αὐτὸν** ἵνα ἐπιθῇ αὐτῷ τὴν χεῖρα.			
020			Mk 7,33 ↓ Mk 8,23	καὶ ἀπολαβόμενος **αὐτὸν** ἀπὸ τοῦ ὄχλου κατ᾽ ἰδίαν ἔβαλεν τοὺς δακτύλους αὐτοῦ εἰς τὰ ὦτα αὐτοῦ ...			
210 120	Mt 16,1 ⇩ Mt 12,38	καὶ προσελθόντες οἱ Φαρισαῖοι καὶ Σαδδουκαῖοι πειράζοντες ἐπηρώτησαν **αὐτὸν** σημεῖον ἐκ τοῦ οὐρανοῦ ἐπιδεῖξαι αὐτοῖς.	Mk 8,11	καὶ ἐξῆλθον οἱ Φαρισαῖοι καὶ ἤρξαντο συζητεῖν αὐτῷ, ζητοῦντες **παρ᾽ αὐτοῦ** σημεῖον ἀπὸ τοῦ οὐρανοῦ, πειράζοντες **αὐτόν.**			Mk-Q overlap
	Mt 12,38 ⇧ Mt 16,1	τότε ἀπεκρίθησαν αὐτῷ τινες τῶν γραμματέων καὶ Φαρισαίων λέγοντες· διδάσκαλε, θέλομεν ἀπὸ σοῦ σημεῖον ἰδεῖν.			Lk 11,16	ἕτεροι δὲ πειράζοντες σημεῖον ἐξ οὐρανοῦ ἐζήτουν παρ᾽ αὐτοῦ.	
020			Mk 8,22	... καὶ φέρουσιν αὐτῷ τυφλὸν καὶ παρακαλοῦσιν **αὐτὸν** ἵνα αὐτοῦ ἅψηται.			

020 020			Mk 8,23 (2) → Mt 9,29 → Mt 20,34 ↑ Mk 7,33	καὶ ἐπιλαβόμενος τῆς χειρὸς τοῦ τυφλοῦ ἐξήνεγκεν **αὐτὸν** ἔξω τῆς κώμης καὶ πτύσας εἰς τὰ ὄμματα αὐτοῦ, ἐπιθεὶς τὰς χεῖρας αὐτῷ ἐπηρώτα **αὐτόν**· εἴ τι βλέπεις;			→ Jn 9,6
020			Mk 8,26	καὶ ἀπέστειλεν **αὐτὸν** εἰς οἶκον αὐτοῦ λέγων· μηδὲ εἰς τὴν κώμην εἰσέλθῃς.			
112	Mt 16,13	ἐλθὼν δὲ ὁ Ἰησοῦς εἰς τὰ μέρη Καισαρείας τῆς Φιλίππου ἠρώτα τοὺς μαθητὰς αὐτοῦ λέγων· τίνα λέγουσιν οἱ ἄνθρωποι εἶναι τὸν υἱὸν τοῦ ἀνθρώπου;	Mk 8,27	καὶ ἐξῆλθεν ὁ Ἰησοῦς καὶ οἱ μαθηταὶ αὐτοῦ εἰς τὰς κώμας Καισαρείας τῆς Φιλίππου· καὶ ἐν τῇ ὁδῷ ἐπηρώτα τοὺς μαθητὰς αὐτοῦ λέγων αὐτοῖς· τίνα με λέγουσιν οἱ ἄνθρωποι εἶναι;	Lk 9,18 → Mt 14,23 → Mk 6,46	καὶ ἐγένετο ἐν τῷ εἶναι **αὐτὸν** προσευχόμενον κατὰ μόνας συνῆσαν αὐτῷ οἱ μαθηταί, καὶ ἐπηρώτησεν αὐτοὺς λέγων· τίνα με λέγουσιν οἱ ὄχλοι εἶναι;	→ GTh 13
211	Mt 16,21 ↓ Mt 17,23 ↓ Mt 20,18	ἀπὸ τότε ἤρξατο ὁ Ἰησοῦς δεικνύειν τοῖς μαθηταῖς αὐτοῦ ὅτι δεῖ **αὐτὸν** εἰς Ἱεροσόλυμα ἀπελθεῖν καὶ πολλὰ παθεῖν ...	Mk 8,31 ↓ Mk 9,31 ↓ Mk 10,33-34	καὶ ἤρξατο διδάσκειν αὐτοὺς ὅτι δεῖ **τὸν υἱὸν τοῦ** **ἀνθρώπου** πολλὰ παθεῖν ...	Lk 9,22 ↓ Lk 9,44 ↓ Lk 17,25 ↓ Lk 18,31-33 → Lk 24,7 → Lk 24,26 → Lk 24,46	εἰπὼν ὅτι δεῖ **τὸν υἱὸν τοῦ** **ἀνθρώπου** πολλὰ παθεῖν ...	
220	Mt 16,22	καὶ προσλαβόμενος **αὐτὸν** ὁ Πέτρος ἤρξατο ἐπιτιμᾶν αὐτῷ λέγων· ἵλεώς σοι, κύριε· οὐ μὴ ἔσται σοι τοῦτο.	Mk 8,32	... καὶ προσλαβόμενος ὁ Πέτρος **αὐτὸν** ἤρξατο ἐπιτιμᾶν αὐτῷ.			
121	Mt 16,27 ↑ Mt 10,33	μέλλει γὰρ ὁ υἱὸς τοῦ ἀνθρώπου ἔρχεσθαι ἐν τῇ δόξῃ τοῦ πατρὸς αὐτοῦ μετὰ τῶν ἀγγέλων αὐτοῦ, καὶ τότε *ἀποδώσει ἑκάστῳ κατὰ* *τὴν πρᾶξιν αὐτοῦ.* ➤ Ps 62,13/Prov 24,12/Sir 35,22 LXX	Mk 8,38	ὃς γὰρ ἐὰν ἐπαισχυνθῇ με καὶ τοὺς ἐμοὺς λόγους ἐν τῇ γενεᾷ ταύτῃ τῇ μοιχαλίδι καὶ ἁμαρτωλῷ, καὶ ὁ υἱὸς τοῦ ἀνθρώπου ἐπαισχυνθήσεται **αὐτόν**, ὅταν ἔλθῃ ἐν τῇ δόξῃ τοῦ πατρὸς αὐτοῦ μετὰ τῶν ἀγγέλων τῶν ἁγίων.	Lk 9,26 ⇑ Lk 12,9	ὃς γὰρ ἂν ἐπαισχυνθῇ με καὶ τοὺς ἐμοὺς λόγους, **τοῦτον** ὁ υἱὸς τοῦ ἀνθρώπου ἐπαισχυνθήσεται, ὅταν ἔλθῃ ἐν τῇ δόξῃ αὐτοῦ καὶ τοῦ πατρὸς καὶ τῶν ἁγίων ἀγγέλων.	Mk-Q overlap
112	Mt 17,2	καὶ μετεμορφώθη ἔμπροσθεν αὐτῶν, καὶ ἔλαμψεν τὸ πρόσωπον αὐτοῦ ὡς ὁ ἥλιος, ...	Mk 9,2	... καὶ μετεμορφώθη ἔμπροσθεν αὐτῶν	Lk 9,29	καὶ ἐγένετο ἐν τῷ προσεύχεσθαι **αὐτὸν** τὸ εἶδος τοῦ προσώπου αὐτοῦ ἕτερον ...	
211	Mt 17,8	ἐπάραντες δὲ τοὺς ὀφθαλμοὺς αὐτῶν οὐδένα εἶδον εἰ μὴ **αὐτὸν Ἰησοῦν μόνον.**	Mk 9,8	καὶ ἐξάπινα περιβλεψάμενοι οὐκέτι οὐδένα εἶδον ἀλλὰ **τὸν Ἰησοῦν μόνον** μεθ' ἑαυτῶν.	Lk 9,36	καὶ ἐν τῷ γενέσθαι τὴν φωνὴν εὑρέθη **Ἰησοῦς μόνος.** ...	

220	Mt 17,10	καὶ ἐπηρώτησαν αὐτὸν οἱ μαθηταὶ λέγοντες· τί οὖν οἱ γραμματεῖς λέγουσιν ὅτι *Ἠλίαν δεῖ ἐλθεῖν πρῶτον;* ➤ Mal 3,23-24	Mk 9,11	καὶ ἐπηρώτων αὐτὸν λέγοντες· ὅτι λέγουσιν οἱ γραμματεῖς ὅτι *Ἠλίαν δεῖ ἐλθεῖν πρῶτον;* ➤ Mal 3,23-24			
	Mt 17,12 → Mt 11,14 → Lk 1,17	λέγω δὲ ὑμῖν ὅτι Ἠλίας ἤδη ἦλθεν, καὶ οὐκ ἐπέγνωσαν	Mk 9,13 → Lk 1,17	ἀλλὰ λέγω ὑμῖν ὅτι καὶ Ἠλίας ἐλήλυθεν,			
210		αὐτὸν					
		ἀλλὰ ἐποίησαν ἐν αὐτῷ ὅσα ἠθέλησαν· ...		καὶ ἐποίησαν αὐτῷ ὅσα ἤθελον, καθὼς γέγραπται			
120				ἐπ' αὐτόν.			
021			Mk 9,15 (2)	καὶ εὐθὺς πᾶς ὁ ὄχλος ἰδόντες αὐτὸν ἐξεθαμβήθησαν	Lk 9,37		
				καὶ προστρέχοντες ἠσπάζοντο		... συνήντησεν	
021				αὐτόν.		αὐτῷ ὄχλος πολύς.	
211	Mt 17,14	... προσῆλθεν αὐτῷ ἄνθρωπος γονυπετῶν αὐτὸν [15] καὶ λέγων· κύριε, ἐλέησόν μου τὸν υἱόν, ↔	Mk 9,17	καὶ ἀπεκρίθη αὐτῷ εἷς ἐκ τοῦ ὄχλου· διδάσκαλε, ἤνεγκα τὸν υἱόν μου πρὸς σέ, ↔	Lk 9,38	καὶ ἰδοὺ ἀνὴρ ἀπὸ τοῦ ὄχλου ἐβόησεν λέγων· διδάσκαλε, δέομαί σου ἐπιβλέψαι ἐπὶ τὸν υἱόν μου, ὅτι μονογενής μοί ἐστιν,	
122	Mt 17,15	↔ ὅτι σεληνιάζεται καὶ κακῶς πάσχει· ...	Mk 9,18 (2)	↔ [17] ἔχοντα πνεῦμα ἄλαλον· [18] καὶ ὅπου ἐὰν αὐτὸν καταλάβῃ	Lk 9,39 (3)	καὶ ἰδοὺ πνεῦμα λαμβάνει αὐτὸν	
						καὶ ἐξαίφνης κράζει καὶ	
122				ῥήσσει αὐτόν, καὶ ἀφρίζει		σπαράσσει αὐτὸν μετὰ ἀφροῦ	
				καὶ τρίζει τοὺς ὀδόντας καὶ ξηραίνεται·		καὶ μόγις ἀποχωρεῖ ἀπ' αὐτοῦ συντρῖβον	
112						αὐτόν·	
211	Mt 17,16 (2)	καὶ προσήνεγκα αὐτὸν τοῖς μαθηταῖς σου,		καὶ εἶπα τοῖς μαθηταῖς σου ἵνα αὐτὸ ἐκβάλωσιν,	Lk 9,40	καὶ ἐδεήθην τῶν μαθητῶν σου ἵνα ἐκβάλωσιν αὐτό,	
211		καὶ οὐκ ἠδυνήθησαν αὐτὸν θεραπεῦσαι.		καὶ οὐκ ἴσχυσαν.		καὶ οὐκ ἠδυνήθησαν.	
221	Mt 17,17	... ὦ γενεὰ ἄπιστος καὶ διεστραμμένη, ἕως πότε μεθ' ὑμῶν ἔσομαι; ἕως πότε ἀνέξομαι ὑμῶν; φέρετέ μοι αὐτὸν ὧδε.	Mk 9,19	... ὦ γενεὰ ἄπιστος, ἕως πότε πρὸς ὑμᾶς ἔσομαι; ἕως πότε ἀνέξομαι ὑμῶν; φέρετε αὐτὸν πρός με.	Lk 9,41	... ὦ γενεὰ ἄπιστος καὶ διεστραμμένη, ἕως πότε ἔσομαι πρὸς ὑμᾶς καὶ ἀνέξομαι ὑμῶν; προσάγαγε ὧδε τὸν υἱόν σου.	

021 021 022 021			Mk 9,20 (4)	καὶ ἤνεγκαν αὐτὸν πρὸς αὐτόν. καὶ ἰδὼν αὐτὸν τὸ πνεῦμα εὐθὺς συνεσπάραξεν αὐτόν, καὶ πεσὼν ἐπὶ τῆς γῆς ἐκυλίετο ἀφρίζων.	Lk 9,42 (2)	ἔτι δὲ προσερχομένου αὐτοῦ ἔρρηξεν αὐτὸν τὸ δαιμόνιον καὶ συνεσπάραξεν· ↔	
120 120	Mt 17,15	... πολλάκις γὰρ πίπτει εἰς τὸ πῦρ καὶ πολλάκις εἰς τὸ ὕδωρ.	Mk 9,22 (2)	καὶ πολλάκις καὶ εἰς πῦρ αὐτὸν ἔβαλεν καὶ εἰς ὕδατα ἵνα ἀπολέσῃ αὐτόν· ...			
121	Mt 17,18	καὶ ἐπετίμησεν αὐτῷ ὁ Ἰησοῦς καὶ ἐξῆλθεν ἀπ' αὐτοῦ τὸ δαιμόνιον	Mk 9,25 → Mt 12,43-46 → Lk 11,24-26	ἰδὼν δὲ ὁ Ἰησοῦς ὅτι ἐπισυντρέχει ὄχλος, ἐπετίμησεν τῷ πνεύματι τῷ ἀκαθάρτῳ λέγων αὐτῷ· τὸ ἄλαλον καὶ κωφὸν πνεῦμα, ἐγὼ ἐπιτάσσω σοι, ἔξελθε ἐξ αὐτοῦ καὶ μηκέτι εἰσέλθῃς εἰς αὐτόν. [26] καὶ κράξας καὶ πολλὰ σπαράξας ἐξῆλθεν· ...	Lk 9,42 (2)	↔ ἐπετίμησεν δὲ ὁ Ἰησοῦς τῷ πνεύματι τῷ ἀκαθάρτῳ	
121 112		καὶ ἐθεραπεύθη ὁ παῖς ἀπὸ τῆς ὥρας ἐκείνης.	Mk 9,27	ὁ δὲ Ἰησοῦς κρατήσας τῆς χειρὸς αὐτοῦ ἤγειρεν αὐτόν, καὶ ἀνέστη.	↑ Lk 7,15	καὶ ἰάσατο τὸν παῖδα καὶ ἀπέδωκεν αὐτὸν τῷ πατρὶ αὐτοῦ.	
120	Mt 17,19	τότε προσελθόντες οἱ μαθηταὶ τῷ Ἰησοῦ κατ' ἰδίαν εἶπον· διὰ τί ἡμεῖς οὐκ ἠδυνήθημεν ἐκβαλεῖν αὐτό;	Mk 9,28	καὶ εἰσελθόντος αὐτοῦ εἰς οἶκον οἱ μαθηταὶ αὐτοῦ κατ' ἰδίαν ἐπηρώτων αὐτόν· ὅτι ἡμεῖς οὐκ ἠδυνήθημεν ἐκβαλεῖν αὐτό;			
221	Mt 17,23 ↑ Mt 16,21 ↓ Mt 20,18-19	[22] ... μέλλει ὁ υἱὸς τοῦ ἀνθρώπου παραδίδοσθαι εἰς χεῖρας ἀνθρώπων, [23] καὶ ἀποκτενοῦσιν αὐτόν, καὶ τῇ τρίτῃ ἡμέρᾳ ἐγερθήσεται. ...	Mk 9,31 ↑ Mk 8,31 ↓ Mk 10,33-34	... ὁ υἱὸς τοῦ ἀνθρώπου παραδίδοται εἰς χεῖρας ἀνθρώπων, καὶ ἀποκτενοῦσιν αὐτόν, καὶ ἀποκτανθεὶς μετὰ τρεῖς ἡμέρας ἀναστήσεται.	Lk 9,44 ↑ Lk 9,22 ↓ Lk 17,25 ↓ Lk 18,31-33 → Lk 24,7 → Lk 24,26 → Lk 24,46	... ὁ γὰρ υἱὸς τοῦ ἀνθρώπου μέλλει παραδίδοσθαι εἰς χεῖρας ἀνθρώπων.	
122	Mt 17,23	... καὶ ἐλυπήθησαν σφόδρα.	Mk 9,32	... καὶ ἐφοβοῦντο αὐτὸν ἐπερωτῆσαι.	Lk 9,45 → Lk 18,34	... καὶ ἐφοβοῦντο ἐρωτῆσαι αὐτὸν περὶ τοῦ ῥήματος τούτου.	
200	Mt 17,25	... καὶ ἐλθόντα εἰς τὴν οἰκίαν προέφθασεν αὐτὸν ὁ Ἰησοῦς λέγων· τί σοι δοκεῖ, Σίμων; ...					

022			Mk 9,38	... διδάσκαλε, εἴδομέν τινα ἐν τῷ ὀνόματί σου ἐκβάλλοντα δαιμόνια καὶ ἐκωλύομεν **αὐτόν,** ὅτι οὐκ ἠκολούθει ἡμῖν.	Lk 9,49	... ἐπιστάτα, εἴδομέν τινα ἐν τῷ ὀνόματί σου ἐκβάλλοντα δαιμόνια καὶ ἐκωλύομεν **αὐτόν,** ὅτι οὐκ ἀκολουθεῖ μεθ' ἡμῶν.	→ Acts 19,13
a 012 021			Mk 9,39	ὁ δὲ Ἰησοῦς εἶπεν· μὴ κωλύετε **αὐτόν.** ...	Lk 9,50	εἶπεν δὲ **πρὸς αὐτὸν** ὁ Ἰησοῦς· μὴ κωλύετε· ...	
220	Mt 18,8 → Mk 9,43	εἰ δὲ ἡ χείρ σου ἢ ὁ πούς σου σκανδαλίζει σε, ἔκκοψον **αὐτὸν** καὶ βάλε ἀπὸ σοῦ· ...	Mk 9,45	καὶ ἐὰν ὁ πούς σου σκανδαλίζῃ σε, ἀπόκοψον **αὐτόν·** ...			
220	Mt 18,9 ⇧ Mt 5,29	καὶ εἰ ὁ ὀφθαλμός σου σκανδαλίζει σε, ἔξελε **αὐτὸν** καὶ βάλε ἀπὸ σοῦ· ...	Mk 9,47	καὶ ἐὰν ὁ ὀφθαλμός σου σκανδαλίζῃ σε, ἔκβαλε **αὐτόν·** ...			
201	Mt 18,15 → Mt 18,21-22	ἐὰν δὲ ἁμαρτήσῃ [εἰς σὲ] ὁ ἀδελφός σου, ὕπαγε ἔλεγξον **αὐτὸν** μεταξὺ σοῦ καὶ αὐτοῦ μόνου. ἐάν σου ἀκούσῃ, ἐκέρδησας τὸν ἀδελφόν σου·			Lk 17,3 → Lk 17,4	... ἐὰν ἁμάρτῃ ὁ ἀδελφός σου ἐπιτίμησον **αὐτῷ,** καὶ ἐὰν μετανοήσῃ ἄφες αὐτῷ.	
200	Mt 18,25	μὴ ἔχοντος δὲ αὐτοῦ ἀποδοῦναι ἐκέλευσεν **αὐτὸν** ὁ κύριος πραθῆναι ...					
200	Mt 18,27	σπλαγχνισθεὶς δὲ ὁ κύριος τοῦ δούλου ἐκείνου ἀπέλυσεν **αὐτὸν** καὶ τὸ δάνειον ἀφῆκεν αὐτῷ.					
200	Mt 18,28	ἐξελθὼν δὲ ὁ δοῦλος ἐκεῖνος εὗρεν ἕνα τῶν συνδούλων αὐτοῦ, ὃς ὤφειλεν αὐτῷ ἑκατὸν δηνάρια, καὶ κρατήσας **αὐτὸν** ἔπνιγεν λέγων· ἀπόδος εἴ τι ὀφείλεις.					
200	Mt 18,29	πεσὼν οὖν ὁ σύνδουλος αὐτοῦ παρεκάλει **αὐτὸν** λέγων· μακροθύμησον ἐπ' ἐμοί, καὶ ἀποδώσω σοι.					
200	Mt 18,30	ὁ δὲ οὐκ ἤθελεν ἀλλὰ ἀπελθὼν ἔβαλεν **αὐτὸν** εἰς φυλακὴν ἕως ἀποδῷ τὸ ὀφειλόμενον.					

200	**Mt 18,32**	τότε προσκαλεσάμενος **αὐτὸν** ὁ κύριος αὐτοῦ λέγει αὐτῷ· δοῦλε πονηρέ, πᾶσαν τὴν ὀφειλὴν ἐκείνην ἀφῆκά σοι, ἐπεὶ παρεκάλεσάς με·				
200	**Mt 18,34** → Mt 5,25-26 → Lk 12,58-59	καὶ ὀργισθεὶς ὁ κύριος αὐτοῦ παρέδωκεν **αὐτὸν** τοῖς βασανισταῖς ἕως οὗ ἀποδῷ πᾶν τὸ ὀφειλόμενον.				
002					**Lk 9,53**	καὶ οὐκ ἐδέξαντο **αὐτόν,** ὅτι τὸ πρόσωπον αὐτοῦ ἦν πορευόμενον εἰς Ἰερουσαλήμ.
a 102	**Mt 8,19**	καὶ προσελθὼν εἷς γραμματεὺς εἶπεν **αὐτῷ·** διδάσκαλε, ἀκολουθήσω σοι ὅπου ἐὰν ἀπέρχῃ.			**Lk 9,57**	καὶ πορευομένων αὐτῶν ἐν τῇ ὁδῷ εἶπέν τις **πρὸς αὐτόν·** ἀκολουθήσω σοι ὅπου ἐὰν ἀπέρχῃ.
a 002					**Lk 9,62**	εἶπεν δὲ **[πρὸς αὐτὸν]** ὁ Ἰησοῦς· οὐδεὶς ἐπιβαλὼν τὴν χεῖρα ἐπ' ἄροτρον καὶ βλέπων εἰς τὰ ὀπίσω εὔθετός ἐστιν τῇ βασιλείᾳ τοῦ θεοῦ.
102	**Mt 10,13**	καὶ ἐὰν μὲν ᾖ ἡ οἰκία ἀξία, ἐλθάτω ἡ εἰρήνη ὑμῶν **ἐπ' αὐτήν,** ἐὰν δὲ μὴ ᾖ ἀξία, ἡ εἰρήνη ὑμῶν πρὸς ὑμᾶς ἐπιστραφήτω.			**Lk 10,6**	καὶ ἐὰν ἐκεῖ ᾖ υἱὸς εἰρήνης, ἐπαναπαήσεται **ἐπ' αὐτὸν** ἡ εἰρήνη ὑμῶν· εἰ δὲ μή γε, ἐφ' ὑμᾶς ἀνακάμψει.
222	**Mt 22,35** ↓ Mt 19,16	[34] οἱ δὲ Φαρισαῖοι ἀκούσαντες ὅτι ἐφίμωσεν τοὺς Σαδδουκαίους συνήχθησαν ἐπὶ τὸ αὐτό, [35] καὶ ἐπηρώτησεν εἷς ἐξ αὐτῶν [νομικὸς] πειράζων **αὐτόν·** [36] διδάσκαλε, ποία ἐντολὴ μεγάλη ἐν τῷ νόμῳ;	**Mk 12,28** ↓ Mk 10,17 → Lk 20,39	καὶ προσελθὼν εἷς τῶν γραμματέων ἀκούσας αὐτῶν συζητούντων, ἰδὼν ὅτι καλῶς ἀπεκρίθη αὐτοῖς ἐπηρώτησεν **αὐτόν·** ποία ἐστὶν ἐντολὴ πρώτη πάντων;	**Lk 10,25** ⇩ Lk 18,18	καὶ ἰδοὺ νομικός τις ἀνέστη ἐκπειράζων **αὐτὸν** λέγων· διδάσκαλε, τί ποιήσας ζωὴν αἰώνιον κληρονομήσω;
a 112	**Mt 22,37**	ὁ δὲ ἔφη **αὐτῷ·** *ἀγαπήσεις κύριον τὸν θεόν σου ...* ➤ Deut 6,5	**Mk 12,29**	ἀπεκρίθη ὁ Ἰησοῦς ὅτι πρώτη ἐστίν· *ἄκουε, Ἰσραήλ, κύριος ὁ θεὸς ἡμῶν κύριος εἷς ἐστιν,* [30] *καὶ ἀγαπήσεις κύριον τὸν θεόν σου ...* ➤ Deut 6,4-5	**Lk 10,26**	ὁ δὲ εἶπεν **πρὸς αὐτόν·** ἐν τῷ νόμῳ τί γέγραπται; πῶς ἀναγινώσκεις; ὁ δὲ ἀποκριθεὶς εἶπεν· *ἀγαπήσεις κύριον τὸν θεόν σου ...* ➤ Deut 6,5
002					**Lk 10,30**	... ἄνθρωπός τις κατέβαινεν ἀπὸ Ἰερουσαλὴμ εἰς Ἰεριχὼ καὶ λησταῖς περιέπεσεν, οἳ καὶ ἐκδύσαντες **αὐτὸν** καὶ πληγὰς ἐπιθέντες ἀπῆλθον ἀφέντες ἡμιθανῆ.

002					Lk 10,31	κατὰ συγκυρίαν δὲ ἱερεύς τις κατέβαινεν ἐν τῇ ὁδῷ ἐκείνῃ καὶ ἰδὼν **αὐτὸν** ἀντιπαρῆλθεν·	
002					Lk 10,33	Σαμαρίτης δέ τις ὁδεύων ἦλθεν **κατ' αὐτὸν** καὶ ἰδὼν ἐσπλαγχνίσθη,	
002 002					Lk 10,34 (2)	καὶ προσελθὼν κατέδησεν τὰ τραύματα αὐτοῦ ἐπιχέων ἔλαιον καὶ οἶνον, ἐπιβιβάσας δὲ **αὐτὸν** ἐπὶ τὸ ἴδιον κτῆνος ἤγαγεν **αὐτὸν** εἰς πανδοχεῖον καὶ ἐπεμελήθη αὐτοῦ.	
002					Lk 10,38	... γυνὴ δέ τις ὀνόματι Μάρθα ὑπεδέξατο **αὐτόν**.	
002 *a* 002					Lk 11,1 (2)	καὶ ἐγένετο ἐν τῷ εἶναι **αὐτὸν** ἐν τόπῳ τινὶ προσευχόμενον, ὡς ἐπαύσατο, εἶπέν τις τῶν μαθητῶν αὐτοῦ **πρὸς αὐτόν**· κύριε, δίδαξον ἡμᾶς προσεύχεσθαι, ...	
002					Lk 11,5	... τίς ἐξ ὑμῶν ἕξει φίλον καὶ πορεύσεται **πρὸς αὐτὸν** μεσονυκτίου καὶ εἴπῃ αὐτῷ· φίλε, χρῆσόν μοι τρεῖς ἄρτους	
202	Mt 7,11	... πόσῳ μᾶλλον ὁ πατὴρ ὑμῶν ὁ ἐν τοῖς οὐρανοῖς δώσει ἀγαθὰ τοῖς αἰτοῦσιν **αὐτόν**.			Lk 11,13	... πόσῳ μᾶλλον ὁ πατὴρ [ὁ] ἐξ οὐρανοῦ δώσει πνεῦμα ἅγιον τοῖς αἰτοῦσιν **αὐτόν**.	
112	Mt 12,29	ἢ πῶς δύναταί τις εἰσελθεῖν εἰς τὴν οἰκίαν τοῦ ἰσχυροῦ καὶ τὰ σκεύη αὐτοῦ ἁρπάσαι, ἐὰν μὴ πρῶτον δήσῃ **τὸν ἰσχυρόν;** καὶ τότε τὴν οἰκίαν αὐτοῦ διαρπάσει.	Mk 3,27	ἀλλ' οὐ δύναται οὐδεὶς εἰς τὴν οἰκίαν τοῦ ἰσχυροῦ εἰσελθὼν τὰ σκεύη αὐτοῦ διαρπάσαι, ἐὰν μὴ πρῶτον **τὸν ἰσχυρὸν** δήσῃ, καὶ τότε τὴν οἰκίαν αὐτοῦ διαρπάσει.	Lk 11,22	[21] ὅταν ὁ ἰσχυρὸς καθωπλισμένος φυλάσσῃ τὴν ἑαυτοῦ αὐλήν, ἐν εἰρήνῃ ἐστὶν τὰ ὑπάρχοντα αὐτοῦ· [22] ἐπὰν δὲ ἰσχυρότερος αὐτοῦ ἐπελθὼν νικήσῃ **αὐτόν**, τὴν πανοπλίαν αὐτοῦ αἴρει ἐφ' ᾗ ἐπεποίθει, καὶ τὰ σκῦλα αὐτοῦ διαδίδωσιν.	→ GTh 21,5 → GTh 35 Mk-Q overlap?
002					Lk 11,27	ἐγένετο δὲ ἐν τῷ λέγειν **αὐτὸν** ταῦτα ἐπάρασά τις φωνὴν γυνὴ ἐκ τοῦ ὄχλου εἶπεν αὐτῷ· ...	→ GTh 79

002			Lk 11,37 ↑ Mt 15,1 ↑ Mk 7,1	ἐν δὲ τῷ λαλῆσαι ἐρωτᾷ **αὐτὸν** Φαρισαῖος ὅπως ἀριστήσῃ παρ' αὐτῷ· ...	
a 102	Mt 23,25 → Mk 7,4	οὐαὶ ὑμῖν, γραμματεῖς καὶ Φαρισαῖοι ὑποκριταί, ὅτι καθαρίζετε τὸ ἔξωθεν τοῦ ποτηρίου καὶ τῆς παροψίδος, ...	Lk 11,39 → Mk 7,4	εἶπεν δὲ ὁ κύριος πρὸς **αὐτόν**· νῦν ὑμεῖς οἱ Φαρισαῖοι τὸ ἔξωθεν τοῦ ποτηρίου καὶ τοῦ πίνακος καθαρίζετε, ...	→ GTh 89
002			Lk 11,53	κἀκεῖθεν ἐξελθόντος αὐτοῦ ἤρξαντο οἱ γραμματεῖς καὶ οἱ Φαρισαῖοι δεινῶς ἐνέχειν καὶ ἀποστοματίζειν **αὐτὸν** περὶ πλειόνων,	
002			Lk 11,54	ἐνεδρεύοντες **αὐτὸν** θηρεῦσαί τι ἐκ τοῦ στόματος αὐτοῦ.	
202	Mt 24,47 → Mt 25,21 → Mt 25,23	... ἐπὶ πᾶσιν τοῖς ὑπάρχουσιν αὐτοῦ καταστήσει **αὐτόν**.	Lk 12,44	... ἐπὶ πᾶσιν τοῖς ὑπάρχουσιν αὐτοῦ καταστήσει **αὐτόν**.	
202	Mt 24,51	καὶ διχοτομήσει **αὐτὸν** καὶ τὸ μέρος αὐτοῦ μετὰ τῶν ὑποκριτῶν θήσει· ...	Lk 12,46	... καὶ διχοτομήσει **αὐτὸν** καὶ τὸ μέρος αὐτοῦ μετὰ τῶν ἀπίστων θήσει.	
002			Lk 12,48	... καὶ ᾧ παρέθεντο πολύ, περισσότερον αἰτήσουσιν **αὐτόν**.	
002 002			Lk 14,1 (2) ↑ Mt 12,9-10 ↑ Mk 3,1-2 ↑ Lk 6,6-7	καὶ ἐγένετο ἐν τῷ ἐλθεῖν **αὐτὸν** εἰς οἶκόν τινος τῶν ἀρχόντων [τῶν] Φαρισαίων σαββάτῳ φαγεῖν ἄρτον καὶ αὐτοὶ ἦσαν παρατηρούμενοι **αὐτόν**.	
002			Lk 14,4	... καὶ ἐπιλαβόμενος ἰάσατο **αὐτὸν** καὶ ἀπέλυσεν.	
102	Mt 12,11	... τίς ἔσται ἐξ ὑμῶν ἄνθρωπος ὃς ἕξει πρόβατον ἓν καὶ ἐὰν ἐμπέσῃ τοῦτο τοῖς σάββασιν εἰς βόθυνον, οὐχὶ κρατήσει **αὐτὸ** καὶ ἐγερεῖ;	Lk 14,5 → Lk 13,15	... τίνος ὑμῶν υἱὸς ἢ βοῦς εἰς φρέαρ πεσεῖται, καὶ οὐκ εὐθέως ἀνασπάσει **αὐτὸν** ἐν ἡμέρᾳ τοῦ σαββάτου;	
002			Lk 14,9	καὶ ἐλθὼν ὁ σὲ καὶ **αὐτὸν** καλέσας ἐρεῖ σοι· δὸς τούτῳ τόπον, ...	

002			Lk 14,12	ἔλεγεν δὲ καὶ τῷ κεκληκότι **αὐτόν**· ὅταν ποιῇς ἄριστον ἢ δεῖπνον, ...	
102	Mt 22,5	οἱ δὲ ἀμελήσαντες ἀπῆλθον, ὃς μὲν εἰς τὸν ἴδιον ἀγρόν, ...	Lk 14,18	... ὁ πρῶτος εἶπεν αὐτῷ· ἀγρὸν ἠγόρασα καὶ ἔχω ἀνάγκην ἐξελθὼν ἰδεῖν **αὐτόν**· ἐρωτῶ σε, ἔχε με παρῃτημένον.	→ GTh 64
002			Lk 14,31	ἢ τίς βασιλεὺς πορευόμενος ἑτέρῳ βασιλεῖ συμβαλεῖν εἰς πόλεμον οὐχὶ καθίσας πρῶτον βουλεύσεται εἰ δυνατός ἐστιν ἐν δέκα χιλιάσιν ὑπαντῆσαι τῷ μετὰ εἴκοσι χιλιάδων ἐρχομένῳ **ἐπ' αὐτόν**;	
002			Lk 15,15	... καὶ ἔπεμψεν **αὐτὸν** εἰς τοὺς ἀγροὺς αὐτοῦ βόσκειν χοίρους	
002 002			Lk 15,20 (2)	... ἔτι δὲ αὐτοῦ μακρὰν ἀπέχοντος εἶδεν **αὐτὸν** ὁ πατὴρ αὐτοῦ καὶ ἐσπλαγχνίσθη καὶ δραμὼν ἐπέπεσεν ἐπὶ τὸν τράχηλον αὐτοῦ καὶ κατεφίλησεν **αὐτόν**.	
002			Lk 15,22	... ταχὺ ἐξενέγκατε στολὴν τὴν πρώτην καὶ ἐνδύσατε **αὐτόν**, καὶ δότε δακτύλιον εἰς τὴν χεῖρα αὐτοῦ ...	
002			Lk 15,27	... ὁ ἀδελφός σου ἥκει, καὶ ἔθυσεν ὁ πατήρ σου τὸν μόσχον τὸν σιτευτόν, ὅτι ὑγιαίνοντα **αὐτὸν** ἀπέλαβεν.	
002			Lk 15,28	ὠργίσθη δὲ καὶ οὐκ ἤθελεν εἰσελθεῖν, ὁ δὲ πατὴρ αὐτοῦ ἐξελθὼν παρεκάλει **αὐτόν**.	
002			Lk 16,2	καὶ φωνήσας **αὐτὸν** εἶπεν αὐτῷ· τί τοῦτο ἀκούω περὶ σοῦ; ...	
002			Lk 16,14	ἤκουον δὲ ταῦτα πάντα οἱ Φαρισαῖοι φιλάργυροι ὑπάρχοντες καὶ ἐξεμυκτήριζον **αὐτόν**.	

002					Lk 16,22	ἐγένετο δὲ ἀποθανεῖν τὸν πτωχὸν καὶ ἀπενεχθῆναι **αὐτὸν** ὑπὸ τῶν ἀγγέλων εἰς τὸν κόλπον Ἀβραάμ· ...	
002					Lk 16,27	... ἐρωτῶ σε οὖν, πάτερ, ἵνα πέμψῃς **αὐτὸν** εἰς τὸν οἶκον τοῦ πατρός μου	
002	↑ Mt 16,21 ↑ Mt 17,22-23 ↓ Mt 20,18-19		↑ Mk 8,31 ↑ Mk 9,31 ↓ Mk 10,33-34		Lk 17,25 ↑ Lk 9,22 ↑ Lk 9,44 ↓ Lk 18,31-33 → Lk 24,7 → Lk 24,26 → Lk 24,46	[24] ... οὕτως ἔσται ὁ υἱὸς τοῦ ἀνθρώπου [ἐν τῇ ἡμέρᾳ αὐτοῦ]. [25] πρῶτον δὲ δεῖ **αὐτὸν** πολλὰ παθεῖν καὶ ἀποδοκιμασθῆναι ἀπὸ τῆς γενεᾶς ταύτης.	
002					Lk 18,3	χήρα δὲ ἦν ἐν τῇ πόλει ἐκείνῃ καὶ ἤρχετο **πρὸς αὐτὸν** λέγουσα· ἐκδίκησόν με ἀπὸ τοῦ ἀντιδίκου μου.	
120	Mt 19,2	καὶ ἠκολούθησαν **αὐτῷ** ὄχλοι πολλοί, καὶ ἐθεράπευσεν αὐτοὺς ἐκεῖ.	Mk 10,1	... καὶ συμπορεύονται πάλιν ὄχλοι **πρὸς αὐτόν**, καὶ ὡς εἰώθει πάλιν ἐδίδασκεν αὐτούς.			
120 220	Mt 19,3	καὶ προσῆλθον αὐτῷ Φαρισαῖοι πειράζοντες **αὐτὸν** καὶ λέγοντες· εἰ ἔξεστιν ἀνθρώπῳ ἀπολῦσαι τὴν γυναῖκα αὐτοῦ κατὰ πᾶσαν αἰτίαν;	Mk 10,2 (2)	καὶ προσελθόντες Φαρισαῖοι ἐπηρώτων **αὐτὸν** εἰ ἔξεστιν ἀνδρὶ γυναῖκα ἀπολῦσαι, πειράζοντες **αὐτόν**.			
020			Mk 10,10	καὶ εἰς τὴν οἰκίαν πάλιν οἱ μαθηταὶ περὶ τούτου ἐπηρώτων **αὐτόν**.			
121 122	Mt 19,16 ↓ Mt 22,35	καὶ ἰδοὺ εἷς προσελθὼν **αὐτῷ** εἶπεν· διδάσκαλε, τί ἀγαθὸν ποιήσω ἵνα σχῶ ζωὴν αἰώνιον;	Mk 10,17 (2) ↓ Mk 12,28	καὶ ἐκπορευομένου αὐτοῦ εἰς ὁδὸν προσδραμὼν εἷς καὶ γονυπετήσας **αὐτὸν** ἐπηρώτα **αὐτόν**· διδάσκαλε ἀγαθέ, τί ποιήσω ἵνα ζωὴν αἰώνιον κληρονομήσω;	Lk 18,18 ⇑ Lk 10,25	καὶ ἐπηρώτησέν τις **αὐτὸν** ἄρχων λέγων· διδάσκαλε ἀγαθέ, τί ποιήσας ζωὴν αἰώνιον κληρονομήσω;	
121	Mt 19,21	ἔφη αὐτῷ ὁ Ἰησοῦς· εἰ θέλεις τέλειος εἶναι, ὕπαγε πώλησόν σου τὰ ὑπάρχοντα καὶ δὸς [τοῖς] πτωχοῖς, ...	Mk 10,21	ὁ δὲ Ἰησοῦς ἐμβλέψας αὐτῷ ἠγάπησεν **αὐτὸν** καὶ εἶπεν αὐτῷ· ἕν σε ὑστερεῖ· ὕπαγε, ὅσα ἔχεις πώλησον καὶ δὸς [τοῖς] πτωχοῖς, ...	Lk 18,22	ἀκούσας δὲ ὁ Ἰησοῦς εἶπεν αὐτῷ· ἔτι ἕν σοι λείπει· πάντα ὅσα ἔχεις πώλησον καὶ διάδος πτωχοῖς, ...	→ Acts 2,45

112	Mt 19,23	ὁ δὲ Ἰησοῦς εἶπεν τοῖς μαθηταῖς αὐτοῦ· ἀμὴν λέγω ὑμῖν ὅτι πλούσιος δυσκόλως εἰσελεύσεται εἰς τὴν βασιλείαν τῶν οὐρανῶν.	Mk 10,23	καὶ περιβλεψάμενος ὁ Ἰησοῦς λέγει τοῖς μαθηταῖς αὐτοῦ· πῶς δυσκόλως οἱ τὰ χρήματα ἔχοντες εἰς τὴν βασιλείαν τοῦ θεοῦ εἰσελεύσονται.	Lk 18,24	ἰδὼν δὲ **αὐτὸν** ὁ Ἰησοῦς [περίλυπον γενόμενον] εἶπεν· πῶς δυσκόλως οἱ τὰ χρήματα ἔχοντες εἰς τὴν βασιλείαν τοῦ θεοῦ εἰσπορεύονται·
221	Mt 20,18 ↑ Mt 16,21 ↑ Mt 17,22-23	ἰδοὺ ἀναβαίνομεν εἰς Ἱεροσόλυμα, καὶ ὁ υἱὸς τοῦ ἀνθρώπου παραδοθήσεται τοῖς ἀρχιερεῦσιν καὶ γραμματεῦσιν, καὶ κατακρινοῦσιν **αὐτὸν** θανάτῳ	Mk 10,33 (2) ↑ Mk 8,31 ↑ Mk 9,31	ὅτι ἰδοὺ ἀναβαίνομεν εἰς Ἱεροσόλυμα, καὶ ὁ υἱὸς τοῦ ἀνθρώπου παραδοθήσεται τοῖς ἀρχιερεῦσιν καὶ τοῖς γραμματεῦσιν, καὶ κατακρινοῦσιν **αὐτὸν** θανάτῳ	Lk 18,31 ↑ Lk 9,22 ↑ Lk 9,44 ↑ Lk 17,25 → Lk 24,26	... ἰδοὺ ἀναβαίνομεν εἰς Ἰερουσαλήμ, καὶ τελεσθήσεται πάντα τὰ γεγραμμένα διὰ τῶν προφητῶν τῷ υἱῷ τοῦ ἀνθρώπου·
221	Mt 20,19	καὶ παραδώσουσιν **αὐτὸν** τοῖς ἔθνεσιν		καὶ παραδώσουσιν **αὐτὸν** τοῖς ἔθνεσιν	Lk 18,32 → Lk 24,7	παραδοθήσεται γὰρ τοῖς ἔθνεσιν ↔
122	↑ Mt 17,22-23	εἰς τὸ ἐμπαῖξαι καὶ μαστιγῶσαι καὶ σταυρῶσαι, καὶ τῇ τρίτῃ ἡμέρᾳ ἐγερθήσεται.	Mk 10,34 ↑ Mk 8,31 ↑ Mk 9,31	καὶ ἐμπαίξουσιν αὐτῷ καὶ ἐμπτύσουσιν αὐτῷ καὶ μαστιγώσουσιν **αὐτὸν** καὶ ἀποκτενοῦσιν, καὶ μετὰ τρεῖς ἡμέρας ἀναστήσεται.	Lk 18,33 ↑ Lk 9,22 ↑ Lk 9,44 → Lk 24,26 → Lk 24,46	↔ [32] καὶ ἐμπαιχθήσεται καὶ ὑβρισθήσεται καὶ ἐμπτυσθήσεται [33] καὶ μαστιγώσαντες ἀποκτενοῦσιν **αὐτόν,** καὶ τῇ ἡμέρᾳ τῇ τρίτῃ ἀναστήσεται.
112	Mt 20,29 ⇩ Mt 9,27 Mt 9,27 ⇧ Mt 20,29-30	καὶ ἐκπορευομένων αὐτῶν ἀπὸ Ἰεριχὼ ἠκολούθησεν αὐτῷ ὄχλος πολύς. [30] καὶ ἰδοὺ δύο τυφλοὶ καθήμενοι παρὰ τὴν ὁδόν ... καὶ παράγοντι ἐκεῖθεν τῷ Ἰησοῦ ἠκολούθησαν [αὐτῷ] δύο τυφλοὶ ...	Mk 10,46	καὶ ἔρχονται εἰς Ἰεριχώ. καὶ ἐκπορευομένου αὐτοῦ ἀπὸ Ἰεριχὼ καὶ τῶν μαθητῶν αὐτοῦ καὶ ὄχλου ἱκανοῦ ὁ υἱὸς Τιμαίου Βαρτιμαῖος, τυφλὸς προσαίτης, ἐκάθητο παρὰ τὴν ὁδόν.	Lk 18,35	ἐγένετο δὲ ἐν τῷ ἐγγίζειν **αὐτὸν** εἰς Ἰεριχὼ τυφλός τις ἐκάθητο παρὰ τὴν ὁδὸν ἐπαιτῶν.
122	Mt 20,32 ⇩ Mt 9,28	καὶ στὰς ὁ Ἰησοῦς ἐφώνησεν **αὐτοὺς**	Mk 10,49	καὶ στὰς ὁ Ἰησοῦς εἶπεν· Φωνήσατε **αὐτόν.** καὶ φωνοῦσιν τὸν τυφλὸν λέγοντες αὐτῷ· θάρσει, ἔγειρε, φωνεῖ σε.	Lk 18,40 (3)	σταθεὶς δὲ ὁ Ἰησοῦς ἐκέλευσεν **αὐτὸν**
112			Mk 10,50	ὁ δὲ ἀποβαλὼν τὸ ἱμάτιον αὐτοῦ ἀναπηδήσας ἦλθεν **πρὸς τὸν Ἰησοῦν.**		ἀχθῆναι **πρὸς αὐτόν.** ἐγγίσαντος δὲ αὐτοῦ
112	⇩ Mt 9,28 Mt 9,28 ⇧ Mt 20,32	καὶ εἶπεν· τί θέλετε ποιήσω ὑμῖν; [33] λέγουσιν αὐτῷ· κύριε, ἵνα ἀνοιγῶσιν οἱ ὀφθαλμοὶ ἡμῶν. ... προσῆλθον αὐτῷ οἱ τυφλοί, καὶ λέγει αὐτοῖς ὁ Ἰησοῦς· πιστεύετε ὅτι δύναμαι τοῦτο ποιῆσαι; λέγουσιν αὐτῷ· ναὶ κύριε.	Mk 10,51	καὶ ἀποκριθεὶς αὐτῷ ὁ Ἰησοῦς εἶπεν· τί σοι θέλεις ποιήσω; ὁ δὲ τυφλὸς εἶπεν αὐτῷ· ραββουνι, ἵνα ἀναβλέψω.		ἐπηρώτησεν **αὐτόν·** [41] τί σοι θέλεις ποιήσω; ὁ δὲ εἶπεν· κύριε, ἵνα ἀναβλέψω.

002					Lk 19,4	καὶ προδραμὼν εἰς τὸ ἔμπροσθεν ἀνέβη ἐπὶ συκομορέαν ἵνα ἴδῃ αὐτὸν ὅτι ἐκείνης ἤμελλεν διέρχεσθαι.
a 002					Lk 19,5	καὶ ὡς ἦλθεν ἐπὶ τὸν τόπον, ἀναβλέψας ὁ Ἰησοῦς εἶπεν πρὸς αὐτόν· Ζακχαῖε, σπεύσας κατάβηθι, ...
002					Lk 19,6	καὶ σπεύσας κατέβη καὶ ὑπεδέξατο αὐτὸν χαίρων.
a 002					Lk 19,9 → Lk 13,16	εἶπεν δὲ πρὸς αὐτὸν ὁ Ἰησοῦς ὅτι σήμερον σωτηρία τῷ οἴκῳ τούτῳ ἐγένετο, καθότι καὶ αὐτὸς υἱὸς Ἀβραάμ ἐστιν·
002					Lk 19,11	... εἶπεν παραβολὴν διὰ τὸ ἐγγὺς εἶναι Ἰερουσαλὴμ αὐτὸν καὶ δοκεῖν αὐτοὺς ὅτι παραχρῆμα μέλλει ἡ βασιλεία τοῦ θεοῦ ἀναφαίνεσθαι.
002					Lk 19,14	οἱ δὲ πολῖται αὐτοῦ ἐμίσουν αὐτὸν καὶ ἀπέστειλαν πρεσβείαν ὀπίσω αὐτοῦ λέγοντες· οὐ θέλομεν τοῦτον βασιλεῦσαι ἐφ᾽ ἡμᾶς.
102	Mt 25,19	μετὰ δὲ πολὺν χρόνον ἔρχεται ὁ κύριος τῶν δούλων ἐκείνων καὶ συναίρει λόγον μετ᾽ αὐτῶν.			Lk 19,15	καὶ ἐγένετο ἐν τῷ ἐπανελθεῖν αὐτὸν λαβόντα τὴν βασιλείαν καὶ εἶπεν φωνηθῆναι αὐτῷ τοὺς δούλους τούτους οἷς δεδώκει τὸ ἀργύριον, ἵνα γνοῖ τί διεπραγματεύσαντο.
122	Mt 21,2	... καὶ εὐθέως εὑρήσετε ὄνον δεδεμένην καὶ πῶλον μετ᾽ αὐτῆς· λύσαντες ἀγάγετέ μοι.	Mk 11,2	... εὑρήσετε πῶλον δεδεμένον ἐφ᾽ ὃν οὐδεὶς οὔπω ἀνθρώπων ἐκάθισεν· λύσατε αὐτὸν καὶ φέρετε.	Lk 19,30	... εὑρήσετε πῶλον δεδεμένον, ἐφ᾽ ὃν οὐδεὶς πώποτε ἀνθρώπων ἐκάθισεν, καὶ λύσαντες αὐτὸν ἀγάγετε.
121	Mt 21,3	καὶ ἐάν τις ὑμῖν εἴπῃ τι, ἐρεῖτε ὅτι ὁ κύριος αὐτῶν χρείαν ἔχει· εὐθὺς δὲ ἀποστελεῖ αὐτούς.	Mk 11,3	καὶ ἐάν τις ὑμῖν εἴπῃ· τί ποιεῖτε τοῦτο; εἴπατε· ὁ κύριος αὐτοῦ χρείαν ἔχει, καὶ εὐθὺς αὐτὸν ἀποστέλλει πάλιν ὧδε.	Lk 19,31	καὶ ἐάν τις ὑμᾶς ἐρωτᾷ· διὰ τί λύετε; οὕτως ἐρεῖτε· ὅτι ὁ κύριος αὐτοῦ χρείαν ἔχει.

021			**Mk 11,4** → Mt 21,6	καὶ ἀπῆλθον καὶ εὗρον πῶλον δεδεμένον πρὸς θύραν ἔξω ἐπὶ τοῦ ἀμφόδου καὶ λύουσιν **αὐτόν.** [5] καί τινες τῶν ἐκεῖ ἑστηκότων ἔλεγον αὐτοῖς· τί ποιεῖτε λύοντες τὸν πῶλον;	**Lk 19,33**	[32] ἀπελθόντες δὲ οἱ ἀπεσταλμένοι εὗρον καθὼς εἶπεν αὐτοῖς. [33] λυόντων δὲ αὐτῶν **τὸν πῶλον** εἶπαν οἱ κύριοι αὐτοῦ πρὸς αὐτούς· τί λύετε τὸν πῶλον;	
112 121	**Mt 21,7**	ἤγαγον **τὴν ὄνον καὶ τὸν πῶλον** καὶ ἐπέθηκαν ἐπ' αὐτῶν τὰ ἱμάτια, καὶ ἐπεκάθισεν **ἐπάνω αὐτῶν.**	**Mk 11,7**	καὶ φέρουσιν **τὸν πῶλον** πρὸς τὸν Ἰησοῦν καὶ ἐπιβάλλουσιν αὐτῷ τὰ ἱμάτια αὐτῶν, καὶ ἐκάθισεν **ἐπ' αὐτόν.**	**Lk 19,35**	καὶ ἤγαγον **αὐτὸν** πρὸς τὸν Ἰησοῦν καὶ ἐπιρίψαντες αὐτῶν τὰ ἱμάτια ἐπὶ τὸν πῶλον ἐπεβίβασαν τὸν Ἰησοῦν.	
211	**Mt 21,9**	οἱ δὲ ὄχλοι οἱ προάγοντες **αὐτὸν** καὶ οἱ ἀκολουθοῦντες ἔκραζον ...	**Mk 11,9**	καὶ οἱ προάγοντες καὶ οἱ ἀκολουθοῦντες ἔκραζον· ...	**Lk 19,37**	... ἤρξαντο ἅπαν τὸ πλῆθος τῶν μαθητῶν χαίροντες αἰνεῖν τὸν θεὸν φωνῇ μεγάλῃ περὶ πασῶν ὧν εἶδον δυνάμεων	→ Jn 12,13
a 002					**Lk 19,39** → Mt 21,15-16	καί τινες τῶν Φαρισαίων ἀπὸ τοῦ ὄχλου εἶπαν **πρὸς αὐτόν·** διδάσκαλε, ἐπιτίμησον τοῖς μαθηταῖς σου.	→ Jn 12,19
222	**Mt 21,13**	... γέγραπται· *ὁ οἶκός μου οἶκος προσευχῆς κληθήσεται,* ὑμεῖς δὲ **αὐτὸν** ποιεῖτε *σπήλαιον λῃστῶν.* ➤ Isa 56,7; Jer 7,11	**Mk 11,17**	... οὐ γέγραπται ὅτι *ὁ οἶκός μου οἶκος προσευχῆς κληθήσεται πᾶσιν τοῖς ἔθνεσιν;* ὑμεῖς δὲ πεποιήκατε **αὐτὸν** *σπήλαιον λῃστῶν.* ➤ Isa 56,7; Jer 7,11	**Lk 19,46**	... γέγραπται· *καὶ ἔσται ὁ οἶκός μου οἶκος προσευχῆς,* ὑμεῖς δὲ **αὐτὸν** ἐποιήσατε *σπήλαιον λῃστῶν.* ➤ Isa 56,7; Jer 7,11	→ Jn 2,16
022			**Mk 11,18 (2)** ↓ Mt 21,45	καὶ ἤκουσαν οἱ ἀρχιερεῖς καὶ οἱ γραμματεῖς καὶ ἐζήτουν πῶς **αὐτὸν** ἀπολέσωσιν·	**Lk 19,47** ↓ Lk 21,38	καὶ ἦν διδάσκων τὸ καθ' ἡμέραν ἐν τῷ ἱερῷ. οἱ δὲ ἀρχιερεῖς καὶ οἱ γραμματεῖς ἐζήτουν **αὐτὸν** ἀπολέσαι καὶ οἱ πρῶτοι τοῦ λαοῦ,	
121	**Mt 22,33** → Mt 7,28 → Lk 4,32	... οἱ ὄχλοι ἐξεπλήσσοντο ἐπὶ τῇ διδαχῇ αὐτοῦ.	→ Mk 1,22 → Lk 4,32	ἐφοβοῦντο γὰρ **αὐτόν,** πᾶς γὰρ ὁ ὄχλος ἐξεπλήσσετο ἐπὶ τῇ διδαχῇ αὐτοῦ.	**Lk 19,48** ↓ Lk 21,38	καὶ οὐχ εὕρισκον τὸ τί ποιήσωσιν, ὁ λαὸς γὰρ ἅπας ἐξεκρέματο αὐτοῦ ἀκούων.	
121	**Mt 21,23**	καὶ ἐλθόντος αὐτοῦ εἰς τὸ ἱερὸν προσῆλθον **αὐτῷ** διδάσκοντι οἱ ἀρχιερεῖς καὶ οἱ πρεσβύτεροι τοῦ λαοῦ	**Mk 11,27**	... καὶ ἐν τῷ ἱερῷ περιπατοῦντος αὐτοῦ ἔρχονται **πρὸς αὐτὸν** οἱ ἀρχιερεῖς καὶ οἱ γραμματεῖς καὶ οἱ πρεσβύτεροι	**Lk 20,1**	καὶ ἐγένετο ἐν μιᾷ τῶν ἡμερῶν διδάσκοντος αὐτοῦ τὸν λαὸν ἐν τῷ ἱερῷ καὶ εὐαγγελιζομένου ἐπέστησαν οἱ ἀρχιερεῖς καὶ οἱ γραμματεῖς σὺν τοῖς πρεσβυτέροις	→ Jn 2,18
a 112		λέγοντες· ἐν ποίᾳ ἐξουσίᾳ ταῦτα ποιεῖς; ...	**Mk 11,28**	καὶ ἔλεγον **αὐτῷ·** ἐν ποίᾳ ἐξουσίᾳ ταῦτα ποιεῖς; ...	**Lk 20,2**	καὶ εἶπαν λέγοντες **πρὸς αὐτόν·** εἰπὸν ἡμῖν ἐν ποίᾳ ἐξουσίᾳ ταῦτα ποιεῖς, ...	

222	**Mt 21,33**	... ἄνθρωπος ἦν οἰκοδεσπότης ὅστις ἐφύτευσεν ἀμπελῶνα καὶ φραγμὸν αὐτῷ περιέθηκεν καὶ ὤρυξεν ἐν αὐτῷ ληνὸν καὶ ᾠκοδόμησεν πύργον καὶ ἐξέδετο **αὐτὸν** γεωργοῖς καὶ ἀπεδήμησεν.	**Mk 12,1**	... ἀμπελῶνα ἄνθρωπος ἐφύτευσεν καὶ περιέθηκεν φραγμὸν καὶ ὤρυξεν ὑπολήνιον καὶ ᾠκοδόμησεν πύργον καὶ ἐξέδετο **αὐτὸν** γεωργοῖς καὶ ἀπεδήμησεν.	**Lk 20,9**	... ἄνθρωπός [τις] ἐφύτευσεν ἀμπελῶνα καὶ ἐξέδετο **αὐτὸν** γεωργοῖς καὶ ἀπεδήμησεν χρόνους ἱκανούς.	→ GTh 65
122	**Mt 21,35**	καὶ λαβόντες οἱ γεωργοὶ **τοὺς δούλους αὐτοῦ** ὃν μὲν ἔδειραν, ...	**Mk 12,3**	καὶ λαβόντες **αὐτὸν** ἔδειραν καὶ ἀπέστειλαν κενόν.	**Lk 20,10**	... οἱ δὲ γεωργοὶ ἐξαπέστειλαν **αὐτὸν** δείραντες κενόν.	→ GTh 65
121	**Mt 21,37**	ὕστερον δὲ ἀπέστειλεν πρὸς αὐτοὺς **τὸν υἱὸν αὐτοῦ** λέγων· ἐντραπήσονται τὸν υἱόν μου.	**Mk 12,6**	ἔτι ἕνα εἶχεν, υἱὸν ἀγαπητόν· ἀπέστειλεν **αὐτὸν** ἔσχατον πρὸς αὐτοὺς λέγων ὅτι ἐντραπήσονται τὸν υἱόν μου.	**Lk 20,13**	... πέμψω **τὸν υἱόν μου** **τὸν ἀγαπητόν·** ἴσως τοῦτον ἐντραπήσονται.	→ GTh 65
112 222	**Mt 21,38**	οἱ δὲ γεωργοὶ ἰδόντες **τὸν υἱὸν** εἶπον ἐν ἑαυτοῖς· οὗτός ἐστιν ὁ κληρονόμος· δεῦτε ἀποκτείνωμεν **αὐτὸν** καὶ σχῶμεν τὴν κληρονομίαν αὐτοῦ,	**Mk 12,7**	ἐκεῖνοι δὲ οἱ γεωργοὶ πρὸς ἑαυτοὺς εἶπαν ὅτι οὗτός ἐστιν ὁ κληρονόμος· δεῦτε ἀποκτείνωμεν **αὐτόν,** καὶ ἡμῶν ἔσται ἡ κληρονομία.	**Lk 20,14** (2)	ἰδόντες δὲ **αὐτὸν** οἱ γεωργοὶ διελογίζοντο πρὸς ἀλλήλους λέγοντες· οὗτός ἐστιν ὁ κληρονόμος· ἀποκτείνωμεν **αὐτόν,** ἵνα ἡμῶν γένηται ἡ κληρονομία.	→ GTh 65
221 122	**Mt 21,39**	καὶ λαβόντες **αὐτὸν** ἐξέβαλον ἔξω τοῦ ἀμπελῶνος καὶ ἀπέκτειναν.	**Mk 12,8** (2)	καὶ λαβόντες ἀπέκτειναν **αὐτὸν** καὶ ἐξέβαλον **αὐτὸν** ἔξω τοῦ ἀμπελῶνος.	**Lk 20,15**	καὶ ἐκβαλόντες **αὐτὸν** ἔξω τοῦ ἀμπελῶνος ἀπέκτειναν. ...	→ GTh 65
200	**Mt 21,44** ↓ Lk 20,18	[καὶ ὁ πεσὼν ἐπὶ τὸν λίθον τοῦτον συνθλασθήσεται· ἐφ' ὃν δ' ἂν πέσῃ λικμήσει **αὐτόν.]**					Mt 21,44 is textcritically uncertain.
002					**Lk 20,18** ↑ [Mt 21,44]	πᾶς ὁ πεσὼν ἐπ' ἐκεῖνον τὸν λίθον συνθλασθήσεται· ἐφ' ὃν δ' ἂν πέσῃ, λικμήσει **αὐτόν.**	

222	Mt 21,46 (2)	καὶ ζητοῦντες **αὐτὸν** κρατῆσαι	Mk 12,12 (2)	καὶ ἐζήτουν **αὐτὸν** κρατῆσαι,	Lk 20,19	καὶ ἐζήτησαν οἱ γραμματεῖς καὶ οἱ ἀρχιερεῖς ἐπιβαλεῖν **ἐπ' αὐτὸν** τὰς χεῖρας ἐν αὐτῇ τῇ ὥρᾳ,	
211		ἐφοβήθησαν τοὺς ὄχλους, ἐπεὶ εἰς προφήτην **αὐτὸν** εἶχον.		καὶ ἐφοβήθησαν τὸν ὄχλον,		καὶ ἐφοβήθησαν τὸν λαόν,	
121	Mt 21,45 ↑Mk 11,18	καὶ ἀκούσαντες οἱ ἀρχιερεῖς καὶ οἱ Φαρισαῖοι τὰς παραβολὰς αὐτοῦ ἔγνωσαν ὅτι περὶ αὐτῶν λέγει·	↓Mt 22,22	ἔγνωσαν γὰρ ὅτι πρὸς αὐτοὺς τὴν παραβολὴν εἶπεν. καὶ ἀφέντες **αὐτὸν** ἀπῆλθον.		ἔγνωσαν γὰρ ὅτι πρὸς αὐτοὺς εἶπεν τὴν παραβολὴν ταύτην.	
200	Mt 22,13	... δήσαντες αὐτοῦ πόδας καὶ χεῖρας ἐκβάλετε **αὐτὸν** εἰς τὸ σκότος τὸ ἐξώτερον· ...					
121	Mt 22,16	καὶ ἀποστέλλουσιν **αὐτῷ** τοὺς μαθητὰς αὐτῶν μετὰ τῶν Ἡρῳδιανῶν λέγοντες· ...	Mk 12,13 (2)	καὶ ἀποστέλλουσιν **πρὸς αὐτόν** τινας τῶν Φαρισαίων καὶ τῶν Ἡρῳδιανῶν	Lk 20,20 →Lk 16,15 →Lk 18,9	καὶ παρατηρήσαντες ἀπέστειλαν ἐγκαθέτους ὑποκρινομένους ἑαυτοὺς δικαίους εἶναι,	
221	Mt 22,15 ↓Mt 26,4	τότε πορευθέντες οἱ Φαρισαῖοι συμβούλιον ἔλαβον ὅπως **αὐτὸν** παγιδεύσωσιν ἐν λόγῳ.		ἵνα **αὐτὸν** ἀγρεύσωσιν λόγῳ.		ἵνα ἐπιλάβωνται **αὐτοῦ** λόγου,	
112					↓Lk 23,2	ὥστε παραδοῦναι **αὐτὸν** τῇ ἀρχῇ καὶ τῇ ἐξουσίᾳ τοῦ ἡγεμόνος.	
112	Mt 22,16	... λέγοντες· διδάσκαλε, οἴδαμεν ὅτι ἀληθὴς εἶ ...	Mk 12,14	καὶ ἐλθόντες λέγουσιν **αὐτῷ·** διδάσκαλε, οἴδαμεν ὅτι ἀληθὴς εἶ ...	Lk 20,21	καὶ ἐπηρώτησαν **αὐτὸν** λέγοντες· διδάσκαλε, οἴδαμεν ὅτι ὀρθῶς λέγεις ...	→ Jn 3,2
211	Mt 22,22 ↑Mk 12,12	καὶ ἀκούσαντες ἐθαύμασαν, καὶ ἀφέντες **αὐτὸν** ἀπῆλθαν.	Mk 12,17	... καὶ ἐξεθαύμαζον ἐπ' αὐτῷ.	Lk 20,26	καὶ οὐκ ἴσχυσαν ἐπιλαβέσθαι αὐτοῦ ῥήματος ἐναντίον τοῦ λαοῦ καὶ θαυμάσαντες ἐπὶ τῇ ἀποκρίσει αὐτοῦ ἐσίγησαν.	
121	Mt 22,23	ἐν ἐκείνῃ τῇ ἡμέρᾳ προσῆλθον **αὐτῷ** Σαδδουκαῖοι, λέγοντες μὴ εἶναι ἀνάστασιν,	Mk 12,18 (2)	καὶ ἔρχονται Σαδδουκαῖοι **πρὸς αὐτόν,** οἵτινες λέγουσιν ἀνάστασιν μὴ εἶναι,	Lk 20,27	προσελθόντες δέ τινες τῶν Σαδδουκαίων, οἱ [ἀντι]λέγοντες ἀνάστασιν μὴ εἶναι,	
222		καὶ ἐπηρώτησαν **αὐτὸν** [24] λέγοντες· ...		καὶ ἐπηρώτων **αὐτὸν** λέγοντες·		ἐπηρώτησαν **αὐτὸν** [27] λέγοντες· ...	

222	Mt 22,35 ↑ Mt 19,16	[34] οἱ δὲ Φαρισαῖοι ἀκούσαντες ὅτι ἐφίμωσεν τοὺς Σαδδουκαίους συνήχθησαν ἐπὶ τὸ αὐτό, [35] καὶ ἐπηρώτησεν εἷς ἐξ αὐτῶν [νομικὸς] πειράζων **αὐτόν**· [36] διδάσκαλε, ποία ἐντολὴ μεγάλη ἐν τῷ νόμῳ;	Mk 12,28 ↑ Mk 10,17 → Lk 20,39	καὶ προσελθὼν εἷς τῶν γραμματέων ἀκούσας αὐτῶν συζητούντων, ἰδὼν ὅτι καλῶς ἀπεκρίθη αὐτοῖς ἐπηρώτησεν **αὐτόν**· ποία ἐστὶν ἐντολὴ πρώτη πάντων;	Lk 10,25 ⇧ Lk 18,18	καὶ ἰδοὺ νομικός τις ἀνέστη ἐκπειράζων **αὐτὸν** λέγων· διδάσκαλε, τί ποιήσας ζωὴν αἰώνιον κληρονομήσω;	
020			Mk 12,33	καὶ τὸ *ἀγαπᾶν* ***αὐτὸν*** *ἐξ ὅλης τῆς καρδίας* ... καὶ τὸ *ἀγαπᾶν τὸν* *πλησίον ὡς ἑαυτὸν* περισσότερόν ἐστιν πάντων τῶν ὁλοκαυτωμάτων καὶ θυσιῶν. ➤ Deut 6,5; Lev 19,18			
021			Mk 12,34 (2)	καὶ ὁ Ἰησοῦς ἰδὼν [**αὐτὸν**] ὅτι νουνεχῶς ἀπεκρίθη εἶπεν αὐτῷ· οὐ μακρὰν εἶ ἀπὸ τῆς βασιλείας τοῦ θεοῦ.	Lk 10,28	εἶπεν δὲ αὐτῷ· ὀρθῶς ἀπεκρίθης· τοῦτο ποίει καὶ ζήσῃ.	
222	Mt 22,46	καὶ οὐδεὶς ἐδύνατο ἀποκριθῆναι αὐτῷ λόγον οὐδὲ ἐτόλμησέν τις ἀπ᾽ ἐκείνης τῆς ἡμέρας ἐπερωτῆσαι **αὐτὸν** οὐκέτι.		καὶ οὐδεὶς οὐκέτι ἐτόλμα **αὐτὸν** ἐπερωτῆσαι.	Lk 20,40	οὐκέτι γὰρ ἐτόλμων ἐπερωτᾶν **αὐτὸν** οὐδέν.	
211	Mt 22,43	... πῶς οὖν Δαυὶδ ἐν πνεύματι καλεῖ **αὐτὸν** κύριον λέγων· [44] *εἶπεν* *κύριος τῷ κυρίῳ μου·* *κάθου ἐκ δεξιῶν μου* ... ➤ Ps 110,1	Mk 12,36	αὐτὸς Δαυὶδ εἶπεν ἐν τῷ πνεύματι τῷ ἁγίῳ· *εἶπεν* *κύριος τῷ κυρίῳ μου·* *κάθου ἐκ δεξιῶν μου*, ... ➤ Ps 110,1	Lk 20,42	αὐτὸς γὰρ Δαυὶδ λέγει ἐν βίβλῳ ψαλμῶν· *εἶπεν* *κύριος τῷ κυρίῳ μου·* *κάθου ἐκ δεξιῶν μου* ➤ Ps 110,1	→ Acts 4,25
222	Mt 22,45	εἰ οὖν Δαυὶδ καλεῖ **αὐτὸν** κύριον, πῶς υἱὸς αὐτοῦ ἐστιν;	Mk 12,37	αὐτὸς Δαυὶδ λέγει **αὐτὸν** κύριον, καὶ πόθεν αὐτοῦ ἐστιν υἱός; ...	Lk 20,44	Δαυὶδ οὖν κύριον **αὐτὸν** καλεῖ, καὶ πῶς αὐτοῦ υἱός ἐστιν;	
222	Mt 22,46	καὶ οὐδεὶς ἐδύνατο ἀποκριθῆναι αὐτῷ λόγον οὐδὲ ἐτόλμησέν τις ἀπ᾽ ἐκείνης τῆς ἡμέρας ἐπερωτῆσαι **αὐτὸν** οὐκέτι.	Mk 12,34 (2)	... καὶ οὐδεὶς οὐκέτι ἐτόλμα **αὐτὸν** ἐπερωτῆσαι.	Lk 20,40	οὐκέτι γὰρ ἐτόλμων ἐπερωτᾶν **αὐτὸν** οὐδέν.	
200	Mt 23,15	οὐαὶ ὑμῖν, γραμματεῖς καὶ Φαρισαῖοι ὑποκριταί, ὅτι περιάγετε τὴν θάλασσαν καὶ τὴν ξηρὰν ποιῆσαι ἕνα προσήλυτον, καὶ ὅταν γένηται ποιεῖτε **αὐτὸν** υἱὸν γεέννης διπλότερον ὑμῶν.					
200	Mt 23,21	καὶ ὁ ὀμόσας ἐν τῷ ναῷ ὀμνύει ἐν αὐτῷ καὶ ἐν τῷ κατοικοῦντι **αὐτόν**·					

122	Mt 24,3	καθημένου δὲ αὐτοῦ ἐπὶ τοῦ ὄρους τῶν ἐλαιῶν προσῆλθον αὐτῷ οἱ μαθηταὶ κατ' ἰδίαν λέγοντες· ...	Mk 13,3	καὶ καθημένου αὐτοῦ εἰς τὸ ὄρος τῶν ἐλαιῶν κατέναντι τοῦ ἱεροῦ ἐπηρώτα αὐτὸν κατ' ἰδίαν Πέτρος καὶ Ἰάκωβος καὶ Ἰωάννης καὶ Ἀνδρέας·	Lk 21,7	ἐπηρώτησαν δὲ αὐτὸν λέγοντες· ...	
202	Mt 24,47 → Mt 25,21 → Mt 25,23	ἀμὴν λέγω ὑμῖν ὅτι ἐπὶ πᾶσιν τοῖς ὑπάρχουσιν αὐτοῦ καταστήσει αὐτόν.			Lk 12,44	ἀληθῶς λέγω ὑμῖν ὅτι ἐπὶ πᾶσιν τοῖς ὑπάρχουσιν αὐτοῦ καταστήσει αὐτόν.	
202	Mt 24,51	καὶ διχοτομήσει αὐτὸν καὶ τὸ μέρος αὐτοῦ μετὰ τῶν ὑποκριτῶν θήσει· ...			Lk 12,46	... καὶ διχοτομήσει αὐτὸν καὶ τὸ μέρος αὐτοῦ μετὰ τῶν ἀπίστων θήσει.	
002					Lk 21,38 ↑ Lk 19,47 ↑ Lk 19,48	καὶ πᾶς ὁ λαὸς ὤρθριζεν πρὸς αὐτὸν ἐν τῷ ἱερῷ ἀκούειν αὐτοῦ.	→ [[Jn 8,2]]
122	Mt 26,4 ↑ Mt 12,14 ↑ Mt 22,15	[3] τότε συνήχθησαν οἱ ἀρχιερεῖς καὶ οἱ πρεσβύτεροι τοῦ λαοῦ ... [4] καὶ συνεβουλεύσαντο ἵνα τὸν Ἰησοῦν δόλῳ κρατήσωσιν καὶ ἀποκτείνωσιν·	Mk 14,1 ↑ Mk 3,6	... καὶ ἐζήτουν οἱ ἀρχιερεῖς καὶ οἱ γραμματεῖς πῶς αὐτὸν ἐν δόλῳ κρατήσαντες ἀποκτείνωσιν·	Lk 22,2 ↑ Lk 6,11	καὶ ἐζήτουν οἱ ἀρχιερεῖς καὶ οἱ γραμματεῖς τὸ πῶς ἀνέλωσιν αὐτόν, ...	
222	Mt 26,15	[14] τότε πορευθεὶς εἷς τῶν δώδεκα, ὁ λεγόμενος Ἰούδας Ἰσκαριώτης, πρὸς τοὺς ἀρχιερεῖς [15] εἶπεν· τί θέλετέ μοι δοῦναι, κἀγὼ ὑμῖν παραδώσω αὐτόν; οἱ δὲ ἔστησαν αὐτῷ τριάκοντα ἀργύρια.	Mk 14,10	καὶ Ἰούδας Ἰσκαριὼθ ὁ εἷς τῶν δώδεκα ἀπῆλθεν πρὸς τοὺς ἀρχιερεῖς ἵνα αὐτὸν παραδοῖ αὐτοῖς. [11] οἱ δὲ ἀκούσαντες ἐχάρησαν καὶ ἐπηγγείλαντο αὐτῷ ἀργύριον δοῦναι. ↔	Lk 22,4	[3] εἰσῆλθεν δὲ σατανᾶς εἰς Ἰούδαν τὸν καλούμενον Ἰσκαριώτην, ὄντα ἐκ τοῦ ἀριθμοῦ τῶν δώδεκα· [4] καὶ ἀπελθὼν συνελάλησεν τοῖς ἀρχιερεῦσιν καὶ στρατηγοῖς τὸ πῶς αὐτοῖς παραδῷ αὐτόν. [5] καὶ ἐχάρησαν καὶ συνέθεντο αὐτῷ ἀργύριον δοῦναι.	
222	Mt 26,16	καὶ ἀπὸ τότε ἐζήτει εὐκαιρίαν ἵνα αὐτὸν παραδῷ.	Mk 14,11	↔ καὶ ἐζήτει πῶς αὐτὸν εὐκαίρως παραδοῖ.	Lk 22,6	καὶ ἐξωμολόγησεν, καὶ ἐζήτει εὐκαιρίαν τοῦ παραδοῦναι αὐτὸν ἄτερ ὄχλου αὐτοῖς.	
200	Mt 26,25 → Mt 26,22	ἀποκριθεὶς δὲ Ἰούδας ὁ παραδιδοὺς αὐτὸν εἶπεν· μήτι ἐγώ εἰμι, ῥαββί; λέγει αὐτῷ· σὺ εἶπας.					→ Jn 13,26-27
002					Lk 22,43	[[ὤφθη δὲ αὐτῷ ἄγγελος ἀπ' οὐρανοῦ ἐνισχύων αὐτόν.]]	Lk 22,43 is textcritically uncertain.
120	Mt 26,42 → Mt 6,10 → Lk 22,42	πάλιν ἐκ δευτέρου ἀπελθὼν προσηύξατο λέγων· πάτερ μου, εἰ οὐ δύναται τοῦτο παρελθεῖν ἐὰν μὴ αὐτὸ πίω, γενηθήτω τὸ θέλημά σου.	Mk 14,39	καὶ πάλιν ἀπελθὼν προσηύξατο τὸν αὐτὸν λόγον εἰπών.			

210	Mt 26,44	καὶ ἀφεὶς αὐτοὺς πάλιν ἀπελθὼν προσηύξατο ἐκ τρίτου τὸν αὐτὸν λόγον εἰπὼν πάλιν. [45] τότε ἔρχεται πρὸς τοὺς μαθητὰς καὶ λέγει αὐτοῖς· ...	Mk 14,41	καὶ ἔρχεται τὸ τρίτον καὶ λέγει αὐτοῖς· ...			
220 220	Mt 26,48 (2)	ὁ δὲ παραδιδοὺς αὐτὸν ἔδωκεν αὐτοῖς σημεῖον λέγων· ὃν ἂν φιλήσω αὐτός ἐστιν, κρατήσατε αὐτόν.	Mk 14,44 (2)	δεδώκει δὲ ὁ παραδιδοὺς αὐτὸν σύσσημον αὐτοῖς λέγων· ὃν ἂν φιλήσω αὐτός ἐστιν, κρατήσατε αὐτὸν καὶ ἀπάγετε ἀσφαλῶς.			
222	Mt 26,49	καὶ εὐθέως προσελθὼν τῷ Ἰησοῦ εἶπεν· χαῖρε, ῥαββί, καὶ κατεφίλησεν αὐτόν.	Mk 14,45	καὶ ἐλθὼν εὐθὺς προσελθὼν αὐτῷ λέγει· ῥαββί, καὶ κατεφίλησεν αὐτόν.	Lk 22,47	... καὶ ὁ λεγόμενος Ἰούδας εἷς τῶν δώδεκα προήρχετο αὐτοὺς καὶ ἤγγισεν τῷ Ἰησοῦ φιλῆσαι αὐτόν.	→ Jn 18,5
221	Mt 26,50 ↓ Lk 22,54	ὁ δὲ Ἰησοῦς εἶπεν αὐτῷ· ἑταῖρε, ἐφ᾽ ὃ πάρει. τότε προσελθόντες ἐπέβαλον τὰς χεῖρας ἐπὶ τὸν Ἰησοῦν καὶ ἐκράτησαν αὐτόν.	Mk 14,46 ↓ Lk 22,54	οἱ δὲ ἐπέβαλον τὰς χεῖρας αὐτῷ καὶ ἐκράτησαν αὐτόν.	Lk 22,48	Ἰησοῦς δὲ εἶπεν αὐτῷ· Ἰούδα, φιλήματι τὸν υἱὸν τοῦ ἀνθρώπου παραδίδως;	→ Jn 18,12
002					Lk 22,49 → Lk 22,38	ἰδόντες δὲ οἱ περὶ αὐτὸν τὸ ἐσόμενον εἶπαν· κύριε, εἰ πατάξομεν ἐν μαχαίρῃ;	
002	Mt 26,52	τότε λέγει αὐτῷ ὁ Ἰησοῦς· ἀπόστρεψον τὴν μάχαιράν σου εἰς τὸν τόπον αὐτῆς· πάντες γὰρ οἱ λαβόντες μάχαιραν ἐν μαχαίρῃ ἀπολοῦνται.			Lk 22,51	ἀποκριθεὶς δὲ ὁ Ἰησοῦς εἶπεν· ἐᾶτε ἕως τούτου· καὶ ἁψάμενος τοῦ ὠτίου ἰάσατο αὐτόν.	→ Jn 18,11
112	Mt 26,55	ἐν ἐκείνῃ τῇ ὥρᾳ εἶπεν ὁ Ἰησοῦς τοῖς ὄχλοις· ὡς ἐπὶ λῃστὴν ἐξήλθατε μετὰ μαχαιρῶν καὶ ξύλων συλλαβεῖν με; ...	Mk 14,48	καὶ ἀποκριθεὶς ὁ Ἰησοῦς εἶπεν αὐτοῖς· ὡς ἐπὶ λῃστὴν ἐξήλθατε μετὰ μαχαιρῶν καὶ ξύλων συλλαβεῖν με;	Lk 22,52 ↓ Lk 22,54	εἶπεν δὲ Ἰησοῦς πρὸς τοὺς παραγενομένους ἐπ᾽ αὐτὸν ἀρχιερεῖς καὶ στρατηγοὺς τοῦ ἱεροῦ καὶ πρεσβυτέρους· ὡς ἐπὶ λῃστὴν ἐξήλθατε μετὰ μαχαιρῶν καὶ ξύλων;	
	Mt 26,47	καὶ ἔτι αὐτοῦ λαλοῦντος ἰδοὺ Ἰούδας εἷς τῶν δώδεκα ἦλθεν καὶ μετ᾽ αὐτοῦ ὄχλος πολὺς μετὰ μαχαιρῶν καὶ ξύλων ἀπὸ τῶν ἀρχιερέων καὶ πρεσβυτέρων τοῦ λαοῦ.	Mk 14,43	καὶ εὐθὺς ἔτι αὐτοῦ λαλοῦντος παραγίνεται Ἰούδας εἷς τῶν δώδεκα καὶ μετ᾽ αὐτοῦ ὄχλος μετὰ μαχαιρῶν καὶ ξύλων παρὰ τῶν ἀρχιερέων καὶ τῶν γραμματέων καὶ τῶν πρεσβυτέρων.			
220	Mt 26,56	τοῦτο δὲ ὅλον γέγονεν ἵνα πληρωθῶσιν αἱ γραφαὶ τῶν προφητῶν. τότε οἱ μαθηταὶ πάντες ἀφέντες αὐτὸν ἔφυγον.	Mk 14,50	[49] ... ἀλλ᾽ ἵνα πληρωθῶσιν αἱ γραφαί. [50] καὶ ἀφέντες αὐτὸν ἔφυγον πάντες.			

020			Mk 14,51	καὶ νεανίσκος τις συνηκολούθει αὐτῷ περιβεβλημένος σινδόνα ἐπὶ γυμνοῦ, καὶ κρατοῦσιν **αὐτόν·**			
112	Mt 26,57	οἱ δὲ κρατήσαντες **τὸν Ἰησοῦν** ἀπήγαγον πρὸς Καϊάφαν τὸν ἀρχιερέα, ...	Mk 14,53	καὶ ἀπήγαγον **τὸν Ἰησοῦν** πρὸς τὸν ἀρχιερέα, ...	Lk 22,54 ↑ Mt 26,50 ↑ Mk 14,46 ↑ Lk 22,52	συλλαβόντες δὲ **αὐτὸν** ἤγαγον καὶ εἰσήγαγον εἰς τὴν οἰκίαν τοῦ ἀρχιερέως· ...	→ Jn 18,12 → Jn 18,13
112	Mt 26,69	ὁ δὲ Πέτρος ἐκάθητο ἔξω ἐν τῇ αὐλῇ· καὶ προσῆλθεν αὐτῷ μία παιδίσκη λέγουσα· καὶ σὺ ἦσθα μετὰ Ἰησοῦ τοῦ Γαλιλαίου.	Mk 14,67	[66] καὶ ὄντος τοῦ Πέτρου κάτω ἐν τῇ αὐλῇ ἔρχεται μία τῶν παιδισκῶν τοῦ ἀρχιερέως [67] καὶ ἰδοῦσα **τὸν Πέτρον** θερμαινόμενον ἐμβλέψασα αὐτῷ λέγει· καὶ σὺ μετὰ τοῦ Ναζαρηνοῦ ἦσθα τοῦ Ἰησοῦ.	Lk 22,56	[55] ... ἐκάθητο ὁ Πέτρος μέσος αὐτῶν. [56] ἰδοῦσα δὲ **αὐτὸν** παιδίσκη τις καθήμενον πρὸς τὸ φῶς καὶ ἀτενίσασα αὐτῷ εἶπεν· καὶ οὗτος σὺν αὐτῷ ἦν.	→ Jn 18,17
112	Mt 26,70	ὁ δὲ ἠρνήσατο ἔμπροσθεν πάντων λέγων· οὐκ οἶδα τί λέγεις.	Mk 14,68	ὁ δὲ ἠρνήσατο λέγων· οὔτε οἶδα οὔτε ἐπίσταμαι σὺ τί λέγεις. ...	Lk 22,57	ὁ δὲ ἠρνήσατο λέγων· οὐκ οἶδα **αὐτόν,** γύναι.	→ Jn 18,17
222	Mt 26,71	... εἶδεν **αὐτὸν** ἄλλη καὶ λέγει τοῖς ἐκεῖ· οὗτος ἦν μετὰ Ἰησοῦ τοῦ Ναζωραίου.	Mk 14,69	καὶ ἡ παιδίσκη ἰδοῦσα **αὐτὸν** ἤρξατο πάλιν λέγειν τοῖς παρεστῶσιν ὅτι οὗτος ἐξ αὐτῶν ἐστιν.	Lk 22,58	καὶ μετὰ βραχὺ ἕτερος ἰδὼν **αὐτὸν** ἔφη· καὶ σὺ ἐξ αὐτῶν εἶ. ...	→ Jn 18,25
112	Mt 26,67	 τότε ἐνέπτυσαν εἰς τὸ πρόσωπον αὐτοῦ	Mk 14,65 (2)	καὶ ἤρξαντό τινες ἐμπτύειν αὐτῷ	Lk 22,63	καὶ οἱ ἄνδρες οἱ συνέχοντες **αὐτὸν** ἐνέπαιζον αὐτῷ δέροντες,	
112		 καὶ ἐκολάφισαν αὐτόν, οἱ δὲ ἐράπισαν [68] λέγοντες· προφήτευσον ἡμῖν, χριστέ, τίς ἐστιν ὁ παίσας σε;		καὶ περικαλύπτειν **αὐτοῦ τὸ πρόσωπον** καὶ κολαφίζειν αὐτὸν καὶ λέγειν αὐτῷ· προφήτευσον, καὶ οἱ ὑπηρέται ῥαπίσμασιν αὐτὸν ἔλαβον.	Lk 22,64	καὶ περικαλύψαντες **αὐτὸν** ἐπηρώτων λέγοντες· προφήτευσον, τίς ἐστιν ὁ παίσας σε;	
002					Lk 22,65	καὶ ἕτερα πολλὰ βλασφημοῦντες ἔλεγον **εἰς αὐτόν.**	
112	Mt 26,57 Mt 27,1	... ὅπου οἱ γραμματεῖς καὶ οἱ πρεσβύτεροι συνήχθησαν. πρωΐας δὲ γενομένης συμβούλιον ἔλαβον πάντες οἱ ἀρχιερεῖς καὶ οἱ πρεσβύτεροι τοῦ λαοῦ ...	Mk 14,53 Mk 15,1	... καὶ συνέρχονται πάντες οἱ ἀρχιερεῖς καὶ οἱ πρεσβύτεροι καὶ οἱ γραμματεῖς. καὶ εὐθὺς πρωῒ συμβούλιον ποιήσαντες οἱ ἀρχιερεῖς μετὰ τῶν πρεσβυτέρων καὶ γραμματέων καὶ ὅλον τὸ συνέδριον, ...	Lk 22,66	... συνήχθη τὸ πρεσβυτέριον τοῦ λαοῦ, ἀρχιερεῖς τε καὶ γραμματεῖς, καὶ ἀπήγαγον **αὐτὸν** εἰς τὸ συνέδριον αὐτῶν	

220	Mt 26,59	οἱ δὲ ἀρχιερεῖς καὶ τὸ συνέδριον ὅλον ἐζήτουν ψευδομαρτυρίαν κατὰ τοῦ Ἰησοῦ ὅπως αὐτὸν θανατώσωσιν	Mk 14,55	οἱ δὲ ἀρχιερεῖς καὶ ὅλον τὸ συνέδριον ἐζήτουν κατὰ τοῦ Ἰησοῦ μαρτυρίαν εἰς τὸ θανατῶσαι αὐτόν, καὶ οὐχ ηὕρισκον·			
121	Mt 26,63 ↓ Mt 27,43	... καὶ ὁ ἀρχιερεὺς εἶπεν αὐτῷ· ἐξορκίζω σε κατὰ τοῦ θεοῦ τοῦ ζῶντος ἵνα ἡμῖν εἴπῃς εἰ σὺ εἶ ὁ χριστὸς ὁ υἱὸς τοῦ θεοῦ.	Mk 14,61 ↓ Mk 15,32	... πάλιν ὁ ἀρχιερεὺς ἐπηρώτα αὐτὸν καὶ λέγει αὐτῷ· σὺ εἶ ὁ χριστὸς ὁ υἱὸς τοῦ εὐλογητοῦ;	Lk 22,67 ⇩ Lk 22,70 ↓ Lk 23,35 Lk 22,70 ⇧ Lk 22,67	λέγοντες· εἰ σὺ εἶ ὁ χριστός, εἰπὸν ἡμῖν. ... εἶπαν δὲ πάντες· σὺ οὖν εἶ ὁ υἱὸς τοῦ θεοῦ; ...	→ Jn 10,24 → Jn 10,36
120	Mt 26,66 ↓ Lk 24,20	τί ὑμῖν δοκεῖ; οἱ δὲ ἀποκριθέντες εἶπαν· ἔνοχος θανάτου ἐστίν.	Mk 14,64 ↓ Lk 24,20	... τί ὑμῖν φαίνεται; οἱ δὲ πάντες κατέκριναν αὐτὸν ἔνοχον εἶναι θανάτου.			
221	Mt 26,67	τότε ἐνέπτυσαν εἰς τὸ πρόσωπον αὐτοῦ καὶ ἐκολάφισαν αὐτόν, οἱ δὲ ἐράπισαν	Mk 14,65 (2)	καὶ ἤρξαντό τινες ἐμπτύειν αὐτῷ καὶ περικαλύπτειν αὐτοῦ τὸ πρόσωπον καὶ κολαφίζειν αὐτὸν	Lk 22,64	[63] καὶ οἱ ἄνδρες οἱ συνέχοντες αὐτὸν ἐνέπαιζον αὐτῷ δέροντες, [64] καὶ περικαλύψαντες αὐτὸν	
121	Mt 26,68	λέγοντες· προφήτευσον ἡμῖν, χριστέ, τίς ἐστιν ὁ παίσας σε;		καὶ λέγειν αὐτῷ· προφήτευσον, καὶ οἱ ὑπηρέται ῥαπίσμασιν αὐτὸν ἔλαβον.		ἐπηρώτων λέγοντες· προφήτευσον, τίς ἐστιν ὁ παίσας σε;	
222	Mt 26,71	... εἶδεν αὐτὸν ἄλλη καὶ λέγει τοῖς ἐκεῖ· οὗτος ἦν μετὰ Ἰησοῦ τοῦ Ναζωραίου.	Mk 14,69	καὶ ἡ παιδίσκη ἰδοῦσα αὐτὸν ἤρξατο πάλιν λέγειν τοῖς παρεστῶσιν ὅτι οὗτος ἐξ αὐτῶν ἐστιν.	Lk 22,58	καὶ μετὰ βραχὺ ἕτερος ἰδὼν αὐτὸν ἔφη· καὶ σὺ ἐξ αὐτῶν εἶ. ...	→ Jn 18,25
210	Mt 27,1	πρωΐας δὲ γενομένης συμβούλιον ἔλαβον πάντες οἱ ἀρχιερεῖς καὶ οἱ πρεσβύτεροι τοῦ λαοῦ κατὰ τοῦ Ἰησοῦ ὥστε θανατῶσαι αὐτόν·	Mk 15,1	καὶ εὐθὺς πρωῒ συμβούλιον ποιήσαντες οἱ ἀρχιερεῖς μετὰ τῶν πρεσβυτέρων καὶ γραμματέων καὶ ὅλον τὸ συνέδριον,	Lk 22,66 ↑ Mt 26,57 ↑ Mk 14,53	καὶ ὡς ἐγένετο ἡμέρα, συνήχθη τὸ πρεσβυτέριον τοῦ λαοῦ, ἀρχιερεῖς τε καὶ γραμματεῖς, καὶ ἀπήγαγον αὐτὸν εἰς τὸ συνέδριον αὐτῶν	
212	Mt 27,2	καὶ δήσαντες αὐτὸν ἀπήγαγον καὶ παρέδωκαν Πιλάτῳ τῷ ἡγεμόνι.		 δήσαντες τὸν Ἰησοῦν ἀπήνεγκαν καὶ παρέδωκαν Πιλάτῳ.	Lk 23,1	καὶ ἀναστὰν ἅπαν τὸ πλῆθος αὐτῶν ἤγαγον αὐτὸν ἐπὶ τὸν Πιλᾶτον.	→ Jn 18,28
200	Mt 27,3	τότε ἰδὼν Ἰούδας ὁ παραδιδοὺς αὐτὸν ὅτι κατεκρίθη, ...					
222	Mt 27,11	... καὶ ἐπηρώτησεν αὐτὸν ὁ ἡγεμὼν λέγων· σὺ εἶ ὁ βασιλεὺς τῶν Ἰουδαίων; ...	Mk 15,2	καὶ ἐπηρώτησεν αὐτὸν ὁ Πιλᾶτος· σὺ εἶ ὁ βασιλεὺς τῶν Ἰουδαίων; ...	Lk 23,3	ὁ δὲ Πιλᾶτος ἠρώτησεν αὐτὸν λέγων· σὺ εἶ ὁ βασιλεὺς τῶν Ἰουδαίων; ...	→ Jn 18,33 → Jn 18,37

211	Mt 27,12 ↓ Mk 15,4	καὶ ἐν τῷ κατηγορεῖσθαι **αὐτὸν** ὑπὸ τῶν ἀρχιερέων καὶ πρεσβυτέρων οὐδὲν ἀπεκρίνατο.	Mk 15,3	καὶ κατηγόρουν **αὐτοῦ** οἱ ἀρχιερεῖς πολλά.	Lk 23,2 ⇩ Lk 23,10 ↑ Lk 20,20	ἤρξαντο δὲ κατηγορεῖν **αὐτοῦ** λέγοντες· ...	
					Lk 23,10 ⇧ Lk 23,2	εἱστήκεισαν δὲ οἱ ἀρχιερεῖς καὶ οἱ γραμματεῖς εὐτόνως κατηγοροῦντες **αὐτοῦ**.	Mt/Mk: before Pilate; Lk: before Herod
120	Mt 27,13	τότε λέγει **αὐτῷ** ὁ Πιλᾶτος· οὐκ ἀκούεις πόσα σου καταμαρτυροῦσιν;	Mk 15,4 ↑ Mt 27,12	ὁ δὲ Πιλᾶτος πάλιν ἐπηρώτα **αὐτὸν** λέγων· οὐκ ἀποκρίνῃ οὐδέν; ἴδε πόσα σου κατηγοροῦσιν.	Lk 23,9	[8] ὁ δὲ Ἡρῴδης ... [9] ἐπηρώτα δὲ **αὐτὸν** ἐν λόγοις ἱκανοῖς, αὐτὸς δὲ οὐδὲν ἀπεκρίνατο αὐτῷ.	→ Jn 19,9-10
002 002					Lk 23,7 (2)	καὶ ἐπιγνοὺς ὅτι ἐκ τῆς ἐξουσίας Ἡρῴδου ἐστὶν ἀνέπεμψεν **αὐτὸν** πρὸς Ἡρῴδην, ὄντα καὶ **αὐτὸν** ἐν Ἱεροσολύμοις ἐν ταύταις ταῖς ἡμέραις.	
002					Lk 23,8 ↑ Lk 9,9	ὁ δὲ Ἡρῴδης ἰδὼν τὸν Ἰησοῦν ἐχάρη λίαν, ἦν γὰρ ἐξ ἱκανῶν χρόνων θέλων ἰδεῖν **αὐτὸν** διὰ τὸ ἀκούειν περὶ αὐτοῦ, ...	
002	Mt 27,13	τότε λέγει **αὐτῷ** ὁ Πιλᾶτος· οὐκ ἀκούεις πόσα σου καταμαρτυροῦσιν; [14] καὶ οὐκ ἀπεκρίθη αὐτῷ πρὸς οὐδὲ ἓν ῥῆμα, ...	Mk 15,4	ὁ δὲ Πιλᾶτος πάλιν ἐπηρώτα **αὐτὸν** λέγων· οὐκ ἀποκρίνῃ οὐδέν; ἴδε πόσα σου κατηγοροῦσιν. [5] ὁ δὲ Ἰησοῦς οὐκέτι οὐδὲν ἀπεκρίθη, ...	Lk 23,9	[8] ὁ δὲ Ἡρῴδης ... [9] ἐπηρώτα δὲ **αὐτὸν** ἐν λόγοις ἱκανοῖς, αὐτὸς δὲ οὐδὲν ἀπεκρίνατο αὐτῷ.	
002 002	Mt 27,28	καὶ ἐκδύσαντες **αὐτὸν** χλαμύδα κοκκίνην περιέθηκαν αὐτῷ	Mk 15,17	καὶ ἐνδιδύσκουσιν **αὐτὸν** πορφύραν καὶ περιτιθέασιν αὐτῷ ...	Lk 23,11 (2)	ἐξουθενήσας δὲ **αὐτὸν** [καὶ] ὁ Ἡρῴδης σὺν τοῖς στρατεύμασιν αὐτοῦ καὶ ἐμπαίξας περιβαλὼν ἐσθῆτα λαμπρὰν ἀνέπεμψεν **αὐτὸν** τῷ Πιλάτῳ.	→ Jn 19,2
002					Lk 23,15	ἀλλ' οὐδὲ Ἡρῴδης, ἀνέπεμψεν γὰρ **αὐτὸν** πρὸς ἡμᾶς, ...	→ Jn 18,38
002					Lk 23,16 ↓ Lk 23,22	παιδεύσας οὖν **αὐτὸν** ἀπολύσω.	Lk 23,17 is textcritically uncertain.
220	Mt 27,18	ᾔδει γὰρ ὅτι διὰ φθόνον παρέδωκαν **αὐτόν**.	Mk 15,10	ἐγίνωσκεν γὰρ ὅτι διὰ φθόνον παραδεδώκεισαν **αὐτὸν** οἱ ἀρχιερεῖς.			

200	Mt 27,19 (2)	καθημένου δὲ αὐτοῦ ἐπὶ τοῦ βήματος ἀπέστειλεν **πρὸς αὐτὸν** ἡ γυνὴ αὐτοῦ λέγουσα·					
200		μηδὲν σοὶ καὶ τῷ δικαίῳ ἐκείνῳ· πολλὰ γὰρ ἔπαθον σήμερον κατ' ὄναρ **δι' αὐτόν.**					
122	Mt 27,22	... λέγουσιν πάντες· σταυρωθήτω.	Mk 15,13	οἱ δὲ πάλιν ἔκραξαν· σταύρωσον **αὐτόν.**	Lk 23,21	οἱ δὲ ἐπεφώνουν λέγοντες· σταύρου, σταύρου **αὐτόν.**	→ Jn 19,6
112	Mt 27,23	ὁ δὲ ἔφη· τί γὰρ κακὸν ἐποίησεν;	Mk 15,14	ὁ δὲ Πιλᾶτος ἔλεγεν αὐτοῖς· τί γὰρ ἐποίησεν κακόν;	Lk 23,22 → Lk 23,4 → Lk 23,14 ↑ Lk 23,16	ὁ δὲ τρίτον εἶπεν πρὸς αὐτούς· τί γὰρ κακὸν ἐποίησεν οὗτος; οὐδὲν αἴτιον θανάτου εὗρον ἐν αὐτῷ· παιδεύσας οὖν **αὐτὸν** ἀπολύσω.	→ Jn 19,6 → Acts 13,28
122		οἱ δὲ περισσῶς ἔκραζον λέγοντες· σταυρωθήτω.		οἱ δὲ περισσῶς ἔκραξαν· σταύρωσον **αὐτόν.**	Lk 23,23	οἱ δὲ ἐπέκειντο φωναῖς μεγάλαις αἰτούμενοι **αὐτὸν** σταυρωθῆναι, καὶ κατίσχυον αἱ φωναὶ αὐτῶν.	→ Jn 19,15 → Acts 13,28
120	Mt 27,27	τότε οἱ στρατιῶται τοῦ ἡγεμόνος παραλαβόντες **τὸν Ἰησοῦν** εἰς τὸ πραιτώριον	Mk 15,16	οἱ δὲ στρατιῶται ἀπήγαγον **αὐτὸν** ἔσω τῆς αὐλῆς, ὅ ἐστιν πραιτώριον,			
210		συνήγαγον **ἐπ' αὐτὸν** ὅλην τὴν σπεῖραν.		καὶ συγκαλοῦσιν ὅλην τὴν σπεῖραν.			
220	Mt 27,28	καὶ ἐκδύσαντες **αὐτὸν** χλαμύδα κοκκίνην περιέθηκαν αὐτῷ,	Mk 15,17	καὶ ἐνδιδύσκουσιν **αὐτὸν** πορφύραν καὶ περιτιθέασιν αὐτῷ ...	Lk 23,11 (2)	ἐξουθενήσας δὲ **αὐτὸν** [καὶ] ὁ Ἡρῴδης σὺν τοῖς στρατεύμασιν αὐτοῦ καὶ ἐμπαίξας περιβαλὼν ἐσθῆτα λαμπρὰν ...	→ Jn 19,2
120	Mt 27,29	... καὶ γονυπετήσαντες ἔμπροσθεν αὐτοῦ ἐνέπαιξαν **αὐτῷ** λέγοντες· χαῖρε, βασιλεῦ τῶν Ἰουδαίων,	Mk 15,18	καὶ ἤρξαντο ἀσπάζεσθαι **αὐτόν·** χαῖρε, βασιλεῦ τῶν Ἰουδαίων·			→ Jn 19,3
210	Mt 27,30	καὶ ἐμπτύσαντες **εἰς αὐτὸν** ἔλαβον τὸν κάλαμον καὶ ἔτυπτον εἰς τὴν κεφαλὴν αὐτοῦ.	Mk 15,19	καὶ ἔτυπτον αὐτοῦ τὴν κεφαλὴν καλάμῳ καὶ ἐνέπτυον **αὐτῷ** καὶ τιθέντες τὰ γόνατα προσεκύνουν αὐτῷ.			

	Mt 27,31 (3)	καὶ ὅτε ἐνέπαιξαν αὐτῷ, ἐξέδυσαν	Mk 15,20 (4)	καὶ ὅτε ἐνέπαιξαν αὐτῷ, ἐξέδυσαν			
220		αὐτὸν τὴν χλαμύδα καὶ ἐνέδυσαν		αὐτὸν τὴν πορφύραν καὶ ἐνέδυσαν			
220		αὐτὸν τὰ ἱμάτια αὐτοῦ		αὐτὸν τὰ ἱμάτια αὐτοῦ.			
		καὶ ἀπήγαγον		καὶ ἐξάγουσιν	Lk 23,26	καὶ ὡς ἀπήγαγον	
222		αὐτὸν εἰς τὸ σταυρῶσαι.		αὐτὸν ἵνα σταυρώσωσιν		αὐτόν, ...	
121				αὐτόν.			
002					Lk 23,27	ἠκολούθει δὲ αὐτῷ πολὺ πλῆθος τοῦ λαοῦ καὶ γυναικῶν αἳ ἐκόπτοντο καὶ ἐθρήνουν αὐτόν.	
121	Mt 27,33	καὶ ἐλθόντες εἰς τόπον λεγόμενον Γολγοθᾶ, ὅ ἐστιν Κρανίου Τόπος λεγόμενος	Mk 15,22	καὶ φέρουσιν αὐτὸν ἐπὶ τὸν Γολγοθᾶν τόπον, ὅ ἐστιν μεθερμηνευόμενον Κρανίου Τόπος.	Lk 23,33	καὶ ὅτε ἦλθον ἐπὶ τὸν τόπον τὸν καλούμενον Κρανίον,	→ Jn 19,17
222	Mt 27,35	σταυρώσαντες δὲ αὐτὸν ...	Mk 15,24	καὶ σταυροῦσιν αὐτὸν ...		ἐκεῖ ἐσταύρωσαν αὐτὸν ...	→ Jn 19,18
200	Mt 27,36	καὶ καθήμενοι ἐτήρουν αὐτὸν ἐκεῖ.					
020			Mk 15,25	ἦν δὲ ὥρα τρίτη καὶ ἐσταύρωσαν αὐτόν.			
221	Mt 27,39	οἱ δὲ παραπορευόμενοι ἐβλασφήμουν αὐτὸν κινοῦντες τὰς κεφαλὰς αὐτῶν	Mk 15,29	καὶ οἱ παραπορευόμενοι ἐβλασφήμουν αὐτὸν κινοῦντες τὰς κεφαλὰς αὐτῶν ...	Lk 23,35 → Lk 23,48	καὶ εἱστήκει ὁ λαὸς θεωρῶν. ...	
211	Mt 27,42 ↑ Mt 26,63	[41] ὁμοίως καὶ οἱ ἀρχιερεῖς ἐμπαίζοντες μετὰ τῶν γραμματέων καὶ πρεσβυτέρων ἔλεγον· [42] ἄλλους ἔσωσεν, ἑαυτὸν οὐ δύναται σῶσαι· βασιλεὺς Ἰσραήλ ἐστιν, καταβάτω νῦν ἀπὸ τοῦ σταυροῦ καὶ πιστεύσομεν ἐπ' αὐτόν.	Mk 15,32 ↑ Mk 14,61	[31] ὁμοίως καὶ οἱ ἀρχιερεῖς ἐμπαίζοντες πρὸς ἀλλήλους μετὰ τῶν γραμματέων ἔλεγον· ἄλλους ἔσωσεν, ἑαυτὸν οὐ δύναται σῶσαι· [32] ὁ χριστὸς ὁ βασιλεὺς Ἰσραὴλ καταβάτω νῦν ἀπὸ τοῦ σταυροῦ, ἵνα ἴδωμεν καὶ πιστεύσωμεν. ↔	Lk 23,35 ↑ Lk 22,67	... ἐξεμυκτήριζον δὲ καὶ οἱ ἄρχοντες λέγοντες· ἄλλους ἔσωσεν, σωσάτω ἑαυτόν, εἰ οὗτός ἐστιν ὁ χριστὸς τοῦ θεοῦ ὁ ἐκλεκτός.	
					Lk 23,37 → Mt 27,40 → Mk 15,30	[36] ... οἱ στρατιῶται προσερχόμενοι, ... [37] καὶ λέγοντες· εἰ σὺ εἶ ὁ βασιλεὺς τῶν Ἰουδαίων, σῶσον σεαυτόν.	
200	Mt 27,43 ↑ Mt 26,63 ↑ Mk 14,61 ↑ Lk 22,70	*πέποιθεν ἐπὶ τὸν θεόν,* *ῥυσάσθω νῦν εἰ θέλει* *αὐτόν·* εἶπεν γὰρ ὅτι θεοῦ εἰμι υἱός. ➤ Ps 22,9					

222	**Mt 27,44**	τὸ δ' αὐτὸ καὶ οἱ λῃσταὶ οἱ συσταυρωθέντες σὺν αὐτῷ ὠνείδιζον **αὐτόν.**	**Mk 15,32**	↔ καὶ οἱ συνεσταυρωμένοι σὺν αὐτῷ ὠνείδιζον **αὐτόν.**	**Lk 23,39** → Lk 23,35 ↓ Lk 23,36	εἷς δὲ τῶν κρεμασθέντων κακούργων ἐβλασφήμει **αὐτὸν** λέγων· οὐχὶ σὺ εἶ ὁ χριστός; σῶσον σεαυτὸν καὶ ἡμᾶς.	
220	**Mt 27,48**	καὶ εὐθέως δραμὼν εἷς ἐξ αὐτῶν καὶ λαβὼν σπόγγον πλήσας τε ὄξους καὶ περιθεὶς καλάμῳ ἐπότιζεν **αὐτόν.**	**Mk 15,36** (2)	δραμὼν δέ τις [καὶ] γεμίσας σπόγγον ὄξους περιθεὶς καλάμῳ ἐπότιζεν **αὐτὸν**	**Lk 23,36**	ἐνέπαιξαν δὲ αὐτῷ καὶ οἱ στρατιῶται προσερχόμενοι, ὄξος προσφέροντες **αὐτῷ**	→ Jn 19,29
220	**Mt 27,49**	οἱ δὲ λοιποὶ ἔλεγον· ἄφες ἴδωμεν εἰ ἔρχεται Ἠλίας σώσων **αὐτόν.**		λέγων· ἄφετε ἴδωμεν εἰ ἔρχεται Ἠλίας καθελεῖν **αὐτόν.**			
020			**Mk 15,44**	ὁ δὲ Πιλᾶτος ἐθαύμασεν εἰ ἤδη τέθνηκεν καὶ προσκαλεσάμενος τὸν κεντυρίωνα ἐπηρώτησεν **αὐτὸν** εἰ πάλαι ἀπέθανεν·			
121	**Mt 27,59**	καὶ λαβὼν τὸ σῶμα ὁ Ἰωσὴφ ἐνετύλιξεν **αὐτὸ** [ἐν] σινδόνι καθαρᾷ	**Mk 15,46** (2)	καὶ ἀγοράσας σινδόνα καθελὼν **αὐτὸν** ἐνείλησεν τῇ σινδόνι	**Lk 23,53**	καὶ καθελὼν ἐνετύλιξεν **αὐτὸ** σινδόνι	→ Jn 19,40
122	**Mt 27,60**	καὶ ἔθηκεν **αὐτὸ** ἐν τῷ καινῷ αὐτοῦ μνημείῳ ὃ ἐλατόμησεν ἐν τῇ πέτρᾳ ...		καὶ ἔθηκεν **αὐτὸν** ἐν μνημείῳ ὃ ἦν λελατομημένον ἐκ πέτρας ...		καὶ ἔθηκεν **αὐτὸν** ἐν μνήματι λαξευτῷ οὗ οὐκ ἦν οὐδεὶς οὔπω κείμενος.	→ Jn 19,41
200	**Mt 27,64**	... μήποτε ἐλθόντες οἱ μαθηταὶ αὐτοῦ κλέψωσιν **αὐτὸν** καὶ εἴπωσιν τῷ λαῷ· ἠγέρθη ἀπὸ τῶν νεκρῶν, ...					
121	**Mt 28,1** → Mt 27,56 → Mt 27,61	ὀψὲ δὲ σαββάτων, τῇ ἐπιφωσκούσῃ εἰς μίαν σαββάτων ἦλθεν Μαριὰμ ἡ Μαγδαληνὴ καὶ ἡ ἄλλη Μαρία θεωρῆσαι τὸν τάφον.	**Mk 16,1** → Mk 15,40 → Mk 15,47	καὶ διαγενομένου τοῦ σαββάτου Μαρία ἡ Μαγδαληνὴ καὶ Μαρία ἡ [τοῦ] Ἰακώβου καὶ Σαλώμη ἠγόρασαν ἀρώματα ἵνα ἐλθοῦσαι ἀλείψωσιν **αὐτόν.** [2] καὶ λίαν πρωῒ τῇ μιᾷ τῶν σαββάτων ἔρχονται ἐπὶ τὸ μνημεῖον ἀνατείλαντος τοῦ ἡλίου.	**Lk 23,56** → Lk 8,2-3	ὑποστρέψασαι δὲ ἡτοίμασαν ἀρώματα καὶ μύρα. καὶ τὸ μὲν σάββατον ἡσύχασαν κατὰ τὴν ἐντολήν. [24,1] τῇ δὲ μιᾷ τῶν σαββάτων ὄρθρου βαθέως ἐπὶ τὸ μνῆμα ἦλθον φέρουσαι ἃ ἡτοίμασαν ἀρώματα. [24,10] ἦσαν δὲ ἡ Μαγδαληνὴ Μαρία καὶ Ἰωάννα καὶ Μαρία ἡ Ἰακώβου καὶ αἱ λοιπαὶ σὺν αὐταῖς ...	→ Jn 20,1 → Jn 20,18
121	**Mt 28,6**	οὐκ ἔστιν ὧδε, ἠγέρθη γὰρ καθὼς εἶπεν· δεῦτε ἴδετε τὸν τόπον ὅπου ἔκειτο.	**Mk 16,6**	... ἠγέρθη, οὐκ ἔστιν ὧδε· ἴδε ὁ τόπος ὅπου ἔθηκαν **αὐτόν.**	**Lk 24,6** ↓ Lk 24,23	οὐκ ἔστιν ὧδε, ἀλλὰ ἠγέρθη. μνήσθητε ὡς ἐλάλησεν ὑμῖν ἔτι ὢν ἐν τῇ Γαλιλαίᾳ	

220	Mt 28,7 → Mt 26,32 → Mt 28,10.16	καὶ ταχὺ πορευθεῖσαι εἴπατε τοῖς μαθηταῖς αὐτοῦ ὅτι ἠγέρθη ἀπὸ τῶν νεκρῶν, καὶ ἰδοὺ προάγει ὑμᾶς εἰς τὴν Γαλιλαίαν, ἐκεῖ **αὐτὸν** ὄψεσθε· ἰδοὺ εἶπον ὑμῖν.	Mk 16,7 → Mk 14,28	ἀλλὰ ὑπάγετε εἴπατε τοῖς μαθηταῖς αὐτοῦ καὶ τῷ Πέτρῳ ὅτι προάγει ὑμᾶς εἰς τὴν Γαλιλαίαν· ἐκεῖ **αὐτὸν** ὄψεσθε, καθὼς εἶπεν ὑμῖν.			→ Jn 20,17 → Jn 21,1
200	Mt 28,13	... εἴπατε ὅτι οἱ μαθηταὶ αὐτοῦ νυκτὸς ἐλθόντες ἔκλεψαν **αὐτὸν** ἡμῶν κοιμωμένων.					
200	Mt 28,14	καὶ ἐὰν ἀκουσθῇ τοῦτο ἐπὶ τοῦ ἡγεμόνος, ἡμεῖς πείσομεν [**αὐτὸν**] καὶ ὑμᾶς ἀμερίμνους ποιήσομεν.					
002					Lk 24,16	οἱ δὲ ὀφθαλμοὶ αὐτῶν ἐκρατοῦντο τοῦ μὴ ἐπιγνῶναι **αὐτόν**.	
a 002					Lk 24,18	ἀποκριθεὶς δὲ εἷς ὀνόματι Κλεοπᾶς εἶπεν **πρὸς αὐτόν**· σὺ μόνος παροικεῖς Ἰερουσαλὴμ ...	
002 002					Lk 24,20 (2) ↑ Mt 26,66 ↑ Mk 14,64	ὅπως τε παρέδωκαν **αὐτὸν** οἱ ἀρχιερεῖς καὶ οἱ ἄρχοντες ἡμῶν εἰς κρίμα θανάτου καὶ ἐσταύρωσαν **αὐτόν**.	
002					Lk 24,23 → Mt 28,2-6 → Mk 16,5 ↑ Mk 16,6 → Lk 24,3-6	καὶ μὴ εὑροῦσαι τὸ σῶμα αὐτοῦ ἦλθον λέγουσαι καὶ ὀπτασίαν ἀγγέλων ἑωρακέναι, οἳ λέγουσιν **αὐτὸν** ζῆν.	
002					Lk 24,24 → Lk 24,12	... καὶ εὗρον οὕτως καθὼς καὶ αἱ γυναῖκες εἶπον, **αὐτὸν** δὲ οὐκ εἶδον.	
002					Lk 24,29 → Lk 9,12	καὶ παρεβιάσαντο **αὐτὸν** λέγοντες· μεῖνον μεθ' ἡμῶν, ὅτι πρὸς ἑσπέραν ἐστὶν καὶ κέκλικεν ἤδη ἡ ἡμέρα. ...	
002					Lk 24,30	καὶ ἐγένετο ἐν τῷ κατακλιθῆναι **αὐτὸν** μετ' αὐτῶν λαβὼν τὸν ἄρτον εὐλόγησεν καὶ κλάσας ἐπεδίδου αὐτοῖς,	

002			**Lk 24,31** αὐτῶν δὲ διηνοίχθησαν οἱ ὀφθαλμοὶ καὶ ἐπέγνωσαν **αὐτόν**· καὶ αὐτὸς ἄφαντος ἐγένετο ἀπ' αὐτῶν.	
200	**Mt 28,17** καὶ ἰδόντες **αὐτὸν** προσεκύνησαν, οἱ δὲ ἐδίστασαν.			
002			**Lk 24,51** → Lk 9,51 καὶ ἐγένετο ἐν τῷ εὐλογεῖν **αὐτὸν** αὐτοὺς διέστη ἀπ' αὐτῶν καὶ ἀνεφέρετο εἰς τὸν οὐρανόν.	→ Acts 1,2.22 → **Acts 1,9.11**
002			**Lk 24,52** καὶ αὐτοὶ προσκυνήσαντες **αὐτὸν** ὑπέστρεψαν εἰς Ἰερουσαλὴμ μετὰ χαρᾶς μεγάλης	→ Acts 1,12

Acts 1,3 οἷς καὶ παρέστησεν ἑαυτὸν ζῶντα μετὰ τὸ παθεῖν **αὐτὸν** ἐν πολλοῖς τεκμηρίοις, ...

Acts 1,6 οἱ μὲν οὖν συνελθόντες ἠρώτων **αὐτὸν** λέγοντες· κύριε, εἰ ἐν τῷ χρόνῳ τούτῳ ἀποκαθιστάνεις τὴν βασιλείαν τῷ Ἰσραήλ;

Acts 1,9 → Lk 9,51 → **Lk 24,51** καὶ ταῦτα εἰπὼν βλεπόντων αὐτῶν ἐπήρθη καὶ νεφέλη ὑπέλαβεν **αὐτὸν** ἀπὸ τῶν ὀφθαλμῶν αὐτῶν.

Acts 1,11 → Lk 9,51 → **Lk 24,51** ... οὗτος ὁ Ἰησοῦς ὁ ἀναλημφθεὶς ἀφ' ὑμῶν εἰς τὸν οὐρανὸν οὕτως ἐλεύσεται ὃν τρόπον ἐθεάσασθε **αὐτὸν** πορευόμενον εἰς τὸν οὐρανόν.

Acts 2,24 ὃν ὁ θεὸς ἀνέστησεν λύσας τὰς ὠδῖνας τοῦ θανάτου, καθότι οὐκ ἦν δυνατὸν κρατεῖσθαι **αὐτὸν** ὑπ' αὐτοῦ.

Acts 2,25 Δαυὶδ γὰρ λέγει **εἰς αὐτόν**· *προορώμην τὸν κύριον ἐνώπιόν μου διὰ παντός, ὅτι ἐκ δεξιῶν μού ἐστιν ἵνα μὴ σαλευθῶ.* ➢ Ps 15,8 LXX

Acts 2,36 ἀσφαλῶς οὖν γινωσκέτω πᾶς οἶκος Ἰσραὴλ ὅτι καὶ κύριον **αὐτὸν** καὶ χριστὸν ἐποίησεν ὁ θεός, ...

Acts 3,4 ἀτενίσας δὲ Πέτρος **εἰς αὐτὸν** σὺν τῷ Ἰωάννῃ εἶπεν· βλέψον εἰς ἡμᾶς.

Acts 3,7 (2) καὶ πιάσας **αὐτὸν** τῆς δεξιᾶς χειρὸς ἤγειρεν **αὐτόν**· παραχρῆμα δὲ ἐστερεώθησαν αἱ βάσεις αὐτοῦ καὶ τὰ σφυδρά

Acts 3,9 καὶ εἶδεν πᾶς ὁ λαὸς **αὐτὸν** περιπατοῦντα καὶ αἰνοῦντα τὸν θεόν·

Acts 3,10 ἐπεγίνωσκον δὲ **αὐτὸν** ὅτι αὐτὸς ἦν ὁ πρὸς τὴν ἐλεημοσύνην καθήμενος ἐπὶ τῇ ὡραίᾳ πύλῃ τοῦ ἱεροῦ ...

Acts 3,12 ... ἄνδρες Ἰσραηλῖται, τί θαυμάζετε ἐπὶ τούτῳ ἢ ἡμῖν τί ἀτενίζετε ὡς ἰδίᾳ δυνάμει ἢ εὐσεβείᾳ πεποιηκόσιν τοῦ περιπατεῖν **αὐτόν**;

Acts 3,26 ὑμῖν πρῶτον ἀναστήσας ὁ θεὸς τὸν παῖδα αὐτοῦ ἀπέστειλεν **αὐτὸν** εὐλογοῦντα ὑμᾶς ἐν τῷ ἀποστρέφειν ἕκαστον ἀπὸ τῶν πονηριῶν ὑμῶν.

Acts 5,6 ἀναστάντες δὲ οἱ νεώτεροι συνέστειλαν **αὐτὸν** καὶ ἐξενέγκαντες ἔθαψαν.

Acts 6,12 ... καὶ ἐπιστάντες συνήρπασαν **αὐτὸν** καὶ ἤγαγον εἰς τὸ συνέδριον

Acts 6,15 καὶ ἀτενίσαντες **εἰς αὐτὸν** πάντες οἱ καθεζόμενοι ἐν τῷ συνεδρίῳ εἶδον τὸ πρόσωπον αὐτοῦ ὡσεὶ πρόσωπον ἀγγέλου.

Acts 7,2 ... ὁ θεὸς τῆς δόξης ὤφθη τῷ πατρὶ ἡμῶν Ἀβραὰμ ὄντι ἐν τῇ Μεσοποταμίᾳ πρὶν ἢ κατοικῆσαι **αὐτὸν** ἐν Χαρράν

a **Acts 7,3** καὶ εἶπεν **πρὸς αὐτόν**· *ἔξελθε ἐκ τῆς γῆς σου ...* ➢ Gen 12,1

Acts 7,4 ... κἀκεῖθεν μετὰ τὸ ἀποθανεῖν τὸν πατέρα αὐτοῦ μετῴκισεν **αὐτὸν** εἰς τὴν γῆν ταύτην εἰς ἣν ὑμεῖς νῦν κατοικεῖτε,

Acts 7,5 ... καὶ ἐπηγγείλατο
δοῦναι αὐτῷ εἰς κατάσχεσιν αὐτὴν καὶ τῷ σπέρματι αὐτοῦ
μετ᾽ αὐτόν,
οὐκ ὄντος αὐτῷ τέκνου.
➤ Gen 48,4

Acts 7,8 ... καὶ οὕτως ἐγέννησεν τὸν Ἰσαὰκ καὶ περιέτεμεν
αὐτὸν
τῇ ἡμέρᾳ τῇ ὀγδόῃ, ...

Acts 7,10 (2) καὶ ἐξείλατο
αὐτὸν
ἐκ πασῶν τῶν θλίψεων αὐτοῦ καὶ ἔδωκεν αὐτῷ χάριν καὶ σοφίαν ἐναντίον Φαραὼ βασιλέως Αἰγύπτου
καὶ κατέστησεν
αὐτὸν
ἡγούμενον ἐπ᾽ Αἴγυπτον καὶ [ἐφ᾽] ὅλον τὸν οἶκον αὐτοῦ.

Acts 7,21 (2) ἐκτεθέντος δὲ αὐτοῦ ἀνείλατο
αὐτὸν
ἡ θυγάτηρ Φαραὼ
καὶ ἀνεθρέψατο
αὐτὸν
ἑαυτῇ εἰς υἱόν.

Acts 7,27 ὁ δὲ ἀδικῶν τὸν πλησίον ἀπώσατο
αὐτὸν
εἰπών· *τίς σε κατέστησεν ἄρχοντα καὶ δικαστὴν ἐφ᾽ ἡμῶν;*
➤ Exod 2,14

Acts 7,54 ... καὶ ἔβρυχον τοὺς ὀδόντας
ἐπ᾽ αὐτόν.

Acts 7,57 κράξαντες δὲ φωνῇ μεγάλῃ συνέσχον τὰ ὦτα αὐτῶν καὶ ὥρμησαν ὁμοθυμαδὸν
ἐπ᾽ αὐτόν

a **Acts 8,20** Πέτρος δὲ εἶπεν
πρὸς αὐτόν·
τὸ ἀργύριόν σου σὺν σοὶ εἴη εἰς ἀπώλειαν ...

Acts 8,32 ... *ὡς πρόβατον ἐπὶ σφαγὴν ἤχθη καὶ ὡς ἀμνὸς ἐναντίον τοῦ κείραντος*
αὐτὸν
ἄφωνος, οὕτως οὐκ ἀνοίγει τὸ στόμα αὐτοῦ.
➤ Isa 53,7

Acts 8,38 ... καὶ κατέβησαν ἀμφότεροι εἰς τὸ ὕδωρ, ὅ τε Φίλιππος καὶ ὁ εὐνοῦχος, καὶ ἐβάπτισεν
αὐτόν.

Acts 8,39 ... πνεῦμα κυρίου ἥρπασεν τὸν Φίλιππον, καὶ οὐκ εἶδεν
αὐτὸν
οὐκέτι ὁ εὐνοῦχος, ...

Acts 8,40 ... καὶ διερχόμενος εὐηγγελίζετο τὰς πόλεις πάσας ἕως τοῦ ἐλθεῖν
αὐτὸν
εἰς Καισάρειαν.

Acts 9,3 (2) ἐν δὲ τῷ πορεύεσθαι ἐγένετο
αὐτὸν
ἐγγίζειν τῇ Δαμασκῷ,
ἐξαίφνης τε
αὐτὸν
περιήστραψεν φῶς ἐκ τοῦ οὐρανοῦ

Acts 9,8 ... χειραγωγοῦντες δὲ
αὐτὸν
εἰσήγαγον εἰς Δαμασκόν.

a **Acts 9,10** ... καὶ εἶπεν
πρὸς αὐτὸν
ἐν ὁράματι ὁ κύριος· Ἁνανία. ὁ δὲ εἶπεν· ἰδοὺ ἐγώ, κύριε.

a **Acts 9,11** ὁ δὲ κύριος
verbum dicendi omitted.
πρὸς αὐτόν·
ἀναστὰς πορεύθητι ἐπὶ τὴν ῥύμην τὴν καλουμένην Εὐθεῖαν ...

a **Acts 9,15** εἶπεν δὲ
πρὸς αὐτὸν
ὁ κύριος· πορεύου, ὅτι σκεῦος ἐκλογῆς ἐστίν μοι οὗτος ...

Acts 9,16 ἐγὼ γὰρ ὑποδείξω αὐτῷ ὅσα δεῖ
αὐτὸν
ὑπὲρ τοῦ ὀνόματός μου παθεῖν.

Acts 9,17 ἀπῆλθεν δὲ Ἁνανίας καὶ εἰσῆλθεν εἰς τὴν οἰκίαν καὶ ἐπιθεὶς
ἐπ᾽ αὐτὸν
τὰς χεῖρας εἶπεν· ...

Acts 9,23 ὡς δὲ ἐπληροῦντο ἡμέραι ἱκαναί, συνεβουλεύσαντο οἱ Ἰουδαῖοι ἀνελεῖν
αὐτόν·

Acts 9,24 ... παρετηροῦντο δὲ καὶ τὰς πύλας ἡμέρας τε καὶ νυκτὸς ὅπως
αὐτὸν
ἀνέλωσιν·

Acts 9,25 λαβόντες δὲ οἱ μαθηταὶ αὐτοῦ νυκτὸς διὰ τοῦ τείχους καθῆκαν
αὐτὸν
χαλάσαντες ἐν σπυρίδι.

Acts 9,26 ... καὶ πάντες ἐφοβοῦντο
αὐτόν
μὴ πιστεύοντες ὅτι ἐστὶν μαθητής.

Acts 9,27 Βαρναβᾶς δὲ ἐπιλαβόμενος
αὐτὸν
ἤγαγεν πρὸς τοὺς ἀποστόλους ...

Acts 9,29 ἐλάλει τε καὶ συνεζήτει πρὸς τοὺς Ἑλληνιστάς, οἱ δὲ ἐπεχείρουν ἀνελεῖν
αὐτόν.

Acts 9,30 (2) ἐπιγνόντες δὲ οἱ ἀδελφοὶ κατήγαγον
αὐτὸν
εἰς Καισάρειαν
καὶ ἐξαπέστειλαν
αὐτὸν
εἰς Ταρσόν.

Acts 9,35 καὶ εἶδαν
αὐτὸν
πάντες οἱ κατοικοῦντες Λύδδα καὶ τὸν Σαρῶνα, οἵτινες ἐπέστρεψαν ἐπὶ τὸν κύριον.

Acts 9,38 ... οἱ μαθηταὶ ἀκούσαντες ὅτι Πέτρος ἐστὶν ἐν αὐτῇ ἀπέστειλαν δύο ἄνδρας
πρὸς αὐτὸν
παρακαλοῦντες· μὴ ὀκνήσῃς διελθεῖν ἕως ἡμῶν.

Acts 10,3 εἶδεν ἐν ὁράματι φανερῶς ὡσεὶ περὶ ὥραν ἐνάτην τῆς ἡμέρας ἄγγελον τοῦ θεοῦ εἰσελθόντα
πρὸς αὐτὸν
καὶ εἰπόντα αὐτῷ· Κορνήλιε.

Acts 10,10 ... παρασκευαζόντων δὲ αὐτῶν ἐγένετο
ἐπ᾽ αὐτὸν
ἔκστασις

a **Acts 10,13** καὶ ἐγένετο φωνὴ
πρὸς αὐτόν·
ἀναστάς, Πέτρε, θῦσον καὶ φάγε.

a **Acts 10,15** καὶ φωνὴ πάλιν ἐκ δευτέρου
πρὸς αὐτόν·
ἃ ὁ θεὸς ἐκαθάρισεν, σὺ μὴ κοίνου.

Acts 10,26 ὁ δὲ Πέτρος ἤγειρεν
αὐτὸν
λέγων· ἀνάστηθι· καὶ ἐγὼ αὐτὸς ἄνθρωπός εἰμι.

Acts 10,35 ἀλλ᾽ ἐν παντὶ ἔθνει ὁ φοβούμενος
αὐτὸν
καὶ ἐργαζόμενος δικαιοσύνην δεκτὸς αὐτῷ ἐστιν.

Acts 10,38 Ἰησοῦν τὸν ἀπὸ Ναζαρέθ, ὡς ἔχρισεν
→ Lk 4,18
→ Lk 24,19
αὐτὸν
ὁ θεὸς πνεύματι ἁγίῳ καὶ δυνάμει, ...

Acts 10,40 τοῦτον ὁ θεὸς ἤγειρεν [ἐν] τῇ τρίτῃ ἡμέρᾳ καὶ ἔδωκεν
αὐτὸν
ἐμφανῆ γενέσθαι,

Acts 10,41 ... ἡμῖν, οἵτινες συνεφάγομεν καὶ συνεπίομεν αὐτῷ μετὰ τὸ ἀναστῆναι
αὐτὸν
ἐκ νεκρῶν·

Acts 10,43 τούτῳ πάντες οἱ προφῆται μαρτυροῦσιν ἄφεσιν ἁμαρτιῶν λαβεῖν διὰ τοῦ ὀνόματος αὐτοῦ πάντα τὸν πιστεύοντα
εἰς αὐτόν.

Acts 10,48 ... τότε ἠρώτησαν
αὐτὸν
ἐπιμεῖναι ἡμέρας τινάς.

a Acts 11,2 ὅτε δὲ ἀνέβη Πέτρος εἰς Ἰερουσαλήμ, διεκρίνοντο
πρὸς αὐτὸν
οἱ ἐκ περιτομῆς

Acts 12,4 (2) ὃν καὶ πιάσας ἔθετο εἰς φυλακὴν παραδοὺς τέσσαρσιν τετραδίοις στρατιωτῶν φυλάσσειν
αὐτόν,
βουλόμενος μετὰ τὸ πάσχα ἀναγαγεῖν
αὐτὸν
τῷ λαῷ.

Acts 12,6 ὅτε δὲ ἤμελλεν προαγαγεῖν
αὐτὸν
ὁ Ἡρῴδης, τῇ νυκτὶ ἐκείνῃ ἦν ὁ Πέτρος κοιμώμενος ...

Acts 12,7 ... πατάξας δὲ τὴν πλευρὰν τοῦ Πέτρου ἤγειρεν
αὐτὸν
λέγων· ἀνάστα ἐν τάχει. ...

a Acts 12,8 εἶπεν δὲ ὁ ἄγγελος
πρὸς αὐτόν·
ζῶσαι καὶ ὑπόδησαι τὰ σανδάλιά σου. ...

Acts 12,16 ὁ δὲ Πέτρος ἐπέμενεν κρούων· ἀνοίξαντες δὲ εἶδαν
αὐτὸν
καὶ ἐξέστησαν.

Acts 12,17 κατασείσας δὲ αὐτοῖς τῇ χειρὶ σιγᾶν διηγήσατο [αὐτοῖς] πῶς ὁ κύριος
αὐτὸν
ἐξήγαγεν ἐκ τῆς φυλακῆς εἶπέν τε· ...

Acts 12,19 Ἡρῴδης δὲ ἐπιζητήσας
αὐτὸν
καὶ μὴ εὑρών, ἀνακρίνας τοὺς φύλακας ἐκέλευσεν ἀπαχθῆναι, ...

Acts 12,20 ... ὁμοθυμαδὸν δὲ παρῆσαν
πρὸς αὐτὸν ...

Acts 12,23 παραχρῆμα δὲ ἐπάταξεν
αὐτὸν
ἄγγελος κυρίου ἀνθ᾽ ὧν οὐκ ἔδωκεν τὴν δόξαν τῷ θεῷ, ...

Acts 13,9 Σαῦλος δέ, ὁ καὶ Παῦλος, πλησθεὶς πνεύματος ἁγίου ἀτενίσας
εἰς αὐτὸν
[10] εἶπεν·

Acts 13,11 ... παραχρῆμά τε ἔπεσεν
ἐπ᾽ αὐτὸν
ἀχλὺς καὶ σκότος ...

Acts 13,22 καὶ μεταστήσας
αὐτὸν
ἤγειρεν τὸν Δαυὶδ αὐτοῖς εἰς βασιλέα ...

Acts 13,28 καὶ μηδεμίαν αἰτίαν θανάτου εὑρόντες ᾐτήσαντο Πιλᾶτον ἀναιρεθῆναι
→ Lk 23,4
→ Lk 23,14
→ **Lk 23,22-23**
αὐτόν.

Acts 13,30 ὁ δὲ θεὸς ἤγειρεν
αὐτὸν
ἐκ νεκρῶν

Acts 13,34 ὅτι δὲ ἀνέστησεν
αὐτὸν
ἐκ νεκρῶν μηκέτι μέλλοντα ὑποστρέφειν εἰς διαφθοράν, ...

Acts 13,46 ... ὑμῖν ἦν ἀναγκαῖον πρῶτον λαληθῆναι τὸν λόγον τοῦ θεοῦ· ἐπειδὴ ἀπωθεῖσθε
αὐτὸν
καὶ οὐκ ἀξίους κρίνετε ἑαυτοὺς τῆς αἰωνίου ζωῆς, ἰδοὺ στρεφόμεθα εἰς τὰ ἔθνη.

Acts 14,17 καίτοι οὐκ ἀμάρτυρον
αὐτὸν
ἀφῆκεν ἀγαθουργῶν, ...

Acts 14,19 ... καὶ πείσαντες τοὺς ὄχλους καὶ λιθάσαντες τὸν Παῦλον ἔσυρον ἔξω τῆς πόλεως νομίζοντες
αὐτὸν
τεθνηκέναι.

Acts 14,20 κυκλωσάντων δὲ τῶν μαθητῶν
αὐτὸν
ἀναστὰς εἰσῆλθεν εἰς τὴν πόλιν. ...

Acts 15,21 Μωϋσῆς γὰρ ἐκ γενεῶν ἀρχαίων κατὰ πόλιν τοὺς κηρύσσοντας
αὐτὸν
ἔχει ἐν ταῖς συναγωγαῖς κατὰ πᾶν σάββατον ἀναγινωσκόμενος.

Acts 16,3 τοῦτον ἠθέλησεν ὁ Παῦλος σὺν αὐτῷ ἐξελθεῖν, καὶ λαβὼν περιέτεμεν
αὐτὸν
διὰ τοὺς Ἰουδαίους ...

Acts 16,9 ... ἀνὴρ Μακεδών τις ἦν ἑστὼς καὶ παρακαλῶν
αὐτὸν
καὶ λέγων· διαβὰς εἰς Μακεδονίαν βοήθησον ἡμῖν.

Acts 17,15 ... καὶ λαβόντες ἐντολὴν πρὸς τὸν Σιλᾶν καὶ τὸν Τιμόθεον ἵνα ὡς τάχιστα ἔλθωσιν
πρὸς αὐτὸν
ἐξῄεσαν.

Acts 17,27 ζητεῖν τὸν θεόν, εἰ ἄρα γε ψηλαφήσειαν
αὐτὸν
καὶ εὕροιεν, ...

Acts 17,31 καθότι ἔστησεν ἡμέραν ἐν ᾗ μέλλει κρίνειν τὴν οἰκουμένην ἐν δικαιοσύνῃ, ἐν ἀνδρὶ ᾧ ὥρισεν, πίστιν παρασχὼν πᾶσιν ἀναστήσας
αὐτὸν
ἐκ νεκρῶν.

Acts 18,12 ... κατεπέστησαν ὁμοθυμαδὸν οἱ Ἰουδαῖοι τῷ Παύλῳ καὶ ἤγαγον
αὐτὸν
ἐπὶ τὸ βῆμα

Acts 18,26 ... ἀκούσαντες δὲ αὐτοῦ Πρίσκιλλα καὶ Ἀκύλας προσελάβοντο
αὐτὸν
καὶ ἀκριβέστερον αὐτῷ ἐξέθεντο τὴν ὁδὸν [τοῦ θεοῦ].

Acts 18,27 ... προτρεψάμενοι οἱ ἀδελφοὶ ἔγραψαν τοῖς μαθηταῖς ἀποδέξασθαι
αὐτόν, ...

a **Acts 19,2** ... οἱ δὲ
verbum dicendi omitted.
πρὸς αὐτόν·
ἀλλ' οὐδ' εἰ πνεῦμα ἅγιον ἔστιν ἠκούσαμεν.

Acts 19,4 ... Ἰωάννης ἐβάπτισεν βάπτισμα μετανοίας τῷ λαῷ λέγων εἰς τὸν ἐρχόμενον
→ Mt 3,11
→ Mk 1,8
→ Lk 3,16
→ Acts 1,5
→ Acts 11,16
μετ' αὐτὸν
ἵνα πιστεύσωσιν, τοῦτ' ἔστιν εἰς τὸν Ἰησοῦν.

Acts 19,30 Παύλου δὲ βουλομένου εἰσελθεῖν εἰς τὸν δῆμον οὐκ εἴων
αὐτὸν
οἱ μαθηταί·

Acts 19,31 τινὲς δὲ καὶ τῶν Ἀσιαρχῶν, ὄντες αὐτῷ φίλοι, πέμψαντες
πρὸς αὐτὸν
παρεκάλουν μὴ δοῦναι ἑαυτὸν εἰς τὸ θέατρον.

Acts 19,33 ἐκ δὲ τοῦ ὄχλου συνεβίβασαν Ἀλέξανδρον, προβαλόντων
αὐτὸν
τῶν Ἰουδαίων· ...

Acts 20,14 ὡς δὲ συνέβαλλεν ἡμῖν εἰς τὴν ˆἌσσον, ἀναλαβόντες
αὐτὸν
ἤλθομεν εἰς Μιτυλήνην

Acts 20,18 ὡς δὲ παρεγένοντο
πρὸς αὐτὸν
εἶπεν αὐτοῖς· ...

Acts 20,37 ... ἐπιπεσόντες ἐπὶ τὸν τράχηλον τοῦ Παύλου κατεφίλουν
αὐτόν,

Acts 20,38 ... προέπεμπον δὲ
αὐτὸν
εἰς τὸ πλοῖον.

Acts 21,12 ὡς δὲ ἠκούσαμεν ταῦτα, παρεκαλοῦμεν ἡμεῖς τε καὶ οἱ ἐντόπιοι τοῦ μὴ ἀναβαίνειν
αὐτὸν
εἰς Ἰερουσαλήμ.

Acts 21,27 (2) ὡς δὲ ἔμελλον αἱ ἑπτὰ ἡμέραι συντελεῖσθαι, οἱ ἀπὸ τῆς Ἀσίας Ἰουδαῖοι θεασάμενοι
αὐτὸν
ἐν τῷ ἱερῷ συνέχεον πάντα τὸν ὄχλον
καὶ ἐπέβαλον
ἐπ' αὐτὸν
τὰς χεῖρας

Acts 21,30 ... καὶ ἐπιλαβόμενοι τοῦ Παύλου εἷλκον
αὐτὸν
ἔξω τοῦ ἱεροῦ, καὶ εὐθέως ἐκλείσθησαν αἱ θύραι.

Acts 21,31 ζητούντων τε
αὐτὸν
ἀποκτεῖναι ἀνέβη φάσις τῷ χιλιάρχῳ τῆς σπείρης ὅτι ὅλη συγχύννεται Ἰερουσαλήμ.

Acts 21,34 ... μὴ δυναμένου δὲ αὐτοῦ γνῶναι τὸ ἀσφαλὲς διὰ τὸν θόρυβον ἐκέλευσεν ἄγεσθαι
αὐτὸν
εἰς τὴν παρεμβολήν.

Acts 21,35 ὅτε δὲ ἐγένετο ἐπὶ τοὺς ἀναβαθμούς, συνέβη βαστάζεσθαι
αὐτὸν
ὑπὸ τῶν στρατιωτῶν διὰ τὴν βίαν τοῦ ὄχλου,

Acts 21,36 ἠκολούθει γὰρ τὸ πλῆθος τοῦ λαοῦ κράζοντες· αἶρε
αὐτόν.

Acts 22,13 ... Σαοὺλ ἀδελφέ, ἀνάβλεψον. κἀγὼ αὐτῇ τῇ ὥρᾳ ἀνέβλεψα
εἰς αὐτόν.

Acts 22,18 καὶ ἰδεῖν
αὐτὸν
λέγοντά μοι· σπεῦσον καὶ ἔξελθε ἐν τάχει ἐξ Ἰερουσαλήμ, ...

Acts 22,20 ... καὶ συνευδοκῶν καὶ φυλάσσων τὰ ἱμάτια τῶν ἀναιρούντων
αὐτόν.

Acts 22,22 ... αἶρε ἀπὸ τῆς γῆς τὸν τοιοῦτον, οὐ γὰρ καθῆκεν
αὐτὸν
ζῆν.

Acts 22,24 (2) ἐκέλευσεν ὁ χιλίαρχος εἰσάγεσθαι
αὐτὸν
εἰς τὴν παρεμβολήν,
εἴπας μάστιξιν ἀνετάζεσθαι
αὐτὸν
ἵνα ἐπιγνῷ δι' ἣν αἰτίαν οὕτως ἐπεφώνουν αὐτῷ.

Acts 22,25 ὡς δὲ προέτειναν
αὐτὸν
τοῖς ἱμᾶσιν, εἶπεν πρὸς τὸν ἑστῶτα ἑκατόνταρχον ὁ Παῦλος· ...

Acts 22,29 (2) εὐθέως οὖν ἀπέστησαν ἀπ' αὐτοῦ οἱ μέλλοντες
αὐτὸν
ἀνετάζειν,
καὶ ὁ χιλίαρχος δὲ ἐφοβήθη ἐπιγνοὺς ὅτι Ῥωμαῖός ἐστιν καὶ ὅτι
αὐτὸν
ἦν δεδεκώς.

Acts 22,30 ... ἔλυσεν
αὐτὸν
καὶ ἐκέλευσεν συνελθεῖν τοὺς ἀρχιερεῖς καὶ πᾶν τὸ συνέδριον, ...

a **Acts 23,3** τότε ὁ Παῦλος
πρὸς αὐτὸν
εἶπεν· τύπτειν σε μέλλει ὁ θεός, τοῖχε κεκονιαμένε· ...

Acts 23,10 ... ἐκέλευσεν τὸ στράτευμα καταβὰν ἁρπάσαι
αὐτὸν
ἐκ μέσου αὐτῶν ἄγειν τε εἰς τὴν παρεμβολήν.

Acts 23,15 (3) νῦν οὖν ὑμεῖς ἐμφανίσατε τῷ χιλιάρχῳ σὺν τῷ συνεδρίῳ ὅπως καταγάγῃ
αὐτὸν
εἰς ὑμᾶς ὡς μέλλοντας διαγινώσκειν ἀκριβέστερον τὰ περὶ αὐτοῦ·
ἡμεῖς δὲ πρὸ τοῦ ἐγγίσαι
αὐτὸν
ἕτοιμοί ἐσμεν
τοῦ ἀνελεῖν
αὐτόν.

Acts 23,18 ὁ μὲν οὖν παραλαβὼν
αὐτὸν
ἤγαγεν πρὸς τὸν χιλίαρχον ...

Acts 23,21 (2) σὺ οὖν μὴ πεισθῇς αὐτοῖς· ἐνεδρεύουσιν γὰρ
αὐτὸν
ἐξ αὐτῶν ἄνδρες πλείους τεσσεράκοντα,
οἵτινες ἀνεθεμάτισαν ἑαυτοὺς μήτε φαγεῖν μήτε πιεῖν ἕως οὗ ἀνέλωσιν
αὐτόν, ...

Acts 23,30 ... ἔπεμψα πρὸς σέ παραγγείλας καὶ τοῖς κατηγόροις λέγειν [τὰ]
πρὸς αὐτὸν
ἐπὶ σοῦ.

Acts 23,35 ... κελεύσας ἐν τῷ πραιτωρίῳ τοῦ Ἡρῴδου φυλάσσεσθαι
αὐτόν.

Acts 24,23 διαταξάμενος τῷ ἑκατοντάρχῃ τηρεῖσθαι
αὐτὸν
ἔχειν τε ἄνεσιν ...

Acts 24,26 ... διὸ καὶ πυκνότερον
αὐτὸν
μεταπεμπόμενος ὡμίλει αὐτῷ.

Acts 25,2 ἐνεφάνισάν τε αὐτῷ οἱ ἀρχιερεῖς καὶ οἱ πρῶτοι τῶν Ἰουδαίων κατὰ τοῦ Παύλου καὶ παρεκάλουν
αὐτὸν

Acts 25,3 (2) αἰτούμενοι χάριν κατ᾽ αὐτοῦ ὅπως μεταπέμψηται
αὐτὸν
εἰς Ἰερουσαλήμ,
ἐνέδραν ποιοῦντες ἀνελεῖν
αὐτὸν
κατὰ τὴν ὁδόν.

Acts 25,7 παραγενομένου δὲ αὐτοῦ περιέστησαν
αὐτὸν
οἱ ἀπὸ Ἱεροσολύμων καταβεβηκότες Ἰουδαῖοι ...

Acts 25,19 ζητήματα δέ τινα περὶ τῆς ἰδίας δεισιδαιμονίας εἶχον
πρὸς αὐτὸν ...

Acts 25,21 (3) τοῦ δὲ Παύλου ἐπικαλεσαμένου τηρηθῆναι
αὐτὸν
εἰς τὴν τοῦ Σεβαστοῦ διάγνωσιν, ↔

Acts 25,21 (3) (continued) ↔ ἐκέλευσα τηρεῖσθαι
αὐτὸν
ἕως οὗ ἀναπέμψω
αὐτὸν
πρὸς Καίσαρα.

Acts 25,24 ... θεωρεῖτε τοῦτον περὶ οὗ ἅπαν τὸ πλῆθος τῶν Ἰουδαίων ἐνέτυχόν μοι ἔν τε Ἱεροσολύμοις καὶ ἐνθάδε βοῶντες μὴ δεῖν
αὐτὸν
ζῆν μηκέτι.

Acts 25,25 ἐγὼ δὲ κατελαβόμην μηδὲν ἄξιον
αὐτὸν
θανάτου πεπραχέναι, ...

Acts 25,26 ... διὸ προήγαγον
αὐτὸν
ἐφ᾽ ὑμῶν καὶ μάλιστα ἐπὶ σοῦ, βασιλεῦ Ἀγρίππα, ...

Acts 26,26 ... λανθάνειν γὰρ
αὐτὸν
[τι] τούτων οὐ πείθομαι οὐθέν· ...

Acts 28,6 (3) οἱ δὲ προσεδόκων
αὐτὸν
μέλλειν πίμπρασθαι ἢ καταπίπτειν ἄφνω νεκρόν.
ἐπὶ πολὺ δὲ αὐτῶν προσδοκώντων καὶ θεωρούντων μηδὲν ἄτοπον
εἰς αὐτὸν
γινόμενον
μεταβαλόμενοι ↔

Acts 28,6 (3) (continued) ↔ ἔλεγον
αὐτὸν
εἶναι θεόν.

Acts 28,8 ... καὶ προσευξάμενος ἐπιθεὶς τὰς χεῖρας αὐτῷ ἰάσατο
αὐτόν.

Acts 28,16 ὅτε δὲ εἰσήλθομεν εἰς Ῥώμην, ἐπετράπη τῷ Παύλῳ μένειν καθ᾽ ἑαυτὸν σὺν τῷ φυλάσσοντι
αὐτὸν
στρατιώτῃ.

Acts 28,17 ἐγένετο δὲ μετὰ ἡμέρας τρεῖς συγκαλέσασθαι
αὐτὸν
τοὺς ὄντας τῶν Ἰουδαίων πρώτους· ...

a **Acts 28,21** οἱ δὲ
πρὸς αὐτὸν
εἶπαν· ἡμεῖς οὔτε γράμματα περὶ σοῦ ἐδεξάμεθα ἀπὸ τῆς Ἰουδαίας ...

Acts 28,23 ταξάμενοι δὲ αὐτῷ ἡμέραν ἦλθον
πρὸς αὐτὸν
εἰς τὴν ξενίαν πλείονες ...

Acts 28,30 ... καὶ ἀπεδέχετο πάντας τοὺς εἰσπορευομένους
πρὸς αὐτόν

αὐτήν

Syn 72	Mt 26	Mk 17	Lk 29	Acts 14	Jn 14	1-3John 1	Paul 9	Eph 2	Col 1
NT 138	2Thess	1/2Tim	Tit	Heb 5	Jas	1Pet 3	2Pet	Jude	Rev 17

feminine singular accusative of αὐτός

	triple tradition																	double tradition			Sondergut		
		+Mt / +Lk			–Mt / –Lk			traditions not taken over by Mt / Lk							subtotals								
code	*222*	*211*	*112*	*212*	*221*	*122*	*121*	*022*	*012*	*021*	*220*	*120*	*210*	*020*	Σ$^+$	Σ$^-$	Σ	*202*	*201*	*102*	*200*	*002*	total
Mt	4	2$^+$				2$^-$	3$^-$				1	6$^-$	2$^+$		4$^+$	11$^-$	9	5	5		7		**26**
Mk	4					2	3				1	6		1			17						**17**
Lk	4		2$^+$			2	3$^-$								2$^+$	3$^-$	8	5		4		12	**29**

a πρὸς αὐτήν and verbum dicendi

002		**Lk 1,28**	καὶ εἰσελθὼν **πρὸς αὐτὴν** εἶπεν· χαῖρε, κεχαριτωμένη, ὁ κύριος μετὰ σοῦ.

200 200	**Mt 1,19** **(2)**	Ἰωσὴφ δὲ ὁ ἀνὴρ αὐτῆς, δίκαιος ὢν καὶ μὴ θέλων **αὐτὴν** δειγματίσαι, ἐβουλήθη λάθρᾳ ἀπολῦσαι **αὐτήν.**					
200	**Mt 1,25**	καὶ οὐκ ἐγίνωσκεν **αὐτὴν** ἕως οὗ ἔτεκεν υἱόν· ...					
002					**Lk 1,57**	τῇ δὲ Ἐλισάβετ ἐπλήσθη ὁ χρόνος τοῦ τεκεῖν **αὐτὴν** καὶ ἐγέννησεν υἱόν.	
a 002					**Lk 1,61**	καὶ εἶπαν **πρὸς αὐτὴν** ὅτι οὐδείς ἐστιν ἐκ τῆς συγγενείας σου ὃς καλεῖται τῷ ὀνόματι τούτῳ.	
002					**Lk 2,6**	... ἐκεῖ ἐπλήσθησαν αἱ ἡμέραι τοῦ τεκεῖν **αὐτήν**	
102	**Mt 4,9**	... ταῦτά σοι πάντα δώσω, ἐὰν πεσὼν προσκυνήσῃς μοι.			**Lk 4,6**	... σοὶ δώσω τὴν ἐξουσίαν ταύτην ἅπασαν καὶ τὴν δόξαν αὐτῶν, ὅτι ἐμοὶ παραδέδοται καὶ ᾧ ἐὰν θέλω δίδωμι **αὐτήν·** [7] σὺ οὖν ἐὰν προσκυνήσῃς ἐνώπιον ἐμοῦ, ἔσται σοῦ πᾶσα.	
200 200	**Mt 5,28** **(2)**	... πᾶς ὁ βλέπων γυναῖκα πρὸς τὸ ἐπιθυμῆσαι **αὐτὴν** ἤδη ἐμοίχευσεν **αὐτὴν** ἐν τῇ καρδίᾳ αὐτοῦ.					
200	**Mt 5,30** ⇨ Mt 18,8	καὶ εἰ ἡ δεξιά σου χεὶρ σκανδαλίζει σε, ἔκκοψον **αὐτὴν** καὶ βάλε ἀπὸ σοῦ· ...	**Mk 9,43**	καὶ ἐὰν σκανδαλίζῃ σε ἡ χείρ σου, ἀπόκοψον **αὐτήν·** ...			
201	**Mt 5,32** ⇩ Mt 19,9	... πᾶς ὁ ἀπολύων τὴν γυναῖκα αὐτοῦ παρεκτὸς λόγου πορνείας ποιεῖ **αὐτὴν** μοιχευθῆναι, καὶ ὃς ἐὰν ἀπολελυμένην γαμήσῃ, μοιχᾶται.	**Mk 10,11**	... ὃς ἂν ἀπολύσῃ τὴν γυναῖκα αὐτοῦ καὶ γαμήσῃ ἄλλην μοιχᾶται **ἐπ᾽ αὐτήν·** [12] καὶ ἐὰν αὐτὴ ἀπολύσασα τὸν ἄνδρα αὐτῆς γαμήσῃ ἄλλον μοιχᾶται.	**Lk 16,18**	πᾶς ὁ ἀπολύων τὴν γυναῖκα αὐτοῦ καὶ γαμῶν ἑτέραν μοιχεύει, καὶ ὁ ἀπολελυμένην ἀπὸ ἀνδρὸς γαμῶν μοιχεύει.	→ 1Cor 7,10-11 Mk Q overlap
201	**Mt 7,14** → Lk 13,23	[13] εἰσέλθατε διὰ τῆς στενῆς πύλης· ... [14] τί στενὴ ἡ πύλη καὶ τεθλιμμένη ἡ ὁδὸς ἡ ἀπάγουσα εἰς τὴν ζωὴν καὶ ὀλίγοι εἰσὶν οἱ εὑρίσκοντες **αὐτήν.**			**Lk 13,24**	ἀγωνίζεσθε εἰσελθεῖν διὰ τῆς στενῆς θύρας, ὅτι πολλοί, λέγω ὑμῖν, ζητήσουσιν εἰσελθεῖν καὶ οὐκ ἰσχύσουσιν.	

121 222	**Mt 8,15**	καὶ ἥψατο τῆς χειρὸς αὐτῆς, καὶ ἀφῆκεν **αὐτὴν** ὁ πυρετός, καὶ ἠγέρθη καὶ διηκόνει αὐτῷ.	**Mk 1,31** (2)	καὶ προσελθὼν ἤγειρεν **αὐτὴν** κρατήσας τῆς χειρός· καὶ ἀφῆκεν **αὐτὴν** ὁ πυρετός, καὶ διηκόνει αὐτοῖς.	**Lk 4,39**	καὶ ἐπιστὰς ἐπάνω αὐτῆς ἐπετίμησεν τῷ πυρετῷ· καὶ ἀφῆκεν **αὐτήν·** παραχρῆμα δὲ ἀναστᾶσα διηκόνει αὐτοῖς.	
     102 102	**Mt 7,25**	καὶ κατέβη ἡ βροχὴ καὶ ἦλθον οἱ ποταμοὶ καὶ ἔπνευσαν οἱ ἄνεμοι καὶ προσέπεσαν τῇ οἰκίᾳ ἐκείνῃ, καὶ οὐκ ἔπεσεν, τεθεμελίωτο γὰρ ἐπὶ τὴν πέτραν.			**Lk 6,48** (2)	... πλημμύρης δὲ γενομένης προσέρηξεν ὁ ποταμὸς τῇ οἰκίᾳ ἐκείνῃ, καὶ οὐκ ἴσχυσεν σαλεῦσαι **αὐτὴν** διὰ τὸ καλῶς οἰκοδομῆσθαι **αὐτήν.**	
      211	**Mt 9,18**	 ... λέγων ὅτι ἡ θυγάτηρ μου ἄρτι ἐτελεύτησεν· ἀλλὰ ἐλθὼν ἐπίθες τὴν χεῖρά σου **ἐπ' αὐτήν,** καὶ ζήσεται.	**Mk 5,23**	καὶ παρακαλεῖ αὐτὸν πολλὰ λέγων ὅτι τὸ θυγάτριόν μου ἐσχάτως ἔχει, ἵνα ἐλθὼν ἐπιθῇς τὰς χεῖρας **αὐτῇ** ἵνα σωθῇ καὶ ζήσῃ.	**Lk 8,42** → Mk 5,42	[41] ... παρεκάλει αὐτὸν εἰσελθεῖν εἰς τὸν οἶκον αὐτοῦ, [42] ὅτι θυγάτηρ μονογενὴς ἦν αὐτῷ ὡς ἐτῶν δώδεκα καὶ αὐτὴ ἀπέθνῃσκεν. ...	
  211	**Mt 9,22**	ὁ δὲ Ἰησοῦς στραφεὶς καὶ ἰδὼν **αὐτὴν** εἶπεν· θάρσει, θύγατερ· ἡ πίστις σου σέσωκέν σε. ...	**Mk 5,34**	ὁ δὲ εἶπεν **αὐτῇ·** θυγάτηρ, ἡ πίστις σου σέσωκέν σε· ...	**Lk 8,48**	ὁ δὲ εἶπεν **αὐτῇ·** θυγάτηρ, ἡ πίστις σου σέσωκέν σε· ...	
   201	**Mt 10,12**	εἰσερχόμενοι δὲ εἰς τὴν οἰκίαν ἀσπάσασθε **αὐτήν·**			**Lk 10,5** ⇩ Lk 9,4	εἰς ἣν δ' ἂν εἰσέλθητε οἰκίαν, πρῶτον λέγετε· εἰρήνη **τῷ οἴκῳ τούτῳ.** [6] ... [7] ἐν αὐτῇ δὲ τῇ οἰκίᾳ μένετε, ...	Mk-Q overlap
	Mt 10,11 ⇨ Lk 10,8	εἰς ἣν δ' ἂν πόλιν ἢ κώμην εἰσέλθητε, ... κἀκεῖ μείνατε ἕως ἂν ἐξέλθητε.	**Mk 6,10**	... ὅπου ἐὰν εἰσέλθητε εἰς οἰκίαν, ἐκεῖ μένετε ἕως ἂν ἐξέλθητε ἐκεῖθεν.	**Lk 9,4** ⇧ Lk 10,5	καὶ εἰς ἣν ἂν οἰκίαν εἰσέλθητε, ἐκεῖ μένετε καὶ ἐκεῖθεν ἐξέρχεσθε.	→ GTh 14,4
   201	**Mt 10,13**	καὶ ἐὰν μὲν ᾖ ἡ οἰκία ἀξία, ἐλθάτω ἡ εἰρήνη ὑμῶν **ἐπ' αὐτήν,** ἐὰν δὲ μὴ ᾖ ἀξία, ἡ εἰρήνη ὑμῶν πρὸς ὑμᾶς ἐπιστραφήτω.			**Lk 10,6**	καὶ ἐὰν ἐκεῖ ᾖ υἱὸς εἰρήνης, ἐπαναπαήσεται **ἐπ' αὐτὸν** ἡ εἰρήνη ὑμῶν· εἰ δὲ μή γε, ἐφ' ὑμᾶς ἀνακάμψει.	
   202 202	**Mt 10,39** (2) ⇩ Mt 16,25	ὁ εὑρὼν τὴν ψυχὴν αὐτοῦ ἀπολέσει **αὐτήν,** καὶ ὁ ἀπολέσας τὴν ψυχὴν αὐτοῦ ἕνεκεν ἐμοῦ εὑρήσει **αὐτήν.**	**Mk 8,35** (2)	ὃς γὰρ ἐὰν θέλῃ τὴν ψυχὴν αὐτοῦ σῶσαι ἀπολέσει **αὐτήν·** ὃς δ' ἂν ἀπολέσει τὴν ψυχὴν αὐτοῦ ἕνεκεν ἐμοῦ καὶ τοῦ εὐαγγελίου σώσει **αὐτήν.**	**Lk 17,33** (2) ⇩ Lk 9,24	ὃς ἐὰν ζητήσῃ τὴν ψυχὴν αὐτοῦ περιποιήσασθαι ἀπολέσει **αὐτήν,** ὃς δ' ἂν ἀπολέσῃ ζῳογονήσει **αὐτήν.**	→ Jn 12,25 Mk-Q overlap → Jn 12,25
002					**Lk 7,13**	καὶ ἰδὼν **αὐτὴν** ὁ κύριος ἐσπλαγχνίσθη ἐπ' αὐτῇ ...	

202	Mt 11,12	ἀπὸ δὲ τῶν ἡμερῶν Ἰωάννου τοῦ βαπτιστοῦ ἕως ἄρτι ἡ βασιλεία τῶν οὐρανῶν βιάζεται καὶ βιασταὶ ἁρπάζουσιν **αὐτήν**.			Lk 16,16 → Mt 22,9 → Lk 14,23	... ἀπὸ τότε ἡ βασιλεία τοῦ θεοῦ εὐαγγελίζεται καὶ πᾶς **εἰς αὐτὴν** βιάζεται.	
202	Mt 12,41 → Mt 12,6	ἄνδρες Νινευῖται ἀναστήσονται ἐν τῇ κρίσει μετὰ τῆς γενεᾶς ταύτης καὶ κατακρινοῦσιν **αὐτήν**, ὅτι μετενόησαν εἰς τὸ κήρυγμα Ἰωνᾶ, καὶ ἰδοὺ πλεῖον Ἰωνᾶ ὧδε.			Lk 11,32	ἄνδρες Νινευῖται ἀναστήσονται ἐν τῇ κρίσει μετὰ τῆς γενεᾶς ταύτης καὶ κατακρινοῦσιν **αὐτήν**· ὅτι μετενόησαν εἰς τὸ κήρυγμα Ἰωνᾶ, καὶ ἰδοὺ πλεῖον Ἰωνᾶ ὧδε.	
201	Mt 12,42 → Mt 12,6	βασίλισσα νότου ἐγερθήσεται ἐν τῇ κρίσει μετὰ τῆς γενεᾶς ταύτης καὶ κατακρινεῖ **αὐτήν**, ὅτι ἦλθεν ἐκ τῶν περάτων τῆς γῆς ἀκοῦσαι τὴν σοφίαν Σολομῶνος, καὶ ἰδοὺ πλεῖον Σολομῶνος ὧδε.			Lk 11,31	βασίλισσα νότου ἐγερθήσεται ἐν τῇ κρίσει μετὰ τῶν ἀνδρῶν τῆς γενεᾶς ταύτης καὶ κατακρινεῖ **αὐτούς**, ὅτι ἦλθεν ἐκ τῶν περάτων τῆς γῆς ἀκοῦσαι τὴν σοφίαν Σολομῶνος, καὶ ἰδοὺ πλεῖον Σολομῶνος ὧδε.	
020	Mt 13,31	... ὁμοία ἐστὶν ἡ βασιλεία τῶν οὐρανῶν κόκκῳ σινάπεως, ...	Mk 4,30	... πῶς ὁμοιώσωμεν τὴν βασιλείαν τοῦ θεοῦ ἢ ἐν τίνι **αὐτὴν** παραβολῇ θῶμεν; [31] ὡς κόκκῳ σινάπεως, ...	Lk 13,18	... τίνι ὁμοία ἐστὶν ἡ βασιλεία τοῦ θεοῦ καὶ τίνι ὁμοιώσω **αὐτήν**; [19] ὁμοία ἐστὶν κόκκῳ σινάπεως, ...	→ GTh 20 Mk-Q overlap
112	Mt 9,23	... καὶ ἰδὼν τοὺς αὐλητὰς καὶ τὸν ὄχλον θορυβούμενον	Mk 5,38	... καὶ θεωρεῖ θόρυβον καὶ κλαίοντας καὶ ἀλαλάζοντας πολλά	Lk 8,52	ἔκλαιον δὲ πάντες καὶ ἐκόπτοντο **αὐτήν**. ...	
121	Mt 14,3	ὁ γὰρ Ἡρῴδης κρατήσας τὸν Ἰωάννην ἔδησεν [αὐτὸν] καὶ ἐν φυλακῇ ἀπέθετο διὰ Ἡρῳδιάδα τὴν γυναῖκα Φιλίππου τοῦ ἀδελφοῦ αὐτοῦ·	Mk 6,17	αὐτὸς γὰρ ὁ Ἡρῴδης ἀποστείλας ἐκράτησεν τὸν Ἰωάννην καὶ ἔδησεν αὐτὸν ἐν φυλακῇ διὰ Ἡρῳδιάδα τὴν γυναῖκα Φιλίππου τοῦ ἀδελφοῦ αὐτοῦ, ὅτι **αὐτὴν** ἐγάμησεν·	Lk 3,19 ↓ Mt 14,4 ↓ Mk 6,18	ὁ δὲ Ἡρῴδης ὁ τετραάρχης, ἐλεγχόμενος ὑπ' αὐτοῦ περὶ Ἡρῳδιάδος τῆς γυναικὸς τοῦ ἀδελφοῦ αὐτοῦ καὶ περὶ πάντων ὧν ἐποίησεν πονηρῶν ὁ Ἡρῴδης, [20] ... κατέκλεισεν τὸν Ἰωάννην ἐν φυλακῇ.	
210	Mt 14,4 ↑ Lk 3,19	ἔλεγεν γὰρ ὁ Ἰωάννης αὐτῷ· οὐκ ἔξεστίν σοι ἔχειν **αὐτήν**.	Mk 6,18 ↑ Lk 3,19	ἔλεγεν γὰρ ὁ Ἰωάννης τῷ Ἡρῴδῃ ὅτι οὐκ ἔξεστίν σοι ἔχειν **τὴν γυναῖκα τοῦ ἀδελφοῦ σου**.			
120	Mt 14,9	καὶ λυπηθεὶς ὁ βασιλεὺς διὰ τοὺς ὅρκους καὶ τοὺς συνανακειμένους ἐκέλευσεν δοθῆναι	Mk 6,26	καὶ περίλυπος γενόμενος ὁ βασιλεὺς διὰ τοὺς ὅρκους καὶ τοὺς ἀνακειμένους οὐκ ἠθέλησεν ἀθετῆσαι **αὐτήν**·			

120 120	**Mt 14,11**	καὶ ἠνέχθη ἡ κεφαλὴ αὐτοῦ ἐπὶ πίνακι καὶ ἐδόθη τῷ κορασίῳ, καὶ ἤνεγκεν τῇ μητρὶ αὐτῆς.	**Mk 6,28** **(2)**	καὶ ἤνεγκεν τὴν κεφαλὴν αὐτοῦ ἐπὶ πίνακι καὶ ἔδωκεν **αὐτὴν** τῷ κορασίῳ, καὶ τὸ κοράσιον ἔδωκεν **αὐτὴν** τῇ μητρὶ αὐτῆς.			
200	**Mt 15,23**	... καὶ προσελθόντες οἱ μαθηταὶ αὐτοῦ ἠρώτουν αὐτὸν λέγοντες· ἀπόλυσον **αὐτήν,** ὅτι κράζει ὄπισθεν ἡμῶν.					
222 222	**Mt 16,25** **(2)** ⇧ Mt 10,39	ὃς γὰρ ἐὰν θέλῃ τὴν ψυχὴν αὐτοῦ σῶσαι ἀπολέσει **αὐτήν·** ὃς δ᾽ ἂν ἀπολέσῃ τὴν ψυχὴν αὐτοῦ ἕνεκεν ἐμοῦ εὑρήσει **αὐτήν.**	**Mk 8,35** **(2)**	ὃς γὰρ ἐὰν θέλῃ τὴν ψυχὴν αὐτοῦ σῶσαι ἀπολέσει **αὐτήν·** ὃς δ᾽ ἂν ἀπολέσει τὴν ψυχὴν αὐτοῦ ἕνεκεν ἐμοῦ καὶ τοῦ εὐαγγελίου σώσει **αὐτήν.**	**Lk 9,24** **(2)** ⇩ Lk 17,33	ὃς γὰρ ἂν θέλῃ τὴν ψυχὴν αὐτοῦ σῶσαι ἀπολέσει **αὐτήν·** ὃς δ᾽ ἂν ἀπολέσῃ τὴν ψυχὴν αὐτοῦ ἕνεκεν ἐμοῦ, οὗτος σώσει **αὐτήν.**	→ Jn 12,25 Mk-Q overlap → Jn 12,25
120	**Mt 18,8** ⇧ Mt 5,30 → Mk 9,45	εἰ δὲ ἡ χείρ σου ἢ ὁ πούς σου σκανδαλίζει σε, ἔκκοψον **αὐτὸν** καὶ βάλε ἀπὸ σοῦ· ...	**Mk 9,43**	καὶ ἐὰν σκανδαλίζῃ σε ἡ χείρ σου, ἀπόκοψον **αὐτήν·** ...			
202	**Mt 12,41** → Mt 12,6	ἄνδρες Νινευῖται ἀναστήσονται ἐν τῇ κρίσει μετὰ τῆς γενεᾶς ταύτης καὶ κατακρινοῦσιν **αὐτήν,** ὅτι μετενόησαν εἰς τὸ κήρυγμα Ἰωνᾶ, καὶ ἰδοὺ πλεῖον Ἰωνᾶ ὧδε.			**Lk 11,32**	ἄνδρες Νινευῖται ἀναστήσονται ἐν τῇ κρίσει μετὰ τῆς γενεᾶς ταύτης καὶ κατακρινοῦσιν **αὐτήν·** ὅτι μετενόησαν εἰς τὸ κήρυγμα Ἰωνᾶ, καὶ ἰδοὺ πλεῖον Ἰωνᾶ ὧδε.	
002					**Lk 13,7**	... ἔκκοψον [οὖν] **αὐτήν,** ἱνατί καὶ τὴν γῆν καταργεῖ;	
002 002					**Lk 13,8** **(2)**	... κύριε, ἄφες **αὐτὴν** καὶ τοῦτο τὸ ἔτος, ἕως ὅτου σκάψω περὶ **αὐτὴν** καὶ βάλω κόπρια,	
002					**Lk 13,9**	κἂν μὲν ποιήσῃ καρπὸν εἰς τὸ μέλλον· εἰ δὲ μή γε, ἐκκόψεις **αὐτήν.**	
002					**Lk 13,12** → Mt 12,13 → Mk 3,5 → Lk 6,10	ἰδὼν δὲ **αὐτὴν** ὁ Ἰησοῦς προσεφώνησεν καὶ εἶπεν αὐτῇ· γύναι, ἀπολέλυσαι τῆς ἀσθενείας σου	
102	**Mt 13,31**	... ὁμοία ἐστὶν ἡ βασιλεία τῶν οὐρανῶν κόκκῳ σινάπεως, ...	**Mk 4,30**	... πῶς ὁμοιώσωμεν τὴν βασιλείαν τοῦ θεοῦ ἢ ἐν τίνι **αὐτὴν** παραβολῇ θῶμεν; [31] ὡς κόκκῳ σινάπεως, ...	**Lk 13,18**	... τίνι ὁμοία ἐστὶν ἡ βασιλεία τοῦ θεοῦ καὶ τίνι ὁμοιώσω **αὐτήν;** [19] ὁμοία ἐστὶν κόκκῳ σινάπεως, ...	→ GTh 20 Mk-Q overlap

202	Mt 23,37	Ἰερουσαλὴμ Ἰερουσαλήμ, ἡ ἀποκτείνουσα τοὺς προφήτας καὶ λιθοβολοῦσα τοὺς ἀπεσταλμένους πρὸς αὐτήν, ...			Lk 13,34	Ἰερουσαλὴμ Ἰερουσαλήμ, ἡ ἀποκτείνουσα τοὺς προφήτας καὶ λιθοβολοῦσα τοὺς ἀπεσταλμένους πρὸς αὐτήν, ...	
202	Mt 11,12	ἀπὸ δὲ τῶν ἡμερῶν Ἰωάννου τοῦ βαπτιστοῦ ἕως ἄρτι ἡ βασιλεία τῶν οὐρανῶν βιάζεται καὶ βιασταὶ ἁρπάζουσιν αὐτήν.			Lk 16,16 → Mt 22,9 → Lk 14,23	... ἀπὸ τότε ἡ βασιλεία τοῦ θεοῦ εὐαγγελίζεται καὶ πᾶς εἰς αὐτὴν βιάζεται.	
202 202	Mt 10,39 (2) ⇧ Mt 16,25	ὁ εὑρὼν τὴν ψυχὴν αὐτοῦ ἀπολέσει αὐτήν, καὶ ὁ ἀπολέσας τὴν ψυχὴν αὐτοῦ ἕνεκεν ἐμοῦ εὑρήσει αὐτήν.	Mk 8,35 (2)	ὃς γὰρ ἐὰν θέλῃ τὴν ψυχὴν αὐτοῦ σῶσαι ἀπολέσει αὐτήν· ὃς δ᾽ ἂν ἀπολέσει τὴν ψυχὴν αὐτοῦ ἕνεκεν ἐμοῦ καὶ τοῦ εὐαγγελίου σώσει αὐτήν.	Lk 17,33 (2) ⇧ Lk 9,24	ὃς ἐὰν ζητήσῃ τὴν ψυχὴν αὐτοῦ περιποιήσασθαι ἀπολέσει αὐτήν, ὃς δ᾽ ἂν ἀπολέσῃ ζῳογονήσει αὐτήν.	→ Jn 12,25 Mk-Q overlap
002					Lk 18,5	διά γε τὸ παρέχειν μοι κόπον τὴν χήραν ταύτην ἐκδικήσω αὐτήν, ἵνα μὴ εἰς τέλος ἐρχομένη ὑπωπιάζῃ με.	
210	Mt 19,7 → Mt 5,31	... τί οὖν Μωϋσῆς ἐνετείλατο δοῦναι βιβλίον ἀποστασίου καὶ ἀπολῦσαι [αὐτήν]; ➤ Deut 24,1.2	Mk 10,4	... ἐπέτρεψεν Μωϋσῆς βιβλίον ἀποστασίου γράψαι καὶ ἀπολῦσαι. ➤ Deut 24,1.2			
120	Mt 19,9 ⇧ Mt 5,32	... ὃς ἂν ἀπολύσῃ τὴν γυναῖκα αὐτοῦ μὴ ἐπὶ πορνείᾳ καὶ γαμήσῃ ἄλλην μοιχᾶται.	Mk 10,11	... ὃς ἂν ἀπολύσῃ τὴν γυναῖκα αὐτοῦ καὶ γαμήσῃ ἄλλην μοιχᾶται ἐπ᾽ αὐτήν· [12] καὶ ἐὰν αὐτὴ ἀπολύσασα τὸν ἄνδρα αὐτῆς γαμήσῃ ἄλλον μοιχᾶται.	Lk 16,18	πᾶς ὁ ἀπολύων τὴν γυναῖκα αὐτοῦ καὶ γαμῶν ἑτέραν μοιχεύει, καὶ ὁ ἀπολελυμένην ἀπὸ ἀνδρὸς γαμῶν μοιχεύει.	→ 1Cor 7,10-11 Mk-Q overlap
122	Mt 18,3	... ἐὰν μὴ στραφῆτε καὶ γένησθε ὡς τὰ παιδία, οὐ μὴ εἰσέλθητε εἰς τὴν βασιλείαν τῶν οὐρανῶν.	Mk 10,15	... ὃς ἂν μὴ δέξηται τὴν βασιλείαν τοῦ θεοῦ ὡς παιδίον, οὐ μὴ εἰσέλθῃ εἰς αὐτήν.	Lk 18,17	... ὃς ἂν μὴ δέξηται τὴν βασιλείαν τοῦ θεοῦ ὡς παιδίον, οὐ μὴ εἰσέλθῃ εἰς αὐτήν.	→ Jn 3,3 → GTh 22 → GTh 46
121	Mt 21,2	... πορεύεσθε εἰς τὴν κώμην τὴν κατέναντι ὑμῶν, καὶ εὐθέως εὑρήσετε ὄνον δεδεμένην καὶ πῶλον μετ᾽ αὐτῆς· ...	Mk 11,2	... ὑπάγετε εἰς τὴν κώμην τὴν κατέναντι ὑμῶν, καὶ εὐθὺς εἰσπορευόμενοι εἰς αὐτὴν εὑρήσετε πῶλον δεδεμένον ἐφ᾽ ὃν οὐδεὶς οὔπω ἀνθρώπων ἐκάθισεν· ...	Lk 19,30	... ὑπάγετε εἰς τὴν κατέναντι κώμην, ἐν ᾗ εἰσπορευόμενοι εὑρήσετε πῶλον δεδεμένον, ἐφ᾽ ὃν οὐδεὶς πώποτε ἀνθρώπων ἐκάθισεν, ...	
002					Lk 19,41	καὶ ὡς ἤγγισεν ἰδὼν τὴν πόλιν ἔκλαυσεν ἐπ᾽ αὐτὴν	

220	**Mt 21,19** → Lk 13,6	καὶ ἰδὼν συκῆν μίαν ἐπὶ τῆς ὁδοῦ ἦλθεν **ἐπ' αὐτὴν** καὶ οὐδὲν εὗρεν ἐν αὐτῇ εἰ μὴ φύλλα μόνον, ...	**Mk 11,13** → Lk 13,6	καὶ ἰδὼν συκῆν ἀπὸ μακρόθεν ἔχουσαν φύλλα ἦλθεν, εἰ ἄρα τι εὑρήσει ἐν αὐτῇ, καὶ ἐλθὼν **ἐπ' αὐτὴν** οὐδὲν εὗρεν εἰ μὴ φύλλα· ὁ γὰρ καιρὸς οὐκ ἦν σύκων.			
122	**Mt 22,26**	ὁμοίως καὶ ὁ δεύτερος καὶ ὁ τρίτος ἕως τῶν ἑπτά.	**Mk 12,21**	καὶ ὁ δεύτερος ἔλαβεν **αὐτὴν** καὶ ἀπέθανεν μὴ καταλιπὼν σπέρμα· καὶ ὁ τρίτος ὡσαύτως· [22] καὶ οἱ ἑπτὰ οὐκ ἀφῆκαν σπέρμα. ...	**Lk 20,31**	[30] καὶ ὁ δεύτερος [31] καὶ ὁ τρίτος ἔλαβεν **αὐτήν,** ὡσαύτως δὲ καὶ οἱ ἑπτὰ οὐ κατέλιπον τέκνα καὶ ἀπέθανον.	
222	**Mt 22,28**	ἐν τῇ ἀναστάσει οὖν τίνος τῶν ἑπτὰ ἔσται γυνή; πάντες γὰρ ἔσχον **αὐτήν·**	**Mk 12,23**	ἐν τῇ ἀναστάσει [ὅταν ἀναστῶσιν] τίνος αὐτῶν ἔσται γυνή; οἱ γὰρ ἑπτὰ ἔσχον **αὐτὴν** γυναῖκα.	**Lk 20,33**	ἡ γυνὴ οὖν ἐν τῇ ἀναστάσει τίνος αὐτῶν γίνεται γυνή; οἱ γὰρ ἑπτὰ ἔσχον **αὐτὴν** γυναῖκα.	
202	**Mt 23,37**	Ἰερουσαλὴμ Ἰερουσαλήμ, ἡ ἀποκτείνουσα τοὺς προφήτας καὶ λιθοβολοῦσα τοὺς ἀπεσταλμένους **πρὸς αὐτήν, ...**			**Lk 13,34**	Ἰερουσαλὴμ Ἰερουσαλήμ, ἡ ἀποκτείνουσα τοὺς προφήτας καὶ λιθοβολοῦσα τοὺς ἀπεσταλμένους **πρὸς αὐτήν, ...**	
112	**Mt 24,16**	τότε οἱ ἐν τῇ Ἰουδαίᾳ φευγέτωσαν εἰς τὰ ὄρη	**Mk 13,14**	... τότε οἱ ἐν τῇ Ἰουδαίᾳ φευγέτωσαν εἰς τὰ ὄρη	**Lk 21,21** → Lk 17,31	τότε οἱ ἐν τῇ Ἰουδαίᾳ φευγέτωσαν εἰς τὰ ὄρη καὶ οἱ ἐν μέσῳ αὐτῆς ἐκχωρείτωσαν καὶ οἱ ἐν ταῖς χώραις μὴ εἰσερχέσθωσαν **εἰς αὐτήν**	
120	**Mt 26,10**	γνοὺς δὲ ὁ Ἰησοῦς εἶπεν αὐτοῖς· τί κόπους παρέχετε τῇ γυναικί; ...	**Mk 14,6**	ὁ δὲ Ἰησοῦς εἶπεν· ἄφετε **αὐτήν·** τί αὐτῇ κόπους παρέχετε; ...			→ Jn 12,7

a **Acts 5,8** ἀπεκρίθη δὲ
πρὸς αὐτὴν
Πέτρος· εἰπέ μοι,
εἰ τοσούτου τὸ χωρίον
ἀπέδοσθε; ...

a **Acts 5,9** (verbum dicendi omitted.) ὁ δὲ Πέτρος
πρὸς αὐτήν·
τί ὅτι συνεφωνήθη ὑμῖν
πειράσαι τὸ πνεῦμα
κυρίου; ...

Acts 5,10 ... εἰσελθόντες δὲ
οἱ νεανίσκοι εὗρον
αὐτὴν
νεκρὰν καὶ ἐξενέγκαντες
ἔθαψαν πρὸς τὸν ἄνδρα
αὐτῆς

Acts 7,5 ... καὶ ἐπηγγείλατο
δοῦναι αὐτῷ
εἰς κατάσχεσιν
αὐτὴν
καὶ τῷ σπέρματι αὐτοῦ
μετ' αὐτόν, οὐκ ὄντος
αὐτῷ τέκνου.
➤ Gen 48,4

Acts 7,44 ἡ σκηνὴ τοῦ μαρτυρίου
ἦν τοῖς πατράσιν ἡμῶν
ἐν τῇ ἐρήμῳ καθὼς
διετάξατο ὁ λαλῶν
τῷ Μωϋσῇ ποιῆσαι
αὐτὴν
κατὰ τὸν τύπον
ὃν ἑωράκει·

Acts 9,37 (2) ἐγένετο δὲ ἐν ταῖς
ἡμέραις ἐκείναις
ἀσθενήσασαν
αὐτὴν
ἀποθανεῖν·
λούσαντες δὲ ἔθηκαν
[αὐτὴν]
ἐν ὑπερῴῳ.

Acts 9,41 (2) δοὺς δὲ αὐτῇ χεῖρα
ἀνέστησεν
αὐτήν·
φωνήσας δὲ τοὺς ἁγίους
καὶ τὰς χήρας
παρέστησεν
αὐτὴν
ζῶσαν.

a Acts 12,15	οἱ δὲ **πρὸς αὐτὴν** εἶπαν· μαίνῃ. ἡ δὲ διϊσχυρίζετο οὕτως ἔχειν. ...	Acts 21,3	ἀναφάναντες δὲ τὴν Κύπρον καὶ καταλιπόντες **αὐτὴν** εὐώνυμον ἐπλέομεν εἰς Συρίαν καὶ κατήλθομεν εἰς Τύρον· ...	Acts 27,32	τότε ἀπέκοψαν οἱ στρατιῶται τὰ σχοινία τῆς σκάφης καὶ εἴασαν **αὐτὴν** ἐκπεσεῖν.
Acts 15,16	... *καὶ τὰ κατεσκαμμένα αὐτῆς ἀνοικοδομήσω καὶ ἀνορθώσω* ***αὐτήν*** ➢ Jer 12,15; Amos 9,11 LXX	Acts 27,8	μόλις τε παραλεγόμενοι **αὐτὴν** ἤλθομεν εἰς τόπον τινὰ καλούμενον Καλοὺς λιμένας ...		

αὐτοί

	Syn	Mt	Mk	Lk	Acts	Jn	1-3John	Paul	Eph	Col
αὐτοί	31	10	2	19	12	9	1	17		
	NT	2Thess	1/2Tim	Tit	Heb	Jas	1Pet	2Pet	Jude	Rev
	86	1	1		6	2	2	1		3

masculine plural nominative of αὐτός

	triple tradition																	double tradition			Sondergut		
		+Mt / +Lk			–Mt / –Lk			traditions not taken over by Mt / Lk							subtotals								
code	*222*	*211*	*112*	*212*	*221*	*122*	*121*	*022*	*012*	*021*	*220*	*120*	*210*	*020*	Σ⁺	Σ⁻	Σ	*202*	*201*	*102*	*200*	*002*	total
Mt																		2	2		6		**10**
Mk														2			2						**2**
Lk			4⁺												4⁺		4	2		3		10	**19**

002					Lk 2,50	καὶ **αὐτοὶ** οὐ συνῆκαν τὸ ῥῆμα ὃ ἐλάλησεν αὐτοῖς.	
112	Mt 12,14 → Mt 26,4	ἐξελθόντες δὲ **οἱ Φαρισαῖοι** συμβούλιον ἔλαβον κατ' αὐτοῦ ὅπως αὐτὸν ἀπολέσωσιν.	Mk 3,6 → Mk 14,1	καὶ ἐξελθόντες **οἱ Φαρισαῖοι** εὐθὺς μετὰ τῶν Ἡρῳδιανῶν συμβούλιον ἐδίδουν κατ' αὐτοῦ ὅπως αὐτὸν ἀπολέσωσιν.	Lk 6,11 → Lk 4,28 → Lk 22,2	**αὐτοὶ** δὲ ἐπλήσθησαν ἀνοίας καὶ διελάλουν πρὸς ἀλλήλους τί ἂν ποιήσαιεν τῷ Ἰησοῦ.	
201	Mt 5,4	μακάριοι οἱ πενθοῦντες, ὅτι **αὐτοὶ** παρακληθήσονται.			Lk 6,21	... μακάριοι οἱ κλαίοντες νῦν, ὅτι γελάσετε.	
200	Mt 5,5	μακάριοι οἱ πραεῖς, ὅτι **αὐτοὶ** κληρονομήσουσιν τὴν γῆν.					
201	Mt 5,6	μακάριοι οἱ πεινῶντες καὶ διψῶντες τὴν δικαιοσύνην, ὅτι **αὐτοὶ** χορτασθήσονται.			Lk 6,21	μακάριοι οἱ πεινῶντες νῦν, ὅτι χορτασθήσεσθε. ...	→ GTh 69,2
200	Mt 5,7	μακάριοι οἱ ἐλεήμονες, ὅτι **αὐτοὶ** ἐλεηθήσονται.					
200	Mt 5,8	μακάριοι οἱ καθαροὶ τῇ καρδίᾳ, ὅτι **αὐτοὶ** τὸν θεὸν ὄψονται.					
200	Mt 5,9	μακάριοι οἱ εἰρηνοποιοί, ὅτι **αὐτοὶ** υἱοὶ θεοῦ κληθήσονται.					

020			**Mk 6,31**	καὶ λέγει αὐτοῖς· δεῦτε ὑμεῖς **αὐτοὶ** κατ' ἰδίαν εἰς ἔρημον τόπον καὶ ἀναπαύσασθε ὀλίγον. ...			
020			**Mk 7,36**	καὶ διεστείλατο αὐτοῖς ἵνα μηδενὶ λέγωσιν· ὅσον δὲ αὐτοῖς διεστέλλετο, **αὐτοὶ** μᾶλλον περισσότερον ἐκήρυσσον.			
112	**Mt 17,9**	... ἐνετείλατο **αὐτοῖς** ὁ Ἰησοῦς λέγων· μηδενὶ εἴπητε τὸ ὅραμα ἕως οὗ ὁ υἱὸς τοῦ ἀνθρώπου ἐκ νεκρῶν ἐγερθῇ.	**Mk 9,9**	... διεστείλατο **αὐτοῖς** ἵνα μηδενὶ ἃ εἶδον διηγήσωνται, εἰ μὴ ὅταν ὁ υἱὸς τοῦ ἀνθρώπου ἐκ νεκρῶν ἀναστῇ.	**Lk 9,36**	... καὶ **αὐτοὶ** ἐσίγησαν καὶ οὐδενὶ ἀπήγγειλαν ἐν ἐκείναις ταῖς ἡμέραις οὐδὲν ὧν ἑώρακαν.	
102	**Mt 6,12** → Mt 6,14 → Mk 11,25 → Mt 18,33	καὶ ἄφες ἡμῖν τὰ ὀφειλήματα ἡμῶν, ὡς καὶ **ἡμεῖς** ἀφήκαμεν τοῖς ὀφειλέταις ἡμῶν·			**Lk 11,4**	καὶ ἄφες ἡμῖν τὰς ἁμαρτίας ἡμῶν, καὶ γὰρ **αὐτοὶ** ἀφίομεν παντὶ ὀφείλοντι ἡμῖν· ...	
202	**Mt 12,27**	καὶ εἰ ἐγὼ ἐν Βεελζεβοὺλ ἐκβάλλω τὰ δαιμόνια, οἱ υἱοὶ ὑμῶν ἐν τίνι ἐκβάλλουσιν; διὰ τοῦτο **αὐτοὶ** κριταὶ ἔσονται ὑμῶν.			**Lk 11,19**	εἰ δὲ ἐγὼ ἐν Βεελζεβοὺλ ἐκβάλλω τὰ δαιμόνια, οἱ υἱοὶ ὑμῶν ἐν τίνι ἐκβάλλουσιν; διὰ τοῦτο **αὐτοὶ** ὑμῶν κριταὶ ἔσονται.	
200	**Mt 20,10**	καὶ ἐλθόντες οἱ πρῶτοι ἐνόμισαν ὅτι πλεῖον λήμψονται· καὶ ἔλαβον [τὸ] ἀνὰ δηνάριον καὶ **αὐτοί.**					
202	**Mt 23,4**	δεσμεύουσιν δὲ φορτία βαρέα [καὶ δυσβάστακτα] καὶ ἐπιτιθέασιν ἐπὶ τοὺς ὤμους τῶν ἀνθρώπων, **αὐτοὶ** δὲ τῷ δακτύλῳ αὐτῶν οὐ θέλουσιν κινῆσαι αὐτά.			**Lk 11,46**	... καὶ ὑμῖν τοῖς νομικοῖς οὐαί, ὅτι φορτίζετε τοὺς ἀνθρώπους φορτία δυσβάστακτα, καὶ **αὐτοὶ** ἑνὶ τῶν δακτύλων ὑμῶν οὐ προσψαύετε τοῖς φορτίοις.	
102	**Mt 23,32**	[31] ὥστε μαρτυρεῖτε ἑαυτοῖς ὅτι υἱοί ἐστε τῶν φονευσάντων τοὺς προφήτας. [32] καὶ ὑμεῖς πληρώσατε τὸ μέτρον τῶν πατέρων ὑμῶν.			**Lk 11,48**	ἄρα μάρτυρές ἐστε καὶ συνευδοκεῖτε τοῖς ἔργοις τῶν πατέρων ὑμῶν, ὅτι **αὐτοὶ** μὲν ἀπέκτειναν αὐτούς, ὑμεῖς δὲ οἰκοδομεῖτε.	
102	**Mt 23,13** → Mt 16,19	οὐαὶ δὲ ὑμῖν, γραμματεῖς καὶ Φαρισαῖοι ὑποκριταί, ὅτι κλείετε τὴν βασιλείαν τῶν οὐρανῶν ἔμπροσθεν τῶν ἀνθρώπων· **ὑμεῖς** γὰρ οὐκ εἰσέρχεσθε οὐδὲ τοὺς εἰσερχομένους ἀφίετε εἰσελθεῖν.			**Lk 11,52**	οὐαὶ ὑμῖν τοῖς νομικοῖς, ὅτι ἤρατε τὴν κλεῖδα τῆς γνώσεως· **αὐτοὶ** οὐκ εἰσήλθατε καὶ τοὺς εἰσερχομένους ἐκωλύσατε.	→ GTh 39,1-2 (POxy 655) → GTh 102

002					Lk 13,4	ἢ ἐκεῖνοι οἱ δεκαοκτὼ ἐφ' οὓς ἔπεσεν ὁ πύργος ἐν τῷ Σιλωὰμ καὶ ἀπέκτεινεν αὐτούς, δοκεῖτε ὅτι **αὐτοὶ** ὀφειλέται ἐγένοντο παρὰ πάντας τοὺς ἀνθρώπους τοὺς κατοικοῦντας Ἰερουσαλήμ;	
002					Lk 14,1 → Mt 12,9-10 → Mk 3,1-2 → Lk 6,6-7 → Lk 13,10	καὶ ἐγένετο ἐν τῷ ἐλθεῖν αὐτὸν εἰς οἶκόν τινος τῶν ἀρχόντων [τῶν] Φαρισαίων σαββάτῳ φαγεῖν ἄρτον καὶ **αὐτοὶ** ἦσαν παρατηρούμενοι αὐτόν.	
002					Lk 14,12	... μήποτε καὶ **αὐτοὶ** ἀντικαλέσωσίν σε καὶ γένηται ἀνταπόδομά σοι.	
002					Lk 16,28	ἔχω γὰρ πέντε ἀδελφούς, ὅπως διαμαρτύρηται αὐτοῖς, ἵνα μὴ καὶ **αὐτοὶ** ἔλθωσιν εἰς τὸν τόπον τοῦτον τῆς βασάνου.	
002					Lk 17,13 → Mt 8,2 → Mk 1,40 → Lk 5,12	καὶ **αὐτοὶ** ἦραν φωνὴν λέγοντες· Ἰησοῦ ἐπιστάτα, ἐλέησον ἡμᾶς.	
002					Lk 18,34 → Lk 9,45	καὶ **αὐτοὶ** οὐδὲν τούτων συνῆκαν καὶ ἦν τὸ ῥῆμα τοῦτο κεκρυμμένον ἀπ' αὐτῶν καὶ οὐκ ἐγίνωσκον τὰ λεγόμενα.	
200	Mt 25,44	τότε ἀποκριθήσονται καὶ **αὐτοὶ** λέγοντες· κύριε, πότε σε εἴδομεν πεινῶντα ...					
112	Mt 26,22 → Mt 26,25	καὶ λυπούμενοι σφόδρα ἤρξαντο λέγειν αὐτῷ εἷς ἕκαστος· μήτι ἐγώ εἰμι, κύριε;	Mk 14,19	ἤρξαντο λυπεῖσθαι καὶ λέγειν αὐτῷ εἷς κατὰ εἷς· μήτι ἐγώ;	Lk 22,23	καὶ **αὐτοὶ** ἤρξαντο συζητεῖν πρὸς ἑαυτοὺς τὸ τίς ἄρα εἴη ἐξ αὐτῶν ὁ τοῦτο μέλλων πράσσειν.	→ Jn 13,22.25
112	Mt 26,65	... τί ἔτι χρείαν ἔχομεν μαρτύρων; ἴδε νῦν ἠκούσατε τὴν βλασφημίαν·	Mk 14,64	[63] ... τί ἔτι χρείαν ἔχομεν μαρτύρων; [64] ἠκούσατε τῆς βλασφημίας· ...	Lk 22,71	... τί ἔτι ἔχομεν μαρτυρίας χρείαν; **αὐτοὶ** γὰρ ἠκούσαμεν ἀπὸ τοῦ στόματος αὐτοῦ.	
002					Lk 24,14	καὶ **αὐτοὶ** ὡμίλουν πρὸς ἀλλήλους περὶ πάντων τῶν συμβεβηκότων τούτων.	

002			**Lk 24,35** καὶ **αὐτοὶ** ἐξηγοῦντο τὰ ἐν τῇ ὁδῷ καὶ ὡς ἐγνώσθη αὐτοῖς ἐν τῇ κλάσει τοῦ ἄρτου.	
002			**Lk 24,52** καὶ **αὐτοὶ** προσκυνήσαντες αὐτὸν ὑπέστρεψαν εἰς Ἰερουσαλὴμ μετὰ χαρᾶς μεγάλης	→ Acts 1,12

Acts 2,22 (→ Lk 24,19) ... Ἰησοῦν τὸν Ναζωραῖον, ἄνδρα ἀποδεδειγμένον ἀπὸ τοῦ θεοῦ εἰς ὑμᾶς δυνάμεσι καὶ τέρασι καὶ σημείοις οἷς ἐποίησεν δι᾽ αὐτοῦ ὁ θεὸς ἐν μέσῳ ὑμῶν καθὼς **αὐτοὶ** οἴδατε

Acts 13,4 **αὐτοὶ** μὲν οὖν ἐκπεμφθέντες ὑπὸ τοῦ ἁγίου πνεύματος κατῆλθον εἰς Σελεύκειαν, ...

Acts 13,14 **αὐτοὶ** δὲ διελθόντες ἀπὸ τῆς Πέργης παρεγένοντο εἰς Ἀντιόχειαν τὴν Πισιδίαν, ...

Acts 15,32 Ἰούδας τε καὶ Σιλᾶς καὶ **αὐτοὶ** προφῆται ὄντες διὰ λόγου πολλοῦ παρεκάλεσαν τοὺς ἀδελφοὺς καὶ ἐπεστήριξαν

Acts 16,37 ... καὶ νῦν λάθρᾳ ἡμᾶς ἐκβάλλουσιν; οὐ γάρ, ἀλλὰ ἐλθόντες **αὐτοὶ** ἡμᾶς ἐξαγαγέτωσαν.

Acts 18,15 εἰ δὲ ζητήματά ἐστιν περὶ λόγου καὶ ὀνομάτων καὶ νόμου τοῦ καθ᾽ ὑμᾶς, ὄψεσθε **αὐτοί**· κριτὴς ἐγὼ τούτων οὐ βούλομαι εἶναι.

Acts 20,34 **αὐτοὶ** γινώσκετε ὅτι ταῖς χρείαις μου καὶ τοῖς οὖσιν μετ᾽ ἐμοῦ ὑπηρέτησαν αἱ χεῖρες αὗται.

Acts 22,19 ... κύριε, **αὐτοὶ** ἐπίστανται ὅτι ἐγὼ ἤμην φυλακίζων καὶ δέρων κατὰ τὰς συναγωγὰς τοὺς πιστεύοντας ἐπὶ σέ

Acts 24,15 ἐλπίδα ἔχων εἰς τὸν θεόν ἣν καὶ **αὐτοὶ** οὗτοι προσδέχονται, ἀνάστασιν μέλλειν ἔσεσθαι δικαίων τε καὶ ἀδίκων.

Acts 24,20 ἢ **αὐτοὶ** οὗτοι εἰπάτωσαν τί εὗρον ἀδίκημα στάντος μου ἐπὶ τοῦ συνεδρίου

Acts 27,36 εὔθυμοι δὲ γενόμενοι πάντες καὶ **αὐτοὶ** προσελάβοντο τροφῆς.

Acts 28,28 ... τοῖς ἔθνεσιν ἀπεστάλη τοῦτο τὸ σωτήριον τοῦ θεοῦ· **αὐτοὶ** καὶ ἀκούσονται.

αὐτά

	Syn	Mt	Mk	Lk	Acts	Jn	1-3John	Paul	Eph	Col
	29	13	6	10	2	9		8	2	
	NT	2Thess	1/2Tim	Tit	Heb	Jas	1Pet	2Pet	Jude	Rev
	57				1		2			4

neuter plural nominative or accusative of αὐτός

	triple tradition																	double tradition			Sondergut		
		+Mt / +Lk			−Mt / −Lk			traditions not taken over by Mt / Lk							subtotals								
code	*222*	*211*	*112*	*212*	*221*	*122*	*121*	*022*	*012*	*021*	*220*	*120*	*210*	*020*	Σ⁺	Σ⁻	Σ	*202*	*201*	*102*	*200*	*002*	total
Mt	1	2⁺					1⁻					2⁻	1⁺		3⁺	3⁻	4	1	2		6		**13**
Mk	1						1			1		2		1			6						**6**
Lk	1		2⁺				1⁻		1⁺	1⁻					3⁺	2⁻	4	1		3		2	**10**

a κατὰ τὰ αὐτά

012		**Mk 1,34** (↓ Mt 12,16; ↓ Mk 3,12) ... καὶ οὐκ ἤφιεν λαλεῖν **τὰ δαιμόνια**, ὅτι ᾔδεισαν αὐτόν.	**Lk 4,41** ... καὶ ἐπιτιμῶν οὐκ εἴα **αὐτὰ** λαλεῖν, ὅτι ᾔδεισαν τὸν χριστὸν αὐτὸν εἶναι.	
	Mt 12,16 καὶ ἐπετίμησεν **αὐτοῖς** ἵνα μὴ φανερὸν αὐτὸν ποιήσωσιν	**Mk 3,12** (↑ Mk 1,34) καὶ πολλὰ ἐπετίμα **αὐτοῖς** ἵνα μὴ αὐτὸν φανερὸν ποιήσωσιν.		

002					Lk 5,7	... ἔπλησαν ἀμφότερα τὰ πλοῖα ὥστε βυθίζεσθαι **αὐτά.**	
a 102	Mt 5,12	χαίρετε καὶ ἀγαλλιᾶσθε, ὅτι ὁ μισθὸς ὑμῶν πολὺς ἐν τοῖς οὐρανοῖς· **οὕτως** γὰρ ἐδίωξαν τοὺς προφήτας τοὺς πρὸ ὑμῶν.			Lk 6,23	χάρητε ἐν ἐκείνῃ τῇ ἡμέρᾳ καὶ σκιρτήσατε, ἰδοὺ γὰρ ὁ μισθὸς ὑμῶν πολὺς ἐν τῷ οὐρανῷ· **κατὰ τὰ αὐτὰ** γὰρ ἐποίουν τοῖς προφήταις οἱ πατέρες αὐτῶν.	→ GTh 69,1 → GTh 68
a 002					Lk 6,26	οὐαὶ ὅταν ὑμᾶς καλῶς εἴπωσιν πάντες οἱ ἄνθρωποι· **κατὰ τὰ αὐτὰ** γὰρ ἐποίουν τοῖς ψευδοπροφήταις οἱ πατέρες αὐτῶν.	
201	Mt 6,26	... καὶ ὁ πατὴρ ὑμῶν ὁ οὐράνιος τρέφει **αὐτά·** οὐχ ὑμεῖς μᾶλλον διαφέρετε αὐτῶν;			Lk 12,24	... καὶ ὁ θεὸς τρέφει **αὐτούς·** πόσῳ μᾶλλον ὑμεῖς διαφέρετε τῶν πετεινῶν.	
210	Mt 10,1	καὶ προσκαλεσάμενος τοὺς δώδεκα μαθητὰς αὐτοῦ ἔδωκεν αὐτοῖς ἐξουσίαν πνευμάτων ἀκαθάρτων ὥστε ἐκβάλλειν **αὐτὰ** καὶ θεραπεύειν πᾶσαν νόσον καὶ πᾶσαν μαλακίαν.	Mk 3,15 ↓ Mk 6,7 → Lk 6,13 ↓ Lk 9,1	[13] ... καὶ προσκαλεῖται οὓς ἤθελεν αὐτός, ... [14] καὶ ἐποίησεν δώδεκα, ... ἵνα ἀποστέλλῃ αὐτοὺς κηρύσσειν [15] καὶ ἔχειν ἐξουσίαν ἐκβάλλειν **τὰ δαιμόνια·**			
			Mk 6,7 ↑ Mk 3,14-15	καὶ προσκαλεῖται τοὺς δώδεκα καὶ ἤρξατο αὐτοὺς ἀποστέλλειν δύο δύο καὶ ἐδίδου αὐτοῖς ἐξουσίαν **τῶν πνευμάτων τῶν ἀκαθάρτων**	Lk 9,1 → Lk 10,1	συγκαλεσάμενος δὲ τοὺς δώδεκα ἔδωκεν αὐτοῖς δύναμιν καὶ ἐξουσίαν **ἐπὶ πάντα τὰ δαιμόνια** καὶ νόσους θεραπεύειν	
202	Mt 11,25	... ἔκρυψας ταῦτα ἀπὸ σοφῶν καὶ συνετῶν καὶ ἀπεκάλυψας **αὐτὰ** νηπίοις·			Lk 10,21	... ἀπέκρυψας ταῦτα ἀπὸ σοφῶν καὶ συνετῶν καὶ ἀπεκάλυψας **αὐτὰ** νηπίοις· ...	→ GTh 4 (POxy 654)
211	Mt 13,4	... καὶ ἐλθόντα τὰ πετεινὰ κατέφαγεν **αὐτά.**	Mk 4,4	... καὶ ἦλθεν τὰ πετεινὰ καὶ κατέφαγεν **αὐτό.**	Lk 8,5	... καὶ τὰ πετεινὰ τοῦ οὐρανοῦ κατέφαγεν **αὐτό.**	→ GTh 9
211	Mt 13,7	... καὶ ἀνέβησαν αἱ ἄκανθαι καὶ ἔπνιξαν **αὐτά.**	Mk 4,7	... καὶ ἀνέβησαν αἱ ἄκανθαι καὶ συνέπνιξαν **αὐτό,** καὶ καρπὸν οὐκ ἔδωκεν.	Lk 8,7	... καὶ συμφυεῖσαι αἱ ἄκανθαι ἀπέπνιξαν **αὐτό.**	→ GTh 9
200	Mt 13,28	... οἱ δὲ δοῦλοι λέγουσιν αὐτῷ· θέλεις οὖν ἀπελθόντες συλλέξωμεν **αὐτά;**					→ GTh 57

200 200	Mt 13,30 (2) → Mt 3,12 → Lk 3,17	... συλλέξατε πρῶτον τὰ ζιζάνια καὶ δήσατε **αὐτὰ** εἰς δέσμας πρὸς τὸ κατακαῦσαι **αὐτά**, τὸν δὲ σῖτον συναγάγετε εἰς τὴν ἀποθήκην μου.					→ GTh 57
200	Mt 13,39	ὁ δὲ ἐχθρὸς ὁ σπείρας **αὐτά** ἐστιν ὁ διάβολος, ...					
021			Mk 5,10	καὶ παρεκάλει αὐτὸν πολλὰ ἵνα μὴ **αὐτὰ** ἀποστείλῃ ἔξω τῆς χώρας.	Lk 8,31	καὶ παρεκάλουν αὐτὸν ἵνα μὴ ἐπιτάξῃ **αὐτοῖς** εἰς τὴν ἄβυσσον ἀπελθεῖν.	
020			Mk 8,7 → Mt 15,34.36	καὶ εἶχον ἰχθύδια ὀλίγα· καὶ εὐλογήσας **αὐτὰ** εἶπεν καὶ ταῦτα παρατιθέναι.			
202	Mt 11,25	... ἔκρυψας ταῦτα ἀπὸ σοφῶν καὶ συνετῶν καὶ ἀπεκάλυψας **αὐτὰ** νηπίοις·			Lk 10,21	... ἀπέκρυψας ταῦτα ἀπὸ σοφῶν καὶ συνετῶν καὶ ἀπεκάλυψας **αὐτὰ** νηπίοις· ...	→ GTh 4 (POxy 654)
102	Mt 22,5	οἱ δὲ ἀμελήσαντες ἀπῆλθον, ὃς μὲν εἰς τὸν ἴδιον ἀγρόν, ὃς δὲ ἐπὶ τὴν ἐμπορίαν αὐτοῦ·			Lk 14,19	[18] καὶ ἤρξαντο ἀπὸ μιᾶς πάντες παραιτεῖσθαι. ὁ πρῶτος εἶπεν αὐτῷ· ἀγρὸν ἠγόρασα ... [19] καὶ ἕτερος εἶπεν· ζεύγη βοῶν ἠγόρασα πέντε καὶ πορεύομαι δοκιμάσαι **αὐτά**· ἐρωτῶ σε, ἔχε με παρῃτημένον.	→ GTh 64
a 102	Mt 24,39	... **οὕτως** ἔσται [καὶ] ἡ παρουσία τοῦ υἱοῦ τοῦ ἀνθρώπου.			Lk 17,30	**κατὰ τὰ αὐτὰ** ἔσται ᾗ ἡμέρᾳ ὁ υἱὸς τοῦ ἀνθρώπου ἀποκαλύπτεται.	
112	Mt 24,17	ὁ ἐπὶ τοῦ δώματος μὴ καταβάτω ἆραι **τὰ ἐκ τῆς οἰκίας αὐτοῦ**	Mk 13,15	ὁ [δὲ] ἐπὶ τοῦ δώματος μὴ καταβάτω μηδὲ εἰσελθάτω ἆραί **τι ἐκ τῆς οἰκίας αὐτοῦ**	Lk 17,31	ἐν ἐκείνῃ τῇ ἡμέρᾳ ὃς ἔσται ἐπὶ τοῦ δώματος καὶ τὰ σκεύη αὐτοῦ ἐν τῇ οἰκίᾳ, μὴ καταβάτω ἆραι **αὐτά**, ...	
112 222	Mt 19,14	ὁ δὲ Ἰησοῦς εἶπεν· ἄφετε τὰ παιδία καὶ μὴ κωλύετε **αὐτὰ** ἐλθεῖν πρός με, τῶν γὰρ τοιούτων ἐστὶν ἡ βασιλεία τῶν οὐρανῶν.	Mk 10,14	ἰδὼν δὲ ὁ Ἰησοῦς ἠγανάκτησεν καὶ εἶπεν αὐτοῖς· ἄφετε τὰ παιδία ἔρχεσθαι πρός με, μὴ κωλύετε **αὐτά**, τῶν γὰρ τοιούτων ἐστὶν ἡ βασιλεία τοῦ θεοῦ.	Lk 18,16 (2)	ὁ δὲ Ἰησοῦς προσεκαλέσατο **αὐτὰ** λέγων· ἄφετε τὰ παιδία ἔρχεσθαι πρός με καὶ μὴ κωλύετε **αὐτά**, τῶν γὰρ τοιούτων ἐστὶν ἡ βασιλεία τοῦ θεοῦ.	→ GTh 22

120 120	**Mt 19,15** καὶ ἐπιθεὶς τὰς χεῖρας αὐτοῖς ἐπορεύθη ἐκεῖθεν.	**Mk 10,16** (2) καὶ ἐναγκαλισάμενος αὐτὰ κατευλόγει τιθεὶς τὰς χεῖρας ἐπ' αὐτά.		
201	**Mt 23,4** ... αὐτοὶ δὲ τῷ δακτύλῳ αὐτῶν οὐ θέλουσιν κινῆσαι αὐτά.		**Lk 11,46** ... καὶ αὐτοὶ ἑνὶ τῶν δακτύλων ὑμῶν οὐ προσψαύετε τοῖς φορτίοις.	
200	**Mt 27,6** οἱ δὲ ἀρχιερεῖς λαβόντες τὰ ἀργύρια εἶπαν· οὐκ ἔξεστιν βαλεῖν αὐτὰ εἰς τὸν κορβανᾶν, ἐπεὶ τιμὴ αἵματός ἐστιν.			
200	**Mt 27,10** καὶ ἔδωκαν αὐτὰ εἰς τὸν ἀγρὸν τοῦ κεραμέως, ...			
121	**Mt 27,35** ... *διεμερίσαντο* *τὰ ἱμάτια αὐτοῦ* *βάλλοντες κλῆρον* ➤ Ps 22,19	**Mk 15,24** ... *διαμερίζονται* *τὰ ἱμάτια αὐτοῦ* *βάλλοντες κλῆρον* *ἐπ' αὐτὰ* τίς τί ἄρῃ. ➤ Ps 22,19	**Lk 23,34** ... *διαμεριζόμενοι δὲ* *τὰ ἱμάτια αὐτοῦ* *ἔβαλον κλήρους.* ➤ Ps 22,19	→ Jn 19,24

Acts 2,45 καὶ τὰ κτήματα καὶ τὰς ὑπάρξεις ἐπίπρασκον καὶ διεμέριζον αὐτὰ πᾶσιν καθότι ἄν τις χρείαν εἶχεν·
→ Lk 12,33
→ Lk 14,33
→ Mt 19,21
→ Mk 10,21
→ Lk 18,22

Acts 15,27 ἀπεστάλκαμεν οὖν Ἰούδαν καὶ Σιλᾶν καὶ αὐτοὺς διὰ λόγου ἀπαγγέλλοντας τὰ αὐτά.

αὐτῶν	Syn 237	Mt 100	Mk 39	Lk 98	Acts 92	Jn 34	1-3John 2	Paul 64	Eph 5	Col 1
	NT 564	2Thess	1/2Tim 2	Tit 3	Heb 20	Jas 3	1Pet 3	2Pet 7	Jude 2	Rev 89

masculine, feminine or neuter plural genitive of αὐτός

	triple tradition																	double tradition			Sondergut		
		+Mt / +Lk			–Mt / –Lk			traditions not taken over by Mt / Lk							subtotals								
code	*222*	*211*	*112*	*212*	*221*	*122*	*121*	*022*	*012*	*021*	*220*	*120*	*210*	*020*	Σ^{+}	Σ^{-}	Σ	*202*	*201*	*102*	*200*	*002*	total
Mt	7	20^{+}		1^{+}	8	6^{-}	5^{-}				4	5^{-}	11^{+}		32^{+}	16^{-}	51	5	9		35		**100**
Mk	7				8	6	5			1	4	5		3			39						**39**
Lk	7		24^{+}	1^{+}	8^{-}	6	5^{-}		7^{+}	1^{-}					32^{+}	14^{-}	45	5		5		43	**98**

[a] αὐτῶν in the prepositive position
[b] αὐτῶν in the genitive absolute
[c] αὐτῶν as object of verbs construed with the genitive

002			**Lk 1,7** ... καὶ ἀμφότεροι προβεβηκότες ἐν ταῖς ἡμέραις αὐτῶν ἦσαν.	
002			**Lk 1,16** καὶ πολλοὺς τῶν υἱῶν Ἰσραὴλ ἐπιστρέψει ἐπὶ κύριον τὸν θεὸν αὐτῶν.	

002			**Lk 1,20** ... ἀνθ᾽ ὧν οὐκ ἐπίστευ- σας τοῖς λόγοις μου, οἵτινες πληρωθήσονται **εἰς τὸν καιρὸν αὐτῶν.**	
002			**Lk 1,51** ... διεσκόρπισεν ὑπερηφάνους **διανοίᾳ καρδίας αὐτῶν·**	
002			**Lk 1,66** καὶ ἔθεντο πάντες οἱ ἀκούσαντες **ἐν τῇ καρδίᾳ αὐτῶν** λέγοντες· τί ἄρα τὸ παιδίον τοῦτο ἔσται; ...	
002			**Lk 1,77** τοῦ δοῦναι γνῶσιν σωτηρίας τῷ λαῷ αὐτοῦ **ἐν ἀφέσει ἁμαρτιῶν αὐτῶν**	
200	**Mt 1,21** →Lk 1,31 τέξεται δὲ υἱόν, καὶ καλέσεις τὸ ὄνομα αὐτοῦ Ἰησοῦν· αὐτὸς γὰρ σώσει τὸν λαὸν αὐτοῦ **ἀπὸ τῶν ἁμαρτιῶν αὐτῶν.**			
002			**Lk 2,8** καὶ ποιμένες ἦσαν ἐν τῇ χώρᾳ τῇ αὐτῇ ἀγραυλοῦντες καὶ φυλάσσοντες φυλακὰς τῆς νυκτὸς **ἐπὶ τὴν ποίμνην αὐτῶν.**	
002			**Lk 2,15** καὶ ἐγένετο ὡς ἀπῆλθον **ἀπ᾽ αὐτῶν** εἰς τὸν οὐρανὸν οἱ ἄγγελοι, ...	
002			**Lk 2,22** καὶ ὅτε ἐπλήσθησαν **αἱ ἡμέραι τοῦ καθαρισμοῦ αὐτῶν** κατὰ τὸν νόμον Μωϋσέως, ἀνήγαγον αὐτὸν εἰς Ἱεροσόλυμα παραστῆσαι τῷ κυρίῳ	
200	**Mt 2,4** καὶ συναγαγὼν πάντας τοὺς ἀρχιερεῖς καὶ γραμματεῖς τοῦ λαοῦ ἐπυνθάνετο **παρ᾽ αὐτῶν** ποῦ ὁ χριστὸς γεννᾶται.			
200	**Mt 2,7** τότε Ἡρῴδης λάθρᾳ καλέσας τοὺς μάγους ἠκρίβωσεν **παρ᾽ αὐτῶν** τὸν χρόνον τοῦ φαινομένου ἀστέρος			
200	**Mt 2,11** ... καὶ ἀνοίξαντες **τοὺς θησαυροὺς αὐτῶν** προσήνεγκαν αὐτῷ δῶρα, χρυσὸν καὶ λίβανον καὶ σμύρναν.			
200	**Mt 2,12** ... δι᾽ ἄλλης ὁδοῦ ἀνεχώρησαν **εἰς τὴν χώραν αὐτῶν.**			

b 200	Mt 2,13	ἀναχωρησάντων δὲ αὐτῶν ἰδοὺ ἄγγελος κυρίου φαίνεται κατ' ὄναρ τῷ Ἰωσὴφ ...					
b 002					Lk 2,42	καὶ ὅτε ἐγένετο ἐτῶν δώδεκα, ἀναβαινόντων αὐτῶν κατὰ τὸ ἔθος τῆς ἑορτῆς	
c 002					Lk 2,46	... εὗρον αὐτὸν ἐν τῷ ἱερῷ καθεζόμενον ἐν μέσῳ τῶν διδασκάλων καὶ ἀκούοντα αὐτῶν καὶ ἐπερωτῶντα αὐτούς·	
002					Lk 2,51	καὶ κατέβη μετ' αὐτῶν καὶ ἦλθεν εἰς Ναζαρὲθ ...	
220	Mt 3,6	καὶ ἐβαπτίζοντο ἐν τῷ Ἰορδάνῃ ποταμῷ ὑπ' αὐτοῦ ἐξομολογούμενοι τὰς ἁμαρτίας αὐτῶν.	Mk 1,5 → Lk 3,7	... καὶ ἐβαπτίζοντο ὑπ' αὐτοῦ ἐν τῷ Ἰορδάνῃ ποταμῷ ἐξομολογούμενοι τὰς ἁμαρτίας αὐτῶν.			
002					Lk 3,15	προσδοκῶντος δὲ τοῦ λαοῦ καὶ διαλογιζομένων πάντων ἐν ταῖς καρδίαις αὐτῶν περὶ τοῦ Ἰωάννου, μήποτε αὐτὸς εἴη ὁ χριστός	
b 102	Mt 4,2	[1] τότε ὁ Ἰησοῦς ἀνήχθη εἰς τὴν ἔρημον ὑπὸ τοῦ πνεύματος πειρασθῆναι ὑπὸ τοῦ διαβόλου. [2] καὶ νηστεύσας ἡμέρας τεσσεράκοντα καὶ νύκτας τεσσεράκοντα ὕστερον ἐπείνασεν.	Mk 1,13	καὶ ἦν ἐν τῇ ἐρήμῳ τεσσεράκοντα ἡμέρας πειραζόμενος ὑπὸ τοῦ σατανᾶ, ...	Lk 4,2	[1] Ἰησοῦς δὲ ... ἤγετο ἐν τῷ πνεύματι ἐν τῇ ἐρήμῳ [2] ἡμέρας τεσσεράκοντα πειραζόμενος ὑπὸ τοῦ διαβόλου. καὶ οὐκ ἔφαγεν οὐδὲν ἐν ταῖς ἡμέραις ἐκείναις καὶ συντελεσθεισῶν αὐτῶν ἐπείνασεν.	Mk-Q overlap
202	Mt 4,8	πάλιν παραλαμβάνει αὐτὸν ὁ διάβολος εἰς ὄρος ὑψηλὸν λίαν καὶ δείκνυσιν αὐτῷ πάσας τὰς βασιλείας τοῦ κόσμου καὶ τὴν δόξαν αὐτῶν [9] καὶ εἶπεν αὐτῷ· ταῦτά σοι πάντα δώσω, ἐὰν πεσὼν προσκυνήσῃς μοι.			Lk 4,6	[5] καὶ ἀναγαγὼν αὐτὸν ἔδειξεν αὐτῷ πάσας τὰς βασιλείας τῆς οἰκουμένης ἐν στιγμῇ χρόνου [6] καὶ εἶπεν αὐτῷ ὁ διάβολος· σοὶ δώσω τὴν ἐξουσίαν ταύτην ἅπασαν καὶ τὴν δόξαν αὐτῶν, ὅτι ἐμοὶ παραδέδοται καὶ ᾧ ἐὰν θέλω δίδωμι αὐτήν· [7] σὺ οὖν ἐὰν προσκυνήσῃς ἐνώπιον ἐμοῦ, ἔσται σοῦ πᾶσα.	
112	Mt 4,17 ↓ Mt 4,23 ↓ Mt 9,35	[12] ἀκούσας δὲ ὅτι Ἰωάννης παρεδόθη ἀνεχώρησεν εἰς τὴν Γαλιλαίαν. [13] ... [17] ἀπὸ τότε ἤρξατο ὁ Ἰησοῦς κηρύσσειν ...	Mk 1,14 ↓ Mk 1,39 ↓ Mk 6,6	μετὰ δὲ τὸ παραδοθῆναι τὸν Ἰωάννην ἦλθεν ὁ Ἰησοῦς εἰς τὴν Γαλιλαίαν κηρύσσων τὸ εὐαγγέλιον τοῦ θεοῦ	Lk 4,15 ↓ Lk 4,44 ↓ Lk 8,1	[14] καὶ ὑπέστρεψεν ὁ Ἰησοῦς ἐν τῇ δυνάμει τοῦ πνεύματος εἰς τὴν Γαλιλαίαν. ... [15] καὶ αὐτὸς ἐδίδασκεν ἐν ταῖς συναγωγαῖς αὐτῶν ...	

002					Lk 4,26	καὶ **πρὸς οὐδεμίαν αὐτῶν** ἐπέμφθη Ἠλίας εἰ μὴ εἰς Σάρεπτα τῆς Σιδωνίας πρὸς γυναῖκα χήραν.
002					Lk 4,27	καὶ πολλοὶ λεπροὶ ἦσαν ἐν τῷ Ἰσραὴλ ἐπὶ Ἐλισαίου τοῦ προφήτου, καὶ **οὐδεὶς αὐτῶν** ἐκαθαρίσθη εἰ μὴ Ναιμὰν ὁ Σύρος.
002					Lk 4,29	... καὶ ἤγαγον αὐτὸν ἕως ὀφρύος τοῦ ὄρους ἐφ' οὗ **ἡ πόλις ᾠκοδόμητο αὐτῶν,** ὥστε κατακρημνίσαι αὐτόν·
002					Lk 4,30	αὐτὸς δὲ διελθὼν **διὰ μέσου αὐτῶν** ἐπορεύετο.
211 211	Mt 4,21 (2) ↓ Lk 5,2	καὶ προβὰς ἐκεῖθεν εἶδεν ἄλλους δύο ἀδελφούς, Ἰάκωβον τὸν τοῦ Ζεβεδαίου καὶ Ἰωάννην τὸν ἀδελφὸν αὐτοῦ, ἐν τῷ πλοίῳ **μετὰ Ζεβεδαίου τοῦ πατρὸς αὐτῶν** καταρτίζοντας **τὰ δίκτυα αὐτῶν,** καὶ ἐκάλεσεν αὐτούς.	Mk 1,19 ↓ Lk 5,2	καὶ προβὰς ὀλίγον εἶδεν Ἰάκωβον τὸν τοῦ Ζεβεδαίου καὶ Ἰωάννην τὸν ἀδελφὸν αὐτοῦ, καὶ αὐτοὺς ἐν τῷ πλοίῳ καταρτίζοντας **τὰ δίκτυα,** [20] καὶ εὐθὺς ἐκάλεσεν αὐτούς. ...	Lk 5,10	ὁμοίως δὲ καὶ Ἰάκωβον καὶ Ἰωάννην υἱοὺς Ζεβεδαίου, ...
221	Mt 4,22	οἱ δὲ εὐθέως ἀφέντες τὸ πλοῖον καὶ **τὸν πατέρα αὐτῶν** ἠκολούθησαν αὐτῷ.	Mk 1,20	... καὶ ἀφέντες **τὸν πατέρα αὐτῶν Ζεβεδαῖον** ἐν τῷ πλοίῳ μετὰ τῶν μισθωτῶν ἀπῆλθον ὀπίσω αὐτοῦ.	Lk 5,11 → Lk 5,28 → Mk 1,18	καὶ καταγαγόντες τὰ πλοῖα ἐπὶ τὴν γῆν ἀφέντες πάντα ἠκολούθησαν αὐτῷ.
021	→ Mt 8,29		Mk 1,23 → Mk 5,7	καὶ εὐθὺς ἦν **ἐν τῇ συναγωγῇ αὐτῶν** ἄνθρωπος ἐν πνεύματι ἀκαθάρτῳ, καὶ ἀνέκραξεν	Lk 4,33 → Lk 8,28	καὶ **ἐν τῇ συναγωγῇ** ἦν ἄνθρωπος ἔχων πνεῦμα δαιμονίου ἀκαθάρτου καὶ ἀνέκραξεν φωνῇ μεγάλῃ·
112	Mt 8,16 ⇩ Mt 4,24 Mt 4,24 ⇧ Mt 8,16	... καὶ ἐξέβαλεν τὰ πνεύματα λόγῳ καὶ πάντας τοὺς κακῶς ἔχοντας ἐθεράπευσεν ... καὶ ἐθεράπευσεν αὐτούς.	Mk 1,34 → Mk 3,10	καὶ ἐθεράπευσεν πολλοὺς κακῶς ἔχοντας ποικίλαις νόσοις καὶ δαιμόνια πολλὰ ἐξέβαλεν, ...	Lk 4,40 ↓ Lk 6,18	... ὁ δὲ **ἑνὶ ἑκάστῳ αὐτῶν** τὰς χεῖρας ἐπιτιθεὶς ἐθεράπευεν αὐτούς.
012			Mk 1,37	[36] καὶ κατεδίωξεν αὐτὸν Σίμων καὶ οἱ μετ' αὐτοῦ, [37] καὶ εὗρον αὐτὸν καὶ λέγουσιν αὐτῷ ὅτι πάντες ζητοῦσίν σε.	Lk 4,42 → Mk 1,45	... καὶ οἱ ὄχλοι ἐπεζήτουν αὐτὸν καὶ ἦλθον ἕως αὐτοῦ καὶ κατεῖχον αὐτὸν τοῦ μὴ πορεύεσθαι **ἀπ' αὐτῶν.**

221	Mt 4,23 ⇓ Mt 9,35 → Mk 1,21	καὶ περιῆγεν ἐν ὅλῃ τῇ Γαλιλαίᾳ διδάσκων ἐν ταῖς συναγωγαῖς αὐτῶν καὶ κηρύσσων τὸ εὐαγγέλιον τῆς βασιλείας καὶ θεραπεύων πᾶσαν νόσον καὶ πᾶσαν μαλακίαν ἐν τῷ λαῷ.	Mk 1,39 ↑ Mk 1,14 ↓ Mk 6,6	καὶ ἦλθεν κηρύσσων εἰς τὰς συναγωγὰς αὐτῶν εἰς ὅλην τὴν Γαλιλαίαν καὶ τὰ δαιμόνια ἐκβάλλων.	Lk 4,44 ↑ Lk 4,15 ↓ Lk 8,1	καὶ ἦν κηρύσσων εἰς τὰς συναγωγὰς τῆς Ἰουδαίας.	
002	Mt 4,18	... εἶδεν δύο ἀδελφούς, Σίμωνα τὸν λεγόμενον Πέτρον καὶ Ἀνδρέαν τὸν ἀδελφὸν αὐτοῦ, βάλλοντας ἀμφίβληστρον εἰς τὴν θάλασσαν· ἦσαν γὰρ ἁλιεῖς.	Mk 1,16	... εἶδεν Σίμωνα καὶ Ἀνδρέαν τὸν ἀδελφὸν Σίμωνος ἀμφιβάλλοντας ἐν τῇ θαλάσσῃ· ἦσαν γὰρ ἁλιεῖς.	Lk 5,2 ↑ Mt 4,21 ↑ Mk 1,19	καὶ εἶδεν δύο πλοῖα ἑστῶτα παρὰ τὴν λίμνην· οἱ δὲ ἁλιεῖς ἀπ᾽ αὐτῶν ἀποβάντες ἔπλυνον τὰ δίκτυα.	
002					Lk 5,6	καὶ τοῦτο ποιήσαντες συνέκλεισαν πλῆθος ἰχθύων πολύ, διερρήσσετο δὲ τὰ δίκτυα αὐτῶν.	→ Jn 21,6 → Jn 21,11
012			Mk 1,45 → Mt 9,31	... καὶ ἤρχοντο πρὸς αὐτὸν πάντοθεν.	Lk 5,15 ↓ Lk 6,18 → Lk 7,17	... καὶ συνήρχοντο ὄχλοι πολλοὶ ἀκούειν καὶ θεραπεύεσθαι ἀπὸ τῶν ἀσθενειῶν αὐτῶν·	
222	Mt 9,2	... καὶ ἰδὼν ὁ Ἰησοῦς τὴν πίστιν αὐτῶν εἶπεν τῷ παραλυτικῷ· θάρσει, τέκνον, ἀφίενταί σου αἱ ἁμαρτίαι.	Mk 2,5	καὶ ἰδὼν ὁ Ἰησοῦς τὴν πίστιν αὐτῶν λέγει τῷ παραλυτικῷ· τέκνον, ἀφίενταί σου αἱ ἁμαρτίαι.	Lk 5,20 → Lk 7,48	καὶ ἰδὼν τὴν πίστιν αὐτῶν εἶπεν· ἄνθρωπε, ἀφέωνταί σοι αἱ ἁμαρτίαι σου.	
121	Mt 9,3	καὶ ἰδού τινες τῶν γραμματέων εἶπαν ἐν ἑαυτοῖς· ...	Mk 2,6	ἦσαν δέ τινες τῶν γραμματέων ἐκεῖ καθήμενοι καὶ διαλογιζόμενοι ἐν ταῖς καρδίαις αὐτῶν·	Lk 5,21 → Lk 7,49	καὶ ἤρξαντο διαλογίζεσθαι οἱ γραμματεῖς καὶ οἱ Φαρισαῖοι ...	
212	Mt 9,4 ↓ Mt 12,25	καὶ ἰδὼν ὁ Ἰησοῦς τὰς ἐνθυμήσεις αὐτῶν εἶπεν· ἱνατί ἐνθυμεῖσθε πονηρὰ ἐν ταῖς καρδίαις ὑμῶν;	Mk 2,8	καὶ εὐθὺς ἐπιγνοὺς ὁ Ἰησοῦς τῷ πνεύματι αὐτοῦ ὅτι οὕτως διαλογίζονται ἐν ἑαυτοῖς λέγει αὐτοῖς· τί ταῦτα διαλογίζεσθε ἐν ταῖς καρδίαις ὑμῶν;	Lk 5,22 ↓ Lk 6,8 ↓ Lk 11,17	ἐπιγνοὺς δὲ ὁ Ἰησοῦς τοὺς διαλογισμοὺς αὐτῶν ἀποκριθεὶς εἶπεν πρὸς αὐτούς· τί διαλογίζεσθε ἐν ταῖς καρδίαις ὑμῶν;	
112	Mt 9,7	καὶ ἐγερθεὶς ἀπῆλθεν εἰς τὸν οἶκον αὐτοῦ.	Mk 2,12	καὶ ἠγέρθη καὶ εὐθὺς ἄρας τὸν κράβαττον ἐξῆλθεν ἔμπροσθεν πάντων, ...	Lk 5,25	καὶ παραχρῆμα ἀναστὰς ἐνώπιον αὐτῶν, ἄρας ἐφ᾽ ὃ κατέκειτο, ἀπῆλθεν εἰς τὸν οἶκον αὐτοῦ ...	→ Jn 5,9
112	Mt 9,10	... καὶ ἰδοὺ πολλοὶ τελῶναι καὶ ἁμαρτωλοὶ ἐλθόντες συνανέκειντο τῷ Ἰησοῦ καὶ τοῖς μαθηταῖς αὐτοῦ.	Mk 2,15	... καὶ πολλοὶ τελῶναι καὶ ἁμαρτωλοὶ συνανέκειντο τῷ Ἰησοῦ καὶ τοῖς μαθηταῖς αὐτοῦ· ...	Lk 5,29 → Lk 15,1	... καὶ ἦν ὄχλος πολὺς τελωνῶν καὶ ἄλλων οἳ ἦσαν μετ᾽ αὐτῶν κατακείμενοι.	

112	Mt 9,11	καὶ ἰδόντες οἱ Φαρισαῖοι ἔλεγον τοῖς μαθηταῖς αὐτοῦ· διὰ τί μετὰ τῶν τελωνῶν καὶ ἁμαρτωλῶν ἐσθίει ὁ διδάσκαλος ὑμῶν;	Mk 2,16	καὶ οἱ γραμματεῖς τῶν Φαρισαίων ἰδόντες ὅτι ἐσθίει μετὰ τῶν ἁμαρτωλῶν καὶ τελωνῶν ἔλεγον τοῖς μαθηταῖς αὐτοῦ· ὅτι μετὰ τῶν τελωνῶν καὶ ἁμαρτωλῶν ἐσθίει;	Lk 5,30 → Lk 15,2 → Lk 19,7	καὶ ἐγόγγυζον οἱ Φαρισαῖοι καὶ οἱ γραμματεῖς αὐτῶν πρὸς τοὺς μαθητὰς αὐτοῦ λέγοντες· διὰ τί μετὰ τῶν τελωνῶν καὶ ἁμαρτωλῶν ἐσθίετε καὶ πίνετε;	
222	Mt 9,15 (2)	... μὴ δύνανται οἱ υἱοὶ τοῦ νυμφῶνος πενθεῖν ἐφ᾽ ὅσον μετ᾽ αὐτῶν ἐστιν ὁ νυμφίος;	Mk 2,19 (2)	... μὴ δύνανται οἱ υἱοὶ τοῦ νυμφῶνος ἐν ᾧ ὁ νυμφίος μετ᾽ αὐτῶν ἐστιν νηστεύειν;	Lk 5,34	... μὴ δύνασθε τοὺς υἱοὺς τοῦ νυμφῶνος ἐν ᾧ ὁ νυμφίος μετ᾽ αὐτῶν ἐστιν ποιῆσαι νηστεῦσαι;	→ GTh 104
121				ὅσον χρόνον ἔχουσιν τὸν νυμφίον μετ᾽ αὐτῶν οὐ δύνανται νηστεύειν.			
222		ἐλεύσονται δὲ ἡμέραι ὅταν ἀπαρθῇ ἀπ᾽ αὐτῶν ὁ νυμφίος, καὶ τότε νηστεύσουσιν.	Mk 2,20	ἐλεύσονται δὲ ἡμέραι ὅταν ἀπαρθῇ ἀπ᾽ αὐτῶν ὁ νυμφίος, καὶ τότε νηστεύσουσιν ἐν ἐκείνῃ τῇ ἡμέρᾳ.	Lk 5,35	ἐλεύσονται δὲ ἡμέραι, καὶ ὅταν ἀπαρθῇ ἀπ᾽ αὐτῶν ὁ νυμφίος, τότε νηστεύσουσιν ἐν ἐκείναις ταῖς ἡμέραις.	
012			Mk 3,3	 καὶ λέγει τῷ ἀνθρώπῳ τῷ τὴν ξηρὰν χεῖρα ἔχοντι· ἔγειρε εἰς τὸ μέσον.	Lk 6,8 ↑ Lk 5,22 ↓ Mt 12,25 ↓ Lk 11,17	αὐτὸς δὲ ᾔδει τοὺς διαλογισμοὺς αὐτῶν, εἶπεν δὲ τῷ ἀνδρὶ τῷ ξηρὰν ἔχοντι τὴν χεῖρα· ἔγειρε καὶ στῆθι εἰς τὸ μέσον· ...	
121	Mt 12,13	 τότε λέγει τῷ ἀνθρώπῳ· ἔκτεινόν σου τὴν χεῖρα. ...	Mk 3,5	καὶ περιβλεψάμενος αὐτοὺς μετ᾽ ὀργῆς, συλλυπούμενος ἐπὶ τῇ πωρώσει τῆς καρδίας αὐτῶν λέγει τῷ ἀνθρώπῳ· ἔκτεινον τὴν χεῖρα. ...	Lk 6,10 → Lk 13,12	καὶ περιβλεψάμενος πάντας αὐτοὺς εἶπεν αὐτῷ· ἔκτεινον τὴν χεῖρά σου. ...	
112	Mt 10,1	καὶ προσκαλεσάμενος τοὺς δώδεκα μαθητὰς αὐτοῦ ...	Mk 3,14 → Mk 6,7	καὶ ἐποίησεν δώδεκα, [οὓς καὶ ἀποστόλους ὠνόμασεν] ...	Lk 6,13	... καὶ ἐκλεξάμενος ἀπ᾽ αὐτῶν δώδεκα, οὓς καὶ ἀποστόλους ὠνόμασεν·	
112	Mt 12,15 → Mt 4,25	ὁ δὲ Ἰησοῦς γνοὺς ἀνεχώρησεν ἐκεῖθεν. καὶ ἠκολούθησαν αὐτῷ [ὄχλοι] πολλοί, ...	Mk 3,7	καὶ ὁ Ἰησοῦς μετὰ τῶν μαθητῶν αὐτοῦ ἀνεχώρησεν πρὸς τὴν θάλασσαν, καὶ πολὺ πλῆθος ... [ἠκολούθησεν], ...	Lk 6,17	καὶ καταβὰς μετ᾽ αὐτῶν ἔστη ἐπὶ τόπου πεδινοῦ, καὶ ὄχλος πολὺς μαθητῶν αὐτοῦ, καὶ πλῆθος πολὺ τοῦ λαοῦ ...	
012			Mk 3,8	... πλῆθος πολὺ ἀκούοντες ὅσα ἐποίει ἦλθον πρὸς αὐτόν.	Lk 6,18 ↑ Lk 4,40 ↑ Lk 5,15	οἳ ἦλθον ἀκοῦσαι αὐτοῦ καὶ ἰαθῆναι ἀπὸ τῶν νόσων αὐτῶν· ...	
201	Mt 5,3	μακάριοι οἱ πτωχοὶ τῷ πνεύματι, ὅτι αὐτῶν ἐστιν ἡ βασιλεία τῶν οὐρανῶν.			Lk 6,20	... μακάριοι οἱ πτωχοί, ὅτι ὑμετέρα ἐστὶν ἡ βασιλεία τοῦ θεοῦ.	→ GTh 54

200	**Mt 5,10**	μακάριοι οἱ δεδιωγμένοι ἕνεκεν δικαιοσύνης, ὅτι **αὐτῶν** ἐστιν ἡ βασιλεία τῶν οὐρανῶν.					→ GTh 69,1 → GTh 68
102	**Mt 5,12**	... οὕτως γὰρ ἐδίωξαν τοὺς προφήτας τοὺς πρὸ ὑμῶν.			**Lk 6,23**	... κατὰ τὰ αὐτὰ γὰρ ἐποίουν τοῖς προφήταις **οἱ πατέρες αὐτῶν.**	
002					**Lk 6,26**	... κατὰ τὰ αὐτὰ γὰρ ἐποίουν τοῖς ψευδοπροφήταις **οἱ πατέρες αὐτῶν.**	
200	**Mt 6,2**	ὅταν οὖν ποιῇς ἐλεημοσύνην, μὴ σαλπίσῃς ἔμπροσθέν σου, ὥσπερ οἱ ὑποκριταὶ ποιοῦσιν ἐν ταῖς συναγωγαῖς καὶ ἐν ταῖς ῥύμαις, ὅπως δοξασθῶσιν ὑπὸ τῶν ἀνθρώπων· ἀμὴν λέγω ὑμῖν, ἀπέχουσιν **τὸν μισθὸν αὐτῶν.**					→ GTh 6,1 (POxy 654)
200	**Mt 6,5**	καὶ ὅταν προσεύχησθε, οὐκ ἔσεσθε ὡς οἱ ὑποκριταί, ὅτι φιλοῦσιν ἐν ταῖς συναγωγαῖς καὶ ἐν ταῖς γωνίαις τῶν πλατειῶν ἑστῶτες προσεύχεσθαι, ὅπως φανῶσιν τοῖς ἀνθρώποις· ἀμὴν λέγω ὑμῖν, ἀπέχουσιν **τὸν μισθὸν αὐτῶν.**					→ GTh 6,1 (POxy 654)
200	**Mt 6,7**	προσευχόμενοι δὲ μὴ βατταλογήσητε ὥσπερ οἱ ἐθνικοί, δοκοῦσιν γὰρ ὅτι **ἐν τῇ πολυλογίᾳ αὐτῶν** εἰσακουσθήσονται.					
210	**Mt 6,14** → Mt 6,12 → Lk 11,4	ἐὰν γὰρ ἀφῆτε τοῖς ἀνθρώποις **τὰ παραπτώματα αὐτῶν,** ἀφήσει καὶ ὑμῖν ὁ πατὴρ ὑμῶν ὁ οὐράνιος·	**Mk 11,25** → Mt 5,23-24	καὶ ὅταν στήκετε προσευχόμενοι, ἀφίετε **εἴ τι ἔχετε κατά τινος,** ἵνα καὶ ὁ πατὴρ ὑμῶν ὁ ἐν τοῖς οὐρανοῖς ἀφῇ ὑμῖν τὰ παραπτώματα ὑμῶν.			
200 200	**Mt 6,16** (2)	ὅταν δὲ νηστεύητε, μὴ γίνεσθε ὡς οἱ ὑποκριταὶ σκυθρωποί, ἀφανίζουσιν γὰρ **τὰ πρόσωπα αὐτῶν** ὅπως φανῶσιν τοῖς ἀνθρώποις νηστεύοντες· ἀμὴν λέγω ὑμῖν, ἀπέχουσιν **τὸν μισθὸν αὐτῶν.**					→ GTh 6,1 (POxy 654) → GTh 27 (POxy 1)
c 201	**Mt 6,26**	... καὶ ὁ πατὴρ ὑμῶν ὁ οὐράνιος τρέφει αὐτά· οὐχ ὑμεῖς μᾶλλον διαφέρετε **αὐτῶν;**			**Lk 12,24**	... καὶ ὁ θεὸς τρέφει αὐτούς· πόσῳ μᾶλλον ὑμεῖς διαφέρετε **τῶν πετεινῶν.**	

200	Mt 7,6	... μηδὲ βάλητε τοὺς μαργαρίτας ὑμῶν ἔμπροσθεν τῶν χοίρων, μήποτε καταπατήσουσιν αὐτοὺς **ἐν τοῖς ποσὶν αὐτῶν** καὶ στραφέντες ῥήξωσιν ὑμᾶς.					→ GTh 93
201	Mt 7,16 ⇩ Mt 7,20 ⇨ Mt 12,33	**ἀπὸ τῶν καρπῶν αὐτῶν** ἐπιγνώσεσθε αὐτούς. ...			Lk 6,44	ἕκαστον γὰρ δένδρον **ἐκ τοῦ ἰδίου καρποῦ** γινώσκεται· ...	
200	Mt 7,20 ⇧ Mt 7,16 → Mt 12,33 ↑ Lk 6,44	ἄρα γε **ἀπὸ τῶν καρπῶν αὐτῶν** ἐπιγνώσεσθε αὐτούς.					
211	Mt 7,29 → Mt 22,33	[28] ... ἐξεπλήσσοντο οἱ ὄχλοι ἐπὶ τῇ διδαχῇ αὐτοῦ· [29] ἦν γὰρ διδάσκων αὐτοὺς ὡς ἐξουσίαν ἔχων καὶ **οὐχ ὡς οἱ γραμματεῖς αὐτῶν.**	Mk 1,22 → Mk 1,27 → Mk 11,18	καὶ ἐξεπλήσσοντο ἐπὶ τῇ διδαχῇ αὐτοῦ· ἦν γὰρ διδάσκων αὐτοὺς ὡς ἐξουσίαν ἔχων καὶ **οὐχ ὡς οἱ γραμματεῖς.**	Lk 4,32 → Lk 4,36	καὶ ἐξεπλήσσοντο ἐπὶ τῇ διδαχῇ αὐτοῦ, ὅτι ἐν ἐξουσίᾳ ἦν ὁ λόγος αὐτοῦ.	
211	Mt 8,30	ἦν δὲ **μακρὰν ἀπ' αὐτῶν** ἀγέλη χοίρων πολλῶν βοσκομένη.	Mk 5,11	ἦν δὲ **ἐκεῖ** πρὸς τῷ ὄρει ἀγέλη χοίρων μεγάλη βοσκομένη·	Lk 8,32	ἦν δὲ **ἐκεῖ** ἀγέλη χοίρων ἱκανῶν βοσκομένη ἐν τῷ ὄρει· ...	
222	Mt 8,34	... καὶ ἰδόντες αὐτὸν παρεκάλεσαν ὅπως μεταβῇ **ἀπὸ τῶν ὁρίων αὐτῶν.**	Mk 5,17	καὶ ἤρξαντο παρακαλεῖν αὐτὸν ἀπελθεῖν **ἀπὸ τῶν ὁρίων αὐτῶν.**	Lk 8,37	καὶ ἠρώτησεν αὐτὸν ἅπαν τὸ πλῆθος τῆς περιχώρου τῶν Γερασηνῶν ἀπελθεῖν **ἀπ' αὐτῶν, ...**	
222	Mt 9,2	... καὶ ἰδὼν ὁ Ἰησοῦς **τὴν πίστιν αὐτῶν** εἶπεν τῷ παραλυτικῷ· θάρσει, τέκνον, ἀφίενταί σου αἱ ἁμαρτίαι.	Mk 2,5	καὶ ἰδὼν ὁ Ἰησοῦς **τὴν πίστιν αὐτῶν** λέγει τῷ παραλυτικῷ· τέκνον, ἀφίενταί σου αἱ ἁμαρτίαι.	Lk 5,20 → Lk 7,48	καὶ ἰδὼν **τὴν πίστιν αὐτῶν** εἶπεν· ἄνθρωπε, ἀφέωνταί σοι αἱ ἁμαρτίαι σου.	
212	Mt 9,4 ↓ Mt 12,25	καὶ ἰδὼν ὁ Ἰησοῦς **τὰς ἐνθυμήσεις αὐτῶν** εἶπεν· ἱνατί ἐνθυμεῖσθε πονηρὰ ἐν ταῖς καρδίαις ὑμῶν;	Mk 2,8	καὶ εὐθὺς ἐπιγνοὺς ὁ Ἰησοῦς τῷ πνεύματι αὐτοῦ **ὅτι οὕτως διαλογίζονται ἐν ἑαυτοῖς** λέγει αὐτοῖς· τί ταῦτα διαλογίζεσθε ἐν ταῖς καρδίαις ὑμῶν;	Lk 5,22 ↑ Lk 6,8 ↓ Lk 11,17	ἐπιγνοὺς δὲ ὁ Ἰησοῦς **τοὺς διαλογισμοὺς αὐτῶν** ἀποκριθεὶς εἶπεν πρὸς αὐτούς· τί διαλογίζεσθε ἐν ταῖς καρδίαις ὑμῶν;	
222	Mt 9,15 (2)	... μὴ δύνανται οἱ υἱοὶ τοῦ νυμφῶνος πενθεῖν ἐφ' ὅσον **μετ' αὐτῶν** ἐστιν ὁ νυμφίος;	Mk 2,19 (2)	... μὴ δύνανται οἱ υἱοὶ τοῦ νυμφῶνος ἐν ᾧ ὁ νυμφίος **μετ' αὐτῶν** ἐστιν νηστεύειν; ὅσον χρόνον ἔχουσιν τὸν νυμφίον μετ' αὐτῶν οὐ δύνανται νηστεύειν.	Lk 5,34	... μὴ δύνασθε τοὺς υἱοὺς τοῦ νυμφῶνος ἐν ᾧ ὁ νυμφίος **μετ' αὐτῶν** ἐστιν ποιῆσαι νηστεῦσαι;	→ GTh 104
222		ἐλεύσονται δὲ ἡμέραι ὅταν ἀπαρθῇ **ἀπ' αὐτῶν** ὁ νυμφίος, καὶ τότε νηστεύσουσιν.	Mk 2,20	ἐλεύσονται δὲ ἡμέραι ὅταν ἀπαρθῇ **ἀπ' αὐτῶν** ὁ νυμφίος, καὶ τότε νηστεύσουσιν ἐν ἐκείνῃ τῇ ἡμέρᾳ.	Lk 5,35	ἐλεύσονται δὲ ἡμέραι, καὶ ὅταν ἀπαρθῇ **ἀπ' αὐτῶν** ὁ νυμφίος, τότε νηστεύσουσιν ἐν ἐκείναις ταῖς ἡμέραις.	

200	Mt 9,29 ⇩ Mt 20,34 → Mk 8,23.25	τότε ἥψατο **τῶν ὀφθαλμῶν αὐτῶν** λέγων· κατὰ τὴν πίστιν ὑμῶν γενηθήτω ὑμῖν.	Mk 10,52	καὶ ὁ Ἰησοῦς εἶπεν αὐτῷ· ὕπαγε, ἡ πίστις σου σέσωκέν σε.	Lk 18,42	καὶ ὁ Ἰησοῦς εἶπεν αὐτῷ· ἀνάβλεψον· ἡ πίστις σου σέσωκέν σε.	
a 200	Mt 9,30	καὶ **ἠνεῴχθησαν αὐτῶν οἱ ὀφθαλμοί.** καὶ ἐνεβριμήθη αὐτοῖς ὁ Ἰησοῦς λέγων· ὁρᾶτε μηδεὶς γινωσκέτω.		καὶ εὐθὺς **ἀνέβλεψεν,** καὶ ἠκολούθει αὐτῷ ἐν τῇ ὁδῷ.	Lk 18,43	καὶ παραχρῆμα **ἀνέβλεψεν** καὶ ἠκολούθει αὐτῷ δοξάζων τὸν θεόν. ...	
b 201	Mt 9,32 ⇨ Mt 12,22	**αὐτῶν δὲ ἐξερχομένων** ἰδοὺ προσήνεγκαν αὐτῷ ἄνθρωπον κωφὸν δαιμονιζόμενον.			Lk 11,14	καὶ ἦν ἐκβάλλων δαιμόνιον [καὶ αὐτὸ ἦν] κωφόν· ...	
210	Mt 9,35 ⇧ Mt 4,23 → Mk 1,21	καὶ περιῆγεν ὁ Ἰησοῦς τὰς πόλεις πάσας καὶ τὰς κώμας διδάσκων **ἐν ταῖς συναγωγαῖς αὐτῶν** καὶ κηρύσσων τὸ εὐαγγέλιον τῆς βασιλείας καὶ θεραπεύων πᾶσαν νόσον καὶ πᾶσαν μαλακίαν.	Mk 6,6 ↑ Mk 1,39	... καὶ περιῆγεν τὰς κώμας κύκλῳ διδάσκων.	Lk 8,1 ↑ Lk 4,15 ↑ Lk 4,44 → Lk 13,22	... καὶ αὐτὸς διώδευεν κατὰ πόλιν καὶ κώμην κηρύσσων καὶ εὐαγγελιζόμενος τὴν βασιλείαν τοῦ θεοῦ καὶ οἱ δώδεκα σὺν αὐτῷ	
200	Mt 9,36 ⇩ Mt 14,14	ἰδὼν δὲ τοὺς ὄχλους ἐσπλαγχνίσθη **περὶ αὐτῶν,** ...	Mk 6,34	καὶ ἐξελθὼν εἶδεν πολὺν ὄχλον, καὶ ἐσπλαγχνίσθη **ἐπ᾽ αὐτοὺς,** ...			
211	Mt 10,17 ⇩ Mt 24,9 ↓ Mt 23,34	προσέχετε δὲ ἀπὸ τῶν ἀνθρώπων· παραδώσουσιν γὰρ ὑμᾶς εἰς συνέδρια καὶ **ἐν ταῖς συναγωγαῖς αὐτῶν** μαστιγώσουσιν ὑμᾶς·	Mk 13,9	βλέπετε δὲ ὑμεῖς ἑαυτούς· παραδώσουσιν ὑμᾶς εἰς συνέδρια καὶ **εἰς συναγωγὰς** δαρήσεσθε ...	Lk 21,12 ↓ Lk 11,49 → Lk 12,11	πρὸ δὲ τούτων πάντων ἐπιβαλοῦσιν ἐφ᾽ ὑμᾶς τὰς χεῖρας αὐτῶν καὶ διώξουσιν, παραδιδόντες **εἰς τὰς συναγωγὰς καὶ φυλακάς,** ...	
202	Mt 10,29	οὐχὶ δύο στρουθία ἀσσαρίου πωλεῖται; καὶ ἓν **ἐξ αὐτῶν** οὐ πεσεῖται ἐπὶ τὴν γῆν ἄνευ τοῦ πατρὸς ὑμῶν.			Lk 12,6	οὐχὶ πέντε στρουθία πωλοῦνται ἀσσαρίων δύο; καὶ ἓν **ἐξ αὐτῶν** οὐκ ἔστιν ἐπιλελησμένον ἐνώπιον τοῦ θεοῦ.	
200	Mt 11,1	καὶ ἐγένετο ὅτε ἐτέλεσεν ὁ Ἰησοῦς διατάσσων τοῖς δώδεκα μαθηταῖς αὐτοῦ, μετέβη ἐκεῖθεν τοῦ διδάσκειν καὶ κηρύσσειν **ἐν ταῖς πόλεσιν αὐτῶν.**					
b 002 002					Lk 7,42 (2)	**μὴ ἐχόντων αὐτῶν** ἀποδοῦναι ἀμφοτέροις ἐχαρίσατο. τίς οὖν **αὐτῶν** πλεῖον ἀγαπήσει αὐτόν;	
211	Mt 12,9	καὶ μεταβὰς ἐκεῖθεν ἦλθεν **εἰς τὴν συναγωγὴν αὐτῶν·**	Mk 3,1	καὶ εἰσῆλθεν πάλιν **εἰς τὴν συναγωγήν.** ...	Lk 6,6 → Lk 13,10 → Lk 14,1	ἐγένετο δὲ ἐν ἑτέρῳ σαββάτῳ εἰσελθεῖν αὐτὸν **εἰς τὴν συναγωγὴν** καὶ διδάσκειν. ...	
a 202	Mt 12,25 ↑ Mt 9,4	εἰδὼς δὲ **τὰς ἐνθυμήσεις αὐτῶν** εἶπεν αὐτοῖς· ...	Mk 3,23	καὶ προσκαλεσάμενος αὐτοὺς ἐν παραβολαῖς ἔλεγεν αὐτοῖς· ...	Lk 11,17 ↑ Lk 5,22 ↑ Lk 6,8	αὐτὸς δὲ εἰδὼς **αὐτῶν τὰ διανοήματα** εἶπεν αὐτοῖς· ...	Mk-Q overlap

200	Mt 13,15 → Mk 4,12	*ἐπαχύνθη γὰρ ἡ καρδία τοῦ λαοῦ τούτου, καὶ τοῖς ὠσὶν βαρέως ἤκουσαν καὶ* **τοὺς ὀφθαλμοὺς αὐτῶν** *ἐκάμμυσαν, ...* ➤ Isa 6,10 LXX					→ Jn 12,40 → Acts 28,27
112	Mt 13,19	παντὸς ἀκούοντος τὸν λόγον τῆς βασιλείας καὶ μὴ συνιέντος, ἔρχεται ὁ πονηρὸς καὶ ἁρπάζει τὸ ἐσπαρμένον **ἐν τῇ καρδίᾳ αὐτοῦ,** οὗτός ἐστιν ὁ παρὰ τὴν ὁδὸν σπαρείς.	Mk 4,15	οὗτοι δέ εἰσιν οἱ παρὰ τὴν ὁδόν· ὅπου σπείρεται ὁ λόγος καὶ ὅταν ἀκούσωσιν, εὐθὺς ἔρχεται ὁ σατανᾶς καὶ αἴρει τὸν λόγον τὸν ἐσπαρμένον **εἰς αὐτούς.**	Lk 8,12	οἱ δὲ παρὰ τὴν ὁδόν εἰσιν οἱ ἀκούσαντες, εἶτα ἔρχεται ὁ διάβολος καὶ αἴρει τὸν λόγον **ἀπὸ τῆς καρδίας αὐτῶν,** ἵνα μὴ πιστεύσαντες σωθῶσιν.	
200	Mt 13,43 → Mt 25,46	τότε οἱ δίκαιοι ἐκλάμψουσιν ὡς ὁ ἥλιος **ἐν τῇ βασιλείᾳ τοῦ πατρὸς αὐτῶν. ...**					
b 112	Mt 8,24	καὶ ἰδοὺ σεισμὸς μέγας ἐγένετο ... αὐτὸς δὲ ἐκάθευδεν.	Mk 4,37	καὶ γίνεται λαῖλαψ μεγάλη ἀνέμου, ... [38] καὶ αὐτὸς ἦν ἐν τῇ πρύμνῃ ἐπὶ τὸ προσκεφάλαιον καθεύδων. ...	Lk 8,23	**πλεόντων δὲ αὐτῶν** ἀφύπνωσεν. καὶ κατέβη λαῖλαψ ἀνέμου ...	
222	Mt 8,34	... καὶ ἰδόντες αὐτὸν παρεκάλεσαν ὅπως μεταβῇ **ἀπὸ τῶν ὁρίων αὐτῶν.**	Mk 5,17	καὶ ἤρξαντο παρακαλεῖν αὐτὸν ἀπελθεῖν **ἀπὸ τῶν ὁρίων αὐτῶν.**	Lk 8,37	καὶ ἠρώτησεν αὐτὸν ἅπαν τὸ πλῆθος τῆς περιχώρου τῶν Γερασηνῶν ἀπελθεῖν **ἀπ' αὐτῶν, ...**	
211	Mt 13,54	... ἐδίδασκεν αὐτοὺς **ἐν τῇ συναγωγῇ αὐτῶν, ...**	Mk 6,2	καὶ γενομένου σαββάτου ἤρξατο διδάσκειν **ἐν τῇ συναγωγῇ, ...**	Lk 4,16	... καὶ εἰσῆλθεν κατὰ τὸ εἰωθὸς αὐτῷ ἐν τῇ ἡμέρᾳ τῶν σαββάτων **εἰς τὴν συναγωγὴν** καὶ ἀνέστη ἀναγνῶναι.	
220	Mt 13,58	καὶ οὐκ ἐποίησεν ἐκεῖ δυνάμεις πολλὰς **διὰ τὴν ἀπιστίαν αὐτῶν.**	Mk 6,6	[5] καὶ οὐκ ἐδύνατο ἐκεῖ ποιῆσαι οὐδεμίαν δύναμιν, εἰ μὴ ὀλίγοις ἀρρώστοις ἐπιθεὶς τὰς χεῖρας ἐθεράπευσεν· [6] καὶ ἐθαύμαζεν **διὰ τὴν ἀπιστίαν αὐτῶν. ...**	Lk 4,28 → Lk 6,11	καὶ ἐπλήσθησαν πάντες **θυμοῦ** ἐν τῇ συναγωγῇ ἀκούοντες ταῦτα	
211	Mt 14,14 ⇧ Mt 9,36 ↓ Mt 15,32	καὶ ἐξελθὼν εἶδεν πολὺν ὄχλον, καὶ ἐσπλαγχνίσθη ἐπ' αὐτοῖς καὶ ἐθεράπευσεν **τοὺς ἀρρώστους αὐτῶν.**	Mk 6,34 → Mk 8,2	καὶ ἐξελθὼν εἶδεν πολὺν ὄχλον, καὶ ἐσπλαγχνίσθη ἐπ' αὐτούς, ... καὶ ἤρξατο διδάσκειν αὐτοὺς πολλά.	Lk 9,11	... καὶ ἀποδεξάμενος αὐτοὺς ἐλάλει αὐτοῖς περὶ τῆς βασιλείας τοῦ θεοῦ, καὶ **τοὺς χρείαν ἔχοντας θεραπείας** ἰᾶτο.	
120	Mt 14,27	εὐθὺς δὲ ἐλάλησεν [ὁ Ἰησοῦς] αὐτοῖς λέγων· θαρσεῖτε, ἐγώ εἰμι· μὴ φοβεῖσθε.	Mk 6,50	... ὁ δὲ εὐθὺς ἐλάλησεν **μετ' αὐτῶν,** καὶ λέγει αὐτοῖς· θαρσεῖτε, ἐγώ εἰμι· μὴ φοβεῖσθε.			→ Jn 6,20

b 210	Mt 14,32	καὶ **ἀναβάντων αὐτῶν** εἰς τὸ πλοῖον ἐκόπασεν ὁ ἄνεμος.	Mk 6,51	καὶ **ἀνέβη πρὸς αὐτοὺς** εἰς τὸ πλοῖον καὶ ἐκόπασεν ὁ ἄνεμος, ...			→ Jn 6,21
a 020			Mk 6,52 → Mt 16,9 → Mk 8,17	οὐ γὰρ συνῆκαν ἐπὶ τοῖς ἄρτοις, ἀλλ' ἦν **αὐτῶν ἡ καρδία** πεπωρωμένη.			
b 120	Mt 14,35	καὶ ἐπιγνόντες αὐτὸν οἱ ἄνδρες τοῦ τόπου ἐκείνου ...	Mk 6,54	καὶ **ἐξελθόντων αὐτῶν** ἐκ τοῦ πλοίου εὐθὺς ἐπιγνόντες αὐτὸν			
210	Mt 15,2 → Mt 15,20	διὰ τί οἱ μαθηταί σου παραβαίνουσιν τὴν παράδοσιν τῶν πρεσβυτέρων; οὐ γὰρ νίπτονται **τὰς χεῖρας [αὐτῶν]** ὅταν ἄρτον ἐσθίωσιν.	Mk 7,5	... διὰ τί οὐ περιπατοῦσιν οἱ μαθηταί σου κατὰ τὴν παράδοσιν τῶν πρεσβυτέρων, ἀλλὰ **κοιναῖς χερσὶν** ἐσθίουσιν τὸν ἄρτον;			
220	Mt 15,8	*ὁ λαὸς οὗτος τοῖς* *χείλεσίν με τιμᾷ,* ***ἡ δὲ καρδία αὐτῶν*** *πόρρω ἀπέχει ἀπ' ἐμοῦ·* ➤ Isa 29,13 LXX	Mk 7,6	... *οὗτος ὁ λαὸς τοῖς* *χείλεσίν με τιμᾷ,* ***ἡ δὲ καρδία αὐτῶν*** *πόρρω ἀπέχει ἀπ' ἐμοῦ·* ➤ Isa 29,13 LXX			
210	Mt 15,27	... ναὶ κύριε, καὶ γὰρ τὰ κυνάρια ἐσθίει ἀπὸ τῶν ψιχίων τῶν πιπτόντων **ἀπὸ τῆς τραπέζης** **τῶν κυρίων αὐτῶν.**	Mk 7,28	... κύριε· καὶ τὰ κυνάρια ὑποκάτω τῆς τραπέζης ἐσθίουσιν ἀπὸ τῶν ψιχίων τῶν παιδίων.			
120 120	Mt 15,32 → Mt 14,15	... καὶ ἀπολῦσαι αὐτοὺς νήστεις οὐ θέλω, μήποτε ἐκλυθῶσιν ἐν τῇ ὁδῷ.	Mk 8,3 (2) → Mk 6,36	καὶ ἐὰν ἀπολύσω αὐτοὺς νήστεις **εἰς οἶκον αὐτῶν,** ἐκλυθήσονται ἐν τῇ ὁδῷ· καί **τινες αὐτῶν** ἀπὸ μακρόθεν ἥκασιν.	→ Lk 9,12		
221	Mt 17,2	καὶ μετεμορφώθη **ἔμπροσθεν αὐτῶν, ...**	Mk 9,2	... καὶ μετεμορφώθη **ἔμπροσθεν αὐτῶν**	Lk 9,29	καὶ ἐγένετο ἐν τῷ προσεύχεσθαι αὐτὸν τὸ εἶδος τοῦ προσώπου αὐτοῦ ἕτερον ...	
200	Mt 17,6 → Mk 9,6	καὶ ἀκούσαντες οἱ μαθηταὶ ἔπεσαν **ἐπὶ πρόσωπον αὐτῶν** καὶ ἐφοβήθησαν σφόδρα.					
c 200	Mt 17,7	καὶ προσῆλθεν ὁ Ἰησοῦς καὶ ἁψάμενος **αὐτῶν** εἶπεν· ἐγέρθητε καὶ μὴ φοβεῖσθε.					
211	Mt 17,8	**ἐπάραντες δὲ τοὺς** **ὀφθαλμοὺς αὐτῶν** οὐδένα εἶδον εἰ μὴ αὐτὸν Ἰησοῦν μόνον.	Mk 9,8	καὶ ἐξάπινα **περιβλεψάμενοι** οὐκέτι οὐδένα εἶδον ἀλλὰ τὸν Ἰησοῦν μόνον μεθ' ἑαυτῶν.	Lk 9,36	καὶ ἐν τῷ γενέσθαι τὴν φωνὴν εὑρέθη Ἰησοῦς μόνος. ...	

b 222	Mt 17,9	καὶ **καταβαινόντων αὐτῶν** ἐκ τοῦ ὄρους ...	Mk 9,9	καὶ **καταβαινόντων αὐτῶν** ἐκ τοῦ ὄρους ...	Lk 9,37	ἐγένετο δὲ τῇ ἑξῆς ἡμέρᾳ **κατελθόντων αὐτῶν** ἀπὸ τοῦ ὄρους ...	
210	Mt 17,12	... οὕτως καὶ ὁ υἱὸς τοῦ ἀνθρώπου μέλλει πάσχειν **ὑπ' αὐτῶν.**	Mk 9,12	... καὶ πῶς γέγραπται ἐπὶ τὸν υἱὸν τοῦ ἀνθρώπου ἵνα πολλὰ πάθῃ καὶ ἐξουδενηθῇ;			
b 210	Mt 17,22	**συστρεφομένων δὲ αὐτῶν** ἐν τῇ Γαλιλαίᾳ ...	Mk 9,30	κἀκεῖθεν ἐξελθόντες **παρεπορεύοντο** διὰ τῆς Γαλιλαίας, καὶ οὐκ ἤθελεν ἵνα τις γνοῖ·			
112	Mt 17,23	 ... καὶ ἐλυπήθησαν σφόδρα.	Mk 9,32	οἱ δὲ ἠγνόουν τὸ ῥῆμα, καὶ ἐφοβοῦντο αὐτὸν ἐπερωτῆσαι.	Lk 9,45 ↓ Lk 18,34	οἱ δὲ ἠγνόουν τὸ ῥῆμα τοῦτο καὶ ἦν παρακεκαλυμμένον **ἀπ' αὐτῶν** ἵνα μὴ αἴσθωνται αὐτό, καὶ ἐφοβοῦντο ἐρωτῆσαι αὐτὸν περὶ τοῦ ῥήματος τούτου.	
b 210	Mt 17,24	**ἐλθόντων δὲ αὐτῶν** εἰς Καφαρναοὺμ ...	Mk 9,33	**καὶ ἦλθον** εἰς Καφαρναούμ. ↔			
200	Mt 17,25	... οἱ βασιλεῖς τῆς γῆς ἀπὸ τίνων λαμβάνουσιν τέλη ἢ κῆνσον; **ἀπὸ τῶν υἱῶν αὐτῶν** ἢ ἀπὸ τῶν ἀλλοτρίων;					
112	Mt 18,1	ἐν ἐκείνῃ τῇ ὥρᾳ προσῆλθον οἱ μαθηταὶ τῷ Ἰησοῦ λέγοντες· τίς ἄρα μείζων ἐστὶν ἐν τῇ βασιλείᾳ τῶν οὐρανῶν;	Mk 9,34	↔ [33] καὶ ἐν τῇ οἰκίᾳ γενόμενος ἐπηρώτα αὐτούς· τί ἐν τῇ ὁδῷ διελογίζεσθε; [34] οἱ δὲ ἐσιώπων· πρὸς ἀλλήλους γὰρ διελέχθησαν ἐν τῇ ὁδῷ τίς μείζων.	Lk 9,46 ↓ Lk 22,24	εἰσῆλθεν δὲ διαλογισμὸς ἐν αὐτοῖς, τὸ τίς ἂν εἴη μείζων **αὐτῶν.**	→ GTh 12
112 221	Mt 18,2	 καὶ προσκαλεσάμενος παιδίον ἔστησεν αὐτὸ **ἐν μέσῳ αὐτῶν**	Mk 9,36	 καὶ λαβὼν παιδίον ἔστησεν αὐτὸ **ἐν μέσῳ αὐτῶν** ...	Lk 9,47	ὁ δὲ Ἰησοῦς εἰδὼς τὸν διαλογισμὸν **τῆς καρδίας αὐτῶν,** ἐπιλαβόμενος παιδίον ἔστησεν αὐτὸ **παρ' ἑαυτῷ**	
020			Mk 9,48	ὅπου ***ὁ σκώληξ αὐτῶν*** *οὐ τελευτᾷ καὶ τὸ πῦρ* *οὐ σβέννυται.* ➤ Isa 66,24			
200	Mt 18,10 → Mt 18,6 → Mk 9,42 → Lk 17,2	ὁρᾶτε μὴ καταφρονήσητε ἑνὸς τῶν μικρῶν τούτων· λέγω γὰρ ὑμῖν ὅτι **οἱ ἄγγελοι αὐτῶν** ἐν οὐρανοῖς διὰ παντὸς βλέπουσι τὸ πρόσωπον τοῦ πατρός μου τοῦ ἐν οὐρανοῖς.					

202	Mt 18,12	... ἐὰν γένηταί τινι ἀνθρώπῳ ἑκατὸν πρόβατα καὶ πλανηθῇ ἓν **ἐξ αὐτῶν**, οὐχὶ ἀφήσει τὰ ἐνενήκοντα ἐννέα ἐπὶ τὰ ὄρη καὶ πορευθεὶς ζητεῖ τὸ πλανώμενον;			Lk 15,4	τίς ἄνθρωπος ἐξ ὑμῶν ἔχων ἑκατὸν πρόβατα καὶ ἀπολέσας **ἐξ αὐτῶν** ἓν οὐ καταλείπει τὰ ἐνενήκοντα ἐννέα ἐν τῇ ἐρήμῳ καὶ πορεύεται ἐπὶ τὸ ἀπολωλὸς ...	→ GTh 107
c 200	Mt 18,17	ἐὰν δὲ παρακούσῃ **αὐτῶν**, εἰπὲ τῇ ἐκκλησίᾳ· ...					
200	Mt 18,20	οὗ γάρ εἰσιν δύο ἢ τρεῖς συνηγμένοι εἰς τὸ ἐμὸν ὄνομα, ἐκεῖ εἰμι **ἐν μέσῳ αὐτῶν**.					→ GTh 30 (POxy 1) → GTh 48 → GTh 106
b 102	Mt 8,19	καὶ προσελθὼν εἷς γραμματεὺς εἶπεν αὐτῷ· διδάσκαλε, ἀκολουθήσω σοι ὅπου ἐὰν ἀπέρχῃ.			Lk 9,57	καὶ **πορευομένων αὐτῶν** ἐν τῇ ὁδῷ εἶπέν τις πρὸς αὐτόν· ἀκολουθήσω σοι ὅπου ἐὰν ἀπέρχῃ.	
102	Mt 10,12	εἰσερχόμενοι δὲ εἰς τὴν οἰκίαν ...			Lk 10,7 ⇩ Lk 9,4	[5] εἰς ἣν δ' ἂν εἰσέλθητε οἰκίαν, ... [7] ἐν αὐτῇ δὲ τῇ οἰκίᾳ μένετε, ἐσθίοντες καὶ πίνοντες τὰ **παρ' αὐτῶν**· ... μὴ μεταβαίνετε ἐξ οἰκίας εἰς οἰκίαν.	Mk-Q overlap
	Mt 10,11 ⇨ Lk 10,8	εἰς ἣν δ' ἂν πόλιν ἢ κώμην εἰσέλθητε, ... κἀκεῖ μείνατε ἕως ἂν ἐξέλθητε.	Mk 6,10	... ὅπου ἐὰν εἰσέλθητε εἰς οἰκίαν, ἐκεῖ μένετε ἕως ἂν ἐξέλθητε ἐκεῖθεν.	Lk 9,4 ⇧ Lk 10,5 ⇧ Lk 10,7	καὶ εἰς ἣν ἂν οἰκίαν εἰσέλθητε, ἐκεῖ μένετε καὶ ἐκεῖθεν ἐξέρχεσθε.	
102	Mt 12,24 ⇩ Mt 9,34	οἱ δὲ Φαρισαῖοι ἀκούσαντες εἶπον· οὗτος οὐκ ἐκβάλλει τὰ δαιμόνια εἰ μὴ ἐν τῷ Βεελζεβοὺλ ἄρχοντι τῶν δαιμονίων.	Mk 3,22	καὶ οἱ γραμματεῖς οἱ ἀπὸ Ἱεροσολύμων καταβάντες ἔλεγον ὅτι Βεελζεβοὺλ ἔχει, καὶ ὅτι ἐν τῷ ἄρχοντι τῶν δαιμονίων ἐκβάλλει τὰ δαιμόνια.	Lk 11,15 → Lk 11,18	τινὲς δὲ **ἐξ αὐτῶν** εἶπον· ἐν Βεελζεβοὺλ τῷ ἄρχοντι τῶν δαιμονίων ἐκβάλλει τὰ δαιμόνια·	Mk-Q overlap
	Mt 9,34 ⇧ Mt 12,24	οἱ δὲ Φαρισαῖοι ἔλεγον· ἐν τῷ ἄρχοντι τῶν δαιμονίων ἐκβάλλει τὰ δαιμόνια.					
a 202	Mt 12,25 ↑ Mt 9,4	εἰδὼς δὲ **τὰς ἐνθυμήσεις** **αὐτῶν** εἶπεν αὐτοῖς· ...	Mk 3,23	καὶ προσκαλεσάμενος αὐτοὺς ἐν παραβολαῖς ἔλεγεν αὐτοῖς· ...	Lk 11,17 ↑ Lk 5,22 ↑ Lk 6,8	αὐτὸς δὲ εἰδὼς **αὐτῶν** **τὰ διανοήματα** εἶπεν αὐτοῖς· ...	Mk-Q overlap
202	Mt 23,34 (2) ↑ Mt 10,17	διὰ τοῦτο ἰδοὺ ἐγὼ ἀποστέλλω πρὸς ὑμᾶς προφήτας καὶ σοφοὺς καὶ γραμματεῖς· **ἐξ αὐτῶν** ἀποκτενεῖτε ... καὶ διώξετε ...			Lk 11,49 ↓ Lk 21,12	διὰ τοῦτο καὶ ἡ σοφία τοῦ θεοῦ εἶπεν· ἀποστελῶ εἰς αὐτοὺς προφήτας καὶ ἀποστόλους, καὶ **ἐξ αὐτῶν** ἀποκτενοῦσιν καὶ διώξουσιν	
202	Mt 10,29	οὐχὶ δύο στρουθία ἀσσαρίου πωλεῖται; καὶ ἓν **ἐξ αὐτῶν** οὐ πεσεῖται ἐπὶ τὴν γῆν ἄνευ τοῦ πατρὸς ὑμῶν.			Lk 12,6	οὐχὶ πέντε στρουθία πωλοῦνται ἀσσαρίων δύο; καὶ ἓν **ἐξ αὐτῶν** οὐκ ἔστιν ἐπιλελησμένον ἐνώπιον τοῦ θεοῦ.	

002					Lk 13,1	... περὶ τῶν Γαλιλαίων ὧν τὸ αἷμα Πιλᾶτος ἔμιξεν **μετὰ τῶν θυσιῶν αὐτῶν.**	
202	Mt 18,12	... ἐὰν γένηταί τινι ἀνθρώπῳ ἑκατὸν πρόβατα καὶ πλανηθῇ ἓν **ἐξ αὐτῶν,** οὐχὶ ἀφήσει τὰ ἐνενήκοντα ἐννέα ἐπὶ τὰ ὄρη καὶ πορευθεὶς ζητεῖ τὸ πλανώμενον;			Lk 15,4	τίς ἄνθρωπος ἐξ ὑμῶν ἔχων ἑκατὸν πρόβατα καὶ ἀπολέσας **ἐξ αὐτῶν** ἓν οὐ καταλείπει τὰ ἐνενήκοντα ἐννέα ἐν τῇ ἐρήμῳ καὶ πορεύεται ἐπὶ τὸ ἀπολωλὸς ...	→ GTh 107
002					Lk 15,12	καὶ εἶπεν **ὁ νεώτερος αὐτῶν** τῷ πατρί· πάτερ, δός μοι τὸ ἐπιβάλλον μέρος τῆς οὐσίας. ...	
002					Lk 16,4	ἔγνων τί ποιήσω, ἵνα ὅταν μετασταθῶ ἐκ τῆς οἰκονομίας δέξωνταί με **εἰς τοὺς οἴκους αὐτῶν.**	
c 002					Lk 16,29	... ἔχουσι Μωϋσέα καὶ τοὺς προφήτας· ἀκουσάτωσαν **αὐτῶν.**	
002					Lk 17,15	εἷς δὲ **ἐξ αὐτῶν,** ἰδὼν ὅτι ἰάθη, ὑπέστρεψεν μετὰ φωνῆς μεγάλης δοξάζων τὸν θεόν	
002					Lk 18,8	λέγω ὑμῖν ὅτι ποιήσει **τὴν ἐκδίκησιν αὐτῶν** ἐν τάχει. ...	
c 122	Mt 19,13	τότε προσηνέχθησαν αὐτῷ παιδία ἵνα τὰς χεῖρας ἐπιθῇ **αὐτοῖς** καὶ προσεύξηται· ...	Mk 10,13	καὶ προσέφερον αὐτῷ παιδία ἵνα **αὐτῶν** ἅψηται· ...	Lk 18,15	προσέφερον δὲ αὐτῷ καὶ τὰ βρέφη ἵνα **αὐτῶν** ἅπτηται· ...	→ GTh 22
200	Mt 20,13	ὁ δὲ ἀποκριθεὶς **ἑνὶ αὐτῶν** εἶπεν· ἑταῖρε, οὐκ ἀδικῶ σε· ...					
002					Lk 18,34 ↑ Lk 9,45	καὶ αὐτοὶ οὐδὲν τούτων συνῆκαν καὶ ἦν τὸ ῥῆμα τοῦτο κεκρυμμένον **ἀπ' αὐτῶν** καὶ οὐκ ἐγίνωσκον τὰ λεγόμενα.	
c 222 c 122 c 221	Mt 20,25 (2)	... οἴδατε ὅτι οἱ ἄρχοντες τῶν ἐθνῶν κατακυριεύουσιν **αὐτῶν** καὶ **οἱ μεγάλοι** κατεξουσιάζουσιν **αὐτῶν.**	Mk 10,42 (3)	... οἴδατε ὅτι οἱ δοκοῦντες ἄρχειν τῶν ἐθνῶν κατακυριεύουσιν **αὐτῶν** καὶ **οἱ μεγάλοι αὐτῶν** κατεξουσιάζουσιν **αὐτῶν.**	Lk 22,25 (2)	... οἱ βασιλεῖς τῶν ἐθνῶν κυριεύουσιν **αὐτῶν** καὶ **οἱ ἐξουσιάζοντες αὐτῶν** εὐεργέται καλοῦνται.	

b 211	**Mt 20,29** ⇨ Mt 9,27	καὶ **ἐκπορευομένων** **αὐτῶν** ἀπὸ Ἰεριχὼ ἠκολούθησεν αὐτῷ ὄχλος πολύς.	**Mk 10,46**	καὶ ἔρχονται εἰς Ἰεριχώ. καὶ **ἐκπορευομένου** **αὐτοῦ** ἀπὸ Ἰεριχὼ καὶ τῶν μαθητῶν αὐτοῦ καὶ ὄχλου ἱκανοῦ ...	**Lk 18,35**	ἐγένετο δὲ ἐν τῷ ἐγγίζειν αὐτὸν εἰς Ἰεριχὼ ...	
211	**Mt 20,34** ⇧ Mt 9,29 → Mk 8,23 → Mk 8,25	σπλαγχνισθεὶς δὲ ὁ Ἰησοῦς ἥψατο **τῶν ὀμμάτων αὐτῶν**, καὶ εὐθέως ἀνέβλεψαν καὶ ἠκολούθησαν αὐτῷ.	**Mk 10,52**	καὶ ὁ Ἰησοῦς εἶπεν αὐτῷ· ὕπαγε, ἡ πίστις σου σέσωκέν σε. καὶ εὐθὺς ἀνέβλεψεν, καὶ ἠκολούθει αὐτῷ ἐν τῇ ὁδῷ.	**Lk 18,42**	καὶ ὁ Ἰησοῦς εἶπεν αὐτῷ· ἀνάβλεψον· ἡ πίστις σου σέσωκέν σε. [43] καὶ παραχρῆμα ἀνέβλεψεν καὶ ἠκολούθει αὐτῷ ...	
b 002					**Lk 19,11**	**ἀκουόντων δὲ αὐτῶν** ταῦτα προσθεὶς εἶπεν παραβολὴν διὰ τὸ ἐγγὺς εἶναι Ἰερουσαλὴμ αὐτὸν ...	
c 211	**Mt 21,3**	καὶ ἐάν τις ὑμῖν εἴπῃ τι, ἐρεῖτε ὅτι ὁ κύριος **αὐτῶν** χρείαν ἔχει· ...	**Mk 11,3**	καὶ ἐάν τις ὑμῖν εἴπῃ· τί ποιεῖτε τοῦτο; εἴπατε· ὁ κύριος **αὐτοῦ** χρείαν ἔχει, ...	**Lk 19,31**	καὶ ἐάν τις ὑμᾶς ἐρωτᾷ· διὰ τί λύετε; οὕτως ἐρεῖτε· ὅτι ὁ κύριος **αὐτοῦ** χρείαν ἔχει.	
b 012			**Mk 11,4**	... καὶ **λύουσιν** αὐτόν. [5] καί τινες τῶν ἐκεῖ ἑστηκότων ἔλεγον αὐτοῖς· τί ποιεῖτε λύοντες τὸν πῶλον;	**Lk 19,33**	**λυόντων δὲ αὐτῶν** τὸν πῶλον εἶπαν οἱ κύριοι αὐτοῦ πρὸς αὐτούς· τί λύετε τὸν πῶλον;	
211 *a* 122 211	**Mt 21,7** **(2)**	ἤγαγον τὴν ὄνον καὶ τὸν πῶλον καὶ ἐπέθηκαν **ἐπ' αὐτῶν** **τὰ ἱμάτια**, καὶ ἐπεκάθισεν **ἐπάνω αὐτῶν**.	**Mk 11,7**	καὶ φέρουσιν τὸν πῶλον πρὸς τὸν Ἰησοῦν καὶ ἐπιβάλλουσιν **αὐτῷ** **τὰ ἱμάτια αὐτῶν**, καὶ ἐκάθισεν **ἐπ' αὐτόν**.	**Lk 19,35**	καὶ ἤγαγον αὐτὸν πρὸς τὸν Ἰησοῦν καὶ ἐπιρίψαντες **αὐτῶν τὰ ἱμάτια** ἐπὶ τὸν πῶλον ἐπεβίβασαν τὸν Ἰησοῦν.	
122	**Mt 21,8**	ὁ δὲ πλεῖστος ὄχλος ἔστρωσαν **ἑαυτῶν τὰ ἱμάτια** ἐν τῇ ὁδῷ, ...	**Mk 11,8**	καὶ πολλοὶ **τὰ ἱμάτια αὐτῶν** ἔστρωσαν εἰς τὴν ὁδόν, ...	**Lk 19,36**	πορευομένου δὲ αὐτοῦ ὑπεστρώννυον **τὰ ἱμάτια αὐτῶν** ἐν τῇ ὁδῷ.	→ Jn 12,13
b 120	**Mt 21,18**	πρωῒ δὲ **ἐπανάγων** εἰς τὴν πόλιν ἐπείνασεν.	**Mk 11,12**	καὶ τῇ ἐπαύριον **ἐξελθόντων αὐτῶν** ἀπὸ Βηθανίας ἐπείνασεν.			
211	**Mt 21,41** → Mt 21,43	... καὶ τὸν ἀμπελῶνα ἐκδώσεται ἄλλοις γεωργοῖς, οἵτινες ἀποδώσουσιν αὐτῷ τοὺς καρποὺς **ἐν τοῖς καιροῖς** **αὐτῶν**.	**Mk 12,9**	... καὶ δώσει τὸν ἀμπελῶνα ἄλλοις.	**Lk 20,16**	... καὶ δώσει τὸν ἀμπελῶνα ἄλλοις. ...	→ GTh 21 → GTh 65
211	**Mt 21,45** → Mk 11,18	καὶ ἀκούσαντες οἱ ἀρχιερεῖς καὶ οἱ Φαρισαῖοι τὰς παραβολὰς αὐτοῦ ἔγνωσαν ὅτι **περὶ αὐτῶν** λέγει·	**Mk 12,12**	... ἔγνωσαν γὰρ ὅτι **πρὸς αὐτοὺς** τὴν παραβολὴν εἶπεν. ...	**Lk 20,19**	... ἔγνωσαν γὰρ ὅτι **πρὸς αὐτοὺς** εἶπεν τὴν παραβολὴν ταύτην.	

201	Mt 22,7	ὁ δὲ βασιλεὺς ὠργίσθη καὶ πέμψας τὰ στρατεύματα αὐτοῦ ἀπώλεσεν τοὺς φονεῖς ἐκείνους καὶ **τὴν πόλιν αὐτῶν** ἐνέπρησεν. [8] τότε λέγει τοῖς δούλοις αὐτοῦ· ...			Lk 14,21	... τότε ὀργισθεὶς ὁ οἰκοδεσπότης εἶπεν τῷ δούλῳ αὐτοῦ· ...	→ GTh 64
211	Mt 22,16	[15] τότε πορευθέντες οἱ Φαρισαῖοι συμβούλιον ἔλαβον ὅπως αὐτὸν παγιδεύσωσιν ἐν λόγῳ. [16] καὶ ἀποστέλλουσιν αὐτῷ **τοὺς μαθητὰς αὐτῶν** **μετὰ τῶν Ἡρῳδιανῶν** λέγοντες· ...	Mk 12,13	καὶ ἀποστέλλουσιν πρὸς αὐτόν **τινας τῶν Φαρισαίων** **καὶ τῶν Ἡρῳδιανῶν** ἵνα αὐτὸν ἀγρεύσωσιν λόγῳ.	Lk 20,20 → Lk 16,15 → Lk 18,9	καὶ παρατηρήσαντες ἀπέστειλαν **ἐγκαθέτους** ὑποκρινομένους ἑαυτοὺς δικαίους εἶναι, ἵνα ἐπιλάβωνται αὐτοῦ λόγου, ...	
a 222	Mt 22,18	γνοὺς δὲ ὁ Ἰησοῦς **τὴν πονηρίαν αὐτῶν** εἶπεν· τί με πειράζετε, ὑποκριταί; [19] ἐπιδείξατέ μοι τὸ νόμισμα τοῦ κήνσου. ...	Mk 12,15	ὁ δὲ εἰδὼς **αὐτῶν** **τὴν ὑπόκρισιν** εἶπεν αὐτοῖς· τί με πειράζετε; φέρετέ μοι δηνάριον ἵνα ἴδω.	Lk 20,23	κατανοήσας δὲ **αὐτῶν** **τὴν πανουργίαν** εἶπεν πρὸς αὐτούς· [24] δείξατέ μοι δηνάριον· ...	→ GTh 100
122	Mt 22,28	ἐν τῇ ἀναστάσει οὖν **τίνος τῶν ἑπτὰ** ἔσται γυνή; πάντες γὰρ ἔσχον αὐτήν·	Mk 12,23	ἐν τῇ ἀναστάσει [ὅταν ἀναστῶσιν] **τίνος αὐτῶν** ἔσται γυνή; οἱ γὰρ ἑπτὰ ἔσχον αὐτὴν γυναῖκα.	Lk 20,33	ἡ γυνὴ οὖν ἐν τῇ ἀναστάσει **τίνος αὐτῶν** γίνεται γυνή; οἱ γὰρ ἑπτὰ ἔσχον αὐτὴν γυναῖκα.	
211 *c* 121	Mt 22,35	[34] οἱ δὲ Φαρισαῖοι ἀκούσαντες ὅτι ἐφίμωσεν τοὺς Σαδδουκαίους συνήχθησαν ἐπὶ τὸ αὐτό, [35] καὶ ἐπηρώτησεν **εἷς ἐξ αὐτῶν** **[νομικὸς]** πειράζων αὐτόν·	Mk 12,28 → Lk 20,39	καὶ προσελθὼν **εἷς τῶν γραμματέων** ἀκούσας **αὐτῶν** συζητούντων, ἰδὼν ὅτι καλῶς ἀπεκρίθη αὐτοῖς ἐπηρώτησεν αὐτόν· ...	Lk 10,25	καὶ ἰδοὺ **νομικός τις** ἀνέστη ἐκπειράζων αὐτὸν ...	
200	Mt 23,3	πάντα οὖν ὅσα ἐὰν εἴπωσιν ὑμῖν ποιήσατε καὶ τηρεῖτε, κατὰ δὲ **τὰ ἔργα αὐτῶν** μὴ ποιεῖτε· ...					
201	Mt 23,4	δεσμεύουσιν δὲ φορτία βαρέα [καὶ δυσβάστακτα] καὶ ἐπιτιθέασιν ἐπὶ τοὺς ὤμους τῶν ἀνθρώπων, αὐτοὶ δὲ **τῷ δακτύλῳ** **αὐτῶν** οὐ θέλουσιν κινῆσαι αὐτά.			Lk 11,46	... φορτίζετε τοὺς ἀνθρώπους φορτία δυσβάστακτα, καὶ αὐτοὶ **ἑνὶ τῶν δακτύλων** **ὑμῶν** οὐ προσψαύετε τοῖς φορτίοις.	

200 200	Mt 23,5 (2) → Mt 6,1	πάντα δὲ **τὰ ἔργα αὐτῶν** ποιοῦσιν πρὸς τὸ θεαθῆναι τοῖς ἀνθρώποις· πλατύνουσιν γὰρ **τὰ φυλακτήρια** **αὐτῶν** καὶ μεγαλύνουσιν τὰ κράσπεδα					
a 201	Mt 23,30	[29] ... οἰκοδομεῖτε τοὺς τάφους τῶν προφητῶν καὶ κοσμεῖτε τὰ μνημεῖα τῶν δικαίων, [30] καὶ λέγετε· εἰ ἤμεθα ἐν ταῖς ἡμέραις τῶν πατέρων ἡμῶν, οὐκ ἂν ἤμεθα **αὐτῶν κοινωνοὶ** ἐν τῷ αἵματι τῶν προφητῶν.			Lk 11,47	... ὅτι οἰκοδομεῖτε τὰ μνημεῖα τῶν προφητῶν, οἱ δὲ πατέρες ὑμῶν ἀπέκτειναν αὐτούς.	
    202 201	Mt 23,34 (2) ↑ Mt 10,17 → Mt 10,23	διὰ τοῦτο ἰδοὺ ἐγὼ ἀποστέλλω πρὸς ὑμᾶς προφήτας καὶ σοφοὺς καὶ γραμματεῖς· **ἐξ αὐτῶν** ἀποκτενεῖτε καὶ σταυρώσετε καὶ **ἐξ αὐτῶν** μαστιγώσετε ἐν ταῖς συναγωγαῖς ὑμῶν καὶ διώξετε ἀπὸ πόλεως εἰς πόλιν·			Lk 11,49	διὰ τοῦτο καὶ ἡ σοφία τοῦ θεοῦ εἶπεν· ἀποστελῶ εἰς αὐτοὺς προφήτας καὶ ἀποστόλους, καὶ **ἐξ αὐτῶν** ἀποκτενοῦσιν καὶ διώξουσιν	
012			Mk 12,41	... ἐθεώρει πῶς ὁ ὄχλος βάλλει χαλκὸν εἰς τὸ γαζοφυλάκιον. καὶ πολλοὶ πλούσιοι ἔβαλλον **πολλά·**	Lk 21,1	ἀναβλέψας δὲ εἶδεν τοὺς βάλλοντας εἰς τὸ γαζοφυλάκιον **τὰ δῶρα αὐτῶν** πλουσίους.	
112	Mt 24,5 → Mt 24,26	πολλοὶ γὰρ ἐλεύσονται ἐπὶ τῷ ὀνόματί μου λέγοντες· ἐγώ εἰμι ὁ χριστός, καὶ πολλοὺς πλανήσουσιν.	Mk 13,6	πολλοὶ ἐλεύσονται ἐπὶ τῷ ὀνόματί μου λέγοντες ὅτι ἐγώ εἰμι, καὶ πολλοὺς πλανήσουσιν.	Lk 21,8 → Lk 17,23	... πολλοὶ γὰρ ἐλεύσονται ἐπὶ τῷ ὀνόματί μου λέγοντες· ἐγώ εἰμι, καί· ὁ καιρὸς ἤγγικεν. μὴ πορευθῆτε **ὀπίσω αὐτῶν.**	
112	Mt 10,17 ↑ Mt 23,34 ⇩ Mt 24,9 Mt 24,9 ⇧ Mt 10,17	προσέχετε δὲ ἀπὸ τῶν ἀνθρώπων· παραδώσουσιν γὰρ ὑμᾶς εἰς συνέδρια καὶ ἐν ταῖς συναγωγαῖς αὐτῶν μαστιγώσουσιν ὑμᾶς· τότε παραδώσουσιν ὑμᾶς εἰς θλῖψιν καὶ ἀποκτενοῦσιν ὑμᾶς, ...	Mk 13,9	βλέπετε δὲ ὑμεῖς ἑαυτούς· παραδώσουσιν ὑμᾶς εἰς συνέδρια καὶ εἰς συναγωγὰς δαρήσεσθε ...	Lk 21,12 ↑ Lk 11,49 → Lk 12,11	πρὸ δὲ τούτων πάντων ἐπιβαλοῦσιν ἐφ' ὑμᾶς **τὰς χεῖρας αὐτῶν** καὶ διώξουσιν, παραδιδόντες εἰς τὰς συναγωγὰς καὶ φυλακάς, ...	
210	Mt 24,31 → Mt 13,41	... ἐπισυνάξουσιν τοὺς ἐκλεκτοὺς αὐτοῦ ἐκ τῶν τεσσάρων ἀνέμων ἀπ' ἄκρων οὐρανῶν **ἕως [τῶν] ἄκρων** **αὐτῶν.**	Mk 13,27	... ἐπισυνάξει τοὺς ἐκλεκτοὺς [αὐτοῦ] ἐκ τῶν τεσσάρων ἀνέμων ἀπ' ἄκρου γῆς **ἕως ἄκρου οὐρανοῦ.**			

200	Mt 25,2	πέντε δὲ ἐξ αὐτῶν ἦσαν μωραὶ καὶ πέντε φρόνιμοι.					
200	Mt 25,3	αἱ γὰρ μωραὶ λαβοῦσαι τὰς λαμπάδας αὐτῶν οὐκ ἔλαβον μεθ' ἑαυτῶν ἔλαιον.					
b 200	Mt 25,10	ἀπερχομένων δὲ αὐτῶν ἀγοράσαι ἦλθεν ὁ νυμφίος, καὶ αἱ ἕτοιμοι εἰσῆλθον μετ' αὐτοῦ εἰς τοὺς γάμους καὶ ἐκλείσθη ἡ θύρα.			Lk 13,25	ἀφ' οὗ ἂν ἐγερθῇ ὁ οἰκοδεσπότης καὶ ἀποκλείσῃ τὴν θύραν ...	
201	Mt 25,19	μετὰ δὲ πολὺν χρόνον ἔρχεται ὁ κύριος τῶν δούλων ἐκείνων καὶ συναίρει λόγον μετ' αὐτῶν.			Lk 19,15	καὶ ἐγένετο ἐν τῷ ἐπανελθεῖν αὐτὸν λαβόντα τὴν βασιλείαν καὶ εἶπεν φωνηθῆναι αὐτῷ τοὺς δούλους τούτους οἷς δεδώκει τὸ ἀργύριον, ἵνα γνοῖ τί διεπραγματεύσαντο.	
b 121	Mt 26,20	ὀψίας δὲ γενομένης ἀνέκειτο μετὰ τῶν δώδεκα.	Mk 14,18	[17] καὶ ὀψίας γενομένης ἔρχεται μετὰ τῶν δώδεκα. [18] καὶ ἀνακειμένων αὐτῶν	Lk 22,14	καὶ ὅτε ἐγένετο ἡ ὥρα, ἀνέπεσεν καὶ οἱ ἀπόστολοι σὺν αὐτῷ.	
b 211	Mt 26,21	καὶ ἐσθιόντων αὐτῶν εἶπεν· ἀμὴν λέγω ὑμῖν ὅτι εἷς ἐξ ὑμῶν παραδώσει με.		καὶ ἐσθιόντων ὁ Ἰησοῦς εἶπεν· ἀμὴν λέγω ὑμῖν ὅτι εἷς ἐξ ὑμῶν παραδώσει με ὁ ἐσθίων μετ' ἐμοῦ.	Lk 22,21 → Mt 26,23 → Mk 14,20	πλὴν ἰδοὺ ἡ χεὶρ τοῦ παραδιδόντος με μετ' ἐμοῦ ἐπὶ τῆς τραπέζης·	→ Jn 13,21
112	Mt 26,22 → Mt 26,25	καὶ λυπούμενοι σφόδρα ἤρξαντο λέγειν αὐτῷ εἷς ἕκαστος· μήτι ἐγώ εἰμι, κύριε;	Mk 14,19	ἤρξαντο λυπεῖσθαι καὶ λέγειν αὐτῷ εἷς κατὰ εἷς· μήτι ἐγώ;	Lk 22,23	καὶ αὐτοὶ ἤρξαντο συζητεῖν πρὸς ἑαυτοὺς τὸ τίς ἄρα εἴη ἐξ αὐτῶν ὁ τοῦτο μέλλων πράσσειν.	→ Jn 13,22.25
b 221	Mt 26,26 → Mt 14,19	ἐσθιόντων δὲ αὐτῶν λαβὼν ὁ Ἰησοῦς ἄρτον ...	Mk 14,22 → Mk 6,41	καὶ ἐσθιόντων αὐτῶν λαβὼν ἄρτον ...	Lk 22,19 → Lk 9,16	καὶ λαβὼν ἄρτον ...	→ 1Cor 11,23
002					Lk 22,24 ↑ Lk 9,46	ἐγένετο δὲ καὶ φιλονεικία ἐν αὐτοῖς, τὸ τίς αὐτῶν δοκεῖ εἶναι μείζων.	
c 222 *c* 122	Mt 20,25 (2)	... οἴδατε ὅτι οἱ ἄρχοντες τῶν ἐθνῶν κατακυριεύουσιν αὐτῶν καὶ οἱ μεγάλοι κατεξουσιάζουσιν αὐτῶν.	Mk 10,42 (3)	... οἴδατε ὅτι οἱ δοκοῦντες ἄρχειν τῶν ἐθνῶν κατακυριεύουσιν αὐτῶν καὶ οἱ μεγάλοι αὐτῶν κατεξουσιάζουσιν αὐτῶν.	Lk 22,25 (2)	... οἱ βασιλεῖς τῶν ἐθνῶν κυριεύουσιν αὐτῶν καὶ οἱ ἐξουσιάζοντες αὐτῶν εὐεργέται καλοῦνται.	
211	Mt 26,36	τότε ἔρχεται μετ' αὐτῶν ὁ Ἰησοῦς εἰς χωρίον λεγόμενον Γεθσημανὶ ...	Mk 14,32	καὶ ἔρχονται εἰς χωρίον οὗ τὸ ὄνομα Γεθσημανὶ ...	Lk 22,39	καὶ ἐξελθὼν ἐπορεύθη κατὰ τὸ ἔθος εἰς τὸ ὄρος τῶν ἐλαιῶν, ...	

112	Mt 26,39	καὶ προελθὼν μικρὸν ἔπεσεν ἐπὶ πρόσωπον αὐτοῦ προσευχόμενος ...	Mk 14,35	καὶ προελθὼν μικρὸν ἔπιπτεν ἐπὶ τῆς γῆς καὶ προσηύχετο ...	Lk 22,41	καὶ αὐτὸς ἀπεσπάσθη ἀπ' αὐτῶν ὡσεὶ λίθου βολὴν καὶ θεὶς τὰ γόνατα προσηύχετο	
a 220	Mt 26,43	καὶ ἐλθὼν πάλιν εὗρεν αὐτοὺς καθεύδοντας, ἦσαν γὰρ αὐτῶν οἱ ὀφθαλμοὶ βεβαρημένοι.	Mk 14,40	καὶ πάλιν ἐλθὼν εὗρεν αὐτοὺς καθεύδοντας, ἦσαν γὰρ αὐτῶν οἱ ὀφθαλμοὶ καταβαρυνόμενοι, ...			
112	Mt 26,51	καὶ ἰδοὺ εἷς τῶν μετὰ Ἰησοῦ ἐκτείνας τὴν χεῖρα ἀπέσπασεν τὴν μάχαιραν αὐτοῦ καὶ πατάξας τὸν δοῦλον τοῦ ἀρχιερέως ἀφεῖλεν αὐτοῦ τὸ ὠτίον.	Mk 14,47	εἷς δέ [τις] τῶν παρεστηκότων σπασάμενος τὴν μάχαιραν ἔπαισεν τὸν δοῦλον τοῦ ἀρχιερέως καὶ ἀφεῖλεν αὐτοῦ τὸ ὠτάριον.	Lk 22,50	[49] ... κύριε, εἰ πατάξομεν ἐν μαχαίρῃ; [50] καὶ ἐπάταξεν εἷς τις ἐξ αὐτῶν τοῦ ἀρχιερέως τὸν δοῦλον καὶ ἀφεῖλεν τὸ οὖς αὐτοῦ τὸ δεξιόν.	→ Jn 18,10
112	Mt 26,58	ὁ δὲ Πέτρος ... εἰσελθὼν ἔσω ἐκάθητο μετὰ τῶν ὑπηρετῶν ἰδεῖν τὸ τέλος.	Mk 14,54	καὶ ὁ Πέτρος ... ἦν συγκαθήμενος μετὰ τῶν ὑπηρετῶν καὶ θερμαινόμενος πρὸς τὸ φῶς.	Lk 22,55	... συγκαθισάντων ἐκάθητο ὁ Πέτρος μέσος αὐτῶν.	→ Jn 18,18
020			Mk 14,59	καὶ οὐδὲ οὕτως ἴση ἦν ἡ μαρτυρία αὐτῶν.			
122	Mt 26,71	... εἶδεν αὐτὸν ἄλλη καὶ λέγει τοῖς ἐκεῖ· οὗτος ἦν μετὰ Ἰησοῦ τοῦ Ναζωραίου.	Mk 14,69	καὶ ἡ παιδίσκη ἰδοῦσα αὐτὸν ἤρξατο πάλιν λέγειν τοῖς παρεστῶσιν ὅτι οὗτος ἐξ αὐτῶν ἐστιν.	Lk 22,58	καὶ μετὰ βραχὺ ἕτερος ἰδὼν αὐτὸν ἔφη· καὶ σὺ ἐξ αὐτῶν εἶ. ...	→ Jn 18,25
221	Mt 26,73	... ἀληθῶς καὶ σὺ ἐξ αὐτῶν εἶ, καὶ γὰρ ἡ λαλιά σου δῆλόν σε ποιεῖ.	Mk 14,70	... ἀληθῶς ἐξ αὐτῶν εἶ, καὶ γὰρ Γαλιλαῖος εἶ.	Lk 22,59	... ἐπ' ἀληθείας καὶ οὗτος μετ' αὐτοῦ ἦν, καὶ γὰρ Γαλιλαῖός ἐστιν.	→ Jn 18,26
112	Mt 26,57 Mt 27,1	... ὅπου οἱ γραμματεῖς καὶ οἱ πρεσβύτεροι συνήχθησαν. πρωΐας δὲ γενομένης συμβούλιον ἔλαβον πάντες οἱ ἀρχιερεῖς καὶ οἱ πρεσβύτεροι τοῦ λαοῦ κατὰ τοῦ Ἰησοῦ ...	Mk 14,53 Mk 15,1	... καὶ συνέρχονται πάντες οἱ ἀρχιερεῖς καὶ οἱ πρεσβύτεροι καὶ οἱ γραμματεῖς. καὶ εὐθὺς πρωῒ συμβούλιον ποιήσαντες οἱ ἀρχιερεῖς μετὰ τῶν πρεσβυτέρων καὶ γραμματέων καὶ ὅλον τὸ συνέδριον, ...	Lk 22,66	καὶ ὡς ἐγένετο ἡμέρα, συνήχθη τὸ πρεσβυτέριον τοῦ λαοῦ, ἀρχιερεῖς τε καὶ γραμματεῖς, καὶ ἀπήγαγον αὐτὸν εἰς τὸ συνέδριον αὐτῶν	
112	Mt 27,2	καὶ δήσαντες αὐτὸν ἀπήγαγον καὶ παρέδωκαν Πιλάτῳ τῷ ἡγεμόνι.	Mk 15,1	... δήσαντες τὸν Ἰησοῦν ἀπήνεγκαν καὶ παρέδωκαν Πιλάτῳ.	Lk 23,1	καὶ ἀναστὰν ἅπαν τὸ πλῆθος αὐτῶν ἤγαγον αὐτὸν ἐπὶ τὸν Πιλᾶτον.	→ Jn 18,28
200	Mt 27,7	συμβούλιον δὲ λαβόντες ἠγόρασαν ἐξ αὐτῶν τὸν ἀγρὸν τοῦ κεραμέως ...					

b 210	Mt 27,17	συνηγμένων οὖν αὐτῶν εἶπεν αὐτοῖς ὁ Πιλᾶτος· τίνα θέλετε ἀπολύσω ὑμῖν, [Ἰησοῦν τὸν] Βαραββᾶν ἢ Ἰησοῦν τὸν λεγόμενον χριστόν;	Mk 15,8	καὶ ἀναβὰς ὁ ὄχλος ἤρξατο αἰτεῖσθαι καθὼς ἐποίει αὐτοῖς. [9] ὁ δὲ Πιλᾶτος ἀπεκρίθη αὐτοῖς λέγων· θέλετε ἀπολύσω ὑμῖν τὸν βασιλέα τῶν Ἰουδαίων;			
112	Mt 27,23	... οἱ δὲ περισσῶς ἔκραζον λέγοντες· σταυρωθήτω.	Mk 15,14	... οἱ δὲ περισσῶς ἔκραξαν· σταύρωσον αὐτόν.	Lk 23,23	οἱ δὲ ἐπέκειντο φωναῖς μεγάλαις αἰτούμενοι αὐτὸν σταυρωθῆναι, καὶ κατίσχυον αἱ φωναὶ αὐτῶν.	→ Jn 19,15
112	Mt 27,24	ἰδὼν δὲ ὁ Πιλᾶτος ὅτι οὐδὲν ὠφελεῖ ἀλλὰ μᾶλλον θόρυβος γίνεται, λαβὼν ὕδωρ ...	Mk 15,15	ὁ δὲ Πιλᾶτος βουλόμενος τῷ ὄχλῳ τὸ ἱκανὸν ποιῆσαι	Lk 23,24	καὶ Πιλᾶτος ἐπέκρινεν γενέσθαι τὸ αἴτημα αὐτῶν·	
112	Mt 27,26 → Mt 27,16	τότε ἀπέλυσεν αὐτοῖς τὸν Βαραββᾶν, τὸν δὲ Ἰησοῦν φραγελλώσας παρέδωκεν ἵνα σταυρωθῇ.	→ Mk 15,7	ἀπέλυσεν αὐτοῖς τὸν Βαραββᾶν, καὶ παρέδωκεν τὸν Ἰησοῦν φραγελλώσας ἵνα σταυρωθῇ.	Lk 23,25 → Lk 23,19	ἀπέλυσεν δὲ τὸν διὰ στάσιν καὶ φόνον βεβλημένον εἰς φυλακὴν ὃν ᾐτοῦντο, τὸν δὲ Ἰησοῦν παρέδωκεν τῷ θελήματι αὐτῶν.	→ Jn 19,16
221	Mt 27,39	οἱ δὲ παραπορευόμενοι ἐβλασφήμουν αὐτὸν κινοῦντες τὰς κεφαλὰς αὐτῶν [40] καὶ λέγοντες· ...	Mk 15,29	καὶ οἱ παραπορευόμενοι ἐβλασφήμουν αὐτὸν κινοῦντες τὰς κεφαλὰς αὐτῶν καὶ λέγοντες· ...	Lk 23,35 → Lk 23,48	καὶ εἱστήκει ὁ λαὸς θεωρῶν. ...	
210	Mt 27,48	καὶ εὐθέως δραμὼν εἷς ἐξ αὐτῶν καὶ λαβὼν σπόγγον πλήσας τε ὄξους καὶ περιθεὶς καλάμῳ ἐπότιζεν αὐτόν.	Mk 15,36	δραμὼν δέ τις [καὶ] γεμίσας σπόγγον ὄξους περιθεὶς καλάμῳ ἐπότιζεν αὐτὸν ...	Lk 23,36	ἐνέπαιξαν δὲ αὐτῷ καὶ οἱ στρατιῶται προσερχόμενοι, ὄξος προσφέροντες αὐτῷ	→ Jn 19,29
112	Mt 27,57	... ἦλθεν ἄνθρωπος πλούσιος ἀπὸ Ἁριμαθαίας, τοὔνομα Ἰωσήφ, ὃς καὶ αὐτὸς ἐμαθητεύθη τῷ Ἰησοῦ·	Mk 15,43	ἐλθὼν Ἰωσὴφ [ὁ] ἀπὸ Ἁριμαθαίας εὐσχήμων βουλευτής, ὃς καὶ αὐτὸς ἦν προσδεχόμενος τὴν βασιλείαν τοῦ θεοῦ, ...	Lk 23,51	[50] καὶ ἰδοὺ ἀνὴρ ὀνόματι Ἰωσὴφ βουλευτὴς ὑπάρχων [καὶ] ἀνὴρ ἀγαθὸς καὶ δίκαιος [51] - οὗτος οὐκ ἦν συγκατατεθειμένος τῇ βουλῇ καὶ τῇ πράξει αὐτῶν - ἀπὸ Ἁριμαθαίας πόλεως τῶν Ἰουδαίων, ὃς προσεδέχετο τὴν βασιλείαν τοῦ θεοῦ	→ Jn 19,38
b 012	Mt 28,4	ἀπὸ δὲ τοῦ φόβου αὐτοῦ ἐσείσθησαν οἱ τηροῦντες καὶ ἐγενήθησαν ὡς νεκροί. [5] ἀποκριθεὶς δὲ ὁ ἄγγελος εἶπεν ταῖς γυναιξίν· μὴ φοβεῖσθε ὑμεῖς, οἶδα γὰρ ὅτι Ἰησοῦν τὸν ἐσταυρωμένον ζητεῖτε·	Mk 16,5	... καὶ ἐξεθαμβήθησαν. [6] ὁ δὲ λέγει αὐταῖς· μὴ ἐκθαμβεῖσθε· Ἰησοῦν ζητεῖτε τὸν Ναζαρηνὸν τὸν ἐσταυρωμένον·	Lk 24,5 → Lk 24,23	ἐμφόβων δὲ γενομένων αὐτῶν καὶ κλινουσῶν τὰ πρόσωπα εἰς τὴν γῆν εἶπαν πρὸς αὐτάς· τί ζητεῖτε τὸν ζῶντα μετὰ τῶν νεκρῶν·	
002					Lk 24,11	καὶ ἐφάνησαν ἐνώπιον αὐτῶν ὡσεὶ λῆρος τὰ ῥήματα ταῦτα, καὶ ἠπίστουν αὐταῖς.	

	Mt	Mk	Lk	
b 200	**Mt 28,11** πορευομένων δὲ **αὐτῶν** ἰδού τινες τῆς κουστωδίας ἐλθόντες εἰς τὴν πόλιν ...			
002			**Lk 24,13** καὶ ἰδοὺ δύο **ἐξ αὐτῶν** ἐν αὐτῇ τῇ ἡμέρᾳ ἦσαν πορευόμενοι εἰς κώμην ...	
002			**Lk 24,16** οἱ δὲ ὀφθαλμοὶ **αὐτῶν** ἐκρατοῦντο τοῦ μὴ ἐπιγνῶναι αὐτόν.	
002			**Lk 24,30** καὶ ἐγένετο ἐν τῷ κατακλιθῆναι αὐτὸν **μετ᾽ αὐτῶν** λαβὼν τὸν ἄρτον εὐλόγησεν καὶ κλάσας ἐπεδίδου αὐτοῖς,	
a 002 002			**Lk 24,31** (2) **αὐτῶν δὲ διηνοίχθησαν οἱ ὀφθαλμοὶ** καὶ ἐπέγνωσαν αὐτόν· καὶ αὐτὸς ἄφαντος ἐγένετο **ἀπ᾽ αὐτῶν.**	
b 002 002			**Lk 24,36** (2) ταῦτα δὲ **αὐτῶν λαλούντων** αὐτὸς ἔστη **ἐν μέσῳ αὐτῶν** καὶ λέγει αὐτοῖς· εἰρήνη ὑμῖν.	→ Jn 20,19
b 002			**Lk 24,41** ἔτι δὲ **ἀπιστούντων αὐτῶν** ἀπὸ τῆς χαρᾶς καὶ θαυμαζόντων εἶπεν αὐτοῖς· ἔχετέ τι βρώσιμον ἐνθάδε;	→ Jn 20,20.27 → Jn 21,5
002			**Lk 24,43** καὶ λαβὼν **ἐνώπιον αὐτῶν** ἔφαγεν.	
a 002			**Lk 24,45** τότε διήνοιξεν **αὐτῶν τὸν νοῦν** τοῦ συνιέναι τὰς γραφάς·	
002			**Lk 24,51** → Lk 9,51 καὶ ἐγένετο ἐν τῷ εὐλογεῖν αὐτὸν αὐτοὺς διέστη **ἀπ᾽ αὐτῶν** καὶ ἀνεφέρετο εἰς τὸν οὐρανόν.	**→ Acts 1,9** → Acts 1,2 → Acts 1,11.22

b **Acts 1,9** (2) **→ Lk 24,51** → Lk 9,51
καὶ ταῦτα εἰπὼν **βλεπόντων αὐτῶν** ἐπήρθη καὶ νεφέλη ὑπέλαβεν αὐτὸν **ἀπὸ τῶν ὀφθαλμῶν αὐτῶν.**

Acts 1,19 → Mt 27,8
... ὥστε κληθῆναι τὸ χωρίον ἐκεῖνο **τῇ ἰδίᾳ διαλέκτῳ αὐτῶν** Ἁκελδαμάχ, τοῦτ᾽ ἔστιν χωρίον αἵματος.

Acts 2,3
καὶ ὤφθησαν αὐτοῖς διαμεριζόμεναι γλῶσσαι ὡσεὶ πυρὸς καὶ ἐκάθισεν **ἐφ᾽ ἕνα ἕκαστον αὐτῶν**

c **Acts 2,6** γενομένης δὲ τῆς φωνῆς ταύτης συνῆλθεν τὸ πλῆθος καὶ συνεχύθη, ὅτι ἤκουον
εἷς ἕκαστος τῇ ἰδίᾳ διαλέκτῳ λαλούντων αὐτῶν.

c **Acts 2,11** Ἰουδαῖοί τε καὶ προσήλυτοι, Κρῆτες καὶ Ἄραβες, ἀκούομεν
λαλούντων αὐτῶν
ταῖς ἡμετέραις γλώσσαις τὰ μεγαλεῖα τοῦ θεοῦ.

Acts 3,5 ὁ δὲ ἐπεῖχεν αὐτοῖς προσδοκῶν τι
παρ' αὐτῶν
λαβεῖν.

b **Acts 4,1** **λαλούντων δὲ αὐτῶν**
πρὸς τὸν λαὸν ἐπέστησαν αὐτοῖς οἱ ἱερεῖς καὶ ὁ στρατηγὸς τοῦ ἱεροῦ καὶ οἱ Σαδδουκαῖοι

a **Acts 4,5** ἐγένετο δὲ ἐπὶ τὴν αὔριον συναχθῆναι
αὐτῶν τοὺς ἄρχοντας
καὶ τοὺς πρεσβυτέρους καὶ τοὺς γραμματεῖς ἐν Ἰερουσαλήμ

Acts 4,16 ... ὅτι μὲν γὰρ γνωστὸν σημεῖον γέγονεν
δι' αὐτῶν
πᾶσιν τοῖς κατοικοῦσιν Ἰερουσαλὴμ φανερὸν καὶ οὐ δυνάμεθα ἀρνεῖσθαι·

Acts 4,29 καὶ τὰ νῦν, κύριε, ἔπιδε
ἐπὶ τὰς ἀπειλὰς αὐτῶν
καὶ δὸς τοῖς δούλοις σου μετὰ παρρησίας πάσης λαλεῖν τὸν λόγον σου

b **Acts 4,31** καὶ
δεηθέντων αὐτῶν
ἐσαλεύθη ὁ τόπος ἐν ᾧ ἦσαν συνηγμένοι, ...

Acts 5,15 ὥστε καὶ εἰς τὰς πλατείας ἐκφέρειν τοὺς ἀσθενεῖς καὶ τιθέναι ἐπὶ κλιναρίων καὶ κραβάττων, ἵνα ἐρχομένου Πέτρου κἂν ἡ σκιὰ ἐπισκιάσῃ
τινὶ αὐτῶν.

Acts 5,24 ὡς δὲ ἤκουσαν τοὺς λόγους τούτους ὅ τε στρατηγὸς τοῦ ἱεροῦ καὶ οἱ ἀρχιερεῖς, διηπόρουν
περὶ αὐτῶν
τί ἂν γένοιτο τοῦτο.

Acts 6,1 ... ἐγένετο γογγυσμὸς τῶν Ἑλληνιστῶν πρὸς τοὺς Ἑβραίους, ὅτι παρεθεωροῦντο ἐν τῇ διακονίᾳ τῇ καθημερινῇ
αἱ χῆραι αὐτῶν.

Acts 7,19 οὗτος κατασοφισάμενος τὸ γένος ἡμῶν ἐκάκωσεν τοὺς πατέρας [ἡμῶν] τοῦ ποιεῖν
τὰ βρέφη ἔκθετα αὐτῶν
εἰς τὸ μὴ ζῳογονεῖσθαι.

Acts 7,34 *ἰδὼν εἶδον τὴν κάκωσιν τοῦ λαοῦ μου τοῦ ἐν Αἰγύπτῳ καὶ*
τοῦ στεναγμοῦ αὐτῶν
ἤκουσα, καὶ κατέβην ἐξελέσθαι αὐτούς· ...
➤ Exod 3,7-8

Acts 7,39 ... ἀλλὰ ἀπώσαντο καὶ ἐστράφησαν
ἐν ταῖς καρδίαις αὐτῶν
εἰς Αἴγυπτον

Acts 7,41 ... καὶ ἀνήγαγον θυσίαν τῷ εἰδώλῳ καὶ εὐφραίνοντο
ἐν τοῖς ἔργοις τῶν χειρῶν αὐτῶν.

Acts 7,54 ἀκούοντες δὲ ταῦτα διεπρίοντο
ταῖς καρδίαις αὐτῶν
καὶ ἔβρυχον τοὺς ὀδόντας ἐπ' αὐτόν.

Acts 7,57 κράξαντες δὲ φωνῇ μεγάλῃ συνέσχον
τὰ ὦτα αὐτῶν
καὶ ὥρμησαν ὁμοθυμαδὸν ἐπ' αὐτόν

Acts 7,58 ... καὶ οἱ μάρτυρες ἀπέθεντο
τὰ ἱμάτια αὐτῶν
παρὰ τοὺς πόδας νεανίου καλουμένου Σαύλου

Acts 8,15 οἵτινες καταβάντες προσηύξαντο
περὶ αὐτῶν
ὅπως λάβωσιν πνεῦμα ἅγιον·

Acts 8,16 οὐδέπω γὰρ ἦν
ἐπ' οὐδενὶ αὐτῶν
ἐπιπεπτωκός, ...

Acts 9,24 ἐγνώσθη δὲ τῷ Σαύλῳ
ἡ ἐπιβουλὴ αὐτῶν.
παρετηροῦντο δὲ καὶ τὰς πύλας ἡμέρας τε καὶ νυκτὸς ὅπως αὐτὸν ἀνέλωσιν·

Acts 9,28 καὶ ἦν
μετ' αὐτῶν
εἰσπορευόμενος καὶ ἐκπορευόμενος εἰς Ἰερουσαλήμ, ...

Acts 9,39 ἀναστὰς δὲ Πέτρος ... καὶ παρέστησαν αὐτῷ πᾶσαι αἱ χῆραι κλαίουσαι καὶ ἐπιδεικνύμεναι χιτῶνας καὶ ἱμάτια ὅσα ἐποίει
μετ' αὐτῶν
οὖσα ἡ Δορκάς.

b **Acts 10,10** ἐγένετο δὲ πρόσπεινος καὶ ἤθελεν γεύσασθαι.
παρασκευαζόντων δὲ αὐτῶν
ἐγένετο ἐπ' αὐτὸν ἔκστασις

c **Acts 10,46** ἤκουον γὰρ
αὐτῶν λαλούντων
γλώσσαις καὶ μεγαλυνόντων τὸν θεόν. ...

Acts 11,20 ἦσαν δέ τινες
ἐξ αὐτῶν
ἄνδρες Κύπριοι καὶ Κυρηναῖοι, οἵτινες ἐλθόντες εἰς Ἀντιόχειαν ...

Acts 11,21 καὶ ἦν χεὶρ κυρίου
μετ' αὐτῶν,
πολύς τε ἀριθμὸς ὁ πιστεύσας ἐπέστρεψεν ἐπὶ τὸν κύριον.

Acts 11,22 ἠκούσθη δὲ ὁ λόγος εἰς τὰ ὦτα τῆς ἐκκλησίας τῆς οὔσης ἐν Ἰερουσαλὴμ
περὶ αὐτῶν
καὶ ἐξαπέστειλαν Βαρναβᾶν [διελθεῖν] ἕως Ἀντιοχείας.

Acts 11,28 ἀναστὰς δὲ εἷς
ἐξ αὐτῶν
ὀνόματι Ἅγαβος ἐσήμανεν διὰ τοῦ πνεύματος λιμὸν μεγάλην μέλλειν ἔσεσθαι ἐφ' ὅλην τὴν οἰκουμένην, ...

Acts 11,29 τῶν δὲ μαθητῶν, καθὼς εὐπορεῖτό τις, ὥρισαν
ἕκαστος αὐτῶν
εἰς διακονίαν πέμψαι τοῖς κατοικοῦσιν ἐν τῇ Ἰουδαίᾳ ἀδελφοῖς·

a **Acts 12,20** ... ᾐτοῦντο εἰρήνην διὰ τὸ τρέφεσθαι
αὐτῶν τὴν χώραν
ἀπὸ τῆς βασιλικῆς.

b **Acts 13,2** **λειτουργούντων δὲ αὐτῶν**
τῷ κυρίῳ καὶ νηστευόντων εἶπεν τὸ πνεῦμα τὸ ἅγιον· ...

Acts 13,13 ... Ἰωάννης δὲ ἀποχωρήσας
ἀπ' αὐτῶν
ὑπέστρεψεν εἰς Ἱεροσόλυμα.

Acts 13,19 καὶ καθελὼν ἔθνη ἑπτὰ ἐν γῇ Χανάαν κατεκληρονόμησεν
τὴν γῆν αὐτῶν

Acts 13,27 → Lk 23,34a οἱ γὰρ κατοικοῦντες ἐν Ἰερουσαλὴμ καὶ
οἱ ἄρχοντες αὐτῶν
τοῦτον ἀγνοήσαντες καὶ τὰς φωνὰς τῶν προφητῶν τὰς κατὰ πᾶν σάββατον ἀναγινωσκομένας κρίναντες ἐπλήρωσαν

Acts 13,33 ὅτι ταύτην ὁ θεὸς ἐκπεπλήρωκεν
τοῖς τέκνοις [αὐτῶν]
ἡμῖν ἀναστήσας Ἰησοῦν ...

b Acts 13,42 **ἐξιόντων δὲ αὐτῶν**
παρεκάλουν εἰς τὸ μεταξὺ σάββατον λαληθῆναι αὐτοῖς τὰ ῥήματα ταῦτα.

Acts 13,50 ... καὶ ἐπήγειραν διωγμὸν ἐπὶ τὸν Παῦλον καὶ Βαρναβᾶν καὶ ἐξέβαλον αὐτοὺς
ἀπὸ τῶν ὁρίων αὐτῶν.

Acts 14,3 ἱκανὸν μὲν οὖν χρόνον διέτριψαν παρρησιαζόμενοι ἐπὶ τῷ κυρίῳ τῷ μαρτυροῦντι [ἐπὶ] τῷ λόγῳ τῆς χάριτος αὐτοῦ, διδόντι σημεῖα καὶ τέρατα γίνεσθαι
διὰ τῶν χειρῶν αὐτῶν.

Acts 14,5 ὡς δὲ ἐγένετο ὁρμὴ τῶν ἐθνῶν τε καὶ Ἰουδαίων
σὺν τοῖς ἄρχουσιν αὐτῶν
ὑβρίσαι καὶ λιθοβολῆσαι αὐτούς

Acts 14,11 οἵ τε ὄχλοι ἰδόντες ὃ ἐποίησεν Παῦλος ἐπῆραν
τὴν φωνὴν αὐτῶν
Λυκαονιστὶ λέγοντες· ...

Acts 14,14 ἀκούσαντες δὲ οἱ ἀπόστολοι Βαρναβᾶς καὶ Παῦλος διαρρήξαντες
τὰ ἱμάτια αὐτῶν
ἐξεπήδησαν εἰς τὸν ὄχλον κράζοντες

Acts 14,16 ὃς ἐν ταῖς παρῳχημέναις γενεαῖς εἴασεν πάντα τὰ ἔθνη πορεύεσθαι
ταῖς ὁδοῖς αὐτῶν·

Acts 14,27 ... ἀνήγγελλον ὅσα ἐποίησεν ὁ θεὸς
μετ' αὐτῶν
καὶ ὅτι ἤνοιξεν τοῖς ἔθνεσιν θύραν πίστεως.

Acts 15,2 ... ἔταξαν ἀναβαίνειν Παῦλον καὶ Βαρναβᾶν καί τινας ἄλλους
ἐξ αὐτῶν
πρὸς τοὺς ἀποστόλους καὶ πρεσβυτέρους ...

Acts 15,4 ... παρεδέχθησαν ἀπὸ τῆς ἐκκλησίας καὶ τῶν ἀποστόλων καὶ τῶν πρεσβυτέρων, ἀνήγγειλάν τε ὅσα ὁ θεὸς ἐποίησεν
μετ' αὐτῶν.

Acts 15,9 (2) καὶ οὐθὲν διέκρινεν
μεταξὺ ἡμῶν τε καὶ αὐτῶν
τῇ πίστει καθαρίσας
τὰς καρδίας αὐτῶν.

Acts 15,12 ... καὶ ἤκουον Βαρναβᾶ καὶ Παύλου ἐξηγουμένων ὅσα ἐποίησεν ὁ θεὸς σημεῖα καὶ τέρατα ἐν τοῖς ἔθνεσιν
δι' αὐτῶν.

Acts 15,22 τότε ἔδοξε τοῖς ἀποστόλοις καὶ τοῖς πρεσβυτέροις σὺν ὅλῃ τῇ ἐκκλησίᾳ ἐκλεξαμένους ἄνδρας
ἐξ αὐτῶν
πέμψαι εἰς Ἀντιόχειαν σὺν τῷ Παύλῳ καὶ Βαρναβᾷ, ...

Acts 15,23 γράψαντες
διὰ χειρὸς αὐτῶν·
οἱ ἀπόστολοι καὶ οἱ πρεσβύτεροι ἀδελφοὶ ...

Acts 15,26 ἀνθρώποις παραδεδωκόσι
τὰς ψυχὰς αὐτῶν
ὑπὲρ τοῦ ὀνόματος τοῦ κυρίου ἡμῶν Ἰησοῦ Χριστοῦ.

Acts 15,38 Παῦλος δὲ ἠξίου, τὸν ἀποστάντα
ἀπ' αὐτῶν
ἀπὸ Παμφυλίας καὶ μὴ συνελθόντα αὐτοῖς εἰς τὸ ἔργον μὴ συμπαραλαμβάνειν τοῦτον.

Acts 16,19 ἰδόντες δὲ οἱ κύριοι αὐτῆς ὅτι ἐξῆλθεν
ἡ ἐλπὶς τῆς ἐργασίας αὐτῶν,
ἐπιλαβόμενοι τὸν Παῦλον καὶ τὸν Σιλᾶν ...

Acts 16,22 (2) καὶ συνεπέστη ὁ ὄχλος
κατ' αὐτῶν
a καὶ οἱ στρατηγοὶ περιρήξαντες
αὐτῶν τὰ ἱμάτια
ἐκέλευον ῥαβδίζειν

Acts 16,24 ... καὶ
τοὺς πόδας ἠσφαλίσατο αὐτῶν
εἰς τὸ ξύλον.

c Acts 16,25 κατὰ δὲ τὸ μεσονύκτιον Παῦλος καὶ Σιλᾶς προσευχόμενοι ὕμνουν τὸν θεόν, ἐπηκροῶντο δὲ
αὐτῶν
οἱ δέσμιοι.

Acts 17,4 καί τινες
ἐξ αὐτῶν
ἐπείσθησαν καὶ προσεκληρώθησαν τῷ Παύλῳ καὶ τῷ Σιλᾷ, ...

Acts 17,12 πολλοὶ μὲν οὖν
ἐξ αὐτῶν
ἐπίστευσαν καὶ τῶν Ἑλληνίδων γυναικῶν τῶν εὐσχημόνων καὶ ἀνδρῶν οὐκ ὀλίγοι.

Acts 17,26 ... ὁρίσας προστεταγμένους καιροὺς καὶ
τὰς ὁροθεσίας τῆς κατοικίας αὐτῶν

Acts 17,33 οὕτως ὁ Παῦλος ἐξῆλθεν
ἐκ μέσου αὐτῶν.

b Acts 18,6 **ἀντιτασσομένων δὲ αὐτῶν καὶ βλασφημούντων**
ἐκτιναξάμενος τὰ ἱμάτια εἶπεν πρὸς αὐτούς· ...

b Acts 18,20 **ἐρωτώντων δὲ αὐτῶν**
ἐπὶ πλείονα χρόνον μεῖναι οὐκ ἐπένευσεν

Acts 19,9 ... ἀποστὰς
ἀπ' αὐτῶν
ἀφώρισεν τοὺς μαθητάς καθ' ἡμέραν διαλεγόμενος ἐν τῇ σχολῇ Τυράννου.

Acts 19,12 ὥστε καὶ ἐπὶ τοὺς ἀσθενοῦντας ἀποφέρεσθαι ἀπὸ τοῦ χρωτὸς αὐτοῦ σουδάρια ἢ σιμικίνθια καὶ ἀπαλλάσσεσθαι
ἀπ' αὐτῶν
τὰς νόσους, ...

Acts 19,16 καὶ ἐφαλόμενος ὁ ἄνθρωπος ἐπ' αὐτοὺς ἐν ᾧ ἦν τὸ πνεῦμα τὸ πονηρὸν κατακυριεύσας ἀμφοτέρων ἴσχυσεν
κατ' αὐτῶν
ὥστε γυμνοὺς καὶ τετραυματισμένους ἐκφυγεῖν ...

Acts 19,18 πολλοί τε τῶν πεπιστευκότων ἤρχοντο ἐξομολογούμενοι καὶ ἀναγγέλλοντες
τὰς πράξεις αὐτῶν.

Acts 19,19 ... καὶ συνεψήφισαν
τὰς τιμὰς αὐτῶν
καὶ εὗρον ἀργυρίου μυριάδας πέντε.

Acts 20,30 (2) καὶ
ἐξ ὑμῶν αὐτῶν
ἀναστήσονται ἄνδρες λαλοῦντες διεστραμμένα
τοῦ ἀποσπᾶν τοὺς μαθητὰς
ὀπίσω αὐτῶν.

Acts 21,1 ὡς δὲ ἐγένετο ἀναχθῆναι ἡμᾶς ἀποσπασθέντας
ἀπ' αὐτῶν,
εὐθυδρομήσαντες ἤλθομεν εἰς τὴν Κῶ, ...

Acts 21,26 ... εἰσῄει εἰς τὸ ἱερόν διαγγέλλων τὴν ἐκπλήρωσιν τῶν ἡμερῶν τοῦ ἁγνισμοῦ ἕως οὗ προσηνέχθη
ὑπὲρ ἑνὸς ἑκάστου αὐτῶν
ἡ προσφορά.

Acts 22,22 ἤκουον δὲ αὐτοῦ ἄχρι τούτου τοῦ λόγου καὶ ἐπῆραν
τὴν φωνὴν αὐτῶν
λέγοντες· ...

b Acts 22,23 **κραυγαζόντων τε αὐτῶν**
καὶ ῥιπτούντων τὰ ἱμάτια καὶ κονιορτὸν βαλλόντων εἰς τὸν ἀέρα

Acts 23,10 (2) πολλῆς δὲ γινομένης στάσεως φοβηθεὶς ὁ χιλίαρχος μὴ διασπασθῇ ὁ Παῦλος
ὑπ' αὐτῶν
ἐκέλευσεν τὸ στράτευμα καταβὰν ἁρπάσαι αὐτὸν
ἐκ μέσου αὐτῶν
ἄγειν τε εἰς τὴν παρεμβολήν.

Acts 23,21 ... ἐνεδρεύουσιν γὰρ αὐτὸν
ἐξ αὐτῶν
ἄνδρες πλείους τεσσεράκοντα, ...

Acts 23,27 τὸν ἄνδρα τοῦτον συλλημφθέντα ὑπὸ τῶν Ἰουδαίων καὶ μέλλοντα ἀναιρεῖσθαι
ὑπ' αὐτῶν
ἐπιστὰς σὺν τῷ στρατεύματι ἐξειλάμην, μαθὼν ὅτι Ῥωμαῖός ἐστιν·

Acts 23,28 βουλόμενός τε ἐπιγνῶναι τὴν αἰτίαν δι' ἣν ἐνεκάλουν αὐτῷ, κατήγαγον
εἰς τὸ συνέδριον αὐτῶν

Acts 23,29 ὃν εὗρον ἐγκαλούμενον
περὶ ζητημάτων τοῦ νόμου αὐτῶν,
μηδὲν δὲ ἄξιον θανάτου ἢ δεσμῶν ἔχοντα ἔγκλημα.

b Acts 25,17 **συνελθόντων οὖν [αὐτῶν]**
ἐνθάδε ἀναβολὴν μηδεμίαν ποιησάμενος τῇ ἑξῆς καθίσας ἐπὶ τοῦ βήματος ἐκέλευσα ἀχθῆναι τὸν ἄνδρα·

b Acts 26,10 ὃ καὶ ἐποίησα ἐν Ἱεροσολύμοις, καὶ πολλούς τε τῶν ἁγίων ἐγὼ ἐν φυλακαῖς κατέκλεισα τὴν παρὰ τῶν ἀρχιερέων ἐξουσίαν λαβὼν
ἀναιρουμένων τε αὐτῶν
κατήνεγκα ψῆφον

Acts 26,18 ἀνοῖξαι
ὀφθαλμοὺς αὐτῶν,
τοῦ ἐπιστρέψαι ἀπὸ σκότους εἰς φῶς καὶ τῆς ἐξουσίας τοῦ σατανᾶ ἐπὶ τὸν θεόν, ...

Acts 27,21 πολλῆς τε ἀσιτίας ὑπαρχούσης τότε σταθεὶς ὁ Παῦλος
ἐν μέσῳ αὐτῶν
εἶπεν· ...

b Acts 28,6 ... ἐπὶ πολὺ δὲ
αὐτῶν προσδοκώντων
καὶ θεωρούντων μηδὲν ἄτοπον εἰς αὐτὸν γινόμενον μεταβαλόμενοι ἔλεγον αὐτὸν εἶναι θεόν.

b Acts 28,17 ἐγένετο δὲ μετὰ ἡμέρας τρεῖς συγκαλέσασθαι αὐτὸν τοὺς ὄντας τῶν Ἰουδαίων πρώτους·
συνελθόντων δὲ αὐτῶν
ἔλεγεν πρὸς αὐτούς· ...

Acts 28,27 → Mt 13,15 *ἐπαχύνθη γὰρ ἡ καρδία τοῦ λαοῦ τούτου καὶ τοῖς ὠσὶν βαρέως ἤκουσαν καὶ*
τοὺς ὀφθαλμοὺς αὐτῶν
ἐκάμμυσαν· ...
➤ Isa 6,10 LXX

αὐτοῖς	Syn 311	Mt 103	Mk 117	Lk 91	Acts 77	Jn 100	1-3John	Paul 28	Eph 2	Col
	NT 555	2Thess 1	1/2Tim 3	Tit 1	Heb 5	Jas 2	1Pet 1	2Pet 6	Jude 1	Rev 17

masculine or neuter plural dative of αὐτός

	triple tradition																double tradition			Sondergut		
		+Mt / +Lk			–Mt / –Lk			traditions not taken over by Mt / Lk							subtotals							
code	222	211	112	212	221	122	121	022	012	021	220	120	210	020	Σ⁺	Σ⁻	Σ	202	201	102	200	002	total
Mt	11	10^+		4^+	22	8^-	29^-				13	18^-	6^+		20^+	55^-	66	4	8		25		**103**
Mk	11				22	8	29	3		8	13	18		5			117						**117**
Lk	11		11^+	4^+	22^-	8	29^-	3	1^+	8^-					16^+	59^-	38	4		4		45	**91**

[a] αὐτοῖς and verbum dicendi

[a] statistics for αὐτοῖς and verbum dicendi:

	triple tradition																double tradition			Sondergut		
		+Mt / +Lk			–Mt / –Lk			traditions not taken over by Mt / Lk							subtotals							
code	222	211	112	212	221	122	121	022	012	021	220	120	210	020	Σ⁺	Σ⁻	Σ	202	201	102	200	002	total
Mt	6	9^+		4^+	17	5^-	22^-				12	13^-	4^+		17^+	40^-	52	2	7		14		**75**
Mk	6				17	5	22	2		8	12	13		5			90						**90**
Lk	6		6^+	4^+	17^-	5	22^-	2		8^-					10^+	47^-	23	2		4		22	**51**

αὐτοῖς and verbum dicendi: Mt: 75, Mk: 90, Lk: 51, Acts: 8					
αὐτοῖς	πρὸς αὐτούς	**Mt**	**Mk**	**Lk**	**cases**
222		αὐτοῖς	αὐτοῖς	αὐτοῖς	6
022/122		—	αὐτοῖς	αὐτοῖς	7
220/221		αὐτοῖς	αὐτοῖς	—	22
221	112	αὐτοῖς	αὐτοῖς	πρὸς αὐτούς	7
121/021	112/012	—	αὐτοῖς	πρὸς αὐτούς	9
201/211	112/102	αὐτοῖς	—	πρὸς αὐτούς	1
	122	—	πρὸς αὐτούς	πρὸς αὐτούς	1
	112	—	—	πρὸς αὐτούς	2
	102	—		πρὸς αὐτούς	2
	002			πρὸς αὐτούς	19
πρὸς αὐτούς and verbum dicendi: Mt: 0, Mk: 1; Lk: 41, Acts: 13 (see page 630)					

code	Mt / Mk	Lk		
002		Lk 1,7	καὶ οὐκ ἦν **αὐτοῖς** τέκνον, καθότι ἦν ἡ Ἐλισάβετ στεῖρα, ...	
a 002 002		Lk 1,22 (2)	ἐξελθὼν δὲ οὐκ ἐδύνατο λαλῆσαι **αὐτοῖς**, καὶ ἐπέγνωσαν ὅτι ὀπτασίαν ἑώρακεν ἐν τῷ ναῷ· καὶ αὐτὸς ἦν διανεύων **αὐτοῖς**, καὶ διέμενεν κωφός.	
002		Lk 2,7	... καὶ ἀνέκλινεν αὐτὸν ἐν φάτνῃ, διότι οὐκ ἦν **αὐτοῖς** τόπος ἐν τῷ καταλύματι.	
002		Lk 2,9	καὶ ἄγγελος κυρίου ἐπέστη **αὐτοῖς** καὶ δόξα κυρίου περιέλαμψεν αὐτούς, ...	

a 002					Lk 2,10	καὶ εἶπεν **αὐτοῖς** ὁ ἄγγελος· μὴ φοβεῖσθε, ...	
a 002					Lk 2,17	ἰδόντες δὲ ἐγνώρισαν περὶ τοῦ ῥήματος τοῦ λαληθέντος **αὐτοῖς** περὶ τοῦ παιδίου τούτου.	
a 002					Lk 2,50	καὶ αὐτοὶ οὐ συνῆκαν τὸ ῥῆμα ὃ ἐλάλησεν **αὐτοῖς.**	
002					Lk 2,51	... καὶ ἦλθεν εἰς Ναζαρὲθ καὶ ἦν ὑποτασσόμενος **αὐτοῖς.** ...	
a 201	Mt 3,7 → Mt 12,34 → Mt 23,33	ἰδὼν δὲ πολλοὺς τῶν Φαρισαίων καὶ Σαδδουκαίων ἐρχομένους ἐπὶ τὸ βάπτισμα αὐτοῦ εἶπεν **αὐτοῖς·** γεννήματα ἐχιδνῶν, τίς ὑπέδειξεν ὑμῖν φυγεῖν ἀπὸ τῆς μελλούσης ὀργῆς;			Lk 3,7 → Mk 1,5	ἔλεγεν οὖν τοῖς ἐκπορευομένοις ὄχλοις βαπτισθῆναι ὑπ᾽ αὐτοῦ· γεννήματα ἐχιδνῶν, τίς ὑπέδειξεν ὑμῖν φυγεῖν ἀπὸ τῆς μελλούσης ὀργῆς;	
a 002					Lk 3,11	ἀποκριθεὶς δὲ ἔλεγεν **αὐτοῖς·** ὁ ἔχων δύο χιτῶνας μεταδότω τῷ μὴ ἔχοντι, ...	
a 002					Lk 3,14	... καὶ εἶπεν **αὐτοῖς·** μηδένα διασείσητε μηδὲ συκοφαντήσητε καὶ ἀρκεῖσθε τοῖς ὀψωνίοις ὑμῶν.	
200	Mt 4,16	... *καὶ τοῖς καθημένοις ἐν* *χώρᾳ καὶ σκιᾷ θανάτου* *φῶς ἀνέτειλεν* **αὐτοῖς.** ➤ Isa 9,1					
a 221	Mt 4,19	καὶ λέγει **αὐτοῖς·** δεῦτε ὀπίσω μου, καὶ ποιήσω ὑμᾶς ἁλιεῖς ἀνθρώπων.	Mk 1,17	καὶ εἶπεν **αὐτοῖς** ὁ Ἰησοῦς· δεῦτε ὀπίσω μου, καὶ ποιήσω ὑμᾶς γενέσθαι ἁλιεῖς ἀνθρώπων.	Lk 5,10	... καὶ εἶπεν **πρὸς τὸν Σίμωνα** ὁ Ἰησοῦς· μὴ φοβοῦ· ἀπὸ τοῦ νῦν ἀνθρώπους ἔσῃ ζωγρῶν.	
122	Mt 8,15	... καὶ ἀφῆκεν αὐτὴν ὁ πυρετός, καὶ ἠγέρθη καὶ διηκόνει **αὐτῷ.**	Mk 1,31	... καὶ ἀφῆκεν αὐτὴν ὁ πυρετός, καὶ διηκόνει **αὐτοῖς.**	Lk 4,39	... καὶ ἀφῆκεν αὐτήν· παραχρῆμα δὲ ἀναστᾶσα διηκόνει **αὐτοῖς.**	
a 021			Mk 1,38	καὶ λέγει **αὐτοῖς·** ἄγωμεν ἀλλαχοῦ εἰς τὰς ἐχομένας κωμοπόλεις, ἵνα καὶ ἐκεῖ κηρύξω· ...	Lk 4,43	ὁ δὲ εἶπεν **πρὸς αὐτοὺς** ὅτι καὶ ταῖς ἑτέραις πόλεσιν εὐαγγελίσασθαί με δεῖ τὴν βασιλείαν τοῦ θεοῦ, ...	
002					Lk 5,7	καὶ κατένευσαν τοῖς μετόχοις ἐν τῷ ἑτέρῳ πλοίῳ τοῦ ἐλθόντας συλλαβέσθαι **αὐτοῖς·** ...	

      222	Mt 8,4	... ὕπαγε σεαυτὸν δεῖξον τῷ ἱερεῖ, καὶ προσένεγκον τὸ δῶρον ὃ προσέταξεν Μωϋσῆς, εἰς μαρτύριον **αὐτοῖς**. ➤ Lev 13,49; 14,2-4	Mk 1,44	... ὕπαγε σεαυτὸν δεῖξον τῷ ἱερεῖ καὶ προσένεγκε περὶ τοῦ καθαρισμοῦ σου ἃ προσέταξεν Μωϋσῆς, εἰς μαρτύριον **αὐτοῖς**. ➤ Lev 13,49; 14,2-4	Lk 5,14 ↓ Lk 17,14	... ἀπελθὼν δεῖξον σεαυτὸν τῷ ἱερεῖ καὶ προσένεγκε περὶ τοῦ καθαρισμοῦ σου καθὼς προσέταξεν Μωϋσῆς, εἰς μαρτύριον **αὐτοῖς**. ➤ Lev 13,49; 14,2-4	
a 021			Mk 2,2 → Mk 3,20	καὶ συνήχθησαν πολλοὶ ὥστε μηκέτι χωρεῖν μηδὲ τὰ πρὸς τὴν θύραν, καὶ ἐλάλει **αὐτοῖς** τὸν λόγον.	Lk 5,17	καὶ ἐγένετο ἐν μιᾷ τῶν ἡμερῶν καὶ αὐτὸς ἦν διδάσκων, ...	
a 121	Mt 9,4 ↓ Mt 12,25	καὶ ἰδὼν ὁ Ἰησοῦς τὰς ἐνθυμήσεις αὐτῶν εἶπεν· ἱνατί ἐνθυμεῖσθε πονηρὰ ἐν ταῖς καρδίαις ὑμῶν;	Mk 2,8	καὶ εὐθὺς ἐπιγνοὺς ὁ Ἰησοῦς τῷ πνεύματι αὐτοῦ ὅτι οὕτως διαλογίζονται ἐν ἑαυτοῖς λέγει **αὐτοῖς**· τί ταῦτα διαλογίζεσθε ἐν ταῖς καρδίαις ὑμῶν;	Lk 5,22 ↓ Lk 11,17 → Lk 6,8	ἐπιγνοὺς δὲ ὁ Ἰησοῦς τοὺς διαλογισμοὺς αὐτῶν ἀποκριθεὶς εἶπεν **πρὸς αὐτούς**· τί διαλογίζεσθε ἐν ταῖς καρδίαις ὑμῶν;	
a 121	Mt 9,12	ὁ δὲ ἀκούσας εἶπεν· οὐ χρείαν ἔχουσιν οἱ ἰσχύοντες ἰατροῦ ἀλλ' οἱ κακῶς ἔχοντες.	Mk 2,17	καὶ ἀκούσας ὁ Ἰησοῦς λέγει **αὐτοῖς** [ὅτι] οὐ χρείαν ἔχουσιν οἱ ἰσχύοντες ἰατροῦ ἀλλ' οἱ κακῶς ἔχοντες· ...	Lk 5,31	καὶ ἀποκριθεὶς ὁ Ἰησοῦς εἶπεν **πρὸς αὐτούς**· οὐ χρείαν ἔχουσιν οἱ ὑγιαίνοντες ἰατροῦ ἀλλὰ οἱ κακῶς ἔχοντες·	
a 221	Mt 9,15	καὶ εἶπεν **αὐτοῖς** ὁ Ἰησοῦς· μὴ δύνανται οἱ υἱοὶ τοῦ νυμφῶνος πενθεῖν ἐφ' ὅσον μετ' αὐτῶν ἐστιν ὁ νυμφίος; ...	Mk 2,19	καὶ εἶπεν **αὐτοῖς** ὁ Ἰησοῦς· μὴ δύνανται οἱ υἱοὶ τοῦ νυμφῶνος ἐν ᾧ ὁ νυμφίος μετ' αὐτῶν ἐστιν νηστεύειν; ...	Lk 5,34	ὁ δὲ Ἰησοῦς εἶπεν **πρὸς αὐτούς**· μὴ δύνασθε τοὺς υἱοὺς τοῦ νυμφῶνος ἐν ᾧ ὁ νυμφίος μετ' αὐτῶν ἐστιν ποιῆσαι νηστεῦσαι;	→ GTh 104
a 221	Mt 12,3	ὁ δὲ εἶπεν **αὐτοῖς**· οὐκ ἀνέγνωτε τί ἐποίησεν Δαυὶδ ὅτε ἐπείνασεν καὶ οἱ μετ' αὐτοῦ	Mk 2,25	καὶ λέγει **αὐτοῖς**· οὐδέποτε ἀνέγνωτε τί ἐποίησεν Δαυίδ, ὅτε χρείαν ἔσχεν καὶ ἐπείνασεν αὐτὸς καὶ οἱ μετ' αὐτοῦ	Lk 6,3	καὶ ἀποκριθεὶς **πρὸς αὐτοὺς** εἶπεν ὁ Ἰησοῦς· οὐδὲ τοῦτο ἀνέγνωτε ὃ ἐποίησεν Δαυὶδ ὅτε ἐπείνασεν αὐτὸς καὶ οἱ μετ' αὐτοῦ [ὄντες]	
a 022			Mk 2,27	καὶ ἔλεγεν **αὐτοῖς**· τὸ σάββατον διὰ τὸν ἄνθρωπον ἐγένετο καὶ οὐχ ὁ ἄνθρωπος διὰ τὸ σάββατον· [28] ὥστε κύριός ἐστιν ὁ υἱὸς τοῦ ἀνθρώπου καὶ τοῦ σαββάτου.	Lk 6,5	καὶ ἔλεγεν **αὐτοῖς**· κύριός ἐστιν τοῦ σαββάτου ὁ υἱὸς τοῦ ἀνθρώπου.	
a 121	Mt 12,12	 πόσῳ οὖν διαφέρει ἄνθρωπος προβάτου. ὥστε ἔξεστιν τοῖς σάββασιν καλῶς ποιεῖν.	Mk 3,4	καὶ λέγει **αὐτοῖς**· ἔξεστιν τοῖς σάββασιν ἀγαθὸν ποιῆσαι ἢ κακοποιῆσαι, ψυχὴν σῶσαι ἢ ἀποκτεῖναι; ...	Lk 6,9 → Lk 13,14 → Lk 14,3	εἶπεν δὲ ὁ Ἰησοῦς **πρὸς αὐτούς**· ἐπερωτῶ ὑμᾶς εἰ ἔξεστιν τῷ σαββάτῳ ἀγαθοποιῆσαι ἢ κακοποιῆσαι, ψυχὴν σῶσαι ἢ ἀπολέσαι;	
a 221	Mt 12,16	καὶ ἐπετίμησεν **αὐτοῖς** ἵνα μὴ φανερὸν αὐτὸν ποιήσωσιν	Mk 3,12 → Mk 1,34	καὶ πολλὰ ἐπετίμα **αὐτοῖς** ἵνα μὴ αὐτὸν φανερὸν ποιήσωσιν.	Lk 4,41	... καὶ ἐπιτιμῶν οὐκ εἴα αὐτὰ λαλεῖν, ὅτι ᾔδεισαν τὸν χριστὸν αὐτὸν εἶναι.	

200	**Mt 6,1** → Mt 23,5	προσέχετε [δὲ] τὴν δικαιοσύνην ὑμῶν μὴ ποιεῖν ἔμπροσθεν τῶν ἀνθρώπων πρὸς τὸ θεαθῆναι **αὐτοῖς**· ...					
200	**Mt 6,8** → Mt 6,32 → Lk 12,30	μὴ οὖν ὁμοιωθῆτε **αὐτοῖς**· οἶδεν γὰρ ὁ πατὴρ ὑμῶν ὧν χρείαν ἔχετε πρὸ τοῦ ὑμᾶς αἰτῆσαι αὐτόν.					
202	**Mt 7,12** → Mt 22,40	πάντα οὖν ὅσα ἐὰν θέλητε ἵνα ποιῶσιν ὑμῖν οἱ ἄνθρωποι, οὕτως καὶ ὑμεῖς ποιεῖτε **αὐτοῖς**· οὗτος γάρ ἐστιν ὁ νόμος καὶ οἱ προφῆται.			**Lk 6,31**	καὶ καθὼς θέλετε ἵνα ποιῶσιν ὑμῖν οἱ ἄνθρωποι ποιεῖτε **αὐτοῖς** ὁμοίως.	
a 102	**Mt 15,14**	ἄφετε αὐτούς· τυφλοί εἰσιν ὁδηγοί [τυφλῶν]· τυφλὸς δὲ τυφλὸν ἐὰν ὁδηγῇ, ἀμφότεροι εἰς βόθυνον πεσοῦνται.			**Lk 6,39**	εἶπεν δὲ καὶ παραβολὴν **αὐτοῖς**· μήτι δύναται τυφλὸς τυφλὸν ὁδηγεῖν; οὐχὶ ἀμφότεροι εἰς βόθυνον ἐμπεσοῦνται;	→ GTh 34
a 201	**Mt 7,23** → Mt 13,41 → Mt 25,12 → Mt 25,41	καὶ τότε ὁμολογήσω **αὐτοῖς** ὅτι οὐδέποτε ἔγνων ὑμᾶς· *ἀποχωρεῖτε ἀπ' ἐμοῦ οἱ* *ἐργαζόμενοι τὴν ἀνομίαν.* ➤ Ps 6,9/1Macc 3,6			**Lk 13,27** → Lk 13,25	καὶ ἐρεῖ λέγων **ὑμῖν**· οὐκ οἶδα [ὑμᾶς] πόθεν ἐστέ· *ἀπόστητε ἀπ' ἐμοῦ,* *πάντες ἐργάται ἀδικίας.* ➤ Ps 6,9/1Macc 3,6	
222	**Mt 8,4**	... ὕπαγε σεαυτὸν δεῖξον τῷ ἱερεῖ, καὶ προσένεγκον τὸ δῶρον ὃ προσέταξεν Μωϋσῆς, εἰς μαρτύριον **αὐτοῖς**. ➤ Lev 13,49; 14,2-4	**Mk 1,44**	... ὕπαγε σεαυτὸν δεῖξον τῷ ἱερεῖ καὶ προσένεγκε περὶ τοῦ καθαρισμοῦ σου ἃ προσέταξεν Μωϋσῆς, εἰς μαρτύριον **αὐτοῖς**. ➤ Lev 13,49; 14,2-4	**Lk 5,14** ↓ Lk 17,14	... ἀπελθὼν δεῖξον σεαυτὸν τῷ ἱερεῖ καὶ προσένεγκε περὶ τοῦ καθαρισμοῦ σου καθὼς προσέταξεν Μωϋσῆς, εἰς μαρτύριον **αὐτοῖς**. ➤ Lev 13,49; 14,2-4	
002					**Lk 7,6** → Mt 8,7 → Mk 5,35 → Lk 8,49	ὁ δὲ Ἰησοῦς ἐπορεύετο **σὺν αὐτοῖς**. ἤδη δὲ αὐτοῦ οὐ μακρὰν ἀπέχοντος ἀπὸ τῆς οἰκίας ἔπεμψεν φίλους ὁ ἑκατοντάρχης ...	
a 222	**Mt 8,26**	καὶ λέγει **αὐτοῖς**· τί δειλοί ἐστε, ὀλιγόπιστοι; ...	**Mk 4,40**	καὶ εἶπεν **αὐτοῖς**· τί δειλοί ἐστε; οὔπω ἔχετε πίστιν;	**Lk 8,25**	εἶπεν δὲ **αὐτοῖς**· ποῦ ἡ πίστις ὑμῶν; ...	
a 222	**Mt 8,32**	καὶ εἶπεν **αὐτοῖς**· ὑπάγετε. οἱ δὲ ἐξελθόντες ἀπῆλθον εἰς τοὺς χοίρους· ...	**Mk 5,13**	καὶ ἐπέτρεψεν **αὐτοῖς**. καὶ ἐξελθόντα τὰ πνεύματα τὰ ἀκάθαρτα εἰσῆλθον εἰς τοὺς χοίρους, ...	**Lk 8,32** (2)	... καὶ ἐπέτρεψεν **αὐτοῖς**. [33] ἐξελθόντα δὲ τὰ δαιμόνια ἀπὸ τοῦ ἀνθρώπου εἰσῆλθον εἰς τοὺς χοίρους, ...	
a 221	**Mt 9,15**	καὶ εἶπεν **αὐτοῖς** ὁ Ἰησοῦς· μὴ δύνανται οἱ υἱοὶ τοῦ νυμφῶνος πενθεῖν ἐφ' ὅσον μετ' αὐτῶν ἐστιν ὁ νυμφίος; ...	**Mk 2,19**	καὶ εἶπεν **αὐτοῖς** ὁ Ἰησοῦς· μὴ δύνανται οἱ υἱοὶ τοῦ νυμφῶνος ἐν ᾧ ὁ νυμφίος μετ' αὐτῶν ἐστιν νηστεύειν; ...	**Lk 5,34**	ὁ δὲ Ἰησοῦς εἶπεν **πρὸς αὐτούς**· μὴ δύνασθε τοὺς υἱοὺς τοῦ νυμφῶνος ἐν ᾧ ὁ νυμφίος μετ' αὐτῶν ἐστιν ποιῆσαι νηστεῦσαι;	→ GTh 104

a 211	Mt 9,18	ταῦτα αὐτοῦ λαλοῦντος **αὐτοῖς**, ἰδοὺ ἄρχων εἷς ἐλθὼν προσεκύνει αὐτῷ ...	Mk 5,22	καὶ ἔρχεται εἷς τῶν ἀρχισυναγώγων, ὀνόματι Ἰάϊρος, καὶ ἰδὼν αὐτὸν πίπτει πρὸς τοὺς πόδας αὐτοῦ	Lk 8,41	καὶ ἰδοὺ ἦλθεν ἀνὴρ ᾧ ὄνομα Ἰάϊρος καὶ οὗτος ἄρχων τῆς συναγωγῆς ὑπῆρχεν, καὶ πεσὼν παρὰ τοὺς πόδας [τοῦ] Ἰησοῦ ...	
a 200	Mt 9,28 ⇨ Mt 20,32	ἐλθόντι δὲ εἰς τὴν οἰκίαν προσῆλθον αὐτῷ οἱ τυφλοί, καὶ λέγει **αὐτοῖς** ὁ Ἰησοῦς· πιστεύετε ὅτι δύναμαι τοῦτο ποιῆσαι; λέγουσιν αὐτῷ· ναὶ κύριε.	Mk 10,51	[50] ὁ δὲ ἀποβαλὼν τὸ ἱμάτιον αὐτοῦ ἀναπηδήσας ἦλθεν πρὸς τὸν Ἰησοῦν. [51] καὶ ἀποκριθεὶς **αὐτῷ** ὁ Ἰησοῦς εἶπεν· τί σοι θέλεις ποιήσω; ὁ δὲ τυφλὸς εἶπεν αὐτῷ· ῥαββουνι, ἵνα ἀναβλέψω.	Lk 18,40	σταθεὶς δὲ ὁ Ἰησοῦς ἐκέλευσεν αὐτὸν ἀχθῆναι πρὸς αὐτόν. ἐγγίσαντος δὲ αὐτοῦ ἐπηρώτησεν **αὐτόν**· [41] τί σοι θέλεις ποιήσω; ὁ δὲ εἶπεν· κύριε, ἵνα ἀναβλέψω.	
200	Mt 9,30 ⇨ Mt 20,34	καὶ ἠνεῴχθησαν αὐτῶν οἱ ὀφθαλμοί. καὶ ἐνεβριμήθη **αὐτοῖς** ὁ Ἰησοῦς λέγων· ὁρᾶτε μηδεὶς γινωσκέτω.	Mk 10,52	... καὶ εὐθὺς ἀνέβλεψεν, καὶ ἠκολούθει αὐτῷ ἐν τῇ ὁδῷ.	Lk 18,43	καὶ παραχρῆμα ἀνέβλεψεν καὶ ἠκολούθει αὐτῷ δοξάζων τὸν θεόν. ...	
222	Mt 10,1	καὶ προσκαλεσάμενος τοὺς δώδεκα μαθητὰς αὐτοῦ ἔδωκεν **αὐτοῖς** ἐξουσίαν πνευμάτων ἀκαθάρτων ...	Mk 6,7 → Mk 3,14-15 ↓ Mt 10,5 → Lk 9,2	καὶ προσκαλεῖται τοὺς δώδεκα καὶ ἤρξατο αὐτοὺς ἀποστέλλειν δύο δύο καὶ ἐδίδου **αὐτοῖς** ἐξουσίαν τῶν πνευμάτων τῶν ἀκαθάρτων	Lk 9,1 → Lk 10,1	συγκαλεσάμενος δὲ τοὺς δώδεκα ἔδωκεν **αὐτοῖς** δύναμιν καὶ ἐξουσίαν ἐπὶ πάντα τὰ δαιμόνια ...	
121	Mt 10,2	... καὶ Ἰάκωβος ὁ τοῦ Ζεβεδαίου καὶ Ἰωάννης ὁ ἀδελφὸς αὐτοῦ	Mk 3,17	καὶ Ἰάκωβον τὸν τοῦ Ζεβεδαίου καὶ Ἰωάννην τὸν ἀδελφὸν τοῦ Ἰακώβου καὶ ἐπέθηκεν **αὐτοῖς** ὀνόμα[τα] Βοανηργές, ὅ ἐστιν υἱοὶ βροντῆς·	Lk 6,14	... καὶ Ἰάκωβον καὶ Ἰωάννην ...	
a 221	Mt 10,5 ↓ Mk 6,7	τούτους τοὺς δώδεκα ἀπέστειλεν ὁ Ἰησοῦς παραγγείλας **αὐτοῖς** λέγων· ...	Mk 6,8	καὶ παρήγγειλεν **αὐτοῖς** ...	Lk 9,3	καὶ εἶπεν **πρὸς αὐτούς**· ...	
221	Mt 10,18	καὶ ἐπὶ ἡγεμόνας δὲ καὶ βασιλεῖς ἀχθήσεσθε ἕνεκεν ἐμοῦ εἰς μαρτύριον **αὐτοῖς** καὶ τοῖς ἔθνεσιν.	Mk 13,9 → Mt 24,14	... καὶ ἐπὶ ἡγεμόνων καὶ βασιλέων σταθήσεσθε ἕνεκεν ἐμοῦ εἰς μαρτύριον **αὐτοῖς**.	Lk 21,13	[12] ... ἀπαγομένους ἐπὶ βασιλεῖς καὶ ἡγεμόνας ἕνεκεν τοῦ ὀνόματός μου· [13] ἀποβήσεται ὑμῖν εἰς μαρτύριον.	
a 202	Mt 11,4	καὶ ἀποκριθεὶς ὁ Ἰησοῦς εἶπεν **αὐτοῖς**· πορευθέντες ἀπαγγείλατε Ἰωάννῃ ἃ ἀκούετε καὶ βλέπετε·			Lk 7,22	καὶ ἀποκριθεὶς εἶπεν **αὐτοῖς**· πορευθέντες ἀπαγγείλατε Ἰωάννῃ ἃ εἴδετε καὶ ἠκούσατε· ...	
002					Lk 8,3 → Mt 27,55-56 → Mk 15,40-41 → Lk 23,49.55 → Lk 24,10	καὶ Ἰωάννα γυνὴ Χουζᾶ ἐπιτρόπου Ἡρῴδου καὶ Σουσάννα καὶ ἕτεραι πολλαί, αἵτινες διηκόνουν **αὐτοῖς** ἐκ τῶν ὑπαρχόντων αὐταῖς.	→ Acts 1,14

a 221	**Mt 12,3**	ὁ δὲ εἶπεν αὐτοῖς· οὐκ ἀνέγνωτε τί ἐποίησεν Δαυὶδ ὅτε ἐπείνασεν καὶ οἱ μετ᾽ αὐτοῦ	**Mk 2,25**	καὶ λέγει αὐτοῖς· οὐδέποτε ἀνέγνωτε τί ἐποίησεν Δαυίδ, ὅτε χρείαν ἔσχεν καὶ ἐπείνασεν αὐτὸς καὶ οἱ μετ᾽ αὐτοῦ	**Lk 6,3**	καὶ ἀποκριθεὶς πρὸς αὐτοὺς εἶπεν ὁ Ἰησοῦς· οὐδὲ τοῦτο ἀνέγνωτε ὃ ἐποίησεν Δαυὶδ ὅτε ἐπείνασεν αὐτὸς καὶ οἱ μετ᾽ αὐτοῦ [ὄντες]	
a 201	**Mt 12,11**	ὁ δὲ εἶπεν αὐτοῖς· τίς ἔσται ἐξ ὑμῶν ἄνθρωπος ὃς ἕξει πρόβατον ἓν καὶ ἐὰν ἐμπέσῃ τοῦτο τοῖς σάββασιν εἰς βόθυνον, οὐχὶ κρατήσει αὐτὸ καὶ ἐγερεῖ;			**Lk 14,5** → Lk 13,15	καὶ πρὸς αὐτοὺς εἶπεν· τίνος ὑμῶν υἱὸς ἢ βοῦς εἰς φρέαρ πεσεῖται, καὶ οὐκ εὐθέως ἀνασπάσει αὐτὸν ἐν ἡμέρᾳ τοῦ σαββάτου;	
a 221	**Mt 12,16**	καὶ ἐπετίμησεν αὐτοῖς ἵνα μὴ φανερὸν αὐτὸν ποιήσωσιν	**Mk 3,12** → Mk 1,34	καὶ πολλὰ ἐπετίμα αὐτοῖς ἵνα μὴ αὐτὸν φανερὸν ποιήσωσιν.	**Lk 4,41**	... καὶ ἐπιτιμῶν οὐκ εἴα αὐτὰ λαλεῖν, ὅτι ᾔδεισαν τὸν χριστὸν αὐτὸν εἶναι.	
a 020	Mt 12,25 ↑ Mt 9,4	εἰδὼς δὲ τὰς ἐνθυμήσεις αὐτῶν εἶπεν αὐτοῖς· πᾶσα βασιλεία μερισθεῖσα καθ᾽ ἑαυτῆς ἐρημοῦται ...	**Mk 3,23**	καὶ προσκαλεσάμενος αὐτοὺς ἐν παραβολαῖς ἔλεγεν αὐτοῖς· πῶς δύναται σατανᾶς σατανᾶν ἐκβάλλειν; [24] καὶ ἐὰν βασιλεία ἐφ᾽ ἑαυτὴν μερισθῇ, οὐ δύναται σταθῆναι ἡ βασιλεία ἐκείνη·	Lk 11,17 ↑ Lk 5,22 → Lk 6,8	αὐτὸς δὲ εἰδὼς αὐτῶν τὰ διανοήματα εἶπεν αὐτοῖς· πᾶσα βασιλεία ἐφ᾽ ἑαυτὴν διαμερισθεῖσα ἐρημοῦται ...	Mk-Q overlap
a 202	**Mt 12,25** ↑ Mt 9,4	εἰδὼς δὲ τὰς ἐνθυμήσεις αὐτῶν εἶπεν αὐτοῖς· πᾶσα βασιλεία μερισθεῖσα καθ᾽ ἑαυτῆς ἐρημοῦται ...	Mk 3,23	καὶ προσκαλεσάμενος αὐτοὺς ἐν παραβολαῖς ἔλεγεν αὐτοῖς· πῶς δύναται σατανᾶς σατανᾶν ἐκβάλλειν; [24] καὶ ἐὰν βασιλεία ἐφ᾽ ἑαυτὴν μερισθῇ, οὐ δύναται σταθῆναι ἡ βασιλεία ἐκείνη·	**Lk 11,17** ↑ Lk 5,22 → Lk 6,8	αὐτὸς δὲ εἰδὼς αὐτῶν τὰ διανοήματα εἶπεν αὐτοῖς· πᾶσα βασιλεία ἐφ᾽ ἑαυτὴν διαμερισθεῖσα ἐρημοῦται ...	Mk-Q overlap
a 201	**Mt 12,39** ⇩ Mt 16,2	ὁ δὲ ἀποκριθεὶς εἶπεν αὐτοῖς· γενεὰ πονηρὰ καὶ μοιχαλὶς σημεῖον ἐπιζητεῖ, ...	Mk 8,12	καὶ ἀναστενάξας τῷ πνεύματι αὐτοῦ λέγει· τί ἡ γενεὰ αὕτη ζητεῖ σημεῖον; ...	**Lk 11,29**	τῶν δὲ ὄχλων ἐπαθροιζομένων ἤρξατο λέγειν· ἡ γενεὰ αὕτη γενεὰ πονηρά ἐστιν· σημεῖον ζητεῖ, ...	Mk-Q overlap
a 121	**Mt 12,48**	ὁ δὲ ἀποκριθεὶς εἶπεν τῷ λέγοντι αὐτῷ· τίς ἐστιν ἡ μήτηρ μου καὶ τίνες εἰσὶν οἱ ἀδελφοί μου;	**Mk 3,33**	καὶ ἀποκριθεὶς αὐτοῖς λέγει· τίς ἐστιν ἡ μήτηρ μου καὶ οἱ ἀδελφοί [μου];	**Lk 8,21**	ὁ δὲ ἀποκριθεὶς εἶπεν πρὸς αὐτούς· ...	→ GTh 99

a αὐτοῖς and verbum dicendi

a 211 *a* 121	**Mt 13,3**	[2] καὶ συνήχθησαν πρὸς αὐτὸν ὄχλοι πολλοί, ὥστε αὐτὸν εἰς πλοῖον ἐμβάντα καθῆσθαι, ... [3] καὶ ἐλάλησεν **αὐτυῖς** πολλὰ ἐν παραβολαῖς λέγων· ...	**Mk 4,2**	[1] ... καὶ συνάγεται πρὸς αὐτὸν ὄχλος πλεῖστος, ὥστε αὐτὸν εἰς πλοῖον ἐμβάντα καθῆσθαι ἐν τῇ θαλάσσῃ, ... [2] καὶ ἐδίδασκεν **αὐτοὺς** ἐν παραβολαῖς πολλὰ καὶ ἔλεγεν **αὐτοῖς** ἐν τῇ διδαχῇ αὐτοῦ·	**Lk 8,4** ⇩ Lk 5,3	συνιόντος δὲ ὄχλου πολλοῦ καὶ τῶν κατὰ πόλιν ἐπιπορευομένων πρὸς αὐτὸν εἶπεν διὰ παραβολῆς·	
					Lk 5,3 ⇧ Lk 8,4	... καθίσας δὲ ἐκ τοῦ πλοίου ἐδίδασκεν τοὺς ὄχλους.	
a 211	**Mt 13,10**	καὶ προσελθόντες οἱ μαθηταὶ εἶπαν αὐτῷ· διὰ τί ἐν παραβολαῖς λαλεῖς **αὐτοῖς;**	**Mk 4,10** → Mk 7,17	καὶ ὅτε ἐγένετο κατὰ μόνας, ἠρώτων αὐτὸν οἱ περὶ αὐτὸν σὺν τοῖς δώδεκα τὰς παραβολάς.	**Lk 8,9** → Mk 7,17	ἐπηρώτων δὲ αὐτὸν οἱ μαθηταὶ αὐτοῦ τίς αὕτη εἴη ἡ παραβολή.	
a 221	**Mt 13,11**	ὁ δὲ ἀποκριθεὶς εἶπεν **αὐτοῖς·** ὅτι ὑμῖν δέδοται γνῶναι τὰ μυστήρια τῆς βασιλείας τῶν οὐρανῶν, ἐκείνοις δὲ οὐ δέδοται.	**Mk 4,11**	καὶ ἔλεγεν **αὐτοῖς·** ὑμῖν τὸ μυστήριον δέδοται τῆς βασιλείας τοῦ θεοῦ· ἐκείνοις δὲ τοῖς ἔξω	**Lk 8,10**	ὁ δὲ εἶπεν· ὑμῖν δέδοται γνῶναι τὰ μυστήρια τῆς βασιλείας τοῦ θεοῦ, τοῖς δὲ λοιποῖς	→ GTh 62,1
a 211	**Mt 13,13**	διὰ τοῦτο ἐν παραβολαῖς **αὐτοῖς** λαλῶ,		ἐν παραβολαῖς τὰ πάντα γίνεται,		ἐν παραβολαῖς,	
      121	↓ Mt 13,14-15	ὅτι βλέποντες οὐ βλέπουσιν καὶ ἀκούοντες οὐκ ἀκούουσιν οὐδὲ συνίουσιν· ➤ Isa 6,9	**Mk 4,12** → Mk 8,18	ἵνα βλέποντες βλέπωσιν καὶ μὴ ἴδωσιν, καὶ ἀκούοντες ἀκούωσιν καὶ μὴ συνιῶσιν, μήποτε ἐπιστρέψωσιν καὶ ἀφεθῇ **αὐτοῖς.** ➤ Isa 6,9		ἵνα βλέποντες μὴ βλέπωσιν καὶ ἀκούοντες μὴ συνιῶσιν. ➤ Isa 6,9	→ Jn 12,40 → Acts 28,26
200	**Mt 13,14** ↑ Mt 13,13 ↑ Mk 4,12 ↑ Lk 8,10	καὶ ἀναπληροῦται **αὐτοῖς** ἡ προφητεία Ἠσαΐου ἡ λέγουσα· *ἀκοῇ ἀκούσετε καὶ οὐ μὴ συνῆτε, καὶ βλέποντες βλέψετε καὶ οὐ μὴ ἴδητε.* ➤ Isa 6,9 LXX					→ Jn 12,40 → Acts 28,26
a 121	**Mt 13,18**	 ὑμεῖς οὖν ἀκούσατε τὴν παραβολὴν τοῦ σπείραντος.	**Mk 4,13**	καὶ λέγει **αὐτοῖς·** οὐκ οἴδατε τὴν παραβολὴν ταύτην, καὶ πῶς πάσας τὰς παραβολὰς γνώσεσθε;	**Lk 8,11**	 ἔστιν δὲ αὕτη ἡ παραβολή· ...	
a 021			**Mk 4,21**	καὶ ἔλεγεν **αὐτοῖς·** μήτι ἔρχεται ὁ λύχνος ἵνα ὑπὸ τὸν μόδιον τεθῇ ἢ ὑπὸ τὴν κλίνην; οὐχ ἵνα ἐπὶ τὴν λυχνίαν τεθῇ;	**Lk 8,16** ⇩ Lk 11,33	 οὐδεὶς δὲ λύχνον ἅψας καλύπτει αὐτὸν σκεύει ἢ ὑποκάτω κλίνης τίθησιν, ἀλλ᾽ ἐπὶ λυχνίας τίθησιν, ...	→ GTh 33,2-3 Mk-Q overlap
	Mt 5,15	οὐδὲ καίουσιν λύχνον καὶ τιθέασιν αὐτὸν ὑπὸ τὸν μόδιον ἀλλ᾽ ἐπὶ τὴν λυχνίαν, ...			**Lk 11,33** ⇧ Lk 8,16	οὐδεὶς λύχνον ἅψας εἰς κρύπτην τίθησιν [οὐδὲ ὑπὸ τὸν μόδιον] ἀλλ᾽ ἐπὶ τὴν λυχνίαν, ...	→ GTh 33,2-3 Mk-Q overlap

a 021			Mk 4,24	καὶ ἔλεγεν αὐτοῖς· βλέπετε τί ἀκούετε. ...	Lk 8,18	βλέπετε οὖν πῶς ἀκούετε· ...	
a 200	Mt 13,24	ἄλλην παραβολὴν παρέθηκεν αὐτοῖς λέγων· ὡμοιώθη ἡ βασιλεία τῶν οὐρανῶν ἀνθρώπῳ σπείραντι καλὸν σπέρμα ἐν τῷ ἀγρῷ αὐτοῦ.					→ GTh 57
a 200	Mt 13,28	ὁ δὲ ἔφη αὐτοῖς· ἐχθρὸς ἄνθρωπος τοῦτο ἐποίησεν. ...					→ GTh 57
200	Mt 13,29	... οὔ, μήποτε συλλέγοντες τὰ ζιζάνια ἐκριζώσητε ἅμα αὐτοῖς τὸν σῖτον.					→ GTh 57
a 201	Mt 13,31	ἄλλην παραβολὴν παρέθηκεν αὐτοῖς λέγων· ὁμοία ἐστὶν ἡ βασιλεία τῶν οὐρανῶν κόκκῳ σινάπεως, ...	Mk 4,30	καὶ ἔλεγεν· πῶς ὁμοιώσωμεν τὴν βασιλείαν τοῦ θεοῦ ἢ ἐν τίνι αὐτὴν παραβολῇ θῶμεν; [31] ὡς κόκκῳ σινάπεως, ...	Lk 13,18	ἔλεγεν οὖν· τίνι ὁμοία ἐστὶν ἡ βασιλεία τοῦ θεοῦ καὶ τίνι ὁμοιώσω αὐτήν; [19] ὁμοία ἐστὶν κόκκῳ σινάπεως, ...	→ GTh 20 Mk-Q overlap
a 201	Mt 13,33	ἄλλην παραβολὴν ἐλάλησεν αὐτοῖς· ὁμοία ἐστὶν ἡ βασιλεία τῶν οὐρανῶν ζύμῃ, ...			Lk 13,20	καὶ πάλιν εἶπεν· τίνι ὁμοιώσω τὴν βασιλείαν τοῦ θεοῦ; [21] ὁμοία ἐστὶν ζύμῃ, ...	→ GTh 96
a 120	Mt 13,34	ταῦτα πάντα ἐλάλησεν ὁ Ἰησοῦς ἐν παραβολαῖς τοῖς ὄχλοις,	Mk 4,33	καὶ τοιαύταις παραβολαῖς πολλαῖς ἐλάλει αὐτοῖς τὸν λόγον, καθὼς ἠδύναντο ἀκούειν·			
a 220		καὶ χωρὶς παραβολῆς οὐδὲν ἐλάλει αὐτοῖς	Mk 4,34 → Mt 13,36	χωρὶς δὲ παραβολῆς οὐκ ἐλάλει αὐτοῖς, κατ' ἰδίαν δὲ τοῖς ἰδίοις μαθηταῖς ἐπέλυεν πάντα.			
a 200	Mt 13,52	ὁ δὲ εἶπεν αὐτοῖς· διὰ τοῦτο πᾶς γραμματεὺς μαθητευθεὶς τῇ βασιλείᾳ τῶν οὐρανῶν ὅμοιός ἐστιν ἀνθρώπῳ οἰκοδεσπότῃ, ...					
a 121	Mt 8,18	ἰδὼν δὲ ὁ Ἰησοῦς ὄχλον περὶ αὐτὸν ἐκέλευσεν ἀπελθεῖν εἰς τὸ πέραν.	Mk 4,35	καὶ λέγει αὐτοῖς ἐν ἐκείνῃ τῇ ἡμέρᾳ ὀψίας γενομένης· διέλθωμεν εἰς τὸ πέραν.	Lk 8,22	ἐγένετο δὲ ἐν μιᾷ τῶν ἡμερῶν ... καὶ εἶπεν πρὸς αὐτούς· διέλθωμεν εἰς τὸ πέραν τῆς λίμνης, καὶ ἀνήχθησαν.	
a 222	Mt 8,26	καὶ λέγει αὐτοῖς· τί δειλοί ἐστε, ὀλιγόπιστοι; ...	Mk 4,40	καὶ εἶπεν αὐτοῖς· τί δειλοί ἐστε; οὔπω ἔχετε πίστιν;	Lk 8,25	εἶπεν δὲ αὐτοῖς· ποῦ ἡ πίστις ὑμῶν; ...	

012			Mk 5,10	καὶ παρεκάλει αὐτὸν πολλὰ ἵνα μὴ **αὐτὰ** ἀποστείλῃ ἔξω τῆς χώρας.	Lk 8,31	καὶ παρεκάλουν αὐτὸν ἵνα μὴ ἐπιτάξῃ **αὐτοῖς** εἰς τὴν ἄβυσσον ἀπελθεῖν.	
112	Mt 8,31	οἱ δὲ δαίμονες παρεκάλουν αὐτὸν λέγοντες· εἰ ἐκβάλλεις ἡμᾶς, ἀπόστειλον ἡμᾶς εἰς τὴν ἀγέλην τῶν χοίρων.	Mk 5,12	καὶ παρεκάλεσαν αὐτὸν λέγοντες· πέμψον ἡμᾶς εἰς τοὺς χοίρους, ἵνα εἰς αὐτοὺς εἰσέλθωμεν.	Lk 8,32 (2)	... καὶ παρεκάλεσαν αὐτὸν ἵνα ἐπιτρέψῃ **αὐτοῖς** εἰς ἐκείνους εἰσελθεῖν·	
a 222	Mt 8,32	καὶ εἶπεν **αὐτοῖς·** ὑπάγετε. οἱ δὲ ἐξελθόντες ἀπῆλθον εἰς τοὺς χοίρους· ...	Mk 5,13	καὶ ἐπέτρεψεν **αὐτοῖς.** καὶ ἐξελθόντα τὰ πνεύματα τὰ ἀκάθαρτα εἰσῆλθον εἰς τοὺς χοίρους, ...		καὶ ἐπέτρεψεν **αὐτοῖς.** [33] ἐξελθόντα δὲ τὰ δαιμόνια ἀπὸ τοῦ ἀνθρώπου εἰσῆλθον εἰς τοὺς χοίρους, ...	
a 122	Mt 8,33	οἱ δὲ βόσκοντες ἔφυγον, καὶ ἀπελθόντες εἰς τὴν πόλιν ἀπήγγειλαν πάντα καὶ τὰ τῶν δαιμονιζομένων.	Mk 5,16	[14] καὶ οἱ βόσκοντες αὐτοὺς ἔφυγον καὶ ἀπήγγειλαν εἰς τὴν πόλιν καὶ εἰς τοὺς ἀγρούς· ... [15] ... [16] καὶ διηγήσαντο **αὐτοῖς** οἱ ἰδόντες πῶς ἐγένετο τῷ δαιμονιζομένῳ καὶ περὶ τῶν χοίρων.	Lk 8,36	[34] ἰδόντες δὲ οἱ βόσκοντες τὸ γεγονὸς ἔφυγον καὶ ἀπήγγειλαν εἰς τὴν πόλιν καὶ εἰς τοὺς ἀγρούς. [35] ... [36] ἀπήγγειλαν δὲ **αὐτοῖς** οἱ ἰδόντες πῶς ἐσώθη ὁ δαιμονισθείς.	
a 021			Mk 5,19	... ὕπαγε εἰς τὸν οἶκόν σου πρὸς τοὺς σοὺς καὶ ἀπάγγειλον **αὐτοῖς** ὅσα ὁ κύριός σοι πεποίηκεν καὶ ἠλέησέν σε.	Lk 8,39	ὑπόστρεφε εἰς τὸν οἶκόν σου, καὶ διηγοῦ ὅσα σοι ἐποίησεν ὁ θεός. ...	
a 121	Mt 9,24	ἔλεγεν· ἀναχωρεῖτε, οὐ γὰρ ἀπέθανεν τὸ κοράσιον ἀλλὰ καθεύδει. ...	Mk 5,39	καὶ εἰσελθὼν λέγει **αὐτοῖς·** τί θορυβεῖσθε καὶ κλαίετε; τὸ παιδίον οὐκ ἀπέθανεν ἀλλὰ καθεύδει.	Lk 8,52	... ὁ δὲ εἶπεν· μὴ κλαίετε, οὐ γὰρ ἀπέθανεν ἀλλὰ καθεύδει.	
a 022			Mk 5,43	καὶ διεστείλατο **αὐτοῖς** πολλὰ ἵνα μηδεὶς γνοῖ τοῦτο, ...	Lk 8,56	... ὁ δὲ παρήγγειλεν **αὐτοῖς** μηδενὶ εἰπεῖν τὸ γεγονός.	
a 221	Mt 13,57	... ὁ δὲ Ἰησοῦς εἶπεν **αὐτοῖς·** οὐκ ἔστιν προφήτης ἄτιμος εἰ μὴ ἐν τῇ πατρίδι ...	Mk 6,4	καὶ ἔλεγεν **αὐτοῖς** ὁ Ἰησοῦς ὅτι οὐκ ἔστιν προφήτης ἄτιμος εἰ μὴ ἐν τῇ πατρίδι αὐτοῦ ...	Lk 4,24	εἶπεν δέ· ἀμὴν λέγω ὑμῖν ὅτι οὐδεὶς προφήτης δεκτός ἐστιν ἐν τῇ πατρίδι αὐτοῦ.	→ Jn 4,44 → GTh 31 (POxy 1)
222	Mt 10,1	καὶ προσκαλεσάμενος τοὺς δώδεκα μαθητὰς αὐτοῦ ἔδωκεν **αὐτοῖς** ἐξουσίαν πνευμάτων ἀκαθάρτων ...	Mk 6,7 → Mk 3,14-15 ↑ Mt 10,5 → Lk 9,2	καὶ προσκαλεῖται τοὺς δώδεκα καὶ ἤρξατο αὐτοὺς ἀποστέλλειν δύο δύο καὶ ἐδίδου **αὐτοῖς** ἐξουσίαν τῶν πνευμάτων τῶν ἀκαθάρτων,	Lk 9,1 → Lk 10,1	συγκαλεσάμενος δὲ τοὺς δώδεκα ἔδωκεν **αὐτοῖς** δύναμιν καὶ ἐξουσίαν ἐπὶ πάντα τὰ δαιμόνια ...	
a 221	Mt 10,5 ↑ Mk 6,7	τούτους τοὺς δώδεκα ἀπέστειλεν ὁ Ἰησοῦς παραγγείλας **αὐτοῖς** λέγων· ...	Mk 6,8	 καὶ παρήγγειλεν **αὐτοῖς ...**	Lk 9,3 → Lk 10,4	 καὶ εἶπεν **πρὸς αὐτούς· ...**	

a 121	Mt 10,11 ⇩ Lk 10,8	εἰς ἣν δ᾽ ἂν πόλιν ἢ κώμην εἰσέλθητε, ἐξετάσατε τίς ἐν αὐτῇ ἄξιός ἐστιν· κἀκεῖ μείνατε ἕως ἂν ἐξέλθητε.	Mk 6,10	καὶ ἔλεγεν **αὐτοῖς**· ὅπου ἐὰν εἰσέλθητε εἰς οἰκίαν, ἐκεῖ μένετε ἕως ἂν ἐξέλθητε ἐκεῖθεν.	Lk 9,4 ⇩ Lk 10,5.7	καὶ εἰς ἣν ἂν οἰκίαν εἰσέλθητε, ἐκεῖ μένετε καὶ ἐκεῖθεν ἐξέρχεσθε.	→ GTh 14,4
	Mt 10,12	εἰσερχόμενοι δὲ εἰς τὴν οἰκίαν ἀσπάσασθε αὐτήν·			Lk 10,5 ⇧ Lk 9,4	εἰς ἣν δ᾽ ἂν εἰσέλθητε οἰκίαν, πρῶτον λέγετε· εἰρήνη τῷ οἴκῳ τούτῳ. ... [7] ἐν αὐτῇ δὲ τῇ οἰκίᾳ μένετε, ... [8] καὶ εἰς ἣν ἂν πόλιν εἰσέρχησθε καὶ δέχωνται ὑμᾶς, ἐσθίετε τὰ παρατιθέμενα ὑμῖν	Mk-Q overlap
121	Mt 10,14	... ἐκτινάξατε τὸν κονιορτὸν τῶν ποδῶν ὑμῶν.	Mk 6,11	... ἐκτινάξατε τὸν χοῦν τὸν ὑποκάτω τῶν ποδῶν ὑμῶν εἰς μαρτύριον **αὐτοῖς**.	Lk 9,5 ⇩ Lk 10,10-11	... τὸν κονιορτὸν ἀπὸ τῶν ποδῶν ὑμῶν ἀποτινάσσετε εἰς μαρτύριον **ἐπ᾽ αὐτούς**.	→ Acts 13,51 → Acts 18,6 Mk-Q overlap
	Mt 10,14	καὶ ὃς ἂν μὴ δέξηται ὑμᾶς μηδὲ ἀκούσῃ τοὺς λόγους ὑμῶν, ἐξερχόμενοι ἔξω τῆς οἰκίας ἢ τῆς πόλεως ἐκείνης ἐκτινάξατε τὸν κονιορτὸν τῶν ποδῶν ὑμῶν.			Lk 10,11 ⇧ Lk 9,5	[10] εἰς ἣν δ᾽ ἂν πόλιν εἰσέλθητε καὶ μὴ δέχωνται ὑμᾶς, ἐξελθόντες εἰς τὰς πλατείας αὐτῆς εἴπατε· [11] καὶ τὸν κονιορτὸν τὸν κολληθέντα ἡμῖν ἐκ τῆς πόλεως ὑμῶν εἰς τοὺς πόδας ἀπομασσόμεθα ὑμῖν· πλὴν τοῦτο γινώσκετε ὅτι ἤγγικεν ἡ βασιλεία τοῦ θεοῦ.	Mk-Q overlap
a 020			Mk 6,31	καὶ λέγει **αὐτοῖς**· δεῦτε ὑμεῖς αὐτοὶ κατ᾽ ἰδίαν εἰς ἔρημον τόπον ...			
211	Mt 14,14 → Mt 9,36 ↓ Mt 15,32	καὶ ἐξελθὼν εἶδεν πολὺν ὄχλον, καὶ ἐσπλαγχνίσθη **ἐπ᾽ αὐτοῖς**	Mk 6,34 ↓ Mk 8,2	καὶ ἐξελθὼν εἶδεν πολὺν ὄχλον, καὶ ἐσπλαγχνίσθη **ἐπ᾽ αὐτούς**,	Lk 9,11	οἱ δὲ ὄχλοι γνόντες ἠκολούθησαν αὐτῷ· καὶ ἀποδεξάμενος **αὐτοὺς**	
a				ὅτι ἦσαν *ὡς πρόβατα μὴ ἔχοντα ποιμένα*, καὶ ἤρξατο διδάσκειν		ἐλάλει	
112		καὶ ἐθεράπευσεν τοὺς ἀρρώστους αὐτῶν.		**αὐτοὺς** πολλά. ➤ Num 27,17/Jdt 11,19/ 2Chron 18,16		**αὐτοῖς** περὶ τῆς βασιλείας τοῦ θεοῦ, καὶ τοὺς χρείαν ἔχοντας θεραπείας ἰᾶτο.	
a 221	Mt 14,16 (2)	ὁ δὲ [Ἰησοῦς] εἶπεν **αὐτοῖς**·	Mk 6,37 (3)	ὁ δὲ ἀποκριθεὶς εἶπεν **αὐτοῖς**·	Lk 9,13	εἶπεν δὲ **πρὸς αὐτούς**·	
222		οὐ χρείαν ἔχουσιν ἀπελθεῖν, δότε **αὐτοῖς** ὑμεῖς φαγεῖν.		δότε **αὐτοῖς** ὑμεῖς φαγεῖν.		δότε **αὐτοῖς** ὑμεῖς φαγεῖν.	
	→ Mt 14,15 → Mt 15,33		→ Mk 6,36 → Mk 8,4	καὶ λέγουσιν αὐτῷ· ἀπελθόντες ἀγοράσωμεν δηναρίων διακοσίων ἄρτους καὶ δώσομεν	→ Lk 9,12 ↓ **Mk 6,38**	οἱ δὲ εἶπαν· οὐκ εἰσὶν ἡμῖν πλεῖον ἢ ἄρτοι πέντε καὶ ἰχθύες δύο, εἰ μήτι πορευθέντες ἡμεῖς ἀγοράσωμεν	→ Jn 6,5 → **Jn 6,7**
121				**αὐτοῖς** φαγεῖν;		**εἰς πάντα τὸν λαὸν τοῦτον** βρώματα.	

a 121	Mt 14,17 ↓ Mt 15,34	οἱ δὲ λέγουσιν αὐτῷ· οὐκ ἔχομεν ὧδε εἰ μὴ πέντε ἄρτους καὶ δύο ἰχθύας.	Mk 6,38 ↓ Mk 8,5	ὁ δὲ λέγει αὐτοῖς· πόσους ἄρτους ἔχετε; ὑπάγετε ἴδετε. καὶ γνόντες λέγουσιν· πέντε, καὶ δύο ἰχθύας.	Lk 9,13	... οὐκ εἰσὶν ἡμῖν πλεῖον ἢ ἄρτοι πέντε καὶ ἰχθύες δύο, ...	→ Jn 6,9
a 121	Mt 14,19 → Mt 15,35	καὶ κελεύσας τοὺς ὄχλους ἀνακλιθῆναι ἐπὶ τοῦ χόρτου, ...	Mk 6,39 → Mk 8,6	καὶ ἐπέταξεν αὐτοῖς ἀνακλῖναι πάντας συμπόσια συμπόσια ἐπὶ τῷ χλωρῷ χόρτῳ.	Lk 9,14	... εἶπεν δὲ πρὸς τοὺς μαθητὰς αὐτοῦ· κατακλίνατε αὐτοὺς κλισίας [ὡσεὶ] ἀνὰ πεντήκοντα.	→ Jn 6,10
121	Mt 14,19 → Mt 15,36 ↓ Mt 26,26	... καὶ κλάσας ἔδωκεν τοῖς μαθηταῖς τοὺς ἄρτους οἱ δὲ μαθηταὶ τοῖς ὄχλοις.	Mk 6,41 → Mk 8,6-7 ↓ Mk 14,22	... καὶ κατέκλασεν τοὺς ἄρτους καὶ ἐδίδου τοῖς μαθηταῖς [αὐτοῦ] ἵνα παρατιθῶσιν αὐτοῖς, καὶ τοὺς δύο ἰχθύας ἐμέρισεν πᾶσιν.	Lk 9,16 ↓ Lk 22,19	... καὶ κατέκλασεν καὶ ἐδίδου τοῖς μαθηταῖς παραθεῖναι τῷ ὄχλῳ.	→ Jn 6,11
112	Mt 14,20 → Mt 15,37	... καὶ ἦραν τὸ περισσεῦον τῶν κλασμάτων δώδεκα κοφίνους πλήρεις.	Mk 6,43 → Mk 8,8	καὶ ἦραν κλάσματα δώδεκα κοφίνων πληρώματα καὶ ἀπὸ τῶν ἰχθύων.	Lk 9,17	... καὶ ἤρθη τὸ περισσεῦσαν αὐτοῖς κλασμάτων κόφινοι δώδεκα.	→ Jn 6,12-13
120	Mt 14,23 → Mt 15,39 → Lk 9,18a	καὶ ἀπολύσας τοὺς ὄχλους ἀνέβη εἰς τὸ ὄρος κατ' ἰδίαν προσεύξασθαι. ...	Mk 6,46 → Mk 8,9 → Lk 9,18a	καὶ ἀποταξάμενος αὐτοῖς ἀπῆλθεν εἰς τὸ ὄρος προσεύξασθαι.			→ Jn 6,15
120	Mt 14,24	... βασανιζόμενον ὑπὸ τῶν κυμάτων, ἦν γὰρ ἐναντίος ὁ ἄνεμος.	Mk 6,48	καὶ ἰδὼν αὐτοὺς βασανιζομένους ἐν τῷ ἐλαύνειν, ἦν γὰρ ὁ ἄνεμος ἐναντίος αὐτοῖς, ...			→ Jn 6,18
a 220	Mt 14,27	εὐθὺς δὲ ἐλάλησεν [ὁ Ἰησοῦς] αὐτοῖς λέγων· θαρσεῖτε, ἐγώ εἰμι· μὴ φοβεῖσθε.	Mk 6,50	... ὁ δὲ εὐθὺς ἐλάλησεν μετ' αὐτῶν, καὶ λέγει αὐτοῖς· θαρσεῖτε, ἐγώ εἰμι· μὴ φοβεῖσθε.			→ Jn 6,20
a 220	Mt 15,3	ὁ δὲ ἀποκριθεὶς εἶπεν αὐτοῖς·	Mk 7,6 ↓ Mt 15,7	ὁ δὲ εἶπεν αὐτοῖς· καλῶς ἐπροφήτευσεν Ἠσαΐας περὶ ὑμῶν τῶν ὑποκριτῶν, ...			
a 120	↑ Mk 7,6	διὰ τί καὶ ὑμεῖς παραβαίνετε τὴν ἐντολὴν τοῦ θεοῦ διὰ τὴν παράδοσιν ὑμῶν; [4] ... [7] ὑποκριταί, καλῶς ἐπροφήτευσεν περὶ ὑμῶν Ἠσαΐας ...	Mk 7,9	[8] ἀφέντες τὴν ἐντολὴν τοῦ θεοῦ κρατεῖτε τὴν παράδοσιν τῶν ἀνθρώπων. [9] καὶ ἔλεγεν αὐτοῖς· καλῶς ἀθετεῖτε τὴν ἐντολὴν τοῦ θεοῦ, ἵνα τὴν παράδοσιν ὑμῶν στήσητε.			
a 220	Mt 15,10	καὶ προσκαλεσάμενος τὸν ὄχλον εἶπεν αὐτοῖς· ἀκούετε καὶ συνίετε·	Mk 7,14	καὶ προσκαλεσάμενος πάλιν τὸν ὄχλον ἔλεγεν αὐτοῖς· ἀκούσατέ μου πάντες καὶ σύνετε.			

a 120	Mt 15,16	ὁ δὲ εἶπεν· ἀκμὴν καὶ ὑμεῖς ἀσύνετοί ἐστε;	Mk 7,18	καὶ λέγει αὐτοῖς· οὕτως καὶ ὑμεῖς ἀσύνετοί ἐστε; ...			
a 020 a 020			Mk 7,36 (2)	καὶ διεστείλατο αὐτοῖς ἵνα μηδενὶ λέγωσιν· ὅσον δὲ αὐτοῖς διεστέλλετο, αὐτοὶ μᾶλλον περισσότερον ἐκήρυσσον.			
a 120	Mt 15,32 ↑ Mt 14,14	ὁ δὲ Ἰησοῦς προσκαλεσάμενος τοὺς μαθητὰς αὐτοῦ εἶπεν· σπλαγχνίζομαι ἐπὶ τὸν ὄχλον, ...	Mk 8,1 ↑ Mk 6,34	... προσκαλεσάμενος τοὺς μαθητὰς λέγει αὐτοῖς· [2] σπλαγχνίζομαι ἐπὶ τὸν ὄχλον, ...			
a 210	Mt 15,34 ↑ Mt 14,17 → Mk 8,7	καὶ λέγει αὐτοῖς ὁ Ἰησοῦς· πόσους ἄρτους ἔχετε; οἱ δὲ εἶπαν· ἑπτὰ καὶ ὀλίγα ἰχθύδια.	Mk 8,5 ↑ Mk 6,38	καὶ ἠρώτα αὐτούς· πόσους ἔχετε ἄρτους; οἱ δὲ εἶπαν· ἑπτά.	↑ Lk 9,13		
210	Mt 16,1 ⇩ Mt 12,38	καὶ προσελθόντες οἱ Φαρισαῖοι καὶ Σαδδουκαῖοι πειράζοντες ἐπηρώτησαν αὐτὸν σημεῖον ἐκ τοῦ οὐρανοῦ ἐπιδεῖξαι αὐτοῖς.	Mk 8,11	καὶ ἐξῆλθον οἱ Φαρισαῖοι καὶ ἤρξαντο συζητεῖν αὐτῷ, ζητοῦντες παρ' αὐτοῦ σημεῖον ἀπὸ τοῦ οὐρανοῦ, πειράζοντες αὐτόν.			Mk-Q overlap
	Mt 12,38 ⇧ Mt 16,1	τότε ἀπεκρίθησαν αὐτῷ τινες τῶν γραμματέων καὶ Φαρισαίων λέγοντες· διδάσκαλε, θέλομεν ἀπὸ σοῦ σημεῖον ἰδεῖν.			Lk 11,16	ἕτεροι δὲ πειράζοντες σημεῖον ἐξ οὐρανοῦ ἐζήτουν παρ' αὐτοῦ.	
a 210	Mt 16,2 ⇧ Mt 12,39	ὁ δὲ ἀποκριθεὶς εἶπεν αὐτοῖς· [ὀψίας γενομένης λέγετε· εὐδία, πυρράζει γὰρ ὁ οὐρανός·] [3] ...	Mk 8,12	καὶ ἀναστενάξας τῷ πνεύματι αὐτοῦ λέγει·	Lk 12,54	ἔλεγεν δὲ καὶ τοῖς ὄχλοις· ὅταν ἴδητε [τὴν] νεφέλην ἀνατέλλουσαν ἐπὶ δυσμῶν, εὐθέως λέγετε ὅτι ὄμβρος ἔρχεται, καὶ γίνεται οὕτως·	→ GTh 91 Mt 16,2b is textcritically uncertain.
	Mt 16,4	γενεὰ πονηρὰ καὶ μοιχαλὶς σημεῖον ἐπιζητεῖ, ...		τί ἡ γενεὰ αὕτη ζητεῖ σημεῖον; ...	Lk 11,29	... ἡ γενεὰ αὕτη γενεὰ πονηρά ἐστιν· σημεῖον ζητεῖ, ...	Mk-Q overlap
a 221	Mt 16,6 ⇩ Mt 16,11	ὁ δὲ Ἰησοῦς εἶπεν αὐτοῖς· ὁρᾶτε καὶ προσέχετε ἀπὸ τῆς ζύμης τῶν Φαρισαίων καὶ Σαδδουκαίων.	Mk 8,15	καὶ διεστέλλετο αὐτοῖς λέγων· ὁρᾶτε, βλέπετε ἀπὸ τῆς ζύμης τῶν Φαρισαίων καὶ τῆς ζύμης Ἡρῴδου.	Lk 12,1 → Mt 16,12	... ἤρξατο λέγειν πρὸς τοὺς μαθητὰς αὐτοῦ πρῶτον· προσέχετε ἑαυτοῖς ἀπὸ τῆς ζύμης, ἥτις ἐστὶν ὑπόκρισις, τῶν Φαρισαίων.	

a 120	**Mt 16,8**	γνοὺς δὲ ὁ Ἰησοῦς εἶπεν· τί διαλογίζεσθε ἐν ἑαυτοῖς, ὀλιγόπιστοι, ὅτι ἄρτους οὐκ ἔχετε;	**Mk 8,17**	καὶ γνοὺς λέγει **αὐτοῖς**· τί διαλογίζεσθε ὅτι ἄρτους οὐκ ἔχετε; ...			
a 120	**Mt 16,11** ⇧ Mt 16,6 ⇧ Mk 8,15 ⇧ Lk 12,1	πῶς οὐ νοεῖτε ὅτι οὐ περὶ ἄρτων εἶπον ὑμῖν; προσέχετε δὲ ἀπὸ τῆς ζύμης τῶν Φαρισαίων καὶ Σαδδουκαίων.	**Mk 8,21**	καὶ ἔλεγεν **αὐτοῖς**· οὔπω συνίετε;			
a 121	**Mt 16,13**	... ἠρώτα τοὺς μαθητὰς αὐτοῦ λέγων· τίνα λέγουσιν οἱ ἄνθρωποι εἶναι τὸν υἱὸν τοῦ ἀνθρώπου;	**Mk 8,27**	... ἐπηρώτα τοὺς μαθητὰς αὐτοῦ λέγων **αὐτοῖς**· τίνα με λέγουσιν οἱ ἄνθρωποι εἶναι;	**Lk 9,18**	... καὶ ἐπηρώτησεν αὐτοὺς λέγων· τίνα με λέγουσιν οἱ ὄχλοι εἶναι;	→ GTh 13
a 212	**Mt 16,15**	λέγει **αὐτοῖς**· ὑμεῖς δὲ τίνα με λέγετε εἶναι;	**Mk 8,29**	καὶ αὐτὸς ἐπηρώτα **αὐτούς**· ὑμεῖς δὲ τίνα με λέγετε εἶναι; ...	**Lk 9,20**	εἶπεν δὲ **αὐτοῖς**· ὑμεῖς δὲ τίνα με λέγετε εἶναι; ...	→ GTh 13
a 122	**Mt 16,20**	τότε διεστείλατο **τοῖς μαθηταῖς** ἵνα μηδενὶ εἴπωσιν ὅτι αὐτός ἐστιν ὁ χριστός.	**Mk 8,30**	καὶ ἐπετίμησεν **αὐτοῖς** ἵνα μηδενὶ λέγωσιν περὶ αὐτοῦ.	**Lk 9,21**	ὁ δὲ ἐπιτιμήσας **αὐτοῖς** παρήγγειλεν μηδενὶ λέγειν τοῦτο	→ GTh 13
a 121	**Mt 16,24** ⇨ Mt 10,38	τότε ὁ Ἰησοῦς εἶπεν **τοῖς μαθηταῖς αὐτοῦ**· εἴ τις θέλει ὀπίσω μου ἐλθεῖν, ἀπαρνησάσθω ἑαυτὸν καὶ ἀράτω τὸν σταυρὸν αὐτοῦ καὶ ἀκολουθείτω μοι.	**Mk 8,34**	καὶ προσκαλεσάμενος τὸν ὄχλον σὺν τοῖς μαθηταῖς αὐτοῦ εἶπεν **αὐτοῖς**· εἴ τις θέλει ὀπίσω μου ἀκολουθεῖν, ἀπαρνησάσθω ἑαυτὸν καὶ ἀράτω τὸν σταυρὸν αὐτοῦ καὶ ἀκολουθείτω μοι.	**Lk 9,23** ⇨ Lk 14,27	 ἔλεγεν δὲ **πρὸς πάντας**· εἴ τις θέλει ὀπίσω μου ἔρχεσθαι, ἀρνησάσθω ἑαυτὸν καὶ ἀράτω τὸν σταυρὸν αὐτοῦ καθ' ἡμέραν, καὶ ἀκολουθείτω μοι.	Mk-Q overlap
a 121	**Mt 16,28** → Mt 24,34	 ἀμὴν λέγω ὑμῖν ὅτι εἰσίν τινες τῶν ὧδε ἑστώτων οἵτινες οὐ μὴ γεύσωνται θανάτου ἕως ἂν ἴδωσιν τὸν υἱὸν τοῦ ἀνθρώπου ἐρχόμενον ἐν τῇ βασιλείᾳ αὐτοῦ.	**Mk 9,1** → Mk 13,30	καὶ ἔλεγεν **αὐτοῖς**· ἀμὴν λέγω ὑμῖν ὅτι εἰσίν τινες ὧδε τῶν ἑστηκότων οἵτινες οὐ μὴ γεύσωνται θανάτου ἕως ἂν ἴδωσιν τὴν βασιλείαν τοῦ θεοῦ ἐληλυθυῖαν ἐν δυνάμει.	**Lk 9,27** → Lk 21,32	 λέγω δὲ ὑμῖν ἀληθῶς, εἰσίν τινες τῶν αὐτοῦ ἑστηκότων οἳ οὐ μὴ γεύσωνται θανάτου ἕως ἂν ἴδωσιν τὴν βασιλείαν τοῦ θεοῦ.	→ Jn 21,22-23
 221	**Mt 17,3**	καὶ ἰδοὺ ὤφθη **αὐτοῖς** Μωϋσῆς καὶ Ἠλίας συλλαλοῦντες μετ' αὐτοῦ.	**Mk 9,4**	καὶ ὤφθη **αὐτοῖς** Ἠλίας σὺν Μωϋσεῖ καὶ ἦσαν συλλαλοῦντες τῷ Ἰησοῦ.	**Lk 9,30**	καὶ ἰδοὺ ἄνδρες δύο συνελάλουν αὐτῷ, οἵτινες ἦσαν Μωϋσῆς καὶ Ἠλίας	
   121	**Mt 17,5**	ἔτι αὐτοῦ λαλοῦντος ἰδοὺ νεφέλη φωτεινὴ ἐπεσκίασεν **αὐτούς**, καὶ ἰδοὺ φωνὴ ἐκ τῆς νεφέλης ...	**Mk 9,7**	 καὶ ἐγένετο νεφέλη ἐπισκιάζουσα **αὐτοῖς**, καὶ ἐγένετο φωνὴ ἐκ τῆς νεφέλης· ...	**Lk 9,34**	ταῦτα δὲ αὐτοῦ λέγοντος ἐγένετο νεφέλη καὶ ἐπεσκίαζεν **αὐτούς**· ἐφοβήθησαν δὲ ἐν τῷ εἰσελθεῖν αὐτοὺς εἰς τὴν νεφέλην. [35] καὶ φωνὴ ἐγένετο ἐκ τῆς νεφέλης ...	

a 221	**Mt 17,9**	... ἐνετείλατο **αὐτοῖς** ὁ Ἰησοῦς λέγων· μηδενὶ εἴπητε τὸ ὅραμα ἕως οὗ ὁ υἱὸς τοῦ ἀνθρώπου ἐκ νεκρῶν ἐγερθῇ.	**Mk 9,9**	... διεστείλατο **αὐτοῖς** ἵνα μηδενὶ ἃ εἶδον διηγήσωνται, εἰ μὴ ὅταν ὁ υἱὸς τοῦ ἀνθρώπου ἐκ νεκρῶν ἀναστῇ.	**Lk 9,36**	... καὶ **αὐτοὶ** ἐσίγησαν καὶ οὐδενὶ ἀπήγγειλαν ἐν ἐκείναις ταῖς ἡμέραις οὐδὲν ὧν ἑώρακαν.	
a 120	**Mt 17,11**	ὁ δὲ ἀποκριθεὶς εἶπεν· *Ἠλίας* μὲν *ἔρχεται καὶ ἀποκαταστήσει* πάντα· ➤ Mal 3,23-24	**Mk 9,12**	ὁ δὲ ἔφη **αὐτοῖς·** Ἠλίας μὲν ἐλθὼν πρῶτον ἀποκαθιστάνει πάντα· ...			→ Acts 3,21
a 200	**Mt 17,13**	τότε συνῆκαν οἱ μαθηταὶ ὅτι περὶ Ἰωάννου τοῦ βαπτιστοῦ εἶπεν **αὐτοῖς.**					
a 121	**Mt 17,17**	ἀποκριθεὶς δὲ ὁ Ἰησοῦς εἶπεν· ὦ γενεὰ ἄπιστος καὶ διεστραμμένη, ἕως πότε μεθ' ὑμῶν ἔσομαι; ἕως πότε ἀνέξομαι ὑμῶν; ...	**Mk 9,19**	ὁ δὲ ἀποκριθεὶς **αὐτοῖς** λέγει· ὦ γενεὰ ἄπιστος, ἕως πότε πρὸς ὑμᾶς ἔσομαι; ἕως πότε ἀνέξομαι ὑμῶν; ...	**Lk 9,41**	ἀποκριθεὶς δὲ ὁ Ἰησοῦς εἶπεν· ὦ γενεὰ ἄπιστος καὶ διεστραμμένη, ἕως πότε ἔσομαι πρὸς ὑμᾶς καὶ ἀνέξομαι ὑμῶν; ...	
a 220	**Mt 17,20** ↓ Mt 21,21 ↓ Mk 11,22	ὁ δὲ λέγει **αὐτοῖς·** διὰ τὴν ὀλιγοπιστίαν ὑμῶν· ...	**Mk 9,29**	καὶ εἶπεν **αὐτοῖς·** τοῦτο τὸ γένος ἐν οὐδενὶ δύναται ἐξελθεῖν εἰ μὴ ἐν προσευχῇ.			
a 221	**Mt 17,22** → Mt 16,21 → Mt 20,18	 ... εἶπεν **αὐτοῖς** ὁ Ἰησοῦς· μέλλει ὁ υἱὸς τοῦ ἀνθρώπου παραδίδοσθαι εἰς χεῖρας ἀνθρώπων	**Mk 9,31** → Mk 8,31 → Mk 10,33	ἐδίδασκεν γὰρ τοὺς μαθητὰς αὐτοῦ καὶ ἔλεγεν **αὐτοῖς** ὅτι ὁ υἱὸς τοῦ ἀνθρώπου παραδίδοται εἰς χεῖρας ἀνθρώπων, ...	**Lk 9,43** → Lk 9,22 → Lk 18,31-32 → Lk 24,7 ↓ Lk 24,46	 ... εἶπεν **πρὸς τοὺς μαθητὰς αὐτοῦ·** [44] θέσθε ὑμεῖς εἰς τὰ ὦτα ὑμῶν τοὺς λόγους τούτους· ὁ γὰρ υἱὸς τοῦ ἀνθρώπου μέλλει παραδίδοσθαι εἰς χεῖρας ἀνθρώπων.	
   200	**Mt 17,27**	... καὶ ἀνοίξας τὸ στόμα αὐτοῦ εὑρήσεις στατῆρα· ἐκεῖνον λαβὼν δὸς **αὐτοῖς** ἀντὶ ἐμοῦ καὶ σοῦ.					
   112	**Mt 18,1**	ἐν ἐκείνῃ τῇ ὥρᾳ προσῆλθον **οἱ μαθηταὶ** τῷ Ἰησοῦ λέγοντες· τίς ἄρα μείζων ἐστὶν ἐν τῇ βασιλείᾳ τῶν οὐρανῶν;	**Mk 9,34**	[33] ... τί ἐν τῇ ὁδῷ διελογίζεσθε; [34] οἱ δὲ ἐσιώπων· **πρὸς ἀλλήλους** γὰρ διελέχθησαν ἐν τῇ ὁδῷ τίς μείζων.	**Lk 9,46** ↓ Lk 22,24	εἰσῆλθεν δὲ διαλογισμὸς **ἐν αὐτοῖς,** τὸ τίς ἂν εἴη μείζων αὐτῶν.	→ GTh 12
a 020			**Mk 9,35** → Mt 20,26-27 ⇨ Mk 10,43-44 → Lk 22,26 → Mt 23,11 → Mk 10,31	καὶ καθίσας ἐφώνησεν τοὺς δώδεκα καὶ λέγει **αὐτοῖς·** εἴ τις θέλει πρῶτος εἶναι, ἔσται πάντων ἔσχατος καὶ πάντων διάκονος.			
a 122	**Mt 18,3**	[2] καὶ προσκαλεσάμενος παιδίον ἔστησεν αὐτὸ ἐν μέσῳ αὐτῶν [3] καὶ εἶπεν· ...	**Mk 9,36**	καὶ λαβὼν παιδίον ἔστησεν αὐτὸ ἐν μέσῳ αὐτῶν καὶ ἐναγκαλισάμενος αὐτὸ εἶπεν **αὐτοῖς·**	**Lk 9,48**	[47] ... ἐπιλαβόμενος παιδίον ἔστησεν αὐτὸ παρ' ἑαυτῷ [48] καὶ εἶπεν **αὐτοῖς·** ...	

200	**Mt 18,19** → Mt 21,22 → Mk 11,24	... ἐὰν δύο συμφωνήσωσιν ἐξ ὑμῶν ἐπὶ τῆς γῆς περὶ παντὸς πράγματος οὗ ἐὰν αἰτήσωνται, γενήσεται **αὐτοῖς** παρὰ τοῦ πατρός μου τοῦ ἐν οὐρανοῖς.					→ GTh 30 (POxy 1) → GTh 48 → GTh 106
002					**Lk 9,55**	στραφεὶς δὲ ἐπετίμησεν **αὐτοῖς.**	
a 102	**Mt 10,7**	πορευόμενοι δὲ κηρύσσετε λέγοντες ὅτι ἤγγικεν ἡ βασιλεία τῶν οὐρανῶν. [8] ἀσθενοῦντας θεραπεύετε, ...			**Lk 10,9** → Lk 9,2	καὶ θεραπεύετε τοὺς ἐν αὐτῇ ἀσθενεῖς καὶ λέγετε **αὐτοῖς·** ἤγγικεν ἐφ' ὑμᾶς ἡ βασιλεία τοῦ θεοῦ.	
a 002					**Lk 10,18**	εἶπεν δὲ **αὐτοῖς·** ἐθεώρουν τὸν σατανᾶν ὡς ἀστραπὴν ἐκ τοῦ οὐρανοῦ πεσόντα.	
a 102	**Mt 6,9**	 οὕτως οὖν προσεύχεσθε ὑμεῖς· Πάτερ ἡμῶν ὁ ἐν τοῖς οὐρανοῖς· ...			**Lk 11,2**	εἶπεν δὲ **αὐτοῖς·** ὅταν προσεύχησθε λέγετε· Πάτερ, ...	
a 202	**Mt 12,25** ↑ Mt 9,4	εἰδὼς δὲ τὰς ἐνθυμήσεις αὐτῶν εἶπεν **αὐτοῖς·** πᾶσα βασιλεία μερισθεῖσα καθ' ἑαυτῆς ἐρημοῦται ...	**Mk 3,23**	καὶ προσκαλεσάμενος αὐτοὺς ἐν παραβολαῖς ἔλεγεν **αὐτοῖς·** πῶς δύναται σατανᾶς σατανᾶν ἐκβάλλειν; [24] καὶ ἐὰν βασιλεία ἐφ' ἑαυτὴν μερισθῇ, οὐ δύναται σταθῆναι ἡ βασιλεία ἐκείνη·	**Lk 11,17** ↑ Lk 5,22 → Lk 6,8	αὐτὸς δὲ εἰδὼς αὐτῶν τὰ διανοήματα εἶπεν **αὐτοῖς·** πᾶσα βασιλεία ἐφ' ἑαυτὴν διαμερισθεῖσα ἐρημοῦται ...	Mk-Q overlap
002					**Lk 12,37** → Lk 22,27 → Lk 22,30	... ἀμὴν λέγω ὑμῖν ὅτι περιζώσεται καὶ ἀνακλινεῖ αὐτοὺς καὶ παρελθὼν διακονήσει **αὐτοῖς.**	
a 002					**Lk 13,2**	καὶ ἀποκριθεὶς εἶπεν **αὐτοῖς·** δοκεῖτε ὅτι οἱ Γαλιλαῖοι οὗτοι ἁμαρτωλοὶ παρὰ πάντας τοὺς Γαλιλαίους ἐγένοντο, ὅτι ταῦτα πεπόνθασιν;	
a 002					**Lk 13,32**	καὶ εἶπεν **αὐτοῖς·** πορευθέντες εἴπατε τῇ ἀλώπεκι ταύτῃ· ...	
002					**Lk 15,2** → Mt 9,11 → Mk 2,16 → Lk 5,30 → Lk 19,7	... οὗτος ἁμαρτωλοὺς προσδέχεται καὶ συνεσθίει **αὐτοῖς.**	
a 002					**Lk 15,6**	καὶ ἐλθὼν εἰς τὸν οἶκον συγκαλεῖ τοὺς φίλους καὶ τοὺς γείτονας λέγων **αὐτοῖς·** συγχάρητέ μοι, ὅτι εὗρον τὸ πρόβατόν μου τὸ ἀπολωλός.	

002					Lk 15,12	... πάτερ, δός μοι τὸ ἐπιβάλλον μέρος τῆς οὐσίας. ὁ δὲ διεῖλεν αὐτοῖς τὸν βίον.	
a 002					Lk 16,15 → Lk 18,9.14 → Lk 20,20	καὶ εἶπεν αὐτοῖς· ὑμεῖς ἐστε οἱ δικαιοῦντες ἑαυτοὺς ἐνώπιον τῶν ἀνθρώπων, ...	
002					Lk 16,28	ἔχω γὰρ πέντε ἀδελφούς, ὅπως διαμαρτύρηται αὐτοῖς, ἵνα μὴ καὶ αὐτοὶ ἔλθωσιν εἰς τὸν τόπον τοῦτον τῆς βασάνου.	
a 002					Lk 17,14 ↑ Mt 8,4 ↑ Mk 1,44 ↑ Lk 5,14	καὶ ἰδὼν εἶπεν αὐτοῖς· πορευθέντες ἐπιδείξατε ἑαυτοὺς τοῖς ἱερεῦσιν. ... ➤ Lev 13,49; 14,2-4	
a 002					Lk 17,20	ἐπερωτηθεὶς δὲ ὑπὸ τῶν Φαρισαίων πότε ἔρχεται ἡ βασιλεία τοῦ θεοῦ ἀπεκρίθη αὐτοῖς καὶ εἶπεν· οὐκ ἔρχεται ἡ βασιλεία τοῦ θεοῦ μετὰ παρατηρήσεως	→ GTh 3,3 (POxy 654) → GTh 113
a 102	Mt 24,28	ὅπου ἐὰν ᾖ τὸ πτῶμα, ἐκεῖ συναχθήσονται οἱ ἀετοί.			Lk 17,37	καὶ ἀποκριθέντες λέγουσιν αὐτῷ· ποῦ, κύριε; ὁ δὲ εἶπεν αὐτοῖς· ὅπου τὸ σῶμα, ἐκεῖ καὶ οἱ ἀετοὶ ἐπισυναχθήσονται.	
a 002					Lk 18,1 → Lk 21,36	ἔλεγεν δὲ παραβολὴν αὐτοῖς πρὸς τὸ δεῖν πάντοτε προσεύχεσθαι αὐτοὺς καὶ μὴ ἐγκακεῖν	
002					Lk 18,7	ὁ δὲ θεὸς οὐ μὴ ποιήσῃ τὴν ἐκδίκησιν τῶν ἐκλεκτῶν αὐτοῦ τῶν βοώντων αὐτῷ ἡμέρας καὶ νυκτός, καὶ μακροθυμεῖ ἐπ᾽ αὐτοῖς;	
a 120	Mt 19,4	ὁ δὲ ἀποκριθεὶς εἶπεν· οὐκ ἀνέγνωτε ὅτι ὁ κτίσας ἀπ᾽ ἀρχῆς *ἄρσεν καὶ θῆλυ ἐποίησεν* *αὐτούς;* [5] ... [7] λέγουσιν αὐτῷ· τί οὖν Μωϋσῆς ἐνετείλατο ... ➤ Gen 1,27	Mk 10,3	ὁ δὲ ἀποκριθεὶς εἶπεν αὐτοῖς· τί ὑμῖν ἐνετείλατο Μωϋσῆς; [4] ... [6] ἀπὸ δὲ ἀρχῆς κτίσεως *ἄρσεν καὶ θῆλυ ἐποίησεν* *αὐτούς·* ➤ Gen 1,27			
a 220	Mt 19,8	λέγει αὐτοῖς ὅτι Μωϋσῆς πρὸς τὴν σκληροκαρδίαν ὑμῶν ἐπέτρεψεν ὑμῖν ἀπολῦσαι τὰς γυναῖκας ὑμῶν, ...	Mk 10,5	ὁ δὲ Ἰησοῦς εἶπεν αὐτοῖς· πρὸς τὴν σκληροκαρδίαν ὑμῶν ἔγραψεν ὑμῖν τὴν ἐντολὴν ταύτην.			

a 120	Mt 19,9 ⇩ Mt 5,32	λέγω δὲ **ὑμῖν** ὅτι ὃς ἂν ἀπολύσῃ τὴν γυναῖκα αὐτοῦ μὴ ἐπὶ πορνείᾳ καὶ γαμήσῃ ἄλλην μοιχᾶται.	Mk 10,11	καὶ λέγει **αὐτοῖς·** ὃς ἂν ἀπολύσῃ τὴν γυναῖκα αὐτοῦ καὶ γαμήσῃ ἄλλην μοιχᾶται ἐπ' αὐτήν·			→ 1Cor 7,10-11 Mk-Q overlap
	Mt 5,32 ⇧ Mt 19,9	ἐγὼ δὲ λέγω **ὑμῖν** ὅτι πᾶς ὁ ἀπολύων τὴν γυναῖκα αὐτοῦ παρεκτὸς λόγου πορνείας ποιεῖ αὐτὴν μοιχευθῆναι, καὶ ὃς ἐὰν ἀπολελυμένην γαμήσῃ, μοιχᾶται.			Lk 16,18	πᾶς ὁ ἀπολύων τὴν γυναῖκα αὐτοῦ καὶ γαμῶν ἑτέραν μοιχεύει, καὶ ὁ ἀπολελυμένην ἀπὸ ἀνδρὸς γαμῶν μοιχεύει.	→ 1Cor 7,10-11
a 200	Mt 19,11	ὁ δὲ εἶπεν **αὐτοῖς·** οὐ πάντες χωροῦσιν τὸν λόγον [τοῦτον] ἀλλ' οἷς δέδοται.					
211 222	Mt 19,13 (2)	τότε προσηνέχθησαν αὐτῷ παιδία ἵνα τὰς χεῖρας ἐπιθῇ **αὐτοῖς** καὶ προσεύξηται· οἱ δὲ μαθηταὶ ἐπετίμησαν **αὐτοῖς.**	Mk 10,13	καὶ προσέφερον αὐτῷ παιδία ἵνα **αὐτῶν** ἅψηται· οἱ δὲ μαθηταὶ ἐπετίμησαν **αὐτοῖς.**	Lk 18,15	προσέφερον δὲ αὐτῷ καὶ τὰ βρέφη ἵνα **αὐτῶν** ἅπτηται· ἰδόντες δὲ οἱ μαθηταὶ ἐπετίμων **αὐτοῖς.**	→ GTh 22
a 121	Mt 19,14	ὁ δὲ Ἰησοῦς εἶπεν· ἄφετε τὰ παιδία καὶ μὴ κωλύετε αὐτὰ ἐλθεῖν πρός με, ...	Mk 10,14	ἰδὼν δὲ ὁ Ἰησοῦς ἠγανάκτησεν καὶ εἶπεν **αὐτοῖς·** ἄφετε τὰ παιδία ἔρχεσθαι πρός με, μὴ κωλύετε αὐτά, ...	Lk 18,16	ὁ δὲ Ἰησοῦς προσεκαλέσατο αὐτὰ λέγων· ἄφετε τὰ παιδία ἔρχεσθαι πρός με καὶ μὴ κωλύετε αὐτά, ...	→ GTh 22
210	Mt 19,15	καὶ ἐπιθεὶς τὰς χεῖρας **αὐτοῖς** ἐπορεύθη ἐκεῖθεν.	Mk 10,16	καὶ ἐναγκαλισάμενος αὐτὰ κατευλόγει τιθεὶς τὰς χεῖρας **ἐπ' αὐτά.**			
a 120	Mt 19,24	πάλιν δὲ λέγω **ὑμῖν, ...**	Mk 10,24	... ὁ δὲ Ἰησοῦς πάλιν ἀποκριθεὶς λέγει **αὐτοῖς· ...**			
a 221	Mt 19,26	ἐμβλέψας δὲ ὁ Ἰησοῦς εἶπεν **αὐτοῖς·** παρὰ ἀνθρώποις τοῦτο ἀδύνατόν ἐστιν, παρὰ δὲ θεῷ πάντα δυνατά.	Mk 10,27	ἐμβλέψας **αὐτοῖς** ὁ Ἰησοῦς λέγει· παρὰ ἀνθρώποις ἀδύνατον, ἀλλ' οὐ παρὰ θεῷ· πάντα γὰρ δυνατὰ παρὰ τῷ θεῷ.	Lk 18,27	ὁ δὲ εἶπεν· τὰ ἀδύνατα παρὰ ἀνθρώποις δυνατὰ παρὰ τῷ θεῷ ἐστιν.	
a 212	Mt 19,28	ὁ δὲ Ἰησοῦς εἶπεν **αὐτοῖς·** ἀμὴν λέγω ὑμῖν ...	Mk 10,29	ἔφη ὁ Ἰησοῦς· ἀμὴν λέγω ὑμῖν, ...	Lk 18,29	ὁ δὲ εἶπεν **αὐτοῖς·** ἀμὴν λέγω ὑμῖν ...	
a 200	Mt 20,6	περὶ δὲ τὴν ἑνδεκάτην ἐξελθὼν εὗρεν ἄλλους ἑστῶτας καὶ λέγει **αὐτοῖς·** τί ὧδε ἑστήκατε ὅλην τὴν ἡμέραν ἀργοί;					

a 200	Mt 20,7	λέγουσιν αὐτῷ· ὅτι οὐδεὶς ἡμᾶς ἐμισθώσατο. λέγει **αὐτοῖς·** ὑπάγετε καὶ ὑμεῖς εἰς τὸν ἀμπελῶνα.					
200	Mt 20,8	... κάλεσον τοὺς ἐργάτας καὶ ἀπόδος **αὐτοῖς** τὸν μισθὸν ἀρξάμενος ἀπὸ τῶν ἐσχάτων ἕως τῶν πρώτων.					
a 221	Mt 20,17	... παρέλαβεν τοὺς δώδεκα [μαθητὰς] κατ᾽ ἰδίαν καὶ ἐν τῇ ὁδῷ εἶπεν **αὐτοῖς·**	Mk 10,32	... καὶ παραλαβὼν πάλιν τοὺς δώδεκα ἤρξατο **αὐτοῖς** λέγειν τὰ μέλλοντα αὐτῷ συμβαίνειν	Lk 18,31	παραλαβὼν δὲ τοὺς δώδεκα εἶπεν **πρὸς αὐτούς·** ...	
a 120	Mt 20,21	ὁ δὲ εἶπεν **αὐτῇ·** τί θέλεις; ...	Mk 10,36	ὁ δὲ εἶπεν **αὐτοῖς·** τί θέλετέ [με] ποιήσω ὑμῖν;			
a 120	Mt 20,22	ἀποκριθεὶς δὲ ὁ Ἰησοῦς εἶπεν· οὐκ οἴδατε τί αἰτεῖσθε. δύνασθε πιεῖν τὸ ποτήριον ὃ ἐγὼ μέλλω πίνειν; ...	Mk 10,38	ὁ δὲ Ἰησοῦς εἶπεν **αὐτοῖς·** οὐκ οἴδατε τί αἰτεῖσθε. δύνασθε πιεῖν τὸ ποτήριον ὃ ἐγὼ πίνω ἢ τὸ βάπτισμα ὃ ἐγὼ βαπτίζομαι βαπτισθῆναι;	Lk 12,50	βάπτισμα δὲ ἔχω βαπτισθῆναι, ...	
a 220	Mt 20,23	λέγει **αὐτοῖς·** τὸ μὲν ποτήριόν μου πίεσθε, ...	Mk 10,39	... ὁ δὲ Ἰησοῦς εἶπεν **αὐτοῖς·** τὸ ποτήριον ὃ ἐγὼ πίνω πίεσθε καὶ τὸ βάπτισμα ὃ ἐγὼ βαπτίζομαι βαπτισθήσεσθε			
a 122	Mt 20,25	ὁ δὲ Ἰησοῦς προσκαλεσάμενος αὐτοὺς εἶπεν· οἴδατε ὅτι οἱ ἄρχοντες τῶν ἐθνῶν κατακυριεύουσιν αὐτῶν ...	Mk 10,42	καὶ προσκαλεσάμενος αὐτοὺς ὁ Ἰησοῦς λέγει **αὐτοῖς·** οἴδατε ὅτι οἱ δοκοῦντες ἄρχειν τῶν ἐθνῶν κατακυριεύουσιν αὐτῶν ...	Lk 22,25	ὁ δὲ εἶπεν **αὐτοῖς·** οἱ βασιλεῖς τῶν ἐθνῶν κυριεύουσιν αὐτῶν ...	
a 211	Mt 20,31	ὁ δὲ ὄχλος ἐπετίμησεν **αὐτοῖς** ἵνα σιωπήσωσιν· ...	Mk 10,48	καὶ ἐπετίμων **αὐτῷ** πολλοὶ ἵνα σιωπήσῃ· ...	Lk 18,39	καὶ οἱ προάγοντες ἐπετίμων **αὐτῷ** ἵνα σιγήσῃ, ...	
202	Mt 25,14	ὥσπερ γὰρ ἄνθρωπος ἀποδημῶν ἐκάλεσεν τοὺς ἰδίους δούλους καὶ παρέδωκεν **αὐτοῖς** τὰ ὑπάρχοντα αὐτοῦ, [15] καὶ ᾧ μὲν ἔδωκεν πέντε τάλαντα, ᾧ δὲ δύο, ᾧ δὲ ἕν, ...	Mk 13,34	ὡς ἄνθρωπος ἀπόδημος ἀφεὶς τὴν οἰκίαν αὐτοῦ καὶ δοὺς τοῖς δούλοις αὐτοῦ τὴν ἐξουσίαν ἑκάστῳ τὸ ἔργον αὐτοῦ, ...	Lk 19,13	[12] ἄνθρωπός τις εὐγενὴς ἐπορεύθη εἰς χώραν μακρὰν ... [13] καλέσας δὲ δέκα δούλους ἑαυτοῦ ἔδωκεν **αὐτοῖς** δέκα μνᾶς ...	Mk-Q overlap
a 221	Mt 21,2	λέγων **αὐτοῖς·** πορεύεσθε εἰς τὴν κώμην τὴν κατέναντι ὑμῶν, ...	Mk 11,2	καὶ λέγει **αὐτοῖς·** ὑπάγετε εἰς τὴν κώμην τὴν κατέναντι ὑμῶν, ...	Lk 19,30	λέγων· ὑπάγετε εἰς τὴν κατέναντι κώμην, ...	

a 212	**Mt 21,6** ↓Mk 11,6	πορευθέντες δὲ οἱ μαθηταὶ καὶ ποιήσαντες καθὼς συνέταξεν **αὐτοῖς** ὁ Ἰησοῦς	**Mk 11,4**	καὶ ἀπῆλθον καὶ εὗρον πῶλον δεδεμένον πρὸς θύραν ἔξω ἐπὶ τοῦ ἀμφόδου ...	**Lk 19,32**	ἀπελθόντες δὲ οἱ ἀπεσταλμένοι εὗρον καθὼς εἶπεν **αὐτοῖς**.	
a 021			**Mk 11,5**	καί τινες τῶν ἐκεῖ ἑστηκότων ἔλεγον **αὐτοῖς**· τί ποιεῖτε λύοντες τὸν πῶλον;	**Lk 19,33**	λυόντων δὲ αὐτῶν τὸν πῶλον εἶπαν οἱ κύριοι αὐτοῦ **πρὸς αὐτούς**· τί λύετε τὸν πῶλον;	
a 021			**Mk 11,6** ↑Mt 21,6	οἱ δὲ εἶπαν **αὐτοῖς** καθὼς εἶπεν ὁ Ἰησοῦς, καὶ ἀφῆκαν αὐτούς.	**Lk 19,34**	οἱ δὲ εἶπαν· ὅτι ὁ κύριος αὐτοῦ χρείαν ἔχει.	
a 222	**Mt 21,13**	καὶ λέγει **αὐτοῖς**· γέγραπται· *ὁ οἶκός μου οἶκος προσευχῆς κληθήσεται*, ... ➤ Isa 56,7	**Mk 11,17**	καὶ ἐδίδασκεν καὶ ἔλεγεν **αὐτοῖς**· οὐ γέγραπται ὅτι *ὁ οἶκός μου οἶκος προσευχῆς κληθήσεται πᾶσιν τοῖς ἔθνεσιν*; ... ➤ Isa 56,7	**Lk 19,46**	λέγων **αὐτοῖς**· γέγραπται· *καὶ ἔσται ὁ οἶκός μου οἶκος προσευχῆς*, ... ➤ Isa 56,7	→ Jn 2,16
a 200	**Mt 21,16** → Lk 19,40	... ὁ δὲ Ἰησοῦς λέγει **αὐτοῖς**· ναί· οὐδέποτε ἀνέγνωτε ὅτι *ἐκ στόματος νηπίων καὶ θηλαζόντων κατηρτίσω αἶνον*; ➤ Ps 8,3 LXX					
a 220	**Mt 21,21** ↑Mt 17,20 → Lk 17,6	ἀποκριθεὶς δὲ ὁ Ἰησοῦς εἶπεν **αὐτοῖς**· ἀμὴν λέγω ὑμῖν, ἐὰν ἔχητε πίστιν ...	**Mk 11,22** ↑Mt 17,20 → Lk 17,6	καὶ ἀποκριθεὶς ὁ Ἰησοῦς λέγει **αὐτοῖς**· ἔχετε πίστιν θεοῦ.			
a 221	**Mt 21,24**	ἀποκριθεὶς δὲ ὁ Ἰησοῦς εἶπεν **αὐτοῖς**· ἐρωτήσω ὑμᾶς κἀγὼ λόγον ἕνα, ὃν ἐὰν εἴπητέ μοι ...	**Mk 11,29**	ὁ δὲ Ἰησοῦς εἶπεν **αὐτοῖς**· ἐπερωτήσω ὑμᾶς ἕνα λόγον, καὶ ἀποκρίθητέ μοι ...	**Lk 20,3**	ἀποκριθεὶς δὲ εἶπεν **πρὸς αὐτούς**· ἐρωτήσω ὑμᾶς κἀγὼ λόγον, καὶ εἴπατέ μοι·	
a 222	**Mt 21,27**	... ἔφη **αὐτοῖς** καὶ αὐτός· οὐδὲ ἐγὼ λέγω ὑμῖν ἐν ποίᾳ ἐξουσίᾳ ταῦτα ποιῶ.	**Mk 11,33**	... καὶ ὁ Ἰησοῦς λέγει **αὐτοῖς**· οὐδὲ ἐγὼ λέγω ὑμῖν ἐν ποίᾳ ἐξουσίᾳ ταῦτα ποιῶ.	**Lk 20,8**	καὶ ὁ Ἰησοῦς εἶπεν **αὐτοῖς**· οὐδὲ ἐγὼ λέγω ὑμῖν ἐν ποίᾳ ἐξουσίᾳ ταῦτα ποιῶ.	
a 200	**Mt 21,31**	... λέγει **αὐτοῖς** ὁ Ἰησοῦς· ἀμὴν λέγω ὑμῖν ὅτι οἱ τελῶναι καὶ αἱ πόρναι προάγουσιν ὑμᾶς εἰς τὴν βασιλείαν τοῦ θεοῦ.					
a 121	**Mt 21,33**	ἄλλην παραβολὴν ἀκούσατε. ἄνθρωπος ἦν οἰκοδεσπότης ὅστις ἐφύτευσεν ἀμπελῶνα ...	**Mk 12,1**	καὶ ἤρξατο **αὐτοῖς** ἐν παραβολαῖς λαλεῖν· ἀμπελῶνα ἄνθρωπος ἐφύτευσεν ...	**Lk 20,9**	ἤρξατο δὲ **πρὸς τὸν λαὸν** λέγειν τὴν παραβολὴν ταύτην· ἄνθρωπός [τις] ἐφύτευσεν ἀμπελῶνα ...	→ GTh 65

211	Mt 21,36	πάλιν ἀπέστειλεν ἄλλους δούλους πλείονας τῶν πρώτων, καὶ ἐποίησαν αὐτοῖς ὡσαύτως.	Mk 12,4	καὶ πάλιν ἀπέστειλεν πρὸς αὐτοὺς ἄλλον δοῦλον· κἀκεῖνον ἐκεφαλίωσαν καὶ ἠτίμασαν.	Lk 20,11	καὶ προσέθετο ἕτερον πέμψαι δοῦλον· οἱ δὲ κἀκεῖνον δείραντες καὶ ἀτιμάσαντες ...	→ GTh 65
112	Mt 21,40	ὅταν οὖν ἔλθῃ ὁ κύριος τοῦ ἀμπελῶνος, τί ποιήσει τοῖς γεωργοῖς ἐκείνοις;	Mk 12,9	τί [οὖν] ποιήσει ὁ κύριος τοῦ ἀμπελῶνος; ...	Lk 20,15	... τί οὖν ποιήσει αὐτοῖς ὁ κύριος τοῦ ἀμπελῶνος;	→ GTh 21 → GTh 65
a 212	Mt 21,42	λέγει αὐτοῖς ὁ Ἰησοῦς· οὐδέποτε ἀνέγνωτε ἐν ταῖς γραφαῖς· *λίθον ὃν ἀπεδοκίμασαν οἱ οἰκοδομοῦντες, οὗτος ἐγενήθη εἰς κεφαλὴν γωνίας·* ... ➤ Ps 118,22	Mk 12,10	οὐδὲ τὴν γραφὴν ταύτην ἀνέγνωτε· *λίθον ὃν ἀπεδοκίμασαν οἱ οἰκοδομοῦντες, οὗτος ἐγενήθη εἰς κεφαλὴν γωνίας·* ➤ Ps 118,22	Lk 20,17	ὁ δὲ ἐμβλέψας αὐτοῖς εἶπεν· τί οὖν ἐστιν τὸ γεγραμμένον τοῦτο· *λίθον ὃν ἀπεδοκίμασαν οἱ οἰκοδομοῦντες, οὗτος ἐγενήθη εἰς κεφαλὴν γωνίας;* ➤ Ps 118,22	→ Acts 4,11 → GTh 66
a 201	Mt 22,1	καὶ ἀποκριθεὶς ὁ Ἰησοῦς πάλιν εἶπεν ἐν παραβολαῖς αὐτοῖς λέγων· [2] ὡμοιώθη ἡ βασιλεία τῶν οὐρανῶν ἀνθρώπῳ βασιλεῖ, ὅστις ἐποίησεν γάμους τῷ υἱῷ αὐτοῦ.			Lk 14,16	ὁ δὲ εἶπεν αὐτῷ· ἄνθρωπός τις ἐποίει δεῖπνον μέγα, καὶ ἐκάλεσεν πολλούς	
a 121	Mt 22,18	γνοὺς δὲ ὁ Ἰησοῦς τὴν πονηρίαν αὐτῶν εἶπεν· τί με πειράζετε, ὑποκριταί; [19] ἐπιδείξατέ μοι τὸ νόμισμα τοῦ κήνσου. ...	Mk 12,15	ὁ δὲ εἰδὼς αὐτῶν τὴν ὑπόκρισιν εἶπεν αὐτοῖς· τί με πειράζετε; φέρετέ μοι δηνάριον ἵνα ἴδω.	Lk 20,23	κατανοήσας δὲ αὐτῶν τὴν πανουργίαν εἶπεν πρὸς αὐτούς· [24] δείξατέ μοι δηνάριον· ...	→ GTh 100
a 221	Mt 22,20	καὶ λέγει αὐτοῖς· τίνος ἡ εἰκὼν αὕτη καὶ ἡ ἐπιγραφή; [21] λέγουσιν αὐτῷ· Καίσαρος. ↔	Mk 12,16	... καὶ λέγει αὐτοῖς· τίνος ἡ εἰκὼν αὕτη καὶ ἡ ἐπιγραφή; οἱ δὲ εἶπαν αὐτῷ· Καίσαρος.	Lk 20,24	... τίνος ἔχει εἰκόνα καὶ ἐπιγραφήν; οἱ δὲ εἶπαν· Καίσαρος.	
a 221	Mt 22,21	↔ τότε λέγει αὐτοῖς· ἀπόδοτε οὖν τὰ Καίσαρος Καίσαρι καὶ τὰ τοῦ θεοῦ τῷ θεῷ.	Mk 12,17	ὁ δὲ Ἰησοῦς εἶπεν αὐτοῖς· τὰ Καίσαρος ἀπόδοτε Καίσαρι καὶ τὰ τοῦ θεοῦ τῷ θεῷ. ...	Lk 20,25 → Lk 23,2	ὁ δὲ εἶπεν πρὸς αὐτούς· τοίνυν ἀπόδοτε τὰ Καίσαρος Καίσαρι καὶ τὰ τοῦ θεοῦ τῷ θεῷ.	→ GTh 100
a 222	Mt 22,29	ἀποκριθεὶς δὲ ὁ Ἰησοῦς εἶπεν αὐτοῖς· πλανᾶσθε μὴ εἰδότες τὰς γραφὰς μηδὲ τὴν δύναμιν τοῦ θεοῦ·	Mk 12,24	ἔφη αὐτοῖς ὁ Ἰησοῦς· οὐ διὰ τοῦτο πλανᾶσθε μὴ εἰδότες τὰς γραφὰς μηδὲ τὴν δύναμιν τοῦ θεοῦ;	Lk 20,34	καὶ εἶπεν αὐτοῖς ὁ Ἰησοῦς· οἱ υἱοὶ τοῦ αἰῶνος τούτου γαμοῦσιν καὶ γαμίσκονται	
a 121	Mt 22,34	οἱ δὲ Φαρισαῖοι ἀκούσαντες ὅτι ἐφίμωσεν τοὺς Σαδδουκαίους συνήχθησαν ἐπὶ τὸ αὐτό, [35] καὶ ἐπηρώτησεν εἷς ἐξ αὐτῶν [νομικὸς] πειράζων αὐτόν·	Mk 12,28 → Lk 20,39	καὶ προσελθὼν εἷς τῶν γραμματέων ἀκούσας αὐτῶν συζητούντων, ἰδὼν ὅτι καλῶς ἀπεκρίθη αὐτοῖς ἐπηρώτησεν αὐτόν· ...	Lk 10,25	καὶ ἰδοὺ νομικός τις ἀνέστη ἐκπειράζων αὐτὸν λέγων· ...	

a 211	Mt 22,43	λέγει **αὐτοῖς·** πῶς οὖν Δαυὶδ ἐν πνεύματι καλεῖ αὐτὸν κύριον λέγων·	Mk 12,36	αὐτὸς Δαυὶδ εἶπεν ἐν τῷ πνεύματι τῷ ἁγίῳ· ...	Lk 20,42	αὐτὸς γὰρ Δαυὶδ λέγει ἐν βίβλῳ ψαλμῶν· ...	→ Acts 4,25
a 021			Mk 12,43	... εἶπεν **αὐτοῖς·** ἀμὴν λέγω ὑμῖν ὅτι ἡ χήρα αὕτη ἡ πτωχὴ πλεῖον πάντων ἔβαλεν τῶν βαλλόντων εἰς τὸ γαζοφυλάκιον·	Lk 21,3	καὶ εἶπεν· ἀληθῶς λέγω ὑμῖν ὅτι ἡ χήρα αὕτη ἡ πτωχὴ πλεῖον πάντων ἔβαλεν·	
022			Mk 12,44	πάντες γὰρ ἐκ τοῦ περισσεύοντος **αὐτοῖς** ἔβαλον, ...	Lk 21,4	πάντες γὰρ οὗτοι ἐκ τοῦ περισσεύοντος **αὐτοῖς** ἔβαλον εἰς τὰ δῶρα, ...	
a 211	Mt 24,2	ὁ δὲ ἀποκριθεὶς εἶπεν **αὐτοῖς·** οὐ βλέπετε ταῦτα πάντα; ἀμὴν λέγω ὑμῖν, οὐ μὴ ἀφεθῇ ὧδε λίθος ἐπὶ λίθον ὃς οὐ καταλυθήσεται.	Mk 13,2	καὶ ὁ Ἰησοῦς εἶπεν **αὐτῷ·** βλέπεις ταύτας τὰς μεγάλας οἰκοδομάς; οὐ μὴ ἀφεθῇ ὧδε λίθος ἐπὶ λίθον ὃς οὐ μὴ καταλυθῇ.	Lk 21,5	... εἶπεν· [6] ταῦτα ἃ θεωρεῖτε ἐλεύσονται ἡμέραι ἐν αἷς οὐκ ἀφεθήσεται λίθος ἐπὶ λίθῳ ὃς οὐ καταλυθήσεται.	
a 221	Mt 24,4	καὶ ἀποκριθεὶς ὁ Ἰησοῦς εἶπεν **αὐτοῖς·** βλέπετε μή τις ὑμᾶς πλανήσῃ·	Mk 13,5	ὁ δὲ Ἰησοῦς ἤρξατο λέγειν **αὐτοῖς·** βλέπετε μή τις ὑμᾶς πλανήσῃ·	Lk 21,8	ὁ δὲ εἶπεν· βλέπετε μὴ πλανηθῆτε· ...	
a 112	Mt 24,7	ἐγερθήσεται γὰρ ἔθνος ἐπὶ ἔθνος καὶ βασιλεία ἐπὶ βασιλείαν ...	Mk 13,8	ἐγερθήσεται γὰρ ἔθνος ἐπ᾽ ἔθνος καὶ βασιλεία ἐπὶ βασιλείαν, ...	Lk 21,10	τότε ἔλεγεν **αὐτοῖς·** ἐγερθήσεται ἔθνος ἐπ᾽ ἔθνος καὶ βασιλεία ἐπὶ βασιλείαν	
221	Mt 10,18	καὶ ἐπὶ ἡγεμόνας δὲ καὶ βασιλεῖς ἀχθήσεσθε ἕνεκεν ἐμοῦ εἰς μαρτύριον **αὐτοῖς** καὶ τοῖς ἔθνεσιν.	Mk 13,9 → Mt 24,14	... καὶ ἐπὶ ἡγεμόνων καὶ βασιλέων σταθήσεσθε ἕνεκεν ἐμοῦ εἰς μαρτύριον **αὐτοῖς.**	Lk 21,13	[12] ... ἀπαγομένους ἐπὶ βασιλεῖς καὶ ἡγεμόνας ἕνεκεν τοῦ ὀνόματός μου· [13] ἀποβήσεται ὑμῖν εἰς μαρτύριον.	
a 112	Mt 24,32	ἀπὸ δὲ τῆς συκῆς μάθετε τὴν παραβολήν· ...	Mk 13,28	ἀπὸ δὲ τῆς συκῆς μάθετε τὴν παραβολήν· ...	Lk 21,29	καὶ εἶπεν παραβολὴν **αὐτοῖς·** ἴδετε τὴν συκῆν καὶ πάντα τὰ δένδρα·	
201	Mt 24,45	τίς ἄρα ἐστὶν ὁ πιστὸς δοῦλος καὶ φρόνιμος ὃν κατέστησεν ὁ κύριος ἐπὶ τῆς οἰκετείας αὐτοῦ τοῦ δοῦναι **αὐτοῖς** τὴν τροφὴν ἐν καιρῷ;			Lk 12,42	... τίς ἄρα ἐστὶν ὁ πιστὸς οἰκονόμος ὁ φρόνιμος, ὃν καταστήσει ὁ κύριος ἐπὶ τῆς θεραπείας αὐτοῦ τοῦ διδόναι ἐν καιρῷ [τὸ] σιτομέτριον;	
202	Mt 25,14	ὥσπερ γὰρ ἄνθρωπος ἀποδημῶν ἐκάλεσεν τοὺς ἰδίους δούλους καὶ παρέδωκεν **αὐτοῖς** τὰ ὑπάρχοντα αὐτοῦ, [15] καὶ ᾧ μὲν ἔδωκεν πέντε τάλαντα, ᾧ δὲ δύο, ᾧ δὲ ἕν, ...	Mk 13,34	ὡς ἄνθρωπος ἀπόδημος ἀφεὶς τὴν οἰκίαν αὐτοῦ καὶ δοὺς τοῖς δούλοις αὐτοῦ τὴν ἐξουσίαν ἑκάστῳ τὸ ἔργον αὐτοῦ, ...	Lk 19,13	[12] ἄνθρωπός τις εὐγενὴς ἐπορεύθη εἰς χώραν μακρὰν ... [13] καλέσας δὲ δέκα δούλους ἑαυτοῦ ἔδωκεν **αὐτοῖς** δέκα μνᾶς ...	Mk-Q overlap

200	Mt 25,16	πορευθεὶς ὁ τὰ πέντε τάλαντα λαβὼν ἠργάσατο ἐν **αὐτοῖς** καὶ ἐκέρδησεν ἄλλα πέντε·					
a 200	Mt 25,40	καὶ ἀποκριθεὶς ὁ βασιλεὺς ἐρεῖ **αὐτοῖς·** ἀμὴν λέγω ὑμῖν, ἐφ᾽ ὅσον ἐποιήσατε ἑνὶ τούτων τῶν ἀδελφῶν μου τῶν ἐλαχίστων, ἐμοὶ ἐποιήσατε.					
a 200	Mt 25,45	τότε ἀποκριθήσεται **αὐτοῖς** λέγων· ἀμὴν λέγω ὑμῖν, ἐφ᾽ ὅσον οὐκ ἐποιήσατε ἑνὶ τούτων τῶν ἐλαχίστων, οὐδὲ ἐμοὶ ἐποιήσατε.					
a 210	Mt 26,10	γνοὺς δὲ ὁ Ἰησοῦς εἶπεν **αὐτοῖς·** τί κόπους παρέχετε τῇ γυναικί; ...	Mk 14,6	ὁ δὲ Ἰησοῦς εἶπεν· ἄφετε αὐτήν· τί αὐτῇ κόπους παρέχετε; ...			→ Jn 12,7
120	Mt 26,11	πάντοτε γὰρ τοὺς πτωχοὺς ἔχετε μεθ᾽ ἑαυτῶν, ἐμὲ δὲ οὐ πάντοτε ἔχετε·	Mk 14,7	πάντοτε γὰρ τοὺς πτωχοὺς ἔχετε μεθ᾽ ἑαυτῶν καὶ ὅταν θέλητε δύνασθε **αὐτοῖς** εὖ ποιῆσαι, ἐμὲ δὲ οὐ πάντοτε ἔχετε.			→ Jn 12,8
122	Mt 26,15	[14] τότε πορευθεὶς εἷς τῶν δώδεκα, ὁ λεγόμενος Ἰούδας Ἰσκαριώτης, πρὸς τοὺς ἀρχιερεῖς [15] εἶπεν· τί θέλετέ μοι δοῦναι, κἀγὼ **ὑμῖν** παραδώσω αὐτόν; ...	Mk 14,10	καὶ Ἰούδας Ἰσκαριὼθ ὁ εἷς τῶν δώδεκα ἀπῆλθεν πρὸς τοὺς ἀρχιερεῖς ἵνα αὐτὸν παραδοῖ **αὐτοῖς.**	Lk 22,4	[3] εἰσῆλθεν δὲ σατανᾶς εἰς Ἰούδαν τὸν καλούμενον Ἰσκαριώτην, ὄντα ἐκ τοῦ ἀριθμοῦ τῶν δώδεκα· [4] καὶ ἀπελθὼν συνελάλησεν τοῖς ἀρχιερεῦσιν καὶ στρατηγοῖς τὸ πῶς **αὐτοῖς** παραδῷ αὐτόν.	
112	Mt 26,16	καὶ ἀπὸ τότε ἐζήτει εὐκαιρίαν ἵνα αὐτὸν παραδῷ.	Mk 14,11	... καὶ ἐζήτει πῶς αὐτὸν εὐκαίρως παραδοῖ.	Lk 22,6	... καὶ ἐζήτει εὐκαιρίαν τοῦ παραδοῦναι αὐτὸν ἄτερ ὄχλου **αὐτοῖς.**	
a 122	Mt 26,18	ὁ δὲ εἶπεν· ὑπάγετε εἰς τὴν πόλιν πρὸς τὸν δεῖνα ...	Mk 14,13	... καὶ λέγει **αὐτοῖς·** ὑπάγετε εἰς τὴν πόλιν, καὶ ἀπαντήσει ὑμῖν ἄνθρωπος κεράμιον ὕδατος βαστάζων· ...	Lk 22,10	ὁ δὲ εἶπεν **αὐτοῖς·** ἰδοὺ εἰσελθόντων ὑμῶν εἰς τὴν πόλιν συναντήσει ὑμῖν ἄνθρωπος κεράμιον ὕδατος βαστάζων· ...	
a 222	Mt 26,19	καὶ ἐποίησαν οἱ μαθηταὶ ὡς συνέταξεν **αὐτοῖς** ὁ Ἰησοῦς καὶ ἡτοίμασαν τὸ πάσχα.	Mk 14,16	καὶ ἐξῆλθον οἱ μαθηταὶ καὶ ἦλθον εἰς τὴν πόλιν καὶ εὗρον καθὼς εἶπεν **αὐτοῖς** καὶ ἡτοίμασαν τὸ πάσχα.	Lk 22,13	ἀπελθόντες δὲ εὗρον καθὼς εἰρήκει **αὐτοῖς** καὶ ἡτοίμασαν τὸ πάσχα.	
a 120	Mt 26,23 → Lk 22,21	ὁ δὲ ἀποκριθεὶς εἶπεν· ὁ ἐμβάψας μετ᾽ ἐμοῦ τὴν χεῖρα ἐν τῷ τρυβλίῳ οὗτός με παραδώσει.	Mk 14,20 → Lk 22,21	ὁ δὲ εἶπεν **αὐτοῖς·** εἷς τῶν δώδεκα, ὁ ἐμβαπτόμενος μετ᾽ ἐμοῦ εἰς τὸ τρύβλιον.			→ Jn 13,26

122	Mt 26,26 ↑ Mt 14,19	... λαβὼν ὁ Ἰησοῦς ἄρτον καὶ εὐλογήσας ἔκλασεν καὶ δοὺς **τοῖς μαθηταῖς** εἶπεν· λάβετε φάγετε, τοῦτό ἐστιν τὸ σῶμά μου.	Mk 14,22 ↑ Mk 6,41	... λαβὼν ἄρτον εὐλογήσας ἔκλασεν καὶ ἔδωκεν **αὐτοῖς** καὶ εἶπεν· λάβετε, τοῦτό ἐστιν τὸ σῶμά μου.	Lk 22,19 ↑ Lk 9,16	καὶ λαβὼν ἄρτον εὐχαριστήσας ἔκλασεν καὶ ἔδωκεν **αὐτοῖς** λέγων· τοῦτό ἐστιν τὸ σῶμά μου τὸ ὑπὲρ ὑμῶν διδόμενον· ...	→ 1Cor 11,23-24
221	Mt 26,27 → Lk 22,17	καὶ λαβὼν ποτήριον καὶ εὐχαριστήσας ἔδωκεν **αὐτοῖς** λέγων· πίετε ἐξ αὐτοῦ πάντες,	Mk 14,23 → Lk 22,17	καὶ λαβὼν ποτήριον εὐχαριστήσας ἔδωκεν **αὐτοῖς**, καὶ ἔπιον ἐξ αὐτοῦ πάντες.	Lk 22,20	καὶ τὸ ποτήριον ὡσαύτως μετὰ τὸ δειπνῆσαι,	→ 1Cor 11,25
a 121	Mt 26,28	τοῦτο γάρ ἐστιν τὸ αἷμά μου τῆς διαθήκης τὸ περὶ πολλῶν ἐκχυννόμενον εἰς ἄφεσιν ἁμαρτιῶν.	Mk 14,24	καὶ εἶπεν **αὐτοῖς**· τοῦτό ἐστιν τὸ αἷμά μου τῆς διαθήκης τὸ ἐκχυννόμενον ὑπὲρ πολλῶν.		λέγων· τοῦτο τὸ ποτήριον ἡ καινὴ διαθήκη ἐν τῷ αἵματί μου, τὸ ὑπὲρ ὑμῶν ἐκχυννόμενον.	→ 1Cor 11,25
002					Lk 22,24 ↑ Lk 9,46	ἐγένετο δὲ καὶ φιλονεικία ἐν **αὐτοῖς**, τὸ τίς αὐτῶν δοκεῖ εἶναι μείζων.	
a 122	Mt 20,25	ὁ δὲ Ἰησοῦς προσκαλεσάμενος αὐτοὺς εἶπεν· οἴδατε ὅτι οἱ ἄρχοντες τῶν ἐθνῶν κατακυριεύουσιν αὐτῶν ...	Mk 10,42	καὶ προσκαλεσάμενος αὐτοὺς ὁ Ἰησοῦς λέγει **αὐτοῖς**· οἴδατε ὅτι οἱ δοκοῦντες ἄρχειν τῶν ἐθνῶν κατακυριεύουσιν αὐτῶν ...	Lk 22,25	ὁ δὲ εἶπεν **αὐτοῖς**· οἱ βασιλεῖς τῶν ἐθνῶν κυριεύουσιν αὐτῶν ...	
a 002					Lk 22,35 → Mt 10,9-10 → Mk 6,8b-9 → Lk 9,3b → Lk 10,4	καὶ εἶπεν **αὐτοῖς**· ὅτε ἀπέστειλα ὑμᾶς ἄτερ βαλλαντίου καὶ πήρας καὶ ὑποδημάτων, ...	
a 002					Lk 22,36 → Lk 9,3b → Lk 10,4	εἶπεν δὲ **αὐτοῖς**· ἀλλὰ νῦν ὁ ἔχων βαλλάντιον ἀράτω, ...	
a 002					Lk 22,38 → Lk 22,49	οἱ δὲ εἶπαν· κύριε, ἰδοὺ μάχαιραι ὧδε δύο. ὁ δὲ εἶπεν **αὐτοῖς**· ἱκανόν ἐστιν.	
a 220	Mt 26,31	τότε λέγει **αὐτοῖς** ὁ Ἰησοῦς· πάντες ὑμεῖς σκανδαλισθήσεσθε ἐν ἐμοὶ ἐν τῇ νυκτὶ ταύτῃ, ...	Mk 14,27	καὶ λέγει **αὐτοῖς** ὁ Ἰησοῦς ὅτι πάντες σκανδαλισθήσεσθε, ...			
a 112	Mt 26,36	τότε ἔρχεται μετ᾿ αὐτῶν ὁ Ἰησοῦς εἰς χωρίον λεγόμενον Γεθσημανὶ καὶ λέγει **τοῖς μαθηταῖς**· καθίσατε αὐτοῦ ἕως [οὗ] ἀπελθὼν ἐκεῖ προσεύξωμαι.	Mk 14,32	καὶ ἔρχονται εἰς χωρίον οὗ τὸ ὄνομα Γεθσημανὶ καὶ λέγει **τοῖς μαθηταῖς αὐτοῦ**· καθίσατε ὧδε ἕως προσεύξωμαι.	Lk 22,40 → Mt 26,41 → Mk 14,38 → Lk 22,46	[39] καὶ ἐξελθὼν ἐπορεύθη κατὰ τὸ ἔθος εἰς τὸ ὄρος τῶν ἐλαιῶν, ἠκολούθησαν δὲ αὐτῷ καὶ οἱ μαθηταί. [40] γενόμενος δὲ ἐπὶ τοῦ τόπου εἶπεν **αὐτοῖς**· προσεύχεσθε μὴ εἰσελθεῖν εἰς πειρασμόν.	

a 220	**Mt 26,38**	τότε λέγει **αὐτοῖς·** *περίλυπός ἐστιν ἡ ψυχή μου* ἕως θανάτου· μείνατε ὧδε καὶ γρηγορεῖτε μετ' ἐμοῦ. ➢ Ps 42,6.12/43,5	**Mk 14,34**	καὶ λέγει **αὐτοῖς·** *περίλυπός ἐστιν ἡ ψυχή μου* ἕως θανάτου· μείνατε ὧδε καὶ γρηγορεῖτε. ➢ Ps 42,6.12/43,5			→ Jn 12,27
a 112	**Mt 26,40**	... καὶ λέγει **τῷ Πέτρῳ·** οὕτως οὐκ ἰσχύσατε μίαν ὥραν γρηγορῆσαι μετ' ἐμοῦ;	**Mk 14,37**	... καὶ λέγει **τῷ Πέτρῳ·** Σίμων, καθεύδεις; οὐκ ἴσχυσας μίαν ὥραν γρηγορῆσαι;	**Lk 22,46**	καὶ εἶπεν **αὐτοῖς·** τί καθεύδετε; ...	
a 220	**Mt 26,45**	τότε ἔρχεται πρὸς τοὺς μαθητὰς καὶ λέγει **αὐτοῖς·** καθεύδετε [τὸ] λοιπὸν καὶ ἀναπαύεσθε· ...	**Mk 14,41**	καὶ ἔρχεται τὸ τρίτον καὶ λέγει **αὐτοῖς·** καθεύδετε τὸ λοιπὸν καὶ ἀναπαύεσθε· ...			
220	**Mt 26,48**	ὁ δὲ παραδιδοὺς αὐτὸν ἔδωκεν **αὐτοῖς** σημεῖον λέγων· ὃν ἂν φιλήσω αὐτός ἐστιν, κρατήσατε αὐτόν.	**Mk 14,44**	δεδώκει δὲ ὁ παραδιδοὺς αὐτὸν σύσσημον **αὐτοῖς** λέγων· ὃν ἂν φιλήσω αὐτός ἐστιν, κρατήσατε αὐτὸν καὶ ἀπάγετε ἀσφαλῶς.			
a 121	**Mt 26,55**	ἐν ἐκείνῃ τῇ ὥρᾳ εἶπεν ὁ Ἰησοῦς **τοῖς ὄχλοις·** ὡς ἐπὶ λῃστὴν ἐξήλθατε μετὰ μαχαιρῶν καὶ ξύλων συλλαβεῖν με; ...	**Mk 14,48**	καὶ ἀποκριθεὶς ὁ Ἰησοῦς εἶπεν **αὐτοῖς·** ὡς ἐπὶ λῃστὴν ἐξήλθατε μετὰ μαχαιρῶν καὶ ξύλων συλλαβεῖν με;	**Lk 22,52** → Mt 26,47 → Mk 14,43 → Lk 22,54	εἶπεν δὲ Ἰησοῦς **πρὸς τοὺς παραγενομένους** ἐπ' αὐτὸν ἀρχιερεῖς καὶ στρατηγοὺς τοῦ ἱεροῦ καὶ πρεσβυτέρους· ὡς ἐπὶ λῃστὴν ἐξήλθατε μετὰ μαχαιρῶν καὶ ξύλων;	
a 112	**Mt 26,64**	[63] ... καὶ ὁ ἀρχιερεὺς εἶπεν αὐτῷ· ἐξορκίζω σε κατὰ τοῦ θεοῦ τοῦ ζῶντος ἵνα ἡμῖν εἴπῃς εἰ σὺ εἶ ὁ χριστὸς ὁ υἱὸς τοῦ θεοῦ. [64] λέγει **αὐτῷ** ὁ Ἰησοῦς· σὺ εἶπας· ...	**Mk 14,62**	[61] ... πάλιν ὁ ἀρχιερεὺς ἐπηρώτα αὐτὸν καὶ λέγει αὐτῷ· σὺ εἶ ὁ χριστὸς ὁ υἱὸς τοῦ εὐλογητοῦ; [62] ὁ δὲ Ἰησοῦς εἶπεν· ἐγώ εἰμι, ...	**Lk 22,67** ⇨ Lk 22,70	λέγοντες· εἰ σὺ εἶ ὁ χριστός, εἰπὸν ἡμῖν. εἶπεν δὲ **αὐτοῖς·** ἐὰν ὑμῖν εἴπω οὐ μὴ πιστεύσητε·	→ Jn 10,25
120	**Mt 27,15**	κατὰ δὲ ἑορτὴν εἰώθει ὁ ἡγεμὼν ἀπολύειν ἕνα **τῷ ὄχλῳ** δέσμιον ὃν ἤθελον.	**Mk 15,6**	κατὰ δὲ ἑορτὴν ἀπέλυεν **αὐτοῖς** ἕνα δέσμιον ὃν παρῃτοῦντο.			→ Jn 18,39 Lk 23,17 is textcritically uncertain.
120	**Mt 27,17**	συνηγμένων οὖν αὐτῶν	**Mk 15,8**	καὶ ἀναβὰς ὁ ὄχλος ἤρξατο αἰτεῖσθαι καθὼς ἐποίει **αὐτοῖς.**			
a 220		εἶπεν **αὐτοῖς** ὁ Πιλᾶτος· τίνα θέλετε ἀπολύσω ὑμῖν, [Ἰησοῦν τὸν] Βαραββᾶν ἢ Ἰησοῦν τὸν λεγόμενον χριστόν;	**Mk 15,9**	ὁ δὲ Πιλᾶτος ἀπεκρίθη **αὐτοῖς** λέγων· θέλετε ἀπολύσω ὑμῖν τὸν βασιλέα τῶν Ἰουδαίων;			→ Jn 18,39

121	Mt 27,20	οἱ δὲ ἀρχιερεῖς καὶ οἱ πρεσβύτεροι ἔπεισαν τοὺς ὄχλους ἵνα αἰτήσωνται τὸν Βαραββᾶν, τὸν δὲ Ἰησοῦν ἀπολέσωσιν.	Mk 15,11	οἱ δὲ ἀρχιερεῖς ἀνέσεισαν τὸν ὄχλον ἵνα μᾶλλον τὸν Βαραββᾶν ἀπολύσῃ **αὐτοῖς**.	Lk 23,18	ἀνέκραγον δὲ παμπληθεὶ λέγοντες· αἶρε τοῦτον, ἀπόλυσον δὲ ἡμῖν τὸν Βαραββᾶν·	→ Jn 18,40
a 210	Mt 27,21	ἀποκριθεὶς δὲ ὁ ἡγεμὼν εἶπεν **αὐτοῖς**· τίνα θέλετε ἀπὸ τῶν δύο ἀπολύσω ὑμῖν; οἱ δὲ εἶπαν· τὸν Βαραββᾶν.	Mk 15,12				
a 222	Mt 27,22	λέγει **αὐτοῖς** ὁ Πιλᾶτος· τί οὖν ποιήσω Ἰησοῦν τὸν λεγόμενον χριστόν; ...		ὁ δὲ Πιλᾶτος πάλιν ἀποκριθεὶς ἔλεγεν **αὐτοῖς**· τί οὖν [θέλετε] ποιήσω [ὃν λέγετε] τὸν βασιλέα τῶν Ἰουδαίων;	Lk 23,20	πάλιν δὲ ὁ Πιλᾶτος προσεφώνησεν **αὐτοῖς** θέλων ἀπολῦσαι τὸν Ἰησοῦν·	→ Jn 19,12
a 121	Mt 27,23	ὁ δὲ ἔφη· τί γὰρ κακὸν ἐποίησεν; ...	Mk 15,14	ὁ δὲ Πιλᾶτος ἔλεγεν **αὐτοῖς**· τί γὰρ ἐποίησεν κακόν; ...	Lk 23,22 → Lk 23,4 → Lk 23,14 → Lk 23,16	ὁ δὲ τρίτον εἶπεν πρὸς **αὐτούς**· τί γὰρ κακὸν ἐποίησεν οὗτος; οὐδὲν αἴτιον θανάτου εὗρον ἐν αὐτῷ· παιδεύσας οὖν αὐτὸν ἀπολύσω.	**→ Jn 19,6** → Acts 13,28
221	Mt 27,26 → Mt 27,16	[24] ἰδὼν δὲ ὁ Πιλᾶτος ὅτι οὐδὲν ὠφελεῖ ἀλλὰ μᾶλλον θόρυβος γίνεται, λαβὼν ὕδωρ ... [26] τότε ἀπέλυσεν **αὐτοῖς** τὸν Βαραββᾶν, ...	Mk 15,15 → Mk 15,7	ὁ δὲ Πιλᾶτος βουλόμενος τῷ ὄχλῳ τὸ ἱκανὸν ποιῆσαι ἀπέλυσεν **αὐτοῖς** τὸν Βαραββᾶν, ...	Lk 23,25 → Lk 23,19	[24] καὶ Πιλᾶτος ἐπέκρινεν γενέσθαι τὸ αἴτημα αὐτῶν· [25] ἀπέλυσεν δὲ τὸν διὰ στάσιν καὶ φόνον βεβλημένον εἰς φυλακὴν ὃν ᾐτοῦντο, ...	**→ Jn 19,16**
002					Lk 23,34	[[ὁ δὲ Ἰησοῦς ἔλεγεν· πάτερ, ἄφες **αὐτοῖς**, οὐ γὰρ οἴδασιν τί ποιοῦσιν.]] ...	→ Acts 3,17 **→ Acts 7,60** → Acts 13,27 Lk 23,34a is textcritically uncertain.
a 200	Mt 27,65	ἔφη **αὐτοῖς** ὁ Πιλᾶτος· ἔχετε κουστωδίαν· ὑπάγετε ἀσφαλίσασθε ὡς οἴδατε.					
002					Lk 24,15	... καὶ αὐτὸς Ἰησοῦς ἐγγίσας συνεπορεύετο **αὐτοῖς**	
a 002					Lk 24,19	καὶ εἶπεν **αὐτοῖς**· ποῖα; οἱ δὲ εἶπαν αὐτῷ· τὰ περὶ Ἰησοῦ τοῦ Ναζαρηνοῦ, ...	→ Acts 2,22 → Acts 10,38
002					Lk 24,27	καὶ ἀρξάμενος ἀπὸ Μωϋσέως καὶ ἀπὸ πάντων τῶν προφητῶν διερμήνευσεν **αὐτοῖς** ἐν πάσαις ταῖς γραφαῖς τὰ περὶ ἑαυτοῦ.	

	Mt	Mk	Lk	Jn
002			**Lk 24,29** → Lk 9,12 ... μεῖνον μεθ' ἡμῶν, ὅτι πρὸς ἑσπέραν ἐστὶν καὶ κέκλικεν ἤδη ἡ ἡμέρα. καὶ εἰσῆλθεν τοῦ μεῖναι **σὺν αὐτοῖς**.	
002			**Lk 24,30** καὶ ἐγένετο ἐν τῷ κατακλιθῆναι αὐτὸν μετ' αὐτῶν λαβὼν τὸν ἄρτον εὐλόγησεν καὶ κλάσας ἐπεδίδου **αὐτοῖς**	
002			**Lk 24,33** ... καὶ εὗρον ἠθροισμένους τοὺς ἕνδεκα καὶ τοὺς **σὺν αὐτοῖς**	
002			**Lk 24,35** καὶ αὐτοὶ ἐξηγοῦντο τὰ ἐν τῇ ὁδῷ καὶ ὡς ἐγνώσθη **αὐτοῖς** ἐν τῇ κλάσει τοῦ ἄρτου.	
a 002			**Lk 24,36** ταῦτα δὲ αὐτῶν λαλούντων αὐτὸς ἔστη ἐν μέσῳ αὐτῶν καὶ λέγει **αὐτοῖς**· εἰρήνη ὑμῖν.	→ **Jn 20,19**
a 002			**Lk 24,38** καὶ εἶπεν **αὐτοῖς**· τί τεταραγμένοι ἐστὲ καὶ διὰ τί διαλογισμοὶ ἀναβαίνουσιν ἐν τῇ καρδίᾳ ὑμῶν;	
002			**Lk 24,40** καὶ τοῦτο εἰπὼν ἔδειξεν **αὐτοῖς** τὰς χεῖρας καὶ τοὺς πόδας.	→ **Jn 20,20.27**
a 002			**Lk 24,41** ἔτι δὲ ἀπιστούντων αὐτῶν ἀπὸ τῆς χαρᾶς καὶ θαυμαζόντων εἶπεν **αὐτοῖς**· ἔχετέ τι βρώσιμον ἐνθάδε;	→ **Jn 20,20.27** → **Jn 21,5**
a 002	→ Mt 16,21 ↑ **Mt 17,22** → Mt 17,23 → Mt 20,18-19	→ Mk 8,31 ↑ **Mk 9,31** → Mk 10,33-34	**Lk 24,46** → Lk 9,22 ↑ Lk 9,43-44 → Lk 17,25 → Lk 18,31-33 → Lk 24,7 → Lk 24,26 καὶ εἶπεν **αὐτοῖς** ὅτι οὕτως γέγραπται παθεῖν τὸν χριστὸν καὶ ἀναστῆναι ἐκ νεκρῶν τῇ τρίτῃ ἡμέρᾳ	
200	**Mt 28,16** → Mt 28,7 → Mk 16,7 → Mt 28,10 οἱ δὲ ἕνδεκα μαθηταὶ ἐπορεύθησαν εἰς τὴν Γαλιλαίαν εἰς τὸ ὄρος οὗ ἐτάξατο **αὐτοῖς** ὁ Ἰησοῦς			
a 200	**Mt 28,18** → Mt 11,27 → Lk 10,22 καὶ προσελθὼν ὁ Ἰησοῦς ἐλάλησεν **αὐτοῖς** λέγων· ἐδόθη μοι πᾶσα ἐξουσία ἐν οὐρανῷ καὶ ἐπὶ [τῆς] γῆς.			

Acts 1,3 ... δι' ἡμερῶν τεσσεράκοντα ὀπτανόμενος **αὐτοῖς** καὶ λέγων τὰ περὶ τῆς βασιλείας τοῦ θεοῦ·	**Acts 1,4** καὶ συναλιζόμενος παρήγγειλεν **αὐτοῖς** ἀπὸ Ἱεροσολύμων μὴ χωρίζεσθαι ...	**Acts 1,10** ... καὶ ἰδοὺ ἄνδρες δύο παρειστήκεισαν **αὐτοῖς** ἐν ἐσθήσεσι λευκαῖς

Acts 1,26 καὶ ἔδωκαν κλήρους
αὐτοῖς
καὶ ἔπεσεν ὁ κλῆρος ἐπὶ Μαθθίαν ...

Acts 2,3 καὶ ὤφθησαν
αὐτοῖς
διαμεριζόμεναι γλῶσσαι ὡσεὶ πυρὸς ...

Acts 2,4 ... καὶ ἤρξαντο λαλεῖν ἑτέραις γλώσσαις καθὼς τὸ πνεῦμα ἐδίδου ἀποφθέγγεσθαι
αὐτοῖς.

a **Acts 2,14** σταθεὶς δὲ ὁ Πέτρος σὺν τοῖς ἕνδεκα ἐπῆρεν τὴν φωνὴν αὐτοῦ καὶ ἀπεφθέγξατο
αὐτοῖς·
ἄνδρες Ἰουδαῖοι ...

Acts 3,5 ὁ δὲ ἐπεῖχεν
αὐτοῖς
προσδοκῶν τι παρ' αὐτῶν λαβεῖν.

Acts 3,8 ... καὶ εἰσῆλθεν
σὺν αὐτοῖς
εἰς τὸ ἱερὸν περιπατῶν καὶ ἁλλόμενος καὶ αἰνῶν τὸν θεόν.

Acts 4,1 λαλούντων δὲ αὐτῶν πρὸς τὸν λαὸν ἐπέστησαν
αὐτοῖς
οἱ ἱερεῖς καὶ ὁ στρατηγὸς τοῦ ἱεροῦ καὶ οἱ Σαδδουκαῖοι

Acts 4,3 καὶ ἐπέβαλον
αὐτοῖς
τὰς χεῖρας καὶ ἔθεντο εἰς τήρησιν εἰς τὴν αὔριον· ἦν γὰρ ἑσπέρα ἤδη.

Acts 4,14 τόν τε ἄνθρωπον βλέποντες
σὺν αὐτοῖς
ἑστῶτα τὸν τεθεραπευμένον οὐδὲν εἶχον ἀντειπεῖν.

Acts 4,17 ἀλλ' ἵνα μὴ ἐπὶ πλεῖον διανεμηθῇ εἰς τὸν λαόν ἀπειλησώμεθα
αὐτοῖς
μηκέτι λαλεῖν ἐπὶ τῷ ὀνόματι τούτῳ μηδενὶ ἀνθρώπων.

Acts 4,24 ... δέσποτα, *σὺ ὁ ποιήσας τὸν οὐρανὸν καὶ τὴν γῆν καὶ τὴν θάλασσαν καὶ πάντα τὰ*
ἐν αὐτοῖς
➤ 2Kings 19,15/Isa 37,16/ Neh 9,6/Exod 20,11/Ps 146,6

Acts 4,32 ... καὶ οὐδὲ εἷς τι τῶν ὑπαρχόντων αὐτῷ ἔλεγεν ἴδιον εἶναι ἀλλ' ἦν
αὐτοῖς
ἅπαντα κοινά.

Acts 4,34 οὐδὲ γὰρ ἐνδεής τις ἦν
ἐν αὐτοῖς· ...

Acts 5,13 τῶν δὲ λοιπῶν οὐδεὶς ἐτόλμα κολλᾶσθαι
αὐτοῖς,
ἀλλ' ἐμεγάλυνεν αὐτοὺς ὁ λαός.

a **Acts 5,25** παραγενόμενος δέ τις ἀπήγγειλεν
αὐτοῖς
ὅτι ἰδοὺ οἱ ἄνδρες οὓς ἔθεσθε ἐν τῇ φυλακῇ εἰσὶν ἐν τῷ ἱερῷ ...

Acts 6,6 οὓς ἔστησαν ἐνώπιον τῶν ἀποστόλων, καὶ προσευξάμενοι ἐπέθηκαν
αὐτοῖς
τὰς χεῖρας.

Acts 7,25 ἐνόμιζεν δὲ συνιέναι τοὺς ἀδελφοὺς [αὐτοῦ] ὅτι ὁ θεὸς διὰ χειρὸς αὐτοῦ δίδωσιν σωτηρίαν
αὐτοῖς·
οἱ δὲ οὐ συνῆκαν.

Acts 7,26 τῇ τε ἐπιούσῃ ἡμέρᾳ ὤφθη
αὐτοῖς
μαχομένοις καὶ συνήλλασσεν αὐτοὺς εἰς εἰρήνην εἰπών· ...

Acts 7,43 ... *τοὺς τύπους οὓς ἐποιήσατε* προσκυνεῖν
αὐτοῖς,
καὶ μετοικιῶ ὑμᾶς ἐπέκεινα Βαβυλῶνος.
➤ Amos 5,26-27 LXX

Acts 7,60 [[→ Lk 23,34]] ... κύριε, μὴ στήσῃς
αὐτοῖς
ταύτην τὴν ἁμαρτίαν. ...

Acts 8,5 Φίλιππος δὲ κατελθὼν εἰς [τὴν] πόλιν τῆς Σαμαρείας ἐκήρυσσεν
αὐτοῖς
τὸν Χριστόν.

Acts 8,18 ἰδὼν δὲ ὁ Σίμων ὅτι διὰ τῆς ἐπιθέσεως τῶν χειρῶν τῶν ἀποστόλων δίδοται τὸ πνεῦμα, προσήνεγκεν
αὐτοῖς
χρήματα

Acts 9,27 Βαρναβᾶς δὲ ἐπιλαβόμενος αὐτὸν ἤγαγεν πρὸς τοὺς ἀποστόλους καὶ διηγήσατο
αὐτοῖς
πῶς ἐν τῇ ὁδῷ εἶδεν τὸν κύριον ...

Acts 9,39 ἀναστὰς δὲ Πέτρος συνῆλθεν
αὐτοῖς· ...

Acts 10,8 καὶ ἐξηγησάμενος ἅπαντα
αὐτοῖς
ἀπέστειλεν αὐτοὺς εἰς τὴν Ἰόππην.

Acts 10,20 ... πορεύου
σὺν αὐτοῖς
μηδὲν διακρινόμενος ὅτι ἐγὼ ἀπέσταλκα αὐτούς.

Acts 10,23 ... τῇ δὲ ἐπαύριον ἀναστὰς ἐξῆλθεν
σὺν αὐτοῖς
καί τινες τῶν ἀδελφῶν τῶν ἀπὸ Ἰόππης συνῆλθον αὐτῷ.

Acts 11,3 λέγοντες ὅτι εἰσῆλθες πρὸς ἄνδρας ἀκροβυστίαν ἔχοντας καὶ συνέφαγες
αὐτοῖς.

Acts 11,4 ἀρξάμενος δὲ Πέτρος ἐξετίθετο
αὐτοῖς
καθεξῆς λέγων·

Acts 11,12 εἶπεν δὲ τὸ πνεῦμά μοι συνελθεῖν
αὐτοῖς
μηδὲν διακρίναντα. ...

Acts 11,17 εἰ οὖν τὴν ἴσην δωρεὰν ἔδωκεν
αὐτοῖς
ὁ θεὸς ὡς καὶ ἡμῖν πιστεύσασιν ἐπὶ τὸν κύριον Ἰησοῦν Χριστόν, ...

Acts 11,26 ... ἐγένετο δὲ
αὐτοῖς
καὶ ἐνιαυτὸν ὅλον συναχθῆναι ἐν τῇ ἐκκλησίᾳ καὶ διδάξαι ὄχλον ἱκανόν, ...

Acts 12,10 ... ἦλθαν ἐπὶ τὴν πύλην τὴν σιδηρᾶν τὴν φέρουσαν εἰς τὴν πόλιν, ἥτις αὐτομάτη ἠνοίγη
αὐτοῖς,
καὶ ἐξελθόντες προῆλθον ῥύμην μίαν, ...

Acts 12,17 (2) κατασείσας δὲ
αὐτοῖς
τῇ χειρὶ σιγᾶν
διηγήσατο
[αὐτοῖς]
πῶς ὁ κύριος αὐτὸν ἐξήγαγεν ἐκ τῆς φυλακῆς ...

Acts 13,3 τότε νηστεύσαντες καὶ προσευξάμενοι καὶ ἐπιθέντες τὰς χεῖρας
αὐτοῖς
ἀπέλυσαν.

Acts 13,8 ἀνθίστατο δὲ
αὐτοῖς
Ἐλύμας ὁ μάγος, ...

Acts 13,21 κἀκεῖθεν ᾐτήσαντο βασιλέα καὶ ἔδωκεν
αὐτοῖς
ὁ θεὸς τὸν Σαοὺλ υἱὸν Κίς, ...

Acts 13,22 καὶ μεταστήσας αὐτὸν ἤγειρεν τὸν Δαυὶδ
αὐτοῖς
εἰς βασιλέα ...

a Acts 13,42 ἐξιόντων δὲ αὐτῶν παρεκάλουν εἰς τὸ μεταξὺ σάββατον λαληθῆναι
αὐτοῖς
τὰ ῥήματα ταῦτα.

a Acts 13,43 ... οἵτινες προσλαλοῦντες
αὐτοῖς
ἔπειθον αὐτοὺς προσμένειν τῇ χάριτι τοῦ θεοῦ.

Acts 14,15 ... ἐπὶ θεὸν ζῶντα, *ὃς ἐποίησεν τὸν οὐρανὸν καὶ τὴν γῆν καὶ τὴν θάλασσαν καὶ πάντα τὰ*
ἐν αὐτοῖς·
➤ Exod 20,11/Ps 146,6

Acts 14,18 καὶ ταῦτα λέγοντες μόλις κατέπαυσαν τοὺς ὄχλους τοῦ μὴ θύειν
αὐτοῖς.

Acts 14,23 χειροτονήσαντες δὲ
αὐτοῖς
κατ' ἐκκλησίαν πρεσβυτέρους, ...

Acts 15,8 καὶ ὁ καρδιογνώστης θεὸς ἐμαρτύρησεν
αὐτοῖς
δοὺς τὸ πνεῦμα τὸ ἅγιον καθὼς καὶ ἡμῖν

Acts 15,20 ἀλλὰ ἐπιστεῖλαι
αὐτοῖς
τοῦ ἀπέχεσθαι τῶν ἀλισγημάτων τῶν εἰδώλων καὶ τῆς πορνείας καὶ τοῦ πνικτοῦ καὶ τοῦ αἵματος.

Acts 15,38 Παῦλος δὲ ἠξίου, τὸν ἀποστάντα ἀπ' αὐτῶν ἀπὸ Παμφυλίας καὶ μὴ συνελθόντα
αὐτοῖς
εἰς τὸ ἔργον μὴ συμπαραλαμβάνειν τοῦτον.

Acts 16,4 ὡς δὲ διεπορεύοντο τὰς πόλεις, παρεδίδοσαν
αὐτοῖς
φυλάσσειν τὰ δόγματα ...

Acts 16,23 πολλάς τε ἐπιθέντες
αὐτοῖς
πληγὰς ἔβαλον εἰς φυλακὴν ...

Acts 17,2 ... ἐπὶ σάββατα τρία διελέξατο
αὐτοῖς
ἀπὸ τῶν γραφῶν

Acts 17,34 ... ἐν οἷς καὶ Διονύσιος ὁ Ἀρεοπαγίτης καὶ γυνὴ ὀνόματι Δάμαρις καὶ ἕτεροι
σὺν αὐτοῖς.

Acts 18,2 ... διὰ τὸ διατεταχέναι Κλαύδιον χωρίζεσθαι πάντας τοὺς Ἰουδαίους ἀπὸ τῆς Ῥώμης, προσῆλθεν
αὐτοῖς

Acts 18,3 καὶ διὰ τὸ ὁμότεχνον εἶναι ἔμενεν
παρ' αὐτοῖς,
καὶ ἠργάζετο· ...

Acts 18,11 ἐκάθισεν δὲ ἐνιαυτὸν καὶ μῆνας ἓξ διδάσκων
ἐν αὐτοῖς
τὸν λόγον τοῦ θεοῦ.

Acts 19,6 καὶ ἐπιθέντος
αὐτοῖς
τοῦ Παύλου [τὰς] χεῖρας ἦλθε τὸ πνεῦμα τὸ ἅγιον ἐπ' αὐτούς, ...

a Acts 19,15 ἀποκριθὲν δὲ τὸ πνεῦμα τὸ πονηρὸν εἶπεν
αὐτοῖς·
τὸν [μὲν] Ἰησοῦν γινώσκω ...

Acts 20,7 ... ὁ Παῦλος διελέγετο
αὐτοῖς
μέλλων ἐξιέναι τῇ ἐπαύριον, ...

a Acts 20,18 ὡς δὲ παρεγένοντο πρὸς αὐτὸν εἶπεν
αὐτοῖς·
ὑμεῖς ἐπίστασθε, ...

Acts 20,36 καὶ ταῦτα εἰπὼν θεὶς τὰ γόνατα αὐτοῦ
σὺν πᾶσιν αὐτοῖς
προσηύξατο.

Acts 21,7 ... καὶ ἀσπασάμενοι τοὺς ἀδελφοὺς ἐμείναμεν ἡμέραν μίαν
παρ' αὐτοῖς.

Acts 21,24 (2) τούτους παραλαβὼν ἁγνίσθητι
σὺν αὐτοῖς
καὶ δαπάνησον
ἐπ' αὐτοῖς
ἵνα ξυρήσονται τὴν κεφαλήν, ...

Acts 21,26 τότε ὁ Παῦλος παραλαβὼν τοὺς ἄνδρας τῇ ἐχομένῃ ἡμέρᾳ
σὺν αὐτοῖς
ἁγνισθείς, εἰσῄει εἰς τὸ ἱερόν ...

a Acts 22,2 ἀκούσαντες δὲ ὅτι τῇ Ἑβραΐδι διαλέκτῳ προσεφώνει
αὐτοῖς,
μᾶλλον παρέσχον ἡσυχίαν. ...

Acts 23,21 σὺ οὖν μὴ πεισθῇς
αὐτοῖς· ...

Acts 23,31 οἱ μὲν οὖν στρατιῶται κατὰ τὸ διατεταγμένον
αὐτοῖς
ἀναλαβόντες τὸν Παῦλον ἤγαγον διὰ νυκτὸς εἰς τὴν Ἀντιπατρίδα

Acts 24,21 ἢ περὶ μιᾶς ταύτης φωνῆς ἧς ἐκέκραξα
ἐν αὐτοῖς
ἑστὼς ...

Acts 25,6 διατρίψας δὲ
ἐν αὐτοῖς
ἡμέρας οὐ πλείους ὀκτὼ ἢ δέκα καταβὰς εἰς Καισάρειαν, ...

Acts 25,11 ... εἰ δὲ οὐδέν ἐστιν ὧν οὗτοι κατηγοροῦσίν μου, οὐδείς με δύναται
αὐτοῖς
χαρίσασθαι· Καίσαρα ἐπικαλοῦμαι.

Acts 26,11 ... περισσῶς τε ἐμμαινόμενος
αὐτοῖς
ἐδίωκον ἕως καὶ εἰς τὰς ἔξω πόλεις.

Acts 26,30 ἀνέστη τε ὁ βασιλεὺς καὶ ὁ ἡγεμὼν ἥ τε Βερνίκη καὶ οἱ συγκαθήμενοι
αὐτοῖς

a Acts 27,10 [9] ... παρῄνει ὁ Παῦλος [10] λέγων
αὐτοῖς·
ἄνδρες, θεωρῶ ...

Acts 27,27 ... κατὰ μέσον τῆς νυκτὸς ὑπενόουν οἱ ναῦται προσάγειν τινὰ
αὐτοῖς
χώραν.

Acts 28,14 οὗ εὑρόντες ἀδελφοὺς παρεκλήθημεν
παρ' αὐτοῖς
ἐπιμεῖναι ἡμέρας ἑπτά· ...

αὐταῖς	Syn 8	Mt 2	Mk 1	Lk 5	Acts	Jn 1	1-3John	Paul 2	Eph	Col
	NT 20	2Thess	1/2Tim 2	Tit	Heb 2	Jas	1Pet	2Pet 1	Jude	Rev 4

feminine plural dative of αὐτός

	triple tradition																	double tradition			Sondergut		
		+Mt / +Lk			–Mt / –Lk			traditions not taken over by Mt / Lk							subtotals								
code	*222*	*211*	*112*	*212*	*221*	*122*	*121*	*022*	*012*	*021*	*220*	*120*	*210*	*020*	Σ⁺	Σ⁻	Σ	*202*	*201*	*102*	*200*	*002*	total
Mt							1^-									1^-					2		**2**
Mk							1										1						**1**
Lk			1^+				1^-		1^+						2^+	1^-	2					3	**5**

a αὐταῖς and verbum dicendi

002					**Lk 8,3** → Mt 27,55-56 → Mk 15,40-41 → Lk 23,49.55 ↓ Lk 24,10	καὶ Ἰωάννα γυνὴ Χουζᾶ ἐπιτρόπου Ἡρῴδου καὶ Σουσάννα καὶ ἕτεραι πολλαί, αἵτινες διηκόνουν αὐτοῖς **ἐκ τῶν ὑπαρχόντων αὐταῖς.**	→ Acts 1,14
002					**Lk 13,14** → Mt 12,12 → Mk 3,4 → Lk 6,9 → Lk 14,3	... ἓξ ἡμέραι εἰσὶν ἐν αἷς δεῖ ἐργάζεσθαι· **ἐν αὐταῖς** οὖν ἐρχόμενοι θεραπεύεσθε καὶ μὴ τῇ ἡμέρᾳ τοῦ σαββάτου.	
012	Mt 28,3	ἦν δὲ ἡ εἰδέα αὐτοῦ ὡς ἀστραπὴ καὶ τὸ ἔνδυμα αὐτοῦ λευκὸν ὡς χιών.	**Mk 16,5**	καὶ εἰσελθοῦσαι εἰς τὸ μνημεῖον εἶδον νεανίσκον καθήμενον ἐν τοῖς δεξιοῖς περιβεβλημένον στολὴν λευκήν, ...	**Lk 24,4** → Lk 24,23	καὶ ἐγένετο ἐν τῷ ἀπορεῖσθαι αὐτὰς περὶ τούτου καὶ ἰδοὺ ἄνδρες δύο ἐπέστησαν **αὐταῖς** ἐν ἐσθῆτι ἀστραπτούσῃ.	→ Jn 20,12
a 121	**Mt 28,5**	ἀποκριθεὶς δὲ ὁ ἄγγελος εἶπεν **ταῖς γυναιξίν·** μὴ φοβεῖσθε ὑμεῖς, οἶδα γὰρ ὅτι Ἰησοῦν τὸν ἐσταυρωμένον ζητεῖτε·	**Mk 16,6**	ὁ δὲ λέγει **αὐταῖς·** μὴ ἐκθαμβεῖσθε· Ἰησοῦν ζητεῖτε τὸν Ναζαρηνὸν τὸν ἐσταυρωμένον· ...	**Lk 24,5** → Lk 24,23	... εἶπαν **πρὸς αὐτάς·** τί ζητεῖτε τὸν ζῶντα μετὰ τῶν νεκρῶν·	
112	**Mt 28,1** → Mt 27,56 → Mt 27,61	... ἦλθεν Μαριὰμ ἡ Μαγδαληνὴ καὶ ἡ ἄλλη Μαρία ...	**Mk 16,1** → Mk 15,40 → Mk 15,47	... Μαρία ἡ Μαγδαληνὴ καὶ Μαρία ἡ [τοῦ] Ἰακώβου καὶ Σαλώμη ...	**Lk 24,10** ↑ Lk 8,3 → Lk 8,2 → Lk 23,1 → Lk 24,1	ἦσαν δὲ ἡ Μαγδαληνὴ Μαρία καὶ Ἰωάννα καὶ Μαρία ἡ Ἰακώβου καὶ αἱ λοιπαὶ **σὺν αὐταῖς. ...**	→ Jn 20,18
002					**Lk 24,11**	καὶ ἐφάνησαν ἐνώπιον αὐτῶν ὡσεὶ λῆρος τὰ ῥήματα ταῦτα, καὶ ἠπίστουν **αὐταῖς.**	
200	**Mt 28,9**	καὶ ἰδοὺ Ἰησοῦς ὑπήντησεν **αὐταῖς** λέγων· χαίρετε. ...					→ Jn 20,14-17
a 200	**Mt 28,10**	τότε λέγει **αὐταῖς** ὁ Ἰησοῦς· μὴ φοβεῖσθε· ...					

αὐτούς	Syn	Mt	Mk	Lk	Acts	Jn	1-3John	Paul	Eph	Col
	180	48	45	87	97	18	1	12	1	1
	NT	2Thess	1/2Tim	Tit	Heb	Jas	1Pet	2Pet	Jude	Rev
	356	3		2	10	1		2		28

masculine plural accusative of αὐτός

	triple tradition																	double tradition			Sonder-gut		
		+Mt / +Lk			–Mt / –Lk			traditions not taken over by Mt / Lk							subtotals								
code	*222*	*211*	*112*	*212*	*221*	*122*	*121*	*022*	*012*	*021*	*220*	*120*	*210*	*020*	Σ⁺	Σ⁻	Σ	*202*	*201*	*102*	*200*	*002*	total
Mt	1	6⁺		2⁺	5	4⁻	17⁻				7	5⁻	4⁺		12⁺	26⁻	25	1	5		17		**48**
Mk	1				5	4	17			1	7	5		5			45						**45**
Lk	1		25⁺	2⁺	5⁻	4	17⁻		3⁺	1⁻					30⁺	23⁻	35	1		9		42	**87**

[a] πρὸς αὐτούς and verbum dicendi

[a] statistics for πρὸς αὐτούς and verbum dicendi: (statistics for πρὸς αὐτούς vs. αὐτοῖς and verbum dicendi see page 601)

	triple tradition																	double tradition			Sonder-gut		
		+Mt / +Lk			–Mt / –Lk			traditions not taken over by Mt / Lk							subtotals								
code	*222*	*211*	*112*	*212*	*221*	*122*	*121*	*022*	*012*	*021*	*220*	*120*	*210*	*020*	Σ⁺	Σ⁻	Σ	*202*	*201*	*102*	*200*	*002*	total
Mt						1⁻										1⁻							
Mk						1											1						**1**
Lk			16⁺			1			2⁺						18⁺		19			3		19	**41**

002			**Lk 1,65** καὶ ἐγένετο ἐπὶ πάντας φόβος τοὺς περιοικοῦντας **αὐτούς**, καὶ ἐν ὅλῃ τῇ ὀρεινῇ τῆς Ἰουδαίας διελαλεῖτο πάντα τὰ ῥήματα ταῦτα
200	**Mt 1,18** →Lk 1,27 →Lk 1,35 ... μνηστευθείσης τῆς μητρὸς αὐτοῦ Μαρίας τῷ Ἰωσήφ, πρὶν ἢ συνελθεῖν **αὐτοὺς** εὑρέθη ἐν γαστρὶ ἔχουσα ἐκ πνεύματος ἁγίου.		
002			**Lk 2,6** ἐγένετο δὲ ἐν τῷ εἶναι **αὐτοὺς** ἐκεῖ ἐπλήσθησαν αἱ ἡμέραι τοῦ τεκεῖν αὐτήν
002			**Lk 2,9** ... καὶ δόξα κυρίου περιέλαμψεν **αὐτούς**, καὶ ἐφοβήθησαν φόβον μέγαν.
a 002			**Lk 2,18** καὶ πάντες οἱ ἀκούσαντες ἐθαύμασαν περὶ τῶν λαληθέντων ὑπὸ τῶν ποιμένων **πρὸς αὐτούς**·
a 002			**Lk 2,20** καὶ ὑπέστρεψαν οἱ ποιμένες δοξάζοντες καὶ αἰνοῦντες τὸν θεὸν ἐπὶ πᾶσιν οἷς ἤκουσαν καὶ εἶδον καθὼς ἐλαλήθη **πρὸς αὐτούς**.

002					Lk 2,27	... καὶ ἐν τῷ εἰσαγαγεῖν τοὺς γονεῖς τὸ παιδίον Ἰησοῦν τοῦ ποιῆσαι **αὐτοὺς** κατὰ τὸ εἰθισμένον τοῦ νόμου περὶ αὐτοῦ	
002					Lk 2,34	καὶ εὐλόγησεν **αὐτοὺς** Συμεὼν καὶ εἶπεν πρὸς Μαριὰμ ...	
002					Lk 2,43	καὶ τελειωσάντων τὰς ἡμέρας, ἐν τῷ ὑποστρέφειν **αὐτοὺς** ὑπέμεινεν Ἰησοῦς ὁ παῖς ἐν Ἰερουσαλήμ, ...	
200	Mt 2,8	καὶ πέμψας **αὐτοὺς** εἰς Βηθλέεμ εἶπεν· πορευθέντες ἐξετάσατε ἀκριβῶς περὶ τοῦ παιδίου· ...					
200	Mt 2,9	... ὁ ἀστὴρ, ὃν εἶδον ἐν τῇ ἀνατολῇ, προῆγεν **αὐτούς,** ἕως ἐλθὼν ἐστάθη ἐπάνω οὗ ἦν τὸ παιδίον.					
002					Lk 2,46	... εὗρον αὐτὸν ἐν τῷ ἱερῷ καθεζόμενον ἐν μέσῳ τῶν διδασκάλων καὶ ἀκούοντα αὐτῶν καὶ ἐπερωτῶντα **αὐτούς·**	
a 002					Lk 2,49	καὶ εἶπεν **πρὸς αὐτούς·** τί ὅτι ἐζητεῖτέ με; ...	
a 002					Lk 3,13 → Lk 19,8	ὁ δὲ εἶπεν **πρὸς αὐτούς·** μηδὲν πλέον παρὰ τὸ διατεταγμένον ὑμῖν πράσσετε.	
a 002					Lk 4,21	ἤρξατο δὲ λέγειν **πρὸς αὐτοὺς** ὅτι σήμερον πεπλήρωται ἡ γραφὴ αὕτη ἐν τοῖς ὠσὶν ὑμῶν.	
a 002					Lk 4,23	καὶ εἶπεν **πρὸς αὐτούς·** πάντως ἐρεῖτέ μοι τὴν παραβολὴν ταύτην· ἰατρέ, θεράπευσον σεαυτόν· ...	
121	Mt 4,21	καὶ προβὰς ἐκεῖθεν εἶδεν ἄλλους δύο ἀδελφούς, Ἰάκωβον τὸν τοῦ Ζεβεδαίου καὶ Ἰωάννην τὸν ἀδελφὸν αὐτοῦ, ἐν τῷ πλοίῳ μετὰ Ζεβεδαίου τοῦ πατρὸς αὐτῶν καταρτίζοντας τὰ δίκτυα αὐτῶν,	Mk 1,19	καὶ προβὰς ὀλίγον εἶδεν Ἰάκωβον τὸν τοῦ Ζεβεδαίου καὶ Ἰωάννην τὸν ἀδελφὸν αὐτοῦ, καὶ **αὐτοὺς** ἐν τῷ πλοίῳ καταρτίζοντας τὰ δίκτυα,	Lk 5,10	ὁμοίως δὲ καὶ Ἰάκωβον καὶ Ἰωάννην υἱοὺς Ζεβεδαίου, οἳ ἦσαν κοινωνοὶ τῷ Σίμωνι. ... [2] ... οἱ δὲ ἁλιεῖς ἀπ' αὐτῶν ἀποβάντες ἔπλυνον τὰ δίκτυα.	
220		καὶ ἐκάλεσεν **αὐτούς.**	Mk 1,20	καὶ εὐθὺς ἐκάλεσεν **αὐτούς.** ...			

012	Mt 4,13	καὶ καταλιπὼν τὴν Ναζαρὰ ἐλθὼν κατῴκησεν εἰς Καφαρναοὺμ τὴν παραθαλασσίαν ἐν ὁρίοις Ζαβουλὼν καὶ Νεφθαλίμ·	Mk 1,21 → Mt 4,23	καὶ εἰσπορεύονται εἰς Καφαρναούμ· καὶ εὐθὺς τοῖς σάββασιν εἰσελθὼν εἰς τὴν συναγωγὴν ἐδίδασκεν.	Lk 4,31	καὶ κατῆλθεν εἰς Καφαρναοὺμ πόλιν τῆς Γαλιλαίας. καὶ ἦν διδάσκων **αὐτοὺς** ἐν τοῖς σάββασιν·	→ Jn 2,12
221	Mt 7,29 → Mt 22,33	[28] ... ἐξεπλήσσοντο οἱ ὄχλοι ἐπὶ τῇ διδαχῇ αὐτοῦ· [29] ἦν γὰρ διδάσκων **αὐτοὺς** ὡς ἐξουσίαν ἔχων καὶ οὐχ ὡς οἱ γραμματεῖς αὐτῶν.	Mk 1,22 → Mk 1,27 → Mk 11,18	καὶ ἐξεπλήσσοντο ἐπὶ τῇ διδαχῇ αὐτοῦ· ἦν γὰρ διδάσκων **αὐτοὺς** ὡς ἐξουσίαν ἔχων καὶ οὐχ ὡς οἱ γραμματεῖς.	Lk 4,32 → Lk 4,36	καὶ ἐξεπλήσσοντο ἐπὶ τῇ διδαχῇ αὐτοῦ, ὅτι ἐν ἐξουσίᾳ ἦν ὁ λόγος αὐτοῦ.	
112	Mt 8,16 ↓ Mt 15,30	ὀψίας δὲ γενομένης προσήνεγκαν αὐτῷ δαιμονιζομένους πολλούς·	Mk 1,32 ↓ Mk 7,32	ὀψίας δὲ γενομένης, ὅτε ἔδυ ὁ ἥλιος, ἔφερον πρὸς αὐτὸν πάντας τοὺς κακῶς ἔχοντας καὶ τοὺς δαιμονιζομένους·	Lk 4,40 (2)	δύνοντος δὲ τοῦ ἡλίου ἅπαντες ὅσοι εἶχον ἀσθενοῦντας νόσοις ποικίλαις ἤγαγον **αὐτοὺς** πρὸς αὐτόν·	
112	⇩ Mt 4,24 ↓ Mt 12,15	καὶ ἐξέβαλεν τὰ πνεύματα λόγῳ καὶ **πάντας τοὺς κακῶς ἔχοντας** ἐθεράπευσεν	Mk 1,34 ↓ Mk 3,10	καὶ ἐθεράπευσεν **πολλοὺς κακῶς ἔχοντας ποικίλαις νόσοις** καὶ δαιμόνια πολλὰ ἐξέβαλεν, ...	↓ Lk 6,18	ὁ δὲ ἑνὶ ἑκάστῳ αὐτῶν τὰς χεῖρας ἐπιτιθεὶς ἐθεράπευεν **αὐτούς.**	
a 012			Mk 1,38	καὶ λέγει **αὐτοῖς·** ἄγωμεν ἀλλαχοῦ εἰς τὰς ἐχομένας κωμοπόλεις, ἵνα καὶ ἐκεῖ κηρύξω· ...	Lk 4,43	ὁ δὲ εἶπεν **πρὸς αὐτοὺς** ὅτι καὶ ταῖς ἑτέραις πόλεσιν εὐαγγελίσασθαί με δεῖ τὴν βασιλείαν τοῦ θεοῦ, ...	
a 112	Mt 9,4 ↓ Mt 12,25	καὶ ἰδὼν ὁ Ἰησοῦς τὰς ἐνθυμήσεις αὐτῶν εἶπεν· ἱνατί ἐνθυμεῖσθε πονηρὰ ἐν ταῖς καρδίαις ὑμῶν;	Mk 2,8	καὶ εὐθὺς ἐπιγνοὺς ὁ Ἰησοῦς τῷ πνεύματι αὐτοῦ ὅτι οὕτως διαλογίζονται ἐν ἑαυτοῖς λέγει **αὐτοῖς·** τί ταῦτα διαλογίζεσθε ἐν ταῖς καρδίαις ὑμῶν;	Lk 5,22 ↓ Lk 11,17 → Lk 6,8	ἐπιγνοὺς δὲ ὁ Ἰησοῦς τοὺς διαλογισμοὺς αὐτῶν ἀποκριθεὶς εἶπεν **πρὸς αὐτούς·** τί διαλογίζεσθε ἐν ταῖς καρδίαις ὑμῶν;	
020			Mk 2,13 → Mt 13,2 → Mk 4,1	... καὶ πᾶς ὁ ὄχλος ἤρχετο πρὸς αὐτόν, καὶ ἐδίδασκεν **αὐτούς.**			
a 112	Mt 9,12	ὁ δὲ ἀκούσας εἶπεν· οὐ χρείαν ἔχουσιν οἱ ἰσχύοντες ἰατροῦ ἀλλ' οἱ κακῶς ἔχοντες.	Mk 2,17	καὶ ἀκούσας ὁ Ἰησοῦς λέγει **αὐτοῖς** [ὅτι] οὐ χρείαν ἔχουσιν οἱ ἰσχύοντες ἰατροῦ ἀλλ' οἱ κακῶς ἔχοντες· ...	Lk 5,31	καὶ ἀποκριθεὶς ὁ Ἰησοῦς εἶπεν **πρὸς αὐτούς·** οὐ χρείαν ἔχουσιν οἱ ὑγιαίνοντες ἰατροῦ ἀλλὰ οἱ κακῶς ἔχοντες·	
a 112	Mt 9,15	καὶ εἶπεν **αὐτοῖς** ὁ Ἰησοῦς· μὴ δύνανται οἱ υἱοὶ τοῦ νυμφῶνος πενθεῖν ἐφ' ὅσον μετ' αὐτῶν ἐστιν ὁ νυμφίος; ...	Mk 2,19	καὶ εἶπεν **αὐτοῖς** ὁ Ἰησοῦς· μὴ δύνανται οἱ υἱοὶ τοῦ νυμφῶνος ἐν ᾧ ὁ νυμφίος μετ' αὐτῶν ἐστιν νηστεύειν; ...	Lk 5,34	ὁ δὲ Ἰησοῦς εἶπεν **πρὸς αὐτούς·** μὴ δύνασθε τοὺς υἱοὺς τοῦ νυμφῶνος ἐν ᾧ ὁ νυμφίος μετ' αὐτῶν ἐστιν ποιῆσαι νηστεῦσαι;	→ GTh 104

a 112	**Mt 9,16**	οὐδεὶς δὲ ἐπιβάλλει ἐπίβλημα ῥάκους ἀγνάφου ἐπὶ ἱματίῳ παλαιῷ· ...	**Mk 2,21**	οὐδεὶς ἐπίβλημα ῥάκους ἀγνάφου ἐπιράπτει ἐπὶ ἱμάτιον παλαιόν· ...	**Lk 5,36**	ἔλεγεν δὲ καὶ παραβολὴν **πρὸς αὐτοὺς** ὅτι οὐδεὶς ἐπίβλημα ἀπὸ ἱματίου καινοῦ σχίσας ἐπιβάλλει ἐπὶ ἱμάτιον παλαιόν· ...	→ GTh 47,5
a 112	**Mt 12,3**	ὁ δὲ εἶπεν **αὐτοῖς·** οὐκ ἀνέγνωτε τί ἐποίησεν Δαυὶδ ὅτε ἐπείνασεν καὶ οἱ μετ' αὐτοῦ	**Mk 2,25**	καὶ λέγει **αὐτοῖς·** οὐδέποτε ἀνέγνωτε τί ἐποίησεν Δαυίδ, ὅτε χρείαν ἔσχεν καὶ ἐπείνασεν αὐτὸς καὶ οἱ μετ' αὐτοῦ	**Lk 6,3**	καὶ ἀποκριθεὶς **πρὸς αὐτοὺς** εἶπεν ὁ Ἰησοῦς· οὐδὲ τοῦτο ἀνέγνωτε ὃ ἐποίησεν Δαυὶδ ὅτε ἐπείνασεν αὐτὸς καὶ οἱ μετ' αὐτοῦ [ὄντες]	
a 112	**Mt 12,12**	πόσῳ οὖν διαφέρει ἄνθρωπος προβάτου. ὥστε ἔξεστιν τοῖς σάββασιν καλῶς ποιεῖν.	**Mk 3,4**	καὶ λέγει **αὐτοῖς·** ἔξεστιν τοῖς σάββασιν ἀγαθὸν ποιῆσαι ἢ κακοποιῆσαι, ψυχὴν σῶσαι ἢ ἀποκτεῖναι; ...	**Lk 6,9** → Lk 13,14 → Lk 14,3	εἶπεν δὲ ὁ Ἰησοῦς **πρὸς αὐτούς·** ἐπερωτῶ ὑμᾶς εἰ ἔξεστιν τῷ σαββάτῳ ἀγαθοποιῆσαι ἢ κακοποιῆσαι, ψυχὴν σῶσαι ἢ ἀπολέσαι;	
122	**Mt 12,13**	τότε λέγει τῷ ἀνθρώπῳ· ἔκτεινόν σου τὴν χεῖρα. ...	**Mk 3,5**	καὶ περιβλεψάμενος **αὐτοὺς** μετ' ὀργῆς, συλλυπούμενος ἐπὶ τῇ πωρώσει τῆς καρδίας αὐτῶν λέγει τῷ ἀνθρώπῳ· ἔκτεινον τὴν χεῖρα. ...	**Lk 6,10** → Lk 13,12-13	καὶ περιβλεψάμενος πάντας **αὐτοὺς** εἶπεν αὐτῷ· ἔκτεινον τὴν χεῖρά σου. ...	
200	**Mt 4,24** ⇑ Mt 8,16 ↓ Mt 12,15	... καὶ προσήνεγκαν αὐτῷ πάντας τοὺς κακῶς ἔχοντας ποικίλαις νόσοις καὶ βασάνοις συνεχομένους [καὶ] δαιμονιζομένους καὶ σεληνιαζομένους καὶ παραλυτικούς, καὶ ἐθεράπευσεν **αὐτούς.**	**Mk 1,34** ↓ Mk 3,10	[32] ὀψίας δὲ γενομένης, ὅτε ἔδυ ὁ ἥλιος, ἔφερον πρὸς αὐτὸν πάντας τοὺς κακῶς ἔχοντας καὶ τοὺς δαιμονιζομένους· [33] ... [34] καὶ ἐθεράπευσεν **πολλοὺς** κακῶς ἔχοντας ποικίλαις νόσοις καὶ δαιμόνια πολλὰ ἐξέβαλεν, ...	**Lk 4,40** (2) ↓ Lk 6,18	δύνοντος δὲ τοῦ ἡλίου ἅπαντες ὅσοι εἶχον ἀσθενοῦντας νόσοις ποικίλαις ἤγαγον αὐτοὺς πρὸς αὐτόν· ὁ δὲ ἑνὶ ἑκάστῳ αὐτῶν τὰς χεῖρας ἐπιτιθεὶς ἐθεράπευεν **αὐτούς.**	
201	**Mt 5,2**	καὶ ἀνοίξας τὸ στόμα αὐτοῦ ἐδίδασκεν **αὐτοὺς** λέγων·			**Lk 6,20**	καὶ αὐτὸς ἐπάρας τοὺς ὀφθαλμοὺς αὐτοῦ εἰς τοὺς μαθητὰς αὐτοῦ ἔλεγεν· ...	
102	**Mt 5,46**	ἐὰν γὰρ ἀγαπήσητε τοὺς ἀγαπῶντας ὑμᾶς, τίνα μισθὸν ἔχετε; οὐχὶ καὶ οἱ τελῶναι τὸ αὐτὸ ποιοῦσιν;			**Lk 6,32**	καὶ εἰ ἀγαπᾶτε τοὺς ἀγαπῶντας ὑμᾶς, ποία ὑμῖν χάρις ἐστίν; καὶ γὰρ οἱ ἁμαρτωλοὶ τοὺς ἀγαπῶντας **αὐτοὺς** ἀγαπῶσιν. [33] καὶ [γὰρ] ἐὰν ἀγαθοποιῆτε τοὺς ἀγαθοποιοῦντας ὑμᾶς, ποία ὑμῖν χάρις ἐστίν; καὶ οἱ ἁμαρτωλοὶ τὸ αὐτὸ ποιοῦσιν.	
200	**Mt 7,6**	... μηδὲ βάλητε τοὺς μαργαρίτας ὑμῶν ἔμπροσθεν τῶν χοίρων, μήποτε καταπατήσουσιν **αὐτοὺς** ἐν τοῖς ποσὶν αὐτῶν καὶ στραφέντες ῥήξωσιν ὑμᾶς.					→ GTh 93

201	Mt 7,16 ⇩ Mt 7,20 ⇨ Mt 12,33	ἀπὸ τῶν καρπῶν αὐτῶν ἐπιγνώσεσθε **αὐτούς**. ...			Lk 6,44	ἕκαστον γὰρ δένδρον ἐκ τοῦ ἰδίου καρποῦ γινώσκεται· ...	→ GTh 45,1
200	Mt 7,20 ⇧ Mt 7,16 → Mt 12,33 ↑ Lk 6,44	ἄρα γε ἀπὸ τῶν καρπῶν αὐτῶν ἐπιγνώσεσθε **αὐτούς**.					
202	Mt 7,24	πᾶς οὖν ὅστις ἀκούει μου τοὺς λόγους τούτους καὶ ποιεῖ **αὐτούς**, ὁμοιωθήσεται ἀνδρὶ φρονίμῳ, ...			Lk 6,47	πᾶς ὁ ἐρχόμενος πρός με καὶ ἀκούων μου τῶν λόγων καὶ ποιῶν **αὐτούς**, ὑποδείξω ὑμῖν τίνι ἐστὶν ὅμοιος·	
201	Mt 7,26	καὶ πᾶς ὁ ἀκούων μου τοὺς λόγους τούτους καὶ μὴ ποιῶν **αὐτοὺς** ὁμοιωθήσεται ἀνδρὶ μωρῷ, ὅστις ᾠκοδόμησεν αὐτοῦ τὴν οἰκίαν ἐπὶ τὴν ἄμμον.			Lk 6,49	ὁ δὲ ἀκούσας καὶ μὴ ποιήσας ὅμοιός ἐστιν ἀνθρώπῳ οἰκοδομήσαντι οἰκίαν ἐπὶ τὴν γῆν χωρὶς θεμελίου, ...	
221	Mt 7,29 → Mt 22,33	[28] ... ἐξεπλήσσοντο οἱ ὄχλοι ἐπὶ τῇ διδαχῇ αὐτοῦ· [29] ἦν γὰρ διδάσκων **αὐτοὺς** ὡς ἐξουσίαν ἔχων καὶ οὐχ ὡς οἱ γραμματεῖς αὐτῶν.	Mk 1,22 → Mk 1,27 → Mk 11,18	καὶ ἐξεπλήσσοντο ἐπὶ τῇ διδαχῇ αὐτοῦ· ἦν γὰρ διδάσκων **αὐτοὺς** ὡς ἐξουσίαν ἔχων καὶ οὐχ ὡς οἱ γραμματεῖς.	Lk 4,32 → Lk 4,36	καὶ ἐξεπλήσσοντο ἐπὶ τῇ διδαχῇ αὐτοῦ, ὅτι ἐν ἐξουσίᾳ ἦν ὁ λόγος αὐτοῦ.	
121	Mt 10,1	καὶ προσκαλεσάμενος τοὺς δώδεκα μαθητὰς αὐτοῦ ...	Mk 3,14 ↓ Mk 6,7 ↓ Mt 10,5	καὶ ἐποίησεν δώδεκα, [οὓς καὶ ἀποστόλους ὠνόμασεν] ἵνα ὦσιν μετ᾽ αὐτοῦ καὶ ἵνα ἀποστέλλῃ **αὐτοὺς** κηρύσσειν	Lk 6,13	... προσεφώνησεν τοὺς μαθητὰς αὐτοῦ, καὶ ἐκλεξάμενος ἀπ᾽ αὐτῶν δώδεκα, οὓς καὶ ἀποστόλους ὠνόμασεν·	
221	Mt 10,21 ⇨ Mt 24,9 → Mt 10,35 → Mt 24,10	παραδώσει δὲ ἀδελφὸς ἀδελφὸν εἰς θάνατον καὶ πατὴρ τέκνον, καὶ ἐπαναστήσονται τέκνα ἐπὶ γονεῖς καὶ θανατώσουσιν **αὐτούς**.	Mk 13,12	καὶ παραδώσει ἀδελφὸς ἀδελφὸν εἰς θάνατον καὶ πατὴρ τέκνον, καὶ ἐπαναστήσονται τέκνα ἐπὶ γονεῖς καὶ θανατώσουσιν **αὐτούς**·	Lk 21,16 → Lk 12,53	παραδοθήσεσθε δὲ καὶ ὑπὸ γονέων καὶ ἀδελφῶν καὶ συγγενῶν καὶ φίλων, καὶ θανατώσουσιν **ἐξ ὑμῶν**	
201	Mt 10,26	μὴ οὖν φοβηθῆτε **αὐτούς**· οὐδὲν γάρ ἐστιν κεκαλυμμένον ὃ οὐκ ἀποκαλυφθήσεται καὶ κρυπτὸν ὃ οὐ γνωσθήσεται.			Lk 12,2 ⇩ Lk 8,17	 οὐδὲν δὲ συγκεκαλυμμένον ἐστὶν ὃ οὐκ ἀποκαλυφθήσεται καὶ κρυπτὸν ὃ οὐ γνωσθήσεται.	→ GTh 5 → GTh 6,5-6 (POxy 654) Mk-Q overlap
			Mk 4,22	οὐ γάρ ἐστιν κρυπτὸν ἐὰν μὴ ἵνα φανερωθῇ, οὐδὲ ἐγένετο ἀπόκρυφον ἀλλ᾽ ἵνα ἔλθῃ εἰς φανερόν.	Lk 8,17 ⇧ Lk 12,2	οὐ γάρ ἐστιν κρυπτὸν ὃ οὐ φανερὸν γενήσεται οὐδὲ ἀπόκρυφον ὃ οὐ μὴ γνωσθῇ καὶ εἰς φανερὸν ἔλθῃ.	→ GTh 5 → GTh 6,5-6 (POxy 654)

211	**Mt 12,15** ↑ Mt 4,24 ↑ Mt 8,16	... καὶ ἠκολούθησαν αὐτῷ [ὄχλοι] πολλοί, καὶ ἐθεράπευσεν **αὐτοὺς πάντας**	**Mk 3,10** ↑ Mk 1,32.34	[7] ... πολὺ πλῆθος ... [ἠκολούθησεν], ... [10] **πολλοὺς** γὰρ ἐθεράπευσεν, ὥστε ἐπιπίπτειν αὐτῷ ἵνα αὐτοῦ ἅψωνται ὅσοι εἶχον μάστιγας.	**Lk 6,18** ↑ Lk 4,40 → Lk 5,15	... καὶ **οἱ ἐνοχλούμενοι ἀπὸ πνευμάτων ἀκαθάρτων** ἐθεραπεύοντο	
020			**Mk 3,20** → Mk 2,2	... καὶ συνέρχεται πάλιν [ὁ] ὄχλος, ὥστε μὴ δύνασθαι **αὐτοὺς** μηδὲ ἄρτον φαγεῖν.			
020	**Mt 12,25** ↑ Mt 9,4	εἰδὼς δὲ τὰς ἐνθυμήσεις αὐτῶν εἶπεν αὐτοῖς· πᾶσα βασιλεία μερισθεῖσα καθ' ἑαυτῆς ἐρημοῦται ...	**Mk 3,23**	καὶ προσκαλεσάμενος **αὐτοὺς** ἐν παραβολαῖς ἔλεγεν αὐτοῖς· πῶς δύναται σατανᾶς σατανᾶν ἐκβάλλειν; [24] καὶ ἐὰν βασιλεία ἐφ' ἑαυτὴν μερισθῇ, οὐ δύναται σταθῆναι ἡ βασιλεία ἐκείνη·	**Lk 11,17** ↑ Lk 5,22 → Lk 6,8	αὐτὸς δὲ εἰδὼς αὐτῶν τὰ διανοήματα εἶπεν αὐτοῖς· πᾶσα βασιλεία ἐφ' ἑαυτὴν διαμερισθεῖσα ἐρημοῦται	Mk-Q overlap
121	**Mt 13,3**	[2] καὶ συνήχθησαν πρὸς αὐτὸν ὄχλοι πολλοί, ὥστε αὐτὸν εἰς πλοῖον ἐμβάντα καθῆσθαι, ... [3] καὶ ἐλάλησεν **αὐτοῖς** πολλὰ ἐν παραβολαῖς λέγων· ...	**Mk 4,2**	[1] ... καὶ συνάγεται πρὸς αὐτὸν ὄχλος πλεῖστος, ὥστε αὐτὸν εἰς πλοῖον ἐμβάντα καθῆσθαι ἐν τῇ θαλάσσῃ, ... [2] καὶ ἐδίδασκεν **αὐτοὺς** ἐν παραβολαῖς πολλὰ καὶ ἔλεγεν αὐτοῖς ἐν τῇ διδαχῇ αὐτοῦ·	**Lk 8,4** ⇩ Lk 5,3	συνιόντος δὲ ὄχλου πολλοῦ καὶ τῶν κατὰ πόλιν ἐπιπορευομένων πρὸς αὐτὸν εἶπεν διὰ παραβολῆς·	
					Lk 5,3 ⇧ Lk 8,4	... καθίσας δὲ ἐκ τοῦ πλοίου ἐδίδασκεν **τοὺς ὄχλους.**	
200	**Mt 13,15** → Mk 4,12	... *μήποτε ἴδωσιν τοῖς ὀφθαλμοῖς καὶ τοῖς ὠσὶν ἀκούσωσιν καὶ τῇ καρδίᾳ συνῶσιν καὶ ἐπιστρέψωσιν καὶ ἰάσομαι* ***αὐτούς.*** ➤ Isa 6,10 LXX					→ Jn 12,40 → Acts 28,27
121	**Mt 13,19**	παντὸς ἀκούοντος τὸν λόγον τῆς βασιλείας καὶ μὴ συνιέντος, ἔρχεται ὁ πονηρὸς καὶ ἁρπάζει τὸ ἐσπαρμένον **ἐν τῇ καρδίᾳ αὐτοῦ,** οὗτός ἐστιν ὁ παρὰ τὴν ὁδὸν σπαρείς.	**Mk 4,15**	οὗτοι δέ εἰσιν οἱ παρὰ τὴν ὁδόν· ὅπου σπείρεται ὁ λόγος καὶ ὅταν ἀκούσωσιν, εὐθὺς ἔρχεται ὁ σατανᾶς καὶ αἴρει τὸν λόγον τὸν ἐσπαρμένον **εἰς αὐτούς.**	**Lk 8,12**	οἱ δὲ παρὰ τὴν ὁδόν εἰσιν οἱ ἀκούσαντες, εἶτα ἔρχεται ὁ διάβολος καὶ αἴρει τὸν λόγον **ἀπὸ τῆς καρδίας αὐτῶν,** ἵνα μὴ πιστεύσαντες σωθῶσιν.	
200	**Mt 13,42** → Mt 25,46	καὶ *βαλοῦσιν* ***αὐτοὺς*** *εἰς τὴν κάμινον τοῦ πυρός·* ... ➤ Dan 3,6					

200	**Mt 13,50** → Mt 25,46	*καὶ βαλοῦσιν* ***αὐτοὺς*** *εἰς τὴν κάμινον* *τοῦ πυρός· ...* ➢ Dan 3,6					
a 112	**Mt 12,48**	ὁ δὲ ἀποκριθεὶς εἶπεν **τῷ λέγοντι αὐτῷ·** τίς ἐστιν ἡ μήτηρ μου καὶ τίνες εἰσὶν οἱ ἀδελφοί μου;	**Mk 3,33**	καὶ ἀποκριθεὶς **αὐτοῖς** λέγει· τίς ἐστιν ἡ μήτηρ μου καὶ οἱ ἀδελφοί [μου];	**Lk 8,21**	ὁ δὲ ἀποκριθεὶς εἶπεν **πρὸς αὐτούς· ...**	→ GTh 99
a 112	**Mt 8,18**	ἰδὼν δὲ ὁ Ἰησοῦς ὄχλον περὶ αὐτὸν ἐκέλευσεν ἀπελθεῖν εἰς τὸ πέραν.	**Mk 4,35**	καὶ λέγει **αὐτοῖς** ἐν ἐκείνῃ τῇ ἡμέρᾳ ὀψίας γενομένης· διέλθωμεν εἰς τὸ πέραν.	**Lk 8,22**	ἐγένετο δὲ ἐν μιᾷ τῶν ἡμερῶν ... καὶ εἶπεν **πρὸς αὐτούς·** διέλθωμεν εἰς τὸ πέραν τῆς λίμνης, καὶ ἀνήχθησαν.	
121	**Mt 8,31**	οἱ δὲ δαίμονες παρεκάλουν αὐτὸν λέγοντες· εἰ ἐκβάλλεις ἡμᾶς, ἀπόστειλον ἡμᾶς εἰς τὴν ἀγέλην τῶν χοίρων.	**Mk 5,12**	καὶ παρεκάλεσαν αὐτὸν λέγοντες· πέμψον ἡμᾶς εἰς τοὺς χοίρους, ἵνα **εἰς αὐτοὺς** εἰσέλθωμεν.	**Lk 8,32**	... καὶ παρεκάλεσαν αὐτὸν ἵνα ἐπιτρέψῃ αὐτοῖς εἰς ἐκείνους εἰσελθεῖν· ...	
121	**Mt 8,33**	οἱ δὲ βόσκοντες ἔφυγον, καὶ ἀπελθόντες εἰς τὴν πόλιν ἀπήγγειλαν πάντα ...	**Mk 5,14**	καὶ οἱ βόσκοντες **αὐτοὺς** ἔφυγον καὶ ἀπήγγειλαν εἰς τὴν πόλιν καὶ εἰς τοὺς ἀγρούς· ...	**Lk 8,34**	ἰδόντες δὲ οἱ βόσκοντες τὸ γεγονὸς ἔφυγον καὶ ἀπήγγειλαν εἰς τὴν πόλιν καὶ εἰς τοὺς ἀγρούς.	
211	**Mt 13,54** **(2)**	καὶ ἐλθὼν εἰς τὴν πατρίδα αὐτοῦ ἐδίδασκεν **αὐτοὺς** ἐν τῇ συναγωγῇ αὐτῶν,	**Mk 6,2**	[1] ... καὶ ἔρχεται εἰς τὴν πατρίδα αὐτοῦ, ... [2] καὶ γενομένου σαββάτου ἤρξατο διδάσκειν ἐν τῇ συναγωγῇ,	**Lk 4,16**	καὶ ἦλθεν εἰς Ναζαρά, οὗ ἦν τεθραμμένος καὶ εἰσῆλθεν κατὰ τὸ εἰωθὸς αὐτῷ ἐν τῇ ἡμέρᾳ τῶν σαββάτων εἰς τὴν συναγωγὴν καὶ ἀνέστη ἀναγνῶναι.	
211		ὥστε ἐκπλήσσεσθαι **αὐτοὺς** καὶ λέγειν· ...		καὶ **πολλοὶ** ἀκούοντες ἐξεπλήσσοντο λέγοντες· ...	**Lk 4,22**	καὶ **πάντες** ἐμαρτύρουν αὐτῷ καὶ ἐθαύμαζον ἐπὶ τοῖς λόγοις τῆς χάριτος τοῖς ἐκπορευομένοις ἐκ τοῦ στόματος αὐτοῦ καὶ ἔλεγον· ...	
122	**Mt 10,5**	**τούτους τοὺς δώδεκα** ἀπέστειλεν ὁ Ἰησοῦς	**Mk 6,7** ↑ Mk 3,14 ↓ Lk 10,1	... καὶ ἤρξατο **αὐτοὺς** ἀποστέλλειν δύο δύο ...	**Lk 9,2**	καὶ ἀπέστειλεν **αὐτοὺς** κηρύσσειν τὴν βασιλείαν τοῦ θεοῦ ...	
a 112		παραγγείλας **αὐτοῖς** λέγων· ...	**Mk 6,8**	καὶ παρήγγειλεν **αὐτοῖς ...**	**Lk 9,3**	καὶ εἶπεν **πρὸς αὐτούς· ...**	

112	**Mt 10,14**	... ἐκτινάξατε τὸν κονιορτὸν τῶν ποδῶν ὑμῶν.	**Mk 6,11**	... ἐκτινάξατε τὸν χοῦν τὸν ὑποκάτω τῶν ποδῶν ὑμῶν εἰς μαρτύριον αὐτοῖς.	**Lk 9,5** ⇩ Lk 10,11	... τὸν κονιορτὸν ἀπὸ τῶν ποδῶν ὑμῶν ἀποτινάσσετε εἰς μαρτύριον ἐπ᾽ αὐτούς.	→ **Acts 13,51** → **Acts 18,6** Mk-Q overlap
					Lk 10,11 ⇧ **Lk 9,5** → Lk 10,9	καὶ τὸν κονιορτὸν τὸν κολληθέντα ἡμῖν ἐκ τῆς πόλεως ὑμῶν εἰς τοὺς πόδας ἀπομασσόμεθα ὑμῖν· πλὴν τοῦτο γινώσκετε ὅτι ἤγγικεν ἡ βασιλεία τοῦ θεοῦ.	
112	**Mt 14,13**	ἀκούσας δὲ ὁ Ἰησοῦς ἀνεχώρησεν ἐκεῖθεν ἐν πλοίῳ εἰς ἔρημον τόπον κατ᾽ ἰδίαν·	**Mk 6,32**	καὶ ἀπῆλθον ἐν τῷ πλοίῳ εἰς ἔρημον τόπον κατ᾽ ἰδίαν.	**Lk 9,10**	... καὶ παραλαβὼν αὐτοὺς ὑπεχώρησεν κατ᾽ ἰδίαν εἰς πόλιν καλουμένην Βηθσαϊδά.	
121 121		καὶ ἀκούσαντες οἱ ὄχλοι ἠκολούθησαν αὐτῷ πεζῇ ἀπὸ τῶν πόλεων.	**Mk 6,33** **(2)**	καὶ εἶδον αὐτοὺς ὑπάγοντας καὶ ἐπέγνωσαν πολλοὶ καὶ πεζῇ ἀπὸ πασῶν τῶν πόλεων συνέδραμον ἐκεῖ καὶ προῆλθον αὐτούς.	**Lk 9,11**	οἱ δὲ ὄχλοι γνόντες ἠκολούθησαν αὐτῷ·	→ Jn 6,2 → Jn 6,2
122	**Mt 14,14** ↓ Mt 9,36 ↓ **Mt 15,32**	καὶ ἐξελθὼν εἶδεν πολὺν ὄχλον, καὶ ἐσπλαγχνίσθη ἐπ᾽ αὐτοῖς	**Mk 6,34** **(2)** → Mk 8,2	καὶ ἐξελθὼν εἶδεν πολὺν ὄχλον, καὶ ἐσπλαγχνίσθη ἐπ᾽ αὐτούς, ὅτι ἦσαν *ὡς πρόβατα μὴ* *ἔχοντα ποιμένα,*		καὶ ἀποδεξάμενος αὐτοὺς	
121		καὶ ἐθεράπευσεν τοὺς ἀρρώστους αὐτῶν.		καὶ ἤρξατο διδάσκειν αὐτοὺς πολλά. ➤ Num 27,17/Jdt 11,19/ 2Chron 18,16		ἐλάλει αὐτοῖς περὶ τῆς βασιλείας τοῦ θεοῦ, καὶ τοὺς χρείαν ἔχοντας θεραπείας ἰᾶτο.	
	Mt 9,36 ↑ Mt 14,14	ἰδὼν δὲ τοὺς ὄχλους ἐσπλαγχνίσθη περὶ αὐτῶν, ὅτι ἦσαν ἐσκυλμένοι καὶ ἐρριμμένοι *ὡσεὶ πρόβατα* *μὴ ἔχοντα ποιμένα.* ➤ Num 27,17/Jdt 11,19/2Chron 18,16					
121	**Mt 14,15** ↓ **Mt 15,32**	... ἀπόλυσον τοὺς ὄχλους, ἵνα ἀπελθόντες εἰς τὰς κώμας ἀγοράσωσιν ἑαυτοῖς βρώματα.	**Mk 6,36** ↓ **Mk 8,3**	ἀπόλυσον αὐτούς, ἵνα ἀπελθόντες εἰς τοὺς κύκλῳ ἀγροὺς καὶ κώμας ἀγοράσωσιν ἑαυτοῖς τί φάγωσιν.	**Lk 9,12**	... ἀπόλυσον τὸν ὄχλον, ἵνα πορευθέντες εἰς τὰς κύκλῳ κώμας καὶ ἀγροὺς καταλύσωσιν καὶ εὕρωσιν ἐπισιτισμόν, ...	
a 112	**Mt 14,16** → Mt 15,33	ὁ δὲ [Ἰησοῦς] εἶπεν αὐτοῖς· οὐ χρείαν ἔχουσιν ἀπελθεῖν, δότε αὐτοῖς ὑμεῖς φαγεῖν.	**Mk 6,37** → Mk 8,4	ὁ δὲ ἀποκριθεὶς εἶπεν αὐτοῖς· δότε αὐτοῖς ὑμεῖς φαγεῖν. ...	**Lk 9,13**	εἶπεν δὲ πρὸς αὐτούς· δότε αὐτοῖς ὑμεῖς φαγεῖν. ...	→ Jn 6,5
200	**Mt 14,18**	ὁ δὲ εἶπεν· φέρετέ μοι ὧδε αὐτούς.					

112	Mt 14,19 → Mt 15,35	καὶ κελεύσας τοὺς ὄχλους ἀνακλιθῆναι ἐπὶ τοῦ χόρτου,	Mk 6,39 → Mk 8,6	καὶ ἐπέταξεν αὐτοῖς ἀνακλῖναι **πάντας** συμπόσια συμπόσια ἐπὶ τῷ χλωρῷ χόρτῳ.	Lk 9,14	... εἶπεν δὲ πρὸς τοὺς μαθητὰς αὐτοῦ· κατακλίνατε **αὐτοὺς** κλισίας [ὡσεὶ] ἀνὰ πεντήκοντα.	→ Jn 6,10
112	→ Mt 15,36 → Mt 26,26	λαβὼν τοὺς πέντε ἄρτους καὶ τοὺς δύο ἰχθύας, ἀναβλέψας εἰς τὸν οὐρανὸν εὐλόγησεν καὶ κλάσας ἔδωκεν τοῖς μαθηταῖς τοὺς ἄρτους οἱ δὲ μαθηταὶ τοῖς ὄχλοις.	Mk 6,41 → Mk 8,6-7 → Mk 14,22	καὶ λαβὼν τοὺς πέντε ἄρτους καὶ τοὺς δύο ἰχθύας ἀναβλέψας εἰς τὸν οὐρανὸν εὐλόγησεν καὶ κατέκλασεν τοὺς ἄρτους καὶ ἐδίδου τοῖς μαθηταῖς [αὐτοῦ] ἵνα παρατιθῶσιν αὐτοῖς, καὶ τοὺς δύο ἰχθύας ἐμέρισεν πᾶσιν.	Lk 9,16 → Lk 22,19	λαβὼν δὲ τοὺς πέντε ἄρτους καὶ τοὺς δύο ἰχθύας ἀναβλέψας εἰς τὸν οὐρανὸν εὐλόγησεν **αὐτοὺς** καὶ κατέκλασεν καὶ ἐδίδου τοῖς μαθηταῖς παραθεῖναι τῷ ὄχλῳ.	→ Jn 6,11
120	Mt 14,24	... βασανιζόμενον ὑπὸ τῶν κυμάτων, ἦν γὰρ ἐναντίος ὁ ἄνεμος.	Mk 6,48 (3)	καὶ ἰδὼν **αὐτοὺς** βασανιζομένους ἐν τῷ ἐλαύνειν, ἦν γὰρ ὁ ἄνεμος ἐναντίος αὐτοῖς,			→ Jn 6,18
220	Mt 14,25	τετάρτῃ δὲ φυλακῇ τῆς νυκτὸς ἦλθεν **πρὸς αὐτοὺς** περιπατῶν ἐπὶ τὴν θάλασσαν.		περὶ τετάρτην φυλακὴν τῆς νυκτὸς ἔρχεται **πρὸς αὐτοὺς** περιπατῶν ἐπὶ τῆς θαλάσσης			→ Jn 6,19
120				καὶ ἤθελεν παρελθεῖν **αὐτούς.**			
120	Mt 14,32	καὶ **ἀναβάντων αὐτῶν** εἰς τὸ πλοῖον ἐκόπασεν ὁ ἄνεμος.	Mk 6,51	καὶ **ἀνέβη πρὸς αὐτοὺς** εἰς τὸ πλοῖον καὶ ἐκόπασεν ὁ ἄνεμος, ...			→ Jn 6,21
201	Mt 15,14	ἄφετε **αὐτούς·** τυφλοί εἰσιν ὁδηγοί [τυφλῶν]· τυφλὸς δὲ τυφλὸν ἐὰν ὁδηγῇ, ἀμφότεροι εἰς βόθυνον πεσοῦνται.			Lk 6,39	... μήτι δύναται τυφλὸς τυφλὸν ὁδηγεῖν; οὐχὶ ἀμφότεροι εἰς βόθυνον ἐμπεσοῦνται;	→ GTh 34
210	Mt 15,30 (2) ↑ Mt 8,16	καὶ προσῆλθον αὐτῷ ὄχλοι πολλοὶ ἔχοντες μεθ᾽ ἑαυτῶν χωλούς, τυφλούς, κυλλούς, κωφούς, καὶ ἑτέρους πολλοὺς καὶ ἔρριψαν **αὐτοὺς** παρὰ τοὺς πόδας αὐτοῦ,	Mk 7,32 ↑ Mk 1,32	καὶ φέρουσιν αὐτῷ κωφὸν καὶ μογιλάλον καὶ παρακαλοῦσιν αὐτὸν ἵνα ἐπιθῇ αὐτῷ τὴν χεῖρα.			
210		καὶ ἐθεράπευσεν **αὐτούς·**					
220	Mt 15,32 ↑ Mt 14,15	... καὶ ἀπολῦσαι **αὐτοὺς** νήστεις οὐ θέλω, μήποτε ἐκλυθῶσιν ἐν τῇ ὁδῷ.	Mk 8,3 ↑ Mk 6,36	καὶ ἐὰν ἀπολύσω **αὐτοὺς** νήστεις εἰς οἶκον αὐτῶν, ἐκλυθήσονται ἐν τῇ ὁδῷ· ...	↑ Lk 9,12		
120	Mt 15,34 → Mt 14,17 → Mk 8,7	καὶ λέγει **αὐτοῖς** ὁ Ἰησοῦς· πόσους ἄρτους ἔχετε; οἱ δὲ εἶπαν· ἑπτὰ καὶ ὀλίγα ἰχθύδια.	Mk 8,5 → Mk 6,38	καὶ ἠρώτα **αὐτούς·** πόσους ἔχετε ἄρτους; οἱ δὲ εἶπαν· ἑπτά.	↑ Lk 9,13		

120	Mt 15,39 → Mt 14,22-23	καὶ ἀπολύσας τοὺς ὄχλους ἐνέβη εἰς τὸ πλοῖον, ...	Mk 8,9 → Mk 6,45-46	... καὶ ἀπέλυσεν αὐτούς. [10] καὶ εὐθὺς ἐμβὰς εἰς τὸ πλοῖον ...			
220	Mt 16,4	... καὶ καταλιπὼν αὐτοὺς ἀπῆλθεν. [5] καὶ ἐλθόντες οἱ μαθηταὶ εἰς τὸ πέραν ...	Mk 8,13	καὶ ἀφεὶς αὐτοὺς πάλιν ἐμβὰς ἀπῆλθεν εἰς τὸ πέραν.			
112	Mt 16,13	... ἠρώτα τοὺς μαθητὰς αὐτοῦ λέγων· τίνα λέγουσιν οἱ ἄνθρωποι εἶναι τὸν υἱὸν τοῦ ἀνθρώπου;	Mk 8,27	... ἐπηρώτα τοὺς μαθητὰς αὐτοῦ λέγων αὐτοῖς· τίνα με λέγουσιν οἱ ἄνθρωποι εἶναι;	Lk 9,18	... καὶ ἐπηρώτησεν αὐτοὺς λέγων· τίνα με λέγουσιν οἱ ὄχλοι εἶναι;	→ GTh 13
121	Mt 16,15	λέγει αὐτοῖς· ὑμεῖς δὲ τίνα με λέγετε εἶναι;	Mk 8,29	καὶ αὐτὸς ἐπηρώτα αὐτούς· ὑμεῖς δὲ τίνα με λέγετε εἶναι; ...	Lk 9,20	εἶπεν δὲ αὐτοῖς· ὑμεῖς δὲ τίνα με λέγετε εἶναι; ...	→ GTh 13
121	Mt 16,21 → Mt 17,22-23 → Mt 20,18-19	ἀπὸ τότε ἤρξατο ὁ Ἰησοῦς δεικνύειν τοῖς μαθηταῖς αὐτοῦ ὅτι δεῖ αὐτὸν εἰς Ἱεροσόλυμα ἀπελθεῖν καὶ πολλὰ παθεῖν ...	Mk 8,31 → Mk 9,31 → Mk 10,33	καὶ ἤρξατο διδάσκειν αὐτοὺς ὅτι δεῖ τὸν υἱὸν τοῦ ἀνθρώπου πολλὰ παθεῖν ...	Lk 9,22 → Lk 9,44 → Lk 17,25 → Lk 18,31-33 → Lk 24,7 → Lk 24,26 → Lk 24,46	εἰπὼν ὅτι δεῖ τὸν υἱὸν τοῦ ἀνθρώπου πολλὰ παθεῖν ...	
221	Mt 17,1	καὶ μεθ' ἡμέρας ἓξ παραλαμβάνει ὁ Ἰησοῦς τὸν Πέτρον καὶ Ἰάκωβον καὶ Ἰωάννην τὸν ἀδελφὸν αὐτοῦ καὶ ἀναφέρει αὐτοὺς εἰς ὄρος ὑψηλὸν κατ' ἰδίαν.	Mk 9,2	καὶ μετὰ ἡμέρας ἓξ παραλαμβάνει ὁ Ἰησοῦς τὸν Πέτρον καὶ τὸν Ἰάκωβον καὶ τὸν Ἰωάννην καὶ ἀναφέρει αὐτοὺς εἰς ὄρος ὑψηλὸν κατ' ἰδίαν μόνους. ...	Lk 9,28	ἐγένετο δὲ μετὰ τοὺς λόγους τούτους ὡσεὶ ἡμέραι ὀκτὼ [καὶ] παραλαβὼν Πέτρον καὶ Ἰωάννην καὶ Ἰάκωβον ἀνέβη εἰς τὸ ὄρος προσεύξασθαι.	
112	Mt 17,4	ἀποκριθεὶς δὲ ὁ Πέτρος εἶπεν τῷ Ἰησοῦ· κύριε, καλόν ἐστιν ἡμᾶς ὧδε εἶναι· ...	Mk 9,5	καὶ ἀποκριθεὶς ὁ Πέτρος λέγει τῷ Ἰησοῦ· ῥαββί, καλόν ἐστιν ἡμᾶς ὧδε εἶναι, ...	Lk 9,33	καὶ ἐγένετο ἐν τῷ διαχωρίζεσθαι αὐτοὺς ἀπ' αὐτοῦ εἶπεν ὁ Πέτρος πρὸς τὸν Ἰησοῦν· ἐπιστάτα, καλόν ἐστιν ἡμᾶς ὧδε εἶναι, ...	
212 112	Mt 17,5	ἔτι αὐτοῦ λαλοῦντος ἰδοὺ νεφέλη φωτεινὴ ἐπεσκίασεν αὐτούς, καὶ ἰδοὺ φωνὴ ἐκ τῆς νεφέλης ...	Mk 9,7	καὶ ἐγένετο νεφέλη ἐπισκιάζουσα αὐτοῖς, καὶ ἐγένετο φωνὴ ἐκ τῆς νεφέλης· ...	Lk 9,34 (2)	ταῦτα δὲ αὐτοῦ λέγοντος ἐγένετο νεφέλη καὶ ἐπεσκίαζεν αὐτούς· ἐφοβήθησαν δὲ ἐν τῷ εἰσελθεῖν αὐτοὺς εἰς τὴν νεφέλην. [35] καὶ φωνὴ ἐγένετο ἐκ τῆς νεφέλης ...	
121 121	Mt 17,14	[9] καὶ καταβαινόντων αὐτῶν ἐκ τοῦ ὄρους ... [14] καὶ ἐλθόντων πρὸς τὸν ὄχλον ...	Mk 9,14 (2)	[9] καὶ καταβαινόντων αὐτῶν ἐκ τοῦ ὄρους ... [14] καὶ ἐλθόντες πρὸς τοὺς μαθητὰς εἶδον ὄχλον πολὺν περὶ αὐτοὺς καὶ γραμματεῖς συζητοῦντας πρὸς αὐτούς. ...	Lk 9,37	ἐγένετο δὲ τῇ ἑξῆς ἡμέρᾳ κατελθόντων αὐτῶν ἀπὸ τοῦ ὄρους ...	
020 020			Mk 9,16 (2)	καὶ ἐπηρώτησεν αὐτούς· τί συζητεῖτε πρὸς αὐτούς;			

200	Mt 17,27	ἵνα δὲ μὴ σκανδαλίσωμεν **αὐτούς**, πορευθεὶς εἰς θάλασσαν βάλε ἄγκιστρον ...					
121	Mt 18,1	ἐν ἐκείνῃ τῇ ὥρᾳ προσῆλθον οἱ μαθηταὶ τῷ Ἰησοῦ λέγοντες· τίς ἄρα μείζων ἐστὶν ἐν τῇ βασιλείᾳ τῶν οὐρανῶν;	Mk 9,33	... καὶ ἐν τῇ οἰκίᾳ γενόμενος ἐπηρώτα **αὐτούς**· τί ἐν τῇ ὁδῷ διελογίζεσθε; [34] οἱ δὲ ἐσιώπων· πρὸς ἀλλήλους γὰρ διελέχθησαν ἐν τῇ ὁδῷ τίς μείζων.	Lk 9,46	εἰσῆλθεν δὲ διαλογισμὸς ἐν αὐτοῖς, τὸ τίς ἂν εἴη μείζων αὐτῶν.	
002					Lk 9,54	... κύριε, θέλεις εἴπωμεν *πῦρ καταβῆναι ἀπὸ τοῦ οὐρανοῦ καὶ ἀναλῶσαι* ***αὐτούς;*** ➤ 2Kings 1,10.12	
002					Lk 10,1 ↑ Mt 10,5 ↑ Mk 6,7 ↑ Lk 9,2	... ἀνέδειξεν ὁ κύριος ἑτέρους ἑβδομήκοντα [δύο] καὶ ἀπέστειλεν **αὐτοὺς** ἀνὰ δύο [δύο] πρὸ προσώπου αὐτοῦ ...	
a 102	Mt 9,37	τότε λέγει **τοῖς μαθηταῖς αὐτοῦ**· ὁ μὲν θερισμὸς πολύς, οἱ δὲ ἐργάται ὀλίγοι·			Lk 10,2	ἔλεγεν δὲ **πρὸς αὐτούς**· ὁ μὲν θερισμὸς πολύς, οἱ δὲ ἐργάται ὀλίγοι· ...	→ GTh 73
002					Lk 10,38	ἐν δὲ τῷ πορεύεσθαι **αὐτοὺς** αὐτὸς εἰσῆλθεν εἰς κώμην τινά· ...	
a 002					Lk 11,5	καὶ εἶπεν **πρὸς αὐτούς**· τίς ἐξ ὑμῶν ἕξει φίλον καὶ πορεύσεται πρὸς αὐτὸν μεσονυκτίου καὶ εἴπῃ αὐτῷ· φίλε, χρῆσόν μοι τρεῖς ἄρτους	
102	Mt 12,42 → Mt 12,6	βασίλισσα νότου ἐγερθήσεται ἐν τῇ κρίσει μετὰ τῆς γενεᾶς ταύτης καὶ κατακρινεῖ **αὐτήν**, ὅτι ἦλθεν ἐκ τῶν περάτων τῆς γῆς ἀκοῦσαι τὴν σοφίαν Σολομῶνος, καὶ ἰδοὺ πλεῖον Σολομῶνος ὧδε.			Lk 11,31	βασίλισσα νότου ἐγερθήσεται ἐν τῇ κρίσει μετὰ τῶν ἀνδρῶν τῆς γενεᾶς ταύτης καὶ κατακρινεῖ **αὐτούς**, ὅτι ἦλθεν ἐκ τῶν περάτων τῆς γῆς ἀκοῦσαι τὴν σοφίαν Σολομῶνος, καὶ ἰδοὺ πλεῖον Σολομῶνος ὧδε.	
102	Mt 23,30	[29] οὐαὶ ὑμῖν, γραμματεῖς καὶ Φαρισαῖοι ὑποκριταί, ὅτι οἰκοδομεῖτε τοὺς τάφους τῶν προφητῶν καὶ κοσμεῖτε τὰ μνημεῖα τῶν δικαίων, [30] καὶ λέγετε· εἰ ἤμεθα ἐν ταῖς ἡμέραις τῶν πατέρων ἡμῶν, οὐκ ἂν ἤμεθα αὐτῶν κοινωνοὶ **ἐν τῷ αἵματι τῶν προφητῶν**.			Lk 11,47	οὐαὶ ὑμῖν, ὅτι οἰκοδομεῖτε τὰ μνημεῖα τῶν προφητῶν, οἱ δὲ πατέρες ὑμῶν ἀπέκτειναν **αὐτούς**.	

	Mt		Mk	Lk		
102	**Mt 23,31**	ὥστε μαρτυρεῖτε ἑαυτοῖς ὅτι υἱοί ἐστε τῶν φονευσάντων **τοὺς προφήτας.** [32] καὶ ὑμεῖς πληρώσατε τὸ μέτρον τῶν πατέρων ὑμῶν.		**Lk 11,48**	ἄρα μάρτυρές ἐστε καὶ συνευδοκεῖτε τοῖς ἔργοις τῶν πατέρων ὑμῶν, ὅτι αὐτοὶ μὲν ἀπέκτειναν **αὐτούς,** ὑμεῖς δὲ οἰκοδομεῖτε.	
102	**Mt 23,34**	διὰ τοῦτο ἰδοὺ ἐγὼ ἀποστέλλω **πρὸς ὑμᾶς** προφήτας καὶ σοφοὺς καὶ γραμματεῖς· ...		**Lk 11,49**	διὰ τοῦτο καὶ ἡ σοφία τοῦ θεοῦ εἶπεν· ἀποστελῶ **εἰς αὐτοὺς** προφήτας καὶ ἀποστόλους, ...	
a 002				**Lk 12,15**	εἶπεν δὲ **πρὸς αὐτούς·** ὁρᾶτε καὶ φυλάσσεσθε ἀπὸ πάσης πλεονεξίας, ...	
a 002				**Lk 12,16**	εἶπεν δὲ παραβολὴν **πρὸς αὐτοὺς** λέγων· ἀνθρώπου τινὸς πλουσίου εὐφόρησεν ἡ χώρα.	→ GTh 63
102	**Mt 6,26**	... καὶ ὁ πατὴρ ὑμῶν ὁ οὐράνιος τρέφει **αὐτά·** οὐχ ὑμεῖς μᾶλλον διαφέρετε αὐτῶν;		**Lk 12,24**	... καὶ ὁ θεὸς τρέφει **αὐτούς·** πόσῳ μᾶλλον ὑμεῖς διαφέρετε τῶν πετεινῶν.	
002				**Lk 12,37** → Lk 22,27 → Lk 22,30	... ἀμὴν λέγω ὑμῖν ὅτι περιζώσεται καὶ ἀνακλινεῖ **αὐτοὺς** καὶ παρελθὼν διακονήσει αὐτοῖς.	
002				**Lk 13,4**	ἢ ἐκεῖνοι οἱ δεκαοκτὼ ἐφ᾽ οὓς ἔπεσεν ὁ πύργος ἐν τῷ Σιλωὰμ καὶ ἀπέκτεινεν **αὐτούς,** δοκεῖτε ὅτι αὐτοὶ ὀφειλέται ἐγένοντο παρὰ πάντας τοὺς ἀνθρώπους τοὺς κατοικοῦντας Ἰερουσαλήμ;	
a 002				**Lk 13,23** → Mt 7,14	εἶπεν δέ τις αὐτῷ· κύριε, εἰ ὀλίγοι οἱ σῳζόμενοι; ὁ δὲ εἶπεν **πρὸς αὐτούς·**	
a 102	**Mt 12,11**	ὁ δὲ εἶπεν **αὐτοῖς·** τίς ἔσται ἐξ ὑμῶν ἄνθρωπος ὃς ἕξει πρόβατον ἓν καὶ ἐὰν ἐμπέσῃ τοῦτο τοῖς σάββασιν εἰς βόθυνον, οὐχὶ κρατήσει αὐτὸ καὶ ἐγερεῖ;		**Lk 14,5** → Lk 13,15	καὶ **πρὸς αὐτοὺς** εἶπεν· τίνος ὑμῶν υἱὸς ἢ βοῦς εἰς φρέαρ πεσεῖται, καὶ οὐκ εὐθέως ἀνασπάσει αὐτὸν ἐν ἡμέρᾳ τοῦ σαββάτου;	
a 002				**Lk 14,7**	ἔλεγεν δὲ πρὸς τοὺς κεκλημένους παραβολήν, ἐπέχων πῶς τὰς πρωτοκλισίας ἐξελέγοντο, λέγων **πρὸς αὐτούς·**	

a 002					Lk 14,25	συνεπορεύοντο δὲ αὐτῷ ὄχλοι πολλοί, καὶ στραφεὶς εἶπεν **πρὸς αὐτούς·**	
a 002					Lk 15,3	εἶπεν δὲ **πρὸς αὐτοὺς** τὴν παραβολὴν ταύτην λέγων·	
002					Lk 16,30	... οὐχί, πάτερ Ἀβραάμ, ἀλλ᾽ ἐάν τις ἀπὸ νεκρῶν πορευθῇ **πρὸς αὐτοὺς** μετανοήσουσιν.	
002					Lk 17,14 → Mt 8,3 → Mk 1,42 → Lk 5,13	... καὶ ἐγένετο ἐν τῷ ὑπάγειν **αὐτοὺς** ἐκαθαρίσθησαν.	
002					Lk 18,1 → Lk 21,36	ἔλεγεν δὲ παραβολὴν αὐτοῖς πρὸς τὸ δεῖν πάντοτε προσεύχεσθαι **αὐτοὺς** καὶ μὴ ἐγκακεῖν	
220	Mt 19,2	καὶ ἠκολούθησαν αὐτῷ ὄχλοι πολλοί, καὶ ἐθεράπευσεν **αὐτοὺς** ἐκεῖ.	Mk 10,1	... καὶ συμπορεύονται πάλιν ὄχλοι πρὸς αὐτόν, καὶ ὡς εἰώθει πάλιν ἐδίδασκεν **αὐτούς.**			
220	Mt 19,4	... οὐκ ἀνέγνωτε ὅτι ὁ κτίσας ἀπ᾽ ἀρχῆς *ἄρσεν καὶ θῆλυ ἐποίησεν* ***αὐτούς;*** ➤ Gen 1,27	Mk 10,6 → Mt 19,8	ἀπὸ δὲ ἀρχῆς κτίσεως *ἄρσεν καὶ θῆλυ ἐποίησεν* ***αὐτούς·*** ➤ Gen 1,27			
200	Mt 20,2	συμφωνήσας δὲ μετὰ τῶν ἐργατῶν ἐκ δηναρίου τὴν ἡμέραν ἀπέστειλεν **αὐτοὺς** εἰς τὸν ἀμπελῶνα αὐτοῦ.					
200	Mt 20,12	... οὗτοι οἱ ἔσχατοι μίαν ὥραν ἐποίησαν, καὶ ἴσους ἡμῖν **αὐτοὺς** ἐποίησας τοῖς βαστάσασι τὸ βάρος τῆς ἡμέρας καὶ τὸν καύσωνα.					
121	Mt 20,17	καὶ ἀναβαίνων ὁ Ἰησοῦς εἰς Ἱεροσόλυμα	Mk 10,32	ἦσαν δὲ ἐν τῇ ὁδῷ ἀναβαίνοντες εἰς Ἱεροσόλυμα, καὶ ἦν προάγων **αὐτοὺς** ὁ Ἰησοῦς, καὶ ἐθαμβοῦντο, οἱ δὲ ἀκολουθοῦντες ἐφοβοῦντο.	Lk 18,31		
a 112		παρέλαβεν τοὺς δώδεκα [μαθητὰς] κατ᾽ ἰδίαν καὶ ἐν τῇ ὁδῷ εἶπεν **αὐτοῖς·**		καὶ παραλαβὼν πάλιν τοὺς δώδεκα ἤρξατο **αὐτοῖς** λέγειν τὰ μέλλοντα αὐτῷ συμβαίνειν		παραλαβὼν δὲ τοὺς δώδεκα εἶπεν **πρὸς αὐτούς·** ...	

221	Mt 20,25	ὁ δὲ Ἰησοῦς προσκαλεσάμενος **αὐτοὺς** εἶπεν· οἴδατε ὅτι οἱ ἄρχοντες τῶν ἐθνῶν κατακυριεύουσιν αὐτῶν ...	Mk 10,42	καὶ προσκαλεσάμενος **αὐτοὺς** ὁ Ἰησοῦς λέγει αὐτοῖς· οἴδατε ὅτι οἱ δοκοῦντες ἄρχειν τῶν ἐθνῶν κατακυριεύουσιν αὐτῶν ...	Lk 22,25	ὁ δὲ εἶπεν αὐτοῖς· οἱ βασιλεῖς τῶν ἐθνῶν κυριεύουσιν αὐτῶν ...	
211	Mt 20,32 ⇨ Mt 9,28	καὶ στὰς ὁ Ἰησοῦς ἐφώνησεν **αὐτοὺς** ...	Mk 10,49	καὶ στὰς ὁ Ἰησοῦς εἶπεν· Φωνήσατε **αὐτόν.** καὶ φωνοῦσιν τὸν τυφλὸν ...	Lk 18,40	σταθεὶς δὲ ὁ Ἰησοῦς ἐκέλευσεν **αὐτὸν** ἀχθῆναι πρὸς αὐτόν. ...	
002					Lk 19,11	... εἶπεν παραβολὴν διὰ τὸ ἐγγὺς εἶναι Ἰερουσαλὴμ αὐτὸν καὶ δοκεῖν **αὐτοὺς** ὅτι παραχρῆμα μέλλει ἡ βασιλεία τοῦ θεοῦ ἀναφαίνεσθαι.	
a 102	Mt 25,15	[14] ... ἐκάλεσεν τοὺς ἰδίους δούλους καὶ παρέδωκεν αὐτοῖς τὰ ὑπάρχοντα αὐτοῦ, [15] καὶ ᾧ μὲν ἔδωκεν πέντε τάλαντα, ᾧ δὲ δύο, ᾧ δὲ ἕν, ἑκάστῳ κατὰ τὴν ἰδίαν δύναμιν, καὶ ἀπεδήμησεν. ...	Mk 13,34	... καὶ δοὺς τοῖς δούλοις αὐτοῦ τὴν ἐξουσίαν ἑκάστῳ τὸ ἔργον αὐτοῦ, καὶ τῷ θυρωρῷ ἐνετείλατο ἵνα γρηγορῇ.	Lk 19,13	καλέσας δὲ δέκα δούλους ἑαυτοῦ ἔδωκεν αὐτοῖς δέκα μνᾶς καὶ εἶπεν **πρὸς αὐτούς·** πραγματεύσασθε ἐν ᾧ ἔρχομαι.	Mk-Q overlap
002 002					Lk 19,27 (2)	πλὴν τοὺς ἐχθρούς μου τούτους τοὺς μὴ θελήσαντάς με βασιλεῦσαι **ἐπ' αὐτοὺς** ἀγάγετε ὧδε καὶ κατασφάξατε **αὐτοὺς** ἔμπροσθέν μου.	
211	Mt 21,3	... ἐρεῖτε ὅτι ὁ κύριος αὐτῶν χρείαν ἔχει· εὐθὺς δὲ ἀποστελεῖ **αὐτούς.**	Mk 11,3	... εἴπατε· ὁ κύριος αὐτοῦ χρείαν ἔχει, καὶ εὐθὺς **αὐτὸν** ἀποστέλλει πάλιν ὧδε.	Lk 19,31	... οὕτως ἐρεῖτε· ὅτι ὁ κύριος αὐτοῦ χρείαν ἔχει.	
a 012			Mk 11,5	[4] ... καὶ λύουσιν αὐτόν. [5] καί τινες τῶν ἐκεῖ ἑστηκότων ἔλεγον **αὐτοῖς·** τί ποιεῖτε λύοντες τὸν πῶλον;	Lk 19,33	λυόντων δὲ αὐτῶν τὸν πῶλον εἶπαν οἱ κύριοι αὐτοῦ **πρὸς αὐτούς·** τί λύετε τὸν πῶλον;	
021			Mk 11,6 → Mt 21,6	οἱ δὲ εἶπαν αὐτοῖς καθὼς εἶπεν ὁ Ἰησοῦς, καὶ ἀφῆκαν **αὐτούς.**	Lk 19,34	οἱ δὲ εἶπαν· ὅτι ὁ κύριος αὐτοῦ χρείαν ἔχει.	
200	Mt 21,14	καὶ προσῆλθον αὐτῷ τυφλοὶ καὶ χωλοὶ ἐν τῷ ἱερῷ, καὶ ἐθεράπευσεν **αὐτούς.**					

210	Mt 21,17	καὶ καταλιπὼν **αὐτοὺς** ἐξῆλθεν ἔξω τῆς πόλεως εἰς Βηθανίαν, καὶ ηὐλίσθη ἐκεῖ.	Mk 11,11	... ὀψίας ἤδη οὔσης τῆς ὥρας, ἐξῆλθεν εἰς Βηθανίαν μετὰ τῶν δώδεκα.	Lk 21,37 → Mk 11,19	... τὰς δὲ νύκτας ἐξερχόμενος ηὐλίζετο εἰς τὸ ὄρος τὸ καλούμενον Ἐλαιῶν·	→ [[Jn 8,1]]
a 112	Mt 21,24	ἀποκριθεὶς δὲ ὁ Ἰησοῦς εἶπεν **αὐτοῖς·** ἐρωτήσω ὑμᾶς κἀγὼ λόγον ἕνα, ὃν ἐὰν εἴπητέ μοι ...	Mk 11,29	ὁ δὲ Ἰησοῦς εἶπεν **αὐτοῖς·** ἐπερωτήσω ὑμᾶς ἕνα λόγον, καὶ ἀποκρίθητέ μοι ...	Lk 20,3	ἀποκριθεὶς δὲ εἶπεν **πρὸς αὐτούς·** ἐρωτήσω ὑμᾶς κἀγὼ λόγον, καὶ εἴπατέ μοι·	
121	Mt 21,36	πάλιν ἀπέστειλεν ἄλλους δούλους πλείονας τῶν πρώτων, καὶ ἐποίησαν αὐτοῖς ὡσαύτως.	Mk 12,4	καὶ πάλιν ἀπέστειλεν **πρὸς αὐτοὺς** ἄλλον δοῦλον· κἀκεῖνον ἐκεφαλίωσαν καὶ ἠτίμασαν.	Lk 20,11	καὶ προσέθετο ἕτερον πέμψαι δοῦλον· οἱ δὲ κἀκεῖνον δείραντες καὶ ἀτιμάσαντες ἐξαπέστειλαν κενόν.	→ GTh 65
221	Mt 21,37	ὕστερον δὲ ἀπέστειλεν **πρὸς αὐτοὺς** τὸν υἱὸν αὐτοῦ λέγων· ἐντραπήσονται τὸν υἱόν μου.	Mk 12,6	ἔτι ἕνα εἶχεν, υἱὸν ἀγαπητόν· ἀπέστειλεν αὐτὸν ἔσχατον **πρὸς αὐτοὺς** λέγων ὅτι ἐντραπήσονται τὸν υἱόν μου.	Lk 20,13	εἶπεν δὲ ὁ κύριος τοῦ ἀμπελῶνος· τί ποιήσω; πέμψω τὸν υἱόν μου τὸν ἀγαπητόν· ἴσως τοῦτον ἐντραπήσονται.	→ GTh 65
211	Mt 21,41 → Mt 21,43	λέγουσιν αὐτῷ· κακοὺς κακῶς ἀπολέσει **αὐτοὺς** καὶ τὸν ἀμπελῶνα ἐκδώσεται ἄλλοις γεωργοῖς, ...	Mk 12,9	τί [οὖν] ποιήσει ὁ κύριος τοῦ ἀμπελῶνος; ἐλεύσεται καὶ ἀπολέσει **τοὺς γεωργοὺς** καὶ δώσει τὸν ἀμπελῶνα ἄλλοις.	Lk 20,16	ἐλεύσεται καὶ ἀπολέσει **τοὺς γεωργοὺς τούτους** καὶ δώσει τὸν ἀμπελῶνα ἄλλοις. ...	→ GTh 65
a 122	Mt 21,45 → Mk 11,18	καὶ ἀκούσαντες οἱ ἀρχιερεῖς καὶ οἱ Φαρισαῖοι τὰς παραβολὰς αὐτοῦ ἔγνωσαν ὅτι **περὶ αὐτῶν** λέγει·	Mk 12,12	... ἔγνωσαν γὰρ ὅτι **πρὸς αὐτοὺς** τὴν παραβολὴν εἶπεν. ...	Lk 20,19	... ἔγνωσαν γὰρ ὅτι **πρὸς αὐτοὺς** εἶπεν τὴν παραβολὴν ταύτην.	
a 112	Mt 22,18	γνοὺς δὲ ὁ Ἰησοῦς τὴν πονηρίαν αὐτῶν εἶπεν· τί με πειράζετε, ὑποκριταί; [19] ἐπιδείξατέ μοι τὸ νόμισμα τοῦ κήνσου. ...	Mk 12,15	ὁ δὲ εἰδὼς αὐτῶν τὴν ὑπόκρισιν εἶπεν **αὐτοῖς·** τί με πειράζετε; φέρετέ μοι δηνάριον ἵνα ἴδω.	Lk 20,23	κατανοήσας δὲ αὐτῶν τὴν πανουργίαν εἶπεν **πρὸς αὐτούς·** [24] δείξατέ μοι δηνάριον· ...	→ GTh 100
a 112	Mt 22,21	... τότε λέγει **αὐτοῖς·** ἀπόδοτε οὖν τὰ Καίσαρος Καίσαρι καὶ τὰ τοῦ θεοῦ τῷ θεῷ.	Mk 12,17	ὁ δὲ Ἰησοῦς εἶπεν **αὐτοῖς·** τὰ Καίσαρος ἀπόδοτε Καίσαρι καὶ τὰ τοῦ θεοῦ τῷ θεῷ. ...	Lk 20,25 → Lk 23,2	ὁ δὲ εἶπεν **πρὸς αὐτούς·** τοίνυν ἀπόδοτε τὰ Καίσαρος Καίσαρι καὶ τὰ τοῦ θεοῦ τῷ θεῷ.	→ GTh 100
a 212	Mt 22,41	συνηγμένων δὲ τῶν Φαρισαίων ἐπηρώτησεν **αὐτοὺς** ὁ Ἰησοῦς [42] λέγων· τί ὑμῖν δοκεῖ περὶ τοῦ χριστοῦ; τίνος υἱός ἐστιν; λέγουσιν αὐτῷ· τοῦ Δαυίδ.	Mk 12,35	καὶ ἀποκριθεὶς ὁ Ἰησοῦς ἔλεγεν διδάσκων ἐν τῷ ἱερῷ· πῶς λέγουσιν οἱ γραμματεῖς ὅτι ὁ χριστὸς υἱὸς Δαυίδ ἐστιν;	Lk 20,41	εἶπεν δὲ **πρὸς αὐτούς·** πῶς λέγουσιν τὸν χριστὸν εἶναι Δαυὶδ υἱόν;	

221	**Mt 10,21** ⇨ Mt 24,9 → Mt 10,35 → Mt 24,10	παραδώσει δὲ ἀδελφὸς ἀδελφὸν εἰς θάνατον καὶ πατὴρ τέκνον, καὶ ἐπαναστήσονται τέκνα ἐπὶ γονεῖς καὶ θανατώσουσιν **αὐτούς**.	**Mk 13,12**	καὶ παραδώσει ἀδελφὸς ἀδελφὸν εἰς θάνατον καὶ πατὴρ τέκνον, καὶ ἐπαναστήσονται τέκνα ἐπὶ γονεῖς καὶ θανατώσουσιν **αὐτούς**·	**Lk 21,16** → Lk 12,53	παραδοθήσεσθε δὲ καὶ ὑπὸ γονέων καὶ ἀδελφῶν καὶ συγγενῶν καὶ φίλων, καὶ θανατώσουσιν **ἐξ ὑμῶν**	
200	**Mt 25,32**	καὶ συναχθήσονται ἔμπροσθεν αὐτοῦ πάντα τὰ ἔθνη, καὶ ἀφορίσει **αὐτοὺς** ἀπ' ἀλλήλων, ...					
a 002					**Lk 22,15**	καὶ εἶπεν **πρὸς αὐτούς**· ἐπιθυμίᾳ ἐπεθύμησα τοῦτο τὸ πάσχα φαγεῖν μεθ' ὑμῶν πρὸ τοῦ με παθεῖν·	
222	**Mt 26,40**	καὶ ἔρχεται πρὸς τοὺς μαθητὰς καὶ εὑρίσκει **αὐτοὺς** καθεύδοντας, ...	**Mk 14,37**	καὶ ἔρχεται καὶ εὑρίσκει **αὐτοὺς** καθεύδοντας, ...	**Lk 22,45**	... ἐλθὼν πρὸς τοὺς μαθητὰς εὗρεν κοιμωμένους **αὐτοὺς** ἀπὸ τῆς λύπης	
220	**Mt 26,43**	καὶ ἐλθὼν πάλιν εὗρεν **αὐτοὺς** καθεύδοντας, ...	**Mk 14,40**	καὶ πάλιν ἐλθὼν εὗρεν **αὐτοὺς** καθεύδοντας, ...			
210	**Mt 26,44**	καὶ ἀφεὶς **αὐτοὺς** πάλιν ἀπελθὼν προσηύξατο ἐκ τρίτου τὸν αὐτὸν λόγον εἰπὼν πάλιν. [45] τότε ἔρχεται πρὸς τοὺς μαθητὰς καὶ λέγει αὐτοῖς· ...	**Mk 14,41**	καὶ ἔρχεται τὸ τρίτον καὶ λέγει αὐτοῖς· ...			
112	**Mt 26,47** → Lk 22,52	καὶ ἔτι αὐτοῦ λαλοῦντος ἰδοὺ Ἰούδας εἷς τῶν δώδεκα ἦλθεν καὶ μετ' αὐτοῦ ὄχλος πολὺς μετὰ μαχαιρῶν καὶ ξύλων ἀπὸ τῶν ἀρχιερέων καὶ πρεσβυτέρων τοῦ λαοῦ. ... [49] καὶ εὐθέως προσελθὼν τῷ Ἰησοῦ εἶπεν· χαῖρε, ῥαββί, καὶ κατεφίλησεν αὐτόν.	**Mk 14,43** → Lk 22,52	καὶ εὐθὺς ἔτι αὐτοῦ λαλοῦντος παραγίνεται Ἰούδας εἷς τῶν δώδεκα καὶ μετ' αὐτοῦ ὄχλος μετὰ μαχαιρῶν καὶ ξύλων παρὰ τῶν ἀρχιερέων καὶ τῶν γραμματέων καὶ τῶν πρεσβυτέρων. ... [45] καὶ ἐλθὼν εὐθὺς προσελθὼν αὐτῷ λέγει· ῥαββί, καὶ κατεφίλησεν αὐτόν.	**Lk 22,47**	ἔτι αὐτοῦ λαλοῦντος ἰδοὺ ὄχλος, καὶ ὁ λεγόμενος Ἰούδας εἷς τῶν δώδεκα προήρχετο **αὐτοὺς** καὶ ἤγγισεν τῷ Ἰησοῦ φιλῆσαι αὐτόν.	→ Jn 18,3
a 002	**Mt 26,64**	[63] ... καὶ ὁ ἀρχιερεὺς εἶπεν αὐτῷ· ἐξορκίζω σε κατὰ τοῦ θεοῦ τοῦ ζῶντος ἵνα ἡμῖν εἴπῃς εἰ σὺ εἶ ὁ χριστὸς ὁ υἱὸς τοῦ θεοῦ. [64] λέγει **αὐτῷ** ὁ Ἰησοῦς· σὺ εἶπας· ...	**Mk 14,62**	[61] ... πάλιν ὁ ἀρχιερεὺς ἐπηρώτα αὐτὸν καὶ λέγει αὐτῷ· σὺ εἶ ὁ χριστὸς ὁ υἱὸς τοῦ εὐλογητοῦ; [62] ὁ δὲ Ἰησοῦς εἶπεν· ἐγώ εἰμι, ...	**Lk 22,70** ⇨ Lk 22,67 → Mt 27,43	εἶπαν δὲ πάντες· σὺ οὖν εἶ ὁ υἱὸς τοῦ θεοῦ; ὁ δὲ **πρὸς αὐτοὺς** ἔφη· ὑμεῖς λέγετε ὅτι ἐγώ εἰμι.	→ Jn 10,36
002					**Lk 23,12**	ἐγένοντο δὲ φίλοι ὅ τε Ἡρῴδης καὶ ὁ Πιλᾶτος ἐν αὐτῇ τῇ ἡμέρᾳ μετ' ἀλλήλων· προϋπῆρχον γὰρ ἐν ἔχθρᾳ ὄντες **πρὸς αὐτούς**.	

a 002					**Lk 23,14** → Lk 23,2 → Lk 23,4 ↓ Mt 27,23 ↓ Mk 15,14 ↓ Lk 23,22	εἶπεν **πρὸς αὐτούς·** προσηνέγκατέ μοι τὸν ἄνθρωπον τοῦτον ὡς ἀποστρέφοντα τὸν λαόν, ...	→ Jn 19,4 → Acts 13,28
a 112	**Mt 27,23**	ὁ δὲ ἔφη· τί γὰρ κακὸν ἐποίησεν; ...	**Mk 15,14**	ὁ δὲ Πιλᾶτος ἔλεγεν **αὐτοῖς·** τί γὰρ ἐποίησεν κακόν; ...	**Lk 23,22** → Lk 23,4 ↑ Lk 23,14	ὁ δὲ τρίτον εἶπεν **πρὸς αὐτούς·** τί γὰρ κακὸν ἐποίησεν οὗτος; ...	→ Jn 19,6
002					**Lk 24,15**	καὶ ἐγένετο ἐν τῷ ὁμιλεῖν **αὐτοὺς** καὶ συζητεῖν καὶ αὐτὸς Ἰησοῦς ἐγγίσας συνεπορεύετο αὐτοῖς	
a 002					**Lk 24,17**	εἶπεν δὲ **πρὸς αὐτούς·** τίνες οἱ λόγοι οὗτοι οὓς ἀντιβάλλετε πρὸς ἀλλήλους περιπατοῦντες; ...	
a 002					**Lk 24,25**	καὶ αὐτὸς εἶπεν **πρὸς αὐτούς·** ὦ ἀνόητοι καὶ βραδεῖς τῇ καρδίᾳ τοῦ πιστεύειν ἐπὶ πᾶσιν οἷς ἐλάλησαν οἱ προφῆται·	
a 002					**Lk 24,44**	εἶπεν δὲ **πρὸς αὐτούς·** οὗτοι οἱ λόγοι μου οὓς ἐλάλησα πρὸς ὑμᾶς ἔτι ὢν σὺν ὑμῖν, ...	
200	**Mt 28,19** → Mt 24,14 → Mk 13,10 → Lk 24,47	πορευθέντες οὖν μαθητεύσατε πάντα τὰ ἔθνη, βαπτίζοντες **αὐτοὺς** εἰς τὸ ὄνομα τοῦ πατρὸς καὶ τοῦ υἱοῦ καὶ τοῦ ἁγίου πνεύματος,					
200	**Mt 28,20** → Lk 24,47	διδάσκοντες **αὐτοὺς** τηρεῖν πάντα ὅσα ἐνετειλάμην ὑμῖν· ...					
002					**Lk 24,50 (2)**	ἐξήγαγεν δὲ **αὐτοὺς** [ἔξω] ἕως πρὸς Βηθανίαν,	
002						καὶ ἐπάρας τὰς χεῖρας αὐτοῦ εὐλόγησεν **αὐτούς.**	
002					**Lk 24,51** → Lk 9,51	καὶ ἐγένετο ἐν τῷ εὐλογεῖν αὐτὸν **αὐτοὺς** διέστη ἀπ' αὐτῶν καὶ ἀνεφέρετο εἰς τὸν οὐρανόν.	→ Acts 1,2.9 → Acts 1,11.22

a **Acts 1,7** εἶπεν δὲ **πρὸς αὐτούς·** οὐχ ὑμῶν ἐστιν γνῶναι χρόνους ἢ καιροὺς οὓς ὁ πατὴρ ἔθετο ἐν τῇ ἰδίᾳ ἐξουσίᾳ

a **Acts 2,38** Πέτρος δὲ **πρὸς αὐτούς·** μετανοήσατε, [φησίν,] καὶ βαπτισθήτω ἕκαστος ὑμῶν ἐπὶ τῷ ὀνόματι Ἰησοῦ Χριστοῦ ...

Acts 2,40 ἑτέροις τε λόγοις πλείοσιν διεμαρτύρατο καὶ παρεκάλει **αὐτοὺς** λέγων· σώθητε ἀπὸ τῆς γενεᾶς τῆς σκολιᾶς ταύτης.

Acts 3,11 κρατοῦντος δὲ αὐτοῦ τὸν Πέτρον καὶ τὸν Ἰωάννην συνέδραμεν πᾶς ὁ λαὸς
πρὸς αὐτοὺς
ἐπὶ τῇ στοᾷ τῇ καλουμένῃ Σολομῶντος ἔκθαμβοι.

Acts 4,2 διαπονούμενοι διὰ τὸ διδάσκειν
αὐτοὺς
τὸν λαὸν καὶ καταγγέλλειν ἐν τῷ Ἰησοῦ τὴν ἀνάστασιν τὴν ἐκ νεκρῶν

Acts 4,7 καὶ στήσαντες
αὐτοὺς
ἐν τῷ μέσῳ ἐπυνθάνοντο· ἐν ποίᾳ δυνάμει ἢ ἐν ποίῳ ὀνόματι ἐποιήσατε τοῦτο ὑμεῖς;

a **Acts 4,8** τότε Πέτρος πλησθεὶς πνεύματος ἁγίου εἶπεν
πρὸς αὐτούς·
ἄρχοντες τοῦ λαοῦ καὶ πρεσβύτεροι

Acts 4,13 ... ἐπεγίνωσκόν τε
αὐτοὺς
ὅτι σὺν τῷ Ἰησοῦ ἦσαν

Acts 4,15 κελεύσαντες δὲ
αὐτοὺς
ἔξω τοῦ συνεδρίου ἀπελθεῖν συνέβαλλον πρὸς ἀλλήλους

Acts 4,18 καὶ καλέσαντες
αὐτοὺς
παρήγγειλαν τὸ καθόλου μὴ φθέγγεσθαι μηδὲ διδάσκειν ἐπὶ τῷ ὀνόματι τοῦ Ἰησοῦ.

a **Acts 4,19** ὁ δὲ Πέτρος καὶ Ἰωάννης ἀποκριθέντες εἶπον
πρὸς αὐτούς·
εἰ δίκαιόν ἐστιν ἐνώπιον τοῦ θεοῦ ὑμῶν ἀκούειν μᾶλλον ἢ τοῦ θεοῦ, κρίνατε·

Acts 4,21 (2) οἱ δὲ προσαπειλησάμενοι ἀπέλυσαν
αὐτούς,
μηδὲν εὑρίσκοντες τὸ πῶς κολάσωνται
αὐτούς,
διὰ τὸν λαόν, ὅτι πάντες ἐδόξαζον τὸν θεὸν ἐπὶ τῷ γεγονότι·

a **Acts 4,23** ἀπολυθέντες δὲ ἦλθον πρὸς τοὺς ἰδίους καὶ ἀπήγγειλαν ὅσα
πρὸς αὐτοὺς
οἱ ἀρχιερεῖς καὶ οἱ πρεσβύτεροι εἶπαν.

Acts 4,33 ... χάρις τε μεγάλη ἦν
ἐπὶ πάντας αὐτούς.

Acts 5,13 τῶν δὲ λοιπῶν οὐδεὶς ἐτόλμα κολλᾶσθαι αὐτοῖς, ἀλλ' ἐμεγάλυνεν
αὐτοὺς
ὁ λαός.

Acts 5,18 καὶ ἐπέβαλον τὰς χεῖρας ἐπὶ τοὺς ἀποστόλους καὶ ἔθεντο
αὐτοὺς
ἐν τηρήσει δημοσίᾳ.

Acts 5,19 ἄγγελος δὲ κυρίου διὰ νυκτὸς ἀνοίξας τὰς θύρας τῆς φυλακῆς ἐξαγαγών τε
αὐτοὺς
εἶπεν·

Acts 5,21 ... παραγενόμενος δὲ ὁ ἀρχιερεὺς καὶ οἱ σὺν αὐτῷ συνεκάλεσαν τὸ συνέδριον καὶ πᾶσαν τὴν γερουσίαν τῶν υἱῶν Ἰσραὴλ καὶ ἀπέστειλαν εἰς τὸ δεσμωτήριον ἀχθῆναι
αὐτούς.

Acts 5,22 οἱ δὲ παραγενόμενοι ὑπηρέται οὐχ εὗρον
αὐτοὺς
ἐν τῇ φυλακῇ· ἀναστρέψαντες δὲ ἀπήγγειλαν

Acts 5,26 τότε ἀπελθὼν ὁ στρατηγὸς σὺν τοῖς ὑπηρέταις ἦγεν
αὐτούς
οὐ μετὰ βίας, ...

Acts 5,27 (2) ἀγαγόντες δὲ
αὐτοὺς
ἔστησαν ἐν τῷ συνεδρίῳ.
καὶ ἐπηρώτησεν
αὐτοὺς
ὁ ἀρχιερεὺς

Acts 5,33 οἱ δὲ ἀκούσαντες διεπρίοντο καὶ ἐβούλοντο ἀνελεῖν
αὐτούς.

a **Acts 5,35** εἶπέν τε
πρὸς αὐτούς·
ἄνδρες Ἰσραηλῖται, προσέχετε ἑαυτοῖς ἐπὶ τοῖς ἀνθρώποις τούτοις τί μέλλετε πράσσειν.

Acts 5,38 καὶ τὰ νῦν λέγω ὑμῖν, ἀπόστητε ἀπὸ τῶν ἀνθρώπων τούτων καὶ ἄφετε
αὐτούς· ...

Acts 5,39 εἰ δὲ ἐκ θεοῦ ἐστιν, οὐ δυνήσεσθε καταλῦσαι
αὐτούς,
μήποτε καὶ θεομάχοι εὑρεθῆτε. ...

Acts 7,26 ... καὶ συνήλλασσεν
αὐτοὺς
εἰς εἰρήνην εἰπών· ἄνδρες, ἀδελφοί ἐστε· ἱνατί ἀδικεῖτε ἀλλήλους;

Acts 7,34 ... *καὶ κατέβην ἐξελέσθαι*
αὐτούς·
καὶ νῦν δεῦρο ἀποστείλω σε εἰς Αἴγυπτον.
➤ Exod 3,8.10

Acts 7,36 οὗτος ἐξήγαγεν
αὐτοὺς
ποιήσας τέρατα καὶ σημεῖα ἐν γῇ Αἰγύπτῳ ...

Acts 7,42 ἔστρεψεν δὲ ὁ θεὸς καὶ παρέδωκεν
αὐτοὺς
λατρεύειν τῇ στρατιᾷ τοῦ οὐρανοῦ ...

Acts 8,6 προσεῖχον δὲ οἱ ὄχλοι τοῖς λεγομένοις ὑπὸ τοῦ Φιλίππου ὁμοθυμαδὸν ἐν τῷ ἀκούειν
αὐτοὺς
καὶ βλέπειν τὰ σημεῖα ἃ ἐποίει.

Acts 8,11 προσεῖχον δὲ αὐτῷ διὰ τὸ ἱκανῷ χρόνῳ ταῖς μαγείαις ἐξεστακέναι
αὐτούς.

Acts 8,14 ἀκούσαντες δὲ οἱ ἐν Ἱεροσολύμοις ἀπόστολοι ὅτι δέδεκται ἡ Σαμάρεια τὸν λόγον τοῦ θεοῦ, ἀπέστειλαν
πρὸς αὐτοὺς
Πέτρον καὶ Ἰωάννην

Acts 8,17 τότε ἐπετίθεσαν τὰς χεῖρας
ἐπ' αὐτοὺς
καὶ ἐλάμβανον πνεῦμα ἅγιον.

Acts 9,21 ... καὶ ὧδε εἰς τοῦτο ἐληλύθει ἵνα δεδεμένους
αὐτοὺς
ἀγάγῃ ἐπὶ τοὺς ἀρχιερεῖς;

Acts 10,8 καὶ ἐξηγησάμενος ἅπαντα αὐτοῖς ἀπέστειλεν
αὐτοὺς
εἰς τὴν Ἰόππην.

Acts 10,20 ... πορεύου σὺν αὐτοῖς μηδὲν διακρινόμενος ὅτι ἐγὼ ἀπέσταλκα
αὐτούς.

Acts 10,23 εἰσκαλεσάμενος οὖν
αὐτοὺς
ἐξένισεν. ...

Acts 10,24 ... ὁ δὲ Κορνήλιος ἦν
προσδοκῶν
αὐτούς
συγκαλεσάμενος τοὺς
συγγενεῖς αὐτοῦ καὶ
τοὺς ἀναγκαίους φίλους.

a **Acts 10,28** ἔφη τε
πρὸς αὐτούς·
ὑμεῖς ἐπίστασθε ὡς
ἀθέμιτόν ἐστιν ἀνδρὶ
Ἰουδαίῳ κολλᾶσθαι ἢ
προσέρχεσθαι ἀλλοφύλῳ·
...

Acts 10,48 προσέταξεν δὲ
αὐτοὺς
ἐν τῷ ὀνόματι Ἰησοῦ
Χριστοῦ βαπτισθῆναι. ...

Acts 11,15 ἐν δὲ τῷ ἄρξασθαί με
λαλεῖν ἐπέπεσεν
τὸ πνεῦμα τὸ ἅγιον
ἐπ᾽ αὐτοὺς
ὥσπερ καὶ ἐφ᾽ ἡμᾶς
ἐν ἀρχῇ.

a **Acts 12,21** τακτῇ δὲ ἡμέρᾳ
ὁ Ἡρῴδης ἐνδυσάμενος
ἐσθῆτα βασιλικὴν [καὶ]
καθίσας ἐπὶ τοῦ βήματος
ἐδημηγόρει
πρὸς αὐτούς

Acts 13,2 ... ἀφορίσατε δή μοι τὸν
Βαρναβᾶν καὶ Σαῦλον
εἰς τὸ ἔργον
ὃ προσκέκλημαι
αὐτούς.

Acts 13,15 ... ἀπέστειλαν
οἱ ἀρχισυνάγωγοι
πρὸς αὐτοὺς
λέγοντες· ἄνδρες
ἀδελφοί, εἴ τίς ἐστιν ἐν
ὑμῖν λόγος παρακλήσεως
πρὸς τὸν λαόν, λέγετε.

Acts 13,17 ... καὶ μετὰ βραχίονος
ὑψηλοῦ ἐξήγαγεν
αὐτοὺς
ἐξ αὐτῆς,

Acts 13,18 καὶ ὡς τεσσερακονταετῆ
χρόνον ἐτροποφόρησεν
αὐτοὺς
ἐν τῇ ἐρήμῳ

Acts 13,43 ... οἵτινες προσλαλοῦντες
αὐτοῖς ἔπειθον
αὐτοὺς
προσμένειν τῇ χάριτι τοῦ
θεοῦ.

Acts 13,50 ... καὶ ἐπήγειραν διωγμὸν
ἐπὶ τὸν Παῦλον καὶ
Βαρναβᾶν καὶ ἐξέβαλον
αὐτοὺς
ἀπὸ τῶν ὁρίων αὐτῶν.

Acts 13,51 οἱ δὲ ἐκτιναξάμενοι τὸν
→ Mt 10,14 κονιορτὸν τῶν ποδῶν
→ Mk 6,11 **ἐπ᾽ αὐτοὺς**
→ **Lk 9,5** ἦλθον εἰς Ἰκόνιον
→ Lk 10,11

Acts 14,1 ἐγένετο δὲ ἐν Ἰκονίῳ
κατὰ τὸ αὐτὸ εἰσελθεῖν
αὐτοὺς
εἰς τὴν συναγωγὴν
τῶν Ἰουδαίων ...

Acts 14,5 ὡς δὲ ἐγένετο ὁρμὴ τῶν
ἐθνῶν τε καὶ Ἰουδαίων
σὺν τοῖς ἄρχουσιν αὐτῶν
ὑβρίσαι καὶ λιθοβολῆσαι
αὐτούς

Acts 14,23 ... προσευξάμενοι μετὰ
νηστειῶν παρέθεντο
αὐτοὺς
τῷ κυρίῳ εἰς ὃν
πεπιστεύκεισαν.

Acts 15,2 γενομένης δὲ στάσεως
καὶ ζητήσεως οὐκ ὀλίγης
τῷ Παύλῳ καὶ τῷ
Βαρναβᾷ
πρὸς αὐτούς,
ἔταξαν ἀναβαίνειν
Παῦλον καὶ Βαρναβᾶν ...

Acts 15,5 ἐξανέστησαν δέ τινες
τῶν ἀπὸ τῆς αἱρέσεως
τῶν Φαρισαίων
πεπιστευκότες λέγοντες
ὅτι δεῖ περιτέμνειν
αὐτοὺς
παραγγέλλειν τε τηρεῖν
τὸν νόμον Μωϋσέως.

a **Acts 15,7** πολλῆς δὲ ζητήσεως
γενομένης ἀναστὰς
Πέτρος εἶπεν
πρὸς αὐτούς·
ἄνδρες ἀδελφοί, ...

Acts 15,13 μετὰ δὲ τὸ σιγῆσαι
αὐτοὺς
ἀπεκρίθη Ἰάκωβος
λέγων· ἄνδρες ἀδελφοί,
ἀκούσατέ μου.

Acts 15,17 *ὅπως ἂν ἐκζητήσωσιν*
οἱ κατάλοιποι τῶν
ἀνθρώπων τὸν κύριον καὶ
πάντα τὰ ἔθνη ἐφ᾽ οὓς
ἐπικέκληται
τὸ ὄνομά μου
ἐπ᾽ αὐτούς,
λέγει κύριος ποιῶν
ταῦτα
➤ Amos 9,12 LXX

Acts 15,27 ἀπεστάλκαμεν οὖν
Ἰούδαν καὶ Σιλᾶν καὶ
αὐτοὺς
διὰ λόγου
ἀπαγγέλλοντας τὰ αὐτά.

Acts 15,33 ποιήσαντες δὲ χρόνον
ἀπελύθησαν μετ᾽ εἰρήνης
ἀπὸ τῶν ἀδελφῶν πρὸς
τοὺς ἀποστείλαντας
αὐτούς.

Acts 15,39 ἐγένετο δὲ παροξυσμὸς
ὥστε ἀποχωρισθῆναι
αὐτοὺς
ἀπ᾽ ἀλλήλων, ...

Acts 16,7 ἐλθόντες δὲ κατὰ τὴν
Μυσίαν ἐπείραζον
εἰς τὴν Βιθυνίαν
πορευθῆναι, καὶ
οὐκ εἴασεν
αὐτοὺς
τὸ πνεῦμα Ἰησοῦ·

Acts 16,10 ... ὅτι προσκέκληται ἡμᾶς
ὁ θεὸς εὐαγγελίσασθαι
αὐτούς.

Acts 16,20 καὶ προσαγαγόντες
αὐτοὺς
τοῖς στρατηγοῖς εἶπαν·
οὗτοι οἱ ἄνθρωποι
ἐκταράσσουσιν ἡμῶν
τὴν πόλιν, Ἰουδαῖοι
ὑπάρχοντες

Acts 16,23 ... παραγγείλαντες τῷ
δεσμοφύλακι ἀσφαλῶς
τηρεῖν
αὐτούς.

Acts 16,24 ὃς παραγγελίαν τοιαύτην
λαβὼν ἔβαλεν
αὐτοὺς
εἰς τὴν ἐσωτέραν
φυλακὴν ...

Acts 16,30 καὶ προαγαγὼν
αὐτοὺς
ἔξω ἔφη· κύριοι, τί με δεῖ
ποιεῖν ἵνα σωθῶ;

Acts 16,33 καὶ παραλαβὼν
αὐτοὺς
ἐν ἐκείνῃ τῇ ὥρᾳ τῆς
νυκτὸς ἔλουσεν
ἀπὸ τῶν πληγῶν, ...

Acts 16,34 ἀναγαγών τε
αὐτοὺς
εἰς τὸν οἶκον παρέθηκεν
τράπεζαν ...

a **Acts 16,37** ὁ δὲ Παῦλος ἔφη
πρὸς αὐτούς·
δείραντες ἡμᾶς δημοσίᾳ
ἀκατακρίτους,
ἀνθρώπους Ῥωμαίους
ὑπάρχοντας, ἔβαλαν
εἰς φυλακήν, ...

Acts 16,39 καὶ ἐλθόντες
παρεκάλεσαν
αὐτοὺς
καὶ ἐξαγαγόντες ἠρώτων
ἀπελθεῖν ἀπὸ τῆς
πόλεως.

Acts 17,2 κατὰ δὲ τὸ εἰωθὸς
τῷ Παύλῳ εἰσῆλθεν
πρὸς αὐτοὺς
καὶ ἐπὶ σάββατα τρία
διελέξατο αὐτοῖς
ἀπὸ τῶν γραφῶν

Acts 17,5 ... καὶ ἐπιστάντες τῇ
οἰκίᾳ Ἰάσονος ἐζήτουν
αὐτοὺς
προαγαγεῖν
εἰς τὸν δῆμον·

Acts 17,6 μὴ εὑρόντες δὲ **αὐτοὺς** ἔσυρον Ἰάσονα καί τινας ἀδελφοὺς ἐπὶ τοὺς πολιτάρχας ...

Acts 17,9 καὶ λαβόντες τὸ ἱκανὸν παρὰ τοῦ Ἰάσονος καὶ τῶν λοιπῶν ἀπέλυσαν **αὐτούς.**

Acts 17,16 ἐν δὲ ταῖς Ἀθήναις ἐκδεχομένου **αὐτοὺς** τοῦ Παύλου παρωξύνετο τὸ πνεῦμα αὐτοῦ ἐν αὐτῷ θεωροῦντος κατείδωλον οὖσαν τὴν πόλιν.

a **Acts 18,6** ... ἐκτιναξάμενος τὰ ἱμάτια εἶπεν **πρὸς αὐτούς·** τὸ αἷμα ὑμῶν ἐπὶ τὴν κεφαλὴν ὑμῶν· ...
→ Mt 10,14
→ Mk 6,11
→ **Lk 9,5**
→ Lk 10,11
→ Mt 27,24-25
→ Acts 20,26

Acts 18,16 καὶ ἀπήλασεν **αὐτοὺς** ἀπὸ τοῦ βήματος.

a **Acts 19,2** εἶπέν τε **πρὸς αὐτούς·** εἰ πνεῦμα ἅγιον ἐλάβετε πιστεύσαντες; ...

Acts 19,6 ... ἦλθε τὸ πνεῦμα τὸ ἅγιον **ἐπ᾽ αὐτούς,** ἐλάλουν τε γλώσσαις καὶ ἐπροφήτευον.

Acts 19,16 καὶ ἐφαλόμενος ὁ ἄνθρωπος **ἐπ᾽ αὐτοὺς** ἐν ᾧ ἦν τὸ πνεῦμα τὸ πονηρὸν κατακυριεύσας ἀμφοτέρων ἴσχυσεν κατ᾽ αὐτῶν ...

Acts 19,17 ... καὶ ἐπέπεσεν φόβος **ἐπὶ πάντας αὐτοὺς** καὶ ἐμεγαλύνετο τὸ ὄνομα τοῦ κυρίου Ἰησοῦ.

Acts 20,2 διελθὼν δὲ τὰ μέρη ἐκεῖνα καὶ παρακαλέσας **αὐτοὺς** λόγῳ πολλῷ ἦλθεν εἰς τὴν Ἑλλάδα

Acts 20,6 ... καὶ ἤλθομεν **πρὸς αὐτοὺς** εἰς τὴν Τρῳάδα ἄχρι ἡμερῶν πέντε, ...

Acts 21,19 καὶ ἀσπασάμενος **αὐτοὺς** ἐξηγεῖτο καθ᾽ ἓν ἕκαστον, ὧν ἐποίησεν ὁ θεὸς ἐν τοῖς ἔθνεσιν διὰ τῆς διακονίας αὐτοῦ.

Acts 21,21 κατηχήθησαν δὲ περὶ σοῦ ὅτι ἀποστασίαν διδάσκεις ἀπὸ Μωϋσέως τοὺς κατὰ τὰ ἔθνη πάντας Ἰουδαίους λέγων μὴ περιτέμνειν **αὐτοὺς** τὰ τέκνα μηδὲ τοῖς ἔθεσιν περιπατεῖν.

Acts 21,25 περὶ δὲ τῶν πεπιστευκότων ἐθνῶν ἡμεῖς ἐπεστείλαμεν κρίναντες φυλάσσεσθαι **αὐτοὺς** τό τε εἰδωλόθυτον καὶ αἷμα καὶ πνικτὸν καὶ πορνείαν.

Acts 21,32 ὃς ἐξαυτῆς παραλαβὼν στρατιώτας καὶ ἑκατοντάρχας κατέδραμεν **ἐπ᾽ αὐτούς,** οἱ δὲ ἰδόντες τὸν χιλίαρχον καὶ τοὺς στρατιώτας ἐπαύσαντο τύπτοντες τὸν Παῦλον.

Acts 22,30 ... καὶ καταγαγὼν τὸν Παῦλον ἔστησεν **εἰς αὐτούς.**

Acts 24,22 ἀνεβάλετο δὲ **αὐτοὺς** ὁ Φῆλιξ, ἀκριβέστερον εἰδὼς τὰ περὶ τῆς ὁδοῦ εἴπας· ...

Acts 26,11 καὶ κατὰ πάσας τὰς συναγωγὰς πολλάκις τιμωρῶν **αὐτοὺς** ἠνάγκαζον βλασφημεῖν ...

Acts 26,18 ... τοῦ λαβεῖν **αὐτοὺς** ἄφεσιν ἁμαρτιῶν καὶ κλῆρον ἐν τοῖς ἡγιασμένοις πίστει τῇ εἰς ἐμέ.

Acts 27,43 ὁ δὲ ἑκατοντάρχης βουλόμενος διασῶσαι τὸν Παῦλον ἐκώλυσεν **αὐτοὺς** τοῦ βουλήματος, ...

a **Acts 28,17** ... συνελθόντων δὲ αὐτῶν ἔλεγεν **πρὸς αὐτούς·** ἐγώ, ἄνδρες ἀδελφοί, οὐδὲν ἐναντίον ποιήσας τῷ λαῷ ἢ τοῖς ἔθεσι τοῖς πατρῴοις ...

Acts 28,23 ... διαμαρτυρόμενος τὴν βασιλείαν τοῦ θεοῦ, πείθων τε **αὐτοὺς** περὶ τοῦ Ἰησοῦ ἀπό τε τοῦ νόμου Μωϋσέως καὶ τῶν προφητῶν, ...

Acts 28,27 ... *μήποτε ἴδωσιν τοῖς ὀφθαλμοῖς καὶ τοῖς ὠσὶν ἀκούσωσιν καὶ τῇ καρδίᾳ συνῶσιν καὶ ἐπιστρέψωσιν, καὶ ἰάσομαι* **αὐτούς.**
→ Mt 13,15
➤ Isa 6,10 LXX

αὐτάς	Syn 4	Mt	Mk 1	Lk 3	Acts	Jn 3	1-3John	Paul	Eph	Col 1
	NT 12	2Thess	1/2Tim	Tit	Heb 2	Jas	1Pet	2Pet	Jude 1	Rev 1

feminine plural accusative of αὐτός

a πρὸς αὐτάς and verbum dicendi

002			**Lk 23,28** στραφεὶς δὲ **πρὸς αὐτὰς** [ὁ] Ἰησοῦς εἶπεν· θυγατέρες Ἰερουσαλήμ, μὴ κλαίετε ἐπ᾽ ἐμέ· ...

012	Mt 28,3	ἦν δὲ ἡ εἰδέα αὐτοῦ ὡς ἀστραπὴ καὶ τὸ ἔνδυμα αὐτοῦ λευκὸν ὡς χιών.	**Mk 16,5**	καὶ εἰσελθοῦσαι εἰς τὸ μνημεῖον εἶδον νεανίσκον καθήμενον ἐν τοῖς δεξιοῖς περιβεβλημένον στολὴν λευκήν, ...	**Lk 24,4** → Lk 24,23	καὶ ἐγένετο ἐν τῷ ἀπορεῖσθαι **αὐτὰς** περὶ τούτου καὶ ἰδοὺ ἄνδρες δύο ἐπέστησαν αὐταῖς ἐν ἐσθῆτι ἀστραπτούσῃ.	→ Jn 20,12
a 112	**Mt 28,5**	ἀποκριθεὶς δὲ ὁ ἄγγελος εἶπεν **ταῖς γυναιξίν·** μὴ φοβεῖσθε ὑμεῖς, οἶδα γὰρ ὅτι Ἰησοῦν τὸν ἐσταυρωμένον ζητεῖτε·	**Mk 16,6**	ὁ δὲ λέγει **αὐταῖς·** μὴ ἐκθαμβεῖσθε· Ἰησοῦν ζητεῖτε τὸν Ναζαρηνὸν τὸν ἐσταυρωμένον· ...	**Lk 24,5** → Lk 24,23	... εἶπαν **πρὸς αὐτάς·** τί ζητεῖτε τὸν ζῶντα μετὰ τῶν νεκρῶν·	
121	**Mt 28,8**	καὶ ἀπελθοῦσαι ταχὺ ἀπὸ τοῦ μνημείου μετὰ φόβου καὶ χαρᾶς μεγάλης ἔδραμον ἀπαγγεῖλαι τοῖς μαθηταῖς αὐτοῦ.	**Mk 16,8**	καὶ ἐξελθοῦσαι ἔφυγον ἀπὸ τοῦ μνημείου, εἶχεν γὰρ **αὐτὰς** τρόμος καὶ ἔκστασις· καὶ οὐδενὶ οὐδὲν εἶπαν· ἐφοβοῦντο γάρ.	**Lk 24,9**	καὶ ὑποστρέψασαι ἀπὸ τοῦ μνημείου ἀπήγγειλαν ταῦτα πάντα τοῖς ἕνδεκα καὶ πᾶσιν τοῖς λοιποῖς.	→ Jn 20,2.18

αὐτοῦ

αὐτοῦ	Syn 2	Mt 1	Mk	Lk 1	Acts 2	Jn	1-3John	Paul	Eph	Col
	NT 4	2Thess	1/2Tim	Tit	Heb	Jas	1Pet	2Pet	Jude	Rev

adverb: here; there

112	**Mt 16,28** → Mt 24,34	... εἰσίν τινες τῶν **ὧδε** ἑστώτων οἵτινες οὐ μὴ γεύσωνται θανάτου ἕως ἂν ἴδωσιν τὸν υἱὸν τοῦ ἀνθρώπου ἐρχόμενον ἐν τῇ βασιλείᾳ αὐτοῦ.	**Mk 9,1** → Mk 13,30	... εἰσίν τινες **ὧδε** τῶν ἑστηκότων οἵτινες οὐ μὴ γεύσωνται θανάτου ἕως ἂν ἴδωσιν τὴν βασιλείαν τοῦ θεοῦ ἐληλυθυῖαν ἐν δυνάμει.	**Lk 9,27** → Lk 21,32	... εἰσίν τινες τῶν **αὐτοῦ** ἑστηκότων οἳ οὐ μὴ γεύσωνται θανάτου ἕως ἂν ἴδωσιν τὴν βασιλείαν τοῦ θεοῦ.	→ Jn 21,22-23
211	**Mt 26,36**	... καὶ λέγει τοῖς μαθηταῖς· καθίσατε **αὐτοῦ** ἕως [οὗ] ἀπελθὼν ἐκεῖ προσεύξωμαι.	**Mk 14,32**	... καὶ λέγει τοῖς μαθηταῖς αὐτοῦ· καθίσατε **ὧδε** ἕως προσεύξωμαι.	**Lk 22,40** → Mt 26,41 → Mk 14,38 → Lk 22,46	... εἶπεν αὐτοῖς· προσεύχεσθε μὴ εἰσελθεῖν εἰς πειρασμόν.	

Acts 18,19 κατήντησαν δὲ εἰς Ἔφεσον κἀκείνους κατέλιπεν **αὐτοῦ,** αὐτὸς δὲ εἰσελθὼν εἰς τὴν συναγωγὴν διελέξατο τοῖς Ἰουδαίοις.

Acts 21,4 ἀνευρόντες δὲ τοὺς μαθητὰς ἐπεμείναμεν **αὐτοῦ** ἡμέρας ἑπτά, ...

ἀφαιρέω	Syn	Mt	Mk	Lk	Acts	Jn	1-3John	Paul	Eph	Col
	6	1	1	4				1		
	NT	2Thess	1/2Tim	Tit	Heb	Jas	1Pet	2Pet	Jude	Rev
	10				1					2

take away; remove; cut off

002					Lk 1,25	ὅτι οὕτως μοι πεποίηκεν κύριος ἐν ἡμέραις αἷς ἐπεῖδεν **ἀφελεῖν** ὄνειδός μου ἐν ἀνθρώποις.	
002					Lk 10,42	ἑνὸς δέ ἐστιν χρεία· Μαριὰμ γὰρ τὴν ἀγαθὴν μερίδα ἐξελέξατο ἥτις **οὐκ ἀφαιρεθήσεται** αὐτῆς.	
002					Lk 16,3	... τί ποιήσω, ὅτι ὁ κύριός μου **ἀφαιρεῖται** τὴν οἰκονομίαν ἀπ' ἐμοῦ; σκάπτειν οὐκ ἰσχύω, ἐπαιτεῖν αἰσχύνομαι.	
222	Mt 26,51	καὶ ἰδοὺ εἷς τῶν μετὰ Ἰησοῦ ἐκτείνας τὴν χεῖρα ἀπέσπασεν τὴν μάχαιραν αὐτοῦ καὶ πατάξας τὸν δοῦλον τοῦ ἀρχιερέως **ἀφεῖλεν** αὐτοῦ τὸ ὠτίον.	Mk 14,47	εἷς δέ [τις] τῶν παρεστηκότων σπασάμενος τὴν μάχαιραν ἔπαισεν τὸν δοῦλον τοῦ ἀρχιερέως καὶ **ἀφεῖλεν** αὐτοῦ τὸ ὠτάριον.	Lk 22,50	[49] ... κύριε, εἰ πατάξομεν ἐν μαχαίρῃ; [50] καὶ ἐπάταξεν εἷς τις ἐξ αὐτῶν τοῦ ἀρχιερέως τὸν δοῦλον καὶ **ἀφεῖλεν** τὸ οὖς αὐτοῦ τὸ δεξιόν.	→ Jn 18,10

ἀφανίζω	Syn	Mt	Mk	Lk	Acts	Jn	1-3John	Paul	Eph	Col
	3	3			1					
	NT	2Thess	1/2Tim	Tit	Heb	Jas	1Pet	2Pet	Jude	Rev
	5					1				

ruin; destroy; make unsightly; disfigure; *passive:* perish; vanish; disappear

200	Mt 6,16	ὅταν δὲ νηστεύητε, μὴ γίνεσθε ὡς οἱ ὑποκριταὶ σκυθρωποί, **ἀφανίζουσιν** γὰρ τὰ πρόσωπα αὐτῶν ὅπως φανῶσιν τοῖς ἀνθρώποις νηστεύοντες· ...					→ GTh 6,1 (POxy 654) → GTh 27 (POxy 1)
200	Mt 6,19 → Lk 12,21 ↓ Lk 12,33	μὴ θησαυρίζετε ὑμῖν θησαυροὺς ἐπὶ τῆς γῆς, ὅπου σὴς καὶ βρῶσις **ἀφανίζει** καὶ ὅπου κλέπται διορύσσουσιν καὶ κλέπτουσιν·					

	Mt		Mk	Lk		
201	**Mt 6,20** → Mt 19,21	θησαυρίζετε δὲ ὑμῖν θησαυροὺς ἐν οὐρανῷ, ὅπου οὔτε σὴς οὔτε βρῶσις **ἀφανίζει,** καὶ ὅπου κλέπται οὐ διορύσσουσιν οὐδὲ κλέπτουσιν·	→ Mk 10,21	**Lk 12,33** ↑ Mt 6,19 → Lk 14,33 → Lk 16,9 → Lk 18,22	... ποιήσατε ἑαυτοῖς βαλλάντια μὴ παλαιούμενα, θησαυρὸν ἀνέκλειπτον ἐν τοῖς οὐρανοῖς, ὅπου κλέπτης οὐκ ἐγγίζει οὐδὲ σὴς **διαφθείρει·**	→ Acts 2,45 → GTh 76,3

Acts 13,41 *ἴδετε, οἱ καταφρονηταί, καὶ θαυμάσατε καὶ* ***ἀφανίσθητε,*** *ὅτι ἔργον ἐργάζομαι ἐγὼ ἐν ταῖς ἡμέραις ὑμῶν, ...*
➤ Hab 1,5 LXX

ἄφαντος	Syn 1	Mt	Mk	Lk 1	Acts	Jn	1-3John	Paul	Eph	Col
	NT 1	2Thess	1/2Tim	Tit	Heb	Jas	1Pet	2Pet	Jude	Rev

invisible

002	**Lk 24,31**	αὐτῶν δὲ διηνοίχθησαν οἱ ὀφθαλμοὶ καὶ ἐπέγνωσαν αὐτόν· καὶ αὐτὸς **ἄφαντος** ἐγένετο ἀπ᾽ αὐτῶν.	

ἀφεδρῶν	Syn 2	Mt 1	Mk 1	Lk	Acts	Jn	1-3John	Paul	Eph	Col
	NT 2	2Thess	1/2Tim	Tit	Heb	Jas	1Pet	2Pet	Jude	Rev

latrine

	Mt		Mk		Lk	
220	**Mt 15,17**	οὐ νοεῖτε ὅτι πᾶν τὸ εἰσπορευόμενον εἰς τὸ στόμα εἰς τὴν κοιλίαν χωρεῖ καὶ **εἰς ἀφεδρῶνα** ἐκβάλλεται;	**Mk 7,19**	[18] ... οὐ νοεῖτε ὅτι πᾶν τὸ ἔξωθεν εἰσπορευόμενον εἰς τὸν ἄνθρωπον οὐ δύναται αὐτὸν κοινῶσαι, [19] ὅτι οὐκ εἰσπορεύεται αὐτοῦ εἰς τὴν καρδίαν ἀλλ᾽ εἰς τὴν κοιλίαν, καὶ **εἰς τὸν ἀφεδρῶνα** ἐκπορεύεται, καθαρίζων πάντα τὰ βρώματα;		→ GTh 14,5

ἄφεσις	Syn 8	Mt 1	Mk 2	Lk 5	Acts 5	Jn	1-3John	Paul	Eph 1	Col 1
	NT 17	2Thess	1/2Tim	Tit	Heb 2	Jas	1Pet	2Pet	Jude	Rev

forgiveness; cancellation (of sins); release (of prisoners)

	triple tradition																	double tradition			Sondergut		
		+Mt / +Lk			–Mt / –Lk			traditions not taken over by Mt / Lk							subtotals								
code	*222*	*211*	*112*	*212*	*221*	*122*	*121*	*022*	*012*	*021*	*220*	*120*	*210*	*020*	Σ⁺	Σ⁻	Σ	*202*	*201*	*102*	*200*	*002*	total
Mt		1⁺				1⁻						1⁻			1⁺	2⁻	1						1
Mk						1						1					2						2
Lk						1											1					4	5

a ἄφεσις ἁμαρτιῶν

a 002					**Lk 1,77** ↓ Lk 3,3	τοῦ δοῦναι γνῶσιν σωτηρίας τῷ λαῷ αὐτοῦ **ἐν ἀφέσει ἁμαρτιῶν αὐτῶν**	
a 122	**Mt 3,2** ↓ Mt 26,28	[1] ... παραγίνεται Ἰωάννης ὁ βαπτιστὴς κηρύσσων ἐν τῇ ἐρήμῳ τῆς Ἰουδαίας [2] [καὶ] λέγων· μετανοεῖτε· ἤγγικεν γὰρ ἡ βασιλεία τῶν οὐρανῶν.	**Mk 1,4**	ἐγένετο Ἰωάννης [ὁ] βαπτίζων ἐν τῇ ἐρήμῳ καὶ κηρύσσων βάπτισμα μετανοίας **εἰς ἄφεσιν ἁμαρτιῶν.**	**Lk 3,3** ↑ Lk 1,77	καὶ ἦλθεν εἰς πᾶσαν [τὴν] περίχωρον τοῦ Ἰορδάνου κηρύσσων βάπτισμα μετανοίας **εἰς ἄφεσιν ἁμαρτιῶν**	
002 002					**Lk 4,18 (2)** → Mt 11,5 → Lk 7,22 → Lk 13,16	*πνεῦμα κυρίου ἐπ' ἐμὲ οὗ εἵνεκεν ἔχρισέν με εὐαγγελίσασθαι πτωχοῖς, ἀπέσταλκέν με, κηρύξαι αἰχμαλώτοις* ***ἄφεσιν*** *καὶ τυφλοῖς ἀνάβλεψιν, ἀποστεῖλαι τεθραυσμένους* ***ἐν ἀφέσει*** ➤ Isa 61,1 LXX; 58,6	→ Acts 4,27 → Acts 10,38
120	**Mt 12,31**	... ἡ δὲ τοῦ πνεύματος βλασφημία **οὐκ ἀφεθήσεται.**	**Mk 3,29**	ὃς δ' ἂν βλασφημήσῃ εἰς τὸ πνεῦμα τὸ ἅγιον, **οὐκ ἔχει ἄφεσιν** εἰς τὸν αἰῶνα, ἀλλὰ ἔνοχός ἐστιν αἰωνίου ἁμαρτήματος.			→ GTh 44
	Mt 12,32	... ὃς δ' ἂν εἴπῃ κατὰ τοῦ πνεύματος τοῦ ἁγίου, **οὐκ ἀφεθήσεται** αὐτῷ οὔτε ἐν τούτῳ τῷ αἰῶνι οὔτε ἐν τῷ μέλλοντι.			**Lk 12,10**	... τῷ δὲ εἰς τὸ ἅγιον πνεῦμα βλασφημήσαντι **οὐκ ἀφεθήσεται.**	→ GTh 44 Mk-Q overlap
a 211	**Mt 26,28** ↑ Mt 3,2	τοῦτο γάρ ἐστιν τὸ αἷμά μου τῆς διαθήκης τὸ περὶ πολλῶν ἐκχυννόμενον **εἰς ἄφεσιν ἁμαρτιῶν.**	**Mk 14,24**	... τοῦτό ἐστιν τὸ αἷμά μου τῆς διαθήκης τὸ ἐκχυννόμενον ὑπὲρ πολλῶν.	**Lk 22,20**	... τοῦτο τὸ ποτήριον ἡ καινὴ διαθήκη ἐν τῷ αἵματί μου, τὸ ὑπὲρ ὑμῶν ἐκχυννόμενον.	→ 1Cor 11,25
a 002					**Lk 24,47** → Mt 28,19-20	καὶ κηρυχθῆναι ἐπὶ τῷ ὀνόματι αὐτοῦ μετάνοιαν **εἰς ἄφεσιν ἁμαρτιῶν** εἰς πάντα τὰ ἔθνη. ἀρξάμενοι ἀπὸ Ἰερουσαλήμ·	→ Jn 20,23

a **Acts 2,38** ... μετανοήσατε, [φησίν,] καὶ βαπτισθήτω ἕκαστος ὑμῶν ἐπὶ τῷ ὀνόματι Ἰησοῦ Χριστοῦ **εἰς ἄφεσιν τῶν ἁμαρτιῶν ὑμῶν** καὶ λήμψεσθε τὴν δωρεὰν τοῦ ἁγίου πνεύματος.

a **Acts 5,31** τοῦτον ὁ θεὸς ἀρχηγὸν καὶ σωτῆρα ὕψωσεν τῇ δεξιᾷ αὐτοῦ [τοῦ] δοῦναι μετάνοιαν τῷ Ἰσραὴλ καὶ **ἄφεσιν ἁμαρτιῶν**.

a **Acts 10,43** τούτῳ πάντες οἱ προφῆται μαρτυροῦσιν **ἄφεσιν ἁμαρτιῶν** λαβεῖν διὰ τοῦ ὀνόματος αὐτοῦ πάντα τὸν πιστεύοντα εἰς αὐτόν.

a **Acts 13,38** ... διὰ τούτου ὑμῖν **ἄφεσις ἁμαρτιῶν** καταγγέλλεται, ...

a **Acts 26,18** ... τοῦ λαβεῖν αὐτοὺς **ἄφεσιν ἁμαρτιῶν** καὶ κλῆρον ἐν τοῖς ἡγιασμένοις πίστει τῇ εἰς ἐμέ.

ἀφίημι	Syn	Mt	Mk	Lk	Acts	Jn	1-3John	Paul	Eph	Col
	112	47	34	31	3	15	2	5		
	NT	2Thess	1/2Tim	Tit	Heb	Jas	1Pet	2Pet	Jude	Rev
	143				2	1				3

cancel; forgive; remit (of sin or debts); allow; let be; tolerate; leave; leave behind; forsake; neglect; let go; dismiss; divorce

	triple tradition																	double tradition			Sondergut		
		+Mt / +Lk			–Mt / –Lk			traditions not taken over by Mt / Lk							subtotals								
code	*222*	*211*	*112*	*212*	*221*	*122*	*121*	*022*	*012*	*021*	*220*	*120*	*210*	*020*	Σ⁺	Σ⁻	Σ	*202*	*201*	*102*	*200*	*002*	total
Mt	9	3⁺				1⁻	7⁻				6	4⁻	2⁺		5⁺	12⁻	20	10	7		10		**47**
Mk	9					1	7	1		3	6	4		3			34						**34**
Lk	9					1	7⁻	1		3⁻						10⁻	11	10		2		8	**31**

a ἀφίημι: forgive; remit (of sins or debts)

200 200	**Mt 3,15 (2)**	ἀποκριθεὶς δὲ ὁ Ἰησοῦς εἶπεν πρὸς αὐτόν· **ἄφες** ἄρτι, οὕτως γὰρ πρέπον ἐστὶν ἡμῖν πληρῶσαι πᾶσαν δικαιοσύνην. τότε **ἀφίησιν** αὐτόν.					
201	**Mt 4,11**	τότε **ἀφίησιν** αὐτὸν ὁ διάβολος, καὶ ἰδοὺ ἄγγελοι προσῆλθον καὶ διηκόνουν αὐτῷ.	**Mk 1,13**	... καὶ ἦν μετὰ τῶν θηρίων, καὶ οἱ ἄγγελοι διηκόνουν αὐτῷ.	**Lk 4,13**	καὶ συντελέσας πάντα πειρασμὸν ὁ διάβολος **ἀπέστη** ἀπ' αὐτοῦ ἄχρι καιροῦ.	Mk-Q overlap
222	**Mt 4,20**	οἱ δὲ εὐθέως **ἀφέντες** τὰ δίκτυα ἠκολούθησαν αὐτῷ.	**Mk 1,18**	καὶ εὐθὺς **ἀφέντες** τὰ δίκτυα ἠκολούθησαν αὐτῷ.	**Lk 5,11** → Lk 5,28 ↓ Mk 1,20	καὶ καταγαγόντες τὰ πλοῖα ἐπὶ τὴν γῆν **ἀφέντες** πάντα ἠκολούθησαν αὐτῷ.	
220	**Mt 4,22**	οἱ δὲ εὐθέως **ἀφέντες** τὸ πλοῖον καὶ τὸν πατέρα αὐτῶν ἠκολούθησαν αὐτῷ.	**Mk 1,20**	... καὶ **ἀφέντες** τὸν πατέρα αὐτῶν Ζεβεδαῖον ἐν τῷ πλοίῳ μετὰ τῶν μισθωτῶν ἀπῆλθον ὀπίσω αὐτοῦ.	**Lk 5,11** → Lk 5,28 ↑ Mk 1,18	καὶ καταγαγόντες τὰ πλοῖα ἐπὶ τὴν γῆν **ἀφέντες** πάντα ἠκολούθησαν αὐτῷ.	
222	**Mt 8,15**	καὶ ἥψατο τῆς χειρὸς αὐτῆς, καὶ **ἀφῆκεν** αὐτὴν ὁ πυρετός, καὶ ἠγέρθη καὶ διηκόνει αὐτῷ.	**Mk 1,31**	καὶ προσελθὼν ἤγειρεν αὐτὴν κρατήσας τῆς χειρός· καὶ **ἀφῆκεν** αὐτὴν ὁ πυρετός, καὶ διηκόνει αὐτοῖς.	**Lk 4,39**	καὶ ἐπιστὰς ἐπάνω αὐτῆς ἐπετίμησεν τῷ πυρετῷ· καὶ **ἀφῆκεν** αὐτήν· παραχρῆμα δὲ ἀναστᾶσα διηκόνει αὐτοῖς.	

021			**Mk 1,34** ↓ Mt 12,16 ↓ Mk 3,12	... καὶ **οὐκ ἤφιεν** λαλεῖν τὰ δαιμόνια, ὅτι ᾔδεισαν αὐτόν.	**Lk 4,41**	... καὶ ἐπιτιμῶν **οὐκ εἴα** αὐτὰ λαλεῖν, ὅτι ᾔδεισαν τὸν χριστὸν αὐτὸν εἶναι.	
	Mt 12,16	καὶ ἐπετίμησεν αὐτοῖς ἵνα μὴ φανερὸν αὐτὸν ποιήσωσιν	**Mk 3,12** ↑ Mk 1,34	καὶ πολλὰ ἐπετίμα αὐτοῖς ἵνα μὴ αὐτὸν φανερὸν ποιήσωσιν.			
222	**Mt 4,20**	οἱ δὲ εὐθέως **ἀφέντες** τὰ δίκτυα ἠκολούθησαν αὐτῷ.	**Mk 1,18**	καὶ εὐθὺς **ἀφέντες** τὰ δίκτυα ἠκολούθησαν αὐτῷ.	**Lk 5,11** → Lk 5,28	καὶ καταγαγόντες τὰ πλοῖα ἐπὶ τὴν γῆν **ἀφέντες** πάντα ἠκολούθησαν αὐτῷ.	
	Mt 4,22	οἱ δὲ εὐθέως **ἀφέντες** τὸ πλοῖον καὶ τὸν πατέρα αὐτῶν ἠκολούθησαν αὐτῷ.	**Mk 1,20**	καὶ εὐθὺς ἐκάλεσεν αὐτούς. καὶ **ἀφέντες** τὸν πατέρα αὐτῶν Ζεβεδαῖον ἐν τῷ πλοίῳ μετὰ τῶν μισθωτῶν ἀπῆλθον ὀπίσω αὐτοῦ.			
a 222	**Mt 9,2**	... καὶ ἰδὼν ὁ Ἰησοῦς τὴν πίστιν αὐτῶν εἶπεν τῷ παραλυτικῷ· θάρσει, τέκνον, **ἀφίενταί** σου αἱ ἁμαρτίαι.	**Mk 2,5**	καὶ ἰδὼν ὁ Ἰησοῦς τὴν πίστιν αὐτῶν λέγει τῷ παραλυτικῷ· τέκνον, **ἀφίενταί** σου αἱ ἁμαρτίαι.	**Lk 5,20** ↓ Lk 7,48	καὶ ἰδὼν τὴν πίστιν αὐτῶν εἶπεν· ἄνθρωπε, **ἀφέωνταί** σοι αἱ ἁμαρτίαι σου.	
a 122	**Mt 9,3**	καὶ ἰδού τινες τῶν γραμματέων εἶπαν ἐν ἑαυτοῖς· οὗτος βλασφημεῖ.	**Mk 2,7**	[6] ἦσαν δέ τινες τῶν γραμματέων ἐκεῖ καθήμενοι καὶ διαλογιζόμενοι ἐν ταῖς καρδίαις αὐτῶν· [7] τί οὗτος οὕτως λαλεῖ; βλασφημεῖ· τίς δύναται **ἀφιέναι** ἁμαρτίας εἰ μὴ εἷς ὁ θεός;	**Lk 5,21** ↓ Lk 7,49	καὶ ἤρξαντο διαλογίζεσθαι οἱ γραμματεῖς καὶ οἱ Φαρισαῖοι λέγοντες· τίς ἐστιν οὗτος ὃς λαλεῖ βλασφημίας; τίς δύναται ἁμαρτίας **ἀφεῖναι** εἰ μὴ μόνος ὁ θεός;	
a 222	**Mt 9,5**	τί γάρ ἐστιν εὐκοπώτερον, εἰπεῖν· **ἀφίενταί** σου αἱ ἁμαρτίαι, ἢ εἰπεῖν· ἔγειρε καὶ περιπάτει;	**Mk 2,9**	τί ἐστιν εὐκοπώτερον, εἰπεῖν τῷ παραλυτικῷ· **ἀφίενταί** σου αἱ ἁμαρτίαι, ἢ εἰπεῖν· ἔγειρε καὶ ἆρον τὸν κράβαττόν σου καὶ περιπάτει;	**Lk 5,23**	τί ἐστιν εὐκοπώτερον, εἰπεῖν· **ἀφέωνταί** σοι αἱ ἁμαρτίαι σου, ἢ εἰπεῖν· ἔγειρε καὶ περιπάτει;	
a 222	**Mt 9,6**	ἵνα δὲ εἰδῆτε ὅτι ἐξουσίαν ἔχει ὁ υἱὸς τοῦ ἀνθρώπου ἐπὶ τῆς γῆς **ἀφιέναι** ἁμαρτίας - τότε λέγει τῷ παραλυτικῷ· ...	**Mk 2,10**	ἵνα δὲ εἰδῆτε ὅτι ἐξουσίαν ἔχει ὁ υἱὸς τοῦ ἀνθρώπου **ἀφιέναι** ἁμαρτίας ἐπὶ τῆς γῆς - λέγει τῷ παραλυτικῷ·	**Lk 5,24**	ἵνα δὲ εἰδῆτε ὅτι ὁ υἱὸς τοῦ ἀνθρώπου ἐξουσίαν ἔχει ἐπὶ τῆς γῆς **ἀφιέναι** ἁμαρτίας - εἶπεν τῷ παραλελυμένῳ· ...	
200	**Mt 5,24** ↓ Mt 6,14 ↓ Mk 11,25	**ἄφες** ἐκεῖ τὸ δῶρόν σου ἔμπροσθεν τοῦ θυσιαστηρίου καὶ ὕπαγε πρῶτον διαλλάγηθι τῷ ἀδελφῷ σου, καὶ τότε ἐλθὼν πρόσφερε τὸ δῶρόν σου.					
201	**Mt 5,40**	καὶ τῷ θέλοντί σοι κριθῆναι καὶ τὸν χιτῶνά σου λαβεῖν, **ἄφες** αὐτῷ καὶ τὸ ἱμάτιον·			**Lk 6,29**	... καὶ ἀπὸ τοῦ αἴροντός σου τὸ ἱμάτιον καὶ τὸν χιτῶνα **μὴ κωλύσῃς.**	

a 202 *a* 202	**Mt 6,12** (2) ↓ Mt 6,14 ↓ Mk 11,25 → Mt 18,33	καὶ **ἄφες** ἡμῖν τὰ ὀφειλήματα ἡμῶν, ὡς καὶ ἡμεῖς **ἀφήκαμεν** τοῖς ὀφειλέταις ἡμῶν·			**Lk 11,4** (2)	καὶ **ἄφες** ἡμῖν τὰς ἁμαρτίας ἡμῶν, καὶ γὰρ αὐτοὶ **ἀφίομεν** παντὶ ὀφείλοντι ἡμῖν· ...	
a 220 *a* 220	**Mt 6,14** (2) ↑ Mt 6,12 ↓ Lk 11,4	ἐὰν γὰρ **ἀφῆτε** τοῖς ἀνθρώποις τὰ παραπτώματα αὐτῶν, **ἀφήσει** καὶ ὑμῖν ὁ πατὴρ ὑμῶν ὁ οὐράνιος·	**Mk 11,25** (2) ↑ Mt 5,24	καὶ ὅταν στήκετε προσευχόμενοι, **ἀφίετε** εἴ τι ἔχετε κατά τινος, ἵνα καὶ ὁ πατὴρ ὑμῶν ὁ ἐν τοῖς οὐρανοῖς **ἀφῇ** ὑμῖν τὰ παραπτώματα ὑμῶν.			
a 200 *a* 200	**Mt 6,15** (2) ↓ Mt 18,35	ἐὰν δὲ **μὴ ἀφῆτε** τοῖς ἀνθρώποις, οὐδὲ ὁ πατὴρ ὑμῶν **ἀφήσει** τὰ παραπτώματα ὑμῶν.					Mk 11,26 is textcritically uncertain.
  202	**Mt 7,4**	ἢ πῶς ἐρεῖς τῷ ἀδελφῷ σου· **ἄφες** ἐκβάλω τὸ κάρφος ἐκ τοῦ ὀφθαλμοῦ σου, καὶ ἰδοὺ ἡ δοκὸς ἐν τῷ ὀφθαλμῷ σοῦ;			**Lk 6,42**	πῶς δύνασαι λέγειν τῷ ἀδελφῷ σου· ἀδελφέ, **ἄφες** ἐκβάλω τὸ κάρφος τὸ ἐν τῷ ὀφθαλμῷ σου, αὐτὸς τὴν ἐν τῷ ὀφθαλμῷ σοῦ δοκὸν οὐ βλέπων; ...	→ GTh 26
   222	**Mt 8,15**	καὶ ἥψατο τῆς χειρὸς αὐτῆς, καὶ **ἀφῆκεν** αὐτὴν ὁ πυρετός, καὶ ἠγέρθη καὶ διηκόνει αὐτῷ.	**Mk 1,31**	καὶ προσελθὼν ἤγειρεν αὐτὴν κρατήσας τῆς χειρός· καὶ **ἀφῆκεν** αὐτὴν ὁ πυρετός, καὶ διηκόνει αὐτοῖς.	**Lk 4,39**	καὶ ἐπιστὰς ἐπάνω αὐτῆς ἐπετίμησεν τῷ πυρετῷ· καὶ **ἀφῆκεν** αὐτήν· παραχρῆμα δὲ ἀναστᾶσα διηκόνει αὐτοῖς.	
 202	**Mt 8,22**	... καὶ **ἄφες** τοὺς νεκροὺς θάψαι τοὺς ἑαυτῶν νεκρούς.			**Lk 9,60**	 ... **ἄφες** τοὺς νεκροὺς θάψαι τοὺς ἑαυτῶν νεκρούς, ...	
a 222	**Mt 9,2**	... καὶ ἰδὼν ὁ Ἰησοῦς τὴν πίστιν αὐτῶν εἶπεν τῷ παραλυτικῷ· θάρσει, τέκνον, **ἀφίενταί** σου αἱ ἁμαρτίαι.	**Mk 2,5**	καὶ ἰδὼν ὁ Ἰησοῦς τὴν πίστιν αὐτῶν λέγει τῷ παραλυτικῷ· τέκνον, **ἀφίενταί** σου αἱ ἁμαρτίαι.	**Lk 5,20** ↓ Lk 7,48	καὶ ἰδὼν τὴν πίστιν αὐτῶν εἶπεν· ἄνθρωπε, **ἀφέωνταί** σοι αἱ ἁμαρτίαι σου.	
a 222	**Mt 9,5**	τί γάρ ἐστιν εὐκοπώτερον, εἰπεῖν· **ἀφίενταί** σου αἱ ἁμαρτίαι, ἢ εἰπεῖν· ἔγειρε καὶ περιπάτει;	**Mk 2,9**	τί ἐστιν εὐκοπώτερον, εἰπεῖν τῷ παραλυτικῷ· **ἀφίενταί** σου αἱ ἁμαρτίαι, ἢ εἰπεῖν· ἔγειρε καὶ ἆρον τὸν κράβαττόν σου καὶ περιπάτει;	**Lk 5,23**	τί ἐστιν εὐκοπώτερον, εἰπεῖν· **ἀφέωνταί** σοι αἱ ἁμαρτίαι σου, ἢ εἰπεῖν· ἔγειρε καὶ περιπάτει;	
a 222	**Mt 9,6**	ἵνα δὲ εἰδῆτε ὅτι ἐξουσίαν ἔχει ὁ υἱὸς τοῦ ἀνθρώπου ἐπὶ τῆς γῆς **ἀφιέναι** ἁμαρτίας - τότε λέγει τῷ παραλυτικῷ· ...	**Mk 2,10**	ἵνα δὲ εἰδῆτε ὅτι ἐξουσίαν ἔχει ὁ υἱὸς τοῦ ἀνθρώπου **ἀφιέναι** ἁμαρτίας ἐπὶ τῆς γῆς - λέγει τῷ παραλυτικῷ·	**Lk 5,24**	ἵνα δὲ εἰδῆτε ὅτι ὁ υἱὸς τοῦ ἀνθρώπου ἐξουσίαν ἔχει ἐπὶ τῆς γῆς **ἀφιέναι** ἁμαρτίας - εἶπεν τῷ παραλελυμένῳ· ...	

a 002 *a* 002					Lk 7,47 (2)	οὗ χάριν λέγω σοι, **ἀφέωνται** αἱ ἁμαρτίαι αὐτῆς αἱ πολλαί, ὅτι ἠγάπησεν πολύ· ᾧ δὲ ὀλίγον **ἀφίεται,** ὀλίγον ἀγαπᾷ.	
a 002					Lk 7,48 ↑ Mt 9,2 ↑ Mk 2,5 ↑ Lk 5,20	εἶπεν δὲ αὐτῇ· **ἀφέωνταί** σου αἱ ἁμαρτίαι.	
a 002					Lk 7,49 ↑ Mt 9,3 ↑ Mk 2,7 ↑ Lk 5,21	καὶ ἤρξαντο οἱ συνανακείμενοι λέγειν ἐν ἑαυτοῖς· τίς οὗτός ἐστιν ὃς καὶ ἁμαρτίας **ἀφίησιν;**	
a 220	Mt 12,31 (2)	διὰ τοῦτο λέγω ὑμῖν, πᾶσα ἁμαρτία καὶ βλασφημία **ἀφεθήσεται** τοῖς ἀνθρώποις,	Mk 3,28 ↓ Mt 12,32 ↓ Lk 12,10	ἀμὴν λέγω ὑμῖν ὅτι πάντα **ἀφεθήσεται** τοῖς υἱοῖς τῶν ἀνθρώπων τὰ ἁμαρτήματα καὶ αἱ βλασφημίαι ὅσα ἐὰν βλασφημήσωσιν·			→ GTh 44
a 210		ἡ δὲ τοῦ πνεύματος βλασφημία **οὐκ ἀφεθήσεται.**	Mk 3,29	ὃς δ' ἂν βλασφημήσῃ εἰς τὸ πνεῦμα τὸ ἅγιον, **οὐκ ἔχει ἄφεσιν**			→ GTh 44
a 202 *a* 202	Mt 12,32 (2) ↑ Mk 3,28	καὶ ὃς ἐὰν εἴπῃ λόγον κατὰ τοῦ υἱοῦ τοῦ ἀνθρώπου, **ἀφεθήσεται** αὐτῷ· ὃς δ' ἂν εἴπῃ κατὰ τοῦ πνεύματος τοῦ ἁγίου, **οὐκ ἀφεθήσεται** αὐτῷ οὔτε ἐν τούτῳ τῷ αἰῶνι οὔτε ἐν τῷ μέλλοντι.		εἰς τὸν αἰῶνα, ἀλλὰ ἔνοχός ἐστιν αἰωνίου ἁμαρτήματος.	Lk 12,10 (2) ↑ Mk 3,28	καὶ πᾶς ὃς ἐρεῖ λόγον εἰς τὸν υἱὸν τοῦ ἀνθρώπου, **ἀφεθήσεται** αὐτῷ· τῷ δὲ εἰς τὸ ἅγιον πνεῦμα βλασφημήσαντι **οὐκ ἀφεθήσεται.**	→ GTh 44 Mk-Q overlap
 121	Mt 13,13 → Mt 13,14-15	... ὅτι βλέποντες οὐ βλέπουσιν καὶ ἀκούοντες οὐκ ἀκούουσιν οὐδὲ συνίουσιν· ➢ Isa 6,9	Mk 4,12 → Mk 8,18	... ἵνα βλέποντες βλέπωσιν καὶ μὴ ἴδωσιν, καὶ ἀκούοντες ἀκούωσιν καὶ μὴ συνιῶσιν, μήποτε ἐπιστρέψωσιν καὶ **ἀφεθῇ** αὐτοῖς. ➢ Isa 6,9	Lk 8,10	... ἵνα βλέποντες μὴ βλέπωσιν καὶ ἀκούοντες μὴ συνιῶσιν. ➢ Isa 6,9	→ Jn 12,40 → Acts 28,26
200	Mt 13,30	**ἄφετε** συναυξάνεσθαι ἀμφότερα ἕως τοῦ θερισμοῦ, ...					→ GTh 57
200	Mt 13,36	τότε **ἀφεὶς** τοὺς ὄχλους ἦλθεν εἰς τὴν οἰκίαν. ...					
121	Mt 8,23	 καὶ ἐμβάντι αὐτῷ εἰς τὸ πλοῖον ἠκολούθησαν αὐτῷ οἱ μαθηταὶ αὐτοῦ.	Mk 4,36	καὶ **ἀφέντες** τὸν ὄχλον παραλαμβάνουσιν αὐτὸν ὡς ἦν ἐν τῷ πλοίῳ, καὶ ἄλλα πλοῖα ἦν μετ' αὐτοῦ.	Lk 8,22	 ἐγένετο δὲ ἐν μιᾷ τῶν ἡμερῶν καὶ αὐτὸς ἐνέβη εἰς πλοῖον καὶ οἱ μαθηταὶ αὐτοῦ ...	

021			Mk 5,19	[18] ... παρεκάλει αὐτὸν ὁ δαιμονισθεὶς ἵνα μετ' αὐτοῦ ᾖ. [19] καὶ **οὐκ ἀφῆκεν** αὐτόν, ἀλλὰ λέγει αὐτῷ· ὕπαγε εἰς τὸν οἶκόν σου ...	Lk 8,38	ἐδεῖτο δὲ αὐτοῦ ὁ ἀνὴρ ἀφ' οὗ ἐξεληλύθει τὰ δαιμόνια εἶναι σὺν αὐτῷ· **ἀπέλυσεν δὲ** αὐτὸν λέγων· [39] ὑπόστρεφε εἰς τὸν οἶκόν σου, ...	
022			Mk 5,37	καὶ **οὐκ ἀφῆκεν** οὐδένα μετ' αὐτοῦ συνακολουθῆσαι εἰ μὴ τὸν Πέτρον καὶ Ἰάκωβον καὶ Ἰωάννην τὸν ἀδελφὸν Ἰακώβου.	Lk 8,51	... **οὐκ ἀφῆκεν** εἰσελθεῖν τινα σὺν αὐτῷ εἰ μὴ Πέτρον καὶ Ἰωάννην καὶ Ἰάκωβον ...	
020	Mt 15,3 → Mk 7,9	... διὰ τί καὶ ὑμεῖς **παραβαίνετε** τὴν ἐντολὴν τοῦ θεοῦ διὰ τὴν παράδοσιν ὑμῶν;	Mk 7,8	**ἀφέντες** τὴν ἐντολὴν τοῦ θεοῦ κρατεῖτε τὴν παράδοσιν τῶν ἀνθρώπων.			
120	Mt 15,6	**οὐ μὴ τιμήσει** τὸν πατέρα αὐτοῦ· ...	Mk 7,12	**οὐκέτι ἀφίετε** αὐτὸν οὐδὲν ποιῆσαι τῷ πατρὶ ἢ τῇ μητρί			
201	Mt 15,14	**ἄφετε** αὐτούς· τυφλοί εἰσιν ὁδηγοί [τυφλῶν]· τυφλὸς δὲ τυφλὸν ἐὰν ὁδηγῇ, ἀμφότεροι εἰς βόθυνον πεσοῦνται.			Lk 6,39	εἶπεν δὲ καὶ παραβολὴν αὐτοῖς· μήτι δύναται τυφλὸς τυφλὸν ὁδηγεῖν; οὐχὶ ἀμφότεροι εἰς βόθυνον ἐμπεσοῦνται;	→ GTh 34
120	Mt 15,26	ὁ δὲ ἀποκριθεὶς εἶπεν· οὐκ ἔστιν καλὸν λαβεῖν τὸν ἄρτον τῶν τέκνων καὶ βαλεῖν τοῖς κυναρίοις.	Mk 7,27	καὶ ἔλεγεν αὐτῇ· **ἄφες** πρῶτον χορτασθῆναι τὰ τέκνα, οὐ γάρ ἐστιν καλὸν λαβεῖν τὸν ἄρτον τῶν τέκνων καὶ τοῖς κυναρίοις βαλεῖν.			
120	Mt 16,4	... καὶ **καταλιπὼν** αὐτοὺς ἀπῆλθεν. [5] καὶ ἐλθόντες οἱ μαθηταὶ εἰς τὸ πέραν ...	Mk 8,13	καὶ **ἀφεὶς** αὐτοὺς πάλιν ἐμβὰς ἀπῆλθεν εἰς τὸ πέραν.			
201	Mt 18,12	τί ὑμῖν δοκεῖ; ἐὰν γένηταί τινι ἀνθρώπῳ ἑκατὸν πρόβατα καὶ πλανηθῇ ἓν ἐξ αὐτῶν, **οὐχὶ ἀφήσει** τὰ ἐνενήκοντα ἐννέα ἐπὶ τὰ ὄρη καὶ πορευθεὶς ζητεῖ τὸ πλανώμενον;			Lk 15,4	τίς ἄνθρωπος ἐξ ὑμῶν ἔχων ἑκατὸν πρόβατα καὶ ἀπολέσας ἐξ αὐτῶν ἓν **οὐ καταλείπει** τὰ ἐνενήκοντα ἐννέα ἐν τῇ ἐρήμῳ καὶ πορεύεται ἐπὶ τὸ ἀπολωλὸς ...	→ GTh 107
a 202	Mt 18,21 ↓ Mt 18,15	τότε προσελθὼν ὁ Πέτρος εἶπεν αὐτῷ· κύριε, ποσάκις ἁμαρτήσει εἰς ἐμὲ ὁ ἀδελφός μου καὶ **ἀφήσω** αὐτῷ; ἕως ἑπτάκις; [22] λέγει αὐτῷ ὁ Ἰησοῦς· οὐ λέγω σοι ἕως ἑπτάκις ἀλλὰ ἕως ἑβδομηκοντάκις ἑπτά.			Lk 17,4 ↓ Lk 17,3	καὶ ἐὰν ἑπτάκις τῆς ἡμέρας ἁμαρτήσῃ εἰς σὲ καὶ ἑπτάκις ἐπιστρέψῃ πρὸς σὲ λέγων· μετανοῶ, **ἀφήσεις** αὐτῷ.	
a 200	Mt 18,27	σπλαγχνισθεὶς δὲ ὁ κύριος τοῦ δούλου ἐκείνου ἀπέλυσεν αὐτὸν καὶ τὸ δάνειον **ἀφῆκεν** αὐτῷ.					

a 200	**Mt 18,32**	... δοῦλε πονηρέ, πᾶσαν τὴν ὀφειλὴν ἐκείνην **ἀφῆκά** σοι, ἐπεὶ παρεκάλεσάς με·					
a 200	**Mt 18,35** ↑ Mt 6,15	οὕτως καὶ ὁ πατήρ μου ὁ οὐράνιος ποιήσει ὑμῖν, ἐὰν **μὴ ἀφῆτε** ἕκαστος τῷ ἀδελφῷ αὐτοῦ ἀπὸ τῶν καρδιῶν ὑμῶν.					
202	**Mt 8,22** → Lk 9,59	... καὶ **ἄφες** τοὺς νεκροὺς θάψαι τοὺς ἑαυτῶν νεκρούς.			**Lk 9,60**	... **ἄφες** τοὺς νεκροὺς θάψαι τοὺς ἑαυτῶν νεκρούς, ...	
002					**Lk 10,30**	... ἄνθρωπός τις κατέβαινεν ἀπὸ Ἰερουσαλὴμ εἰς Ἰεριχὼ καὶ λησταῖς περιέπεσεν, οἳ καὶ ἐκδύσαντες αὐτὸν καὶ πληγὰς ἐπιθέντες ἀπῆλθον **ἀφέντες** ἡμιθανῆ.	
a 202	**Mt 6,12** **(2)** ↑ Mt 6,14 ↓ Mk 11,25 → Mt 18,33	καὶ **ἄφες** ἡμῖν τὰ ὀφειλήματα ἡμῶν,			**Lk 11,4** **(2)**	καὶ **ἄφες** ἡμῖν τὰς ἁμαρτίας ἡμῶν,	
a 202		ὡς καὶ ἡμεῖς **ἀφήκαμεν** τοῖς ὀφειλέταις ἡμῶν·				καὶ γὰρ αὐτοὶ **ἀφίομεν** παντὶ ὀφείλοντι ἡμῖν· ...	
a 202	**Mt 12,32** **(2)** ↑ Mk 3,28	καὶ ὃς ἐὰν εἴπῃ λόγον κατὰ τοῦ υἱοῦ τοῦ ἀνθρώπου, **ἀφεθήσεται** αὐτῷ· ὃς δ' ἂν εἴπῃ κατὰ τοῦ πνεύματος τοῦ ἁγίου,	**Mk 3,29**	ὃς δ' ἂν βλασφημήσῃ εἰς τὸ πνεῦμα τὸ ἅγιον,	**Lk 12,10** **(2)** ↑ Mk 3,28	καὶ πᾶς ὃς ἐρεῖ λόγον εἰς τὸν υἱὸν τοῦ ἀνθρώπου, **ἀφεθήσεται** αὐτῷ· τῷ δὲ εἰς τὸ ἅγιον πνεῦμα βλασφημήσαντι	→ GTh 44 Mk-Q overlap
a 202		**οὐκ ἀφεθήσεται** αὐτῷ οὔτε ἐν τούτῳ τῷ αἰῶνι οὔτε ἐν τῷ μέλλοντι.		**οὐκ ἔχει ἄφεσιν** εἰς τὸν αἰῶνα, ἀλλὰ ἔνοχός ἐστιν αἰωνίου ἁμαρτήματος.		**οὐκ ἀφεθήσεται.**	
102	**Mt 24,43**	ἐκεῖνο δὲ γινώσκετε ὅτι εἰ ᾔδει ὁ οἰκοδεσπότης ποίᾳ φυλακῇ ὁ κλέπτης ἔρχεται, ἐγρηγόρησεν ἂν καὶ **οὐκ ἂν εἴασεν** διορυχθῆναι τὴν οἰκίαν αὐτοῦ.			**Lk 12,39**	τοῦτο δὲ γινώσκετε ὅτι εἰ ᾔδει ὁ οἰκοδεσπότης ποίᾳ ὥρᾳ ὁ κλέπτης ἔρχεται, **οὐκ ἂν ἀφῆκεν** διορυχθῆναι τὸν οἶκον αὐτοῦ.	→ GTh 21,5 → GTh 103
002					**Lk 13,8**	... κύριε, **ἄφες** αὐτὴν καὶ τοῦτο τὸ ἔτος, ἕως ὅτου σκάψω περὶ αὐτὴν καὶ βάλω κόπρια	
202	**Mt 23,38**	ἰδοὺ **ἀφίεται** ὑμῖν ὁ οἶκος ὑμῶν ἔρημος.			**Lk 13,35**	ἰδοὺ **ἀφίεται** ὑμῖν ὁ οἶκος ὑμῶν. ...	

a 102	**Mt 18,15**	ἐὰν δὲ ἁμαρτήσῃ [εἰς σὲ] ὁ ἀδελφός σου, ὕπαγε ἔλεγξον αὐτὸν μεταξὺ σοῦ καὶ αὐτοῦ μόνου. ἐάν σου ἀκούσῃ, ἐκέρδησας τὸν ἀδελφόν σου·			**Lk 17,3**	... ἐὰν ἁμάρτῃ ὁ ἀδελφός σου ἐπιτίμησον αὐτῷ, καὶ ἐὰν μετανοήσῃ **ἄφες** αὐτῷ.	
a 202	**Mt 18,21**	τότε προσελθὼν ὁ Πέτρος εἶπεν αὐτῷ· κύριε, ποσάκις ἁμαρτήσει εἰς ἐμὲ ὁ ἀδελφός μου καὶ **ἀφήσω** αὐτῷ; ἕως ἑπτάκις; [22] λέγει αὐτῷ ὁ Ἰησοῦς· οὐ λέγω σοι ἕως ἑπτάκις ἀλλὰ ἕως ἑβδομηκοντάκις ἑπτά.			**Lk 17,4**	καὶ ἐὰν ἑπτάκις τῆς ἡμέρας ἁμαρτήσῃ εἰς σὲ καὶ ἑπτάκις ἐπιστρέψῃ πρὸς σὲ λέγων· μετανοῶ, **ἀφήσεις** αὐτῷ.	
202	**Mt 24,40**	τότε δύο ἔσονται ἐν τῷ ἀγρῷ, εἷς παραλαμβάνεται καὶ εἷς **ἀφίεται·**			**Lk 17,34**	λέγω ὑμῖν, ταύτῃ τῇ νυκτὶ ἔσονται δύο ἐπὶ κλίνης μιᾶς, ὁ εἷς παραλημφθήσεται καὶ ὁ ἕτερος **ἀφεθήσεται·**	→ GTh 61,1
202	**Mt 24,41**	δύο ἀλήθουσαι ἐν τῷ μύλῳ, μία παραλαμβάνεται καὶ μία **ἀφίεται.**			**Lk 17,35**	ἔσονται δύο ἀλήθουσαι ἐπὶ τὸ αὐτό, ἡ μία παραλημφθήσεται, ἡ δὲ ἑτέρα **ἀφεθήσεται.**	→ GTh 61,1
222	**Mt 19,14**	ὁ δὲ Ἰησοῦς εἶπεν· **ἄφετε** τὰ παιδία καὶ μὴ κωλύετε αὐτὰ ἐλθεῖν πρός με, ...	**Mk 10,14**	ἰδὼν δὲ ὁ Ἰησοῦς ἠγανάκτησεν καὶ εἶπεν αὐτοῖς· **ἄφετε** τὰ παιδία ἔρχεσθαι πρός με, μὴ κωλύετε αὐτά, ...	**Lk 18,16**	ὁ δὲ Ἰησοῦς προσεκαλέσατο αὐτὰ λέγων· **ἄφετε** τὰ παιδία ἔρχεσθαι πρός με καὶ μὴ κωλύετε αὐτά, ...	→ GTh 22
222	**Mt 19,27**	... ἰδοὺ ἡμεῖς **ἀφήκαμεν** πάντα καὶ ἠκολουθήσαμέν σοι· τί ἄρα ἔσται ἡμῖν;	**Mk 10,28**	... ἰδοὺ ἡμεῖς **ἀφήκαμεν** πάντα καὶ ἠκολουθήκαμέν σοι.	**Lk 18,28**	... ἰδοὺ ἡμεῖς **ἀφέντες** τὰ ἴδια ἠκολουθήσαμέν σοι.	
222	**Mt 19,29** → Mt 10,37	καὶ πᾶς ὅστις **ἀφῆκεν** οἰκίας ἢ ἀδελφοὺς ἢ ἀδελφὰς ἢ πατέρα ἢ μητέρα ἢ τέκνα ἢ ἀγροὺς ἕνεκεν τοῦ ὀνόματός μου, ἑκατονταπλασίονα λήμψεται ...	**Mk 10,29**	... οὐδείς ἐστιν ὃς **ἀφῆκεν** οἰκίαν ἢ ἀδελφοὺς ἢ ἀδελφὰς ἢ μητέρα ἢ πατέρα ἢ τέκνα ἢ ἀγροὺς ἕνεκεν ἐμοῦ καὶ ἕνεκεν τοῦ εὐαγγελίου, [30] ἐὰν μὴ λάβῃ ἑκατονταπλασίονα νῦν ἐν τῷ καιρῷ τούτῳ ...	**Lk 18,29** → Lk 14,26	... οὐδείς ἐστιν ὃς **ἀφῆκεν** οἰκίαν ἢ γυναῖκα ἢ ἀδελφοὺς ἢ γονεῖς ἢ τέκνα ἕνεκεν τῆς βασιλείας τοῦ θεοῦ, [30] ὃς οὐχὶ μὴ [ἀπο]λάβῃ πολλαπλασίονα ἐν τῷ καιρῷ τούτῳ ...	→ GTh 55 → GTh 101
021			**Mk 11,6** → Mt 21,6	οἱ δὲ εἶπαν αὐτοῖς καθὼς εἶπεν ὁ Ἰησοῦς, καὶ **ἀφῆκαν** αὐτούς.	**Lk 19,34**	οἱ δὲ εἶπαν· ὅτι ὁ κύριος αὐτοῦ χρείαν ἔχει.	
002					**Lk 19,44** ↓ Mt 24,2 ↓ Mk 13,2 ↓ Lk 21,6 → Lk 21,24	καὶ ἐδαφιοῦσίν σε καὶ τὰ τέκνα σου ἐν σοί, καὶ **οὐκ ἀφήσουσιν** λίθον ἐπὶ λίθον ἐν σοί, ἀνθ' ὧν οὐκ ἔγνως τὸν καιρὸν τῆς ἐπισκοπῆς σου.	

020			Mk 11,16	καὶ **οὐκ ἤφιεν** ἵνα τις διενέγκῃ σκεῦος διὰ τοῦ ἱεροῦ.			
a 220 *a* 220	Mt 6,14 (2) ↑ Mt 6,12 ↑ Lk 11,4	ἐὰν γὰρ **ἀφῆτε** τοῖς ἀνθρώποις τὰ παραπτώματα αὐτῶν, **ἀφήσει** καὶ ὑμῖν ὁ πατὴρ ὑμῶν ὁ οὐράνιος·	Mk 11,25 (2) ↑ Mt 5,24	καὶ ὅταν στήκετε προσευχόμενοι, **ἀφίετε** εἴ τι ἔχετε κατά τινος, ἵνα καὶ ὁ πατὴρ ὑμῶν ὁ ἐν τοῖς οὐρανοῖς **ἀφῇ** ὑμῖν τὰ παραπτώματα ὑμῶν.			
121	Mt 21,46	[45] καὶ ἀκούσαντες οἱ ἀρχιερεῖς καὶ οἱ Φαρισαῖοι τὰς παραβολὰς αὐτοῦ ἔγνωσαν ὅτι περὶ αὐτῶν λέγει· [46] καὶ ζητοῦντες αὐτὸν κρατῆσαι ἐφοβήθησαν τοὺς ὄχλους, ἐπεὶ εἰς προφήτην αὐτὸν εἶχον.	Mk 12,12 ↓ Mt 22,22	καὶ ἐζήτουν αὐτὸν κρατῆσαι, καὶ ἐφοβήθησαν τὸν ὄχλον, ἔγνωσαν γὰρ ὅτι πρὸς αὐτοὺς τὴν παραβολὴν εἶπεν. καὶ **ἀφέντες** αὐτὸν ἀπῆλθον.	Lk 20,19	καὶ ἐζήτησαν οἱ γραμματεῖς καὶ οἱ ἀρχιερεῖς ἐπιβαλεῖν ἐπ' αὐτὸν τὰς χεῖρας ἐν αὐτῇ τῇ ὥρᾳ, καὶ ἐφοβήθησαν τὸν λαόν, ἔγνωσαν γὰρ ὅτι πρὸς αὐτοὺς εἶπεν τὴν παραβολὴν ταύτην.	
211	Mt 22,22 ↑ Mk 12,12	καὶ ἀκούσαντες ἐθαύμασαν, καὶ **ἀφέντες** αὐτὸν ἀπῆλθαν.	Mk 12,17	... καὶ ἐξεθαύμαζον ἐπ' αὐτῷ.	Lk 20,26	... καὶ θαυμάσαντες ἐπὶ τῇ ἀποκρίσει αὐτοῦ ἐσίγησαν.	
121	Mt 22,24	... *ἐάν τις* *ἀποθάνῃ* ***μὴ ἔχων τέκνα,*** *ἐπιγαμβρεύσει ὁ ἀδελφὸς* *αὐτοῦ τὴν γυναῖκα* *αὐτοῦ καὶ ἀναστήσει* *σπέρμα* *τῷ ἀδελφῷ αὐτοῦ·* ➤ Deut 25,5; Gen 38,8	Mk 12,19	... *ἐάν τινος ἀδελφὸς* *ἀποθάνῃ* καὶ καταλίπῃ γυναῖκα *καὶ* ***μὴ ἀφῇ τέκνον,*** ἵνα *λάβῃ ὁ ἀδελφὸς* *αὐτοῦ τὴν γυναῖκα* *καὶ ἐξαναστήσῃ* *σπέρμα* *τῷ ἀδελφῷ αὐτοῦ.* ➤ Deut 25,5; Gen 38,8	Lk 20,28	... *ἐάν τινος ἀδελφὸς* *ἀποθάνῃ* ἔχων γυναῖκα, καὶ οὗτος ***ἄτεκνος ᾖ,*** ἵνα *λάβῃ ὁ ἀδελφὸς* *αὐτοῦ τὴν γυναῖκα* *καὶ ἐξαναστήσῃ* *σπέρμα* *τῷ ἀδελφῷ αὐτοῦ.* ➤ Deut 25,5; Gen 38,8	
121 211	Mt 22,25	ἦσαν δὲ παρ' ἡμῖν ἑπτὰ ἀδελφοί· καὶ ὁ πρῶτος γήμας ἐτελεύτησεν, καὶ **μὴ ἔχων σπέρμα** **ἀφῆκεν** τὴν γυναῖκα αὐτοῦ τῷ ἀδελφῷ αὐτοῦ·	Mk 12,20	ἑπτὰ ἀδελφοὶ ἦσαν· καὶ ὁ πρῶτος ἔλαβεν γυναῖκα καὶ ἀποθνῄσκων **οὐκ ἀφῆκεν σπέρμα·**	Lk 20,29	ἑπτὰ οὖν ἀδελφοὶ ἦσαν· καὶ ὁ πρῶτος λαβὼν γυναῖκα ἀπέθανεν **ἄτεκνος·**	
121	Mt 22,26	ὁμοίως καὶ ὁ δεύτερος καὶ ὁ τρίτος ἕως τῶν ἑπτά. [27] ὕστερον δὲ πάντων ἀπέθανεν ἡ γυνή.	Mk 12,22	[21] καὶ ὁ δεύτερος ἔλαβεν αὐτὴν καὶ ἀπέθανεν μὴ καταλιπὼν σπέρμα· καὶ ὁ τρίτος ὡσαύτως· [22] καὶ οἱ ἑπτὰ **οὐκ ἀφῆκαν** σπέρμα. ἔσχατον πάντων καὶ ἡ γυνὴ ἀπέθανεν.	Lk 20,31	[30] καὶ ὁ δεύτερος [31] καὶ ὁ τρίτος ἔλαβεν αὐτήν, ὡσαύτως δὲ καὶ οἱ ἑπτὰ **οὐ κατέλιπον** τέκνα καὶ ἀπέθανον. [32] ὕστερον καὶ ἡ γυνὴ ἀπέθανεν.	

201	Mt 23,13 → Mt 16,19	οὐαὶ δὲ ὑμῖν, γραμματεῖς καὶ Φαρισαῖοι ὑποκριταί, ὅτι κλείετε τὴν βασιλείαν τῶν οὐρανῶν ἔμπροσθεν τῶν ἀνθρώπων· ὑμεῖς γὰρ οὐκ εἰσέρχεσθε **οὐδὲ τοὺς εἰσερχομένους ἀφίετε** εἰσελθεῖν.			Lk 11,52	οὐαὶ ὑμῖν τοῖς νομικοῖς, ὅτι ἤρατε τὴν κλεῖδα τῆς γνώσεως· αὐτοὶ οὐκ εἰσήλθατε καὶ **τοὺς εἰσερχομένους ἐκωλύσατε.**	→ GTh 39,1-2 (POxy 655) → GTh 102
201 201	Mt 23,23 (2)	οὐαὶ ὑμῖν, γραμματεῖς καὶ Φαρισαῖοι ὑποκριταί, ὅτι ἀποδεκατοῦτε τὸ ἡδύοσμον καὶ τὸ ἄνηθον καὶ τὸ κύμινον καὶ **ἀφήκατε** τὰ βαρύτερα τοῦ νόμου, τὴν κρίσιν καὶ τὸ ἔλεος καὶ τὴν πίστιν· ταῦτα [δὲ] ἔδει ποιῆσαι κἀκεῖνα **μὴ ἀφιέναι.**			Lk 11,42	ἀλλὰ οὐαὶ ὑμῖν τοῖς Φαρισαίοις, ὅτι ἀποδεκατοῦτε τὸ ἡδύοσμον καὶ τὸ πήγανον καὶ πᾶν λάχανον καὶ **παρέρχεσθε** τὴν κρίσιν καὶ τὴν ἀγάπην τοῦ θεοῦ· ταῦτα δὲ ἔδει ποιῆσαι κἀκεῖνα **μὴ παρεῖναι.**	
202	Mt 23,38	ἰδοὺ **ἀφίεται** ὑμῖν ὁ οἶκος ὑμῶν ἔρημος.			Lk 13,35	ἰδοὺ **ἀφίεται** ὑμῖν ὁ οἶκος ὑμῶν. ...	
222	Mt 24,2	... οὐ βλέπετε ταῦτα πάντα; ἀμὴν λέγω ὑμῖν, **οὐ μὴ ἀφεθῇ** ὧδε λίθος ἐπὶ λίθον ὃς οὐ καταλυθήσεται.	Mk 13,2	... βλέπεις ταύτας τὰς μεγάλας οἰκοδομάς; **οὐ μὴ ἀφεθῇ** ὧδε λίθος ἐπὶ λίθον ὃς οὐ μὴ καταλυθῇ.	Lk 21,6 ↑ Lk 19,44	ταῦτα ἃ θεωρεῖτε ἐλεύσονται ἡμέραι ἐν αἷς **οὐκ ἀφεθήσεται** λίθος ἐπὶ λίθῳ ὃς οὐ καταλυθήσεται.	
020	Mt 25,14	ὥσπερ γὰρ ἄνθρωπος ἀποδημῶν ἐκάλεσεν τοὺς ἰδίους δούλους καὶ παρέδωκεν αὐτοῖς τὰ ὑπάρχοντα αὐτοῦ	Mk 13,34	ὡς ἄνθρωπος ἀπόδημος **ἀφεὶς** τὴν οἰκίαν αὐτοῦ καὶ δοὺς τοῖς δούλοις αὐτοῦ τὴν ἐξουσίαν ...	Lk 19,12	... ἄνθρωπός τις εὐγενὴς ἐπορεύθη εἰς χώραν μακρὰν ... [13] καλέσας δὲ δέκα δούλους ἑαυτοῦ ...	Mk-Q overlap
202	Mt 24,40	τότε δύο ἔσονται ἐν τῷ ἀγρῷ, εἷς παραλαμβάνεται καὶ εἷς **ἀφίεται·**			Lk 17,34	λέγω ὑμῖν, ταύτῃ τῇ νυκτὶ ἔσονται δύο ἐπὶ κλίνης μιᾶς, ὁ εἷς παραλημφθήσεται καὶ ὁ ἕτερος **ἀφεθήσεται·**	→ GTh 61,1
202	Mt 24,41	δύο ἀλήθουσαι ἐν τῷ μύλῳ, μία παραλαμβάνεται καὶ μία **ἀφίεται.**			Lk 17,35	ἔσονται δύο ἀλήθουσαι ἐπὶ τὸ αὐτό, ἡ μία παραλημφθήσεται, ἡ δὲ ἑτέρα **ἀφεθήσεται.**	→ GTh 61,1
120	Mt 26,10	γνοὺς δὲ ὁ Ἰησοῦς εἶπεν αὐτοῖς· τί κόπους παρέχετε τῇ γυναικί; ἔργον γὰρ καλὸν ἠργάσατο εἰς ἐμέ·	Mk 14,6	ὁ δὲ Ἰησοῦς εἶπεν· **ἄφετε** αὐτήν· τί αὐτῇ κόπους παρέχετε; καλὸν ἔργον ἠργάσατο ἐν ἐμοί.			→ Jn 12,7
210	Mt 26,44	καὶ **ἀφεὶς** αὐτοὺς πάλιν ἀπελθὼν προσηύξατο ἐκ τρίτου τὸν αὐτὸν λόγον εἰπὼν πάλιν. [45] τότε ἔρχεται πρὸς τοὺς μαθητὰς καὶ λέγει αὐτοῖς· ...	Mk 14,41	καὶ ἔρχεται τὸ τρίτον καὶ λέγει αὐτοῖς· ...			

220	**Mt 26,56**	τοῦτο δὲ ὅλον γέγονεν ἵνα πληρωθῶσιν αἱ γραφαὶ τῶν προφητῶν. τότε οἱ μαθηταὶ πάντες **ἀφέντες** αὐτὸν ἔφυγον.	**Mk 14,50**	[49] ... ἀλλ' ἵνα πληρωθῶσιν αἱ γραφαί. [50] καὶ **ἀφέντες** αὐτὸν ἔφυγον πάντες.			
a 002					**Lk 23,34**	[[ὁ δὲ Ἰησοῦς ἔλεγεν· πάτερ, **ἄφες** αὐτοῖς, οὐ γὰρ οἴδασιν τί ποιοῦσιν.]] ...	→ Acts 3,17 → Acts 7,60 → Acts 13,27 Lk 23,34a is textcritically uncertain.
220	**Mt 27,49**	[48] καὶ εὐθέως δραμὼν εἷς ἐξ αὐτῶν καὶ λαβὼν σπόγγον πλήσας τε ὄξους καὶ περιθεὶς καλάμῳ ἐπότιζεν αὐτόν. [49] οἱ δὲ λοιποὶ ἔλεγον· **ἄφες** ἴδωμεν εἰ ἔρχεται Ἠλίας σώσων αὐτόν.	**Mk 15,36**	δραμὼν δέ τις [καὶ] γεμίσας σπόγγον ὄξους περιθεὶς καλάμῳ ἐπότιζεν αὐτὸν λέγων· **ἄφετε** ἴδωμεν εἰ ἔρχεται Ἠλίας καθελεῖν αὐτόν.			
121	**Mt 27,50**	ὁ δὲ Ἰησοῦς πάλιν **κράξας** φωνῇ μεγάλῃ	**Mk 15,37**	ὁ δὲ Ἰησοῦς **ἀφεὶς** φωνὴν μεγάλην	**Lk 23,46**	καὶ **φωνήσας** φωνῇ μεγάλῃ ὁ Ἰησοῦς εἶπεν· πάτερ, *εἰς χεῖράς σου παρατίθεμαι τὸ πνεῦμά μου.* τοῦτο δὲ εἰπὼν	
211		**ἀφῆκεν τὸ πνεῦμα.**		**ἐξέπνευσεν.**		**ἐξέπνευσεν.** ➤ Ps 31,6	→ Jn 19,30 → Acts 7,59

Acts 5,38 καὶ τὰ νῦν λέγω ὑμῖν,
ἀπόστητε ἀπὸ τῶν
ἀνθρώπων τούτων καὶ
ἄφετε
αὐτούς· ...

a **Acts 8,22** μετανόησον οὖν ἀπὸ τῆς
κακίας σου ταύτης καὶ
δεήθητι τοῦ κυρίου,
εἰ ἄρα
ἀφεθήσεταί
σοι ἡ ἐπίνοια
τῆς καρδίας σου

Acts 14,17 καίτοι οὐκ ἀμάρτυρον
αὐτὸν
ἀφῆκεν
ἀγαθουργῶν, οὐρανόθεν
ὑμῖν ὑετοὺς διδοὺς καὶ
καιροὺς καρποφόρους, ...

ἀφίστημι	Syn 4	Mt	Mk	Lk 4	Acts 6	Jn	1-3John	Paul 1	Eph	Col
	NT 14	2Thess	1/2Tim 2	Tit	Heb 1	Jas	1Pet	2Pet	Jude	Rev

intransitive: leave; go away; desert; commit apostasy; keep away; *transitive:* incite to revolt

002					**Lk 2,37**	καὶ αὐτὴ χήρα ἕως ἐτῶν ὀγδοήκοντα τεσσάρων, ἣ **οὐκ ἀφίστατο** τοῦ ἱεροῦ νηστείαις καὶ δεήσεσιν λατρεύουσα νύκτα καὶ ἡμέραν.	
102	**Mt 4,11**	τότε **ἀφίησιν** αὐτὸν ὁ διάβολος, καὶ ἰδοὺ ἄγγελοι προσῆλθον καὶ διηκόνουν αὐτῷ.	**Mk 1,13**	... καὶ ἦν μετὰ τῶν θηρίων, καὶ οἱ ἄγγελοι διηκόνουν αὐτῷ.	**Lk 4,13**	καὶ συντελέσας πάντα πειρασμὸν ὁ διάβολος **ἀπέστη** ἀπ' αὐτοῦ ἄχρι καιροῦ.	Mk-Q overlap
112	**Mt 13,21**	οὐκ ἔχει δὲ ῥίζαν ἐν ἑαυτῷ ἀλλὰ πρόσκαιρός ἐστιν, γενομένης δὲ θλίψεως ἢ διωγμοῦ διὰ τὸν λόγον εὐθὺς **σκανδαλίζεται.**	**Mk 4,17**	καὶ οὐκ ἔχουσιν ῥίζαν ἐν ἑαυτοῖς ἀλλὰ πρόσκαιροί εἰσιν, εἶτα γενομένης θλίψεως ἢ διωγμοῦ διὰ τὸν λόγον εὐθὺς **σκανδαλίζονται.**	**Lk 8,13**	... καὶ οὗτοι ῥίζαν οὐκ ἔχουσιν, οἳ πρὸς καιρὸν πιστεύουσιν καὶ ἐν καιρῷ πειρασμοῦ **ἀφίστανται.**	

	Mt	Mk	Lk	
102	**Mt 7,23** → Mt 13,41 → Mt 25,12 → Mt 25,41 καὶ τότε ὁμολογήσω αὐτοῖς ὅτι οὐδέποτε ἔγνων ὑμᾶς· ***ἀποχωρεῖτε*** *ἀπ' ἐμοῦ οἱ ἐργαζόμενοι τὴν ἀνομίαν.* ➤ Ps 6,9/1Macc 3,6		**Lk 13,27** → Lk 13,25 καὶ ἐρεῖ λέγων ὑμῖν· οὐκ οἶδα [ὑμᾶς] πόθεν ἐστέ· ***ἀπόστητε*** *ἀπ' ἐμοῦ, πάντες ἐργάται ἀδικίας.* ➤ Ps 6,9/1Macc 3,6	

Acts 5,37 μετὰ τοῦτον ἀνέστη Ἰούδας ὁ Γαλιλαῖος ἐν ταῖς ἡμέραις τῆς ἀπογραφῆς καὶ **ἀπέστησεν** λαὸν ὀπίσω αὐτοῦ· ...

Acts 5,38 καὶ τὰ νῦν λέγω ὑμῖν, **ἀπόστητε** ἀπὸ τῶν ἀνθρώπων τούτων καὶ ἄφετε αὐτούς· ...

Acts 12,10 ... καὶ ἐξελθόντες προῆλθον ῥύμην μίαν, καὶ εὐθέως **ἀπέστη** ὁ ἄγγελος ἀπ' αὐτοῦ.

Acts 15,38 Παῦλος δὲ ἠξίου, τὸν **ἀποστάντα** ἀπ' αὐτῶν ἀπὸ Παμφυλίας καὶ μὴ συνελθόντα αὐτοῖς εἰς τὸ ἔργον μὴ συμπαραλαμβάνειν τοῦτον.

Acts 19,9 ὡς δέ τινες ἐσκληρύνοντο καὶ ἠπείθουν κακολογοῦντες τὴν ὁδὸν ἐνώπιον τοῦ πλήθους, **ἀποστὰς** ἀπ' αὐτῶν ἀφώρισεν τοὺς μαθητάς καθ' ἡμέραν διαλεγόμενος ἐν τῇ σχολῇ Τυράννου.

Acts 22,29 εὐθέως οὖν **ἀπέστησαν** ἀπ' αὐτοῦ οἱ μέλλοντες αὐτὸν ἀνετάζειν, ...

ἀφόβως	Syn 1	Mt	Mk	Lk 1	Acts	Jn	1-3John	Paul 2	Eph	Col
	NT 4	2Thess	1/2Tim	Tit	Heb	Jas	1Pet	2Pet	Jude 1	Rev

without fear; without reverence

	Mt	Mk	Lk	
002			**Lk 1,74** [73] ... τοῦ δοῦναι ἡμῖν **[74] ἀφόβως** ἐκ χειρὸς ἐχθρῶν ῥυσθέντας λατρεύειν αὐτῷ	

ἀφορίζω	Syn 4	Mt 3	Mk	Lk 1	Acts 2	Jn	1-3John	Paul 4	Eph	Col
	NT 10	2Thess	1/2Tim	Tit	Heb	Jas	1Pet	2Pet	Jude	Rev

separate; take away; exclude (from one's company); set apart; appoint

	Mt	Mk	Lk	
102	**Mt 5,11** μακάριοί ἐστε ὅταν ὀνειδίσωσιν ὑμᾶς καὶ **διώξωσιν** καὶ εἴπωσιν πᾶν πονηρὸν καθ' ὑμῶν [ψευδόμενοι] ἕνεκεν ἐμοῦ.		**Lk 6,22** μακάριοί ἐστε ὅταν μισήσωσιν ὑμᾶς οἱ ἄνθρωποι καὶ ὅταν **ἀφορίσωσιν** ὑμᾶς καὶ ὀνειδίσωσιν καὶ ἐκβάλωσιν τὸ ὄνομα ὑμῶν ὡς πονηρὸν ἕνεκα τοῦ υἱοῦ τοῦ ἀνθρώπου·	→ GTh 68 → GTh 69,1
200	**Mt 13,49** ... ἐξελεύσονται οἱ ἄγγελοι καὶ **ἀφοριοῦσιν** τοὺς πονηροὺς ἐκ μέσου τῶν δικαίων			

	Mt		Mk		Lk		
200 200	**Mt 25,32** (2)	καὶ συναχθήσονται ἔμπροσθεν αὐτοῦ πάντα τὰ ἔθνη, καὶ **ἀφορίσει** αὐτοὺς ἀπ' ἀλλήλων, ὥσπερ ὁ ποιμὴν **ἀφορίζει** τὰ πρόβατα ἀπὸ τῶν ἐρίφων					

Acts 13,2	... καὶ νηστευόντων εἶπεν τὸ πνεῦμα τὸ ἅγιον· **ἀφορίσατε** δή μοι τὸν Βαρναβᾶν καὶ Σαῦλον εἰς τὸ ἔργον ὃ προσκέκλημαι αὐτούς.	**Acts 19,9**	... ἀποστὰς ἀπ' αὐτῶν **ἀφώρισεν** τοὺς μαθητάς καθ' ἡμέραν διαλεγόμενος ἐν τῇ σχολῇ Τυράννου.

ἀφρίζω	Syn 2	Mt	Mk 2	Lk	Acts	Jn	1-3John	Paul	Eph	Col
	NT 2	2Thess	1/2Tim	Tit	Heb	Jas	1Pet	2Pet	Jude	Rev

foam at the mouth

	Mt		Mk		Lk		
121	**Mt 17,15**	... σεληνιάζεται καὶ κακῶς πάσχει· ...	**Mk 9,18**	[17] ... ἔχοντα πνεῦμα ἄλαλον· [18] καὶ ὅπου ἐὰν αὐτὸν καταλάβῃ ῥήσσει αὐτόν, καὶ **ἀφρίζει** καὶ τρίζει τοὺς ὀδόντας καὶ ξηραίνεται· ...	**Lk 9,39**	καὶ ἰδοὺ πνεῦμα λαμβάνει αὐτὸν καὶ ἐξαίφνης κράζει καὶ σπαράσσει αὐτὸν **μετὰ ἀφροῦ** καὶ μόγις ἀποχωρεῖ ἀπ' αὐτοῦ συντρῖβον αὐτόν·	
021			**Mk 9,20**	καὶ ἤνεγκαν αὐτὸν πρὸς αὐτόν. καὶ ἰδὼν αὐτὸν τὸ πνεῦμα εὐθὺς συνεσπάραξεν αὐτόν, καὶ πεσὼν ἐπὶ τῆς γῆς ἐκυλίετο **ἀφρίζων**.	**Lk 9,42** →Lk 7,15	ἔτι δὲ προσερχομένου αὐτοῦ ἔρρηξεν αὐτὸν τὸ δαιμόνιον καὶ συνεσπάραξεν· ...	

ἀφρός	Syn 1	Mt	Mk	Lk 1	Acts	Jn	1-3John	Paul	Eph	Col
	NT 1	2Thess	1/2Tim	Tit	Heb	Jas	1Pet	2Pet	Jude	Rev

foam

	Mt		Mk		Lk		
112	**Mt 17,15**	... σεληνιάζεται καὶ κακῶς πάσχει· ...	**Mk 9,18**	[17] ... ἔχοντα πνεῦμα ἄλαλον· [18] καὶ ὅπου ἐὰν αὐτὸν καταλάβῃ ῥήσσει αὐτόν, καὶ **ἀφρίζει** καὶ τρίζει τοὺς ὀδόντας καὶ ξηραίνεται· ...	**Lk 9,39**	καὶ ἰδοὺ πνεῦμα λαμβάνει αὐτὸν καὶ ἐξαίφνης κράζει καὶ σπαράσσει αὐτὸν **μετὰ ἀφροῦ** καὶ μόγις ἀποχωρεῖ ἀπ' αὐτοῦ συντρῖβον αὐτόν·	

ἀφροσύνη

ἀφροσύνη	Syn 1	Mt	Mk 1	Lk	Acts	Jn	1-3John	Paul 3	Eph	Col
	NT 4	2Thess	1/2Tim	Tit	Heb	Jas	1Pet	2Pet	Jude	Rev

folly; foolishness

120	Mt 15,19	ἐκ γὰρ τῆς καρδίας ἐξέρχονται διαλογισμοὶ πονηροί, φόνοι, μοιχεῖαι, πορνεῖαι, κλοπαί, ψευδομαρτυρίαι, βλασφημίαι.	Mk 7,22	[21] ἔσωθεν γὰρ ἐκ τῆς καρδίας τῶν ἀνθρώπων οἱ διαλογισμοὶ οἱ κακοὶ ἐκπορεύονται, πορνεῖαι, κλοπαί, φόνοι, [22] μοιχεῖαι, πλεονεξίαι, πονηρίαι, δόλος, ἀσέλγεια, ὀφθαλμὸς πονηρός, βλασφημία, ὑπερηφανία, **ἀφροσύνη**·			→ GTh 14,5

ἄφρων

ἄφρων	Syn 2	Mt	Mk	Lk 2	Acts	Jn	1-3John	Paul 7	Eph 1	Col
	NT 11	2Thess	1/2Tim	Tit	Heb	Jas	1Pet 1	2Pet	Jude	Rev

fool; foolish; senseless; ignorant; unlearned

102	Mt 23,26	**Φαρισαῖε τυφλέ**, καθάρισον πρῶτον τὸ ἐντὸς τοῦ ποτηρίου, ἵνα γένηται καὶ τὸ ἐκτὸς αὐτοῦ καθαρόν.			Lk 11,40	**ἄφρονες**, οὐχ ὁ ποιήσας τὸ ἔξωθεν καὶ τὸ ἔσωθεν ἐποίησεν; [41] πλὴν τὰ ἐνόντα δότε ἐλεημοσύνην, καὶ ἰδοὺ πάντα καθαρὰ ὑμῖν ἐστιν.	→ GTh 89
002					Lk 12,20	εἶπεν δὲ αὐτῷ ὁ θεός· **ἄφρων**, ταύτῃ τῇ νυκτὶ τὴν ψυχήν σου ἀπαιτοῦσιν ἀπὸ σοῦ· ...	→ GTh 63

ἀφυπνόω

ἀφυπνόω	Syn 1	Mt	Mk	Lk 1	Acts	Jn	1-3John	Paul	Eph	Col
	NT 1	2Thess	1/2Tim	Tit	Heb	Jas	1Pet	2Pet	Jude	Rev

fall asleep

112	Mt 8,24	καὶ ἰδοὺ σεισμὸς μέγας ἐγένετο ἐν τῇ θαλάσσῃ, ὥστε τὸ πλοῖον καλύπτεσθαι ὑπὸ τῶν κυμάτων, αὐτὸς δὲ **ἐκάθευδεν**.	Mk 4,38	[37] καὶ γίνεται λαῖλαψ μεγάλη ἀνέμου, καὶ τὰ κύματα ἐπέβαλλεν εἰς τὸ πλοῖον, ὥστε ἤδη γεμίζεσθαι τὸ πλοῖον. [38] καὶ αὐτὸς ἦν ἐν τῇ πρύμνῃ ἐπὶ τὸ προσκεφάλαιον **καθεύδων**. ...	Lk 8,23	πλεόντων δὲ αὐτῶν **ἀφύπνωσεν**. καὶ κατέβη λαῖλαψ ἀνέμου εἰς τὴν λίμνην, καὶ συνεπληροῦντο καὶ ἐκινδύνευον.	

Ἀχάζ	Syn 2	Mt 2	Mk	Lk	Acts	Jn	1-3John	Paul	Eph	Col
	NT 2	2Thess	1/2Tim	Tit	Heb	Jas	1Pet	2Pet	Jude	Rev

Ahaz

	Mt	Mk	Lk	
200 200	**Mt 1,9** (2) ... Ἰωαθὰμ δὲ ἐγέννησεν τὸν Ἀχάζ, Ἀχὰζ δὲ ἐγέννησεν τὸν Ἑζεκίαν			

ἀχάριστος	Syn 1	Mt	Mk	Lk 1	Acts	Jn	1-3John	Paul	Eph	Col
	NT 2	2Thess	1/2Tim 1	Tit	Heb	Jas	1Pet	2Pet	Jude	Rev

ungrateful

	Mt	Mk	Lk	
102	**Mt 5,45** ὅπως γένησθε υἱοὶ τοῦ πατρὸς ὑμῶν τοῦ ἐν οὐρανοῖς, ὅτι τὸν ἥλιον αὐτοῦ ἀνατέλλει ἐπὶ πονηροὺς καὶ ἀγαθοὺς καὶ βρέχει ἐπὶ δικαίους καὶ ἀδίκους.		**Lk 6,35** ... καὶ ἔσεσθε υἱοὶ ὑψίστου, ὅτι αὐτὸς χρηστός ἐστιν ἐπὶ τοὺς ἀχαρίστους καὶ πονηρούς.	→ GTh 3 (POxy 654)

ἀχειροποίητος	Syn 1	Mt	Mk 1	Lk	Acts	Jn	1-3John	Paul 1	Eph	Col 1
	NT 3	2Thess	1/2Tim	Tit	Heb	Jas	1Pet	2Pet	Jude	Rev

not made by human hand(s)

	Mt	Mk	Lk	
120	**Mt 26,61** → Mt 27,40 ... δύναμαι καταλῦσαι τὸν ναὸν τοῦ θεοῦ καὶ διὰ τριῶν ἡμερῶν οἰκοδομῆσαι.	**Mk 14,58** → Mk 15,29 ... ἐγὼ καταλύσω τὸν ναὸν τοῦτον τὸν χειροποίητον καὶ διὰ τριῶν ἡμερῶν ἄλλον ἀχειροποίητον οἰκοδομήσω.		→ Jn 2,19 → Acts 6,14 → GTh 71

Ἀχίμ	Syn 2	Mt 2	Mk	Lk	Acts	Jn	1-3John	Paul	Eph	Col
	NT 2	2Thess	1/2Tim	Tit	Heb	Jas	1Pet	2Pet	Jude	Rev

Achim

	Mt	Mk	Lk	
200 200	**Mt 1,14** (2) ... Σαδὼκ δὲ ἐγέννησεν τὸν Ἀχίμ, Ἀχὶμ δὲ ἐγέννησεν τὸν Ἐλιούδ			

ἀχρεῖος	Syn 2	Mt 1	Mk	Lk 1	Acts	Jn	1-3John	Paul	Eph	Col
	NT 2	2Thess	1/2Tim	Tit	Heb	Jas	1Pet	2Pet	Jude	Rev

worthless; mere

	Mt		Mk		Lk		
002					Lk 17,10	... λέγετε ὅτι **δοῦλοι ἀχρεῖοί** ἐσμεν, ὃ ὠφείλομεν ποιῆσαι πεποιήκαμεν.	
200	Mt 25,30	καὶ **τὸν ἀχρεῖον δοῦλον** ἐκβάλετε εἰς τὸ σκότος τὸ ἐξώτερον· ...					

ἄχρι, ἄχρις	Syn 5	Mt 1	Mk	Lk 4	Acts 15	Jn	1-3John	Paul 14	Eph	Col
	NT 48	2Thess	1/2Tim	Tit	Heb 3	Jas	1Pet	2Pet	Jude	Rev 11

preposition: until; to; as far as; *conjunction:* until

	Mt		Mk		Lk		
002					Lk 1,20	καὶ ἰδοὺ ἔσῃ σιωπῶν καὶ μὴ δυνάμενος λαλῆσαι **ἄχρι ἧς ἡμέρας** γένηται ταῦτα, ἀνθ' ὧν οὐκ ἐπίστευσας τοῖς λόγοις μου, ...	
102	Mt 4,11	τότε ἀφίησιν αὐτὸν ὁ διάβολος, καὶ ἰδοὺ ἄγγελοι προσῆλθον καὶ διηκόνουν αὐτῷ.	Mk 1,13	... πειραζόμενος ὑπὸ τοῦ σατανᾶ, καὶ ἦν μετὰ τῶν θηρίων, καὶ οἱ ἄγγελοι διηκόνουν αὐτῷ.	Lk 4,13	καὶ συντελέσας πάντα πειρασμὸν ὁ διάβολος ἀπέστη ἀπ' αὐτοῦ **ἄχρι καιροῦ.**	Mk-Q overlap
202	Mt 24,38	ὡς γὰρ ἦσαν ἐν ταῖς ἡμέραις [ἐκείναις] ταῖς πρὸ τοῦ κατακλυσμοῦ τρώγοντες καὶ πίνοντες, γαμοῦντες καὶ γαμίζοντες, **ἄχρι ἧς ἡμέρας** εἰσῆλθεν Νῶε εἰς τὴν κιβωτόν			Lk 17,27	[26] καὶ καθὼς ἐγένετο ἐν ταῖς ἡμέραις Νῶε, οὕτως ἔσται καὶ ἐν ταῖς ἡμέραις τοῦ υἱοῦ τοῦ ἀνθρώπου· [27] ἤσθιον, ἔπινον, ἐγάμουν, ἐγαμίζοντο, **ἄχρι ἧς ἡμέρας** εἰσῆλθεν Νῶε εἰς τὴν κιβωτόν, ...	
002					Lk 21,24 → Lk 19,44	... καὶ Ἰερουσαλὴμ ἔσται πατουμένη ὑπὸ ἐθνῶν, **ἄχρι οὗ** πληρωθῶσιν καιροὶ ἐθνῶν.	

Acts 1,2 → Lk 9,51 → Lk 24,51
ἄχρι ἧς ἡμέρας
ἐντειλάμενος τοῖς
ἀποστόλοις διὰ
πνεύματος ἁγίου οὓς
ἐξελέξατο ἀνελήμφθη.

Acts 2,29
... καὶ ἐτελεύτησεν καὶ
ἐτάφη, καὶ τὸ μνῆμα
αὐτοῦ ἔστιν ἐν ἡμῖν
**ἄχρι τῆς ἡμέρας
ταύτης.**

Acts 3,21 → Lk 1,70 → Mt 17,11 → Mk 9,12
[20] ... Χριστόν Ἰησοῦν,
[21] ὃν δεῖ οὐρανὸν μὲν
δέξασθαι
**ἄχρι χρόνων
ἀποκαταστάσεως
πάντων**
ὧν ἐλάλησεν ὁ θεὸς διὰ
στόματος τῶν ἁγίων ἀπ'
αἰῶνος αὐτοῦ προφητῶν.

Acts 7,18
ἄχρι οὗ
*ἀνέστη βασιλεὺς ἕτερος
[ἐπ' Αἴγυπτον] ὃς οὐκ
ᾔδει τὸν Ἰωσήφ.*
➤ Exod 1,8 LXX

Acts 11,5
... καταβαῖνον σκεῦός
τι ὡς ὀθόνην μεγάλην
τέσσαρσιν ἀρχαῖς
καθιεμένην ἐκ τοῦ
οὐρανοῦ, καὶ ἦλθεν
ἄχρι ἐμοῦ.

Acts 13,6 διελθόντες δὲ ὅλην τὴν νῆσον
ἄχρι Πάφου
εὗρον ἄνδρα τινὰ μάγον ψευδοπροφήτην Ἰουδαῖον ᾧ ὄνομα Βαριησοῦ

Acts 13,11 καὶ νῦν ἰδοὺ χεὶρ κυρίου ἐπὶ σὲ καὶ ἔσῃ τυφλὸς μὴ βλέπων τὸν ἥλιον
ἄχρι καιροῦ.
παραχρῆμά τε ἔπεσεν ἐπ' αὐτὸν ἀχλὺς καὶ σκότος καὶ περιάγων ἐζήτει χειραγωγούς.

Acts 20,6 ... ἤλθομεν πρὸς αὐτοὺς εἰς τὴν Τρῳάδα
ἄχρι ἡμερῶν πέντε,
ὅπου διετρίψαμεν ἡμέρας ἑπτά.

Acts 20,11 ἀναβὰς δὲ καὶ κλάσας τὸν ἄρτον καὶ γευσάμενος ἐφ' ἱκανόν τε ὁμιλήσας
ἄχρι αὐγῆς,
οὕτως ἐξῆλθεν.

Acts 22,4 ὃς ταύτην τὴν ὁδὸν ἐδίωξα
ἄχρι θανάτου
δεσμεύων καὶ παραδιδοὺς εἰς φυλακὰς ἄνδρας τε καὶ γυναῖκας

Acts 22,22 ἤκουον δὲ αὐτοῦ
ἄχρι τούτου τοῦ λόγου
καὶ ἐπῆραν τὴν φωνὴν αὐτῶν λέγοντες· ...

Acts 23,1 ... ἄνδρες ἀδελφοί, ἐγὼ πάσῃ συνειδήσει ἀγαθῇ πεπολίτευμαι τῷ θεῷ
ἄχρι ταύτης τῆς ἡμέρας.

Acts 26,22 ἐπικουρίας οὖν τυχὼν τῆς ἀπὸ τοῦ θεοῦ
ἄχρι τῆς ἡμέρας ταύτης
ἕστηκα μαρτυρόμενος μικρῷ τε καὶ μεγάλῳ ...

Acts 27,33 **ἄχρι δὲ οὗ ἡμέρα ἤμελλεν γίνεσθαι**
παρεκάλει ὁ Παῦλος ἅπαντας μεταλαβεῖν τροφῆς ...

Acts 28,15 κἀκεῖθεν οἱ ἀδελφοὶ ἀκούσαντες τὰ περὶ ἡμῶν ἦλθαν εἰς ἀπάντησιν ἡμῖν
ἄχρι Ἀππίου φόρου
καὶ Τριῶν ταβερνῶν, ...

ἄχυρον

Syn 2	Mt 1	Mk	Lk 1	Acts	Jn	1-3John	Paul	Eph	Col
NT 2	2Thess	1/2Tim	Tit	Heb	Jas	1Pet	2Pet	Jude	Rev

chaff (of grain)

202	**Mt 3,12** →Mt 13,30 ... καὶ συνάξει τὸν σῖτον αὐτοῦ εἰς τὴν ἀποθήκην, **τὸ δὲ ἄχυρον** κατακαύσει πυρὶ ἀσβέστῳ.		**Lk 3,17** ... καὶ συναγαγεῖν τὸν σῖτον εἰς τὴν ἀποθήκην αὐτοῦ, **τὸ δὲ ἄχυρον** κατακαύσει πυρὶ ἀσβέστῳ.

B

Βαβυλών

Βαβυλών	Syn 4	Mt 4	Mk	Lk	Acts 1	Jn	1-3John	Paul	Eph	Col
	NT 12	2Thess	1/2Tim	Tit	Heb	Jas	1Pet 1	2Pet	Jude	Rev 6

Babylon

200	**Mt 1,11**	Ἰωσίας δὲ ἐγέννησεν τὸν Ἰεχονίαν καὶ τοὺς ἀδελφοὺς αὐτοῦ **ἐπὶ τῆς μετοικεσίας Βαβυλῶνος.**					
200	**Mt 1,12**	**μετὰ δὲ τὴν μετοικεσίαν Βαβυλῶνος** Ἰεχονίας ἐγέννησεν τὸν Σαλαθιήλ, Σαλαθιὴλ δὲ ἐγέννησεν τὸν Ζοροβαβέλ			**Lk 3,27**	... τοῦ Ζοροβαβὲλ τοῦ Σαλαθιὴλ τοῦ Νηρὶ	
200 200	**Mt 1,17** **(2)**	πᾶσαι οὖν αἱ γενεαὶ ἀπὸ Ἀβραὰμ ἕως Δαυὶδ γενεαὶ δεκατέσσαρες, καὶ ἀπὸ Δαυὶδ **ἕως τῆς μετοικεσίας Βαβυλῶνος** γενεαὶ δεκατέσσαρες, καὶ **ἀπὸ τῆς μετοικεσίας Βαβυλῶνος** ἕως τοῦ Χριστοῦ γενεαὶ δεκατέσσαρες.					

Acts 7,43 *καὶ ἀνελάβετε τὴν σκηνὴν τοῦ Μολὸχ καὶ τὸ ἄστρον τοῦ θεοῦ [ὑμῶν] Ῥαιφάν, τοὺς τύπους οὓς ἐποιήσατε* προσκυνεῖν αὐτοῖς, *καὶ μετοικιῶ ὑμᾶς* ***ἐπέκεινα*** **Βαβυλῶνος.**

➤ Amos 5,26-27 LXX

βάθος

βάθος	Syn 3	Mt 1	Mk 1	Lk 1	Acts	Jn	1-3John	Paul 4	Eph 1	Col
	NT 8	2Thess	1/2Tim	Tit	Heb	Jas	1Pet	2Pet	Jude	Rev

depth; greatness; deep water

002					**Lk 5,4**	... εἶπεν πρὸς τὸν Σίμωνα· ἐπανάγαγε **εἰς τὸ βάθος** καὶ χαλάσατε τὰ δίκτυα ὑμῶν εἰς ἄγραν.	→ Jn 21,6
221	**Mt 13,5**	ἄλλα δὲ ἔπεσεν ἐπὶ τὰ πετρώδη ὅπου οὐκ εἶχεν γῆν πολλήν, καὶ εὐθέως ἐξανέτειλεν διὰ τὸ μὴ ἔχειν **βάθος γῆς·** [6] ἡλίου δὲ ἀνατείλαντος ἐκαυματίσθη καὶ διὰ τὸ μὴ ἔχειν ῥίζαν ἐξηράνθη.	**Mk 4,5**	καὶ ἄλλο ἔπεσεν ἐπὶ τὸ πετρῶδες ὅπου οὐκ εἶχεν γῆν πολλήν, καὶ εὐθὺς ἐξανέτειλεν διὰ τὸ μὴ ἔχειν **βάθος γῆς·** [6] καὶ ὅτε ἀνέτειλεν ὁ ἥλιος ἐκαυματίσθη καὶ διὰ τὸ μὴ ἔχειν ῥίζαν ἐξηράνθη.	**Lk 8,6**	καὶ ἕτερον κατέπεσεν ἐπὶ τὴν πέτραν, καὶ φυὲν ἐξηράνθη διὰ τὸ μὴ ἔχειν ἰκμάδα.	→ GTh 9

βαθύνω

Syn	Mt	Mk	Lk	Acts	Jn	1-3John	Paul	Eph	Col
1			1						
NT	2Thess	1/2Tim	Tit	Heb	Jas	1Pet	2Pet	Jude	Rev
1									

go deep

102	**Mt 7,24**	... ὁμοιωθήσεται ἀνδρὶ φρονίμῳ, ὅστις ᾠκοδόμησεν αὐτοῦ τὴν οἰκίαν ἐπὶ τὴν πέτραν·			**Lk 6,48**	ὅμοιός ἐστιν ἀνθρώπῳ οἰκοδομοῦντι οἰκίαν ὃς ἔσκαψεν καὶ **ἐβάθυνεν** καὶ ἔθηκεν θεμέλιον ἐπὶ τὴν πέτραν· ...	

βαθύς

Syn	Mt	Mk	Lk	Acts	Jn	1-3John	Paul	Eph	Col
1			1	1	1				
NT	2Thess	1/2Tim	Tit	Heb	Jas	1Pet	2Pet	Jude	Rev
4									1

deep

112	**Mt 28,1** → Mt 27,56 → Mt 27,61 → Lk 24,10	... **τῇ ἐπιφωσκούσῃ** εἰς μίαν σαββάτων ἦλθεν Μαριὰμ ἡ Μαγδαληνὴ καὶ ἡ ἄλλη Μαρία θεωρῆσαι τὸν τάφον.	**Mk 16,2** → Mk 15,40 → Mk 15,47	καὶ **λίαν πρωῒ** τῇ μιᾷ τῶν σαββάτων ἔρχονται ἐπὶ τὸ μνημεῖον ἀνατείλαντος τοῦ ἡλίου.	**Lk 24,1** → Lk 24,22 → Lk 8,2-3	τῇ δὲ μιᾷ τῶν σαββάτων **ὄρθρου βαθέως** ἐπὶ τὸ μνῆμα ἦλθον φέρουσαι ἃ ἡτοίμασαν ἀρώματα.	→ Jn 20,1 → Jn 20,18

Acts 20,9 καθεζόμενος δέ τις
νεανίας ὀνόματι Εὔτυχος
ἐπὶ τῆς θυρίδος,
καταφερόμενος
ὕπνῳ βαθεῖ
διαλεγομένου τοῦ
Παύλου ἐπὶ πλεῖον, ...

βαλλάντιον

Syn	Mt	Mk	Lk	Acts	Jn	1-3John	Paul	Eph	Col
4			4						
NT	2Thess	1/2Tim	Tit	Heb	Jas	1Pet	2Pet	Jude	Rev
4									

purse

102	**Mt 10,10**	[9] μὴ κτήσησθε **χρυσὸν μηδὲ ἄργυρον μηδὲ χαλκὸν εἰς τὰς ζώνας ὑμῶν,** [10] μὴ πήραν εἰς ὁδὸν μηδὲ δύο χιτῶνας μηδὲ ὑποδήματα μηδὲ ῥάβδον· ...			**Lk 10,4** ⇩ Lk 9,3 ↓ Lk 22,35-36	μὴ βαστάζετε **βαλλάντιον,** μὴ πήραν, μὴ ὑποδήματα, καὶ μηδένα κατὰ τὴν ὁδὸν ἀσπάσησθε.	Mk-Q overlap
			Mk 6,8	καὶ παρήγγειλεν αὐτοῖς ἵνα μηδὲν αἴρωσιν εἰς ὁδὸν εἰ μὴ ῥάβδον μόνον, μὴ ἄρτον, μὴ πήραν, **μὴ εἰς τὴν ζώνην χαλκόν,** [9] ἀλλὰ ὑποδεδεμένους σανδάλια, καὶ μὴ ἐνδύσησθε δύο χιτῶνας.	**Lk 9,3** ⇧ Lk 10,4	καὶ εἶπεν πρὸς αὐτούς· μηδὲν αἴρετε εἰς τὴν ὁδόν, μήτε ῥάβδον μήτε πήραν μήτε ἄρτον **μήτε ἀργύριον** μήτε [ἀνὰ] δύο χιτῶνας ἔχειν.	

102	**Mt 6,20** → Mt 19,21	θησαυρίζετε δὲ ὑμῖν θησαυροὺς ἐν οὐρανῷ, ...	→ Mk 10,21		**Lk 12,33** → Mt 6,19 → Lk 14,33 → Lk 16,9 → Lk 18,22	πωλήσατε τὰ ὑπάρχοντα ὑμῶν καὶ δότε ἐλεημοσύνην· ποιήσατε ἑαυτοῖς **βαλλάντια** μὴ παλαιούμενα, θησαυρὸν ἀνέκλειπτον ἐν τοῖς οὐρανοῖς, ...	→ Acts 2,45 → GTh 76,3
002					**Lk 22,35** ↑ Mt 10,10 ↑ Mk 6,8 ↑ Lk 9,3 ↑ **Lk 10,4**	... ὅτε ἀπέστειλα ὑμᾶς **ἄτερ βαλλαντίου** καὶ πήρας καὶ ὑποδημάτων, μή τινος ὑστερήσατε; ...	
002					**Lk 22,36** ↑ Lk 9,3 ↑ **Lk 10,4**	... ἀλλὰ νῦν ὁ ἔχων **βαλλάντιον** ἀράτω, ὁμοίως καὶ πήραν, ...	

βάλλω

	Syn	Mt	Mk	Lk	Acts	Jn	1-3John	Paul	Eph	Col
	71	34	18	19	5	16	1			
	NT	2Thess	1/2Tim	Tit	Heb	Jas	1Pet	2Pet	Jude	Rev
	122					1				28

transitive: throw; throw down; put; place; offer; give; pour; invest; *intransitive:* sweep down (of a storm)

	triple tradition																	double tradition			Sondergut		
		+Mt / +Lk			–Mt / –Lk			traditions not taken over by Mt / Lk							subtotals								
code	*222*	*211*	*112*	*212*	*221*	*122*	*121*	*022*	*012*	*021*	*220*	*120*	*210*	*020*	Σ⁺	Σ⁻	Σ	*202*	*201*	*102*	*200*	*002*	total
Mt	2	2^+		1^+			1^-				3	2^-	5^+		8^+	3^-	13	5	4		12		**34**
Mk	2						1	5		2	3	2		3			18						**18**
Lk	2		2^+	1^+			1^-	5		2^-					3^+	3^-	10	5		1		3	**19**

Mk-Q overlap: 121: Mt 18,6 / Mk 9,42 / Lk 17,2 (?)

a βάλλω εἰς φυλακήν, ~ ἐν φυλακῇ

b βάλλω εἰς (τὸ) πῦρ / γέενναν / τὴν κάμινον τοῦ πυρός

c βάλλω ἔξω

b 202	**Mt 3,10** ⇩ Mt 7,19	... πᾶν οὖν δένδρον μὴ ποιοῦν καρπὸν καλὸν ἐκκόπτεται καὶ εἰς πῦρ **βάλλεται.**			**Lk 3,9**	... πᾶν οὖν δένδρον μὴ ποιοῦν καρπὸν καλὸν ἐκκόπτεται καὶ εἰς πῦρ **βάλλεται.**	
202	**Mt 4,6**	[5] τότε παραλαμβάνει αὐτὸν ὁ διάβολος εἰς τὴν ἁγίαν πόλιν καὶ ἔστησεν αὐτὸν ἐπὶ τὸ πτερύγιον τοῦ ἱεροῦ [6] καὶ λέγει αὐτῷ· εἰ υἱὸς εἶ τοῦ θεοῦ, **βάλε** σεαυτὸν κάτω· ...			**Lk 4,9**	ἤγαγεν δὲ αὐτὸν εἰς Ἰερουσαλὴμ καὶ ἔστησεν ἐπὶ τὸ πτερύγιον τοῦ ἱεροῦ καὶ εἶπεν αὐτῷ· εἰ υἱὸς εἶ τοῦ θεοῦ, **βάλε** σεαυτὸν ἐντεῦθεν κάτω·	
210	**Mt 4,18**	... εἶδεν δύο ἀδελφούς, Σίμωνα τὸν λεγόμενον Πέτρον καὶ Ἀνδρέαν τὸν ἀδελφὸν αὐτοῦ, **βάλλοντας** ἀμφίβληστρον εἰς τὴν θάλασσαν· ἦσαν γὰρ ἁλιεῖς.	**Mk 1,16**	... εἶδεν Σίμωνα καὶ Ἀνδρέαν τὸν ἀδελφὸν Σίμωνος **ἀμφιβάλλοντας** ἐν τῇ θαλάσσῃ· ἦσαν γὰρ ἁλιεῖς.	**Lk 5,2** → Mt 4,21 → Mk 1,19	καὶ εἶδεν δύο πλοῖα ἑστῶτα παρὰ τὴν λίμνην· οἱ δὲ ἁλιεῖς ἀπ' αὐτῶν ἀποβάντες ἔπλυνον τὰ δίκτυα.	→ Jn 1,40-42

222	Mt 9,17 (2)	οὐδὲ **βάλλουσιν** οἶνον νέον εἰς ἀσκοὺς παλαιούς· εἰ δὲ μή γε, ῥήγνυνται οἱ ἀσκοὶ καὶ ὁ οἶνος ἐκχεῖται καὶ οἱ ἀσκοὶ ἀπόλλυνται·	Mk 2,22	καὶ οὐδεὶς **βάλλει** οἶνον νέον εἰς ἀσκοὺς παλαιούς· εἰ δὲ μή, ῥήξει ὁ οἶνος τοὺς ἀσκοὺς καὶ ὁ οἶνος ἀπόλλυται καὶ οἱ ἀσκοί·	Lk 5,37	καὶ οὐδεὶς **βάλλει** οἶνον νέον εἰς ἀσκοὺς παλαιούς· εἰ δὲ μή γε, ῥήξει ὁ οἶνος ὁ νέος τοὺς ἀσκοὺς καὶ αὐτὸς ἐκχυθήσεται καὶ οἱ ἀσκοὶ ἀπολοῦνται·	→ GTh 47,4
212		ἀλλὰ **βάλλουσιν** οἶνον νέον εἰς ἀσκοὺς καινούς, καὶ ἀμφότεροι συντηροῦνται.		ἀλλὰ οἶνον νέον εἰς ἀσκοὺς καινούς.	Lk 5,38	ἀλλὰ οἶνον νέον εἰς ἀσκοὺς καινοὺς **βλητέον.**	
c 202	Mt 5,13	ὑμεῖς ἐστε τὸ ἅλας τῆς γῆς· ἐὰν δὲ τὸ ἅλας μωρανθῇ, ἐν τίνι ἁλισθήσεται; εἰς οὐδὲν ἰσχύει ἔτι **εἰ μὴ βληθὲν** ἔξω καταπατεῖσθαι ὑπὸ τῶν ἀνθρώπων.	Mk 9,50	καλὸν τὸ ἅλας· ἐὰν δὲ τὸ ἅλας ἄναλον γένηται, ἐν τίνι αὐτὸ ἀρτύσετε; ...	Lk 14,35	[34] καλὸν οὖν τὸ ἅλας· ἐὰν δὲ καὶ τὸ ἅλας μωρανθῇ, ἐν τίνι ἀρτυθήσεται; [35] οὔτε εἰς γῆν οὔτε εἰς κοπρίαν εὔθετόν ἐστιν, ἔξω **βάλλουσιν** αὐτό. ὁ ἔχων ὦτα ἀκούειν ἀκουέτω.	Mk-Q overlap
a 202	Mt 5,25 → Mt 18,34	ἴσθι εὐνοῶν τῷ ἀντιδίκῳ σου ταχὺ, ἕως ὅτου εἶ μετ' αὐτοῦ ἐν τῇ ὁδῷ, μήποτέ σε παραδῷ ὁ ἀντίδικος τῷ κριτῇ καὶ ὁ κριτὴς τῷ ὑπηρέτῃ, καὶ εἰς φυλακὴν **βληθήσῃ·**			Lk 12,58	ὡς γὰρ ὑπάγεις μετὰ τοῦ ἀντιδίκου σου ἐπ' ἄρχοντα, ἐν τῇ ὁδῷ δὸς ἐργασίαν ἀπηλλάχθαι ἀπ' αὐτοῦ, μήποτε κατασύρῃ σε πρὸς τὸν κριτήν, καὶ ὁ κριτής σε παραδώσει τῷ πράκτορι, καὶ ὁ πράκτωρ σε **βαλεῖ** εἰς φυλακήν.	
200	Mt 5,29 (2) ⇩ Mt 18,9	εἰ δὲ ὁ ὀφθαλμός σου ὁ δεξιὸς σκανδαλίζει σε, **ἔξελε αὐτὸν καὶ βάλε** ἀπὸ σοῦ·	Mk 9,47	καὶ ἐὰν ὁ ὀφθαλμός σου σκανδαλίζῃ σε, **ἔκβαλε αὐτόν·**			
b 200		συμφέρει γάρ σοι ἵνα ἀπόληται ἓν τῶν μελῶν σου καὶ μὴ ὅλον τὸ σῶμά σου **βληθῇ** εἰς γέενναν.		καλόν σέ ἐστιν μονόφθαλμον εἰσελθεῖν εἰς τὴν βασιλείαν τοῦ θεοῦ ἢ δύο ὀφθαλμοὺς ἔχοντα **βληθῆναι** εἰς τὴν γέενναν			
200	Mt 5,30 ⇩ Mt 18,8	καὶ εἰ ἡ δεξιά σου χεὶρ σκανδαλίζει σε, ἔκκοψον αὐτὴν καὶ **βάλε** ἀπὸ σοῦ· συμφέρει γάρ σοι ἵνα ἀπόληται ἓν τῶν μελῶν σου καὶ μὴ ὅλον τὸ σῶμά σου εἰς γέενναν ἀπέλθῃ.	Mk 9,43	καὶ ἐὰν σκανδαλίζῃ σε ἡ χείρ σου, ἀπόκοψον αὐτήν· καλόν ἐστίν σε κυλλὸν εἰσελθεῖν εἰς τὴν ζωὴν ἢ τὰς δύο χεῖρας ἔχοντα ἀπελθεῖν εἰς τὴν γέενναν, εἰς τὸ πῦρ τὸ ἄσβεστον.			
202	Mt 6,30	εἰ δὲ τὸν χόρτον τοῦ ἀγροῦ σήμερον ὄντα καὶ αὔριον εἰς κλίβανον **βαλλόμενον** ὁ θεὸς οὕτως ἀμφιέννυσιν, οὐ πολλῷ μᾶλλον ὑμᾶς, ὀλιγόπιστοι;			Lk 12,28	εἰ δὲ ἐν ἀγρῷ τὸν χόρτον ὄντα σήμερον καὶ αὔριον εἰς κλίβανον **βαλλόμενον** ὁ θεὸς οὕτως ἀμφιέζει, πόσῳ μᾶλλον ὑμᾶς, ὀλιγόπιστοι.	→ GTh 36,2 (only POxy 655)

200	Mt 7,6	μὴ δῶτε τὸ ἅγιον τοῖς κυσὶν μηδὲ **βάλητε** τοὺς μαργαρίτας ὑμῶν ἔμπροσθεν τῶν χοίρων, ...					→ GTh 93
b 200	Mt 7,19 ⇑ Mt 3,10	πᾶν δένδρον μὴ ποιοῦν καρπὸν καλὸν ἐκκόπτεται καὶ εἰς πῦρ **βάλλεται.**			Lk 3,9	... πᾶν οὖν δένδρον μὴ ποιοῦν καρπὸν καλὸν ἐκκόπτεται καὶ εἰς πῦρ **βάλλεται.**	
201	Mt 8,6	[5] ... ἑκατόνταρχος παρακαλῶν αὐτὸν ... [6] καὶ λέγων· κύριε, ὁ παῖς μου **βέβληται** ἐν τῇ οἰκίᾳ παραλυτικός, δεινῶς βασανιζόμενος.			Lk 7,2	ἑκατοντάρχου δέ τινος δοῦλος κακῶς ἔχων ἤμελλεν τελευτᾶν, ...	→ Jn 4,46-47
211	Mt 8,14	καὶ ἐλθὼν ὁ Ἰησοῦς εἰς τὴν οἰκίαν Πέτρου εἶδεν τὴν πενθερὰν αὐτοῦ **βεβλημένην** καὶ πυρέσσουσαν·	Mk 1,30	[29] ... ἦλθον εἰς τὴν οἰκίαν Σίμωνος καὶ Ἀνδρέου μετὰ Ἰακώβου καὶ Ἰωάννου. [30] ἡ δὲ πενθερὰ Σίμωνος **κατέκειτο** πυρέσσουσα, ...	Lk 4,38	... εἰσῆλθεν εἰς τὴν οἰκίαν Σίμωνος. πενθερὰ δὲ τοῦ Σίμωνος ἦν **συνεχομένη** πυρετῷ μεγάλῳ ...	
211	Mt 9,2	καὶ ἰδοὺ προσέφερον αὐτῷ παραλυτικὸν ἐπὶ κλίνης **βεβλημένον.** ...	Mk 2,3	καὶ ἔρχονται φέροντες πρὸς αὐτὸν παραλυτικὸν αἰρόμενον ὑπὸ τεσσάρων.	Lk 5,18	καὶ ἰδοὺ ἄνδρες φέροντες ἐπὶ κλίνης ἄνθρωπον ὃς ἦν παραλελυμένος ...	
222	Mt 9,17 (2)	οὐδὲ **βάλλουσιν** οἶνον νέον εἰς ἀσκοὺς παλαιούς· εἰ δὲ μή γε, ῥήγνυνται οἱ ἀσκοὶ καὶ ὁ οἶνος ἐκχεῖται καὶ οἱ ἀσκοὶ ἀπόλλυνται·	Mk 2,22	καὶ οὐδεὶς **βάλλει** οἶνον νέον εἰς ἀσκοὺς παλαιούς· εἰ δὲ μή, ῥήξει ὁ οἶνος τοὺς ἀσκοὺς καὶ ὁ οἶνος ἀπόλλυται καὶ οἱ ἀσκοί·	Lk 5,37	καὶ οὐδεὶς **βάλλει** οἶνον νέον εἰς ἀσκοὺς παλαιούς· εἰ δὲ μή γε, ῥήξει ὁ οἶνος ὁ νέος τοὺς ἀσκοὺς καὶ αὐτὸς ἐκχυθήσεται καὶ οἱ ἀσκοὶ ἀπολοῦνται·	→ GTh 47,4
212		ἀλλὰ **βάλλουσιν** οἶνον νέον εἰς ἀσκοὺς καινούς, καὶ ἀμφότεροι συντηροῦνται.		ἀλλὰ οἶνον νέον εἰς ἀσκοὺς καινούς.	Lk 5,38	ἀλλὰ οἶνον νέον εἰς ἀσκοὺς καινοὺς **βλητέον.**	
201	Mt 10,34 (2)	μὴ νομίσητε ὅτι ἦλθον **βαλεῖν** εἰρήνην ἐπὶ τὴν γῆν·			Lk 12,51	δοκεῖτε ὅτι εἰρήνην παρεγενόμην **δοῦναι** ἐν τῇ γῇ;	→ GTh 16
201		οὐκ ἦλθον **βαλεῖν** εἰρήνην ἀλλὰ μάχαιραν.				οὐχί, λέγω ὑμῖν, ἀλλ' ἢ διαμερισμόν.	
020			Mk 4,26	... οὕτως ἐστὶν ἡ βασιλεία τοῦ θεοῦ ὡς ἄνθρωπος **βάλῃ** τὸν σπόρον ἐπὶ τῆς γῆς			
b 200	Mt 13,42 → Mt 25,46	καὶ ***βαλοῦσιν*** *αὐτοὺς εἰς τὴν κάμινον τοῦ πυρός·* ... ➤ Dan 3,6					

200	**Mt 13,47**	πάλιν ὁμοία ἐστὶν ἡ βασιλεία τῶν οὐρανῶν σαγήνῃ **βληθείσῃ** εἰς τὴν θάλασσαν καὶ ἐκ παντὸς γένους συναγαγούσῃ·					→ GTh 8
c 200	**Mt 13,48**	... καὶ καθίσαντες συνέλεξαν τὰ καλὰ εἰς ἄγγη, τὰ δὲ σαπρὰ ἔξω **ἔβαλον**.					→ GTh 8
b 200	**Mt 13,50** → Mt 25,46	καὶ ***βαλοῦσιν*** *αὐτοὺς εἰς τὴν κάμινον* *τοῦ πυρός·* ... ➢ Dan 3,6					
220	**Mt 15,26**	... οὐκ ἔστιν καλὸν λαβεῖν τὸν ἄρτον τῶν τέκνων καὶ **βαλεῖν** τοῖς κυναρίοις.	**Mk 7,27**	... οὐ γάρ ἐστιν καλὸν λαβεῖν τὸν ἄρτον τῶν τέκνων καὶ τοῖς κυναρίοις **βαλεῖν**.			
120	**Mt 15,28**	... καὶ ἰάθη ἡ θυγάτηρ αὐτῆς ἀπὸ τῆς ὥρας ἐκείνης.	**Mk 7,30** → Lk 7,10	καὶ ἀπελθοῦσα εἰς τὸν οἶκον αὐτῆς εὗρεν τὸ παιδίον **βεβλημένον** ἐπὶ τὴν κλίνην καὶ τὸ δαιμόνιον ἐξεληλυθός.			
020			**Mk 7,33** → Mk 8,23	καὶ ἀπολαβόμενος αὐτὸν ἀπὸ τοῦ ὄχλου κατ' ἰδίαν **ἔβαλεν** τοὺς δακτύλους αὐτοῦ εἰς τὰ ὦτα αὐτοῦ καὶ πτύσας ἥψατο τῆς γλώσσης αὐτοῦ			
b 120	**Mt 17,15**	... πολλάκις γὰρ πίπτει εἰς τὸ πῦρ καὶ πολλάκις εἰς τὸ ὕδωρ.	**Mk 9,22**	καὶ πολλάκις καὶ εἰς πῦρ αὐτὸν **ἔβαλεν** καὶ εἰς ὕδατα ἵνα ἀπολέσῃ αὐτόν· ...			
200	**Mt 17,27**	... πορευθεὶς εἰς θάλασσαν **βάλε** ἄγκιστρον καὶ τὸν ἀναβάντα πρῶτον ἰχθὺν ἆρον, καὶ ἀνοίξας τὸ στόμα αὐτοῦ εὑρήσεις στατῆρα· ...					
121	**Mt 18,6** → Mt 18,10	ὃς δ' ἂν σκανδαλίσῃ ἕνα τῶν μικρῶν τούτων τῶν πιστευόντων εἰς ἐμέ, συμφέρει αὐτῷ ἵνα κρεμασθῇ μύλος ὀνικὸς περὶ τὸν τράχηλον αὐτοῦ καὶ **καταποντισθῇ** ἐν τῷ πελάγει τῆς θαλάσσης.	**Mk 9,42**	καὶ ὃς ἂν σκανδαλίσῃ ἕνα τῶν μικρῶν τούτων τῶν πιστευόντων [εἰς ἐμέ], καλόν ἐστιν αὐτῷ μᾶλλον εἰ περίκειται μύλος ὀνικὸς περὶ τὸν τράχηλον αὐτοῦ καὶ **βέβληται** εἰς τὴν θάλασσαν.	**Lk 17,2**	λυσιτελεῖ αὐτῷ εἰ λίθος μυλικὸς περίκειται περὶ τὸν τράχηλον αὐτοῦ καὶ **ἔρριπται** εἰς τὴν θάλασσαν ἢ ἵνα σκανδαλίσῃ τῶν μικρῶν τούτων ἕνα.	Mk-Q overlap?

210	**Mt 18,8** (2) ⇑ Mt 5,30 ↓ Mk 9,45	εἰ δὲ ἡ χείρ σου ἢ ὁ πούς σου σκανδαλίζει σε, ἔκκοψον αὐτὸν καὶ **βάλε** ἀπὸ σοῦ·	**Mk 9,43**	καὶ ἐὰν σκανδαλίζῃ σε ἡ χείρ σου, ἀπόκοψον αὐτήν·			
b		καλόν σοί ἐστιν εἰσελθεῖν εἰς τὴν ζωὴν κυλλὸν ἢ χωλόν ἢ δύο χεῖρας ἢ δύο πόδας ἔχοντα		καλόν ἐστίν σε κυλλὸν εἰσελθεῖν εἰς τὴν ζωὴν ἢ τὰς δύο χεῖρας ἔχοντα			
210		**βληθῆναι** εἰς τὸ πῦρ τὸ αἰώνιον.		**ἀπελθεῖν** εἰς τὴν γέενναν, εἰς τὸ πῦρ τὸ ἄσβεστον.			
b	Mt 18,8 (2)	εἰ δὲ ἡ χείρ σου ἢ ὁ πούς σου σκανδαλίζει σε, ἔκκοψον αὐτὸν καὶ βάλε ἀπὸ σοῦ· καλόν σοί ἐστιν εἰσελθεῖν εἰς τὴν ζωὴν κυλλὸν ἢ χωλόν ἢ δύο χεῖρας ἢ δύο πόδας ἔχοντα	**Mk 9,45**	καὶ ἐὰν ὁ πούς σου σκανδαλίζῃ σε, ἀπόκοψον αὐτόν· καλόν ἐστίν σε εἰσελθεῖν εἰς τὴν ζωὴν χωλὸν ἢ τοὺς δύο πόδας ἔχοντα			
020		**βληθῆναι** εἰς τὸ πῦρ τὸ αἰώνιον.		**βληθῆναι** εἰς τὴν γέενναν.			
210	**Mt 18,9** (2) ⇑ Mt 5,29	καὶ εἰ ὁ ὀφθαλμός σου σκανδαλίζει σε, **ἔξελε αὐτὸν καὶ βάλε** ἀπὸ σοῦ·	**Mk 9,47**	καὶ ἐὰν ὁ ὀφθαλμός σου σκανδαλίζῃ σε, **ἔκβαλε αὐτόν·**			
b		καλόν σοί ἐστιν μονόφθαλμον εἰς τὴν ζωὴν εἰσελθεῖν ἢ δύο ὀφθαλμοὺς ἔχοντα		καλόν σέ ἐστιν μονόφθαλμον εἰσελθεῖν εἰς τὴν βασιλείαν τοῦ θεοῦ ἢ δύο ὀφθαλμοὺς ἔχοντα			
220		**βληθῆναι** εἰς τὴν γέενναν τοῦ πυρός.		**βληθῆναι** εἰς τὴν γέενναν			
a	**Mt 18,30**	ὁ δὲ οὐκ ἤθελεν ἀλλὰ ἀπελθὼν					
200		**ἔβαλεν** αὐτὸν εἰς φυλακὴν ἕως ἀποδῷ τὸ ὀφειλόμενον.					
202	**Mt 6,30**	εἰ δὲ τὸν χόρτον τοῦ ἀγροῦ σήμερον ὄντα καὶ αὔριον εἰς κλίβανον **βαλλόμενον** ὁ θεὸς οὕτως ἀμφιέννυσιν, οὐ πολλῷ μᾶλλον ὑμᾶς, ὀλιγόπιστοι;			**Lk 12,28**	εἰ δὲ ἐν ἀγρῷ τὸν χόρτον ὄντα σήμερον καὶ αὔριον εἰς κλίβανον **βαλλόμενον** ὁ θεὸς οὕτως ἀμφιέζει, πόσῳ μᾶλλον ὑμᾶς, ὀλιγόπιστοι.	→ GTh 36,2 (only POxy 655)
002					**Lk 12,49** → Mt 3,11 → Lk 3,16	πῦρ ἦλθον **βαλεῖν** ἐπὶ τὴν γῆν, καὶ τί θέλω εἰ ἤδη ἀνήφθη.	→ GTh 10
a	**Mt 5,25** → Mt 18,34	ἴσθι εὐνοῶν τῷ ἀντιδίκῳ σου ταχὺ, ἕως ὅτου εἶ μετ᾽ αὐτοῦ ἐν τῇ ὁδῷ, μήποτέ σε παραδῷ ὁ ἀντίδικος τῷ κριτῇ καὶ ὁ κριτὴς τῷ ὑπηρέτῃ, καὶ εἰς φυλακὴν			**Lk 12,58**	ὡς γὰρ ὑπάγεις μετὰ τοῦ ἀντιδίκου σου ἐπ᾽ ἄρχοντα, ἐν τῇ ὁδῷ δὸς ἐργασίαν ἀπηλλάχθαι ἀπ᾽ αὐτοῦ, μήποτε κατασύρῃ σε πρὸς τὸν κριτήν, καὶ ὁ κριτής σε παραδώσει τῷ πράκτορι, καὶ ὁ πράκτωρ σε	
202		**βληθήσῃ·**				**βαλεῖ** εἰς φυλακήν.	

002					Lk 13,8	... κύριε, ἄφες αὐτὴν καὶ τοῦτο τὸ ἔτος, ἕως ὅτου σκάψω περὶ αὐτὴν καὶ **βάλω** κόπρια	
102	Mt 13,31	... ὁμοία ἐστὶν ἡ βασιλεία τῶν οὐρανῶν κόκκῳ σινάπεως, ὃν λαβὼν ἄνθρωπος **ἔσπειρεν** ἐν τῷ ἀγρῷ αὐτοῦ·	Mk 4,31	[30] ... πῶς ὁμοιώσωμεν τὴν βασιλείαν τοῦ θεοῦ ... [31] ὡς κόκκῳ σινάπεως, ὃς ὅταν **σπαρῇ** ἐπὶ τῆς γῆς, ...	Lk 13,19	[18] ... τίνι ὁμοία ἐστὶν ἡ βασιλεία τοῦ θεοῦ ... [19] ὁμοία ἐστὶν κόκκῳ σινάπεως, ὃν λαβὼν ἄνθρωπος **ἔβαλεν** εἰς κῆπον ἑαυτοῦ, ...	→ GTh 20 Mk-Q overlap
c 202	Mt 5,13 → Mk 9,50	ὑμεῖς ἐστε τὸ ἅλας τῆς γῆς· ἐὰν δὲ τὸ ἅλας μωρανθῇ, ἐν τίνι ἁλισθήσεται; εἰς οὐδὲν ἰσχύει ἔτι **εἰ μὴ βληθὲν** ἔξω καταπατεῖσθαι ὑπὸ τῶν ἀνθρώπων.	Mk 9,50	καλὸν τὸ ἅλας· ἐὰν δὲ τὸ ἅλας ἄναλον γένηται, ἐν τίνι αὐτὸ ἀρτύσετε; ...	Lk 14,35 → Mk 9,50	[34] καλὸν οὖν τὸ ἅλας· ἐὰν δὲ καὶ τὸ ἅλας μωρανθῇ, ἐν τίνι ἀρτυθήσεται; [35] οὔτε εἰς γῆν οὔτε εἰς κοπρίαν εὔθετόν ἐστιν, ἔξω **βάλλουσιν** αὐτό. ὁ ἔχων ὦτα ἀκούειν ἀκουέτω.	Mk-Q overlap
002					Lk 16,20	πτωχὸς δέ τις ὀνόματι Λάζαρος **ἐβέβλητο** πρὸς τὸν πυλῶνα αὐτοῦ εἱλκωμένος	
220	Mt 21,21 ↓ Mt 17,20	... ἀμὴν λέγω ὑμῖν, ἐὰν ἔχητε πίστιν καὶ μὴ διακριθῆτε, οὐ μόνον τὸ τῆς συκῆς ποιήσετε, ἀλλὰ κἂν τῷ ὄρει τούτῳ εἴπητε· ἄρθητι καὶ **βλήθητι** εἰς τὴν θάλασσαν, γενήσεται·	Mk 11,23 → Mk 9,23	[22] ... ἔχετε πίστιν θεοῦ. [23] ἀμὴν λέγω ὑμῖν ὅτι ὃς ἂν εἴπῃ τῷ ὄρει τούτῳ· ἄρθητι καὶ **βλήθητι** εἰς τὴν θάλασσαν, καὶ μὴ διακριθῇ ἐν τῇ καρδίᾳ αὐτοῦ ἀλλὰ πιστεύῃ ὅτι ὃ λαλεῖ γίνεται, ἔσται αὐτῷ.	↓ Lk 17,6		→ GTh 48 → GTh 106
	Mt 17,20 ↑ Mt 21,21	... ἀμὴν γὰρ λέγω ὑμῖν, ἐὰν ἔχητε πίστιν ὡς κόκκον σινάπεως, ἐρεῖτε τῷ ὄρει τούτῳ, μετάβα ἔνθεν ἐκεῖ, καὶ μεταβήσεται· καὶ οὐδὲν ἀδυνατήσει ὑμῖν.			Lk 17,6	... εἰ ἔχετε πίστιν ὡς κόκκον σινάπεως, ἐλέγετε ἂν τῇ συκαμίνῳ [ταύτῃ]· ἐκριζώθητι καὶ **φυτεύθητι** ἐν τῇ θαλάσσῃ· καὶ ὑπήκουσεν ἂν ὑμῖν.	→ GTh 48 → GTh 106
022 021			Mk 12,41 (2)	καὶ καθίσας κατέναντι τοῦ γαζοφυλακίου ἐθεώρει πῶς ὁ ὄχλος **βάλλει** χαλκὸν εἰς τὸ γαζοφυλάκιον. καὶ πολλοὶ πλούσιοι **ἔβαλλον** πολλά·	Lk 21,1	ἀναβλέψας δὲ εἶδεν τοὺς **βάλλοντας** εἰς τὸ γαζοφυλάκιον τὰ δῶρα αὐτῶν πλουσίους.	
022			Mk 12,42	καὶ ἐλθοῦσα μία χήρα πτωχὴ **ἔβαλεν** λεπτὰ δύο, ὅ ἐστιν κοδράντης.	Lk 21,2	εἶδεν δέ τινα χήραν πενιχρὰν **βάλλουσαν** ἐκεῖ λεπτὰ δύο,	

   022 021			Mk 12,43 (2)	... ἀμὴν λέγω ὑμῖν ὅτι ἡ χήρα αὕτη ἡ πτωχὴ πλεῖον πάντων **ἔβαλεν** **τῶν βαλλόντων** εἰς τὸ γαζοφυλάκιον·	Lk 21,3	... ἀληθῶς λέγω ὑμῖν ὅτι ἡ χήρα αὕτη ἡ πτωχὴ πλεῖον πάντων **ἔβαλεν**·	
  022 022			Mk 12,44 (2)	πάντες γὰρ ἐκ τοῦ περισσεύοντος αὐτοῖς **ἔβαλον**, αὕτη δὲ ἐκ τῆς ὑστερήσεως αὐτῆς πάντα ὅσα εἶχεν **ἔβαλεν** ὅλον τὸν βίον αὐτῆς.	Lk 21,4 (2)	πάντες γὰρ οὗτοι ἐκ τοῦ περισσεύοντος αὐτοῖς **ἔβαλον** εἰς τὰ δῶρα, αὕτη δὲ ἐκ τοῦ ὑστερήματος αὐτῆς πάντα τὸν βίον ὃν εἶχεν **ἔβαλεν**.	
201	Mt 25,27	ἔδει σε οὖν **βαλεῖν** τὰ ἀργύριά μου τοῖς τραπεζίταις, καὶ ἐλθὼν ἐγὼ ἐκομισάμην ἂν τὸ ἐμὸν σὺν τόκῳ.			Lk 19,23	καὶ διὰ τί **οὐκ ἔδωκάς** μου τὸ ἀργύριον ἐπὶ τράπεζαν; κἀγὼ ἐλθὼν σὺν τόκῳ ἂν αὐτὸ ἔπραξα.	
210	Mt 26,12	**βαλοῦσα γὰρ αὕτη** **τὸ μύρον τοῦτο** ἐπὶ τοῦ σώματός μου πρὸς τὸ ἐνταφιάσαι με ἐποίησεν.	Mk 14,8	... προέλαβεν **μυρίσαι** τὸ σῶμά μου εἰς τὸν ἐνταφιασμόν.			→ Jn 12,7
200	Mt 27,6	οἱ δὲ ἀρχιερεῖς λαβόντες τὰ ἀργύρια εἶπαν· οὐκ ἔξεστιν **βαλεῖν** αὐτὰ εἰς τὸν κορβανᾶν, ἐπεὶ τιμὴ αἵματός ἐστιν.					
a 112	Mt 27,16 ↓ Mt 27,26	εἶχον δὲ τότε **δέσμιον ἐπίσημον** λεγόμενον [Ἰησοῦν] Βαραββᾶν.	Mk 15,7 ↓ Mk 15,15	ἦν δὲ ὁ λεγόμενος Βαραββᾶς μετὰ τῶν στασιαστῶν **δεδεμένος** οἵτινες ἐν τῇ στάσει φόνον πεποιήκεισαν.	Lk 23,19 ↓ Lk 23,25	ὅστις ἦν διὰ στάσιν τινὰ γενομένην ἐν τῇ πόλει καὶ φόνον **βληθεὶς** **ἐν τῇ φυλακῇ**.	→ Jn 18,40
a 112	Mt 27,26 ↑ Mt 27,16	τότε ἀπέλυσεν αὐτοῖς **τὸν Βαραββᾶν**, τὸν δὲ Ἰησοῦν φραγελλώσας παρέδωκεν ἵνα σταυρωθῇ.	Mk 15,15 ↑ Mk 15,7	... ἀπέλυσεν αὐτοῖς **τὸν Βαραββᾶν**, καὶ παρέδωκεν τὸν Ἰησοῦν φραγελλώσας ἵνα σταυρωθῇ.	Lk 23,25 ↑ Lk 23,19	ἀπέλυσεν δὲ **τὸν διὰ στάσιν καὶ** **φόνον βεβλημένον** εἰς φυλακὴν ὃν ᾐτοῦντο, τὸν δὲ Ἰησοῦν παρέδωκεν τῷ θελήματι αὐτῶν.	→ Jn 19,16
222	Mt 27,35	... *διεμερίσαντο* *τὰ ἱμάτια αὐτοῦ* ***βάλλοντες*** *κλῆρον* ➤ Ps 22,19	Mk 15,24	... *διαμερίζονται* *τὰ ἱμάτια αὐτοῦ* ***βάλλοντες*** *κλῆρον ἐπ' αὐτὰ τίς τί* *ἄρῃ.* ➤ Ps 22,19	Lk 23,34	... *διαμεριζόμενοι δὲ* *τὰ ἱμάτια αὐτοῦ* ***ἔβαλον*** *κλήρους.* ➤ Ps 22,19	→ Jn 19,24

a **Acts 16,23** πολλάς τε ἐπιθέντες αὐτοῖς πληγὰς **ἔβαλον** εἰς φυλακὴν ...

a **Acts 16,24** ὃς παραγγελίαν τοιαύτην λαβὼν **ἔβαλεν** αὐτοὺς εἰς τὴν ἐσωτέραν φυλακὴν ...

a **Acts 16,37** ... δείραντες ἡμᾶς δημοσίᾳ ἀκατακρίτους, ἀνθρώπους Ῥωμαίους ὑπάρχοντας, **ἔβαλαν** εἰς φυλακήν, καὶ νῦν λάθρᾳ ἡμᾶς ἐκβάλλουσιν; ...

Acts 22,23 κραυγαζόντων τε αὐτῶν καὶ ῥιπτούντων τὰ ἱμάτια καὶ κονιορτὸν **βαλλόντων** εἰς τὸν ἀέρα

Acts 27,14 μετ' οὐ πολὺ δὲ **ἔβαλεν** κατ' αὐτῆς ἄνεμος τυφωνικὸς ὁ καλούμενος εὐρακύλων·

βαπτίζω	Syn 29	Mt 7	Mk 12	Lk 10	Acts 21	Jn 13	1-3John	Paul 13	Eph	Col
	NT 76	2Thess	1/2Tim	Tit	Heb	Jas	1Pet	2Pet	Jude	Rev

baptize; wash

	triple tradition																	double tradition			Sondergut		
		+Mt / +Lk			–Mt / –Lk			traditions not taken over by Mt / Lk							subtotals								
code	*222*	*211*	*112*	*212*	*221*	*122*	*121*	*022*	*012*	*021*	*220*	*120*	*210*	*020*	Σ^+	Σ^-	Σ	*202*	*201*	*102*	*200*	*002*	total
Mt	1	1^{I}					1^-				1	5^-			1^{I}	6	3	2			2		**7**
Mk	1						1			1	1	5		3			12						**12**
Lk	1		1^+				1^-			1^-					1^+	2^-	2	2		3		3	**10**

Mk-Q overlap: 211: Mt 3,16 / Mk 1,10 / Lk 3,21 (?)

a βαπτίζω ἐν πνεύματι ἁγίῳ
b βαπτίζω εἰς (ἐν, ἐπὶ) ὄνομα (-τι)
c βάπτισμα βαπτίζω
d Ἰωάννης ὁ βαπτίζων

					Lk 3,2	... ἐγένετο ῥῆμα θεοῦ **ἐπὶ Ἰωάννην** τὸν Ζαχαρίου υἱὸν ἐν τῇ ἐρήμῳ.	
d 121	**Mt 3,1**	ἐν δὲ ταῖς ἡμέραις ἐκείναις παραγίνεται **Ἰωάννης ὁ** **βαπτιστὴς** κηρύσσων ἐν τῇ ἐρήμῳ τῆς Ἰουδαίας [2] [καὶ] λέγων· μετανοεῖτε· ἤγγικεν γὰρ ἡ βασιλεία τῶν οὐρανῶν.	**Mk 1,4**	ἐγένετο **Ἰωάννης [ὁ]** **βαπτίζων** ἐν τῇ ἐρήμῳ καὶ κηρύσσων βάπτισμα μετανοίας εἰς ἄφεσιν ἁμαρτιῶν.	**Lk 3,3** ↓ Mt 3,5	καὶ ἦλθεν εἰς πᾶσαν [τὴν] περίχωρον τοῦ Ἰορδάνου κηρύσσων βάπτισμα μετανοίας εἰς ἄφεσιν ἁμαρτιῶν	→ **Jn 3,23**
220	**Mt 3,6**	[5] τότε ἐξεπορεύετο πρὸς αὐτὸν Ἱεροσόλυμα καὶ πᾶσα ἡ Ἰουδαία καὶ πᾶσα ἡ περίχωρος τοῦ Ἰορδάνου, [6] καὶ **ἐβαπτίζοντο** ἐν τῷ Ἰορδάνῃ ποταμῷ ὑπ᾽ αὐτοῦ ἐξομολογούμενοι τὰς ἁμαρτίας αὐτῶν.	**Mk 1,5** ↓ **Lk 3,7**	καὶ ἐξεπορεύετο πρὸς αὐτὸν πᾶσα ἡ Ἰουδαία χώρα καὶ οἱ Ἱεροσολυμῖται πάντες, καὶ **ἐβαπτίζοντο** ὑπ᾽ αὐτοῦ ἐν τῷ Ἰορδάνῃ ποταμῷ ἐξομολογούμενοι τὰς ἁμαρτίας αὐτῶν.			
102	**Mt 3,7** → Mt 12,34 → Mt 23,33	ἰδὼν δὲ πολλοὺς τῶν Φαρισαίων καὶ Σαδδουκαίων ἐρχομένους **ἐπὶ τὸ βάπτισμα** **αὐτοῦ** εἶπεν αὐτοῖς· γεννήματα ἐχιδνῶν, ...			**Lk 3,7** ↑ **Mk 1,5**	ἔλεγεν οὖν τοῖς ἐκπορευομένοις ὄχλοις **βαπτισθῆναι** **ὑπ᾽ αὐτοῦ·** γεννήματα ἐχιδνῶν, ...	
002					**Lk 3,12**	ἦλθον δὲ καὶ τελῶναι **βαπτισθῆναι** καὶ εἶπαν πρὸς αὐτόν· διδάσκαλε, τί ποιήσωμεν;	
     020 *a* 020	**Mt 3,11** **(2)**	 ἐγὼ μὲν ὑμᾶς **βαπτίζω** ἐν ὕδατι εἰς μετάνοιαν, ὁ δὲ ὀπίσω μου ἐρχόμενος ἰσχυρότερός μού ἐστιν, οὗ οὐκ εἰμὶ ἱκανὸς τὰ ὑποδήματα βαστάσαι· αὐτὸς ὑμᾶς **βαπτίσει** ἐν πνεύματι ἁγίῳ καὶ πυρί·	**Mk 1,8** **(2)**	[7] ἔρχεται ὁ ἰσχυρότερός μου ὀπίσω μου, οὗ οὐκ εἰμὶ ἱκανὸς κύψας λῦσαι τὸν ἱμάντα τῶν ὑποδημάτων αὐτοῦ. [8] ἐγὼ **ἐβάπτισα** ὑμᾶς ὕδατι, αὐτὸς δὲ **βαπτίσει** ὑμᾶς ἐν πνεύματι ἁγίῳ.	**Lk 3,16** **(2)** → Lk 12,49	 ... ἐγὼ μὲν ὕδατι **βαπτίζω** ὑμᾶς· ἔρχεται δὲ ὁ ἰσχυρότερός μου, οὗ οὐκ εἰμὶ ἱκανὸς λῦσαι τὸν ἱμάντα τῶν ὑποδημάτων αὐτοῦ· αὐτὸς ὑμᾶς **βαπτίσει** ἐν πνεύματι ἁγίῳ καὶ πυρί·	→ **Jn 1,26** → Jn 1,27 → **Acts 1,5** → **Acts 11,16** → **Acts 19,4** Mk-Q overlap

202	Mt 3,11 (2)	ἐγὼ μὲν ὑμᾶς **βαπτίζω** ἐν ὕδατι εἰς μετάνοιαν,	Mk 1,8 (2)	[7] ἔρχεται ὁ ἰσχυρότερός μου ὀπίσω μου, οὗ οὐκ εἰμὶ ἱκανὸς κύψας λῦσαι τὸν ἱμάντα τῶν ὑποδημάτων αὐτοῦ. [8] ἐγὼ **ἐβάπτισα** ὑμᾶς ὕδατι,	Lk 3,16 (2)	... ἐγὼ μὲν ὕδατι **βαπτίζω** ὑμᾶς·	→ Jn 1,26 → Jn 1,27 → Acts 1,5 → Acts 11,16 → Acts 19,4 Mk-Q overlap
a		ὁ δὲ ὀπίσω μου ἐρχόμενος ἰσχυρότερός μού ἐστιν, οὗ οὐκ εἰμὶ ἱκανὸς τὰ ὑποδήματα βαστάσαι·			→ Lk 12,49	ἔρχεται δὲ ὁ ἰσχυρότερός μου, οὗ οὐκ εἰμὶ ἱκανὸς λῦσαι τὸν ἱμάντα τῶν ὑποδημάτων αὐτοῦ·	
202		αὐτὸς ὑμᾶς **βαπτίσει** ἐν πνεύματι ἁγίῳ καὶ πυρί·		αὐτὸς δὲ **βαπτίσει** ὑμᾶς ἐν πνεύματι ἁγίῳ.		αὐτὸς ὑμᾶς **βαπτίσει** ἐν πνεύματι ἁγίῳ καὶ πυρί·	
112	Mt 3,13	τότε	Mk 1,9	καὶ ἐγένετο ἐν ἐκείναις ταῖς ἡμέραις	Lk 3,21 (2)	ἐγένετο δὲ **ἐν τῷ βαπτισθῆναι** ἅπαντα τὸν λαὸν	
		παραγίνεται ὁ Ἰησοῦς ἀπὸ τῆς Γαλιλαίας ἐπὶ τὸν Ἰορδάνην πρὸς τὸν Ἰωάννην		ἦλθεν Ἰησοῦς ἀπὸ Ναζαρὲτ τῆς Γαλιλαίας καὶ		καὶ Ἰησοῦ	
222		**τοῦ βαπτισθῆναι** ὑπ' αὐτοῦ.		**ἐβαπτίσθη** εἰς τὸν Ἰορδάνην ὑπὸ Ἰωάννου.		**βαπτισθέντος** ↔	
200	Mt 3,14	ὁ δὲ Ἰωάννης διεκώλυεν αὐτὸν λέγων· ἐγὼ χρείαν ἔχω ὑπὸ σοῦ **βαπτισθῆναι,** καὶ σὺ ἔρχῃ πρός με;					
211	Mt 3,16	**βαπτισθεὶς** δὲ ὁ Ἰησοῦς εὐθὺς ἀνέβη ἀπὸ τοῦ ὕδατος· καὶ ἰδοὺ ἠνεῴχθησαν [αὐτῷ] οἱ οὐρανοί, ...	Mk 1,10	καὶ εὐθὺς ἀναβαίνων ἐκ τοῦ ὕδατος εἶδεν σχιζομένους τοὺς οὐρανοὺς ...	Lk 3,21 (2)	↔ καὶ προσευχομένου ἀνεῳχθῆναι τὸν οὐρανὸν	Mk-Q overlap?
c 102	Mt 21,32	... οἱ δὲ τελῶναι καὶ αἱ πόρναι ἐπίστευσαν αὐτῷ· ...			Lk 7,29	καὶ πᾶς ὁ λαὸς ἀκούσας καὶ οἱ τελῶναι ἐδικαίωσαν τὸν θεόν **βαπτισθέντες** τὸ βάπτισμα Ἰωάννου·	
102	Mt 21,32	ἦλθεν γὰρ Ἰωάννης πρὸς ὑμᾶς ἐν ὁδῷ δικαιοσύνης, καὶ οὐκ ἐπιστεύσατε αὐτῷ, ...			Lk 7,30	οἱ δὲ Φαρισαῖοι καὶ οἱ νομικοὶ τὴν βουλὴν τοῦ θεοῦ ἠθέτησαν εἰς ἑαυτούς **μὴ βαπτισθέντες** ὑπ' αὐτοῦ.	
d 021	Mt 14,2 → Mt 16,14	[1] ... ἤκουσεν Ἡρῴδης ὁ τετραάρχης τὴν ἀκοὴν Ἰησοῦ, [2] καὶ εἶπεν τοῖς παισὶν αὐτοῦ· οὗτός ἐστιν **Ἰωάννης ὁ βαπτιστής·** αὐτὸς ἠγέρθη ἀπὸ τῶν νεκρῶν ...	Mk 6,14 → Mk 8,28	καὶ ἤκουσεν ὁ βασιλεὺς Ἡρῴδης, φανερὸν γὰρ ἐγένετο τὸ ὄνομα αὐτοῦ, καὶ ἔλεγον ὅτι **Ἰωάννης ὁ βαπτίζων** ἐγήγερται ἐκ νεκρῶν ...	Lk 9,7 → Lk 9,19	ἤκουσεν δὲ Ἡρῴδης ὁ τετραάρχης τὰ γινόμενα πάντα καὶ διηπόρει διὰ τὸ λέγεσθαι ὑπό τινων ὅτι **Ἰωάννης** ἠγέρθη ἐκ νεκρῶν	

d 120	Mt 14,8	ἡ δὲ προβιβασθεῖσα ὑπὸ τῆς μητρὸς αὐτῆς· δός μοι, φησίν, ὧδε ἐπὶ πίνακι τὴν κεφαλὴν Ἰωάννου τοῦ βαπτιστοῦ.	Mk 6,24	καὶ ἐξελθοῦσα εἶπεν τῇ μητρὶ αὐτῆς· τί αἰτήσωμαι; ἡ δὲ εἶπεν· τὴν κεφαλὴν Ἰωάννου τοῦ **βαπτίζοντος**. [25] καὶ εἰσελθοῦσα εὐθὺς μετὰ σπουδῆς πρὸς τὸν βασιλέα ᾐτήσατο λέγουσα· θέλω ἵνα ἐξαυτῆς δῷς μοι ἐπὶ πίνακι τὴν κεφαλὴν Ἰωάννου τοῦ βαπτιστοῦ.			
020			Mk 7,4	καὶ ἀπ' ἀγορᾶς ἐὰν μὴ **βαπτίσωνται** οὐκ ἐσθίουσιν, ...			
002					Lk 11,38 → Mk 7,2	ὁ δὲ Φαρισαῖος ἰδὼν ἐθαύμασεν ὅτι οὐ πρῶτον **ἐβαπτίσθη** πρὸ τοῦ ἀρίστου.	
c 002	Mt 20,22	... δύνασθε πιεῖν τὸ ποτήριον ὃ ἐγὼ μέλλω πίνειν; ...	Mk 10,38 (2)	... δύνασθε πιεῖν τὸ ποτήριον ὃ ἐγὼ πίνω ἢ τὸ βάπτισμα ὃ ἐγὼ βαπτίζομαι **βαπτισθῆναι**;	Lk 12,50	βάπτισμα δὲ ἔχω **βαπτισθῆναι**, καὶ πῶς συνέχομαι ἕως ὅτου τελεσθῇ.	
c 120 *c* 120	Mt 20,22	... δύνασθε πιεῖν τὸ ποτήριον ὃ ἐγὼ μέλλω πίνειν; λέγουσιν αὐτῷ· δυνάμεθα.	Mk 10,38 (2)	... δύνασθε πιεῖν τὸ ποτήριον ὃ ἐγὼ πίνω ἢ τὸ βάπτισμα ὃ ἐγὼ **βαπτίζομαι** **βαπτισθῆναι**; [39] οἱ δὲ εἶπαν αὐτῷ· δυνάμεθα. ↔	Lk 12,50	βάπτισμα δὲ ἔχω **βαπτισθῆναι**, καὶ πῶς συνέχομαι ἕως ὅτου τελεσθῇ.	
c 120 *c* 120	Mt 20,23	λέγει αὐτοῖς· τὸ μὲν ποτήριόν μου πίεσθε, τὸ δὲ καθίσαι ἐκ δεξιῶν μου καὶ ἐξ εὐωνύμων ...	Mk 10,39 (2)	↔ ὁ δὲ Ἰησοῦς εἶπεν αὐτοῖς· τὸ ποτήριον ὃ ἐγὼ πίνω πίεσθε καὶ τὸ βάπτισμα ὃ ἐγὼ **βαπτίζομαι** **βαπτισθήσεσθε**, [40] τὸ δὲ καθίσαι ἐκ δεξιῶν μου ἢ ἐξ εὐωνύμων ...			
b 200	Mt 28,19 → Mt 24,14 → Mk 13,10 → Lk 24,47	πορευθέντες οὖν μαθητεύσατε πάντα τὰ ἔθνη, **βαπτίζοντες** αὐτοὺς εἰς τὸ ὄνομα τοῦ πατρὸς καὶ τοῦ υἱοῦ καὶ τοῦ ἁγίου πνεύματος					

a **Acts 1,5** (2) → Mt 3,11 → Mk 1,8 → Lk 3,16 → Acts 11,16 → Acts 19,4
ὅτι Ἰωάννης μὲν **ἐβάπτισεν** ὕδατι, ὑμεῖς δὲ ἐν πνεύματι **βαπτισθήσεσθε** ἁγίῳ οὐ μετὰ πολλὰς ταύτας ἡμέρας.

b **Acts 2,38**
Πέτρος δὲ πρὸς αὐτούς· μετανοήσατε, [φησίν,] καὶ **βαπτισθήτω** ἕκαστος ὑμῶν ἐπὶ τῷ ὀνόματι Ἰησοῦ Χριστοῦ εἰς ἄφεσιν τῶν ἁμαρτιῶν ὑμῶν καὶ λήμψεσθε τὴν δωρεὰν τοῦ ἁγίου πνεύματος.

Acts 2,41
οἱ μὲν οὖν ἀποδεξάμενοι τὸν λόγον αὐτοῦ **ἐβαπτίσθησαν** ...

Acts 8,12
ὅτε δὲ ἐπίστευσαν τῷ Φιλίππῳ εὐαγγελιζομένῳ περὶ τῆς βασιλείας τοῦ θεοῦ καὶ τοῦ ὀνόματος Ἰησοῦ Χριστοῦ, **ἐβαπτίζοντο** ἄνδρες τε καὶ γυναῖκες.

Acts 8,13
ὁ δὲ Σίμων καὶ αὐτὸς ἐπίστευσεν καὶ **βαπτισθεὶς** ἦν προσκαρτερῶν τῷ Φιλίππῳ, ...

b **Acts 8,16** ... μόνον δὲ **βεβαπτισμένοι** ὑπῆρχον εἰς τὸ ὄνομα τοῦ κυρίου Ἰησοῦ.

Acts 8,36 ... καί φησιν ὁ εὐνοῦχος· ἰδοὺ ὕδωρ, τί κωλύει με **βαπτισθῆναι;**

Acts 8,38 ... καὶ κατέβησαν ἀμφότεροι εἰς τὸ ὕδωρ, ὅ τε Φίλιππος καὶ ὁ εὐνοῦχος, καὶ **ἐβάπτισεν** αὐτόν.

Acts 9,18 καὶ εὐθέως ἀπέπεσαν αὐτοῦ ἀπὸ τῶν ὀφθαλμῶν ὡς λεπίδες, ἀνέβλεψέν τε, καὶ ἀναστὰς **ἐβαπτίσθη**

Acts 10,47 μήτι τὸ ὕδωρ δύναται κωλῦσαί τις τοῦ **μὴ βαπτισθῆναι** τούτους, οἵτινες τὸ πνεῦμα τὸ ἅγιον ἔλαβον ὡς καὶ ἡμεῖς;

b **Acts 10,48** προσέταξεν δὲ αὐτοὺς ἐν τῷ ὀνόματι Ἰησοῦ Χριστοῦ **βαπτισθῆναι.** ...

Acts 11,16 (2) → Mt 3,11 → Mk 1,8 → Lk 3,16 → Acts 1,5 → Acts 19,4 ... Ἰωάννης μὲν **ἐβάπτισεν** ὕδατι,
a ὑμεῖς δὲ **βαπτισθήσεσθε** ἐν πνεύματι ἁγίῳ.

Acts 16,15 ὡς δὲ **ἐβαπτίσθη** καὶ ὁ οἶκος αὐτῆς, παρεκάλεσεν λέγουσα· εἰ κεκρίκατέ με πιστὴν τῷ κυρίῳ εἶναι, εἰσελθόντες εἰς τὸν οἶκόν μου μένετε· ...

Acts 16,33 ... καὶ **ἐβαπτίσθη** αὐτὸς καὶ οἱ αὐτοῦ πάντες παραχρῆμα

Acts 18,8 ... καὶ πολλοὶ τῶν Κορινθίων ἀκούοντες ἐπίστευον καὶ **ἐβαπτίζοντο.**

Acts 19,3 εἶπέν τε· εἰς τί οὖν **ἐβαπτίσθητε;** οἱ δὲ εἶπαν· εἰς τὸ Ἰωάννου βάπτισμα.

c **Acts 19,4** → Mt 3,11 → Mk 1,8 → Lk 3,16 → Acts 1,5 → Acts 11,16 ... Ἰωάννης **ἐβάπτισεν** βάπτισμα μετανοίας τῷ λαῷ λέγων εἰς τὸν ἐρχόμενον μετ' αὐτὸν ἵνα πιστεύσωσιν, τοῦτ' ἔστιν εἰς τὸν Ἰησοῦν.

b **Acts 19,5** ἀκούσαντες δὲ **ἐβαπτίσθησαν** εἰς τὸ ὄνομα τοῦ κυρίου Ἰησοῦ, [6] καὶ ἐπιθέντος αὐτοῖς τοῦ Παύλου [τὰς] χεῖρας ἦλθε τὸ πνεῦμα τὸ ἅγιον ἐπ' αὐτούς, ἐλάλουν τε γλώσσαις καὶ ἐπροφήτευον.

Acts 22,16 καὶ νῦν τί μέλλεις; ἀναστὰς **βάπτισαι** καὶ ἀπόλουσαι τὰς ἁμαρτίας σου ἐπικαλεσάμενος τὸ ὄνομα αὐτοῦ.

βάπτισμα

	Syn	Mt	Mk	Lk	Acts	Jn	1-3John	Paul	Eph	Col
	10	2	4	4	6			1	1	
	NT	2Thess	1/2Tim	Tit	Heb	Jas	1Pet	2Pet	Jude	Rev
	19						1			

baptism

	triple tradition																	double tradition			Sondergut		
		+Mt / +Lk			–Mt / –Lk			traditions not taken over by Mt / Lk							subtotals								
code	*222*	*211*	*112*	*212*	*221*	*122*	*121*	*022*	*012*	*021*	*220*	*120*	*210*	*020*	Σ^+	Σ^-	Σ	*202*	*201*	*102*	*200*	*002*	total
Mt	1					1^-						2^-				3^-	1		1				**2**
Mk	1					1						2					4						**4**
Lk	1					1											2			1		1	**4**

	Mt		Mk		Lk	
122	**Mt 3,2**	[1] ... παραγίνεται Ἰωάννης ὁ βαπτιστὴς κηρύσσων ἐν τῇ ἐρήμῳ τῆς Ἰουδαίας [2] [καὶ] λέγων· **μετανοεῖτε·** ἤγγικεν γὰρ ἡ βασιλεία τῶν οὐρανῶν.	**Mk 1,4**	ἐγένετο Ἰωάννης [ὁ] βαπτίζων ἐν τῇ ἐρήμῳ καὶ κηρύσσων **βάπτισμα μετανοίας** εἰς ἄφεσιν ἁμαρτιῶν.	**Lk 3,3**	καὶ ἦλθεν εἰς πᾶσαν [τὴν] περίχωρον τοῦ Ἰορδάνου κηρύσσων **βάπτισμα μετανοίας** εἰς ἄφεσιν ἁμαρτιῶν
201	**Mt 3,7** → Mt 12,34 → Mt 23,33	ἰδὼν δὲ πολλοὺς τῶν Φαρισαίων καὶ Σαδδουκαίων ἐρχομένους **ἐπὶ τὸ βάπτισμα αὐτοῦ** εἶπεν αὐτοῖς· γεννήματα ἐχιδνῶν, ...			**Lk 3,7** → Mk 1,5	ἔλεγεν οὖν τοῖς ἐκπορευομένοις ὄχλοις **βαπτισθῆναι ὑπ' αὐτοῦ·** γεννήματα ἐχιδνῶν, ...

102	Mt 21,32	ἦλθεν γὰρ Ἰωάννης πρὸς ὑμᾶς ἐν ὁδῷ δικαιοσύνης, καὶ οὐκ ἐπιστεύσατε αὐτῷ, οἱ δὲ τελῶναι καὶ αἱ πόρναι ἐπίστευσαν αὐτῷ· ...			Lk 7,29	καὶ πᾶς ὁ λαὸς ἀκούσας καὶ οἱ τελῶναι ἐδικαίωσαν τὸν θεόν βαπτισθέντες **τὸ βάπτισμα Ἰωάννου·** [30] οἱ δὲ Φαρισαῖοι καὶ οἱ νομικοὶ τὴν βουλὴν τοῦ θεοῦ ἠθέτησαν εἰς ἑαυτούς μὴ βαπτισθέντες ὑπ᾽ αὐτοῦ.	
002	Mt 20,22	... δύνασθε πιεῖν τὸ ποτήριον ὃ ἐγὼ μέλλω πίνειν; ...	Mk 10,38	... δύνασθε πιεῖν τὸ ποτήριον ὃ ἐγὼ πίνω ἢ **τὸ βάπτισμα** ὃ ἐγὼ βαπτίζομαι βαπτισθῆναι;	Lk 12,50	**βάπτισμα** δὲ ἔχω βαπτισθῆναι, καὶ πῶς συνέχομαι ἕως ὅτου τελεσθῇ.	
120	Mt 20,22	... δύνασθε πιεῖν τὸ ποτήριον ὃ ἐγὼ μέλλω πίνειν; ↔	Mk 10,38	... δύνασθε πιεῖν τὸ ποτήριον ὃ ἐγὼ πίνω ἢ **τὸ βάπτισμα** ὃ ἐγὼ βαπτίζομαι βαπτισθῆναι;	Lk 12,50	**βάπτισμα** δὲ ἔχω βαπτισθῆναι, καὶ πῶς συνέχομαι ἕως ὅτου τελεσθῇ.	
120	Mt 20,23	↔ [22] λέγουσιν αὐτῷ· δυνάμεθα. [23] λέγει αὐτοῖς· τὸ μὲν ποτήριόν μου πίεσθε, ...	Mk 10,39	οἱ δὲ εἶπαν αὐτῷ· δυνάμεθα. ὁ δὲ Ἰησοῦς εἶπεν αὐτοῖς· τὸ ποτήριον ὃ ἐγὼ πίνω πίεσθε καὶ **τὸ βάπτισμα** ὃ ἐγὼ βαπτίζομαι βαπτισθήσεσθε			
222	Mt 21,25	**τὸ βάπτισμα τὸ Ἰωάννου** πόθεν ἦν; ἐξ οὐρανοῦ ἢ ἐξ ἀνθρώπων; ...	Mk 11,30	**τὸ βάπτισμα τὸ Ἰωάννου** ἐξ οὐρανοῦ ἦν ἢ ἐξ ἀνθρώπων; ...	Lk 20,4	**τὸ βάπτισμα Ἰωάννου** ἐξ οὐρανοῦ ἦν ἢ ἐξ ἀνθρώπων;	

Acts 1,22 (→ Lk 9,51; → Lk 24,51) ἀρξάμενος **ἀπὸ τοῦ βαπτίσματος Ἰωάννου** ἕως τῆς ἡμέρας ἧς ἀνελήμφθη ἀφ᾽ ἡμῶν, ...

Acts 10,37 ... ἀρξάμενος ἀπὸ τῆς Γαλιλαίας **μετὰ τὸ βάπτισμα** ὃ ἐκήρυξεν Ἰωάννης

Acts 13,24 προκηρύξαντος Ἰωάννου πρὸ προσώπου τῆς εἰσόδου αὐτοῦ **βάπτισμα μετανοίας** παντὶ τῷ λαῷ Ἰσραήλ.

Acts 18,25 ... ἐδίδασκεν ἀκριβῶς τὰ περὶ τοῦ Ἰησοῦ, ἐπιστάμενος μόνον **τὸ βάπτισμα Ἰωάννου·**

Acts 19,3 εἶπέν τε· εἰς τί οὖν ἐβαπτίσθητε; οἱ δὲ εἶπαν· **εἰς τὸ Ἰωάννου βάπτισμα.**

Acts 19,4 (→ Mt 3,11; → Mk 1,8; → Lk 3,16; → Acts 1,5; → Acts 11,16) ... Ἰωάννης ἐβάπτισεν **βάπτισμα μετανοίας** τῷ λαῷ λέγων εἰς τὸν ἐρχόμενον μετ᾽ αὐτὸν ἵνα πιστεύσωσιν, τοῦτ᾽ ἔστιν εἰς τὸν Ἰησοῦν.

βαπτισμός

βαπτισμός	Syn 1	Mt	Mk 1	Lk	Acts	Jn	1-3John	Paul	Eph	Col 1
	NT 4	2Thess	1/2Tim	Tit	Heb 2	Jas	1Pet	2Pet	Jude	Rev

ritual washing; ablution; baptism; washing (of hands)

020			Mk 7,4 → Mt 23,25 → Lk 11,39	καὶ ἀπ᾽ ἀγορᾶς ἐὰν μὴ βαπτίσωνται οὐκ ἐσθίουσιν, καὶ ἄλλα πολλά ἐστιν ἃ παρέλαβον κρατεῖν, **βαπτισμοὺς ποτηρίων** καὶ ξεστῶν καὶ χαλκίων [καὶ κλινῶν] -			

βαπτιστής	Syn 12	Mt 7	Mk 2	Lk 3	Acts	Jn	1-3John	Paul	Eph	Col
	NT 12	2Thess	1/2Tim	Tit	Heb	Jas	1Pet	2Pet	Jude	Rev

Baptist (of John)

	triple tradition																	double tradition			Sondergut		
		+Mt / +Lk			–Mt / –Lk			traditions not taken over by Mt / Lk							subtotals								
code	222	211	112	212	221	122	121	022	012	021	220	120	210	020	Σ+	Σ−	Σ	202	201	102	200	002	total
Mt	1	2+									1				2+		4		2		1		7
Mk	1										1						2						2
Lk	1																1			1		1	3

					Lk 3,2	... ἐγένετο ῥῆμα θεοῦ **ἐπὶ Ἰωάννην** τὸν Ζαχαρίου υἱὸν ἐν τῇ ἐρήμῳ.	
211	Mt 3,1	ἐν δὲ ταῖς ἡμέραις ἐκείναις παραγίνεται **Ἰωάννης** **ὁ βαπτιστὴς** κηρύσσων ἐν τῇ ἐρήμῳ τῆς Ἰουδαίας [2] [καὶ] λέγων· μετανοεῖτε· ἤγγικεν γὰρ ἡ βασιλεία τῶν οὐρανῶν.	Mk 1,4	ἐγένετο **Ἰωάννης** **[ὁ] βαπτίζων** ἐν τῇ ἐρήμῳ καὶ κηρύσσων βάπτισμα μετανοίας εἰς ἄφεσιν ἁμαρτιῶν.	Lk 3,3 → Mt 3,5	καὶ ἦλθεν εἰς πᾶσαν [τὴν] περίχωρον τοῦ Ἰορδάνου κηρύσσων βάπτισμα μετανοίας εἰς ἄφεσιν ἁμαρτιῶν	→ Jn 3,23
002					Lk 7,20	παραγενόμενοι δὲ πρὸς αὐτὸν οἱ ἄνδρες εἶπαν· **Ἰωάννης** **ὁ βαπτιστὴς** ἀπέστειλεν ἡμᾶς πρὸς σὲ λέγων· σὺ εἶ ὁ ἐρχόμενος ἢ ἄλλον προσδοκῶμεν;	
201	Mt 11,11	ἀμὴν λέγω ὑμῖν· οὐκ ἐγήγερται ἐν γεννητοῖς γυναικῶν μείζων **Ἰωάννου** **τοῦ βαπτιστοῦ·** ὁ δὲ μικρότερος ἐν τῇ βασιλείᾳ τῶν οὐρανῶν μείζων αὐτοῦ ἐστιν.			Lk 7,28	λέγω ὑμῖν, μείζων ἐν γεννητοῖς γυναικῶν **Ἰωάννου** οὐδείς ἐστιν· ὁ δὲ μικρότερος ἐν τῇ βασιλείᾳ τοῦ θεοῦ μείζων αὐτοῦ ἐστιν.	→ GTh 46
201	Mt 11,12	**ἀπὸ δὲ τῶν ἡμερῶν** **Ἰωάννου** **τοῦ βαπτιστοῦ** ἕως ἄρτι ἡ βασιλεία τῶν οὐρανῶν βιάζεται καὶ βιασταὶ ἁρπάζουσιν αὐτήν. [13] πάντες γὰρ οἱ προφῆται καὶ ὁ νόμος ἕως Ἰωάννου ἐπροφήτευσαν·			Lk 16,16 → Mt 22,9 → Lk 14,23	ὁ νόμος καὶ οἱ προφῆται μέχρι Ἰωάννου· **ἀπὸ τότε** ἡ βασιλεία τοῦ θεοῦ εὐαγγελίζεται καὶ πᾶς εἰς αὐτὴν βιάζεται.	
102	Mt 11,18	ἦλθεν γὰρ **Ἰωάννης** μήτε ἐσθίων μήτε πίνων, καὶ λέγουσιν· δαιμόνιον ἔχει·			Lk 7,33 → Mt 3,4 → Mk 1,6	ἐλήλυθεν γὰρ **Ἰωάννης** **ὁ βαπτιστὴς** μὴ ἐσθίων ἄρτον μήτε πίνων οἶνον, καὶ λέγετε· δαιμόνιον ἔχει.	

211	**Mt 14,2**	[1] ... ἤκουσεν Ἡρῴδης ὁ τετραάρχης τὴν ἀκοὴν Ἰησοῦ, [2] καὶ εἶπεν τοῖς παισὶν αὐτοῦ· οὗτός ἐστιν Ἰωάννης ὁ βαπτιστής· αὐτὸς ἠγέρθη ἀπὸ τῶν νεκρῶν καὶ διὰ τοῦτο αἱ δυνάμεις ἐνεργοῦσιν ἐν αὐτῷ.	**Mk 6,16** → Mk 6,27	ἀκούσας δὲ ὁ Ἡρῴδης ἔλεγεν· ὃν ἐγὼ ἀπεκεφάλισα Ἰωάννην, οὗτος ἠγέρθη.	**Lk 9,9** → Lk 23,8	εἶπεν δὲ Ἡρῴδης· Ἰωάννην ἐγὼ ἀπεκεφάλισα· τίς δέ ἐστιν οὗτος περὶ οὗ ἀκούω τοιαῦτα; καὶ ἐζήτει ἰδεῖν αὐτόν.	
			Mk 6,14 ↓ **Mk 8,28**	καὶ ἤκουσεν ὁ βασιλεὺς Ἡρῴδης, φανερὸν γὰρ ἐγένετο τὸ ὄνομα αὐτοῦ, καὶ ἔλεγον ὅτι Ἰωάννης ὁ βαπτίζων ἐγήγερται ἐκ νεκρῶν ...	**Lk 9,7** ↓ **Lk 9,19**	ἤκουσεν δὲ Ἡρῴδης ὁ τετραάρχης τὰ γινόμενα πάντα καὶ διηπόρει διὰ τὸ λέγεσθαι ὑπό τινων ὅτι Ἰωάννης ἠγέρθη ἐκ νεκρῶν	
220	**Mt 14,8**	... δός μοι, φησίν, ὧδε ἐπὶ πίνακι τὴν κεφαλὴν Ἰωάννου τοῦ βαπτιστοῦ.	**Mk 6,25**	... θέλω ἵνα ἐξαυτῆς δῷς μοι ἐπὶ πίνακι τὴν κεφαλὴν Ἰωάννου τοῦ βαπτιστοῦ.			
222	**Mt 16,14** ↑ Mt 14,2	οἱ δὲ εἶπαν· οἱ μὲν Ἰωάννην τὸν βαπτιστήν, ἄλλοι δὲ Ἠλίαν, ἕτεροι δὲ Ἰερεμίαν ἢ ἕνα τῶν προφητῶν.	**Mk 8,28** ↑ Mk 6,14	οἱ δὲ εἶπαν αὐτῷ λέγοντες [ὅτι] Ἰωάννην τὸν βαπτιστήν, καὶ ἄλλοι Ἠλίαν, ἄλλοι δὲ ὅτι εἷς τῶν προφητῶν.	**Lk 9,19** ↑ Lk 9,7	οἱ δὲ ἀποκριθέντες εἶπαν· Ἰωάννην τὸν βαπτιστήν, ἄλλοι δὲ Ἠλίαν, ἄλλοι δὲ ὅτι προφήτης τις τῶν ἀρχαίων ἀνέστη.	→ GTh 13
200	**Mt 17,13**	τότε συνῆκαν οἱ μαθηταὶ ὅτι περὶ Ἰωάννου τοῦ βαπτιστοῦ εἶπεν αὐτοῖς.					

βάπτω

	Syn	Mt	Mk	Lk	Acts	Jn	1-3John	Paul	Eph	Col
	1			1		2				
	NT	2Thess	1/2Tim	Tit	Heb	Jas	1Pet	2Pet	Jude	Rev
	4									1

dip

002					**Lk 16,24**	... πέμψον Λάζαρον ἵνα βάψῃ τὸ ἄκρον τοῦ δακτύλου αὐτοῦ ὕδατος καὶ καταψύξῃ τὴν γλῶσσάν μου, ...	

Βαραββᾶς

	Syn	Mt	Mk	Lk	Acts	Jn	1-3John	Paul	Eph	Col
	9	5	3	1		2				
	NT	2Thess	1/2Tim	Tit	Heb	Jas	1Pet	2Pet	Jude	Rev
	11									

Barabbas

221	**Mt 27,16** ↓ Mt 27,26	εἶχον δὲ τότε δέσμιον ἐπίσημον λεγόμενον [Ἰησοῦν] Βαραββᾶν.	**Mk 15,7** ↓ Mk 15,15	ἦν δὲ ὁ λεγόμενος Βαραββᾶς μετὰ τῶν στασιαστῶν δεδεμένος οἵτινες ἐν τῇ στάσει φόνον πεποιήκεισαν.	**Lk 23,19** ↓ Lk 23,25	ὅστις ἦν διὰ στάσιν τινὰ γενομένην ἐν τῇ πόλει καὶ φόνον βληθεὶς ἐν τῇ φυλακῇ.	→ **Jn 18,40**

210	Mt 27,17	... εἶπεν αὐτοῖς ὁ Πιλᾶτος· τίνα θέλετε ἀπολύσω ὑμῖν, **[Ἰησοῦν τὸν] Βαραββᾶν** ἢ Ἰησοῦν τὸν λεγόμενον χριστόν;	Mk 15,9	ὁ δὲ Πιλᾶτος ἀπεκρίθη αὐτοῖς λέγων· θέλετε ἀπολύσω ὑμῖν τὸν βασιλέα τῶν Ἰουδαίων;			→ Jn 18,39
222	Mt 27,20	οἱ δὲ ἀρχιερεῖς καὶ οἱ πρεσβύτεροι ἔπεισαν τοὺς ὄχλους ἵνα αἰτήσωνται **τὸν Βαραββᾶν,** τὸν δὲ Ἰησοῦν ἀπολέσωσιν.	Mk 15,11	οἱ δὲ ἀρχιερεῖς ἀνέσεισαν τὸν ὄχλον ἵνα μᾶλλον **τὸν Βαραββᾶν** ἀπολύσῃ αὐτοῖς.	Lk 23,18	ἀνέκραγον δὲ παμπληθεὶ λέγοντες· αἶρε τοῦτον, ἀπόλυσον δὲ ἡμῖν **τὸν Βαραββᾶν·**	→ Jn 18,40
200	Mt 27,21	ἀποκριθεὶς δὲ ὁ ἡγεμὼν εἶπεν αὐτοῖς· τίνα θέλετε ἀπὸ τῶν δύο ἀπολύσω ὑμῖν; οἱ δὲ εἶπαν· **τὸν Βαραββᾶν.**	Mk 15,12	ὁ δὲ Πιλᾶτος πάλιν ἀποκριθεὶς ἔλεγεν αὐτοῖς· ...			
221	Mt 27,26 ↑ Mt 27,16	[24] ἰδὼν δὲ ὁ Πιλᾶτος ὅτι οὐδὲν ὠφελεῖ ἀλλὰ μᾶλλον θόρυβος γίνεται, ... [26] τότε ἀπέλυσεν αὐτοῖς **τὸν Βαραββᾶν,** τὸν δὲ Ἰησοῦν φραγελλώσας παρέδωκεν ἵνα σταυρωθῇ.	Mk 15,15 ↑ Mk 15,7	ὁ δὲ Πιλᾶτος βουλόμενος τῷ ὄχλῳ τὸ ἱκανὸν ποιῆσαι ἀπέλυσεν αὐτοῖς **τὸν Βαραββᾶν,** καὶ παρέδωκεν τὸν Ἰησοῦν φραγελλώσας ἵνα σταυρωθῇ.	Lk 23,25 ↑ Lk 23,19	[24] καὶ Πιλᾶτος ἐπέκρινεν γενέσθαι τὸ αἴτημα αὐτῶν· [25] ἀπέλυσεν δὲ **τὸν διὰ στάσιν καὶ φόνον βεβλημένον** εἰς φυλακὴν ὃν ᾐτοῦντο, τὸν δὲ Ἰησοῦν παρέδωκεν τῷ θελήματι αὐτῶν.	→ Jn 19,16

Βαραχίας

Syn 1	Mt 1	Mk	Lk	Acts	Jn	1-3John	Paul	Eph	Col
NT 1	2Thess	1/2Tim	Tit	Heb	Jas	1Pet	2Pet	Jude	Rev

Barachiah

201	Mt 23,35	ὅπως ἔλθῃ ἐφ᾽ ὑμᾶς πᾶν αἷμα δίκαιον ἐκχυννόμενον ἐπὶ τῆς γῆς ἀπὸ τοῦ αἵματος Ἅβελ τοῦ δικαίου **ἕως τοῦ αἵματος Ζαχαρίου υἱοῦ Βαραχίου,** ὃν ἐφονεύσατε μεταξὺ τοῦ ναοῦ καὶ τοῦ θυσιαστηρίου.	Lk 11,51	[50] ἵνα ἐκζητηθῇ τὸ αἷμα πάντων τῶν προφητῶν τὸ ἐκκεχυμένον ἀπὸ καταβολῆς κόσμου ἀπὸ τῆς γενεᾶς ταύτης, [51] ἀπὸ αἵματος Ἅβελ **ἕως αἵματος Ζαχαρίου** τοῦ ἀπολομένου μεταξὺ τοῦ θυσιαστηρίου καὶ τοῦ οἴκου· ...	

βαρέω

Syn 3	Mt 1	Mk 1	Lk 2	Acts	Jn	1-3John	Paul 2	Eph	Col
NT 6	2Thess	1/2Tim 1	Tit	Heb	Jas	1Pet	2Pet	Jude	Rev

burden; weigh down; overcome

002			Lk 9,32	ὁ δὲ Πέτρος καὶ οἱ σὺν αὐτῷ ἦσαν **βεβαρημένοι** ὕπνῳ· διαγρηγορήσαντες δὲ εἶδον τὴν δόξαν αὐτοῦ ...	

	Mt	Mk	Lk	
002			**Lk 21,34** → Mt 24,49 → Lk 12,45 → Mk 13,33 προσέχετε δὲ ἑαυτοῖς **μήποτε βαρηθῶσιν** ὑμῶν αἱ καρδίαι ἐν κραιπάλῃ καὶ μέθῃ καὶ μερίμναις βιωτικαῖς καὶ ἐπιστῇ ἐφ' ὑμᾶς αἰφνίδιος ἡ ἡμέρα ἐκείνη	
210	**Mt 26,43** καὶ ἐλθὼν πάλιν εὗρεν αὐτοὺς καθεύδοντας, ἦσαν γὰρ αὐτῶν οἱ ὀφθαλμοὶ **βεβαρημένοι.**	**Mk 14,40** καὶ πάλιν ἐλθὼν εὗρεν αὐτοὺς καθεύδοντας, ἦσαν γὰρ αὐτῶν οἱ ὀφθαλμοὶ **καταβαρυνόμενοι,** καὶ οὐκ ᾔδεισαν τί ἀποκριθῶσιν αὐτῷ.		

βαρέως

βαρέως	Syn	Mt	Mk	Lk	Acts	Jn	1-3John	Paul	Eph	Col
	1	1			1					
	NT	2Thess	1/2Tim	Tit	Heb	Jas	1Pet	2Pet	Jude	Rev
	2									

with difficulty

	Mt	Mk	Lk	
200	**Mt 13,15** → Mk 4,12 *ἐπαχύνθη γὰρ ἡ καρδία τοῦ λαοῦ τούτου, καὶ τοῖς ὠσὶν* ***βαρέως*** *ἤκουσαν καὶ τοὺς ὀφθαλμοὺς αὐτῶν ἐκάμμυσαν, ...* ➤ Isa 6,10 LXX			→ Jn 12,40 → **Acts 28,27**

Acts 28,27 → Mt 13,15 *ἐπαχύνθη γὰρ ἡ καρδία τοῦ λαοῦ τούτου καὶ τοῖς ὠσὶν* ***βαρέως*** *ἤκουσαν καὶ τοὺς ὀφθαλμοὺς αὐτῶν ἐκάμμυσαν· ...* ➤ Isa 6,10 LXX

Βαρθολομαῖος

Βαρθολομαῖος	Syn	Mt	Mk	Lk	Acts	Jn	1-3John	Paul	Eph	Col
	3	1	1	1	1					
	NT	2Thess	1/2Tim	Tit	Heb	Jas	1Pet	2Pet	Jude	Rev
	4									

Bartholomew

	Mt	Mk	Lk	
222	**Mt 10,3** Φίλιππος καὶ **Βαρθολομαῖος,** Θωμᾶς καὶ Μαθθαῖος ὁ τελώνης, Ἰάκωβος ὁ τοῦ Ἁλφαίου ...	**Mk 3,18** ... καὶ Φίλιππον καὶ **Βαρθολομαῖον** καὶ Μαθθαῖον καὶ Θωμᾶν καὶ Ἰάκωβον τὸν τοῦ Ἁλφαίου ...	**Lk 6,14** ... καὶ Φίλιππον καὶ **Βαρθολομαῖον** [15] καὶ Μαθθαῖον καὶ Θωμᾶν καὶ Ἰάκωβον Ἁλφαίου ...	

Acts 1,13 ... Φίλιππος καὶ Θωμᾶς, **Βαρθολομαῖος** καὶ Μαθθαῖος, Ἰάκωβος Ἁλφαίου ...

Βαριωνᾶ	**Syn** 1	Mt 1	Mk	Lk	Acts	Jn	1-3John	Paul	Eph	Col
	NT 1	2Thess	1/2Tim	Tit	Heb	Jas	1Pet	2Pet	Jude	Rev

son of Jonah

200	**Mt 16,17**	... μακάριος εἶ, **Σίμων Βαριωνᾶ,** ὅτι σὰρξ καὶ αἷμα οὐκ ἀπεκάλυψέν σοι ἀλλ' ὁ πατήρ μου ὁ ἐν τοῖς οὐρανοῖς.	

βάρος	**Syn** 1	Mt 1	Mk	Lk	Acts 1	Jn	1-3John	Paul 3	Eph	Col
	NT 6	2Thess	1/2Tim	Tit	Heb	Jas	1Pet	2Pet	Jude	Rev 1

burden; weight; fulness (of glory); importance

200	**Mt 20,12**	... οὗτοι οἱ ἔσχατοι μίαν ὥραν ἐποίησαν, καὶ ἴσους ἡμῖν αὐτοὺς ἐποίησας τοῖς βαστάσασι **τὸ βάρος τῆς ἡμέρας** καὶ τὸν καύσωνα.	

Acts 15,28 ἔδοξεν γὰρ τῷ πνεύματι
τῷ ἁγίῳ καὶ ἡμῖν μηδὲν
πλέον ἐπιτίθεσθαι ὑμῖν
βάρος
πλὴν τούτων τῶν
ἐπάναγκες

Βαρτιμαῖος	**Syn** 1	Mt	Mk 1	Lk	Acts	Jn	1-3John	Paul	Eph	Col
	NT 1	2Thess	1/2Tim	Tit	Heb	Jas	1Pet	2Pet	Jude	Rev

Bartimaeus

121	**Mt 20,30** ⇩ Mt 9,27	[29] καὶ ἐκπορευομένων αὐτῶν ἀπὸ Ἰεριχὼ ἠκολούθησεν αὐτῷ ὄχλος πολύς. [30] καὶ ἰδοὺ δύο τυφλοὶ καθήμενοι παρὰ τὴν ὁδόν ...	**Mk 10,46**	καὶ ἔρχονται εἰς Ἰεριχώ. καὶ ἐκπορευομένου αὐτοῦ ἀπὸ Ἰεριχὼ καὶ τῶν μαθητῶν αὐτοῦ καὶ ὄχλου ἱκανοῦ ὁ υἱὸς Τιμαίου **Βαρτιμαῖος,** τυφλὸς προσαίτης, ἐκάθητο παρὰ τὴν ὁδόν.	**Lk 18,35**	ἐγένετο δὲ ἐν τῷ ἐγγίζειν αὐτὸν εἰς Ἰεριχὼ τυφλός τις ἐκάθητο παρὰ τὴν ὁδὸν ἐπαιτῶν.	
	Mt 9,27 ⇧ Mt 20,29-30	καὶ παράγοντι ἐκεῖθεν τῷ Ἰησοῦ ἠκολούθησαν [αὐτῷ] δύο τυφλοὶ ...					

βαρύς

Syn	Mt	Mk	Lk	Acts	Jn	1-3John	Paul	Eph	Col
2	2			2		1	1		
NT	2Thess	1/2Tim	Tit	Heb	Jas	1Pet	2Pet	Jude	Rev
6									

heavy; hard; difficult; important; weighty; serious; fierce

	Mt		Mk		Lk		
201	**Mt 23,4**	[2] ... οἱ γραμματεῖς καὶ οἱ Φαρισαῖοι. ... [4] δεσμεύουσιν δὲ **φορτία βαρέα** **[καὶ δυσβάστακτα]** καὶ ἐπιτιθέασιν ἐπὶ τοὺς ὤμους τῶν ἀνθρώπων, αὐτοὶ δὲ τῷ δακτύλῳ αὐτῶν οὐ θέλουσιν κινῆσαι αὐτά.			**Lk 11,46**	... καὶ ὑμῖν τοῖς νομικοῖς οὐαί, ὅτι φορτίζετε τοὺς ἀνθρώπους **φορτία** **δυσβάστακτα,** καὶ αὐτοὶ ἑνὶ τῶν δακτύλων ὑμῶν οὐ προσψαύετε τοῖς φορτίοις.	
201	**Mt 23,23**	... καὶ ἀφήκατε **τὰ βαρύτερα** **τοῦ νόμου,** τὴν κρίσιν καὶ τὸ ἔλεος καὶ τὴν πίστιν· ταῦτα [δὲ] ἔδει ποιῆσαι κἀκεῖνα μὴ ἀφιέναι.			**Lk 11,42**	... καὶ παρέρχεσθε τὴν κρίσιν καὶ τὴν ἀγάπην τοῦ θεοῦ· ταῦτα δὲ ἔδει ποιῆσαι κἀκεῖνα μὴ παρεῖναι.	

Acts 20,29 ἐγὼ οἶδα ὅτι εἰσελεύσονται μετὰ τὴν ἄφιξίν μου **λύκοι βαρεῖς** εἰς ὑμᾶς μὴ φειδόμενοι τοῦ ποιμνίου

Acts 25,7 ... **πολλὰ καὶ βαρέα αἰτιώματα** καταφέροντες ἃ οὐκ ἴσχυον ἀποδεῖξαι

βαρύτιμος

Syn	Mt	Mk	Lk	Acts	Jn	1-3John	Paul	Eph	Col
1	1								
NT	2Thess	1/2Tim	Tit	Heb	Jas	1Pet	2Pet	Jude	Rev
1									

very expensive

	Mt		Mk		Lk		
210	**Mt 26,7**	προσῆλθεν αὐτῷ γυνὴ ἔχουσα **ἀλάβαστρον μύρου** **βαρυτίμου** καὶ κατέχεεν ἐπὶ τῆς κεφαλῆς αὐτοῦ ἀνακειμένου.	**Mk 14,3**	... ἦλθεν γυνὴ ἔχουσα **ἀλάβαστρον μύρου** **νάρδου πιστικῆς** **πολυτελοῦς,** συντρίψασα τὴν ἀλάβαστρον κατέχεεν αὐτοῦ τῆς κεφαλῆς.	**Lk 7,37**	καὶ ἰδοὺ γυνὴ ... κομίσασα **ἀλάβαστρον μύρου** [38] ... καὶ κατεφίλει τοὺς πόδας αὐτοῦ καὶ ἤλειφεν τῷ μύρῳ.	→ Jn 12,3

βασανίζω

Syn	Mt	Mk	Lk	Acts	Jn	1-3John	Paul	Eph	Col
6	3	2	1						
NT	2Thess	1/2Tim	Tit	Heb	Jas	1Pet	2Pet	Jude	Rev
12							1		5

torment; disturb; toss about (of waves)

	Mt		Mk		Lk		
201	**Mt 8,6**	[5] ... ἑκατόνταρχος παρακαλῶν αὐτὸν ... [6] καὶ λέγων· κύριε, ὁ παῖς μου βέβληται ἐν τῇ οἰκίᾳ παραλυτικός, **δεινῶς** **βασανιζόμενος.**			**Lk 7,2**	ἑκατοντάρχου δέ τινος δοῦλος **κακῶς** **ἔχων** ἤμελλεν τελευτᾶν, ὃς ἦν αὐτῷ ἔντιμος.	→ Jn 4,46-47

222	**Mt 8,29**	... τί ἡμῖν καὶ σοί, υἱὲ τοῦ θεοῦ; ἦλθες ὧδε πρὸ καιροῦ **βασανίσαι** ἡμᾶς;	**Mk 5,7** → Mk 1,24	... τί ἐμοὶ καὶ σοί, Ἰησοῦ υἱὲ τοῦ θεοῦ τοῦ ὑψίστου; ὁρκίζω σε τὸν θεόν, μή με **βασανίσῃς.**	**Lk 8,28** → Lk 4,34	... τί ἐμοὶ καὶ σοί, Ἰησοῦ υἱὲ τοῦ θεοῦ τοῦ ὑψίστου; δέομαί σου, μή με **βασανίσῃς.**	
220	**Mt 14,24**	τὸ δὲ πλοῖον ἤδη σταδίους πολλοὺς ἀπὸ τῆς γῆς ἀπεῖχεν **βασανιζόμενον** ὑπὸ τῶν κυμάτων, ἦν γὰρ ἐναντίος ὁ ἄνεμος.	**Mk 6,48**	[47] καὶ ὀψίας γενομένης ἦν τὸ πλοῖον ἐν μέσῳ τῆς θαλάσσης, ... [48] καὶ ἰδὼν αὐτοὺς **βασανιζομένους** ἐν τῷ ἐλαύνειν, ἦν γὰρ ὁ ἄνεμος ἐναντίος αὐτοῖς, ...			→ Jn 6,18

βασανιστής	Syn 1	Mt 1	Mk	Lk	Acts	Jn	1-3John	Paul	Eph	Col
	NT 1	2Thess	1/2Tim	Tit	Heb	Jas	1Pet	2Pet	Jude	Rev

jailer; torturer

200	**Mt 18,34** → Mt 5,25-26 → Lk 12,58-59	καὶ ὀργισθεὶς ὁ κύριος αὐτοῦ παρέδωκεν αὐτὸν **τοῖς βασανισταῖς** ἕως οὗ ἀποδῷ πᾶν τὸ ὀφειλόμενον.	

βάσανος	Syn 3	Mt 1	Mk	Lk 2	Acts	Jn	1-3John	Paul	Eph	Col
	NT 3	2Thess	1/2Tim	Tit	Heb	Jas	1Pet	2Pet	Jude	Rev

torment; pain

200	**Mt 4,24** ⇨ Mt 8,16 → Mt 12,15 → Mt 15,30	... καὶ προσήνεγκαν αὐτῷ πάντας τοὺς κακῶς ἔχοντας ποικίλαις νόσοις καὶ **βασάνοις** συνεχομένους [καὶ] δαιμονιζομένους ...	**Mk 1,32** → Mk 3,10 → Mk 7,32	... ἔφερον πρὸς αὐτὸν πάντας τοὺς κακῶς ἔχοντας καὶ τοὺς δαιμονιζομένους·	**Lk 4,40** → Lk 6,18	... ἅπαντες ὅσοι εἶχον ἀσθενοῦντας νόσοις ποικίλαις ἤγαγον αὐτοὺς πρὸς αὐτόν· ...	
002					**Lk 16,23**	καὶ ἐν τῷ ᾅδῃ ἐπάρας τοὺς ὀφθαλμοὺς αὐτοῦ, ὑπάρχων **ἐν βασάνοις,** ὁρᾷ Ἀβραὰμ ἀπὸ μακρόθεν καὶ Λάζαρον ἐν τοῖς κόλποις αὐτοῦ.	
002					**Lk 16,28**	ἔχω γὰρ πέντε ἀδελφούς, ὅπως διαμαρτύρηται αὐτοῖς, ἵνα μὴ καὶ αὐτοὶ ἔλθωσιν **εἰς τὸν τόπον τοῦτον τῆς βασάνου.**	

βασιλεία	Syn 121	Mt 55	Mk 20	Lk 46	Acts 8	Jn 5	1-3John	Paul 8	Eph 1	Col 2
	NT 162	2Thess 1	1/2Tim 2	Tit	Heb 3	Jas 1	1Pet	2Pet 1	Jude	Rev 9

reign; rule; kingdom; domain; royal power; kingship

	triple tradition																	double tradition			Sondergut		
		+Mt / +Lk			−Mt / −Lk			traditions not taken over by Mt / Lk							subtotals								
code	222	211	112	212	221	122	121	022	012	021	220	120	210	020	Σ^+	Σ^-	Σ	202	201	102	200	002	total
Mt	9	4^+				1^-	1^-				1	3^-	3^+		7^+	5^-	17	13	4		21		**55**
Mk	9					1	1			1	1	3		4			20						**20**
Lk	9		4^+			1	1^-		1^+	1^-					5^+	2^-	15	13		6		12	**46**

a βασιλεία τοῦ θεοῦ
b βασιλεία τοῦ πατρός
c βασιλεία τῶν οὐρανῶν
d τὸ εὐαγγέλιον τῆς βασιλείας
e υἱοὶ τῆς βασιλείας
f βασιλεία and verbum dicendi

002					**Lk 1,33** ↓ Lk 22,29	καὶ βασιλεύσει ἐπὶ τὸν οἶκον Ἰακὼβ εἰς τοὺς αἰῶνας καὶ **τῆς βασιλείας αὐτοῦ** οὐκ ἔσται τέλος.	
c 211	**Mt 3,2**	[1] ... κηρύσσων ... [2] [καὶ] λέγων· μετανοεῖτε· ἤγγικεν γὰρ **ἡ βασιλεία** **τῶν οὐρανῶν.**	**Mk 1,4**	... καὶ κηρύσσων βάπτισμα μετανοίας εἰς ἄφεσιν ἁμαρτιῶν.	**Lk 3,3**	... κηρύσσων βάπτισμα μετανοίας εἰς ἄφεσιν ἁμαρτιῶν	
202	**Mt 4,8**	... δείκνυσιν αὐτῷ **πάσας τὰς βασιλείας** **τοῦ κόσμου ...**			**Lk 4,5**	... ἔδειξεν αὐτῷ **πάσας τὰς βασιλείας** **τῆς οἰκουμένης** ἐν στιγμῇ χρόνου	
c a 220	**Mt 4,17**	... μετανοεῖτε· ἤγγικεν γὰρ **ἡ βασιλεία** **τῶν οὐρανῶν.**	**Mk 1,15**	... πεπλήρωται ὁ καιρὸς καὶ ἤγγικεν **ἡ βασιλεία** **τοῦ θεοῦ·** μετανοεῖτε καὶ πιστεύετε ἐν τῷ εὐαγγελίῳ.			
a f 012			**Mk 1,38**	... ἄγωμεν ἀλλαχοῦ εἰς τὰς ἐχομένας κωμοπόλεις, ἵνα καὶ ἐκεῖ κηρύξω· εἰς τοῦτο γὰρ ἐξῆλθον.	**Lk 4,43**	... καὶ ταῖς ἑτέραις πόλεσιν εὐαγγελίσασθαί με δεῖ **τὴν βασιλείαν** **τοῦ θεοῦ,** ὅτι ἐπὶ τοῦτο ἀπεστάλην.	
d 211	**Mt 4,23** ⇩ Mt 9,35 → Mk 1,21	καὶ περιῆγεν ἐν ὅλῃ τῇ Γαλιλαίᾳ διδάσκων ἐν ταῖς συναγωγαῖς αὐτῶν καὶ κηρύσσων **τὸ εὐαγγέλιον** **τῆς βασιλείας** καὶ θεραπεύων πᾶσαν νόσον καὶ πᾶσαν μαλακίαν ἐν τῷ λαῷ.	**Mk 1,39** → Mk 1,14 ↓ Mk 6,6	καὶ ἦλθεν κηρύσσων εἰς τὰς συναγωγὰς αὐτῶν εἰς ὅλην τὴν Γαλιλαίαν καὶ τὰ δαιμόνια ἐκβάλλων.	**Lk 4,44** → Lk 4,15 ↓ Lk 8,1	καὶ ἦν κηρύσσων εἰς τὰς συναγωγὰς τῆς Ἰουδαίας.	
a f			**Mk 6,6** ↑ Mk 1,39	... καὶ περιῆγεν τὰς κώμας κύκλῳ διδάσκων.	**Lk 8,1** → Lk 4,15 ↑ Lk 4,44 → Lk 13,22	καὶ ἐγένετο ἐν τῷ καθεξῆς καὶ αὐτὸς διώδευεν κατὰ πόλιν καὶ κώμην κηρύσσων καὶ εὐαγγελιζόμενος **τὴν βασιλείαν τοῦ θεοῦ** καὶ οἱ δώδεκα σὺν αὐτῷ	
c a 202	**Mt 5,3**	μακάριοι οἱ πτωχοὶ τῷ πνεύματι, ὅτι αὐτῶν ἐστιν **ἡ βασιλεία** **τῶν οὐρανῶν.**			**Lk 6,20**	... μακάριοι οἱ πτωχοί, ὅτι ὑμετέρα ἐστὶν **ἡ βασιλεία** **τοῦ θεοῦ.**	→ GTh 54

c 200	**Mt 5,10**	μακάριοι οἱ δεδιωγμένοι ἕνεκεν δικαιοσύνης, ὅτι αὐτῶν ἐστιν **ἡ βασιλεία τῶν οὐρανῶν.**				→ GTh 69,1 → GTh 68
c 200 *c* 200	**Mt 5,19 (2)**	ὃς ἐὰν οὖν λύσῃ μίαν τῶν ἐντολῶν τούτων τῶν ἐλαχίστων καὶ διδάξῃ οὕτως τοὺς ἀνθρώπους, ἐλάχιστος κληθήσεται **ἐν τῇ βασιλείᾳ τῶν οὐρανῶν·** ὃς δ᾽ ἂν ποιήσῃ καὶ διδάξῃ, οὗτος μέγας κληθήσεται **ἐν τῇ βασιλείᾳ τῶν οὐρανῶν.**				
c 200	**Mt 5,20**	... ἐὰν μὴ περισσεύσῃ ὑμῶν ἡ δικαιοσύνη πλεῖον τῶν γραμματέων καὶ Φαρισαίων, οὐ μὴ εἰσέλθητε **εἰς τὴν βασιλείαν τῶν οὐρανῶν.**				→ GTh 27 **(POxy 1)**
202	**Mt 6,10** → Mt 26,42	[9] Πάτερ ἡμῶν ὁ ἐν τοῖς οὐρανοῖς· ἁγιασθήτω τὸ ὄνομά σου· [10] ἐλθέτω **ἡ βασιλεία σου·** γενηθήτω τὸ θέλημά σου, ὡς ἐν οὐρανῷ καὶ ἐπὶ γῆς·		**Lk 11,2**	... Πάτερ, ἁγιασθήτω τὸ ὄνομά σου· ἐλθέτω **ἡ βασιλεία σου·**	
a 202	**Mt 6,33**	ζητεῖτε δὲ πρῶτον **τὴν βασιλείαν [τοῦ θεοῦ]** καὶ τὴν δικαιοσύνην αὐτοῦ, καὶ ταῦτα πάντα προστεθήσεται ὑμῖν.		**Lk 12,31**	πλὴν ζητεῖτε **τὴν βασιλείαν αὐτοῦ,** καὶ ταῦτα προστεθήσεται ὑμῖν.	
c 201	**Mt 7,21** → Mt 12,50	οὐ πᾶς ὁ λέγων μοι· κύριε κύριε, εἰσελεύσεται **εἰς τὴν βασιλείαν τῶν οὐρανῶν,** ἀλλ᾽ ὁ ποιῶν τὸ θέλημα τοῦ πατρός μου τοῦ ἐν τοῖς οὐρανοῖς.	→ Mk 3,35	**Lk 6,46** → Lk 8,21	τί δέ με καλεῖτε· κύριε κύριε, καὶ οὐ ποιεῖτε ἃ λέγω;	
c a 202	**Mt 8,11** **↓ Lk 13,28**	... πολλοὶ ἀπὸ ἀνατολῶν καὶ δυσμῶν ἥξουσιν καὶ ἀνακλιθήσονται μετὰ Ἀβραὰμ καὶ Ἰσαὰκ καὶ Ἰακὼβ **ἐν τῇ βασιλείᾳ τῶν οὐρανῶν,**		**Lk 13,29**	καὶ ἥξουσιν ἀπὸ ἀνατολῶν καὶ δυσμῶν καὶ ἀπὸ βορρᾶ καὶ νότου καὶ ἀνακλιθήσονται **ἐν τῇ βασιλείᾳ τοῦ θεοῦ.**	
e 201	**Mt 8,12**	**οἱ δὲ υἱοὶ τῆς βασιλείας** ἐκβληθήσονται εἰς τὸ σκότος τὸ ἐξώτερον· ...		**Lk 13,28**	**... ὑμᾶς δὲ** ἐκβαλλομένους ἔξω.	

d a *f* 210	**Mt 9,35** ⇑ Mt 4,23 → Mk 1,21	καὶ περιῆγεν ὁ Ἰησοῦς τὰς πόλεις πάσας καὶ τὰς κώμας διδάσκων ἐν ταῖς συναγωγαῖς αὐτῶν καὶ κηρύσσων **τὸ εὐαγγέλιον** **τῆς βασιλείας** καὶ θεραπεύων πᾶσαν νόσον καὶ πᾶσαν μαλακίαν.	**Mk 6,6** ↑ Mk 1,39	... καὶ περιῆγεν τὰς κώμας κύκλῳ διδάσκων.	**Lk 8,1** → Lk 4,15 ↑ Lk 4,44 → Lk 13,22	καὶ ἐγένετο ἐν τῷ καθεξῆς καὶ αὐτὸς διώδευεν κατὰ πόλιν καὶ κώμην κηρύσσων καὶ εὐαγγελιζόμενος **τὴν βασιλείαν** **τοῦ θεοῦ** καὶ οἱ δώδεκα σὺν αὐτῷ	
			Mk 1,39 → Mk 1,14 ↑ Mk 6,6	καὶ ἦλθεν κηρύσσων εἰς τὰς συναγωγὰς αὐτῶν εἰς ὅλην τὴν Γαλιλαίαν καὶ τὰ δαιμόνια ἐκβάλλων.	**Lk 4,44** → Lk 4,15 ↓ **Lk 8,1**	καὶ ἦν κηρύσσων εἰς τὰς συναγωγὰς τῆς Ἰουδαίας.	
c a 202	**Mt 10,7**	πορευόμενοι δὲ κηρύσσετε λέγοντες ὅτι ἤγγικεν **ἡ βασιλεία** **τῶν οὐρανῶν.**			**Lk 10,9** ↓ Lk 9,2 ⇓ **Lk 10,11**	... καὶ λέγετε αὐτοῖς· ἤγγικεν ἐφ' ὑμᾶς **ἡ βασιλεία** **τοῦ θεοῦ.**	
c a 202	**Mt 11,11**	... ὁ δὲ μικρότερος **ἐν τῇ βασιλείᾳ** **τῶν οὐρανῶν** μείζων αὐτοῦ ἐστιν.			**Lk 7,28**	... ὁ δὲ μικρότερος **ἐν τῇ βασιλείᾳ** **τοῦ θεοῦ** μείζων αὐτοῦ ἐστιν.	→ GTh 46
c a *f* 202	**Mt 11,12**	ἀπὸ δὲ τῶν ἡμερῶν Ἰωάννου τοῦ βαπτιστοῦ ἕως ἄρτι **ἡ βασιλεία** **τῶν οὐρανῶν** βιάζεται καὶ βιασταὶ ἁρπάζουσιν αὐτήν.			**Lk 16,16** → Mt 22,9 → Lk 14,23	... ἀπὸ τότε **ἡ βασιλεία** **τοῦ θεοῦ** εὐαγγελίζεται καὶ πᾶς εἰς αὐτὴν βιάζεται.	
d a *f* 002	**Mt 9,35** ⇑ **Mt 4,23** → Mk 1,21	καὶ περιῆγεν ὁ Ἰησοῦς τὰς πόλεις πάσας καὶ τὰς κώμας διδάσκων ἐν ταῖς συναγωγαῖς αὐτῶν καὶ κηρύσσων **τὸ εὐαγγέλιον** **τῆς βασιλείας** καὶ θεραπεύων πᾶσαν νόσον καὶ πᾶσαν μαλακίαν.	**Mk 6,6** ↑ Mk 1,39	... καὶ περιῆγεν τὰς κώμας κύκλῳ διδάσκων.	**Lk 8,1** → Lk 4,15 ↑ Lk 4,44 → Lk 13,22	καὶ ἐγένετο ἐν τῷ καθεξῆς καὶ αὐτὸς διώδευεν κατὰ πόλιν καὶ κώμην κηρύσσων καὶ εὐαγγελιζόμενος **τὴν βασιλείαν** **τοῦ θεοῦ** καὶ οἱ δώδεκα σὺν αὐτῷ	
d	**Mt 4,23** ⇑ **Mt 9,35** → Mk 1,21	καὶ περιῆγεν ἐν ὅλῃ τῇ Γαλιλαίᾳ διδάσκων ἐν ταῖς συναγωγαῖς αὐτῶν καὶ κηρύσσων **τὸ εὐαγγέλιον** **τῆς βασιλείας** καὶ θεραπεύων πᾶσαν νόσον καὶ πᾶσαν μαλακίαν ἐν τῷ λαῷ.					
 020 020	**Mt 12,25**	 **... πᾶσα βασιλεία** μερισθεῖσα καθ' ἑαυτῆς ἐρημοῦται καὶ πᾶσα πόλις ἢ οἰκία μερισθεῖσα καθ' ἑαυτῆς οὐ σταθήσεται.	**Mk 3,24** (2)	καὶ ἐὰν **βασιλεία** ἐφ' ἑαυτὴν μερισθῇ, οὐ δύναται σταθῆναι **ἡ βασιλεία ἐκείνη·** [25] καὶ ἐὰν οἰκία ἐφ' ἑαυτὴν μερισθῇ, οὐ δυνήσεται ἡ οἰκία ἐκείνη σταθῆναι.	**Lk 11,17**	 **... πᾶσα βασιλεία** ἐφ' ἑαυτὴν διαμερισθεῖσα ἐρημοῦται καὶ οἶκος ἐπὶ οἶκον πίπτει.	Mk-Q overlap
 202	**Mt 12,25**	 **... πᾶσα βασιλεία** μερισθεῖσα καθ' ἑαυτῆς ἐρημοῦται ...	**Mk 3,24** (2)	καὶ ἐὰν **βασιλεία** ἐφ' ἑαυτὴν μερισθῇ, οὐ δύναται σταθῆναι ἡ βασιλεία ἐκείνη·	**Lk 11,17**	 **... πᾶσα βασιλεία** ἐφ' ἑαυτὴν διαμερισθεῖσα ἐρημοῦται ...	Mk-Q overlap

202	**Mt 12,26**	καὶ εἰ ὁ σατανᾶς τὸν σατανᾶν ἐκβάλλει, ἐφ' ἑαυτὸν ἐμερίσθη· πῶς οὖν σταθήσεται **ἡ βασιλεία αὐτοῦ;**	Mk 3,26	καὶ εἰ ὁ σατανᾶς ἀνέστη ἐφ' ἑαυτὸν καὶ ἐμερίσθη, οὐ δύναται στῆναι ἀλλὰ τέλος ἔχει.	**Lk 11,18**	εἰ δὲ καὶ ὁ σατανᾶς ἐφ' ἑαυτὸν διεμερίσθη, πῶς σταθήσεται **ἡ βασιλεία αὐτοῦ;** ...	Mk-Q overlap
a 202	**Mt 12,28**	εἰ δὲ ἐν πνεύματι θεοῦ ἐγὼ ἐκβάλλω τὰ δαιμόνια, ἄρα ἔφθασεν ἐφ' ὑμᾶς **ἡ βασιλεία τοῦ θεοῦ.**			**Lk 11,20**	εἰ δὲ ἐν δακτύλῳ θεοῦ [ἐγὼ] ἐκβάλλω τὰ δαιμόνια, ἄρα ἔφθασεν ἐφ' ὑμᾶς **ἡ βασιλεία τοῦ θεοῦ.**	
c a 222	**Mt 13,11**	... ὅτι ὑμῖν δέδοται γνῶναι τὰ μυστήρια **τῆς βασιλείας** **τῶν οὐρανῶν,** ἐκείνοις δὲ οὐ δέδοται.	**Mk 4,11**	... ὑμῖν τὸ μυστήριον δέδοται **τῆς βασιλείας** **τοῦ θεοῦ·** ἐκείνοις δὲ τοῖς ἔξω ἐν παραβολαῖς τὰ πάντα γίνεται	**Lk 8,10**	... ὑμῖν δέδοται γνῶναι τὰ μυστήρια **τῆς βασιλείας** **τοῦ θεοῦ,** τοῖς δὲ λοιποῖς ἐν παραβολαῖς, ...	→ GTh 62,1
211	**Mt 13,19**	παντὸς ἀκούοντος **τὸν λόγον** **τῆς βασιλείας** καὶ μὴ συνιέντος, ἔρχεται ὁ πονηρὸς καὶ ἁρπάζει τὸ ἐσπαρμένον ἐν τῇ καρδίᾳ αὐτοῦ, οὗτός ἐστιν ὁ παρὰ τὴν ὁδὸν σπαρείς.	**Mk 4,15**	οὗτοι δέ εἰσιν οἱ παρὰ τὴν ὁδόν· ὅπου σπείρεται **ὁ λόγος** καὶ ὅταν ἀκούσωσιν, εὐθὺς ἔρχεται ὁ σατανᾶς καὶ αἴρει τὸν λόγον τὸν ἐσπαρμένον εἰς αὐτούς.	**Lk 8,12**	οἱ δὲ παρὰ τὴν ὁδόν εἰσιν οἱ ἀκούσαντες, εἶτα ἔρχεται ὁ διάβολος καὶ αἴρει τὸν λόγον ἀπὸ τῆς καρδίας αὐτῶν, ἵνα μὴ πιστεύσαντες σωθῶσιν.	
a 020			**Mk 4,26**	... οὕτως ἐστὶν **ἡ βασιλεία τοῦ θεοῦ** ὡς ἄνθρωπος βάλῃ τὸν σπόρον ἐπὶ τῆς γῆς			
c 200	**Mt 13,24**	... ὡμοιώθη **ἡ βασιλεία** **τῶν οὐρανῶν** ἀνθρώπῳ σπείραντι καλὸν σπέρμα ἐν τῷ ἀγρῷ αὐτοῦ.					→ GTh 57
c a 020	Mt 13,31	ἄλλην παραβολὴν παρέθηκεν αὐτοῖς λέγων· ὁμοία ἐστὶν **ἡ βασιλεία** **τῶν οὐρανῶν** κόκκῳ σινάπεως, ...	**Mk 4,30**	καὶ ἔλεγεν· πῶς ὁμοιώσωμεν **τὴν βασιλείαν** **τοῦ θεοῦ** ἢ ἐν τίνι αὐτὴν παραβολῇ θῶμεν; [31] ὡς κόκκῳ σινάπεως, ...	Lk 13,18	ἔλεγεν οὖν· τίνι ὁμοία ἐστὶν **ἡ βασιλεία** **τοῦ θεοῦ** καὶ τίνι ὁμοιώσω αὐτήν; [19] ὁμοία ἐστὶν κόκκῳ σινάπεως, ...	→ GTh 20 Mk-Q overlap
c a 202	**Mt 13,31**	ἄλλην παραβολὴν παρέθηκεν αὐτοῖς λέγων· ὁμοία ἐστὶν **ἡ βασιλεία** **τῶν οὐρανῶν** κόκκῳ σινάπεως, ...	Mk 4,30	καὶ ἔλεγεν· πῶς ὁμοιώσωμεν **τὴν βασιλείαν** **τοῦ θεοῦ** ἢ ἐν τίνι αὐτὴν παραβολῇ θῶμεν; [31] ὡς κόκκῳ σινάπεως, ...	**Lk 13,18**	ἔλεγεν οὖν· τίνι ὁμοία ἐστὶν **ἡ βασιλεία** **τοῦ θεοῦ** καὶ τίνι ὁμοιώσω αὐτήν; [19] ὁμοία ἐστὶν κόκκῳ σινάπεως, ...	→ GTh 20 Mk-Q overlap
c a 202	**Mt 13,33**	... ὁμοία ἐστὶν **ἡ βασιλεία** **τῶν οὐρανῶν** ζύμῃ, ...			**Lk 13,20**	... τίνι ὁμοιώσω **τὴν βασιλείαν** **τοῦ θεοῦ;** [21] ὁμοία ἐστὶν ζύμῃ, ...	→ GTh 96
e 200	**Mt 13,38**	... τὸ δὲ καλὸν σπέρμα, οὗτοί εἰσιν **οἱ υἱοὶ** **τῆς βασιλείας·** τὰ δὲ ζιζάνιά εἰσιν οἱ υἱοὶ τοῦ πονηροῦ					

200	**Mt 13,41** → Mt 7,23 → Lk 13,27 → Mt 24,31 → Mk 13,27	ἀποστελεῖ ὁ υἱὸς τοῦ ἀνθρώπου τοὺς ἀγγέλους αὐτοῦ, καὶ συλλέξουσιν **ἐκ τῆς βασιλείας αὐτοῦ** πάντα τὰ σκάνδαλα καὶ τοὺς ποιοῦντας τὴν ἀνομίαν					
b 200	**Mt 13,43** → Mt 25,46	τότε οἱ δίκαιοι ἐκλάμψουσιν ὡς ὁ ἥλιος **ἐν τῇ βασιλείᾳ τοῦ πατρὸς αὐτῶν.** ...					
c 200	**Mt 13,44**	ὁμοία ἐστὶν **ἡ βασιλεία τῶν οὐρανῶν** θησαυρῷ κεκρυμμένῳ ἐν τῷ ἀγρῷ, ...					→ GTh 109
c 200	**Mt 13,45**	πάλιν ὁμοία ἐστὶν **ἡ βασιλεία τῶν οὐρανῶν** ἀνθρώπῳ ἐμπόρῳ ζητοῦντι καλοὺς μαργαρίτας·					→ GTh 76,1-2
c 200	**Mt 13,47**	πάλιν ὁμοία ἐστὶν **ἡ βασιλεία τῶν οὐρανῶν** σαγήνῃ βληθείσῃ εἰς τὴν θάλασσαν ...					→ GTh 8
c 200	**Mt 13,52**	... διὰ τοῦτο πᾶς γραμματεὺς μαθητευθεὶς **τῇ βασιλείᾳ τῶν οὐρανῶν** ὅμοιός ἐστιν ἀνθρώπῳ οἰκοδεσπότῃ, ...					
af 112	**Mt 10,5**	τούτους τοὺς δώδεκα ἀπέστειλεν ὁ Ἰησοῦς ...	**Mk 6,7** → Mk 3,14 → Lk 10,1	... καὶ ἤρξατο αὐτοὺς ἀποστέλλειν δύο δύο ...	**Lk 9,2** ↓ Lk 10,9	καὶ ἀπέστειλεν αὐτοὺς κηρύσσειν **τὴν βασιλείαν τοῦ θεοῦ** καὶ ἰᾶσθαι [τοὺς ἀσθενεῖς]	→ GTh 14,4
120	**Mt 14,7**	ὅθεν μεθ' ὅρκου ὡμολόγησεν αὐτῇ δοῦναι ὃ ἐὰν αἰτήσηται.	**Mk 6,23**	καὶ ὤμοσεν αὐτῇ [πολλά], ὅ τι ἐάν με αἰτήσῃς δώσω σοι **ἕως ἡμίσους τῆς βασιλείας μου.**			
af 112	**Mt 14,14** → Mt 9,36 → Mt 15,32	καὶ ἐξελθὼν εἶδεν πολὺν ὄχλον, καὶ ἐσπλαγχνίσθη ἐπ' αὐτοῖς καὶ ἐθεράπευσεν τοὺς ἀρρώστους αὐτῶν.	**Mk 6,34** → Mk 8,2	καὶ ἐξελθὼν εἶδεν πολὺν ὄχλον, καὶ ἐσπλαγχνίσθη ἐπ' αὐτούς, ὅτι ἦσαν *ὡς πρόβατα μὴ ἔχοντα ποιμένα*, καὶ ἤρξατο διδάσκειν αὐτοὺς **πολλά.** ➤ Num 27,17/Jdt 11,19/ 2Chron 18,16	**Lk 9,11**	... καὶ ἀποδεξάμενος αὐτοὺς ἐλάλει αὐτοῖς **περὶ τῆς βασιλείας τοῦ θεοῦ,** καὶ τοὺς χρείαν ἔχοντας θεραπείας ἰᾶτο.	
c 200	**Mt 16,19** ↓ Mt 23,13 ↓ Lk 11,52 → Mt 18,18	δώσω σοι τὰς κλεῖδας **τῆς βασιλείας τῶν οὐρανῶν,** καὶ ὃ ἐὰν δήσῃς ἐπὶ τῆς γῆς ἔσται δεδεμένον ἐν τοῖς οὐρανοῖς, καὶ ὃ ἐὰν λύσῃς ἐπὶ τῆς γῆς ἔσται λελυμένον ἐν τοῖς οὐρανοῖς.					→ Jn 20,23

a 222	**Mt 16,28** → Mt 24,34	... εἰσίν τινες τῶν ὧδε ἑστώτων οἵτινες οὐ μὴ γεύσωνται θανάτου ἕως ἂν ἴδωσιν **τὸν υἱὸν τοῦ ἀνθρώπου ἐρχόμενον ἐν τῇ βασιλείᾳ αὐτοῦ.**	**Mk 9,1** → Mk 13,30	... εἰσίν τινες ὧδε τῶν ἑστηκότων οἵτινες οὐ μὴ γεύσωνται θανάτου ἕως ἂν ἴδωσιν **τὴν βασιλείαν τοῦ θεοῦ ἐληλυθυῖαν ἐν δυνάμει.**	**Lk 9,27** → Lk 21,32	... εἰσίν τινες τῶν αὐτοῦ ἑστηκότων οἳ οὐ μὴ γεύσωνται θανάτου ἕως ἂν ἴδωσιν **τὴν βασιλείαν τοῦ θεοῦ.**	→ Jn 21,22-23
c 211	**Mt 18,1**	ἐν ἐκείνῃ τῇ ὥρᾳ προσῆλθον οἱ μαθηταὶ τῷ Ἰησοῦ λέγοντες· τίς ἄρα μείζων ἐστὶν **ἐν τῇ βασιλείᾳ τῶν οὐρανῶν;**	**Mk 9,34**	[33] ... τί ἐν τῇ ὁδῷ διελογίζεσθε; [34] οἱ δὲ ἐσιώπων· πρὸς ἀλλήλους γὰρ διελέχθησαν ἐν τῇ ὁδῷ τίς μείζων.	**Lk 9,46** → Lk 22,24	εἰσῆλθεν δὲ διαλογισμὸς ἐν αὐτοῖς, τὸ τίς ἂν εἴη μείζων αὐτῶν.	→ GTh 12
c a 222	**Mt 18,3**	... ἐὰν μὴ στραφῆτε καὶ γένησθε ὡς τὰ παιδία, οὐ μὴ εἰσέλθητε **εἰς τὴν βασιλείαν τῶν οὐρανῶν.**	**Mk 10,15**	... ὃς ἂν μὴ δέξηται **τὴν βασιλείαν τοῦ θεοῦ** ὡς παιδίον, οὐ μὴ εἰσέλθῃ εἰς αὐτήν.	**Lk 18,17**	... ὃς ἂν μὴ δέξηται **τὴν βασιλείαν τοῦ θεοῦ** ὡς παιδίον, οὐ μὴ εἰσέλθῃ εἰς αὐτήν.	→ Jn 3,3 → GTh 22 → GTh 46
c 200	**Mt 18,4** → Mt 23,12 → Lk 14,11 → Lk 18,14	ὅστις οὖν ταπεινώσει ἑαυτὸν ὡς τὸ παιδίον τοῦτο, οὗτός ἐστιν ὁ μείζων **ἐν τῇ βασιλείᾳ τῶν οὐρανῶν.**					
a 120	**Mt 18,9** ⇩ Mt 5,29 **Mt 5,29** ⇧ Mt 18,9	... καλόν σοί ἐστιν μονόφθαλμον **εἰς τὴν ζωὴν** εἰσελθεῖν ἢ δύο ὀφθαλμοὺς ἔχοντα βληθῆναι εἰς τὴν γέενναν τοῦ πυρός. ... συμφέρει γάρ σοι ἵνα ἀπόληται ἓν τῶν μελῶν σου καὶ μὴ ὅλον τὸ σῶμά σου βληθῇ εἰς γέενναν.	**Mk 9,47**	... καλόν σέ ἐστιν μονόφθαλμον εἰσελθεῖν **εἰς τὴν βασιλείαν τοῦ θεοῦ** ἢ δύο ὀφθαλμοὺς ἔχοντα βληθῆναι εἰς τὴν γέενναν			
c 200	**Mt 18,23**	διὰ τοῦτο ὡμοιώθη **ἡ βασιλεία τῶν οὐρανῶν** ἀνθρώπῳ βασιλεῖ, ὃς ἠθέλησεν συνᾶραι λόγον μετὰ τῶν δούλων αὐτοῦ.					
a f 102	**Mt 8,22** → Lk 9,59	... ἄφες τοὺς νεκροὺς θάψαι τοὺς ἑαυτῶν νεκρούς.			**Lk 9,60**	... ἄφες τοὺς νεκροὺς θάψαι τοὺς ἑαυτῶν νεκρούς, σὺ δὲ ἀπελθὼν διάγγελλε **τὴν βασιλείαν τοῦ θεοῦ.**	
a 002					**Lk 9,62**	... οὐδεὶς ἐπιβαλὼν τὴν χεῖρα ἐπ' ἄροτρον καὶ βλέπων εἰς τὰ ὀπίσω εὔθετός ἐστιν **τῇ βασιλείᾳ τοῦ θεοῦ.**	
c a 202	**Mt 10,7**	πορευόμενοι δὲ κηρύσσετε λέγοντες ὅτι ἤγγικεν **ἡ βασιλεία τῶν οὐρανῶν.**			**Lk 10,9** ↑ Lk 9,2 ⇩ Lk 10,11	... καὶ λέγετε αὐτοῖς· ἤγγικεν ἐφ' ὑμᾶς **ἡ βασιλεία τοῦ θεοῦ.**	

a 102	**Mt 10,14**	... ἐξερχόμενοι ἔξω τῆς οἰκίας ἢ τῆς πόλεως ἐκείνης ἐκτινάξατε τὸν κονιορτὸν τῶν ποδῶν ὑμῶν.	**Mk 6,11**	... ἐκπορευόμενοι ἐκεῖθεν ἐκτινάξατε τὸν χοῦν τὸν ὑποκάτω τῶν ποδῶν ὑμῶν εἰς μαρτύριον αὐτοῖς.	**Lk 10,11** ⇨ Lk 9,5 ⇧ Lk 10,9	καὶ τὸν κονιορτὸν τὸν κολληθέντα ἡμῖν ἐκ τῆς πόλεως ὑμῶν εἰς τοὺς πόδας ἀπομασσόμεθα ὑμῖν· πλὴν τοῦτο γινώσκετε ὅτι ἤγγικεν **ἡ βασιλεία τοῦ θεοῦ.**	→ Acts 13,51 → Acts 18,6 Mk-Q overlap
202	**Mt 6,10** → Mt 26,42	[9] Πάτερ ἡμῶν ὁ ἐν τοῖς οὐρανοῖς· ἁγιασθήτω τὸ ὄνομά σου· [10] ἐλθέτω **ἡ βασιλεία σου·** γενηθήτω τὸ θέλημά σου, ὡς ἐν οὐρανῷ καὶ ἐπὶ γῆς·			**Lk 11,2**	... Πάτερ, ἁγιασθήτω τὸ ὄνομά σου· ἐλθέτω **ἡ βασιλεία σου·**	
202	**Mt 12,25**	εἰδὼς δὲ τὰς ἐνθυμήσεις αὐτῶν εἶπεν αὐτοῖς· **πᾶσα βασιλεία** μερισθεῖσα καθ' ἑαυτῆς ἐρημοῦται καὶ πᾶσα πόλις ἢ οἰκία μερισθεῖσα καθ' ἑαυτῆς οὐ σταθήσεται.	**Mk 3,24** (2)	καὶ ἐὰν βασιλεία ἐφ' ἑαυτὴν μερισθῇ, οὐ δύναται σταθῆναι ἡ βασιλεία ἐκείνη·	**Lk 11,17** → Mk 3,25	αὐτὸς δὲ εἰδὼς αὐτῶν τὰ διανοήματα εἶπεν αὐτοῖς· **πᾶσα βασιλεία** ἐφ' ἑαυτὴν διαμερισθεῖσα ἐρημοῦται καὶ οἶκος ἐπὶ οἶκον πίπτει.	Mk-Q overlap
202	**Mt 12,26**	καὶ εἰ ὁ σατανᾶς τὸν σατανᾶν ἐκβάλλει, ἐφ' ἑαυτὸν ἐμερίσθη· πῶς οὖν σταθήσεται **ἡ βασιλεία αὐτοῦ;**	**Mk 3,26**	καὶ εἰ ὁ σατανᾶς ἀνέστη ἐφ' ἑαυτὸν καὶ ἐμερίσθη, οὐ δύναται στῆναι ἀλλὰ τέλος ἔχει.	**Lk 11,18**	εἰ δὲ καὶ ὁ σατανᾶς ἐφ' ἑαυτὸν διεμερίσθη, πῶς σταθήσεται **ἡ βασιλεία αὐτοῦ;** ...	Mk-Q overlap
a 202	**Mt 12,28**	εἰ δὲ ἐν πνεύματι θεοῦ ἐγὼ ἐκβάλλω τὰ δαιμόνια, ἄρα ἔφθασεν ἐφ' ὑμᾶς **ἡ βασιλεία τοῦ θεοῦ.**			**Lk 11,20**	εἰ δὲ ἐν δακτύλῳ θεοῦ [ἐγὼ] ἐκβάλλω τὰ δαιμόνια, ἄρα ἔφθασεν ἐφ' ὑμᾶς **ἡ βασιλεία τοῦ θεοῦ.**	
a 202	**Mt 6,33**	ζητεῖτε δὲ πρῶτον **τὴν βασιλείαν** **[τοῦ θεοῦ]** καὶ τὴν δικαιοσύνην αὐτοῦ, καὶ ταῦτα πάντα προστεθήσεται ὑμῖν.			**Lk 12,31**	πλὴν ζητεῖτε **τὴν βασιλείαν** **αὐτοῦ,** καὶ ταῦτα προστεθήσεται ὑμῖν.	
002					**Lk 12,32**	μὴ φοβοῦ, τὸ μικρὸν ποίμνιον, ὅτι εὐδόκησεν ὁ πατὴρ ὑμῶν δοῦναι ὑμῖν **τὴν βασιλείαν.**	
c a 202	**Mt 13,31**	ἄλλην παραβολὴν παρέθηκεν αὐτοῖς λέγων· ὁμοία ἐστὶν **ἡ βασιλεία** **τῶν οὐρανῶν** κόκκῳ σινάπεως, ...	**Mk 4,30**	καὶ ἔλεγεν· πῶς ὁμοιώσωμεν **τὴν βασιλείαν** **τοῦ θεοῦ** ἢ ἐν τίνι αὐτὴν παραβολῇ θῶμεν; [31] ὡς κόκκῳ σινάπεως, ...	**Lk 13,18**	ἔλεγεν οὖν· τίνι ὁμοία ἐστὶν **ἡ βασιλεία** **τοῦ θεοῦ** καὶ τίνι ὁμοιώσω αὐτήν; [19] ὁμοία ἐστὶν κόκκῳ σινάπεως, ...	→ GTh 20 Mk-Q overlap
c a 202	**Mt 13,33**	... ὁμοία ἐστὶν **ἡ βασιλεία** **τῶν οὐρανῶν** ζύμῃ, ...			**Lk 13,20**	... τίνι ὁμοιώσω **τὴν βασιλείαν** **τοῦ θεοῦ;** [21] ὁμοία ἐστὶν ζύμῃ, ...	→ GTh 96

a βασιλεία τοῦ θεοῦ
b βασιλεία τοῦ πατρός
c βασιλεία τῶν οὐρανῶν
d τὸ εὐαγγέλιον τῆς βασιλείας
e υἱοὶ τῆς βασιλείας
f βασιλεία and verbum dicendi

a 102	**Mt 8,11**				**Lk 13,28**	ἐκεῖ ἔσται ὁ κλαυθμὸς καὶ ὁ βρυγμὸς τῶν ὀδόντων, ὅταν ὄψεσθε Ἀβραὰμ καὶ Ἰσαὰκ καὶ Ἰακὼβ καὶ πάντας τοὺς προφήτας **ἐν τῇ βασιλείᾳ τοῦ θεοῦ,** ὑμᾶς δὲ ἐκβαλλομένους ἔξω.	
c a 202		... πολλοὶ ἀπὸ ἀνατολῶν καὶ δυσμῶν ἥξουσιν καὶ ἀνακλιθήσονται μετὰ Ἀβραὰμ καὶ Ἰσαὰκ καὶ Ἰακὼβ **ἐν τῇ βασιλείᾳ τῶν οὐρανῶν,** [12] οἱ δὲ υἱοὶ τῆς βασιλείας ἐκβληθήσονται εἰς τὸ σκότος τὸ ἐξώτερον· ἐκεῖ ἔσται ὁ κλαυθμὸς καὶ ὁ βρυγμὸς τῶν ὀδόντων.			**Lk 13,29**	καὶ ἥξουσιν ἀπὸ ἀνατολῶν καὶ δυσμῶν καὶ ἀπὸ βορρᾶ καὶ νότου καὶ ἀνακλιθήσονται **ἐν τῇ βασιλείᾳ τοῦ θεοῦ.**	
a 002					**Lk 14,15** ↓ Mt 22,2 ↓ Lk 22,30	... μακάριος ὅστις φάγεται ἄρτον **ἐν τῇ βασιλείᾳ τοῦ θεοῦ.**	
c a *f* 202	**Mt 11,12**	ἀπὸ δὲ τῶν ἡμερῶν Ἰωάννου τοῦ βαπτιστοῦ ἕως ἄρτι **ἡ βασιλεία τῶν οὐρανῶν** βιάζεται καὶ βιασταὶ ἁρπάζουσιν αὐτήν.			**Lk 16,16** → Mt 22,9 → Lk 14,23	... ἀπὸ τότε **ἡ βασιλεία τοῦ θεοῦ** εὐαγγελίζεται καὶ πᾶς εἰς αὐτὴν βιάζεται.	
a 002 *a* 002					**Lk 17,20 (2)**	ἐπερωτηθεὶς δὲ ὑπὸ τῶν Φαρισαίων πότε ἔρχεται **ἡ βασιλεία τοῦ θεοῦ** ἀπεκρίθη αὐτοῖς καὶ εἶπεν· οὐκ ἔρχεται **ἡ βασιλεία τοῦ θεοῦ** μετὰ παρατηρήσεως,	→ GTh 113
a 002					**Lk 17,21** → Mt 24,23 → Mk 13,21 → Mt 24,26 → Lk 17,23	οὐδὲ ἐροῦσιν· ἰδοὺ ὧδε ἤ· ἐκεῖ, ἰδοὺ γὰρ **ἡ βασιλεία τοῦ θεοῦ** ἐντὸς ὑμῶν ἐστιν.	→ GTh 3,3 **(POxy 654)** → GTh 113
c 200	**Mt 19,12**	... καὶ εἰσὶν εὐνοῦχοι οἵτινες εὐνούχισαν ἑαυτοὺς **διὰ τὴν βασιλείαν τῶν οὐρανῶν.** ...					
c a 222	**Mt 19,14**	... ἄφετε τὰ παιδία καὶ μὴ κωλύετε αὐτὰ ἐλθεῖν πρός με, τῶν γὰρ τοιούτων ἐστὶν **ἡ βασιλεία τῶν οὐρανῶν.**	**Mk 10,14**	... ἄφετε τὰ παιδία ἔρχεσθαι πρός με, μὴ κωλύετε αὐτά, τῶν γὰρ τοιούτων ἐστὶν **ἡ βασιλεία τοῦ θεοῦ.**	**Lk 18,16**	... ἄφετε τὰ παιδία ἔρχεσθαι πρός με καὶ μὴ κωλύετε αὐτά, τῶν γὰρ τοιούτων ἐστὶν **ἡ βασιλεία τοῦ θεοῦ.**	→ GTh 22

c a 222	**Mt 18,3**	... ἐὰν μὴ στραφῆτε καὶ γένησθε ὡς τὰ παιδία, οὐ μὴ εἰσέλθητε **εἰς τὴν βασιλείαν τῶν οὐρανῶν.**	**Mk 10,15**	... ὃς ἂν μὴ δέξηται **τὴν βασιλείαν τοῦ θεοῦ** ὡς παιδίον, οὐ μὴ εἰσέλθῃ εἰς αὐτήν.	**Lk 18,17**	... ὃς ἂν μὴ δέξηται **τὴν βασιλείαν τοῦ θεοῦ** ὡς παιδίον, οὐ μὴ εἰσέλθῃ εἰς αὐτήν.	→ **Jn 3,3** → GTh 22 → GTh 46
c a 222	**Mt 19,23**	... ἀμὴν λέγω ὑμῖν ὅτι πλούσιος δυσκόλως εἰσελεύσεται **εἰς τὴν βασιλείαν τῶν οὐρανῶν.**	**Mk 10,23**	... πῶς δυσκόλως οἱ τὰ χρήματα ἔχοντες **εἰς τὴν βασιλείαν τοῦ θεοῦ** εἰσελεύσονται.	**Lk 18,24**	... πῶς δυσκόλως οἱ τὰ χρήματα ἔχοντες **εἰς τὴν βασιλείαν τοῦ θεοῦ** εἰσπορεύονται·	
a 120	**Mt 19,24**	πάλιν δὲ λέγω ὑμῖν,	**Mk 10,24**	... ὁ δὲ Ἰησοῦς πάλιν ἀποκριθεὶς λέγει αὐτοῖς· τέκνα, πῶς δύσκολόν ἐστιν **εἰς τὴν βασιλείαν τοῦ θεοῦ** εἰσελθεῖν·			
a 222		εὐκοπώτερόν ἐστιν κάμηλον διὰ τρυπήματος ῥαφίδος διελθεῖν ἢ πλούσιον εἰσελθεῖν **εἰς τὴν βασιλείαν τοῦ θεοῦ.**	**Mk 10,25**	εὐκοπώτερόν ἐστιν κάμηλον διὰ [τῆς] τρυμαλιᾶς [τῆς] ῥαφίδος διελθεῖν ἢ πλούσιον **εἰς τὴν βασιλείαν τοῦ θεοῦ** εἰσελθεῖν.	**Lk 18,25**	εὐκοπώτερον γάρ ἐστιν κάμηλον διὰ τρήματος βελόνης εἰσελθεῖν ἢ πλούσιον **εἰς τὴν βασιλείαν τοῦ θεοῦ** εἰσελθεῖν.	
a 112	**Mt 19,29** → Mt 10,37	καὶ πᾶς ὅστις ἀφῆκεν οἰκίας ἢ ἀδελφοὺς ἢ ἀδελφὰς ἢ πατέρα ἢ μητέρα ἢ τέκνα ἢ ἀγροὺς **ἕνεκεν τοῦ ὀνόματός μου, ...**	**Mk 10,29**	... οὐδείς ἐστιν ὃς ἀφῆκεν οἰκίαν ἢ ἀδελφοὺς ἢ ἀδελφὰς ἢ μητέρα ἢ πατέρα ἢ τέκνα ἢ ἀγροὺς **ἕνεκεν ἐμοῦ καὶ ἕνεκεν τοῦ εὐαγγελίου**	**Lk 18,29** → Lk 14,26	... οὐδείς ἐστιν ὃς ἀφῆκεν οἰκίαν ἢ γυναῖκα ἢ ἀδελφοὺς ἢ γονεῖς ἢ τέκνα **ἕνεκεν τῆς βασιλείας τοῦ θεοῦ**	→ GTh 55 → GTh 101
c 200	**Mt 20,1**	ὁμοία γάρ ἐστιν **ἡ βασιλεία τῶν οὐρανῶν** ἀνθρώπῳ οἰκοδεσπότῃ, ὅστις ἐξῆλθεν ἅμα πρωῒ μισθώσασθαι ἐργάτας εἰς τὸν ἀμπελῶνα αὐτοῦ.					
    210	**Mt 20,21**	... εἰπὲ ἵνα καθίσωσιν οὗτοι οἱ δύο υἱοί μου εἷς ἐκ δεξιῶν σου καὶ εἷς ἐξ εὐωνύμων σου **ἐν τῇ βασιλείᾳ σου.**	**Mk 10,37**	... δὸς ἡμῖν ἵνα εἷς σου ἐκ δεξιῶν καὶ εἷς ἐξ ἀριστερῶν καθίσωμεν **ἐν τῇ δόξῃ σου.**			
a 002					**Lk 19,11**	... εἶπεν παραβολὴν διὰ τὸ ἐγγὺς εἶναι Ἰερουσαλὴμ αὐτὸν καὶ δοκεῖν αὐτοὺς ὅτι παραχρῆμα μέλλει **ἡ βασιλεία τοῦ θεοῦ** ἀναφαίνεσθαι.	
  102	**Mt 25,14**	ὥσπερ γὰρ ἄνθρωπος ἀποδημῶν ἐκάλεσεν τοὺς ἰδίους δούλους καὶ παρέδωκεν αὐτοῖς τὰ ὑπάρχοντα αὐτοῦ, [15] καὶ ᾧ μὲν ἔδωκεν πέντε τάλαντα, ...	Mk 13,34	ὡς ἄνθρωπος ἀπόδημος ἀφεὶς τὴν οἰκίαν αὐτοῦ καὶ δοὺς τοῖς δούλοις αὐτοῦ τὴν ἐξουσίαν ...	**Lk 19,12**	... ἄνθρωπός τις εὐγενὴς ἐπορεύθη εἰς χώραν μακρὰν λαβεῖν ἑαυτῷ **βασιλείαν** καὶ ὑποστρέψαι. [13] καλέσας δὲ δέκα δούλους ἑαυτοῦ ἔδωκεν αὐτοῖς δέκα μνᾶς ...	Mk-Q overlap

102	Mt 25,19	μετὰ δὲ πολὺν χρόνον ἔρχεται ὁ κύριος τῶν δούλων ἐκείνων καὶ συναίρει λόγον μετ᾽ αὐτῶν.			Lk 19,15	καὶ ἐγένετο ἐν τῷ ἐπανελθεῖν αὐτὸν λαβόντα **τὴν βασιλείαν** καὶ εἶπεν φωνηθῆναι αὐτῷ τοὺς δούλους τούτους οἷς δεδώκει τὸ ἀργύριον, ἵνα γνοῖ τί διεπραγματεύσαντο.	
b 121	Mt 21,9	... *ὡσαννὰ* τῷ υἱῷ Δαυίδ· *εὐλογημένος* *ὁ ἐρχόμενος* *ἐν ὀνόματι κυρίου·* *ὡσαννὰ* *ἐν τοῖς ὑψίστοις.* ➤ Ps 118,25-26 ➤ Ps 148,1/Job 16,19	Mk 11,10	[9] ... *ὡσαννά·* *εὐλογημένος* *ὁ ἐρχόμενος* *ἐν ὀνόματι κυρίου·* [10] εὐλογημένη **ἡ ἐρχομένη** **βασιλεία τοῦ πατρὸς** **ἡμῶν Δαυίδ·** *ὡσαννὰ* *ἐν τοῖς ὑψίστοις.* ➤ Ps 118,25-26 ➤ Ps 148,1/Job 16,19	Lk 19,38 → Lk 2,14	... *εὐλογημένος* *ὁ ἐρχόμενος,* ὁ βασιλεὺς *ἐν ὀνόματι κυρίου·* ἐν οὐρανῷ εἰρήνη καὶ δόξα ἐν ὑψίστοις. ➤ Ps 118,26	→ Jn 12,13
a 200	Mt 21,31	... ἀμὴν λέγω ὑμῖν ὅτι οἱ τελῶναι καὶ αἱ πόρναι προάγουσιν ὑμᾶς **εἰς τὴν βασιλείαν** **τοῦ θεοῦ.**					
200	Mt 21,43 → Mt 21,41	... ἀρθήσεται ἀφ᾽ ὑμῶν **ἡ βασιλεία τοῦ θεοῦ** καὶ δοθήσεται ἔθνει ποιοῦντι τοὺς καρποὺς αὐτῆς.					
c 201	Mt 22,2 ↑ Lk 14,15	ὡμοιώθη **ἡ βασιλεία** **τῶν οὐρανῶν** ἀνθρώπῳ βασιλεῖ, ὅστις ἐποίησεν γάμους τῷ υἱῷ αὐτοῦ.			Lk 14,16	ὁ δὲ εἶπεν αὐτῷ· ἄνθρωπός τις ἐποίει δεῖπνον μέγα, ...	→ GTh 64
021			Mk 12,34	καὶ ὁ Ἰησοῦς ἰδὼν [αὐτὸν] ὅτι νουνεχῶς ἀπεκρίθη εἶπεν αὐτῷ· οὐ μακρὰν εἶ **ἀπὸ τῆς βασιλείας** **τοῦ θεοῦ. ...**	Lk 10,28	εἶπεν δὲ αὐτῷ· ὀρθῶς ἀπεκρίθης· τοῦτο ποίει καὶ ζήσῃ.	
c 201	Mt 23,13 ↑ Mt 16,19	οὐαὶ δὲ ὑμῖν, γραμματεῖς καὶ Φαρισαῖοι ὑποκριταί, ὅτι **κλείετε** **τὴν βασιλείαν** **τῶν οὐρανῶν** ἔμπροσθεν τῶν ἀνθρώπων· ὑμεῖς γὰρ οὐκ εἰσέρχεσθε οὐδὲ τοὺς εἰσερχομένους ἀφίετε εἰσελθεῖν.			Lk 11,52	οὐαὶ ὑμῖν τοῖς νομικοῖς, ὅτι **ἤρατε τὴν κλεῖδα** **τῆς γνώσεως·** αὐτοὶ οὐκ εἰσήλθατε καὶ τοὺς εἰσερχομένους ἐκωλύσατε.	→ GTh 39,1-2 (POxy 655) → GTh 102
222 222	Mt 24,7 (2)	ἐγερθήσεται γὰρ ἔθνος ἐπὶ ἔθνος καὶ **βασιλεία** **ἐπὶ βασιλείαν** καὶ ἔσονται λιμοὶ καὶ σεισμοὶ κατὰ τόπους·	Mk 13,8 (2)	ἐγερθήσεται γὰρ ἔθνος ἐπ᾽ ἔθνος καὶ **βασιλεία** **ἐπὶ βασιλείαν,** ἔσονται σεισμοὶ κατὰ τόπους, ἔσονται λιμοί· ...	Lk 21,10 (2)	... ἐγερθήσεται ἔθνος ἐπ᾽ ἔθνος καὶ **βασιλεία** **ἐπὶ βασιλείαν,** [11] σεισμοί τε μεγάλοι καὶ κατὰ τόπους λιμοὶ καὶ λοιμοὶ ἔσονται, ...	

d 210	Mt 24,14 → Mt 28,19	καὶ κηρυχθήσεται τοῦτο τὸ εὐαγγέλιον τῆς βασιλείας ἐν ὅλῃ τῇ οἰκουμένῃ εἰς μαρτύριον πᾶσιν τοῖς ἔθνεσιν, ...	Mk 13,10	καὶ εἰς πάντα τὰ ἔθνη πρῶτον δεῖ κηρυχθῆναι τὸ εὐαγγέλιον.			
a 112	Mt 24,33	... ὅταν ἴδητε πάντα ταῦτα, γινώσκετε ὅτι ἐγγύς ἐστιν ἐπὶ θύραις.	Mk 13,29	... ὅταν ἴδητε ταῦτα γινόμενα, γινώσκετε ὅτι ἐγγύς ἐστιν ἐπὶ θύραις.	Lk 21,31	... ὅταν ἴδητε ταῦτα γινόμενα, γινώσκετε ὅτι ἐγγύς ἐστιν ἡ βασιλεία τοῦ θεοῦ.	
c 200	Mt 25,1	τότε ὁμοιωθήσεται ἡ βασιλεία τῶν οὐρανῶν δέκα παρθένοις, ...					
200	Mt 25,34	... δεῦτε, οἱ εὐλογημένοι τοῦ πατρός μου, κληρονομήσατε τὴν ἡτοιμασμένην ὑμῖν βασιλείαν ἀπὸ καταβολῆς κόσμου·					
a 002					Lk 22,16 ↓ Mt 26,29 ↓ Mk 14,25 ↓ Lk 22,18	λέγω γὰρ ὑμῖν ὅτι οὐ μὴ φάγω αὐτὸ ἕως ὅτου πληρωθῇ ἐν τῇ βασιλείᾳ τοῦ θεοῦ.	
b a 222	Mt 26,29	λέγω δὲ ὑμῖν, οὐ μὴ πίω ἀπ' ἄρτι ἐκ τούτου τοῦ γενήματος τῆς ἀμπέλου ἕως τῆς ἡμέρας ἐκείνης ὅταν αὐτὸ πίνω μεθ' ὑμῶν καινὸν ἐν τῇ βασιλείᾳ τοῦ πατρός μου.	Mk 14,25	ἀμὴν λέγω ὑμῖν ὅτι οὐκέτι οὐ μὴ πίω ἐκ τοῦ γενήματος τῆς ἀμπέλου ἕως τῆς ἡμέρας ἐκείνης ὅταν αὐτὸ πίνω καινὸν ἐν τῇ βασιλείᾳ τοῦ θεοῦ.	Lk 22,18 ↑ Lk 22,16	λέγω γὰρ ὑμῖν, [ὅτι] οὐ μὴ πίω ἀπὸ τοῦ νῦν ἀπὸ τοῦ γενήματος τῆς ἀμπέλου ἕως οὗ ἡ βασιλεία τοῦ θεοῦ ἔλθῃ.	
002					Lk 22,29 ↑ Lk 1,33	κἀγὼ διατίθεμαι ὑμῖν καθὼς διέθετό μοι ὁ πατήρ μου βασιλείαν,	
102	Mt 19,28	... ὅταν καθίσῃ ὁ υἱὸς τοῦ ἀνθρώπου ἐπὶ θρόνου δόξης αὐτοῦ, καθήσεσθε καὶ ὑμεῖς ἐπὶ δώδεκα θρόνους ...			Lk 22,30 ↑ Lk 14,15 → Lk 12,37	ἵνα ἔσθητε καὶ πίνητε ἐπὶ τῆς τραπέζης μου ἐν τῇ βασιλείᾳ μου, καὶ καθήσεσθε ἐπὶ θρόνων ...	
002					Lk 23,42	... Ἰησοῦ, μνήσθητί μου ὅταν ἔλθῃς εἰς τὴν βασιλείαν σου.	
a 122	Mt 27,57	... ἦλθεν ἄνθρωπος πλούσιος ἀπὸ Ἁριμαθαίας, τοὔνομα Ἰωσήφ, ὃς καὶ αὐτὸς ἐμαθητεύθη τῷ Ἰησοῦ·	Mk 15,43	ἐλθὼν Ἰωσὴφ [ὁ] ἀπὸ Ἁριμαθαίας εὐσχήμων βουλευτής, ὃς καὶ αὐτὸς ἦν προσδεχόμενος τὴν βασιλείαν τοῦ θεοῦ, ...	Lk 23,51	[50] καὶ ἰδοὺ ἀνὴρ ὀνόματι Ἰωσὴφ βουλευτὴς ὑπάρχων [καὶ] ἀνὴρ ἀγαθὸς καὶ δίκαιος [51] ... ἀπὸ Ἁριμαθαίας πόλεως τῶν Ἰουδαίων, ὃς προσεδέχετο τὴν βασιλείαν τοῦ θεοῦ	→ Jn 19,38

af **Acts 1,3**	... δι' ἡμερῶν τεσσεράκοντα ὀπτανόμενος αὐτοῖς καὶ λέγων τὰ **περὶ τῆς βασιλείας τοῦ θεοῦ·**
Acts 1,6	... κύριε, εἰ ἐν τῷ χρόνῳ τούτῳ ἀποκαθιστάνεις **τὴν βασιλείαν** τῷ Ἰσραήλ;
af **Acts 8,12**	ὅτε δὲ ἐπίστευσαν τῷ Φιλίππῳ εὐαγγελιζομένῳ **περὶ τῆς βασιλείας τοῦ θεοῦ** καὶ τοῦ ὀνόματος Ἰησοῦ Χριστοῦ, ἐβαπτίζοντο ἄνδρες τε καὶ γυναῖκες.
a **Acts 14,22** → Lk 24,26	... παρακαλοῦντες ἐμμένειν τῇ πίστει καὶ ὅτι διὰ πολλῶν θλίψεων δεῖ ἡμᾶς εἰσελθεῖν **εἰς τὴν βασιλείαν τοῦ θεοῦ.**
af **Acts 19,8**	... ἐπαρρησιάζετο ἐπὶ μῆνας τρεῖς διαλεγόμενος καὶ πείθων [τὰ] **περὶ τῆς βασιλείας τοῦ θεοῦ.**
f **Acts 20,25**	καὶ νῦν ἰδοὺ ἐγὼ οἶδα ὅτι οὐκέτι ὄψεσθε τὸ πρόσωπόν μου ὑμεῖς πάντες ἐν οἷς διῆλθον κηρύσσων **τὴν βασιλείαν.**
af **Acts 28,23**	... ἦλθον πρὸς αὐτὸν εἰς τὴν ξενίαν πλείονες οἷς ἐξετίθετο διαμαρτυρόμενος **τὴν βασιλείαν τοῦ θεοῦ,** πείθων τε αὐτοὺς περὶ τοῦ Ἰησοῦ ἀπό τε τοῦ νόμου Μωϋσέως καὶ τῶν προφητῶν, ...
af **Acts 28,31**	κηρύσσων **τὴν βασιλείαν τοῦ θεοῦ** καὶ διδάσκων τὰ περὶ τοῦ κυρίου Ἰησοῦ Χριστοῦ ...

# βασίλειος	Syn 1	Mt	Mk	Lk 1	Acts	Jn	1-3John	Paul	Eph	Col
	NT 2	2Thess	1/2Tim	Tit	Heb	Jas	1Pet 1	2Pet	Jude	Rev

royal; palace

102	**Mt 11,8**	... ἰδοὺ οἱ τὰ μαλακὰ φοροῦντες **ἐν τοῖς οἴκοις τῶν βασιλέων** εἰσίν.	**Lk 7,25**	... ἰδοὺ οἱ ἐν ἱματισμῷ ἐνδόξῳ καὶ τρυφῇ ὑπάρχοντες **ἐν τοῖς βασιλείοις** εἰσίν.	→ GTh 78

# βασιλεύς	Syn 45	Mt 22	Mk 12	Lk 11	Acts 20	Jn 16	1-3John	Paul 1	Eph	Col
	NT 115	2Thess	1/2Tim 3	Tit	Heb 7	Jas	1Pet 2	2Pet	Jude	Rev 21

king

	triple tradition																	double tradition			Sondergut		
		+Mt / +Lk			–Mt / –Lk			traditions not taken over by Mt / Lk							subtotals								
code	*222*	*211*	*112*	*212*	*221*	*122*	*121*	*022*	*012*	*021*	*220*	*120*	*210*	*020*	Σ⁺	Σ⁻	Σ	*202*	*201*	*102*	*200*	*002*	total
Mt	3				1		2^-				2	3^-				5^-	6		3		13		**22**
Mk	3				1		2				2	3		1			12						**12**
Lk	3		3^+		1^-		2^-								3^+	3^-	6			1		4	**11**

a βασιλεύς τῶν Ἰουδαίων
b βασιλεύς Ἰσραήλ
c οἱ βασιλεῖς τῆς γῆς
d ἡγεμών καὶ βασιλεύς

200	**Mt 1,6**	Ἰεσσαὶ δὲ ἐγέννησεν **τὸν Δαυὶδ τὸν βασιλέα.** Δαυὶδ δὲ ἐγέννησεν τὸν Σολομῶνα ἐκ τῆς τοῦ Οὐρίου	**Lk 3,31**	... τοῦ Ναθὰμ τοῦ Δαυὶδ [32] τοῦ Ἰεσσαὶ ...	
002			**Lk 1,5**	ἐγένετο **ἐν ταῖς ἡμέραις Ἡρῴδου βασιλέως τῆς Ἰουδαίας** ἱερεύς τις ὀνόματι Ζαχαρίας ἐξ ἐφημερίας Ἀβιά, ...	

200	Mt 2,1	τοῦ δὲ Ἰησοῦ γεννηθέντος ἐν Βηθλέεμ τῆς Ἰουδαίας **ἐν ἡμέραις Ἡρῴδου τοῦ βασιλέως,** ἰδοὺ μάγοι ἀπὸ ἀνατολῶν παρεγένοντο εἰς Ἱεροσόλυμα					
a 200	Mt 2,2	... ποῦ ἐστιν **ὁ τεχθεὶς βασιλεὺς τῶν Ἰουδαίων;** εἴδομεν γὰρ αὐτοῦ τὸν ἀστέρα ἐν τῇ ἀνατολῇ καὶ ἤλθομεν προσκυνῆσαι αὐτῷ.					
200	Mt 2,3 → Mt 21,10	ἀκούσας δὲ **ὁ βασιλεὺς Ἡρῴδης** ἐταράχθη καὶ πᾶσα Ἱεροσόλυμα μετ' αὐτοῦ					
200	Mt 2,9	οἱ δὲ ἀκούσαντες **τοῦ βασιλέως** ἐπορεύθησαν καὶ ἰδοὺ ὁ ἀστὴρ, ὃν εἶδον ἐν τῇ ἀνατολῇ, προῆγεν αὐτοὺς, ...					
200	Mt 5,35	[34] ... μὴ ὀμόσαι ὅλως· ... [35] μήτε ἐν τῇ γῇ, ὅτι ὑποπόδιόν ἐστιν τῶν ποδῶν αὐτοῦ, μήτε εἰς Ἱεροσόλυμα, ὅτι πόλις ἐστὶν **τοῦ μεγάλου βασιλέως**					→ Acts 7,49
d 222	Mt 10,18	καὶ **ἐπὶ ἡγεμόνας δὲ καὶ βασιλεῖς** ἀχθήσεσθε ἕνεκεν ἐμοῦ εἰς μαρτύριον αὐτοῖς καὶ τοῖς ἔθνεσιν.	Mk 13,9	... καὶ **ἐπὶ ἡγεμόνων καὶ βασιλέων** σταθήσεσθε ἕνεκεν ἐμοῦ εἰς μαρτύριον αὐτοῖς.	Lk 21,12 → Lk 12,11	... ἀπαγομένους **ἐπὶ βασιλεῖς καὶ ἡγεμόνας** ἕνεκεν τοῦ ὀνόματός μου· [13] ἀποβήσεται ὑμῖν εἰς μαρτύριον.	
201	Mt 11,8	... ἰδοὺ οἱ τὰ μαλακὰ φοροῦντες **ἐν τοῖς οἴκοις τῶν βασιλέων** εἰσίν.			Lk 7,25	... ἰδοὺ οἱ ἐν ἱματισμῷ ἐνδόξῳ καὶ τρυφῇ ὑπάρχοντες **ἐν τοῖς βασιλείοις** εἰσίν.	→ GTh 78
121	Mt 14,1	ἐν ἐκείνῳ τῷ καιρῷ ἤκουσεν **Ἡρῴδης ὁ τετραάρχης** τὴν ἀκοὴν Ἰησοῦ	Mk 6,14	καὶ ἤκουσεν **ὁ βασιλεὺς Ἡρῴδης,** φανερὸν γὰρ ἐγένετο τὸ ὄνομα αὐτοῦ, ...	Lk 9,7	ἤκουσεν δὲ **Ἡρῴδης ὁ τετραάρχης** τὰ γινόμενα πάντα ...	
	Mt 14,6	... ὠρχήσατο ἡ θυγάτηρ τῆς Ἡρῳδιάδος ἐν τῷ μέσῳ καὶ ἤρεσεν τῷ Ἡρῴδῃ	Mk 6,22	καὶ εἰσελθούσης τῆς θυγατρὸς αὐτοῦ Ἡρῳδιάδος καὶ ὀρχησαμένης ἤρεσεν τῷ Ἡρῴδῃ καὶ τοῖς συνανακειμένοις.			
020			→ Mt 14,7	εἶπεν **ὁ βασιλεὺς** τῷ κορασίῳ· αἴτησόν με ὃ ἐὰν θέλῃς, καὶ δώσω σοι·			

120	Mt 14,8	ἡ δὲ προβιβασθεῖσα ὑπὸ τῆς μητρὸς αὐτῆς· δός μοι, φησίν, ὧδε ἐπὶ πίνακι τὴν κεφαλὴν Ἰωάννου τοῦ βαπτιστοῦ.	Mk 6,25	[24] καὶ ἐξελθοῦσα εἶπεν τῇ μητρὶ αὐτῆς· τί αἰτήσωμαι; ἡ δὲ εἶπεν· τὴν κεφαλὴν Ἰωάννου τοῦ βαπτίζοντος. [25] καὶ εἰσελθοῦσα εὐθὺς μετὰ σπουδῆς **πρὸς τὸν βασιλέα** ἠτήσατο λέγουσα· θέλω ἵνα ἐξαυτῆς δῷς μοι ἐπὶ πίνακι τὴν κεφαλὴν Ἰωάννου τοῦ βαπτιστοῦ.			
220	Mt 14,9	καὶ λυπηθεὶς **ὁ βασιλεὺς** διὰ τοὺς ὅρκους καὶ τοὺς συνανακειμένους ἐκέλευσεν δοθῆναι,	Mk 6,26	καὶ περίλυπος γενόμενος **ὁ βασιλεὺς** διὰ τοὺς ὅρκους καὶ τοὺς ἀνακειμένους οὐκ ἠθέλησεν ἀθετῆσαι αὐτήν·			
120	Mt 14,10	καὶ πέμψας ἀπεκεφάλισεν [τὸν] Ἰωάννην ἐν τῇ φυλακῇ.	Mk 6,27 → Mk 6,16 → Lk 9,9	καὶ εὐθὺς ἀποστείλας **ὁ βασιλεὺς** σπεκουλάτορα ἐπέταξεν ἐνέγκαι τὴν κεφαλὴν αὐτοῦ. καὶ ἀπελθὼν ἀπεκεφάλισεν αὐτὸν ἐν τῇ φυλακῇ			
c 200	Mt 17,25	... ὁ Ἰησοῦς λέγων· τί σοι δοκεῖ, Σίμων; **οἱ βασιλεῖς τῆς γῆς** ἀπὸ τίνων λαμβάνουσιν τέλη ἢ κῆνσον; ...					
200	Mt 18,23	διὰ τοῦτο ὡμοιώθη ἡ βασιλεία τῶν οὐρανῶν **ἀνθρώπῳ βασιλεῖ,** ὃς ἠθέλησεν συνᾶραι λόγον μετὰ τῶν δούλων αὐτοῦ.					
102	Mt 13,17	ἀμὴν γὰρ λέγω ὑμῖν ὅτι πολλοὶ προφῆται καὶ **δίκαιοι** ἐπεθύμησαν ἰδεῖν ἃ βλέπετε καὶ οὐκ εἶδαν, καὶ ἀκοῦσαι ἃ ἀκούετε καὶ οὐκ ἤκουσαν.			Lk 10,24	λέγω γὰρ ὑμῖν ὅτι πολλοὶ προφῆται καὶ **βασιλεῖς** ἠθέλησαν ἰδεῖν ἃ ὑμεῖς βλέπετε καὶ οὐκ εἶδαν, καὶ ἀκοῦσαι ἃ ἀκούετε καὶ οὐκ ἤκουσαν.	→ GTh 38 (POxy 655 - restoration)
002 002					Lk 14,31 (2)	ἢ **τίς βασιλεὺς** πορευόμενος **ἑτέρῳ βασιλεῖ** συμβαλεῖν εἰς πόλεμον οὐχὶ καθίσας πρῶτον βουλεύσεται εἰ δυνατός ἐστιν ἐν δέκα χιλιάσιν ὑπαντῆσαι τῷ μετὰ εἴκοσι χιλιάδων ἐρχομένῳ ἐπ' αὐτόν;	
200	Mt 21,5	*εἴπατε τῇ θυγατρὶ Σιών· ἰδοὺ* ***ὁ βασιλεύς σου*** *ἔρχεταί σοι πραῢς καὶ ἐπιβεβηκὼς ἐπὶ ὄνον καὶ ἐπὶ πῶλον υἱὸν ὑποζυγίου.* ➤ Isa 62,11; Zech 9,9					→ Jn 12,15

112	Mt 21,9	... ἔκραζον λέγοντες· *ὡσαννὰ τῷ υἱῷ Δαυίδ·* *εὐλογημένος* *ὁ ἐρχόμενος* *ἐν ὀνόματι κυρίου·* *ὡσαννὰ ἐν τοῖς ὑψίστοις.* ➢ Ps 118,25-26; Ps 148,1/Job 16,19	Mk 11,9	... ἔκραζον· *ὡσαννά·* *εὐλογημένος* *ὁ ἐρχόμενος* *ἐν ὀνόματι κυρίου·* [10] εὐλογημένη ἡ ἐρχομένη βασιλεία τοῦ πατρὸς ἡμῶν Δαυίδ· *ὡσαννὰ ἐν τοῖς ὑψίστοις.* ➢ Ps 118,25-26; Ps 148,1/Job 16,19	Lk 19,38	λέγοντες· *εὐλογημένος* *ὁ ἐρχόμενος,* **ὁ βασιλεὺς** *ἐν ὀνόματι κυρίου·* ἐν οὐρανῷ εἰρήνη καὶ δόξα ἐν ὑψίστοις. ➢ Ps 118,26	→ Jn 12,13
201	Mt 22,2 → Lk 14,15	ὡμοιώθη ἡ βασιλεία τῶν οὐρανῶν **ἀνθρώπῳ βασιλεῖ,** ὅστις ἐποίησεν γάμους τῷ υἱῷ αὐτοῦ.			Lk 14,16	ὁ δὲ εἶπεν αὐτῷ· **ἄνθρωπός τις** ἐποίει δεῖπνον μέγα, ...	→ GTh 64
201	Mt 22,7	**ὁ δὲ βασιλεὺς** ὠργίσθη καὶ πέμψας τὰ στρατεύματα αὐτοῦ ἀπώλεσεν τοὺς φονεῖς ἐκείνους καὶ τὴν πόλιν αὐτῶν ἐνέπρησεν. [8] τότε λέγει τοῖς δούλοις αὐτοῦ·			Lk 14,21	... τότε ὀργισθεὶς **ὁ οἰκοδεσπότης** εἶπεν τῷ δούλῳ αὐτοῦ· ...	→ GTh 64
200	Mt 22,11	εἰσελθὼν δὲ **ὁ βασιλεὺς** θεάσασθαι τοὺς ἀνακειμένους εἶδεν ἐκεῖ ἄνθρωπον οὐκ ἐνδεδυμένον ἔνδυμα γάμου					
200	Mt 22,13	τότε **ὁ βασιλεὺς** εἶπεν τοῖς διακόνοις· δήσαντες αὐτοῦ πόδας καὶ χεῖρας ἐκβάλετε αὐτὸν εἰς τὸ σκότος τὸ ἐξώτερον· ...					
d 222	Mt 10,18	καὶ **ἐπὶ ἡγεμόνας δὲ καὶ βασιλεῖς** ἀχθήσεσθε ἕνεκεν ἐμοῦ εἰς μαρτύριον αὐτοῖς καὶ τοῖς ἔθνεσιν.	Mk 13,9	... καὶ **ἐπὶ ἡγεμόνων καὶ βασιλέων** σταθήσεσθε ἕνεκεν ἐμοῦ εἰς μαρτύριον αὐτοῖς.	Lk 21,12 → Lk 12,11	... ἀπαγομένους **ἐπὶ βασιλεῖς καὶ ἡγεμόνας** ἕνεκεν τοῦ ὀνόματός μου· [13] ἀποβήσεται ὑμῖν εἰς μαρτύριον.	
200	Mt 25,34	τότε ἐρεῖ **ὁ βασιλεὺς** τοῖς ἐκ δεξιῶν αὐτοῦ· δεῦτε, οἱ εὐλογημένοι τοῦ πατρός μου, ...					
200	Mt 25,40	καὶ ἀποκριθεὶς **ὁ βασιλεὺς** ἐρεῖ αὐτοῖς· ἀμὴν λέγω ὑμῖν, ἐφ' ὅσον ἐποιήσατε ἑνὶ τούτων τῶν ἀδελφῶν μου τῶν ἐλαχίστων, ἐμοὶ ἐποιήσατε.					
112	Mt 20,25	... οἴδατε ὅτι **οἱ ἄρχοντες τῶν ἐθνῶν** κατακυριεύουσιν αὐτῶν καὶ οἱ μεγάλοι κατεξουσιάζουσιν αὐτῶν.	Mk 10,42	... οἴδατε ὅτι **οἱ δοκοῦντες ἄρχειν τῶν ἐθνῶν** κατακυριεύουσιν αὐτῶν καὶ οἱ μεγάλοι αὐτῶν κατεξουσιάζουσιν αὐτῶν.	Lk 22,25	**... οἱ βασιλεῖς τῶν ἐθνῶν** κυριεύουσιν αὐτῶν καὶ οἱ ἐξουσιάζοντες αὐτῶν εὐεργέται καλοῦνται.	

112	Mt 27,12	καὶ ἐν τῷ κατηγορεῖσθαι αὐτὸν ὑπὸ τῶν ἀρχιερέων καὶ πρεσβυτέρων οὐδὲν ἀπεκρίνατο. [13] τότε λέγει αὐτῷ ὁ Πιλᾶτος· οὐκ ἀκούεις πόσα σου καταμαρτυροῦσιν;	Mk 15,3	καὶ κατηγόρουν αὐτοῦ οἱ ἀρχιερεῖς πολλά. [4] ὁ δὲ Πιλᾶτος πάλιν ἐπηρώτα αὐτὸν λέγων· οὐκ ἀποκρίνῃ οὐδέν; ἴδε πόσα σου κατηγοροῦσιν.	Lk 23,2 → Lk 20,20 → Lk 20,25 ⇨ Lk 23,10 → Lk 23,14	ἤρξαντο δὲ κατηγορεῖν αὐτοῦ λέγοντες· τοῦτον εὕραμεν διαστρέφοντα τὸ ἔθνος ἡμῶν καὶ κωλύοντα φόρους Καίσαρι διδόναι καὶ λέγοντα ἑαυτὸν **χριστὸν βασιλέα** εἶναι.	→ Jn 19,12 → Acts 17,7
a 222	Mt 27,11	... καὶ ἐπηρώτησεν αὐτὸν ὁ ἡγεμὼν λέγων· σὺ εἶ **ὁ βασιλεὺς** **τῶν Ἰουδαίων;** ὁ δὲ Ἰησοῦς ἔφη· σὺ λέγεις.	Mk 15,2	καὶ ἐπηρώτησεν αὐτὸν ὁ Πιλᾶτος· σὺ εἶ **ὁ βασιλεὺς** **τῶν Ἰουδαίων;** ὁ δὲ ἀποκριθεὶς αὐτῷ λέγει· σὺ λέγεις.	Lk 23,3	ὁ δὲ Πιλᾶτος ἠρώτησεν αὐτὸν λέγων· σὺ εἶ **ὁ βασιλεὺς** **τῶν Ἰουδαίων;** ὁ δὲ ἀποκριθεὶς αὐτῷ ἔφη· σὺ λέγεις.	→ Jn 18,33 → Jn 18,37
a 120	Mt 27,17	... εἶπεν αὐτοῖς ὁ Πιλᾶτος· τίνα θέλετε ἀπολύσω ὑμῖν, [Ἰησοῦν τὸν] Βαραββᾶν ἢ **Ἰησοῦν τὸν** **λεγόμενον χριστόν;**	Mk 15,9	ὁ δὲ Πιλᾶτος ἀπεκρίθη αὐτοῖς λέγων· θέλετε ἀπολύσω ὑμῖν **τὸν βασιλέα** **τῶν Ἰουδαίων;**			→ Jn 18,39
a 121	Mt 27,22	λέγει αὐτοῖς ὁ Πιλᾶτος· τί οὖν ποιήσω **Ἰησοῦν τὸν** **λεγόμενον χριστόν;** ...	Mk 15,12	ὁ δὲ Πιλᾶτος πάλιν ἀποκριθεὶς ἔλεγεν αὐτοῖς· τί οὖν [θέλετε] ποιήσω [ὃν λέγετε] **τὸν βασιλέα** **τῶν Ἰουδαίων;**	Lk 23,20	πάλιν δὲ ὁ Πιλᾶτος προσεφώνησεν αὐτοῖς θέλων ἀπολῦσαι **τὸν Ἰησοῦν·**	→ Jn 19,12
a 220	Mt 27,29	... καὶ γονυπετήσαντες ἔμπροσθεν αὐτοῦ ἐνέπαιξαν αὐτῷ λέγοντες· χαῖρε, **βασιλεῦ** **τῶν Ἰουδαίων**	Mk 15,18	καὶ ἤρξαντο ἀσπάζεσθαι αὐτόν· χαῖρε, **βασιλεῦ** **τῶν Ἰουδαίων·**			→ Jn 19,3
a 222	Mt 27,37	καὶ ἐπέθηκαν ἐπάνω τῆς κεφαλῆς αὐτοῦ τὴν αἰτίαν αὐτοῦ γεγραμμένην· οὗτός ἐστιν Ἰησοῦς **ὁ βασιλεὺς** **τῶν Ἰουδαίων.**	Mk 15,26	καὶ ἦν ἡ ἐπιγραφὴ τῆς αἰτίας αὐτοῦ ἐπιγεγραμμένη· **ὁ βασιλεὺς** **τῶν Ἰουδαίων.**	Lk 23,38	ἦν δὲ καὶ ἐπιγραφὴ ἐπ᾽ αὐτῷ· **ὁ βασιλεὺς** **τῶν Ἰουδαίων** οὗτος.	→ Jn 19,19
b 221	Mt 27,42 → Mt 26,63-64 ↓ Lk 23,37	[41] ὁμοίως καὶ οἱ ἀρχιερεῖς ἐμπαίζοντες μετὰ τῶν γραμματέων καὶ πρεσβυτέρων ἔλεγον· [42] ἄλλους ἔσωσεν, ἑαυτὸν οὐ δύναται σῶσαι· **βασιλεὺς Ἰσραήλ** ἐστιν, καταβάτω νῦν ἀπὸ τοῦ σταυροῦ καὶ πιστεύσομεν ἐπ᾽ αὐτόν.	Mk 15,32 → Mk 14,61-62 ↓ Lk 23,37	[31] ὁμοίως καὶ οἱ ἀρχιερεῖς ἐμπαίζοντες πρὸς ἀλλήλους μετὰ τῶν γραμματέων ἔλεγον· ἄλλους ἔσωσεν, ἑαυτὸν οὐ δύναται σῶσαι· **[32] ὁ χριστὸς** **ὁ βασιλεὺς Ἰσραὴλ** καταβάτω νῦν ἀπὸ τοῦ σταυροῦ, ἵνα ἴδωμεν καὶ πιστεύσωμεν. ...	Lk 23,35 → Lk 22,67 → Lk 23,39	... ἐξεμυκτήριζον δὲ καὶ οἱ ἄρχοντες λέγοντες· ἄλλους ἔσωσεν, σωσάτω ἑαυτόν, εἰ οὗτός ἐστιν **ὁ χριστὸς τοῦ θεοῦ** **ὁ ἐκλεκτός.**	

b a	Mt 27,42	[39] οἱ δὲ παραπορευόμενοι ... [40] καὶ λέγοντες· ... σῶσον σεαυτόν, εἰ υἱὸς εἶ τοῦ θεοῦ, ... [41] ... οἱ ἀρχιερεῖς ἐμπαίζοντες μετὰ τῶν γραμματέων καὶ πρεσβυτέρων ἔλεγον· [42] ...	Mk 15,32	[29] καὶ οἱ παραπορευόμενοι ... καὶ λέγοντες· ... [30] σῶσον σεαυτὸν ... [31] ... οἱ ἀρχιερεῖς ἐμπαίζοντες ... μετὰ τῶν γραμματέων ἔλεγον· ... [32] ὁ χριστὸς	Lk 23,37	[36] ἐνέπαιξαν δὲ αὐτῷ οἱ στρατιῶται ... [37] καὶ λέγοντες· εἰ σὺ εἶ	
002		**βασιλεὺς Ἰσραήλ** ἐστιν, καταβάτω νῦν ἀπὸ τοῦ σταυροῦ καὶ πιστεύσομεν ἐπ᾽ αὐτόν.		**ὁ βασιλεὺς Ἰσραὴλ** καταβάτω νῦν ἀπὸ τοῦ σταυροῦ, ἵνα ἴδωμεν καὶ πιστεύσωμεν. ...		**ὁ βασιλεὺς τῶν Ἰουδαίων,** σῶσον σεαυτόν.	
a	Mt 27,37	καὶ ἐπέθηκαν ἐπάνω τῆς κεφαλῆς αὐτοῦ τὴν αἰτίαν αὐτοῦ γεγραμμένην· οὗτός ἐστιν Ἰησοῦς	Mk 15,26	καὶ ἦν ἡ ἐπιγραφὴ τῆς αἰτίας αὐτοῦ ἐπιγεγραμμένη·	Lk 23,38	ἦν δὲ καὶ ἐπιγραφὴ ἐπ᾽ αὐτῷ·	→ Jn 19,19
222		**ὁ βασιλεὺς τῶν Ἰουδαίων.**		**ὁ βασιλεὺς τῶν Ἰουδαίων.**		**ὁ βασιλεὺς τῶν Ἰουδαίων** οὗτος.	

c **Acts 4,26** *παρέστησαν* ***οἱ βασιλεῖς τῆς γῆς*** *καὶ οἱ ἄρχοντες συνήχθησαν ἐπὶ τὸ αὐτὸ κατὰ τοῦ κυρίου καὶ κατὰ τοῦ χριστοῦ αὐτοῦ.*
➤ Ps 2,2 LXX

Acts 7,10 καὶ ἐξείλατο αὐτὸν ἐκ πασῶν τῶν θλίψεων αὐτοῦ καὶ ἔδωκεν αὐτῷ χάριν καὶ σοφίαν ἐναντίον Φαραὼ **βασιλέως Αἰγύπτου** ...

Acts 7,18 ἄχρι οὗ *ἀνέστη* ***βασιλεὺς ἕτερος*** *[ἐπ᾽ Αἴγυπτον] ὃς οὐκ ᾔδει τὸν Ἰωσήφ.*
➤ Exod 1,8 LXX

Acts 9,15 ... πορεύου, ὅτι σκεῦος ἐκλογῆς ἐστίν μοι οὗτος τοῦ βαστάσαι τὸ ὄνομά μου ἐνώπιον ἐθνῶν τε καὶ **βασιλέων** υἱῶν τε Ἰσραήλ·

Acts 12,1 κατ᾽ ἐκεῖνον δὲ τὸν καιρὸν ἐπέβαλεν Ἡρῴδης **ὁ βασιλεὺς** τὰς χεῖρας κακῶσαί τινας τῶν ἀπὸ τῆς ἐκκλησίας.

Acts 12,20 ... ὁμοθυμαδὸν δὲ παρῆσαν πρὸς αὐτὸν καὶ πείσαντες Βλάστον, τὸν **ἐπὶ τοῦ κοιτῶνος τοῦ βασιλέως,** ᾐτοῦντο εἰρήνην ...

Acts 13,21 κἀκεῖθεν ᾐτήσαντο **βασιλέα** καὶ ἔδωκεν αὐτοῖς ὁ θεὸς τὸν Σαοὺλ υἱὸν Κίς, ...

Acts 13,22 καὶ μεταστήσας αὐτὸν ἤγειρεν τὸν Δαυὶδ αὐτοῖς **εἰς βασιλέα** ...

Acts 17,7 ... καὶ οὗτοι πάντες ἀπέναντι τῶν δογμάτων Καίσαρος πράσσουσι **βασιλέα ἕτερον** λέγοντες εἶναι Ἰησοῦν.
→ Lk 23,2

Acts 25,13 ἡμερῶν δὲ διαγενομένων τινῶν **Ἀγρίππας ὁ βασιλεὺς** καὶ Βερνίκη κατήντησαν εἰς Καισάρειαν ...

Acts 25,14 ... ὁ Φῆστος **τῷ βασιλεῖ** ἀνέθετο τὰ κατὰ τὸν Παῦλον λέγων· ...

Acts 25,24 καί φησιν ὁ Φῆστος· **Ἀγρίππα βασιλεῦ** καὶ πάντες οἱ συμπαρόντες ἡμῖν ἄνδρες, θεωρεῖτε τοῦτον ...

Acts 25,26 ... διὸ προήγαγον αὐτὸν ἐφ᾽ ὑμῶν καὶ μάλιστα ἐπὶ σοῦ, **βασιλεῦ Ἀγρίππα,** ὅπως τῆς ἀνακρίσεως γενομένης σχῶ τί γράψω·

Acts 26,2 περὶ πάντων ὧν ἐγκαλοῦμαι ὑπὸ Ἰουδαίων, **βασιλεῦ Ἀγρίππα,** ἥγημαι ἐμαυτὸν μακάριον ἐπὶ σοῦ μέλλων σήμερον ἀπολογεῖσθαι

Acts 26,7 ... περὶ ἧς ἐλπίδος ἐγκαλοῦμαι ὑπὸ Ἰουδαίων, **βασιλεῦ.**

Acts 26,13 ἡμέρας μέσης κατὰ τὴν ὁδὸν εἶδον, **βασιλεῦ,** οὐρανόθεν ὑπὲρ τὴν λαμπρότητα τοῦ ἡλίου περιλάμψαν με φῶς ...

Acts 26,19 ὅθεν, **βασιλεῦ Ἀγρίππα,** οὐκ ἐγενόμην ἀπειθὴς τῇ οὐρανίῳ ὀπτασίᾳ

Acts 26,26 ἐπίσταται γὰρ περὶ τούτων **ὁ βασιλεὺς** πρὸς ὃν καὶ παρρησιαζόμενος λαλῶ, ...

Acts 26,27 πιστεύεις, **βασιλεῦ Ἀγρίππα,** τοῖς προφήταις; οἶδα ὅτι πιστεύεις.

d **Acts 26,30** ἀνέστη τε **ὁ βασιλεὺς** καὶ ὁ ἡγεμὼν ἥ τε Βερνίκη καὶ οἱ συγκαθήμενοι αὐτοῖς

βασιλεύω

	Syn	Mt	Mk	Lk	Acts	Jn	1-3John	Paul	Eph	Col
	4	1		3				9		
	NT	2Thess	1/2Tim	Tit	Heb	Jas	1Pet	2Pet	Jude	Rev
	21		1							7

rule; reign; become like a king

002			**Lk 1,33** → Lk 22,29 καὶ **βασιλεύσει** ἐπὶ τὸν οἶκον Ἰακὼβ εἰς τοὺς αἰῶνας καὶ τῆς βασιλείας αὐτοῦ οὐκ ἔσται τέλος.	
200	**Mt 2,22** ἀκούσας δὲ ὅτι Ἀρχέλαος **βασιλεύει** τῆς Ἰουδαίας ἀντὶ τοῦ πατρὸς αὐτοῦ Ἡρῴδου ἐφοβήθη ἐκεῖ ἀπελθεῖν· ...			
002			**Lk 19,14** οἱ δὲ πολῖται αὐτοῦ ἐμίσουν αὐτὸν καὶ ἀπέστειλαν πρεσβείαν ὀπίσω αὐτοῦ λέγοντες· οὐ θέλομεν τοῦτον **βασιλεῦσαι** ἐφ' ἡμᾶς.	
002			**Lk 19,27** πλὴν τοὺς ἐχθρούς μου τούτους τοὺς μὴ θελήσαντάς με **βασιλεῦσαι** ἐπ' αὐτοὺς ἀγάγετε ὧδε καὶ κατασφάξατε αὐτοὺς ἔμπροσθέν μου.	

βασίλισσα

	Syn	Mt	Mk	Lk	Acts	Jn	1-3John	Paul	Eph	Col
	2	1		1	1					
	NT	2Thess	1/2Tim	Tit	Heb	Jas	1Pet	2Pet	Jude	Rev
	4									1

queen

202	**Mt 12,42** **βασίλισσα νότου** ἐγερθήσεται ἐν τῇ κρίσει μετὰ τῆς γενεᾶς ταύτης καὶ κατακρινεῖ αὐτήν, ...		**Lk 11,31** **βασίλισσα νότου** ἐγερθήσεται ἐν τῇ κρίσει μετὰ τῶν ἀνδρῶν τῆς γενεᾶς ταύτης καὶ κατακρινεῖ αὐτούς, ...	

Acts 8,27 ... καὶ ἰδοὺ ἀνὴρ Αἰθίοψ εὐνοῦχος δυνάστης Κανδάκης **βασιλίσσης Αἰθιόπων**, ὃς ἦν ἐπὶ πάσης τῆς γάζης αὐτῆς, ...

βαστάζω

βαστάζω	Syn 9	Mt 3	Mk 1	Lk 5	Acts 4	Jn 5	1-3John	Paul 6	Eph	Col
	NT 27	2Thess	1/2Tim	Tit	Heb	Jas	1Pet	2Pet	Jude	Rev 3

carry; endure; bear; tolerate; take away; remove; support; sustain; pick up

	triple tradition																	double tradition			Sondergut		
	+Mt / +Lk				–Mt / –Lk			traditions not taken over by Mt / Lk							subtotals								
code	222	211	112	212	221	122	121	022	012	021	220	120	210	020	Σ⁺	Σ⁻	Σ	202	201	102	200	002	total
Mt						1⁻										1⁻			1		2		3
Mk						1											1						1
Lk						1											1			2		2	5

201	**Mt 3,11** ἐγὼ μὲν ὑμᾶς βαπτίζω ἐν ὕδατι εἰς μετάνοιαν, ὁ δὲ ὀπίσω μου ἐρχόμενος ἰσχυρότερός μού ἐστιν, οὗ οὐκ εἰμὶ ἱκανὸς τὰ ὑποδήματα **βαστάσαι**· αὐτὸς ὑμᾶς βαπτίσει ἐν πνεύματι ἁγίῳ καὶ πυρί·	**Mk 1,7** ... ἔρχεται ὁ ἰσχυρότερός μου ὀπίσω μου, οὗ οὐκ εἰμὶ ἱκανὸς κύψας **λῦσαι** τὸν ἱμάντα τῶν ὑποδημάτων αὐτοῦ. [8] ἐγὼ ἐβάπτισα ὑμᾶς ὕδατι, αὐτὸς δὲ βαπτίσει ὑμᾶς ἐν πνεύματι ἁγίῳ.	**Lk 3,16** ... ἐγὼ μὲν ὕδατι βαπτίζω ὑμᾶς· ἔρχεται δὲ ὁ ἰσχυρότερός μου, οὗ οὐκ εἰμὶ ἱκανὸς **λῦσαι** τὸν ἱμάντα τῶν ὑποδημάτων αὐτοῦ· αὐτὸς ὑμᾶς βαπτίσει ἐν πνεύματι ἁγίῳ καὶ πυρί·	→ Jn 1,26 → Jn 1,27 → Acts 13,25 Mk-Q overlap
200	**Mt 8,17** ὅπως πληρωθῇ τὸ ῥηθὲν διὰ Ἠσαΐου τοῦ προφήτου λέγοντος· *αὐτὸς τὰς ἀσθενείας ἡμῶν ἔλαβεν καὶ τὰς νόσους* ***ἐβάστασεν.*** ➤ Isa 53,4			
002			**Lk 7,14** καὶ προσελθὼν ἥψατο τῆς σοροῦ, οἱ δὲ **βαστάζοντες** ἔστησαν, ...	
102	**Mt 10,9** **μὴ κτήσησθε** χρυσὸν μηδὲ ἄργυρον μηδὲ χαλκὸν εἰς τὰς ζώνας ὑμῶν, [10] μὴ πήραν εἰς ὁδὸν μηδὲ δύο χιτῶνας μηδὲ ὑποδήματα μηδὲ ῥάβδον· ...		**Lk 10,4** ⇩ Lk 9,3 → Lk 22,35-36 **μὴ βαστάζετε** βαλλάντιον, μὴ πήραν, μὴ ὑποδήματα, ...	Mk-Q overlap
		Mk 6,8 ... ἵνα **μηδὲν αἴρωσιν** εἰς ὁδὸν εἰ μὴ ῥάβδον μόνον, μὴ ἄρτον, μὴ πήραν, μὴ εἰς τὴν ζώνην χαλκόν, [9] ἀλλὰ ὑποδεδεμένους σανδάλια, καὶ μὴ ἐνδύσησθε δύο χιτῶνας.	**Lk 9,3** ⇧ Lk 10,4 → Lk 22,35-36 ... **μηδὲν αἴρετε** εἰς τὴν ὁδόν, μήτε ῥάβδον μήτε πήραν μήτε ἄρτον μήτε ἀργύριον μήτε [ἀνὰ] δύο χιτῶνας ἔχειν.	
002			**Lk 11,27** → Lk 1,48 ... μακαρία **ἡ κοιλία ἡ βαστάσασά** σε καὶ μαστοὶ οὓς ἐθήλασας.	→ GTh 79

102	**Mt 10,38** ⇩ Mt 16,24	καὶ ὃς **οὐ λαμβάνει** τὸν σταυρὸν αὐτοῦ καὶ ἀκολουθεῖ ὀπίσω μου, οὐκ ἔστιν μου ἄξιος.			**Lk 14,27** ⇩ Lk 9,23	ὅστις **οὐ βαστάζει** τὸν σταυρὸν ἑαυτοῦ καὶ ἔρχεται ὀπίσω μου οὐ δύναται εἶναί μου μαθητής.	→ GTh 55 Mk-Q overlap
	Mt 16,24 ⇧ Mt 10,38	... εἴ τις θέλει ὀπίσω μου ἐλθεῖν, ἀπαρνησάσθω ἑαυτὸν καὶ **ἀράτω** τὸν σταυρὸν αὐτοῦ καὶ ἀκολουθείτω μοι.	**Mk 8,34**	... εἴ τις θέλει ὀπίσω μου ἀκολουθεῖν, ἀπαρνησάσθω ἑαυτὸν καὶ **ἀράτω** τὸν σταυρὸν αὐτοῦ καὶ ἀκολουθείτω μοι.	**Lk 9,23** ⇧ Lk 14,27	... εἴ τις θέλει ὀπίσω μου ἔρχεσθαι, ἀρνησάσθω ἑαυτὸν καὶ **ἀράτω** τὸν σταυρὸν αὐτοῦ καθ' ἡμέραν, καὶ ἀκολουθείτω μοι.	
200	**Mt 20,12**	... οὗτοι οἱ ἔσχατοι μίαν ὥραν ἐποίησαν, καὶ ἴσους ἡμῖν αὐτοὺς ἐποίησας **τοῖς βαστάσασι** τὸ βάρος τῆς ἡμέρας καὶ τὸν καύσωνα.					
122	**Mt 26,18**	... ὑπάγετε εἰς τὴν πόλιν πρὸς τὸν δεῖνα ...	**Mk 14,13**	... ὑπάγετε εἰς τὴν πόλιν, καὶ ἀπαντήσει ὑμῖν ἄνθρωπος κεράμιον ὕδατος **βαστάζων·** ἀκολουθήσατε αὐτῷ	**Lk 22,10**	... ἰδοὺ εἰσελθόντων ὑμῶν εἰς τὴν πόλιν συναντήσει ὑμῖν ἄνθρωπος κεράμιον ὕδατος **βαστάζων·** ἀκολουθήσατε αὐτῷ ...	

Acts 3,2 καί τις ἀνὴρ χωλὸς ἐκ κοιλίας μητρὸς αὐτοῦ ὑπάρχων **ἐβαστάζετο, ...**

Acts 9,15 ... σκεῦος ἐκλογῆς ἐστίν μοι οὗτος τοῦ **βαστάσαι** τὸ ὄνομά μου ἐνώπιον ἐθνῶν τε καὶ βασιλέων υἱῶν τε Ἰσραήλ·

Acts 15,10 νῦν οὖν τί πειράζετε τὸν θεόν ἐπιθεῖναι ζυγὸν ἐπὶ τὸν τράχηλον τῶν μαθητῶν ὃν οὔτε οἱ πατέρες ἡμῶν οὔτε ἡμεῖς ἰσχύσαμεν **βαστάσαι;**

Acts 21,35 ὅτε δὲ ἐγένετο ἐπὶ τοὺς ἀναβαθμούς, συνέβη **βαστάζεσθαι** αὐτὸν ὑπὸ τῶν στρατιωτῶν διὰ τὴν βίαν τοῦ ὄχλου

βάτος (ὁ, ἡ)	Syn 3	Mt	Mk 1	Lk 2	Acts 2	Jn	1-3John	Paul	Eph	Col
	NT 5	2Thess	1/2Tim	Tit	Heb	Jas	1Pet	2Pet	Jude	Rev

bush; thornbush

102	**Mt 7,16** ⇨ Mt 7,20 ⇨ Mt 12,33	ἀπὸ τῶν καρπῶν αὐτῶν ἐπιγνώσεσθε αὐτούς. μήτι συλλέγουσιν ἀπὸ ἀκανθῶν σταφυλὰς ἢ **ἀπὸ τριβόλων** σῦκα;			**Lk 6,44**	ἕκαστον γὰρ δένδρον ἐκ τοῦ ἰδίου καρποῦ γινώσκεται· οὐ γὰρ ἐξ ἀκανθῶν συλλέγουσιν σῦκα οὐδὲ **ἐκ βάτου** σταφυλὴν τρυγῶσιν.	→ GTh 45,1
122	**Mt 22,31**	περὶ δὲ τῆς ἀναστάσεως τῶν νεκρῶν οὐκ ἀνέγνωτε τὸ ῥηθὲν ὑμῖν ὑπὸ τοῦ θεοῦ λέγοντος· [32] *ἐγώ εἰμι ὁ θεὸς Ἀβραὰμ καὶ ὁ θεὸς Ἰσαὰκ καὶ ὁ θεὸς Ἰακώβ; ...* ➤ Exod 3,6	**Mk 12,26**	περὶ δὲ τῶν νεκρῶν ὅτι ἐγείρονται οὐκ ἀνέγνωτε ἐν τῇ βίβλῳ Μωϋσέως **ἐπὶ τοῦ βάτου** πῶς εἶπεν αὐτῷ ὁ θεὸς λέγων· *ἐγὼ ὁ θεὸς Ἀβραὰμ καὶ [ὁ] θεὸς Ἰσαὰκ καὶ [ὁ] θεὸς Ἰακώβ;* ➤ Exod 3,6	**Lk 20,37**	ὅτι δὲ ἐγείρονται οἱ νεκροί, καὶ Μωϋσῆς ἐμήνυσεν **ἐπὶ τῆς βάτου,** ὡς λέγει *κύριον τὸν θεὸν Ἀβραὰμ καὶ θεὸν Ἰσαὰκ καὶ θεὸν Ἰακώβ·* ➤ Exod 3,6	

Acts 7,30 ... ὤφθη αὐτῷ ἐν τῇ ἐρήμῳ τοῦ ὄρους Σινᾶ ἄγγελος **ἐν φλογὶ πυρὸς βάτου.** ➤ Exod 3,2	**Acts 7,35** τοῦτον τὸν Μωϋσῆν ... ὁ θεὸς [καὶ] ἄρχοντα καὶ λυτρωτὴν ἀπέσταλκεν σὺν χειρὶ ἀγγέλου τοῦ ὀφθέντος αὐτῷ **ἐν τῇ βάτῳ.**

βάτος

	Syn	Mt	Mk	Lk	Acts	Jn	1-3John	Paul	Eph	Col
	1			1						
	NT	2Thess	1/2Tim	Tit	Heb	Jas	1Pet	2Pet	Jude	Rev
	1									

bath (liquid measure)

	Mt	Mk	Lk	
002			**Lk 16,6** ὁ δὲ εἶπεν· **ἑκατὸν βάτους ἐλαίου.** ὁ δὲ εἶπεν αὐτῷ· δέξαι σου τὰ γράμματα καὶ καθίσας ταχέως γράψον πεντήκοντα.	

βατταλογέω

	Syn	Mt	Mk	Lk	Acts	Jn	1-3John	Paul	Eph	Col
	1	1								
	NT	2Thess	1/2Tim	Tit	Heb	Jas	1Pet	2Pet	Jude	Rev
	1									

babble; use many words

	Mt	Mk	Lk	
200	**Mt 6,7** προσευχόμενοι δὲ **μὴ βατταλογήσητε** ὥσπερ οἱ ἐθνικοί, δοκοῦσιν γὰρ ὅτι ἐν τῇ πολυλογίᾳ αὐτῶν εἰσακουσθήσονται.			

βδέλυγμα

	Syn	Mt	Mk	Lk	Acts	Jn	1-3John	Paul	Eph	Col
	3	1	1	1						
	NT	2Thess	1/2Tim	Tit	Heb	Jas	1Pet	2Pet	Jude	Rev
	6									3

something detestable; that which desecrates a sacred place

	Mt	Mk	Lk	
002			**Lk 16,15** ... ὅτι τὸ ἐν ἀνθρώποις ὑψηλὸν **βδέλυγμα** ἐνώπιον τοῦ θεοῦ.	
221	**Mt 24,15** ὅταν οὖν ἴδητε ***τὸ βδέλυγμα τῆς ἐρημώσεως*** τὸ ῥηθὲν διὰ Δανιὴλ τοῦ προφήτου ἑστὸς ἐν τόπῳ ἁγίῳ, ὁ ἀναγινώσκων νοείτω ➤ Dan 9,27/11,31/12,11	**Mk 13,14** ὅταν δὲ ἴδητε ***τὸ βδέλυγμα τῆς ἐρημώσεως*** ἑστηκότα ὅπου οὐ δεῖ, ὁ ἀναγινώσκων νοείτω, ... ➤ Dan 9,27/11,31/12,11	**Lk 21,20** → Lk 19,43 ὅταν δὲ ἴδητε κυκλουμένην ὑπὸ στρατοπέδων Ἰερουσαλήμ, τότε γνῶτε ὅτι ἤγγικεν **ἡ ἐρήμωσις αὐτῆς.**	

βεβηλόω	Syn 1	Mt 1	Mk	Lk	Acts 1	Jn	1-3John	Paul	Eph	Col
	NT 2	2Thess	1/2Tim	Tit	Heb	Jas	1Pet	2Pet	Jude	Rev

desecrate

200	Mt 12,5	ἢ οὐκ ἀνέγνωτε ἐν τῷ νόμῳ ὅτι τοῖς σάββασιν οἱ ἱερεῖς ἐν τῷ ἱερῷ τὸ σάββατον **βεβηλοῦσιν** καὶ ἀναίτιοί εἰσιν;					

Acts 24,6 ὃς καὶ τὸ ἱερὸν ἐπείρασεν **βεβηλῶσαι** ὃν καὶ ἐκρατήσαμεν

Βεελζεβούλ	Syn 7	Mt 3	Mk 1	Lk 3	Acts	Jn	1-3John	Paul	Eph	Col
	NT 7	2Thess	1/2Tim	Tit	Heb	Jas	1Pet	2Pet	Jude	Rev

Beelzebul

200	Mt 10,25	... εἰ τὸν οἰκοδεσπότην **Βεελζεβοὺλ** ἐπεκάλεσαν, πόσῳ μᾶλλον τοὺς οἰκιακοὺς αὐτοῦ.					
020	Mt 12,24 ⇩ Mt 9,34	οἱ δὲ Φαρισαῖοι ἀκούσαντες εἶπον· οὗτος οὐκ ἐκβάλλει τὰ δαιμόνια εἰ μὴ ἐν τῷ Βεελζεβοὺλ ἄρχοντι τῶν δαιμονίων.	Mk 3,22	καὶ οἱ γραμματεῖς οἱ ἀπὸ Ἱεροσολύμων καταβάντες ἔλεγον ὅτι **Βεελζεβοὺλ** ἔχει, καὶ ὅτι ἐν τῷ ἄρχοντι τῶν δαιμονίων ἐκβάλλει τὰ δαιμόνια.	Lk 11,15 ↓ Lk 11,18	τινὲς δὲ ἐξ αὐτῶν εἶπον· ἐν Βεελζεβοὺλ τῷ ἄρχοντι τῶν δαιμονίων ἐκβάλλει τὰ δαιμόνια·	Mk-Q overlap
	Mt 9,34 ⇩ Mt 12,24	οἱ δὲ Φαρισαῖοι ἔλεγον· ἐν τῷ ἄρχοντι τῶν δαιμονίων ἐκβάλλει τὰ δαιμόνια.					
202	Mt 12,24 ⇧ Mt 9,34	οἱ δὲ Φαρισαῖοι ἀκούσαντες εἶπον· οὗτος οὐκ ἐκβάλλει τὰ δαιμόνια εἰ μὴ **ἐν τῷ Βεελζεβοὺλ ἄρχοντι τῶν δαιμονίων.**	Mk 3,22	καὶ οἱ γραμματεῖς οἱ ἀπὸ Ἱεροσολύμων καταβάντες ἔλεγον ὅτι Βεελζεβοὺλ ἔχει, καὶ ὅτι **ἐν τῷ ἄρχοντι τῶν δαιμονίων** ἐκβάλλει τὰ δαιμόνια.	Lk 11,15 ↓ Lk 11,18	τινὲς δὲ ἐξ αὐτῶν εἶπον· **ἐν Βεελζεβοὺλ τῷ ἄρχοντι τῶν δαιμονίων** ἐκβάλλει τὰ δαιμόνια·	Mk-Q overlap
102	Mt 12,26	καὶ εἰ ὁ σατανᾶς τὸν σατανᾶν ἐκβάλλει, ἐφ᾽ ἑαυτὸν ἐμερίσθη· πῶς οὖν σταθήσεται ἡ βασιλεία αὐτοῦ;	Mk 3,26	καὶ εἰ ὁ σατανᾶς ἀνέστη ἐφ᾽ ἑαυτὸν καὶ ἐμερίσθη, οὐ δύναται στῆναι ἀλλὰ τέλος ἔχει.	Lk 11,18 ↑ Mt 9,34 ↑ Mt 12,24 ↑ Mk 3,22 ↑ Lk 11,15	εἰ δὲ καὶ ὁ σατανᾶς ἐφ᾽ ἑαυτὸν διεμερίσθη, πῶς σταθήσεται ἡ βασιλεία αὐτοῦ; ὅτι λέγετε **ἐν Βεελζεβοὺλ** ἐκβάλλειν με τὰ δαιμόνια.	Mk-Q overlap
202	Mt 12,27	καὶ εἰ ἐγὼ **ἐν Βεελζεβοὺλ** ἐκβάλλω τὰ δαιμόνια, οἱ υἱοὶ ὑμῶν ἐν τίνι ἐκβάλλουσιν; ...			Lk 11,19	εἰ δὲ ἐγὼ **ἐν Βεελζεβοὺλ** ἐκβάλλω τὰ δαιμόνια, οἱ υἱοὶ ὑμῶν ἐν τίνι ἐκβάλλουσιν; ...	

βελόνη	Syn 1	Mt	Mk	Lk 1	Acts	Jn	1-3John	Paul	Eph	Col
	NT 1	2Thess	1/2Tim	Tit	Heb	Jas	1Pet	2Pet	Jude	Rev

sewing needle

112	Mt 19,24	... εὐκοπώτερόν ἐστιν κάμηλον **διὰ τρυπήματος ῥαφίδος** διελθεῖν ἢ πλούσιον εἰσελθεῖν εἰς τὴν βασιλείαν τοῦ θεοῦ.	Mk 10,25	εὐκοπώτερόν ἐστιν κάμηλον **διὰ [τῆς] τρυμαλιᾶς [τῆς] ῥαφίδος** διελθεῖν ἢ πλούσιον εἰς τὴν βασιλείαν τοῦ θεοῦ εἰσελθεῖν.	Lk 18,25	εὐκοπώτερον γάρ ἐστιν κάμηλον **διὰ τρήματος βελόνης** εἰσελθεῖν ἢ πλούσιον εἰς τὴν βασιλείαν τοῦ θεοῦ εἰσελθεῖν.	

Βηθανία	Syn 8	Mt 2	Mk 4	Lk 2	Acts	Jn 4	1-3John	Paul	Eph	Col
	NT 12	2Thess	1/2Tim	Tit	Heb	Jas	1Pet	2Pet	Jude	Rev

Bethany

122	Mt 21,1	καὶ ὅτε ἤγγισαν εἰς Ἱεροσόλυμα καὶ ἦλθον εἰς Βηθφαγὴ εἰς τὸ ὄρος τῶν ἐλαιῶν, τότε Ἰησοῦς ἀπέστειλεν δύο μαθητὰς	Mk 11,1	καὶ ὅτε ἐγγίζουσιν εἰς Ἱεροσόλυμα εἰς Βηθφαγὴ καὶ **Βηθανίαν** πρὸς τὸ ὄρος τῶν ἐλαιῶν, ἀποστέλλει δύο τῶν μαθητῶν αὐτοῦ	Lk 19,29	καὶ ἐγένετο ὡς ἤγγισεν εἰς Βηθφαγὴ καὶ **Βηθανία[ν]** πρὸς τὸ ὄρος τὸ καλούμενον Ἐλαιῶν, ἀπέστειλεν δύο τῶν μαθητῶν	
220	Mt 21,17	καὶ καταλιπὼν αὐτοὺς ἐξῆλθεν ἔξω τῆς πόλεως **εἰς Βηθανίαν,** καὶ ηὐλίσθη ἐκεῖ.	Mk 11,11	... ὀψίας ἤδη οὔσης τῆς ὥρας, ἐξῆλθεν **εἰς Βηθανίαν** μετὰ τῶν δώδεκα.	Lk 21,37 → Mk 11,19	... τὰς δὲ νύκτας ἐξερχόμενος ηὐλίζετο **εἰς τὸ ὄρος τὸ καλούμενον Ἐλαιῶν·**	→ [[Jn 8,1]]
120	Mt 21,18	πρωῒ δὲ ἐπανάγων **εἰς τὴν πόλιν** ἐπείνασεν.	Mk 11,12	καὶ τῇ ἐπαύριον ἐξελθόντων αὐτῶν **ἀπὸ Βηθανίας** ἐπείνασεν.			
220	Mt 26,6 → Lk 7,40	τοῦ δὲ Ἰησοῦ γενομένου **ἐν Βηθανίᾳ** ἐν οἰκίᾳ Σίμωνος τοῦ λεπροῦ	Mk 14,3 → Lk 7,40	καὶ ὄντος αὐτοῦ **ἐν Βηθανίᾳ** ἐν τῇ οἰκίᾳ Σίμωνος τοῦ λεπροῦ, ...	Lk 7,36	... καὶ εἰσελθὼν εἰς τὸν οἶκον τοῦ Φαρισαίου κατεκλίθη.	→ Jn 12,1
002					Lk 24,50	ἐξήγαγεν δὲ αὐτοὺς [ἔξω] **ἕως πρὸς Βηθανίαν,** καὶ ἐπάρας τὰς χεῖρας αὐτοῦ εὐλόγησεν αὐτούς.	

Βηθλέεμ	Syn 7	Mt 5	Mk	Lk 2	Acts	Jn 1	1-3John	Paul	Eph	Col
	NT 8	2Thess	1/2Tim	Tit	Heb	Jas	1Pet	2Pet	Jude	Rev

Bethlehem

002					Lk 2,4	ἀνέβη δὲ καὶ Ἰωσὴφ ἀπὸ τῆς Γαλιλαίας ἐκ πόλεως Ναζαρὲθ εἰς τὴν Ἰουδαίαν εἰς πόλιν Δαυὶδ ἥτις καλεῖται **Βηθλέεμ,** διὰ τὸ εἶναι αὐτὸν ἐξ οἴκου καὶ πατριᾶς Δαυίδ	

002					Lk 2,15	... οἱ ποιμένες ἐλάλουν πρὸς ἀλλήλους· διέλθωμεν δὴ **ἕως Βηθλέεμ** καὶ ἴδωμεν τὸ ῥῆμα τοῦτο τὸ γεγονὸς ὃ ὁ κύριος ἐγνώρισεν ἡμῖν.	
200	Mt 2,1	τοῦ δὲ Ἰησοῦ γεννηθέντος **ἐν Βηθλέεμ** **τῆς Ἰουδαίας** ἐν ἡμέραις Ἡρῴδου τοῦ βασιλέως, ...					
200	Mt 2,5	οἱ δὲ εἶπαν αὐτῷ· **ἐν Βηθλέεμ** **τῆς Ἰουδαίας·** οὕτως γὰρ γέγραπται διὰ τοῦ προφήτου·					
200	Mt 2,6	*καὶ σύ,* ***Βηθλέεμ,*** γῆ Ἰούδα, οὐδαμῶς *ἐλαχίστη εἶ ἐν τοῖς* *ἡγεμόσιν Ἰούδα·* ... ➤ Micah 5,1; 2Sam 5,2/1Chron 11,2					
200	Mt 2,8	καὶ πέμψας αὐτοὺς **εἰς Βηθλέεμ** εἶπεν· πορευθέντες ἐξετάσατε ἀκριβῶς περὶ τοῦ παιδίου· ...					
200	Mt 2,16	... καὶ ἀποστείλας ἀνεῖλεν πάντας τοὺς παῖδας τοὺς **ἐν Βηθλέεμ** καὶ ἐν πᾶσι τοῖς ὁρίοις αὐτῆς ἀπὸ διετοῦς καὶ κατωτέρω, ...					

Βηθσαϊδά

	Syn	Mt	Mk	Lk	Acts	Jn	1-3John	Paul	Eph	Col
	5	1	2	2		2				
	NT	2Thess	1/2Tim	Tit	Heb	Jas	1Pet	2Pet	Jude	Rev
	7									

Bethsaida

112	Mt 14,13	ἀκούσας δὲ ὁ Ἰησοῦς ἀνεχώρησεν ἐκεῖθεν ἐν πλοίῳ **εἰς ἔρημον τόπον** κατ᾽ ἰδίαν· ...	Mk 6,32	καὶ ἀπῆλθον ἐν τῷ πλοίῳ **εἰς ἔρημον τόπον** κατ᾽ ἰδίαν.	Lk 9,10 ↓ Mk 6,45	... καὶ παραλαβὼν αὐτοὺς ὑπεχώρησεν κατ᾽ ἰδίαν **εἰς πόλιν** **καλουμένην** **Βηθσαϊδά.**	
120	Mt 14,22 → Mt 15,39	καὶ εὐθέως ἠνάγκασεν τοὺς μαθητὰς ἐμβῆναι εἰς τὸ πλοῖον καὶ προάγειν αὐτὸν εἰς τὸ πέραν, ἕως οὗ ἀπολύσῃ τοὺς ὄχλους.	Mk 6,45 → Mk 8,9 ↑ Lk 9,10	καὶ εὐθὺς ἠνάγκασεν τοὺς μαθητὰς αὐτοῦ ἐμβῆναι εἰς τὸ πλοῖον καὶ προάγειν εἰς τὸ πέραν **πρὸς Βηθσαϊδάν,** ἕως αὐτὸς ἀπολύει τὸν ὄχλον.			→ Jn 6,16-17

	Mt	Mk	Lk	
020		**Mk 8,22** καὶ ἔρχονται **εἰς Βηθσαϊδάν.** καὶ φέρουσιν αὐτῷ τυφλὸν καὶ παρακαλοῦσιν αὐτὸν ἵνα αὐτοῦ ἅψηται.		
202	**Mt 11,21** οὐαί σοι, Χοραζίν, οὐαί σοι, **Βηθσαϊδά·** ὅτι εἰ ἐν Τύρῳ καὶ Σιδῶνι ἐγένοντο αἱ δυνάμεις αἱ γενόμεναι ἐν ὑμῖν, πάλαι ἂν ἐν σάκκῳ καὶ σποδῷ μετενόησαν.		**Lk 10,13** οὐαί σοι, Χοραζίν, οὐαί σοι, **Βηθσαϊδά·** ὅτι εἰ ἐν Τύρῳ καὶ Σιδῶνι ἐγενήθησαν αἱ δυνάμεις αἱ γενόμεναι ἐν ὑμῖν, πάλαι ἂν ἐν σάκκῳ καὶ σποδῷ καθήμενοι μετενόησαν.	

Βηθφαγή

Syn	Mt	Mk	Lk	Acts	Jn	1-3John	Paul	Eph	Col
3	1	1	1						
NT	2Thess	1/2Tim	Tit	Heb	Jas	1Pet	2Pet	Jude	Rev
3									

Bethphage

	Mt	Mk	Lk	
222	**Mt 21,1** καὶ ὅτε ἤγγισαν εἰς Ἱεροσόλυμα καὶ ἦλθον **εἰς Βηθφαγὴ** εἰς τὸ ὄρος τῶν ἐλαιῶν, τότε Ἰησοῦς ἀπέστειλεν δύο μαθητὰς	**Mk 11,1** καὶ ὅτε ἐγγίζουσιν εἰς Ἱεροσόλυμα **εἰς Βηθφαγὴ** καὶ Βηθανίαν πρὸς τὸ ὄρος τῶν ἐλαιῶν, ἀποστέλλει δύο τῶν μαθητῶν αὐτοῦ	**Lk 19,29** καὶ ἐγένετο ὡς ἤγγισεν **εἰς Βηθφαγὴ** καὶ Βηθανία[ν] πρὸς τὸ ὄρος τὸ καλούμενον Ἐλαιῶν, ἀπέστειλεν δύο τῶν μαθητῶν	

βῆμα

Syn	Mt	Mk	Lk	Acts	Jn	1-3John	Paul	Eph	Col
1	1			8	1		2		
NT	2Thess	1/2Tim	Tit	Heb	Jas	1Pet	2Pet	Jude	Rev
12									

judicial bench; place of judgment; court; βῆμα πόδος space enough for a foot

	Mt	Mk	Lk	
200	**Mt 27,19** καθημένου δὲ αὐτοῦ **ἐπὶ τοῦ βήματος** ἀπέστειλεν πρὸς αὐτὸν ἡ γυνὴ αὐτοῦ ...			

Acts 7,5 καὶ οὐκ ἔδωκεν αὐτῷ
κληρονομίαν ἐν αὐτῇ
οὐδὲ βῆμα ποδὸς ...

Acts 12,21 τακτῇ δὲ ἡμέρᾳ
ὁ Ἡρῴδης ἐνδυσάμενος
ἐσθῆτα βασιλικὴν [καὶ]
καθίσας
ἐπὶ τοῦ βήματος
ἐδημηγόρει πρὸς αὐτούς

Acts 18,12 Γαλλίωνος δὲ ἀνθυπάτου
ὄντος τῆς Ἀχαΐας
κατεπέστησαν
ὁμοθυμαδὸν οἱ Ἰουδαῖοι
τῷ Παύλῳ καὶ ἤγαγον
αὐτὸν
ἐπὶ τὸ βῆμα

Acts 18,16 καὶ ἀπήλασεν αὐτοὺς
ἀπὸ τοῦ βήματος.

Acts 18,17 ἐπιλαβόμενοι δὲ πάντες
Σωσθένην τὸν
ἀρχισυνάγωγον ἔτυπτον
ἔμπροσθεν τοῦ
βήματος· ...

Acts 25,6 ... τῇ ἐπαύριον καθίσας
ἐπὶ τοῦ βήματος
ἐκέλευσεν τὸν Παῦλον
ἀχθῆναι.

Acts 25,10 εἶπεν δὲ ὁ Παῦλος·
ἐπὶ τοῦ βήματος
Καίσαρός
ἑστώς εἰμι, οὗ με δεῖ
κρίνεσθαι. ...

Acts 25,17 συνελθόντων οὖν [αὐτῶν]
ἐνθάδε ἀναβολὴν
μηδεμίαν ποιησάμενος
τῇ ἑξῆς καθίσας
ἐπὶ τοῦ βήματος
ἐκέλευσα ἀχθῆναι
τὸν ἄνδρα·

βιάζομαι

βιάζομαι	Syn	Mt	Mk	Lk	Acts	Jn	1-3John	Paul	Eph	Col
	2	1		1						
	NT	2Thess	1/2Tim	Tit	Heb	Jas	1Pet	2Pet	Jude	Rev
	2									

middle: exercise force; *passive:* suffer violence; enter by violence

	Mt	Mk	Lk	
    201 102	**Mt 11,12** ἀπὸ δὲ τῶν ἡμερῶν Ἰωάννου τοῦ βαπτιστοῦ ἕως ἄρτι ἡ βασιλεία τῶν οὐρανῶν βιάζεται καὶ βιασταὶ ἁρπάζουσιν αὐτήν.		**Lk 16,16** ... ἀπὸ τότε ἡ βασιλεία τοῦ θεοῦ εὐαγγελίζεται → Mt 22,9 → Lk 14,23 καὶ πᾶς εἰς αὐτὴν βιάζεται.	

βιαστής

βιαστής	Syn	Mt	Mk	Lk	Acts	Jn	1-3John	Paul	Eph	Col
	1	1								
	NT	2Thess	1/2Tim	Tit	Heb	Jas	1Pet	2Pet	Jude	Rev
	1									

violent person

	Mt	Mk	Lk	
201	**Mt 11,12** ἀπὸ δὲ τῶν ἡμερῶν Ἰωάννου τοῦ βαπτιστοῦ ἕως ἄρτι ἡ βασιλεία τῶν οὐρανῶν βιάζεται καὶ βιασταὶ ἁρπάζουσιν αὐτήν.		**Lk 16,16** ... ἀπὸ τότε → Mt 22,9 → Lk 14,23 ἡ βασιλεία τοῦ θεοῦ εὐαγγελίζεται καὶ πᾶς εἰς αὐτὴν βιάζεται.	

βιβλίον

βιβλίον	Syn	Mt	Mk	Lk	Acts	Jn	1-3John	Paul	Eph	Col
	5	1	1	3		2		1		
	NT	2Thess	1/2Tim	Tit	Heb	Jas	1Pet	2Pet	Jude	Rev
	34		1		2					23

book; scroll; written statement (of divorce)

	Mt	Mk	Lk	
002 002			**Lk 4,17** (2) καὶ ἐπεδόθη αὐτῷ βιβλίον τοῦ προφήτου Ἠσαΐου καὶ ἀναπτύξας τὸ βιβλίον εὗρεν τὸν τόπον οὗ ἦν γεγραμμένον·	
002			**Lk 4,20** καὶ πτύξας τὸ βιβλίον ἀποδοὺς τῷ ὑπηρέτῃ ἐκάθισεν· ...	
220	**Mt 19,7** ... τί οὖν Μωϋσῆς → Mt 5,31 ἐνετείλατο δοῦναι βιβλίον ἀποστασίου καὶ ἀπολῦσαι [αὐτήν]; ➤ Deut 24,1.2	**Mk 10,4** ... ἐπέτρεψεν Μωϋσῆς βιβλίον ἀποστασίου γράψαι καὶ ἀπολῦσαι. ➤ Deut 24,1.2		

βίβλος

	Syn	Mt	Mk	Lk	Acts	Jn	1-3John	Paul	Eph	Col
βίβλος	4	1	1	2	3			1		
	NT	2Thess	1/2Tim	Tit	Heb	Jas	1Pet	2Pet	Jude	Rev
	10									2

book; record

200	**Mt 1,1**	**βίβλος γενέσεως** **Ἰησοῦ Χριστοῦ** υἱοῦ Δαυὶδ υἱοῦ Ἀβραάμ.					
112	**Mt 3,3**	οὗτος γάρ ἐστιν ὁ ῥηθεὶς **διὰ** **Ἠσαΐου** **τοῦ προφήτου** λέγοντος· *φωνὴ βοῶντος* *ἐν τῇ ἐρήμῳ· ...* ➢ Isa 40,3 LXX	**Mk 1,2** ⇨ Mt 11,10 ⇨ Lk 7,27	καθὼς γέγραπται **ἐν** **τῷ Ἠσαΐᾳ** **τῷ προφήτῃ·** *ἰδοὺ ἀποστέλλω τὸν* *ἄγγελόν μου ...* [3] *φωνὴ βοῶντος* *ἐν τῇ ἐρήμῳ· ...* ➢ Exod 23,20/Mal 3,1 ➢ Isa 40,3 LXX	**Lk 3,4**	ὡς γέγραπται **ἐν βίβλῳ λόγων** **Ἠσαΐου** **τοῦ προφήτου·** *φωνὴ βοῶντος* *ἐν τῇ ἐρήμῳ· ...* ➢ Isa 40,3 LXX	
121	**Mt 22,31**	περὶ δὲ τῆς ἀναστάσεως τῶν νεκρῶν οὐκ ἀνέγνωτε **τὸ ῥηθὲν** ὑμῖν ὑπὸ τοῦ θεοῦ λέγοντος· [32] *ἐγώ εἰμι* *ὁ θεὸς Ἀβραὰμ καὶ* *ὁ θεὸς Ἰσαὰκ καὶ* *ὁ θεὸς Ἰακώβ; ...* ➢ Exod 3,6	**Mk 12,26**	περὶ δὲ τῶν νεκρῶν ὅτι ἐγείρονται οὐκ ἀνέγνωτε **ἐν τῇ βίβλῳ** **Μωϋσέως** ἐπὶ τοῦ βάτου πῶς εἶπεν αὐτῷ ὁ θεὸς λέγων· *ἐγὼ* *ὁ θεὸς Ἀβραὰμ καὶ* *[ὁ] θεὸς Ἰσαὰκ καὶ* *[ὁ] θεὸς Ἰακώβ;* ➢ Exod 3,6	**Lk 20,37**	ὅτι δὲ ἐγείρονται οἱ νεκροί, καὶ **Μωϋσῆς** ἐμήνυσεν ἐπὶ τῆς βάτου, ὡς λέγει *κύριον* *τὸν θεὸν Ἀβραὰμ καὶ* *θεὸν Ἰσαὰκ καὶ* *θεὸν Ἰακώβ·* ➢ Exod 3,6	
112	**Mt 22,43**	... πῶς οὖν Δαυὶδ **ἐν πνεύματι** καλεῖ αὐτὸν κύριον λέγων· [44] *εἶπεν κύριος* *τῷ κυρίῳ μου· κάθου* *ἐκ δεξιῶν μου ...* ➢ Ps 110,1	**Mk 12,36**	αὐτὸς Δαυὶδ εἶπεν **ἐν τῷ πνεύματι** **τῷ ἁγίῳ·** *εἶπεν κύριος* *τῷ κυρίῳ μου· κάθου* *ἐκ δεξιῶν μου, ...* ➢ Ps 110,1	**Lk 20,42**	αὐτὸς γὰρ Δαυὶδ λέγει **ἐν βίβλῳ ψαλμῶν·** *εἶπεν κύριος* *τῷ κυρίῳ μου· κάθου* *ἐκ δεξιῶν μου* ➢ Ps 110,1	→ Acts 4,25

Acts 1,20	γέγραπται γὰρ **ἐν βίβλῳ ψαλμῶν·** *γενηθήτω ἡ ἔπαυλις* *αὐτοῦ ἔρημος καὶ* *μὴ ἔστω ὁ κατοικῶν* *ἐν αὐτῇ, ...* ➢ Ps 69,26	**Acts 7,42**	... καθὼς γέγραπται **ἐν βίβλῳ** **τῶν προφητῶν·** *μὴ σφάγια καὶ θυσίας* *προσηνέγκατέ μοι ἔτη* *τεσσεράκοντα ἐν τῇ* *ἐρήμῳ, οἶκος Ἰσραήλ;* ➢ Amos 5,25 LXX	**Acts 19,19**	ἱκανοὶ δὲ τῶν τὰ περίεργα πραξάντων συνενέγκαντες **τὰς βίβλους** κατέκαιον ἐνώπιον πάντων, ...

βίος

	Syn	Mt	Mk	Lk	Acts	Jn	1-3John	Paul	Eph	Col
βίος	6		1	5			2			
	NT	2Thess	1/2Tim	Tit	Heb	Jas	1Pet	2Pet	Jude	Rev
	10		2							

life; livelihood; living; property; possessions

112	**Mt 13,22**	ὁ δὲ εἰς τὰς ἀκάνθας σπαρείς, οὗτός ἐστιν ὁ τὸν λόγον ἀκούων, καὶ ἡ μέριμνα τοῦ αἰῶνος καὶ ἡ ἀπάτη τοῦ πλούτου συμπνίγει τὸν λόγον καὶ ἄκαρπος γίνεται.	**Mk 4,19**	[18] καὶ ἄλλοι εἰσὶν οἱ εἰς τὰς ἀκάνθας σπειρόμενοι· οὗτοί εἰσιν οἱ τὸν λόγον ἀκούσαντες, [19] καὶ αἱ μέριμναι τοῦ αἰῶνος καὶ ἡ ἀπάτη τοῦ πλούτου καὶ **αἱ περὶ τὰ λοιπὰ** **ἐπιθυμίαι** εἰσπορευόμεναι συμπνίγουσιν τὸν λόγον καὶ ἄκαρπος γίνεται.	**Lk 8,14**	τὸ δὲ εἰς τὰς ἀκάνθας πεσόν, οὗτοί εἰσιν οἱ ἀκούσαντες, καὶ ὑπὸ μεριμνῶν καὶ πλούτου καὶ **ἡδονῶν τοῦ βίου** πορευόμενοι συμπνίγονται καὶ οὐ τελεσφοροῦσιν.	

012		Mk 5,26	[25] καὶ γυνὴ οὖσα ἐν ῥύσει αἵματος δώδεκα ἔτη [26] καὶ πολλὰ παθοῦσα ὑπὸ πολλῶν ἰατρῶν καὶ δαπανήσασα **τὰ παρ' αὐτῆς πάντα** καὶ μηδὲν ὠφεληθεῖσα ἀλλὰ μᾶλλον εἰς τὸ χεῖρον ἐλθοῦσα	Lk 8,43	καὶ γυνὴ οὖσα ἐν ῥύσει αἵματος ἀπὸ ἐτῶν δώδεκα, ἥτις [ἰατροῖς προσαναλώσασα **ὅλον τὸν βίον]** οὐκ ἴσχυσεν ἀπ' οὐδενὸς θεραπευθῆναι	
002				Lk 15,12	... πάτερ, δός μοι τὸ ἐπιβάλλον μέρος τῆς οὐσίας. ὁ δὲ διεῖλεν αὐτοῖς **τὸν βίον.**	
002				Lk 15,30	ὅτε δὲ ὁ υἱός σου οὗτος ὁ καταφαγών **σου τὸν βίον** μετὰ πορνῶν ἦλθεν, ἔθυσας αὐτῷ τὸν σιτευτὸν μόσχον.	
022		Mk 12,44	πάντες γὰρ ἐκ τοῦ περισσεύοντος αὐτοῖς ἔβαλον, αὕτη δὲ ἐκ τῆς ὑστερήσεως αὐτῆς **πάντα ὅσα εἶχεν** **ἔβαλεν ὅλον τὸν βίον** **αὐτῆς.**	Lk 21,4	πάντες γὰρ οὗτοι ἐκ τοῦ περισσεύοντος αὐτοῖς ἔβαλον εἰς τὰ δῶρα, αὕτη δὲ ἐκ τοῦ ὑστερήματος αὐτῆς **πάντα** **τὸν βίον** **ὃν εἶχεν ἔβαλεν.**	

# βιωτικός	Syn 1	Mt	Mk	Lk 1	Acts	Jn	1-3John	Paul 2	Eph	Col
	NT 3	2Thess	1/2Tim	Tit	Heb	Jas	1Pet	2Pet	Jude	Rev

pertaining to everyday life

002				Lk 21,34 → Mt 24,49 → Lk 12,45 → Mk 13,33 → Lk 8,14	προσέχετε δὲ ἑαυτοῖς μήποτε βαρηθῶσιν ὑμῶν αἱ καρδίαι ἐν κραιπάλῃ καὶ μέθῃ καὶ **μερίμναις βιωτικαῖς** καὶ ἐπιστῇ ἐφ' ὑμᾶς αἰφνίδιος ἡ ἡμέρα ἐκείνη	

# βλάπτω	Syn 1	Mt	Mk	Lk 1	Acts	Jn	1-3John	Paul	Eph	Col
	NT 1	2Thess	1/2Tim	Tit	Heb	Jas	1Pet	2Pet	Jude	Rev

harm; injure

012		Mk 1,26	καὶ σπαράξαν αὐτὸν τὸ πνεῦμα τὸ ἀκάθαρτον καὶ φωνῆσαν φωνῇ μεγάλῃ ἐξῆλθεν ἐξ αὐτοῦ.	Lk 4,35	... καὶ ῥίψαν αὐτὸν τὸ δαιμόνιον εἰς τὸ μέσον ἐξῆλθεν ἀπ' αὐτοῦ **μηδὲν βλάψαν** αὐτόν.	

βλαστάνω, βλαστάω	Syn	Mt	Mk	Lk	Acts	Jn	1-3John	Paul	Eph	Col
	2	1	1							
	NT	2Thess	1/2Tim	Tit	Heb	Jas	1Pet	2Pet	Jude	Rev
	4				1	1				

intransitive: sprout; *transitive:* yield; produce

020			Mk 4,27	... καὶ ὁ σπόρος **βλαστᾷ** καὶ μηκύνηται ὡς οὐκ οἶδεν αὐτός.			
200	Mt 13,26	ὅτε δὲ **ἐβλάστησεν** ὁ χόρτος καὶ καρπὸν ἐποίησεν, τότε ἐφάνη καὶ τὰ ζιζάνια.					→ GTh 57

βλασφημέω	Syn	Mt	Mk	Lk	Acts	Jn	1-3John	Paul	Eph	Col
	10	3	4	3	4	1		4		
	NT	2Thess	1/2Tim	Tit	Heb	Jas	1Pet	2Pet	Jude	Rev
	34		2	2		1	1	3	2	4

speak against God; blaspheme; speak against; slander; insult

	triple tradition																	double tradition			Sondergut		
		+Mt / +Lk			–Mt / –Lk			traditions not taken over by Mt / Lk							subtotals								
code	*222*	*211*	*112*	*212*	*221*	*122*	*121*	*022*	*012*	*021*	*220*	*120*	*210*	*020*	Σ⁺	Σ⁻	Σ	*202*	*201*	*102*	*200*	*002*	total
Mt		1⁺			2							2⁻			1⁺	2⁻	3						**3**
Mk					2							2					4						**4**
Lk			1⁺		2⁻										1⁺	2⁻	1			1		1	**3**

221	Mt 9,3	καὶ ἰδού τινες τῶν γραμματέων εἶπαν ἐν ἑαυτοῖς· οὗτος **βλασφημεῖ.**	Mk 2,7	[6] ἦσαν δέ τινες τῶν γραμματέων ἐκεῖ καθήμενοι καὶ διαλογιζόμενοι ἐν ταῖς καρδίαις αὐτῶν· [7] τί οὗτος οὕτως λαλεῖ; **βλασφημεῖ·** τίς δύναται ἀφιέναι ἁμαρτίας εἰ μὴ εἷς ὁ θεός;	Lk 5,21 → Lk 7,49	καὶ ἤρξαντο διαλογίζεσθαι οἱ γραμματεῖς καὶ οἱ Φαρισαῖοι λέγοντες· τίς ἐστιν οὗτος ὃς λαλεῖ **βλασφημίας;** τίς δύναται ἁμαρτίας ἀφεῖναι εἰ μὴ μόνος ὁ θεός;	
120	Mt 12,31	διὰ τοῦτο λέγω ὑμῖν, πᾶσα ἁμαρτία καὶ βλασφημία ἀφεθήσεται τοῖς ἀνθρώποις,	Mk 3,28 ↓ Mt 12,32 ↓ Lk 12,10	ἀμὴν λέγω ὑμῖν ὅτι πάντα ἀφεθήσεται τοῖς υἱοῖς τῶν ἀνθρώπων τὰ ἁμαρτήματα καὶ αἱ βλασφημίαι ὅσα ἐὰν **βλασφημήσωσιν·**			→ GTh 44
120		ἡ δὲ τοῦ πνεύματος βλασφημία οὐκ ἀφεθήσεται.	Mk 3,29 ↓ Mt 12,32 ↓ Lk 12,10	ὃς δ' ἂν **βλασφημήσῃ εἰς τὸ πνεῦμα τὸ ἅγιον,** οὐκ ἔχει ἄφεσιν εἰς τὸν αἰῶνα, ἀλλὰ ἔνοχός ἐστιν αἰωνίου ἁμαρτήματος.			→ GTh 44
102	Mt 12,32 ↑ Mk 3,28	καὶ ὃς ἐὰν εἴπῃ λόγον κατὰ τοῦ υἱοῦ τοῦ ἀνθρώπου, ἀφεθήσεται αὐτῷ· ὃς δ' ἂν εἴπῃ κατὰ τοῦ πνεύματος τοῦ ἁγίου, οὐκ ἀφεθήσεται αὐτῷ οὔτε ἐν τούτῳ τῷ αἰῶνι οὔτε ἐν τῷ μέλλοντι.	Mk 3,29	ὃς δ' ἂν βλασφημήσῃ εἰς τὸ πνεῦμα τὸ ἅγιον, οὐκ ἔχει ἄφεσιν εἰς τὸν αἰῶνα, ἀλλὰ ἔνοχός ἐστιν αἰωνίου ἁμαρτήματος.	Lk 12,10 ↑ Mk 3,28	καὶ πᾶς ὃς ἐρεῖ λόγον εἰς τὸν υἱὸν τοῦ ἀνθρώπου, ἀφεθήσεται αὐτῷ· τῷ δὲ **εἰς τὸ ἅγιον πνεῦμα βλασφημήσαντι** οὐκ ἀφεθήσεται.	→ GTh 44 Mk-Q overlap

002					Lk 22,65	καὶ ἕτερα πολλὰ **βλασφημοῦντες** ἔλεγον εἰς αὐτόν.	
211	Mt 26,65	τότε ὁ ἀρχιερεὺς διέρρηξεν τὰ ἱμάτια αὐτοῦ λέγων· **ἐβλασφήμησεν·** τί ἔτι χρείαν ἔχομεν μαρτύρων; ...	Mk 14,63	ὁ δὲ ἀρχιερεὺς διαρρήξας τοὺς χιτῶνας αὐτοῦ λέγει· τί ἔτι χρείαν ἔχομεν μαρτύρων;	Lk 22,71	οἱ δὲ εἶπαν· τί ἔτι ἔχομεν μαρτυρίας χρείαν; ...	
221	Mt 27,39	οἱ δὲ παραπορευόμενοι **ἐβλασφήμουν** αὐτὸν κινοῦντες τὰς κεφαλὰς αὐτῶν	Mk 15,29	καὶ οἱ παραπορευόμενοι **ἐβλασφήμουν** αὐτὸν κινοῦντες τὰς κεφαλὰς αὐτῶν ...	Lk 23,35 → Lk 23,48	καὶ εἱστήκει ὁ λαὸς **θεωρῶν.** ...	
112	Mt 27,44	τὸ δ' αὐτὸ καὶ οἱ λῃσταὶ οἱ συσταυρωθέντες σὺν αὐτῷ **ὠνείδιζον** αὐτόν.	Mk 15,32	... καὶ οἱ συνεσταυρωμένοι σὺν αὐτῷ **ὠνείδιζον** αὐτόν.	Lk 23,39 → Lk 23,35b → Lk 23,36	εἷς δὲ τῶν κρεμασθέντων κακούργων **ἐβλασφήμει** αὐτὸν λέγων· οὐχὶ σὺ εἶ ὁ χριστός; σῶσον σεαυτὸν καὶ ἡμᾶς.	

Acts 13,45 ... καὶ ἀντέλεγον τοῖς ὑπὸ Παύλου λαλουμένοις **βλασφημοῦντες.**

Acts 18,6 (→ Mt 10,14; → Mk 6,11; → Lk 9,5; → Lk 10,11) ἀντιτασσομένων δὲ αὐτῶν καὶ **βλασφημούντων** ἐκτιναξάμενος τὰ ἱμάτια εἶπεν πρὸς αὐτούς· ...

Acts 19,37 ἠγάγετε γὰρ τοὺς ἄνδρας τούτους οὔτε ἱεροσύλους οὔτε **βλασφημοῦντας** τὴν θεὸν ἡμῶν.

Acts 26,11 καὶ κατὰ πάσας τὰς συναγωγὰς πολλάκις τιμωρῶν αὐτοὺς ἠνάγκαζον **βλασφημεῖν** περισσῶς τε ἐμμαινόμενος αὐτοῖς ἐδίωκον ἕως καὶ εἰς τὰς ἔξω πόλεις.

βλασφημία

Syn 8	Mt 4	Mk 3	Lk 1	Acts	Jn 1	1-3John	Paul	Eph 1	Col 1
NT 18	2Thess	1/2Tim 1	Tit	Heb	Jas	1Pet	2Pet	Jude 1	Rev 5

speaking against God; blasphemy; speaking against; slander; insulting talk

	triple tradition																	double tradition			Sondergut		
		+Mt / +Lk			–Mt / –Lk			traditions not taken over by Mt / Lk							subtotals								
code	222	211	112	212	221	122	121	022	012	021	220	120	210	020	Σ⁺	Σ⁻	Σ	202	201	102	200	002	total
Mt					1						2		1^+		1^+		4						**4**
Mk					1						2						3						**3**
Lk			1^+		1^-										1^+	1^-	1						**1**

112	Mt 9,3	καὶ ἰδού τινες τῶν γραμματέων εἶπαν ἐν ἑαυτοῖς· οὗτος **βλασφημεῖ.**	Mk 2,7	[6] ἦσαν δέ τινες τῶν γραμματέων ἐκεῖ καθήμενοι καὶ διαλογιζόμενοι ἐν ταῖς καρδίαις αὐτῶν· [7] τί οὗτος οὕτως λαλεῖ; **βλασφημεῖ·** τίς δύναται ἀφιέναι ἁμαρτίας εἰ μὴ εἷς ὁ θεός;	Lk 5,21 → Lk 7,49	καὶ ἤρξαντο διαλογίζεσθαι οἱ γραμματεῖς καὶ οἱ Φαρισαῖοι λέγοντες· τίς ἐστιν οὗτος ὃς λαλεῖ **βλασφημίας;** τίς δύναται ἁμαρτίας ἀφεῖναι εἰ μὴ μόνος ὁ θεός;	

220	Mt 12,31 (2)	διὰ τοῦτο λέγω ὑμῖν, πᾶσα ἁμαρτία καὶ **βλασφημία** ἀφεθήσεται τοῖς ἀνθρώποις,	Mk 3,28 → Mt 12,32 → Lk 12,10	ἀμὴν λέγω ὑμῖν ὅτι πάντα ἀφεθήσεται τοῖς υἱοῖς τῶν ἀνθρώπων τὰ ἁμαρτήματα καὶ **αἱ βλασφημίαι** ὅσα ἐὰν βλασφημήσωσιν·			→ GTh 44
210		ἡ δὲ **τοῦ πνεύματος** **βλασφημία** οὐκ ἀφεθήσεται.	Mk 3,29 → Mt 12,32 → Lk 12,10	ὃς δ' ἂν **βλασφημήσῃ εἰς τὸ** **πνεῦμα τὸ ἅγιον**, οὐκ ἔχει ἄφεσιν ...			→ GTh 44
220	Mt 15,19	ἐκ γὰρ τῆς καρδίας ἐξέρχονται διαλογισμοὶ πονηροί, φόνοι, μοιχεῖαι, πορνεῖαι, κλοπαί, ψευδομαρτυρίαι, **βλασφημίαι**.	Mk 7,22	[21] ἔσωθεν γὰρ ἐκ τῆς καρδίας τῶν ἀνθρώπων οἱ διαλογισμοὶ οἱ κακοὶ ἐκπορεύονται, πορνεῖαι, κλοπαί, φόνοι, [22] μοιχεῖαι, πλεονεξίαι, πονηρίαι, δόλος, ἀσέλγεια, ὀφθαλμὸς πονηρός, **βλασφημία**, ὑπερηφανία, ἀφροσύνη·			→ GTh 14,5
221	Mt 26,65	... ἐβλασφήμησεν· τί ἔτι χρείαν ἔχομεν μαρτύρων; ἴδε νῦν ἠκούσατε **τὴν βλασφημίαν**·	Mk 14,64	[63] ... τί ἔτι χρείαν ἔχομεν μαρτύρων; [64] ἠκούσατε **τῆς βλασφημίας**· ...	Lk 22,71	... τί ἔτι ἔχομεν μαρτυρίας χρείαν; αὐτοὶ γὰρ ἠκούσαμεν ἀπὸ τοῦ στόματος αὐτοῦ.	

βλέπω

	Syn	Mt	Mk	Lk	Acts	Jn	1-3John	Paul	Eph	Col
	51	20	15	16	14	17	1	24	1	3
	NT	2Thess	1/2Tim	Tit	Heb	Jas	1Pet	2Pet	Jude	Rev
	133				8	1				13

see; look (on or at); be able to see; gain one's sight; beware of; consider; regard; see to (something); perceive; discover; find

	triple tradition																	double tradition			Sondergut		
		+Mt / +Lk			–Mt / –Lk			traditions not taken over by Mt / Lk							subtotals								
code	222	211	112	212	221	122	121	022	012	021	220	120	210	020	Σ⁺	Σ⁻	Σ	202	201	102	200	002	total
Mt	3				2		4⁻					2⁻	2⁺		2⁺	6⁻	7	3	1		9		**20**
Mk	3				2		4	1		1		2		2			15						**15**
Lk	3		1⁺		2⁻		4⁻	1	1⁺	1⁻					2⁺	7⁻	6	3		3		4	**16**

200	Mt 5,28	ἐγὼ δὲ λέγω ὑμῖν ὅτι πᾶς **ὁ βλέπων** γυναῖκα πρὸς τὸ ἐπιθυμῆσαι αὐτὴν ἤδη ἐμοίχευσεν αὐτὴν ἐν τῇ καρδίᾳ αὐτοῦ.	
200	Mt 6,4	ὅπως ᾖ σου ἡ ἐλεημοσύνη ἐν τῷ κρυπτῷ· καὶ ὁ πατήρ σου **ὁ βλέπων** ἐν τῷ κρυπτῷ ἀποδώσει σοι.	→ GTh 6 (POxy 654)
200	Mt 6,6	σὺ δὲ ὅταν προσεύχῃ, εἴσελθε εἰς τὸ ταμεῖόν σου καὶ κλείσας τὴν θύραν σου πρόσευξαι τῷ πατρί σου τῷ ἐν τῷ κρυπτῷ· καὶ ὁ πατήρ σου **ὁ βλέπων** ἐν τῷ κρυπτῷ ἀποδώσει σοι.	→ GTh 6 (POxy 654)

	Mt		Mk		Lk		
200	**Mt 6,18**	ὅπως μὴ φανῇς τοῖς ἀνθρώποις νηστεύων ἀλλὰ τῷ πατρί σου τῷ ἐν τῷ κρυφαίῳ· καὶ ὁ πατήρ σου ὁ **βλέπων** ἐν τῷ κρυφαίῳ ἀποδώσει σοι.					→ GTh 6 (POxy 654) → GTh 27 (POxy 1)
202	**Mt 7,3**	τί δὲ **βλέπεις** τὸ κάρφος τὸ ἐν τῷ ὀφθαλμῷ τοῦ ἀδελφοῦ σου, τὴν δὲ ἐν τῷ σῷ ὀφθαλμῷ δοκὸν οὐ κατανοεῖς;			**Lk 6,41**	τί δὲ **βλέπεις** τὸ κάρφος τὸ ἐν τῷ ὀφθαλμῷ τοῦ ἀδελφοῦ σου, τὴν δὲ δοκὸν τὴν ἐν τῷ ἰδίῳ ὀφθαλμῷ οὐ κατανοεῖς;	→ GTh 26
102	**Mt 7,4**	ἢ πῶς ἐρεῖς τῷ ἀδελφῷ σου· ἄφες ἐκβάλω τὸ κάρφος ἐκ τοῦ ὀφθαλμοῦ σου, **καὶ ἰδοὺ** ἡ δοκὸς ἐν τῷ ὀφθαλμῷ σοῦ;			**Lk 6,42**	πῶς δύνασαι λέγειν τῷ ἀδελφῷ σου· ἀδελφέ, ἄφες ἐκβάλω τὸ κάρφος τὸ ἐν τῷ ὀφθαλμῷ σου, αὐτὸς τὴν ἐν τῷ ὀφθαλμῷ σοῦ δοκὸν **οὐ βλέπων**; ...	→ GTh 26
002					**Lk 7,21**	ἐν ἐκείνῃ τῇ ὥρᾳ ἐθεράπευσεν πολλοὺς ἀπὸ νόσων καὶ μαστίγων καὶ πνευμάτων πονηρῶν καὶ τυφλοῖς πολλοῖς ἐχαρίσατο **βλέπειν**.	
201	**Mt 11,4**	... πορευθέντες ἀπαγγείλατε Ἰωάννῃ ἃ ἀκούετε καὶ **βλέπετε**·			**Lk 7,22**	... πορευθέντες ἀπαγγείλατε Ἰωάννῃ ἃ **εἴδετε** καὶ ἠκούσατε· ...	
002					**Lk 7,44**	καὶ στραφεὶς πρὸς τὴν γυναῖκα τῷ Σίμωνι ἔφη· **βλέπεις** ταύτην τὴν γυναῖκα; ...	
200	**Mt 12,22** ⇨ Mt 9,32-33	τότε προσηνέχθη αὐτῷ δαιμονιζόμενος τυφλὸς καὶ κωφός, καὶ ἐθεράπευσεν αὐτόν, ὥστε τὸν κωφὸν λαλεῖν καὶ **βλέπειν**.			**Lk 11,14**	καὶ ἦν ἐκβάλλων δαιμόνιον [καὶ αὐτὸ ἦν] κωφόν· ἐγένετο δὲ τοῦ δαιμονίου ἐξελθόντος ἐλάλησεν ὁ κωφὸς ...	
222 222	**Mt 13,13** **(2)**	διὰ τοῦτο ἐν παραβολαῖς αὐτοῖς λαλῶ, ὅτι **βλέποντες** **οὐ βλέπουσιν** καὶ ἀκούοντες οὐκ ἀκούουσιν οὐδὲ συνίουσιν· ➤ Isa 6,9	**Mk 4,12** **(2)** ↓ Mk 8,18	[11] ... ἐκείνοις δὲ τοῖς ἔξω ἐν παραβολαῖς τὰ πάντα γίνεται, [12] ἵνα **βλέποντες** **βλέπωσιν** καὶ μὴ ἴδωσιν, καὶ ἀκούοντες ἀκούωσιν καὶ μὴ συνιῶσιν, μήποτε ἐπιστρέψωσιν καὶ ἀφεθῇ αὐτοῖς. ➤ Isa 6,9	**Lk 8,10** **(2)**	... τοῖς δὲ λοιποῖς ἐν παραβολαῖς, ἵνα **βλέποντες** **μὴ βλέπωσιν** καὶ ἀκούοντες μὴ συνιῶσιν. ➤ Isa 6,9	**→ Acts 28,26** → Jn 12,40

200 200	Mt 13,14 (2)	καὶ ἀναπληροῦται αὐτοῖς ἡ προφητεία Ἠσαΐου ἡ λέγουσα· *ἀκοῇ ἀκούσετε καὶ* *οὐ μὴ συνῆτε, καὶ* ***βλέποντες*** ***βλέψετε*** *καὶ οὐ μὴ ἴδητε.* ➤ Isa 6,9 LXX					→ Acts 28,26 → Jn 12,40
202	Mt 13,16	ὑμῶν δὲ μακάριοι οἱ ὀφθαλμοὶ ὅτι **βλέπουσιν** καὶ τὰ ὦτα ὑμῶν ὅτι ἀκούουσιν.			Lk 10,23 (2)	... μακάριοι οἱ ὀφθαλμοὶ **οἱ βλέποντες** ἃ βλέπετε.	→ GTh 38 (POxy 655 - restoration)
202	Mt 13,17	ἀμὴν γὰρ λέγω ὑμῖν ὅτι πολλοὶ προφῆται καὶ δίκαιοι ἐπεθύμησαν ἰδεῖν ἃ **βλέπετε** καὶ οὐκ εἶδαν, ...			Lk 10,24	λέγω γὰρ ὑμῖν ὅτι πολλοὶ προφῆται καὶ βασιλεῖς ἠθέλησαν ἰδεῖν ἃ ὑμεῖς **βλέπετε** καὶ οὐκ εἶδαν, ...	→ GTh 38 (POxy 655 - restoration)
012	Mt 5,15	οὐδὲ καίουσιν λύχνον καὶ τιθέασιν αὐτὸν ὑπὸ τὸν μόδιον ἀλλ' ἐπὶ τὴν λυχνίαν, καὶ λάμπει πᾶσιν τοῖς ἐν τῇ οἰκίᾳ.	Mk 4,21	... μήτι ἔρχεται ὁ λύχνος ἵνα ὑπὸ τὸν μόδιον τεθῇ ἢ ὑπὸ τὴν κλίνην; οὐχ ἵνα ἐπὶ τὴν λυχνίαν τεθῇ;	Lk 8,16 ⇩ Lk 11,33	οὐδεὶς δὲ λύχνον ἅψας καλύπτει αὐτὸν σκεύει ἢ ὑποκάτω κλίνης τίθησιν, ἀλλ' ἐπὶ λυχνίας τίθησιν, ἵνα οἱ εἰσπορευόμενοι **βλέπωσιν** τὸ φῶς.	→ GTh 33,2-3 Mk-Q overlap
022			Mk 4,24	καὶ ἔλεγεν αὐτοῖς· **βλέπετε** τί ἀκούετε. ...	Lk 8,18	**βλέπετε** οὖν πῶς ἀκούετε· ...	
021			Mk 5,31	καὶ ἔλεγον αὐτῷ οἱ μαθηταὶ αὐτοῦ· **βλέπεις** τὸν ὄχλον συνθλίβοντά σε καὶ λέγεις· τίς μου ἥψατο;	Lk 8,45	... ἀρνουμένων δὲ πάντων εἶπεν ὁ Πέτρος· ἐπιστάτα, οἱ ὄχλοι συνέχουσίν σε καὶ ἀποθλίβουσιν.	
200	Mt 14,30	**βλέπων** δὲ τὸν ἄνεμον [ἰσχυρὸν] ἐφοβήθη, ...					
210 210	Mt 15,31 (2) → Mt 11,5	ὥστε τὸν ὄχλον θαυμάσαι **βλέποντας** κωφοὺς λαλοῦντας, κυλλοὺς ὑγιεῖς, καὶ χωλοὺς περιπατοῦντας καὶ τυφλοὺς **βλέποντας·** καὶ ἐδόξασαν τὸν θεὸν Ἰσραήλ.	Mk 7,37	καὶ ὑπερπερισσῶς ἐξεπλήσσοντο λέγοντες· καλῶς πάντα πεποίηκεν, καὶ τοὺς κωφοὺς ποιεῖ ἀκούειν καὶ [τοὺς] ἀλάλους λαλεῖν.			
121	Mt 16,6 ⇨ Mt 16,11	ὁ δὲ Ἰησοῦς εἶπεν αὐτοῖς· ὁρᾶτε καὶ **προσέχετε** ἀπὸ τῆς ζύμης τῶν Φαρισαίων καὶ Σαδδουκαίων.	Mk 8,15	καὶ διεστέλλετο αὐτοῖς λέγων· ὁρᾶτε, **βλέπετε** ἀπὸ τῆς ζύμης τῶν Φαρισαίων καὶ τῆς ζύμης Ἡρῴδου.	Lk 12,1 → Mt 16,12	... ἤρξατο λέγειν πρὸς τοὺς μαθητὰς αὐτοῦ πρῶτον· **προσέχετε** ἑαυτοῖς ἀπὸ τῆς ζύμης, ἥτις ἐστὶν ὑπόκρισις, τῶν Φαρισαίων.	

120	Mt 16,9	οὔπω νοεῖτε, οὐδὲ μνημονεύετε ...	Mk 8,18 ↑ Mk 4,12	[17] ... οὔπω νοεῖτε οὐδὲ συνίετε; ... [18] *ὀφθαλμοὺς ἔχοντες* ***οὐ βλέπετε*** *καὶ ὦτα ἔχοντες οὐκ ἀκούετε;* καὶ οὐ μνημονεύετε ➢ Jer 5,21			
020			Mk 8,23 → Mt 9,29 → Mt 20,34 → Mk 7,33	καὶ ἐπιλαβόμενος τῆς χειρὸς τοῦ τυφλοῦ ἐξήνεγκεν αὐτὸν ἔξω τῆς κώμης καὶ πτύσας εἰς τὰ ὄμματα αὐτοῦ, ἐπιθεὶς τὰς χεῖρας αὐτῷ ἐπηρώτα αὐτόν· εἴ τι **βλέπεις;**			→ Jn 9,6
020			Mk 8,24	καὶ ἀναβλέψας ἔλεγεν· **βλέπω** τοὺς ἀνθρώπους ὅτι ὡς δένδρα ὁρῶ περιπατοῦντας.			
200	Mt 18,10 → Mt 18,6 → Mk 9,42 → Lk 17,2	ὁρᾶτε μὴ καταφρονήσητε ἑνὸς τῶν μικρῶν τούτων· λέγω γὰρ ὑμῖν ὅτι οἱ ἄγγελοι αὐτῶν ἐν οὐρανοῖς διὰ παντὸς **βλέπουσι** τὸ πρόσωπον τοῦ πατρός μου τοῦ ἐν οὐρανοῖς.					
002					Lk 9,62	... οὐδεὶς ἐπιβαλὼν τὴν χεῖρα ἐπ᾽ ἄροτρον καὶ **βλέπων** εἰς τὰ ὀπίσω εὔθετός ἐστιν τῇ βασιλείᾳ τοῦ θεοῦ.	
202 102	Mt 13,16	ὑμῶν δὲ μακάριοι οἱ ὀφθαλμοὶ ὅτι **βλέπουσιν** καὶ τὰ ὦτα ὑμῶν ὅτι ἀκούουσιν.			Lk 10,23 (2)	... μακάριοι οἱ ὀφθαλμοὶ **οἱ βλέποντες** ἃ **βλέπετε.**	→ GTh 38 (POxy 655 - restoration)
202	Mt 13,17	ἀμὴν γὰρ λέγω ὑμῖν ὅτι πολλοὶ προφῆται καὶ δίκαιοι ἐπεθύμησαν ἰδεῖν ἃ **βλέπετε** καὶ οὐκ εἶδαν, ...			Lk 10,24	λέγω γὰρ ὑμῖν ὅτι πολλοὶ προφῆται καὶ βασιλεῖς ἠθέλησαν ἰδεῖν ἃ ὑμεῖς **βλέπετε** καὶ οὐκ εἶδαν, ...	→ GTh 38 (POxy 655 - restoration)
102	Mt 5,15	οὐδὲ καίουσιν λύχνον καὶ τιθέασιν αὐτὸν ὑπὸ τὸν μόδιον ἀλλ᾽ ἐπὶ τὴν λυχνίαν, καὶ **λάμπει** πᾶσιν τοῖς ἐν τῇ οἰκίᾳ.	Mk 4,21	... μήτι ἔρχεται ὁ λύχνος ἵνα ὑπὸ τὸν μόδιον τεθῇ ἢ ὑπὸ τὴν κλίνην; οὐχ ἵνα ἐπὶ τὴν λυχνίαν τεθῇ;	Lk 11,33 ⇧ Lk 8,16	οὐδεὶς λύχνον ἅψας εἰς κρύπτην τίθησιν [οὐδὲ ὑπὸ τὸν μόδιον] ἀλλ᾽ ἐπὶ τὴν λυχνίαν, ἵνα οἱ εἰσπορευόμενοι τὸ φῶς **βλέπωσιν.**	→ GTh 33,2-3 Mk-Q overlap
221	Mt 22,16	... διδάσκαλε, οἴδαμεν ὅτι ἀληθὴς εἶ καὶ τὴν ὁδὸν τοῦ θεοῦ ἐν ἀληθείᾳ διδάσκεις καὶ οὐ μέλει σοι περὶ οὐδενός. **οὐ γὰρ βλέπεις** εἰς πρόσωπον ἀνθρώπων	Mk 12,14	... διδάσκαλε, οἴδαμεν ὅτι ἀληθὴς εἶ καὶ οὐ μέλει σοι περὶ οὐδενός· **οὐ γὰρ βλέπεις** εἰς πρόσωπον ἀνθρώπων, ἀλλ᾽ ἐπ᾽ ἀληθείας τὴν ὁδὸν τοῦ θεοῦ διδάσκεις· ...	Lk 20,21	... διδάσκαλε, οἴδαμεν ὅτι ὀρθῶς λέγεις καὶ διδάσκεις καὶ **οὐ λαμβάνεις** πρόσωπον, ἀλλ᾽ ἐπ᾽ ἀληθείας τὴν ὁδὸν τοῦ θεοῦ διδάσκεις·	→ Jn 3,2

121	Mt 23,7	[6] φιλοῦσιν δὲ ... [7] ... τοὺς ἀσπασμοὺς ἐν ταῖς ἀγοραῖς καὶ καλεῖσθαι ὑπὸ τῶν ἀνθρώπων ῥαββί.	Mk 12,38	... βλέπετε ἀπὸ τῶν γραμματέων τῶν θελόντων ἐν στολαῖς περιπατεῖν καὶ ἀσπασμοὺς ἐν ταῖς ἀγοραῖς	Lk 20,46 ⇩ Lk 11,43	προσέχετε ἀπὸ τῶν γραμματέων τῶν θελόντων περιπατεῖν ἐν στολαῖς καὶ φιλούντων ἀσπασμοὺς ἐν ταῖς ἀγοραῖς ...	Mk-Q overlap
					Lk 11,43 ⇧ Lk 20,46	οὐαὶ ὑμῖν τοῖς Φαρισαίοις, ὅτι ἀγαπᾶτε τὴν πρωτοκαθεδρίαν ἐν ταῖς συναγωγαῖς καὶ τοὺς ἀσπασμοὺς ἐν ταῖς ἀγοραῖς.	
221	Mt 24,2	ὁ δὲ ἀποκριθεὶς εἶπεν αὐτοῖς· οὐ βλέπετε ταῦτα πάντα; ἀμὴν λέγω ὑμῖν, οὐ μὴ ἀφεθῇ ὧδε λίθος ἐπὶ λίθον ὃς οὐ καταλυθήσεται.	Mk 13,2	καὶ ὁ Ἰησοῦς εἶπεν αὐτῷ· βλέπεις ταύτας τὰς μεγάλας οἰκοδομάς; οὐ μὴ ἀφεθῇ ὧδε λίθος ἐπὶ λίθον ὃς οὐ μὴ καταλυθῇ.	Lk 21,6 → Lk 19,44	[5] ... εἶπεν· [6] ταῦτα ἃ θεωρεῖτε ἐλεύσονται ἡμέραι ἐν αἷς οὐκ ἀφεθήσεται λίθος ἐπὶ λίθῳ ὃς οὐ καταλυθήσεται.	
222	Mt 24,4	καὶ ἀποκριθεὶς ὁ Ἰησοῦς εἶπεν αὐτοῖς· βλέπετε μή τις ὑμᾶς πλανήσῃ·	Mk 13,5	ὁ δὲ Ἰησοῦς ἤρξατο λέγειν αὐτοῖς· βλέπετε μή τις ὑμᾶς πλανήσῃ·	Lk 21,8	ὁ δὲ εἶπεν· βλέπετε μὴ πλανηθῆτε· ...	
121	Mt 10,17 ⇨ Mt 24,9 → Mt 23,34	προσέχετε δὲ ἀπὸ τῶν ἀνθρώπων· παραδώσουσιν γὰρ ὑμᾶς εἰς συνέδρια καὶ ἐν ταῖς συναγωγαῖς αὐτῶν μαστιγώσουσιν ὑμᾶς·	Mk 13,9	βλέπετε δὲ ὑμεῖς ἑαυτούς· παραδώσουσιν ὑμᾶς εἰς συνέδρια καὶ εἰς συναγωγὰς δαρήσεσθε ...	Lk 21,12 → Lk 11,49 → Lk 12,11	πρὸ δὲ τούτων πάντων ἐπιβαλοῦσιν ἐφ' ὑμᾶς τὰς χεῖρας αὐτῶν καὶ διώξουσιν, παραδιδόντες εἰς τὰς συναγωγὰς καὶ φυλακάς, ...	
120	Mt 24,25	ἰδοὺ προείρηκα ὑμῖν.	Mk 13,23	ὑμεῖς δὲ βλέπετε· προείρηκα ὑμῖν πάντα.			
112	Mt 24,32	... ὅταν ἤδη ὁ κλάδος αὐτῆς γένηται ἁπαλὸς καὶ τὰ φύλλα ἐκφύῃ, γινώσκετε ὅτι ἐγγὺς τὸ θέρος·	Mk 13,28	... ὅταν ἤδη ὁ κλάδος αὐτῆς ἁπαλὸς γένηται καὶ ἐκφύῃ τὰ φύλλα, γινώσκετε ὅτι ἐγγὺς τὸ θέρος ἐστίν·	Lk 21,30	ὅταν προβάλωσιν ἤδη, βλέποντες ἀφ' ἑαυτῶν γινώσκετε ὅτι ἤδη ἐγγὺς τὸ θέρος ἐστίν·	
121	Mt 25,13 → Mt 24,42 → Mt 24,44 → Mt 24,50	γρηγορεῖτε οὖν, ὅτι οὐκ οἴδατε τὴν ἡμέραν οὐδὲ τὴν ὥραν.	Mk 13,33 → Lk 21,34	βλέπετε, ἀγρυπνεῖτε· οὐκ οἴδατε γὰρ πότε ὁ καιρός ἐστιν.	Lk 21,36 → Lk 12,35-38 → Lk 18,1	ἀγρυπνεῖτε δὲ ἐν παντὶ καιρῷ δεόμενοι ἵνα κατισχύσητε ἐκφυγεῖν ταῦτα πάντα τὰ μέλλοντα γίνεσθαι καὶ σταθῆναι ἔμπροσθεν τοῦ υἱοῦ τοῦ ἀνθρώπου.	
002					Lk 24,12 → Lk 24,24	ὁ δὲ Πέτρος ἀναστὰς ἔδραμεν ἐπὶ τὸ μνημεῖον καὶ παρακύψας βλέπει τὰ ὀθόνια μόνα, ...	→ Jn 20,5

Acts 1,9 → Lk 9,51 → Lk 24,51
καὶ ταῦτα εἰπὼν
βλεπόντων
αὐτῶν ἐπήρθη καὶ νεφέλη ὑπέλαβεν αὐτὸν ἀπὸ τῶν ὀφθαλμῶν αὐτῶν.

Acts 2,33 → Lk 24,49 → Acts 1,8
τῇ δεξιᾷ οὖν τοῦ θεοῦ ὑψωθείς, τήν τε ἐπαγγελίαν τοῦ πνεύματος τοῦ ἁγίου λαβὼν παρὰ τοῦ πατρός, ἐξέχεεν τοῦτο ὃ ὑμεῖς [καὶ]
βλέπετε
καὶ ἀκούετε.

Acts 3,4
ἀτενίσας δὲ Πέτρος εἰς αὐτὸν σὺν τῷ Ἰωάννῃ εἶπεν·
βλέψον
εἰς ἡμᾶς.

Acts 4,14
τόν τε ἄνθρωπον
βλέποντες
σὺν αὐτοῖς ἑστῶτα τὸν τεθεραπευμένον οὐδὲν εἶχον ἀντειπεῖν.

Acts 8,6	προσεῖχον δὲ οἱ ὄχλοι τοῖς λεγομένοις ὑπὸ τοῦ Φιλίππου ὁμοθυμαδὸν ἐν τῷ ἀκούειν αὐτοὺς καὶ **βλέπειν** τὰ σημεῖα ἃ ἐποίει.	**Acts 12,9**	καὶ ἐξελθὼν ἠκολούθει καὶ οὐκ ᾔδει ὅτι ἀληθές ἐστιν τὸ γινόμενον διὰ τοῦ ἀγγέλου· ἐδόκει δὲ ὅραμα **βλέπειν.**	**Acts 27,12**	... εἴ πως δύναιντο καταντήσαντες εἰς Φοίνικα παραχειμάσαι λιμένα τῆς Κρήτης **βλέποντα** κατὰ λίβα καὶ κατὰ χῶρον.
Acts 9,8	ἠγέρθη δὲ Σαῦλος ἀπὸ τῆς γῆς, ἀνεῳγμένων δὲ τῶν ὀφθαλμῶν αὐτοῦ **οὐδὲν ἔβλεπεν·** ...	**Acts 13,11**	καὶ νῦν ἰδοὺ χεὶρ κυρίου ἐπὶ σὲ καὶ ἔσῃ τυφλὸς **μὴ βλέπων** τὸν ἥλιον ἄχρι καιροῦ. ...	**Acts 28,26** (2) → Mt 13,13-14 → Mk 4,12 → Lk 8,10	λέγων· *πορεύθητι πρὸς τὸν λαὸν τοῦτον καὶ εἰπόν· ἀκοῇ ἀκούσετε καὶ οὐ μὴ συνῆτε καὶ* ***βλέποντες*** ***βλέψετε*** *καὶ οὐ μὴ ἴδητε·* ➢ Isa 6,9 LXX
Acts 9,9	καὶ ἦν ἡμέρας τρεῖς **μὴ βλέπων** καὶ οὐκ ἔφαγεν οὐδὲ ἔπιεν.	**Acts 13,40**	**βλέπετε** οὖν μὴ ἐπέλθῃ τὸ εἰρημένον ἐν τοῖς προφήταις·		

Βοανηργές

	Syn	Mt	Mk	Lk	Acts	Jn	1-3John	Paul	Eph	Col
	1		1							
	NT	2Thess	1/2Tim	Tit	Heb	Jas	1Pet	2Pet	Jude	Rev
	1									

Boanerges

121	**Mt 10,2**	... καὶ Ἰάκωβος ὁ τοῦ Ζεβεδαίου καὶ Ἰωάννης ὁ ἀδελφὸς αὐτοῦ	**Mk 3,17**	καὶ Ἰάκωβον τὸν τοῦ Ζεβεδαίου καὶ Ἰωάννην τὸν ἀδελφὸν τοῦ Ἰακώβου καὶ ἐπέθηκεν αὐτοῖς ὀνόμα[τα] **Βοανηργές,** ὅ ἐστιν υἱοὶ βροντῆς·	**Lk 6,14**	... καὶ Ἰάκωβον καὶ Ἰωάννην ...	

βοάω

	Syn	Mt	Mk	Lk	Acts	Jn	1-3John	Paul	Eph	Col
	7	1	2	4	3	1		1		
	NT	2Thess	1/2Tim	Tit	Heb	Jas	1Pet	2Pet	Jude	Rev
	12									

call; cry out; shout

222	**Mt 3,3**	... *φωνὴ* ***βοῶντος*** *ἐν τῇ ἐρήμῳ· ἑτοιμάσατε τὴν ὁδὸν κυρίου, εὐθείας ποιεῖτε τὰς τρίβους* αὐτοῦ. ➢ Isa 40,3 LXX	**Mk 1,3**	*φωνὴ* ***βοῶντος*** *ἐν τῇ ἐρήμῳ· ἑτοιμάσατε τὴν ὁδὸν κυρίου, εὐθείας ποιεῖτε τὰς τρίβους* αὐτοῦ ➢ Isa 40,3 LXX	**Lk 3,4** → Lk 1,17	... *φωνὴ* ***βοῶντος*** *ἐν τῇ ἐρήμῳ· ἑτοιμάσατε τὴν ὁδὸν κυρίου, εὐθείας ποιεῖτε τὰς τρίβους* αὐτοῦ· ➢ Isa 40,3 LXX	→ Jn 1,23
112	**Mt 17,14**	... προσῆλθεν αὐτῷ ἄνθρωπος γονυπετῶν αὐτὸν [15] καὶ λέγων· κύριε, ἐλέησόν μου τὸν υἱόν, ...	**Mk 9,17**	καὶ **ἀπεκρίθη** αὐτῷ εἷς ἐκ τοῦ ὄχλου· διδάσκαλε, ἤνεγκα τὸν υἱόν μου πρὸς σέ, ...	**Lk 9,38**	καὶ ἰδοὺ ἀνὴρ ἀπὸ τοῦ ὄχλου **ἐβόησεν** λέγων· διδάσκαλε, δέομαί σου ἐπιβλέψαι ἐπὶ τὸν υἱόν μου, ...	
002					**Lk 18,7**	ὁ δὲ θεὸς οὐ μὴ ποιήσῃ τὴν ἐκδίκησιν τῶν ἐκλεκτῶν αὐτοῦ **τῶν βοώντων** αὐτῷ ἡμέρας καὶ νυκτός, καὶ μακροθυμεῖ ἐπ' αὐτοῖς;	

112	**Mt 20,30** ⇩ Mt 9,27	καὶ ἰδοὺ δύο τυφλοὶ καθήμενοι παρὰ τὴν ὁδόν ἀκούσαντες ὅτι Ἰησοῦς παράγει, **ἔκραξαν** λέγοντες· ἐλέησον ἡμᾶς, [κύριε,] υἱὸς Δαυίδ.	**Mk 10,47**	[46] ... ὁ υἱὸς Τιμαίου Βαρτιμαῖος, τυφλὸς προσαίτης, ἐκάθητο παρὰ τὴν ὁδόν. [47] καὶ ἀκούσας ὅτι Ἰησοῦς ὁ Ναζαρηνός ἐστιν ἤρξατο **κράζειν** καὶ λέγειν· υἱὲ Δαυὶδ Ἰησοῦ, ἐλέησόν με.	**Lk 18,38**	[35] ... τυφλός τις ἐκάθητο παρὰ τὴν ὁδὸν ἐπαιτῶν. [36] ἀκούσας δὲ ὄχλου διαπορευομένου ἐπυνθάνετο τί εἴη τοῦτο. [37] ἀπήγγειλαν δὲ αὐτῷ ὅτι Ἰησοῦς ὁ Ναζωραῖος παρέρχεται. [38] καὶ **ἐβόησεν** λέγων· Ἰησοῦ υἱὲ Δαυίδ, ἐλέησόν με.	
	Mt 9,27 ⇧ Mt 20,30	... ἠκολούθησαν [αὐτῷ] δύο τυφλοὶ **κράζοντες** καὶ λέγοντες· ἐλέησον ἡμᾶς, υἱὸς Δαυίδ.					
120	**Mt 27,46**	περὶ δὲ τὴν ἐνάτην ὥραν **ἀνεβόησεν** ὁ Ἰησοῦς φωνῇ μεγάλῃ λέγων· *ηλι ηλι λεμα σαβαχθανι;* ... ➤ Ps 22,2	**Mk 15,34**	καὶ τῇ ἐνάτῃ ὥρᾳ **ἐβόησεν** ὁ Ἰησοῦς φωνῇ μεγάλῃ· *ελωι ελωι λεμα σαβαχθανι;* ... ➤ Ps 22,2			

Acts 8,7 πολλοὶ γὰρ τῶν ἐχόντων πνεύματα ἀκάθαρτα **βοῶντα** φωνῇ μεγάλῃ ἐξήρχοντο, ...	**Acts 17,6** μὴ εὑρόντες δὲ αὐτοὺς ἔσυρον Ἰάσονα καί τινας ἀδελφοὺς ἐπὶ τοὺς πολιτάρχας **βοῶντες** ὅτι οἱ τὴν οἰκουμένην ἀναστατώσαντες οὗτοι καὶ ἐνθάδε πάρεισιν	**Acts 25,24** ... θεωρεῖτε τοῦτον περὶ οὗ ἅπαν τὸ πλῆθος τῶν Ἰουδαίων ἐνέτυχόν μοι ἔν τε Ἱεροσολύμοις καὶ ἐνθάδε **βοῶντες** μὴ δεῖν αὐτὸν ζῆν μηκέτι.

Βόες, Βόος	Syn 3	Mt 2	Mk	Lk 1	Acts	Jn	1-3John	Paul	Eph	Col
	NT 3	2Thess	1/2Tim	Tit	Heb	Jas	1Pet	2Pet	Jude	Rev

Boaz

200 200	**Mt 1,5** (2)	Σαλμὼν δὲ ἐγέννησεν **τὸν Βόες** ἐκ τῆς Ῥαχάβ, **Βόες** δὲ ἐγέννησεν τὸν Ἰωβὴδ ἐκ τῆς Ῥούθ, Ἰωβὴδ δὲ ἐγέννησεν τὸν Ἰεσσαί			**Lk 3,32**	τοῦ Ἰεσσαὶ τοῦ Ἰωβὴδ **τοῦ Βόος** τοῦ Σαλὰ ...	
002	**Mt 1,5** (2)	Σαλμὼν δὲ ἐγέννησεν τὸν Βόες ἐκ τῆς Ῥαχάβ, **Βόες** δὲ ἐγέννησεν τὸν Ἰωβὴδ ἐκ τῆς Ῥούθ, Ἰωβὴδ δὲ ἐγέννησεν τὸν Ἰεσσαί			**Lk 3,32**	τοῦ Ἰεσσαὶ τοῦ Ἰωβὴδ **τοῦ Βόος** τοῦ Σαλὰ ...	

βοηθέω	Syn 3	Mt 1	Mk 2	Lk	Acts 2	Jn	1-3John	Paul 1	Eph	Col
	NT 8	2Thess	1/2Tim	Tit	Heb 1	Jas	1Pet	2Pet	Jude	Rev 1

help

	Mt	Mk	Lk	
210	**Mt 15,25** ἡ δὲ ἐλθοῦσα προσεκύνει αὐτῷ λέγουσα· κύριε, **βοήθει** μοι.	**Mk 7,26** [25] ... ἐλθοῦσα προσέπεσεν πρὸς τοὺς πόδας αὐτοῦ· [26] ... καὶ ἠρώτα αὐτὸν ἵνα τὸ δαιμόνιον ἐκβάλῃ ἐκ τῆς θυγατρὸς αὐτῆς.		
020		**Mk 9,22** ... ἀλλ' εἴ τι δύνῃ, **βοήθησον** ἡμῖν σπλαγχνισθεὶς ἐφ' ἡμᾶς.		
020		**Mk 9,24** εὐθὺς κράξας ὁ πατὴρ τοῦ παιδίου ἔλεγεν· πιστεύω· **βοήθει** μου τῇ ἀπιστίᾳ.		

Acts 16,9 καὶ ὅραμα διὰ [τῆς] νυκτὸς τῷ Παύλῳ ὤφθη, ἀνὴρ Μακεδών τις ἦν ἑστὼς καὶ παρακαλῶν αὐτὸν καὶ λέγων· διαβὰς εἰς Μακεδονίαν **βοήθησον** ἡμῖν.

Acts 21,28 ... ἄνδρες Ἰσραηλῖται, **βοηθεῖτε·** οὗτός ἐστιν ὁ ἄνθρωπος ὁ κατὰ τοῦ λαοῦ καὶ τοῦ νόμου καὶ τοῦ τόπου τούτου πάντας πανταχῇ διδάσκων, ...

βόθυνος	Syn 3	Mt 2	Mk	Lk 1	Acts	Jn	1-3John	Paul	Eph	Col
	NT 3	2Thess	1/2Tim	Tit	Heb	Jas	1Pet	2Pet	Jude	Rev

ditch; pit

	Mt	Mk	Lk	
201	**Mt 12,11** ... τίς ἔσται ἐξ ὑμῶν ἄνθρωπος ὃς ἕξει πρόβατον ἓν καὶ ἐὰν ἐμπέσῃ τοῦτο τοῖς σάββασιν **εἰς βόθυνον,** οὐχὶ κρατήσει αὐτὸ καὶ ἐγερεῖ;		**Lk 14,5** → Lk 13,15 ... τίνος ὑμῶν υἱὸς ἢ βοῦς **εἰς φρέαρ** πεσεῖται, καὶ οὐκ εὐθέως ἀνασπάσει αὐτὸν ἐν ἡμέρᾳ τοῦ σαββάτου;	
202	**Mt 15,14** ἄφετε αὐτούς· τυφλοί εἰσιν ὁδηγοί [τυφλῶν]· τυφλὸς δὲ τυφλὸν ἐὰν ὁδηγῇ, ἀμφότεροι **εἰς βόθυνον** πεσοῦνται.		**Lk 6,39** ... μήτι δύναται τυφλὸς τυφλὸν ὁδηγεῖν; οὐχὶ ἀμφότεροι **εἰς βόθυνον** ἐμπεσοῦνται;	→ GTh 34

βολή	Syn	Mt	Mk	Lk	Acts	Jn	1-3John	Paul	Eph	Col
	1			1						
	NT	2Thess	1/2Tim	Tit	Heb	Jas	1Pet	2Pet	Jude	Rev
	1									

a throw (of a stone)

	Mt		Mk		Lk		
112	Mt 26,39	καὶ προελθὼν **μικρὸν** ἔπεσεν ἐπὶ πρόσωπον αὐτοῦ προσευχόμενος ...	Mk 14,35	καὶ προελθὼν **μικρὸν** ἔπιπτεν ἐπὶ τῆς γῆς καὶ προσηύχετο ...	Lk 22,41	καὶ αὐτὸς ἀπεσπάσθη ἀπ' αὐτῶν **ὡσεὶ λίθου βολὴν** καὶ θεὶς τὰ γόνατα προσηύχετο	

βορρᾶς	Syn	Mt	Mk	Lk	Acts	Jn	1-3John	Paul	Eph	Col
	1			1						
	NT	2Thess	1/2Tim	Tit	Heb	Jas	1Pet	2Pet	Jude	Rev
	2									1

the north

	Mt		Mk		Lk		
102	Mt 8,11 →Lk 13,28	... πολλοὶ ἀπὸ ἀνατολῶν καὶ δυσμῶν ἥξουσιν καὶ ἀνακλιθήσονται μετὰ Ἀβραὰμ καὶ Ἰσαὰκ καὶ Ἰακὼβ ἐν τῇ βασιλείᾳ τῶν οὐρανῶν			Lk 13,29	καὶ ἥξουσιν ἀπὸ ἀνατολῶν καὶ δυσμῶν καὶ **ἀπὸ βορρᾶ** καὶ νότου καὶ ἀνακλιθήσονται ἐν τῇ βασιλείᾳ τοῦ θεοῦ.	

βόσκω	Syn	Mt	Mk	Lk	Acts	Jn	1-3John	Paul	Eph	Col
	7	2	2	3		2				
	NT	2Thess	1/2Tim	Tit	Heb	Jas	1Pet	2Pet	Jude	Rev
	9									

tend; feed; *middle:* graze; feed

	Mt		Mk		Lk		
222	Mt 8,30	ἦν δὲ μακρὰν ἀπ' αὐτῶν ἀγέλη χοίρων πολλῶν **βοσκομένη.**	Mk 5,11	ἦν δὲ ἐκεῖ πρὸς τῷ ὄρει ἀγέλη χοίρων μεγάλη **βοσκομένη·**	Lk 8,32	ἦν δὲ ἐκεῖ ἀγέλη χοίρων ἱκανῶν **βοσκομένη** ἐν τῷ ὄρει· ...	
222	Mt 8,33	**οἱ δὲ βόσκοντες** ἔφυγον, καὶ ἀπελθόντες εἰς τὴν πόλιν ἀπήγγειλαν πάντα καὶ τὰ τῶν δαιμονιζομένων.	Mk 5,14	**καὶ οἱ βόσκοντες** αὐτοὺς ἔφυγον καὶ ἀπήγγειλαν εἰς τὴν πόλιν καὶ εἰς τοὺς ἀγρούς· ...	Lk 8,34	ἰδόντες **δὲ οἱ βόσκοντες** τὸ γεγονὸς ἔφυγον καὶ ἀπήγγειλαν εἰς τὴν πόλιν καὶ εἰς τοὺς ἀγρούς.	
002					Lk 15,15	... καὶ ἔπεμψεν αὐτὸν εἰς τοὺς ἀγροὺς αὐτοῦ **βόσκειν** χοίρους	

βουλεύομαι	Syn 1	Mt	Mk	Lk 1	Acts 1	Jn 2	1-3John	Paul 2	Eph	Col
	NT 6	2Thess	1/2Tim	Tit	Heb	Jas	1Pet	2Pet	Jude	Rev

plan; decide; deliberate; consider

	Mt	Mk	Lk	
002			**Lk 14,31** ἢ τίς βασιλεὺς πορευόμενος ἑτέρῳ βασιλεῖ συμβαλεῖν εἰς πόλεμον οὐχὶ καθίσας πρῶτον **βουλεύσεται** εἰ δυνατός ἐστιν ἐν δέκα χιλιάσιν ὑπαντῆσαι τῷ μετὰ εἴκοσι χιλιάδων ἐρχομένῳ ἐπ' αὐτόν;	

Acts 27,39 ... κόλπον δέ τινα κατενόουν ἔχοντα αἰγιαλὸν εἰς ὃν **ἐβουλεύοντο** εἰ δύναιντο ἐξῶσαι τὸ πλοῖον.

βουλευτής	Syn 2	Mt	Mk 1	Lk 1	Acts	Jn	1-3John	Paul	Eph	Col
	NT 2	2Thess	1/2Tim	Tit	Heb	Jas	1Pet	2Pet	Jude	Rev

council member (of the Sanhedrin)

	Mt	Mk	Lk	
122	**Mt 27,57** ... ἦλθεν ἄνθρωπος πλούσιος ἀπὸ Ἁριμαθαίας, τοὔνομα Ἰωσήφ, ὃς καὶ αὐτὸς ἐμαθητεύθη τῷ Ἰησοῦ·	**Mk 15,43** ἐλθὼν Ἰωσὴφ [ὁ] ἀπὸ Ἁριμαθαίας **εὐσχήμων βουλευτής,** ὃς καὶ αὐτὸς ἦν προσδεχόμενος τὴν βασιλείαν τοῦ θεοῦ, ...	**Lk 23,50** καὶ ἰδοὺ ἀνὴρ ὀνόματι Ἰωσὴφ **βουλευτὴς ὑπάρχων** [καὶ] ἀνὴρ ἀγαθὸς καὶ δίκαιος [51] ... ἀπὸ Ἁριμαθαίας πόλεως τῶν Ἰουδαίων, ὃς προσεδέχετο τὴν βασιλείαν τοῦ θεοῦ	→ Jn 19,38

βουλή	Syn 2	Mt	Mk	Lk 2	Acts 7	Jn	1-3John	Paul 1	Eph 1	Col
	NT 12	2Thess	1/2Tim	Tit	Heb 1	Jas	1Pet	2Pet	Jude	Rev

purpose; intention; plan; decision

a βουλὴ τοῦ θεοῦ

	Mt	Mk	Lk	
a 102	**Mt 21,32** → Lk 7,29 ἦλθεν γὰρ Ἰωάννης πρὸς ὑμᾶς ἐν ὁδῷ δικαιοσύνης, καὶ οὐκ ἐπιστεύσατε αὐτῷ, ...		**Lk 7,30** οἱ δὲ Φαρισαῖοι καὶ οἱ νομικοὶ **τὴν βουλὴν τοῦ θεοῦ** ἠθέτησαν εἰς ἑαυτοὺς μὴ βαπτισθέντες ὑπ' αὐτοῦ.	

	Mt	Mk	Lk	
112	**Mt 27,57** ὀψίας δὲ γενομένης ἦλθεν ἄνθρωπος πλούσιος ἀπὸ Ἁριμαθαίας, τοὔνομα Ἰωσήφ, ὃς καὶ αὐτὸς ἐμαθητεύθη τῷ Ἰησοῦ·	**Mk 15,43** ἐλθὼν Ἰωσὴφ [ὁ] ἀπὸ Ἁριμαθαίας εὐσχήμων βουλευτής, ὃς καὶ αὐτὸς ἦν προσδεχόμενος τὴν βασιλείαν τοῦ θεοῦ, ...	**Lk 23,51** [50] καὶ ἰδοὺ ἀνὴρ ὀνόματι Ἰωσὴφ βουλευτὴς ὑπάρχων [καὶ] ἀνὴρ ἀγαθὸς καὶ δίκαιος [51] - οὗτος οὐκ ἦν συγκατατεθειμένος **τῇ βουλῇ** καὶ τῇ πράξει αὐτῶν - ἀπὸ Ἁριμαθαίας πόλεως τῶν Ἰουδαίων, ὃς προσεδέχετο τὴν βασιλείαν τοῦ θεοῦ	→ Jn 19,38

a **Acts 2,23** τοῦτον
τῇ ὡρισμένῃ βουλῇ καὶ προγνώσει τοῦ θεοῦ
ἔκδοτον διὰ χειρὸς ἀνόμων προσπήξαντες ἀνείλατε

Acts 4,28 ποιῆσαι ὅσα ἡ χείρ σου καὶ
ἡ βουλή [σου]
προώρισεν γενέσθαι.

Acts 5,38 ... ὅτι ἐὰν ᾖ ἐξ ἀνθρώπων
ἡ βουλὴ αὕτη
ἢ τὸ ἔργον τοῦτο, καταλυθήσεται

a **Acts 13,36** Δαυὶδ μὲν γὰρ ἰδίᾳ γενεᾷ ὑπηρετήσας
τῇ τοῦ θεοῦ βουλῇ
ἐκοιμήθη καὶ προσετέθη πρὸς τοὺς πατέρας αὐτοῦ ...

a **Acts 20,27** οὐ γὰρ ὑπεστειλάμην τοῦ μὴ ἀναγγεῖλαι πᾶσαν
τὴν βουλὴν τοῦ θεοῦ
ὑμῖν.

Acts 27,12 ... οἱ πλείονες ἔθεντο
βουλὴν
ἀναχθῆναι ἐκεῖθεν, εἴ πως δύναιντο καταντήσαντες εἰς Φοίνικα παραχειμάσαι λιμένα τῆς Κρήτης ...

Acts 27,42 **τῶν δὲ στρατιωτῶν βουλὴ**
ἐγένετο ἵνα τοὺς δεσμώτας ἀποκτείνωσιν, μή τις ἐκκολυμβήσας διαφύγῃ.

βούλομαι

	Mt	Mk	Lk	Acts	Jn	1-3John	Paul	Eph	Col
Syn 5	2	1	2	14	1	2	5		
	2Thess	**1/2Tim**	**Tit**	**Heb**	**Jas**	**1Pet**	**2Pet**	**Jude**	**Rev**
NT 37		3	1	1	3		1	1	

want; desire; wish; be willing; intend; plan

	Mt	Mk	Lk	
200	**Mt 1,19** Ἰωσὴφ δὲ ὁ ἀνὴρ αὐτῆς, δίκαιος ὢν καὶ μὴ θέλων αὐτὴν δειγματίσαι, **ἐβουλήθη** λάθρᾳ ἀπολῦσαι αὐτήν.			
202	**Mt 11,27** → Mt 28,18 πάντα μοι παρεδόθη ὑπὸ τοῦ πατρός μου, καὶ οὐδεὶς ἐπιγινώσκει τὸν υἱὸν εἰ μὴ ὁ πατήρ, οὐδὲ τὸν πατέρα τις ἐπιγινώσκει εἰ μὴ ὁ υἱὸς καὶ ᾧ ἐὰν **βούληται** ὁ υἱὸς ἀποκαλύψαι.		**Lk 10,22** → Mt 28,18 πάντα μοι παρεδόθη ὑπὸ τοῦ πατρός μου, καὶ οὐδεὶς γινώσκει τίς ἐστιν ὁ υἱὸς εἰ μὴ ὁ πατήρ, καὶ τίς ἐστιν ὁ πατὴρ εἰ μὴ ὁ υἱὸς καὶ ᾧ ἐὰν **βούληται** ὁ υἱὸς ἀποκαλύψαι.	→ GTh 61,3
112	**Mt 26,39** ... πάτερ μου, **εἰ δυνατόν ἐστιν,** παρελθάτω ἀπ' ἐμοῦ τὸ ποτήριον τοῦτο· ...	**Mk 14,36** ... αββα ὁ πατήρ, **πάντα δυνατά σοι·** παρένεγκε τὸ ποτήριον τοῦτο ἀπ' ἐμοῦ· ...	**Lk 22,42** → Mt 26,42 ... πάτερ, **εἰ βούλει** παρένεγκε τοῦτο τὸ ποτήριον ἀπ' ἐμοῦ· ...	→ Jn 18,11
121	**Mt 27,24** ἰδὼν δὲ ὁ Πιλᾶτος ὅτι οὐδὲν ὠφελεῖ ἀλλὰ μᾶλλον θόρυβος γίνεται, ... [26] τότε ἀπέλυσεν αὐτοῖς τὸν Βαραββᾶν, ...	**Mk 15,15** ὁ δὲ Πιλᾶτος **βουλόμενος** τῷ ὄχλῳ τὸ ἱκανὸν ποιῆσαι ἀπέλυσεν αὐτοῖς τὸν Βαραββᾶν, ...	**Lk 23,24** καὶ Πιλᾶτος **ἐπέκρινεν** γενέσθαι τὸ αἴτημα αὐτῶν· [25] ἀπέλυσεν δὲ τὸν διὰ στάσιν καὶ φόνον βεβλημένον εἰς φυλακὴν ὃν ᾐτοῦντο	

Acts 5,28 (→ Mt 27,25) ... καὶ **βούλεσθε** ἐπαγαγεῖν ἐφ' ἡμᾶς τὸ αἷμα τοῦ ἀνθρώπου τούτου.

Acts 5,33 οἱ δὲ ἀκούσαντες διεπρίοντο καὶ **ἐβούλοντο** ἀνελεῖν αὐτούς.

Acts 12,4 ὃν καὶ πιάσας ἔθετο εἰς φυλακήν ... **βουλόμενος** μετὰ τὸ πάσχα ἀναγαγεῖν αὐτὸν τῷ λαῷ.

Acts 15,37 Βαρναβᾶς δὲ **ἐβούλετο** συμπαραλαβεῖν καὶ τὸν Ἰωάννην τὸν καλούμενον Μᾶρκον·

Acts 17,20 ξενίζοντα γάρ τινα εἰσφέρεις εἰς τὰς ἀκοὰς ἡμῶν· **βουλόμεθα** οὖν γνῶναι τίνα θέλει ταῦτα εἶναι.

Acts 18,15 ... κριτὴς ἐγὼ τούτων **οὐ βούλομαι** εἶναι.

Acts 18,27 **βουλομένου** δὲ αὐτοῦ διελθεῖν εἰς τὴν Ἀχαΐαν, προτρεψάμενοι οἱ ἀδελφοὶ ἔγραψαν τοῖς μαθηταῖς ἀποδέξασθαι αὐτόν, ...

Acts 19,30 Παύλου δὲ **βουλομένου** εἰσελθεῖν εἰς τὸν δῆμον οὐκ εἴων αὐτὸν οἱ μαθηταί·

Acts 22,30 τῇ δὲ ἐπαύριον **βουλόμενος** γνῶναι τὸ ἀσφαλές, τὸ τί κατηγορεῖται ὑπὸ τῶν Ἰουδαίων, ...

Acts 23,28 **βουλόμενός** τε ἐπιγνῶναι τὴν αἰτίαν δι' ἣν ἐνεκάλουν αὐτῷ, κατήγαγον εἰς τὸ συνέδριον αὐτῶν

Acts 25,20 ... ἔλεγον εἰ **βούλοιτο** πορεύεσθαι εἰς Ἱεροσόλυμα ...

Acts 25,22 Ἀγρίππας δὲ πρὸς τὸν Φῆστον· **ἐβουλόμην** καὶ αὐτὸς τοῦ ἀνθρώπου ἀκοῦσαι. ...

Acts 27,43 ὁ δὲ ἑκατοντάρχης **βουλόμενος** διασῶσαι τὸν Παῦλον ἐκώλυσεν αὐτοὺς τοῦ βουλήματος, ...

Acts 28,18 οἵτινες ἀνακρίναντές με **ἐβούλοντο** ἀπολῦσαι ...

βουνός	Syn	Mt	Mk	Lk	Acts	Jn	1-3John	Paul	Eph	Col
	2			2						
	NT	2Thess	1/2Tim	Tit	Heb	Jas	1Pet	2Pet	Jude	Rev
	2									

hill

002		**Lk 3,5**	*πᾶσα φάραγξ πληρωθήσεται καὶ πᾶν ὄρος καὶ* ***βουνὸς*** *ταπεινωθήσεται, ...* ➤ Isa 40,4 LXX
002		**Lk 23,30**	τότε ἄρξονται *λέγειν τοῖς ὄρεσιν· πέσετε ἐφ' ἡμᾶς, καὶ* ***τοῖς βουνοῖς·*** *καλύψατε ἡμᾶς·* ➤ Hos 10,8

βοῦς	Syn	Mt	Mk	Lk	Acts	Jn	1-3John	Paul	Eph	Col
	3			3		2		2		
	NT	2Thess	1/2Tim	Tit	Heb	Jas	1Pet	2Pet	Jude	Rev
	8		1							

ox

002		**Lk 13,15** → Mt 12,11 ↓ Lk 14,5	... ὑποκριταί, ἕκαστος ὑμῶν τῷ σαββάτῳ οὐ λύει **τὸν βοῦν αὐτοῦ** ἢ τὸν ὄνον ἀπὸ τῆς φάτνης καὶ ἀπαγαγὼν ποτίζει;

	Mt		Mk		Lk		
102	**Mt 12,11**	... τίς ἔσται ἐξ ὑμῶν ἄνθρωπος ὃς ἕξει **πρόβατον ἕν** καὶ ἐὰν ἐμπέσῃ τοῦτο τοῖς σάββασιν εἰς βόθυνον, οὐχὶ κρατήσει αὐτὸ καὶ ἐγερεῖ;			**Lk 14,5** ↑Lk 13,15	... τίνος ὑμῶν υἱὸς ἢ **βοῦς** εἰς φρέαρ πεσεῖται, καὶ οὐκ εὐθέως ἀνασπάσει αὐτὸν ἐν ἡμέρᾳ τοῦ σαββάτου;	
102	**Mt 22,5**	οἱ δὲ ἀμελήσαντες ἀπῆλθον, ὃς μὲν εἰς τὸν ἴδιον ἀγρόν, ὃς δὲ ἐπὶ τὴν ἐμπορίαν αὐτοῦ·			**Lk 14,19**	[18] καὶ ἤρξαντο ἀπὸ μιᾶς πάντες παραιτεῖσθαι. ὁ πρῶτος εἶπεν αὐτῷ· ἀγρὸν ἠγόρασα ... [19] καὶ ἕτερος εἶπεν· **ζεύγη βοῶν** ἠγόρασα πέντε καὶ πορεύομαι δοκιμάσαι αὐτά· ...	→ GTh 64

βραδύς	Syn	Mt	Mk	Lk	Acts	Jn	1-3John	Paul	Eph	Col
	1			1						
	NT	2Thess	1/2Tim	Tit	Heb	Jas	1Pet	2Pet	Jude	Rev
	3					2				

slow

	Mt	Mk		Lk	
002			**Lk 24,25**	... ὦ ἀνόητοι καὶ **βραδεῖς** τῇ καρδίᾳ τοῦ πιστεύειν ἐπὶ πᾶσιν οἷς ἐλάλησαν οἱ προφῆται·	

βραχίων	Syn	Mt	Mk	Lk	Acts	Jn	1-3John	Paul	Eph	Col
	1			1	1	1				
	NT	2Thess	1/2Tim	Tit	Heb	Jas	1Pet	2Pet	Jude	Rev
	3									

arm

	Mt	Mk		Lk	
002			**Lk 1,51**	ἐποίησεν κράτος **ἐν βραχίονι αὐτοῦ,** διεσκόρπισεν ὑπερηφάνους διανοίᾳ καρδίας αὐτῶν·	

Acts 13,17 ... καὶ
μετὰ βραχίονος ὑψηλοῦ
ἐξήγαγεν αὐτοὺς
ἐξ αὐτῆς

βραχύς	Syn	Mt	Mk	Lk	Acts	Jn	1-3John	Paul	Eph	Col
	1			1	2	1				
	NT	2Thess	1/2Tim	Tit	Heb	Jas	1Pet	2Pet	Jude	Rev
	7				3					

little; short; small

	Mt		Mk		Lk		
112	**Mt 26,71**	ἐξελθόντα δὲ εἰς τὸν πυλῶνα εἶδεν αὐτὸν ἄλλη καὶ λέγει τοῖς ἐκεῖ· οὗτος ἦν μετὰ Ἰησοῦ τοῦ Ναζωραίου.	**Mk 14,69**	[68] ... καὶ ἐξῆλθεν ἔξω εἰς τὸ προαύλιον ... [69] καὶ ἡ παιδίσκη ἰδοῦσα αὐτὸν ἤρξατο πάλιν λέγειν τοῖς παρεστῶσιν ὅτι οὗτος ἐξ αὐτῶν ἐστιν.	**Lk 22,58**	καὶ **μετὰ βραχὺ** ἕτερος ἰδὼν αὐτὸν ἔφη· καὶ σὺ ἐξ αὐτῶν εἶ. ...	→ Jn 18,25

Acts 5,34 ἀναστὰς δέ τις ἐν τῷ συνεδρίῳ Φαρισαῖος ὀνόματι Γαμαλιήλ, νομοδιδάσκαλος τίμιος παντὶ τῷ λαῷ, ἐκέλευσεν ἔξω **βραχὺ** τοὺς ἀνθρώπους ποιῆσαι

Acts 27,28 καὶ βολίσαντες εὗρον ὀργυιὰς εἴκοσι, **βραχὺ** δὲ διαστήσαντες καὶ πάλιν βολίσαντες εὗρον ὀργυιὰς δεκαπέντε·

βρέφος	Syn 5	Mt	Mk	Lk 5	Acts 1	Jn	1-3John	Paul	Eph	Col
	NT 8	2Thess	1/2Tim 1	Tit	Heb	Jas	1Pet 1	2Pet	Jude	Rev

baby; infant; childhood

002			**Lk 1,41** καὶ ἐγένετο ὡς ἤκουσεν τὸν ἀσπασμὸν τῆς Μαρίας ἡ Ἐλισάβετ, ἐσκίρτησεν **τὸ βρέφος** ἐν τῇ κοιλίᾳ αὐτῆς, ...	
002			**Lk 1,44** ἰδοὺ γὰρ ὡς ἐγένετο ἡ φωνὴ τοῦ ἀσπασμοῦ σου εἰς τὰ ὦτά μου, ἐσκίρτησεν ἐν ἀγαλλιάσει **τὸ βρέφος** ἐν τῇ κοιλίᾳ μου.	
002			**Lk 2,12** καὶ τοῦτο ὑμῖν τὸ σημεῖον, εὑρήσετε **βρέφος** ἐσπαργανωμένον καὶ κείμενον ἐν φάτνῃ.	
002			**Lk 2,16** καὶ ἦλθαν σπεύσαντες καὶ ἀνεῦραν τήν τε Μαριὰμ καὶ τὸν Ἰωσὴφ καὶ **τὸ βρέφος** κείμενον ἐν τῇ φάτνῃ·	
112	**Mt 19,13** τότε προσηνέχθησαν αὐτῷ **παιδία** ἵνα τὰς χεῖρας ἐπιθῇ αὐτοῖς καὶ προσεύξηται· ...	**Mk 10,13** καὶ προσέφερον αὐτῷ **παιδία** ἵνα αὐτῶν ἅψηται· ...	**Lk 18,15** προσέφερον δὲ αὐτῷ καὶ **τὰ βρέφη** ἵνα αὐτῶν ἅπτηται· ...	→ GTh 22

Acts 7,19 ... ἐκάκωσεν τοὺς πατέρας [ἡμῶν] τοῦ ποιεῖν **τὰ βρέφη ἔκθετα αὐτῶν** εἰς τὸ μὴ ζῳογονεῖσθαι.

βρέχω	Syn 4	Mt 1	Mk	Lk 3	Acts	Jn	1-3John	Paul	Eph	Col
	NT 7	2Thess	1/2Tim	Tit	Heb	Jas 2	1Pet	2Pet	Jude	Rev 1

rain; send rain; wet

201	Mt 5,45	... ὅτι τὸν ἥλιον αὐτοῦ ἀνατέλλει ἐπὶ πονηροὺς καὶ ἀγαθοὺς καὶ **βρέχει** ἐπὶ δικαίους καὶ ἀδίκους.			Lk 6,35	... ὅτι αὐτὸς χρηστός ἐστιν ἐπὶ τοὺς ἀχαρίστους καὶ πονηρούς.	→ GTh 3 (POxy 654)
002	Mt 26,7	προσῆλθεν αὐτῷ γυνὴ ἔχουσα ἀλάβαστρον μύρου βαρυτίμου καὶ κατέχεεν ἐπὶ τῆς κεφαλῆς αὐτοῦ ἀνακειμένου.	Mk 14,3	... ἦλθεν γυνὴ ἔχουσα ἀλάβαστρον μύρου νάρδου πιστικῆς πολυτελοῦς, συντρίψασα τὴν ἀλάβαστρον κατέχεεν αὐτοῦ τῆς κεφαλῆς.	Lk 7,38	[37] καὶ ἰδοὺ γυνὴ ... κομίσασα ἀλάβαστρον μύρου [38] καὶ στᾶσα ὀπίσω παρὰ τοὺς πόδας αὐτοῦ κλαίουσα τοῖς δάκρυσιν ἤρξατο **βρέχειν** τοὺς πόδας αὐτοῦ καὶ ταῖς θριξὶν τῆς κεφαλῆς αὐτῆς ἐξέμασσεν καὶ κατεφίλει τοὺς πόδας αὐτοῦ καὶ ἤλειφεν τῷ μύρῳ.	→ Jn 12,3
002					Lk 7,44	... αὕτη δὲ τοῖς δάκρυσιν **ἔβρεξέν** μου τοὺς πόδας καὶ ταῖς θριξὶν αὐτῆς ἐξέμαξεν.	
002					Lk 17,29	ᾗ δὲ ἡμέρᾳ ἐξῆλθεν Λὼτ ἀπὸ Σοδόμων, **ἔβρεξεν** πῦρ καὶ θεῖον ἀπ' οὐρανοῦ καὶ ἀπώλεσεν πάντας.	

βροντή	Syn 1	Mt	Mk 1	Lk	Acts	Jn 1	1-3John	Paul	Eph	Col
	NT 12	2Thess	1/2Tim	Tit	Heb	Jas	1Pet	2Pet	Jude	Rev 10

thunder

121	Mt 10,2	... καὶ Ἰάκωβος ὁ τοῦ Ζεβεδαίου καὶ Ἰωάννης ὁ ἀδελφὸς αὐτοῦ	Mk 3,17	καὶ Ἰάκωβον τὸν τοῦ Ζεβεδαίου καὶ Ἰωάννην τὸν ἀδελφὸν τοῦ Ἰακώβου καὶ ἐπέθηκεν αὐτοῖς ὀνόμα[τα] Βοανηργές, ὅ ἐστιν **υἱοὶ βροντῆς·**	Lk 6,14	... καὶ Ἰάκωβον καὶ Ἰωάννην ...	

βροχή	Syn 2	Mt 2	Mk	Lk	Acts	Jn	1-3John	Paul	Eph	Col
	NT 2	2Thess	1/2Tim	Tit	Heb	Jas	1Pet	2Pet	Jude	Rev

rain

201	**Mt 7,25** καὶ κατέβη ἡ βροχὴ καὶ ἦλθον οἱ ποταμοὶ καὶ ἔπνευσαν οἱ ἄνεμοι καὶ προσέπεσαν τῇ οἰκίᾳ ἐκείνῃ, καὶ οὐκ ἔπεσεν, τεθεμελίωτο γὰρ ἐπὶ τὴν πέτραν.		**Lk 6,48** ... πλημμύρης δὲ γενομένης προσέρηξεν ὁ ποταμὸς τῇ οἰκίᾳ ἐκείνῃ, καὶ οὐκ ἴσχυσεν σαλεῦσαι αὐτὴν διὰ τὸ καλῶς οἰκοδομῆσθαι αὐτήν.
201	**Mt 7,27** καὶ κατέβη ἡ βροχὴ καὶ ἦλθον οἱ ποταμοὶ καὶ ἔπνευσαν οἱ ἄνεμοι καὶ προσέκοψαν τῇ οἰκίᾳ ἐκείνῃ, καὶ ἔπεσεν, καὶ ἦν ἡ πτῶσις αὐτῆς μεγάλη.		**Lk 6,49** ... ᾗ προσέρηξεν ὁ ποταμός, καὶ εὐθὺς συνέπεσεν καὶ ἐγένετο τὸ ῥῆγμα τῆς οἰκίας ἐκείνης μέγα.

βρυγμός	Syn 7	Mt 6	Mk	Lk 1	Acts	Jn	1-3John	Paul	Eph	Col
	NT 7	2Thess	1/2Tim	Tit	Heb	Jas	1Pet	2Pet	Jude	Rev

grinding; gnashing

202	**Mt 8,12** → Lk 13,29 [11] ... καὶ ἀνακλιθήσονται μετὰ Ἀβραὰμ καὶ Ἰσαὰκ καὶ Ἰακὼβ ἐν τῇ βασιλείᾳ τῶν οὐρανῶν, [12] οἱ δὲ υἱοὶ τῆς βασιλείας ἐκβληθήσονται εἰς τὸ σκότος τὸ ἐξώτερον· ἐκεῖ ἔσται ὁ κλαυθμὸς καὶ ὁ βρυγμὸς τῶν ὀδόντων.		**Lk 13,28** ἐκεῖ ἔσται ὁ κλαυθμὸς καὶ ὁ βρυγμὸς τῶν ὀδόντων, ὅταν ὄψεσθε Ἀβραὰμ καὶ Ἰσαὰκ καὶ Ἰακὼβ καὶ πάντας τοὺς προφήτας ἐν τῇ βασιλείᾳ τοῦ θεοῦ, ὑμᾶς δὲ ἐκβαλλομένους ἔξω.
200	**Mt 13,42** → Mt 25,46 καὶ *βαλοῦσιν αὐτοὺς εἰς τὴν κάμινον τοῦ πυρός·* ἐκεῖ ἔσται ὁ κλαυθμὸς καὶ ὁ βρυγμὸς τῶν ὀδόντων. ➢ Dan 3,6		
200	**Mt 13,50** → Mt 25,46 καὶ *βαλοῦσιν αὐτοὺς εἰς τὴν κάμινον τοῦ πυρός·* ἐκεῖ ἔσται ὁ κλαυθμὸς καὶ ὁ βρυγμὸς τῶν ὀδόντων. ➢ Dan 3,6		

	Mt	Mk	Lk	
200	**Mt 22,13** ... δήσαντες αὐτοῦ πόδας καὶ χεῖρας ἐκβάλετε αὐτὸν εἰς τὸ σκότος τὸ ἐξώτερον· ἐκεῖ ἔσται ὁ κλαυθμὸς καὶ **ὁ βρυγμὸς τῶν ὀδόντων.**			
201	**Mt 24,51** καὶ διχοτομήσει αὐτὸν καὶ τὸ μέρος αὐτοῦ μετὰ τῶν ὑποκριτῶν θήσει· ἐκεῖ ἔσται ὁ κλαυθμὸς καὶ **ὁ βρυγμὸς τῶν ὀδόντων.**		**Lk 12,46** ... καὶ διχοτομήσει αὐτὸν καὶ τὸ μέρος αὐτοῦ μετὰ τῶν ἀπίστων θήσει.	
200	**Mt 25,30** καὶ τὸν ἀχρεῖον δοῦλον ἐκβάλετε εἰς τὸ σκότος τὸ ἐξώτερον· ἐκεῖ ἔσται ὁ κλαυθμὸς καὶ **ὁ βρυγμὸς τῶν ὀδόντων.**			

βρῶμα

Syn	Mt	Mk	Lk	Acts	Jn	1-3John	Paul	Eph	Col
4	1	1	2		1		9		
NT	**2Thess**	**1/2Tim**	**Tit**	**Heb**	**Jas**	**1Pet**	**2Pet**	**Jude**	**Rev**
17		1		2					

(solid) food

	Mt	Mk	Lk	
002			**Lk 3,11** ... ὁ ἔχων δύο χιτῶνας μεταδότω τῷ μὴ ἔχοντι, καὶ ὁ ἔχων **βρώματα** ὁμοίως ποιείτω.	
211	**Mt 14,15** ↓ Mt 14,16 → Mt 15,32 ... ἀπόλυσον τοὺς ὄχλους, ἵνα ἀπελθόντες εἰς τὰς κώμας ἀγοράσωσιν ἑαυτοῖς **βρώματα.**	**Mk 6,36** ↓ Mk 6,37 → Mk 8,3 ἀπόλυσον αὐτούς, ἵνα ἀπελθόντες εἰς τοὺς κύκλῳ ἀγροὺς καὶ κώμας ἀγοράσωσιν ἑαυτοῖς **τί φάγωσιν.**	**Lk 9,12** ↓ Lk 9,13 ... ἀπόλυσον τὸν ὄχλον, ἵνα πορευθέντες εἰς τὰς κύκλῳ κώμας καὶ ἀγροὺς καταλύσωσιν καὶ εὕρωσιν **ἐπισιτισμόν, ...**	
112	**Mt 14,16** ↑ Mt 14,15 → Mt 15,33 [16] ὁ δὲ [Ἰησοῦς] εἶπεν αὐτοῖς· οὐ χρείαν ἔχουσιν ἀπελθεῖν, δότε αὐτοῖς ὑμεῖς φαγεῖν. [17] οἱ δὲ λέγουσιν αὐτῷ· οὐκ ἔχομεν ὧδε εἰ μὴ πέντε ἄρτους καὶ δύο ἰχθύας.	**Mk 6,37** ↑ Mk 6,36 → Mk 8,4 ὁ δὲ ἀποκριθεὶς εἶπεν αὐτοῖς· δότε αὐτοῖς ὑμεῖς φαγεῖν. καὶ λέγουσιν αὐτῷ· ἀπελθόντες ἀγοράσωμεν δηναρίων διακοσίων **ἄρτους** καὶ δώσομεν αὐτοῖς φαγεῖν; [38] ὁ δὲ λέγει αὐτοῖς· πόσους ἄρτους ἔχετε; ὑπάγετε ἴδετε. καὶ γνόντες λέγουσιν· πέντε, καὶ δύο ἰχθύας.	**Lk 9,13** ↑ Lk 9,12 εἶπεν δὲ πρὸς αὐτούς· δότε αὐτοῖς ὑμεῖς φαγεῖν. οἱ δὲ εἶπαν· οὐκ εἰσὶν ἡμῖν πλεῖον ἢ ἄρτοι πέντε καὶ ἰχθύες δύο, εἰ μήτι πορευθέντες ἡμεῖς ἀγοράσωμεν εἰς πάντα τὸν λαὸν τοῦτον **βρώματα.**	→ Jn 6,5 → Jn 6,7.9
120	**Mt 15,17** ... εἰς τὴν κοιλίαν χωρεῖ καὶ εἰς ἀφεδρῶνα ἐκβάλλεται;	**Mk 7,19** ὅτι οὐκ εἰσπορεύεται αὐτοῦ εἰς τὴν καρδίαν ἀλλ' εἰς τὴν κοιλίαν, καὶ εἰς τὸν ἀφεδρῶνα ἐκπορεύεται, καθαρίζων **πάντα τὰ βρώματα;**		→ GTh 14,5

βρώσιμος	Syn 1	Mt	Mk	Lk 1	Acts	Jn	1-3John	Paul	Eph	Col
	NT 1	2Thess	1/2Tim	Tit	Heb	Jas	1Pet	2Pet	Jude	Rev

eatable

	Mt		Mk		Lk		
002					**Lk 24,41**	ἔτι δὲ ἀπιστούντων αὐτῶν ἀπὸ τῆς χαρᾶς καὶ θαυμαζόντων εἶπεν αὐτοῖς· ἔχετέ τι **βρώσιμον** ἐνθάδε;	→ Jn 20,20.27 → Jn 21,5

βρῶσις	Syn 2	Mt 2	Mk	Lk	Acts	Jn 4	1-3John	Paul 3	Eph	Col 1
	NT 11	2Thess	1/2Tim	Tit	Heb 1	Jas	1Pet	2Pet	Jude	Rev

food; eating; a meal; rust

	Mt		Mk		Lk		
200	**Mt 6,19** → Lk 12,21 ↓ Lk 12,33	μὴ θησαυρίζετε ὑμῖν θησαυροὺς ἐπὶ τῆς γῆς, ὅπου σὴς καὶ **βρῶσις** ἀφανίζει καὶ ὅπου κλέπται διορύσσουσιν καὶ κλέπτουσιν·					
201	**Mt 6,20** → Mt 19,21	θησαυρίζετε δὲ ὑμῖν θησαυροὺς ἐν οὐρανῷ, ὅπου οὔτε σὴς **οὔτε βρῶσις** ἀφανίζει, καὶ ὅπου κλέπται οὐ διορύσσουσιν οὐδὲ κλέπτουσιν·	→ Mk 10,21		**Lk 12,33** ↑ Mt 6,19 → Lk 14,33 → Lk 16,9 → Lk 18,22	πωλήσατε τὰ ὑπάρχοντα ὑμῶν καὶ δότε ἐλεημοσύνην· ποιήσατε ἑαυτοῖς βαλλάντια μὴ παλαιούμενα, θησαυρὸν ἀνέκλειπτον ἐν τοῖς οὐρανοῖς, ὅπου κλέπτης οὐκ ἐγγίζει οὐδὲ σὴς διαφθείρει·	→ GTh 76,3

βυθίζω	Syn 1	Mt	Mk	Lk 1	Acts	Jn	1-3John	Paul	Eph	Col
	NT 2	2Thess	1/2Tim 1	Tit	Heb	Jas	1Pet	2Pet	Jude	Rev

sink; drag down; plunge

	Mt		Mk		Lk		
002					**Lk 5,7**	... ἔπλησαν ἀμφότερα τὰ πλοῖα ὥστε **βυθίζεσθαι** αὐτά.	

βύσσος	Syn 1	Mt	Mk	Lk 1	Acts	Jn	1-3John	Paul	Eph	Col
	NT 1	2Thess	1/2Tim	Tit	Heb	Jas	1Pet	2Pet	Jude	Rev

fine linen

	Mt		Mk		Lk		
002					**Lk 16,19**	ἄνθρωπος δέ τις ἦν πλούσιος, καὶ ἐνεδιδύσκετο πορφύραν καὶ **βύσσον** εὐφραινόμενος καθ' ἡμέραν λαμπρῶς.	

Γ

Γαβριήλ

Γαβριήλ	Syn 2	Mt	Mk	Lk 2	Acts	Jn	1-3John	Paul	Eph	Col
	NT 2	2Thess	1/2Tim	Tit	Heb	Jas	1Pet	2Pet	Jude	Rev

Gabriel

002					**Lk 1,19**	καὶ ἀποκριθεὶς ὁ ἄγγελος εἶπεν αὐτῷ· ἐγώ εἰμι **Γαβριὴλ** ὁ παρεστηκὼς ἐνώπιον τοῦ θεοῦ ...	
002					**Lk 1,26**	ἐν δὲ τῷ μηνὶ τῷ ἕκτῳ ἀπεστάλη **ὁ ἄγγελος Γαβριὴλ** ἀπὸ τοῦ θεοῦ εἰς πόλιν τῆς Γαλιλαίας ᾗ ὄνομα Ναζαρὲθ	

Γαδαρηνός

Γαδαρηνός	Syn 1	Mt 1	Mk	Lk	Acts	Jn	1-3John	Paul	Eph	Col
	NT 1	2Thess	1/2Tim	Tit	Heb	Jas	1Pet	2Pet	Jude	Rev

Gadarene

211	**Mt 8,28**	καὶ ἐλθόντος αὐτοῦ εἰς τὸ πέραν **εἰς τὴν χώραν τῶν Γαδαρηνῶν ...**	**Mk 5,1**	καὶ ἦλθον εἰς τὸ πέραν τῆς θαλάσσης **εἰς τὴν χώραν τῶν Γερασηνῶν.**	**Lk 8,26**	καὶ κατέπλευσαν **εἰς τὴν χώραν τῶν Γερασηνῶν,** ἥτις ἐστὶν ἀντιπέρα τῆς Γαλιλαίας.	

γαζοφυλάκιον

γαζοφυλάκιον	Syn 4	Mt	Mk 3	Lk 1	Acts	Jn 1	1-3John	Paul	Eph	Col
	NT 5	2Thess	1/2Tim	Tit	Heb	Jas	1Pet	2Pet	Jude	Rev

Temple treasury; offering box

021			**Mk 12,41 (2)**	καὶ καθίσας **κατέναντι τοῦ γαζοφυλακίου** ἐθεώρει	**Lk 21,1**	ἀναβλέψας δὲ εἶδεν	
022				πῶς ὁ ὄχλος βάλλει χαλκὸν **εἰς τὸ γαζοφυλάκιον.** καὶ πολλοὶ πλούσιοι ἔβαλλον πολλά·		τοὺς βάλλοντας **εἰς τὸ γαζοφυλάκιον** τὰ δῶρα αὐτῶν πλουσίους.	
021			**Mk 12,43**	... ἀμὴν λέγω ὑμῖν ὅτι ἡ χήρα αὕτη ἡ πτωχὴ πλεῖον πάντων ἔβαλεν τῶν βαλλόντων **εἰς τὸ γαζοφυλάκιον·**	**Lk 21,3**	... ἀληθῶς λέγω ὑμῖν ὅτι ἡ χήρα αὕτη ἡ πτωχὴ πλεῖον πάντων ἔβαλεν·	

# γαλήνη	Syn 3	Mt 1	Mk 1	Lk 1	Acts	Jn	1-3John	Paul	Eph	Col
	NT 3	2Thess	1/2Tim	Tit	Heb	Jas	1Pet	2Pet	Jude	Rev

calm (of the sea)

222	**Mt 8,26**	... τότε ἐγερθεὶς ἐπετίμησεν τοῖς ἀνέμοις καὶ τῇ θαλάσσῃ, καὶ ἐγένετο **γαλήνη μεγάλη.**	**Mk 4,39**	καὶ διεγερθεὶς ἐπετίμησεν τῷ ἀνέμῳ καὶ εἶπεν τῇ θαλάσσῃ· σιώπα, πεφίμωσο. καὶ ἐκόπασεν ὁ ἄνεμος καὶ ἐγένετο **γαλήνη μεγάλη.**	**Lk 8,24**	... ὁ δὲ διεγερθεὶς ἐπετίμησεν τῷ ἀνέμῳ καὶ τῷ κλύδωνι τοῦ ὕδατος· καὶ ἐπαύσαντο καὶ ἐγένετο **γαλήνη.**

# Γαλιλαία	Syn 41	Mt 16	Mk 12	Lk 13	Acts 3	Jn 17	1-3John	Paul	Eph	Col
	NT 61	2Thess	1/2Tim	Tit	Heb	Jas	1Pet	2Pet	Jude	Rev

Galilee

	triple tradition																	double tradition			Sondergut		
		+Mt / +Lk			–Mt / –Lk			traditions not taken over by Mt / Lk							subtotals								
code	222	211	112	212	221	122	121	022	012	021	220	120	210	020	Σ^{+}	Σ^{-}	Σ	202	201	102	200	002	total
Mt	2				3						5	1^{-}	1^{+}		1^{+}	1^{-}	11				5		**16**
Mk	2				3					1	5	1					12						**12**
Lk	2		3^{+}		3^{-}				2^{+}	1^{-}					5^{+}	4^{-}	7					6	**13**

code	Mt		Lk	
002			**Lk 1,26**	ἐν δὲ τῷ μηνὶ τῷ ἕκτῳ ἀπεστάλη ὁ ἄγγελος Γαβριὴλ ἀπὸ τοῦ θεοῦ **εἰς πόλιν τῆς Γαλιλαίας** ᾗ ὄνομα Ναζαρὲθ
002			**Lk 2,4**	ἀνέβη δὲ καὶ Ἰωσὴφ **ἀπὸ τῆς Γαλιλαίας** ἐκ πόλεως Ναζαρὲθ εἰς τὴν Ἰουδαίαν εἰς πόλιν Δαυὶδ ἥτις καλεῖται Βηθλέεμ, ...
002			**Lk 2,39** ↓ Mt 2,22	καὶ ὡς ἐτέλεσαν πάντα τὰ κατὰ τὸν νόμον κυρίου, ἐπέστρεψαν **εἰς τὴν Γαλιλαίαν** εἰς πόλιν ἑαυτῶν Ναζαρέθ.
200	**Mt 2,22** ↑ Lk 2,39	... χρηματισθεὶς δὲ κατ᾽ ὄναρ ἀνεχώρησεν **εἰς τὰ μέρη τῆς Γαλιλαίας**		
002			**Lk 3,1**	... καὶ **τετρααρχοῦντος τῆς Γαλιλαίας** Ἡρῴδου, Φιλίππου δὲ τοῦ ἀδελφοῦ αὐτοῦ τετρααρχοῦντος τῆς Ἰτουραίας ...

221	Mt 3,13	τότε παραγίνεται ὁ Ἰησοῦς ἀπὸ τῆς Γαλιλαίας ἐπὶ τὸν Ἰορδάνην πρὸς τὸν Ἰωάννην τοῦ βαπτισθῆναι ὑπ᾽ αὐτοῦ.	Mk 1,9	καὶ ἐγένετο ἐν ἐκείναις ταῖς ἡμέραις ἦλθεν Ἰησοῦς ἀπὸ Ναζαρὲτ τῆς Γαλιλαίας καὶ ἐβαπτίσθη εἰς τὸν Ἰορδάνην ὑπὸ Ἰωάννου.	Lk 3,21	ἐγένετο δὲ ἐν τῷ βαπτισθῆναι ἅπαντα τὸν λαὸν καὶ Ἰησοῦ βαπτισθέντος ...	
222	Mt 4,12 → Lk 3,20	ἀκούσας δὲ ὅτι Ἰωάννης παρεδόθη ἀνεχώρησεν εἰς τὴν Γαλιλαίαν.	Mk 1,14 → Lk 3,20	μετὰ δὲ τὸ παραδοθῆναι τὸν Ἰωάννην ἦλθεν ὁ Ἰησοῦς εἰς τὴν Γαλιλαίαν ...	Lk 4,14	καὶ ὑπέστρεψεν ὁ Ἰησοῦς ἐν τῇ δυνάμει τοῦ πνεύματος εἰς τὴν Γαλιλαίαν ...	→ Jn 4,3
200	Mt 4,15	*γῆ Ζαβουλὼν* καὶ *γῆ Νεφθαλίμ,* *ὁδὸν θαλάσσης,* *πέραν τοῦ Ἰορδάνου,* ***Γαλιλαία τῶν ἐθνῶν*** ➤ Isa 8,23					
220	Mt 4,18	περιπατῶν δὲ παρὰ τὴν θάλασσαν τῆς Γαλιλαίας εἶδεν δύο ἀδελφούς, Σίμωνα τὸν λεγόμενον Πέτρον καὶ Ἀνδρέαν τὸν ἀδελφὸν αὐτοῦ, ...	Mk 1,16	καὶ παράγων παρὰ τὴν θάλασσαν τῆς Γαλιλαίας εἶδεν Σίμωνα καὶ Ἀνδρέαν τὸν ἀδελφὸν Σίμωνος ...	Lk 5,1 → Mt 13,1 → Mk 4,1	... καὶ αὐτὸς ἦν ἑστὼς παρὰ τὴν λίμνην Γεννησαρέτ [2] καὶ εἶδεν δύο πλοῖα ...	→ Jn 1,40-42
012	Mt 4,13	καὶ καταλιπὼν τὴν Ναζαρὰ ἐλθὼν κατῴκησεν εἰς Καφαρναοὺμ τὴν παραθαλασσίαν ἐν ὁρίοις Ζαβουλὼν καὶ Νεφθαλίμ·	Mk 1,21 ↓ Mt 4,23	καὶ εἰσπορεύονται εἰς Καφαρναούμ· καὶ εὐθὺς τοῖς σάββασιν εἰσελθὼν εἰς τὴν συναγωγὴν ἐδίδασκεν.	Lk 4,31	καὶ κατῆλθεν εἰς Καφαρναοὺμ πόλιν τῆς Γαλιλαίας. καὶ ἦν διδάσκων αὐτοὺς ἐν τοῖς σάββασιν·	→ Jn 2,12
021	Mt 4,24 → Mt 9,26 → Mk 3,8	καὶ ἀπῆλθεν ἡ ἀκοὴ αὐτοῦ εἰς ὅλην τὴν Συρίαν· ...	Mk 1,28	καὶ ἐξῆλθεν ἡ ἀκοὴ αὐτοῦ εὐθὺς πανταχοῦ εἰς ὅλην τὴν περίχωρον τῆς Γαλιλαίας.	Lk 4,37	καὶ ἐξεπορεύετο ἦχος περὶ αὐτοῦ εἰς πάντα τόπον τῆς περιχώρου.	
221	Mt 4,23 ⇩ Mt 9,35 ↑ Mk 1,21	καὶ περιῆγεν ἐν ὅλῃ τῇ Γαλιλαίᾳ διδάσκων ἐν ταῖς συναγωγαῖς αὐτῶν καὶ κηρύσσων τὸ εὐαγγέλιον τῆς βασιλείας καὶ θεραπεύων πᾶσαν νόσον καὶ πᾶσαν μαλακίαν ἐν τῷ λαῷ.	Mk 1,39 ↓ Mk 6,6	καὶ ἦλθεν κηρύσσων εἰς τὰς συναγωγὰς αὐτῶν εἰς ὅλην τὴν Γαλιλαίαν καὶ τὰ δαιμόνια ἐκβάλλων.	Lk 4,44 → Lk 4,15 ↓ Lk 8,1	καὶ ἦν κηρύσσων εἰς τὰς συναγωγὰς τῆς Ἰουδαίας.	
	Mt 9,35 ⇧ Mt 4,23 ↑ Mk 1,21	καὶ περιῆγεν ὁ Ἰησοῦς τὰς πόλεις πάσας καὶ τὰς κώμας διδάσκων ἐν ταῖς συναγωγαῖς αὐτῶν καὶ κηρύσσων τὸ εὐαγγέλιον τῆς βασιλείας ...	Mk 6,6 ↑ Mk 1,39	... καὶ περιῆγεν τὰς κώμας κύκλῳ διδάσκων.	Lk 8,1 → Lk 4,15 ↑ Lk 4,44 → Lk 13,22	καὶ ἐγένετο ἐν τῷ καθεξῆς καὶ αὐτὸς διώδευεν κατὰ πόλιν καὶ κώμην κηρύσσων καὶ εὐαγγελιζόμενος τὴν βασιλείαν τοῦ θεοῦ καὶ οἱ δώδεκα σὺν αὐτῷ	

012			**Mk 2,2** → Mk 3,20	καὶ συνήχθησαν πολλοὶ ὥστε μηκέτι χωρεῖν μηδὲ τὰ πρὸς τὴν θύραν, καὶ ἐλάλει αὐτοῖς τὸν λόγον.	**Lk 5,17**	καὶ ἐγένετο ἐν μιᾷ τῶν ἡμερῶν καὶ αὐτὸς ἦν διδάσκων, καὶ ἦσαν καθήμενοι Φαρισαῖοι καὶ νομοδιδάσκαλοι οἳ ἦσαν ἐληλυθότες **ἐκ πάσης κώμης τῆς Γαλιλαίας** καὶ Ἰουδαίας καὶ Ἰερουσαλήμ· ...	
221	**Mt 4,25** → Mt 12,15	καὶ ἠκολούθησαν αὐτῷ ὄχλοι πολλοὶ **ἀπὸ τῆς Γαλιλαίας** καὶ Δεκαπόλεως καὶ Ἱεροσολύμων καὶ Ἰουδαίας καὶ πέραν τοῦ Ἰορδάνου.	**Mk 3,7** → Mt 4,24a	... καὶ πολὺ πλῆθος **ἀπὸ τῆς Γαλιλαίας** [ἠκολούθησεν], καὶ ἀπὸ τῆς Ἰουδαίας [8] καὶ ἀπὸ Ἱεροσολύμων καὶ ἀπὸ τῆς Ἰδουμαίας καὶ πέραν τοῦ Ἰορδάνου καὶ περὶ Τύρον καὶ Σιδῶνα πλῆθος πολύ ...	**Lk 6,17** → Mt 4,24a	... καὶ ὄχλος πολὺς μαθητῶν αὐτοῦ, καὶ πλῆθος πολὺ τοῦ λαοῦ ἀπὸ πάσης τῆς Ἰουδαίας καὶ Ἰερουσαλὴμ καὶ τῆς παραλίου Τύρου καὶ Σιδῶνος	
112	**Mt 8,28**	... εἰς τὴν χώραν τῶν Γαδαρηνῶν ...	**Mk 5,1**	... εἰς τὴν χώραν τῶν Γερασηνῶν.	**Lk 8,26**	... εἰς τὴν χώραν τῶν Γερασηνῶν, ἥτις ἐστὶν **ἀντιπέρα τῆς Γαλιλαίας.**	
120	**Mt 14,6**	γενεσίοις δὲ γενομένοις τοῦ Ἡρῴδου ὠρχήσατο ἡ θυγάτηρ τῆς Ἡρῳδιάδος ἐν τῷ μέσῳ καὶ ἤρεσεν τῷ Ἡρῴδῃ	**Mk 6,21**	καὶ γενομένης ἡμέρας εὐκαίρου ὅτε Ἡρῴδης τοῖς γενεσίοις αὐτοῦ δεῖπνον ἐποίησεν τοῖς μεγιστᾶσιν αὐτοῦ καὶ τοῖς χιλιάρχοις καὶ **τοῖς πρώτοις τῆς Γαλιλαίας,** [22] καὶ εἰσελθούσης τῆς θυγατρὸς αὐτοῦ Ἡρῳδιάδος καὶ ὀρχησαμένης ἤρεσεν τῷ Ἡρῴδῃ ...			
220	**Mt 15,29**	καὶ μεταβὰς ἐκεῖθεν ὁ Ἰησοῦς ἦλθεν **παρὰ τὴν θάλασσαν τῆς Γαλιλαίας,** καὶ ἀναβὰς εἰς τὸ ὄρος ἐκάθητο ἐκεῖ.	**Mk 7,31**	καὶ πάλιν ἐξελθὼν ἐκ τῶν ὁρίων Τύρου ἦλθεν διὰ Σιδῶνος **εἰς τὴν θάλασσαν τῆς Γαλιλαίας** ἀνὰ μέσον τῶν ὁρίων Δεκαπόλεως.			
220	**Mt 17,22**	συστρεφομένων δὲ αὐτῶν **ἐν τῇ Γαλιλαίᾳ** εἶπεν αὐτοῖς ὁ Ἰησοῦς· μέλλει ὁ υἱὸς τοῦ ἀνθρώπου παραδίδοσθαι εἰς χεῖρας ἀνθρώπων	**Mk 9,30**	κἀκεῖθεν ἐξελθόντες παρεπορεύοντο **διὰ τῆς Γαλιλαίας,** καὶ οὐκ ἤθελεν ἵνα τις γνοῖ· [31] ἐδίδασκεν γὰρ τοὺς μαθητὰς αὐτοῦ καὶ ἔλεγεν αὐτοῖς ὅτι ὁ υἱὸς τοῦ ἀνθρώπου παραδίδοται εἰς χεῖρας ἀνθρώπων			
002					**Lk 17,11**	... καὶ αὐτὸς διήρχετο διὰ μέσον Σαμαρείας καὶ **Γαλιλαίας.**	
210	**Mt 19,1** → Lk 9,51	... μετῆρεν **ἀπὸ τῆς Γαλιλαίας** καὶ ἦλθεν εἰς τὰ ὅρια τῆς Ἰουδαίας πέραν τοῦ Ἰορδάνου.	**Mk 10,1** → Lk 9,51	καὶ **ἐκεῖθεν** ἀναστὰς ἔρχεται εἰς τὰ ὅρια τῆς Ἰουδαίας [καὶ] πέραν τοῦ Ἰορδάνου, ...			

200	**Mt 21,11**	οἱ δὲ ὄχλοι ἔλεγον· οὗτός ἐστιν ὁ προφήτης Ἰησοῦς ὁ ἀπὸ Ναζαρὲθ τῆς Γαλιλαίας.					
220	**Mt 26,32** ↓ Mt 28,7	μετὰ δὲ τὸ ἐγερθῆναί με προάξω ὑμᾶς εἰς τὴν Γαλιλαίαν.	**Mk 14,28** ↓ Mk 16,7	ἀλλὰ μετὰ τὸ ἐγερθῆναί με προάξω ὑμᾶς εἰς τὴν Γαλιλαίαν.			
002					**Lk 23,5**	οἱ δὲ ἐπίσχυον λέγοντες ὅτι ἀνασείει τὸν λαὸν διδάσκων καθ' ὅλης τῆς Ἰουδαίας, καὶ ἀρξάμενος ἀπὸ τῆς Γαλιλαίας ἕως ὧδε.	→ Acts 1,22 → **Acts 10,37**
222	**Mt 27,55** ↓ Mt 27,61	ἦσαν δὲ ἐκεῖ γυναῖκες πολλαὶ ἀπὸ μακρόθεν θεωροῦσαι, αἵτινες ἠκολούθησαν τῷ Ἰησοῦ ἀπὸ τῆς Γαλιλαίας διακονοῦσαι αὐτῷ·	**Mk 15,41** ↓ Mk 15,47	[40] ἦσαν δὲ καὶ γυναῖκες ἀπὸ μακρόθεν θεωροῦσαι, ... [41] αἳ ὅτε ἦν ἐν τῇ Γαλιλαίᾳ ἠκολούθουν αὐτῷ καὶ διηκόνουν αὐτῷ, ...	**Lk 23,49** ↓ Lk 23,55 → Lk 8,2-3	εἱστήκεισαν δὲ πάντες οἱ γνωστοὶ αὐτῷ ἀπὸ μακρόθεν καὶ γυναῖκες αἱ συνακολουθοῦσαι αὐτῷ ἀπὸ τῆς Γαλιλαίας ὁρῶσαι ταῦτα.	
112	**Mt 27,61** ↑ Mt 27,55 → Mt 28,1	ἦν δὲ ἐκεῖ Μαριὰμ ἡ Μαγδαληνὴ καὶ ἡ ἄλλη Μαρία καθήμεναι ἀπέναντι τοῦ τάφου.	**Mk 15,47** ↑ Mk 15,41 → Mk 16,1	ἡ δὲ Μαρία ἡ Μαγδαληνὴ καὶ Μαρία ἡ Ἰωσῆτος ἐθεώρουν ποῦ τέθειται.	**Lk 23,55** ↑ Lk 23,49 → Lk 8,2-3	κατακολουθήσασαι δὲ αἱ γυναῖκες, αἵτινες ἦσαν συνεληλυθυῖαι ἐκ τῆς Γαλιλαίας αὐτῷ, ἐθεάσαντο τὸ μνημεῖον καὶ ὡς ἐτέθη τὸ σῶμα αὐτοῦ	
112	**Mt 28,6**	οὐκ ἔστιν ὧδε, ἠγέρθη γὰρ καθὼς εἶπεν· δεῦτε ἴδετε τὸν τόπον ὅπου ἔκειτο.	**Mk 16,6**	... ἠγέρθη, οὐκ ἔστιν ὧδε· ἴδε ὁ τόπος ὅπου ἔθηκαν αὐτόν.	**Lk 24,6** → Lk 24,23	οὐκ ἔστιν ὧδε, ἀλλὰ ἠγέρθη. μνήσθητε ὡς ἐλάλησεν ὑμῖν ἔτι ὢν ἐν τῇ Γαλιλαίᾳ	
220	**Mt 28,7** ↑ Mt 26,32 ↓ Mt 28,10.16	καὶ ταχὺ πορευθεῖσαι εἴπατε τοῖς μαθηταῖς αὐτοῦ ὅτι ἠγέρθη ἀπὸ τῶν νεκρῶν, καὶ ἰδοὺ προάγει ὑμᾶς εἰς τὴν Γαλιλαίαν, ἐκεῖ αὐτὸν ὄψεσθε· ...	**Mk 16,7** ↑ Mk 14,28	ἀλλὰ ὑπάγετε εἴπατε τοῖς μαθηταῖς αὐτοῦ καὶ τῷ Πέτρῳ ὅτι προάγει ὑμᾶς εἰς τὴν Γαλιλαίαν· ἐκεῖ αὐτὸν ὄψεσθε, ...			→ Jn 20,17 → Jn 21,1
200	**Mt 28,10** ↑ Mt 28,7 ↑ Mk 16,7 ↓ Mt 28,16	... ὑπάγετε ἀπαγγείλατε τοῖς ἀδελφοῖς μου ἵνα ἀπέλθωσιν εἰς τὴν Γαλιλαίαν, κἀκεῖ με ὄψονται.					→ Jn 20,17
200	**Mt 28,16** ↑ Mt 28,7 ↑ Mk 16,7 ↑ Mt 28,10	οἱ δὲ ἕνδεκα μαθηταὶ ἐπορεύθησαν εἰς τὴν Γαλιλαίαν εἰς τὸ ὄρος οὗ ἐτάξατο αὐτοῖς ὁ Ἰησοῦς					

Acts 9,31 ἡ μὲν οὖν ἐκκλησία καθ' ὅλης τῆς Ἰουδαίας καὶ
Γαλιλαίας
καὶ Σαμαρείας εἶχεν εἰρήνην ...

Acts 10,37 (→ **Lk 23,5**) ὑμεῖς οἴδατε τὸ γενόμενον ῥῆμα καθ' ὅλης τῆς Ἰουδαίας, ἀρξάμενος
ἀπὸ τῆς Γαλιλαίας
μετὰ τὸ βάπτισμα ὃ ἐκήρυξεν Ἰωάννης

Acts 13,31 ὃς ὤφθη ἐπὶ ἡμέρας πλείους τοῖς συναναβᾶσιν αὐτῷ
ἀπὸ τῆς Γαλιλαίας
εἰς Ἰερουσαλήμ, ...

# Γαλιλαῖος	Syn 7	Mt 1	Mk 1	Lk 5	Acts 3	Jn 1	1-3John	Paul	Eph	Col
	NT 11	2Thess	1/2Tim	Tit	Heb	Jas	1Pet	2Pet	Jude	Rev

Galilean

	triple tradition																	double tradition			Sondergut		
		+Mt / +Lk			–Mt / –Lk			traditions not taken over by Mt / Lk							subtotals								
code	222	211	112	212	221	122	121	022	012	021	220	120	210	020	Σ⁺	Σ⁻	Σ	202	201	102	200	002	total
Mt		1⁺				1⁻									1⁺	1⁻	1						**1**
Mk						1											1						**1**
Lk						1											1					4	**5**

002					**Lk 13,1**	παρῆσαν δέ τινες ἐν αὐτῷ τῷ καιρῷ ἀπαγγέλλοντες αὐτῷ **περὶ τῶν Γαλιλαίων** ὧν τὸ αἷμα Πιλᾶτος ἔμιξεν μετὰ τῶν θυσιῶν αὐτῶν.	
002 002					**Lk 13,2** (2)	... δοκεῖτε ὅτι **οἱ Γαλιλαῖοι** οὗτοι ἁμαρτωλοὶ **παρὰ πάντας** **τοὺς Γαλιλαίους** ἐγένοντο, ὅτι ταῦτα πεπόνθασιν;	
211	**Mt 26,69**	... καὶ προσῆλθεν αὐτῷ μία παιδίσκη λέγουσα· καὶ σὺ **ἦσθα μετὰ Ἰησοῦ** **τοῦ Γαλιλαίου.**	**Mk 14,67**	[66] ... ἔρχεται μία τῶν παιδισκῶν τοῦ ἀρχιερέως [67] καὶ ἰδοῦσα τὸν Πέτρον θερμαινόμενον ἐμβλέψασα αὐτῷ λέγει· καὶ σὺ **μετὰ τοῦ Ναζαρηνοῦ** **ἦσθα τοῦ Ἰησοῦ.**	**Lk 22,56**	ἰδοῦσα δὲ αὐτὸν παιδίσκη τις καθήμενον πρὸς τὸ φῶς καὶ ἀτενίσασα αὐτῷ εἶπεν· καὶ οὗτος **σὺν αὐτῷ** **ἦν.**	→ Jn 18,17
122	**Mt 26,73**	... ἀληθῶς καὶ σὺ ἐξ αὐτῶν εἶ, καὶ γὰρ ἡ λαλιά σου δῆλόν σε ποιεῖ.	**Mk 14,70**	... ἀληθῶς ἐξ αὐτῶν εἶ, καὶ γὰρ **Γαλιλαῖος** εἶ.	**Lk 22,59**	... ἐπ' ἀληθείας καὶ οὗτος μετ' αὐτοῦ ἦν, καὶ γὰρ **Γαλιλαῖός** ἐστιν.	→ Jn 18,26
002					**Lk 23,6**	Πιλᾶτος δὲ ἀκούσας ἐπηρώτησεν εἰ ὁ ἄνθρωπος **Γαλιλαῖός** ἐστιν	

Acts 1,11 οἳ καὶ εἶπαν· **ἄνδρες Γαλιλαῖοι,** τί ἑστήκατε [ἐμ]βλέποντες εἰς τὸν οὐρανόν; ...

Acts 2,7 ... οὐχ ἰδοὺ ἅπαντες οὗτοί εἰσιν οἱ λαλοῦντες **Γαλιλαῖοι;**

Acts 5,37 μετὰ τοῦτον ἀνέστη **Ἰούδας ὁ Γαλιλαῖος** ἐν ταῖς ἡμέραις τῆς ἀπογραφῆς ...

γαμέω	Syn 16	Mt 6	Mk 4	Lk 6	Acts	Jn	1-3John	Paul 9	Eph	Col
	NT 28	2Thess	1/2Tim 3	Tit	Heb	Jas	1Pet	2Pet	Jude	Rev

marry

	triple tradition																	double tradition			Sonder-gut		
		+Mt / +Lk			−Mt / −Lk			traditions not taken over by Mt / Lk							subtotals								
code	222	211	112	212	221	122	121	022	012	021	220	120	210	020	Σ⁺	Σ⁻	Σ	202	201	102	200	002	total
Mt	1	1⁺					1⁻				1				1⁺	1⁻	3	2			1		6
Mk	1						1				1			1			4						4
Lk	1		1⁺				1⁻								1⁺	1⁻	2	2		1		1	6

121	**Mt 14,3**	ὁ γὰρ Ἡρῴδης κρατήσας τὸν Ἰωάννην ἔδησεν [αὐτὸν] καὶ ἐν φυλακῇ ἀπέθετο διὰ Ἡρῳδιάδα τὴν γυναῖκα Φιλίππου τοῦ ἀδελφοῦ αὐτοῦ·	**Mk 6,17**	αὐτὸς γὰρ ὁ Ἡρῴδης ἀποστείλας ἐκράτησεν τὸν Ἰωάννην καὶ ἔδησεν αὐτὸν ἐν φυλακῇ διὰ Ἡρῳδιάδα τὴν γυναῖκα Φιλίππου τοῦ ἀδελφοῦ αὐτοῦ, ὅτι αὐτὴν **ἐγάμησεν**·	**Lk 3,19** → Mt 14,4 → Mk 6,18	ὁ δὲ Ἡρῴδης ὁ τετραάρχης, ἐλεγχόμενος ὑπ' αὐτοῦ περὶ Ἡρῳδιάδος τῆς γυναικὸς τοῦ ἀδελφοῦ αὐτοῦ καὶ περὶ πάντων ὧν ἐποίησεν πονηρῶν ὁ Ἡρῴδης, [20] ... κατέκλεισεν τὸν Ἰωάννην ἐν φυλακῇ.	
002					**Lk 14,20**	καὶ ἕτερος εἶπεν· γυναῖκα **ἔγημα** καὶ διὰ τοῦτο οὐ δύναμαι ἐλθεῖν.	→ GTh 64
102 202	**Mt 5,32** ⇩ Mt 19,9	... πᾶς ὁ ἀπολύων τὴν γυναῖκα αὐτοῦ παρεκτὸς λόγου πορνείας ποιεῖ αὐτὴν μοιχευθῆναι, καὶ ὃς ἐὰν ἀπολελυμένην **γαμήσῃ**, μοιχᾶται.	**Mk 10,11** ↓ Mk 10,12	... ὃς ἂν ἀπολύσῃ τὴν γυναῖκα αὐτοῦ καὶ **γαμήσῃ** ἄλλην μοιχᾶται ἐπ' αὐτήν·	**Lk 16,18** **(2)**	πᾶς ὁ ἀπολύων τὴν γυναῖκα αὐτοῦ καὶ **γαμῶν** ἑτέραν μοιχεύει, καὶ ὁ ἀπολελυμένην ἀπὸ ἀνδρὸς **γαμῶν** μοιχεύει.	→ **1Cor 7,10** → 1Cor 7,11 Mk-Q overlap
202	**Mt 24,38**	ὡς γὰρ ἦσαν ἐν ταῖς ἡμέραις [ἐκείναις] ταῖς πρὸ τοῦ κατακλυσμοῦ τρώγοντες καὶ πίνοντες, **γαμοῦντες** καὶ γαμίζοντες, ἄχρι ἧς ἡμέρας εἰσῆλθεν Νῶε εἰς τὴν κιβωτόν			**Lk 17,27**	[26] καὶ καθὼς ἐγένετο ἐν ταῖς ἡμέραις Νῶε, οὕτως ἔσται καὶ ἐν ταῖς ἡμέραις τοῦ υἱοῦ τοῦ ἀνθρώπου· [27] ἤσθιον, ἔπινον, **ἐγάμουν**, ἐγαμίζοντο, ἄχρι ἧς ἡμέρας εἰσῆλθεν Νῶε εἰς τὴν κιβωτόν, ...	
220	**Mt 19,9** ⇧ Mt 5,32	... ὃς ἂν ἀπολύσῃ τὴν γυναῖκα αὐτοῦ μὴ ἐπὶ πορνείᾳ καὶ **γαμήσῃ** ἄλλην μοιχᾶται.	**Mk 10,11** ↓ Mk 10,12	... ὃς ἂν ἀπολύσῃ τὴν γυναῖκα αὐτοῦ καὶ **γαμήσῃ** ἄλλην μοιχᾶται ἐπ' αὐτήν·	**Lk 16,18** **(2)**	πᾶς ὁ ἀπολύων τὴν γυναῖκα αὐτοῦ καὶ **γαμῶν** ἑτέραν μοιχεύει, καὶ ὁ ἀπολελυμένην ἀπὸ ἀνδρὸς γαμῶν μοιχεύει.	→ **1Cor 7,10** → 1Cor 7,11 Mk-Q overlap
020			**Mk 10,12** ↑ Mt 5,32 ↑ Mt 19,9 ↑ Lk 16,18 ↑ Mk 10,11	καὶ ἐὰν αὐτὴ ἀπολύσασα τὸν ἄνδρα αὐτῆς **γαμήσῃ** ἄλλον μοιχᾶται.			

200	**Mt 19,10** ... εἰ οὕτως ἐστὶν ἡ αἰτία τοῦ ἀνθρώπου μετὰ τῆς γυναικός, οὐ συμφέρει **γαμῆσαι.**			
211	**Mt 22,25** ἦσαν δὲ παρ' ἡμῖν ἑπτὰ ἀδελφοί· καὶ ὁ πρῶτος **γήμας** ἐτελεύτησεν, καὶ μὴ ἔχων σπέρμα ἀφῆκεν τὴν γυναῖκα αὐτοῦ τῷ ἀδελφῷ αὐτοῦ·	**Mk 12,20** ἑπτὰ ἀδελφοὶ ἦσαν· καὶ ὁ πρῶτος **ἔλαβεν γυναῖκα** καὶ ἀποθνῄσκων οὐκ ἀφῆκεν σπέρμα·	**Lk 20,29** ἑπτὰ οὖν ἀδελφοὶ ἦσαν· καὶ ὁ πρῶτος **λαβὼν γυναῖκα** ἀπέθανεν ἄτεκνος·	
112	**Mt 22,29** ἀποκριθεὶς δὲ ὁ Ἰησοῦς εἶπεν αὐτοῖς· πλανᾶσθε μὴ εἰδότες τὰς γραφὰς μηδὲ τὴν δύναμιν τοῦ θεοῦ·	**Mk 12,24** ἔφη αὐτοῖς ὁ Ἰησοῦς· οὐ διὰ τοῦτο πλανᾶσθε μὴ εἰδότες τὰς γραφὰς μηδὲ τὴν δύναμιν τοῦ θεοῦ;	**Lk 20,34** καὶ εἶπεν αὐτοῖς ὁ Ἰησοῦς· οἱ υἱοὶ τοῦ αἰῶνος τούτου **γαμοῦσιν** καὶ γαμίσκονται,	
222	**Mt 22,30** ἐν γὰρ τῇ ἀναστάσει **οὔτε γαμοῦσιν** οὔτε γαμίζονται, ...	**Mk 12,25** ὅταν γὰρ ἐκ νεκρῶν ἀναστῶσιν **οὔτε γαμοῦσιν** οὔτε γαμίζονται, ...	**Lk 20,35** οἱ δὲ καταξιωθέντες τοῦ αἰῶνος ἐκείνου τυχεῖν καὶ τῆς ἀναστάσεως τῆς ἐκ νεκρῶν **οὔτε γαμοῦσιν** οὔτε γαμίζονται·	
202	**Mt 24,38** ὡς γὰρ ἦσαν ἐν ταῖς ἡμέραις [ἐκείναις] ταῖς πρὸ τοῦ κατακλυσμοῦ τρώγοντες καὶ πίνοντες, **γαμοῦντες** καὶ γαμίζοντες, ἄχρι ἧς ἡμέρας εἰσῆλθεν Νῶε εἰς τὴν κιβωτόν		**Lk 17,27** [26] καὶ καθὼς ἐγένετο ἐν ταῖς ἡμέραις Νῶε, οὕτως ἔσται καὶ ἐν ταῖς ἡμέραις τοῦ υἱοῦ τοῦ ἀνθρώπου· [27] ἤσθιον, ἔπινον, **ἐγάμουν,** ἐγαμίζοντο, ἄχρι ἧς ἡμέρας εἰσῆλθεν Νῶε εἰς τὴν κιβωτόν, ...	

γαμίζω

	Syn	Mt	Mk	Lk	Acts	Jn	1-3John	Paul	Eph	Col
	5	2	1	2				2		
	NT	2Thess	1/2Tim	Tit	Heb	Jas	1Pet	2Pet	Jude	Rev
	7									

give in marriage; (perhaps: marry)

202	**Mt 24,38** ὡς γὰρ ἦσαν ἐν ταῖς ἡμέραις [ἐκείναις] ταῖς πρὸ τοῦ κατακλυσμοῦ τρώγοντες καὶ πίνοντες, γαμοῦντες καὶ **γαμίζοντες,** ἄχρι ἧς ἡμέρας εἰσῆλθεν Νῶε εἰς τὴν κιβωτόν		**Lk 17,27** [26] καὶ καθὼς ἐγένετο ἐν ταῖς ἡμέραις Νῶε, οὕτως ἔσται καὶ ἐν ταῖς ἡμέραις τοῦ υἱοῦ τοῦ ἀνθρώπου· [27] ἤσθιον, ἔπινον, ἐγάμουν, **ἐγαμίζοντο,** ἄχρι ἧς ἡμέρας εἰσῆλθεν Νῶε εἰς τὴν κιβωτόν, ...	
222	**Mt 22,30** ἐν γὰρ τῇ ἀναστάσει οὔτε γαμοῦσιν **οὔτε γαμίζονται,** ἀλλ' ὡς ἄγγελοι ἐν τῷ οὐρανῷ εἰσιν.	**Mk 12,25** ὅταν γὰρ ἐκ νεκρῶν ἀναστῶσιν οὔτε γαμοῦσιν **οὔτε γαμίζονται,** ἀλλ' εἰσὶν ὡς ἄγγελοι ἐν τοῖς οὐρανοῖς.	**Lk 20,35** οἱ δὲ καταξιωθέντες τοῦ αἰῶνος ἐκείνου τυχεῖν καὶ τῆς ἀναστάσεως τῆς ἐκ νεκρῶν οὔτε γαμοῦσιν **οὔτε γαμίζονται·** [36] οὐδὲ γὰρ ἀποθανεῖν ἔτι δύνανται, ἰσάγγελοι γάρ εἰσιν ...	

202	**Mt 24,38** ὡς γὰρ ἦσαν ἐν ταῖς ἡμέραις [ἐκείναις] ταῖς πρὸ τοῦ κατακλυσμοῦ τρώγοντες καὶ πίνοντες, γαμοῦντες καὶ **γαμίζοντες,** ἄχρι ἧς ἡμέρας εἰσῆλθεν Νῶε εἰς τὴν κιβωτόν		**Lk 17,27** [26] καὶ καθὼς ἐγένετο ἐν ταῖς ἡμέραις Νῶε, οὕτως ἔσται καὶ ἐν ταῖς ἡμέραις τοῦ υἱοῦ τοῦ ἀνθρώπου· [27] ἤσθιον, ἔπινον, ἐγάμουν, **ἐγαμίζοντο,** ἄχρι ἧς ἡμέρας εἰσῆλθεν Νῶε εἰς τὴν κιβωτόν, ...	

γαμίσκω

	Mt	Mk	Lk	Acts	Jn	1-3John	Paul	Eph	Col
Syn 1			1						
	2Thess	**1/2Tim**	**Tit**	**Heb**	**Jas**	**1Pet**	**2Pet**	**Jude**	**Rev**
NT 1									

give in marriage

112	**Mt 22,29** ἀποκριθεὶς δὲ ὁ Ἰησοῦς εἶπεν αὐτοῖς· πλανᾶσθε μὴ εἰδότες τὰς γραφὰς μηδὲ τὴν δύναμιν τοῦ θεοῦ·	**Mk 12,24** ἔφη αὐτοῖς ὁ Ἰησοῦς· οὐ διὰ τοῦτο πλανᾶσθε μὴ εἰδότες τὰς γραφὰς μηδὲ τὴν δύναμιν τοῦ θεοῦ;	**Lk 20,34** καὶ εἶπεν αὐτοῖς ὁ Ἰησοῦς· οἱ υἱοὶ τοῦ αἰῶνος τούτου γαμοῦσιν καὶ **γαμίσκονται**	

γάμος

	Mt	Mk	Lk	Acts	Jn	1-3John	Paul	Eph	Col
Syn 11	9		2		2				
	2Thess	**1/2Tim**	**Tit**	**Heb**	**Jas**	**1Pet**	**2Pet**	**Jude**	**Rev**
NT 16				1					2

wedding; wedding feast or celebration; banquet; hall; wedding hall; marriage

	triple tradition																	double tradition			Sondergut		
		+Mt / +Lk			−Mt / −Lk			traditions not taken over by Mt / Lk							subtotals								
code	222	211	112	212	221	122	121	022	012	021	220	120	210	020	Σ⁺	Σ⁻	Σ	202	201	102	200	002	total
Mt																			5		4		**9**
Mk																							
Lk																						2	**2**

002			**Lk 12,36** καὶ ὑμεῖς ὅμοιοι ἀνθρώποις προσδεχομένοις τὸν κύριον ἑαυτῶν πότε ἀναλύσῃ **ἐκ τῶν γάμων,** ἵνα ἐλθόντος καὶ κρούσαντος εὐθέως ἀνοίξωσιν αὐτῷ.	
002			**Lk 14,8** ὅταν κληθῇς ὑπό τινος **εἰς γάμους,** μὴ κατακλιθῇς εἰς τὴν πρωτοκλισίαν, μήποτε ἐντιμότερός σου ᾖ κεκλημένος ὑπ᾽ αὐτοῦ	
201	**Mt 22,2** → Lk 14,15 ὡμοιώθη ἡ βασιλεία τῶν οὐρανῶν ἀνθρώπῳ βασιλεῖ, ὅστις ἐποίησεν **γάμους** τῷ υἱῷ αὐτοῦ.		**Lk 14,16** ... ἄνθρωπός τις ἐποίει **δεῖπνον μέγα,** καὶ ἐκάλεσεν πολλούς	→ GTh 64

201	Mt 22,3	καὶ ἀπέστειλεν τοὺς δούλους αὐτοῦ καλέσαι τοὺς κεκλημένους **εἰς τοὺς γάμους,** καὶ οὐκ ἤθελον ἐλθεῖν.		Lk 14,17	καὶ ἀπέστειλεν τὸν δοῦλον αὐτοῦ τῇ ὥρᾳ τοῦ δείπνου εἰπεῖν τοῖς κεκλημένοις·	→ GTh 64
201	Mt 22,4	πάλιν ἀπέστειλεν ἄλλους δούλους λέγων· εἴπατε τοῖς κεκλημένοις· ἰδοὺ τὸ ἄριστόν μου ἡτοίμακα, οἱ ταῦροί μου καὶ τὰ σιτιστὰ τεθυμένα καὶ πάντα ἕτοιμα· δεῦτε **εἰς τοὺς γάμους.**			ἔρχεσθε, ὅτι ἤδη ἕτοιμά ἐστιν.	→ GTh 64
201	Mt 22,8	τότε λέγει τοῖς δούλοις αὐτοῦ· **ὁ μὲν γάμος** ἕτοιμός ἐστιν, οἱ δὲ κεκλημένοι οὐκ ἦσαν ἄξιοι·		Lk 14,24	[21] ... εἶπεν τῷ δούλῳ αὐτοῦ· ... [24] λέγω γὰρ ὑμῖν ὅτι οὐδεὶς τῶν ἀνδρῶν ἐκείνων τῶν κεκλημένων γεύσεταί μου τοῦ δείπνου.	→ GTh 64
201	Mt 22,9	πορεύεσθε οὖν ἐπὶ τὰς διεξόδους τῶν ὁδῶν καὶ ὅσους ἐὰν εὕρητε καλέσατε **εἰς τοὺς γάμους.**		Lk 14,23 ↓ Mt 22,10 ⇨ Lk 14,21 → Lk 16,16	... ἔξελθε εἰς τὰς ὁδοὺς καὶ φραγμοὺς καὶ ἀνάγκασον εἰσελθεῖν, ἵνα γεμισθῇ μου ὁ οἶκος·	→ GTh 64
200	Mt 22,10 ↑ Lk 14,23	καὶ ἐξελθόντες οἱ δοῦλοι ἐκεῖνοι εἰς τὰς ὁδοὺς συνήγαγον πάντας οὓς εὗρον, πονηρούς τε καὶ ἀγαθούς· καὶ ἐπλήσθη **ὁ γάμος** ἀνακειμένων.				→ GTh 64
200	Mt 22,11	εἰσελθὼν δὲ ὁ βασιλεὺς θεάσασθαι τοὺς ἀνακειμένους εἶδεν ἐκεῖ ἄνθρωπον οὐκ ἐνδεδυμένον **ἔνδυμα γάμου,**				
200	Mt 22,12	... ἑταῖρε, πῶς εἰσῆλθες ὧδε μὴ ἔχων **ἔνδυμα γάμου;** ὁ δὲ ἐφιμώθη.				
200	Mt 25,10	... ἦλθεν ὁ νυμφίος, καὶ αἱ ἕτοιμοι εἰσῆλθον μετ᾽ αὐτοῦ **εἰς τοὺς γάμους** καὶ ἐκλείσθη ἡ θύρα.		Lk 13,25	ἀφ᾽ οὗ ἂν ἐγερθῇ ὁ οἰκοδεσπότης καὶ ἀποκλείσῃ τὴν θύραν ...	

γάρ	Syn 287	Mt 124	Mk 66	Lk 97	Acts 80	Jn 64	1-3John 6	Paul 401	Eph 11	Col 6
	NT 1041	2Thess 5	1/2Tim 27	Tit 6	Heb 91	Jas 15	1Pet 10	2Pet 15	Jude 1	Rev 16

for; since; then; indeed; certainly

	triple tradition																	double tradition			Sondergut		
		+Mt / +Lk			–Mt / –Lk			traditions not taken over by Mt / Lk							subtotals								
code	222	211	112	212	221	122	121	022	012	021	220	120	210	020	Σ⁺	Σ⁻	Σ	202	201	102	200	002	total
Mt	11	10^+		3^+	6	3^-	12^-				12	8^-	8^+		21^+	23^-	50	16	20		38		**124**
Mk	11				6	3	12	4		4	12	8		6			66						**66**
Lk	11		17^+	3^+	6^-	3	12^-	4	1^+	4^-					21^+	22^-	39	16		12		30	**97**

Mk-Q overlap: 202: Mt 10,19 / Mk 13,11 / Lk 12,12 112: Mt 10,19 / Mk 13,11 / Lk 21,15

a ἰδοὺ γάρ
b καὶ γάρ
c οὐ γάρ, οὔπω γάρ
d οὐδὲ γάρ, οὐδέπω γάρ
e ἐὰν γάρ
f ὅταν γάρ
g οὕτως γάρ
h ὥσπερ / καθώς / ὡς γάρ
j μὲν γάρ

	Mt		Mk	Lk		
002				**Lk 1,15**	ἔσται **γὰρ** μέγας ἐνώπιον [τοῦ] κυρίου, *καὶ οἶνον καὶ σίκερα οὐ μὴ πίῃ*, ... ➤ Num 6,3; Lev 10,9	
002				**Lk 1,18**	... κατὰ τί γνώσομαι τοῦτο; ἐγὼ **γάρ** εἰμι πρεσβύτης καὶ ἡ γυνή μου προβεβηκυῖα ἐν ταῖς ἡμέραις αὐτῆς.	
002				**Lk 1,30** ↓ Mt 1,20	καὶ εἶπεν ὁ ἄγγελος αὐτῇ· μὴ φοβοῦ, Μαριάμ, εὗρες **γὰρ** χάριν παρὰ τῷ θεῷ.	
200	**Mt 1,20** → Lk 1,27 ↑ Lk 1,30 → Lk 1,35	... Ἰωσὴφ υἱὸς Δαυίδ, μὴ φοβηθῇς παραλαβεῖν Μαριὰμ τὴν γυναῖκά σου, τὸ **γὰρ** ἐν αὐτῇ γεννηθὲν ἐκ πνεύματός ἐστιν ἁγίου·				
200	**Mt 1,21** › Lk 1,31	τέξεται δὲ υἱόν, καὶ καλέσεις τὸ ὄνομα αὐτοῦ Ἰησοῦν· αὐτὸς **γὰρ** σώσει τὸν λαὸν αὐτοῦ ἀπὸ τῶν ἁμαρτιῶν αὐτῶν.				
a 002				**Lk 1,44**	**ἰδοὺ γὰρ** ὡς ἐγένετο ἡ φωνὴ τοῦ ἀσπασμοῦ σου εἰς τὰ ὦτά μου, ἐσκίρτησεν ἐν ἀγαλλιάσει τὸ βρέφος ἐν τῇ κοιλίᾳ μου.	
a 002				**Lk 1,48** → Lk 1,45 → Lk 11,27	ὅτι ἐπέβλεψεν ἐπὶ τὴν ταπείνωσιν τῆς δούλης αὐτοῦ. **ἰδοὺ γὰρ** ἀπὸ τοῦ νῦν μακαριοῦσίν με πᾶσαι αἱ γενεαί	

b 002					Lk 1,66	... τί ἄρα τὸ παιδίον τοῦτο ἔσται; καὶ **γὰρ** χεὶρ κυρίου ἦν μετ' αὐτοῦ.	
002					Lk 1,76	καὶ σὺ δέ, παιδίον, προφήτης ὑψίστου κληθήσῃ· προπορεύσῃ **γὰρ** ἐνώπιον κυρίου ἑτοιμάσαι ὁδοὺς αὐτοῦ	
a 002					Lk 2,10	... μὴ φοβεῖσθε, **ἰδοὺ γὰρ** εὐαγγελίζομαι ὑμῖν χαρὰν μεγάλην ἥτις ἔσται παντὶ τῷ λαῷ	
200	Mt 2,2	... ποῦ ἐστιν ὁ τεχθεὶς βασιλεὺς τῶν Ἰουδαίων; εἴδομεν **γὰρ** αὐτοῦ τὸν ἀστέρα ἐν τῇ ἀνατολῇ καὶ ἤλθομεν προσκυνῆσαι αὐτῷ.					
g 200	Mt 2,5	οἱ δὲ εἶπαν αὐτῷ· ἐν Βηθλέεμ τῆς Ἰουδαίας· οὕτως **γὰρ** γέγραπται διὰ τοῦ προφήτου·					
200	Mt 2,6	*καὶ σύ, Βηθλέεμ,* γῆ Ἰούδα, οὐδαμῶς *ἐλαχίστη εἶ ἐν τοῖς* *ἡγεμόσιν Ἰούδα· ἐκ σοῦ* ***γὰρ*** *ἐξελεύσεται ἡγούμενος,* ... ➤ Micah 5,1.3; 2Sam 5,2/1Chron 11,2					
200	Mt 2,13	... φεῦγε εἰς Αἴγυπτον καὶ ἴσθι ἐκεῖ ἕως ἂν εἴπω σοι· μέλλει **γὰρ** Ἡρῴδης ζητεῖν τὸ παιδίον τοῦ ἀπολέσαι αὐτό.					
200	Mt 2,20	... πορεύου εἰς γῆν Ἰσραήλ· τεθνήκασιν **γὰρ** οἱ ζητοῦντες τὴν ψυχὴν τοῦ παιδίου.					
211	Mt 3,2 ↓ Mt 4,17	[1] ... κηρύσσων ... [2] [καὶ] λέγων· μετανοεῖτε· ἤγγικεν **γὰρ** ἡ βασιλεία τῶν οὐρανῶν.	Mk 1,4 → Mt 3,1	... καὶ κηρύσσων βάπτισμα μετανοίας εἰς ἄφεσιν ἁμαρτιῶν.	Lk 3,3 → Mt 3,1	... κηρύσσων βάπτισμα μετανοίας εἰς ἄφεσιν ἁμαρτιῶν,	
211	Mt 3,3	οὗτος **γάρ** ἐστιν ὁ ῥηθεὶς διὰ Ἠσαΐου τοῦ προφήτου λέγοντος· ...	Mk 1,2	καθὼς γέγραπται ἐν τῷ Ἠσαΐᾳ τῷ προφήτῃ· ...	Lk 3,4	ὡς γέγραπται ἐν βίβλῳ λόγων Ἠσαΐου τοῦ προφήτου· ...	

202	Mt 3,9	καὶ μὴ δόξητε λέγειν ἐν ἑαυτοῖς· πατέρα ἔχομεν τὸν Ἀβραάμ. λέγω γὰρ ὑμῖν ὅτι δύναται ὁ θεὸς ἐκ τῶν λίθων τούτων ἐγεῖραι τέκνα τῷ Ἀβραάμ.			Lk 3,8	... καὶ μὴ ἄρξησθε λέγειν ἐν ἑαυτοῖς· πατέρα ἔχομεν τὸν Ἀβραάμ. λέγω γὰρ ὑμῖν ὅτι δύναται ὁ θεὸς ἐκ τῶν λίθων τούτων ἐγεῖραι τέκνα τῷ Ἀβραάμ.	
g 200	Mt 3,15	ἀποκριθεὶς δὲ ὁ Ἰησοῦς εἶπεν πρὸς αὐτόν· ἄφες ἄρτι, οὕτως γὰρ πρέπον ἐστὶν ἡμῖν πληρῶσαι πᾶσαν δικαιοσύνην. ...					
202	Mt 4,6	... γέγραπται γὰρ ὅτι *τοῖς ἀγγέλοις αὐτοῦ* *ἐντελεῖται περὶ σοῦ* ... ➤ Ps 91,11			Lk 4,10	γέγραπται γὰρ ὅτι *τοῖς ἀγγέλοις αὐτοῦ* *ἐντελεῖται περὶ σοῦ* ... ➤ Ps 91,11	
201	Mt 4,10 → Mt 16,23 → Mk 8,33	τότε λέγει αὐτῷ ὁ Ἰησοῦς· ὕπαγε, σατανᾶ· γέγραπται γάρ· *κύριον τὸν θεόν σου* *προσκυνήσεις καὶ αὐτῷ* μόνῳ *λατρεύσεις.* ➤ Deut 6,13 LXX/10,20			Lk 4,8	καὶ ἀποκριθεὶς ὁ Ἰησοῦς εἶπεν αὐτῷ· γέγραπται· *κύριον τὸν θεόν σου* *προσκυνήσεις καὶ αὐτῷ* μόνῳ *λατρεύσεις.* ➤ Deut 6,13 LXX/10,20	
210	Mt 4,17 ↑ Mt 3,2	... μετανοεῖτε· ἤγγικεν γὰρ ἡ βασιλεία τῶν οὐρανῶν.	Mk 1,15	... πεπλήρωται ὁ καιρὸς καὶ ἤγγικεν ἡ βασιλεία τοῦ θεοῦ· μετανοεῖτε καὶ πιστεύετε ἐν τῷ εὐαγγελίῳ.			
220	Mt 4,18	... εἶδεν δύο ἀδελφούς, Σίμωνα τὸν λεγόμενον Πέτρον καὶ Ἀνδρέαν τὸν ἀδελφὸν αὐτοῦ, βάλλοντας ἀμφίβληστρον εἰς τὴν θάλασσαν· ἦσαν γὰρ ἁλιεῖς.	Mk 1,16	... εἶδεν Σίμωνα καὶ Ἀνδρέαν τὸν ἀδελφὸν Σίμωνος ἀμφιβάλλοντας ἐν τῇ θαλάσσῃ· ἦσαν γὰρ ἁλιεῖς.	Lk 5,2 → Mt 4,21 → Mk 1,19	καὶ εἶδεν δύο πλοῖα ἑστῶτα παρὰ τὴν λίμνην· οἱ δὲ ἁλιεῖς ἀπ᾽ αὐτῶν ἀποβάντες ἔπλυνον τὰ δίκτυα.	→ Jn 1,40-42
221	Mt 7,29 ↓ Mt 22,33	[28] ἐξεπλήσσοντο οἱ ὄχλοι ἐπὶ τῇ διδαχῇ αὐτοῦ· [29] ἦν γὰρ διδάσκων αὐτοὺς ὡς ἐξουσίαν ἔχων καὶ οὐχ ὡς οἱ γραμματεῖς αὐτῶν.	Mk 1,22 → Mk 1,27 ↓ Mk 11,18	καὶ ἐξεπλήσσοντο ἐπὶ τῇ διδαχῇ αὐτοῦ· ἦν γὰρ διδάσκων αὐτοὺς ὡς ἐξουσίαν ἔχων καὶ οὐχ ὡς οἱ γραμματεῖς.	Lk 4,32 → Lk 4,36	καὶ ἐξεπλήσσοντο ἐπὶ τῇ διδαχῇ αὐτοῦ, ὅτι ἐν ἐξουσίᾳ ἦν ὁ λόγος αὐτοῦ.	
021			Mk 1,38	... ἄγωμεν ἀλλαχοῦ εἰς τὰς ἐχομένας κωμοπόλεις, ἵνα καὶ ἐκεῖ κηρύξω· εἰς τοῦτο γὰρ ἐξῆλθον.	Lk 4,43	... καὶ ταῖς ἑτέραις πόλεσιν εὐαγγελίσασθαί με δεῖ τὴν βασιλείαν τοῦ θεοῦ, ὅτι ἐπὶ τοῦτο ἀπεστάλην.	
002					Lk 5,9	θάμβος γὰρ περιέσχεν αὐτὸν καὶ πάντας τοὺς σὺν αὐτῷ ἐπὶ τῇ ἄγρᾳ τῶν ἰχθύων ὧν συνέλαβον	

121	Mt 9,10	... καὶ ἰδοὺ πολλοὶ τελῶναι καὶ ἁμαρτωλοὶ ἐλθόντες συνανέκειντο τῷ Ἰησοῦ καὶ τοῖς μαθηταῖς αὐτοῦ.	Mk 2,15	... καὶ πολλοὶ τελῶναι καὶ ἁμαρτωλοὶ συνανέκειντο τῷ Ἰησοῦ καὶ τοῖς μαθηταῖς αὐτοῦ· ἦσαν γὰρ πολλοὶ καὶ ἠκολούθουν αὐτῷ.	Lk 5,29 → Lk 15,1	... καὶ ἦν ὄχλος πολὺς τελωνῶν καὶ ἄλλων οἳ ἦσαν μετ᾽ αὐτῶν κατακείμενοι.	
002					Lk 5,39	[καὶ] οὐδεὶς πιὼν παλαιὸν θέλει νέον· λέγει γάρ· ὁ παλαιὸς χρηστός ἐστιν.	→ GTh 47,3
121	Mt 12,15 → Mt 4,24 → Mt 8,16	... καὶ ἐθεράπευσεν αὐτοὺς πάντας	Mk 3,10 → Mk 1,32.34	πολλοὺς γὰρ ἐθεράπευσεν, ...	Lk 6,18 → Lk 4,40	... καὶ οἱ ἐνοχλούμενοι ἀπὸ πνευμάτων ἀκαθάρτων ἐθεραπεύοντο	
a 102 *g* 202	Mt 5,12	χαίρετε καὶ ἀγαλλιᾶσθε, ὅτι ὁ μισθὸς ὑμῶν πολὺς ἐν τοῖς οὐρανοῖς· οὕτως γὰρ ἐδίωξαν τοὺς προφήτας τοὺς πρὸ ὑμῶν.			Lk 6,23 (2)	χάρητε ἐν ἐκείνῃ τῇ ἡμέρᾳ καὶ σκιρτήσατε, ἰδοὺ γὰρ ὁ μισθὸς ὑμῶν πολὺς ἐν τῷ οὐρανῷ· κατὰ τὰ αὐτὰ γὰρ ἐποίουν τοῖς προφήταις οἱ πατέρες αὐτῶν.	→ GTh 69,1 → GTh 68
002					Lk 6,26	οὐαὶ ὅταν ὑμᾶς καλῶς εἴπωσιν πάντες οἱ ἄνθρωποι· κατὰ τὰ αὐτὰ γὰρ ἐποίουν τοῖς ψευδοπροφήταις οἱ πατέρες αὐτῶν.	
201	Mt 5,18 → Mt 24,35	ἀμὴν γὰρ λέγω ὑμῖν· ἕως ἂν παρέλθῃ ὁ οὐρανὸς καὶ ἡ γῆ, ἰῶτα ἓν ἢ μία κεραία οὐ μὴ παρέλθῃ ἀπὸ τοῦ νόμου ἕως ἂν πάντα γένηται.	→ Mk 13,31		Lk 16,17 → Lk 21,33	εὐκοπώτερον δέ ἐστιν τὸν οὐρανὸν καὶ τὴν γῆν παρελθεῖν ἢ τοῦ νόμου μίαν κεραίαν πεσεῖν.	
200	Mt 5,20	λέγω γὰρ ὑμῖν ὅτι ἐὰν μὴ περισσεύσῃ ὑμῶν ἡ δικαιοσύνη πλεῖον τῶν γραμματέων καὶ Φαρισαίων, οὐ μὴ εἰσέλθητε εἰς τὴν βασιλείαν τῶν οὐρανῶν.					
200	Mt 5,29 ⇨ Mt 18,9	εἰ δὲ ὁ ὀφθαλμός σου ὁ δεξιὸς σκανδαλίζει σε, ἔξελε αὐτὸν καὶ βάλε ἀπὸ σοῦ· συμφέρει γάρ σοι ἵνα ἀπόληται ἓν τῶν μελῶν σου καὶ μὴ ὅλον τὸ σῶμά σου βληθῇ εἰς γέενναν.	Mk 9,47	καὶ ἐὰν ὁ ὀφθαλμός σου σκανδαλίζῃ σε, ἔκβαλε αὐτόν· καλόν σέ ἐστιν μονόφθαλμον εἰσελθεῖν εἰς τὴν βασιλείαν τοῦ θεοῦ ἢ δύο ὀφθαλμοὺς ἔχοντα βληθῆναι εἰς τὴν γέενναν			

200	**Mt 5,30** ⇨ Mt 18,8	καὶ εἰ ἡ δεξιά σου χεὶρ σκανδαλίζει σε, ἔκκοψον αὐτὴν καὶ βάλε ἀπὸ σοῦ· συμφέρει **γάρ** σοι ἵνα ἀπόληται ἓν τῶν μελῶν σου καὶ μὴ ὅλον τὸ σῶμά σου εἰς γέενναν ἀπέλθῃ.	**Mk 9,43**	καὶ ἐὰν σκανδαλίζῃ σε ἡ χείρ σου, ἀπόκοψον αὐτήν· καλόν ἐστίν σε κυλλὸν εἰσελθεῖν εἰς τὴν ζωὴν ἢ τὰς δύο χεῖρας ἔχοντα ἀπελθεῖν εἰς τὴν γέενναν, εἰς τὸ πῦρ τὸ ἄσβεστον.			
e 201	**Mt 5,46**	ἐὰν **γὰρ** ἀγαπήσητε τοὺς ἀγαπῶντας ὑμᾶς, τίνα μισθὸν ἔχετε;			**Lk 6,32**	καὶ εἰ ἀγαπᾶτε τοὺς ἀγαπῶντας ὑμᾶς, ποία ὑμῖν χάρις ἐστίν;	
b 102						καὶ **γὰρ** οἱ ἁμαρτωλοὶ τοὺς ἀγαπῶντας αὐτοὺς ἀγαπῶσιν.	
b 102		οὐχὶ καὶ οἱ τελῶναι τὸ αὐτὸ ποιοῦσιν;			**Lk 6,33**	καὶ [**γὰρ**] ἐὰν ἀγαθοποιῆτε τοὺς ἀγαθοποιοῦντας ὑμᾶς, ποία ὑμῖν χάρις ἐστίν; καὶ οἱ ἁμαρτωλοὶ τὸ αὐτὸ ποιοῦσιν.	
200	**Mt 6,7**	προσευχόμενοι δὲ μὴ βατταλογήσητε ὥσπερ οἱ ἐθνικοί, δοκοῦσιν **γὰρ** ὅτι ἐν τῇ πολυλογίᾳ αὐτῶν εἰσακουσθήσονται.					
200	**Mt 6,8** ↓ Mt 6,32 ↓ Lk 12,30	μὴ οὖν ὁμοιωθῆτε αὐτοῖς· οἶδεν **γὰρ** ὁ πατὴρ ὑμῶν ὧν χρείαν ἔχετε πρὸ τοῦ ὑμᾶς αἰτῆσαι αὐτόν.					
e 210	**Mt 6,14** ↓ Mt 6,12 ↓ Lk 11,4	ἐὰν **γὰρ** ἀφῆτε τοῖς ἀνθρώποις τὰ παραπτώματα αὐτῶν, ἀφήσει καὶ ὑμῖν ὁ πατὴρ ὑμῶν ὁ οὐράνιος·	**Mk 11,25** → Mt 5,23-24	καὶ ὅταν στήκετε προσευχόμενοι, ἀφίετε εἴ τι ἔχετε κατά τινος, ἵνα καὶ ὁ πατὴρ ὑμῶν ὁ ἐν τοῖς οὐρανοῖς ἀφῇ ὑμῖν τὰ παραπτώματα ὑμῶν.			
200	**Mt 6,16**	ὅταν δὲ νηστεύητε, μὴ γίνεσθε ὡς οἱ ὑποκριταὶ σκυθρωποί, ἀφανίζουσιν **γὰρ** τὰ πρόσωπα αὐτῶν ὅπως φανῶσιν τοῖς ἀνθρώποις νηστεύοντες· ...					→ GTh 6,1 (POxy 654) → GTh 27 (POxy 1)
202	**Mt 6,21**	ὅπου **γάρ** ἐστιν ὁ θησαυρός σου, ἐκεῖ ἔσται καὶ ἡ καρδία σου.			**Lk 12,34**	ὅπου **γάρ** ἐστιν ὁ θησαυρὸς ὑμῶν, ἐκεῖ καὶ ἡ καρδία ὑμῶν ἔσται.	

202	Mt 6,24	οὐδεὶς δύναται δυσὶ κυρίοις δουλεύειν· ἢ γὰρ τὸν ἕνα μισήσει καὶ τὸν ἕτερον ἀγαπήσει, ἢ ἑνὸς ἀνθέξεται καὶ τοῦ ἑτέρου καταφρονήσει. ...			Lk 16,13	οὐδεὶς οἰκέτης δύναται δυσὶ κυρίοις δουλεύειν· ἢ γὰρ τὸν ἕνα μισήσει καὶ τὸν ἕτερον ἀγαπήσει, ἢ ἑνὸς ἀνθέξεται καὶ τοῦ ἑτέρου καταφρονήσει. ...	→ GTh 47,1-2
202	Mt 6,32 (2)	πάντα γὰρ ταῦτα τὰ ἔθνη ἐπιζητοῦσιν·			Lk 12,30	ταῦτα γὰρ πάντα τὰ ἔθνη τοῦ κόσμου ἐπιζητοῦσιν,	
201	↑ Mt 6,8	οἶδεν γὰρ ὁ πατὴρ ὑμῶν ὁ οὐράνιος ὅτι χρῄζετε τούτων ἁπάντων.				ὑμῶν δὲ ὁ πατὴρ οἶδεν ὅτι χρῄζετε τούτων.	
200	Mt 6,34	μὴ οὖν μεριμνήσητε εἰς τὴν αὔριον, ἡ γὰρ αὔριον μεριμνήσει ἑαυτῆς· ἀρκετὸν τῇ ἡμέρᾳ ἡ κακία αὐτῆς.					
202	Mt 7,2	ἐν ᾧ γὰρ κρίματι κρίνετε κριθήσεσθε, καὶ ἐν ᾧ μέτρῳ μετρεῖτε μετρηθήσεται ὑμῖν.	Mk 4,24	... ἐν ᾧ μέτρῳ μετρεῖτε μετρηθήσεται ὑμῖν καὶ προστεθήσεται ὑμῖν.	Lk 6,38	... ᾧ γὰρ μέτρῳ μετρεῖτε ἀντιμετρηθήσεται ὑμῖν.	Mk-Q overlap
202	Mt 7,8 → Mt 21,22 → Mk 11,24	πᾶς γὰρ ὁ αἰτῶν λαμβάνει καὶ ὁ ζητῶν εὑρίσκει καὶ τῷ κρούοντι ἀνοιγήσεται.			Lk 11,10 → Mt 21,22 → Mk 11,24	πᾶς γὰρ ὁ αἰτῶν λαμβάνει καὶ ὁ ζητῶν εὑρίσκει καὶ τῷ κρούοντι ἀνοιγ[ήσ]εται.	→ GTh 2 (POxy 654) → GTh 94
201	Mt 7,12 → Mt 22,40	πάντα οὖν ὅσα ἐὰν θέλητε ἵνα ποιῶσιν ὑμῖν οἱ ἄνθρωποι, οὕτως καὶ ὑμεῖς ποιεῖτε αὐτοῖς· οὗτος γάρ ἐστιν ὁ νόμος καὶ οἱ προφῆται.			Lk 6,31	καὶ καθὼς θέλετε ἵνα ποιῶσιν ὑμῖν οἱ ἄνθρωποι ποιεῖτε αὐτοῖς ὁμοίως.	
c 102	Mt 7,18	οὐ δύναται δένδρον ἀγαθὸν καρποὺς πονηροὺς ποιεῖν ...			Lk 6,43	οὐ γάρ ἐστιν δένδρον καλὸν ποιοῦν καρπὸν σαπρόν, ...	
102	Mt 7,16 ⇨ Mt 7,20	ἀπὸ τῶν καρπῶν αὐτῶν ἐπιγνώσεσθε αὐτούς.			Lk 6,44 (2)	ἕκαστον γὰρ δένδρον ἐκ τοῦ ἰδίου καρποῦ γινώσκεται·	
c 102	⇩ Mt 12,33	μήτι συλλέγουσιν ἀπὸ ἀκανθῶν σταφυλὰς ἢ ἀπὸ τριβόλων σῦκα;				οὐ γὰρ ἐξ ἀκανθῶν συλλέγουσιν σῦκα οὐδὲ ἐκ βάτου σταφυλὴν τρυγῶσιν.	→ GTh 45,1
202	Mt 12,34	... ἐκ γὰρ τοῦ περισσεύματος τῆς καρδίας τὸ στόμα λαλεῖ.			Lk 6,45	... ἐκ γὰρ περισσεύματος καρδίας λαλεῖ τὸ στόμα αὐτοῦ.	→ GTh 45,4

201	**Mt 7,25**	καὶ κατέβη ἡ βροχὴ καὶ ἦλθον οἱ ποταμοὶ καὶ ἔπνευσαν οἱ ἄνεμοι καὶ προσέπεσαν τῇ οἰκίᾳ ἐκείνῃ, καὶ οὐκ ἔπεσεν, τεθεμελίωτο **γὰρ** ἐπὶ τὴν πέτραν.			**Lk 6,48**	... πλημμύρης δὲ γενομένης προσέρηξεν ὁ ποταμὸς τῇ οἰκίᾳ ἐκείνῃ, καὶ οὐκ ἴσχυσεν σαλεῦσαι αὐτὴν **διὰ** τὸ καλῶς οἰκοδομῆσθαι αὐτήν.	
221	**Mt 7,29** ↓ Mt 22,33	[28] ἐξεπλήσσοντο οἱ ὄχλοι ἐπὶ τῇ διδαχῇ αὐτοῦ· [29] ἦν **γὰρ** διδάσκων αὐτοὺς ὡς ἐξουσίαν ἔχων καὶ οὐχ ὡς οἱ γραμματεῖς αὐτῶν.	**Mk 1,22** → Mk 1,27 ↓ **Mk 11,18**	καὶ ἐξεπλήσσοντο ἐπὶ τῇ διδαχῇ αὐτοῦ· ἦν **γὰρ** διδάσκων αὐτοὺς ὡς ἐξουσίαν ἔχων καὶ οὐχ ὡς οἱ γραμματεῖς.	**Lk 4,32** → Lk 4,36	καὶ ἐξεπλήσσοντο ἐπὶ τῇ διδαχῇ αὐτοῦ, **ὅτι** ἐν ἐξουσίᾳ ἦν ὁ λόγος αὐτοῦ.	
002					**Lk 7,5**	ἀγαπᾷ **γὰρ** τὸ ἔθνος ἡμῶν καὶ τὴν συναγωγὴν αὐτὸς ᾠκοδόμησεν ἡμῖν.	→ Acts 10,2.22
c 102	**Mt 8,8**	... κύριε, οὐκ εἰμὶ ἱκανὸς ἵνα μου ὑπὸ τὴν στέγην εἰσέλθῃς, ...			**Lk 7,6**	... κύριε, μὴ σκύλλου, οὐ **γὰρ** ἱκανός εἰμι ἵνα ὑπὸ τὴν στέγην μου εἰσέλθῃς·	→ Jn 4,49
b 202	**Mt 8,9**	καὶ **γὰρ** ἐγὼ ἄνθρωπός εἰμι ὑπὸ ἐξουσίαν, ἔχων ὑπ' ἐμαυτὸν στρατιώτας, ...			**Lk 7,8**	καὶ **γὰρ** ἐγὼ ἄνθρωπός εἰμι ὑπὸ ἐξουσίαν τασσόμενος ἔχων ὑπ' ἐμαυτὸν στρατιώτας, ...	
211	**Mt 9,5**	τί **γὰρ** ἐστιν εὐκοπώτερον, εἰπεῖν· ἀφίενταί σου αἱ ἁμαρτίαι, ...	**Mk 2,9**	τί ἐστιν εὐκοπώτερον, εἰπεῖν τῷ παραλυτικῷ· ἀφίενταί σου αἱ ἁμαρτίαι, ...	**Lk 5,23**	τί ἐστιν εὐκοπώτερον, εἰπεῖν· ἀφέωνταί σοι αἱ ἁμαρτίαι σου, ...	
c 211	**Mt 9,13**	... οὐ **γὰρ** ἦλθον καλέσαι δικαίους ἀλλὰ ἁμαρτωλούς.	**Mk 2,17**	... οὐκ ἦλθον καλέσαι δικαίους ἀλλὰ ἁμαρτωλούς.	**Lk 5,32**	οὐκ ἐλήλυθα καλέσαι δικαίους ἀλλὰ ἁμαρτωλοὺς εἰς μετάνοιαν.	
211	**Mt 9,16**	οὐδεὶς δὲ ἐπιβάλλει ἐπίβλημα ῥάκους ἀγνάφου ἐπὶ ἱματίῳ παλαιῷ· αἴρει **γὰρ** τὸ πλήρωμα αὐτοῦ ἀπὸ τοῦ ἱματίου καὶ χεῖρον σχίσμα γίνεται.	**Mk 2,21**	οὐδεὶς ἐπίβλημα ῥάκους ἀγνάφου ἐπιράπτει ἐπὶ ἱμάτιον παλαιόν· **εἰ δὲ μή,** αἴρει τὸ πλήρωμα ἀπ' αὐτοῦ τὸ καινὸν τοῦ παλαιοῦ, καὶ χεῖρον σχίσμα γίνεται.	**Lk 5,36**	... οὐδεὶς ἐπίβλημα ἀπὸ ἱματίου καινοῦ σχίσας ἐπιβάλλει ἐπὶ ἱμάτιον παλαιόν· **εἰ δὲ μή γε,** καὶ τὸ καινὸν σχίσει καὶ τῷ παλαιῷ οὐ συμφωνήσει τὸ ἐπίβλημα τὸ ἀπὸ τοῦ καινοῦ.	→ GTh 47,5
220	**Mt 9,21**	ἔλεγεν **γὰρ** ἐν ἑαυτῇ· ἐὰν μόνον ἅψωμαι τοῦ ἱματίου αὐτοῦ σωθήσομαι.	**Mk 5,28**	ἔλεγεν **γὰρ** ὅτι ἐὰν ἅψωμαι κἂν τῶν ἱματίων αὐτοῦ σωθήσομαι.			
c 212	**Mt 9,24**	... ἀναχωρεῖτε, οὐ **γὰρ** ἀπέθανεν τὸ κοράσιον ἀλλὰ καθεύδει. ...	**Mk 5,39**	... τὸ παιδίον οὐκ ἀπέθανεν ἀλλὰ καθεύδει.	**Lk 8,52**	... μὴ κλαίετε, οὐ **γὰρ** ἀπέθανεν ἀλλὰ καθεύδει.	

202	**Mt 10,10**	... ἄξιος γὰρ ὁ ἐργάτης τῆς τροφῆς αὐτοῦ.			**Lk 10,7**	... ἄξιος γὰρ ὁ ἐργάτης τοῦ μισθοῦ αὐτοῦ. ...	
211	**Mt 10,17** ⇨ Mt 24,9 → Mt 23,34	προσέχετε δὲ ἀπὸ τῶν ἀνθρώπων· παραδώσουσιν γὰρ ὑμᾶς εἰς συνέδρια καὶ ἐν ταῖς συναγωγαῖς αὐτῶν μαστιγώσουσιν ὑμᾶς·	**Mk 13,9**	βλέπετε δὲ ὑμεῖς ἑαυτούς· παραδώσουσιν ὑμᾶς εἰς συνέδρια καὶ εἰς συναγωγὰς δαρήσεσθε ...	**Lk 21,12** → Lk 11,49 → Lk 12,11	πρὸ δὲ τούτων πάντων ἐπιβαλοῦσιν ἐφ' ὑμᾶς τὰς χεῖρας αὐτῶν καὶ διώξουσιν, παραδιδόντες εἰς τὰς συναγωγὰς καὶ φυλακάς, ...	
202	**Mt 10,19**	ὅταν δὲ παραδῶσιν ὑμᾶς, μὴ μεριμνήσητε πῶς ἢ τί λαλήσητε· δοθήσεται γὰρ ὑμῖν ἐν ἐκείνῃ τῇ ὥρᾳ τί λαλήσητε·	Mk 13,11	καὶ ὅταν ἄγωσιν ὑμᾶς παραδιδόντες, μὴ προμεριμνᾶτε τί λαλήσητε, ἀλλ' ὃ ἐὰν δοθῇ ὑμῖν ἐν ἐκείνῃ τῇ ὥρᾳ τοῦτο λαλεῖτε· ↔	**Lk 12,12** ⇩ Lk 21,15	[11] ὅταν δὲ εἰσφέρωσιν ὑμᾶς ἐπὶ τὰς συναγωγὰς καὶ τὰς ἀρχὰς καὶ τὰς ἐξουσίας, μὴ μεριμνήσητε πῶς ἢ τί ἀπολογήσησθε ἢ τί εἴπητε· [12] τὸ γὰρ ἅγιον πνεῦμα διδάξει ὑμᾶς ἐν αὐτῇ τῇ ὥρᾳ ἃ δεῖ εἰπεῖν.	→ Jn 14,26 Mk-Q overlap
c 220	**Mt 10,20**	οὐ γὰρ ὑμεῖς ἐστε οἱ λαλοῦντες ἀλλὰ τὸ πνεῦμα τοῦ πατρὸς ὑμῶν τὸ λαλοῦν ἐν ὑμῖν.	**Mk 13,11** ↓ Lk 12,12	↔ οὐ γάρ ἐστε ὑμεῖς οἱ λαλοῦντες ἀλλὰ τὸ πνεῦμα τὸ ἅγιον.			
200	**Mt 10,23** → Mt 23,34 → Lk 11,49	ὅταν δὲ διώκωσιν ὑμᾶς ἐν τῇ πόλει ταύτῃ, φεύγετε εἰς τὴν ἑτέραν· ἀμὴν γὰρ λέγω ὑμῖν, οὐ μὴ τελέσητε τὰς πόλεις τοῦ Ἰσραὴλ ἕως ἂν ἔλθῃ ὁ υἱὸς τοῦ ἀνθρώπου.					
201	**Mt 10,26**	... οὐδὲν γὰρ ἐστιν κεκαλυμμένον ὃ οὐκ ἀποκαλυφθήσεται καὶ κρυπτὸν ὃ οὐ γνωσθήσεται.			**Lk 12,2** ⇩ Lk 8,17	οὐδὲν δὲ συγκεκαλυμμένον ἐστὶν ὃ οὐκ ἀποκαλυφθήσεται καὶ κρυπτὸν ὃ οὐ γνωσθήσεται.	→ GTh 5 → GTh 6,5-6 **(POxy 654)** Mk-Q overlap
c			Mk 4,22	οὐ γάρ ἐστιν κρυπτὸν ἐὰν μὴ ἵνα φανερωθῇ, οὐδὲ ἐγένετο ἀπόκρυφον ἀλλ' ἵνα ἔλθῃ εἰς φανερόν.	Lk 8,17 ⇧ Lk 12,2	οὐ γάρ ἐστιν κρυπτὸν ὃ οὐ φανερὸν γενήσεται οὐδὲ ἀπόκρυφον ὃ οὐ μὴ γνωσθῇ καὶ εἰς φανερὸν ἔλθῃ.	→ GTh 5 → GTh 6,5-6 **(POxy 654)**
201	**Mt 10,35** ↓ Lk 12,52 → Mt 10,21 → Mk 13,12 → Lk 21,16	ἦλθον γὰρ διχάσαι ἄνθρωπον *κατὰ τοῦ πατρὸς αὐτοῦ* ... ➤ Micah 7,6			**Lk 12,53** ↓ Lk 12,52	διαμερισθήσονται πατὴρ ἐπὶ υἱῷ καὶ *υἱὸς* ἐπὶ *πατρί*, ... ➤ Micah 7,6	→ GTh 16
201	**Mt 11,13** → Mt 5,17	πάντες γὰρ οἱ προφῆται καὶ ὁ νόμος ἕως Ἰωάννου ἐπροφήτευσαν·			**Lk 16,16**	ὁ νόμος καὶ οἱ προφῆται μέχρι Ἰωάννου· ...	

202	**Mt 11,18**	ἦλθεν γὰρ Ἰωάννης μήτε ἐσθίων μήτε πίνων, καὶ λέγουσιν· δαιμόνιον ἔχει·			**Lk 7,33** → Mt 3,4 → Mk 1,6	ἐλήλυθεν γὰρ Ἰωάννης ὁ βαπτιστὴς μὴ ἐσθίων ἄρτον μήτε πίνων οἶνον, καὶ λέγετε· δαιμόνιον ἔχει.	
200	**Mt 11,30**	ὁ γὰρ ζυγός μου χρηστὸς καὶ τὸ φορτίον μου ἐλαφρόν ἐστιν.					→ GTh 90
211	**Mt 12,8**	κύριος γὰρ ἐστιν τοῦ σαββάτου ὁ υἱὸς τοῦ ἀνθρώπου.	**Mk 2,28**	ὥστε κύριός ἐστιν ὁ υἱὸς τοῦ ἀνθρώπου καὶ τοῦ σαββάτου.	**Lk 6,5**	... κύριός ἐστιν τοῦ σαββάτου ὁ υἱὸς τοῦ ἀνθρώπου.	
020			**Mk 3,21**	καὶ ἀκούσαντες οἱ παρ' αὐτοῦ ἐξῆλθον κρατῆσαι αὐτόν· ἔλεγον γὰρ ὅτι ἐξέστη.			
200	**Mt 12,33** ⇧ Mt 7,16	... ἐκ γὰρ τοῦ καρποῦ τὸ δένδρον γινώσκεται.			**Lk 6,44** (2)	ἕκαστον γὰρ δένδρον ἐκ τοῦ ἰδίου καρποῦ γινώσκεται· ...	
202	**Mt 12,34**	... ἐκ γὰρ τοῦ περισσεύματος τῆς καρδίας τὸ στόμα λαλεῖ.			**Lk 6,45**	... ἐκ γὰρ περισσεύματος καρδίας λαλεῖ τὸ στόμα αὐτοῦ.	→ GTh 45,4
200	**Mt 12,37**	ἐκ γὰρ τῶν λόγων σου δικαιωθήσῃ, καὶ ἐκ τῶν λόγων σου καταδικασθήσῃ.					
h 202	**Mt 12,40** → Mt 27,63	ὥσπερ γὰρ *ἦν Ἰωνᾶς ἐν τῇ κοιλίᾳ* *τοῦ κήτους τρεῖς ἡμέρας* *καὶ τρεῖς νύκτας,* οὕτως ἔσται ὁ υἱὸς τοῦ ἀνθρώπου ἐν τῇ καρδίᾳ τῆς γῆς τρεῖς ἡμέρας καὶ τρεῖς νύκτας. ➤ Jonah 2,1			**Lk 11,30**	καθὼς γὰρ ἐγένετο Ἰωνᾶς τοῖς Νινευίταις σημεῖον, οὕτως ἔσται καὶ ὁ υἱὸς τοῦ ἀνθρώπου τῇ γενεᾷ ταύτῃ.	
221	**Mt 12,50** → Mt 7,21	ὅστις γὰρ ἂν ποιήσῃ τὸ θέλημα τοῦ πατρός μου τοῦ ἐν οὐρανοῖς αὐτός μου ἀδελφὸς καὶ ἀδελφὴ καὶ μήτηρ ἐστίν.	**Mk 3,35**	ὃς [γὰρ] ἂν ποιήσῃ τὸ θέλημα τοῦ θεοῦ, οὗτος ἀδελφός μου καὶ ἀδελφὴ καὶ μήτηρ ἐστίν.	**Lk 8,21** → Lk 6,46 → Lk 11,28	... μήτηρ μου καὶ ἀδελφοί μου οὗτοί εἰσιν οἱ τὸν λόγον τοῦ θεοῦ ἀκούοντες καὶ ποιοῦντες.	→ Jn 15,14 → GTh 99
222	**Mt 13,12** ⇩ Mt 25,29	ὅστις γὰρ ἔχει, δοθήσεται αὐτῷ καὶ περισσευθήσεται·...	**Mk 4,25**	ὃς γὰρ ἔχει, δοθήσεται αὐτῷ· ...	**Lk 8,18** ⇩ Lk 19,26	... ὃς ἂν γὰρ ἔχῃ, δοθήσεται αὐτῷ· ...	→ GTh 41 Mk-Q overlap
200	**Mt 13,15** → Mk 4,12	*ἐπαχύνθη* *γὰρ* *ἡ καρδία τοῦ λαοῦ* *τούτου, ...* ➤ Isa 6,10 LXX					→ Jn 12,40 → **Acts 28,27**

202	Mt 13,17	ἀμὴν γὰρ λέγω ὑμῖν ὅτι πολλοὶ προφῆται καὶ δίκαιοι ἐπεθύμησαν ἰδεῖν ἃ βλέπετε καὶ οὐκ εἶδαν, ...			Lk 10,24	λέγω γὰρ ὑμῖν ὅτι πολλοὶ προφῆται καὶ βασιλεῖς ἠθέλησαν ἰδεῖν ἃ ὑμεῖς βλέπετε καὶ οὐκ εἶδαν, ...	→ GTh 38 (POxy 655 - restoration)
c 022			Mk 4,22	οὐ γάρ ἐστιν κρυπτὸν ἐὰν μὴ ἵνα φανερωθῇ, ...	Lk 8,17 ⇩ Lk 12,2	οὐ γάρ ἐστιν κρυπτὸν ὃ οὐ φανερὸν γενήσεται ...	→ GTh 5 → GTh 6,5-6 (POxy 654) Mk-Q overlap
	Mt 10,26	... οὐδὲν γάρ ἐστιν κεκαλυμμένον ὃ οὐκ ἀποκαλυφθήσεται ...			Lk 12,2 ⇧ Lk 8,17	οὐδὲν δὲ συγκεκαλυμμένον ἐστὶν ὃ οὐκ ἀποκαλυφθήσεται ...	
222	Mt 13,12 ⇩ Mt 25,29	ὅστις γὰρ ἔχει, δοθήσεται αὐτῷ καὶ περισσευθήσεται· ...	Mk 4,25	ὃς γὰρ ἔχει, δοθήσεται αὐτῷ· ...	Lk 8,18 ⇩ Lk 19,26	... ὃς ἂν γὰρ ἔχῃ, δοθήσεται αὐτῷ· ...	→ GTh 41 Mk-Q overlap
	Mt 25,29 ⇧ Mt 13,12	τῷ γὰρ ἔχοντι παντὶ δοθήσεται καὶ περισσευθήσεται, ...			Lk 19,26 ⇧ Lk 8,18	λέγω ὑμῖν ὅτι παντὶ τῷ ἔχοντι δοθήσεται, ...	→ GTh 41 Mk-Q overlap
022			Mk 5,8	ἔλεγεν γὰρ αὐτῷ· ἔξελθε τὸ πνεῦμα τὸ ἀκάθαρτον ἐκ τοῦ ἀνθρώπου.	Lk 8,29 (2)	παρήγγειλεν γὰρ τῷ πνεύματι τῷ ἀκαθάρτῳ ἐξελθεῖν ἀπὸ τοῦ ἀνθρώπου.	
112	Mt 8,28	 ... χαλεποὶ λίαν, ὥστε μὴ ἰσχύειν τινὰ παρελθεῖν διὰ τῆς ὁδοῦ ἐκείνης.	Mk 5,4	 διὰ τὸ αὐτὸν πολλάκις πέδαις καὶ ἁλύσεσιν δεδέσθαι καὶ διεσπάσθαι ὑπ᾽ αὐτοῦ τὰς ἁλύσεις καὶ τὰς πέδας συντετρῖφθαι, καὶ οὐδεὶς ἴσχυεν αὐτὸν δαμάσαι·		πολλοῖς γὰρ χρόνοις συνηρπάκει αὐτὸν καὶ ἐδεσμεύετο ἁλύσεσιν καὶ πέδαις φυλασσόμενος καὶ διαρρήσσων τὰ δεσμὰ ἠλαύνετο ὑπὸ τοῦ δαιμονίου εἰς τὰς ἐρήμους.	
112	Mt 9,1	καὶ ἐμβὰς εἰς πλοῖον διεπέρασεν ... [18] ταῦτα αὐτοῦ λαλοῦντος αὐτοῖς, ἰδοὺ ἄρχων εἷς ἐλθὼν ...	Mk 5,21	[18] καὶ ἐμβαίνοντος αὐτοῦ εἰς τὸ πλοῖον ... [21] καὶ διαπεράσαντος τοῦ Ἰησοῦ [ἐν τῷ πλοίῳ] πάλιν εἰς τὸ πέραν συνήχθη ὄχλος πολὺς ἐπ᾽ αὐτόν, καὶ ἦν παρὰ τὴν θάλασσαν. [22] καὶ ἔρχεται εἷς τῶν ἀρχισυναγώγων, ὀνόματι Ἰάϊρος, ...	Lk 8,40	[37] ... αὐτὸς δὲ ἐμβὰς εἰς πλοῖον ὑπέστρεψεν. [38] ... [40] ἐν δὲ τῷ ὑποστρέφειν τὸν Ἰησοῦν ἀπεδέξατο αὐτὸν ὁ ὄχλος· ἦσαν γὰρ πάντες προσδοκῶντες αὐτόν. [41] καὶ ἰδοὺ ἦλθεν ἀνὴρ ᾧ ὄνομα Ἰάϊρος καὶ οὗτος ἄρχων τῆς συναγωγῆς ὑπῆρχεν, ...	
220	Mt 9,21	ἔλεγεν γὰρ ἐν ἑαυτῇ· ἐὰν μόνον ἅψωμαι τοῦ ἱματίου αὐτοῦ σωθήσομαι.	Mk 5,28	ἔλεγεν γὰρ ὅτι ἐὰν ἅψωμαι κἂν τῶν ἱματίων αὐτοῦ σωθήσομαι.			
012			Mk 5,30 → Lk 6,19	καὶ εὐθὺς ὁ Ἰησοῦς ἐπιγνοὺς ἐν ἑαυτῷ τὴν ἐξ αὐτοῦ δύναμιν ἐξελθοῦσαν ...	Lk 8,46 → Lk 6,19	ὁ δὲ Ἰησοῦς εἶπεν· ἥψατό μού τις, ἐγὼ γὰρ ἔγνων δύναμιν ἐξεληλυθυῖαν ἀπ᾽ ἐμοῦ.	

c 212	**Mt 9,24**	... ἀναχωρεῖτε, οὐ **γὰρ** ἀπέθανεν τὸ κοράσιον ἀλλὰ καθεύδει. ...	**Mk 5,39**	... τὸ παιδίον οὐκ ἀπέθανεν ἀλλὰ καθεύδει.	**Lk 8,52**	... μὴ κλαίετε, οὐ **γὰρ** ἀπέθανεν ἀλλὰ καθεύδει.	
121	**Mt 9,25**	... καὶ ἠγέρθη τὸ κοράσιον.	**Mk 5,42**	καὶ εὐθὺς ἀνέστη τὸ κοράσιον καὶ περιεπάτει· ἦν **γὰρ** ἐτῶν δώδεκα. καὶ ἐξέστησαν [εὐθὺς] ἐκστάσει μεγάλῃ.	**Lk 8,42**	[55] καὶ ἐπέστρεψεν τὸ πνεῦμα αὐτῆς καὶ ἀνέστη παραχρῆμα ... [42] ... ἦν αὐτῷ ὡς ἐτῶν δώδεκα καὶ αὐτὴ ἀπέθνῃσκεν. ... [56] καὶ ἐξέστησαν οἱ γονεῖς αὐτῆς· ...	
121	**Mt 14,1**	ἐν ἐκείνῳ τῷ καιρῷ ἤκουσεν Ἡρῴδης ὁ τετραάρχης τὴν ἀκοὴν Ἰησοῦ	**Mk 6,14**	καὶ ἤκουσεν ὁ βασιλεὺς Ἡρῴδης, φανερὸν **γὰρ** ἐγένετο τὸ ὄνομα αὐτοῦ, ...	**Lk 9,7**	ἤκουσεν δὲ Ἡρῴδης ὁ τετραάρχης τὰ γινόμενα πάντα ...	
221	**Mt 14,3**	ὁ **γὰρ** Ἡρῴδης κρατήσας τὸν Ἰωάννην ἔδησεν [αὐτὸν] καὶ ἐν φυλακῇ ἀπέθετο ...	**Mk 6,17**	αὐτὸς **γὰρ** ὁ Ἡρῴδης ἀποστείλας ἐκράτησεν τὸν Ἰωάννην καὶ ἔδησεν αὐτὸν ἐν φυλακῇ ...	**Lk 3,19** ↓ Mt 14,4 ↓ Mk 6,18	ὁ **δὲ** Ἡρῴδης ὁ τετραάρχης, ... [20] ... κατέκλεισεν τὸν Ἰωάννην ἐν φυλακῇ.	
220	**Mt 14,4** ↑ Lk 3,19	ἔλεγεν **γὰρ** ὁ Ἰωάννης αὐτῷ· οὐκ ἔξεστίν σοι ἔχειν αὐτήν.	**Mk 6,18** ↑ Lk 3,19	ἔλεγεν **γὰρ** ὁ Ἰωάννης τῷ Ἡρῴδῃ ὅτι οὐκ ἔξεστίν σοι ἔχειν τὴν γυναῖκα τοῦ ἀδελφοῦ σου.			
120	**Mt 14,5**	[3] ὁ γὰρ Ἡρῴδης ... [5] καὶ θέλων αὐτὸν ἀποκτεῖναι ἐφοβήθη τὸν ὄχλον, ὅτι ὡς προφήτην αὐτὸν εἶχον.	**Mk 6,20**	[19] ἡ δὲ Ἡρῳδιὰς ἐνεῖχεν αὐτῷ καὶ ἤθελεν αὐτὸν ἀποκτεῖναι, καὶ οὐκ ἠδύνατο· [20] ὁ **γὰρ** Ἡρῴδης ἐφοβεῖτο τὸν Ἰωάννην, εἰδὼς αὐτὸν ἄνδρα δίκαιον καὶ ἅγιον, ...			
020			**Mk 6,31**	... δεῦτε ὑμεῖς αὐτοὶ κατ᾽ ἰδίαν εἰς ἔρημον τόπον καὶ ἀναπαύσασθε ὀλίγον. ἦσαν **γὰρ** οἱ ἐρχόμενοι καὶ οἱ ὑπάγοντες πολλοί, ...			
112	**Mt 14,21** → Mt 15,38	οἱ **δὲ** ἐσθίοντες ἦσαν ἄνδρες ὡσεὶ πεντακισχίλιοι χωρὶς γυναικῶν καὶ παιδίων.	**Mk 6,44** → Mk 8,9	 **καὶ** ἦσαν οἱ φαγόντες [τοὺς ἄρτους] πεντακισχίλιοι ἄνδρες.	**Lk 9,14**	ἦσαν **γὰρ** ὡσεὶ ἄνδρες πεντακισχίλιοι. ...	→ Jn 6,10
220	**Mt 14,24**	τὸ δὲ πλοῖον ἤδη σταδίους πολλοὺς ἀπὸ τῆς γῆς ἀπεῖχεν βασανιζόμενον ὑπὸ τῶν κυμάτων, ἦν **γὰρ** ἐναντίος ὁ ἄνεμος.	**Mk 6,48**	[47] ... ἦν τὸ πλοῖον ἐν μέσῳ τῆς θαλάσσης, ... [48] καὶ ἰδὼν αὐτοὺς βασανιζομένους ἐν τῷ ἐλαύνειν, ἦν **γὰρ** ὁ ἄνεμος ἐναντίος αὐτοῖς, ...			→ Jn 6,18

120	**Mt 14,26**	οἱ δὲ μαθηταὶ ἰδόντες αὐτὸν ἐπὶ τῆς θαλάσσης περιπατοῦντα ἐταράχθησαν λέγοντες ὅτι φάντασμά ἐστιν, καὶ ἀπὸ τοῦ φόβου ἔκραξαν.	**Mk 6,50**	[49] οἱ δὲ ἰδόντες αὐτὸν ἐπὶ τῆς θαλάσσης περιπατοῦντα ἔδοξαν ὅτι φάντασμά ἐστιν, καὶ ἀνέκραξαν· [50] πάντες **γὰρ** αὐτὸν εἶδον καὶ ἐταράχθησαν. ...			→ Jn 6,19
c 020			**Mk 6,52** → Mt 16,9 → Mk 8,17	οὐ **γὰρ** συνῆκαν ἐπὶ τοῖς ἄρτοις, ἀλλ' ἦν αὐτῶν ἡ καρδία πεπωρωμένη.			
020			**Mk 7,3**	... οἱ **γὰρ** Φαρισαῖοι καὶ πάντες οἱ Ἰουδαῖοι ἐὰν μὴ πυγμῇ νίψωνται τὰς χεῖρας οὐκ ἐσθίουσιν, ...			
c 210	**Mt 15,2** → Mt 15,20	διὰ τί οἱ μαθηταί σου παραβαίνουσιν τὴν παράδοσιν τῶν πρεσβυτέρων; **οὐ γὰρ** νίπτονται τὰς χεῖρας [αὐτῶν] ὅταν ἄρτον ἐσθίωσιν.	**Mk 7,5**	... διὰ τί οὐ περιπατοῦσιν οἱ μαθηταί σου κατὰ τὴν παράδοσιν τῶν πρεσβυτέρων, **ἀλλὰ** κοιναῖς χερσὶν ἐσθίουσιν τὸν ἄρτον;			
220	**Mt 15,4**	ὁ **γὰρ** θεὸς εἶπεν· *τίμα* *τὸν πατέρα καὶ* *τὴν μητέρα*, ... ➤ Exod 20,12/Deut 5,16	**Mk 7,10**	Μωϋσῆς **γὰρ** εἶπεν· *τίμα* *τὸν πατέρα σου καὶ* *τὴν μητέρα σου*, ... ➤ Exod 20,12/Deut 5,16			
220	**Mt 15,19**	ἐκ **γὰρ** τῆς καρδίας ἐξέρχονται διαλογισμοὶ πονηροί, ...	**Mk 7,21**	ἔσωθεν **γὰρ** ἐκ τῆς καρδίας τῶν ἀνθρώπων οἱ διαλογισμοὶ οἱ κακοὶ ἐκπορεύονται, ...			→ GTh 14,5
c 120	**Mt 15,26**	 ... οὐκ ἔστιν καλὸν λαβεῖν τὸν ἄρτον τῶν τέκνων καὶ βαλεῖν τοῖς κυναρίοις.	**Mk 7,27**	... ἄφες πρῶτον χορτασθῆναι τὰ τέκνα, οὐ **γάρ** ἐστιν καλὸν λαβεῖν τὸν ἄρτον τῶν τέκνων καὶ τοῖς κυναρίοις βαλεῖν.			
b 210	**Mt 15,27**	... ναὶ κύριε, καὶ **γὰρ** τὰ κυνάρια ἐσθίει ἀπὸ τῶν ψιχίων τῶν πιπτόντων ἀπὸ τῆς τραπέζης τῶν κυρίων αὐτῶν.	**Mk 7,28**	... κύριε· καὶ τὰ κυνάρια ὑποκάτω τῆς τραπέζης ἐσθίουσιν ἀπὸ τῶν ψιχίων τῶν παιδίων.			
201	**Mt 16,2**	... [ὀψίας γενομένης λέγετε· εὐδία, πυρράζει **γὰρ** ὁ οὐρανός·]			**Lk 12,54**	... ὅταν ἴδητε [τὴν] νεφέλην ἀνατέλλουσαν ἐπὶ δυσμῶν, εὐθέως λέγετε ὅτι ὄμβρος ἔρχεται, **καὶ** γίνεται οὕτως·	→ GTh 91 Mt 16,2b is textcritically uncertain.

201	Mt 16,3	[καὶ πρωΐ· σήμερον χειμών, πυρράζει γὰρ στυγνάζων ὁ οὐρανός. ...]			Lk 12,55	καὶ ὅταν νότον πνέοντα, λέγετε ὅτι καύσων ἔσται, καὶ γίνεται.	→ GTh 91 Mt 16,3 is textcritically uncertain.
222	Mt 16,25 ⇩ Mt 10,39	ὃς γὰρ ἐὰν θέλῃ τὴν ψυχὴν αὐτοῦ σῶσαι ἀπολέσει αὐτήν· ...	Mk 8,35	ὃς γὰρ ἐὰν θέλῃ τὴν ψυχὴν αὐτοῦ σῶσαι ἀπολέσει αὐτήν· ...	Lk 9,24 ⇩ Lk 17,33	ὃς γὰρ ἂν θέλῃ τὴν ψυχὴν αὐτοῦ σῶσαι ἀπολέσει αὐτήν· ...	→ Jn 12,25 Mk-Q overlap
	Mt 10,39 ⇧ Mt 16,25	ὁ εὑρὼν τὴν ψυχὴν αὐτοῦ ἀπολέσει αὐτήν, ...			Lk 17,33 ⇧ Lk 9,24	ὃς ἐὰν ζητήσῃ τὴν ψυχὴν αὐτοῦ περιποιήσασθαι ἀπολέσει αὐτήν, ...	→ Jn 12,25 Mk-Q overlap
222	Mt 16,26	τί γὰρ ὠφεληθήσεται ἄνθρωπος ἐὰν τὸν κόσμον ὅλον κερδήσῃ τὴν δὲ ψυχὴν αὐτοῦ ζημιωθῇ;	Mk 8,36	τί γὰρ ὠφελεῖ ἄνθρωπον κερδῆσαι τὸν κόσμον ὅλον καὶ ζημιωθῆναι τὴν ψυχὴν αὐτοῦ;	Lk 9,25	τί γὰρ ὠφελεῖται ἄνθρωπος κερδήσας τὸν κόσμον ὅλον ἑαυτὸν δὲ ἀπολέσας ἢ ζημιωθείς;	
120		ἢ τί δώσει ἄνθρωπος ἀντάλλαγμα τῆς ψυχῆς αὐτοῦ;	Mk 8,37	τί γὰρ δοῖ ἄνθρωπος ἀντάλλαγμα τῆς ψυχῆς αὐτοῦ;			
222	Mt 16,27 ↓ Mt 10,33	μέλλει γὰρ ὁ υἱὸς τοῦ ἀνθρώπου ἔρχεσθαι ... καὶ τότε *ἀποδώσει ἑκάστῳ κατὰ τὴν πρᾶξιν αὐτοῦ.* ➤ Ps 62,13/Prov 24,12/Sir 35,22 LXX	Mk 8,38	ὃς γὰρ ἐὰν ἐπαισχυνθῇ με καὶ τοὺς ἐμοὺς λόγους ἐν τῇ γενεᾷ ταύτῃ τῇ μοιχαλίδι καὶ ἁμαρτωλῷ, καὶ ὁ υἱὸς τοῦ ἀνθρώπου ἐπαισχυνθήσεται αὐτόν, ὅταν ἔλθῃ ...	Lk 9,26 ⇩ Lk 12,9	ὃς γὰρ ἂν ἐπαισχυνθῇ με καὶ τοὺς ἐμοὺς λόγους, τοῦτον ὁ υἱὸς τοῦ ἀνθρώπου ἐπαισχυνθήσεται, ὅταν ἔλθῃ ...	Mk-Q overlap
	Mt 10,33 ↑ Mt 16,27	ὅστις δ' ἂν ἀρνήσηταί με ἔμπροσθεν τῶν ἀνθρώπων, ἀρνήσομαι κἀγὼ αὐτὸν ἔμπροσθεν τοῦ πατρός μου τοῦ ἐν [τοῖς] οὐρανοῖς.			Lk 12,9 ⇧ Lk 9,26	ὁ δὲ ἀρνησάμενός με ἐνώπιον τῶν ἀνθρώπων ἀπαρνηθήσεται ἐνώπιον τῶν ἀγγέλων τοῦ θεοῦ.	Mk-Q overlap
c 021 021			Mk 9,6 (2) → Mt 17,6	οὐ γὰρ ᾔδει τί ἀποκριθῇ, ἔκφοβοι γὰρ ἐγένοντο.	Lk 9,33	... μὴ εἰδὼς ὃ λέγει.	
210	Mt 17,15	... πολλάκις γὰρ πίπτει εἰς τὸ πῦρ καὶ πολλάκις εἰς τὸ ὕδωρ.	Mk 9,22	καὶ πολλάκις καὶ εἰς πῦρ αὐτὸν ἔβαλεν καὶ εἰς ὕδατα ἵνα ἀπολέσῃ αὐτόν· ...			

a ἰδοὺ γάρ
b καὶ γάρ
c οὐ γάρ, οὔπω γάρ
d οὐδὲ γάρ, οὐδέπω γάρ
e ἐὰν γάρ
f ὅταν γάρ
g οὕτως γάρ
h ὥσπερ / καθώς / ὡς γάρ
j μὲν γάρ

201	**Mt 17,20** → Mt 21,21	... διὰ τὴν ὀλιγοπιστίαν ὑμῶν· ἀμὴν γὰρ λέγω ὑμῖν, ἐὰν ἔχητε πίστιν ὡς κόκκον σινάπεως, ἐρεῖτε τῷ ὄρει τούτῳ, μετάβα ἔνθεν ἐκεῖ, καὶ μεταβήσεται· καὶ οὐδὲν ἀδυνατήσει ὑμῖν.	**Mk 11,23** → Mk 9,23	[22] ... ἔχετε πίστιν θεοῦ. [23] ἀμὴν λέγω ὑμῖν ὅτι ὃς ἂν εἴπῃ τῷ ὄρει τούτῳ· ἄρθητι καὶ βλήθητι εἰς τὴν θάλασσαν, καὶ μὴ διακριθῇ ἐν τῇ καρδίᾳ αὐτοῦ ἀλλὰ πιστεύῃ ὅτι ὃ λαλεῖ γίνεται, ἔσται αὐτῷ.	**Lk 17,6**	... εἰ ἔχετε πίστιν ὡς κόκκον σινάπεως, ἐλέγετε ἂν τῇ συκαμίνῳ [ταύτῃ]· ἐκριζώθητι καὶ φυτεύθητι ἐν τῇ θαλάσσῃ· καὶ ὑπήκουσεν ἂν ὑμῖν.	→ GTh 48 → GTh 106
121	**Mt 17,22**	συστρεφομένων δὲ αὐτῶν ἐν τῇ Γαλιλαίᾳ εἶπεν αὐτοῖς ὁ Ἰησοῦς·	**Mk 9,31**	ἐδίδασκεν γὰρ τοὺς μαθητὰς αὐτοῦ καὶ ἔλεγεν αὐτοῖς ὅτι	**Lk 9,43**	... εἶπεν πρὸς τοὺς μαθητὰς αὐτοῦ·	
112	→ Mt 16,21 ↓ Mt 20,18-19	μέλλει ὁ υἱὸς τοῦ ἀνθρώπου παραδίδοσθαι εἰς χεῖρας ἀνθρώπων	→ Mk 8,31 ↓ Mk 10,33	ὁ υἱὸς τοῦ ἀνθρώπου παραδίδοται εἰς χεῖρας ἀνθρώπων, ...	**Lk 9,44** → Lk 9,22 → Lk 17,25 ↓ **Lk 18,32** → Lk 24,7 → Lk 24,26 → Lk 24,46	θέσθε ὑμεῖς εἰς τὰ ὦτα ὑμῶν τοὺς λόγους τούτους· ὁ γὰρ υἱὸς τοῦ ἀνθρώπου μέλλει παραδίδοσθαι εἰς χεῖρας ἀνθρώπων.	
121	**Mt 18,1**	ἐν ἐκείνῃ τῇ ὥρᾳ προσῆλθον οἱ μαθηταὶ τῷ Ἰησοῦ λέγοντες· τίς ἄρα μείζων ἐστὶν ἐν τῇ βασιλείᾳ τῶν οὐρανῶν;	**Mk 9,34**	[33] ... τί ἐν τῇ ὁδῷ διελογίζεσθε; [34] οἱ δὲ ἐσιώπων· πρὸς ἀλλήλους γὰρ διελέχθησαν ἐν τῇ ὁδῷ τίς μείζων.	**Lk 9,46** → Lk 22,24	εἰσῆλθεν δὲ διαλογισμὸς ἐν αὐτοῖς, τὸ τίς ἂν εἴη μείζων αὐτῶν.	→ GTh 12
112	**Mt 18,5** ⇨ Mt 10,40 → Mt 10,41	καὶ ὃς ἐὰν δέξηται ἓν παιδίον τοιοῦτο ἐπὶ τῷ ὀνόματί μου, ἐμὲ δέχεται.	**Mk 9,37**	ὃς ἂν ἓν τῶν τοιούτων παιδίων δέξηται ἐπὶ τῷ ὀνόματί μου, ἐμὲ δέχεται· καὶ ὃς ἂν ἐμὲ δέχηται, οὐκ ἐμὲ δέχεται ἀλλὰ τὸν ἀποστείλαντά με.	**Lk 9,48** ⇨ Lk 10,16	... ὃς ἐὰν δέξηται τοῦτο τὸ παιδίον ἐπὶ τῷ ὀνόματί μου, ἐμὲ δέχεται· καὶ ὃς ἂν ἐμὲ δέξηται, δέχεται τὸν ἀποστείλαντά με· ὁ γὰρ μικρότερος ἐν πᾶσιν ὑμῖν ὑπάρχων οὗτός ἐστιν μέγας.	→ Jn 5,23 → Jn 12,44-45 → Jn 13,20
020			**Mk 9,39**	... οὐδεὶς γὰρ ἐστιν ὃς ποιήσει δύναμιν ἐπὶ τῷ ὀνόματί μου καὶ δυνήσεται ταχὺ κακολογῆσαί με·			
022	→ Mt 12,30		**Mk 9,40**	ὃς γὰρ οὐκ ἔστιν καθ' ἡμῶν, ὑπὲρ ἡμῶν ἐστιν.	**Lk 9,50** → Lk 11,23	... ὃς γὰρ οὐκ ἔστιν καθ' ὑμῶν, ὑπὲρ ὑμῶν ἐστιν.	
120	**Mt 10,42**	καὶ ὃς ἂν ποτίσῃ ἕνα τῶν μικρῶν τούτων ποτήριον ψυχροῦ μόνον εἰς ὄνομα μαθητοῦ, ἀμὴν λέγω ὑμῖν, οὐ μὴ ἀπολέσῃ τὸν μισθὸν αὐτοῦ.	**Mk 9,41**	ὃς γὰρ ἂν ποτίσῃ ὑμᾶς ποτήριον ὕδατος ἐν ὀνόματι ὅτι Χριστοῦ ἐστε, ἀμὴν λέγω ὑμῖν ὅτι οὐ μὴ ἀπολέσῃ τὸν μισθὸν αὐτοῦ.			

201	**Mt 18,7**	οὐαὶ τῷ κόσμῳ ἀπὸ τῶν σκανδάλων· ἀνάγκη γὰρ ἐλθεῖν τὰ σκάνδαλα, πλὴν οὐαὶ τῷ ἀνθρώπῳ δι᾽ οὗ τὸ σκάνδαλον ἔρχεται.			**Lk 17,1**	... ἀνένδεκτόν ἐστιν τοῦ τὰ σκάνδαλα μὴ ἐλθεῖν, πλὴν οὐαὶ δι᾽ οὗ ἔρχεται·	
020			**Mk 9,49**	πᾶς γὰρ πυρὶ ἁλισθήσεται.			
200	**Mt 18,10** → Mt 18,6 → Mk 9,42 → Lk 17,2	ὁρᾶτε μὴ καταφρονήσητε ἑνὸς τῶν μικρῶν τούτων· λέγω γὰρ ὑμῖν ὅτι οἱ ἄγγελοι αὐτῶν ἐν οὐρανοῖς διὰ παντὸς βλέπουσι τὸ πρόσωπον τοῦ πατρός μου τοῦ ἐν οὐρανοῖς.					
200	**Mt 18,20**	οὗ γάρ εἰσιν δύο ἢ τρεῖς συνηγμένοι εἰς τὸ ἐμὸν ὄνομα, ἐκεῖ εἰμι ἐν μέσῳ αὐτῶν.					→ GTh 30 (POxy 1) → GTh 48 → GTh 106
202	**Mt 10,10**	... ἄξιος γὰρ ὁ ἐργάτης τῆς τροφῆς αὐτοῦ.			**Lk 10,7**	... ἄξιος γὰρ ὁ ἐργάτης τοῦ μισθοῦ αὐτοῦ. ...	
202	**Mt 13,17**	ἀμὴν γὰρ λέγω ὑμῖν ὅτι πολλοὶ προφῆται καὶ δίκαιοι ἐπεθύμησαν ἰδεῖν ἃ βλέπετε καὶ οὐκ εἶδαν, ...			**Lk 10,24**	λέγω γὰρ ὑμῖν ὅτι πολλοὶ προφῆται καὶ βασιλεῖς ἠθέλησαν ἰδεῖν ἃ ὑμεῖς βλέπετε καὶ οὐκ εἶδαν, ...	→ GTh 38 (POxy 655 - restoration)
002					**Lk 10,42**	ἑνὸς δέ ἐστιν χρεία· Μαριὰμ γὰρ τὴν ἀγαθὴν μερίδα ἐξελέξατο ...	
b 102	**Mt 6,12** ↑ Mt 6,14 ↑ Mk 11,25 → Mt 18,33	καὶ ἄφες ἡμῖν τὰ ὀφειλήματα ἡμῶν, ὡς καὶ ἡμεῖς ἀφήκαμεν τοῖς ὀφειλέταις ἡμῶν·			**Lk 11,4**	καὶ ἄφες ἡμῖν τὰς ἁμαρτίας ἡμῶν, καὶ γὰρ αὐτοὶ ἀφίομεν παντὶ ὀφείλοντι ἡμῖν· ...	
202	**Mt 7,8** → Mt 21,22 → Mk 11,24	πᾶς γὰρ ὁ αἰτῶν λαμβάνει καὶ ὁ ζητῶν εὑρίσκει καὶ τῷ κρούοντι ἀνοιγήσεται.			**Lk 11,10** → Mt 21,22 → Mk 11,24	πᾶς γὰρ ὁ αἰτῶν λαμβάνει καὶ ὁ ζητῶν εὑρίσκει καὶ τῷ κρούοντι ἀνοιγ[ήσ]εται.	→ GTh 2 (POxy 654) → GTh 94
h 202	**Mt 12,40** → Mt 27,63	ὥσπερ γὰρ *ἦν Ἰωνᾶς ἐν τῇ κοιλίᾳ τοῦ κήτους τρεῖς ἡμέρας καὶ τρεῖς νύκτας,* οὕτως ἔσται ὁ υἱὸς τοῦ ἀνθρώπου ἐν τῇ καρδίᾳ τῆς γῆς τρεῖς ἡμέρας καὶ τρεῖς νύκτας. ➤ Jonah 2,1			**Lk 11,30**	καθὼς γὰρ ἐγένετο Ἰωνᾶς τοῖς Νινευίταις σημεῖον, οὕτως ἔσται καὶ ὁ υἱὸς τοῦ ἀνθρώπου τῇ γενεᾷ ταύτῃ.	

202	**Mt 10,19**	ὅταν δὲ παραδῶσιν ὑμᾶς, μὴ μεριμνήσητε πῶς ἢ τί λαλήσητε· δοθήσεται **γὰρ** ὑμῖν ἐν ἐκείνῃ τῇ ὥρᾳ τί λαλήσητε·	Mk 13,11	καὶ ὅταν ἄγωσιν ὑμᾶς παραδιδόντες, μὴ προμεριμνᾶτε τί λαλήσητε, **ἀλλ'** ὃ ἐὰν δοθῇ ὑμῖν ἐν ἐκείνῃ τῇ ὥρᾳ τοῦτο λαλεῖτε· ...	**Lk 12,12** ⇩ Lk 21,15	[11] ὅταν δὲ εἰσφέρωσιν ὑμᾶς ἐπὶ τὰς συναγωγὰς καὶ τὰς ἀρχὰς καὶ τὰς ἐξουσίας, μὴ μεριμνήσητε πῶς ἢ τί ἀπολογήσησθε ἢ τί εἴπητε· [12] τὸ **γὰρ** ἅγιον πνεῦμα διδάξει ὑμᾶς ἐν αὐτῇ τῇ ὥρᾳ ἃ δεῖ εἰπεῖν.	→ Jn 14,26 Mk-Q overlap
102	**Mt 6,25**	... οὐχὶ ἡ ψυχὴ πλεῖόν ἐστιν τῆς τροφῆς καὶ τὸ σῶμα τοῦ ἐνδύματος;			**Lk 12,23**	ἡ **γὰρ** ψυχὴ πλεῖόν ἐστιν τῆς τροφῆς καὶ τὸ σῶμα τοῦ ἐνδύματος.	
202	**Mt 6,32** **(2)** ↑ Mt 6,8	πάντα **γὰρ** ταῦτα τὰ ἔθνη ἐπιζητοῦσιν· ...			**Lk 12,30**	ταῦτα **γὰρ** πάντα τὰ ἔθνη τοῦ κόσμου ἐπιζητοῦσιν, ...	
202	**Mt 6,21**	ὅπου **γάρ** ἐστιν ὁ θησαυρός σου, ἐκεῖ ἔσται καὶ ἡ καρδία σου.			**Lk 12,34**	ὅπου **γάρ** ἐστιν ὁ θησαυρὸς ὑμῶν, ἐκεῖ καὶ ἡ καρδία ὑμῶν ἔσται.	
002					**Lk 12,52** ↑ Mt 10,35 ↑ Lk 12,53	ἔσονται **γὰρ** ἀπὸ τοῦ νῦν πέντε ἐν ἑνὶ οἴκῳ διαμεμερισμένοι, ...	→ GTh 16
h 102	**Mt 5,25** → Mt 18,34	ἴσθι εὐνοῶν τῷ ἀντιδίκῳ σου ταχὺ, ἕως ὅτου εἶ μετ' αὐτοῦ ἐν τῇ ὁδῷ, ...			**Lk 12,58**	ὡς **γὰρ** ὑπάγεις μετὰ τοῦ ἀντιδίκου σου ἐπ' ἄρχοντα, ἐν τῇ ὁδῷ δὸς ἐργασίαν ἀπηλλάχθαι ἀπ' αὐτοῦ, ...	
002					**Lk 14,14**	καὶ μακάριος ἔσῃ, ὅτι οὐκ ἔχουσιν ἀνταποδοῦναί σοι, ἀνταποδοθήσεται **γὰρ** σοι ἐν τῇ ἀναστάσει τῶν δικαίων.	
102	**Mt 22,8**	τότε λέγει τοῖς δούλοις αὐτοῦ· ὁ μὲν γάμος ἕτοιμός ἐστιν, οἱ δὲ κεκλημένοι οὐκ ἦσαν ἄξιοι·			**Lk 14,24**	λέγω **γὰρ** ὑμῖν ὅτι οὐδεὶς τῶν ἀνδρῶν ἐκείνων τῶν κεκλημένων γεύσεταί μου τοῦ δείπνου.	→ GTh 64
002					**Lk 14,28**	τίς **γὰρ** ἐξ ὑμῶν θέλων πύργον οἰκοδομῆσαι ...	
c 002					**Lk 16,2**	... ἀπόδος τὸν λόγον τῆς οἰκονομίας σου, οὐ **γὰρ** δύνῃ ἔτι οἰκονομεῖν.	

202	**Mt 6,24**	οὐδεὶς δύναται δυσὶ κυρίοις δουλεύειν· ἢ **γὰρ** τὸν ἕνα μισήσει καὶ τὸν ἕτερον ἀγαπήσει, ἢ ἑνὸς ἀνθέξεται καὶ τοῦ ἑτέρου καταφρονήσει. ...			**Lk 16,13**	οὐδεὶς οἰκέτης δύναται δυσὶ κυρίοις δουλεύειν· ἢ **γὰρ** τὸν ἕνα μισήσει καὶ τὸν ἕτερον ἀγαπήσει, ἢ ἑνὸς ἀνθέξεται καὶ τοῦ ἑτέρου καταφρονήσει. ...	→ GTh 47,1-2
002					**Lk 16,28**	ἔχω **γὰρ** πέντε ἀδελφούς, ὅπως διαμαρτύρηται αὐτοῖς, ...	
a 002					**Lk 17,21** → Mt 24,23 → Mk 13,21 → Mt 24,26 → Lk 17,23	οὐδὲ ἐροῦσιν· ἰδοὺ ὧδε ἤ· ἐκεῖ, **ἰδοὺ γὰρ** ἡ βασιλεία τοῦ θεοῦ ἐντὸς ὑμῶν ἐστιν.	→ GTh 3,3 (POxy 654) → GTh 113
h 202	**Mt 24,27**	ὥσπερ **γὰρ** ἡ ἀστραπὴ ἐξέρχεται ἀπὸ ἀνατολῶν καὶ φαίνεται ἕως δυσμῶν, ...			**Lk 17,24**	ὥσπερ **γὰρ** ἡ ἀστραπὴ ἀστράπτουσα ἐκ τῆς ὑπὸ τὸν οὐρανὸν εἰς τὴν ὑπ' οὐρανὸν λάμπει, ...	
200	**Mt 19,12**	εἰσὶν **γὰρ** εὐνοῦχοι οἵτινες ἐκ κοιλίας μητρὸς ἐγεννήθησαν οὕτως, ...					
222	**Mt 19,14**	... ἄφετε τὰ παιδία καὶ μὴ κωλύετε αὐτὰ ἐλθεῖν πρός με, τῶν **γὰρ** τοιούτων ἐστὶν ἡ βασιλεία τῶν οὐρανῶν.	**Mk 10,14**	... ἄφετε τὰ παιδία ἔρχεσθαι πρός με, μὴ κωλύετε αὐτά, τῶν **γὰρ** τοιούτων ἐστὶν ἡ βασιλεία τοῦ θεοῦ.	**Lk 18,16**	... ἄφετε τὰ παιδία ἔρχεσθαι πρός με καὶ μὴ κωλύετε αὐτά, τῶν **γὰρ** τοιούτων ἐστὶν ἡ βασιλεία τοῦ θεοῦ.	→ GTh 22
222	**Mt 19,22**	ἀκούσας δὲ ὁ νεανίσκος τὸν λόγον ἀπῆλθεν λυπούμενος· ἦν **γὰρ** ἔχων κτήματα πολλά.	**Mk 10,22**	ὁ δὲ στυγνάσας ἐπὶ τῷ λόγῳ ἀπῆλθεν λυπούμενος· ἦν **γὰρ** ἔχων κτήματα πολλά.	**Lk 18,23**	ὁ δὲ ἀκούσας ταῦτα περίλυπος ἐγενήθη· ἦν **γὰρ** πλούσιος σφόδρα.	
112	**Mt 19,24**	... εὐκοπώτερόν ἐστιν κάμηλον διὰ τρυπήματος ῥαφίδος διελθεῖν ἢ πλούσιον εἰσελθεῖν εἰς τὴν βασιλείαν τοῦ θεοῦ.	**Mk 10,25**	εὐκοπώτερόν ἐστιν κάμηλον διὰ [τῆς] τρυμαλιᾶς [τῆς] ῥαφίδος διελθεῖν ἢ πλούσιον εἰς τὴν βασιλείαν τοῦ θεοῦ εἰσελθεῖν.	**Lk 18,25**	εὐκοπώτερον **γάρ** ἐστιν κάμηλον διὰ τρήματος βελόνης εἰσελθεῖν ἢ πλούσιον εἰς τὴν βασιλείαν τοῦ θεοῦ εἰσελθεῖν.	
121	**Mt 19,26**	... παρὰ ἀνθρώποις τοῦτο ἀδύνατόν ἐστιν, παρὰ **δὲ** θεῷ πάντα δυνατά.	**Mk 10,27**	... παρὰ ἀνθρώποις ἀδύνατον, ἀλλ' οὐ παρὰ θεῷ· πάντα **γὰρ** δυνατὰ παρὰ τῷ θεῷ.	**Lk 18,27**	 ... τὰ ἀδύνατα παρὰ ἀνθρώποις δυνατὰ παρὰ τῷ θεῷ ἐστιν.	
200	**Mt 20,1**	ὁμοία **γάρ** ἐστιν ἡ βασιλεία τῶν οὐρανῶν ἀνθρώπῳ οἰκοδεσπότῃ, ὅστις ἐξῆλθεν ἅμα πρωῒ μισθώσασθαι ἐργάτας εἰς τὸν ἀμπελῶνα αὐτοῦ.					

112	**Mt 20,19** → Mt 16,21 ↑ Mt 17,22	[18] ... καὶ ὁ υἱὸς τοῦ ἀνθρώπου παραδοθήσεται τοῖς ἀρχιερεῦσιν καὶ γραμματεῦσιν, καὶ κατακρινοῦσιν αὐτὸν θανάτῳ [19] καὶ παραδώσουσιν αὐτὸν τοῖς ἔθνεσιν εἰς τὸ ἐμπαῖξαι ...	**Mk 10,33** → Mk 8,31 ↑ Mk 9,31	... καὶ ὁ υἱὸς τοῦ ἀνθρώπου παραδοθήσεται τοῖς ἀρχιερεῦσιν καὶ τοῖς γραμματεῦσιν, καὶ κατακρινοῦσιν αὐτὸν θανάτῳ καὶ παραδώσουσιν αὐτὸν τοῖς ἔθνεσιν [34] καὶ ἐμπαίξουσιν αὐτῷ καὶ ἐμπτύσουσιν ...	**Lk 18,32** → Lk 9,22 ↑ Lk 9,44 → Lk 17,25 → Lk 24,7 → Lk 24,26 → Lk 24,46	[31] ... καὶ τελεσθήσεται πάντα τὰ γεγραμμένα διὰ τῶν προφητῶν τῷ υἱῷ τοῦ ἀνθρώπου· [32] παραδοθήσεται **γὰρ** τοῖς ἔθνεσιν καὶ ἐμπαιχθήσεται καὶ ὑβρισθήσεται καὶ ἐμπτυσθήσεται	
b 121	**Mt 20,28**	ὥσπερ ὁ υἱὸς τοῦ ἀνθρώπου οὐκ ἦλθεν διακονηθῆναι ἀλλὰ διακονῆσαι ...	**Mk 10,45**	καὶ **γὰρ** ὁ υἱὸς τοῦ ἀνθρώπου οὐκ ἦλθεν διακονηθῆναι ἀλλὰ διακονῆσαι ...	**Lk 22,27** → Lk 12,37	... ἐγὼ δὲ ἐν μέσῳ ὑμῶν εἰμι ὡς ὁ διακονῶν.	→ Jn 13,13-14
002					**Lk 19,5**	... Ζακχαῖε, σπεύσας κατάβηθι, σήμερον **γὰρ** ἐν τῷ οἴκῳ σου δεῖ με μεῖναι.	
002					**Lk 19,10**	ἦλθεν **γὰρ** ὁ υἱὸς τοῦ ἀνθρώπου ζητῆσαι καὶ σῶσαι τὸ ἀπολωλός.	
102	**Mt 25,25**	[24] ... ἔγνων σε ὅτι σκληρὸς εἶ ἄνθρωπος, θερίζων ὅπου οὐκ ἔσπειρας καὶ συνάγων ὅθεν οὐ διεσκόρπισας, [25] καὶ φοβηθεὶς ἀπελθὼν ἔκρυψα τὸ τάλαντόν σου ἐν τῇ γῇ· ἴδε ἔχεις τὸ σόν.			**Lk 19,21**	[20] ... κύριε, ἰδοὺ ἡ μνᾶ σου ἣν εἶχον ἀποκειμένην ἐν σουδαρίῳ· [21] ἐφοβούμην **γὰρ** σε, ὅτι ἄνθρωπος αὐστηρὸς εἶ, αἴρεις ὃ οὐκ ἔθηκας καὶ θερίζεις ὃ οὐκ ἔσπειρας.	
120	**Mt 21,19** → Lk 13,6	καὶ ἰδὼν συκῆν μίαν ἐπὶ τῆς ὁδοῦ ἦλθεν ἐπ᾽ αὐτὴν καὶ οὐδὲν εὗρεν ἐν αὐτῇ εἰ μὴ φύλλα μόνον, ...	**Mk 11,13** → Lk 13,6	καὶ ἰδὼν συκῆν ἀπὸ μακρόθεν ἔχουσαν φύλλα ἦλθεν, εἰ ἄρα τι εὑρήσει ἐν αὐτῇ, καὶ ἐλθὼν ἐπ᾽ αὐτὴν οὐδὲν εὗρεν εἰ μὴ φύλλα· ὁ **γὰρ** καιρὸς οὐκ ἦν σύκων.			
121	**Mt 22,33**		**Mk 11,18** **(2)**	καὶ ἤκουσαν οἱ ἀρχιερεῖς καὶ οἱ γραμματεῖς καὶ ἐζήτουν πῶς αὐτὸν ἀπολέσωσιν· ἐφοβοῦντο **γὰρ** αὐτόν,	**Lk 19,48** → Lk 21,38	[47] ... οἱ δὲ ἀρχιερεῖς καὶ οἱ γραμματεῖς ἐζήτουν αὐτὸν ἀπολέσαι καὶ οἱ πρῶτοι τοῦ λαοῦ, [48] καὶ οὐχ εὕρισκον τὸ τί ποιήσωσιν,	
122	↑ Mt 7,28 ↑ Lk 4,32	καὶ ἀκούσαντες οἱ ὄχλοι ἐξεπλήσσοντο ἐπὶ τῇ διδαχῇ αὐτοῦ.	↑ Mk 1,22 ↑ Lk 4,32	πᾶς **γὰρ** ὁ ὄχλος ἐξεπλήσσετο ἐπὶ τῇ διδαχῇ αὐτοῦ.		ὁ λαὸς **γὰρ** ἅπας ἐξεκρέματο αὐτοῦ ἀκούων.	

222	Mt 21,26	ἐὰν δὲ εἴπωμεν· ἐξ ἀνθρώπων, φοβούμεθα τὸν ὄχλον, πάντες γὰρ ὡς προφήτην ἔχουσιν τὸν Ἰωάννην.	Mk 11,32	ἀλλὰ εἴπωμεν· ἐξ ἀνθρώπων; - ἐφοβοῦντο τὸν ὄχλον· ἅπαντες γὰρ εἶχον τὸν Ἰωάννην ὄντως ὅτι προφήτης ἦν.	Lk 20,6	ἐὰν δὲ εἴπωμεν· ἐξ ἀνθρώπων, ὁ λαὸς ἅπας καταλιθάσει ἡμᾶς, πεπεισμένος γάρ ἐστιν Ἰωάννην προφήτην εἶναι.	
201	Mt 21,32	ἦλθεν γὰρ Ἰωάννης πρὸς ὑμᾶς ἐν ὁδῷ δικαιοσύνης, καὶ οὐκ ἐπιστεύσατε αὐτῷ, ...			Lk 7,30	οἱ δὲ Φαρισαῖοι καὶ οἱ νομικοὶ τὴν βουλὴν τοῦ θεοῦ ἠθέτησαν εἰς ἑαυτούς μὴ βαπτισθέντες ὑπ' αὐτοῦ.	
122	Mt 21,45 → Mk 11,18	καὶ ἀκούσαντες οἱ ἀρχιερεῖς καὶ οἱ Φαρισαῖοι τὰς παραβολὰς αὐτοῦ ἔγνωσαν ὅτι περὶ αὐτῶν λέγει·	Mk 12,12	... ἔγνωσαν γὰρ ὅτι πρὸς αὐτοὺς τὴν παραβολὴν εἶπεν. ...	Lk 20,19	... ἔγνωσαν γὰρ ὅτι πρὸς αὐτοὺς εἶπεν τὴν παραβολὴν ταύτην.	
200	Mt 22,14	πολλοὶ γὰρ εἰσιν κλητοὶ, ὀλίγοι δὲ ἐκλεκτοί.					→ GTh 23
c 221	Mt 22,16	... διδάσκαλε, οἴδαμεν ὅτι ἀληθὴς εἶ καὶ τὴν ὁδὸν τοῦ θεοῦ ἐν ἀληθείᾳ διδάσκεις καὶ οὐ μέλει σοι περὶ οὐδενός. οὐ γὰρ βλέπεις εἰς πρόσωπον ἀνθρώπων	Mk 12,14	... διδάσκαλε, οἴδαμεν ὅτι ἀληθὴς εἶ καὶ οὐ μέλει σοι περὶ οὐδενός· οὐ γὰρ βλέπεις εἰς πρόσωπον ἀνθρώπων, ἀλλ' ἐπ' ἀληθείας τὴν ὁδὸν τοῦ θεοῦ διδάσκεις· ...	Lk 20,21	... διδάσκαλε, οἴδαμεν ὅτι ὀρθῶς λέγεις καὶ διδάσκεις καὶ οὐ λαμβάνεις πρόσωπον, ἀλλ' ἐπ' ἀληθείας τὴν ὁδὸν τοῦ θεοῦ διδάσκεις·	→ Jn 3,2
222	Mt 22,28	ἐν τῇ ἀναστάσει οὖν τίνος τῶν ἑπτὰ ἔσται γυνή; πάντες γὰρ ἔσχον αὐτήν·	Mk 12,23	ἐν τῇ ἀναστάσει [ὅταν ἀναστῶσιν] τίνος αὐτῶν ἔσται γυνή; οἱ γὰρ ἑπτὰ ἔσχον αὐτὴν γυναῖκα.	Lk 20,33	ἡ γυνὴ οὖν ἐν τῇ ἀναστάσει τίνος αὐτῶν γίνεται γυνή; οἱ γὰρ ἑπτὰ ἔσχον αὐτὴν γυναῖκα.	
f 221	Mt 22,30	ἐν γὰρ τῇ ἀναστάσει οὔτε γαμοῦσιν οὔτε γαμίζονται,	Mk 12,25	ὅταν γὰρ ἐκ νεκρῶν ἀναστῶσιν οὔτε γαμοῦσιν οὔτε γαμίζονται,	Lk 20,35	οἱ δὲ καταξιωθέντες τοῦ αἰῶνος ἐκείνου τυχεῖν καὶ τῆς ἀναστάσεως τῆς ἐκ νεκρῶν οὔτε γαμοῦσιν οὔτε γαμίζονται·	
d 112 112		ἀλλ' ὡς ἄγγελοι ἐν τῷ οὐρανῷ εἰσιν.		ἀλλ' εἰσὶν ὡς ἄγγελοι ἐν τοῖς οὐρανοῖς.	Lk 20,36 (2)	οὐδὲ γὰρ ἀποθανεῖν ἔτι δύνανται, ἰσάγγελοι γάρ εἰσιν καὶ υἱοί εἰσιν θεοῦ τῆς ἀναστάσεως υἱοὶ ὄντες.	
112	Mt 22,32	... οὐκ ἔστιν [ὁ] θεὸς νεκρῶν ἀλλὰ ζώντων.	Mk 12,27	οὐκ ἔστιν θεὸς νεκρῶν ἀλλὰ ζώντων· πολὺ πλανᾶσθε.	Lk 20,38	θεὸς δὲ οὐκ ἔστιν νεκρῶν ἀλλὰ ζώντων, πάντες γὰρ αὐτῷ ζῶσιν.	

112	Mt 22,46	... οὐδὲ ἐτόλμησέν τις ἀπ' ἐκείνης τῆς ἡμέρας ἐπερωτῆσαι αὐτὸν οὐκέτι.	Mk 12,34	... καὶ οὐδεὶς οὐκέτι ἐτόλμα αὐτὸν ἐπερωτῆσαι.	Lk 20,40	οὐκέτι γὰρ ἐτόλμων ἐπερωτᾶν αὐτὸν οὐδέν.	
112	Mt 22,43	λέγει αὐτοῖς· πῶς οὖν Δαυὶδ ἐν πνεύματι καλεῖ αὐτὸν κύριον λέγων· [44] *εἶπεν κύριος* *τῷ κυρίῳ μου·* *κάθου ἐκ δεξιῶν μου* ... ➢ Ps 110,1	Mk 12,36	αὐτὸς Δαυὶδ εἶπεν ἐν τῷ πνεύματι τῷ ἁγίῳ· *εἶπεν κύριος* *τῷ κυρίῳ μου·* *κάθου ἐκ δεξιῶν μου*, ... ➢ Ps 110,1	Lk 20,42	αὐτὸς γὰρ Δαυὶδ λέγει ἐν βίβλῳ ψαλμῶν· *εἶπεν κύριος* *τῷ κυρίῳ μου·* *κάθου ἐκ δεξιῶν μου* ➢ Ps 110,1	→ Acts 4,25
200	Mt 23,3	πάντα οὖν ὅσα ἐὰν εἴπωσιν ὑμῖν ποιήσατε καὶ τηρεῖτε, κατὰ δὲ τὰ ἔργα αὐτῶν μὴ ποιεῖτε· λέγουσιν γὰρ καὶ οὐ ποιοῦσιν.					
200	Mt 23,5	... πλατύνουσιν γὰρ τὰ φυλακτήρια αὐτῶν καὶ μεγαλύνουσιν τὰ κράσπεδα					
200	Mt 23,8	ὑμεῖς δὲ μὴ κληθῆτε ῥαββί· εἷς γάρ ἐστιν ὑμῶν ὁ διδάσκαλος, πάντες δὲ ὑμεῖς ἀδελφοί ἐστε.					
200	Mt 23,9	καὶ πατέρα μὴ καλέσητε ὑμῶν ἐπὶ τῆς γῆς, εἷς γάρ ἐστιν ὑμῶν ὁ πατὴρ ὁ οὐράνιος.					
201	Mt 23,13 → Mt 16,19	οὐαὶ δὲ ὑμῖν, γραμματεῖς καὶ Φαρισαῖοι ὑποκριταί, ὅτι κλείετε τὴν βασιλείαν τῶν οὐρανῶν ἔμπροσθεν τῶν ἀνθρώπων· ὑμεῖς γὰρ οὐκ εἰσέρχεσθε οὐδὲ τοὺς εἰσερχομένους ἀφίετε εἰσελθεῖν.			Lk 11,52	οὐαὶ ὑμῖν τοῖς νομικοῖς, ὅτι ἤρατε τὴν κλεῖδα τῆς γνώσεως· αὐτοὶ οὐκ εἰσήλθατε καὶ τοὺς εἰσερχομένους ἐκωλύσατε.	→ GTh 39,1-2 (POxy 655) → GTh 102
200	Mt 23,17	μωροὶ καὶ τυφλοί, τίς γὰρ μείζων ἐστίν, ὁ χρυσὸς ἢ ὁ ναὸς ὁ ἁγιάσας τὸν χρυσόν;					
200	Mt 23,19	τυφλοί, τί γὰρ μεῖζον, τὸ δῶρον ἢ τὸ θυσιαστήριον τὸ ἁγιάζον τὸ δῶρον;					
201	Mt 23,39	λέγω γὰρ ὑμῖν, οὐ μή με ἴδητε ἀπ' ἄρτι ἕως ἂν εἴπητε· *εὐλογημένος ὁ ἐρχόμενος* *ἐν ὀνόματι κυρίου.* ➢ Ps 118,26			Lk 13,35	... λέγω [δὲ] ὑμῖν, οὐ μὴ ἴδητέ με ἕως [ἥξει ὅτε] εἴπητε· *εὐλογημένος ὁ ἐρχόμενος* *ἐν ὀνόματι κυρίου.* ➢ Ps 118,26	

022			Mk 12,44	πάντες γὰρ ἐκ τοῦ περισσεύοντος αὐτοῖς ἔβαλον, ...	Lk 21,4	πάντες γὰρ οὗτοι ἐκ τοῦ περισσεύοντος αὐτοῖς ἔβαλον εἰς τὰ δῶρα, ...	
212	Mt 24,5 → Mt 24,26	πολλοὶ γὰρ ἐλεύσονται ἐπὶ τῷ ὀνόματί μου λέγοντες· ἐγώ εἰμι ὁ χριστός, καὶ πολλοὺς πλανήσουσιν.	Mk 13,6	πολλοὶ ἐλεύσονται ἐπὶ τῷ ὀνόματί μου λέγοντες ὅτι ἐγώ εἰμι, καὶ πολλοὺς πλανήσουσιν.	Lk 21,8 → Lk 17,23	... πολλοὶ γὰρ ἐλεύσονται ἐπὶ τῷ ὀνόματί μου λέγοντες· ἐγώ εἰμι, καί· ὁ καιρὸς ἤγγικεν. ...	
212	Mt 24,6	μελλήσετε δὲ ἀκούειν πολέμους καὶ ἀκοὰς πολέμων· ὁρᾶτε μὴ θροεῖσθε· δεῖ γὰρ γενέσθαι, ἀλλ᾽ οὔπω ἐστὶν τὸ τέλος.	Mk 13,7	ὅταν δὲ ἀκούσητε πολέμους καὶ ἀκοὰς πολέμων, μὴ θροεῖσθε· δεῖ γενέσθαι, ἀλλ᾽ οὔπω τὸ τέλος.	Lk 21,9	ὅταν δὲ ἀκούσητε πολέμους καὶ ἀκαταστασίας, μὴ πτοηθῆτε· δεῖ γὰρ ταῦτα γενέσθαι πρῶτον, ἀλλ᾽ οὐκ εὐθέως τὸ τέλος.	
221	Mt 24,7	ἐγερθήσεται γὰρ ἔθνος ἐπὶ ἔθνος καὶ βασιλεία ἐπὶ βασιλείαν ...	Mk 13,8	ἐγερθήσεται γὰρ ἔθνος ἐπ᾽ ἔθνος καὶ βασιλεία ἐπὶ βασιλείαν ...	Lk 21,10	... ἐγερθήσεται ἔθνος ἐπ᾽ ἔθνος καὶ βασιλεία ἐπὶ βασιλείαν	
112	Mt 10,19	... δοθήσεται γὰρ ὑμῖν ἐν ἐκείνῃ τῇ ὥρᾳ τί λαλήσητε·	Mk 13,11	 ... ἀλλ᾽ ὃ ἐὰν δοθῇ ὑμῖν ἐν ἐκείνῃ τῇ ὥρᾳ τοῦτο λαλεῖτε·	Lk 21,15 ⇑ Lk 12,12	ἐγὼ γὰρ δώσω ὑμῖν στόμα καὶ σοφίαν ᾗ οὐ δυνήσονται ἀντιστῆναι ἢ ἀντειπεῖν ἅπαντες οἱ ἀντικείμενοι ὑμῖν.	→ Acts 6,10 Mk-Q overlap. Mt 10,19 counted as Q tradition.
c 220	Mt 10,20	οὐ γὰρ ὑμεῖς ἐστε οἱ λαλοῦντες ἀλλὰ τὸ πνεῦμα τοῦ πατρὸς ὑμῶν τὸ λαλοῦν ἐν ὑμῖν.	↑ Lk 12,12	οὐ γάρ ἐστε ὑμεῖς οἱ λαλοῦντες ἀλλὰ τὸ πνεῦμα τὸ ἅγιον.			
222	Mt 24,21	ἔσται γὰρ τότε θλῖψις μεγάλη ...	Mk 13,19	ἔσονται γὰρ αἱ ἡμέραι ἐκεῖναι θλῖψις ...	Lk 21,23	... ἔσται γὰρ ἀνάγκη μεγάλη ...	
220	Mt 24,24 → Mt 24,11	ἐγερθήσονται γὰρ ψευδόχριστοι καὶ ψευδοπροφῆται ...	Mk 13,22	ἐγερθήσονται γὰρ ψευδόχριστοι καὶ ψευδοπροφῆται ...			
h 202	Mt 24,27	ὥσπερ γὰρ ἡ ἀστραπὴ ἐξέρχεται ἀπὸ ἀνατολῶν καὶ φαίνεται ἕως δυσμῶν, ...			Lk 17,24	ὥσπερ γὰρ ἡ ἀστραπὴ ἀστράπτουσα ἐκ τῆς ὑπὸ τὸν οὐρανὸν εἰς τὴν ὑπ᾽ οὐρανὸν λάμπει, ...	
112	Mt 24,29	... *καὶ αἱ* *δυνάμεις* *τῶν οὐρανῶν* σαλευθήσονται. ➤ Isa 34,4	Mk 13,25	... *καὶ αἱ* *δυνάμεις* *αἱ ἐν τοῖς οὐρανοῖς* σαλευθήσονται. ➤ Isa 34,4	Lk 21,26	... *αἱ* γὰρ *δυνάμεις* *τῶν οὐρανῶν* σαλευθήσονται. ➤ Isa 34,4	
002					Lk 21,35	... ἐπεισελεύσεται γὰρ ἐπὶ πάντας τοὺς καθημένους ἐπὶ πρόσωπον πάσης τῆς γῆς.	

121	**Mt 25,13** ↓ Mt 24,42 → Mt 24,44 → Mt 24,50	γρηγορεῖτε οὖν, ὅτι οὐκ οἴδατε τὴν ἡμέραν οὐδὲ τὴν ὥραν.	**Mk 13,33** → Lk 21,34	βλέπετε, ἀγρυπνεῖτε· οὐκ οἴδατε γὰρ πότε ὁ καιρός ἐστιν.	**Lk 21,36** → Lk 18,1	ἀγρυπνεῖτε δὲ ἐν παντὶ καιρῷ δεόμενοι ἵνα κατισχύσητε ἐκφυγεῖν ταῦτα πάντα τὰ μέλλοντα γίνεσθαι ...	
120	**Mt 24,42** → Mt 24,44 → Mt 24,50 ↑ Mt 25,13	γρηγορεῖτε οὖν, ὅτι οὐκ οἴδατε ποίᾳ ἡμέρᾳ ὁ κύριος ὑμῶν ἔρχεται.	**Mk 13,35** → Lk 12,38	γρηγορεῖτε οὖν· οὐκ οἴδατε γὰρ πότε ὁ κύριος τῆς οἰκίας ἔρχεται, ...			
h 201	**Mt 24,37**	ὥσπερ γὰρ αἱ ἡμέραι τοῦ Νῶε, οὕτως ἔσται ἡ παρουσία τοῦ υἱοῦ τοῦ ἀνθρώπου.			**Lk 17,26**	καὶ καθὼς ἐγένετο ἐν ταῖς ἡμέραις Νῶε, οὕτως ἔσται καὶ ἐν ταῖς ἡμέραις τοῦ υἱοῦ τοῦ ἀνθρώπου·	
h 201	**Mt 24,38**	ὡς γὰρ ἦσαν ἐν ταῖς ἡμέραις [ἐκείναις] ταῖς πρὸ τοῦ κατακλυσμοῦ τρώγοντες καὶ πίνοντες, γαμοῦντες καὶ γαμίζοντες, ἄχρι ἧς ἡμέρας εἰσῆλθεν Νῶε εἰς τὴν κιβωτόν, [39] οὕτως ἔσται [καὶ] ἡ παρουσία τοῦ υἱοῦ τοῦ ἀνθρώπου.			**Lk 17,27**	ἤσθιον, ἔπινον, ἐγάμουν, ἐγαμίζοντο, ἄχρι ἧς ἡμέρας εἰσῆλθεν Νῶε εἰς τὴν κιβωτόν, ... [30] κατὰ τὰ αὐτὰ ἔσται ᾗ ἡμέρᾳ ὁ υἱὸς τοῦ ἀνθρώπου ἀποκαλύπτεται.	
200	**Mt 25,3**	αἱ γὰρ μωραὶ λαβοῦσαι τὰς λαμπάδας αὐτῶν οὐκ ἔλαβον μεθ᾽ ἑαυτῶν ἔλαιον.					
h 201	**Mt 25,14**	ὥσπερ γὰρ ἄνθρωπος ἀποδημῶν ἐκάλεσεν τοὺς ἰδίους δούλους καὶ παρέδωκεν αὐτοῖς τὰ ὑπάρχοντα αὐτοῦ	**Mk 13,34**	ὡς ἄνθρωπος ἀπόδημος ἀφεὶς τὴν οἰκίαν αὐτοῦ καὶ δοὺς τοῖς δούλοις αὐτοῦ τὴν ἐξουσίαν ...	**Lk 19,12**	εἶπεν οὖν· ἄνθρωπός τις εὐγενὴς ἐπορεύθη εἰς χώραν μακρὰν ... [13] καλέσας δὲ δέκα δούλους ἑαυτοῦ ...	Mk-Q overlap
201	**Mt 25,29** ⇑ Mt 13,12	τῷ γὰρ ἔχοντι παντὶ δοθήσεται καὶ περισσευθήσεται, ...	**Mk 4,25**	ὃς γὰρ ἔχει, δοθήσεται αὐτῷ· ...	**Lk 19,26** ⇑ Lk 8,18	λέγω ὑμῖν ὅτι παντὶ τῷ ἔχοντι δοθήσεται, ...	→ GTh 41 Mk-Q overlap
200	**Mt 25,35**	ἐπείνασα γὰρ καὶ ἐδώκατέ μοι φαγεῖν, ...					
200	**Mt 25,42**	ἐπείνασα γὰρ καὶ οὐκ ἐδώκατέ μοι φαγεῖν, ...					
122	**Mt 26,5**	ἔλεγον δέ· μὴ ἐν τῇ ἑορτῇ, ἵνα μὴ θόρυβος γένηται ἐν τῷ λαῷ.	**Mk 14,2**	ἔλεγον γάρ· μὴ ἐν τῇ ἑορτῇ, μήποτε ἔσται θόρυβος τοῦ λαοῦ.	**Lk 22,2**	... ἐφοβοῦντο γὰρ τὸν λαόν.	

220	Mt 26,9	ἐδύνατο γὰρ τοῦτο πραθῆναι πολλοῦ καὶ δοθῆναι πτωχοῖς.	Mk 14,5	ἠδύνατο γὰρ τοῦτο τὸ μύρον πραθῆναι ἐπάνω δηναρίων τριακοσίων καὶ δοθῆναι τοῖς πτωχοῖς· ...			→ Jn 12,5
210	Mt 26,10	... τί κόπους παρέχετε τῇ γυναικί; ἔργον γὰρ καλὸν ἠργάσατο εἰς ἐμέ·	Mk 14,6	... ἄφετε αὐτήν· τί αὐτῇ κόπους παρέχετε; καλὸν ἔργον ἠργάσατο ἐν ἐμοί.			→ Jn 12,7
220	Mt 26,11	πάντοτε γὰρ τοὺς πτωχοὺς ἔχετε μεθ' ἑαυτῶν, ...	Mk 14,7	πάντοτε γὰρ τοὺς πτωχοὺς ἔχετε μεθ' ἑαυτῶν ...			→ Jn 12,8
210	Mt 26,12	βαλοῦσα γὰρ αὕτη τὸ μύρον τοῦτο ἐπὶ τοῦ σώματός μου πρὸς τὸ ἐνταφιάσαι με ἐποίησεν.	Mk 14,8	... προέλαβεν μυρίσαι τὸ σῶμά μου εἰς τὸν ἐνταφιασμόν.			→ Jn 12,7
002					Lk 22,16 ↓ Mt 26,29 ↓ Mk 14,25 ↓ Lk 22,18	λέγω γὰρ ὑμῖν ὅτι οὐ μὴ φάγω αὐτὸ ἕως ὅτου πληρωθῇ ἐν τῇ βασιλείᾳ τοῦ θεοῦ.	
112	Mt 26,29	λέγω δὲ ὑμῖν, οὐ μὴ πίω ἀπ' ἄρτι ἐκ τούτου τοῦ γενήματος τῆς ἀμπέλου ἕως τῆς ἡμέρας ἐκείνης ὅταν αὐτὸ πίνω μεθ' ὑμῶν καινὸν ἐν τῇ βασιλείᾳ τοῦ πατρός μου.	Mk 14,25	ἀμὴν λέγω ὑμῖν ὅτι οὐκέτι οὐ μὴ πίω ἐκ τοῦ γενήματος τῆς ἀμπέλου ἕως τῆς ἡμέρας ἐκείνης ὅταν αὐτὸ πίνω καινὸν ἐν τῇ βασιλείᾳ τοῦ θεοῦ.	Lk 22,18 ↑ Lk 22,16	λέγω γὰρ ὑμῖν, [ὅτι] οὐ μὴ πίω ἀπὸ τοῦ νῦν ἀπὸ τοῦ γενήματος τῆς ἀμπέλου ἕως οὗ ἡ βασιλεία τοῦ θεοῦ ἔλθῃ.	
211	Mt 26,28	τοῦτο γάρ ἐστιν τὸ αἷμά μου τῆς διαθήκης τὸ περὶ πολλῶν ἐκχυννόμενον εἰς ἄφεσιν ἁμαρτιῶν.	Mk 14,24	... τοῦτό ἐστιν τὸ αἷμά μου τῆς διαθήκης τὸ ἐκχυννόμενον ὑπὲρ πολλῶν.	Lk 22,20	... τοῦτο τὸ ποτήριον ἡ καινὴ διαθήκη ἐν τῷ αἵματί μου, τὸ ὑπὲρ ὑμῶν ἐκχυννόμενον.	→ 1Cor 11,25
112	Mt 20,28	ὥσπερ ὁ υἱὸς τοῦ ἀνθρώπου οὐκ ἦλθεν διακονηθῆναι ἀλλὰ διακονῆσαι ...	Mk 10,45	καὶ γὰρ ὁ υἱὸς τοῦ ἀνθρώπου οὐκ ἦλθεν διακονηθῆναι ἀλλὰ διακονῆσαι ...	Lk 22,27 → Lk 12,37	τίς γὰρ μείζων, ὁ ἀνακείμενος ἢ ὁ διακονῶν; οὐχὶ ὁ ἀνακείμενος; ἐγὼ δὲ ἐν μέσῳ ὑμῶν εἰμι ὡς ὁ διακονῶν.	→ Jn 13,13-14
002 b 002					Lk 22,37 (2) → Mt 27,38 → Mk 15,27 → Lk 23,33	λέγω γὰρ ὑμῖν ὅτι τοῦτο τὸ γεγραμμένον δεῖ τελεσθῆναι ἐν ἐμοί, τό· *καὶ μετὰ ἀνόμων* *ἐλογίσθη*· καὶ γὰρ τὸ περὶ ἐμοῦ τέλος ἔχει. ➤ Isa 53,12	

210	Mt 26,31	... πάντες ὑμεῖς σκανδαλισθήσεσθε ἐν ἐμοὶ ἐν τῇ νυκτὶ ταύτῃ, γέγραπται **γάρ·** *πατάξω τὸν ποιμένα, καὶ διασκορπισθήσονται τὰ πρόβατα τῆς ποίμνης.* ➤ Zech 13,7	Mk 14,27	... πάντες σκανδαλισθήσεσθε, ὅτι γέγραπται· *πατάξω τὸν ποιμένα, καὶ τὰ πρόβατα διασκορπισθήσονται.* ➤ Zech 13,7			
220	Mt 26,43	καὶ ἐλθὼν πάλιν εὗρεν αὐτοὺς καθεύδοντας, ἦσαν **γὰρ** αὐτῶν οἱ ὀφθαλμοὶ βεβαρημένοι.	Mk 14,40	καὶ πάλιν ἐλθὼν εὗρεν αὐτοὺς καθεύδοντας, ἦσαν **γὰρ** αὐτῶν οἱ ὀφθαλμοὶ καταβαρυνόμενοι, ...			
200	Mt 26,52	τότε λέγει αὐτῷ ὁ Ἰησοῦς· ἀπόστρεψον τὴν μάχαιράν σου εἰς τὸν τόπον αὐτῆς· πάντες **γὰρ** οἱ λαβόντες μάχαιραν ἐν μαχαίρῃ ἀπολοῦνται.			Lk 22,51	ἀποκριθεὶς δὲ ὁ Ἰησοῦς εἶπεν· ἐᾶτε ἕως τούτου· καὶ ἁψάμενος τοῦ ὠτίου ἰάσατο αὐτόν.	→ Jn 18,11
120	Mt 26,60	καὶ οὐχ εὗρον πολλῶν προσελθόντων ψευδομαρτύρων. ...	Mk 14,56	[55] ... καὶ οὐχ ηὕρισκον· [56] πολλοὶ **γὰρ** ἐψευδομαρτύρουν κατ' αὐτοῦ, ...			
b 222	Mt 26,73	... ἀληθῶς καὶ σὺ ἐξ αὐτῶν εἶ, καὶ **γὰρ** ἡ λαλιά σου δῆλόν σε ποιεῖ.	Mk 14,70	... ἀληθῶς ἐξ αὐτῶν εἶ, καὶ **γὰρ** Γαλιλαῖος εἶ.	Lk 22,59	... ἐπ' ἀληθείας καὶ οὗτος μετ' αὐτοῦ ἦν, καὶ **γὰρ** Γαλιλαῖός ἐστιν.	→ Jn 18,26
112	Mt 26,65	... τί ἔτι χρείαν ἔχομεν μαρτύρων; ἴδε **νῦν** ἠκούσατε τὴν βλασφημίαν·	Mk 14,64	[63] ... τί ἔτι χρείαν ἔχομεν μαρτύρων; [64] ἠκούσατε τῆς βλασφημίας· ...	Lk 22,71	... τί ἔτι ἔχομεν μαρτυρίας χρείαν; αὐτοὶ **γὰρ** ἠκούσαμεν ἀπὸ τοῦ στόματος αὐτοῦ.	
002					Lk 23,8 → Lk 9,9	ὁ δὲ Ἡρῴδης ἰδὼν τὸν Ἰησοῦν ἐχάρη λίαν, ἦν **γὰρ** ἐξ ἱκανῶν χρόνων θέλων ἰδεῖν αὐτὸν διὰ τὸ ἀκούειν περὶ αὐτοῦ, ...	
002					Lk 23,12	ἐγένοντο δὲ φίλοι ὅ τε Ἡρῴδης καὶ ὁ Πιλᾶτος ἐν αὐτῇ τῇ ἡμέρᾳ μετ' ἀλλήλων· προϋπῆρχον **γὰρ** ἐν ἔχθρᾳ ὄντες πρὸς αὐτούς.	
002					Lk 23,15	[14] ... οὐθὲν εὗρον ἐν τῷ ἀνθρώπῳ τούτῳ αἴτιον ὧν κατηγορεῖτε κατ' αὐτοῦ. [15] ἀλλ' οὐδὲ Ἡρῴδης, ἀνέπεμψεν **γὰρ** αὐτὸν πρὸς ἡμᾶς, ...	→ Jn 18,38
220	Mt 27,18	ᾔδει **γὰρ** ὅτι διὰ φθόνον παρέδωκαν αὐτόν.	Mk 15,10	ἐγίνωσκεν **γὰρ** ὅτι διὰ φθόνον παραδεδώκεισαν αὐτὸν οἱ ἀρχιερεῖς.			

200	**Mt 27,19**	... ἡ γυνὴ αὐτοῦ λέγουσα· μηδὲν σοὶ καὶ τῷ δικαίῳ ἐκείνῳ· πολλὰ **γὰρ** ἔπαθον σήμερον κατ' ὄναρ δι' αὐτόν.					
222	**Mt 27,23**	ὁ δὲ ἔφη· τί **γὰρ** κακὸν ἐποίησεν; ...	**Mk 15,14**	ὁ δὲ Πιλᾶτος ἔλεγεν αὐτοῖς· τί **γὰρ** ἐποίησεν κακόν; ...	**Lk 23,22** → Lk 23,4 → Lk 23,14	ὁ δὲ τρίτον εἶπεν πρὸς αὐτούς· τί **γὰρ** κακὸν ἐποίησεν οὗτος; ...	**→ Jn 19,6**
c 002					**Lk 23,34**	[[ὁ δὲ Ἰησοῦς ἔλεγεν· πάτερ, ἄφες αὐτοῖς, οὐ **γὰρ** οἴδασιν τί ποιοῦσιν.]] ...	→ Acts 3,17 → Acts 7,60 **→ Acts 13,27** Lk 23,34a is textcritically uncertain.
200	**Mt 27,43** → Mt 26,63-64 → Mk 14,61-62 → Lk 22,70	*πέποιθεν ἐπὶ τὸν θεόν,* *ῥυσάσθω νῦν εἰ θέλει* *αὐτόν·* εἶπεν **γὰρ** ὅτι θεοῦ εἰμι υἱός. ➤ Ps 22,9					
002					**Lk 23,41**	καὶ ἡμεῖς μὲν δικαίως, ἄξια **γὰρ** ὧν ἐπράξαμεν ἀπολαμβάνομεν· ...	
200	**Mt 28,2**	καὶ ἰδοὺ σεισμὸς ἐγένετο μέγας· ἄγγελος **γὰρ** κυρίου καταβὰς ἐξ οὐρανοῦ καὶ προσελθὼν ἀπεκύλισεν τὸν λίθον ...	Mk 16,4	καὶ ἀναβλέψασαι θεωροῦσιν ὅτι ἀποκεκύλισται ὁ λίθος· ...	Lk 24,2	εὗρον δὲ τὸν λίθον ἀποκεκυλισμένον ἀπὸ τοῦ μνημείου	→ Jn 20,1
021	Mt 28,2	... ἄγγελος γὰρ κυρίου καταβὰς ἐξ οὐρανοῦ καὶ προσελθὼν ἀπεκύλισεν τὸν λίθον ...	**Mk 16,4**	καὶ ἀναβλέψασαι θεωροῦσιν ὅτι ἀποκεκύλισται ὁ λίθος· ἦν **γὰρ** μέγας σφόδρα.	**Lk 24,2**	εὗρον δὲ τὸν λίθον ἀποκεκυλισμένον ἀπὸ τοῦ μνημείου	→ Jn 20,1
211	**Mt 28,5**	ἀποκριθεὶς δὲ ὁ ἄγγελος εἶπεν ταῖς γυναιξίν· μὴ φοβεῖσθε ὑμεῖς, οἶδα **γὰρ** ὅτι Ἰησοῦν τὸν ἐσταυρωμένον ζητεῖτε·	**Mk 16,6**	ὁ δὲ λέγει αὐταῖς· μὴ ἐκθαμβεῖσθε· Ἰησοῦν ζητεῖτε τὸν Ναζαρηνὸν τὸν ἐσταυρωμένον·	**Lk 24,5** → Lk 24,23	ἐμφόβων δὲ γενομένων αὐτῶν καὶ κλινουσῶν τὰ πρόσωπα εἰς τὴν γῆν εἶπαν πρὸς αὐτάς· τί ζητεῖτε τὸν ζῶντα μετὰ τῶν νεκρῶν·	
211	**Mt 28,6**	οὐκ ἔστιν ὧδε, ἠγέρθη **γὰρ** καθὼς εἶπεν· δεῦτε ἴδετε τὸν τόπον ὅπου ἔκειτο.		ἠγέρθη, οὐκ ἔστιν ὧδε· ἴδε ὁ τόπος ὅπου ἔθηκαν αὐτόν.	**Lk 24,6** → Lk 24,23	οὐκ ἔστιν ὧδε, ἀλλὰ ἠγέρθη. μνήσθητε ὡς ἐλάλησεν ὑμῖν ἔτι ὢν ἐν τῇ Γαλιλαίᾳ	
121	**Mt 28,8**	καὶ ἀπελθοῦσαι ταχὺ ἀπὸ τοῦ μνημείου μετὰ φόβου καὶ χαρᾶς μεγάλης ἔδραμον ἀπαγγεῖλαι τοῖς μαθηταῖς αὐτοῦ.	**Mk 16,8** **(2)**	καὶ ἐξελθοῦσαι ἔφυγον ἀπὸ τοῦ μνημείου, εἶχεν **γὰρ** αὐτὰς τρόμος καὶ ἔκστασις· καὶ οὐδενὶ οὐδὲν εἶπαν·	**Lk 24,9**	καὶ ὑποστρέψασαι ἀπὸ τοῦ μνημείου ἀπήγγειλαν ταῦτα πάντα τοῖς ἕνδεκα καὶ πᾶσιν τοῖς λοιποῖς.	→ Jn 20,2 → Jn 20,18
121				ἐφοβοῦντο **γάρ.**			

Acts 1,20 γέγραπται
γὰρ
ἐν βίβλῳ ψαλμῶν·
γενηθήτω ἡ ἔπαυλις
αὐτοῦ ἔρημος ...
➤ Ps 69,26

c **Acts 2,15 (2)** οὐ
γὰρ
ὡς ὑμεῖς ὑπολαμβάνετε
οὗτοι μεθύουσιν,
ἔστιν
γὰρ
ὥρα τρίτη τῆς ἡμέρας

Acts 2,25 Δαυὶδ
γὰρ
λέγει εἰς αὐτόν·
προορώμην τὸν κύριον
ἐνώπιόν μου διὰ παντός,
ὅτι ἐκ δεξιῶν μού ἐστιν
ἵνα μὴ σαλευθῶ.
➤ Ps 15,8 LXX

c **Acts 2,34** οὐ
γὰρ
Δαυὶδ ἀνέβη εἰς τοὺς
οὐρανούς, λέγει δὲ
αὐτός· *εἶπεν [ὁ] κύριος*
τῷ κυρίῳ μου· κάθου
ἐκ δεξιῶν μου
➤ Ps 109,1 LXX

Acts 2,39 ὑμῖν
γὰρ
ἐστιν ἡ ἐπαγγελία καὶ
τοῖς τέκνοις ὑμῶν καὶ
πᾶσιν τοῖς εἰς μακράν, ...

Acts 4,3 ... ἔθεντο εἰς τήρησιν
εἰς τὴν αὔριον· ἦν
γὰρ
ἑσπέρα ἤδη.

d **Acts 4,12** καὶ οὐκ ἔστιν ἐν ἄλλῳ
οὐδενὶ ἡ σωτηρία, οὐδὲ
γὰρ
ὄνομά ἐστιν ἕτερον
ὑπὸ τὸν οὐρανὸν τὸ
δεδομένον ἐν ἀνθρώποις
ἐν ᾧ δεῖ σωθῆναι ἡμᾶς.

j **Acts 4,16** ... τί ποιήσωμεν τοῖς
ἀνθρώποις τούτοις; ὅτι
μὲν
γὰρ
γνωστὸν σημεῖον γέγονεν
δι' αὐτῶν πᾶσιν τοῖς
κατοικοῦσιν Ἰερουσαλὴμ
φανερὸν καὶ οὐ
δυνάμεθα ἀρνεῖσθαι·

Acts 4,20 οὐ δυνάμεθα
γὰρ
ἡμεῖς ἃ εἴδαμεν καὶ
ἠκούσαμεν μὴ λαλεῖν.

Acts 4,22 ἐτῶν
γὰρ
ἦν πλειόνων
τεσσεράκοντα
ὁ ἄνθρωπος ...

Acts 4,27 συνήχθησαν
γὰρ
ἐπ' ἀληθείας ἐν τῇ πόλει
ταύτῃ ἐπὶ τὸν ἅγιον
παῖδά σου Ἰησοῦν ...

d **Acts 4,34 (2)** οὐδὲ
γὰρ
ἐνδεής τις ἦν ἐν αὐτοῖς·
ὅσοι
γὰρ
κτήτορες χωρίων ἢ
οἰκιῶν ὑπῆρχον,
πωλοῦντες ἔφερον
τὰς τιμὰς τῶν
πιπρασκομένων

Acts 5,26 τότε ἀπελθὼν
ὁ στρατηγὸς σὺν τοῖς
ὑπηρέταις ἦγεν αὐτούς
οὐ μετὰ βίας, ἐφοβοῦντο
γὰρ
τὸν λαὸν μὴ λιθασθῶσιν.

Acts 5,36 πρὸ
γὰρ
τούτων τῶν ἡμερῶν
ἀνέστη Θευδᾶς ...

Acts 6,14 ἀκηκόαμεν
→ Mt 26,61
→ Mk 14,58
γὰρ
αὐτοῦ λέγοντος ὅτι
Ἰησοῦς ὁ Ναζωραῖος
οὗτος καταλύσει τὸν
τόπον τοῦτον ...

Acts 7,33 ... *λῦσον τὸ ὑπόδημα*
τῶν ποδῶν σου, ὁ
γὰρ
τόπος ἐφ' ᾧ ἕστηκας γῆ
ἁγία ἐστίν.
➤ Exod 3,5

Acts 7,40 ... *ποίησον ἡμῖν θεοὺς οἳ*
προπορεύσονται ἡμῶν· ὁ
γὰρ
Μωϋσῆς οὗτος, ὃς
ἐξήγαγεν ἡμᾶς ἐκ γῆς
Αἰγύπτου, οὐκ οἴδαμεν τί
ἐγένετο αὐτῷ.
➤ Exod 32,1.23

Acts 8,7 πολλοὶ
γὰρ
τῶν ἐχόντων πνεύματα
ἀκάθαρτα βοῶντα φωνῇ
μεγάλῃ ἐξήρχοντο, ...

d **Acts 8,16** οὐδέπω
γὰρ
ἦν ἐπ' οὐδενὶ αὐτῶν
ἐπιπεπτωκός, ...

Acts 8,21 οὐκ ἔστιν σοι μερὶς οὐδὲ
κλῆρος ἐν τῷ λόγῳ
τούτῳ, ἡ
γὰρ
καρδία σου οὐκ ἔστιν
εὐθεῖα ἔναντι τοῦ θεοῦ.

Acts 8,23 εἰς
γὰρ
χολὴν πικρίας καὶ
σύνδεσμον ἀδικίας ὁρῶ
σε ὄντα.

Acts 8,31 ... πῶς
γὰρ
ἂν δυναίμην ἐὰν μή τις
ὁδηγήσει με; ...

Acts 8,39 ... καὶ οὐκ εἶδεν αὐτὸν
οὐκέτι ὁ εὐνοῦχος,
ἐπορεύετο
γὰρ
τὴν ὁδὸν αὐτοῦ χαίρων.

a **Acts 9,11** ... καὶ ζήτησον ἐν οἰκίᾳ
Ἰούδα Σαῦλον ὀνόματι
Ταρσέα·
ἰδοὺ **γὰρ**
προσεύχεται

Acts 9,16 ἐγὼ
γὰρ
ὑποδείξω αὐτῷ ὅσα δεῖ
αὐτὸν ὑπὲρ τοῦ ὀνόματός
μου παθεῖν.

Acts 10,46 ἤκουον
γὰρ
αὐτῶν λαλούντων
γλώσσαις καὶ
μεγαλυνόντων τὸν θεόν.
...

g **Acts 13,8** ἀνθίστατο δὲ αὐτοῖς
Ἐλύμας ὁ μάγος, οὕτως
γὰρ
μεθερμηνεύεται τὸ ὄνομα
αὐτοῦ, ...

Acts 13,27 οἱ
→ Lk 23,34a
γὰρ
κατοικοῦντες ἐν
Ἰερουσαλὴμ καὶ
οἱ ἄρχοντες αὐτῶν
τοῦτον ἀγνοήσαντες ...

j **Acts 13,36** Δαυὶδ μὲν
γὰρ
ἰδίᾳ γενεᾷ ὑπηρετήσας
τῇ τοῦ θεοῦ βουλῇ
ἐκοιμήθη ...

g **Acts 13,47** οὕτως
→ Acts 1,8
γὰρ
ἐντέταλται ἡμῖν ὁ κύριος·
τέθεικά σε εἰς φῶς ἐθνῶν
τοῦ εἶναί σε εἰς
σωτηρίαν ἕως ἐσχάτου
τῆς γῆς.
➤ Isa 49,6

Acts 15,21 Μωϋσῆς
γὰρ
ἐκ γενεῶν ἀρχαίων κατὰ
πόλιν τοὺς κηρύσσοντας
αὐτὸν ἔχει ἐν ταῖς
συναγωγαῖς ...

Acts 15,28 ἔδοξεν
γὰρ
τῷ πνεύματι τῷ ἁγίῳ καὶ ἡμῖν μηδὲν πλέον ἐπιτίθεσθαι ὑμῖν βάρος ...

Acts 16,3 ... ᾔδεισαν
γὰρ
ἅπαντες ὅτι Ἕλλην ὁ πατὴρ αὐτοῦ ὑπῆρχεν.

Acts 16,28 ... μηδὲν πράξῃς σεαυτῷ κακόν, ἅπαντες
γάρ
ἐσμεν ἐνθάδε.

c Acts 16,37 ... καὶ νῦν λάθρᾳ ἡμᾶς ἐκβάλλουσιν; οὐ
γάρ,
ἀλλὰ ἐλθόντες αὐτοὶ ἡμᾶς ἐξαγαγέτωσαν.

Acts 17,20 ξενίζοντα
γάρ
τινα εἰσφέρεις εἰς τὰς ἀκοὰς ἡμῶν· ...

Acts 17,23 διερχόμενος
γὰρ
καὶ ἀναθεωρῶν τὰ σεβάσματα ὑμῶν εὗρον καὶ βωμὸν ἐν ᾧ ἐπεγέγραπτο· Ἀγνώστῳ θεῷ. ...

Acts 17,28 (2) ἐν αὐτῷ
γὰρ
ζῶμεν καὶ κινούμεθα καὶ ἐσμέν, ὡς καί τινες τῶν καθ' ὑμᾶς ποιητῶν εἰρήκασιν·
τοῦ
γὰρ
καὶ γένος ἐσμέν.

Acts 18,3 καὶ διὰ τὸ ὁμότεχνον εἶναι ἔμενεν παρ' αὐτοῖς, καὶ ἠργάζετο· ἦσαν
γὰρ
σκηνοποιοὶ τῇ τέχνῃ.

Acts 18,18 ... κειράμενος ἐν Κεγχρεαῖς τὴν κεφαλήν, εἶχεν
γὰρ
εὐχήν.

Acts 18,28 εὐτόνως
γὰρ
τοῖς Ἰουδαίοις διακατηλέγχετο δημοσίᾳ ἐπιδεικνὺς διὰ τῶν γραφῶν εἶναι τὸν χριστὸν Ἰησοῦν.

Acts 19,24 Δημήτριος
γάρ
τις ὀνόματι, ἀργυροκόπος, ποιῶν ναοὺς ἀργυροῦς Ἀρτέμιδος ...

Acts 19,32 ἄλλοι μὲν οὖν ἄλλο τι ἔκραζον· ἦν
γὰρ
ἡ ἐκκλησία συγκεχυμένη ...

Acts 19,35 ... ἄνδρες Ἐφέσιοι, τίς
γάρ
ἐστιν ἀνθρώπων ὃς οὐ γινώσκει τὴν Ἐφεσίων πόλιν νεωκόρον οὖσαν τῆς μεγάλης Ἀρτέμιδος καὶ τοῦ διοπετοῦς;

Acts 19,37 ἠγάγετε
γὰρ
τοὺς ἄνδρας τούτους οὔτε ἱεροσύλους οὔτε βλασφημοῦντας τὴν θεὸν ἡμῶν.

b Acts 19,40 καὶ
γὰρ
κινδυνεύομεν ἐγκαλεῖσθαι στάσεως περὶ τῆς σήμερον, ...

Acts 20,10 ... μὴ θορυβεῖσθε, ἡ
γὰρ
ψυχὴ αὐτοῦ ἐν αὐτῷ ἐστιν.

g Acts 20,13 ... οὕτως
γὰρ
διατεταγμένος ἦν μέλλων αὐτὸς πεζεύειν.

Acts 20,16 (2) κεκρίκει
γὰρ
ὁ Παῦλος παραπλεῦσαι τὴν Ἔφεσον, ὅπως μὴ γένηται αὐτῷ χρονοτριβῆσαι ἐν τῇ Ἀσίᾳ·
ἔσπευδεν
γὰρ
εἰ δυνατὸν εἴη αὐτῷ τὴν ἡμέραν τῆς πεντηκοστῆς γενέσθαι εἰς Ἱεροσόλυμα.

c Acts 20,27 οὐ
γὰρ
ὑπεστειλάμην τοῦ μὴ ἀναγγεῖλαι πᾶσαν τὴν βουλὴν τοῦ θεοῦ ὑμῖν.

Acts 21,3 ... ἐπλέομεν εἰς Συρίαν καὶ κατήλθομεν εἰς Τύρον· ἐκεῖσε
γὰρ
τὸ πλοῖον ἦν ἀποφορτιζόμενον τὸν γόμον.

Acts 21,13 ... ἐγὼ
γὰρ
οὐ μόνον δεθῆναι ἀλλὰ καὶ ἀποθανεῖν εἰς Ἰερουσαλὴμ ἑτοίμως ἔχω ὑπὲρ τοῦ ὀνόματος τοῦ κυρίου Ἰησοῦ.

Acts 21,29 ἦσαν
γὰρ
προεωρακότες Τρόφιμον τὸν Ἐφέσιον ἐν τῇ πόλει σὺν αὐτῷ, ...

Acts 21,36 ἠκολούθει
γὰρ
τὸ πλῆθος τοῦ λαοῦ κράζοντες· αἶρε αὐτόν.

c Acts 22,22 ... αἶρε ἀπὸ τῆς γῆς τὸν τοιοῦτον, οὐ
γὰρ
καθῆκεν αὐτὸν ζῆν.

Acts 22,26 ... τί μέλλεις ποιεῖν; ὁ
γὰρ
ἄνθρωπος οὗτος Ῥωμαῖός ἐστιν.

Acts 23,5 ... γέγραπται
γὰρ
ὅτι *ἄρχοντα τοῦ λαοῦ σου οὐκ ἐρεῖς κακῶς.*
➤ Exod 22,27

j Acts 23,8 Σαδδουκαῖοι μὲν
γὰρ
λέγουσιν μὴ εἶναι ἀνάστασιν ...

h Acts 23,11 ... θάρσει· ὡς
γὰρ
διεμαρτύρω τὰ περὶ ἐμοῦ εἰς Ἰερουσαλήμ, οὕτω σε δεῖ καὶ εἰς Ῥώμην μαρτυρῆσαι.

Acts 23,17 ... τὸν νεανίαν τοῦτον ἀπάγαγε πρὸς τὸν χιλίαρχον, ἔχει
γὰρ
ἀπαγγεῖλαί τι αὐτῷ.

Acts 23,21 ... ἐνεδρεύουσιν
γὰρ
αὐτὸν ἐξ αὐτῶν ἄνδρες πλείους τεσσεράκοντα, ...

Acts 24,5 εὑρόντες
γὰρ
τὸν ἄνδρα τοῦτον λοιμὸν καὶ κινοῦντα στάσεις πᾶσιν τοῖς Ἰουδαίοις τοῖς κατὰ τὴν οἰκουμένην ...

Acts 25,27 ἄλογον
γάρ
μοι δοκεῖ πέμποντα δέσμιον μὴ καὶ τὰς κατ' αὐτοῦ αἰτίας σημᾶναι.

Acts 26,16 ... εἰς τοῦτο
γὰρ
ὤφθην σοι, προχειρίσασθαί σε ὑπηρέτην καὶ μάρτυρα ὧν τε εἶδές [με] ὧν τε ὀφθήσομαί σοι

Acts 26,26 ἐπίσταται
(3) **γὰρ**
περὶ τούτων ὁ βασιλεὺς
πρὸς ὃν καὶ
παρρησιαζόμενος λαλῶ,
λανθάνειν
γὰρ
αὐτὸν [τι] τούτων
οὐ πείθομαι οὐθέν·
c οὐ
γὰρ
ἐστιν ἐν γωνίᾳ
πεπραγμένον τοῦτο.

Acts 27,22 καὶ τὰ νῦν παραινῶ ὑμᾶς
εὐθυμεῖν· ἀποβολὴ
γὰρ
ψυχῆς οὐδεμία ἔσται ἐξ
ὑμῶν πλὴν τοῦ πλοίου.

Acts 27,23 παρέστη
γάρ
μοι ταύτῃ τῇ νυκτὶ τοῦ
θεοῦ, οὗ εἰμι [ἐγώ] ᾧ καὶ
λατρεύω, ἄγγελος

Acts 27,25 διὸ εὐθυμεῖτε, ἄνδρες·
πιστεύω
γὰρ
τῷ θεῷ ὅτι οὕτως ἔσται ...

Acts 27,34 διὸ παρακαλῶ ὑμᾶς
(2) μεταλαβεῖν τροφῆς·
τοῦτο
γὰρ
πρὸς τῆς ὑμετέρας
σωτηρίας ὑπάρχει,
→ Lk 12,7 οὐδενὸς
→ Lk 21,18 **γὰρ**
ὑμῶν θρὶξ ἀπὸ τῆς
κεφαλῆς ἀπολεῖται.

Acts 28,2 ... ἅψαντες
γὰρ
πυρὰν προσελάβοντο
πάντας ἡμᾶς ...

Acts 28,20 ... ἕνεκεν
γὰρ
τῆς ἐλπίδος τοῦ Ἰσραὴλ
τὴν ἅλυσιν ταύτην
περίκειμαι.

j **Acts 28,22** ... περὶ μὲν
γὰρ
τῆς αἱρέσεως ταύτης
γνωστὸν ἡμῖν ἐστιν ὅτι
πανταχοῦ ἀντιλέγεται.

Acts 28,27 *ἐπαχύνθη*
→ Mt 13,15 ***γὰρ***
ἡ καρδία τοῦ λαοῦ
τούτου ...
➤ Isa 6,10 LXX

# γαστήρ	Syn	Mt	Mk	Lk	Acts	Jn	1-3John	Paul	Eph	Col
	6	3	1	2				1		
	NT	2Thess	1/2Tim	Tit	Heb	Jas	1Pet	2Pet	Jude	Rev
	9			1						1

womb; glutton

002			**Lk 1,31** (→ Mt 1,21; → Lk 2,21) καὶ ἰδοὺ συλλήμψῃ **ἐν γαστρὶ** καὶ τέξῃ υἱὸν καὶ καλέσεις τὸ ὄνομα αὐτοῦ Ἰησοῦν.
200	**Mt 1,18** (→ Lk 1,27; → Lk 1,35) ... μνηστευθείσης τῆς μητρὸς αὐτοῦ Μαρίας τῷ Ἰωσήφ, πρὶν ἢ συνελθεῖν αὐτοὺς εὑρέθη **ἐν γαστρὶ** ἔχουσα ἐκ πνεύματος ἁγίου.		
200	**Mt 1,23** *ἰδοὺ ἡ παρθένος* ***ἐν γαστρὶ*** *ἕξει καὶ τέξεται υἱόν, ...* ➤ Isa 7,14 LXX		
222	**Mt 24,19** οὐαὶ δὲ ταῖς **ἐν γαστρὶ** ἐχούσαις καὶ ταῖς θηλαζούσαις ἐν ἐκείναις ταῖς ἡμέραις.	**Mk 13,17** οὐαὶ δὲ ταῖς **ἐν γαστρὶ** ἐχούσαις καὶ ταῖς θηλαζούσαις ἐν ἐκείναις ταῖς ἡμέραις.	**Lk 21,23** (→ Lk 23,29) οὐαὶ ταῖς **ἐν γαστρὶ** ἐχούσαις καὶ ταῖς θηλαζούσαις ἐν ἐκείναις ταῖς ἡμέραις· ...

# γε	Syn	Mt	Mk	Lk	Acts	Jn	1-3John	Paul	Eph	Col
	12	4		8	4	1		7	2	1
	NT	2Thess	1/2Tim	Tit	Heb	Jas	1Pet	2Pet	Jude	Rev
	27									

enclitic particle adding emphasis to the word with which it is associated

	triple tradition																	double tradition			Sondergut		
		+Mt / +Lk			–Mt / –Lk			traditions not taken over by Mt / Lk							subtotals								
code	222	211	112	212	221	122	121	022	012	021	220	120	210	020	Σ⁺	Σ⁻	Σ	202	201	102	200	002	total
Mt				1⁺											1⁺		1				3		4
Mk																							
Lk			1⁺	1⁺											2⁺		2			1		5	8

[a] εἰ δὲ μή γε

a 200	**Mt 6,1** → Mt 23,5	προσέχετε [δὲ] τὴν δικαιοσύνην ὑμῶν μὴ ποιεῖν ἔμπροσθεν τῶν ἀνθρώπων πρὸς τὸ θεαθῆναι αὐτοῖς· **εἰ δὲ μή γε,** μισθὸν οὐκ ἔχετε ...					
200	**Mt 7,20** ⇨ Mt 7,16 → Mt 12,33 → Lk 6,44	**ἄρα γε** ἀπὸ τῶν καρπῶν αὐτῶν ἐπιγνώσεσθε αὐτούς.					
a 112	**Mt 9,16**	οὐδεὶς δὲ ἐπιβάλλει ἐπίβλημα ῥάκους ἀγνάφου ἐπὶ ἱματίῳ παλαιῷ· αἴρει **γὰρ** τὸ πλήρωμα αὐτοῦ ἀπὸ τοῦ ἱματίου καὶ χεῖρον σχίσμα γίνεται.	**Mk 2,21**	οὐδεὶς ἐπίβλημα ῥάκους ἀγνάφου ἐπιράπτει ἐπὶ ἱμάτιον παλαιόν· **εἰ δὲ μή,** αἴρει τὸ πλήρωμα ἀπ᾽ αὐτοῦ τὸ καινὸν τοῦ παλαιοῦ, καὶ χεῖρον σχίσμα γίνεται.	**Lk 5,36**	... οὐδεὶς ἐπίβλημα ἀπὸ ἱματίου καινοῦ σχίσας ἐπιβάλλει ἐπὶ ἱμάτιον παλαιόν· **εἰ δὲ μή γε,** καὶ τὸ καινὸν σχίσει καὶ τῷ παλαιῷ οὐ συμφωνήσει τὸ ἐπίβλημα τὸ ἀπὸ τοῦ καινοῦ.	→ GTh 47,5
a 212	**Mt 9,17**	οὐδὲ βάλλουσιν οἶνον νέον εἰς ἀσκοὺς παλαιούς· **εἰ δὲ μή γε,** ῥήγνυνται οἱ ἀσκοὶ καὶ ὁ οἶνος ἐκχεῖται καὶ οἱ ἀσκοὶ ἀπόλλυνται· ...	**Mk 2,22**	καὶ οὐδεὶς βάλλει οἶνον νέον εἰς ἀσκοὺς παλαιούς· **εἰ δὲ μή,** ῥήξει ὁ οἶνος τοὺς ἀσκοὺς καὶ ὁ οἶνος ἀπόλλυται καὶ οἱ ἀσκοί· ...	**Lk 5,37**	καὶ οὐδεὶς βάλλει οἶνον νέον εἰς ἀσκοὺς παλαιούς· **εἰ δὲ μή γε,** ῥήξει ὁ οἶνος ὁ νέος τοὺς ἀσκοὺς καὶ αὐτὸς ἐκχυθήσεται καὶ οἱ ἀσκοὶ ἀπολοῦνται·	→ GTh 47,4
200	**Mt 17,26**	εἰπόντος δέ· ἀπὸ τῶν ἀλλοτρίων, ἔφη αὐτῷ ὁ Ἰησοῦς· **ἄρα γε** ἐλεύθεροί εἰσιν οἱ υἱοί.					
a 102	**Mt 10,13**	καὶ ἐὰν μὲν ᾖ ἡ οἰκία ἀξία, ἐλθάτω ἡ εἰρήνη ὑμῶν ἐπ᾽ αὐτήν, **ἐὰν δὲ μὴ** ᾖ ἀξία, ἡ εἰρήνη ὑμῶν πρὸς ὑμᾶς ἐπιστραφήτω.			**Lk 10,6**	καὶ ἐὰν ἐκεῖ ᾖ υἱὸς εἰρήνης, ἐπαναπαήσεται ἐπ᾽ αὐτὸν ἡ εἰρήνη ὑμῶν· **εἰ δὲ μή γε,** ἐφ᾽ ὑμᾶς ἀνακάμψει.	
002					**Lk 11,8**	λέγω ὑμῖν, εἰ καὶ οὐ δώσει αὐτῷ ἀναστὰς διὰ τὸ εἶναι φίλον αὐτοῦ, **διά γε τὴν ἀναίδειαν αὐτοῦ** ἐγερθεὶς δώσει αὐτῷ ὅσων χρῄζει.	
a 002					**Lk 13,9**	κἂν μὲν ποιήσῃ καρπὸν εἰς τὸ μέλλον· **εἰ δὲ μή γε,** ἐκκόψεις αὐτήν.	
a 002					**Lk 14,32**	**εἰ δὲ μή γε,** ἔτι αὐτοῦ πόρρω ὄντος πρεσβείαν ἀποστείλας ἐρωτᾷ τὰ πρὸς εἰρήνην.	
002					**Lk 18,5**	**διά γε τὸ παρέχειν μοι κόπον** τὴν χήραν ταύτην ἐκδικήσω αὐτήν, ...	

002					Lk 24,21	ἡμεῖς δὲ ἠλπίζομεν ὅτι αὐτός ἐστιν ὁ μέλλων λυτροῦσθαι τὸν Ἰσραήλ· **ἀλλά γε** καὶ σὺν πᾶσιν τούτοις τρίτην ταύτην ἡμέραν ἄγει ἀφ᾽ οὗ ταῦτα ἐγένετο.

Acts 2,18 *καί γε ἐπὶ τοὺς δούλους μου καὶ ἐπὶ τὰς δούλας μου ἐν ταῖς ἡμέραις ἐκείναις ἐκχεῶ ἀπὸ τοῦ πνεύματός μου,* καὶ προφητεύσουσιν.
➢ Joel 3,2 LXX

Acts 8,30 προσδραμὼν δὲ ὁ Φίλιππος ἤκουσεν αὐτοῦ ἀναγινώσκοντος Ἠσαΐαν τὸν προφήτην καὶ εἶπεν· **ἆρά γε** γινώσκεις ἃ ἀναγινώσκεις;

Acts 17,27 (2) ζητεῖν τὸν θεόν, εἰ **ἄρα γε** ψηλαφήσειαν αὐτὸν καὶ εὕροιεν, **καί γε** οὐ μακρὰν ἀπὸ ἑνὸς ἑκάστου ἡμῶν ὑπάρχοντα.

γέεννα

	Syn	Mt	Mk	Lk	Acts	Jn	1-3John	Paul	Eph	Col
	11	7	3	1						
	NT	2Thess	1/2Tim	Tit	Heb	Jas	1Pet	2Pet	Jude	Rev
	12					1				

Gehenna; hell

	triple tradition																	double tradition			Sondergut		
		+Mt / +Lk			–Mt / –Lk			traditions not taken over by Mt / Lk							subtotals								
code	*222*	*211*	*112*	*212*	*221*	*122*	*121*	*022*	*012*	*021*	*220*	*120*	*210*	*020*	Σ⁺	Σ⁻	Σ	*202*	*201*	*102*	*200*	*002*	total
Mt											1	1⁻				1⁻	1	1			5		**7**
Mk											1	1		1			3						**3**
Lk																		1					**1**

200	**Mt 5,22**	... ὃς δ᾽ ἂν εἴπῃ· μωρέ, ἔνοχος ἔσται **εἰς τὴν γέενναν τοῦ πυρός.**				
200	**Mt 5,29** ⇩ Mt 18,9	... συμφέρει γάρ σοι ἵνα ἀπόληται ἓν τῶν μελῶν σου καὶ μὴ ὅλον τὸ σῶμά σου βληθῇ **εἰς γέενναν.**	**Mk 9,47**	... καλόν σέ ἐστιν μονόφθαλμον εἰσελθεῖν εἰς τὴν βασιλείαν τοῦ θεοῦ ἢ δύο ὀφθαλμοὺς ἔχοντα βληθῆναι **εἰς τὴν γέενναν**		
200	**Mt 5,30** ⇩ Mt 18,8	... συμφέρει γάρ σοι ἵνα ἀπόληται ἓν τῶν μελῶν σου καὶ μὴ ὅλον τὸ σῶμά σου **εἰς γέενναν** ἀπέλθῃ.	**Mk 9,43**	... καλόν ἐστίν σε κυλλὸν εἰσελθεῖν εἰς τὴν ζωὴν ἢ τὰς δύο χεῖρας ἔχοντα ἀπελθεῖν **εἰς τὴν γέενναν,** εἰς τὸ πῦρ τὸ ἄσβεστον.		
202	**Mt 10,28**	... φοβεῖσθε δὲ μᾶλλον τὸν δυνάμενον καὶ ψυχὴν καὶ σῶμα ἀπολέσαι **ἐν γεέννῃ.**			**Lk 12,5**	ὑποδείξω δὲ ὑμῖν τίνα φοβηθῆτε· φοβήθητε τὸν μετὰ τὸ ἀποκτεῖναι ἔχοντα ἐξουσίαν ἐμβαλεῖν **εἰς τὴν γέενναν·** ναὶ λέγω ὑμῖν, τοῦτον φοβήθητε.
120	**Mt 18,8** ⇧ Mt 5,30 ↓ Mk 9,45	... καλόν σοί ἐστιν εἰσελθεῖν εἰς τὴν ζωὴν κυλλὸν ἢ χωλὸν ἢ δύο χεῖρας ἢ δύο πόδας ἔχοντα βληθῆναι εἰς τὸ πῦρ τὸ αἰώνιον.	**Mk 9,43**	... καλόν ἐστίν σε κυλλὸν εἰσελθεῖν εἰς τὴν ζωὴν ἢ τὰς δύο χεῖρας ἔχοντα ἀπελθεῖν **εἰς τὴν γέενναν,** εἰς τὸ πῦρ τὸ ἄσβεστον.		

020	Mt 18,8	... καλόν σοί ἐστιν εἰσελθεῖν εἰς τὴν ζωὴν κυλλὸν ἢ χωλόν ἢ δύο χεῖρας ἢ δύο πόδας ἔχοντα βληθῆναι εἰς τὸ πῦρ τὸ αἰώνιον.	Mk 9,45	... καλόν ἐστίν σε εἰσελθεῖν εἰς τὴν ζωὴν χωλὸν ἢ τοὺς δύο πόδας ἔχοντα βληθῆναι **εἰς τὴν γέενναν.**		
220	Mt 18,9 ⇧ Mt 5,29	... καλόν σοί ἐστιν μονόφθαλμον εἰς τὴν ζωὴν εἰσελθεῖν ἢ δύο ὀφθαλμοὺς ἔχοντα βληθῆναι **εἰς τὴν γέενναν τοῦ πυρός.**	Mk 9,47	... καλόν σέ ἐστιν μονόφθαλμον εἰσελθεῖν εἰς τὴν βασιλείαν τοῦ θεοῦ ἢ δύο ὀφθαλμοὺς ἔχοντα βληθῆναι **εἰς τὴν γέενναν,** [48] ὅπου *ὁ σκώληξ αὐτῶν οὐ τελευτᾷ καὶ τὸ πῦρ οὐ σβέννυται.* ➤ Isa 66,24		
200	Mt 23,15	οὐαὶ ὑμῖν, γραμματεῖς καὶ Φαρισαῖοι ὑποκριταί, ὅτι περιάγετε τὴν θάλασσαν καὶ τὴν ξηρὰν ποιῆσαι ἕνα προσήλυτον, καὶ ὅταν γένηται ποιεῖτε αὐτὸν **υἱὸν γεέννης** διπλότερον ὑμῶν.				
200	Mt 23,33 → Mt 3,7 → Lk 3,7 → Mt 12,34	ὄφεις, γεννήματα ἐχιδνῶν, πῶς φύγητε **ἀπὸ τῆς κρίσεως τῆς γεέννης;**				

Γεθσημανί	Syn 2	Mt 1	Mk 1	Lk	Acts	Jn	1-3John	Paul	Eph	Col
	NT 2	2Thess	1/2Tim	Tit	Heb	Jas	1Pet	2Pet	Jude	Rev

Gethsemane

221	Mt 26,36	τότε ἔρχεται μετ' αὐτῶν ὁ Ἰησοῦς **εἰς χωρίον λεγόμενον Γεθσημανὶ** καὶ λέγει τοῖς μαθηταῖς· ...	Mk 14,32	καὶ ἔρχονται **εἰς χωρίον οὗ τὸ ὄνομα Γεθσημανὶ** καὶ λέγει τοῖς μαθηταῖς αὐτοῦ· ...	Lk 22,39	καὶ ἐξελθὼν ἐπορεύθη κατὰ τὸ ἔθος **εἰς τὸ ὄρος τῶν ἐλαιῶν,** ἠκολούθησαν δὲ αὐτῷ καὶ οἱ μαθηταί. [40] γενόμενος δὲ ἐπὶ τοῦ τόπου εἶπεν αὐτοῖς· ...	

γείτων	Syn 3	Mt	Mk	Lk 3	Acts	Jn 1	1-3John	Paul	Eph	Col
	NT 4	2Thess	1/2Tim	Tit	Heb	Jas	1Pet	2Pet	Jude	Rev

neighbor

002					Lk 14,12	... ὅταν ποιῇς ἄριστον ἢ δεῖπνον, μὴ φώνει τοὺς φίλους σου μηδὲ τοὺς ἀδελφούς σου μηδὲ τοὺς συγγενεῖς σου **μηδὲ γείτονας πλουσίους,** μήποτε καὶ αὐτοὶ ἀντικαλέσωσίν σε καὶ γένηται ἀνταπόδομά σοι.	

002					**Lk 15,6**	καὶ ἐλθὼν εἰς τὸν οἶκον συγκαλεῖ τοὺς φίλους καὶ **τοὺς γείτονας** λέγων αὐτοῖς· συγχάρητέ μοι, ὅτι εὗρον τὸ πρόβατόν μου τὸ ἀπολωλός.	
002					**Lk 15,9**	καὶ εὑροῦσα συγκαλεῖ τὰς φίλας καὶ **γείτονας** λέγουσα· συγχάρητέ μοι, ὅτι εὗρον τὴν δραχμὴν ἣν ἀπώλεσα.	

γελάω

	Syn	Mt	Mk	Lk	Acts	Jn	1-3John	Paul	Eph	Col
	2			2						
	NT	2Thess	1/2Tim	Tit	Heb	Jas	1Pet	2Pet	Jude	Rev
	2									

laugh

102	**Mt 5,4**	μακάριοι οἱ πενθοῦντες, ὅτι αὐτοὶ **παρακληθήσονται.**			**Lk 6,21**	... μακάριοι οἱ κλαίοντες νῦν, ὅτι **γελάσετε.**	
002					**Lk 6,25** → Lk 16,19	... οὐαί, οἱ **γελῶντες** νῦν, ὅτι πενθήσετε καὶ κλαύσετε.	

γεμίζω

	Syn	Mt	Mk	Lk	Acts	Jn	1-3John	Paul	Eph	Col
	3		2	1		3				
	NT	2Thess	1/2Tim	Tit	Heb	Jas	1Pet	2Pet	Jude	Rev
	8									2

fill

121	**Mt 8,24**	καὶ ἰδοὺ σεισμὸς μέγας ἐγένετο ἐν τῇ θαλάσσῃ, ὥστε τὸ πλοῖον καλύπτεσθαι ὑπὸ τῶν κυμάτων, ...	**Mk 4,37**	καὶ γίνεται λαῖλαψ μεγάλη ἀνέμου, καὶ τὰ κύματα ἐπέβαλλεν εἰς τὸ πλοῖον, ὥστε ἤδη **γεμίζεσθαι** τὸ πλοῖον.	**Lk 8,23**	... καὶ κατέβη λαῖλαψ ἀνέμου εἰς τὴν λίμνην, καὶ **συνεπληροῦντο** καὶ ἐκινδύνευον.	
102	**Mt 22,9**	πορεύεσθε οὖν ἐπὶ τὰς διεξόδους τῶν ὁδῶν καὶ ὅσους ἐὰν εὕρητε καλέσατε εἰς τοὺς γάμους.			**Lk 14,23** → Mt 22,10 ⇨ Lk 14,21 → Lk 16,16	... ἔξελθε εἰς τὰς ὁδοὺς καὶ φραγμοὺς καὶ ἀνάγκασον εἰσελθεῖν, ἵνα **γεμισθῇ** μου ὁ οἶκος·	→ GTh 64
120	**Mt 27,48**	καὶ εὐθέως δραμὼν εἷς ἐξ αὐτῶν καὶ λαβὼν σπόγγον **πλήσας** τε ὄξους καὶ περιθεὶς καλάμῳ ἐπότιζεν αὐτόν.	**Mk 15,36**	δραμὼν δέ τις [καὶ] **γεμίσας** σπόγγον ὄξους περιθεὶς καλάμῳ ἐπότιζεν αὐτὸν λέγων· ...	**Lk 23,36** → Lk 23,39	ἐνέπαιξαν δὲ αὐτῷ καὶ οἱ στρατιῶται προσερχόμενοι, ὄξος προσφέροντες αὐτῷ	→ Jn 19,29

γέμω	Syn 3	Mt 2	Mk	Lk 1	Acts	Jn	1-3John	Paul 1	Eph	Col
	NT 11	2Thess	1/2Tim	Tit	Heb	Jas	1Pet	2Pet	Jude	Rev 7

be full; be covered with

202	**Mt 23,25** → Mk 7,4 οὐαὶ ὑμῖν, γραμματεῖς καὶ Φαρισαῖοι ὑποκριταί, ὅτι καθαρίζετε τὸ ἔξωθεν τοῦ ποτηρίου καὶ τῆς παροψίδος, ἔσωθεν δὲ **γέμουσιν** ἐξ ἁρπαγῆς καὶ ἀκρασίας.		**Lk 11,39** → Mk 7,4 ... νῦν ὑμεῖς οἱ Φαρισαῖοι τὸ ἔξωθεν τοῦ ποτηρίου καὶ τοῦ πίνακος καθαρίζετε, τὸ δὲ ἔσωθεν ὑμῶν **γέμει** ἁρπαγῆς καὶ πονηρίας.	→ GTh 89
201	**Mt 23,27** ... παρομοιάζετε τάφοις κεκονιαμένοις, οἵτινες ἔξωθεν μὲν φαίνονται ὡραῖοι, ἔσωθεν δὲ **γέμουσιν** ὀστέων νεκρῶν καὶ πάσης ἀκαθαρσίας.		**Lk 11,44** ... ἐστὲ ὡς τὰ μνημεῖα τὰ ἄδηλα, καὶ οἱ ἄνθρωποι [οἱ] περιπατοῦντες ἐπάνω οὐκ οἴδασιν.	

γενεά	Syn 33	Mt 13	Mk 5	Lk 15	Acts 5	Jn	1-3John	Paul 1	Eph 2	Col 1
	NT 43	2Thess	1/2Tim	Tit	Heb 1	Jas	1Pet	2Pet	Jude	Rev

generation; contemporaries; period; age (of time); family

	triple tradition																	double tradition			Sondergut		
		+Mt / +Lk			−Mt / −Lk			traditions not taken over by Mt / Lk							subtotals								
code	*222*	*211*	*112*	*212*	*221*	*122*	*121*	*022*	*012*	*021*	*220*	*120*	*210*	*020*	Σ⁺	Σ⁻	Σ	*202*	*201*	*102*	*200*	*002*	total
Mt	2						1⁻				1	1⁻				2⁻	3	5	1		4		**13**
Mk	2						1				1	1					5						**5**
Lk	2						1⁻									1⁻	2	5		3		5	**15**

200 200 200 200	**Mt 1,17** (4) πᾶσαι οὖν **αἱ γενεαὶ** ἀπὸ Ἀβραὰμ ἕως Δαυὶδ **γενεαὶ δεκατέσσαρες,** καὶ ἀπὸ Δαυὶδ ἕως τῆς μετοικεσίας Βαβυλῶνος **γενεαὶ δεκατέσσαρες,** καὶ ἀπὸ τῆς μετοικεσίας Βαβυλῶνος ἕως τοῦ Χριστοῦ **γενεαὶ δεκατέσσαρες.**			
002			**Lk 1,48** → Lk 1,45 → Lk 11,27 ... ἰδοὺ γὰρ ἀπὸ τοῦ νῦν μακαριοῦσίν με **πᾶσαι αἱ γενεαί**	
002 002			**Lk 1,50** (2) καὶ τὸ ἔλεος αὐτοῦ **εἰς γενεὰς καὶ γενεὰς** τοῖς φοβουμένοις αὐτόν.	

202	Mt 11,16	τίνι δὲ ὁμοιώσω τὴν γενεὰν ταύτην; ὁμοία ἐστὶν παιδίοις καθημένοις ἐν ταῖς ἀγοραῖς ...			Lk 7,31	τίνι οὖν ὁμοιώσω τοὺς ἀνθρώπους τῆς γενεᾶς ταύτης καὶ τίνι εἰσὶν ὅμοιοι; [32] ὅμοιοί εἰσιν παιδίοις τοῖς ἐν ἀγορᾷ καθημένοις ...	
202	Mt 12,39 ⇩ Mt 16,4	ὁ δὲ ἀποκριθεὶς εἶπεν αὐτοῖς· γενεὰ πονηρὰ καὶ μοιχαλὶς σημεῖον ἐπιζητεῖ, καὶ σημεῖον οὐ δοθήσεται αὐτῇ εἰ μὴ τὸ σημεῖον Ἰωνᾶ τοῦ προφήτου.	Mk 8,12 (2)	καὶ ἀναστενάξας τῷ πνεύματι αὐτοῦ λέγει· τί ἡ γενεὰ αὕτη ζητεῖ σημεῖον; ἀμὴν λέγω ὑμῖν, εἰ δοθήσεται τῇ γενεᾷ ταύτῃ σημεῖον.	Lk 11,29 (2)	τῶν δὲ ὄχλων ἐπαθροιζομένων ἤρξατο λέγειν· ἡ γενεὰ αὕτη γενεὰ πονηρά ἐστιν· σημεῖον ζητεῖ, καὶ σημεῖον οὐ δοθήσεται αὐτῇ εἰ μὴ τὸ σημεῖον Ἰωνᾶ.	Mk-Q overlap
202	Mt 12,41	ἄνδρες Νινευῖται ἀναστήσονται ἐν τῇ κρίσει μετὰ τῆς γενεᾶς ταύτης καὶ κατακρινοῦσιν αὐτήν, ...			Lk 11,32	ἄνδρες Νινευῖται ἀναστήσονται ἐν τῇ κρίσει μετὰ τῆς γενεᾶς ταύτης καὶ κατακρινοῦσιν αὐτήν· ...	
202	Mt 12,42	βασίλισσα νότου ἐγερθήσεται ἐν τῇ κρίσει μετὰ τῆς γενεᾶς ταύτης καὶ κατακρινεῖ αὐτήν, ...			Lk 11,31	βασίλισσα νότου ἐγερθήσεται ἐν τῇ κρίσει μετὰ τῶν ἀνδρῶν τῆς γενεᾶς ταύτης καὶ κατακρινεῖ αὐτούς, ...	
201	Mt 12,45	... καὶ γίνεται τὰ ἔσχατα τοῦ ἀνθρώπου ἐκείνου χείρονα τῶν πρώτων. οὕτως ἔσται καὶ τῇ γενεᾷ ταύτῃ τῇ πονηρᾷ.			Lk 11,26	... καὶ γίνεται τὰ ἔσχατα τοῦ ἀνθρώπου ἐκείνου χείρονα τῶν πρώτων.	
220 120	Mt 16,4 ⇧ Mt 12,39 ⇧ Mt 12,39	γενεὰ πονηρὰ καὶ μοιχαλὶς σημεῖον ἐπιζητεῖ, καὶ σημεῖον οὐ δοθήσεται αὐτῇ εἰ μὴ τὸ σημεῖον Ἰωνᾶ. ...	Mk 8,12 (2)	... τί ἡ γενεὰ αὕτη ζητεῖ σημεῖον; ἀμὴν λέγω ὑμῖν, εἰ δοθήσεται τῇ γενεᾷ ταύτῃ σημεῖον.	Lk 11,29 (2)	... ἡ γενεὰ αὕτη γενεὰ πονηρά ἐστιν· σημεῖον ζητεῖ, καὶ σημεῖον οὐ δοθήσεται αὐτῇ εἰ μὴ τὸ σημεῖον Ἰωνᾶ.	Mk-Q overlap
121	Mt 16,27 ↓ Mt 10,33	μέλλει γὰρ ὁ υἱὸς τοῦ ἀνθρώπου ἔρχεσθαι ἐν τῇ δόξῃ τοῦ πατρὸς αὐτοῦ μετὰ τῶν ἀγγέλων αὐτοῦ, καὶ τότε *ἀποδώσει ἑκάστῳ κατὰ* *τὴν πρᾶξιν αὐτοῦ.* ➤ Ps 62,13/Prov 24,12/Sir 35,22 LXX	Mk 8,38	ὃς γὰρ ἐὰν ἐπαισχυνθῇ με καὶ τοὺς ἐμοὺς λόγους ἐν τῇ γενεᾷ ταύτῃ τῇ μοιχαλίδι καὶ ἁμαρτωλῷ, καὶ ὁ υἱὸς τοῦ ἀνθρώπου ἐπαισχυνθήσεται αὐτὸν, ὅταν ἔλθῃ ἐν τῇ δόξῃ τοῦ πατρὸς αὐτοῦ μετὰ τῶν ἀγγέλων τῶν ἁγίων.	Lk 9,26 ⇩ Lk 12,9	ὃς γὰρ ἂν ἐπαισχυνθῇ με καὶ τοὺς ἐμοὺς λόγους, τοῦτον ὁ υἱὸς τοῦ ἀνθρώπου ἐπαισχυνθήσεται, ὅταν ἔλθῃ ἐν τῇ δόξῃ αὐτοῦ καὶ τοῦ πατρὸς καὶ τῶν ἁγίων ἀγγέλων.	Mk-Q overlap
	Mt 10,33 ↑ Mt 16,27	ὅστις δ᾽ ἂν ἀρνήσηταί με ἔμπροσθεν τῶν ἀνθρώπων, ἀρνήσομαι κἀγὼ αὐτὸν ἔμπροσθεν τοῦ πατρός μου τοῦ ἐν [τοῖς] οὐρανοῖς.			Lk 12,9 ⇧ Lk 9,26	ὁ δὲ ἀρνησάμενός με ἐνώπιον τῶν ἀνθρώπων ἀπαρνηθήσεται ἐνώπιον τῶν ἀγγέλων τοῦ θεοῦ.	

222	**Mt 17,17**	ἀποκριθεὶς δὲ ὁ Ἰησοῦς εἶπεν· **ὦ γενεὰ ἄπιστος καὶ διεστραμμένη,** ἕως πότε μεθ' ὑμῶν ἔσομαι; ἕως πότε ἀνέξομαι ὑμῶν; ...	**Mk 9,19**	ὁ δὲ ἀποκριθεὶς αὐτοῖς λέγει· **ὦ γενεὰ ἄπιστος,** ἕως πότε πρὸς ὑμᾶς ἔσομαι; ἕως πότε ἀνέξομαι ὑμῶν; ...	**Lk 9,41**	ἀποκριθεὶς δὲ ὁ Ἰησοῦς εἶπεν· **ὦ γενεὰ ἄπιστος καὶ διεστραμμένη,** ἕως πότε ἔσομαι πρὸς ὑμᾶς καὶ ἀνέξομαι ὑμῶν; ...	
202 102	**Mt 12,39** ⇧ Mt 16,4	ὁ δὲ ἀποκριθεὶς εἶπεν αὐτοῖς· **γενεὰ πονηρὰ καὶ μοιχαλὶς** σημεῖον ἐπιζητεῖ, καὶ σημεῖον οὐ δοθήσεται αὐτῇ εἰ μὴ τὸ σημεῖον Ἰωνᾶ τοῦ προφήτου.	**Mk 8,12** (2)	καὶ ἀναστενάξας τῷ πνεύματι αὐτοῦ λέγει· τί **ἡ γενεὰ αὕτη** ζητεῖ σημεῖον; ἀμὴν λέγω ὑμῖν, εἰ δοθήσεται τῇ γενεᾷ ταύτῃ σημεῖον.	**Lk 11,29** (2)	τῶν δὲ ὄχλων ἐπαθροιζομένων ἤρξατο λέγειν· **ἡ γενεὰ αὕτη** **γενεὰ πονηρά ἐστιν·** σημεῖον ζητεῖ, καὶ σημεῖον οὐ δοθήσεται αὐτῇ εἰ μὴ τὸ σημεῖον Ἰωνᾶ.	Mk-Q overlap
102	**Mt 12,40** → Mt 27,63	ὥσπερ γὰρ *ἦν Ἰωνᾶς ἐν τῇ κοιλίᾳ τοῦ κήτους τρεῖς ἡμέρας καὶ τρεῖς νύκτας,* οὕτως ἔσται ὁ υἱὸς τοῦ ἀνθρώπου ἐν τῇ καρδίᾳ τῆς γῆς τρεῖς ἡμέρας καὶ τρεῖς νύκτας. ➤ Jonah 2,1			**Lk 11,30**	καθὼς γὰρ ἐγένετο Ἰωνᾶς τοῖς Νινευίταις σημεῖον, οὕτως ἔσται καὶ ὁ υἱὸς τοῦ ἀνθρώπου **τῇ γενεᾷ ταύτῃ.**	
202	**Mt 12,42**	βασίλισσα νότου ἐγερθήσεται ἐν τῇ κρίσει **μετὰ** **τῆς γενεᾶς ταύτης** καὶ κατακρινεῖ αὐτήν, ...			**Lk 11,31**	βασίλισσα νότου ἐγερθήσεται ἐν τῇ κρίσει **μετὰ τῶν ἀνδρῶν** **τῆς γενεᾶς ταύτης** καὶ κατακρινεῖ αὐτούς, ...	
202	**Mt 12,41**	ἄνδρες Νινευῖται ἀναστήσονται ἐν τῇ κρίσει **μετὰ τῆς γενεᾶς ταύτης** καὶ κατακρινοῦσιν αὐτήν, ...			**Lk 11,32**	ἄνδρες Νινευῖται ἀναστήσονται ἐν τῇ κρίσει **μετὰ τῆς γενεᾶς ταύτης** καὶ κατακρινοῦσιν αὐτήν· ...	
102	**Mt 23,35**	ὅπως ἔλθῃ **ἐφ' ὑμᾶς** πᾶν αἷμα δίκαιον ἐκχυννόμενον ἐπὶ τῆς γῆς ...			**Lk 11,50**	ἵνα ἐκζητηθῇ τὸ αἷμα πάντων τῶν προφητῶν τὸ ἐκκεχυμένον ἀπὸ καταβολῆς κόσμου **ἀπὸ τῆς γενεᾶς ταύτης,**	
202	**Mt 23,36**	ἀμὴν λέγω ὑμῖν, ἥξει ταῦτα πάντα **ἐπὶ τὴν γενεὰν ταύτην.**			**Lk 11,51**	... ναὶ λέγω ὑμῖν, ἐκζητηθήσεται **ἀπὸ τῆς γενεᾶς ταύτης.**	
002					**Lk 16,8**	... ὅτι οἱ υἱοὶ τοῦ αἰῶνος τούτου φρονιμώτεροι ὑπὲρ τοὺς υἱοὺς τοῦ φωτὸς **εἰς τὴν γενεὰν τὴν ἑαυτῶν** εἰσιν.	
002	→ Mt 16,21 → Mt 17,22-23 → Mt 20,18-19		→ Mk 8,31 → Mk 9,31 → Mk 10,33-34		**Lk 17,25** → Lk 9,22 → Lk 9,44 → Lk 18,31-33 → Lk 24,7 → Lk 24,26 → Lk 24,46	[24] ... οὕτως ἔσται ὁ υἱὸς τοῦ ἀνθρώπου [ἐν τῇ ἡμέρᾳ αὐτοῦ]. [25] πρῶτον δὲ δεῖ αὐτὸν πολλὰ παθεῖν καὶ ἀποδοκιμασθῆναι **ἀπὸ τῆς γενεᾶς ταύτης.**	

222	**Mt 24,34** → Mt 16,28	ἀμὴν λέγω ὑμῖν ὅτι οὐ μὴ παρέλθῃ **ἡ γενεὰ αὕτη** ἕως ἂν πάντα ταῦτα γένηται.	**Mk 13,30** → Mk 9,1	ἀμὴν λέγω ὑμῖν ὅτι οὐ μὴ παρέλθῃ **ἡ γενεὰ αὕτη** μέχρις οὗ ταῦτα πάντα γένηται.	**Lk 21,32** → Lk 9,27	ἀμὴν λέγω ὑμῖν ὅτι οὐ μὴ παρέλθῃ **ἡ γενεὰ αὕτη** ἕως ἂν πάντα γένηται.	

Acts 2,40 ἑτέροις τε λόγοις πλείοσιν διεμαρτύρατο καὶ παρεκάλει αὐτοὺς λέγων· σώθητε **ἀπὸ τῆς γενεᾶς τῆς σκολιᾶς ταύτης.**

Acts 8,33 *ἐν τῇ ταπεινώσει [αὐτοῦ] ἡ κρίσις αὐτοῦ ἤρθη·* ***τὴν γενεὰν αὐτοῦ*** *τίς διηγήσεται; ὅτι αἴρεται ἀπὸ τῆς γῆς ἡ ζωὴ αὐτοῦ.*
➤ Isa 53,8

Acts 13,36 Δαυὶδ μὲν γὰρ **ἰδίᾳ γενεᾷ** ὑπηρετήσας τῇ τοῦ θεοῦ βουλῇ ἐκοιμήθη καὶ προσετέθη πρὸς τοὺς πατέρας αὐτοῦ ...

Acts 14,16 ὃς **ἐν ταῖς παρῳχημέναις γενεαῖς** εἴασεν πάντα τὰ ἔθνη πορεύεσθαι ταῖς ὁδοῖς αὐτῶν·

Acts 15,21 Μωϋσῆς γὰρ **ἐκ γενεῶν ἀρχαίων** κατὰ πόλιν τοὺς κηρύσσοντας αὐτὸν ἔχει ἐν ταῖς συναγωγαῖς κατὰ πᾶν σάββατον ἀναγινωσκόμενος.

γενέσια	Syn 2	Mt 1	Mk 1	Lk	Acts	Jn	1-3John	Paul	Eph	Col
	NT 2	2Thess	1/2Tim	Tit	Heb	Jas	1Pet	2Pet	Jude	Rev

birthday celebration

220	**Mt 14,6**	**γενεσίοις δὲ γενομένοις τοῦ Ἡρῴδου ...**	**Mk 6,21**	καὶ γενομένης ἡμέρας εὐκαίρου ὅτε Ἡρῴδης **τοῖς γενεσίοις αὐτοῦ** δεῖπνον ἐποίησεν τοῖς μεγιστᾶσιν αὐτοῦ καὶ τοῖς χιλιάρχοις καὶ τοῖς πρώτοις τῆς Γαλιλαίας	

γένεσις	Syn 3	Mt 2	Mk	Lk 1	Acts	Jn	1-3John	Paul	Eph	Col
	NT 5	2Thess	1/2Tim	Tit	Heb	Jas 2	1Pet	2Pet	Jude	Rev

birth; lineage; ancestry

200	**Mt 1,1**	**βίβλος γενέσεως** Ἰησοῦ Χριστοῦ υἱοῦ Δαυὶδ υἱοῦ Ἀβραάμ.			
002			**Lk 1,14**	καὶ ἔσται χαρά σοι καὶ ἀγαλλίασις καὶ πολλοὶ **ἐπὶ τῇ γενέσει αὐτοῦ** χαρήσονται.	
200	**Mt 1,18**	**τοῦ δὲ Ἰησοῦ Χριστοῦ ἡ γένεσις** οὕτως ἦν. ...			

γένημα	Syn 3	Mt 1	Mk 1	Lk 1	Acts	Jn	1-3John	Paul 1	Eph	Col
	NT 4	2Thess	1/2Tim	Tit	Heb	Jas	1Pet	2Pet	Jude	Rev

product; harvest

222	Mt 26,29	λέγω δὲ ὑμῖν, οὐ μὴ πίω ἀπ' ἄρτι **ἐκ τούτου τοῦ γενήματος τῆς ἀμπέλου** ἕως τῆς ἡμέρας ἐκείνης ὅταν αὐτὸ πίνω μεθ' ὑμῶν καινὸν ἐν τῇ βασιλείᾳ τοῦ πατρός μου.	Mk 14,25	ἀμὴν λέγω ὑμῖν ὅτι οὐκέτι οὐ μὴ πίω **ἐκ τοῦ γενήματος τῆς ἀμπέλου** ἕως τῆς ἡμέρας ἐκείνης ὅταν αὐτὸ πίνω καινὸν ἐν τῇ βασιλείᾳ τοῦ θεοῦ.	Lk 22,18 → Lk 22,16	λέγω γὰρ ὑμῖν, [ὅτι] οὐ μὴ πίω ἀπὸ τοῦ νῦν **ἀπὸ τοῦ γενήματος τῆς ἀμπέλου** ἕως οὗ ἡ βασιλεία τοῦ θεοῦ ἔλθῃ.	

γεννάω	Syn 50	Mt 45	Mk 1	Lk 4	Acts 7	Jn 18	1-3John 10	Paul 6	Eph	Col
	NT 97	2Thess	1/2Tim 1	Tit	Heb 4	Jas	1Pet	2Pet 1	Jude	Rev

be father of; bear; give birth to (perhaps: conceive); *passive:* be born; lead to; cause

	triple tradition																	double tradition			Sondergut		
		+Mt / +Lk			–Mt / –Lk			traditions not taken over by Mt / Lk							subtotals								
code	222	211	112	212	221	122	121	022	012	021	220	120	210	020	Σ⁺	Σ⁻	Σ	202	201	102	200	002	total
Mt					1												1				44		**45**
Mk					1												1						**1**
Lk					1⁻											1⁻						4	**4**

200	Mt 1,2 (3)	Ἀβραὰμ **ἐγέννησεν** τὸν Ἰσαάκ,	Lk 3,34	... τοῦ Ἰσαὰκ τοῦ Ἀβραὰμ ...	
200		Ἰσαὰκ δὲ **ἐγέννησεν** τὸν Ἰακώβ,	Lk 3,34	τοῦ Ἰακὼβ τοῦ Ἰσαὰκ ...	
200		Ἰακὼβ δὲ **ἐγέννησεν** τὸν Ἰούδαν καὶ τοὺς ἀδελφοὺς αὐτοῦ,	Lk 3,34	[33] ... τοῦ Ἰούδα [34] τοῦ Ἰακὼβ ...	
200	Mt 1,3 (3)	Ἰούδας δὲ **ἐγέννησεν** τὸν Φάρες καὶ τὸν Ζάρα ἐκ τῆς Θαμάρ,	Lk 3,33	... τοῦ Φάρες τοῦ Ἰούδα	
200		Φάρες δὲ **ἐγέννησεν** τὸν Ἑσρώμ,	Lk 3,33	... τοῦ Ἑσρὼμ τοῦ Φάρες ...	
200		Ἑσρὼμ δὲ **ἐγέννησεν** τὸν Ἀράμ,	Lk 3,33	... τοῦ Ἀδμὶν τοῦ Ἀρνὶ τοῦ Ἑσρὼμ ...	
200	Mt 1,4 (3)	Ἀρὰμ δὲ **ἐγέννησεν** τὸν Ἀμιναδάβ,	Lk 3,33	τοῦ Ἀμιναδὰβ τοῦ Ἀδμὶν τοῦ Ἀρνὶ ...	
200		Ἀμιναδὰβ δὲ **ἐγέννησεν** τὸν Ναασσών,	Lk 3,33	[32] ... τοῦ Ναασσὼν [33] τοῦ Ἀμιναδὰβ ...	
200		Ναασσὼν δὲ **ἐγέννησεν** τὸν Σαλμών,	Lk 3,32	... τοῦ Σαλὰ τοῦ Ναασσὼν	

200	Mt 1,5 (3)	Σαλμὼν δὲ ἐγέννησεν τὸν Βόες ἐκ τῆς Ῥαχάβ,		Lk 3,32	... τοῦ Βόος τοῦ Σαλὰ ...	
200		Βόες δὲ ἐγέννησεν τὸν Ἰωβὴδ ἐκ τῆς Ῥούθ,		Lk 3,32	... τοῦ Ἰωβὴδ τοῦ Βόος ...	
200		Ιωβὴδ δὲ ἐγέννησεν τὸν Ἰεσσαί,		Lk 3,32	τοῦ Ἰεσσαὶ τοῦ Ἰωβὴδ ...	
200	Mt 1,6 (2)	Ἰεσσαὶ δὲ ἐγέννησεν τὸν Δαυὶδ τὸν βασιλέα.		Lk 3,32	[31] ... τοῦ Δαυὶδ [32] τοῦ Ἰεσσαὶ ...	
200		Δαυὶδ δὲ ἐγέννησεν τὸν Σολομῶνα ἐκ τῆς τοῦ Οὐρίου,		Lk 3,31	... τοῦ Ναθὰμ τοῦ Δαυὶδ	
200	Mt 1,7 (3)	Σολομὼν δὲ ἐγέννησεν τὸν Ῥοβοάμ,				
200		Ῥοβοὰμ δὲ ἐγέννησεν τὸν Ἀβιά,				
200		Ἀβιὰ δὲ ἐγέννησεν τὸν Ἀσάφ,				
200	Mt 1,8 (3)	Ἀσὰφ δὲ ἐγέννησεν τὸν Ἰωσαφάτ,				
200		Ἰωσαφὰτ δὲ ἐγέννησεν τὸν Ἰωράμ,				
200		Ἰωρὰμ δὲ ἐγέννησεν τὸν Ὀζίαν,				
200	Mt 1,9 (3)	Ὀζίας δὲ ἐγέννησεν τὸν Ἰωαθάμ,				
200		Ἰωαθὰμ δὲ ἐγέννησεν τὸν Ἀχάζ,				
200		Ἀχὰζ δὲ ἐγέννησεν τὸν Ἑζεκίαν,				
200	Mt 1,10 (3)	Ἑζεκίας δὲ ἐγέννησεν τὸν Μανασσῆ,				
200		Μανασσῆς δὲ ἐγέννησεν τὸν Ἀμώς,				
200		Ἀμὼς δὲ ἐγέννησεν τὸν Ἰωσίαν,				
200	Mt 1,11	Ἰωσίας δὲ ἐγέννησεν τὸν Ἰεχονίαν καὶ τοὺς ἀδελφοὺς αὐτοῦ ἐπὶ τῆς μετοικεσίας Βαβυλῶνος.				

	Mt		Mk	Lk		
200	**Mt 1,12** (2)	μετὰ δὲ τὴν μετοικεσίαν Βαβυλῶνος Ἰεχονίας **ἐγέννησεν** τὸν Σαλαθιήλ,		**Lk 3,27**	... τοῦ Σαλαθιὴλ τοῦ Νηρὶ	
200		Σαλαθιὴλ δὲ **ἐγέννησεν** τὸν Ζοροβαβέλ,		**Lk 3,27**	... τοῦ Ζοροβαβὲλ τοῦ Σαλαθιὴλ ...	
200	**Mt 1,13** (3)	Ζοροβαβὲλ δὲ **ἐγέννησεν** τὸν Ἀβιούδ,		**Lk 3,27**	... τοῦ Ῥησὰ τοῦ Ζοροβαβὲλ ...	
200		Ἀβιοὺδ δὲ **ἐγέννησεν** τὸν Ἐλιακίμ,				
200		Ἐλιακὶμ δὲ **ἐγέννησεν** τὸν Ἀζώρ,				
200	**Mt 1,14** (3)	Ἀζὼρ δὲ **ἐγέννησεν** τὸν Σαδώκ,				
200		Σαδὼκ δὲ **ἐγέννησεν** τὸν Ἀχίμ,				
200		Ἀχὶμ δὲ **ἐγέννησεν** τὸν Ἐλιούδ,				
200	**Mt 1,15** (3)	Ἐλιοὺδ δὲ **ἐγέννησεν** τὸν Ἐλεάζαρ,				
200		Ἐλεάζαρ δὲ **ἐγέννησεν** τὸν Ματθάν,		**Lk 3,24**	 τοῦ Μαθθὰτ τοῦ Λευὶ ...	
200		Ματθὰν δὲ **ἐγέννησεν** τὸν Ἰακώβ,		**Lk 3,24**	[23] ... τοῦ Ἡλὶ [24] τοῦ Μαθθὰτ ...	
200	**Mt 1,16** (2)	Ἰακὼβ δὲ **ἐγέννησεν** τὸν Ἰωσὴφ		**Lk 3,23**	... Ἰωσὴφ τοῦ Ἡλὶ	
200	→ Mt 13,55 → Mk 6,3	τὸν ἄνδρα Μαρίας, ἐξ ἧς **ἐγεννήθη** Ἰησοῦς ὁ λεγόμενος χριστός.		**Lk 3,23** → Lk 4,22	καὶ αὐτὸς ἦν Ἰησοῦς ἀρχόμενος ὡσεὶ ἐτῶν τριάκοντα, ὢν υἱός, ὡς ἐνομίζετο, ...	
002				**Lk 1,13**	... ἡ γυνή σου Ἐλισάβετ **γεννήσει** υἱόν σοι ...	
002				**Lk 1,35** → Mt 1,18 ↓ Mt 1,20	... πνεῦμα ἅγιον ἐπελεύσεται ἐπὶ σὲ καὶ δύναμις ὑψίστου ἐπισκιάσει σοι· διὸ καὶ **τὸ γεννώμενον** ἅγιον κληθήσεται υἱὸς θεοῦ.	
002				**Lk 1,57**	τῇ δὲ Ἐλισάβετ ἐπλήσθη ὁ χρόνος τοῦ τεκεῖν αὐτὴν καὶ **ἐγέννησεν** υἱόν.	

	Mt		Mk		Lk		
200	**Mt 1,20** → Lk 1,27 → Lk 1,30 ↑ Lk 1,35	... Ἰωσὴφ υἱὸς Δαυίδ, μὴ φοβηθῇς παραλαβεῖν Μαριὰμ τὴν γυναῖκά σου, τὸ γὰρ ἐν αὐτῇ **γεννηθὲν** ἐκ πνεύματός ἐστιν ἁγίου·					
200	**Mt 2,1**	τοῦ δὲ Ἰησοῦ **γεννηθέντος** ἐν Βηθλέεμ τῆς Ἰουδαίας ἐν ἡμέραις Ἡρῴδου τοῦ βασιλέως, ...					
200	**Mt 2,4**	... ἐπυνθάνετο παρ᾽ αὐτῶν ποῦ ὁ χριστὸς **γεννᾶται.**					
200	**Mt 19,12**	εἰσὶν γὰρ εὐνοῦχοι οἵτινες ἐκ κοιλίας μητρὸς **ἐγεννήθησαν** οὕτως, ...					
221	**Mt 26,24**	... οὐαὶ δὲ τῷ ἀνθρώπῳ ἐκείνῳ δι᾽ οὗ ὁ υἱὸς τοῦ ἀνθρώπου παραδίδοται· καλὸν ἦν αὐτῷ εἰ **οὐκ ἐγεννήθη** ὁ ἄνθρωπος ἐκεῖνος.	**Mk 14,21**	... οὐαὶ δὲ τῷ ἀνθρώπῳ ἐκείνῳ δι᾽ οὗ ὁ υἱὸς τοῦ ἀνθρώπου παραδίδοται· καλὸν αὐτῷ εἰ **οὐκ ἐγεννήθη** ὁ ἄνθρωπος ἐκεῖνος.	**Lk 22,22**	... πλὴν οὐαὶ τῷ ἀνθρώπῳ ἐκείνῳ δι᾽ οὗ παραδίδοται.	
002					**Lk 23,29** → Mt 24,19 → Mk 13,17 → Lk 21,23	... μακάριαι αἱ στεῖραι καὶ αἱ κοιλίαι αἳ **οὐκ ἐγέννησαν** καὶ μαστοὶ οἳ οὐκ ἔθρεψαν.	

Acts 2,8 καὶ πῶς ἡμεῖς ἀκούομεν ἕκαστος τῇ ἰδίᾳ διαλέκτῳ ἡμῶν ἐν ᾗ **ἐγεννήθημεν;**

Acts 7,8 καὶ ἔδωκεν αὐτῷ διαθήκην περιτομῆς· καὶ οὕτως **ἐγέννησεν** τὸν Ἰσαὰκ καὶ περιέτεμεν αὐτὸν τῇ ἡμέρᾳ τῇ ὀγδόῃ, ...

Acts 7,20 ἐν ᾧ καιρῷ **ἐγεννήθη** Μωϋσῆς καὶ ἦν ἀστεῖος τῷ θεῷ· ...

Acts 7,29 ἔφυγεν δὲ Μωϋσῆς ἐν τῷ λόγῳ τούτῳ καὶ ἐγένετο πάροικος ἐν γῇ Μαδιάμ, οὗ **ἐγέννησεν** υἱοὺς δύο.

Acts 13,33 ... ὡς καὶ ἐν τῷ ψαλμῷ γέγραπται τῷ δευτέρῳ, *υἱός μου εἶ σύ, ἐγὼ σήμερον* ***γεγέννηκά*** *σε.*
➤ Ps 2,7

Acts 22,3 ἐγώ εἰμι ἀνὴρ Ἰουδαῖος, **γεγεννημένος** ἐν Ταρσῷ τῆς Κιλικίας, ἀνατεθραμμένος δὲ ἐν τῇ πόλει ταύτῃ, ...

Acts 22,28 ... ἐγὼ πολλοῦ κεφαλαίου τὴν πολιτείαν ταύτην ἐκτησάμην. ὁ δὲ Παῦλος ἔφη· ἐγὼ δὲ καὶ **γεγέννημαι.**

γέννημα	Syn 4	Mt 3	Mk	Lk 1	Acts	Jn	1-3John	Paul	Eph	Col
	NT 4	2Thess	1/2Tim	Tit	Heb	Jas	1Pet	2Pet	Jude	Rev

offspring

	Mt		Mk		Lk		
202	**Mt 3,7**	ἰδὼν δὲ πολλοὺς τῶν Φαρισαίων καὶ Σαδδουκαίων ἐρχομένους ἐπὶ τὸ βάπτισμα αὐτοῦ εἶπεν αὐτοῖς· **γεννήματα ἐχιδνῶν,** τίς ὑπέδειξεν ὑμῖν φυγεῖν ἀπὸ τῆς μελλούσης ὀργῆς;			**Lk 3,7** → Mk 1,5	ἔλεγεν οὖν τοῖς ἐκπορευομένοις ὄχλοις βαπτισθῆναι ὑπ᾽ αὐτοῦ· **γεννήματα ἐχιδνῶν,** τίς ὑπέδειξεν ὑμῖν φυγεῖν ἀπὸ τῆς μελλούσης ὀργῆς;	

200	Mt 12,34	γεννήματα ἐχιδνῶν, πῶς δύνασθε ἀγαθὰ λαλεῖν πονηροὶ ὄντες; ...		
200	Mt 23,33	ὄφεις, γεννήματα ἐχιδνῶν, πῶς φύγητε ἀπὸ τῆς κρίσεως τῆς γεέννης;		

Γεννησαρέτ	Syn 3	Mt 1	Mk 1	Lk 1	Acts	Jn	1-3John	Paul	Eph	Col
	NT 3	2Thess	1/2Tim	Tit	Heb	Jas	1Pet	2Pet	Jude	Rev

Gennesaret

002	Mt 4,18	περιπατῶν δὲ παρὰ τὴν θάλασσαν τῆς Γαλιλαίας ...	Mk 1,16	καὶ παράγων παρὰ τὴν θάλασσαν τῆς Γαλιλαίας ...	Lk 5,1 →Mt 13,1 →Mk 4,1	... καὶ αὐτὸς ἦν ἑστὼς παρὰ τὴν λίμνην Γεννησαρέτ	
220	Mt 14,34	καὶ διαπεράσαντες ἦλθον ἐπὶ τὴν γῆν εἰς Γεννησαρέτ.	Mk 6,53	καὶ διαπεράσαντες ἐπὶ τὴν γῆν ἦλθον εἰς Γεννησαρὲτ καὶ προσωρμίσθησαν.			

γεννητός	Syn 2	Mt 1	Mk	Lk 1	Acts	Jn	1-3John	Paul	Eph	Col
	NT 2	2Thess	1/2Tim	Tit	Heb	Jas	1Pet	2Pet	Jude	Rev

born

202	Mt 11,11	ἀμὴν λέγω ὑμῖν· οὐκ ἐγήγερται ἐν γεννητοῖς γυναικῶν μείζων Ἰωάννου τοῦ βαπτιστοῦ· ...	Lk 7,28	λέγω ὑμῖν, μείζων ἐν γεννητοῖς γυναικῶν Ἰωάννου οὐδείς ἐστιν· ...	→ GTh 46

γένος	Syn 3	Mt 1	Mk 2	Lk	Acts 9	Jn	1-3John	Paul 6	Eph	Col
	NT 20	2Thess	1/2Tim	Tit	Heb	Jas	1Pet 1	2Pet	Jude	Rev 1

family; race; nation; people; offspring; descendants; sort; kind

[a] τῷ γένει

200	Mt 13,47	πάλιν ὁμοία ἐστὶν ἡ βασιλεία τῶν οὐρανῶν σαγήνῃ βληθείσῃ εἰς τὴν θάλασσαν καὶ ἐκ παντὸς γένους συναγαγούσῃ·	→ GTh 8

a 120	Mt 15,25	[22] ... γυνὴ Χαναναία ἀπὸ τῶν ὁρίων ἐκείνων ... [25] ἡ δὲ ἐλθοῦσα προσεκύνει αὐτῷ λέγουσα· κύριε, βοήθει μοι.	Mk 7,26	[25] ... ἐλθοῦσα προσέπεσεν πρὸς τοὺς πόδας αὐτοῦ· [26] ἡ δὲ γυνὴ ἦν Ἑλληνίς, Συροφοινίκισσα **τῷ γένει·** καὶ ἠρώτα αὐτὸν ἵνα τὸ δαιμόνιον ἐκβάλῃ ἐκ τῆς θυγατρὸς αὐτῆς.			
120	Mt 17,20	ὁ δὲ λέγει αὐτοῖς· διὰ τὴν ὀλιγοπιστίαν ὑμῶν· ...	Mk 9,29	καὶ εἶπεν αὐτοῖς· **τοῦτο τὸ γένος** ἐν οὐδενὶ δύναται ἐξελθεῖν εἰ μὴ ἐν προσευχῇ.			

Acts 4,6 καὶ Ἄννας ὁ ἀρχιερεὺς καὶ Καϊάφας καὶ Ἰωάννης καὶ Ἀλέξανδρος καὶ ὅσοι ἦσαν **ἐκ γένους ἀρχιερατικοῦ**

a **Acts 4,36** Ἰωσὴφ δὲ ὁ ἐπικληθεὶς Βαρναβᾶς ἀπὸ τῶν ἀποστόλων, ὅ ἐστιν μεθερμηνευόμενον υἱὸς παρακλήσεως, Λευίτης, Κύπριος **τῷ γένει**

Acts 7,13 ... καὶ φανερὸν ἐγένετο τῷ Φαραὼ **τὸ γένος [τοῦ] Ἰωσήφ.**

Acts 7,19 οὗτος κατασοφισάμενος **τὸ γένος ἡμῶν** ἐκάκωσεν τοὺς πατέρας [ἡμῶν] ...

Acts 13,26 ἄνδρες ἀδελφοί, **υἱοὶ γένους Ἀβραὰμ** καὶ οἱ ἐν ὑμῖν φοβούμενοι τὸν θεόν, ...

Acts 17,28 ... ὡς καί τινες τῶν καθ' ὑμᾶς ποιητῶν εἰρήκασιν· **τοῦ γὰρ καὶ γένος** ἐσμέν.

Acts 17,29 **γένος οὖν ὑπάρχοντες τοῦ θεοῦ** οὐκ ὀφείλομεν νομίζειν χρυσῷ ἢ ἀργύρῳ ἢ λίθῳ, χαράγματι τέχνης καὶ ἐνθυμήσεως ἀνθρώπου, τὸ θεῖον εἶναι ὅμοιον.

a **Acts 18,2** καὶ εὑρών τινα Ἰουδαῖον ὀνόματι Ἀκύλαν, Ποντικὸν **τῷ γένει** προσφάτως ἐληλυθότα ἀπὸ τῆς Ἰταλίας καὶ Πρίσκιλλαν γυναῖκα αὐτοῦ, ...

a **Acts 18,24** Ἰουδαῖος δέ τις Ἀπολλῶς ὀνόματι, Ἀλεξανδρεὺς **τῷ γένει,** ἀνὴρ λόγιος, κατήντησεν εἰς Ἔφεσον, ...

Γερασηνός

Γερασηνός	Syn 3	Mt	Mk 1	Lk 2	Acts	Jn	1-3John	Paul	Eph	Col
	NT 3	2Thess	1/2Tim	Tit	Heb	Jas	1Pet	2Pet	Jude	Rev

Gerasene

122	Mt 8,28	καὶ ἐλθόντος αὐτοῦ εἰς τὸ πέραν **εἰς τὴν χώραν τῶν Γαδαρηνῶν ...**	Mk 5,1	καὶ ἦλθον εἰς τὸ πέραν τῆς θαλάσσης **εἰς τὴν χώραν τῶν Γερασηνῶν.**	Lk 8,26	καὶ κατέπλευσαν **εἰς τὴν χώραν τῶν Γερασηνῶν,** ἥτις ἐστὶν ἀντιπέρα τῆς Γαλιλαίας.	
112	Mt 8,34	... καὶ ἰδόντες αὐτὸν παρεκάλεσαν ὅπως μεταβῇ ἀπὸ τῶν ὁρίων αὐτῶν.	Mk 5,17	καὶ ἤρξαντο παρακαλεῖν αὐτὸν ἀπελθεῖν ἀπὸ τῶν ὁρίων αὐτῶν.	Lk 8,37	καὶ ἠρώτησεν αὐτὸν ἅπαν τὸ πλῆθος **τῆς περιχώρου τῶν Γερασηνῶν** ἀπελθεῖν ἀπ' αὐτῶν, ...	

γεύομαι

Syn 5	Mt 2	Mk 1	Lk 2	Acts 3	Jn 2	1-3John	Paul	Eph	Col 1
NT 15	2Thess	1/2Tim	Tit	Heb 3	Jas	1Pet 1	2Pet	Jude	Rev

taste; eat; experience

222	**Mt 16,28** → Mt 24,34 ... εἰσίν τινες τῶν ὧδε ἑστώτων οἵτινες **οὐ μὴ γεύσωνται** θανάτου ἕως ἂν ἴδωσιν τὸν υἱὸν τοῦ ἀνθρώπου ἐρχόμενον ἐν τῇ βασιλείᾳ αὐτοῦ.	**Mk 9,1** → Mk 13,30 ... εἰσίν τινες ὧδε τῶν ἑστηκότων οἵτινες **οὐ μὴ γεύσωνται** θανάτου ἕως ἂν ἴδωσιν τὴν βασιλείαν τοῦ θεοῦ ἐληλυθυῖαν ἐν δυνάμει.	**Lk 9,27** → Lk 21,32 ... εἰσίν τινες τῶν αὐτοῦ ἑστηκότων οἳ **οὐ μὴ γεύσωνται** θανάτου ἕως ἂν ἴδωσιν τὴν βασιλείαν τοῦ θεοῦ.	→ Jn 21,22-23
102	**Mt 22,8** τότε λέγει τοῖς δούλοις αὐτοῦ· ὁ μὲν γάμος ἕτοιμός ἐστιν, οἱ δὲ κεκλημένοι οὐκ ἦσαν ἄξιοι·		**Lk 14,24** λέγω γὰρ ὑμῖν ὅτι οὐδεὶς τῶν ἀνδρῶν ἐκείνων τῶν κεκλημένων **γεύσεταί** μου τοῦ δείπνου.	→ GTh 64
210	**Mt 27,34** ἔδωκαν αὐτῷ πιεῖν οἶνον μετὰ χολῆς μεμιγμένον· καὶ **γευσάμενος** οὐκ ἠθέλησεν πιεῖν.	**Mk 15,23** καὶ ἐδίδουν αὐτῷ ἐσμυρνισμένον οἶνον· ὃς δὲ οὐκ ἔλαβεν.		

Acts 10,10 ἐγένετο δὲ πρόσπεινος καὶ ἤθελεν **γεύσασθαι.** παρασκευαζόντων δὲ αὐτῶν ἐγένετο ἐπ᾽ αὐτὸν ἔκστασις

Acts 20,11 ἀναβὰς δὲ καὶ κλάσας τὸν ἄρτον καὶ **γευσάμενος** ἐφ᾽ ἱκανόν τε ὁμιλήσας ἄχρι αὐγῆς, οὕτως ἐξῆλθεν.

Acts 23,14 ... ἀναθέματι ἀνεθεματίσαμεν ἑαυτοὺς μηδενὸς **γεύσασθαι** ἕως οὗ ἀποκτείνωμεν τὸν Παῦλον.

γεωργός

Syn 16	Mt 6	Mk 5	Lk 5	Acts	Jn 1	1-3John	Paul	Eph	Col
NT 19	2Thess	1/2Tim 1	Tit	Heb	Jas 1	1Pet	2Pet	Jude	Rev

farmer; tenant farmer; vinedresser

	triple tradition																	double tradition			Sonder-gut		
		+Mt / +Lk			−Mt / −Lk			traditions not taken over by Mt / Lk							subtotals								
code	*222*	*211*	*112*	*212*	*221*	*122*	*121*	*022*	*012*	*021*	*220*	*120*	*210*	*020*	Σ^+	Σ^-	Σ	*202*	*201*	*102*	*200*	*002*	total
Mt	3	2^+		1^+		1^-	1^-								3^+	2^-	6						**6**
Mk	3					1	1										5						**5**
Lk	3			1^+		1	1^-								1^+	1^-	5						**5**

222	**Mt 21,33** ... ἄνθρωπος ἦν οἰκοδεσπότης ὅστις ἐφύτευσεν ἀμπελῶνα καὶ φραγμὸν αὐτῷ περιέθηκεν καὶ ὤρυξεν ἐν αὐτῷ ληνὸν καὶ ᾠκοδόμησεν πύργον καὶ ἐξέδετο αὐτὸν **γεωργοῖς** καὶ ἀπεδήμησεν.	**Mk 12,1** ... ἀμπελῶνα ἄνθρωπος ἐφύτευσεν καὶ περιέθηκεν φραγμὸν καὶ ὤρυξεν ὑπολήνιον καὶ ᾠκοδόμησεν πύργον καὶ ἐξέδετο αὐτὸν **γεωργοῖς** καὶ ἀπεδήμησεν.	**Lk 20,9** ... ἄνθρωπός [τις] ἐφύτευσεν ἀμπελῶνα καὶ ἐξέδετο αὐτὸν **γεωργοῖς** καὶ ἀπεδήμησεν χρόνους ἱκανούς.	→ GTh 21 → GTh 65

222 121	Mt 21,34 → Mk 12,5	ὅτε δὲ ἤγγισεν ὁ καιρὸς τῶν καρπῶν, ἀπέστειλεν τοὺς δούλους αὐτοῦ πρὸς τοὺς γεωργοὺς λαβεῖν τοὺς καρποὺς αὐτοῦ.	Mk 12,2 (2)	καὶ ἀπέστειλεν πρὸς τοὺς γεωργοὺς τῷ καιρῷ δοῦλον ἵνα παρὰ τῶν γεωργῶν λάβῃ ἀπὸ τῶν καρπῶν τοῦ ἀμπελῶνος·	Lk 20,10 (2)	καὶ καιρῷ ἀπέστειλεν πρὸς τοὺς γεωργοὺς δοῦλον ἵνα ἀπὸ τοῦ καρποῦ τοῦ ἀμπελῶνος δώσουσιν αὐτῷ·	→ GTh 21 → GTh 65
212	Mt 21,35	καὶ λαβόντες οἱ γεωργοὶ τοὺς δούλους αὐτοῦ ὃν μὲν ἔδειραν, ...	Mk 12,3	καὶ λαβόντες αὐτὸν ἔδειραν καὶ ἀπέστειλαν κενόν.		οἱ δὲ γεωργοὶ ἐξαπέστειλαν αὐτὸν δείραντες κενόν.	
222	Mt 21,38	οἱ δὲ γεωργοὶ ἰδόντες τὸν υἱὸν εἶπον ἐν ἑαυτοῖς· οὗτός ἐστιν ὁ κληρονόμος· δεῦτε ἀποκτείνωμεν αὐτὸν καὶ σχῶμεν τὴν κληρονομίαν αὐτοῦ	Mk 12,7	ἐκεῖνοι δὲ οἱ γεωργοὶ πρὸς ἑαυτοὺς εἶπαν ὅτι οὗτός ἐστιν ὁ κληρονόμος· δεῦτε ἀποκτείνωμεν αὐτόν, καὶ ἡμῶν ἔσται ἡ κληρονομία.	Lk 20,14	ἰδόντες δὲ αὐτὸν οἱ γεωργοὶ διελογίζοντο πρὸς ἀλλήλους λέγοντες· οὗτός ἐστιν ὁ κληρονόμος· ἀποκτείνωμεν αὐτόν, ἵνα ἡμῶν γένηται ἡ κληρονομία.	→ GTh 21 → GTh 65
211	Mt 21,40	ὅταν οὖν ἔλθῃ ὁ κύριος τοῦ ἀμπελῶνος, τί ποιήσει τοῖς γεωργοῖς ἐκείνοις;	Mk 12,9	τί [οὖν] ποιήσει ὁ κύριος τοῦ ἀμπελῶνος;	Lk 20,15	... τί οὖν ποιήσει αὐτοῖς ὁ κύριος τοῦ ἀμπελῶνος;	
122 211	Mt 21,41 → Mt 21,43	λέγουσιν αὐτῷ· κακοὺς κακῶς ἀπολέσει αὐτοὺς καὶ τὸν ἀμπελῶνα ἐκδώσεται ἄλλοις γεωργοῖς, οἵτινες ἀποδώσουσιν αὐτῷ τοὺς καρποὺς ἐν τοῖς καιροῖς αὐτῶν.		ἐλεύσεται καὶ ἀπολέσει τοὺς γεωργοὺς καὶ δώσει τὸν ἀμπελῶνα ἄλλοις.	Lk 20,16	ἐλεύσεται καὶ ἀπολέσει τοὺς γεωργοὺς τούτους καὶ δώσει τὸν ἀμπελῶνα ἄλλοις. ἀκούσαντες δὲ εἶπαν· μὴ γένοιτο.	→ GTh 21 → GTh 65

γῆ

	Syn	Mt	Mk	Lk	Acts	Jn	1-3John	Paul	Eph	Col
	87	43	19	25	33	11		6	4	4
	NT	2Thess	1/2Tim	Tit	Heb	Jas	1Pet	2Pet	Jude	Rev
	248				11	5		4	1	82

the earth; land; country; region; soil; ground

	triple tradition																	double tradition			Sondergut		
		+Mt / +Lk			–Mt / –Lk			traditions not taken over by Mt / Lk							subtotals								
code	222	211	112	212	221	122	121	022	012	021	220	120	210	020	Σ⁺	Σ⁻	Σ	202	201	102	200	002	total
Mt	5	1^+			2		3^-				2	3^-	1^+		2^+	6^-	11	4	7		21		**43**
Mk	5				2		3			1	2	3		3			19						**19**
Lk	5		4^+		2^-		3^-		1^+	1^-					5^+	6^-	10	4		3		8	**25**

a πᾶσα ἡ γῆ, ὅλη ἡ γῆ
b οὐρανός and γῆ
c οἱ βασιλεῖς τῆς γῆς
d γῆ + name of a land

code		Lk	
002		Lk 2,14 → Mt 21,9 → Mk 11,10 → Lk 19,38	δόξα ἐν ὑψίστοις θεῷ καὶ ἐπὶ γῆς εἰρήνη ἐν ἀνθρώποις εὐδοκίας.

d 200	**Mt 2,6**	*καὶ σύ, Βηθλέεμ,* **γῆ Ἰούδα,** οὐδαμῶς *ἐλαχίστη εἶ ἐν τοῖς ἡγεμόσιν Ἰούδα·* ... ➤ Micah 5,1					
d 200	**Mt 2,20**	... ἐγερθεὶς παράλαβε τὸ παιδίον καὶ τὴν μητέρα αὐτοῦ καὶ πορεύου **εἰς γῆν Ἰσραήλ·** τεθνήκασιν γὰρ οἱ ζητοῦντες τὴν ψυχὴν τοῦ παιδίου.					
d 200	**Mt 2,21**	ὁ δὲ ἐγερθεὶς παρέλαβεν τὸ παιδίον καὶ τὴν μητέρα αὐτοῦ καὶ εἰσῆλθεν **εἰς γῆν Ἰσραήλ.**					
d 200 *d* 200	**Mt 4,15** **(2)**	***γῆ Ζαβουλὼν*** καὶ ***γῆ Νεφθαλίμ,*** *ὁδὸν θαλάσσης, πέραν τοῦ Ἰορδάνου, Γαλιλαία τῶν ἐθνῶν* ➤ Isa 8,23					
a 002					**Lk 4,25**	... ὅτε ἐκλείσθη ὁ οὐρανὸς ἐπὶ ἔτη τρία καὶ μῆνας ἕξ, ὡς ἐγένετο λιμὸς μέγας **ἐπὶ πᾶσαν τὴν γῆν**	
002	Mt 13,2	καὶ συνήχθησαν πρὸς αὐτὸν ὄχλοι πολλοί, ὥστε αὐτὸν εἰς πλοῖον ἐμβάντα καθῆσθαι, καὶ πᾶς ὁ ὄχλος ἐπὶ τὸν αἰγιαλὸν εἱστήκει.	Mk 4,1 → Mk 3,9	καὶ πάλιν ἤρξατο διδάσκειν παρὰ τὴν θάλασσαν· καὶ συνάγεται πρὸς αὐτὸν ὄχλος πλεῖστος, ὥστε αὐτὸν εἰς πλοῖον ἐμβάντα καθῆσθαι ἐν τῇ θαλάσσῃ, καὶ πᾶς ὁ ὄχλος πρὸς τὴν θάλασσαν ἐπὶ τῆς γῆς ἦσαν.	**Lk 5,3** ⇨ Lk 8,4	ἐμβὰς δὲ εἰς ἓν τῶν πλοίων, ὃ ἦν Σίμωνος, ἠρώτησεν αὐτὸν **ἀπὸ τῆς γῆς** ἐπαναγαγεῖν ὀλίγον· καθίσας δὲ ἐκ τοῦ πλοίου ἐδίδασκεν τοὺς ὄχλους.	
112	**Mt 4,20**	οἱ δὲ εὐθέως ἀφέντες τὰ δίκτυα ἠκολούθησαν αὐτῷ.	**Mk 1,18**	καὶ εὐθὺς ἀφέντες τὰ δίκτυα ἠκολούθησαν αὐτῷ.	**Lk 5,11** → Lk 5,28	καὶ καταγαγόντες τὰ πλοῖα **ἐπὶ τὴν γῆν** ἀφέντες πάντα ἠκολούθησαν αὐτῷ.	
	Mt 4,22	οἱ δὲ εὐθέως ἀφέντες τὸ πλοῖον καὶ τὸν πατέρα αὐτῶν ἠκολούθησαν αὐτῷ.	Mk 1,20	... καὶ ἀφέντες τὸν πατέρα αὐτῶν Ζεβεδαῖον ἐν τῷ πλοίῳ μετὰ τῶν μισθωτῶν ἀπῆλθον ὀπίσω αὐτοῦ.			
222	**Mt 9,6**	ἵνα δὲ εἰδῆτε ὅτι ἐξουσίαν ἔχει ὁ υἱὸς τοῦ ἀνθρώπου **ἐπὶ τῆς γῆς** ἀφιέναι ἁμαρτίας - τότε λέγει τῷ παραλυτικῷ· ...	**Mk 2,10**	ἵνα δὲ εἰδῆτε ὅτι ἐξουσίαν ἔχει ὁ υἱὸς τοῦ ἀνθρώπου ἀφιέναι ἁμαρτίας **ἐπὶ τῆς γῆς** - λέγει τῷ παραλυτικῷ·	**Lk 5,24**	ἵνα δὲ εἰδῆτε ὅτι ὁ υἱὸς τοῦ ἀνθρώπου ἐξουσίαν ἔχει **ἐπὶ τῆς γῆς** ἀφιέναι ἁμαρτίας - εἶπεν τῷ παραλελυμένῳ· ...	
200	**Mt 5,5**	μακάριοι οἱ πραεῖς, ὅτι αὐτοὶ κληρονομήσουσιν **τὴν γῆν.**					

201	Mt 5,13	ὑμεῖς ἐστε τὸ ἅλας τῆς γῆς· ἐὰν δὲ τὸ ἅλας μωρανθῇ, ἐν τίνι ἁλισθήσεται; ...	Mk 9,50	καλὸν τὸ ἅλας· ἐὰν δὲ τὸ ἅλας ἄναλον γένηται, ἐν τίνι αὐτὸ ἀρτύσετε; ...	Lk 14,34	καλὸν οὖν τὸ ἅλας· ἐὰν δὲ καὶ τὸ ἅλας μωρανθῇ, ἐν τίνι ἀρτυθήσεται;	
b 202	Mt 5,18 ↓ Mt 24,35	ἀμὴν γὰρ λέγω ὑμῖν· ἕως ἂν παρέλθῃ ὁ οὐρανὸς καὶ ἡ γῆ, ἰῶτα ἓν ἢ μία κεραία οὐ μὴ παρέλθῃ ἀπὸ τοῦ νόμου ἕως ἂν πάντα γένηται.	↓ Mk 13,31		Lk 16,17 ↓ Lk 21,33	εὐκοπώτερον δέ ἐστιν τὸν οὐρανὸν καὶ τὴν γῆν παρελθεῖν ἢ τοῦ νόμου μίαν κεραίαν πεσεῖν.	
b 200	Mt 5,35	[34] ἐγὼ δὲ λέγω ὑμῖν μὴ ὀμόσαι ὅλως· μήτε ἐν τῷ οὐρανῷ, ὅτι θρόνος ἐστὶν τοῦ θεοῦ, [35] μήτε ἐν τῇ γῇ, ὅτι ὑποπόδιόν ἐστιν τῶν ποδῶν αὐτοῦ, ...					→ Acts 7,49
b 201	Mt 6,10 → Mt 26,42	ἐλθέτω ἡ βασιλεία σου· γενηθήτω τὸ θέλημά σου, ὡς ἐν οὐρανῷ καὶ ἐπὶ γῆς·			Lk 11,2	... ἐλθέτω ἡ βασιλεία σου·	
b 200	Mt 6,19 → Lk 12,21 → Lk 12,33	μὴ θησαυρίζετε ὑμῖν θησαυροὺς ἐπὶ τῆς γῆς, ὅπου σὴς καὶ βρῶσις ἀφανίζει καὶ ὅπου κλέπται διορύσσουσιν καὶ κλέπτουσιν·					
102	Mt 7,26	... ὁμοιωθήσεται ἀνδρὶ μωρῷ, ὅστις ᾠκοδόμησεν αὐτοῦ τὴν οἰκίαν ἐπὶ τὴν ἄμμον.			Lk 6,49	... ὅμοιός ἐστιν ἀνθρώπῳ οἰκοδομήσαντι οἰκίαν ἐπὶ τὴν γῆν χωρὶς θεμελίου, ...	
222	Mt 9,6	ἵνα δὲ εἰδῆτε ὅτι ἐξουσίαν ἔχει ὁ υἱὸς τοῦ ἀνθρώπου ἐπὶ τῆς γῆς ἀφιέναι ἁμαρτίας - τότε λέγει τῷ παραλυτικῷ· ...	Mk 2,10	ἵνα δὲ εἰδῆτε ὅτι ἐξουσίαν ἔχει ὁ υἱὸς τοῦ ἀνθρώπου ἀφιέναι ἁμαρτίας ἐπὶ τῆς γῆς - λέγει τῷ παραλυτικῷ·	Lk 5,24	ἵνα δὲ εἰδῆτε ὅτι ὁ υἱὸς τοῦ ἀνθρώπου ἐξουσίαν ἔχει ἐπὶ τῆς γῆς ἀφιέναι ἁμαρτίας - εἶπεν τῷ παραλελυμένῳ· ...	
a 200	Mt 9,26 → Mt 4,24a ↓ Mt 9,31 → Mk 1,28 → Lk 4,14 → Lk 4,37	καὶ ἐξῆλθεν ἡ φήμη αὕτη εἰς ὅλην τὴν γῆν ἐκείνην.					
a 200	Mt 9,31 ↑ Mt 9,26 → Mk 1,45	οἱ δὲ ἐξελθόντες διεφήμισαν αὐτὸν ἐν ὅλῃ τῇ γῇ ἐκείνῃ.					
d 201	Mt 10,15 ⇩ Mt 11,24	ἀμὴν λέγω ὑμῖν, ἀνεκτότερον ἔσται γῇ Σοδόμων καὶ Γομόρρων ἐν ἡμέρᾳ κρίσεως ἢ τῇ πόλει ἐκείνῃ.			Lk 10,12	λέγω ὑμῖν ὅτι Σοδόμοις ἐν τῇ ἡμέρᾳ ἐκείνῃ ἀνεκτότερον ἔσται ἢ τῇ πόλει ἐκείνῃ.	

201	**Mt 10,29**	οὐχὶ δύο στρουθία ἀσσαρίου πωλεῖται; καὶ ἓν ἐξ αὐτῶν οὐ πεσεῖται **ἐπὶ τὴν γῆν** ἄνευ τοῦ πατρὸς ὑμῶν.			**Lk 12,6**	οὐχὶ πέντε στρουθία πωλοῦνται ἀσσαρίων δύο; καὶ ἓν ἐξ αὐτῶν οὐκ ἔστιν ἐπιλελησμένον ἐνώπιον τοῦ θεοῦ.	
202	**Mt 10,34**	μὴ νομίσητε ὅτι ἦλθον βαλεῖν εἰρήνην **ἐπὶ τὴν γῆν·** οὐκ ἦλθον βαλεῖν εἰρήνην ἀλλὰ μάχαιραν.			**Lk 12,51**	δοκεῖτε ὅτι εἰρήνην παρεγενόμην δοῦναι **ἐν τῇ γῇ;** οὐχί, λέγω ὑμῖν, ἀλλ' ἢ διαμερισμόν.	→ GTh 16
d 200	**Mt 11,24** ⇑ Mt 10,15	πλὴν λέγω ὑμῖν ὅτι **γῇ Σοδόμων** ἀνεκτότερον ἔσται ἐν ἡμέρᾳ κρίσεως ἢ σοί.			Lk 10,12	λέγω ὑμῖν ὅτι **Σοδόμοις** ἐν τῇ ἡμέρᾳ ἐκείνῃ ἀνεκτότερον ἔσται ἢ τῇ πόλει ἐκείνῃ.	
b 202	**Mt 11,25**	... ἐξομολογοῦμαί σοι, πάτερ, **κύριε τοῦ οὐρανοῦ** **καὶ τῆς γῆς,** ὅτι ἔκρυψας ταῦτα ἀπὸ σοφῶν καὶ συνετῶν καὶ ἀπεκάλυψας αὐτὰ νηπίοις·			**Lk 10,21**	... ἐξομολογοῦμαί σοι, πάτερ, **κύριε τοῦ οὐρανοῦ** **καὶ τῆς γῆς,** ὅτι ἀπέκρυψας ταῦτα ἀπὸ σοφῶν καὶ συνετῶν καὶ ἀπεκάλυψας αὐτὰ νηπίοις· ...	→ Acts 4,24 → GTh 4 (POxy 654)
201	**Mt 12,40** → Mt 27,63	ὥσπερ γὰρ *ἦν Ἰωνᾶς* *ἐν τῇ κοιλίᾳ τοῦ κήτους* *τρεῖς ἡμέρας καὶ τρεῖς* *νύκτας*, οὕτως ἔσται ὁ υἱὸς τοῦ ἀνθρώπου **ἐν τῇ καρδίᾳ τῆς γῆς** τρεῖς ἡμέρας καὶ τρεῖς νύκτας. ➤ Jonah 2,1			**Lk 11,30**	καθὼς γὰρ ἐγένετο Ἰωνᾶς τοῖς Νινευίταις σημεῖον, οὕτως ἔσται καὶ ὁ υἱὸς τοῦ ἀνθρώπου τῇ γενεᾷ ταύτῃ.	
202	**Mt 12,42** → Mt 12,6	βασίλισσα νότου ἐγερθήσεται ἐν τῇ κρίσει μετὰ τῆς γενεᾶς ταύτης καὶ κατακρινεῖ αὐτήν, ὅτι ἦλθεν **ἐκ τῶν περάτων** **τῆς γῆς** ἀκοῦσαι τὴν σοφίαν Σολομῶνος, καὶ ἰδοὺ πλεῖον Σολομῶνος ὧδε.			**Lk 11,31**	βασίλισσα νότου ἐγερθήσεται ἐν τῇ κρίσει μετὰ τῶν ἀνδρῶν τῆς γενεᾶς ταύτης καὶ κατακρινεῖ αὐτούς, ὅτι ἦλθεν **ἐκ τῶν περάτων** **τῆς γῆς** ἀκοῦσαι τὴν σοφίαν Σολομῶνος, καὶ ἰδοὺ πλεῖον Σολομῶνος ὧδε.	
121	**Mt 13,2** → Lk 5,1	καὶ συνήχθησαν πρὸς αὐτὸν ὄχλοι πολλοί, ὥστε αὐτὸν εἰς πλοῖον ἐμβάντα καθῆσθαι, καὶ πᾶς ὁ ὄχλος **ἐπὶ τὸν αἰγιαλὸν** εἱστήκει.	**Mk 4,1** → Mk 3,9 → Lk 5,1	... καὶ συνάγεται πρὸς αὐτὸν ὄχλος πλεῖστος, ὥστε αὐτὸν εἰς πλοῖον ἐμβάντα καθῆσθαι ἐν τῇ θαλάσσῃ, καὶ πᾶς ὁ ὄχλος πρὸς τὴν θάλασσαν **ἐπὶ τῆς γῆς** ἦσαν.	**Lk 8,4** ⇨ Lk 5,3	συνιόντος δὲ ὄχλου πολλοῦ καὶ τῶν κατὰ πόλιν ἐπιπορευομένων πρὸς αὐτὸν ...	→ GTh 9
221 221	**Mt 13,5** **(2)**	ἄλλα δὲ ἔπεσεν ἐπὶ τὰ πετρώδη ὅπου οὐκ εἶχεν **γῆν πολλήν,** καὶ εὐθέως ἐξανέτειλεν διὰ τὸ μὴ ἔχειν **βάθος γῆς·** [6] ἡλίου δὲ ἀνατείλαντος ἐκαυματίσθη καὶ διὰ τὸ μὴ ἔχειν ῥίζαν ἐξηράνθη.	**Mk 4,5** **(2)**	καὶ ἄλλο ἔπεσεν ἐπὶ τὸ πετρῶδες ὅπου οὐκ εἶχεν **γῆν πολλήν,** καὶ εὐθὺς ἐξανέτειλεν διὰ τὸ μὴ ἔχειν **βάθος γῆς·** [6] καὶ ὅτε ἀνέτειλεν ὁ ἥλιος ἐκαυματίσθη καὶ διὰ τὸ μὴ ἔχειν ῥίζαν ἐξηράνθη.	**Lk 8,6**	καὶ ἕτερον κατέπεσεν ἐπὶ τὴν πέτραν, καὶ φυὲν ἐξηράνθη διὰ τὸ μὴ ἔχειν ἰκμάδα.	→ GTh 9

222	Mt 13,8	ἄλλα δὲ ἔπεσεν ἐπὶ τὴν γῆν τὴν καλὴν καὶ ἐδίδου καρπόν, ...	Mk 4,8	καὶ ἄλλα ἔπεσεν εἰς τὴν γῆν τὴν καλὴν καὶ ἐδίδου καρπὸν ...	Lk 8,8	καὶ ἕτερον ἔπεσεν εἰς τὴν γῆν τὴν ἀγαθὴν καὶ φυὲν ἐποίησεν καρπὸν ...	→ GTh 9
222	Mt 13,23	ὁ δὲ ἐπὶ τὴν καλὴν γῆν σπαρείς, οὗτός ἐστιν ὁ τὸν λόγον ἀκούων καὶ συνιείς, ὃς δὴ καρποφορεῖ καὶ ποιεῖ ὃ μὲν ἑκατόν, ὃ δὲ ἑξήκοντα, ὃ δὲ τριάκοντα.	Mk 4,20	καὶ ἐκεῖνοί εἰσιν οἱ ἐπὶ τὴν γῆν τὴν καλὴν σπαρέντες, οἵτινες ἀκούουσιν τὸν λόγον καὶ παραδέχονται καὶ καρποφοροῦσιν ἓν τριάκοντα καὶ ἓν ἑξήκοντα καὶ ἓν ἑκατόν.	Lk 8,15	τὸ δὲ ἐν τῇ καλῇ γῇ, οὗτοί εἰσιν οἵτινες ἐν καρδίᾳ καλῇ καὶ ἀγαθῇ ἀκούσαντες τὸν λόγον κατέχουσιν καὶ καρποφοροῦσιν ἐν ὑπομονῇ.	
020			Mk 4,26	... οὕτως ἐστὶν ἡ βασιλεία τοῦ θεοῦ ὡς ἄνθρωπος βάλῃ τὸν σπόρον ἐπὶ τῆς γῆς			
020			Mk 4,28	αὐτομάτη ἡ γῆ καρποφορεῖ, ...			
020	Mt 13,31	... ὁμοία ἐστὶν ἡ βασιλεία τῶν οὐρανῶν κόκκῳ σινάπεως, ὃν λαβὼν ἄνθρωπος ἔσπειρεν ἐν τῷ ἀγρῷ αὐτοῦ·	Mk 4,31 (2)	[30] ... πῶς ὁμοιώσωμεν τὴν βασιλείαν τοῦ θεοῦ ... [31] ὡς κόκκῳ σινάπεως, ὃς ὅταν σπαρῇ ἐπὶ τῆς γῆς,	Lk 13,19	[18] ... τίνι ὁμοία ἐστὶν ἡ βασιλεία τοῦ θεοῦ ... [19] ὁμοία ἐστὶν κόκκῳ σινάπεως, ὃν λαβὼν ἄνθρωπος ἔβαλεν εἰς κῆπον ἑαυτοῦ, ...	→ GTh 20 Mk-Q overlap
120	Mt 13,32	ὃ μικρότερον μέν ἐστιν πάντων τῶν σπερμάτων ...		μικρότερον ὂν πάντων τῶν σπερμάτων τῶν ἐπὶ τῆς γῆς			
112	Mt 8,28	... ὑπήντησαν αὐτῷ δύο δαιμονιζόμενοι ἐκ τῶν μνημείων ἐξερχόμενοι, ...	Mk 5,2	καὶ ἐξελθόντος αὐτοῦ ἐκ τοῦ πλοίου εὐθὺς ὑπήντησεν αὐτῷ ἐκ τῶν μνημείων ἄνθρωπος ἐν πνεύματι ἀκαθάρτῳ	Lk 8,27	ἐξελθόντι δὲ αὐτῷ ἐπὶ τὴν γῆν ὑπήντησεν ἀνήρ τις ἐκ τῆς πόλεως ἔχων δαιμόνια ...	
210	Mt 14,24	τὸ δὲ πλοῖον ἤδη σταδίους πολλοὺς ἀπὸ τῆς γῆς ἀπεῖχεν βασανιζόμενον ὑπὸ τῶν κυμάτων, ...	Mk 6,47	καὶ ὀψίας γενομένης ἦν τὸ πλοῖον ἐν μέσῳ τῆς θαλάσσης,			→ Jn 6,17
120	Mt 14,23	... ὀψίας δὲ γενομένης μόνος ἦν ἐκεῖ.		καὶ αὐτὸς μόνος ἐπὶ τῆς γῆς.			
220	Mt 14,34	καὶ διαπεράσαντες ἦλθον ἐπὶ τὴν γῆν εἰς Γεννησαρέτ.	Mk 6,53	καὶ διαπεράσαντες ἐπὶ τὴν γῆν ἦλθον εἰς Γεννησαρὲτ καὶ προσωρμίσθησαν.			
220	Mt 15,35 → Mt 14,19	καὶ παραγγείλας τῷ ὄχλῳ ἀναπεσεῖν ἐπὶ τὴν γῆν	Mk 8,6 → Mk 6,39	καὶ παραγγέλλει τῷ ὄχλῳ ἀναπεσεῖν ἐπὶ τῆς γῆς· ...	→ Lk 9,14		

[a] πᾶσα ἡ γῆ, ὅλη ἡ γῆ
[b] οὐρανός and γῆ
[c] οἱ βασιλεῖς τῆς γῆς
[d] γῆ + name of a land

b 200	**Mt 16,19** **(2)** → Mt 23,13 → Lk 11,52 ↓ Mt 18,18	δώσω σοι τὰς κλεῖδας τῆς βασιλείας τῶν οὐρανῶν, καὶ ὃ ἐὰν δήσῃς **ἐπὶ τῆς γῆς** ἔσται δεδεμένον ἐν τοῖς οὐρανοῖς,					→ Jn 20,23
b 200		καὶ ὃ ἐὰν λύσῃς **ἐπὶ τῆς γῆς** ἔσται λελυμένον ἐν τοῖς οὐρανοῖς.					→ Jn 20,23
121	**Mt 17,2**	... τὰ δὲ ἱμάτια αὐτοῦ ἐγένετο λευκὰ ὡς τὸ φῶς.	**Mk 9,3**	καὶ τὰ ἱμάτια αὐτοῦ ἐγένετο στίλβοντα λευκὰ λίαν, οἷα γναφεὺς **ἐπὶ τῆς γῆς** οὐ δύναται οὕτως λευκᾶναι.	**Lk 9,29**	... καὶ ὁ ἱματισμὸς αὐτοῦ λευκὸς ἐξαστράπτων.	
021			**Mk 9,20**	καὶ ἤνεγκαν αὐτὸν πρὸς αὐτόν. καὶ ἰδὼν αὐτὸν τὸ πνεῦμα εὐθὺς συνεσπάραξεν αὐτόν, καὶ πεσὼν **ἐπὶ τῆς γῆς** ἐκυλίετο ἀφρίζων.	**Lk 9,42** → Lk 7,15	ἔτι δὲ προσερχομένου αὐτοῦ ἔρρηξεν αὐτὸν τὸ δαιμόνιον καὶ συνεσπάραξεν· ...	
c 200	**Mt 17,25**	... ὁ Ἰησοῦς λέγων· τί σοι δοκεῖ, Σίμων; **οἱ βασιλεῖς τῆς γῆς** ἀπὸ τίνων λαμβάνουσιν τέλη ἢ κῆνσον; ...					
b 200	**Mt 18,18** **(2)** ↑ Mt 16,19	ἀμὴν λέγω ὑμῖν· ὅσα ἐὰν δήσητε **ἐπὶ τῆς γῆς** ἔσται δεδεμένα ἐν οὐρανῷ,					→ Jn 20,23
b 200		καὶ ὅσα ἐὰν λύσητε **ἐπὶ τῆς γῆς** ἔσται λελυμένα ἐν οὐρανῷ.					→ Jn 20,23
200	**Mt 18,19** → Mt 21,22 → Mk 11,24	... ἐὰν δύο συμφωνήσωσιν ἐξ ὑμῶν **ἐπὶ τῆς γῆς** περὶ παντὸς πράγματος οὗ ἐὰν αἰτήσωνται, γενήσεται αὐτοῖς παρὰ τοῦ πατρός μου τοῦ ἐν οὐρανοῖς.					→ GTh 30 (POxy 1) → GTh 48 → GTh 106
b 202	**Mt 11,25**	... ἐξομολογοῦμαί σοι, πάτερ, **κύριε τοῦ οὐρανοῦ** **καὶ τῆς γῆς,** ὅτι ἔκρυψας ταῦτα ἀπὸ σοφῶν καὶ συνετῶν καὶ ἀπεκάλυψας αὐτὰ νηπίοις·			**Lk 10,21**	... ἐξομολογοῦμαί σοι, πάτερ, **κύριε τοῦ οὐρανοῦ** **καὶ τῆς γῆς,** ὅτι ἀπέκρυψας ταῦτα ἀπὸ σοφῶν καὶ συνετῶν καὶ ἀπεκάλυψας αὐτὰ νηπίοις· ...	**→ Acts 4,24** → GTh 4 (POxy 654)
202	**Mt 12,42** → Mt 12,6	βασίλισσα νότου ἐγερθήσεται ἐν τῇ κρίσει μετὰ τῆς γενεᾶς ταύτης καὶ κατακρινεῖ αὐτήν, ὅτι ἦλθεν **ἐκ τῶν περάτων** **τῆς γῆς** ἀκοῦσαι τὴν σοφίαν Σολομῶνος, καὶ ἰδοὺ πλεῖον Σολομῶνος ὧδε.			**Lk 11,31**	βασίλισσα νότου ἐγερθήσεται ἐν τῇ κρίσει μετὰ τῶν ἀνδρῶν τῆς γενεᾶς ταύτης καὶ κατακρινεῖ αὐτούς, ὅτι ἦλθεν **ἐκ τῶν περάτων** **τῆς γῆς** ἀκοῦσαι τὴν σοφίαν Σολομῶνος, καὶ ἰδοὺ πλεῖον Σολομῶνος ὧδε.	

002					**Lk 12,49** → Mt 3,11 → Lk 3,16	πῦρ ἦλθον βαλεῖν **ἐπὶ τὴν γῆν,** καὶ τί θέλω εἰ ἤδη ἀνήφθη.	→ GTh 10
202	**Mt 10,34**	μὴ νομίσητε ὅτι ἦλθον βαλεῖν εἰρήνην **ἐπὶ τὴν γῆν·** οὐκ ἦλθον βαλεῖν εἰρήνην ἀλλὰ μάχαιραν.			**Lk 12,51**	δοκεῖτε ὅτι εἰρήνην παρεγενόμην δοῦναι **ἐν τῇ γῇ;** οὐχί, λέγω ὑμῖν, ἀλλ᾽ ἢ διαμερισμόν.	→ GTh 16
b 102	**Mt 16,3**	[... **τὸ μὲν πρόσωπον τοῦ οὐρανοῦ** γινώσκετε διακρίνειν, τὰ δὲ σημεῖα τῶν καιρῶν οὐ δύνασθε;]			**Lk 12,56**	ὑποκριταί, **τὸ πρόσωπον τῆς γῆς καὶ τοῦ οὐρανοῦ** οἴδατε δοκιμάζειν, τὸν καιρὸν δὲ τοῦτον πῶς οὐκ οἴδατε δοκιμάζειν;	→ GTh 91 Mt 16,3 is textcritically uncertain.
002					**Lk 13,7**	... ἔκκοψον [οὖν] αὐτήν, ἱνατί καὶ **τὴν γῆν** καταργεῖ;	
102	**Mt 5,13**	... ἐὰν δὲ τὸ ἅλας μωρανθῇ, ἐν τίνι ἁλισθήσεται; **εἰς οὐδὲν** ἰσχύει ἔτι εἰ μὴ βληθὲν ἔξω καταπατεῖσθαι ὑπὸ τῶν ἀνθρώπων.	**Mk 9,50**	... ἐὰν δὲ τὸ ἅλας ἄναλον γένηται, ἐν τίνι αὐτὸ ἀρτύσετε; ...	**Lk 14,35**	[34] ... ἐὰν δὲ καὶ τὸ ἅλας μωρανθῇ, ἐν τίνι ἀρτυθήσεται; [35] **οὔτε εἰς γῆν** οὔτε εἰς κοπρίαν εὔθετόν ἐστιν, ἔξω βάλλουσιν αὐτό. ὁ ἔχων ὦτα ἀκούειν ἀκουέτω.	Mk-Q overlap
b 202	**Mt 5,18** ↓ Mt 24,35	ἀμὴν γὰρ λέγω ὑμῖν· ἕως ἂν παρέλθῃ ὁ οὐρανὸς καὶ **ἡ γῆ,** ἰῶτα ἓν ἢ μία κεραία οὐ μὴ παρέλθῃ ἀπὸ τοῦ νόμου ἕως ἂν πάντα γένηται.	↓ Mk 13,31		**Lk 16,17** ↓ Lk 21,33	εὐκοπώτερον δέ ἐστιν τὸν οὐρανὸν καὶ **τὴν γῆν** παρελθεῖν ἢ τοῦ νόμου μίαν κεραίαν πεσεῖν.	
002					**Lk 18,8**	... πλὴν ὁ υἱὸς τοῦ ἀνθρώπου ἐλθὼν ἆρα εὑρήσει τὴν πίστιν **ἐπὶ τῆς γῆς;**	
200	**Mt 23,9**	καὶ πατέρα μὴ καλέσητε ὑμῶν **ἐπὶ τῆς γῆς,** εἷς γάρ ἐστιν ὑμῶν ὁ πατὴρ ὁ οὐράνιος.					
201	**Mt 23,35**	ὅπως ἔλθῃ ἐφ᾽ ὑμᾶς πᾶν αἷμα δίκαιον ἐκχυννόμενον **ἐπὶ τῆς γῆς** ἀπὸ τοῦ αἵματος Ἅβελ τοῦ δικαίου ...			**Lk 11,50**	ἵνα ἐκζητηθῇ τὸ αἷμα πάντων τῶν προφητῶν τὸ ἐκκεχυμένον **ἀπὸ καταβολῆς κόσμου** ἀπὸ τῆς γενεᾶς ταύτης, [51] ἀπὸ αἵματος Ἅβελ ...	
112	**Mt 24,21**	ἔσται γὰρ τότε θλῖψις μεγάλη οἵα οὐ γέγονεν ἀπ᾽ ἀρχῆς κόσμου ἕως τοῦ νῦν οὐδ᾽ οὐ μὴ γένηται.	**Mk 13,19**	ἔσονται γὰρ αἱ ἡμέραι ἐκεῖναι θλῖψις οἵα οὐ γέγονεν τοιαύτη ἀπ᾽ ἀρχῆς κτίσεως ἣν ἔκτισεν ὁ θεὸς ἕως τοῦ νῦν καὶ οὐ μὴ γένηται.	**Lk 21,23**	... ἔσται γὰρ ἀνάγκη μεγάλη **ἐπὶ τῆς γῆς** καὶ ὀργὴ τῷ λαῷ τούτῳ	

112	Mt 24,29	... *ὁ ἥλιος* *σκοτισθήσεται, καὶ* *ἡ σελήνη οὐ δώσει* *τὸ φέγγος αὐτῆς,* *καὶ οἱ ἀστέρες* *πεσοῦνται* ἀπὸ τοῦ οὐρανοῦ, ... ➤ Isa 13,10; 34,4	Mk 13,25	[24] ... *ὁ ἥλιος* *σκοτισθήσεται, καὶ* *ἡ σελήνη οὐ δώσει* *τὸ φέγγος αὐτῆς,* [25] *καὶ οἱ ἀστέρες* *ἔσονται* ἐκ τοῦ οὐρανοῦ *πίπτοντες*, ... ➤ Isa 13,10; 34,4	Lk 21,25 → Lk 21,11	καὶ ἔσονται σημεῖα ἐν ἡλίῳ καὶ σελήνῃ καὶ ἄστροις, καὶ **ἐπὶ τῆς γῆς** συνοχὴ ἐθνῶν ἐν ἀπορίᾳ ἤχους θαλάσσης καὶ σάλου	→ Acts 2,19
211	Mt 24,30	καὶ τότε φανήσεται τὸ σημεῖον τοῦ υἱοῦ τοῦ ἀνθρώπου ἐν οὐρανῷ, καὶ τότε κόψονται **πᾶσαι αἱ φυλαὶ** **τῆς γῆς** καὶ ὄψονται *τὸν υἱὸν τοῦ* *ἀνθρώπου ἐρχόμενον* *ἐπὶ τῶν νεφελῶν τοῦ* *οὐρανοῦ* μετὰ δυνάμεως καὶ δόξης πολλῆς· ➤ Dan 7,13-14	Mk 13,26	καὶ τότε ὄψονται *τὸν υἱὸν τοῦ* *ἀνθρώπου ἐρχόμενον* *ἐν νεφέλαις* μετὰ δυνάμεως πολλῆς καὶ δόξης. ➤ Dan 7,13-14	Lk 21,27	καὶ τότε ὄψονται *τὸν υἱὸν τοῦ* *ἀνθρώπου ἐρχόμενον* *ἐν νεφέλῃ* μετὰ δυνάμεως καὶ δόξης πολλῆς. ➤ Dan 7,13-14	
b 120	Mt 24,31 → Mt 13,41	... καὶ ἐπισυνάξουσιν τοὺς ἐκλεκτοὺς αὐτοῦ ἐκ τῶν τεσσάρων ἀνέμων **ἀπ' ἄκρων οὐρανῶν** ἕως [τῶν] ἄκρων αὐτῶν.	Mk 13,27	... καὶ ἐπισυνάξει τοὺς ἐκλεκτοὺς [αὐτοῦ] ἐκ τῶν τεσσάρων ἀνέμων **ἀπ' ἄκρου γῆς** ἕως ἄκρου οὐρανοῦ.			
b 222	Mt 24,35 ↑ Mt 5,18	ὁ οὐρανὸς καὶ **ἡ γῆ** παρελεύσεται, οἱ δὲ λόγοι μου οὐ μὴ παρέλθωσιν.	Mk 13,31	ὁ οὐρανὸς καὶ **ἡ γῆ** παρελεύσονται, οἱ δὲ λόγοι μου οὐ μὴ παρελεύσονται.	Lk 21,33 ↑ Lk 16,17	ὁ οὐρανὸς καὶ **ἡ γῆ** παρελεύσονται, οἱ δὲ λόγοι μου οὐ μὴ παρελεύσονται.	→ GTh 11,1
a 002					Lk 21,35	... ἐπεισελεύσεται γὰρ ἐπὶ πάντας τοὺς καθημένους **ἐπὶ πρόσωπον** **πάσης τῆς γῆς.**	
200	Mt 25,18 → Lk 19,20	ὁ δὲ τὸ ἓν λαβὼν ἀπελθὼν ὤρυξεν **γῆν** καὶ ἔκρυψεν τὸ ἀργύριον τοῦ κυρίου αὐτοῦ.					
201	Mt 25,25	καὶ φοβηθεὶς ἀπελθὼν ἔκρυψα τὸ τάλαντόν σου **ἐν τῇ γῇ·** ἴδε ἔχεις τὸ σόν.			Lk 19,20 → Mt 25,18	... κύριε, ἰδοὺ ἡ μνᾶ σου ἣν εἶχον ἀποκειμένην **ἐν σουδαρίῳ·**	
121	Mt 26,39	καὶ προελθὼν μικρὸν ἔπεσεν **ἐπὶ πρόσωπον αὐτοῦ** προσευχόμενος ...	Mk 14,35	καὶ προελθὼν μικρὸν ἔπιπτεν **ἐπὶ τῆς γῆς** καὶ προσηύχετο ...	Lk 22,41	καὶ αὐτὸς ἀπεσπάσθη ἀπ' αὐτῶν ὡσεὶ λίθου βολὴν καὶ θεὶς τὰ γόνατα προσηύχετο	
002					Lk 22,44	[[... καὶ ἐγένετο ὁ ἱδρὼς αὐτοῦ ὡσεὶ θρόμβοι αἵματος καταβαίνοντος **ἐπὶ τὴν γῆν.**]]	Lk 22,44 is textcritically uncertain.
a 222	Mt 27,45	ἀπὸ δὲ ἕκτης ὥρας σκότος ἐγένετο **ἐπὶ πᾶσαν τὴν γῆν** ἕως ὥρας ἐνάτης.	Mk 15,33	καὶ γενομένης ὥρας ἕκτης σκότος ἐγένετο **ἐφ' ὅλην τὴν γῆν** ἕως ὥρας ἐνάτης.	Lk 23,44	καὶ ἦν ἤδη ὡσεὶ ὥρα ἕκτη καὶ σκότος ἐγένετο **ἐφ' ὅλην τὴν γῆν** ἕως ὥρας ἐνάτης	
200	Mt 27,51	... καὶ **ἡ γῆ** ἐσείσθη καὶ αἱ πέτραι ἐσχίσθησαν					

012	Mt 28,4	ἀπὸ δὲ τοῦ φόβου αὐτοῦ ἐσείσθησαν οἱ τηροῦντες καὶ ἐγενήθησαν ὡς νεκροί. [5] ἀποκριθεὶς δὲ ὁ ἄγγελος εἶπεν ταῖς γυναιξίν· μὴ φοβεῖσθε ὑμεῖς, οἶδα γὰρ ὅτι Ἰησοῦν τὸν ἐσταυρωμένον ζητεῖτε·	Mk 16,5	... καὶ ἐξεθαμβήθησαν. [5] ὁ δὲ λέγει αὐταῖς· μὴ ἐκθαμβεῖσθε· Ἰησοῦν ζητεῖτε ...	Lk 24,5 → Lk 24,23	ἐμφόβων δὲ γενομένων αὐτῶν καὶ κλινουσῶν τὰ πρόσωπα **εἰς τὴν γῆν** εἶπαν πρὸς αὐτάς· τί ζητεῖτε τὸν ζῶντα μετὰ τῶν νεκρῶν·	
b 200	Mt 28,18 → Mt 11,27 → Lk 10,22	... ἐδόθη μοι πᾶσα ἐξουσία ἐν οὐρανῷ καὶ **ἐπὶ [τῆς] γῆς.**					

Acts 1,8 → Acts 13,47
... καὶ ἔσεσθέ μου
μάρτυρες ἔν τε
Ἰερουσαλὴμ καὶ
[ἐν] πάσῃ τῇ Ἰουδαίᾳ καὶ
Σαμαρείᾳ καὶ
ἕως ἐσχάτου
τῆς γῆς.

b **Acts 2,19** → Lk 21,11 → Lk 21,25
καὶ δώσω τέρατα ἐν τῷ
οὐρανῷ ἄνω *καὶ* σημεῖα
ἐπὶ τῆς γῆς
κάτω, ...
➤ Joel 3,3 LXX

Acts 3,25
... *καὶ ἐν τῷ σπέρματί σου*
[ἐν]ευλογηθήσονται
πᾶσαι
αἱ πατριαὶ τῆς γῆς.
➤ Gen 22,18

b **Acts 4,24** → Lk 10,21
... δέσποτα, *σὺ ὁ ποιήσας*
τὸν οὐρανὸν καὶ
τὴν γῆν
καὶ τὴν θάλασσαν καὶ
πάντα τὰ ἐν αὐτοῖς
➤ 2Kings 19,15/Isa 37,16/
Neh 9,6/Exod 20,11/Ps 146,6

c **Acts 4,26**
παρέστησαν
οἱ βασιλεῖς τῆς γῆς
καὶ οἱ ἄρχοντες
συνήχθησαν ἐπὶ τὸ αὐτὸ
κατὰ τοῦ κυρίου καὶ
κατὰ τοῦ χριστοῦ αὐτοῦ.
➤ Ps 2,2 LXX

Acts 7,3 (2)
... *ἔξελθε*
ἐκ τῆς γῆς σου
καὶ [ἐκ] τῆς συγγενείας
σου
καὶ δεῦρο
εἰς τὴν γῆν
ἣν ἄν σοι δείξω.
➤ Gen 12,1

d **Acts 7,4** (2)
τότε ἐξελθὼν
ἐκ γῆς Χαλδαίων
κατῴκησεν ἐν Χαρράν.
κἀκεῖθεν μετὰ τὸ
ἀποθανεῖν τὸν πατέρα
αὐτοῦ μετῴκισεν αὐτὸν
εἰς τὴν γῆν ταύτην
εἰς ἣν ὑμεῖς νῦν
κατοικεῖτε

Acts 7,6
... *ἔσται τὸ σπέρμα αὐτοῦ*
πάροικον
ἐν γῇ ἀλλοτρίᾳ
καὶ δουλώσουσιν αὐτὸ
καὶ κακώσουσιν ἔτη
τετρακόσια·
➤ Gen 15,13; Exod 2,22

d **Acts 7,29**
ἔφυγεν δὲ Μωϋσῆς
ἐν τῷ λόγῳ τούτῳ καὶ
ἐγένετο πάροικος
ἐν γῇ Μαδιάμ,
οὗ ἐγέννησεν υἱοὺς δύο.

Acts 7,33
... *λῦσον τὸ ὑπόδημα τῶν*
ποδῶν σου, ὁ γὰρ τόπος
ἐφ᾽ ᾧ ἕστηκας
γῆ ἁγία
ἐστίν.
➤ Exod 3,5

d **Acts 7,36**
οὗτος ἐξήγαγεν αὐτοὺς
ποιήσας τέρατα καὶ
σημεῖα
ἐν γῇ Αἰγύπτῳ
καὶ ἐν ἐρυθρᾷ θαλάσσῃ ...

d **Acts 7,40**
... *ὁ γὰρ Μωϋσῆς οὗτος,*
ὃς ἐξήγαγεν ἡμᾶς
ἐκ γῆς Αἰγύπτου,
οὐκ οἴδαμεν τί ἐγένετο
αὐτῷ.
➤ Exod 32,1.23

b **Acts 7,49** → Mt 5,34-35
ὁ οὐρανός μοι θρόνος,
ἡ δὲ γῆ
ὑποπόδιον τῶν ποδῶν
μου· ...
➤ Isa 66,1

Acts 8,33
... *τὴν γενεὰν αὐτοῦ τίς*
διηγήσεται; ὅτι αἴρεται
ἀπὸ τῆς γῆς
ἡ ζωὴ αὐτοῦ.
➤ Isa 53,8

Acts 9,4
καὶ πεσὼν
ἐπὶ τὴν γῆν
ἤκουσεν φωνὴν
λέγουσαν αὐτῷ· ...

Acts 9,8
ἠγέρθη δὲ Σαῦλος
ἀπὸ τῆς γῆς,
ἀνεῳγμένων δὲ τῶν
ὀφθαλμῶν αὐτοῦ οὐδὲν
ἔβλεπεν· ...

Acts 10,11
καὶ θεωρεῖ τὸν οὐρανὸν
ἀνεῳγμένον καὶ
καταβαῖνον σκεῦός τι ὡς
ὀθόνην μεγάλην
τέσσαρσιν ἀρχαῖς
καθιέμενον
ἐπὶ τῆς γῆς,

b **Acts 10,12**
ἐν ᾧ ὑπῆρχεν πάντα
τὰ τετράποδα καὶ
ἑρπετὰ τῆς γῆς
καὶ πετεινὰ τοῦ οὐρανοῦ.

b **Acts 11,6**
εἰς ἣν ἀτενίσας
κατενόουν καὶ εἶδον
τὰ τετράποδα
τῆς γῆς
καὶ τὰ θηρία καὶ
τὰ ἑρπετὰ καὶ τὰ πετεινὰ
τοῦ οὐρανοῦ.

d **Acts 13,17**
ὁ θεὸς τοῦ λαοῦ τούτου
Ἰσραὴλ ἐξελέξατο τοὺς
πατέρας ἡμῶν καὶ
τὸν λαὸν ὕψωσεν
ἐν τῇ παροικίᾳ
ἐν γῇ Αἰγύπτου ...

d **Acts 13,19** (2)
καὶ καθελὼν ἔθνη ἑπτὰ
ἐν γῇ Χανάαν
κατεκληρονόμησεν
τὴν γῆν αὐτῶν

Acts 13,47 → Acts 1,8
... *τέθεικά σε εἰς φῶς*
ἐθνῶν τοῦ εἶναί σε
εἰς σωτηρίαν
ἕως ἐσχάτου
τῆς γῆς.
➤ Isa 49,6

b **Acts 14,15**
... ἐπὶ θεὸν ζῶντα,
ὃς ἐποίησεν τὸν οὐρανὸν
καὶ
τὴν γῆν
καὶ τὴν θάλασσαν καὶ
πάντα τὰ ἐν αὐτοῖς·
➤ Exod 20,11/Ps 146,6

b **Acts 17,24**
ὁ θεὸς ὁ ποιήσας τὸν
κόσμον καὶ πάντα τὰ ἐν
αὐτῷ, οὗτος οὐρανοῦ καὶ
γῆς
ὑπάρχων κύριος οὐκ
ἐν χειροποιήτοις ναοῖς
κατοικεῖ

Acts 17,26 ἐποίησέν τε ἐξ ἑνὸς πᾶν ἔθνος ἀνθρώπων κατοικεῖν
ἐπὶ παντὸς προσώπου τῆς γῆς,
ὁρίσας προστεταγμένους καιροὺς καὶ τὰς ὁροθεσίας τῆς κατοικίας αὐτῶν

Acts 22,22 ... αἶρε
ἀπὸ τῆς γῆς
τὸν τοιοῦτον, οὐ γὰρ καθῆκεν αὐτὸν ζῆν.

Acts 26,14 πάντων τε καταπεσόντων ἡμῶν
εἰς τὴν γῆν
ἤκουσα φωνὴν λέγουσαν πρός με τῇ Ἑβραΐδι διαλέκτῳ· Σαοὺλ Σαούλ, τί με διώκεις; ...

Acts 27,39 ὅτε δὲ ἡμέρα ἐγένετο,
τὴν γῆν
οὐκ ἐπεγίνωσκον, κόλπον δέ τινα κατενόουν ἔχοντα αἰγιαλὸν ...

Acts 27,43 ... ἐκέλευσέν τε τοὺς δυναμένους κολυμβᾶν ἀπορίψαντας πρώτους
ἐπὶ τὴν γῆν
ἐξιέναι

Acts 27,44 ... καὶ οὕτως ἐγένετο πάντας διασωθῆναι
ἐπὶ τὴν γῆν.

γῆρας

	Syn	Mt	Mk	Lk	Acts	Jn	1-3John	Paul	Eph	Col
	1			1						
	NT	2Thess	1/2Tim	Tit	Heb	Jas	1Pet	2Pet	Jude	Rev
	1									

old age

002		**Lk 1,36** καὶ ἰδοὺ Ἐλισάβετ ἡ συγγενίς σου καὶ αὐτὴ συνείληφεν υἱὸν **ἐν γήρει αὐτῆς** καὶ οὗτος μὴν ἕκτος ἐστὶν αὐτῇ τῇ καλουμένῃ στείρᾳ·

γίνομαι

	Syn	Mt	Mk	Lk	Acts	Jn	1-3John	Paul	Eph	Col
	260	75	54	131	125	51	3	118	8	5
	NT	2Thess	1/2Tim	Tit	Heb	Jas	1Pet	2Pet	Jude	Rev
	668	1	8	1	29	10	6	5		38

become; be; happen; take place; arise (*aorist often impersonal:* it happened or came about); come into being

	triple tradition																	double tradition			Sondergut		
		+Mt / +Lk			–Mt / –Lk			traditions not taken over by Mt / Lk							subtotals								
code	*222*	*211*	*112*	*212*	*221*	*122*	*121*	*022*	*012*	*021*	*220*	*120*	*210*	*020*	Σ⁺	Σ⁻	Σ	*202*	*201*	*102*	*200*	*002*	total
Mt	6	4⁺		1⁺	13	8⁻	12⁻				4	3⁻	10⁺		15⁺	23⁻	38	7	12		18		**75**
Mk	6				13	8	12	1		2	4	3		5			54						**54**
Lk	6		30⁺	1⁺	13⁻	8	12⁻	1	5⁺	2⁻					36⁺	27⁻	51	7		11		62	**131**

Mk-Q overlap: 122: Mt 3,17 / Mk 1,11 / Lk 3,22 (?)

a ἐγένετο + indicative
b ἐγένετο + ἐν τῷ with infinitive
c ἐγένετο + infinitive
d ἐγένετο + participle
e γίνομαι εἰς
f γίνομαι + ὡς with finite verb
g γίνομαι ἵνα
h γενόμενος
j γινόμενος
k γεγονώς
l μὴ γένοιτο
m γενηθήτω

h 002		**Lk 1,2** καθὼς παρέδοσαν ἡμῖν οἱ ἀπ' ἀρχῆς αὐτόπται καὶ ὑπηρέται **γενόμενοι** τοῦ λόγου
002		**Lk 1,5** **ἐγένετο** ἐν ταῖς ἡμέραις Ἡρῴδου βασιλέως τῆς Ἰουδαίας ἱερεύς τις ὀνόματι Ζαχαρίας ἐξ ἐφημερίας Ἀβιά, ...

b 002			**Lk 1,8** ἐγένετο δὲ ἐν τῷ ἱερατεύειν αὐτὸν ἐν τῇ τάξει τῆς ἐφημερίας αὐτοῦ ἔναντι τοῦ θεοῦ	
002			**Lk 1,20** καὶ ἰδοὺ ἔσῃ σιωπῶν καὶ μὴ δυνάμενος λαλῆσαι ἄχρι ἧς ἡμέρας γένηται ταῦτα, ἀνθ᾽ ὧν οὐκ ἐπίστευσας τοῖς λόγοις μου, ...	
f 002			**Lk 1,23** καὶ ἐγένετο ὡς ἐπλήσθησαν αἱ ἡμέραι τῆς λειτουργίας αὐτοῦ, ἀπῆλθεν εἰς τὸν οἶκον αὐτοῦ.	
002			**Lk 1,38** ... ἰδοὺ ἡ δούλη κυρίου· γένοιτό μοι κατὰ τὸ ῥῆμά σου. ...	
g 200	**Mt 1,22** τοῦτο δὲ ὅλον γέγονεν ἵνα πληρωθῇ τὸ ῥηθὲν ὑπὸ κυρίου διὰ τοῦ προφήτου λέγοντος·			
f 002			**Lk 1,41** καὶ ἐγένετο ὡς ἤκουσεν τὸν ἀσπασμὸν τῆς Μαρίας ἡ Ἐλισάβετ, ἐσκίρτησεν τὸ βρέφος ἐν τῇ κοιλίᾳ αὐτῆς, ...	
002			**Lk 1,44** ἰδοὺ γὰρ ὡς ἐγένετο ἡ φωνὴ τοῦ ἀσπασμοῦ σου εἰς τὰ ὦτά μου, ἐσκίρτησεν ἐν ἀγαλλιάσει τὸ βρέφος ἐν τῇ κοιλίᾳ μου.	
a 002			**Lk 1,59** καὶ ἐγένετο ἐν τῇ ἡμέρᾳ τῇ ὀγδόῃ ἦλθον περιτεμεῖν τὸ παιδίον ...	
002			**Lk 1,65** καὶ ἐγένετο ἐπὶ πάντας φόβος τοὺς περιοικοῦντας αὐτούς, ...	
a 002			**Lk 2,1** ἐγένετο δὲ ἐν ταῖς ἡμέραις ἐκείναις ἐξῆλθεν δόγμα παρὰ Καίσαρος Αὐγούστου ἀπογράφεσθαι πᾶσαν τὴν οἰκουμένην.	
002			**Lk 2,2** αὕτη ἀπογραφὴ πρώτη ἐγένετο ἡγεμονεύοντος τῆς Συρίας Κυρηνίου.	
b 002			**Lk 2,6** ἐγένετο δὲ ἐν τῷ εἶναι αὐτοὺς ἐκεῖ ἐπλήσθησαν αἱ ἡμέραι τοῦ τεκεῖν αὐτήν	

002					Lk 2,13	καὶ ἐξαίφνης **ἐγένετο** σὺν τῷ ἀγγέλῳ πλῆθος στρατιᾶς οὐρανίου αἰνούντων τὸν θεὸν ...	
f 002 *k* 002					Lk 2,15 (2)	καὶ **ἐγένετο** ὡς ἀπῆλθον ἀπ' αὐτῶν εἰς τὸν οὐρανὸν οἱ ἄγγελοι, οἱ ποιμένες ἐλάλουν πρὸς ἀλλήλους· διέλθωμεν δὴ ἕως Βηθλέεμ καὶ ἴδωμεν **τὸ ῥῆμα τοῦτο** **τὸ γεγονὸς** ὃ ὁ κύριος ἐγνώρισεν ἡμῖν.	
002					Lk 2,42	καὶ ὅτε **ἐγένετο** ἐτῶν δώδεκα, ἀναβαινόντων αὐτῶν κατὰ τὸ ἔθος τῆς ἑορτῆς	
a 002					Lk 2,46	καὶ **ἐγένετο** μετὰ ἡμέρας τρεῖς εὗρον αὐτὸν ἐν τῷ ἱερῷ ...	
002	Mt 3,1	ἐν δὲ ταῖς ἡμέραις ἐκείναις παραγίνεται Ἰωάννης ὁ βαπτιστὴς κηρύσσων ἐν τῇ ἐρήμῳ τῆς Ἰουδαίας	Mk 1,4	 ἐγένετο Ἰωάννης [ὁ] βαπτίζων ἐν τῇ ἐρήμῳ καὶ κηρύσσων ...	Lk 3,2	ἐπὶ ἀρχιερέως Ἅννα καὶ Καϊάφα, **ἐγένετο** ῥῆμα θεοῦ ἐπὶ Ἰωάννην τὸν Ζαχαρίου υἱὸν ἐν τῇ ἐρήμῳ.	
d 121	Mt 3,1	ἐν δὲ ταῖς ἡμέραις ἐκείναις **παραγίνεται** Ἰωάννης ὁ βαπτιστὴς κηρύσσων ἐν τῇ ἐρήμῳ τῆς Ἰουδαίας	Mk 1,4	 **ἐγένετο** Ἰωάννης [ὁ] βαπτίζων ἐν τῇ ἐρήμῳ καὶ κηρύσσων ...	Lk 3,3 ⇨ Mk 1,5 ⇨ Mt 3,5	καὶ **ἦλθεν** εἰς πᾶσαν [τὴν] περίχωρον τοῦ Ἰορδάνου κηρύσσων ...	
a b 122	Mt 3,13	τότε παραγίνεται ὁ Ἰησοῦς ἀπὸ τῆς Γαλιλαίας ἐπὶ τὸν Ἰορδάνην πρὸς τὸν Ἰωάννην τοῦ βαπτισθῆναι ὑπ' αὐτοῦ.	Mk 1,9	καὶ **ἐγένετο** ἐν ἐκείναις ταῖς ἡμέραις ἦλθεν Ἰησοῦς ἀπὸ Ναζαρὲτ τῆς Γαλιλαίας καὶ ἐβαπτίσθη εἰς τὸν Ἰορδάνην ὑπὸ Ἰωάννου.	Lk 3,21	 **ἐγένετο** δὲ ἐν τῷ βαπτισθῆναι ἅπαντα τὸν λαὸν καὶ Ἰησοῦ βαπτισθέντος ...	
122	Mt 3,17 ↓ Mt 17,5	καὶ ἰδοὺ φωνὴ ἐκ τῶν οὐρανῶν **λέγουσα·** οὗτός ἐστιν ὁ υἱός μου ὁ ἀγαπητός, ἐν ᾧ εὐδόκησα.	Mk 1,11 ↓ Mk 9,7	καὶ φωνὴ **ἐγένετο** ἐκ τῶν οὐρανῶν· σὺ εἶ ὁ υἱός μου ὁ ἀγαπητός, ἐν σοὶ εὐδόκησα.	Lk 3,22 ↓ Lk 9,35	... καὶ φωνὴν ἐξ οὐρανοῦ **γενέσθαι·** σὺ εἶ ὁ υἱός μου ὁ ἀγαπητός, ἐν σοὶ εὐδόκησα.	→ Jn 1,34 → Jn 12,28 Mk-Q overlap?
202	Mt 4,3 → Mt 27,40	καὶ προσελθὼν ὁ πειράζων εἶπεν αὐτῷ· εἰ υἱὸς εἶ τοῦ θεοῦ, εἰπὲ ἵνα οἱ λίθοι οὗτοι ἄρτοι **γένωνται.**			Lk 4,3	εἶπεν δὲ αὐτῷ ὁ διάβολος· εἰ υἱὸς εἶ τοῦ θεοῦ, εἰπὲ τῷ λίθῳ τούτῳ ἵνα **γένηται** ἄρτος.	
h 002					Lk 4,23	... ἰατρέ, θεράπευσον σεαυτόν· ὅσα ἠκούσαμεν **γενόμενα** εἰς τὴν Καφαρναοὺμ ποίησον καὶ ὧδε ἐν τῇ πατρίδι σου.	

002					Lk 4,25	... ἐν ταῖς ἡμέραις Ἠλίου ἐν τῷ Ἰσραήλ, ὅτε ἐκλείσθη ὁ οὐρανὸς ἐπὶ ἔτη τρία καὶ μῆνας ἕξ, ὡς **ἐγένετο** λιμὸς μέγας ἐπὶ πᾶσαν τὴν γῆν	
121	**Mt 4,19**	... δεῦτε ὀπίσω μου, καὶ ποιήσω ὑμᾶς ἁλιεῖς ἀνθρώπων.	**Mk 1,17**	... δεῦτε ὀπίσω μου, καὶ ποιήσω ὑμᾶς **γενέσθαι** ἁλιεῖς ἀνθρώπων.	**Lk 5,10**	... μὴ φοβοῦ· ἀπὸ τοῦ νῦν ἀνθρώπους **ἔσῃ** ζωγρῶν.	
012	→ Mt 7,29		**Mk 1,27** → Mk 1,22	καὶ **ἐθαμβήθησαν** ἅπαντες, ὥστε συζητεῖν πρὸς ἑαυτοὺς λέγοντας· ...	**Lk 4,36** → Lk 4,32	καὶ **ἐγένετο θάμβος** ἐπὶ πάντας καὶ συνελάλουν πρὸς ἀλλήλους λέγοντες· ...	
h 221	**Mt 8,16** ⇩ Mt 4,24 → Mt 12,15 → Mt 15,30 **Mt 4,24** **⇩ Mt 8,16**	ὀψίας δὲ **γενομένης** προσήνεγκαν αὐτῷ δαιμονιζομένους πολλούς· ... ... καὶ προσήνεγκαν αὐτῷ πάντας τοὺς κακῶς ἔχοντας ποικίλαις νόσοις καὶ βασάνοις συνεχομένους [καὶ] δαιμονιζομένους ...	**Mk 1,32** → Mk 3,10 → Mk 7,32	ὀψίας δὲ **γενομένης,** ὅτε ἔδυ ὁ ἥλιος, ἔφερον πρὸς αὐτὸν πάντας τοὺς κακῶς ἔχοντας καὶ τοὺς δαιμονιζομένους·	**Lk 4,40** → Lk 6,18	 δύνοντος δὲ τοῦ ἡλίου ἅπαντες ὅσοι εἶχον ἀσθενοῦντας νόσοις ποικίλαις ἤγαγον αὐτοὺς πρὸς αὐτόν· ...	
h 012			**Mk 1,35** → Mk 1,45	**καὶ πρωῒ ἔννυχα λίαν** ἀναστὰς ἐξῆλθεν καὶ ἀπῆλθεν εἰς ἔρημον τόπον ...	**Lk 4,42** → Lk 5,16	**γενομένης δὲ ἡμέρας** ἐξελθὼν ἐπορεύθη εἰς ἔρημον τόπον· ...	
b 002	**Mt 4,18**	περιπατῶν δὲ παρὰ τὴν θάλασσαν τῆς Γαλιλαίας ...	**Mk 1,16**	καὶ παράγων παρὰ τὴν θάλασσαν τῆς Γαλιλαίας ...	**Lk 5,1** → Mt 13,1-2 → Mk 4,1	**ἐγένετο** δὲ ἐν τῷ τὸν ὄχλον ἐπικεῖσθαι αὐτῷ καὶ ἀκούειν τὸν λόγον τοῦ θεοῦ καὶ αὐτὸς ἦν ἑστὼς παρὰ τὴν λίμνην Γεννησαρέτ	
b 112	**Mt 8,2**	καὶ ἰδοὺ λεπρὸς προσελθὼν ...	**Mk 1,40**	καὶ ἔρχεται πρὸς αὐτὸν λεπρὸς ...	**Lk 5,12** → Lk 17,12	καὶ **ἐγένετο** ἐν τῷ εἶναι αὐτὸν ἐν μιᾷ τῶν πόλεων καὶ ἰδοὺ ἀνὴρ πλήρης λέπρας· ...	
a 112	**Mt 9,1**	... καὶ ἦλθεν εἰς τὴν ἰδίαν πόλιν.	**Mk 2,1**	καὶ εἰσελθὼν πάλιν εἰς Καφαρναοὺμ δι' ἡμερῶν ἠκούσθη ὅτι ἐν οἴκῳ ἐστίν. [2] ... καὶ ἐλάλει αὐτοῖς τὸν λόγον.	**Lk 5,17**	καὶ **ἐγένετο** ἐν μιᾷ τῶν ἡμερῶν καὶ αὐτὸς ἦν διδάσκων, ...	
d 221	**Mt 9,10**	καὶ **ἐγένετο** αὐτοῦ ἀνακειμένου ἐν τῇ οἰκίᾳ, ...	**Mk 2,15**	καὶ **γίνεται** κατακεῖσθαι αὐτὸν ἐν τῇ οἰκίᾳ αὐτοῦ, ...	**Lk 5,29** → Lk 15,1	 καὶ ἐποίησεν δοχὴν μεγάλην Λευὶς αὐτῷ ἐν τῇ οἰκίᾳ αὐτοῦ, ...	

221	Mt 9,16	οὐδεὶς δὲ ἐπιβάλλει ἐπίβλημα ῥάκους ἀγνάφου ἐπὶ ἱματίῳ παλαιῷ· αἴρει γὰρ τὸ πλήρωμα αὐτοῦ ἀπὸ τοῦ ἱματίου καὶ χεῖρον σχίσμα **γίνεται.**	Mk 2,21	οὐδεὶς ἐπίβλημα ῥάκους ἀγνάφου ἐπιράπτει ἐπὶ ἱμάτιον παλαιόν· εἰ δὲ μή, αἴρει τὸ πλήρωμα ἀπ᾽ αὐτοῦ τὸ καινὸν τοῦ παλαιοῦ, καὶ χεῖρον σχίσμα **γίνεται.**	Lk 5,36	... οὐδεὶς ἐπίβλημα ἀπὸ ἱματίου καινοῦ σχίσας ἐπιβάλλει ἐπὶ ἱμάτιον παλαιόν· εἰ δὲ μή γε, καὶ τὸ καινὸν σχίσει καὶ τῷ παλαιῷ οὐ συμφωνήσει τὸ ἐπίβλημα τὸ ἀπὸ τοῦ καινοῦ.	→ GTh 47,5
c 122	Mt 12,1	ἐν ἐκείνῳ τῷ καιρῷ ἐπορεύθη ὁ Ἰησοῦς τοῖς σάββασιν διὰ τῶν σπορίμων· ...	Mk 2,23	καὶ **ἐγένετο** αὐτὸν ἐν τοῖς σάββασιν παραπορεύεσθαι διὰ τῶν σπορίμων, ...	Lk 6,1	 **ἐγένετο** δὲ ἐν σαββάτῳ διαπορεύεσθαι αὐτὸν διὰ σπορίμων, ...	
020			Mk 2,27	... τὸ σάββατον διὰ τὸν ἄνθρωπον **ἐγένετο** καὶ οὐχ ὁ ἄνθρωπος διὰ τὸ σάββατον·			
c 112	Mt 12,9	 καὶ μεταβὰς ἐκεῖθεν ἦλθεν εἰς τὴν συναγωγὴν αὐτῶν·	Mk 3,1	 καὶ εἰσῆλθεν πάλιν εἰς τὴν συναγωγήν. ...	Lk 6,6 → Lk 13,10 ↓ Lk 14,1	**ἐγένετο** δὲ ἐν ἑτέρῳ σαββάτῳ εἰσελθεῖν αὐτὸν εἰς τὴν συναγωγὴν καὶ διδάσκειν. ...	
c 112	Mt 5,1	 ἰδὼν δὲ τοὺς ὄχλους ἀνέβη εἰς τὸ ὄρος, ...	Mk 3,13	 καὶ ἀναβαίνει εἰς τὸ ὄρος	Lk 6,12	**ἐγένετο** δὲ ἐν ταῖς ἡμέραις ταύταις ἐξελθεῖν αὐτὸν εἰς τὸ ὄρος ...	
112	Mt 10,1	 καὶ προσκαλεσάμενος τοὺς δώδεκα μαθητὰς αὐτοῦ ...		καὶ προσκαλεῖται οὓς ἤθελεν αὐτός, καὶ ἀπῆλθον πρὸς αὐτόν.	Lk 6,13	καὶ ὅτε **ἐγένετο** ἡμέρα, προσεφώνησεν τοὺς μαθητὰς αὐτοῦ, ...	
112	Mt 10,4	... καὶ Ἰούδας ὁ Ἰσκαριώτης ὁ καὶ παραδοὺς αὐτόν.	Mk 3,19	καὶ Ἰούδαν Ἰσκαριώθ, ὃς καὶ παρέδωκεν αὐτόν.	Lk 6,16	... καὶ Ἰούδαν Ἰσκαριώθ, ὃς **ἐγένετο** προδότης.	
201	Mt 5,18 → Mt 24,35	... ἕως ἂν παρέλθῃ ὁ οὐρανὸς καὶ ἡ γῆ, ἰῶτα ἓν ἢ μία κεραία οὐ μὴ παρέλθῃ ἀπὸ τοῦ νόμου ἕως ἂν πάντα **γένηται.**	→ Mk 13,31		Lk 16,17 → Lk 21,33	εὐκοπώτερον δέ ἐστιν τὸν οὐρανὸν καὶ τὴν γῆν παρελθεῖν ἢ τοῦ νόμου μίαν κεραίαν πεσεῖν.	
201	Mt 5,45	ὅπως **γένησθε** υἱοὶ τοῦ πατρὸς ὑμῶν τοῦ ἐν οὐρανοῖς, ...			Lk 6,35	... καὶ **ἔσεσθε** υἱοὶ ὑψίστου, ...	→ GTh 3 (POxy 654)
102	Mt 5,48	**ἔσεσθε** οὖν ὑμεῖς τέλειοι ὡς ὁ πατὴρ ὑμῶν ὁ οὐράνιος τέλειός ἐστιν.			Lk 6,36	**γίνεσθε** οἰκτίρμονες καθὼς [καὶ] ὁ πατὴρ ὑμῶν οἰκτίρμων ἐστίν.	
m 201	Mt 6,10 ↓ Mt 26,42	[9] Πάτερ ἡμῶν ὁ ἐν τοῖς οὐρανοῖς· ἁγιασθήτω τὸ ὄνομά σου· [10] ἐλθέτω ἡ βασιλεία σου· **γενηθήτω** τὸ θέλημά σου, ὡς ἐν οὐρανῷ καὶ ἐπὶ γῆς·			Lk 11,2	... Πάτερ, ἁγιασθήτω τὸ ὄνομά σου· ἐλθέτω ἡ βασιλεία σου·	
200	Mt 6,16	ὅταν δὲ νηστεύητε, **μὴ γίνεσθε** ὡς οἱ ὑποκριταὶ σκυθρωποί, ...					→ GTh 6,1 (POxy 654)

h 102	Mt 7,25	καὶ κατέβη ἡ βροχὴ καὶ ἦλθον οἱ ποταμοὶ καὶ ἔπνευσαν οἱ ἄνεμοι καὶ προσέπεσαν τῇ οἰκίᾳ ἐκείνῃ, καὶ οὐκ ἔπεσεν, τεθεμελίωτο γὰρ ἐπὶ τὴν πέτραν.			Lk 6,48	... πλημμύρης δὲ **γενομένης** προσέρηξεν ὁ ποταμὸς τῇ οἰκίᾳ ἐκείνῃ, καὶ οὐκ ἴσχυσεν σαλεῦσαι αὐτὴν διὰ τὸ καλῶς οἰκοδομῆσθαι αὐτήν.	
102	Mt 7,27	καὶ κατέβη ἡ βροχὴ καὶ ἦλθον οἱ ποταμοὶ καὶ ἔπνευσαν οἱ ἄνεμοι καὶ προσέκοψαν τῇ οἰκίᾳ ἐκείνῃ, καὶ ἔπεσεν, καὶ **ἦν** ἡ πτῶσις αὐτῆς μεγάλη.			Lk 6,49	... ᾗ προσέρηξεν ὁ ποταμός, καὶ εὐθὺς συνέπεσεν καὶ **ἐγένετο** τὸ ῥῆγμα τῆς οἰκίας ἐκείνης μέγα.	
a 201	Mt 7,28	καὶ **ἐγένετο** ὅτε ἐτέλεσεν ὁ Ἰησοῦς τοὺς λόγους τούτους,			Lk 7,1	ἐπειδὴ ἐπλήρωσεν πάντα τὰ ῥήματα αὐτοῦ εἰς τὰς ἀκοὰς τοῦ λαοῦ, ...	
	→ Mt 22,33	ἐξεπλήσσοντο οἱ ὄχλοι ἐπὶ τῇ διδαχῇ αὐτοῦ·	Mk 1,22 → Mk 11,18	καὶ ἐξεπλήσσοντο ἐπὶ τῇ διδαχῇ αὐτοῦ· ...	Lk 4,32	καὶ ἐξεπλήσσοντο ἐπὶ τῇ διδαχῇ αὐτοῦ, ...	
m 201	Mt 8,13	καὶ εἶπεν ὁ Ἰησοῦς τῷ ἑκατοντάρχῃ· ὕπαγε, ὡς ἐπίστευσας **γενηθήτω** σοι. καὶ ἰάθη ὁ παῖς [αὐτοῦ] ἐν τῇ ὥρᾳ ἐκείνῃ.			Lk 7,10 → Mk 7,30	καὶ ὑποστρέψαντες εἰς τὸν οἶκον οἱ πεμφθέντες εὗρον τὸν δοῦλον ὑγιαίνοντα.	→ Jn 4,50-51
h 221	Mt 8,16 ⇑ Mt 4,24 → Mt 12,15 → Mt 15,30	ὀψίας δὲ **γενομένης** προσήνεγκαν αὐτῷ δαιμονιζομένους πολλούς· ...	Mk 1,32 → Mk 3,10 → Mk 7,32	ὀψίας δὲ **γενομένης,** ὅτε ἔδυ ὁ ἥλιος, ἔφερον πρὸς αὐτὸν πάντας τοὺς κακῶς ἔχοντας καὶ τοὺς δαιμονιζομένους·	Lk 4,40 → Lk 6,18	 δύνοντος δὲ τοῦ ἡλίου ἅπαντες ὅσοι εἶχον ἀσθενοῦντας νόσοις ποικίλαις ἤγαγον αὐτοὺς πρὸς αὐτόν· ...	
221	Mt 8,24	καὶ ἰδοὺ σεισμὸς μέγας **ἐγένετο** ἐν τῇ θαλάσσῃ, ὥστε τὸ πλοῖον καλύπτεσθαι ὑπὸ τῶν κυμάτων, ...	Mk 4,37	καὶ **γίνεται** λαῖλαψ μεγάλη ἀνέμου, καὶ τὰ κύματα ἐπέβαλλεν εἰς τὸ πλοῖον, ὥστε ἤδη γεμίζεσθαι τὸ πλοῖον.	Lk 8,23	... καὶ **κατέβη** λαῖλαψ ἀνέμου εἰς τὴν λίμνην, καὶ συνεπληροῦντο καὶ ἐκινδύνευον.	
222	Mt 8,26	... τότε ἐγερθεὶς ἐπετίμησεν τοῖς ἀνέμοις καὶ τῇ θαλάσσῃ, καὶ **ἐγένετο** γαλήνη μεγάλη.	Mk 4,39	καὶ διεγερθεὶς ἐπετίμησεν τῷ ἀνέμῳ καὶ εἶπεν τῇ θαλάσσῃ· σιώπα, πεφίμωσο. καὶ ἐκόπασεν ὁ ἄνεμος καὶ **ἐγένετο** γαλήνη μεγάλη.	Lk 8,24	... ὁ δὲ διεγερθεὶς ἐπετίμησεν τῷ ἀνέμῳ καὶ τῷ κλύδωνι τοῦ ὕδατος· καὶ ἐπαύσαντο καὶ **ἐγένετο** γαλήνη.	
d 221	Mt 9,10	καὶ **ἐγένετο** αὐτοῦ ἀνακειμένου ἐν τῇ οἰκίᾳ, ...	Mk 2,15	καὶ **γίνεται** κατακεῖσθαι αὐτὸν ἐν τῇ οἰκίᾳ αὐτοῦ, ...	Lk 5,29 → Lk 15,1	 καὶ ἐποίησεν δοχὴν μεγάλην Λευὶς αὐτῷ ἐν τῇ οἰκίᾳ αὐτοῦ, ...	
221	Mt 9,16	οὐδεὶς δὲ ἐπιβάλλει ἐπίβλημα ῥάκους ἀγνάφου ἐπὶ ἱματίῳ παλαιῷ· αἴρει γὰρ τὸ πλήρωμα αὐτοῦ ἀπὸ τοῦ ἱματίου καὶ χεῖρον σχίσμα **γίνεται.**	Mk 2,21	οὐδεὶς ἐπίβλημα ῥάκους ἀγνάφου ἐπιράπτει ἐπὶ ἱμάτιον παλαιόν· εἰ δὲ μή, αἴρει τὸ πλήρωμα ἀπ' αὐτοῦ τὸ καινὸν τοῦ παλαιοῦ, καὶ χεῖρον σχίσμα **γίνεται.**	Lk 5,36	... οὐδεὶς ἐπίβλημα ἀπὸ ἱματίου καινοῦ σχίσας ἐπιβάλλει ἐπὶ ἱμάτιον παλαιόν· εἰ δὲ μή γε, καὶ τὸ καινὸν σχίσει καὶ τῷ παλαιῷ οὐ συμφωνήσει τὸ ἐπίβλημα τὸ ἀπὸ τοῦ καινοῦ.	→ GTh 47,5

m 200	Mt 9,29 ⇨ Mt 20,34 → Mk 8,23.25	τότε ἥψατο τῶν ὀφθαλμῶν αὐτῶν λέγων· κατὰ τὴν πίστιν ὑμῶν **γενηθήτω** ὑμῖν.	Mk 10,52	καὶ ὁ Ἰησοῦς εἶπεν αὐτῷ· ὕπαγε, ἡ πίστις σου **σέσωκέν** σε. ...	Lk 18,42	καὶ ὁ Ἰησοῦς εἶπεν αὐτῷ· ἀνάβλεψον· ἡ πίστις σου **σέσωκέν** σε.	
200	Mt 10,16	... **γίνεσθε** οὖν φρόνιμοι ὡς οἱ ὄφεις καὶ ἀκέραιοι ὡς αἱ περιστεραί.					→ GTh 39,3 (POxy 655)
201	Mt 10,25	[24] οὐκ ἔστιν μαθητὴς ὑπὲρ τὸν διδάσκαλον οὐδὲ δοῦλος ὑπὲρ τὸν κύριον αὐτοῦ. [25] ἀρκετὸν τῷ μαθητῇ ἵνα **γένηται** ὡς ὁ διδάσκαλος αὐτοῦ καὶ ὁ δοῦλος ὡς ὁ κύριος αὐτοῦ. ...			Lk 6,40	οὐκ ἔστιν μαθητὴς ὑπὲρ τὸν διδάσκαλον· κατηρτισμένος δὲ πᾶς **ἔσται** ὡς ὁ διδάσκαλος αὐτοῦ.	
a 002					Lk 7,11	καὶ **ἐγένετο** ἐν τῷ ἑξῆς ἐπορεύθη εἰς πόλιν καλουμένην Ναΐν ...	
a 200	Mt 11,1	καὶ **ἐγένετο** ὅτε ἐτέλεσεν ὁ Ἰησοῦς διατάσσων τοῖς δώδεκα μαθηταῖς αὐτοῦ, μετέβη ἐκεῖθεν τοῦ διδάσκειν καὶ κηρύσσειν ἐν ταῖς πόλεσιν αὐτῶν.					
200	Mt 11,20	τότε ἤρξατο ὀνειδίζειν τὰς πόλεις ἐν αἷς **ἐγένοντο** αἱ πλεῖσται δυνάμεις αὐτοῦ, ὅτι οὐ μετενόησαν·					
202 h 202	Mt 11,21 (2)	οὐαί σοι, Χοραζίν, οὐαί σοι, Βηθσαϊδά· ὅτι εἰ ἐν Τύρῳ καὶ Σιδῶνι **ἐγένοντο** αἱ δυνάμεις αἱ **γενόμεναι** ἐν ὑμῖν, πάλαι ἂν ἐν σάκκῳ καὶ σποδῷ μετενόησαν.			Lk 10,13 (2)	οὐαί σοι, Χοραζίν, οὐαί σοι, Βηθσαϊδά· ὅτι εἰ ἐν Τύρῳ καὶ Σιδῶνι **ἐγενήθησαν** αἱ δυνάμεις αἱ **γενόμεναι** ἐν ὑμῖν, πάλαι ἂν ἐν σάκκῳ καὶ σποδῷ καθήμενοι μετενόησαν.	
201 h 201	Mt 11,23 (2)	καὶ σύ, Καφαρναούμ, μὴ ἕως οὐρανοῦ ὑψωθήσῃ; *ἕως ᾅδου καταβήσῃ*· ὅτι εἰ ἐν Σοδόμοις **ἐγενήθησαν** αἱ δυνάμεις αἱ **γενόμεναι** ἐν σοί, ἔμεινεν ἂν μέχρι τῆς σήμερον. ➢ Isa 14,13.15			Lk 10,15	καὶ σύ, Καφαρναούμ, μὴ ἕως οὐρανοῦ ὑψωθήσῃ; *ἕως τοῦ ᾅδου καταβήσῃ.* ➢ Isa 14,13.15	
202	Mt 11,26	ναὶ ὁ πατήρ, ὅτι οὕτως εὐδοκία **ἐγένετο** ἔμπροσθέν σου.			Lk 10,21	... ναὶ ὁ πατήρ, ὅτι οὕτως εὐδοκία **ἐγένετο** ἔμπροσθέν σου.	

a 002	Mt 9,35 ⇩ Mt 4,23 → Mk 1,21	καὶ περιῆγεν ὁ Ἰησοῦς τὰς πόλεις πάσας καὶ τὰς κώμας διδάσκων ἐν ταῖς συναγωγαῖς αὐτῶν καὶ κηρύσσων τὸ εὐαγγέλιον τῆς βασιλείας ...	Mk 6,6 ↓ Mk 1,39	... καὶ περιῆγεν τὰς κώμας κύκλῳ διδάσκων.	Lk 8,1 → Lk 4,15 ↓ Lk 4,44 → Lk 13,22	καὶ **ἐγένετο** ἐν τῷ καθεξῆς καὶ αὐτὸς διώδευεν κατὰ πόλιν καὶ κώμην κηρύσσων καὶ εὐαγγελιζόμενος τὴν βασιλείαν τοῦ θεοῦ καὶ οἱ δώδεκα σὺν αὐτῷ	
	Mt 4,23 ⇧ Mt 9,35	καὶ περιῆγεν ἐν ὅλῃ τῇ Γαλιλαίᾳ διδάσκων ἐν ταῖς συναγωγαῖς αὐτῶν καὶ κηρύσσων τὸ εὐαγγέλιον τῆς βασιλείας ...	Mk 1,39 → Mk 1,14 ↑ Mk 6,6	καὶ ἦλθεν κηρύσσων εἰς τὰς συναγωγὰς αὐτῶν εἰς ὅλην τὴν Γαλιλαίαν ...	Lk 4,44 ↑ Lk 8,1	καὶ ἦν κηρύσσων εἰς τὰς συναγωγὰς τῆς Ἰουδαίας.	
202	Mt 12,45	... καὶ **γίνεται** τὰ ἔσχατα τοῦ ἀνθρώπου ἐκείνου χείρονα τῶν πρώτων. ...			Lk 11,26	... καὶ **γίνεται** τὰ ἔσχατα τοῦ ἀνθρώπου ἐκείνου χείρονα τῶν πρώτων.	
b 121	Mt 13,4	καὶ ἐν τῷ σπείρειν αὐτὸν ἃ μὲν ἔπεσεν παρὰ τὴν ὁδόν, καὶ ἐλθόντα τὰ πετεινὰ κατέφαγεν αὐτά.	Mk 4,4	καὶ **ἐγένετο** ἐν τῷ σπείρειν ὃ μὲν ἔπεσεν παρὰ τὴν ὁδόν, καὶ ἦλθεν τὰ πετεινὰ καὶ κατέφαγεν αὐτό.	Lk 8,5	... καὶ ἐν τῷ σπείρειν αὐτὸν ὃ μὲν ἔπεσεν παρὰ τὴν ὁδὸν καὶ κατεπατήθη, καὶ τὰ πετεινὰ τοῦ οὐρανοῦ κατέφαγεν αὐτό.	→ GTh 9
121	Mt 13,10	καὶ προσελθόντες οἱ μαθηταὶ εἶπαν αὐτῷ· διὰ τί ἐν παραβολαῖς λαλεῖς αὐτοῖς;	Mk 4,10 → Mk 7,17	καὶ ὅτε **ἐγένετο** κατὰ μόνας, ἠρώτων αὐτὸν οἱ περὶ αὐτὸν σὺν τοῖς δώδεκα τὰς παραβολάς.	Lk 8,9 → Mk 7,17	ἐπηρώτων δὲ αὐτὸν οἱ μαθηταὶ αὐτοῦ τίς αὕτη εἴη ἡ παραβολή.	
121	Mt 13,11	... ὅτι ὑμῖν δέδοται γνῶναι τὰ μυστήρια τῆς βασιλείας τῶν οὐρανῶν, ἐκείνοις δὲ οὐ δέδοται.	Mk 4,11	... ὑμῖν τὸ μυστήριον δέδοται τῆς βασιλείας τοῦ θεοῦ· ἐκείνοις δὲ τοῖς ἔξω ἐν παραβολαῖς τὰ πάντα **γίνεται**	Lk 8,10	... ὑμῖν δέδοται γνῶναι τὰ μυστήρια τῆς βασιλείας τοῦ θεοῦ, τοῖς δὲ λοιποῖς ἐν παραβολαῖς, ...	→ GTh 62,1
h 221	Mt 13,21	οὐκ ἔχει δὲ ῥίζαν ἐν ἑαυτῷ ἀλλὰ πρόσκαιρός ἐστιν, **γενομένης δὲ θλίψεως ἢ διωγμοῦ** διὰ τὸν λόγον εὐθὺς σκανδαλίζεται.	Mk 4,17	καὶ οὐκ ἔχουσιν ῥίζαν ἐν ἑαυτοῖς ἀλλὰ πρόσκαιροί εἰσιν, εἶτα **γενομένης θλίψεως ἢ διωγμοῦ** διὰ τὸν λόγον εὐθὺς σκανδαλίζονται.	Lk 8,13	... καὶ οὗτοι ῥίζαν οὐκ ἔχουσιν, οἳ πρὸς καιρὸν πιστεύουσιν **καὶ ἐν καιρῷ πειρασμοῦ** ἀφίστανται.	
221	Mt 13,22	... καὶ ἡ μέριμνα τοῦ αἰῶνος καὶ ἡ ἀπάτη τοῦ πλούτου συμπνίγει τὸν λόγον καὶ **ἄκαρπος γίνεται.**	Mk 4,19	καὶ αἱ μέριμναι τοῦ αἰῶνος καὶ ἡ ἀπάτη τοῦ πλούτου καὶ αἱ περὶ τὰ λοιπὰ ἐπιθυμίαι εἰσπορευόμεναι συμπνίγουσιν τὸν λόγον καὶ **ἄκαρπος γίνεται.**	Lk 8,14	... καὶ ὑπὸ μεριμνῶν καὶ πλούτου καὶ ἡδονῶν τοῦ βίου πορευόμενοι συμπνίγονται καὶ **οὐ τελεσφοροῦσιν.**	
022			Mk 4,22	οὐ γάρ ἐστιν κρυπτὸν ἐὰν μὴ ἵνα φανερωθῇ, **οὐδὲ ἐγένετο** ἀπόκρυφον ἀλλ' ἵνα ἔλθῃ εἰς φανερόν.	Lk 8,17 ⇩ Lk 12,2	οὐ γάρ ἐστιν κρυπτὸν ὃ οὐ φανερὸν **γενήσεται** οὐδὲ ἀπόκρυφον ὃ οὐ μὴ γνωσθῇ καὶ εἰς φανερὸν ἔλθῃ.	→ GTh 5 → GTh 6,5-6 (POxy 654) Mk-Q overlap
	Mt 10,26	μὴ οὖν φοβηθῆτε αὐτούς· οὐδὲν γάρ ἐστιν κεκαλυμμένον ὃ οὐκ ἀποκαλυφθήσεται καὶ κρυπτὸν ὃ οὐ γνωσθήσεται.			Lk 12,2 ⇧ Lk 8,17	οὐδὲν δὲ συγκεκαλυμμένον ἐστὶν ὃ οὐκ ἀποκαλυφθήσεται καὶ κρυπτὸν ὃ οὐ γνωσθήσεται.	→ GTh 5 → GTh 6,5-6 (POxy 654)

020	Mt 13,32	... ὅταν δὲ αὐξηθῇ μεῖζον τῶν λαχάνων ἐστὶν καὶ γίνεται δένδρον, ...	Mk 4,32	καὶ ὅταν σπαρῇ, ἀναβαίνει καὶ γίνεται μεῖζον πάντων τῶν λαχάνων καὶ ποιεῖ κλάδους μεγάλους, ...	Lk 13,19	... καὶ ηὔξησεν καὶ ἐγένετο εἰς δένδρον, ...	→ GTh 20 Mk-Q overlap
202	Mt 13,32	... ὅταν δὲ αὐξηθῇ μεῖζον τῶν λαχάνων ἐστὶν καὶ γίνεται δένδρον, ...	Mk 4,32	καὶ ὅταν σπαρῇ, ἀναβαίνει καὶ γίνεται μεῖζον πάντων τῶν λαχάνων καὶ ποιεῖ κλάδους μεγάλους, ...	Lk 13,19	... καὶ ηὔξησεν καὶ ἐγένετο εἰς δένδρον, ...	→ GTh 20 Mk-Q overlap
a 112 *h* 121	Mt 8,18	ἰδὼν δὲ ὁ Ἰησοῦς ὄχλον περὶ αὐτὸν ἐκέλευσεν ἀπελθεῖν εἰς τὸ πέραν. [19] ... [23] καὶ ἐμβάντι αὐτῷ εἰς τὸ πλοῖον ἠκολούθησαν αὐτῷ οἱ μαθηταὶ αὐτοῦ.	Mk 4,35	καὶ λέγει αὐτοῖς ἐν ἐκείνῃ τῇ ἡμέρᾳ ὀψίας γενομένης· διέλθωμεν εἰς τὸ πέραν. [36] καὶ ἀφέντες τὸν ὄχλον παραλαμβάνουσιν αὐτὸν ὡς ἦν ἐν τῷ πλοίῳ, ...	Lk 8,22	ἐγένετο δὲ ἐν μιᾷ τῶν ἡμερῶν καὶ αὐτὸς ἐνέβη εἰς πλοῖον καὶ οἱ μαθηταὶ αὐτοῦ καὶ εἶπεν πρὸς αὐτούς· διέλθωμεν εἰς τὸ πέραν τῆς λίμνης, καὶ ἀνήχθησαν.	
221	Mt 8,24	καὶ ἰδοὺ σεισμὸς μέγας ἐγένετο ἐν τῇ θαλάσσῃ, ὥστε τὸ πλοῖον καλύπτεσθαι ὑπὸ τῶν κυμάτων, ...	Mk 4,37	καὶ γίνεται λαῖλαψ μεγάλη ἀνέμου, καὶ τὰ κύματα ἐπέβαλλεν εἰς τὸ πλοῖον, ὥστε ἤδη γεμίζεσθαι τὸ πλοῖον.	Lk 8,23	... καὶ κατέβη λαῖλαψ ἀνέμου εἰς τὴν λίμνην, καὶ συνεπληροῦντο καὶ ἐκινδύνευον.	
222	Mt 8,26	... τότε ἐγερθεὶς ἐπετίμησεν τοῖς ἀνέμοις καὶ τῇ θαλάσσῃ, καὶ ἐγένετο γαλήνη μεγάλη.	Mk 4,39	καὶ διεγερθεὶς ἐπετίμησεν τῷ ἀνέμῳ καὶ εἶπεν τῇ θαλάσσῃ· σιώπα, πεφίμωσο. καὶ ἐκόπασεν ὁ ἄνεμος καὶ ἐγένετο γαλήνη μεγάλη.	Lk 8,24	... ὁ δὲ διεγερθεὶς ἐπετίμησεν τῷ ἀνέμῳ καὶ τῷ κλύδωνι τοῦ ὕδατος· καὶ ἐπαύσαντο καὶ ἐγένετο γαλήνη.	
k 112	Mt 8,33	οἱ δὲ βόσκοντες ἔφυγον, καὶ ἀπελθόντες εἰς τὴν πόλιν ἀπήγγειλαν πάντα ...	Mk 5,14	καὶ οἱ βόσκοντες αὐτοὺς ἔφυγον καὶ ἀπήγγειλαν εἰς τὴν πόλιν καὶ εἰς τοὺς ἀγρούς·	Lk 8,34	ἰδόντες δὲ οἱ βόσκοντες τὸ γεγονὸς ἔφυγον καὶ ἀπήγγειλαν εἰς τὴν πόλιν καὶ εἰς τοὺς ἀγρούς.	
k 122	Mt 8,34	καὶ ἰδοὺ πᾶσα ἡ πόλις ἐξῆλθεν εἰς ὑπάντησιν τῷ Ἰησοῦ καὶ ἰδόντες αὐτὸν παρεκάλεσαν ὅπως μεταβῇ ἀπὸ τῶν ὁρίων αὐτῶν.		καὶ ἦλθον ἰδεῖν τί ἐστιν τὸ γεγονός [15] καὶ ἔρχονται πρὸς τὸν Ἰησοῦν, καὶ θεωροῦσιν τὸν δαιμονιζόμενον ... [17] καὶ ἤρξαντο παρακαλεῖν αὐτὸν ἀπελθεῖν ἀπὸ τῶν ὁρίων αὐτῶν.	Lk 8,35	ἐξῆλθον δὲ ἰδεῖν τὸ γεγονὸς καὶ ἦλθον πρὸς τὸν Ἰησοῦν καὶ εὗρον καθήμενον τὸν ἄνθρωπον ἀφ' οὗ τὰ δαιμόνια ἐξῆλθεν ... [37] καὶ ἠρώτησεν αὐτὸν ... ἀπελθεῖν ἀπ' αὐτῶν,	
121	Mt 8,33	... καὶ τὰ τῶν δαιμονιζομένων.	Mk 5,16	καὶ διηγήσαντο αὐτοῖς οἱ ἰδόντες πῶς ἐγένετο τῷ δαιμονιζομένῳ καὶ περὶ τῶν χοίρων.	Lk 8,36	ἀπήγγειλαν δὲ αὐτοῖς οἱ ἰδόντες πῶς ἐσώθη ὁ δαιμονισθείς.	

021			Mk 5,33	ἡ δὲ γυνὴ φοβηθεῖσα καὶ τρέμουσα, εἰδυῖα ὃ γέγονεν αὐτῇ, ἦλθεν καὶ προσέπεσεν αὐτῷ καὶ εἶπεν αὐτῷ πᾶσαν τὴν ἀλήθειαν.	Lk 8,47	ἰδοῦσα δὲ ἡ γυνὴ ὅτι οὐκ ἔλαθεν, τρέμουσα ἦλθεν καὶ προσπεσοῦσα αὐτῷ δι᾽ ἣν αἰτίαν ἥψατο αὐτοῦ ἀπήγγειλεν ἐνώπιον παντὸς τοῦ λαοῦ ...
k 012			Mk 5,43	καὶ διεστείλατο αὐτοῖς πολλὰ ἵνα μηδεὶς γνοῖ τοῦτο, ...	Lk 8,56	... ὁ δὲ παρήγγειλεν αὐτοῖς μηδενὶ εἰπεῖν τὸ γεγονός.
a 210	Mt 13,53	καὶ ἐγένετο ὅτε ἐτέλεσεν ὁ Ἰησοῦς τὰς παραβολὰς ταύτας, μετῆρεν ἐκεῖθεν.	Mk 6,1	καὶ ἐξῆλθεν ἐκεῖθεν ↔		
h 121	Mt 13,54	καὶ ἐλθὼν εἰς τὴν πατρίδα αὐτοῦ ἐδίδασκεν αὐτοὺς ἐν τῇ συναγωγῇ αὐτῶν,	Mk 6,2 (2)	↔ [1] καὶ ἔρχεται εἰς τὴν πατρίδα αὐτοῦ, καὶ ἀκολουθοῦσιν αὐτῷ οἱ μαθηταὶ αὐτοῦ. [2] καὶ γενομένου σαββάτου ἤρξατο διδάσκειν ἐν τῇ συναγωγῇ,	Lk 4,16	καὶ ἦλθεν εἰς Ναζαρά, οὗ ἦν τεθραμμένος καὶ εἰσῆλθεν κατὰ τὸ εἰωθὸς αὐτῷ ἐν τῇ ἡμέρᾳ τῶν σαββάτων εἰς τὴν συναγωγὴν καὶ ἀνέστη ἀναγνῶναι.
j 121		ὥστε ἐκπλήσσεσθαι αὐτοὺς καὶ λέγειν· πόθεν τούτῳ ἡ σοφία αὕτη καὶ αἱ δυνάμεις; [55] οὐχ οὗτός ἐστιν ὁ τοῦ τέκτονος υἱός; ...	→ Mt 13,56	καὶ πολλοὶ ἀκούοντες ἐξεπλήσσοντο λέγοντες· πόθεν τούτῳ ταῦτα, καὶ τίς ἡ σοφία ἡ δοθεῖσα τούτῳ, καὶ αἱ δυνάμεις τοιαῦται διὰ τῶν χειρῶν αὐτοῦ γινόμεναι; [3] οὐχ οὗτός ἐστιν ὁ τέκτων, ...	Lk 4,22	καὶ πάντες ἐμαρτύρουν αὐτῷ καὶ ἐθαύμαζον ἐπὶ τοῖς λόγοις τῆς χάριτος τοῖς ἐκπορευομένοις ἐκ τοῦ στόματος αὐτοῦ καὶ ἔλεγον· οὐχὶ υἱός ἐστιν Ἰωσὴφ οὗτος;
j 122	Mt 14,1	ἐν ἐκείνῳ τῷ καιρῷ ἤκουσεν Ἡρῴδης ὁ τετραάρχης τὴν ἀκοὴν Ἰησοῦ, ...	Mk 6,14	καὶ ἤκουσεν ὁ βασιλεὺς Ἡρῴδης, φανερὸν γὰρ ἐγένετο τὸ ὄνομα αὐτοῦ, ...	Lk 9,7	ἤκουσεν δὲ Ἡρῴδης ὁ τετραάρχης τὰ γινόμενα πάντα ...
h 220	Mt 14,6	γενεσίοις δὲ γενομένοις τοῦ Ἡρῴδου ...	Mk 6,21	καὶ γενομένης ἡμέρας εὐκαίρου ὅτε Ἡρῴδης τοῖς γενεσίοις αὐτοῦ δεῖπνον ἐποίησεν ...		
h 120	Mt 14,9	καὶ λυπηθεὶς ὁ βασιλεὺς διὰ τοὺς ὅρκους καὶ τοὺς συνανακειμένους ἐκέλευσεν δοθῆναι	Mk 6,26	καὶ περίλυπος γενόμενος ὁ βασιλεὺς διὰ τοὺς ὅρκους καὶ τοὺς ἀνακειμένους οὐκ ἠθέλησεν ἀθετῆσαι αὐτήν·		
h 221	Mt 14,15	ὀψίας δὲ γενομένης προσῆλθον αὐτῷ οἱ μαθηταὶ λέγοντες· ...	Mk 6,35	καὶ ἤδη ὥρας πολλῆς γενομένης προσελθόντες αὐτῷ οἱ μαθηταὶ αὐτοῦ ἔλεγον ὅτι ...	Lk 9,12 → Lk 24,29	ἡ δὲ ἡμέρα ἤρξατο κλίνειν· προσελθόντες δὲ οἱ δώδεκα εἶπαν αὐτῷ· ...

h 220	**Mt 14,23**	καὶ ἀπολύσας τοὺς ὄχλους ἀνέβη εἰς τὸ ὄρος κατ' ἰδίαν προσεύξασθαι. ὀψίας δὲ **γενομένης** μόνος ἦν ἐκεῖ. [24] τὸ δὲ πλοῖον ἤδη σταδίους πολλοὺς ἀπὸ τῆς γῆς ...	**Mk 6,47**	[46] καὶ ἀποταξάμενος αὐτοῖς ἀπῆλθεν εἰς τὸ ὄρος προσεύξασθαι. [47] καὶ ὀψίας **γενομένης** ἦν τὸ πλοῖον ἐν μέσῳ τῆς θαλάσσης, καὶ αὐτὸς μόνος ἐπὶ τῆς γῆς.			→ Jn 6,17
m 210	**Mt 15,28**	τότε ἀποκριθεὶς ὁ Ἰησοῦς εἶπεν αὐτῇ· ὦ γύναι, μεγάλη σου ἡ πίστις· **γενηθήτω** σοι ὡς θέλεις. καὶ ἰάθη ἡ θυγάτηρ αὐτῆς ἀπὸ τῆς ὥρας ἐκείνης.	**Mk 7,29**	καὶ εἶπεν αὐτῇ· διὰ τοῦτον τὸν λόγον ὕπαγε, ἐξελήλυθεν ἐκ τῆς θυγατρός σου τὸ δαιμόνιον.			
h 201	**Mt 16,2**	... [ὀψίας **γενομένης** λέγετε· εὐδία, πυρράζει γὰρ ὁ οὐρανός·]			**Lk 12,54**	... ὅταν ἴδητε [τὴν] νεφέλην ἀνατέλλουσαν ἐπὶ δυσμῶν, εὐθέως λέγετε ὅτι ὄμβρος ἔρχεται, καὶ γίνεται οὕτως·	→ GTh 91 Mt 16,2b is textcritically uncertain.
b 112	**Mt 16,13**	ἐλθὼν δὲ ὁ Ἰησοῦς εἰς τὰ μέρη Καισαρείας τῆς Φιλίππου ἠρώτα τοὺς μαθητὰς αὐτοῦ λέγων· τίνα λέγουσιν οἱ ἄνθρωποι εἶναι τὸν υἱὸν τοῦ ἀνθρώπου;	**Mk 8,27**	καὶ ἐξῆλθεν ὁ Ἰησοῦς καὶ οἱ μαθηταὶ αὐτοῦ εἰς τὰς κώμας Καισαρείας τῆς Φιλίππου· καὶ ἐν τῇ ὁδῷ ἐπηρώτα τοὺς μαθητὰς αὐτοῦ λέγων αὐτοῖς· τίνα με λέγουσιν οἱ ἄνθρωποι εἶναι;	**Lk 9,18** → Mt 14,23 → Mk 6,46	καὶ **ἐγένετο** ἐν τῷ εἶναι αὐτὸν προσευχόμενον κατὰ μόνας συνῆσαν αὐτῷ οἱ μαθηταί, καὶ ἐπηρώτησεν αὐτοὺς λέγων· τίνα με λέγουσιν οἱ ὄχλοι εἶναι;	→ GTh 13
112	**Mt 17,1**	καὶ μεθ' ἡμέρας ἓξ παραλαμβάνει ὁ Ἰησοῦς τὸν Πέτρον καὶ Ἰάκωβον καὶ Ἰωάννην τὸν ἀδελφὸν αὐτοῦ καὶ ἀναφέρει αὐτοὺς εἰς ὄρος ὑψηλὸν κατ' ἰδίαν.	**Mk 9,2**	καὶ μετὰ ἡμέρας ἓξ παραλαμβάνει ὁ Ἰησοῦς τὸν Πέτρον καὶ τὸν Ἰάκωβον καὶ τὸν Ἰωάννην καὶ ἀναφέρει αὐτοὺς εἰς ὄρος ὑψηλὸν κατ' ἰδίαν μόνους.	**Lk 9,28**	**ἐγένετο** δὲ μετὰ τοὺς λόγους τούτους ὡσεὶ ἡμέραι ὀκτὼ [καὶ] παραλαβὼν Πέτρον καὶ Ἰωάννην καὶ Ἰάκωβον ἀνέβη εἰς τὸ ὄρος προσεύξασθαι.	
b 112	**Mt 17,2**	καὶ μετεμορφώθη ἔμπροσθεν αὐτῶν, καὶ ἔλαμψεν τὸ πρόσωπον αὐτοῦ ὡς ὁ ἥλιος,		καὶ μετεμορφώθη ἔμπροσθεν αὐτῶν,	**Lk 9,29**	καὶ **ἐγένετο** ἐν τῷ προσεύχεσθαι αὐτὸν τὸ εἶδος τοῦ προσώπου αὐτοῦ ἕτερον	
221		τὰ δὲ ἱμάτια αὐτοῦ **ἐγένετο** λευκὰ ὡς τὸ φῶς.	**Mk 9,3**	καὶ τὰ ἱμάτια αὐτοῦ **ἐγένετο** στίλβοντα λευκὰ λίαν, οἷα γναφεὺς ἐπὶ τῆς γῆς οὐ δύναται οὕτως λευκᾶναι.		καὶ ὁ ἱματισμὸς αὐτοῦ λευκὸς ἐξαστράπτων.	

a ἐγένετο + indicative
b ἐγένετο + ἐν τῷ with infinitive
c ἐγένετο + infinitive
d ἐγένετο + participle
e γίνομαι εἰς
f γίνομαι + ὡς with finite verb
g γίνομαι ἵνα
h γενόμενος
j γινόμενος
k γεγονώς
l μὴ γένοιτο
m γενηθήτω

b 112	Mt 17,4	ἀποκριθεὶς δὲ ὁ Πέτρος εἶπεν τῷ Ἰησοῦ· κύριε, καλόν ἐστιν ἡμᾶς ὧδε εἶναι· εἰ θέλεις, ποιήσω ὧδε τρεῖς σκηνάς, σοὶ μίαν καὶ Μωϋσεῖ μίαν καὶ Ἠλίᾳ μίαν.	Mk 9,5	καὶ ἀποκριθεὶς ὁ Πέτρος λέγει τῷ Ἰησοῦ· ῥαββί, καλόν ἐστιν ἡμᾶς ὧδε εἶναι, καὶ ποιήσωμεν τρεῖς σκηνάς, σοὶ μίαν καὶ Μωϋσεῖ μίαν καὶ Ἠλίᾳ μίαν.	Lk 9,33	καὶ **ἐγένετο** ἐν τῷ διαχωρίζεσθαι αὐτοὺς ἀπ' αὐτοῦ εἶπεν ὁ Πέτρος πρὸς τὸν Ἰησοῦν· ἐπιστάτα, καλόν ἐστιν ἡμᾶς ὧδε εἶναι, καὶ ποιήσωμεν σκηνὰς τρεῖς, μίαν σοὶ καὶ μίαν Μωϋσεῖ καὶ μίαν Ἠλίᾳ,	
021			Mk 9,6 → Mt 17,6	οὐ γὰρ ᾔδει τί ἀποκριθῇ, ἔκφοβοι γὰρ **ἐγένοντο**.		μὴ εἰδὼς ὃ λέγει.	
d 122	Mt 17,5	ἔτι αὐτοῦ λαλοῦντος **ἰδοὺ** νεφέλη φωτεινὴ ἐπεσκίασεν αὐτούς,	Mk 9,7 (2)	καὶ **ἐγένετο** νεφέλη ἐπισκιάζουσα αὐτοῖς,	Lk 9,34	ταῦτα δὲ αὐτοῦ λέγοντος **ἐγένετο** νεφέλη καὶ ἐπεσκίαζεν αὐτούς· ἐφοβήθησαν δὲ ἐν τῷ εἰσελθεῖν αὐτοὺς εἰς τὴν νεφέλην.	
122	↑ Mt 3,17	καὶ **ἰδοὺ** φωνὴ ἐκ τῆς νεφέλης λέγουσα· οὗτός ἐστιν ὁ υἱός μου ὁ ἀγαπητός, ἐν ᾧ εὐδόκησα· ἀκούετε αὐτοῦ.	↑ Mk 1,11	καὶ **ἐγένετο** φωνὴ ἐκ τῆς νεφέλης· οὗτός ἐστιν ὁ υἱός μου ὁ ἀγαπητός, ἀκούετε αὐτοῦ.	Lk 9,35 ↑ Lk 3,22	καὶ φωνὴ **ἐγένετο** ἐκ τῆς νεφέλης λέγουσα· οὗτός ἐστιν ὁ υἱός μου ὁ ἐκλελεγμένος, αὐτοῦ ἀκούετε.	→ Jn 12,28
112	Mt 17,8	ἐπάραντες δὲ τοὺς ὀφθαλμοὺς αὐτῶν οὐδένα εἶδον εἰ μὴ αὐτὸν Ἰησοῦν μόνον.	Mk 9,8	καὶ ἐξάπινα περιβλεψάμενοι οὐκέτι οὐδένα εἶδον ἀλλὰ τὸν Ἰησοῦν μόνον μεθ' ἑαυτῶν.	Lk 9,36	καὶ **ἐν τῷ γενέσθαι** τὴν φωνὴν εὑρέθη Ἰησοῦς μόνος. ...	
a 112	Mt 17,9	καὶ καταβαινόντων αὐτῶν ἐκ τοῦ ὄρους ...	Mk 9,9	καὶ καταβαινόντων αὐτῶν ἐκ τοῦ ὄρους ...	Lk 9,37	**ἐγένετο** δὲ τῇ ἑξῆς ἡμέρᾳ κατελθόντων αὐτῶν ἀπὸ τοῦ ὄρους	
			Mk 9,15	καὶ εὐθὺς πᾶς ὁ ὄχλος ἰδόντες αὐτὸν ἐξεθαμβήθησαν καὶ προστρέχοντες ἠσπάζοντο αὐτόν.		συνήντησεν αὐτῷ ὄχλος πολύς.	
020			Mk 9,21	καὶ ἐπηρώτησεν τὸν πατέρα αὐτοῦ· πόσος χρόνος ἐστὶν ὡς τοῦτο **γέγονεν** αὐτῷ; ὁ δὲ εἶπεν· ἐκ παιδιόθεν·			
121	Mt 17,18	καὶ ἐπετίμησεν αὐτῷ ὁ Ἰησοῦς καὶ ἐξῆλθεν ἀπ' αὐτοῦ τὸ δαιμόνιον καὶ ἐθεραπεύθη ὁ παῖς ἀπὸ τῆς ὥρας ἐκείνης.	Mk 9,26	[25] ἰδὼν δὲ ὁ Ἰησοῦς ὅτι ἐπισυντρέχει ὄχλος, ἐπετίμησεν τῷ πνεύματι τῷ ἀκαθάρτῳ ... [26] καὶ κράξας καὶ πολλὰ σπαράξας ἐξῆλθεν· καὶ **ἐγένετο** ὡσεὶ νεκρός, ὥστε τοὺς πολλοὺς λέγειν ὅτι ἀπέθανεν. [27] ὁ δὲ Ἰησοῦς κρατήσας τῆς χειρὸς αὐτοῦ ἤγειρεν αὐτόν, καὶ ἀνέστη.	Lk 9,42	... ἐπετίμησεν δὲ ὁ Ἰησοῦς τῷ πνεύματι τῷ ἀκαθάρτῳ καὶ ἰάσατο τὸν παῖδα καὶ ἀπέδωκεν αὐτὸν τῷ πατρὶ αὐτοῦ.	

121	Mt 18,1	ἐν ἐκείνῃ τῇ ὥρᾳ προσῆλθον οἱ μαθηταὶ τῷ Ἰησοῦ λέγοντες· τίς ἄρα μείζων ἐστὶν ἐν τῇ βασιλείᾳ τῶν οὐρανῶν;	Mk 9,33	... καὶ ἐν τῇ οἰκίᾳ **γενόμενος** ἐπηρώτα αὐτούς· τί ἐν τῇ ὁδῷ διελογίζεσθε; [34] οἱ δὲ ἐσιώπων· πρὸς ἀλλήλους γὰρ διελέχθησαν ἐν τῇ ὁδῷ τίς μείζων.	Lk 9,46	εἰσῆλθεν δὲ διαλογισμὸς ἐν αὐτοῖς, τὸ τίς ἂν εἴη μείζων αὐτῶν.	
211	Mt 18,3	... ἐὰν μὴ στραφῆτε καὶ **γένησθε** ὡς τὰ παιδία, οὐ μὴ εἰσέλθητε εἰς τὴν βασιλείαν τῶν οὐρανῶν.	Mk 10,15	... ὃς ἂν μὴ δέξηται τὴν βασιλείαν τοῦ θεοῦ ὡς παιδίον, οὐ μὴ εἰσέλθῃ εἰς αὐτήν.	Lk 18,17	... ὃς ἂν μὴ δέξηται τὴν βασιλείαν τοῦ θεοῦ ὡς παιδίον, οὐ μὴ εἰσέλθῃ εἰς αὐτήν.	→ Jn 3,3 → GTh 22 → GTh 46
020	Mt 5,13	... ἐὰν δὲ τὸ ἅλας μωρανθῇ, ἐν τίνι ἁλισθήσεται; ...	Mk 9,50	... ἐὰν δὲ τὸ ἅλας **ἄναλον γένηται,** ἐν τίνι αὐτὸ ἀρτύσετε; ...	Lk 14,34	... ἐὰν δὲ καὶ τὸ ἅλας μωρανθῇ, ἐν τίνι ἀρτυθήσεται;	Mk-Q overlap
201	Mt 18,12	τί ὑμῖν δοκεῖ; ἐὰν **γένηταί** τινι ἀνθρώπῳ ἑκατὸν πρόβατα ...			Lk 15,4	τίς ἄνθρωπος ἐξ ὑμῶν ἔχων ἑκατὸν πρόβατα ...	→ GTh 107
c 201	Mt 18,13 → Lk 15,7	καὶ ἐὰν **γένηται** εὑρεῖν αὐτό, ἀμὴν λέγω ὑμῖν ὅτι χαίρει ...			Lk 15,5	καὶ εὑρὼν ἐπιτίθησιν ἐπὶ τοὺς ὤμους αὐτοῦ χαίρων	→ GTh 107
200	Mt 18,19 → Mt 21,22 → Mk 11,24	... ἐὰν δύο συμφωνήσωσιν ἐξ ὑμῶν ἐπὶ τῆς γῆς περὶ παντὸς πράγματος οὗ ἐὰν αἰτήσωνται, **γενήσεται** αὐτοῖς παρὰ τοῦ πατρός μου τοῦ ἐν οὐρανοῖς.					→ GTh 48 → GTh 106
h 200 h 200	Mt 18,31 (2)	ἰδόντες οὖν οἱ σύνδουλοι αὐτοῦ **τὰ γενόμενα** ἐλυπήθησαν σφόδρα καὶ ἐλθόντες διεσάφησαν τῷ κυρίῳ ἑαυτῶν πάντα **τὰ γενόμενα.**					
b 002					Lk 9,51 ↓ Mt 19,1 ↓ Mk 10,1 ↓ Lk 24,51	**ἐγένετο** δὲ ἐν τῷ συμπληροῦσθαι τὰς ἡμέρας τῆς ἀναλήμψεως αὐτοῦ καὶ αὐτὸς τὸ πρόσωπον ἐστήρισεν τοῦ πορεύεσθαι εἰς Ἰερουσαλήμ.	→ Acts 1,2.9 → Acts 1,11. 22
202 h 202	Mt 11,21 (2)	οὐαί σοι, Χοραζίν, οὐαί σοι, Βηθσαϊδά· ὅτι εἰ ἐν Τύρῳ καὶ Σιδῶνι **ἐγένοντο** αἱ δυνάμεις αἱ **γενόμεναι** ἐν ὑμῖν, πάλαι ἂν ἐν σάκκῳ καὶ σποδῷ μετενόησαν.			Lk 10,13 (2)	οὐαί σοι, Χοραζίν, οὐαί σοι, Βηθσαϊδά· ὅτι εἰ ἐν Τύρῳ καὶ Σιδῶνι **ἐγενήθησαν** αἱ δυνάμεις αἱ **γενόμεναι** ἐν ὑμῖν, πάλαι ἂν ἐν σάκκῳ καὶ σποδῷ καθήμενοι μετενόησαν.	

202	Mt 11,26	ναὶ ὁ πατήρ, ὅτι οὕτως εὐδοκία **ἐγένετο** ἔμπροσθέν σου.		Lk 10,21	... ναὶ ὁ πατήρ, ὅτι οὕτως εὐδοκία **ἐγένετο** ἔμπροσθέν σου.	
h 002				Lk 10,32	ὁμοίως δὲ καὶ Λευίτης [**γενόμενος**] κατὰ τὸν τόπον ἐλθὼν καὶ ἰδὼν ἀντιπαρῆλθεν.	
002				Lk 10,36	τίς τούτων τῶν τριῶν πλησίον δοκεῖ σοι **γεγονέναι** τοῦ ἐμπεσόντος εἰς τοὺς λῃστάς;	
b 002				Lk 11,1	καὶ **ἐγένετο** ἐν τῷ εἶναι αὐτὸν ἐν τόπῳ τινὶ προσευχόμενον, ὡς ἐπαύσατο, ...	
a 102	Mt 9,33 ⇩ Mt 12,22	[32] ... ἰδοὺ προσήνεγκαν αὐτῷ ἄνθρωπον κωφὸν δαιμονιζόμενον. [33] καὶ ἐκβληθέντος τοῦ δαιμονίου ἐλάλησεν ὁ κωφός. καὶ ἐθαύμασαν οἱ ὄχλοι ...		Lk 11,14	καὶ ἦν ἐκβάλλων δαιμόνιον [καὶ αὐτὸ ἦν] κωφόν· **ἐγένετο** δὲ τοῦ δαιμονίου ἐξελθόντος ἐλάλησεν ὁ κωφὸς καὶ ἐθαύμασαν οἱ ὄχλοι.	
	Mt 12,22 ⇧ Mt 9,33	τότε προσηνέχθη αὐτῷ δαιμονιζόμενος τυφλὸς καὶ κωφός, καὶ ἐθεράπευσεν αὐτόν, ὥστε τὸν κωφὸν λαλεῖν καὶ βλέπειν.				
202	Mt 12,45	... καὶ **γίνεται** τὰ ἔσχατα τοῦ ἀνθρώπου ἐκείνου χείρονα τῶν πρώτων. ...		Lk 11,26	... καὶ **γίνεται** τὰ ἔσχατα τοῦ ἀνθρώπου ἐκείνου χείρονα τῶν πρώτων.	
b 002				Lk 11,27	**ἐγένετο** δὲ ἐν τῷ λέγειν αὐτὸν ταῦτα ἐπάρασά τις φωνὴν γυνὴ ἐκ τοῦ ὄχλου ...	→ GTh 79
102	Mt 12,40	ὥσπερ γὰρ **ἦν** *Ἰωνᾶς ἐν τῇ κοιλίᾳ τοῦ* *κήτους τρεῖς ἡμέρας καὶ* *τρεῖς νύκτας*, ... ➤ Jonah 2,1		Lk 11,30	καθὼς γὰρ **ἐγένετο** Ἰωνᾶς τοῖς Νινευίταις σημεῖον, ...	
202	Mt 24,44 → Mt 24,42 → Mt 24,50 ↓ Mt 25,13	διὰ τοῦτο καὶ ὑμεῖς **γίνεσθε** ἕτοιμοι, ὅτι ᾗ οὐ δοκεῖτε ὥρᾳ ὁ υἱὸς τοῦ ἀνθρώπου ἔρχεται.	→ Mk 13,35	Lk 12,40 → Lk 12,38	καὶ ὑμεῖς **γίνεσθε** ἕτοιμοι, ὅτι ᾗ ὥρᾳ οὐ δοκεῖτε ὁ υἱὸς τοῦ ἀνθρώπου ἔρχεται.	→ GTh 21,6
102	Mt 16,2	... [ὀψίας γενομένης λέγετε· εὐδία, πυρράζει γὰρ ὁ οὐρανός·]		Lk 12,54	... ὅταν ἴδητε [τὴν] νεφέλην ἀνατέλλουσαν ἐπὶ δυσμῶν, εὐθέως λέγετε ὅτι ὄμβρος ἔρχεται, καὶ **γίνεται** οὕτως·	→ GTh 91 Mt 16,2b is textcritically uncertain.
102	Mt 16,3	[καὶ πρωΐ· σήμερον χειμών, πυρράζει γὰρ στυγνάζων ὁ οὐρανός. ...]		Lk 12,55	καὶ ὅταν νότον πνέοντα, λέγετε ὅτι καύσων ἔσται, καὶ **γίνεται.**	→ GTh 91 Mt 16,3 is textcritically uncertain.

002					Lk 13,2	... δοκεῖτε ὅτι οἱ Γαλιλαῖοι οὗτοι ἁμαρτωλοὶ παρὰ πάντας τοὺς Γαλιλαίους **ἐγένοντο,** ὅτι ταῦτα πεπόνθασιν;	
002					Lk 13,4	... δοκεῖτε ὅτι αὐτοὶ ὀφειλέται **ἐγένοντο** παρὰ πάντας τοὺς ἀνθρώπους τοὺς κατοικοῦντας Ἰερουσαλήμ;	
j 002					Lk 13,17	... καὶ πᾶς ὁ ὄχλος ἔχαιρεν ἐπὶ πᾶσιν τοῖς ἐνδόξοις **τοῖς γινομένοις** ὑπ᾽ αὐτοῦ.	
202	Mt 13,32	... ὅταν δὲ αὐξηθῇ μεῖζον τῶν λαχάνων ἐστὶν καὶ **γίνεται** δένδρον, ...	Mk 4,32	καὶ ὅταν σπαρῇ, ἀναβαίνει καὶ γίνεται μεῖζον πάντων τῶν λαχάνων καὶ **ποιεῖ** κλάδους μεγάλους, ...	Lk 13,19	... καὶ ηὔξησεν καὶ **ἐγένετο** εἰς δένδρον, ...	→ GTh 20 Mk-Q overlap
b 002					Lk 14,1 ↑ Mt 12,9 ↑ Mk 3,1 ↑ Lk 6,6 → Lk 13,10	καὶ **ἐγένετο** ἐν τῷ ἐλθεῖν αὐτὸν εἰς οἶκόν τινος τῶν ἀρχόντων [τῶν] Φαρισαίων σαββάτῳ φαγεῖν ἄρτον ...	
002					Lk 14,12	... μήποτε καὶ αὐτοὶ ἀντικαλέσωσίν σε καὶ **γένηται** ἀνταπόδομά σοι.	
002					Lk 14,22	καὶ εἶπεν ὁ δοῦλος· κύριε, **γέγονεν** ὃ ἐπέταξας, καὶ ἔτι τόπος ἐστίν.	
002					Lk 15,10 → Lk 15,7	οὕτως, λέγω ὑμῖν, **γίνεται** χαρὰ ἐνώπιον τῶν ἀγγέλων τοῦ θεοῦ ἐπὶ ἑνὶ ἁμαρτωλῷ μετανοοῦντι.	
002					Lk 15,14	δαπανήσαντος δὲ αὐτοῦ πάντα **ἐγένετο** λιμὸς ἰσχυρὰ κατὰ τὴν χώραν ἐκείνην, ...	
002					Lk 16,11	εἰ οὖν ἐν τῷ ἀδίκῳ μαμωνᾷ πιστοὶ **οὐκ ἐγένεσθε,** τὸ ἀληθινὸν τίς ὑμῖν πιστεύσει;	
002					Lk 16,12	καὶ εἰ ἐν τῷ ἀλλοτρίῳ πιστοὶ **οὐκ ἐγένεσθε,** τὸ ὑμέτερον τίς ὑμῖν δώσει;	
c 002					Lk 16,22	**ἐγένετο** δὲ ἀποθανεῖν τὸν πτωχὸν καὶ ἀπενεχθῆναι αὐτὸν ὑπὸ τῶν ἀγγέλων εἰς τὸν κόλπον Ἀβραάμ· ...	

b 002					Lk 17,11	καὶ **ἐγένετο** ἐν τῷ πορεύεσθαι εἰς Ἰερουσαλὴμ ...
b 002					Lk 17,14 → Mt 8,3-4 → Mk 1,42.44 → Lk 5,13-14	... πορευθέντες ἐπιδείξατε ἑαυτοὺς τοῖς ἱερεῦσιν. καὶ **ἐγένετο** ἐν τῷ ὑπάγειν αὐτοὺς ἐκαθαρίσθησαν. ➤ Lev 13,49; 14,2-4
102	Mt 24,37	ὥσπερ γὰρ αἱ ἡμέραι τοῦ Νῶε, οὕτως ἔσται ἡ παρουσία τοῦ υἱοῦ τοῦ ἀνθρώπου.			Lk 17,26	καὶ καθὼς **ἐγένετο** ἐν ταῖς ἡμέραις Νῶε, οὕτως ἔσται καὶ ἐν ταῖς ἡμέραις τοῦ υἱοῦ τοῦ ἀνθρώπου·
002					Lk 17,28	ὁμοίως καθὼς **ἐγένετο** ἐν ταῖς ἡμέραις Λώτ· ...
a 210	Mt 19,1 ↑ Lk 9,51	καὶ **ἐγένετο** ὅτε ἐτέλεσεν ὁ Ἰησοῦς τοὺς λόγους τούτους, μετῆρεν ἀπὸ τῆς Γαλιλαίας καὶ ἦλθεν εἰς τὰ ὅρια τῆς Ἰουδαίας πέραν τοῦ Ἰορδάνου.	Mk 10,1 ↑ Lk 9,51	καὶ ἐκεῖθεν ἀναστὰς ἔρχεται εἰς τὰ ὅρια τῆς Ἰουδαίας [καὶ] πέραν τοῦ Ἰορδάνου, ...		
210	Mt 19,8 → Mk 10,6	... Μωϋσῆς πρὸς τὴν σκληροκαρδίαν ὑμῶν ἐπέτρεψεν ὑμῖν ἀπολῦσαι τὰς γυναῖκας ὑμῶν, ἀπ᾽ ἀρχῆς δὲ **οὐ γέγονεν** οὕτως.	Mk 10,5	... πρὸς τὴν σκληροκαρδίαν ὑμῶν ἔγραψεν ὑμῖν τὴν ἐντολὴν ταύτην.		
112	Mt 19,22	ἀκούσας δὲ ὁ νεανίσκος τὸν λόγον ἀπῆλθεν **λυπούμενος·** ἦν γὰρ ἔχων κτήματα πολλά.	Mk 10,22	ὁ δὲ στυγνάσας ἐπὶ τῷ λόγῳ ἀπῆλθεν **λυπούμενος·** ἦν γὰρ ἔχων κτήματα πολλά.	Lk 18,23	ὁ δὲ ἀκούσας ταῦτα **περίλυπος ἐγενήθη·** ἦν γὰρ πλούσιος σφόδρα.
h 112	Mt 19,23	ὁ δὲ Ἰησοῦς εἶπεν τοῖς μαθηταῖς αὐτοῦ· ἀμὴν λέγω ὑμῖν ὅτι πλούσιος δυσκόλως εἰσελεύσεται εἰς τὴν βασιλείαν τῶν οὐρανῶν.	Mk 10,23	καὶ περιβλεψάμενος ὁ Ἰησοῦς λέγει τοῖς μαθηταῖς αὐτοῦ· πῶς δυσκόλως οἱ τὰ χρήματα ἔχοντες εἰς τὴν βασιλείαν τοῦ θεοῦ εἰσελεύσονται.	Lk 18,24	ἰδὼν δὲ αὐτὸν ὁ Ἰησοῦς [περίλυπον **γενόμενον**] εἶπεν· πῶς δυσκόλως οἱ τὰ χρήματα ἔχοντες εἰς τὴν βασιλείαν τοῦ θεοῦ εἰσπορεύονται·
h 200	Mt 20,8	ὀψίας δὲ **γενομένης** λέγει ὁ κύριος τοῦ ἀμπελῶνος τῷ ἐπιτρόπῳ αὐτοῦ· ...				
221	Mt 20,26 ⇩ Mt 23,11	οὐχ οὕτως ἔσται ἐν ὑμῖν, ἀλλ᾽ ὃς ἐὰν θέλῃ ἐν ὑμῖν μέγας **γενέσθαι** ἔσται ὑμῶν διάκονος	Mk 10,43 ⇨ Mk 9,35	οὐχ οὕτως δέ ἐστιν ἐν ὑμῖν, ἀλλ᾽ ὃς ἂν θέλῃ μέγας **γενέσθαι** ἐν ὑμῖν ἔσται ὑμῶν διάκονος	Lk 22,26	ὑμεῖς δὲ οὐχ οὕτως, ἀλλ᾽ ὁ μείζων ἐν ὑμῖν γινέσθω ὡς ὁ νεώτερος ...
	Mt 23,11 ⇧ Mt 20,26	ὁ δὲ μείζων ὑμῶν ἔσται ὑμῶν διάκονος.				

b 112	**Mt 20,29** ⇩ Mt 9,27 **Mt 9,27** ⇧ Mt 20,29-30	καὶ ἐκπορευομένων αὐτῶν ἀπὸ Ἰεριχὼ ἠκολούθησεν αὐτῷ ὄχλος πολύς. [30] καὶ ἰδοὺ δύο τυφλοὶ καθήμενοι παρὰ τὴν ὁδόν ... καὶ παράγοντι ἐκεῖθεν τῷ Ἰησοῦ ἠκολούθησαν [αὐτῷ] δύο τυφλοὶ ...	**Mk 10,46**	καὶ ἔρχονται εἰς Ἰεριχώ. καὶ ἐκπορευομένου αὐτοῦ ἀπὸ Ἰεριχὼ καὶ τῶν μαθητῶν αὐτοῦ καὶ ὄχλου ἱκανοῦ ὁ υἱὸς Τιμαίου Βαρτιμαῖος, τυφλὸς προσαίτης, ἐκάθητο παρὰ τὴν ὁδόν.	**Lk 18,35**	**ἐγένετο** δὲ ἐν τῷ ἐγγίζειν αὐτὸν εἰς Ἰεριχὼ τυφλός τις ἐκάθητο παρὰ τὴν ὁδὸν ἐπαιτῶν.	
002					**Lk 19,9** → Lk 13,16	... σήμερον σωτηρία τῷ οἴκῳ τούτῳ **ἐγένετο,** καθότι καὶ αὐτὸς υἱὸς Ἀβραάμ ἐστιν·	
b 102	**Mt 25,19**	μετὰ δὲ πολὺν χρόνον ἔρχεται ὁ κύριος τῶν δούλων ἐκείνων καὶ συναίρει λόγον μετ᾽ αὐτῶν.			**Lk 19,15**	καὶ **ἐγένετο** ἐν τῷ ἐπανελθεῖν αὐτὸν λαβόντα τὴν βασιλείαν καὶ εἶπεν φωνηθῆναι αὐτῷ τοὺς δούλους τούτους οἷς δεδώκει τὸ ἀργύριον, ἵνα γνοῖ τί διεπραγματεύσαντο.	
102	**Mt 25,21** → Mt 24,47	... εὖ, δοῦλε ἀγαθὲ καὶ πιστέ, ἐπὶ ὀλίγα **ἦς** πιστός, ἐπὶ πολλῶν σε καταστήσω· ...			**Lk 19,17** → Lk 16,10	... εὖγε, ἀγαθὲ δοῦλε, ὅτι ἐν ἐλαχίστῳ πιστὸς **ἐγένου,** ἴσθι ἐξουσίαν ἔχων ἐπάνω δέκα πόλεων.	
102	**Mt 25,23** → Mt 24,47	ἔφη αὐτῷ ὁ κύριος αὐτοῦ· εὖ, δοῦλε ἀγαθὲ καὶ πιστέ, ἐπὶ ὀλίγα ἦς πιστός, ἐπὶ πολλῶν σε **καταστήσω·** ...			**Lk 19,19**	εἶπεν δὲ καὶ τούτῳ· καὶ σὺ ἐπάνω **γίνου** πέντε πόλεων.	
f 112	**Mt 21,1**	καὶ ὅτε ἤγγισαν εἰς Ἱεροσόλυμα καὶ ἦλθον εἰς Βηθφαγὴ εἰς τὸ ὄρος τῶν ἐλαιῶν, τότε Ἰησοῦς ἀπέστειλεν δύο μαθητὰς	**Mk 11,1**	καὶ ὅτε ἐγγίζουσιν εἰς Ἱεροσόλυμα εἰς Βηθφαγὴ καὶ Βηθανίαν πρὸς τὸ ὄρος τῶν ἐλαιῶν, ἀποστέλλει δύο τῶν μαθητῶν αὐτοῦ	**Lk 19,29**	καὶ **ἐγένετο** ὡς ἤγγισεν εἰς Βηθφαγὴ καὶ Βηθανία[ν] πρὸς τὸ ὄρος τὸ καλούμενον Ἐλαιῶν, ἀπέστειλεν δύο τῶν μαθητῶν	
g 200	**Mt 21,4**	τοῦτο δὲ **γέγονεν** ἵνα πληρωθῇ τὸ ῥηθὲν διὰ τοῦ προφήτου λέγοντος·					→ Jn 12,14
020			**Mk 11,19** → Mt 21,17 → Lk 21,37	καὶ ὅταν ὀψὲ **ἐγένετο,** ἐξεπορεύοντο ἔξω τῆς πόλεως.			
210	**Mt 21,19**	... μηκέτι ἐκ σοῦ καρπὸς **γένηται** εἰς τὸν αἰῶνα. ...	**Mk 11,14**	... μηκέτι εἰς τὸν αἰῶνα ἐκ σοῦ μηδεὶς καρπὸν φάγοι. ...			

	Mt 21,21 ↓ Mt 17,20	... ἀμὴν λέγω ὑμῖν, ἐὰν ἔχητε πίστιν καὶ μὴ διακριθῆτε, οὐ μόνον τὸ τῆς συκῆς ποιήσετε, ἀλλὰ κἂν τῷ ὄρει τούτῳ εἴπητε· ἄρθητι καὶ βλήθητι εἰς τὴν θάλασσαν	Mk 11,23 → Mk 9,23	[22] ... ἔχετε πίστιν θεοῦ. [23] ἀμὴν λέγω ὑμῖν ὅτι ὃς ἂν εἴπῃ τῷ ὄρει τούτῳ· ἄρθητι καὶ βλήθητι εἰς τὴν θάλασσαν, καὶ μὴ διακριθῇ ἐν τῇ καρδίᾳ αὐτοῦ ἀλλὰ πιστεύῃ ὅτι ὃ λαλεῖ	↓ Lk 17,6		→ GTh 48 → GTh 106
120				**γίνεται**,			
210		**γενήσεται**·		**ἔσται** αὐτῷ.			→ GTh 48 → GTh 106
	Mt 17,20 ↑ Mt 21,21	... ἀμὴν γὰρ λέγω ὑμῖν, ἐὰν ἔχητε πίστιν ὡς κόκκον σινάπεως, ἐρεῖτε τῷ ὄρει τούτῳ, μετάβα ἔνθεν ἐκεῖ, καὶ **μεταβήσεται**· καὶ οὐδὲν ἀδυνατήσει ὑμῖν.			Lk 17,6	... εἰ ἔχετε πίστιν ὡς κόκκον σινάπεως, ἐλέγετε ἂν τῇ συκαμίνῳ [ταύτῃ]· ἐκριζώθητι καὶ φυτεύθητι ἐν τῇ θαλάσσῃ· καὶ **ὑπήκουσεν** ἂν ὑμῖν.	→ GTh 48 → GTh 106
a 112	Mt 21,23	καὶ ἐλθόντος αὐτοῦ εἰς τὸ ἱερὸν προσῆλθον αὐτῷ διδάσκοντι οἱ ἀρχιερεῖς καὶ οἱ πρεσβύτεροι τοῦ λαοῦ ...	Mk 11,27	καὶ ἔρχονται πάλιν εἰς Ἱεροσόλυμα. καὶ ἐν τῷ ἱερῷ περιπατοῦντος αὐτοῦ ἔρχονται πρὸς αὐτὸν οἱ ἀρχιερεῖς καὶ οἱ γραμματεῖς καὶ οἱ πρεσβύτεροι	Lk 20,1	καὶ **ἐγένετο** ἐν μιᾷ τῶν ἡμερῶν διδάσκοντος αὐτοῦ τὸν λαὸν ἐν τῷ ἱερῷ καὶ εὐαγγελιζομένου ἐπέστησαν οἱ ἀρχιερεῖς καὶ οἱ γραμματεῖς σὺν τοῖς πρεσβυτέροις	
112	Mt 21,38	... οὗτός ἐστιν ὁ κληρονόμος· δεῦτε ἀποκτείνωμεν αὐτὸν καὶ **σχῶμεν** τὴν κληρονομίαν αὐτοῦ	Mk 12,7	... οὗτός ἐστιν ὁ κληρονόμος· δεῦτε ἀποκτείνωμεν αὐτόν, καὶ **ἡμῶν ἔσται** ἡ κληρονομία.	Lk 20,14	... οὗτός ἐστιν ὁ κληρονόμος· ἀποκτείνωμεν αὐτόν, ἵνα **ἡμῶν γένηται** ἡ κληρονομία.	→ GTh 65
l 112	Mt 21,41 → Mt 21,43	... κακοὺς κακῶς ἀπολέσει αὐτοὺς καὶ τὸν ἀμπελῶνα ἐκδώσεται ἄλλοις γεωργοῖς, οἵτινες ἀποδώσουσιν αὐτῷ τοὺς καρποὺς ἐν τοῖς καιροῖς αὐτῶν.	Mk 12,9	... ἐλεύσεται καὶ ἀπολέσει τοὺς γεωργοὺς καὶ δώσει τὸν ἀμπελῶνα ἄλλοις.	Lk 20,16	ἐλεύσεται καὶ ἀπολέσει τοὺς γεωργοὺς τούτους καὶ δώσει τὸν ἀμπελῶνα ἄλλοις. ἀκούσαντες δὲ εἶπαν· **μὴ γένοιτο**.	→ GTh 65
e 222	Mt 21,42 (2)	... οὐδέποτε ἀνέγνωτε ἐν ταῖς γραφαῖς· *λίθον ὃν ἀπεδοκίμασαν οἱ οἰκοδομοῦντες, οὗτος* ***ἐγενήθη*** *εἰς κεφαλὴν γωνίας·* ➤ Ps 118,22	Mk 12,10	οὐδὲ τὴν γραφὴν ταύτην ἀνέγνωτε· *λίθον ὃν ἀπεδοκίμασαν οἱ οἰκοδομοῦντες, οὗτος* ***ἐγενήθη*** *εἰς κεφαλὴν γωνίας·* ➤ Ps 118,22	Lk 20,17	... τί οὖν ἐστιν τὸ γεγραμμένον τοῦτο· *λίθον ὃν ἀπεδοκίμασαν οἱ οἰκοδομοῦντες, οὗτος* ***ἐγενήθη*** *εἰς κεφαλὴν γωνίας;* ➤ Ps 118,22	**→ Acts 4,11** → GTh 66
220		*παρὰ κυρίου* ***ἐγένετο*** *αὕτη καὶ ἔστιν θαυμαστὴ ἐν ὀφθαλμοῖς ἡμῶν;* ➤ Ps 118,23	Mk 12,11	*παρὰ κυρίου* ***ἐγένετο*** *αὕτη καὶ ἔστιν θαυμαστὴ ἐν ὀφθαλμοῖς ἡμῶν;* ➤ Ps 118,23			
112	Mt 22,28	ἐν τῇ ἀναστάσει οὖν τίνος τῶν ἑπτὰ **ἔσται** γυνή; πάντες γὰρ ἔσχον αὐτήν·	Mk 12,23	ἐν τῇ ἀναστάσει [ὅταν ἀναστῶσιν] τίνος αὐτῶν **ἔσται** γυνή; οἱ γὰρ ἑπτὰ ἔσχον αὐτὴν γυναῖκα.	Lk 20,33	ἡ γυνὴ οὖν ἐν τῇ ἀναστάσει τίνος αὐτῶν **γίνεται** γυνή; οἱ γὰρ ἑπτὰ ἔσχον αὐτὴν γυναῖκα.	

200	Mt 23,15	οὐαὶ ὑμῖν, γραμματεῖς καὶ Φαρισαῖοι ὑποκριταί, ὅτι περιάγετε τὴν θάλασσαν καὶ τὴν ξηρὰν ποιῆσαι ἕνα προσήλυτον, καὶ ὅταν **γένηται** ποιεῖτε αὐτὸν υἱὸν γεέννης διπλότερον ὑμῶν.					
201	Mt 23,26	... καθάρισον πρῶτον τὸ ἐντὸς τοῦ ποτηρίου, ἵνα **γένηται** καὶ τὸ ἐκτὸς αὐτοῦ καθαρόν.			Lk 11,41	πλὴν τὰ ἐνόντα δότε ἐλεημοσύνην, καὶ ἰδοὺ πάντα καθαρὰ ὑμῖν **ἐστιν.**	→ GTh 89
112	Mt 24,3	... εἰπὲ ἡμῖν, πότε ταῦτα ἔσται καὶ τί τὸ σημεῖον τῆς σῆς παρουσίας καὶ **συντελείας τοῦ αἰῶνος;**	Mk 13,4	εἰπὸν ἡμῖν, πότε ταῦτα ἔσται καὶ τί τὸ σημεῖον ὅταν μέλλῃ ταῦτα **συντελεῖσθαι πάντα;**	Lk 21,7	... διδάσκαλε, πότε οὖν ταῦτα ἔσται καὶ τί τὸ σημεῖον ὅταν μέλλῃ ταῦτα **γίνεσθαι;**	
222	Mt 24,6	μελλήσετε δὲ ἀκούειν πολέμους καὶ ἀκοὰς πολέμων· ὁρᾶτε μὴ θροεῖσθε· δεῖ γὰρ **γενέσθαι,** ἀλλ' οὔπω ἐστὶν τὸ τέλος.	Mk 13,7	ὅταν δὲ ἀκούσητε πολέμους καὶ ἀκοὰς πολέμων, μὴ θροεῖσθε· δεῖ **γενέσθαι,** ἀλλ' οὔπω τὸ τέλος.	Lk 21,9	ὅταν δὲ ἀκούσητε πολέμους καὶ ἀκαταστασίας, μὴ πτοηθῆτε· δεῖ γὰρ ταῦτα **γενέσθαι** πρῶτον, ἀλλ' οὐκ εὐθέως τὸ τέλος.	
220	Mt 24,20	προσεύχεσθε δὲ ἵνα **μὴ γένηται** ἡ φυγὴ ὑμῶν χειμῶνος μηδὲ σαββάτῳ.	Mk 13,18	προσεύχεσθε δὲ ἵνα **μὴ γένηται** χειμῶνος·			
221 221	Mt 24,21 (2)	ἔσται γὰρ τότε θλῖψις μεγάλη οἵα **οὐ γέγονεν** ἀπ' ἀρχῆς κόσμου ἕως τοῦ νῦν οὐδ' **οὐ μὴ γένηται.**	Mk 13,19 (2)	ἔσονται γὰρ αἱ ἡμέραι ἐκεῖναι θλῖψις οἵα **οὐ γέγονεν** τοιαύτη ἀπ' ἀρχῆς κτίσεως ἣν ἔκτισεν ὁ θεὸς ἕως τοῦ νῦν καὶ **οὐ μὴ γένηται.**	Lk 21,23	... ἔσται γὰρ ἀνάγκη μεγάλη ἐπὶ τῆς γῆς ...	
002					Lk 21,28	ἀρχομένων δὲ τούτων **γίνεσθαι** ἀνακύψατε καὶ ἐπάρατε τὰς κεφαλὰς ὑμῶν, διότι ἐγγίζει ἡ ἀπολύτρωσις ὑμῶν.	
221	Mt 24,32	ἀπὸ δὲ τῆς συκῆς μάθετε τὴν παραβολήν· ὅταν ἤδη ὁ κλάδος αὐτῆς **γένηται** ἁπαλὸς καὶ τὰ φύλλα ἐκφύῃ, γινώσκετε ὅτι ἐγγὺς τὸ θέρος·	Mk 13,28	ἀπὸ δὲ τῆς συκῆς μάθετε τὴν παραβολήν· ὅταν ἤδη ὁ κλάδος αὐτῆς ἁπαλὸς **γένηται** καὶ ἐκφύῃ τὰ φύλλα, γινώσκετε ὅτι ἐγγὺς τὸ θέρος ἐστίν·	Lk 21,30	[29] ... ἴδετε τὴν συκῆν καὶ πάντα τὰ δένδρα· [30] ὅταν προβάλωσιν ἤδη, βλέποντες ἀφ' ἑαυτῶν γινώσκετε ὅτι ἤδη ἐγγὺς τὸ θέρος ἐστίν·	
j 122	Mt 24,33	οὕτως καὶ ὑμεῖς, ὅταν ἴδητε πάντα ταῦτα, γινώσκετε ὅτι ἐγγύς ἐστιν ἐπὶ θύραις.	Mk 13,29	οὕτως καὶ ὑμεῖς, ὅταν ἴδητε ταῦτα **γινόμενα,** γινώσκετε ὅτι ἐγγύς ἐστιν ἐπὶ θύραις.	Lk 21,31	οὕτως καὶ ὑμεῖς, ὅταν ἴδητε ταῦτα **γινόμενα,** γινώσκετε ὅτι ἐγγύς ἐστιν ἡ βασιλεία τοῦ θεοῦ.	
222	Mt 24,34 → Mt 16,28	ἀμὴν λέγω ὑμῖν ὅτι οὐ μὴ παρέλθῃ ἡ γενεὰ αὕτη ἕως ἂν πάντα ταῦτα **γένηται.**	Mk 13,30 → Mk 9,1	ἀμὴν λέγω ὑμῖν ὅτι οὐ μὴ παρέλθῃ ἡ γενεὰ αὕτη μέχρις οὗ ταῦτα πάντα **γένηται.**	Lk 21,32 → Lk 9,27	ἀμὴν λέγω ὑμῖν ὅτι οὐ μὴ παρέλθῃ ἡ γενεὰ αὕτη ἕως ἂν πάντα **γένηται.**	

112	**Mt 25,13** ⇩ Mt 24,44 → Mt 24,42 → Mt 24,50	γρηγορεῖτε οὖν, ὅτι οὐκ οἴδατε τὴν ἡμέραν οὐδὲ τὴν ὥραν.	**Mk 13,33** → Lk 21,34	βλέπετε, ἀγρυπνεῖτε· οὐκ οἴδατε γὰρ πότε ὁ καιρός ἐστιν.	**Lk 21,36** → Lk 12,35-38 → Lk 18,1	ἀγρυπνεῖτε δὲ ἐν παντὶ καιρῷ δεόμενοι ἵνα κατισχύσητε ἐκφυγεῖν ταῦτα πάντα τὰ μέλλοντα **γίνεσθαι** καὶ σταθῆναι ἔμπροσθεν τοῦ υἱοῦ τοῦ ἀνθρώπου.	
202	**Mt 24,44** → Mt 24,42 → Mt 24,50 ↑ Mt 25,13	διὰ τοῦτο καὶ ὑμεῖς **γίνεσθε** ἕτοιμοι, ὅτι ᾗ οὐ δοκεῖτε ὥρᾳ ὁ υἱὸς τοῦ ἀνθρώπου ἔρχεται.	→ Mk 13,35		**Lk 12,40** → Lk 12,38	καὶ ὑμεῖς **γίνεσθε** ἕτοιμοι, ὅτι ᾗ ὥρᾳ οὐ δοκεῖτε ὁ υἱὸς τοῦ ἀνθρώπου ἔρχεται.	→ GTh 21,6
200	**Mt 25,6**	μέσης δὲ νυκτὸς κραυγὴ **γέγονεν·** ἰδοὺ ὁ νυμφίος, ἐξέρχεσθε εἰς ἀπάντησιν [αὐτοῦ].					
a 200	**Mt 26,1**	καὶ **ἐγένετο** ὅτε ἐτέλεσεν ὁ Ἰησοῦς πάντας τοὺς λόγους τούτους, εἶπεν τοῖς μαθηταῖς αὐτοῦ·					
211	**Mt 26,2**	οἴδατε ὅτι μετὰ δύο ἡμέρας τὸ πάσχα **γίνεται,** καὶ ὁ υἱὸς τοῦ ἀνθρώπου παραδίδοται εἰς τὸ σταυρωθῆναι. ... [4] καὶ συνεβουλεύσαντο ἵνα τὸν Ἰησοῦν δόλῳ κρατήσωσιν καὶ ἀποκτείνωσιν·	**Mk 14,1**	**ἦν** δὲ τὸ πάσχα καὶ τὰ ἄζυμα μετὰ δύο ἡμέρας. καὶ ἐζήτουν οἱ ἀρχιερεῖς καὶ οἱ γραμματεῖς πῶς αὐτὸν ἐν δόλῳ κρατήσαντες ἀποκτείνωσιν·	**Lk 22,1**	**ἤγγιζεν** δὲ ἡ ἑορτὴ τῶν ἀζύμων ἡ λεγομένη πάσχα. [2] καὶ ἐζήτουν οἱ ἀρχιερεῖς καὶ οἱ γραμματεῖς τὸ πῶς ἀνέλωσιν αὐτόν, ↔	
211	**Mt 26,5**	ἔλεγον δέ· μὴ ἐν τῇ ἑορτῇ, ἵνα μὴ θόρυβος **γένηται** ἐν τῷ λαῷ.	**Mk 14,2**	ἔλεγον γάρ· μὴ ἐν τῇ ἑορτῇ, μήποτε **ἔσται** θόρυβος τοῦ λαοῦ.	**Lk 22,2**	↔ ἐφοβοῦντο γὰρ τὸν λαόν.	
h 210	**Mt 26,6** → Lk 7,40	τοῦ δὲ Ἰησοῦ **γενομένου** ἐν Βηθανίᾳ ἐν οἰκίᾳ Σίμωνος τοῦ λεπροῦ	**Mk 14,3** → Lk 7,40	καὶ **ὄντος** αὐτοῦ ἐν Βηθανίᾳ ἐν τῇ οἰκίᾳ Σίμωνος τοῦ λεπροῦ, ...	**Lk 7,36**	... καὶ **εἰσελθὼν** εἰς τὸν οἶκον τοῦ Φαρισαίου ...	→ Jn 12,1-2
120	**Mt 26,8**	ἰδόντες δὲ οἱ μαθηταὶ ἠγανάκτησαν λέγοντες· εἰς τί ἡ ἀπώλεια αὕτη;	**Mk 14,4**	ἦσαν δέ τινες ἀγανακτοῦντες πρὸς ἑαυτούς· εἰς τί ἡ ἀπώλεια αὕτη τοῦ μύρου **γέγονεν;**			→ Jn 12,4
h 222	**Mt 26,20**	ὀψίας δὲ **γενομένης** ἀνέκειτο μετὰ τῶν δώδεκα.	**Mk 14,17**	καὶ ὀψίας **γενομένης** ἔρχεται μετὰ τῶν δώδεκα.	**Lk 22,14**	καὶ ὅτε **ἐγένετο** ἡ ὥρα, ἀνέπεσεν καὶ οἱ ἀπόστολοι σὺν αὐτῷ.	
002					**Lk 22,24** → Lk 9,46	**ἐγένετο** δὲ καὶ φιλονεικία ἐν αὐτοῖς, τὸ τίς αὐτῶν δοκεῖ εἶναι μείζων.	

112	**Mt 20,26** ⇧ Mt 23,11 **Mt 23,11** ⇧ **Mt 20,26**	οὐχ οὕτως ἔσται ἐν ὑμῖν, ἀλλ᾽ ὃς ἐὰν θέλῃ ἐν ὑμῖν μέγας γενέσθαι **ἔσται** ὑμῶν διάκονος ὁ δὲ μείζων ὑμῶν **ἔσται** ὑμῶν διάκονος.	**Mk 10,43** ⇨ Mk 9,35	οὐχ οὕτως δέ ἐστιν ἐν ὑμῖν, ἀλλ᾽ ὃς ἂν θέλῃ μέγας γενέσθαι ἐν ὑμῖν **ἔσται** ὑμῶν διάκονος	**Lk 22,26**	ὑμεῖς δὲ οὐχ οὕτως, ἀλλ᾽ ὁ μείζων ἐν ὑμῖν **γινέσθω** ὡς ὁ νεώτερος ...	
h 112	**Mt 26,36**	τότε **ἔρχεται** μετ᾽ αὐτῶν ὁ Ἰησοῦς εἰς χωρίον λεγόμενον Γεθσημανὶ καὶ λέγει τοῖς μαθηταῖς· καθίσατε αὐτοῦ ἕως [οὗ] ἀπελθὼν ἐκεῖ προσεύξωμαι.	**Mk 14,32**	καὶ **ἔρχονται** εἰς χωρίον οὗ τὸ ὄνομα Γεθσημανὶ καὶ λέγει τοῖς μαθηταῖς αὐτοῦ· καθίσατε ὧδε ἕως προσεύξωμαι.	**Lk 22,40** → Mt 26,41 → Mk 14,38 → Lk 22,46	[39] καὶ ἐξελθὼν ἐπορεύθη κατὰ τὸ ἔθος εἰς τὸ ὄρος τῶν ἐλαιῶν, ἠκολούθησαν δὲ αὐτῷ καὶ οἱ μαθηταί. [40] **γενόμενος** δὲ ἐπὶ τοῦ τόπου εἶπεν αὐτοῖς· προσεύχεσθε μὴ εἰσελθεῖν εἰς πειρασμόν.	
112	**Mt 26,39**	... πάτερ μου, εἰ δυνατόν ἐστιν, παρελθάτω ἀπ᾽ ἐμοῦ τὸ ποτήριον τοῦτο· πλὴν οὐχ ὡς ἐγὼ θέλω ἀλλ᾽ ὡς σύ.	**Mk 14,36**	... αββα ὁ πατήρ, πάντα δυνατά σοι· παρένεγκε τὸ ποτήριον τοῦτο ἀπ᾽ ἐμοῦ· ἀλλ᾽ οὐ τί ἐγὼ θέλω ἀλλὰ τί σύ.	**Lk 22,42** ↓ Mt 26,42	... πάτερ, εἰ βούλει παρένεγκε τοῦτο τὸ ποτήριον ἀπ᾽ ἐμοῦ· πλὴν μὴ τὸ θέλημά μου ἀλλὰ τὸ σὸν **γινέσθω**.	→ Jn 18,11 → **Acts 21,14**
002 002					**Lk 22,44** (2)	[[καὶ **γενόμενος** ἐν ἀγωνίᾳ ἐκτενέστερον προσηύχετο· καὶ **ἐγένετο** ὁ ἱδρὼς αὐτοῦ ὡσεὶ θρόμβοι αἵματος καταβαίνοντος ἐπὶ τὴν γῆν.]]	Lk 22,44 is textcritically uncertain.
m 210	**Mt 26,42** ↑ **Mt 6,10** ↑ **Lk 22,42**	πάλιν ἐκ δευτέρου ἀπελθὼν προσηύξατο λέγων· πάτερ μου, εἰ οὐ δύναται τοῦτο παρελθεῖν ἐὰν μὴ αὐτὸ πίω, **γενηθήτω** τὸ θέλημά σου.	**Mk 14,39**	καὶ πάλιν ἀπελθὼν προσηύξατο τὸν αὐτὸν λόγον εἰπών.			
200	**Mt 26,54**	πῶς οὖν πληρωθῶσιν αἱ γραφαὶ ὅτι οὕτως δεῖ **γενέσθαι**;					
g 210	**Mt 26,56**	[55] ... καθ᾽ ἡμέραν ἐν τῷ ἱερῷ ἐκαθεζόμην διδάσκων καὶ οὐκ ἐκρατήσατέ με. [56] τοῦτο δὲ ὅλον **γέγονεν** ἵνα πληρωθῶσιν αἱ γραφαὶ τῶν προφητῶν. ...	**Mk 14,49**	καθ᾽ ἡμέραν ἤμην πρὸς ὑμᾶς ἐν τῷ ἱερῷ διδάσκων καὶ οὐκ ἐκρατήσατέ με· ἀλλ᾽ ἵνα πληρωθῶσιν αἱ γραφαί.			
112	**Mt 26,57**	... ὅπου οἱ γραμματεῖς καὶ οἱ πρεσβύτεροι συνήχθησαν.	**Mk 14,53**	... καὶ συνέρχονται πάντες οἱ ἀρχιερεῖς καὶ οἱ πρεσβύτεροι καὶ οἱ γραμματεῖς.	**Lk 22,66**	καὶ ὡς **ἐγένετο** ἡμέρα, συνήχθη τὸ πρεσβυτέριον τοῦ λαοῦ, ἀρχιερεῖς τε καὶ γραμματεῖς, καὶ ἀπήγαγον αὐτὸν εἰς τὸ συνέδριον αὐτῶν	

h 210	Mt 27,1	πρωΐας δὲ **γενομένης** συμβούλιον ἔλαβον πάντες οἱ ἀρχιερεῖς καὶ οἱ πρεσβύτεροι τοῦ λαοῦ κατὰ τοῦ Ἰησοῦ ὥστε θανατῶσαι αὐτόν·	Mk 15,1	καὶ εὐθὺς πρωΐ συμβούλιον ποιήσαντες οἱ ἀρχιερεῖς μετὰ τῶν πρεσβυτέρων καὶ γραμματέων καὶ ὅλον τὸ συνέδριον, ...	Lk 22,66 ↑ Mt 26,57 ↑ Mk 14,53	καὶ ὡς **ἐγένετο** ἡμέρα, συνήχθη τὸ πρεσβυτέριον τοῦ λαοῦ, ἀρχιερεῖς τε καὶ γραμματεῖς, καὶ ἀπήγαγον αὐτὸν εἰς τὸ συνέδριον αὐτῶν	
j 002					Lk 23,8 → Lk 9,9	ὁ δὲ Ἡρῴδης ἰδὼν τὸν Ἰησοῦν ἐχάρη λίαν, ἦν γὰρ ἐξ ἱκανῶν χρόνων θέλων ἰδεῖν αὐτὸν διὰ τὸ ἀκούειν περὶ αὐτοῦ, καὶ ἤλπιζέν τι σημεῖον ἰδεῖν ὑπ᾽ αὐτοῦ **γινόμενον.**	
002					Lk 23,12	**ἐγένοντο** δὲ φίλοι ὅ τε Ἡρῴδης καὶ ὁ Πιλᾶτος ἐν αὐτῇ τῇ ἡμέρᾳ μετ᾽ ἀλλήλων· ...	
h 112	Mt 27,16 → Mt 27,26	εἶχον δὲ τότε δέσμιον ἐπίσημον λεγόμενον [Ἰησοῦν] Βαραββᾶν.	Mk 15,7 → Mk 15,15	ἦν δὲ ὁ λεγόμενος Βαραββᾶς μετὰ τῶν στασιαστῶν δεδεμένος οἵτινες ἐν τῇ στάσει φόνον πεποιήκεισαν.	Lk 23,19 → Lk 23,25	ὅστις ἦν διὰ στάσιν τινὰ **γενομένην** ἐν τῇ πόλει καὶ φόνον βληθεὶς ἐν τῇ φυλακῇ.	→ Jn 18,40
211 112	Mt 27,24	ἰδὼν δὲ ὁ Πιλᾶτος ὅτι οὐδὲν ὠφελεῖ ἀλλὰ μᾶλλον θόρυβος **γίνεται,** λαβὼν ὕδωρ ἀπενίψατο τὰς χεῖρας ἀπέναντι τοῦ ὄχλου λέγων· ἀθῷός εἰμι ἀπὸ τοῦ αἵματος τούτου· ὑμεῖς ὄψεσθε.	Mk 15,15	ὁ δὲ Πιλᾶτος βουλόμενος τῷ ὄχλῳ τὸ ἱκανὸν **ποιῆσαι ...**	Lk 23,24	καὶ Πιλᾶτος ἐπέκρινεν **γενέσθαι** τὸ αἴτημα αὐτῶν·	→ Acts 18,6
002					Lk 23,31	ὅτι εἰ ἐν τῷ ὑγρῷ ξύλῳ ταῦτα ποιοῦσιν, ἐν τῷ ξηρῷ τί **γένηται;**	
h 121 222	Mt 27,45	ἀπὸ δὲ ἕκτης ὥρας σκότος **ἐγένετο** ἐπὶ πᾶσαν τὴν γῆν ἕως ὥρας ἐνάτης.	Mk 15,33 (2)	καὶ **γενομένης** ὥρας ἕκτης σκότος **ἐγένετο** ἐφ᾽ ὅλην τὴν γῆν ἕως ὥρας ἐνάτης.	Lk 23,44 → Lk 23,45	καὶ **ἦν** ἤδη ὡσεὶ ὥρα ἕκτη καὶ σκότος **ἐγένετο** ἐφ᾽ ὅλην τὴν γῆν ἕως ὥρας ἐνάτης	
h 212	Mt 27,54	ὁ δὲ ἑκατόνταρχος καὶ οἱ μετ᾽ αὐτοῦ τηροῦντες τὸν Ἰησοῦν ἰδόντες τὸν σεισμὸν καὶ **τὰ γενόμενα** ἐφοβήθησαν σφόδρα, λέγοντες· ἀληθῶς θεοῦ υἱὸς ἦν οὗτος.	Mk 15,39	ἰδὼν δὲ ὁ κεντυρίων ὁ παρεστηκὼς ἐξ ἐναντίας αὐτοῦ **ὅτι οὕτως ἐξέπνευσεν** εἶπεν· ἀληθῶς οὗτος ὁ ἄνθρωπος υἱὸς θεοῦ ἦν.	Lk 23,47	ἰδὼν δὲ ὁ ἑκατοντάρχης **τὸ γενόμενον** ἐδόξαζεν τὸν θεὸν λέγων· ὄντως ὁ ἄνθρωπος οὗτος δίκαιος ἦν.	

h 002					Lk 23,48 → Lk 23,35	καὶ πάντες οἱ συμπαραγενόμενοι ὄχλοι ἐπὶ τὴν θεωρίαν ταύτην, θεωρήσαντες **τὰ γενόμενα,** τύπτοντες τὰ στήθη ὑπέστρεφον.	
h 221	Mt 27,57	ὀψίας δὲ **γενομένης** ἦλθεν ἄνθρωπος πλούσιος ἀπὸ Ἁριμαθαίας, τοὔνομα Ἰωσήφ, ...	Mk 15,42	καὶ ἤδη ὀψίας **γενομένης,** ἐπεὶ ἦν παρασκευή, ὅ ἐστιν προσάββατον, [43] ἐλθὼν Ἰωσὴφ [ὁ] ἀπὸ Ἁριμαθαίας ...	Lk 23,54	καὶ ἡμέρα ἦν παρασκευῆς καὶ σάββατον ἐπέφωσκεν. [50] καὶ ἰδοὺ ἀνὴρ ὀνόματι Ἰωσὴφ ... [51] ... ἀπὸ Ἁριμαθαίας ...	→ Jn 19,42
200	Mt 28,2	καὶ ἰδοὺ σεισμὸς **ἐγένετο** μέγας· ἄγγελος γὰρ κυρίου καταβὰς ἐξ οὐρανοῦ καὶ προσελθὼν ἀπεκύλισεν τὸν λίθον καὶ ἐκάθητο ἐπάνω αὐτοῦ.	Mk 16,4	καὶ ἀναβλέψασαι θεωροῦσιν ὅτι ἀποκεκύλισται ὁ λίθος· ἦν γὰρ μέγας σφόδρα.	Lk 24,2	εὗρον δὲ τὸν λίθον ἀποκεκυλισμένον ἀπὸ τοῦ μνημείου	→ Jn 20,1
200	Mt 28,4	ἀπὸ δὲ τοῦ φόβου αὐτοῦ ἐσείσθησαν οἱ τηροῦντες καὶ **ἐγενήθησαν** ὡς νεκροί.	Mk 16,5	... καὶ ἐξεθαμβήθησαν.	Lk 24,5 → Lk 24,23	ἐμφόβων δὲ γενομένων αὐτῶν καὶ κλινουσῶν τὰ πρόσωπα εἰς τὴν γῆν ...	
b 012	Mt 28,3	ἦν δὲ ἡ εἰδέα αὐτοῦ ὡς ἀστραπὴ καὶ τὸ ἔνδυμα αὐτοῦ λευκὸν ὡς χιών.	Mk 16,5	καὶ εἰσελθοῦσαι εἰς τὸ μνημεῖον εἶδον νεανίσκον καθήμενον ἐν τοῖς δεξιοῖς περιβεβλημένον στολὴν λευκήν,	Lk 24,4 → Lk 24,23	καὶ **ἐγένετο** ἐν τῷ ἀπορεῖσθαι αὐτὰς περὶ τούτου καὶ ἰδοὺ ἄνδρες δύο ἐπέστησαν αὐταῖς ἐν ἐσθῆτι ἀστραπτούσῃ.	→ Jn 20,12
h 012	Mt 28,4	**ἀπὸ δὲ τοῦ φόβου αὐτοῦ** **ἐσείσθησαν** οἱ τηροῦντες καὶ ἐγενήθησαν ὡς νεκροί. [5] ἀποκριθεὶς δὲ ὁ ἄγγελος εἶπεν ταῖς γυναιξίν· μὴ φοβεῖσθε ὑμεῖς, ...		**καὶ ἐξεθαμβήθησαν.** [6] ὁ δὲ λέγει αὐταῖς· μὴ ἐκθαμβεῖσθε· ...	Lk 24,5 → Lk 24,23	**ἐμφόβων δὲ** **γενομένων** αὐτῶν καὶ κλινουσῶν τὰ πρόσωπα εἰς τὴν γῆν εἶπαν πρὸς αὐτάς· ...	
k 002					Lk 24,12 → Lk 24,24	... καὶ παρακύψας βλέπει τὰ ὀθόνια μόνα, καὶ ἀπῆλθεν πρὸς ἑαυτὸν θαυμάζων **τὸ γεγονός.**	→ Jn 20,3-10
h 200	Mt 28,11	πορευομένων δὲ αὐτῶν ἰδού τινες τῆς κουστωδίας ἐλθόντες εἰς τὴν πόλιν ἀπήγγειλαν τοῖς ἀρχιερεῦσιν ἅπαντα **τὰ γενόμενα.**					
b 002					Lk 24,15	καὶ **ἐγένετο** ἐν τῷ ὁμιλεῖν αὐτοὺς καὶ συζητεῖν ...	
h 002					Lk 24,18	... σὺ μόνος παροικεῖς Ἰερουσαλὴμ καὶ οὐκ ἔγνως **τὰ γενόμενα** ἐν αὐτῇ ἐν ταῖς ἡμέραις ταύταις;	

002			**Lk 24,19** ... τὰ περὶ Ἰησοῦ τοῦ Ναζαρηνοῦ, ὃς **ἐγένετο** ἀνὴρ προφήτης δυνατὸς ἐν ἔργῳ καὶ λόγῳ ...	→ Acts 2,22 → Acts 10,38
002			**Lk 24,21** ... ἀλλά γε καὶ σὺν πᾶσιν τούτοις τρίτην ταύτην ἡμέραν ἄγει ἀφ' οὗ ταῦτα **ἐγένετο**.	
h 002			**Lk 24,22** → Mt 28,1 → Mk 16,1-2 → Lk 24,1 ἀλλὰ καὶ γυναῖκές τινες ἐξ ἡμῶν ἐξέστησαν ἡμᾶς, **γενόμεναι** ὀρθριναὶ ἐπὶ τὸ μνημεῖον	→ Jn 20,1
b 002			**Lk 24,30** καὶ **ἐγένετο** ἐν τῷ κατακλιθῆναι αὐτὸν μετ' αὐτῶν λαβὼν τὸν ἄρτον ...	
002			**Lk 24,31** ... καὶ ἐπέγνωσαν αὐτόν· καὶ αὐτὸς ἄφαντος **ἐγένετο** ἀπ' αὐτῶν.	
h 002			**Lk 24,37** πτοηθέντες δὲ καὶ ἔμφοβοι **γενόμενοι** ἐδόκουν πνεῦμα θεωρεῖν.	
b 002			**Lk 24,51** ↑ Lk 9,51 καὶ **ἐγένετο** ἐν τῷ εὐλογεῖν αὐτὸν αὐτοὺς διέστη ἀπ' αὐτῶν καὶ ἀνεφέρετο εἰς τὸν οὐρανόν.	→ Acts 1,2.9 → Acts 1,11. 22

a ἐγένετο + indicative
b ἐγένετο + ἐν τῷ with infinitive
c ἐγένετο + infinitive
d ἐγένετο + participle
e γίνομαι εἰς
f γίνομαι + ὡς with finite verb
g γίνομαι ἵνα
h γενόμενος
j γινόμενος
k γεγονώς
l μὴ γένοιτο
m γενηθήτω

h **Acts 1,16** ἄνδρες ἀδελφοί, ἔδει πληρωθῆναι τὴν γραφὴν ἣν προεῖπεν τὸ πνεῦμα τὸ ἅγιον διὰ στόματος Δαυὶδ **περὶ Ἰούδα τοῦ γενομένου** ὁδηγοῦ τοῖς συλλαβοῦσιν Ἰησοῦν

h **Acts 1,18** → Mt 27,5 οὗτος μὲν οὖν ἐκτήσατο χωρίον ἐκ μισθοῦ τῆς ἀδικίας καὶ πρηνὴς **γενόμενος** ἐλάκησεν μέσος ...

Acts 1,19 καὶ γνωστὸν **ἐγένετο** πᾶσι τοῖς κατοικοῦσιν Ἰερουσαλήμ, ...

m **Acts 1,20** γέγραπται γὰρ ἐν βίβλῳ ψαλμῶν· ***γενηθήτω*** *ἡ ἔπαυλις αὐτοῦ ἔρημος* ... ➤ Ps 69,26

Acts 1,22 ἀρξάμενος ἀπὸ τοῦ βαπτίσματος Ἰωάννου ἕως τῆς ἡμέρας ἧς ἀνελήμφθη ἀφ' ἡμῶν, μάρτυρα τῆς ἀναστά-σεως αὐτοῦ σὺν ἡμῖν **γενέσθαι** ἕνα τούτων.

Acts 2,2 καὶ **ἐγένετο** ἄφνω ἐκ τοῦ οὐρανοῦ ἦχος ...

h **Acts 2,6** **γενομένης** δὲ τῆς φωνῆς ταύτης συνῆλθεν τὸ πλῆθος ...

Acts 2,43 (2) **ἐγίνετο** δὲ πάσῃ ψυχῇ φόβος, πολλά τε τέρατα καὶ σημεῖα διὰ τῶν ἀποστόλων **ἐγίνετο**.

Acts 4,4 ... καὶ **ἐγενήθη** [ὁ] ἀριθμὸς τῶν ἀνδρῶν [ὡς] χιλιάδες πέντε.

c **Acts 4,5** **ἐγένετο** δὲ ἐπὶ τὴν αὔριον συναχθῆναι αὐτῶν τοὺς ἄρχοντας ...

h **Acts 4,11** → Mt 21,42 → Mk 12,10 → Lk 20,17 οὗτός ἐστιν ὁ λίθος, ὁ ἐξουθενηθεὶς ὑφ' ὑμῶν τῶν οἰκοδόμων, ὁ **γενόμενος** εἰς κεφαλὴν γωνίας. ➤ Ps 118,22

Acts 4,16 ... ὅτι μὲν γὰρ γνωστὸν σημεῖον **γέγονεν** δι' αὐτῶν πᾶσιν τοῖς κατοικοῦσιν Ἰερουσαλὴμ φανερὸν ...

k **Acts 4,21** ... διὰ τὸν λαόν, ὅτι πάντες ἐδόξαζον τὸν θεὸν **ἐπὶ τῷ γεγονότι**·

Acts 4,22 ἐτῶν γὰρ ἦν πλειόνων τεσσεράκοντα ὁ ἄνθρωπος ἐφ' ὃν
γεγόνει
τὸ σημεῖον τοῦτο τῆς ἰάσεως.

Acts 4,28 ποιῆσαι ὅσα ἡ χείρ σου καὶ ἡ βουλὴ [σου] προώρισεν
γενέσθαι.

Acts 4,30 ἐν τῷ τὴν χεῖρά [σου] ἐκτείνειν σε εἰς ἴασιν καὶ σημεῖα καὶ τέρατα
γίνεσθαι
διὰ τοῦ ὀνόματος τοῦ ἁγίου παιδός σου Ἰησοῦ.

Acts 5,5 ἀκούων δὲ ὁ Ἁνανίας τοὺς λόγους τούτους πεσὼν ἐξέψυξεν, καὶ
ἐγένετο
φόβος μέγας ἐπὶ πάντας τοὺς ἀκούοντας.

Acts 5,7 (2)
ἐγένετο
δὲ ὡς ὡρῶν τριῶν διάστημα

k καὶ ἡ γυνὴ αὐτοῦ μὴ εἰδυῖα
τὸ γεγονὸς
εἰσῆλθεν.

Acts 5,11 καὶ
ἐγένετο
φόβος μέγας ἐφ' ὅλην τὴν ἐκκλησίαν ...

Acts 5,12 διὰ δὲ τῶν χειρῶν τῶν ἀποστόλων
ἐγίνετο
σημεῖα καὶ τέρατα πολλὰ ἐν τῷ λαῷ. ...

Acts 5,24 ... διηπόρουν περὶ αὐτῶν τί ἂν
γένοιτο
τοῦτο.

e Acts 5,36 ... ὃς ἀνῃρέθη, καὶ πάντες ὅσοι ἐπείθοντο αὐτῷ διελύθησαν καὶ
ἐγένοντο
εἰς οὐδέν.

Acts 6,1 ... **ἐγένετο**
γογγυσμὸς τῶν Ἑλληνιστῶν πρὸς τοὺς Ἑβραίους, ...

Acts 7,13 ... καὶ φανερὸν
ἐγένετο
τῷ Φαραὼ τὸ γένος [τοῦ] Ἰωσήφ.

Acts 7,29 ἔφυγεν δὲ Μωϋσῆς ἐν τῷ λόγῳ τούτῳ καὶ
ἐγένετο
πάροικος ἐν γῇ Μαδιάμ, ...

Acts 7,31 ὁ δὲ Μωϋσῆς ἰδὼν ἐθαύμαζεν τὸ ὅραμα, προσερχομένου δὲ αὐτοῦ κατανοῆσαι
ἐγένετο
φωνὴ κυρίου·

h Acts 7,32 *ἐγὼ ὁ θεὸς τῶν πατέρων σου, ὁ θεὸς Ἀβραὰμ καὶ Ἰσαὰκ καὶ Ἰακώβ.*
ἔντρομος δὲ
γενόμενος
Μωϋσῆς οὐκ ἐτόλμα κατανοῆσαι.
➤ Exod 3,6

h Acts 7,38 οὗτός ἐστιν ὁ
γενόμενος
ἐν τῇ ἐκκλησίᾳ ἐν τῇ ἐρήμῳ μετὰ τοῦ ἀγγέλου τοῦ λαλοῦντος αὐτῷ ἐν τῷ ὄρει Σινᾶ καὶ τῶν πατέρων ἡμῶν, ...

Acts 7,39 ᾧ οὐκ ἠθέλησαν ὑπήκοοι
γενέσθαι
οἱ πατέρες ἡμῶν, ...

Acts 7,40 ... *ὁ γὰρ Μωϋσῆς οὗτος, ὃς ἐξήγαγεν ἡμᾶς ἐκ γῆς Αἰγύπτου, οὐκ οἴδαμεν τί*
ἐγένετο
αὐτῷ.
➤ Exod 32,1.23

Acts 7,52 ... καὶ ἀπέκτειναν τοὺς προκαταγγείλαντας περὶ τῆς ἐλεύσεως τοῦ δικαίου, οὗ νῦν ὑμεῖς προδόται καὶ φονεῖς
ἐγένεσθε

Acts 8,1 ... **ἐγένετο**
δὲ ἐν ἐκείνῃ τῇ ἡμέρᾳ διωγμὸς μέγας ἐπὶ τὴν ἐκκλησίαν τὴν ἐν Ἱεροσολύμοις, ...

Acts 8,8 **ἐγένετο**
δὲ πολλὴ χαρὰ ἐν τῇ πόλει ἐκείνῃ.

j Acts 8,13 ... θεωρῶν τε σημεῖα καὶ δυνάμεις μεγάλας
γινομένας
ἐξίστατο.

c Acts 9,3 ἐν δὲ τῷ πορεύεσθαι
ἐγένετο
αὐτὸν ἐγγίζειν τῇ Δαμασκῷ, ἐξαίφνης τε αὐτὸν περιήστραψεν φῶς ἐκ τοῦ οὐρανοῦ

Acts 9,19 ... **ἐγένετο**
δὲ μετὰ τῶν ἐν Δαμασκῷ μαθητῶν ἡμέρας τινάς

c Acts 9,32 **ἐγένετο**
δὲ Πέτρον διερχόμενον διὰ πάντων κατελθεῖν ...

c Acts 9,37 **ἐγένετο**
δὲ ἐν ταῖς ἡμέραις ἐκείναις ἀσθενήσασαν αὐτὴν ἀποθανεῖν· ...

Acts 9,42 γνωστὸν δὲ
ἐγένετο
καθ' ὅλης τῆς Ἰόππης καὶ ἐπίστευσαν πολλοὶ ἐπὶ τὸν κύριον.

c Acts 9,43 **ἐγένετο**
δὲ ἡμέρας ἱκανὰς μεῖναι ἐν Ἰόππῃ ...

h Acts 10,4 ὁ δὲ ἀτενίσας αὐτῷ καὶ ἔμφοβος
γενόμενος
εἶπεν· τί ἐστιν, κύριε; ...

Acts 10,10 (2) **ἐγένετο**
δὲ πρόσπεινος καὶ ἤθελεν γεύσασθαι.

παρασκευαζόντων δὲ αὐτῶν
ἐγένετο
ἐπ' αὐτὸν ἔκστασις

Acts 10,13 καὶ
ἐγένετο
φωνὴ πρὸς αὐτόν· ἀναστάς, Πέτρε, θῦσον καὶ φάγε.

Acts 10,16 τοῦτο δὲ
ἐγένετο
ἐπὶ τρὶς καὶ εὐθὺς ἀνελήμφθη τὸ σκεῦος εἰς τὸν οὐρανόν.

c Acts 10,25 ὡς δὲ
ἐγένετο
τοῦ εἰσελθεῖν τὸν Πέτρον, συναντήσας αὐτῷ ὁ Κορνήλιος ...

h Acts 10,37 ὑμεῖς οἴδατε τὸ
γενόμενον
ῥῆμα καθ' ὅλης τῆς Ἰουδαίας, ...

Acts 10,40 τοῦτον ὁ θεὸς ἤγειρεν [ἐν] τῇ τρίτῃ ἡμέρᾳ καὶ ἔδωκεν αὐτὸν ἐμφανῆ
γενέσθαι

Acts 11,10 τοῦτο δὲ
ἐγένετο
ἐπὶ τρίς, ...

h Acts 11,19 οἱ μὲν οὖν διασπαρέντες ἀπὸ τῆς θλίψεως τῆς
γενομένης
ἐπὶ Στεφάνῳ διῆλθον ἕως Φοινίκης ...

c Acts 11,26 καὶ εὑρὼν ἤγαγεν εἰς Ἀντιόχειαν.
ἐγένετο
δὲ αὐτοῖς καὶ ἐνιαυτὸν ὅλον συναχθῆναι ἐν τῇ ἐκκλησίᾳ καὶ διδάξαι ὄχλον ἱκανόν, ...

Acts 11,28 ... λιμὸν μεγάλην μέλλειν ἔσεσθαι ἐφ' ὅλην τὴν οἰκουμένην, ἥτις
ἐγένετο
ἐπὶ Κλαυδίου.

j **Acts 12,5** ... προσευχὴ δὲ ἦν ἐκτενῶς
γινομένη
ὑπὸ τῆς ἐκκλησίας πρὸς τὸν θεὸν περὶ αὐτοῦ.

j **Acts 12,9** καὶ ἐξελθὼν ἠκολούθει καὶ οὐκ ᾔδει ὅτι ἀληθές ἐστιν
τὸ γινόμενον
διὰ τοῦ ἀγγέλου· ...

h **Acts 12,11** καὶ ὁ Πέτρος ἐν ἑαυτῷ
γενόμενος
εἶπεν· νῦν οἶδα ἀληθῶς ὅτι ἐξαπέστειλεν [ὁ] κύριος τὸν ἄγγελον αὐτοῦ ...

h **Acts 12,18** (2) **γενομένης**
δὲ ἡμέρας ἦν τάραχος οὐκ ὀλίγος ἐν τοῖς στρατιώταις
τί ἄρα ὁ Πέτρος
ἐγένετο.

h **Acts 12,23** παραχρῆμα δὲ ἐπάταξεν αὐτὸν ἄγγελος κυρίου ἀνθ' ὧν οὐκ ἔδωκεν τὴν δόξαν τῷ θεῷ, καὶ
γενόμενος
σκωληκόβρωτος ἐξέψυξεν.

h **Acts 13,5** καὶ
γενόμενοι
ἐν Σαλαμῖνι κατήγγελλον τὸν λόγον τοῦ θεοῦ ...

k **Acts 13,12** τότε ἰδὼν ὁ ἀνθύπατος
τὸ γεγονὸς
ἐπίστευσεν ἐκπλησσόμενος ἐπὶ τῇ διδαχῇ τοῦ κυρίου.

h **Acts 13,32** καὶ ἡμεῖς ὑμᾶς εὐαγγελιζόμεθα τὴν πρὸς τοὺς πατέρας ἐπαγγελίαν
γενομένην

c **Acts 14,1** **ἐγένετο**
δὲ ἐν Ἰκονίῳ κατὰ τὸ αὐτὸ εἰσελθεῖν αὐτοὺς εἰς τὴν συναγωγὴν τῶν Ἰουδαίων ...

Acts 14,3 ἱκανὸν μὲν οὖν χρόνον διέτριψαν παρρησιαζόμενοι ἐπὶ τῷ κυρίῳ τῷ μαρτυροῦντι [ἐπὶ] τῷ λόγῳ τῆς χάριτος αὐτοῦ, διδόντι σημεῖα καὶ τέρατα
γίνεσθαι
διὰ τῶν χειρῶν αὐτῶν.

Acts 14,5 ὡς δὲ
ἐγένετο
ὁρμὴ τῶν ἐθνῶν τε καὶ Ἰουδαίων σὺν τοῖς ἄρχουσιν αὐτῶν ὑβρίσαι καὶ λιθοβολῆσαι αὐτούς

h **Acts 15,2** **γενομένης**
δὲ στάσεως καὶ ζητήσεως οὐκ ὀλίγης τῷ Παύλῳ καὶ τῷ Βαρναβᾷ πρὸς αὐτοὺς, ...

h **Acts 15,7** πολλῆς δὲ ζητήσεως
γενομένης
ἀναστὰς Πέτρος εἶπεν πρὸς αὐτούς· ...

h **Acts 15,25** ἔδοξεν ἡμῖν
γενομένοις
ὁμοθυμαδὸν ἐκλεξαμένοις ἄνδρας πέμψαι ...

Acts 15,39 **ἐγένετο**
δὲ παροξυσμὸς ὥστε ἀποχωρισθῆναι αὐτοὺς ἀπ' ἀλλήλων, ...

c **Acts 16,16** **ἐγένετο**
δὲ πορευομένων ἡμῶν εἰς τὴν προσευχὴν παιδίσκην τινὰ ἔχουσαν πνεῦμα πύθωνα ὑπαντῆσαι ἡμῖν, ...

Acts 16,26 ἄφνω δὲ σεισμὸς
ἐγένετο
μέγας ὥστε σαλευθῆναι τὰ θεμέλια τοῦ δεσμωτηρίου· ...

h **Acts 16,27** ἔξυπνος δὲ
γενόμενος
ὁ δεσμοφύλαξ καὶ ἰδὼν ἀνεῳγμένας τὰς θύρας τῆς φυλακῆς, ...

h **Acts 16,29** αἰτήσας δὲ φῶτα εἰσεπήδησεν καὶ ἔντρομος
γενόμενος
προσέπεσεν τῷ Παύλῳ καὶ [τῷ] Σιλᾷ

h **Acts 16,35** ἡμέρας δὲ
γενομένης
ἀπέστειλαν οἱ στρατηγοὶ τοὺς ῥαβδούχους λέγοντες· ...

b **Acts 19,1** **ἐγένετο**
δὲ ἐν τῷ τὸν Ἀπολλῶ εἶναι ἐν Κορίνθῳ ...

Acts 19,10 τοῦτο δὲ
ἐγένετο
ἐπὶ ἔτη δύο, ὥστε πάντας τοὺς κατοικοῦντας τὴν Ἀσίαν ἀκοῦσαι τὸν λόγον τοῦ κυρίου, ...

Acts 19,17 τοῦτο δὲ
ἐγένετο
γνωστὸν πᾶσιν Ἰουδαίοις τε καὶ Ἕλλησιν τοῖς κατοικοῦσιν τὴν Ἔφεσον ...

Acts 19,21 ... εἰπὼν ὅτι
μετὰ τὸ γενέσθαι
με ἐκεῖ δεῖ με καὶ Ῥώμην ἰδεῖν.

Acts 19,23 **ἐγένετο**
δὲ κατὰ τὸν καιρὸν ἐκεῖνον τάραχος οὐκ ὀλίγος περὶ τῆς ὁδοῦ.

j **Acts 19,26** ... ὁ Παῦλος οὗτος πείσας μετέστησεν ἱκανὸν ὄχλον λέγων ὅτι οὐκ εἰσὶν θεοὶ
οἱ διὰ χειρῶν γινόμενοι.

h **Acts 19,28** ἀκούσαντες δὲ καὶ
γενόμενοι
πλήρεις θυμοῦ ἔκραζον λέγοντες· μεγάλη ἡ Ἄρτεμις Ἐφεσίων.

Acts 19,34 ... φωνὴ
ἐγένετο
μία ἐκ πάντων ὡς ἐπὶ ὥρας δύο κραζόντων· μεγάλη ἡ Ἄρτεμις Ἐφεσίων.

h **Acts 20,3** (2) ποιήσας τε μῆνας τρεῖς·
γενομένης
ἐπιβουλῆς αὐτῷ ὑπὸ τῶν Ἰουδαίων μέλλοντι ἀνάγεσθαι εἰς τὴν Συρίαν,
ἐγένετο
γνώμης τοῦ ὑποστρέφειν διὰ Μακεδονίας.

Acts 20,16 (2) κεκρίκει γὰρ ὁ Παῦλος παραπλεῦσαι τὴν Ἔφεσον, ὅπως
μὴ γένηται
αὐτῷ χρονοτριβῆσαι ἐν τῇ Ἀσίᾳ· ἔσπευδεν γὰρ εἰ δυνατὸν εἴη αὐτῷ τὴν ἡμέραν τῆς πεντηκοστῆς
γενέσθαι
εἰς Ἱεροσόλυμα.

Acts 20,18 ... πῶς μεθ' ὑμῶν τὸν πάντα χρόνον
ἐγενόμην

Acts 20,37 ἱκανὸς δὲ κλαυθμὸς
ἐγένετο
πάντων ...

c **Acts 21,1** ὡς δὲ
ἐγένετο
ἀναχθῆναι ἡμᾶς ἀποσπασθέντας ἀπ' αὐτῶν, εὐθυδρομήσαντες ἤλθομεν εἰς τὴν Κῶ, ...

c **Acts 21,5** ὅτε δὲ
ἐγένετο
ἡμᾶς ἐξαρτίσαι τὰς ἡμέρας, ἐξελθόντες ἐπορευόμεθα ...

Acts 21,14 → **Lk 22,42** μὴ πειθομένου δὲ αὐτοῦ ἡσυχάσαμεν εἰπόντες· τοῦ κυρίου τὸ θέλημα
γινέσθω.

h **Acts 21,17** **γενομένων**
δὲ ἡμῶν εἰς Ἱεροσόλυμα ἀσμένως ἀπεδέξαντο ἡμᾶς οἱ ἀδελφοί.

Acts 21,30 ἐκινήθη τε ἡ πόλις ὅλη καὶ
ἐγένετο
συνδρομὴ τοῦ λαοῦ, ...

Acts 21,35 ὅτε δὲ
ἐγένετο
ἐπὶ τοὺς ἀναβαθμούς, συνέβη βαστάζεσθαι αὐτὸν ὑπὸ τῶν στρατιωτῶν διὰ τὴν βίαν τοῦ ὄχλου

h **Acts 21,40** ... πολλῆς δὲ σιγῆς
γενομένης
προσεφώνησεν τῇ Ἑβραΐδι διαλέκτῳ λέγων·

c **Acts 22,6** **ἐγένετο**
δέ μοι πορευομένῳ καὶ ἐγγίζοντι τῇ Δαμασκῷ περὶ μεσημβρίαν ἐξαίφνης ἐκ τοῦ οὐρανοῦ περιαστράψαι φῶς ἱκανὸν περὶ ἐμέ

c **Acts 22,17 (2)** **ἐγένετο**
δέ μοι ὑποστρέψαντι εἰς Ἰερουσαλὴμ
καὶ προσευχομένου μου ἐν τῷ ἱερῷ
γενέσθαι
με ἐν ἐκστάσει

Acts 23,7 τοῦτο δὲ αὐτοῦ εἰπόντος
ἐγένετο
στάσις τῶν Φαρισαίων καὶ Σαδδουκαίων καὶ ἐσχίσθη τὸ πλῆθος.

Acts 23,9 **ἐγένετο**
δὲ κραυγὴ μεγάλη, ...

j **Acts 23,10** πολλῆς δὲ
γινομένης
στάσεως φοβηθεὶς ὁ χιλίαρχος μὴ διασπασθῇ ὁ Παῦλος ὑπ' αὐτῶν ἐκέλευσεν τὸ στράτευμα καταβὰν ...

h **Acts 23,12** **γενομένης**
δὲ ἡμέρας ποιήσαντες συστροφὴν οἱ Ἰουδαῖοι ἀνεθεμάτισαν ἑαυτοὺς ...

j **Acts 24,2** ... πολλῆς εἰρήνης τυγχάνοντες διὰ σοῦ καὶ διορθωμάτων
γινομένων
τῷ ἔθνει τούτῳ διὰ τῆς σῆς προνοίας

h **Acts 24,25** ... ἔμφοβος
γενόμενος
ὁ Φῆλιξ ἀπεκρίθη· ...

h **Acts 25,15** περὶ οὗ
γενομένου
μου εἰς Ἱεροσόλυμα ἐνεφάνισαν οἱ ἀρχιερεῖς καὶ οἱ πρεσβύτεροι τῶν Ἰουδαίων αἰτούμενοι κατ' αὐτοῦ καταδίκην.

h **Acts 25,26** ... διὸ προήγαγον αὐτὸν ἐφ' ὑμῶν καὶ μάλιστα ἐπὶ σοῦ, βασιλεῦ Ἀγρίππα, ὅπως τῆς ἀνακρίσεως
γενομένης
σχῶ τί γράψω·

h **Acts 26,4** τὴν μὲν οὖν βίωσίν μου [τὴν] ἐκ νεότητος τὴν ἀπ' ἀρχῆς
γενομένην
ἐν τῷ ἔθνει μου ἔν τε Ἱεροσολύμοις ἴσασι πάντες [οἱ] Ἰουδαῖοι

h **Acts 26,6** καὶ νῦν ἐπ' ἐλπίδι τῆς εἰς τοὺς πατέρας ἡμῶν ἐπαγγελίας
γενομένης
ὑπὸ τοῦ θεοῦ ἕστηκα κρινόμενος

Acts 26,19 ὅθεν, βασιλεῦ Ἀγρίππα,
οὐκ ἐγενόμην
ἀπειθὴς τῇ οὐρανίῳ ὀπτασίᾳ

Acts 26,22 ... ἕστηκα μαρτυρόμενος μικρῷ τε καὶ μεγάλῳ οὐδὲν ἐκτὸς λέγων ὧν τε οἱ προφῆται ἐλάλησαν μελλόντων
γίνεσθαι
καὶ Μωϋσῆς

Acts 26,29 ... εὐξαίμην ἂν τῷ θεῷ καὶ ἐν ὀλίγῳ καὶ ἐν μεγάλῳ οὐ μόνον σὲ ἀλλὰ καὶ πάντας τοὺς ἀκούοντάς μου σήμερον
γενέσθαι
τοιούτους ὁποῖος καὶ ἐγώ εἰμι ...

h **Acts 27,7** ἐν ἱκαναῖς δὲ ἡμέραις βραδυπλοοῦντες καὶ μόλις
γενόμενοι
κατὰ τὴν Κνίδον, ...

Acts 27,16 νησίον δέ τι ὑποδραμόντες καλούμενον Καῦδα ἰσχύσαμεν μόλις περικρατεῖς
γενέσθαι
τῆς σκάφης

Acts 27,27 ὡς δὲ τεσσαρεσκαιδεκάτη νὺξ
ἐγένετο
διαφερομένων ἡμῶν ἐν τῷ Ἀδρίᾳ, ...

Acts 27,29 ... ἐκ πρύμνης ῥίψαντες ἀγκύρας τέσσαρας ηὔχοντο ἡμέραν
γενέσθαι.

Acts 27,33 ἄχρι δὲ οὗ ἡμέρα ἤμελλεν
γίνεσθαι
παρεκάλει ὁ Παῦλος ἅπαντας μεταλαβεῖν τροφῆς λέγων· ...

h **Acts 27,36** εὔθυμοι δὲ
γενόμενοι
πάντες καὶ αὐτοὶ προσελάβοντο τροφῆς.

Acts 27,39 ὅτε δὲ ἡμέρα
ἐγένετο,
τὴν γῆν οὐκ ἐπεγίνωσκον, ...

g **Acts 27,42** τῶν δὲ στρατιωτῶν βουλὴ
ἐγένετο
ἵνα τοὺς δεσμώτας ἀποκτείνωσιν, μή τις ἐκκολυμβήσας διαφύγῃ.

c **Acts 27,44** ... καὶ οὕτως
ἐγένετο
πάντας διασωθῆναι ἐπὶ τὴν γῆν.

j **Acts 28,6** ... ἐπὶ πολὺ δὲ αὐτῶν προσδοκώντων καὶ θεωρούντων μηδὲν ἄτοπον εἰς αὐτὸν
γινόμενον
μεταβαλόμενοι ἔλεγον αὐτὸν εἶναι θεόν.

c **Acts 28,8** **ἐγένετο**
δὲ τὸν πατέρα τοῦ Ποπλίου πυρετοῖς καὶ δυσεντερίῳ συνεχόμενον κατακεῖσθαι, ...

h **Acts 28,9** τούτου δὲ
γενομένου
καὶ οἱ λοιποὶ οἱ ἐν τῇ νήσῳ ἔχοντες ἀσθενείας προσήρχοντο καὶ ἐθεραπεύοντο

c **Acts 28,17** **ἐγένετο**
δὲ μετὰ ἡμέρας τρεῖς συγκαλέσασθαι αὐτὸν τοὺς ὄντας τῶν Ἰουδαίων πρώτους· ...

γινώσκω

	Syn	Mt	Mk	Lk	Acts	Jn	1-3John	Paul	Eph	Col
	60	20	12	28	16	57	26	43	3	1
	NT	2Thess	1/2Tim	Tit	Heb	Jas	1Pet	2Pet	Jude	Rev
	222		3		4	3		2		4

know; have sexual relations; find out; learn; understand; perceive; discern; to have knowledge; acknowledge; recognize

	triple tradition																	double tradition			Sondergut		
		+Mt / +Lk			–Mt / –Lk			traditions not taken over by Mt / Lk							subtotals								
code	222	211	112	212	221	122	121	022	012	021	220	120	210	020	Σ^+	Σ^-	Σ	202	201	102	200	002	total
Mt	3	2^+		1^+			3^-				1	4^-	1^+		4^+	7^-	8	3	4		5		**20**
Mk	3						3			1	1	4					12						**12**
Lk	3		2^+	1^+			3^-		2^+	1^-					5^+	4^-	8	3		4		13	**28**

002					**Lk 1,18**	... κατὰ τί **γνώσομαι** τοῦτο; ἐγὼ γάρ εἰμι πρεσβύτης ...	
002					**Lk 1,34**	... πῶς ἔσται τοῦτο, ἐπεὶ ἄνδρα **οὐ γινώσκω;**	
200	**Mt 1,25**	καὶ **οὐκ ἐγίνωσκεν** αὐτὴν ἕως οὗ ἔτεκεν υἱόν· καὶ ἐκάλεσεν τὸ ὄνομα αὐτοῦ Ἰησοῦν.					
002					**Lk 2,43**	... ὑπέμεινεν Ἰησοῦς ὁ παῖς ἐν Ἰερουσαλήμ, καὶ **οὐκ ἔγνωσαν** οἱ γονεῖς αὐτοῦ.	
200	**Mt 6,3**	σοῦ δὲ ποιοῦντος ἐλεημοσύνην **μὴ γνώτω** ἡ ἀριστερά σου τί ποιεῖ ἡ δεξιά σου					→ GTh 6 (POxy 654) → GTh 62,2
102	**Mt 7,16** ⇨ Mt 7,20 ⇩ Mt 12,33	ἀπὸ τῶν καρπῶν αὐτῶν **ἐπιγνώσεσθε** αὐτούς. μήτι συλλέγουσιν ἀπὸ ἀκανθῶν σταφυλὰς ἢ ἀπὸ τριβόλων σῦκα;			**Lk 6,44**	ἕκαστον γὰρ δένδρον ἐκ τοῦ ἰδίου καρποῦ **γινώσκεται·** οὐ γὰρ ἐξ ἀκανθῶν συλλέγουσιν σῦκα οὐδὲ ἐκ βάτου σταφυλὴν τρυγῶσιν.	→ GTh 45,1
201	**Mt 7,23** → Mt 13,41 → Mt 25,12 → Mt 25,41	καὶ τότε ὁμολογήσω αὐτοῖς ὅτι **οὐδέποτε ἔγνων** ὑμᾶς· *ἀποχωρεῖτε ἀπ᾽ ἐμοῦ* *οἱ ἐργαζόμενοι* *τὴν ἀνομίαν.* ➤ Ps 6,9/1Macc 3,6			**Lk 13,27** → Lk 13,25	καὶ ἐρεῖ λέγων ὑμῖν· **οὐκ οἶδα** [ὑμᾶς] πόθεν ἐστέ· *ἀπόστητε ἀπ᾽ ἐμοῦ,* *πάντες ἐργάται* *ἀδικίας.* ➤ Ps 6,9/1Macc 3,6	
200	**Mt 9,30** ⇨ Mt 20,34	[29] ... κατὰ τὴν πίστιν ὑμῶν γενηθήτω ὑμῖν. [30] καὶ ἠνεῴχθησαν αὐτῶν οἱ ὀφθαλμοί. καὶ ἐνεβριμήθη αὐτοῖς ὁ Ἰησοῦς λέγων· ὁρᾶτε μηδεὶς **γινωσκέτω.** [31] οἱ δὲ ἐξελθόντες διεφήμισαν αὐτὸν ἐν ὅλῃ τῇ γῇ ἐκείνῃ.	**Mk 10,52**	... ὕπαγε, ἡ πίστις σου σέσωκέν σε. καὶ εὐθὺς ἀνέβλεψεν, καὶ ἠκολούθει αὐτῷ ἐν τῇ ὁδῷ.	**Lk 18,43**	[42] ...ἡ πίστις σου σέσωκέν σε. [43] καὶ παραχρῆμα ἀνέβλεψεν καὶ ἠκολούθει αὐτῷ δοξάζων τὸν θεόν. καὶ πᾶς ὁ λαὸς ἰδὼν ἔδωκεν αἶνον τῷ θεῷ.	

202	Mt 10,26	... οὐδὲν γάρ ἐστιν κεκαλυμμένον ὃ οὐκ ἀποκαλυφθήσεται καὶ κρυπτὸν ὃ οὐ γνωσθήσεται.	Mk 4,22	οὐ γάρ ἐστιν κρυπτὸν ἐὰν μὴ ἵνα φανερωθῇ, οὐδὲ ἐγένετο ἀπόκρυφον ἀλλ' ἵνα ἔλθῃ εἰς φανερόν.	Lk 12,2 ⇩ Lk 8,17	οὐδὲν δὲ συγκεκαλυμμένον ἐστὶν ὃ οὐκ ἀποκαλυφθήσεται καὶ κρυπτὸν ὃ οὐ γνωσθήσεται.	→ GTh 5 → GTh 6,5-6 (POxy 654) Mk-Q overlap
002					Lk 7,39	... οὗτος εἰ ἦν προφήτης, ἐγίνωσκεν ἂν τίς καὶ ποταπὴ ἡ γυνὴ ἥτις ἅπτεται αὐτοῦ, ὅτι ἁμαρτωλός ἐστιν.	
200	Mt 12,7 ⇨ Mt 9,13	εἰ δὲ ἐγνώκειτε τί ἐστιν· *ἔλεος θέλω καὶ οὐ θυσίαν*, οὐκ ἂν κατεδικάσατε τοὺς ἀναιτίους. > Hos 6,6					
211	Mt 12,15	ὁ δὲ Ἰησοῦς γνοὺς ἀνεχώρησεν ἐκεῖθεν. ...	Mk 3,7	καὶ ὁ Ἰησοῦς μετὰ τῶν μαθητῶν αὐτοῦ ἀνεχώρησεν πρὸς τὴν θάλασσαν, ...	Lk 6,17	καὶ καταβὰς μετ' αὐτῶν ἔστη ἐπὶ τόπου πεδινοῦ, καὶ ὄχλος πολὺς μαθητῶν αὐτοῦ, ...	
200	Mt 12,33 ⇧ Mt 7,16 ⇨ Mt 7,17	... ἐκ γὰρ τοῦ καρποῦ τὸ δένδρον γινώσκεται.			Lk 6,44	ἕκαστον γὰρ δένδρον ἐκ τοῦ ἰδίου καρποῦ γινώσκεται· ...	
212	Mt 13,11	... ὅτι ὑμῖν δέδοται γνῶναι τὰ μυστήρια τῆς βασιλείας τῶν οὐρανῶν, ...	Mk 4,11	... ὑμῖν τὸ μυστήριον δέδοται τῆς βασιλείας τοῦ θεοῦ· ...	Lk 8,10	... ὑμῖν δέδοται γνῶναι τὰ μυστήρια τῆς βασιλείας τοῦ θεοῦ, ...	→ GTh 62,1
121	Mt 13,18	ὑμεῖς οὖν ἀκούσατε τὴν παραβολὴν τοῦ σπείραντος.	Mk 4,13	... οὐκ οἴδατε τὴν παραβολὴν ταύτην, καὶ πῶς πάσας τὰς παραβολὰς γνώσεσθε; [14] ὁ σπείρων τὸν λόγον σπείρει.	Lk 8,11	ἔστιν δὲ αὕτη ἡ παραβολή· ὁ σπόρος ἐστὶν ὁ λόγος τοῦ θεοῦ.	
012	Mt 10,26	... οὐδὲν γάρ ἐστιν κεκαλυμμένον ὃ οὐκ ἀποκαλυφθήσεται καὶ κρυπτὸν ὃ οὐ γνωσθήσεται.	Mk 4,22	οὐ γάρ ἐστιν κρυπτὸν ἐὰν μὴ ἵνα φανερωθῇ, οὐδὲ ἐγένετο ἀπόκρυφον ἀλλ' ἵνα ἔλθῃ εἰς φανερόν.	Lk 8,17 ⇩ Lk 12,2	οὐ γάρ ἐστιν κρυπτὸν ὃ οὐ φανερὸν γενήσεται οὐδὲ ἀπόκρυφον ὃ οὐ μὴ γνωσθῇ καὶ εἰς φανερὸν ἔλθῃ.	→ GTh 5 → GTh 6,5-6 (POxy 654) Mk-Q overlap
121	Mt 9,22	 ... καὶ ἐσώθη ἡ γυνὴ ἀπὸ τῆς ὥρας ἐκείνης.	Mk 5,29 → Lk 8,47	καὶ εὐθὺς ἐξηράνθη ἡ πηγὴ τοῦ αἵματος αὐτῆς καὶ ἔγνω τῷ σώματι ὅτι ἴαται ἀπὸ τῆς μάστιγος.	Lk 8,44	... καὶ παραχρῆμα ἔστη ἡ ῥύσις τοῦ αἵματος αὐτῆς.	
012			Mk 5,30 → Lk 6,19	καὶ εὐθὺς ὁ Ἰησοῦς ἐπιγνοὺς ἐν ἑαυτῷ τὴν ἐξ αὐτοῦ δύναμιν ἐξελθοῦσαν ...	Lk 8,46 → Mk 5,31 → Lk 6,19	ὁ δὲ Ἰησοῦς εἶπεν· ἥψατό μού τις, ἐγὼ γὰρ ἔγνων δύναμιν ἐξεληλυθυῖαν ἀπ' ἐμοῦ.	
021			Mk 5,43	καὶ διεστείλατο αὐτοῖς πολλὰ ἵνα μηδεὶς γνοῖ τοῦτο, ...	Lk 8,56	... ὁ δὲ παρήγγειλεν αὐτοῖς μηδενὶ εἰπεῖν τὸ γεγονός.	

112	Mt 14,13	... καὶ **ἀκούσαντες** οἱ ὄχλοι ἠκολούθησαν αὐτῷ πεζῇ ἀπὸ τῶν πόλεων.	Mk 6,33	καὶ εἶδον αὐτοὺς ὑπάγοντας καὶ **ἐπέγνωσαν** πολλοὶ καὶ πεζῇ ἀπὸ πασῶν τῶν πόλεων συνέδραμον ἐκεῖ καὶ προῆλθον αὐτούς.	Lk 9,11	οἱ δὲ ὄχλοι **γνόντες** ἠκολούθησαν αὐτῷ· ...	→ Jn 6,2
121	Mt 14,17 → Mt 15,34	οἱ δὲ λέγουσιν αὐτῷ· οὐκ ἔχομεν ὧδε εἰ μὴ πέντε ἄρτους καὶ δύο ἰχθύας.	Mk 6,38 → Mk 8,5	ὁ δὲ λέγει αὐτοῖς· πόσους ἄρτους ἔχετε; ὑπάγετε ἴδετε. καὶ **γνόντες** λέγουσιν· πέντε, καὶ δύο ἰχθύας.	Lk 9,13	.... οὐκ εἰσὶν ἡμῖν πλεῖον ἢ ἄρτοι πέντε καὶ ἰχθύες δύο, ...	→ Jn 6,9
120	Mt 15,21	καὶ ἐξελθὼν ἐκεῖθεν ὁ Ἰησοῦς ἀνεχώρησεν εἰς τὰ μέρη Τύρου καὶ Σιδῶνος.	Mk 7,24	ἐκεῖθεν δὲ ἀναστὰς ἀπῆλθεν εἰς τὰ ὅρια Τύρου. καὶ εἰσελθὼν εἰς οἰκίαν οὐδένα ἤθελεν **γνῶναι**, καὶ οὐκ ἠδυνήθη λαθεῖν·			
201	Mt 16,3	[... τὸ μὲν πρόσωπον τοῦ οὐρανοῦ **γινώσκετε** διακρίνειν, τὰ δὲ σημεῖα τῶν καιρῶν οὐ δύνασθε;]			Lk 12,56	ὑποκριταί, τὸ πρόσωπον τῆς γῆς καὶ τοῦ οὐρανοῦ **οἴδατε** δοκιμάζειν, τὸν καιρὸν δὲ τοῦτον πῶς οὐκ οἴδατε δοκιμάζειν;	→ GTh 91 Mt 16,3 is textcritically uncertain.
220	Mt 16,8	**γνοὺς** δὲ ὁ Ἰησοῦς εἶπεν· τί διαλογίζεσθε ἐν ἑαυτοῖς, ὀλιγόπιστοι, ὅτι ἄρτους οὐκ ἔχετε;	Mk 8,17	καὶ **γνοὺς** λέγει αὐτοῖς· τί διαλογίζεσθε ὅτι ἄρτους οὐκ ἔχετε; ...			
120	Mt 17,22	συστρεφομένων δὲ αὐτῶν ἐν τῇ Γαλιλαίᾳ ...	Mk 9,30	κἀκεῖθεν ἐξελθόντες παρεπορεύοντο διὰ τῆς Γαλιλαίας, καὶ οὐκ ἤθελεν ἵνα τις **γνοῖ**·			
102	Mt 10,14	... ἐξερχόμενοι ἔξω τῆς οἰκίας ἢ τῆς πόλεως ἐκείνης ἐκτινάξατε τὸν κονιορτὸν τῶν ποδῶν ὑμῶν.	Mk 6,11	... ἐκπορευόμενοι ἐκεῖθεν ἐκτινάξατε τὸν χοῦν τὸν ὑποκάτω τῶν ποδῶν ὑμῶν εἰς μαρτύριον αὐτοῖς.	Lk 10,11 ⇨ Lk 9,5 ⇨ Lk 10,9	[10] ... ἐξελθόντες εἰς τὰς πλατείας αὐτῆς εἴπατε· [11] καὶ τὸν κονιορτὸν τὸν κολληθέντα ἡμῖν ἐκ τῆς πόλεως ὑμῶν εἰς τοὺς πόδας ἀπομασσόμεθα ὑμῖν· πλὴν τοῦτο **γινώσκετε** ὅτι ἤγγικεν ἡ βασιλεία τοῦ θεοῦ.	→ Acts 13,51 → Acts 18,6 Mk-Q overlap
102	Mt 11,27 → Mt 28,18	πάντα μοι παρεδόθη ὑπὸ τοῦ πατρός μου, καὶ οὐδεὶς **ἐπιγινώσκει** τὸν υἱὸν εἰ μὴ ὁ πατήρ, οὐδὲ τὸν πατέρα τις ἐπιγινώσκει εἰ μὴ ὁ υἱὸς καὶ ᾧ ἐὰν βούληται ὁ υἱὸς ἀποκαλύψαι.			Lk 10,22 → Mt 28,18	πάντα μοι παρεδόθη ὑπὸ τοῦ πατρός μου, καὶ οὐδεὶς **γινώσκει** τίς ἐστιν ὁ υἱὸς εἰ μὴ ὁ πατήρ, καὶ τίς ἐστιν ὁ πατὴρ εἰ μὴ ὁ υἱὸς καὶ ᾧ ἐὰν βούληται ὁ υἱὸς ἀποκαλύψαι.	→ GTh 61,3
202	Mt 10,26	... οὐδὲν γάρ ἐστιν κεκαλυμμένον ὃ οὐκ ἀποκαλυφθήσεται καὶ κρυπτὸν ὃ **οὐ γνωσθήσεται**.	Mk 4,22	οὐ γάρ ἐστιν κρυπτὸν ἐὰν μὴ ἵνα φανερωθῇ, οὐδὲ ἐγένετο ἀπόκρυφον ἀλλ' ἵνα ἔλθῃ εἰς φανερόν.	Lk 12,2 ⇧ Lk 8,17	οὐδὲν δὲ συγκεκαλυμμένον ἐστὶν ὃ οὐκ ἀποκαλυφθήσεται καὶ κρυπτὸν ὃ **οὐ γνωσθήσεται**.	→ GTh 5 → GTh 6,5-6 (POxy 654) Mk-Q overlap

202	**Mt 24,43**	ἐκεῖνο δὲ **γινώσκετε** ὅτι εἰ ᾔδει ὁ οἰκοδεσπότης ποίᾳ φυλακῇ ὁ κλέπτης ἔρχεται, ...			**Lk 12,39**	τοῦτο δὲ **γινώσκετε** ὅτι εἰ ᾔδει ὁ οἰκοδεσπότης ποίᾳ ὥρᾳ ὁ κλέπτης ἔρχεται, ...	→ GTh 21,5 → GTh 103
202	**Mt 24,50** → Mt 24,42 → Mt 24,44 → Mt 25,13	ἥξει ὁ κύριος τοῦ δούλου ἐκείνου ἐν ἡμέρᾳ ᾗ οὐ προσδοκᾷ καὶ ἐν ὥρᾳ ᾗ **οὐ γινώσκει**			**Lk 12,46**	ἥξει ὁ κύριος τοῦ δούλου ἐκείνου ἐν ἡμέρᾳ ᾗ οὐ προσδοκᾷ καὶ ἐν ὥρᾳ ᾗ **οὐ γινώσκει**, ...	
002					**Lk 12,47**	ἐκεῖνος δὲ **ὁ δοῦλος ὁ γνοὺς** τὸ θέλημα τοῦ κυρίου αὐτοῦ καὶ μὴ ἑτοιμάσας ἢ ποιήσας πρὸς τὸ θέλημα αὐτοῦ δαρήσεται πολλάς·	
002					**Lk 12,48**	**ὁ δὲ μὴ γνούς**, ποιήσας δὲ ἄξια πληγῶν δαρήσεται ὀλίγας. ...	
002					**Lk 16,4**	**ἔγνων** τί ποιήσω, ἵνα ὅταν μετασταθῶ ἐκ τῆς οἰκονομίας δέξωνταί με εἰς τοὺς οἴκους αὐτῶν.	
002					**Lk 16,15** → Lk 18,9.14 → Lk 20,20	... ὑμεῖς ἐστε οἱ δικαιοῦντες ἑαυτοὺς ἐνώπιον τῶν ἀνθρώπων, ὁ δὲ θεὸς **γινώσκει** τὰς καρδίας ὑμῶν· ...	
002					**Lk 18,34** → Lk 9,45	καὶ αὐτοὶ οὐδὲν τούτων συνῆκαν καὶ ἦν τὸ ῥῆμα τοῦτο κεκρυμμένον ἀπ' αὐτῶν καὶ **οὐκ ἐγίνωσκον** τὰ λεγόμενα.	
102	**Mt 25,19**	μετὰ δὲ πολὺν χρόνον ἔρχεται ὁ κύριος τῶν δούλων ἐκείνων καὶ **συναίρει λόγον** **μετ' αὐτῶν**.			**Lk 19,15**	καὶ ἐγένετο ἐν τῷ ἐπανελθεῖν αὐτὸν λαβόντα τὴν βασιλείαν εἶπεν φωνηθῆναι αὐτῷ τοὺς δούλους τούτους οἷς δεδώκει τὸ ἀργύριον, ἵνα **γνοῖ τί** **διεπραγματεύσαντο**.	
002					**Lk 19,42**	λέγων ὅτι εἰ **ἔγνως** ἐν τῇ ἡμέρᾳ ταύτῃ καὶ σὺ τὰ πρὸς εἰρήνην· ...	
002					**Lk 19,44** → Mt 24,2 → Mk 13,2 → Lk 21,6 → Lk 21,24	καὶ ἐδαφιοῦσίν σε καὶ τὰ τέκνα σου ἐν σοί, καὶ οὐκ ἀφήσουσιν λίθον ἐπὶ λίθον ἐν σοί, ἀνθ' ὧν **οὐκ ἔγνως** τὸν καιρὸν τῆς ἐπισκοπῆς σου.	
222	**Mt 21,45** → Mk 11,18	καὶ ἀκούσαντες οἱ ἀρχιερεῖς καὶ οἱ Φαρισαῖοι τὰς παραβολὰς αὐτοῦ **ἔγνωσαν** ὅτι περὶ αὐτῶν λέγει·	**Mk 12,12**	... **ἔγνωσαν** γὰρ ὅτι πρὸς αὐτοὺς τὴν παραβολὴν εἶπεν. ...	**Lk 20,19**	... **ἔγνωσαν** γὰρ ὅτι πρὸς αὐτοὺς εἶπεν τὴν παραβολὴν ταύτην.	

211	Mt 22,18	**γνοὺς** δὲ ὁ Ἰησοῦς τὴν πονηρίαν αὐτῶν εἶπεν· τί με πειράζετε, ὑποκριταί; [19] ἐπιδείξατέ μοι τὸ νόμισμα τοῦ κήνσου. ...	Mk 12,15	ὁ δὲ **εἰδὼς** αὐτῶν τὴν ὑπόκρισιν εἶπεν αὐτοῖς· τί με πειράζετε; φέρετέ μοι δηνάριον ἵνα ἴδω.	Lk 20,23	**κατανοήσας** δὲ αὐτῶν τὴν πανουργίαν εἶπεν πρὸς αὐτούς· [24] δείξατέ μοι δηνάριον· ...	→ GTh 100
112	Mt 24,15	ὅταν οὖν ἴδητε *τὸ βδέλυγμα τῆς ἐρημώσεως* τὸ ῥηθὲν διὰ Δανιὴλ τοῦ προφήτου ἑστὸς ἐν τόπῳ ἁγίῳ, ὁ ἀναγινώσκων νοείτω, [16] τότε οἱ ἐν τῇ Ἰουδαίᾳ φευγέτωσαν εἰς τὰ ὄρη ➤ Dan 9,27/11,31/12,11	Mk 13,14	ὅταν δὲ ἴδητε *τὸ βδέλυγμα τῆς ἐρημώσεως* ἑστηκότα ὅπου οὐ δεῖ, ὁ ἀναγινώσκων νοείτω, τότε οἱ ἐν τῇ Ἰουδαίᾳ φευγέτωσαν εἰς τὰ ὄρη ➤ Dan 9,27/11,31/12,11	Lk 21,20 → Lk 19,43	ὅταν δὲ ἴδητε κυκλουμένην ὑπὸ στρατοπέδων Ἰερουσαλήμ, τότε **γνῶτε** ὅτι ἤγγικεν ἡ ἐρήμωσις αὐτῆς. [21] τότε οἱ ἐν τῇ Ἰουδαίᾳ φευγέτωσαν εἰς τὰ ὄρη ...	
222	Mt 24,32	ἀπὸ δὲ τῆς συκῆς μάθετε τὴν παραβολήν· ὅταν ἤδη ὁ κλάδος αὐτῆς γένηται ἁπαλὸς καὶ τὰ φύλλα ἐκφύῃ, **γινώσκετε** ὅτι ἐγγὺς τὸ θέρος·	Mk 13,28	ἀπὸ δὲ τῆς συκῆς μάθετε τὴν παραβολήν· ὅταν ἤδη ὁ κλάδος αὐτῆς ἁπαλὸς γένηται καὶ ἐκφύῃ τὰ φύλλα, **γινώσκετε** ὅτι ἐγγὺς τὸ θέρος ἐστίν·	Lk 21,30	[29] καὶ εἶπεν παραβολὴν αὐτοῖς· ἴδετε τὴν συκῆν καὶ πάντα τὰ δένδρα· [30] ὅταν προβάλωσιν ἤδη, βλέποντες ἀφ' ἑαυτῶν **γινώσκετε** ὅτι ἤδη ἐγγὺς τὸ θέρος ἐστίν·	
222	Mt 24,33	οὕτως καὶ ὑμεῖς, ὅταν ἴδητε πάντα ταῦτα, **γινώσκετε** ὅτι ἐγγύς ἐστιν ἐπὶ θύραις.	Mk 13,29	οὕτως καὶ ὑμεῖς, ὅταν ἴδητε ταῦτα γινόμενα, **γινώσκετε** ὅτι ἐγγύς ἐστιν ἐπὶ θύραις.	Lk 21,31	οὕτως καὶ ὑμεῖς, ὅταν ἴδητε ταῦτα γινόμενα, **γινώσκετε** ὅτι ἐγγύς ἐστιν ἡ βασιλεία τοῦ θεοῦ.	
201	Mt 24,39	[38] τρώγοντες καὶ πίνοντες, γαμοῦντες καὶ γαμίζοντες, ἄχρι ἧς ἡμέρας εἰσῆλθεν Νῶε εἰς τὴν κιβωτόν, [39] καὶ **οὐκ ἔγνωσαν** ἕως ἦλθεν ὁ κατακλυσμὸς καὶ ἦρεν ἅπαντας, ...			Lk 17,27	ἤσθιον, ἔπινον, ἐγάμουν, ἐγαμίζοντο, ἄχρι ἧς ἡμέρας εἰσῆλθεν Νῶε εἰς τὴν κιβωτόν, καὶ ἦλθεν ὁ κατακλυσμὸς καὶ ἀπώλεσεν πάντας.	
202	Mt 24,43	ἐκεῖνο δὲ **γινώσκετε** ὅτι εἰ ᾔδει ὁ οἰκοδεσπότης ποίᾳ φυλακῇ ὁ κλέπτης ἔρχεται, ...			Lk 12,39	τοῦτο δὲ **γινώσκετε** ὅτι εἰ ᾔδει ὁ οἰκοδεσπότης ποίᾳ ὥρᾳ ὁ κλέπτης ἔρχεται, ...	→ GTh 21,5 → GTh 103
202	Mt 24,50 → Mt 24,42 → Mt 24,44 → Mt 25,13	ἥξει ὁ κύριος τοῦ δούλου ἐκείνου ἐν ἡμέρᾳ ᾗ οὐ προσδοκᾷ καὶ ἐν ὥρᾳ ᾗ **οὐ γινώσκει**			Lk 12,46	ἥξει ὁ κύριος τοῦ δούλου ἐκείνου ἐν ἡμέρᾳ ᾗ οὐ προσδοκᾷ καὶ ἐν ὥρᾳ ᾗ **οὐ γινώσκει**, ...	
201	Mt 25,24	προσελθὼν δὲ καὶ ὁ τὸ ἓν τάλαντον εἰληφὼς εἶπεν· κύριε, **ἔγνων** σε ὅτι σκληρὸς εἶ ἄνθρωπος, θερίζων ὅπου οὐκ ἔσπειρας καὶ συνάγων ὅθεν οὐ διεσκόρπισας·			Lk 19,21 → Mt 25,18	[20] καὶ ὁ ἕτερος ἦλθεν λέγων· κύριε, ἰδοὺ ἡ μνᾶ σου ἣν εἶχον ἀποκειμένην ἐν σουδαρίῳ· **[21] ἐφοβούμην** γάρ σε, ὅτι ἄνθρωπος αὐστηρὸς εἶ, αἴρεις ὃ οὐκ ἔθηκας καὶ θερίζεις ὃ οὐκ ἔσπειρας.	
210	Mt 26,10	**γνοὺς** δὲ ὁ Ἰησοῦς εἶπεν αὐτοῖς· τί κόπους παρέχετε τῇ γυναικί; ...	Mk 14,6	ὁ δὲ Ἰησοῦς εἶπεν· ἄφετε αὐτήν· τί αὐτῇ κόπους παρέχετε; ...			→ Jn 12,7

120	Mt 27,18	ᾔδει γὰρ ὅτι διὰ φθόνον παρέδωκαν αὐτόν.	Mk 15,10	ἐγίνωσκεν γὰρ ὅτι διὰ φθόνον παραδεδώκεισαν αὐτὸν οἱ ἀρχιερεῖς.			
120	Mt 27,58	... τότε ὁ Πιλᾶτος ἐκέλευσεν ἀποδοθῆναι.	Mk 15,45	καὶ γνοὺς ἀπὸ τοῦ κεντυρίωνος ἐδωρήσατο τὸ πτῶμα τῷ Ἰωσήφ.			→ Jn 19,38
002					Lk 24,18	... σὺ μόνος παροικεῖς Ἰερουσαλὴμ καὶ οὐκ ἔγνως τὰ γενόμενα ἐν αὐτῇ ἐν ταῖς ἡμέραις ταύταις;	
002					Lk 24,35	καὶ αὐτοὶ ἐξηγοῦντο τὰ ἐν τῇ ὁδῷ καὶ ὡς ἐγνώσθη αὐτοῖς ἐν τῇ κλάσει τοῦ ἄρτου.	

Acts 1,7 ... οὐχ ὑμῶν ἐστιν
γνῶναι
χρόνους ἢ καιροὺς οὓς
ὁ πατὴρ ἔθετο ἐν τῇ ἰδίᾳ
ἐξουσίᾳ

Acts 2,36 ἀσφαλῶς οὖν
γινωσκέτω
πᾶς οἶκος Ἰσραὴλ ὅτι καὶ
κύριον αὐτὸν καὶ
χριστὸν ἐποίησεν ὁ θεός,
...

Acts 8,30 προσδραμὼν δὲ
ὁ Φίλιππος ἤκουσεν
αὐτοῦ ἀναγινώσκοντος
Ἠσαΐαν τὸν προφήτην
καὶ εἶπεν· ἆρά γε
γινώσκεις
ἃ ἀναγινώσκεις;

Acts 9,24 ἐγνώσθη
δὲ τῷ Σαύλῳ ἡ ἐπιβουλὴ
αὐτῶν. ...

Acts 17,13 ὡς δὲ
ἔγνωσαν
οἱ ἀπὸ τῆς Θεσσαλονίκης
Ἰουδαῖοι ὅτι καὶ ἐν τῇ
Βεροίᾳ κατηγγέλη ὑπὸ
τοῦ Παύλου ὁ λόγος τοῦ
θεοῦ, ...

Acts 17,19 ... δυνάμεθα
γνῶναι
τίς ἡ καινὴ αὕτη ἡ ὑπὸ
σοῦ λαλουμένη διδαχή;

Acts 17,20 ... βουλόμεθα οὖν
γνῶναι
τίνα θέλει ταῦτα εἶναι.

Acts 19,15 ... τὸν [μὲν] Ἰησοῦν
γινώσκω
καὶ τὸν Παῦλον
ἐπίσταμαι, ὑμεῖς δὲ τίνες
ἐστέ;

Acts 19,35 ... ἄνδρες Ἐφέσιοι, τίς
γάρ ἐστιν ἀνθρώπων ὃς
οὐ γινώσκει
τὴν Ἐφεσίων πόλιν
νεωκόρον οὖσαν τῆς
μεγάλης Ἀρτέμιδος καὶ
τοῦ διοπετοῦς;

Acts 20,34 αὐτοὶ
γινώσκετε
ὅτι ταῖς χρείαις μου καὶ
τοῖς οὖσιν μετ' ἐμοῦ
ὑπηρέτησαν αἱ χεῖρες
αὗται.

Acts 21,24 ... καὶ
γνώσονται
πάντες ὅτι ὧν
κατήχηνται περὶ σοῦ
οὐδέν ἐστιν ἀλλὰ
στοιχεῖς καὶ αὐτὸς
φυλάσσων τὸν νόμον.

Acts 21,34 ... μὴ δυναμένου δὲ αὐτοῦ
γνῶναι
τὸ ἀσφαλὲς διὰ τὸν
θόρυβον ἐκέλευσεν
ἄγεσθαι αὐτὸν
εἰς τὴν παρεμβολήν.

Acts 21,37 ... ὁ δὲ ἔφη· Ἑλληνιστὶ
γινώσκεις;

Acts 22,14 ... ὁ θεὸς τῶν πατέρων
ἡμῶν προεχειρίσατό σε
γνῶναι
τὸ θέλημα αὐτοῦ καὶ
ἰδεῖν τὸν δίκαιον καὶ
ἀκοῦσαι φωνὴν ἐκ τοῦ
στόματος αὐτοῦ

Acts 22,30 τῇ δὲ ἐπαύριον
βουλόμενος
γνῶναι
τὸ ἀσφαλές,
τὸ τί κατηγορεῖται
ὑπὸ τῶν Ἰουδαίων, ...

Acts 23,6 γνοὺς
δὲ ὁ Παῦλος ὅτι
τὸ ἓν μέρος ἐστὶν
Σαδδουκαίων τὸ δὲ
ἕτερον Φαρισαίων
ἔκραζεν ἐν τῷ συνεδρίῳ·
...

# γλῶσσα	Syn	Mt	Mk	Lk	Acts	Jn	1-3John	Paul	Eph	Col
	4		2	2	6		1	24		
	NT	2Thess	1/2Tim	Tit	Heb	Jas	1Pet	2Pet	Jude	Rev
	49					5	1			8

tongue; language; utterance

002					Lk 1,64	ἀνεῴχθη δὲ τὸ στόμα αὐτοῦ παραχρῆμα καὶ **ἡ γλῶσσα αὐτοῦ,** καὶ ἐλάλει εὐλογῶν τὸν θεόν.	
020			Mk 7,33 → Mk 8,23	... ἔβαλεν τοὺς δακτύλους αὐτοῦ εἰς τὰ ὦτα αὐτοῦ καὶ πτύσας ἥψατο **τῆς γλώσσης αὐτοῦ**			
020			Mk 7,35	καὶ [εὐθέως] ἠνοίγησαν αὐτοῦ αἱ ἀκοαί, καὶ ἐλύθη **ὁ δεσμὸς τῆς γλώσσης αὐτοῦ** καὶ ἐλάλει ὀρθῶς.			
002					Lk 16,24	... πέμψον Λάζαρον ἵνα βάψῃ τὸ ἄκρον τοῦ δακτύλου αὐτοῦ ὕδατος καὶ καταψύξῃ **τὴν γλῶσσάν μου,** ὅτι ὀδυνῶμαι ἐν τῇ φλογὶ ταύτῃ.	

Acts 2,3 καὶ ὤφθησαν αὐτοῖς διαμεριζόμεναι **γλῶσσαι** ὡσεὶ πυρὸς καὶ ἐκάθισεν ἐφ' ἕνα ἕκαστον αὐτῶν,

Acts 2,4 ... καὶ ἤρξαντο λαλεῖν **ἑτέραις γλώσσαις** καθὼς τὸ πνεῦμα ἐδίδου ἀποφθέγγεσθαι αὐτοῖς.

Acts 2,11 Ἰουδαῖοί τε καὶ προσήλυτοι, Κρῆτες καὶ Ἄραβες, ἀκούομεν λαλούντων αὐτῶν **ταῖς ἡμετέραις γλώσσαις** τὰ μεγαλεῖα τοῦ θεοῦ.

Acts 2,26 *διὰ τοῦτο ηὐφράνθη ἡ καρδία μου καὶ ἠγαλλιάσατο* ***ἡ γλῶσσά μου,*** *ἔτι δὲ καὶ ἡ σάρξ μου κατασκηνώσει ἐπ' ἐλπίδι*
➤ Ps 15,9 LXX

Acts 10,46 ἤκουον γὰρ αὐτῶν λαλούντων **γλώσσαις** καὶ μεγαλυνόντων τὸν θεόν. ...

Acts 19,6 ... ἦλθε τὸ πνεῦμα τὸ ἅγιον ἐπ' αὐτούς, ἐλάλουν τε **γλώσσαις** καὶ ἐπροφήτευον.

# γναφεύς	Syn	Mt	Mk	Lk	Acts	Jn	1-3John	Paul	Eph	Col
	1		1							
	NT	2Thess	1/2Tim	Tit	Heb	Jas	1Pet	2Pet	Jude	Rev
	1									

one who bleaches

121	Mt 17,2	... τὰ δὲ ἱμάτια αὐτοῦ ἐγένετο λευκὰ ὡς τὸ φῶς.	Mk 9,3	καὶ τὰ ἱμάτια αὐτοῦ ἐγένετο στίλβοντα λευκὰ λίαν, οἷα **γναφεὺς** ἐπὶ τῆς γῆς οὐ δύναται οὕτως λευκᾶναι.	Lk 9,29	... καὶ ὁ ἱματισμὸς αὐτοῦ λευκὸς ἐξαστράπτων.	

γνωρίζω	Syn 2	Mt	Mk	Lk 2	Acts 1	Jn 3	1-3John	Paul 9	Eph 6	Col 3
	NT 25	2Thess	1/2Tim	Tit	Heb	Jas	1Pet	2Pet 1	Jude	Rev

make known; disclose; know

002					Lk 2,15	... διέλθωμεν δὴ ἕως Βηθλέεμ καὶ ἴδωμεν τὸ ῥῆμα τοῦτο τὸ γεγονὸς ὃ ὁ κύριος **ἐγνώρισεν** ἡμῖν.	
002					Lk 2,17	ἰδόντες δὲ **ἐγνώρισαν** περὶ τοῦ ῥήματος τοῦ λαληθέντος αὐτοῖς περὶ τοῦ παιδίου τούτου.	

Acts 2,28 *ἐγνώρισάς*
μοι ὁδοὺς ζωῆς,
πληρώσεις με
εὐφροσύνης μετὰ
τοῦ προσώπου σου.
➤ Ps 15,11 LXX

γνῶσις	Syn 2	Mt	Mk	Lk 2	Acts	Jn	1-3John	Paul 20	Eph 1	Col 1
	NT 29	2Thess	1/2Tim 1	Tit	Heb	Jas	1Pet 1	2Pet 3	Jude	Rev

knowledge

002					Lk 1,77	τοῦ δοῦναι **γνῶσιν σωτηρίας** τῷ λαῷ αὐτοῦ ἐν ἀφέσει ἁμαρτιῶν αὐτῶν	
102	Mt 23,13 → Mt 16,19	οὐαὶ δὲ ὑμῖν, γραμματεῖς καὶ Φαρισαῖοι ὑποκριταί, ὅτι **κλείετε** **τὴν βασιλείαν** **τῶν οὐρανῶν** ἔμπροσθεν τῶν ἀνθρώπων· ὑμεῖς γὰρ οὐκ εἰσέρχεσθε οὐδὲ τοὺς εἰσερχομένους ἀφίετε εἰσελθεῖν.			Lk 11,52	οὐαὶ ὑμῖν τοῖς νομικοῖς, ὅτι **ἤρατε τὴν κλεῖδα** **τῆς γνώσεως·** αὐτοὶ οὐκ εἰσήλθατε καὶ τοὺς εἰσερχομένους ἐκωλύσατε.	→ GTh 39,1-2 **(POxy 655)** → GTh 102

γνωστός	Syn 2	Mt	Mk	Lk 2	Acts 10	Jn 2	1-3John	Paul 1	Eph	Col
	NT 15	2Thess	1/2Tim	Tit	Heb	Jas	1Pet	2Pet	Jude	Rev

known; acquaintance; friend; what can be known; notable; extraordinary

002					Lk 2,44	... ἀνεζήτουν αὐτὸν ἐν τοῖς συγγενεῦσιν καὶ **τοῖς γνωστοῖς**	
112	Mt 27,55	ἦσαν δὲ ἐκεῖ γυναῖκες πολλαὶ ἀπὸ μακρόθεν θεωροῦσαι, ...	Mk 15,40	ἦσαν δὲ καὶ γυναῖκες ἀπὸ μακρόθεν θεωροῦσαι, ...	Lk 23,49	εἱστήκεισαν δὲ **πάντες οἱ γνωστοὶ** **αὐτῷ** ἀπὸ μακρόθεν καὶ γυναῖκες ...	→ Jn 19,25

Acts 1,19 καὶ
→ Mt 27,8
γνωστὸν
ἐγένετο πᾶσι
τοῖς κατοικοῦσιν
Ἰερουσαλήμ, ...

Acts 2,14 ... ἄνδρες Ἰουδαῖοι καὶ
οἱ κατοικοῦντες
Ἰερουσαλὴμ πάντες,
τοῦτο ὑμῖν
γνωστὸν
ἔστω καὶ ἐνωτίσασθε
τὰ ῥήματά μου.

Acts 4,10 γνωστὸν
ἔστω πᾶσιν ὑμῖν καὶ
παντὶ τῷ λαῷ Ἰσραὴλ ὅτι
ἐν τῷ ὀνόματι Ἰησοῦ
Χριστοῦ τοῦ Ναζωραίου
ὃν ὑμεῖς ἐσταυρώσατε,
ὃν ὁ θεὸς ἤγειρεν ἐκ
νεκρῶν, ἐν τούτῳ οὗτος
παρέστηκεν ἐνώπιον
ὑμῶν ὑγιής.

Acts 4,16 ... ὅτι μὲν γὰρ
γνωστὸν σημεῖον
γέγονεν δι᾽ αὐτῶν πᾶσιν
τοῖς κατοικοῦσιν
Ἰερουσαλὴμ φανερὸν καὶ
οὐ δυνάμεθα ἀρνεῖσθαι·

Acts 9,42 γνωστὸν
δὲ ἐγένετο καθ᾽ ὅλης τῆς
Ἰόππης καὶ ἐπίστευσαν
πολλοὶ ἐπὶ τὸν κύριον.

Acts 13,38 γνωστὸν
οὖν ἔστω ὑμῖν, ἄνδρες
ἀδελφοί, ὅτι διὰ τούτου
ὑμῖν ἄφεσις ἁμαρτιῶν
καταγγέλλεται, ...

Acts 15,18 [17] *ὅπως ἂν ἐκζητήσωσιν
οἱ κατάλοιποι τῶν
ἀνθρώπων τὸν κύριον καὶ
πάντα τὰ ἔθνη ἐφ᾽ οὓς
ἐπικέκληται τὸ ὄνομά
μου ἐπ᾽ αὐτούς, λέγει
κύριος ποιῶν ταῦτα*
[18] *γνωστὰ
ἀπ᾽ αἰῶνος.*
➤ Amos 9,12 LXX
➤ Isa 45,21

Acts 19,17 τοῦτο δὲ ἐγένετο
γνωστὸν
πᾶσιν Ἰουδαίοις τε καὶ
Ἕλλησιν
τοῖς κατοικοῦσιν
τὴν Ἔφεσον ...

Acts 28,22 ... περὶ μὲν γὰρ τῆς
αἱρέσεως ταύτης
γνωστὸν
ἡμῖν ἐστιν ὅτι πανταχοῦ
ἀντιλέγεται.

Acts 28,28 γνωστὸν
οὖν ἔστω ὑμῖν ὅτι τοῖς
ἔθνεσιν ἀπεστάλη τοῦτο
τὸ σωτήριον τοῦ θεοῦ· ...

γογγύζω	Syn 2	Mt 1	Mk	Lk 1	Acts	Jn 4	1-3John	Paul 2	Eph	Col
	NT 8	2Thess	1/2Tim	Tit	Heb	Jas	1Pet	2Pet	Jude	Rev

grumble; complain; mutter; whisper

112	**Mt 9,11** καὶ ἰδόντες οἱ Φαρισαῖοι ἔλεγον τοῖς μαθηταῖς αὐτοῦ· διὰ τί μετὰ τῶν τελωνῶν καὶ ἁμαρτωλῶν ἐσθίει ὁ διδάσκαλος ὑμῶν;	**Mk 2,16** καὶ οἱ γραμματεῖς τῶν Φαρισαίων ἰδόντες ὅτι ἐσθίει μετὰ τῶν ἁμαρτωλῶν καὶ τελωνῶν ἔλεγον τοῖς μαθηταῖς αὐτοῦ· ὅτι μετὰ τῶν τελωνῶν καὶ ἁμαρτωλῶν ἐσθίει;	**Lk 5,30** καὶ → Lk 15,2 → Lk 19,7 ἐγόγγυζον οἱ Φαρισαῖοι καὶ οἱ γραμματεῖς αὐτῶν πρὸς τοὺς μαθητὰς αὐτοῦ λέγοντες· διὰ τί μετὰ τῶν τελωνῶν καὶ ἁμαρτωλῶν ἐσθίετε καὶ πίνετε;	
200	**Mt 20,11** λαβόντες δὲ ἐγόγγυζον κατὰ τοῦ οἰκοδεσπότου			

Γολγοθᾶ	Syn 2	Mt 1	Mk 1	Lk	Acts	Jn 1	1-3John	Paul	Eph	Col
	NT 3	2Thess	1/2Tim	Tit	Heb	Jas	1Pet	2Pet	Jude	Rev

Golgotha

221	**Mt 27,33** καὶ ἐλθόντες εἰς τόπον λεγόμενον Γολγοθᾶ, ὅ ἐστιν Κρανίου Τόπος λεγόμενος	**Mk 15,22** καὶ φέρουσιν αὐτὸν ἐπὶ τὸν Γολγοθᾶν τόπον, ὅ ἐστιν μεθερμηνευόμενον Κρανίου Τόπος.	**Lk 23,33** καὶ ὅτε ἦλθον ἐπὶ τὸν τόπον τὸν καλούμενον Κρανίον, ...	→ Jn 19,17

Γόμορρα	Syn 1	Mt 1	Mk	Lk	Acts	Jn	1-3John	Paul 1	Eph	Col
	NT 4	2Thess	1/2Tim	Tit	Heb	Jas	1Pet	2Pet 1	Jude 1	Rev

Gomorrah

201	**Mt 10,15** ⇨ Mt 11,24	ἀμὴν λέγω ὑμῖν, ἀνεκτότερον ἔσται γῇ Σοδόμων καὶ Γομόρρων ἐν ἡμέρᾳ κρίσεως ἢ τῇ πόλει ἐκείνῃ.			**Lk 10,12**	λέγω ὑμῖν ὅτι Σοδόμοις ἐν τῇ ἡμέρᾳ ἐκείνῃ ἀνεκτότερον ἔσται ἢ τῇ πόλει ἐκείνῃ.	

γονεῖς	Syn 8	Mt 1	Mk 1	Lk 6	Acts	Jn 6	1-3John	Paul 3	Eph 1	Col 1
	NT 20	2Thess	1/2Tim 1	Tit	Heb	Jas	1Pet	2Pet	Jude	Rev

parents

002					**Lk 2,27**	... καὶ ἐν τῷ εἰσαγαγεῖν τοὺς γονεῖς τὸ παιδίον Ἰησοῦν τοῦ ποιῆσαι αὐτοὺς κατὰ τὸ εἰθισμένον τοῦ νόμου περὶ αὐτοῦ	
002					**Lk 2,41**	καὶ ἐπορεύοντο οἱ γονεῖς αὐτοῦ κατ' ἔτος εἰς Ἰερουσαλὴμ τῇ ἑορτῇ τοῦ πάσχα.	
002					**Lk 2,43**	... ὑπέμεινεν Ἰησοῦς ὁ παῖς ἐν Ἰερουσαλήμ, καὶ οὐκ ἔγνωσαν οἱ γονεῖς αὐτοῦ.	
012			**Mk 5,42**	... καὶ ἐξέστησαν [εὐθὺς] ἐκστάσει μεγάλῃ. [43] καὶ διεστείλατο αὐτοῖς πολλὰ ἵνα μηδεὶς γνοῖ τοῦτο, ...	**Lk 8,56**	καὶ ἐξέστησαν οἱ γονεῖς αὐτῆς· ὁ δὲ παρήγγειλεν αὐτοῖς μηδενὶ εἰπεῖν τὸ γεγονός.	
112	**Mt 19,29** → Mt 10,37	καὶ πᾶς ὅστις ἀφῆκεν οἰκίας ἢ ἀδελφοὺς ἢ ἀδελφὰς ἢ πατέρα ἢ μητέρα ἢ τέκνα ἢ ἀγροὺς ἕνεκεν τοῦ ὀνόματός μου, ...	**Mk 10,29**	... οὐδείς ἐστιν ὃς ἀφῆκεν οἰκίαν ἢ ἀδελφοὺς ἢ ἀδελφὰς ἢ μητέρα ἢ πατέρα ἢ τέκνα ἢ ἀγροὺς ἕνεκεν ἐμοῦ καὶ ἕνεκεν τοῦ εὐαγγελίου	**Lk 18,29** → Lk 14,26	... οὐδείς ἐστιν ὃς ἀφῆκεν οἰκίαν ἢ γυναῖκα ἢ ἀδελφοὺς ἢ γονεῖς ἢ τέκνα ἕνεκεν τῆς βασιλείας τοῦ θεοῦ	→ GTh 55 → GTh 101
222	**Mt 10,21** ⇩ Mt 24,9 → Mt 10,35 → Mt 24,10	παραδώσει δὲ ἀδελφὸς ἀδελφὸν εἰς θάνατον καὶ πατὴρ τέκνον, καὶ ἐπαναστήσονται τέκνα ἐπὶ γονεῖς καὶ θανατώσουσιν αὐτούς.	**Mk 13,12**	καὶ παραδώσει ἀδελφὸς ἀδελφὸν εἰς θάνατον καὶ πατὴρ τέκνον, καὶ ἐπαναστήσονται τέκνα ἐπὶ γονεῖς καὶ θανατώσουσιν αὐτούς·	**Lk 21,16** → Lk 12,53	παραδοθήσεσθε δὲ καὶ ὑπὸ γονέων καὶ ἀδελφῶν καὶ συγγενῶν καὶ φίλων, καὶ θανατώσουσιν ἐξ ὑμῶν	
	Mt 24,9 ⇧ Mt 10,21	τότε παραδώσουσιν ὑμᾶς εἰς θλῖψιν καὶ ἀποκτενοῦσιν ὑμᾶς, ...					

# γόνυ	Syn 3	Mt	Mk 1	Lk 2	Acts 4	Jn	1-3John	Paul 3	Eph 1	Col
	NT 12	2Thess	1/2Tim	Tit	Heb 1	Jas	1Pet	2Pet	Jude	Rev

knee

002					**Lk 5,8**	ἰδὼν δὲ Σίμων Πέτρος προσέπεσεν **τοῖς γόνασιν Ἰησοῦ** λέγων· ἔξελθε ἀπ᾽ ἐμοῦ, ...	
112	**Mt 26,39**	καὶ προελθὼν μικρὸν ἔπεσεν ἐπὶ πρόσωπον αὐτοῦ προσευχόμενος καὶ λέγων· ...	**Mk 14,35**	καὶ προελθὼν μικρὸν ἔπιπτεν ἐπὶ τῆς γῆς καὶ προσηύχετο ...	**Lk 22,41**	καὶ αὐτὸς ἀπεσπάσθη ἀπ᾽ αὐτῶν ὡσεὶ λίθου βολὴν καὶ θεὶς **τὰ γόνατα** προσηύχετο	
120	**Mt 27,30**	καὶ ἐμπτύσαντες εἰς αὐτὸν ἔλαβον τὸν κάλαμον καὶ ἔτυπτον εἰς τὴν κεφαλὴν αὐτοῦ.	**Mk 15,19**	καὶ ἔτυπτον αὐτοῦ τὴν κεφαλὴν καλάμῳ καὶ ἐνέπτυον αὐτῷ καὶ τιθέντες **τὰ γόνατα** προσεκύνουν αὐτῷ.			

Acts 7,60 [[→ Lk 23,34]] θεὶς δὲ
τὰ γόνατα
ἔκραξεν φωνῇ μεγάλῃ·
κύριε, μὴ στήσῃς αὐτοῖς
ταύτην τὴν ἁμαρτίαν. ...

Acts 9,40 ἐκβαλὼν δὲ ἔξω πάντας
ὁ Πέτρος καὶ θεὶς
τὰ γόνατα
προσηύξατο καὶ
ἐπιστρέψας πρὸς τὸ σῶμα
εἶπεν· Ταβιθά, ἀνάστηθι. ...

Acts 20,36 καὶ ταῦτα εἰπὼν θεὶς
τὰ γόνατα αὐτοῦ
σὺν πᾶσιν αὐτοῖς
προσηύξατο.

Acts 21,5 ... ἐξελθόντες
ἐπορευόμεθα
προπεμπόντων ἡμᾶς
πάντων σὺν γυναιξὶ καὶ
τέκνοις ἕως ἔξω τῆς
πόλεως, καὶ θέντες
τὰ γόνατα
ἐπὶ τὸν αἰγιαλὸν
προσευξάμενοι

# γονυπετέω	Syn 4	Mt 2	Mk 2	Lk	Acts	Jn	1-3John	Paul	Eph	Col
	NT 4	2Thess	1/2Tim	Tit	Heb	Jas	1Pet	2Pet	Jude	Rev

kneel

121	**Mt 8,2**	καὶ ἰδοὺ λεπρὸς προσελθὼν **προσεκύνει** αὐτῷ λέγων· κύριε, ἐὰν θέλῃς δύνασαί με καθαρίσαι.	**Mk 1,40**	καὶ ἔρχεται πρὸς αὐτὸν λεπρὸς παρακαλῶν αὐτὸν [καὶ **γονυπετῶν**] καὶ λέγων αὐτῷ ὅτι ἐὰν θέλῃς δύνασαί με καθαρίσαι.	**Lk 5,12** → Lk 17,12-13.16	... ἰδοὺ ἀνὴρ πλήρης λέπρας· ἰδὼν δὲ τὸν Ἰησοῦν, **πεσὼν ἐπὶ πρόσωπον** ἐδεήθη αὐτοῦ λέγων· κύριε, ἐὰν θέλῃς δύνασαί με καθαρίσαι.	
211	**Mt 17,14**	καὶ ἐλθόντων πρὸς τὸν ὄχλον προσῆλθεν αὐτῷ ἄνθρωπος **γονυπετῶν** αὐτὸν [15] καὶ λέγων· κύριε, ἐλέησόν μου τὸν υἱόν, ...	**Mk 9,17**	καὶ ἀπεκρίθη αὐτῷ εἷς ἐκ τοῦ ὄχλου· διδάσκαλε, ἤνεγκα τὸν υἱόν μου πρὸς σέ, ...	**Lk 9,38**	καὶ ἰδοὺ ἀνὴρ ἀπὸ τοῦ ὄχλου ἐβόησεν λέγων· διδάσκαλε, δέομαί σου ἐπιβλέψαι ἐπὶ τὸν υἱόν μου, ...	
121	**Mt 19,16** → Mt 22,35-36	καὶ ἰδοὺ εἷς προσελθὼν αὐτῷ εἶπεν· διδάσκαλε, τί ἀγαθὸν ποιήσω ἵνα σχῶ ζωὴν αἰώνιον;	**Mk 10,17** → Mk 12,28	καὶ ἐκπορευομένου αὐτοῦ εἰς ὁδὸν προσδραμὼν εἷς καὶ **γονυπετήσας αὐτὸν** ἐπηρώτα αὐτόν· διδάσκαλε ἀγαθέ, τί ποιήσω ἵνα ζωὴν αἰώνιον κληρονομήσω;	**Lk 18,18** ⇨ Lk 10,25	καὶ ἐπηρώτησέν τις αὐτὸν ἄρχων λέγων· διδάσκαλε ἀγαθέ, τί ποιήσας ζωὴν αἰώνιον κληρονομήσω;	

	Mt		Mk		
210	Mt 27,29	... καὶ γονυπετήσαντες ἔμπροσθεν αὐτοῦ ἐνέπαιξαν αὐτῷ λέγοντες· χαῖρε, βασιλεῦ τῶν Ἰουδαίων	Mk 15,18	καὶ ἤρξαντο ἀσπάζεσθαι αὐτόν· χαῖρε, βασιλεῦ τῶν Ἰουδαίων·	→ Jn 19,3

γράμμα

Syn 2	Mt	Mk	Lk 2	Acts 2	Jn 2	1-3John	Paul 7	Eph	Col
NT 14	2Thess	1/2Tim 1	Tit	Heb	Jas	1Pet	2Pet	Jude	Rev

letter of the alphabet; Scripture; letter; communication; bill; account; learning

		Lk		
002		Lk 16,6	ὁ δὲ εἶπεν· ἑκατὸν βάτους ἐλαίου. ὁ δὲ εἶπεν αὐτῷ· δέξαι σου τὰ γράμματα καὶ καθίσας ταχέως γράψον πεντήκοντα.	
002		Lk 16,7	... ὁ δὲ εἶπεν· ἑκατὸν κόρους σίτου. λέγει αὐτῷ· δέξαι σου τὰ γράμματα καὶ γράψον ὀγδοήκοντα.	

Acts 26,24 ... μαίνῃ, Παῦλε·
τὰ πολλά σε
γράμματα
εἰς μανίαν περιτρέπει.

Acts 28,21 ... ἡμεῖς οὔτε
γράμματα
περὶ σοῦ ἐδεξάμεθα
ἀπὸ τῆς Ἰουδαίας οὔτε
παραγενόμενός τις τῶν
ἀδελφῶν ἀπήγγειλεν
ἢ ἐλάλησέν τι περὶ σοῦ
πονηρόν.

γραμματεύς

Syn 57	Mt 22	Mk 21	Lk 14	Acts 4	Jn	1-3John	Paul 1	Eph	Col
NT 62	2Thess	1/2Tim	Tit	Heb	Jas	1Pet	2Pet	Jude	Rev

scribe; expert in the Jewish law; town clerk; man of letters; scholar

	triple tradition																	double tradition			Sondergut		
		+Mt / +Lk			–Mt / –Lk			traditions not taken over by Mt / Lk							subtotals								
code	222	211	112	212	221	122	121	022	012	021	220	120	210	020	Σ⁺	Σ⁻	Σ	202	201	102	200	002	total
Mt	3	1⁺			3	4⁻	4⁻				2	2⁻			1⁺	10⁻	9		8		5		**22**
Mk	3				3	4	4	2			2	2		1			21						**21**
Lk	3		2⁺		3⁻	4	4⁻	2							2⁺	7⁻	11					3	**14**

a γραμματεῖς + Φαρισαῖοι
b γραμματεῖς + ἀρχιερεῖς
c γραμματεῖς + πρεσβύτεροι

	Mt		
b 200	Mt 2,4	καὶ συναγαγὼν πάντας τοὺς ἀρχιερεῖς καὶ γραμματεῖς τοῦ λαοῦ ἐπυνθάνετο παρ᾽ αὐτῶν ποῦ ὁ χριστὸς γεννᾶται.	
a 200	Mt 5,20	... ἐὰν μὴ περισσεύσῃ ὑμῶν ἡ δικαιοσύνη πλεῖον τῶν γραμματέων καὶ Φαρισαίων, οὐ μὴ εἰσέλθητε εἰς τὴν βασιλείαν τῶν οὐρανῶν.	→ GTh 27 (POxy 1)

221	Mt 7,29 → Mt 22,33	[28] ... ἐξεπλήσσοντο οἱ ὄχλοι ἐπὶ τῇ διδαχῇ αὐτοῦ· [29] ἦν γὰρ διδάσκων αὐτοὺς ὡς ἐξουσίαν ἔχων καὶ **οὐχ ὡς οἱ γραμματεῖς αὐτῶν.**	Mk 1,22 → Mk 1,27 → Mk 11,18b	καὶ ἐξεπλήσσοντο ἐπὶ τῇ διδαχῇ αὐτοῦ· ἦν γὰρ διδάσκων αὐτοὺς ὡς ἐξουσίαν ἔχων καὶ **οὐχ ὡς οἱ γραμματεῖς.**	Lk 4,32 → Lk 4,36	καὶ ἐξεπλήσσοντο ἐπὶ τῇ διδαχῇ αὐτοῦ, ὅτι ἐν ἐξουσίᾳ ἦν ὁ λόγος αὐτοῦ.	
201	Mt 8,19	καὶ προσελθὼν **εἷς γραμματεὺς** εἶπεν αὐτῷ· διδάσκαλε, ἀκολουθήσω σοι ὅπου ἐὰν ἀπέρχῃ.			Lk 9,57	καὶ πορευομένων αὐτῶν ἐν τῇ ὁδῷ εἶπέν **τις** πρὸς αὐτόν· ἀκολουθήσω σοι ὅπου ἐὰν ἀπέρχῃ.	
a 222	Mt 9,3	καὶ ἰδού **τινες τῶν γραμματέων** εἶπαν ἐν ἑαυτοῖς· ...	Mk 2,6	ἦσαν δέ **τινες τῶν γραμματέων** ἐκεῖ καθήμενοι καὶ διαλογιζόμενοι ἐν ταῖς καρδίαις αὐτῶν·	Lk 5,21 → Lk 7,49	καὶ ἤρξαντο διαλογίζεσθαι **οἱ γραμματεῖς** καὶ οἱ Φαρισαῖοι λέγοντες· ...	
a 122	Mt 9,11	καὶ ἰδόντες **οἱ Φαρισαῖοι** ἔλεγον τοῖς μαθηταῖς αὐτοῦ· διὰ τί μετὰ τῶν τελωνῶν καὶ ἁμαρτωλῶν ἐσθίει ὁ διδάσκαλος ὑμῶν;	Mk 2,16	καὶ **οἱ γραμματεῖς τῶν Φαρισαίων** ἰδόντες ὅτι ἐσθίει μετὰ τῶν ἁμαρτωλῶν καὶ τελωνῶν ἔλεγον τοῖς μαθηταῖς αὐτοῦ· ὅτι μετὰ τῶν τελωνῶν καὶ ἁμαρτωλῶν ἐσθίει;	Lk 5,30 ↓ Lk 15,2 → Lk 19,7	καὶ ἐγόγγυζον **οἱ Φαρισαῖοι καὶ οἱ γραμματεῖς αὐτῶν** πρὸς τοὺς μαθητὰς αὐτοῦ λέγοντες· διὰ τί μετὰ τῶν τελωνῶν καὶ ἁμαρτωλῶν ἐσθίετε καὶ πίνετε;	
a 112	Mt 12,10	... καὶ ἐπηρώτησαν αὐτὸν λέγοντες· εἰ ἔξεστιν τοῖς σάββασιν θεραπεῦσαι; ἵνα κατηγορήσωσιν αὐτοῦ.	Mk 3,2	καὶ παρετήρουν αὐτὸν εἰ τοῖς σάββασιν θεραπεύσει αὐτόν, ἵνα κατηγορήσωσιν αὐτοῦ.	Lk 6,7 → Lk 14,3	παρετηροῦντο δὲ αὐτὸν **οἱ γραμματεῖς** καὶ οἱ Φαρισαῖοι εἰ ἐν τῷ σαββάτῳ θεραπεύει, ἵνα εὕρωσιν κατηγορεῖν αὐτοῦ.	
020	Mt 12,24 ⇩ Mt 9,34	**οἱ δὲ Φαρισαῖοι** ἀκούσαντες εἶπον· οὗτος οὐκ ἐκβάλλει τὰ δαιμόνια εἰ μὴ ἐν τῷ Βεελζεβοὺλ ἄρχοντι τῶν δαιμονίων.	Mk 3,22	**καὶ οἱ γραμματεῖς** οἱ ἀπὸ Ἱεροσολύμων καταβάντες ἔλεγον ὅτι Βεελζεβοὺλ ἔχει, καὶ ὅτι ἐν τῷ ἄρχοντι τῶν δαιμονίων ἐκβάλλει τὰ δαιμόνια.	Lk 11,15 → Lk 11,18	**τινὲς δὲ ἐξ αὐτῶν** εἶπον· ἐν Βεελζεβοὺλ τῷ ἄρχοντι τῶν δαιμονίων ἐκβάλλει τὰ δαιμόνια·	Mk-Q overlap
	Mt 9,34 ⇧ Mt 12,24	**οἱ δὲ Φαρισαῖοι** ἔλεγον· ἐν τῷ ἄρχοντι τῶν δαιμονίων ἐκβάλλει τὰ δαιμόνια.					
a 201	Mt 12,38 ⇩ Mt 16,1	τότε ἀπεκρίθησαν αὐτῷ **τινες τῶν γραμματέων καὶ Φαρισαίων** λέγοντες· διδάσκαλε, θέλομεν ἀπὸ σοῦ σημεῖον ἰδεῖν.			Lk 11,16	**ἕτεροι δὲ πειράζοντες** σημεῖον ἐξ οὐρανοῦ ἐζήτουν παρ' αὐτοῦ.	Mk-Q overlap
	Mt 16,1 ⇧ Mt 12,38	καὶ προσελθόντες **οἱ Φαρισαῖοι καὶ Σαδδουκαῖοι** πειράζοντες ἐπηρώτησαν αὐτὸν σημεῖον ἐκ τοῦ οὐρανοῦ ἐπιδεῖξαι αὐτοῖς.	Mk 8,11	καὶ ἐξῆλθον **οἱ Φαρισαῖοι** καὶ ἤρξαντο συζητεῖν αὐτῷ, ζητοῦντες παρ' αὐτοῦ σημεῖον ἀπὸ τοῦ οὐρανοῦ, πειράζοντες αὐτόν.			

200	Mt 13,52	ὁ δὲ εἶπεν αὐτοῖς· διὰ τοῦτο **πᾶς γραμματεὺς** μαθητευθεὶς τῇ βασιλείᾳ τῶν οὐρανῶν ὅμοιός ἐστιν ἀνθρώπῳ οἰκοδεσπότῃ, ...					
a 220	Mt 15,1 → Lk 11,37	τότε προσέρχονται τῷ Ἰησοῦ ἀπὸ Ἱεροσολύμων Φαρισαῖοι καὶ **γραμματεῖς** ...	Mk 7,1 → Lk 11,37	καὶ συνάγονται πρὸς αὐτὸν οἱ Φαρισαῖοι καί **τινες τῶν** **γραμματέων** ἐλθόντες ἀπὸ Ἱεροσολύμων.			
a 120	Mt 15,2 → Mt 15,20	διὰ τί οἱ μαθηταί σου παραβαίνουσιν τὴν παράδοσιν τῶν πρεσβυτέρων; ...	Mk 7,5	καὶ ἐπερωτῶσιν αὐτὸν οἱ Φαρισαῖοι καὶ **οἱ γραμματεῖς**· διὰ τί οὐ περιπατοῦσιν οἱ μαθηταί σου κατὰ τὴν παράδοσιν τῶν πρεσβυτέρων, ...			
b c 222	Mt 16,21 → Mt 17,22-23 ↓ Mt 20,18	... ὅτι δεῖ αὐτὸν εἰς Ἱεροσόλυμα ἀπελθεῖν καὶ πολλὰ παθεῖν ἀπὸ τῶν πρεσβυτέρων καὶ ἀρχιερέων καὶ **γραμματέων** καὶ ἀποκτανθῆναι καὶ τῇ τρίτῃ ἡμέρᾳ ἐγερθῆναι.	Mk 8,31 → Mk 9,31 ↓ Mk 10,33	... δεῖ τὸν υἱὸν τοῦ ἀνθρώπου πολλὰ παθεῖν καὶ ἀποδοκιμασθῆναι ὑπὸ τῶν πρεσβυτέρων καὶ τῶν ἀρχιερέων καὶ **τῶν γραμματέων** καὶ ἀποκτανθῆναι καὶ μετὰ τρεῖς ἡμέρας ἀναστῆναι·	Lk 9,22 → Lk 9,44 → Lk 17,25 ↓ Lk 18,31 → Lk 24,7 → Lk 24,26 → Lk 24,46	... δεῖ τὸν υἱὸν τοῦ ἀνθρώπου πολλὰ παθεῖν καὶ ἀποδοκιμασθῆναι ἀπὸ τῶν πρεσβυτέρων καὶ ἀρχιερέων καὶ **γραμματέων** καὶ ἀποκτανθῆναι καὶ τῇ τρίτῃ ἡμέρᾳ ἐγερθῆναι.	
220	Mt 17,10	καὶ ἐπηρώτησαν αὐτὸν οἱ μαθηταὶ λέγοντες· τί οὖν **οἱ γραμματεῖς** λέγουσιν ὅτι *Ἠλίαν δεῖ* *ἐλθεῖν πρῶτον;* ➤ Mal 3,23-24	Mk 9,11	καὶ ἐπηρώτων αὐτὸν λέγοντες· ὅτι λέγουσιν **οἱ γραμματεῖς** ὅτι *Ἠλίαν δεῖ* *ἐλθεῖν πρῶτον;* ➤ Mal 3,23-24			
121	Mt 17,14	[9] καὶ καταβαινόντων αὐτῶν ἐκ τοῦ ὄρους ... [14] καὶ ἐλθόντων πρὸς τὸν ὄχλον ...	Mk 9,14	[9] καὶ καταβαινόντων αὐτῶν ἐκ τοῦ ὄρους ... [14] καὶ ἐλθόντες πρὸς τοὺς μαθητὰς εἶδον ὄχλον πολὺν περὶ αὐτοὺς καὶ **γραμματεῖς** συζητοῦντας πρὸς αὐτούς. [15] καὶ εὐθὺς πᾶς ὁ ὄχλος ἰδόντες αὐτὸν ἐξεθαμβήθησαν καὶ προστρέχοντες ἠσπάζοντο αὐτόν.	Lk 9,37	ἐγένετο δὲ τῇ ἑξῆς ἡμέρᾳ κατελθόντων αὐτῶν ἀπὸ τοῦ ὄρους συνήντησεν αὐτῷ ὄχλος πολύς.	
a 002					Lk 11,53	κἀκεῖθεν ἐξελθόντος αὐτοῦ ἤρξαντο **οἱ γραμματεῖς** καὶ οἱ Φαρισαῖοι δεινῶς ἐνέχειν καὶ ἀποστοματίζειν αὐτὸν περὶ πλειόνων	
a 002					Lk 15,2 → Mt 9,11 ↑ Mk 2,16 ↑ Lk 5,30 → Lk 19,7	καὶ διεγόγγυζον οἵ τε Φαρισαῖοι καὶ **οἱ γραμματεῖς** λέγοντες ὅτι οὗτος ἁμαρτωλοὺς προσδέχεται καὶ συνεσθίει αὐτοῖς.	

b 221	**Mt 20,18** ↑ Mt 16,21 → Mt 17,22-23	ἰδοὺ ἀναβαίνομεν εἰς Ἱεροσόλυμα, καὶ ὁ υἱὸς τοῦ ἀνθρώπου παραδοθήσεται τοῖς ἀρχιερεῦσιν καὶ **γραμματεῦσιν**, καὶ κατακρινοῦσιν αὐτὸν θανάτῳ	**Mk 10,33** ↑ Mk 8,31 → Mk 9,31	ὅτι ἰδοὺ ἀναβαίνομεν εἰς Ἱεροσόλυμα, καὶ ὁ υἱὸς τοῦ ἀνθρώπου παραδοθήσεται τοῖς ἀρχιερεῦσιν καὶ **τοῖς γραμματεῦσιν**, καὶ κατακρινοῦσιν αὐτὸν θανάτῳ ...	**Lk 18,31** ↑ Lk 9,22 → Lk 9,44 → Lk 17,25 → Lk 24,7 → Lk 24,26 → Lk 24,46	... ἰδοὺ ἀναβαίνομεν εἰς Ἰερουσαλήμ, καὶ τελεσθήσεται πάντα τὰ γεγραμμένα διὰ τῶν προφητῶν τῷ υἱῷ τοῦ ἀνθρώπου·	
b 200	**Mt 21,15**	ἰδόντες δὲ οἱ ἀρχιερεῖς καὶ **οἱ γραμματεῖς** τὰ θαυμάσια ἃ ἐποίησεν ...					
b 022			**Mk 11,18** → Mt 21,45	καὶ ἤκουσαν οἱ ἀρχιερεῖς καὶ **οἱ γραμματεῖς** καὶ ἐζήτουν πῶς αὐτὸν ἀπολέσωσιν· ...	**Lk 19,47**	... οἱ δὲ ἀρχιερεῖς καὶ **οἱ γραμματεῖς** ἐζήτουν αὐτὸν ἀπολέσαι καὶ οἱ πρῶτοι τοῦ λαοῦ	
b c 122	**Mt 21,23**	καὶ ἐλθόντος αὐτοῦ εἰς τὸ ἱερὸν προσῆλθον αὐτῷ διδάσκοντι οἱ ἀρχιερεῖς καὶ οἱ πρεσβύτεροι τοῦ λαοῦ λέγοντες· ...	**Mk 11,27**	... καὶ ἐν τῷ ἱερῷ περιπατοῦντος αὐτοῦ ἔρχονται πρὸς αὐτὸν οἱ ἀρχιερεῖς καὶ **οἱ γραμματεῖς** καὶ οἱ πρεσβύτεροι	**Lk 20,1**	καὶ ἐγένετο ἐν μιᾷ τῶν ἡμερῶν διδάσκοντος αὐτοῦ τὸν λαὸν ἐν τῷ ἱερῷ καὶ εὐαγγελιζομένου ἐπέστησαν οἱ ἀρχιερεῖς καὶ **οἱ γραμματεῖς** σὺν τοῖς πρεσβυτέροις	
b 112	**Mt 21,46**	[45] καὶ ἀκούσαντες οἱ ἀρχιερεῖς καὶ οἱ Φαρισαῖοι τὰς παραβολὰς αὐτοῦ ἔγνωσαν ὅτι περὶ αὐτῶν λέγει· [46] καὶ ζητοῦντες αὐτὸν κρατῆσαι ἐφοβήθησαν τοὺς ὄχλους, ἐπεὶ εἰς προφήτην αὐτὸν εἶχον.	**Mk 12,12**	καὶ ἐζήτουν αὐτὸν κρατῆσαι, καὶ ἐφοβήθησαν τὸν ὄχλον, ἔγνωσαν γὰρ ὅτι πρὸς αὐτοὺς τὴν παραβολὴν εἶπεν. ...	**Lk 20,19**	καὶ ἐζήτησαν **οἱ γραμματεῖς** καὶ οἱ ἀρχιερεῖς ἐπιβαλεῖν ἐπ' αὐτὸν τὰς χεῖρας ἐν αὐτῇ τῇ ὥρᾳ, καὶ ἐφοβήθησαν τὸν λαόν, ἔγνωσαν γὰρ ὅτι πρὸς αὐτοὺς εἶπεν τὴν παραβολὴν ταύτην.	
121	**Mt 22,35**	[34] οἱ δὲ Φαρισαῖοι ἀκούσαντες ὅτι ἐφίμωσεν τοὺς Σαδδουκαίους συνήχθησαν ἐπὶ τὸ αὐτό, [35] καὶ ἐπηρώτησεν **εἷς ἐξ αὐτῶν** **[νομικὸς]** πειράζων αὐτόν·	**Mk 12,28** ↓ Lk 20,39	καὶ προσελθὼν **εἷς τῶν γραμματέων** ἀκούσας αὐτῶν συζητούντων, ἰδὼν ὅτι καλῶς ἀπεκρίθη αὐτοῖς ἐπηρώτησεν αὐτόν· ...	**Lk 10,25**	καὶ ἰδοὺ **νομικός τις** ἀνέστη ἐκπειράζων αὐτὸν ...	
022			**Mk 12,32**	καὶ εἶπεν αὐτῷ **ὁ γραμματεύς·** καλῶς, διδάσκαλε, ἐπ' ἀληθείας εἶπες ὅτι *εἷς ἐστιν καὶ οὐκ ἔστιν* *ἄλλος πλὴν αὐτοῦ·* ➤ Deut 6,4	**Lk 20,39** ↑ Mk 12,28	ἀποκριθέντες δέ **τινες τῶν** **γραμματέων** εἶπαν· διδάσκαλε, καλῶς εἶπας.	

121	Mt 22,42	... τί ὑμῖν δοκεῖ περὶ τοῦ χριστοῦ; τίνος υἱός ἐστιν; λέγουσιν αὐτῷ· τοῦ Δαυίδ.	Mk 12,35	... πῶς λέγουσιν οἱ γραμματεῖς ὅτι ὁ χριστὸς υἱὸς Δαυίδ ἐστιν;	Lk 20,41	... πῶς λέγουσιν τὸν χριστὸν εἶναι Δαυὶδ υἱόν;	
a 211	Mt 23,2	λέγων· ἐπὶ τῆς Μωϋσέως καθέδρας ἐκάθισαν οἱ γραμματεῖς καὶ οἱ Φαρισαῖοι.	Mk 12,38	καὶ ἐν τῇ διδαχῇ αὐτοῦ ἔλεγεν·	Lk 20,45	ἀκούοντος δὲ παντὸς τοῦ λαοῦ εἶπεν τοῖς μαθηταῖς [αὐτοῦ],	
122	Mt 23,6	φιλοῦσιν δὲ τὴν πρωτοκλισίαν ἐν τοῖς δείπνοις ↔		βλέπετε ἀπὸ τῶν γραμματέων τῶν θελόντων ἐν στολαῖς περιπατεῖν καὶ ἀσπασμοὺς ἐν ταῖς ἀγοραῖς [39] καὶ πρωτοκαθεδρίας ἐν ταῖς συναγωγαῖς καὶ πρωτοκλισίας ἐν τοῖς δείπνοις	Lk 20,46 ⇩ Lk 11,43	προσέχετε ἀπὸ τῶν γραμματέων τῶν θελόντων περιπατεῖν ἐν στολαῖς καὶ φιλούντων ἀσπασμοὺς ἐν ταῖς ἀγοραῖς καὶ πρωτοκαθεδρίας ἐν ταῖς συναγωγαῖς καὶ πρωτοκλισίας ἐν τοῖς δείπνοις	Mk-Q overlap
	Mt 23,6	↔ καὶ τὰς πρωτοκαθεδρίας ἐν ταῖς συναγωγαῖς [7] καὶ τοὺς ἀσπασμοὺς ἐν ταῖς ἀγοραῖς ...			Lk 11,43 ⇧ Lk 20,46	οὐαὶ ὑμῖν τοῖς Φαρισαίοις, ὅτι ἀγαπᾶτε τὴν πρωτοκαθεδρίαν ἐν ταῖς συναγωγαῖς καὶ τοὺς ἀσπασμοὺς ἐν ταῖς ἀγοραῖς.	
a 201	Mt 23,13 → Mt 16,19	οὐαὶ δὲ ὑμῖν, γραμματεῖς καὶ Φαρισαῖοι ὑποκριταί, ὅτι κλείετε τὴν βασιλείαν τῶν οὐρανῶν ἔμπροσθεν τῶν ἀνθρώπων· ...			Lk 11,52	οὐαὶ ὑμῖν τοῖς νομικοῖς, ὅτι ἤρατε τὴν κλεῖδα τῆς γνώσεως· ...	→ GTh 39,1-2 (POxy 655) → GTh 102
a 200	Mt 23,15	οὐαὶ ὑμῖν, γραμματεῖς καὶ Φαρισαῖοι ὑποκριταί, ὅτι περιάγετε τὴν θάλασσαν καὶ τὴν ξηρὰν ποιῆσαι ἕνα προσήλυτον, ...					
a 201	Mt 23,23	οὐαὶ ὑμῖν, γραμματεῖς καὶ Φαρισαῖοι ὑποκριταί, ὅτι ἀποδεκατοῦτε ...			Lk 11,42	ἀλλὰ οὐαὶ ὑμῖν τοῖς Φαρισαίοις, ὅτι ἀποδεκατοῦτε ...	
a 201	Mt 23,25 → Mk 7,4	οὐαὶ ὑμῖν, γραμματεῖς καὶ Φαρισαῖοι ὑποκριταί, ὅτι καθαρίζετε τὸ ἔξωθεν τοῦ ποτηρίου καὶ τῆς παροψίδος, ...			Lk 11,39 → Mk 7,4	... νῦν ὑμεῖς οἱ Φαρισαῖοι τὸ ἔξωθεν τοῦ ποτηρίου καὶ τοῦ πίνακος καθαρίζετε, ...	→ GTh 89
a 201	Mt 23,27	οὐαὶ ὑμῖν, γραμματεῖς καὶ Φαρισαῖοι ὑποκριταί, ὅτι παρομοιάζετε τάφοις κεκονιαμένοις, ...			Lk 11,44	οὐαὶ ὑμῖν, ὅτι ἐστὲ ὡς τὰ μνημεῖα τὰ ἄδηλα, ...	

a 201	Mt 23,29	οὐαὶ ὑμῖν, γραμματεῖς καὶ Φαρισαῖοι ὑποκριταί, ὅτι οἰκοδομεῖτε τοὺς τάφους τῶν προφητῶν καὶ κοσμεῖτε τὰ μνημεῖα τῶν δικαίων			Lk 11,47	οὐαὶ ὑμῖν, ὅτι οἰκοδομεῖτε τὰ μνημεῖα τῶν προφητῶν, ...	
201	Mt 23,34 → Mt 10,17	διὰ τοῦτο ἰδοὺ ἐγὼ ἀποστέλλω πρὸς ὑμᾶς προφήτας καὶ σοφοὺς καὶ γραμματεῖς· ἐξ αὐτῶν ἀποκτενεῖτε ...			Lk 11,49	διὰ τοῦτο καὶ ἡ σοφία τοῦ θεοῦ εἶπεν· ἀποστελῶ εἰς αὐτοὺς προφήτας καὶ ἀποστόλους, καὶ ἐξ αὐτῶν ἀποκτενοῦσιν ...	
b 122	Mt 26,3	τότε συνήχθησαν οἱ ἀρχιερεῖς καὶ οἱ πρεσβύτεροι τοῦ λαοῦ εἰς τὴν αὐλὴν τοῦ ἀρχιερέως τοῦ λεγομένου Καϊάφα [4] καὶ συνεβουλεύσαντο ἵνα τὸν Ἰησοῦν δόλῳ κρατήσωσιν καὶ ἀποκτείνωσιν·	Mk 14,1	... καὶ ἐζήτουν οἱ ἀρχιερεῖς καὶ οἱ γραμματεῖς πῶς αὐτὸν ἐν δόλῳ κρατήσαντες ἀποκτείνωσιν·	Lk 22,2	καὶ ἐζήτουν οἱ ἀρχιερεῖς καὶ οἱ γραμματεῖς τὸ πῶς ἀνέλωσιν αὐτόν, ...	
b c 121	Mt 26,47	καὶ ἔτι αὐτοῦ λαλοῦντος ἰδοὺ Ἰούδας εἷς τῶν δώδεκα ἦλθεν καὶ μετ' αὐτοῦ ὄχλος πολὺς μετὰ μαχαιρῶν καὶ ξύλων ἀπὸ τῶν ἀρχιερέων καὶ πρεσβυτέρων τοῦ λαοῦ.	Mk 14,43	καὶ εὐθὺς ἔτι αὐτοῦ λαλοῦντος παραγίνεται Ἰούδας εἷς τῶν δώδεκα καὶ μετ' αὐτοῦ ὄχλος μετὰ μαχαιρῶν καὶ ξύλων παρὰ τῶν ἀρχιερέων καὶ τῶν γραμματέων καὶ τῶν πρεσβυτέρων.	Lk 22,47	ἔτι αὐτοῦ λαλοῦντος ἰδοὺ ὄχλος, καὶ ὁ λεγόμενος Ἰούδας εἷς τῶν δώδεκα προήρχετο αὐτοὺς ...	→ Jn 18,3
					Lk 22,52	εἶπεν δὲ Ἰησοῦς πρὸς τοὺς παραγενομένους ἐπ' αὐτὸν ἀρχιερεῖς καὶ στρατηγοὺς τοῦ ἱεροῦ καὶ πρεσβυτέρους· ...	→ Jn 18,3
	Mt 26,57	οἱ δὲ κρατήσαντες τὸν Ἰησοῦν ἀπήγαγον πρὸς Καϊάφαν τὸν ἀρχιερέα,	Mk 14,53	καὶ ἀπήγαγον τὸν Ἰησοῦν πρὸς τὸν ἀρχιερέα,	Lk 22,54 → Mt 26,50 → Mk 14,46 ↑ Lk 22,52	συλλαβόντες δὲ αὐτὸν ἤγαγον καὶ εἰσήγαγον εἰς τὴν οἰκίαν τοῦ ἀρχιερέως· ...	→ Jn 18,12-14
c b 222		ὅπου οἱ γραμματεῖς καὶ οἱ πρεσβύτεροι συνήχθησαν.		καὶ συνέρχονται πάντες οἱ ἀρχιερεῖς καὶ οἱ πρεσβύτεροι καὶ οἱ γραμματεῖς.	Lk 22,66	καὶ ὡς ἐγένετο ἡμέρα, συνήχθη τὸ πρεσβυτέριον τοῦ λαοῦ, ἀρχιερεῖς τε καὶ γραμματεῖς, καὶ ἀπήγαγον αὐτὸν εἰς τὸ συνέδριον αὐτῶν	
b c 120	Mt 27,1	πρωΐας δὲ γενομένης συμβούλιον ἔλαβον πάντες οἱ ἀρχιερεῖς καὶ οἱ πρεσβύτεροι τοῦ λαοῦ κατὰ τοῦ Ἰησοῦ ὥστε θανατῶσαι αὐτόν·	Mk 15,1	καὶ εὐθὺς πρωῒ συμβούλιον ποιήσαντες οἱ ἀρχιερεῖς μετὰ τῶν πρεσβυτέρων καὶ γραμματέων καὶ ὅλον τὸ συνέδριον, ...	Lk 22,66 ↑ Mt 26,57 ↑ Mk 14,53	καὶ ὡς ἐγένετο ἡμέρα, συνήχθη τὸ πρεσβυτέριον τοῦ λαοῦ, ἀρχιερεῖς τε καὶ γραμματεῖς, καὶ ἀπήγαγον αὐτὸν εἰς τὸ συνέδριον αὐτῶν	

b 002	**Mt 27,12** → Mk 15,4	καὶ ἐν τῷ κατηγορεῖσθαι αὐτὸν ὑπὸ τῶν ἀρχιερέων καὶ πρεσβυτέρων οὐδὲν ἀπεκρίνατο.	**Mk 15,3**	καὶ κατηγόρουν αὐτοῦ οἱ ἀρχιερεῖς πολλά.	**Lk 23,10** ⇨ Lk 23,2	εἱστήκεισαν δὲ οἱ ἀρχιερεῖς καὶ **οἱ γραμματεῖς** εὐτόνως κατηγοροῦντες αὐτοῦ.	Mt/Mk: before Pilate; Lk: before Herod
b c 221	**Mt 27,41** → Lk 23,37	ὁμοίως καὶ οἱ ἀρχιερεῖς ἐμπαίζοντες **μετὰ τῶν** **γραμματέων** καὶ πρεσβυτέρων ἔλεγον· [42] ἄλλους ἔσωσεν, ἑαυτὸν οὐ δύναται σῶσαι· βασιλεὺς Ἰσραήλ ἐστιν, καταβάτω νῦν ἀπὸ τοῦ σταυροῦ	**Mk 15,31** → Lk 23,37	ὁμοίως καὶ οἱ ἀρχιερεῖς ἐμπαίζοντες πρὸς ἀλλήλους **μετὰ τῶν** **γραμματέων** ἔλεγον· ἄλλους ἔσωσεν, ἑαυτὸν οὐ δύναται σῶσαι· [32] ὁ χριστὸς ὁ βασιλεὺς Ἰσραὴλ καταβάτω νῦν ἀπὸ τοῦ σταυροῦ, ...	**Lk 23,35** → Lk 23,39	... ἐξεμυκτήριζον δὲ καὶ οἱ ἄρχοντες λέγοντες· ἄλλους ἔσωσεν, σωσάτω ἑαυτόν, εἰ οὗτός ἐστιν ὁ χριστὸς τοῦ θεοῦ ὁ ἐκλεκτός.	

c **Acts 4,5** ἐγένετο δὲ ἐπὶ τὴν αὔριον συναχθῆναι αὐτῶν τοὺς ἄρχοντας καὶ τοὺς πρεσβυτέρους καὶ **τοὺς γραμματεῖς** ἐν Ἰερουσαλήμ, [6] καὶ Ἅννας ὁ ἀρχιερεὺς καὶ Καϊάφας καὶ Ἰωάννης καὶ Ἀλέξανδρος καὶ ὅσοι ἦσαν ἐκ γένους ἀρχιερατικοῦ

c **Acts 6,12** συνεκίνησάν τε τὸν λαὸν καὶ τοὺς πρεσβυτέρους καὶ **τοὺς γραμματεῖς** καὶ ἐπιστάντες συνήρπασαν αὐτὸν καὶ ἤγαγον εἰς τὸ συνέδριον

Acts 19,35 καταστείλας δὲ **ὁ γραμματεὺς** τὸν ὄχλον φησίν· ἄνδρες Ἐφέσιοι, ...

a **Acts 23,9** ἐγένετο δὲ κραυγὴ μεγάλη, καὶ ἀναστάντες **τινὲς τῶν γραμματέων** τοῦ μέρους τῶν Φαρισαίων διεμάχοντο λέγοντες· ...

γραφή

Syn 11	Mt 4	Mk 3	Lk 4	Acts 7	Jn 12	1-3John	Paul 12	Eph	Col
NT 50	2Thess	1/2Tim 2	Tit	Heb	Jas 3	1Pet 1	2Pet 2	Jude	Rev

Scripture; sacred writing; passage of Scripture (singular); OT Scriptures (plural)

a αἱ γραφαί

002					**Lk 4,21**	ἤρξατο δὲ λέγειν πρὸς αὐτοὺς ὅτι σήμερον πεπλήρωται **ἡ γραφὴ αὕτη** ἐν τοῖς ὠσὶν ὑμῶν.	
a 221	**Mt 21,42**	... οὐδέποτε ἀνέγνωτε **ἐν ταῖς γραφαῖς**· *λίθον* *ὃν ἀπεδοκίμασαν* *οἱ οἰκοδομοῦντες, οὗτος* *ἐγενήθη εἰς κεφαλὴν* *γωνίας*· ... ➤ Ps 118,22	**Mk 12,10**	οὐδὲ **τὴν γραφὴν ταύτην** ἀνέγνωτε· *λίθον* *ὃν ἀπεδοκίμασαν* *οἱ οἰκοδομοῦντες, οὗτος* *ἐγενήθη εἰς κεφαλὴν* *γωνίας*· ➤ Ps 118,22	**Lk 20,17**	... τί οὖν ἐστιν **τὸ γεγραμμένον** **τοῦτο**· *λίθον* *ὃν ἀπεδοκίμασαν* *οἱ οἰκοδομοῦντες, οὗτος* *ἐγενήθη εἰς κεφαλὴν* *γωνίας;* ➤ Ps 118,22	→ Acts 4,11 → GTh 66
a 221	**Mt 22,29**	ἀποκριθεὶς δὲ ὁ Ἰησοῦς εἶπεν αὐτοῖς· πλανᾶσθε μὴ εἰδότες **τὰς γραφὰς** μηδὲ τὴν δύναμιν τοῦ θεοῦ·	**Mk 12,24**	ἔφη αὐτοῖς ὁ Ἰησοῦς· οὐ διὰ τοῦτο πλανᾶσθε μὴ εἰδότες **τὰς γραφὰς** μηδὲ τὴν δύναμιν τοῦ θεοῦ;	**Lk 20,34**	καὶ εἶπεν αὐτοῖς ὁ Ἰησοῦς· οἱ υἱοὶ τοῦ αἰῶνος τούτου γαμοῦσιν καὶ γαμίσκονται	
a 200	**Mt 26,54**	πῶς οὖν πληρωθῶσιν **αἱ γραφαὶ** ὅτι οὕτως δεῖ γενέσθαι;					

a 220	Mt 26,56	τοῦτο δὲ ὅλον γέγονεν ἵνα πληρωθῶσιν **αἱ γραφαὶ τῶν προφητῶν.** τότε οἱ μαθηταὶ πάντες ἀφέντες αὐτὸν ἔφυγον.	Mk 14,49	... ἀλλ' ἵνα πληρωθῶσιν **αἱ γραφαί.** [50] καὶ ἀφέντες αὐτὸν ἔφυγον πάντες.		
a 002					Lk 24,27	καὶ ἀρξάμενος ἀπὸ Μωϋσέως καὶ ἀπὸ πάντων τῶν προφητῶν διερμήνευσεν αὐτοῖς **ἐν πάσαις ταῖς γραφαῖς** τὰ περὶ ἑαυτοῦ.
a 002					Lk 24,32	... οὐχὶ ἡ καρδία ἡμῶν καιομένη ἦν [ἐν ἡμῖν] ὡς ἐλάλει ἡμῖν ἐν τῇ ὁδῷ, ὡς διήνοιγεν ἡμῖν **τὰς γραφάς;**
a 002					Lk 24,45	τότε διήνοιξεν αὐτῶν τὸν νοῦν τοῦ συνιέναι **τὰς γραφάς·**

Acts 1,16 ἄνδρες ἀδελφοί, ἔδει πληρωθῆναι **τὴν γραφὴν** ἣν προεῖπεν τὸ πνεῦμα τὸ ἅγιον διὰ στόματος Δαυὶδ περὶ Ἰούδα ...

Acts 8,32 **ἡ δὲ περιοχὴ τῆς γραφῆς** ἣν ἀνεγίνωσκεν ἦν αὕτη· *ὡς πρόβατον ἐπὶ σφαγὴν ἤχθη ...*
➤ Isa 53,7

Acts 8,35 ἀνοίξας δὲ ὁ Φίλιππος τὸ στόμα αὐτοῦ καὶ ἀρξάμενος **ἀπὸ τῆς γραφῆς ταύτης** εὐηγγελίσατο αὐτῷ τὸν Ἰησοῦν.

a **Acts 17,2** ... ἐπὶ σάββατα τρία διελέξατο αὐτοῖς **ἀπὸ τῶν γραφῶν**

a **Acts 17,11** ... οἵτινες ἐδέξαντο τὸν λόγον μετὰ πάσης προθυμίας καθ' ἡμέραν ἀνακρίνοντες **τὰς γραφὰς** εἰ ἔχοι ταῦτα οὕτως.

a **Acts 18,24** Ἰουδαῖος δέ τις Ἀπολλῶς ὀνόματι, Ἀλεξανδρεὺς τῷ γένει, ἀνὴρ λόγιος, κατήντησεν εἰς Ἔφεσον, δυνατὸς ὢν **ἐν ταῖς γραφαῖς.**

a **Acts 18,28** εὐτόνως γὰρ τοῖς Ἰουδαίοις διακατηλέγχετο δημοσίᾳ ἐπιδεικνὺς **διὰ τῶν γραφῶν** εἶναι τὸν χριστὸν Ἰησοῦν.

γράφω

γράφω	Syn 40	Mt 10	Mk 10	Lk 20	Acts 12	Jn 21	1-3John 18	Paul 61	Eph	Col
	NT 190	2Thess 1	1/2Tim 1	Tit	Heb 1	Jas	1Pet 2	2Pet 2	Jude 2	Rev 29

write; record; compose; sign one's name; cover with writing

	triple tradition																	double tradition			Sondergut		
		+Mt / +Lk			–Mt / –Lk			traditions not taken over by Mt / Lk							subtotals								
code	*222*	*211*	*112*	*212*	*221*	*122*	*121*	*022*	*012*	*021*	*220*	*120*	*210*	*020*	Σ^+	Σ^-	Σ	*202*	*201*	*102*	*200*	*002*	total
Mt	1	1^+			1	2^-					1	5^-			1^+	7^-	4	4	1		1		**10**
Mk	1				1	2					1	5					10						**10**
Lk	1		3^+		1^-	2									3^+	1^-	6	4				10	**20**

a γέγραπται *b* γεγραμμένος

002					Lk 1,3	ἔδοξε κἀμοὶ παρηκολουθηκότι ἄνωθεν πᾶσιν ἀκριβῶς καθεξῆς σοι **γράψαι,** κράτιστε Θεόφιλε
002					Lk 1,63	καὶ αἰτήσας πινακίδιον **ἔγραψεν** λέγων· Ἰωάννης ἐστὶν ὄνομα αὐτοῦ. ...

a 002					Lk 2,23	καθὼς γέγραπται ἐν νόμῳ κυρίου ὅτι *πᾶν* *ἄρσεν διανοῖγον μήτραν* *ἅγιον τῷ κυρίῳ* *κληθήσεται* ➤ Exod 13,2.12.15	
a 200	Mt 2,5	οἱ δὲ εἶπαν αὐτῷ· ἐν Βηθλέεμ τῆς Ἰουδαίας· οὕτως γὰρ γέγραπται διὰ τοῦ προφήτου·					
a 122	Mt 3,3	οὗτος γάρ ἐστιν ὁ ῥηθεὶς διὰ Ἠσαΐου τοῦ προφήτου λέγοντος· *φωνὴ βοῶντος* *ἐν τῇ ἐρήμῳ·* ... ➤ Isa 40,3 LXX	Mk 1,2 ⇩ Mt 11,10 ⇩ Lk 7,27	καθὼς γέγραπται ἐν τῷ Ἠσαΐᾳ τῷ προφήτῃ· *ἰδοὺ ἀποστέλλω* *τὸν ἄγγελόν μου* ... [3] *φωνὴ βοῶντος* *ἐν τῇ ἐρήμῳ·* ... ➤ Exod 23,20/Mal 3,1 ➤ Isa 40,3 LXX	Lk 3,4	ὡς γέγραπται ἐν βίβλῳ λόγων Ἠσαΐου τοῦ προφήτου· *φωνὴ βοῶντος* *ἐν τῇ ἐρήμῳ·* ... ➤ Isa 40,3 LXX	
a 202	Mt 4,4	ὁ δὲ ἀποκριθεὶς εἶπεν· γέγραπται· *οὐκ ἐπ' ἄρτῳ μόνῳ* *ζήσεται ὁ ἄνθρωπος,* *ἀλλ' ἐπὶ παντὶ ῥήματι* *ἐκπορευομένῳ* *διὰ στόματος θεοῦ.* ➤ Deut 8,3			Lk 4,4	καὶ ἀπεκρίθη πρὸς αὐτὸν ὁ Ἰησοῦς· γέγραπται ὅτι *οὐκ ἐπ' ἄρτῳ μόνῳ* *ζήσεται ὁ ἄνθρωπος.* ➤ Deut 8,3	
a 202	Mt 4,6	... εἰ υἱὸς εἶ τοῦ θεοῦ, βάλε σεαυτὸν κάτω· γέγραπται γὰρ ὅτι *τοῖς ἀγγέλοις* *αὐτοῦ ἐντελεῖται* *περὶ σοῦ* ... ➤ Ps 91,11			Lk 4,10	[9] ... εἰ υἱὸς εἶ τοῦ θεοῦ, βάλε σεαυτὸν ἐντεῦθεν κάτω· [10] γέγραπται γὰρ ὅτι *τοῖς ἀγγέλοις* *αὐτοῦ ἐντελεῖται* *περὶ σοῦ* *τοῦ διαφυλάξαι σε* ➤ Ps 91,11	
a 201	Mt 4,7	ἔφη αὐτῷ ὁ Ἰησοῦς· πάλιν γέγραπται· *οὐκ ἐκπειράσεις κύριον* *τὸν θεόν σου.* ➤ Deut 6,16 LXX			Lk 4,12	καὶ ἀποκριθεὶς εἶπεν αὐτῷ ὁ Ἰησοῦς ὅτι εἴρηται· *οὐκ ἐκπειράσεις κύριον* *τὸν θεόν σου.* ➤ Deut 6,16 LXX	
a 202	Mt 4,10 → Mt 16,23 → Mk 8,33	τότε λέγει αὐτῷ ὁ Ἰησοῦς· ὕπαγε, σατανᾶ· γέγραπται γάρ· *κύριον τὸν θεόν σου* *προσκυνήσεις καὶ αὐτῷ* μόνῳ *λατρεύσεις.* ➤ Deut 6,13 LXX/10,20			Lk 4,8	καὶ ἀποκριθεὶς ὁ Ἰησοῦς εἶπεν αὐτῷ· γέγραπται· *κύριον τὸν θεόν σου* *προσκυνήσεις καὶ αὐτῷ* μόνῳ *λατρεύσεις.* ➤ Deut 6,13 LXX/10,20	
a 202	Mt 4,6	... εἰ υἱὸς εἶ τοῦ θεοῦ, βάλε σεαυτὸν κάτω· γέγραπται γὰρ ὅτι *τοῖς ἀγγέλοις* *αὐτοῦ ἐντελεῖται* *περὶ σοῦ* ... ➤ Ps 91,11			Lk 4,10	[9] ... εἰ υἱὸς εἶ τοῦ θεοῦ, βάλε σεαυτὸν ἐντεῦθεν κάτω· [10] γέγραπται γὰρ ὅτι *τοῖς ἀγγέλοις* *αὐτοῦ ἐντελεῖται* *περὶ σοῦ* *τοῦ διαφυλάξαι σε* ➤ Ps 91,11	

b 002					Lk 4,17	καὶ ἐπεδόθη αὐτῷ βιβλίον τοῦ προφήτου Ἠσαΐου καὶ ἀναπτύξας τὸ βιβλίον εὗρεν τὸν τόπον οὗ ἦν **γεγραμμένον**· [18] *πνεῦμα κυρίου ἐπ' ἐμὲ οὗ εἵνεκεν ἔχρισέν με εὐαγγελίσασθαι πτωχοῖς*, ... ➤ Isa 61,1 LXX	
a 202	Mt 11,10	οὗτός ἐστιν περὶ οὗ **γέγραπται**· *ἰδοὺ ἐγὼ ἀποστέλλω τὸν ἄγγελόν μου πρὸ προσώπου* σου, ... ➤ Exod 23,20/Mal 3,1	Mk 1,2 ↑ Mt 3,3 ↑ Lk 3,4	καθὼς **γέγραπται** ἐν τῷ Ἠσαΐᾳ τῷ προφήτῃ· *ἰδοὺ ἀποστέλλω τὸν ἄγγελόν μου πρὸ προσώπου* σου, ... ➤ Exod 23,20/Mal 3,1	Lk 7,27	οὗτός ἐστιν περὶ οὗ **γέγραπται**· *ἰδοὺ ἀποστέλλω τὸν ἄγγελόν μου πρὸ προσώπου* σου, ... ➤ Exod 23,20/Mal 3,1	
a 120	Mt 15,7	ὑποκριταί, καλῶς ἐπροφήτευσεν περὶ ὑμῶν Ἠσαΐας **λέγων**· [8] *ὁ λαὸς οὗτος τοῖς χείλεσίν με τιμᾷ, ἡ δὲ καρδία αὐτῶν πόρρω ἀπέχει ἀπ' ἐμοῦ*· ➤ Isa 29,13 LXX	Mk 7,6	... καλῶς ἐπροφήτευσεν Ἠσαΐας περὶ ὑμῶν τῶν ὑποκριτῶν, ὡς **γέγραπται** [ὅτι] *οὗτος ὁ λαὸς τοῖς χείλεσίν με τιμᾷ, ἡ δὲ καρδία αὐτῶν πόρρω ἀπέχει ἀπ' ἐμοῦ*· ➤ Isa 29,13 LXX			
120	Mt 17,12	[11] ὁ δὲ ἀποκριθεὶς εἶπεν· *Ἠλίας* μὲν *ἔρχεται καὶ ἀποκαταστήσει* πάντα· [12] ... οὕτως καὶ ὁ υἱὸς τοῦ ἀνθρώπου μέλλει πάσχειν ὑπ' αὐτῶν. ➤ Mal 3,23-24	Mk 9,12	ὁ δὲ ἔφη αὐτοῖς· Ἠλίας μὲν ἐλθὼν πρῶτον ἀποκαθιστάνει πάντα· καὶ πῶς **γέγραπται** ἐπὶ τὸν υἱὸν τοῦ ἀνθρώπου ἵνα πολλὰ πάθῃ καὶ ἐξουδενηθῇ;			
a 120	Mt 17,12 → Mt 11,14 → Lk 1,17	λέγω δὲ ὑμῖν ὅτι Ἠλίας ἤδη ἦλθεν, καὶ οὐκ ἐπέγνωσαν αὐτὸν ἀλλὰ ἐποίησαν ἐν αὐτῷ ὅσα ἠθέλησαν· ...	Mk 9,13 → Lk 1,17	ἀλλὰ λέγω ὑμῖν ὅτι καὶ Ἠλίας ἐλήλυθεν, καὶ ἐποίησαν αὐτῷ ὅσα ἤθελον, καθὼς **γέγραπται** ἐπ' αὐτόν.			
a 112	Mt 22,37	ὁ δὲ ἔφη αὐτῷ· ...	Mk 12,29	ἀπεκρίθη ὁ Ἰησοῦς ὅτι πρώτη ἐστίν· ...	Lk 10,26	ὁ δὲ εἶπεν πρὸς αὐτόν· ἐν τῷ νόμῳ τί **γέγραπται**; πῶς ἀναγινώσκεις;	
002					Lk 16,6	ὁ δὲ εἶπεν· ἑκατὸν βάτους ἐλαίου. ὁ δὲ εἶπεν αὐτῷ· δέξαι σου τὰ γράμματα καὶ καθίσας ταχέως **γράψον** πεντήκοντα.	
002					Lk 16,7	... ὁ δὲ εἶπεν· ἑκατὸν κόρους σίτου. λέγει αὐτῷ· δέξαι σου τὰ γράμματα καὶ **γράψον** ὀγδοήκοντα.	
120	Mt 19,7 → Mt 5,31	... τί οὖν Μωϋσῆς ἐνετείλατο **δοῦναι** βιβλίον ἀποστασίου καὶ ἀπολῦσαι [αὐτήν]; ➤ Deut 24,1.2	Mk 10,4	... ἐπέτρεψεν Μωϋσῆς βιβλίον ἀποστασίου **γράψαι** καὶ ἀπολῦσαι. ➤ Deut 24,1.2			

120	Mt 19,8	... Μωϋσῆς πρὸς τὴν σκληροκαρδίαν ὑμῶν **ἐπέτρεψεν** ὑμῖν ἀπολῦσαι τὰς γυναῖκας ὑμῶν, ...	Mk 10,5	... πρὸς τὴν σκληροκαρδίαν ὑμῶν **ἔγραψεν** ὑμῖν τὴν ἐντολὴν ταύτην.			
b 112	Mt 20,18 → Mt 16,21 → Mt 17,22	ἰδοὺ ἀναβαίνομεν εἰς Ἱεροσόλυμα, καὶ ὁ υἱὸς τοῦ ἀνθρώπου παραδοθήσεται ...	Mk 10,33 → Mk 8,31 → Mk 9,31	ὅτι ἰδοὺ ἀναβαίνομεν εἰς Ἱεροσόλυμα, καὶ ὁ υἱὸς τοῦ ἀνθρώπου παραδοθήσεται ...	Lk 18,31 → Lk 9,22 → Lk 9,44 → Lk 17,25 → Lk 24,7 → Lk 24,26 ↓ Lk 24,46	... ἰδοὺ ἀναβαίνομεν εἰς Ἰερουσαλήμ, καὶ τελεσθήσεται πάντα **τὰ γεγραμμένα** διὰ τῶν προφητῶν τῷ υἱῷ τοῦ ἀνθρώπου·	
a 222	Mt 21,13	καὶ λέγει αὐτοῖς· **γέγραπται·** *ὁ οἶκός μου οἶκος* *προσευχῆς κληθήσεται,* ὑμεῖς δὲ αὐτὸν ποιεῖτε *σπήλαιον λῃστῶν.* ➤ Isa 56,7; Jer 7,11	Mk 11,17	καὶ ἐδίδασκεν καὶ ἔλεγεν αὐτοῖς· **οὐ γέγραπται** ὅτι *ὁ οἶκός μου οἶκος* *προσευχῆς κληθήσεται* *πᾶσιν τοῖς ἔθνεσιν;* ὑμεῖς δὲ πεποιήκατε αὐτὸν *σπήλαιον λῃστῶν.* ➤ Isa 56,7; Jer 7,11	Lk 19,46	λέγων αὐτοῖς· **γέγραπται·** *καὶ ἔσται ὁ οἶκός μου* *οἶκος προσευχῆς,* ὑμεῖς δὲ αὐτὸν ἐποιήσατε *σπήλαιον λῃστῶν.* ➤ Isa 56,7; Jer 7,11	→ Jn 2,16
b 112	Mt 21,42	... οὐδέποτε ἀνέγνωτε **ἐν ταῖς γραφαῖς·** *λίθον* *ὃν ἀπεδοκίμασαν* *οἱ οἰκοδομοῦντες, οὗτος* *ἐγενήθη εἰς κεφαλὴν* *γωνίας·* ... ➤ Ps 118,22	Mk 12,10	οὐδὲ **τὴν γραφὴν ταύτην** ἀνέγνωτε· *λίθον* *ὃν ἀπεδοκίμασαν* *οἱ οἰκοδομοῦντες, οὗτος* *ἐγενήθη εἰς κεφαλὴν* *γωνίας·* ➤ Ps 118,22	Lk 20,17	... τί οὖν ἐστιν **τὸ γεγραμμένον** **τοῦτο·** *λίθον* *ὃν ἀπεδοκίμασαν* *οἱ οἰκοδομοῦντες, οὗτος* *ἐγενήθη εἰς κεφαλὴν* *γωνίας;* ➤ Ps 118,22	→ Acts 4,11 → GTh 66
122	Mt 22,24	... διδάσκαλε, Μωϋσῆς **εἶπεν·** *ἐάν τις* *ἀποθάνῃ* *μὴ ἔχων τέκνα,* *ἐπιγαμβρεύσει ὁ ἀδελφὸς* *αὐτοῦ τὴν γυναῖκα* *αὐτοῦ καὶ ἀναστήσει* *σπέρμα τῷ ἀδελφῷ* *αὐτοῦ·* ➤ Deut 25,5; Gen 38,8	Mk 12,19	διδάσκαλε, Μωϋσῆς **ἔγραψεν** ἡμῖν ὅτι *ἐάν τινος* *ἀδελφὸς ἀποθάνῃ* καὶ καταλίπῃ γυναῖκα *καὶ* *μὴ ἀφῇ τέκνον,* ἵνα *λάβῃ ὁ ἀδελφὸς* *αὐτοῦ τὴν γυναῖκα* *καὶ ἐξαναστήσῃ* *σπέρμα τῷ ἀδελφῷ* *αὐτοῦ.* ➤ Deut 25,5; Gen 38,8	Lk 20,28	... διδάσκαλε, Μωϋσῆς **ἔγραψεν** ἡμῖν, *ἐάν τινος* *ἀδελφὸς ἀποθάνῃ* ἔχων γυναῖκα, καὶ οὗτος *ἄτεκνος ᾖ,* ἵνα *λάβῃ ὁ ἀδελφὸς* *αὐτοῦ τὴν γυναῖκα* *καὶ ἐξαναστήσῃ* *σπέρμα τῷ ἀδελφῷ* *αὐτοῦ.* ➤ Deut 25,5; Gen 38,8	
b 002					Lk 21,22	ὅτι ἡμέραι ἐκδικήσεως αὗταί εἰσιν τοῦ πλησθῆναι **πάντα τὰ** **γεγραμμένα.**	
a 221	Mt 26,24	ὁ μὲν υἱὸς τοῦ ἀνθρώπου ὑπάγει **καθὼς γέγραπται** περὶ αὐτοῦ, ...	Mk 14,21	ὅτι ὁ μὲν υἱὸς τοῦ ἀνθρώπου ὑπάγει **καθὼς γέγραπται** περὶ αὐτοῦ, ...	Lk 22,22	ὅτι ὁ υἱὸς μὲν τοῦ ἀνθρώπου **κατὰ τὸ ὡρισμένον** πορεύεται, ...	
b 002					Lk 22,37 → Mt 27,38 → Mk 15,27 → Lk 23,33	λέγω γὰρ ὑμῖν ὅτι **τοῦτο τὸ** **γεγραμμένον** δεῖ τελεσθῆναι ἐν ἐμοί, τό· *καὶ μετὰ ἀνόμων* *ἐλογίσθη·* καὶ γὰρ τὸ περὶ ἐμοῦ τέλος ἔχει. ➤ Isa 53,12	
a 220	Mt 26,31	... πάντες ὑμεῖς σκανδαλισθήσεσθε ἐν ἐμοὶ ἐν τῇ νυκτὶ ταύτῃ, **γέγραπται** γάρ· *πατάξω τὸν ποιμένα,* *καὶ διασκορπισθήσονται* *τὰ πρόβατα τῆς ποίμνης.* ➤ Zech 13,7	Mk 14,27	... πάντες σκανδαλισθήσεσθε, ὅτι **γέγραπται·** *πατάξω τὸν ποιμένα,* *καὶ τὰ πρόβατα* *διασκορπισθήσονται.* ➤ Zech 13,7			

b 211	**Mt 27,37**	καὶ ἐπέθηκαν ἐπάνω τῆς κεφαλῆς αὐτοῦ τὴν αἰτίαν αὐτοῦ **γεγραμμένην·** οὗτός ἐστιν Ἰησοῦς ὁ βασιλεὺς τῶν Ἰουδαίων.	**Mk 15,26**	καὶ ἦν ἡ ἐπιγραφὴ τῆς αἰτίας αὐτοῦ **ἐπιγεγραμμένη·** ὁ βασιλεὺς τῶν Ἰουδαίων.	**Lk 23,38**	ἦν δὲ καὶ ἐπιγραφὴ ἐπ᾽ αὐτῷ· ὁ βασιλεὺς τῶν Ἰουδαίων οὗτος.	→ Jn 19,19
b 002					**Lk 24,44**	... οὗτοι οἱ λόγοι μου οὓς ἐλάλησα πρὸς ὑμᾶς ἔτι ὢν σὺν ὑμῖν, ὅτι δεῖ πληρωθῆναι **πάντα τὰ γεγραμμένα** ἐν τῷ νόμῳ Μωϋσέως καὶ τοῖς προφήταις καὶ ψαλμοῖς περὶ ἐμοῦ.	
a 002	→ Mt 16,21 → Mt 17,22-23 ↑ Mt 20,18		→ Mk 8,31 → Mk 9,31 ↑ Mk 10,33		**Lk 24,46** → Lk 9,22 → Lk 9,44 → Lk 17,25 ↑ **Lk 18,31** → Lk 24,7 → Lk 24,26	... οὕτως **γέγραπται** παθεῖν τὸν χριστὸν καὶ ἀναστῆναι ἐκ νεκρῶν τῇ τρίτῃ ἡμέρᾳ	

a γέγραπται

b γεγραμμένος

a **Acts 1,20** **γέγραπται** γὰρ ἐν βίβλῳ ψαλμῶν· *γενηθήτω ἡ ἔπαυλις αὐτοῦ ἔρημος καὶ μὴ ἔστω ὁ κατοικῶν ἐν αὐτῇ, ...*
➤ Ps 69,26

a **Acts 7,42** ... καθὼς **γέγραπται** ἐν βίβλῳ τῶν προφητῶν· *μὴ σφάγια καὶ θυσίας προσηνέγκατέ μοι ἔτη τεσσεράκοντα ἐν τῇ ἐρήμῳ, οἶκος Ἰσραήλ;*
➤ Amos 5,25 LXX

b **Acts 13,29** ὡς δὲ ἐτέλεσαν **πάντα τὰ περὶ αὐτοῦ γεγραμμένα,** καθελόντες ἀπὸ τοῦ ξύλου ἔθηκαν εἰς μνημεῖον.

a **Acts 13,33** ... ὡς καὶ ἐν τῷ ψαλμῷ **γέγραπται** τῷ δευτέρῳ, *υἱός μου εἶ σύ, ἐγὼ σήμερον γεγέννηκά σε.*
➤ Ps 2,7

a **Acts 15,15** καὶ τούτῳ συμφωνοῦσιν οἱ λόγοι τῶν προφητῶν καθὼς **γέγραπται·** [16] *μετὰ ταῦτα ἀναστρέψω καὶ ἀνοικοδομήσω τὴν σκηνὴν Δαυὶδ ...*
➤ Jer 12,15; Amos 9,11 LXX

Acts 15,23 **γράψαντες** διὰ χειρὸς αὐτῶν· οἱ ἀπόστολοι καὶ οἱ πρεσβύτεροι ἀδελφοὶ ...

Acts 18,27 βουλομένου δὲ αὐτοῦ διελθεῖν εἰς τὴν Ἀχαΐαν, προτρεψάμενοι οἱ ἀδελφοὶ **ἔγραψαν** τοῖς μαθηταῖς ἀποδέξασθαι αὐτόν, ...

a **Acts 23,5** ... οὐκ ᾔδειν, ἀδελφοί, ὅτι ἐστὶν ἀρχιερεύς· **γέγραπται** γὰρ ὅτι *ἄρχοντα τοῦ λαοῦ σου οὐκ ἐρεῖς κακῶς.*
➤ Exod 22,27

Acts 23,25 **γράψας** ἐπιστολὴν ἔχουσαν τὸν τύπον τοῦτον·

b **Acts 24,14** ... οὕτως λατρεύω τῷ πατρῴῳ θεῷ πιστεύων πᾶσι τοῖς κατὰ τὸν νόμον καὶ τοῖς ἐν τοῖς προφήταις **γεγραμμένοις**

Acts 25,26 (2) περὶ οὗ ἀσφαλές τι **γράψαι** τῷ κυρίῳ οὐκ ἔχω, διὸ προήγαγον αὐτὸν ἐφ᾽ ὑμῶν καὶ μάλιστα ἐπὶ σοῦ, βασιλεῦ Ἀγρίππα, ὅπως τῆς ἀνακρίσεως γενομένης σχῶ τί **γράψω·**

γρηγορέω	Syn 13	Mt 6	Mk 6	Lk 1	Acts 1	Jn	1-3John	Paul 3	Eph	Col 1
	NT 22	2Thess	1/2Tim	Tit	Heb	Jas	1Pet 1	2Pet	Jude	Rev 3

be or keep awake; watch; be alert; be alive

	triple tradition																	double tradition			Sondergut		
		+Mt / +Lk			–Mt / –Lk			traditions not taken over by Mt / Lk							subtotals								
code	222	211	112	212	221	122	121	022	012	021	220	120	210	020	Σ⁺	Σ⁻	Σ	202	201	102	200	002	total
Mt		1⁺			2						2				1⁺		5		1				6
Mk					2						2			2			6						6
Lk					2⁻											2⁻						1	1

[a] γρηγορεῖτε

002					**Lk 12,37** ↓ Lk 21,36 → Lk 22,27 → Lk 22,30	μακάριοι οἱ δοῦλοι ἐκεῖνοι, οὓς ἐλθὼν ὁ κύριος εὑρήσει **γρηγοροῦντας**· ἀμὴν λέγω ὑμῖν ὅτι περιζώσεται καὶ ἀνακλινεῖ αὐτοὺς καὶ παρελθὼν διακονήσει αὐτοῖς.	
020	Mt 25,15	[14] ὥσπερ γὰρ ἄνθρωπος ἀποδημῶν ἐκάλεσεν τοὺς ἰδίους δούλους καὶ παρέδωκεν αὐτοῖς τὰ ὑπάρχοντα αὐτοῦ, [15] καὶ ᾧ μὲν ἔδωκεν πέντε τάλαντα, ᾧ δὲ δύο, ᾧ δὲ ἕν, ἑκάστῳ κατὰ τὴν ἰδίαν δύναμιν, καὶ ἀπεδήμησεν. ...	**Mk 13,34**	ὡς ἄνθρωπος ἀπόδημος ἀφεὶς τὴν οἰκίαν αὐτοῦ καὶ δοὺς τοῖς δούλοις αὐτοῦ τὴν ἐξουσίαν ἑκάστῳ τὸ ἔργον αὐτοῦ, καὶ τῷ θυρωρῷ ἐνετείλατο ἵνα **γρηγορῇ**.	Lk 19,13	[12] ... ἄνθρωπός τις εὐγενὴς ἐπορεύθη εἰς χώραν μακρὰν ... [13] καλέσας δὲ δέκα δούλους ἑαυτοῦ ἔδωκεν αὐτοῖς δέκα μνᾶς καὶ εἶπεν πρὸς αὐτούς· πραγματεύσασθε ἐν ᾧ ἔρχομαι.	Mk-Q overlap
a 220	**Mt 24,42** → Mt 24,44 → Mt 24,50 ↓ Mt 25,13	**γρηγορεῖτε** οὖν, ὅτι οὐκ οἴδατε ποίᾳ ἡμέρᾳ ὁ κύριος ὑμῶν ἔρχεται.	**Mk 13,35** → Lk 12,38	**γρηγορεῖτε** οὖν· οὐκ οἴδατε γὰρ πότε ὁ κύριος τῆς οἰκίας ἔρχεται, ...			
a 020			**Mk 13,37**	ὃ δὲ ὑμῖν λέγω πᾶσιν λέγω, **γρηγορεῖτε**.			
201	**Mt 24,43**	ἐκεῖνο δὲ γινώσκετε ὅτι εἰ ᾔδει ὁ οἰκοδεσπότης ποίᾳ φυλακῇ ὁ κλέπτης ἔρχεται, **ἐγρηγόρησεν** ἂν καὶ οὐκ ἂν εἴασεν διορυχθῆναι τὴν οἰκίαν αὐτοῦ.			**Lk 12,39**	τοῦτο δὲ γινώσκετε ὅτι εἰ ᾔδει ὁ οἰκοδεσπότης ποίᾳ ὥρᾳ ὁ κλέπτης ἔρχεται, οὐκ ἂν ἀφῆκεν διορυχθῆναι τὸν οἶκον αὐτοῦ.	→ GTh 21,5 → GTh 103
a 211	**Mt 25,13** ↑ Mt 24,42 → Mt 24,44 → Mt 24,50	**γρηγορεῖτε** οὖν, ὅτι οὐκ οἴδατε τὴν ἡμέραν οὐδὲ τὴν ὥραν.	**Mk 13,33** → Lk 21,34-35	βλέπετε, **ἀγρυπνεῖτε**· οὐκ οἴδατε γὰρ πότε ὁ καιρός ἐστιν.	**Lk 21,36** → Lk 12,35-38 ↑ Lk 12,37 → Lk 18,1	**ἀγρυπνεῖτε** δὲ ἐν παντὶ καιρῷ δεόμενοι ...	
a 220	**Mt 26,38**	... *περίλυπός ἐστιν ἡ ψυχή μου* ἕως θανάτου· μείνατε ὧδε καὶ **γρηγορεῖτε** μετ᾽ ἐμοῦ. ➤ Ps 42,6.12/43,5	**Mk 14,34**	... *περίλυπός ἐστιν ἡ ψυχή μου* ἕως θανάτου· μείνατε ὧδε καὶ **γρηγορεῖτε**. ➤ Ps 42,6.12/43,5			→ Jn 12,27

221	Mt 26,40	... καὶ λέγει τῷ Πέτρῳ· οὕτως οὐκ ἰσχύσατε μίαν ὥραν γρηγορῆσαι μετ᾽ ἐμοῦ;	Mk 14,37	... καὶ λέγει τῷ Πέτρῳ· Σίμων, καθεύδεις; οὐκ ἴσχυσας μίαν ὥραν γρηγορῆσαι;	Lk 22,46	καὶ εἶπεν αὐτοῖς· τί καθεύδετε; ἀναστάντες	
a 221	Mt 26,41	γρηγορεῖτε καὶ προσεύχεσθε, ἵνα μὴ εἰσέλθητε εἰς πειρασμόν· τὸ μὲν πνεῦμα πρόθυμον ἡ δὲ σὰρξ ἀσθενής.	Mk 14,38	γρηγορεῖτε καὶ προσεύχεσθε, ἵνα μὴ ἔλθητε εἰς πειρασμόν· τὸ μὲν πνεῦμα πρόθυμον ἡ δὲ σὰρξ ἀσθενής.	→ Lk 22,40	προσεύχεσθε, ἵνα μὴ εἰσέλθητε εἰς πειρασμόν.	

a **Acts 20,31** διὸ
γρηγορεῖτε
μνημονεύοντες ὅτι
τριετίαν νύκτα καὶ
ἡμέραν οὐκ ἐπαυσάμην
μετὰ δακρύων νουθετῶν
ἕνα ἕκαστον.

γυμνός	Syn 6	Mt 4	Mk 2	Lk	Acts 1	Jn 1	1-3John	Paul 2	Eph	Col
	NT 15	2Thess	1/2Tim	Tit	Heb 1	Jas 1	1Pet	2Pet	Jude	Rev 3

naked; uncovered; bare; exposed; poorly dressed; in need of clothes; wearing only an undergarment

200	Mt 25,36	[35] ... ξένος ἤμην καὶ συνηγάγετέ με, [36] γυμνὸς καὶ περιεβάλετέ με, ...					
200	Mt 25,38	πότε δέ σε εἴδομεν ξένον καὶ συνηγάγομεν, ἢ γυμνὸν καὶ περιεβάλομεν;					
200	Mt 25,43	ξένος ἤμην καὶ οὐ συνηγάγετέ με, γυμνὸς καὶ οὐ περιεβάλετέ με, ...					
200	Mt 25,44	... κύριε, πότε σε εἴδομεν πεινῶντα ἢ διψῶντα ἢ ξένον ἢ γυμνὸν ἢ ἀσθενῆ ἢ ἐν φυλακῇ καὶ οὐ διηκονήσαμέν σοι;					
020			Mk 14,51	καὶ νεανίσκος τις συνηκολούθει αὐτῷ περιβεβλημένος σινδόνα ἐπὶ γυμνοῦ, καὶ κρατοῦσιν αὐτόν·			
020			Mk 14,52	ὁ δὲ καταλιπὼν τὴν σινδόνα γυμνὸς ἔφυγεν.			

Acts 19,16 καὶ ἐφαλόμενος
ὁ ἄνθρωπος ἐπ᾽ αὐτοὺς
ἐν ᾧ ἦν τὸ πνεῦμα
τὸ πονηρὸν κατακυριεύ-
σας ἀμφοτέρων ἴσχυσεν
κατ᾽ αὐτῶν ὥστε
γυμνοὺς
καὶ τετραυματισμένους
ἐκφυγεῖν ἐκ τοῦ οἴκου
ἐκείνου.

γυνή	Syn	Mt	Mk	Lk	Acts	Jn	1-3John	Paul	Eph	Col
	87	29	17	41	19	18		43	9	2
	NT	2Thess	1/2Tim	Tit	Heb	Jas	1Pet	2Pet	Jude	Rev
	211		9	1	1		3			19

woman; wife

	triple tradition																	double tradition			Sondergut		
		+Mt / +Lk			–Mt / –Lk			traditions not taken over by Mt / Lk								subtotals							
code	*222*	*211*	*112*	*212*	*221*	*122*	*121*	*022*	*012*	*021*	*220*	*120*	*210*	*020*	Σ⁺	Σ⁻	Σ	*202*	*201*	*102*	*200*	*002*	total
Mt	6	4⁺				3⁻					5	2⁻	4⁺		8⁺	5⁻	19	3			7		**29**
Mk	6					3		1			5	2					17						**17**
Lk	6		4⁺			3		1							4⁺		14	3		1		23	**41**

a γύναι (vocative)
b ἀπολύω γυναῖκα(ς)
c λαμβάνω γυναῖκα
d γαμέω γυναῖκα (Luke only)
e ἔχω γυναῖκα
f ἄνδρες (τε) καὶ γυναῖκες (Acts only)

002			**Lk 1,5** ... ἱερεύς τις ὀνόματι Ζαχαρίας ἐξ ἐφημερίας Ἀβιά, καὶ **γυνὴ** αὐτῷ ἐκ τῶν θυγατέρων Ἀαρὼν καὶ τὸ ὄνομα αὐτῆς Ἐλισάβετ.	
002			**Lk 1,13** ... μὴ φοβοῦ, Ζαχαρία, διότι εἰσηκούσθη ἡ δέησίς σου, καὶ **ἡ γυνή σου Ἐλισάβετ** γεννήσει υἱόν σοι καὶ καλέσεις τὸ ὄνομα αὐτοῦ Ἰωάννην.	→ Acts 10,4
002			**Lk 1,18** ... ἐγὼ γάρ εἰμι πρεσβύτης καὶ **ἡ γυνή μου** προβεβηκυῖα ἐν ταῖς ἡμέραις αὐτῆς.	
002			**Lk 1,24** μετὰ δὲ ταύτας τὰς ἡμέρας συνέλαβεν **Ἐλισάβετ ἡ γυνὴ αὐτοῦ** καὶ περιέκρυβεν ἑαυτὴν μῆνας πέντε ...	
002			**Lk 1,42** καὶ ἀνεφώνησεν κραυγῇ μεγάλῃ καὶ εἶπεν· εὐλογημένη σὺ **ἐν γυναιξὶν** καὶ εὐλογημένος ὁ καρπὸς τῆς κοιλίας σου.	
200	**Mt 1,20** → Lk 1,27 → Lk 1,30 → Lk 1,35 ... Ἰωσὴφ υἱὸς Δαυίδ, μὴ φοβηθῇς παραλαβεῖν Μαριὰμ **τὴν γυναῖκά σου,** τὸ γὰρ ἐν αὐτῇ γεννηθὲν ἐκ πνεύματός ἐστιν ἁγίου·			
200	**Mt 1,24** ἐγερθεὶς δὲ ὁ Ἰωσὴφ ἀπὸ τοῦ ὕπνου ἐποίησεν ὡς προσέταξεν αὐτῷ ὁ ἄγγελος κυρίου καὶ παρέλαβεν **τὴν γυναῖκα αὐτοῦ**			

222	Mt 14,3	ὁ γὰρ Ἡρῴδης κρατήσας τὸν Ἰωάννην ἔδησεν [αὐτὸν] καὶ ἐν φυλακῇ ἀπέθετο διὰ Ἡρῳδιάδα τὴν γυναῖκα Φιλίππου τοῦ ἀδελφοῦ αὐτοῦ·	Mk 6,17	αὐτὸς γὰρ ὁ Ἡρῴδης ἀποστείλας ἐκράτησεν τὸν Ἰωάννην καὶ ἔδησεν αὐτὸν ἐν φυλακῇ διὰ Ἡρῳδιάδα τὴν γυναῖκα Φιλίππου τοῦ ἀδελφοῦ αὐτοῦ, ὅτι αὐτὴν ἐγάμησεν·	Lk 3,19 ↓Mt 14,4 ↓Mk 6,18	ὁ δὲ Ἡρῴδης ὁ τετραάρχης, ἐλεγχόμενος ὑπ' αὐτοῦ περὶ Ἡρῳδιάδος τῆς γυναικὸς τοῦ ἀδελφοῦ αὐτοῦ καὶ περὶ πάντων ὧν ἐποίησεν πονηρῶν ὁ Ἡρῴδης, [20] προσέθη- κεν καὶ τοῦτο ἐπὶ πᾶσιν [καὶ] κατέκλεισεν τὸν Ἰωάννην ἐν φυλακῇ.	
002					Lk 4,26	καὶ πρὸς οὐδεμίαν αὐτῶν ἐπέμφθη Ἠλίας εἰ μὴ εἰς Σάρεπτα τῆς Σιδωνίας πρὸς γυναῖκα χήραν.	
200	Mt 5,28	ἐγὼ δὲ λέγω ὑμῖν ὅτι πᾶς ὁ βλέπων γυναῖκα πρὸς τὸ ἐπιθυμῆσαι αὐτὴν ἤδη ἐμοίχευσεν αὐτὴν ἐν τῇ καρδίᾳ αὐτοῦ.					
b 200	Mt 5,31 → Mt 19,7 → Mk 10,4	ἐρρέθη δέ· ὃς ἂν ἀπολύσῃ τὴν γυναῖκα αὐτοῦ, δότω αὐτῇ ἀποστάσιον. ➤ Deut 24,1ff.					
b 202	Mt 5,32 ⇩ Mt 19,9	... πᾶς ὁ ἀπολύων τὴν γυναῖκα αὐτοῦ παρεκτὸς λόγου πορνείας ποιεῖ αὐτὴν μοιχευθῆναι, καὶ ὃς ἐὰν ἀπολελυμένην γαμήσῃ, μοιχᾶται.	Mk 10,11	... ὃς ἂν ἀπολύσῃ τὴν γυναῖκα αὐτοῦ καὶ γαμήσῃ ἄλλην μοιχᾶται ἐπ' αὐτήν· [12] καὶ ἐὰν αὐτὴ ἀπολύσασα τὸν ἄνδρα αὐτῆς γαμήσῃ ἄλλον μοιχᾶται.	Lk 16,18	πᾶς ὁ ἀπολύων τὴν γυναῖκα αὐτοῦ καὶ γαμῶν ἑτέραν μοιχεύει, καὶ ὁ ἀπολελυμένην ἀπὸ ἀνδρὸς γαμῶν μοιχεύει.	→ 1Cor 7,10-11 Mk-Q overlap
222	Mt 9,20	καὶ ἰδοὺ γυνὴ αἱμορροοῦσα δώδεκα ἔτη ...	Mk 5,25	καὶ γυνὴ οὖσα ἐν ῥύσει αἵματος δώδεκα ἔτη	Lk 8,43	καὶ γυνὴ οὖσα ἐν ῥύσει αἵματος ἀπὸ ἐτῶν δώδεκα, ...	
211	Mt 9,22	... καὶ ἐσώθη ἡ γυνὴ ἀπὸ τῆς ὥρας ἐκείνης.	Mk 5,29 ↓Lk 8,47	καὶ εὐθὺς ἐξηράνθη ἡ πηγὴ τοῦ αἵματος αὐτῆς καὶ ἔγνω τῷ σώματι ὅτι ἴαται ἀπὸ τῆς μάστιγος.	Lk 8,44	... καὶ παραχρῆμα ἔστη ἡ ῥύσις τοῦ αἵματος αὐτῆς.	
202	Mt 11,11	ἀμὴν λέγω ὑμῖν· οὐκ ἐγήγερται ἐν γεννητοῖς γυναικῶν μείζων Ἰωάννου τοῦ βαπτιστοῦ· ...			Lk 7,28	λέγω ὑμῖν, μείζων ἐν γεννητοῖς γυναικῶν Ἰωάννου οὐδείς ἐστιν· ...	→ GTh 46
002	Mt 26,7	προσῆλθεν αὐτῷ γυνὴ ἔχουσα ἀλάβαστρον μύρου βαρυτίμου ...	Mk 14,3	... ἦλθεν γυνὴ ἔχουσα ἀλάβαστρον μύρου νάρδου πιστικῆς πολυτελοῦς, ...	Lk 7,37	καὶ ἰδοὺ γυνὴ ἥτις ἦν ἐν τῇ πόλει ἁμαρτωλός, ... κομίσασα ἀλάβαστρον μύρου	→ Jn 12,3
002					Lk 7,39	... οὗτος εἰ ἦν προφήτης, ἐγίνωσκεν ἂν τίς καὶ ποταπὴ ἡ γυνὴ ἥτις ἅπτεται αὐτοῦ, ὅτι ἁμαρτωλός ἐστιν.	

002 002					**Lk 7,44** (2)	καὶ στραφεὶς πρὸς τὴν γυναῖκα τῷ Σίμωνι ἔφη· βλέπεις ταύτην τὴν γυναῖκα; εἰσῆλθόν σου εἰς τὴν οἰκίαν, ὕδωρ μοι ἐπὶ πόδας οὐκ ἔδωκας· αὕτη δὲ τοῖς δάκρυσιν ἔβρεξέν μου τοὺς πόδας καὶ ταῖς θριξὶν αὐτῆς ἐξέμαξεν.	
002					**Lk 7,50**	εἶπεν δὲ πρὸς τὴν γυναῖκα· ἡ πίστις σου σέσωκέν σε· πορεύου εἰς εἰρήνην.	
002					**Lk 8,2** ↓Mt 27,55 ↓Mk 15,40 ↓Lk 23,49.55 →Lk 24,10	καὶ γυναῖκές τινες αἳ ἦσαν τεθεραπευμέναι ἀπὸ πνευμάτων πονηρῶν καὶ ἀσθενειῶν, ...	
002					**Lk 8,3** ↓Mt 27,55-56 ↓Mk 15,40-41 ↓Lk 23,49.55 ↓Lk 24,10	καὶ Ἰωάννα γυνὴ Χουζᾶ ἐπιτρόπου Ἡρῴδου καὶ Σουσάννα καὶ ἕτεραι πολλαί, αἵτινες διηκόνουν αὐτοῖς ἐκ τῶν ὑπαρχόντων αὐταῖς.	→ Acts 1,14
202	**Mt 13,33**	... ὁμοία ἐστὶν ἡ βασιλεία τῶν οὐρανῶν ζύμῃ, ἣν λαβοῦσα γυνὴ ἐνέκρυψεν εἰς ἀλεύρου σάτα τρία ἕως οὗ ἐζυμώθη ὅλον.			**Lk 13,21**	[20] ... τίνι ὁμοιώσω τὴν βασιλείαν τοῦ θεοῦ; [21] ὁμοία ἐστὶν ζύμῃ, ἣν λαβοῦσα γυνὴ [ἐν]έκρυψεν εἰς ἀλεύρου σάτα τρία ἕως οὗ ἐζυμώθη ὅλον.	→ GTh 96
222	**Mt 9,20**	καὶ ἰδοὺ γυνὴ αἱμορροοῦσα δώδεκα ἔτη ...	**Mk 5,25**	καὶ γυνὴ οὖσα ἐν ῥύσει αἵματος δώδεκα ἔτη	**Lk 8,43**	καὶ γυνὴ οὖσα ἐν ῥύσει αἵματος ἀπὸ ἐτῶν δώδεκα, ...	
022			**Mk 5,33**	ἡ δὲ γυνὴ φοβηθεῖσα καὶ τρέμουσα, εἰδυῖα ὃ γέγονεν αὐτῇ, ἦλθεν καὶ προσέπεσεν αὐτῷ καὶ εἶπεν αὐτῷ πᾶσαν τὴν ἀλήθειαν.	**Lk 8,47** ↑Mk 5,29	ἰδοῦσα δὲ ἡ γυνὴ ὅτι οὐκ ἔλαθεν, τρέμουσα ἦλθεν καὶ προσπεσοῦσα αὐτῷ δι᾽ ἣν αἰτίαν ἥψατο αὐτοῦ ἀπήγγειλεν ἐνώπιον παντὸς τοῦ λαοῦ καὶ ὡς ἰάθη παραχρῆμα.	
222	**Mt 14,3**	ὁ γὰρ Ἡρῴδης κρατήσας τὸν Ἰωάννην ἔδησεν [αὐτὸν] καὶ ἐν φυλακῇ ἀπέθετο διὰ Ἡρῳδιάδα τὴν γυναῖκα Φιλίππου τοῦ ἀδελφοῦ αὐτοῦ·	**Mk 6,17**	αὐτὸς γὰρ ὁ Ἡρῴδης ἀποστείλας ἐκράτησεν τὸν Ἰωάννην καὶ ἔδησεν αὐτὸν ἐν φυλακῇ διὰ Ἡρῳδιάδα τὴν γυναῖκα Φιλίππου τοῦ ἀδελφοῦ αὐτοῦ, ὅτι αὐτὴν ἐγάμησεν·	**Lk 3,19** ↓Mt 14,4 ↓Mk 6,18	ὁ δὲ Ἡρῴδης ὁ τετραάρχης, ἐλεγχόμενος ὑπ᾽ αὐτοῦ περὶ Ἡρῳδιάδος τῆς γυναικὸς τοῦ ἀδελφοῦ αὐτοῦ καὶ περὶ πάντων ὧν ἐποίησεν πονηρῶν ὁ Ἡρῴδης, [20] προσέθηκεν καὶ τοῦτο ἐπὶ πᾶσιν [καὶ] κατέκλεισεν τὸν Ἰωάννην ἐν φυλακῇ.	
e 120	**Mt 14,4** ↑Lk 3,19	ἔλεγεν γὰρ ὁ Ἰωάννης αὐτῷ· οὐκ ἔξεστίν σοι ἔχειν αὐτήν.	**Mk 6,18** ↑Lk 3,19	ἔλεγεν γὰρ ὁ Ἰωάννης τῷ Ἡρῴδῃ ὅτι οὐκ ἔξεστίν σοι ἔχειν τὴν γυναῖκα τοῦ ἀδελφοῦ σου.			

211	**Mt 14,21** ↓ Mt 15,38	οἱ δὲ ἐσθίοντες ἦσαν ἄνδρες ὡσεὶ πεντακισχίλιοι **χωρὶς γυναικῶν καὶ παιδίων.**	**Mk 6,44** ↓ Mk 8,9	καὶ ἦσαν οἱ φαγόντες [τοὺς ἄρτους] πεντακισχίλιοι ἄνδρες.	**Lk 9,14**	ἦσαν γὰρ ὡσεὶ ἄνδρες πεντακισχίλιοι. ...	→ Jn 6,10
220	**Mt 15,22**	καὶ ἰδοὺ **γυνὴ Χαναναία** ἀπὸ τῶν ὁρίων ἐκείνων ἐξελθοῦσα ἔκραζεν λέγουσα· ἐλέησόν με, κύριε υἱὸς Δαυίδ· ἡ θυγάτηρ μου κακῶς δαιμονίζεται.	**Mk 7,25**	ἀλλ' εὐθὺς ἀκούσασα **γυνὴ** περὶ αὐτοῦ, ἧς εἶχεν τὸ θυγάτριον αὐτῆς πνεῦμα ἀκάθαρτον, ↔			
120	**Mt 15,25**	ἡ δὲ ἐλθοῦσα προσεκύνει αὐτῷ λέγουσα· κύριε, βοήθει μοι.	**Mk 7,26** ↑ Mt 15,22	↔ [25] ἐλθοῦσα προσέπεσεν πρὸς τοὺς πόδας αὐτοῦ· **[26] ἡ δὲ γυνὴ** ἦν Ἑλληνίς, Συροφοινίκισσα τῷ γένει· καὶ ἠρώτα αὐτὸν ἵνα τὸ δαιμόνιον ἐκβάλῃ ἐκ τῆς θυγατρὸς αὐτῆς.			
a 210	**Mt 15,28**	τότε ἀποκριθεὶς ὁ Ἰησοῦς εἶπεν αὐτῇ· **ὦ γύναι,** μεγάλη σου ἡ πίστις· γενηθήτω σοι ὡς θέλεις. ...	**Mk 7,29**	καὶ εἶπεν αὐτῇ· διὰ τοῦτον τὸν λόγον ὕπαγε, ἐξελήλυθεν ἐκ τῆς θυγατρός σου τὸ δαιμόνιον.			
210	**Mt 15,38** ↑ Mt 14,21	οἱ δὲ ἐσθίοντες ἦσαν τετρακισχίλιοι ἄνδρες **χωρὶς γυναικῶν καὶ παιδίων.**	**Mk 8,9** ↑ Mk 6,44	ἦσαν δὲ ὡς τετρακισχίλιοι. ...	↑ Lk 9,14a		
200	**Mt 18,25**	μὴ ἔχοντος δὲ αὐτοῦ ἀποδοῦναι ἐκέλευσεν αὐτὸν ὁ κύριος πραθῆναι καὶ **τὴν γυναῖκα** καὶ τὰ τέκνα καὶ πάντα ὅσα ἔχει, καὶ ἀποδοθῆναι.					
002					**Lk 10,38**	ἐν δὲ τῷ πορεύεσθαι αὐτοὺς αὐτὸς εἰσῆλθεν εἰς κώμην τινά· **γυνὴ δέ τις ὀνόματι Μάρθα** ὑπεδέξατο αὐτόν.	
002					**Lk 11,27** → Lk 1,48	ἐγένετο δὲ ἐν τῷ λέγειν αὐτὸν ταῦτα **ἐπάρασά τις φωνὴν γυνὴ** ἐκ τοῦ ὄχλου εἶπεν αὐτῷ· μακαρία ἡ κοιλία ἡ βαστάσασά σε καὶ μαστοὶ οὓς ἐθήλασας.	→ GTh 79
002					**Lk 13,11** → Mt 12,10 → Mk 3,1 → Lk 6,6 → Lk 14,2	καὶ ἰδοὺ **γυνὴ πνεῦμα ἔχουσα ἀσθενείας** ἔτη δεκαοκτὼ καὶ ἦν συγκύπτουσα καὶ μὴ δυναμένη ἀνακύψαι εἰς τὸ παντελές.	

a 002					**Lk 13,12** → Mt 12,13 → Mk 3,5 → Lk 6,10	ἰδὼν δὲ αὐτὴν ὁ Ἰησοῦς προσεφώνησεν καὶ εἶπεν αὐτῇ· **γύναι,** ἀπολέλυσαι τῆς ἀσθενείας σου	
202	**Mt 13,33**	... ὁμοία ἐστὶν ἡ βασιλεία τῶν οὐρανῶν ζύμῃ, ἣν λαβοῦσα **γυνὴ** ἐνέκρυψεν εἰς ἀλεύρου σάτα τρία ἕως οὗ ἐζυμώθη ὅλον.			**Lk 13,21**	[20] ... τίνι ὁμοιώσω τὴν βασιλείαν τοῦ θεοῦ; [21] ὁμοία ἐστὶν ζύμῃ, ἣν λαβοῦσα **γυνὴ** [ἐν]έκρυψεν εἰς ἀλεύρου σάτα τρία ἕως οὗ ἐζυμώθη ὅλον.	→ GTh 96
d 002					**Lk 14,20**	καὶ ἕτερος εἶπεν· **γυναῖκα** ἔγημα καὶ διὰ τοῦτο οὐ δύναμαι ἐλθεῖν.	→ GTh 64
102	**Mt 10,37** ↓ Mt 19,29	ὁ φιλῶν πατέρα ἢ μητέρα ὑπὲρ ἐμὲ οὐκ ἔστιν μου ἄξιος, καὶ ὁ φιλῶν υἱὸν ἢ θυγατέρα ὑπὲρ ἐμὲ οὐκ ἔστιν μου ἄξιος·	↓ Mk 10,29		**Lk 14,26** ↓ Lk 18,29	εἴ τις ἔρχεται πρός με καὶ οὐ μισεῖ τὸν πατέρα ἑαυτοῦ καὶ τὴν μητέρα καὶ **τὴν γυναῖκα** καὶ τὰ τέκνα καὶ τοὺς ἀδελφοὺς καὶ τὰς ἀδελφὰς ἔτι τε καὶ τὴν ψυχὴν ἑαυτοῦ, οὐ δύναται εἶναί μου μαθητής.	→ GTh 55 → GTh 101
002					**Lk 15,8**	ἢ **τίς γυνὴ** δραχμὰς ἔχουσα δέκα ἐὰν ἀπολέσῃ δραχμὴν μίαν, ...	
b 202	**Mt 5,32** ⇩ Mt 19,9	... πᾶς ὁ ἀπολύων **τὴν γυναῖκα αὐτοῦ** παρεκτὸς λόγου πορνείας ποιεῖ αὐτὴν μοιχευθῆναι, καὶ ὃς ἐὰν ἀπολελυμένην γαμήσῃ, μοιχᾶται.	**Mk 10,11**	... ὃς ἂν ἀπολύσῃ **τὴν γυναῖκα αὐτοῦ** καὶ γαμήσῃ ἄλλην μοιχᾶται ἐπ' αὐτήν· [12] καὶ ἐὰν αὐτὴ ἀπολύσασα τὸν ἄνδρα αὐτῆς γαμήσῃ ἄλλον μοιχᾶται.	**Lk 16,18**	πᾶς ὁ ἀπολύων **τὴν γυναῖκα αὐτοῦ** καὶ γαμῶν ἑτέραν μοιχεύει, καὶ ὁ ἀπολελυμένην ἀπὸ ἀνδρὸς γαμῶν μοιχεύει.	→ 1Cor 7,10-11 Mk-Q overlap
002					**Lk 17,32**	μνημονεύετε **τῆς γυναικὸς Λώτ.**	
b 220	**Mt 19,3**	καὶ προσῆλθον αὐτῷ Φαρισαῖοι πειράζοντες αὐτὸν καὶ λέγοντες· εἰ ἔξεστιν ἀνθρώπῳ ἀπολῦσαι **τὴν γυναῖκα αὐτοῦ** κατὰ πᾶσαν αἰτίαν;	**Mk 10,2**	καὶ προσελθόντες Φαρισαῖοι ἐπηρώτων αὐτὸν εἰ ἔξεστιν ἀνδρὶ **γυναῖκα** ἀπολῦσαι, πειράζοντες αὐτόν.			
220	**Mt 19,5**	... *καὶ κολληθήσεται* ***τῇ γυναικὶ*** ***αὐτοῦ,*** *καὶ ἔσονται οἱ δύο* *εἰς σάρκα μίαν.* ➤ Gen 2,24 LXX	**Mk 10,7**	... *[καὶ προσκολληθήσεται* ***πρὸς τὴν γυναῖκα*** ***αὐτοῦ],*** *[8] καὶ ἔσονται οἱ δύο* *εἰς σάρκα μίαν·* ... ➤ Gen 2,24 LXX			
b 210	**Mt 19,8** → Mt 19,4 → Mk 10,6	... Μωϋσῆς πρὸς τὴν σκληροκαρδίαν ὑμῶν ἐπέτρεψεν ὑμῖν ἀπολῦσαι **τὰς γυναῖκας ὑμῶν,** ἀπ' ἀρχῆς δὲ οὐ γέγονεν οὕτως.	**Mk 10,5**	... πρὸς τὴν σκληροκαρδίαν ὑμῶν ἔγραψεν ὑμῖν τὴν ἐντολὴν ταύτην.			

b 220	Mt 19,9 ⇧ Mt 5,32	... ὃς ἂν ἀπολύσῃ τὴν γυναῖκα αὐτοῦ μὴ ἐπὶ πορνείᾳ καὶ γαμήσῃ ἄλλην μοιχᾶται.	Mk 10,11	... ὃς ἂν ἀπολύσῃ τὴν γυναῖκα αὐτοῦ καὶ γαμήσῃ ἄλλην μοιχᾶται ἐπ' αὐτήν· [12] καὶ ἐὰν αὐτὴ ἀπολύσασα τὸν ἄνδρα αὐτῆς γαμήσῃ ἄλλον μοιχᾶται.	Lk 16,18	πᾶς ὁ ἀπολύων τὴν γυναῖκα αὐτοῦ καὶ γαμῶν ἑτέραν μοιχεύει, καὶ ὁ ἀπολελυμένην ἀπὸ ἀνδρὸς γαμῶν μοιχεύει.	→ 1Cor 7,10-11 Mk-Q overlap
200	Mt 19,10	... εἰ οὕτως ἐστὶν ἡ αἰτία τοῦ ἀνθρώπου μετὰ τῆς γυναικός, οὐ συμφέρει γαμῆσαι.					
112	Mt 19,29 → Mt 10,37	καὶ πᾶς ὅστις ἀφῆκεν οἰκίας ἢ ἀδελφοὺς ἢ ἀδελφὰς ἢ πατέρα ἢ μητέρα ἢ τέκνα ἢ ἀγροὺς ἕνεκεν τοῦ ὀνόματός μου, ...	Mk 10,29	... οὐδείς ἐστιν ὃς ἀφῆκεν οἰκίαν ἢ ἀδελφοὺς ἢ ἀδελφὰς ἢ μητέρα ἢ πατέρα ἢ τέκνα ἢ ἀγροὺς ἕνεκεν ἐμοῦ καὶ ἕνεκεν τοῦ εὐαγγελίου	Lk 18,29 ⇑ Lk 14,26	... οὐδείς ἐστιν ὃς ἀφῆκεν οἰκίαν ἢ γυναῖκα ἢ ἀδελφοὺς ἢ γονεῖς ἢ τέκνα ἕνεκεν τῆς βασιλείας τοῦ θεοῦ	→ GTh 55 → GTh 101
e 122 c 222	Mt 22,24	... ἐάν τις ἀποθάνῃ μὴ ἔχων τέκνα, ἐπιγαμβρεύσει ὁ ἀδελφὸς αὐτοῦ τὴν γυναῖκα αὐτοῦ καὶ ἀναστήσει σπέρμα τῷ ἀδελφῷ αὐτοῦ· ➤ Deut 25,5; Gen 38,8	Mk 12,19 (2)	... ἐάν τινος ἀδελφὸς ἀποθάνῃ καὶ καταλίπῃ γυναῖκα καὶ μὴ ἀφῇ τέκνον, ἵνα λάβῃ ὁ ἀδελφὸς αὐτοῦ τὴν γυναῖκα καὶ ἐξαναστήσῃ σπέρμα τῷ ἀδελφῷ αὐτοῦ. ➤ Deut 25,5; Gen 38,8	Lk 20,28 (2)	... ἐάν τινος ἀδελφὸς ἀποθάνῃ ἔχων γυναῖκα, καὶ οὗτος ἄτεκνος ᾖ, ἵνα λάβῃ ὁ ἀδελφὸς αὐτοῦ τὴν γυναῖκα καὶ ἐξαναστήσῃ σπέρμα τῷ ἀδελφῷ αὐτοῦ. ➤ Deut 25,5; Gen 38,8	
c 122 211	Mt 22,25	ἦσαν δὲ παρ' ἡμῖν ἑπτὰ ἀδελφοί· καὶ ὁ πρῶτος γήμας ἐτελεύτησεν, καὶ μὴ ἔχων σπέρμα ἀφῆκεν τὴν γυναῖκα αὐτοῦ τῷ ἀδελφῷ αὐτοῦ·	Mk 12,20	ἑπτὰ ἀδελφοὶ ἦσαν· καὶ ὁ πρῶτος ἔλαβεν γυναῖκα καὶ ἀποθνῄσκων οὐκ ἀφῆκεν σπέρμα·	Lk 20,29	ἑπτὰ οὖν ἀδελφοὶ ἦσαν· καὶ ὁ πρῶτος λαβὼν γυναῖκα ἀπέθανεν ἄτεκνος·	
222	Mt 22,27	ὕστερον δὲ πάντων ἀπέθανεν ἡ γυνή.	Mk 12,22	... ἔσχατον πάντων καὶ ἡ γυνὴ ἀπέθανεν.	Lk 20,32	ὕστερον καὶ ἡ γυνὴ ἀπέθανεν.	
112 222 e 122	Mt 22,28	ἐν τῇ ἀναστάσει οὖν τίνος τῶν ἑπτὰ ἔσται γυνή; πάντες γὰρ ἔσχον αὐτήν·	Mk 12,23 (2)	ἐν τῇ ἀναστάσει [ὅταν ἀναστῶσιν] τίνος αὐτῶν ἔσται γυνή; οἱ γὰρ ἑπτὰ ἔσχον αὐτὴν γυναῖκα.	Lk 20,33 (3)	ἡ γυνὴ οὖν ἐν τῇ ἀναστάσει τίνος αὐτῶν γίνεται γυνή; οἱ γὰρ ἑπτὰ ἔσχον αὐτὴν γυναῖκα.	
220	Mt 26,7	προσῆλθεν αὐτῷ γυνὴ ἔχουσα ἀλάβαστρον μύρου βαρυτίμου ...	Mk 14,3	... ἦλθεν γυνὴ ἔχουσα ἀλάβαστρον μύρου νάρδου πιστικῆς πολυτελοῦς, ...	Lk 7,37	καὶ ἰδοὺ γυνὴ ἥτις ἦν ἐν τῇ πόλει ἁμαρτωλός, ... κομίσασα ἀλάβαστρον μύρου	→ Jn 12,3
210	Mt 26,10	... τί κόπους παρέχετε τῇ γυναικί; ἔργον γὰρ καλὸν ἠργάσατο εἰς ἐμέ·	Mk 14,6	... ἄφετε αὐτήν· τί αὐτῇ κόπους παρέχετε; καλὸν ἔργον ἠργάσατο ἐν ἐμοί.			→ Jn 12,7
a 112	Mt 26,70	ὁ δὲ ἠρνήσατο ἔμπροσθεν πάντων λέγων· οὐκ οἶδα τί λέγεις.	Mk 14,68	ὁ δὲ ἠρνήσατο λέγων· οὔτε οἶδα οὔτε ἐπίσταμαι σὺ τί λέγεις. ...	Lk 22,57	ὁ δὲ ἠρνήσατο λέγων· οὐκ οἶδα αὐτόν, γύναι.	→ Jn 18,17

200	**Mt 27,19**	καθημένου δὲ αὐτοῦ ἐπὶ τοῦ βήματος ἀπέστειλεν πρὸς αὐτὸν **ἡ γυνὴ αὐτοῦ** λέγουσα· μηδὲν σοὶ καὶ τῷ δικαίῳ ἐκείνῳ· ...					
002					**Lk 23,27**	ἠκολούθει δὲ αὐτῷ πολὺ πλῆθος τοῦ λαοῦ καὶ **γυναικῶν** αἳ ἐκόπτοντο καὶ ἐθρήνουν αὐτόν.	
222	**Mt 27,55** ↓ Mt 27,61	ἦσαν δὲ ἐκεῖ **γυναῖκες πολλαὶ** ἀπὸ μακρόθεν θεωροῦσαι, αἵτινες ἠκολούθησαν τῷ Ἰησοῦ ἀπὸ τῆς Γαλιλαίας διακονοῦσαι αὐτῷ·	**Mk 15,40** ↓ Mk 15,47	ἦσαν δὲ καὶ **γυναῖκες** ἀπὸ μακρόθεν θεωροῦσαι, ... [41] αἳ ὅτε ἦν ἐν τῇ Γαλιλαίᾳ ἠκολούθουν αὐτῷ καὶ διηκόνουν αὐτῷ, ...	**Lk 23,49** ↑ Lk 8,2-3 ↓ Lk 23,55	εἱστήκεισαν δὲ πάντες οἱ γνωστοὶ αὐτῷ ἀπὸ μακρόθεν καὶ **γυναῖκες** αἱ συνακολουθοῦσαι αὐτῷ ἀπὸ τῆς Γαλιλαίας ὁρῶσαι ταῦτα.	→ Jn 19,25
112	**Mt 27,61** ↑ Mt 27,55 → Mt 28,1	ἦν δὲ ἐκεῖ Μαριὰμ ἡ Μαγδαληνὴ καὶ ἡ ἄλλη Μαρία καθήμεναι ἀπέναντι τοῦ τάφου.	**Mk 15,47** ↑ Mk 15,40 → Mk 16,1	ἡ δὲ Μαρία ἡ Μαγδαληνὴ καὶ Μαρία ἡ Ἰωσῆτος ἐθεώρουν ποῦ τέθειται.	**Lk 23,55** ↑ Lk 8,2-3 ↑ Lk 23,49	κατακολουθήσασαι δὲ **αἱ γυναῖκες,** αἵτινες ἦσαν συνεληλυθυῖαι ἐκ τῆς Γαλιλαίας αὐτῷ, ἐθεάσαντο τὸ μνημεῖον καὶ ὡς ἐτέθη τὸ σῶμα αὐτοῦ	→ Acts 1,14
211	**Mt 28,5**	ἀποκριθεὶς δὲ ὁ ἄγγελος εἶπεν **ταῖς γυναιξίν·** μὴ φοβεῖσθε ὑμεῖς, οἶδα γὰρ ὅτι Ἰησοῦν τὸν ἐσταυρωμένον ζητεῖτε·	**Mk 16,6**	ὁ δὲ λέγει **αὐταῖς·** μὴ ἐκθαμβεῖσθε· Ἰησοῦν ζητεῖτε τὸν Ναζαρηνὸν τὸν ἐσταυρωμένον· ...	**Lk 24,5** → Lk 24,23	... εἶπαν **πρὸς αὐτάς·** τί ζητεῖτε τὸν ζῶντα μετὰ τῶν νεκρῶν·	
002					**Lk 24,22** → Mt 28,1 → Mk 16,1-2 → Lk 24,1	ἀλλὰ καὶ **γυναῖκές τινες** ἐξ ἡμῶν ἐξέστησαν ἡμᾶς, γενόμεναι ὀρθριναὶ ἐπὶ τὸ μνημεῖον	→ Jn 20,1
002					**Lk 24,24** → Lk 24,12	... καὶ εὗρον οὕτως καθὼς καὶ **αἱ γυναῖκες** εἶπον, αὐτὸν δὲ οὐκ εἶδον.	

Acts 1,14 → Lk 8,2-3 → Lk 23,55 → Lk 24,53 — οὗτοι πάντες ἦσαν προσκαρτεροῦντες ὁμοθυμαδὸν τῇ προσευχῇ **σὺν γυναιξὶν** καὶ Μαριὰμ τῇ μητρὶ τοῦ Ἰησοῦ καὶ τοῖς ἀδελφοῖς αὐτοῦ.

Acts 5,1 — ἀνὴρ δέ τις Ἁνανίας ὀνόματι σὺν Σαπφίρῃ **τῇ γυναικὶ αὐτοῦ** ἐπώλησεν κτῆμα

Acts 5,2 — καὶ ἐνοσφίσατο ἀπὸ τῆς τιμῆς, συνειδυίης καὶ **τῆς γυναικός,** καὶ ἐνέγκας μέρος τι παρὰ τοὺς πόδας τῶν ἀποστόλων ἔθηκεν.

Acts 5,7 — ἐγένετο δὲ ὡς ὡρῶν τριῶν διάστημα καὶ **ἡ γυνὴ αὐτοῦ** μὴ εἰδυῖα τὸ γεγονὸς εἰσῆλθεν.

f **Acts 5,14** — μᾶλλον δὲ προσετίθεντο πιστεύοντες τῷ κυρίῳ, **πλήθη ἀνδρῶν τε καὶ γυναικῶν**

f **Acts 8,3** — Σαῦλος δὲ ἐλυμαίνετο τὴν ἐκκλησίαν κατὰ τοὺς οἴκους εἰσπορευόμενος, σύρων τε **ἄνδρας καὶ γυναῖκας** παρεδίδου εἰς φυλακήν.

f **Acts 8,12** — ὅτε δὲ ἐπίστευσαν τῷ Φιλίππῳ εὐαγγελιζομένῳ περὶ τῆς βασιλείας τοῦ θεοῦ καὶ τοῦ ὀνόματος Ἰησοῦ Χριστοῦ, ἐβαπτίζοντο **ἄνδρες τε καὶ γυναῖκες.**

f **Acts 9,2** — ... ὅπως ἐάν τινας εὕρῃ τῆς ὁδοῦ ὄντας, **ἄνδρας τε καὶ γυναῖκας,** δεδεμένους ἀγάγῃ εἰς Ἰερουσαλήμ.

Acts 13,50 οἱ δὲ Ἰουδαῖοι παρώτρυναν
τὰς σεβομένας γυναῖκας τὰς εὐσχήμονας
καὶ τοὺς πρώτους τῆς πόλεως ...

Acts 16,1 ... καὶ ἰδοὺ μαθητής τις ἦν ἐκεῖ ὀνόματι Τιμόθεος,
υἱὸς γυναικὸς Ἰουδαίας πιστῆς,
πατρὸς δὲ Ἕλληνος

Acts 16,13 ... καὶ καθίσαντες ἐλαλοῦμεν
ταῖς συνελθούσαις γυναιξίν.

Acts 16,14 καί
τις γυνὴ
ὀνόματι Λυδία, πορφυρόπωλις πόλεως Θυατείρων σεβομένη τὸν θεόν, ἤκουεν, ...

Acts 17,4 ... τῶν τε σεβομένων Ἑλλήνων πλῆθος πολύ,
γυναικῶν τε τῶν πρώτων
οὐκ ὀλίγαι.

f **Acts 17,12** πολλοὶ μὲν οὖν ἐξ αὐτῶν ἐπίστευσαν καὶ
τῶν Ἑλληνίδων γυναικῶν τῶν εὐσχημόνων καὶ ἀνδρῶν οὐκ ὀλίγοι.

Acts 17,34 ... ἐν οἷς καὶ Διονύσιος ὁ Ἀρεοπαγίτης καὶ
γυνὴ
ὀνόματι Δάμαρις καὶ ἕτεροι σὺν αὐτοῖς.

Acts 18,2 καὶ εὑρών τινα Ἰουδαῖον ὀνόματι Ἀκύλαν, Ποντικὸν τῷ γένει προσφάτως ἐληλυθότα ἀπὸ τῆς Ἰταλίας καὶ Πρίσκιλλαν
γυναῖκα αὐτοῦ, ...

Acts 21,5 ... ἐξελθόντες ἐπορευόμεθα προπεμπόντων ἡμᾶς πάντων
σὺν γυναιξὶ
καὶ τέκνοις ἕως ἔξω τῆς πόλεως, ...

f **Acts 22,4** ὃς ταύτην τὴν ὁδὸν ἐδίωξα ἄχρι θανάτου δεσμεύων καὶ παραδιδοὺς εἰς φυλακὰς
ἄνδρας τε καὶ γυναῖκας

Acts 24,24 μετὰ δὲ ἡμέρας τινὰς παραγενόμενος ὁ Φῆλιξ σὺν Δρουσίλλῃ
τῇ ἰδίᾳ γυναικὶ οὔσῃ Ἰουδαίᾳ
μετεπέμψατο τὸν Παῦλον ...

γωνία	Syn	Mt	Mk	Lk	Acts	Jn	1-3John	Paul	Eph	Col
	4	2	1	1	2					
	NT	2Thess	1/2Tim	Tit	Heb	Jas	1Pet	2Pet	Jude	Rev
	9						1			2

corner; κεφαλὴ γωνίας main corner-stone; keystone

200	**Mt 6,5** καὶ ὅταν προσεύχησθε, οὐκ ἔσεσθε ὡς οἱ ὑποκριταί, ὅτι φιλοῦσιν ἐν ταῖς συναγωγαῖς καὶ **ἐν ταῖς γωνίαις τῶν πλατειῶν** ἑστῶτες προσεύχεσθαι, ὅπως φανῶσιν τοῖς ἀνθρώποις· ...			→ GTh 6,1 (POxy 654)
222	**Mt 21,42** ... οὐδέποτε ἀνέγνωτε ἐν ταῖς γραφαῖς· *λίθον ὃν ἀπεδοκίμασαν οἱ οἰκοδομοῦντες, οὗτος ἐγενήθη* ***εἰς κεφαλὴν γωνίας·*** ... ➤ Ps 118,22	**Mk 12,10** οὐδὲ τὴν γραφὴν ταύτην ἀνέγνωτε· *λίθον ὃν ἀπεδοκίμασαν οἱ οἰκοδομοῦντες, οὗτος ἐγενήθη* ***εἰς κεφαλὴν γωνίας·*** ➤ Ps 118,22	**Lk 20,17** ... τί οὖν ἐστιν τὸ γεγραμμένον τοῦτο· *λίθον ὃν ἀπεδοκίμασαν οἱ οἰκοδομοῦντες, οὗτος ἐγενήθη* ***εἰς κεφαλὴν γωνίας;*** ➤ Ps 118,22	→ Acts 4,11 → GTh 66

Acts 4,11 (→ Mt 21,42 → Mk 12,10 → Lk 20,17) οὗτός ἐστιν ὁ λίθος, ὁ ἐξουθενηθεὶς ὑφ᾽ ὑμῶν τῶν οἰκοδόμων, ὁ γενόμενος
εἰς κεφαλὴν γωνίας.
➤ Ps 118,22

Acts 26,26 ... λανθάνειν γὰρ αὐτὸν [τι] τούτων οὐ πείθομαι οὐθέν· οὐ γάρ ἐστιν
ἐν γωνίᾳ
πεπραγμένον τοῦτο.

Δ

δαιμονίζομαι	Syn 12	Mt 7	Mk 4	Lk 1	Acts	Jn 1	1-3John	Paul	Eph	Col
	NT 13	2Thess	1/2Tim	Tit	Heb	Jas	1Pet	2Pet	Jude	Rev

be demon possessed

	triple tradition																	double tradition			Sondergut		
		+Mt / +Lk			−Mt / −Lk			traditions not taken over by Mt / Lk							subtotals								
code	222	211	112	212	221	122	121	022	012	021	220	120	210	020	Σ^+	Σ^-	Σ	202	201	102	200	002	total
Mt	1	1^+			1		1^-						1^+		2^+	1^-	4		1		2		7
Mk	1				1		1			1							4						4
Lk	1				1^-		1^-			1^-						3^-	1						1

200	**Mt 4,24** ⇩ Mt 8,16 → Mt 12,15 → Mt 15,30	... καὶ προσήνεγκαν αὐτῷ πάντας τοὺς κακῶς ἔχοντας ποικίλαις νόσοις καὶ βασάνοις συνεχομένους [καὶ] **δαιμονιζομένους** καὶ σεληνιαζομένους καὶ παραλυτικούς, ...	**Mk 1,32** → Mk 3,10 → Mk 7,32	ὀψίας δὲ γενομένης, ὅτε ἔδυ ὁ ἥλιος, ἔφερον πρὸς αὐτὸν πάντας τοὺς κακῶς ἔχοντας καὶ **τοὺς δαιμονιζομένους**·	**Lk 4,40** → Lk 6,18	δύνοντος δὲ τοῦ ἡλίου ἅπαντες ὅσοι εἶχον ἀσθενοῦντας νόσοις ποικίλαις ἤγαγον αὐτοὺς πρὸς αὐτόν· ...	
221	**Mt 8,16** ⇧ Mt 4,24 → Mt 12,15 → Mt 15,30	ὀψίας δὲ γενομένης προσήνεγκαν αὐτῷ **δαιμονιζομένους πολλούς**· ...	**Mk 1,32** → Mk 3,10 → Mk 7,32	ὀψίας δὲ γενομένης, ὅτε ἔδυ ὁ ἥλιος, ἔφερον πρὸς αὐτὸν πάντας τοὺς κακῶς ἔχοντας καὶ **τοὺς δαιμονιζομένους**·	**Lk 4,40** → Lk 6,18	δύνοντος δὲ τοῦ ἡλίου ἅπαντες ὅσοι εἶχον ἀσθενοῦντας νόσοις ποικίλαις ἤγαγον αὐτοὺς πρὸς αὐτόν· ...	
211	**Mt 8,28**	... ὑπήντησαν αὐτῷ **δύο δαιμονιζόμενοι** ἐκ τῶν μνημείων ἐξερχόμενοι, ...	**Mk 5,2**	... εὐθὺς ὑπήντησεν αὐτῷ ἐκ τῶν μνημείων **ἄνθρωπος ἐν πνεύματι ἀκαθάρτῳ**	**Lk 8,27**	... ὑπήντησεν **ἀνήρ τις ἐκ τῆς πόλεως ἔχων δαιμόνια** ...	
	Mt 8,33	οἱ δὲ βόσκοντες ἔφυγον, καὶ ἀπελθόντες εἰς τὴν πόλιν ἀπήγγειλαν πάντα	**Mk 5,14**	καὶ οἱ βόσκοντες αὐτοὺς ἔφυγον καὶ ἀπήγγειλαν εἰς τὴν πόλιν καὶ εἰς τοὺς ἀγρούς· καὶ ἦλθον ἰδεῖν τί ἐστιν τὸ γεγονός	**Lk 8,34**	ἰδόντες δὲ οἱ βόσκοντες τὸ γεγονὸς ἔφυγον καὶ ἀπήγγειλαν εἰς τὴν πόλιν καὶ εἰς τοὺς ἀγρούς.	
121			**Mk 5,15**	καὶ ἔρχονται πρὸς τὸν Ἰησοῦν, καὶ θεωροῦσιν **τὸν δαιμονιζόμενον** καθήμενον ἱματισμένον καὶ σωφρονοῦντα, τὸν ἐσχηκότα τὸν λεγιῶνα, καὶ ἐφοβήθησαν.	**Lk 8,35**	ἐξῆλθον δὲ ἰδεῖν τὸ γεγονὸς καὶ ἦλθον πρὸς τὸν Ἰησοῦν καὶ εὗρον καθήμενον **τὸν ἄνθρωπον ἀφ᾽ οὗ τὰ δαιμόνια ἐξῆλθεν** ἱματισμένον καὶ σωφρονοῦντα παρὰ τοὺς πόδας τοῦ Ἰησοῦ, καὶ ἐφοβήθησαν.	
222		καὶ **τὰ τῶν δαιμονιζομένων.** [34] καὶ ἰδοὺ πᾶσα ἡ πόλις ἐξῆλθεν εἰς ὑπάντησιν τῷ Ἰησοῦ ...	**Mk 5,16**	καὶ διηγήσαντο αὐτοῖς οἱ ἰδόντες πῶς ἐγένετο **τῷ δαιμονιζομένῳ** καὶ περὶ τῶν χοίρων.	**Lk 8,36**	ἀπήγγειλαν δὲ αὐτοῖς οἱ ἰδόντες πῶς ἐσώθη **ὁ δαιμονισθείς.**	

code	Mt		Mk		Lk		
021			Mk 5,18	... παρεκάλει αὐτὸν ὁ δαιμονισθεὶς ἵνα μετ' αὐτοῦ ᾖ.	Lk 8,38	ἐδεῖτο δὲ αὐτοῦ ὁ ἀνὴρ ἀφ' οὗ ἐξεληλύθει τὰ δαιμόνια εἶναι σὺν αὐτῷ· ...	
201	Mt 9,32 ⇩ Mt 12,22	αὐτῶν δὲ ἐξερχομένων ἰδοὺ προσήνεγκαν αὐτῷ ἄνθρωπον κωφὸν δαιμονιζόμενον.			Lk 11,14	καὶ ἦν ἐκβάλλων δαιμόνιον [καὶ αὐτὸ ἦν] κωφόν· ...	
200	Mt 12,22 ⇧ Mt 9,32	τότε προσηνέχθη αὐτῷ δαιμονιζόμενος τυφλὸς καὶ κωφός, καὶ ἐθεράπευσεν αὐτόν, ...			Lk 11,14	καὶ ἦν ἐκβάλλων δαιμόνιον [καὶ αὐτὸ ἦν] κωφόν· ...	
210	Mt 15,22	καὶ ἰδοὺ γυνὴ Χαναναία ἀπὸ τῶν ὁρίων ἐκείνων ἐξελθοῦσα ἔκραζεν λέγουσα· ἐλέησόν με, κύριε υἱὸς Δαυίδ· ἡ θυγάτηρ μου κακῶς δαιμονίζεται. [23] ... [25] ἡ δὲ ἐλθοῦσα προσεκύνει αὐτῷ λέγουσα· κύριε, βοήθει μοι.	Mk 7,25	ἀλλ' εὐθὺς ἀκούσασα γυνὴ περὶ αὐτοῦ, ἧς εἶχεν τὸ θυγάτριον αὐτῆς πνεῦμα ἀκάθαρτον, ἐλθοῦσα προσέπεσεν πρὸς τοὺς πόδας αὐτοῦ· [26] ἡ δὲ γυνὴ ἦν Ἑλληνίς, Συροφοινίκισσα τῷ γένει· καὶ ἠρώτα αὐτὸν ἵνα τὸ δαιμόνιον ἐκβάλῃ ἐκ τῆς θυγατρὸς αὐτῆς.			

δαιμόνιον	Syn 45	Mt 11	Mk 11	Lk 23	Acts 1	Jn 6	1-3John	Paul 4	Eph	Col
	NT 61	2Thess	1/2Tim 1	Tit	Heb	Jas 1	1Pet	2Pet	Jude	Rev 3

demon; evil spirit

	triple tradition																double tradition			Sondergut		
		+Mt / +Lk			–Mt / –Lk			traditions not taken over by Mt / Lk							subtotals							
code	*222*	*211*	*112*	*212*	*221*	*122*	*121*	*022*	*012*	*021*	*220*	*120*	*210*	*020*	Σ^+	Σ^-	Σ	*202*	*201*	*102*	*200*	*002*	total
Mt		1^+				1^-	1^-					4^-			1^+	6^-	1	6	2		2		**11**
Mk						1	1	1		2		4		2			11						**11**
Lk			4^+			1	1^-	1	6^+	2^-					10^+	3^-	12	6		2		3	**23**

[a] ἐκβάλλω δαιμόνιον / δαιμόνια
[b] δαιμόνιον / δαιμόνια + ἐξέρχομαι
[c] ἔχω δαιμόνιον / δαιμόνια
[d] ἄρχων τῶν δαιμονίων

code	Mt	Mk		Lk		
012		Mk 1,23	καὶ εὐθὺς ἦν ἐν τῇ συναγωγῇ αὐτῶν ἄνθρωπος ἐν πνεύματι ἀκαθάρτῳ, καὶ ἀνέκραξεν	Lk 4,33	καὶ ἐν τῇ συναγωγῇ ἦν ἄνθρωπος ἔχων πνεῦμα δαιμονίου ἀκαθάρτου καὶ ἀνέκραξεν φωνῇ μεγάλῃ·	
b 012		Mk 1,26	καὶ σπαράξαν αὐτὸν τὸ πνεῦμα τὸ ἀκάθαρτον καὶ φωνῆσαν φωνῇ μεγάλῃ ἐξῆλθεν ἐξ αὐτοῦ.	Lk 4,35	... καὶ ῥίψαν αὐτὸν τὸ δαιμόνιον εἰς τὸ μέσον ἐξῆλθεν ἀπ' αὐτοῦ μηδὲν βλάψαν αὐτόν.	

a b 122	**Mt 8,16**	 ... καὶ ἐξέβαλεν τὰ πνεύματα λόγῳ καὶ πάντας τοὺς κακῶς ἔχοντας ἐθεράπευσεν	**Mk 1,34** **(2)** ↓ Mk 3,11	 καὶ ἐθεράπευσεν πολλοὺς κακῶς ἔχοντας ποικίλαις νόσοις καὶ δαιμόνια πολλὰ ἐξέβαλεν,	**Lk 4,41** → Lk 6,18	[40] ... ὁ δὲ ἑνὶ ἑκάστῳ αὐτῶν τὰς χεῖρας ἐπιτιθεὶς ἐθεράπευεν αὐτούς. [41] ἐξήρχετο δὲ καὶ δαιμόνια ἀπὸ πολλῶν κρ[αυγ]άζοντα καὶ λέγοντα ὅτι σὺ εἶ ὁ υἱὸς τοῦ θεοῦ.	
021				καὶ οὐκ ἤφιεν λαλεῖν τὰ δαιμόνια, ὅτι ᾔδεισαν αὐτόν.		καὶ ἐπιτιμῶν οὐκ εἴα αὐτὰ λαλεῖν, ὅτι ᾔδεισαν τὸν χριστὸν αὐτὸν εἶναι.	
			Mk 3,11	καὶ τὰ πνεύματα τὰ ἀκάθαρτα, ὅταν αὐτὸν ἐθεώρουν, προσέπιπτον αὐτῷ καὶ ἔκραζον λέγοντες ὅτι σὺ εἶ ὁ υἱὸς τοῦ θεοῦ.			
a 121	**Mt 4,23** ⇩ Mt 9,35 → Mk 1,21	καὶ περιῆγεν ἐν ὅλῃ τῇ Γαλιλαίᾳ διδάσκων ἐν ταῖς συναγωγαῖς αὐτῶν καὶ κηρύσσων τὸ εὐαγγέλιον τῆς βασιλείας καὶ θεραπεύων πᾶσαν νόσον καὶ πᾶσαν μαλακίαν ἐν τῷ λαῷ.	**Mk 1,39** → Mk 1,14 ↓ Mk 6,6	καὶ ἦλθεν κηρύσσων εἰς τὰς συναγωγὰς αὐτῶν εἰς ὅλην τὴν Γαλιλαίαν καὶ τὰ δαιμόνια ἐκβάλλων.	**Lk 4,44** → Lk 4,15 ↓ Lk 8,1	καὶ ἦν κηρύσσων εἰς τὰς συναγωγὰς τῆς Ἰουδαίας.	
	Mt 9,35 ⇧ Mt 4,23 → Mk 1,21	καὶ περιῆγεν ὁ Ἰησοῦς τὰς πόλεις πάσας καὶ τὰς κώμας διδάσκων ἐν ταῖς συναγωγαῖς αὐτῶν καὶ κηρύσσων τὸ εὐαγγέλιον τῆς βασιλείας καὶ θεραπεύων πᾶσαν νόσον καὶ πᾶσαν μαλακίαν.	**Mk 6,6** ↑ **Mk 1,39**	... καὶ περιῆγεν τὰς κώμας κύκλῳ διδάσκων.	**Lk 8,1** → Lk 4,15 ↑ Lk 4,44 → Lk 13,22	... καὶ αὐτὸς διώδευεν κατὰ πόλιν καὶ κώμην κηρύσσων καὶ εὐαγγελιζόμενος τὴν βασιλείαν τοῦ θεοῦ καὶ οἱ δώδεκα σὺν αὐτῷ	
a 201	**Mt 7,22**	... κύριε κύριε, οὐ τῷ σῷ ὀνόματι ἐπροφητεύσαμεν, καὶ τῷ σῷ ὀνόματι δαιμόνια ἐξεβάλομεν, καὶ τῷ σῷ ὀνόματι δυνάμεις πολλὰς ἐποιήσαμεν;			**Lk 13,26**	... ἐφάγομεν ἐνώπιόν σου καὶ ἐπίομεν καὶ ἐν ταῖς πλατείαις ἡμῶν ἐδίδαξας·	
a b 202	**Mt 9,33** ⇩ Mt 12,22	[32] ... ἰδοὺ προσήνεγκαν αὐτῷ ἄνθρωπον κωφὸν δαιμονιζόμενον. [33] καὶ ἐκβληθέντος τοῦ δαιμονίου ἐλάλησεν ὁ κωφός. ...			**Lk 11,14** **(2)**	καὶ ἦν ἐκβάλλων δαιμόνιον [καὶ αὐτὸ ἦν] κωφόν· ἐγένετο δὲ τοῦ δαιμονίου ἐξελθόντος ἐλάλησεν ὁ κωφὸς ...	
d 200	**Mt 9,34** **(2)** ⇩ **Mt 12,24** ↓ **Lk 11,18**	οἱ δὲ Φαρισαῖοι ἔλεγον· ἐν τῷ ἄρχοντι τῶν δαιμονίων	**Mk 3,22** (2)	καὶ οἱ γραμματεῖς οἱ ἀπὸ Ἱεροσολύμων καταβάντες ἔλεγον ὅτι Βεελζεβοὺλ ἔχει, καὶ ὅτι ἐν τῷ ἄρχοντι τῶν δαιμονίων	**Lk 11,15** (2)	τινὲς δὲ ἐξ αὐτῶν εἶπον· ἐν Βεελζεβοὺλ τῷ ἄρχοντι τῶν δαιμονίων	
a 200		ἐκβάλλει τὰ δαιμόνια.		ἐκβάλλει τὰ δαιμόνια.		ἐκβάλλει τὰ δαιμόνια·	

a 120	Mt 10,1	... ἔδωκεν αὐτοῖς ἐξουσίαν πνευμάτων ἀκαθάρτων ὥστε ἐκβάλλειν αὐτὰ ...	Mk 3,15 ↓ Mk 6,7 ↓ Lk 9,1	καὶ ἔχειν ἐξουσίαν ἐκβάλλειν τὰ δαιμόνια·			
a 201	Mt 10,8	ἀσθενοῦντας θεραπεύετε, νεκροὺς ἐγείρετε, λεπροὺς καθαρίζετε, δαιμόνια ἐκβάλλετε· δωρεὰν ἐλάβετε, δωρεὰν δότε.			Lk 10,9	καὶ θεραπεύετε τοὺς ἐν αὐτῇ ἀσθενεῖς καὶ λέγετε αὐτοῖς· ἤγγικεν ἐφ' ὑμᾶς ἡ βασιλεία τοῦ θεοῦ.	→ GTh 14,4
c 202	Mt 11,18	ἦλθεν γὰρ Ἰωάννης μήτε ἐσθίων μήτε πίνων, καὶ λέγουσιν· δαιμόνιον ἔχει·			Lk 7,33 → Mt 3,4 → Mk 1,6	ἐλήλυθεν γὰρ Ἰωάννης ὁ βαπτιστὴς μὴ ἐσθίων ἄρτον μήτε πίνων οἶνον, καὶ λέγετε· δαιμόνιον ἔχει.	
b 002					Lk 8,2 → Mt 27,56 → Mk 15,40 → Lk 24,10	... Μαρία ἡ καλουμένη Μαγδαληνή, ἀφ' ἧς δαιμόνια ἑπτὰ ἐξεληλύθει	
d 020 *a* 020			Mk 3,22 (2)	... ἔλεγον ὅτι Βεελζεβοὺλ ἔχει, καὶ ὅτι ἐν τῷ ἄρχοντι τῶν δαιμονίων ἐκβάλλει τὰ δαιμόνια.			Mk-Q overlap
a 202	Mt 12,24 (2) ⇑ Mt 9,34	οἱ δὲ Φαρισαῖοι ἀκούσαντες εἶπον· οὗτος οὐκ ἐκβάλλει τὰ δαιμόνια			Lk 11,15 (2) ↓ Lk 11,18	τινὲς δὲ ἐξ αὐτῶν εἶπον· ἐν Βεελζεβοὺλ τῷ ἄρχοντι τῶν δαιμονίων ἐκβάλλει τὰ δαιμόνια·	Mk-Q overlap
d 202		εἰ μὴ ἐν τῷ Βεελζεβοὺλ ἄρχοντι τῶν δαιμονίων.			Lk 11,15 (2)	... ἐν Βεελζεβοὺλ τῷ ἄρχοντι τῶν δαιμονίων ἐκβάλλει τὰ δαιμόνια·	Mk-Q overlap
a 202	Mt 12,27	καὶ εἰ ἐγὼ ἐν Βεελζεβοὺλ ἐκβάλλω τὰ δαιμόνια, οἱ υἱοὶ ὑμῶν ἐν τίνι ἐκβάλλουσιν; διὰ τοῦτο αὐτοὶ κριταὶ ἔσονται ὑμῶν.			Lk 11,19	εἰ δὲ ἐγὼ ἐν Βεελζεβοὺλ ἐκβάλλω τὰ δαιμόνια, οἱ υἱοὶ ὑμῶν ἐν τίνι ἐκβάλλουσιν; διὰ τοῦτο αὐτοὶ ὑμῶν κριταὶ ἔσονται.	
a 202	Mt 12,28	εἰ δὲ ἐν πνεύματι θεοῦ ἐγὼ ἐκβάλλω τὰ δαιμόνια, ἄρα ἔφθασεν ἐφ' ὑμᾶς ἡ βασιλεία τοῦ θεοῦ.			Lk 11,20	εἰ δὲ ἐν δακτύλῳ θεοῦ [ἐγὼ] ἐκβάλλω τὰ δαιμόνια, ἄρα ἔφθασεν ἐφ' ὑμᾶς ἡ βασιλεία τοῦ θεοῦ.	
c 112	Mt 8,28	καὶ ἐλθόντος αὐτοῦ εἰς τὸ πέραν εἰς τὴν χώραν τῶν Γαδαρηνῶν ὑπήντησαν αὐτῷ δύο δαιμονιζόμενοι ἐκ τῶν μνημείων ἐξερχόμενοι, ...	Mk 5,2	[1] καὶ ἦλθον εἰς τὸ πέραν τῆς θαλάσσης εἰς τὴν χώραν τῶν Γερασηνῶν. [2] καὶ ἐξελθόντος αὐτοῦ ἐκ τοῦ πλοίου εὐθὺς ὑπήντησεν αὐτῷ ἐκ τῶν μνημείων ἄνθρωπος ἐν πνεύματι ἀκαθάρτῳ	Lk 8,27	[26] καὶ κατέπλευσαν εἰς τὴν χώραν τῶν Γερασηνῶν, ἥτις ἐστὶν ἀντιπέρα τῆς Γαλιλαίας. [27] ἐξελθόντι δὲ αὐτῷ ἐπὶ τὴν γῆν ὑπήντησεν ἀνήρ τις ἐκ τῆς πόλεως ἔχων δαιμόνια ...	

012			Mk 5,5	καὶ διὰ παντὸς νυκτὸς καὶ ἡμέρας ἐν τοῖς μνήμασιν καὶ ἐν τοῖς ὄρεσιν ἦν κράζων καὶ κατακόπτων ἑαυτὸν λίθοις.	Lk 8,29	... ἠλαύνετο **ὑπὸ τοῦ δαιμονίου** εἰς τὰς ἐρήμους.	
012			Mk 5,9	καὶ ἐπηρώτα αὐτόν· τί ὄνομά σοι; καὶ λέγει αὐτῷ· λεγιὼν ὄνομά μοι, ὅτι **πολλοί** ἐσμεν.	Lk 8,30	ἐπηρώτησεν δὲ αὐτὸν ὁ Ἰησοῦς· τί σοι ὄνομά ἐστιν; ὁ δὲ εἶπεν· λεγιών, ὅτι εἰσῆλθεν **δαιμόνια πολλὰ** εἰς αὐτόν.	
b 112	Mt 8,32	... οἱ δὲ ἐξελθόντες ἀπῆλθον εἰς τοὺς χοίρους· ...	Mk 5,13	... καὶ ἐξελθόντα **τὰ πνεύματα** **τὰ ἀκάθαρτα** εἰσῆλθον εἰς τοὺς χοίρους, ...	Lk 8,33	ἐξελθόντα δὲ **τὰ δαιμόνια** ἀπὸ τοῦ ἀνθρώπου εἰσῆλθον εἰς τοὺς χοίρους, ...	
b 112	Mt 8,34	καὶ ἰδοὺ πᾶσα ἡ πόλις ἐξῆλθεν εἰς ὑπάντησιν τῷ Ἰησοῦ ...	Mk 5,15	καὶ ἔρχονται πρὸς τὸν Ἰησοῦν, καὶ θεωροῦσιν **τὸν δαιμονιζόμενον** καθήμενον ἱματισμένον καὶ σωφρονοῦντα, τὸν ἐσχηκότα τὸν λεγιῶνα, καὶ ἐφοβήθησαν.	Lk 8,35	ἐξῆλθον δὲ ἰδεῖν τὸ γεγονὸς καὶ ἦλθον πρὸς τὸν Ἰησοῦν καὶ εὗρον καθήμενον **τὸν ἄνθρωπον ἀφ' οὗ** **τὰ δαιμόνια ἐξῆλθεν** ἱματισμένον καὶ σωφρονοῦντα παρὰ τοὺς πόδας τοῦ Ἰησοῦ, καὶ ἐφοβήθησαν.	
b 012			Mk 5,18	... παρεκάλει αὐτὸν **ὁ δαιμονισθεὶς** ἵνα μετ' αὐτοῦ ᾖ.	Lk 8,38	ἐδεῖτο δὲ αὐτοῦ **ὁ ἀνὴρ ἀφ' οὗ** **ἐξεληλύθει τὰ** **δαιμόνια** εἶναι σὺν αὐτῷ· ...	
112	Mt 10,1	καὶ προσκαλεσάμενος τοὺς δώδεκα μαθητὰς αὐτοῦ ἔδωκεν αὐτοῖς ἐξουσίαν **πνευμάτων** **ἀκαθάρτων** ὥστε ἐκβάλλειν αὐτὰ καὶ θεραπεύειν πᾶσαν νόσον καὶ πᾶσαν μαλακίαν.	Mk 6,7 ↑ Mk 3,15	καὶ προσκαλεῖται τοὺς δώδεκα καὶ ἤρξατο αὐτοὺς ἀποστέλλειν δύο δύο καὶ ἐδίδου αὐτοῖς ἐξουσίαν **τῶν πνευμάτων** **τῶν ἀκαθάρτων**	Lk 9,1 → Lk 10,1	συγκαλεσάμενος δὲ τοὺς δώδεκα ἔδωκεν αὐτοῖς δύναμιν καὶ ἐξουσίαν **ἐπὶ πάντα** **τὰ δαιμόνια** καὶ νόσους θεραπεύειν	
a 021			Mk 6,13	[12] καὶ ἐξελθόντες ἐκήρυξαν ἵνα μετανοῶσιν, [13] καὶ **δαιμόνια πολλὰ** ἐξέβαλλον, καὶ ἤλειφον ἐλαίῳ πολλοὺς ἀρρώστους καὶ ἐθεράπευον.	Lk 9,6	ἐξερχόμενοι δὲ διήρχοντο κατὰ τὰς κώμας εὐαγγελιζόμενοι καὶ θεραπεύοντες πανταχοῦ.	
a 120	Mt 15,25	ἡ δὲ ἐλθοῦσα προσεκύνει αὐτῷ λέγουσα· κύριε, βοήθει μοι.	Mk 7,26	[25] ... ἐλθοῦσα προσέπεσεν πρὸς τοὺς πόδας αὐτοῦ· [26] ... καὶ ἠρώτα αὐτὸν ἵνα **τὸ δαιμόνιον** ἐκβάλῃ ἐκ τῆς θυγατρὸς αὐτῆς.			

b 120	**Mt 15,28**	τότε ἀποκριθεὶς ὁ Ἰησοῦς εἶπεν αὐτῇ· ὦ γύναι, μεγάλη σου ἡ πίστις· γενηθήτω σοι ὡς θέλεις.	**Mk 7,29**	καὶ εἶπεν αὐτῇ· διὰ τοῦτον τὸν λόγον ὕπαγε, ἐξελήλυθεν ἐκ τῆς θυγατρός σου **τὸ δαιμόνιον.**			
b 120		καὶ ἰάθη ἡ θυγάτηρ αὐτῆς ἀπὸ τῆς ὥρας ἐκείνης.	**Mk 7,30** → Lk 7,10	καὶ ἀπελθοῦσα εἰς τὸν οἶκον αὐτῆς εὗρεν τὸ παιδίον βεβλημένον ἐπὶ τὴν κλίνην καὶ **τὸ δαιμόνιον** ἐξεληλυθός.			
012			**Mk 9,20**	καὶ ἤνεγκαν αὐτὸν πρὸς αὐτόν. καὶ ἰδὼν αὐτὸν **τὸ πνεῦμα** εὐθὺς συνεσπάραξεν αὐτόν, καὶ πεσὼν ἐπὶ τῆς γῆς ἐκυλίετο ἀφρίζων.	**Lk 9,42**	ἔτι δὲ προσερχομένου αὐτοῦ ἔρρηξεν αὐτὸν **τὸ δαιμόνιον** καὶ συνεσπάραξεν·	
211	**Mt 17,18**	καὶ ἐπετίμησεν αὐτῷ ὁ Ἰησοῦς καὶ ἐξῆλθεν ἀπ' αὐτοῦ **τὸ δαιμόνιον** καὶ ἐθεραπεύθη ὁ παῖς ἀπὸ τῆς ὥρας ἐκείνης.	**Mk 9,26**	[25] ἰδὼν δὲ ὁ Ἰησοῦς ὅτι ἐπισυντρέχει ὄχλος, ἐπετίμησεν τῷ πνεύματι τῷ ἀκαθάρτῳ ... [26] καὶ κράξας καὶ πολλὰ σπαράξας ἐξῆλθεν· καὶ ἐγένετο ὡσεὶ νεκρός, ὥστε τοὺς πολλοὺς λέγειν ὅτι ἀπέθανεν. [27] ὁ δὲ Ἰησοῦς κρατήσας τῆς χειρὸς αὐτοῦ ἤγειρεν αὐτόν, καὶ ἀνέστη.		ἐπετίμησεν δὲ ὁ Ἰησοῦς τῷ πνεύματι τῷ ἀκαθάρτῳ καὶ ἰάσατο τὸν παῖδα καὶ ἀπέδωκεν αὐτὸν τῷ πατρὶ αὐτοῦ.	
a 022			**Mk 9,38**	... διδάσκαλε, εἴδομέν τινα ἐν τῷ ὀνόματί σου ἐκβάλλοντα **δαιμόνια** καὶ ἐκωλύομεν αὐτόν, ὅτι οὐκ ἠκολούθει ἡμῖν.	**Lk 9,49**	... ἐπιστάτα, εἴδομέν τινα ἐν τῷ ὀνόματί σου ἐκβάλλοντα **δαιμόνια** καὶ ἐκωλύομεν αὐτόν, ὅτι οὐκ ἀκολουθεῖ μεθ' ἡμῶν.	→ Acts 19,13
002					**Lk 10,17**	... κύριε, καὶ **τὰ δαιμόνια** ὑποτάσσεται ἡμῖν ἐν τῷ ὀνόματί σου.	
102	**Mt 9,32** ⇩ Mt 12,22	... ἰδοὺ προσήνεγκαν αὐτῷ ἄνθρωπον κωφὸν δαιμονιζόμενον.			**Lk 11,14** **(2)**	καὶ ἦν ἐκβάλλων **δαιμόνιον** [καὶ αὐτὸ ἦν] κωφόν·	
a b 202	**Mt 9,33** ⇩ Mt 12,22	καὶ ἐκβληθέντος **τοῦ δαιμονίου** ἐλάλησεν ὁ κωφός. καὶ ἐθαύμασαν οἱ ὄχλοι ...				ἐγένετο δὲ **τοῦ δαιμονίου** ἐξελθόντος ἐλάλησεν ὁ κωφὸς καὶ ἐθαύμασαν οἱ ὄχλοι.	
	Mt 12,22 ⇧ Mt 9,32	τότε προσηνέχθη αὐτῷ δαιμονιζόμενος τυφλὸς καὶ κωφός, καὶ ἐθεράπευσεν αὐτόν,					
	⇧ **Mt 9,33**	ὥστε τὸν κωφὸν λαλεῖν καὶ βλέπειν. [23] καὶ ἐξίσταντο πάντες οἱ ὄχλοι ...					

d 202	**Mt 12,24** (2) ⇑ Mt 9,34	οἱ δὲ Φαρισαῖοι ἀκούσαντες εἶπον· οὗτος οὐκ ἐκβάλλει τὰ δαιμόνιά εἰ μὴ **ἐν τῷ Βεελζεβοὺλ** **ἄρχοντι** **τῶν δαιμονίων.**	Mk 3,22 (2)	καὶ οἱ γραμματεῖς οἱ ἀπὸ Ἱεροσολύμων καταβάντες ἔλεγον ὅτι Βεελζεβοὺλ ἔχει, καὶ ὅτι ἐν τῷ ἄρχοντι τῶν δαιμονίων	**Lk 11,15** (2)	τινὲς δὲ ἐξ αὐτῶν εἶπον· **ἐν Βεελζεβοὺλ** **τῷ ἄρχοντι** **τῶν δαιμονίων**	Mk-Q overlap
a 202	**Mt 12,24** (2)	... οὗτος οὐκ ἐκβάλλει **τὰ δαιμόνια ...**		ἐκβάλλει τὰ δαιμόνια.	↓ Lk 11,18	ἐκβάλλει **τὰ δαιμόνια·**	Mk-Q overlap
a 102	**Mt 12,26**	καὶ εἰ ὁ σατανᾶς τὸν σατανᾶν ἐκβάλλει, ἐφ᾽ ἑαυτὸν ἐμερίσθη· πῶς οὖν σταθήσεται ἡ βασιλεία αὐτοῦ;	Mk 3,26	καὶ εἰ ὁ σατανᾶς ἀνέστη ἐφ᾽ ἑαυτὸν καὶ ἐμερίσθη, οὐ δύναται στῆναι ἀλλὰ τέλος ἔχει.	**Lk 11,18** ↑ Mt 9,34 ↑ Mt 12,24 ↑ Mk 3,22 ↑ Lk 11,15	εἰ δὲ καὶ ὁ σατανᾶς ἐφ᾽ ἑαυτὸν διεμερίσθη, πῶς σταθήσεται ἡ βασιλεία αὐτοῦ; ὅτι λέγετε ἐν Βεελζεβοὺλ ἐκβάλλειν με **τὰ δαιμόνια.**	Mk-Q overlap
a 202	**Mt 12,27**	καὶ εἰ ἐγὼ ἐν Βεελζεβοὺλ ἐκβάλλω **τὰ δαιμόνια,** οἱ υἱοὶ ὑμῶν ἐν τίνι ἐκβάλλουσιν; διὰ τοῦτο αὐτοὶ κριταὶ ἔσονται ὑμῶν.			**Lk 11,19**	εἰ δὲ ἐγὼ ἐν Βεελζεβοὺλ ἐκβάλλω **τὰ δαιμόνια,** οἱ υἱοὶ ὑμῶν ἐν τίνι ἐκβάλλουσιν; διὰ τοῦτο αὐτοὶ ὑμῶν κριταὶ ἔσονται.	
a 202	**Mt 12,28**	εἰ δὲ ἐν πνεύματι θεοῦ ἐγὼ ἐκβάλλω **τὰ δαιμόνια,** ἄρα ἔφθασεν ἐφ᾽ ὑμᾶς ἡ βασιλεία τοῦ θεοῦ.			**Lk 11,20**	εἰ δὲ ἐν δακτύλῳ θεοῦ [ἐγὼ] ἐκβάλλω **τὰ δαιμόνια,** ἄρα ἔφθασεν ἐφ᾽ ὑμᾶς ἡ βασιλεία τοῦ θεοῦ.	
a 002					**Lk 13,32**	... ἰδοὺ ἐκβάλλω **δαιμόνια** καὶ ἰάσεις ἀποτελῶ σήμερον καὶ αὔριον καὶ τῇ τρίτῃ τελειοῦμαι.	

Acts 17,18 ... οἱ δέ·
ξένων δαιμονίων
δοκεῖ καταγγελεὺς εἶναι,
ὅτι τὸν Ἰησοῦν καὶ τὴν
ἀνάστασιν εὐηγγελίζετο.

δαίμων	Syn	Mt	Mk	Lk	Acts	Jn	1-3John	Paul	Eph	Col
	1	1								
	NT	2Thess	1/2Tim	Tit	Heb	Jas	1Pet	2Pet	Jude	Rev
	1									

demon; evil spirit

211	**Mt 8,31**	**οἱ δὲ δαίμονες** παρεκάλουν αὐτὸν λέγοντες· εἰ ἐκβάλλεις ἡμᾶς, ἀπόστειλον ἡμᾶς εἰς τὴν ἀγέλην τῶν χοίρων.	**Mk 5,12**	καὶ παρεκάλεσαν αὐτὸν λέγοντες· πέμψον ἡμᾶς εἰς τοὺς χοίρους, ἵνα εἰς αὐτοὺς εἰσέλθωμεν.	**Lk 8,32**	... καὶ παρεκάλεσαν αὐτὸν ἵνα ἐπιτρέψῃ αὐτοῖς εἰς ἐκείνους εἰσελθεῖν· ...	

δάκρυον	Syn 2	Mt	Mk	Lk 2	Acts 2	Jn	1-3John	Paul 1	Eph	Col
	NT 10	2Thess	1/2Tim 1	Tit	Heb 2	Jas	1Pet	2Pet	Jude	Rev 2

tear

002	Mt 26,7	προσῆλθεν αὐτῷ γυνὴ ἔχουσα ἀλάβαστρον μύρου βαρυτίμου καὶ κατέχεεν ἐπὶ τῆς κεφαλῆς αὐτοῦ ἀνακειμένου.	Mk 14,3	... ἦλθεν γυνὴ ἔχουσα ἀλάβαστρον μύρου νάρδου πιστικῆς πολυτελοῦς, συντρίψασα τὴν ἀλάβαστρον κατέχεεν αὐτοῦ τῆς κεφαλῆς.	**Lk 7,38**	[37] καὶ ἰδοὺ γυνὴ ... κομίσασα ἀλάβαστρον μύρου [38] καὶ στᾶσα ὀπίσω παρὰ τοὺς πόδας αὐτοῦ κλαίουσα **τοῖς δάκρυσιν** ἤρξατο βρέχειν τοὺς πόδας αὐτοῦ ... καὶ ἤλειφεν τῷ μύρῳ.	→ Jn 12,3
002					**Lk 7,44**	... ὕδωρ μοι ἐπὶ πόδας οὐκ ἔδωκας· αὕτη δὲ **τοῖς δάκρυσιν** ἔβρεξέν μου τοὺς πόδας ...	

Acts 20,19 δουλεύων τῷ κυρίῳ μετὰ πάσης ταπεινοφροσύνης καὶ **δακρύων** καὶ πειρασμῶν τῶν συμβάντων μοι ...

Acts 20,31 ... τριετίαν νύκτα καὶ ἡμέραν οὐκ ἐπαυσάμην **μετὰ δακρύων** νουθετῶν ἕνα ἕκαστον.

δακτύλιος	Syn 1	Mt	Mk	Lk 1	Acts	Jn	1-3John	Paul	Eph	Col
	NT 1	2Thess	1/2Tim	Tit	Heb	Jas	1Pet	2Pet	Jude	Rev

ring (for a finger)

002					**Lk 15,22**	... ταχὺ ἐξενέγκατε στολὴν τὴν πρώτην καὶ ἐνδύσατε αὐτόν, καὶ δότε **δακτύλιον** εἰς τὴν χεῖρα αὐτοῦ ...	

δάκτυλος	Syn 5	Mt 1	Mk 1	Lk 3	Acts	Jn 2	1-3John	Paul	Eph	Col
	NT 7	2Thess	1/2Tim	Tit	Heb	Jas	1Pet	2Pet	Jude	Rev

finger

020			**Mk 7,33** → Mk 8,23	καὶ ἀπολαβόμενος αὐτὸν ἀπὸ τοῦ ὄχλου κατ᾽ ἰδίαν ἔβαλεν **τοὺς δακτύλους αὐτοῦ** εἰς τὰ ὦτα αὐτοῦ καὶ πτύσας ἥψατο τῆς γλώσσης αὐτοῦ			
102	**Mt 12,28**	εἰ δὲ **ἐν πνεύματι θεοῦ** ἐγὼ ἐκβάλλω τὰ δαιμόνια, ἄρα ἔφθασεν ἐφ᾽ ὑμᾶς ἡ βασιλεία τοῦ θεοῦ.			**Lk 11,20**	εἰ δὲ **ἐν δακτύλῳ θεοῦ** [ἐγὼ] ἐκβάλλω τὰ δαιμόνια, ἄρα ἔφθασεν ἐφ᾽ ὑμᾶς ἡ βασιλεία τοῦ θεοῦ.	

202	**Mt 23,4**	δεσμεύουσιν δὲ φορτία βαρέα [καὶ δυσβάστακτα] καὶ ἐπιτιθέασιν ἐπὶ τοὺς ὤμους τῶν ἀνθρώπων, αὐτοὶ δὲ **τῷ δακτύλῳ** **αὐτῶν** οὐ θέλουσιν κινῆσαι αὐτά.			**Lk 11,46**	... φορτίζετε τοὺς ἀνθρώπους φορτία δυσβάστακτα, καὶ αὐτοὶ **ἑνὶ τῶν δακτύλων** **ὑμῶν** οὐ προσψαύετε τοῖς φορτίοις.	
002					**Lk 16,24**	... πέμψον Λάζαρον ἵνα βάψῃ **τὸ ἄκρον** **τοῦ δακτύλου αὐτοῦ** ὕδατος καὶ καταψύξῃ τὴν γλῶσσάν μου ...	

# Δαλμανουθά	Syn 1	Mt	Mk 1	Lk	Acts	Jn	1-3John	Paul	Eph	Col
	NT 1	2Thess	1/2Tim	Tit	Heb	Jas	1Pet	2Pet	Jude	Rev

Dalmanutha

120	**Mt 15,39**	καὶ ἀπολύσας τοὺς ὄχλους ἐνέβη εἰς τὸ πλοῖον, καὶ ἦλθεν **εἰς τὰ ὅρια** **Μαγαδάν.**	**Mk 8,10**	καὶ εὐθὺς ἐμβὰς εἰς τὸ πλοῖον μετὰ τῶν μαθητῶν αὐτοῦ ἦλθεν **εἰς τὰ μέρη** **Δαλμανουθά.**			

# δαμάζω	Syn 1	Mt	Mk 1	Lk	Acts	Jn	1-3John	Paul	Eph	Col
	NT 4	2Thess	1/2Tim	Tit	Heb	Jas 3	1Pet	2Pet	Jude	Rev

subdue; tame; control

121	**Mt 8,28**	... δύο δαιμονιζόμενοι ... χαλεποὶ λίαν, ὥστε μὴ ἰσχύειν τινὰ παρελθεῖν διὰ τῆς ὁδοῦ ἐκείνης.	**Mk 5,4**	διὰ τὸ αὐτὸν πολλάκις πέδαις καὶ ἁλύσεσιν δεδέσθαι καὶ διεσπάσθαι ὑπ' αὐτοῦ τὰς ἁλύσεις καὶ τὰς πέδας συντετρῖφθαι, καὶ οὐδεὶς ἴσχυεν αὐτὸν **δαμάσαι·**	**Lk 8,29**	... πολλοῖς γὰρ χρόνοις συνηρπάκει αὐτὸν καὶ ἐδεσμεύετο ἁλύσεσιν καὶ πέδαις φυλασσόμενος καὶ διαρρήσσων τὰ δεσμὰ ...	

# δάνειον	Syn 1	Mt 1	Mk	Lk	Acts	Jn	1-3John	Paul	Eph	Col
	NT 1	2Thess	1/2Tim	Tit	Heb	Jas	1Pet	2Pet	Jude	Rev

debt

200	**Mt 18,27**	σπλαγχνισθεὶς δὲ ὁ κύριος τοῦ δούλου ἐκείνου ἀπέλυσεν αὐτὸν καὶ **τὸ δάνειον** ἀφῆκεν αὐτῷ.					

δανιστής	Syn 1	Mt	Mk	Lk 1	Acts	Jn	1-3John	Paul	Eph	Col
	NT 1	2Thess	1/2Tim	Tit	Heb	Jas	1Pet	2Pet	Jude	Rev

moneylender

002				Lk 7,41	δύο χρεοφειλέται ἦσαν **δανιστῇ τινι·** ὁ εἷς ὤφειλεν δηνάρια πεντακόσια, ὁ δὲ ἕτερος πεντήκοντα.	

δανίζω	Syn 4	Mt 1	Mk	Lk 3	Acts	Jn	1-3John	Paul	Eph	Col
	NT 4	2Thess	1/2Tim	Tit	Heb	Jas	1Pet	2Pet	Jude	Rev

lend; *middle:* borrow

201	**Mt 5,42** ↓ Lk 6,34 ↓ Lk 6,35	τῷ αἰτοῦντί σε δός, καὶ τὸν θέλοντα ἀπὸ σοῦ **δανίσασθαι** μὴ ἀποστραφῇς.		**Lk 6,30**	παντὶ αἰτοῦντί σε δίδου, καὶ **ἀπὸ τοῦ αἴροντος** τὰ σὰ μὴ ἀπαίτει.	→ GTh 95
102	**Mt 5,47**	καὶ ἐὰν **ἀσπάσησθε** τοὺς ἀδελφοὺς ὑμῶν μόνον, τί περισσὸν ποιεῖτε;		**Lk 6,34 (2)** ↑ Mt 5,42	καὶ ἐὰν **δανίσητε** παρ' ὧν ἐλπίζετε λαβεῖν, ποία ὑμῖν χάρις [ἐστίν];	→ GTh 95
102		οὐχὶ καὶ οἱ ἐθνικοὶ τὸ αὐτὸ **ποιοῦσιν;**			καὶ ἁμαρτωλοὶ ἁμαρτωλοῖς **δανίζουσιν** ἵνα ἀπολάβωσιν τὰ ἴσα.	
002	Mt 5,44	ἐγὼ δὲ λέγω ὑμῖν· ἀγαπᾶτε τοὺς ἐχθροὺς ὑμῶν καὶ προσεύχεσθε ὑπὲρ τῶν διωκόντων ὑμᾶς		**Lk 6,35** ⇨ Lk 6,27-28 ↑ Mt 5,42	πλὴν ἀγαπᾶτε τοὺς ἐχθροὺς ὑμῶν καὶ ἀγαθοποιεῖτε καὶ **δανίζετε** μηδὲν ἀπελπίζοντες· ...	→ GTh 95

Δανιήλ	Syn 1	Mt 1	Mk	Lk	Acts	Jn	1-3John	Paul	Eph	Col
	NT 1	2Thess	1/2Tim	Tit	Heb	Jas	1Pet	2Pet	Jude	Rev

Daniel

211	**Mt 24,15**	ὅταν οὖν ἴδητε *τὸ βδέλυγμα τῆς ἐρημώσεως* τὸ ῥηθὲν **διὰ Δανιὴλ τοῦ προφήτου** ἑστὸς ἐν τόπῳ ἁγίῳ, ὁ ἀναγινώσκων νοείτω ➢ Dan 9,27/11,31/12,11	**Mk 13,14**	ὅταν δὲ ἴδητε *τὸ βδέλυγμα τῆς ἐρημώσεως* ἑστηκότα ὅπου οὐ δεῖ, ὁ ἀναγινώσκων νοείτω, ... ➢ Dan 9,27/11,31/12,11	**Lk 21,20** → Lk 19,43	ὅταν δὲ ἴδητε κυκλουμένην ὑπὸ στρατοπέδων Ἰερουσαλήμ, τότε γνῶτε ὅτι ἤγγικεν ἡ ἐρήμωσις αὐτῆς.	

δαπανάω

	Syn	Mt	Mk	Lk	Acts	Jn	1-3John	Paul	Eph	Col
δαπανάω	2		1	1	1			1		
	NT	2Thess	1/2Tim	Tit	Heb	Jas	1Pet	2Pet	Jude	Rev
	5					1				

spend

021		**Mk 5,26** [25] καὶ γυνὴ οὖσα ἐν ῥύσει αἵματος δώδεκα ἔτη [26] καὶ πολλὰ παθοῦσα ὑπὸ πολλῶν ἰατρῶν καὶ **δαπανήσασα** τὰ παρ' αὐτῆς πάντα καὶ μηδὲν ὠφεληθεῖσα ἀλλὰ μᾶλλον εἰς τὸ χεῖρον ἐλθοῦσα	**Lk 8,43** καὶ γυνὴ οὖσα ἐν ῥύσει αἵματος ἀπὸ ἐτῶν δώδεκα, ἥτις [ἰατροῖς **προσαναλώσασα** ὅλον τὸν βίον] οὐκ ἴσχυσεν ἀπ' οὐδενὸς θεραπευθῆναι	
002			**Lk 15,14** **δαπανήσαντος** δὲ αὐτοῦ πάντα ἐγένετο λιμὸς ἰσχυρὰ κατὰ τὴν χώραν ἐκείνην, ...	

Acts 21,24 τούτους παραλαβὼν
ἁγνίσθητι σὺν αὐτοῖς
καὶ
δαπάνησον
ἐπ' αὐτοῖς ἵνα
ξυρήσονται τὴν κεφαλήν,
...

δαπάνη

	Syn	Mt	Mk	Lk	Acts	Jn	1-3John	Paul	Eph	Col
δαπάνη	1			1						
	NT	2Thess	1/2Tim	Tit	Heb	Jas	1Pet	2Pet	Jude	Rev
	1									

cost; expense

002			**Lk 14,28** τίς γὰρ ἐξ ὑμῶν θέλων πύργον οἰκοδομῆσαι οὐχὶ πρῶτον καθίσας ψηφίζει **τὴν δαπάνην,** εἰ ἔχει εἰς ἀπαρτισμόν;	

Δαυίδ

	Syn	Mt	Mk	Lk	Acts	Jn	1-3John	Paul	Eph	Col
Δαυίδ	37	17	7	13	11	2		3		
	NT	2Thess	1/2Tim	Tit	Heb	Jas	1Pet	2Pet	Jude	Rev
	59		1		2					3

David

	triple tradition																	double tradition			Sondergut		
		+Mt / +Lk			–Mt / –Lk			traditions not taken over by Mt / Lk							subtotals								
code	*222*	*211*	*112*	*212*	*221*	*122*	*121*	*022*	*012*	*021*	*220*	*120*	*210*	*020*	Σ^+	Σ^-	Σ	*202*	*201*	*102*	*200*	*002*	total
Mt	6	1^+					1^-						1^+		2^+	1^-	8				9		**17**
Mk	6						1										7						**7**
Lk	6						1^-									1^-	6					7	**13**

a υἱὸς Δαυίδ

a 200	**Mt 1,1** βίβλος γενέσεως Ἰησοῦ Χριστοῦ **υἱοῦ Δαυὶδ** υἱοῦ Ἀβραάμ.			

200	Mt 1,6 (2)	Ἰεσσαὶ δὲ ἐγέννησεν τὸν Δαυὶδ τὸν βασιλέα.		Lk 3,32	[31] ... τοῦ Δαυὶδ [32] τοῦ Ἰεσσαὶ ...	
200		Δαυὶδ δὲ ἐγέννησεν τὸν Σολομῶνα ἐκ τῆς τοῦ Οὐρίου		Lk 3,31	... τοῦ Ναθὰμ τοῦ Δαυὶδ	
200 200	Mt 1,17 (2)	πᾶσαι οὖν αἱ γενεαὶ ἀπὸ Ἀβραὰμ ἕως Δαυὶδ γενεαὶ δεκατέσσαρες, καὶ ἀπὸ Δαυὶδ ἕως τῆς μετοικεσίας Βαβυλῶνος γενεαὶ δεκατέσσαρες, ...				
002				Lk 1,27 → Mt 1,18 ↓ Mt 1,20	πρὸς παρθένον ἐμνηστευμένην ἀνδρὶ ᾧ ὄνομα Ἰωσὴφ ἐξ οἴκου Δαυὶδ καὶ τὸ ὄνομα τῆς παρθένου Μαριάμ.	
002				Lk 1,32	... καὶ δώσει αὐτῷ κύριος ὁ θεὸς τὸν θρόνον Δαυὶδ τοῦ πατρὸς αὐτοῦ	
002				Lk 1,69	καὶ ἤγειρεν κέρας σωτηρίας ἡμῖν ἐν οἴκῳ Δαυὶδ παιδὸς αὐτοῦ	
a 200	Mt 1,20 ↑ Lk 1,27 → Lk 1,30	... ἰδοὺ ἄγγελος κυρίου κατ' ὄναρ ἐφάνη αὐτῷ λέγων· Ἰωσὴφ υἱὸς Δαυίδ, μὴ φοβηθῇς παραλαβεῖν Μαριὰμ τὴν γυναῖκά σου, ...				
002 002				Lk 2,4 (2)	ἀνέβη δὲ καὶ Ἰωσὴφ ἀπὸ τῆς Γαλιλαίας ἐκ πόλεως Ναζαρὲθ εἰς τὴν Ἰουδαίαν εἰς πόλιν Δαυὶδ ἥτις καλεῖται Βηθλέεμ, διὰ τὸ εἶναι αὐτὸν ἐξ οἴκου καὶ πατριᾶς Δαυίδ	
002				Lk 2,11	ὅτι ἐτέχθη ὑμῖν σήμερον σωτὴρ ὅς ἐστιν χριστὸς κύριος ἐν πόλει Δαυίδ.	
002	Mt 1,6 (2)	Ἰεσσαὶ δὲ ἐγέννησεν τὸν Δαυὶδ τὸν βασιλέα. Δαυὶδ δὲ ἐγέννησεν τὸν Σολομῶνα ἐκ τῆς τοῦ Οὐρίου		Lk 3,31	... τοῦ Ναθὰμ τοῦ Δαυὶδ [32] τοῦ Ἰεσσαὶ ...	

a 200	Mt 9,27 ⇩ Mt 20,30	... ἠκολούθησαν [αὐτῷ] δύο τυφλοὶ κράζοντες καὶ λέγοντες· ἐλέησον ἡμᾶς, υἱὸς Δαυίδ.	Mk 10,47	[46] ... ὁ υἱὸς Τιμαίου Βαρτιμαῖος, τυφλὸς προσαίτης, ἐκάθητο παρὰ τὴν ὁδόν. [47] καὶ ἀκούσας ὅτι Ἰησοῦς ὁ Ναζαρηνός ἐστιν ἤρξατο κράζειν καὶ λέγειν· υἱὲ Δαυὶδ Ἰησοῦ, ἐλέησόν με.	Lk 18,38	[35] ... τυφλός τις ἐκάθητο παρὰ τὴν ὁδὸν ἐπαιτῶν. [36] ἀκούσας δὲ ὄχλου διαπορευομένου ἐπυνθάνετο τί εἴη τοῦτο. [37] ἀπήγγειλαν δὲ αὐτῷ ὅτι Ἰησοῦς ὁ Ναζωραῖος παρέρχεται. [38] καὶ ἐβόησεν λέγων· Ἰησοῦ υἱὲ Δαυίδ, ἐλέησόν με.	
222	Mt 12,3	... οὐκ ἀνέγνωτε τί ἐποίησεν Δαυὶδ ὅτε ἐπείνασεν καὶ οἱ μετ' αὐτοῦ	Mk 2,25	... οὐδέποτε ἀνέγνωτε τί ἐποίησεν Δαυίδ, ὅτε χρείαν ἔσχεν καὶ ἐπείνασεν αὐτὸς καὶ οἱ μετ' αὐτοῦ	Lk 6,3	... οὐδὲ τοῦτο ἀνέγνωτε ὃ ἐποίησεν Δαυὶδ ὅτε ἐπείνασεν αὐτὸς καὶ οἱ μετ' αὐτοῦ [ὄντες]	
a 200	Mt 12,23 ⇨ Mt 9,33	καὶ ἐξίσταντο πάντες οἱ ὄχλοι καὶ ἔλεγον· μήτι οὗτός ἐστιν ὁ υἱὸς Δαυίδ;			Lk 11,14	... καὶ ἐθαύμασαν οἱ ὄχλοι.	
a 210	Mt 15,22	καὶ ἰδοὺ γυνὴ Χαναναία ἀπὸ τῶν ὁρίων ἐκείνων ἐξελθοῦσα ἔκραζεν λέγουσα· ἐλέησόν με, κύριε υἱὸς Δαυίδ· ἡ θυγάτηρ μου κακῶς δαιμονίζεται.	Mk 7,25	ἀλλ' εὐθὺς ἀκούσασα γυνὴ περὶ αὐτοῦ, ἧς εἶχεν τὸ θυγάτριον αὐτῆς πνεῦμα ἀκάθαρτον, ...			
a 222	Mt 20,30 ⇧ Mt 9,27	καὶ ἰδοὺ δύο τυφλοὶ καθήμενοι παρὰ τὴν ὁδόν ἀκούσαντες ὅτι Ἰησοῦς παράγει, ἔκραξαν λέγοντες· ἐλέησον ἡμᾶς, [κύριε,] υἱὸς Δαυίδ.	Mk 10,47	[46] ... ὁ υἱὸς Τιμαίου Βαρτιμαῖος, τυφλὸς προσαίτης, ἐκάθητο παρὰ τὴν ὁδόν. [47] καὶ ἀκούσας ὅτι Ἰησοῦς ὁ Ναζαρηνός ἐστιν ἤρξατο κράζειν καὶ λέγειν· υἱὲ Δαυὶδ Ἰησοῦ, ἐλέησόν με.	Lk 18,38	[35] ... τυφλός τις ἐκάθητο παρὰ τὴν ὁδὸν ἐπαιτῶν. [36] ἀκούσας δὲ ὄχλου διαπορευομένου ἐπυνθάνετο τί εἴη τοῦτο. [37] ἀπήγγειλαν δὲ αὐτῷ ὅτι Ἰησοῦς ὁ Ναζωραῖος παρέρχεται. [38] καὶ ἐβόησεν λέγων· Ἰησοῦ υἱὲ Δαυίδ, ἐλέησόν με.	
a 222	Mt 20,31	... οἱ δὲ μεῖζον ἔκραξαν λέγοντες· ἐλέησον ἡμᾶς, κύριε, υἱὸς Δαυίδ.	Mk 10,48	... ὁ δὲ πολλῷ μᾶλλον ἔκραζεν· υἱὲ Δαυίδ, ἐλέησόν με.	Lk 18,39	... αὐτὸς δὲ πολλῷ μᾶλλον ἔκραζεν· υἱὲ Δαυίδ, ἐλέησόν με.	
a 211	Mt 21,9	... ἔκραζον λέγοντες· *ὡσαννὰ* τῷ υἱῷ Δαυίδ· *εὐλογημένος ὁ ἐρχόμενος ἐν ὀνόματι κυρίου·* ➤ Ps 118,25-26	Mk 11,9	... ἔκραζον· *ὡσαννά·* *εὐλογημένος ὁ ἐρχόμενος ἐν ὀνόματι κυρίου·* ➤ Ps 118,25-26	Lk 19,38	λέγοντες· *εὐλογημένος ὁ ἐρχόμενος,* ὁ βασιλεὺς *ἐν ὀνόματι κυρίου·* ➤ Ps 118,26	→ Jn 12,13
121		 *ὡσαννὰ ἐν τοῖς ὑψίστοις.* ➤ Ps 148,1/Job 16,19	Mk 11,10	εὐλογημένη ἡ ἐρχομένη βασιλεία τοῦ πατρὸς ἡμῶν Δαυίδ· *ὡσαννὰ ἐν τοῖς ὑψίστοις.* ➤ Ps 148,1/Job 16,19	→ Lk 2,14	 ἐν οὐρανῷ εἰρήνη καὶ δόξα ἐν ὑψίστοις.	→ Jn 12,13

a 200	**Mt 21,15**	ἰδόντες δὲ οἱ ἀρχιερεῖς καὶ οἱ γραμματεῖς τὰ θαυμάσια ἃ ἐποίησεν καὶ τοὺς παῖδας τοὺς κράζοντας ἐν τῷ ἱερῷ καὶ λέγοντας· ὡσαννὰ **τῷ υἱῷ Δαυίδ,** ἠγανάκτησαν					
a 222	**Mt 22,42**	... τί ὑμῖν δοκεῖ περὶ τοῦ χριστοῦ; τίνος υἱός ἐστιν; λέγουσιν αὐτῷ· **τοῦ Δαυίδ.**	**Mk 12,35**	... πῶς λέγουσιν οἱ γραμματεῖς ὅτι ὁ χριστὸς **υἱὸς Δαυίδ** ἐστιν;	**Lk 20,41**	... πῶς λέγουσιν τὸν χριστὸν εἶναι **Δαυὶδ υἱόν;**	
222	**Mt 22,43**	λέγει αὐτοῖς· πῶς οὖν **Δαυὶδ** ἐν πνεύματι καλεῖ αὐτὸν κύριον λέγων· [44] *εἶπεν κύριος τῷ κυρίῳ μου· κάθου ἐκ δεξιῶν μου* ... ➤ Ps 110,1	**Mk 12,36**	αὐτὸς **Δαυὶδ** εἶπεν ἐν τῷ πνεύματι τῷ ἁγίῳ· *εἶπεν κύριος τῷ κυρίῳ μου· κάθου ἐκ δεξιῶν μου,* ... ➤ Ps 110,1	**Lk 20,42**	αὐτὸς γὰρ **Δαυὶδ** λέγει ἐν βίβλῳ ψαλμῶν· *εἶπεν κύριος τῷ κυρίῳ μου· κάθου ἐκ δεξιῶν μου* ➤ Ps 110,1	→ Acts 2,34 → Acts 4,25
222	**Mt 22,45**	εἰ οὖν **Δαυὶδ** καλεῖ αὐτὸν κύριον, πῶς υἱὸς αὐτοῦ ἐστιν;	**Mk 12,37**	**αὐτὸς Δαυὶδ** λέγει αὐτὸν κύριον, καὶ πόθεν αὐτοῦ ἐστιν υἱός; ...	**Lk 20,44**	**Δαυὶδ** οὖν κύριον αὐτὸν καλεῖ, καὶ πῶς αὐτοῦ υἱός ἐστιν;	

Acts 1,16 ἄνδρες ἀδελφοί, ἔδει πληρωθῆναι τὴν γραφὴν ἣν προεῖπεν τὸ πνεῦμα τὸ ἅγιον **διὰ στόματος Δαυὶδ** περὶ Ἰούδα ...

Acts 2,25 **Δαυὶδ** γὰρ λέγει εἰς αὐτόν· *προορώμην τὸν κύριον ἐνώπιόν μου διὰ παντός, ὅτι ἐκ δεξιῶν μού ἐστιν ἵνα μὴ σαλευθῶ.* ➤ Ps 15,8 LXX

Acts 2,29 ἄνδρες ἀδελφοί, ἐξὸν εἰπεῖν μετὰ παρρησίας πρὸς ὑμᾶς **περὶ τοῦ πατριάρχου Δαυίδ** ὅτι καὶ ἐτελεύτησεν καὶ ἐτάφη, ...

Acts 2,34 (→ Mt 22,43-44 → Mk 12,36 → Lk 20,42) οὐ γὰρ **Δαυὶδ** ἀνέβη εἰς τοὺς οὐρανούς, λέγει δὲ αὐτός· *εἶπεν [ὁ] κύριος τῷ κυρίῳ μου· κάθου ἐκ δεξιῶν μου* ➤ Ps 109,1 LXX

Acts 4,25 (→ Mt 22,43 → Mk 12,36 → Lk 20,42) ὁ τοῦ πατρὸς ἡμῶν διὰ πνεύματος ἁγίου **στόματος Δαυὶδ παιδός σου** εἰπών· *ἱνατί ἐφρύαξαν ἔθνη καὶ λαοὶ ἐμελέτησαν κενά;* ➤ Ps 2,1 LXX

Acts 7,45 ... ἐν τῇ κατασχέσει τῶν ἐθνῶν, ὧν ἐξῶσεν ὁ θεὸς ἀπὸ προσώπου τῶν πατέρων ἡμῶν **ἕως τῶν ἡμερῶν Δαυίδ**

Acts 13,22 (2) καὶ μεταστήσας αὐτὸν ἤγειρεν **τὸν Δαυὶδ** αὐτοῖς εἰς βασιλέα ᾧ καὶ εἶπεν μαρτυρήσας· εὗρον **Δαυὶδ** τὸν τοῦ Ἰεσσαί, ἄνδρα κατὰ τὴν καρδίαν μου, ... ➤ Ps 89,21/1Sam 13,14/Isa 44,28

Acts 13,34 ... οὕτως εἴρηκεν ὅτι δώσω *ὑμῖν* ***τὰ ὅσια Δαυὶδ*** *τὰ πιστά.* ➤ Isa 55,3 LXX

Acts 13,36 **Δαυὶδ** μὲν γὰρ ἰδίᾳ γενεᾷ ὑπηρετήσας τῇ τοῦ θεοῦ βουλῇ ἐκοιμήθη καὶ προσετέθη πρὸς τοὺς πατέρας αὐτοῦ ...

Acts 15,16 *μετὰ ταῦτα ἀναστρέψω καὶ ἀνοικοδομήσω* ***τὴν σκηνὴν Δαυὶδ*** *τὴν πεπτωκυῖαν ...* ➤ Jer 12,15; Amos 9,11 LXX

δέ	Syn 1191	Mt 494	Mk 155	Lk 542	Acts 554	Jn 202	1-3John 13	Paul 538	Eph 20	Col 5
	NT 2773	2Thess 11	1/2Tim 54	Tit 8	Heb 71	Jas 37	1Pet 28	2Pet 21	Jude 13	Rev 7

but; to the contrary; rather; and; now; then; so; μὲν ... δέ on the one hand ... one the other hand

It was necessary to refrain from including the 1191 instances of δέ.

δέησις

δέησις	Syn	Mt	Mk	Lk	Acts	Jn	1-3John	Paul	Eph	Col
	3			3				7	2	
	NT	2Thess	1/2Tim	Tit	Heb	Jas	1Pet	2Pet	Jude	Rev
	18		3		1	1	1			

prayer; petition

002					Lk 1,13	... μὴ φοβοῦ, Ζαχαρία, διότι εἰσηκούσθη **ἡ δέησίς σου,** καὶ ἡ γυνή σου Ἐλισάβετ γεννήσει υἱόν σοι ...	→ Acts 10,4
002					Lk 2,37	καὶ αὐτὴ χήρα ἕως ἐτῶν ὀγδοήκοντα τεσσάρων, ἣ οὐκ ἀφίστατο τοῦ ἱεροῦ νηστείαις καὶ **δεήσεσιν** λατρεύουσα νύκτα καὶ ἡμέραν.	
112	Mt 9,14	... διὰ τί ἡμεῖς καὶ οἱ Φαρισαῖοι νηστεύομεν [πολλά], οἱ δὲ μαθηταί σου οὐ νηστεύουσιν;	Mk 2,18	... διὰ τί οἱ μαθηταὶ Ἰωάννου καὶ οἱ μαθηταὶ τῶν Φαρισαίων νηστεύουσιν, οἱ δὲ σοὶ μαθηταὶ οὐ νηστεύουσιν;	Lk 5,33	... οἱ μαθηταὶ Ἰωάννου νηστεύουσιν πυκνὰ καὶ **δεήσεις** ποιοῦνται ὁμοίως καὶ οἱ τῶν Φαρισαίων, οἱ δὲ σοὶ ἐσθίουσιν καὶ πίνουσιν.	→ GTh 104

δεῖ

δεῖ	Syn	Mt	Mk	Lk	Acts	Jn	1-3John	Paul	Eph	Col
	32	8	6	18	22	10		12	1	2
	NT	2Thess	1/2Tim	Tit	Heb	Jas	1Pet	2Pet	Jude	Rev
	101	1	6	3	3		1	1		7

impersonal: be necessary; must; should; ought; be proper; *imperfect:* had to; should have

	triple tradition																	double tradition			Sondergut		
		+Mt / +Lk			–Mt / –Lk			traditions not taken over by Mt / Lk							subtotals								
code	*222*	*211*	*112*	*212*	*221*	*122*	*121*	*022*	*012*	*021*	*220*	*120*	*210*	*020*	Σ⁺	Σ⁻	Σ	*202*	*201*	*102*	*200*	*002*	total
Mt	2						1^-				2	1^-				2^-	4	1	1		2		**8**
Mk	2						1				2	1					6						**6**
Lk	2		1^+				1^-		1^+						2^+	1^-	4	1		1		12	**18**

a ἔδει

b δεῖ of divine destiny or unavoidable fate

002					Lk 2,49	... οὐκ ᾔδειτε ὅτι ἐν τοῖς τοῦ πατρός μου **δεῖ** εἶναί με;	
b 012			Mk 1,38	... ἄγωμεν ἀλλαχοῦ εἰς τὰς ἐχομένας κωμοπόλεις, ἵνα καὶ ἐκεῖ κηρύξω· εἰς τοῦτο γὰρ ἐξῆλθον.	Lk 4,43	... καὶ ταῖς ἑτέραις πόλεσιν εὐαγγελίσασθαί με **δεῖ** τὴν βασιλείαν τοῦ θεοῦ, ὅτι ἐπὶ τοῦτο ἀπεστάλην.	
b 222	Mt 16,21 → Mt 17,22 → Mt 20,18	ἀπὸ τότε ἤρξατο ὁ Ἰησοῦς δεικνύειν τοῖς μαθηταῖς αὐτοῦ ὅτι **δεῖ** αὐτὸν εἰς Ἱεροσόλυμα ἀπελθεῖν καὶ πολλὰ παθεῖν ...	Mk 8,31 → Mk 9,31 → Mk 10,33	καὶ ἤρξατο διδάσκειν αὐτοὺς ὅτι **δεῖ** τὸν υἱὸν τοῦ ἀνθρώπου πολλὰ παθεῖν ...	Lk 9,22 → Lk 9,44 ↓ Lk 17,25 → Lk 18,31-33 ↓ Lk 24,7 ↓ Lk 24,26 → Lk 24,46	εἰπὼν ὅτι **δεῖ** τὸν υἱὸν τοῦ ἀνθρώπου πολλὰ παθεῖν ...	

b 220	**Mt 17,10**	καὶ ἐπηρώτησαν αὐτὸν οἱ μαθηταὶ λέγοντες· τί οὖν οἱ γραμματεῖς λέγουσιν ὅτι *Ἠλίαν* ***δεῖ*** *ἐλθεῖν πρῶτον;* ➤ Mal 3,23-24	**Mk 9,11**	καὶ ἐπηρώτων αὐτὸν λέγοντες· ὅτι λέγουσιν οἱ γραμματεῖς ὅτι *Ἠλίαν* ***δεῖ*** *ἐλθεῖν πρῶτον;* ➤ Mal 3,23-24			
a 200	**Mt 18,33** → Mt 6,12 → Lk 11,4	οὐκ **ἔδει** καὶ σὲ ἐλεῆσαι τὸν σύνδουλόν σου, ὡς κἀγὼ σὲ ἠλέησα;					
a 202	**Mt 23,23**	... ταῦτα [δὲ] **ἔδει** ποιῆσαι κἀκεῖνα μὴ ἀφιέναι.			**Lk 11,42**	... ταῦτα δὲ **ἔδει** ποιῆσαι κἀκεῖνα μὴ παρεῖναι.	
102	**Mt 10,19**	... δοθήσεται γὰρ ὑμῖν ἐν ἐκείνῃ τῇ ὥρᾳ τί λαλήσητε·	Mk 13,11	... ἀλλ' ὃ ἐὰν δοθῇ ὑμῖν ἐν ἐκείνῃ τῇ ὥρᾳ τοῦτο λαλεῖτε· ...	**Lk 12,12** ⇩ Lk 21,15	τὸ γὰρ ἅγιον πνεῦμα διδάξει ὑμᾶς ἐν αὐτῇ τῇ ὥρᾳ ἃ **δεῖ** εἰπεῖν.	→ Jn 14,26 Mk-Q overlap
					Lk 21,15 ⇧ Lk 12,12	ἐγὼ γὰρ δώσω ὑμῖν στόμα καὶ σοφίαν ᾗ οὐ δυνήσονται ἀντιστῆναι ἢ ἀντειπεῖν ἅπαντες οἱ ἀντικείμενοι ὑμῖν.	→ Acts 6,10
002					**Lk 13,14** → Mt 12,12 → Mk 3,4 → Lk 6,9 → Lk 14,3	... ἔλεγεν τῷ ὄχλῳ ὅτι ἓξ ἡμέραι εἰσὶν ἐν αἷς **δεῖ** ἐργάζεσθαι· ἐν αὐταῖς οὖν ἐρχόμενοι θεραπεύεσθε καὶ μὴ τῇ ἡμέρᾳ τοῦ σαββάτου.	
a 002					**Lk 13,16** → Lk 4,18 → Lk 19,9	ταύτην δὲ θυγατέρα Ἀβραὰμ οὖσαν, ἣν ἔδησεν ὁ σατανᾶς ἰδοὺ δέκα καὶ ὀκτὼ ἔτη, **οὐκ ἔδει** λυθῆναι ἀπὸ τοῦ δεσμοῦ τούτου τῇ ἡμέρᾳ τοῦ σαββάτου;	→ Acts 10,38
b 002					**Lk 13,33**	πλὴν **δεῖ** με σήμερον καὶ αὔριον καὶ τῇ ἐχομένῃ πορεύεσθαι, ...	
a 002					**Lk 15,32** → Lk 15,24	εὐφρανθῆναι δὲ καὶ χαρῆναι **ἔδει,** ὅτι ὁ ἀδελφός σου οὗτος νεκρὸς ἦν καὶ ἔζησεν, καὶ ἀπολωλὼς καὶ εὑρέθη.	
b 002	↑ **Mt 16,21** → Mt 17,22 → Mt 20,18-19		↑ **Mk 8,31** → Mk 9,31 → Mk 10,33-34		**Lk 17,25** ↑ **Lk 9,22** → Lk 9,44 → Lk 18,31-33 ↓ **Lk 24,7** ↓ **Lk 24,26** → Lk 24,46	[24] ... οὕτως ἔσται ὁ υἱὸς τοῦ ἀνθρώπου [ἐν τῇ ἡμέρᾳ αὐτοῦ]. [25] πρῶτον δὲ **δεῖ** αὐτὸν πολλὰ παθεῖν καὶ ἀποδοκιμασθῆναι ἀπὸ τῆς γενεᾶς ταύτης.	

002					Lk 18,1 → Lk 21,36	ἔλεγεν δὲ παραβολὴν αὐτοῖς πρὸς **τὸ δεῖν** πάντοτε προσεύχεσθαι αὐτοὺς καὶ μὴ ἐγκακεῖν	
002					Lk 19,5	... Ζακχαῖε, σπεύσας κατάβηθι, σήμερον γὰρ ἐν τῷ οἴκῳ σου **δεῖ** με μεῖναι.	
a 202	Mt 23,23	... ταῦτα [δὲ] **ἔδει** ποιῆσαι κἀκεῖνα μὴ ἀφιέναι.			Lk 11,42	... ταῦτα δὲ **ἔδει** ποιῆσαι κἀκεῖνα μὴ παρεῖναι.	
b 222	Mt 24,6	μελλήσετε δὲ ἀκούειν πολέμους καὶ ἀκοὰς πολέμων· ὁρᾶτε μὴ θροεῖσθε· **δεῖ** γὰρ γενέσθαι, ἀλλ᾽ οὔπω ἐστὶν τὸ τέλος.	Mk 13,7	ὅταν δὲ ἀκούσητε πολέμους καὶ ἀκοὰς πολέμων, μὴ θροεῖσθε· **δεῖ** γενέσθαι, ἀλλ᾽ οὔπω τὸ τέλος.	Lk 21,9	ὅταν δὲ ἀκούσητε πολέμους καὶ ἀκαταστασίας, μὴ πτοηθῆτε· **δεῖ** γὰρ ταῦτα γενέσθαι πρῶτον, ἀλλ᾽ οὐκ εὐθέως τὸ τέλος.	
b 120	Mt 24,14 → Mt 28,19	καὶ κηρυχθήσεται τοῦτο τὸ εὐαγγέλιον τῆς βασιλείας ἐν ὅλῃ τῇ οἰκουμένῃ εἰς μαρτύριον πᾶσιν τοῖς ἔθνεσιν, ...	Mk 13,10	καὶ εἰς πάντα τὰ ἔθνη πρῶτον **δεῖ** κηρυχθῆναι τὸ εὐαγγέλιον.			
121	Mt 24,15	ὅταν οὖν ἴδητε *τὸ* *βδέλυγμα τῆς ἐρημώσεως* τὸ ῥηθὲν διὰ Δανιὴλ τοῦ προφήτου ἑστὸς **ἐν τόπῳ ἁγίῳ,** ὁ ἀναγινώσκων νοείτω ➤ Dan 9,27/11,31/12,11	Mk 13,14	ὅταν δὲ ἴδητε *τὸ* *βδέλυγμα τῆς ἐρημώσεως* ἑστηκότα **ὅπου οὐ δεῖ,** ὁ ἀναγινώσκων νοείτω, ... ➤ Dan 9,27/11,31/12,11	Lk 21,20 → Lk 19,43	ὅταν δὲ ἴδητε κυκλουμένην ὑπὸ στρατοπέδων **Ἰερουσαλήμ,** τότε γνῶτε ὅτι ἤγγικεν ἡ ἐρήμωσις αὐτῆς.	
a 201	Mt 25,27	**ἔδει** σε οὖν βαλεῖν τὰ ἀργύριά μου τοῖς τραπεζίταις, καὶ ἐλθὼν ἐγὼ ἐκομισάμην ἂν τὸ ἐμὸν σὺν τόκῳ.			Lk 19,23	καὶ διὰ τί οὐκ ἔδωκάς μου τὸ ἀργύριον ἐπὶ τράπεζαν; κἀγὼ ἐλθὼν σὺν τόκῳ ἂν αὐτὸ ἔπραξα.	
a 112	Mt 26,17	τῇ δὲ πρώτῃ τῶν ἀζύμων ...	Mk 14,12	καὶ τῇ πρώτῃ ἡμέρᾳ τῶν ἀζύμων, ὅτε τὸ πάσχα ἔθυον, ...	Lk 22,7	ἦλθεν δὲ ἡ ἡμέρα τῶν ἀζύμων, [ἐν] ᾗ **ἔδει** θύεσθαι τὸ πάσχα·	→ Jn 13,1
b 002					Lk 22,37	λέγω γὰρ ὑμῖν ὅτι τοῦτο τὸ γεγραμμένον **δεῖ** τελεσθῆναι ἐν ἐμοί, τό· *καὶ μετὰ ἀνόμων* *ἐλογίσθη*· καὶ γὰρ τὸ περὶ ἐμοῦ τέλος ἔχει. ➤ Isa 53,12	
220	Mt 26,35 → Lk 22,33	... κἂν **δέῃ** με σὺν σοὶ ἀποθανεῖν, οὐ μή σε ἀπαρνήσομαι. ...	Mk 14,31 → Lk 22,33	... ἐὰν **δέῃ** με συναποθανεῖν σοι, οὐ μή σε ἀπαρνήσομαι. ...			→ Jn 13,37

	Mt		Mk		Lk		Acts
b 200	**Mt 26,54**	πῶς οὖν πληρωθῶσιν αἱ γραφαὶ ὅτι οὕτως **δεῖ** γενέσθαι;					
b 002	↑ **Mt 16,21** → Mt 17,22-23 → Mt 20,18-19		↑ **Mk 8,31** → Mk 9,31 → Mk 10,33-34		**Lk 24,7** ↑ **Lk 9,22** → Lk 9,44 ↑ **Lk 17,25** → Lk 18,31-33 ↓ **Lk 24,26** → Lk 24,46	λέγων τὸν υἱὸν τοῦ ἀνθρώπου ὅτι **δεῖ** παραδοθῆναι εἰς χεῖρας ἀνθρώπων ἁμαρτωλῶν καὶ σταυρωθῆναι καὶ τῇ τρίτῃ ἡμέρᾳ ἀναστῆναι.	
a b 002	↑ **Mt 16,21** → Mt 17,22-23 → Mt 20,18-19		↑ **Mk 8,31** → Mk 9,31 → Mk 10,33-34		**Lk 24,26** ↑ **Lk 9,22** → Lk 9,44 ↑ **Lk 17,25** → Lk 18,31-33 ↑ **Lk 24,7** → Lk 24,46	οὐχὶ ταῦτα **ἔδει** παθεῖν τὸν χριστὸν καὶ εἰσελθεῖν εἰς τὴν δόξαν αὐτοῦ;	→ **Acts 14,22**
b 002					**Lk 24,44**	... οὗτοι οἱ λόγοι μου οὓς ἐλάλησα πρὸς ὑμᾶς ἔτι ὢν σὺν ὑμῖν, ὅτι **δεῖ** πληρωθῆναι πάντα τὰ γεγραμμένα ἐν τῷ νόμῳ Μωϋσέως καὶ τοῖς προφήταις καὶ ψαλμοῖς περὶ ἐμοῦ.	

a b **Acts 1,16** ἄνδρες ἀδελφοί, **ἔδει** πληρωθῆναι τὴν γραφὴν ἣν προεῖπεν τὸ πνεῦμα τὸ ἅγιον διὰ στόματος Δαυὶδ περὶ Ἰούδα ...

Acts 1,21 **δεῖ** οὖν τῶν συνελθόντων ἡμῖν ἀνδρῶν ἐν παντὶ χρόνῳ ᾧ εἰσῆλθεν καὶ ἐξῆλθεν ἐφ᾽ ἡμᾶς ὁ κύριος Ἰησοῦς, [22] ... μάρτυρα τῆς ἀναστάσεως αὐτοῦ σὺν ἡμῖν γενέσθαι ἕνα τούτων.

b **Acts 3,21** (→ Mt 17,11; → Mk 9,12) [20] ... Χριστόν Ἰησοῦν, [21] ὃν **δεῖ** οὐρανὸν μὲν δέξασθαι ἄχρι χρόνων ἀποκαταστάσεως πάντων ...

b **Acts 4,12** ... οὐδὲ γὰρ ὄνομά ἐστιν ἕτερον ὑπὸ τὸν οὐρανὸν τὸ δεδομένον ἐν ἀνθρώποις ἐν ᾧ **δεῖ** σωθῆναι ἡμᾶς.

Acts 5,29 ... πειθαρχεῖν **δεῖ** θεῷ μᾶλλον ἢ ἀνθρώποις.

Acts 9,6 ... καὶ λαληθήσεταί σοι ὅ τί σε **δεῖ** ποιεῖν.

b **Acts 9,16** ἐγὼ γὰρ ὑποδείξω αὐτῷ ὅσα **δεῖ** αὐτὸν ὑπὲρ τοῦ ὀνόματός μου παθεῖν.

b **Acts 14,22** (→ Lk 24,26) ... παρακαλοῦντες ἐμμένειν τῇ πίστει καὶ ὅτι διὰ πολλῶν θλίψεων **δεῖ** ἡμᾶς εἰσελθεῖν εἰς τὴν βασιλείαν τοῦ θεοῦ.

Acts 15,5 ἐξανέστησαν δέ τινες τῶν ἀπὸ τῆς αἱρέσεως τῶν Φαρισαίων πεπιστευκότες λέγοντες ὅτι **δεῖ** περιτέμνειν αὐτοὺς παραγγέλλειν τε τηρεῖν τὸν νόμον Μωϋσέως.

Acts 16,30 καὶ προαγαγὼν αὐτοὺς ἔξω ἔφη· κύριοι, τί με **δεῖ** ποιεῖν ἵνα σωθῶ;

a b **Acts 17,3** διανοίγων καὶ παρατιθέμενος ὅτι τὸν χριστὸν **ἔδει** παθεῖν καὶ ἀναστῆναι ἐκ νεκρῶν ...

Acts 19,21 ... εἰπὼν ὅτι μετὰ τὸ γενέσθαι με ἐκεῖ **δεῖ** με καὶ Ῥώμην ἰδεῖν.

Acts 19,36 ἀναντιρρήτων οὖν ὄντων τούτων **δέον** ἐστὶν ὑμᾶς κατεσταλμένους ὑπάρχειν καὶ μηδὲν προπετὲς πράσσειν.

Acts 20,35 πάντα ὑπέδειξα ὑμῖν ὅτι οὕτως κοπιῶντας **δεῖ** ἀντιλαμβάνεσθαι τῶν ἀσθενούντων, ...

b **Acts 23,11** ... θάρσει· ὡς γὰρ διεμαρτύρω τὰ περὶ ἐμοῦ εἰς Ἰερουσαλὴμ, οὕτω σε **δεῖ** καὶ εἰς Ῥώμην μαρτυρῆσαι.

a **Acts 24,19** τινὲς δὲ ἀπὸ τῆς Ἀσίας Ἰουδαῖοι, οὓς **ἔδει** ἐπὶ σοῦ παρεῖναι καὶ κατηγορεῖν εἴ τι ἔχοιεν πρὸς ἐμέ.

Acts 25,10 ... ἐπὶ τοῦ βήματος Καίσαρός ἑστώς εἰμι, οὗ με **δεῖ** κρίνεσθαι. ...

Acts 25,24 ... θεωρεῖτε τοῦτον περὶ οὗ ἅπαν τὸ πλῆθος τῶν Ἰουδαίων ἐνέτυχόν μοι ἔν τε Ἱεροσολύμοις καὶ ἐνθάδε βοῶντες μὴ **δεῖν** αὐτὸν ζῆν μηκέτι.

	Acts 26,9	ἐγὼ μὲν οὖν ἔδοξα ἐμαυτῷ πρὸς τὸ ὄνομα Ἰησοῦ τοῦ Ναζωραίου **δεῖν** πολλὰ ἐναντία πρᾶξαι	
a	Acts 27,21	... ὁ Παῦλος ἐν μέσῳ αὐτῶν εἶπεν· **ἔδει** μέν, ὦ ἄνδρες, πειθαρχήσαντάς μοι μὴ ἀνάγεσθαι ἀπὸ τῆς Κρήτης κερδῆσαί τε τὴν ὕβριν ταύτην καὶ τὴν ζημίαν.	
b	Acts 27,24	... μὴ φοβοῦ, Παῦλε, Καίσαρί σε **δεῖ** παραστῆναι, ...	
	Acts 27,26	εἰς νῆσον δέ τινα **δεῖ** ἡμᾶς ἐκπεσεῖν.	

δειγματίζω

	Mt	Mk	Lk	Acts	Jn	1-3John	Paul	Eph	Col
Syn 1	1								1
NT 2	2Thess	1/2Tim	Tit	Heb	Jas	1Pet	2Pet	Jude	Rev

disgrace; expose

200	**Mt 1,19** Ἰωσὴφ δὲ ὁ ἀνὴρ αὐτῆς, δίκαιος ὢν καὶ μὴ θέλων αὐτὴν **δειγματίσαι,** ἐβουλήθη λάθρα ἀπολῦσαι αὐτήν.			

δείκνυμι, δεικνύω

	Mt	Mk	Lk	Acts	Jn	1-3John	Paul	Eph	Col
Syn 10	3	2	5	2	7		1		
NT 33	2Thess	1/2Tim	Tit	Heb	Jas	1Pet	2Pet	Jude	Rev
		1		1	3				8

show; point out; reveal; explain; prove

	triple tradition																	double tradition			Sondergut		
		+Mt / +Lk			–Mt / –Lk			traditions not taken over by Mt / Lk							subtotals								
code	*222*	*211*	*112*	*212*	*221*	*122*	*121*	*022*	*012*	*021*	*220*	*120*	*210*	*020*	Σ^+	Σ^-	Σ	*202*	*201*	*102*	*200*	*002*	total
Mt	1	1^+													1^+		2	1					**3**
Mk	1							1									2						**2**
Lk	1		1^+					1							1^+		3	1				1	**5**

202	**Mt 4,8** πάλιν παραλαμβάνει αὐτὸν ὁ διάβολος εἰς ὄρος ὑψηλὸν λίαν καὶ **δείκνυσιν** αὐτῷ πάσας τὰς βασιλείας τοῦ κόσμου ...		**Lk 4,5** καὶ ἀναγαγὼν αὐτὸν **ἔδειξεν** αὐτῷ πάσας τὰς βασιλείας τῆς οἰκουμένης ἐν στιγμῇ χρόνου	
222	**Mt 8,4** καὶ λέγει αὐτῷ ὁ Ἰησοῦς· ὅρα μηδενὶ εἴπῃς, ἀλλὰ ὕπαγε σεαυτὸν **δεῖξον** τῷ ἱερεῖ, ... ➤ Lev 13,49; 14,2-4	**Mk 1,44** καὶ λέγει αὐτῷ· ὅρα μηδενὶ μηδὲν εἴπῃς, ἀλλὰ ὕπαγε σεαυτὸν **δεῖξον** τῷ ἱερεῖ ... ➤ Lev 13,49; 14,2-4	**Lk 5,14** → Lk 17,14 καὶ αὐτὸς παρήγγειλεν αὐτῷ μηδενὶ εἰπεῖν, ἀλλὰ ἀπελθὼν **δεῖξον** σεαυτὸν τῷ ἱερεῖ ... ➤ Lev 13,49; 14,2-4	
211	**Mt 16,21** → Mt 17,22-23 → Mt 20,18-19 ἀπὸ τότε ἤρξατο ὁ Ἰησοῦς **δεικνύειν** τοῖς μαθηταῖς αὐτοῦ ὅτι δεῖ αὐτὸν εἰς Ἱεροσόλυμα ἀπελθεῖν καὶ πολλὰ παθεῖν ...	**Mk 8,31** → Mk 9,31 → Mk 10,33-34 καὶ ἤρξατο **διδάσκειν** αὐτοὺς ὅτι δεῖ τὸν υἱὸν τοῦ ἀνθρώπου πολλὰ παθεῖν ...	**Lk 9,22** → Lk 9,44 → Lk 17,25 → Lk 18,31-33 → Lk 24,7 → Lk 24,26 → Lk 24,46 **εἰπὼν** ὅτι δεῖ τὸν υἱὸν τοῦ ἀνθρώπου πολλὰ παθεῖν ...	
112	**Mt 22,19** **ἐπιδείξατέ** μοι τὸ νόμισμα τοῦ κήνσου. ...	**Mk 12,15** ... **φέρετέ** μοι δηνάριον ἵνα ἴδω.	**Lk 20,24** **δείξατέ** μοι δηνάριον· ...	→ GTh 100

022			Mk 14,15	καὶ αὐτὸς ὑμῖν **δείξει** ἀνάγαιον μέγα ἐστρωμένον ἕτοιμον· καὶ ἐκεῖ ἑτοιμάσατε ἡμῖν.	Lk 22,12	κἀκεῖνος ὑμῖν **δείξει** ἀνάγαιον μέγα ἐστρωμένον· ἐκεῖ ἑτοιμάσατε.	
002					Lk 24,40	καὶ τοῦτο εἰπὼν **ἔδειξεν** αὐτοῖς τὰς χεῖρας καὶ τοὺς πόδας.	→ Jn 20,20

Acts 7,3 ... *ἔξελθε ἐκ τῆς γῆς σου καὶ [ἐκ] τῆς συγγενείας σου καὶ δεῦρο εἰς τὴν γῆν ἣν ἄν σοι* ***δείξω.***
➢ Gen 12,1

Acts 10,28 ... κἀμοὶ ὁ θεὸς **ἔδειξεν** μηδένα κοινὸν ἢ ἀκάθαρτον λέγειν ἄνθρωπον·

δειλός	Syn 2	Mt 1	Mk 1	Lk	Acts	Jn	1-3John	Paul	Eph	Col
	NT 3	2Thess	1/2Tim	Tit	Heb	Jas	1Pet	2Pet	Jude	Rev 1

cowardly; afraid

221	Mt 8,26	καὶ λέγει αὐτοῖς· τί **δειλοί** ἐστε, ὀλιγόπιστοι; ...	Mk 4,40	καὶ εἶπεν αὐτοῖς· τί **δειλοί** ἐστε; οὔπω ἔχετε πίστιν;	Lk 8,25	εἶπεν δὲ αὐτοῖς· ποῦ ἡ πίστις ὑμῶν; ...	

δεῖνα	Syn 1	Mt 1	Mk	Lk	Acts	Jn	1-3John	Paul	Eph	Col
	NT 1	2Thess	1/2Tim	Tit	Heb	Jas	1Pet	2Pet	Jude	Rev

such a one; a certain one

211	Mt 26,18	... ὑπάγετε εἰς τὴν πόλιν **πρὸς τὸν δεῖνα** καὶ εἴπατε αὐτῷ· ...	Mk 14,13	... ὑπάγετε εἰς τὴν πόλιν, καὶ ἀπαντήσει ὑμῖν **ἄνθρωπος** κεράμιον ὕδατος βαστάζων· ἀκολουθήσατε αὐτῷ [14] καὶ ὅπου ἐὰν εἰσέλθῃ εἴπατε τῷ οἰκοδεσπότῃ ...	Lk 22,10	... ἰδοὺ εἰσελθόντων ὑμῶν εἰς τὴν πόλιν συναντήσει ὑμῖν **ἄνθρωπος** κεράμιον ὕδατος βαστάζων· ἀκολουθήσατε αὐτῷ εἰς τὴν οἰκίαν εἰς ἣν εἰσπορεύεται. [11] καὶ ἐρεῖτε τῷ οἰκοδεσπότῃ τῆς οἰκίας· ...	

δεινῶς	Syn 2	Mt 1	Mk	Lk 1	Acts	Jn	1-3John	Paul	Eph	Col
	NT 2	2Thess	1/2Tim	Tit	Heb	Jas	1Pet	2Pet	Jude	Rev

terribly; with hostility

201	Mt 8,6	[5] ... ἑκατόνταρχος παρακαλῶν αὐτὸν ... [6] καὶ λέγων· κύριε, ὁ παῖς μου βέβληται ἐν τῇ οἰκίᾳ παραλυτικός, **δεινῶς βασανιζόμενος.**			Lk 7,2	ἑκατοντάρχου δέ τινος δοῦλος **κακῶς ἔχων** ἤμελλεν τελευτᾶν, ὃς ἦν αὐτῷ ἔντιμος.	→ Jn 4,46-47

002					Lk 11,53	κἀκεῖθεν ἐξελθόντος αὐτοῦ ἤρξαντο οἱ γραμματεῖς καὶ οἱ Φαρισαῖοι **δεινῶς** ἐνέχειν καὶ ἀποστοματίζειν αὐτὸν περὶ πλειόνων	

δειπνέω	Syn 2	Mt	Mk	Lk 2	Acts	Jn	1-3John	Paul 1	Eph	Col
	NT 4	2Thess	1/2Tim	Tit	Heb	Jas	1Pet	2Pet	Jude	Rev 1

eat; dine

002					Lk 17,8	... ἑτοίμασον τί **δειπνήσω** καὶ περιζωσάμενος διακόνει μοι ἕως φάγω καὶ πίω, ...	
112	Mt 26,27 → Lk 22,17	καὶ λαβὼν ποτήριον καὶ εὐχαριστήσας ἔδωκεν αὐτοῖς λέγων· πίετε ἐξ αὐτοῦ πάντες, [27] τοῦτο γάρ ἐστιν τὸ αἷμά μου τῆς διαθήκης τὸ περὶ πολλῶν ἐκχυννόμενον εἰς ἄφεσιν ἁμαρτιῶν.	Mk 14,23 → Lk 22,17	καὶ λαβὼν ποτήριον εὐχαριστήσας ἔδωκεν αὐτοῖς, καὶ ἔπιον ἐξ αὐτοῦ πάντες. [24] καὶ εἶπεν αὐτοῖς· τοῦτό ἐστιν τὸ αἷμά μου τῆς διαθήκης τὸ ἐκχυννόμενον ὑπὲρ πολλῶν.	Lk 22,20	καὶ τὸ ποτήριον ὡσαύτως **μετὰ τὸ δειπνῆσαι,** λέγων· τοῦτο τὸ ποτήριον ἡ καινὴ διαθήκη ἐν τῷ αἵματί μου, τὸ ὑπὲρ ὑμῶν ἐκχυννόμενον.	→ 1Cor 11,25

δεῖπνον	Syn 8	Mt 1	Mk 2	Lk 5	Acts	Jn 4	1-3John	Paul 2	Eph	Col
	NT 16	2Thess	1/2Tim	Tit	Heb	Jas	1Pet	2Pet	Jude	Rev 2

feast; banquet; supper; main meal

120	Mt 14,6 → Mk 6,22	γενεσίοις δὲ γενομένοις τοῦ Ἡρῴδου ...	Mk 6,21	καὶ γενομένης ἡμέρας εὐκαίρου ὅτε Ἡρῴδης τοῖς γενεσίοις αὐτοῦ **δεῖπνον** ἐποίησεν τοῖς μεγιστᾶσιν αὐτοῦ καὶ τοῖς χιλιάρχοις καὶ τοῖς πρώτοις τῆς Γαλιλαίας			
002					Lk 14,12	... ὅταν ποιῇς ἄριστον ἢ **δεῖπνον,** μὴ φώνει τοὺς φίλους σου μηδὲ τοὺς ἀδελφούς σου ...	
102	Mt 22,2 → Lk 14,15	ὡμοιώθη ἡ βασιλεία τῶν οὐρανῶν ἀνθρώπῳ βασιλεῖ, ὅστις ἐποίησεν **γάμους** τῷ υἱῷ αὐτοῦ.			Lk 14,16	... ἄνθρωπός τις ἐποίει **δεῖπνον μέγα,** καὶ ἐκάλεσεν πολλούς	→ GTh 64
102	Mt 22,3	καὶ ἀπέστειλεν τοὺς δούλους αὐτοῦ καλέσαι τοὺς κεκλημένους εἰς τοὺς γάμους, ...			Lk 14,17	καὶ ἀπέστειλεν τὸν δοῦλον αὐτοῦ **τῇ ὥρᾳ τοῦ δείπνου** εἰπεῖν τοῖς κεκλημένοις· ...	→ GTh 64

102	Mt 22,8	τότε λέγει τοῖς δούλοις αὐτοῦ· ὁ μὲν γάμος ἕτοιμός ἐστιν, οἱ δὲ κεκλημένοι οὐκ ἦσαν ἄξιοι·			Lk 14,24	λέγω γὰρ ὑμῖν ὅτι οὐδεὶς τῶν ἀνδρῶν ἐκείνων τῶν κεκλημένων γεύσεταί **μου τοῦ δείπνου.**	→ GTh 64
222	Mt 23,6	 φιλοῦσιν δὲ τὴν πρωτοκλισίαν **ἐν τοῖς δείπνοις** ↔	Mk 12,39	[38] ... βλέπετε ἀπὸ τῶν γραμματέων τῶν θελόντων ἐν στολαῖς περιπατεῖν καὶ ἀσπασμοὺς ἐν ταῖς ἀγοραῖς [39] καὶ πρωτοκαθεδρίας ἐν ταῖς συναγωγαῖς καὶ πρωτοκλισίας **ἐν τοῖς δείπνοις**	Lk 20,46 ⇩ Lk 11,43	προσέχετε ἀπὸ τῶν γραμματέων τῶν θελόντων περιπατεῖν ἐν στολαῖς καὶ φιλούντων ἀσπασμοὺς ἐν ταῖς ἀγοραῖς καὶ πρωτοκαθεδρίας ἐν ταῖς συναγωγαῖς καὶ πρωτοκλισίας **ἐν τοῖς δείπνοις**	Mk-Q overlap
	Mt 23,6	↔ καὶ τὰς πρωτοκαθεδρίας ἐν ταῖς συναγωγαῖς [7] καὶ τοὺς ἀσπασμοὺς ἐν ταῖς ἀγοραῖς ...			Lk 11,43 ⇧ Lk 20,46	οὐαὶ ὑμῖν τοῖς Φαρισαίοις, ὅτι ἀγαπᾶτε τὴν πρωτοκαθεδρίαν ἐν ταῖς συναγωγαῖς καὶ τοὺς ἀσπασμοὺς ἐν ταῖς ἀγοραῖς.	

δέκα

	Syn	Mt	Mk	Lk	Acts	Jn	1-3John	Paul	Eph	Col
	15	3	1	11	1					
	NT	2Thess	1/2Tim	Tit	Heb	Jas	1Pet	2Pet	Jude	Rev
	25									9

ten

	triple tradition																	double tradition			Sondergut		
		+Mt / +Lk			–Mt / –Lk			traditions not taken over by Mt / Lk							subtotals								
code	*222*	*211*	*112*	*212*	*221*	*122*	*121*	*022*	*012*	*021*	*220*	*120*	*210*	*020*	Σ⁺	Σ⁻	Σ	*202*	*201*	*102*	*200*	*002*	total
Mt											1						1	1			1		**3**
Mk											1						1						**1**
Lk																		1		4		6	**11**

002					Lk 13,16 → Lk 4,18 → Lk 19,9	ταύτην δὲ θυγατέρα Ἀβραὰμ οὖσαν, ἣν ἔδησεν ὁ σατανᾶς ἰδοὺ **δέκα καὶ ὀκτὼ ἔτη,** οὐκ ἔδει λυθῆναι ἀπὸ τοῦ δεσμοῦ τούτου τῇ ἡμέρᾳ τοῦ σαββάτου;	→ Acts 10,38
002					Lk 14,31	ἢ τίς βασιλεὺς πορευόμενος ἑτέρῳ βασιλεῖ συμβαλεῖν εἰς πόλεμον οὐχὶ καθίσας πρῶτον βουλεύσεται εἰ δυνατός ἐστιν **ἐν δέκα χιλιάσιν** ὑπαντῆσαι τῷ μετὰ εἴκοσι χιλιάδων ἐρχομένῳ ἐπ' αὐτόν;	
002					Lk 15,8	ἢ τίς γυνὴ **δραχμὰς ἔχουσα** **δέκα** ἐὰν ἀπολέσῃ δραχμὴν μίαν, οὐχὶ ἅπτει λύχνον καὶ σαροῖ τὴν οἰκίαν ...	
002					Lk 17,12 → Mt 8,2 → Mk 1,40 → Lk 5,12	καὶ εἰσερχομένου αὐτοῦ εἴς τινα κώμην ἀπήντησαν [αὐτῷ] **δέκα λεπροὶ ἄνδρες,** οἳ ἔστησαν πόρρωθεν	

002					Lk 17,17	... οὐχὶ οἱ δέκα ἐκαθαρίσθησαν; οἱ δὲ ἐννέα ποῦ;	
220	Mt 20,24	καὶ ἀκούσαντες οἱ δέκα ἠγανάκτησαν περὶ τῶν δύο ἀδελφῶν.	Mk 10,41	καὶ ἀκούσαντες οἱ δέκα ἤρξαντο ἀγανακτεῖν περὶ Ἰακώβου καὶ Ἰωάννου.			
200	Mt 25,1	τότε ὁμοιωθήσεται ἡ βασιλεία τῶν οὐρανῶν δέκα παρθένοις, αἵτινες λαβοῦσαι τὰς λαμπάδας ἑαυτῶν ἐξῆλθον εἰς ὑπάντησιν τοῦ νυμφίου.					
102	Mt 25,14	ὥσπερ γὰρ ἄνθρωπος ἀποδημῶν ἐκάλεσεν τοὺς ἰδίους δούλους καὶ παρέδωκεν αὐτοῖς τὰ ὑπάρχοντα αὐτοῦ,	Mk 13,34	ὡς ἄνθρωπος ἀπόδημος ἀφεὶς τὴν οἰκίαν αὐτοῦ καὶ δοὺς τοῖς δούλοις αὐτοῦ τὴν ἐξουσίαν	Lk 19,13 (2)	[12] ἄνθρωπός τις εὐγενὴς ... [13] καλέσας δὲ δέκα δούλους ἑαυτοῦ	Mk-Q overlap
102	Mt 25,15	καὶ ᾧ μὲν ἔδωκεν πέντε τάλαντα, ᾧ δὲ δύο, ᾧ δὲ ἕν, ἑκάστῳ κατὰ τὴν ἰδίαν δύναμιν, καὶ ἀπεδήμησεν. ...		ἑκάστῳ τὸ ἔργον αὐτοῦ, καὶ τῷ θυρωρῷ ἐνετείλατο ἵνα γρηγορῇ.		ἔδωκεν αὐτοῖς δέκα μνᾶς καὶ εἶπεν πρὸς αὐτούς· πραγματεύσασθε ἐν ᾧ ἔρχομαι.	
102	Mt 25,20	καὶ προσελθὼν ὁ τὰ πέντε τάλαντα λαβὼν προσήνεγκεν ἄλλα πέντε τάλαντα λέγων· κύριε, πέντε τάλαντά μοι παρέδωκας· ἴδε ἄλλα πέντε τάλαντα ἐκέρδησα.			Lk 19,16	παρεγένετο δὲ ὁ πρῶτος λέγων· κύριε, ἡ μνᾶ σου δέκα προσηργάσατο μνᾶς.	
102	Mt 25,21 → Mt 24,47	... εὖ, δοῦλε ἀγαθὲ καὶ πιστέ, ἐπὶ ὀλίγα ἦς πιστός, ἐπὶ πολλῶν σε καταστήσω· ...			Lk 19,17 → Lk 16,10	... εὖγε, ἀγαθὲ δοῦλε, ὅτι ἐν ἐλαχίστῳ πιστὸς ἐγένου, ἴσθι ἐξουσίαν ἔχων ἐπάνω δέκα πόλεων.	
202	Mt 25,28	ἄρατε οὖν ἀπ' αὐτοῦ τὸ τάλαντον καὶ δότε τῷ ἔχοντι τὰ δέκα τάλαντα·			Lk 19,24	... ἄρατε ἀπ' αὐτοῦ τὴν μνᾶν καὶ δότε τῷ τὰς δέκα μνᾶς ἔχοντι -	
002					Lk 19,25	καὶ εἶπαν αὐτῷ· κύριε, ἔχει δέκα μνᾶς -	

Acts 25,6 διατρίψας δὲ ἐν αὐτοῖς
ἡμέρας οὐ πλείους ὀκτὼ ἢ
δέκα
καταβὰς εἰς Καισάρειαν,
...

δεκαοκτώ

δεκαοκτώ	Syn 2	Mt	Mk	Lk 2	Acts	Jn	1-3John	Paul	Eph	Col
	NT 2	2Thess	1/2Tim	Tit	Heb	Jas	1Pet	2Pet	Jude	Rev

eighteen

002					Lk 13,4	ἢ **ἐκεῖνοι οἱ δεκαοκτὼ** ἐφ' οὓς ἔπεσεν ὁ πύργος ἐν τῷ Σιλωὰμ καὶ ἀπέκτεινεν αὐτούς, ...	
002					Lk 13,11 → Mt 12,10 → Mk 3,1 → Lk 6,6 → Lk 14,2	καὶ ἰδοὺ γυνὴ πνεῦμα ἔχουσα ἀσθενείας **ἔτη δεκαοκτὼ** καὶ ἦν συγκύπτουσα ...	

Δεκάπολις

Δεκάπολις	Syn 3	Mt 1	Mk 2	Lk	Acts	Jn	1-3John	Paul	Eph	Col
	NT 3	2Thess	1/2Tim	Tit	Heb	Jas	1Pet	2Pet	Jude	Rev

Decapolis

211	Mt 4,25 → Mt 12,15	καὶ ἠκολούθησαν αὐτῷ ὄχλοι πολλοὶ ἀπὸ τῆς Γαλιλαίας καὶ **Δεκαπόλεως** καὶ Ἱεροσολύμων καὶ Ἰουδαίας καὶ πέραν τοῦ Ἰορδάνου.	Mk 3,7 → Mt 4,24a	... καὶ πολὺ πλῆθος ἀπὸ τῆς Γαλιλαίας [ἠκολούθησεν], καὶ ἀπὸ τῆς Ἰουδαίας [8] καὶ ἀπὸ Ἱεροσολύμων καὶ ἀπὸ τῆς Ἰδουμαίας καὶ πέραν τοῦ Ἰορδάνου καὶ περὶ Τύρον καὶ Σιδῶνα ...	Lk 6,17	... καὶ πλῆθος πολὺ τοῦ λαοῦ ἀπὸ πάσης τῆς Ἰουδαίας καὶ Ἰερουσαλὴμ καὶ τῆς παραλίου Τύρου καὶ Σιδῶνος	
021			Mk 5,20	καὶ ἀπῆλθεν καὶ ἤρξατο κηρύσσειν **ἐν τῇ Δεκαπόλει** ὅσα ἐποίησεν αὐτῷ ὁ Ἰησοῦς, ...	Lk 8,39	... καὶ ἀπῆλθεν **καθ' ὅλην τὴν πόλιν** κηρύσσων ὅσα ἐποίησεν αὐτῷ ὁ Ἰησοῦς.	
120	Mt 15,29	καὶ μεταβὰς ἐκεῖθεν ὁ Ἰησοῦς ἦλθεν παρὰ τὴν θάλασσαν τῆς Γαλιλαίας, καὶ ἀναβὰς εἰς τὸ ὄρος ἐκάθητο ἐκεῖ.	Mk 7,31	καὶ πάλιν ἐξελθὼν ἐκ τῶν ὁρίων Τύρου ἦλθεν διὰ Σιδῶνος εἰς τὴν θάλασσαν τῆς Γαλιλαίας **ἀνὰ μέσον τῶν ὁρίων** **Δεκαπόλεως.**			

δεκατέσσαρες

δεκατέσσαρες	Syn 3	Mt 3	Mk	Lk	Acts	Jn	1-3John	Paul 2	Eph	Col
	NT 5	2Thess	1/2Tim	Tit	Heb	Jas	1Pet	2Pet	Jude	Rev

fourteen

200	Mt 1,17 (3)	πᾶσαι οὖν αἱ γενεαὶ ἀπὸ Ἀβραὰμ ἕως Δαυὶδ **γενεαὶ** **δεκατέσσαρες**, ↔					

	Mt	Mk	Lk	
200 200	**Mt 1,17 (3) (continued)** ↔ καὶ ἀπὸ Δαυὶδ ἕως τῆς μετοικεσίας Βαβυλῶνος **γενεαὶ δεκατέσσαρες**, καὶ ἀπὸ τῆς μετοικεσίας Βαβυλῶνος ἕως τοῦ Χριστοῦ **γενεαὶ δεκατέσσαρες**.			

δεκτός

Syn	Mt	Mk	Lk	Acts	Jn	1-3John	Paul	Eph	Col
2			2	1			2		
NT	2Thess	1/2Tim	Tit	Heb	Jas	1Pet	2Pet	Jude	Rev
5									

acceptable; welcome; favorable (time)

	Mt	Mk	Lk	
002			**Lk 4,19** *κηρύξαι* ***ἐνιαυτὸν κυρίου δεκτόν.*** ➢ Isa 61,2 LXX	
112	**Mt 13,57** ... οὐκ ἔστιν προφήτης **ἄτιμος** εἰ μὴ ἐν τῇ πατρίδι καὶ ἐν τῇ οἰκίᾳ αὐτοῦ.	**Mk 6,4** ... οὐκ ἔστιν προφήτης **ἄτιμος** εἰ μὴ ἐν τῇ πατρίδι αὐτοῦ καὶ ἐν τοῖς συγγενεῦσιν αὐτοῦ καὶ ἐν τῇ οἰκίᾳ αὐτοῦ.	**Lk 4,24** ... οὐδεὶς προφήτης **δεκτός** ἐστιν ἐν τῇ πατρίδι αὐτοῦ.	→ Jn 4,44 → GTh 31 **(POxy 1)**

Acts 10,35 ἀλλ᾽ ἐν παντὶ ἔθνει ὁ φοβούμενος αὐτὸν καὶ ἐργαζόμενος δικαιοσύνην **δεκτὸς** αὐτῷ ἐστιν.

δένδρον

Syn	Mt	Mk	Lk	Acts	Jn	1-3John	Paul	Eph	Col
20	12	1	7						
NT	2Thess	1/2Tim	Tit	Heb	Jas	1Pet	2Pet	Jude	Rev
25								1	4

tree

	triple tradition																	double tradition			Sondergut		
		+Mt / +Lk			–Mt / –Lk			traditions not taken over by Mt / Lk							subtotals								
code	*222*	*211*	*112*	*212*	*221*	*122*	*121*	*022*	*012*	*021*	*220*	*120*	*210*	*020*	Σ+	Σ−	Σ	*202*	*201*	*102*	*200*	*002*	total
Mt		1+													1+		1	5			6		**12**
Mk														1			1						**1**
Lk			1+												1+		1	5		1			**7**

	Mt	Mk	Lk	
202 202	**Mt 3,10 (2)** ἤδη δὲ ἡ ἀξίνη **πρὸς τὴν ῥίζαν τῶν δένδρων** κεῖται· ⇩ Mt 7,19 **πᾶν οὖν δένδρον** μὴ ποιοῦν καρπὸν καλὸν ἐκκόπτεται καὶ εἰς πῦρ βάλλεται.		**Lk 3,9 (2)** ἤδη δὲ καὶ ἡ ἀξίνη **πρὸς τὴν ῥίζαν τῶν δένδρων** κεῖται· **πᾶν οὖν δένδρον** μὴ ποιοῦν καρπὸν καλὸν ἐκκόπτεται καὶ εἰς πῦρ βάλλεται.	

200 200	**Mt 7,17** (2) ⇩ Mt 12,33	οὕτως πᾶν δένδρον ἀγαθὸν καρποὺς καλοὺς ποιεῖ, τὸ δὲ σαπρὸν δένδρον καρποὺς πονηροὺς ποιεῖ.					
202 202	**Mt 7,18** (2)	οὐ δύναται δένδρον ἀγαθὸν καρποὺς πονηροὺς ποιεῖν οὐδὲ δένδρον σαπρὸν καρποὺς καλοὺς ποιεῖν.			**Lk 6,43** (2)	οὐ γάρ ἐστιν δένδρον καλὸν ποιοῦν καρπὸν σαπρόν, οὐδὲ πάλιν δένδρον σαπρὸν ποιοῦν καρπὸν καλόν.	
200	**Mt 7,19** ⇧ Mt 3,10	πᾶν δένδρον μὴ ποιοῦν καρπὸν καλὸν ἐκκόπτεται καὶ εἰς πῦρ βάλλεται.			Lk 3,9 (2)	... πᾶν οὖν δένδρον μὴ ποιοῦν καρπὸν καλὸν ἐκκόπτεται καὶ εἰς πῦρ βάλλεται.	
102	**Mt 7,16** ⇨ Mt 7,20	ἀπὸ τῶν καρπῶν αὐτῶν ἐπιγνώσεσθε αὐτούς. ...			**Lk 6,44** ⇩ Mt 12,33	ἕκαστον γὰρ δένδρον ἐκ τοῦ ἰδίου καρποῦ γινώσκεται· ...	
200 200	**Mt 12,33** (3) ⇧ Mt 7,17	ἢ ποιήσατε τὸ δένδρον καλὸν καὶ τὸν καρπὸν αὐτοῦ καλόν, ἢ ποιήσατε τὸ δένδρον σαπρὸν καὶ τὸν καρπὸν αὐτοῦ σαπρόν·					
200	⇧ Mt 7,16	ἐκ γὰρ τοῦ καρποῦ τὸ δένδρον γινώσκεται.			Lk 6,44	ἕκαστον γὰρ δένδρον ἐκ τοῦ ἰδίου καρποῦ γινώσκεται· ...	
202	**Mt 13,32**	... ὅταν δὲ αὐξηθῇ μεῖζον τῶν λαχάνων ἐστὶν καὶ γίνεται δένδρον, ὥστε ἐλθεῖν *τὰ πετεινὰ τοῦ οὐρανοῦ καὶ κατασκηνοῦν ἐν τοῖς κλάδοις αὐτοῦ.* ➢ Ps 103,12 LXX	Mk 4,32	καὶ ὅταν σπαρῇ, ἀναβαίνει καὶ γίνεται μεῖζον πάντων τῶν λαχάνων καὶ ποιεῖ κλάδους μεγάλους, ὥστε δύνασθαι ὑπὸ τὴν σκιὰν αὐτοῦ *τὰ πετεινὰ τοῦ οὐρανοῦ κατασκηνοῦν.* ➢ Ps 103,12 LXX	**Lk 13,19**	... καὶ ηὔξησεν καὶ ἐγένετο εἰς δένδρον, καὶ *τὰ πετεινὰ τοῦ οὐρανοῦ κατεσκήνωσεν ἐν τοῖς κλάδοις αὐτοῦ.* ➢ Ps 103,12 LXX	→ GTh 20 Mk-Q overlap
020			**Mk 8,24**	καὶ ἀναβλέψας ἔλεγεν· βλέπω τοὺς ἀνθρώπους ὅτι ὡς δένδρα ὁρῶ περιπατοῦντας.			
211	**Mt 21,8**	ὁ δὲ πλεῖστος ὄχλος ἔστρωσαν ἑαυτῶν τὰ ἱμάτια ἐν τῇ ὁδῷ, ἄλλοι δὲ ἔκοπτον κλάδους ἀπὸ τῶν δένδρων καὶ ἐστρώννυον ἐν τῇ ὁδῷ.	**Mk 11,8**	καὶ πολλοὶ τὰ ἱμάτια αὐτῶν ἔστρωσαν εἰς τὴν ὁδόν, ἄλλοι δὲ στιβάδας κόψαντες ἐκ τῶν ἀγρῶν.	**Lk 19,36**	πορευομένου δὲ αὐτοῦ ὑπεστρώννυον τὰ ἱμάτια αὐτῶν ἐν τῇ ὁδῷ.	→ Jn 12,13
112	**Mt 24,32**	ἀπὸ δὲ τῆς συκῆς μάθετε τὴν παραβολήν· ...	**Mk 13,28**	ἀπὸ δὲ τῆς συκῆς μάθετε τὴν παραβολήν· ...	**Lk 21,29**	καὶ εἶπεν παραβολὴν αὐτοῖς· ἴδετε τὴν συκῆν καὶ πάντα τὰ δένδρα·	

δεξιός	Syn 24	Mt 12	Mk 6	Lk 6	Acts 7	Jn 2	1-3John	Paul 3	Eph 1	Col 1
	NT 53	2Thess	1/2Tim	Tit	Heb 5	Jas	1Pet 1	2Pet	Jude	Rev 9

right (*opposite:* left); at the right hand

	triple tradition																double tradition			Sondergut		
		+Mt / +Lk			–Mt / –Lk			traditions not taken over by Mt / Lk							subtotals							
code	*222*	*211*	*112*	*212*	*221*	*122*	*121*	*022*	*012*	*021*	*220*	*120*	*210*	*020*	Σ⁺	Σ⁻	Σ	*202*	*201*	*102*	*200*	*002*	total
Mt	3										2		1⁺		1⁺		6		1		5		**12**
Mk	3									1	2						6						**6**
Lk	3		2⁺							1⁻					2⁺	1⁻	5					1	**6**

a ἡ δεξιὰ (χείρ), δεξιαί
b ἐκ δεξιῶν
c ἡ δεξιὰ τοῦ θεοῦ / μου / αὐτοῦ / τῆς δυνάμεως

b 002					**Lk 1,11**	ὤφθη δὲ αὐτῷ ἄγγελος κυρίου ἑστὼς **ἐκ δεξιῶν** **τοῦ θυσιαστηρίου** **τοῦ θυμιάματος.**	
a 112	**Mt 12,10**	καὶ ἰδοὺ ἄνθρωπος **χεῖρα** ἔχων ξηράν. ...	**Mk 3,1**	... καὶ ἦν ἐκεῖ ἄνθρωπος ἐξηραμμένην ἔχων **τὴν χεῖρα.**	**Lk 6,6** → Lk 13,11 → Lk 14,1-2	... καὶ ἦν ἄνθρωπος ἐκεῖ καὶ **ἡ χεὶρ αὐτοῦ ἡ δεξιὰ** ἦν ξηρά.	
200	**Mt 5,29** ⇨ Mt 18,9	εἰ δὲ **ὁ ὀφθαλμός σου** **ὁ δεξιὸς** σκανδαλίζει σε, ἔξελε αὐτὸν καὶ βάλε ἀπὸ σοῦ· ...	**Mk 9,47**	καὶ ἐὰν ὁ ὀφθαλμός σου σκανδαλίζῃ σε, ἔκβαλε αὐτόν· ...			
a 200	**Mt 5,30** ⇨ Mt 18,8	καὶ εἰ **ἡ δεξιά σου χεὶρ** σκανδαλίζει σε, ἔκκοψον αὐτὴν καὶ βάλε ἀπὸ σοῦ· ...	**Mk 9,43**	καὶ ἐὰν σκανδαλίζῃ σε ἡ χείρ σου, ἀπόκοψον αὐτήν· ...			
201	**Mt 5,39**	ἐγὼ δὲ λέγω ὑμῖν μὴ ἀντιστῆναι τῷ πονηρῷ· ἀλλ' ὅστις σε ῥαπίζει **εἰς τὴν δεξιὰν σιαγόνα [σου],** στρέψον αὐτῷ καὶ τὴν ἄλλην·			**Lk 6,29**	τῷ τύπτοντί σε **ἐπὶ τὴν σιαγόνα** πάρεχε καὶ τὴν ἄλλην, ...	
a 200	**Mt 6,3**	σοῦ δὲ ποιοῦντος ἐλεημοσύνην μὴ γνώτω ἡ ἀριστερά σου τί ποιεῖ **ἡ δεξιά σου**					→ GTh 6 (POxy 654) → GTh 62,2
b 220	**Mt 20,21**	... λέγει αὐτῷ· εἰπὲ ἵνα καθίσωσιν οὗτοι οἱ δύο υἱοί μου εἷς **ἐκ δεξιῶν σου** καὶ εἷς ἐξ εὐωνύμων σου ἐν τῇ βασιλείᾳ σου.	**Mk 10,37**	οἱ δὲ εἶπαν αὐτῷ· δὸς ἡμῖν ἵνα εἷς **σου ἐκ δεξιῶν** καὶ εἷς ἐξ ἀριστερῶν καθίσωμεν ἐν τῇ δόξῃ σου.			
b 220	**Mt 20,23**	... τὸ δὲ καθίσαι **ἐκ δεξιῶν μου** καὶ ἐξ εὐωνύμων οὐκ ἔστιν ἐμὸν [τοῦτο] δοῦναι, ἀλλ' οἷς ἡτοίμασται ὑπὸ τοῦ πατρός μου.	**Mk 10,40**	τὸ δὲ καθίσαι **ἐκ δεξιῶν μου** ἢ ἐξ εὐωνύμων οὐκ ἔστιν ἐμὸν δοῦναι, ἀλλ' οἷς ἡτοίμασται.			
b c 222	**Mt 22,44** ↓ Mt 26,64	*εἶπεν κύριος τῷ κυρίῳ μου· κάθου* ***ἐκ δεξιῶν μου*** *ἕως ἂν θῶ τοὺς ἐχθρούς σου ὑποκάτω τῶν ποδῶν σου;* ➤ Ps 110,1	**Mk 12,36** ↓ Mk 14,62	... *εἶπεν κύριος τῷ κυρίῳ μου· κάθου* ***ἐκ δεξιῶν μου,*** *ἕως ἂν θῶ τοὺς ἐχθρούς σου ὑποκάτω τῶν ποδῶν σου.* ➤ Ps 110,1	**Lk 20,42** ↓ Lk 22,69	... *εἶπεν κύριος τῷ κυρίῳ μου· κάθου* ***ἐκ δεξιῶν μου,*** [43] *ἕως ἂν θῶ τοὺς ἐχθρούς σου ὑποπόδιον τῶν ποδῶν σου.* ➤ Ps 110,1	

b 200	Mt 25,33	καὶ στήσει τὰ μὲν πρόβατα **ἐκ δεξιῶν αὐτοῦ**, τὰ δὲ ἐρίφια ἐξ εὐωνύμων.					
b 200	Mt 25,34	τότε ἐρεῖ ὁ βασιλεὺς τοῖς **ἐκ δεξιῶν αὐτοῦ**· δεῦτε, οἱ εὐλογημένοι τοῦ πατρός μου, ...					
112	Mt 26,51	καὶ ἰδοὺ εἷς τῶν μετὰ Ἰησοῦ ἐκτείνας τὴν χεῖρα ἀπέσπασεν τὴν μάχαιραν αὐτοῦ καὶ πατάξας τὸν δοῦλον τοῦ ἀρχιερέως ἀφεῖλεν αὐτοῦ **τὸ ὠτίον.**	Mk 14,47	εἷς δέ [τις] τῶν παρεστηκότων σπασάμενος τὴν μάχαιραν ἔπαισεν τὸν δοῦλον τοῦ ἀρχιερέως καὶ ἀφεῖλεν **αὐτοῦ τὸ ὠτάριον.**	Lk 22,50	[49] ... κύριε, εἰ πατάξομεν ἐν μαχαίρῃ; [50] καὶ ἐπάταξεν εἷς τις ἐξ αὐτῶν τοῦ ἀρχιερέως τὸν δοῦλον καὶ ἀφεῖλεν **τὸ οὖς αὐτοῦ τὸ δεξιόν.**	→ Jn 18,10
b c 222	Mt 26,64 ↑ Mt 22,44	... ἀπ᾽ ἄρτι ὄψεσθε *τὸν υἱὸν τοῦ ἀνθρώπου* **καθήμενον ἐκ δεξιῶν τῆς δυνάμεως** καὶ *ἐρχόμενον ἐπὶ τῶν νεφελῶν τοῦ οὐρανοῦ.* ➤ Dan 7,13	Mk 14,62 ↑ Mk 12,36	... καὶ ὄψεσθε *τὸν υἱὸν τοῦ ἀνθρώπου* **ἐκ δεξιῶν καθήμενον τῆς δυνάμεως** καὶ *ἐρχόμενον μετὰ τῶν νεφελῶν τοῦ οὐρανοῦ.* ➤ Dan 7,13	Lk 22,69 ↑ Lk 20,42	ἀπὸ τοῦ νῦν δὲ ἔσται ὁ υἱὸς τοῦ ἀνθρώπου **καθήμενος ἐκ δεξιῶν τῆς δυνάμεως τοῦ θεοῦ.**	→ Acts 7,55-56
a 210	Mt 27,29	καὶ πλέξαντες στέφανον ἐξ ἀκανθῶν ἐπέθηκαν ἐπὶ τῆς κεφαλῆς αὐτοῦ καὶ κάλαμον **ἐν τῇ δεξιᾷ αὐτοῦ**, ...	Mk 15,17	... πλέξαντες ἀκάνθινον στέφανον·	Lk 23,11	ἐξουθενήσας δὲ αὐτὸν [καὶ] ὁ Ἡρῴδης σὺν τοῖς στρατεύμασιν αὐτοῦ ...	→ Jn 19,2
b 222	Mt 27,38 → Lk 23,32	τότε σταυροῦνται σὺν αὐτῷ δύο λῃσταί, εἷς **ἐκ δεξιῶν** καὶ εἷς ἐξ εὐωνύμων.	Mk 15,27 → Lk 23,32	καὶ σὺν αὐτῷ σταυροῦσιν δύο λῃστάς, ἕνα **ἐκ δεξιῶν** καὶ ἕνα ἐξ εὐωνύμων αὐτοῦ.	Lk 23,33 → Lk 22,37	... ἐκεῖ ἐσταύρωσαν αὐτὸν καὶ τοὺς κακούργους, ὃν μὲν **ἐκ δεξιῶν** ὃν δὲ ἐξ ἀριστερῶν.	→ Jn 19,18
021	Mt 28,3	[2] ...ἄγγελος γὰρ κυρίου καταβὰς ἐξ οὐρανοῦ ... [3] ἦν δὲ ἡ εἰδέα αὐτοῦ ὡς ἀστραπὴ καὶ τὸ ἔνδυμα αὐτοῦ λευκὸν ὡς χιών.	Mk 16,5	καὶ εἰσελθοῦσαι εἰς τὸ μνημεῖον εἶδον νεανίσκον καθήμενον **ἐν τοῖς δεξιοῖς** περιβεβλημένον στολὴν λευκήν, ...	Lk 24,4 → Lk 24,23	καὶ ἐγένετο ἐν τῷ ἀπορεῖσθαι αὐτὰς περὶ τούτου καὶ ἰδοὺ ἄνδρες δύο ἐπέστησαν αὐταῖς ἐν ἐσθῆτι ἀστραπτούσῃ.	→ Jn 20,12

b **Acts 2,25** ... *προορώμην τὸν κύριον ἐνώπιόν μου διὰ παντός, ὅτι* ***ἐκ δεξιῶν μού*** *ἐστιν ἵνα μὴ σαλευθῶ.*
➤ Ps 15,8 LXX

a c **Acts 2,33** → Lk 24,49 → Acts 1,8 — **τῇ δεξιᾷ οὖν τοῦ θεοῦ** ὑψωθείς, τήν τε ἐπαγγελίαν τοῦ πνεύματος τοῦ ἁγίου λαβὼν παρὰ τοῦ πατρός, ἐξέχεεν τοῦτο ὃ ὑμεῖς [καὶ] βλέπετε καὶ ἀκούετε.

b c **Acts 2,34** οὐ γὰρ Δαυὶδ ἀνέβη εἰς τοὺς οὐρανούς, λέγει δὲ αὐτός· *εἶπεν [ὁ] κύριος τῷ κυρίῳ μου· κάθου* ***ἐκ δεξιῶν μου,*** [35] *ἕως ἂν θῶ τοὺς ἐχθρούς σου ὑποπόδιον τῶν ποδῶν σου.*
➤ Ps 109,1 LXX

a **Acts 3,7** καὶ πιάσας αὐτὸν **τῆς δεξιᾶς χειρὸς** ἤγειρεν αὐτόν· ...

a c **Acts 5,31** τοῦτον ὁ θεὸς ἀρχηγὸν καὶ σωτῆρα ὕψωσεν **τῇ δεξιᾷ αὐτοῦ** [τοῦ] δοῦναι μετάνοιαν τῷ Ἰσραὴλ καὶ ἄφεσιν ἁμαρτιῶν.

b c **Acts 7,55** ὑπάρχων δὲ πλήρης πνεύματος ἁγίου ἀτενίσας εἰς τὸν οὐρανὸν εἶδεν δόξαν θεοῦ καὶ Ἰησοῦν ἑστῶτα **ἐκ δεξιῶν τοῦ θεοῦ**

b c **Acts 7,56** → Lk 22,69 — ... ἰδοὺ θεωρῶ τοὺς οὐρανοὺς διηνοιγμένους καὶ τὸν υἱὸν τοῦ ἀνθρώπου **ἐκ δεξιῶν ἑστῶτα τοῦ θεοῦ.**

δέομαι	Syn	Mt	Mk	Lk	Acts	Jn	1-3John	Paul	Eph	Col
	9	1		8	7			6		
	NT	2Thess	1/2Tim	Tit	Heb	Jas	1Pet	2Pet	Jude	Rev
	22									

ask; beg; pray; implore

	triple tradition																	double tradition			Sondergut		
		+Mt / +Lk			−Mt / −Lk			traditions not taken over by Mt / Lk							subtotals								
code	222	211	112	212	221	122	121	022	012	021	220	120	210	020	Σ⁺	Σ⁻	Σ	202	201	102	200	002	total
Mt																		1					1
Mk																							
Lk			5⁺						1⁺						6⁺		6	1				1	8

112	**Mt 8,2**	καὶ ἰδοὺ λεπρὸς προσελθὼν προσεκύνει αὐτῷ λέγων· κύριε, ἐὰν θέλῃς δύνασαί με καθαρίσαι.	**Mk 1,40**	καὶ ἔρχεται πρὸς αὐτὸν λεπρὸς **παρακαλῶν** αὐτὸν [καὶ γονυπετῶν] καὶ λέγων αὐτῷ ὅτι ἐὰν θέλῃς δύνασαί με καθαρίσαι.	**Lk 5,12** → Lk 17,12-13 → Lk 17,16	... καὶ ἰδοὺ ἀνὴρ πλήρης λέπρας· ἰδὼν δὲ τὸν Ἰησοῦν, πεσὼν ἐπὶ πρόσωπον **ἐδεήθη** αὐτοῦ λέγων· κύριε, ἐὰν θέλῃς δύνασαί με καθαρίσαι.	
112	**Mt 8,29**	... τί ἡμῖν καὶ σοί, υἱὲ τοῦ θεοῦ; ἦλθες ὧδε πρὸ καιροῦ βασανίσαι ἡμᾶς;	**Mk 5,7** → Mk 1,24	... τί ἐμοὶ καὶ σοί, Ἰησοῦ υἱὲ τοῦ θεοῦ τοῦ ὑψίστου; **ὁρκίζω** σε τὸν θεόν, μή με βασανίσῃς.	**Lk 8,28** → Lk 4,34	... τί ἐμοὶ καὶ σοί, Ἰησοῦ υἱὲ τοῦ θεοῦ τοῦ ὑψίστου; **δέομαί** σου, μή με βασανίσῃς.	
012			**Mk 5,18**	καὶ ἐμβαίνοντος αὐτοῦ εἰς τὸ πλοῖον **παρεκάλει** αὐτὸν ὁ δαιμονισθεὶς ἵνα μετ' αὐτοῦ ᾖ.	**Lk 8,38**	[37] ... αὐτὸς δὲ ἐμβὰς εἰς πλοῖον ὑπέστρεψεν. [38] **ἐδεῖτο** δὲ αὐτοῦ ὁ ἀνὴρ ἀφ' οὗ ἐξεληλύθει τὰ δαιμόνια εἶναι σὺν αὐτῷ· ...	
112	**Mt 17,15**	... κύριε, ἐλέησόν μου τὸν υἱόν, ὅτι σεληνιάζεται καὶ κακῶς πάσχει· ...	**Mk 9,17**	... διδάσκαλε, ἤνεγκα τὸν υἱόν μου πρὸς σέ, ἔχοντα πνεῦμα ἄλαλον·	**Lk 9,38**	... διδάσκαλε, **δέομαί** σου ἐπιβλέψαι ἐπὶ τὸν υἱόν μου, ὅτι μονογενής μοί ἐστιν, [39] καὶ ἰδοὺ πνεῦμα λαμβάνει αὐτὸν ...	
112	**Mt 17,16**	καὶ προσήνεγκα αὐτὸν τοῖς μαθηταῖς σου, καὶ οὐκ ἠδυνήθησαν αὐτὸν θεραπεῦσαι.	**Mk 9,18**	... καὶ **εἶπα** τοῖς μαθηταῖς σου ἵνα αὐτὸ ἐκβάλωσιν, καὶ οὐκ ἴσχυσαν.	**Lk 9,40**	καὶ **ἐδεήθην** τῶν μαθητῶν σου ἵνα ἐκβάλωσιν αὐτό, καὶ οὐκ ἠδυνήθησαν.	
202	**Mt 9,38**	**δεήθητε** οὖν τοῦ κυρίου τοῦ θερισμοῦ ὅπως ἐκβάλῃ ἐργάτας εἰς τὸν θερισμὸν αὐτοῦ.			**Lk 10,2**	... **δεήθητε** οὖν τοῦ κυρίου τοῦ θερισμοῦ ὅπως ἐργάτας ἐκβάλῃ εἰς τὸν θερισμὸν αὐτοῦ.	→ GTh 73
112	**Mt 25,13** → Mt 24,42 → Mt 24,44 → Mt 24,50	γρηγορεῖτε οὖν, ὅτι οὐκ οἴδατε τὴν ἡμέραν οὐδὲ τὴν ὥραν.	**Mk 13,33** → Lk 21,34	βλέπετε, ἀγρυπνεῖτε· οὐκ οἴδατε γὰρ πότε ὁ καιρός ἐστιν.	**Lk 21,36** → Lk 12,35-38 → Lk 18,1	ἀγρυπνεῖτε δὲ ἐν παντὶ καιρῷ **δεόμενοι** ἵνα κατισχύσητε ἐκφυγεῖν ταῦτα πάντα τὰ μέλλοντα γίνεσθαι καὶ σταθῆναι ἔμπροσθεν τοῦ υἱοῦ τοῦ ἀνθρώπου.	
002					**Lk 22,32**	ἐγὼ δὲ **ἐδεήθην** περὶ σοῦ ἵνα μὴ ἐκλίπῃ ἡ πίστις σου· ...	

Acts 4,31 καὶ
δεηθέντων
αὐτῶν ἐσαλεύθη ὁ τόπος ἐν ᾧ ἦσαν συνηγμένοι, ...

Acts 8,22 μετανόησον οὖν ἀπὸ τῆς κακίας σου ταύτης καὶ
δεήθητι
τοῦ κυρίου, εἰ ἄρα ἀφεθήσεταί σοι ἡ ἐπίνοια τῆς καρδίας σου

Acts 8,24 ἀποκριθεὶς δὲ ὁ Σίμων εἶπεν·
δεήθητε
ὑμεῖς ὑπὲρ ἐμοῦ πρὸς τὸν κύριον ὅπως μηδὲν ἐπέλθῃ ἐπ᾽ ἐμὲ ὧν εἰρήκατε.

Acts 8,34 ἀποκριθεὶς δὲ ὁ εὐνοῦχος τῷ Φιλίππῳ εἶπεν·
δέομαί
σου, περὶ τίνος ὁ προφήτης λέγει τοῦτο; ...

Acts 10,2 → Lk 7,5 [1] ἀνὴρ δέ τις ἐν Καισαρείᾳ ὀνόματι Κορνήλιος, ... [2] ... ποιῶν ἐλεημοσύνας πολλὰς τῷ λαῷ καὶ
δεόμενος
τοῦ θεοῦ διὰ παντός

Acts 21,39 ... ἐγὼ ἄνθρωπος μέν εἰμι Ἰουδαῖος, Ταρσεὺς τῆς Κιλικίας, οὐκ ἀσήμου πόλεως πολίτης·
δέομαι
δέ σου, ἐπίτρεψόν μοι λαλῆσαι πρὸς τὸν λαόν.

Acts 26,3 μάλιστα γνώστην ὄντα σε πάντων τῶν κατὰ Ἰουδαίους ἐθῶν τε καὶ ζητημάτων, διὸ
δέομαι
μακροθύμως ἀκοῦσαί μου.

δερμάτινος

Syn 2	Mt 1	Mk 1	Lk	Acts	Jn	1-3John	Paul	Eph	Col
NT 2	2Thess	1/2Tim	Tit	Heb	Jas	1Pet	2Pet	Jude	Rev

of leather

220	**Mt 3,4**	αὐτὸς δὲ ὁ Ἰωάννης εἶχεν τὸ ἔνδυμα αὐτοῦ ἀπὸ τριχῶν καμήλου καὶ **ζώνην δερματίνην** περὶ τὴν ὀσφὺν αὐτοῦ, ...	**Mk 1,6**	καὶ ἦν ὁ Ἰωάννης ἐνδεδυμένος τρίχας καμήλου καὶ **ζώνην δερματίνην** περὶ τὴν ὀσφὺν αὐτοῦ, ...			

δέρω

Syn 9	Mt 1	Mk 3	Lk 5	Acts 3	Jn 1	1-3John	Paul 2	Eph	Col
NT 15	2Thess	1/2Tim	Tit	Heb	Jas	1Pet	2Pet	Jude	Rev

beat; strike; hit

	triple tradition																	double tradition			Sondergut		
		+Mt / +Lk			–Mt / –Lk			traditions not taken over by Mt / Lk							subtotals								
code	*222*	*211*	*112*	*212*	*221*	*122*	*121*	*022*	*012*	*021*	*220*	*120*	*210*	*020*	Σ^+	Σ^-	Σ	*202*	*201*	*102*	*200*	*002*	total
Mt	1						1^-									1^-	1						**1**
Mk	1						1			1							3						**3**
Lk	1		2^+				1^-			1^-					2^+	2^-	3					2	**5**

002					**Lk 12,47**	ἐκεῖνος δὲ ὁ δοῦλος ὁ γνοὺς τὸ θέλημα τοῦ κυρίου αὐτοῦ καὶ μὴ ἑτοιμάσας ἢ ποιήσας πρὸς τὸ θέλημα αὐτοῦ **δαρήσεται** πολλάς·	
002					**Lk 12,48**	ὁ δὲ μὴ γνούς, ποιήσας δὲ ἄξια πληγῶν **δαρήσεται** ὀλίγας. ...	
222	**Mt 21,35**	καὶ λαβόντες οἱ γεωργοὶ τοὺς δούλους αὐτοῦ ὃν μὲν **ἔδειραν**, ...	**Mk 12,3**	καὶ λαβόντες αὐτὸν **ἔδειραν** καὶ ἀπέστειλαν κενόν.	**Lk 20,10**	... οἱ δὲ γεωργοὶ ἐξαπέστειλαν αὐτὸν **δείραντες** κενόν.	→ GTh 65

112	Mt 21,36	πάλιν ἀπέστειλεν ἄλλους δούλους πλείονας τῶν πρώτων, καὶ ἐποίησαν αὐτοῖς ὡσαύτως.	Mk 12,4	καὶ πάλιν ἀπέστειλεν πρὸς αὐτοὺς ἄλλον δοῦλον· κἀκεῖνον ἐκεφαλίωσαν καὶ ἠτίμασαν.	Lk 20,11	καὶ προσέθετο ἕτερον πέμψαι δοῦλον· οἱ δὲ κἀκεῖνον **δείραντες** καὶ ἀτιμάσαντες ἐξαπέστειλαν κενόν.	→ GTh 65
021	Mt 21,35 → Mt 22,6	καὶ λαβόντες οἱ γεωργοὶ τοὺς δούλους αὐτοῦ ὃν μὲν **ἔδειραν**, ὃν δὲ ἀπέκτειναν, ὃν δὲ ἐλιθοβόλησαν.	Mk 12,5 → Mt 21,34	καὶ ἄλλον ἀπέστειλεν· κἀκεῖνον ἀπέκτειναν, καὶ πολλοὺς ἄλλους, οὓς μὲν **δέροντες**, οὓς δὲ ἀποκτέννοντες.	Lk 20,12	καὶ προσέθετο τρίτον πέμψαι· οἱ δὲ καὶ τοῦτον **τραυματίσαντες** ἐξέβαλον.	→ GTh 65
121	Mt 10,17 ⇩ Mt 24,9 → Mt 23,34 Mt 24,9 ⇧ Mt 10,17	προσέχετε δὲ ἀπὸ τῶν ἀνθρώπων· παραδώσουσιν γὰρ ὑμᾶς εἰς συνέδρια καὶ ἐν ταῖς συναγωγαῖς αὐτῶν **μαστιγώσουσιν** ὑμᾶς· τότε παραδώσουσιν ὑμᾶς εἰς θλῖψιν καὶ ἀποκτενοῦσιν ὑμᾶς, ...	Mk 13,9	βλέπετε δὲ ὑμεῖς ἑαυτούς· παραδώσουσιν ὑμᾶς εἰς συνέδρια καὶ εἰς συναγωγὰς **δαρήσεσθε** ...	Lk 21,12 → Lk 11,49 → Lk 12,11	πρὸ δὲ τούτων πάντων ἐπιβαλοῦσιν ἐφ᾽ ὑμᾶς τὰς χεῖρας αὐτῶν καὶ διώξουσιν, παραδιδόντες εἰς τὰς συναγωγὰς καὶ φυλακάς, ...	
112	Mt 26,67	τότε ἐνέπτυσαν εἰς τὸ πρόσωπον αὐτοῦ καὶ **ἐκολάφισαν** αὐτόν, ...	Mk 14,65	καὶ ἤρξαντό τινες ἐμπτύειν αὐτῷ καὶ περικαλύπτειν αὐτοῦ τὸ πρόσωπον καὶ **κολαφίζειν** αὐτὸν ...	Lk 22,63	καὶ οἱ ἄνδρες οἱ συνέχοντες αὐτὸν ἐνέπαιζον αὐτῷ **δέροντες**, [64] καὶ περικαλύψαντες αὐτὸν ...	

Acts 5,40	καὶ προσκαλεσάμενοι τοὺς ἀποστόλους **δείραντες** παρήγγειλαν μὴ λαλεῖν ἐπὶ τῷ ὀνόματι τοῦ Ἰησοῦ καὶ ἀπέλυσαν.	Acts 16,37	ὁ δὲ Παῦλος ἔφη πρὸς αὐτούς· **δείραντες** ἡμᾶς δημοσίᾳ ἀκατακρίτους, ἀνθρώπους Ῥωμαίους ὑπάρχοντας, ἔβαλαν εἰς φυλακήν, ...	Acts 22,19	... κύριε, αὐτοὶ ἐπίστανται ὅτι ἐγὼ ἤμην φυλακίζων καὶ **δέρων** κατὰ τὰς συναγωγὰς τοὺς πιστεύοντας ἐπὶ σέ

δεσμεύω

δεσμεύω	Syn 2	Mt 1	Mk	Lk 1	Acts 1	Jn	1-3John	Paul	Eph	Col
	NT 3	2Thess	1/2Tim	Tit	Heb	Jas	1Pet	2Pet	Jude	Rev

tie (up); bind

112	Mt 8,28	... δύο δαιμονιζόμενοι ... χαλεποὶ λίαν, ὥστε μὴ ἰσχύειν τινὰ παρελθεῖν διὰ τῆς ὁδοῦ ἐκείνης.	Mk 5,4	διὰ τὸ αὐτὸν πολλάκις πέδαις καὶ ἁλύσεσιν **δεδέσθαι** καὶ διεσπάσθαι ὑπ᾽ αὐτοῦ τὰς ἁλύσεις καὶ τὰς πέδας συντετρῖφθαι, καὶ οὐδεὶς ἴσχυεν αὐτὸν δαμάσαι·	Lk 8,29	... πολλοῖς γὰρ χρόνοις συνηρπάκει αὐτὸν καὶ **ἐδεσμεύετο** ἁλύσεσιν καὶ πέδαις φυλασσόμενος καὶ διαρρήσσων τὰ δεσμὰ ...	

	Mt	Mk	Lk	
201	**Mt 23,4** δεσμεύουσιν δὲ φορτία βαρέα [καὶ δυσβάστακτα] καὶ ἐπιτιθέασιν ἐπὶ τοὺς ὤμους τῶν ἀνθρώπων, ...		**Lk 11,46** ... ὅτι φορτίζετε τοὺς ἀνθρώπους φορτία δυσβάστακτα, ...	

Acts 22,4 ὃς ταύτην τὴν ὁδὸν ἐδίωξα ἄχρι θανάτου **δεσμεύων** καὶ παραδιδοὺς εἰς φυλακὰς ἄνδρας τε καὶ γυναῖκας

δέσμη

	Syn	Mt	Mk	Lk	Acts	Jn	1-3John	Paul	Eph	Col
	1	1								
	NT	2Thess	1/2Tim	Tit	Heb	Jas	1Pet	2Pet	Jude	Rev
	1									

bundle

	Mt	Mk	Lk	
200	**Mt 13,30** → Mt 3,12 → Lk 3,17 ... συλλέξατε πρῶτον τὰ ζιζάνια καὶ δήσατε αὐτὰ **εἰς δέσμας** πρὸς τὸ κατακαῦσαι αὐτά, τὸν δὲ σῖτον συναγάγετε εἰς τὴν ἀποθήκην μου.			→ GTh 57

δέσμιος

	Syn	Mt	Mk	Lk	Acts	Jn	1-3John	Paul	Eph	Col
	3	2	1		6			2	2	
	NT	2Thess	1/2Tim	Tit	Heb	Jas	1Pet	2Pet	Jude	Rev
	16		1		2					

prisoner

	Mt	Mk	Lk	
220	**Mt 27,15** κατὰ δὲ ἑορτὴν εἰώθει ὁ ἡγεμὼν ἀπολύειν **ἕνα τῷ ὄχλῳ δέσμιον** ὃν ἤθελον.	**Mk 15,6** κατὰ δὲ ἑορτὴν ἀπέλυεν **αὐτοῖς ἕνα δέσμιον** ὃν παρῃτοῦντο.		→ Jn 18,39 Lk 23,17 is textcritically uncertain.
211	**Mt 27,16** → Mt 27,26 εἶχον δὲ τότε **δέσμιον ἐπίσημον** λεγόμενον [Ἰησοῦν] Βαραββᾶν.	**Mk 15,7** → Mk 15,15 ἦν δὲ ὁ λεγόμενος Βαραββᾶς μετὰ τῶν στασιαστῶν **δεδεμένος** οἵτινες ἐν τῇ στάσει φόνον πεποιήκεισαν.	**Lk 23,19** → Lk 23,25 ὅστις ἦν διὰ στάσιν τινὰ γενομένην ἐν τῇ πόλει καὶ φόνον **βληθεὶς ἐν τῇ φυλακῇ.**	→ Jn 18,40

Acts 16,25 κατὰ δὲ τὸ μεσονύκτιον Παῦλος καὶ Σιλᾶς προσευχόμενοι ὕμνουν τὸν θεόν, ἐπηκροῶντο δὲ αὐτῶν **οἱ δέσμιοι.**

Acts 16,27 ... σπασάμενος [τὴν] μάχαιραν ἤμελλεν ἑαυτὸν ἀναιρεῖν νομίζων ἐκπεφευγέναι **τοὺς δεσμίους.**

Acts 23,18 ... **ὁ δέσμιος Παῦλος** προσκαλεσάμενός με ἠρώτησεν τοῦτον τὸν νεανίσκον ἀγαγεῖν πρὸς σέ ἔχοντά τι λαλῆσαί σοι.

Acts 25,14 ... ἀνήρ τίς ἐστιν καταλελειμμένος ὑπὸ Φήλικος **δέσμιος**

Acts 25,27 ἄλογον γάρ μοι δοκεῖ πέμποντα **δέσμιον** μὴ καὶ τὰς κατ' αὐτοῦ αἰτίας σημᾶναι.

Acts 28,17 ... **δέσμιος** ἐξ Ἱεροσολύμων παρεδόθην εἰς τὰς χεῖρας τῶν Ῥωμαίων

δεσμός

	Syn	Mt	Mk	Lk	Acts	Jn	1-3John	Paul	Eph	Col
	3		1	2	5			6		1
	NT	2Thess	1/2Tim	Tit	Heb	Jas	1Pet	2Pet	Jude	Rev
	18		1		1				1	

bond; chain; imprisonment; prison

	Mt		Mk		Lk		
112	**Mt 8,28**	... δύο δαιμονιζόμενοι ... χαλεποὶ λίαν, ὥστε μὴ ἰσχύειν τινὰ παρελθεῖν διὰ τῆς ὁδοῦ ἐκείνης.	**Mk 5,4**	διὰ τὸ αὐτὸν πολλάκις πέδαις καὶ ἁλύσεσιν δεδέσθαι καὶ διεσπάσθαι ὑπ' αὐτοῦ τὰς ἁλύσεις καὶ **τὰς πέδας** συντετρῖφθαι, καὶ οὐδεὶς ἴσχυεν αὐτὸν δαμάσαι·	**Lk 8,29**	... πολλοῖς γὰρ χρόνοις συνηρπάκει αὐτὸν καὶ ἐδεσμεύετο ἁλύσεσιν καὶ πέδαις φυλασσόμενος καὶ διαρρήσσων **τὰ δεσμὰ** ...	
020			**Mk 7,35**	καὶ [εὐθέως] ἠνοίγησαν αὐτοῦ αἱ ἀκοαί, καὶ ἐλύθη **ὁ δεσμὸς τῆς γλώσσης αὐτοῦ** καὶ ἐλάλει ὀρθῶς.			
002					**Lk 13,16** → Lk 4,18 → Lk 19,9	ταύτην δὲ θυγατέρα Ἀβραὰμ οὖσαν, ἣν ἔδησεν ὁ σατανᾶς ἰδοὺ δέκα καὶ ὀκτὼ ἔτη, οὐκ ἔδει λυθῆναι **ἀπὸ τοῦ δεσμοῦ τούτου** τῇ ἡμέρᾳ τοῦ σαββάτου;	→ Acts 10,38

Acts 16,26 ... ἠνεῴχθησαν δὲ παραχρῆμα αἱ θύραι πᾶσαι καὶ
πάντων τὰ δεσμὰ
ἀνέθη.

Acts 20,23 πλὴν ὅτι τὸ πνεῦμα τὸ ἅγιον κατὰ πόλιν διαμαρτύρεταί μοι λέγον ὅτι
δεσμὰ
καὶ θλίψεις με μένουσιν.

Acts 23,29 ὃν εὗρον ἐγκαλούμενον περὶ ζητημάτων τοῦ νόμου αὐτῶν, μηδὲν δὲ ἄξιον θανάτου ἢ
δεσμῶν
ἔχοντα ἔγκλημα.

Acts 26,29 ... εὐξαίμην ἂν τῷ θεῷ καὶ ἐν ὀλίγῳ καὶ ἐν μεγάλῳ οὐ μόνον σὲ ἀλλὰ καὶ πάντας τοὺς ἀκούοντάς μου σήμερον γενέσθαι τοιούτους ὁποῖος καὶ ἐγώ εἰμι
παρεκτὸς τῶν δεσμῶν τούτων.

Acts 26,31 ... οὐδὲν θανάτου ἢ
δεσμῶν
ἄξιον [τι] πράσσει ὁ ἄνθρωπος οὗτος.

δεσμωτήριον

	Syn	Mt	Mk	Lk	Acts	Jn	1-3John	Paul	Eph	Col
	1	1			3					
	NT	2Thess	1/2Tim	Tit	Heb	Jas	1Pet	2Pet	Jude	Rev
	4									

jail; prison

	Mt		Mk		Lk		
201	**Mt 11,2**	ὁ δὲ Ἰωάννης ἀκούσας **ἐν τῷ δεσμωτηρίῳ** τὰ ἔργα τοῦ Χριστοῦ πέμψας διὰ τῶν μαθητῶν αὐτοῦ			**Lk 7,18** → Lk 3,20	καὶ ἀπήγγειλαν Ἰωάννῃ οἱ μαθηταὶ αὐτοῦ περὶ πάντων τούτων. καὶ προσκαλεσάμενος δύο τινὰς τῶν μαθητῶν αὐτοῦ ὁ Ἰωάννης [19] ἔπεμψεν πρὸς τὸν κύριον ...	

Acts 5,21 ... παραγενόμενος δὲ ὁ ἀρχιερεὺς καὶ οἱ σὺν αὐτῷ συνεκάλεσαν τὸ συνέδριον καὶ πᾶσαν τὴν γερουσίαν τῶν υἱῶν Ἰσραὴλ καὶ ἀπέστειλαν **εἰς τὸ δεσμωτήριον** ἀχθῆναι αὐτούς.

Acts 5,23 λέγοντες ὅτι **τὸ δεσμωτήριον** εὕρομεν κεκλεισμένον ἐν πάσῃ ἀσφαλείᾳ ...

Acts 16,26 ἄφνω δὲ σεισμὸς ἐγένετο μέγας ὥστε σαλευθῆναι **τὰ θεμέλια τοῦ δεσμωτηρίου** · ...

δεσπότης	Syn	Mt	Mk	Lk	Acts	Jn	1-3John	Paul	Eph	Col
	1			1	1					
	NT	2Thess	1/2Tim	Tit	Heb	Jas	1Pet	2Pet	Jude	Rev
	10		3	1			1	1	1	1

Lord; slave owner; master (of a house-hold)

002		**Lk 2,29** νῦν ἀπολύεις τὸν δοῦλόν σου, **δέσποτα,** κατὰ τὸ ῥῆμά σου ἐν εἰρήνῃ·	

Acts 4,24 → Lk 10,21 ... εἶπαν· **δέσποτα,** *σὺ ὁ ποιήσας τὸν οὐρανὸν καὶ τὴν γῆν καὶ τὴν θάλασσαν καὶ πάντα τὰ ἐν αὐτοῖς*
➢ 2Kings 19,15/Isa 37,16/ Neh 9,6/Exod 20,11/Ps 146,6

δεῦρο	Syn	Mt	Mk	Lk	Acts	Jn	1-3John	Paul	Eph	Col
	3	1	1	1	2	1		1		
	NT	2Thess	1/2Tim	Tit	Heb	Jas	1Pet	2Pet	Jude	Rev
	9									2

adverb: come; come here

222	**Mt 19,21** → Mt 6,20 ... ὕπαγε πώλησόν σου τὰ ὑπάρχοντα καὶ δὸς [τοῖς] πτωχοῖς, καὶ ἕξεις θησαυρὸν ἐν οὐρανοῖς, καὶ **δεῦρο** ἀκολούθει μοι.	**Mk 10,21** ... ὕπαγε, ὅσα ἔχεις πώλησον καὶ δὸς [τοῖς] πτωχοῖς, καὶ ἕξεις θησαυρὸν ἐν οὐρανῷ, καὶ **δεῦρο** ἀκολούθει μοι.	**Lk 18,22** → Lk 12,33 ... πάντα ὅσα ἔχεις πώλησον καὶ διάδος πτωχοῖς, καὶ ἕξεις θησαυρὸν ἐν [τοῖς] οὐρανοῖς, καὶ **δεῦρο** ἀκολούθει μοι.	→ Acts 2,45

Acts 7,3 ... *ἔξελθε ἐκ τῆς γῆς σου καὶ [ἐκ] τῆς συγγενείας σου καὶ* ***δεῦρο*** *εἰς τὴν γῆν ἣν ἄν σοι δείξω.*
➢ Gen 12,1

Acts 7,34 ... *καὶ κατέβην ἐξελέσθαι αὐτούς· καὶ νῦν* ***δεῦρο*** *ἀποστείλω σε εἰς Αἴγυπτον.*
➢ Exod 3,8.10

δεῦτε	Syn 9	Mt 6	Mk 3	Lk	Acts	Jn 2	1-3John	Paul	Eph	Col
	NT 12	2Thess	1/2Tim	Tit	Heb	Jas	1Pet	2Pet	Jude	Rev 1

adverb: come (of command or exhortation)

	triple tradition																	double tradition			Sonder-gut		
		+Mt / +Lk			−Mt / −Lk			traditions not taken over by Mt / Lk							subtotals								
code	*222*	*211*	*112*	*212*	*221*	*122*	*121*	*022*	*012*	*021*	*220*	*120*	*210*	*020*	Σ⁺	Σ⁻	Σ	*202*	*201*	*102*	*200*	*002*	total
Mt		1⁺			2										1⁺		3		1		2		**6**
Mk					2									1			3						**3**
Lk					2⁻											2⁻							

221	**Mt 4,19**	καὶ λέγει αὐτοῖς· **δεῦτε** ὀπίσω μου, καὶ ποιήσω ὑμᾶς ἁλιεῖς ἀνθρώπων.	**Mk 1,17**	καὶ εἶπεν αὐτοῖς ὁ Ἰησοῦς· **δεῦτε** ὀπίσω μου, καὶ ποιήσω ὑμᾶς γενέσθαι ἁλιεῖς ἀνθρώπων.	**Lk 5,10**	... καὶ εἶπεν πρὸς τὸν Σίμωνα ὁ Ἰησοῦς· μὴ φοβοῦ· ἀπὸ τοῦ νῦν ἀνθρώπους ἔσῃ ζωγρῶν.	
200	**Mt 11,28**	**δεῦτε** πρός με πάντες οἱ κοπιῶντες καὶ πεφορτισμένοι, κἀγὼ ἀναπαύσω ὑμᾶς.					→ GTh 90
020			**Mk 6,31**	καὶ λέγει αὐτοῖς· **δεῦτε** ὑμεῖς αὐτοὶ κατ' ἰδίαν εἰς ἔρημον τόπον καὶ ἀναπαύσασθε ὀλίγον. ...			
221	**Mt 21,38**	... οὗτός ἐστιν ὁ κληρονόμος· **δεῦτε** ἀποκτείνωμεν αὐτὸν καὶ σχῶμεν τὴν κληρονομίαν αὐτοῦ	**Mk 12,7**	... οὗτός ἐστιν ὁ κληρονόμος· **δεῦτε** ἀποκτείνωμεν αὐτόν, καὶ ἡμῶν ἔσται ἡ κληρονομία.	**Lk 20,14**	... οὗτός ἐστιν ὁ κληρονόμος· ἀποκτείνωμεν αὐτόν, ἵνα ἡμῶν γένηται ἡ κληρονομία.	→ GTh 65
201	**Mt 22,4**	... εἴπατε τοῖς κεκλημένοις· ἰδοὺ τὸ ἄριστόν μου ἡτοίμακα, οἱ ταῦροί μου καὶ τὰ σιτιστὰ τεθυμένα καὶ πάντα ἕτοιμα· **δεῦτε** εἰς τοὺς γάμους.			**Lk 14,17**	... εἰπεῖν τοῖς κεκλημένοις· **ἔρχεσθε,** ὅτι ἤδη ἕτοιμά ἐστιν.	→ GTh 64
200	**Mt 25,34**	τότε ἐρεῖ ὁ βασιλεὺς τοῖς ἐκ δεξιῶν αὐτοῦ· **δεῦτε,** οἱ εὐλογημένοι τοῦ πατρός μου, ...					
211	**Mt 28,6**	οὐκ ἔστιν ὧδε, ἠγέρθη γὰρ καθὼς εἶπεν· **δεῦτε ἴδετε** τὸν τόπον ὅπου ἔκειτο.	**Mk 16,6**	... ἠγέρθη, οὐκ ἔστιν ὧδε· **ἴδε** ὁ τόπος ὅπου ἔθηκαν αὐτόν.	**Lk 24,6** → Lk 24,23	οὐκ ἔστιν ὧδε, ἀλλὰ ἠγέρθη. μνήσθητε ὡς ἐλάλησεν ὑμῖν ἔτι ὢν ἐν τῇ Γαλιλαίᾳ	

δεύτερος	Syn 9	Mt 3	Mk 3	Lk 3	Acts 5	Jn 4	1-3John	Paul 4	Eph	Col
	NT 43	2Thess	1/2Tim	Tit 1	Heb 5	Jas	1Pet	2Pet 1	Jude 1	Rev 13

second

	triple tradition																	double tradition			Sondergut		
		+Mt / +Lk			–Mt / –Lk			traditions not taken over by Mt / Lk							subtotals								
code	222	211	112	212	221	122	121	022	012	021	220	120	210	020	Σ^+	Σ^-	Σ	202	201	102	200	002	total
Mt	1				1		1^-						1^+		1^+	1^-	3						3
Mk	1				1		1										3						3
Lk	1				1^-		1^-									2^-	1			1		1	3

002			**Lk 12,38** κἂν → Mt 24,42 **ἐν τῇ δευτέρᾳ** → Mk 13,35-36 κἂν ἐν τῇ τρίτῃ φυλακῇ → Mt 24,44 ἔλθῃ καὶ εὕρῃ οὕτως, → Lk 12,40 μακάριοί εἰσιν ἐκεῖνοι.	
102	**Mt 25,22** προσελθὼν [δὲ] καὶ **ὁ τὰ δύο τάλαντα** εἶπεν· κύριε, δύο τάλαντά μοι παρέδωκας· ἴδε ἄλλα δύο τάλαντα ἐκέρδησα.		**Lk 19,18** καὶ ἦλθεν **ὁ δεύτερος** λέγων· ἡ μνᾶ σου, κύριε, ἐποίησεν πέντε μνᾶς.	
222	**Mt 22,26** ὁμοίως καὶ **ὁ δεύτερος** καὶ ὁ τρίτος ἕως τῶν ἑπτά.	**Mk 12,21** καὶ **ὁ δεύτερος** ἔλαβεν αὐτὴν καὶ ἀπέθανεν μὴ καταλιπὼν σπέρμα· καὶ ὁ τρίτος ὡσαύτως· [22] καὶ οἱ ἑπτὰ οὐκ ἀφῆκαν σπέρμα. ...	**Lk 20,30** καὶ **ὁ δεύτερος** [31] καὶ ὁ τρίτος ἔλαβεν αὐτήν, ὡσαύτως δὲ καὶ οἱ ἑπτὰ	
221	**Mt 22,39** **δευτέρα** δὲ ὁμοία αὐτῇ· *ἀγαπήσεις τὸν πλησίον* *σου ὡς σεαυτόν.* ➢ Lev 19,18	**Mk 12,31** **δευτέρα** αὕτη· *ἀγαπήσεις τὸν πλησίον* *σου ὡς σεαυτόν.* ... ➢ Lev 19,18	**Lk 10,27** ... *καὶ τὸν πλησίον* *σου ὡς σεαυτόν.* ➢ Lev 19,18	→ GTh 25
210	**Mt 26,42** πάλιν → Lk 22,42 **ἐκ δευτέρου** ἀπελθὼν προσηύξατο λέγων· ...	**Mk 14,39** καὶ πάλιν ἀπελθὼν προσηύξατο τὸν αὐτὸν λόγον εἰπών.		
121	**Mt 26,74** ... καὶ εὐθέως ἀλέκτωρ ἐφώνησεν. [75] καὶ ἐμνήσθη ὁ Πέτρος τοῦ ῥήματος Ἰησοῦ εἰρηκότος ὅτι πρὶν ἀλέκτορα φωνῆσαι τρὶς ἀπαρνήσῃ με· ...	**Mk 14,72** καὶ εὐθὺς **ἐκ δευτέρου** ἀλέκτωρ ἐφώνησεν. καὶ ἀνεμνήσθη ὁ Πέτρος τὸ ῥῆμα ὡς εἶπεν αὐτῷ ὁ Ἰησοῦς ὅτι πρὶν ἀλέκτορα φωνῆσαι δὶς τρίς με ἀπαρνήσῃ· ...	**Lk 22,60** ... καὶ παραχρῆμα ἔτι λαλοῦντος αὐτοῦ ἐφώνησεν ἀλέκτωρ. [61] καὶ στραφεὶς ὁ κύριος ἐνέβλεψεν τῷ Πέτρῳ, καὶ ὑπεμνήσθη ὁ Πέτρος τοῦ ῥήματος τοῦ κυρίου ὡς εἶπεν αὐτῷ ὅτι πρὶν ἀλέκτορα φωνῆσαι σήμερον ἀπαρνήσῃ με τρίς.	→ Jn 18,27

Acts 7,13 καὶ
ἐν τῷ δευτέρῳ
ἀνεγνωρίσθη Ἰωσὴφ
τοῖς ἀδελφοῖς αὐτοῦ ...

Acts 10,15 καὶ φωνὴ πάλιν
ἐκ δευτέρου
πρὸς αὐτόν· ἃ ὁ θεὸς
ἐκαθάρισεν, σὺ
μὴ κοίνου.

Acts 11,9 ἀπεκρίθη δὲ φωνὴ
ἐκ δευτέρου
ἐκ τοῦ οὐρανοῦ· ἃ ὁ θεὸς
ἐκαθάρισεν, σὺ
μὴ κοίνου.

Acts 12,10 διελθόντες δὲ πρώτην
φυλακὴν καὶ
δευτέραν
ἦλθαν ἐπὶ τὴν πύλην τὴν
σιδηρᾶν ...

Acts 13,33 ... ὡς καὶ ἐν τῷ ψαλμῷ
γέγραπται
τῷ δευτέρῳ,
υἱός μου εἶ σύ, ἐγὼ
σήμερον γεγέννηκά σε.
➢ Ps 2,7

δέχομαι

	Syn	Mt	Mk	Lk	Acts	Jn	1-3John	Paul	Eph	Col
δέχομαι	32	10	6	16	8	1		10	1	1
	NT	2Thess	1/2Tim	Tit	Heb	Jas	1Pet	2Pet	Jude	Rev
	56	1			1	1				

receive; accept; take; welcome; bear with

	triple tradition																	double tradition			Sondergut		
		+Mt / +Lk			–Mt / –Lk			traditions not taken over by Mt / Lk							subtotals								
code	*222*	*211*	*112*	*212*	*221*	*122*	*121*	*022*	*012*	*021*	*220*	*120*	*210*	*020*	Σ^+	Σ^-	Σ	*202*	*201*	*102*	*200*	*002*	total
Mt	3					3^-										3^-	3		4		3		**10**
Mk	3					3											6						**6**
Lk	3		1^+			3									1^+		7			2		7	**16**

Mk-Q overlap: 222: Mt 10,14 / Mk 6,11 / Lk 9,5 102: Mt 10,14 / Mk 6,11 / Lk 10,10

a δέχομαι τὸν λόγον, ~ λόγια

002					**Lk 2,28**	καὶ αὐτὸς **ἐδέξατο** αὐτὸ εἰς τὰς ἀγκάλας καὶ εὐλόγησεν τὸν θεὸν ...	
a 112	**Mt 13,20**	ὁ δὲ ἐπὶ τὰ πετρώδη σπαρείς, οὗτός ἐστιν ὁ τὸν λόγον ἀκούων καὶ εὐθὺς μετὰ χαρᾶς **λαμβάνων** αὐτόν, [21] οὐκ ἔχει δὲ ῥίζαν ἐν ἑαυτῷ ...	**Mk 4,16**	καὶ οὗτοί εἰσιν οἱ ἐπὶ τὰ πετρώδη σπειρόμενοι, οἳ ὅταν ἀκούσωσιν τὸν λόγον εὐθὺς μετὰ χαρᾶς **λαμβάνουσιν** αὐτόν, [17] καὶ οὐκ ἔχουσιν ῥίζαν ἐν ἑαυτοῖς ...	**Lk 8,13**	οἱ δὲ ἐπὶ τῆς πέτρας οἳ ὅταν ἀκούσωσιν μετὰ χαρᾶς **δέχονται** τὸν λόγον, καὶ οὗτοι ῥίζαν οὐκ ἔχουσιν, ...	
222	**Mt 10,14**	καὶ ὃς ἂν **μὴ δέξηται** ὑμᾶς μηδὲ ἀκούσῃ τοὺς λόγους ὑμῶν, ἐξερχόμενοι ἔξω τῆς οἰκίας ἢ τῆς πόλεως ἐκείνης ἐκτινάξατε τὸν κονιορτὸν τῶν ποδῶν ὑμῶν.	**Mk 6,11**	καὶ ὃς ἂν τόπος **μὴ δέξηται** ὑμᾶς μηδὲ ἀκούσωσιν ὑμῶν, ἐκπορευόμενοι ἐκεῖθεν ἐκτινάξατε τὸν χοῦν τὸν ὑποκάτω τῶν ποδῶν ὑμῶν εἰς μαρτύριον αὐτοῖς.	**Lk 9,5** ⇩ Lk 10,10	καὶ ὅσοι ἂν **μὴ δέχωνται** ὑμᾶς, ἐξερχόμενοι ἀπὸ τῆς πόλεως ἐκείνης τὸν κονιορτὸν ἀπὸ τῶν ποδῶν ὑμῶν ἀποτινάσσετε εἰς μαρτύριον ἐπ᾽ αὐτούς.	→ Acts 13,51 → Acts 18,6 Mk-Q overlap
201 201 201 201	**Mt 10,40** (4) ⇩ Mt 18,5 ↓ Mt 10,41	ὁ **δεχόμενος** ὑμᾶς ἐμὲ **δέχεται,** **καὶ ὁ ἐμὲ δεχόμενος** **δέχεται** τὸν ἀποστείλαντά με.	**Mk 9,37** (4)	ὃς ἂν ἓν τῶν τοιούτων παιδίων **δέξηται** ἐπὶ τῷ ὀνόματί μου, ἐμὲ **δέχεται·** **καὶ ὃς ἂν ἐμὲ δέχηται,** οὐκ ἐμὲ **δέχεται** ἀλλὰ τὸν ἀποστείλαντά με.	**Lk 10,16** ⇩ Lk 9,48	**ὁ ἀκούων** ὑμῶν ἐμοῦ **ἀκούει,** καὶ ὁ ἀθετῶν ὑμᾶς ἐμὲ ἀθετεῖ· **ὁ δὲ ἐμὲ ἀθετῶν** **ἀθετεῖ** τὸν ἀποστείλαντά με.	→ Jn 13,20 → Jn 5,23 → Jn 12,44-45
200 200	**Mt 10,41** (2) ↑ Mt 10,40 ↓ Mt 18,5 ↓ Mk 9,37 ↓ Lk 9,48	ὁ **δεχόμενος** προφήτην εἰς ὄνομα προφήτου μισθὸν προφήτου λήμψεται, καὶ ὁ **δεχόμενος** δίκαιον εἰς ὄνομα δικαίου μισθὸν δικαίου λήμψεται.					
200	**Mt 11,14** → Mt 17,12 → Mk 9,13 → Lk 1,17	καὶ εἰ θέλετε **δέξασθαι,** αὐτός ἐστιν Ἠλίας ὁ μέλλων ἔρχεσθαι.					

222 222 122 122	**Mt 18,5** **(2)** ⇧ Mt 10,40 ↑ Mt 10,41	καὶ ὃς ἐὰν **δέξηται** ἓν παιδίον τοιοῦτο ἐπὶ τῷ ὀνόματί μου, ἐμὲ **δέχεται.**	**Mk 9,37** **(4)**	ὃς ἂν ἓν τῶν τοιούτων παιδίων **δέξηται** ἐπὶ τῷ ὀνόματί μου, ἐμὲ **δέχεται·** καὶ ὃς ἂν ἐμὲ **δέχηται,** οὐκ ἐμὲ **δέχεται** ἀλλὰ τὸν ἀποστείλαντά με.	**Lk 9,48** **(4)** ⇧ Lk 10,16	καὶ εἶπεν αὐτοῖς· ὃς ἐὰν **δέξηται** τοῦτο τὸ παιδίον ἐπὶ τῷ ὀνόματί μου, ἐμὲ **δέχεται·** καὶ ὃς ἂν ἐμὲ **δέξηται,** **δέχεται** τὸν ἀποστείλαντά με· ...	→ Jn 5,23 → Jn 12,44-45 → Jn 13,20
002					**Lk 9,53**	καὶ **οὐκ ἐδέξαντο** αὐτόν, ὅτι τὸ πρόσωπον αὐτοῦ ἦν πορευόμενον εἰς Ἰερουσαλήμ.	
102	**Mt 10,11**	εἰς ἣν δ᾽ ἂν πόλιν ἢ κώμην εἰσέλθητε, ἐξετάσατε τίς ἐν αὐτῇ ἄξιός ἐστιν· ...			**Lk 10,8** ↓ Lk 10,10	καὶ εἰς ἣν ἂν πόλιν εἰσέρχησθε καὶ **δέχωνται** ὑμᾶς, ἐσθίετε τὰ παρατιθέμενα ὑμῖν	→ GTh 14,4
102	**Mt 10,14**	καὶ ὃς ἂν **μὴ δέξηται** ὑμᾶς μηδὲ ἀκούσῃ τοὺς λόγους ὑμῶν, ἐξερχόμενοι ἔξω τῆς οἰκίας ἢ τῆς πόλεως ἐκείνης ἐκτινάξατε τὸν κονιορτὸν τῶν ποδῶν ὑμῶν.	**Mk 6,11**	καὶ ὃς ἂν τόπος **μὴ δέξηται** ὑμᾶς μηδὲ ἀκούσωσιν ὑμῶν, ἐκπορευόμενοι ἐκεῖθεν ἐκτινάξατε τὸν χοῦν τὸν ὑποκάτω τῶν ποδῶν ὑμῶν εἰς μαρτύριον αὐτοῖς.	**Lk 10,10** ⇧ Lk 9,5 ↑ Lk 10,8	εἰς ἣν δ᾽ ἂν πόλιν εἰσέλθητε καὶ **μὴ δέχωνται** ὑμᾶς, ἐξελθόντες εἰς τὰς πλατείας αὐτῆς εἴπατε· [11] καὶ τὸν κονιορτὸν τὸν κολληθέντα ἡμῖν ἐκ τῆς πόλεως ὑμῶν εἰς τοὺς πόδας ἀπομασσόμεθα ὑμῖν· ...	Mk-Q overlap. Mt 10,14 counted as Markan tradition.
002					**Lk 16,4**	ἔγνων τί ποιήσω, ἵνα ὅταν μετασταθῶ ἐκ τῆς οἰκονομίας **δέξωνταί** με εἰς τοὺς οἴκους αὐτῶν.	
002					**Lk 16,6**	ὁ δὲ εἶπεν· ἑκατὸν βάτους ἐλαίου. ὁ δὲ εἶπεν αὐτῷ· **δέξαι** σου τὰ γράμματα καὶ καθίσας ταχέως γράψον πεντήκοντα.	
002					**Lk 16,7**	... ὁ δὲ εἶπεν· ἑκατὸν κόρους σίτου. λέγει αὐτῷ· **δέξαι** σου τὰ γράμματα καὶ γράψον ὀγδοήκοντα.	
002					**Lk 16,9** → Lk 12,33	... ἑαυτοῖς ποιήσατε φίλους ἐκ τοῦ μαμωνᾶ τῆς ἀδικίας, ἵνα ὅταν ἐκλίπῃ **δέξωνται** ὑμᾶς εἰς τὰς αἰωνίους σκηνάς.	
122	**Mt 18,3**	... ἐὰν μὴ στραφῆτε καὶ γένησθε ὡς τὰ παιδία, οὐ μὴ εἰσέλθητε εἰς τὴν βασιλείαν τῶν οὐρανῶν.	**Mk 10,15**	... ὃς ἂν **μὴ δέξηται** τὴν βασιλείαν τοῦ θεοῦ ὡς παιδίον, οὐ μὴ εἰσέλθῃ εἰς αὐτήν.	**Lk 18,17**	... ὃς ἂν **μὴ δέξηται** τὴν βασιλείαν τοῦ θεοῦ ὡς παιδίον, οὐ μὴ εἰσέλθῃ εἰς αὐτήν.	→ Jn 3,3 → GTh 22 → GTh 46

002		**Lk 22,17** → Mt 26,27 → Mk 14,23 καὶ **δεξάμενος** ποτήριον εὐχαριστήσας εἶπεν· λάβετε τοῦτο καὶ διαμερίσατε εἰς ἑαυτούς·	

Acts 3,21 → Mt 17,11 → Mk 9,12
[20] ... Χριστόν Ἰησοῦν, [21] ὃν δεῖ οὐρανὸν μὲν **δέξασθαι** ἄχρι χρόνων ἀποκαταστάσεως πάντων ...

a **Acts 7,38**
οὗτός ἐστιν ὁ γενόμενος ἐν τῇ ἐκκλησίᾳ ἐν τῇ ἐρήμῳ μετὰ τοῦ ἀγγέλου τοῦ λαλοῦντος αὐτῷ ἐν τῷ ὄρει Σινᾶ καὶ τῶν πατέρων ἡμῶν, ὃς **ἐδέξατο** λόγια ζῶντα δοῦναι ἡμῖν

Acts 7,59 → Lk 23,46
... κύριε Ἰησοῦ, **δέξαι** τὸ πνεῦμά μου.

a **Acts 8,14**
ἀκούσαντες δὲ οἱ ἐν Ἱεροσολύμοις ἀπόστολοι ὅτι **δέδεκται** ἡ Σαμάρεια τὸν λόγον τοῦ θεοῦ, ...

a **Acts 11,1**
ἤκουσαν δὲ οἱ ἀπόστολοι καὶ οἱ ἀδελφοὶ οἱ ὄντες κατὰ τὴν Ἰουδαίαν ὅτι καὶ τὰ ἔθνη **ἐδέξαντο** τὸν λόγον τοῦ θεοῦ.

a **Acts 17,11**
... οἵτινες **ἐδέξαντο** τὸν λόγον μετὰ πάσης προθυμίας ...

Acts 22,5
... παρ' ὧν καὶ ἐπιστολὰς **δεξάμενος** πρὸς τοὺς ἀδελφοὺς εἰς Δαμασκὸν ἐπορευόμην, ...

Acts 28,21
... ἡμεῖς οὔτε γράμματα περὶ σοῦ **ἐδεξάμεθα** ἀπὸ τῆς Ἰουδαίας οὔτε παραγενόμενός τις τῶν ἀδελφῶν ἀπήγγειλεν ἢ ἐλάλησέν τι περὶ σοῦ πονηρόν.

δέω

	Syn	Mt	Mk	Lk	Acts	Jn	1-3John	Paul	Eph	Col
	20	10	8	2	12	4		3		1
	NT	2Thess	1/2Tim	Tit	Heb	Jas	1Pet	2Pet	Jude	Rev
	43		1							2

bind; tie; imprison; compel; forbid; prohibit

	triple tradition																	double tradition			Sondergut		
		+Mt / +Lk			–Mt / –Lk			traditions not taken over by Mt / Lk							subtotals								
code	222	211	112	212	221	122	121	022	012	021	220	120	210	020	Σ+	Σ–	Σ	202	201	102	200	002	total
Mt	1				3		4^-									4^-	4				6		**10**
Mk	1				3		4										8						**8**
Lk	1				3^-		4^-									7^-	1					1	**2**

Mk-Q overlap: 221: Mt 12,29 / Mk 3,27 / Lk 11,22 (?)

	Mt	Mk	Lk	
221	**Mt 12,29** ἢ πῶς δύναταί τις εἰσελθεῖν εἰς τὴν οἰκίαν τοῦ ἰσχυροῦ καὶ τὰ σκεύη αὐτοῦ ἁρπάσαι, ἐὰν μὴ πρῶτον **δήσῃ** τὸν ἰσχυρόν; καὶ τότε τὴν οἰκίαν αὐτοῦ διαρπάσει.	**Mk 3,27** ἀλλ' οὐ δύναται οὐδεὶς εἰς τὴν οἰκίαν τοῦ ἰσχυροῦ εἰσελθὼν τὰ σκεύη αὐτοῦ διαρπάσαι, ἐὰν μὴ πρῶτον τὸν ἰσχυρὸν **δήσῃ**, καὶ τότε τὴν οἰκίαν αὐτοῦ διαρπάσει.	**Lk 11,22** [21] ὅταν ὁ ἰσχυρὸς καθωπλισμένος φυλάσσῃ τὴν ἑαυτοῦ αὐλήν, ἐν εἰρήνῃ ἐστὶν τὰ ὑπάρχοντα αὐτοῦ· [22] ἐπὰν δὲ ἰσχυρότερος αὐτοῦ ἐπελθὼν **νικήσῃ** αὐτόν, τὴν πανοπλίαν αὐτοῦ αἴρει ἐφ' ᾗ ἐπεποίθει, καὶ τὰ σκῦλα αὐτοῦ διαδίδωσιν.	→ GTh 21,5 → GTh 35 Mk-Q overlap?
200	**Mt 13,30** ... συλλέξατε πρῶτον τὰ ζιζάνια καὶ **δήσατε** αὐτὰ εἰς δέσμας πρὸς τὸ κατακαῦσαι αὐτά, ...			→ GTh 57

121	**Mt 8,28**	... ὑπήντησαν αὐτῷ δύο δαιμονιζόμενοι ἐκ τῶν μνημείων ἐξερχόμενοι,	**Mk 5,3**	[2] ... εὐθὺς ὑπήντησεν αὐτῷ ἐκ τῶν μνημείων ἄνθρωπος ἐν πνεύματι ἀκαθάρτῳ, [3] ὃς τὴν κατοίκησιν εἶχεν ἐν τοῖς μνήμασιν, καὶ οὐδὲ ἁλύσει οὐκέτι οὐδεὶς ἐδύνατο αὐτὸν **δῆσαι**	**Lk 8,27**	... ὑπήντησεν ἀνήρ τις ἐκ τῆς πόλεως ἔχων δαιμόνια καὶ χρόνῳ ἱκανῷ οὐκ ἐνεδύσατο ἱμάτιον καὶ ἐν οἰκίᾳ οὐκ ἔμενεν ἀλλ' ἐν τοῖς μνήμασιν.	
121		χαλεποὶ λίαν, ὥστε μὴ ἰσχύειν τινὰ παρελθεῖν διὰ τῆς ὁδοῦ ἐκείνης.	**Mk 5,4**	διὰ τὸ αὐτὸν πολλάκις πέδαις καὶ ἁλύσεσιν **δεδέσθαι** καὶ διεσπάσθαι ὑπ' αὐτοῦ τὰς ἁλύσεις καὶ τὰς πέδας συντετρῖφθαι, καὶ οὐδεὶς ἴσχυεν αὐτὸν δαμάσαι·	**Lk 8,29**	... πολλοῖς γὰρ χρόνοις συνηρπάκει αὐτὸν καὶ **ἐδεσμεύετο** ἁλύσεσιν καὶ πέδαις φυλασσόμενος καὶ διαρρήσσων τὰ δεσμὰ ...	
221	**Mt 14,3**	ὁ γὰρ Ἡρῴδης κρατήσας τὸν Ἰωάννην **ἔδησεν** [αὐτὸν] καὶ ἐν φυλακῇ ἀπέθετο ...	**Mk 6,17**	αὐτὸς γὰρ ὁ Ἡρῴδης ἀποστείλας ἐκράτησεν τὸν Ἰωάννην καὶ **ἔδησεν** αὐτὸν ἐν φυλακῇ ...	**Lk 3,20** → Mt 4,12 → Mk 1,14	[19] ὁ δὲ Ἡρῴδης ... [20] προσέθηκεν καὶ τοῦτο ἐπὶ πᾶσιν [καὶ] **κατέκλεισεν** τὸν Ἰωάννην ἐν φυλακῇ.	
200 200	**Mt 16,19** **(2)** → Mt 23,13 → Lk 11,52 ↓ Mt 18,18	δώσω σοι τὰς κλεῖδας τῆς βασιλείας τῶν οὐρανῶν, καὶ ὃ ἐὰν **δήσῃς** ἐπὶ τῆς γῆς ἔσται **δεδεμένον** ἐν τοῖς οὐρανοῖς, καὶ ὃ ἐὰν λύσῃς ἐπὶ τῆς γῆς ἔσται λελυμένον ἐν τοῖς οὐρανοῖς.					→ Jn 20,23 → Jn 20,23
200 200	**Mt 18,18** **(2)** ↑ Mt 16,19	ἀμὴν λέγω ὑμῖν· ὅσα ἐὰν **δήσητε** ἐπὶ τῆς γῆς ἔσται **δεδεμένα** ἐν οὐρανῷ, καὶ ὅσα ἐὰν λύσητε ἐπὶ τῆς γῆς ἔσται λελυμένα ἐν οὐρανῷ.					→ Jn 20,23 → Jn 20,23
002					**Lk 13,16** → Lk 4,18 → Lk 19,9	ταύτην δὲ θυγατέρα Ἀβραὰμ οὖσαν, ἣν **ἔδησεν** ὁ σατανᾶς ἰδοὺ δέκα καὶ ὀκτὼ ἔτη, οὐκ ἔδει λυθῆναι ἀπὸ τοῦ δεσμοῦ τούτου τῇ ἡμέρᾳ τοῦ σαββάτου;	→ Acts 10,38
222	**Mt 21,2**	... πορεύεσθε εἰς τὴν κώμην τὴν κατέναντι ὑμῶν, καὶ εὐθέως εὑρήσετε **ὄνον δεδεμένην** καὶ πῶλον μετ' αὐτῆς· λύσαντες ἀγάγετέ μοι.	**Mk 11,2**	... ὑπάγετε εἰς τὴν κώμην τὴν κατέναντι ὑμῶν, καὶ εὐθὺς εἰσπορευόμενοι εἰς αὐτὴν εὑρήσετε **πῶλον δεδεμένον** ἐφ' ὃν οὐδεὶς οὔπω ἀνθρώπων ἐκάθισεν· λύσατε αὐτὸν καὶ φέρετε.	**Lk 19,30**	... ὑπάγετε εἰς τὴν κατέναντι κώμην, ἐν ᾗ εἰσπορευόμενοι εὑρήσετε **πῶλον δεδεμένον,** ἐφ' ὃν οὐδεὶς πώποτε ἀνθρώπων ἐκάθισεν, καὶ λύσαντες αὐτὸν ἀγάγετε.	

121	**Mt 21,6** → Mk 11,6	πορευθέντες δὲ οἱ μαθηταὶ καὶ ποιήσαντες καθὼς συνέταξεν αὐτοῖς ὁ Ἰησοῦς	**Mk 11,4**	καὶ ἀπῆλθον καὶ εὗρον **πῶλον δεδεμένον** πρὸς θύραν ἔξω ἐπὶ τοῦ ἀμφόδου καὶ λύουσιν αὐτόν.	**Lk 19,32**	ἀπελθόντες δὲ οἱ ἀπεσταλμένοι εὗρον καθὼς εἶπεν αὐτοῖς. [33] λυόντων δὲ αὐτῶν τὸν πῶλον ...	
200	**Mt 22,13**	τότε ὁ βασιλεὺς εἶπεν τοῖς διακόνοις· **δήσαντες** αὐτοῦ πόδας καὶ χεῖρας ἐκβάλετε αὐτὸν εἰς τὸ σκότος τὸ ἐξώτερον· ...					
221	**Mt 27,2**	καὶ **δήσαντες** αὐτὸν ἀπήγαγον καὶ παρέδωκαν Πιλάτῳ τῷ ἡγεμόνι.	**Mk 15,1**	... **δήσαντες** τὸν Ἰησοῦν ἀπήνεγκαν καὶ παρέδωκαν Πιλάτῳ.	**Lk 23,1**	 ... ἤγαγον αὐτὸν ἐπὶ τὸν Πιλᾶτον.	→ Jn 18,28
121	**Mt 27,16** → Mt 27,26	εἶχον δὲ τότε **δέσμιον ἐπίσημον** λεγόμενον [Ἰησοῦν] Βαραββᾶν.	**Mk 15,7** → Mk 15,15	ἦν δὲ ὁ λεγόμενος Βαραββᾶς μετὰ τῶν στασιαστῶν **δεδεμένος** οἵτινες ἐν τῇ στάσει φόνον πεποιήκεισαν.	**Lk 23,19** → Lk 23,25	ὅστις ἦν διὰ στάσιν τινὰ γενομένην ἐν τῇ πόλει καὶ φόνον **βληθεὶς** **ἐν τῇ φυλακῇ.**	→ Jn 18,40

Acts 9,2 ... ὅπως ἐάν τινας εὕρῃ τῆς ὁδοῦ ὄντας, ἄνδρας τε καὶ γυναῖκας, **δεδεμένους** ἀγάγῃ εἰς Ἰερουσαλήμ.

Acts 9,14 καὶ ὧδε ἔχει ἐξουσίαν παρὰ τῶν ἀρχιερέων **δῆσαι** πάντας τοὺς ἐπικαλουμένους τὸ ὄνομά σου.

Acts 9,21 ... καὶ ὧδε εἰς τοῦτο ἐληλύθει ἵνα **δεδεμένους** αὐτοὺς ἀγάγῃ ἐπὶ τοὺς ἀρχιερεῖς;

Acts 12,6 ... τῇ νυκτὶ ἐκείνῃ ἦν ὁ Πέτρος κοιμώμενος μεταξὺ δύο στρατιωτῶν **δεδεμένος** ἁλύσεσιν δυσίν φύλακές τε πρὸ τῆς θύρας ἐτήρουν τὴν φυλακήν.

Acts 20,22 καὶ νῦν ἰδοὺ **δεδεμένος** ἐγὼ τῷ πνεύματι πορεύομαι εἰς Ἰερουσαλὴμ τὰ ἐν αὐτῇ συναντήσοντά μοι μὴ εἰδώς

Acts 21,11 (2) καὶ ἐλθὼν πρὸς ἡμᾶς καὶ ἄρας τὴν ζώνην τοῦ Παύλου, **δήσας** ἑαυτοῦ τοὺς πόδας καὶ τὰς χεῖρας εἶπεν· τάδε λέγει τὸ πνεῦμα τὸ ἅγιον· τὸν ἄνδρα οὗ ἐστιν ἡ ζώνη αὕτη, οὕτως **δήσουσιν** ἐν Ἰερουσαλὴμ οἱ Ἰουδαῖοι καὶ παραδώσουσιν εἰς χεῖρας ἐθνῶν.

Acts 21,13 ... ἐγὼ γὰρ οὐ μόνον **δεθῆναι** ἀλλὰ καὶ ἀποθανεῖν εἰς Ἰερουσαλὴμ ἑτοίμως ἔχω ὑπὲρ τοῦ ὀνόματος τοῦ κυρίου Ἰησοῦ.

Acts 21,33 τότε ἐγγίσας ὁ χιλίαρχος ἐπελάβετο αὐτοῦ καὶ ἐκέλευσεν **δεθῆναι** ἁλύσεσι δυσί, ...

Acts 22,5 ... παρ' ὧν καὶ ἐπιστολὰς δεξάμενος πρὸς τοὺς ἀδελφοὺς εἰς Δαμασκὸν ἐπορευόμην, ἄξων καὶ τοὺς ἐκεῖσε ὄντας **δεδεμένους** εἰς Ἰερουσαλὴμ ἵνα τιμωρηθῶσιν.

Acts 22,29 ... καὶ ὁ χιλίαρχος δὲ ἐφοβήθη ἐπιγνοὺς ὅτι Ῥωμαῖός ἐστιν καὶ ὅτι αὐτὸν ἦν **δεδεκώς.**

Acts 24,27 ... θέλων τε χάριτα καταθέσθαι τοῖς Ἰουδαίοις ὁ Φῆλιξ κατέλιπε τὸν Παῦλον **δεδεμένον.**

δή

δή	Syn	Mt	Mk	Lk	Acts	Jn	1-3John	Paul	Eph	Col
	2	1		1	2			1		
	NT	2Thess	1/2Tim	Tit	Heb	Jas	1Pet	2Pet	Jude	Rev
	5									

indeed; then; therefore; now

002					Lk 2,15	... οἱ ποιμένες ἐλάλουν πρὸς ἀλλήλους· διέλθωμεν **δὴ** ἕως Βηθλέεμ ...	
211	Mt 13,23	ὁ δὲ ἐπὶ τὴν καλὴν γῆν σπαρείς, οὗτός ἐστιν ὁ τὸν λόγον ἀκούων καὶ συνιείς, ὃς **δὴ** καρποφορεῖ καὶ ποιεῖ ὃ μὲν ἑκατόν, ὃ δὲ ἑξήκοντα, ὃ δὲ τριάκοντα.	Mk 4,20	καὶ ἐκεῖνοί εἰσιν οἱ ἐπὶ τὴν γῆν τὴν καλὴν σπαρέντες, οἵτινες ἀκούουσιν τὸν λόγον καὶ παραδέχονται καὶ καρποφοροῦσιν ἓν τριάκοντα καὶ ἓν ἑξήκοντα καὶ ἓν ἑκατόν.	Lk 8,15	τὸ δὲ ἐν τῇ καλῇ γῇ, οὗτοί εἰσιν οἵτινες ἐν καρδίᾳ καλῇ καὶ ἀγαθῇ ἀκούσαντες τὸν λόγον κατέχουσιν καὶ καρποφοροῦσιν ἐν ὑπομονῇ.	

Acts 13,2 ... ἀφορίσατε **δή** μοι τὸν Βαρναβᾶν καὶ Σαῦλον εἰς τὸ ἔργον ὃ προσκέκλημαι αὐτούς.

Acts 15,36 ... ἐπιστρέψαντες **δὴ** ἐπισκεψώμεθα τοὺς ἀδελφοὺς κατὰ πόλιν πᾶσαν ...

δῆλος

δῆλος	Syn	Mt	Mk	Lk	Acts	Jn	1-3John	Paul	Eph	Col
	1	1						2		
	NT	2Thess	1/2Tim	Tit	Heb	Jas	1Pet	2Pet	Jude	Rev
	3									

evident

211	Mt 26,73	... ἀληθῶς καὶ σὺ ἐξ αὐτῶν εἶ, καὶ γὰρ ἡ λαλιά σου **δῆλόν** σε ποιεῖ.	Mk 14,70	... ἀληθῶς ἐξ αὐτῶν εἶ, καὶ γὰρ Γαλιλαῖος εἶ.	Lk 22,59	... ἐπ' ἀληθείας καὶ οὗτος μετ' αὐτοῦ ἦν, καὶ γὰρ Γαλιλαῖός ἐστιν.	→ Jn 18,26

δηνάριον

δηνάριον	Syn	Mt	Mk	Lk	Acts	Jn	1-3John	Paul	Eph	Col
	12	6	3	3		2				
	NT	2Thess	1/2Tim	Tit	Heb	Jas	1Pet	2Pet	Jude	Rev
	16									2

denarius

	triple tradition																	double tradition			Sondergut		
		+Mt / +Lk			–Mt / –Lk			traditions not taken over by Mt / Lk							subtotals								
code	222	211	112	212	221	122	121	022	012	021	220	120	210	020	Σ⁺	Σ⁻	Σ	202	201	102	200	002	total
Mt	1						1⁻					1⁻				2⁻	1				5		**6**
Mk	1						1					1					3						**3**
Lk	1						1⁻									1⁻	1					2	**3**

002					Lk 7,41	δύο χρεοφειλέται ἦσαν δανιστῇ τινι· ὁ εἷς ὤφειλεν **δηνάρια πεντακόσια,** ὁ δὲ ἕτερος πεντήκοντα.	

121	**Mt 14,16** → Mt 14,15 → Mt 15,33	ὁ δὲ [Ἰησοῦς] εἶπεν αὐτοῖς· οὐ χρείαν ἔχουσιν ἀπελθεῖν, δότε αὐτοῖς ὑμεῖς φαγεῖν. [17] οἱ δὲ λέγουσιν αὐτῷ· οὐκ ἔχομεν ὧδε εἰ μὴ πέντε ἄρτους καὶ δύο ἰχθύας.	**Mk 6,37** → Mk 6,36 → Mk 8,4	ὁ δὲ ἀποκριθεὶς εἶπεν αὐτοῖς· δότε αὐτοῖς ὑμεῖς φαγεῖν. καὶ λέγουσιν αὐτῷ· ἀπελθόντες ἀγοράσωμεν **δηναρίων διακοσίων** ἄρτους καὶ δώσομεν αὐτοῖς φαγεῖν; [38] ὁ δὲ λέγει αὐτοῖς· πόσους ἄρτους ἔχετε; ὑπάγετε ἴδετε. καὶ γνόντες λέγουσιν· πέντε, καὶ δύο ἰχθύας.	**Lk 9,13** → Lk 9,12	εἶπεν δὲ πρὸς αὐτούς· δότε αὐτοῖς ὑμεῖς φαγεῖν. οἱ δὲ εἶπαν· οὐκ εἰσὶν ἡμῖν πλεῖον ἢ ἄρτοι πέντε καὶ ἰχθύες δύο, εἰ μήτι πορευθέντες ἡμεῖς ἀγοράσωμεν εἰς πάντα τὸν λαὸν τοῦτον βρώματα.	→ Jn 6,5 → **Jn 6,7**
200	**Mt 18,28**	ἐξελθὼν δὲ ὁ δοῦλος ἐκεῖνος εὗρεν ἕνα τῶν συνδούλων αὐτοῦ, ὃς ὤφειλεν αὐτῷ **ἑκατὸν δηνάρια**, ...					
002					**Lk 10,35**	καὶ ἐπὶ τὴν αὔριον ἐκβαλὼν ἔδωκεν **δύο δηνάρια** τῷ πανδοχεῖ καὶ εἶπεν· ἐπιμελήθητι αὐτοῦ, ...	
200	**Mt 20,2**	συμφωνήσας δὲ μετὰ τῶν ἐργατῶν **ἐκ δηναρίου** τὴν ἡμέραν ἀπέστειλεν αὐτοὺς εἰς τὸν ἀμπελῶνα αὐτοῦ.					
200	**Mt 20,9**	καὶ ἐλθόντες οἱ περὶ τὴν ἑνδεκάτην ὥραν ἔλαβον **ἀνὰ δηνάριον**.					
200	**Mt 20,10**	καὶ ἐλθόντες οἱ πρῶτοι ἐνόμισαν ὅτι πλεῖον λήμψονται· καὶ ἔλαβον **[τὸ] ἀνὰ δηνάριον** καὶ αὐτοί.					
200	**Mt 20,13**	... ἑταῖρε, οὐκ ἀδικῶ σε· οὐχὶ **δηναρίου** συνεφώνησάς μοι;					
222	**Mt 22,19**	ἐπιδείξατέ μοι τὸ νόμισμα τοῦ κήνσου. οἱ δὲ προσήνεγκαν αὐτῷ **δηνάριον**.	**Mk 12,15**	... φέρετέ μοι **δηνάριον** ἵνα ἴδω.	**Lk 20,24**	δείξατέ μοι **δηνάριον**· ...	→ GTh 100
120	**Mt 26,9**	ἐδύνατο γὰρ τοῦτο πραθῆναι **πολλοῦ** καὶ δοθῆναι πτωχοῖς.	**Mk 14,5**	ἠδύνατο γὰρ τοῦτο τὸ μύρον πραθῆναι **ἐπάνω δηναρίων τριακοσίων** καὶ δοθῆναι τοῖς πτωχοῖς· ...			→ **Jn 12,5**

διά	Syn 129	Mt 59	Mk 31	Lk 39	Acts 74	Jn 59	1-3John 9	Paul 225	Eph 21	Col 14
	NT 665	2Thess 10	1/2Tim 18	Tit 3	Heb 57	Jas 2	1Pet 18	2Pet 7	Jude 1	Rev 18

preposition with genitive: through; by means of; with; during; throughout; through; among;
preposition with accusative: because of; on account of; for the sake of; through

	triple tradition																	double tradition			Sondergut		
		+Mt / +Lk			–Mt / –Lk			traditions not taken over by Mt / Lk							subtotals								
code	222	211	112	212	221	122	121	022	012	021	220	120	210	020	Σ^+	Σ^-	Σ	202	201	102	200	002	total
Mt	6	6^+		1^+	4		4^-				6	4^-	6^+		13^+	8^-	29	6	4		20		**59**
Mk	6				4		4	1		2	6	4		4			31						**31**
Lk	6		6^+	1^+	4^-		4^-	1	3^+	2^-					10^+	10^-	17	6		2		14	**39**

[a] διὰ τοῦτο, ~ ταῦτα
[b] διὰ τί
[c] διά + infinitive
[d] διά + accusative
[e] διά concerning time
[f] διὰ παντός
[g] διὰ χειρός, ~ (τῶν) χειρῶν
[h] διὰ τοῦ προφήτου, ~ τῶν προφητῶν
[j] διὰ with geographical name
[k] διὰ μέσου, ~ μέσον

h 002			**Lk 1,70** καθὼς ἐλάλησεν **διὰ στόματος τῶν ἁγίων ἀπ' αἰῶνος προφητῶν αὐτοῦ**	→ Acts 3,21
d 002			**Lk 1,78** **διὰ σπλάγχνα ἐλέους θεοῦ ἡμῶν,** ἐν οἷς ἐπισκέψεται ἡμᾶς ἀνατολὴ ἐξ ὕψους	
h 200	**Mt 1,22** τοῦτο δὲ ὅλον γέγονεν ἵνα πληρωθῇ τὸ ῥηθὲν ὑπὸ κυρίου **διὰ τοῦ προφήτου** λέγοντος· [23] *ἰδοὺ ἡ παρθένος ἐν γαστρὶ ἕξει ...* ➤ Isa 7,14 LXX			
c 002			**Lk 2,4** ἀνέβη δὲ καὶ Ἰωσὴφ ... εἰς πόλιν Δαυὶδ ἥτις καλεῖται Βηθλέεμ, **διὰ τὸ εἶναι** αὐτὸν ἐξ οἴκου καὶ πατριᾶς Δαυίδ	
h 200	**Mt 2,5** ... ἐν Βηθλέεμ τῆς Ἰουδαίας· οὕτως γὰρ γέγραπται **διὰ τοῦ προφήτου·** [6] *καὶ σύ, Βηθλέεμ,* γῆ Ἰούδα, οὐδαμῶς *ἐλαχίστη εἶ ἐν τοῖς ἡγεμόσιν Ἰούδα· ...* ➤ Micah 5,1.3			
200	**Mt 2,12** καὶ χρηματισθέντες κατ' ὄναρ μὴ ἀνακάμψαι πρὸς Ἡρῴδην, **δι' ἄλλης ὁδοῦ** ἀνεχώρησαν εἰς τὴν χώραν αὐτῶν.			
h 200	**Mt 2,15** ... ἵνα πληρωθῇ τὸ ῥηθὲν ὑπὸ κυρίου **διὰ τοῦ προφήτου** λέγοντος· *ἐξ Αἰγύπτου ἐκάλεσα τὸν υἱόν μου.* ➤ Hos 11,1			

	Mt		Mk		Lk		
h 200	**Mt 2,17**	τότε ἐπληρώθη τὸ ῥηθὲν **διὰ Ἰερεμίου τοῦ προφήτου** λέγοντος· [18] *φωνὴ ἐν Ῥαμὰ ἠκούσθη, ...* ➢ Jer 31,15					
h 200	**Mt 2,23** → Lk 2,39	... ὅπως πληρωθῇ τὸ ῥηθὲν **διὰ τῶν προφητῶν** ὅτι Ναζωραῖος κληθήσεται.					
h 211	**Mt 3,3**	οὗτος γάρ ἐστιν ὁ ῥηθεὶς **διὰ Ἠσαΐου τοῦ προφήτου** λέγοντος· *φωνὴ βοῶντος ἐν τῇ ἐρήμῳ· ...* ➢ Isa 40,3 LXX	**Mk 1,2** ⇨ Mt 11,10 ⇨ Lk 7,27	καθὼς γέγραπται **ἐν τῷ Ἠσαΐᾳ τῷ προφήτῃ·** *ἰδοὺ ἀποστέλλω τὸν ἄγγελόν μου ...* [3] *φωνὴ βοῶντος ἐν τῇ ἐρήμῳ· ...* ➢ Exod 23,20/Mal 3,1 ➢ Isa 40,3 LXX	**Lk 3,4**	ὡς γέγραπται **ἐν βίβλῳ λόγων Ἠσαΐου τοῦ προφήτου·** *φωνὴ βοῶντος ἐν τῇ ἐρήμῳ· ...* ➢ Isa 40,3 LXX	
201	**Mt 4,4**	... γέγραπται· *οὐκ ἐπ' ἄρτῳ μόνῳ ζήσεται ὁ ἄνθρωπος, ἀλλ' ἐπὶ παντὶ ῥήματι ἐκπορευομένῳ* ***διὰ στόματος θεοῦ.*** ➢ Deut 8,3			**Lk 4,4**	... γέγραπται ὅτι *οὐκ ἐπ' ἄρτῳ μόνῳ ζήσεται ὁ ἄνθρωπος.* ➢ Deut 8,3	
h 200	**Mt 4,14**	ἵνα πληρωθῇ τὸ ῥηθὲν **διὰ Ἠσαΐου τοῦ προφήτου** λέγοντος· [15] *γῆ Ζαβουλὼν καὶ γῆ Νεφθαλίμ, ὁδὸν θαλάσσης, ...* ➢ Isa 8,23					
k 002					**Lk 4,30**	αὐτὸς δὲ διελθὼν **διὰ μέσου αὐτῶν** ἐπορεύετο.	
e 002					**Lk 5,5**	... ἐπιστάτα, **δι' ὅλης νυκτὸς** κοπιάσαντες οὐδὲν ἐλάβομεν· ...	→ Jn 21,3
e 121	**Mt 9,1**	... καὶ ἦλθεν εἰς τὴν ἰδίαν πόλιν.	**Mk 2,1**	καὶ εἰσελθὼν πάλιν εἰς Καφαρναοὺμ **δι' ἡμερῶν** ἠκούσθη ὅτι ἐν οἴκῳ ἐστίν.	**Lk 5,17**	καὶ ἐγένετο **ἐν μιᾷ τῶν ἡμερῶν** καὶ αὐτὸς ἦν διδάσκων, ...	
d 022 012			**Mk 2,4**	καὶ μὴ δυνάμενοι προσενέγκαι αὐτῷ **διὰ τὸν ὄχλον** ἀπεστέγασαν τὴν στέγην ὅπου ἦν, καὶ ἐξορύξαντες χαλῶσι τὸν κράβαττον ὅπου ὁ παραλυτικὸς κατέκειτο.	**Lk 5,19 (2)**	καὶ μὴ εὑρόντες ποίας εἰσενέγκωσιν αὐτὸν **διὰ τὸν ὄχλον,** ἀναβάντες ἐπὶ τὸ δῶμα **διὰ τῶν κεράμων** καθῆκαν αὐτὸν σὺν τῷ κλινιδίῳ εἰς τὸ μέσον ἔμπροσθεν τοῦ Ἰησοῦ.	
a 202	**Mt 6,25**	**διὰ τοῦτο** λέγω ὑμῖν· μὴ μεριμνᾶτε τῇ ψυχῇ ὑμῶν τί φάγητε [ἢ τί πίητε], ...			**Lk 12,22**	... **διὰ τοῦτο** λέγω ὑμῖν· μὴ μεριμνᾶτε τῇ ψυχῇ τί φάγητε, ...	→ GTh 36 (only POxy 655)

		Mt		Mk		Lk	
202 201	Mt 7,13 (2)	εἰσέλθατε **διὰ τῆς στενῆς πύλης·** ὅτι πλατεῖα ἡ πύλη καὶ εὐρύχωρος ἡ ὁδὸς ἡ ἀπάγουσα εἰς τὴν ἀπώλειαν, καὶ πολλοί εἰσιν οἱ εἰσερχόμενοι **δι' αὐτῆς·** [14] τί στενὴ ἡ πύλη καὶ τεθλιμμένη ἡ ὁδὸς ἡ ἀπάγουσα εἰς τὴν ζωὴν καὶ ὀλίγοι εἰσὶν οἱ εὑρίσκοντες αὐτήν.			Lk 13,24	ἀγωνίζεσθε εἰσελθεῖν **διὰ τῆς στενῆς θύρας,** ὅτι πολλοί, λέγω ὑμῖν, ζητήσουσιν εἰσελθεῖν καὶ οὐκ ἰσχύσουσιν.	
h 200	Mt 8,17	ὅπως πληρωθῇ τὸ ῥηθὲν **διὰ Ἠσαΐου τοῦ προφήτου** λέγοντος· *αὐτὸς τὰς ἀσθενείας ἡμῶν ἔλαβεν καὶ τὰς νόσους ἐβάστασεν.* ➤ Isa 53,4					
         211	Mt 8,28	... δύο δαιμονιζόμενοι ἐκ τῶν μνημείων ἐξερχόμενοι, χαλεποὶ λίαν, ὥστε μὴ ἰσχύειν τινὰ παρελθεῖν **διὰ τῆς ὁδοῦ ἐκείνης.**	Mk 5,4	[2] ... ἄνθρωπος ἐν πνεύματι ἀκαθάρτῳ, [3] ... [4] διὰ τὸ αὐτὸν πολλάκις πέδαις καὶ ἁλύσεσιν δεδέσθαι καὶ διεσπάσθαι ὑπ' αὐτοῦ τὰς ἁλύσεις καὶ τὰς πέδας συντετρῖφθαι, καὶ οὐδεὶς ἴσχυεν αὐτὸν δαμάσαι·	Lk 8,29	[27] ... ἀνήρ τις ἐκ τῆς πόλεως ἔχων δαιμόνια ... [29] ... πολλοῖς γὰρ χρόνοις συνηρπάκει αὐτὸν καὶ ἐδεσμεύετο ἁλύσεσιν καὶ πέδαις φυλασσόμενος καὶ διαρρήσσων τὰ δεσμὰ ...	
b 212	Mt 9,11	καὶ ἰδόντες οἱ Φαρισαῖοι ἔλεγον τοῖς μαθηταῖς αὐτοῦ· **διὰ τί** μετὰ τῶν τελωνῶν καὶ ἁμαρτωλῶν ἐσθίει ὁ διδάσκαλος ὑμῶν;	Mk 2,16	καὶ οἱ γραμματεῖς τῶν Φαρισαίων ἰδόντες ὅτι ἐσθίει μετὰ τῶν ἁμαρτωλῶν καὶ τελωνῶν ἔλεγον τοῖς μαθηταῖς αὐτοῦ· **ὅτι** μετὰ τῶν τελωνῶν καὶ ἁμαρτωλῶν ἐσθίει;	Lk 5,30 → Lk 15,2 → Lk 19,7	καὶ ἐγόγγυζον οἱ Φαρισαῖοι καὶ οἱ γραμματεῖς αὐτῶν πρὸς τοὺς μαθητὰς αὐτοῦ λέγοντες· **διὰ τί** μετὰ τῶν τελωνῶν καὶ ἁμαρτωλῶν ἐσθίετε καὶ πίνετε;	
b 221	Mt 9,14	τότε προσέρχονται αὐτῷ οἱ μαθηταὶ Ἰωάννου λέγοντες· **διὰ τί** ἡμεῖς καὶ οἱ Φαρισαῖοι νηστεύομεν [πολλά], οἱ δὲ μαθηταί σου οὐ νηστεύουσιν;	Mk 2,18	καὶ ἦσαν οἱ μαθηταὶ Ἰωάννου καὶ οἱ Φαρισαῖοι νηστεύοντες. καὶ ἔρχονται καὶ λέγουσιν αὐτῷ· **διὰ τί** οἱ μαθηταὶ Ἰωάννου καὶ οἱ μαθηταὶ τῶν Φαρισαίων νηστεύουσιν, οἱ δὲ σοὶ μαθηταὶ οὐ νηστεύουσιν;	Lk 5,33	οἱ δὲ εἶπαν πρὸς αὐτόν· οἱ μαθηταὶ Ἰωάννου νηστεύουσιν πυκνὰ καὶ δεήσεις ποιοῦνται ὁμοίως καὶ οἱ τῶν Φαρισαίων, οἱ δὲ σοὶ ἐσθίουσιν καὶ πίνουσιν.	→ GTh 104
d 222	Mt 10,22 ⇩ Mt 24,9	καὶ ἔσεσθε μισούμενοι ὑπὸ πάντων **διὰ τὸ ὄνομά μου·** ...	Mk 13,13	καὶ ἔσεσθε μισούμενοι ὑπὸ πάντων **διὰ τὸ ὄνομά μου.** ...	Lk 21,17	καὶ ἔσεσθε μισούμενοι ὑπὸ πάντων **διὰ τὸ ὄνομά μου.** ...	
    201	Mt 11,2	ὁ δὲ Ἰωάννης ἀκούσας ἐν τῷ δεσμωτηρίῳ τὰ ἔργα τοῦ Χριστοῦ πέμψας **διὰ τῶν μαθητῶν αὐτοῦ** [3] εἶπεν αὐτῷ· ...			Lk 7,18	καὶ ἀπήγγειλαν Ἰωάννῃ οἱ μαθηταὶ αὐτοῦ περὶ πάντων τούτων. καὶ προσκαλεσάμενος **δύο τινὰς τῶν μαθητῶν αὐτοῦ** ὁ Ἰωάννης [19] ἔπεμψεν πρὸς τὸν κύριον λέγων· ...	

222	Mt 12,1	ἐν ἐκείνῳ τῷ καιρῷ ἐπορεύθη ὁ Ἰησοῦς τοῖς σάββασιν **διὰ τῶν σπορίμων·** οἱ δὲ μαθηταὶ αὐτοῦ ἐπείνασαν καὶ ἤρξαντο τίλλειν στάχυας καὶ ἐσθίειν.	Mk 2,23	καὶ ἐγένετο αὐτὸν ἐν τοῖς σάββασιν παραπορεύεσθαι **διὰ τῶν σπορίμων,** καὶ οἱ μαθηταὶ αὐτοῦ ἤρξαντο ὁδὸν ποιεῖν τίλλοντες τοὺς στάχυας.	Lk 6,1	ἐγένετο δὲ ἐν σαββάτῳ διαπορεύεσθαι αὐτὸν **διὰ σπορίμων,** καὶ ἔτιλλον οἱ μαθηταὶ αὐτοῦ καὶ ἤσθιον τοὺς στάχυας ψώχοντες ταῖς χερσίν.	
d 020 *d* 020			Mk 2,27 (2)	καὶ ἔλεγεν αὐτοῖς· τὸ σάββατον **διὰ τὸν ἄνθρωπον** ἐγένετο καὶ οὐχ ὁ ἄνθρωπος **διὰ τὸ σάββατον·**			
d 020			Mk 3,9 → Mt 13,2 → Mk 4,1 → Lk 5,1.3	καὶ εἶπεν τοῖς μαθηταῖς αὐτοῦ ἵνα πλοιάριον προσκαρτερῇ αὐτῷ **διὰ τὸν ὄχλον** ἵνα μὴ θλίβωσιν αὐτόν·			
c 102	Mt 7,25	καὶ κατέβη ἡ βροχὴ καὶ ἦλθον οἱ ποταμοὶ καὶ ἔπνευσαν οἱ ἄνεμοι καὶ προσέπεσαν τῇ οἰκίᾳ ἐκείνῃ, καὶ οὐκ ἔπεσεν, **τεθεμελίωτο γὰρ** **ἐπὶ τὴν πέτραν.**			Lk 6,48	... πλημμύρης δὲ γενομένης προσέρηξεν ὁ ποταμὸς τῇ οἰκίᾳ ἐκείνῃ, καὶ οὐκ ἴσχυσεν σαλεῦσαι αὐτὴν **διὰ τὸ καλῶς** **οἰκοδομῆσθαι** αὐτήν.	
h 200	Mt 12,17	ἵνα πληρωθῇ τὸ ῥηθὲν **διὰ Ἠσαΐου** **τοῦ προφήτου** λέγοντος·					
a 202	Mt 12,27	καὶ εἰ ἐγὼ ἐν Βεελζεβοὺλ ἐκβάλλω τὰ δαιμόνια, οἱ υἱοὶ ὑμῶν ἐν τίνι ἐκβάλλουσιν; **διὰ τοῦτο** αὐτοὶ κριταὶ ἔσονται ὑμῶν.			Lk 11,19	εἰ δὲ ἐγὼ ἐν Βεελζεβοὺλ ἐκβάλλω τὰ δαιμόνια, οἱ υἱοὶ ὑμῶν ἐν τίνι ἐκβάλλουσιν; **διὰ τοῦτο** αὐτοὶ ὑμῶν κριταὶ ἔσονται.	
a 210	Mt 12,31	**διὰ τοῦτο** λέγω ὑμῖν, πᾶσα ἁμαρτία καὶ βλασφημία ἀφεθήσεται τοῖς ἀνθρώποις, ...	Mk 3,28 → Mt 12,32 → Lk 12,10	ἀμὴν λέγω ὑμῖν ὅτι πάντα ἀφεθήσεται τοῖς υἱοῖς τῶν ἀνθρώπων τὰ ἁμαρτήματα καὶ αἱ βλασφημίαι ὅσα ἐὰν βλασφημήσωσιν·			→ GTh 44
202	Mt 12,43 → Mk 9,25	ὅταν δὲ τὸ ἀκάθαρτον πνεῦμα ἐξέλθῃ ἀπὸ τοῦ ἀνθρώπου, διέρχεται **δι' ἀνύδρων τόπων** ζητοῦν ἀνάπαυσιν καὶ οὐχ εὑρίσκει.			Lk 11,24 → Mk 9,25	ὅταν τὸ ἀκάθαρτον πνεῦμα ἐξέλθῃ ἀπὸ τοῦ ἀνθρώπου, διέρχεται **δι' ἀνύδρων τόπων** ζητοῦν ἀνάπαυσιν καὶ μὴ εὑρίσκον· ...	
112	Mt 13,3	καὶ ἐλάλησεν αὐτοῖς πολλὰ **ἐν παραβολαῖς** λέγων· ...	Mk 4,2	καὶ ἐδίδασκεν αὐτοὺς **ἐν παραβολαῖς** πολλὰ καὶ ἔλεγεν αὐτοῖς ἐν τῇ διδαχῇ αὐτοῦ·	Lk 8,4	... πρὸς αὐτὸν εἶπεν **διὰ παραβολῆς·**	

c 221	**Mt 13,5**	ἄλλα δὲ ἔπεσεν ἐπὶ τὰ πετρώδη ὅπου οὐκ εἶχεν γῆν πολλήν, καὶ εὐθέως ἐξανέτειλεν **διὰ τὸ μὴ ἔχειν** βάθος γῆς·	**Mk 4,5**	καὶ ἄλλο ἔπεσεν ἐπὶ τὸ πετρῶδες ὅπου οὐκ εἶχεν γῆν πολλήν, καὶ εὐθὺς ἐξανέτειλεν **διὰ τὸ μὴ ἔχειν** βάθος γῆς·	**Lk 8,6**	καὶ ἕτερον κατέπεσεν ἐπὶ τὴν πέτραν, καὶ φυὲν	→ GTh 9
c 222	**Mt 13,6**	ἡλίου δὲ ἀνατείλαντος ἐκαυματίσθη καὶ **διὰ τὸ μὴ ἔχειν** ῥίζαν ἐξηράνθη.	**Mk 4,6**	καὶ ὅτε ἀνέτειλεν ὁ ἥλιος ἐκαυματίσθη καὶ **διὰ τὸ μὴ ἔχειν** ῥίζαν ἐξηράνθη.		ἐξηράνθη **διὰ τὸ μὴ ἔχειν** ἰκμάδα.	→ GTh 9
b 211	**Mt 13,10**	καὶ προσελθόντες οἱ μαθηταὶ εἶπαν αὐτῷ· **διὰ τί** ἐν παραβολαῖς λαλεῖς αὐτοῖς;	**Mk 4,10** → Mk 7,17	καὶ ὅτε ἐγένετο κατὰ μόνας, ἠρώτων αὐτὸν οἱ περὶ αὐτὸν σὺν τοῖς δώδεκα τὰς παραβολάς.	**Lk 8,9** → Mk 7,17	ἐπηρώτων δὲ αὐτὸν οἱ μαθηταὶ αὐτοῦ τίς αὕτη εἴη ἡ παραβολή.	
a 211	**Mt 13,13**	[11] ... ἐκείνοις δὲ οὐ δέδοται. [12] ... **[13] διὰ τοῦτο** ἐν παραβολαῖς αὐτοῖς λαλῶ, ὅτι βλέποντες οὐ βλέπουσιν καὶ ἀκούοντες οὐκ ἀκούουσιν οὐδὲ συνίουσιν· ➢ Isa 6,9	**Mk 4,11**	... ἐκείνοις δὲ τοῖς ἔξω ἐν παραβολαῖς τὰ πάντα γίνεται, [12] ἵνα βλέποντες βλέπωσιν καὶ μὴ ἴδωσιν, καὶ ἀκούοντες ἀκούωσιν καὶ μὴ συνιῶσιν, ... ➢ Isa 6,9	**Lk 8,10**	... τοῖς δὲ λοιποῖς ἐν παραβολαῖς, ἵνα βλέποντες μὴ βλέπωσιν καὶ ἀκούοντες μὴ συνιῶσιν. ➢ Isa 6,9	
d 221	**Mt 13,21**	οὐκ ἔχει δὲ ῥίζαν ἐν ἑαυτῷ ἀλλὰ πρόσκαιρός ἐστιν, γενομένης δὲ θλίψεως ἢ διωγμοῦ **διὰ τὸν λόγον** εὐθὺς σκανδαλίζεται.	**Mk 4,17**	καὶ οὐκ ἔχουσιν ῥίζαν ἐν ἑαυτοῖς ἀλλὰ πρόσκαιροί εἰσιν, εἶτα γενομένης θλίψεως ἢ διωγμοῦ **διὰ τὸν λόγον** εὐθὺς σκανδαλίζονται.	**Lk 8,13**	... καὶ οὗτοι ῥίζαν οὐκ ἔχουσιν, οἳ πρὸς καιρὸν πιστεύουσιν καὶ ἐν καιρῷ πειρασμοῦ ἀφίστανται.	
h 200	**Mt 13,35**	ὅπως πληρωθῇ τὸ ῥηθὲν **διὰ τοῦ προφήτου** λέγοντος· *ἀνοίξω* *ἐν παραβολαῖς* *τὸ στόμα μου*, ... ➢ Ps 78,2					
a 200	**Mt 13,52**	ὁ δὲ εἶπεν αὐτοῖς· **διὰ τοῦτο** πᾶς γραμματεὺς μαθητευθεὶς τῇ βασιλείᾳ τῶν οὐρανῶν ὅμοιός ἐστιν ἀνθρώπῳ οἰκοδεσπότῃ, ...					
d 112	**Mt 12,46**	ἔτι αὐτοῦ λαλοῦντος τοῖς ὄχλοις ἰδοὺ ἡ μήτηρ καὶ οἱ ἀδελφοὶ αὐτοῦ εἱστήκεισαν ἔξω ζητοῦντες αὐτῷ λαλῆσαι.	**Mk 3,32**	[31] καὶ ἔρχεται ἡ μήτηρ αὐτοῦ καὶ οἱ ἀδελφοὶ αὐτοῦ καὶ ἔξω στήκοντες ἀπέστειλαν πρὸς αὐτὸν καλοῦντες αὐτόν. [32] καὶ ἐκάθητο περὶ αὐτὸν ὄχλος, ...	**Lk 8,19**	παρεγένετο δὲ πρὸς αὐτὸν ἡ μήτηρ καὶ οἱ ἀδελφοὶ αὐτοῦ καὶ οὐκ ἠδύναντο συντυχεῖν αὐτῷ **διὰ τὸν ὄχλον.**	→ GTh 99

a διὰ τοῦτο, ~ ταῦτα
b διὰ τί
c διά + infinitive
d διά + accusative
e διά concerning time
f διὰ παντός
g διὰ χειρός, ~ (τῶν) χειρῶν
h διὰ τοῦ προφήτου, ~ τῶν προφητῶν
j διὰ with geographical name
k διὰ μέσου, ~ μέσον

c 121	**Mt 8,28**	... ὑπήντησαν αὐτῷ δύο δαιμονιζόμενοι ἐκ τῶν μνημείων ἐξερχόμενοι, χαλεποὶ λίαν, ...	**Mk 5,4**	[2] ... ἄνθρωπος ἐν πνεύματι ἀκαθάρτῳ, [3] ... **[4] διὰ τὸ αὐτὸν πολλάκις πέδαις καὶ ἁλύσεσιν δεδέσθαι** καὶ διεσπάσθαι ὑπ' αὐτοῦ τὰς ἁλύσεις καὶ τὰς πέδας συντετρῖφθαι, ...	**Lk 8,29**	[27] ... ἀνήρ τις ἐκ τῆς πόλεως ἔχων δαιμόνια ... [29] ... πολλοῖς γὰρ χρόνοις συνηρπάκει αὐτὸν καὶ **ἐδεσμεύετο ἁλύσεσιν καὶ πέδαις φυλασσόμενος** καὶ διαρρήσσων τὰ δεσμὰ	
f 021			**Mk 5,5**	καὶ **διὰ παντὸς νυκτὸς καὶ ἡμέρας** ἐν τοῖς μνήμασιν καὶ ἐν τοῖς ὄρεσιν ἦν κράζων καὶ κατακόπτων ἑαυτὸν λίθοις.		ἠλαύνετο ὑπὸ τοῦ δαιμονίου εἰς τὰς ἐρήμους.	
d 012			**Mk 5,33**	ἡ δὲ γυνὴ φοβηθεῖσα καὶ τρέμουσα, εἰδυῖα ὃ γέγονεν αὐτῇ, ἦλθεν καὶ προσέπεσεν αὐτῷ καὶ εἶπεν αὐτῷ **πᾶσαν τὴν ἀλήθειαν.**	**Lk 8,47** → Mk 5,29	ἰδοῦσα δὲ ἡ γυνὴ ὅτι οὐκ ἔλαθεν, τρέμουσα ἦλθεν καὶ προσπεσοῦσα αὐτῷ **δι' ἣν αἰτίαν** ἥψατο αὐτοῦ ἀπήγγειλεν ἐνώπιον παντὸς τοῦ λαοῦ καὶ ὡς ἰάθη παραχρῆμα.	
g 121	**Mt 13,54**	... ὥστε ἐκπλήσσεσθαι αὐτοὺς καὶ λέγειν· πόθεν τούτῳ ἡ σοφία αὕτη καὶ αἱ δυνάμεις; [55] οὐχ οὗτός ἐστιν ὁ τοῦ τέκτονος υἱός; ...	**Mk 6,2**	... καὶ πολλοὶ ἀκούοντες ἐξεπλήσσοντο λέγοντες· πόθεν τούτῳ ταῦτα, καὶ τίς ἡ σοφία ἡ δοθεῖσα τούτῳ, καὶ αἱ δυνάμεις τοιαῦται **διὰ τῶν χειρῶν αὐτοῦ** γινόμεναι; [3] οὐχ οὗτός ἐστιν ὁ τέκτων, ...	**Lk 4,22**	καὶ πάντες ἐμαρτύρουν αὐτῷ καὶ ἐθαύμαζον ἐπὶ τοῖς λόγοις τῆς χάριτος τοῖς ἐκπορευομένοις ἐκ τοῦ στόματος αὐτοῦ καὶ ἔλεγον· οὐχὶ υἱός ἐστιν Ἰωσὴφ οὗτος;	
d 220	**Mt 13,58**	καὶ οὐκ ἐποίησεν ἐκεῖ δυνάμεις πολλὰς **διὰ τὴν ἀπιστίαν αὐτῶν.**	**Mk 6,6**	[5] καὶ οὐκ ἐδύνατο ἐκεῖ ποιῆσαι οὐδεμίαν δύναμιν, εἰ μὴ ὀλίγοις ἀρρώστοις ἐπιθεὶς τὰς χεῖρας ἐθεράπευσεν· [6] καὶ ἐθαύμαζεν **διὰ τὴν ἀπιστίαν αὐτῶν.** ...	**Lk 4,28** → Lk 6,11	καὶ ἐπλήσθησαν πάντες **θυμοῦ** ἐν τῇ συναγωγῇ ἀκούοντες ταῦτα	
c 012 a 021	**Mt 14,2** → Mt 16,14	[1] ... ἤκουσεν Ἡρῴδης ὁ τετραάρχης τὴν ἀκοὴν Ἰησοῦ, [2] καὶ **εἶπεν** τοῖς παισὶν αὐτοῦ· οὗτός ἐστιν Ἰωάννης ὁ βαπτιστής· αὐτὸς ἠγέρθη ἀπὸ τῶν νεκρῶν καὶ **διὰ τοῦτο** αἱ δυνάμεις ἐνεργοῦσιν ἐν αὐτῷ.	**Mk 6,14** → Mk 8,28	καὶ ἤκουσεν ὁ βασιλεὺς Ἡρῴδης, φανερὸν γὰρ ἐγένετο τὸ ὄνομα αὐτοῦ, καὶ **ἔλεγον** ὅτι Ἰωάννης ὁ βαπτίζων ἐγήγερται ἐκ νεκρῶν καὶ **διὰ τοῦτο** ἐνεργοῦσιν αἱ δυνάμεις ἐν αὐτῷ.	**Lk 9,7** → Lk 9,19	ἤκουσεν δὲ Ἡρῴδης ὁ τετραάρχης τὰ γινόμενα πάντα καὶ διηπόρει **διὰ τὸ λέγεσθαι** ὑπό τινων ὅτι Ἰωάννης ἠγέρθη ἐκ νεκρῶν	

a 211	Mt 14,2	καὶ εἶπεν τοῖς παισὶν αὐτοῦ· οὗτός ἐστιν Ἰωάννης ὁ βαπτιστής· αὐτὸς ἠγέρθη ἀπὸ τῶν νεκρῶν καὶ **διὰ τοῦτο** αἱ δυνάμεις ἐνεργοῦσιν ἐν αὐτῷ.	Mk 6,16 → Mk 6,27	ἀκούσας δὲ ὁ Ἡρῴδης ἔλεγεν· ὃν ἐγὼ ἀπεκεφάλισα Ἰωάννην, οὗτος ἠγέρθη.	Lk 9,9	εἶπεν δὲ Ἡρῴδης· Ἰωάννην ἐγὼ ἀπεκεφάλισα· τίς δέ ἐστιν οὗτος περὶ οὗ ἀκούω τοιαῦτα; ...	
d 221	Mt 14,3	ὁ γὰρ Ἡρῴδης κρατήσας τὸν Ἰωάννην ἔδησεν [αὐτὸν] καὶ ἐν φυλακῇ ἀπέθετο **διὰ Ἡρῳδιάδα** τὴν γυναῖκα Φιλίππου τοῦ ἀδελφοῦ αὐτοῦ·	Mk 6,17	αὐτὸς γὰρ ὁ Ἡρῴδης ἀποστείλας ἐκράτησεν τὸν Ἰωάννην καὶ ἔδησεν αὐτὸν ἐν φυλακῇ **διὰ Ἡρῳδιάδα** τὴν γυναῖκα Φιλίππου τοῦ ἀδελφοῦ αὐτοῦ, ὅτι αὐτὴν ἐγάμησεν·	Lk 3,19 → Mt 14,4 → Mk 6,18	ὁ δὲ Ἡρῴδης ὁ τετραάρχης, ἐλεγχόμενος ὑπ' αὐτοῦ **περὶ Ἡρῳδιάδος** τῆς γυναικὸς τοῦ ἀδελφοῦ αὐτοῦ καὶ περὶ πάντων ὧν ἐποίησεν πονηρῶν ὁ Ἡρῴδης, [20] προσέθηκεν καὶ τοῦτο ἐπὶ πᾶσιν [καὶ] κατέκλεισεν τὸν Ἰωάννην ἐν φυλακῇ.	
d 220	Mt 14,9	καὶ λυπηθεὶς ὁ βασιλεὺς **διὰ τοὺς ὅρκους** καὶ τοὺς συνανακειμένους ἐκέλευσεν δοθῆναι	Mk 6,26	καὶ περίλυπος γενόμενος ὁ βασιλεὺς **διὰ τοὺς ὅρκους** καὶ τοὺς ἀνακειμένους οὐκ ἠθέλησεν ἀθετῆσαι αὐτήν·			
b 220	Mt 15,2 → Mt 15,20	**διὰ τί** οἱ μαθηταί σου παραβαίνουσιν τὴν παράδοσιν τῶν πρεσβυτέρων; οὐ γὰρ νίπτονται τὰς χεῖρας [αὐτῶν] ὅταν ἄρτον ἐσθίωσιν.	Mk 7,5	... **διὰ τί** οὐ περιπατοῦσιν οἱ μαθηταί σου κατὰ τὴν παράδοσιν τῶν πρεσβυτέρων, ἀλλὰ κοιναῖς χερσὶν ἐσθίουσιν τὸν ἄρτον;			
b 210 *d* 210	Mt 15,3 (2)	ὁ δὲ ἀποκριθεὶς εἶπεν αὐτοῖς· **διὰ τί** καὶ ὑμεῖς παραβαίνετε τὴν ἐντολὴν τοῦ θεοῦ **διὰ τὴν παράδοσιν ὑμῶν;**	Mk 7,9	καὶ ἔλεγεν αὐτοῖς· καλῶς ἀθετεῖτε τὴν ἐντολὴν τοῦ θεοῦ, **ἵνα τὴν παράδοσιν ὑμῶν** στήσητε.			
d 210	Mt 15,6	... καὶ ἠκυρώσατε τὸν λόγον τοῦ θεοῦ **διὰ τὴν παράδοσιν ὑμῶν.**	Mk 7,13	ἀκυροῦντες τὸν λόγον τοῦ θεοῦ **τῇ παραδόσει ὑμῶν** ᾗ παρεδώκατε· καὶ παρόμοια τοιαῦτα πολλὰ ποιεῖτε.			
d 120	Mt 15,28	τότε ἀποκριθεὶς ὁ Ἰησοῦς εἶπεν αὐτῇ· ὦ γύναι, μεγάλη σου ἡ πίστις· γενηθήτω σοι ὡς θέλεις. ...	Mk 7,29	καὶ εἶπεν αὐτῇ· **διὰ τοῦτον τὸν λόγον** ὕπαγε, ἐξελήλυθεν ἐκ τῆς θυγατρός σου τὸ δαιμόνιον.			
j 120	Mt 15,29	καὶ μεταβὰς ἐκεῖθεν ὁ Ἰησοῦς ἦλθεν παρὰ τὴν θάλασσαν τῆς Γαλιλαίας, καὶ ἀναβὰς εἰς τὸ ὄρος ἐκάθητο ἐκεῖ.	Mk 7,31	καὶ πάλιν ἐξελθὼν ἐκ τῶν ὁρίων Τύρου ἦλθεν **διὰ Σιδῶνος** εἰς τὴν θάλασσαν τῆς Γαλιλαίας ἀνὰ μέσον τῶν ὁρίων Δεκαπόλεως.			

b 210	Mt 17,19	τότε προσελθόντες οἱ μαθηταὶ τῷ Ἰησοῦ κατ' ἰδίαν εἶπον· **διὰ τί** ἡμεῖς οὐκ ἠδυνήθημεν ἐκβαλεῖν αὐτό;	Mk 9,28	καὶ εἰσελθόντος αὐτοῦ εἰς οἶκον οἱ μαθηταὶ αὐτοῦ κατ' ἰδίαν ἐπηρώτων αὐτόν· ὅτι ἡμεῖς οὐκ ἠδυνήθημεν ἐκβαλεῖν αὐτό;			
d 210	Mt 17,20	ὁ δὲ λέγει αὐτοῖς· **διὰ τὴν** **ὀλιγοπιστίαν ὑμῶν·** ...	Mk 9,29	καὶ εἶπεν αὐτοῖς· τοῦτο τὸ γένος ἐν οὐδενὶ δύναται ἐξελθεῖν εἰ μὴ ἐν προσευχῇ.			
j 120	Mt 17,22	συστρεφομένων δὲ αὐτῶν ἐν τῇ Γαλιλαίᾳ ...	Mk 9,30	κἀκεῖθεν ἐξελθόντες παρεπορεύοντο **διὰ τῆς Γαλιλαίας,** καὶ οὐκ ἤθελεν ἵνα τις γνοῖ·			
c 002 *d* 002					Lk 11,8 (2)	λέγω ὑμῖν, εἰ καὶ οὐ δώσει αὐτῷ ἀναστὰς **διὰ τὸ εἶναι** φίλον αὐτοῦ, **διά γε τὴν ἀναίδειαν** **αὐτοῦ** ἐγερθεὶς δώσει αὐτῷ ὅσων χρῄζει.	
a 202	Mt 12,27	καὶ εἰ ἐγὼ ἐν Βεελζεβοὺλ ἐκβάλλω τὰ δαιμόνια, οἱ υἱοὶ ὑμῶν ἐν τίνι ἐκβάλλουσιν; **διὰ τοῦτο** αὐτοὶ κριταὶ ἔσονται ὑμῶν.			Lk 11,19	εἰ δὲ ἐγὼ ἐν Βεελζεβοὺλ ἐκβάλλω τὰ δαιμόνια, οἱ υἱοὶ ὑμῶν ἐν τίνι ἐκβάλλουσιν; **διὰ τοῦτο** αὐτοὶ ὑμῶν κριταὶ ἔσονται.	
   202	Mt 12,43 → Mk 9,25	ὅταν δὲ τὸ ἀκάθαρτον πνεῦμα ἐξέλθῃ ἀπὸ τοῦ ἀνθρώπου, διέρχεται **δι' ἀνύδρων τόπων** ζητοῦν ἀνάπαυσιν καὶ οὐχ εὑρίσκει.			Lk 11,24 → Mk 9,25	ὅταν τὸ ἀκάθαρτον πνεῦμα ἐξέλθῃ ἀπὸ τοῦ ἀνθρώπου, διέρχεται **δι' ἀνύδρων τόπων** ζητοῦν ἀνάπαυσιν καὶ μὴ εὑρίσκον· ...	
a 202	Mt 23,34	**διὰ τοῦτο** ἰδοὺ ἐγὼ ἀποστέλλω πρὸς ὑμᾶς προφήτας καὶ σοφοὺς καὶ γραμματεῖς· ...			Lk 11,49	**διὰ τοῦτο** καὶ ἡ σοφία τοῦ θεοῦ εἶπεν· ἀποστελῶ εἰς αὐτοὺς προφήτας καὶ ἀποστόλους, ...	
a 202	Mt 6,25	**διὰ τοῦτο** λέγω ὑμῖν· μὴ μεριμνᾶτε τῇ ψυχῇ ὑμῶν τί φάγητε [ἢ τί πίητε], ...			Lk 12,22	... **διὰ τοῦτο** λέγω ὑμῖν· μὴ μεριμνᾶτε τῇ ψυχῇ τί φάγητε, ...	→ GTh 36 (only POxy 655)
 202	Mt 7,13 (2)	εἰσέλθατε **διὰ τῆς στενῆς** **πύλης·** ...			Lk 13,24	ἀγωνίζεσθε εἰσελθεῖν **διὰ τῆς στενῆς** **θύρας,** ...	
a 002					Lk 14,20	καὶ ἕτερος εἶπεν· γυναῖκα ἔγημα καὶ **διὰ τοῦτο** οὐ δύναμαι ἐλθεῖν.	→ GTh 64
   202	Mt 18,7	... ἀνάγκη γὰρ ἐλθεῖν τὰ σκάνδαλα, πλὴν οὐαὶ τῷ ἀνθρώπῳ **δι' οὗ** τὸ σκάνδαλον ἔρχεται.			Lk 17,1	... ἀνένδεκτόν ἐστιν τοῦ τὰ σκάνδαλα μὴ ἐλθεῖν, πλὴν οὐαὶ **δι' οὗ** ἔρχεται·	

f 200	**Mt 18,10** → Mt 18,6 → Mk 9,42 → Lk 17,2	... οἱ ἄγγελοι αὐτῶν ἐν οὐρανοῖς **διὰ παντὸς** βλέπουσι τὸ πρόσωπον τοῦ πατρός μου τοῦ ἐν οὐρανοῖς.					
a 200	**Mt 18,23**	**διὰ τοῦτο** ὡμοιώθη ἡ βασιλεία τῶν οὐρανῶν ἀνθρώπῳ βασιλεῖ, ὃς ἠθέλησεν συνᾶραι λόγον μετὰ τῶν δούλων αὐτοῦ.					
k 002					**Lk 17,11**	... καὶ αὐτὸς διήρχετο **διὰ μέσον** **Σαμαρείας καὶ** **Γαλιλαίας.**	
c 002					**Lk 18,5**	**διά γε τὸ παρέχειν** **μοι κόπον** τὴν χήραν ταύτην ἐκδικήσω αὐτήν, ...	
d 200	**Mt 19,12**	... καὶ εἰσὶν εὐνοῦχοι οἵτινες εὐνούχισαν ἑαυτοὺς **διὰ τὴν βασιλείαν** **τῶν οὐρανῶν. ...**					
222	**Mt 19,24**	... εὐκοπώτερόν ἐστιν κάμηλον **διὰ τρυπήματος** **ῥαφίδος** διελθεῖν ἢ πλούσιον εἰσελθεῖν εἰς τὴν βασιλείαν τοῦ θεοῦ.	**Mk 10,25**	εὐκοπώτερόν ἐστιν κάμηλον **διὰ [τῆς] τρυμαλιᾶς** **[τῆς] ῥαφίδος** διελθεῖν ἢ πλούσιον εἰς τὴν βασιλείαν τοῦ θεοῦ εἰσελθεῖν.	**Lk 18,25**	εὐκοπώτερον γάρ ἐστιν κάμηλον **διὰ τρήματος** **βελόνης** εἰσελθεῖν ἢ πλούσιον εἰς τὴν βασιλείαν τοῦ θεοῦ εἰσελθεῖν.	
h 112	**Mt 20,18**	ἰδοὺ ἀναβαίνομεν εἰς Ἱεροσόλυμα, καὶ ὁ υἱὸς τοῦ ἀνθρώπου παραδοθήσεται τοῖς ἀρχιερεῦσιν ...	**Mk 10,33**	ὅτι ἰδοὺ ἀναβαίνομεν εἰς Ἱεροσόλυμα, καὶ ὁ υἱὸς τοῦ ἀνθρώπου παραδοθήσεται τοῖς ἀρχιερεῦσιν ...	**Lk 18,31**	... ἰδοὺ ἀναβαίνομεν εἰς Ἰερουσαλήμ, καὶ τελεσθήσεται πάντα τὰ γεγραμμένα **διὰ τῶν προφητῶν** τῷ υἱῷ τοῦ ἀνθρώπου·	
c 002					**Lk 19,11**	... εἶπεν παραβολὴν **διὰ τὸ ἐγγὺς εἶναι** Ἰερουσαλὴμ αὐτὸν ...	
b 102	**Mt 25,27**	 ἔδει σε οὖν βαλεῖν τὰ ἀργύριά μου τοῖς τραπεζίταις, ...			**Lk 19,23**	καὶ **διὰ τί** οὐκ ἔδωκάς μου τὸ ἀργύριον ἐπὶ τράπεζαν; ...	
b 112	**Mt 21,3**	καὶ ἐάν τις ὑμῖν εἴπῃ **τι,** ἐρεῖτε ὅτι ὁ κύριος αὐτῶν χρείαν ἔχει· ...	**Mk 11,3**	καὶ ἐάν τις ὑμῖν εἴπῃ· **τί** ποιεῖτε τοῦτο; εἴπατε· ὁ κύριος αὐτοῦ χρείαν ἔχει, ...	**Lk 19,31**	καὶ ἐάν τις ὑμᾶς ἐρωτᾷ· **διὰ τί** λύετε; οὕτως ἐρεῖτε· ὅτι ὁ κύριος αὐτοῦ χρείαν ἔχει.	
h 200	**Mt 21,4**	τοῦτο δὲ γέγονεν ἵνα πληρωθῇ τὸ ῥηθὲν **διὰ τοῦ προφήτου** λέγοντος·					→ Jn 12,14
020			**Mk 11,16**	καὶ οὐκ ἤφιεν ἵνα τις διενέγκῃ σκεῦος **διὰ τοῦ ἱεροῦ.**			

a 120	**Mt 21,22** → Mt 7,8 → Mt 18,19	καὶ πάντα ὅσα ἂν αἰτήσητε ἐν τῇ προσευχῇ πιστεύοντες λήμψεσθε.	**Mk 11,24**	**διὰ τοῦτο** λέγω ὑμῖν, πάντα ὅσα προσεύχεσθε καὶ αἰτεῖσθε, πιστεύετε ὅτι ἐλάβετε, καὶ ἔσται ὑμῖν.	→ Lk 11,10		
b 222	**Mt 21,25**	... οἱ δὲ διελογίζοντο ἐν ἑαυτοῖς λέγοντες· ἐὰν εἴπωμεν· ἐξ οὐρανοῦ, ἐρεῖ ἡμῖν· **διὰ τί** οὖν οὐκ ἐπιστεύσατε αὐτῷ;	**Mk 11,31**	καὶ διελογίζοντο πρὸς ἑαυτοὺς λέγοντες· ἐὰν εἴπωμεν· ἐξ οὐρανοῦ, ἐρεῖ· **διὰ τί** [οὖν] οὐκ ἐπιστεύσατε αὐτῷ;	**Lk 20,5**	οἱ δὲ συνελογίσαντο πρὸς ἑαυτοὺς λέγοντες ὅτι ἐὰν εἴπωμεν· ἐξ οὐρανοῦ, ἐρεῖ· **διὰ τί** οὐκ ἐπιστεύσατε αὐτῷ;	
a 200	**Mt 21,43** → Mt 21,41	**διὰ τοῦτο** λέγω ὑμῖν ὅτι ἀρθήσεται ἀφ᾽ ὑμῶν ἡ βασιλεία τοῦ θεοῦ ...					
a 121	**Mt 22,29**	ἀποκριθεὶς δὲ ὁ Ἰησοῦς εἶπεν αὐτοῖς· πλανᾶσθε μὴ εἰδότες τὰς γραφὰς μηδὲ τὴν δύναμιν τοῦ θεοῦ·	**Mk 12,24**	ἔφη αὐτοῖς ὁ Ἰησοῦς· οὐ **διὰ τοῦτο** πλανᾶσθε μὴ εἰδότες τὰς γραφὰς μηδὲ τὴν δύναμιν τοῦ θεοῦ;	**Lk 20,34** → Mt 22,30 → Mk 12,25	καὶ εἶπεν αὐτοῖς ὁ Ἰησοῦς· οἱ υἱοὶ τοῦ αἰῶνος τούτου γαμοῦσιν καὶ γαμίσκονται	
a 202	**Mt 23,34**	**διὰ τοῦτο** ἰδοὺ ἐγὼ ἀποστέλλω πρὸς ὑμᾶς προφήτας καὶ σοφοὺς καὶ γραμματεῖς· ...			**Lk 11,49**	**διὰ τοῦτο** καὶ ἡ σοφία τοῦ θεοῦ εἶπεν· ἀποστελῶ εἰς αὐτοὺς προφήτας καὶ ἀποστόλους, ...	
d 222	**Mt 10,22** ⇩ Mt 24,9	καὶ ἔσεσθε μισούμενοι ὑπὸ πάντων **διὰ τὸ ὄνομά μου· ...**	**Mk 13,13**	καὶ ἔσεσθε μισούμενοι ὑπὸ πάντων **διὰ τὸ ὄνομά μου. ...**	**Lk 21,17**	καὶ ἔσεσθε μισούμενοι ὑπὸ πάντων **διὰ τὸ ὄνομά μου. ...**	
d 200	**Mt 24,9** ⇧ Mt 10,22 → Mt 24,10	... καὶ ἔσεσθε μισούμενοι ὑπὸ πάντων τῶν ἐθνῶν **διὰ τὸ ὄνομά μου.**	Mk 13,13	καὶ ἔσεσθε μισούμενοι ὑπὸ πάντων διὰ τὸ ὄνομά μου. ...	Lk 21,17	καὶ ἔσεσθε μισούμενοι ὑπὸ πάντων διὰ τὸ ὄνομά μου.	
c 200	**Mt 24,12**	καὶ **διὰ τὸ πληθυνθῆναι τὴν ἀνομίαν** ψυγήσεται ἡ ἀγάπη τῶν πολλῶν.					
h 211	**Mt 24,15**	ὅταν οὖν ἴδητε *τὸ βδέλυγμα τῆς ἐρημώσεως* τὸ ῥηθὲν **διὰ Δανιὴλ τοῦ προφήτου** ἑστὸς ἐν τόπῳ ἁγίῳ, ὁ ἀναγινώσκων νοείτω ➤ Dan 9,27/11,31/12,11	**Mk 13,14**	ὅταν δὲ ἴδητε *τὸ βδέλυγμα τῆς ἐρημώσεως* ἑστηκότα ὅπου οὐ δεῖ, ὁ ἀναγινώσκων νοείτω, ... ➤ Dan 9,27/11,31/12,11	**Lk 21,20** → Lk 19,43	ὅταν δὲ ἴδητε κυκλουμένην ὑπὸ στρατοπέδων Ἰερουσαλήμ, τότε γνῶτε ὅτι ἤγγικεν ἡ ἐρήμωσις αὐτῆς.	
d 220	**Mt 24,22**	καὶ εἰ μὴ ἐκολοβώθησαν αἱ ἡμέραι ἐκεῖναι, οὐκ ἂν ἐσώθη πᾶσα σάρξ· **διὰ δὲ τοὺς ἐκλεκτοὺς** κολοβωθήσονται αἱ ἡμέραι ἐκεῖναι.	**Mk 13,20**	καὶ εἰ μὴ ἐκολόβωσεν κύριος τὰς ἡμέρας, οὐκ ἂν ἐσώθη πᾶσα σάρξ· ἀλλὰ **διὰ τοὺς ἐκλεκτοὺς** οὓς ἐξελέξατο ἐκολόβωσεν τὰς ἡμέρας.			
a 201	**Mt 24,44** → Mt 24,42 → Mt 24,50 → Mt 25,13	**διὰ τοῦτο** καὶ ὑμεῖς γίνεσθε ἕτοιμοι, ὅτι ᾗ οὐ δοκεῖτε ὥρᾳ ὁ υἱὸς τοῦ ἀνθρώπου ἔρχεται.	→ Mk 13,35		**Lk 12,40** → Lk 12,38	καὶ ὑμεῖς γίνεσθε ἕτοιμοι, ὅτι ᾗ ὥρᾳ οὐ δοκεῖτε ὁ υἱὸς τοῦ ἀνθρώπου ἔρχεται.	→ GTh 21,6

222	Mt 26,24	ὁ μὲν υἱὸς τοῦ ἀνθρώπου ὑπάγει καθὼς γέγραπται περὶ αὐτοῦ, οὐαὶ δὲ τῷ ἀνθρώπῳ ἐκείνῳ **δι᾽ οὗ** ὁ υἱὸς τοῦ ἀνθρώπου παραδίδοται· ...	Mk 14,21	ὅτι ὁ μὲν υἱὸς τοῦ ἀνθρώπου ὑπάγει καθὼς γέγραπται περὶ αὐτοῦ, οὐαὶ δὲ τῷ ἀνθρώπῳ ἐκείνῳ **δι᾽ οὗ** ὁ υἱὸς τοῦ ἀνθρώπου παραδίδοται· ...	Lk 22,22	ὅτι ὁ υἱὸς μὲν τοῦ ἀνθρώπου κατὰ τὸ ὡρισμένον πορεύεται, πλὴν οὐαὶ τῷ ἀνθρώπῳ ἐκείνῳ **δι᾽ οὗ** παραδίδοται.	
e 220	Mt 26,61 → Mt 27,40	... δύναμαι καταλῦσαι τὸν ναὸν τοῦ θεοῦ καὶ **διὰ τριῶν ἡμερῶν** οἰκοδομῆσαι.	Mk 14,58 → Mk 15,29	... ἐγὼ καταλύσω τὸν ναὸν τοῦτον τὸν χειροποίητον καὶ **διὰ τριῶν ἡμερῶν** ἄλλον ἀχειροποίητον οἰκοδομήσω.			→ Jn 2,19 → Acts 6,14 → GTh 71
h 200	Mt 27,9	τότε ἐπληρώθη τὸ ῥηθὲν **διὰ Ἰερεμίου τοῦ προφήτου** λέγοντος· *καὶ ἔλαβον τὰ τριάκοντα ἀργύρια, τὴν τιμὴν τοῦ τετιμημένου ὃν ἐτιμήσαντο* ἀπὸ υἱῶν Ἰσραήλ ➤ Zech 11,13					
c 002					Lk 23,8 → Lk 9,9	ὁ δὲ Ἡρῴδης ἰδὼν τὸν Ἰησοῦν ἐχάρη λίαν, ἦν γὰρ ἐξ ἱκανῶν χρόνων θέλων ἰδεῖν αὐτὸν **διὰ τὸ ἀκούειν** περὶ αὐτοῦ, ...	
d 220	Mt 27,18	ᾔδει γὰρ ὅτι **διὰ φθόνον** παρέδωκαν αὐτόν.	Mk 15,10	ἐγίνωσκεν γὰρ ὅτι **διὰ φθόνον** παραδεδώκεισαν αὐτὸν οἱ ἀρχιερεῖς.			
d 200	Mt 27,19	... ἀπέστειλεν πρὸς αὐτὸν ἡ γυνὴ αὐτοῦ λέγουσα· μηδὲν σοὶ καὶ τῷ δικαίῳ ἐκείνῳ· πολλὰ γὰρ ἔπαθον σήμερον κατ᾽ ὄναρ **δι᾽ αὐτόν.**					
d 112	Mt 27,16 ↓ Mt 27,26	εἶχον δὲ τότε δέσμιον ἐπίσημον λεγόμενον [Ἰησοῦν] Βαραββᾶν.	Mk 15,7 ↓ Mk 15,15	ἦν δὲ ὁ λεγόμενος Βαραββᾶς μετὰ τῶν στασιαστῶν δεδεμένος οἵτινες **ἐν τῇ στάσει** φόνον πεποιήκεισαν.	Lk 23,19 ↓ Lk 23,25	ὅστις ἦν **διὰ στάσιν τινὰ** γενομένην ἐν τῇ πόλει καὶ φόνον βληθεὶς ἐν τῇ φυλακῇ.	→ Jn 18,40
d 112	Mt 27,26 ↑ Mt 27,16	τότε ἀπέλυσεν αὐτοῖς τὸν Βαραββᾶν, τὸν δὲ Ἰησοῦν φραγελλώσας παρέδωκεν ἵνα σταυρωθῇ.	Mk 15,15 ↑ Mk 15,7	... ἀπέλυσεν αὐτοῖς τὸν Βαραββᾶν, καὶ παρέδωκεν τὸν Ἰησοῦν φραγελλώσας ἵνα σταυρωθῇ.	Lk 23,25 ↑ Lk 23,19	ἀπέλυσεν δὲ τὸν **διὰ στάσιν καὶ φόνον** βεβλημένον εἰς φυλακὴν ὃν ᾐτοῦντο, τὸν δὲ Ἰησοῦν παρέδωκεν τῷ θελήματι αὐτῶν.	→ Jn 19,16
b 002					Lk 24,38	... τί τεταραγμένοι ἐστὲ καὶ **διὰ τί** διαλογισμοὶ ἀναβαίνουσιν ἐν τῇ καρδίᾳ ὑμῶν;	

f 002		**Lk 24,53** καὶ ἦσαν **διὰ παντὸς** ἐν τῷ ἱερῷ εὐλογοῦντες τὸν θεόν.	→ Acts 1,14

a διὰ τοῦτο, ~ ταῦτα
b διὰ τί
c διά + infinitive
d διά + accusative
e διά concerning time
f διὰ παντός
g διὰ χειρός, ~ (τῶν) χειρῶν
h διὰ τοῦ προφήτου, ~ τῶν προφητῶν
j διὰ with geographical name
k διὰ μέσου, ~ μέσον

Acts 1,2 (→ Lk 9,51; → Lk 24,51) ἄχρι ἧς ἡμέρας ἐντειλάμενος τοῖς ἀποστόλοις **διὰ πνεύματος ἁγίου** οὓς ἐξελέξατο ἀνελήμφθη.

e **Acts 1,3** οἷς καὶ παρέστησεν ἑαυτὸν ζῶντα μετὰ τὸ παθεῖν αὐτὸν ἐν πολλοῖς τεκμηρίοις, **δι᾽ ἡμερῶν τεσσεράκοντα** ὀπτανόμενος αὐτοῖς καὶ λέγων τὰ περὶ τῆς βασιλείας τοῦ θεοῦ·

Acts 1,16 ἄνδρες ἀδελφοί, ἔδει πληρωθῆναι τὴν γραφὴν ἣν προεῖπεν τὸ πνεῦμα τὸ ἅγιον **διὰ στόματος Δαυὶδ** περὶ Ἰούδα ...

h **Acts 2,16** ἀλλὰ τοῦτό ἐστιν τὸ εἰρημένον **διὰ τοῦ προφήτου Ἰωήλ·**

Acts 2,22 (→ Lk 24,19) ... Ἰησοῦν τὸν Ναζωραῖον, ἄνδρα ἀποδεδειγμένον ἀπὸ τοῦ θεοῦ εἰς ὑμᾶς δυνάμεσι καὶ τέρασι καὶ σημείοις οἷς ἐποίησεν **δι᾽ αὐτοῦ** ὁ θεὸς ἐν μέσῳ ὑμῶν καθὼς αὐτοὶ οἴδατε,

g **Acts 2,23** τοῦτον τῇ ὡρισμένῃ βουλῇ καὶ προγνώσει τοῦ θεοῦ ἔκδοτον **διὰ χειρὸς ἀνόμων** προσπήξαντες ἀνείλατε

f **Acts 2,25** ... *προορώμην τὸν κύριον ἐνώπιόν μου* ***διὰ παντός,*** *ὅτι ἐκ δεξιῶν μού ἐστιν ἵνα μὴ σαλευθῶ.*
➤ Ps 15,8 LXX

a **Acts 2,26** ***διὰ τοῦτο*** *ηὐφράνθη ἡ καρδία μου καὶ ἠγαλλιάσατο ἡ γλῶσσά μου, ἔτι δὲ καὶ ἡ σάρξ μου κατασκηνώσει ἐπ᾽ ἐλπίδι*
➤ Ps 15,9 LXX

Acts 2,43 ἐγίνετο δὲ πάσῃ ψυχῇ φόβος, πολλά τε τέρατα καὶ σημεῖα **διὰ τῶν ἀποστόλων** ἐγίνετο.

Acts 3,16 ... καὶ ἡ πίστις ἡ **δι᾽ αὐτοῦ** ἔδωκεν αὐτῷ τὴν ὁλοκληρίαν ταύτην ἀπέναντι πάντων ὑμῶν.

h **Acts 3,18** ὁ δὲ θεός, ἃ προκατήγγειλεν **διὰ στόματος πάντων τῶν προφητῶν** παθεῖν τὸν χριστὸν αὐτοῦ ἐπλήρωσεν οὕτως.

h **Acts 3,21** (**→ Lk 1,70**; → Mt 17,11; → Mk 9,12) [20] ... Χριστόν Ἰησοῦν, [21] ὃν δεῖ οὐρανὸν μὲν δέξασθαι ἄχρι χρόνων ἀποκαταστάσεως πάντων ὧν ἐλάλησεν ὁ θεὸς **διὰ στόματος τῶν ἁγίων ἀπ᾽ αἰῶνος αὐτοῦ προφητῶν.**

c **Acts 4,2** διαπονούμενοι **διὰ τὸ διδάσκειν** αὐτοὺς τὸν λαὸν καὶ καταγγέλλειν ἐν τῷ Ἰησοῦ τὴν ἀνάστασιν τὴν ἐκ νεκρῶν

Acts 4,16 ... τί ποιήσωμεν τοῖς ἀνθρώποις τούτοις; ὅτι μὲν γὰρ γνωστὸν σημεῖον γέγονεν **δι᾽ αὐτῶν** πᾶσιν τοῖς κατοικοῦσιν Ἰερουσαλὴμ φανερὸν καὶ οὐ δυνάμεθα ἀρνεῖσθαι·

d **Acts 4,21** ... μηδὲν εὑρίσκοντες τὸ πῶς κολάσωνται αὐτούς, **διὰ τὸν λαόν,** ὅτι πάντες ἐδόξαζον τὸν θεὸν ἐπὶ τῷ γεγονότι·

Acts 4,25 (→ Mt 22,43; → Mk 12,36; → Lk 20,42) ὁ τοῦ πατρὸς ἡμῶν **διὰ πνεύματος ἁγίου** στόματος Δαυὶδ παιδός σου εἰπών· *ἱνατί ἐφρύαξαν ἔθνη καὶ λαοὶ ἐμελέτησαν κενά;*
➤ Ps 2,1 LXX

Acts 4,30 ἐν τῷ τὴν χεῖρά [σου] ἐκτείνειν σε εἰς ἴασιν καὶ σημεῖα καὶ τέρατα γίνεσθαι **διὰ τοῦ ὀνόματος τοῦ ἁγίου παιδός σου Ἰησοῦ.**

b **Acts 5,3** ... Ἁνανία, **διὰ τί** ἐπλήρωσεν ὁ σατανᾶς τὴν καρδίαν σου, ψεύσασθαί σε τὸ πνεῦμα τὸ ἅγιον καὶ νοσφίσασθαι ἀπὸ τῆς τιμῆς τοῦ χωρίου;

g **Acts 5,12** **διὰ δὲ τῶν χειρῶν τῶν ἀποστόλων** ἐγίνετο σημεῖα καὶ τέρατα πολλὰ ἐν τῷ λαῷ. ...

e **Acts 5,19** ἄγγελος δὲ κυρίου **διὰ νυκτὸς** ἀνοίξας τὰς θύρας τῆς φυλακῆς ...

g **Acts 7,25** ἐνόμιζεν δὲ συνιέναι τοὺς ἀδελφοὺς [αὐτοῦ] ὅτι ὁ θεὸς **διὰ χειρὸς αὐτοῦ** δίδωσιν σωτηρίαν αὐτοῖς· ...

c **Acts 8,11** προσεῖχον δὲ αὐτῷ **διὰ τὸ ἱκανῷ χρόνῳ ταῖς μαγείαις ἐξεστακέναι** αὐτούς.

Acts 8,18 ἰδὼν δὲ ὁ Σίμων ὅτι **διὰ τῆς ἐπιθέσεως τῶν χειρῶν τῶν ἀποστόλων** δίδοται τὸ πνεῦμα, προσήνεγκεν αὐτοῖς χρήματα

Acts 8,20 ... τὸ ἀργύριόν σου σὺν σοὶ εἴη εἰς ἀπώλειαν ὅτι τὴν δωρεὰν τοῦ θεοῦ ἐνόμισας **διὰ χρημάτων** κτᾶσθαι·

Acts 9,25 λαβόντες δὲ οἱ μαθηταὶ αὐτοῦ νυκτὸς
διὰ τοῦ τείχους
καθῆκαν αὐτὸν χαλάσαντες ἐν σπυρίδι.

Acts 9,32 ἐγένετο δὲ Πέτρον διερχόμενον
διὰ πάντων
κατελθεῖν καὶ πρὸς τοὺς ἁγίους τοὺς κατοικοῦντας Λύδδα.

f **Acts 10,2** (→ Lk 7,5) ... ποιῶν ἐλεημοσύνας πολλὰς τῷ λαῷ καὶ δεόμενος τοῦ θεοῦ
διὰ παντός

d **Acts 10,21** ... ἰδοὺ ἐγώ εἰμι ὃν ζητεῖτε· τίς ἡ αἰτία
δι' ἣν
πάρεστε;

Acts 10,36 τὸν λόγον [ὃν] ἀπέστειλεν τοῖς υἱοῖς Ἰσραὴλ εὐαγγελιζόμενος εἰρήνην
διὰ Ἰησοῦ Χριστοῦ,
οὗτός ἐστιν πάντων κύριος

Acts 10,43 τούτῳ πάντες οἱ προφῆται μαρτυροῦσιν ἄφεσιν ἁμαρτιῶν λαβεῖν
διὰ τοῦ ὀνόματος αὐτοῦ
πάντα τὸν πιστεύοντα εἰς αὐτόν.

Acts 11,28 ἀναστὰς δὲ εἷς ἐξ αὐτῶν ὀνόματι Ἅγαβος ἐσήμανεν
διὰ τοῦ πνεύματος
λιμὸν μεγάλην μέλλειν ἔσεσθαι ἐφ' ὅλην τὴν οἰκουμένην, ...

g **Acts 11,30** ὃ καὶ ἐποίησαν ἀποστείλαντες πρὸς τοὺς πρεσβυτέρους
διὰ χειρὸς Βαρναβᾶ καὶ Σαύλου.

Acts 12,9 καὶ ἐξελθὼν ἠκολούθει καὶ οὐκ ᾔδει ὅτι ἀληθές ἐστιν τὸ γινόμενον
διὰ τοῦ ἀγγέλου·
ἐδόκει δὲ ὅραμα βλέπειν.

c **Acts 12,20** ... ᾐτοῦντο εἰρήνην
διὰ τὸ τρέφεσθαι
αὐτῶν τὴν χώραν ἀπὸ τῆς βασιλικῆς.

Acts 13,38 γνωστὸν οὖν ἔστω ὑμῖν, ἄνδρες ἀδελφοί, ὅτι
διὰ τούτου
ὑμῖν ἄφεσις ἁμαρτιῶν καταγγέλλεται, ...

Acts 13,49 διεφέρετο δὲ ὁ λόγος τοῦ κυρίου
δι' ὅλης τῆς χώρας.

g **Acts 14,3** ἱκανὸν μὲν οὖν χρόνον διέτριψαν παρρησιαζόμενοι ἐπὶ τῷ κυρίῳ τῷ μαρτυροῦντι [ἐπὶ] τῷ λόγῳ τῆς χάριτος αὐτοῦ, διδόντι σημεῖα καὶ τέρατα γίνεσθαι
διὰ τῶν χειρῶν αὐτῶν.

Acts 14,22 (→ Lk 24,26) ... παρακαλοῦντες ἐμμένειν τῇ πίστει καὶ ὅτι
διὰ πολλῶν θλίψεων
δεῖ ἡμᾶς εἰσελθεῖν εἰς τὴν βασιλείαν τοῦ θεοῦ.

Acts 15,7 ... ἄνδρες ἀδελφοί, ὑμεῖς ἐπίστασθε ὅτι ἀφ' ἡμερῶν ἀρχαίων ἐν ὑμῖν ἐξελέξατο ὁ θεὸς
διὰ τοῦ στόματός μου
ἀκοῦσαι τὰ ἔθνη τὸν λόγον τοῦ εὐαγγελίου καὶ πιστεῦσαι.

Acts 15,11 ἀλλὰ
διὰ τῆς χάριτος τοῦ κυρίου Ἰησοῦ
πιστεύομεν σωθῆναι καθ' ὃν τρόπον κἀκεῖνοι.

Acts 15,12 ... καὶ ἤκουον Βαρναβᾶ καὶ Παύλου ἐξηγουμένων ὅσα ἐποίησεν ὁ θεὸς σημεῖα καὶ τέρατα ἐν τοῖς ἔθνεσιν
δι' αὐτῶν.

g **Acts 15,23** γράψαντες
διὰ χειρὸς αὐτῶν·
οἱ ἀπόστολοι καὶ οἱ πρεσβύτεροι ἀδελφοὶ ...

Acts 15,27 ἀπεστάλκαμεν οὖν Ἰούδαν καὶ Σιλᾶν καὶ αὐτοὺς
διὰ λόγου
ἀπαγγέλλοντας τὰ αὐτά.

Acts 15,32 Ἰούδας τε καὶ Σιλᾶς καὶ αὐτοὶ προφῆται ὄντες
διὰ λόγου πολλοῦ
παρεκάλεσαν τοὺς ἀδελφοὺς καὶ ἐπεστήριξαν

d **Acts 16,3** τοῦτον ἠθέλησεν ὁ Παῦλος σὺν αὐτῷ ἐξελθεῖν, καὶ λαβὼν περιέτεμεν αὐτὸν
διὰ τοὺς Ἰουδαίους
τοὺς ὄντας ἐν τοῖς τόποις ἐκείνοις· ...

e **Acts 16,9** καὶ ὅραμα
διὰ [τῆς] νυκτὸς
τῷ Παύλῳ ὤφθη, ἀνὴρ Μακεδών τις ἦν ἑστὼς ...

e **Acts 17,10** οἱ δὲ ἀδελφοὶ εὐθέως
διὰ νυκτὸς
ἐξέπεμψαν τόν τε Παῦλον καὶ τὸν Σιλᾶν εἰς Βέροιαν, ...

c **Acts 18,2** καὶ εὑρών τινα Ἰουδαῖον ὀνόματι Ἀκύλαν, ... καὶ Πρίσκιλλαν γυναῖκα αὐτοῦ,
διὰ τὸ διατεταχέναι
Κλαύδιον χωρίζεσθαι πάντας τοὺς Ἰουδαίους ἀπὸ τῆς Ῥώμης, ...

c **Acts 18,3** καὶ
διὰ τὸ ὁμότεχνον εἶναι
ἔμενεν παρ' αὐτοῖς, καὶ ἠργάζετο· ...

Acts 18,9 εἶπεν δὲ ὁ κύριος ἐν νυκτὶ
δι' ὁράματος
τῷ Παύλῳ· μὴ φοβοῦ, ἀλλὰ λάλει καὶ μὴ σιωπήσῃς

Acts 18,27 ... ὃς παραγενόμενος συνεβάλετο πολὺ τοῖς πεπιστευκόσιν
διὰ τῆς χάριτος·

Acts 18,28 εὐτόνως γὰρ τοῖς Ἰουδαίοις διακατηλέγχετο δημοσίᾳ ἐπιδεικνὺς
διὰ τῶν γραφῶν
εἶναι τὸν χριστὸν Ἰησοῦν.

g **Acts 19,11** δυνάμεις τε οὐ τὰς τυχούσας ὁ θεὸς ἐποίει
διὰ τῶν χειρῶν Παύλου

g **Acts 19,26** καὶ θεωρεῖτε καὶ ἀκούετε ὅτι οὐ μόνον Ἐφέσου ἀλλὰ σχεδὸν πάσης τῆς Ἀσίας ὁ Παῦλος οὗτος πείσας μετέστησεν ἱκανὸν ὄχλον λέγων ὅτι οὐκ εἰσὶν θεοὶ οἱ
διὰ χειρῶν
γινόμενοι.

j **Acts 20,3** ... γενομένης ἐπιβουλῆς αὐτῷ ὑπὸ τῶν Ἰουδαίων μέλλοντι ἀνάγεσθαι εἰς τὴν Συρίαν, ἐγένετο γνώμης τοῦ ὑποστρέφειν
διὰ Μακεδονίας.

Acts 20,28 ... ποιμαίνειν τὴν ἐκκλησίαν τοῦ θεοῦ, ἣν περιεποιήσατο
διὰ τοῦ αἵματος τοῦ ἰδίου.

Acts 21,4 ... οἵτινες τῷ Παύλῳ ἔλεγον
διὰ τοῦ πνεύματος
μὴ ἐπιβαίνειν εἰς Ἱεροσόλυμα.

Acts 21,19 καὶ ἀσπασάμενος αὐτοὺς ἐξηγεῖτο καθ' ἓν ἕκαστον, ὧν ἐποίησεν ὁ θεὸς ἐν τοῖς ἔθνεσιν
διὰ τῆς διακονίας αὐτοῦ.

d **Acts 21,34** ... μὴ δυναμένου δὲ αὐτοῦ γνῶναι τὸ ἀσφαλὲς
διὰ τὸν θόρυβον
ἐκέλευσεν ἄγεσθαι αὐτὸν εἰς τὴν παρεμβολήν.

d **Acts 21,35** ὅτε δὲ ἐγένετο ἐπὶ τοὺς ἀναβαθμούς, συνέβη βαστάζεσθαι αὐτὸν ὑπὸ τῶν στρατιωτῶν
διὰ τὴν βίαν τοῦ ὄχλου

d **Acts 22,24** ... εἴπας μάστιξιν ἀνετάζεσθαι αὐτὸν ἵνα ἐπιγνῷ
δι' ἣν αἰτίαν
οὕτως ἐπεφώνουν αὐτῷ.

d **Acts 23,28** βουλόμενός τε ἐπιγνῶναι τὴν αἰτίαν
δι' ἣν
ἐνεκάλουν αὐτῷ, κατήγαγον εἰς τὸ συνέδριον αὐτῶν

e **Acts 23,31** ... ἀναλαβόντες τὸν Παῦλον ἤγαγον
διὰ νυκτὸς
εἰς τὴν Ἀντιπατρίδα

Acts 24,2 (2) ... πολλῆς εἰρήνης τυγχάνοντες
διὰ σοῦ
καὶ διορθωμάτων γινομένων τῷ ἔθνει τούτῳ
διὰ τῆς σῆς προνοίας

f **Acts 24,16** ἐν τούτῳ καὶ αὐτὸς ἀσκῶ ἀπρόσκοπον συνείδησιν ἔχειν πρὸς τὸν θεὸν καὶ τοὺς ἀνθρώπους
διὰ παντός.

e **Acts 24,17** **δι' ἐτῶν δὲ πλειόνων** ἐλεημοσύνας ποιήσων εἰς τὸ ἔθνος μου παρεγενόμην καὶ προσφοράς

c **Acts 27,4** κἀκεῖθεν ἀναχθέντες ὑπεπλεύσαμεν τὴν Κύπρον
διὰ τὸ τοὺς ἀνέμους εἶναι ἐναντίους

c **Acts 27,9** ἱκανοῦ δὲ χρόνου διαγενομένου καὶ ὄντος ἤδη ἐπισφαλοῦς τοῦ πλοὸς
διὰ τὸ καὶ τὴν νηστείαν ἤδη παρεληλυθέναι
παρῄνει ὁ Παῦλος

d **Acts 28,2 (2)** ... ἅψαντες γὰρ πυρὰν προσελάβοντο πάντας ἡμᾶς
διὰ τὸν ὑετὸν τὸν ἐφεστῶτα
d καὶ
διὰ τὸ ψῦχος.

c **Acts 28,18** οἵτινες ἀνακρίναντές με ἐβούλοντο ἀπολῦσαι
διὰ τὸ μηδεμίαν αἰτίαν θανάτου ὑπάρχειν
ἐν ἐμοί.

d **Acts 28,20** **διὰ ταύτην οὖν τὴν αἰτίαν**
παρεκάλεσα ὑμᾶς ἰδεῖν καὶ προσλαλῆσαι, ...

h **Acts 28,25** ... ὅτι καλῶς τὸ πνεῦμα τὸ ἅγιον ἐλάλησεν
διὰ Ἠσαΐου τοῦ προφήτου
πρὸς τοὺς πατέρας ὑμῶν

διαβαίνω

	Syn	Mt	Mk	Lk	Acts	Jn	1-3John	Paul	Eph	Col
διαβαίνω	1			1	1					
	NT	2Thess	1/2Tim	Tit	Heb	Jas	1Pet	2Pet	Jude	Rev
	3				1					

cross; cross over; come over

002		**Lk 16,26** καὶ ἐν πᾶσι τούτοις μεταξὺ ἡμῶν καὶ ὑμῶν χάσμα μέγα ἐστήρικται, ὅπως οἱ θέλοντες **διαβῆναι** ἔνθεν πρὸς ὑμᾶς μὴ δύνωνται, ...	

Acts 16,9 ... ἀνήρ Μακεδών τις ἦν ἑστὼς καὶ παρακαλῶν αὐτὸν καὶ λέγων·
διαβὰς
εἰς Μακεδονίαν βοήθησον ἡμῖν.

διαβάλλω

	Syn 1	Mt	Mk	Lk 1	Acts	Jn	1-3John	Paul	Eph	Col
	NT 1	2Thess	1/2Tim	Tit	Heb	Jas	1Pet	2Pet	Jude	Rev

bring charges

002					**Lk 16,1**	... ἄνθρωπός τις ἦν πλούσιος ὃς εἶχεν οἰκονόμον, καὶ οὗτος **διεβλήθη** αὐτῷ ὡς διασκορπίζων τὰ ὑπάρχοντα αὐτοῦ.	

διαβλέπω

	Syn 3	Mt 1	Mk 1	Lk 1	Acts	Jn	1-3John	Paul	Eph	Col
	NT 3	2Thess	1/2Tim	Tit	Heb	Jas	1Pet	2Pet	Jude	Rev

see clearly; (*perhaps:* look hard or focus one's eyes)

202	**Mt 7,5**	ὑποκριτά, ἔκβαλε πρῶτον ἐκ τοῦ ὀφθαλμοῦ σοῦ τὴν δοκόν, καὶ τότε **διαβλέψεις** ἐκβαλεῖν τὸ κάρφος ἐκ τοῦ ὀφθαλμοῦ τοῦ ἀδελφοῦ σου.			**Lk 6,42**	... ὑποκριτά, ἔκβαλε πρῶτον τὴν δοκὸν ἐκ τοῦ ὀφθαλμοῦ σοῦ, καὶ τότε **διαβλέψεις** τὸ κάρφος τὸ ἐν τῷ ὀφθαλμῷ τοῦ ἀδελφοῦ σου ἐκβαλεῖν.	→ GTh 26 **(POxy 1)**
020			**Mk 8,25** → Mt 9,29-30 → Mt 20,34 → Mk 8,24 → Mk 10,52 → Lk 18,43	εἶτα πάλιν ἐπέθηκεν τὰς χεῖρας ἐπὶ τοὺς ὀφθαλμοὺς αὐτοῦ, καὶ **διέβλεψεν** καὶ ἀπεκατέστη καὶ ἐνέβλεπεν τηλαυγῶς ἅπαντα.			

διάβολος

	Syn 11	Mt 6	Mk	Lk 5	Acts 2	Jn 3	1-3John 4	Paul	Eph 2	Col
	NT 37	2Thess	1/2Tim 5	Tit 1	Heb 1	Jas 1	1Pet 1	2Pet	Jude 1	Rev 5

the devil; *as adjective:* given to malicious gossip; diabolical

	triple tradition																	double tradition			Sondergut		
		+Mt / +Lk			–Mt / –Lk			traditions not taken over by Mt / Lk							subtotals								
code	*222*	*211*	*112*	*212*	*221*	*122*	*121*	*022*	*012*	*021*	*220*	*120*	*210*	*020*	Σ+	Σ–	Σ	*202*	*201*	*102*	*200*	*002*	total
Mt																		2	2		2		**6**
Mk																							
Lk			1+												1+		1	2		2			**5**

202	**Mt 4,1**	τότε ὁ Ἰησοῦς ἀνήχθη εἰς τὴν ἔρημον ὑπὸ τοῦ πνεύματος πειρασθῆναι **ὑπὸ τοῦ διαβόλου.** [2] καὶ νηστεύσας ἡμέρας τεσσεράκοντα καὶ νύκτας τεσσεράκοντα ὕστερον ἐπείνασεν.	**Mk 1,13**	[12] καὶ εὐθὺς τὸ πνεῦμα αὐτὸν ἐκβάλλει εἰς τὴν ἔρημον. [13] καὶ ἦν ἐν τῇ ἐρήμῳ τεσσεράκοντα ἡμέρας πειραζόμενος **ὑπὸ τοῦ σατανᾶ,** καὶ ἦν μετὰ τῶν θηρίων, ...	**Lk 4,2**	[1] Ἰησοῦς δὲ ... ἤγετο ἐν τῷ πνεύματι ἐν τῇ ἐρήμῳ [2] ἡμέρας τεσσεράκοντα πειραζόμενος **ὑπὸ τοῦ διαβόλου.** καὶ οὐκ ἔφαγεν οὐδὲν ἐν ταῖς ἡμέραις ἐκείναις καὶ συντελεσθεισῶν αὐτῶν ἐπείνασεν.	Mk-Q overlap

102	**Mt 4,3** → Mt 27,40	καὶ προσελθὼν ὁ **πειράζων** εἶπεν αὐτῷ· εἰ υἱὸς εἶ τοῦ θεοῦ, εἰπὲ ἵνα οἱ λίθοι οὗτοι ἄρτοι γένωνται.			**Lk 4,3**	εἶπεν δὲ αὐτῷ ὁ **διάβολος**· εἰ υἱὸς εἶ τοῦ θεοῦ, εἰπὲ τῷ λίθῳ τούτῳ ἵνα γένηται ἄρτος.	
201	**Mt 4,5**	τότε παραλαμβάνει αὐτὸν ὁ **διάβολος** εἰς τὴν ἁγίαν πόλιν καὶ ἔστησεν αὐτὸν ἐπὶ τὸ πτερύγιον τοῦ ἱεροῦ			**Lk 4,9**	ἤγαγεν δὲ αὐτὸν εἰς Ἰερουσαλὴμ καὶ ἔστησεν ἐπὶ τὸ πτερύγιον τοῦ ἱεροῦ ...	
201	**Mt 4,8**	πάλιν παραλαμβάνει αὐτὸν ὁ **διάβολος** εἰς ὄρος ὑψηλὸν λίαν καὶ δείκνυσιν αὐτῷ πάσας τὰς βασιλείας τοῦ κόσμου ...			**Lk 4,5**	καὶ ἀναγαγὼν αὐτὸν ἔδειξεν αὐτῷ πάσας τὰς βασιλείας τῆς οἰκουμένης ἐν στιγμῇ χρόνου	
102	**Mt 4,9**	καὶ εἶπεν αὐτῷ· ταῦτά σοι πάντα δώσω, ...			**Lk 4,6**	καὶ εἶπεν αὐτῷ ὁ **διάβολος**· σοὶ δώσω τὴν ἐξουσίαν ταύτην ἅπασαν ...	
202	**Mt 4,11**	τότε ἀφίησιν αὐτὸν ὁ **διάβολος**, καὶ ἰδοὺ ἄγγελοι προσῆλθον καὶ διηκόνουν αὐτῷ.	Mk 1,13	... καὶ οἱ ἄγγελοι διηκόνουν αὐτῷ.	**Lk 4,13**	καὶ συντελέσας πάντα πειρασμὸν ὁ **διάβολος** ἀπέστη ἀπ᾽ αὐτοῦ ἄχρι καιροῦ.	
112	**Mt 13,19**	παντὸς ἀκούοντος τὸν λόγον τῆς βασιλείας καὶ μὴ συνιέντος, ἔρχεται ὁ **πονηρὸς** καὶ ἁρπάζει τὸ ἐσπαρμένον ἐν τῇ καρδίᾳ αὐτοῦ, οὗτός ἐστιν ὁ παρὰ τὴν ὁδὸν σπαρείς.	**Mk 4,15**	οὗτοι δέ εἰσιν οἱ παρὰ τὴν ὁδόν· ὅπου σπείρεται ὁ λόγος καὶ ὅταν ἀκούσωσιν, εὐθὺς ἔρχεται ὁ **σατανᾶς** καὶ αἴρει τὸν λόγον τὸν ἐσπαρμένον εἰς αὐτούς.	**Lk 8,12**	οἱ δὲ παρὰ τὴν ὁδόν εἰσιν οἱ ἀκούσαντες, εἶτα ἔρχεται ὁ **διάβολος** καὶ αἴρει τὸν λόγον ἀπὸ τῆς καρδίας αὐτῶν, ἵνα μὴ πιστεύσαντες σωθῶσιν.	
200	**Mt 13,39**	ὁ δὲ ἐχθρὸς ὁ σπείρας αὐτά ἐστιν ὁ **διάβολος**, ...					
200	**Mt 25,41** → Mt 7,23 → Lk 13,27	... πορεύεσθε ἀπ᾽ ἐμοῦ [οἱ] κατηραμένοι εἰς τὸ πῦρ τὸ αἰώνιον τὸ ἡτοιμασμένον **τῷ διαβόλῳ** καὶ τοῖς ἀγγέλοις αὐτοῦ.					

Acts 10,38 → Lk 4,18 → Lk 13,16 → Lk 24,19	Ἰησοῦν τὸν ἀπὸ Ναζαρέθ, ὡς ἔχρισεν αὐτὸν ὁ θεὸς πνεύματι ἁγίῳ καὶ δυνάμει, ὃς διῆλθεν εὐεργετῶν καὶ ἰώμενος πάντας τοὺς καταδυναστευομένους **ὑπὸ τοῦ διαβόλου**, ὅτι ὁ θεὸς ἦν μετ᾽ αὐτοῦ.	**Acts 13,10**	... ὦ πλήρης παντὸς δόλου καὶ πάσης ῥᾳδιουργίας, **υἱὲ διαβόλου**, ἐχθρὲ πάσης δικαιοσύνης, ...

διαγγέλλω	Syn 1	Mt	Mk	Lk 1	Acts 1	Jn	1-3John	Paul 1	Eph	Col
	NT 3	2Thess	1/2Tim	Tit	Heb	Jas	1Pet	2Pet	Jude	Rev

proclaim; preach; give notice of

	Mt		Lk		
102	**Mt 8,22** → Lk 9,59	... ἄφες τοὺς νεκροὺς θάψαι τοὺς ἑαυτῶν νεκρούς.	**Lk 9,60**	... ἄφες τοὺς νεκροὺς θάψαι τοὺς ἑαυτῶν νεκρούς, σὺ δὲ ἀπελθὼν **διάγγελλε** τὴν βασιλείαν τοῦ θεοῦ.	

Acts 21,26 τότε ὁ Παῦλος παραλαβὼν τοὺς ἄνδρας τῇ ἐχομένῃ ἡμέρᾳ σὺν αὐτοῖς ἁγνισθεὶς, εἰσῄει εἰς τὸ ἱερόν **διαγγέλλων** τὴν ἐκπλήρωσιν τῶν ἡμερῶν τοῦ ἁγνισμοῦ ...

διαγίνομαι	Syn 1	Mt	Mk 1	Lk	Acts 2	Jn	1-3John	Paul	Eph	Col
	NT 3	2Thess	1/2Tim	Tit	Heb	Jas	1Pet	2Pet	Jude	Rev

pass (of time)

121	**Mt 28,1** → Mt 27,56 → Mt 27,61	**ὀψὲ δὲ σαββάτων,** τῇ ἐπιφωσκούσῃ εἰς μίαν σαββάτων ἦλθεν Μαριὰμ ἡ Μαγδαληνὴ καὶ ἡ ἄλλη Μαρία θεωρῆσαι τὸν τάφον.	**Mk 16,1** → Mk 15,40 → Mk 15,47	**καὶ διαγενομένου τοῦ σαββάτου** Μαρία ἡ Μαγδαληνὴ καὶ Μαρία ἡ [τοῦ] Ἰακώβου καὶ Σαλώμη ἠγόρασαν ἀρώματα ἵνα ἐλθοῦσαι ἀλείψωσιν αὐτόν. [2] καὶ λίαν πρωῒ τῇ μιᾷ τῶν σαββάτων ἔρχονται ἐπὶ τὸ μνημεῖον ἀνατείλαντος τοῦ ἡλίου.	**Lk 23,56** → Lk 8,2-3	ὑποστρέψασαι δὲ ἡτοίμασαν ἀρώματα καὶ μύρα. καὶ τὸ μὲν σάββατον ἡσύχασαν κατὰ τὴν ἐντολήν. [24,1] τῇ δὲ μιᾷ τῶν σαββάτων ὄρθρου βαθέως ἐπὶ τὸ μνῆμα ἦλθον φέρουσαι ἃ ἡτοίμασαν ἀρώματα. [2] ... [24,10] ἦσαν δὲ ἡ Μαγδαληνὴ Μαρία καὶ Ἰωάννα καὶ Μαρία ἡ Ἰακώβου καὶ αἱ λοιπαὶ σὺν αὐταῖς ...	→ Jn 20,1 → Jn 20,18

Acts 25,13 ἡμερῶν δὲ **διαγενομένων** τινῶν Ἀγρίππας ὁ βασιλεὺς καὶ Βερνίκη κατήντησαν εἰς Καισάρειαν ...

Acts 27,9 ἱκανοῦ δὲ χρόνου **διαγενομένου** καὶ ὄντος ἤδη ἐπισφαλοῦς τοῦ πλοὸς διὰ τὸ καὶ τὴν νηστείαν ἤδη παρεληλυθέναι παρῄνει ὁ Παῦλος

διαγογγύζω

	Syn	Mt	Mk	Lk	Acts	Jn	1-3John	Paul	Eph	Col
	2			2						
	NT	2Thess	1/2Tim	Tit	Heb	Jas	1Pet	2Pet	Jude	Rev
	2									

complain; grumble

002					**Lk 15,2** → Mt 9,11 → Mk 2,16 → Lk 5,30 ↓ Lk 19,7	καὶ **διεγόγγυζον** οἵ τε Φαρισαῖοι καὶ οἱ γραμματεῖς λέγοντες ὅτι οὗτος ἁμαρτωλοὺς προσδέχεται καὶ συνεσθίει αὐτοῖς.	
002					**Lk 19,7** → Mt 9,11 → Mk 2,16 → Lk 5,30 ↑ Lk 15,2	καὶ ἰδόντες πάντες **διεγόγγυζον** λέγοντες ὅτι παρὰ ἁμαρτωλῷ ἀνδρὶ εἰσῆλθεν καταλῦσαι.	

διαγρηγορέω

	Syn	Mt	Mk	Lk	Acts	Jn	1-3John	Paul	Eph	Col
	1			1						
	NT	2Thess	1/2Tim	Tit	Heb	Jas	1Pet	2Pet	Jude	Rev
	1									

become fully awake or stay awake

002					**Lk 9,32**	ὁ δὲ Πέτρος καὶ οἱ σὺν αὐτῷ ἦσαν βεβαρημένοι ὕπνῳ· **διαγρηγορήσαντες** δὲ εἶδον τὴν δόξαν αὐτοῦ ...	

διαδίδωμι

	Syn	Mt	Mk	Lk	Acts	Jn	1-3John	Paul	Eph	Col
	2			2	1	1				
	NT	2Thess	1/2Tim	Tit	Heb	Jas	1Pet	2Pet	Jude	Rev
	4									

distribute; divide; give

112	**Mt 12,29**	... ἐὰν μὴ πρῶτον δήσῃ τὸν ἰσχυρόν; καὶ τότε τὴν οἰκίαν αὐτοῦ **διαρπάσει.**	**Mk 3,27**	... ἐὰν μὴ πρῶτον τὸν ἰσχυρὸν δήσῃ, καὶ τότε τὴν οἰκίαν αὐτοῦ **διαρπάσει.**	**Lk 11,22**	ἐπὰν δὲ ἰσχυρότερος αὐτοῦ ἐπελθὼν νικήσῃ αὐτόν, τὴν πανοπλίαν αὐτοῦ αἴρει ἐφ' ᾗ ἐπεποίθει, καὶ τὰ σκῦλα αὐτοῦ **διαδίδωσιν.**	→ GTh 21,5 → GTh 35 Mk-Q overlap?
112	**Mt 19,21** → Mt 6,20	... εἰ θέλεις τέλειος εἶναι, ὕπαγε πώλησόν σου τὰ ὑπάρχοντα καὶ **δὸς** [τοῖς] πτωχοῖς, καὶ ἕξεις θησαυρὸν ἐν οὐρανοῖς, ...	**Mk 10,21**	... ἕν σε ὑστερεῖ· ὕπαγε, ὅσα ἔχεις πώλησον καὶ **δὸς** [τοῖς] πτωχοῖς, καὶ ἕξεις θησαυρὸν ἐν οὐρανῷ, ...	**Lk 18,22** → Lk 12,33	... ἔτι ἕν σοι λείπει· πάντα ὅσα ἔχεις πώλησον καὶ **διάδος** πτωχοῖς, καὶ ἕξεις θησαυρὸν ἐν [τοῖς] οὐρανοῖς, ...	→ Acts 2,45

Acts 4,35 καὶ ἐτίθουν παρὰ τοὺς πόδας τῶν ἀποστόλων, **διεδίδετο** δὲ ἑκάστῳ καθότι ἄν τις χρείαν εἶχεν.

διαθήκη

Syn	Mt	Mk	Lk	Acts	Jn	1-3John	Paul	Eph	Col
4	1	1	2	2			8	1	
NT	2Thess	1/2Tim	Tit	Heb	Jas	1Pet	2Pet	Jude	Rev
33				17					1

covenant; will; testament

002					**Lk 1,72**	ποιῆσαι ἔλεος μετὰ τῶν πατέρων ἡμῶν καὶ μνησθῆναι **διαθήκης ἁγίας αὐτοῦ**	
222	**Mt 26,28**	τοῦτο γάρ ἐστιν **τὸ αἷμά μου τῆς διαθήκης** τὸ περὶ πολλῶν ἐκχυννόμενον εἰς ἄφεσιν ἁμαρτιῶν.	**Mk 14,24**	... τοῦτό ἐστιν **τὸ αἷμά μου τῆς διαθήκης** τὸ ἐκχυννόμενον ὑπὲρ πολλῶν.	**Lk 22,20**	... τοῦτο τὸ ποτήριον **ἡ καινὴ διαθήκη ἐν τῷ αἵματί μου,** τὸ ὑπὲρ ὑμῶν ἐκχυννόμενον.	→ 1Cor 11,25

Acts 3,25 ὑμεῖς ἐστε οἱ υἱοὶ τῶν προφητῶν καὶ **τῆς διαθήκης** ἧς διέθετο ὁ θεὸς πρὸς τοὺς πατέρας ὑμῶν λέγων πρὸς Ἀβραάμ· ...

Acts 7,8 καὶ ἔδωκεν αὐτῷ **διαθήκην περιτομῆς·** καὶ οὕτως ἐγέννησεν τὸν Ἰσαὰκ καὶ περιέτεμεν αὐτὸν τῇ ἡμέρᾳ τῇ ὀγδόῃ, ...

διαιρέω

Syn	Mt	Mk	Lk	Acts	Jn	1-3John	Paul	Eph	Col
1			1				1		
NT	2Thess	1/2Tim	Tit	Heb	Jas	1Pet	2Pet	Jude	Rev
2									

divide; distribute; apportion

002					**Lk 15,12**	... πάτερ, δός μοι τὸ ἐπιβάλλον μέρος τῆς οὐσίας. ὁ δὲ **διεῖλεν** αὐτοῖς τὸν βίον.	

διακαθαίρω

Syn	Mt	Mk	Lk	Acts	Jn	1-3John	Paul	Eph	Col
1			1						
NT	2Thess	1/2Tim	Tit	Heb	Jas	1Pet	2Pet	Jude	Rev
1									

clean out; thresh out

102	**Mt 3,12** → Mt 13,30	οὗ τὸ πτύον ἐν τῇ χειρὶ αὐτοῦ καὶ **διακαθαριεῖ** τὴν ἅλωνα αὐτοῦ, ...			**Lk 3,17**	οὗ τὸ πτύον ἐν τῇ χειρὶ αὐτοῦ **διακαθᾶραι** τὴν ἅλωνα αὐτοῦ ...	

διακαθαρίζω

Syn	Mt	Mk	Lk	Acts	Jn	1-3John	Paul	Eph	Col
1	1								
NT	2Thess	1/2Tim	Tit	Heb	Jas	1Pet	2Pet	Jude	Rev
1									

clean out; thresh out

201	**Mt 3,12** → Mt 13,30	οὗ τὸ πτύον ἐν τῇ χειρὶ αὐτοῦ καὶ **διακαθαριεῖ** τὴν ἅλωνα αὐτοῦ, ...			**Lk 3,17**	οὗ τὸ πτύον ἐν τῇ χειρὶ αὐτοῦ **διακαθᾶραι** τὴν ἅλωνα αὐτοῦ ...	

διακονέω	Syn	Mt	Mk	Lk	Acts	Jn	1-3John	Paul	Eph	Col
	19	6	5	8	2	3		5		
	NT	2Thess	1/2Tim	Tit	Heb	Jas	1Pet	2Pet	Jude	Rev
	37		3		2		3			

serve; wait on; care for; see after; provide for

	triple tradition																	double tradition			Sondergut		
		+Mt / +Lk			−Mt / −Lk			traditions not taken over by Mt / Lk							subtotals								
code	222	211	112	212	221	122	121	022	012	021	220	120	210	020	Σ^+	Σ^-	Σ	202	201	102	200	002	total
Mt	2				2						1						5				1		6
Mk	2				2						1						5						5
Lk	2		2^+		2^-										2^+	2^-	4					4	8

220	**Mt 4,11**	τότε ἀφίησιν αὐτὸν ὁ διάβολος, καὶ ἰδοὺ ἄγγελοι προσῆλθον καὶ **διηκόνουν** αὐτῷ.	**Mk 1,13**	... καὶ ἦν μετὰ τῶν θηρίων, καὶ οἱ ἄγγελοι **διηκόνουν** αὐτῷ.	**Lk 4,13**	καὶ συντελέσας πάντα πειρασμὸν ὁ διάβολος ἀπέστη ἀπ' αὐτοῦ ἄχρι καιροῦ.	
222	**Mt 8,15**	καὶ ἥψατο τῆς χειρὸς αὐτῆς, καὶ ἀφῆκεν αὐτὴν ὁ πυρετός, καὶ ἠγέρθη καὶ **διηκόνει** αὐτῷ.	**Mk 1,31**	καὶ προσελθὼν ἤγειρεν αὐτὴν κρατήσας τῆς χειρός· καὶ ἀφῆκεν αὐτὴν ὁ πυρετός, καὶ **διηκόνει** αὐτοῖς.	**Lk 4,39**	καὶ ἐπιστὰς ἐπάνω αὐτῆς ἐπετίμησεν τῷ πυρετῷ· καὶ ἀφῆκεν αὐτήν· παραχρῆμα δὲ ἀναστᾶσα **διηκόνει** αὐτοῖς.	
002					**Lk 8,3** ↓ Mt 27,55 ↓ Mk 15,41 ↓ Lk 23,49 → Lk 23,55 → Lk 24,10	καὶ Ἰωάννα γυνὴ Χουζᾶ ἐπιτρόπου Ἡρῴδου καὶ Σουσάννα καὶ ἕτεραι πολλαί, αἵτινες **διηκόνουν** αὐτοῖς ἐκ τῶν ὑπαρχόντων αὐταῖς.	→ Acts 1,14
002					**Lk 10,40**	... κύριε, οὐ μέλει σοι ὅτι ἡ ἀδελφή μου μόνην με κατέλιπεν **διακονεῖν**; ...	
002					**Lk 12,37** ↓ Lk 22,27 → Lk 22,30	... ὅτι περιζώσεται καὶ ἀνακλινεῖ αὐτοὺς καὶ παρελθὼν **διακονήσει** αὐτοῖς.	
002					**Lk 17,8**	... ἑτοίμασον τί δειπνήσω καὶ περιζωσάμενος **διακόνει** μοι ἕως φάγω καὶ πίω, ...	
112	**Mt 20,27**	[26] οὐχ οὕτως ἔσται ἐν ὑμῖν, ἀλλ' ὃς ἐὰν θέλῃ ἐν ὑμῖν μέγας γενέσθαι ἔσται ὑμῶν διάκονος, [27] καὶ ὃς ἂν θέλῃ ἐν ὑμῖν εἶναι πρῶτος ἔσται **ὑμῶν δοῦλος**·	**Mk 10,44** ⇨ Mk 9,35	[43] οὐχ οὕτως δέ ἐστιν ἐν ὑμῖν, ἀλλ' ὃς ἂν θέλῃ μέγας γενέσθαι ἐν ὑμῖν ἔσται ὑμῶν διάκονος, [44] καὶ ὃς ἂν θέλῃ ἐν ὑμῖν εἶναι πρῶτος ἔσται **πάντων δοῦλος**·	**Lk 22,26** → Mt 23,11	ὑμεῖς δὲ οὐχ οὕτως, ἀλλ' ὁ μείζων ἐν ὑμῖν γινέσθω ὡς ὁ νεώτερος καὶ ὁ ἡγούμενος **ὡς ὁ διακονῶν.**	
221	**Mt 20,28** (2)	ὥσπερ ὁ υἱὸς τοῦ ἀνθρώπου οὐκ ἦλθεν **διακονηθῆναι**	**Mk 10,45** (2)	καὶ γὰρ ὁ υἱὸς τοῦ ἀνθρώπου οὐκ ἦλθεν **διακονηθῆναι**	**Lk 22,27** (2)	τίς γὰρ μείζων, **ὁ ἀνακείμενος** ἢ	
112						**ὁ διακονῶν;**	
222		ἀλλὰ **διακονῆσαι** καὶ δοῦναι τὴν ψυχὴν αὐτοῦ λύτρον ἀντὶ πολλῶν.		ἀλλὰ **διακονῆσαι** καὶ δοῦναι τὴν ψυχὴν αὐτοῦ λύτρον ἀντὶ πολλῶν.	↑ Lk 12,37	οὐχὶ ὁ ἀνακείμενος; ἐγὼ δὲ ἐν μέσῳ ὑμῶν εἰμι **ὡς ὁ διακονῶν.**	→ Jn 13,13-14

	Mt	Mk	Lk	
200	**Mt 25,44** ... κύριε, πότε σε εἴδομεν πεινῶντα ἢ διψῶντα ἢ ξένον ἢ γυμνὸν ἢ ἀσθενῆ ἢ ἐν φυλακῇ καὶ **οὐ διηκονήσαμέν** σοι;			
221	**Mt 27,55** → Mt 27,61 ἦσαν δὲ ἐκεῖ γυναῖκες πολλαὶ ἀπὸ μακρόθεν θεωροῦσαι, αἵτινες ἠκολούθησαν τῷ Ἰησοῦ ἀπὸ τῆς Γαλιλαίας **διακονοῦσαι** αὐτῷ·	**Mk 15,41** → Mk 15,47 [40] ἦσαν δὲ καὶ γυναῖκες ἀπὸ μακρόθεν θεωροῦσαι, ... [41] αἳ ὅτε ἦν ἐν τῇ Γαλιλαίᾳ ἠκολούθουν αὐτῷ καὶ **διηκόνουν** αὐτῷ, ...	**Lk 23,49** → Lk 23,55 ↑ Lk 8,3 εἱστήκεισαν δὲ πάντες οἱ γνωστοὶ αὐτῷ ἀπὸ μακρόθεν καὶ γυναῖκες αἱ συνακολουθοῦσαι αὐτῷ ἀπὸ τῆς Γαλιλαίας ὁρῶσαι ταῦτα.	

Acts 6,2 ... οὐκ ἀρεστόν ἐστιν ἡμᾶς καταλείψαντας τὸν λόγον τοῦ θεοῦ **διακονεῖν** τραπέζαις.

Acts 19,22 ἀποστείλας δὲ εἰς τὴν Μακεδονίαν **δύο τῶν διακονούντων** αὐτῷ, Τιμόθεον καὶ Ἔραστον, ...

διακονία

	Syn	Mt	Mk	Lk	Acts	Jn	1-3John	Paul	Eph	Col
	1			1	8			18	1	1
	NT	2Thess	1/2Tim	Tit	Heb	Jas	1Pet	2Pet	Jude	Rev
	34		3		1					1

ministry; service; contribution; help; support; mission; office of deacon

	Mt	Mk	Lk	
002			**Lk 10,40** ἡ δὲ Μάρθα περιεσπᾶτο **περὶ πολλὴν διακονίαν**· ἐπιστᾶσα δὲ εἶπεν· κύριε, οὐ μέλει σοι ...	

Acts 1,17 ὅτι κατηριθμημένος ἦν ἐν ἡμῖν καὶ ἔλαχεν **τὸν κλῆρον τῆς διακονίας ταύτης.**

Acts 1,25 λαβεῖν **τὸν τόπον τῆς διακονίας ταύτης** καὶ ἀποστολῆς ἀφ᾿ ἧς παρέβη Ἰούδας πορευθῆναι εἰς τὸν τόπον τὸν ἴδιον.

Acts 6,1 ... ἐγένετο γογγυσμὸς τῶν Ἑλληνιστῶν πρὸς τοὺς Ἑβραίους, ὅτι παρεθεωροῦντο **ἐν τῇ διακονίᾳ** τῇ καθημερινῇ αἱ χῆραι αὐτῶν.

Acts 6,4 ἡμεῖς δὲ τῇ προσευχῇ καὶ **τῇ διακονίᾳ τοῦ λόγου** προσκαρτερήσομεν.

Acts 11,29 τῶν δὲ μαθητῶν, καθὼς εὐπορεῖτό τις, ὥρισαν ἕκαστος αὐτῶν **εἰς διακονίαν** πέμψαι τοῖς κατοικοῦσιν ἐν τῇ Ἰουδαίᾳ ἀδελφοῖς·

Acts 12,25 Βαρναβᾶς δὲ καὶ Σαῦλος ὑπέστρεψαν εἰς Ἰερουσαλὴμ πληρώσαντες **τὴν διακονίαν,** συμπαραλαβόντες Ἰωάννην τὸν ἐπικληθέντα Μᾶρκον.

Acts 20,24 ἀλλ᾿ οὐδενὸς λόγου ποιοῦμαι τὴν ψυχὴν τιμίαν ἐμαυτῷ ὡς τελειῶσαι τὸν δρόμον μου καὶ **τὴν διακονίαν** ἣν ἔλαβον παρὰ τοῦ κυρίου Ἰησοῦ, ...

Acts 21,19 καὶ ἀσπασάμενος αὐτοὺς ἐξηγεῖτο καθ᾿ ἓν ἕκαστον, ὧν ἐποίησεν ὁ θεὸς ἐν τοῖς ἔθνεσιν **διὰ τῆς διακονίας αὐτοῦ.**

διάκονος

	Syn	Mt	Mk	Lk	Acts	Jn	1-3John	Paul	Eph	Col
	5	3	2			3		12	2	4
	NT	2Thess	1/2Tim	Tit	Heb	Jas	1Pet	2Pet	Jude	Rev
	29		3							

servant; helper

	Mt	Mk	Lk	
020		**Mk 9,35** ↓ Mt 20,26 ⇩ Mk 10,43 ↓ Lk 22,26 ↓ Mt 23,11 → Mk 10,31 ... εἴ τις θέλει πρῶτος εἶναι, ἔσται πάντων ἔσχατος καὶ πάντων **διάκονος.**		

221	**Mt 20,26** ⇩ Mt 23,11	οὐχ οὕτως ἔσται ἐν ὑμῖν, ἀλλ' ὃς ἐὰν θέλῃ ἐν ὑμῖν μέγας γενέσθαι ἔσται **ὑμῶν διάκονος,** [27] καὶ ὃς ἂν θέλῃ ἐν ὑμῖν εἶναι πρῶτος ἔσται ὑμῶν δοῦλος·	**Mk 10,43** ⇧ Mk 9,35	οὐχ οὕτως δέ ἐστιν ἐν ὑμῖν, ἀλλ' ὃς ἂν θέλῃ μέγας γενέσθαι ἐν ὑμῖν ἔσται **ὑμῶν διάκονος,** [44] καὶ ὃς ἂν θέλῃ ἐν ὑμῖν εἶναι πρῶτος ἔσται πάντων δοῦλος·	**Lk 22,26**	ὑμεῖς δὲ οὐχ οὕτως, ἀλλ' ὁ μείζων ἐν ὑμῖν γινέσθω **ὡς ὁ νεώτερος** καὶ ὁ ἡγούμενος ὡς ὁ διακονῶν.	
200	**Mt 22,13**	τότε ὁ βασιλεὺς εἶπεν **τοῖς διακόνοις·** δήσαντες αὐτοῦ πόδας καὶ χεῖρας ἐκβάλετε αὐτὸν εἰς τὸ σκότος τὸ ἐξώτερον· ...					
200	**Mt 23,11** ⇧ Mt 20,26	ὁ δὲ μείζων ὑμῶν ἔσται ὑμῶν **διάκονος.**	**Mk 10,43** ⇧ Mk 9,35	.... ὃς ἂν θέλῃ μέγας γενέσθαι ἐν ὑμῖν ἔσται ὑμῶν **διάκονος,** [44] καὶ ὃς ἂν θέλῃ ἐν ὑμῖν εἶναι πρῶτος ἔσται πάντων δοῦλος·	**Lk 22,26**	... ὁ μείζων ἐν ὑμῖν γινέσθω **ὡς ὁ νεώτερος** καὶ ὁ ἡγούμενος ὡς ὁ διακονῶν.	

διακόσιοι

	Syn	Mt	Mk	Lk	Acts	Jn	1-3John	Paul	Eph	Col
	1		1		3	2				
	NT	2Thess	1/2Tim	Tit	Heb	Jas	1Pet	2Pet	Jude	Rev
	6									

two hundred

121	**Mt 14,16** → Mt 14,15 → Mt 15,33	ὁ δὲ [Ἰησοῦς] εἶπεν αὐτοῖς· οὐ χρείαν ἔχουσιν ἀπελθεῖν, δότε αὐτοῖς ὑμεῖς φαγεῖν. [17] οἱ δὲ λέγουσιν αὐτῷ· οὐκ ἔχομεν ὧδε εἰ μὴ πέντε ἄρτους καὶ δύο ἰχθύας.	**Mk 6,37** → Mk 6,36 → Mk 8,4	ὁ δὲ ἀποκριθεὶς εἶπεν αὐτοῖς· δότε αὐτοῖς ὑμεῖς φαγεῖν. καὶ λέγουσιν αὐτῷ· ἀπελθόντες ἀγοράσωμεν **δηναρίων διακοσίων** ἄρτους καὶ δώσομεν αὐτοῖς φαγεῖν; [38] ὁ δὲ λέγει αὐτοῖς· πόσους ἄρτους ἔχετε; ὑπάγετε ἴδετε. καὶ γνόντες λέγουσιν· πέντε, καὶ δύο ἰχθύας.	**Lk 9,13** → Lk 9,12	εἶπεν δὲ πρὸς αὐτούς· δότε αὐτοῖς ὑμεῖς φαγεῖν. οἱ δὲ εἶπαν· οὐκ εἰσὶν ἡμῖν πλεῖον ἢ ἄρτοι πέντε καὶ ἰχθύες δύο, εἰ μήτι πορευθέντες ἡμεῖς ἀγοράσωμεν εἰς πάντα τὸν λαὸν τοῦτον βρώματα.	→ Jn 6,5 → **Jn 6,7**

Acts 23,23 (2) ... ἑτοιμάσατε **στρατιώτας διακοσίους,** ὅπως πορευθῶσιν ἕως Καισαρείας, καὶ ἱππεῖς ἑβδομήκοντα καὶ **δεξιολάβους διακοσίους,** ἀπὸ τρίτης ὥρας τῆς νυκτός

Acts 27,37 ἤμεθα δὲ αἱ πᾶσαι ψυχαὶ ἐν τῷ πλοίῳ **διακόσιαι ἑβδομήκοντα ἕξ.**

διακρίνω	Syn 3	Mt 2	Mk 1	Lk	Acts 4	Jn	1-3John	Paul 7	Eph	Col
	NT 19	2Thess	1/2Tim	Tit	Heb	Jas 3	1Pet	2Pet	Jude 2	Rev

evaluate; judge; recognize; discern; make a distinction (between persons); consider or make superior;
middle: doubt; hesitate; dispute; debate; take issue

	Mt		Mk		Lk		
201	**Mt 16,3**	[... τὸ μὲν πρόσωπον τοῦ οὐρανοῦ γινώσκετε **διακρίνειν,** τὰ δὲ σημεῖα τῶν καιρῶν οὐ δύνασθε;]			**Lk 12,56**	ὑποκριταί, τὸ πρόσωπον τῆς γῆς καὶ τοῦ οὐρανοῦ οἴδατε **δοκιμάζειν,** τὸν καιρὸν δὲ τοῦτον πῶς οὐκ οἴδατε δοκιμάζειν;	→ GTh 91 Mt 16,3 is textcritically uncertain.
220	**Mt 21,21** ↓ Mt 17,20	... ἀμὴν λέγω ὑμῖν, ἐὰν ἔχητε πίστιν καὶ **μὴ διακριθῆτε,** οὐ μόνον τὸ τῆς συκῆς ποιήσετε, ἀλλὰ κἂν τῷ ὄρει τούτῳ εἴπητε· ἄρθητι καὶ βλήθητι εἰς τὴν θάλασσαν, γενήσεται·	**Mk 11,23** → Mk 9,23	[22] ... ἔχετε πίστιν θεοῦ. [23] ἀμὴν λέγω ὑμῖν ὅτι ὃς ἂν εἴπῃ τῷ ὄρει τούτῳ· ἄρθητι καὶ βλήθητι εἰς τὴν θάλασσαν, καὶ **μὴ διακριθῇ** ἐν τῇ καρδίᾳ αὐτοῦ ἀλλὰ πιστεύῃ ὅτι ὃ λαλεῖ γίνεται, ἔσται αὐτῷ.	↓ Lk 17,6		→ GTh 48 → GTh 106
	Mt 17,20 ↑ Mt 21,21	... ἀμὴν γὰρ λέγω ὑμῖν, ἐὰν ἔχητε πίστιν ὡς κόκκον σινάπεως, ἐρεῖτε τῷ ὄρει τούτῳ, μετάβα ἔνθεν ἐκεῖ, καὶ μεταβήσεται· καὶ οὐδὲν ἀδυνατήσει ὑμῖν.			**Lk 17,6**	... εἰ ἔχετε πίστιν ὡς κόκκον σινάπεως, ἐλέγετε ἂν τῇ συκαμίνῳ [ταύτῃ]· ἐκριζώθητι καὶ φυτεύθητι ἐν τῇ θαλάσσῃ· καὶ ὑπήκουσεν ἂν ὑμῖν.	→ GTh 48 → GTh 106

Acts 10,20 ... πορεύου σὺν αὐτοῖς μηδὲν **διακρινόμενος** ὅτι ἐγὼ ἀπέσταλκα αὐτούς.

Acts 11,2 ὅτε δὲ ἀνέβη Πέτρος εἰς Ἰερουσαλήμ, **διεκρίνοντο** πρὸς αὐτὸν οἱ ἐκ περιτομῆς

Acts 11,12 εἶπεν δὲ τὸ πνεῦμά μοι συνελθεῖν αὐτοῖς **μηδὲν διακρίναντα.** ...

Acts 15,9 καὶ οὐθὲν **διέκρινεν** μεταξὺ ἡμῶν τε καὶ αὐτῶν τῇ πίστει καθαρίσας τὰς καρδίας αὐτῶν.

διακωλύω	Syn 1	Mt 1	Mk	Lk	Acts	Jn	1-3John	Paul	Eph	Col
	NT 1	2Thess	1/2Tim	Tit	Heb	Jas	1Pet	2Pet	Jude	Rev

prevent

	Mt		
200	**Mt 3,14**	ὁ δὲ Ἰωάννης **διεκώλυεν** αὐτὸν λέγων· ἐγὼ χρείαν ἔχω ὑπὸ σοῦ βαπτισθῆναι, καὶ σὺ ἔρχῃ πρός με;	

διαλαλέω

Syn	Mt	Mk	Lk	Acts	Jn	1-3John	Paul	Eph	Col
2			2						
NT	2Thess	1/2Tim	Tit	Heb	Jas	1Pet	2Pet	Jude	Rev
2									

discuss; talk about

	Mt		Mk		Lk		
002					Lk 1,65	... καὶ ἐν ὅλῃ τῇ ὀρεινῇ τῆς Ἰουδαίας **διελαλεῖτο** πάντα τὰ ῥήματα ταῦτα	
112	Mt 12,14 → Mt 26,4	ἐξελθόντες δὲ οἱ Φαρισαῖοι **συμβούλιον ἔλαβον** κατ' αὐτοῦ ὅπως αὐτὸν ἀπολέσωσιν.	Mk 3,6 → Mk 14,1	καὶ ἐξελθόντες οἱ Φαρισαῖοι εὐθὺς μετὰ τῶν Ἡρῳδιανῶν **συμβούλιον ἐδίδουν** κατ' αὐτοῦ ὅπως αὐτὸν ἀπολέσωσιν.	Lk 6,11 → Lk 4,28 → Lk 13,17 → Lk 14,6 → Lk 22,2	αὐτοὶ δὲ ἐπλήσθησαν ἀνοίας καὶ **διελάλουν** πρὸς ἀλλήλους τί ἂν ποιήσαιεν τῷ Ἰησοῦ.	

διαλέγομαι

Syn	Mt	Mk	Lk	Acts	Jn	1-3John	Paul	Eph	Col
1		1		10					
NT	2Thess	1/2Tim	Tit	Heb	Jas	1Pet	2Pet	Jude	Rev
13				1				1	

discuss; debate; address; speak

	Mt		Mk		Lk		
121	Mt 18,1	ἐν ἐκείνῃ τῇ ὥρᾳ προσῆλθον οἱ μαθηταὶ τῷ Ἰησοῦ **λέγοντες·** τίς ἄρα μείζων ἐστὶν ἐν τῇ βασιλείᾳ τῶν οὐρανῶν;	Mk 9,34	[33] ... τί ἐν τῇ ὁδῷ διελογίζεσθε; [34] οἱ δὲ ἐσιώπων· πρὸς ἀλλήλους γὰρ **διελέχθησαν** ἐν τῇ ὁδῷ τίς μείζων.	Lk 9,46 → Lk 22,24	εἰσῆλθεν δὲ διαλογισμὸς ἐν αὐτοῖς, τὸ τίς ἂν εἴη μείζων αὐτῶν.	→ GTh 12

Acts 17,2 ... ἐπὶ σάββατα τρία **διελέξατο** αὐτοῖς ἀπὸ τῶν γραφῶν

Acts 17,17 **διελέγετο** μὲν οὖν ἐν τῇ συναγωγῇ τοῖς Ἰουδαίοις καὶ τοῖς σεβομένοις ...

Acts 18,4 **διελέγετο** δὲ ἐν τῇ συναγωγῇ κατὰ πᾶν σάββατον ἔπειθέν τε Ἰουδαίους καὶ Ἕλληνας.

Acts 18,19 ... αὐτὸς δὲ εἰσελθὼν εἰς τὴν συναγωγὴν **διελέξατο** τοῖς Ἰουδαίοις.

Acts 19,8 ... ἐπαρρησιάζετο ἐπὶ μῆνας τρεῖς **διαλεγόμενος** καὶ πείθων [τὰ] περὶ τῆς βασιλείας τοῦ θεοῦ.

Acts 19,9 ... ἀποστὰς ἀπ' αὐτῶν ἀφώρισεν τοὺς μαθητάς καθ' ἡμέραν **διαλεγόμενος** ἐν τῇ σχολῇ Τυράννου.

Acts 20,7 ... ὁ Παῦλος **διελέγετο** αὐτοῖς μέλλων ἐξιέναι τῇ ἐπαύριον, ...

Acts 20,9 καθεζόμενος δέ τις νεανίας ὀνόματι Εὔτυχος ἐπὶ τῆς θυρίδος, καταφερόμενος ὕπνῳ βαθεῖ **διαλεγομένου** τοῦ Παύλου ἐπὶ πλεῖον, ...

Acts 24,12 καὶ οὔτε ἐν τῷ ἱερῷ εὗρόν με πρός τινα **διαλεγόμενον** ἢ ἐπίστασιν ποιοῦντα ὄχλου ...

Acts 24,25 **διαλεγομένου** δὲ αὐτοῦ περὶ δικαιοσύνης καὶ ἐγκρατείας καὶ τοῦ κρίματος τοῦ μέλλοντος, ἔμφοβος γενόμενος ὁ Φῆλιξ ἀπεκρίθη· ...

διαλείπω

Syn	Mt	Mk	Lk	Acts	Jn	1-3John	Paul	Eph	Col
1			1						
NT	2Thess	1/2Tim	Tit	Heb	Jas	1Pet	2Pet	Jude	Rev
1									

cease; stop

002					**Lk 7,45**	φίλημά μοι οὐκ ἔδωκας· αὕτη δὲ ἀφ' ἧς εἰσῆλθον οὐ **διέλιπεν** καταφιλοῦσά μου τοὺς πόδας.	

διαλλάσσομαι

Syn	Mt	Mk	Lk	Acts	Jn	1-3John	Paul	Eph	Col
1	1								
NT	2Thess	1/2Tim	Tit	Heb	Jas	1Pet	2Pet	Jude	Rev
1									

be reconciled to; make peace with

200	**Mt 5,24** → Mt 6,14 → Mk 11,25	... καὶ ὕπαγε πρῶτον **διαλλάγηθι** τῷ ἀδελφῷ σου, καὶ τότε ἐλθὼν πρόσφερε τὸ δῶρόν σου.					

διαλογίζομαι

Syn	Mt	Mk	Lk	Acts	Jn	1-3John	Paul	Eph	Col
16	3	7	6						
NT	2Thess	1/2Tim	Tit	Heb	Jas	1Pet	2Pet	Jude	Rev
16									

discuss; argue; consider; reason; wonder; question

	triple tradition																	double tradition			Sondergut		
		+Mt / +Lk			–Mt / –Lk			traditions not taken over by Mt / Lk							subtotals								
code	*222*	*211*	*112*	*212*	*221*	*122*	*121*	*022*	*012*	*021*	*220*	*120*	*210*	*020*	Σ⁺	Σ⁻	Σ	*202*	*201*	*102*	*200*	*002*	total
Mt					1	2⁻	2⁻				2					4⁻	3						**3**
Mk					1	2	2				2						7						**7**
Lk			1⁺		1⁻	2	2⁻								1⁺	3⁻	3					3	**6**

002					**Lk 1,29**	ἡ δὲ ἐπὶ τῷ λόγῳ διεταράχθη καὶ **διελογίζετο** ποταπὸς εἴη ὁ ἀσπασμὸς οὗτος.	
002					**Lk 3,15**	προσδοκῶντος δὲ τοῦ λαοῦ καὶ **διαλογιζομένων** πάντων ἐν ταῖς καρδίαις αὐτῶν περὶ τοῦ Ἰωάννου, μήποτε αὐτὸς εἴη ὁ χριστός	
122	**Mt 9,3**	καὶ ἰδού τινες τῶν γραμματέων εἶπαν ἐν ἑαυτοῖς· ...	**Mk 2,6**	ἦσαν δέ τινες τῶν γραμματέων ἐκεῖ καθήμενοι καὶ **διαλογιζόμενοι** ἐν ταῖς καρδίαις αὐτῶν·	**Lk 5,21** → Lk 7,49	καὶ ἤρξαντο **διαλογίζεσθαι** οἱ γραμματεῖς καὶ οἱ Φαρισαῖοι λέγοντες· ...	

121	**Mt 9,4** → Mt 12,25	καὶ ἰδὼν ὁ Ἰησοῦς τὰς ἐνθυμήσεις αὐτῶν εἶπεν·	**Mk 2,8** **(2)**	καὶ εὐθὺς ἐπιγνοὺς ὁ Ἰησοῦς τῷ πνεύματι αὐτοῦ ὅτι οὕτως **διαλογίζονται** ἐν ἑαυτοῖς λέγει αὐτοῖς·	**Lk 5,22** → Lk 6,8 → Lk 11,17	ἐπιγνοὺς δὲ ὁ Ἰησοῦς **τοὺς διαλογισμοὺς** αὐτῶν ἀποκριθεὶς εἶπεν πρὸς αὐτούς·	
122		ἱνατί **ἐνθυμεῖσθε πονηρὰ** ἐν ταῖς καρδίαις ὑμῶν;		τί ταῦτα **διαλογίζεσθε** ἐν ταῖς καρδίαις ὑμῶν;		τί **διαλογίζεσθε** ἐν ταῖς καρδίαις ὑμῶν;	
220	**Mt 16,7**	οἱ δὲ **διελογίζοντο** ἐν ἑαυτοῖς λέγοντες ὅτι ἄρτους οὐκ ἐλάβομεν.	**Mk 8,16**	καὶ **διελογίζοντο** πρὸς ἀλλήλους ὅτι ἄρτους οὐκ ἔχουσιν.			
220	**Mt 16,8**	γνοὺς δὲ ὁ Ἰησοῦς εἶπεν· τί **διαλογίζεσθε** ἐν ἑαυτοῖς, ὀλιγόπιστοι, ὅτι ἄρτους οὐκ ἔχετε;	**Mk 8,17**	καὶ γνοὺς λέγει αὐτοῖς· τί **διαλογίζεσθε** ὅτι ἄρτους οὐκ ἔχετε; ...			
121	**Mt 18,1**	ἐν ἐκείνῃ τῇ ὥρᾳ προσῆλθον οἱ μαθηταὶ τῷ Ἰησοῦ λέγοντες· τίς ἄρα μείζων ἐστὶν ἐν τῇ βασιλείᾳ τῶν οὐρανῶν;	**Mk 9,33**	... καὶ ἐν τῇ οἰκίᾳ γενόμενος ἐπηρώτα αὐτούς· τί ἐν τῇ ὁδῷ **διελογίζεσθε;** [34] οἱ δὲ ἐσιώπων· πρὸς ἀλλήλους γὰρ διελέχθησαν ἐν τῇ ὁδῷ τίς μείζων.	**Lk 9,46**	 εἰσῆλθεν δὲ **διαλογισμὸς** ἐν αὐτοῖς, τὸ τίς ἂν εἴη μείζων αὐτῶν.	
002					**Lk 12,17**	καὶ **διελογίζετο** ἐν ἑαυτῷ λέγων· τί ποιήσω, ὅτι οὐκ ἔχω ποῦ συνάξω τοὺς καρπούς μου;	→ GTh 63
221	**Mt 21,25**	... οἱ δὲ **διελογίζοντο** ἐν ἑαυτοῖς λέγοντες· ἐὰν εἴπωμεν· ἐξ οὐρανοῦ, ἐρεῖ ἡμῖν· διὰ τί οὖν οὐκ ἐπιστεύσατε αὐτῷ;	**Mk 11,31**	καὶ **διελογίζοντο** πρὸς ἑαυτοὺς λέγοντες· ἐὰν εἴπωμεν· ἐξ οὐρανοῦ, ἐρεῖ· διὰ τί [οὖν] οὐκ ἐπιστεύσατε αὐτῷ;	**Lk 20,5**	οἱ δὲ **συνελογίσαντο** πρὸς ἑαυτοὺς λέγοντες ὅτι ἐὰν εἴπωμεν· ἐξ οὐρανοῦ, ἐρεῖ· διὰ τί οὐκ ἐπιστεύσατε αὐτῷ;	
112	**Mt 21,38**	οἱ δὲ γεωργοὶ ἰδόντες τὸν υἱὸν εἶπον ἐν ἑαυτοῖς· οὗτός ἐστιν ὁ κληρονόμος· ...	**Mk 12,7**	ἐκεῖνοι δὲ οἱ γεωργοὶ πρὸς ἑαυτοὺς εἶπαν ὅτι οὗτός ἐστιν ὁ κληρονόμος· ...	**Lk 20,14**	ἰδόντες δὲ αὐτὸν οἱ γεωργοὶ **διελογίζοντο** πρὸς ἀλλήλους λέγοντες· οὗτός ἐστιν ὁ κληρονόμος· ...	→ GTh 65

διαλογισμός

διαλογισμός	Syn 8	Mt 1	Mk 1	Lk 6	Acts	Jn	1-3John	Paul 4	Eph	Col
	NT 14	2Thess	1/2Tim 1	Tit	Heb	Jas 1	1Pet	2Pet	Jude	Rev

thought; opinion; motive; reasoning; doubt; question; argument; dispute

002					**Lk 2,35**	... ὅπως ἂν ἀποκαλυφθῶσιν ἐκ πολλῶν καρδιῶν **διαλογισμοί.**	

112	Mt 9,4 → Mt 12,25	καὶ ἰδὼν ὁ Ἰησοῦς **τὰς ἐνθυμήσεις** **αὐτῶν** εἶπεν· ἱνατί ἐνθυμεῖσθε πονηρὰ ἐν ταῖς καρδίαις ὑμῶν;	Mk 2,8	καὶ εὐθὺς ἐπιγνοὺς ὁ Ἰησοῦς τῷ πνεύματι αὐτοῦ **ὅτι οὕτως** **διαλογίζονται** **ἐν ἑαυτοῖς** λέγει αὐτοῖς· τί ταῦτα διαλογίζεσθε ἐν ταῖς καρδίαις ὑμῶν;	Lk 5,22 ↓ Lk 6,8 → Lk 11,17	ἐπιγνοὺς δὲ ὁ Ἰησοῦς **τοὺς διαλογισμοὺς** **αὐτῶν** ἀποκριθεὶς εἶπεν πρὸς αὐτούς· τί διαλογίζεσθε ἐν ταῖς καρδίαις ὑμῶν;	
012			Mk 3,3	καὶ λέγει τῷ ἀνθρώπῳ τῷ τὴν ξηρὰν χεῖρα ἔχοντι· ἔγειρε εἰς τὸ μέσον.	Lk 6,8 ↑ Lk 5,22 → Mt 12,25 → Lk 11,17	αὐτὸς δὲ ᾔδει **τοὺς διαλογισμοὺς** **αὐτῶν,** εἶπεν δὲ τῷ ἀνδρὶ τῷ ξηρὰν ἔχοντι τὴν χεῖρα· ἔγειρε καὶ στῆθι εἰς τὸ μέσον· ...	
220	Mt 15,19	ἐκ γὰρ τῆς καρδίας ἐξέρχονται **διαλογισμοὶ** **πονηροί,** φόνοι, μοιχεῖαι, πορνεῖαι, κλοπαί, ...	Mk 7,21	ἔσωθεν γὰρ ἐκ τῆς καρδίας τῶν ἀνθρώπων **οἱ διαλογισμοὶ** **οἱ κακοὶ** ἐκπορεύονται, πορνεῖαι, κλοπαί, φόνοι, [22] μοιχεῖαι, ...			→ GTh 14,5
112	Mt 18,1	ἐν ἐκείνῃ τῇ ὥρᾳ προσῆλθον οἱ μαθηταὶ τῷ Ἰησοῦ λέγοντες· τίς ἄρα μείζων ἐστὶν ἐν τῇ βασιλείᾳ τῶν οὐρανῶν;	Mk 9,33	... καὶ ἐν τῇ οἰκίᾳ γενόμενος ἐπηρώτα αὐτούς· τί ἐν τῇ ὁδῷ **διελογίζεσθε;** [34] οἱ δὲ ἐσιώπων· πρὸς ἀλλήλους γὰρ διελέχθησαν ἐν τῇ ὁδῷ τίς μείζων.	Lk 9,46	εἰσῆλθεν δὲ **διαλογισμὸς** ἐν αὐτοῖς, τὸ τίς ἂν εἴη μείζων αὐτῶν.	
112	Mt 18,2	καὶ προσκαλεσάμενος παιδίον ἔστησεν αὐτὸ ἐν μέσῳ αὐτῶν	Mk 9,36	καὶ λαβὼν παιδίον ἔστησεν αὐτὸ ἐν μέσῳ αὐτῶν ...	Lk 9,47	ὁ δὲ Ἰησοῦς εἰδὼς **τὸν διαλογισμὸν** **τῆς καρδίας αὐτῶν,** ἐπιλαβόμενος παιδίον ἔστησεν αὐτὸ παρ' ἑαυτῷ	
002					Lk 24,38	... τί τεταραγμένοι ἐστὲ καὶ διὰ τί **διαλογισμοὶ** ἀναβαίνουσιν ἐν τῇ καρδίᾳ ὑμῶν;	

διαμαρτύρομαι

διαμαρτύρομαι	Syn 1	Mt	Mk	Lk 1	Acts 9	Jn	1-3John	Paul 1	Eph	Col
	NT 15	2Thess	1/2Tim 3	Tit	Heb 1	Jas	1Pet	2Pet	Jude	Rev

declare solemnly and emphatically; charge under oath

002					Lk 16,28	ἔχω γὰρ πέντε ἀδελφούς, ὅπως **διαμαρτύρηται** αὐτοῖς, ἵνα μὴ καὶ αὐτοὶ ἔλθωσιν εἰς τὸν τόπον τοῦτον τῆς βασάνου.	

Acts 2,40 ἑτέροις τε λόγοις πλείοσιν **διεμαρτύρατο** καὶ παρεκάλει αὐτοὺς λέγων· σώθητε ἀπὸ τῆς γενεᾶς τῆς σκολιᾶς ταύτης.

Acts 8,25 οἱ μὲν οὖν **διαμαρτυράμενοι** καὶ λαλήσαντες τὸν λόγον τοῦ κυρίου ὑπέστρεφον εἰς Ἱεροσόλυμα, ...

Acts 10,42 καὶ παρήγγειλεν ἡμῖν κηρύξαι τῷ λαῷ καὶ **διαμαρτύρασθαι** ὅτι οὗτός ἐστιν ὁ ὡρισμένος ὑπὸ τοῦ θεοῦ κριτὴς ζώντων καὶ νεκρῶν.

Acts 18,5 ... συνείχετο τῷ λόγῳ ὁ Παῦλος **διαμαρτυρόμενος** τοῖς Ἰουδαίοις εἶναι τὸν χριστὸν Ἰησοῦν.

Acts 20,21 **διαμαρτυρόμενος** Ἰουδαίοις τε καὶ Ἕλλησιν τὴν εἰς θεὸν μετάνοιαν καὶ πίστιν εἰς τὸν κύριον ἡμῶν Ἰησοῦν.

Acts 20,23 πλὴν ὅτι τὸ πνεῦμα τὸ ἅγιον κατὰ πόλιν **διαμαρτύρεταί** μοι λέγον ὅτι δεσμὰ καὶ θλίψεις με μένουσιν.

Acts 20,24 ... καὶ τὴν διακονίαν ἣν ἔλαβον παρὰ τοῦ κυρίου Ἰησοῦ, **διαμαρτύρασθαι** τὸ εὐαγγέλιον τῆς χάριτος τοῦ θεοῦ.

Acts 23,11 ... θάρσει· ὡς γὰρ **διεμαρτύρω** τὰ περὶ ἐμοῦ εἰς Ἰερουσαλήμ, οὕτω σε δεῖ καὶ εἰς Ῥώμην μαρτυρῆσαι.

Acts 28,23 ταξάμενοι δὲ αὐτῷ ἡμέραν ἦλθον πρὸς αὐτὸν εἰς τὴν ξενίαν πλείονες οἷς ἐξετίθετο **διαμαρτυρόμενος** τὴν βασιλείαν τοῦ θεοῦ, ...

διαμένω

Syn 2	Mt	Mk	Lk 2	Acts	Jn	1-3John	Paul 1	Eph	Col
NT 5	2Thess	1/2Tim	Tit	Heb 1	Jas	1Pet	2Pet 1	Jude	Rev

stay; remain; continue

code	Mt	Lk
002		**Lk 1,22** ... καὶ αὐτὸς ἦν διανεύων αὐτοῖς, καὶ **διέμενεν** κωφός.
102	**Mt 19,28** ... ὑμεῖς **οἱ ἀκολουθήσαντές** μοι ...	**Lk 22,28** ὑμεῖς δέ ἐστε **οἱ διαμεμενηκότες** μετ' ἐμοῦ ἐν τοῖς πειρασμοῖς μου·

διαμερίζω

Syn 8	Mt 1	Mk 1	Lk 6	Acts 2	Jn 1	1-3John	Paul	Eph	Col
NT 11	2Thess	1/2Tim	Tit	Heb	Jas	1Pet	2Pet	Jude	Rev

divide; distribute; divide among

	triple tradition																	double tradition			Sondergut		
		+Mt / +Lk			–Mt / –Lk			traditions not taken over by Mt / Lk							subtotals								
code	*222*	*211*	*112*	*212*	*221*	*122*	*121*	*022*	*012*	*021*	*220*	*120*	*210*	*020*	Σ⁺	Σ⁻	Σ	*202*	*201*	*102*	*200*	*002*	total
Mt	1																1						**1**
Mk	1																1						**1**
Lk	1																1			3		2	**6**

102	**Mt 12,25** ... πᾶσα βασιλεία **μερισθεῖσα** καθ' ἑαυτῆς ἐρημοῦται καὶ πᾶσα πόλις ἢ οἰκία μερισθεῖσα καθ' ἑαυτῆς οὐ σταθήσεται.	**Mk 3,24** καὶ ἐὰν βασιλεία ἐφ' ἑαυτὴν **μερισθῇ**, οὐ δύναται σταθῆναι ἡ βασιλεία ἐκείνη· [25] καὶ ἐὰν οἰκία ἐφ' ἑαυτὴν μερισθῇ, οὐ δυνήσεται ἡ οἰκία ἐκείνη σταθῆναι.	**Lk 11,17** ... πᾶσα βασιλεία ἐφ' ἑαυτὴν **διαμερισθεῖσα** ἐρημοῦται καὶ οἶκος ἐπὶ οἶκον πίπτει.	Mk-Q overlap

102	Mt 12,26	καὶ εἰ ὁ σατανᾶς τὸν σατανᾶν ἐκβάλλει, ἐφ' ἑαυτὸν **ἐμερίσθη·** πῶς οὖν σταθήσεται ἡ βασιλεία αὐτοῦ;	Mk 3,26	καὶ εἰ ὁ σατανᾶς ἀνέστη ἐφ' ἑαυτὸν καὶ **ἐμερίσθη,** οὐ δύναται στῆναι ἀλλὰ τέλος ἔχει.	Lk 11,18	εἰ δὲ καὶ ὁ σατανᾶς ἐφ' ἑαυτὸν **διεμερίσθη,** πῶς σταθήσεται ἡ βασιλεία αὐτοῦ; ...	Mk-Q overlap
002					Lk 12,52 ↓ Mt 10,35 ↓ Lk 12,53	ἔσονται γὰρ ἀπὸ τοῦ νῦν πέντε ἐν ἑνὶ οἴκῳ **διαμεμερισμένοι,** τρεῖς ἐπὶ δυσὶν καὶ δύο ἐπὶ τρισίν,	→ GTh 16
102	Mt 10,35 ↑ Lk 12,52	ἦλθον γὰρ **διχάσαι** ἄνθρωπον *κατὰ τοῦ πατρὸς αὐτοῦ* καὶ *θυγατέρα κατὰ τῆς μητρὸς αὐτῆς* καὶ *νύμφην κατὰ τῆς πενθερᾶς αὐτῆς* ➤ Micah 7,6			Lk 12,53 ↑ Lk 12,52 → Mt 10,21 → Mk 13,12 → Lk 21,16	**διαμερισθήσονται** πατὴρ ἐπὶ υἱῷ καὶ *υἱὸς ἐπὶ πατρί,* μήτηρ ἐπὶ τὴν θυγατέρα καὶ *θυγάτηρ ἐπὶ τὴν μητέρα,* πενθερὰ ἐπὶ τὴν νύμφην αὐτῆς καὶ *νύμφη ἐπὶ τὴν πενθεράν.* ➤ Micah 7,6	→ GTh 16
002					Lk 22,17 → Mt 26,27 → Mk 14,23	καὶ δεξάμενος ποτήριον εὐχαριστήσας εἶπεν· λάβετε τοῦτο καὶ **διαμερίσατε** εἰς ἑαυτούς·	
222	Mt 27,35	σταυρώσαντες δὲ αὐτὸν ***διεμερίσαντο*** *τὰ ἱμάτια αὐτοῦ βάλλοντες κλῆρον* ➤ Ps 22,19	Mk 15,24	καὶ σταυροῦσιν αὐτὸν καὶ ***διαμερίζονται*** *τὰ ἱμάτια αὐτοῦ βάλλοντες κλῆρον ἐπ' αὐτὰ* τίς τί ἄρῃ. ➤ Ps 22,19	Lk 23,34	[33] ... ἐκεῖ ἐσταύρωσαν αὐτὸν ... [34] ... ***διαμεριζόμενοι*** *δὲ τὰ ἱμάτια αὐτοῦ ἔβαλον κλήρους.* ➤ Ps 22,19	→ Jn 19,24

Acts 2,3	καὶ ὤφθησαν αὐτοῖς **διαμεριζόμεναι** γλῶσσαι ὡσεὶ πυρὸς καὶ ἐκάθισεν ἐφ' ἕνα ἕκαστον αὐτῶν	Acts 2,45 → Lk 12,33 → Lk 14,33 → Mt 19,21 → Mk 10,21 → Lk 18,22	καὶ τὰ κτήματα καὶ τὰς ὑπάρξεις ἐπίπρασκον καὶ **διεμέριζον** αὐτὰ πᾶσιν καθότι ἄν τις χρείαν εἶχεν·

διαμερισμός

	Syn	Mt	Mk	Lk	Acts	Jn	1-3John	Paul	Eph	Col
	1			1						
	NT	2Thess	1/2Tim	Tit	Heb	Jas	1Pet	2Pet	Jude	Rev
	1									

division; disunity

102	Mt 10,34	μὴ νομίσητε ὅτι ἦλθον βαλεῖν εἰρήνην ἐπὶ τὴν γῆν· οὐκ ἦλθον βαλεῖν εἰρήνην ἀλλὰ **μάχαιραν.**			Lk 12,51	δοκεῖτε ὅτι εἰρήνην παρεγενόμην δοῦναι ἐν τῇ γῇ; οὐχί, λέγω ὑμῖν, ἀλλ' **ἢ διαμερισμόν.**	→ GTh 16

διανεύω

	Syn	Mt	Mk	Lk	Acts	Jn	1-3John	Paul	Eph	Col
	1			1						
	NT	2Thess	1/2Tim	Tit	Heb	Jas	1Pet	2Pet	Jude	Rev
	1									

make signs

002					Lk 1,22	... καὶ αὐτὸς ἦν **διανεύων** αὐτοῖς, καὶ διέμενεν κωφός.	

διανόημα	Syn 1	Mt	Mk	Lk 1	Acts	Jn	1-3John	Paul	Eph	Col
	NT 1	2Thess	1/2Tim	Tit	Heb	Jas	1Pet	2Pet	Jude	Rev

thought

102	**Mt 12,25** → Mt 9,4	εἰδὼς δὲ **τὰς ἐνθυμήσεις αὐτῶν** εἶπεν αὐτοῖς· πᾶσα βασιλεία μερισθεῖσα καθ' ἑαυτῆς ἐρημοῦται ...	**Mk 3,23**	καὶ προσκαλεσάμενος αὐτοὺς ἐν παραβολαῖς ἔλεγεν αὐτοῖς· πῶς δύναται σατανᾶς σατανᾶν ἐκβάλλειν; [24] καὶ ἐὰν βασιλεία ἐφ' ἑαυτὴν μερισθῇ, οὐ δύναται σταθῆναι ἡ βασιλεία ἐκείνη·	**Lk 11,17** → Lk 5,22 → Lk 6,8	αὐτὸς δὲ εἰδὼς **αὐτῶν τὰ διανοήματα** εἶπεν αὐτοῖς· πᾶσα βασιλεία ἐφ' ἑαυτὴν διαμερισθεῖσα ἐρημοῦται ...	Mk-Q overlap

διάνοια	Syn 4	Mt 1	Mk 1	Lk 2	Acts	Jn	1-3John 1	Paul	Eph 2	Col 1
	NT 12	2Thess	1/2Tim	Tit	Heb 2	Jas	1Pet 1	2Pet 1	Jude	Rev

mind; understanding; intention; purpose; thought; attitude

002					**Lk 1,51**	... διεσκόρπισεν ὑπερηφάνους **διανοίᾳ καρδίας αὐτῶν·**	
222	**Mt 22,37**	*... ἀγαπήσεις κύριον τὸν θεόν σου ἐν ὅλῃ τῇ καρδίᾳ σου καὶ ἐν ὅλῃ τῇ ψυχῇ σου καὶ* ***ἐν ὅλῃ τῇ διανοίᾳ σου·*** ➤ Deut 6,5; Josh 22,5 LXX	**Mk 12,30**	*καὶ ἀγαπήσεις κύριον τὸν θεόν σου ἐξ ὅλης τῆς καρδίας σου καὶ ἐξ ὅλης τῆς ψυχῆς σου καὶ* ***ἐξ ὅλης τῆς διανοίας σου*** *καὶ ἐξ ὅλης τῆς ἰσχύος σου.* ➤ Deut 6,5; Josh 22,5 LXX	**Lk 10,27**	*... ἀγαπήσεις κύριον τὸν θεόν σου ἐξ ὅλης [τῆς] καρδίας σου καὶ ἐν ὅλῃ τῇ ψυχῇ σου καὶ ἐν ὅλῃ τῇ ἰσχύϊ σου καὶ* ***ἐν ὅλῃ τῇ διανοίᾳ σου, ...*** ➤ Deut 6,5; Josh 22,5 LXX	

διανοίγω	Syn 5	Mt	Mk 1	Lk 4	Acts 3	Jn	1-3John	Paul	Eph	Col
	NT 8	2Thess	1/2Tim	Tit	Heb	Jas	1Pet	2Pet	Jude	Rev

open; explain

002					**Lk 2,23**	καθὼς γέγραπται ἐν νόμῳ κυρίου ὅτι *πᾶν ἄρσεν* ***διανοῖγον*** *μήτραν ἅγιον τῷ κυρίῳ κληθήσεται* ➤ Exod 13,2.12.15	
020			**Mk 7,34**	καὶ ἀναβλέψας εἰς τὸν οὐρανὸν ἐστέναξεν, καὶ λέγει αὐτῷ· εφφαθα, ὅ ἐστιν **διανοίχθητι.**			
002					**Lk 24,31**	αὐτῶν δὲ **διηνοίχθησαν** οἱ ὀφθαλμοὶ καὶ ἐπέγνωσαν αὐτόν· καὶ αὐτὸς ἄφαντος ἐγένετο ἀπ' αὐτῶν.	

002					Lk 24,32	... οὐχὶ ἡ καρδία ἡμῶν καιομένη ἦν [ἐν ἡμῖν] ὡς ἐλάλει ἡμῖν ἐν τῇ ὁδῷ, ὡς **διήνοιγεν** ἡμῖν τὰς γραφάς;	
002					Lk 24,45	τότε **διήνοιξεν** αὐτῶν τὸν νοῦν τοῦ συνιέναι τὰς γραφάς·	

Acts 7,56 → Lk 22,69 ... ἰδοὺ θεωρῶ τοὺς οὐρανοὺς **διηνοιγμένους** καὶ τὸν υἱὸν τοῦ ἀνθρώπου ἐκ δεξιῶν ἑστῶτα τοῦ θεοῦ.

Acts 16,14 καί τις γυνὴ ὀνόματι Λυδία, πορφυρόπωλις πόλεως Θυατείρων σεβομένη τὸν θεόν, ἤκουεν, ἧς ὁ κύριος **διήνοιξεν** τὴν καρδίαν ...

Acts 17,3 [2] ... διελέξατο αὐτοῖς ἀπὸ τῶν γραφῶν, [3] **διανοίγων** καὶ παρατιθέμενος ὅτι τὸν χριστὸν ἔδει παθεῖν καὶ ἀναστῆναι ἐκ νεκρῶν ...

διανυκτερεύω

διανυκτερεύω	Syn 1	Mt	Mk	Lk 1	Acts	Jn	1-3John	Paul	Eph	Col
	NT 1	2Thess	1/2Tim	Tit	Heb	Jas	1Pet	2Pet	Jude	Rev

spend the night

112	Mt 5,1	ἰδὼν δὲ τοὺς ὄχλους ἀνέβη εἰς τὸ ὄρος, ...	Mk 3,13	καὶ ἀναβαίνει εἰς τὸ ὄρος ...	Lk 6,12	... ἐξελθεῖν αὐτὸν εἰς τὸ ὄρος προσεύξασθαι, καὶ ἦν **διανυκτερεύων** ἐν τῇ προσευχῇ τοῦ θεοῦ.	

διαπεράω

διαπεράω	Syn 5	Mt 2	Mk 2	Lk 1	Acts 1	Jn	1-3John	Paul	Eph	Col
	NT 6	2Thess	1/2Tim	Tit	Heb	Jas	1Pet	2Pet	Jude	Rev

cross over

221	Mt 9,1 → Mk 2,1 → Lk 5,17	καὶ ἐμβὰς εἰς πλοῖον **διεπέρασεν ...**	Mk 5,21	[18] καὶ ἐμβαίνοντος αὐτοῦ εἰς τὸ πλοῖον ... [21] καὶ **διαπεράσαντος** τοῦ Ἰησοῦ [ἐν τῷ πλοίῳ] πάλιν εἰς τὸ πέραν συνήχθη ὄχλος πολὺς ἐπ' αὐτόν, ...	Lk 8,40	[37] ... αὐτὸς δὲ ἐμβὰς εἰς πλοῖον ὑπέστρεψεν. [38] ... **[40] ἐν δὲ τῷ ὑποστρέφειν** τὸν Ἰησοῦν ἀπεδέξατο αὐτὸν ὁ ὄχλος· ἦσαν γὰρ πάντες προσδοκῶντες αὐτόν.	
220	Mt 14,34	καὶ **διαπεράσαντες** ἦλθον ἐπὶ τὴν γῆν εἰς Γεννησαρέτ.	Mk 6,53	καὶ **διαπεράσαντες** ἐπὶ τὴν γῆν ἦλθον εἰς Γεννησαρὲτ καὶ προσωρμίσθησαν.			→ Jn 6,21
002					Lk 16,26	... ὅπως οἱ θέλοντες διαβῆναι ἔνθεν πρὸς ὑμᾶς μὴ δύνωνται, μηδὲ ἐκεῖθεν πρὸς ἡμᾶς **διαπερῶσιν.**	

Acts 21,2 καὶ εὑρόντες πλοῖον **διαπερῶν** εἰς Φοινίκην ἐπιβάντες ἀνήχθημεν.

διαπορεύομαι	Syn 3	Mt	Mk	Lk 3	Acts 1	Jn	1-3John	Paul 1	Eph	Col
	NT 5	2Thess	1/2Tim	Tit	Heb	Jas	1Pet	2Pet	Jude	Rev

go or travel through; go by

112	Mt 12,1	ἐν ἐκείνῳ τῷ καιρῷ **ἐπορεύθη** ὁ Ἰησοῦς τοῖς σάββασιν διὰ τῶν σπορίμων· ...	Mk 2,23	καὶ ἐγένετο αὐτὸν ἐν τοῖς σάββασιν **παραπορεύεσθαι** διὰ τῶν σπορίμων, ...	Lk 6,1	ἐγένετο δὲ ἐν σαββάτῳ **διαπορεύεσθαι** αὐτὸν διὰ σπορίμων, ...	
002					Lk 13,22 → Lk 8,1	καὶ **διεπορεύετο** κατὰ πόλεις καὶ κώμας διδάσκων καὶ πορείαν ποιούμενος εἰς Ἱεροσόλυμα.	
112	Mt 20,30 ⇨ Mt 9,27	καὶ ἰδοὺ δύο τυφλοὶ καθήμενοι παρὰ τὴν ὁδόν ἀκούσαντες ὅτι Ἰησοῦς παράγει, ...	Mk 10,47	[46] ... ὁ υἱὸς Τιμαίου Βαρτιμαῖος, τυφλὸς προσαίτης ἐκάθητο παρὰ τὴν ὁδόν. [47] καὶ ἀκούσας ὅτι Ἰησοῦς ὁ Ναζαρηνός ἐστιν ...	Lk 18,36	[35] ...τυφλός τις ἐκάθητο παρὰ τὴν ὁδὸν ἐπαιτῶν. [36] ἀκούσας δὲ ὄχλου **διαπορευομένου** ἐπυνθάνετο τί εἴη τοῦτο. [37] ἀπήγγειλαν δὲ αὐτῷ ὅτι Ἰησοῦς ὁ Ναζωραῖος παρέρχεται.	

Acts 16,4 ὡς δὲ
διεπορεύοντο
τὰς πόλεις, παρεδίδοσαν
αὐτοῖς φυλάσσειν τὰ
δόγματα τὰ κεκριμένα
ὑπὸ τῶν ἀποστόλων καὶ
πρεσβυτέρων τῶν ἐν
Ἱεροσολύμοις.

διαπορέω	Syn 1	Mt	Mk	Lk 1	Acts 3	Jn	1-3John	Paul	Eph	Col
	NT 4	2Thess	1/2Tim	Tit	Heb	Jas	1Pet	2Pet	Jude	Rev

be very confused; wonder

112	Mt 14,1	ἐν ἐκείνῳ τῷ καιρῷ ἤκουσεν Ἡρῴδης ὁ τετραάρχης τὴν ἀκοὴν Ἰησοῦ, [2] καὶ εἶπεν τοῖς παισὶν αὐτοῦ· οὗτός ἐστιν Ἰωάννης ὁ βαπτιστής· αὐτὸς ἠγέρθη ἀπὸ τῶν νεκρῶν ...	Mk 6,14	καὶ ἤκουσεν ὁ βασιλεὺς Ἡρῴδης, φανερὸν γὰρ ἐγένετο τὸ ὄνομα αὐτοῦ, καὶ ἔλεγον ὅτι Ἰωάννης ὁ βαπτίζων ἐγήγερται ἐκ νεκρῶν ...	Lk 9,7	ἤκουσεν δὲ Ἡρῴδης ὁ τετραάρχης τὰ γινόμενα πάντα καὶ **διηπόρει** διὰ τὸ λέγεσθαι ὑπό τινων ὅτι Ἰωάννης ἠγέρθη ἐκ νεκρῶν	

Acts 2,12 ἐξίσταντο δὲ πάντες καὶ
διηπόρουν,
ἄλλος πρὸς ἄλλον
λέγοντες· τί θέλει τοῦτο
εἶναι;

Acts 5,24 ὡς δὲ ἤκουσαν τοὺς
λόγους τούτους ὅ τε
στρατηγὸς τοῦ ἱεροῦ καὶ
οἱ ἀρχιερεῖς,
διηπόρουν
περὶ αὐτῶν τί ἂν γένοιτο
τοῦτο.

Acts 10,17 ὡς δὲ ἐν ἑαυτῷ
διηπόρει
ὁ Πέτρος τί ἂν εἴη
τὸ ὅραμα ὃ εἶδεν, ...

διαπραγματεύομαι

	Syn	Mt	Mk	Lk	Acts	Jn	1-3John	Paul	Eph	Col
	1			1						
	NT	2Thess	1/2Tim	Tit	Heb	Jas	1Pet	2Pet	Jude	Rev
	1									

make a profit; earn

102	**Mt 25,19**	μετὰ δὲ πολὺν χρόνον ἔρχεται ὁ κύριος τῶν δούλων ἐκείνων καὶ **συναίρει λόγον** **μετ' αὐτῶν.**			**Lk 19,15**	καὶ ἐγένετο ἐν τῷ ἐπανελθεῖν αὐτὸν λαβόντα τὴν βασιλείαν καὶ εἶπεν φωνηθῆναι αὐτῷ τοὺς δούλους τούτους οἷς δεδώκει τὸ ἀργύριον, ἵνα **γνοῖ τί** **διεπραγματεύσαντο.**	

διαρπάζω

	Syn	Mt	Mk	Lk	Acts	Jn	1-3John	Paul	Eph	Col
	3	1	2							
	NT	2Thess	1/2Tim	Tit	Heb	Jas	1Pet	2Pet	Jude	Rev
	3									

plunder; steal; take away

121	**Mt 12,29**	ἢ πῶς δύναταί τις εἰσελθεῖν εἰς τὴν οἰκίαν τοῦ ἰσχυροῦ καὶ τὰ σκεύη αὐτοῦ **ἁρπάσαι,**	**Mk 3,27** **(2)**	ἀλλ' οὐ δύναται οὐδεὶς εἰς τὴν οἰκίαν τοῦ ἰσχυροῦ εἰσελθὼν τὰ σκεύη αὐτοῦ **διαρπάσαι,**	**Lk 11,21**	ὅταν ὁ ἰσχυρὸς καθωπλισμένος φυλάσσῃ τὴν ἑαυτοῦ αὐλήν, ἐν εἰρήνῃ ἐστὶν τὰ ὑπάρχοντα αὐτοῦ·	→ GTh 21,5 → GTh 35 Mk-Q overlap?
221		ἐὰν μὴ πρῶτον δήσῃ τὸν ἰσχυρόν; καὶ τότε τὴν οἰκίαν αὐτοῦ **διαρπάσει.**		ἐὰν μὴ πρῶτον τὸν ἰσχυρὸν δήσῃ, καὶ τότε τὴν οἰκίαν αὐτοῦ **διαρπάσει.**	**Lk 11,22**	ἐπὰν δὲ ἰσχυρότερος αὐτοῦ ἐπελθὼν νικήσῃ αὐτόν, τὴν πανοπλίαν αὐτοῦ αἴρει ἐφ' ᾗ ἐπεποίθει, καὶ τὰ σκῦλα αὐτοῦ **διαδίδωσιν.**	Mk-Q overlap?

διαρρήγνυμι, διαρήσσω

	Syn	Mt	Mk	Lk	Acts	Jn	1-3John	Paul	Eph	Col
	4	1	1	2	1					
	NT	2Thess	1/2Tim	Tit	Heb	Jas	1Pet	2Pet	Jude	Rev
	5									

tear; rip; break

002					**Lk 5,6**	καὶ τοῦτο ποιήσαντες συνέκλεισαν πλῆθος ἰχθύων πολύ, **διερρήσσετο** δὲ τὰ δίκτυα αὐτῶν.	→ Jn 21,6 → Jn 21,11
112	**Mt 8,28**	... δύο δαιμονιζόμενοι ... χαλεποὶ λίαν, ὥστε μὴ ἰσχύειν τινὰ παρελθεῖν διὰ τῆς ὁδοῦ ἐκείνης.	**Mk 5,4**	διὰ τὸ αὐτὸν πολλάκις πέδαις καὶ ἁλύσεσιν δεδέσθαι καὶ **διεσπάσθαι** ὑπ' αὐτοῦ τὰς ἁλύσεις καὶ τὰς πέδας συντετρῖφθαι, καὶ οὐδεὶς ἴσχυεν αὐτὸν δαμάσαι·	**Lk 8,29**	... πολλοῖς γὰρ χρόνοις συνηρπάκει αὐτὸν καὶ ἐδεσμεύετο ἁλύσεσιν καὶ πέδαις φυλασσόμενος καὶ **διαρρήσσων** τὰ δεσμὰ ...	

221	Mt 26,65	τότε ὁ ἀρχιερεὺς **διέρρηξεν** τὰ ἱμάτια αὐτοῦ λέγων· ἐβλασφήμησεν· τί ἔτι χρείαν ἔχομεν μαρτύρων; ...	Mk 14,63	ὁ δὲ ἀρχιερεὺς **διαρρήξας** τοὺς χιτῶνας αὐτοῦ λέγει· τί ἔτι χρείαν ἔχομεν μαρτύρων;	Lk 22,71	οἱ δὲ εἶπαν· τί ἔτι ἔχομεν μαρτυρίας χρείαν; ...	

Acts 14,14 ἀκούσαντες δὲ
οἱ ἀπόστολοι Βαρναβᾶς
καὶ Παῦλος
διαρρήξαντες
τὰ ἱμάτια αὐτῶν
ἐξεπήδησαν εἰς τὸν
ὄχλον κράζοντες

διασαφέω

διασαφέω	Syn 2	Mt 2	Mk	Lk	Acts	Jn	1-3John	Paul	Eph	Col
	NT 2	2Thess	1/2Tim	Tit	Heb	Jas	1Pet	2Pet	Jude	Rev

explain; tell; report

200	Mt 13,36 → Mt 13,34 → Mk 4,34	... καὶ προσῆλθον αὐτῷ οἱ μαθηταὶ αὐτοῦ λέγοντες· **διασάφησον** ἡμῖν τὴν παραβολὴν τῶν ζιζανίων τοῦ ἀγροῦ.	
200	Mt 18,31	ἰδόντες οὖν οἱ σύνδουλοι αὐτοῦ τὰ γενόμενα ἐλυπήθησαν σφόδρα καὶ ἐλθόντες **διεσάφησαν** τῷ κυρίῳ ἑαυτῶν πάντα τὰ γενόμενα.	

διασείω

διασείω	Syn 1	Mt	Mk	Lk 1	Acts	Jn	1-3John	Paul	Eph	Col
	NT 1	2Thess	1/2Tim	Tit	Heb	Jas	1Pet	2Pet	Jude	Rev

take money by violence or force

002					Lk 3,14	... καὶ εἶπεν αὐτοῖς· μηδένα **διασείσητε** μηδὲ συκοφαντήσητε καὶ ἀρκεῖσθε τοῖς ὀψωνίοις ὑμῶν.	

διασκορπίζω

διασκορπίζω	Syn 7	Mt 3	Mk 1	Lk 3	Acts 1	Jn 1	1-3John	Paul	Eph	Col
	NT 9	2Thess	1/2Tim	Tit	Heb	Jas	1Pet	2Pet	Jude	Rev

scatter; squander; waste

002					Lk 1,51	ἐποίησεν κράτος ἐν βραχίονι αὐτοῦ, **διεσκόρπισεν** ὑπερηφάνους διανοίᾳ καρδίας αὐτῶν·	

002					Lk 15,13	... ὁ νεώτερος υἱὸς ἀπεδήμησεν εἰς χώραν μακρὰν καὶ ἐκεῖ **διεσκόρπισεν** τὴν οὐσίαν αὐτοῦ ζῶν ἀσώτως.	
002					Lk 16,1	... ἄνθρωπός τις ἦν πλούσιος ὃς εἶχεν οἰκονόμον, καὶ οὗτος διεβλήθη αὐτῷ ὡς **διασκορπίζων** τὰ ὑπάρχοντα αὐτοῦ.	
201	Mt 25,24	... κύριε, ἔγνων σε ὅτι σκληρὸς εἶ ἄνθρωπος, θερίζων ὅπου οὐκ ἔσπειρας καὶ συνάγων ὅθεν **οὐ διεσκόρπισας**			Lk 19,21	ἐφοβούμην γάρ σε, ὅτι ἄνθρωπος αὐστηρὸς εἶ, αἴρεις ὃ οὐκ ἔθηκας καὶ θερίζεις ὃ **οὐκ ἔσπειρας.**	
201	Mt 25,26	... πονηρὲ δοῦλε καὶ ὀκνηρέ, ᾔδεις ὅτι θερίζω ὅπου οὐκ ἔσπειρα καὶ συνάγω ὅθεν **οὐ διεσκόρπισα;**			Lk 19,22	... πονηρὲ δοῦλε. ᾔδεις ὅτι ἐγὼ ἄνθρωπος αὐστηρός εἰμι, αἴρων ὃ οὐκ ἔθηκα καὶ θερίζων ὃ **οὐκ ἔσπειρα;**	
220	Mt 26,31	... γέγραπται γάρ· *πατάξω τὸν ποιμένα, καὶ* ***διασκορπισθήσονται*** *τὰ πρόβατα τῆς ποίμνης.* ➤ Zech 13,7	Mk 14,27	... ὅτι γέγραπται· *πατάξω τὸν ποιμένα, καὶ* *τὰ πρόβατα* ***διασκορπισθήσονται.*** ➤ Zech 13,7			

Acts 5,37 ... Ἰούδας ὁ Γαλιλαῖος ...
κἀκεῖνος ἀπώλετο καὶ
πάντες ὅσοι ἐπείθοντο
αὐτῷ
διεσκορπίσθησαν.

διασπάω	Syn 1	Mt	Mk 1	Lk	Acts 1	Jn	1-3John	Paul	Eph	Col
	NT 2	2Thess	1/2Tim	Tit	Heb	Jas	1Pet	2Pet	Jude	Rev

pull or tear apart

121	Mt 8,28	... δύο δαιμονιζόμενοι ... χαλεποὶ λίαν, ὥστε μὴ ἰσχύειν τινὰ παρελθεῖν διὰ τῆς ὁδοῦ ἐκείνης.	Mk 5,4	διὰ τὸ αὐτὸν πολλάκις πέδαις καὶ ἁλύσεσιν δεδέσθαι καὶ **διεσπάσθαι** ὑπ' αὐτοῦ τὰς ἁλύσεις καὶ τὰς πέδας συντετρῖφθαι, καὶ οὐδεὶς ἴσχυεν αὐτὸν δαμάσαι·	Lk 8,29	... πολλοῖς γὰρ χρόνοις συνηρπάκει αὐτὸν καὶ ἐδεσμεύετο ἁλύσεσιν καὶ πέδαις φυλασσόμενος καὶ **διαρρήσσων** τὰ δεσμὰ ...	

Acts 23,10 πολλῆς δὲ γινομένης
στάσεως φοβηθεὶς
ὁ χιλίαρχος
μὴ διασπασθῇ
ὁ Παῦλος ὑπ' αὐτῶν ...

διαστέλλομαι

διαστέλλομαι	Syn	Mt	Mk	Lk	Acts	Jn	1-3John	Paul	Eph	Col
	6	1	5		1					
	NT	2Thess	1/2Tim	Tit	Heb	Jas	1Pet	2Pet	Jude	Rev
	8				1					

order; command

	triple tradition																	double tradition			Sondergut		
		+Mt / +Lk			–Mt / –Lk			traditions not taken over by Mt / Lk							subtotals								
code	222	211	112	212	221	122	121	022	012	021	220	120	210	020	Σ⁺	Σ⁻	Σ	202	201	102	200	002	total
Mt		1^+					2^-								1^+	2^-	1						**1**
Mk							2			1				2			5						**5**
Lk							2^-			1^-						3^-							

021			**Mk 5,43**	καὶ **διεστείλατο** αὐτοῖς πολλὰ ἵνα μηδεὶς γνοῖ τοῦτο, ...	**Lk 8,56**	... ὁ δὲ **παρήγγειλεν** αὐτοῖς μηδενὶ εἰπεῖν τὸ γεγονός.	
020			**Mk 7,36** (2)	καὶ **διεστείλατο** αὐτοῖς ἵνα μηδενὶ λέγωσιν·			
020				ὅσον δὲ αὐτοῖς **διεστέλλετο,** αὐτοὶ μᾶλλον περισσότερον ἐκήρυσσον.			
121	**Mt 16,6** ⇨ Mt 16,11	ὁ δὲ Ἰησοῦς εἶπεν αὐτοῖς· ὁρᾶτε καὶ προσέχετε ἀπὸ τῆς ζύμης τῶν Φαρισαίων καὶ Σαδδουκαίων.	**Mk 8,15**	καὶ **διεστέλλετο** αὐτοῖς λέγων· ὁρᾶτε, βλέπετε ἀπὸ τῆς ζύμης τῶν Φαρισαίων καὶ τῆς ζύμης Ἡρῴδου.	**Lk 12,1** → Mt 16,12	... ἤρξατο λέγειν πρὸς τοὺς μαθητὰς αὐτοῦ πρῶτον· προσέχετε ἑαυτοῖς ἀπὸ τῆς ζύμης, ἥτις ἐστὶν ὑπόκρισις, τῶν Φαρισαίων.	
211	**Mt 16,20**	τότε **διεστείλατο** τοῖς μαθηταῖς ἵνα μηδενὶ εἴπωσιν ὅτι αὐτός ἐστιν ὁ χριστός.	**Mk 8,30**	καὶ **ἐπετίμησεν** αὐτοῖς ἵνα μηδενὶ λέγωσιν περὶ αὐτοῦ.	**Lk 9,21**	ὁ δὲ **ἐπιτιμήσας** αὐτοῖς παρήγγειλεν μηδενὶ λέγειν τοῦτο	→ GTh 13
121	**Mt 17,9**	καὶ καταβαινόντων αὐτῶν ἐκ τοῦ ὄρους **ἐνετείλατο** αὐτοῖς ὁ Ἰησοῦς λέγων· μηδενὶ εἴπητε τὸ ὅραμα ἕως οὗ ὁ υἱὸς τοῦ ἀνθρώπου ἐκ νεκρῶν ἐγερθῇ.	**Mk 9,9**	καὶ καταβαινόντων αὐτῶν ἐκ τοῦ ὄρους **διεστείλατο** αὐτοῖς ἵνα μηδενὶ ἃ εἶδον διηγήσωνται, εἰ μὴ ὅταν ὁ υἱὸς τοῦ ἀνθρώπου ἐκ νεκρῶν ἀναστῇ.	**Lk 9,36**	 ... καὶ αὐτοὶ ἐσίγησαν καὶ οὐδενὶ ἀπήγγειλαν ἐν ἐκείναις ταῖς ἡμέραις οὐδὲν ὧν ἑώρακαν.	

Acts 15,24 ἐπειδὴ ἠκούσαμεν ὅτι
τινὲς ἐξ ἡμῶν
[ἐξελθόντες] ἐτάραξαν
ὑμᾶς λόγοις
ἀνασκευάζοντες
τὰς ψυχὰς ὑμῶν οἷς
οὐ διεστειλάμεθα

διαστρέφω

	Syn	Mt	Mk	Lk	Acts	Jn	1-3John	Paul	Eph	Col
	3	1		2	3			1		
	NT	2Thess	1/2Tim	Tit	Heb	Jas	1Pet	2Pet	Jude	Rev
	7									

distort; divert; turn away; mislead; lead astray

212	**Mt 17,17**	ἀποκριθεὶς δὲ ὁ Ἰησοῦς εἶπεν· ὦ γενεὰ ἄπιστος καὶ διεστραμμένη, ἕως πότε μεθ' ὑμῶν ἔσομαι; ἕως πότε ἀνέξομαι ὑμῶν; ...	**Mk 9,19**	ὁ δὲ ἀποκριθεὶς αὐτοῖς λέγει· ὦ γενεὰ ἄπιστος, ἕως πότε πρὸς ὑμᾶς ἔσομαι; ἕως πότε ἀνέξομαι ὑμῶν; ...	**Lk 9,41**	ἀποκριθεὶς δὲ ὁ Ἰησοῦς εἶπεν· ὦ γενεὰ ἄπιστος καὶ διεστραμμένη, ἕως πότε ἔσομαι πρὸς ὑμᾶς καὶ ἀνέξομαι ὑμῶν; ...	
112	**Mt 27,12**	καὶ ἐν τῷ κατηγορεῖσθαι αὐτὸν ὑπὸ τῶν ἀρχιερέων καὶ πρεσβυτέρων οὐδὲν ἀπεκρίνατο. [13] τότε λέγει αὐτῷ ὁ Πιλᾶτος· οὐκ ἀκούεις πόσα σου καταμαρτυροῦσιν;	**Mk 15,3**	καὶ κατηγόρουν αὐτοῦ οἱ ἀρχιερεῖς πολλά. [4] ὁ δὲ Πιλᾶτος πάλιν ἐπηρώτα αὐτὸν λέγων· οὐκ ἀποκρίνῃ οὐδέν; ἴδε πόσα σου κατηγοροῦσιν.	**Lk 23,2** → Lk 20,20 → Lk 20,25 ⇨ Lk 23,10 → Lk 23,14	ἤρξαντο δὲ κατηγορεῖν αὐτοῦ λέγοντες· τοῦτον εὕραμεν διαστρέφοντα τὸ ἔθνος ἡμῶν καὶ κωλύοντα φόρους Καίσαρι διδόναι ...	→ Acts 17,7

Acts 13,8 ἀνθίστατο δὲ αὐτοῖς Ἐλύμας ὁ μάγος, οὕτως γὰρ μεθερμηνεύεται τὸ ὄνομα αὐτοῦ, ζητῶν
διαστρέψαι
τὸν ἀνθύπατον ἀπὸ τῆς πίστεως.

Acts 13,10 ... υἱὲ διαβόλου, ἐχθρὲ πάσης δικαιοσύνης, οὐ παύσῃ
διαστρέφων
τὰς ὁδοὺς [τοῦ] κυρίου τὰς εὐθείας;

Acts 20,30 καὶ ἐξ ὑμῶν αὐτῶν ἀναστήσονται ἄνδρες λαλοῦντες
διεστραμμένα
τοῦ ἀποσπᾶν τοὺς μαθητὰς ὀπίσω αὐτῶν.

διασῴζω

	Syn	Mt	Mk	Lk	Acts	Jn	1-3John	Paul	Eph	Col
	2	1		1	5					
	NT	2Thess	1/2Tim	Tit	Heb	Jas	1Pet	2Pet	Jude	Rev
	8						1			

bring safely through; rescue; cure; *passive:* escape

102	**Mt 8,7** → Lk 7,6	καὶ λέγει αὐτῷ· ἐγὼ ἐλθὼν θεραπεύσω αὐτόν.			**Lk 7,3**	... ἐρωτῶν αὐτὸν ὅπως ἐλθὼν διασώσῃ τὸν δοῦλον αὐτοῦ.	→ Jn 4,47
210	**Mt 14,36** → Mt 9,20	καὶ παρεκάλουν αὐτὸν ἵνα μόνον ἅψωνται τοῦ κρασπέδου τοῦ ἱματίου αὐτοῦ· καὶ ὅσοι ἥψαντο διεσώθησαν.	**Mk 6,56** → Mk 5,27	... καὶ παρεκάλουν αὐτὸν ἵνα κἂν τοῦ κρασπέδου τοῦ ἱματίου αὐτοῦ ἅψωνται· καὶ ὅσοι ἂν ἥψαντο αὐτοῦ ἐσῴζοντο.	→ Lk 8,44		

Acts 23,24 κτήνη τε παραστῆσαι ἵνα ἐπιβιβάσαντες τὸν Παῦλον
διασώσωσι
πρὸς Φήλικα τὸν ἡγεμόνα

Acts 27,43 ὁ δὲ ἑκατοντάρχης βουλόμενος
διασῶσαι
τὸν Παῦλον ἐκώλυσεν αὐτοὺς τοῦ βουλήματος, ...

Acts 27,44 ... καὶ οὕτως ἐγένετο πάντας
διασωθῆναι
ἐπὶ τὴν γῆν.

Acts 28,1 καὶ
διασωθέντες
τότε ἐπέγνωμεν ὅτι Μελίτη ἡ νῆσος καλεῖται.

Acts 28,4 ... πάντως φονεύς ἐστιν ὁ ἄνθρωπος οὗτος ὃν
διασωθέντα
ἐκ τῆς θαλάσσης ἡ δίκη ζῆν οὐκ εἴασεν.

διαταράσσω

Syn 1	Mt	Mk	Lk 1	Acts	Jn	1-3John	Paul	Eph	Col
NT 1	2Thess	1/2Tim	Tit	Heb	Jas	1Pet	2Pet	Jude	Rev

passive: be deeply confused or troubled

	Mt		Mk		Lk	
002					Lk 1,29	ἡ δὲ ἐπὶ τῷ λόγῳ **διεταράχθη** καὶ διελογίζετο ποταπὸς εἴη ὁ ἀσπασμὸς οὗτος.

διατάσσω

Syn 5	Mt 1	Mk	Lk 4	Acts 5	Jn	1-3John	Paul 5	Eph	Col
NT 16	2Thess	1/2Tim	Tit 1	Heb	Jas	1Pet	2Pet	Jude	Rev

command; order; give instructions; arrange

	Mt		Mk		Lk	
002					Lk 3,13 →Lk 19,8	... μηδὲν πλέον **παρὰ τὸ διατεταγμένον** ὑμῖν πράσσετε.
200	Mt 11,1	καὶ ἐγένετο ὅτε ἐτέλεσεν ὁ Ἰησοῦς **διατάσσων** τοῖς δώδεκα μαθηταῖς αὐτοῦ, ...				
012			Mk 5,43	... καὶ **εἶπεν** δοθῆναι αὐτῇ φαγεῖν.	Lk 8,55	... καὶ **διέταξεν** αὐτῇ δοθῆναι φαγεῖν.
002					Lk 17,9	μὴ ἔχει χάριν τῷ δούλῳ ὅτι ἐποίησεν **τὰ διαταχθέντα;**
002					Lk 17,10	οὕτως καὶ ὑμεῖς, ὅταν ποιήσητε **πάντα τὰ διαταχθέντα** ὑμῖν, λέγετε ὅτι δοῦλοι ἀχρεῖοί ἐσμεν, ...

Acts 7,44 ἡ σκηνὴ τοῦ μαρτυρίου ἦν τοῖς πατράσιν ἡμῶν ἐν τῇ ἐρήμῳ καθὼς **διετάξατο** ὁ λαλῶν τῷ Μωϋσῇ ποιῆσαι αὐτὴν κατὰ τὸν τύπον ὃν ἑωράκει·

Acts 18,2 καὶ εὑρών τινα Ἰουδαῖον ὀνόματι Ἀκύλαν, ... καὶ Πρίσκιλλαν γυναῖκα αὐτοῦ, **διὰ τὸ διατεταχέναι** Κλαύδιον χωρίζεσθαι πάντας τοὺς Ἰουδαίους ἀπὸ τῆς Ῥώμης, ...

Acts 20,13 ... ἀνήχθημεν ἐπὶ τὴν Ἆσσον ἐκεῖθεν μέλλοντες ἀναλαμβάνειν τὸν Παῦλον· οὕτως γὰρ **διατεταγμένος** ἦν μέλλων αὐτὸς πεζεύειν.

Acts 23,31 οἱ μὲν οὖν στρατιῶται **κατὰ τὸ διατεταγμένον** αὐτοῖς ἀναλαβόντες τὸν Παῦλον ἤγαγον διὰ νυκτὸς εἰς τὴν Ἀντιπατρίδα

Acts 24,23 **διαταξάμενος** τῷ ἑκατοντάρχῃ τηρεῖσθαι αὐτὸν ἔχειν τε ἄνεσιν καὶ μηδένα κωλύειν τῶν ἰδίων αὐτοῦ ὑπηρετεῖν αὐτῷ.

διατηρέω	Syn 1	Mt	Mk	Lk 1	Acts 1	Jn	1-3John	Paul	Eph	Col
	NT 2	2Thess	1/2Tim	Tit	Heb	Jas	1Pet	2Pet	Jude	Rev

keep; treasure up

	Mt	Mk	Lk	
002			Lk 2,51 → Lk 2,19 ... καὶ ἡ μήτηρ αὐτοῦ **διετήρει** πάντα τὰ ῥήματα ἐν τῇ καρδίᾳ αὐτῆς.	

Acts 15,29 ἀπέχεσθαι εἰδωλοθύτων
καὶ αἵματος καὶ πνικτῶν
καὶ πορνείας, ἐξ ὧν
διατηροῦντες
ἑαυτοὺς εὖ πράξετε. ...

διατίθεμαι	Syn 2	Mt	Mk	Lk 2	Acts 1	Jn	1-3John	Paul	Eph	Col
	NT 7	2Thess	1/2Tim	Tit	Heb 4	Jas	1Pet	2Pet	Jude	Rev

make (covenants or will)

	Mt	Mk	Lk	
002 002			Lk 22,29 (2) κἀγὼ **διατίθεμαι** ὑμῖν → Lk 1,33 καθὼς **διέθετό** μοι ὁ πατήρ μου βασιλείαν	

Acts 3,25 ὑμεῖς ἐστε οἱ υἱοὶ
τῶν προφητῶν καὶ
τῆς διαθήκης ἧς
διέθετο
ὁ θεὸς πρὸς τοὺς πατέρας
ὑμῶν λέγων πρὸς
Ἀβραάμ· ...

διαφέρω	Syn 6	Mt 3	Mk 1	Lk 2	Acts 2	Jn	1-3John	Paul 5	Eph	Col
	NT 13	2Thess	1/2Tim	Tit	Heb	Jas	1Pet	2Pet	Jude	Rev

intransitive: be worth more than; be superior to; differ; differ from; *transitive:* carry through; drive about; *passive:* drift

	Mt	Mk	Lk	
202	Mt 6,26 ... καὶ ὁ πατὴρ ὑμῶν ὁ οὐράνιος τρέφει αὐτά· οὐχ ὑμεῖς μᾶλλον **διαφέρετε** αὐτῶν;		Lk 12,24 ... καὶ ὁ θεὸς τρέφει αὐτούς· πόσῳ μᾶλλον ὑμεῖς **διαφέρετε** τῶν πετεινῶν.	
202	Mt 10,31 μὴ οὖν φοβεῖσθε· πολλῶν στρουθίων **διαφέρετε** ὑμεῖς.		Lk 12,7 ... μὴ φοβεῖσθε· πολλῶν στρουθίων **διαφέρετε.**	
200	Mt 12,12 πόσῳ οὖν **διαφέρει** ἄνθρωπος προβάτου. ...			

	Mt		Mk		Lk		
202	**Mt 6,26**	... καὶ ὁ πατὴρ ὑμῶν ὁ οὐράνιος τρέφει αὐτά· οὐχ ὑμεῖς μᾶλλον **διαφέρετε** αὐτῶν;			**Lk 12,24**	... καὶ ὁ θεὸς τρέφει αὐτούς· πόσῳ μᾶλλον ὑμεῖς **διαφέρετε** τῶν πετεινῶν.	
020			**Mk 11,16**	καὶ οὐκ ἤφιεν ἵνα τις **διενέγκῃ** σκεῦος διὰ τοῦ ἱεροῦ.			

Acts 13,49 **διεφέρετο**
δὲ ὁ λόγος τοῦ κυρίου
δι' ὅλης τῆς χώρας.

Acts 27,27 ὡς δὲ
τεσσαρεσκαιδεκάτη νὺξ
ἐγένετο
διαφερομένων
ἡμῶν ἐν τῷ Ἀδρίᾳ, ...

διαφημίζω

διαφημίζω	Syn	Mt	Mk	Lk	Acts	Jn	1-3John	Paul	Eph	Col
	3	2	1							
	NT	2Thess	1/2Tim	Tit	Heb	Jas	1Pet	2Pet	Jude	Rev
	3									

spread around

	Mt		Mk		Lk		
021			**Mk 1,45** ↓Mt 9,31	ὁ δὲ ἐξελθὼν ἤρξατο κηρύσσειν πολλὰ καὶ **διαφημίζειν** τὸν λόγον, ὥστε μηκέτι αὐτὸν δύνασθαι φανερῶς εἰς πόλιν εἰσελθεῖν, ...	**Lk 5,15** →Lk 7,17	**διήρχετο** δὲ μᾶλλον ὁ λόγος περὶ αὐτοῦ, ...	
200	**Mt 9,31** →Mt 9,26 ↑Mk 1,45	οἱ δὲ ἐξελθόντες **διεφήμισαν** αὐτὸν ἐν ὅλῃ τῇ γῇ ἐκείνῃ.					
200	**Mt 28,15**	οἱ δὲ λαβόντες τὰ ἀργύρια ἐποίησαν ὡς ἐδιδάχθησαν. καὶ **διεφημίσθη** ὁ λόγος οὗτος παρὰ Ἰουδαίοις μέχρι τῆς σήμερον [ἡμέρας].					

διαφθείρω

διαφθείρω	Syn	Mt	Mk	Lk	Acts	Jn	1-3John	Paul	Eph	Col
	1			1				1		
	NT	2Thess	1/2Tim	Tit	Heb	Jas	1Pet	2Pet	Jude	Rev
	6		1							3

destroy; ruin; *passive:* wear away; decay; be depraved

	Mt		Mk		Lk		
102	**Mt 6,20** →Mt 19,21	θησαυρίζετε δὲ ὑμῖν θησαυροὺς ἐν οὐρανῷ, ὅπου οὔτε σὴς οὔτε βρῶσις **ἀφανίζει,** καὶ ὅπου κλέπται οὐ διορύσσουσιν οὐδὲ κλέπτουσιν·	→Mk 10,21		**Lk 12,33** →Mt 6,19 →Lk 14,33 →Lk 16,9 →Lk 18,22	... ποιήσατε ἑαυτοῖς βαλλάντια μὴ παλαιούμενα, θησαυρὸν ἀνέκλειπτον ἐν τοῖς οὐρανοῖς, ὅπου κλέπτης οὐκ ἐγγίζει οὐδὲ σὴς **διαφθείρει·**	→GTh 76,3

διαφυλάσσω

	Syn	Mt	Mk	Lk	Acts	Jn	1-3John	Paul	Eph	Col
	1			1						
	NT	2Thess	1/2Tim	Tit	Heb	Jas	1Pet	2Pet	Jude	Rev
	1									

protect; take care of

102	**Mt 4,6**	... γέγραπται γὰρ ὅτι *τοῖς ἀγγέλοις αὐτοῦ* *ἐντελεῖται περὶ σοῦ* *καὶ* *ἐπὶ χειρῶν ἀροῦσίν σε, ...* ➢ Ps 91,11-12			**Lk 4,10**	γέγραπται γὰρ ὅτι *τοῖς ἀγγέλοις αὐτοῦ* *ἐντελεῖται περὶ σοῦ* ***τοῦ διαφυλάξαι*** *σε* [11] καὶ ὅτι *ἐπὶ χειρῶν ἀροῦσίν σε, ...* ➢ Ps 91,11-12

διαχωρίζω

	Syn	Mt	Mk	Lk	Acts	Jn	1-3John	Paul	Eph	Col
	1			1						
	NT	2Thess	1/2Tim	Tit	Heb	Jas	1Pet	2Pet	Jude	Rev
	1									

passive: leave; go away

112	**Mt 17,4**	 ἀποκριθεὶς δὲ ὁ Πέτρος εἶπεν τῷ Ἰησοῦ· κύριε, καλόν ἐστιν ἡμᾶς ὧδε εἶναι· ...	**Mk 9,5**	 καὶ ἀποκριθεὶς ὁ Πέτρος λέγει τῷ Ἰησοῦ· ῥαββί, καλόν ἐστιν ἡμᾶς ὧδε εἶναι, ...	**Lk 9,33**	καὶ ἐγένετο **ἐν τῷ διαχωρίζεσθαι αὐτοὺς** ἀπ᾽ αὐτοῦ εἶπεν ὁ Πέτρος πρὸς τὸν Ἰησοῦν· ἐπιστάτα, καλόν ἐστιν ἡμᾶς ὧδε εἶναι, ...

διδασκαλία

	Syn	Mt	Mk	Lk	Acts	Jn	1-3John	Paul	Eph	Col
	2	1	1					2	1	1
	NT	2Thess	1/2Tim	Tit	Heb	Jas	1Pet	2Pet	Jude	Rev
	21		11	4						

what is taught; teaching; doctrine; act of teaching; instruction

220	**Mt 15,9**	*μάτην δὲ σέβονταί με* *διδάσκοντες* ***διδασκαλίας*** *ἐντάλματα ἀνθρώπων.* ➢ Isa 29,13 LXX	**Mk 7,7**	*μάτην δὲ σέβονταί με* *διδάσκοντες* ***διδασκαλίας*** *ἐντάλματα ἀνθρώπων.* ➢ Isa 29,13 LXX		

διδάσκαλος

	Syn	Mt	Mk	Lk	Acts	Jn	1-3John	Paul	Eph	Col
	41	12	12	17	1	7		3	1	
	NT	2Thess	1/2Tim	Tit	Heb	Jas	1Pet	2Pet	Jude	Rev
	58		3		1	1				

teacher

	triple tradition																	double tradition			Sondergut		
		+Mt / +Lk			–Mt / –Lk			traditions not taken over by Mt / Lk							subtotals								
code	*222*	*211*	*112*	*212*	*221*	*122*	*121*	*022*	*012*	*021*	*220*	*120*	*210*	*020*	Σ^+	Σ^-	Σ	*202*	*201*	*102*	*200*	*002*	total
Mt	4	1^+		1^+		1^-	3^-					1^-			2^+	5^-	6	2	2		2		**12**
Mk	4					1	3	2		1		1					12						**12**
Lk	4		1^+	1^+		1	3^-	2		1^-					2^+	4^-	9	2				6	**17**

002					**Lk 2,46**	... εὗρον αὐτὸν ἐν τῷ ἱερῷ καθεζόμενον **ἐν μέσῳ** **τῶν διδασκάλων** καὶ ἀκούοντα αὐτῶν καὶ ἐπερωτῶντα αὐτούς·

002					Lk 3,12	ἦλθον δὲ καὶ τελῶναι βαπτισθῆναι καὶ εἶπαν πρὸς αὐτόν· **διδάσκαλε,** τί ποιήσωμεν;	
201	Mt 8,19	καὶ προσελθὼν εἷς γραμματεὺς εἶπεν αὐτῷ· **διδάσκαλε,** ἀκολουθήσω σοι ὅπου ἐὰν ἀπέρχῃ.			Lk 9,57	καὶ πορευομένων αὐτῶν ἐν τῇ ὁδῷ εἶπέν τις πρὸς αὐτόν· ἀκολουθήσω σοι ὅπου ἐὰν ἀπέρχῃ.	
211	Mt 9,11	καὶ ἰδόντες οἱ Φαρισαῖοι ἔλεγον τοῖς μαθηταῖς αὐτοῦ· διὰ τί μετὰ τῶν τελωνῶν καὶ ἁμαρτωλῶν ἐσθίει **ὁ διδάσκαλος ὑμῶν;**	Mk 2,16	καὶ οἱ γραμματεῖς τῶν Φαρισαίων ἰδόντες ὅτι ἐσθίει μετὰ τῶν ἁμαρτωλῶν καὶ τελωνῶν ἔλεγον τοῖς μαθηταῖς αὐτοῦ· ὅτι μετὰ τῶν τελωνῶν καὶ ἁμαρτωλῶν ἐσθίει;	Lk 5,30 → Lk 15,2 → Lk 19,7	καὶ ἐγόγγυζον οἱ Φαρισαῖοι καὶ οἱ γραμματεῖς αὐτῶν πρὸς τοὺς μαθητὰς αὐτοῦ λέγοντες· διὰ τί μετὰ τῶν τελωνῶν καὶ ἁμαρτωλῶν ἐσθίετε καὶ πίνετε;	
202	Mt 10,24	οὐκ ἔστιν μαθητὴς **ὑπὲρ** **τὸν διδάσκαλον** οὐδὲ δοῦλος ὑπὲρ τὸν κύριον αὐτοῦ.			Lk 6,40 (2)	οὐκ ἔστιν μαθητὴς **ὑπὲρ** **τὸν διδάσκαλον·**	
202	Mt 10,25	ἀρκετὸν τῷ μαθητῇ ἵνα γένηται **ὡς ὁ διδάσκαλος** **αὐτοῦ** καὶ ὁ δοῦλος ὡς ὁ κύριος αὐτοῦ. ...				κατηρτισμένος δὲ πᾶς ἔσται **ὡς ὁ διδάσκαλος** **αὐτοῦ.**	
002					Lk 7,40 → Mt 26,6 → Mk 14,3	καὶ ἀποκριθεὶς ὁ Ἰησοῦς εἶπεν πρὸς αὐτόν· Σίμων, ἔχω σοί τι εἰπεῖν. ὁ δέ· **διδάσκαλε,** εἰπέ, φησίν.	
201	Mt 12,38 ⇩ Mt 16,1	τότε ἀπεκρίθησαν αὐτῷ τινες τῶν γραμματέων καὶ Φαρισαίων λέγοντες· **διδάσκαλε,** θέλομεν ἀπὸ σοῦ σημεῖον ἰδεῖν.			Lk 11,16	ἕτεροι δὲ πειράζοντες σημεῖον ἐξ οὐρανοῦ ἐζήτουν παρ' αὐτοῦ.	Mk-Q overlap
	Mt 16,1 ⇧ Mt 12,38	καὶ προσελθόντες οἱ Φαρισαῖοι καὶ Σαδδουκαῖοι πειράζοντες ἐπηρώτησαν αὐτὸν σημεῖον ἐκ τοῦ οὐρανοῦ ἐπιδεῖξαι αὐτοῖς.	Mk 8,11	καὶ ἐξῆλθον οἱ Φαρισαῖοι καὶ ἤρξαντο συζητεῖν αὐτῷ, ζητοῦντες παρ' αὐτοῦ σημεῖον ἀπὸ τοῦ οὐρανοῦ, πειράζοντες αὐτόν.			
121	Mt 8,25	καὶ προσελθόντες ἤγειραν αὐτὸν λέγοντες· **κύριε,** σῶσον, ἀπολλύμεθα.	Mk 4,38	... καὶ ἐγείρουσιν αὐτὸν καὶ λέγουσιν αὐτῷ· **διδάσκαλε,** οὐ μέλει σοι ὅτι ἀπολλύμεθα;	Lk 8,24	προσελθόντες δὲ διήγειραν αὐτὸν λέγοντες· **ἐπιστάτα ἐπιστάτα,** ἀπολλύμεθα. ...	
022			Mk 5,35 → Lk 7,6	... ἡ θυγάτηρ σου ἀπέθανεν· τί ἔτι σκύλλεις **τὸν διδάσκαλον;**	Lk 8,49 → Lk 7,6	... τέθνηκεν ἡ θυγάτηρ σου· μηκέτι σκύλλε **τὸν διδάσκαλον.**	

122	Mt 17,15	[14] καὶ ἐλθόντων πρὸς τὸν ὄχλον προσῆλθεν αὐτῷ ἄνθρωπος γονυπε- τῶν αὐτὸν [15] καὶ λέγων· **κύριε,** ἐλέησόν μου τὸν υἱόν, ὅτι σεληνιάζεται καὶ κακῶς πάσχει· ...	Mk 9,17	καὶ ἀπεκρίθη αὐτῷ εἷς ἐκ τοῦ ὄχλου· **διδάσκαλε,** ἤνεγκα τὸν υἱόν μου πρὸς σέ, ἔχοντα πνεῦμα ἄλαλον·	Lk 9,38	καὶ ἰδοὺ ἀνὴρ ἀπὸ τοῦ ὄχλου ἐβόησεν λέγων· **διδάσκαλε,** δέομαί σου ἐπιβλέψαι ἐπὶ τὸν υἱόν μου, ὅτι μονογενής μοί ἐστιν, [39] καὶ ἰδοὺ πνεῦμα λαμβάνει αὐτὸν ...	
200	Mt 17,24	... προσῆλθον οἱ τὰ δίδραχμα λαμβάνοντες τῷ Πέτρῳ καὶ εἶπαν· **ὁ διδάσκαλος ὑμῶν** οὐ τελεῖ [τὰ] δίδραχμα;					
021			Mk 9,38	ἔφη αὐτῷ ὁ Ἰωάννης· **διδάσκαλε,** εἴδομέν τινα ἐν τῷ ὀνόματί σου ἐκβάλλοντα δαιμόνια ...	Lk 9,49	ἀποκριθεὶς δὲ Ἰωάννης εἶπεν· **ἐπιστάτα,** εἴδομέν τινα ἐν τῷ ὀνόματί σου ἐκβάλλοντα δαιμόνια ...	→ Acts 19,13
212	Mt 22,36 ↓ Mt 19,16	[35] καὶ ἐπηρώτησεν εἷς ἐξ αὐτῶν [νομικὸς] πειράζων αὐτόν· [36] **διδάσκαλε,** ποία ἐντολὴ μεγάλη ἐν τῷ νόμῳ;	Mk 12,28 ↓ Mk 10,17 ↓ Lk 20,39	καὶ προσελθὼν εἷς τῶν γραμματέων ἀκούσας αὐτῶν συζητούντων, ἰδὼν ὅτι καλῶς ἀπεκρίθη αὐτοῖς ἐπηρώτησεν αὐτόν· ποία ἐστὶν ἐντολὴ πρώτη πάντων;	Lk 10,25 ⇩ Lk 18,18	καὶ ἰδοὺ νομικός τις ἀνέστη ἐκπειράζων αὐτὸν λέγων· **διδάσκαλε,** τί ποιήσας ζωὴν αἰώνιον κληρονομήσω;	
002					Lk 11,45	ἀποκριθεὶς δέ τις τῶν νομικῶν λέγει αὐτῷ· **διδάσκαλε,** ταῦτα λέγων καὶ ἡμᾶς ὑβρίζεις.	
002					Lk 12,13	εἶπεν δέ τις ἐκ τοῦ ὄχλου αὐτῷ· **διδάσκαλε,** εἰπὲ τῷ ἀδελφῷ μου μερίσασθαι μετ᾽ ἐμοῦ τὴν κληρονομίαν.	→ GTh 72
222	Mt 19,16 ↓ Mt 22,36	... **διδάσκαλε,** **τί ἀγαθὸν** ποιήσω ἵνα σχῶ ζωὴν αἰώνιον;	Mk 10,17 ↓ Mk 12,28	... **διδάσκαλε** **ἀγαθέ,** τί ποιήσω ἵνα ζωὴν αἰώνιον κληρονομήσω;	Lk 18,18 ⇧ Lk 10,25	... **διδάσκαλε** **ἀγαθέ,** τί ποιήσας ζωὴν αἰώνιον κληρονομήσω;	
121	Mt 19,20	λέγει αὐτῷ ὁ νεανίσκος· πάντα ταῦτα ἐφύλαξα· ...	Mk 10,20	ὁ δὲ ἔφη αὐτῷ· **διδάσκαλε,** ταῦτα πάντα ἐφυλαξάμην ἐκ νεότητός μου.	Lk 18,21	ὁ δὲ εἶπεν· ταῦτα πάντα ἐφύλαξα ἐκ νεότητος.	
120	Mt 20,20	τότε προσῆλθεν αὐτῷ ἡ μήτηρ τῶν υἱῶν Ζεβεδαίου μετὰ τῶν υἱῶν αὐτῆς προσκυνοῦσα καὶ αἰτοῦσά τι ἀπ᾽ αὐτοῦ.	Mk 10,35	καὶ προσπορεύονται αὐτῷ Ἰάκωβος καὶ Ἰωάννης οἱ υἱοὶ Ζεβεδαίου λέγοντες αὐτῷ· **διδάσκαλε,** θέλομεν ἵνα ὃ ἐὰν αἰτήσωμέν σε ποιήσῃς ἡμῖν.			
002					Lk 19,39 → Mt 21,15-16	καί τινες τῶν Φαρισαίων ἀπὸ τοῦ ὄχλου εἶπαν πρὸς αὐτόν· **διδάσκαλε,** ἐπιτίμησον τοῖς μαθηταῖς σου.	→ Jn 12,19

222	**Mt 22,16**	... λέγοντες· **διδάσκαλε,** οἴδαμεν ὅτι ἀληθὴς εἶ ...	**Mk 12,14**	καὶ ἐλθόντες λέγουσιν αὐτῷ· **διδάσκαλε,** οἴδαμεν ὅτι ἀληθὴς εἶ ...	**Lk 20,21**	καὶ ἐπηρώτησαν αὐτὸν λέγοντες· **διδάσκαλε,** οἴδαμεν ὅτι ὀρθῶς λέγεις ...	→ Jn 3,2
222	**Mt 22,24**	λέγοντες· **διδάσκαλε,** Μωϋσῆς εἶπεν· *ἐάν τις* *ἀποθάνῃ* *μὴ ἔχων* *τέκνα, ...* ➤ Deut 25,5	**Mk 12,19**	[18] ... λέγοντες· [19] **διδάσκαλε,** Μωϋσῆς ἔγραψεν ἡμῖν ὅτι *ἐάν τινος ἀδελφὸς* *ἀποθάνῃ* καὶ καταλίπῃ γυναῖκα *καὶ μὴ ἀφῇ* *τέκνον, ...* ➤ Deut 25,5	**Lk 20,28**	λέγοντες· **διδάσκαλε,** Μωϋσῆς ἔγραψεν ἡμῖν, *ἐάν τινος ἀδελφὸς* *ἀποθάνῃ* ἔχων γυναῖκα, καὶ οὗτος *ἄτεκνος ᾖ, ...* ➤ Deut 25,5	
212	**Mt 22,36** ↑ Mt 19,16	[35] καὶ ἐπηρώτησεν εἷς ἐξ αὐτῶν [νομικὸς] πειράζων αὐτόν· [36] **διδάσκαλε,** ποία ἐντολὴ μεγάλη ἐν τῷ νόμῳ;	**Mk 12,28** ↑ Mk 10,17 ↓ Lk 20,39	καὶ προσελθὼν εἷς τῶν γραμματέων ἀκούσας αὐτῶν συζητούντων, ἰδὼν ὅτι καλῶς ἀπεκρίθη αὐτοῖς ἐπηρώτησεν αὐτόν· ποία ἐστὶν ἐντολὴ πρώτη πάντων;	**Lk 10,25** ⇑ Lk 18,18	καὶ ἰδοὺ νομικός τις ἀνέστη ἐκπειράζων αὐτὸν λέγων· **διδάσκαλε,** τί ποιήσας ζωὴν αἰώνιον κληρονομήσω;	
022			**Mk 12,32**	καὶ εἶπεν αὐτῷ ὁ γραμματεύς· καλῶς, **διδάσκαλε,** ἐπ' ἀληθείας εἶπες ὅτι *εἷς ἐστιν καὶ οὐκ ἔστιν* *ἄλλος πλὴν αὐτοῦ·* ➤ Deut 6,4	**Lk 20,39** ↑ Mk 12,28	ἀποκριθέντες δέ τινες τῶν γραμματέων εἶπαν· **διδάσκαλε,** καλῶς εἶπας.	
200	**Mt 23,8**	ὑμεῖς δὲ μὴ κληθῆτε ῥαββί· εἷς γάρ ἐστιν ὑμῶν **ὁ διδάσκαλος,** πάντες δὲ ὑμεῖς ἀδελφοί ἐστε.					
121	**Mt 24,1**	καὶ ἐξελθὼν ὁ Ἰησοῦς ἀπὸ τοῦ ἱεροῦ ἐπορεύετο, καὶ προσῆλθον οἱ μαθηταὶ αὐτοῦ ἐπιδεῖξαι αὐτῷ τὰς οἰκοδομὰς τοῦ ἱεροῦ.	**Mk 13,1**	καὶ ἐκπορευομένου αὐτοῦ ἐκ τοῦ ἱεροῦ λέγει αὐτῷ εἷς τῶν μαθητῶν αὐτοῦ· **διδάσκαλε,** ἴδε ποταποὶ λίθοι καὶ ποταπαὶ οἰκοδομαί.	**Lk 21,5**	καί τινων λεγόντων περὶ τοῦ ἱεροῦ ὅτι λίθοις καλοῖς καὶ ἀναθήμασιν κεκόσμηται εἶπεν·	
112	**Mt 24,3**	... προσῆλθον αὐτῷ οἱ μαθηταὶ κατ' ἰδίαν λέγοντες· εἰπὲ ἡμῖν, πότε ταῦτα ἔσται καὶ τί τὸ σημεῖον τῆς σῆς παρουσίας καὶ συντελείας τοῦ αἰῶνος;	**Mk 13,4**	... ἐπηρώτα αὐτὸν κατ' ἰδίαν Πέτρος καὶ Ἰάκωβος καὶ Ἰωάννης καὶ Ἀνδρέας· εἰπὸν ἡμῖν, πότε ταῦτα ἔσται καὶ τί τὸ σημεῖον ὅταν μέλλῃ ταῦτα συντελεῖσθαι πάντα;	**Lk 21,7**	ἐπηρώτησαν δὲ αὐτὸν λέγοντες· **διδάσκαλε,** πότε οὖν ταῦτα ἔσται καὶ τί τὸ σημεῖον ὅταν μέλλῃ ταῦτα γίνεσθαι;	
222	**Mt 26,18**	... ὑπάγετε εἰς τὴν πόλιν πρὸς τὸν δεῖνα καὶ εἴπατε αὐτῷ· **ὁ διδάσκαλος** λέγει· ὁ καιρός μου ἐγγύς ἐστιν, πρὸς σὲ ποιῶ τὸ πάσχα μετὰ τῶν μαθητῶν μου.	**Mk 14,14**	καὶ ὅπου ἐὰν εἰσέλθῃ εἴπατε τῷ οἰκοδεσπότῃ ὅτι **ὁ διδάσκαλος** λέγει· ποῦ ἐστιν τὸ κατάλυμά μου ὅπου τὸ πάσχα μετὰ τῶν μαθητῶν μου φάγω;	**Lk 22,11**	καὶ ἐρεῖτε τῷ οἰκοδεσπότῃ τῆς οἰκίας· λέγει σοι **ὁ διδάσκαλος·** ποῦ ἐστιν τὸ κατάλυμα ὅπου τὸ πάσχα μετὰ τῶν μαθητῶν μου φάγω;	

Acts 13,1 ἦσαν δὲ ἐν Ἀντιοχείᾳ
κατὰ τὴν οὖσαν
ἐκκλησίαν προφῆται καὶ
διδάσκαλοι
ὅ τε Βαρναβᾶς καὶ
Συμεὼν ὁ καλούμενος
Νίγερ ...

διδάσκω	Syn	Mt	Mk	Lk	Acts	Jn	1-3John	Paul	Eph	Col
	48	14	17	17	16	9	3	6	1	3
	NT	2Thess	1/2Tim	Tit	Heb	Jas	1Pet	2Pet	Jude	Rev
	96	1	4	1	2					2

teach

	triple tradition																	double tradition			Sondergut		
		+Mt / +Lk			–Mt / –Lk			traditions not taken over by Mt / Lk							subtotals								
code	222	211	112	212	221	122	121	022	012	021	220	120	210	020	Σ⁺	Σ⁻	Σ	202	201	102	200	002	total
Mt	1	1⁺		1⁺	3		6⁻				2	2⁻			2⁺	8⁻	8		1		5		**14**
Mk	1				3		6	1		1	2	2		1			17						**17**
Lk	1		3⁺	1⁺	3⁻		6⁻	1	2⁺	1⁻					6⁺	10⁻	8			2		7	**17**

112	**Mt 4,17** ↓ Mt 4,23 ↓ Mt 9,35	[12] ... ἀνεχώρησεν εἰς τὴν Γαλιλαίαν. [13] ... [17] ἀπὸ τότε ἤρξατο ὁ Ἰησοῦς **κηρύσσειν** καὶ λέγειν· μετανοεῖτε· ἤγγικεν γὰρ ἡ βασιλεία τῶν οὐρανῶν.	**Mk 1,14** ↓ Mk 1,39 ↓ Mk 6,6	... ἦλθεν ὁ Ἰησοῦς εἰς τὴν Γαλιλαίαν **κηρύσσων** τὸ εὐαγγέλιον τοῦ θεοῦ [15] καὶ λέγων ὅτι πεπλήρωται ὁ καιρὸς καὶ ἤγγικεν ἡ βασιλεία τοῦ θεοῦ· μετανοεῖτε καὶ πιστεύετε ἐν τῷ εὐαγγελίῳ.	**Lk 4,15** ↓ Lk 4,44 ↓ Lk 8,1	[14] καὶ ὑπέστρεψεν ὁ Ἰησοῦς ἐν τῇ δυνάμει τοῦ πνεύματος εἰς τὴν Γαλιλαίαν. ... [15] καὶ αὐτὸς **ἐδίδασκεν** ἐν ταῖς συναγωγαῖς αὐτῶν δοξαζόμενος ὑπὸ πάντων.	
022	Mt 4,13	καὶ καταλιπὼν τὴν Ναζαρὰ ἐλθὼν κατῴκησεν εἰς Καφαρναοὺμ ...	**Mk 1,21** ↓ Mt 4,23	καὶ εἰσπορεύονται εἰς Καφαρναούμ· καὶ εὐθὺς τοῖς σάββασιν εἰσελθὼν εἰς τὴν συναγωγὴν **ἐδίδασκεν.**	**Lk 4,31**	καὶ κατῆλθεν εἰς Καφαρναοὺμ πόλιν τῆς Γαλιλαίας. καὶ ἦν **διδάσκων** αὐτοὺς ἐν τοῖς σάββασιν·	→ Jn 2,12
221	**Mt 7,29** → Mt 22,33	[28] ἐξεπλήσσοντο οἱ ὄχλοι ἐπὶ τῇ διδαχῇ αὐτοῦ· [29] ἦν γὰρ **διδάσκων** αὐτοὺς ὡς ἐξουσίαν ἔχων καὶ οὐχ ὡς οἱ γραμματεῖς αὐτῶν.	**Mk 1,22** → Mk 1,27 → Mk 11,18b	καὶ ἐξεπλήσσοντο ἐπὶ τῇ διδαχῇ αὐτοῦ· ἦν γὰρ **διδάσκων** αὐτοὺς ὡς ἐξουσίαν ἔχων καὶ οὐχ ὡς οἱ γραμματεῖς.	**Lk 4,32** → Lk 4,36	καὶ ἐξεπλήσσοντο ἐπὶ τῇ διδαχῇ αὐτοῦ, ὅτι ἐν ἐξουσίᾳ ἦν **ὁ λόγος αὐτοῦ.**	
211	**Mt 4,23** ⇩ Mt 9,35 ↑ Mk 1,21	καὶ περιῆγεν ἐν ὅλῃ τῇ Γαλιλαίᾳ **διδάσκων** ἐν ταῖς συναγωγαῖς αὐτῶν καὶ κηρύσσων τὸ εὐαγγέλιον τῆς βασιλείας καὶ θεραπεύων πᾶσαν νόσον καὶ πᾶσαν μαλακίαν ἐν τῷ λαῷ.	**Mk 1,39** ↑ Mk 1,14 ↓ Mk 6,6	καὶ ἦλθεν κηρύσσων εἰς τὰς συναγωγὰς αὐτῶν εἰς ὅλην τὴν Γαλιλαίαν καὶ τὰ δαιμόνια ἐκβάλλων.	**Lk 4,44** ↑ Lk 4,15 ↓ Lk 8,1	καὶ ἦν κηρύσσων εἰς τὰς συναγωγὰς τῆς Ἰουδαίας.	
			Mk 6,6 ↑ Mk 1,39	... καὶ περιῆγεν τὰς κώμας κύκλῳ **διδάσκων.**	Lk 8,1 ↑ Lk 4,15 ↑ Lk 4,44 ↓ Lk 13,22	καὶ ἐγένετο ἐν τῷ καθεξῆς καὶ αὐτὸς διώδευεν κατὰ πόλιν καὶ κώμην **κηρύσσων** καὶ εὐαγγελιζόμενος τὴν βασιλείαν τοῦ θεοῦ καὶ οἱ δώδεκα σὺν αὐτῷ	
002	Mt 13,3	καὶ **ἐλάλησεν** αὐτοῖς πολλὰ ἐν παραβολαῖς ...	Mk 4,2	καὶ **ἐδίδασκεν** αὐτοὺς ἐν παραβολαῖς πολλὰ ...	**Lk 5,3** ⇩ Lk 8,4	... καθίσας δὲ ἐκ τοῦ πλοίου **ἐδίδασκεν** τοὺς ὄχλους.	

012			Mk 2,2 → Mk 3,20	καὶ συνήχθησαν πολλοὶ ὥστε μηκέτι χωρεῖν μηδὲ τὰ πρὸς τὴν θύραν, καὶ **ἐλάλει αὐτοῖς τὸν λόγον.**	Lk 5,17	καὶ ἐγένετο ἐν μιᾷ τῶν ἡμερῶν καὶ αὐτὸς **ἦν διδάσκων, ...**	
020			Mk 2,13 ↓ Mt 13,1 ↓ Mk 4,1	... καὶ πᾶς ὁ ὄχλος ἤρχετο πρὸς αὐτόν, καὶ **ἐδίδασκεν** αὐτούς.			
112	Mt 12,9	καὶ μεταβὰς ἐκεῖθεν ἦλθεν εἰς τὴν συναγωγὴν αὐτῶν·	Mk 3,1	καὶ εἰσῆλθεν πάλιν εἰς τὴν συναγωγήν. ...	Lk 6,6 ↓ Lk 13,10 → Lk 14,1	ἐγένετο δὲ ἐν ἑτέρῳ σαββάτῳ εἰσελθεῖν αὐτὸν εἰς τὴν συναγωγὴν καὶ **διδάσκειν. ...**	
201	Mt 5,2	[1] ... προσῆλθαν αὐτῷ οἱ μαθηταὶ αὐτοῦ· [2] καὶ ἀνοίξας τὸ στόμα αὐτοῦ **ἐδίδασκεν** αὐτοὺς λέγων·			Lk 6,20	καὶ αὐτὸς ἐπάρας τοὺς ὀφθαλμοὺς αὐτοῦ εἰς τοὺς μαθητὰς αὐτοῦ ἔλεγεν· ...	
200 200	Mt 5,19 (2)	ὃς ἐὰν οὖν λύσῃ μίαν τῶν ἐντολῶν τούτων τῶν ἐλαχίστων καὶ **διδάξῃ** οὕτως τοὺς ἀνθρώπους, ἐλάχιστος κληθήσεται ἐν τῇ βασιλείᾳ τῶν οὐρανῶν· ὃς δ' ἂν ποιήσῃ καὶ **διδάξῃ,** οὗτος μέγας κληθήσεται ἐν τῇ βασιλείᾳ τῶν οὐρανῶν.					
221	Mt 7,29 → Mt 22,33	[28] ἐξεπλήσσοντο οἱ ὄχλοι ἐπὶ τῇ διδαχῇ αὐτοῦ· [29] ἦν γὰρ **διδάσκων** αὐτοὺς ὡς ἐξουσίαν ἔχων καὶ οὐχ ὡς οἱ γραμματεῖς αὐτῶν.	Mk 1,22 → Mk 1,27 → Mk 11,18b	καὶ ἐξεπλήσσοντο ἐπὶ τῇ διδαχῇ αὐτοῦ· ἦν γὰρ **διδάσκων** αὐτοὺς ὡς ἐξουσίαν ἔχων καὶ οὐχ ὡς οἱ γραμματεῖς.	Lk 4,32 → Lk 4,36	καὶ ἐξεπλήσσοντο ἐπὶ τῇ διδαχῇ αὐτοῦ, ὅτι ἐν ἐξουσίᾳ ἦν **ὁ λόγος αὐτοῦ.**	
220	Mt 9,35 ⇑ Mt 4,23 ↑ Mk 1,21	καὶ περιῆγεν ὁ Ἰησοῦς τὰς πόλεις πάσας καὶ τὰς κώμας **διδάσκων** ἐν ταῖς συναγωγαῖς αὐτῶν καὶ κηρύσσων τὸ εὐαγγέλιον τῆς βασιλείας ...	Mk 6,6 ↑ Mk 1,39	... καὶ περιῆγεν τὰς κώμας κύκλῳ **διδάσκων.**	Lk 8,1 ↑ Lk 4,15 ↑ Lk 4,44 ↓ Lk 13,22	καὶ ἐγένετο ἐν τῷ καθεξῆς καὶ αὐτὸς διώδευεν κατὰ πόλιν καὶ κώμην **κηρύσσων** καὶ εὐαγγελιζόμενος τὴν βασιλείαν τοῦ θεοῦ καὶ οἱ δώδεκα σὺν αὐτῷ	
			Mk 1,39 ↑ Mk 1,14 ↓ Mk 6,6	καὶ ἦλθεν **κηρύσσων** εἰς τὰς συναγωγὰς αὐτῶν εἰς ὅλην τὴν Γαλιλαίαν ...	Lk 4,44 ↑ Lk 4,15 ↑ Lk 8,1	καὶ ἦν **κηρύσσων** εἰς τὰς συναγωγὰς τῆς Ἰουδαίας.	
200	Mt 11,1	καὶ ἐγένετο ὅτε ἐτέλεσεν ὁ Ἰησοῦς διατάσσων τοῖς δώδεκα μαθηταῖς αὐτοῦ, μετέβη ἐκεῖθεν **τοῦ διδάσκειν** καὶ κηρύσσειν ἐν ταῖς πόλεσιν αὐτῶν.					
120	Mt 13,1 → Lk 5,1	ἐν τῇ ἡμέρᾳ ἐκείνῃ ἐξελθὼν ὁ Ἰησοῦς τῆς οἰκίας ἐκάθητο παρὰ τὴν θάλασσαν·	Mk 4,1 ↑ Mk 2,13 → Mk 3,9 → Lk 5,1	καὶ πάλιν ἤρξατο **διδάσκειν** παρὰ τὴν θάλασσαν· ↔			

121	Mt 13,3	[2] καὶ συνήχθησαν πρὸς αὐτὸν ὄχλοι πολλοί, ... [3] καὶ **ἐλάλησεν** αὐτοῖς πολλὰ ἐν παραβολαῖς λέγων· ἰδοὺ ἐξῆλθεν ὁ σπείρων τοῦ σπείρειν.	Mk 4,2	↔ [1] καὶ συνάγεται πρὸς αὐτὸν ὄχλος πλεῖστος, ... [2] καὶ **ἐδίδασκεν** αὐτοὺς ἐν παραβολαῖς πολλὰ καὶ ἔλεγεν αὐτοῖς ἐν τῇ διδαχῇ αὐτοῦ· [3] ἀκούετε. ἰδοὺ ἐξῆλθεν ὁ σπείρων σπεῖραι.	Lk 8,4 ⇧ Lk 5,3	συνιόντος δὲ ὄχλου πολλοῦ καὶ τῶν κατὰ πόλιν ἐπιπορευομένων πρὸς αὐτὸν **εἶπεν** διὰ παραβολῆς· [5] ἐξῆλθεν ὁ σπείρων τοῦ σπεῖραι τὸν σπόρον αὐτοῦ. ...	→ GTh 9
221	Mt 13,54	καὶ ἐλθὼν εἰς τὴν πατρίδα αὐτοῦ **ἐδίδασκεν** αὐτοὺς ἐν τῇ συναγωγῇ αὐτῶν, ὥστε ἐκπλήσσεσθαι αὐτοὺς ...	Mk 6,2	[1] ... καὶ ἔρχεται εἰς τὴν πατρίδα αὐτοῦ, ... [2] καὶ γενομένου σαββάτου ἤρξατο **διδάσκειν** ἐν τῇ συναγωγῇ, καὶ πολλοὶ ἀκούοντες ἐξεπλήσσοντο ...	Lk 4,16	καὶ ἦλθεν εἰς Ναζαρά, οὗ ἦν τεθραμμένος καὶ εἰσῆλθεν κατὰ τὸ εἰωθὸς αὐτῷ ἐν τῇ ἡμέρᾳ τῶν σαββάτων εἰς τὴν συναγωγὴν καὶ ἀνέστη ἀναγνῶναι. [17] ... [22] καὶ πάντες ἐμαρτύρουν αὐτῷ καὶ ἐθαύμαζον ἐπὶ τοῖς λόγοις ...	
220	Mt 9,35 ⇧ Mt 4,23 ↑ Mk 1,21	καὶ περιῆγεν ὁ Ἰησοῦς τὰς πόλεις πάσας καὶ τὰς κώμας **διδάσκων** ἐν ταῖς συναγωγαῖς αὐτῶν καὶ κηρύσσων τὸ εὐαγγέλιον τῆς βασιλείας ...	Mk 6,6 ↑ Mk 1,39	... καὶ περιῆγεν τὰς κώμας κύκλῳ **διδάσκων.**	Lk 8,1 ↑ Lk 4,15 ↑ Lk 4,44 ↓ Lk 13,22	καὶ ἐγένετο ἐν τῷ καθεξῆς καὶ αὐτὸς διώδευεν κατὰ πόλιν καὶ κώμην **κηρύσσων** καὶ εὐαγγελιζόμενος τὴν βασιλείαν τοῦ θεοῦ καὶ οἱ δώδεκα σὺν αὐτῷ	
	Mt 4,23 ⇧ Mt 9,35 ↑ Mk 1,21	καὶ περιῆγεν ἐν ὅλῃ τῇ Γαλιλαίᾳ **διδάσκων** ἐν ταῖς συναγωγαῖς αὐτῶν καὶ κηρύσσων τὸ εὐαγγέλιον τῆς βασιλείας ...					
021			Mk 6,30	καὶ συνάγονται οἱ ἀπόστολοι πρὸς τὸν Ἰησοῦν καὶ ἀπήγγειλαν αὐτῷ πάντα ὅσα ἐποίησαν καὶ ὅσα **ἐδίδαξαν.**	Lk 9,10 → Lk 10,17	καὶ ὑποστρέψαντες οἱ ἀπόστολοι διηγήσαντο αὐτῷ ὅσα ἐποίησαν. ...	
121	Mt 14,14 ↓ Mt 9,36 → Mt 15,32	καὶ ἐξελθὼν εἶδεν πολὺν ὄχλον, καὶ ἐσπλαγχνίσθη ἐπ᾽ αὐτοῖς καὶ ἐθεράπευσεν τοὺς ἀρρώστους αὐτῶν.	Mk 6,34 → Mk 8,2	καὶ ἐξελθὼν εἶδεν πολὺν ὄχλον, καὶ ἐσπλαγχνίσθη ἐπ᾽ αὐτούς, ὅτι ἦσαν *ὡς πρόβατα μὴ ἔχοντα ποιμένα,* καὶ ἤρξατο **διδάσκειν** αὐτοὺς πολλά. ➤ Num 27,17/Jdt 11,19/2Chron 18,16	Lk 9,11	οἱ δὲ ὄχλοι γνόντες ἠκολούθησαν αὐτῷ· καὶ ἀποδεξάμενος αὐτοὺς **ἐλάλει** αὐτοῖς περὶ τῆς βασιλείας τοῦ θεοῦ, καὶ τοὺς χρείαν ἔχοντας θεραπείας ἰᾶτο.	
	Mt 9,36 ↑ Mt 14,14	ἰδὼν δὲ τοὺς ὄχλους ἐσπλαγχνίσθη περὶ αὐτῶν, ὅτι ἦσαν ἐσκυλμένοι καὶ ἐρριμμένοι *ὡσεὶ πρόβατα μὴ ἔχοντα ποιμένα.* ➤ Num 27,17/Jdt 11,19/2Chron 18,16					
220	Mt 15,9	*μάτην δὲ σέβονταί με* ***διδάσκοντες*** *διδασκαλίας ἐντάλματα ἀνθρώπων.* ➤ Isa 29,13 LXX	Mk 7,7	*μάτην δὲ σέβονταί με* ***διδάσκοντες*** *διδασκαλίας ἐντάλματα ἀνθρώπων.* ➤ Isa 29,13 LXX			

121	Mt 16,21 ↓ Mt 17,22 → Mt 20,18-19	ἀπὸ τότε ἤρξατο ὁ Ἰησοῦς **δεικνύειν** τοῖς μαθηταῖς αὐτοῦ ὅτι δεῖ αὐτὸν εἰς Ἱεροσόλυμα ἀπελθεῖν καὶ πολλὰ παθεῖν ...	Mk 8,31 ↓ Mk 9,31 → Mk 10,33-34	καὶ ἤρξατο **διδάσκειν** αὐτοὺς ὅτι δεῖ τὸν υἱὸν τοῦ ἀνθρώπου πολλὰ παθεῖν ...	Lk 9,22 ↓ Lk 9,43-44 → Lk 17,25 → Lk 18,31-33 → Lk 24,7 → Lk 24,26 → Lk 24,46	**εἰπὼν** ὅτι δεῖ τὸν υἱὸν τοῦ ἀνθρώπου πολλὰ παθεῖν ...	
121	Mt 17,22 ↑ Mt 16,21	συστρεφομένων δὲ αὐτῶν ἐν τῇ Γαλιλαίᾳ εἶπεν αὐτοῖς ὁ Ἰησοῦς· μέλλει ὁ υἱὸς τοῦ ἀνθρώπου παραδίδοσθαι εἰς χεῖρας ἀνθρώπων	Mk 9,31 ↑ Mk 8,31	**ἐδίδασκεν** γὰρ τοὺς μαθητὰς αὐτοῦ καὶ ἔλεγεν αὐτοῖς ὅτι ὁ υἱὸς τοῦ ἀνθρώπου παραδίδοται εἰς χεῖρας ἀνθρώπων, ...	Lk 9,43	... πάντων δὲ θαυμαζόντων ἐπὶ πᾶσιν οἷς ἐποίει εἶπεν πρὸς τοὺς μαθητὰς αὐτοῦ· [44] θέσθε ὑμεῖς εἰς τὰ ὦτα ὑμῶν τοὺς λόγους τούτους· ὁ γὰρ υἱὸς τοῦ ἀνθρώπου μέλλει παραδίδοσθαι εἰς χεῖρας ἀνθρώπων.	
002 002					Lk 11,1 (2)	... κύριε, **δίδαξον** ἡμᾶς προσεύχεσθαι, καθὼς καὶ Ἰωάννης **ἐδίδαξεν** τοὺς μαθητὰς αὐτοῦ.	
102	Mt 10,19	... **δοθήσεται** γὰρ ὑμῖν ἐν ἐκείνῃ τῇ ὥρᾳ τί λαλήσητε·	Mk 13,11	... ἀλλ' ὃ ἐὰν δοθῇ ὑμῖν ἐν ἐκείνῃ τῇ ὥρᾳ τοῦτο λαλεῖτε· ...	Lk 12,12 ⇩ Lk 21,15	τὸ γὰρ ἅγιον πνεῦμα **διδάξει** ὑμᾶς ἐν αὐτῇ τῇ ὥρᾳ ἃ δεῖ εἰπεῖν.	→ Jn 14,26 Mk-Q overlap
					Lk 21,15 ⇧ Lk 12,12	ἐγὼ γὰρ δώσω ὑμῖν στόμα καὶ σοφίαν ᾗ οὐ δυνήσονται ἀντιστῆναι ἢ ἀντειπεῖν ἅπαντες οἱ ἀντικείμενοι ὑμῖν.	→ Acts 6,10
002					Lk 13,10 ↑ Mt 12,9 ↑ Mk 3,1 ↑ Lk 6,6 → Lk 14,1	ἦν δὲ **διδάσκων** ἐν μιᾷ τῶν συναγωγῶν ἐν τοῖς σάββασιν.	
002					Lk 13,22 ↑ Lk 8,1	καὶ διεπορεύετο κατὰ πόλεις καὶ κώμας **διδάσκων** καὶ πορείαν ποιούμενος εἰς Ἱεροσόλυμα.	
102	Mt 7,22 → Mt 25,11	πολλοὶ ἐροῦσίν μοι ἐν ἐκείνῃ τῇ ἡμέρᾳ· κύριε κύριε, οὐ τῷ σῷ ὀνόματι ἐπροφητεύσαμεν, καὶ τῷ σῷ ὀνόματι δαιμόνια ἐξεβάλομεν, καὶ τῷ σῷ ὀνόματι δυνάμεις πολλὰς ἐποιήσαμεν;			Lk 13,26	τότε ἄρξεσθε λέγειν· ἐφάγομεν ἐνώπιόν σου καὶ ἐπίομεν καὶ ἐν ταῖς πλατείαις ἡμῶν **ἐδίδαξας**·	
120	Mt 19,2	καὶ ἠκολούθησαν αὐτῷ ὄχλοι πολλοί, καὶ ἐθεράπευσεν αὐτοὺς ἐκεῖ.	Mk 10,1	... καὶ συμπορεύονται πάλιν ὄχλοι πρὸς αὐτόν, καὶ ὡς εἰώθει πάλιν **ἐδίδασκεν** αὐτούς.			
121	Mt 21,13	καὶ λέγει αὐτοῖς· γέγραπται· *ὁ οἶκός μου οἶκος* *προσευχῆς κληθήσεται*, ... ➤ Isa 56,7	Mk 11,17	καὶ **ἐδίδασκεν** καὶ ἔλεγεν αὐτοῖς· οὐ γέγραπται ὅτι *ὁ οἶκός μου οἶκος* *προσευχῆς κληθήσεται* *πᾶσιν τοῖς ἔθνεσιν*; ... ➤ Isa 56,7	Lk 19,46	λέγων αὐτοῖς· γέγραπται· *καὶ ἔσται* *ὁ οἶκός μου οἶκος* *προσευχῆς*, ... ➤ Isa 56,7	→ Jn 2,16

012			Mk 11,18 → Mt 21,45	καὶ ἤκουσαν οἱ ἀρχιερεῖς καὶ οἱ γραμματεῖς καὶ ἐζήτουν πῶς αὐτὸν ἀπολέσωσιν· ...	Lk 19,47 ↓ Lk 20,1 ↓ Lk 21,37 ↓ Lk 22,53 → Lk 21,38	καὶ ἦν **διδάσκων** τὸ καθ' ἡμέραν ἐν τῷ ἱερῷ. οἱ δὲ ἀρχιερεῖς καὶ οἱ γραμματεῖς ἐζήτουν αὐτὸν ἀπολέσαι καὶ οἱ πρῶτοι τοῦ λαοῦ	
212	Mt 21,23	καὶ ἐλθόντος αὐτοῦ εἰς τὸ ἱερὸν προσῆλθον αὐτῷ **διδάσκοντι** οἱ ἀρχιερεῖς καὶ οἱ πρεσβύτεροι τοῦ λαοῦ ...	Mk 11,27	... καὶ ἐν τῷ ἱερῷ περιπατοῦντος αὐτοῦ ἔρχονται πρὸς αὐτὸν οἱ ἀρχιερεῖς καὶ οἱ γραμματεῖς καὶ οἱ πρεσβύτεροι	Lk 20,1 ↑ Lk 19,47 ↓ Lk 21,37 ↓ Lk 22,53	καὶ ἐγένετο ἐν μιᾷ τῶν ἡμερῶν **διδάσκοντος** αὐτοῦ τὸν λαὸν ἐν τῷ ἱερῷ καὶ εὐαγγελιζομένου ἐπέστησαν οἱ ἀρχιερεῖς καὶ οἱ γραμματεῖς σὺν τοῖς πρεσβυτέροις	→ Jn 2,18
112	Mt 22,16	... διδάσκαλε, οἴδαμεν ὅτι ἀληθὴς εἶ	Mk 12,14	... διδάσκαλε, οἴδαμεν ὅτι ἀληθὴς εἶ καὶ οὐ μέλει σοι περὶ οὐδενός·	Lk 20,21 (2)	... διδάσκαλε, οἴδαμεν ὅτι ὀρθῶς λέγεις καὶ **διδάσκεις** καὶ οὐ λαμβάνεις πρόσωπον,	→ Jn 3,2 → Jn 3,2
222		καὶ τὴν ὁδὸν τοῦ θεοῦ ἐν ἀληθείᾳ **διδάσκεις** καὶ οὐ μέλει σοι περὶ οὐδενός. οὐ γὰρ βλέπεις εἰς πρόσωπον ἀνθρώπων		οὐ γὰρ βλέπεις εἰς πρόσωπον ἀνθρώπων, ἀλλ' ἐπ' ἀληθείας τὴν ὁδὸν τοῦ θεοῦ **διδάσκεις**· ...		ἀλλ' ἐπ' ἀληθείας τὴν ὁδὸν τοῦ θεοῦ **διδάσκεις**·	
121	Mt 22,41	συνηγμένων δὲ τῶν Φαρισαίων ἐπηρώτησεν αὐτοὺς ὁ Ἰησοῦς [42] λέγων· τί ὑμῖν δοκεῖ περὶ τοῦ χριστοῦ; τίνος υἱός ἐστιν; λέγουσιν αὐτῷ· τοῦ Δαυίδ.	Mk 12,35	καὶ ἀποκριθεὶς ὁ Ἰησοῦς ἔλεγεν **διδάσκων** ἐν τῷ ἱερῷ· πῶς λέγουσιν οἱ γραμματεῖς ὅτι ὁ χριστὸς υἱὸς Δαυίδ ἐστιν;	Lk 20,41	[39] ἀποκριθέντες δέ τινες τῶν γραμματέων εἶπαν· διδάσκαλε, καλῶς εἶπας. [40] ... [41] εἶπεν δὲ πρὸς αὐτούς· πῶς λέγουσιν τὸν χριστὸν εἶναι Δαυὶδ υἱόν;	
002	Mt 21,17	καὶ καταλιπὼν αὐτοὺς ἐξῆλθεν ἔξω τῆς πόλεως εἰς Βηθανίαν, καὶ ηὐλίσθη ἐκεῖ.	Mk 11,11	καὶ εἰσῆλθεν εἰς Ἱεροσόλυμα εἰς τὸ ἱερὸν καὶ περιβλεψάμενος πάντα, ὀψίας ἤδη οὔσης τῆς ὥρας, ἐξῆλθεν εἰς Βηθανίαν μετὰ τῶν δώδεκα.	Lk 21,37 → Mk 11,19 ↑ Lk 19,47 ↑ Lk 20,1 ↓ Lk 22,53	ἦν δὲ τὰς ἡμέρας ἐν τῷ ἱερῷ **διδάσκων**, τὰς δὲ νύκτας ἐξερχόμενος ηὐλίζετο εἰς τὸ ὄρος τὸ καλούμενον Ἐλαιῶν·	→ [[Jn 8,1]]
221	Mt 26,55	... καθ' ἡμέραν ἐν τῷ ἱερῷ ἐκαθεζόμην **διδάσκων** καὶ οὐκ ἐκρατήσατέ με.	Mk 14,49	καθ' ἡμέραν ἤμην πρὸς ὑμᾶς ἐν τῷ ἱερῷ **διδάσκων** καὶ οὐκ ἐκρατήσατέ με· ...	Lk 22,53 ↑ Lk 19,47 ↑ Lk 20,1 ↑ Lk 21,37	καθ' ἡμέραν ὄντος μου μεθ' ὑμῶν ἐν τῷ ἱερῷ οὐκ ἐξετείνατε τὰς χεῖρας ἐπ' ἐμέ, ...	→ Jn 18,20
002					Lk 23,5 → Lk 23,2	οἱ δὲ ἐπίσχυον λέγοντες ὅτι ἀνασείει τὸν λαὸν **διδάσκων** καθ' ὅλης τῆς Ἰουδαίας, καὶ ἀρξάμενος ἀπὸ τῆς Γαλιλαίας ἕως ὧδε.	

200	**Mt 28,15** οἱ δὲ λαβόντες τὰ ἀργύρια ἐποίησαν ὡς **ἐδιδάχθησαν.** καὶ διεφημίσθη ὁ λόγος οὗτος παρὰ Ἰουδαίοις μέχρι τῆς σήμερον [ἡμέρας].		
200	**Mt 28,20** → Lk 24,47 **διδάσκοντες** αὐτοὺς τηρεῖν πάντα ὅσα ἐνετειλάμην ὑμῖν· ...		

Acts 1,1 τὸν μὲν πρῶτον λόγον ἐποιησάμην περὶ πάντων, ὦ Θεόφιλε, ὧν ἤρξατο ὁ Ἰησοῦς ποιεῖν τε καὶ **διδάσκειν**

Acts 4,2 διαπονούμενοι **διὰ τὸ διδάσκειν** αὐτοὺς τὸν λαὸν καὶ καταγγέλλειν ἐν τῷ Ἰησοῦ τὴν ἀνάστασιν τὴν ἐκ νεκρῶν

Acts 4,18 καὶ καλέσαντες αὐτοὺς παρήγγειλαν τὸ καθόλου μὴ φθέγγεσθαι **μηδὲ διδάσκειν** ἐπὶ τῷ ὀνόματι τοῦ Ἰησοῦ.

Acts 5,21 ἀκούσαντες δὲ εἰσῆλθον ὑπὸ τὸν ὄρθρον εἰς τὸ ἱερὸν καὶ **ἐδίδασκον.** ...

Acts 5,25 ... ἰδοὺ οἱ ἄνδρες οὓς ἔθεσθε ἐν τῇ φυλακῇ εἰσὶν ἐν τῷ ἱερῷ ἑστῶτες καὶ **διδάσκοντες** τὸν λαόν.

Acts 5,28 ... [οὐ] παραγγελίᾳ παρηγγείλαμεν ὑμῖν **μὴ διδάσκειν** ἐπὶ τῷ ὀνόματι τούτῳ, καὶ ἰδοὺ πεπληρώκατε τὴν Ἰερουσαλὴμ τῆς διδαχῆς ὑμῶν ...

Acts 5,42 πᾶσάν τε ἡμέραν ἐν τῷ ἱερῷ καὶ κατ' οἶκον οὐκ ἐπαύοντο **διδάσκοντες** καὶ εὐαγγελιζόμενοι τὸν χριστόν Ἰησοῦν.

Acts 11,26 ... ἐγένετο δὲ αὐτοῖς καὶ ἐνιαυτὸν ὅλον συναχθῆναι ἐν τῇ ἐκκλησίᾳ καὶ **διδάξαι** ὄχλον ἱκανόν, ...

Acts 15,1 καί τινες κατελθόντες ἀπὸ τῆς Ἰουδαίας **ἐδίδασκον** τοὺς ἀδελφοὺς ὅτι, ἐὰν μὴ περιτμηθῆτε τῷ ἔθει τῷ Μωϋσέως, οὐ δύνασθε σωθῆναι.

Acts 15,35 Παῦλος δὲ καὶ Βαρναβᾶς διέτριβον ἐν Ἀντιοχείᾳ **διδάσκοντες** καὶ εὐαγγελιζόμενοι ...

Acts 18,11 ἐκάθισεν δὲ ἐνιαυτὸν καὶ μῆνας ἓξ **διδάσκων** ἐν αὐτοῖς τὸν λόγον τοῦ θεοῦ.

Acts 18,25 ... καὶ ζέων τῷ πνεύματι ἐλάλει καὶ **ἐδίδασκεν** ἀκριβῶς τὰ περὶ τοῦ Ἰησοῦ, ...

Acts 20,20 ὡς οὐδὲν ὑπεστειλάμην τῶν συμφερόντων τοῦ μὴ ἀναγγεῖλαι ὑμῖν καὶ **διδάξαι** ὑμᾶς δημοσίᾳ καὶ κατ' οἴκους

Acts 21,21 κατηχήθησαν δὲ περὶ σοῦ ὅτι ἀποστασίαν **διδάσκεις** ἀπὸ Μωϋσέως τοὺς κατὰ τὰ ἔθνη πάντας Ἰουδαίους ...

Acts 21,28 ... οὗτός ἐστιν ὁ ἄνθρωπος ὁ κατὰ τοῦ λαοῦ καὶ τοῦ νόμου καὶ τοῦ τόπου τούτου πάντας πανταχῇ **διδάσκων,** ...

Acts 28,31 κηρύσσων τὴν βασιλείαν τοῦ θεοῦ καὶ **διδάσκων** τὰ περὶ τοῦ κυρίου Ἰησοῦ Χριστοῦ ...

διδαχή

Syn 9	Mt 3	Mk 5	Lk 1	Acts 4	Jn 3	1-3John 3	Paul 4	Eph	Col	
NT 30	2Thess	1/2Tim 1	Tit 1	Heb 2	Jas	1Pet	2Pet	Jude	Rev 3	

what is taught; teaching; doctrine; act of teaching; instruction

	triple tradition																	double tradition			Sondergut		
		+Mt / +Lk			−Mt / −Lk			traditions not taken over by Mt / Lk							subtotals								
code	222	211	112	212	221	122	121	022	012	021	220	120	210	020	Σ⁺	Σ⁻	Σ	202	201	102	200	002	total
Mt	1				1		2^-									2^-	2				1		**3**
Mk	1				1		2			1							5						**5**
Lk	1				1^-		2^-			1^-						4^-	1						**1**

222	**Mt 7,28** ↓ Mt 22,33 ... ἐξεπλήσσοντο οἱ ὄχλοι **ἐπὶ τῇ διδαχῇ αὐτοῦ·**	**Mk 1,22** ↓ Mk 11,18 καὶ ἐξεπλήσσοντο **ἐπὶ τῇ διδαχῇ αὐτοῦ·** ...	**Lk 4,32** καὶ ἐξεπλήσσοντο **ἐπὶ τῇ διδαχῇ αὐτοῦ,** ...

021	→ Mt 7,29		**Mk 1,27** → Mk 1,22	... τί ἐστιν τοῦτο; **διδαχὴ καινὴ** κατ᾿ ἐξουσίαν· καὶ τοῖς πνεύμασι τοῖς ἀκαθάρτοις ἐπιτάσσει, καὶ ὑπακούουσιν αὐτῷ.	**Lk 4,36** → Lk 4,32	... τίς **ὁ λόγος οὗτος** ὅτι ἐν ἐξουσίᾳ καὶ δυνάμει ἐπιτάσσει τοῖς ἀκαθάρτοις πνεύμασιν καὶ ἐξέρχονται;	
121	**Mt 13,3**	[2] καὶ συνήχθησαν πρὸς αὐτὸν ὄχλοι πολλοί, ... [3] καὶ ἐλάλησεν αὐτοῖς πολλὰ ἐν παραβολαῖς λέγων· ...	**Mk 4,2**	[1] ... καὶ συνάγεται πρὸς αὐτὸν ὄχλος πλεῖστος, ... [2] καὶ ἐδίδασκεν αὐτοὺς ἐν παραβολαῖς πολλὰ καὶ ἔλεγεν αὐτοῖς **ἐν τῇ διδαχῇ αὐτοῦ·**	**Lk 8,4** ⇩ Lk 5,3 **Lk 5,3** ⇧ Lk 8,4	συνιόντος δὲ ὄχλου πολλοῦ καὶ τῶν κατὰ πόλιν ἐπιπορευομένων πρὸς αὐτὸν εἶπεν διὰ παραβολῆς· ... καθίσας δὲ ἐκ τοῦ πλοίου ἐδίδασκεν τοὺς ὄχλους.	
200	**Mt 16,12** → Lk 12,1	τότε συνῆκαν ὅτι οὐκ εἶπεν προσέχειν ἀπὸ τῆς ζύμης τῶν ἄρτων ἀλλὰ **ἀπὸ τῆς διδαχῆς τῶν Φαρισαίων καὶ Σαδδουκαίων.**					
221	**Mt 22,33** ↑ Mt 7,28 ↑ Lk 4,32	... οἱ ὄχλοι ἐξεπλήσσοντο **ἐπὶ τῇ διδαχῇ αὐτοῦ.**	**Mk 11,18** ↑ Mk 1,22 ↑ Lk 4,32	... πᾶς γὰρ ὁ ὄχλος ἐξεπλήσσετο **ἐπὶ τῇ διδαχῇ αὐτοῦ.**	**Lk 19,48** → Lk 21,38	... ὁ λαὸς γὰρ ἅπας ἐξεκρέματο **αὐτοῦ ἀκούων.**	
121	**Mt 23,2**	[1] τότε ὁ Ἰησοῦς ἐλάλησεν τοῖς ὄχλοις καὶ τοῖς μαθηταῖς αὐτοῦ [2] λέγων· ἐπὶ τῆς Μωϋσέως καθέδρας ἐκάθισαν οἱ γραμματεῖς καὶ οἱ Φαρισαῖοι.	**Mk 12,38**	[37] ... καὶ [ὁ] πολὺς ὄχλος ἤκουεν αὐτοῦ ἡδέως. [38] καὶ **ἐν τῇ διδαχῇ αὐτοῦ** ἔλεγεν· βλέπετε ἀπὸ τῶν γραμματέων ...	**Lk 20,45**	ἀκούοντος δὲ παντὸς τοῦ λαοῦ εἶπεν τοῖς μαθηταῖς [αὐτοῦ], [46] προσέχετε ἀπὸ τῶν γραμματέων ...	

Acts 2,42 ἦσαν δὲ προσκαρτεροῦντες **τῇ διδαχῇ τῶν ἀποστόλων** καὶ τῇ κοινωνίᾳ, τῇ κλάσει τοῦ ἄρτου καὶ ταῖς προσευχαῖς.

Acts 5,28 (→ Mt 27,25) ... καὶ ἰδοὺ πεπληρώκατε τὴν Ἰερουσαλὴμ **τῆς διδαχῆς ὑμῶν** καὶ βούλεσθε ἐπαγαγεῖν ἐφ᾿ ἡμᾶς τὸ αἷμα τοῦ ἀνθρώπου τούτου.

Acts 13,12 τότε ἰδὼν ὁ ἀνθύπατος τὸ γεγονὸς ἐπίστευσεν ἐκπλησσόμενος **ἐπὶ τῇ διδαχῇ τοῦ κυρίου.**

Acts 17,19 ... δυνάμεθα γνῶναι τίς ἡ καινὴ αὕτη ἡ ὑπὸ σοῦ λαλουμένη **διδαχή;**

# δίδραχμον	Syn	Mt	Mk	Lk	Acts	Jn	1-3John	Paul	Eph	Col
	2	2								
	NT	2Thess	1/2Tim	Tit	Heb	Jas	1Pet	2Pet	Jude	Rev
	2									

didrachma

200 200	**Mt 17,24** **(2)**	... προσῆλθον οἱ **τὰ δίδραχμα** λαμβάνοντες τῷ Πέτρῳ καὶ εἶπαν· ὁ διδάσκαλος ὑμῶν οὐ τελεῖ **[τὰ] δίδραχμα;**	

δίδωμι, διδῶ	Syn 155	Mt 56	Mk 39	Lk 60	Acts 35	Jn 75	1-3John 7	Paul 45	Eph 12	Col 1
	NT 415	2Thess 4	1/2Tim 9	Tit 1	Heb 4	Jas 6	1Pet 2	2Pet 1	Jude	Rev 58

give; grant; allow; permit; place; put; appoint; establish; give out; pay; produce; yield; cause; entrust; bring (offerings); inflict (punishment)

	triple tradition																	double tradition			Sondergut		
		+Mt / +Lk			–Mt / –Lk			traditions not taken over by Mt / Lk							subtotals								
code	*222*	*211*	*112*	*212*	*221*	*122*	*121*	*022*	*012*	*021*	*220*	*120*	*210*	*020*	Σ^+	Σ^-	Σ	*202*	*201*	*102*	*200*	*002*	total
Mt	9	3^+			5	3^-	6^-				11	2^-	2^+		5^+	11^-	30	11			15		**56**
Mk	9				5	3	6	1			11	2		2			39						**39**
Lk	9		4^+		5^-	3	6^-	1							4^+	11^-	17	11		6		26	**60**

[a] δίδωμι ἐξουσίαν
[b] δίδωμι σημεῖον / σημεῖα
[c] δίδωμι πνεῦμα
[d] δίδωμι (τοῖς) πτωχοῖς
[e] δίδωμι + φαγεῖν / π(ι)εῖν
[f] δίδωμι without accusative object

002					**Lk 1,32**	οὗτος ἔσται μέγας καὶ υἱὸς ὑψίστου κληθήσεται καὶ **δώσει** αὐτῷ κύριος ὁ θεὸς τὸν θρόνον Δαυὶδ τοῦ πατρὸς αὐτοῦ	
002					**Lk 1,73**	ὅρκον ὃν ὤμοσεν πρὸς Ἀβραὰμ τὸν πατέρα ἡμῶν, **τοῦ δοῦναι** ἡμῖν [74] ἀφόβως ἐκ χειρὸς ἐχθρῶν ῥυσθέντας λατρεύειν αὐτῷ	
002					**Lk 1,77**	**τοῦ δοῦναι** γνῶσιν σωτηρίας τῷ λαῷ αὐτοῦ ἐν ἀφέσει ἁμαρτιῶν αὐτῶν	
002					**Lk 2,24**	καὶ **τοῦ δοῦναι** θυσίαν κατὰ τὸ εἰρημένον ἐν τῷ νόμῳ κυρίου, ...	
a 202 *a* 102	**Mt 4,9**	... ταῦτά σοι πάντα **δώσω,** ἐὰν πεσὼν προσκυνήσῃς μοι.			**Lk 4,6** **(2)**	... σοὶ **δώσω** τὴν ἐξουσίαν ταύτην ἅπασαν καὶ τὴν δόξαν αὐτῶν, ὅτι ἐμοὶ παραδέδοται καὶ ᾧ ἐὰν θέλω **δίδωμι** αὐτήν· [7] σὺ οὖν ἐὰν προσκυνήσῃς ἐνώπιον ἐμοῦ, ἔσται σοῦ πᾶσα.	
122	**Mt 12,4**	... καὶ τοὺς ἄρτους τῆς προθέσεως ἔφαγον, ὃ οὐκ ἐξὸν ἦν αὐτῷ φαγεῖν οὐδὲ τοῖς μετ' αὐτοῦ εἰ μὴ τοῖς ἱερεῦσιν μόνοις;	**Mk 2,26**	... καὶ τοὺς ἄρτους τῆς προθέσεως ἔφαγεν, οὓς οὐκ ἔξεστιν φαγεῖν εἰ μὴ τοὺς ἱερεῖς, καὶ **ἔδωκεν** καὶ τοῖς σὺν αὐτῷ οὖσιν;	**Lk 6,4**	... καὶ τοὺς ἄρτους τῆς προθέσεως λαβὼν ἔφαγεν καὶ **ἔδωκεν** τοῖς μετ' αὐτοῦ, οὓς οὐκ ἔξεστιν φαγεῖν εἰ μὴ μόνους τοὺς ἱερεῖς;	

121	**Mt 12,14** → Mt 26,4	ἐξελθόντες δὲ οἱ Φαρισαῖοι συμβούλιον **ἔλαβον** κατ' αὐτοῦ ὅπως αὐτὸν ἀπολέσωσιν.	**Mk 3,6** → Mk 14,1	καὶ ἐξελθόντες οἱ Φαρισαῖοι εὐθὺς μετὰ τῶν Ἡρῳδιανῶν συμβούλιον **ἐδίδουν** κατ' αὐτοῦ ὅπως αὐτὸν ἀπολέσωσιν.	**Lk 6,11** → Lk 4,28 → Lk 13,17 → Lk 14,6 → Lk 22,2	αὐτοὶ δὲ ἐπλήσθησαν ἀνοίας καὶ **διελάλουν** πρὸς ἀλλήλους τί ἂν ποιήσαιεν τῷ Ἰησοῦ.	
200	**Mt 5,31** ↓ Mt 19,7 ↓ Mk 10,4	ἐρρέθη δέ· ὃς ἂν ἀπολύσῃ τὴν γυναῖκα αὐτοῦ, **δότω** αὐτῇ ἀποστάσιον. ➤ Deut 24,1ff.					
f 202	**Mt 5,42** → Lk 6,34	τῷ αἰτοῦντί σε **δός**, καὶ τὸν θέλοντα ἀπὸ σοῦ δανίσασθαι μὴ ἀποστραφῇς.			**Lk 6,30**	παντὶ αἰτοῦντί σε **δίδου**, καὶ ἀπὸ τοῦ αἴροντος τὰ σὰ μὴ ἀπαίτει.	→ GTh 95
202	**Mt 6,11**	τὸν ἄρτον ἡμῶν τὸν ἐπιούσιον **δὸς** ἡμῖν σήμερον·			**Lk 11,3**	τὸν ἄρτον ἡμῶν τὸν ἐπιούσιον **δίδου** ἡμῖν τὸ καθ' ἡμέραν·	
f 002 *f* 002 002					**Lk 6,38** (3)	**δίδοτε**, καὶ **δοθήσεται** ὑμῖν· μέτρον καλὸν πεπιεσμένον σεσαλευμένον ὑπερεκχυννόμενον **δώσουσιν** εἰς τὸν κόλπον ὑμῶν· ...	
200	**Mt 7,6**	μὴ **δῶτε** τὸ ἅγιον τοῖς κυσίν μηδὲ βάλητε τοὺς μαργαρίτας ὑμῶν ἔμπροσθεν τῶν χοίρων, ...					→ GTh 93
f 202	**Mt 7,7**	 αἰτεῖτε καὶ **δοθήσεται** ὑμῖν, ζητεῖτε καὶ εὑρήσετε, κρούετε καὶ ἀνοιγήσεται ὑμῖν·			**Lk 11,9**	κἀγὼ ὑμῖν λέγω, αἰτεῖτε καὶ **δοθήσεται** ὑμῖν, ζητεῖτε καὶ εὑρήσετε, κρούετε καὶ ἀνοιγήσεται ὑμῖν·	→ GTh 2 (POxy 654) → GTh 92
   202 202	**Mt 7,11** (2)	εἰ οὖν ὑμεῖς πονηροὶ ὄντες οἴδατε δόματα ἀγαθὰ **διδόναι** τοῖς τέκνοις ὑμῶν, πόσῳ μᾶλλον ὁ πατὴρ ὑμῶν ὁ ἐν τοῖς οὐρανοῖς **δώσει** ἀγαθὰ τοῖς αἰτοῦσιν αὐτόν.			**Lk 11,13** (2)	εἰ οὖν ὑμεῖς πονηροὶ ὑπάρχοντες οἴδατε δόματα ἀγαθὰ **διδόναι** τοῖς τέκνοις ὑμῶν, πόσῳ μᾶλλον ὁ πατὴρ [ὁ] ἐξ οὐρανοῦ **δώσει** πνεῦμα ἅγιον τοῖς αἰτοῦσιν αὐτόν.	
a 211	**Mt 9,8**	ἰδόντες δὲ οἱ ὄχλοι ἐφοβήθησαν καὶ ἐδόξασαν τὸν θεὸν τὸν **δόντα** ἐξουσίαν τοιαύτην τοῖς ἀνθρώποις.	**Mk 2,12**	... ὥστε ἐξίστασθαι πάντας καὶ δοξάζειν τὸν θεὸν λέγοντας ὅτι οὕτως οὐδέποτε εἴδομεν.	**Lk 5,26**	καὶ ἔκστασις ἔλαβεν ἅπαντας καὶ ἐδόξαζον τὸν θεὸν καὶ ἐπλήσθησαν φόβου λέγοντες ὅτι εἴδομεν παράδοξα σήμερον.	

a 222	**Mt 10,1**	καὶ προσκαλεσάμενος τοὺς δώδεκα μαθητὰς αὐτοῦ **ἔδωκεν** αὐτοῖς ἐξουσίαν πνευμάτων ἀκαθάρτων ...	**Mk 6,7** → Mk 3,14-15	καὶ προσκαλεῖται τοὺς δώδεκα καὶ ἤρξατο αὐτοὺς ἀποστέλλειν δύο δύο καὶ **ἐδίδου** αὐτοῖς ἐξουσίαν τῶν πνευμάτων τῶν ἀκαθάρτων	**Lk 9,1** → Lk 10,1	συγκαλεσάμενος δὲ τοὺς δώδεκα **ἔδωκεν** αὐτοῖς δύναμιν καὶ ἐξουσίαν ἐπὶ πάντα τὰ δαιμόνια ...	
f 200	**Mt 10,8**	... δωρεὰν ἐλάβετε, δωρεὰν **δότε.**					
222	**Mt 10,19**	ὅταν δὲ παραδῶσιν ὑμᾶς, μὴ μεριμνήσητε πῶς ἢ τί λαλήσητε· **δοθήσεται** γὰρ ὑμῖν ἐν ἐκείνῃ τῇ ὥρᾳ τί λαλήσητε·	**Mk 13,11**	καὶ ὅταν ἄγωσιν ὑμᾶς παραδιδόντες, μὴ προμεριμνᾶτε τί λαλήσητε, ἀλλ' ὃ ἐὰν **δοθῇ** ὑμῖν ἐν ἐκείνῃ τῇ ὥρᾳ τοῦτο λαλεῖτε· ...	**Lk 21,15** ⇩ Lk 12,12	[14] θέτε οὖν ἐν ταῖς καρδίαις ὑμῶν μὴ προμελετᾶν ἀπολογηθῆναι· [15] ἐγὼ γὰρ **δώσω** ὑμῖν στόμα καὶ σοφίαν ...	→ Acts 6,10 Mk-Q overlap
					Lk 12,12 ⇩ **Lk 21,15**	[11] ὅταν δὲ εἰσφέρωσιν ὑμᾶς ἐπὶ τὰς συναγωγὰς ..., μὴ μεριμνήσητε πῶς ἢ τί ἀπολογήσησθε ἢ τί εἴπητε· [12] τὸ γὰρ ἅγιον πνεῦμα **διδάξει** ὑμᾶς ἐν αὐτῇ τῇ ὥρᾳ ἃ δεῖ εἰπεῖν.	→ Jn 14,26 Mk-Q overlap
002					**Lk 7,15** → Lk 9,42	καὶ ἀνεκάθισεν ὁ νεκρὸς καὶ ἤρξατο λαλεῖν, καὶ **ἔδωκεν** αὐτὸν τῇ μητρὶ αὐτοῦ. ➤ 1Kings 17,23	
002					**Lk 7,44**	... βλέπεις ταύτην τὴν γυναῖκα; εἰσῆλθόν σου εἰς τὴν οἰκίαν, ὕδωρ μοι ἐπὶ πόδας **οὐκ ἔδωκας·** αὕτη δὲ τοῖς δάκρυσιν ἔβρεξέν μου τοὺς πόδας καὶ ταῖς θριξὶν αὐτῆς ἐξέμαξεν.	
002					**Lk 7,45**	φίλημά μοι **οὐκ ἔδωκας·** αὕτη δὲ ἀφ' ἧς εἰσῆλθον οὐ διέλιπεν καταφιλοῦσά μου τοὺς πόδας.	
b 202	**Mt 12,39** ⇩ Mt 16,4	... γενεὰ πονηρὰ καὶ μοιχαλὶς σημεῖον ἐπιζητεῖ, καὶ σημεῖον **οὐ δοθήσεται** αὐτῇ εἰ μὴ τὸ σημεῖον Ἰωνᾶ τοῦ προφήτου.	**Mk 8,12**	... τί ἡ γενεὰ αὕτη ζητεῖ σημεῖον; ἀμὴν λέγω ὑμῖν, **εἰ δοθήσεται** τῇ γενεᾷ ταύτῃ σημεῖον.	**Lk 11,29**	... ἡ γενεὰ αὕτη γενεὰ πονηρά ἐστιν· σημεῖον ζητεῖ, καὶ σημεῖον **οὐ δοθήσεται** αὐτῇ εἰ μὴ τὸ σημεῖον Ἰωνᾶ.	Mk-Q overlap
121	**Mt 13,7**	ἄλλα δὲ ἔπεσεν ἐπὶ τὰς ἀκάνθας, καὶ ἀνέβησαν αἱ ἄκανθαι καὶ ἔπνιξαν αὐτά.	**Mk 4,7**	καὶ ἄλλο ἔπεσεν εἰς τὰς ἀκάνθας, καὶ ἀνέβησαν αἱ ἄκανθαι καὶ συνέπνιξαν αὐτό, καὶ καρπὸν **οὐκ ἔδωκεν.**	**Lk 8,7**	καὶ ἕτερον ἔπεσεν ἐν μέσῳ τῶν ἀκανθῶν, καὶ συμφυεῖσαι αἱ ἄκανθαι ἀπέπνιξαν αὐτό.	→ GTh 9

221	Mt 13,8	ἄλλα δὲ ἔπεσεν ἐπὶ τὴν γῆν τὴν καλὴν καὶ **ἐδίδου** καρπόν, ὃ μὲν ἑκατόν, ὃ δὲ ἑξήκοντα, ὃ δὲ τριάκοντα.	Mk 4,8	καὶ ἄλλα ἔπεσεν εἰς τὴν γῆν τὴν καλὴν καὶ **ἐδίδου** καρπὸν ἀναβαίνοντα καὶ αὐξανόμενα καὶ ἔφερεν ἓν τριάκοντα καὶ ἓν ἑξήκοντα καὶ ἓν ἑκατόν.	Lk 8,8	καὶ ἕτερον ἔπεσεν εἰς τὴν γῆν τὴν ἀγαθὴν καὶ φυὲν **ἐποίησεν** καρπὸν ἑκατονταπλασίονα. ...	→ GTh 9
222 211	Mt 13,11 (2) ↓ Mt 19,11	... ὑμῖν **δέδοται** γνῶναι τὰ μυστήρια τῆς βασιλείας τῶν οὐρανῶν, ἐκείνοις δὲ **οὐ δέδοται.**	Mk 4,11	... ὑμῖν τὸ μυστήριον **δέδοται** τῆς βασιλείας τοῦ θεοῦ· ἐκείνοις δὲ τοῖς ἔξω ἐν παραβολαῖς τὰ πάντα γίνεται	Lk 8,10	... ὑμῖν **δέδοται** γνῶναι τὰ μυστήρια τῆς βασιλείας τοῦ θεοῦ, τοῖς δὲ λοιποῖς ἐν παραβολαῖς, ...	→ GTh 62,1
f 222	Mt 13,12 ⇩ Mt 25,29	ὅστις γὰρ ἔχει, **δοθήσεται** αὐτῷ καὶ περισσευθήσεται· ...	Mk 4,25	ὃς γὰρ ἔχει, **δοθήσεται** αὐτῷ· ...	Lk 8,18 ⇩ Lk 19,26	... ὃς ἂν γὰρ ἔχῃ, **δοθήσεται** αὐτῷ· ...	→ GTh 41 Mk-Q overlap
e 022			Mk 5,43	... καὶ εἶπεν **δοθῆναι** αὐτῇ φαγεῖν.	Lk 8,55	... καὶ διέταξεν αὐτῇ **δοθῆναι** φαγεῖν.	
121	Mt 13,54	... πόθεν τούτῳ ἡ σοφία αὕτη καὶ αἱ δυνάμεις; [55] οὐχ οὗτός ἐστιν ὁ τοῦ τέκτονος υἱός; ...	Mk 6,2	... πόθεν τούτῳ ταῦτα, καὶ τίς ἡ σοφία ἡ **δοθεῖσα** τούτῳ, καὶ αἱ δυνάμεις τοιαῦται διὰ τῶν χειρῶν αὐτοῦ γινόμεναι; [3] οὐχ οὗτός ἐστιν ὁ τέκτων, ...	Lk 4,22	... οὐχὶ υἱός ἐστιν Ἰωσὴφ οὗτος;	
a 222	Mt 10,1	καὶ προσκαλεσάμενος τοὺς δώδεκα μαθητὰς αὐτοῦ **ἔδωκεν** αὐτοῖς ἐξουσίαν πνευμάτων ἀκαθάρτων ...	Mk 6,7 → Mk 3,14-15	καὶ προσκαλεῖται τοὺς δώδεκα καὶ ἤρξατο αὐτοὺς ἀποστέλλειν δύο δύο καὶ **ἐδίδου** αὐτοῖς ἐξουσίαν τῶν πνευμάτων τῶν ἀκαθάρτων	Lk 9,1 → Lk 10,1	συγκαλεσάμενος δὲ τοὺς δώδεκα **ἔδωκεν** αὐτοῖς δύναμιν καὶ ἐξουσίαν ἐπὶ πάντα τὰ δαιμόνια ...	
	Mt 14,6	... ὠρχήσατο ἡ θυγάτηρ τῆς Ἡρῳδιάδος ἐν τῷ μέσῳ καὶ ἤρεσεν τῷ Ἡρῴδῃ	Mk 6,22	καὶ εἰσελθούσης τῆς θυγατρὸς αὐτοῦ Ἡρῳδιάδος καὶ ὀρχησαμένης ἤρεσεν τῷ Ἡρῴδῃ καὶ τοῖς συνανακειμένοις.			
020				εἶπεν ὁ βασιλεὺς τῷ κορασίῳ· αἴτησόν με ὃ ἐὰν θέλῃς, καὶ **δώσω** σοι·			
220	Mt 14,7	ὅθεν μεθ' ὅρκου ὡμολόγησεν αὐτῇ **δοῦναι** ὃ ἐὰν αἰτήσηται.	Mk 6,23	καὶ ὤμοσεν αὐτῇ [πολλά], ὅ τι ἐάν με αἰτήσῃς **δώσω** σοι ἕως ἡμίσους τῆς βασιλείας μου.			

	Mt 14,8 → Mk 6,24	ἡ δὲ προβιβασθεῖσα ὑπὸ τῆς μητρὸς αὐτῆς·	Mk 6,25	[24] καὶ ἐξελθοῦσα εἶπεν τῇ μητρὶ αὐτῆς· τί αἰτήσωμαι; ἡ δὲ εἶπεν· τὴν κεφαλὴν Ἰωάννου τοῦ βαπτίζοντος. [25] καὶ εἰσελθοῦσα εὐθὺς μετὰ σπουδῆς πρὸς τὸν βασιλέα ᾐτήσατο λέγουσα· θέλω ἵνα ἐξαυτῆς			
220		**δός**		**δῷς**			
		μοι, φησίν, ὧδε ἐπὶ πίνακι τὴν κεφαλὴν Ἰωάννου τοῦ βαπτιστοῦ.		μοι ἐπὶ πίνακι τὴν κεφαλὴν Ἰωάννου τοῦ βαπτιστοῦ.			
	Mt 14,9	καὶ λυπηθεὶς ὁ βασιλεὺς διὰ τοὺς ὅρκους καὶ τοὺς συνανακειμένους ἐκέλευσεν	Mk 6,26	καὶ περίλυπος γενόμενος ὁ βασιλεὺς διὰ τοὺς ὅρκους καὶ τοὺς ἀνακειμένους οὐκ ἠθέλησεν ἀθετῆσαι αὐτήν·			
210		**δοθῆναι**					
	Mt 14,11	καὶ ἠνέχθη ἡ κεφαλὴ αὐτοῦ ἐπὶ πίνακι καὶ	Mk 6,28 (2)	καὶ ἤνεγκεν τὴν κεφαλὴν αὐτοῦ ἐπὶ πίνακι καὶ			
220		**ἐδόθη**		**ἔδωκεν**			
		τῷ κορασίῳ, καὶ		αὐτὴν τῷ κορασίῳ, καὶ τὸ κοράσιον			
120		**ἤνεγκεν**		**ἔδωκεν**			
		τῇ μητρὶ αὐτῆς.		αὐτὴν τῇ μητρὶ αὐτῆς.			
e	Mt 14,16	ὁ δὲ [Ἰησοῦς] εἶπεν αὐτοῖς· οὐ χρείαν ἔχουσιν ἀπελθεῖν,	Mk 6,37 (2)	ὁ δὲ ἀποκριθεὶς εἶπεν αὐτοῖς·	Lk 9,13	εἶπεν δὲ πρὸς αὐτούς·	→ Jn 6,5
222		**δότε**		**δότε**		**δότε**	
		αὐτοῖς ὑμεῖς φαγεῖν.		αὐτοῖς ὑμεῖς φαγεῖν.		αὐτοῖς ὑμεῖς φαγεῖν.	
e	→ Mt 14,15 → Mt 15,33		→ Mk 6,36 → Mk 8,4	καὶ λέγουσιν αὐτῷ· ἀπελθόντες ἀγοράσωμεν δηναρίων διακοσίων ἄρτους καὶ	→ Lk 9,12 → Mk 6,38	οἱ δὲ εἶπαν· οὐκ εἰσὶν ἡμῖν πλεῖον ἢ ἄρτοι πέντε καὶ ἰχθύες δύο, εἰ μήτι πορευθέντες ἡμεῖς ἀγοράσωμεν εἰς πάντα τὸν λαὸν τοῦτον βρώματα.	→ Jn 6,5 → Jn 6,7
121				**δώσομεν**			
		[17] οἱ δὲ λέγουσιν αὐτῷ· οὐκ ἔχομεν ὧδε εἰ μὴ πέντε ἄρτους καὶ δύο ἰχθύας.		αὐτοῖς φαγεῖν; [38] ὁ δὲ λέγει αὐτοῖς· πόσους ἄρτους ἔχετε; ὑπάγετε ἴδετε. καὶ γνόντες λέγουσιν· πέντε, καὶ δύο ἰχθύας.			
	Mt 14,19 ↓ Mt 15,36 ↓ Mt 26,26	... λαβὼν τοὺς πέντε ἄρτους καὶ τοὺς δύο ἰχθύας, ἀναβλέψας εἰς τὸν οὐρανὸν εὐλόγησεν καὶ κλάσας	Mk 6,41 ↓ Mk 8,6 ↓ Mk 14,22	καὶ λαβὼν τοὺς πέντε ἄρτους καὶ τοὺς δύο ἰχθύας ἀναβλέψας εἰς τὸν οὐρανὸν εὐλόγησεν καὶ κατέκλασεν τοὺς ἄρτους καὶ	Lk 9,16 ↓ Lk 22,19	λαβὼν δὲ τοὺς πέντε ἄρτους καὶ τοὺς δύο ἰχθύας ἀναβλέψας εἰς τὸν οὐρανὸν εὐλόγησεν αὐτοὺς καὶ κατέκλασεν καὶ	→ Jn 6,11
222		**ἔδωκεν**		**ἐδίδου**		**ἐδίδου**	
		τοῖς μαθηταῖς τοὺς ἄρτους οἱ δὲ μαθηταὶ τοῖς ὄχλοις.		τοῖς μαθηταῖς [αὐτοῦ] ἵνα παρατιθῶσιν αὐτοῖς, καὶ τοὺς δύο ἰχθύας ἐμέρισεν πᾶσιν.		τοῖς μαθηταῖς παραθεῖναι τῷ ὄχλῳ.	
	Mt 15,36 ↑ Mt 14,19 → Mk 8,7	ἔλαβεν τοὺς ἑπτὰ ἄρτους καὶ τοὺς ἰχθύας καὶ εὐχαριστήσας ἔκλασεν καὶ	Mk 8,6 ↑ Mk 6,41	... καὶ λαβὼν τοὺς ἑπτὰ ἄρτους εὐχαριστήσας ἔκλασεν καὶ	↑ Lk 9,16		
220		**ἐδίδου**		**ἐδίδου**			
		τοῖς μαθηταῖς, οἱ δὲ μαθηταὶ τοῖς ὄχλοις.		τοῖς μαθηταῖς αὐτοῦ ἵνα παρατιθῶσιν, καὶ παρέθηκαν τῷ ὄχλῳ.			

b 220	**Mt 16,4** ⇧ Mt 12,39	γενεὰ πονηρὰ καὶ μοιχαλὶς σημεῖον ἐπιζητεῖ, καὶ σημεῖον **οὐ δοθήσεται** αὐτῇ εἰ μὴ τὸ σημεῖον Ἰωνᾶ. ...	**Mk 8,12**	... τί ἡ γενεὰ αὕτη ζητεῖ σημεῖον; ἀμὴν λέγω ὑμῖν, **εἰ δοθήσεται** τῇ γενεᾷ ταύτη σημεῖον.	Lk 11,29	... ἡ γενεὰ αὕτη γενεὰ πονηρά ἐστιν· σημεῖον ζητεῖ, καὶ σημεῖον **οὐ δοθήσεται** αὐτῇ εἰ μὴ τὸ σημεῖον Ἰωνᾶ.	Mk-Q overlap
200	**Mt 16,19** → Mt 23,13 → Lk 11,52	**δώσω** σοι τὰς κλεῖδας τῆς βασιλείας τῶν οὐρανῶν, ...					→ Jn 20,23
220	**Mt 16,26**	... ἢ τί **δώσει** ἄνθρωπος ἀντάλλαγμα τῆς ψυχῆς αὐτοῦ;	**Mk 8,37**	τί γὰρ **δοῖ** ἄνθρωπος ἀντάλλαγμα τῆς ψυχῆς αὐτοῦ;			
200	**Mt 17,27**	... καὶ ἀνοίξας τὸ στόμα αὐτοῦ εὑρήσεις στατῆρα· ἐκεῖνον λαβὼν **δὸς** αὐτοῖς ἀντὶ ἐμοῦ καὶ σοῦ.					
a 002					**Lk 10,19**	ἰδοὺ **δέδωκα** ὑμῖν τὴν ἐξουσίαν τοῦ πατεῖν ἐπάνω ὄφεων καὶ σκορπίων, ...	
002					**Lk 10,35**	καὶ ἐπὶ τὴν αὔριον ἐκβαλὼν **ἔδωκεν** δύο δηνάρια τῷ πανδοχεῖ καὶ εἶπεν· ἐπιμελήθητι αὐτοῦ, ...	
202	**Mt 6,11**	τὸν ἄρτον ἡμῶν τὸν ἐπιούσιον **δὸς** ἡμῖν σήμερον·			**Lk 11,3**	τὸν ἄρτον ἡμῶν τὸν ἐπιούσιον **δίδου** ἡμῖν τὸ καθ' ἡμέραν·	
002					**Lk 11,7**	... ἤδη ἡ θύρα κέκλεισται καὶ τὰ παιδία μου μετ' ἐμοῦ εἰς τὴν κοίτην εἰσίν· οὐ δύναμαι ἀναστὰς **δοῦναί** σοι.	
002 002					**Lk 11,8** **(2)**	λέγω ὑμῖν, εἰ καὶ **οὐ δώσει** αὐτῷ ἀναστὰς διὰ τὸ εἶναι φίλον αὐτοῦ, διά γε τὴν ἀναίδειαν αὐτοῦ ἐγερθεὶς **δώσει** αὐτῷ ὅσων χρῄζει.	
f 202	**Mt 7,7**	αἰτεῖτε καὶ **δοθήσεται** ὑμῖν, ζητεῖτε καὶ εὑρήσετε, κρούετε καὶ ἀνοιγήσεται ὑμῖν·			**Lk 11,9**	κἀγὼ ὑμῖν λέγω, αἰτεῖτε καὶ **δοθήσεται** ὑμῖν, ζητεῖτε καὶ εὑρήσετε, κρούετε καὶ ἀνοιγήσεται ὑμῖν·	→ GTh 2 (POxy 654) → GTh 92

a δίδωμι ἐξουσίαν
b δίδωμι σημεῖον / σημεῖα
c δίδωμι πνεῦμα
d δίδωμι (τοῖς) πτωχοῖς
e δίδωμι + φαγεῖν / π(ι)εῖν
f δίδωμι without accusative object

202 c 202	Mt 7,11 (2)	εἰ οὖν ὑμεῖς πονηροὶ ὄντες οἴδατε δόματα ἀγαθὰ **διδόναι** τοῖς τέκνοις ὑμῶν, πόσῳ μᾶλλον ὁ πατὴρ ὑμῶν ὁ ἐν τοῖς οὐρανοῖς **δώσει** ἀγαθὰ τοῖς αἰτοῦσιν αὐτόν.			Lk 11,13 (2)	εἰ οὖν ὑμεῖς πονηροὶ ὑπάρχοντες οἴδατε δόματα ἀγαθὰ **διδόναι** τοῖς τέκνοις ὑμῶν, πόσῳ μᾶλλον ὁ πατὴρ [ὁ] ἐξ οὐρανοῦ **δώσει** πνεῦμα ἅγιον τοῖς αἰτοῦσιν αὐτόν.	
b 202	Mt 12,39 ⇧ Mt 16,4	... γενεὰ πονηρὰ καὶ μοιχαλὶς σημεῖον ἐπιζητεῖ, καὶ σημεῖον **οὐ δοθήσεται** αὐτῇ εἰ μὴ τὸ σημεῖον Ἰωνᾶ τοῦ προφήτου.	Mk 8,12	... τί ἡ γενεὰ αὕτη ζητεῖ σημεῖον; ἀμὴν λέγω ὑμῖν, **εἰ δοθήσεται** τῇ γενεᾷ ταύτῃ σημεῖον.	Lk 11,29	... ἡ γενεὰ αὕτη γενεὰ πονηρά ἐστιν· σημεῖον ζητεῖ, καὶ σημεῖον **οὐ δοθήσεται** αὐτῇ εἰ μὴ τὸ σημεῖον Ἰωνᾶ.	Mk-Q overlap
102	Mt 23,26	... **καθάρισον** πρῶτον τὸ ἐντὸς τοῦ ποτηρίου, ἵνα γένηται καὶ τὸ ἐκτὸς αὐτοῦ καθαρόν.			Lk 11,41	πλὴν τὰ ἐνόντα **δότε** ἐλεημοσύνην, καὶ ἰδοὺ πάντα καθαρὰ ὑμῖν ἐστιν.	→ GTh 89
002					Lk 12,32	μὴ φοβοῦ, τὸ μικρὸν ποίμνιον, ὅτι εὐδόκησεν ὁ πατὴρ ὑμῶν **δοῦναι** ὑμῖν τὴν βασιλείαν.	
002					Lk 12,33 → Lk 14,33 → Lk 16,9 ↓ Lk 18,22	πωλήσατε τὰ ὑπάρχοντα ὑμῶν καὶ **δότε** ἐλεημοσύνην· ...	→ Acts 2,45
202	Mt 24,45	τίς ἄρα ἐστὶν ὁ πιστὸς δοῦλος καὶ φρόνιμος ὃν κατέστησεν ὁ κύριος ἐπὶ τῆς οἰκετείας αὐτοῦ **τοῦ δοῦναι** αὐτοῖς τὴν τροφὴν ἐν καιρῷ;			Lk 12,42	... τίς ἄρα ἐστὶν ὁ πιστὸς οἰκονόμος ὁ φρόνιμος, ὃν καταστήσει ὁ κύριος ἐπὶ τῆς θεραπείας αὐτοῦ **τοῦ διδόναι** ἐν καιρῷ [τὸ] σιτομέτριον;	
002					Lk 12,48	... παντὶ δὲ ᾧ **ἐδόθη** πολύ, πολὺ ζητηθήσεται παρ᾽ αὐτοῦ, καὶ ᾧ παρέθεντο πολύ, περισσότερον αἰτήσουσιν αὐτόν.	
102	Mt 10,34	μὴ νομίσητε ὅτι ἦλθον **βαλεῖν** εἰρήνην ἐπὶ τὴν γῆν· οὐκ ἦλθον βαλεῖν εἰρήνην ἀλλὰ μάχαιραν.			Lk 12,51	δοκεῖτε ὅτι εἰρήνην παρεγενόμην **δοῦναι** ἐν τῇ γῇ; οὐχί, λέγω ὑμῖν, ἀλλ᾽ ἢ διαμερισμόν.	→ GTh 16
102	Mt 5,25 → Mt 18,34	ἴσθι εὐνοῶν τῷ ἀντιδίκῳ σου ταχὺ, ἕως ὅτου εἶ μετ᾽ αὐτοῦ ἐν τῇ ὁδῷ, μήποτέ σε παραδῷ ὁ ἀντίδικος τῷ κριτῇ καὶ ὁ κριτὴς τῷ ὑπηρέτῃ, καὶ εἰς φυλακὴν βληθήσῃ·			Lk 12,58	ὡς γὰρ ὑπάγεις μετὰ τοῦ ἀντιδίκου σου ἐπ᾽ ἄρχοντα, ἐν τῇ ὁδῷ **δὸς** ἐργασίαν ἀπηλλάχθαι ἀπ᾽ αὐτοῦ, μήποτε κατασύρῃ σε πρὸς τὸν κριτήν, καὶ ὁ κριτής σε παραδώσει τῷ πράκτορι, καὶ ὁ πράκτωρ σε βαλεῖ εἰς φυλακήν.	

002					Lk 14,9	καὶ ἐλθὼν ὁ σὲ καὶ αὐτὸν καλέσας ἐρεῖ σοι· δὸς τούτῳ τόπον, ...	
002					Lk 15,12	... πάτερ, δός μοι τὸ ἐπιβάλλον μέρος τῆς οὐσίας. ...	
002					Lk 15,16	καὶ ἐπεθύμει χορτασθῆναι ἐκ τῶν κερατίων ὧν ἤσθιον οἱ χοῖροι, καὶ οὐδεὶς ἐδίδου αὐτῷ.	
002					Lk 15,22	... ταχὺ ἐξενέγκατε στολὴν τὴν πρώτην καὶ ἐνδύσατε αὐτόν, καὶ δότε δακτύλιον εἰς τὴν χεῖρα αὐτοῦ καὶ ὑποδήματα εἰς τοὺς πόδας	
002					Lk 15,29	... ἰδοὺ τοσαῦτα ἔτη δουλεύω σοι καὶ οὐδέποτε ἐντολήν σου παρῆλθον, καὶ ἐμοὶ οὐδέποτε ἔδωκας ἔριφον ἵνα μετὰ τῶν φίλων μου εὐφρανθῶ·	
002					Lk 16,12	καὶ εἰ ἐν τῷ ἀλλοτρίῳ πιστοὶ οὐκ ἐγένεσθε, τὸ ὑμέτερον τίς ὑμῖν δώσει;	
002					Lk 17,18	οὐχ εὑρέθησαν ὑποστρέψαντες δοῦναι δόξαν τῷ θεῷ εἰ μὴ ὁ ἀλλογενὴς οὗτος;	
210	Mt 19,7 ↑ Mt 5,31	... τί οὖν Μωϋσῆς ἐνετείλατο δοῦναι βιβλίον ἀποστασίου καὶ ἀπολῦσαι [αὐτήν]; ➤ Deut 24,1.2	Mk 10,4	... ἐπέτρεψεν Μωϋσῆς βιβλίον ἀποστασίου γράψαι καὶ ἀπολῦσαι. ➤ Deut 24,1.2			
f 200	Mt 19,11 ↑ Mt 13,11	... οὐ πάντες χωροῦσιν τὸν λόγον [τοῦτον] ἀλλ' οἷς δέδοται.					
d 221	Mt 19,21 → Mt 6,20	... εἰ θέλεις τέλειος εἶναι, ὕπαγε πώλησόν σου τὰ ὑπάρχοντα καὶ δὸς [τοῖς] πτωχοῖς, καὶ ἕξεις θησαυρὸν ἐν οὐρανοῖς, ...	Mk 10,21	... ἕν σε ὑστερεῖ· ὕπαγε, ὅσα ἔχεις πώλησον καὶ δὸς [τοῖς] πτωχοῖς, καὶ ἕξεις θησαυρὸν ἐν οὐρανῷ, ...	Lk 18,22 ↑ Lk 12,33	... ἔτι ἕν σοι λείπει· πάντα ὅσα ἔχεις πώλησον καὶ διάδος πτωχοῖς, καὶ ἕξεις θησαυρὸν ἐν [τοῖς] οὐρανοῖς, ...	→ Acts 2,45
200	Mt 20,4	... ὑπάγετε καὶ ὑμεῖς εἰς τὸν ἀμπελῶνα, καὶ ὃ ἐὰν ᾖ δίκαιον δώσω ὑμῖν.					
f 200	Mt 20,14	ἆρον τὸ σὸν καὶ ὕπαγε. θέλω δὲ τούτῳ τῷ ἐσχάτῳ δοῦναι ὡς καὶ σοί·					

120	Mt 20,21	... λέγει αὐτῷ· **εἰπὲ** ἵνα καθίσωσιν οὗτοι οἱ δύο υἱοί μου εἷς ἐκ δεξιῶν σου καὶ εἷς ἐξ εὐωνύμων σου ἐν τῇ βασιλείᾳ σου.	Mk 10,37	οἱ δὲ εἶπαν αὐτῷ· **δὸς** ἡμῖν ἵνα εἷς σου ἐκ δεξιῶν καὶ εἷς ἐξ ἀριστερῶν καθίσωμεν ἐν τῇ δόξῃ σου.			
220	Mt 20,23	... τὸ δὲ καθίσαι ἐκ δεξιῶν μου καὶ ἐξ εὐωνύμων οὐκ ἔστιν ἐμὸν [τοῦτο] **δοῦναι,** ἀλλ' οἷς ἡτοίμασται ὑπὸ τοῦ πατρός μου.	Mk 10,40	τὸ δὲ καθίσαι ἐκ δεξιῶν μου ἢ ἐξ εὐωνύμων οὐκ ἔστιν ἐμὸν **δοῦναι,** ἀλλ' οἷς ἡτοίμασται.			
221	Mt 20,28 → Mt 26,28	ὥσπερ ὁ υἱὸς τοῦ ἀνθρώπου οὐκ ἦλθεν διακονηθῆναι ἀλλὰ διακονῆσαι καὶ **δοῦναι** τὴν ψυχὴν αὐτοῦ λύτρον ἀντὶ πολλῶν.	Mk 10,45 → Mk 14,24	καὶ γὰρ ὁ υἱὸς τοῦ ἀνθρώπου οὐκ ἦλθεν διακονηθῆναι ἀλλὰ διακονῆσαι καὶ **δοῦναι** τὴν ψυχὴν αὐτοῦ λύτρον ἀντὶ πολλῶν.	Lk 22,27 → Lk 12,37	... ἐγὼ δὲ ἐν μέσῳ ὑμῶν εἰμι ὡς ὁ διακονῶν.	→ Jn 13,13-14
112	Mt 20,34 ⇩ Mt 9,30 Mt 9,30 ⇧ Mt 20,34	... καὶ εὐθέως ἀνέβλεψαν καὶ ἠκολούθησαν αὐτῷ. καὶ ἠνεῴχθησαν αὐτῶν οἱ ὀφθαλμοί. ...	Mk 10,52	... καὶ εὐθὺς ἀνέβλεψεν, καὶ ἠκολούθει αὐτῷ ἐν τῇ ὁδῷ.	Lk 18,43	καὶ παραχρῆμα ἀνέβλεψεν καὶ ἠκολούθει αὐτῷ δοξάζων τὸν θεόν. καὶ πᾶς ὁ λαὸς ἰδὼν **ἔδωκεν** αἶνον τῷ θεῷ.	
d 002					Lk 19,8 → Lk 3,13	... ἰδοὺ τὰ ἡμίσιά μου τῶν ὑπαρχόντων, κύριε, τοῖς πτωχοῖς **δίδωμι,** καὶ εἴ τινός τι ἐσυκοφάντησα ἀποδίδωμι τετραπλοῦν.	
202	Mt 25,15	[14] ὥσπερ γὰρ ἄνθρωπος ἀποδημῶν ἐκάλεσεν τοὺς ἰδίους δούλους καὶ παρέδωκεν αὐτοῖς τὰ ὑπάρχοντα αὐτοῦ, [15] καὶ ᾧ μὲν **ἔδωκεν** πέντε τάλαντα, ᾧ δὲ δύο, ᾧ δὲ ἕν, ἑκάστῳ κατὰ τὴν ἰδίαν δύναμιν, καὶ ἀπεδήμησεν. ...	Mk 13,34	ὡς ἄνθρωπος ἀπόδημος ἀφεὶς τὴν οἰκίαν αὐτοῦ καὶ δοὺς τοῖς δούλοις αὐτοῦ τὴν ἐξουσίαν ἑκάστῳ τὸ ἔργον αὐτοῦ, καὶ τῷ θυρωρῷ ἐνετείλατο ἵνα γρηγορῇ.	Lk 19,13	[12] ἄνθρωπός τις εὐγενὴς ἐπορεύθη εἰς χώραν μακρὰν ... [13] καλέσας δὲ δέκα δούλους ἑαυτοῦ **ἔδωκεν** αὐτοῖς δέκα μνᾶς καὶ εἶπεν πρὸς αὐτούς· πραγματεύσασθε ἐν ᾧ ἔρχομαι.	Mk-Q overlap
102	Mt 25,19	μετὰ δὲ πολὺν χρόνον ἔρχεται ὁ κύριος τῶν δούλων ἐκείνων καὶ συναίρει λόγον μετ' αὐτῶν.			Lk 19,15	καὶ ἐγένετο ἐν τῷ ἐπανελθεῖν αὐτὸν λαβόντα τὴν βασιλείαν καὶ εἶπεν φωνηθῆναι αὐτῷ τοὺς δούλους τούτους οἷς **δεδώκει** τὸ ἀργύριον, ἵνα γνοῖ τί διεπραγματεύσαντο.	
102	Mt 25,27	ἔδει σε οὖν **βαλεῖν** τὰ ἀργύριά μου τοῖς τραπεζίταις, ...			Lk 19,23	καὶ διὰ τί **οὐκ ἔδωκάς** μου τὸ ἀργύριον ἐπὶ τράπεζαν; ...	

202	Mt 25,28	ἄρατε οὖν ἀπ' αὐτοῦ τὸ τάλαντον καὶ **δότε** τῷ ἔχοντι τὰ δέκα τάλαντα·			Lk 19,24	... ἄρατε ἀπ' αὐτοῦ τὴν μνᾶν καὶ **δότε** τῷ τὰς δέκα μνᾶς ἔχοντι -	
f 202	Mt 25,29 ⇧ Mt 13,12	τῷ γὰρ ἔχοντι παντὶ **δοθήσεται** καὶ περισσευθήσεται, ...	Mk 4,25	ὃς γὰρ ἔχει, **δοθήσεται** αὐτῷ· ...	Lk 19,26 ⇧ Lk 8,18	λέγω ὑμῖν ὅτι παντὶ τῷ ἔχοντι **δοθήσεται**, ...	→ GTh 41 Mk-Q overlap
a 222	Mt 21,23	... ἐν ποίᾳ ἐξουσίᾳ ταῦτα ποιεῖς; καὶ τίς σοι **ἔδωκεν** τὴν ἐξουσίαν ταύτην;	Mk 11,28	... ἐν ποίᾳ ἐξουσίᾳ ταῦτα ποιεῖς; ἢ τίς σοι **ἔδωκεν** τὴν ἐξουσίαν ταύτην ἵνα ταῦτα ποιῇς;	Lk 20,2	... ἐν ποίᾳ ἐξουσίᾳ ταῦτα ποιεῖς, ἢ τίς ἐστιν **ὁ δούς** σοι τὴν ἐξουσίαν ταύτην;	→ Jn 2,18
112	Mt 21,34 → Mk 12,5	ὅτε δὲ ἤγγισεν ὁ καιρὸς τῶν καρπῶν, ἀπέστειλεν τοὺς δούλους αὐτοῦ πρὸς τοὺς γεωργοὺς **λαβεῖν** τοὺς καρποὺς αὐτοῦ.	Mk 12,2	καὶ ἀπέστειλεν πρὸς τοὺς γεωργοὺς τῷ καιρῷ δοῦλον ἵνα παρὰ τῶν γεωργῶν **λάβῃ** ἀπὸ τῶν καρπῶν τοῦ ἀμπελῶνος·	Lk 20,10 ↓ Mt 21,41	καὶ καιρῷ ἀπέστειλεν πρὸς τοὺς γεωργοὺς δοῦλον ἵνα ἀπὸ τοῦ καρποῦ τοῦ ἀμπελῶνος **δώσουσιν** αὐτῷ· ...	→ GTh 21 → GTh 65
122	Mt 21,41 ↑ Lk 20,10 ↓ Mt 21,43	... κακοὺς κακῶς ἀπολέσει αὐτοὺς καὶ τὸν ἀμπελῶνα **ἐκδώσεται** ἄλλοις γεωργοῖς, οἵτινες ἀποδώσουσιν αὐτῷ τοὺς καρποὺς ἐν τοῖς καιροῖς αὐτῶν.	Mk 12,9	... ἐλεύσεται καὶ ἀπολέσει τοὺς γεωργοὺς καὶ **δώσει** τὸν ἀμπελῶνα ἄλλοις.	Lk 20,16	ἐλεύσεται καὶ ἀπολέσει τοὺς γεωργοὺς τούτους καὶ **δώσει** τὸν ἀμπελῶνα ἄλλοις. ...	→ GTh 21 → GTh 65
200	Mt 21,43 ↑ Mt 21,41	... ἀρθήσεται ἀφ' ὑμῶν ἡ βασιλεία τοῦ θεοῦ καὶ **δοθήσεται** ἔθνει ποιοῦντι τοὺς καρποὺς αὐτῆς.					
222 121 121	Mt 22,17	... ἔξεστιν **δοῦναι** κῆνσον Καίσαρι ἢ οὔ;	Mk 12,14 (3)	... ἔξεστιν **δοῦναι** κῆνσον Καίσαρι ἢ οὔ; **δῶμεν** ἢ **μὴ δῶμεν**;	Lk 20,22	ἔξεστιν ἡμᾶς Καίσαρι φόρον **δοῦναι** ἢ οὔ;	→ GTh 100
222	Mt 10,19	ὅταν δὲ παραδῶσιν ὑμᾶς, μὴ μεριμνήσητε πῶς ἢ τί λαλήσητε· **δοθήσεται** γὰρ ὑμῖν ἐν ἐκείνῃ τῇ ὥρᾳ τί λαλήσητε·	Mk 13,11	καὶ ὅταν ἄγωσιν ὑμᾶς παραδιδόντες, μὴ προμεριμνᾶτε τί λαλήσητε, ἀλλ' ὃ ἐὰν **δοθῇ** ὑμῖν ἐν ἐκείνῃ τῇ ὥρᾳ τοῦτο λαλεῖτε· ...	Lk 21,15 ⇩ Lk 12,12	[14] θέτε οὖν ἐν ταῖς καρδίαις ὑμῶν μὴ προμελετᾶν ἀπολογηθῆναι· [15] ἐγὼ γὰρ **δώσω** ὑμῖν στόμα καὶ σοφίαν ...	→ Acts 6,10 Mk-Q overlap
					Lk 12,12 ⇧ Lk 21,15	[11] ὅταν δὲ εἰσφέρωσιν ὑμᾶς ἐπὶ τὰς συναγωγὰς ..., μὴ μεριμνήσητε πῶς ἢ τί ἀπολογήσησθε ἢ τί εἴπητε· [12] τὸ γὰρ ἅγιον πνεῦμα **διδάξει** ὑμᾶς ἐν αὐτῇ τῇ ὥρᾳ ἃ δεῖ εἰπεῖν.	→ Jn 14,26 Mk-Q overlap

b 220	**Mt 24,24** → Mt 24,11	ἐγερθήσονται γὰρ ψευδόχριστοι καὶ ψευδοπροφῆται καὶ **δώσουσιν** σημεῖα μεγάλα καὶ τέρατα ὥστε πλανῆσαι, εἰ δυνατόν, καὶ τοὺς ἐκλεκτούς·	**Mk 13,22**	ἐγερθήσονται γὰρ ψευδόχριστοι καὶ ψευδοπροφῆται καὶ **δώσουσιν** σημεῖα καὶ τέρατα πρὸς τὸ ἀποπλανᾶν, εἰ δυνατόν, τοὺς ἐκλεκτούς.			
221	**Mt 24,29**	εὐθέως δὲ μετὰ τὴν θλῖψιν τῶν ἡμερῶν ἐκείνων *ὁ ἥλιος σκοτισθήσεται, καὶ ἡ σελήνη* ***οὐ δώσει*** *τὸ φέγγος αὐτῆς*, ... ➤ Isa 13,10	**Mk 13,24**	ἀλλὰ ἐν ἐκείναις ταῖς ἡμέραις μετὰ τὴν θλῖψιν ἐκείνην *ὁ ἥλιος σκοτισθήσεται, καὶ ἡ σελήνη* ***οὐ δώσει*** *τὸ φέγγος αὐτῆς* ➤ Isa 13,10	**Lk 21,25** → Lk 21,11	καὶ ἔσονται σημεῖα ἐν ἡλίῳ καὶ σελήνῃ ...	→ Acts 2,19
020	Mt 25,14	ὥσπερ γὰρ ἄνθρωπος ἀποδημῶν ἐκάλεσεν τοὺς ἰδίους δούλους καὶ **παρέδωκεν** αὐτοῖς τὰ ὑπάρχοντα αὐτοῦ, [15] καὶ ᾧ μὲν ἔδωκεν πέντε τάλαντα, ᾧ δὲ δύο, ᾧ δὲ ἕν, ἑκάστῳ κατὰ τὴν ἰδίαν δύναμιν, καὶ ἀπεδήμησεν. ...	**Mk 13,34**	ὡς ἄνθρωπος ἀπόδημος ἀφεὶς τὴν οἰκίαν αὐτοῦ καὶ **δοὺς** τοῖς δούλοις αὐτοῦ τὴν ἐξουσίαν ἑκάστῳ τὸ ἔργον αὐτοῦ, καὶ τῷ θυρωρῷ ἐνετείλατο ἵνα γρηγορῇ.	Lk 19,13	[12] ἄνθρωπός τις εὐγενὴς ἐπορεύθη εἰς χώραν μακρὰν ... [13] καλέσας δὲ δέκα δούλους ἑαυτοῦ ἔδωκεν αὐτοῖς δέκα μνᾶς καὶ εἶπεν πρὸς αὐτούς· πραγματεύσασθε ἐν ᾧ ἔρχομαι.	Mk-Q overlap
202	**Mt 24,45**	τίς ἄρα ἐστὶν ὁ πιστὸς δοῦλος καὶ φρόνιμος ὃν κατέστησεν ὁ κύριος ἐπὶ τῆς οἰκετείας αὐτοῦ **τοῦ δοῦναι** αὐτοῖς τὴν τροφὴν ἐν καιρῷ;			**Lk 12,42**	... τίς ἄρα ἐστὶν ὁ πιστὸς οἰκονόμος ὁ φρόνιμος, ὃν καταστήσει ὁ κύριος ἐπὶ τῆς θεραπείας αὐτοῦ **τοῦ διδόναι** ἐν καιρῷ [τὸ] σιτομέτριον;	
200	**Mt 25,8**	αἱ δὲ μωραὶ ταῖς φρονίμοις εἶπαν· **δότε** ἡμῖν ἐκ τοῦ ἐλαίου ὑμῶν, ὅτι αἱ λαμπάδες ἡμῶν σβέννυνται.					
202	**Mt 25,15**	[14] ὥσπερ γὰρ ἄνθρωπος ἀποδημῶν ἐκάλεσεν τοὺς ἰδίους δούλους καὶ παρέδωκεν αὐτοῖς τὰ ὑπάρχοντα αὐτοῦ, [15] καὶ ᾧ μὲν **ἔδωκεν** πέντε τάλαντα, ᾧ δὲ δύο, ᾧ δὲ ἕν, ἑκάστῳ κατὰ τὴν ἰδίαν δύναμιν, καὶ ἀπεδήμησεν. ...	Mk 13,34	ὡς ἄνθρωπος ἀπόδημος ἀφεὶς τὴν οἰκίαν αὐτοῦ καὶ δοὺς τοῖς δούλοις αὐτοῦ τὴν ἐξουσίαν ἑκάστῳ τὸ ἔργον αὐτοῦ, καὶ τῷ θυρωρῷ ἐνετείλατο ἵνα γρηγορῇ.	**Lk 19,13**	[12] ἄνθρωπός τις εὐγενὴς ἐπορεύθη εἰς χώραν μακρὰν ... [13] καλέσας δὲ δέκα δούλους ἑαυτοῦ **ἔδωκεν** αὐτοῖς δέκα μνᾶς καὶ εἶπεν πρὸς αὐτούς· πραγματεύσασθε ἐν ᾧ ἔρχομαι.	Mk-Q overlap
202	**Mt 25,28**	ἄρατε οὖν ἀπ' αὐτοῦ τὸ τάλαντον καὶ **δότε** τῷ ἔχοντι τὰ δέκα τάλαντα·			**Lk 19,24**	... ἄρατε ἀπ' αὐτοῦ τὴν μνᾶν καὶ **δότε** τῷ τὰς δέκα μνᾶς ἔχοντι -	
f 202	**Mt 25,29** ⇧ Mt 13,12	τῷ γὰρ ἔχοντι παντὶ **δοθήσεται** καὶ περισσευθήσεται, ...	Mk 4,25	ὃς γὰρ ἔχει, **δοθήσεται** αὐτῷ· ...	**Lk 19,26** ⇧ Lk 8,18	λέγω ὑμῖν ὅτι παντὶ τῷ ἔχοντι **δοθήσεται**, ...	→ GTh 41 Mk-Q overlap
e 200	**Mt 25,35**	ἐπείνασα γὰρ καὶ **ἐδώκατέ** μοι φαγεῖν, ἐδίψησα καὶ ἐποτίσατέ με, ξένος ἤμην καὶ συνηγάγετέ με					

e 200	Mt 25,42	ἐπείνασα γὰρ καὶ **οὐκ ἐδώκατέ** μοι φαγεῖν, ἐδίψησα καὶ οὐκ ἐποτίσατέ με					
d 220	Mt 26,9	ἐδύνατο γὰρ τοῦτο πραθῆναι πολλοῦ καὶ **δοθῆναι** πτωχοῖς.	Mk 14,5	ἠδύνατο γὰρ τοῦτο τὸ μύρον πραθῆναι ἐπάνω δηναρίων τριακοσίων καὶ **δοθῆναι** τοῖς πτωχοῖς· ...			→ Jn 12,5
211	Mt 26,15	[14] τότε πορευθεὶς εἷς τῶν δώδεκα, ὁ λεγόμενος Ἰούδας Ἰσκαριώτης, πρὸς τοὺς ἀρχιερεῖς [15] εἶπεν· τί θέλετέ μοι **δοῦναι,** κἀγὼ ὑμῖν παραδώσω αὐτόν;	Mk 14,10	καὶ Ἰούδας Ἰσκαριὼθ ὁ εἷς τῶν δώδεκα ἀπῆλθεν πρὸς τοὺς ἀρχιερεῖς ἵνα αὐτὸν παραδοῖ αὐτοῖς.	Lk 22,4	[3] εἰσῆλθεν δὲ σατανᾶς εἰς Ἰούδαν τὸν καλούμενον Ἰσκαριώτην, ὄντα ἐκ τοῦ ἀριθμοῦ τῶν δώδεκα· [4] καὶ ἀπελθὼν συνελάλησεν τοῖς ἀρχιερεῦσιν καὶ στρατηγοῖς τὸ πῶς αὐτοῖς παραδῷ αὐτόν.	
122		οἱ δὲ ἔστησαν αὐτῷ τριάκοντα ἀργύρια.	Mk 14,11	οἱ δὲ ἀκούσαντες ἐχάρησαν καὶ ἐπηγγείλαντο αὐτῷ ἀργύριον **δοῦναι.** ...	Lk 22,5	καὶ ἐχάρησαν καὶ συνέθεντο αὐτῷ ἀργύριον **δοῦναι.**	
222 112	Mt 26,26 ↑ Mt 14,19	ἐσθιόντων δὲ αὐτῶν λαβὼν ὁ Ἰησοῦς ἄρτον καὶ εὐλογήσας ἔκλασεν καὶ **δοὺς** τοῖς μαθηταῖς εἶπεν· λάβετε φάγετε, τοῦτό ἐστιν τὸ σῶμά μου.	Mk 14,22 ↑ Mk 6,41	καὶ ἐσθιόντων αὐτῶν λαβὼν ἄρτον εὐλογήσας ἔκλασεν καὶ **ἔδωκεν** αὐτοῖς καὶ εἶπεν· λάβετε, τοῦτό ἐστιν τὸ σῶμά μου.	Lk 22,19 (2) ↑ Lk 9,16	καὶ λαβὼν ἄρτον εὐχαριστήσας ἔκλασεν καὶ **ἔδωκεν** αὐτοῖς λέγων· τοῦτό ἐστιν τὸ σῶμά μου **τὸ ὑπὲρ ὑμῶν** **διδόμενον·** τοῦτο ποιεῖτε εἰς τὴν ἐμὴν ἀνάμνησιν.	→ 1Cor 11,23-24
221	Mt 26,27 → Lk 22,17	καὶ λαβὼν ποτήριον καὶ εὐχαριστήσας **ἔδωκεν** αὐτοῖς λέγων· πίετε ἐξ αὐτοῦ πάντες	Mk 14,23 → Lk 22,17	καὶ λαβὼν ποτήριον εὐχαριστήσας **ἔδωκεν** αὐτοῖς, καὶ ἔπιον ἐξ αὐτοῦ πάντες.	Lk 22,20	καὶ τὸ ποτήριον ὡσαύτως μετὰ τὸ δειπνῆσαι, λέγων· ...	→ 1Cor 11,25
b 220	Mt 26,48	ὁ δὲ παραδιδοὺς αὐτὸν **ἔδωκεν** αὐτοῖς σημεῖον λέγων· ὃν ἂν φιλήσω αὐτός ἐστιν, κρατήσατε αὐτόν.	Mk 14,44	**δεδώκει** δὲ ὁ παραδιδοὺς αὐτὸν σύσσημον αὐτοῖς λέγων· ὃν ἂν φιλήσω αὐτός ἐστιν, κρατήσατε αὐτὸν καὶ ἀπάγετε ἀσφαλῶς.			
200	Mt 27,10	καὶ **ἔδωκαν** αὐτὰ εἰς τὸν ἀγρὸν τοῦ κεραμέως, ...					
112	Mt 27,12	καὶ ἐν τῷ κατηγορεῖσθαι αὐτὸν ὑπὸ τῶν ἀρχιερέων καὶ πρεσβυτέρων οὐδὲν ἀπεκρίνατο. [13] τότε λέγει αὐτῷ ὁ Πιλᾶτος· οὐκ ἀκούεις πόσα σου καταμαρτυροῦσιν;	Mk 15,3	καὶ κατηγόρουν αὐτοῦ οἱ ἀρχιερεῖς πολλά. [4] ὁ δὲ Πιλᾶτος πάλιν ἐπηρώτα αὐτὸν λέγων· οὐκ ἀποκρίνῃ οὐδέν; ἴδε πόσα σου κατηγοροῦσιν.	Lk 23,2 → Lk 20,20 → Lk 20,25 ⇨ Lk 23,10 → Lk 23,14	ἤρξαντο δὲ κατηγορεῖν αὐτοῦ λέγοντες· τοῦτον εὕραμεν διαστρέφοντα τὸ ἔθνος ἡμῶν καὶ κωλύοντα φόρους Καίσαρι **διδόναι** καὶ λέγοντα ἑαυτὸν χριστὸν βασιλέα εἶναι.	→ Jn 19,12 → Acts 17,7

e 220	**Mt 27,34** **ἔδωκαν** αὐτῷ πιεῖν οἶνον μετὰ χολῆς μεμιγμένον· καὶ γευσάμενος οὐκ ἠθέλησεν πιεῖν.	**Mk 15,23** καὶ **ἐδίδουν** αὐτῷ ἐσμυρνισμένον οἶνον· ὃς δὲ οὐκ ἔλαβεν.		
200	**Mt 28,12** καὶ συναχθέντες μετὰ τῶν πρεσβυτέρων συμβούλιόν τε λαβόντες ἀργύρια ἱκανὰ **ἔδωκαν** τοῖς στρατιώταις			
a 200	**Mt 28,18** καὶ προσελθὼν ὁ Ἰησοῦς ἐλάλησεν αὐτοῖς λέγων· → Mt 11,27 → Lk 10,22 **ἐδόθη** μοι πᾶσα ἐξουσία ἐν οὐρανῷ καὶ ἐπὶ [τῆς] γῆς.			

[a] δίδωμι ἐξουσίαν
[b] δίδωμι σημεῖον / σημεῖα
[c] δίδωμι πνεῦμα
[d] δίδωμι (τοῖς) πτωχοῖς
[e] δίδωμι + φαγεῖν / π(ι)εῖν
[f] δίδωμι without accusative object

Acts 1,26 καὶ
ἔδωκαν
κλήρους αὐτοῖς καὶ ἔπεσεν ὁ κλῆρος ἐπὶ Μαθθίαν καὶ συγκατεψηφίσθη μετὰ τῶν ἕνδεκα ἀποστόλων.

Acts 2,4 ... καὶ ἤρξαντο λαλεῖν ἑτέραις γλώσσαις καθὼς τὸ πνεῦμα
ἐδίδου
ἀποφθέγγεσθαι αὐτοῖς.

b **Acts 2,19** *καὶ*
→ Lk 21,11
→ Lk 21,25
δώσω
τέρατα ἐν τῷ οὐρανῷ ἄνω *καὶ* σημεῖα *ἐπὶ τῆς γῆς* κάτω, ...
➢ Joel 3,3 LXX

Acts 2,27 *ὅτι οὐκ ἐγκαταλείψεις τὴν ψυχήν μου εἰς ᾅδην οὐδὲ*
δώσεις
τὸν ὅσιόν σου ἰδεῖν διαφθοράν.
➢ Ps 15,10 LXX

Acts 3,6 ... ἀργύριον καὶ χρυσίον οὐχ ὑπάρχει μοι, ὃ δὲ ἔχω τοῦτό σοι
δίδωμι·
ἐν τῷ ὀνόματι Ἰησοῦ Χριστοῦ τοῦ Ναζωραίου [ἔγειρε καὶ] περιπάτει.

Acts 3,16 ... καὶ ἡ πίστις ἡ δι᾽ αὐτοῦ
ἔδωκεν
αὐτῷ τὴν ὁλοκληρίαν ταύτην ἀπέναντι πάντων ὑμῶν.

Acts 4,12 ... οὐδὲ γὰρ ὄνομά ἐστιν ἕτερον ὑπὸ τὸν οὐρανὸν τὸ
δεδομένον
ἐν ἀνθρώποις ἐν ᾧ δεῖ σωθῆναι ἡμᾶς.

Acts 4,29 καὶ τὰ νῦν, κύριε, ἔπιδε ἐπὶ τὰς ἀπειλὰς αὐτῶν καὶ
δὸς
τοῖς δούλοις σου μετὰ παρρησίας πάσης λαλεῖν τὸν λόγον σου

Acts 5,31 τοῦτον ὁ θεὸς ἀρχηγὸν καὶ σωτῆρα ὕψωσεν τῇ δεξιᾷ αὐτοῦ
[τοῦ] δοῦναι
μετάνοιαν τῷ Ἰσραὴλ καὶ ἄφεσιν ἁμαρτιῶν.

c **Acts 5,32** καὶ ἡμεῖς ἐσμεν μάρτυρες τῶν ῥημάτων τούτων καὶ τὸ πνεῦμα τὸ ἅγιον ὃ
ἔδωκεν
ὁ θεὸς τοῖς πειθαρχοῦσιν αὐτῷ.

Acts 7,5 (2) καὶ
οὐκ ἔδωκεν
αὐτῷ κληρονομίαν ἐν αὐτῇ οὐδὲ βῆμα ποδὸς καὶ ἐπηγγείλατο
δοῦναι
αὐτῷ εἰς κατάσχεσιν αὐτὴν καὶ τῷ σπέρματι αὐτοῦ μετ᾽ αὐτόν, οὐκ ὄντος αὐτῷ τέκνου.
➢ Gen 48,4

Acts 7,8 καὶ
ἔδωκεν
αὐτῷ διαθήκην περιτομῆς· ...

Acts 7,10 καὶ ἐξείλατο αὐτὸν ἐκ πασῶν τῶν θλίψεων αὐτοῦ καὶ
ἔδωκεν
αὐτῷ χάριν καὶ σοφίαν ἐναντίον Φαραὼ βασιλέως Αἰγύπτου ...

Acts 7,25 ἐνόμιζεν δὲ συνιέναι τοὺς ἀδελφοὺς [αὐτοῦ] ὅτι ὁ θεὸς διὰ χειρὸς αὐτοῦ
δίδωσιν
σωτηρίαν αὐτοῖς· ...

Acts 7,38 οὗτός ἐστιν ὁ γενόμενος ἐν τῇ ἐκκλησίᾳ ἐν τῇ ἐρήμῳ μετὰ τοῦ ἀγγέλου τοῦ λαλοῦντος αὐτῷ ἐν τῷ ὄρει Σινᾶ καὶ τῶν πατέρων ἡμῶν, ὃς ἐδέξατο λόγια ζῶντα
δοῦναι
ἡμῖν

c **Acts 8,18** ἰδὼν δὲ ὁ Σίμων ὅτι διὰ τῆς ἐπιθέσεως τῶν χειρῶν τῶν ἀποστόλων
δίδοται
τὸ πνεῦμα, προσήνεγκεν αὐτοῖς χρήματα

Acts 8,19 λέγων·
δότε
κἀμοὶ τὴν ἐξουσίαν ταύτην ἵνα ᾧ ἐὰν ἐπιθῶ τὰς χεῖρας λαμβάνῃ πνεῦμα ἅγιον.

Acts 9,41 **δοὺς**
δὲ αὐτῇ χεῖρα ἀνέστησεν αὐτήν· φωνήσας δὲ τοὺς ἁγίους καὶ τὰς χήρας παρέστησεν αὐτὴν ζῶσαν.

f **Acts 10,40** τοῦτον ὁ θεὸς ἤγειρεν [ἐν] τῇ τρίτῃ ἡμέρᾳ καὶ
ἔδωκεν
αὐτὸν ἐμφανῆ γενέσθαι

Acts 11,17 εἰ οὖν τὴν ἴσην δωρεὰν
ἔδωκεν
αὐτοῖς ὁ θεὸς ὡς καὶ ἡμῖν πιστεύσασιν ἐπὶ τὸν κύριον Ἰησοῦν Χριστόν, ...

Acts 11,18 ... ἄρα καὶ τοῖς ἔθνεσιν ὁ θεὸς τὴν μετάνοιαν εἰς ζωὴν **ἔδωκεν.**

Acts 12,23 παραχρῆμα δὲ ἐπάταξεν αὐτὸν ἄγγελος κυρίου ἀνθ' ὧν οὐκ **ἔδωκεν** τὴν δόξαν τῷ θεῷ, ...

Acts 13,20 ... καὶ μετὰ ταῦτα **ἔδωκεν** κριτὰς ἕως Σαμουὴλ [τοῦ] προφήτου.

Acts 13,21 κἀκεῖθεν ᾐτήσαντο βασιλέα καὶ **ἔδωκεν** αὐτοῖς ὁ θεὸς τὸν Σαοὺλ υἱὸν Κίς, ...

Acts 13,34 ... οὕτως εἴρηκεν ὅτι ***δώσω*** *ὑμῖν τὰ ὅσια Δαυὶδ τὰ πιστά.*
➤ Isa 55,3 LXX

Acts 13,35 διότι καὶ ἐν ἑτέρῳ λέγει· ***οὐ δώσεις*** *τὸν ὅσιόν σου ἰδεῖν διαφθοράν.*
➤ Ps 16,10

b **Acts 14,3** ἱκανὸν μὲν οὖν χρόνον διέτριψαν παρρησιαζόμενοι ἐπὶ τῷ κυρίῳ τῷ μαρτυροῦντι [ἐπὶ] τῷ λόγῳ τῆς χάριτος αὐτοῦ, **διδόντι** σημεῖα καὶ τέρατα γίνεσθαι διὰ τῶν χειρῶν αὐτῶν.

Acts 14,17 καίτοι οὐκ ἀμάρτυρον αὐτὸν ἀφῆκεν ἀγαθουργῶν, οὐρανόθεν ὑμῖν ὑετοὺς **διδοὺς** καὶ καιροὺς καρποφόρους, ...

c **Acts 15,8** καὶ ὁ καρδιογνώστης θεὸς ἐμαρτύρησεν αὐτοῖς **δοὺς** τὸ πνεῦμα τὸ ἅγιον καθὼς καὶ ἡμῖν

Acts 17,25 ... αὐτὸς **διδοὺς** πᾶσι ζωὴν καὶ πνοὴν καὶ τὰ πάντα·

Acts 19,31 τινὲς δὲ καὶ τῶν Ἀσιαρχῶν, ὄντες αὐτῷ φίλοι, πέμψαντες πρὸς αὐτὸν παρεκάλουν **μὴ δοῦναι** ἑαυτὸν εἰς τὸ θέατρον.

Acts 20,32 καὶ τὰ νῦν παρατίθεμαι ὑμᾶς τῷ θεῷ καὶ τῷ λόγῳ τῆς χάριτος αὐτοῦ, τῷ δυναμένῳ οἰκοδομῆσαι καὶ **δοῦναι** τὴν κληρονομίαν ἐν τοῖς ἡγιασμένοις πᾶσιν.

f **Acts 20,35** ... μακάριόν ἐστιν μᾶλλον **διδόναι** ἢ λαμβάνειν.

Acts 24,26 ἅμα καὶ ἐλπίζων ὅτι χρήματα **δοθήσεται** αὐτῷ ὑπὸ τοῦ Παύλου· ...

διεγείρω

διεγείρω	Syn	Mt	Mk	Lk	Acts	Jn	1-3John	Paul	Eph	Col
	3		1	2		1				
	NT	2Thess	1/2Tim	Tit	Heb	Jas	1Pet	2Pet	Jude	Rev
	6							2		

awake; wake up; rise; grow rough (of the sea)

112	**Mt 8,25**	καὶ προσελθόντες **ἤγειραν** αὐτὸν λέγοντες· κύριε, σῶσον, ἀπολλύμεθα.	**Mk 4,38**	... καὶ **ἐγείρουσιν** αὐτὸν καὶ λέγουσιν αὐτῷ· διδάσκαλε, οὐ μέλει σοι ὅτι ἀπολλύμεθα;	**Lk 8,24** (2)	προσελθόντες δὲ **διήγειραν** αὐτὸν λέγοντες· ἐπιστάτα ἐπιστάτα, ἀπολλύμεθα.	
122	**Mt 8,26**	... τότε **ἐγερθεὶς** ἐπετίμησεν τοῖς ἀνέμοις καὶ τῇ θαλάσσῃ, καὶ ἐγένετο γαλήνη μεγάλη.	**Mk 4,39**	καὶ **διεγερθεὶς** ἐπετίμησεν τῷ ἀνέμῳ καὶ εἶπεν τῇ θαλάσσῃ· σιώπα, πεφίμωσο. καὶ ἐκόπασεν ὁ ἄνεμος καὶ ἐγένετο γαλήνη μεγάλη.		ὁ δὲ **διεγερθεὶς** ἐπετίμησεν τῷ ἀνέμῳ καὶ τῷ κλύδωνι τοῦ ὕδατος· καὶ ἐπαύσαντο καὶ ἐγένετο γαλήνη.	

διέξοδος

διέξοδος	Syn	Mt	Mk	Lk	Acts	Jn	1-3John	Paul	Eph	Col
	1	1								
	NT	2Thess	1/2Tim	Tit	Heb	Jas	1Pet	2Pet	Jude	Rev
	1									

where the road leaves the city

201	**Mt 22,9**	πορεύεσθε οὖν **ἐπὶ τὰς διεξόδους τῶν ὁδῶν** καὶ ὅσους ἐὰν εὕρητε καλέσατε εἰς τοὺς γάμους.			**Lk 14,23** → Mt 22,10 ⇨ Lk 14,21 → Lk 16,16	... ἔξελθε **εἰς τὰς ὁδοὺς καὶ φραγμοὺς** καὶ ἀνάγκασον εἰσελθεῖν, ἵνα γεμισθῇ μου ὁ οἶκος·	→ GTh 64

διερμηνεύω

Syn	Mt	Mk	Lk	Acts	Jn	1-3John	Paul	Eph	Col
1			1	1			4		
NT	2Thess	1/2Tim	Tit	Heb	Jas	1Pet	2Pet	Jude	Rev
6									

interprete; explain; translate

002					**Lk 24,27**	καὶ ἀρξάμενος ἀπὸ Μωϋσέως καὶ ἀπὸ πάντων τῶν προφητῶν **διερμήνευσεν** αὐτοῖς ἐν πάσαις ταῖς γραφαῖς τὰ περὶ ἑαυτοῦ.

Acts 9,36 ἐν Ἰόππῃ δέ τις ἦν μαθήτρια ὀνόματι Ταβιθά, ἣ **διερμηνευομένη** λέγεται Δορκάς· ...

διέρχομαι

Syn	Mt	Mk	Lk	Acts	Jn	1-3John	Paul	Eph	Col
14	2	2	10	21	2		5		
NT	2Thess	1/2Tim	Tit	Heb	Jas	1Pet	2Pet	Jude	Rev
43				1					

go or pass through; cross over; go or pass by; go about; come; go; spread

	triple tradition																	double tradition			Sondergut		
		+Mt / +Lk			−Mt / −Lk			traditions not taken over by Mt / Lk							subtotals								
code	222	211	112	212	221	122	121	022	012	021	220	120	210	020	Σ⁺	Σ⁻	Σ	202	201	102	200	002	total
Mt					1	1^-										1^-	1	1					**2**
Mk					1	1											2						**2**
Lk					1^-	1			2^+						2^+	1^-	3	1				6	**10**

002					**Lk 2,15**	... οἱ ποιμένες ἐλάλουν πρὸς ἀλλήλους· **διέλθωμεν** δὴ ἕως Βηθλέεμ ...
002					**Lk 2,35**	καὶ σοῦ [δὲ] αὐτῆς τὴν ψυχὴν **διελεύσεται** ῥομφαία - ...
002					**Lk 4,30**	αὐτὸς δὲ **διελθὼν** διὰ μέσου αὐτῶν ἐπορεύετο.
012			**Mk 1,45** → Mt 9,31	ὁ δὲ ἐξελθὼν ἤρξατο κηρύσσειν πολλὰ καὶ **διαφημίζειν** τὸν λόγον, ...	**Lk 5,15** → Lk 7,17	**διήρχετο** δὲ μᾶλλον ὁ λόγος περὶ αὐτοῦ, ...
122	**Mt 8,18**	ἰδὼν δὲ ὁ Ἰησοῦς ὄχλον περὶ αὐτὸν ἐκέλευσεν **ἀπελθεῖν** εἰς τὸ πέραν.	**Mk 4,35**	καὶ λέγει αὐτοῖς ἐν ἐκείνῃ τῇ ἡμέρᾳ ὀψίας γενομένης· **διέλθωμεν** εἰς τὸ πέραν.	**Lk 8,22**	... καὶ εἶπεν πρὸς αὐτούς· **διέλθωμεν** εἰς τὸ πέραν τῆς λίμνης, καὶ ἀνήχθησαν.
012			**Mk 6,12**	καὶ ἐξελθόντες ἐκήρυξαν ἵνα μετανοῶσιν	**Lk 9,6**	ἐξερχόμενοι δὲ **διήρχοντο** κατὰ τὰς κώμας εὐαγγελιζόμενοι ...

202	**Mt 12,43** → Mk 9,25	ὅταν δὲ τὸ ἀκάθαρτον πνεῦμα ἐξέλθῃ ἀπὸ τοῦ ἀνθρώπου, **διέρχεται** δι᾽ ἀνύδρων τόπων ζητοῦν ἀνάπαυσιν καὶ οὐχ εὑρίσκει.			**Lk 11,24** → Mk 9,25	ὅταν τὸ ἀκάθαρτον πνεῦμα ἐξέλθῃ ἀπὸ τοῦ ἀνθρώπου, **διέρχεται** δι᾽ ἀνύδρων τόπων ζητοῦν ἀνάπαυσιν καὶ μὴ εὑρίσκον· ...
002					**Lk 17,11**	καὶ ἐγένετο ἐν τῷ πορεύεσθαι εἰς Ἰερουσαλὴμ καὶ αὐτὸς **διήρχετο** διὰ μέσον Σαμαρείας καὶ Γαλιλαίας.
221	**Mt 19,24**	... εὐκοπώτερόν ἐστιν κάμηλον διὰ τρυπήματος ῥαφίδος **διελθεῖν** ἢ πλούσιον εἰσελθεῖν εἰς τὴν βασιλείαν τοῦ θεοῦ.	**Mk 10,25**	εὐκοπώτερόν ἐστιν κάμηλον διὰ [τῆς] τρυμαλιᾶς [τῆς] ῥαφίδος **διελθεῖν** ἢ πλούσιον εἰς τὴν βασιλείαν τοῦ θεοῦ εἰσελθεῖν.	**Lk 18,25**	εὐκοπώτερον γάρ ἐστιν κάμηλον διὰ τρήματος βελόνης **εἰσελθεῖν** ἢ πλούσιον εἰς τὴν βασιλείαν τοῦ θεοῦ εἰσελθεῖν.
002					**Lk 19,1**	καὶ εἰσελθὼν **διήρχετο** τὴν Ἰεριχώ.
002					**Lk 19,4**	... ἀνέβη ἐπὶ συκομορέαν ἵνα ἴδῃ αὐτὸν ὅτι ἐκείνης ἤμελλεν **διέρχεσθαι.**

Acts 8,4 οἱ μὲν οὖν διασπαρέντες
διῆλθον
εὐαγγελιζόμενοι τὸν λόγον.

Acts 8,40 Φίλιππος δὲ εὑρέθη εἰς Ἄζωτον· καὶ
διερχόμενος
εὐηγγελίζετο τὰς πόλεις πάσας ἕως τοῦ ἐλθεῖν αὐτὸν εἰς Καισάρειαν.

Acts 9,32 ἐγένετο δὲ Πέτρον
διερχόμενον
διὰ πάντων κατελθεῖν καὶ πρὸς τοὺς ἁγίους τοὺς κατοικοῦντας Λύδδα.

Acts 9,38 ... οἱ μαθηταὶ ἀκούσαντες ὅτι Πέτρος ἐστὶν ἐν αὐτῇ ἀπέστειλαν δύο ἄνδρας πρὸς αὐτὸν παρακαλοῦντες· μὴ ὀκνήσῃς
διελθεῖν
ἕως ἡμῶν.

Acts 10,38 → Lk 4,18 → Lk 13,16 → Lk 24,19 Ἰησοῦν τὸν ἀπὸ Ναζαρέθ, ὡς ἔχρισεν αὐτὸν ὁ θεὸς πνεύματι ἁγίῳ καὶ δυνάμει, ὃς
διῆλθεν
εὐεργετῶν καὶ ἰώμενος πάντας τοὺς καταδυναστευομένους ὑπὸ τοῦ διαβόλου, ...

Acts 11,19 οἱ μὲν οὖν διασπαρέντες ἀπὸ τῆς θλίψεως τῆς γενομένης ἐπὶ Στεφάνῳ
διῆλθον
ἕως Φοινίκης καὶ Κύπρου καὶ Ἀντιοχείας ...

Acts 11,22 ... καὶ ἐξαπέστειλαν Βαρναβᾶν
[διελθεῖν]
ἕως Ἀντιοχείας.

Acts 12,10 **διελθόντες**
δὲ πρώτην φυλακὴν καὶ δευτέραν ἦλθαν ἐπὶ τὴν πύλην τὴν σιδηρᾶν ...

Acts 13,6 **διελθόντες**
δὲ ὅλην τὴν νῆσον ἄχρι Πάφου εὗρον ἄνδρα τινὰ μάγον ψευδοπροφήτην Ἰουδαῖον ᾧ ὄνομα Βαριησοῦ

Acts 13,14 αὐτοὶ δὲ
διελθόντες
ἀπὸ τῆς Πέργης παρεγένοντο εἰς Ἀντιόχειαν τὴν Πισιδίαν, ...

Acts 14,24 καὶ
διελθόντες
τὴν Πισιδίαν ἦλθον εἰς τὴν Παμφυλίαν

Acts 15,3 οἱ μὲν οὖν προπεμφθέντες ὑπὸ τῆς ἐκκλησίας
διήρχοντο
τήν τε Φοινίκην καὶ Σαμάρειαν ἐκδιηγούμενοι τὴν ἐπιστροφὴν τῶν ἐθνῶν ...

Acts 15,41 **διήρχετο**
δὲ τὴν Συρίαν καὶ [τὴν] Κιλικίαν ἐπιστηρίζων τὰς ἐκκλησίας.

Acts 16,6 **διῆλθον**
δὲ τὴν Φρυγίαν καὶ Γαλατικὴν χώραν κωλυθέντες ὑπὸ τοῦ ἁγίου πνεύματος λαλῆσαι τὸν λόγον ἐν τῇ Ἀσίᾳ·

Acts 17,23 **διερχόμενος**
γὰρ καὶ ἀναθεωρῶν τὰ σεβάσματα ὑμῶν εὗρον καὶ βωμὸν ἐν ᾧ ἐπεγέγραπτο· Ἀγνώστῳ θεῷ. ...

Acts 18,23 καὶ ποιήσας χρόνον τινὰ ἐξῆλθεν
διερχόμενος
καθεξῆς τὴν Γαλατικὴν χώραν καὶ Φρυγίαν, ...

Acts 18,27 βουλομένου δὲ αὐτοῦ **διελθεῖν** εἰς τὴν Ἀχαΐαν, προτρεψάμενοι οἱ ἀδελφοὶ ἔγραψαν τοῖς μαθηταῖς ἀποδέξασθαι αὐτόν, ...	**Acts 19,21** ... ἔθετο ὁ Παῦλος ἐν τῷ πνεύματι **διελθὼν** τὴν Μακεδονίαν καὶ Ἀχαΐαν πορεύεσθαι εἰς Ἱεροσόλυμα ...	**Acts 20,25** καὶ νῦν ἰδοὺ ἐγὼ οἶδα ὅτι οὐκέτι ὄψεσθε τὸ πρόσωπόν μου ὑμεῖς πάντες ἐν οἷς **διῆλθον** κηρύσσων τὴν βασιλείαν.
Acts 19,1 ... Παῦλον **διελθόντα** τὰ ἀνωτερικὰ μέρη [κατ]ελθεῖν εἰς Ἔφεσον καὶ εὑρεῖν τινας μαθητάς	**Acts 20,2** **διελθὼν** δὲ τὰ μέρη ἐκεῖνα καὶ παρακαλέσας αὐτοὺς λόγῳ πολλῷ ἦλθεν εἰς τὴν Ἑλλάδα	

διετής

	Mt	Mk	Lk	Acts	Jn	1-3John	Paul	Eph	Col
Syn 1	1								
	2Thess	**1/2Tim**	**Tit**	**Heb**	**Jas**	**1Pet**	**2Pet**	**Jude**	**Rev**
NT 1									

two years old

200	**Mt 2,16** ... καὶ ἀποστείλας ἀνεῖλεν πάντας τοὺς παῖδας τοὺς ἐν Βηθλέεμ καὶ ἐν πᾶσι τοῖς ὁρίοις αὐτῆς **ἀπὸ διετοῦς** καὶ κατωτέρω, κατὰ τὸν χρόνον ὃν ἠκρίβωσεν παρὰ τῶν μάγων.			

διηγέομαι

	Mt	Mk	Lk	Acts	Jn	1-3John	Paul	Eph	Col
Syn 4		2	2	3					
	2Thess	**1/2Tim**	**Tit**	**Heb**	**Jas**	**1Pet**	**2Pet**	**Jude**	**Rev**
NT 8				1					

tell; relate

121	**Mt 8,33** οἱ δὲ βόσκοντες ἔφυγον, καὶ ἀπελθόντες εἰς τὴν πόλιν ἀπήγγειλαν πάντα καὶ τὰ τῶν δαιμονιζομένων.	**Mk 5,16** [14] καὶ οἱ βόσκοντες αὐτοὺς ἔφυγον καὶ ἀπήγγειλαν εἰς τὴν πόλιν καὶ εἰς τοὺς ἀγρούς· ... [15] ... [16] καὶ **διηγήσαντο** αὐτοῖς οἱ ἰδόντες πῶς ἐγένετο τῷ δαιμονιζομένῳ καὶ περὶ τῶν χοίρων.	**Lk 8,36** [34] ἰδόντες δὲ οἱ βόσκοντες τὸ γεγονὸς ἔφυγον καὶ ἀπήγγειλαν εἰς τὴν πόλιν καὶ εἰς τοὺς ἀγρούς. [35] ... [36] **ἀπήγγειλαν** δὲ αὐτοῖς οἱ ἰδόντες πῶς ἐσώθη ὁ δαιμονισθείς.	
012		**Mk 5,19** ... ὕπαγε εἰς τὸν οἶκόν σου πρὸς τοὺς σοὺς καὶ **ἀπάγγειλον** αὐτοῖς ὅσα ὁ κύριός σοι πεποίηκεν καὶ ἠλέησέν σε.	**Lk 8,39** ὑπόστρεφε εἰς τὸν οἶκόν σου, καὶ **διηγοῦ** ὅσα σοι ἐποίησεν ὁ θεός. ...	
012		**Mk 6,30** καὶ συνάγονται οἱ ἀπόστολοι πρὸς τὸν Ἰησοῦν καὶ **ἀπήγγειλαν** αὐτῷ πάντα ὅσα ἐποίησαν καὶ ὅσα ἐδίδαξαν.	**Lk 9,10** → Lk 10,17 καὶ ὑποστρέψαντες οἱ ἀπόστολοι **διηγήσαντο** αὐτῷ ὅσα ἐποίησαν. ...	

121	Mt 17,9	... ἐνετείλατο αὐτοῖς ὁ Ἰησοῦς λέγων· μηδενὶ **εἴπητε** τὸ ὅραμα ἕως οὗ ὁ υἱὸς τοῦ ἀνθρώπου ἐκ νεκρῶν ἐγερθῇ.	Mk 9,9	... διεστείλατο αὐτοῖς ἵνα μηδενὶ ἃ εἶδον **διηγήσωνται,** εἰ μὴ ὅταν ὁ υἱὸς τοῦ ἀνθρώπου ἐκ νεκρῶν ἀναστῇ.	Lk 9,36	... καὶ αὐτοὶ ἐσίγησαν καὶ οὐδενὶ **ἀπήγγειλαν** ἐν ἐκείναις ταῖς ἡμέραις οὐδὲν ὧν ἑώρακαν.	

Acts 8,33 ... *τὴν γενεὰν αὐτοῦ τίς*
διηγήσεται;
ὅτι αἴρεται ἀπὸ τῆς γῆς
ἡ ζωὴ αὐτοῦ.
➤ Isa 53,8

Acts 9,27 Βαρναβᾶς δὲ
ἐπιλαβόμενος αὐτὸν
ἤγαγεν πρὸς τοὺς
ἀποστόλους καὶ
διηγήσατο
αὐτοῖς πῶς ἐν τῇ ὁδῷ
εἶδεν τὸν κύριον ...

Acts 12,17 κατασείσας δὲ αὐτοῖς
τῇ χειρὶ σιγᾶν
διηγήσατο
[αὐτοῖς] πῶς ὁ κύριος
αὐτὸν ἐξήγαγεν ἐκ τῆς
φυλακῆς εἶπέν τε· ...

διήγησις	Syn 1	Mt	Mk	Lk 1	Acts	Jn	1-3John	Paul	Eph	Col
	NT 1	2Thess	1/2Tim	Tit	Heb	Jas	1Pet	2Pet	Jude	Rev

account; narrative

002			Lk 1,1	ἐπειδήπερ πολλοὶ ἐπεχείρησαν ἀνατάξασθαι **διήγησιν** περὶ τῶν πεπληροφορημένων ἐν ἡμῖν πραγμάτων	

διΐστημι	Syn 2	Mt	Mk	Lk 2	Acts 1	Jn	1-3John	Paul	Eph	Col
	NT 3	2Thess	1/2Tim	Tit	Heb	Jas	1Pet	2Pet	Jude	Rev

part; pass (of time); sail farther on

112	Mt 26,73	μετὰ μικρὸν δὲ προσελθόντες οἱ ἑστῶτες εἶπον τῷ Πέτρῳ· ἀληθῶς καὶ σὺ ἐξ αὐτῶν εἶ, καὶ γὰρ ἡ λαλιά σου δῆλόν σε ποιεῖ.	Mk 14,70	... καὶ μετὰ μικρὸν πάλιν οἱ παρεστῶτες ἔλεγον τῷ Πέτρῳ· ἀληθῶς ἐξ αὐτῶν εἶ, καὶ γὰρ Γαλιλαῖος εἶ.	Lk 22,59	καὶ **διαστάσης** ὡσεὶ ὥρας μιᾶς ἄλλος τις διϊσχυρίζετο λέγων· ἐπ' ἀληθείας καὶ οὗτος μετ' αὐτοῦ ἦν, καὶ γὰρ Γαλιλαῖός ἐστιν.	→ Jn 18,26
002					Lk 24,51 → Lk 9,51	καὶ ἐγένετο ἐν τῷ εὐλογεῖν αὐτὸν αὐτοὺς **διέστη** ἀπ' αὐτῶν καὶ ἀνεφέρετο εἰς τὸν οὐρανόν.	→ Acts 1,2.9 → Acts 1,11.22

Acts 27,28 καὶ βολίσαντες εὗρον
ὀργυιὰς εἴκοσι, βραχὺ δὲ
διαστήσαντες
καὶ πάλιν βολίσαντες
εὗρον ὀργυιὰς
δεκαπέντε·

διϊσχυρίζομαι	Syn 1	Mt	Mk	Lk 1	Acts 1	Jn	1-3John	Paul	Eph	Col
	NT 2	2Thess	1/2Tim	Tit	Heb	Jas	1Pet	2Pet	Jude	Rev

insist

112	Mt 26,73	μετὰ μικρὸν δὲ προσελθόντες οἱ ἑστῶτες εἶπον τῷ Πέτρῳ· ἀληθῶς καὶ σὺ ἐξ αὐτῶν εἶ, καὶ γὰρ ἡ λαλιά σου δῆλόν σε ποιεῖ.	Mk 14,70	... καὶ μετὰ μικρὸν πάλιν οἱ παρεστῶτες ἔλεγον τῷ Πέτρῳ· ἀληθῶς ἐξ αὐτῶν εἶ, καὶ γὰρ Γαλιλαῖος εἶ.	Lk 22,59	καὶ διαστάσης ὡσεὶ ὥρας μιᾶς ἄλλος τις **διϊσχυρίζετο** λέγων· ἐπ' ἀληθείας καὶ οὗτος μετ' αὐτοῦ ἦν, καὶ γὰρ Γαλιλαῖός ἐστιν.	→ Jn 18,26

Acts 12,15 οἱ δὲ πρὸς αὐτὴν εἶπαν· μαίνῃ. ἡ δὲ **διϊσχυρίζετο** οὕτως ἔχειν. ...

δίκαιος	Syn 30	Mt 17	Mk 2	Lk 11	Acts 6	Jn 3	1-3John 6	Paul 10	Eph 1	Col 1
	NT 79	2Thess 2	1/2Tim 2	Tit 1	Heb 3	Jas 2	1Pet 3	2Pet 4	Jude	Rev 5

upright; righteous; just; innocent

	triple tradition																double tradition			Sondergut		
		+Mt / +Lk			–Mt / –Lk			traditions not taken over by Mt / Lk							subtotals							
code	222	211	112	212	221	122	121	022	012	021	220	120	210	020	Σ^+	Σ^-	Σ	202	201	102	200	002	total
Mt	1											1^-				1^-	1		5		11		**17**
Mk	1											1					2						**2**
Lk	1		3^+												3^+		4			1		6	**11**

002			Lk 1,6	ἦσαν δὲ **δίκαιοι** ἀμφότεροι ἐναντίον τοῦ θεοῦ, ...	
002			Lk 1,17 → Lk 3,4	... ἐπιστρέψαι καρδίας πατέρων ἐπὶ τέκνα καὶ ἀπειθεῖς **ἐν φρονήσει δικαίων,** ἑτοιμάσαι κυρίῳ λαὸν κατεσκευασμένον.	
200	Mt 1,19	Ἰωσὴφ δὲ ὁ ἀνὴρ αὐτῆς, **δίκαιος** ὢν καὶ μὴ θέλων αὐτὴν δειγματίσαι, ἐβουλήθη λάθρᾳ ἀπολῦσαι αὐτήν.			
002			Lk 2,25	καὶ ἰδοὺ ἄνθρωπος ἦν ἐν Ἰερουσαλὴμ ᾧ ὄνομα Συμεὼν καὶ ὁ ἄνθρωπος οὗτος **δίκαιος** καὶ εὐλαβής προσδεχόμενος παράκλησιν τοῦ Ἰσραήλ, ...	

201	Mt 5,45	ὅπως γένησθε υἱοὶ τοῦ πατρὸς ὑμῶν τοῦ ἐν οὐρανοῖς, ὅτι τὸν ἥλιον αὐτοῦ ἀνατέλλει ἐπὶ πονηροὺς καὶ ἀγαθοὺς καὶ βρέχει ἐπὶ **δικαίους** καὶ ἀδίκους.			Lk 6,35	... καὶ ἔσεσθε υἱοὶ ὑψίστου, ὅτι αὐτὸς χρηστός ἐστιν ἐπὶ τοὺς ἀχαρίστους καὶ πονηρούς.	→ GTh 3 (POxy 654)
222	Mt 9,13	... οὐ γὰρ ἦλθον καλέσαι **δικαίους** ἀλλὰ ἁμαρτωλούς.	Mk 2,17	... οὐκ ἦλθον καλέσαι **δικαίους** ἀλλὰ ἁμαρτωλούς.	Lk 5,32	οὐκ ἐλήλυθα καλέσαι **δικαίους** ἀλλὰ ἁμαρτωλοὺς εἰς μετάνοιαν.	
200 200 200	Mt 10,41 (3) → Mt 10,40 → Mt 18,5 → Mk 9,37 → Lk 9,48	ὁ δεχόμενος προφήτην εἰς ὄνομα προφήτου μισθὸν προφήτου λήμψεται, καὶ ὁ δεχόμενος **δίκαιον** **εἰς ὄνομα δικαίου** **μισθὸν δικαίου** λήμψεται.					
201	Mt 13,17	ἀμὴν γὰρ λέγω ὑμῖν ὅτι πολλοὶ προφῆται καὶ **δίκαιοι** ἐπεθύμησαν ἰδεῖν ἃ βλέπετε καὶ οὐκ εἶδαν, ...			Lk 10,24	λέγω γὰρ ὑμῖν ὅτι πολλοὶ προφῆται καὶ **βασιλεῖς** ἠθέλησαν ἰδεῖν ἃ ὑμεῖς βλέπετε καὶ οὐκ εἶδαν, ...	→ GTh 38 (POxy 655 - restoration)
200	Mt 13,43 ↓ Mt 25,46	τότε **οἱ δίκαιοι** ἐκλάμψουσιν ὡς ὁ ἥλιος ἐν τῇ βασιλείᾳ τοῦ πατρὸς αὐτῶν. ...					
200	Mt 13,49	... ἐξελεύσονται οἱ ἄγγελοι καὶ ἀφοριοῦσιν τοὺς πονηροὺς **ἐκ μέσου τῶν δικαίων**					
120	Mt 14,5	[3] ὁ γὰρ Ἡρῴδης ... [5] καὶ θέλων αὐτὸν ἀποκτεῖναι ἐφοβήθη τὸν ὄχλον, ὅτι **ὡς προφήτην** αὐτὸν εἶχον.	Mk 6,20	[19] ἡ δὲ Ἡρῳδιὰς ἐνεῖχεν αὐτῷ καὶ ἤθελεν αὐτὸν ἀποκτεῖναι, καὶ οὐκ ἠδύνατο· [20] ὁ γὰρ Ἡρῴδης ἐφοβεῖτο τὸν Ἰωάννην, εἰδὼς αὐτὸν **ἄνδρα δίκαιον καὶ ἅγιον**, ...			
002					Lk 12,57	τί δὲ καὶ ἀφ᾽ ἑαυτῶν οὐ κρίνετε **τὸ δίκαιον;**	
002					Lk 14,14	καὶ μακάριος ἔσῃ, ὅτι οὐκ ἔχουσιν ἀνταποδοῦναί σοι, ἀνταποδοθήσεται γάρ σοι **ἐν τῇ ἀναστάσει τῶν δικαίων.**	→ Acts 24,15
102	Mt 18,13	... χαίρει ἐπ᾽ αὐτῷ μᾶλλον ἢ **ἐπὶ τοῖς ἐνενήκοντα ἐννέα** τοῖς μὴ πεπλανημένοις.			Lk 15,7 → Lk 15,10	... οὕτως χαρὰ ἐν τῷ οὐρανῷ ἔσται ἐπὶ ἑνὶ ἁμαρτωλῷ μετανοοῦντι ἢ **ἐπὶ ἐνενήκοντα ἐννέα δικαίοις** οἵτινες οὐ χρείαν ἔχουσιν μετανοίας.	→ GTh 107

002					**Lk 18,9** ↓ Lk 20,20 → Lk 16,15	εἶπεν δὲ καὶ πρός τινας τοὺς πεποιθότας ἐφ' ἑαυτοῖς ὅτι εἰσὶν **δίκαιοι** καὶ ἐξουθενοῦντας τοὺς λοιποὺς τὴν παραβολὴν ταύτην·	
200	**Mt 20,4**	... ὑπάγετε καὶ ὑμεῖς εἰς τὸν ἀμπελῶνα, καὶ ὃ ἐὰν ᾖ **δίκαιον** δώσω ὑμῖν.					
112	**Mt 22,15** → Mt 26,4	τότε πορευθέντες οἱ Φαρισαῖοι συμβούλιον ἔλαβον ὅπως αὐτὸν παγιδεύσωσιν ἐν λόγῳ. [16] καὶ ἀποστέλλουσιν αὐτῷ τοὺς μαθητὰς αὐτῶν μετὰ τῶν Ἡρῳδιανῶν ...	**Mk 12,13**	καὶ ἀποστέλλουσιν πρὸς αὐτόν τινας τῶν Φαρισαίων καὶ τῶν Ἡρῳδιανῶν ἵνα αὐτὸν ἀγρεύσωσιν λόγῳ.	**Lk 20,20** ↑ Lk 18,9 → Lk 16,15 → Lk 23,2	καὶ παρατηρήσαντες ἀπέστειλαν ἐγκαθέτους ὑποκρινομένους ἑαυτοὺς **δικαίους** εἶναι, ἵνα ἐπιλάβωνται αὐτοῦ λόγου, ὥστε παραδοῦναι αὐτὸν τῇ ἀρχῇ καὶ τῇ ἐξουσίᾳ τοῦ ἡγεμόνος.	
200	**Mt 23,28**	οὕτως καὶ ὑμεῖς ἔξωθεν μὲν φαίνεσθε **τοῖς ἀνθρώποις** **δίκαιοι,** ἔσωθεν δέ ἐστε μεστοὶ ὑποκρίσεως καὶ ἀνομίας.					
201	**Mt 23,29**	οὐαὶ ὑμῖν, γραμματεῖς καὶ Φαρισαῖοι ὑποκριταί, ὅτι οἰκοδομεῖτε τοὺς τάφους τῶν προφητῶν καὶ κοσμεῖτε **τὰ μνημεῖα** **τῶν δικαίων,** [30] καὶ λέγετε· εἰ ἤμεθα ἐν ταῖς ἡμέραις τῶν πατέρων ἡμῶν, οὐκ ἂν ἤμεθα αὐτῶν κοινωνοὶ ἐν τῷ αἵματι τῶν προφητῶν.			**Lk 11,47**	οὐαὶ ὑμῖν, ὅτι οἰκοδομεῖτε τὰ μνημεῖα τῶν προφητῶν, οἱ δὲ πατέρες ὑμῶν ἀπέκτειναν αὐτούς.	
201	**Mt 23,35** **(2)**	ὅπως ἔλθῃ ἐφ' ὑμᾶς **πᾶν αἷμα δίκαιον** ἐκχυννόμενον ἐπὶ τῆς γῆς			**Lk 11,50**	ἵνα ἐκζητηθῇ **τὸ αἷμα πάντων** **τῶν προφητῶν** τὸ ἐκκεχυμένον ἀπὸ καταβολῆς κόσμου ἀπὸ τῆς γενεᾶς ταύτης,	
201		**ἀπὸ τοῦ αἵματος** **Ἅβελ τοῦ δικαίου** ἕως τοῦ αἵματος Ζαχαρίου υἱοῦ Βαραχίου, ὃν ἐφονεύσατε μεταξὺ τοῦ ναοῦ καὶ τοῦ θυσιαστηρίου.			**Lk 11,51**	**ἀπὸ αἵματος** **Ἅβελ** ἕως αἵματος Ζαχαρίου τοῦ ἀπολομένου μεταξὺ τοῦ θυσιαστηρίου καὶ τοῦ οἴκου· ...	
200	**Mt 25,37**	τότε ἀποκριθήσονται αὐτῷ **οἱ δίκαιοι** λέγοντες· κύριε, πότε σε εἴδομεν πεινῶντα καὶ ἐθρέψαμεν, ...					
200	**Mt 25,46** ↑ Mt 13,43	καὶ ἀπελεύσονται οὗτοι εἰς κόλασιν αἰώνιον, **οἱ δὲ δίκαιοι** εἰς ζωὴν αἰώνιον.					

200	Mt 27,19	... ἀπέστειλεν πρὸς αὐτὸν ἡ γυνὴ αὐτοῦ λέγουσα· μηδὲν σοὶ καὶ **τῷ δικαίῳ ἐκείνῳ·** πολλὰ γὰρ ἔπαθον σήμερον κατ᾽ ὄναρ δι᾽ αὐτόν.					
112	Mt 27,54	ὁ δὲ ἑκατόνταρχος καὶ οἱ μετ᾽ αὐτοῦ τηροῦντες τὸν Ἰησοῦν ἰδόντες τὸν σεισμὸν καὶ τὰ γενόμενα ἐφοβήθησαν σφόδρα, λέγοντες· ἀληθῶς **θεοῦ υἱὸς** ἦν οὗτος.	Mk 15,39	ἰδὼν δὲ ὁ κεντυρίων ὁ παρεστηκὼς ἐξ ἐναντίας αὐτοῦ ὅτι οὕτως ἐξέπνευσεν εἶπεν· ἀληθῶς οὗτος ὁ ἄνθρωπος **υἱὸς θεοῦ** ἦν.	Lk 23,47	ἰδὼν δὲ ὁ ἑκατοντάρχης τὸ γενόμενον ἐδόξαζεν τὸν θεὸν λέγων· ὄντως ὁ ἄνθρωπος οὗτος **δίκαιος** ἦν.	
112	Mt 27,57	... ἦλθεν ἄνθρωπος πλούσιος ἀπὸ Ἁριμαθαίας, τοὔνομα Ἰωσήφ, ὃς καὶ αὐτὸς ἐμαθητεύθη τῷ Ἰησοῦ·	Mk 15,43	ἐλθὼν Ἰωσὴφ [ὁ] ἀπὸ Ἁριμαθαίας εὐσχήμων βουλευτής, ὃς καὶ αὐτὸς ἦν προσδεχόμενος τὴν βασιλείαν τοῦ θεοῦ, ...	Lk 23,50	καὶ ἰδοὺ ἀνὴρ ὀνόματι Ἰωσὴφ βουλευτὴς ὑπάρχων [καὶ] **ἀνὴρ ἀγαθὸς καὶ δίκαιος** [51] ... ἀπὸ Ἁριμαθαίας πόλεως τῶν Ἰουδαίων, ὃς προσεδέχετο τὴν βασιλείαν τοῦ θεοῦ	→ Jn 19,38

Acts 3,14 ὑμεῖς δὲ τὸν ἅγιον καὶ **δίκαιον** ἠρνήσασθε καὶ ᾐτήσασθε ἄνδρα φονέα χαρισθῆναι ὑμῖν

Acts 4,19 ὁ δὲ Πέτρος καὶ Ἰωάννης ἀποκριθέντες εἶπον πρὸς αὐτούς· εἰ **δίκαιόν** ἐστιν ἐνώπιον τοῦ θεοῦ ὑμῶν ἀκούειν μᾶλλον ἢ τοῦ θεοῦ, κρίνατε·

Acts 7,52 ... καὶ ἀπέκτειναν τοὺς προκαταγγείλαντας **περὶ τῆς ἐλεύσεως τοῦ δικαίου,** οὗ νῦν ὑμεῖς προδόται καὶ φονεῖς ἐγένεσθε

Acts 10,22 → Lk 7,5 ... Κορνήλιος ἑκατοντάρχης, **ἀνὴρ δίκαιος** καὶ φοβούμενος τὸν θεὸν, μαρτυρούμενός τε ὑπὸ ὅλου τοῦ ἔθνους τῶν Ἰουδαίων, ...

Acts 22,14 ... ὁ θεὸς τῶν πατέρων ἡμῶν προεχειρίσατό σε γνῶναι τὸ θέλημα αὐτοῦ καὶ ἰδεῖν **τὸν δίκαιον** καὶ ἀκοῦσαι φωνὴν ἐκ τοῦ στόματος αὐτοῦ

Acts 24,15 → **Lk 14,14** ἐλπίδα ἔχων εἰς τὸν θεόν ἣν καὶ αὐτοὶ οὗτοι προσδέχονται, ἀνάστασιν μέλλειν ἔσεσθαι **δικαίων** τε καὶ ἀδίκων.

δικαιοσύνη

Syn	Mt	Mk	Lk	Acts	Jn	1-3John	Paul	Eph	Col
8	7		1	4	2	3	50	3	
NT	2Thess	1/2Tim	Tit	Heb	Jas	1Pet	2Pet	Jude	Rev
92		4	1	6	3	2	4		2

righteousness; uprightness; justice; religious duties or acts of charity

	triple tradition																	double tradition			Sonder-gut		
	+Mt / +Lk				–Mt / –Lk			traditions not taken over by Mt / Lk							subtotals								
code	222	211	112	212	221	122	121	022	012	021	220	120	210	020	Σ⁺	Σ⁻	Σ	202	201	102	200	002	total
Mt																			3		4		7
Mk																							
Lk																						1	1

002	Lk 1,75	[73] ... τοῦ δοῦναι ἡμῖν [74] ἀφόβως ἐκ χειρὸς ἐχθρῶν ῥυσθέντας λατρεύειν αὐτῷ **[75] ἐν ὁσιότητι καὶ δικαιοσύνῃ** ἐνώπιον αὐτοῦ πάσαις ταῖς ἡμέραις ἡμῶν.

	Mt		Lk		
200	**Mt 3,15**	... ἄφες ἄρτι, οὕτως γὰρ πρέπον ἐστὶν ἡμῖν πληρῶσαι **πᾶσαν δικαιοσύνην.** τότε ἀφίησιν αὐτόν.			
201	**Mt 5,6**	μακάριοι οἱ πεινῶντες καὶ διψῶντες **τὴν δικαιοσύνην,** ὅτι αὐτοὶ χορτασθήσονται.	**Lk 6,21**	μακάριοι οἱ πεινῶντες νῦν, ὅτι χορτασθήσεσθε. ...	→ GTh 69,2
200	**Mt 5,10**	μακάριοι οἱ δεδιωγμένοι **ἕνεκεν δικαιοσύνης,** ὅτι αὐτῶν ἐστιν ἡ βασιλεία τῶν οὐρανῶν.			→ GTh 69,1 → GTh 68
200	**Mt 5,20**	... ἐὰν μὴ περισσεύσῃ ὑμῶν **ἡ δικαιοσύνη** πλεῖον τῶν γραμματέων καὶ Φαρισαίων, οὐ μὴ εἰσέλθητε εἰς τὴν βασιλείαν τῶν οὐρανῶν.			→ GTh 27 (POxy 1)
200	**Mt 6,1** → Mt 23,5	προσέχετε [δὲ] **τὴν δικαιοσύνην** **ὑμῶν** μὴ ποιεῖν ἔμπροσθεν τῶν ἀνθρώπων πρὸς τὸ θεαθῆναι αὐτοῖς· ...			
201	**Mt 6,33**	ζητεῖτε δὲ πρῶτον τὴν βασιλείαν [τοῦ θεοῦ] καὶ **τὴν δικαιοσύνην** **αὐτοῦ,** καὶ ταῦτα πάντα προστεθήσεται ὑμῖν.	**Lk 12,31**	πλὴν ζητεῖτε τὴν βασιλείαν αὐτοῦ, καὶ ταῦτα προστεθήσεται ὑμῖν.	
201	**Mt 21,32**	ἦλθεν γὰρ Ἰωάννης πρὸς ὑμᾶς **ἐν ὁδῷ δικαιοσύνης,** καὶ οὐκ ἐπιστεύσατε αὐτῷ, ...	**Lk 7,30**	 οἱ δὲ Φαρισαῖοι καὶ οἱ νομικοὶ τὴν βουλὴν τοῦ θεοῦ ἠθέτησαν εἰς ἑαυτοὺς μὴ βαπτισθέντες ὑπ᾽ αὐτοῦ.	

Acts 10,35 ἀλλ᾽ ἐν παντὶ ἔθνει
ὁ φοβούμενος αὐτὸν
καὶ ἐργαζόμενος
δικαιοσύνην
δεκτὸς αὐτῷ ἐστιν.

Acts 13,10 ... ὦ πλήρης παντὸς δόλου
καὶ πάσης ῥᾳδιουργίας,
υἱὲ διαβόλου,
ἐχθρὲ πάσης
δικαιοσύνης, ...

Acts 17,31 καθότι ἔστησεν ἡμέραν
ἐν ᾗ μέλλει κρίνειν
τὴν οἰκουμένην
ἐν δικαιοσύνῃ,
ἐν ἀνδρὶ ᾧ ὥρισεν,
πίστιν παρασχὼν
πᾶσιν ἀναστήσας
αὐτὸν ἐκ νεκρῶν.

Acts 24,25 διαλεγομένου δὲ αὐτοῦ
περὶ δικαιοσύνης
καὶ ἐγκρατείας καὶ τοῦ
κρίματος τοῦ μέλλοντος,
ἔμφοβος γενόμενος
ὁ Φῆλιξ ἀπεκρίθη· ...

δικαιόω	Syn	Mt	Mk	Lk	Acts	Jn	1-3John	Paul	Eph	Col
	7	2		5	2			25		
	NT	2Thess	1/2Tim	Tit	Heb	Jas	1Pet	2Pet	Jude	Rev
	39		1	1		3				

put into a right relationship (with God); acquit; declare and treat as righteous; show or prove to be right

	triple tradition																	double tradition			Sondergut		
		+Mt / +Lk			–Mt / –Lk			traditions not taken over by Mt / Lk							subtotals								
code	*222*	*211*	*112*	*212*	*221*	*122*	*121*	*022*	*012*	*021*	*220*	*120*	*210*	*020*	Σ⁺	Σ⁻	Σ	*202*	*201*	*102*	*200*	*002*	total
Mt																		1			1		**2**
Mk																							
Lk																		1		1		3	**5**

code	Mt		Lk	
102	**Mt 21,32**	ἦλθεν γὰρ Ἰωάννης πρὸς ὑμᾶς ἐν ὁδῷ δικαιοσύνης, καὶ οὐκ ἐπιστεύσατε αὐτῷ, οἱ δὲ τελῶναι καὶ αἱ πόρναι **ἐπίστευσαν** αὐτῷ· ...	**Lk 7,29**	καὶ πᾶς ὁ λαὸς ἀκούσας καὶ οἱ τελῶναι **ἐδικαίωσαν** τὸν θεὸν βαπτισθέντες τὸ βάπτισμα Ἰωάννου· [30] οἱ δὲ Φαρισαῖοι καὶ οἱ νομικοὶ τὴν βουλὴν τοῦ θεοῦ ἠθέτησαν εἰς ἑαυτοὺς μὴ βαπτισθέντες ὑπ' αὐτοῦ.
202	**Mt 11,19**	... καὶ **ἐδικαιώθη** ἡ σοφία ἀπὸ τῶν ἔργων αὐτῆς.	**Lk 7,35**	καὶ **ἐδικαιώθη** ἡ σοφία ἀπὸ πάντων τῶν τέκνων αὐτῆς.
200	**Mt 12,37**	ἐκ γὰρ τῶν λόγων σου **δικαιωθήσῃ,** καὶ ἐκ τῶν λόγων σου καταδικασθήσῃ.		
002			**Lk 10,29**	ὁ δὲ θέλων **δικαιῶσαι** ἑαυτὸν εἶπεν πρὸς τὸν Ἰησοῦν· καὶ τίς ἐστίν μου πλησίον;
002			**Lk 16,15** → Lk 18,9 ↓ Lk 18,14 → Lk 20,20	... ὑμεῖς ἐστε **οἱ δικαιοῦντες** ἑαυτοὺς ἐνώπιον τῶν ἀνθρώπων, ὁ δὲ θεὸς γινώσκει τὰς καρδίας ὑμῶν· ...
002			**Lk 18,14** ↑ Lk 16,15	λέγω ὑμῖν, κατέβη οὗτος **δεδικαιωμένος** εἰς τὸν οἶκον αὐτοῦ παρ' ἐκεῖνον· ...

Acts 13,38 ... [καὶ] ἀπὸ πάντων ὧν οὐκ ἠδυνήθητε ἐν νόμῳ Μωϋσέως **δικαιωθῆναι,**

Acts 13,39 ἐν τούτῳ πᾶς ὁ πιστεύων **δικαιοῦται.**

δικαίωμα

Syn	Mt	Mk	Lk	Acts	Jn	1-3John	Paul	Eph	Col
1			1				5		
NT	2Thess	1/2Tim	Tit	Heb	Jas	1Pet	2Pet	Jude	Rev
10				2					2

regulation; requirement; righteous deed; judgment; acquittal

002					**Lk 1,6**	... πορευόμενοι ἐν πάσαις ταῖς ἐντολαῖς καὶ **δικαιώμασιν** **τοῦ κυρίου** ἄμεμπτοι.	

δικαίως

Syn	Mt	Mk	Lk	Acts	Jn	1-3John	Paul	Eph	Col
1			1				2		
NT	2Thess	1/2Tim	Tit	Heb	Jas	1Pet	2Pet	Jude	Rev
5			1			1			

justly; uprightly

002					**Lk 23,41**	καὶ ἡμεῖς μὲν **δικαίως,** ἄξια γὰρ ὧν ἐπράξαμεν ἀπολαμβάνομεν· ...	

δίκτυον

Syn	Mt	Mk	Lk	Acts	Jn	1-3John	Paul	Eph	Col
8	2	2	4		4				
NT	2Thess	1/2Tim	Tit	Heb	Jas	1Pet	2Pet	Jude	Rev
12									

fish-net

002	**Mt 4,18**	... εἶδεν δύο ἀδελφούς, Σίμωνα τὸν λεγόμενον Πέτρον καὶ Ἀνδρέαν τὸν ἀδελφὸν αὐτοῦ, βάλλοντας ἀμφίβληστρον εἰς τὴν θάλασσαν· ἦσαν γὰρ ἁλιεῖς.	**Mk 1,16**	... εἶδεν Σίμωνα καὶ Ἀνδρέαν τὸν ἀδελφὸν Σίμωνος ἀμφιβάλλοντας ἐν τῇ θαλάσσῃ· ἦσαν γὰρ ἁλιεῖς.	**Lk 5,2** ↓ Mt 4,21 ↓ Mk 1,19	καὶ εἶδεν δύο πλοῖα ἑστῶτα παρὰ τὴν λίμνην· οἱ δὲ ἁλιεῖς ἀπ' αὐτῶν ἀποβάντες ἔπλυνον **τὰ δίκτυα.**	
002					**Lk 5,4**	... ἐπανάγαγε εἰς τὸ βάθος καὶ χαλάσατε **τὰ δίκτυα ὑμῶν** εἰς ἄγραν.	→ Jn 21,6
002					**Lk 5,5**	καὶ ἀποκριθεὶς Σίμων εἶπεν· ἐπιστάτα, δι' ὅλης νυκτὸς κοπιάσαντες οὐδὲν ἐλάβομεν· ἐπὶ δὲ τῷ ῥήματί σου χαλάσω **τὰ δίκτυα.**	→ Jn 21,3
002					**Lk 5,6**	καὶ τοῦτο ποιήσαντες συνέκλεισαν πλῆθος ἰχθύων πολύ, διερρήσσετο δὲ **τὰ δίκτυα αὐτῶν.**	→ Jn 21,6 → Jn 21,11
221	**Mt 4,20**	οἱ δὲ εὐθέως ἀφέντες **τὰ δίκτυα** ἠκολούθησαν αὐτῷ.	**Mk 1,18**	καὶ εὐθὺς ἀφέντες **τὰ δίκτυα** ἠκολούθησαν αὐτῷ.	**Lk 5,11** → Lk 5,28 → Mk 1,20	καὶ καταγαγόντες τὰ πλοῖα ἐπὶ τὴν γῆν ἀφέντες **πάντα** ἠκολούθησαν αὐτῷ.	

221	**Mt 4,21** ↑ Lk 5,2	καὶ προβὰς ἐκεῖθεν εἶδεν ἄλλους δύο ἀδελφούς, Ἰάκωβον τὸν τοῦ Ζεβεδαίου καὶ Ἰωάννην τὸν ἀδελφὸν αὐτοῦ, ἐν τῷ πλοίῳ μετὰ Ζεβεδαίου τοῦ πατρὸς αὐτῶν καταρτίζοντας **τὰ δίκτυα αὐτῶν,** καὶ ἐκάλεσεν αὐτούς.	**Mk 1,19** ↑ Lk 5,2	καὶ προβὰς ὀλίγον εἶδεν Ἰάκωβον τὸν τοῦ Ζεβεδαίου καὶ Ἰωάννην τὸν ἀδελφὸν αὐτοῦ, καὶ αὐτοὺς ἐν τῷ πλοίῳ καταρτίζοντας **τὰ δίκτυα,** [20] καὶ εὐθὺς ἐκάλεσεν αὐτούς.	**Lk 5,10**	ὁμοίως δὲ καὶ Ἰάκωβον καὶ Ἰωάννην υἱοὺς Ζεβεδαίου, οἳ ἦσαν κοινωνοὶ τῷ Σίμωνι. ...	

διό	Syn	Mt	Mk	Lk	Acts	Jn	1-3John	Paul	Eph	Col
	3	1		2	8			22	5	
	NT	2Thess	1/2Tim	Tit	Heb	Jas	1Pet	2Pet	Jude	Rev
	53				9	2	1	3		

therefore; for this reason

002					**Lk 1,35** → Mt 1,18 → Mt 1,20	... πνεῦμα ἅγιον ἐπελεύσεται ἐπὶ σὲ καὶ δύναμις ὑψίστου ἐπισκιάσει σοι· **διὸ** καὶ τὸ γεννώμενον ἅγιον κληθήσεται υἱὸς θεοῦ.	
102	**Mt 8,8**	... κύριε, οὐκ εἰμὶ ἱκανὸς ἵνα μου ὑπὸ τὴν στέγην εἰσέλθῃς, ἀλλὰ μόνον εἰπὲ λόγῳ, καὶ ἰαθήσεται ὁ παῖς μου.			**Lk 7,7**	[6] ... κύριε, μὴ σκύλλου, οὐ γὰρ ἱκανός εἰμι ἵνα ὑπὸ τὴν στέγην μου εἰσέλθῃς· **[7] διὸ** οὐδὲ ἐμαυτὸν ἠξίωσα πρὸς σὲ ἐλθεῖν· ἀλλὰ εἰπὲ λόγῳ, καὶ ἰαθήτω ὁ παῖς μου.	
200	**Mt 27,8**	[6] ... οὐκ ἔξεστιν βαλεῖν αὐτὰ εἰς τὸν κορβανᾶν, ἐπεὶ τιμὴ αἵματός ἐστιν. [7] συμβούλιον δὲ λαβόντες ἠγόρασαν ἐξ αὐτῶν τὸν ἀγρὸν τοῦ κεραμέως εἰς ταφὴν τοῖς ξένοις. **[8] διὸ** ἐκλήθη ὁ ἀγρὸς ἐκεῖνος ἀγρὸς αἵματος ἕως τῆς σήμερον.					→ Acts 1,19

Acts 10,29 [28] ... κἀμοὶ ὁ θεὸς ἔδειξεν μηδένα κοινὸν ἢ ἀκάθαρτον λέγειν ἄνθρωπον·
[29] διὸ
καὶ ἀναντιρρήτως ἦλθον μεταπεμφθείς. ...

Acts 15,19 [17] *ὅπως ἂν ἐκζητήσωσιν οἱ κατάλοιποι τῶν ἀνθρώπων τὸν κύριον καὶ πάντα τὰ ἔθνη ἐφ᾽ οὓς ἐπικέκληται τὸ ὄνομά μου ἐπ᾽ αὐτούς, λέγει κύριος ποιῶν ταῦτα* [18] *γνωστὰ ἀπ᾽ αἰῶνος.*
[19] διὸ
ἐγὼ κρίνω μὴ παρενοχλεῖν τοῖς ἀπὸ τῶν ἐθνῶν ἐπιστρέφουσιν ἐπὶ τὸν θεόν
➤ Amos 9,12 LXX
➤ Isa 45,21

Acts 20,31 [30] καὶ ἐξ ὑμῶν αὐτῶν ἀναστήσονται ἄνδρες λαλοῦντες διεστραμμένα τοῦ ἀποσπᾶν τοὺς μαθητὰς ὀπίσω αὐτῶν.
[31] διὸ
γρηγορεῖτε ...

Acts 24,26 ἅμα καὶ ἐλπίζων ὅτι χρήματα δοθήσεται αὐτῷ ὑπὸ τοῦ Παύλου·
διὸ
καὶ πυκνότερον αὐτὸν μεταπεμπόμενος ὡμίλει αὐτῷ.

Acts 25,26 περὶ οὗ ἀσφαλές τι γράψαι τῷ κυρίῳ οὐκ ἔχω,
διὸ
προήγαγον αὐτὸν ἐφ' ὑμῶν καὶ μάλιστα ἐπὶ σοῦ, βασιλεῦ Ἀγρίππα, ...

Acts 26,3 μάλιστα γνώστην ὄντα σε πάντων τῶν κατὰ Ἰουδαίους ἐθῶν τε καὶ ζητημάτων,
διὸ
δέομαι μακροθύμως ἀκοῦσαί μου.

Acts 27,25 [24] ... μὴ φοβοῦ, Παῦλε, Καίσαρί σε δεῖ παραστῆναι, καὶ ἰδοὺ κεχάρισταί σοι ὁ θεὸς πάντας τοὺς πλέοντας μετὰ σοῦ.
[25] διὸ
εὐθυμεῖτε, ἄνδρες· ...

Acts 27,34 [33] ... τεσσαρεσκαιδεκάτην σήμερον ἡμέραν προσδοκῶντες ἄσιτοι διατελεῖτε μηθὲν προσλαβόμενοι·
[34] διὸ
παρακαλῶ ὑμᾶς μεταλαβεῖν τροφῆς· ...

διοδεύω	Syn	Mt	Mk	Lk	Acts	Jn	1-3John	Paul	Eph	Col
	1			1	1					
	NT	2Thess	1/2Tim	Tit	Heb	Jas	1Pet	2Pet	Jude	Rev
	2									

go about; travel through

002	**Mt 9,35** ⇩ Mt 4,23 → Mk 1,21	καὶ **περιῆγεν** ὁ Ἰησοῦς τὰς πόλεις πάσας καὶ τὰς κώμας διδάσκων ἐν ταῖς συναγωγαῖς αὐτῶν καὶ κηρύσσων τὸ εὐαγγέλιον τῆς βασιλείας ...	**Mk 6,6** ↓ Mk 1,39	... καὶ **περιῆγεν** τὰς κώμας κύκλῳ διδάσκων.	**Lk 8,1** → Lk 4,15 ↓ Lk 4,44 → Lk 13,22	καὶ ἐγένετο ἐν τῷ καθεξῆς καὶ αὐτὸς **διώδευεν** κατὰ πόλιν καὶ κώμην κηρύσσων καὶ εὐαγγελιζόμενος τὴν βασιλείαν τοῦ θεοῦ καὶ οἱ δώδεκα σὺν αὐτῷ	
	Mt 4,23 ⇧ Mt 9,35 → Mk 1,21	καὶ **περιῆγεν** ἐν ὅλῃ τῇ Γαλιλαίᾳ διδάσκων ἐν ταῖς συναγωγαῖς αὐτῶν καὶ κηρύσσων τὸ εὐαγγέλιον τῆς βασιλείας ...	**Mk 1,39** → Mk 1,14 ↑ Mk 6,6	καὶ **ἦλθεν** κηρύσσων εἰς τὰς συναγωγὰς αὐτῶν εἰς ὅλην τὴν Γαλιλαίαν ...	**Lk 4,44** → Lk 4,15 ↑ **Lk 8,1**	καὶ **ἦν** κηρύσσων εἰς τὰς συναγωγὰς τῆς Ἰουδαίας.	

Acts 17,1 **διοδεύσαντες** δὲ τὴν Ἀμφίπολιν καὶ τὴν Ἀπολλωνίαν ἦλθον εἰς Θεσσαλονίκην ...

διορύσσω	Syn	Mt	Mk	Lk	Acts	Jn	1-3John	Paul	Eph	Col
	4	3		1						
	NT	2Thess	1/2Tim	Tit	Heb	Jas	1Pet	2Pet	Jude	Rev
	4									

dig through; break in

200	**Mt 6,19** → Lk 12,21 ↓ Lk 12,33	μὴ θησαυρίζετε ὑμῖν θησαυροὺς ἐπὶ τῆς γῆς, ὅπου σὴς καὶ βρῶσις ἀφανίζει καὶ ὅπου κλέπται **διορύσσουσιν** καὶ κλέπτουσιν·					
201	**Mt 6,20** → Mt 19,21	θησαυρίζετε δὲ ὑμῖν θησαυροὺς ἐν οὐρανῷ, ὅπου οὔτε σὴς οὔτε βρῶσις ἀφανίζει, καὶ ὅπου κλέπται **οὐ διορύσσουσιν** οὐδὲ κλέπτουσιν·	→ Mk 10,21		**Lk 12,33** ↑ Mt 6,19 → Lk 16,9 → Lk 18,22	... ποιήσατε ἑαυτοῖς βαλλάντια μὴ παλαιούμενα, θησαυρὸν ἀνέκλειπτον ἐν τοῖς οὐρανοῖς, ὅπου κλέπτης **οὐκ ἐγγίζει** οὐδὲ σὴς διαφθείρει·	→ GTh 76,3

202	**Mt 24,43** ἐκεῖνο δὲ γινώσκετε ὅτι εἰ ᾔδει ὁ οἰκοδεσπότης ποίᾳ φυλακῇ ὁ κλέπτης ἔρχεται, ἐγρηγόρησεν ἂν καὶ οὐκ ἂν εἴασεν **διορυχθῆναι** τὴν οἰκίαν αὐτοῦ.		**Lk 12,39** τοῦτο δὲ γινώσκετε ὅτι εἰ ᾔδει ὁ οἰκοδεσπότης ποίᾳ ὥρᾳ ὁ κλέπτης ἔρχεται, οὐκ ἂν ἀφῆκεν **διορυχθῆναι** τὸν οἶκον αὐτοῦ.	→ GTh 21,5 → GTh 103

διότι

	Syn	Mt	Mk	Lk	Acts	Jn	1-3John	Paul	Eph	Col
	3			3	5			9		
	NT	2Thess	1/2Tim	Tit	Heb	Jas	1Pet	2Pet	Jude	Rev
	23				2	1	3			

because; for; therefore

002			**Lk 1,13** ... μὴ φοβοῦ, Ζαχαρία, **διότι** εἰσηκούσθη ἡ δέησίς σου, ...	→ Acts 10,4
002			**Lk 2,7** ... καὶ ἀνέκλινεν αὐτὸν ἐν φάτνῃ, **διότι** οὐκ ἦν αὐτοῖς τόπος ἐν τῷ καταλύματι.	
002			**Lk 21,28** ἀρχομένων δὲ τούτων γίνεσθαι ἀνακύψατε καὶ ἐπάρατε τὰς κεφαλὰς ὑμῶν, **διότι** ἐγγίζει ἡ ἀπολύτρωσις ὑμῶν.	

Acts 13,35 [34] ... οὕτως εἴρηκεν ὅτι δώσω *ὑμῖν τὰ ὅσια Δαυὶδ τὰ πιστά.*
[35] **διότι**
καὶ ἐν ἑτέρῳ λέγει· *οὐ δώσεις τὸν ὅσιόν σου ἰδεῖν διαφθοράν.*
➤ Isa 55,3 LXX
➤ Ps 16,10

Acts 18,10 (2) [9] ... μὴ φοβοῦ, ἀλλὰ λάλει καὶ μὴ σιωπήσῃς,
[10] **διότι**
ἐγώ εἰμι μετὰ σοῦ καὶ οὐδεὶς ἐπιθήσεταί σοι τοῦ κακῶσαί σε,
διότι
λαός ἐστί μοι πολὺς ἐν τῇ πόλει ταύτῃ.

Acts 20,26 → Mt 27,24-25 → Acts 18,6 [25] καὶ νῦν ἰδοὺ ἐγὼ οἶδα ὅτι οὐκέτι ὄψεσθε τὸ πρόσωπόν μου ὑμεῖς πάντες ...
[26] **διότι**
μαρτύρομαι ὑμῖν ἐν τῇ σήμερον ἡμέρᾳ ὅτι καθαρός εἰμι ἀπὸ τοῦ αἵματος πάντων·

Acts 22,18 ... σπεῦσον καὶ ἔξελθε ἐν τάχει ἐξ Ἰερουσαλήμ,
διότι
οὐ παραδέξονταί σου μαρτυρίαν περὶ ἐμοῦ.

διπλοῦς

	Syn	Mt	Mk	Lk	Acts	Jn	1-3John	Paul	Eph	Col
	1	1								
	NT	2Thess	1/2Tim	Tit	Heb	Jas	1Pet	2Pet	Jude	Rev
	4		1							2

double; *comparative:* twice as much; much more

200	**Mt 23,15** οὐαὶ ὑμῖν, γραμματεῖς καὶ Φαρισαῖοι ὑποκριταί, ὅτι περιάγετε τὴν θάλασσαν καὶ τὴν ξηρὰν ποιῆσαι ἕνα προσήλυτον, καὶ ὅταν γένηται ποιεῖτε αὐτὸν υἱὸν γεέννης **διπλότερον** ὑμῶν.			

δίς

	Syn	Mt	Mk	Lk	Acts	Jn	1-3John	Paul	Eph	Col
	3		2	1				2		
	NT	2Thess	1/2Tim	Tit	Heb	Jas	1Pet	2Pet	Jude	Rev
	6								1	

twice

002					Lk 18,12	νηστεύω δὶς τοῦ σαββάτου, ἀποδεκατῶ πάντα ὅσα κτῶμαι.	
121	Mt 26,34	... ἀμὴν λέγω σοι ὅτι ἐν ταύτῃ τῇ νυκτὶ πρὶν ἀλέκτορα φωνῆσαι τρὶς ἀπαρνήσῃ με.	Mk 14,30	... ἀμὴν λέγω σοι ὅτι σὺ σήμερον ταύτῃ τῇ νυκτὶ πρὶν ἢ δὶς ἀλέκτορα φωνῆσαι τρίς με ἀπαρνήσῃ.	Lk 22,34	... λέγω σοι, Πέτρε, οὐ φωνήσει σήμερον ἀλέκτωρ ἕως τρίς με ἀπαρνήσῃ εἰδέναι.	→ Jn 13,38
121	Mt 26,75	καὶ ἐμνήσθη ὁ Πέτρος τοῦ ῥήματος Ἰησοῦ εἰρηκότος ὅτι πρὶν ἀλέκτορα φωνῆσαι τρὶς ἀπαρνήσῃ με· ...	Mk 14,72	... καὶ ἀνεμνήσθη ὁ Πέτρος τὸ ῥῆμα ὡς εἶπεν αὐτῷ ὁ Ἰησοῦς ὅτι πρὶν ἀλέκτορα φωνῆσαι δὶς τρίς με ἀπαρνήσῃ· ...	Lk 22,61	... καὶ ὑπεμνήσθη ὁ Πέτρος τοῦ ῥήματος τοῦ κυρίου ὡς εἶπεν αὐτῷ ὅτι πρὶν ἀλέκτορα φωνῆσαι σήμερον ἀπαρνήσῃ με τρίς.	

διστάζω

	Syn	Mt	Mk	Lk	Acts	Jn	1-3John	Paul	Eph	Col
	2	2								
	NT	2Thess	1/2Tim	Tit	Heb	Jas	1Pet	2Pet	Jude	Rev
	2									

doubt; be doubtful

200	Mt 14,31	... ὀλιγόπιστε, εἰς τί ἐδίστασας;					
200	Mt 28,17	καὶ ἰδόντες αὐτὸν προσεκύνησαν, οἱ δὲ ἐδίστασαν.					

δισχίλιοι

	Syn	Mt	Mk	Lk	Acts	Jn	1-3John	Paul	Eph	Col
	1		1							
	NT	2Thess	1/2Tim	Tit	Heb	Jas	1Pet	2Pet	Jude	Rev
	1									

two thousand

121	Mt 8,32	... καὶ ἰδοὺ ὥρμησεν πᾶσα ἡ ἀγέλη κατὰ τοῦ κρημνοῦ εἰς τὴν θάλασσαν καὶ ἀπέθανον ἐν τοῖς ὕδασιν.	Mk 5,13	... καὶ ὥρμησεν ἡ ἀγέλη κατὰ τοῦ κρημνοῦ εἰς τὴν θάλασσαν, ὡς δισχίλιοι, καὶ ἐπνίγοντο ἐν τῇ θαλάσσῃ.	Lk 8,33	... καὶ ὥρμησεν ἡ ἀγέλη κατὰ τοῦ κρημνοῦ εἰς τὴν λίμνην καὶ ἀπεπνίγη.	

διϋλίζω	Syn	Mt	Mk	Lk	Acts	Jn	1-3John	Paul	Eph	Col
	1	1								
	NT	2Thess	1/2Tim	Tit	Heb	Jas	1Pet	2Pet	Jude	Rev
	1									

strain out; filter out

200	Mt 23,24	ὁδηγοὶ τυφλοί, οἱ **διϋλίζοντες** τὸν κώνωπα, τὴν δὲ κάμηλον καταπίνοντες.		

διχάζω	Syn	Mt	Mk	Lk	Acts	Jn	1-3John	Paul	Eph	Col
	1	1								
	NT	2Thess	1/2Tim	Tit	Heb	Jas	1Pet	2Pet	Jude	Rev
	1									

turn against

201	Mt 10,35 → Lk 12,52 → Mt 10,21 → Mk 13,12 → Lk 21,16	ἦλθον γὰρ **διχάσαι** ἄνθρωπον *κατὰ τοῦ πατρὸς αὐτοῦ* καὶ *θυγατέρα* *κατὰ τῆς μητρὸς αὐτῆς* καὶ *νύμφην* *κατὰ τῆς πενθερᾶς αὐτῆς* ➤ Micah 7,6		Lk 12,53 → Lk 12,52	διαμερισθήσονται πατὴρ ἐπὶ υἱῷ καὶ *υἱὸς* *ἐπὶ πατρί*, μήτηρ ἐπὶ τὴν θυγατέρα καὶ *θυγάτηρ* *ἐπὶ τὴν μητέρα*, πενθερὰ ἐπὶ τὴν νύμφην αὐτῆς καὶ *νύμφη* *ἐπὶ τὴν πενθεράν.* ➤ Micah 7,6	→ GTh 16

διχοτομέω	Syn	Mt	Mk	Lk	Acts	Jn	1-3John	Paul	Eph	Col
	2	1		1						
	NT	2Thess	1/2Tim	Tit	Heb	Jas	1Pet	2Pet	Jude	Rev
	2									

cut in pieces; punish severely

202	Mt 24,51	[50] ἥξει ὁ κύριος τοῦ δούλου ἐκείνου ἐν ἡμέρᾳ ᾗ οὐ προσδοκᾷ καὶ ἐν ὥρᾳ ᾗ οὐ γινώσκει, [51] καὶ **διχοτομήσει** αὐτὸν καὶ τὸ μέρος αὐτοῦ μετὰ τῶν ὑποκριτῶν θήσει· ...		Lk 12,46	ἥξει ὁ κύριος τοῦ δούλου ἐκείνου ἐν ἡμέρᾳ ᾗ οὐ προσδοκᾷ καὶ ἐν ὥρᾳ ᾗ οὐ γινώσκει, καὶ **διχοτομήσει** αὐτὸν καὶ τὸ μέρος αὐτοῦ μετὰ τῶν ἀπίστων θήσει.	

διψάω	Syn	Mt	Mk	Lk	Acts	Jn	1-3John	Paul	Eph	Col
	5	5				6		2		
	NT	2Thess	1/2Tim	Tit	Heb	Jas	1Pet	2Pet	Jude	Rev
	16									3

be thirsty; long for

201	Mt 5,6	μακάριοι οἱ πεινῶντες καὶ **διψῶντες** τὴν δικαιοσύνην, ὅτι αὐτοὶ χορτασθήσονται.		Lk 6,21	μακάριοι οἱ πεινῶντες νῦν, ὅτι χορτασθήσεσθε. ...	→ GTh 69,2
200	Mt 25,35	ἐπείνασα γὰρ καὶ ἐδώκατέ μοι φαγεῖν, **ἐδίψησα** καὶ ἐποτίσατέ με, ...				

200	**Mt 25,37**	... κύριε, πότε σε εἴδομεν πεινῶντα καὶ ἐθρέψαμεν, ἢ **διψῶντα** καὶ ἐποτίσαμεν;					
200	**Mt 25,42**	ἐπείνασα γὰρ καὶ οὐκ ἐδώκατέ μοι φαγεῖν, **ἐδίψησα** καὶ οὐκ ἐποτίσατέ με					
200	**Mt 25,44**	... κύριε, πότε σε εἴδομεν πεινῶντα ἢ **διψῶντα** ἢ ξένον ἢ γυμνὸν ἢ ἀσθενῆ ἢ ἐν φυλακῇ καὶ οὐ διηκονήσαμέν σοι;					

διωγμός

	Syn	Mt	Mk	Lk	Acts	Jn	1-3John	Paul	Eph	Col
	3	1	2		2			2		
	NT	2Thess	1/2Tim	Tit	Heb	Jas	1Pet	2Pet	Jude	Rev
	10	1	2							

persecution

221	**Mt 13,21**	οὐκ ἔχει δὲ ῥίζαν ἐν ἑαυτῷ ἀλλὰ πρόσκαιρός ἐστιν, γενομένης δὲ **θλίψεως ἢ διωγμοῦ** διὰ τὸν λόγον εὐθὺς σκανδαλίζεται.	**Mk 4,17**	καὶ οὐκ ἔχουσιν ῥίζαν ἐν ἑαυτοῖς ἀλλὰ πρόσκαιροί εἰσιν, εἶτα γενομένης **θλίψεως ἢ διωγμοῦ** διὰ τὸν λόγον εὐθὺς σκανδαλίζονται.	**Lk 8,13**	... καὶ οὗτοι ῥίζαν οὐκ ἔχουσιν, οἳ πρὸς καιρὸν πιστεύουσιν καὶ **ἐν καιρῷ πειρασμοῦ** ἀφίστανται.	
121	**Mt 19,29**	... ἑκατονταπλασίονα λήμψεται καὶ ζωὴν αἰώνιον κληρονομήσει.	**Mk 10,30**	ἐὰν μὴ λάβῃ ἑκατονταπλασίονα νῦν ἐν τῷ καιρῷ τούτῳ οἰκίας καὶ ἀδελφοὺς καὶ ἀδελφὰς καὶ μητέρας καὶ τέκνα καὶ ἀγροὺς **μετὰ διωγμῶν,** καὶ ἐν τῷ αἰῶνι τῷ ἐρχομένῳ ζωὴν αἰώνιον.	**Lk 18,30**	ὃς οὐχὶ μὴ [ἀπο]λάβῃ πολλαπλασίονα ἐν τῷ καιρῷ τούτῳ καὶ ἐν τῷ αἰῶνι τῷ ἐρχομένῳ ζωὴν αἰώνιον.	

Acts 8,1 ... ἐγένετο δὲ
ἐν ἐκείνῃ τῇ ἡμέρᾳ
διωγμὸς μέγας
ἐπὶ τὴν ἐκκλησίαν τὴν
ἐν Ἱεροσολύμοις, ...

Acts 13,50 ... καὶ ἐπήγειραν
διωγμὸν
ἐπὶ τὸν Παῦλον καὶ
Βαρναβᾶν ...

διώκω

	Syn	Mt	Mk	Lk	Acts	Jn	1-3John	Paul	Eph	Col
	9	6		3	9	3		18		
	NT	2Thess	1/2Tim	Tit	Heb	Jas	1Pet	2Pet	Jude	Rev
	45		3		1		1			1

persecute; seek after; strive for; follow; run after

	triple tradition																	double tradition			Sondergut		
		+Mt / +Lk			–Mt / –Lk			traditions not taken over by Mt / Lk							subtotals								
code	*222*	*211*	*112*	*212*	*221*	*122*	*121*	*022*	*012*	*021*	*220*	*120*	*210*	*020*	Σ^+	Σ^-	Σ	*202*	*201*	*102*	*200*	*002*	total
Mt																		1	3		2		**6**
Mk																							
Lk			1^+												1^+		1	1		1			**3**

code	Mt						
200	**Mt 5,10**	μακάριοι **οἱ δεδιωγμένοι** ἕνεκεν δικαιοσύνης, ὅτι αὐτῶν ἐστιν ἡ βασιλεία τῶν οὐρανῶν.					→ GTh 69,1 → GTh 68

201	**Mt 5,11**	μακάριοί ἐστε ὅταν ὀνειδίσωσιν ὑμᾶς καὶ **διώξωσιν** καὶ εἴπωσιν πᾶν πονηρὸν καθ' ὑμῶν [ψευδόμενοι] ἕνεκεν ἐμοῦ.			**Lk 6,22**	μακάριοί ἐστε ὅταν μισήσωσιν ὑμᾶς οἱ ἄνθρωποι καὶ ὅταν **ἀφορίσωσιν** ὑμᾶς καὶ ὀνειδίσωσιν καὶ ἐκβάλωσιν τὸ ὄνομα ὑμῶν ὡς πονηρὸν ἕνεκα τοῦ υἱοῦ τοῦ ἀνθρώπου·	→ GTh 68 → GTh 69,1
201	**Mt 5,12** ↓ Mt 23,34	χαίρετε καὶ ἀγαλλιᾶσθε, ὅτι ὁ μισθὸς ὑμῶν πολὺς ἐν τοῖς οὐρανοῖς· οὕτως γὰρ **ἐδίωξαν** τοὺς προφήτας τοὺς πρὸ ὑμῶν.			**Lk 6,23** ↓ Lk 11,49	χάρητε ἐν ἐκείνῃ τῇ ἡμέρᾳ καὶ σκιρτήσατε, ἰδοὺ γὰρ ὁ μισθὸς ὑμῶν πολὺς ἐν τῷ οὐρανῷ· κατὰ τὰ αὐτὰ γὰρ **ἐποίουν** τοῖς προφήταις οἱ πατέρες αὐτῶν.	→ GTh 69,1 → GTh 68
201	**Mt 5,44**	... ἀγαπᾶτε τοὺς ἐχθροὺς ὑμῶν καὶ προσεύχεσθε **ὑπὲρ τῶν διωκόντων** ὑμᾶς			**Lk 6,28** ⇨ Lk 6,35	[27] ... ἀγαπᾶτε τοὺς ἐχθροὺς ὑμῶν, καλῶς ποιεῖτε τοῖς μισοῦσιν ὑμᾶς, [28] εὐλογεῖτε τοὺς καταρωμένους ὑμᾶς, προσεύχεσθε **περὶ τῶν ἐπηρεαζόντων** ὑμᾶς.	
200	**Mt 10,23** ↓ Mt 23,34 ↓ Lk 11,49	ὅταν δὲ **διώκωσιν** ὑμᾶς ἐν τῇ πόλει ταύτῃ, φεύγετε εἰς τὴν ἑτέραν· ...					
202	**Mt 23,34** ↑ Mt 5,12 ↓ Mt 10,17 ↑ Mt 10,23	διὰ τοῦτο ἰδοὺ ἐγὼ ἀποστέλλω πρὸς ὑμᾶς προφήτας καὶ σοφοὺς καὶ γραμματεῖς· ἐξ αὐτῶν ἀποκτενεῖτε καὶ σταυρώσετε καὶ ἐξ αὐτῶν μαστιγώσετε ἐν ταῖς συναγωγαῖς ὑμῶν καὶ **διώξετε** ἀπὸ πόλεως εἰς πόλιν·			**Lk 11,49** ↑ Lk 6,23	διὰ τοῦτο καὶ ἡ σοφία τοῦ θεοῦ εἶπεν· ἀποστελῶ εἰς αὐτοὺς προφήτας καὶ ἀποστόλους, καὶ ἐξ αὐτῶν ἀποκτενοῦσιν καὶ **διώξουσιν**	
102	**Mt 24,26** ⇨ Mt 24,23	ἐὰν οὖν εἴπωσιν ὑμῖν· ἰδοὺ ἐν τῇ ἐρήμῳ ἐστίν, μὴ ἐξέλθητε· ἰδοὺ ἐν τοῖς ταμείοις, **μὴ πιστεύσητε·**	**Mk 13,21** → Mt 24,5 → Mk 13,6 → Lk 21,8	καὶ τότε ἐάν τις ὑμῖν εἴπῃ· ἴδε ὧδε ὁ χριστός, ἴδε ἐκεῖ, **μὴ πιστεύετε·**	**Lk 17,23** → Lk 17,21	καὶ ἐροῦσιν ὑμῖν· ἰδοὺ ἐκεῖ, [ἤ·] ἰδοὺ ὧδε· μὴ ἀπέλθητε **μηδὲ διώξητε.**	→ GTh 113
112	**Mt 10,17** ⇩ Mt 24,9 ↑ Mt 23,34	προσέχετε δὲ ἀπὸ τῶν ἀνθρώπων· παραδώσουσιν γὰρ ὑμᾶς εἰς συνέδρια καὶ ἐν ταῖς συναγωγαῖς αὐτῶν μαστιγώσουσιν ὑμᾶς·	**Mk 13,9**	βλέπετε δὲ ὑμεῖς ἑαυτούς· παραδώσουσιν ὑμᾶς εἰς συνέδρια καὶ εἰς συναγωγὰς δαρήσεσθε ...	**Lk 21,12** ↑ Lk 11,49	πρὸ δὲ τούτων πάντων ἐπιβαλοῦσιν ἐφ' ὑμᾶς τὰς χεῖρας αὐτῶν καὶ **διώξουσιν,** παραδιδόντες εἰς τὰς συναγωγὰς καὶ φυλακάς, ...	
	Mt 24,9 ⇧ Mt 10,17	τότε παραδώσουσιν ὑμᾶς εἰς θλῖψιν καὶ ἀποκτενοῦσιν ὑμᾶς, ...					

Acts 7,52 τίνα τῶν προφητῶν **οὐκ ἐδίωξαν** οἱ πατέρες ὑμῶν; ...

Acts 9,4 ... Σαοὺλ Σαούλ, τί με **διώκεις;**

Acts 9,5 ... ἐγώ εἰμι Ἰησοῦς ὃν σὺ **διώκεις·**

Acts 22,4 ὃς ταύτην τὴν ὁδὸν **ἐδίωξα** ἄχρι θανάτου δεσμεύων καὶ παραδιδοὺς εἰς φυλακὰς ἄνδρας τε καὶ γυναῖκας

Acts 22,7 ἔπεσά τε εἰς τὸ ἔδαφος καὶ ἤκουσα φωνῆς λεγούσης μοι· Σαοὺλ Σαούλ, τί με **διώκεις;**

Acts 22,8 ... ἐγώ εἰμι Ἰησοῦς ὁ Ναζωραῖος, ὃν σὺ **διώκεις.**

Acts 26,11 ... περισσῶς τε ἐμμαινόμενος αὐτοῖς **ἐδίωκον** ἕως καὶ εἰς τὰς ἔξω πόλεις.

Acts 26,14 ... Σαοὺλ Σαούλ, τί με **διώκεις;** σκληρόν σοι πρὸς κέντρα λακτίζειν.

Acts 26,15 ... ἐγώ εἰμι Ἰησοῦς ὃν σὺ **διώκεις.**

δόγμα	Syn	Mt	Mk	Lk	Acts	Jn	1-3John	Paul	Eph	Col
	1			1	2				1	1
	NT	2Thess	1/2Tim	Tit	Heb	Jas	1Pet	2Pet	Jude	Rev
	5									

rule; regulation; law; order; decree

code	Mt	Mk	Lk
002			**Lk 2,1** ... ἐξῆλθεν **δόγμα** παρὰ Καίσαρος Αὐγούστου ἀπογράφεσθαι πᾶσαν τὴν οἰκουμένην.

Acts 16,4 ... παρεδίδοσαν αὐτοῖς φυλάσσειν **τὰ δόγματα** τὰ κεκριμένα ὑπὸ τῶν ἀποστόλων καὶ πρεσβυτέρων τῶν ἐν Ἱεροσολύμοις.

Acts 17,7 → Lk 23,2 ... καὶ οὗτοι πάντες **ἀπέναντι τῶν δογμάτων Καίσαρος** πράσσουσι βασιλέα ἕτερον λέγοντες εἶναι Ἰησοῦν.

δοκέω	Syn	Mt	Mk	Lk	Acts	Jn	1-3John	Paul	Eph	Col
	22	10	2	10	8	8		18		
	NT	2Thess	1/2Tim	Tit	Heb	Jas	1Pet	2Pet	Jude	Rev
	62				4	2				

think; suppose; consider; imagine; *intransitive:* seem; be recognized; have a reputation; be disposed; *impersonal:* it seems; it seems good; proper or best

	triple tradition																	double tradition			Sondergut		
		+Mt / +Lk			−Mt / −Lk			traditions not taken over by Mt / Lk							subtotals								
code	*222*	*211*	*112*	*212*	*221*	*122*	*121*	*022*	*012*	*021*	*220*	*120*	*210*	*020*	Σ⁺	Σ⁻	Σ	*202*	*201*	*102*	*200*	*002*	total
Mt		2⁺					1⁻					1⁻	1⁺		3⁺	2⁻	3	1	2		4		10
Mk							1					1					2						2
Lk			1⁺				1⁻								1⁺	1⁻	1	1		1		7	10

[a] τί ... δοκεῖ

code	Mt	Lk
002		**Lk 1,3** **ἔδοξε** κἀμοὶ παρηκολουθηκότι ἄνωθεν πᾶσιν ἀκριβῶς καθεξῆς σοι γράψαι, κράτιστε Θεόφιλε
201	**Mt 3,9** καὶ **μὴ δόξητε** λέγειν ἐν ἑαυτοῖς· πατέρα ἔχομεν τὸν Ἀβραάμ. ...	**Lk 3,8** ... καὶ **μὴ ἄρξησθε** λέγειν ἐν ἑαυτοῖς· πατέρα ἔχομεν τὸν Ἀβραάμ. ...
200	**Mt 6,7** προσευχόμενοι δὲ μὴ βατταλογήσητε ὥσπερ οἱ ἐθνικοί, **δοκοῦσιν** γὰρ ὅτι ἐν τῇ πολυλογίᾳ αὐτῶν εἰσακουσθήσονται.	

112	**Mt 13,12** ⇩ Mt 25,29	ὅστις γὰρ ἔχει, δοθήσεται αὐτῷ καὶ περισσευθήσεται· ὅστις δὲ οὐκ ἔχει, καὶ ὃ ἔχει ἀρθήσεται ἀπ᾽ αὐτοῦ.	**Mk 4,25**	ὃς γὰρ ἔχει, δοθήσεται αὐτῷ· καὶ ὃς οὐκ ἔχει, καὶ ὃ ἔχει ἀρθήσεται ἀπ᾽ αὐτοῦ.	**Lk 8,18** ⇩ Lk 19,26	... ὃς ἂν γὰρ ἔχῃ, δοθήσεται αὐτῷ· καὶ ὃς ἂν μὴ ἔχῃ, καὶ ὃ **δοκεῖ** ἔχειν ἀρθήσεται ἀπ᾽ αὐτοῦ.	→ GTh 41 Mk-Q overlap
	Mt 25,29 ⇧ Mt 13,12	τῷ γὰρ ἔχοντι παντὶ δοθήσεται καὶ περισσευθήσεται, τοῦ δὲ μὴ ἔχοντος καὶ ὃ ἔχει ἀρθήσεται ἀπ᾽ αὐτοῦ.			**Lk 19,26** ⇧ Lk 8,18	παντὶ τῷ ἔχοντι δοθήσεται, ἀπὸ δὲ τοῦ μὴ ἔχοντος καὶ ὃ ἔχει ἀρθήσεται.	→ GTh 41
120	**Mt 14,26**	οἱ δὲ μαθηταὶ ἰδόντες αὐτὸν ἐπὶ τῆς θαλάσσης περιπατοῦντα ἐταράχθησαν **λέγοντες** ὅτι φάντασμά ἐστιν, καὶ ἀπὸ τοῦ φόβου ἔκραξαν.	**Mk 6,49**	οἱ δὲ ἰδόντες αὐτὸν ἐπὶ τῆς θαλάσσης περιπατοῦντα **ἔδοξαν** ὅτι φάντασμά ἐστιν, καὶ ἀνέκραξαν· [50] πάντες γὰρ αὐτὸν εἶδον καὶ ἐταράχθησαν. ...			→ Jn 6,19
a 200	**Mt 17,25**	... καὶ ἐλθόντα εἰς τὴν οἰκίαν προέφθασεν αὐτὸν ὁ Ἰησοῦς λέγων· τί σοι **δοκεῖ,** Σίμων; οἱ βασιλεῖς τῆς γῆς ἀπὸ τίνων λαμβάνουσιν τέλη ἢ κῆνσον; ...					
a 201	**Mt 18,12**	τί ὑμῖν **δοκεῖ;** ἐὰν γένηταί τινι ἀνθρώπῳ ἑκατὸν πρόβατα καὶ πλανηθῇ ἓν ἐξ αὐτῶν, ...			**Lk 15,4**	τίς ἄνθρωπος ἐξ ὑμῶν ἔχων ἑκατὸν πρόβατα καὶ ἀπολέσας ἐξ αὐτῶν ἓν ...	→ GTh 107
002					**Lk 10,36**	τίς τούτων τῶν τριῶν πλησίον **δοκεῖ** σοι γεγονέναι τοῦ ἐμπεσόντος εἰς τοὺς λῃστάς;	
202	**Mt 24,44** → Mt 24,42 → Mt 24,50 → Mt 25,13	διὰ τοῦτο καὶ ὑμεῖς γίνεσθε ἕτοιμοι, ὅτι ᾗ **οὐ δοκεῖτε** ὥρᾳ ὁ υἱὸς τοῦ ἀνθρώπου ἔρχεται.	→ Mk 13,35		**Lk 12,40** → Lk 12,38	καὶ ὑμεῖς γίνεσθε ἕτοιμοι, ὅτι ᾗ ὥρᾳ **οὐ δοκεῖτε** ὁ υἱὸς τοῦ ἀνθρώπου ἔρχεται.	→ GTh 21,6
102	**Mt 10,34**	**μὴ νομίσητε** ὅτι ἦλθον βαλεῖν εἰρήνην ἐπὶ τὴν γῆν· οὐκ ἦλθον βαλεῖν εἰρήνην ἀλλὰ μάχαιραν.			**Lk 12,51**	**δοκεῖτε** ὅτι εἰρήνην παρεγενόμην δοῦναι ἐν τῇ γῇ; οὐχί, λέγω ὑμῖν, ἀλλ᾽ ἢ διαμερισμόν.	→ GTh 16
002					**Lk 13,2**	καὶ ἀποκριθεὶς εἶπεν αὐτοῖς· **δοκεῖτε** ὅτι οἱ Γαλιλαῖοι οὗτοι ἁμαρτωλοὶ παρὰ πάντας τοὺς Γαλιλαίους ἐγένοντο, ὅτι ταῦτα πεπόνθασιν;	

002					Lk 13,4	ἢ ἐκεῖνοι οἱ δεκαοκτὼ ἐφ' οὓς ἔπεσεν ὁ πύργος ἐν τῷ Σιλωὰμ καὶ ἀπέκτεινεν αὐτούς, **δοκεῖτε** ὅτι αὐτοὶ ὀφειλέται ἐγένοντο παρὰ πάντας τοὺς ἀνθρώπους τοὺς κατοικοῦντας Ἰερουσαλήμ;	
121	Mt 20,25	... οἴδατε ὅτι **οἱ ἄρχοντες τῶν ἐθνῶν** κατακυριεύουσιν αὐτῶν ...	Mk 10,42	... οἴδατε ὅτι **οἱ δοκοῦντες ἄρχειν τῶν ἐθνῶν** κατακυριεύουσιν αὐτῶν ...	Lk 22,25	... **οἱ βασιλεῖς τῶν ἐθνῶν** κυριεύουσιν αὐτῶν ...	
002					Lk 19,11	... εἶπεν παραβολὴν διὰ τὸ ἐγγὺς εἶναι Ἰερουσαλὴμ αὐτὸν καὶ **δοκεῖν** αὐτοὺς ὅτι παραχρῆμα μέλλει ἡ βασιλεία τοῦ θεοῦ ἀναφαίνεσθαι.	
a 200	Mt 21,28 → Lk 15,11	τί δὲ ὑμῖν **δοκεῖ;** ἄνθρωπος εἶχεν τέκνα δύο. ...					
a 211	Mt 22,17	εἰπὲ οὖν ἡμῖν τί σοι **δοκεῖ·** ἔξεστιν δοῦναι κῆνσον Καίσαρι ἢ οὔ;	Mk 12,14	... ἔξεστιν δοῦναι κῆνσον Καίσαρι ἢ οὔ; δῶμεν ἢ μὴ δῶμεν;	Lk 20,22	ἔξεστιν ἡμᾶς Καίσαρι φόρον δοῦναι ἢ οὔ;	→ GTh 100
a 211	Mt 22,42	λέγων· τί ὑμῖν **δοκεῖ** περὶ τοῦ χριστοῦ; τίνος υἱός ἐστιν; λέγουσιν αὐτῷ· τοῦ Δαυίδ.	Mk 12,35	καὶ ἀποκριθεὶς ὁ Ἰησοῦς ἔλεγεν διδάσκων ἐν τῷ ἱερῷ· πῶς λέγουσιν οἱ γραμματεῖς ὅτι ὁ χριστὸς υἱὸς Δαυίδ ἐστιν;	Lk 20,41	εἶπεν δὲ πρὸς αὐτούς· πῶς λέγουσιν τὸν χριστὸν εἶναι Δαυὶδ υἱόν;	
202	Mt 24,44 → Mt 24,42 → Mt 24,50 → Mt 25,13	διὰ τοῦτο καὶ ὑμεῖς γίνεσθε ἕτοιμοι, ὅτι ᾗ **οὐ δοκεῖτε** ὥρᾳ ὁ υἱὸς τοῦ ἀνθρώπου ἔρχεται.	→ Mk 13,35		Lk 12,40 → Lk 12,38	καὶ ὑμεῖς γίνεσθε ἕτοιμοι, ὅτι ᾗ ὥρᾳ **οὐ δοκεῖτε** ὁ υἱὸς τοῦ ἀνθρώπου ἔρχεται.	→ GTh 21,6
002					Lk 22,24 → Lk 9,46	ἐγένετο δὲ καὶ φιλονεικία ἐν αὐτοῖς, τὸ τίς αὐτῶν **δοκεῖ** εἶναι μείζων.	
200	Mt 26,53	ἢ **δοκεῖς** ὅτι οὐ δύναμαι παρακαλέσαι τὸν πατέρα μου, καὶ παραστήσει μοι ἄρτι πλείω δώδεκα λεγιῶνας ἀγγέλων;					→ Jn 18,36
	Mt 26,65	... ἴδε νῦν ἠκούσατε τὴν βλασφημίαν·	Mk 14,64	ἠκούσατε τῆς βλασφημίας·	Lk 22,71	... αὐτοὶ γὰρ ἠκούσαμεν ἀπὸ τοῦ στόματος αὐτοῦ.	
a 210	Mt 26,66 → Lk 24,20	τί ὑμῖν **δοκεῖ;** οἱ δὲ ἀποκριθέντες εἶπαν· ἔνοχος θανάτου ἐστίν.	→ Lk 24,20	τί ὑμῖν **φαίνεται;** οἱ δὲ πάντες κατέκριναν αὐτὸν ἔνοχον εἶναι θανάτου.			

002			Lk 24,37	πτοηθέντες δὲ καὶ ἔμφοβοι γενόμενοι **ἐδόκουν** πνεῦμα θεωρεῖν.	

Acts 12,9 καὶ ἐξελθὼν ἠκολούθει καὶ οὐκ ᾔδει ὅτι ἀληθές ἐστιν τὸ γινόμενον διὰ τοῦ ἀγγέλου· **ἐδόκει** δὲ ὅραμα βλέπειν.

Acts 15,22 τότε **ἔδοξε** τοῖς ἀποστόλοις καὶ τοῖς πρεσβυτέροις σὺν ὅλῃ τῇ ἐκκλησίᾳ ἐκλεξαμένους ἄνδρας ἐξ αὐτῶν πέμψαι εἰς Ἀντιόχειαν σὺν τῷ Παύλῳ καὶ Βαρναβᾷ, ...

Acts 15,25 **ἔδοξεν** ἡμῖν γενομένοις ὁμοθυμαδὸν ἐκλεξαμένοις ἄνδρας πέμψαι ...

Acts 15,28 **ἔδοξεν** γὰρ τῷ πνεύματι τῷ ἁγίῳ καὶ ἡμῖν μηδὲν πλέον ἐπιτίθεσθαι ὑμῖν βάρος πλὴν τούτων τῶν ἐπάναγκες

Acts 17,18 ... οἱ δέ· ξένων δαιμονίων **δοκεῖ** καταγγελεὺς εἶναι, ὅτι τὸν Ἰησοῦν καὶ τὴν ἀνάστασιν εὐηγγελίζετο.

Acts 25,27 ἄλογον γάρ μοι **δοκεῖ** πέμποντα δέσμιον μὴ καὶ τὰς κατ' αὐτοῦ αἰτίας σημᾶναι.

Acts 26,9 ἐγὼ μὲν οὖν **ἔδοξα** ἐμαυτῷ πρὸς τὸ ὄνομα Ἰησοῦ τοῦ Ναζωραίου δεῖν πολλὰ ἐναντία πρᾶξαι

Acts 27,13 ὑποπνεύσαντος δὲ νότου **δόξαντες** τῆς προθέσεως κεκρατηκέναι, ἄραντες ἆσσον παρελέγοντο τὴν Κρήτην.

δοκιμάζω

	Syn	Mt	Mk	Lk	Acts	Jn	1-3John	Paul	Eph	Col
δοκιμάζω	3			3			1	15	1	
	NT	2Thess	1/2Tim	Tit	Heb	Jas	1Pet	2Pet	Jude	Rev
	22		1				1			

test; examine; interpret; discern; discover; approve; prove; demonstrate

102 / 102	Mt 16,3	[... τὸ μὲν πρόσωπον τοῦ οὐρανοῦ γινώσκετε **διακρίνειν**, τὰ δὲ σημεῖα τῶν καιρῶν οὐ δύνασθε;]	Lk 12,56 (2)	ὑποκριταί, τὸ πρόσωπον τῆς γῆς καὶ τοῦ οὐρανοῦ οἴδατε **δοκιμάζειν**, τὸν καιρὸν δὲ τοῦτον πῶς οὐκ οἴδατε **δοκιμάζειν**;	→ GTh 91 Mt 16,3 is textcritically uncertain.
102	Mt 22,5	οἱ δὲ ἀμελήσαντες ἀπῆλθον, ὃς μὲν εἰς τὸν ἴδιον ἀγρόν, ὃς δὲ ἐπὶ τὴν ἐμπορίαν αὐτοῦ·	Lk 14,19	[18] καὶ ἤρξαντο ἀπὸ μιᾶς πάντες παραιτεῖσθαι. ὁ πρῶτος εἶπεν αὐτῷ· ἀγρὸν ἠγόρασα ... [19] καὶ ἕτερος εἶπεν· ζεύγη βοῶν ἠγόρασα πέντε καὶ πορεύομαι **δοκιμάσαι** αὐτά· ...	→ GTh 64

δοκός

	Syn	Mt	Mk	Lk	Acts	Jn	1-3John	Paul	Eph	Col
δοκός	6	3		3						
	NT	2Thess	1/2Tim	Tit	Heb	Jas	1Pet	2Pet	Jude	Rev
	6									

log; beam of wood

202	Mt 7,3	τί δὲ βλέπεις τὸ κάρφος τὸ ἐν τῷ ὀφθαλμῷ τοῦ ἀδελφοῦ σου, τὴν δὲ ἐν τῷ σῷ ὀφθαλμῷ **δοκὸν** οὐ κατανοεῖς;	Lk 6,41	τί δὲ βλέπεις τὸ κάρφος τὸ ἐν τῷ ὀφθαλμῷ τοῦ ἀδελφοῦ σου, τὴν δὲ **δοκὸν** τὴν ἐν τῷ ἰδίῳ ὀφθαλμῷ οὐ κατανοεῖς;	→ GTh 26

202	**Mt 7,4**	ἢ πῶς ἐρεῖς τῷ ἀδελφῷ σου· ἄφες ἐκβάλω τὸ κάρφος ἐκ τοῦ ὀφθαλμοῦ σου, καὶ ἰδοὺ **ἡ δοκὸς ἐν τῷ ὀφθαλμῷ σοῦ;**			**Lk 6,42** **(2)**	πῶς δύνασαι λέγειν τῷ ἀδελφῷ σου· ἀδελφέ, ἄφες ἐκβάλω τὸ κάρφος τὸ ἐν τῷ ὀφθαλμῷ σου, αὐτὸς **τὴν ἐν τῷ ὀφθαλμῷ σοῦ δοκὸν** οὐ βλέπων;	→ GTh 26
202	**Mt 7,5**	ὑποκριτά, ἔκβαλε πρῶτον ἐκ τοῦ ὀφθαλμοῦ σοῦ **τὴν δοκόν**, ...				ὑποκριτά, ἔκβαλε πρῶτον **τὴν δοκὸν** ἐκ τοῦ ὀφθαλμοῦ σοῦ, ...	→ GTh 26 (POxy 1)

δόλος	Syn	Mt	Mk	Lk	Acts	Jn	1-3John	Paul	Eph	Col
	3	1	2		1	1		3		
	NT	2Thess	1/2Tim	Tit	Heb	Jas	1Pet	2Pet	Jude	Rev
	11						3			

deceit; treachery

120	**Mt 15,19**	ἐκ γὰρ τῆς καρδίας ἐξέρχονται διαλογισμοὶ πονηροί, φόνοι, μοιχεῖαι, πορνεῖαι, κλοπαί, ψευδομαρτυρίαι, βλασφημίαι.	**Mk 7,22**	[21] ἔσωθεν γὰρ ἐκ τῆς καρδίας τῶν ἀνθρώπων οἱ διαλογισμοὶ οἱ κακοὶ ἐκπορεύονται, πορνεῖαι, κλοπαί, φόνοι, [22] μοιχεῖαι, πλεονεξίαι, πονηρίαι, **δόλος**, ἀσέλγεια, ὀφθαλμὸς πονηρός, βλασφημία, ὑπερηφανία, ἀφροσύνη·			→ GTh 14,5
• 221	**Mt 26,4** → Mt 12,14 → Mt 22,15	[3] τότε συνήχθησαν οἱ ἀρχιερεῖς καὶ οἱ πρεσβύτεροι τοῦ λαοῦ ... [4] καὶ συνεβουλεύσαντο ἵνα τὸν Ἰησοῦν **δόλῳ** κρατήσωσιν καὶ ἀποκτείνωσιν·	**Mk 14,1** → Mk 3,6	... καὶ ἐζήτουν οἱ ἀρχιερεῖς καὶ οἱ γραμματεῖς πῶς αὐτὸν **ἐν δόλῳ** κρατήσαντες ἀποκτείνωσιν·	**Lk 22,2** → Lk 6,11	καὶ ἐζήτουν οἱ ἀρχιερεῖς καὶ οἱ γραμματεῖς τὸ πῶς ἀνέλωσιν αὐτόν, ...	

Acts 13,10 ... ὦ πλήρης
παντὸς δόλου
καὶ πάσης ῥᾳδιουργίας,
υἱὲ διαβόλου, ...

δόμα	Syn	Mt	Mk	Lk	Acts	Jn	1-3John	Paul	Eph	Col
	2	1		1				1	1	
	NT	2Thess	1/2Tim	Tit	Heb	Jas	1Pet	2Pet	Jude	Rev
	4									

gift

202	**Mt 7,11**	εἰ οὖν ὑμεῖς πονηροὶ ὄντες οἴδατε **δόματα ἀγαθὰ** διδόναι τοῖς τέκνοις ὑμῶν, πόσῳ μᾶλλον ὁ πατὴρ ὑμῶν ὁ ἐν τοῖς οὐρανοῖς δώσει ἀγαθὰ τοῖς αἰτοῦσιν αὐτόν.			**Lk 11,13**	εἰ οὖν ὑμεῖς πονηροὶ ὑπάρχοντες οἴδατε **δόματα ἀγαθὰ** διδόναι τοῖς τέκνοις ὑμῶν, πόσῳ μᾶλλον ὁ πατὴρ [ὁ] ἐξ οὐρανοῦ δώσει πνεῦμα ἅγιον τοῖς αἰτοῦσιν αὐτόν.	

δόξα	Syn 23	Mt 7	Mk 3	Lk 13	Acts 4	Jn 19	1-3John	Paul 57	Eph 8	Col 4
	NT 166	2Thess 2	1/2Tim 5	Tit 1	Heb 7	Jas 1	1Pet 10	2Pet 5	Jude 3	Rev 17

glory; splendor; grandeur; power; praise; honor; pride; brightness; brilliance; heaven; glorious heavenly being

	triple tradition																	double tradition			Sondergut		
		+Mt / +Lk			–Mt / –Lk			traditions not taken over by Mt / Lk							subtotals								
code	*222*	*211*	*112*	*212*	*221*	*122*	*121*	*022*	*012*	*021*	*220*	*120*	*210*	*020*	Σ^+	Σ^-	Σ	*202*	*201*	*102*	*200*	*002*	total
Mt	2											1^-				1^-	2	2	1		2		**7**
Mk	2											1					3						**3**
Lk	2		2^+												2^+		4	2				7	**13**

code	Mt		Mk		Lk		
002					**Lk 2,9**	καὶ ἄγγελος κυρίου ἐπέστη αὐτοῖς καὶ **δόξα κυρίου** περιέλαμψεν αὐτούς, ...	
002					**Lk 2,14** ↓ Lk 19,38	**δόξα** ἐν ὑψίστοις θεῷ καὶ ἐπὶ γῆς εἰρήνη ἐν ἀνθρώποις εὐδοκίας.	
002					**Lk 2,32**	φῶς εἰς ἀποκάλυψιν ἐθνῶν καὶ **δόξαν λαοῦ σου** **Ἰσραήλ.**	
202	**Mt 4,8**	πάλιν παραλαμβάνει αὐτὸν ὁ διάβολος εἰς ὄρος ὑψηλὸν λίαν καὶ δείκνυσιν αὐτῷ πάσας τὰς βασιλείας τοῦ κόσμου καὶ **τὴν δόξαν αὐτῶν** [9] καὶ εἶπεν αὐτῷ· ταῦτά σοι πάντα δώσω, ἐὰν πεσὼν προσκυνήσῃς μοι.			**Lk 4,6**	[5] καὶ ἀναγαγὼν αὐτὸν ἔδειξεν αὐτῷ πάσας τὰς βασιλείας τῆς οἰκουμένης ἐν στιγμῇ χρόνου [6] καὶ εἶπεν αὐτῷ ὁ διάβολος· σοὶ δώσω τὴν ἐξουσίαν ταύτην ἅπασαν καὶ **τὴν δόξαν αὐτῶν,** ὅτι ἐμοὶ παραδέδοται καὶ ᾧ ἐὰν θέλω δίδωμι αὐτήν· [7] σὺ οὖν ἐὰν προσκυνήσῃς ἐνώπιον ἐμοῦ, ἔσται σοῦ πᾶσα.	
202	**Mt 6,29**	λέγω δὲ ὑμῖν ὅτι οὐδὲ Σολομὼν **ἐν πάσῃ τῇ δόξῃ** **αὐτοῦ** περιεβάλετο ὡς ἓν τούτων.			**Lk 12,27**	... λέγω δὲ ὑμῖν, οὐδὲ Σολομὼν **ἐν πάσῃ τῇ δόξῃ** **αὐτοῦ** περιεβάλετο ὡς ἓν τούτων.	
222	**Mt 16,27** ↓ Mt 10,33 ↓ Mt 24,30 ↓ Mt 25,31	μέλλει γὰρ ὁ υἱὸς τοῦ ἀνθρώπου ἔρχεσθαι **ἐν τῇ δόξῃ** **τοῦ πατρὸς αὐτοῦ** μετὰ τῶν ἀγγέλων αὐτοῦ, καὶ τότε *ἀποδώσει ἑκάστῳ κατὰ* *τὴν πρᾶξιν αὐτοῦ.* ➤ Ps 62,13/Prov 24,12/Sir 35,22 LXX	**Mk 8,38** ↓ Mk 13,26	ὃς γὰρ ἐὰν ἐπαισχυνθῇ με καὶ τοὺς ἐμοὺς λόγους ἐν τῇ γενεᾷ ταύτῃ τῇ μοιχαλίδι καὶ ἁμαρτωλῷ, καὶ ὁ υἱὸς τοῦ ἀνθρώπου ἐπαισχυνθήσεται αὐτόν, ὅταν ἔλθῃ **ἐν τῇ δόξῃ** **τοῦ πατρὸς αὐτοῦ** μετὰ τῶν ἀγγέλων τῶν ἁγίων.	**Lk 9,26** ⇩ Lk 12,9 ↓ Lk 21,27	ὃς γὰρ ἂν ἐπαισχυνθῇ με καὶ τοὺς ἐμοὺς λόγους, τοῦτον ὁ υἱὸς τοῦ ἀνθρώπου ἐπαισχυνθήσεται, ὅταν ἔλθῃ **ἐν τῇ δόξῃ αὐτοῦ καὶ** **τοῦ πατρὸς** καὶ τῶν ἁγίων ἀγγέλων.	Mk-Q overlap
	Mt 10,33 ↑ Mt 16,27	ὅστις δ' ἂν ἀρνήσηταί με ἔμπροσθεν τῶν ἀνθρώπων, ἀρνήσομαι κἀγὼ αὐτὸν ἔμπροσθεν τοῦ πατρός μου τοῦ ἐν [τοῖς] οὐρανοῖς.			**Lk 12,9** ⇧ Lk 9,26	ὁ δὲ ἀρνησάμενός με ἐνώπιον τῶν ἀνθρώπων ἀπαρνηθήσεται ἐνώπιον τῶν ἀγγέλων τοῦ θεοῦ.	

112	Mt 17,3	καὶ ἰδοὺ ὤφθη αὐτοῖς Μωϋσῆς καὶ Ἠλίας συλλαλοῦντες μετ᾽ αὐτοῦ.	Mk 9,4	καὶ ὤφθη αὐτοῖς Ἠλίας σὺν Μωϋσεῖ καὶ ἦσαν συλλαλοῦντες τῷ Ἰησοῦ.	Lk 9,31	[30] καὶ ἰδοὺ ἄνδρες δύο συνελάλουν αὐτῷ, οἵτινες ἦσαν Μωϋσῆς καὶ Ἠλίας, [31] οἳ ὀφθέντες **ἐν δόξῃ** ἔλεγον τὴν ἔξοδον αὐτοῦ, ἣν ἤμελλεν πληροῦν ἐν Ἰερουσαλήμ.	
002					Lk 9,32	... διαγρηγορήσαντες δὲ εἶδον **τὴν δόξαν αὐτοῦ** καὶ τοὺς δύο ἄνδρας τοὺς συνεστῶτας αὐτῷ.	
202	Mt 6,29	λέγω δὲ ὑμῖν ὅτι οὐδὲ Σολομὼν **ἐν πάσῃ τῇ δόξῃ αὐτοῦ** περιεβάλετο ὡς ἓν τούτων.			Lk 12,27	... λέγω δὲ ὑμῖν, οὐδὲ Σολομὼν **ἐν πάσῃ τῇ δόξῃ αὐτοῦ** περιεβάλετο ὡς ἓν τούτων.	
002					Lk 14,10	... τότε ἔσται σοι **δόξα** ἐνώπιον πάντων τῶν συνανακειμένων σοι.	
002					Lk 17,18	οὐχ εὑρέθησαν ὑποστρέψαντες δοῦναι **δόξαν** τῷ θεῷ εἰ μὴ ὁ ἀλλογενὴς οὗτος;	
201	Mt 19,28 ↓ Mt 25,31	... ἀμὴν λέγω ὑμῖν ὅτι ὑμεῖς οἱ ἀκολουθήσαντές μοι ἐν τῇ παλιγγενεσίᾳ, ὅταν καθίσῃ ὁ υἱὸς τοῦ ἀνθρώπου **ἐπὶ θρόνου δόξης αὐτοῦ,** καθήσεσθε καὶ ὑμεῖς ἐπὶ δώδεκα θρόνους κρίνοντες τὰς δώδεκα φυλὰς τοῦ Ἰσραήλ.			Lk 22,30 → Lk 12,37	[28] ὑμεῖς δέ ἐστε οἱ διαμεμενηκότες μετ᾽ ἐμοῦ ἐν τοῖς πειρασμοῖς μου· ... [30] ἵνα ἔσθητε καὶ πίνητε ἐπὶ τῆς τραπέζης μου ἐν τῇ βασιλείᾳ μου, καὶ καθήσεσθε ἐπὶ θρόνων τὰς δώδεκα φυλὰς κρίνοντες τοῦ Ἰσραήλ.	
120	Mt 20,21	... εἰπὲ ἵνα καθίσωσιν οὗτοι οἱ δύο υἱοί μου εἷς ἐκ δεξιῶν σου καὶ εἷς ἐξ εὐωνύμων σου **ἐν τῇ βασιλείᾳ σου.**	Mk 10,37	... δὸς ἡμῖν ἵνα εἷς σου ἐκ δεξιῶν καὶ εἷς ἐξ ἀριστερῶν καθίσωμεν **ἐν τῇ δόξῃ σου.**			
112	Mt 21,9	... ἔκραζον λέγοντες· *ὡσαννὰ* τῷ υἱῷ Δαυίδ· *εὐλογημένος ὁ ἐρχόμενος ἐν ὀνόματι κυρίου·* *ὡσαννὰ ἐν τοῖς ὑψίστοις.* ➤ Ps 118,25-26; Ps 148,1/Job 16,19	Mk 11,10	[9] ... ἔκραζον· *ὡσαννά· εὐλογημένος ὁ ἐρχόμενος ἐν ὀνόματι κυρίου·* [10] εὐλογημένη ἡ ἐρχομένη βασιλεία τοῦ πατρὸς ἡμῶν Δαυίδ· *ὡσαννὰ ἐν τοῖς ὑψίστοις.* ➤ Ps 118,25-26; Ps 148,1/Job 16,19	Lk 19,38 ↑ Lk 2,14	λέγοντες· *εὐλογημένος ὁ ἐρχόμενος,* ὁ βασιλεὺς *ἐν ὀνόματι κυρίου·* ἐν οὐρανῷ εἰρήνη καὶ **δόξα** ἐν ὑψίστοις. ➤ Ps 118,26	→ Jn 12,13
222	Mt 24,30 ↑ Mt 16,27 ↓ Mt 25,31	... καὶ ὄψονται *τὸν υἱὸν τοῦ ἀνθρώπου ἐρχόμενον ἐπὶ τῶν νεφελῶν τοῦ οὐρανοῦ* **μετὰ δυνάμεως καὶ δόξης πολλῆς·** ➤ Dan 7,13-14	Mk 13,26 ↑ Mk 8,38	καὶ τότε ὄψονται *τὸν υἱὸν τοῦ ἀνθρώπου ἐρχόμενον ἐν νεφέλαις* **μετὰ δυνάμεως πολλῆς καὶ δόξης.** ➤ Dan 7,13-14	Lk 21,27 ↑ Lk 9,26	καὶ τότε ὄψονται *τὸν υἱὸν τοῦ ἀνθρώπου ἐρχόμενον ἐν νεφέλῃ* **μετὰ δυνάμεως καὶ δόξης πολλῆς.** ➤ Dan 7,13-14	

code	Mt	Mk	Lk	
200 200	**Mt 25,31** **(2)** ↑ Mt 16,27 ↑ Mt 24,30 ↑ Mk 8,38 ↑ Mk 13,26 ↑ Lk 9,26 ↑ Lk 21,27 ↑ Mt 19,28 ὅταν δὲ ἔλθῃ ὁ υἱὸς τοῦ ἀνθρώπου ἐν τῇ δόξῃ αὐτοῦ καὶ πάντες οἱ ἄγγελοι μετ᾽ αὐτοῦ, τότε καθίσει ἐπὶ θρόνου δόξης αὐτοῦ·			
002	→ Mt 16,21 → Mt 17,23 → Mt 20,19	→ Mk 8,31 → Mk 9,31 → Mk 10,34	**Lk 24,26** → Lk 9,22 → Lk 17,25 → Lk 18,33 → Lk 24,7 → Lk 24,46 οὐχὶ ταῦτα ἔδει παθεῖν τὸν χριστὸν καὶ εἰσελθεῖν εἰς τὴν δόξαν αὐτοῦ;	→ Acts 14,22

Acts 7,2 ... ἄνδρες ἀδελφοὶ καὶ πατέρες, ἀκούσατε. ὁ θεὸς τῆς δόξης ὤφθη τῷ πατρὶ ἡμῶν Ἀβραὰμ ...

Acts 7,55 ... ἀτενίσας εἰς τὸν οὐρανὸν εἶδεν δόξαν θεοῦ καὶ Ἰησοῦν ἑστῶτα ἐκ δεξιῶν τοῦ θεοῦ

Acts 12,23 παραχρῆμα δὲ ἐπάταξεν αὐτὸν ἄγγελος κυρίου ἀνθ᾽ ὧν οὐκ ἔδωκεν τὴν δόξαν τῷ θεῷ, καὶ γενόμενος σκωληκόβρωτος ἐξέψυξεν.

Acts 22,11 ὡς δὲ οὐκ ἐνέβλεπον ἀπὸ τῆς δόξης τοῦ φωτὸς ἐκείνου, χειραγωγούμενος ὑπὸ τῶν συνόντων μοι ἦλθον εἰς Δαμασκόν.

δοξάζω

	Syn	Mt	Mk	Lk	Acts	Jn	1-3John	Paul	Eph	Col
	14	4	1	9	5	23		11		
	NT	2Thess	1/2Tim	Tit	Heb	Jas	1Pet	2Pet	Jude	Rev
	61	1			1		4			2

praise; honor; glorify; exalt

	triple tradition																	double tradition			Sondergut		
		+Mt / +Lk			–Mt / –Lk			traditions not taken over by Mt / Lk							subtotals								
code	222	211	112	212	221	122	121	022	012	021	220	120	210	020	Σ⁺	Σ⁻	Σ	202	201	102	200	002	total
Mt	1												1^+		1^+		2				2		**4**
Mk	1																1						**1**
Lk	1		4^+												4^+		5					4	**9**

code	Mt	Mk	Lk	
002			**Lk 2,20** καὶ ὑπέστρεψαν οἱ ποιμένες δοξάζοντες καὶ αἰνοῦντες τὸν θεὸν ἐπὶ πᾶσιν οἷς ἤκουσαν καὶ εἶδον ...	
112	**Mt 4,17** → Mt 4,23 → Mt 9,35 [12] ἀκούσας δὲ ὅτι Ἰωάννης παρεδόθη ἀνεχώρησεν εἰς τὴν Γαλιλαίαν. [13] ... [17] ἀπὸ τότε ἤρξατο ὁ Ἰησοῦς κηρύσσειν ...	**Mk 1,14** → Mk 1,39 → Mk 6,6 μετὰ δὲ τὸ παραδοθῆναι τὸν Ἰωάννην ἦλθεν ὁ Ἰησοῦς εἰς τὴν Γαλιλαίαν κηρύσσων τὸ εὐαγγέλιον τοῦ θεοῦ	**Lk 4,15** → Lk 4,44 → Lk 8,1 [14] καὶ ὑπέστρεψεν ὁ Ἰησοῦς ἐν τῇ δυνάμει τοῦ πνεύματος εἰς τὴν Γαλιλαίαν. ... [15] καὶ αὐτὸς ἐδίδασκεν ἐν ταῖς συναγωγαῖς αὐτῶν δοξαζόμενος ὑπὸ πάντων.	
200	**Mt 5,16** ... ὅπως ἴδωσιν ὑμῶν τὰ καλὰ ἔργα καὶ δοξάσωσιν τὸν πατέρα ὑμῶν τὸν ἐν τοῖς οὐρανοῖς.			

200	Mt 6,2	ὅταν οὖν ποιῇς ἐλεημο- σύνην, μὴ σαλπίσῃς ἔμπροσθέν σου, ὥσπερ οἱ ὑποκριταὶ ποιοῦσιν ἐν ταῖς συναγωγαῖς καὶ ἐν ταῖς ῥύμαις, ὅπως **δοξασθῶσιν** ὑπὸ τῶν ἀνθρώπων· ...					→ GTh 6,1 (POxy 654)
112	Mt 9,7	καὶ ἐγερθεὶς ἀπῆλθεν εἰς τὸν οἶκον αὐτοῦ.	Mk 2,12	καὶ ἠγέρθη καὶ εὐθὺς ἄρας τὸν κράβαττον ἐξῆλθεν ἔμπροσθεν πάντων,	Lk 5,25	καὶ παραχρῆμα ἀναστὰς ἐνώπιον αὐτῶν, ἄρας ἐφ᾽ ὃ κατέκειτο, ἀπῆλθεν εἰς τὸν οἶκον αὐτοῦ **δοξάζων** τὸν θεόν.	→ Jn 5,9
222	Mt 9,8	ἰδόντες δὲ οἱ ὄχλοι ἐφοβήθησαν καὶ **ἐδόξασαν** τὸν θεὸν τὸν δόντα ἐξουσίαν τοιαύτην τοῖς ἀνθρώποις.		ὥστε ἐξίστασθαι πάντας καὶ **δοξάζειν** τὸν θεὸν λέγοντας ὅτι οὕτως οὐδέποτε εἴδομεν.	Lk 5,26	καὶ ἔκστασις ἔλαβεν ἅπαντας καὶ **ἐδόξαζον** τὸν θεὸν καὶ ἐπλήσθησαν φόβου λέγοντες ὅτι εἴδομεν παράδοξα σήμερον.	
002					Lk 7,16	ἔλαβεν δὲ φόβος πάντας καὶ **ἐδόξαζον** τὸν θεὸν λέγοντες ὅτι προφήτης μέγας ἠγέρθη ἐν ἡμῖν καὶ ὅτι ἐπεσκέψατο ὁ θεὸς τὸν λαὸν αὐτοῦ.	
210	Mt 15,31 → Mt 11,5	ὥστε τὸν ὄχλον θαυμάσαι βλέποντας κωφοὺς λαλοῦντας, κυλλοὺς ὑγιεῖς, καὶ χωλοὺς περιπατοῦντας καὶ τυφλοὺς βλέποντας· καὶ **ἐδόξασαν** τὸν θεὸν Ἰσραήλ.	Mk 7,37	καὶ ὑπερπερισσῶς ἐξεπλήσσοντο λέγοντες· καλῶς πάντα πεποίηκεν, καὶ τοὺς κωφοὺς ποιεῖ ἀκούειν καὶ [τοὺς] ἀλάλους λαλεῖν.			
002					Lk 13,13 → Mt 12,13 → Mk 3,5 → Lk 6,10 → Lk 14,4	καὶ ἐπέθηκεν αὐτῇ τὰς χεῖρας· καὶ παραχρῆμα ἀνωρθώθη καὶ **ἐδόξαζεν** τὸν θεόν.	
002					Lk 17,15	εἷς δὲ ἐξ αὐτῶν, ἰδὼν ὅτι ἰάθη, ὑπέστρεψεν μετὰ φωνῆς μεγάλης **δοξάζων** τὸν θεόν	
112	Mt 20,34 ⇩ Mt 9,30 Mt 9,30 ⇧ Mt 20,34	... καὶ εὐθέως ἀνέβλεψαν καὶ ἠκολούθησαν αὐτῷ. καὶ ἠνεῴχθησαν αὐτῶν οἱ ὀφθαλμοί. ...	Mk 10,52	... καὶ εὐθὺς ἀνέβλεψεν, καὶ ἠκολούθει αὐτῷ ἐν τῇ ὁδῷ.	Lk 18,43	καὶ παραχρῆμα ἀνέβλεψεν καὶ ἠκολούθει αὐτῷ **δοξάζων** τὸν θεόν. ...	
112	Mt 27,54	ὁ δὲ ἑκατόνταρχος καὶ οἱ μετ᾽ αὐτοῦ τηροῦντες τὸν Ἰησοῦν ἰδόντες τὸν σεισμὸν καὶ τὰ γενόμενα ἐφοβήθησαν σφόδρα, λέγοντες· ἀληθῶς θεοῦ υἱὸς ἦν οὗτος.	Mk 15,39	ἰδὼν δὲ ὁ κεντυρίων ὁ παρεστηκὼς ἐξ ἐναντίας αὐτοῦ ὅτι οὕτως ἐξέπνευσεν εἶπεν· ἀληθῶς οὗτος ὁ ἄνθρωπος υἱὸς θεοῦ ἦν.	Lk 23,47	ἰδὼν δὲ ὁ ἑκατοντάρχης τὸ γενόμενον **ἐδόξαζεν** τὸν θεὸν λέγων· ὄντως ὁ ἄνθρωπος οὗτος δίκαιος ἦν.	

Acts 3,13 *ὁ θεὸς Ἀβραὰμ καὶ [ὁ θεὸς] Ἰσαὰκ καὶ [ὁ θεὸς] Ἰακώβ, ὁ θεὸς τῶν πατέρων ἡμῶν,* **ἐδόξασεν** τὸν παῖδα αὐτοῦ Ἰησοῦν ὃν ὑμεῖς μὲν παρεδώκατε ...
➢ Exod 3,6

Acts 4,21 ... μηδὲν εὑρίσκοντες τὸ πῶς κολάσωνται αὐτούς, διὰ τὸν λαόν, ὅτι πάντες **ἐδόξαζον** τὸν θεὸν ἐπὶ τῷ γεγονότι·

Acts 11,18 ἀκούσαντες δὲ ταῦτα ἡσύχασαν καὶ **ἐδόξασαν** τὸν θεὸν λέγοντες· ...

Acts 13,48 ἀκούοντα δὲ τὰ ἔθνη ἔχαιρον καὶ **ἐδόξαζον** τὸν λόγον τοῦ κυρίου ...

Acts 21,20 οἱ δὲ ἀκούσαντες **ἐδόξαζον** τὸν θεόν εἶπόν τε αὐτῷ· ...

δουλεύω	Syn	Mt	Mk	Lk	Acts	Jn	1-3John	Paul	Eph	Col
	5	2		3	2	1		13	1	1
	NT	2Thess	1/2Tim	Tit	Heb	Jas	1Pet	2Pet	Jude	Rev
	25		1	1						

serve; be a slave; be enslaved

002			Lk 15,29	... ἰδοὺ τοσαῦτα ἔτη **δουλεύω** σοι καὶ οὐδέποτε ἐντολήν σου παρῆλθον, ...	
202	Mt 6,24 (2)	οὐδεὶς δύναται δυσὶ κυρίοις **δουλεύειν·** ἢ γὰρ τὸν ἕνα μισήσει καὶ τὸν ἕτερον ἀγαπήσει, ἢ ἑνὸς ἀνθέξεται καὶ τοῦ ἑτέρου καταφρονήσει.	Lk 16,13 (2)	οὐδεὶς οἰκέτης δύναται δυσὶ κυρίοις **δουλεύειν·** ἢ γὰρ τὸν ἕνα μισήσει καὶ τὸν ἕτερον ἀγαπήσει, ἢ ἑνὸς ἀνθέξεται καὶ τοῦ ἑτέρου καταφρονήσει.	→ GTh 47,1-2
202		οὐ δύνασθε θεῷ **δουλεύειν** καὶ μαμωνᾷ.		οὐ δύνασθε θεῷ **δουλεύειν** καὶ μαμωνᾷ.	

Acts 7,7 *καὶ τὸ ἔθνος ᾧ ἐὰν* ***δουλεύσουσιν*** *κρινῶ ἐγώ,* ὁ θεὸς εἶπεν, ...
➢ Gen 15,14

Acts 20,19 **δουλεύων** τῷ κυρίῳ μετὰ πάσης ταπεινοφροσύνης καὶ δακρύων καὶ πειρασμῶν τῶν συμβάντων μοι ...

δούλη	Syn	Mt	Mk	Lk	Acts	Jn	1-3John	Paul	Eph	Col
	2			2	1					
	NT	2Thess	1/2Tim	Tit	Heb	Jas	1Pet	2Pet	Jude	Rev
	3									

female slave

002		Lk 1,38	εἶπεν δὲ Μαριάμ· ἰδοὺ **ἡ δούλη κυρίου·** γένοιτό μοι κατὰ τὸ ῥῆμά σου. ...
002		Lk 1,48	ὅτι ἐπέβλεψεν ἐπὶ τὴν ταπείνωσιν **τῆς δούλης αὐτοῦ.** ...

Acts 2,18 *καί γε ἐπὶ τοὺς δούλους μου καὶ* ***ἐπὶ τὰς δούλας μου*** *ἐν ταῖς ἡμέραις ἐκείναις ἐκχεῶ ἀπὸ τοῦ πνεύματός μου,* καὶ προφητεύσουσιν.
➢ Joel 3,2 LXX

δοῦλος	Syn	Mt	Mk	Lk	Acts	Jn	1-3John	Paul	Eph	Col
	61	30	5	26	3	11		19	3	4
	NT	2Thess	1/2Tim	Tit	Heb	Jas	1Pet	2Pet	Jude	Rev
	124		2	2		1	1	2	1	14

slave

	triple tradition																	double tradition			Sondergut		
		+Mt / +Lk			–Mt / –Lk			traditions not taken over by Mt / Lk							subtotals								
code	222	211	112	212	221	122	121	022	012	021	220	120	210	020	Σ⁺	Σ⁻	Σ	202	201	102	200	002	total
Mt	3	1⁺			1										1⁺		5	10	5		10		**30**
Mk	3				1									1			5						**5**
Lk	3				1⁻											1⁻	3	10		5		8	**26**

002			**Lk 2,29**	νῦν ἀπολύεις **τὸν δοῦλόν σου,** δέσποτα, κατὰ τὸ ῥῆμά σου ἐν εἰρήνῃ·	
102	**Mt 8,6**	[5] ... ἑκατόνταρχος παρακαλῶν αὐτὸν [6] καὶ λέγων· κύριε, **ὁ παῖς μου** βέβληται ἐν τῇ οἰκίᾳ παραλυτικός, δεινῶς βασανιζόμενος.	**Lk 7,2**	ἑκατοντάρχου δέ τινος **δοῦλος** κακῶς ἔχων ἤμελλεν τελευτᾶν, ὃς ἦν αὐτῷ ἔντιμος.	→ Jn 4,46-47
102	**Mt 8,7** → Lk 7,6	καὶ λέγει αὐτῷ· ἐγὼ ἐλθὼν θεραπεύσω **αὐτόν.**	**Lk 7,3**	ἀκούσας δὲ περὶ τοῦ Ἰησοῦ ἀπέστειλεν πρὸς αὐτὸν πρεσβυτέρους τῶν Ἰουδαίων ἐρωτῶν αὐτὸν ὅπως ἐλθὼν διασώσῃ **τὸν δοῦλον αὐτοῦ.**	→ Jn 4,47
202	**Mt 8,9**	καὶ γὰρ ἐγὼ ἄνθρωπός εἰμι ὑπὸ ἐξουσίαν, ἔχων ὑπ' ἐμαυτὸν στρατιώτας, καὶ λέγω τούτῳ· πορεύθητι, καὶ πορεύεται, καὶ ἄλλῳ· ἔρχου, καὶ ἔρχεται, καὶ **τῷ δούλῳ μου·** ποίησον τοῦτο, καὶ ποιεῖ.	**Lk 7,8**	καὶ γὰρ ἐγὼ ἄνθρωπός εἰμι ὑπὸ ἐξουσίαν τασσόμενος ἔχων ὑπ' ἐμαυτὸν στρατιώτας, καὶ λέγω τούτῳ· πορεύθητι, καὶ πορεύεται, καὶ ἄλλῳ· ἔρχου, καὶ ἔρχεται, καὶ **τῷ δούλῳ μου·** ποίησον τοῦτο, καὶ ποιεῖ.	
102	**Mt 8,13**	καὶ εἶπεν ὁ Ἰησοῦς τῷ ἑκατοντάρχῃ· ὕπαγε, ὡς ἐπίστευσας γενηθήτω σοι. καὶ ἰάθη **ὁ παῖς [αὐτοῦ]** ἐν τῇ ὥρᾳ ἐκείνῃ.	**Lk 7,10** → Mk 7,30	καὶ ὑποστρέψαντες εἰς τὸν οἶκον οἱ πεμφθέντες εὗρον **τὸν δοῦλον** ὑγιαίνοντα.	**→ Jn 4,51**
201	**Mt 10,24**	οὐκ ἔστιν μαθητὴς ὑπὲρ τὸν διδάσκαλον οὐδὲ **δοῦλος** ὑπὲρ τὸν κύριον αὐτοῦ.	**Lk 6,40**	οὐκ ἔστιν μαθητὴς ὑπὲρ τὸν διδάσκαλον·	
201	**Mt 10,25**	ἀρκετὸν τῷ μαθητῇ ἵνα γένηται ὡς ὁ διδάσκαλος αὐτοῦ καὶ **ὁ δοῦλος** ὡς ὁ κύριος αὐτοῦ. ...		κατηρτισμένος δὲ πᾶς ἔσται ὡς ὁ διδάσκαλος αὐτοῦ.	
200	**Mt 13,27**	προσελθόντες δὲ **οἱ δοῦλοι τοῦ οἰκοδεσπότου** εἶπον αὐτῷ· κύριε, οὐχὶ καλὸν σπέρμα ἔσπειρας ἐν τῷ σῷ ἀγρῷ; ...			→ GTh 57

200	Mt 13,28	ὁ δὲ ἔφη αὐτοῖς· ἐχθρὸς ἄνθρωπος τοῦτο ἐποίησεν. **οἱ δὲ δοῦλοι** λέγουσιν αὐτῷ· θέλεις οὖν ἀπελθόντες συλλέξωμεν αὐτά;				→ GTh 57
200	Mt 18,23	διὰ τοῦτο ὡμοιώθη ἡ βασιλεία τῶν οὐρανῶν ἀνθρώπῳ βασιλεῖ, ὃς ἠθέλησεν συνᾶραι λόγον **μετὰ τῶν δούλων αὐτοῦ.**				
200	Mt 18,26	πεσὼν οὖν **ὁ δοῦλος** προσεκύνει αὐτῷ λέγων· μακροθύμησον ἐπ' ἐμοί, καὶ πάντα ἀποδώσω σοι.				
200	Mt 18,27	σπλαγχνισθεὶς δὲ ὁ κύριος **τοῦ δούλου ἐκείνου** ἀπέλυσεν αὐτὸν καὶ τὸ δάνειον ἀφῆκεν αὐτῷ.				
200	Mt 18,28	ἐξελθὼν δὲ **ὁ δοῦλος ἐκεῖνος** εὗρεν ἕνα τῶν συνδούλων αὐτοῦ, ὃς ὤφειλεν αὐτῷ ἑκατὸν δηνάρια, ...				
200	Mt 18,32	τότε προσκαλεσάμενος αὐτὸν ὁ κύριος αὐτοῦ λέγει αὐτῷ· **δοῦλε πονηρέ,** πᾶσαν τὴν ὀφειλὴν ἐκείνην ἀφῆκά σοι, ἐπεὶ παρεκάλεσάς με·				
002				Lk 12,37 → Lk 22,30	μακάριοι **οἱ δοῦλοι ἐκεῖνοι,** οὓς ἐλθὼν ὁ κύριος εὑρήσει γρηγοροῦντας· ...	
202	Mt 24,46	μακάριος **ὁ δοῦλος ἐκεῖνος** ὃν ἐλθὼν ὁ κύριος αὐτοῦ εὑρήσει οὕτως ποιοῦντα·		Lk 12,43	μακάριος **ὁ δοῦλος ἐκεῖνος,** ὃν ἐλθὼν ὁ κύριος αὐτοῦ εὑρήσει ποιοῦντα οὕτως·	
202	Mt 24,48	ἐὰν δὲ εἴπῃ **ὁ κακὸς δοῦλος ἐκεῖνος** ἐν τῇ καρδίᾳ αὐτοῦ· χρονίζει μου ὁ κύριος		Lk 12,45	ἐὰν δὲ εἴπῃ **ὁ δοῦλος ἐκεῖνος** ἐν τῇ καρδίᾳ αὐτοῦ· χρονίζει ὁ κύριός μου ἔρχεσθαι, ...	
202	Mt 24,50 → Mt 24,42 → Mt 24,44 → Mt 25,13	ἥξει **ὁ κύριος τοῦ δούλου ἐκείνου** ἐν ἡμέρᾳ ᾗ οὐ προσδοκᾷ καὶ ἐν ὥρᾳ ᾗ οὐ γινώσκει		Lk 12,46	ἥξει **ὁ κύριος τοῦ δούλου ἐκείνου** ἐν ἡμέρᾳ ᾗ οὐ προσδοκᾷ καὶ ἐν ὥρᾳ ᾗ οὐ γινώσκει, ...	
002				Lk 12,47	**ἐκεῖνος δὲ ὁ δοῦλος** ὁ γνοὺς τὸ θέλημα τοῦ κυρίου αὐτοῦ καὶ μὴ ἑτοιμάσας ἢ ποιήσας πρὸς τὸ θέλημα αὐτοῦ δαρήσεται πολλάς·	

202	Mt 22,3	καὶ ἀπέστειλεν **τοὺς δούλους αὐτοῦ** καλέσαι τοὺς κεκλημένους εἰς τοὺς γάμους, ...			Lk 14,17	καὶ ἀπέστειλεν **τὸν δοῦλον αὐτοῦ** τῇ ὥρᾳ τοῦ δείπνου εἰπεῖν τοῖς κεκλημένοις· ...	→ GTh 64
102	Mt 22,7	ὁ δὲ βασιλεὺς ὠργίσθη ...			Lk 14,21 (2)	καὶ παραγενόμενος **ὁ δοῦλος** ἀπήγγειλεν τῷ κυρίῳ αὐτοῦ ταῦτα. τότε ὀργισθεὶς ὁ οἰκοδεσπότης	
202	Mt 22,8	τότε λέγει **τοῖς δούλοις αὐτοῦ·** ὁ μὲν γάμος ἕτοιμός ἐστιν, οἱ δὲ κεκλημένοι οὐκ ἦσαν ἄξιοι·			⇩ Lk 14,23	εἶπεν **τῷ δούλῳ αὐτοῦ·** ἔξελθε ταχέως εἰς τὰς πλατείας καὶ ῥύμας τῆς πόλεως, ... [24] λέγω γὰρ ὑμῖν ὅτι οὐδεὶς τῶν ἀνδρῶν ἐκείνων τῶν κεκλημένων γεύσεταί μου τοῦ δείπνου.	→ GTh 64
002					Lk 14,22	καὶ εἶπεν **ὁ δοῦλος·** κύριε, γέγονεν ὃ ἐπέταξας, καὶ ἔτι τόπος ἐστίν.	
102	Mt 22,9	πορεύεσθε οὖν ἐπὶ τὰς διεξόδους τῶν ὁδῶν καὶ ὅσους ἐὰν εὕρητε καλέσατε εἰς τοὺς γάμους.			Lk 14,23 ↓ Mt 22,10 ⇧ Lk 14,21 → Lk 16,16	καὶ εἶπεν ὁ κύριος **πρὸς τὸν δοῦλον·** ἔξελθε εἰς τὰς ὁδοὺς καὶ φραγμοὺς καὶ ἀνάγκασον εἰσελθεῖν, ἵνα γεμισθῇ μου ὁ οἶκος·	→ GTh 64
002					Lk 15,22	εἶπεν δὲ ὁ πατὴρ **πρὸς τοὺς δούλους αὐτοῦ·** ταχὺ ἐξενέγκατε στολὴν τὴν πρώτην καὶ ἐνδύσατε αὐτόν, ...	
002					Lk 17,7	τίς δὲ ἐξ ὑμῶν **δοῦλον** ἔχων ἀροτριῶντα ἢ ποιμαίνοντα, ὃς εἰσελθόντι ἐκ τοῦ ἀγροῦ ἐρεῖ αὐτῷ· εὐθέως παρελθὼν ἀνάπεσε	
002					Lk 17,9	μὴ ἔχει χάριν **τῷ δούλῳ** ὅτι ἐποίησεν τὰ διαταχθέντα;	
002					Lk 17,10	... λέγετε ὅτι **δοῦλοι ἀχρεῖοί** ἐσμεν, ὃ ὠφείλομεν ποιῆσαι πεποιήκαμεν.	
221	Mt 20,27	[26] οὐχ οὕτως ἔσται ἐν ὑμῖν, ἀλλ᾽ ὃς ἐὰν θέλῃ ἐν ὑμῖν μέγας γενέσθαι ἔσται ὑμῶν διάκονος, [27] καὶ ὃς ἂν θέλῃ ἐν ὑμῖν εἶναι πρῶτος ἔσται **ὑμῶν δοῦλος·**	Mk 10,44 ⇨ Mk 9,35	[43] οὐχ οὕτως δέ ἐστιν ἐν ὑμῖν, ἀλλ᾽ ὃς ἂν θέλῃ μέγας γενέσθαι ἐν ὑμῖν ἔσται ὑμῶν διάκονος, [44] καὶ ὃς ἂν θέλῃ ἐν ὑμῖν εἶναι πρῶτος ἔσται **πάντων δοῦλος·**	Lk 22,26 → Mt 23,11	ὑμεῖς δὲ οὐχ οὕτως, ἀλλ᾽ ὁ μείζων ἐν ὑμῖν γινέσθω ὡς ὁ νεώτερος καὶ ὁ ἡγούμενος **ὡς ὁ διακονῶν.**	

202	Mt 25,14	ὥσπερ γὰρ ἄνθρωπος ἀποδημῶν ἐκάλεσεν **τοὺς ἰδίους δούλους** καὶ παρέδωκεν αὐτοῖς τὰ ὑπάρχοντα αὐτοῦ, [15] καὶ ᾧ μὲν ἔδωκεν πέντε τάλαντα, ...	Mk 13,34	ὡς ἄνθρωπος ἀπόδημος ἀφεὶς τὴν οἰκίαν αὐτοῦ καὶ δοὺς **τοῖς δούλοις αὐτοῦ** τὴν ἐξουσίαν ἑκάστῳ τὸ ἔργον αὐτοῦ, ...	Lk 19,13	[12] ἄνθρωπός τις εὐγενὴς ἐπορεύθη εἰς χώραν μακρὰν ... [13] καλέσας δὲ **δέκα δούλους ἑαυτοῦ** ἔδωκεν αὐτοῖς δέκα μνᾶς ...	Mk-Q overlap
202	Mt 25,19	μετὰ δὲ πολὺν χρόνον ἔρχεται ὁ κύριος **τῶν δούλων ἐκείνων** καὶ συναίρει λόγον μετ᾽ αὐτῶν.			Lk 19,15	καὶ ἐγένετο ἐν τῷ ἐπανελθεῖν αὐτὸν λαβόντα τὴν βασιλείαν καὶ εἶπεν φωνηθῆναι αὐτῷ **τοὺς δούλους τούτους** οἷς δεδώκει τὸ ἀργύριον, ἵνα γνοῖ τί διεπραγματεύσαντο.	
202	Mt 25,21 → Mt 24,47	ἔφη αὐτῷ ὁ κύριος αὐτοῦ· εὖ, **δοῦλε ἀγαθὲ καὶ πιστέ,** ἐπὶ ὀλίγα ἦς πιστός, ἐπὶ πολλῶν σε καταστήσω· εἴσελθε εἰς τὴν χαρὰν τοῦ κυρίου σου.			Lk 19,17 → Lk 16,10	καὶ εἶπεν αὐτῷ· εὖγε, **ἀγαθὲ δοῦλε,** ὅτι ἐν ἐλαχίστῳ πιστὸς ἐγένου, ἴσθι ἐξουσίαν ἔχων ἐπάνω δέκα πόλεων.	
202	Mt 25,26	ἀποκριθεὶς δὲ ὁ κύριος αὐτοῦ εἶπεν αὐτῷ· **πονηρὲ δοῦλε καὶ ὀκνηρέ,** ᾔδεις ὅτι θερίζω ὅπου οὐκ ἔσπειρα καὶ συνάγω ὅθεν οὐ διεσκόρπισα;			Lk 19,22	λέγει αὐτῷ· ἐκ τοῦ στόματός σου κρίνω σε, **πονηρὲ δοῦλε.** ᾔδεις ὅτι ἐγὼ ἄνθρωπος αὐστηρός εἰμι, αἴρων ὃ οὐκ ἔθηκα καὶ θερίζων ὃ οὐκ ἔσπειρα;	
222	Mt 21,34 → Mk 12,5	ὅτε δὲ ἤγγισεν ὁ καιρὸς τῶν καρπῶν, ἀπέστειλεν **τοὺς δούλους αὐτοῦ** πρὸς τοὺς γεωργοὺς λαβεῖν τοὺς καρποὺς αὐτοῦ.	Mk 12,2	καὶ ἀπέστειλεν πρὸς τοὺς γεωργοὺς τῷ καιρῷ **δοῦλον** ἵνα παρὰ τῶν γεωργῶν λάβῃ ἀπὸ τῶν καρπῶν τοῦ ἀμπελῶνος·	Lk 20,10	καὶ καιρῷ ἀπέστειλεν πρὸς τοὺς γεωργοὺς **δοῦλον** ἵνα ἀπὸ τοῦ καρποῦ τοῦ ἀμπελῶνος δώσουσιν αὐτῷ·	→ GTh 65
211	Mt 21,35	καὶ λαβόντες οἱ γεωργοὶ **τοὺς δούλους αὐτοῦ** ὃν μὲν ἔδειραν, ...	Mk 12,3	καὶ λαβόντες **αὐτὸν** ἔδειραν καὶ ἀπέστειλαν κενόν.		οἱ δὲ γεωργοὶ ἐξαπέστειλαν **αὐτὸν** δείραντες κενόν.	
222	Mt 21,36 ↓ Mt 22,4	πάλιν ἀπέστειλεν **ἄλλους δούλους** πλείονας τῶν πρώτων, καὶ ἐποίησαν αὐτοῖς ὡσαύτως.	Mk 12,4	καὶ πάλιν ἀπέστειλεν πρὸς αὐτοὺς **ἄλλον δοῦλον·** κἀκεῖνον ἐκεφαλίωσαν καὶ ἠτίμασαν.	Lk 20,11	καὶ προσέθετο **ἕτερον πέμψαι δοῦλον·** οἱ δὲ κἀκεῖνον δείραντες καὶ ἀτιμάσαντες ἐξαπέστειλαν κενόν.	→ GTh 65

202	Mt 22,3	καὶ ἀπέστειλεν **τοὺς δούλους αὐτοῦ** καλέσαι τοὺς κεκλημένους εἰς τοὺς γάμους, καὶ οὐκ ἤθελον ἐλθεῖν.			Lk 14,17	καὶ ἀπέστειλεν **τὸν δοῦλον αὐτοῦ** τῇ ὥρᾳ τοῦ δείπνου εἰπεῖν τοῖς κεκλημένοις·	→ GTh 64
201	Mt 22,4 ↑ Mt 21,36	πάλιν ἀπέστειλεν **ἄλλους δούλους** λέγων· εἴπατε τοῖς κεκλημένοις· ἰδοὺ τὸ ἄριστόν μου ἡτοίμακα, οἱ ταῦροί μου καὶ τὰ σιτιστὰ τεθυμένα καὶ πάντα ἕτοιμα· δεῦτε εἰς τοὺς γάμους.				ἔρχεσθε, ὅτι ἤδη ἕτοιμά ἐστιν.	→ GTh 64
200	Mt 22,6 ↑ Mt 21,35 → Mk 12,5 → Lk 20,12	οἱ δὲ λοιποὶ κρατήσαντες **τοὺς δούλους αὐτοῦ** ὕβρισαν καὶ ἀπέκτειναν.					→ GTh 64
202	Mt 22,8	[7] ὁ δὲ βασιλεὺς ὠργίσθη ... [8] τότε λέγει **τοῖς δούλοις αὐτοῦ·** ὁ μὲν γάμος ἕτοιμός ἐστιν, οἱ δὲ κεκλημένοι οὐκ ἦσαν ἄξιοι·			Lk 14,21 (2)	... τότε ὀργισθεὶς ὁ οἰκοδεσπότης εἶπεν **τῷ δούλῳ αὐτοῦ·** ἔξελθε ταχέως εἰς τὰς πλατείας καὶ ῥύμας τῆς πόλεως, ... [24] λέγω γὰρ ὑμῖν ὅτι οὐδεὶς τῶν ἀνδρῶν ἐκείνων τῶν κεκλημένων γεύσεταί μου τοῦ δείπνου.	→ GTh 64
200	Mt 22,10 ↑ Lk 14,23	καὶ ἐξελθόντες **οἱ δοῦλοι ἐκεῖνοι** εἰς τὰς ὁδοὺς συνήγαγον πάντας οὓς εὗρον, ...					→ GTh 64
020	Mt 25,14	ὥσπερ γὰρ ἄνθρωπος ἀποδημῶν ἐκάλεσεν **τοὺς ἰδίους δούλους** καὶ παρέδωκεν αὐτοῖς τὰ ὑπάρχοντα αὐτοῦ, [15] καὶ ᾧ μὲν ἔδωκεν πέντε τάλαντα, ...	Mk 13,34	ὡς ἄνθρωπος ἀπόδημος ἀφεὶς τὴν οἰκίαν αὐτοῦ καὶ δοὺς **τοῖς δούλοις αὐτοῦ** τὴν ἐξουσίαν ἑκάστῳ τὸ ἔργον αὐτοῦ, ...	Lk 19,13	[12] ἄνθρωπός τις εὐγενὴς ἐπορεύθη εἰς χώραν μακρὰν ... [13] καλέσας δὲ **δέκα δούλους ἑαυτοῦ** ἔδωκεν αὐτοῖς δέκα μνᾶς ...	Mk-Q overlap
201	Mt 24,45	 τίς ἄρα ἐστὶν **ὁ πιστὸς δοῦλος καὶ φρόνιμος** ὃν κατέστησεν ὁ κύριος ἐπὶ τῆς οἰκετείας αὐτοῦ τοῦ δοῦναι αὐτοῖς τὴν τροφὴν ἐν καιρῷ;			Lk 12,42	καὶ εἶπεν ὁ κύριος· τίς ἄρα ἐστὶν **ὁ πιστὸς οἰκονόμος ὁ φρόνιμος,** ὃν καταστήσει ὁ κύριος ἐπὶ τῆς θεραπείας αὐτοῦ τοῦ διδόναι ἐν καιρῷ [τὸ] σιτομέτριον;	
202	Mt 24,46	μακάριος **ὁ δοῦλος ἐκεῖνος** ὃν ἐλθὼν ὁ κύριος αὐτοῦ εὑρήσει οὕτως ποιοῦντα·			Lk 12,43	μακάριος **ὁ δοῦλος ἐκεῖνος,** ὃν ἐλθὼν ὁ κύριος αὐτοῦ εὑρήσει ποιοῦντα οὕτως·	
202	Mt 24,48	ἐὰν δὲ εἴπῃ **ὁ κακὸς δοῦλος ἐκεῖνος** ἐν τῇ καρδίᾳ αὐτοῦ· χρονίζει μου ὁ κύριος			Lk 12,45	ἐὰν δὲ εἴπῃ **ὁ δοῦλος ἐκεῖνος** ἐν τῇ καρδίᾳ αὐτοῦ· χρονίζει ὁ κύριός μου ἔρχεσθαι, ...	
202	Mt 24,50 → Mt 24,42 → Mt 24,44 → Mt 25,13	ἥξει **ὁ κύριος τοῦ δούλου ἐκείνου** ἐν ἡμέρᾳ ᾗ οὐ προσδοκᾷ καὶ ἐν ὥρᾳ ᾗ οὐ γινώσκει			Lk 12,46	ἥξει **ὁ κύριος τοῦ δούλου ἐκείνου** ἐν ἡμέρᾳ ᾗ οὐ προσδοκᾷ καὶ ἐν ὥρᾳ ᾗ οὐ γινώσκει, ...	

202	Mt 25,14	ὥσπερ γὰρ ἄνθρωπος ἀποδημῶν ἐκάλεσεν **τοὺς ἰδίους δούλους** καὶ παρέδωκεν αὐτοῖς τὰ ὑπάρχοντα αὐτοῦ, [15] καὶ ᾧ μὲν ἔδωκεν πέντε τάλαντα, ᾧ δὲ δύο, ᾧ δὲ ἕν, ...	Mk 13,34	ὡς ἄνθρωπος ἀπόδημος ἀφεὶς τὴν οἰκίαν αὐτοῦ καὶ δοὺς **τοῖς δούλοις αὐτοῦ** τὴν ἐξουσίαν ἑκάστῳ τὸ ἔργον αὐτοῦ, ...	Lk 19,13	[12] ἄνθρωπός τις εὐγενὴς ἐπορεύθη εἰς χώραν μακρὰν ... [13] καλέσας δὲ **δέκα δούλους ἑαυτοῦ** ἔδωκεν αὐτοῖς δέκα μνᾶς ...	Mk-Q overlap
202	Mt 25,19	μετὰ δὲ πολὺν χρόνον ἔρχεται ὁ κύριος **τῶν δούλων ἐκείνων** καὶ συναίρει λόγον μετ᾽ αὐτῶν.			Lk 19,15	καὶ ἐγένετο ἐν τῷ ἐπανελθεῖν αὐτὸν λαβόντα τὴν βασιλείαν καὶ εἶπεν φωνηθῆναι αὐτῷ **τοὺς δούλους τούτους** οἷς δεδώκει τὸ ἀργύριον, ἵνα γνοῖ τί διεπραγματεύσαντο.	
202	Mt 25,21 → Mt 24,47	ἔφη αὐτῷ ὁ κύριος αὐτοῦ· εὖ, **δοῦλε ἀγαθὲ καὶ πιστέ,** ἐπὶ ὀλίγα ἦς πιστός, ἐπὶ πολλῶν σε καταστήσω· εἴσελθε εἰς τὴν χαρὰν τοῦ κυρίου σου.			Lk 19,17 → Lk 16,10	καὶ εἶπεν αὐτῷ· εὖγε, **ἀγαθὲ δοῦλε,** ὅτι ἐν ἐλαχίστῳ πιστὸς ἐγένου, ἴσθι ἐξουσίαν ἔχων ἐπάνω δέκα πόλεων.	
201	Mt 25,23 → Mt 24,47	ἔφη αὐτῷ ὁ κύριος αὐτοῦ· εὖ, **δοῦλε ἀγαθὲ καὶ πιστέ,** ἐπὶ ὀλίγα ἦς πιστός, ἐπὶ πολλῶν σε καταστήσω· ...			Lk 19,19	εἶπεν δὲ καὶ τούτῳ· καὶ σὺ ἐπάνω γίνου πέντε πόλεων.	
202	Mt 25,26	ἀποκριθεὶς δὲ ὁ κύριος αὐτοῦ εἶπεν αὐτῷ· **πονηρὲ δοῦλε καὶ ὀκνηρέ,** ᾔδεις ὅτι θερίζω ὅπου οὐκ ἔσπειρα καὶ συνάγω ὅθεν οὐ διεσκόρπισα;			Lk 19,22	λέγει αὐτῷ· ἐκ τοῦ στόματός σου κρίνω σε, **πονηρὲ δοῦλε.** ᾔδεις ὅτι ἐγὼ ἄνθρωπος αὐστηρός εἰμι, αἴρων ὃ οὐκ ἔθηκα καὶ θερίζων ὃ οὐκ ἔσπειρα;	
200	Mt 25,30	καὶ **τὸν ἀχρεῖον δοῦλον** ἐκβάλετε εἰς τὸ σκότος τὸ ἐξώτερον· ...					
222	Mt 26,51	καὶ ἰδοὺ εἷς τῶν μετὰ Ἰησοῦ ἐκτείνας τὴν χεῖρα ἀπέσπασεν τὴν μάχαιραν αὐτοῦ καὶ πατάξας **τὸν δοῦλον τοῦ ἀρχιερέως** ἀφεῖλεν αὐτοῦ τὸ ὠτίον.	Mk 14,47	εἷς δέ [τις] τῶν παρεστηκότων σπασάμενος τὴν μάχαιραν ἔπαισεν **τὸν δοῦλον τοῦ ἀρχιερέως** καὶ ἀφεῖλεν αὐτοῦ τὸ ὠτάριον.	Lk 22,50	[49] ... κύριε, εἰ πατάξομεν ἐν μαχαίρῃ; [50] καὶ ἐπάταξεν εἷς τις ἐξ αὐτῶν **τοῦ ἀρχιερέως τὸν δοῦλον** καὶ ἀφεῖλεν τὸ οὖς αὐτοῦ τὸ δεξιόν.	→ Jn 18,10

Acts 2,18	*καί γε* ***ἐπὶ τοὺς δούλους μου*** *καὶ ἐπὶ τὰς δούλας μου ἐν ταῖς ἡμέραις ἐκείναις ἐκχεῶ ἀπὸ τοῦ πνεύματός μου,* καὶ προφητεύσουσιν. ➤ Joel 3,2 LXX	Acts 4,29	καὶ τὰ νῦν, κύριε, ἔπιδε ἐπὶ τὰς ἀπειλὰς αὐτῶν καὶ δὸς **τοῖς δούλοις σου** μετὰ παρρησίας πάσης λαλεῖν τὸν λόγον σου	Acts 16,17	... οὗτοι οἱ ἄνθρωποι **δοῦλοι τοῦ θεοῦ τοῦ ὑψίστου** εἰσίν, οἵτινες καταγγέλλουσιν ὑμῖν ὁδὸν σωτηρίας.

δοχή

δοχή	Syn 2	Mt	Mk	Lk 2	Acts	Jn	1-3John	Paul	Eph	Col
	NT 2	2Thess	1/2Tim	Tit	Heb	Jas	1Pet	2Pet	Jude	Rev

banquet; reception

112	**Mt 9,10** καὶ ἐγένετο αὐτοῦ ἀνακειμένου ἐν τῇ οἰκίᾳ, ...	**Mk 2,15** καὶ γίνεται κατακεῖσθαι αὐτὸν ἐν τῇ οἰκίᾳ αὐτοῦ, ...	**Lk 5,29** → Lk 15,1 καὶ ἐποίησεν **δοχὴν μεγάλην** Λευὶς αὐτῷ ἐν τῇ οἰκίᾳ αὐτοῦ, ...	
002			**Lk 14,13** → Lk 14,21 ἀλλ' ὅταν **δοχὴν** ποιῇς, κάλει πτωχούς, ἀναπείρους, χωλούς, τυφλούς·	

δραχμή

δραχμή	Syn 3	Mt	Mk	Lk 3	Acts	Jn	1-3John	Paul	Eph	Col
	NT 3	2Thess	1/2Tim	Tit	Heb	Jas	1Pet	2Pet	Jude	Rev

silver coin

002			**Lk 15,8** (2) ἢ τίς γυνὴ **δραχμὰς ἔχουσα δέκα**	
002			ἐὰν ἀπολέσῃ **δραχμὴν μίαν,** οὐχὶ ἅπτει λύχνον καὶ σαροῖ τὴν οἰκίαν ...	
002			**Lk 15,9** ... συγχάρητέ μοι, ὅτι εὗρον **τὴν δραχμὴν** ἣν ἀπώλεσα.	

δρέπανον

δρέπανον	Syn 1	Mt	Mk 1	Lk	Acts	Jn	1-3John	Paul	Eph	Col
	NT 8	2Thess	1/2Tim	Tit	Heb	Jas	1Pet	2Pet	Jude	Rev 7

sickle

020		**Mk 4,29** ὅταν δὲ παραδοῖ ὁ καρπός, εὐθὺς ἀποστέλλει **τὸ δρέπανον,** ὅτι παρέστηκεν ὁ θερισμός.		→ GTh 21,10

δύναμαι	Syn 86	Mt 27	Mk 33	Lk 26	Acts 21	Jn 37	1-3John 2	Paul 27	Eph 5	Col
	NT 210	2Thess	1/2Tim 6	Tit	Heb 9	Jas 6	1Pet	2Pet	Jude 1	Rev 10

can; be able to; be capable of; can do; be able to do

	triple tradition																	double tradition			Sondergut		
		+Mt / +Lk			–Mt / –Lk			traditions not taken over by Mt / Lk							subtotals								
code	222	211	112	212	221	122	121	022	012	021	220	120	210	020	Σ^+	Σ^-	Σ	202	201	102	200	002	total
Mt	3	1^+		1^+	2	1^-	3^-				4	9^-	2^+		4^+	13^-	13	4	4		6		**27**
Mk	3				2	1	3			2	4	9		9			33						**33**
Lk	3		3^+	1^+	2^-	1	3^-			2^-					4^+	7^-	8	4		5		9	**26**

Mk-Q overlap: 221: Mt 12,29 / Mk 3,27 / Lk 11,21 (?)

002					**Lk 1,20**	καὶ ἰδοὺ ἔσῃ σιωπῶν καὶ **μὴ δυνάμενος** λαλῆσαι ἄχρι ἧς ἡμέρας γένηται ταῦτα, ...	
002					**Lk 1,22**	ἐξελθὼν δὲ **οὐκ ἐδύνατο** λαλῆσαι αὐτοῖς, καὶ ἐπέγνωσαν ὅτι ὀπτασίαν ἑώρακεν ἐν τῷ ναῷ· ...	
202	**Mt 3,9**	... λέγω γὰρ ὑμῖν ὅτι **δύναται** ὁ θεὸς ἐκ τῶν λίθων τούτων ἐγεῖραι τέκνα τῷ Ἀβραάμ.			**Lk 3,8**	... λέγω γὰρ ὑμῖν ὅτι **δύναται** ὁ θεὸς ἐκ τῶν λίθων τούτων ἐγεῖραι τέκνα τῷ Ἀβραάμ.	
222	**Mt 8,2**	... κύριε, ἐὰν θέλῃς **δύνασαί** με καθαρίσαι.	**Mk 1,40**	... ἐὰν θέλῃς **δύνασαί** με καθαρίσαι.	**Lk 5,12** → Lk 17,13	... κύριε, ἐὰν θέλῃς **δύνασαί** με καθαρίσαι.	
021			**Mk 1,45** → Mt 9,31	ὁ δὲ ἐξελθὼν ἤρξατο κηρύσσειν πολλὰ καὶ διαφημίζειν τὸν λόγον, ὥστε μηκέτι αὐτὸν **δύνασθαι** φανερῶς εἰς πόλιν εἰσελθεῖν, ἀλλ' ἔξω ἐπ' ἐρήμοις τόποις ἦν· καὶ ἤρχοντο πρὸς αὐτὸν πάντοθεν.	**Lk 5,15** → Lk 6,18 → Lk 7,17	διήρχετο δὲ μᾶλλον ὁ λόγος περὶ αὐτοῦ, καὶ συνήρχοντο ὄχλοι πολλοὶ ἀκούειν καὶ θεραπεύεσθαι ἀπὸ τῶν ἀσθενειῶν αὐτῶν· [16] αὐτὸς δὲ ἦν ὑποχωρῶν ἐν ταῖς ἐρήμοις καὶ προσευχόμενος.	
021			**Mk 2,4**	καὶ **μὴ δυνάμενοι** προσενέγκαι αὐτῷ διὰ τὸν ὄχλον ...	**Lk 5,19**	καὶ **μὴ εὑρόντες** ποίας εἰσενέγκωσιν αὐτὸν διὰ τὸν ὄχλον, ...	
122	**Mt 9,3**	... οὗτος βλασφημεῖ.	**Mk 2,7**	τί οὗτος οὕτως λαλεῖ; βλασφημεῖ· τίς **δύναται** ἀφιέναι ἁμαρτίας εἰ μὴ εἷς ὁ θεός;	**Lk 5,21** → Lk 7,49	... τίς ἐστιν οὗτος ὃς λαλεῖ βλασφημίας; τίς **δύναται** ἁμαρτίας ἀφεῖναι εἰ μὴ μόνος ὁ θεός;	
222	**Mt 9,15**	καὶ εἶπεν αὐτοῖς ὁ Ἰησοῦς· **μὴ δύνανται** οἱ υἱοὶ τοῦ νυμφῶνος πενθεῖν ἐφ' ὅσον μετ' αὐτῶν ἐστιν ὁ νυμφίος;	**Mk 2,19 (2)**	καὶ εἶπεν αὐτοῖς ὁ Ἰησοῦς· **μὴ δύνανται** οἱ υἱοὶ τοῦ νυμφῶνος ἐν ᾧ ὁ νυμφίος μετ' αὐτῶν ἐστιν νηστεύειν;	**Lk 5,34**	ὁ δὲ Ἰησοῦς εἶπεν πρὸς αὐτούς· **μὴ δύνασθε** τοὺς υἱοὺς τοῦ νυμφῶνος ἐν ᾧ ὁ νυμφίος μετ' αὐτῶν ἐστιν ποιῆσαι νηστεῦσαι;	→ GTh 104
121				ὅσον χρόνον ἔχουσιν τὸν νυμφίον μετ' αὐτῶν **οὐ δύνανται** νηστεύειν.			

200	Mt 5,14	ὑμεῖς ἐστε τὸ φῶς τοῦ κόσμου. οὐ δύναται πόλις κρυβῆναι ἐπάνω ὄρους κειμένη·					→ Jn 8,12 → GTh 32 (POxy 1)
200	Mt 5,36	[34] ... μὴ ὀμόσαι ὅλως· ... [36] μήτε ἐν τῇ κεφαλῇ σου ὀμόσῃς, ὅτι οὐ δύνασαι μίαν τρίχα λευκὴν ποιῆσαι ἢ μέλαιναν.					
202 202	Mt 6,24 (2)	οὐδεὶς δύναται δυσὶ κυρίοις δουλεύειν· ἢ γὰρ τὸν ἕνα μισήσει καὶ τὸν ἕτερον ἀγαπήσει, ἢ ἑνὸς ἀνθέξεται καὶ τοῦ ἑτέρου καταφρονήσει. οὐ δύνασθε θεῷ δουλεύειν καὶ μαμωνᾷ.			Lk 16,13 (2)	οὐδεὶς οἰκέτης δύναται δυσὶ κυρίοις δουλεύειν· ἢ γὰρ τὸν ἕνα μισήσει καὶ τὸν ἕτερον ἀγαπήσει, ἢ ἑνὸς ἀνθέξεται καὶ τοῦ ἑτέρου καταφρονήσει. οὐ δύνασθε θεῷ δουλεύειν καὶ μαμωνᾷ.	→ GTh 47,1-2
202	Mt 6,27	τίς δὲ ἐξ ὑμῶν μεριμνῶν δύναται προσθεῖναι ἐπὶ τὴν ἡλικίαν αὐτοῦ πῆχυν ἕνα;			Lk 12,25	τίς δὲ ἐξ ὑμῶν μεριμνῶν δύναται ἐπὶ τὴν ἡλικίαν αὐτοῦ προσθεῖναι πῆχυν;	→ GTh 36,4 (only POxy 655)
102	Mt 15,14	ἄφετε αὐτούς· τυφλοί εἰσιν ὁδηγοί [τυφλῶν]· τυφλὸς δὲ τυφλὸν ἐὰν ὁδηγῇ, ἀμφότεροι εἰς βόθυνον πεσοῦνται.			Lk 6,39	εἶπεν δὲ καὶ παραβολὴν αὐτοῖς· μήτι δύναται τυφλὸς τυφλὸν ὁδηγεῖν; οὐχὶ ἀμφότεροι εἰς βόθυνον ἐμπεσοῦνται;	→ GTh 34
102	Mt 7,4	ἢ πῶς ἐρεῖς τῷ ἀδελφῷ σου· ἄφες ἐκβάλω τὸ κάρφος ἐκ τοῦ ὀφθαλμοῦ σου, ...			Lk 6,42	πῶς δύνασαι λέγειν τῷ ἀδελφῷ σου· ἀδελφέ, ἄφες ἐκβάλω τὸ κάρφος τὸ ἐν τῷ ὀφθαλμῷ σου, ...	→ GTh 26
201	Mt 7,18	οὐ δύναται δένδρον ἀγαθὸν καρποὺς πονηροὺς ποιεῖν οὐδὲ δένδρον σαπρὸν καρποὺς καλοὺς ποιεῖν.			Lk 6,43	οὐ γάρ ἐστιν δένδρον καλὸν ποιοῦν καρπὸν σαπρόν, οὐδὲ πάλιν δένδρον σαπρὸν ποιοῦν καρπὸν καλόν.	
222	Mt 8,2	... κύριε, ἐὰν θέλῃς δύνασαί με καθαρίσαι.	Mk 1,40	... ἐὰν θέλῃς δύνασαί με καθαρίσαι.	Lk 5,12 → Lk 17,13	... κύριε, ἐὰν θέλῃς δύνασαί με καθαρίσαι.	
222	Mt 9,15	καὶ εἶπεν αὐτοῖς ὁ Ἰησοῦς· μὴ δύνανται οἱ υἱοὶ τοῦ νυμφῶνος πενθεῖν ἐφ' ὅσον μετ' αὐτῶν ἐστιν ὁ νυμφίος; ...	Mk 2,19 (2)	καὶ εἶπεν αὐτοῖς ὁ Ἰησοῦς· μὴ δύνανται οἱ υἱοὶ τοῦ νυμφῶνος ἐν ᾧ ὁ νυμφίος μετ' αὐτῶν ἐστιν νηστεύειν; ὅσον χρόνον ἔχουσιν τὸν νυμφίον μετ' αὐτῶν οὐ δύνανται νηστεύειν.	Lk 5,34	ὁ δὲ Ἰησοῦς εἶπεν πρὸς αὐτούς· μὴ δύνασθε τοὺς υἱοὺς τοῦ νυμφῶνος ἐν ᾧ ὁ νυμφίος μετ' αὐτῶν ἐστιν ποιῆσαι νηστεῦσαι;	→ GTh 104
200	Mt 9,28 ⇒ Mt 20,32-33	ἐλθόντι δὲ εἰς τὴν οἰκίαν προσῆλθον αὐτῷ οἱ τυφλοί, καὶ λέγει αὐτοῖς ὁ Ἰησοῦς· πιστεύετε ὅτι δύναμαι τοῦτο ποιῆσαι; λέγουσιν αὐτῷ· ναὶ κύριε.	Mk 10,51	[50] ... ἦλθεν πρὸς τὸν Ἰησοῦν. [51] καὶ ἀποκριθεὶς αὐτῷ ὁ Ἰησοῦς εἶπεν· τί σοι θέλεις ποιήσω; ὁ δὲ τυφλὸς εἶπεν αὐτῷ· ῥαββουνι, ἵνα ἀναβλέψω.	Lk 18,41	[40] σταθεὶς δὲ ὁ Ἰησοῦς ἐκέλευσεν αὐτὸν ἀχθῆναι πρὸς αὐτόν. ἐγγίσαντος δὲ αὐτοῦ ἐπηρώτησεν αὐτόν· [41] τί σοι θέλεις ποιήσω; ὁ δὲ εἶπεν· κύριε, ἵνα ἀναβλέψω.	

201	Mt 10,28 (2)	καὶ μὴ φοβεῖσθε ἀπὸ τῶν ἀποκτεννόντων τὸ σῶμα, τὴν δὲ ψυχὴν **μὴ δυναμένων** ἀποκτεῖναι·			Lk 12,4	... μὴ φοβηθῆτε ἀπὸ τῶν ἀποκτεινόντων τὸ σῶμα καὶ μετὰ ταῦτα **μὴ ἐχόντων** περισσότερόν τι ποιῆσαι.	
201		φοβεῖσθε δὲ μᾶλλον **τὸν δυνάμενον** καὶ ψυχὴν καὶ σῶμα ἀπολέσαι ἐν γεέννῃ.			Lk 12,5	ὑποδείξω δὲ ὑμῖν τίνα φοβηθῆτε· φοβήθητε τὸν μετὰ τὸ ἀποκτεῖναι **ἔχοντα ἐξουσίαν** ἐμβαλεῖν εἰς τὴν γέενναν· ναὶ λέγω ὑμῖν, τοῦτον φοβήθητε.	
020			Mk 3,20 → Mk 2,2 ↓ Lk 8,19	... καὶ συνέρχεται πάλιν [ὁ] ὄχλος, ὥστε **μὴ δύνασθαι** αὐτοὺς μηδὲ ἄρτον φαγεῖν.			
020	Mt 12,25 → Mt 9,4	εἰδὼς δὲ τὰς ἐνθυμήσεις αὐτῶν εἶπεν αὐτοῖς·	Mk 3,23	καὶ προσκαλεσάμενος αὐτοὺς ἐν παραβολαῖς ἔλεγεν αὐτοῖς· πῶς **δύναται** σατανᾶς σατανᾶν ἐκβάλλειν;	Lk 11,17 → Lk 5,22 → Lk 6,8	αὐτὸς δὲ εἰδὼς αὐτῶν τὰ διανοήματα εἶπεν αὐτοῖς·	Mk-Q overlap
020		πᾶσα βασιλεία μερισθεῖσα καθ' ἑαυτῆς ἐρημοῦται	Mk 3,24	καὶ ἐὰν βασιλεία ἐφ' ἑαυτὴν μερισθῇ, **οὐ δύναται** σταθῆναι ἡ βασιλεία ἐκείνη·		πᾶσα βασιλεία ἐφ' ἑαυτὴν διαμερισθεῖσα ἐρημοῦται	Mk-Q overlap
020		καὶ πᾶσα πόλις ἢ οἰκία μερισθεῖσα καθ' ἑαυτῆς οὐ σταθήσεται.	Mk 3,25	καὶ ἐὰν οἰκία ἐφ' ἑαυτὴν μερισθῇ, **οὐ δυνήσεται** ἡ οἰκία ἐκείνη σταθῆναι.		καὶ οἶκος ἐπὶ οἶκον πίπτει.	Mk-Q overlap
020	Mt 12,26	καὶ εἰ ὁ σατανᾶς τὸν σατανᾶν ἐκβάλλει, ἐφ' ἑαυτὸν ἐμερίσθη· πῶς οὖν σταθήσεται ἡ βασιλεία αὐτοῦ;	Mk 3,26	καὶ εἰ ὁ σατανᾶς ἀνέστη ἐφ' ἑαυτὸν καὶ ἐμερίσθη, **οὐ δύναται** στῆναι ἀλλὰ τέλος ἔχει.	Lk 11,18	εἰ δὲ καὶ ὁ σατανᾶς ἐφ' ἑαυτὸν διεμερίσθη, πῶς σταθήσεται ἡ βασιλεία αὐτοῦ; ...	Mk-Q overlap
221	Mt 12,29	ἢ πῶς **δύναταί** τις εἰσελθεῖν εἰς τὴν οἰκίαν τοῦ ἰσχυροῦ καὶ τὰ σκεύη αὐτοῦ ἁρπάσαι, ...	Mk 3,27	ἀλλ' **οὐ δύναται** οὐδεὶς εἰς τὴν οἰκίαν τοῦ ἰσχυροῦ εἰσελθὼν τὰ σκεύη αὐτοῦ διαρπάσαι, ...	Lk 11,21	ὅταν ὁ ἰσχυρὸς καθωπλισμένος φυλάσσῃ τὴν ἑαυτοῦ αὐλήν, ἐν εἰρήνῃ ἐστὶν τὰ ὑπάρχοντα αὐτοῦ·	→ GTh 21,5 → GTh 35 Mk-Q overlap?
200	Mt 12,34 → Mt 3,7 → Lk 3,7 → Mt 23,33	γεννήματα ἐχιδνῶν, πῶς **δύνασθε** ἀγαθὰ λαλεῖν πονηροὶ ὄντες; ...					
020	Mt 13,32	... καὶ γίνεται δένδρον, ὥστε ἐλθεῖν *τὰ πετεινὰ τοῦ οὐρανοῦ καὶ* *κατασκηνοῦν* *ἐν τοῖς κλάδοις αὐτοῦ.* ➤ Ps 103,12 LXX	Mk 4,32	... καὶ ποιεῖ κλάδους μεγάλους, ὥστε **δύνασθαι** ὑπὸ τὴν σκιὰν αὐτοῦ *τὰ πετεινὰ τοῦ οὐρανοῦ* *κατασκηνοῦν.* ➤ Ps 103,12 LXX	Lk 13,19	... καὶ ἐγένετο εἰς δένδρον, καὶ *τὰ πετεινὰ τοῦ οὐρανοῦ* *κατεσκήνωσεν* *ἐν τοῖς κλάδοις αὐτοῦ.* ➤ Ps 103,12 LXX	→ GTh 20 Mk-Q overlap
120	Mt 13,34	ταῦτα πάντα ἐλάλησεν ὁ Ἰησοῦς ἐν παραβολαῖς τοῖς ὄχλοις, ...	Mk 4,33	καὶ τοιαύταις παραβολαῖς πολλαῖς ἐλάλει αὐτοῖς τὸν λόγον, καθὼς **ἠδύναντο** ἀκούειν·			

112	Mt 12,46	... ἰδοὺ ἡ μήτηρ καὶ οἱ ἀδελφοὶ αὐτοῦ εἱστήκεισαν ἔξω ζητοῦντες αὐτῷ λαλῆσαι.	Mk 3,31	καὶ ἔρχεται ἡ μήτηρ αὐτοῦ καὶ οἱ ἀδελφοὶ αὐτοῦ καὶ ἔξω στήκοντες ἀπέστειλαν πρὸς αὐτὸν καλοῦντες αὐτόν.	Lk 8,19 ↑ Mk 3,20	παρεγένετο δὲ πρὸς αὐτὸν ἡ μήτηρ καὶ οἱ ἀδελφοὶ αὐτοῦ καὶ **οὐκ ἠδύναντο** συντυχεῖν αὐτῷ διὰ τὸν ὄχλον.	→ GTh 99
121	Mt 8,28	... δύο δαιμονιζόμενοι ἐκ τῶν μνημείων ἐξερχόμενοι, χαλεποὶ λίαν, ...	Mk 5,3 → Lk 8,29	[2] ... ἄνθρωπος ἐν πνεύματι ἀκαθάρτῳ, [3] ὃς τὴν κατοίκησιν εἶχεν ἐν τοῖς μνήμασιν, καὶ οὐδὲ ἁλύσει οὐκέτι οὐδεὶς **ἐδύνατο** αὐτὸν δῆσαι	Lk 8,27	... ἀνήρ τις ... ἔχων δαιμόνια καὶ χρόνῳ ἱκανῷ οὐκ ἐνεδύσατο ἱμάτιον καὶ ἐν οἰκίᾳ οὐκ ἔμενεν ἀλλ᾽ ἐν τοῖς μνήμασιν.	
120	Mt 13,58	καὶ **οὐκ ἐποίησεν ἐκεῖ** δυνάμεις πολλὰς διὰ τὴν ἀπιστίαν αὐτῶν.	Mk 6,5	καὶ **οὐκ ἐδύνατο ἐκεῖ** **ποιῆσαι** οὐδεμίαν δύναμιν, εἰ μὴ ὀλίγοις ἀρρώστοις ἐπιθεὶς τὰς χεῖρας ἐθεράπευσεν· [6] καὶ ἐθαύμαζεν διὰ τὴν ἀπιστίαν αὐτῶν. ...			
120	Mt 14,5	[3] ὁ γὰρ Ἡρῴδης ... [5] καὶ θέλων αὐτὸν ἀποκτεῖναι ἐφοβήθη τὸν ὄχλον, ὅτι ὡς προφήτην αὐτὸν εἶχον.	Mk 6,19	ἡ δὲ Ἡρῳδιὰς ἐνεῖχεν αὐτῷ καὶ ἤθελεν αὐτὸν ἀποκτεῖναι, καὶ **οὐκ ἠδύνατο**· [20] ὁ γὰρ Ἡρῴδης ἐφοβεῖτο τὸν Ἰωάννην, εἰδὼς αὐτὸν ἄνδρα δίκαιον καὶ ἅγιον			
120	Mt 15,11	οὐ τὸ εἰσερχόμενον εἰς τὸ στόμα κοινοῖ τὸν ἄνθρωπον, ...	Mk 7,15	οὐδέν ἐστιν ἔξωθεν τοῦ ἀνθρώπου εἰσπορευόμενον εἰς αὐτὸν ὃ **δύναται** κοινῶσαι αὐτόν, ...			→ GTh 14,5
120	Mt 15,17	οὐ νοεῖτε ὅτι πᾶν τὸ εἰσπορευόμενον εἰς τὸ στόμα εἰς τὴν κοιλίαν χωρεῖ καὶ εἰς ἀφεδρῶνα ἐκβάλλεται;	Mk 7,18	... οὐ νοεῖτε ὅτι πᾶν τὸ ἔξωθεν εἰσπορευόμενον εἰς τὸν ἄνθρωπον **οὐ δύναται** αὐτὸν κοινῶσαι, [19] ὅτι οὐκ εἰσπορεύεται αὐτοῦ εἰς τὴν καρδίαν ἀλλ᾽ εἰς τὴν κοιλίαν, καὶ εἰς τὸν ἀφεδρῶνα ἐκπορεύεται, ...			→ GTh 14,5
120	Mt 15,21	καὶ ἐξελθὼν ἐκεῖθεν ὁ Ἰησοῦς ἀνεχώρησεν εἰς τὰ μέρη Τύρου καὶ Σιδῶνος.	Mk 7,24	ἐκεῖθεν δὲ ἀναστὰς ἀπῆλθεν εἰς τὰ ὅρια Τύρου. καὶ εἰσελθὼν εἰς οἰκίαν οὐδένα ἤθελεν γνῶναι, καὶ **οὐκ ἠδυνήθη** λαθεῖν·			
120	Mt 15,33	καὶ λέγουσιν αὐτῷ οἱ μαθηταί· πόθεν ἡμῖν ἐν ἐρημίᾳ ἄρτοι τοσοῦτοι ὥστε χορτάσαι ὄχλον τοσοῦτον;	Mk 8,4 → Mk 6,37	καὶ ἀπεκρίθησαν αὐτῷ οἱ μαθηταὶ αὐτοῦ ὅτι πόθεν τούτους **δυνήσεταί** τις ὧδε χορτάσαι ἄρτων ἐπ᾽ ἐρημίας;			

201	Mt 16,3	[... τὸ μὲν πρόσωπον τοῦ οὐρανοῦ γινώσκετε διακρίνειν, τὰ δὲ σημεῖα τῶν καιρῶν **οὐ δύνασθε;**]			Lk 12,56	ὑποκριταί, τὸ πρόσωπον τῆς γῆς καὶ τοῦ οὐρανοῦ οἴδατε δοκιμάζειν, τὸν καιρὸν δὲ τοῦτον πῶς **οὐκ οἴδατε** δοκιμάζειν;	→ GTh 91 Mt 16,3 is textcritically uncertain.
121	Mt 17,2	... τὰ δὲ ἱμάτια αὐτοῦ ἐγένετο λευκὰ ὡς τὸ φῶς.	Mk 9,3	καὶ τὰ ἱμάτια αὐτοῦ ἐγένετο στίλβοντα λευκὰ λίαν, οἷα γναφεὺς ἐπὶ τῆς γῆς **οὐ δύναται** οὕτως λευκᾶναι.	Lk 9,29	... καὶ ὁ ἱματισμὸς αὐτοῦ λευκὸς ἐξαστράπτων.	
212	Mt 17,16	καὶ προσήνεγκα αὐτὸν τοῖς μαθηταῖς σου, καὶ **οὐκ ἠδυνήθησαν** αὐτὸν θεραπεῦσαι.	Mk 9,18	... καὶ εἶπα τοῖς μαθηταῖς σου ἵνα αὐτὸ ἐκβάλωσιν, καὶ **οὐκ ἴσχυσαν.**	Lk 9,40	καὶ ἐδεήθην τῶν μαθητῶν σου ἵνα ἐκβάλωσιν αὐτό, καὶ **οὐκ ἠδυνήθησαν.**	
020			Mk 9,22	... ἀλλ' εἴ τι **δύνῃ,** βοήθησον ἡμῖν σπλαγχνισθεὶς ἐφ' ἡμᾶς.			
020			Mk 9,23 → Mt 17,20 → Lk 17,6 → Mt 21,21 → Mk 11,23	ὁ δὲ Ἰησοῦς εἶπεν αὐτῷ· τὸ εἰ **δύνῃ,** πάντα δυνατὰ τῷ πιστεύοντι.			
220	Mt 17,19	τότε προσελθόντες οἱ μαθηταὶ τῷ Ἰησοῦ κατ' ἰδίαν εἶπον· διὰ τί ἡμεῖς **οὐκ ἠδυνήθημεν** ἐκβαλεῖν αὐτό;	Mk 9,28	καὶ εἰσελθόντος αὐτοῦ εἰς οἶκον οἱ μαθηταὶ αὐτοῦ κατ' ἰδίαν ἐπηρώτων αὐτόν· ὅτι ἡμεῖς **οὐκ ἠδυνήθημεν** ἐκβαλεῖν αὐτό;			
120	Mt 17,20	ὁ δὲ λέγει αὐτοῖς· διὰ τὴν ὀλιγοπιστίαν ὑμῶν· ...	Mk 9,29	καὶ εἶπεν αὐτοῖς· τοῦτο τὸ γένος ἐν οὐδενὶ **δύναται** ἐξελθεῖν εἰ μὴ ἐν προσευχῇ.			
020			Mk 9,39	... οὐδεὶς γάρ ἐστιν ὃς ποιήσει δύναμιν ἐπὶ τῷ ὀνόματί μου καὶ **δυνήσεται** ταχὺ κακολογῆσαί με·			
002					Lk 11,7	... ἤδη ἡ θύρα κέκλεισται καὶ τὰ παιδία μου μετ' ἐμοῦ εἰς τὴν κοίτην εἰσίν· **οὐ δύναμαι** ἀναστὰς δοῦναί σοι.	
202	Mt 6,27	τίς δὲ ἐξ ὑμῶν μεριμνῶν **δύναται** προσθεῖναι ἐπὶ τὴν ἡλικίαν αὐτοῦ πῆχυν ἕνα;			Lk 12,25	τίς δὲ ἐξ ὑμῶν μεριμνῶν **δύναται** ἐπὶ τὴν ἡλικίαν αὐτοῦ προσθεῖναι πῆχυν;	→ GTh 36,4 (only POxy 655)
102	Mt 6,28	καὶ περὶ ἐνδύματος τί μεριμνᾶτε; ...			Lk 12,26	εἰ οὖν οὐδὲ ἐλάχιστον **δύνασθε,** τί περὶ τῶν λοιπῶν μεριμνᾶτε;	
002					Lk 13,11 → Mt 12,10 → Mk 3,1 → Lk 6,6 → Lk 14,2	καὶ ἰδοὺ γυνὴ πνεῦμα ἔχουσα ἀσθενείας ἔτη δεκαοκτὼ καὶ ἦν συγκύπτουσα καὶ **μὴ δυναμένη** ἀνακύψαι εἰς τὸ παντελές.	

002					**Lk 14,20**	καὶ ἕτερος εἶπεν· γυναῖκα ἔγημα καὶ διὰ τοῦτο **οὐ δύναμαι** ἐλθεῖν.	→ GTh 64
102	**Mt 10,37** → Mt 19,29	ὁ φιλῶν πατέρα ἢ μητέρα ὑπὲρ ἐμὲ οὐκ ἔστιν μου ἄξιος, καὶ ὁ φιλῶν υἱὸν ἢ θυγατέρα ὑπὲρ ἐμὲ **οὐκ ἔστιν** μου ἄξιος·	→ Mk 10,29		**Lk 14,26** → Lk 18,29	εἴ τις ἔρχεται πρός με καὶ οὐ μισεῖ τὸν πατέρα ἑαυτοῦ καὶ τὴν μητέρα καὶ τὴν γυναῖκα καὶ τὰ τέκνα καὶ τοὺς ἀδελφοὺς καὶ τὰς ἀδελφὰς ἔτι τε καὶ τὴν ψυχὴν ἑαυτοῦ, **οὐ δύναται εἶναί** μου μαθητής.	→ GTh 55 → GTh 101
102	**Mt 10,38** ⇩ Mt 16,24	καὶ ὃς οὐ λαμβάνει τὸν σταυρὸν αὐτοῦ καὶ ἀκολουθεῖ ὀπίσω μου, **οὐκ ἔστιν** μου ἄξιος.			**Lk 14,27** ⇩ Lk 9,23	ὅστις οὐ βαστάζει τὸν σταυρὸν ἑαυτοῦ καὶ ἔρχεται ὀπίσω μου **οὐ δύναται εἶναί** μου μαθητής.	→ GTh 55 → GTh 101 Mk-Q overlap
	Mt 16,24 ⇧ Mt 10,38	... εἴ τις θέλει ὀπίσω μου ἐλθεῖν, ἀπαρνησάσθω ἑαυτὸν καὶ ἀράτω τὸν σταυρὸν αὐτοῦ καὶ ἀκολουθείτω μοι.	**Mk 8,34**	... εἴ τις θέλει ὀπίσω μου ἀκολουθεῖν, ἀπαρνησάσθω ἑαυτὸν καὶ ἀράτω τὸν σταυρὸν αὐτοῦ καὶ ἀκολουθείτω μοι.	**Lk 9,23** ⇧ **Lk 14,27**	... εἴ τις θέλει ὀπίσω μου ἔρχεσθαι, ἀρνησάσθω ἑαυτὸν καὶ ἀράτω τὸν σταυρὸν αὐτοῦ καθ᾽ ἡμέραν, καὶ ἀκολουθείτω μοι.	
002					**Lk 14,33** → Lk 12,33	οὕτως οὖν πᾶς ἐξ ὑμῶν ὃς οὐκ ἀποτάσσεται πᾶσιν τοῖς ἑαυτοῦ ὑπάρχουσιν **οὐ δύναται** εἶναί μου μαθητής.	→ Acts 2,45
002					**Lk 16,2**	... ἀπόδος τὸν λόγον τῆς οἰκονομίας σου, **οὐ γὰρ δύνῃ** ἔτι οἰκονομεῖν.	
202 202	**Mt 6,24** (2)	οὐδεὶς **δύναται** δυσὶ κυρίοις δουλεύειν· ἢ γὰρ τὸν ἕνα μισήσει καὶ τὸν ἕτερον ἀγαπήσει, ἢ ἑνὸς ἀνθέξεται καὶ τοῦ ἑτέρου καταφρονήσει. **οὐ δύνασθε** θεῷ δουλεύειν καὶ μαμωνᾷ.			**Lk 16,13** (2)	οὐδεὶς οἰκέτης **δύναται** δυσὶ κυρίοις δουλεύειν· ἢ γὰρ τὸν ἕνα μισήσει καὶ τὸν ἕτερον ἀγαπήσει, ἢ ἑνὸς ἀνθέξεται καὶ τοῦ ἑτέρου καταφρονήσει. **οὐ δύνασθε** θεῷ δουλεύειν καὶ μαμωνᾷ.	→ GTh 47,1-2
002					**Lk 16,26**	καὶ ἐν πᾶσι τούτοις μεταξὺ ἡμῶν καὶ ὑμῶν χάσμα μέγα ἐστήρικται, ὅπως οἱ θέλοντες διαβῆναι ἔνθεν πρὸς ὑμᾶς **μὴ δύνωνται,** μηδὲ ἐκεῖθεν πρὸς ἡμᾶς διαπερῶσιν.	
200	**Mt 19,12**	... καὶ εἰσὶν εὐνοῦχοι οἵτινες εὐνούχισαν ἑαυτοὺς διὰ τὴν βασιλείαν τῶν οὐρανῶν. **ὁ δυνάμενος** χωρεῖν χωρείτω.					
222	**Mt 19,25**	ἀκούσαντες δὲ οἱ μαθηταὶ ἐξεπλήσσοντο σφόδρα λέγοντες· τίς ἄρα **δύναται** σωθῆναι;	**Mk 10,26**	οἱ δὲ περισσῶς ἐξεπλήσσοντο λέγοντες πρὸς ἑαυτούς· καὶ τίς **δύναται** σωθῆναι;	**Lk 18,26**	εἶπαν δὲ οἱ ἀκούσαντες· καὶ τίς **δύναται** σωθῆναι;	

220	Mt 20,22 (2)	... οὐκ οἴδατε τί αἰτεῖσθε. **δύνασθε** πιεῖν τὸ ποτήριον ὃ ἐγὼ μέλλω πίνειν;	Mk 10,38	... οὐκ οἴδατε τί αἰτεῖσθε. **δύνασθε** πιεῖν τὸ ποτήριον ὃ ἐγὼ πίνω ἢ τὸ βάπτισμα ὃ ἐγὼ βαπτίζομαι βαπτισθῆναι;	Lk 12,50	βάπτισμα δὲ ἔχω βαπτισθῆναι, καὶ πῶς συνέχομαι ἕως ὅτου τελεσθῇ.	
220		λέγουσιν αὐτῷ· **δυνάμεθα.**	Mk 10,39	οἱ δὲ εἶπαν αὐτῷ· **δυνάμεθα.** ...			
002					Lk 19,3	καὶ ἐζήτει ἰδεῖν τὸν Ἰησοῦν τίς ἐστιν καὶ **οὐκ ἠδύνατο** ἀπὸ τοῦ ὄχλου, ὅτι τῇ ἡλικίᾳ μικρὸς ἦν.	
112	Mt 22,30	ἐν γὰρ τῇ ἀναστάσει οὔτε γαμοῦσιν οὔτε γαμίζονται, ἀλλ' ὡς ἄγγελοι ἐν τῷ οὐρανῷ εἰσιν.	Mk 12,25	ὅταν γὰρ ἐκ νεκρῶν ἀναστῶσιν οὔτε γαμοῦσιν οὔτε γαμίζονται, ἀλλ' εἰσὶν ὡς ἄγγελοι ἐν τοῖς οὐρανοῖς.	Lk 20,36	[35] οἱ δὲ καταξιωθέντες τοῦ αἰῶνος ἐκείνου τυχεῖν καὶ τῆς ἀναστάσεως τῆς ἐκ νεκρῶν οὔτε γαμοῦσιν οὔτε γαμίζονται· [36] οὐδὲ γὰρ ἀποθανεῖν ἔτι **δύνανται,** ἰσάγγελοι γάρ εἰσιν καὶ υἱοί εἰσιν θεοῦ τῆς ἀναστάσεως υἱοὶ ὄντες.	
211	Mt 22,46	καὶ οὐδεὶς **ἐδύνατο** ἀποκριθῆναι αὐτῷ λόγον οὐδὲ ἐτόλμησέν τις ἀπ' ἐκείνης τῆς ἡμέρας ἐπερωτῆσαι αὐτὸν οὐκέτι.	Mk 12,34	... καὶ οὐδεὶς οὐκέτι ἐτόλμα αὐτὸν ἐπερωτῆσαι.	Lk 20,40	οὐκέτι γὰρ ἐτόλμων ἐπερωτᾶν αὐτὸν οὐδέν.	
112	Mt 10,19	... δοθήσεται γὰρ ὑμῖν ἐν ἐκείνῃ τῇ ὥρᾳ τί λαλήσητε·	Mk 13,11	... ἀλλ' ὃ ἐὰν δοθῇ ὑμῖν ἐν ἐκείνῃ τῇ ὥρᾳ τοῦτο λαλεῖτε· ...	Lk 21,15 ⇩ Lk 12,12	ἐγὼ γὰρ δώσω ὑμῖν στόμα καὶ σοφίαν ᾗ **οὐ δυνήσονται** ἀντιστῆναι ἢ ἀντειπεῖν ἅπαντες οἱ ἀντικείμενοι ὑμῖν.	→ Acts 6,10 Mk-Q overlap
					Lk 12,12 ⇧ Lk 21,15	τὸ γὰρ ἅγιον πνεῦμα διδάξει ὑμᾶς ἐν αὐτῇ τῇ ὥρᾳ ἃ δεῖ εἰπεῖν.	→ Jn 14,26
220	Mt 26,9	**ἐδύνατο** γὰρ τοῦτο πραθῆναι πολλοῦ καὶ δοθῆναι πτωχοῖς.	Mk 14,5	**ἠδύνατο** γὰρ τοῦτο τὸ μύρον πραθῆναι ἐπάνω δηναρίων τριακοσίων καὶ δοθῆναι τοῖς πτωχοῖς· ...			→ Jn 12,5
120	Mt 26,11	πάντοτε γὰρ τοὺς πτωχοὺς ἔχετε μεθ' ἑαυτῶν, ἐμὲ δὲ οὐ πάντοτε ἔχετε·	Mk 14,7	πάντοτε γὰρ τοὺς πτωχοὺς ἔχετε μεθ' ἑαυτῶν καὶ ὅταν θέλητε **δύνασθε** αὐτοῖς εὖ ποιῆσαι, ἐμὲ δὲ οὐ πάντοτε ἔχετε.			→ Jn 12,8
210	Mt 26,42 → Mt 6,10 → Lk 22,42	πάλιν ἐκ δευτέρου ἀπελθὼν προσηύξατο λέγων· πάτερ μου, εἰ **οὐ δύναται** τοῦτο παρελθεῖν ἐὰν μὴ αὐτὸ πίω, γενηθήτω τὸ θέλημά σου.	Mk 14,39	καὶ πάλιν ἀπελθὼν προσηύξατο τὸν αὐτὸν λόγον εἰπών.			

200	**Mt 26,53** ἢ δοκεῖς ὅτι **οὐ δύναμαι** παρακαλέσαι τὸν πατέρα μου, καὶ παραστήσει μοι ἄρτι πλείω δώδεκα λεγιῶνας ἀγγέλων;			→ Jn 18,36
210	**Mt 26,61** → Mt 27,40 ... οὗτος ἔφη· **δύναμαι** καταλῦσαι τὸν ναὸν τοῦ θεοῦ καὶ διὰ τριῶν ἡμερῶν οἰκοδομῆσαι.	**Mk 14,58** → Mk 15,29 ὅτι ἡμεῖς ἠκούσαμεν αὐτοῦ λέγοντος ὅτι ἐγὼ καταλύσω τὸν ναὸν τοῦτον τὸν χειροποίητον καὶ διὰ τριῶν ἡμερῶν ἄλλον ἀχειροποίητον οἰκοδομήσω.		→ Jn 2,19 → Acts 6,14 → GTh 71
221	**Mt 27,42** → Lk 23,37 ἄλλους ἔσωσεν, ἑαυτὸν **οὐ δύναται** σῶσαι· βασιλεὺς Ἰσραήλ ἐστιν, καταβάτω νῦν ἀπὸ τοῦ σταυροῦ ...	**Mk 15,31** → Lk 23,37 ... ἄλλους ἔσωσεν, ἑαυτὸν **οὐ δύναται** σῶσαι· [32] ὁ χριστὸς ὁ βασιλεὺς Ἰσραὴλ καταβάτω νῦν ἀπὸ τοῦ σταυροῦ, ...	**Lk 23,35** → Lk 23,39 ... ἄλλους ἔσωσεν, σωσάτω ἑαυτόν, εἰ οὗτός ἐστιν ὁ χριστὸς τοῦ θεοῦ ὁ ἐκλεκτός.	

Acts 4,16 ... ὅτι μὲν γὰρ γνωστὸν σημεῖον γέγονεν δι᾽ αὐτῶν πᾶσιν τοῖς κατοικοῦσιν Ἰερουσαλὴμ φανερὸν καὶ **οὐ δυνάμεθα** ἀρνεῖσθαι·

Acts 4,20 **οὐ δυνάμεθα** γὰρ ἡμεῖς ἃ εἴδαμεν καὶ ἠκούσαμεν μὴ λαλεῖν.

Acts 5,39 εἰ δὲ ἐκ θεοῦ ἐστιν, **οὐ δυνήσεσθε** καταλῦσαι αὐτούς, μήποτε καὶ θεομάχοι εὑρεθῆτε. ...

Acts 8,31 ... πῶς γὰρ ἂν **δυναίμην** ἐὰν μή τις ὁδηγήσει με; ...

Acts 10,47 μήτι τὸ ὕδωρ **δύναται** κωλῦσαί τις τοῦ μὴ βαπτισθῆναι τούτους, οἵτινες τὸ πνεῦμα τὸ ἅγιον ἔλαβον ὡς καὶ ἡμεῖς;

Acts 13,38 ... [καὶ] ἀπὸ πάντων ὧν οὐκ **ἠδυνήθητε** ἐν νόμῳ Μωϋσέως δικαιωθῆναι

Acts 15,1 ... ἐὰν μὴ περιτμηθῆτε τῷ ἔθει τῷ Μωϋσέως, **οὐ δύνασθε** σωθῆναι.

Acts 17,19 ... **δυνάμεθα** γνῶναι τίς ἡ καινὴ αὕτη ἡ ὑπὸ σοῦ λαλουμένη διδαχή;

Acts 19,40 ... μηδενὸς αἰτίου ὑπάρχοντος περὶ οὗ **[οὐ] δυνησόμεθα** ἀποδοῦναι λόγον περὶ τῆς συστροφῆς ταύτης. ...

Acts 20,32 καὶ τὰ νῦν παρατίθεμαι ὑμᾶς τῷ θεῷ καὶ τῷ λόγῳ τῆς χάριτος αὐτοῦ, **τῷ δυναμένῳ** οἰκοδομῆσαι καὶ δοῦναι τὴν κληρονομίαν ἐν τοῖς ἡγιασμένοις πᾶσιν.

Acts 21,34 ἄλλοι δὲ ἄλλο τι ἐπεφώνουν ἐν τῷ ὄχλῳ. **μὴ δυναμένου** δὲ αὐτοῦ γνῶναι τὸ ἀσφαλὲς διὰ τὸν θόρυβον ἐκέλευσεν ἄγεσθαι αὐτὸν εἰς τὴν παρεμβολήν.

Acts 24,8 παρ᾽ οὗ **δυνήσῃ** αὐτὸς ἀνακρίνας περὶ πάντων τούτων ἐπιγνῶναι ὧν ἡμεῖς κατηγοροῦμεν αὐτοῦ.

Acts 24,11 **δυναμένου** σου ἐπιγνῶναι ὅτι οὐ πλείους εἰσίν μοι ἡμέραι δώδεκα ἀφ᾽ ἧς ἀνέβην προσκυνήσων εἰς Ἰερουσαλήμ.

Acts 24,13 οὐδὲ παραστῆσαι **δύνανταί** σοι περὶ ὧν νυνὶ κατηγοροῦσίν μου.

Acts 25,11 ... εἰ δὲ οὐδέν ἐστιν ὧν οὗτοι κατηγοροῦσίν μου, οὐδείς με **δύναται** αὐτοῖς χαρίσασθαι· Καίσαρα ἐπικαλοῦμαι.

Acts 26,32 Ἀγρίππας δὲ τῷ Φήστῳ ἔφη· ἀπολελύσθαι **ἐδύνατο** ὁ ἄνθρωπος οὗτος εἰ μὴ ἐπεκέκλητο Καίσαρα.

Acts 27,12 ... οἱ πλείονες ἔθεντο βουλὴν ἀναχθῆναι ἐκεῖθεν, εἴ πως **δύναιντο** καταντήσαντες εἰς Φοίνικα παραχειμάσαι λιμένα τῆς Κρήτης ...

Acts 27,15 συναρπασθέντος δὲ τοῦ πλοίου καὶ **μὴ δυναμένου** ἀντοφθαλμεῖν τῷ ἀνέμῳ ἐπιδόντες ἐφερόμεθα.

Acts 27,31 ... ἐὰν μὴ οὗτοι μείνωσιν ἐν τῷ πλοίῳ, ὑμεῖς σωθῆναι **οὐ δύνασθε.**

Acts 27,39 ... κόλπον δέ τινα κατενόουν ἔχοντα αἰγιαλὸν εἰς ὃν ἐβουλεύοντο εἰ **δύναιντο** ἐξῶσαι τὸ πλοῖον.

Acts 27,43 ... ἐκέλευσέν τε **τοὺς δυναμένους** κολυμβᾶν ἀπορίψαντας πρώτους ἐπὶ τὴν γῆν ἐξιέναι

δύναμις

δύναμις	Syn 37	Mt 12	Mk 10	Lk 15	Acts 10	Jn	1-3John	Paul 36	Eph 5	Col 2
	NT 119	2Thess 3	1/2Tim 3	Tit	Heb 6	Jas	1Pet 2	2Pet 3	Jude	Rev 12

power; strength; act of power; miracle; supernatural power(s); the Power; ability; capacity; means; meaning; significance

	triple tradition																	double tradition			Sondergut		
		+Mt / +Lk			–Mt / –Lk			traditions not taken over by Mt / Lk							subtotals								
code	*222*	*211*	*112*	*212*	*221*	*122*	*121*	*022*	*012*	*021*	*220*	*120*	*210*	*020*	Σ^+	Σ^-	Σ	*202*	*201*	*102*	*200*	*002*	total
Mt	3	1^+			2		1^-				1				1^+	1^-	7	1	3		1		**12**
Mk	3				2		1	1		1	1			1			10						**10**
Lk	3		3^+		2^-		1^-	1	3^+	1^-					6^+	4^-	10	1				4	**15**

002					**Lk 1,17** → Mt 11,14 → Mt 17,12 → Mk 9,13	καὶ αὐτὸς προελεύσεται ἐνώπιον αὐτοῦ ἐν πνεύματι καὶ **δυνάμει Ἠλίου,** ἐπιστρέψαι καρδίας πατέρων ἐπὶ τέκνα ...	
002					**Lk 1,35** → Mt 1,18 → Mt 1,20	... πνεῦμα ἅγιον ἐπελεύσεται ἐπὶ σὲ καὶ **δύναμις ὑψίστου** ἐπισκιάσει σοι· ...	
112	**Mt 4,12**	... ἀνεχώρησεν εἰς τὴν Γαλιλαίαν.	**Mk 1,14**	... ἦλθεν ὁ Ἰησοῦς εἰς τὴν Γαλιλαίαν ...	**Lk 4,14**	καὶ ὑπέστρεψεν ὁ Ἰησοῦς **ἐν τῇ δυνάμει** **τοῦ πνεύματος** εἰς τὴν Γαλιλαίαν. ...	→ Jn 4,3
012	→ Mt 7,29		**Mk 1,27** → Mk 1,22	... τί ἐστιν τοῦτο; διδαχὴ καινὴ κατ᾽ ἐξουσίαν· καὶ τοῖς πνεύμασι τοῖς ἀκαθάρτοις ἐπιτάσσει, καὶ ὑπακούουσιν αὐτῷ.	**Lk 4,36** → Lk 4,32	... τίς ὁ λόγος οὗτος ὅτι ἐν ἐξουσίᾳ καὶ **δυνάμει** ἐπιτάσσει τοῖς ἀκαθάρτοις πνεύμασιν καὶ ἐξέρχονται;	
012			**Mk 2,2** → Mk 3,20	καὶ συνήχθησαν πολλοὶ ὥστε μηκέτι χωρεῖν μηδὲ τὰ πρὸς τὴν θύραν, καὶ ἐλάλει αὐτοῖς τὸν λόγον.	**Lk 5,17**	καὶ ἐγένετο ἐν μιᾷ τῶν ἡμερῶν καὶ αὐτὸς ἦν διδάσκων, καὶ ἦσαν καθήμενοι Φαρισαῖοι καὶ νομοδιδάσκαλοι οἳ ἦσαν ἐληλυθότες ἐκ πάσης κώμης τῆς Γαλιλαίας καὶ Ἰουδαίας καὶ Ἰερουσαλήμ· καὶ **δύναμις κυρίου** ἦν εἰς τὸ ἰᾶσθαι αὐτόν.	
012			**Mk 3,10**	πολλοὺς γὰρ ἐθεράπευσεν, ὥστε ἐπιπίπτειν αὐτῷ ἵνα αὐτοῦ ἅψωνται ὅσοι εἶχον μάστιγας.	**Lk 6,19** ↓ Mk 5,30 ↓ Lk 8,46	[18] ... ἐθεραπεύοντο, [19] καὶ πᾶς ὁ ὄχλος ἐζήτουν ἅπτεσθαι αὐτοῦ, ὅτι **δύναμις** παρ᾽ αὐτοῦ ἐξήρχετο καὶ ἰᾶτο πάντας.	
201	**Mt 7,22**	πολλοὶ ἐροῦσίν μοι ἐν ἐκείνῃ τῇ ἡμέρᾳ· κύριε κύριε, οὐ τῷ σῷ ὀνόματι ἐπροφητεύσαμεν, καὶ τῷ σῷ ὀνόματι δαιμόνια ἐξεβάλομεν, καὶ τῷ σῷ ὀνόματι **δυνάμεις πολλὰς** ἐποιήσαμεν;			**Lk 13,26**	τότε ἄρξεσθε λέγειν· ἐφάγομεν ἐνώπιόν σου καὶ ἐπίομεν καὶ ἐν ταῖς πλατείαις ἡμῶν ἐδίδαξας·	

200	Mt 11,20	τότε ἤρξατο ὀνειδίζειν τὰς πόλεις ἐν αἷς ἐγένοντο **αἱ πλεῖσται** **δυνάμεις αὐτοῦ,** ὅτι οὐ μετενόησαν·					
202	Mt 11,21	οὐαί σοι, Χοραζίν, οὐαί σοι, Βηθσαϊδά· ὅτι εἰ ἐν Τύρῳ καὶ Σιδῶνι ἐγένοντο **αἱ δυνάμεις** αἱ γενόμεναι ἐν ὑμῖν, πάλαι ἂν ἐν σάκκῳ καὶ σποδῷ μετενόησαν.			Lk 10,13	οὐαί σοι, Χοραζίν, οὐαί σοι, Βηθσαϊδά· ὅτι εἰ ἐν Τύρῳ καὶ Σιδῶνι ἐγενήθησαν **αἱ δυνάμεις** αἱ γενόμεναι ἐν ὑμῖν, πάλαι ἂν ἐν σάκκῳ καὶ σποδῷ καθήμενοι μετενόησαν.	
201	Mt 11,23	καὶ σύ, Καφαρναούμ, μὴ ἕως οὐρανοῦ ὑψωθήσῃ; *ἕως ᾅδου καταβήσῃ*· ὅτι εἰ ἐν Σοδόμοις ἐγενήθησαν **αἱ δυνάμεις** αἱ γενόμεναι ἐν σοί, ἔμεινεν ἂν μέχρι τῆς σήμερον. ➤ Isa 14,13.15			Lk 10,15	καὶ σύ, Καφαρναούμ, μὴ ἕως οὐρανοῦ ὑψωθήσῃ; *ἕως τοῦ ᾅδου καταβήσῃ.* ➤ Isa 14,13.15	
022			Mk 5,30 ↑ Lk 6,19	καὶ εὐθὺς ὁ Ἰησοῦς ἐπιγνοὺς ἐν ἑαυτῷ τὴν ἐξ αὐτοῦ **δύναμιν** ἐξελθοῦσαν ...	Lk 8,46 ↑ Lk 6,19	... ἐγὼ γὰρ ἔγνων **δύναμιν** ἐξεληλυθυῖαν ἀπ᾽ ἐμοῦ.	
221	Mt 13,54	... ὥστε ἐκπλήσσεσθαι αὐτοὺς καὶ λέγειν· πόθεν τούτῳ ἡ σοφία αὕτη καὶ **αἱ δυνάμεις;** [55] οὐχ οὗτός ἐστιν ὁ τοῦ τέκτονος υἱός; ...	Mk 6,2	... καὶ πολλοὶ ἀκούοντες ἐξεπλήσσοντο λέγοντες· πόθεν τούτῳ ταῦτα, καὶ τίς ἡ σοφία ἡ δοθεῖσα τούτῳ, καὶ **αἱ δυνάμεις** **τοιαῦται** διὰ τῶν χειρῶν αὐτοῦ γινόμεναι; [3] οὐχ οὗτός ἐστιν ὁ τέκτων, ...	Lk 4,22	καὶ πάντες ἐμαρτύρουν αὐτῷ καὶ ἐθαύμαζον ἐπὶ τοῖς λόγοις τῆς χάριτος τοῖς ἐκπορευομένοις ἐκ τοῦ στόματος αὐτοῦ καὶ ἔλεγον· οὐχὶ υἱός ἐστιν Ἰωσὴφ οὗτος;	
220	Mt 13,58	καὶ οὐκ ἐποίησεν ἐκεῖ **δυνάμεις πολλὰς** διὰ τὴν ἀπιστίαν αὐτῶν.	Mk 6,5	καὶ οὐκ ἐδύνατο ἐκεῖ ποιῆσαι **οὐδεμίαν δύναμιν,** εἰ μὴ ὀλίγοις ἀρρώστοις ἐπιθεὶς τὰς χεῖρας ἐθεράπευσεν· [6] καὶ ἐθαύμαζεν διὰ τὴν ἀπιστίαν αὐτῶν. ...			
112	Mt 10,1	καὶ προσκαλεσάμενος τοὺς δώδεκα μαθητὰς αὐτοῦ ἔδωκεν αὐτοῖς ἐξουσίαν πνευμάτων ἀκαθάρτων καὶ θεραπεύειν πᾶσαν νόσον καὶ πᾶσαν μαλακίαν.	Mk 6,7 → Mk 3,14-15	καὶ προσκαλεῖται τοὺς δώδεκα καὶ ἤρξατο αὐτοὺς ἀποστέλλειν δύο δύο καὶ ἐδίδου αὐτοῖς ἐξουσίαν τῶν πνευμάτων τῶν ἀκαθάρτων	Lk 9,1 → Lk 10,1	συγκαλεσάμενος δὲ τοὺς δώδεκα ἔδωκεν αὐτοῖς **δύναμιν** καὶ ἐξουσίαν ἐπὶ πάντα τὰ δαιμόνια καὶ νόσους θεραπεύειν	
021	Mt 14,2 → Mt 16,14	καὶ εἶπεν τοῖς παισὶν αὐτοῦ· οὗτός ἐστιν Ἰωάννης ὁ βαπτιστής· αὐτὸς ἠγέρθη ἀπὸ τῶν νεκρῶν καὶ διὰ τοῦτο **αἱ δυνάμεις** ἐνεργοῦσιν ἐν αὐτῷ.	Mk 6,14 → Mk 8,28	... καὶ ἔλεγον ὅτι Ἰωάννης ὁ βαπτίζων ἐγήγερται ἐκ νεκρῶν καὶ διὰ τοῦτο ἐνεργοῦσιν **αἱ δυνάμεις** ἐν αὐτῷ.	Lk 9,7 → Lk 9,19	... καὶ διηπόρει διὰ τὸ λέγεσθαι ὑπό τινων ὅτι Ἰωάννης ἠγέρθη ἐκ νεκρῶν	

211	**Mt 14,2**	καὶ εἶπεν τοῖς παισὶν αὐτοῦ· οὗτός ἐστιν Ἰωάννης ὁ βαπτιστής· αὐτὸς ἠγέρθη ἀπὸ τῶν νεκρῶν καὶ διὰ τοῦτο **αἱ δυνάμεις** ἐνεργοῦσιν ἐν αὐτῷ.	**Mk 6,16** → Mk 6,27	ἀκούσας δὲ ὁ Ἡρῴδης ἔλεγεν· ὃν ἐγὼ ἀπεκεφάλισα Ἰωάννην, οὗτος ἠγέρθη.	**Lk 9,9** → Lk 23,8	εἶπεν δὲ Ἡρῴδης· Ἰωάννην ἐγὼ ἀπεκεφάλισα· τίς δέ ἐστιν οὗτος περὶ οὗ ἀκούω τοιαῦτα; καὶ ἐζήτει ἰδεῖν αὐτόν.	
121	**Mt 16,28** → Mt 24,34	... εἰσίν τινες τῶν ὧδε ἑστώτων οἵτινες οὐ μὴ γεύσωνται θανάτου ἕως ἂν ἴδωσιν **τὸν υἱὸν τοῦ ἀνθρώπου ἐρχόμενον ἐν τῇ βασιλείᾳ αὐτοῦ.**	**Mk 9,1** → Mk 13,30	... εἰσίν τινες ὧδε τῶν ἑστηκότων οἵτινες οὐ μὴ γεύσωνται θανάτου ἕως ἂν ἴδωσιν **τὴν βασιλείαν τοῦ θεοῦ ἐληλυθυῖαν ἐν δυνάμει.**	**Lk 9,27** → Lk 21,32	... εἰσίν τινες τῶν αὐτοῦ ἑστηκότων οἳ οὐ μὴ γεύσωνται θανάτου ἕως ἂν ἴδωσιν **τὴν βασιλείαν τοῦ θεοῦ.**	→ Jn 21,22-23
020			**Mk 9,39**	... οὐδεὶς γάρ ἐστιν ὃς ποιήσει **δύναμιν** ἐπὶ τῷ ὀνόματί μου καὶ δυνήσεται ταχὺ κακολογῆσαί με·			
202	**Mt 11,21**	οὐαί σοι, Χοραζίν, οὐαί σοι, Βηθσαϊδά· ὅτι εἰ ἐν Τύρῳ καὶ Σιδῶνι ἐγένοντο **αἱ δυνάμεις** αἱ γενόμεναι ἐν ὑμῖν, πάλαι ἂν ἐν σάκκῳ καὶ σποδῷ μετενόησαν.			**Lk 10,13**	οὐαί σοι, Χοραζίν, οὐαί σοι, Βηθσαϊδά· ὅτι εἰ ἐν Τύρῳ καὶ Σιδῶνι ἐγενήθησαν **αἱ δυνάμεις** αἱ γενόμεναι ἐν ὑμῖν, πάλαι ἂν ἐν σάκκῳ καὶ σποδῷ καθήμενοι μετενόησαν.	
002					**Lk 10,19**	ἰδοὺ δέδωκα ὑμῖν τὴν ἐξουσίαν τοῦ πατεῖν ἐπάνω ὄφεων καὶ σκορπίων, καὶ **ἐπὶ πᾶσαν τὴν δύναμιν τοῦ ἐχθροῦ,** καὶ οὐδὲν ὑμᾶς οὐ μὴ ἀδικήσῃ.	
112	**Mt 21,9**	οἱ δὲ ὄχλοι οἱ προάγοντες αὐτὸν καὶ οἱ ἀκολουθοῦντες ἔκραζον λέγοντες· *ὡσαννὰ* τῷ υἱῷ Δαυίδ· *εὐλογημένος ὁ ἐρχόμενος ἐν ὀνόματι κυρίου·* ... ➤ Ps 118,25-26	**Mk 11,9**	καὶ οἱ προάγοντες καὶ οἱ ἀκολουθοῦντες ἔκραζον· *ὡσαννά· εὐλογημένος ὁ ἐρχόμενος ἐν ὀνόματι κυρίου·* ➤ Ps 118,25-26	**Lk 19,37**	... ἤρξαντο ἅπαν τὸ πλῆθος τῶν μαθητῶν χαίροντες αἰνεῖν τὸν θεὸν φωνῇ μεγάλῃ **περὶ πασῶν ὧν εἶδον δυνάμεων,** [38] λέγοντες· *εὐλογημένος ὁ ἐρχόμενος,* ὁ βασιλεὺς *ἐν ὀνόματι κυρίου·* ... ➤ Ps 118,26	→ Jn 12,13
221	**Mt 22,29**	ἀποκριθεὶς δὲ ὁ Ἰησοῦς εἶπεν αὐτοῖς· πλανᾶσθε μὴ εἰδότες τὰς γραφὰς μηδὲ **τὴν δύναμιν τοῦ θεοῦ·**	**Mk 12,24**	ἔφη αὐτοῖς ὁ Ἰησοῦς· οὐ διὰ τοῦτο πλανᾶσθε μὴ εἰδότες τὰς γραφὰς μηδὲ **τὴν δύναμιν τοῦ θεοῦ;**	**Lk 20,34**	καὶ εἶπεν αὐτοῖς ὁ Ἰησοῦς· οἱ υἱοὶ τοῦ αἰῶνος τούτου γαμοῦσιν καὶ γαμίσκονται	
222	**Mt 24,29**	... *καὶ* ***αἱ δυνάμεις τῶν οὐρανῶν*** σαλευθήσονται. ➤ Isa 34,4	**Mk 13,25**	... *καὶ* ***αἱ δυνάμεις αἱ ἐν τοῖς οὐρανοῖς*** σαλευθήσονται. ➤ Isa 34,4	**Lk 21,26**	ἀποψυχόντων ἀνθρώπων ἀπὸ φόβου καὶ προσδοκίας τῶν ἐπερχομένων τῇ οἰκουμένῃ, ***αἱ γὰρ δυνάμεις τῶν οὐρανῶν*** σαλευθήσονται. ➤ Isa 34,4	

222	**Mt 24,30** → Mt 16,27 → Mt 25,31	... καὶ ὄψονται *τὸν υἱὸν τοῦ ἀνθρώπου* *ἐρχόμενον ἐπὶ τῶν* *νεφελῶν τοῦ οὐρανοῦ* **μετὰ δυνάμεως καὶ** **δόξης πολλῆς·** ➤ Dan 7,13-14	**Mk 13,26** → Mk 8,38	καὶ τότε ὄψονται *τὸν υἱὸν τοῦ ἀνθρώπου* *ἐρχόμενον* *ἐν νεφέλαις* **μετὰ δυνάμεως** **πολλῆς καὶ δόξης.** ➤ Dan 7,13-14	**Lk 21,27** → Lk 9,26	καὶ τότε ὄψονται *τὸν υἱὸν τοῦ ἀνθρώπου* *ἐρχόμενον* *ἐν νεφέλῃ* **μετὰ δυνάμεως καὶ** **δόξης πολλῆς.** ➤ Dan 7,13-14	
201	**Mt 25,15**	[14] ... ἐκάλεσεν τοὺς ἰδίους δούλους καὶ παρέδωκεν αὐτοῖς τὰ ὑπάρχοντα αὐτοῦ, [15] καὶ ᾧ μὲν ἔδωκεν πέντε τάλαντα, ᾧ δὲ δύο, ᾧ δὲ ἕν, ἑκάστῳ **κατὰ τὴν ἰδίαν δύναμιν,** καὶ ἀπεδήμησεν. ...	**Mk 13,34**	... καὶ δοὺς τοῖς δούλοις αὐτοῦ τὴν ἐξουσίαν ἑκάστῳ τὸ ἔργον αὐτοῦ, καὶ τῷ θυρωρῷ ἐνετείλατο ἵνα γρηγορῇ.	**Lk 19,13**	καλέσας δὲ δέκα δούλους ἑαυτοῦ ἔδωκεν αὐτοῖς δέκα μνᾶς καὶ εἶπεν πρὸς αὐτούς· ...	Mk-Q overlap
222	**Mt 26,64** → Mt 22,44 → Mt 27,42-43	... ἀπ' ἄρτι ὄψεσθε *τὸν υἱὸν τοῦ ἀνθρώπου* **καθήμενον ἐκ δεξιῶν** **τῆς δυνάμεως** καὶ *ἐρχόμενον ἐπὶ τῶν* *νεφελῶν τοῦ οὐρανοῦ.* ➤ Dan 7,13	**Mk 14,62** → Mk 12,36 → Mk 15,32	... καὶ ὄψεσθε *τὸν υἱὸν τοῦ ἀνθρώπου* **ἐκ δεξιῶν καθήμενον** **τῆς δυνάμεως** καὶ *ἐρχόμενον μετὰ τῶν* *νεφελῶν τοῦ οὐρανοῦ.* ➤ Dan 7,13	**Lk 22,69** → Lk 20,42 → Lk 23,35	ἀπὸ τοῦ νῦν δὲ ἔσται ὁ υἱὸς τοῦ ἀνθρώπου **καθήμενος ἐκ δεξιῶν** **τῆς δυνάμεως** **τοῦ θεοῦ.**	→ Acts 7,55-56
002					**Lk 24,49**	... ὑμεῖς δὲ καθίσατε ἐν τῇ πόλει ἕως οὗ ἐνδύσησθε **ἐξ ὕψους δύναμιν.**	→ **Acts 1,8** → Acts 2,33

Acts 1,8 → **Lk 24,49** → Acts 2,33
ἀλλὰ λήμψεσθε
δύναμιν
ἐπελθόντος τοῦ ἁγίου
πνεύματος ἐφ' ὑμᾶς ...

Acts 2,22 → Lk 24,19
... Ἰησοῦν τὸν Ναζωραῖον,
ἄνδρα ἀποδεδειγμένον
ἀπὸ τοῦ θεοῦ εἰς ὑμᾶς
δυνάμεσι
καὶ τέρασι καὶ σημείοις
οἷς ἐποίησεν δι' αὐτοῦ
ὁ θεὸς ἐν μέσῳ ὑμῶν
καθὼς αὐτοὶ οἴδατε

Acts 3,12
... ἄνδρες Ἰσραηλῖται, τί
θαυμάζετε ἐπὶ τούτῳ ἢ
ἡμῖν τί ἀτενίζετε
ὡς ἰδίᾳ δυνάμει
ἢ εὐσεβείᾳ πεποιηκόσιν
τοῦ περιπατεῖν αὐτόν;

Acts 4,7
καὶ στήσαντες αὐτοὺς
ἐν τῷ μέσῳ ἐπυνθάνοντο·
ἐν ποίᾳ δυνάμει
ἢ ἐν ποίῳ ὀνόματι
ἐποιήσατε τοῦτο ὑμεῖς;

Acts 4,33
καὶ
δυνάμει μεγάλῃ
ἀπεδίδουν τὸ μαρτύριον
οἱ ἀπόστολοι
τῆς ἀναστάσεως
τοῦ κυρίου Ἰησοῦ, ...

Acts 6,8
Στέφανος δὲ πλήρης
χάριτος καὶ
δυνάμεως
ἐποίει τέρατα καὶ σημεῖα
μεγάλα ἐν τῷ λαῷ.

Acts 8,10
ᾧ προσεῖχον πάντες
ἀπὸ μικροῦ ἕως μεγάλου
λέγοντες· οὗτός ἐστιν
ἡ δύναμις τοῦ θεοῦ
ἡ καλουμένη μεγάλη.

Acts 8,13
... θεωρῶν τε σημεῖα καὶ
δυνάμεις μεγάλας
γινομένας ἐξίστατο.

Acts 10,38 → Lk 4,18 → Lk 13,16 → Lk 24,19
Ἰησοῦν τὸν ἀπὸ Ναζαρέθ,
ὡς ἔχρισεν αὐτὸν ὁ θεὸς
πνεύματι ἁγίῳ καὶ
δυνάμει,
ὃς διῆλθεν εὐεργετῶν καὶ
ἰώμενος πάντας τοὺς
καταδυναστευομένους
ὑπὸ τοῦ διαβόλου, ...

Acts 19,11
δυνάμεις
τε οὐ τὰς τυχούσας
ὁ θεὸς ἐποίει διὰ τῶν
χειρῶν Παύλου

δυνάστης

δυνάστης	Syn	Mt	Mk	Lk	Acts	Jn	1-3John	Paul	Eph	Col
	1			1	1					
	NT	2Thess	1/2Tim	Tit	Heb	Jas	1Pet	2Pet	Jude	Rev
	3		1							

ruler; king; sovereign; official

002					Lk 1,52	καθεῖλεν **δυνάστας** ἀπὸ θρόνων καὶ ὕψωσεν ταπεινούς	

Acts 8,27 ... καὶ ἰδοὺ ἀνὴρ Αἰθίοψ
εὐνοῦχος
δυνάστης Κανδάκης
βασιλίσσης
Αἰθιόπων,
ὃς ἦν ἐπὶ πάσης
τῆς γάζης αὐτῆς, ...

δυνατός

δυνατός	Syn	Mt	Mk	Lk	Acts	Jn	1-3John	Paul	Eph	Col
	12	3	5	4	6			10		
	NT	2Thess	1/2Tim	Tit	Heb	Jas	1Pet	2Pet	Jude	Rev
	32		1	1	1	1				

possible; strong; powerful; able; capable of; influential; leading; person of strong faith or conscience; well versed

	triple tradition																	double tradition			Sondergut		
		+Mt / +Lk			–Mt / –Lk			traditions not taken over by Mt / Lk							subtotals								
code	222	211	112	212	221	122	121	022	012	021	220	120	210	020	Σ⁺	Σ⁻	Σ	202	201	102	200	002	total
Mt	1				1		1^-				1					1^-	3						**3**
Mk	1				1		1				1			1			5						**5**
Lk	1				1^-		1^-									2^-	1					3	**4**

002					Lk 1,49	ὅτι ἐποίησέν μοι μεγάλα ὁ **δυνατός**. καὶ ἅγιον τὸ ὄνομα αὐτοῦ	
020			Mk 9,23 → Mt 17,20 → Lk 17,6 → Mt 21,21 → Mk 11,23	ὁ δὲ Ἰησοῦς εἶπεν αὐτῷ· τὸ εἰ δύνῃ, πάντα **δυνατὰ** τῷ πιστεύοντι.			
002					Lk 14,31	ἢ τίς βασιλεὺς πορευόμενος ἑτέρῳ βασιλεῖ συμβαλεῖν εἰς πόλεμον οὐχὶ καθίσας πρῶτον βουλεύσεται εἰ **δυνατός** ἐστιν ἐν δέκα χιλιάσιν ὑπαντῆσαι τῷ μετὰ εἴκοσι χιλιάδων ἐρχομένῳ ἐπ' αὐτόν;	
222	Mt 19,26	... παρὰ ἀνθρώποις τοῦτο ἀδύνατόν ἐστιν, παρὰ δὲ θεῷ πάντα **δυνατά**.	Mk 10,27	... παρὰ ἀνθρώποις ἀδύνατον, ἀλλ' οὐ παρὰ θεῷ· πάντα γὰρ **δυνατὰ** παρὰ τῷ θεῷ.	Lk 18,27	... τὰ ἀδύνατα παρὰ ἀνθρώποις **δυνατὰ** παρὰ τῷ θεῷ ἐστιν.	

220	**Mt 24,24** → Mt 24,11 ἐγερθήσονται γὰρ ψευδόχριστοι καὶ ψευδοπροφῆται καὶ δώσουσιν σημεῖα μεγάλα καὶ τέρατα ὥστε πλανῆσαι, εἰ **δυνατόν,** καὶ τοὺς ἐκλεκτούς·	**Mk 13,22** ἐγερθήσονται γὰρ ψευδόχριστοι καὶ ψευδοπροφῆται καὶ δώσουσιν σημεῖα καὶ τέρατα πρὸς τὸ ἀποπλανᾶν, εἰ **δυνατόν,** τοὺς ἐκλεκτούς.		
121	**Mt 26,39** καὶ προελθὼν μικρὸν ἔπεσεν ἐπὶ πρόσωπον αὐτοῦ προσευχόμενος	**Mk 14,35** καὶ προελθὼν μικρὸν ἔπιπτεν ἐπὶ τῆς γῆς καὶ προσηύχετο ἵνα εἰ **δυνατόν** ἐστιν παρέλθῃ ἀπ᾽ αὐτοῦ ἡ ὥρα,	**Lk 22,41** καὶ αὐτὸς ἀπεσπάσθη ἀπ᾽ αὐτῶν ὡσεὶ λίθου βολὴν καὶ θεὶς τὰ γόνατα προσηύχετο	
221	καὶ λέγων· πάτερ μου, εἰ **δυνατόν** ἐστιν, παρελθάτω ἀπ᾽ ἐμοῦ τὸ ποτήριον τοῦτο· ...	**Mk 14,36** καὶ ἔλεγεν· αββα ὁ πατήρ, πάντα **δυνατά** σοι· παρένεγκε τὸ ποτήριον τοῦτο ἀπ᾽ ἐμοῦ· ...	**Lk 22,42** → Mt 26,42 λέγων· πάτερ, εἰ βούλει παρένεγκε τοῦτο τὸ ποτήριον ἀπ᾽ ἐμοῦ· ...	→ Jn 18,11
002			**Lk 24,19** ... τὰ περὶ Ἰησοῦ τοῦ Ναζαρηνοῦ, ὃς ἐγένετο **ἀνὴρ προφήτης δυνατὸς** ἐν ἔργῳ καὶ λόγῳ ἐναντίον τοῦ θεοῦ καὶ παντὸς τοῦ λαοῦ	→ Acts 2,22 → Acts 10,38

Acts 2,24 ὃν ὁ θεὸς ἀνέστησεν λύσας τὰς ὠδῖνας τοῦ θανάτου, καθότι οὐκ ἦν
δυνατὸν
κρατεῖσθαι αὐτὸν ὑπ᾽ αὐτοῦ.

Acts 7,22 καὶ ἐπαιδεύθη Μωϋσῆς [ἐν] πάσῃ σοφίᾳ Αἰγυπτίων, ἦν δὲ
δυνατὸς
ἐν λόγοις καὶ ἔργοις αὐτοῦ.

Acts 11,17 εἰ οὖν τὴν ἴσην δωρεὰν ἔδωκεν αὐτοῖς ὁ θεὸς ὡς καὶ ἡμῖν πιστεύσασιν ἐπὶ τὸν κύριον Ἰησοῦν Χριστόν, ἐγὼ τίς ἤμην
δυνατὸς
κωλῦσαι τὸν θεόν;

Acts 18,24 ... ἀνὴρ λόγιος, κατήντησεν εἰς Ἔφεσον,
δυνατὸς
ὢν ἐν ταῖς γραφαῖς.

Acts 20,16 ... ἔσπευδεν γὰρ εἰ
δυνατὸν
εἴη αὐτῷ τὴν ἡμέραν τῆς πεντηκοστῆς γενέσθαι εἰς Ἱεροσόλυμα.

Acts 25,5 οἱ οὖν ἐν ὑμῖν, φησίν,
δυνατοὶ
συγκαταβάντες εἴ τι ἐστιν ἐν τῷ ἀνδρὶ ἄτοπον κατηγορείτωσαν αὐτοῦ.

δύνω, δύω	Syn 2	Mt	Mk 1	Lk 1	Acts	Jn	1-3John	Paul	Eph	Col
	NT 2	2Thess	1/2Tim	Tit	Heb	Jas	1Pet	2Pet	Jude	Rev

set (of the sun)

122	Mt 8,16 ⇨ Mt 4,24 → Mt 15,30	ὀψίας δὲ γενομένης προσήνεγκαν αὐτῷ δαιμονιζομένους πολλούς· ...	Mk 1,32 → Mk 7,32	ὀψίας δὲ γενομένης, ὅτε **ἔδυ** ὁ ἥλιος, ἔφερον πρὸς αὐτὸν πάντας τοὺς κακῶς ἔχοντας καὶ τοὺς δαιμονιζομένους·	Lk 4,40	**δύνοντος** δὲ τοῦ ἡλίου ἅπαντες ὅσοι εἶχον ἀσθενοῦντας νόσοις ποικίλαις ἤγαγον αὐτοὺς πρὸς αὐτόν· ...	

δύο	Syn 86	Mt 40	Mk 17	Lk 29	Acts 13	Jn 13	1-3John	Paul 7	Eph 2	Col
	NT 134	2Thess	1/2Tim 1	Tit	Heb 2	Jas	1Pet	2Pet	Jude	Rev 10

two

	triple tradition																	double tradition			Sondergut		
		+Mt / +Lk			–Mt / –Lk			traditions not taken over by Mt / Lk							subtotals								
code	222	211	112	212	221	122	121	022	012	021	220	120	210	020	Σ+	Σ–	Σ	202	201	102	200	002	total
Mt	4	3^+			3		4^-				5		5^+		8^+	4^-	20	3	5		12		**40**
Mk	4				3		4	1			5						17						**17**
Lk	4		1^+		3^-		4^-	1	1^+						2^+	7^-	7	3		2		17	**29**

002					Lk 2,24	καὶ τοῦ δοῦναι θυσίαν κατὰ τὸ εἰρημένον ἐν τῷ νόμῳ κυρίου, *ζεῦγος τρυγόνων ἢ* ***δύο νοσσοὺς*** *περιστερῶν.* ➤ Lev 5,11; 12,8	
002					Lk 3,11	... ὁ ἔχων **δύο χιτῶνας** μεταδότω τῷ μὴ ἔχοντι, ...	
210	Mt 4,18	περιπατῶν δὲ παρὰ τὴν θάλασσαν τῆς Γαλιλαίας εἶδεν **δύο ἀδελφούς,** Σίμωνα τὸν λεγόμενον Πέτρον καὶ Ἀνδρέαν τὸν ἀδελφὸν αὐτοῦ, ...	Mk 1,16	καὶ παράγων παρὰ τὴν θάλασσαν τῆς Γαλιλαίας εἶδεν Σίμωνα καὶ Ἀνδρέαν τὸν ἀδελφὸν Σίμωνος ...	Lk 5,3	[1] ... καὶ αὐτὸς ἦν ἑστὼς παρὰ τὴν λίμνην Γεννησαρέτ [2] ... [3] ἐμβὰς δὲ εἰς ἓν τῶν πλοίων, ὃ ἦν Σίμωνος, ...	→ Jn 1,40
211	Mt 4,21	καὶ προβὰς ἐκεῖθεν εἶδεν **ἄλλους δύο** **ἀδελφούς,** Ἰάκωβον τὸν τοῦ Ζεβεδαίου καὶ Ἰωάννην τὸν ἀδελφὸν αὐτοῦ, ...	Mk 1,19	καὶ προβὰς ὀλίγον εἶδεν Ἰάκωβον τὸν τοῦ Ζεβεδαίου καὶ Ἰωάννην τὸν ἀδελφὸν αὐτοῦ, ...	Lk 5,10	ὁμοίως δὲ καὶ Ἰάκωβον καὶ Ἰωάννην υἱοὺς Ζεβεδαίου, ...	
002	Mt 4,18	περιπατῶν δὲ παρὰ τὴν θάλασσαν τῆς Γαλιλαίας εἶδεν δύο ἀδελφούς, Σίμωνα τὸν λεγόμενον Πέτρον καὶ Ἀνδρέαν τὸν ἀδελφὸν αὐτοῦ, ...	Mk 1,16	καὶ παράγων παρὰ τὴν θάλασσαν τῆς Γαλιλαίας εἶδεν Σίμωνα καὶ Ἀνδρέαν τὸν ἀδελφὸν Σίμωνος ...	Lk 5,2	[1] ... καὶ αὐτὸς ἦν ἑστὼς παρὰ τὴν λίμνην Γεννησαρέτ [2] καὶ εἶδεν **δύο πλοῖα** ἑστῶτα παρὰ τὴν λίμνην· ... [3] ἐμβὰς δὲ εἰς ἓν τῶν πλοίων, ὃ ἦν Σίμωνος, ...	→ Jn 1,40
200	Mt 5,41	καὶ ὅστις σε ἀγγαρεύσει μίλιον ἕν, ὕπαγε μετ' αὐτοῦ **δύο.**					

202	**Mt 6,24**	οὐδεὶς δύναται **δυσὶ κυρίοις** δουλεύειν· ...			**Lk 16,13**	οὐδεὶς οἰκέτης δύναται **δυσὶ κυρίοις** δουλεύειν· ...	→ GTh 47,1-2
211	**Mt 8,28**	καὶ ἐλθόντος αὐτοῦ εἰς τὸ πέραν εἰς τὴν χώραν τῶν Γαδαρηνῶν ὑπήντησαν αὐτῷ **δύο** **δαιμονιζόμενοι** ἐκ τῶν μνημείων ἐξερχόμενοι, ...	**Mk 5,2**	[1] καὶ ἦλθον εἰς τὸ πέραν τῆς θαλάσσης εἰς τὴν χώραν τῶν Γερασηνῶν. [2] καὶ ἐξελθόντος αὐτοῦ ἐκ τοῦ πλοίου εὐθὺς ὑπήντησεν αὐτῷ ἐκ τῶν μνημείων **ἄνθρωπος** **ἐν πνεύματι** **ἀκαθάρτῳ**	**Lk 8,27**	[26] καὶ κατέπλευσαν εἰς τὴν χώραν τῶν Γερασηνῶν, ἥτις ἐστὶν ἀντιπέρα τῆς Γαλιλαίας. [27] ἐξελθόντι δὲ αὐτῷ ἐπὶ τὴν γῆν ὑπήντησεν **ἀνήρ τις ἐκ τῆς** **πόλεως ἔχων** **δαιμόνια** ...	
200	**Mt 9,27** ⇩ Mt 20,30	καὶ παράγοντι ἐκεῖθεν τῷ Ἰησοῦ ἠκολούθησαν [αὐτῷ] **δύο τυφλοὶ** κράζοντες καὶ λέγοντες· ἐλέησον ἡμᾶς, υἱὸς Δαυίδ.	**Mk 10,46**	καὶ ἔρχονται εἰς Ἰεριχώ. καὶ ἐκπορευομένου αὐτοῦ ἀπὸ Ἰεριχὼ καὶ τῶν μαθητῶν αὐτοῦ καὶ ὄχλου ἱκανοῦ ὁ υἱὸς Τιμαίου Βαρτιμαῖος, **τυφλὸς προσαίτης,** ἐκάθητο παρὰ τὴν ὁδόν. [47] ... ἤρξατο κράζειν καὶ λέγειν· υἱὲ Δαυὶδ Ἰησοῦ, ἐλέησόν με.	**Lk 18,35**	ἐγένετο δὲ ἐν τῷ ἐγγίζειν αὐτὸν εἰς Ἰεριχὼ **τυφλός τις** ἐκάθητο παρὰ τὴν ὁδὸν ἐπαιτῶν. ... [38] καὶ ἐβόησεν λέγων· Ἰησοῦ υἱὲ Δαυίδ, ἐλέησόν με.	
222	**Mt 10,10**	[9] μὴ κτήσησθε χρυσὸν μηδὲ ἄργυρον μηδὲ χαλκὸν εἰς τὰς ζώνας ὑμῶν, [10] μὴ πήραν εἰς ὁδὸν **μηδὲ δύο** **χιτῶνας** μηδὲ ὑποδήματα μηδὲ ῥάβδον· ...	**Mk 6,9**	[8] ... ἵνα μηδὲν αἴρωσιν εἰς ὁδὸν εἰ μὴ ῥάβδον μόνον, μὴ ἄρτον, μὴ πήραν, μὴ εἰς τὴν ζώνην χαλκόν, [9] ἀλλὰ ὑποδεδεμένους σανδάλια, καὶ **μὴ ἐνδύσησθε δύο** **χιτῶνας.**	**Lk 9,3** ⇩ Lk 10,4 → Lk 22,35-36	... μηδὲν αἴρετε εἰς τὴν ὁδόν, μήτε ῥάβδον μήτε πήραν μήτε ἄρτον μήτε ἀργύριον **μήτε [ἀνὰ] δύο** **χιτῶνας ἔχειν.**	Mk-Q overlap
201	**Mt 10,29**	οὐχὶ **δύο στρουθία** ἀσσαρίου πωλεῖται; ...			**Lk 12,6**	οὐχὶ **πέντε στρουθία** πωλοῦνται ἀσσαρίων δύο; ...	
102	**Mt 11,2**	ὁ δὲ Ἰωάννης ἀκούσας ἐν τῷ δεσμωτηρίῳ τὰ ἔργα τοῦ Χριστοῦ πέμψας **διὰ** **τῶν μαθητῶν αὐτοῦ** [3] εἶπεν αὐτῷ· ...			**Lk 7,18**	καὶ ἀπήγγειλαν Ἰωάννῃ οἱ μαθηταὶ αὐτοῦ περὶ πάντων τούτων. καὶ προσκαλεσάμενος **δύο τινὰς** **τῶν μαθητῶν αὐτοῦ** ὁ Ἰωάννης [19] ἔπεμψεν πρὸς τὸν κύριον λέγων· ...	
002					**Lk 7,41**	**δύο χρεοφειλέται** ἦσαν δανιστῇ τινι· ὁ εἷς ὤφειλεν δηνάρια πεντακόσια, ὁ δὲ ἕτερος πεντήκοντα.	

121	Mt 10,5	[1] καὶ προσκαλεσάμενος τοὺς δώδεκα μαθητὰς αὐτοῦ ... [5] τούτους τοὺς δώδεκα ἀπέστειλεν ὁ Ἰησοῦς ...	Mk 6,7 → Mk 3,14 ↓ Lk 10,1	καὶ προσκαλεῖται τοὺς δώδεκα καὶ ἤρξατο αὐτοὺς ἀποστέλλειν **δύο**	Lk 9,2 → Lk 10,9	[1] συγκαλεσάμενος δὲ τοὺς δώδεκα ... [2] καὶ ἀπέστειλεν αὐτοὺς κηρύσσειν τὴν βασιλείαν τοῦ θεοῦ καὶ ἰᾶσθαι [τοὺς ἀσθενεῖς]	→ GTh 14,4
121	Mt 10,1	... ἔδωκεν αὐτοῖς ἐξουσίαν πνευμάτων ἀκαθάρτων ὥστε ἐκβάλλειν αὐτὰ καὶ θεραπεύειν πᾶσαν νόσον καὶ πᾶσαν μαλακίαν.	→ Mk 3,15	**δύο** καὶ ἐδίδου αὐτοῖς ἐξουσίαν τῶν πνευμάτων τῶν ἀκαθάρτων	Lk 9,1	... ἔδωκεν αὐτοῖς δύναμιν καὶ ἐξουσίαν ἐπὶ πάντα τὰ δαιμόνια καὶ νόσους θεραπεύειν	
222	Mt 10,10	[9] μὴ κτήσησθε χρυσὸν μηδὲ ἄργυρον μηδὲ χαλκὸν εἰς τὰς ζώνας ὑμῶν, [10] μὴ πήραν εἰς ὁδὸν **μηδὲ δύο χιτῶνας** μηδὲ ὑποδήματα μηδὲ ῥάβδον· ...	Mk 6,9	[8] ... ἵνα μηδὲν αἴρωσιν εἰς ὁδὸν εἰ μὴ ῥάβδον μόνον, μὴ ἄρτον, μὴ πήραν, μὴ εἰς τὴν ζώνην χαλκόν, [9] ἀλλὰ ὑποδεδεμένους σανδάλια, καὶ **μὴ ἐνδύσησθε δύο χιτῶνας.**	Lk 9,3 ⇩ Lk 10,4 → Lk 22,35-36	... μηδὲν αἴρετε εἰς τὴν ὁδόν, μήτε ῥάβδον μήτε πήραν μήτε ἄρτον μήτε ἀργύριον **μήτε [ἀνὰ] δύο χιτῶνας ἔχειν.**	Mk-Q overlap
					Lk 10,4 ⇧ Lk 9,3 → Lk 22,35	μὴ βαστάζετε βαλλάντιον, μὴ πήραν, μὴ ὑποδήματα, ...	
222	Mt 14,17 → Mt 15,34	οἱ δὲ λέγουσιν αὐτῷ· οὐκ ἔχομεν ὧδε εἰ μὴ πέντε ἄρτους καὶ **δύο ἰχθύας.**	Mk 6,38 → Mk 8,5	ὁ δὲ λέγει αὐτοῖς· πόσους ἄρτους ἔχετε; ὑπάγετε ἴδετε. καὶ γνόντες λέγουσιν· πέντε, καὶ **δύο ἰχθύας.**	Lk 9,13	... οἱ δὲ εἶπαν· οὐκ εἰσὶν ἡμῖν πλεῖον ἢ ἄρτοι πέντε καὶ **ἰχθύες δύο, ...**	→ Jn 6,9
222	Mt 14,19 → Mt 15,36	... λαβὼν τοὺς πέντε ἄρτους καὶ **τοὺς δύο ἰχθύας,** ἀναβλέψας εἰς τὸν οὐρανὸν εὐλόγησεν	Mk 6,41 (2) → Mk 8,6-7	καὶ λαβὼν τοὺς πέντε ἄρτους καὶ **τοὺς δύο ἰχθύας** ἀναβλέψας εἰς τὸν οὐρανὸν εὐλόγησεν	Lk 9,16	λαβὼν δὲ τοὺς πέντε ἄρτους καὶ **τοὺς δύο ἰχθύας** ἀναβλέψας εἰς τὸν οὐρανὸν εὐλόγησεν αὐτοὺς	→ Jn 6,11
121	→ Mt 15,36 → Mt 26,26	καὶ κλάσας ἔδωκεν τοῖς μαθηταῖς τοὺς ἄρτους οἱ δὲ μαθηταὶ τοῖς ὄχλοις.	→ Mk 8,6-7 → Mk 14,22	καὶ κατέκλασεν τοὺς ἄρτους καὶ ἐδίδου τοῖς μαθηταῖς [αὐτοῦ] ἵνα παρατιθῶσιν αὐτοῖς, καὶ **τοὺς δύο ἰχθύας** ἐμέρισεν πᾶσιν.	→ Lk 22,19	καὶ κατέκλασεν καὶ ἐδίδου τοῖς μαθηταῖς παραθεῖναι τῷ ὄχλῳ.	→ Jn 6,11
112	Mt 17,3	καὶ ἰδοὺ ὤφθη αὐτοῖς Μωϋσῆς καὶ Ἠλίας συλλαλοῦντες μετ' αὐτοῦ.	Mk 9,4	καὶ ὤφθη αὐτοῖς Ἠλίας σὺν Μωϋσεῖ καὶ ἦσαν συλλαλοῦντες τῷ Ἰησοῦ.	Lk 9,30	καὶ ἰδοὺ **ἄνδρες δύο** συνελάλουν αὐτῷ, οἵτινες ἦσαν Μωϋσῆς καὶ Ἠλίας	
002					Lk 9,32	... διαγρηγορήσαντες δὲ εἶδον τὴν δόξαν αὐτοῦ καὶ **τοὺς δύο ἄνδρας** τοὺς συνεστῶτας αὐτῷ.	

220	**Mt 18,8 (2)** ⇩ Mt 5,30	εἰ δὲ ἡ χείρ σου ἢ ὁ πούς σου σκανδαλίζει σε, ἔκκοψον αὐτὸν καὶ βάλε ἀπὸ σοῦ· καλόν σοί ἐστιν εἰσελθεῖν εἰς τὴν ζωὴν κυλλὸν ἢ χωλόν ἢ **δύο χεῖρας**	**Mk 9,43**	καὶ ἐὰν σκανδαλίζῃ σε ἡ χείρ σου, ἀπόκοψον αὐτήν· καλόν ἐστίν σε κυλλὸν εἰσελθεῖν εἰς τὴν ζωὴν ἢ **τὰς δύο χεῖρας** ἔχοντα ἀπελθεῖν εἰς τὴν γέενναν, εἰς τὸ πῦρ τὸ ἄσβεστον.		
220		ἢ **δύο πόδας** ἔχοντα βληθῆναι εἰς τὸ πῦρ τὸ αἰώνιον.	**Mk 9,45**	καὶ ἐὰν ὁ πούς σου σκανδαλίζῃ σε, ἀπόκοψον αὐτόν· καλόν ἐστίν σε εἰσελθεῖν εἰς τὴν ζωὴν χωλὸν ἢ **τοὺς δύο πόδας** ἔχοντα βληθῆναι εἰς τὴν γέενναν.		
	Mt 5,30 ⇧ Mt 18,8	καὶ εἰ ἡ δεξιά σου χεὶρ σκανδαλίζει σε, ἔκκοψον αὐτὴν καὶ βάλε ἀπὸ σοῦ· συμφέρει γάρ σοι ἵνα ἀπόληται ἓν τῶν μελῶν σου καὶ μὴ ὅλον τὸ σῶμά σου εἰς γέενναν ἀπέλθῃ.				
220	**Mt 18,9** ⇩ Mt 5,29	καὶ εἰ ὁ ὀφθαλμός σου σκανδαλίζει σε, ἔξελε αὐτὸν καὶ βάλε ἀπὸ σοῦ· καλόν σοί ἐστιν μονόφθαλμον εἰς τὴν ζωὴν εἰσελθεῖν ἢ **δύο ὀφθαλμοὺς** ἔχοντα βληθῆναι εἰς τὴν γέενναν τοῦ πυρός.	**Mk 9,47**	καὶ ἐὰν ὁ ὀφθαλμός σου σκανδαλίζῃ σε, ἔκβαλε αὐτόν· καλόν σέ ἐστιν μονόφθαλμον εἰσελθεῖν εἰς τὴν βασιλείαν τοῦ θεοῦ ἢ **δύο ὀφθαλμοὺς** ἔχοντα βληθῆναι εἰς τὴν γέενναν		
	Mt 5,29 ⇧ Mt 18,9	εἰ δὲ ὁ ὀφθαλμός σου ὁ δεξιὸς σκανδαλίζει σε, ἔξελε αὐτὸν καὶ βάλε ἀπὸ σοῦ· συμφέρει γάρ σοι ἵνα ἀπόληται ἓν τῶν μελῶν σου καὶ μὴ ὅλον τὸ σῶμά σου βληθῇ εἰς γέενναν.				
200 200	**Mt 18,16 (2)**	ἐὰν δὲ μὴ ἀκούσῃ, παράλαβε μετὰ σοῦ ἔτι ἕνα ἢ **δύο**, ἵνα *ἐπὶ στόματος* ***δύο*** *μαρτύρων ἢ τριῶν σταθῇ πᾶν ῥῆμα·* ➤ Deut 19,15				
200	**Mt 18,19** → Mt 21,22 → Mk 11,24	... ἐὰν **δύο συμφωνήσωσιν** ἐξ ὑμῶν ἐπὶ τῆς γῆς περὶ παντὸς πράγματος οὗ ἐὰν αἰτήσωνται, γενήσεται αὐτοῖς παρὰ τοῦ πατρός μου τοῦ ἐν οὐρανοῖς.				→ GTh 48 → GTh 106
200	**Mt 18,20**	οὗ γάρ εἰσιν **δύο ἢ τρεῖς συνηγμένοι** εἰς τὸ ἐμὸν ὄνομα, ἐκεῖ εἰμι ἐν μέσῳ αὐτῶν.				→ GTh 30 (POxy 1)

002 002 002					Lk 10,1 (3) ↑ Mt 10,1.5 ↑ Mk 6,7 ↑ Lk 9,1	μετὰ δὲ ταῦτα ἀνέδειξεν ὁ κύριος **ἑτέρους ἑβδομήκοντα** **[δύο]** καὶ ἀπέστειλεν αὐτοὺς ἀνὰ **δύο** **[δύο]** πρὸ προσώπου αὐτοῦ εἰς πᾶσαν πόλιν καὶ τόπον οὗ ἤμελλεν αὐτὸς ἔρχεσθαι.	
002					Lk 10,17 → Lk 9,10	ὑπέστρεψαν δὲ **οἱ ἑβδομήκοντα [δύο]** μετὰ χαρᾶς λέγοντες· κύριε, καὶ τὰ δαιμόνια ὑποτάσσεται ἡμῖν ἐν τῷ ὀνόματί σου.	
002					Lk 10,35	καὶ ἐπὶ τὴν αὔριον ἐκβαλὼν ἔδωκεν **δύο δηνάρια** τῷ πανδοχεῖ καὶ εἶπεν· ἐπιμελήθητι αὐτοῦ, ...	
102	Mt 10,29	οὐχὶ δύο στρουθία **ἀσσαρίου** πωλεῖται; ...			Lk 12,6	οὐχὶ πέντε στρουθία πωλοῦνται **ἀσσαρίων δύο; ...**	
002 002					Lk 12,52 (2) → Mt 10,35 → Lk 12,53	ἔσονται γὰρ ἀπὸ τοῦ νῦν πέντε ἐν ἑνὶ οἴκῳ διαμεμερισμένοι, τρεῖς **ἐπὶ δυσὶν** καὶ **δύο** ἐπὶ τρισίν	→ GTh 16
002					Lk 15,11 ↓ Mt 21,28	... ἄνθρωπός τις εἶχεν **δύο υἱούς.**	
202	Mt 6,24	οὐδεὶς δύναται **δυσὶ κυρίοις** δουλεύειν· ...			Lk 16,13	οὐδεὶς οἰκέτης δύναται **δυσὶ κυρίοις** δουλεύειν· ...	→ GTh 47,1-2
202	Mt 24,40	τότε **δύο** ἔσονται ἐν τῷ ἀγρῷ, εἷς παραλαμβάνεται καὶ εἷς ἀφίεται·			Lk 17,34	λέγω ὑμῖν, ταύτῃ τῇ νυκτὶ ἔσονται **δύο** ἐπὶ κλίνης μιᾶς, ὁ εἷς παραλημφθήσεται καὶ ὁ ἕτερος ἀφεθήσεται·	→ GTh 61,1
202	Mt 24,41	**δύο ἀλήθουσαι** ἐν τῷ μύλῳ, μία παραλαμβάνεται καὶ μία ἀφίεται.			Lk 17,35	ἔσονται **δύο ἀλήθουσαι** ἐπὶ τὸ αὐτό, ἡ μία παραλημφθήσεται, ἡ δὲ ἑτέρα ἀφεθήσεται.	→ GTh 61,1
002					Lk 18,10	**ἄνθρωποι δύο** ἀνέβησαν εἰς τὸ ἱερὸν προσεύξασθαι, ὁ εἷς Φαρισαῖος καὶ ὁ ἕτερος τελώνης.	
220	Mt 19,5	... *καὶ ἔσονται* ***οἱ δύο*** *εἰς σάρκα μίαν.* ➤ Gen 2,24 LXX	Mk 10,8 (2)	*καὶ ἔσονται* ***οἱ δύο*** *εἰς σάρκα μίαν·* ➤ Gen 2,24 LXX			
220	Mt 19,6	ὥστε οὐκέτι εἰσὶν **δύο** ἀλλὰ σὰρξ μία. ...		ὥστε οὐκέτι εἰσὶν **δύο** ἀλλὰ μία σάρξ.			

210	Mt 20,21	... λέγει αὐτῷ· εἰπὲ ἵνα καθίσωσιν **οὗτοι οἱ δύο υἱοί μου** εἷς ἐκ δεξιῶν σου καὶ εἷς ἐξ εὐωνύμων σου ἐν τῇ βασιλείᾳ σου.	Mk 10,37	οἱ δὲ εἶπαν αὐτῷ· δὸς **ἡμῖν** ἵνα εἷς σου ἐκ δεξιῶν καὶ εἷς ἐξ ἀριστερῶν καθίσωμεν ἐν τῇ δόξῃ σου.			
210	Mt 20,24	καὶ ἀκούσαντες οἱ δέκα ἠγανάκτησαν **περὶ τῶν δύο ἀδελφῶν.**	Mk 10,41	καὶ ἀκούσαντες οἱ δέκα ἤρξαντο ἀγανακτεῖν **περὶ Ἰακώβου καὶ Ἰωάννου.**			
211	Mt 20,30 ⇑ Mt 9,27	[29] καὶ ἐκπορευομένων αὐτῶν ἀπὸ Ἰεριχὼ ἠκολούθησεν αὐτῷ ὄχλος πολύς. [30] καὶ ἰδοὺ **δύο τυφλοὶ** καθήμενοι παρὰ τὴν ὁδόν ...	Mk 10,46	καὶ ἔρχονται εἰς Ἰεριχώ. καὶ ἐκπορευομένου αὐτοῦ ἀπὸ Ἰεριχὼ καὶ τῶν μαθητῶν αὐτοῦ καὶ ὄχλου ἱκανοῦ ὁ υἱὸς Τιμαίου Βαρτιμαῖος, **τυφλὸς προσαίτης,** ἐκάθητο παρὰ τὴν ὁδόν.	Lk 18,35	ἐγένετο δὲ ἐν τῷ ἐγγίζειν αὐτὸν εἰς Ἰεριχὼ **τυφλός τις** ἐκάθητο παρὰ τὴν ὁδὸν ἐπαιτῶν.	
222	Mt 21,1	καὶ ὅτε ἤγγισαν εἰς Ἱεροσόλυμα καὶ ἦλθον εἰς Βηθφαγὴ εἰς τὸ ὄρος τῶν ἐλαιῶν, τότε Ἰησοῦς ἀπέστειλεν **δύο μαθητὰς**	Mk 11,1	καὶ ὅτε ἐγγίζουσιν εἰς Ἱεροσόλυμα εἰς Βηθφαγὴ καὶ Βηθανίαν πρὸς τὸ ὄρος τῶν ἐλαιῶν, ἀποστέλλει **δύο τῶν μαθητῶν αὐτοῦ**	Lk 19,29	καὶ ἐγένετο ὡς ἤγγισεν εἰς Βηθφαγὴ καὶ Βηθανία[ν] πρὸς τὸ ὄρος τὸ καλούμενον Ἐλαιῶν, ἀπέστειλεν **δύο τῶν μαθητῶν**	
200	Mt 21,28 ↑ Lk 15,11	τί δὲ ὑμῖν δοκεῖ; ἄνθρωπος εἶχεν **τέκνα δύο.** καὶ προσελθὼν τῷ πρώτῳ εἶπεν· τέκνον, ὕπαγε σήμερον ἐργάζου ἐν τῷ ἀμπελῶνι.					
200	Mt 21,31	τίς **ἐκ τῶν δύο** ἐποίησεν τὸ θέλημα τοῦ πατρός; ...					
200	Mt 22,40 → Mt 7,12 → Mt 22,38 → Mk 12,31b	**ἐν ταύταις ταῖς δυσὶν ἐντολαῖς** ὅλος ὁ νόμος κρέμαται καὶ οἱ προφῆται.					
022			Mk 12,42	καὶ ἐλθοῦσα μία χήρα πτωχὴ ἔβαλεν **λεπτὰ δύο,** ὅ ἐστιν κοδράντης.	Lk 21,2	εἶδεν δέ τινα χήραν πενιχρὰν βάλλουσαν ἐκεῖ **λεπτὰ δύο**	
202	Mt 24,40	τότε **δύο** ἔσονται ἐν τῷ ἀγρῷ, εἷς παραλαμβάνεται καὶ εἷς ἀφίεται·			Lk 17,34	λέγω ὑμῖν, ταύτῃ τῇ νυκτὶ ἔσονται **δύο** ἐπὶ κλίνης μιᾶς, ὁ εἷς παραλημφθήσεται καὶ ὁ ἕτερος ἀφεθήσεται·	→ GTh 61,1
202	Mt 24,41	**δύο ἀλήθουσαι** ἐν τῷ μύλῳ, μία παραλαμβάνεται καὶ μία ἀφίεται.			Lk 17,35	ἔσονται **δύο ἀλήθουσαι** ἐπὶ τὸ αὐτό, ἡ μία παραλημφθήσεται, ἡ δὲ ἑτέρα ἀφεθήσεται.	→ GTh 61,1

201	Mt 25,15	[14] ... ἐκάλεσεν τοὺς ἰδίους δούλους καὶ παρέδωκεν αὐτοῖς τὰ ὑπάρχοντα αὐτοῦ, [15] καὶ ᾧ μὲν ἔδωκεν πέντε τάλαντα, ᾧ δὲ **δύο,** ᾧ δὲ ἕν, ἑκάστῳ κατὰ τὴν ἰδίαν δύναμιν, καὶ ἀπεδήμησεν. ...	Mk 13,34	... καὶ δοὺς τοῖς δούλοις αὐτοῦ τὴν ἐξουσίαν ἑκάστῳ τὸ ἔργον αὐτοῦ, καὶ τῷ θυρωρῷ ἐνετείλατο ἵνα γρηγορῇ.	Lk 19,13	καλέσας δὲ δέκα δούλους ἑαυτοῦ ἔδωκεν αὐτοῖς δέκα μνᾶς καὶ εἶπεν πρὸς αὐτούς· πραγματεύσασθε ἐν ᾧ ἔρχομαι.	Mk-Q overlap
200 200	Mt 25,17 (2)	ὡσαύτως ὁ **τὰ δύο** ἐκέρδησεν **ἄλλα δύο.**					
201 201 201	Mt 25,22 (3)	προσελθὼν [δὲ] καὶ ὁ **τὰ δύο τάλαντα** εἶπεν· κύριε, **δύο τάλαντά** μοι παρέδωκας· ἴδε **ἄλλα δύο τάλαντα** ἐκέρδησα.			Lk 19,18	καὶ ἦλθεν ὁ δεύτερος λέγων· **ἡ μνᾶ σου,** κύριε, ἐποίησεν **πέντε μνᾶς.**	
221	Mt 26,2	οἴδατε ὅτι **μετὰ δύο ἡμέρας** τὸ πάσχα γίνεται, ...	Mk 14,1	ἦν δὲ τὸ πάσχα καὶ τὰ ἄζυμα **μετὰ δύο ἡμέρας.** ...	Lk 22,1	ἤγγιζεν δὲ ἡ ἑορτὴ τῶν ἀζύμων ἡ λεγομένη πάσχα.	
121	Mt 26,18	ὁ δὲ εἶπεν· ὑπάγετε εἰς τὴν πόλιν ...	Mk 14,13	καὶ ἀποστέλλει **δύο τῶν μαθητῶν αὐτοῦ** καὶ λέγει αὐτοῖς· ὑπάγετε εἰς τὴν πόλιν, ...	Lk 22,8	καὶ ἀπέστειλεν **Πέτρον καὶ Ἰωάννην** ... [9] ... [10] ὁ δὲ εἶπεν αὐτοῖς· ἰδοὺ εἰσελθόντων ὑμῶν εἰς τὴν πόλιν ...	
002					Lk 22,38 → Lk 22,49	οἱ δὲ εἶπαν· κύριε, ἰδοὺ **μάχαιραι ὧδε δύο.** ὁ δὲ εἶπεν αὐτοῖς· ἱκανόν ἐστιν.	
210	Mt 26,37	καὶ παραλαβὼν τὸν Πέτρον καὶ **τοὺς δύο υἱοὺς Ζεβεδαίου** ἤρξατο λυπεῖσθαι καὶ ἀδημονεῖν.	Mk 14,33	καὶ παραλαμβάνει τὸν Πέτρον καὶ **[τὸν] Ἰάκωβον καὶ [τὸν] Ἰωάννην** μετ᾽ αὐτοῦ καὶ ἤρξατο ἐκθαμβεῖσθαι καὶ ἀδημονεῖν			
210	Mt 26,60	... ὕστερον δὲ **προσελθόντες δύο** [61] εἶπαν· ...	Mk 14,57	καί **τινες ἀναστάντες** ἐψευδομαρτύρουν κατ᾽ αὐτοῦ λέγοντες			
200	Mt 27,21 → Mk 15,9-11 → Mt 27,17	ἀποκριθεὶς δὲ ὁ ἡγεμὼν εἶπεν αὐτοῖς· τίνα θέλετε **ἀπὸ τῶν δύο** ἀπολύσω ὑμῖν; οἱ δὲ εἶπαν· τὸν Βαραββᾶν.	Mk 15,12 → Mt 27,22	ὁ δὲ Πιλᾶτος πάλιν ἀποκριθεὶς ἔλεγεν αὐτοῖς· τί οὖν [θέλετε] ποιήσω [ὃν λέγετε] τὸν βασιλέα τῶν Ἰουδαίων;			
002					Lk 23,32 ↓ Mt 27,38 ↓ Mk 15,27 ↓ Lk 23,33	ἤγοντο δὲ καὶ **ἕτεροι κακοῦργοι δύο** σὺν αὐτῷ ἀναιρεθῆναι.	→ Jn 19,18
221	Mt 27,38 ↑ Lk 23,32	τότε σταυροῦνται σὺν αὐτῷ **δύο λῃσταί,** εἷς ἐκ δεξιῶν καὶ εἷς ἐξ εὐωνύμων.	Mk 15,27 ↑ Lk 23,32	καὶ σὺν αὐτῷ σταυροῦσιν **δύο λῃστάς,** ἕνα ἐκ δεξιῶν καὶ ἕνα ἐξ εὐωνύμων αὐτοῦ.	Lk 23,33 → Lk 22,37	... ἐκεῖ ἐσταύρωσαν αὐτὸν καὶ **τοὺς κακούργους,** ὃν μὲν ἐκ δεξιῶν ὃν δὲ ἐξ ἀριστερῶν.	→ Jn 19,18

221	**Mt 27,51**	καὶ ἰδοὺ τὸ καταπέτασμα τοῦ ναοῦ ἐσχίσθη ἀπ' ἄνωθεν ἕως κάτω **εἰς δύο** ...	**Mk 15,38**	καὶ τὸ καταπέτασμα τοῦ ναοῦ ἐσχίσθη **εἰς δύο** ἀπ' ἄνωθεν ἕως κάτω.	**Lk 23,45**	... ἐσχίσθη δὲ τὸ καταπέτασμα τοῦ ναοῦ μέσον.	
012	**Mt 28,3**	[2] ... ἄγγελος γὰρ κυρίου καταβὰς ἐξ οὐρανοῦ ... [3] ἦν δὲ ἡ εἰδέα αὐτοῦ ὡς ἀστραπὴ καὶ τὸ ἔνδυμα αὐτοῦ λευκὸν ὡς χιών.	**Mk 16,5**	καὶ εἰσελθοῦσαι εἰς τὸ μνημεῖον εἶδον **νεανίσκον** καθήμενον ἐν τοῖς δεξιοῖς περιβεβλημένον στολὴν λευκήν, ...	**Lk 24,4** → Lk 24,23	καὶ ἐγένετο ἐν τῷ ἀπορεῖσθαι αὐτὰς περὶ τούτου καὶ ἰδοὺ **ἄνδρες δύο** ἐπέστησαν αὐταῖς ἐν ἐσθῆτι ἀστραπτούσῃ.	→ Jn 20,12
002					**Lk 24,13**	καὶ ἰδοὺ **δύο ἐξ αὐτῶν** ἐν αὐτῇ τῇ ἡμέρᾳ ἦσαν πορευόμενοι εἰς κώμην ... ᾗ ὄνομα Ἐμμαοῦς	

Acts 1,10 καὶ ὡς ἀτενίζοντες ἦσαν εἰς τὸν οὐρανὸν πορευομένου αὐτοῦ, καὶ ἰδοὺ **ἄνδρες δύο** παρειστήκεισαν αὐτοῖς ἐν ἐσθήσεσι λευκαῖς

Acts 1,23 καὶ ἔστησαν **δύο,** Ἰωσὴφ τὸν καλούμενον Βαρσαββᾶν ὃς ἐπεκλήθη Ἰοῦστος, καὶ Μαθθίαν.

Acts 1,24 ... σὺ κύριε καρδιογνῶστα πάντων, ἀνάδειξον ὃν ἐξελέξω **ἐκ τούτων τῶν δύο** ἕνα

Acts 7,29 ἔφυγεν δὲ Μωϋσῆς ἐν τῷ λόγῳ τούτῳ καὶ ἐγένετο πάροικος ἐν γῇ Μαδιάμ, οὗ ἐγέννησεν **υἱοὺς δύο.**

Acts 9,38 ... οἱ μαθηταὶ ἀκούσαντες ὅτι Πέτρος ἐστὶν ἐν αὐτῇ ἀπέστειλαν **δύο ἄνδρας** πρὸς αὐτὸν παρακαλοῦντες· μὴ ὀκνήσῃς διελθεῖν ἕως ἡμῶν.

Acts 10,7 ὡς δὲ ἀπῆλθεν ὁ ἄγγελος ὁ λαλῶν αὐτῷ, φωνήσας **δύο τῶν οἰκετῶν** καὶ στρατιώτην εὐσεβῆ τῶν προσκαρτερούντων αὐτῷ

Acts 12,6 (2) ὅτε δὲ ἤμελλεν προαγαγεῖν αὐτὸν ὁ Ἡρῴδης, τῇ νυκτὶ ἐκείνῃ ἦν ὁ Πέτρος κοιμώμενος **μεταξὺ δύο στρατιωτῶν** δεδεμένος **ἁλύσεσιν δυσίν** φύλακές τε πρὸ τῆς θύρας ἐτήρουν τὴν φυλακήν.

Acts 19,10 τοῦτο δὲ ἐγένετο **ἐπὶ ἔτη δύο,** ὥστε πάντας τοὺς κατοικοῦντας τὴν Ἀσίαν ἀκοῦσαι τὸν λόγον τοῦ κυρίου, ...

Acts 19,22 ἀποστείλας δὲ εἰς τὴν Μακεδονίαν **δύο τῶν διακονούντων** αὐτῷ, Τιμόθεον καὶ Ἔραστον, ...

Acts 19,34 ... φωνὴ ἐγένετο μία ἐκ πάντων **ὡς ἐπὶ ὥρας δύο** κραζόντων· μεγάλη ἡ Ἄρτεμις Ἐφεσίων.

Acts 21,33 τότε ἐγγίσας ὁ χιλίαρχος ἐπελάβετο αὐτοῦ καὶ ἐκέλευσεν δεθῆναι **ἁλύσεσι δυσί,** καὶ ἐπυνθάνετο τίς εἴη καὶ τί ἐστιν πεποιηκώς.

Acts 23,23 καὶ προσκαλεσάμενος **δύο [τινὰς] τῶν ἑκατονταρχῶν** εἶπεν· ἑτοιμάσατε στρατιώτας διακοσίους, ὅπως πορευθῶσιν ἕως Καισαρείας, ...

δυσβάστακτος

	Syn	Mt	Mk	Lk	Acts	Jn	1-3John	Paul	Eph	Col
	2	1		1						
	NT	2Thess	1/2Tim	Tit	Heb	Jas	1Pet	2Pet	Jude	Rev
	2									

hard to carry

202	**Mt 23,4**	[2] ... οἱ γραμματεῖς καὶ οἱ Φαρισαῖοι. [3] ... [4] δεσμεύουσιν δὲ **φορτία βαρέα [καὶ δυσβάστακτα]** καὶ ἐπιτιθέασιν ἐπὶ τοὺς ὤμους τῶν ἀνθρώπων, αὐτοὶ δὲ τῷ δακτύλῳ αὐτῶν οὐ θέλουσιν κινῆσαι αὐτά.			**Lk 11,46**	... καὶ ὑμῖν τοῖς νομικοῖς οὐαί, ὅτι φορτίζετε τοὺς ἀνθρώπους **φορτία δυσβάστακτα,** καὶ αὐτοὶ ἑνὶ τῶν δακτύλων ὑμῶν οὐ προσψαύετε τοῖς φορτίοις.	

δύσκολος

	Syn	Mt	Mk	Lk	Acts	Jn	1-3John	Paul	Eph	Col
	1		1							
	NT	2Thess	1/2Tim	Tit	Heb	Jas	1Pet	2Pet	Jude	Rev
	1									

hard; difficult

120	**Mt 19,24**	πάλιν δὲ λέγω ὑμῖν,	**Mk 10,24**	... ὁ δὲ Ἰησοῦς πάλιν ἀποκριθεὶς λέγει αὐτοῖς· τέκνα, πῶς **δύσκολόν** ἐστιν εἰς τὴν βασιλείαν τοῦ θεοῦ εἰσελθεῖν·			
		εὐκοπώτερόν ἐστιν κάμηλον ...	**Mk 10,25**	εὐκοπώτερόν ἐστιν κάμηλον ...	**Lk 18,25**	εὐκοπώτερον γάρ ἐστιν κάμηλον ...	

δυσκόλως

	Syn	Mt	Mk	Lk	Acts	Jn	1-3John	Paul	Eph	Col
	3	1	1	1						
	NT	2Thess	1/2Tim	Tit	Heb	Jas	1Pet	2Pet	Jude	Rev
	3									

with difficulty

222	**Mt 19,23**	... πλούσιος **δυσκόλως** εἰσελεύσεται εἰς τὴν βασιλείαν τῶν οὐρανῶν.	**Mk 10,23**	... πῶς **δυσκόλως** οἱ τὰ χρήματα ἔχοντες εἰς τὴν βασιλείαν τοῦ θεοῦ εἰσελεύσονται.	**Lk 18,24**	... πῶς **δυσκόλως** οἱ τὰ χρήματα ἔχοντες εἰς τὴν βασιλείαν τοῦ θεοῦ εἰσπορεύονται·	

δυσμή

	Syn	Mt	Mk	Lk	Acts	Jn	1-3John	Paul	Eph	Col
	4	2		2						
	NT	2Thess	1/2Tim	Tit	Heb	Jas	1Pet	2Pet	Jude	Rev
	5									1

west *(always plural)*

102	**Mt 16,2**	... [ὀψίας γενομένης λέγετε· εὐδία, πυρράζει γὰρ ὁ οὐρανός·]			**Lk 12,54**	... ὅταν ἴδητε [τὴν] νεφέλην ἀνατέλλουσαν **ἐπὶ δυσμῶν,** εὐθέως λέγετε ὅτι ὄμβρος ἔρχεται, καὶ γίνεται οὕτως·	→ GTh 91 Mt 16,2b is textcritically uncertain.

202	**Mt 8,11** → Lk 13,28	... πολλοὶ ἀπὸ ἀνατολῶν καὶ **δυσμῶν** ἥξουσιν καὶ ἀνακλιθήσονται μετὰ Ἀβραὰμ καὶ Ἰσαὰκ καὶ Ἰακὼβ ἐν τῇ βασιλείᾳ τῶν οὐρανῶν			**Lk 13,29**	καὶ ἥξουσιν ἀπὸ ἀνατολῶν καὶ **δυσμῶν** καὶ ἀπὸ βορρᾶ καὶ νότου καὶ ἀνακλιθήσονται ἐν τῇ βασιλείᾳ τοῦ θεοῦ.	
201	**Mt 24,27**	ὥσπερ γὰρ ἡ ἀστραπὴ ἐξέρχεται ἀπὸ ἀνατολῶν καὶ φαίνεται **ἕως δυσμῶν,** οὕτως ἔσται ἡ παρουσία τοῦ υἱοῦ τοῦ ἀνθρώπου·			**Lk 17,24**	ὥσπερ γὰρ ἡ ἀστραπὴ ἀστράπτουσα ἐκ τῆς ὑπὸ τὸν οὐρανὸν **εἰς τὴν ὑπ' οὐρανὸν** λάμπει, οὕτως ἔσται ὁ υἱὸς τοῦ ἀνθρώπου [ἐν τῇ ἡμέρᾳ αὐτοῦ].	

δώδεκα

	Syn	Mt	Mk	Lk	Acts	Jn	1-3John	Paul	Eph	Col
	40	13	15	12	4	6		1		
	NT	2Thess	1/2Tim	Tit	Heb	Jas	1Pet	2Pet	Jude	Rev
	75					1				23

twelve

	triple tradition																	double tradition			Sondergut		
		+Mt / +Lk			−Mt / −Lk			traditions not taken over by Mt / Lk							subtotals								
code	*222*	*211*	*112*	*212*	*221*	*122*	*121*	*022*	*012*	*021*	*220*	*120*	*210*	*020*	Σ⁺	Σ⁻	Σ	*202*	*201*	*102*	*200*	*002*	total
Mt	6	1^+			2	1^-	1^-					3^-			1^+	5^-	9	1	1		2		**13**
Mk	6				2	1	1	1				3		1			15						**15**
Lk	6		1^+		2^-	1	1^-	1							1^+	3^-	9	1				2	**12**

a οἱ δώδεκα
b δώδεκα μαθηταί
c δώδεκα ἀπόστολοι

002					**Lk 2,42**	καὶ ὅτε ἐγένετο **ἐτῶν δώδεκα,** ἀναβαινόντων αὐτῶν κατὰ τὸ ἔθος τῆς ἑορτῆς	
b 022	**Mt 10,1**	καὶ προσκαλεσάμενος **τοὺς δώδεκα μαθητὰς αὐτοῦ** ...	**Mk 3,14** ↓ Mk 6,7 ↓ Mt 10,5	[13] ... καὶ προσκαλεῖται οὓς ἤθελεν αὐτός, καὶ ἀπῆλθον πρὸς αὐτόν. [14] καὶ ἐποίησεν **δώδεκα,** [οὓς καὶ ἀποστόλους ὠνόμασεν] ...	**Lk 6,13**	καὶ ὅτε ἐγένετο ἡμέρα, προσεφώνησεν τοὺς μαθητὰς αὐτοῦ, καὶ ἐκλεξάμενος ἀπ' αὐτῶν **δώδεκα,** οὓς καὶ ἀποστόλους ὠνόμασεν·	
c a 221	**Mt 10,2**	**τῶν δὲ δώδεκα ἀποστόλων** τὰ ὀνόματά ἐστιν ταῦτα· πρῶτος Σίμων ὁ λεγόμενος Πέτρος ...	**Mk 3,16**	[καὶ ἐποίησεν **τοὺς δώδεκα,**] καὶ ἐπέθηκεν ὄνομα τῷ Σίμωνι Πέτρον	**Lk 6,14**	Σίμωνα, ὃν καὶ ὠνόμασεν Πέτρον, ...	→ Jn 1,42
a 002	**Mt 9,35** ⇩ Mt 4,23 → Mk 1,21	καὶ περιῆγεν ὁ Ἰησοῦς τὰς πόλεις πάσας καὶ τὰς κώμας διδάσκων ἐν ταῖς συναγωγαῖς αὐτῶν καὶ κηρύσσων τὸ εὐαγγέλιον τῆς βασιλείας ...	**Mk 6,6** ↓ Mk 1,39	... καὶ περιῆγεν τὰς κώμας κύκλῳ διδάσκων.	**Lk 8,1** → Lk 4,15 ↓ Lk 4,44 → Lk 13,22	... καὶ αὐτὸς διώδευεν κατὰ πόλιν καὶ κώμην κηρύσσων καὶ εὐαγγελιζόμενος τὴν βασιλείαν τοῦ θεοῦ καὶ **οἱ δώδεκα** σὺν αὐτῷ	
	Mt 4,23 ⇧ Mt 9,35	καὶ περιῆγεν ἐν ὅλῃ τῇ Γαλιλαίᾳ διδάσκων ἐν ταῖς συναγωγαῖς αὐτῶν καὶ κηρύσσων τὸ εὐαγγέλιον τῆς βασιλείας ...	**Mk 1,39** → Mk 1,14 ↑ Mk 6,6	καὶ ἦλθεν κηρύσσων εἰς τὰς συναγωγὰς αὐτῶν εἰς ὅλην τὴν Γαλιλαίαν ...	**Lk 4,44** → Lk 4,15 ↑ **Lk 8,1**	καὶ ἦν κηρύσσων εἰς τὰς συναγωγὰς τῆς Ἰουδαίας.	

a 121	Mt 13,10	καὶ προσελθόντες οἱ μαθηταὶ εἶπαν αὐτῷ· διὰ τί ἐν παραβολαῖς λαλεῖς αὐτοῖς;	Mk 4,10 → Mk 7,17	καὶ ὅτε ἐγένετο κατὰ μόνας, ἠρώτων αὐτὸν οἱ περὶ αὐτὸν σὺν τοῖς δώδεκα τὰς παραβολάς.	Lk 8,9 → Mk 7,17	ἐπηρώτων δὲ αὐτὸν οἱ μαθηταὶ αὐτοῦ τίς αὕτη εἴη ἡ παραβολή.	
122	Mt 9,18	... προσεκύνει αὐτῷ λέγων ὅτι ἡ θυγάτηρ μου ἄρτι ἐτελεύτησεν· ...	Mk 5,42	[22] ... πίπτει πρὸς τοὺς πόδας αὐτοῦ [23] καὶ παρακαλεῖ αὐτὸν πολλὰ λέγων ὅτι τὸ θυγάτριόν μου ... [42] ... ἦν γὰρ ἐτῶν δώδεκα. ... [23] ... ἐσχάτως ἔχει, ...	Lk 8,42	[41] ... καὶ πεσὼν παρὰ τοὺς πόδας [τοῦ] Ἰησοῦ παρεκάλει αὐτὸν εἰσελθεῖν εἰς τὸν οἶκον αὐτοῦ, [42] ὅτι θυγάτηρ μονογενὴς ἦν αὐτῷ ὡς ἐτῶν δώδεκα καὶ αὐτὴ ἀπέθνῃσκεν. ...	
222	Mt 9,20	καὶ ἰδοὺ γυνὴ αἱμορροοῦσα δώδεκα ἔτη ...	Mk 5,25	καὶ γυνὴ οὖσα ἐν ῥύσει αἵματος δώδεκα ἔτη	Lk 8,43	καὶ γυνὴ οὖσα ἐν ῥύσει αἵματος ἀπὸ ἐτῶν δώδεκα, ...	
122	Mt 9,25	... καὶ ἠγέρθη τὸ κοράσιον.	Mk 5,42	καὶ εὐθὺς ἀνέστη τὸ κοράσιον καὶ περιεπάτει· ἦν γὰρ ἐτῶν δώδεκα. καὶ ἐξέστησαν [εὐθὺς] ἐκστάσει μεγάλῃ.	Lk 8,42	[55] καὶ ἐπέστρεψεν τὸ πνεῦμα αὐτῆς καὶ ἀνέστη παραχρῆμα ... [42] ... ἦν αὐτῷ ὡς ἐτῶν δώδεκα καὶ αὐτὴ ἀπέθνῃσκεν. ... [56] καὶ ἐξέστησαν οἱ γονεῖς αὐτῆς·	
b a 222	Mt 10,1	καὶ προσκαλεσάμενος τοὺς δώδεκα μαθητὰς αὐτοῦ ἔδωκεν αὐτοῖς ἐξουσίαν πνευμάτων ἀκαθάρτων ὥστε ἐκβάλλειν αὐτὰ καὶ θεραπεύειν πᾶσαν νόσον καὶ πᾶσαν μαλακίαν.	Mk 6,7 ↑ Mk 3,14 ↓ Mt 10,5	καὶ προσκαλεῖται τοὺς δώδεκα καὶ ἤρξατο αὐτοὺς ἀποστέλλειν δύο δύο καὶ ἐδίδου αὐτοῖς ἐξουσίαν τῶν πνευμάτων τῶν ἀκαθάρτων	Lk 9,1 → Lk 10,1	συγκαλεσάμενος δὲ τοὺς δώδεκα ἔδωκεν αὐτοῖς δύναμιν καὶ ἐξουσίαν ἐπὶ πάντα τὰ δαιμόνια καὶ νόσους θεραπεύειν	
c a 221	Mt 10,2	τῶν δὲ δώδεκα ἀποστόλων τὰ ὀνόματά ἐστιν ταῦτα· πρῶτος Σίμων ὁ λεγόμενος Πέτρος ...	Mk 3,16	[καὶ ἐποίησεν τοὺς δώδεκα,] καὶ ἐπέθηκεν ὄνομα τῷ Σίμωνι Πέτρον	Lk 6,14	Σίμωνα, ὃν καὶ ὠνόμασεν Πέτρον, ...	→ Jn 1,42
a 211	Mt 10,5	τούτους τοὺς δώδεκα ἀπέστειλεν ὁ Ἰησοῦς ...	Mk 6,7 ↑ Mk 3,14	... καὶ ἤρξατο αὐτοὺς ἀποστέλλειν δύο δύο ...	Lk 9,2	καὶ ἀπέστειλεν αὐτοὺς κηρύσσειν τὴν βασιλείαν τοῦ θεοῦ ...	
b 200	Mt 11,1	καὶ ἐγένετο ὅτε ἐτέλεσεν ὁ Ἰησοῦς διατάσσων τοῖς δώδεκα μαθηταῖς αὐτοῦ, μετέβη ἐκεῖθεν τοῦ διδάσκειν καὶ κηρύσσειν ἐν ταῖς πόλεσιν αὐτῶν.					
a 112	Mt 14,15	ὀψίας δὲ γενομένης προσῆλθον αὐτῷ οἱ μαθηταὶ λέγοντες· ἔρημός ἐστιν ὁ τόπος καὶ ἡ ὥρα ἤδη παρῆλθεν· ἀπόλυσον τοὺς ὄχλους, ...	Mk 6,35	καὶ ἤδη ὥρας πολλῆς γενομένης προσελθόντες αὐτῷ οἱ μαθηταὶ αὐτοῦ ἔλεγον ὅτι ἔρημός ἐστιν ὁ τόπος καὶ ἤδη ὥρα πολλή· [36] ἀπόλυσον αὐτούς, ...	Lk 9,12 → Lk 24,29	ἡ δὲ ἡμέρα ἤρξατο κλίνειν· προσελθόντες δὲ οἱ δώδεκα εἶπαν αὐτῷ· ἀπόλυσον τὸν ὄχλον, ... ὅτι ὧδε ἐν ἐρήμῳ τόπῳ ἐσμέν.	

222	Mt 14,20 → Mt 15,37	... καὶ ἦραν τὸ περισσεῦον τῶν κλασμάτων **δώδεκα κοφίνους** πλήρεις.	Mk 6,43 → Mk 8,8	καὶ ἦραν κλάσματα **δώδεκα κοφίνων** πληρώματα καὶ ἀπὸ τῶν ἰχθύων.	Lk 9,17	... καὶ ἤρθη τὸ περισσεῦσαν αὐτοῖς κλασμάτων **κόφινοι δώδεκα.**	→ Jn 6,13
120	Mt 16,9	οὔπω νοεῖτε, οὐδὲ μνημονεύετε τοὺς πέντε ἄρτους τῶν πεντακισχιλίων καὶ πόσους κοφίνους ἐλάβετε;	Mk 8,19	[17] ... οὔπω νοεῖτε ... [18] ... οὐ μνημονεύετε, [19] ὅτε τοὺς πέντε ἄρτους ἔκλασα εἰς τοὺς πεντακισχιλίους, πόσους κοφίνους κλασμάτων πλήρεις ἤρατε; λέγουσιν αὐτῷ· **δώδεκα.**			
a 020			Mk 9,35 → Mt 20,26-27 ⇨ Mk 10,43-44 → Lk 22,26 → Mt 23,11 → Mk 10,31	καὶ καθίσας ἐφώνησεν **τοὺς δώδεκα** καὶ λέγει αὐτοῖς· εἴ τις θέλει πρῶτος εἶναι, ἔσται πάντων ἔσχατος καὶ πάντων διάκονος.			
201 202	Mt 19,28 (2)	... καθήσεσθε καὶ ὑμεῖς **ἐπὶ δώδεκα θρόνους** κρίνοντες **τὰς δώδεκα φυλὰς** τοῦ Ἰσραήλ.			Lk 22,30 → Lk 14,15	... καὶ καθήσεσθε **ἐπὶ θρόνων** **τὰς δώδεκα φυλὰς** κρίνοντες τοῦ Ἰσραήλ.	
b a 222	Mt 20,17	... παρέλαβεν **τοὺς δώδεκα** **[μαθητὰς]** κατ᾽ ἰδίαν καὶ ἐν τῇ ὁδῷ εἶπεν αὐτοῖς·	Mk 10,32	... καὶ παραλαβὼν πάλιν **τοὺς δώδεκα** ἤρξατο αὐτοῖς λέγειν τὰ μέλλοντα αὐτῷ συμβαίνειν	Lk 18,31	παραλαβὼν δὲ **τοὺς δώδεκα** εἶπεν πρὸς αὐτούς· ...	
a 120	Mt 21,17	καὶ καταλιπὼν αὐτοὺς ἐξῆλθεν ἔξω τῆς πόλεως εἰς Βηθανίαν, καὶ ηὐλίσθη ἐκεῖ.	Mk 11,11	... ὀψίας ἤδη οὔσης τῆς ὥρας, ἐξῆλθεν εἰς Βηθανίαν **μετὰ τῶν δώδεκα.**	Lk 21,37 → Mk 11,19	... τὰς δὲ νύκτας ἐξερχόμενος ηὐλίζετο εἰς τὸ ὄρος τὸ καλούμενον Ἐλαιῶν·	→ [[Jn 8,1]]
a 222	Mt 26,14	τότε πορευθεὶς **εἷς** **τῶν δώδεκα,** ὁ λεγόμενος Ἰούδας Ἰσκαριώτης, πρὸς τοὺς ἀρχιερεῖς [15] εἶπεν· ...	Mk 14,10	καὶ Ἰούδας Ἰσκαριὼθ **ὁ εἷς** **τῶν δώδεκα** ἀπῆλθεν πρὸς τοὺς ἀρχιερεῖς ...	Lk 22,3	εἰσῆλθεν δὲ σατανᾶς εἰς Ἰούδαν τὸν καλούμενον Ἰσκαριώτην, **ὄντα ἐκ τοῦ ἀριθμοῦ** **τῶν δώδεκα·** [4] καὶ ἀπελθὼν συνελάλησεν τοῖς ἀρχιερεῦσιν καὶ στρατηγοῖς ...	
a 221	Mt 26,20	ὀψίας δὲ γενομένης ἀνέκειτο **μετὰ τῶν δώδεκα.**	Mk 14,17	καὶ ὀψίας γενομένης ἔρχεται **μετὰ τῶν δώδεκα.** [18] καὶ ἀνακειμένων αὐτῶν ...	Lk 22,14	καὶ ὅτε ἐγένετο ἡ ὥρα, ἀνέπεσεν καὶ **οἱ ἀπόστολοι** σὺν αὐτῷ.	
a 120	Mt 26,23 → Lk 22,21	ὁ δὲ ἀποκριθεὶς εἶπεν· ὁ ἐμβάψας μετ᾽ ἐμοῦ τὴν χεῖρα ἐν τῷ τρυβλίῳ οὗτός με παραδώσει.	Mk 14,20 → Lk 22,21	ὁ δὲ εἶπεν αὐτοῖς· **εἷς τῶν δώδεκα,** ὁ ἐμβαπτόμενος μετ᾽ ἐμοῦ εἰς τὸ τρύβλιον.			→ Jn 13,26
202	Mt 19,28 (2)	... καθήσεσθε καὶ ὑμεῖς ἐπὶ δώδεκα θρόνους κρίνοντες **τὰς δώδεκα φυλὰς** τοῦ Ἰσραήλ.			Lk 22,30 → Lk 14,15	... καὶ καθήσεσθε ἐπὶ θρόνων **τὰς δώδεκα φυλὰς** κρίνοντες τοῦ Ἰσραήλ.	

a 222	Mt 26,47	καὶ ἔτι αὐτοῦ λαλοῦντος ἰδοὺ Ἰούδας **εἷς τῶν δώδεκα** ἦλθεν καὶ μετ᾽ αὐτοῦ ὄχλος πολὺς ...	Mk 14,43	καὶ εὐθὺς ἔτι αὐτοῦ λαλοῦντος παραγίνεται Ἰούδας **εἷς τῶν δώδεκα** καὶ μετ᾽ αὐτοῦ ὄχλος ...	Lk 22,47	ἔτι αὐτοῦ λαλοῦντος ἰδοὺ ὄχλος, καὶ ὁ λεγόμενος Ἰούδας **εἷς τῶν δώδεκα** προήρχετο αὐτοὺς ...	→ Jn 18,3
200	Mt 26,53	ἢ δοκεῖς ὅτι οὐ δύναμαι παρακαλέσαι τὸν πατέρα μου, καὶ παραστήσει μοι ἄρτι πλείω **δώδεκα λεγιῶνας ἀγγέλων;**					→ Jn 18,36

a **Acts 6,2** προσκαλεσάμενοι δὲ **οἱ δώδεκα** τὸ πλῆθος τῶν μαθητῶν εἶπαν· ...

Acts 7,8 ... καὶ οὕτως ἐγέννησεν τὸν Ἰσαὰκ καὶ περιέτεμεν αὐτὸν τῇ ἡμέρᾳ τῇ ὀγδόῃ, καὶ Ἰσαὰκ τὸν Ἰακώβ, καὶ Ἰακὼβ **τοὺς δώδεκα πατριάρχας.**

Acts 19,7 ἦσαν δὲ οἱ πάντες ἄνδρες **ὡσεὶ δώδεκα.**

Acts 24,11 ... οὐ πλείους εἰσίν μοι **ἡμέραι δώδεκα** ἀφ᾽ ἧς ἀνέβην προσκυνήσων εἰς Ἰερουσαλήμ.

δῶμα	Syn 6	Mt 2	Mk 1	Lk 3	Acts 1	Jn	1-3John	Paul	Eph	Col
	NT 7	2Thess	1/2Tim	Tit	Heb	Jas	1Pet	2Pet	Jude	Rev

roof; housetop

012			Mk 2,4	καὶ μὴ δυνάμενοι προσενέγκαι αὐτῷ διὰ τὸν ὄχλον ἀπεστέγασαν **τὴν στέγην** ὅπου ἦν, καὶ ἐξορύξαντες χαλῶσι τὸν κράβαττον ὅπου ὁ παραλυτικὸς κατέκειτο.	Lk 5,19	καὶ μὴ εὑρόντες ποίας εἰσενέγκωσιν αὐτὸν διὰ τὸν ὄχλον, ἀναβάντες **ἐπὶ τὸ δῶμα** διὰ τῶν κεράμων καθῆκαν αὐτὸν σὺν τῷ κλινιδίῳ εἰς τὸ μέσον ἔμπροσθεν τοῦ Ἰησοῦ.	
202	Mt 10,27	... καὶ ὃ εἰς τὸ οὖς ἀκούετε κηρύξατε **ἐπὶ τῶν δωμάτων.**			Lk 12,3	... καὶ ὃ πρὸς τὸ οὖς ἐλαλήσατε ἐν τοῖς ταμείοις κηρυχθήσεται **ἐπὶ τῶν δωμάτων.**	→ GTh 33,1 (POxy 1)
222	Mt 24,17	ὁ **ἐπὶ τοῦ δώματος** μὴ καταβάτω ἆραι τὰ ἐκ τῆς οἰκίας αὐτοῦ	Mk 13,15	ὁ [δὲ] **ἐπὶ τοῦ δώματος** μὴ καταβάτω μηδὲ εἰσελθάτω ἆραί τι ἐκ τῆς οἰκίας αὐτοῦ	Lk 17,31	ἐν ἐκείνῃ τῇ ἡμέρᾳ ὃς ἔσται **ἐπὶ τοῦ δώματος** καὶ τὰ σκεύη αὐτοῦ ἐν τῇ οἰκίᾳ, μὴ καταβάτω ἆραι αὐτά, ...	

Acts 10,9 τῇ δὲ ἐπαύριον, ... ἀνέβη Πέτρος **ἐπὶ τὸ δῶμα** προσεύξασθαι περὶ ὥραν ἕκτην.

δωρεάν

	Syn	Mt	Mk	Lk	Acts	Jn	1-3John	Paul	Eph	Col
	2	2				1		3		
	NT	2Thess	1/2Tim	Tit	Heb	Jas	1Pet	2Pet	Jude	Rev
	9	1								2

without cost; as a free gift; for nothing; needlessly; without cause; for no reason

code	Mt		Mk	Lk	
200	**Mt 10,8**	... **δωρεὰν**			
	(2)	ἐλάβετε,			
200		**δωρεὰν**			
		δότε.			

δωρέομαι

	Syn	Mt	Mk	Lk	Acts	Jn	1-3John	Paul	Eph	Col
	1		1							
	NT	2Thess	1/2Tim	Tit	Heb	Jas	1Pet	2Pet	Jude	Rev
	3							2		

give; bestow upon

code	Mt		Mk		Lk	
	Mt 27,58	... τότε ὁ Πιλᾶτος ἐκέλευσεν	**Mk 15,45**	καὶ γνοὺς ἀπὸ τοῦ κεντυρίωνος		→ Jn 19,38
120		**ἀποδοθῆναι.**		**ἐδωρήσατο** τὸ πτῶμα τῷ Ἰωσήφ.		

δῶρον

	Syn	Mt	Mk	Lk	Acts	Jn	1-3John	Paul	Eph	Col
	12	9	1	2					1	
	NT	2Thess	1/2Tim	Tit	Heb	Jas	1Pet	2Pet	Jude	Rev
	19				5					1

gift; offering; τὰ δῶρα the offering box

	triple tradition																	double tradition			Sondergut		
		+Mt / +Lk			–Mt / –Lk			traditions not taken over by Mt / Lk							subtotals								
code	222	211	112	212	221	122	121	022	012	021	220	120	210	020	Σ⁺	Σ⁻	Σ	202	201	102	200	002	total
Mt		1⁺									1				1⁺		2				7		9
Mk											1						1						1
Lk									2⁺						2⁺		2						2

code	Mt		Mk	Lk	
	Mt 2,11	... καὶ ἀνοίξαντες τοὺς θησαυροὺς αὐτῶν προσήνεγκαν αὐτῷ			
200		**δῶρα,**			
		χρυσὸν καὶ λίβανον καὶ σμύρναν.			
	Mt 5,23	ἐὰν οὖν προσφέρῃς			
200	→ Mk 11,25	**τὸ δῶρόν σου**			
		ἐπὶ τὸ θυσιαστήριον ...			
	Mt 5,24	ἄφες ἐκεῖ			
200	(2)	**τὸ δῶρόν σου**			
		ἔμπροσθεν τοῦ θυσιαστηρίου			
	→ Mt 6,14 → Mk 11,25	καὶ ὕπαγε πρῶτον διαλλάγηθι τῷ ἀδελφῷ σου, καὶ τότε ἐλθὼν πρόσφερε			
200		**τὸ δῶρόν σου.**			

211	**Mt 8,4**	... ὕπαγε σεαυτὸν δεῖξον τῷ ἱερεῖ, καὶ προσένεγκον **τὸ δῶρον** ὃ προσέταξεν Μωϋσῆς, εἰς μαρτύριον αὐτοῖς. ➤ Lev 13,49; 14,2-4	**Mk 1,44**	... ὕπαγε σεαυτὸν δεῖξον τῷ ἱερεῖ καὶ προσένεγκε περὶ τοῦ καθαρισμοῦ σου ἃ προσέταξεν Μωϋσῆς, εἰς μαρτύριον αὐτοῖς. ➤ Lev 13,49; 14,2-4	**Lk 5,14** → Lk 17,14	... ἀπελθὼν δεῖξον σεαυτὸν τῷ ἱερεῖ καὶ προσένεγκε περὶ τοῦ καθαρισμοῦ σου καθὼς προσέταξεν Μωϋσῆς, εἰς μαρτύριον αὐτοῖς. ➤ Lev 13,49; 14,2-4	
220	**Mt 15,5**	ὑμεῖς δὲ λέγετε· ὃς ἂν εἴπῃ τῷ πατρὶ ἢ τῇ μητρί· **δῶρον** ὃ ἐὰν ἐξ ἐμοῦ ὠφεληθῇς	**Mk 7,11**	ὑμεῖς δὲ λέγετε· ἐὰν εἴπῃ ἄνθρωπος τῷ πατρὶ ἢ τῇ μητρί· κορβᾶν, ὅ ἐστιν **δῶρον,** ὃ ἐὰν ἐξ ἐμοῦ ὠφεληθῇς			
200	**Mt 23,18**	καί· ὃς ἂν ὀμόσῃ ἐν τῷ θυσιαστηρίῳ, οὐδέν ἐστιν· ὃς δ᾽ ἂν ὀμόσῃ **ἐν τῷ δώρῳ** τῷ ἐπάνω αὐτοῦ, ὀφείλει.					
200 200	**Mt 23,19** **(2)**	τυφλοί, τί γὰρ μεῖζον, **τὸ δῶρον** ἢ τὸ θυσιαστήριον τὸ ἁγιάζον **τὸ δῶρον;**					
012			**Mk 12,41**	... ἐθεώρει πῶς ὁ ὄχλος βάλλει χαλκὸν εἰς τὸ γαζοφυλάκιον. καὶ πολλοὶ πλούσιοι ἔβαλλον **πολλά·**	**Lk 21,1**	ἀναβλέψας δὲ εἶδεν τοὺς βάλλοντας εἰς τὸ γαζοφυλάκιον **τὰ δῶρα αὐτῶν** πλουσίους.	
012			**Mk 12,44**	πάντες γὰρ ἐκ τοῦ περισσεύοντος αὐτοῖς ἔβαλον, αὕτη δὲ ἐκ τῆς ὑστερήσεως αὐτῆς πάντα ὅσα εἶχεν ἔβαλεν ὅλον τὸν βίον αὐτῆς.	**Lk 21,4**	πάντες γὰρ οὗτοι ἐκ τοῦ περισσεύοντος αὐτοῖς ἔβαλον **εἰς τὰ δῶρα,** αὕτη δὲ ἐκ τοῦ ὑστερήματος αὐτῆς πάντα τὸν βίον ὃν εἶχεν ἔβαλεν.	

JÜRGEN BECKER

Jesus of Nazareth

Translated by James E. Crouch

1998. 23,5 x 15,2 cm. X, 386 pages. References, indexes. Cloth. DM 98,-/ öS 715,-/sFr 89,-/approx. US$ 61.00
• ISBN 3-11-015773-X

Paperback. DM 48, /öS 350,-/sFr 45,-/ approx. US$ 30.00
• ISBN 3-11-015772-1

In this study Jürgen Becker presents a new, historically grounded explanation of the phrases "kingdom of God" and "God's reign" - the central terms of Jesus' proclamation. The author, a professor of the New Testament, draws on an impressive range of sources to trace Jesus' special position within early Judaism. At the same time, he retains his focus on Jesus' ministry, viewed as the beginning of the history of early Christianity. The proclamation of the kingdom is thus seen by Becker as the founding moment of a distinct community of faith.

From reviews of the German Edition:

Jürgen Becker, who has already put us in his debt with an excellent book on Paul, now offers one on Jesus .... This is a book which will be of great help to students and to ministers and others who wish to refresh their scholarship and grasp what is being written today about Jesus.

Ernest Best,
Expository Times (Edinburgh)

This fresh, independent, wide-sweeping study on the historical Jesus ... not only is worthy of immediate translation but also merits careful and continuous dialogue ... [Becker] offers penetrating insights of all sorts: methodological, critical, historical, and theological.

Scot McKnight,
Catholic Biblical Quarterly

HELMUT KOESTER

Introduction to the New Testament

Volume 1: History, Culture, and Religion of the Hellenistic Age

Second Edition

1995. 23,5 x 15,0 cm. XXXIV, 409 pages. Illustrations, maps, charts, glossary, bibliographies, indices. Paperback. DM 48,-/öS 350,-/sFr 45,-/ approx. US$ 30.00
• ISBN 3-11-014692-4
Cloth. DM 78,-/öS 569,-/sFr 71,-/ approx. US$ 49.00
• ISBN 3-11-014693-2

This work has established itself as a classic text in the field of New Testament studies. Written in a readable, non-technical style, it has become an indispensable textbook and reference for teachers, students, clergy, and the educated layperson interested in a scholarly treatment of the New Testament and its background in the Judaic and Greco-Roman world. Among its unique features are its wide historical scope, its treatment of early Christian literature in chronological sequence, and the inclusion of over sixty non-canonical Christian documents.

This new, thoroughly revised edition of Volume 1 not only surveys the political and religious history of the Hellenistic and early Roman periods , but also discusses the economy, social world, and literature of both the pagan world and Judaism.

To **Volume 1** the author has added new articles on such matters as women, the family, and the manumission of slaves. The new edition also includes an updated survey of Jewish literature.

Volume 2, History and Literature of Early Christianity, Second Edition, is in preparation and scheduled for publication in 1999.

The author is John H.Morison Professor of New Testament Studies and Winn Professor of Ecclesiastical History at Harvard University; Editor of Harvard Theological Review, Editor of Archaeological Resources for New Testament Studies, and Chairman of The New Testament Board of Hermeneia.

Concordance to the Novum Testamentum Graece

of Nestle-Aland, 26th edition, to the Greek New Testament, 3rd edition

Edited by the Institute for New Testament Textual Research and the Computer Center of Münster University With the collaboration of H. Bachmann and W. A. Slaby

Third edition

1987. 21 x 28 cm. X, 1.014 pages. Cloth. DM 178,-/öS 1299,-/sFr 158,-/ approx. US$ 111.00
• ISBN 3-11-011570-0

The significance and usefulness of this work are indicated by the necessity of a third edition. The completeness of the material, as well as its clear arrangement, make the concordance an indispensable tool.

The entries are individually determined (merely for 29 words such as και, δε, etc. are the biblical references given alone). A crucial aid to all students and parish pastors who would like to intensify and improve their study of the New Testament with the aid of a concordance.

Prices are subject to change

WALTER DE GRUYTER GMBH & CO. KG
Genthiner Straße 13 · D-10785 Berlin
Tel. +49 (0)30 2 60 05-0
Fax +49 (0)30 2 60 05-251
Internet: www.deGruyter.de

W DE G de Gruyter Berlin · New York

JÜRGEN BECKER

Jesus von Nazaret

1996. 20,5 x 13,5 cm. XI, 460 Seiten.
Gebunden. DM 74,–/öS 540,–/sFr 67,–/
approx. US$ 46.00 • ISBN 3-11-014881-1
Brosch. DM 38,-/öS 277,-/sFr 35,-/
approx. US$ 24.00 • ISBN 3-11-014882-X
(de Gruyter Lehrbuch)

CHRISTIAN GRETHLEIN

Gemeindepädagogik

1994. 20,5 x 13,5 cm. VII, 367 Seiten.
Brosch. DM 54,-/öS 394,-/sFr 49,-/
approx. US$ 34.00 • ISBN 3-11-013766-0
(de Gruyter Studienbuch)

Religionspädagogik

1998. 20,5 x 13,5 cm. XIV, 559 Seiten.
Gebunden. DM 88,-/öS 642,-/sFr 80,-/
approx. US$ 52.00 • ISBN 3-11-016089-7
Brosch. DM 58,-/öS 423,-/sFr 53,-/
approx. US$ 34.00 • ISBN 3-11-014549-9
(de Gruyter Lehrbuch)

WILFRIED HÄRLE

Dogmatik

1995. 20,5 x 13,5 cm. XXVIII, 719 Seiten.
Gebunden. DM 118,-/öS 861,-/sFr 105,-/
approx. US$ 74.00 • ISBN 3-11-012686-9
Brosch. DM 78,-/öS 569,-/sFr 71,-/
approx. US$ 49.00 • ISBN 3-11-014895-1
(de Gruyter Lehrbuch)

MARTIN HONECKER

Grundriß der Sozialethik

1995. 20,5 x 13,5 cm. XXVI, 790 Seiten.
Gebunden. DM 118,-/öS 861,-/sFr 105,-/
approx. US$ 74.00 • ISBN 3-11-014889-7
Brosch. DM 78,-/öS 569,-/sFr 71,-/
approx. US$ 49.00 • ISBN 3-11-014474-3
(de Gruyter Lehrbuch)

GÜNTER MECKENSTOCK

Wirtschaftsethik

1997. 20,5 x 13,5 cm. XII, 415 Seiten.
Gebunden. DM 78,-/öS 569,-/sFr 71,-/
approx. US$ 49.00 • ISBN 3-11-015559-1
Brosch. DM 48,-/öS 350,-/sFr 45,-/
approx. US$ 30.00 • ISBN 3-11-015558-3
(de Gruyter Studienbuch)

HANS MARTIN MÜLLER

Homiletik

1996. 20,5 x 13,5 cm. XVII, 442 Seiten.
Gebunden. DM 88,-/öS 642,-/sFr 80,-/
approx. US$ 55.00 • ISBN 3-11-013186-2
Brosch. DM 58,-/öS 423,-/sFr 53,-/
approx. US$ 36.00 • ISBN 3-11-015074-3
(de Gruyter Lehrbuch)

REINER PREUL

Kirchentheorie

Wesen, Gestalt und Funtionen der Evangelischen Kirche

1997. 20,5 x 13,5 cm. XI, 422 Seiten.
Gebunden. DM 78,-/öS 569,-/sFr 71,-/
approx. US$ 49.00 • ISBN 3-11-015495-1
Brosch. DM 48,-/öS 350,-/sFr 45,-/
approx. US$ 30.00 • ISBN 3-11-015496-X
(de Gruyter Studienbuch)

DIETRICH RÖSSLER

Grundriß der Praktischen Theologie

2. erweiterte Auflage
1994. 20,5 x 13,5 cm. XVII, 660 Seiten.
Gebunden. DM 78,-/öS 569,-/sFr 71,-/
approx. US$ 49.00 • ISBN 3-11-013534-5
(de Gruyter Lehrbuch)

WERNER H. SCHMIDT

Einführung in das Alte Testament

5. erweiterte Auflage
1995. 20,5 x 13,5 cm. X, 468 Seiten.
Gebunden. DM 58,-/öS 423,-/sFr 53,-/
approx. US$ 36.00 • ISBN 3-11-014102-7
(de Gruyter Lehrbuch)

GEORG STRECKER

Theologie des Neuen Testaments

Bearbeitet, ergänzt und herausgegeben von Friedrich Wilhelm Horn
1996. 20,5 x 13,5 cm. VI, 744 Seiten.
Gebunden. DM 118,-/öS 861,-/sFr 105,-/
approx. US$ 74.00 • ISBN 3-11-012674-5
Brosch. DM 78,-/öS 569,-/sFr 71,-/
approx. US$ 49.00 • ISBN 3-11-014896-X
(de Gruyter Lehrbuch)

TRE - Theologische Realenzyklopädie

Studienausgabe Teil I

Bände 1 (Aaron) - 17 (Katechismuspredigt) und Registerband
1993. 20,5 x 13,5 cm. 17 Bände,
1 Index-Band. 13.610 Seiten . Brosch.
DM 1200,-/öS 8760,-/sFr 1068,-/
approx.US$ 750.00 • ISBN 3-11-013898-0

Studienausgabe Teil II

Bände 18 (Katechumenat/ Katechumenen) - 27 (Publizistik/Presse) und Registerband
1999. 20,5 x 13,5 cm. 10 Bände,
1 Index-Band. 8.656 Seiten. Brosch.
DM 800,-/öS 5840,-/sFr 712,-/
approx. US$ 500.00 • ISBN 3-11-016295-4
(de Gruyter Studienbuch)

GUNTHER WENZ

Theologie der Bekenntnisschriften der evangelisch-lutherischen Kirche

Eine historische und systematische Einführung in das Konkordienbuch

Band 1
1996. 20,5 x 13,5 cm. 719 Seiten.
Mit einer Farbtafel. Gebunden. DM 108,-/
öS 788, /sFr 96, /approx. US$ 68.00
• ISBN 3-11-015238-X
Brosch. DM 68,-/öS 496,-/sFr 62,-/
approx. US$ 43.00 • ISBN 3-11-015239-8

Band 2
1998. 20,5 x 13,5 cm. 816 Seiten. Mit
einer Farbtafel. Gebunden.. DM 138,-/
öS 1007,-/sFr 123,-/approx. US$ 86.00
• ISBN 3-11-015755-1
Brosch. DM 88,-/öS 642,-/sFr 80,-/
approx. US$ 55.00 ISBN 3-11-015756-X
(de Gruyter Lehrbuch)

KLAUS WINKLER

Seelsorge

1997. 13,5 cm. XII, 556 Seiten.
Gebunden. DM 118,-/öS 861,-/sFr 105,-/
approx. US$ 74.00 • ISBN 3-11-015161-8
Brosch. DM 68,-/öS 496,-/sFr 62,-/
approx. US$ 43.00 • ISBN 3-11-013185-4
(de Gruyter Lehrbuch)

Preisänderungen vorbehalten

WALTER DE GRUYTER GMBH & CO. KG
Genthiner Straße 13 · D–10785 Berlin
Tel. +49 (0)30 2 60 05–0
Fax +49 (0)30 2 60 05–251
Internet: www.deGruyter.de

W DE G de Gruyter
Berlin · New York

R
226.048
H7117
v. 1

97745

LINCOLN CHRISTIAN COLLEGE AND SEMINARY

3 4711 00150 9167